Signum in Bonum

Thurn und Taxis Studien – Neue Folge

Nicolaus U. Buhlmann / Peter Styra (Hg.)

SIGNUM IN BONUM

Festschrift für Wilhelm Imkamp
zum 60. Geburtstag

Verlag Friedrich Pustet
Regensburg

Bibliografische Information der Deutschen Nationalbibliothek
Die Deutsche Nationalbibliothek verzeichnet diese Publikation
in der Deutschen Nationalbibliografie; detaillierte bibliografische
Angaben sind im Internet über http://dnb.d-nb.de abrufbar.

www.verlag-pustet.de

ISBN 978–3–7917–2362–4
© 2011 by Verlag Friedrich Pustet, Regensburg
Satz: Vollnhals Fotosatz, Neustadt a. d. Donau
Druck und Bindung: Friedrich Pustet, Regensburg
Umschlaggestaltung: Hofbibliothek und grafischer.raum
Printed in Germany 2011

Inhalt

PRIESTER FÜR HEUTE

Vorwort S.D. des Fürsten und I.D. der Fürstin

Die Herausgabe der Festschrift zu Ehren des Herrn Prälaten Dr. Wilhelm Imkamp durch die fürstliche Hofbibliothek soll vor allem den großen Dank und die Verbundenheit des Hauses Thurn und Taxis ihm gegenüber zum Ausdruck bringen.

Seiner Mitgliedschaft im Verwaltungsrat der von Fürst Albert I. im Jahr 1926 ins Leben gerufenen Franz-Marie-Christinen-Stiftung verdanken wir wertvolle Anregungen zum kulturellen Engagement unseres Hauses sowie wichtige Impulse und Ideen zu Forschungsarbeiten, die dem Stiftungszweck, nämlich der wissenschaftlichen Erforschung der Geschichte des fürstlichen Hauses, große Dienste leistet.

Mit dieser nun vorliegenden Festschrift, dem ersten Band der Neuen Folge der Thurn und Taxis-Studien, wird eine Tradition fortgeführt, die 1963 unter Max Piendl mit der Herausgabe des ersten Studienbandes begonnen hatte, dem bis zum Jahr 1998 zwanzig weitere Bände folgten.

Da sich die ersten Bände der Thurn und Taxis-Studien in erster Linie mit der Geschichte der Post, der Familiengeschichte und der Bau- und Kulturgeschichte des Klosters St. Emmeram auseinandergesetzt haben, sollen in den nun folgenden Bänden kleinere wissenschaftliche Arbeiten im Rahmen von Sammelbänden und Dissertationen, die im Rahmen der Förderung durch die Stiftung in der Hofbibliothek entstehen, veröffentlicht werden. Darüber hinaus sollen konsequent Arbeiten zur Unternehmens- und Adelsgeschichte, zur Elite- und Bürokratieforschung der Frühen Neuzeit gefördert und berücksichtigt werden. Die neue Folge unserer Thurn und Taxis-Studien wird von der Hofbibliothek und Herrn Prälaten Imkamp gemeinsam herausgegeben.

Die so zum Ausdruck gebrachte Offenheit zu wissenschaftlicher Forschungsarbeit hat ihren Grundstein in der von Fürst Alexander Ferdinand 1773 gegründeten und von seinem Sohn, Fürst Carl Anselm, zu einer öffentlichen wissenschaftlichen Einrichtung ausgebauten Hofbibliothek.

Seit ihrer Gründung war die Hofbibliothek offen für freies wissenschaftliches Arbeiten eines interessierten und gelehrten Publikums und zählte damit zu den wenigen Bibliotheken in ihrer Zeit, die gezielt der wissenschaftlichen und öffentlichen Forschung dienen sollten.

Das Haus Thurn und Taxis hat sich immer zur Pflege seines wissenschaftlichen Erbes bekannt.

Dies kommt nicht nur in den in der Vergangenheit erschienen Bänden, sondern auch in den verschiedenen Ausstellungen, die von der Hofbibliothek z.B. im Jahr 1990 zum 500jährigen Jubiläum der Post oder 1998 zum 250jährigen Residenzjubiläum in Regensburg organisiert wurden, zum Ausdruck. All dieses umfangreiche wissenschaftliche Engagement der Hofbibliothek und des Zentralarchivs stellt somit einen einzigartigen und bedeutenden Faktor für den Wissenschaftsstandort Regensburg dar.

Der nun vorliegende Band spiegelt die Breite des kulturellen Engagements unseres Hauses wider, er ist aber auch ein Zeichen der Dankbarkeit und Ausdruck der Hoffnung, dass die wertvollen Anregungen des Herrn Prälaten unserem Hause, unserer Bibliothek und unserem Archiv weiterhin zugute kommen. Prälat Dr. Wilhelm Imkamp ist als Ordensbruder des Malteser-Ritterordens, als Seelsorger und Freund sowie als Träger des Thurn und Taxis-Hausordens „De Parfaite Amitié" mit Stern unserer Familie eng verbunden. Das Motto des Hausordens „vinclum amicitiae" soll in dieser Festschrift lebendigen Ausdruck finden.

Regensburg 27. 9. 2011

Albert
Fürst von Thurn und Taxis

Mariae Gloria
Fürstin von Thurn und Taxis

Vorwort der Herausgeber

Im Juni 1961 schrieb Fürst Franz Joseph von Thurn und Taxis anlässlich des Erscheinens des ersten Bandes der Thurn und Taxis-Studien, dass es Sinn und Zweck dieser Veröffentlichungen sein solle, die reichen Quellen der Hofbibliothek und des Zentralarchivs seines Hauses zu erschließen und der Forschung im größeren Umfang zugänglich zu machen sowie der Erforschung der Hausgeschichte zu dienen.

Diesem Wunsch des Fürsten folgend, sind zwischen 1961 und 1998 zwanzig Bände in der Reihe der Thurn und Taxis-Studien erschienen. Zahlreiche Autoren haben unterschiedliche Themen von Quelleneditionen zur Baugeschichte der Abtei St. Emmeram oder der Postgeschichte, über den fürstlichen Marstall, den hl. Emmeram, den Hofbildhauer Simon Sorg oder den Hofkapellmeister Joseph Riepel, von der Bildergalerie des Fürsten Maximilian Karl bis zum Prinzipalkommissariat und das 250-jährige Residenzjubiläum des fürstlichen Hauses in Regensburg behandelt.

Wir freuen uns, dass sich SD der Fürst und ID die Fürstin nach zwölfjähriger Publikationspause dazu entschlossen haben, die wissenschaftliche Reihe der Thurn und Taxis-Studien als Neue Folge wiederzubeleben und weiterzuführen. Der Anfang dieser Neuen Folge soll ein besonderer sein: die Festschrift für Herrn Prälaten Dr. Wilhelm Imkamp, Mitglied des Verwaltungsrates der Franz-Marie-Christinen-Stiftung und wissenschaftlicher Begleiter des Zentralarchivs und der Hofbibliothek. Mit ihm wird eine der farbigsten deutschen Priesterpersönlichkeiten gewürdigt, die wissenschaftliches Denken mit pastoraler Klugheit und mutigem Eintreten für den Wert des Glaubens und die Rechte der Kirche verbindet.

Im nächsten Jahr wird ein Sammelband studentischer Forschungsarbeiten zu Themen um das Fürstliche Haus erscheinen. Die Neue Folge der Thurn und Taxis-Studien soll jungen Wissenschaftlern und Stipendiaten der Fürstlichen Franz-Marie-Christinen-Stiftung, die die Erforschung der Geschichte des Fürstlichen Hauses unterstützt, künftig eine Publikationsmöglichkeit bieten.

„Mögen die Thurn und Taxis-Studien die Geisteswissenschaften fördern und weitere Anregungen für die Forschung bieten", wie Fürst Franz Joseph der Forschungsreihe seines Hauses vor 50 Jahren gewünscht hat.

Die Herausgeber

Zwischen theologischer Kompetenz und gesellschaftlicher Diskursfähigkeit

Annäherung an das priesterliche Profil Wilhelm Imkamps

Albert Schmid

Der Persönlichkeit Wilhelm Imkamps kann man sich auf verschiedenen Wegen nähern.

In den Medien spielen seine Rhetorik, sein Habitus, seine konservative Religiosität bei gleichzeitiger persönlicher Weltoffenheit eine entscheidende Rolle. Jeder dieser Aspekte ist es durchaus wert, gewürdigt zu werden.

In Kirchenkreisen werden eher angebliche Karrierepläne diskutiert, dabei gibt es nicht so viele Priester, die von ihrer eigenen Entfaltung des Priestertums so erfasst sind, dass für weitergehende Pläne kaum Raum bleibt.

Andere fragen sich, müssen sich auch fragen, ob unsere Kirche es sich leisten kann, Begabungen im Laufe der Zeit nicht auf neue Weise zu nutzen. Dabei sind weltliche Maßstäbe nicht im Verhältnis eins zu eins auf die Kirche zu übertragen.

Nein, die Annäherung an Wilhelm Imkamp kann nur persönlich erfolgen, d. h. sie hat letztlich mit dem Annähernden, dem Autor zu tun. Er entscheidet, was ihm bemerkenswert, beispielgebend an Wilhelm Imkamp erscheint.

Die hohe Intellektualität des Jubilars steht außer Zweifel. Unsere Kirche in säkularer Umgebung ist immer mehr darauf angewiesen, Menschen, Frauen und Männer, Priester, Getaufte und Gefirmte, vor allem auch Bischöfe anzubieten für das Gespräch, den Diskurs mit dieser Umgebung.

Wie wir wissen, bedeutet Glaube ja nicht Nicht-Wissen, sondern meint eine eigene Weise des Verstehens.

Nach meinem Eindruck nimmt das Bedürfnis nach diesem Diskurs in unserer Gesellschaft wieder zu. Man muss in diesem Zusammenhang den Begriff des Dialogs nicht überstrapazieren. Dieser Begriff wie der Begriff der Reform wurden nie so inflationär verwendet wie das gegenwärtig der Fall ist. Nach einer beinahe jahrzehntelangen Ermüdung nach den Sixties, womit die Amerikaner das bezeichnen, was wir mit '68 meinen, verlangt ein zunehmender Orientierungsbedarf aber nach Diskurs. Für Christen, die der Logos-Theologie des Heiligen Vaters folgen, wird dieser Diskurs von Grund-Wahrheiten bestimmt sein, ohne vom Gegenüber solche einzufordern. Es ist kein Zufall, dass Papst Benedikt mit J. Habermas in den Diskurs eingetreten ist. Dieser beschränkt sich nicht allein auf die Begegnung bei der Katholischen Akademie in München, sondern findet beispielsweise auch seine Fortsetzung in der nicht-gehaltenen Eröffnungsrede des Papstes bei der Sapienza-Universität in Rom. Dieser Diskurs muss auch von der folgenden Generation derer, die selbst in die Sixties eingetreten sind, aufgenommen werden können. Hierfür bieten sich wenige Gesprächspartner an.

J. Habermas ging vor bald 50 Jahren von einem „Diskurs-Modell" aus, das sich grob so beschreiben lässt: In einer Art Dreiecksverhältnis von (amtlichen) Politikern, Wissenschaftlern und Wahl-Bürgern ist eine Gesprächskultur zu entwickeln, in der jeder dieser drei Gesprächsteilnehmer mit dem anderen gesprächsfähig sein muss.

Bei allen Einschränkungen der Analogie würde dies auf die Kirche übertragen bedeuten, dass jene mit Dienstämtern Betrauten mit Theologen und allen Getauften und Gefirmten ein strukturiertes Gespräch pflegen.

Dies verlangt von allen Beteiligten ein klares Verständnis des Wesens insbesondere der einen katholischen und apostolischen Kirche, ein „sentire cum ecclesia", sowie – menschlich gesprochen – einen gegenseitigen Vertrauensvorschuss, ohne den, worauf der Heilige Vater immer wieder hinweist, ein wechselseitiges Verständnis nicht möglich ist.

Ein solches überlegtes und im Einzelnen konkret zu gestaltendes Diskursmodell ist einer so genannten Dialoginitiative, die quasi politisch auf innerkirchliche Vorgänge reagieren will, allemal vorzuziehen. Es lässt sich nicht aus dem Handgelenk nach tagespolitischen Bedürfnissen realisieren. Es muss der rechtverstandenen Katholizität und Apostolizität entsprechen. Sonst läuft es Gefahr, zu einer neuen Erscheinungsform des Protestantismus zu werden. Eine Dialoginitiative führt nur zu Frustration, wenn sie sich auf regionaler, nationaler Ebene über Dinge zu verständigen sucht, die in die weltkirchliche Zuständigkeit fallen. Dabei würde ich allerdings nicht sogenannte Reizthemen ausklammern. Verdrängung führt nur dazu, dass diese Themen mit umso größerer Wucht später einschlagen.

Dabei ist zuallererst von einem übereinstimmenden Befund auszugehen. Nach meiner Wahrnehmung registrieren wir eine zunehmende Gottvergessenheit in der Gesellschaft, aber auch innerkirchlich wird etwa das entscheidende 1. Gebot des Dekalogs von moralisierenden Fragestellungen etwa der Sexual- und Umweltethik überlagert. Die Grundfragen unseres Glaubens verdienen erste Aufmerksamkeit vor Strukturfragen und Themen innerkirchlicher Ordnung und Disziplin.

Ein innerkirchlicher Diskurs, ein Glaubensgespräch auf allen Ebenen, von der Pfarrgemeinde bis zur Weltkirche, ist die Voraussetzung für den Diskurs mit der säkularen Welt über Gott und die Welt.

Gerade die politische Welt ist mehr denn je auf dieses Gespräch angewiesen. Die tiefgreifenden Umbrüche des 20. Jahrhunderts in Deutschland – bisweilen mehrere in einer Generation – haben die einzigartigen Brüche und Zäsuren der deutschen Geistesgeschichte vertieft, die verbreitete Verunsicherung verstärkt und eine Neigung zur Beliebigkeit befördert. In der Vergangenheit wurde auf diese Veränderungen mit Ideologien oder idealistischem Voluntarismus geantwortet. Jetzt drückt

Beliebigkeit weniger eine Charakterschwäche als eine zunehmende Orientierungslosigkeit aus. Dabei muss klar sein, dass Kirche nicht tagespolitische Fragen beantworten kann und muss, sondern zu erklären hat, was maßgeblich ist, und immer wieder bemüht sein muss, ein eigenes gemeinschaftliches und individuelles lebenspraktisches Zeugnis von Christus abzulegen.

Wenn wir uns so in der Kirche und gegenüber der säkularen Welt aufstellen wollen, sind wir auf Persönlichkeiten angewiesen. Seit jeher setzt unser Glaube auf das Person-Prinzip. Der christlich-biblische Blick auf den Menschen folgt diesem Prinzip ebenso wie die Soziallehre oder die religiöse Praxis der Heiligenverehrung. Auch der persönliche Auftrag zum Zeugnis basiert darauf.

Manchmal tun wir uns allerdings schwer mit Zulassung oder gar Förderung von Profilbildung aus einem – wie ich meine – Missverständnis von Demut heraus.

Der Mut zum Dienen kann nur entfaltet werden, wenn man sich eigener Potentiale, allerdings auch eigener Grenzen bewusst ist.

Bei diesem Dienst wird meist unterschieden zwischen sogenanntem Heilsdienst und Weltdienst. Ich kann nicht verhehlen, dass ich immer schon Schwierigkeiten hatte mit dieser Unterscheidung, wenn sie zur Trennung wird. Dahinter vermute ich einen Dualismus von diesseitigem Wohl und jenseitigem Heil. Mit Gerhard Ludwig Müller bezieht sich „das Heil nicht auf eine jenseitige-überzeitliche, transzendent-gegenständlich gedachte Hinterwelt, die gleichsam wie ein zweites Stockwerk über dem Parterre dieser säkularen, profanen und geschichtlichen Welt sich erhebt".

Man müsse „ausgehen von der Erfahrung Gottes als des Urhebers der einen Welt in Schöpfung und in Erlösung und von der personalen Ganzheit des Menschen in seiner geist-leiblichen individuellen und sozialen Existenz".

Folgt man dieser Auffassung, ergeben sich daraus weitreichende theologische, aber auch pastorale Konsequenzen.

Verkündigung des Wortes in der Tat, aber auch Verkündigung in neuer Form als breitangelegter Diskurs, gegründet auf den Wahrheitsanspruch Christi, ergeben sich hieraus.

Damit wird das Anforderungsprofil an kirchliches Leitungspersonal für diese Zeit geschärft und verbreitert zugleich.

Theologische Kompetenz, Diskursfähigkeit, Vertrautheit mit gesellschaftlichen Problemen in der einen Welt statt einer national-politischen Nabelschau der Selbstbemitleidung gehören ebenso dazu wie der Respekt vor tradierter Volksfrömmigkeit und deren Pflege.

Wilhelm Imkamp verkörpert beziehungsweise bemüht sich um zahlreiche Facetten dieses Anforderungsprofils.

Wir brauchen ihn als Weggefährten, Priester an welcher Stelle auch immer in unserer Kirche!

Curriculum Vitae: Wilhelm Imkamp

27.09.1951	Geboren als Sohn der katholischen Eheleute Wilhelm und Fine Imkamp (geb. Haal); Großvater Haal war Besitzer einer Bierbrauerei; Vater Wilhelm Imkamp war Tabak- und Kaffeefabrikant
1962–1970	Besuch des humanistischen Gymnasiums Viersen
WS 71/72–SS 72	Beginn der philosophischen Studien an der theologischen Fakultät Innsbruck
WS 72/73–SS 73	Fortsetzung der philosophischen Studien an der Pont. Univ. Gregoriana (PUG) als Alumnus des Pont. Coll. Germanicum et Hungaricum, Abschluss: bac. phil.
WS 72/73–SS 75	Theologisches Grundstudium an der PUG, Abschluss: bac. theol.
WS 75/76–SS 77	Spezialstudium der Dogmatik und Dogmengeschichte an der theol. Fakultät der PUG, Abschluss: lic. theol.
10.10.1976	Empfang der hl. Priesterweihe aus den Händen von Josef Card. Höffner
Aug. 77–01.09.1979	Kaplan in Birkesdorf, Diözese Aachen
2.06.1982	Öffentliche Verteidigung der Dissertation an der PUG: Das Kirchenbild Papst Innocenz' III. Direktor: Univ.-Prof. Dr. Angel Anton SJ, PUG, Korreferent: Univ.-Prof. Dr. Michele Maccarrone, PUL
03.02.1983	Erste Päpstliche Ernennung zum Consultor an der Heiligsprechungskongregation durch Papst Johannes Paul II. ad quinquennium, im Folgenden alle fünf Jahre erneuert
1983–1986	Wissenschaftliche Tätigkeit am Lehrstuhl für mittelalterliche und neuere Kirchengeschichte (Univ.-Prof. Dr. Walter Brandmüller); Seelsorgstätigkeit in der Stadtpfarrei St. Max, Augsburg
24.09.1986	Ernennung zum päpstlichen Ehrenkaplan (Monsignore)
17.10.1987	Mitglied des Ritterordens vom Hl. Grab zu Jerusalem
01.03.1988	Wallfahrtsdirektor von Maria Vesperbild
06.10.1996	Ehrenkanoniker der Conkathedrale Marienwerder (Kwidzyn), Polen, Diözese Elblag
02.03.2002	Komtur des Ritterordens vom Hl. Grab
05.06.2003	Korrespondierendes Mitglied der päpstlichen römischen Theologenakademie

Wilhelm Imkamp vor dem Gnadenbild Maria Vesperbild

14.04.2006	Ernennung zum Päpstlichen Ehrenprälaten
01.06.2006	Berufung zum Mitglied des Aufsichtsrates des Sankt Ulrich Verlages GmbH sowie der Seitz & Auer Bücher GmbH
23.09.2006	Verdienstplakette in Gold des Bayerischen Landessportverbandes
25.10.2007	Ehrenkonventualkaplan des Souveränen Malteser Ritterordens
31.03.2009	Ernennung zum Consultor der Gottesdienstkongregation durch Papst Benedikt XVI.
28.10.2009	Verwaltungsratsmitglied der Franz-Marie-Christinen Stiftung in Regensburg
27.10.2010	Großkreuz mit Stern des Hausordens der Fürsten von Thurn und Taxis „de parfaite amitie"

Bibliographie: Wilhelm Imkamp

„Sermo ultimus quem fecit Dominus Innocentius papa tercius in Lateranensi concilio generali", in: Römische Quartalschrift für christliche Altertumskunde und Kirchengeschichte, 70 (1975), S. 149–179.

„Sicut papa verus". Der Anfang der Primatiagewalt beim noch nicht zum Bischof geweihten Elekten in Theorie und Praxis Innocenz' III., in: Apollinaris, 49 (1976), S. 106–132.

„Fervens ad laborandum ...!" Die römischen Studienjahre des Dr. Carl Sonnenschein, in: Korrespondenzblatt des Collegium Germanicum Hungaricum, 83 (1976), S. 46–67.

„Fervens ad laborandum". Die römischen Studienjahre des Dr. Carl Sonnenschein, in: Römische Quartalschrift für christliche Altertumskunde und Kirchengeschichte, 71 (1976), S. 175–198.

Sonnenschein als Germaniker 1895–1901, in: Stöcker, H., Beter und Bettler für Berlin. Dr. Carl Sonnenschein (Düsseldorf 1876–Berlin 1929). Dank und Gedenken zu seinem 100. Geburtstag, Düsseldorf 1976, S. 26–27.

„Virginitas, quam ornavit humilitas". Die Marienverehrung in den „Sermones" Papst Innocenz III., in: Pontificia Academia Mariana Internationalis, De culto mariano saeculis XII–XV, Acta congressus mariologici mariani internationalis Romae anno 1975 celebrati, Vol. IV, De culta mariano apud scriptores ecclesiasticos saec. XII–XIII, Rom 1980, S. 355–388.

„Virginitas quam ornavit humilitas". Die Verehrung der Gottesmutter in den Sermones Papst Innocenz III., in : Lateranum N. S. 46 (1980), S. 344–378.

Zur Neuedition der Register Papst Innocenz III., in: Römische Quartalschrift, 75 (1980), S. 250–259.

Sulla nuova edizione dei registri di Papa Innocenzo III, in: Rivista di storia della chiesa in Italia 35 (1981), S. 140–149.

Das Kirchenbild Papst Innocenz' III. Dissertatio ad Doctoratum in Facultate Theologiae Pontificiae Universitatis Gregorianae. Excerptum ad normam Statutorum Universitatis, Rom 1982.

Cölestin V., ein Papst zwischen historischer Realität und kirchenpolitischer Legende, in: Römische Quartalschrift für christliche Altertumskunde und Kirchengeschichte, 78 (1983), S. 127–133.

Das Kirchenbild Papst Innocenz III., Päpste und Papsttum Bd. 22, Stuttgart 1983.

Pastor et Sponsus. Elemente einer Theologie des bischöflichen Amtes bei Innocenz III., in: Mordek, H., Aus Kirche und Reich. Studien zu Theologie, Politik und Recht im Mittelalter, Festschrift für Friedrich Kempf, Sigmaringen 1983, S. 285–294.

Die „gregorianische Reform" in neuem Licht, in: Römische Quartalsschrift, 81 (1986), S. 113–117.

Nachfolger der Apostel, Väter und Richter. Anmerkungen zur theologischen Begrifflichkeit des bischöflichen Amtes bei M. J. Scheeben, in: Pontificia Accademia di S. Tommaso e di Religione Cattolica, M. J. Scheeben teologo cattolico d'ispirazione tomista, Studi Tomistici 33, Citta del Vaticano 1988, S. 313–332.

Nachfolger der Apostel, Väter und Richter. Anmerkungen zur theologischen Begrifflichkeit des bischöflichen Amtes bei M. J. Scheeben, in: Divinitas, 32 (1988), S. 3–22.

Geist und Ghetto, oder: wie heute Pfingsten feiern, in: Deutsche Tagespost, 42 (1989), S. 1.

Vescovo e Padre, in: Divinitas, 34 (1990), S. 187–191.

Die katholische Theologie in Bayern von der Jahrhundertwende bis zum Zweiten Weltkrieg, in: Brandmüller, W., Handbuch der bayerischen Kirchengeschichte Bd. III, St. Ottilien 1991, S. 539–651.

Katholische Evergreens. Sechs Fastenpredigten. Predigten aus St. Peter in München, Heft 2, München 1993.

„Praestantia et efficientia". Anmerkungen zur Entwicklung des Kardinalates unter Papst Paul VI., in: Divinitas, 37 (1993), S. 1–20.

Geist und Kirche. Zum Gedenken an Heribert Schauf, in: Forum kath. Theologie, 10 (1994), S. 139–144.

„Praestantia et Efficientia". Anmerkungen zur Entwicklung des Kardinalates unter Papst Paul VI., in: Paolo VI e la Collegialità Episcopale, Colloquio Internazionale di Studio, Pubblicazioni dell'Istituto Paolo VI., Vol. 15, Brescia 1995, S. 46–64.

(Hrsgb.), Die Wallfahrt Maria Vesperbild, Augsburg 1995.

Eine Dillinger Diskussion um das hl. Meßopfer, in: Jahrbuch des Vereins für Augsburger Bistumsgeschichte e. V., 29 (1995), S. 38–44.

Volksfrömmigkeit und Wallfahrt, in: Imkamp, W., (Hrsgb.), Die Wallfahrt Maria Vesperbild, Augsburg 1995, S. 7–10.

Hinführung zum Vesperbild, in: Imkamp, W., (Hrsgb.), Die Wallfahrt Maria Vesperbild, Augsburg 1995, S. 27–30.

Zum Modernismus in Bayern, in: Annuarium Historiae Conciliorum, 27/28 (1995–1996), S. 875–892 (FS Brandmüller).

Eine deutsche Diskussion über das hl. Messopfer im Schatten des Modernismus, in: Studi Tomistici, 61 (1996), S. 249–259.

„Metaphysische Fledermäuse?" (Die richtige Verehrung der hl. Engel), in: Esser, N. (Ed.), Dem Schönen und Heiligen dienen, dem Bösen wehren in Liturgie, Lebensschutz und Volksfrömmmigkeit, Sinzig 1997, S. 171–177.

Das bischöfliche Amt bei Matthias Joseph Scheeben, in: Chica, F., Panizzolo, S., Wagner, H., Ecclesia Tertii Millennii Advenientis. Omaggio al P. Angel Anton, Casale Monferrato 1997, S. 755–770.

Zeitgeist-Theologie auf Suche nach gesellschaftlicher Akzeptanz, in: Die Tagespost, 52 (1999), S. 13.

Moment mal! Durch die Bibel gesagt, Augsburg 2003.

Die Schönheit Mariens. Volksfrömmigkeit zwischen theologischer Ästhetik und emotional design, in: Löffler, G., „Ganz schön bist Du, Maria!" Marienpredigten aus Maria Vesperbild, Kisslegg 2008, S. 137–160.

Fit für die Ewigkeit. Hieb- und Stichfestes aus der Bibel, Augsburg 2009.

Zeitgeist-Theologie auf Suche nach gesellschaftlicher Akzeptanz, in: Die Tagespost vom 11.12.2009, S. 13.

Einfach fromm: die Eleganz der Volksfrömmigkeit, in: Thurn und Taxis, E. v., fromm! Eine Einladung, das Katholische wieder mit allen Sinnen zu erleben, Kisslegg 2009², S. 187–192.

La fede dei piccoli: ovvero l'eleganza della pietà popolare, in: Thurn und Taxis, E. v., La fede dei piccoli, Città del Vaticano 2010, S. 113–117.

Vom himmlischen Apotheker und der Mutter der Medizin oder „Rote Liste" der Volksfrömmigkeit, in: Hilpert, M., Im Kräutergarten Gottes. Heilpflanzen im Brauchtum und Volksglauben, Augsburg 2011, S. 8–13.

Besser mit dem iPhone beichten als gar nicht, in: Schlindwein, Ch., Wir haben der Liebe geglaubt. Eine Einladung zur Beichte, Augsburg 2011, S. 51–52.

Gründungscharisma ohne Gründer, in: Donaubauer, K., Zeugen Christi. 50 Jahre Komturei St. Ulrich und Afra, Augsburg 2011, S. 60–69.

Himmlischer Apotheker: Schöpfung zwischen Erfahrung und Sehnsucht, in: Gemeinde creativ, 54 (2011), Heft 3, S. 12–14.

Aus Kirchen- und Theologiegeschichte

Die Diplomatie des Heiligen Stuhls

Ettore Ballestrero

Heiliger Stuhl und „Stato della Città del Vaticano"

Innerhalb der internationalen Gemeinschaft nimmt der Heilige Stuhl zweifellos eine besondere Stellung ein. Nicht selten wird seine Souveränität und Unabhängigkeit sowie das damit verbundene Recht, Botschafter zu entsenden und zu empfangen, d. h. diplomatische Beziehungen zu anderen Staaten und Organismen aufzunehmen, mit der Existenz der Vatikanstadt begründet. Dieser „Miniaturstaat" – so unbedeutend er unter den verschiedensten Gesichtspunkten internationaler Politik und Wirtschaft auch sein mag – rechtfertige die Rolle des Heilige Stuhls als gleichberechtigter Partner auf dem diplomatischen Parkett. Diese Sicht trifft allerdings nur bedingt zu, denn – unabhängig vom Territorium des „Stato della Città del Vaticano" – besitzt der Heilige Stuhl Anerkennung als Subjekt internationalen Rechts. Auch in den Jahrzehnten zwischen der Besetzung des Kirchenstaates und den Lateranverträgen des Jahres 1929 hat der Papst seine Nuntien entsandt und die Botschafter anderer Länder empfangen, ohne dass dieses Recht je angezweifelt worden wäre.[1]

Die Unterscheidung zwischen Vatikan und Heiligem Stuhl ist unter verschiedenen Rücksichten von weitreichender Bedeutung. Es gibt beispielsweise kein vatikanisches Volk, auch wenn ein paar Hundert Personen die Staatsbürgerschaft besitzen (und diese nur im Hinblick auf ihren Dienst für den Heiligen Stuhl), und somit auch keine Volksvertretung. Damit ist ein wesentlicher Unterschied zu anderen Ländern bereits angedeutet: Der Heilige Stuhl – vereinfacht gesagt, der Papst als oberster Hirte der Kirche und souveräner „Staatschef" – steht nicht im Dienst eines einzigen Volkes (jenes des Vatikans), sondern umgekehrt, dieser Staat erleichtert dem Heiligen Vater eine unabhängige, universale Mission für alle Völker. Vor diesem Hintergrund wird deutlich, dass der Heilige Stuhl – nicht wie andere Staaten – nationale Interessen verfolgt, mögen diese für zivile Regierungen nicht nur legitim, sondern geradezu auch notwendig sein, sondern sich für alle Katholiken, ja für alle Menschen einsetzt, wenn es um die Verteidigung ihrer Würde als Abbild Gottes geht. In diesem Sinne arbeitet der Heilige Stuhl nicht nur für die „libertas ecclesiae", sondern auch für die „libertas hominis", die Menschenrechte, insofern sie Ausdruck des allen ins Herz geschriebenen Naturrechts sind.

---

1 Vgl. Araujo, Robert John: Papal Diplomacy and the quest for peace. Naples. 2004. S. 6f.

So kann der Heilige Stuhl, in recht verstandener Weise, nicht nur ein Vertretungsrecht für die wenigen Bewohner des Vatikans beanspruchen, sondern bemüht sich vielmehr ein wahrhaft katholischer, d. h. weltweit agierender Anwalt christlicher und menschlicher Werte zu sein. Der Heilige Stuhl unterhält derzeit mit 178 Staaten volle diplomatische Beziehungen. In den letzten Jahrzehnten ist diese Zahl beständig gestiegen. Darüber hinaus pflegt der Heilige Stuhl Kontakte zur Europäischen Union und den Vereinten Nationen. Er ist mit einem Ständigen Beobachter in zahlreichen internationalen Behörden und Organisationen vertreten. Ein großer Erfolg und Meilenstein war zweifellos die Aufnahme voller diplomatischer Beziehungen zur Russischen Föderation im Jahr 2009. Zu hoffen ist, dass die Bemühungen um den Dialog mit der Volksrepublik China eines Tages durch die gegenseitige Entsendung und Anerkennung offizieller und residierender Botschafter gefestigt und intensiviert werden kann.

Die besondere Mission des Heiligen Stuhls in der Gemeinschaft der Völker

Wie bereits erwähnt unterscheidet sich die Mission des Heiligen Stuhls wesentlich von der anderer Länder, insofern es nicht darum geht, die Interessen bestimmter Völker zu vertreten, sondern sich für alle Menschen und deren unantastbare Würde einzusetzen. Neben dem Einsatz für Frieden und die allgemeine Achtung der Menschenrechte bemüht sich der Heilige Stuhl vorrangig um die Anerkennung der Religionsfreiheit. Sie steht im Mittelpunkt seiner diplomatischen Aktivitäten, weil die Freiheit von staatlichem Zwang im Kult und im Bekenntnis auf die transzendentale Dimension des Menschen verweist und ihn – über einzelne Aspekte seines Daseins hinaus – als Ganzes in den Blick nimmt. Es geht um die Verteidigung des Rechts und der Pflicht sich in Freiheit vor Gott zu stellen und auf seinen Anruf zu antworten. Johannes Paul II. hat am 10. Oktober 2003 in einer Rede vor den Teilnehmern der Konferenz für Sicherheit und Zusammenarbeit in Europa (KSZE) davon gesprochen, dass die Anerkennung der Religionsfreiheit „eine Art Lackmustest für die Achtung aller weiteren Menschenrechte" sei. Vor diesem Hintergrund genügt es daher nicht – wie es nicht selten gerade in moslemisch geprägten Ländern der Fall ist – Religionsfreiheit mit Kultfreiheit gleichzusetzen. Auch bedeutet dieses fundamentale Recht des Menschen nicht, dass es hier nur auf den Schutz der Privatsphäre ankomme und es zu akzeptieren sei, dass jeder nach seiner Façon selig werden könne.

Die Verteidigung der Freiheit in religiösen Dingen bedeutet zuerst die Anerkennung der radikalen Verwiesenheit des Menschen auf Gott hin, der sein Ursprung und Ziel ist. So ist der Einsatz für Religionsfreiheit keineswegs ein Motor des Relativismus oder gar einer agnostischen Weltanschauung, in der die Frage nach dem letzten Sinn des Lebens keine Bedeutung habe. Hand in Hand mit der Forderung nach religiöser Freiheit geht die Pflicht zur unbedingten Anerkennung des natürlichen Sittengesetzes, das ins Herz jedes Menschen geschrieben steht. Freiheit – das gilt gerade für die Länder der westlichen Hemisphäre – bedeutet nicht Aufhebung der Moral. In diesem Sinne bleibt aktuell und wegweisend, was der Selige John Newman vor mehr als 100 Jahren über eben dieses falsche Verständnis der Freiheit in Gewissensdingen in seinem berühmten „Brief an den Herzog von Norfolk" (1874) geschrieben hat: „Wenn die Menschen die Rechte des Gewissens verteidigen, dann meinen sie in gar keinem Sinne damit die Rechte des Schöpfers, noch auch die Verpflichtungen des Geschöpfs ihm gegenüber in Gedanken und in der Tat; sie verstehen darunter vielmehr das Recht, zu denken, zu sprechen, zu schreiben und zu handeln, wie es ihrem Urteil oder ihrer Laune passt, ohne irgendwie dabei an Gott zu denken … Das Gewissen hat Rechte, weil es Pflichten hat. Doch in diesem Zeitalter bestehen bei einem großen Teil des Volkes das eigentliche Recht und die Freiheit des Gewissens darin, vom Gewissen zu dispensieren, einen Gesetzgeber und Richter zu ignorieren und von unsichtbaren Verpflichtungen unabhängig zu sein. Man nimmt an, jeder habe einen Freibrief dafür, eine Religion zu haben oder nicht, sich dieser oder jener anzuschließen und sie dann wieder aufzugeben … Das Gewissen ist ein strenger Mahner, aber in diesem Jahrhundert ist es durch ein falsches ersetzt worden, von dem die vorausgehenden achtzehn Jahrhunderte niemals gehört hatten, und das sie auch nie mit dem Gewissen hätten verwechseln können, wenn sie davon gehört hätten. Es ist das Recht auf Eigenwillen."

Einsatz für die Anerkennung der transzendenten Dimension des Menschen

Religions- und Gewissensfreiheit schützen das innerste Zentrum des Menschen – die auf Gott bezogene Dimension seines Seins – und verlangen daher eine besondere Stellung im Rahmen Naturrechts. Das Zweite Vatikanische Konzil unterstreicht diesen Werte der innersten Sphäre jedes Menschen: „Das Gewissen ist die verborgenste Mitte und das Heiligtum im Menschen, wo er allein ist mit Gott, dessen Stimme in diesem seinem Innersten zu hören ist" (Gaudium et Spes, 16). Wenn auch die Religionsfreiheit das Herz des Menschen berührt, indem er sich für oder gegen Gott zu entscheiden hat, so bleibt es doch nicht ein willkürlicher Akt des Einzelnen. Das natürliche Sittengesetz und seine allgemein, ohne Ausnahme geltenden Prinzipien sind der Raum wahrer Freiheit und authentischen moralischen Handelns. Es kann daher keine legitime Freiheit geben, die im Gegensatz zu eben diesem natürlichen Sittengesetz steht. Die Rede von einem „Recht" auf Abtreibung, auf Eheschließung gleichgeschlechtlicher Partner oder den selbst gewählten Freitod und der Kampf für diese als Ausdruck wahrer Freiheit ist absurd und unhaltbar, ja wandelt sich, um es mit dem bekannten Wort Benedikts XVI. zu sagen, in eine „Diktatur des Relativismus".

Neben dieser individuellen Betrachtung der Religionsfreiheit darf ihre soziale Dimension nicht übersehen werden, denn gerade hier scheint es, als ob man das Christentum in die Privatwohnungen und Sakristeien zurückdrängen wollte. Eine falsch verstandene Laizität übersieht bewusst den Gemeinschaftscharakter der Religion und deren sozialen und kulturellen Auswirkungen in der Geschichte und im Heute unserer Gesellschaften. Eine Trennung von Staat und Kirche, richtig verstanden und gestaltet, mag der Freiheit der Religion dienen, eine Trennung von Religion und eben der Gesellschaft, in der gläubige Menschen leben und arbeiten, kann und darf es nicht geben. In diesem Sinne schreibt Benedikt XVI. in der Friedensbotschaft zum 1. Januar 2011: „Der Beitrag, den die religiösen Gemeinschaften für die Gesellschaft leisten, ist unbestreitbar. Zahlreiche karitative und kulturelle Einrichtungen bestätigen die konstruktive Rolle der Gläubigen für das gesellschaftliche Leben. Noch bedeutender ist der ethische Beitrag der Religion im politischen Bereich. Er sollte nicht marginalisiert oder verboten, sondern als wertvolle Unterstützung zur Förderung des Gemeinwohls verstanden werden. Unter diesem Gesichtspunkt ist auch die religiöse Dimension der Kultur zu erwähnen, die über die Jahrhunderte hin durch die sozialen und vor allem ethischen Beiträge der Religion entwickelt wurde. Diese Dimension stellt keinesfalls eine Diskriminierung derer dar, die ihr Glaubensinhalte nicht teilen, sondern sie stärkt vielmehr den gesellschaftlichen Zusammenhalt, die Integration und die Solidarität." Das Kruzifix in Schulen und Amtsräumen sowie der gesetzliche Schutz des Sonntages und christlicher Feiertage sind Beispiele dafür, dass Religion eine soziale Dimension hat, die kulturprägend und über den Bereich praktizierender Gläubiger hinaus einheitsstiftend ist.

Glaube und Vernunft als ethische Grundlage

Papst Benedikt XVI. hat bei mehreren Gelegenheiten überzeugte Laizisten und Agnostiker dazu eingeladen, darüber nachzudenken, wie es wäre, wenn es nun doch Gott gäbe – „etsi Deus daretur". Müsste der der mündige Bürger um seine Freiheit fürchten? Gäbe es soziale Ungerechtigkeiten und diskriminierende Ausgrenzungen? Bedeutete dies, nur noch „zu glauben" und nicht mehr „zu denken"? „Der fruchtbare Dialog zwischen Glaube und Vernunft kann nur das Werk der sozialen Nächstenliebe wirksamer machen und bildet den sachlichen Rahmen, um die brüderliche Zusammenarbeit zwischen Gläubigen und Nichtgläubigen in der gemeinsamen Sicht, für die Gerechtigkeit und den Frieden zu arbeiten, zu fördern."[2] Wer ehrlich den Beitrag des Christentums in Geschichte und Gegenwart betrachtet, kann die christliche Moral, die zwar auf dem Glauben an Gott gründet, ihre Prinzipien aber – sofern sie das natürliche Leben des Menschen betreffen – aus dem Naturrecht schöpft, nicht im Widerspruch zu einer ernsthaft der Vernunft folgenden „säkularen" Ethik sehen. Auch diese ist eingeladen, sich nach Gott auszustrecken und nicht, wie Papst Benedikt im Collège des Bernardins, Paris, im Jahr 2008 sagte, dessen Anerkennung als „Kapitulation der Vernunft" zu betrachten.

Die Diplomatie des Heiligen Stuhls zielt darauf hin, einen Dialog zu führen, in dem der christliche Glaube als wertvolles Element des sozialen Lebens gewürdigt werden kann und nicht als Bedrohung verstanden wird. Mehr noch geht es aber um einen ethischen Beitrag, der an die unverhandelbaren Prinzipien des Natur-

---

2 CARITAS IN VERITATE, n° 57

rechts erinnert und den Gesetzgebern hilft, über einen positivistischen Ansatz hinaus, der seine Legitimation nur in Mehrheiten findet, auf den transzendentalen Grund von Recht und Ethik vorzustoßen. Der Verweis der Religion aus dem öffentlichen Diskurs hat nicht nur nicht dazu geführt, dass Vernunft und Gemeinwohl zu den maßgebenden Prinzipien der Politik geworden sind, sondern dass diese – um an das eben zitierte Worte Papst Benedikts anzuknüpfen – nicht selten vor der öffentlichen Meinung und angeblichen „Sachzwängen" kapituliert haben. Hier kann die päpstliche Diplomatie, die grundsätzlich unabhängig von nationalen Rücksichten agiert, einen wichtigen Beitrag leisten, den politischen Dialog in einen ethischen Rahmen zurückzuführen, in dem die Würde des Menschen tatsächlich im Mittelpunkt steht. Eine Politik, die sich an Gott orientiert, „als ob es ihn gäbe" – wenn man mit dieser hypothetischen Formulierungen auch Agnostikern eine Brücke bauen möchte – gefährdet nicht die menschliche Vernunft und die mit ihr begründeten Werte, sondern stimmt im Gegenteil mit ihr überein und verteidigt sie gegen die Gefahr ihrer Relativierung im immanenten Raum konkurrierender Moralvorstellungen.

Gläubige und Nicht-Glaubende leben nicht in einer irrationalen und sinnlosen Welt, sondern wissen – dank der vom Glauben erleuchteten Vernunft oder im Licht der natürlichen Erkenntnis – um eine ethische Ordnung, die einen echten und fruchtbringenden Dialog zum Wohle aller ermöglicht. In diesem Sinne hat sich der Selige Papst Johannes Paul II. schon 1995 an die Generalversammlung der Vereinten Nationen gewandt: „Das universal geltende moralische Gesetz, eingeschrieben in das Herz jedes Menschen, ist in gewisser Weise die Grammatik, die die Welt benutzen muss, um über ihre eigene Zukunft zu sprechen." Von dieser Sprache ist die Diplomatie des Heiligen Stuhls – sein Dialog mit den anderen Staaten der Welt und mit den internationalen Behörden – wesentlich geprägt.

Die Zukunft des diplomatischen Dienstes

Im Zeitalter der Globalisierung und der sich immer rasanter entwickelnden Kommunikationsmittel ist die bilaterale Diplomatie, die auf der Entsendung von Botschaftern gründet, nicht mehr die einzige Form internationaler Beziehungen. Gleichzeitig zeigt das rasante Zusammenwachsen der Völker aber auch, dass globale Probleme nicht in nationalen Alleingängen gelöst werden können. Der Kampf gegen den Terrorismus, der Einsatz für den allgemeinen Zugang zu sauberem Trinkwasser, die Sorge um den Klimaschutz sowie das Bemühen um allgemeine Wohlfahrt erfordern die internationale Zusammenarbeit der Staatengemeinschaft. Vor diesem Hintergrund verwundert es nicht, dass die multilaterale Diplomatie immer mehr an Bedeutung gewinnt. Wenn auch der Heilige Stuhl in den meisten dieser Organisationen lediglich Beobachterstatus hat, ist sein Beitrag in diesem Bereich von wesentlicher Bedeutung. Die katholische Kirche – das deutet ja der Name bereits ist – ist ein „global player", der auf allen Kontinenten präsent ist. Was die Organisation der Vereinten Nationen anstrebt – Friede und Zusammenarbeit zwischen den Völkern – ist in der Kirche auf tiefere und damit auch wahrhaftigere

Weise bereits verwirklicht. Im Glauben bekennen wir von dieser Kirche Jesu Christi, dass sie die eine ist und dieses Merkmal kraft ihrer göttlichen Stiftung ihr untrüglich erhalten bleibt. Diese Einheit der Kirche, die sich gerade in der Vielfalt ihrer Glieder zeigt, ist sichtbar und kann für die Welt wirksam werden. Von daher hat der Heilige Stuhl einen wichtigen Beitrag im gemeinsamen Bemühen um die Verwirklichung allgemeiner Werte zu leisten, die die Menschheitsfamilie prägen und gestalten müssen. Der Heilige Stuhl ist Experte im Dialog zwischen den Kulturen, der sich im Alltag der universalen Kirche täglich und auf mannigfache Weise ereignet.

Die Zukunft wird den Heiligen Stuhl herausfordern, noch aktiver an der internationalen Politik teilzunehmen und selbstbewusst die Würde des Menschen zu verteidigen. Es wird nicht notwendig sein, Mitglied in allen großen Organismen zu sein, um dieses Ziel zu erreichen. Die Stärke des Heiligen Stuhls liegt nicht in wirtschaftlicher Bedeutung oder militärischer Potenz, sondern in der Kraft des moralischen Arguments, das er als aktiver Beobachter der internationalen Politik glaubwürdig und überzeugend einbringen kann. „Was heißt aber, praktisch gesprochen, die moralische Wahrheit in der Welt der Politik und der Diplomatie zu fördern? Es bedeutet, auf der Basis der objektiven und vollständigen Kenntnis der Fakten verantwortungsvoll zu handeln; es bedeutet, politische Ideologien aufzubrechen, die die Wahrheit und die Würde des Menschen letztlich verdrängen und unter dem Vorwand des Friedens, der Entwicklung und der Menschenrechte Pseudo-Werte fördern wollen; es bedeutet, ein ständiges Bemühen zu fördern, das positive Recht auf die Prinzipien des Naturrechts zu gründen"[3].

Es wird in Zukunft immer mehr darauf ankommen, dass die Diplomaten des Heiligen Stuhls – auf der Basis umfangreicher Sachkenntnis – diese Prinzipien des Naturrechts in den Blick politischer Verhandlungen rücken, um dazu beizutragen, die Werte zu fördern, die die Welt braucht, um zum Aufbau einer gerechten und friedlichen Ordnung zu finden. Im letzten geht es darum, in der internationalen Politik jenen Beitrag zu leisten, den die Kirche – vor allen anderen sie – zu geben imstande ist: jenen Verweis auf die transzendentale Dimension des Menschen, die sein Herz unruhig lässt, weil es für mehr geschaffen ist als die Befriedigung materieller Bedürfnisse. Wenn nicht der Heiligen Stuhl, wer dann in der internationalen Politik, sollte von dem sprechen, der Grund und Ziel des Menschen ist? Das ist die Mission der Kirche im Allgemeinen, und damit auch der päpstlichen Diplomatie: Jedem Antwort zu geben, der nach dem Grund christlicher Hoffnung fragt (vgl. 1 Petr 3, 15), denn „die Welt braucht Gott."[4]

---

3 WELTFRIEDENSBOTSCHAFT 2011, n° 12
4 WELTFRIEDENSBOTSCHAFT 2011, n° 15

Mächte und Gewalten, Throne und Herrschaften

Ein unbekanntes Feld der Theologie

Klaus Berger

„Mit der ganzen Miliz des himmlischen Heeres" singt die Kirche bei jeder Eucharistiefeier im Hochgebet das „Heilig, heilig, heilig". Denn Gott ist nicht allein im Himmel. Es gehört zu den Folgen der sogenannten Aufklärung, dass man sich Gott als Single vorstellt, der sozusagen in einem Ein-Zimmer-Appartement den Himmel bewohnt. Nach der Bibel dagegen ist Gott von Heerscharen umgeben – eine rätselhafte Vorstellung, in der Exegese seit 200 Jahren unerforscht.

Die Mächte und Gewalten, Throne und Herrschaften sind jedenfalls nicht Menschen bei Gott, sondern „Engelmächte". Sie sind deshalb militärisch geordnet, weil erstens jeder Herrscher inmitten seines Heeres wohnt; wir kennen das heute noch von sog. Militärdiktaturen. Früher waren jedoch alle Herrscher, gute wie schlechte, von Militär umgeben, einem wichtigen Bestandteil der Exekutive. Und zweitens geht es beim Militär um Befehl und Gehorsam; sie dienen der Ordnung. Gerade den liebenden Gott und den barmherzigen Vater des Evangeliums hat man sich immer als einen König gedacht, der in seinem Heer und durch sein Heer auf Ordnung achtet.

Folgende theologische Fragen sind mit dem Mächten und Gewalten verbunden: Wie kommt es, dass der erhöhte Herr, der auferstandene Christus, sie unterwerfen muss? Wie kommt es, dass die Mächte und Gewalten einerseits Gott loben (sogar gemeinsam mit uns), andererseits aber deutliche Aversionen gegen den Menschen zu haben scheinen? Jedenfalls werden Kreuz und Erhöhung Jesu als gegen das Ansinnen dieser Mächte gerichtet dargestellt. Wer ist das überhaupt konkret, die Thronen, Herrschaften usw.? Wie ist ihr Verhältnis, ihre Beziehung zu Teufel und Dämonen? Eine zentrale Position nimmt Michael, der Anführer aller himmlischen Heere, auch im Kontrast zu diesen Mächten ein (vgl. nur Judasbrief 8f). Weder das Verhältnis zu Michael noch das zu den Menschen ist spannungsfrei. Was für Erfahrungen mit der himmlischen Welt stecken dahinter? D. h. warum reden neutestamentliche Christen verhältnismäßig oft von diesen Mächten? Geht es um eine bestimmte und differenzierte Weise, über das Negative und Böse zu denken?

Der vorchristliche Befund

Im jüdisch-hellenistischen Umfeld des Neuen Testaments, besonders aber bei Paulus und bei Briefen in seiner Umgebung finden sich die sog. „Mächte und Gewalten". Sie leben fort in den „Thronen und Herrschaften" jeder Präfation bei der Eucharistiefeier. Bei Dionysius Areopagita (6. Jh.) finden diese Mächte innerhalb der himmlischen Hierarchie Beachtung. In den älteren Schriften bleibt es unklar, worum es sich genau handelt. Die Auskunft der früheren Gnosis-Forschung, es handele sich um Requisiten der gnostischen Vorstellungen vom Kosmos, ist irreführend oder nichtssagend.

In der Regel werden mehrere Gruppierungen unter verschiedenen Namen genannt. So gibt es „Herrschaften", „Throne", „Mächte"(gr.: *exousiai*), „Führungskräfte" (gr.: *archai*), „Herrlichkeiten" (gr. *doxai*), „Gewalten" (gr.: *dynameis*). – Dass es jeweils mehrere Gruppen nebeneinander gibt, deren jede schier unzählige Mitglieder hat, weist auf hierarchische Ordnung. Denn Vielzahl und Ordnung, diese beiden Faktoren gehören bei der himmlischen Miliz zusammen.

Die Namen zeigen, dass staatliche oder militärische Organisation auf den Himmel übertragen wird (vgl. die Schrift des Dionysius Areopagita „De caelesti hierarchia"). Die himmlischen Heere mit Michael an der Spitze sind zumindest sachlich benachbart. Das gilt in noch höherem Maße von Cherubim, Seraphim Ophanim, „Scharen" und „Vieläugigen". – Was tun diese Mächte und Gewalten?

Sie lobpreisen Gott. Insofern haben sie die wichtigste Aufgabe des Hofstaats. Das Loben ist ihr Opferdienst. Er ist unblutig wie der der Kirche.

Sie sind bei Gott. Insofern ist Gott einfach der „Gott der Engel und Gewalten". Die Kombination beider Titel weist darauf, dass Gott durch sie die Welt regiert.

Der Lobpreis erfolgt hierarchisch geordnet, zum Beispiel nach zehn Diensträngen. Unter dem Einfluss von Dionysius Areopagita nimmt man neun Engelhierarchien an. Architektonisch wird das aufgegriffen zum Beispiel in den neun Engelschören in der St. Michaeliskirche in Hildesheim. Diese Kirche ist Michael, dem Heerführer der Engel, geweiht, und sie sagt in allen Einzelheiten des Baus Wichtiges über die große Bedeutung der Engelverehrung um die erste Jahrtausendwende.

Die einzelnen Engelgruppen haben je eine eigene Sprache (Testament des Hiob 49,2), so wie wenn ein Heer nach Landsmannschaften unterteilt wäre oder eine Truppe nach Nationen (wie einst bei den Johannitern und heute bei der Uno). An dieser können Menschen per Inspiration teilhaben (1 Kor 13).

Die Freude ist ein wichtiges Merkmal. Menschen können sie segnen.

Auch der Teufel hat Engel und Mächte. Diese heißen dann böse Gewalten.

Alle Mächte und Gewalten sind üblicherweise unsichtbar.

De sich aufdrängende Einsicht, dass mit der Annahme dieser Mächte und Gewalten irdische Verhältnisse nachgebildet und an den Himmel projiziert werden, wird in der jüdisch-hellenistischen Schrift Testament Salomos (Hg. P. Busch) 20,15 so formuliert: „Was immer im Himmel geschieht, geschieht auch auf der Erde". So schweben oben die Herrschaften. Mächte und Gewalten sind allein würdig, in den Himmel einzutreten. Wegen des Prinzips der Nachbildung gibt es auch auf der Erde Herrschaften, Mächte und Weltherrscher.

Vollständig offen bleiben nach dem bisher Gesagten der praktische Erfahrungs-
hintergrund, die Ursache für die Beliebtheit dieser Rede zur neutestamentlichen
Zeit, der Weg dieser Vorstellungen in das Neue Testament und nicht zuletzt die
Ursachen der christlichen Umdeutung.

Welche konkreten Erfahrungen sich im frühen Christentum und im Judentum
mit den Mächten und Gewalten verbinden, das wird nur an wenigen Texten offenbar:

– Nach 1 Kor 15,24–27 gehört auch der Tod zu den in 15,24 genannten Führungs-
  kräften, Mächten und Gewalten und wird in 15,25 unter die Feinde aus Ps 110,1
  gerechnet.
– Den weitaus wichtigsten Text liefert der jüdische Philosoph Philo von Alexandrien (ca.20 v. Chr. bis 60 n. Chr.), Über die Sprachenverwirrung 171: „Wenn es
  auch nur einen einzigen Gott gibt, so hat er doch um sich unsäglich viele Kräfte,
  die sämtlich dem Geschaffenen gegenüber hilfreich und heilbringend sind. Zu
  ihnen gehören auch die strafenden (Kräfte), denn auch die Strafe ist nichts
  Schädliches, insofern sie ein Verhindern und ein Wiedergutmachen der Fehler
  ist". Zu solchen Mächten gehören nach Philo auch Sonne und Mond, die aufgrund ihres Wirkens von den Menschen Götter genannt wurden. Deshalb sagt
  Moses auch in Deut 10,17 „Herr, Herr, König der Götter".
– Nach TestSal 8,6 (Busch) gehören zu den Mächten: Betrug, Streit, Kampf,
  Macht. Täuschung, Gewalt, Missgunst. Sie alle herrschen in der Finsternis.
– Nach Philo v. Alexandrien, De mutatione Nominum 59 stehen die „Gewalten"
  in folgender Reihe: Erde, Wasser, Luft, Sonne, Mond, Himmel, andere körper-
  lose Gewalten. Im Folgenden werden sie unter die Gnadengaben eingereiht, die
  ihren Quellgrund in Gott haben. – Die ersten vier Größen könnte man auch zu
  den Stoicheia (Weltelemente) rechnen.

Christliche Umdeutung

In den Texten des frühesten Christentums (1 Petr, 1 Kor 15, Kol 2,15; Eph 1,21f;
Judasbrief, 2 Petr; Justin, Dial 41, Ignatius v. a., Eph 13) treten folgende Elemente
hinzu, die wir vorher und außerhalb niemals finden:

– Derartige Mächte werden unterworfen, und zwar von Jesus Christus durch
  seine Auferstehung/Erhöhung. So nach 1 Petr 3,22; 1 Kor 15,25–27.
  Das Verb „unterwerfen" (gr. *hypotasso*) ist hier weit verbreitetes zentrales Stichwort (auch Lk 10,17!). In Lk 10 berichten die Jünger Jesus von ihrem Erfolg, dass
  nämlich die Dämonen ihnen untertan sind (10,18–20). Jesus berichtet in V.18, er
  habe Satan wie einen Blitz vom Himmel fallen gesehen – das ist die Szene von
  Apk 12 in der Perspektive Jesu. Und: Der Teufel hat seinen Sitz im Himmel
  verloren, doch die Jünger sollen sich freuen, im Himmel als Bürger eingetragen
  zu sein (V.20b). Die Unterordnung oder Unterwerfung der feindlichen Mächte
  gehört daher laut dieser Stelle in das Evangelium.
– Man konnte auch sagen: Die feindlichen Mächte werden „aufgelöst", „entfernt"
  oder „besiegt". Das setzt voraus: In christologischer Perspektive überwiegt ihre
  negative Einschätzung. Nach Kol werden sie „abgetan".

- Derartige Mächte bekommen ein „Haupt", d. h. sie haben einen Vorgesetzten. Dieser ist nach Kol von Anfang an Jesus Christus, nach Kol und Eph derselbe Jesus nach der Erhöhung. Dem entspricht, dass Jesus Christus seinen Ort „oberhalb", „über" (gr. *epano, hyperano*) den Mächten und Gewalten hat.
- Es gibt Christen, die diese Mächte verbal bekämpfen, und zwar wohl mit Flüchen. Immerhin gibt es zwei Schriften im Neuen Testament, die diese Praxis entschieden bekämpfen, 2 Petr und Jud. Denn auch die Mächte und Gewalten sind Gottes Geschöpfe und repräsentieren Gottes Hoheit.

Diese christlichen Aussagen sind nun gegenüber den vorher besprochenen keineswegs so selbständig, dass sie einen eigenen Zweig in der Entwicklung darstellten. Schon die vertraute Kombination der unterschiedlichen Mächte etwa in Eph 1,22 zeigt, dass ein enger Zusammenhang zwischen den vorchristlichen und den christlichen Aussagen über Mächte und Gewalten besteht. Aber wie dieser Zusammenhang besteht und was genau sich da unter dem Einfluss der Christologie verändern konnte, das ist ein bisher noch nicht geschriebenes Kapitel urchristlicher Theologiegeschichte. Christi am Kreuz vergossenes Blut spielt dabei eine entscheidende Rolle (Kol 2; Eph 1; Apk 12,11 Blut des Lammes).

Interessant ist, dass offenbar niemand die Existenz dieser Mächte bezweifelt. Sie stehen einfach in Geltung und gehören zur Welt.

Im Verhältnis zu den außerchristlichen Belegen fällt sofort die Spannung zwischen Christus und den Mächten ins Auge. Das Verhältnis Christus/Mächte ist sehr unterschiedlich dargestellt:
- Bejahung der Mächte:
  Sie gehören zu der Ordnung, die in Christus ihr Haupt hat (Kol 2,10).
  Sie dürfen nicht gelästert werden (2 Petr/Jud)
  Durch die Erhöhung des Auferstandenen wird die offenbar gottgewollte Ordnung
  hergestellt, in der die Mächte sein sollen (Eph; 1 Petr 3)
  Nach 1 Kor 15 steht die Verwirklichung dieser Ordnung noch aus.

In allen diesen Fällen sind die Mächte nicht grundsätzlich negativ gewertet.
- Wenn nach 1 Kor 15,24–27 der Tod einer der Mächte ist, wie Paulus zumindest implizit behauptet, dann ist daran zu denken, dass nach dem griech. Testament des Abraham (außerkanon. jüd. Schrift) der Tod ein von Gott gesandter Engel ist, der als solcher zu den Mächten gehört. Als Engel ist er von Gott geschaffen. Die rabbinische Literatur redet sehr oft vom Todesengel.
- Schutz vor Lästerung. Christen, die nach 2 Petr; Jud „Herrlichkeiten lästern", sind möglicherweise Christen, die z. B. den Todesengel verfluchen. Am letzten Tag der Wallfahrt nach Mekka wird bis heute der Teufel verflucht, und zwar in einem Akt großer Aggressivität, bei dem regelmäßig Menschen umkommen. Eine Verfluchung des Teufels gibt es in keinem christlichen Ritual, und zwar ist das wohl eine Folge der Mahnungen von 2 Petr; Jud. Warum werden diese ausgesprochen, und warum ist es überhaupt wichtig, diesem Anliegen zwei Briefe zu widmen? Erstens ist jedes Fluchen gefährlich, wenn den Fluchenden für den Fall, dass er selbst schuldig ist, der Fluch ihn selbst trifft. Und zweitens soll jeder Dualismus verhindert werden. Deshalb berichtet Jud 8 von den höchst

gemäßigten Worten des Moses gegenüber dem Teufel („Der Herr tadelt dich!"). Das ist kein Dualismus. Dessen Vermeidung hat den Vorteil, dass der Teufel und Dämonen allgemein als Geschöpfe Gottes gelten können, ja sogar als Bedienstete. Der Teufel ist, so betrachtet, ein freilich weitgehend verselbstständigter Vollzugsbeamter Gottes „im Außendienst".

Zum Bild des Teufels

Im Lichte der hier entfalteten Tradition betrachtet ist der Teufel Gottes Geschöpf, geschaffen als Tester der Menschen. Auch die Schwächen und Fehler, die er von Berufs wegen feststellt, werden eben im Laufe seines Testverfahrens sichtbar. Der Teufel ist nicht „das Böse" oder „die Sünde". Der Teufel testet den Menschen durch Verlockung zum Bösen, er bestraft ihn dann auch dafür. Insofern kann man den Teufel als Agent des Bösen betrachten. Teuflisch ist die Tücke der Verführung. Aber der Teufel ist nicht Gegenspieler Gottes, vielmehr bringt er das, was den Menschen vernichten kann, das Böse, zur Erscheinung.

Im Islam, der den Teufel verflucht, und in dualistischen Systemen wird der Teufel mit dem Bösen (Neutrum) identifiziert. Aber das ist nicht legitim. Der Teufel ist der Versucher und dient dazu, Spreu vom Weizen zu trennen.

Insofern (und nur insofern) sind die Mächte, die dem Menschen seine Schul per Schuldschein attestieren, der am Kreuz zerrissen wird, teuflisch. Und man kann mit Recht sagen, Jesus habe am Kreuz den Teufel besiegt (Kol 2,14; Hebr 2,14), nämlich den Ankläger (Apk 12,10f).

Zum Bild des Todes

Was Paulus in 1 Kor 15,55 mit spöttischen Worten über die Macht des Todes sagt, könnte durchaus als Lästerung im Sinne in Jud; 2 Petr aufgefasst werden: „Sag, Tod, wo ist dein Sieg geblieben, wo hast du deinen Stachel gelassen?" Paulus stiftet mit diesem Passus geradezu an zu triumphierenden Worten gegenüber Mächten und Herrlichkeiten. Richten sich daher 2 Petr und Judasbrief gegen eine mögliche dualistische Konsequenz aus 1 Kor 15?

Inwiefern durch die Aussagen über Mächte und Gewalten ein Beitrag zur Theodizeefrage geliefert wird, sagt der oben zitierte Text Philo, Conf Ling 171. Dieser Text erklärt auch, weshalb die Aussagen des Neuen Testaments über die Mächte und Gewalten leicht ins Negative tendieren. Das ist besonders wichtig bei den Stellen über Jesu Tod und Auferstehung. Bei Jesu Tod heißt es in Kol 2 über den Schuldschein: Jesus hat ihn ungültig gemacht, indem er die Mächte und Gewalten abgeschüttelt hat, so dass sie öffentlich blamiert sind. – Das heißt im Kontext unserer Deutung der Mächte und Gewalten: Die Mächte und Gewalten sind strafende Mächte im Sinne des zitierten Philo-Textes. Sie sind, so verstanden, nicht böse, sondern gerecht. Auch der Schuldschein war mit Recht ausgestellt. Insofern hat Jesus die Menschheit nicht vor der Bosheit der Mächte bewahrt, sondern vor den

„gerechten" Folgen der eigenen Schuld. Die Strafe, die der Menschheit drohte, war nicht ungerecht und böse, sondern nur allzu gerecht. Die Mächte und Gewalten sind daher als Ordnungshüter Exekutive Gottes.

Ähnliches gilt auch für alle Texte, nach denen Jesus als Gekreuzigter die Mächte und Gewalten „besiegt" hat. Denn gemeint ist der Sieg gegenüber Schuld und Bosheit, die der Mensch selbst angerichtet hat.

Analoges gilt auch von der Auferstehung/Erhöhung. Denn durch dieses Ereignis hat Jesus zugunsten der Menschen sich selbst als deren Anwalt neben Gott gesetzt und die strafenden Mächte als Ankläger („Staatsanwälte") ausmanövriert. Er hat sie abgetan bzw. überwunden, weil er als der der Gerechte zugunsten der Menschen und für sie vor Gott erschienen ist.

Das Beobachtete gilt besonders für 1 Petr 3,21f (Die Taufe rettet uns dadurch,) dass unser Gewissen offiziell vor Gott für rein erklärt wird. Denn Jesus Christus ist auferstanden und sitzt jetzt als unser Fürsprecher an der rechten Seite Gottes. Nachdem ihm Engel, Mächte und Gewalten unterworfen wurden, ist er in den Himmel eingezogen." Von dieser Unterwerfung spricht auch 1 Kor 15. – Die übrigen Texte reden noch deutlicher vom Abwimmeln oder Loswerden der Mächte und Gewalten (Kol), vom Vernichten (sc. ihrer Argumente und Anschuldigungen gegenüber den Menschen), endgültig vom Erledigen.

Jesu Erhöhung ist auch deshalb ein Sieg über Mächte und Gewalten, weil Jesus als Mensch für die anderen Menschen von den Toten auferweckt wurde und das Tor zur Auferstehung für sie geöffnet hat. Damit hat er ihr Unglück und ihre aussichtslose Situation gegenüber den Mächten und Gewalten grundsätzlich zum Besseren verändert. Und so kommt in der Tat mit Jesu Auferstehung die Überwindung des Todes überhaupt in den Blick. Aber das geschieht nicht als apokalyptischer oder sonstwie rätselhafter Kampf gegen eine Geistermacht, sondern indem Jesus Menschen als Getaufte präsentiert, die als solche auch an seiner Auferstehung teilhaben.

Schließlich wird auch von hier aus eine Brücke zur paulinischen Gesetzestheologie erkennbar. Der Schluss von 1 Kor 15 wird so fassbar. Dort war nach der Verkündigung des Sieges über den Tod auch vom Gesetz als dem Agenten der Sünde und des Todes die Rede. In der Tat geht es hier wieder um die nur verurteilende Rolle des Gesetzes, die Jesus immer im Blick hat, wenn er negative Aussagen über das Gesetz macht. In dieser Rolle, über dem Menschen als Richter zu stehen und seine Fehler und Löcher aufzuweisen, hat das Gesetz eine Funktion, die der der Mächte und Gewalten genau entspricht. Wenn weder das Gesetz noch Mächte und Gewalten den Menschen verurteilen müssen, dann ist er frei. Bezüglich der Mächte und Gewalten sagt man im Neuen Testament: Sie sind jetzt (seit dem Sühnetod bzw. der Erhöhung Jesu) „unterworfen". Und das bedeutet: Die Menschen sind nicht mehr ihnen unterworfen.

Insofern ist auch in 1 Kor 15,53–55 von Mächten und Gewalten die Rede. Die Querverbindung zum Gesetz ist besonders aufschlussreich: Es zeigt sich nämlich, dass die Entmachtung der Mächte und Gewalten dieselbe Botschaft bedeutet wie die Befreiung des Menschen aus der ständigen Verurteilung durch das Gesetz. Hier liegt demnach die Verbindung zwischen den Korintherbriefen einerseits und

Römer-, Galater- und Philipperbrief andererseits. Du 1 Kor 15,55–57 ist in der Tat ein ideales Bindeglied.

Wer aber die Mächte und Gewalten lästert (2 Petr und Jud), sucht die Schuld bei ihnen und nicht bei den Menschen. Wer aber die Schuld bei ihnen sucht, der lastet sie letztlich Gott an, weil der sie geschaffen hat. Denn wer die Mächte verflucht, stellt das gesamte bestehende System der Welt und ihre Ordnung infrage.

Was also bedeutet es, dass Jesus Christus „über" den Mächten ist? Es bedeutet, dass er „oberhalb" als das „Haupt" ist. – Es bedeutet, dass die Menschen nicht mehr unter den Mächten und Gewalten sind.

Der hier dargestellte Ansatz spiegelt sich auch in Apk 12 und in Lk 10,17–19.

Grundsätzlich ist nach diesen beiden Texten Ähnliches geschehen, wie wenn nach den Briefen Christus über die Feinde erhöht die Staatsanwaltschaft in Gestalt der kritischen Mächte „überwindet", bzw. ausschaltet. Nur unternimmt nach Apk 12 Michael das Geschäft des Ausrangierens des Staatsanwaltes, in Lk 10,17–19 gehört die Entmachtung Satans immerhin zur Botschaft Jesu; wer sie verursacht hat, das bleibt hier offen. – Folgende Züge weisen aber darauf, dass es sich um dieselbe Tradition handelt: Nach Lk 10,19 sind die Dämonen jetzt den Jüngern unterworfen (gr.: *hypotassesthai*), und in 10,17 fällt dasselbe Wort „über" (gr. *epano*), das wir aus den Briefen von Christus kennen. Das heißt: Die neue, jetzt erreichte Unterordnung der Mächte und die Überordnung der Christen entspricht dem, was nach der Briefliteratur Jesus Christus erreicht hat. Was laut Briefliteratur von der Position des erhöhten Christus im Himmel gilt, wird daher in Lk 10 von den exorzistisch tätigen Jüngern Jesu gesagt, und zwar von Jesus selbst. In Lk 10,19 gilt: Oberhalb aller Gewalt des Feindes sind sie tätig.

Auch die in Apk 12 geschilderte Entmachtung des Satans, den Michael vom Himmel wirft, gehört in das Kapitel der Ausschaltung der Mächte und Gewalten insofern sie menschenfeindlich sind. Trotz aller Entfernung zu Paulus ist Apk 12 daher eine Entfaltung dessen, was Paulus in 1 Kor 15,25 meint. Der Teufel ist der Ankläger bei Gottes Thron gewesen, und seine Anklagen hatten immer Hand und Fuß. Wenn er nun durch Michael zum Schweigen gebracht wird, lässt Gott Gnade vor Recht ergehen. Dass der auf die Erde geworfene Teufel dann die Christen verfolgt, bestätigt die Annahme, dass Mächte und Gewalten nicht im Prinzip himmlisch sind. In Lk 2,14 singt der Militärchor des Heeres Gottes auf Erden auf dem Feld bei Bethlehem.

Interessant sind auch die beiden außerneutestamentlichen Belege für die Überwindung der Mächte durch Gott: Nach Justin, Dial 41,1 hat Gott die Mächte und Gewalten aufgelöst durch den, der nach seinem Rat leidensfähig geworden ist. Die Menschwerdung Jesu Christi ist daher der Weg, die verurteilenden Instanzen auszuschalten. Denn der unsere Natur mit uns teilt, kann der bessere Anwalt sein (so auch durchgehend Hebr). – Nach Ignatius, Epheser 13,1 werden die Mächte des Satans aufgerieben, wenn die Gemeinde oft zum Gottesdienst zusammenkommt. Die himmlische Szene ist hier „ersetzt" durch die geballte Macht der heiligen Versammlung.

Grundsätzlich ergibt sich für das Bild der Mächte und Gewalten: Sie stehen für die Ordnung im Himmel und auf Erden. Deshalb loben und verehren sie Gott, denn sie geben Ehre, wem Ehre gebührt. Auf Erden aber ahnden sie die Verstöße der Menschen gegen die Ordnung. Auch der Teufel ist in dieser Hinsicht ein Ordnungshüter. Dass Jesus ihn besiegt und überwindet, ja ihn ausrangiert, ist ein neuer Weg Gottes, mit der Unordnung fertig zu werden, nämlich der Weg der Vergebung (um Jesu willen). In diesem Sinne besteht zwischen Teufel und Kruzifix auch eine echte Rivalität. Mit dem Teufel wird man fertig, indem man ihm „widersteht", denn abschaffen oder verfluchen kann man ihn nicht. Insofern ist er dazu da, die Widerstandskraft des Glaubens zu erproben. Das wird zwar von Christen als unangenehm, lästig und gefährlich wahrgenommen, aber es ist auch in Gottes „Interesse".

Sich dem Wahren und Richtigen unterzuordnen ist daher in der Literatur im Umfeld des Neuen Testaments der wahre Schlüssel zum Heil (Jak 4,7f). Wer sich Gott unterordnet, hat die Kraft, dem Teufel zu entfliehen (1 Petr 5,6–9).

Nach 1 Petr 3,22 werden die Gegner im himmlischen Gerichtstribunal unterworfen, weil der Auferstandene und Erhöhte jetzt für die Christen eintritt. *Eperotema* ist nach 3,21 die Erklärung über ein reines Gewissen – die Christen haben das aufgrund der Taufe – die der Erhöhte vor Gott abgibt.

Zur *Wirkungsgeschichte* gehört vor allem dieses: Der im Mittelalter zentrale und bis heute für christliche Soziallehre und Politik bestimmende Begriff der Ordnung (ordo) ist maßgeblich darin begründet, dass man sich den Himmel, Gottes Umgebung als eine Ordnung der Engel vorstellt. Und gleichzeitig sind nach Ps 104,4 (zitiert in Hebr 1,7 .14) die Träger dieser Ordnung „dienstbare Geister" (deutscher Ausdruck zuerst bei M. Luther Hebr 1,14). So ist mit der Ordnung Gottes nicht autonomes Herrschen, sondern Dienen verbunden.

Und vor allem können wir beobachten, dass in diesen Texten neutestamentliche Erlösung noch einmal ganz anders dargestellt wird, als wir es von den Evangelien und von Paulus her kennen. Die stärkere Beachtung dieser Linie könnte manches verständlicher werden lassen.

Warum die historische Methode bei der Interpretation von „lehramtlichen" Texten unentbehrlich ist

Walter Brandmüller

Wenn es darum geht, die Texte des 2. Vaticanums im Lichte einer Hermeneutik der Kontinuität zu interpretieren, spielt die Frage, nach welchen Kriterien dies zu geschehen habe, eine zentrale Rolle. Das gleiche gilt für die Texte jener Konzilien bzw. lehramtlicher Äußerungen, mit denen jene des 2. Vaticanums entweder im Einklang oder – wie von manchen behauptet wird – im Widerspruch stehen sollen.

Alle diese Texte sind nun aber – naturgemäß – zu einem bestimmten Zeitpunkt, an einem bestimmten Ort, unter bestimmten Umständen entstanden. Soll also ihr Inhalt, soll ihre Aussageabsicht zutreffend erfasst werden, müssen die genannten Gesichtspunkte gebührend berücksichtigt werden. Sie bilden den hermeneutischen Horizont, vor welchem Texte dieser Art zu interpretieren sind.

Damit ist zwangsläufig der Einsatz des Instrumentars der historischen Methode gefordert.

Eine Interpretation, die nur vom nackten Wortlaut im heutigen Verständnis von Begriffen und Grammatik ausginge, müsste darum unweigerlich in die Irre führen.

Es gilt also zunächst, die jeweilige geschichtliche Situation auszuleuchten, in der Verfasser wie Adressaten des in Frage stehenden Dokuments sich befanden, also seinen „Sitz im Leben" zu bestimmen, wenn ein adäquates Verständnis erreicht werden soll.

Die hierzu notwendigen methodischen Schritte sollen nun anhand einiger historischer Beispiele vorgeführt werden. Dazu werden einige bekannte theologisch relevante Texte ausgewählt, bei deren Interpretation die Notwendigkeit des Zusammenspiels von systematischer und historischer Methode besonders augenfällig wird.

Die Theologie bedarf – so Ignaz von Döllinger – beider Augen: des historischen wie des spekulativen.[1]

---

[1] Döllingers berühmte *„Rede über Vergangenheit und Gegenwart der katholischen Theologie"* in: Verhandlungen der Versammlung katholischer Gelehrter in München vom 28. September bis 1. Oktober 1863, Regensburg 1863, 25–59.

I

Als ein erstes Beispiel sei die Fürbitte für die Juden in der von Pius XII. reformierten Karfreitagsliturgie angeführt: *„Oramus et pro perfidis Judaeis ...“*[2] Dass nach dem Motu proprio *Summorum Pontificum*[3] sich ein Sturm von Protesten gegen diese Formulierung erhob, ist noch in lebhafter Erinnerung. Er hätte nicht losbrechen können, hätte man die eingangs erwähnten Interpretationskriterien beachtet.

Der in Frage stehende Text stammt aus dem *Sacramentarium Gelasianum,* welches – das genauere Entstehungsdatum ist kontrovers – aus dem frühen Mittelalter stammt.[4] Das heißt also, dass zu fragen ist, welche Bedeutung der Begriff *„perfidus“* im frühen Mittelalter hatte. Ein Blick in das *Mediae latinitatis lexicon minus* von Niermeyer-Van de Kieft ergibt indes, dass *„perfidus“* damals die Bedeutung von „ungläubig“ hatte[5], also alles andere als eine moralische Disqualifikation bedeutete. Es war eine schlichte Tatsachenfeststellung: Die Juden waren und sind im christlichen Sinne ungläubig, eine Feststellung, der kein Jude widersprechen würde.

Wie viel Aufregung hätte man sich ersparen können, wäre man nicht auf dem historischen Auge blind gewesen.

II

Ein weiteres Beispiel bietet das von Anfang an höchst umstrittene Dekret *„Haec sancta“* des Konzils von Konstanz (1414–1418)[6], das bis heute weithin als die *Magna charta* des Konziliarismus betrachtet wird. Eine wahre *Crux theologorum.* Das Konzil von Konstanz habe, meint man, die Oberhoheit des Konzils über den Papst als Dogma definiert.[7] Ein Dogma, das mit jenem des 1. Vatikanischen Konzils über den Jurisdiktionsprimat des römischen Bischofs in offenem Widerspruch stehe. Ströme von Tinte wurden vergossen, um diesen Widerspruch aufzulösen. Noch zur Zeit des 2. Vatikanums – man beging die 550. Wiederkehr der Eröffnung des Konzils von Konstanz – hat der damalige Freiburger Dogmatiker Helmut Riedlinger den Versuch unternommen, *„Haec sancta“* und *„Pastor aeternus“* miteinander in Einklang zu bringen. Ein geradezu akrobatisches Kunststück subtilster Hermeneutik.[8]

---

2 *Officium Hebdomadae Sanctae et Octavae Paschae,* Romae-Tornaci etc. 1958, 528.
3 AAS 99 (2007), 777–781; 795–799.
4 Vgl. M. KlÖCKENER, *Sakramentar,* in: Lex MA VII, 1273–1275.
5 J. F. NIERMEYER-C. VAN DE KIEFT, *Mediae latinitatis lexicon minus,* II Leiden–Darmstadt 2002, 1027.
6 Il testo: *Oecumenicorum Conciliorum Decreta* Zum ganzen Komplex vgl. W. BRANDMÜLLER, Das Konzil von Konstanz, I Paderborn u. a. ²1999, 237–260; II 415–422. Zur Diskussion: H. J. SIEBEN, *Die katholische Konzilsidee von der Reformation bis zur Aufklärung* (= Konziliengeschichte hrsg. v. W. Brandmüller Reihe B) Paderborn u. a. 1988, 306–349.
7 H. KÜNG, *Strukturen der Kirche* (= Quaestiones disputatae 17), Freiburg i. Br. 1962, 244–289.
8 H. RIEDLINGER, *Hermeneutische Überlegungen zu den Konstanzer Dekreten,* in: Das Konzil von Konstanz. Beiträge zu seiner Geschichte und Theologie hrsg. v. a. A. Franzen u. W. Müller, Freiburg i. Br. 1964, 214–238.

Zur gleichen Zeit beharrten Paul de Vooght[9], Hans Küng[10] und andere darauf, dass man in Konstanz die Superiorität des Konzils über den Papst definiert habe, und zogen daraus ihre Konsequenzen für die Ekklesiologie.

Wieder einmal aber wurde die *Magistra vitae*, die Historie, nicht befragt. Hätte man es getan, hätte man sich die ganze Auseinandersetzung erspart – eine Auseinandersetzung um Gegenwartsprobleme, die auf dem Schlachtfeld der Vergangenheit ausgefochten wurde.

Nun also gilt es, das Versäumte nachzuholen. Werfen wir darum einen Blick auf die historische Situation, in der das fragliche Dekret entstanden ist. Seit 20. September 1378 bestand das sogenannte Große Abendländische Schisma, das die Kirche zuerst in eine römische und eine avignonesische Obedienz teilte. Nach dem Konzil von Pisa gab es dann eine dritte, die pisanische. Jede der drei Obedienzen hatte ihren „Papst". Aus dieser verfahrenen und ekklesiologisch unerträglichen Lage sollte das Konzil von Konstanz einen Ausweg finden.[11]

Das Konzil, vom „Papst" der pisaner Obedienz, Johann XXIII., einberufen, bestand bis Mitte 1415 nur aus dieser. Im Sommer 1415 dankte der römische „Papst" Gregor XII. ab, und seine Obedienz schloss sich dem Konzil an, während jene des avignonesischen „Papstes" – ohne diesen – erst im Herbst 1417 zum Konzil stieß, das erst von diesem Zeitpunkt an als *universalem ecclesiam repraesentans* gelten konnte.

Als Johann XXIII. in der Nacht vom 20./21. März 1415 heimlich aus Konstanz geflohen war und Gefahr bestand, dass sich das Rumpf-Konzil auflöste, beschloss man am 6. April 1415 das in Frage stehende Dekret.[12] Es besagte, dass das Konzil *„potestatem a Christo immediate habet"*, und ihm – dem Konzil – *„quilibet cuiuscumque status vel dignitatis, etiam si papalis existat, obedire tenetur in his quae pertinent ad fidem et extirpationem dicti schismatis, ac generalem reformationem dictae ecclesiae Dei in capite et in membris."*

Darin also erblickte man – und mancher tut es noch immer – die dogmatische Definition der Superiorität des Konzils über den Papst.

Analysieren wir – dies ist ausführlicher, als es hier möglich ist, anderwärts geschehen[13] – diesen Text, so ergibt sich, dass man die Autorität des Konzils von Christus unmittelbar herleitet, nicht vom einberufenden Papst. Dagegen konnte auch der extremste Verfechter des Primats nichts einwenden, da wegen der mehr als zweifelhaften Legitimität der drei *contendentes de papatu* kein legitimer Papst existierte, der das Konzil hätte einberufen können – es bestand Sedisvakanz.

---

9 P. DE VOOGHT, *Les pouvoirs du concile et l'autorité du pape au concile de Constance*, Paris 1965; DERS., *Der Konziliarismus bei den Konzilien von Konstanz und Basel*, in: Das Konzil und die Konzile, Stuttgart 1962, 165–210.

10 Vgl. Anm. 7.

11 W. BRANDMÜLLER, *Das Konzil von Konstanz 1414–1418* (Konziliengeschichte hrsg. v. W. Brandmüller, Reihe A), Paderborn u. a. ²1999, 1–11.

12 *Conciliorum Oecumenicorum Decreta*, ed. J. Alberigo et alii, Bologna ³1972, 384–386; vgl. dazu die irreführende Übersetzung durch R. Galligani: *Decisioni di Concili Ecumenici a cura di G. Alberigo* (= Classici delle religioni sez. 4ª diretta da Piero Rossano), Torino 1978, 364f.

13 BRANDMÜLLER, *Konstanz* ²I, 237–259.

In eben dieser Situation beansprucht das Konzil, dass ihm jedermann jeden Ranges und Standes zu gehorchen habe *„etiam si papalis existat"*, d. h. auch wenn ein Papst existieren sollte. Wenn Galligano übersetzt, es habe dem Konzil zu gehorchen *„chiunque, di qualunque condizione e dignità, compresa quella papale"*[14], so verfälscht er den Wortlaut. Vielmehr geht die Formulierung *„etiam si (aliquis dignitatis) papalis existat"* auf die beschriebene konkrete Situation ein: Es gibt zwar tatsächlich keinen Papst, aber es soll durch dieses *„etiamsi existat"* auch jeder subjektive Anspruch der drei „Päpste" von vornherein zurückgewiesen werden. Der Situationsbezug ist offensichtlich. Er ist auch in dem einleitenden Absatz ausgedrückt, der von „diesem heiligen Konzil" spricht, das „zur Ausrottung des gegenwärtigen Schismas" versammelt sei.

Andere Formulierungen weisen ebenso in diese Richtung. Außerdem ergibt ein Blick auf die Semantik der hier verwendeten Begriffe, dass es sich um einen kanonistischen, nicht um einen dogmatischen, lehramtlichen Text handelt.[15]

Was aber noch entscheidender ist: Das Konzil war zum Zeitpunkt der Verabschiedung dieses Dekretes lediglich eine Versammlung der pisanischen Obedienz. Von einem Allgemeinen Konzil, das allein – es gab ja keinen Papst – Organ des obersten und unfehlbaren Lehramts gewesen wäre, konnte zu diesem Zeitpunkt nicht die Rede sein.

Überdies hat der schließlich von dem seit Herbst 1417 wirklich ökumenischen Konzil gewählte Papst Martin V. das Dekret *„Haec sancta"* mit Bedacht von seiner Bestätigung der übrigen Konzilsdekrete ausgenommen.[16]

Wiederholen wir also die Gründe: Einmal war *„Haec sancta"* eindeutig auf die Situation des Schismas bezogen, zweitens hatte es juristischen, nicht dogmatischen Charakter, drittens war es keineswegs von einem Allgemeinen Konzil erlassen, sondern nur von einer der drei konkurrierenden Obedienzen.

Eben dies sahen auch die – sagen wir einmal papalistischen – Gegner des Konziliarismus unter den Konzilsteilnehmern so, weshalb sie gegen das Dekret auch keinen nennenswerten Widerstand leisteten. *Sede vacante* und beim Ausfall eines legitimen Kardinalskollegiums (auch das war der Fall) kam – und käme auch heute noch – *iure divino* – die oberste Lehr- und Hirtengewalt tatsächlich dem versammelten Episkopat zu. Dass die Konziliaristen jedoch die Gültigkeit des Dekrets auch *Sede plena* behaupteten, sollte bald darauf zu Siena (1423–1424) zur Auflösung des Konzils, zu Basel (1431–1449) zu neuem Schisma führen.

Interpretiert man also *„Haec sancta"* mit Hilfe der historischen Methode im Lichte der Geschichte, löst sich der angebliche Konflikt zwischen *„Haec sancta"* und *„Pastor aeternus"* wie der Schnee in der Frühlingssonne auf.

---

14 Vgl. Anm. 12.
15 W. BRANDMÜLLER, *Besitzt das Konstanzer Dekret „Haec sancta" dogmatische Verbindlichkeit?*, in: DERS., *Papst und Konzil im Großen Schisma*, Paderborn 1990, 225–242; hier: 228–230.
16 BRANDMÜLLER, *Konstanz* II, 416–422.

III

In der nachkonziliaren Phase, die nicht nur, was den Ökumenismus betrifft, von einem gewissen euphorischen Enthusiasmus bestimmt war, wurde mehrfach geäußert, die *Confessio Augustana* des Jahres 1530 könnte als gemeinsame Grundlage für erfolgreiche Wiedervereinigungsgespräche mit den Lutheranern dienen.[17]

In der Tat enthielten deren 28 Artikel eine Reihe von Formulierungen, mit denen katholische Theologen auf den ersten Blick einverstanden sein mochten, zumal die Verfasser – insbesondere war es Melanchthon – beteuerten, katholisch lehren und lediglich einige Missbräuche abstellen zu wollen.

Indes erweist sich ein solcher Optimismus als durchaus unbegründet, sobald man für die Interpretation der CA nicht nur die Grammatik, sondern auch die historische Methode bemüht.

Allein schon die Tatsache, dass die eigentlichen Kontroverspunkte allenfalls nur angedeutet, ja eigentlich ausgeklammert blieben, hätte Aufmerksamkeit erregen müssen.

Mehr noch musste dies der Fall sein, sobald man bedachte, dass auch Begriffe ihre Geschichte haben und Bedeutungswandel erfahren. Am Beispiel der *„perfidi iudaei"* ist das schon gezeigt worden.

In der CA hingegen geht es um zentrale Begriffe: Dies sei an besonders auffälligen Beispielen gezeigt. Da heißt es etwa im Artikel VII von der Kirche: *„Est autem ecclesia congregatio sanctorum, in qua evangelium pure docetur et recte administrantur sacramenta …"* Auch an anderen Stellen ist die Rede davon, dass die Bischöfe nur erlauben müssten, dass *„evangelium doceri pure"*, um den Streit zu beenden. So wie der Wortlaut dasteht, könnte in der Tat kein Katholik etwas dagegen einwenden.

Wenn man nun allerdings den Kontext und den speziellen lutherischen Sprachgebrauch berücksichtigt, so wird klar, dass sich hinter dem „rein gepredigten Evangelium" nichts anderes verbirgt als das genuin lutherische *„sola scriptura"* – und nicht nur das, sondern auch das spezielle Verständnis von „Evangelium", hinter dem sich die Rechtfertigung aus dem Glauben allein, also das *„sola fide"* Luthers versteckt: Diese Lehre ist nämlich nach Luther das „Evangelium" schlechthin. Fragen wir sodann, was es heißt, *„recte administrantur sacramenta"*, so klingt das wiederum völlig unverfänglich, ja selbstverständlich. Aber bei Licht besehen liegt hier ein Begriff von Sakrament zugrunde, der alles andere als katholisch ist, davon abgesehen, dass im Zusammenhang nur von Taufe und „Abendmahl" die Rede ist, während die anderen Sakramente nicht einmal mehr genannt werden. Dieser reformatorische Begriff von Sakrament wird allerdings wenig weiter im Artikel XIII klar ausgedrückt, wo es heißt: *„… quod sacramenta instituta sint, non modo ut sint notae professionis inter homines, sed magis ut sint signa et testimonia voluntatis Dei erga nos ad excitandam et confirmandam fidem in his, qui utuntur proposita."*

Also: „dass die Sakramente nicht allein dazu eingesetzt sind, Zeichen zu sein, an denen man die Christen äußerlich erkennen kann, sondern vielmehr als Zeichen

---

17 Der Text: *Die Bekenntnisschriften der evangelisch-lutherischen Kirche*, Göttingen [7]1976, 31–137.

und Bezeugung des Göttlichen Willens uns gegenüber, unseren Glauben dadurch zu erwecken und zu stärken."

Damit ist aber Wesen und Wirkung der Sakramente ganz im Sinne des lutherischen *sola fide* missverstanden. Davon, dass – wie man nach katholischem Verständnis weiß – die Sakramente bewirken, was sie bezeichnen, dass ihr Vollzug Verleihung bzw. Vermehrung der Gnade als Wirkung hat, ist nicht mehr die Rede. Vielmehr geht es um – psychologische – Erweckung und Stärkung des Glaubens, der dann seinerseits die Rechtfertigung bewirkt.

Damit ist der Artikel VII von der Kirche als nicht konsensfähig erwiesen. Schließlich ist auch darauf hinzuweisen, dass „Glaube" nach lutherischem Verständnis immer den sogenannten Fiduzialglauben meint, nicht aber das intellektuelle wie existentielle Ja zu den Artikeln des Glaubensbekenntnisses.

Es ist also evident, dass auch die im Text gebrauchten Begriffe der historischen Interpretation bedürfen.

Ganz entscheidend für das adäquate Verständnis der CA ist indes ihre Einordnung in den historischen Kontext. Es ist also zu fragen, in welcher Situation, von wem, an wen und wozu die CA formuliert worden ist.[18]

Erinnern wir uns, dass Luther, durch die Bulle „*Decet Romanum Pontificem*" exkommuniziert und daraufhin auf dem Reichstag zu Worms 1521 in Acht und Bann getan, dass schließlich auf dem Reichstag von Speyer 1529 die Durchführung des Wormser Edikts gegen ihn beschlossen worden war, dann ist klar, dass Luthers Anhänger zum mindesten als der Häresie verdächtig, wenn nicht sogar als Häretiker zu betrachten waren.

Sollte es dabei bleiben, hätten sie schwerwiegende reichsrechtliche Konsequenzen zu befürchten gehabt. Dies war der Stand der Dinge, da der 1530 nach Augsburg einberufene Reichstag bevorstand.

Unter diesen Umständen musste es den Fürsten, die Luther anhingen und in ihren Territorien schon ein lutherisches Kirchenwesen etabliert hatten, in erster Linie darum gehen, den Häresievorwurf von sich und ihren Anhängern abzuwenden.

Zu eben diesem Zwecke formulierten einige ihrer Theologen unter der Federführung Melanchthons die *Confessio Augustana*, die dem Kaiser ihre Rechtgläubigkeit beweisen sollte. Dementsprechend waren sie bemüht, die typischen Lehren, wie sie Luther in seinen berühmten Kampfschriften des Jahres 1520 formuliert hatte, gänzlich in den Hintergrund treten zu lassen oder gar zu übergehen, um darzulegen, wie sehr katholisch-rechtgläubig sie doch seien und der ganze Streit sich doch nur um einige Missbräuche drehe, die unschwer zu überwinden seien.

Am 26. Juni 1530 schrieb Melanchthon dem päpstlichen Legaten Campeggio: „Bis zum heutigen Tag verehren wir das Papsttum. Wir haben keine von der römischen Kirche verschiedene Glaubenslehre. Wir werden Christus und der römischen

---

18 W. BRANDMÜLLER, *Die Confessio Augustana in ihrem historischen Kontext*, in: Stimmen der Zeit 105 (1980), 553–566. DERS., *Der Weg zur Confessio Augustana*, in: Bekenntnis und Geschichte, hrsg. v. W. Reinhard (= Schriften der Philosophischen Fakultäten der Universität Augsburg 20), München 1981, 31–62.

Kirche treu bleiben bis zum letzten Atemzug, selbst wenn die Kirche uns verurteilen sollte, obwohl doch nur ganz belanglose Unterschiede in den Riten die Einheit hindern."[19]

Vergleicht man all das, was bisher geschehen und geschrieben worden war, mit Melanchthons eben zitierten Worten, wird eines klar ersichtlich: Es ging keineswegs um die Wiedergewinnung der bereits verlorenen Glaubenseinheit, sondern um politischen Freiraum für die bereits eingetretene Glaubens- und Kirchenspaltung.

Martin Luther, der sich als Gebannter nicht auf dem Reichstag zeigen konnte, sondern auf der sächsischen Feste Coburg saß, sah das nicht anders. Am 9. Juli 1530 schrieb er an den in Augsburg weilenden Justus Jonas: „Über die dogmatischen Fragen werden wir niemals Einigkeit erreichen. Wer vermag denn zu hoffen, Belial mit Christus zu versöhnen? Was ich wünsche, ja fast erhoffe, ist, dass man unter Nichtachtung des dogmatischen Dissenses politische Einigung erreicht – *dissensione dogmatica suspensa, politicam concordiam fieri posse.*"[20]

Entsprechend scharf ist Luthers Vorwurf an Melanchthon: „Satan lebt noch und hat es wohl verstanden, in Eurer Apologie leise zu treten und die Artikel vom Fegfeuer, vom Heiligenkult und besonders vom Papst, dem Antichristen, zu übergehen …"[21]

Nach dem Gesagten ist es klar, dass dieser Text als Ausgangsgrundlage für ein seriöses ökumenisches Gespräch nicht geeignet ist.

IV

Als letztes Beispiel sei der *Syllabus errorum* Pius' IX.[22] von 1864 angeführt, an dem sich weitere für eine adäquate Interpretation von lehramtlichen Texten notwendige methodische Schritte demonstrieren lassen. Noch jüngst hat Jacques Gadille jedoch den Syllabus „ein erschreckendes Dokument der Fortschrittsfeindlichkeit der Päpste" genannt – er hätte es nicht tun können, hätte er die folgenden methodischen Prinzipien, die er als Historiker kennen müsste, angewandt.[23]

Zu diesem Zweck sei als Beispiel der 80. Satz des Syllabus angeführt: „*Romanus Pontifex potest ac debet cum progressu, cum liberalismo et cum recenti civilitate sese reconciliare et componere.*" Der römische Papst kann und muss sich mit dem Fortschritt, dem Liberalismus und der modernen Zivilisation versöhnen und vergleichen (= zu einem Ausgleich kommen).

---

19 Melanchthon an Campeggio 26. 6. 1530. (*Melanchthons Briefwechsel* hrsg. v. H. Scheible Bd I bearb. v. Johanna Loehr, Stuttgart 2007.

20 Die Zitate nach E. ISERLOH, *Vorgeschichte, Entstehung und Zielsetzung der Confessio Augustana*, in: Confessio Augustana – Hindernis oder Hilfe?, Regensburg 1979, 15–17.

21 Luther an Justus Jonas, 9. Juli 1530 Weimarer Ausgabe.

22 Luther an Melanchthon … WA

23 Text: *Acta Sanctae Sedis 3* (1867/68), 168–176.

Dieser Satz wird also verurteilt. Die Reaktion der öffentlichen Meinung glich einem Aufschrei.[24] Der Papst wolle Eisenbahn und Gasbeleuchtung verbieten – etc. lauteten die Vorwürfe.[25]

Nun, davon abgesehen, dass der ganze Syllabus kein Beispiel für gelungene Kommunikation bzw. Medienpolitik war – auch kritische Journalisten hätten gut daran getan, genauer hinzusehen. Da hätte auffallen müssen, dass jeder einzelne Satz auf vorhergegangene päpstliche Äußerungen Bezug nimmt und demgemäß in deren Licht zu interpretieren ist. In diesem Falle ging es um die Allokution *„Iam dudum cernimus"* vom 18. März 1861. In dieser Ansprache verurteilte der Papst die zahlreichen Übergriffe der Piemontesischen Regierung auf die Einrichtungen der Kirche. Es handelte sich um die Auswirkungen der Gesetze des Ministers Ratazzi, denen eine große Zahl von Klöstern, kirchlichen Schulen u. a. zum Opfer gefallen waren. Gegen diese im Namen des Fortschritts und der Zivilisation ergriffenen Maßnahmen hatte der Papst protestiert.[26]

Mit dem Satz 80, den der Papst im Syllabus verurteilt, werden also nicht Fortschritt schlechthin, politische Freiheit und Zivilisation verurteilt, sondern das, was die piemontesischen Kirchenverfolger darunter verstanden. Dass der Papst das auch so meinte, geht daraus hervor, dass die Allokution *„Iam dudum"* ausdrücklich zitiert wird.

Ein zweiter wichtiger Hinweis betrifft die Art und Weise der Formulierung der Sätze.[27] Sie sprechen jeweils eine These aus, die durch die Aufnahme in den *Syllabus errorum* als Irrtum gekennzeichnet und deshalb verurteilt wird. Wahr ist also das Gegenteil des verurteilten Satzes. Nun wird häufig dabei ein logischer Fehler begangen, indem konträrer und kontradiktorischer Gegensatz verwechselt werden. Es wird zum Beispiel als Gegensatz von „Schwarz" „Weiß" angegeben. Indes ist „Weiß" der konträre Gegensatz von „Schwarz". Der hier in Frage kommende Gegensatz ist indes der kontradiktorische. Demnach ist der Gegensatz von „Schwarz" „Nicht-Schwarz". Welche Missverständnisse dabei entstehen können, sei am folgenden Beispiel gezeigt. So wird etwa der Satz verurteilt: „Die Ehe untersteht in jeder Hinsicht der Staatsgewalt." Die dem Irrtum entgegen gesetzte Wahrheit heißt nun aber nicht: Die Ehe untersteht in keiner Hinsicht der Staatsgewalt: Das wäre der konträre Gegensatz. Der kontradiktorische hingegen lautet: „Die Ehe unterliegt nicht in jeder Hinsicht der Staatsgewalt." Der Unterschied ist offensichtlich![28]

Es ist also notwendig, auf die Sätze des Syllabus jene Regeln anzuwenden, die in der theologischen Schulsprache üblich sind.

Nun ist durchaus zuzugeben, dass in diesem eher esoterischen Sprachgebrauch

---

24 J. GADILLE, in: *Die Geschichte des Christentums* XI, Freiburg i. Br. u. a. 1997, 23.
25 DERS.; 26f.
26 C. BUTLER-H. LANG, *Das Vatikanische Konzil,* München ²1933, 63–65.
27 Die Liste der zitierten Dokumente bei H. DENZINGER, *Enchiridion symbolorum etc.* cur. P. HÜNERMANN, Freiburg i. Br. ³⁷1991, 798f.
28 So schon J. HERGENRÖTHER, *Katholische Kirche und christlicher Staat in ihrer geschichtlichen Entwicklung,* Freiburg i. Br. 1872, 806–815.

der Grund für eine Reihe von Missverständnissen und Fehlinterpretationen zu suchen ist.[29] Ein Meisterstück pastoraler Kommunikation war der Syllabus wahrlich nicht.

Nicht minder wichtig für das Verständnis des Syllabus ist der Unterschied zwischen „These" und „Hypothese" bei der Interpretation einer Reihe von Sätzen, vor allem jener, die das Verhältnis von Kirche und Staat bzw. bürgerlicher Gesellschaft betreffen. Es war dies eine Unterscheidung, die es gestattete, die prinzipielle Position der Kirche aufrecht zu erhalten, während man angesichts der konkreten politisch-gesellschaftlichen Umstände die Unmöglichkeit, sie durchzusetzen, hinnahm.[30]

Eine weitere Voraussetzung für die korrekte Interpretation – nicht nur des Syllabus – ist die Bestimmung des Grades seiner lehramtlichen Verbindlichkeit. Diese betrifft nicht nur den Text insgesamt, sondern ebenso seine einzelnen Sätze.

Nun suchen wir bei diesen vergeblich nach diesbezüglichen Angaben. Es fehlen die sonst üblichen theologischen Qualifikationen wie etwa *propositio haeretica, haeresi proxima, erronea, scandalosa* etc.

Es kommt hinzu, dass die einzelnen Sätze selbst wiederum Bestandteile aufweisen, die unterschiedlich zu qualifizieren wären.

Dies ist bewusst nicht geschehen. Es handelt sich also um das globale dogmatische Urteil, die Sätze enthielten Irrtümer. Es blieb demnach den Adressaten – diese waren die Bischöfe, nicht die Journalisten – anheimgestellt, die theologischen Qualifikationen vorzunehmen.[31] Dies ist in einer Reihe zeitgenössischer Publikationen auch geschehen.

Die entscheidende Frage, hingegen, war, ob es sich bei dem Syllabus um eine Äußerung des unfehlbaren Lehramtes handelte – oder nicht.[32]

Dass diese Frage besonders nach dem 18. Juli 1870 disputiert wurde, verwundert nicht. Bemerkenswert dabei ist, dass hierüber innerhalb der „Ultramontanen" selbst gegensätzliche Positionen bezogen wurden. Während etwa der Jesuit Franz Schrader, der bedeutende Dogmatiker Matthias Joseph Scheeben, Kardinal Mazella u. a. den Syllabus für ein Dokument des unfehlbaren Lehramts betrachteten[33], vertraten Bischof Feßler, Sekretär des 1. Vatikanischen Konzils, und Bischof Gasser, Sprecher der theologischen Kommission des Konzils, den entgegengesetzten Standpunkt.[34] Andere meinten, die Frage sei weiterhin zu diskutieren.

Schließlich hat sich die Auffassung durchgesetzt, dass von einem infalliblen Dokument nicht gesprochen werden könne.

Die Frage nach dem theologischen Valor von lehramtlichen Texten ist nun von besonderer Bedeutung, wenn vom 2. Vatikanischen Konzil die Rede ist, dessen

---

29 HERGENRÖTHER, 845–848.

30 HERGENRÖTHER, 807–814.

31 Vgl. bes. G. MARTINA, *Pio IX (1851–1866)* = Misc. Hist. Pont. 51, Roma 1986, 349–356.

32 Die verschiedenen Standpunkte sind dargestellt bei V. FRINS, in: WETZER-WELTE, KIRCHEN-LEXIKON XI (1899), 1018–1031, hier bes. 1019–1021.

33 FRINS 1020; HERGENRÖTHER 810f.

34 Vgl. zwei Briefe Gassers an Feßler vom 27. und 30. Januar 1871 (W. BRANDMÜLLER, *Briefe um das 1. Vatikanum*: Konziliengeschichte Reihe B), Paderborn u. a. 2005, 79–81.

Texte hinsichtlich ihres kanonisch-lehramtlichen Gewichtes erhebliche Unterschiede aufweisen.

Dieses Thema soll jedoch nicht hier und jetzt, sondern an anderer Stelle ausführlich behandelt werden.

Was hier gezeigt werden sollte, ist die Unentbehrlichkeit der historischen Methode, ohne deren Anwendung die Theologie – und das gilt nicht nur für die Interpretation von lehramtlichen Texten – eines ihrer beiden Augen beraubt wird und darum auch zu einer adäquaten Erfassung ihres Gegenstandes nicht in der Lage ist.

Nun also gilt es, die hier gewonnenen Erkenntnisse bzw. die hier aufgezeigten methodischen Schritte auf das 2. Vatikanum anzuwenden und zugleich auch den da und dort behaupteten Widerspruch des Konzils zu vorausgegangenen lehramtlichen Dokumenten auf die beschriebene Weise zu untersuchen.

Der Malteserorden als Vorläufer neuer geistlicher Bewegungen?

Wie Notfallregelungen normative Kraft entwickeln und eine weltweite Gemeinschaft prägen

Nicolaus U. Buhlmann

Ein Auge für die Details zu haben, sich den vermeintlich kleinen Dingen mit gleicher Aufmerksamkeit zuzuwenden wie den großen Themen, hieran erkennt man den wirklichen Kenner – in gleich welcher Materie. In den Kosmos des Wilhelm Imkamp gehören auch die geistlichen Ritterorden, wohl nicht an letzter Stelle. Mehreren von ihnen gehört er an und hat auch keine Scheu, dies zu zeigen. Denjenigen, die allein an dieser Tatsache Anstoß nehmen, sei gesagt, dass die Aufgabe eines Priesters in einer solchen Gemeinschaft eine durchaus andere ist als die der übrigen Mitglieder. Der Priester wird und soll sich mit dem Sondergut des Ordens, mit der Geschichte und besonderen Devotion vertraut machen, wie sie etwa dem Malteser-Ritterorden, dem Orden vom Hl. Grab von Jerusalem oder dem Konstantinischen Orden vom Hl. Georg[1] zu eigen sind. Er soll das durchdringen und, spirituell geformt, nach außen vertreten. Doch wird er auch in einer ritterlichen Gemeinschaft zunächst und immer der Priester bleiben, d. h. der Seelsorger. Als solcher kann er auf eher erhöhte Aufmerksamkeit im Orden rechnen, denn auch die Ordensritter und -damen müssen sich in ihren spirituellen Bedürfnissen, in den großen und kleinen Nöten und Fragen eines Menschenlebens an einen Seelenhirten wenden dürfen. Zu dem Priester, der zugleich Mitglied ihres Ordens ist, werden sie wohl mit höherem Vertrauen, vielleicht auch mit höheren Ansprüchen gehen. Sie werden ihn jedenfalls fordern, auch in den ganz gewöhnlichen geistlichen Verrichtungen, wie sie der Eigenkalender eines geistlichen Ritterordens oder eben das Kirchenjahr vorsieht.

Priester sind dazu da, sich fordern zu lassen – einer der Schauplätze dafür kann die Kommunität eines geistlichen Ritterordens sein.

Dass geistliche Ritterorden, die von Fernstehenden gelegentlich als lächerlicher Popanz, als kirchliches Kostümtheater eingeordnet werden und die sich auch

---

1 Zu diesem in Deutschland wenig bekannten Orden s. Saccarello, R., Ordine Costantiniano, 2008, sowie Marini Dettina, A., Legittimo Esercizio del Gran Magistero del Sacro Militare Ordine Costantiniano, 2003

innerhalb der Kirche keinesfalls ungeteilten Ansehens erfreuen (verletzen sie doch offenbar die unter die neuen Kardinaltugenden aufgenommene Gleichheit), Vorreiter eines geistlichen Aufbruchs in der Kirche sein können, mag verwundern. Es lässt sich aber jedenfalls für den ältesten und ehrwürdigsten unter ihnen, den Souveränen Malteser-Ritterorden, nachweisen. Dazu müssen wir nicht weit in die Vergangenheit zurückgehen, ein Ausflug in die zweite Hälfte des 19. Jahrhunderts genügt, er führt uns unter anderem in die Heimat Prälat Imkamps, ins Rheinland.

Doch zunächst müssen in großen Schritten einige Etappen der Geschichte des Johanniter-Malteserordens abgegangen und in Erinnerung gerufen werden[2].

Um die Mitte des 11. Jahrhunderts entstand aus einem Hospital, das italienische Kaufleute zur Betreuung europäischer Pilger in Jerusalem gegründet hatten, zunächst eine Bruderschaft, dann 1113 ein Orden innerhalb der Kirche, mit dem Hl. Johannes dem Täufer als Patron. Aus dieser Frühphase wichtig ist vor allem die Tatsache, dass diese „Johanniter" bei der durchaus blutigen Einnahme der Heiligen Stadt 1099 durch die Ritter des Ersten Kreuzzugs schon daselbst tätig waren und – ohne Ansehen von Person und Religion – ihre caritativen Dienste leisteten. Mitnichten sind sie also mit den Kreuzfahrern identisch, sondern gehörten bereits bei deren Ankunft zu den anerkannten christlichen Akteuren in der Stadt[3].

Nach dem vorläufigen Ende der christlichen Präsenz im Heiligen Land im Gefolge der Niederlage von Akkon 1291 operierte der Orden von wechselnden Standorten im östlichen Mittelmeer aus – immer verfolgt von den Flotten und Heeren eines expansiven Islam. Zunächst Zypern, 1310 dann Rhodos und schließlich 1530 Malta, das der Kaiser den Rittern als Lehen übertrug – so hießen die wechselnden Schauplätze, an denen die Ritter des Hl. Johannes sowohl ihr Gründungscharisma als ältester Krankenpflegeorden der Kirche leben konnten als auch ihrer zweiten ihnen historisch zugewachsenen Aufgabe, bewaffneter Arm der Kirche zu sein, nachkommen mussten. Auf Malta konsolidierte sich die Ordensherrschaft, die seit der Zeit auf Rhodos unzweifelhaft auch die völkerrechtliche Souveränität über das jeweilige Territorium bedeutete, und es setzte nun – nachdem die berühmte Große Belagerung der Insel 1565 erfolgreich bestanden worden war – eine gewisse Ruhephase ein. In dieser Zeit begann man die Ordensmitglieder – dies könnte ein weiterer Merkpunkt sein – auch Malteser zu nennen. Wir sind in der Zeit der großen, durch die Reformation verursachten Kirchenspaltung, und diese ging auch mitten durch den Orden, jedenfalls was dessen nordeuropäische Gliederungen anging. Die Bezeichnung als „Malteser" ist beim katholischen Stammorden geblieben, während die der neuen Lehre ergebenen Ritter den eigentlich älteren Begriff „Johanniter"

---

2 Für alle Aspekte der Ordensgeschichte nach wie vor unverzichtbar ist Wienand, A., Der Johanniterorden / Der Malteserorden, 1988, ebenso als zuletzt erschienenes, offiziöses Werk Horsler, V. / Andrews, J., The Order of Malta, 2011; empfehlenswert aber auch Sarnowsky, J., Geistliche Ritterorden, in Dinzelbacher, P. / Hogg, J., Kulturgeschichte der christlichen Orden, 1997, 329–332; aus phaleristischer Sicht etwa Kirchner, H. / v. Truszczynski, G., Ordensinsignien und Auszeichnungen des Souveränen Malteser-Ritterordens, 1976, sowie Henning, E. / Herfurth, D., Orden und Ehrenzeichen, 2010, 98–100, und Valentini di Laviano, L., Abiti, Uniformi e Decorazioni, 2010

3 Grundsätzliches zum Thema der Kreuzzüge und ihre Einordnung in die allgemeine und Kirchengeschichte bei Angenendt, A., Toleranz und Gewalt, 2008, 419–441

beibehielten. Das ist nur eine und sicher nicht die bedeutendste Verwirrung, die wir der bisher letzten Kirchenspaltung in der Geschichte des Christentums verdanken. Es muss aber jedes Mal eigens erklärt werden und sorgt selbst bei historisch Gebildeten, ja auch bei manchen Mitgliedern der beiden Ordensteile für Konfusion, dass sich der Stammorden eine zeitlich neuere Bezeichnung gegeben hat, während der evangelische „Ast" am Baum des nun mehr als 900 Jahre alten Ordens den historischen Namen weiterführt.

Die nächste große Umwälzung in Europa, die der Französischen Revolution, ließ auch das abseits gelegene Malta nicht unberührt. 1798 war das nächste Schicksalsjahr in der Geschichte der „Mönchsritter", wie sie zeitgenössisch manchmal genannt wurden. Der aufgehende Stern der französischen Geschehnisse, General Napoleon Bonaparte, nahm auf seiner Fahrt nach Ägypten die Mittelmeerinsel gleichsam im Vorübergehen ein. Ehrlicherweise muss man zugeben, dass die vorangegangene Epoche der Aufklärung den Ordensstaat, der dieser offenbar nichts entgegenzusetzen wusste, innerlich geschwächt hatte. Es ist aus Sicht des Ordens eine große Peinlichkeit, dass einige jüngere Ritter mit den Idealen der Revolution sympathisierten, Verrat an der eigenen Obrigkeit begingen und dem Korsen und seinen Schiffen Einlass in den als sicher geltenden Hafen der Insel gewährten.

Die vertriebene Ordensregierung[4] – damals unter dem bisher einzigen Deutschen als Großmeister – begann für einige Jahre ein Nomadendasein an verschiedenen Orten Italiens zu führen (Messina, Catania, Ferrara), ohne dort wirklich willkommen zu sein und vor allem ohne eine wirkliche Perspektive für die Zukunft zu haben. Gesichert war lediglich eines – das möge als dritter Kernpunkt aus der Ordensgeschichte dienen –, nämlich die völkerrechtliche Stellung des Malteserordens, genauer: dass er überhaupt eine Völkerrechtsstellung besaß[5]. Der Friede von Amiens 1802 bestätigte aufs neue, dass der Orden souveräner Landesherr von Malta gewesen war und in diesen Stand wiedereingesetzt werden sollte. Die Interessen der Mächte, insbesondere Großbritanniens, ließen das nicht mehr zu – die Völkerrechts-Subjektivität der Malteserritter blieb davon aber unberührt. Sie wird seitdem auch nicht mehr wirklich angezweifelt, wobei man lediglich darüber streiten kann, ob sich die Qualität als Völkerrechtssubjekt aus dem Status als Exilregierung speist – die Widerrechtlichkeit der Vertreibung aus Malta war ja schon den Zeitgenossen unzweifelhaft – oder ob dem Orden nicht aufgrund seiner besonderen Geschichte und seiner über Jahrhunderte quasi in Vertretung der europäischen Mächte wahrgenommenen Aufgabe als „Marinepolizei" des östlichen Mittelmeeres, vor allem aber auch wegen seiner caritativen Tätigkeit eine besondere, eine

---

4 Aufschlussreiche Details zu dieser schwierigen Zeit der Ordensgeschichte erfährt man bei Seward, D., Monks of War, 1995, 312f

5 Vgl. dazu Hafkemeyer, G., Malteserorden und Völkerrechtsgemeinschaft, in Wienand, A., a.a.O., 427–438; Waldstein-Wartenberg, B., Rechtsgeschichte, 1969; Himmels, H., Malteser-Ritterorden als Völkerrechtssubjekt, in: Goydke, J. / Rauschning, D. (et alt.), Vertrauen in den Rechtsstaat, 1995, 213–230; Verdross, A. / Simma, B., Universelles Völkerrecht, 1984, besonders 252f. Aufschlussreich zur schrittweisen Entwicklung des Souveränitätsprinzips generell und im Orden Hoffmann v. Rumerstein, L., Verfassungstheorie und Verfassungswirklichkeit, in: Referate zur Information über den Malteserorden, 1982, 47–51; Turriziani Colonna, F., Sovranità e Indipendenza, 2006.

sozusagen funktionale Völkerrechtssubjektivität zukomme. Diese letztere Haltung hat sich durchgesetzt und kann heute als herrschende Meinung im Völkerrecht gelten.

Wieder festeren Boden fanden die vertriebenen Ordensritter im Jahre 1834, und zwar gleichsam auf dem Felsen, auf dem die Kirche Christi errichtet wurde, also in der Stadt des Papstes, in Rom. Dort, am Sitz der Gesandtschaft des Ordens beim Heiligen Stuhl in der Via Condotti, nahm die Ordensobrigkeit nun ihren Sitz. Bis zum heutigen Tag residiert im Zentrum Roms die Großmagisterium genannte Regierung des Malteserordens. Gemeinsam mit der Villa auf dem Aventin-Hügel, wo auch die berühmte, von Piranesi erbaute Prioratskirche des römischen Großpriorats und die beiden Ordensbotschaften beim Hl. Stuhl und dem italienischen Staat zu Hause sind, bilden diese zwei extraterritorialen Orte alles, was von der jahrhundertelang ausgeübten Landesherrschaft der Malteser übrig geblieben ist.

Wir sind nun in der Zeit angekommen, die unserer Betrachtung zugrunde liegen soll.

1. Zur kirchenrechtlichen Stellung des Malteserordens

Wer gehörte eigentlich in der ersten Hälfte des 19. Jahrhunderts zum Malteserorden und wie kann man diese Mitgliedschaft kirchen- und ordensrechtlich fassen?

Auch heute noch hält sich das Gerücht, dass in den Malteserorden nur aufgenommen werden kann, wer adlig ist. Dies ist nicht korrekt, denn die geltende Ordensverfassung sieht in ihrem Artikel 11 § 4 lediglich für den Großmeister und die Mehrheit der Mitglieder des Souveränen Rates – ein weiterer Name für die Ordensregierung – den Nachweis adliger Abstammung vor. Der die Verfassung des Ordens ergänzende Codex spricht in seinem Art. 112 von den Adelsproben, die einem Reglement entsprechend abgelegt werden müssen. Dies gilt aber nur für zwei der sechs Kategorien des sgn. Dritten Standes im Orden, wobei diese Adelsproben regional unterschiedlich ausfallen[6]. Heute gibt es weltweit bereits eine nichtadlige Mehrheit im Gesamtorden. Das hat zum einen mit der Aufnahme von Mitgliedern aus Nord- und Südamerika sowie Teilen Asiens und Afrikas zu tun, Ländern, die überwiegend keine Monarchien (mehr) sind und keinen Adel kennen. Andererseits werden auch in die europäischen Ordensgliederungen – die insgesamt meist doch noch eine adlige Mehrheit in ihrer Mitgliedschaftsstruktur aufweisen – regelmäßig Nichtadlige aufgenommen.

Das ist der Stand von heute, der im Übrigen einmal eine gründliche soziologische Durchleuchtung verdienen würde. In den Jahrzehnten des 19. Jahrhunderts, in denen unsere Untersuchung ihren Anfang nimmt, verhielt es sich aber durchaus noch anders[7].

Der Orden war ganz überwiegend adlig geprägt – noch die Statuten von 1936 bezeichnen den Gesamtorden als notwendig adlig – und nur wenige Ausnahmen wurden für bestimmte Angestellte gemacht, etwa für Ärzte, die als sgn. Justiz-

---

6 Dazu Waldstein-Wartenberg, B., a.a.O., 149–152, 242
7 Vgl. Waldstein-Wartenberg, B., a.a.O., 214–218

donate nach Ablegung eines Versprechens aufgenommen wurden. Erst am Ende des 19. und zu Beginn des 20. Jahrhunderts kommt es zur Aufnahme von Männern und dann auch Frauen, die als Magistraldamen oder -ritter entweder keine genügende oder gar keine Adelsprobe ablegen (Heute sieht das Ordensrecht für diese Stufe von vorneherein keinen Nachweis adliger Abstammung vor, de facto ist es die Kategorie mit den weltweit meisten Aufnahmen).

Überhaupt war damals die den Regeln entsprechende Mitgliedschaft im Orden des Hl. Johannes den Männern vorbehalten, die in ihm Gelübde abgelegt hatten, d. h. die Ordensleute mit allen Wirkungen des kanonischen Rechtes geworden waren. Es handelte sich dabei um die Ritter und Priester, die die dreifachen Gelübde der Armut, der Ehelosigkeit und des Gehorsams abgelegt hatten. Wie bei den anderen Orden der Kirche auch musste dabei zunächst ein Noviziat absolviert und eine Periode zeitlicher Gelübde zurückgelegt werden. Bis zur Ablegung der endgültigen, lebenslang verpflichtenden Profess waren diese Ordensmitglieder als Justizritter, danach als Professritter bekannt. Erst die Mitglieder mit ewiger Profess hatten nennenswerte Rechte und Pflichten im Orden, konnten insbesondere in Ämter gewählt werden. Die dem Orden durch Profess verbundenen Priester, die den anderen Ordensmitgliedern, besonders aber denen mit Profess, als Seelsorger zur Verfügung stehen sollten, hießen und heißen Konventualkapläne. Es wurde als umso nötiger angesehen, eigens für die Mitglieder vorgesehene Priester zur Verfügung zu haben, als der Untergang der Ordensherrschaft auf Malta und die sich anschließenden Jahre der inneren und äußeren Wirrnisse auch das Ende des auf der Insel bestehenden Konventslebens mit sich gebracht hatten. Eine Vita communis, die auch schon zuvor wegen des militärischen Anteils an den Ordensaufgaben nur bedingt möglich gewesen war, gab es nun zunächst nicht mehr. Hier sollten die Ordenskapläne vermittelnd und verbindend wirken.

Halten wir also fest: In seiner Eigenschaft als religiöser Orden der katholischen Kirche kannte der Malteserorden zwei Möglichkeiten der Mitgliedschaft, für Laien und für Priester, die beide mit der Ablegung einer zunächst zeitlichen, dann ewigen Profess verbunden waren. Ein äußeres Zeichen der Professmitglieder war (und ist) das schlichte weiße achtspitzige Steckkreuz ohne weitere Ausschmückungen, das sie nun zusätzlich zu einer Halsdekoration tragen durften, aber auch die Anrede mit dem Titel „Fra'", also Frater, die als Zeichen der Bescheidenheit zu werten ist, wird sie doch in der Regel von den Angehörigen der Bettelorden verwendet.

Dass die Laien hier vor den Priestern behandelt wurden, ist kein Zufall, entspricht vielmehr dem innersten Wesen des Hospitalordens des Hl. Johannes. Er ist nämlich von Anfang an ein Laienorden gewesen, der Priester nicht an seiner Leitung beteiligt hat, sondern ihnen lediglich seelsorgliche Aufgaben zuwies. Dies heißt weiter, dass der Großmeister, dem ja die Ehrenrechte eines Staatsoberhauptes und gleichzeitig eines Kardinals der römischen Kirche zustehen, ordensrechtlich nichts anderes als ein Laienbruder ist, wie im Übrigen auch alle Professritter. Zugleich bedeutete dies, dass lediglich diesen Professmitgliedern des Ordens der Charakter als Ordensmänner im Sinne des kanonischen Rechtes zukam. Mit seiner Eigenschaft als Laienorden reiht sich der Malteserorden in eine ganze Reihe ähnlicher, freilich jüngerer Institute ein, die im deutschen Sprachraum auch als Brüderorden bekannt sind und von denen viele gleichfalls im sozial-caritativen Bereich ihre Tätigkeit entfalten.

Es ist bereits angeklungen, dass – damals weniger als heute – offenbar außer der Ablegung von Gelübden als Ritter oder Priester noch andere Formen der Mitgliedschaft im Malteserorden möglich sind. Genau hier nähern wir uns dem Problem, als dessen Lösung der eingangs beschworene geistliche Aufbruch der Hospitalritter zu verstehen ist.

Wenig überraschend kam es nämlich nach dem Ende der napoleonischen Kriege zu einer „Berufungskrise" im Orden. Die Zahl der Professritter und auch die der Kapläne unter Gelübden nahm stark ab. Dies kann nicht verwundern, wenn man sich vor Augen hält, dass der Adel in der Alten Ordnung immer auf der Suche nach angemessenen Versorgungsmöglichkeiten für seine nachgeborenen Söhne (und natürlich auch Töchter) war. Dies konnte ein Platz in einem adligen Kapitel oder Kloster sein oder eben auch die „Religion", als welche sich recht selbstbewusst der Malteserorden selber zu bezeichnen pflegte. Denn dort wurden die Professritter, aber auch die Konventualkapläne mit sgn. Kommenden ausgerüstet, landwirtschaftlichen Liegenschaften, die mit ihren erwirtschafteten Geldern dem Inhaber, auch als Komtur bekannt, zu einem mehr oder weniger angemessenen Lebensunterhalt verhalfen. Die Umwälzungen der Revolution hatten all dies Vergangenheit werden lassen – mit ganz wenigen Ausnahmen, zu denen die Besitzungen im Kaisertum Österreich sowie die in den bald wieder errichteten drei italienischen Großprioraten von Rom, Lombardo-Venetien und Neapel gehörten. Die Belehnung mit solchen Kommenden sowie das Aufrücken in eine größere und wirtschaftlich leistungsfähigere erfolgte nach dem Grundsatz der Anciennität, bis man nach dem Ersten Weltkrieg dazu überging, die Verwaltung der einzelnen Kommenden entweder zentral im jeweiligen Großpriorat vorzunehmen oder sie überhaupt dem Commun Tesoro, der Finanzverwaltung des Gesamtordens, zu übertragen, die daraufhin den Professrittern eine Pension in je gleicher Höhe auszuzahlen begann. Die bisher möglichen Meliorationen fielen damit weg, die Grundsätze der Anciennität und des Aufrückens im Orden wurden so de facto sinnentleert.

Die Zahl der Professritter lag 1880 bei 40 und ging bis 1949 auf 20 zurück; eine ebensolche Reduzierung um die Hälfte gab es bei den Konventualkaplänen, die von 18 auf 9 abnahmen[8]. Man soll den Einfluss ökonomischer Gesichtspunkte auf die Entscheidung, ob jemand sich für den Weg der besonderen Nachfolge in einem Orden entscheidet oder nicht, keineswegs überbewerten, handelt es sich doch zunächst um höchstpersönliche Berufungsfragen, die vor dem Forum des Gewissens zu verhandeln sind. Doch wäre es unvernünftig, sie ganz auszublenden, darf doch auch der Arbeiter im Weinberg des Herrn einen Lohn erwarten. Auch er kann sich nicht allein von der Liebe Gottes nähren. Die mangelnde Fundierung wird also ihre Rolle gespielt haben bei dem zahlenmäßigen Niedergang dieser Gruppe.

Man wird im Übrigen für den gleichen Zeitraum eine beginnende Orientierung des Adels, zunächst eher des niederen Adels, an den Aufgabenstellungen und Methoden der beginnenden Industrialisierung feststellen können: Angehörige adliger

---

8 Vgl. Waldstein-Wartenberg, B., a.a.O., 215

Familien suchten sich neue Broterwerbe, indem sie Fabriken gründeten oder sich im Groß- und Fernhandel engagierten. Das waren Betätigungsfelder, die bis zur französischen Revolution fast ausschließlich dem Bürgertum überlassen waren. Doch nun, als die traditionellen Laufbahnen in Armee, Justiz, Verwaltung und eben auch in der Kirche nach den revolutionären Umwälzungen allen offenstanden, erschloss sich der Adel seinerseits neue Felder. Nicht nur der Malteserorden bekam das zu spüren.

Im Ergebnis ist jedenfalls eine merkliche, ja bedrohliche Reduzierung des im Malteserorden zu dieser Zeit allein maßgeblichen Mitgliederanteils der Profess-ritter und -priester zu konstatieren, für den allein das Eigenrecht des Ordens die Wahlämter und die Entscheidungsfunktionen vorsah.

2. Die Wiederbelebung des Ordens in den rheinisch-westfälischen und schlesischen Teilen Preußens

Vor diesem Hintergrund vollzog sich nun eine langsame Erneuerung, ein allmähli-cher Wiederaufstieg der Hospitaliter, der relativ bald nach den gesamtgesellschaft-lichen Umwälzungen anzusetzen ist. Mit dem Verlust der ordenseigenen Flotte infolge der napoleonischen Besetzung Maltas fiel auch die sgn. Karawanenpflicht weg, die den jungen Rittern den Dienst an Bord der Kriegsschiffe auferlegte. Man führte im italienischen Exil dafür einen Krankenpflegedienst in römischen Spitä-lern für die Novizen[9] und den verpflichtenden Eintritt in die Päpstliche Nobelgar-de für die Professritter ein, Bestimmungen, die allerdings nicht konsequent durch-geführt wurden. Immerhin besann sich der Orden dadurch wenigstens zum Teil auf sein Gründungscharisma und schlug, weit vor dem Zweiten Vatikanischen Konzil, einen Weg ein, den dieses in seinem Dekret zum Ordensleben allen Orden und Kongregationen der Kirche als Weg zu einer zeitgemäßen Erneuerung des jeweiligen Propriums vorschlug[10].

Doch bezogen sich solche Vorschriften ja allein auf die eigentlichen Ordensmit-glieder, also die Professen, deren Zahl aber – wie gezeigt – kontinuierlich abnahm. Wie würde der Orden in der Zukunft bestehen können, wenn die Zahl seiner Voll-mitglieder geringer wurde, ohne dass es möglich war, alle ihm auf andere Weise angehörenden Personen in die bestehenden Strukturen zu integrieren? Genau das sollte sich im 19. Jahrhundert als die entscheidende Frage nicht nur für ein Wieder-aufleben des altehrwürdigen Ritterordens, sondern geradezu als conditio sine qua non für ein Fortleben der Mönchsritter des Hl. Johannes des Täufers herausstellen.

Dass es aber gelang, hier eine tragfähige Lösung zu finden, die bis zum heuti-gen Tag das Erscheinungsbild des Malteserordens entscheidend prägt, ist nicht zu-letzt dem katholischen Adel in den Westprovinzen des Königreichs Preußen, im

---

9 Details dazu bei Sire, H. J. A., Knights of Malta, 1994, 251. Der Neffe des dem Orden sehr ge-wogenen Papstes Gregor XVI., Giovanni Cappellari della Colomba, war in der Folge der erste Novize, der im Krankenhaus der Cento Preti am Ponte Sisto Dienst tat.

10 Vgl. Nr. 2 des Dekrets über die zeitgemäße Erneuerung des Ordenslebens *Perfectae caritatis* vom 28. Oktober 1965

Rheinland und in Westfalen, zu verdanken. Hier wurden neue Modelle erprobt und gegen mancherlei Widerstände durchgesetzt, die dann im ebenfalls der preußischen Krone zugehörigen Schlesien und in der Folge im Gesamtorden übernommen wurden.

Zwei Fragestellungen, die einer Klärung zugeführt werden mussten, sind dabei zu unterscheiden[11]: Der Vatikan als oberste Autorität für alle Ordensgemeinschaften der katholischen Kirche sowie das Großmagisterium des Malteserordens mussten sich untereinander und miteinander einig werden, ob und wie es zu einer Ausweitung der Mitgliedschafts-Möglichkeiten im Orden kommen sollte und wie dies kirchenrechtlich einzuordnen wäre. Weil sich diese Aktivitäten in einem konkreten Land, eben im Königreich Preußen vollzogen, war auch eine staatskirchenrechtliche Abklärung dieser an sich internen Diskussion vonnöten. Wie zu zeigen sein wird, verwoben sich die verschiedenen Entscheidungslinien und -felder in vielfältiger, durchaus komplizierter Weise, übten aufeinander Einfluss aus und ermöglichten – im Nachhinein gesehen – gerade in ihrer zunächst problematischen Interdependenz die schlussendliche Lösung.

Am Beginn steht eine ebenso interessante wie schwierige Persönlichkeit, die des Freiherren August von Haxthausen, der zeitweise glaubte, quasi im Alleingang die Wiedererrichtung des nicht nur in seiner westfälischen Heimat, sondern in ganz Deutschland fast untergegangenen Malteserordens erreichen zu können[12]. Haxthausen, Freund Wilhelm Grimms und Onkel der Annette von Droste zu Hülshoff, hatte bei einer Italienreise 1857 Kontakt zum Malteserorden aufgenommen, stellte sich diesem rasch als Justiz-, später Professritter zur Verfügung und machte sich anheischig, eine Neuetablierung des Ordens in Preußen zu versuchen. Dass dessen damaliger König, der hochromantische Friedrich Wilhelm IV., wie er in einem Schreiben der preußischen Gesandtschaft an die Ordensregierung hatte mitteilen lassen, dieser Idee positiv gegenüber stand, mochte der allseitigen freudigen Erregung noch zusätzlich Auftrieb gegeben haben. So gingen zahlreiche Depeschen hin und her, mit der Stoßrichtung, dass über den alteingesessenen Baron Haxthausen der katholische Adel, zunächst seiner Provinz und dann möglichst ganz Deutschlands, dem Malteserorden wieder zugeführt werden sollte. Nach der Aufhebung des Großpriorats Deutschland 1806 durch die Rheinbund-Akte existierte keinerlei Ordensgliederung mehr in deutschen Landen, so dass die neuen Ritter zunächst „in gremio religionis", also beim Großmagisterium selber, aufgenommen werden sollten. Später, wenn ausreichend Ritter versammelt sein würden, könnte das bereits spätestens seit 1187 nachgewiesene und 1806 untergegangene deutsche Großpriorat des Ordens wiederhergestellt werden.

Dazu kam es damals nicht und dazu ist es bis heute nicht gekommen. Zum einen täuschte der Gesamtorden sich in Bezug auf die Bereitschaft der katholischen Edelleute, sich in großer Zahl und zu den von Rom gewünschten Bedingungen für ein derartiges Projekt zur Verfügung zu stellen. In einem hochinter-

---

11 Darüber unterrichtet Buhlmann, U., Malteserkreuz und Preußenadler, 1999
12 Zu ihm etwa v. Twickel, M., Rheinisch-Westfälische Maltesergenossenschaft, in: Wienand, A., a.a.O., 453–463

essanten, seine altständische und auch damals schon schlichtweg als reaktionär anzusehende Gedankenwelt preisgebenden Memorandum von 1858, mit dem Haxthausen versuchte, seine Standesgenossen für das Thema Malteserorden zu begeistern, wird in der Gesamtschau klar, dass für ihn der Orden in erster Linie ein Vehikel darstellte, sich in seinen Worten „korporativ zu rekonstruieren", d. h. wieder eine staatsrechtliche Ordnung im Lande anzustreben, die vom korsischen Eroberer, aber auch durch die Inbesitznahme der vormals existierenden Territorien im Westen Deutschlands durch Preußen 1815 gerade erst abgeschafft worden war[13]. Genau hieran nun hatten die neuen protestantischen Landesherren, aber, wie sich zeigen sollte, auch die Mehrheit des eingesessenen Adels kein Interesse – kein Interesse mehr. Wozu die katholischen Adligen aber bereit waren, nämlich dem Orden ohne Gelübde-Ablegung beizutreten und sich darin Liebeswerken zu widmen, war zunächst nicht das, was – aus jeweils unterschiedlicher Motivlage heraus – der Ordensregierung oder deren politisch ambitioniertem Mittelsmann Haxthausen vorschwebte.

Und nun zur anderen Seite: Aus Sicht der preußischen Staatsregierung, die ab 1862 von dem Ministerpräsidenten Otto von Bismarck geführt wurde, war die Interessenlage eine durchaus einfache: Man wünschte keine unter konfessionellen und standesrechtlichen Vorzeichen daherkommende Repräsentanz des Adels der neu erworbenen westlichen Provinzen, umso weniger, als man sich der Loyalität dieser Gruppe zum preußischen Staatsverband überhaupt nicht sicher war[14]. Es war in Berlin bekannt, dass es einige in den Familien des dortigen Landadels gab, die der alten Ordnung, welche dem Adel ja den entscheidenden Einfluss auf die Geschicke dieser Regionen gegeben hatte, hinterhertrauerten – jedenfalls wurde diese Tendenz den dortigen Edelleuten insgesamt zugetraut. Wie anders könnte man sich erklären, dass die Preußen bei der Inbesitznahme der Provinzen die von den Franzosen verfügte Abschaffung des dortigen Adels zunächst aufrecht erhielten und erst ganz allmählich wieder Namen und Wappen der ehemals landtagsfähigen Familien wieder zuließen, während der Adel ohne Standschaft nicht berücksichtigt wurde und größtenteils unterging. Welches Misstrauen gegenüber vielfach durchaus alten Familien spricht aus dieser Handlungsweise des neuen Landesherrn, der sich ja in den leitenden Funktionen der Provinzen seinerseits durch Adlige vertreten ließ!

Auf seine Denkschrift bekam Haxthausen damals die positive Rückmeldung eines guten Dutzend Herren aus dem Rheinland und Westfalens, die daraufhin in den Orden als Ehren- und Devotionsritter aufgenommen wurden. Die Ordensobrigkeit ließ aber gleichzeitig durch den damaligen Statthalter Fra' Philipp Collo-

---

13 Vgl. Buhlmann, U., a.a.O., 40ff
14 Das hatte sich in den „Kölner Wirren" um die Verhaftung des Erzbischofs Clemens August Graf Droste zu Vischering 1837 gezeigt, als der Adel gemeinsam mit dem katholischen Mittelstand und von Priestern, weniger aber von Bischöfen unterstützt, Proteste gegen das preußische Vorgehen organisierte. Darüber und über das allgemeine geistige Klima der Zeit unterrichtet vorzüglich Borutta, M., Antikatholizismus, 2010, hier besonders 269–273. Im Nachhinein sind die Kölner Ereignisse als Preußens „erster Kulturkampf" gedeutet worden, weil sie zu einer ersten Konfessionalisierung des Wahlverhaltens, der politischen Lager überhaupt sowie der Presse geführt hätten.

redo[15] – in den ersten Jahrzehnten nach dem Fall Maltas stand dem Orden kein Großmeister, sondern ein zunächst vom Papst ernannter und später intern gewählter Statthalter vor – unmissverständlich wissen, dass man diese neue Gruppierung im fernen Preußen lediglich als Vorstufe eines wiederzuerrichtenden deutschen Großpriorats anzusehen gedenke.

Im Verlauf jahrzehntelanger, an verschiedenen Fronten und in unterschiedlicher Intensität geführter Verhandlungen musste der Malteserorden schmerzlich zur Kenntnis nehmen, dass dieses Ziel nicht zu erreichen war, dass August von Haxthausen der einzige preußische Professe des Ordens bleiben sollte, wenngleich gerade der reichlich sturköpfige Freiherr immer wieder Hoffnung darauf machte, dass sich eine Reihe jüngerer Männer finden würde, die bereit wären, sich dem Orden uneingeschränkt zur Verfügung zu stellen. Aber sowohl die ersten, Fundatoren genannten Ritter, fast durchweg verheiratete Familienoberhäupter, als auch alle später Aufgenommenen wollten zwar gerne dem ruhmreichen alten Orden angehören und dessen sozial-caritative Mission sich zu eigen machen, aber – mit Rücksicht auf ihre Stellung als Familienväter und die sich daraus ergebenden Verpflichtungen – ohne in ihm Ordensgelübde abzulegen.

Auf kirchlicher Seite ließen die Verhandlungen zwischen Rom, Rheinland-Westfalen und Berlin als Sitz der preußischen Staatsregierung also lauter Gescheiterte zurück: Dem Großmagisterium gelang es nicht, die zunächst eher widerwillig als Ehrenritter aufgenommene Gruppierung in die als alleinige Möglichkeit einer Ordensgliederung vorgesehene Form eines Großpriorates zu überführen, August von Haxthausen, dem die Federführung des Ganzen allmählich entglitt, scheiterte mit seinen politischen Aspirationen zu einer ständischen Erneuerung der regionalen Politik und Verwaltung, und endlich gelang es dem Zusammenschluss von Rittern, der lange einer ordensrechtlichen Form ermangelte, nicht, die als unabdingbar angesehene Verleihung von „Korporationsrechten" durch die staatliche Seite zu erreichen. Dahinter verbarg sich nichts anderes als die privatrechtliche Rechtsfähigkeit, die den Fundatoren-Rat dazu ermächtigt hätte, zum Beispiel Grundeigentum zu erwerben oder Angestellte anzustellen. Zu groß war das Berliner Misstrauen gegenüber der adligen Vereinigung aus dem Westen, die einer anderen als der Mehrheitskonfession im Königreich zugehörig und zudem von auswärtigen Oberen abhängig war[16].

---

15 Colloredo war der letzte vor dem Fall Maltas aufgenommen Ritter. Als Papst Pius IX. 1848 gezwungen war, Rom für zwei Jahre zu verlassen, um einer zeitweiligen Volkserhebung zu entgehen, bot er dem Pontifex an, eine Garde aus Mitgliedern des Ordens zu rekrutieren. Mit Blick auf das Durchschnittsalter der damals in Italien zur Verfügung stehenden Ordensmitglieder lehnte der Hl. Stuhl höflich ab, was als weise Entscheidung gelten kann, s. Stair Sainty, G., Orders of St. John, 1991, 22f

16 Allerdings waren die rheinisch-westfälischen Malteser nicht die einzigen, die dieser staatlichen Anerkennung ermangelten, die meisten der zu jener Zeit über 800 katholischen Ordensniederlassungen und -einrichtungen in Preußen waren ohne Korporationsrechte, dazu Borutta, M., a.a.O., 257–265. Für den führenden Staatskirchenrechtler der damaligen Zeit, Paul Hinschius, waren die Orden insgesamt Manipulations-Instrumente für die menschliche Seele, „so fein ersonnen, dass der Scharfsinn ihrer Urheber die vollste Bewunderung verdiente, wenn sie nicht dem ethisch verwerflichen Zwecke der geistigen Entmündigung Tausender Personen dienten" (Zitat bei Borutta, M., a.a.O., 260).

Was am Ende zu erreichen war, nötigte dem Großmagisterium einiges an Über-
windungskraft ab und war so ganz anderer Art, als der Orden zunächst anvisiert
hatte: Im August 1867 erging ein päpstliches Statut, das eine „Pia Unio", also eine
Art Sodalität nach dem Muster eines Dritten Ordens, ins Leben rief, die der Verteidigung der Religion und Werken der Barmherzigkeit gewidmet war und ausdrücklich keine Gelübde für ihre Mitglieder vorsah[17]. Den Bischöfen der „Ortsvereine"
dieser Sodalität, die ins Leben zu rufen die Satzung als Möglichkeit vorsah, wurde
der Rang von „Ehrenmitgliedern" mit Sitz und Stimme eingeräumt – eine Bestimmung, die ihre vatikanische Herkunft unschwer verriet. Die Bestimmungen waren
so allgemein gehalten, dass sie vielfältig interpretierbar blieben, ließen aber in ihrem Wortlaut keine Beziehung dieser neukonstituierten Bruderschaft zum Malteserorden erkennen. Das lässt sich nur dadurch erklären, dass die Ritter darüber
zuletzt gar nicht mehr mit der Ordensregierung, sondern allein mit dem Vatikan
verhandelt hatten. Möglicherweise machte es gerade die Offenheit und Unbe-
stimmtheit dieses Statuts, die zudem keinerlei politische Ambitionen zu Tage treten
ließ, in der Folge der preußischen Seite leichter, diesem Vorgehen ihre nachträgliche
Zustimmung zu erteilen. So wird man es nämlich zu interpretieren haben, dass
nach Inkrafttreten des Bürgerlichen Gesetzbuches im Jahre 1900 der Sodalität, die
als „Genossenschaft der Rheinisch-Westfälischen Malteser-Devotionsritter" in den
Akten aufscheint, durch die Eintragung ins Vereinsregister die ersehnte Rechtsfähigkeit zuteil wurde. Der freiwillige Sanitätsdienst, den die Ritter in den vorange-
gangenen Kriegen von 1864, 1866 und 1870/71 im Verbund des preußischen Heeres
mit beträchtlichem persönlichen Einsatz geleistet hatten, mag zur positiven Entscheidung der Staatsgewalt beigetragen haben. Der Friede mit der Monarchie wurde
1907 durch die Verleihung der Würde eines Ehren- und Devotions-Großkreuz-Bail-
lis ehrenhalber an den preußischen König und deutschen Kaiser Wilhelm II. besiegelt, der dadurch als Protestant Mitglied eines katholischen Ordens wurde.

Die Schauplätze Berlin und Vatikan konnten damit als befriedet angesehen
werden, doch war dies keineswegs der Fall, was den Ideen- und Namensgeber der
Malteser-Genossenschaft, was also die römische Ordensobrigkeit anging. Von
freundlich-respektvollen Beziehungen, wie man sie wohl als notwendig und selbstverständlich zwischen einer Gliederung und der Ordenszentrale annehmen möchte,
war 1867 keineswegs die Rede.

Der Palazzo Malta war in der Tat bei der Konstituierung dieser Genossenschaft
völlig außer acht gelassen worden, so als handele es sich gar nicht um eine Vereinigung von Ehren- und Devotionsrittern des Ordens, sondern um die Errichtung
einer Art Bruderschaft vom Hl. Johannes dem Täufer. Die Deutschen hatten zuletzt über Mittelsmänner und die Abordnung von Delegationen nur noch mit dem
Hl. Stuhl verhandelt – in dem Wissen, dass der dem Papst allzeit treu ergebene
Malteserorden sich einer vom Oberhaupt der Kirche gewollten und genehmigten
Entscheidung in dieser Angelegenheit nicht widersetzen würde. Mit niemand

---

17 Eine Gesamtschau aus berufenem Mund auf die damaligen Ereignisse in heutiger Sicht gibt v.
Boeselager, A., Gründung, Geschichte und heutige Aktivitäten, in: Referate zur Information über
den Malteser-Orden, 1982, 122–127

anderem als Kardinalstaatssekretär Antonelli als „Chef-Vermittler" und zwei eigens angereisten Unterhändlern begann man nun ab Jahresbeginn 1868 Ausgleichsverhandlungen mit der Ordensregierung zu führen, die zunächst die Regelung finanzieller Ansprüche Roms sowie eine Aufhebung des vom Ordens-Statthalter 1864 ergangenen Verbots, neue Ritter in Preußen aufzunehmen, zum Inhalt hatten.

Der neue mittlerweile amtierende Statthalter Fra' Alessandro Borgia konnte im April 1868 mitteilen, dass man im Großmagisterium nach intensiven und sorgfältig geführten Diskussionen bereit sei, der unlängst gebildeten rheinisch-westfälischen wie auch einer bereits kurz zuvor in Preußisch-Schlesien ins Leben gerufenen ähnlichen Rittervereinigung die Gemeinschaft mit dem Gesamtorden zu ermöglichen und sie als dessen legitime Gliederungen – die zeitgenössische deutsche Übersetzung spricht etwas vager von „Ausstrahlungen" – in jenen beiden Provinzen des Königreichs Preußen anzusehen. Die Tatsache, dass man diesen beiden deutschen Vereinigungen vorschrieb, sich nicht schlechthin als Abteilung des Malteserordens zu bezeichnen, sondern kompliziertere, die regionale Herkunft erkennen lassende Bezeichnungen zu wählen sowie in Siegel und sonstigen Zeichen unterscheidende Zusätze zum eigentlichen Ordenswappen zu wählen, deutete des Weiteren darauf hin, dass man es quasi mit Ordensniederlassungen neuer und eigener Art zu tun hatte. Natürlich mussten die Rheinland-Westfalen wie auch die Schlesier feierlich versprechen, auf die Wiedererrichtung eines Großpriorats Deutschland des Malteserordens hinzuwirken. Im selben Jahr 1868 und damit zehn Jahre, nachdem der mittlerweile verstorbene August von Haxthausen mit seinen kühnen Ideen und Plänen vorgeprescht war, konnten unter seinem Nachfolger als Ordens-Oberer in den beiden Westprovinzen, dem bedächtigen und streng kirchlichen niederrheinischen Reichsgrafen und (niederländischen) Marquis Franz Egon von und zu Hoensbroich, der Ausgleich und die Versöhnung mit der römischen Ordenszentrale besiegelt werden.

3. Die Bedeutung der Genossenschaftsgründung für die Erneuerung und Erweiterung der Mitgliedschafts-Möglichkeiten im Malteserorden

Damit war Bedeutendes geschehen, jedenfalls aus der Sicht des Ordens, der quasi über seinen Schatten gesprungen war. In Rheinland-Westfalen und in Schlesien war zum ersten Mal in der Geschichte des Malteserordens eine von der Ordensleitung sanktionierte Rittervereinigung entstanden, die nicht in der bis dahin gewohnten und als allein möglich angesehenen Form eines Großpriorates organisiert war, die folglich nicht mehrheitlich oder gar nicht aus Professrittern bestand.

Warum es so und nicht anders kam, ist bereits angeklungen: Am Tiber brauchte man lange, um zu realisieren, dass nach der Zwangspause der Säkularisation, die mit dem Ende der geistlichen Herrschaften auch die Malteserpräsenz in deutschen Landen betraf, und angesichts einer durch die preußischen Reformen völlig veränderten Stellung des Adels in den dortigen westlichen Landesteilen nicht einfach eine nahtlose Anknüpfung an frühere Verhältnisse möglich war. Dazu kam die obstruktive Haltung der Berliner Ministerialbürokratie, die jedem Zusammenschluss des katholischen Adels mit tiefem Misstrauen begegnete, umso mehr, als die Zentrale des ganzen Unternehmens in Rom ansässig war. Auch war es den aufgeklärt-protestantischen Ministern und Beamten gedanklich schlichtweg nicht möglich, Verständnis oder gar Sympathie für die Lebensform von Professrittern des Malteserordens oder überhaupt von Ordensleuten zu entwickeln, deren Gelübde man in rationaler Sichtweise als unproduktiv und gemeinschaftsschädigend, ja geradezu als gefährlich für das Staatswesen insgesamt ansah. Schließlich war aber auch die Rittervereinigung nicht in der Lage – wie von Rom erwartet und von Berlin gefürchtet –, die Ordensmänner hervorzubringen, die die personelle Grundlage eines erneuerten deutschen Großpriorates des Ordens gebildet hätten. Und falls es sie gegeben hätte, wären ihnen keine Kommenden als ökonomische Grundlage ihrer Existenz zur Verfügung gestanden.

Aber war es nicht so – von heutiger Warte aus betrachtet –, dass damals mit jenem aus der Not geborenen neuartigen Zusammenschluss von Ordensmitgliedern ohne Gelübde die Lösung für ein den Gesamtorden zunehmend bedrängendes Problem gefunden wurde? Mit jedem Jahr, mit dem ihre Zahl wuchs, stellte sich das Problem der nicht vorhandenen und auch nicht vorgesehenen Einbindung der Ehren- und Devotionsritter sowie, später, auch der Magistralritter und der jeweiligen Damen in Struktur und Entscheidungsprozesse des Ordens drängender. Gab es 1880 – mit Geistlichen und Nichtadligen – 1192 Mitglieder ohne Gelübde, waren dies 1932 schon 2596, mehr als doppelt so viel; allein bei den Magistralrittern kam es zu einem Anwachsen von 23 auf 444[18]. Doch strenggenommen waren alle diese Personen lediglich ehrenhalber Mitglieder des Malteserordens, wie es ja auch in den Bezeichnungen der Mitgliedschafts-Stufen zum Ausdruck kommt. Sie hatten nach dem Eigenrecht des Ordens keinen Anteil an dessen Leitung, und was den Charakter des Malteserordens als Orden der katholischen Kirche anging, existierten sie quasi gar nicht.

Das änderte sich nun nach 1868, weil die Via Condotti, wenn auch zunächst widerwillig, die neuen aus Preußen kommenden Organismen – und in der Folge viele andere in vielen anderen Ländern – als Ordensbestandteile anzusehen begann und deren rechtmäßige Leitung durch Nicht-Professritter nicht anzweifelte. Heute gebührt dem Präsidenten der Deutschen Assoziation des Ordens der Ehrenrang als „Präsident der Präsidenten", als Doyen der Gliederungen des Malteserordens, die nach dem Muster der Deutschen eine Vereinigung von Nicht-Professmitgliedern geschaffen haben. Im Jahre 2011 sind es weltweit 47 Nationale Assoziationen, die zusätzlich zu den sechs Großprioraten und ebenfalls sechs Subprioraten des Ordens bestehen[19]. Gemeinsam mit diesen stellen sie die Delegierten zum sgn. Großen Staatsrat, der nach Erledigung des Amtes einen neuen Großmeister wählt. In der seit 1993 bestehenden Deutschen Assoziation des Malteserordens haben die Rhei-

---

18 Vgl. Waldstein-Wartenberg, B., a.a.O., 217. Weitere Zahlen für den mitteleuropäischen Raum zu Beginn des 20. Jahrhunderts bei Heimbucher, M., Orden und Kongregationen, 1933 / ND 1965, 1. Bd., 616f

19 Aktuelles Nachschlagewerk ist das Annuaire 2011 / 2012 des Malteserordens mit Auflistung aller Ordensinstitutionen.

nisch-Westfälische Genossenschaft und der Verein der Schlesischen Malteserritter zusammengefunden, die damals etwa zur gleichen Zeit und unter ähnlich schweren Bedingungen ins Leben traten.

Aber noch in anderer Hinsicht haben sich diese heute Assoziationen genannten Zusammenschlüsse von Nicht-Professmitgliedern als prägend und zukunftsweisend für den Gesamtorden erwiesen: Aus ihrer Mitte heraus wurde eine weitere Mitgliedschaftskategorie im Malteserorden geboren, die eine Art dritten Weg zwischen der mit Ablegung von Gelübden verbundenen Aufnahme als Ordensmann und der vergleichsweise lockeren und jedenfalls nicht mit kirchenrechtlich-bindenden persönlichen Verpflichtungen einhergehenden Stellung als Nicht-Professmitglied des Ordens zu weisen versucht. Wiederum kam die Anregung dazu aus deutschen Landen.

In einer der zahlreichen, der seinerzeitigen Assoziationsgründung vorausgehenden und sie vorbereitenden Denkschriften hatte der in Rom lebende Professritter Gottlieb Heinrich von Schröter[20] – der seinen preußischen Confratres als Mittelsmann bei der Ordensregierung diente und dieser beim Verkehr mit dem deutschsprachigen Raum zur Hand ging – 1857 über die „Wiederbelebung des Malteserordens" nachgedacht. Dabei hielt er es für zielführend, jüngeren Männern die Möglichkeit zu eröffnen, sich dem Orden unter Ablegung eines Gelöbnisses – Schröter sprach dezidiert nicht von Gelübden – zuzugesellen, um unter dessen Fahne und geistlicher Weisung caritative Dienste zu tun und so auch charakterlich zu wachsen. Danach sollten die jungen Adepten getrost wieder in einen weltlichen Stand und Beruf zurückkehren, dem Orden aber, dessen historisches Charisma sie nun kennen- und schätzen gelernt hatten, als Ehren- und Devotionsritter verbunden bleiben. Auch August von Haxhausen hatte, in zunehmendem Unbehagen darüber, dass jüngere Kandidaten für das Professrittertum aus den Standesgenossen seiner Umgebung nicht zu rekrutieren waren, ähnliche, aber vagere Vorschläge vorgelegt, die dieses Dilemma lösen sollten. Der mit den Überlegungen der Ordensobrigkeit genau vertraute Schröter hatte in seinen Gedankengängen die Zukunft der von ihm als „Tertiarier" bezeichneten Ehrenritter des Ordens insgesamt im Blick, denen er durch eine ehrenvolle, der Geschichte des Ordens entsprechende und gesellschaftlich nützliche Tätigkeit eine geachtete Stellung im Gefüge des Malteserordens zu verschaffen trachtete. Er schlug für die jungen Männer, die bereit waren unter der Malteserfahne anzutreten, unter anderem den Betrieb eines Pilgerheimes in Jerusalem und allgemeine Assistenzdienste für die ins Hl. Land wallfahrenden Christen vor[21] – ziemlich ähnlich also der Tätigkeit der Hospitalbruderschaft, aus der heraus der Orden des Hl. Johannes entstanden war. Schröter wählte

---

20 Wenig ist über ihn bekannt, vgl. Krethlow, C. A., Malteserorden, 2001, 706. Er lebte wohl von 1802 bis 1866.

21 Mehr zu diesen nahöstlichen Projekten bei Stair Sainty, G., a.a.O., 23. 1876 kam es nach der Schenkung eines Stücks Land durch den österreichischen Grafen Caboga und unter dem wohlwollenden Blick Kaiser Napoleons III. zur Gründung eines Spitals in Tantur, auf dem Weg zwischen Jerusalem und Bethlehem. Es existiert heute als solches nicht mehr, doch ist ein Teil des Grundstücks nach wie vor im Besitz des Ordens, weil das Eigentumsrecht von kaiserlich-osmanischer und heute von israelischer Seite anerkannt worden ist.

in seinem Memorandum damals Worte, die eine zeitlose Mahnung an die Ritter unter dem achtspitzigen Kreuz darstellten, wenn er sie aufforderte, die mit der Verleihung des Ordenskreuzes traditionell verbundenen Pflichten ernst zu nehmen: „Wo dies nicht der Fall ist, da wird der Orden stets nur als religiöser Luxusartikel erscheinen, kann daher nie auf besonders segensreiche Tätigkeit rechnen"[22].

Mit seinen Anregungen drang Gottlieb von Schroeter damals nicht unmittelbar durch, wenngleich es naturgemäß nicht eruierbar ist, ob diese Ideen nicht doch eine gewisse unterschwellige Wirkung entfaltet haben, ob sie nicht dazu beigetragen haben, dem Souveränen Rat eine andere als die zunächst für Rheinland-Westfalen vorgesehene Lösung akzeptabel zu machen.

Aufgegriffen wurden sie jedenfalls ein Jahrhundert später, und zwar aus den Reihen der anderen, nicht als Großpriorat errichteten deutschen Ordensgliederung, nämlich von Seiten der schlesischen Ritter[23]. 1955 hatte Papst Pius XII. eine Kardinalskommission eingesetzt, die Verfassung und Regeln des Ordens einer vertieften Prüfung unterzog. Das ist nicht verwunderlich, galt doch immer noch im Wesentlichen der sgn. Code Rohan aus der Zeit der Ordensherrschaft auf Malta. Dieser Verfassungstext atmete den Geist einer ganz anderen Zeit und konnte den vielfach veränderten gesellschaftlichen Umständen nicht mehr gerecht werden, woran auch zusätzlich erlassene Statuten aus den Jahren 1919 und 1936 wenig zu ändern vermochten. Ein gemeinsam von Kardinälen und Vertretern des Ordens erarbeiteter neuer Verfassungstext trat probeweise zu Jahresbeginn 1957 in Kraft und wurde dann 1961 in überarbeiteter Form endgültig durch ein Päpstliches Breve dem Orden übergeben und in Kraft gesetzt[24]. Darin wurde nun viel stärker als bisher der religiöse Charakter des Malteserordens betont. Zugleich trug diese Verfassung, zu der später noch ein ergänzender Codex trat, der Tatsache Rechnung, dass der Orden nun überwiegend aus Nicht-Professen bestand und es, auch auf die Weltebene bezogen, mit jedem Jahr schwieriger wurde, die Hohen Würden in der Ordensregierung und die sonstigen Ämter mit Professrittern zu besetzen.

Um hier Abhilfe zu schaffen, musste es darum gehen, eine Form der Ordenszugehörigkeit zu finden und zu definieren, aus der heraus Mitglieder erwuchsen, die in besonderer Weise für die Verwirklichung des Ordensauftrages in Anspruch genommen werden konnten, weil sie zum Orden in einem speziellen Loyalitätsverhältnis standen, für die aber im Ganzen weniger kirchenrechtliche Verpflichtungen und Bindungen galten, als dies bei den Rittern mit Gelübden der Fall war.

Es waren die schlesischen Malteser unter ihrem damaligen Präsidenten, dem Bailli Lazy Graf Henckel von Donnersmarck, die die Einrichtung einer neuen Stufe mit dem Namen Obödienzritter vorschlugen. Diese wurden folgerichtig zwischen den Professrittern und den Ordensmitgliedern ohne Gelübde angesiedelt und bildeten so, nach ihrer Verankerung im Regelwerk des Ordens, dessen zweite Klasse. Nach der damaligen Regelung wurde die Zahl der Obödienzritter (und der vergleichbaren Justizdonaten, die nicht adlig sein mussten) auf 500 begrenzt. Ein

---

22 Vgl. Buhlmann, U., a.a.O., 140–143, Zitat auf S. 142
23 S. v. Schalscha, A., Verein der schlesischen Malteserritter, in: Wienand, A., a.a.O., 497–499
24 Dazu auch Waldstein-Wartenberg, B., a.a.O., 231f

feierliches Gelöbnis legten sie alle miteinander ab, durch das sie verpflichtet waren, „in Übereinstimmung mit den Pflichten ihres Standes, entsprechend dem Geist des Ordens, nach christlicher Vollkommenheit zu streben". Wie es dem Vorbildcharakter des Standes entsprach, verpflichteten sie sich des Weiteren zur Nutznießung ihrer zeitlichen Güter gemäß der Weisung des Evangeliums. Wer zu dieser neuen zweiten Ordensklasse gehören wollte, musste bereits dem Orden in der dritten Klasse angehört und ein einjähriges Probejahr, das durch Exerzitien eingeleitet und beendet wurde, absolviert haben. Anschließend konnte nach Zustimmung des Großmeisters und des Souveränen Rates das Versprechen feierlich abgelegt werden. Als Besonderheit dieser den Geist des Ordenslebens nachahmenden Bestimmungen bleibt festzuhalten, dass der Obödienzritter von seinem Versprechen zurücktreten konnte und dann automatisch wieder den Rang in der dritten Klasse einnahm, den er zuvor innegehabt hatte.

Im März 1959 begann für die weltweit erste Gruppe von zukünftigen Obödienzrittern das Probejahr, das sie am 20. Juni 1960 durch Ablegung der Promess in der Abteikirche von Bad Wimpfen abschlossen. Wiederum war durch die Ritter nördlich der Alpen dem Gesamtorden eine Neuerung in seiner Struktur zugewachsen, die ihre besondere Reichweite durch die ebenfalls statutengemäße Möglichkeit entfaltete, dass die Obödienzritter in Ermangelung von Rittern der ersten Klasse die wichtigsten Ordensämter im Souveränen Rat und bei den nationalen Gliederungen übernehmen durften – die beiden höchsten Chargen des Großmeisters und des Großkomturs als seines Stellvertreters nahm man ausdrücklich aus davon. Das war nun eine ebenso revolutionäre Änderung wie weiland die Errichtung von Ordensgliederungen, die keine Großpriorate von Professmitgliedern waren.

1960 begaben sich die allerersten Obödienzritter des Malteserordens auf Romwallfahrt, stellten sich der Ordensobrigkeit, dem Dekan des Heiligen Kollegiums der Kardinäle und schließlich auch Papst Johannes XXIII. vor, der sie interessiert empfing und zur gewissenhaften Erfüllung der übernommenen Pflichten ermahnte. Die Ordensregierung erlaubte ein Jahr später die Errichtung eines Subpriorates der Obödienzmitglieder als gesonderter Gliederung neben den beiden in Deutschland weiter existierenden, aus Mitgliedern der dritten Ordensklasse bestehenden Vereinigungen, die rund ein Jahrhundert zuvor gegründet worden waren. Man wählte die Bezeichnung Subpriorat, weil ein Großpriorat auch künftig aus einer bestimmten Anzahl von Professrittern oder Professkaplänen bestehen sollte. In der Wortschöpfung spiegelt sich einmal mehr das bereits bekannte Beharren der Ordensregierung auf dem Vorrang der Professritter wieder, wie es schon bei den Verhandlungen im 19. Jahrhundert deutlich geworden war. Die Notwendigkeit der eben erwähnten Möglichkeit, als Obödienzritter im Wege der Substitution für nicht vorhandene Professen in die leitenden Ordensämter einzurücken, erwies sich schon 1962, als zwei Angehörige des neuen deutschen Subpriorats in den Souveränen Rat gewählt wurden. Das Subpriorat, von schlesischen Ordensmitgliedern gegründet, stand im Übrigen sukzessive auch rheinisch-westfälischen Angehörigen des Malteserordens offen. Es ist heute – analog der Deutschen Assoziation des Ordens – offiziell eine „gesamtdeutsche" Ordensgliederung.

4. Der Malteserorden als Vorläufer neuer geistlicher Bewegungen in der Kirche

Zweimal also haben deutsche Ritter des Malteserordens in einem relativ kurzen Zeitraum einen bedeutsamen, in seinen Auswirkungen gar nicht zu unterschätzenden Einfluss auf den Gesamtorden und dessen innere Organisation ausgeübt. So wichtig dies für die Geschicke des ältesten Krankenpflegeordens der katholischen Kirche auch gewesen sein mag, kann man darin zusätzlich eine kirchengeschichtlich erhebliche Wegmarke erkennen?

Man wird nach dem Wirkungskreis fragen müssen, innerhalb dessen eine solche Frage beantwortet werden kann. Er ergibt sich beim Malteserorden eben aus der Tatsache, dass es sich letztlich um einen Orden handelt. Für diese Lebenswelt der Kirche, für den Weg der besonderen Nachfolge Jesu in Armut, Ehelosigkeit und Gehorsam im Ordensstand haben die beschriebenen beiden Aufbrüche – die Konstituierung von Gliederungen nicht durch Gelübde gebundener Mitglieder und die Ergänzung der Professritter durch Promess-Mitglieder, die in einem besonderen Band zu ihren Oberen stehen, das aber u. U. wieder wegfallen kann – durchaus Wirkung entfaltet.

Man könnte in diesem Zusammenhang probeweise einmal die Frage stellen, ob die Ordensgemeinschaften in unseren Breitengraden, die große Probleme haben, Nachwuchs zu gewinnen und diesen auch in der Gemeinschaft zu halten, von weniger rigorosen Strukturen, als sie das geltende Ordensrecht mit seiner Abfolge von Noviziat, zeitlichen Gelübden und ewiger Profess vorsieht, profitieren würden. Bekanntlich gibt es in verschiedenen Schulen des Buddhismus die Möglichkeit, für eine bestimmte Zeit als Mönch oder Nonne zu leben, um dann wieder in einen weltlichen Stand und Beruf zurückzukehren. Dieser Vergleich kommt aber rasch an seine Grenzen, weil christliches Ordensleben nicht anders kann, als sich am Modell der Ganzhingabe Jesu zu orientieren, das einen von vornherein in Kauf genommenen Ausstieg nicht vorsieht und auch nicht vorsehen darf. Die Lösung für die gegenwärtige schwere Berufungskrise, die Orden wie Weltpriestertum und mittlerweile auch schon die nicht mit einer Weihe verbundenen pastoralen Berufe betrifft, kann also nicht in einem Absenken der Anforderungen bestehen. Wohl steht das Beispiel, das die Malteser gegeben haben, im katholischen Raum am Beginn einer Entwicklung, die neben den klassischen Ordensgemeinschaften neue Formen geistlichen Lebens und Zusammenwirkens unterschiedlicher Verbindlichkeit hat entstehen lassen.

Doch wenn man von Orden in der katholischen Kirche spricht, hat man zunächst einmal Mönche oder Nonnen vor Augen, die in ihrer Abtei feierlich das Gotteslob vollziehen, dann etwa Franziskaner und Jesuiten, die schon weniger gebunden an feste Lebensformen seelsorglichen oder wissenschaftlichen Aufgaben nachgehen, sowie die vielen „aktiven" Ordensfrauen und -männer neuerer Kongregationen, bei denen ihre Arbeit auf den verschiedensten Feldern den Takt ihrer Verfügbarkeit für Gebet und Gemeinschaftsleben vorgibt. Letztlich gehört auch der Malteserorden in dieses bunte Kaleidoskop hinein, wenn auch zunächst nur – wie gezeigt – durch jene seiner Mitglieder, die nach Ablegung der üblichen Gelübde ausdrücklich Ordensleute geworden sind.

So wie sich aber im Orden des Hl. Johannes gezeigt hat, dass es eine nur aus Professen gebildete Struktur in der Neuzeit nicht mehr vermochte, sowohl den Bedürfnissen des Ordens als auch denen der Mitglieder gerecht zu werden, so ist auch allgemein im Bereich der Ordensinstitute ein ständiger Wechsel von Formen und Inhalten, ein Experimentieren mit kirchenrechtlichen Anforderungen und Möglichkeiten an der Tagesordnung. Man wird behaupten dürfen, dass der Ordensstand auch der theologische „Ort" in der Kirche Gottes ist, bei der die Frage nach der bestmöglichen Verwirklichung der Nachfolge des armen, ehelos lebenden und Gott in allem gehorchenden Jesus dazu führt und ausdrücklich dazu führen darf, Neues auszuprobieren und Grenzen zu verschieben[25].

Das Kirchenrecht unterscheidet heute, wenn es von Orden im weiteren Sinne spricht, drei verschiedene Stufen kanonischer Lebensverbände[26]. Im Einzelnen gehören dazu zunächst die Religioseninstitute (vgl. Can 607 ff). Nach den Regeln werden bei ihnen Gelübde abgelegt und ein Gemeinschaftsleben gepflegt. Eine weitere Möglichkeit sind die Säkularinstitute (vgl. Can 710 ff), die ausdrücklich für „in der Welt lebende Gläubige" gedacht sind. Bei ihnen geschieht die Übernahme der evangelischen Räte nicht durch kirchenamtliche Gelübde, sondern durch Gelöbnisse oder Versprechen. Ein Gemeinschaftsleben ist nicht vorgesehen, aber auch nicht unmöglich. Schließlich kennt der Kodex noch Gesellschaften des apostolischen Lebens (vgl. Can 731 ff). Sie sind wieder mehr mit den Religiosen zu vergleichen, weil ein Gemeinschaftsleben ebenso üblich ist wie die evangelischen Räte, die allerdings ausdrücklich nicht in der Form von Gelübden übernommen werden. Deren Kennzeichen ist es ja, dass alle den (auf ewig abgelegten) Gelübden entgegenstehenden Rechtsakte ungültig sind.

Versucht man jetzt, mit dieser dem Codex Iuris Canonici von 1983 zugrunde liegenden Dreiteilung dem Malteserorden in seiner heutigen Gestalt näherzutreten, betritt man schwankenden Boden. Eine neuere kirchenrechtliche Untersuchung des Ordens spricht zu Recht von der „gestuften Mitgliedschaft", die ihn auszeichne[27]. Es bleibt dabei, dass die Mitglieder der Ersten Klasse – nach der letzten Verfassungsreform des Malteserordens von 1997 ist nun die Rede vom „Stand" – Ordensleute mit allen Wirkungen des Kirchenrechts sind. Weil sie nicht zum Gemeinschaftsleben verpflichtet sind und gewöhnlich in der Welt leben, auf der anderen Seite aber auch sicherlich keine Eremiten sind, könnte man sie, der Lebensform nach, eher den Säkularinstituten zuordnen. Für die Mitglieder des Dritten

---

25 Zu diesem Thema Hennecke, C., Überlegungen zum ekklesiologischen Ort der Ordensgemeinschaften, in: Ordenskorrespondenz 1 (2009), 5–19. Für den Autor bieten die jeweiligen charismatischen Aufbrüche in der Kirche nicht nur eine innovative Lebensform des Christlichen, sondern zugleich so etwas wie eine prophetische Ekklesiologie, die „existenziell Berufung, Sammlung und Sendung neu durchdekliniert" (a.a.O., 6). Ordensgemeinschaften, die ihr Charisma lebendig halten können, seien dadurch Sehnsuchtsorte für Pilger, spirituelle Zentren und mögliche „Jüngerschulen" (ebda.).

26 Vgl. z.B. Eschlböck, L., Kirchenrechtliche Besonderheiten des Ritter- und Hospitalordens vom Hl. Johannes, in: Malteserkreuz 4 (2008), 17f; Leisching, P., Malteserritterorden als Religio, in: Wienand, A., a.a.O., 439–452, und Listl, J. / Schmitz, H., Handbuch des katholischen Kirchenrechts, 594f

27 Eschlböck, L., a.a.O., 18

Standes, deren Existenz im Orden seit dem damaligen Insistieren der preußischen Ritter zur Kenntnis genommen wurde, ist ebenso klar, dass sie kirchenrechtlich gesehen schlichte Vereinsmitglieder sind, wie übrigens auch die Angehörigen der sogenannten „Dritten Orden", die bei manchen großen alten Ordensinstituten der Kirche dem Ersten Orden der Männer und dem Zweiten Orden der Frauen als weltliche Affiliationen zugeordnet sind. (Schroeter sprach in seinem o. erwähnten Memorandum ja von den „Tertiariern", die er als eine Art tätige Bruderschaft auf Zeit dem Gesamtorden zugeordnet sehen wollte[28]).

Mit der sauberen ordensrechtlichen Einordnung der Obödienzritter aber tut man sich schwer: Die Promess ist eine Bindung, aber kein öffentlich-kirchenamtliches Gelübde. Überdies kann man von ihr zurücktreten (auch wenn die jüngste Verfassungsreform dies erschwert hat, indem die Ordensspitze nun den Rücktritt annehmen muss). Die Obödienzritter als eine Art Säkularinstitut innerhalb des Gesamtordens zu betrachten, wäre eine eingehender zu prüfende Möglichkeit. Dagegen spricht aber doch, dass eine derartige Multivalenz verschiedener Rechtsformen innerhalb ein- und desselben Verbandes nicht vorgesehen und üblich ist. Die zitierte Untersuchung kommt zu dem Schluss, dass alle Personen, die der Malteserorden aufgenommen hat, „Mitglieder des Ordens", aber nicht alle zugleich auch „Ordensleute" im kirchenrechtlichen Sinne sind.

In der immer noch umfangreichsten Stellungnahme zum kirchenrechtlichen Charakter[29] des Hospitalordens wird dieser als *institutum vere laicale* bezeichnet, als Laienorden im Sinne des Can 588 II, was etwa in der Wahl eines Laien zum Ordensoberhaupt seinen Ausdruck findet. Diese klare Zuordnung spiegelt zugleich die Alternativen wieder, wie sie das relevante Konzilsdokument *Lumen gentium* Nr. 43 niederlegt, demnach in der Kirche die beiden Stände des Klerus und der Laien bestehen, aus welchen beiden Gruppen die Berufungen zu einem besonderen Leben in der Kirche ihren Ausgang nehmen. Der Autor hält fest, dass die Mitglieder des Ersten Standes durch öffentliches Gelübde gebunden sind, nach evangelischer Vollkommenheit zu streben, während die Verpflichtung durch Versprechen im Zweiten Stand lediglich den Charakter einer privaten Pflicht habe, auch wenn diese über den Gewissensbereich hinaus Auswirkungen auf das forum externum entfalte. Man wird daher im Ergebnis nicht behaupten können, dass die Promess, die zu schuldigem Gehorsam dem Ordensoberen gegenüber verpflichtet, einem Gelübde gleichzustellen ist, umso mehr, als der Art. 104 des Codex des Malteserordens die Möglichkeit des Rücktritts aus schwerwiegenden persönlichen Gründen vorsieht, der dann vom Großmeister mit Zustimmung des Souveränen Rates angenommen werden muss. Das allgemeine Ordensrecht kennt jedoch gerade nicht diese Möglichkeit des Rücktritts von einem Gelübde, lediglich die des Austritts aus dem Ordensinstitut aus „sehr schwerwiegenden, vor Gott überlegten Gründen", die vom Hl. Stuhl gewährt werden muss, wobei dabei gleichzeitig auch die Dispens von allen Gelübden eintritt, vgl. Can 691f. Ein von seiner Promess zurückgetretener Malteser dagegen bleibt Mitglied seines Ordens, nur nicht mehr im Zweiten Stand.

---

28 Vgl. Buhlmann, U., a.a.O., 140–143
29 Leisching, P., a.a.O., 446

Die gelegentlich anzutreffende Meinung, die Obödienzmitglieder des Malteserordens seien doch auch Ordensleute, weil sie immerhin ein „Gelübde", nämlich das
des Gehorsams, verwirklichen, hat also kein *fundamentum in re*. Richtig ist, dass
sie durch die Abgabe ihres Versprechens enger mit dem Orden verbunden sind, als
dies für die Mitglieder eines in der Welt lebenden Dritten Ordens zutreffen würde.
Mit den Professen des Ersten Standes sind sie nach Art. 4 § der Ordensverfassung
innerhalb der Kirche sogar exemt, also ausschließlich ihren zuständigen Ordensoberen zugeordnet. So bilden sie eine „qualifizierte Laienvereinigung", auf das
engste dem Orden zugeordnet, der ihnen sogar die Möglichkeit eröffnet, subsidiär
Würden und Ämter, etwa die des Prokurators (Verwesers) eines Groß- oder die des
Regenten eines Subpriorats, zu bekleiden.

In der Zusammenfassung heißt dies nun, dass sich der Organismus des Gesamtordens aus drei Gliederungen zusammensetzt: Das Substrat als Orden, und zwar
als Laienorden im kirchenrechtlichen Sinne, kann in den Professmitgliedern des
Ersten Standes erblickt werden; die Mitglieder im Zweiten und Dritten Stand bilden dem Orden angegliederte Vereinigungen. Alle diese einzelnen Gliederungen
des Ordens vereinigen gemeinsame Ziele, wie sie die Ordensverfassung vorgibt und
die zu erfüllen alle Mitglieder aufgerufen sind. Dieser nüchternen Sicht der Dinge
steht die da und dort im Orden erhobene Forderung nicht entgegen, dass das Ordensrecht der katholischen Kirche künftig Organismen wie den in diesem Umfeld
einzigartig dastehenden Zweiten Stand des Malteserordens in ihrer Eigenschaft als
„qualifizierte Laienvereinigung" eigens behandeln und würdigen möge[30]. Eine solche kirchenrechtliche Präzisierung und die damit verbundene Anerkennung käme
auch den neuen geistlichen Gemeinschaften in ihrer gewollten, von ihnen selbst als
notwendig erachteten Unterschiedlichkeit zu Gute[31].

Was bei streng kirchenrechtlichem Denken für Verwirrung, jedenfalls für Unklarheit sorgen mag, muss ekklesiologisch gesehen kein Nachteil sein. Als sich der
jetzige Papst 1998 kurz vor dem ersten großen Treffen der kirchlichen Bewegungen
in Rom mit dem Phänomen der neuen geistlichen Gemeinschaften beschäftigte und
sie theologisch zu verorten suchte, bekannte er zunächst seine Freude, diese Gruppen zu Beginn der 70er Jahre des letzten Jahrhunderts erstmals kennengelernt zu
haben, und fügte dann ganz realistisch hinzu: „Da war nun plötzlich etwas, was
niemand geplant hatte. Da hatte der Heilige Geist sich sozusagen selbst wieder zu
Worte gemeldet. (.) Manche freilich fühlten sich in ihren intellektuellen Diskussionen oder in ihren Konstruktionsmodellen einer ganz anderen, nach dem eigenen
Ebenbild geschaffenen Kirche gestört – wie hätte es anders sein können? Der Heilige Geist, wo er einbricht, stört das eigene Planen des Menschen immer"[32].

---

30 So bei Heereman v. Zuydtwyck, J., Wesen der Obödienz, 2010, 5, FN 6

31 Dafür gibt es Anknüpfungspunkte im Codex Iuris Canonici, der in Canon 298 § 1 und Canon 327
Generalnormen bereitstellt, die zu besonderer Wertschätzung kirchlicher Bewegungen auffordern, insbesondere solcher mit evangelisierender Kraft. Die Aufgabe besteht nun darin, Normen
zu finden, die klug zwischen Charisma und Recht vermitteln, die für Rechtssicherheit sorgen, ohne
die neuen Vereinigungen zu uniformieren.

32 Ratzinger, J., Kirchliche Bewegungen und ihr theologischer Ort, in: Communio 27 (1998), 431–448,
s. 432. Daselbst, vgl. 439, wird von der nach der Regel des Hl. Basilius lebenden Mönchsgemeinde

In der derzeitigen Phase der Kirchengeschichte tun sich in der westlichen Welt – wie gesagt – viele Orden schwer, Nachwuchs zu gewinnen und zu halten[33]. Zugleich kommt es aber zu geradezu unübersehbar vielen Aufbrüchen in der Kirche, die neue Lebensformen auch im und neben dem Ordensstand hervorbringen: Da gibt es Vollmitglieder neuerer Gemeinschaften, die ewig während Gelübde abgelegt haben oder auch nur zeitliche und zu erneuernde, in ein und demselben Verband können Verheiratete und Zölibatäre zusammenleben, ganze Familien können ebenso Mitglieder werden wie Einzelpersonen. Die Rede ist von manchen der „neuen geistlichen Bewegungen", die man mit Fug und Recht kirchlich auch außerhalb des Ordensstandes verorten kann. Weil es sich dabei aber um auf Verbindlichkeit angelegte Versuche handelt, sollen sie hier als die jüngsten Blüten der besonderen Nachfolge Christi gesehen werden, unter dem Anspruch also, den auch Ordensleute für sich erheben dürfen und müssen.

Seit der Verfassungsreform des Malteserordens von 1997, auf die schon mehrfach Bezug genommen wurde, steht der Zweite Stand des Ordens auch Damen offen (vgl. Art. 94ff Codex), während zugleich die früher obligatorische Zugehörigkeit zu einer der Ordensstufen mit Adelsproben abgeschafft wurde (vgl. Art. 8b Verfassung). Damit fiel die bis dahin bestehende Mitgliedschaftsstufe des Justizdonaten weg, mit der Nicht-Adligen die Möglichkeit eröffnet wurde, sich durch ein besonderes Gehorsamsversprechen enger an den Orden zu binden.

Es ist in diesem Zusammenhang bemerkenswert, dass die dadurch bewirkte Ausweitung der Promess für alle interessierten und befähigten Mitglieder aus dem Dritten Stand nicht so weit geht, auch Priestern die Möglichkeit einzuräumen, innerhalb der Obödienz-Gemeinschaft einen Weg der Verfolgung der Ordensziele zu gehen. Der mögliche Einwand, dies könnte wegen der Übernahme des besonderen Gehorsams durch die Promess zu Konflikten mit dem kirchlichen Oberen des jeweiligen Priesters führen, kann nicht überzeugen. Die Bestimmungen zum Gehorsamsgelübde (vgl. Art. 62 Codex) wie auch die zur Übernahme der Pflichten durch die Promess (vgl. Artt. 101–103 Codex) enthalten nichts, was nicht ein jeder Priester (sei es als Säkular- oder Ordenspriester) halten muss und zu halten in der Lage ist.

Als Resultat ist nun jedenfalls eine weitgehende Öffnung der neuerdings auch nicht mehr zahlenmäßig beschränkten Obödienzgruppe im Orden erreicht, die in der Folge zur Errichtung entsprechender neuer Subpriorate in den Vereinigten Staaten (zwei Mal) und in Australien geführt hat. Wiederum hat das seit 1961 bestehende Deutsche Subpriorat eine Vorreiterrolle gespielt, weil dort zum ersten Mal Frauen als Obödienzdamen aufgenommen wurden und nun auch in dessen Leitung tätig

---

gesagt, sie habe wie ein neues Lebenszentrum in der ortskirchlichen Struktur der Kirche gewirkt, als Reservoir für wahrhaft „geistlich-Geistliche" Menschen, in denen „Institution und Charisma" immer neu verschmelzen. Für Ratzinger ist dies ein letztlich gelungenes Beispiel dafür, dass eine sich in die Struktur der Kirche einfügende geistliche Bewegung bleibende Wirksamkeit entfalten könne, nehme doch die Ostkirche seit dieser Zeit ihre Bischöfe aus dem Mönchtum.

33 Grundsätzlich dazu Fleckenstein, G., Ordensgemeinschaften in den Krisen des 19. und 20. Jahrhunderts, in: Ordensnachrichten 5 + 6 (2009), 47–66. Dort ist die Rede vom Legitimationsdruck, unter dem „hierarchisch strukturierte, religiöse Gemeinschaften in der westlichen Gesellschaft" heutzutage stehen würden (a.a.O., 47). Vgl. auch Altmann, P., Orden und Klosterleben, 121

sind. Aber auch in der geradezu familienartigen Zuordnung zueinander und einer daraus erwachsenden Fürsorge, in der engen Verbindung durch Gebet und häufiges Zusammentreffen dürfte diese deutsche Gliederung ein gutes Beispiel für den Gesamtorden abgeben. Man trifft dort mittlerweile ganze Familienverbände von Maltesern, bei denen Vater und Mutter im Obödienzstand Verantwortung beim Orden und seinen Hilfswerken, aber auch in der lokalen Pfarrgemeinde übernehmen und die Kinder sich bei der äußerst aktiven Jugendgemeinschaft der deutschen Malteser engagieren[34], bevor sie ihrerseits im Orden tätig werden[35]. Da, wo man es vielleicht nicht vermuten würde, bei der sozial nach wie vor recht homogenen Mitgliederschaft des Malteserordens, kommt es zu geistlichen Aufbrüchen und Berufungsgeschichten, wie man sie eher mit den neuen geistlichen Bewegungen assoziieren möchte. Sehr zu bedauern bleibt allerdings, dass die 1993 aus den beiden Vorgänger-Gliederungen geschaffene Deutsche Assoziation dem Orden bisher keine Professritter zu verschaffen vermochte, die auch nach den erneuerten Regeln des internen Rechtes den inneren Nukleus der Hospitalritter des Hl. Johannes des Täufers bilden, aus dem allein heraus das Ordensoberhaupt gewählt werden kann. Das ist die eine Anmerkung, die zu machen ist – und die andere: Was sich hier liest wie der Beginn eines offen angelegten Prozesses, wie eine allmähliche Anpassung an moderne Lebenswelten, muss vor dem Hintergrund eines ungebrochenen Selbstverständnisses bewertet werden. Auch zukünftig wird der Malteserorden ein Reservat des katholischen Adels bleiben, auch und gerade in den Ländern, die keine Monarchien mehr sind, wenn auch da und dort unter Übernahme neuer geistlicher Ausdrucksformen und bei einer stärker gewordenen Präsenz nicht-adliger Ordensmitglieder.

Man kommt also in der Jetztzeit der Kirche in den Ländern des Westens an, wenn man den Weg verfolgt, den die Beharrlichkeit und der visionäre Weitblick einzelner aus der fast aussichtslosen Situation des Malteserordens in der ersten Hälfte des 19. Jahrhunderts bis zur Schaffung neuer vitaler Zellen in dieser fast tausendjährigen Institution zurückgelegt haben[36]. Mit Fug und Recht kann gesagt werden, dass sich der Souveräne Ritter- und Hospitalorden vom Hl. Johannes von

---

34 Zu dieser vgl. Deutsche Assoziation, Malteserorden in Deutschland, 2011, 114–115

35 Einer der Altmeisters des spirituellen Aufbruchs in der katholischen Kirche ist der Kanadier Jean Vanier, Gründer der Gemeinschaft der „Arche", der in seinem klassischen Werk „In Gemeinschaft leben" formuliert: „Unsere Welt braucht immer mehr Zwischengemeinschaften, das heißt Orte, an denen Menschen verweilen können und eine gewisse innere Befreiung erleben, bevor sie sich endgültig entscheiden. (.) In diesen Zwischengemeinschaften sollen sie auch eine Arbeit finden können, die ihrem Leben Sinn verleiht. (.) Damit eine Gemeinschaft zu diesem „Zwischenhalt" werden kann, muss es dort einige Menschen geben, für die sie bereits Endstation ist. (.)" Weiter: „Es gibt heute immer mehr Familien, die sich dazu berufen fühlen, in Gemeinschaft zu leben, soweit ihnen das möglich ist. Sie wollen eine bestimmte Lebensform mit anderen teilen und einen Bund mit Jesus und den Armen leben". Was einer der wichtigen Anreger der neuen geistlichen Bewegungen in der katholischen Kirche hier formuliert, ist nicht maßstabsgetreu auf den Malteserorden zu übertragen, legt aber gemeinsame spirituelle Verbindungslinien frei, ob sie nun den Protagonisten neuer geistlicher Wege im Orden bewusst sein mögen oder nicht, vgl. Vanier, J., In Gemeinschaft leben, 1993, 88–92

36 Quasi wie ein Kommentar zu lesen sind Ausführungen Joseph Ratzingers in dem erwähnten Aufsatz zum Ort der neuen geistlichen Bewegungen in der Kirche, wo es heißt: „Die apostolischen Bewegungen erscheinen in der Kirche in immer neuen Gestalten – notwendigerweise, weil sie ja die

Jerusalem, genannt von Rhodos, genannt von Malta aus sich selbst heraus erneuert und – aus der Not ausbleibender Profess-Berufungen geboren – mit dem Obödienzstand ein ordensrechtlich neues Institut geschaffen hat, das – wiewohl mit den derzeitigen Mitteln des Kirchenrechts noch nicht abschließend einzuordnen – auch über diesen Orden hinaus Bedeutung beanspruchen darf, bei dem stets notwendigen und aktuellen Versuch, als Gemeinschaft Gottgeweihter die Zeichen der Zeit zu erkennen und die rechten Antworten zu geben[37].

Literaturverzeichnis

A.

1. Annuaire 2011 / 2012 de l'Ordre Souverain Militaire Hospitalier de Saint-Jean de Jerusalem, de Rhodes et de Malte, Rom, 2011
2. Verfassung und Codex des Souveränen Ritter- und Hospitalordens vom Hl. Johannes zu Jerusalem, genannt von Rhodos, genannt von Malta (promulgiert am 27. Juni 1961 und revidiert durch das Außerordentliche Generalkapitel vom 28. bis 30. April 1998), Rom, 1998
3. Deutsche Assoziation des Souveränen Malteser-Ritterordens (Hrsg.), Der Malteserorden in Deutschland, München, 2011
4. Kraemer, Karl W. (Hrsg.), Vatikanum II – Vollständige Ausgabe der Konzilsbeschlüsse, 3. A., Osnabrück, 1966
5. Codex des Kanonischen Rechtes, im Auftrag der Deutschen Bischofskonferenz, der Österreichischen Bischofskonferenz, der Schweizer Bischofskonferenz, der Erzbischöfe von Luxemburg und von Strassburg sowie der Bischöfe von Bozen-Brixen, von Lüttich und von Metz, herausgegeben von Aymans, Winfried / Geringer Karl-Theodor / Schmitz, Heribert (et alt.), 5. A., Kevelaer, 2001
6. Listl, Joseph / Schmitz, Heribert (Hrsgg.), Handbuch des katholischen Kirchenrechts, 2. A., Regensburg, 1999

Antwort des Heiligen Geistes auf die wechselnden Situationen sind, in denen die Kirche lebt. Und so, wie Berufungen zum Priestertum nicht gemacht, nicht administrativ gesetzt werden können, so können erst recht Bewegungen nicht organisatorisch planvoll von der Autorität eingeführt werden. Sie müssen geschenkt werden, und sie werden geschenkt. Wir müssen nur aufmerksam auf sie sein – mit der Gabe der Unterscheidung, das Rechte aufzunehmen, das Unbrauchbare zu überwinden lernen. Der Rückblick auf die Kirchengeschichte wird dankbar feststellen können, dass es durch alle Schwierigkeiten hindurch immer wieder gelungen ist, den großen neuen Aufbrüchen Raum in der Kirche zu schaffen." Vgl. Ratzinger, J., a.a.O., 444

37 Schalück formuliert als den Christen gestellte Herausforderung: „In einer von kultureller Pluralität geprägten Welt kommt der Kirche die prophetische Aufgabe zu, der pluralen Welt exemplarische Neuentwürfe des gemeinsamen Lebens zu bieten". Eben das kann in der beschriebenen Neuaufstellung des Malteserordens als geglückt vermerkt werden. Vgl. Schalück, H., Interkulturalität und Ordensleben, in: Ordenskorrespondenz 4 (2009), 395

B.

1. Altmann, Petra, Die 101 wichtigsten Fragen – Orden und Klosterleben, München, 2011
2. Angenendt, Arnold, Toleranz und Gewalt – Das Christentum zwischen Bibel und Schwert, 4. A., Münster, 2008
3. Frhr. von Boeselager, Albrecht, Gründung, Geschichte und heutige Aktivitäten der Deutschen Assoziation des SMRO, in: (ohne Verfasser) Referate zur Information über den Malteser-Orden, gehalten anlässlich der Mitgliederversammlung der Genossenschaft Rheinisch-Westfälischer Malteser-Ritter e.V., Abteilung Bayern-Süddeutschland vom 29. bis 31. Oktober in Hohenschwangau, ohne Jahres- und Ortsangabe, 120–141
4. Borutta, Manuel, Antikatholizismus – Deutschland und Italien im Zeitalter der europäischen Kulturkämpfe, Göttingen, 2010
5. Buhlmann, Urs, Malteserkreuz und Preußenadler – Ein Beitrag zur Gründungsgeschichte der Genossenschaft der Rheinisch-Westfälischen Malteser-Devotionsritter, Frankfurt/Main, 1999
6. Eschlböck, P. Laurentius, Kirchenrechtliche Besonderheiten des Souveränen Ritter- und Hospitalordens vom Hl. Johannes von Jerusalem von Rhodos und von Malta, in: Malteserkreuz 4 (2008), 17–18
7. Fleckenstein, Gisela, Klöster und Ordensgemeinschaften in den Krisen des 19. und 20. Jahrhunderts – Rückblick auf die Entwicklung in den deutschsprachigen Ländern, in: Ordensnachrichten 5/6 (2009), 47–66
8. Hafkemeyer, Georg B., Der Malteserorden und die Völkerrechtsgemeinschaft, in: Wienand, Adam (Hrsg.), Der Johanniterorden / Der Malteserorden – Seine Geschichte, seine Aufgaben, 3. A., Köln, 1988, 427–438
9. Frhr. Heereman von Zuydtwyck, Johannes, Erläuterungen und Gedanken zum Wesen der Obödienz, ohne Ortsangabe, 2010
10. Heimbucher, Max, Die Orden und Kongregationen der katholischen Kirche, Erster Band, 3. A., Paderborn, 1933 (Neudruck München / Paderborn / Wien / Aalen, 1965)
11. Hennecke, Christian, Überlegungen zum ekklesiologischen Ort der Ordensgemeinschaften, in: Ordenskorrespondenz 1 (2009), 5–19
12. Henning, Eckard / Herfurth, Dietrich, Orden und Ehrenzeichen – Handbuch der Phaleristik, Köln / Weimar / Wien, 2010
13. Hoffmann von Rumerstein, Ludwig, Verfassungstheorie und Verfassungswirklichkeit des Souveränen Malteser-Ritterordens heute, in: Referate zur Information über den Malteser-Orden, a.a.O., 42–82
14. Horsler, Val / Andrews, Julian, The Order of Malta – A Portrait, London, 2011
15. Krethlow, Carl Alexander, Der Malteserorden, Wandel, Internationalität und soziale Vernetzung im 19. Jahrhundert, Bern / Berlin / Brüssel / Frankfurt a. Main / New York / Wien, 2001
16. Leisching, Peter, Der Souveräne Malteserritterorden als Religio, in: Wienand, Adam (Hrsg.), a.a.O., 439–452
17. Marini Dettina, Alfonso, Il legittimo esercizio del Gran Magistero del Sacro Militare Ordine Costantiniano di San Giorgio, Città del Vaticano, 2003

18. Himmels, Heinz, Der Souveräne Malteser-Ritterorden als Völkerrechtssubjekt, in: Goydke, Jürgen / Rauschning, Dietrich / Robra, Rainer / Schreiber, Hans-Ludwig / Wulff, Christian (Hrsgg.), Vertrauen in den Rechtsstaat – Beiträge zur deutschen Einheit im Recht, Festschrift für Walter Remmers, Köln / Berlin / Bonn / München, 1995

19. Sarnowsky, Jürgen, Geistliche Ritterorden, in: Dinzelbacher, Peter / Hogg, James Lester (Hrsgg.), Kulturgeschichte der christlichen Orden in Einzeldarstellungen, Stuttgart, 1997, 329–335

20. von Schalscha, Alexander, Der Verein der schlesischen Malteserritter, in: Wienand, Adam (Hrsg.), a.a.O., 482–499

21. Schalück, P. Hermann, Interkulturalität und Ordensleben, in: Ordenskorrespondenz 4 (2009), 394–400

22. Seward, Desmond, The Monks of War – The Military Religious Orders, London, 1995

23. Sire, H. J. A., The Knights of Malta, New Haven / London, 1994

24. Stair Sainty, Guy, The Orders of St. John – The History, Structure, Membership and modern Role of the five Hospitaller Orders of St. John of Jerusalem, New York, 1991

25. Turriziani Colonna, Fabrizio, Sovranità e Indipendenza nel Sovrano Militare Ordine di Malta, Città del Vaticano, 2006

26. Frhr. von Twickel, Maximilian, Die rheinisch-westfälische Malteser-Genossenschaft, in: Wienand, Adam (Hrsg.), a.a.O., 453–481

27. Ratzinger, Joseph, Kirchliche Bewegungen und ihr theologischer Ort, in: IKZ Communio 27 (1998), 431–448

28. Valentini di Laviano, Luciano, Abiti, Uniformi e Decorazioni dell'Ordine di Malta – Robes, Uniforms and Decorations of the Order of Malta, Rom, 2010

29. Vanier, Jean, In Gemeinschaft leben, Freiburg im Brsg. / Basel / Wien, 1993

30. Verdross, Alfons / Simma, Bruno, Universales Völkerrecht – Theorie und Praxis, 3. A., Berlin, 1984

31. Waldstein-Wartenberg, Berthold, Rechtsgeschichte des Malteserordens, Wien, 1969

32. Wienand, Adam (Hrsg.), Der Johanniterorden – Der Malteserorden – Der ritterliche Orden des hl. Johannes vom Spital zu Jerusalem, Seine Geschichte, seine Aufgaben, 3. A., Köln, 1988

"Building a Civilization of Love"

Raymond Leo Burke

Introduction

As a newly-ordained priest in 1975, one of my most striking impressions was the loss of devotional life in Catholic homes. During my first years of priestly life, I recall visiting homes of families of the parish and of the Catholic high-school at which I was teaching, and often being struck by the absence of those usual objects of devotion, like the crucifix or an image of the Sacred Heart of Jesus or of the Blessed Virgin Mary. Absent, too, I discovered in many families were the devotional practices like the Morning Offering and the Family Rosary.

In a certain sense, I was not surprised, for I had experienced in my seminary formation, during the late 1960s and early 1970s, a strong element of that false but nonetheless pervasive interpretation of the teaching of the Second Vatican Ecumenical Council, which discredited all forms of devotion as somehow opposed to the Sacred Liturgy and detracting from a full and active participation in the Sacred Liturgy. In many of the parishes with which I was acquainted in those years, many or all of the traditional parish devotions, like Eucharistic Adoration and Benediction of the Most Blessed Sacrament, Processions with the Blessed Sacrament and Rosary Processions, and the Mother of Perpetual Help or Sorrowful Mother Novenas had been discontinued.

For two reasons, at least, I, as a priest, was deeply concerned with the decline of the devotional life in the home and in the parish. First of all, I knew, without any doubt, that the devotional life had contributed greatly to my own faith and practice of the faith. I knew well that the Enthronement of the Sacred Heart of Jesus in my home, the praying of the Family Rosary, the May Altar, and participation in the Sorrowful Mother Novena at our parish church had not only not lessened my love of the Sacraments, above all, the Holy Eucharist, but had contributed to a lively and strong consciousness of how sacred the sacramental encounters with our Lord truly are. I grew up in a home and in a parish with a rich and varied devotional life which fostered in me a strong sense of the presence of our Lord Jesus Christ in my life, of my communion with the Saints and with the souls in Purgatory, and of the

Sacred Liturgy as "the summit toward which the activity of the Church is directed and, at the same time, the fount from which all her power flows."[1]

Certainly, I understand that there were exaggerations and even doctrinal deviations in some devotional practices. Such, it seems to me, will always be the case, as long as frail human beings are the ones practicing the devotions. At the same time, when the Church encourages, directs and disciplines the devotional life, it is an irreplaceable means of remaining in the presence of our Lord, encountered in the Sacred Liturgy, throughout the day. I think, for example, of the practice of the Morning Offering, Spiritual Communion, and visits to the Blessed Sacrament.

Blessed John Paul II, in his Apostolic Letter *Rosarium Virginis Mariae*, "On the Most Holy Rosary," referring to the teaching of his predecessor, Pope Paul VI, addressed directly the false understanding of the Second Vatican Council, which opposes its emphasis on full and active participation in the Sacred Liturgy to the devotional life, specifically the Rosary devotion. He declared:

> There are some who think that the centrality of the Liturgy, rightly stressed by the Second Vatican Ecumenical Council, necessarily entails giving lesser importance to the Rosary. Yet, as Pope Paul VI made clear, not only does this prayer not conflict with the Liturgy, *it sustains it*, since it serves as an excellent introduction and a faithful echo of the Liturgy, enabling people to participate fully and interiorly in it and to reap its fruits in their daily lives.[2]

The devotional life is inspired by the mysteries of the faith encountered directly in the Sacred Liturgy, and keeps those mysteries before our eyes throughout the day.

For example, Father John Croiset, the last spiritual director of Saint Margaret Mary Alacoque before her death, writes about the nature of the devotion to the Sacred Heart of Jesus in these words:

> The particular object of this devotion is the immense love of the Son of God, which induced Him to deliver Himself up to death for us and to give Himself entirely to us in the Blessed Sacrament of the altar … The end which is proposed is, firstly, to recognize and honour as much as lies in our power, by our frequent adoration, by a return of love, by our acts of thanksgiving and by every kind of homage, all the sentiments of tender love which Jesus Christ has for us in the adorable Sacrament of the Blessed Eucharist, where, however, He is so little known by men, or at least so little loved even by those people who know Him; …[3]

---

1 "culmen ad quod actio Ecclesiae tendit et simul fons unde omnis eius virtus emanat." Concilium Oecumenicum Vaticanum II, Constitutio *Sacrosanctum Concilium*, "de sacra Liturgia," 4 Decembris 1963, *Acta Apostolicae Sedis* 2 (1964), p. 102, no, 10. English translation: *Vatican Council II: The Conciliar and Post Conciliar Documents*, ed. Austin Flannery, O.P., Collegeville, Minnesota: Liturgical Press, 1975, p. 6.

2 "Sunt qui putent primarium Liturgiae locum, merito quidem a Concilio Oecumenico Vaticano II laudatum, secum necessario deminutum importare Rosarii momentum. Verumtamen, quemadmodum Paulus VI explanavit, haec oratio non modo se Liturgiae Sacrae non opponit sed *illi etiam tamquam fulcrum deservit*, quandoquidem introducit eam atque repetit dum plena interior participatione permittit ut ea vivatur eiusque percipiantur cotidiana in vita fructus." Ioannis Pauli PP. II, Epistula Apostolica *Rosarium Virginis Mariae*, "de Mariali Rosario," 16 Octobris 2002, *Acta Apostolicae Sedis* 1 (2003), p. 8, no. 4. English translation: Libreria Editrice Vaticana.

3 John Croiset, S.J., *The Devotion to the Sacred Heart of Our Lord Jesus Christ*, tr. Patrick O' Connell, St. Paul, Minnesota: The Radio Replies Press Society, 1959, pp. 43–44 [Hereafter, *The Devotion to the Sacred Heart*].

Corollary to the knowledge and love of the Holy Eucharist, fostered by the Sacred Heart devotion, is the practice of reparation for the offenses committed against our Lord during His earthly ministry and His Real Presence in the Most Blessed Sacrament.[4]

Secondly, I could not help but note the loss of Catholic faith during the years following the Second Ecumenical Council, those years during which the devotional life was abandoned. It did not take an unusual priestly sensitivity to note the ever-decreasing participation in Sunday Mass by families, for instance, whose children were enrolled in the Catholic School. The loss of belief in the Real Presence was also manifest, along with a loss of the sense of the irreplaceable service of the ordained priest in the Body of Christ. Granted that other factors like a gravely defective catechesis contributed to the loss of faith, the lack of a devotional life left children and young people especially devoid of a concrete way to perceive the Catholic faith and to express the Catholic faith.

With regard to the loss of Catholic faith, I cannot fail to mention the clear and strong concern of Blessed Pope John Paul II, in the final years of his service as Successor of Saint Peter, to restore faith in the Holy Eucharist. In his concern, manifested in his last Encyclical Letter, in an Instruction of the Congregation for Sacred Worship and the Discipline of the Sacraments, which was ordered and approved by him; in the indiction of the Year of the Holy Eucharist; and in the calling of the Synod of Bishops to consider Eucharistic faith and practice, Blessed Pope John Paul II urged insistently a return to Eucharistic faith and devotion. His words regarding Eucharistic devotion, which make reference to the essential relationship of Eucharistic devotion and devotion to the Sacred Heart of Jesus, are very striking:

> It is pleasant to spend time with Him, to lie close to His breast like the Beloved Disciple (cf. *Jn* 13:25) and to feel the infinite love present in His Heart. If in our time Christians must be distinguished above all by the "art of prayer," how can we not feel a renewed need to spend time in spiritual converse, in silent adoration, in heartfelt love before Christ present in the Most Holy Sacrament? How often, dear brothers and sisters, have I experienced this, and drawn from it strength, consolation and support![5]

The devotional life, as Blessed John Paul II expresses so well, is our response of love to the unceasing and immeasurable outpouring of God's love into our souls from the glorious pierced Heart of Jesus. When the devotional life is not fostered or is even discouraged, love of our Lord and of His Presence with us in the Church, above all, in the Holy Eucharist, naturally grows cold. On the other hand, true

---

4 Cf. *Ibid*, p. 44.
5 "Pulchrum est versari cum Eo et, morando super pectus eius more discipuli praedilecti (cfr *Io* 13, 25), affici infinito cordis eius amore. Si eminere debet nostris diebus christiana religio, praesertim ob «artem precandi», quis non renovatam necessitatem percipit diutius deversandi spiritali in colloquio, tacita in adoratione, amanti in habitu ante Christum in Sanctissimo Sacramento praesentem? Quotiens, cari fratres ac sorores, hoc idem sumus experti indeque vires et consolationem et sustentationem sumus consecuti!" Ioannis Pauli PP. II, Litterae Encyclicae *Ecclesia de Eucharistia*, "de Eucharistia eiusque necessitudine cum Ecclesia," 17 Aprilis 2003, *Acta Apostolicae Sedis* 7 (2003), p. 450, no. 25. English translation: Libreria Editrice Vaticana [Hereafter: *Ecclesia de Eucharistia*].

Eucharistic faith must express itself in devotion to the Most Blessed Sacrament and in other devotions.

Having reflected on the stark contrast between the devotional life of my childhood and early youth, and the loss of the devotional life in families and parishes in the decades following upon the Second Vatican Ecumenical Council, I hasten to add that, over the past years, I note a strong hunger for the devotional life among young people, as unfamiliar with it as they have been left. Also, I find among the faithful of around my age a kind of rediscovery of the devotional life and a certain wonderment about why it was ever abandoned.

I begin my reflection on Building the Civilization of Love, which our Lord calls us to develop and cultivate in society, with these reflections, so that we may all be realistic about the actual situation and about the critical role which the devotional life, above all, devotion to the Sacred Heart of Jesus, has in the fulfillment of our mission of developing and cultivating the Civilization of Love.

Civilization of Love and the New Evangelization

What do we mean when we say that we are called to build the Civilization of Love in our time? The meaning of our mission is best understood in terms of the New Evangelization, which is the way of the development and promotion of the Civilization of Love.

Blessed John Paul II described the mission of the Church in our day with the words, "the New Evangelization." He recognized that the Church in our time is called and sent to carry out her mission in a very challenging societal and cultural context. In his Spiritual Testament, Blessed John Paul II described our times as "unspeakably difficult and disturbing."[6] He wrote these words during his annual Lenten retreat in 1980, early in his pontificate.

Great Shepherd of the Universal Church, Blessed John Paul II, never ceased to ponder in his heart the deepest needs of all mankind, the agonizing spiritual needs of the sons and daughters of God, who live in a world which has lost the sense of its origin in God and its final destiny in Him. Blessed John Paul II was profoundly conscious of the urgent need for all who are alive in Christ in the Church to teach and live the Gospel with the newness of the first disciples for the sake of the salvation of the world, that is, in order that Christ may feed the deep spiritual hunger of a godless culture. With his predecessor, Pope Paul VI, he called upon all in the Church to transform what has become a "culture of death" into a civilization of divine life and love.[7]

---

6   "Czasy, w których żyjemy, są niewymownie trudne i niespokojne." Ioannis Pauli PP. II, *Ioannis Pauli II Testamentum, Acta Apostolicae Sedis* Supplementum (2005) p. 477. English translation: "The Testament of John Paul II," *L'Osservatore Romano Weekly Edition in English*, 13 April 2005, p. 4.

7   Cf. Paulus VI, "La civiltà dell'amore prevarrà nell'affanno delle implacabili lotte sociali," 25 Decembris 1975 (Close of the Holy Year), in *Insegnamenti di Paolo VI*, Vol. XIII (1975), p. 1568. English translation: *L'Osservatore Romano Weekly Edition in English*, 1 January 1976, p. 12;

In his teaching during the over twenty-six years of his service as the Vicar of Christ on earth, Blessed John Paul II insistently urged us all, according to our vocation in life and our particular personal gifts, to take up the work of the New Evangelization and so to build the Civilization of Love. In his Post-synodal Apostolic Exhortation *Christifideles Laici*, "On the Vocation and the Mission of the Lay Faithful in the Church and in the World," he described what he called the "hard test" which living the Catholic faith is today, in a practically atheistic world, in a culture radically marked by secularism:

> Whole countries and nations where religion and the Christian life were formerly flourishing and capable of fostering a viable and working community of faith, are now put to a hard test, and in some cases, are even undergoing a radical transformation, as a result of a constant spreading of an indifference to religion, of secularism and atheism. This particularly concerns countries and nations of the so-called First World, in which economic well-being and consumerism, even if coexistent with a tragic situation of poverty and misery, inspires and sustains a life lived "as if God did not exist". This indifference to religion and the practice of religion devoid of true meaning in the face of life's very serious problems, are not less worrying and upsetting when compared with declared atheism.[8]

Our late and most beloved Holy Father describes a kind of atheism in practice, lived by many today in countries and cultures, like our own, which were once strongly Christian and may still consider themselves so.

Before the challenges of living the Catholic faith in our time, Blessed John Paul II recalled the urgency of Christ's mandate given to the first disciples and given to us today:

> Certainly the command of Jesus: "Go and preach the Gospel" always maintains its vital value and its ever-pressing obligation. Nevertheless, the *present situation*, not only of the world but also of many parts of the Church, *absolutely demands that the word of Christ receive a more ready and generous obedience*. Every disciple is personally called by name; no disciple can withhold making a response: "Woe to me, if I do not preach the Gospel" (1 *Cor* 9:16).[9]

Ioannis Pauli PP. II, Litterae Encyclicae *Dives in Misericordia*, "de divina misericordia," 30 Novembris 1980, *Acta Apostolicae Sedis* 9 (1980), pp. 1224–1225, no. 14. English translation: Libreria Editrice Vaticana; and Ioannis Pauli PP. II, Litterae Encyclicae *Evangelium Vitae*, "de vitae humanae inviolabili bono," 25 Martii 1995, *Acta Apostolicae Sedis* 5 (1995), pp. 509–510, no. 95. English translation: Libreria Editrice Vaticana.

8 "Integrae regionis nec non nationes in quibus anteacto tempore religio et vita christiana florebant, quae vivacis ac operosae fidei communitates excitabant, nunc rebus adversis premuntur ac non raro radicitus sunt transformatae, gliscentibus indifferentismo, saecularismo et atheismo. Agitur praesertim de regionibus et nationibus «Primi Mundi» qui dicitur, in quibus oeconomica prosperitas et consumendarum rerum cupiditas, quamquam etiam terribilibus paupertatis et miseriae adiunctis commixtae, inhiant ac proclamant ita esse vivendum «etsi Deus non daretur». At religiosa indifferentia et practica Dei completa neglegentia ad vitae quaestiones licet graviores exsolvendas non minus affligunt animum nec minus videntur evertentes quam problamatus atheismus ..." Ioannis Pauli PP. II, Adhortatio Apostolica Post-Synodalis, *Christifidelis Laici*, "de vocatione et missione Laicorum in Ecclesia et in mundo," 30 Decembris 1988, *Acta Apostolicae Sedis* 4 (1989), p. 454, no. 34. English translation: Libreria Vaticana Editrice.

9 "Equidem mandatum Iesu: «Euntes praedicate evangelium» sua vi perpetuo viget ac inoccidue urget; verumtamen *praesens rerum conditio*, non solum in mundo sed in pluribus quoque Ecclesiae

The *"present situation"* of the world and the Church *"absolutely demands that the word of Christ receive a more ready and generous obedience."* The obedience which is fundamental to the New Evangelization is also a virtue acquired with difficulty in a culture which exalts individualism and questions all authority. Yet, it is indispensable, if the Gospel is to be taught and lived in our time. We must take our example from the first disciples, from the first missionaries to the various parts of the world, and from the host of saints and blesseds who gave themselves completely to Christ, calling upon the help and guidance of the Holy Spirit to purify themselves of any rebellion before God's will and to strengthen them to do God's will in all things.

Blessed John Paul II addressed the same challenge in his Post-synodal Apostolic Exhortation *Pastores Dabo Vobis*, "On the Formation of Priests in the Circumstances of the Present Day."[10] He also addressed the pressing need of the New Evangelization in his Post-synodal Apostolic Exhortation *Vita Consecrata*, "On the Consecrated Life and Its Mission in the Church and in the World."[11] With a particular insistence, Blessed John Paul II addressed the call of the New Evangelization to youth. In youth, he saw the hope of the future of the Church and of society. For that reason, he frequently reminded youth to use their gifts for the conversion of their personal lives and the transformation of the world.[12]

Here it must be noted, too, that Blessed John Paul II called an extraordinary assembly of the Synod of Bishops for each continent to address the challenge of the New Evangelization in the particular circumstances of each place. For example, to America, that is, all of America to which Blessed John Paul II referred as one continent, the Holy Father wrote:

> The commemoration of the five hundred years of evangelization will achieve its full meaning if it becomes a commitment by you the Bishops, together with your priests and people, a commitment not to re-evangelization but to a New Evangelization – new in ardor, methods and expression. Later, I invited the whole Church to respond to this call, although the program of evangelization, embracing today's world in all its diversity, must take different shape in the light of two different situations: on the one hand, the situation of countries strongly affected by secularization, and, on the other, the situation of countries where there are still "many vital traditions of piety and popular forms of Christian religiosity." There is no doubt

---

partibus, *omnino requirit ut Christi verbo promptius ac magis dilatato corde obtemperetur*; quivis discipulus ita in sua ipsius persona interpellatur, ut nullus se in proprio responso eliciendo retrahere possit: «Vae enim mihi est, si non evangelizavero!» (*1 Cor* 9,16) *Ibid*, p. 454, no. 33.

10 Ioannis Pauli PP. II, Adhortatio Apostolica Postsynodalis *Pastores Dabo Vobis*, "de Sacerdotum formatione in aetatis nostrae rerum condicione," 25 Martii 1992, *Acta Apostolicae Sedis* 8 (1992). English translation: Libreria Editrice Vaticana.

11 Ioannis Pauli PP. II, Adhortatio Apostolica Post-Synodalis *Vita Consecrata*, "de vita consecrata eiusque missione in Ecclesia ac mundo," 25 Martii 1996, *Acta Apostolicae Sedis* 5 (1996). English translation: Libreria Editrice Vaticana.

12 Cf. among others: Ioannis Pauli PP. II, Epistula Apostolica *Hoc Omine*, "ad iuvenes internationali vertente anno iuventuti dicato," 31 Martii 1985, *Acta Apostolicae Sedis* 7 (1985), pp. 610–613, 620–626, nos. 12, 15. English translation: Libreria Editrice Vaticana. See also Messages for World Youth Day, 1987–2005.

that in varying degrees both these situations are present in different countries or, better perhaps, in different groups within the various countries of the American continent.[13]

In the United States of America, there is a predominance of the phenomenon of secularization, although there also remain individual Catholic families of deep religious faith, practice of the faith and devotion, and, where a number of these families are nearby one another, they form a certain social and spiritual fraternity. There is need to stir up in all families the ardent devotion which is inherent to faith in Christ and His Church.

Beginning in the Family

The fruit of the New Evangelization, the Civilization of Love, is first realized in the family, and it is only through the family that the whole of society is transformed. It is in the family that we first meet Christ, learn about God's love for us in Jesus Christ, are formed in the life of prayer, devotion and worship; and first experience and give the witness of Christlike love. The transformation of the family is the way of the transformation of the whole of society. In promoting the Enthronement of the Sacred Heart of Jesus in the home, Father Mateo Crawley-Boevey observed:

> Let us not deceive ourselves, in order to bring about the day, be it near or distant, of the Social Reign of Jesus Christ, proclaimed and revered as King ruling by Sovereign right throughout the whole of human society, it will be necessary for us to refashion the society of today from its very basis, that is to say to rebuild it on the model of Nazareth. Every nation is worth what its family life is worth, for a nation has ever been, either in holiness or corruption, that which the home is. There has never been any exception whatever to this rule.[14]

Blessed John Paul II repeatedly reminded us that the New Evangelization could only be carried out by the way of the family.

Even as society today is beset by the forces of secularism and materialism, which bear the evil fruit of the breakdown of family life and the attack on human life itself by a variety of forms of violence, so, too, the family itself suffers greatly from secu-

---

13 "«La conmemoración del medio milenio de evangelización tendrá su significación plena si es un compromiso vuestro como Obispos, junto con vuestro presbiterio y fieles; compromiso, no de reevangelización, pero sí de una evangelización nueva. Nueva en su ardor, en sus métodos, en su expression». Más tarde invité a toda la Iglesia a llevar a cabo esta exhortación, aunque el programa evangelizador, al extenderse a la gran diversidad que presenta hoy el mundo entero, debe diversificarse según dos situaciones claramente diferentes: la de los países muy afectados por el secularismo y la de aquellos otros donde «todavía se conservan muy vivas las tradiciones de piedad y de religiosidad popular cristiana». Se trata, sin duda, de dos situaciones presentes, en grado diverso, en diferentes países o quizás mejor, en diversos ambientes concretos dentro de los países del Continente americano." Ioannis Pauli PP. II, Adhortatio Apostolica Postsynodalis *Ecclesia in America*, "sobre el encuentro con Jesucristo vivo, camino para la conversion, la communión y la solidaridad en América," 22 Ianuarii 1999, *Acta Apostolicae Sedis* 8 (1999), p. 742, no. 6.
14 Mateo Crawley-Boevey, SS.C.C., *Jesus King of Love*, Brewster, Massachusetts: Paraclete Press, 1997, p.125 [Hereafter: *Jesus King of Love*].

larism and materialism which strike at its very foundations. Early on in his service
as Successor of Saint Peter, Blessed John Paul II devoted his principal energies to
addressing the crisis of the family and to strengthening the family as the first agent
of the New Evangelization and of the cultivation of the Civilization of Love. For
the first four years of his pontificate, his Wednesday Audience addresses developed
to a remarkable depth the theology of the human body, of human sexuality and
of marriage. In his Post-synodal Apostolic Exhortation *Familiaris Consortio*,
"Regarding the Role of the Family in the Modern World," issued 22 November
1981, the Feast of Christ the King, he declared:

> At a moment in history in which the family is the object of numerous forces that seek
> to destroy it or in some way to deform it, and aware that the well-being of society
> and her own good are intimately tied to the good of the family, the Church perceives
> in a more urgent and compelling way her mission of proclaiming to all people the
> plan of God for marriage and the family, ensuring their full vitality and human and
> Christian development, and thus contributing to the renewal of society and of the
> People of God.[15]

The family is the first cell of the life of the Church and of society. Unless a transformation take place in family life for the service of the Civilization of Love, there
will be no transformation of society.

Clearly, the transformation of the family comes through a deeper knowledge
and love of Christ. While growth in the knowledge of the faith and of our Lord
Jesus, in particular, is fundamental, the fullest expression of family life comes
through a personal relationship with God through prayer, through the devotional
life, and, most of all, through the Sacred Liturgy. Blessed John Paul II observed:

> The fruitfulness of the Christian family, in its specific service to human advance-
> ment, which of itself cannot but lead to the transformation of the world, derives
> from its living union with Christ, nourished by the Liturgy, by self-oblation and
> by prayer.[16]

The center of family life and love will be the Holy Eucharist. Participation in Sunday Mass is essential to the safeguarding and fostering of the divine love poured
into the heart. It is through prayer and devotional life in the home that the highest
encounter with Christ in the Holy Eucharist is prepared and prolonged. Blessed
John Paul II underlined the importance of family prayer, including devotion to the
Sacred Heart of Jesus, in particular, in *Familiaris Consortio*, when he wrote:

---

15 "Hoc tempore historiae, quo familia multis impetitur viribus, eam delere aut saltem deformare
nitentibus, Ecclesia, probe conscia salutem societatis suamque ipsius arcte cum fausta condicione
familiae conecti, modo vehementiore et urgentiore munus suum percipit omnibus consilium Dei de
matrimonio ac familia declarandi, cuius plenum vigorem et promotionem humanam et christianam
in tuto collocet ac sic conferat ad renovationem societatis ipsiusque Populi Dei." Ioannis Pauli PP.
II, Adhortatio Apostolica *Familiaris Consortio*, "de familiae christianae muneribus in mundo huius temporis," 22 Novembris 1981, *Acta Apostolicae Sedis* 2 (1982), p. 85, no. 3. English translation:
Libreria Editrice Vaticana.
16 "Ex vitali cum Christo consociatione, quae Sacra Liturgia nutritur nec non sui ipsius oblatione et
oratione, profluit etiam familiae christianae fecunditas in eius proprio ministerio ad progressionem
humanam spectante, quod ex se necessario prodest mundo transformando." *Ibid.*, p. 155, no. 62.

As preparation for the worship celebrated in church, and as its prolongation in the home, the Christian family makes use of private prayer, which presents a great variety of forms. While this variety testifies to the extraordinary richness with which the Spirit vivifies Christian prayer, it serves also to meet the various needs and life situations of those who turn to the Lord in prayer. Apart from morning and evening prayers, certain forms of prayer are to be expressly encouraged, following the indications of the Synod Fathers, such as reading and meditating on the Word of God, preparation for the reception of the Sacraments, devotion and consecration to the Sacred Heart of Jesus, the various forms of veneration of the Blessed Virgin May, grace before and after meals, and observance of popular devotions.[17]

Christ is the program of the New Evangelization

The last three major documents of Blessed John Paul II's pontificate, which he clearly related to each other as a kind of program for the New Evangelization, were a final plea to the universal Church to carry out the New Evangelization, that is, to teach Christ's truth and to live in His love, as if for the first time, in a world which has become totally secularized, that is, forgetful of God and hostile to His law of life and love. I refer to the Apostolic Letter *Novo Millennio Ineunte*, "At the Close of the Great Jubilee of the Year 2000"; the Apostolic Letter *Rosarium Virginis Mariae*, "On the Most Holy Rosary"; and the Encyclical Letter *Ecclesia de Eucharistia*, "On the Eucharist in Its Relationship to the Church." In *Ecclesia de Eucharistia*, which is the culmination of his plea for our engagement in the New Evangelization, Blessed John Paul II wrote:

> I would like to rekindle this Eucharistic "amazement" by the present Encyclical Letter, in continuity with the Jubilee heritage which I have left to the Church in the Apostolic Letter *Novo Millennio Ineunte* and its Marian crowning, *Rosarium Virginis Mariae*. To contemplate the face of Christ, and to contemplate it with Mary, is the "program" which I have set before the Church at the dawn of the third millennium, summoning her to put out into the deep on the sea of history with the enthusiasm of the New Evangelization. To contemplate Christ involves being able to recognize Him wherever He manifests Himself, in His many forms of presence, but above all in the living sacrament of His Body and Blood.[18]

---

17 "Ut autem domi praeparetur et continuetur cultus in Ecclesia celebrandus, familia utitur christiana precibus privatis, quarum magna invenitur varietas formarum: haec varietas, immensas testans divitias, secundum quas precationem christianam Spiritus movet, diversis satisfacit postulationibus condicionibusque vitae illius qui ad Dominum dirigit mentem. Praeter preces matutinas ac vespertinas, expressis verbis suadentur secundum Synodi Patrum monitionem: lectio et meditatio verbi Dei, praeparatio sacramentorum, pietas in Sacratissimum Cor Iesu et consecratio ei facta, variae rationes cultus Beatae Mariae Virginis, benedictio mensae, religionis popularis custodia." *Ibid.*, p. 154, no. 61.
18 "Illum cupimus eucharisticum «stuporem» his Litteris Encyclicis rursus excitare, tamquam iubilarem hereditatem quam Epistula Apostolica *Novo Millennio ineunte* Ecclesiae commendare voluimus et cum Mariali eius consummatione in documento *Rosarium Virginis Mariae*. Vultum Christi contemplari, quin immo eum cum Maria contueri, est propositum seu «programma» quod illucescente tertio Millennio Ecclesiae significavimus, cum eam simul hortaremur ut in altum historiae mare cum novae evangelizationis fervore procederet. Christum contemplari idem valet ac Eum agnoscere ubicumque sese ostendit, multiplici quidem in ipsius praesentia, sed potissimum in vivo corporis sanguinisque illius Sacramento." *Ecclesia de Eucharistia*, pp. 436–437, no. 6.

Our cultivation of the Civilization of Love takes its direction from the teaching of Blessed John Paul II on the New Evangelization as it reached its final expression in the just-mentioned documents.

Pope Benedict XVI has continued the apostolic work of his saintly predecessor by pointing to the personal encounter and relationship with God in Jesus Christ as the essence of the Christian faith and way of life. Before commenting on the teaching of Pope Benedict XVI, I wish to comment briefly on the three documents of Blessed Pope John Paul seeing how they provide for us a guide in carrying out our critical mission in the Church.

All of us can easily give way to doubt and fear before the challenge of living in Christ in our totally secularized culture. Before the daunting challenge of the New Evangelization there is the tendency to doubt God's grace and to give way to fear in responding to its "costly" demands. There is the temptation to think that we must devise some program, "some magic formula," to transform the world.

In *Novo Millennio Ineunte*, Blessed John Paul II reminded us that it is Christ, alive for us in the Church, Who alone shows us the way. It is our humble and confident following of Christ which will transform us and our world. He wrote:

> It is not therefore a matter of inventing a "new program." The program already exists: it is the plan found in the Gospel and in the living Tradition, it is the same as ever. Ultimately, it has its center in Christ Himself, Who is to be known, loved and imitated, so that in Him we may live the life of the Trinity, and with Him transform history until its fulfillment in the heavenly Jerusalem.[19]

If we are to carry out faithfully the New Evangelization, and so build up the Civilization of Love, we must, first, center our lives on Christ by daily prayer and Sunday Mass. When possible, daily Mass should become the pattern of our lives. By our prayer and devotion, especially the devotion to the Sacred Heart of Jesus, Christ accompanies us throughout every day. We conclude each day with the examination of conscience and the act of contrition, reflecting on how we have honored or dishonored Christ's company in our thoughts, words and deeds. How poignant is our examination of conscience, when it takes place before the image of the Sacred Heart of Jesus, reminding us that our Lord accompanies always along the way of our earthly pilgrimage, in every place of our daily living, especially in our homes. Sunday Mass is the center of all that we are and do. By the regular confession of our sins and the reception of God's forgiveness in the Sacrament of Penance, we are absolved of our sins and strengthened to make satisfaction.

Through prayer, the devotional life and participation in the sacramental life of the Church, we come to know Christ more fully and love Him more ardently. We grow in holiness of life. We reject "a life of mediocrity, marked by a minimalist

---

19 "Non itaque agitur de hinc excogitando «novo consilio». Iam enim praesto est consilium seu «programma»: illud nempe quod de Evangelio derivatur semper vivaque Traditione. Tandem in Christo ipso deprehenditur istud, qui sane cognoscendus est, diligendus atque imitandus, ut vita in eo trinitaria ducatur et cum eo historia ipsa transfiguretur ad suam usque in Hierosolymis caelestibus consummationem." Ioannis Pauli PP. II, Epistula Apostolica *Novo Millennio Ineunte*, "Magni Iubilaei anni MM sub exitum," 6 Ianuarii 2001, *Acta Apostolicae Sedis* 5 (2001), p. 285, no. 29c. English translation: Libreria Editrice Vaticana.

ethic and a shallow religiosity," which betrays our true identity in Christ, and we strive daily to meet the *"high standard of ordinary Christian living."*[20]

Students of Mary in Promoting the Civilization of Love

In carrying out the work of the New Evangelization, the Blessed Virgin Mary is our finest example and most powerful intercessor. It is Mary who first welcomed the Redeemer into the world by her *"fiat."* The Holy Spirit formed the Sacred Heart of Jesus under the Immaculate Heart of Mary. From the moment of the Incarnation, the Immaculate Heart of Mary was perfectly one with the Sacred Heart of Jesus. From the moment of her *fiat,* she was not only the first disciple of the Lord but His best disciple. It is Mary who teaches us to look upon the Face of Christ and to do whatever it is that He asks of us. Her response to the wine stewards at the Wedding Feast of Cana is an expression of the maternal counsel which she never fails to give us: "Do whatever He tells you" (*Jn* 2:5). Mary is the model in following her own counsel, especially at the foot of the Cross.

The praying of the Rosary is one of the most spiritually efficacious ways of contemplating the Face of Christ with Mary, coming to know more deeply, with Mary, the great mystery of the Redemptive Incarnation. Praying the Rosary, we turn to the Mother of God for her help and she directs us to her Son, the source of all our salvation.

Meditating upon the mysteries of the vocation and mission of Christ, while praying the *Hail Mary,* we unite our hearts to the Immaculate Heart of Mary and, with her, place our hearts ever more completely into the Sacred Heart of Jesus, in which are found all of the treasures of God's immeasurable mercy and love. It is the Rosary which helps us to remain in the company of the Lord Who gives Himself – Body, Blood, Soul and Divinity – to us in the Holy Eucharist. At the same time, the praying of the Rosary inspires in us the desire to be one with Christ in His Eucharistic Sacrifice. I recall to your minds once again the earlier-quoted words of Blessed John Paul II, referring to the teaching of Pope Paul VI on the Rosary and its relationship to the Sacred Liturgy.[21]

Becoming Men and Women of the Eucharist

At the School of Mary, we come to know and love Christ, most of all, in His Real Presence, in the Eucharistic Sacrifice and Banquet by which He faithfully pours out His life for us, as He first did on Calvary. Regarding the Holy Eucharist, Blessed John Paul II tells us:

> In repeating what Christ did at the Last Supper in obedience to His command: "Do this in memory of Me!" we also accept Mary's invitation to obey Him without hesi-

---

20 *"«superiorem modum» ordinariae vitae christianae," Ibid.,* p. 288, no. 31.
21 Cf. *Ecclesia de Eucharistia,* p. 469, no. 54

tation: "Do whatever He tells you" (*Jn* 2:5). With the same maternal concern which she showed at the wedding feast of Cana, Mary seems to say to us: "Do not waver; trust in the words of my Son. If He was able to change water into wine, He can also turn bread and wine into His body and blood, and through this mystery bestow on believers the living memorial of His passover, thus becoming the 'bread of life'."[22]

It is through participation in the Holy Eucharist that we best understand what we must do to carry out the New Evangelization, and thus build up the Civilization of Love; we must pour out our lives in union with Christ. At the same time, we are nourished with the incomparable spiritual food of the Body, Blood, Soul and Divinity of Christ, which strengthens us to carry out His mission in the world.

The extraordinary attention of Blessed John Paul II to our faith in and our love of the Holy Eucharist, at the end of his pontificate, should have come as no surprise to us. Ultimately, it is only through the Holy Eucharist that the New Evangelization will take place, that we and our world will be transformed from day to day, according to God's plan, His divine and life-giving law.

In his Encyclical Letter *Ecclesia de Eucharistia*, Blessed John Paul II underlined the truth that every celebration of the Holy Mass embraces the whole world with the love of God:

> ... [E]ven when it is celebrated on the humble altar of a country church, the Eucharist is always in some way celebrated *on the altar of the world*. It unites heaven and earth. It embraces and permeates all creation. The Son of God became man in order to restore all creation, in one supreme act of praise, to the One who made it from nothing. He, the eternal High Priest who by the blood of his Cross entered the eternal sanctuary, thus gives back to the Creator and Father all creation redeemed. He does so through the priestly ministry of the Church, to the glory of the Most Holy Trinity. Truly this is the *mysterium fidei*, which is accomplished in the Eucharist: the world which came forth from the hands of God the Creator now returns to Him redeemed by Christ.[23]

Through participation in the Eucharistic Sacrifice, and through prayer and worship of the Most Blessed Sacrament outside of Mass, we discover our true identity in Christ and our mission, with Christ, in the world. If we are to be the heralds and instruments of the New Evangelization, the Holy Eucharist must be the center of our lives.

---

22 "Cum nos Christi in Ultima Cena actionem, eius mandato obtemperantes, iteramus: «Hoc facite in meam commemorationem!», eadem opera Mariae invitationem ei absque dubitatione parendi suscipimus: «Quodcumque dixerit vobis, facite» (*Io* 2, 5). Materna quidem sollicitudine, quam apud Canae nuptias est testata, Maria nobis videtur dicere: «Nolite cunctari, verbo mei Filii confidite. Ipse, qui immutare aquam in vinum potuit, pariter panem vinumque efficere suum corpus suumque sanguinem potest, in hoc mysterio vivam suae Paschae memoriam credentibus tradens, ut hac ratione 'panis vitae' fiat»." *Ibid.*, pp. 469–470, no. 54.

23 "Quoniam quotiens etiam parvo in altari sacelli rustici celebratur, Eucharistia quodam certo sensu semper celebratur *in ara orbis*. Caelum enim coniungit et terram. Continet et penetrat omnia creata. Homo factus est Filius Dei ut totam creaturam redintegraret, extremo quidem laudis actu, in Eum, qui omnia ex nihilo creaverat. Itaque Ipse, summus atque aeternus Sacerdos, per suae Crucis sanguinem in sanctuarium aeternum pervenit Creatorique et Patri totam creaturam redemptam reddit. Hoc consequitur per Ecclesiae sacerdotale ministerium, in Sanctissimae Trinitatis gloriam. Hoc reapse est *mysterium fidei* quod in Eucharistia completur: orbis e Dei Creatoris manibus egressus ad Eum a Christo redemptus revertitur." *Ibid*, p. 438, no. 8.

One of the last gifts of Blessed John Paul II to the Church and to the world before his death was the Year of the Eucharist. It is in the Holy Eucharist that we find the constant newness of our life in Christ, the new enthusiasm and the new energy required for the New Evangelization. In giving us the Year of the Eucharist, Blessed John Paul II wrote to us:

> As I look forward to the twenty-seventh year of my Petrine ministry, I consider it a great grace to be able to call the whole Church to contemplate, praise, and adore in a special way this ineffable Sacrament. May the Year of the Eucharist be for everyone a precious opportunity to grow in awareness of the incomparable treasure which Christ has entrusted to his Church. May it encourage a more lively and fervent celebration of the Eucharist, leading to a Christian life transformed by love.[24]

May we all center our lives in Christ, in the Holy Eucharist. Thus we will build up the Civilization of Love.

God Is Love

Pope Benedict XVI has taken up this insistence of Blessed John Paul II with regard to Christ as the program of the New Evangelization. Typically, in our culture, by which we are very much influenced, we are constantly trying to find some new program, some sure-fire answer to how to carry out the New Evangelization, while we fail to grow in the life of prayer, in the devotional life, and in the love of the Holy Eucharist. Pope Benedict XVI, continuing in the line of his saintly predecessor, has continued this emphasis: God is the instrument of the transformation of society. It is through His grace alone that we are able to transform our individual lives, our families and, so, the wider society. It is because God has first loved us and continues to offer us His love in superabundance that we can even speak of transforming ourselves and our world. In a totally secularized world, there is a great temptation to reduce our Christian life to an ideology or a set of ideas. When Christian faith and practice are so reduced, prayer, the devotional life and sacred worship become a kind of arena of personal creativity, of talking to oneself, in which the clear commitment to love and to foster love is badly obscured.

At the very beginning of his first Encyclical Letter *Deus Caritas Est*, Pope Benedict XVI underlined that our faith is, at its origin and in its various expressions the encounter and ongoing relationship with God in our Lord Jesus Christ. He wrote:

---

24 "Percipimus eximiam illam gratiam vicesimi septimi anni Nostri ministerii, quem inituri sumus, quod Nos totam Ecclesiam nunc hortari possumus ad ineffabile hoc Sacramentum modo omnino singulari contemplandum, laudandum et adorandum. Eucharistiae Annus omnibus occasio excellens sit ad renovandam conscientiam de insigni hoc thesauro quem Christus suae concredidit Ecclesiae. Incitamentum sit ad magis vivam et ardentem celebrationem, ex qua christiana scaturiat exsistentia amore transformata." Ioannis Pauli PP. II, Epistula Apostolica *Mane Nobiscum Domine*, "de eucharistico anno," 7 Octobris 2004, *Acta Apostolicae Sedis* 4 (2005), p. 351, no. 29. English translation: Libreria Editrice Vaticana.

We have come to believe in God's love: in these words the Christian can express the fundamental decision of his life. Being Christian is not the result of an ethical choice or a lofty idea, but the encounter with an event, a person, which gives life a new horizon and a decisive direction.[25]

Describing the Holy Scriptures as a love story, the story of the ceaseless and immeasurable love of God for us. Pope Benedict XVI reminds us, that notwithstanding our coldness to His love and even our open rebellion, God the Father never stops pursuing us with the gift of His life and love. Pope Benedict XVI uses strong language to describe the depth and power of God's love of us. He declares us:

[Christ's] death on the Cross is the culmination of that turning of God against Himself in which He gives Himself in order to raise man up and save him. This is love in its most radical form. By contemplating the pierced side of Christ (cf. 19:37), we can understand the starting-point of this Encyclical letter: "God is love" (1 *Jn* 4:8). It is there that this truth can be contemplated. It is from there that our definition of love must begin. In this contemplation the Christian discovers the path along which his life and love must move.[26]

Contemplation of glorious pierced Heart of Jesus indicates to us the path of our own conversion of life and the path of the transformation of the culture of death into a Civilization of Love.

Pope Benedict XVI reminds us, with striking words, that indeed we encounter God Himself in Christ and in His Mystical Body, the Church:

God has made Himself visible: in Jesus we are able to see the Father (cf. *Jn* 14:9). Indeed, God is visible in a number of ways. In the love-story recounted by the Bible, He comes towards us, He seeks to win our hearts, all the way to the Last Supper, to the piercing of His own Heart on the Cross, to His appearances after the Resurrection and to the great deeds by which, through the activity of the Apostles, He guided the nascent Church along its path. Nor has the Lord been absent from subsequent Church history: He encounters us ever anew, in the men and women who reflect His presence, in His word, in the Sacraments, and especially in the Eucharist.[27]

---

25 "*Nos Dei caritati credidimus* — sic praecipuam vitae suae electionem declarare potest christianus. Ad initium, cum quis christianus fit, nulla est ethica voluntas neque magna quaedam opinio, verumtamen congressio datur cum eventu quodam, cum Persona quae novum vitae finem imponit eodemque tempore certam progressionem." Benedicti PP. XVI, Litterae Encyclicae *Deus Caritas Est*, "De christiano amore," 25 Decembris 2005, *Acta Apostolicae Sedis* 3 (2006), p. 217, no. 1. English translation: Libreria Editrice Vaticana.

26 "Eius per crucem in morte illud completur per quod contra se vertit Deus, in quo ipse se tradit, hominem sublevaturus eumque servaturus – amor hic in forma sua extrema adest. Visus in Christi latus perfossum conversus, de quo apud Ioannem fit mentio (cfr 19, 37), illud comprehendit ex quo hae Litterae Encyclicae initium sumpserunt: « Deus caritas est » (*1 Io* 4, 8). Ibi nempe veritas haec spectari potest. A quo initio capto, definiatur oportet quid sit amor. Ex hoc visu sumens initium, videndi amandique semitam reperit christianus." *Ibid.*, p. 228, no. 12.

27 "visibilis factus est Deus: in Iesu Patrem nos videre possumus (cfr *Io* 14, 9). Multifarie revera videri potest Deus. In amoris historia, quae in Sacris Bibliis narratur, ipse nobis obviam venit, nos acquirere studet – usque ad Novissimam Cenam, usque ad Cor in cruce perforatum, usque ad Resuscitati visus magnaque opera, quibus ipse per actus Apostolorum Ecclesiae nascentis iter direxit. Etiam in Ecclesiae subsequentibus annalibus haud absens Dominus deprehenditur: usque denuo nobis occurrit — per homines in quibus ipse conspicitur; suum per Verbum, Sacramenta, potissimum Eucharistiam." *Ibid.*, pp. 230–231, no. 17.

The piercing of the Heart of Jesus, after He had died on the cross, is the sign of the immeasurable love of God Who pours out His every last energy for the sake of our eternal salvation, for the sake of having our company with Him always.

The reality of the pierced Heart of Jesus is encountered sacramentally in the Holy Eucharist. In his Post-synodal Apostolic Exhortation *Sacramentum Caritatis*, "On the Eucharist as the Source and Summit of the Church's Life and Mission," Pope Benedict XVI urges us to contemplate the glorious pierced Heart of Jesus, in order that we may reflect "on the causal connection between Christ's Sacrifice, the Eucharist and the Church."[28]

Our Holy Father underlines repeatedly that the Holy Eucharist embraces the whole of our lives. He comments on "one of the most serious effects of secularization," namely, "it has relegated the Christian faith to the margins of life as if it were irrelevant to everyday affairs."[29] He goes on to declare:

> Today there is a need to rediscover that Jesus Christ is not just a private conviction or an abstract idea, but a real person, whose becoming part of human history is capable of renewing the life of every man and woman. Hence the Eucharist, as the source and summit of the Church's life and mission, must be translated into spirituality, into a life lived "according to the Spirit" (*Rom* 8:4ff; cf. *Gal* 5:16, 25). It is significant that Saint Paul, in the passage of the Letter to the Romans, in which he invites his hearers to offer the new spiritual worship, also speaks of the need for a change in their way of living and thinking: ...[30]

The devotion to the Sacred Heart of Jesus constantly reminds us that Christ is with us and becomes the instrument by which He speaks to our hearts, drawing them to Himself, so that He may send us on mission to others. The essence of the devotion to the Sacred Heart of Jesus is daily conversion of life to Christ, the daily placing of our poor and sinful hearts into the all rich, all merciful, all loving, all good Heart of Jesus.

In his Letter to Father Peter-Hans Kolvenbach, Superior General of the Society of Jesus, on the occasion of the fiftieth anniversary of the Encyclical Letter *Haurietis Aquas* of the Venerable Pope Pius XII, "On the Sacred Heart of Jesus," Pope Benedict XVI commends the devotion to the Sacred Heart of Jesus, observing:

---

28 "considerandum nos inducit causale vinculum inter Christi sacrificium, Eucharistiam atque Ecclesiam." Benedicti PP. XVI, Ahortatio Apostolica Postsynodalis *Sacramentum Caritatis*, "de Eucharistia vitae missionisque Ecclesiae fonte et culmine," 22 Februarii 2007, *Acta Apostolicae Sedis* 3 (2007), p.115, no. 14. English translation: Libreria Editrice Vaticana.

29 "Agnoscatur oportet gravioribus ex saecularizationis superius memoratae effectibus illum esse: quod in extremos vitae limites amandata sit christiana fides, tamquam si inutilis omnino ad cotidianam hominum vitae actionem esset." *Ibid.*, p. 164, no. 77.

30 "Rursus hodie detegendum est Iesum Christum non quandam privatam esse sententiam aut doctrinam a rebus abstractam, sed personam veram quae in historiam inserta vitam valet omnium renovare. Hanc ob causam uti fons et apex vitae munerisque Ecclesiae Eucharistia in spiritalem traduci debet rem, in vitam « secundum Spiritum » (*Rom* 8,4s; cfr *Gal* 5,16.25). Notare interest sanctum Paulum, in illo *Epistulae ad Romanos* loco ubi hortatur novum ad spiritalem cultum vivendum, simul quidem necessitatem appellare mutationis proprii vivendi moris atque cogitandi: ..." *Ibid.*, pp. 164–165, no. 77.

Moreover, not only does this mystery of God's love for us constitute the content of the worship of and devotion to the Heart of Jesus, but in the same way it is likewise the content of all true spirituality and Christian devotion. It is consequently important to stress that the basis of the devotion is as old as Christianity itself.[31]

There can be no question that the devotion to the Sacred Heart of Jesus is a most efficacious means of the New Evangelization, of the development and fostering of the Civilization of Love.

Enthronement of the Sacred Heart of Jesus

The Enthronement of the Sacred Heart of Jesus and the Consecration of the Home to the Sacred Heart of Jesus gives full expression to the Sacred Heart devotion. Regarding the Enthronement, Father Mateo Crawley-Boevey declared:

> The Enthronement then is simply the realization, not of this or that one of the requests made by our Savior to St. Margaret Mary, but the complete and integral realization of all of them, calling forth the fulfillment of the splendid promises with which the King of Love has enriched them. Note that we say "integral realization" of all the requests made in Paray; for the supreme end of the Enthronement is not, and ought not to be, to further a new pious practice, but to sanctify the home, and convert it into a living and social throne for the divine King.[32]

Through the Enthronement, we acknowledge the presence of Christ with us in our home or place of work. We are reminded that our homes and our places of work are the theater of the New Evangelization. Christ is with us, pouring forth from His Most Sacred Heart the grace of conversion in abundance.

The Consecration gives verbal expression to what the Enthronement symbolizes. The Act of Consecration to the Sacred Heart of Jesus of Saint Margaret Mary Alacoque expresses the reality to which the devotion points:

> I take Thee, O Sacred Heart, for the sole object of my love, the protection of my life, the pledge of my salvation, the remedy of my frailty and inconstancy, the reparation for all the defects of my life, and my secure refuge at the hour of my death.[33]

---

31 "Questo mistero dell'amore di Dio per noi, peraltro, non costituisce soltanto il contenuto del culto e della devozione al Cuore di Gesù: esso è, allo stesso modo, il contenuto di ogni vera spiritualità e devozione cristiana. E' quindi importante sottolineare che il fondamento di questa devozione è antico come il cristianesimo stesso." Benedicti PP. XVI, Epistula *L recurrente anniversario a vulgatis Litteris Encyclicis "Haurietis aquias,"* "Al Reverendissimo Padre Peter-Hans Kolvenbach, S.I., Preposito Generale della Compagnia di Gesù," 15 Maii 2006, *Acta Apostolicae Sedis* 6 (2006), p. 459. English translation: *L'Osservatore Romano Weekly Edition in English,* 14 June 2006, p. 4.

32 *Jesus King of Love,* p. 125.

33 "Je vous prends donc, ô Sacré-Cœur, pour l'unique objet de mon amour, le protecteur de ma vie, le remède de mon inconstance, la réparation de tous les défauts de ma vie et mon asile assuré à l'heure de ma mort," in: *Histoire de la Dévotion au Sacré Cœur. Tome I: Vie de Sainte Marguerite-Marie,* A. Hamon, S.J., 5ᵉ édition, Paris: Gabriel Beauchesne, 1923, p. 387. English translation: *The Thoughts and Sayings of Saint Margaret Mary,* compiled by the Sisters of the Visitation of Paray-le-Monial, tr. Sisters of the Visitation of Partridge Green, Horsham, West Sussex, Rockford, Illinois: Tan Books and Publishers, 1985, p. 103.

The words of consecration of Saint Margaret Mary express the personal relationship with God, which is ours, thanks to His immeasurable and ceaseless love of us. The words of the consecration express what the Enthronement represents, the presence of God the Son made man, our Lord Jesus Christ, in our home, as our King and Friend, the most noble and regal of friends because His love of us is totally unconditional, selfless and pure.

Because our relationship with God in our friendship with Christ the King is one of grace, it is true to say that the image of Christ the King, enthroned in our home or place of work or recreation looks into our eyes, looks upon us always, even as we look upon the image and gaze into the eyes of the glorious Christ, seated at the right hand of the Father but dwelling with us always. The adornment of the place of Enthronement with His Holy Word, the lighted candle, and pictures of our family or of those for whom we are especially praying is, therefore, most fitting. Rightly, we pause before the image at various times throughout the day to speak to our Lord and to let Him speak to us. The living relationship with Christ is always encouraged and supported by the Mother of God, by the maternal love which brings our hearts to the glorious pierced Heart of her Divine Son, ever open to receive them. Keeping our hearts close to her Immaculate Heart, she helps us to be one in heart with the Heart of Jesus, as she has been since the moment of the Incarnation.

The way of life in the home in which the image of the Sacred Heart of Jesus is enthroned makes the home a hearth of the Civilization of Love, from which the faithful and ardent love of Christ extends and transforms the world. Those who enter the home meet not only the family members but, most importantly of all, they meet Christ. Those who go out from the home will not fail to take Christ with them, so that He may be the inspiration and strength of all that they think and say and do.

The Enthronement and what it symbolizes only makes sense because of the Real Presence of our Lord Jesus Christ in the Holy Eucharist. The Enthronement leads us to an ever deeper desire of communion with our Lord in the Eucharistic Sacrifice, and it returns us, in thought and prayer, to that Communion throughout the day. Father Mateo wrote:

> We certainly do not pretend to compare the symbol of love with His real and substantial Presence in the Consecrated Host. However, by means of the Enthronement, Jesus really enters the home to have a part in and guide the whole life of the family. His love becomes the soul of both parents and children and His Heart their shrine.[34]

Father Mateo spoke of "the link between the two tabernacles–the altar and the home, the Eucharist and the family hearth."[35] In a real sense, the place of Enthronement in the home is a constant reminder of the altar of sacrifice and tabernacle of the parish church from which our Lord gives us life from His Eucharistic Heart.

---

34 *Jesus King of Love*, p. 130.
35 *Ibid.*

Conclusion

I close with two brief stories from my experience of the Enthronement of the Sacred Heart of Jesus. A husband whose family had enthroned the Sacred Heart of Jesus was caring for a neighbor who was dying of cancer at home. As the end was drawing near, the man who was dying became exceedingly restless. His wife became more and more distressed to see her husband in his last days in this state. The neighbor who had enthroned the Sacred Heart of Jesus in his home suggested the Enthronement in the dying man's room. The suggested was welcomed by both the dying man and his wife. From the moment of the Enthronement, a calm came over the man, his restlessness was replaced with prayer, and he died a most peaceful death, fortified by the Sacraments of Penance and the Holy Eucharist.

Another couple well known to me had two teenage children, a boy and a girl, who were constantly quarreling with one another. The situation had gone beyond the somewhat normal tension that is often found between two teenagers and had brought an unrest and unhappiness into the whole home, because the quarreling really bordered on a lack of respect for one another. The parents and children made the preparation for the Enthronement and finally enthroned the Sacred Heart of Jesus in their home on Good Friday. The mother wrote to me some weeks later, telling me how the two teenagers were now showing respect for one another and the home was at peace. The mother wrote that she asked her son about the change, and he responded immediately that how else should one act in the presence of Jesus.

I close, placing all of my reflections within the context of the call which God gives to each of us to pour out his life, with Christ, in selfless love of God and neighbor. In a certain sense, everything in our Christian life is directed to knowledge of God's plan for each of us and our following of God's call with an undivided heart. Our vocation in life is our way to salvation and our principal way of working with Christ for the salvation of the world.

From the moment of our baptism, God has a special plan for each of us. He desires that we save our souls by giving our lives completely, with Christ, in love, either in the married life, the dedicated single life, the consecrated life or the priesthood. It is only when we know our vocation in life and embrace it with all our being that we find joy and peace, and are able to place the good gifts which God has given to us at the service of others.

In our culture which is indifferent to religious faith and totally secularized, it is difficult to hear the voice of God Who calls us. It is especially difficult to hear God's call to serve Him and His holy people in the consecrated life and the priesthood. The Enthronement of the Sacred of Jesus disposes a young person to spend time each day in silence before God, asking Him how He would have him serve Him and His holy people. In prayer, at the Holy Mass and before the Blessed Sacrament, prayer extended before the image of the Sacred Heart, a young person comes to know his vocation in life and receives the grace to embrace it with an undivided heart.

Cardinal Amleto Cicognani, Secretary of State of Pope Pius XII, wrote to Father Francis Larkin, successor to Father Mateo in the work of promoting devotion to the Sacred Heart, these words with which I would like to close:

The Kingship of God in the home reminds Christian spouses that true conjugal love is taken up into the divine Love, is sustained and enriched by the redemptive grace of Christ. They are in this way enabled to fulfill worthily their high mission as fathers and mothers, able to educate their children religiously, and even ready to give some of them joyously to the Lord, to be consecrated to His service and that of their neighbour in the priesthood or in the religious life.[36]

There can be no question that the Enthronement of the Sacred Heart of Jesus is rich in grace for the faithful living of our vocation and for the vocational discernment of our young people. It is through our response to God's call in our vocation that we are saved and our world is transformed and that response is inspired and greatly assisted through the devotion to the Most Sacred Heart of Jesus.

May the Mother of God, our Blessed Mother, draw our hearts to her own Immaculate Heart and lead us, as obedient sons and daughters, to place our poor and sinful hearts into the Sacred Heart of Jesus. From the Heart of Jesus, enthroned in our hearts and our homes, we will draw the healing and strength, without cease, to build up in our homes and, therefore, in our society the Civilization of Love.

Works Cited

Alacoque, St. Margaret Mary, *The Thoughts and Sayings of Saint Margaret Mary*, compiled by the Sisters of the Visitation of Paray-le-Monial, tr. Sisters of the Visitation of Partridge Green, Horsham, West Sussex, Rockford, Illinois: Tan Books and Publishers, 1985.

Benedicti PP. XVI, Litterae Encyclicae *Deus Caritas Est*, "De christiano amore," 25 Decembris 2005, *Acta Apostolicae Sedis* 3 (2006), pp.217–252. English translation: Libreraria Editrice Vaticana.

_____, Epistula *L recurrente anniversario a vulgatis Litteris Encyclicis "Haurietis aquias,"* "Al Reverendissimo Padre Peter-Hans Kolvenbach, S.I., Preposito Generale della Compagnia di Gesù," 15 May 2006, *Acta Apostolicae Sedis* 6 (2006), pp. 458–462. English translation: *L'Osservatore Romano Weekly English Edition,* 14 June 2006, p. 4.

_____, Ahortatio Apostolica Postsynodalis *Sacramentum Caritatis,* "de Eucharistia vitae missionisque Ecclesiae fonte et culmine," 22 Februarii 2007, *Acta Apostolicae Sedis* 3 (2007), pp.105–180. English translation: Libreria Editrice Vaticana.

Concilium Oecumenicum Vaticanum II, Constitutio *Sacrosanctum Concilium,* "de sacra Liturgia," 4 Decembris 1963, *Acta Apostolicae Sedis* 2 (1964), pp. 97–144. English translation: *Vatican Council II: The Conciliar and Post Conciliar Documents,* ed. Austin Flannery, O.P., Collegeville, Minnesota: Liturgical Press, 1975, pp. 3–276.

---

36 A letter from His Eminence, Amleto Cardinal Cicognani, Secretary of State, written in the name of His Holiness Pope Paul VI, on the occasion of the 60th anniversary of the founding of the Enthronement of the Sacred Heart of Jesus in the home, Martii 13, 1967, in: *Jesus King of Love*, p. 200.

Crawley-Boevey, SS.C.C., Mateo, *Jesus King of Love*, Brewster, Massachusetts: Paraclete Press, 1997.

Croiset, S.J., John, *The Devotion to the Sacred Heart of Our Lord Jesus Christ,* tr. Patrick O' Connell, St. Paul, Minnesota: The Radio Replies Press Society, 1959.

Hamon, S.J., *Histoire de la Dévotion au Sacré Cœur. Tome I: Vie de Sainte Marguerite-Marie*, 5ᵉ édition, Paris: Gabriel Beauchesne, 1923.

Ioannis Pauli PP. II, Adhortatio Apostolica Post-Synodalis, *Christifidelis Laici*, "de familiae christianae muneribus in mundo huius temporis," 30 Decembris 1988, *Acta Apostolicae Sedis* 4 (1989), pp. 393–521. English translation: Libreria Vaticana Editrice.

_____, Litterae Encyclicae *Dives in Misericordia*, "de divina misericordia," 30 Novembris 1980, *Acta Apostolicae Sedis* 9 (1980), pp. 1177–1232. English translation: Libreria Editrice Vaticana.

_____, Litterae Encyclicae *Ecclesia de Eucharistia*, "de Eucharistia eiusque necessitudine cum Ecclesia," 17 Aprilis 2003, *Acta Apostolicae Sedis* 7 (2003), pp. 433–475. English translation: Libreria Editrice Vaticana.

_____, Adhortatio Apostolica Postsynodalis *Ecclesia in America*, "sobre el encuentro con Jesucristo vivo, camino para la conversion, la communión y la solidaridad en América," 22 Ianuarii 1999, *Acta Apostolicae Sedis* 8 (1999), pp. 738–814. English translation: Libreria Editrice Vaticana.

_____, Litterae Encyclicae *Evangelium Vitae*, "de vitae humanae inviolabili bono," 25 Martii 1995, *Acta Apostolicae Sedis* 5 (1995), pp. 401–522. English translation: Libreria Editrice Vaticana.

_____, Adhortatio Apostolica *Familiaris Consortio,* "de vocatione et missione Laicorum in Ecclesia et in mundo," 22 Novembris 1981, *Acta Apostolicae Sedis* 2 (1982), pp. 81–191. English translation: Libreria Editrice Vaticana.

_____, Epistula Apostolica *Hoc Omine*, "ad iuvenes internationali vertente anno iuventuti dicato," 31 Martii 1985, *Acta Apostolicae Sedis* 7 (1985), pp. 479–628. English translation: Libreria Editrice Vaticana.

_____, Epistula Apostolica *Mane Nobiscum Domine*, "de eucharistico anno," 7 Octobris 2004, *Acta Apostolicae Sedis* 4 (2005), pp. 337–352. English translation: Libreria Editrice Vaticana.

_____, Epistula Apostolica *Novo Millennio Ineunte*, "Magni Iubilaei anni MM sub exitum," 6 Ianuarii 2001, *Acta Apostolicae Sedis* 5 (2001), pp. 266–309. English translation: Libreria Editrice Vaticana.

_____, Adhortatio Apostolica Postsynodalis *Pastores Dabo Vobis*, "de Sacerdotum formatione in aetatis nostrae rerum condicione," 25 Martii 1992, *Acta Apostolicae Sedis* 8 (1992), pp. 657–804. English translation: Libreria Editrice Vaticana.

_____, Epistula Apostolica *Rosarium Virginis Mariae*, "de Mariali Rosario," 16 Octobris 2002, *Acta Apostolicae Sedis* 1 (2003), pp. 5–36. English translation: Libreria Editrice Vaticana.

_____, *Testamentum Ioannis Pauli II, Acta Apostolicae Sedis* Supplementum (2005) p. 475–480. English translation: "The Testament of John Paul II," *L'Osservatore Romano Weekly Edition in English*, 13 April 2005, pp. 4–5.

_____, Adhortatio Apostolica Post-Synodalis *Vita Consecrata*, "de vita conse-crata eiusque missione in Ecclesia ac mundo," 25 Martii 1996, *Acta Apostolicae Sedis* 5 (1996), pp. 377–486. English translation: Libreria Editrice Vaticana.

Paulus PP. VI, "La civiltà dell'amore prevarrà nell'affanno delle implacabili lotte sociali," 25 Decembris 1975 (Close of the Holy Year), in *Insegnamenti di Paolo VI*, Vol. XIII (1975), pp. 1564–1568. English translation: *L'Osservatore Romano, Weekly Edition in English*, 1 January 1976, pp. 1, 12.

Temi e Principi della Dottrina Mariana di Sant'Agostino d'Ippona

Krysztof Charamsa

1. Introduzione: attualità di una rilettura di Sant'Agostino d'Ippona

In questi anni del Pontificato del Santo Padre Benedetto XVI abbiamo più delle volte imparato a nutrirci della ricchezza dell'insegnamento di Sant'Agostino d'Ippona (Tagaste, 13 novembre 354 – Ippona, 28 agosto 430), grande pastore e dottore della Chiesa, particolarmente prediletto dal nostro Papa. Dallo stesso Pontefice riconosciuto, a titolo personale, il suo Maestro e Amico spirituale, Agostino costituisce probabilmente il più importante e indispensabile riferimento per comprendere la ricchezza e l'attualità del pensiero di Benedetto XVI. Così nelle sue *Catechesi* sui Padri della Chiesa, le più belle e più significative sono state quelle dedicate proprio al Vescovo d'Ippona[1]. Tra gli altri, ormai numerosi pronunciamenti dedicati a Sant'Agostino non si possono trascurare discorsi e omelie di Benedetto XVI nel viaggio a Vigevano e Pavia (21–22 aprile 2007), sulle orme di Agostino, che fu anche – provvidenzialmente – la prima visita del Papa in Italia. Tra i più recenti si colloca anche un breve, ma intenso discorso a Castel Gandolfo, il 2 settembre 2009 in occasione della proiezione di un film sul Santo[2]. In effetti, il profon-

---

1   Al grande Dottore africano Benedetto XVI ha dedicato niente meno che cinque *Catechesi*, che nell'intero ciclo dedicato ai Padri della Chiesa, ci porta ad un primato incontestabile. Si tratta delle *Udienze Generali* del mercoledì 9, 16, 30 gennaio e 20, 27 febbraio 2008, cfr Benedetto XVI, *I Padri della Chiesa. Da Clemente Romano a Sant'Agostino*, Libreria Editrice Vaticana, Città del Vaticano 2008. Il testo delle *Catechesi* si può ritrovare anche nel volumetto: *Sant'Agostino spiegato dal Papa*, ed. G. Vigini, Libreria Editrice Vaticana, Città del Vaticano 2010.

2   In particolare in quell'ultima occasione il Pontefice poneva l'eloquente analogia tra la vita e il tempo di Agostino e l'ora presente: «un viaggio spirituale in un continente spirituale [quello della vita di Agostino] molto distante da noi e tuttavia molto vicino a noi, perché il dramma umano è sempre lo stesso. (…) in un contesto per noi molto lontano, si rappresenta tutta la realtà della vita umana, con tutti i problemi, le tristezze, gli insuccessi, come pure il fatto che, alla fine, la Verità è più forte di qualunque ostacolo e trova l'uomo. Questa è la grande speranza che rimane alla fine: noi non possiamo trovare da soli la Verità, ma la Verità, che è Persona, ci trova. Esternamente la vita di sant'Agostino sembra finire in modo tragico: il mondo per il quale e nel quale è vissuto finisce, viene distrutto. Ma (…) il suo messaggio è rimasto e, anche nei cambiamenti del mondo, esso perdura, perché viene dalla Verità e guida alla Carità, che è la nostra comune destinazione» (cpv. 2).

do ricorso ad dottore d'Ippone a spesso la stessa *forma mentis* del grande Pastore di un tempo antico, ma che per molti versi assomiglia le problematiche e le difficoltà che vive la nostra modernità, sono facilmente rintracciabili tra i principali documenti dell'insegnamento del Santo Padre a iniziare da *Deus caritas est* e *Spe salvi*[3].

Anche per l'insegnamento e la predicazione mariologica, per lo spirito e la devozione mariane del Papa Benedetto XVI il Vescovo d'Ippona presenta un'importanza del tutto unica. Mentre nei tratti mariani del beato Giovanni Paolo II prevaleva indubbiamente lo spirito mariano formato da San Luigi Maria Grignion de Montfort (cf. *Trattato della vera devozione a Maria*), che nel lungo pontificato ha rinfrescato e rinnovato potentemente la dottrina e la devozione mariana, si può dire che ora il pensiero mariano di Benedetto XVI è tipicamente agostiniano, accattivando dalla profondità del rapporto e nello stesso tempo essenzialità dell'espressione agostiniana nei confronti della Madre. Pertanto, l'invito a rivisitare oggi Agostino presenta un'attualità particolare.

In realtà, il pensiero agostiniano sulla Madonna non è importante solo quale cornice dell'insegnamento dell'attuale Pontefice. Esso ha operato un influsso potente sull'insegnamento dello stesso Concilio Vaticano II. Il tema prediletto di Agostino: il rapporto tra Maria e la Chiesa, è un tema prediletto anche dell'ultima Assise conciliare. L'influsso della teologia agostiniana è facilmente rintracciabile nell'intera mariologia del Concilio (cfr Costituzione dogmatica *Lumen gentium*, cap. VIII, nn. 52–69)[4]. La dottrina conciliare respira pienamente lo spirito forte ed equilibrato dell'insegnamento mariano di Agostino. In essa si insegna con la *mens* e con le stesse parole dell'Ipponate:

> «Maria vergine, la quale all'annunzio dell'angelo accolse nel cuore e nel corpo il Verbo di Dio e portò la vita al mondo, è riconosciuta e onorata come vera madre di Dio e Redentore. Redenta in modo eminente in vista dei meriti del Figlio suo e a lui unita da uno stretto e indissolubile vincolo, è insignita del sommo ufficio e dignità di madre del Figlio di Dio, ed è perciò figlia prediletta del Padre e tempio dello Spirito Santo; per il quale dono di grazia eccezionale precede di gran lunga tutte le altre creature, celesti e terrestri. Insieme però, quale discendente di Adamo, è congiunta con tutti gli uomini bisognosi di salvezza; anzi, è "veramente madre delle membra (di Cristo)… perché cooperò con la carità alla nascita dei fedeli della Chiesa, i quali di quel capo sono le membra" (S. Agostino, *De S. Virginitate*, 6: PL 40, 399)»[5].

Dall'altro canto, nel passato già antecedente al Concilio e quello immediatamente susseguente, si potrebbe scorrere tutta una corrente di teologi che hanno ripreso

---

3 Circa quest'ultima si può vedere: W. Turek, «L'enciclica *Spe salvi*: sulle tracce di Agostino», *Ricerche Teologiche* 19 (2008) 243–254.

4 Al riguardo si può vedere la dissertazione dottorale preparata sotto la guida del P. G.M. Roschini: A. Eramo, *Mariologia del Vaticano II vista in S. Agostino*, Roma 1973.

5 *Lumen gentium*, n. 53. Forse si deve notare una sola attenuante: i Padri conciliari quando trattano i legami della Madre di Dio con la Chiesa di Cristo, più delle volte pensano, più che allo stesso Ipponate, a Sant'Ambrogio di Milano, ovvero al maestro di Agostino e la sua indubbia fonte di riflessione mariologica. Circa la mariologia di Ambrogio, per cui una fonte preziosa rimane l'unica opera esegetica neotestamentaria pervenutaci dalla sua mano, ovvero *Esposizione del Vangelo secondo Luca*, si può vedere per un primo approccio: C. Corsato, «La mariologia di Ambrogio di Milano», *Theotokos* 11,2 (2003).

con successo la *mens* agostiniana in mariologia. Senza dubbio, Agostino tra gli altri Padri della Chiesa fu una guida mariana per il beato John Henry Newman[6]. Ma una ripresa decisiva e in particolare riguardante il rapporto Maria – Chiesa, la quale «è somigliantissima a Maria»[7], si verifica con alcuni grandi teologi contemporanei. Si pensa a Hugo Rahner, fratello di Karl, che ha ricostruito con successo la dottrina "mariana" della Chiesa a partire dal patrimonio di Agostino[8], come anche a Yves Congar[9], e, per certi versi, a Charles Journet[10], oppure a Hans Urs von Balthasar, a cui la mariologia agostiniana era quella più familiare[11]. Su questa scia si trova anche il contributo mariologico di Joseph Ratzinger – Benedetto XVI[12]. Con una tale predilezione non si negano ovviamente potenti sviluppi della dottrina mariana avvenuti dopo Agostino, sia con la sintesi offerta da San Tommaso d'Aquino[13] e approfondimenti di altri teologi e santi posteriori, sia con l'insegnamento magisteriale conciliare e pontificio. Si riconosce nondimeno qualcosa di essenziale e perenne per la mariologia, che è proprio al pensiero dell'Ipponate. Si ritrova pertanto la sua attualità anche per il nostro tempo.

2. Maria secondo Sant'Agostino

Per ovvi motivi non potremmo esaminare sistematicamente tutto il pensiero mariano[14], ma ci dedicheremmo solo ad indicarne qualche suo elemento preminente e ad "assaggiare" alcune pagine agostiniane per contemplare, assieme a questo maestro, il volto della Vergine Madre[15]. In realtà disponiamo di una lunga scia di studi sulla

---

6 Cf. J.H. Newman, *Maria. Lettere, Sermoni, Meditazioni*, ed. G. Velocci, Jaca Book, Milano 1993.

7 *Discorso* 213, 8: «se partorisce membra di Cristo, essa è somigliantissima a Maria [Si ergo membra Christi parit, Mariae simillima est]».

8 Cf. H. Rahner, *Maria e la Chiesa. Indicazioni per contemplare il mistero di Maria nella Chiesa e il mistero della Chiesa in Maria*, Jaca Book, Milano 1977 [or. ted. *Maria und die Kirche*, Verlagsanstalt Tyrolia, Innsbruck 1962].

9 Cf. Y. Congar, «Marie et l'Église dans la pensée patristique», *Revue des sciences philosophiques et théologiques* (Paris) 38 (1954) 3–38.

10 Cf. C. Journet, *L'Église du Verbe Incarné*, vol. II: *La structure interne de l'Église: le Christ, la Vierge, l'Esprit Saint*, Édition Saint-Augustine, St-Just-La-Pendue 2004.

11 Cf. ad esempio H.U. von Balthasar, *Maria icona della Chiesa*, San Paolo, Cinisello Balsamo (MI) 1998 [or. ted. *Maria Kirche im Ursprung*, Johannes Verlag, Einsiedeln – Freiburg 1997]. Per un primo commento alla ricezione balthasariana di mariologia agostiniana si può vedere B. Leahy, *Il principio mariano nella Chiesa*, Città nuova, Roma 1999, 30–34.

12 Cf. J. Ratzinger, *La figlia di Sion. La devozione a Maria nella Chiesa*, Jaca Book, Milano 1979, 1995 [or. ted. *Die Tochter Zion. Betrachtungen über den Marienglauben der Kirche*, Johannes Verlag, Einsiedeln 1977].

13 Al riguardo degli sviluppi mariologici tomisti si rinvia al nostro: «Un sacerdote innamorato della Beata Vergine: San Tommaso d'Aquino», in K. Charamsa, *Abitare la Parola. In compagnia della Madre del Verbo*, Editrice Rogate, Roma 2011, 111–131.

14 Gli scritti di Agostino comprendono quindici volumi della *Patrologia Latina* (PL) di Jacques Paul Migne (tomi XXXII–XLVI), senza contare i testi scoperti posteriormente.

15 Per i testi agostiniani ci riferiremo all'edizione bilingue latino-italiana: Sant'Agostino d'Ippona, *Opere*, Nuova Biblioteca Agostiniana, ed. A. Trapè, Città Nuova Editrice, Roma 1973ss., di cui volumi sono consultabili anche sul sito internet: www.augustinus.it. Mentre per un'agile

Madonna vista nelle opere agostiniane, che si sono concentrati specialmente nella prima parte del XX secolo anche in occasione di vivi dibattiti circa alcune interpretazioni dei luoghi agostiniani difficili, specialmente riguardo alla santità di Maria e alla sua libertà dal peccato[16].

Nonostante ciò, si può notare che nell'immensa produzione agostiniana, tutto sommato, non sarebbero moltissimi i luoghi nei quali approfondisce il mistero della Madre di Gesù, ma essenziale nel suo approccio rimane proprio il modo equilibrato ed armonioso, in cui tratta la questione mariana all'interno dell'esposizione e della contemplazione della dottrina della fede.

2.1 Il cristocentrismo della mariologia agostiniana

La figura di Maria Santissima è incorniciata da Agostino in una prospettiva spiccatamente *cristocentrica* e questo orizzonte, illuminato e diretto dal Figlio, si esprime attraverso alcune dimensioni caratteristiche del discorso mariano. Nel senso vero e proprio la mariologia agostiniana è *cristologica*, in quanto i privilegi di Maria e, più in generale, ciò che di Lei deve essere creduto, è costituito integralmente dalle sue relazioni con Gesù Cristo. Si comprende chi è la Madre a partire dalla riflessione sulla piena umanità e piena divinità del Figlio. Il rapporto di Maria con il Signore è integrale e completo, riguarda *Christus totus*. Va pertanto rilevata anche la dimensione *soteriologica* della dottrina mariana, che posta all'interno dell'opera redentiva del Signore, dalla stessa verità soteriologica riceve i criteri direttivi per la riflessione sulla Madre e compagna del Redentore. Al riguardo il binomio Eva (–Chiesa) – Maria, familiare all'epoca patristica, per Agostino rappresenta una speciale e precisa

---

raccolta dei testi mariani di Agostino si possono raccomandare due pubblicazioni: per primo, il volumetto curato dal P. A. Trapè, *Maria, dignitas terrae*, Piccola Biblioteca Agostiniana 12, Città nuova, Roma 1988 e poi, quello del Card. M. Pellegrino, *S. Agostino – La Vergine Maria (pagine scelte)*, di cui la prima edizione risale all'anno 1954, anniversario del dogma dell'Immacolata, e il quale volume è stato ripubblicato dalle Edizioni Paoline (Roma) nel 1987. La raccolta di alcuni testi agostiniani significativi riguardo a Maria si può trovare anche in L. Gambero, *Maria nel pensiero dei padri della Chiesa*, Edizioni Paoline, Milano 1991, cap. 13. Non si potrà trascurare, inoltre, la raccolta dei testi agostiniana nella pregiata opera *Testi mariani del primo millennio*, vol. III: *Padri e altri autori latini*, ed. G. Gharib – E. Toniolo – L. Gambero – G. Di Nola, Città nuova, Roma 1990, 306–377.

16 Il primo studio sistematico della dottrina agostiniana su Maria si dà in: P. Friedrich, *Die Mariologie des heiligen Augustinus*, Köln 1907, ma si ricordano anche in ordine cronologico i seguenti contributi: S. Protin, «La mariologie de saint Augustin», *Revue augustinienne* 1 (1902) 375–396; E. Portalié, «Augustin. La Mère du Christ d'après saint Augustin», *Dictionnaire de Théologie Catholique*, vol. I, Paris 1909, 2374–2375; J. Coppens, «Augustinus Marialeer», in *Handelingen van het Vlaamsch Maria-Congres te Brussel*, 1921, vol. I, 208–238; H. Pope, «The Teaching of St. Augustine on Our Blessed Lady», *The Clergy Review* 16 (1939) 23–41; G.M. Roschini, *Mariologia. I. Introductio in Mariologiam*, Milano 1941, 179–189; F. Domínguez, *Ideología mariana de San Augustín*, Bogota 1946; V. Capánaga, *La Virgen María según San Agustín*, Roma 1956; C. Sorsoli, «Vergine e Madre: la Madonna nel pensiero di S. Agostino», in E. Ancilli, ed., *Maria mistero di grazia*, Roma 1974, 67–87; L. Gambero, «La Vergine Maria nella dottrina di Sant'Agostino», *Marianum* 48 (1986) 557–599; A. Trapè, «Introduzione», in Sant'Agostino, *Maria, dignitas terrae*, Città nuova, Roma 1988, 5–69; D.E. Doyle, «Maria, madre di Dio», in D. Fitzgerald, ed., *Agostino. Dizionario enciclopedico*, Città nuova, Roma 2007, 907–912 [or. ing. 1999]; L. Dattrino, «I riferimenti mariani in Agostino», *Theotokos* 12 (2004) 169–182.

valenza. Infine, il cristocentrismo della dottrina mariana si ritrova nella sua prediletta dimensione *ecclesiologica*, sottolineando in Maria il modello e il tipo della
Chiesa, l'esempio e la madre di tutti i credenti, membri della Chiesa.

Il Dottore della grazia, pertanto, «sintetizzando mirabilmente il pensiero dei
Padri e dei Dottori che l'avevano preceduto, è stato il primo ad offrire una visione
organica delle sublimi e singolari relazioni che legano Maria Santissima sia a Cristo
sia alla Chiesa»[17]. Maria si comprende a partire dalle sue relazioni a Cristo e al suo
Corpo mistico.

2.2 I temi della mariologia agostiniana

Mentre materialmente – come si accennava prima – i testi mariani possono essere
considerati non molti rispetto alla molle della produzione del teologo, la mariologia
agostiniana vista nella cornice della sua epoca, deve essere giudicata matura e ricca
di contenuti dottrinali. Diversi sono gli elementi mariologici di particolare importanza che si apprendono dagli scritti dell'Ipponate e per questa nostra rivisitazione
potrebbero essere elencati nel modo seguente: (1) la funzione cooperativa di Maria
nell'opera della redenzione, (2) gli elementi della teologia dei misteri della vita di
Maria, (3) la maternità divina nei riguardi di Cristo, Verbo incarnato e (4) la maternità spirituale nei confronti di tutti i cristiani, a cui segue (5) la relazione vitale con
la Chiesa, (6) la singolare santità e la pienezza di grazia con l'esclusione del peccato,
(7) la piena e perpetua verginità della Madre (prima, durante e dopo il parto), come
anche (8) il matrimonio con Giuseppe e la questione del voto di verginità, che
offrono modello della vita consacrata e della vita matrimoniale, nonché (9) le virtù
(obbedienza, fede, etc.) e la dignità di Maria, con elementi riguardanti (10) la questione di una possibile devozione e venerazione della Vergine.

2.3 La cooperazione di Maria all'opera della redenzione

Sant'Agostino con grande insistenza riconosce il ruolo unico e irripetibile di Maria
nella cooperazione con cui lei partecipa alla redenzione operata dal Figlio: «la nostra salvezza – dice il Santo – si attuò quando la donna concepì in seno la carne
dell'Onnipotente»[18].

Tale cooperazione è vista innanzitutto attraverso le pagine della Sacra Scrittura,
il che costituisce un tratto caratteristico del pensiero agostiniano. La Bibbia rimane
sempre la principale fonte dell'intelligenza credente riguardante la Madre. Bisogna
però notare che Agostino non ha commentato per intero i Vangeli di Matteo e di
Luca, che più parlano di Maria, anche per il solo fatto che in essi sono depositati i
capitoli dei Vangeli dell'infanzia di Gesù (Mt-Lc 1–2). Nonostante ciò, il Vescovo
d'Ippona rimane sempre fedelmente "biblico" quando guarda alla Madre, lasciando
trapelare soprattutto attraverso suoi discorsi e commenti biblici molti elementi per

---

17 G.M. Roschini, «Presentazione», in A. Eramo, *Mariologia del Vaticano II vista in S. Agostino*,
Roma 1973, I.
18 *Discorso* 289, 2: «salus nostra facta est, cum femina concepit in utero carnem Omnipotentis».

una riflessione teologica sui misteri della vita di Maria: l'annunciazione del Signore[19], lo sposalizio con San Giuseppe[20], la visita a Santa Elisabetta[21], la ricerca del Figlio nel tempio[22], le nozze di Cana[23], la partecipazione della Madre nella vita pubblica di Gesù[24], la presenza sotto la croce[25] e poi nella prima comunità di Gerusalemme[26]. Tutti questi misteri della vita della Madre si comprendono a partire dai misteri di Cristo e sono a quest'ultimi subordinati e sottomessi. Il mistero di Maria partecipa nel mistero di Gesù Cristo.

2.4 La maternità divina di Maria

Possiamo costatare in principio che per Agostino «tout se résume (...) dans cette *maternité virginale*: Marie est la Mère vierge du Fils de Dieu fait homme; Marie est la Mère Vierge des hommes. La doctrine de saint Augustin est exactement résumée dans ces deux propositions»[27].

Pur essendo vero che, a livello di titoli, Agostino preferisce parlare di «mater Domini»[28] piuttosto che di «Dei genitrix», che corrisponde al greco «Theotokos», gli scritti agostiniani non lasciano dubbi sulla dottrina della maternità divina, la quale solennemente sarà definita dal Concilio di Efeso (*DS* 251–252), convocato nel 431, cioè solo dopo la morte del Vescovo d'Ippona. In realtà, tenendo presente la chiara dottrina agostiniana della *communicatio idiomatum*, ovvero del fatto che le proprietà del Verbo divino possono essere attribuite all'uomo Gesù Cristo, deve essere anche riconosciuta la sua fede nella maternità divina della Vergine.

Il più noto principio della mariologia agostiniana è la celebre espressione, di per sé ripresa poi da San Leone Magno[29]: «prius concepit mente quam ventre»: Maria concepì prima nella mente che nel seno, prima nell'animo che nel corpo[30].

> «Di nessun valore sarebbe stata per lei la stessa divina maternità, se lei il Cristo non l'avesse portato nel cuore, con una sorte più fortunata di quando lo concepì nella carne»[31].

---

19 Cf. *Discorsi* 214, 6; 215, 4; 290, 4, 4–5, 5; 291, 4–6; *Esposizione del Salmo* 67, 21.

20 *Le nozze e la concupiscenza*, 1, 11, 12–13.

21 *Discorsi* 196, 2; 291, 1.

22 *Discorso* 51, 10, 17.

23 *Commento al Vangelo di S. Giovanni*, 8, 4–5; 8, 9.

24 *Commento al Vangelo di S. Giovanni*, 10, 2; *Discorso* 72A, 3–6.

25 *Commento al Vangelo di S. Giovanni*, 119, 1–2.

26 *Commento al Vangelo di S. Giovanni*, 119, 3.

27 S. PROTIN, «La mariologie de saint Augustin», *Revue augustinienne* 1 (1902) 375–396, qui 376 (il corsivo nostro).

28 «Mater Domini nostri Jesu Christi» ...

29 LEONE MAGNO, *Discorso 1 per il Natale del Signore*, 2, 3; questo testo leonino viene d'altronde proposto dall'Ufficio delle letture della memoria liturgica di B.V. Maria del Monte Carmelo, il 16 luglio (*Ufficio delle Ore*, vol. III).

30 AGOSTINO D'IPPONA, *Discorso* 215, 4: PL 38, 1074. Cf. J. PINTARD, «Le principe "prius mente quam corpore [...]" dans la Patristique et la Théologie latines», *Etudes Mariales* 27 (1970) 25–58.

31 *La santa verginità*, 3, 3: «[Beatior, ergo Maria percipiendo fidem Christi quam concipiendo carnem Christi.] Sic et materna propinquitas nihil Mariae profuisset, nisi felicius Christum corde quam carne gestasset».

«La Vergine Maria partorì credendo quel che concepì credendo (...) Maria credette e in lei quel che credette si avverò»[32].

«La vergine Maria (...) per la fede credette, per la fede concepì»[33].

La maternità di Maria in modo paradigmatico ed esemplare ripercorre i tratti del giusto atteggiamento di ogni creatura nei confronti della vocazione divina: quello dell'umile corrispondenza, dell'accoglienza nella fede dello Spirito di Dio, che opera nella creatura, la quale si rende disponibile ai progetti del Signore, che ha parlato a noi e si è incarnato per noi. Perciò Agostino può costatare addirittura che:

«vale di più per Maria essere stata discepola di Cristo anziché madre di Cristo; vale di più, è una prerogativa più felice essere stata discepola anziché madre di Cristo»[34].

Tornando alla fede nella Madre del Verbo di Dio: nell'imponente opera *De Trinitate* Agostino esprime chiaramente la maternità divina di Maria, quando dice: «Dio è nato da una donna»[35], l'umiltà ha spinto Dio a nascere da donna... Al riguardo Agostino spesso parla delle due nascite di Gesù Cristo, quella eterna dal Padre e quella in forma di natura umana nell'Incarnazione del Verbo del Padre. Egli apre un sermone per il Natale conseguenti parole:

«È spuntato per noi questo giorno solenne del Natale del Signore nostro Gesù Cristo; giorno di Natale, nel quale è nato Cristo, il vero giorno (...) [– e sviluppa il tema della nascita –] Due sono le nascite del Signore nostro Gesù Cristo una divina, l'altra umana, ambedue mirabili; quella divina senza una donna come madre, quella umana senza un uomo come padre»[36].

In un'altra omelia spiega come il Verbo, Dio eterno e senza tempo, è venuto dal grembo di una donna in mezzo alla storia:

«La prima nascita è eterna, la seconda è avvenuta nel tempo. Quando è nato dal Padre? Ma che significa: quando? Cerchi lì quando, lì dove non si trova il tempo? Non cercare lì quando. Riguardo alla nascita nel tempo, allora sì cerca quando; fai bene a cercare quando è nato dalla madre. Invece se cerchi quando è nato dal Padre, non fai una ricerca sensata: è nato e non ha un tempo; l'eterno è nato dall'eterno: è coeterno a lui. E perché ti meravigli? È Dio. Considera la sua divinità e non avrai più motivo di meravigliarti. Ma quando diciamo: è nato da una Vergine, è una cosa

---

32 *Discorso* 215, 4: «Nam et ipsa beata Maria, quem credendo peperit, credendo concepit. (...) Credidit Maria, et in ea quod credidit factum est».

33 *Discorso* 72A, 7: «virgo Maria, quae fide credidit, fide concepit».

34 *Discorso* 72A, 7: «et ideo plus est Mariae discipulam fuisse Christi, quam matrem fuisse Christi: plus est, felicius est discipulam fuisse Christi, quam, matrem fuisse Christi».

35 *La Trinità*, 8, 5, 7: «natus est Deus ex femina». Cf. Gal 4,4.

36 *Discorso* 196, 1: «...Nativitates Domini nostri Iesu Christi, duae sunt; una divina, altera humana: ambae mirabiles; illa sine femina matre, ista sine viro patre».
Il *Discorso* 194, 1 si apre con termini simili: «È nato Cristo, dal Padre come Dio, dalla madre come uomo; dall'immortalità del Padre, dalla verginità della madre; dal Padre senza madre, dalla madre senza padre; dal Padre al di là del tempo, dalla madre senza necessità di fecondazione; dal Padre come principio della vita, dalla madre come fine della morte; dal Padre ordina tutti i tempi, dalla madre santifica questo giorno [Natus est Christus, Deus de Patre, homo de matre. De Patris immortalitate, de matris virginitate. De Patre sine matre, de matre sine patre. De Patre sine tempore, de matre sine semine. De Patre principium vitae, de matre finis mortis. De Patre ordinans omnem diem, de matre consecrans istum diem]».

straordinaria: ti meravigli. Non meravigliarti: è Dio. La lode si sostituisca alla meraviglia. Abbi fede: credi, perché il fatto è realmente avvenuto. Se non credi, il fatto è avvenuto lo stesso, e tu rimani infedele. Si è degnato di diventare uomo: che cosa cerchi di più? Ti pare che Dio si sia umiliato poco per te? Colui che era Dio è diventato uomo. In un piccolo alloggio, avvolto in panni, fu adagiato in una mangiatoia (...) Colui che riempiva il mondo non trovava riparo in un alloggio»[37].

E ancora Agostino invita a celebrare nella festa del Natale la nascita mirabile del Figlio divino della madre, perché

«per lui [per il Figlio] divenuto da invisibile visibile, noi potessimo, partendo dalle realtà visibili, giungere a quelle invisibili»[38].

Spiegando poi la missione del Figlio realizzatasi nell'Incarnazione, non può che affrontare il mistero di Gesù in riferimento alla maternità di Maria:

«Se dunque tanto il Figlio quanto lo Spirito Santo sono inviati là dov'erano, bisogna domandarsi di che genere sia tale missione del Figlio e dello Spirito Santo. Infatti solo del Padre non si dice in alcun luogo della Scrittura che sia stato mandato. Del Figlio così scrive l'Apostolo: *Ma quando venne la pienezza dei tempi, Dio mandò suo Figlio, formato da donna, formato sotto la Legge, per riscattare quelli che erano sotto la Legge* (Gal 4,4–5). *Ha mandato* – dice – *il suo Figlio formato da donna*. Quale cattolico ignora che con questa parola "donna" l'Apostolo non ha voluto indicare la perdita della verginità ma, secondo il modo di esprimersi ebraico, la differenza di sesso? Dicendo dunque: *Dio ha mandato il Figlio suo formato da donna*, egli dimostra a sufficienza che la missione del Figlio è precisamente la nascita da donna. Dunque *in quanto nato da Dio era in questo mondo* (1Gv 5,4), *in quanto* invece *è nato da Maria, è venuto* come mandato *in questo mondo* (Gv 3,6; 16,28). Tuttavia non ha potuto essere mandato dal Padre senza lo Spirito Santo, non solo perché il Padre quando lo mandò, ossia quando lo formò dal seno della donna, non lo formò affatto senza il concorso del suo Spirito, ma anche perché nel Vangelo, alla domanda della vergine Maria: *Come avverrà questo?* si trovano in risposta le seguenti parole assolutamente chiare ed evidenti: *Lo Spirito Santo scenderà in te e la potenza dell'Altissimo ti coprirà con la sua ombra* (Lc 1,34–35), e Matteo dice: *Si trovò incinta per virtù dello Spirito Santo* (Mt 1,18). Ma presso il profeta Isaia è proprio Cristo che si intende affermare della sua futura venuta: *Ed ora il Signore Dio mi ha mandato, lui e il suo Spirito* (Is 48,16)»[39].

Ne *Il combattimento spirituale* Agostino sviluppa il paragone tra le missioni del Figlio e dello Spirito:

«Non dobbiamo prestare ascolto a coloro che dicono che nostro Signore ha avuto un corpo tale e quale apparve nella colomba, che Giovanni Battista vide discendere dal cielo e fermarsi su di Lui come segno dello Spirito Santo. Così infatti tentano di persuadere che il Figlio di Dio non è nato da una donna, perché se bisognava mostrarsi agli occhi degli uomini, dicono, poté assumere un corpo così come lo Spirito Santo. Infatti anche quella colomba non nacque da un uovo, dicono, e tuttavia poté apparire agli occhi degli uomini. A costoro bisogna rispondere, prima di tutto, ciò che ivi leggiamo che lo Spirito Santo apparve in forma di colomba a Giovanni (cf. Mt 3,16), dove leggiamo che Cristo nacque da una donna (cf. Mt 1,20). E non bisogna in parte credere al Vangelo e in parte non credere. Donde infatti credi che lo Spirito Santo sia

---

37 *Discorso* 189, 4.
38 *Discorso* 190, 2: «...ut per invisibilem visibilem factum, a visibilibus ad invisibilia transiremus».
39 *De Trinitate*, 2, 5, 8.

apparso in forma di colomba, se non perché lo hai letto nel Vangelo? Dunque anch'io credo che Cristo sia nato da una vergine perché l'ho letto nel Vangelo. Il motivo per cui lo Spirito Santo non è nato da una colomba, come Cristo da una donna, dimostra che lo Spirito Santo non era venuto a liberare i colombi, ma a significare agli uomini l'innocenza e l'amore spirituale, che visibilmente è stato raffigurato sotto l'apparenza di colomba. Invece, nostro Signore Gesù Cristo che era venuto a liberare il genere umano e procurare la salvezza e agli uomini e alle donne, non disprezzò i primi, perché assunse il sesso maschile, né le seconde, perché nacque da una donna. A ciò poi si aggiunge un grande mistero, che, poiché per mezzo di una donna la morte era caduta su di noi, per mezzo di una donna la vita risorgesse in noi, in modo che il diavolo vinto fosse sconfitto riguardo all'una e all'altra natura, cioè femminile e maschile, poiché esso (il diavolo) si rallegrava della rovina di entrambi i sessi. Minor pena sarebbe stata per il diavolo, se ambedue i sessi fossero stati liberati in noi, senza essere stati liberati anche per mezzo di ambedue i sessi. Non vogliamo però dire che solamente Gesù Cristo abbia avuto un vero corpo, e che lo Spirito Santo sia apparso ingannevolmente agli occhi degli uomini, ma crediamo ambedue quei corpi veri corpi. Come non era necessario che il Figlio di Dio ingannasse gli uomini, così non conveniva che li ingannasse lo Spirito Santo; ma a Dio onnipotente, che creò dal nulla la creatura universale, non era difficile formare un vero corpo di colomba senza l'aiuto di altri colombi, come a Lui non fu difficile formare un vero corpo nel grembo di Maria senza seme virile: in quanto la natura corporea obbedisce al comando e alla volontà del Signore e per formare un uomo nelle viscere di una donna e per formare una colomba nello stesso mondo. Ma gli uomini stolti e gretti non credono che si possa fare da parte di Dio onnipotente quello che essi non possono fare»[40].

La piena verità dell'Incarnazione di Dio coincide con la verità della donna che ha preso per sua madre:

«Se è falsa la madre, è anche falsa la carne, falsa la morte, false le piaghe della passione, false le cicatrici della risurrezione»[41].

«Se dunque Verbo significa Dio e carne significa uomo, che cosa significa: *Il Verbo si è fatto carne* se non: "Colui che era Dio si è fatto uomo"? E perciò colui che era Figlio di Dio è divenuto figlio dell'uomo assumendo ciò che era inferiore, non mutando ciò che era superiore; prendendo ciò che non era, non perdendo ciò che era. Come potremmo affermare nella professione di fede di credere nel Figlio di Dio che è nato da Maria Vergine, se fosse nato dalla Vergine Maria non il Figlio di Dio, ma un figlio dell'uomo? Nessun cristiano nega che da quella donna fosse nato un figlio d'uomo; afferma però che Dio si è fatto uomo e che quindi un uomo è divenuto Dio. *Il Verbo* infatti *era Dio e il Verbo si è fatto carne*. La vera fede è che colui che era Figlio di Dio, per poter nascere dalla Vergine Maria, prese le sembianze di servo (cf. Fil 2,7), divenne figlio dell'uomo, restando ciò che era e assumendo ciò che non era. Cominciò ad essere nella natura umana, inferiore al Padre (cf. Gv 14,28), continuò a rimanere nella natura divina, nella quale lui e il Padre sono una cosa sola (cf. Gv 10,30)»[42].

Più volte Agostino riporta alla memoria dei fedeli, con delle espressioni incisive, la verità del *Logos* che dall'eternità ha scelto la propria madre, essendo Egli stesso «autore di Maria», «creatore di sua madre»[43]:

---

40 *Il combattimento spirituale*, 22, 24.
41 *Commento al Vangelo di S. Giovanni*, 8, 6.
42 *Discorso* 186, 2.
43 *Discorso* 187, 1 e 4: «Conditor Mariae, natus ex Maria».

«Si formò una madre, mentre era presso il Padre; e mentre veniva fatto dalla madre, rimase sempre nel Padre»[44],

così da dover dire altrove che il Figlio del Padre «è stato formato da colei che lui stesso ha creato»[45]. Il Cristo

«è stato formato da una madre che lui ha creato; è stato sorretto da mani che lui ha formato; ha succhiato da un seno che lui ha riempito; il Verbo senza il quale è muta l'umana eloquenza ha vagito nella mangiatoia, come bambino che non sa ancora parlare»[46].

Si dà infine ascolto ad un'altra omelia natalizia di Agostino, in cui attraverso la contemplazione del mistero del Dio-Uomo, si delucida il mistero della maternità divina di Maria, ricorrendo sempre alla pagina biblica dei misteri della vita di Cristo:

«Egli che presso il Padre precede tutta l'estensione dei secoli, nascendo dalla madre nel tempo in questo giorno [del Natale] si inserì nel defluire degli anni. Il creatore dell'uomo è diventato uomo: perché, pur essendo l'ordinatore delle stelle, potesse succhiare da un seno di donna; pur essendo il pane (cf. Gv 6,35) potesse aver fame (cf. Mt 4,2); pur essendo la fonte (cf. Gv 4,13) potesse aver sete (cf. Gv 19,28); pur essendo la luce (cf. Gv 1,9) potesse dormire (cf. Lc 8,23); pur essendo la via (cf. Gv 14,6) potesse stancarsi per il viaggio (cf. Mc 14,56); pur essendo la verità (cf. 2Tm 4,1) potesse essere accusato da falsi testimoni (cf. 1Cor 1,30); pur essendo giudice dei vivi e dei morti (cf. Mt 27,26–29) potesse essere giudicato da un giudice mortale; pur essendo la giustizia (cf. 1Cor 3,11) potesse essere condannato da uomini ingiusti; pur essendo il flagello potesse essere colpito da flagelli; pur essendo grappolo potesse essere coronato di spine; pur essendo il fondamento potesse essere sospeso ad un legno; pur essendo la fortezza potesse diventare debole; pur essendo la salvezza potesse essere ferito; pur essendo la vita potesse morire. Sostenne per noi queste cose ed altre simili pur non meritandosele, per liberare noi anche se eravamo indegni. Mentre né lui, che per noi sopportò tanti mali, si meritava alcunché di male, né noi, che tramite lui abbiamo ricevuto tanti beni, ci meritavamo alcunché di bene. Per questi motivi colui che era Figlio di Dio prima di tutti i secoli senza inizio di giorni, negli ultimi tempi si è degnato di diventare figlio dell'uomo. E colui che, nato dal Padre, non è stato formato dal Padre, è stato formato nella madre che aveva fatto. È nato da lei per poter rimanere finalmente qui in terra; mentre lei mai e da nessuna parte avrebbe potuto esistere se non per mezzo di lui»[47].

2.5 La maternità spirituale per i credenti: Eva – Maria – Chiesa

Maria è spiritualmente madre di tutti i credenti, generati nella Chiesa per mezzo del battesimo. Agostino dirà che è la «madre delle membra di Cristo»:

«madre delle sue membra, che siamo noi, nel senso che ha cooperato mediante l'amore a generare alla Chiesa dei fedeli, che formano le membra di quel capo. Per quanto invece concerne il suo corpo, essa è la madre proprio del capo. Era infatti necessario

---

44 *Discorso* 186, 1: «Fecit sibi matrem, cum esset apud Patrem: et cum fieret ex matre, mansit in Patre».
45 *Discorso* 189, 2: «Creatus est enim de illa quam creavit».
46 *Discorso* 188, 2: «crearetur ex matre quam creavit, portaretur manibus quas formavit, sugeret ubera quae implevit, in praesepi muta vagiret infantia Verbum, sine quo muta est humana eloquentia».
47 *Discorso* 191, 1, 1: «... et qui de Patre natus, non a Patre factus erat, factus est in matre quam fecerat; ut ex illa ortus hic aliquando esset, quae nisi per illum nunquam et nusquam esse potuisset».

che il nostro capo, con un insigne miracolo, prendesse la carne da una vergine, per significare che nell'ordine soprannaturale le sue membra sarebbero dovute nascere da una vergine, cioè dalla Chiesa»[48].

Il binomio Chiesa – Maria è il contributo agostiniano, che nella teologia moderna ha trovato un'eco più potente[49]. La Chiesa per Agostino è la nuova Eva, che assieme a Cristo genera i cristiani, facendoli passare dalla morte del peccato alla vita nuova di Dio.

Affrontando il brano di Mt 12,50 (*se uno farà la volontà del Padre mio che mi ha inviato, egli è mio fratello, mia sorella e mia madre*), Agostino si domanda:

«Oseremo forse chiamarci madri di Cristo? Ma certo, osiamo chiamarci madri di Cristo. Ho chiamato infatti voi tutti suoi fratelli e non oserei chiamarvi sua madre? Ma molto meno oso negare ciò che affermò il Cristo. Orsù, dunque, carissimi, osservate come la Chiesa – cosa questa evidente – è la sposa di Cristo; ciò che si comprende più difficilmente, ma è vero, è la madre di Cristo. La vergine Maria ha preceduto la Chiesa come sua figura. Come mai, vi domando, Maria è madre di Cristo, se non perché ha partorito le membra di Cristo? Membra di Cristo siete voi, ai quali io parlo: chi vi ha partoriti? Sento la voce del vostro cuore: "la Madre Chiesa". Questa madre santa, onorata, simile a Maria, partorisce ed è vergine. Che partorisca lo dimostro per mezzo vostro: siete nati da lei; essa partorisce anche Cristo, poiché voi siete membra di Cristo. Ho dimostrato che partorisce, ora dimostrerò ch'è vergine; non mi manca la testimonianza divina. Vieni davanti al popolo dei fedeli, o beato Paolo, sii testimone della mia dimostrazione; grida e di' ciò che desidero dire: *Vi ho promessi in matrimonio a un solo sposo, cioè a Cristo, per presentarvi a lui come una vergine pura* (2Cor 11,2). Dov'è questa verginità? Dov'è che si teme la corruzione? Lo dica colui stesso che l'ha chiamata vergine. *Vi ho promessi in matrimonio a un solo sposo, cioè a Cristo, per presentarvi a lui come una vergine pura. Temo però –* dice – *che, allo stesso modo che Eva fu sedotta dalla malizia del serpente, così i vostri pensieri si corrompano e voi perdiate la semplicità e la purezza riguardo a Cristo* (2Cor 11,3). Conservate nel vostro spirito la verginità; la verginità dello spirito è l'integrità della fede cattolica. Come Eva fu corrotta dalla parola del serpente, così la Chiesa deve essere vergine per dono dell'Onnipotente. Le membra di Cristo partoriscano dunque con lo spirito, come Maria vergine partorì Cristo col ventre: così sarete madri di Cristo. Non è una cosa lontana da voi; non è al di fuori di voi, non è incompatibile con voi; siete diventati figli, siate anche madri. Siete diventati figli della

---

48 *La santa verginità*, 6, 6: «… sed plane *mater membrorum eius*, quod nos sumus, quia cooperata est caritate, ut fideles in Ecclesia nascerentur, quae illius capitis membra sunt, corpore *vero ipsius capitis mater*. Oportebat enim caput nostrum propter insigne miraculum secundum carnem nasci de virgine, quo significaret membra sua de virgine Ecclesia secundum spiritum nascitura».

49 Abbiamo già ricordato alcuni grandi autori che hanno sviluppato questo tema tipicamente agostiniano; cf. M. Agterberg, «Saint Augustin exégète de l'Ecclesia-Virgo», *Augustiniana* 8 (1958) 237–266; . Dietz, «Maria und die Kirche nach dem hl. Augustinus», in *Maria et Ecclesia*, vol. III, Roma 1959, 201–239; S. Folgado Flores, «María virgen y madre de Cristo, tipo de la Iglesia según San Agustín», *Scripta Mariana* 3 (1980) 87–121; S. Folgado Flores, «El binomio María-Iglesia en la tradición patrística del siglo IV-V (S. Ambrosio – S. Agustín)», in *Maria e la Chiesa oggi. Atti del 5° Simposio Mariologico Internazionale*, Roma 1985, 91–142; J. Huhn, «Maria est typus Ecclesiae secundum Patres, imprimis secundum S. Ambrosium et S. Augustinum», in *Maria et Ecclesia*, vol. III, Roma 1959, 163–199; E. Lamirande, «Marie, l'Église et la maternité dans un nouveau sermon de saint Augustin», *Ephemerides Mariologicae* 28 (1978) 253–263; T. Janez Barrio, «Maria y la Iglesia según el pensamiento agustiniano», *Revista agustiniana de espiritualidad* 3 (1962) 22–47.

madre quando siete stati battezzati, allora siete nati come membra di Cristo; conducete al lavacro del battesimo quanti potrete affinché, come siete diventati figli quando siete nati, così possiate essere anche madri di Cristo conducendo altri a nascere»[50].

In un altro discorso ritorna sull'analogia tra Chiesa vergine e madre, da una parte, e Maria, dall'altra:

> «La Chiesa dunque è vergine. Vergine è, e vergine si conservi: stia ben lontana da chi cerca di sedurla, per non ritrovarsi con chi la corrompe. La Chiesa è vergine. Tu forse mi potresti dire: Ma se essa è vergine, come mai partorisce dei figli? E se figli non ne partorisce, come mai noi abbiamo dato i nostri nomi per nascere dalle sue viscere? E io ti rispondo: Essa è vergine però partorisce. Assomiglia a Maria che partorì il Signore. Forse che santa Maria non partorì da vergine, e vergine rimase tuttavia? Così anche la Chiesa partorisce ed è vergine. E se consideri bene, [anche] essa partorisce il Cristo, perché son membra di Cristo quelli che vengono battezzati. *Voi siete il corpo di Cristo e le sue membra* (1Cor 12,27), dice l'Apostolo. E se partorisce membra di Cristo, essa è somigliantissima a Maria»[51].

Maria è effettivamente la figura prediletta della Chiesa, la sua icona escatologica e il modello vivente, come se fosse uno specchio, in cui la Chiesa dei credenti si rispecchia e vede così il proprio vero volto, sempre alla luce del Cristo che in lei si genera. È la somiglianza familiare tra la Chiesa sposa di Cristo, tutta pura e santa, e la Maria, sua Madre sempre vergine, dalle quali Egli, il Creatore dell'una e dell'altra, si lascia partorire per la salvezza dell'umanità.

2.6 La verginità di Maria

I surricordati brani sulla maternità spirituale di Maria riconducono al mistero della sua verginità. La più famosa espressione dottrinale riguardo alla verginità di Maria, Agostino ci ha dato con l'adagio, che sintetizza l'intera verità di fede in merito: «virgo concepit, virgo peperit, virgo permansit»; lei concepì Gesù essendo vergine, lo partorì continuando ad esser vergine e rimase sempre vergine[52]. Il Pastore riconosce esplicitamente la verginità di Maria *ante partum*, *in partu* e *post partum* e tale mistero della fede non si stanca di riaffermaare molte volte:

> «Un angelo porta l'annunzio, la Vergine ascolta, crede e concepisce. La fede nel cuore e Cristo nel grembo. Vergine concepisce: è meraviglioso! Vergine partorisce: è ancor più meraviglioso! Rimane vergine anche dopo il parto. Chi potrà pienamente spiegare anche questa nascita?»[53].

---

50 *Discorso* 72A, 8: «... *Filii matris*, quando baptizati estis, tunc membra Christi nata estis: adducite ad lavacrum baptismatis quos potestis; ut, sicut filii fuistis quando nati estis, sic etiam ducendo ad nascendum *matres Christi* esse possitis» (il corsivo nostro).

51 *Discorso* 213, 8: «... Et virgo est, et parit; Mariam imitatur, quae Dominum peperit. Numquid non virgo sancta Maria et peperit, et virgo permansit? Sic et Ecclesia et parit, et virgo est; et si consideres, Christum parit: quia membra eius sunt, qui baptizantur. *Vos estis,* inquit Apostolus, *corpus Christi e membra* (1Cor 12,27). Si ergo membra Christi parit, Mariae simillima est».

52 *Discorso* 51, 11, 18. Nel *Discorso* 186, 1 esclama ancora: «Concipiens virgo, pariens virgo, virgo gravida, virgo feta, virgo perpetua».

53 *Discorso* 196, 1: «Angelus nuntiat, virgo audit, credit, et concipit. Fides in mente, Christus in ventre. Virgo concepit, miramini: virgo peperit, plus miramini: post partum, virgo permansit. Gene-

In effetti, la nascita verginale di Gesù è il segno della sua divinità e del suo divino potere, che non ha guastato l'integrità della Madre[54], e la costante insistenza agostiniana sulla verginità è il frutto della sua riflessione credente sulle parole del Simbolo: «nato dalla Vergine Maria». Nel sermone già prima ricordato, egli si chiedeva infatti:

> «Come potremmo affermare nella professione di fede di credere nel Figlio di Dio che è nato da Maria Vergine, se fosse nato dalla Vergine Maria non il Figlio di Dio, ma un figlio dell'uomo? Nessun cristiano nega che da quella donna fosse nato un figlio d'uomo; afferma però che Dio si è fatto uomo e che quindi un uomo è divenuto Dio»[55].

Nell'argomentare la verginità di Maria anche durante il parto di Gesù, Agostino si riferisce in modo originale al Vangelo di Giovanni (Gv 20,26), riportando analogia all'entrata di Cristo risorto nella casa degli Apostoli a porte chiuse, così il Signore ha potuto alloggiare, prendere dimora nella propria Madre, senza infrangere la sua verginità.

Nel difendere la dottrina della verginità di Maria l'Ipponate affronta da vicino due teologi avversari, scomunicati poi nel 390 circa: il laico Elvidio, discepolo di Aussenzio, che fu vescovo ariano di Milano negli anni 355–374, e monaco Gioviniano di Roma, morto nel 405. Le tendenze erronee che loro rappresentavano, prediligendo oltre tutto il valore del matrimonio, negavano la verginità della Madre di Gesù *in partu* e *post partum* e per questo tramite rifiutavano anche il valore superiore della vita consacrata. Volevano in fondo sostenere che Maria non fu solo modello di della vita celibataria, ma anche modello per gli sposati, essendo stata anche lei era stata una buona sposa e madre dopo la nascita di Cristo. Contro di esse Agostino doveva abbattere la falsità dell'argomento secondo cui Gesù avrebbe fratelli e sorelle, che sarebbero figli di Maria oppure quello che intenderebbe le parole del Vangelo su Gesù, il primogenito di Maria, come se fosse il primo tra molti altri figli della sua madre. Inoltre, come si vedrà più avanti, mantenendo la dottrina della piena, perpetua verginità non si trascurerà in essa neanche il modello mariano sia per i consacrati che per gli sposati.

2.7 La questione del voto di Maria e il matrimonio con Giuseppe

Alla dottrina della verginità di Maria è collegata l'idea teologica, popolarizzata da Agostino, del voto di verginità compiuto dalla giovane Miriam:

> «La verginità di Maria fu certamente molto gradita e cara [al Signore]. Egli non si contentò di sottrarla – dopo il suo concepimento – a ogni violazione da parte dell'uomo, e così conservarla sempre incorrotta. Già prima d'essere concepito volle scegliersi, per nascere, una vergine consacrata a Dio, come indicano le parole con le quali

---

rationem ergo istam quis enarrabit?». In una delle sue lettere Agostino afferma riguardo al mistero della maternità verginale: «Concediamo che Dio possa fare qualcosa che noi dobbiamo confessare di non poter indagare. In tali cose tutta la ragione del fatto risiede nella potenza di chi lo opera» (137, 2, 8).
54 Cf. *Discorso* 189, 2.
55 *Discorso* 186, 2.

Maria replicò all'Angelo che le annunziava l'imminente maternità. *Come potrà accadere una tal cosa* – disse – *se io non conosco uomo?* (Lc 1,34). E certo non si sarebbe espressa in tal modo se prima non avesse consacrato a Dio la sua verginità. Ella si era fidanzata perché la verginità non era ancora entrata nelle usanze degli ebrei; ma s'era scelta un uomo giusto, che non sarebbe ricorso alla violenza per toglierle quanto aveva votato a Dio, che anzi l'avrebbe protetta contro ogni violenza. Che se nella sua risposta ella si fosse limitata a dire: *Come accadrà questo?* e non avesse aggiunto: *poiché non conosco uomo,* anche in questo caso le sue parole non sarebbero certo state una richiesta d'informazioni sul come avrebbe messo al mondo il figlio che le veniva promesso, qualora sposandosi non avesse escluso ogni uso del matrimonio. L'obbligo di restare vergine poteva anche esserle imposto dall'esterno, affinché il Figlio di Dio assumesse la forma di servo con un miracolo degno dell'evento. Ma non fu così: fu lei stessa a consacrare a Dio la sua verginità quando ancora non sapeva chi avrebbe concepito. E così sarebbe stata di esempio alle sante vergini, e nessuno avrebbe mai potuto credere che la verginità è una prerogativa di colei che aveva meritato la fecondità senza il concorso dell'uomo. In tal modo questa imitazione della vita celeste da parte di persone rivestite di corpo mortale e fragile cominciò ad esistere in forza d'una promessa, non di una imposizione; d'un amore che sceglie, non d'una necessità che rende schiavi. E così Cristo, nascendo da una vergine che aveva deciso di restare vergine quando ancora non sapeva chi sarebbe nato da lei, mostrò che preferiva intervenire all'approvazione della verginità piuttosto che ad impartirne il comando; e per questo motivo volle che, anche in colei che gli avrebbe somministrato la forma di servo, la verginità fosse di libera scelta»[56].

La questione del proposito ovvero del sacro voto di verginità di Maria ha suscitato un'ampia discussione a partire dai testi agostiniani che la suffragavano[57]. L'Ipponate con la sua teoria, non estranea del tutto anche ad Ambrogio, secondo cui Maria avrebbe fatto un voto di verginità, già prima dell'annunciazione, risponde in realtà ai passi dei Vangeli dell'infanzia di Gesù, riguardanti la Madre, che egli trova difficilmente interpretabili. Attraverso la convenienza di un voto previo, il teologo spiega il senso della domanda di Maria all'angelo Gabriele: «come può accadere questo, poiché io non conosco l'uomo?» (Lc 1,34). L'apparente incredulità e la meraviglia della Vergine, che intravede nel suo chiedersi, sarebbero meglio comprensibili tenendo presente un voto di verginità che la ragazza avesse emesso già primo.

Lo stesso Agostino è però molto attento a paragonare la domanda di Maria nell'annunciazione di Gesù a quella di Zaccaria nell'annuncio della nascita di Giovanni Battista[58]. In realtà, incredulo davvero è il sacerdote Zaccaria e in conseguenza viene punito da Dio, mentre la santa Maria si domanda piuttosto circa il modo in cui possa avvenire ciò che Dio desidera da lei. Si interroga come acconsentire per il meglio, vuole comprendere le vie per le quali adempiere la volontà dell'Altissimo. Non si tratta pertanto di una vera incredulità, ma piuttosto di una potente conferma della fede di Maria, che non solo accoglie la volontà del Padre, ma dimostra subito la prontezza di identificarsi totalmente con quanto riceve e compiere per il meglio la vocazione affidata, lasciandosi illuminare da Dio anche sui dettagli delle

---

56 *La santa verginità*, 4, 4.
57 Cf. *Discorso* 225, 2, 2; *La santa verginità*, 4, 4.
58 Cf. *Discorso* 291, 4–6.

vie adeguate per realizzazione della sua parola[59]. Tenendo ciò, non ci sarebbe forse l'effettiva necessità di un precedente *votum* per spiegare più chiaramente un certo dubbio intravisto dall'Ipponate nella domanda di Maria.

Oltre alla verginità, Agostino è molto attento nell'affermare il vero matrimonio contratto con Giuseppe, pur senza unione dei sessi. In forza di quel matrimonio il marito della Vergine può essere chiamato realmente padre di Gesù[60]. Oltre a tale ragione cristologica, a partire dallo sposalizio della Madonna, il Pastore d'anime sviluppa una preziosa teologia del matrimonio. Per Agostino tre sono i beni del matrimonio: la prole, la fedeltà e il sacramento indissolubile. Tutti e tre sono presenti nell'unione di Maria e Giuseppe: il bambino Gesù, nato non dall'unione matrimoniale degli sposi, ma dalla fede della Vergine; la perpetua fedeltà degli sposi e la stabilità della loro unione.

Sia il matrimonio di Maria, sia la sua verginità diventeranno per Agostino l'ideale modello per questi due stati cristiani, impegnando sia gli sposi cristiani sia i religiosi consacrati nell'imitazione di Maria. Effettivamente, tutta la Chiesa dei credenti, attraverso il concreto di vari suoi stati, si rispecchia nella Madre.

2.8 Maria, l'esempio per gli sposi e per le vergini consacrate

Mentre Maria attraverso l'unione sponsale con Giuseppe è indubbiamente l'esempio assieme al suo santo marito per gli sposi cristiani, il fatto che Agostino predilige di sottolineare e sul quale concentra attenzione è il modello che in Maria si offre per le vergini consacrate.

Nel *Discorso* 191 per il Natale del Signore, Agostino contempla la Chiesa madre e vergine, dicendo:

> «Nel grembo verginale della madre l'unigenito Figlio di Dio si è degnato di unire a sé la natura umana, per congiungere a sé, capo immacolato, la Chiesa immacolata. L'apostolo Paolo chiama la Chiesa vergine non perché considera in essa soltanto coloro che sono vergini anche nel corpo, ma perché desidera che tutti abbiano il cuore incorrotto. *Vi ho fidanzati* – dice – *ad un solo sposo, per presentarvi a Cristo come una vergine casta* (2Cor 11,2). La Chiesa, imitando la Madre del suo Signore, anche là dove non ha potuto esserlo nel corpo, è tuttavia insieme madre e vergine nello spirito. Cristo dunque, che ha reso vergine la sua Chiesa liberandola dalla fornicazione dei demoni, nascendo, non ha tolto in alcun modo la verginità a sua madre»[61].

---

59 Cf. Ambrogio di Milano, *Esposizione del Vangelo secondo Luca*, II, 14–15, dove si legge tra l'altro: «Maria non doveva né mancare di fede, né credere alla cieca: voglio dire, né mancare di fede all'angelo, né credere alla cieca alle promesse divine. Non era facile conoscere "il mistero nascosto da secoli in Dio" (cf. *Ef* 3,9), che nemmeno le potenze celesti riuscirono a sapere. E tuttavia essa non negò l'assenso, né ricusò l'omaggio, ma vi prestò il suo impegno, vi promise la sua obbedienza. Difatti quando disse: "Come avverrà questo?", non dubitò che quel parto sarebbe realmente avvenuto, ma volle sapere in che modo. (...) Un parto così incredibile ed inaudito doveva essere chiaramente udito, prima di essere creduto. Che una vergine partorisca, è il suggello di un mistero divino, non umano. Del resto è scritto: "Ricevi il segno: Ecco la vergine concepirà nell'utero e partorirà un figlio" (*Is* 7,14). Maria aveva letto queste parole, a per questo credette che sarebbe avvenuto; tuttavia non aveva letto in che modo sarebbe avvenuto, perché ciò non era stato rivelato nemmeno a un profeta importante come Isaia».

60 Cf. *Discorso* 51, 16, 26–17, 27.

61 *Discorso* 191, 2, 3.

In quest'ottica, cristica ed ecclesiale insieme, si rivolge alle vergini:

> «Voi, vergini consacrate, nate dalla incorrotta verginità della Chiesa, che non curandovi delle nozze terrene avete scelto di essere vergini anche nel corpo, celebrate oggi con solennità e gioia il parto della Vergine. È nato infatti da una donna colui che non ha avuto bisogno di essere generato in lei da un uomo. Egli, che a voi ha fatto dono della verginità che avreste amato, non tolse alla madre ciò che anche voi ora amate. Egli, che risana in voi ciò che avete ereditato da Eva, non può rovinare ciò che voi avete amato in Maria»,

e continua nell'esortazione di imitare la verginità della Madre:

> «Seguite le orme di colei che nel concepire non si unì a uomo e nel partorire rimase vergine. Imitatela in quanto ne avete la possibilità. Non nella fecondità, perché questo è impossibile senza compromettere la verginità. Lei sola poté avere ambedue le cose, delle quali voi ne avete scelta una; se voleste averle ambedue, perdereste quella che avete scelto. Lei sola poté avere ambedue le cose, lei che generò l'Onnipotente, in virtù del quale poté averle ambedue. Solo in questo unico modo era conveniente che l'unico Figlio di Dio diventasse figlio dell'uomo. Tuttavia per il fatto che Cristo è stato partorito soltanto dalla Vergine, non per questo non è niente per voi; infatti, benché non avete potuto partorirlo nella carne come figlio, lo avete trovato nel cuore come sposo: e un tale sposo che, mentre in quanto redentore ricolma la vostra felicità, non dovete temere che vi tolga il bene della verginità. Egli infatti che non ha tolto la verginità alla madre neanche quando questa lo partorì fisicamente, molto più la conserverà in voi nell'amplesso spirituale. Né dovete ritenervi sterili per il fatto che rimanete vergini. Infatti una virtuosa integrità del corpo è assai utile per la fecondità del cuore. Comportatevi come consiglia l'Apostolo: siccome non dovete preoccuparvi delle cose del mondo e di come poter piacere ai mariti, datevi pensiero delle cose di Dio, come possiate piacere in tutto a lui (cf. 1Cor 7,32–34). Perché possiate avere non un grembo fecondo di nascite, ma un cuore fecondo di virtù».

Infine, non trascura gli altri stati di vita cristiana e torna con il pensiero all'intera assemblea dei fedeli della casta Vergine che è la Chiesa:

> «Ora, arrivato al termine, mi rivolgo a tutti voi che siete presenti, parlo a tutti, vorrei sollecitare con queste parole tutti voi, che siete la vergine casta che l'Apostolo ha fidanzato a Cristo (cf. 2Cor 11,2). Quanto ammirate nel corpo di Maria abbiatelo nell'intimo della vostra anima. Chi crede nel cuore per compiere la giustizia concepisce Cristo; chi lo confessa con la bocca per la salvezza partorisce Cristo (cf. Rm 10,12). Così nel vostro cuore sovrabbondi la fecondità e permanga la verginità»[62].

Esortando diversi stati di vita cristiana nel seguente discorso natalizio rivolge, sempre sulla scia di Maria santissima, un invito pressante alle vergini:

> «Gioite, vergini di Cristo: la madre di Cristo è vostra sorella. Non avete potuto essere madri di Cristo nella carne, ma non avete voluto essere madri per amore di Cristo. Colui che non è nato da voi è nato per voi. Tuttavia se ricordate le sue parole – e dovete ricordarle – anche voi siete madri sue, perché fate la volontà del Padre suo. Egli stesso ha detto: *Chiunque fa la volontà del Padre mio è mio fratello e sorella e madre* (Mt 12,50). Gioite, vedove di Cristo: avete votato la santa continenza a colui che rese feconda la verginità»[63].

---

62 *Discorso* 191, 2, 3–3,4.
63 *Discorso* 192, 2.

In un altro discorso per la festività natalizia, già sopra ricordato, il Vescovo d'Ippona esclama:

> «Esultate, giovani consacrati, che avete scelto di seguire Cristo in modo particolare e non avete cercato le nozze. Non tramite le nozze è venuto a voi colui che avete trovato per seguirlo (cf. Gv 1,45 ss): e vi ha donato di non curarvi delle nozze, per mezzo delle quali siete venuti al mondo. Voi infatti siete venuti al mondo attraverso nozze carnali; mentre Cristo senza queste è venuto alle nozze spirituali: e vi ha donato di disprezzare le nozze, proprio perché vi ha chiamato ad altre nozze. Non avete cercato le nozze da cui siete nati, perché avete amato più degli altri colui che non è nato alla stessa maniera che voi. Esultate, vergini consacrate: la Vergine vi ha partorito colui che potete sposare senza perdere l'integrità. Non potete perdere il bene che amate né quando lo concepite né quando partorite. Esultate, giusti: è il Natale di colui che giustifica. Esultate, deboli e malati: è il Natale del Salvatore. Esultate, prigionieri: è il Natale del Redentore. Esultate, schiavi: è il Natale del Signore. Esultate, liberi: è il Natale del Liberatore. Esultate, voi tutti cristiani: è il Natale di Cristo»[64].

2.9 Maria come garanzia della dignità antropologica di due sessi in ordine alla salvezza

Con l'esemplarietà di Maria è collegato un aspetto importante della dottrina mariana in Agostino che si ritrova nella sua dimensione antropologica con la conseguente rilevamento della dignità della donna. Cristo, diventando uomo, non ha trascurato il sesso femminile, proprio perché scegliendosi una madre, ha dato onore anche ad ogni donna. Sempre in occasione del santo Natale del Signore Agostino esclamava ai suoi fedeli:

> «Esultino gli uomini, esultino le donne: Cristo è nato uomo, è nato da una donna; ambedue i sessi sono stati da lui onorati. Si trasformi nel secondo uomo chi nel primo era stato precedentemente condannato (cf. 1Cor 15,49). Una donna ci aveva indotti alla morte; una donna ci ha generato la vita. È nata una carne simile a quella del peccato (cf. Rm 8,3), perché per suo mezzo venisse mondata la carne del peccato. Non venga condannata la carne ma, affinché la natura viva, muoia la colpa. È nato Cristo senza colpa perché in lui possa rinascere chi era nella colpa»[65].

Un simile tema approfondisce in un'altra occasione in seguenti termini:

> «Orbene, per compiere questo suo disegno nostro Signore Gesù Cristo divenne figlio dell'uomo nascendo appunto da una donna. Se però non fosse nato dalla vergine Maria, che cosa gli sarebbe mancato? "Volle essere uomo – dirà qualcuno – d'accordo, ma avrebbe potuto esserlo senza dover nascere da una donna, poiché neppure per creare il primo uomo ebbe bisogno d'una donna". Guarda come si risponde a questa obiezione. Tu dici: "Perché scelse una donna per nascere?". Ti si risponde: "Al contrario, perché avrebbe dovuto evitare una donna? Supposto ch'io non possa dimostrarti perché decise di nascere da una donna, tu dimostrami che cosa avrebbe dovuto evitare in una donna". Ma è stato già affermato che, se fosse rifuggito dal seno d'una donna, avrebbe mostrato che c'era stata la possibilità di essere in un certo senso contaminato da lei. D'altronde quanto più era per sua natura inattaccabile da qual-

---

64 *Discorso* 184, 2, 2.
65 *Discorso* 184, 2, 2.

siasi macchia, tanto meno avrebbe dovuto aver paura di un seno materno di carne, come se potesse esserne macchiato. Nascendo invece da una donna doveva mostrarci qualche grande mistero. In realtà, fratelli, anche noi ammettiamo che, se il Signore avesse voluto diventare uomo senza nascere da una donna, ciò era certamente facile alla sua sovrana maestà. Ma allo stesso modo che poteva nascere da una donna senza il concorso di un uomo, così sarebbe potuto nascere anche senza il concorso d'una donna. Ma egli volle mostrarci questo; che cioè la creatura umana non avrebbe dovuto perdere la speranza di salvarsi riguardo a nessuno dei due sessi. Il sesso umano infatti risulta di maschi e di femmine. Se dunque diventando uomo – come per l'appunto sarebbe dovuto essere – non fosse nato da una donna, avrebbero perduto la speranza di salvarsi le donne, ricordandosi del loro primo peccato, poiché il primo uomo fu ingannato dalla donna, e avrebbero creduto di non poter avere assolutamente alcuna speranza nel Cristo. Venne dunque il Cristo nel mondo come uomo per scegliere di preferenza il sesso maschile e, nascendo da una donna, venne a consolare il sesso femminile, come se, rivolgendo loro la sua parola, avesse detto: "Perché sappiate che nessuna creatura di Dio è cattiva, ma è stata pervertita da un piacere colpevole, quando nel principio feci l'uomo, io lo feci maschio e femmina. Non condanno la creatura che io ho creato. Ecco, sono nato uomo, sono nato da una donna. Non condanno dunque la creatura che io ho fatto, ma i peccati che io non ho fatto". Ambedue i sessi vedano la propria dignità ma confessino il proprio peccato, e ambedue sperino di salvarsi. Per ingannarlo fu propinato all'uomo il veleno dalla donna; da una donna venga propinata all'uomo la salvezza per rigenerarlo con la grazia. La donna, diventando madre di Cristo, riparerà il peccato da lei commesso ingannando l'uomo. Così furono delle donne ad annunciare per prime agli Apostoli la risurrezione di Dio. Fu una donna ad annunciare al proprio marito la morte nel paradiso; furono anche delle donne ad annunciare la salvezza agli uomini nella Chiesa. Sarebbero stati gli Apostoli ad annunciare la risurrezione del Cristo ai pagani, ma furono le donne ad annunciarla agli Apostoli. Nessuno deve dunque incolpare Cristo d'essere nato da una donna; sesso dal quale il Liberatore non poteva esser macchiato, sesso che il Creatore avrebbe esaltato»[66].

Oggi "ripescare" queste antiche convinzioni pastorali, profondamente ancorate nella dinamica della storia della salvezza, e poi riprese da migliori menti medioevali, sembra un compito non secondario per la teologia sensibile alla femminilità. L'attenta lettura di simili pagine potrà illuminare non pochi giudizi sul passato che hanno guardato Agostino con una non sufficiente serenità d'analisi.

2.10 La libertà dal peccato personale e dal peccato originale

Trattando la maternità divina, Agostino ha rilevato la fede obbediente della Vergine. Proprio scrutando la fede di Maria, non sarà difficile cogliere quanto Agostino intende circa la sua santità. Per di più, in conseguenza dell'approfondimento sistematico del peccato originale, il Dottore della grazia pone per primo la questione se Maria era libera dal peccato originale o no. In merito bisogna concludere che il teologo non mette in dubbio l'assenza di peccato, ma non riesce ancora a spiegare di come ciò avviene. Riferendosi a molte donne sante dell'Antico Testamento, deve

---

66 *Discorso* 51, 2, 3 (*Perché Cristo volle nascere dalla Vergine. A causa della donna la rovina, tramite la donna, la salvezza*).

notare che nessuno ha vissuto senza peccato tra gli uomini, con eccezione di Maria Vergine («excepta sancta virgine Maria»):

> «Escludiamo dunque la santa vergine Maria, nei riguardi della quale per l'onore del Signore non voglio si faccia questione alcuna di peccato. Infatti da che sappiamo noi quanto più di grazia, per vincere il peccato sotto ogni aspetto, sia stato concesso alla Donna che meritò di concepire e partorire colui che certissimamente non ebbe nessun peccato?»[67].

Il dibattito su come bisogna interpretare alcuni testi che esprimono la posizione agostiniana riguardo l'assenza di peccato in Maria e la verità definita nella sua Immacolata Concezione fu acceso per lungo tempo[68]. Una "croce" per gli interpreti ha costituito l'opera incompiuta contro il teologo pelagiano Giuliano di Eclano (ca. 385–455), dove Agostino ritiene che Maria è senza peccato per la «grazia della rinascita». In questo senso rimarrebbe presupposto che la precisa dottrina della preservazione dal peccato originale in previsione dei meriti della redenzione di Cristo in Agostino non si riscontra ancora, ma l'affermazione dell'eccezionalità di Maria rispetto al peccato è presente e conduce a ritenere che Agostino ammetteva per

---

67 *Natura e grazia*, 36, 42: «Excepta itaque sancta virgine Maria, de qua propter honorem Domini nullam prorsus, cum de peccatis agitur, haberi volo quaestionem – unde enim scimus quid ei plus gratiae collatum fuerit ad vincendum omni ex parte peccatum, quae concipere ac parere meruit, quem constat nullum habuisse peccatum?».

68 La letteratura prodotta al riguardo è pressoché immensa, di cui qui ricordiamo, oltre a quanto riferito alla nota 11, solo alcuni contributi in ordine cronologico: P. Friedrich, *Die Mariologie des heiligen Augustinus*, Köln 1907; A. Alvery, «Mariologie augustinienne», *Revue augustinienne* 11 (1907) 705–719; H. Kirfel, «Der hl. Augustinus und das Dogma von der unbefleckten Empfängnis Mariens», *Jahrbuch für Philosophie und spekulative Theologie* 22 (1908) 241–268; H. Morilla, «San Agustín, defensor de la Concepción Inmaculada de María», *La Ciudad de Dios* 75 (1908) 385–391; L. Saltet, «Saint Augustin et l'Immaculée Conception», *Bulletin de littérature ecclésiastique* 11 (1910) 161–166; L. Talmont, «Saint Augustin et l'Immaculée Conception», *Revue augustinienne* 16 (1910) 745–749; W. Scherer, «Zur Frage über die Lehre des hl. Augustinus von der unbefleckten Empfängnis», *Theologie und Glaube* 4 (1912) 43–46; F.S. Müller, «Augustinus amicus aut adversarius Immaculatae Conceptionis?», in *Miscellanea Agostiniana*, vol. II, Roma 1931, 885–914; F. Hoffmann, «Die Stellung des hl. Augustinus zur Lehre von der unbefleckten Empfängnis Mariä», *Theologische Quartalschrift* 130 (1932) 299–319; B. Capelle, «La pensée de saint Augustin sur l'Immaculée Conception», *Recherches de théologie ancienne et médiévale* 4 (1932) 361–370, C. Boyer, «Bulletin augustinien», *Gregorianum* 14 (1933) 93–96 (risposta a B. Capelle); J. Götz, «Augustin und die Immaculata Conceptio», *Theologie und Glaube* 25 (1933) 739–744; D. Fernandez, «El pensamiento de San Augustín sobre la Immaculada», *Analecta Baetica* (1954) 13–63; J. Dietz, «Ist die hl. Jungfrau nach Augustinus 'Immaculata ab initio'? Eine neue Untersuchung zum Marianischen Jahr», *Augustiniana* (Louvain) 4 (1954) 362–411= in *Virgo Immaculata*, vol. IV, Roma 1955, 61–112; R. Culhane, «St. Augustine on the Immaculate Conception», *The Irish Theological Quarterly* 22 (1955) 350–354 ; C. Boyer, «La controverse sur l'opinion de Saint Augustin touchant la Conception de la Vierge», in *Virgo Immaculata*, vol. IV, Roma 1955, 48–60; P. Frua, *L'Immacolata Concezione e S. Agostino*, Saluzzo 1960; W.J. Burghardt, «María en la patrística occidental», in J.B. Carol, *Mariología*, BAC, Madrid 1964, 141–147; A. Sage, «Saint Augustin et l'Immaculée Conception», *Revue des Études Augustiniennes* 11 (1965) 305–306; J. Falgueras Salinas, «La contribución de San Augustín al dogma de la Inmaculada Concepción de María», *Scripta theologica* (Pamplona) 4 (1972) 355–433; C. Sorsoli, «Vergine e Madre: la Madonna nel pensiero di S. Agostino», in E. Ancilli, ed., *Maria mistero di grazia*, Roma 1974, 67–87; A. Trapè, «Nota: Maria e il peccato originale», in Sant'Agostino, *Maria, dignitas terrae*, Città nuova, Roma 1988, 59–67.

motivo di Cristo la libertà della Madre da peccato. Ricordiamo al riguardo il complesso dialogo con Giuliano, in cui questi accusa:

> «(*Giuliano:*) Ma Gioviniano, come è colpevole di essere nemico di Ambrogio, così è assolto se si paragona a voi. Quando mai infatti la censura dei sapienti riconoscerà a te tanto da poterti mettere alla pari del merito di Gioviniano? Egli appunto disse che c'è la necessità del bene, tu del male; egli affermò che per mezzo dei misteri gli uomini sono tenuti lontani dall'errore, tu al contrario dici che non vengono liberati nemmeno per mezzo della grazia; *egli dissolse la verginità di Maria per la condizione del parto, tu per la condizione del nascere assegni al diavolo la stessa persona di Maria*; egli uguaglia il meglio al bene, cioè l'integrità al matrimonio, tu invece chiami morbosa la mescolanza coniugale e disprezzi la castità valutandola solo in confronto al comportamento più turpe: né aggiungi un gradino tra loro, confondi invece ogni genere, anteponendo la verginità non certo al bene, ma al male. Ora, è di una svalutazione estrema ciò che non può piacere se non a confronto dell'orrido. In effetti quali ingiurie ha recato Gioviniano a Dio che siano pari alle tue? Egli volle attenuare il vigore del giudizio di Dio dalla parte della benignità, tu dalla parte della malignità: egli dice che presso Dio i buoni e gli ottimi godranno lo stesso onore, tu invece che i buoni e gli empi, ossia gli innocenti e il diavolo, saranno torturati da un unico supplizio. Egli dunque vuol far apparire Dio clementissimo, tu iniquissimo; egli dice che gli uomini iniziati ai misteri di Dio non possono peccare, tu al rovescio sostieni che Dio stesso pecca, e nei misteri per inefficienza, e nei precetti per eccessiva esigenza, e nei giudizi per disumanità. E così, poiché tra te e Gioviniano c'è tanta dissomiglianza quanta somiglianza c'è tra te e Manicheo, tanto più tollerabile di te si trova Gioviniano quanto più orrido di Gioviniano si trova Manicheo».

Ed è Agostino a prendere la parola più che in difesa della propria persona ed ortodossia, per affermazione della verità del peccato e della grazia:

> «(*Agostino:*) Quanto ti sembri gentile quando, confrontandomi con Gioviniano, tenti di dimostrarmi peggiore di lui! Ma io godo di ricevere da te in compagnia di Ambrogio anche questa mendacissima ingiuria; mi rattrista però che tu sragioni così. La causa appunto per cui mi dici peggiore di Gioviniano è precisamente la stessa per cui mi dici anche manicheo. E qual è? Evidentemente quel *peccato originale, che voi negate con Pelagio e noi al contrario confessiamo con Ambrogio*. Con questo quindi, secondo voi, noi siamo e manichei e peggiori di Gioviniano. E tutto ciò che di altro diciate che noi siamo con bocca proterva, né certamente veridica ma maledica, il Signore ci ha insegnato a rallegrarci ed esultare, quando udiamo tutte le maledizioni possibili, non da parte della verità, ma perché combattiamo per la verità (cf. Mt 5,12). Ecco, io non dico che ci sia la necessità del male, perché neppure Ambrogio, e tuttavia io dico che i bambini vengono rinnovati dalla loro malizia: ciò che dice anche Ambrogio. E per questo non c'è nessuna necessità del male, perché è sanabile da Dio anche il male che trae la natività; quanto più il male che aggiunge la volontà! Non dico che gli uomini non vengono liberati nemmeno per mezzo della grazia: il che è ben lungi dal dirlo Ambrogio. Ma diciamo ciò che tu non vuoi: che *gli uomini non sono liberati se non per mezzo della grazia, non solo perché siano rimessi a loro i debiti, ma anche perché non siano indotti nella tentazione*».

A questo punto si introduce lo speciale caso della Madre del Redentore inserito in una professione di fede sulla potenza della grazia salvifica operata da Cristo:

> «*Non assegniamo Maria al diavolo per la condizione del nascere, ma per questo: perché la stessa condizione del nascere è risolta dalla grazia del rinascere* (lat. *Non*

trascribimus diabolo Mariam conditione nascendi; sed ideo, quia ipsa conditio solvitur gratia renascendi)»,

continuando poi ad affrontare serenamente l'elenco di accuse e di per sé gli errori di Giuliano, tra i quali non si trascura la *questio* mariana:

«Non anteponiamo la verginità alle nozze come il bene al male, ma come il meglio al bene. Non diciamo, come tu ci calunni, che i buoni e gli empi devono essere tormentati da un unico supplizio, ma diciamo che i buoni da nessun supplizio, mentre gli empi non da un unico, ma da diversi supplizi secondo la diversità dell'empietà stessa. Non diciamo che Dio pecca nei misteri per insufficienza, nei precetti per eccessiva esigenza, nei giudizi per disumananza: perché e i misteri di Dio sono utili ai rigenerati dalla grazia, e i precetti di Dio sono salutari ai liberati dalla grazia, e i giudizi di Dio sono convenientemente distribuiti ai buoni e ai cattivi. Ecco, noi allontaniamo da noi tutti gli errori dove voi ci dite peggiori di Gioviniano; voi allontanate da voi, se potete, gli errori in cui dimostrerò che siete peggiori dello stesso e medesimo Gioviniano. Egli disse che c'è la necessità del bene, voi dite che è buona la cupidità del male. Egli afferma che per mezzo dei misteri gli uomini vengono tenuti lontani dall'errore, voi dite che la cupidità di camminare sulla retta via non è ispirata da Dio, ma è procurata dal libero arbitrio. *Egli dissolve la verginità di Maria per la condizione del parto, voi uguagliate a tutta l'altra carne umana la stessa carne santa procreata dalla Vergine, non distinguendo la carne somigliante alla carne del peccato dalla carne del peccato.* Egli mette sullo stesso piano il meglio e il bene, cioè l'integrità e il matrimonio, voi il male e il bene: dite infatti che la discordia tra la carne e lo spirito è un bene come lo è la concordia delle nozze. Egli dice che presso Dio avranno uguale onore i buoni e gli ottimi, voi al contrario dite che alcuni tra i buoni non solo non conseguiranno nessun onore nel regno di Dio, ma non vedranno nemmeno il regno di Dio. Egli dice che gli uomini iniziati ai misteri di Dio non possono peccare, voi dite che gli uomini per mezzo della grazia di Dio possono certo più facilmente non peccare, ma possono non peccare anche senza la grazia, per mezzo del libero arbitrio; ribellandovi voi così con audacia gigantesca a Dio, il quale parlando dei buoni frutti dice: *Senza di me non potete fare nulla* (Gv 15,5). Mentre dunque tanto distate in peggio dall'errore di Gioviniano, tuttavia mettete noi al di sotto di lui e ci pareggiate piuttosto a Manicheo. Vi siete proprio ben protetti: viene fatto di pensare che abbiate fondato un'eresia nuova, perché quando vi accusiamo non abbiamo la possibilità di equipararvi a nessun altro gruppo di eretici. Tuttavia in questa causa, nella quale sembra che io debba essere tanto detestato da te riguardo al peccato originale e allineato piuttosto a Manicheo, mi trovo, lo voglia tu o non lo voglia, in compagnia di Ambrogio, che Gioviniano diceva manicheo, come fai tu: ma lui scopertamente, tu subdolamente. Inoltre Gioviniano è vinto una volta sola, quando si dimostra che Ambrogio non è manicheo; tu invece, poiché hai voluto avere un cuore doppio, sei vinto due volte. Accusi Ambrogio di essere manicheo e io dimostrerò che non lo è. Neghi di accusarlo e io dimostro che lo accusi. Ma l'una e l'altra verità si farà chiara a chi leggerà quanto Ambrogio ha detto più sopra»[69].

La dottrina della libertà di Maria da peccati personali o attuali non lascia dubbi nel pensiero di Agostino, ma anche rispetto alla dottrina del peccato in genere, compreso il peccato originale, Maria deve presentare un'eccezione nell'orizzonte della dottrina agostiniana dell'universalità del peccato originale, anche se il teologo non riesce ancora a spiegarne il modo con cui tale libertà viene posta da Dio in atto. Per

---

69 *Opera incompiuta contro Giuliano*, 4, 122 (i corsivi nostri).

ora egli presuppone un dono speciale, che al riguardo andrebbe riconosciuto nei confronti della Madre. Si muove in giusta direzione guidato dal dato rivelato, sempre quale apostolo zelante della potenza prioritaria della Grazia di Cristo. Tale priorità dell'opera salvifica del Figlio in realtà spinge a osare di esprimere l'eccezionalità data alla sua Madre.

2.11 Verso l'affermarsi della devozione a Maria

Più volte è stata posta la domanda se a partire dall'insegnamento agostiniano si possa già intravedere gli albori di un culto rivolto alla Madre del Signore[70]. Di per sé al suo tempo non si celebrano ancora le feste mariane nel Africa e conseguentemente non si potranno trovare di sermoni dedicati a tali eventi liturgici mariani. Nondimeno, la Vergine non è del tutto assente nel culto liturgico della Chiesa. Possiamo dire che soprattutto i Sermoni 184–196 dedicati al Natale sono l'espressione eloquente non solo del celebrato mistero dell'Incarnazione di Cristo, ma anche di una celebrazione della Madre del Verbo[71]. Nel Natale si celebra – esclama Agostino – «con gioia il giorno in cui Maria partorì il Salvatore, una sposa il creatore delle nozze, una vergine il principe delle vergini»[72].

In ogni caso fermandoci in compagnia di Agostino, siamo ancora prima del Concilio di Efeso, nelle sue parole possiamo trovare più che un invito al culto o all'esplicita devozione mariana, una costante ed insistente esortazione ad imitare Maria. In realtà quel primato di somiglianza a Lei, di una vera immedesimazione con questa prima credente è aperto al contempo a quei sviluppi che la coscienza cristiana dopo Agostino acquisterà ormai molto presto con il culto della Vergine.

2.12 Maria, la terra del paradiso: lo splendore della terra

Un particolare tipo di Maria Vergine, Agostino lo vedeva nella segno della terra del paradiso – fissata nel libro della Genesi (2,5ss.) – che nessun'uomo mai irrigava. Così Maria fu invece irrigata dallo Spirito Santo, senza cooperazione dell'uomo. Maria è anche vista come la terra dalla quale è nata la Verità, come canta il Salmo 84,12, che è Gesù stesso. La terra pura che accoglie il seme del Verbo divino[73] ...

---

70 Si vedano ad esempio: J. MORÁN, «Puede hablarse de culto a Maria en san Agustín», *Augustinianum* 7 (1967) 514–521; E. LAMIRANDE, «En quel sens peut-on parler de devotion mariale chez St. Augustin», in *De promordis cultus mariana*, vol. 3, Pontificia Academia Mariana Internationalis, Roma 1970, 17–35.

71 Recentemente sono stati ripubblicati in italiano i 28 discorsi sul Natale e sull'Epifania: *Sant'Agostino. Discorsi sul Natale e l'Epifania*, ed. M. COLAVITA, pres. B. FORTE, Editrice Tau, Todi 2010.
In specie riguardo alla mariologia dei discorsi agostiniani si può vedere: A.F.R. GONZÁLEZ, «La mariología en los sermones de san Agustín», *Religión y Cultura* 39 (1993) 409–456.

72 *Discorso* 188, 4: «Celebremus ergo cum gaudio diem quo peperit Maria Salvatorem, coniugata coniugii creatorem, virgo virginum principem».

73 Non a caso in Occidente cristiano si svilupperà l'intera tradizione delle rappresentazioni delle "Madonne nere". Diverse centinaia di tali immagini si trovano sparse in tutta l'Europa Occidentale (Loreto o Oropa in Italia, Częstochowa in Polonia, Einsiedeln in Svizzera, Mariazel in Austria, Mare de Déu de Monserrat in Catalogna, la Virgen de Candelaria di Tenerife, patrona delle Cana-

Lei è veramente la «dignitas terrae»; Maria è lo splendore della terra, «la dignità della terra»[74]. Se la persona è quanto di più nobile esiste in tutto l'universo[75], quanto di più degno si trova in tutta la natura, in beata Vergine Maria si compie e si realizza tutta la dignità personale.

3. Conclusione: per assomigliare la Vergine nella sequela di Cristo

Sant'Agostino, essendo il cantore privilegiato dell'unica mediazione di salvezza offerta da Gesù Cristo, nell'approfondire la dottrina mariana è fedelissimo a quanto la buona notizia del Nuovo Testamento ha rivelato di Lei, sempre afferrata a fianco al suo Figlio. Nella sobrietà di speculazione teologica tralascerà, tra i possibili riferimenti, quanto gli apocrifi intuivano sulla Vergine.

Nella teologia attorno alla Madre santissima, Agostino è da ritenere il figlio del proprio tempo storico, con i suoi limiti e le attese di approfondimenti futuri della mariologia, i quali non si potevano ancora pienamente prevedere e delucidare. In un certo senso però, parlando della Madre del Signore, egli assomiglia proprio alla sobrietà con cui l'umile Vergine affronta se stessa nelle pagine del Vangelo, per dare sempre e oltretutto lo spazio al Figlio eterno del Padre, fattosi suo Figlio. La sobrietà espositiva di Agostino mariologo non preclude ovviamente i variegati sviluppi e arricchimenti futuri del discorso mariano, ma nondimeno costituisce un atteggiamento paradigmatico, una caratteristica che per certi versi deve essere sempre mantenuta in un corretto discorso sulla Madre, che tutto rinvia a Colui di cui fu madre per mezzo della fede[76].

Più che mai, oggi resta luminosamente attuale l'invito a confrontarsi con quel modello imitabile, quel *paradeigma* o quell'*exemplum* che Agostino, come gli altri Padri dell'Oriente e dell'Occidente, ha rilevato in Maria. Maria è paradigma della vita santa, dell'impegno morale del credente nella sequela di Dio in Gesù Cristo. Resta di particolare pregnanza, pertanto, l'esortazione agostiniana di assomigliare, di imitare e di seguire la Vergine Madre, di non perdere di vista questa compagna e sorella prediletta, modello di ogni virtù, collaboratrice fedele del Verbo incarnato, Madre del Primogenito tra i fratelli (cf. Rm 8,29).

---

rie, Nostra Signora di Altötting in Baviera, etc. etc.), poi trasportate anche in America Latina. Il volto nero del ritratto di Maria richiama l'accoglienza purissima della "terra" del suo cuore e del suo grembo che ha fatto spazio per il Salvatore.

74 *La Genesi difesa contro i manichei* (*De Genesi contra Manichaeos*), 2, 24, 37.

75 Cf. TOMMASO D'AQUINO, *Summa Theologiae*, I, q. 29, a. 3.

76 Per ulteriori riflessioni circa alcuni testi agostiniani sulla Madre di Gesù e dei suoi discepoli si rinvia al nostro volume: K. CHARAMSA, *Abitare la Parola. In compagnia della Madre del Verbo*, Editrice Rogate, Roma 2011, 18–66.

Bibliografia

Fonti:

Sant'Agostino d'Ippona, *Opere*, Nuova Biblioteca Agostiniana, ed. A. Trapè, Città Nuova Editrice, Roma 1973ss = www.augustinus.it.

Sant'Agostino, *Maria, dignitas terrae*, ed. A. Trapè, Piccola Biblioteca Agostiniana 12, Città nuova, Roma 1988.

M. Pellegrino, *S. Agostino – la Vergine Maria (pagine scelte)* [1° edizione 1954], Edizioni Paoline, Roma 1987.

G. Gharib – E. Toniolo – L. Gambero – G. Di Nola, ed., *Testi mariani del primo millennio*, vol. III: *Padri e altri autori latini*, Città nuova, Roma 1990, 306–377.

Autori:

M. Agterberg, «Saint Augustin exégète de l'Ecclesia-Virgo», *Augustiniana* 8 (1958) 237–266.

A. Alvery, «Mariologie augustinienne», *Revue augustinienne* 11 (1907) 705–719.

H.U. von Balthasar, *Maria icona della Chiesa*, San Paolo, Cinisello Balsamo (MI) 1998 [or. ted. *Maria Kirche im Ursprung*, Johannes Verlag, Einsiedeln – Freiburg 1997].

C. Boyer, «Bulletin augustinien», *Gregorianum* 14 (1933) 93–96 (risposta a B. Capelle).

C. Boyer, «La controverse sur l'opinion de Saint Augustin touchant la Conception de la Vierge», in *Virgo Immaculata*, vol. IV, Roma 1955, 48–60.

W.J. Burghardt, «María en la patrística occidental», in J.B. Carol, *Mariología*, BAC, Madrid 1964, 141–147.

V. Capánaga, *La Virgen María según San Agustín*, Roma 1956.

B. Capelle, «La pensée de saint Augustin sur l'Immaculée Conception», *Recherches de théologie ancienne et médiévale* 4 (1932) 361–370.

Y. Congar, «Marie et l'Eglise dans la pensée patristique», *Revue des sciences philosophiques et théologiques* (Paris) 38 (1954) 3–38.

J. Coppens, «Augustinus Marialeer», in *Handelingen van het Vlaamsch Maria-Congres te Brussel*, 1921, vol. I, 208–238.

R. Culhane, «St. Augustine on the Immaculate Conception», *The Irish Theological Quarterly* 22 (1955) 350–354.

L. Dattrino, «I riferimenti mariani in Agostino», *Theotokos* 12 (2004) 169–182.

J. Dietz, «Ist die hl. Jungfrau nach Augustinus ,Immaculata ab initio'? Eine neue Untersuchung zum Marianischen Jahr», *Augustiniana* (Louvain) 4 (1954) 362–411= in *Virgo Immaculata*, vol. IV, Roma 1955, 61–112.

J. Dietz, «Maria und die Kirche nach dem hl. Augustinus», in *Maria et Ecclesia*, vol. III, Roma 1959, 201–239.

F. Domínguez, *Ideología mariana de San Augustín*, Bogota 1946.

D.E. Doyle, «Maria, madre di Dio», in D. Fitzgerald, ed., *Agostino. Dizionario enciclopedico*, Città nuova, Roma 2007, 907–912 [or. ing. *Augustinus throught the Ages. An Encyclopedia*, 1999].

A. Eramo, *Mariologia del Vaticano II vista in S. Agostino*, Roma 1973.

J. Falgueras Salinas, «La contribución de San Agustín al dogma de la Inmaculada Concepción de María», *Scripta theologica* (Pamplona) 4 (1972) 355–433.

D. Fernandez, «El pensamiento de San Agustín sobre la Immaculada», *Analecta Baetica* (1954) 13–63.

S. Folgado Flores, «María virgen y madre de Cristo, tipo de la Iglesia según San Agustín», *Scripta Mariana* 3 (1980) 87–121.

S. Folgado Flores, «El binomio María-Iglesia en la tradición patrística del siglo IV–V (S. Ambrosio – S. Agustín)», in *Maria e la Chiesa oggi. Atti del 5° Simposio Mariologico Internazionale*, Roma 1985, 91–142.

P. Friedrich, *Die Mariologie des heiligen Augustinus*, Köln 1907.

P. Frua, *L'Immacolata Concezione e S. Agostino*, Saluzzo 1960.

L. Gambero, *Maria nel pensiero dei padri della Chiesa*, Edizioni Paoline, Milano 1991, cap. 13; tr. ing. *Mary and the Fathers of the Church. The Blessed Virgin Mary in Patristic Thought*, Ignatius Press, San Francisco 1999, cap. 13.

L. Gambero, «La Vergine Maria nella dottrina di Sant'Agostino», *Marianum* 48 (1986) 557–599.

J. Götz, «Augustin und die Immaculata Conceptio», *Theologie und Glaube* 25 (1933) 739–744.

A.F.R. González, «La mariología en los sermones de san Agustín», *Religión y Cultura* 39 (1993) 409–456.

F. Hoffmann, *Mariens Stellung in der Erlösungsordnung nach dem hl. Augustinus*, Düsseldorf 1952.

F. Hoffmann, «Die Stellung des hl. Augustinus zur Lehre von der unbefleckten Empfängnis Mariä», *Theologische Quartalschrift* 130 (1932) 299–319.

F. Hoffmann, «Augustinus», in *Lexikon der Marienkunde*, vol. I, Regensburg 1959, 456–464.

J. Huhn, «Maria est typus Ecclesiae secundum Patres, imprimis secundum S. Ambrosium et S. Augustinum», in *Maria et Ecclesia*, vol. III, Roma 1959, 163–199.

H. Kirfel, «Der hl. Augustinus und das Dogma von der unbefleckten Empfängnis Mariens», *Jahrbuch für Philosophie und spekulative Theologie* 22 (1908) 241–268.

E. Lamirande, «En quel sens peut-on parler de devotion mariale chez St. Augustin», in *De promordis cultus mariana*, vol. 3, Pontificia Academia Mariana Internationalis, Roma 1970, 17–35.

E. Lamirande, «Marie, l'Église et la maternité dans un nouveau sermon de saint Augustin», *Ephemerides Mariologicae* 28 (1978) 253–263.

La Sainte Vierge, La vie augustinienne 30 (1958).

B. Leahy, *Il principio mariano nella Chiesa*, Città nuova, Roma 1999.

T. Janez Barrio, «Maria y la Iglesia según el pensamiento agustiniano», *Revista agustiniana de espiritualidad* 3 (1962) 22–47.

J.M. Leonet, «María "virgo perpetua" según san Agustín», *Revista agustiniana de espiritualidad* 8 (1967) 256–274.

J. Morán, «La Mariología de San Agustín a través de la bibliografía (1900–1950)», *Revista Española de Teología* (Madrid) 3 (1963) 333–366.

J. Morán, «Puede hablarse de culto a Maria en san Agustín», *Augustinianum* 7 (1967) 514–521.

H. Morilla, «San Agustín, defensor de la Concepción Inmaculada de María», *La Ciudad de Dios* 75 (1908) 385–391.

F.S. Müller, «Augustinus amicus aut adversarius Immaculatae Conceptionis?», in *Miscellanea Agostiniana*, vol. II, Roma 1931, 885–914.

J.H. Newman, *Maria. Lettere, Sermoni, Meditazioni*, ed. G. Velocci, Jaca Book, Milano 1993.

E. Neveut, «Formules augustiniennes. La maternité divine», *Divus Thomas* (Piacenza) 34 (1931) 524–530.

J. Quasten, *Patrologia*, vol. III, Marietti, Casale 1978, 407–408.

J. Pintard, «La fin des temps et Marie chez saint Augustin», *Études Mariales* 42 (1985) 59–75; tr. it. «La fine dei tempi e Maria in sant'Agostino», in Aa. Vv., *Maria e la fine dei tempi. Approccio biblico patristico storico. "Études Mariales" (1984–1986)*, Città nuova, Roma 1994, 89–105.

H. Pope, «The Teaching of St. Augustine on Our Blessed Lady», *The Clergy Review* 16 (1939) 23–41.

E. Portalič, «Augustin. La Mère du Christ d'après saint Augustin», *Dictionnaire de Théologie Catholique*, vol. I, Paris 1909, 2374–2375.

V. Prederi, *L'esemplarità di Maria in Sant'Agostino*, Pontificia Facoltà Teologica "Marianum", Roma 1988.

S. Protin, «La mariologie de saint Augustin», *Revue augustinienne* 1 (1902) 375–396.

H. Rahner, *Maria e la Chiesa. Indicazioni per contemplare il mistero di Maria nella Chiesa e il mistero della Chiesa in Maria*, Jaca Book, Milano 1977 [or. ted. *Maria und die Kirche*, Verlagsanstalt Tyrolia, Innsbruck 1962].

J. Ratzinger, *La figlia di Sion. La devozione a Maria nella Chiesa*, Jaca Book, Milano 1979, 1995 [or. ted. *Die Tochter Zion. Betrachtungen über den Marienglauben der Kirche*, Johannes Verlag, Einsiedeln 1977].

G.M. Roschini, *Mariologia. I. Introductio in Mariologiam*, Milano 1941, 179–189.

G.M. Roschini, *La Madonna secondo la fede e la teologia. I. Propedeutica mariologica*, Roma 1953, 85 e *passim*.

J.G. Roten, «Mary and Women in Augustine», *University of Dayton Review* 22, 3 (1994) 31–51.

A. Sage, «Saint Augustin et l'Immaculée Conception», *Revue des Études Augustiniennes* 11 (1965) 305–306.

L. Saltet, «Saint Augustin et l'Immaculée Conception», *Bulletin de littérature ecclésiastique* 11 (1910) 161–166.

W. Scherer, «Zur Frage über die Lehre des hl. Augustinus von der unbefleckten Empfängnis», *Theologie und Glaube* 4 (1912) 43–46.

C. Sorsoli, «Vergine e Madre: la Madonna nel pensiero di S. Agostino», in E. Ancilli, ed., *Maria mistero di grazia*, Roma 1974, 67–87.

F. Spedalieri, «La mariologia nella Chiesa d'Africa», *Marianum* 17 (1955) 153–182.

B. Studer, «Maria nel pensiero teologico di Cirillo d'Alessandria e di Agostino d'Ippona», in *Atti del III Simposio di Efeso su S. Giovanni Apostolo*, Roma 1993, 183–199.

L. Talmont, «Saint Augustin et l'Immaculée Conception», *Revue augustinienne* 16 (1910) 745–749.

Prospero Lambertini (Benedetto XIV) Promotore della Fede presso la Sacra Congregazione dei Riti

Vincenzo Criscuolo

1. Breve profilo biografico

Prospero Lambertini[1] o, come egli preferiva sottoscriversi, *Prosper de Lambertinis*, nacque a Bologna intorno alle ore 12 del 31 marzo 1675 da Marcello e Lucrezia Bulgarini[2]; nel pomeriggio dello stesso giorno fu battezzato nella chiesa cattedrale

---

1   Il presente studio riprende e sviluppa i contenuti della presentazione dell'*opus maximum* di Prospero Lambertini, *De servorum Dei beatificatione et beatorum canonizatione*, di cui è in corso presso la Congregazione delle Cause dei Santi l'edizione bilingue latino-italiano e di cui è apparso già il primo volume in due tomi. Cf. rispettivamente Benedetto XIV (Prospero Lambertini), *De servorum Dei beatificatione et beatorum canonizatione | La beatificazione dei servi di Dio e la canonizzazione dei beati*, a cura di V. Criscuolo, vol. I/1 e I/2, Città del Vaticano 2010–2011. In questa sede sarà presentata soltanto la sua attività come promotore della fede presso l'allora Congregazione dei Riti, arricchita opportunamente con un'appendice documentaria, dove saranno riprodotti alcuni documenti inediti recentemente rinvenuti nell'Archivio della medesima Congregazione.

2   Per notizie biografiche piú ampie su Prospero Lambertini, poi Benedetto XIV, si potrà fare riferimento a un'ampia bibliografia, le cui voci piú significative potrebbero essere: Louis Antoine Caraccioli, *Vita del papa Benedetto XIV Prospero Lambertini con note istruttive*, Venezia 1783; Ludwig von Pastor, *Storia dei papi dalla fine del Medioevo*, vol. XVI/I: *Benedetto XIV e Clemente XIII (1740–1769)*, Roma 1933, 1–462; Emilia Morelli, *Tre profili. Benedetto XIV, Pasquale Stanislao Mancini, Pietro Roselli* (Quaderni del Risorgimento, 9), Roma 1955, 1–46 (Benedetto XIV); Mario Rosa, *Benedetto XIV*, in *Dizionario biografico degli italiani* 8, Roma 1966, 393–408; Alfredo Testoni, *Il cardinale Lambertini*, a cura di Luigi Dal Pane, Bologna 1975; Tarcisio Bertone, *Il governo della Chiesa nel pensiero di Benedetto XIV (1740–1758)* (Biblioteca di Scienze Religiose, 21), Roma 1977; *Benedetto XIV (Prospero Lambertini): Convegno Internazionale di Studi Storici sotto il patrocinio dell'Archidiocesi di Bologna. Cento, 6–9 dicembre 1979*, a cura di M. Cecchelli (Documenti e Studi, 3) 2 voll., Cento 1981–1982; *Atti del Convegno di Studi Storici su Benedetto XIV – Prospero Lambertini vescovo di Ancona dal 1727 al 1731 nel 3° centenario della nascita. Ancona 29 maggio, Senigallia 31 marzo 1976*, Falconara Marittima 1982; *Le lettere di Benedetto XIV al Card. De Tencin, dai testi originali*, a cura di Emilia Morelli, 3 voll. (Storia e Letteratura. Raccolta di Studi e Testi, 55, 101 e 165), Roma 1955–1985; *Benedetto XIV e le arti del disegno. Convegno Internazionale di Studi di storia dell'arte. Bologna, 28–30 novembre 1994*, a cura di Donatella Biagi Maino, Roma 1998; Mario Rosa, *Benedetto XIV*, in *Enciclopedia dei papi*, vol. III, Roma 2000, 446–461; *Prospero Lambertini. Pastore della sua città, pontefice della cristianità*, a cura di Andrea Zanotti, Bologna 2004; Maria Antonietta De Angelis, *Prospero Lambertini (Benedetto XIV). Un profilo attraverso le lettere* (Collectanea Archivi Vaticani, 66), Città del Vaticano 2008; Gaetano

di San Pietro con i nomi di Prospero Lorenzo[3]. L'anno seguente, il 16 marzo 1676, morí il padre Marcello; la madre Lucrezia si risposò tre mesi dopo con il marchese Luigi Bentivoglio. Dell'educazione del giovane Prospero e di suo fratello Giovanni, nato due anni prima, si occupò lo zio Alberto Lambertini[4], che nel 1683 promosse l'ammissione dei due nipoti presso l'Accademia degli Ardenti, detta anche del Porto, ove entrambi conseguirono la formazione primaria. Cinque anni dopo, nel 1689, il giovane Lambertini appena quattordicenne fu inviato a Roma insieme al fratello allo scopo di proseguire gli studi nel Collegio Clementino, guidato allora dai Padri Somaschi.

Le doti di spirito e le qualità intellettuali del giovane bolognese, oltre a farlo emergere tra i condiscepoli, lo imposero anche all'attenzione del cardinale Benedetto Pamfili[5], che credette opportuno raccomandarlo a Innocenzo XII per un piccolo beneficio. Terminati nel 1692 gli studi presso il Collegio Clementino, si iscrisse alla Sapienza, ove studiò teologia e diritto civile e canonico. Il giorno 11 settembre 1694 il "comes Prosper de Lambertinis Bononiensis" conseguí con grande lode la laurea di dottore *in utroque iure*, dopo essere stato sottoposto a un "arduo et rigoroso" esame[6].

Ormai proiettato verso la professione giuridica, dopo il conseguimento del dottorato fu assunto come aiutante di studio presso un suo compatriota, l'uditore di Rota Alessandro Caprara[7], riscuotendo subito grande apprezzamento negli

---

Greco, *Benedetto XIV. Un canone per la Chiesa* (Profili, 52), Roma 2011. Il presente profilo biografico resta volutamente molto sintetico; saranno solo segnalate specificamente alcune fonti archivistiche, che mettono in evidenza elementi biografici finora non opportunamente evidenziati.

3 Per la registrazione dell'atto di battesimo cf. Archivio Segreto Vaticano [in seguito: ASV], *Dataria Apostolica, Proc. Dat.* 101, f. 97r: "Die 31 mensis martii 1675. Prosper Laurentius, filius illustrissimi domini Marcelli de Lambertinis et illustrissimae dominae Lucretiae de Bulgarinis eius uxoris, natus hodie hora 19 circiter sub Parochia Sancti Donati, baptizatus ut supra. Illustrissimus et reverendissimus dominus comes Carolus Evangelista de Grassis abbas et Ecclesiae Metropolitanae Prepositus".

4 Nella didascalia di un ritratto del giovane Prospero all'età di sei anni, attualmente conservato a Bologna, nell'Archivio Gozzadini presso la Biblioteca Comunale dell'Archiginnasio (118a, n. 1), si annota: "Prospero Lorenzo, di Marcello Lambertini e di Lucrezia Bulgarini, nato li 31 marzo 1678, fatto dipingere dalla sua balia in età d'anni 6 con l'occasione che lo restituí al Signor Alberto suo zio, persuaso da un padre cappuccino di santa vita a ponerlo allo studio ecclesiastico, predicendoli che sarebbe riuscito un gran luminare della Chiesa". Cf. M. A. De Angelis, *Prospero Lambertini*, fig. 4.

5 Già gran priore dell'Ordine di San Giovanni Gerosolimitano a Roma, il 1 settembre 1681 fu elevato alla porpora cardinalizia dal beato Innocenzo XI; assalito da una forte febbre poco prima del conclave per l'elezione di Benedetto XIII, si spense il 22 marzo 1730. Su di lui cf. *Hierarchia catholica medii et recentioris aevi...*, vol. V, a cura di Remigio Ritzler e Pirmino Sefrin, Padova 1953, 12.

6 Il certificato originale di laurea, in pergamena e scritto con inchiostro dorato, si conserva nell'ASV, *Dataria Apostolica, Proc. Dat.* 101, f. 99r–101v. Qui, tra le altre cose, vengono enumerati anche i membri della commissione esaminatrice, che era costituita dagli avvocati concistoriali Carlo Cartario, Carlo Montecatini, Prospero Bottini, Marcello Severoli e Camillo Spreti. Tra di essi, Prospero Bottini sarà suo predecessore come promotore della fede presso la Congregazione dei Riti. A causa della sua importanza, il documento viene riportato per intero nell'Appendice documentaria, Doc. 1.

7 Nato a Bologna il 27 settembre 1626, fu creato cardinale da Clemente XI il 17 maggio 1706; si spense a Roma il 9 giugno 1711: su di lui cf. *Hierarchia catholica* V, 25; Carlo Caprara, *I Caprara*, [Faenza 1993], 117–120; Giancarlo Angelozzi, in *Dizionario biografico degli italiani* 19, Roma 1976, 168–169.

ambienti giuridici curiali. Passò quindi al servizio dell'avvocato concistoriale Bente Bentivoglio[8], di cui fu nominato coadiutore nel 1701[9], ottenendo il 20 dicembre dell'anno seguente le annesse prerogative con la conferma pontificia del decreto di anzianità[10]. Alla morte del Bentivoglio, avvenuta il 12 marzo 1705, il giurista bolognese gli subentrò nella dignità e nell'ufficio di avvocato concistoriale[11]. In tale qualità, se non già precedentemente, fu affidato al Lambertini tra l'altro il patronato di due Cause di canonizzazione piuttosto impegnative, rispettivamente quella della sua concittadina, la clarissa bolognese Caterina de' Vigri, della quale bisognava accertare il culto *ab immemorabili tempore*, e quella del santo papa domenicano Pio V, che seguiva invece l'iter del non culto[12].

Dal 7 aprile 1708[13] incontriamo il Lambertini come coadiutore di Prospero Bottini, arcivescovo di Myra e promotore della fede, allora in gravi difficoltà di salute. Il biglietto di nomina fu trasmesso presso la Congregazione dei Riti il 26 aprile successivo[14], e due giorni dopo l'avvocato concistoriale bolognese poté prestare il

---

8   Era parente del suo patrigno, il marchese Luigi Bentivoglio. Su di lui cf. G. Greco, *Benedetto XIV*, 35.

9   È la data fornita dallo stesso Lambertini nel capitolo introduttivo del *De servorum Dei beatificatione* I/1, 90 (si citerà sempre dall'edizione bilingue segnalata nella nota 1).

10 Tutta la documentazione a questo riguardo, con il relativo breve pontificio di nomina da parte di Clemente XI, si conserva nell'ASV, *Secr. Brev., Reg.* 2106, f. 49r–51v; il breve di nomina è riportato a f. 49r–v. A f. 50r, nella supplica rivolta al papa Clemente XI, lo stesso Lambertini si presenta come "coadiutore ammesso di monsignor Bente Bentivogli nell'avvocazia concistoriale". La relativa documentazione viene riportata nell'Appendice documentaria, Doc. 2.

11 ASV, *Avvocati Concistoriali*, vol. 18, f. 257v: "Die iovis 12 martii ora 10 cum dimidio r. p. d. Bentivolus, signaturae iustitiae votans et nostri Collegii advocatus improvisa morte praereptus, debitum naturae persolvit. Et die sequenti in sua ecclesia parochiali Sancti Nicolai vulgo a Cesarinis fuerunt solemniter celebratae exequiae cum interventu nostri Collegii. Ad numerum septimi advocati gressum fecit illustris Camillus Spretus, et in eius locum decani iuniorum subintravit illustris Coirus. Et illustris Lambertinus coadiutor dicti bonae memoriae Bentivoli occupavit ultimum locum iuniorum".

12 A questo riguardo si veda la nota autografa riportata nel capitolo introduttivo del *De servorum Dei beatificatione* I/1, 90: "dall'anno 1701 fino all'anno 1708, rivestendo l'incarico di avvocato concistoriale ottenuto per beneficio di Clemente XI, abbiamo felicemente offerto il nostro patrocinio a molte cause di canonizzazione di santi, ma soprattutto a quella di santa Caterina da Bologna e di san Pio V". Cf. anche *De servorum Dei beatificatione*, lib. IV/I, cap. XXII, n. 21. Per quanto riguarda il suo impegno diretto per Caterina de' Vigri da Bologna cf. anche lib. IV/I, cap. XXX, n. 12, e per Pio V, lib. IV/I, cap. XX, n. 34.

13 La certezza della data si incontra in una nota autobiografica contenuta nel cap. XVIII, n. 6 del *De servorum Dei beatificatione* I/1, 403, ove espressamente si dice: "meque pariter Consistorialem Advocatum eiusdem Archiepiscopi coadiutorem declaravit in munere Fidei Promotoris, uti colligitur ex eius litteris expeditis in forma Brevis die 7 Aprilis 1708". Cf. anche *ivi*, cap. introduttivo, p. 90 e 409 (lib. I, cap. XVIII, n. 10). Pur avendo lungamente investigato nel fondo vaticano della *Segreteria dei Brevi* e in altri possibili fondi dello stesso Archivio, non mi è stato possibile finora reperire il breve di nomina del Lambertini a coadiutore del promotore della fede, di fatto però e a tutti gli effetti pratici vero titolare dell'ufficio di promotore della fede. Molto probabilmente il 7 aprile 1708 ebbe luogo solo la nomina, comunicata all'interessato con un semplice biglietto, mentre il breve pontificio ufficiale, come si evince dalla nota 14, fu spedito il 5 maggio successivo. Per quanto riguarda Prospero Bottini, originario di Lucca, dove era nato nel 1621, arcivescovo titolare di Myra dal 15 luglio 1675 e, come si evince dalla nota 15, morto il 21 marzo 1712, cf. *Hierarchia catholica* V, 278.

14 Archivio della Congregazione delle Cause dei Santi [in seguito: ACCS], *Decreta Sanctorum 1703–1712*, f. 1283r: "Die 26 aprilis 1708. Per obitum advocati Ioannis Baptistae Bottini ad supplendas vices reverendissimi archiepiscopi Myrensis fidei promotoris specialiter a Sanctissimo Domino

giuramento di rito[15], mentre solo il 5 maggio 1708 gli fu spedito il relativo breve pontificio con il titolo di "coadiutor cum futura successione" dell'arcivescovo di Myra[16]. La nomina del Lambertini a promotore della fede divenne effettiva dopo la morte del Bottini, che si verificò il 21 marzo 1712[17], ma il relativo ufficio fu di fatto da lui esercitato per un buon ventennio, e precisamente dal 7 aprile 1708 al 10 aprile 1728, data quest'ultima in cui certamente il suo nome non compare piú come titolare dell'ufficio, pur continuando ad essere designato come *promotor fidei*[18]. In questo lungo periodo di tempo Prospero Lambertini ebbe la possibilità di accumulare una grande conoscenza e una profonda esperienza delle fasi storiche, delle procedure giuridiche e dei contenuti teologici e canonici connessi ai processi di beatificazione e di canonizzazione.

Contemporaneamente a tale incarico, già di per sé molto impegnativo, al Lambertini furono affidati altri compiti non privi di impegno oneroso, e in particolare quelli di canonico della Basilica di San Pietro, di consultore della Congregazione del Santo Officio, di segretario della Congregazione del Concilio e di canonista della Penitenzieria Apostolica: di questi incarichi si parlerà piú specificamente in seguito.

Intanto il giurista bolognese aveva già compiuto alcuni passi nel cammino della carriera ecclesiastica. Pochi anni dopo la sua venuta a Roma, per poter usufruire del

---

Nostro Clemente Papa XI deputati, Sanctitas Sua in coadiutorem reverendissimi archiepiscopi Myrensis praedicti dominum advocatum Prosperum Lambertini cum omnibus et singulis facultatibus desuper opportunis ac necessariis, ac insuper cum omnibus honoribus ac oneribus solitis ac consuetis elegit ac deputavit. Die et anno de quibus supra".

15 Cf. ACCS, *Decreta liturgica 1707–1708*, f. 112r: "Advocatus Lambertinus, coadiutor archiepiscopi Mirensis promotoris fidei, qui praestitit iuramentum".

16 ASV, *Sec. Brev., Reg.* 2231, f. 52r–53r. Il testo della minuta originale del documento pontificio, sottoscritta con il "placet" autografo del papa (I[oannes] F[ranciscus] Albani]), viene riportato nell'Appendice documentaria: Doc. 3. Un'esplicita allusione a questo breve viene fatta dal Lambertini stesso nel *De servorum Dei beatificatione* I/2, 201–202 (lib. I, cap. XLVI, n. 16), dove dice: "[…] sanctae memoriae Clemens XI cum me constituit coadiutorem Prosperi Bottinii archiepiscopi Myrensis fidei promotoris […], uti colligitur ex eius apostolicis litteris expeditis die 5 maii 1708, in quibus sic legitur […]".

17 ASV, *Avvocati Concistoriali*, vol. 18, f. 257v: "Die lunae 21 martii 1712, circa hora 21 diem clausit extremum illustris et reverendissimus dominus Prosper Bottinius, Archiepiscopus Myrae, Fidei Promotor et Camerae Apostolicae Advocatus Fiscalis, et die mercurii sequentis fuerunt factae solemnes exequiae in ecclesia Sanctae Crucis et Divi Bonaventurae nationis Lucensis cum interventu tantum illustrium et rr. dd. episcoporum assistentium et absque invito tam reverendorum cameralium quam advocatorum consistorialium. Attento dicto obitu ad onus advocationis fiscalis inproprietate successit dominus advocatus Philippus Sacripantes iam eius coadiutor; ad aliud Promotoris Fidei successit illustris dominus advocatus Prosper Lambertinus pariter eius coadiutor, et denique ad aliud advocati consistorialis successit illustris dominus Serlupius similiter eius coadiutor, et iuxta ordinem antianitatum in locum participantium". Cf. anche *Hierarchia catholica* V, 278.

18 Già nella congregazione ordinaria del 10 aprile 1728 non compare piú Lambertini come promotore della fede; in tale ufficio viene invece annotato nei registri della Congregazione il nome del suo successore Carlo Alberto Guidoboni Cavalchini: cf. ACCS, *Decreta Sanctorum 1713–1722*, f. 323r. Qualche autore sottolinea che la dimissione del Lambertini come promotore della fede è direttamente collegata alla sua creazione cardinalizia, cosa che sembra sia suggerita dallo stesso Lambertini nel *De servorum Dei beatificatione* I/1, 408 (lib. I, cap. XVIII, n. 10), dove afferma che "essendo stato io anche se indegnamente innalzato alla dignità cardinalizia dalla santa memoria di Benedetto XIII, fu da questi eletto in promotore della fede Carlo Alberto Cavalchini". In realtà però nelle forti archivistiche l'appellativo di "promotore della fede" gli viene attribuito anche dopo la sua creazione alla porpora cardinalizia: cf. ad esempio ACCS, *Decreta Sanctorum 1723–1730*, f. 274r.

piccolo beneficio (60 ducati) concessogli da Innocenzo XII, nel 1698 fu introdotto nello stato clericale ricevendo la tonsura[19]. In occasione della sua nomina a canonico di San Pietro, ricevette gli ordini minori l'11 e il 19 marzo 1713, e il 17 aprile successivo fu promosso al suddiaconato, ordine necessario per poter essere riconosciuto a tutti gli effetti canonico della Basilica Vaticana[20] e percepirne i previsti emolumenti, a lui assegnati con la nomina canonicale nel mese di settembre 1712 e con la presa di possesso del 9 ottobre successivo[21]. Il 12 giugno 1724 il suddiacono Prospero Lambertini fu promosso da Benedetto XIII alla dignità arcivescovile e provvisto della sede titolare di Teodosia[22]. L'ultima tappa gerarchica di questo periodo fu la creazione cardinalizia, che fu effettuata *in pectore* da Benedetto XIII il 9 dicembre 1726 e finalmente proclamata il 30 aprile 1728[23], mentre la consegna del berretto rosso fu effettuata nel concistoro del 4 maggio seguente[24].

Il 20 gennaio 1727 il Lambertini era stato nominato vescovo di Ancona[25], con la condizione però che potesse ritenere il titolo di arcivescovo e la commenda del monastero benedettino pisano di Santo Stefano, nonché gli uffici di segretario della Congregazione del Concilio, di promotore della fede della Congregazione dei Riti, di consultore del Santo Officio e di canonista della Sacra Penitenzieria Apostolica[26]; tali incarichi furono dismessi poco prima della sua assunzione nel collegio

---

19 Cf. M. A. De Angelis, *Prospero Lambertini*, 27.

20 Si veda a questo riguardo l'attestato del notaio Francesco Maria Corvino, datato 8 giugno 1724: "Fidem facio ego Causarum Curiae Capitolii et reverendissimi Capituli Sancti Petri in Vaticano apostolica auctoritate notarius qualiter die decima septima aprilis 1713, lunae post Pascha Domini nostri Iesu Christi, illustrissimus et reverendissimus dominus Ioannes Franciscus De Nicolais archiepiscopus Myrensis, Sacrosanctae Basilicae Sancti Petri Urbis vicarius, vestibus pontificalibus indutus, existens ad altare Sancti Nicolai episcopi et confessoris, vigore literarum apostolicarum extra tempora ac vigore literarum dimissorialium et testimonialium etc., praeviis caeremoniis et solemnibus de stylo S. R. E. fieri solitis et ad Pontificalis praescriptum, infrascriptum ab illustrissimis et reverendissimis dominis canonicis examinatoribus deputatis dictae Basilicae examinatum, idoneum repertum et approbatum, ab interstitiis dispensando stante vacatione exercitiis spiritualibus prout ex fide inserta etc., rite et recte fuit promotus et ordinatus illustrissimus et reverendissimus dominus Prosper Lambertinus dictae Basilicae canonicus, attentis publicationibus tribus diebus festivis factis in dicta sacrosancta Basilica et in Ecclesia Parochiali Sanctae Mariae in Monterone ratione domicilii, ad sacrum subdiaconatus ordinem ad titulus canonicatus in eadem Basilica, et haec in substantiam, omissis aliis etc.": ASV, Dataria Apostolica, *Proc. Dat.* 101, f. 98r.

21 Cf. M. A. De Angelis, *Prospero Lambertini*, 137.

22 Su tale nomina si veda la relativa ricca documentazione conservata nell'ASV, *Dataria Apostolica*, *Proc. Dat.* 101, f. 93r–105e; ASV, *Sec. Brev., Reg.* 2744, f. 97r–99r; ASV; *Archivio Consistoriale*, *Acta Camerarii*, vol. 28, f. 84v–85v. Il documento di nomina viene riportato nell'Appendice documentaria: Doc. 9.

23 *Hierarchia catholica* V, 37.

24 ACCS, *Decreta Sanctorum 1723–1730*, f. 274r: "Die 4 maii 1728 in Palatio Apostolico Vaticano habitum fuit consistorium publicum pro tradendis pileis rubris eminentissimis et reverendissimis dominis cardinalibus Marco Antonio de Ansideis episcopo Perusino, Prospero de Lambertinis episcopo Anconitano fidei promotore [...]".

25 ASV, *Avvocati Concistoriali*, vol. 18, f. 560r. Cf. anche *Hierarchia catholica* V, 83–84.

26 ASV, Archivio Concistoriale, *Acta Camerarii*, vol. 29, f. 5r–v: "Deinde ad suammet [Cornelio Bentivoglio] relationem absolvit r. p. d. Prosperum de Lambertinis a vinculo quo tenebatur Ecclesaie Theodosiensi in partibus infidelium et transtulit ad ecclesiam Antonitanam Sedi Apostolicae immediate subiectam, vacantem per obitum [5v] bonae memoriae Ioannis Baptistae Cardinalis Bussi ultimi illius praesulis apud Sedem Apostolicam defuncti, ipsumque Prosperum Archiepiscopum fidem etc. professum omniaque etc. habentem, praedictae Ecclesiae Anconitanae in episcopum

cardinalizio e ancor piú con la sua partenza definitiva per la sede vescovile ancone-tana, che avvenne solo nell'ottobre 1728[27]. Ad Ancona rimase poco piú che diciotto mesi[28]. Dal marzo al dicembre 1730 infatti risiedette a Roma per il conclave, da cui riuscí eletto papa Clemente XII. Il 30 aprile dell'anno seguente lo stesso Lamberti-ni fu eletto arcivescovo di Bologna[29], ma la sua nomina era stata già decisa il 27 marzo precedente, appena tre giorni dopo la morte del suo predecessore nella sede bolognese, il cardinale Giacomo Boncompagni[30].

Prospero Lambertini resse direttamente la sede arcivescovile della sua città na-tale per circa dieci anni, dal mese di aprile del 1730 al mese di febbraio 1740, ma ne ritenne il titolo arcivescovile e la relativa amministrazione anche dopo la sua elezio-ne al pontificato[31], nominando un suo successore nella persona del cardinale Vin-cenzo Malvezzi solo il 14 dicembre 1754[32].

Il conclave celebrato dopo la morte di Clemente XII, avvenuta il 6 febbraio 1740, doveva durare quasi sei mesi, divenendo cosí il piú lungo dei tempi moderni, a par-tire dallo scisma d'Occidente: iniziato il 19 febbraio, si concluse solo il 17 agosto 1740 con l'elezione al sommo pontificato del cardinale Lambertini[33]. In ossequio a Benedetto XIII, che lo aveva elevato alla porpora, il neoeletto papa assunse il nome di Benedetto XIV. Dopo aver retto la Barca di Pietro per circa diciotto anni, il vecchio giurista e promotore della fede si spense nel suo ottantaquattresimo anno di età, il 3 maggio 1758.

---

praefecit et pastorem, curam etc. committendo, cum retentione tituli archiepiscopi, et monasterii Sancti Stephani de Cemeterio alias Cintorio Ordinis Sancti Benedicti Congregationis Camaldu-lensis Pisanae diocesis, quod in comendam obtinet, ac pensionis quam percipit nec non ad Sancti-tatis Suae et Sedis Apostolicae beneplacitum officiorum et munerum quibus fungitur Secretarii Sacrae Congregationis RR. DD. S. R. E. Cardinalium Sacri Concilii Tridentini interpretum, Con-sultoris S. Officii, Promotoris Fidei et Canonistae Sacrae Poenitentiariae, et cum decreto quod officium Sacrae Consistorialis Aulae Advocati cesset eo ipso, quodque Canonicatus una cum prae-ebenda Vaticanae Basilicae et coetera beneficia per eum obtenta per huiusmodi translationem pari-ter eo ipso vacent, suspenso tamen effectu horum vacationis respectu compatibilium usque ad sui obitum, absolvens etc. cum clausulis etc.". Il 20 marzo 1727 il Lambertini "dimisit canonicatum qui perventum ad Episcopatum Anconitanum": M. A. De Angelis, *Prospero Lambertini*, 145.

27 Cf. M. A. De Angelis, *Prospero Lambertini*, 32.

28 Sull'attività pastorale di Lambertini ad Ancona, oltre quanto segnalato nella nota 1, cf. anche Wer-ther Angelini, *Il cardinale Prospero Lambertini ad Ancona (1727–1731)*, in *Rassegna storica del Risorgimento* 56 (1969) 27–43; Id., *Il vescovo Prospero Lambertini nella società anconetana*, in *Benedetto XIV (Prospero Lambertini)*, vol. I, 91–122.

29 ASV, Archivio Concistoriale, *Acta Camerarii*, vol. 30, f. 109r–110r.

30 Cf. M. A. De Angelis, *Prospero Lambertini*, 155 e 158–159.

31 Oltre la bibliografia riportata sotto la nota 1, ove sono contenute varie voci relative alla permanen-za e all'attività di Prospero Lambertini a Bologna, cf. anche Ivano Cassoli, *L'episcopato bolognese di Papa Lambertini*, in *Bollettino dell'Archidiocesi di Bologna* 66 (1975) 435–437; Maria Teresa Fattori, *L'episcopato bolognese di Prospero Lambertini (1731–1740). Rassegna bibliografica*, in *Cri-stianesimo nella storia* 25 (2004) 929–946; Id., *Lambertini a Bologna, 1731–1740*, in *Rivista di sto-ria della chiesa in Italia* 2 (2007) 415–459.

32 Sul cardinale Vincenzo Malvezzi, nato a Bologna il 22 febbraio 1715, elevato alla porpora dallo stesso papa Lambertini il 26 novembre 1753 e morto a Cento il 3 dicembre 1775 cf. *Hierarchia ca-tholica* VI, 17 e 126; Andrea Daltri, in *Dizionario biografico degli italiani* 68, Roma 2007, 331–333.

33 Oltre quanto viene esposto da Ludwig von Pastor, *Storia dei Papi* XVI/1, 3–18 e alle brevi note di Gaetano Greco, *Benedetto XIV*, 37–39, sul conclave del 1740 cf. soprattutto Gabriel de Mun, *Un conclave de six mois au milieu du XVIIIᵉ siècle et son résultat imprévu. L'élection de Benoît XIV (février–août 1740)*, Montréal 2003.

2. Prospero Lambertini promotore della fede

Come già detto, l'avvocato concistoriale Prospero Lambertini fu nominato coadiutore di Prospero Bottini, arcivescovo di Myra e promotore della fede, il 7 aprile 1708. Per la verità in tale data il Bottini, pur essendo ancora in vita, era del tutto inabile: oltre al consistente peso degli anni, che si avvicinavano ormai ai novanta[34], egli era stato colpito nei mesi di luglio-agosto 1705 da un ictus cerebrale che lo aveva reso del tutto inattivo, e quindi gli era praticamente impossibile svolgere il suo incarico[35]. A sostituirlo fu chiamato il 30 dicembre 1705 il nipote Giovanni Battista Bottini, già avvocato concistoriale e nominato in tale occasione avvocato fiscale e pro-promotore della fede[36]: egli però non esercitò a lungo la carica a cui era stato eletto, poiché morí poco piú di due anni dopo, tra il gennaio e il febbraio 1708[37].

Va detto che negli anni e nei secoli precedenti alla nomina di Lambertini, la carica di promotore della fede era stata sempre abbinata e strettamente congiunta a quella di avvocato fiscale, e il titolare di ambedue gli uffici veniva sempre assunto dal collegio degli avvocati concistoriali. Fu Clemente XI a scindere le due cariche e proprio in occasione della nomina dell'avvocato concistoriale bolognese, a cui fu dato nell'aprile del 1708 il titolo di *coadiutor*[38] di Prospero Bottini, o anche di *pro-promo-*

---

34 Il Bottini, nato a Lucca nei primi mesi del 1621, nell'aprile del 1708 si ritrovava nell'ottantottesimo anno di età.

35 Prospero Bottini fu certamente colpito da ictus cerebrale tra il 4 luglio 1705, data in cui partecipò all'ultima congregazione ordinaria del Dicastero, e il 22 agosto successivo, quando veniva espressamente annotata la sua assenza: cf. ACCS, *Decreta liturgica 1705–1708*, f. 59r e 76r. Nelle congregazioni preparatorie del 17 novembre e del 15 dicembre 1705 il suo nome compare con l'appellativo di "infirmus": ACCS, *Decreta Sanctorum 1703–1712*, cc. 1140 e 1150. Cf. anche *De servorum Dei beatificatione* I/2, 211–212 (lib. I, cap. XLVI, n. 29): "Sanctae memoriae Clemens XI, ut saepe retuli, me constituit coadiutorem archiepiscopi Myrensis Prosperi Bottinii fidei promotoris, qui morbo apoplectico perculsus es nonagenario maior officium exercere non poterat".

36 ACCS, *Decreta Sanctorum 1703–1712*, c. 1152: "Die 30 decembris 1705. Sanctissimus dominus noster Clemens Papa XI, attenta infirmitate reverendissimi domini archiepiscopi Myrensis, ad supplendas ipsius vices in munere promotoris fidei, durante eiusdem mala valetudine marchionem Ioannem Baptistam Bottinum, ipsius reverendissimi archiepiscopi ex fratre nepotem et coadiutorem in munere advocati fiscalis cum integro exercitio omnium functionum ac omnibus praerogativis ad munus Promotoris Fidei spectantibus, benigne deputavit. Die 30 decembris 1705". Normalmente il titolo attribuito nei registri a Giovanni Battista Bottini è "pro-promotor fidei": cf. *ivi*, c. 1190 e f. 1242v, 1256r–v e altrove; mentre in qualche caso viene detto che egli partecipa alle congregazioni "pro archiepiscopo Myrensi fidei promotore durante infirmitate eiusdem subrogatus": *ivi*, f. 1265r.

37 Giovanni Battista Bottini partecipò certamente alla congregazione generale in Vaticano alla presenza del papa Clemente XI il 31 gennaio 1708, mentre era assente, molto probabilmente perché già defunto, sia alla congregazione ordinaria del 10 marzo 1708, sia alla congregazione generale del 20 marzo successivo: cf. ACCS, *Decreta Sanctorum 1703–1712*, f. 1275v e 1281v; *Decreta liturgica 1705–1708*, f. 96r.

38 Cf. ad esempio ACCS, *Decreta liturgica 1707–1708*, f. 112r, 153r, 165r; *Decreta liturgica 1709–1713*, f. 20r, 30r, 40r, 51r, 65r, 74v, 82r, 88r, 100r, 108r, 261r. Nei registri della Congregazione dei Riti la nomina del Lambertini viene fissata al 26 aprile 1728; cf. ACCS, *Decreta Sanctorum 1703–1712*, f. 1283r: "f. 1283r: Die 26 aprilis 1708. Per obitum Advocati Ioannis Baptista Bottini ad supplendas vices reverendissimi archiepiscopi Myrensis Fidei Promotoris specialiter a Sanctissimo Domino Nostro Clemente Papa XI deputati, Sanctitas Sua in Coadiutorem reverendissimi archiepiscopi Myrensis praedicti dominum Advocatum Prosperum Lambertini cum omnibus et singulis facultatibus desuper opportunis ac necessariis, ac insuper cum omnibus honoribus ac oneribus solitis et

tor fidei[39]; in realtà il Lambertini sarà di fatto il nuovo promotore della fede[40], assumendone definitivamente il titolo alla morte del Bottini, avvenuta il 21 marzo 1712.

Ai compiti e alle prerogative del promotore della fede, oltre che ad alcune note storiche su tale ufficio e allo sviluppo delle relative competenze, il Lambertini dedica l'intero capitolo XVIII del primo libro della sua opera *De servorum Dei beatificatione*, frutto della sua ventennale esperienza nel Dicastero vaticano. Tali incarichi e competenze possono essere riassunti nel modo seguente.

All'esame e al giudizio del promotore della fede venivano sottoposti in forma autentica tutti gli atti processuali trasmessi alla Congregazione dei Riti: su di essi egli formulava il suo parere ed esponeva le sue obiezioni. Era suo diritto partecipare, oltre che alla congregazione ordinaria (attualmente congresso ordinario), a tutte le altre congregazioni del Dicastero, cioè all'antipreparatoria, alla preparatoria e alla generale, che veniva tenuta alla presenza del Papa, e normalmente era presente anche nelle congregazioni particolari[41], nominate per l'esame di casi specifici. A parte queste ultime, in ogni altra congregazione il promotore della fede poteva e doveva esprimere il proprio voto consultivo. Del tutto normale era la sua partecipazione ai concistori pubblici, per qualcuno dei quali fu anche incaricato di stendere i compendi[42]. Aveva normalmente accesso presso tutti i cardinali membri della Congregazione dei Riti, e in caso di necessità anche presso il sommo pontefice.

Compito particolare del promotore della fede, che poteva contare anche sull'aiuto di un sottopromotore da lui eletto per esaminare e riassumere i processi, rimaneva però l'individuazione delle principali difficoltà e carenze presenti nelle varie cause e la formulazione su di esse di appropriate *animadversiones*, sempre esposte in scritto, alle quali i rispettivi procuratori e avvocati dovevano apportare le debite giustificazioni e risposte, allo scopo di consentire il proseguimento delle cause stesse.

Sulla base dei Registri attualmente presenti nell'Archivio della Congregazione delle Cause dei Santi, è possibile seguire anche nei minimi dettagli la partecipazione di Prospero Lambertini alle varie congregazioni o riunioni o congressi della Congregazioni dei Riti. La prima congregazione ordinaria alla quale prese parte ebbe luogo nel Palazzo Apostolico Vaticano il 28 aprile 1708: in tale congregazione, come già visto, era presente anche l'"Advocatus Lambertinus, coadiutor Archiepiscopi Myrensis promotoris fidei, qui praestitit iuramentum"[43]. Le successive congregazioni ordinarie, riguardanti sia i riti liturgici, sia le cause di beatificazione e canonizzazione, si tenevano o nel Palazzo Apostolico Vaticano o nel Palazzo del

---

consuetis elegit ac deputavit. Die et anno de quibus supra". Come si vedrà in seguito, due giorni dopo parteciperà alla prima congregazione ordinaria, mentre per la prima partecipazione a una congregazione antipreparatoria bisognerà attendere il 18 settembre 1708.

39 Si veda ad esempio ACCS, *Decreta liturgica 1707–1708*, f. 126r, 141r; *Decreta 1709–1713*, f. 10r, 125r, 137r, 158v, 169r, 184v, 202r, 221v, 237r, 249r, 269r.

40 Si veda a questo riguardo quanto scrive lo stesso Lambertini nel *De servorum Dei beatificatione* I/1, 407–409 (lib. I, cap. XVIII, n. 10), e più specificamente *ivi* I/2, 201–202 (lib I, cap. XLVI, n. 16).

41 Pur non trovandosi segnalato nei Registri del Dicastero, è certo che il promotore della fede prendeva parte anche alle congregazioni particolari: cf. ad esempio *De servorum Dei beatificatione* I/1, 650–652 (lib. I, cap. XXXII, n. 14).

42 Cf. *De servorum Dei beatificatione* I/1, 678–680 (lib. I, cap. XXXIV, n. 3).

43 ACCS, *Decreta liturgica 1707–1708*, f. 112r.

Quirinale, cioè dove normalmente dimorava il sommo pontefice, e si succedevano a scadenze non regolari, ma normalmente mensili[44]. Ancora meno regolari erano le congregazioni riservate specificamente alle cause di beatificazione e canonizzazione. Queste, come già detto, oltre a quelle ordinarie, erano articolate in congregazioni antipreparatorie, preparatorie e generali. Ad ognuna di esse partecipava di diritto e formulava il suo voto anche il promotore generale.

Le congregazioni antipreparatorie, che avevano la finalità di fornire esaurienti informazioni al cardinale relatore o ponente, venivano normalmente svolte presso l'abitazione di quest'ultimo nei giorni in cui egli riteneva opportuno: ad esse partecipavano i consultori e gli officiali maggiori del Dicastero, apportando il loro voto "per istruire l'anima del cardinale relatore della causa"[45]. Anche le congregazioni preparatorie venivano convocate "a piacimento del cardinale relatore della causa nel palazzo apostolico, dove abita il sommo pontefice", con la partecipazione di tutti i cardinali membri della Congregazione dei Riti e con l'emissione del voto da parte dei consultori e officiali maggiori "perché si istruiscano gli animi di tutti i cardinali"[46]. Le congregazioni generali si riunivano alla presenza del Papa e in esse veniva "dato il voto prima dai consultori, quindi dai cardinali, o sulle virtú, o sui miracoli, o sul martirio; oppure finalmente sul dubbio finale se in questa o quella causa si possa procedere con sicurezza alla beatificazione o alla canonizzazione"[47].

Sulla base delle indicazioni riportate nei Registri, si può affermare che i voti apportati dal promotore della fede Prospero Lambertini, sempre caratterizzati da equilibrio e moderazione, erano normalmente stimati ed apprezzati, e in vari casi fatti propri anche dai cardinali. Piú che i voti formulati nelle congregazione antipreparatorie, preparatorie e generali, particolarmente impegnativi erano i parere esposti dal Lambertini nelle congregazioni o congressi ordinari, sia sui riti liturgici in genere, sia sulle cause di beatificazione e canonizzazione in particolare, anche perché sulle diverse questioni lo stesso promotore generale presentava normalmente i suoi voti a voce e in scritto[48].

Si ritiene opportuno a questo punto fornire un quadro schematico e completo della partecipazione di Prospero Lambertini alle congregazioni ordinarie e a quelle antipreparatorie, preparatorie e generali, soprattutto perché l'esperienza in esse accumulata e i voti da lui formulati "tam in scriptis quam in voce" sono certamente

---

44 Si veda a questo riguardo quanto espone lo stesso Lambertini nel *De servorum Dei beatificatione* I/1, 361–363 (lib. I, cap. XVI, n. 4).

45 *De servorum Dei beatificatione* I/1, 364 (lib. I, cap. XVI, n. 6).

46 *Ivi.*

47 *De servorum Dei beatificatione*, I/1, 364 (lib. I, cap. XVI, n. 7).

48 Cf. ad esempio ACCS, *Decreta Sanctorum 1703–1712*, f. 1390r–v: "audito in voce et in scriptis domino comite de Lambertinis Sacrae Consistorialis Aulae Advocato ac fidei Promotore"; *ivi*, f. 1397v e 1398r: "audito prius in voce et in scriptis domino comite de Lambertinis Sacrae Consistorialis Aulae Advocato ac fidei Promotore"; ACCS, *Decreta Sanctorum 1713–1722*, f. 3r, 4r, 8r, 6v, 109r, 262v: "audito prius tam in scriptis quam in voce reverendo patre domino Prospero de Lambertinis fidei promotore"; ACCS, *Decreta Sanctorum 1723–1730*, f. 2r, 34v: "reverendo patre domino Prospero de Lambertinis in voce et in scriptis prius audito", e, dopo le rispettive promozioni, "reverendissimo Prospero de Lambertinis archiepiscopo Theodosiae fidei promotore in scriptis et in voce prius audito" (*ivi*, f. 157r), oppure "in scriptis et in voce reverendissimo archiepiscopo Prospero de Lambertinis episcopo Anconae promotore fidei prius audito" (*ivi*, f. 222v).

alla base del suo *opus maximum*. Lo schema è suddiviso in cinque colonne. Nella prima di esse viene riportata la data delle congregazioni, nella seconda il giorno della settimana, nella terza il luogo dove le congregazioni avevano luogo, rispettivamente in Vaticano, al Quirinale o per le antipreparatorie nella residenza del cardinale ponente, di cui viene riportato il cognome in corsivo. La quarta colonna specifica il tipo delle congregazioni, cioè ordinaria, antipreparatoria, preparatoria, generale e particolare[49]. L'ultima colonna riguarda gli argomenti specifici degli interventi del Lambertini durante le congregazioni, argomenti che potevano essere molteplici per le congregazioni ordinarie, mentre è noto che nelle congregazioni antipreparatorie, preparatorie e generali l'argomento di discussione era normalmente unico e riguardava le virtú, il martirio o i miracoli e finalmente la soluzione del dubbio se si potesse procedere con sicurezza alla beatificazione e alla canonizzazione.

data	giorno	luogo	congregaz	interventi di Lambertini formulati "tam in scriptis quam in voce"
1708 aprile 28[50]	sabato	Vaticano	ordinaria	
1708 maggio 16[51]	mercoledí	Vaticano	generale	mirac. Felice da Cantalice
1708 giugno 16[52]	sabato	Quirinale	ordinaria	
1708 agosto 4[53]	sabato	Quirinale	ordinaria	valid. proc. apost. e *ad ulteriora* per Girolamo Miani
1708 settembre 1[54]	sabato	Quirinale	ordinaria	valid. proc. remiss. Francesco Caracciolo e Stanislao Kostka
1708 settembre 18[55]	martedí	*Caprara*	antipreparatoria	
1708 novembre 24[56]	sabato	Quirinale	ordinaria	
1709 gennaio 19[57]	sabato	Vaticano	ordinaria	

---

49 Purtroppo i Registri del Dicastero non annotano la partecipazione del Lambertini alle congregazioni particolari: per la loro composizione infatti si forniscono solo i nomi dei cardinali; sulla base della deposizione dello stesso Lambertini, è certo che ad esse partecipavano, naturalmente senza diritto di voto, sia il segretario della Congregazione, sia il promotore della fede.

50 ACCS, *Decreta liturgica 1707–1708*, f. 112r–125r; *Decreta Sanctorum 1703–1712*, f. 1284r–1285r.

51 ACCS, *Decreta Sanctorum 1703–1712*, f. 1286r–v.

52 ACCS, *Decreta liturgica 1707–1708*, f. 126r–140v; *Decreta Sanctorum 1703–1712*, f. 1287r.

53 ACCS, *Decreta liturgica 1707–1708*, f. 141r–152v; *Decreta Sanctorum 1703–1712*, f. 1289r–1291r. Il voto emesso in tale occasione da Prospero Lambertini viene riportata nell'Appendice documentaria: Doc. 4.

54 ACCS, *Decreta liturgica 1707–1708*, f. 153r–164v; *Decreta Sanctorum 1703–1712*, f. 1292r–1293r.

55 ACCS, *Decreta Sanctorum 1703–1712*, f. 1294r–v. In questa congregazione antipreparatoria, sotto il nome di "Lambertinus coadiutor promotoris fidei", si annota: "Non tulit votum quia pro prima vice", cosa che era del resto usuale per tutti coloro – consultori o officiali maggiori – che prendevano parte alle congregazioni per la prima volta. Cf. ad esempio *ivi*, c. 1230, 1231, 1265r, 1324r: "non tulit votum quia pro prima vice"; f. 1383r: "abstinuit quia pro prima vice et praestitit solitum iuramentum"; *ivi 1713–1722*, f. 199r, 214r, 251r, 260r, 277r, 346v: "abstinuit pro prima vice"; *ivi 1723–1730*, f. 73r, 112r: "abstituit pro prima vice et praestitit solitum iuramentum".

56 ACCS, *Decreta liturgica 1707–1708*, f. 165r–179r; *Decreta Sanctorum 1703–1712*, f. 1295r–1296r.

57 ACCS, *Decreta liturgica 1709–1713*, f. 1r–9v; *Decreta Sanctorum 1703–1712*, f. 1297r–v.

data	giorno	luogo	congregaz	interventi di Lambertini formulati "tam in scriptis quam in voce"
1709 marzo 2[58]	sabato	Vaticano	ordinaria	valid. proc. apost. Giuliana Falconieri
1709 marzo 18[59]	lunedí	Vaticano	preparatoria	canonizz. Felice da Cantalice; martirio Giovanni de Prado
1709 marzo 23[60]	sabato	Vaticano	ordinaria	
1709 maggio 4[61]	sabato	Vaticano	ordinaria	
1709 maggio 22[62]	mercoledí	*Barberini*	antiprepara-toria	virtú Giuseppe da Leonessa[63]
1709 giugno 8[64]	sabato	Quirinale	ordinaria	mirac. Giuseppe de Anchieta
1709 luglio 13[65]	sabato	Quirinale	ordinaria	iscriz. martirol. Maria de So-cos; commiss. causa Vincenzo de Paoli
1709 agosto 17[66]	sabato	Quirinale	ordinaria	scritti Bernardino Realino, valid. proc. inform. Pietro di Betancour
1709 settembre 7[67]	sabato	Quirinale	ordinaria	
1709 settembre 24[68]	martedí	Quirinale	generale	virtú Giacinta Marescotti
1709 ottobre 5[69]	sabato	Quirinale	ordinaria	non culto Vincenzo de Paoli
1709 dicembre 14[70]	sabato	Vaticano	ordinaria	uff. e messa per Teresa e Sancia di Portogallo
1710 gennaio 14[71]	martedí	Vaticano	preparatoria	virtú Camillo de Lellis
1710 febbraio 15[72]	sabato	Vaticano	ordinaria	culto immem. Lucia di Narni, mirac. Fedele da Sigmaringa, scritti Alfonso Rodríguez
1710 marzo 22[73]	sabato	Vaticano	ordinaria	commiss. causa Pietro di Betancour
1710 maggio 17[74]	sabato	Vaticano	ordinaria	

---

58 ACCS, *Decreta liturgica 1709–1713*, f. 10r–19v; *Decreta Sanctorum 1703–1712*, f. 1300r–v.
59 ACCS, *Decreta Sanctorum 1703–1712*, f.1301r–1303v
60 ACCS, *Decreta liturgica 1709–1713*, f. 20r–29v. *Decreta Sanctorum 1703–1712*, f. 1305r–v.
61 ACCS, *Decreta liturgica 1709–1713*, f. 30r–38v.
62 ACCS, *Decreta Sanctorum 1703–1712*, f. 1311r–v.
63 "Lambertinus coadiutor promotoris fidei suspendit iudicium": ACCS, *Decreta Sanctorum 1703– 1712*, f. 1311r. Dopo Lambertini ben cinque prelati formulano la stessa risposta, non presente nei voti precedenti.
64 ACCS, *Decreta liturgica 1709–1713*, f. 40r–50v; *Decreta Sanctorum 1703–1712*, f. 1313r–v.
65 ACCS, *Decreta liturgica 1709–1713*, f. 51r–64r; *Decreta Sanctorum 1703–1712*, f. 1316r–1317r.
66 ACCS, *Decreta liturgica 1709–1713*, f. 65r–74r; *Decreta Sanctorum 1703–1712*, f. 1320r–1322v.
67 ACCS, *Decreta liturgica 1709–1713*, f. 74v–81v.
68 ACCS, *Decreta Sanctorum 1703–1712*, f. 1324r–1325r.
69 ACCS, *Decreta liturgica 1709–1713*, f. 82r–87v; *Decreta Sanctorum 1703–1712*, f. 1326r–1327r.
70 ACCS, *Decreta liturgica 1709–1713*, f. 88r–99v; *Decreta Sanctorum 1703–1712*, f. 1328r–1329v.
71 ACCS, *Decreta Sanctorum 1703–1712*, f. 1330r––v
72 ACCS, *Decreta liturgica 1709–1713*, f. 100r–107v; *Decreta Sanctorum 1703–1712*, f. 1331r–1334r.
73 ACCS, *Decreta liturgica 1709–1713*, f. 108r–124v; *Decreta Sanctorum 1703–1712*, f. 1336r.
74 ACCS, *Decreta liturgica 1709–1713*, f. 125r–136v.

data	giorno	luogo	congregaz	interventi di Lambertini formulati "tam in scriptis quam in voce"
1710 giugno 21[75]	sabato	Vaticano	ordinaria	apert. proc. ord. Innocenzo XI
1710 luglio 19[76]	sabato	Quirinale	ordinaria	apert. proc. apost. Vincenzo de Paoli
1710 agosto 4[77]	lunedí	Quirinale	ex audientia	mirac. Pio V
1710 settembre 9[78]	martedí	Quirinale	ex audientia	*casus exceptus* Salvatore da Horta, uff. e messa Caterina Fieschi Adorno
1710 settembre 13[79]	sabato	Quirinale	ordinaria	
1710 settembre 16[80]	martedí	*Barberini*	antipreparatoria	virtú Giuseppe da Leonessa
1710 novembre 22[81]	sabato	Quirinale	ordinaria	valid. proc. apost. Vincenzo de Paoli
1710 novembre 24[82]	lunedí	*Imperiali*	antipreparatoria	virtú Giovanni Francesco Régis
1711 febbraio 24[83]	martedí	*d'Adda*	antipreparatoria	mirac. Stanislao Kostka
1711 marzo 21[84]	sabato	Vaticano	ordinaria	*ad ulteriora* Vincenzo de Paoli; proc. ord. e scritti Camillo de Lellis; mirac. Giacinta Marescotti
1711 aprile 10[85]	venerdí	Vaticano	preparatoria	virtú Giovanni Francesco Régis
1711 maggio 9[86]	sabato	Vaticano	ordinaria	mirac. Stanislao Kostka
1711 luglio 11[87]	sabato	Vaticano	ordinaria	*compleantur acta* proc. apost. Caterina Fieschi Adorno
1711 agosto 22[88]	sabato	Quirinale	ordinaria	introd. caus. Maria Crocifissa della Concezione; valid. proc. mirac. Stanislao Kostka
1711 settembre 22[89]	martedí	Quirinale	generale	mart. Giovanni de Prado

75 ACCS, *Decreta liturgica 1709–1713*, f. 137r–158r; *Decreta Sanctorum 1703–1712*, f. 1337r–1338v.
76 ACCS, *Decreta Sanctorum 1703–1712*, f. 1339r–1340r.
77 ACCS, *Decreta Sanctorum 1703–1712*, f. 1341r–1342r.
78 ACCS, *Decreta Sanctorum 1703–1712*, f. 1343r–1345v.
79 ACCS, *Decreta liturgica 1709–1713*, f. 158v–168v.
80 ACCS, *Decreta Sanctorum 1703–1712*, f. 1346r–v. Lambertini "suspendit iudicium", seguito da altri sei prelati.
81 ACCS, *Decreta liturgica 1709–1713*, f. 169r–184r; *Decreta Sanctorum 1703–1712*, f. 1348r–v.
82 ACCS, *Decreta Sanctorum 1703–1712*, f. 1349r–v.
83 ACCS, *Decreta Sanctorum 1703–1712*, f. 1351r–1352r.
84 ACCS, *Decreta liturgica 1709–1713*, f. 184v–201v; *Decreta Sanctorum 1703–1712*, f. 1353r–1357r.
85 ACCS, *Decreta Sanctorum 1703–1712*, f. 1359r–v.
86 ACCS, *Decreta liturgica 1709–1713*, f. 202r–221r; *Decreta Sanctorum 1703–1712*, f. 1360v–1362r.
87 ACCS, *Decreta liturgica 1709–1713*, f. 221v–236v; *Decreta Sanctorum 1703–1712*, f. 1365r–v.
88 ACCS, *Decreta liturgica 1709–1713*, f. 237r–248v; *Decreta Sanctorum 1703–1712*, f. 1367r–1368v.
89 ACCS, *Decreta Sanctorum 1703–1712*, f. 1371r–1373r.

data	giorno	luogo	congregaz	interventi di Lambertini formulati "tam in scriptis quam in voce"
1711 novembre 21[90]	sabato	Quirinale	ordinaria	
1712 febbraio 27[91]	sabato	Quirinale	ordinaria	valid. proc. mirac. Giacinta Marescotti, introd. caus. Vincenzo Vernedo, introd. caus. Girolamo da Palermo
1712 marzo 15[92]	martedí	Vaticano	generale	virtú Giovanni Francesco Régis
1712 marzo 27[93]	domenica	Vaticano	decisione pont.	mart. e mirac. Giovanni de Prado
1712 aprile 12[94]	martedí	Vaticano	generale	mirac. Francesco Solano
1712 maggio 10[95]	martedí	Vaticano	preparatoria	mirac. Stanislao Kostka
1712 luglio 2[96]	sabato	Quirinale	ordinaria	testam. Alessandro Sauli, valid. proc. remiss. Carlo da Sezze, intr. caus. Pietro di Betancour
1712 agosto 20[97]	sabato	Quirinale	ordinaria	culto immem. Ceslao Odrovac, riassunz. causa Serafino da Montegranaro

---

90 ACCS, *Decreta liturgica 1709–1713*, f. 249r–263r. In tale congregazione si parlò anche di una nuova forma di rosario introdotto presso il convento dei Trinitari di Tolosa; contro questa innovazione il Lambertini formulò il suo voto negativo "in scriptis et in voce", e in effetti la congregazione "rosarium de quo agitur prohibendum esse censuit": *ivi*, f. 261r.

91 ACCS, *Decreta liturgica 1709–1713*, f. 269r–287r; *Decreta Sanctorum 1703–1712*, f. 1379r–1381r.

92 ACCS, *Decreta Sanctorum 1703–1712*, f. 1382r–1383r.

93 ACCS, *Decreta Sanctorum 1703–1712*, f. 1384r–v. Si tratta di una speciale consulta che ebbe luogo per volontà di papa Clemente XI nella tarda mattinata di Pasqua, dopo la celebrazione della messa. Cosí il vicesegretario della Congregazione dei Riti espone il fatto nel citato registro: "Die 27 martii 1712. Foesto Paschatis Resurrectionis Domini Nostri Iesu Christi. Sanctissimus dominus noster, absoluto sacro solemniter a sanctitate sua celebrato in Basilica Principis Apostolorum, statim ac ad suas solitas mansiones Palatii Vaticani reversus fuit, advocavit ante prandium dominum Prosperum de Lambertinis, sacrae consistorialis aulae advocatum fidei promotorem ac me me infrascriptum prothonotarium apostolicum, modo exercentem vices reverendi patris domini secretarii Congregationis sacrorum Rituum, nobisque dixit iam ante sex menses, nempe XXII septembris 1711, in congregatione habita coram sanctitate sua fuisse propositam cansam Hispalensem seu Marochitanam Beatificationis et Canonizationis seu Declarationis Martyrii venerabilis Servi Dei Ioannis de Prado, fratris expresse professi strictioris observantiae excalceatorum Ordinis Sancti Francisci…". Si espone quindi che in tale occasione il papa, dovendo decidere sul martirio di Giovanni de Prado, aveva rimandato la decisione ed esortato tutti alla preghiera; ora lo stesso sommo pontefice, convinto del martirio e sicuro di un miracolo avvenuto per intercessione di Giovanni de Prado, ordina di pubblicare il relativo decreto.

94 ACCS, *Decreta Sanctorum 1703–1712*, f. 1385v–1387r.

95 ACCS, *Decreta Sanctorum 1703–1712*, f. 1387v–1388v.

96 ACCS, *Decreta liturgica 1709–1713*, f. 287v–305r; *Decreta Sanctorum 1703–1712*, f. 1390r–1393r e 1409r–1411v (instructio). In questa congregazione e in tutte le successive il nome Lambertini viene segnalato non piú come *pro–promotor fidei* o come *coadiutor promotoris*, ma con il suo vero titolo di *promotor fidei*.

97 ACCS, *Decreta liturgica 1709–1713*, f. 305r–320r; *Decreta Sanctorum 1703–1712*, f. 1397v–1401v. Il voto e le obiezioni di Prospero Lambertini per la riassunzione della Causa di Serafino da Montegranaro vengono riportati anche nell'Appendice documentaria: Doc. 5.

data	giorno	luogo	congregaz	interventi di Lambertini formulati "tam in scriptis quam in voce"
1712 novembre 29[98]	martedí	Vaticano	generale	mart. e mirac. Giovanni de Prado
1712 dicembre 6[99]	martedí	Vaticano	generale	*ad ulteriora* Giacinta Marescotti
1713 gennaio 28[100]	sabato	Vaticano	ordinaria	introd. causa Lucia di Narni e Maria Crocifissa della Concezione, commiss. causa Luigi Lanuzza, culto immem. Liberato da Loro, proc. apost. in specie Vincenzo de Paoli
1713 febbraio 11[101]	sabato	Vaticano	ordinaria	scritti Gregorio X, scritti Marianna di Gesú, riassunz. caus. Giovanni di San Guglielmo, uff. e messa Teresa e Sancia di Portogallo
1713 aprile 8[102]	sabato	Vaticano	ordinaria	riassunz. caus. Giovanni della Croce, introd. e commiss. caus. Agnese di Gesú, valid. proc. ord. Roberto Bellarmino
1713 maggio 9[103]	martedí	Vaticano	generale	mirac. Stanislao Kostka
1713 luglio 1[104]	sabato	Vaticano	ordinaria	riassunz. caus. Gregorio X, valid. proc. ord. Vincenzo de Paoli, lett. remiss. Pellegrino Laziosi, conf. culto Luigi Lanuzza, riassunz. caus. Rodolfo Acquaviva e comp. mart., valid. proc. apost. Umile da Bisignano
1713 agosto 26[105]	sabato	Quirinale	ordinaria	proc. mirac. Gregorio X, virtú Pellegrino Laziosi, proc. virtú Caterina Fieschi Adorno, ricogniz. Giovanni di San Guglielmo, riassunz. caus. Rodolfo Acquaviva e *compleantur acta* mart., riassunz. causa Benedetto da San Fratello, uff. e messa Ceslao Odrovaz

98 ACCS, *Decreta Sanctorum 1703–1712*, f. 1403r–1404r.
99 ACCS, *Decreta Sanctorum 1703–1712*, f. 1405r–1406r.
100 ACCS, *Decreta liturgica 1709–1713*, f. 320v–332r; *Decreta Sanctorum 1713–1722*, f. 2r–5v.
101 ACCS, *Decreta liturgica 1709–1713*, f. 332v–342v; *Decreta Sanctorum 1713–1722*, f. 6v–8v.
102 ACCS, *Decreta liturgica 1713–1715*, f. 1r–20r; *Decreta Sanctorum 1713–1722*, f. 9r–11r.
103 ACCS, *Decreta Sanctorum 1713–1722*, f. 13r–14v.
104 ACCS, *Decreta liturgica 1713–1715*, f. 20v–36v; *Decreta Sanctorum 1713–1722*, f. 17r–21r.
105 ACCS, *Decreta liturgica 1713–1715*, f. 37r–54v; *Decreta Sanctorum 1713–1722*, f. 23r–28v.

data	giorno	luogo	congregaz	interventi di Lambertini formulati "tam in scriptis quam in voce"
1713 settembre 12[106]	martedí	*Imperiali*	antipreparatoria	mirac. Giovanni Francesco Régis
1713 settembre 23[107]	sabato	Quirinale	ordinaria	valid. proc. apost. Giovanni de Prado, proc. non cultu Rodolfo Acquaviva e comp. mart.
1713 dicembre 9[108]	sabato	Quirinale	ordinaria	uff. e messa Gregorio X, apert. proc. mir. Francesco Caracciolo, commiss. Luigi di San Giuseppe
1714 gennaio 16[109]	martedí	Quirinale	preparatoria	mirac. Giovanni Francesco Régis
1714 febbraio 3[110]	sabato	Quirinale	ordinaria	apert. proc. mirac. Giuseppe de Anchieta, valid. proc. apost. Pietro Claver, introd. caus. Benedetto da Poggibonsi, *casus exceptus* Agnese di Montepulciano, culto Luigi Lanuzza, valid. proc. ord. Roberto Bellarmino
1714 marzo 10[111]	sabato	Quirinale	ordinaria	
1714 marzo 15[112]	giovedí	Quirinale	concistoro	Glicerio Landriani
1714 aprile 21[113]	sabato	Quirinale	ordinaria	uff. e messa Salvatore da Horta, scritti e riass. caus. Umiltà di Vallombrosa[114]
1714 aprile 24[115]	martedí	*Tolomei*	antipreparatoria	virtú Caterina de Ricci

106 ACCS, *Decreta Sanctorum 1713–1722*, f. 29r–30r.
107 ACCS, *Decreta liturgica 1713–1715*, f. 55r–70r; *Decreta Sanctorum 1713–1722*, f. 30v–32v
108 ACCS, *Decreta liturgica 1713–1715*, f. 70v–86r *Decreta Sanctorum 1713–1722*, f. 37r–39r.
109 ACCS, *Decreta Sanctorum 1713–1722*, f. 40v–41v.
110 ACCS, *Decreta liturgica 1713–1715*, f. 87r–96v; *Decreta Sanctorum 1713–1722*, f. 43r–47r.
111 ACCS, *Decreta liturgica 1713–1715*, f. 97r–111r; *Decreta Sanctorum 1713–1722*, f. 48r–51r.
112 ACCS, *Decreta Sanctorum 1713–1722*, f. 52r: "Feria quinta die 15 mensis martii 1714 fuit consistorium publicum pro tradendo Pileo eminentissimo cardinali Piazza, in quo de more advocatus consistorialis Spretus Iunior habuit orationem in laudem Servi Dei Glycerii a Christo Congregationis Scholarum Piarum, et institit pro ipsius canonizatione; adversus quam reverendus pater dominus Lambertinus Promotor Fidei protestatus fuit, nihil fieri nisi servatis servandis, et praecipue decretis sanctae memoriae Urbani papae 8. Et Sanctissimus Dominus Noster respondit: Sacra Rituum Congregatio audiat et referat".
113 ACCS, *Decreta liturgica 1713–1715*, f. 111v–129r; *Decreta Sanctorum 1713–1722*, f. 53r–55v.
114 ACCS, *Decreta Sanctorum 1713–1722*, f. 383v–385v: *instructio* di Lambertini per la riassunzione della causa di Umiltà da Vallombrosa.
115 ACCS, *Decreta Sanctorum 1713–1722*, f. 56r–v. Per una particolare *instructio* di Lambertini per il rinvenimento di scritti di e su Caterina de Ricci cf. *ivi*, f. 382r–383v.

data	giorno	luogo	congregaz	interventi di Lambertini formulati "tam in scriptis quam in voce"
1714 giugno 16[116]	sabato	Quirinale	ordinaria	non culto Benedetto da Poggibonsi, commiss. Innocenzo XI, non culto Agnese di Gesú, scritti Caterina de Ricci
1714 luglio 17[117]	martedí	Quirinale	generale	*tuto* canonizz. Stanislao Kostka, virtú Giacinta Marescotti[118]
1714 agosto 18[119]	sabato	Quirinale	ordinaria	valid. proc. ord. Giovanni Battista della SSma Concezione, valid. proc. apost. Martino de Porres, scritti Girolamo Miani
1714 settembre 15[120]	sabato	Quirinale	ordinaria	valid. proc. remiss. Francesco del Bambino Gesú, scritti Ludovico de la Puente, scritti Giacinta Marescotti, *casus exceptus* Benedetto da San Fratello, canonizz. Stanislao Kostka
1714 novembre 24[121]	sabato	Quirinale	ordinaria	uff. Benedetto da Ripatransone, commiss. caus. Ludovico de la Puente
1714 novembre 27[122]	martedí	*Albani*	antipreparatoria	virtú Giuseppe da Copertino[123]
1715 gennaio 19[124]	sabato	Quirinale	ordinaria	commiss. caus. Marcolino da Forlí, uff. e messa Pietro di Pisa, valid. proc. remiss. Francesco del Bambino Gesú
1715 gennaio 25[125]	martedí	*Tremoille*	antipreparatoria	virtú Vincenzo de Paoli[126]
1715 gennaio 30[127]	giovedí		particolare	virtú Giacinta Marescotti

116 ACCS, *Decreta liturgica 1713–1715*, f. 129v–150v; *Decreta Sanctorum 1713–1722*, f. 58r–61r, e anche f. 378v–379v (*instructio* di Lambertini per la traslazione di Benedetto da Boggibonsi).
117 ACCS, *Decreta Sanctorum 1713–1722*, f. 62r–65r.
118 Una particolare *instructio* di Lambertini per il rinvenimento di varie lettere scritte da Giacinta Marescotti si rinviene in ACCS, *Decreta Sanctorum 1713–1722*, f. 386r–390r.
119 ACCS, *Decreta liturgica 1713–1715*, f. 151r–168r; *Decreta Sanctorum 1713–1722*, f. 67r–71v.
120 ACCS, *Decreta liturgica 1713–1715*, f. 168v–179v; *Decreta Sanctorum 1713–1722*, f. 72r–80v.
121 ACCS, *Decreta liturgica 1713–1715*, f. 180r–194r; *Decreta Sanctorum 1713–1722*, f. 82r–87r.
122 ACCS, *Decreta Sanctorum 1713–1722*, f. 88r–v.
123 ACCS, *Decreta Sanctorum 1713–1722*, f. 390v–397v: *instructio* di Lambertini per la causa di Giuseppe da Copertino, in modo particolare per la ricerca degli scritti.
124 ACCS, *Decreta liturgica 1713–1715*, f. 194v–207r; *Decreta Sanctorum 1713–1722*, f. 90r–92v.
125 ACCS, *Decreta Sanctorum 1713–1722*, f. 93r–v.
126 Una *instructio* particolare di Prospero Lambertini per invenire opuscoli, lettere o altri manoscritti di Vincenzo de Paoli si rinviene in ACCS, *Decreta Sanctorum 1713–1722*, f. 399v–401r.
127 ACCS, *Decreta Sanctorum 1713–1722*, f. 94r–95v.

data	giorno	luogo	congregaz	interventi di Lambertini formulati "tam in scriptis quam in voce"
1715 marzo 14[128]	giovedí	Quirinale	concistoro	Rodolfo Acquaviva
1715 marzo 23[129]	sabato	Quirinale	ordinaria	valid. proc. apost. Pietro Claver, *ad ulteriora* Roberto Bellarmino, traslaz. Ceslao Odrovac[130], nuove animadv. Giovanni de Britto
1715 aprile 2[131]	martedí	Quirinale	generale	mirac. Giovanni Francesco Régis
1715 aprile 28[132]	domenica	Quirinale	decisione pont.	mirac. Giovanni Francesco Régis
1715 maggio 9[133]	giovedí	Quirinale	concistoro	Turibio Alfonso di Mogrovejo
1715 maggio 11[134]	sabato	Quirinale	ordinaria	iscriz. martirol. Margherita da Cortona, scritti Caterina de Ricci, introduz. causa mart. Giovanni de Britto
1715 maggio 28[135]	martedí	Quirinale	preparatoria	mirac. Giovanni de Prado
1715 giugno 15[136]	sabato	Quirinale	concistoro	Turibio Alfonso di Mogrovejo

128 ACCS, *Decreta Sanctorum 1713–1722*, f. 96r: "Die 14 martii 1715. Fuit consistorium publicum pro tradendo cappello rubro eminentissimo et reverendissimo domino cardinali Benedicto Odescalcho, in quo de more advocatus consistorialis Serlupi habuit orationem in laudem servi Dei Rodulphi Acquavivae et institit pro ipsius canonizatione; adversus quam reverendus pater dominus Prosper de Lambertinis fidei promotor protestatus fuit nihil fieri, nisi servatis servandis, et praecipue decretis sanctae memoriae Urbani papae 8. Et Sanctissimus dominus noster respondit: Sacra Rituum Congregatio audiat et referat".
129 ACCS, *Decreta liturgica 1713–1715*, f. 207v–230v; *Decreta Sanctorum 1713–1722*, f.97r–103r.
130 Il testo dell'*instructio* di Prospero Lambertini per la traslazione del corpo di Ceslao Odrovaz, in data 23 marzo 1715, viene riportata in ACCS, *Decreta Sanctorum 1713–1722*, f. 401v–402r.
131 ACCS, *Decreta Sanctorum 1713–1722*, f. 103v–105r.
132 ACCS, *Decreta Sanctorum 1713–1722*, f. 105v–106r: "Die 28 aprilis 1715 dominica in Albis, hora circiter 16, Sanctissimus dominus noster Clemens divina Providentia papa XI in Palatio Quirinali advocavit reverendum patrem dominum Prosperum de Lambertinis fidei promotorem et me infrascriptum prosecretarium Congregationis sacrorum Rituum, nobisque dixit elapsis diebus, videlicet die secunda labentis mensis, in Congregatione habita coram sanctitate sua propositum fuisse a reverendissimo domino cardinale Imperiali causam Viennensem in Gallia beatificationis et canonizationis venerabilis servi Dei Ioannis Francisci Regis presbyteri professi Societatis Iesu, discussoque in ea dubio *An constet de miraculis post obitum in casu et ad effectum de quo agitur*, sanctitatem suam audivisse quidem omnium suffragia, sed distulisse resolutionem, ut prius demore in tam ardua deliberatione divinam opem imploraret. Nunc vero, cum id iam peregerit, ac praesertim praeteritis diebus maioris hebdomadae ac successive paschalibus diebus, supremum luminum Patrem ferventius exoraverit, ut coelesti claritate mentem suam illustrare dignaretur, declaravit se nolle diutius differre publicationem suae resolutionis, adeoque promulgari iussit decretum, in quo pronunciavit: *Constare de duobus miraculis* [...]".
133 *Decreta Sanctorum 1713–1722*, f. 106v.
134 ACCS, *Decreta liturgica 1713–1715*, f. 231r–252v; *Decreta Sanctorum 1713–1722*, f. 107r–110r.
135 ACCS, *Decreta Sanctorum 1713–1722*, f. 110v–111r.
136 ACCS, *Decreta Sanctorum 1713–1722*, f. 113r: "Die 15 iunii 1715 fuit consistorium publicum in Palatio Apostolico Quirinali pro tradendo pileo rubeo eminentissimo et reverendissimo domino cardinali Zondadario, in quo de more dominus advocatus consistorialis Sacrpantes orationem

data	giorno	luogo	congregaz	interventi di Lambertini formulati "tam in scriptis quam in voce"
1715 luglio 6[137]	sabato	Quirinale	ordinaria	non culto Giovanni de Britto, riassunz. caus. Giovanni Leonardo De Fusco, introduz. caus. Girolamo da Palermo
1715 luglio 27[138]	sabato	Quirinale	ordinaria	identità corpo Giovanni de Matha
1715 agosto 31[139]	sabato	Quirinale	ordinaria	
1715 settembre 10[140]	martedí	Quirinale	preparatoria	virtú Caterina de Ricci
1715 novembre 26[141]	martedí	Quirinale	preparatoria	virtú Paolo Burali d'Arezzo
1715 dicembre 14[142]	sabato	Quirinale	ordinaria	scritti Pietro Claver[143], valid. proc. Giovanni della Croce, scritti Francesco del Bambino Gesú[144], uff. e messa Giovanni da Perugia e Pietro da Sassoferrato mart.
1715 dicembre 19[145]	giovedí	Quirinale	concistoro	Maria Vittoria Colonna
1716 febbraio 15[146]	sabato	Quirinale	ordinaria	mirac. ed estasi Caterina de Ricci
1716 marzo 3[147]	martedí	Quirinale	generale	beatific. Giovanni Francesco Régis
1716 marzo 21[148]	sabato	Quirinale	ordinaria	
1716 maggio 7[149]	mercoledí	Quirinale	decisione pont.	decr. beatific. Giovanni Francesco Régis

persolvit in laudem beati Turribii Alphonsi Mogrovesii archiepiscopi Limani et institit pro ipsius canonizatione; adversus quam reverendus pater dominus Prosper de Lambertinis fidei promotor protestatus fuit nihil fieri, nisi servatis servandis, et praeviis decretis sanctae memoriae Urbani papae 8. Et Sanctissimus dominus noster respondit: Sacra Rituum Congregatio audiat et referat".

137 ACCS, *Decreta liturgica 1713–1715*, f. 253r–263v; *Decreta Sanctorum 1713–1722*, f. 115r–118r.

138 ACCS, *Decreta liturgica 1713–1715*, f. 264r–275v; *Decreta Sanctorum 1713–1722*, f. 118v–119r.

139 ACCS, *Decreta liturgica 1713–1715*, f. 276r–292r; *Decreta Sanctorum 1713–1722*, f. 120r–121r.

140 ACCS, *Decreta Sanctorum 1713–1722*, f. 121v–122r.

141 ACCS, *Decreta Sanctorum 1713–1722*, f. 122v–123r.

142 ACCS, *Decreta liturgica 1713–1715*, f. 292v–313r; *Decreta Sanctorum 1713–1722*, f. 124r–129r.

143 Per l'*instructio* di Prospero Lambertini, orientata al rinvenimento degli scritti di Pietro Claver, cf. ACCS, *Decreta Sanctorum 1713–1722*, f. 408v–411r.

144 Una dettagliata *instructio* di Lambertini per la ricerca e l'esame degli scritti di Francesco del Bambino Gesú viene riportata in ACCS, *Decreta Sanctorum 1713–1722*, f. 403r–408r.

145 *Decreta Sanctorum 1713–1722*, f. 129v.

146 ACCS, *Decreta liturgica 1715–1718*, f. 1r–13r; *Decreta Sanctorum 1713–1722*, f. 130r–132v.

147 ACCS, *Decreta Sanctorum 1713–1722*, f. 133r–134r.

148 ACCS, *Decreta liturgica 1715–1718*, f. 14r–30r.

149 ACCS, *Decreta Sanctorum 1713–1722*, f. 137r–v: "[...] His iam abunde impletis, sanctitas sua, accitis infra praedicta die coram se reverendo patre domino Prospero de Lambertinis fidei promotore, ac me praedictae Congregationis secretario, ut memoratus servus Dei Ioannes Franciscus Regis pie ac palam a Christifidelibus coli possit, et Societas Iesu, quae illum protulit, de Ecclesia Catholica caeteroquin optime merita praeclaro hoc addito lumine illustretur, praesens decretum beatificationis eiusdem Ioannis Francisci per litteras apostolicas in forma brevis cum consuetis indultis quandocumque faciendae expediri et publicari mandavit. Die VII maii 1716".

data	giorno	luogo	congregaz	interventi di Lambertini formulati "tam in scriptis quam in voce"
1716 maggio 9[150]	sabato	Quirinale	ordinaria	
1716 maggio 19[151]	martedí	*Ottoboni*	antipreparatoria	virtú Giovanni Giovenale Ancina[152]
1716 maggio 24[153]	domenica	Basilica Vaticana		cerimonia beatific. Giovanni Francesco Régis
1716 luglio 11[154]	sabato	Quirinale	ordinaria	valid. proc. apost. Gregorio X, iscriz. martirol. Maria de Socos
1716 agosto 22[155]	sabato	Quirinale	ordinaria	valid. proc. apost. Umile da Bisignano, culto immem. Alvaro di Córdova, introduz. caus. Veronica Laparelli, scritti su Caterina de Ricci[156], introduz. caus. Girolamo da Palermo, valid. proc. remiss. e apost. Giovanni della Croce
1716 agosto 25[157]	martedí	*d'Adda*	antipreparatoria	mirac. Giacinta Marescotti
1716 settembre 12[158]	sabato	Quirinale	ordinaria	valid. proc. apost. Pellegrino Laziosi
1716 novembre 24[159]	martedí	Quirinale	preparatoria	mirac. Turibio Alfonso di Mogrovejo
1716 dicembre 5[160]	sabato	Quirinale	ordinaria	riassunz. caus. Umiltà di Vallombrosa, valid. proc. Giuseppe da Copertino
1717 gennaio 23[161]	sabato	Quirinale	ordinaria	
1717 marzo 16[162]	martedí	Quirinale	praeparatoria	mirac. Giacinta Marescotti
1717 marzo 18[163]	giovedí	Quirinale	concistoro	Chiara Maria della Passione

---

150 ACCS, *Decreta liturgica 1715–1718*, f. 30v–52r; *Decreta Sanctorum 1713–1722*, f. 138r–v.
151 ACCS, *Decreta Sanctorum 1713–1722*, f. 139r–v.
152 Per il rinvenimento di scritti di Giovanni Giovenale Ancina, vescovo di Saluzzo, si veda l'*instructio* di Prospero Lambertini riportata in ACCS, *Decreta Sanctorum 1713–1722*, f. 416v–418v.
153 ACCS, *Decreta Sanctorum 1713–1722*, f. 140v–141v.
154 ACCS, *Decreta liturgica 1715–1718*, f. 52r–71v; *Decreta Sanctorum 1713–1722*, f. 144r–147v.
155 ACCS, *Decreta liturgica 1715–1718*, f. 72r–83v; *Decreta Sanctorum 1713–1722*, f. 148r–153v.
156 Una *instructio* particolare di Prospero Lambertini per rinvenire "quemdam librum manu sororis Magdalenae de Rodulphis monialis supradicti monasterii exaratum super aliquibus assertis miraculis et extasibus servae Dei Catharinae de Ricci" viene riportata in ACCS, *Decreta Sanctorum 1713–1722*, f. 411v–416r.
157 ACCS, *Decreta Sanctorum 1713–1722*, f. 154r–155r.
158 ACCS, *Decreta liturgica 1715–1718*, f. 84r–106v; *Decreta Sanctorum 1713–1722*, f. 156r–158r.
159 ACCS, *Decreta Sanctorum 1713–1722*, f. 159r–160r.
160 ACCS, *Decreta liturgica 1715–1718*, f. 107r–122v; *Decreta Sanctorum 1713–1722*, f. 160v–166v.
161 ACCS, *Decreta liturgica 1715–1718*, f. 123r–140v; *Decreta Sanctorum 1713–1722*, f. 168r–169v.
162 ACCS, *Decreta Sanctorum 1713–1722*, f. 170r–171v.
163 ACCS, *Decreta Sanctorum 1713–1722*, f. 172r.

data	giorno	luogo	congregaz	interventi di Lambertini formulati "tam in scriptis quam in voce"
1717 aprile 1[164]	mercoledí	Quirinale	decisione pont.	virtú Pietro Fourier
1717 aprile 17[165]	sabato	Quirinale	ordinaria	scritti Bernardino Realino, prove mirac. Giacinta Marescotti
1717 giugno 12[166]	sabato	Quirinale	ordinaria	
1717 agosto 7[167]	sabato	Quirinale	ordinaria	introduz. caus. Maria Crocifissa della Concezione, valid. proc. apost. Giacinta Marescotti
1717 settembre 7[168]	martedí	Quirinale	preparatoria	virtú Giuseppe Calasanzio
1717 novembre 20[169]	sabato	Quirinale	ordinaria	culto immem. Alessio Falconieri, non culto Rodolfo Acquaviva e comp. mart.[170], valid. proc. apost. Francesco Caracciolo, traslaz. corpo Marco da Marcianise[171], scritti Giovanni Giovenale Ancina
1717 dicembre 18[172]	sabato	Quirinale	preparatoria	virtú Vincenzo de Paoli
1718 gennaio 22[173]	sabato	Quirinale	ordinaria	scritti Maria di Gesú, valid. proc. compuls. Gregorio López, lett. pemiss. proc. Maddalena di San Giuseppe
1718 febbraio 5[174]	sabato	Quirinale	ordinaria	scritti Marianna di Gesú, uff. Giuliana Falconieri, ricogniz., non culto e mart. Giovanni de Britto[175], scritti Giuseppe da Copertino, valid. proc. apost. Ludovico de la Puente
1718 marzo 15[176]	martedí	Quirinale	generale	mirac. Giacinta Marescotti

---

164 ACCS, *Decreta Sanctorum 1713–1722*, f. 172v–173v.
165 ACCS, *Decreta liturgica 1715–1718*, f. 141r–160r; *Decreta Sanctorum 1713–1722*, f. 174r–180r.
166 ACCS, *Decreta liturgica 1715–1718*, f. 163r–183v; *Decreta Sanctorum 1713–1722*, f. 182r–186v.
167 ACCS, *Decreta liturgica 1715–1718*, f. 184r–206r; *Decreta Sanctorum 1713–1722*, f. 187r–190r.
168 ACCS, *Decreta Sanctorum 1713–1722*, f. 190v–191r.
169 ACCS, *Decreta liturgica 1715–1718*, f. 207r–225r; *Decreta Sanctorum 1713–1722*, f. 192r–197v.
170 Cf. anche *De servorum Dei beatificatione*, lib. II, cap. XIII, n. 11.
171 Per il testo dell'*instructio* per la traslazione dei resti mortali di Marco da Marcianise cf. ACCS, *Decreta Sanctorum 1713–1722*, f. 424r–425v.
172 ACCS, *Decreta Sanctorum 1713–1722*, f. 199r–v.
173 ACCS, *Decreta liturgica 1715–1718*, f. 225v–235v; *Decreta Sanctorum 1713–1722*, f. 201r–203r.
174 ACCS, *Decreta liturgica 1715–1718*, f. 236r–247r; *Decreta Sanctorum 1713–1722*, f. 204r–212v.
175 Al riguardo si veda l'*instructio* di Prospero Lambertini, datata 5 febbraio 1718, riportata in ACCS, *Decreta Sanctorum 1713–1722*, f. 426r–428v.
176 ACCS, *Decreta Sanctorum 1713–1722*, f. 214r–215v.

data	giorno	luogo	congregaz	interventi di Lambertini formulati "tam in scriptis quam in voce"
1718 aprile 2[177]	sabato	Quirinale	ordinaria	uff. mart. dioc. Capua, uff. beata Margherita dioc. Urbania, culto Maria Crocifissa della Concezione[178], valid. proc. Rodolfo Acquaviva e comp. mart., scritti Girolama dell'Assunzione[179], valid. proc. compuls. Gregorio López[180], lett. remiss. e compuls. proc. Ludovico de la Puente
1718 maggio 14[181]	sabato	Quirinale	ordinaria	traslaz. corpo Umile da Bisignano[182], valid. proc. apost. Rodolfo Acquaviva e comp. mart.
1718 maggio 24[183]	martedí	Quirinale	preparatoria	virtú Camillo de Lellis
1718 luglio 9[184]	sabato	Quirinale	ordinaria	
1718 settembre 10[185]	sabato	Quirinale	ordinaria	uff. Giuliana Falconieri, scritti Giovanna Francesca Frémiot de Chantal[186], valid. proc. apost. Simone de Rojas
1718 dicembre 10[187]	sabato	Quirinale	ordinaria	culto immem. Alvaro di Córdova
1718 dicembre 20[188]	martedí	d'Adda	antipreparatoria	virtú Girolamo Miani
1719 gennaio 28[189]	sabato	Quirinale	ordinaria	

---

177 ACCS, *Decreta liturgica 1715–1718*, f. 247v–267v; *Decreta Sanctorum 1713–1722*, f. 216r–221r.

178 Riguardo al "cultu eidem servae Dei non exhibito" cf. l'*instructio* di Lambertini riportata in ACCS, *Decreta Sanctorum 1713–1722*, f. 436r–438v.

179 Per la ricerca e l'esame degli scritti di Girolama dell'Assunzione si veda anche l'*instructio* di Prospero Lambertini in ACCS, *Decreta Sanctorum 1713–1722*, f. 429r–434v.

180 Al riguardo fu emessa nella stessa data 2 aprile 1718 una particolare *instructio* di Lambertini, che si rinviene in ACCS, *Decreta Sanctorum 1713–1722*, f. 439r–441v.

181 ACCS, *Decreta liturgica 1715–1718*, f. 268r–290v; *Decreta Sanctorum 1713–1722*, f. 222r–224r.

182 L'*instructio* per la traslazione del corpo di Umile da Bisignano, stesa da Lambertini il 14 maggio 1718, è riportata in ACCS, *Decreta Sanctorum 1713–1722*, f. 442r–443v.

183 ACCS, *Decreta Sanctorum 1713–1722*, f. 226r–v.

184 ACCS, *Decreta liturgica 1715–1718*, f. 291r–316v; *Decreta Sanctorum 1713–1722*, f. 228r–229r.

185 ACCS, *Decreta liturgica 1715–1718*, f. 317r–333v; *Decreta Sanctorum 1713–1722*, f. 230r–234v.

186 Una specifica *instructio* di Prospero Lambertini per il rinvenimento e l'esame degli scritti di Giovanna Francesca Frémiot de Chantal si trova in ACCS, *Decreta Sanctorum 1713–1722*, f. 448r–452v.

187 ACCS, *Decreta liturgica 1715–1718*, f. 334r–353v; *Decreta Sanctorum 1713–1722*, f. 237r–238v.

188 ACCS, *Decreta Sanctorum 1713–1722*, f. 239r–v.

189 ACCS, *Decreta liturgica 1719–1722*, f. 1r–12r, 13v–15v; *Decreta Sanctorum 1713–1722*, f. 242r–246r.

data	giorno	luogo	congregaz	interventi di Lambertini formulati "tam in scriptis quam in voce"
1719 marzo 11[190]	sabato	Quirinale	ordinaria	*ad ulteriora* Serafino da Montegranaro, non culto Veronica Laparelli[191], valid. proc. remiss. Giovanni di San Guglielmo[192], valid. proc. ord. Francesco Camacho
1719 marzo 28[193]	martedí	Quirinale	preparatoria	mart. Ignazio de Azevedo e comp.[194]
1719 maggio 13[195]	sabato	Quirinale	ordinaria	uff. sant'Ippolito mart. dioc. Córdova, valid. proc. apost. Bernardino Realino,
1719 giugno 2[196]	venerdí	Quirinale	ex audientia	lett. remiss. e compuls. proc. Maddalena di San Giuseppe
1719 luglio 11[197]	martedí	Quirinale	preparatoria	mirac. Gregorio X
1719 luglio 15[198]	sabato	Quirinale	ordinaria	non culto Veronica Laparelli, commiss. caus. Giovanna Francesca Frémiot de Chantal, introd. caus. Dalmazio Moner
1719 agosto 19[199]	sabato	Quirinale	ordinaria	valid. proc. remiss. Giovanni di San Guglielmo, non culto Giovanna Francesca Frémiot de Chantal[200]
1719 settembre 19[201]	martedí	*Paolucci*	antipreparatoria	mirac. Giovanni della Croce

190 ACCS, *Decreta liturgica 1719–1722*, f. 16r–34v; *Decreta Sanctorum 1713–1722*, f. 248r–250v.

191 Riguardo alla dichiarazione di non culto per Veronica Laparelli si veda l'*instructio* di Prospero Lambertini, datata 11 marzo 1719, riportata in ACCS, *Decreta Sanctorum 1713–1722*, f. 444r–v.

192 A questo riguardo cf. l'*instructio* di Lambertini in ACCS, *Decreta Sanctorum Beatificationis et Canonizationis 1713–1722*, f. 445r–446v.

193 ACCS, *Decreta Sanctorum 1713–1722*, f. 251r–v.

194 Una particolare *instructio* per il rinvenimento di scritti di Ignazio de Azevedo fu stesa da Prospero Lambertini il 23 gennaio 1717: per il testo cf. ACCS, *Decreta Sanctorum 1713–1722*, f. 419r–423r.

195 ACCS, *Decreta liturgica 1719–1722*, f. 35r–59v; *Decreta Sanctorum 1713–1722*, f. 254r–257v.

196 ACCS, *Decreta Sanctorum 1713–1722*, f. 258v–259v.

197 ACCS, *Decreta Sanctorum 1713–1722*, f. 260r–261r.

198 ACCS, *Decreta liturgica 1719–1722*, f. 60r–73v; *Decreta Sanctorum 1713–1722*, f. 262r–265v. Nei Registri del Dicastero non esiste traccia di una ingiunzione fatta al Lambertini in questa congregazione di esaminare i documenti e riferire sulla causa di Luigi Gonzaga, proponendo "quanto fosse ritenuto opportuno necessariamente per concluderla": *De servorum Dei beatificatione* I/1, 658 (lib. I, cap. XXXII, n. 20).

199 ACCS, *Decreta liturgica 1719–1722*, f. 74r–96v, 99r–101v; *Decreta Sanctorum 1713–1722*, f. 266r–269v. A questa congregazione ordinaria Lambertini accenna anche nel *De servorum Dei beatificatione*, lib. II, cap. XII, n. 14.

200 Cf. anche *De servorum Dei beatificatione*, lib. II, cap. XV, n. 11.

201 ACCS, *Decreta Sanctorum 1713–1722*, f. 270r–271r.

data	giorno	luogo	congregaz	interventi di Lambertini formulati "tam in scriptis quam in voce"
1719 dicembre 9[202]	sabato	Quirinale	ordinaria	culto immem. Umiltà di Vallombrosa, valid. proc. apost. Benedetto da Poggibonsi, non culto Giovanna Francesca Frémiot de Chantal[203], valid. proc. apost. Agnese di Gesú
1720 gennaio 16[204]	martedí	Quirinale	generale	mirac. Gregorio X
1720 febbraio 3[205]	sabato	Quirinale	ordinaria	
1720 marzo 2[206]	sabato	Quirinale	ordinaria	non culto Giovanni di San Guglielmo, valid. proc. apost. Maria Vittoria de Fornaris, valid. proc. apost. Agnese di Montepulciano, mirac. Giovanni della Croce[207]
1720 aprile 23[208]	martedí	*Barberini*	antipreparatoria	virtú Pellegrino Laziosi
1720 aprile 30[209]	martedí	Quirinale	preparatoria	virtú Pellegrino Laziosi
1720 luglio 16[210]	martedí	Quirinale	generale	virtú Pellegrino Laziosi
1720 luglio 27[211]	sabato	Quirinale	ordinaria	lett. remiss. Maria Vittoria de Fornaris, valid. proc. apost. Agnese di Gesú, non culto Maria Crocifissa della Concezione[212]
1720 agosto 22[213]	giovedí	Quirinale	concistoro	Alessio Falconieri
1720 agosto 23[214]	venerdí	Quirinale	decisione pont.	*ad ulteriora* Pellegrino Laziosi[215]

---

202 ACCS, *Decreta liturgica 1719–1722*, f. 102r–110v, 112r–v; *Decreta Sanctorum 1713–1722*, f. 272r–276r. Cf. anche *De servorum Dei beatificatione*, lib. II, cap. XII, n. 14.

203 Cf. anche *De servorum Dei beatificatione*, lib. II, cap. XIII, n. 11, ove però la data è erroneamente 19 dicembre, anziché 9.

204 ACCS, *Decreta Sanctorum 1713–1722*, f. 277r–278r.

205 ACCS, *Decreta liturgica 1719–1722*, f. 113r–125v; *Decreta Sanctorum 1713–1722*, f. 280r–283r.

206 ACCS, *Decreta liturgica 1719–1722*, f. 126r–139v, f. 144r–146v; *Decreta Sanctorum 1713–1722*, f. 284r–288v, anche f. 454r–v, ove si riporta una *instructio* di Lambertini per la traslazione del corpo di Pellegrino Laziosi.

207 In questa occasione Prospero Lambertini "in suis animadversionibus exaratis opposuerit, quod dictum miraculum tamquam sequutum post expeditionem decreti, non vero posto publicationem brevis, examinari minime valeat in ordine ad canonizationem": ACCS, *Decreta Sanctorum 1713–1722*, f. 287v.

208 ACCS, *Decreta Sanctorum 1713–1722*, f. 289r–v.

209 ACCS, *Decreta Sanctorum 1713–1722*, f. 290r–291v.

210 ACCS, *Decreta Sanctorum 1713–1722*, f. 294r–295r.

211 ACCS, *Decreta liturgica 1719–1722*, f. 147r–179v; *Decreta Sanctorum 1713–1722*, f. 296r–300r.

212 Riguardo alla dichiarazione di non culto per Maria Crocifissa della Concezione si veda l'*instructio* di Prospero Lambertini riportata in ACCS, *Decreta Sanctorum 1713–1722*, f. 455r–456v.

213 ACCS, *Decreta Sanctorum 1713–1722*, f. 301r.

214 ACCS, *Decreta Sanctorum 1713–1722*, f. 302r–v.

data	giorno	luogo	congregaz	interventi di Lambertini formulati "tam in scriptis quam in voce"
1720 novembre 26[216]	martedí	Quirinale	preparatoria	mirac. Giovanni della Croce
1720 dicembre 14[217]	sabato	Quirinale	ordinaria	valid. proc. apost. Serafino da Montegranaro e Giovanni Battista della SSma Concezione, valid. proc. ord. Alfonso Rodríguez
1721 gennaio 2	giovedí	Quirinale	concistoro	Innocenzo XI
1721 gennaio 14[218]	martedí	*Tolomei*	antipreparatoria	mart. Rodolfo Acquaviva e comp.
1721 gennaio 28[219]	martedí	Quirinale	generale	mirac. Giovanni della Croce
1721 febbraio 15[220]	sabato	Quirinale	ordinaria	uff. e colletta Umiltà di Vallombrosa, introduz. caus. Giovanni Nepomuceno
1721 marzo 15[221]	sabato	Quirinale	ordinaria	valid. proc. apost. Margherita da Cortona, *casus exceptus* Giovanni Nepomuceno
1721 giugno 7[222]	sabato	Quirinale	ordinaria	
1721 giugno 10[223]	martedí	Quirinale	concistoro	Innocenzo XI
1721 luglio 19	giovedí	Quirinale	concistoro	Chiara da Montefalco

---

215 Si trattava di considerare approvate le virtú e quindi di procedere all'esame dei miracoli. Al riguardo si annota: "Super quo sanctitas suam auditis tam consultorum quam reverendissimorum dominorum cardinalium suffragiis, distulit ea die resolutionem, ut prius coelestis Luminis opem tam suis quam aliorum precibus in tam gravi deliberatione de more imploraret. His peractis praefatus sanctissimus dominus noster infrascripta die sancto Philippo Benitio eximio eiusdem Ordinis Servorum Beatae Mariae Virginis Propagatori sacro, accitis coram se reverendo patre domino Lambertino fidei promotore ac me infrascripto supradictae Congregationis secretario, ad praemissum dubium de virtutibus, dari et promulgari iussit responsum affirmativum sequentibus verbis, videlicet: *Ita constare de virtutibus praedictis, ut tuto in praesenti casu possit ad ulteriora, nimirum ad discussionem miraculorum*": ACCS, *Decreta Sanctorum 1713–1722*, f. 302v.

216 ACCS, *Decreta Sanctorum 1713–1722*, f. 304r–305r.

217 ACCS, *Decreta liturgica 1719–1722*, f. 181r–204v; *Decreta Sanctorum 1713–1722*, f. 306r–309v. Il voto e le obiezioni di Prospero Lambertini per la validità giuridica dei processi ordinari e apostolici per Serfano da Montegranaro vengono riportati nell'Appendice documentaria. Doc. 7.

218 ACCS, *Decreta Sanctorum 1713–1722*, f. 312r–v.

219 ACCS, *Decreta Sanctorum 1713–1722*, f. 313v–315.

220 ACCS, *Decreta liturgica 1719–1722*, f. 209r–237v; *Decreta Sanctorum 1713–1722*, f. 315v–317v.

221 ACCS, *Decreta liturgica 1719–1722*, f. 238r–251r; *Decreta Sanctorum 1713–1722*, f. 318r–319r, anche f. 460r–463r, ove viene riportata una particolare *instructio* di Lambertini sul non culto di Giuseppa Verrida.

222 ACCS, *Decreta liturgica 1719–1722*, f. 252r–264r; *Decreta Sanctorum 1713–1722*, f. 321r–322v.

223 ACCS, *Decreta Sanctorum 1713–1722*, f. 323r; nel concistoro "dominus Cavalchini sacrae concistorialis aulae advocatus persolvit orationem in laudem servi Dei Innocentii papae XI et institit pro canonizatione eiusdem. Verum facta a reverendo patre domino Prospero de Lambertinis fidei promotore consueta protestatione, videlicet non esse deveniendum ad eamdem nisi servatis servandis et adimpletis decretis sanctae memoriae Urbani papae VIII et novissimis sanctae memoriae Innocentii papae XI, sanctitas sua respondit: Sacra Rituum Congregatio audiat et referat".

data	giorno	luogo	congregaz	interventi di Lambertini formulati "tam in scriptis quam in voce"
1721 luglio 29[224]	martedí	*Scotti*	antipreparatoria	virtú Alessandro Sauli
1721 agosto 9[225]	sabato	Quirinale	ordinaria	culto immem. Dalmazio Moner, non culto Giovanni Leonardo De Fusco[226]
1721 settembre 6[227]	sabato	Quirinale	ordinaria	valid. proc. apost. Giuseppe de Anchieta
1721 novembre 29[228]	sabato	Quirinale	ordinaria	non culto Maria Crocifissa della Concezione, valid. proc. rem. Giovanni di San Gugliel-mo, valid. proc. apost. Giovanna Francesca Frémiot de Chantal
1722 gennaio 13[229]	martedí	Quirinale	preparatoria	mart. Rodolfo Acquaviva e comp.
1722 gennaio 24[230]	sabato	Quirinale	ordinaria	*ad ulteriora* Maria Crocifissa della Concezione, valid. proc. ord. e apost. Ludovico de la Puente
1722 aprile 25[231]	sabato	Quirinale	ordinaria	
1722 aprile 28[232]	martedí	Quirinale	preparatoria	virtú Caterina de Ricci
1722 giugno 2[233]	martedí	Quirinale	generale	mirac. Giacinta Marescotti
1722 luglio 11[234]	sabato	Quirinale	ordinaria	valid. proc. apost. Gaspare de Bono
1722 luglio 18[235]	sabato	Quirinale	decisione pont.	Approvaz. pontif. mirac. Giacinta Marescotti
1722 agosto 22[236]	sabato	Quirinale	ordinaria	riassunz. caus. Luigi Gonzaga
1722 settembre 15[237]	martedí	Quirinale	generale	mart. Rodolfo Acquaviva e comp.

224 ACCS, *Decreta Sanctorum 1713–1722*, f. 325r–v.
225 ACCS, *Decreta liturgica 1719–1722*, f. 265r–278v; *Decreta Sanctorum 1713–1722*, f. 326r–330r.
226 Cf. anche *De servorum Dei beatificatione*, lib. II, cap. XIII, n. 11.
227 ACCS, *Decreta liturgica 1719–1722*, f. 279r–293r; *Decreta Sanctorum 1713–1722*, f. 331r–v.
228 ACCS, *Decreta liturgica 1719–1722*, f. 294r–314v; *Decreta Sanctorum 1713–1722*, f. 333r–336v.
229 ACCS, *Decreta Sanctorum 1713–1722*, f. 339r–340r.
230 ACCS, *Decreta liturgica 1719–1722*, f. 318r–336r; *Decreta Sanctorum 1713–1722*, f. 341r–343r.
231 ACCS, *Decreta liturgica 1719–1722*, f. 336v–372r; *Decreta Sanctorum 1713–1722*, f. 344r–345r.
232 ACCS, *Decreta Sanctorum 1713–1722*, f. 346v–347r.
233 ACCS, *Decreta Sanctorum 1713–1722*, f. 348r–349r.
234 ACCS, *Decreta liturgica 1719–1722*, f. 373r–386v; *Decreta Sanctorum 1713–1722*, f. 350r–351v.
235 ACCS, *Decreta Sanctorum 1713–1722*, f. 352r.
236 ACCS, *Decreta liturgica 1719–1722*, f. 393r–403v; *Decreta Sanctorum 1713–1722*, f. 353r–354v.
237 ACCS, *Decreta Sanctorum 1713–1722*, f. 356r–357v.

data	giorno	luogo	congregaz	interventi di Lambertini formulati "tam in scriptis quam in voce"
1722 novembre 28[238]	sabato	Quirinale	ordinaria	riassunz. caus. Giovanni Leonardo De Fusco, nuova ricogniz. corpo Margherita da Cortona[239]
1723 gennaio 23[240]	sabato	Quirinale	ordinaria	valid. proc. mirac. Fedele da Sigmaringen, valid. proc. apost. Giuliana Falconieri e Simone de Rojas
1723 gennaio 26[241]	martedí	Quirinale	preparatoria	virtú Giuseppe da Copertino
1723 febbraio 27[242]	sabato	Quirinale	ordinaria	
1723 marzo 13[243]	sabato	Quirinale	ordinaria	ricogniz. corpo Gaspare de Bono
1723 aprile 17[244]	sabato	Quirinale	ordinaria	
1723 maggio 25[245]	martedí	*Albani*	antipreparatoria	mirac. Pietro Fourier
1723 luglio 3[246]	sabato	Quirinale	ordinaria	scritti Nicola Albergati[247] e Gregorio Barbarigo
1723 luglio 27[248]	martedí	*Barberini*	antipreparatoria	mirac. Pellegrino Laziosi
1723 agosto 7[249]	sabato	Quirinale	ordinaria	
1723 settembre 25[250]	sabato	Quirinale	ordinaria	introduz. caus. Andrea Conti, lett. remiss. per proc. a Villafranca del Bierzo per Lorenzo da Brindisi[251]

238 ACCS, *Decreta liturgica 1719–1722*, f. 406r–430v; *Decreta Sanctorum 1713–1722*, f. 359r–361r.
239 Al riguardo si veda la particolare *instructio* di Prospero Lambertini, riportata in ACCS, *Decreta Sanctorum 1713–1722*, f. 467r–469r.
240 ACCS, *Decreta liturgica 1723–1726*, f. 1r–9v; ACCS, *Decreta Sanctorum 1723–1730*, f. 1r–4v.
241 ACCS, *Decreta Sanctorum 1723–1730*, f. 5r–v.
242 ACCS, *Decreta liturgica 1723–1726*, f. 10r–19v.
243 ACCS, *Decreta liturgica 1723–1726*, f. 20r–49r; ACCS, *Decreta Sanctorum 1723–1730*, f. 7r–v.
244 ACCS, *Decreta liturgica 1723–1726*, f. 52r–70v; ACCS, *Decreta Sanctorum 1723–1730*, f. 10r–11v.
245 ACCS, *Decreta Sanctorum 1723–1730*, f. 13r–14r.
246 ACCS, *Decreta liturgica 1723–1726*, f. 71r–93r; *Decreta Sanctorum 1723–1730*, f. 15r–18v.
247 La particolare *instructio* stesa dal Lambertini per il rinvenimento e l'esame degli scritti di Nicola Albergati si conserva nell' ACCS, *Decreta Sanctorum 1723–1730*, f. 484r–486v.
248 ACCS, *Decreta Sanctorum 1723–1730*, f. 20r–v.
249 ACCS, *Decreta liturgica 1723–1726*, f. 94r–114r; *Decreta Sanctorum 1723–1730*, f. 21r–22r.
250 ACCS, *Decreta liturgica 1723–1726*, f. 115r–127r; *Decreta Sanctorum 1723–1730*, f. 28r–29r.
251 In ACCS, *Decreta Sanctorum 1723–1730*, tra f. 28v e 29r, è inserito un foglietto con una lettera autografa di Prospero Lambertini, il cui testo è il seguente: "Casa, 5 settembre 1723. Prospero Lambertini bacia le mani a vostra paternità molto reverenda, e senza che ella s'incommodi a rimandare il consaputo tomo, giacché è così bene impiegato, favorirà far vedere se in esso vi sia verun decreto sopra la Causa Brundusina del servo di Dio Lorenzo da Brindisi capuccino, che è Causa introdotta avanti i decreti d'Urbano Ottavo e che ora si riassume. Non essendovi decreto, bastarà che l'avvisi con un biglietto, ed essendovi, col far copiare e mandare il decreto. Che è quanto etc.". È difficile individuare con certezza il destinatario del biglietto; forse si tratta del postulatore gene-

data	giorno	luogo	congregaz	interventi di Lambertini formulati "tam in scriptis quam in voce"
1723 settembre 28[252]	martedí	*Paolucci*	antiprepara-toria	virtú Agnese di Montepulciano
1723 dicembre 11[253]	sabato	Quirinale	ordinaria	culto immem. Andrea Conti, introduz. caus. Gregorio Barbarigo
1723 dicembre 14[254]	martedí	Quirinale	preparatoria	virtú Agnese di Montepulciano
1724 gennaio 22[255]	sabato	Quirinale	ordinaria	festa e uff. dioc. Anagni per Andrea Conti, valid. proc. apost. Innocenzo XI, introd. caus. Giuseppe Maria Tomasi
1724 febbraio 8[256]	martedí	Quirinale	preparatoria	mirac. Pellegrino Laziosi
1724 luglio 15[257]	sabato	Quirinale	ordinaria	iscriz. martirol. Stefano abate e 200 comp. di Burgos, messa e uff. santa Ida dioc. Costanza, *casus exceptus* Salvatore da Horta, introd. caus. 6 dei 7 fondatori Servi di Maria, traslaz. corpo Giovanna Francesca Frémiot de Chantal, non culto Gregorio Barbarigo e Giuseppe Maria Tomasi, valid. proc. Giovanni della Croce
1724 luglio 18[258]	martedí	*Corradini*	antiprepara-toria	mirac. Margherita da Cortona

---

rale dei cappuccini, che in quel tempo era Giovanni Francesco da Castel San Pietro, postulatore dal 1719 al 1725, sul quale cf. Andrea Maggioli, *I frati minori cappuccini di Bologna. Necrologio*, vol. I, Bologna 1994, 96.

252 ACCS, *Decreta Sanctorum 1723–1730*, f. 30r–v.
253 ACCS, *Decreta liturgica 1723–1726*, f. 128r–136v; *Decreta Sanctorum 1723–1730*, f. 34r–35r.
254 ACCS, *Decreta Sanctorum 1723–1730*, f. 42r–v.
255 ACCS, *Decreta liturgica 1723–1726*, f. 138r–149r, 152r–155r; *Decreta Sanctorum 1723–1730*, f. 43r–44v. In questa stessa congregazione il promotore della fede Prospero Lambertini presentò una *instructio*, diretta al patriarca di Venezia Pietro Barbarigo e al vescovo di Vicenza Sebastiano Venier, finalizzata alla ricerca e all'esame degli scritti di Lorenzo da Brindisi: ACCS, *Decreta Sanctorum 1723–1730*, f. 487r–490v; si ritiene opportuno riportarne il testo nell'Appendice documentaria: Doc. 8.
256 ACCS, *Decreta Sanctorum 1723–1730*, f. 46r–47r.
257 ACCS, *Decreta liturgica 1723–1726*, f. 156r–169r, 171v–174v; *Decreta Sanctorum 1723–1730*, f. 49r–54v.
258 ACCS, *Decreta Sanctorum 1723–1730*, f. 55r–v. Per la stessa congregazione antipreparatoria il promotore della fede Prospero Lambertini preparò il testo del voto, che attualmente si conserva nell'ACCS, *Fondo Q* fasc. 17-2-315, f.n.n.; se ne riporta riporta il testo nell'Appendice documentaria: Doc. 10.

data	giorno	luogo	congregaz	interventi di Lambertini formulati "tam in scriptis quam in voce"
1724 agosto 26[259]	sabato	Quirinale	ordinaria	uff. santa Brigida Urbi et Orbi, valid. proc. ord. Benedetto da Poggibonsi, culto immem. 6 dei 7 fondatori Servi di Maria, valid. proc. mirac. Alfonso Turibio di Mogrovejo
1724 settembre 5[260]	martedí	*Origo*	antiprepara-toria	mirac. Giovanni della Croce
1724 settembre 16[261]	sabato	Quirinale	concistoro	Chiara da Montefalco
1724 settembre 23[262]	sabato	Quirinale	ordinaria	uff. san Buon Ladrone patr. princ. Pio Operai a Napoli, ricogniz. corpo Margherita da Cortona, *casus exceptus* Luigi Gonzaga, traslaz. corpo Gregorio Barbarigo[263]
1724 novembre 23	giovedí	Quirinale	concistoro	Giovanni Nepomuceno
1724 novembre 28[264]	martedí	Quirinale	generale	mirac. Pellegrino Laziosi
1724 dicembre 9[265]	sabato	Vaticano	ordinaria	indicaz. inizio culto Luigi Gonzaga
1724 dicembre 19[266]	martedí	Vaticano	preparatoria	mirac. Giovanni della Croce
1724 dicembre 24	giovedí	Vaticano	concistoro	Giovanni Nepomuceno
1725 gennaio 15[267]	sabato	Vaticano	particolare	Giuliana Falconieri, Agnese di Montepulciano[268]
1725 gennaio 30[269]	martedí	Vaticano	generale	*tuto* canonizz. Pellegrino Laziosi e Giovanni della Croce[270]

259 ACCS, *Decreta liturgica 1723–1726*, f. 175r–187v; *Decreta Sanctorum 1723–1730*, f. 57r–60r.
260 ACCS, *Decreta Sanctorum 1723–1730*, f. 61r–v.
261 ACCS, *Decreta Sanctorum 1723–1730*, f. 62r.
262 ACCS, *Decreta liturgica 1723–1726*, f. 188r–203v; *Decreta Sanctorum 1723–1730*, f. 63r–66r.
263 Sulla traslazione dei resti mortali di Gregorio Barbarigo si veda anche la speciale *instructio* stesa da Lambertini e conservata nell' ACCS, *Decreta Sanctorum 1723–1730*, f. 501r–502v.
264 ACCS, *Decreta Sanctorum 1723–1730*, f. 68r–69r. Dopo il comune parere positivo dei teologi, prelati e cardinali sui miracoli per la canonizzazione di Pellegrino Laziosi, Benedetto XIII "resolutionem distulit, ut prius de more in tam gravi deliberatione coelestis Luminis opem imploraret. His vero peractis, idem sanctissimus dominus noster accitis coram se infrascripta die [4 dicembre 1724] reverendo patre domino Prospero de Lambertinis archiepiscopo Theodosiae fideo promotore et me infrascripto eiusdem Congregationis secretario; ex septem propositis miraculis, tria in tertio genere approbavit": *ivi*, f. 69v.
265 ACCS, *Decreta liturgica 1723–1726*, f. 204r–223v; *Decreta Sanctorum 1723–1730*, f. 71v–72v.
266 ACCS, *Decreta Sanctorum 1723–1730*, f. 73r–v.
267 ACCS, *Decreta Sanctorum 1723–1730*, f. 82r–v.
268 La partecipazione del Lambertini a questa congregazione particolare viene confermata anche nel *De servorum Dei beatificatione* I/1, 651 (lib. I, cap. XXXII, n. 14).
269 ACCS, *Decreta Sanctorum 1723–1730*, f. 83r–86r.
270 Al termine di entrambe le consultazioni, positive per il primo all'unanimità, per il secondo positivo con qualche riserva, "sanctissimus vero de more distulit resolutionem ad effectum implorandi divinam opem": ACCS, *Decreta Sanctorum 1723–1730*, f. 84r e 86r.

data	giorno	luogo	congregaz	interventi di Lambertini formulati "tam in scriptis quam in voce"
1725 febbraio 5[271]	lunedí	Vaticano	decisione pont.	Benedetto XIII convoca Lambertini per comunicare la canonizz. di Pellegrino Laziosi, Giovanni della Croce, Giuliana Falconieri e Agnese di Montepulciano
1725 marzo 10[272]	sabato	Vaticano	ordinaria	valid. proc. apost. Veronica Laparelli, valid. proc. ord. Alfonso Turibio di Mogrovejo, uff. e messa beata Colomba di Rieti, riassunz. caus. Giovanni Francesco Régis
1725 marzo 20[273]	martedí	Vaticano	preparatoria	mirac. Giacomo della Marca
1725 giugno 14[274]	giovedí	Vaticano	concistoro	interv. Lambertini su Giovanni Nepomuceno
1725 luglio 7[275]	sabato	Quirinale	ordinaria	scritti Nicola Albergati, proc. apost. Giuseppe de Anchieta in Brasile, apert. proc. Lorenzo da Brindisi, culto immem. 6 dei 7 fondatori Servi di Maria, introd. caus. Nicola da Longobardi, valid. proc. Marianna di Gesú
1725 luglio 24[276]	martedí	Quirinale	preparatoria	mirac. Alfonso Turibio di Mogrovejo
1725 agosto 18[277]	sabato	Quirinale	ordinaria	*ad ulteriora* Luigi Gonzaga
1725 settembre 6[278]	martedí	Quirinale	preparatoria	canonizz. Francesco Solano
1725 settembre 15[279]	sabato	Quirinale	ordinaria	
1725 novembre 24[280]	sabato	Vaticano	ordinaria	valid. proc. apost. Giuliana Falconieri, proc. mirac. Pietro Regalado, mirac. e *tuto* canonizz. Luigi Gonzaga

---

271 ACCS, *Decreta Sanctorum 1723–1730*, f. 87r–90v.
272 ACCS, *Decreta liturgica 1723–1726*, f. 228r–256v, 259r–266v; *Decreta Sanctorum 1723–1730*, f. 92r–94v.
273 ACCS, *Decreta Sanctorum 1723–1730*, f. 96r–97r.
274 ACCS, *Decreta Sanctorum 1723–1730*, f. 97r.
275 ACCS, *Decreta liturgica 1723–1726*, f. 267r–287r, 289r–291r; *Decreta Sanctorum 1723–1730*, f. 100r–104v.
276 ACCS, *Decreta Sanctorum 1723–1730*, f. 105r–106r.
277 ACCS, *Decreta liturgica 1723–1726*, f. 291v–302v; *Decreta Sanctorum 1723–1730*, f. 108v–110v. Cf. anche *De servorum Dei beatificatione* I/1, 658 (lib. I, cap. XXXII, n. 20).
278 ACCS, *Decreta Sanctorum 1723–1730*, f. 112r–113r.
279 ACCS, *Decreta liturgica 1723–1726*, f. 303r–337v; *Decreta Sanctorum 1723–1730*, f. 114r–116v.
280 ACCS, *Decreta liturgica 1723–1726*, f. 338r–354r; *Decreta Sanctorum 1723–1730*, f. 118r–120v.

data	giorno	luogo	congregaz	interventi di Lambertini formulati "tam in scriptis quam in voce"
1725 dicembre 18[281]	martedí	Vaticano	generale	*tuto* canonizz. Giovanni della Croce, mirac. Alfonso Turibio di Mogrovejo
1726 gennaio 29[282]	martedí	Vaticano	generale	canonizz. Alfonso Turibio de Mogrovejo, *ad ulteriora* Giacomo della Marca
1726 febbraio 3[283]	domenica	*Barberini*	particolare	scritti Giovanni Battista della Santissima Concezione
1726 febbraio 12[284]	martedí	*Paolucci*	antipreparatoria	mirac. Agnese di Montepulciano
1726 febbraio 16[285]	sabato	Vaticano	ordinaria	valit. proc. apost. Giuseppe de Anchieta, traslaz. corpo Salvatore da Horta, scritti Giovanni Battista della SSma Concezione, valid. proc. apost. Francesco Caracciolo, introd. caus. Antonio Baldinucci, non culto Nicola da Longobardi, riassunz. caus. Giovanni Francesco Régis, uff. e messa 6 dei 7 fondatori Servi di Maria
1726 marzo 12[286]	martedí	Vaticano	preparatoria	mirac. Agnese di Montepulciano
1726 aprile 2[287]	martedí	Vaticano	generale	*tuto* canonizz. Luigi Gonzaga, mirac. Agnese di Montepulciano
1726 maggio 7[288]	martedí	Vaticano	generale	*tuto* canonizz. Agnese di Montepulciano, mirac. Giacinta Marescotti
1726 maggio 25[289]	sabato	Vaticano	ordinaria	culto immemor. Dalmazio Moner
1726 giugno 18[290]	martedí	Vaticano	preparatoria	mart. Fedele da Sigmaringen
1726 luglio 9[291]	martedí	Vaticano	generale	*tuto* canonizz. Giacinta Marescotti, mirac. Francesco Solano

281 ACCS, *Decreta Sanctorum 1723–1730*, f. 123r–124r.
282 ACCS, *Decreta Sanctorum 1723–1730*, f. 127v–131r.
283 ACCS, *Decreta Sanctorum 1723–1730*, f. 134r.
284 ACCS, *Decreta Sanctorum 1723–1730*, f. 134v–135r.
285 ACCS, *Decreta liturgica 1723–1726*, f. 356r–371r, 374r–375v; *Decreta Sanctorum 1723–1730*, f. 136r–141r.
286 ACCS, *Decreta Sanctorum 1723–1730*, f. 142r–143r.
287 ACCS, *Decreta Sanctorum 1723–1730*, f. 144r–146v.
288 ACCS, *Decreta Sanctorum 1723–1730*, f. 151r–153r.
289 ACCS, *Decreta liturgica 1723–1726*, f. 376r–405r; *Decreta Sanctorum 1723–1730*, f. 156r–158r.
290 ACCS, *Decreta Sanctorum 1723–1730*, f. 161r–v.
291 ACCS, *Decreta Sanctorum 1723–1730*, f. 171r–174r.

data	giorno	luogo	congregaz	interventi di Lambertini formulati "tam in scriptis quam in voce"
1726 agosto 3[292]	sabato	Quirinale	ordinaria	traslaz. corpo Serafino da Montegranaro[293], valid. proc. apost. Margherita da Cortona e Giovanni Nepomuceno, non culto Antonio Baldinucci[294], valid. proc. apost. Gregorio Barbarigo, ricogniz. e traslaz. corpo Giacinta Marescotti[295]
1727 febbraio 15[296]	sabato	Vaticano	ordinaria	valid. proc. apost. Giovanni di San Guglielmo, introd. caus. Serapione di Thmuis
1727 marzo 4[297]	martedí	Vaticano	generale	virtú Caterina de Ricci
1727 aprile 5[298]	sabato	Vaticano	ordinaria	lett. remiss. Caterina de Ricci, valid. proc. ord. e apost. Giovanni Leonardo De Fusco
1727 luglio 12[299]	sabato	Quirinale	ordinaria	uff. e messa Giovanni da Perugia e Pietro da Sassoferrato
1727 luglio 15[300]	martedí	*Imperiali*	antiprepara- toria	mirac. Giuliana Falconieri
1727 settembre 6[301]	sabato	Quirinale	ordinaria	
1727 settembre 16[302]	martedí	Quirinale	generale	virtú Vincenzo de Paoli
1727 novembre 29[303]	sabato	Vaticano	concistoro	Giacinta Marescotti
1727 dicembre 2[304]	martedí	Vaticano	particolare	
1727 dicembre 2[305]	martedí	Vaticano	preparatoria	mirac. Margherita da Cortona

292 ACCS, *Decreta liturgica 1723–1726*, f. 405v–434r; *Decreta Sanctorum 1723–1730*, f. 177r–180v.
293 Sulla traslazione del corpo di Serafino da Montegranaro dalla vecchia alla nuova cappella per lui costruita nella stessa chiesa dei cappuccini di Ascoli Piceno esiste una particolare istruzione di Prospero Lambertini, che si è ritenuto conveniente riportare nell'Appendice documentaria: Doc. 12.
294 Cf. anche *De servorum Dei beatificatione*, lib. II, cap. XIII, n. 7.
295 Al riguardo si veda anche la particolare *instructio* di Prospero Lambertini per la "facoltà d'estrarre dal sepolcro il copro della beata Giacinta Maerscotti e di riportarlo alla nuova cappella situata nella chiesa della monache di San Bernardino di Viterbo", conservata nell ACCS, *Decreta Sanctorum 1723–1730*, f. 510r–515v. Lo stesso testo viene riprodotto anche in ACCS, *Fondo X*, n. 350, f.n.n.; si ritiene opportuno riportarne il testo nell'Appendice documentaria: Doc. 13.
296 ACCS, *Decreta liturgica 1727–1729*, f. 12r–53r; *Decreta Sanctorum 1723–1730*, f. 208r–211v.
297 ACCS, *Decreta Sanctorum 1723–1730*, f. 212r–213r.
298 ACCS, *Decreta liturgica 1727–1729*, f. 54r–83v; *Decreta Sanctorum 1723–1730*, f. 216r–218r.
299 ACCS, *Decreta liturgica 1727–1729*, f. 90r–131v; *Decreta Sanctorum 1723–1730*, f. 220r–223v.
300 ACCS, *Decreta Sanctorum 1723–1730*, f. 224r–225r.
301 ACCS, *Decreta liturgica 1727–1729*, f. 132r–156v; *Decreta Sanctorum 1723–1730*, f. 226r–v.
302 ACCS, *Decreta Sanctorum 1723–1730*, f. 230r–231r.
303 ACCS, *Decreta Sanctorum 1723–1730*, f. 233r.
304 ACCS, *Decreta liturgica 1727–1729*, f. 165r–169r
305 ACCS, *Decreta Sanctorum 1723–1730*, f. 234r–235r. Il voto di Prospero Lambertini emesso nella congregazione preparatoria celebrata presso il Palazzo Apostolico del Vaticano si trova riportato anche in ACCS, *Fondo Q*, fasc. 17-2-315, f.n.n.: se ne riproduce il testo nell'Appendice documentaria: doc. 14.

data	giorno	luogo	congregaz	interventi di Lambertini formulati "tam in scriptis quam in voce"
1727 dicembre 23[306]	martedí	Vaticano	generale	mirac. Margherita da Cortona
1728 gennaio 24[307]	sabato	Vaticano	ordinaria	introd. caus. Maria degli Angeli, proc. mirac. Gaspare de Bono
1728 gennaio 29[308]	giovedí	Vaticano	concistoro	Giacinta Marescotti
1728 febbraio 17[309]	martedí	Vaticano	generale	*tuto* canonizz. Margherita da Cortona, mirac. Giovanni de Prado
1728 marzo 20[310]	sabato	Vaticano	ordinaria	valid. proc. apost. Caterina de Ricci, *casus exceptus* e mart. Serapione di Thmuis

Va ancora una volta detto che uno dei compiti maggiori del promotore generale, forse il piú oneroso, e in qualche caso anche sgradito e forse inviso ai postulatori e ai patroni, era quello di formulare le obiezioni o *animadversiones* alle singole cause, evidenziando eventuali difficoltà o punti deboli o anche eventuali ostacoli che bisognava assolutamente superare per consentire il proseguimento delle cause stesse: forse è questo compito particolare che ha portato la fantasia popolare a caratterizzare il promotore della fede come *advocatus diaboli*[311].

---

306 ACCS, *Decreta Sanctorum 1723–1730*, f. 236r–238r.

307 ACCS, *Decreta liturgica 1727–1729*, f. 183r–240r; *Decreta Sanctorum 1723–1730*, f. 243r–247r.

308 *Decreta Sanctorum 1723–1730*, f. 248v.

309 ACCS, *Decreta Sanctorum 1723–1730*, f. 249r–252r.

310 ACCS, *Decreta liturgica 1727–1729*, f. 241r–266r; *Decreta Sanctorum 1723–1730*, f. 257r–260v. La congregazione ordinaria successiva, tenuta il 10 aprile 1728 nel Palazzo Apostolico Vaticano, segnalerà come promotore della fede "Cavalchinus" (ACCS, *Decreta liturgica 1727–1729*, f. 269r), cioè Carlo Alberto Guidoboni Cavalchini. Nato a Tortona il 26 luglio 1683, sostituì il Lambertini come promotore della fede nell'aprile 1728, ma la sua nomina fu decretata ufficialmente tramite breve pontificio il 19 maggio 1728, dopo che nove giorni prima era stato eletto arcivescovo titolare di Filippi; riceverà la porpora cardinalizia dal Lambertini stesso il 9 settembre 1743 e si spegnerà a Roma il 7 marzo 1774: su di lui cf. *Hierarchia catholica* V, 313–314; VI, 13; Francesco Raco, in *Dizionario biografico degli italiani* 22, Roma 1979, 648–650.

311 Non si ritiene opportuno in questa sede enumerare tutte le *animadversiones* alle varie cause, stese dal promotore della fede Prospero Lambertini e pubblicate nelle rispettive *positiones* durante il suo ventennale incarico presso la Congregazione dei Riti: per un elenco di esse, edite tra gli anni 1708–1728, cf. Wilhelmus Schamoni, *Inventarium Processuum Beatificationis et Canonizationis Bibliothecae Nationalis Parisiensis provenientium ex Archivis S. Rituum Congregationis typis mandatorum inter annos 1662–1809*, Hildesheim-Zürich-New York 1983, alle date corrispondenti. Lo stesso Lambertini qualche volta accenna espressamente alle *animadversiones* da lui stese per varie cause di canonizzazione; cf. ad esempio *De servorum Dei beatificazione* I/1, 656 (lib. I, cap. XXXII, n. 19): "in adversionibus a me facti"; *ivi* I/2, 193–194 (lib. I, cap. XLVI, n. 5): "Silentio scilicet interea praeterimus quidquid de nostra sollerti in excitandis difficultatibus cura, dum fidei promotoris officium exercebamus"; lib. II, cap. XV, n. 13: "ipseque proinde fungens munere fidei promotoris in animadversionibus monuissem, quod sententia confirmari non poterat"; lib. III, cap. IV, n. 5: "cum ipse tanquam fidei promotor in meis adversionibus differentiam praedictam minime astruendam censuerim"; lib. IV/I, cap. XXII, n. 5: "ego deinde ad idem munus electus animadversiones edideramus adversus miraculum"; *ivi*, n. 13: "fungens munere fidei promotoris in meis animadversionibus doctrinam opposui". Cf. anche lib. IV/I, cap. XXX, n. 17.

Con la sua immissione nel collegio cardinalizio e con la sua ascesa al soglio pontificio, Prospero Lambertini *alias* Benedetto XIV continuò, sebbene in modo diverso, la sua collaborazione alla Congregazione dei Riti e alla promozione delle cause dei santi. Egli stesso, nell'allocuzione al concistoro segreto del 18 maggio 1746, proclamò apertamente di aver dato il suo apporto come cardinale membro della stessa Congregazione, a cui fu ascritto il 12 maggio 1728[312], e quindi come papa in occasione delle congregazioni generali che venivano celebrate alla sua presenza[313].

Per quanto riguarda le prime esistono chiare testimonianze nei Registri conservati nell'Archivio della Congregazione delle Cause dei Santi, ove risulta che il Lambertini partecipò ed emise il suo voto alla congregazione ordinaria in Vaticano del 3 luglio 1728[314], e alle congregazioni generali del 15 giugno 1728 sulle virtú eroiche di Camillo de Lellis[315] e del 7 settembre sulle virtú di Giuseppe della Madre di Dio[316]; nella mattinata dello stesso giorno del 7 settembre 1728 a una congregazione particolare[317]. In quanto papa, oltre al governo generale del Dicastero e alle nomine per esso effettuate, egli presiedette numerose congregazioni generali[318] e, come si vedrà in seguito, procedette a sei beatificazioni e a cinque canonizzazioni[319].

3. Attività complementari al ruolo di promotore della fede

Oltre che promotore generale, Prospero Lambertini svolse nello stesso periodo di tempo anche altri incarichi, alcuni dei quali particolarmente gravosi e impegnativi, tanto che a tutt'oggi riesce difficile immaginare il ritmo serrato e la grande mole di lavoro da lui svolta e portata a termine negli anni tra il 1708 e il 1728. Si tratta in particolare degli incarichi di canonico di San Pietro, di consultore della Congregazione del Sant'Officio, di segretario della Congregazione del Concilio e di canonista della Penitenzieria Apostolica.

Come già visto, il Lambertini fu nominato canonico di San Pietro nel settembre 1712 e prese possesso del canonicato il 9 ottobre successivo: in tale occasione l'atto notarile lo qualificava come "aulae consistorialis advocatus et fidei promotor" men-

---

312 ACCS, *Decreta Sanctorum 1723–1730*, f. 274v: "Die 12 maii 1728. Sanctissimus dominus noster mandavit describi, inter eminentissimos et reverendissimos dominos Sacrorum Rituum Congregationis praepositos cardinales, eminentissimum Lambertinum et eminentissimum Bancherium [Antonio Banchieri]". In qualità di cardinale membro della Congregazione dei Riti, Prospero Lambertini partecipò il 24 maggio 1728 nella Basilica Vaticana alla beatificazione di Giovanni de Prado: cf. *ivi*, f. 275v.

313 A questo riguardo cf. l'appendice al *Bullarium* di Benedetto XIV, pubblicata nel vol. XVI dell'*Opera omnia*, Prato 1846, 489–490.

314 ACCS, *Decreta liturgica 1727–1729*, f. 300v; *Decreta Sanctorum 1723–1730*, f. 280r.

315 ACCS, *Decreta Sanctorum 1723–1730*, f. 277v.

316 ACCS, *Decreta Sanctorum 1723–1730*, f. 292r.

317 ACCS, *Decreta liturgica 1727–1729*, f. 353r.

318 Non si ritiene opportuno enumerare specificamente le congregazioni generali presiedute da Benedetto XIV, né tutti gli altri interventi da lui effettuati in relazione alla Congregazione dei Riti, inclusi gli atti relativi alle beatificazioni e alle canonizzazioni da lui compiute. Tutto però si trova dettagliatamente descritto nei Registri: al riguardo cf. ACCS, *Decreta Sanctorum 1723–1730; 1738–1741; 1742–1744; 1745–1750; 1751–1753, 1754–1757; 1757–1769*.

319 Cf. al riguardo la nota 365.

tre il relativo breve pontificio lo segnalava come "iuris utriusque doctor, theologiae magister"[320]. L'ufficio di canonico di San Pietro, che Lambertini svolse fino al marzo 1727, allorché fu nominato vescovo di Ancona, comportava, oltre il servizio ordinario della recita corale dell'ufficio divino, anche la partecipazione personale a tutte le cerimonie solenni che avevano luogo in San Pietro, come esequie solenni, anche per sommi pontefici defunti, e cerimonie di beatificazione di canonizzazione; a lui inoltre fu conferita quasi subito l'ufficio di archivista capitolare, e dal 27 agosto 1713 l'incarico di procuratore del Capitolo di San Pietro, che era di tipo prettamente legale e quindi a lui congeniale.

Particolarmente oneroso era il servizio corale, che richiedeva la presenza alle ore canoniche tutti i giorni, e la "presenza in servizio" due giorni alla settimana. Proprio per poter adempiere i suoi compiti di promotore della fede, Lambertini chiese nel 1713 a papa Clemente XI "l'esenzione dal coro di S. Pietro, ove egli è canonico, per quei giorni e quelle ore nelle quali come promotore della fede deve assistere aipubblici concistori, alle congregazioni straordinarie e ordinarie dei riti, e per quei giorni e quelle ore nelle quali deve assistere alle altre congregazioni alle quali è iscritto per somma clemente di vostra santità, e per un solo doppo pranzo della settimana, che potrebbe essere o il giovedí o il venerdí, in cui possa sentire le informazioni e ricorsi dei postulanti". Dai libri delle puntature capitolari si può evincere che normalmente il Lambertini fu molto fedele ai suoi compiti canonicali. Assenze prolungate, tra i 15 e i 30 giorni, furono molto rare e in genere giustificate solo per motivi di salute.

Riconoscimento impegnativo e qualificante per il Lambertini fu anche la nomina a consultore del Sant'Officio, che fu comunicata all'assessore del Dicastero Domenico Zauli[321] con un semplice biglietto datato 16 maggio 1713, proveniente dalla Segreteria di Stato e cosí formulato: "Essendosi degnata la santità di nostro signore di dichiarare monsignore Lambertini consultore del Santo Officio, se ne dà quest'avviso a monsignor assessore per sua notizia"[322]. Il giorno seguente il neoconsultore emise il giuramento previsto[323], debitamente confermato con

---

320 M. A. De Angelis, *Prospero Lambertini*, 138. Per le considerazioni seguenti, relative all'attività del Lambertini come canonico di San Pietro, cf. *ivi*, 137–172, il cui contenuto viene qui solo accennato.

321 Nato a Faenza nel 1637 da Giovanni Battista e Lucrezia Tartagni, ebbe una buona formazione giuridica a Bologna, ove si addottorò in *utroque* il 28 aprile 1657; il 6 marzo 1690 fu eletto vescovo di Veroli, diocesi da cui si dimise il 26 aprile 1708; arcivescovo titolare di Teodosia dal 6 maggio 1709, ricoprí l'incarico di vicegerente di Roma dal 1701 al 1712, anno in cui fu nominato assessore del Santo Officio; come tale si spense a Roma il 1 marzo 1722: su di lui cf. *Hierarchia catholica* V, 375 e 412; Christoph Weber, *Legati e governatori dello Stato Pontificio (1550–1809)* (Pubblicazioni degli Archivi di Stato. Sussidi, 7), Roma 1994, 886.

322 Archivio Congregazione Dottrina della Fede [in seguito: ACDF], *Iuramenta* 1701–1724, f. 126r. Per questo ed altri riferimenti archivistici dall'Archivio della Congregazione della Dottrina della fede si ringrazia di cuore il dott. Daniel Ponziani.

323 ACDF, *Iuramenta* 1701–1724, f. 125r–v: "Ego Prosper Lambertinus a Bononia, Utriusque Signaturae referendarius et promotor fidei, constitutus coram vobis eminentissimis et reverendissimis dominis Sanctae Romanae Ecclesiae cardinalibus Spada, Mariscotto, Panciatico, Sancti Clementis, Fabrono et Otthobono, tactis per me sacrosanctis Dei evangeliis coram me positis, iuro et promitto me fideliter exercere munus consultoris Sancti Officii et inviolabile secretum servare... [segue formulario prestampato]".

rogito notarile da Giuseppe Bartoli, notaio della Santa Romana e Venerabile Inquisizione[324].

Molto ricercata e sempre improntata ad equilibrio e moderazione fu l'attività del Lambertini come consultore del Sant'Officio: oltre a varie censure di libri, tra le quali una biografia del cappuccino Marco d'Aviano[325], proclamato beato da Giovanni Paolo II il 27 aprile 2003, il promotore della fede della Congregazione dei Riti fu chiamato a stendere vari voti su svariati argomenti, e in particolare sul complesso tema dei riti malabarici e cinesi[326], sull'amministrazione del battesimo agli ebrei[327], sulla bolla *Unigenitus* e sul gallicanesimo[328], su una complicata dispensa matrimoniale[329], su alcuni abusi relativi all'amministrazione degli esorcismi[330], sulla possibilità per gli ortodossi di ascoltare le confessioni dei cattolici[112]; su numerosi privilegi richiesti nel 1723 dalla principessa di Sassonia Maria Giuseppa d'Austria[332], sull'ospedale romano di Santo Spirito in Sassia[333], su alcune questioni relative ai rapporti tra l'inquisizione di Malta e l'Ordine gerosolimitano[334]. Come si vede, si tratta di un complesso variegato e disomogeneo di problematiche, sulle quali fu

---

324 ACDF, *Iuramenta* 1701–1724, f. 128v: "Feria quarta, die 17 maii 1713. Retroscriptus reverendus pater dominus Prosper Lambertinus, Utriusque Signaturae Referendarius et Promotor fidei, deputatus a Sanctissimo Domino nostro in Consultorem huius Sancti Officii, praestitit iuramentum de silentio servando et fideliter exercendo dicto munere iuxta retroscriptam formulam, praesentibus reverendis patribus dominis Zauli assessore et Cavalerio secretario de Propaganda Fide et Consultore testibus. Ita est. Ego Ioseph Bartolus Sanctae Romanae et Venerabilis Inquisitionis notarius".

325 ACDF, *Cens. Libr.* 1715, n. 17. Nonostante il parere positivo per la stampa da parte di Prospero Lambertini, la biografia di Marco d'Aviano, opera del suo confratello e compagno di viaggio Cosmo da Castelfranco, non fu allora pubblicata; essa è stata alle stampe solo recentemente: cf. Cosmo da Castelfranco, *Vita di Marca d'Aviano frate cappuccino e appunti di viaggi*, Castelfranco Veneto 2005. Per quanto riguarda la censura di libri fatta da Lambertini si veda anche la *Vita di suor Maria Triboli* (ACDF, *Cens. Libr.* 1716, n. 11), una *Censura in duos libellos de regio exequatur* (ACDF, *Cens. Libr.* 1711, 14, 2.16) e una *Censura in vitam Eleonore Ramirez Montalvo circa titulum 'Venerabilis'* (ACDF, *Cens. Libr.* 1729–32, n. 15).

326 Su questo argomento particolare, verso il quale il Lambertini mostrò sempre grande equilibrio e moderato buonsenso, cf. ACDF, *S. O., St. Stor.*, QQ 1 h; QQ 1 i; QQ 1 l; UV 50 (1). Il tema dei libri malabaresi sarà ripreso anche nel *De servorum Dei beatificatione*, riferito sia alla sua attività di promotore della fede, sia al periodo del pontificato: cf. *ivi*, I/1, 362–363 (lib. I, cap. XVI, n. 4).

327 Cf. ACDF, *S. O., St. Stor.*, CC 2 b; *Doctrinalia S. O.* 1715–1720, 4 e 6. A questo riguardo cf. anche Marina Caffiero, *Benedetto XIV e gli ebrei. Un parere del consultore Lambertini al Sant'Uffizio*, in *Religione, Cultura e Politica nell'Europa dell'età moderna. Studi offerti a Mario Rosa*, a cura di Carlo Ossola, Marcello Verga e Maria Antonietta Visceglia, Firenze 2003, 379–390.

328 Cf. ACDF, *S. O., St. Stor.*, F 4 g.

329 Cf. ACDF, *S. O., St. Stor.*, UU 17 (Carte Carrano).

330 Cf. ACDF, *S. O., St. Stor.*, M 7 m (15).

331 Cf. ACDF, *S. O., St. Stor.*, QQ 3 l.

332 Cf. ACDF; *S. O., St. Stor.*, TT 1 d (2). Figlia dell'imperatore Giuseppe I e Maria Guglielmo di Brunswick-Lüneburg, Maria Giuseppa nacque a Vienna l'8 dicembre 1699. Il 20 agosto 1719 sposò Augusto II di Sassonia (poi Augusto III di Polonia), da cui ebbe 14 figli. Morì a Dresda il 17 novembre 1757. Su di lei cf. Constantin Wurzbach, *Biographisches Lexikon des Kaisertums Österreich*, vol. VII, Wien 1862, 49–51.

333 Cf. ACDF, *S. O., St. Stor.*, I 5 e (10).

334 Cf. ACDF, *S. O., St. Stor.*, I 5 c, n. 8 e 19.

chiesto il parere e il giudizio del promotore della fede, sempre caratterizzato di spirito di moderazione e di grande equilibrio[335].

Il 10 gennaio 1718 Marco Antonio Ansidei[336], fin a quel momento segretario della Congregazione del Concilio e collega di Lambertini come canonico di San Pietro, divenne coadiutore dell'Assessore del Sant'Officio Domenico Zauli e tre giorni dopo gli fu inviato un breve pontificio con il quale gli si consentiva di continuare a conseguire gli emolumenti del suo canonicato senza partecipare al coro e alle altre funzioni canonicali[337]. A succedergli come segretario fu chiamato lo stesso giorno 10 gennaio 1718 Prospero Lambertini: cinque giorni dopo parteciparono insieme alla congregazione ordinaria del Dicastero: Ansidei per l'ultima volta, e Lambertini per la prima[338].

Dai Registri o *Libri Decretorum* della Congregazione del Concilio, attualmente conservati nell'Archivio Segreto Vaticano, è possibile seguire dettagliatamente – come si è visto per la Congregazione dei Riti – l'attività del nuovo segretario, e soprattutto la sua partecipazione alle congregazioni plenarie del Dicastero, convocate anch'esse nei Palazzi Apostolici del Vaticano o del Quirinale a scadenza normalmente mensile o bimensile e sempre di sabato. Cosí per l'anno 1718 Lambertini prese parte come segretario a sedici congregazioni[339], per l'anno 1719 a diciassette congregazioni[340], per il 1720 a sedici[341], per il 1721 a quattordici[342], per il 1722 a

---

335 A parte le questioni ora segnalate, l'Archivio della Congregazione della Dottrina della Fede custodisce ancora varie lettere inedite del Lambertini, alcune delle quali autografe. Si veda ad esempio ACDF, *S. O., St. Stor.*, CC 2 b; QQ 1 h; QQ 1 i; *Siena, Lettere* 1728–1831.

336 Nato a Perugia il 1 settembre 1671, assessore del Sant'Officio e segretario della Congregazione del Concilio, il 12 giugno 1724 fu eletto arcivescovo titolare di Damietta, e due anni e mezzo dopo, il 16 dicembre 1726, trasferito a Perugia; creato cardinale con Lambertini il 9 dicembre dello stesso anno e riservato *in pectore*, fu come lui proclamato il 30 aprile 1728; si spense a Roma il 14 febbraio 1730. Su di lui cf. *Hierarchia catholica* V, 37, 181 e 311.

337 ASV, *Sec. Brev., Reg.* 2450, f. 5r–8v.

338 ASV, *Congr. Concilio, Libri Decretorum*, vol. 68, f. 1r: "Die sabathi 15 ianuarii 1718 hora XV in Palatio Apostolico Quirinali habita fuit Sacra Congregatio Concilii, in qua interfuerunt eminentissimi domini cardinales Barberinus, De Alteriis, de Abdua, Paraccianus, Columna, Ptolaemeus, Priolus, Zondadarius, Tanarius, Corradinus, nec non Marcus Antonius Ansideus secretarius et Prosper de Lambertinis eiusdem Sacrae Congregationis noviter electus secretarius".

339 Queste ebbero luogo rispettivamente il 15 e il 29 gennaio, il 12 febbraio, il 12 e il 26 marzo, il 9 aprile, il 7 e il 21 maggio, l'11 giugno, il 2 e il 23 luglio, il 13 agosto, il 3 e il 24 settembre, il 19 novembre e il 3 dicembre: cf. ASV, *Congr. Concilio, Libri Decretorum*, vol. 68, f. 1r, 27r, 53r, 83r, 107r, 139r, 163r, 195r, 227r, 253r, 287r, 321r, 359r, 393r, 455r, 487r.

340 Il 21 gennaio, il 4 febbraio, il 4 e il 18 marzo, il 1 e il 22 aprile, il 6 e il 20 maggio, il 17 giugno, l'8 luglio, il 5 e il 26 agosto, il 9 e il 30 settembre, il 18 novembre, il 2 e il 16 dicembre: cf. ASV, *Congr. Concilio, Libri Decretorum*, vol. 69, f. 1r, 37r, 77r, 113r, 147r, 189r, 221r, 225r, 289r, 331r, 375r, 417r, 459r, 493r, 535r, 563r, 587r.

341 Il 13 e 27 gennaio, il 24 febbraio, il 16 marzo, il 13 e il 27 aprile, l'11 maggio, l'8 e il 22 giugno, il 13 luglio, il 2 e il 24 agosto, il 7 settembre, il 1 ottobre, il 16 novembre e il 7 dicembre: cf. ASV, *Congr. Concilio, Libri Decretorum*, vol. 70, f. 1r, 23r, 53r, 83r, 132r, 162r, 198r, 234r, 258r, 294r, 330r, 368r, 406r, 442r, 498r, 532r.

342 L'11 e il 25 gennaio, l'8 febbraio, l'8 marzo, il 31 maggio, il 21 giugno, il 12 luglio, il 2 e il 23 agosto, il 13 settembre, il 2 ottobre, il 22 novembre, il 6 e il 20 dicembre: cf. ASV, *Congr. Concilio, Libri Decretorum*, vol. 71, f. 1r, 41r, 73r, 105r, 159r, 201r, 245r, 305r, 357r, 397r, 449r, 505r, 555r, 587r.

sedici[343], per il 1723 a diciassette[344], per il 1724 solo a dodici congregazioni (non ci fu nessuna congregazione tra i mesi di marzo e maggio a causa della morte di Innocenzo XIII, avvenuta il 7 marzo, e dell'elezione di Benedetto XIII del 29 maggio)[345], per il 1725 a quattordici[346], per il 1726 a quindici[136], per il 1727 a sedici[348], e fino al 17 aprile 1728 (tredici giorni dopo sarà proclamato cardinale) Prospero Lambertini prese parte come segretario a quattro congregazioni[349].

Oltre a partecipare alle congregazioni del Dicastero, in qualità di segretario della Congregazione del Concilio egli doveva in pratica coordinarne l'intera attività e curarne l'ordinario funzionamento, secondo le competenze specifiche. Originariamente la Congregazione del Concilio doveva promuovere l'applicazione e la pratica esecuzione dei decreti disciplinari del Concilio di Trento, in seguito estese la sua azione all'esame dei concili provinciali e delle relazioni sullo stato delle diocesi presentate in occasione delle visite *ad limina*, alla vigilanza sulla disciplina del clero e del popolo, sui diritti e doveri dei vescovi, sui benefici e i beni ecclesiastici, con competenza anche sulle cause matrimoniali e con facoltà di concedere dispense, indulti e privilegi.

Compito precipuo del segretario era anche redigere e presentare nei congressi una breve relazione sulle varie cause e sulle questioni proposte alla Congregazione, e controllare ed esaminare quindi tutta la corrispondenza e ricorsi inoltrati. Si tratta di una massa documentaria molto consistente: per il periodo che va dal gennaio 1718 all'aprile 1728 essa è raccolta in 104 grossi faldoni, attualmente depositati presso l'Archivio Segreto Vaticano. Indubbiamente va ascritta all'esperienza del Lambertini come segretario della Congregazione del Concilio, oltre che come vescovo

---

343 Il 17 gennaio, il 7 e il 28 febbraio, il 17 e il 28 marzo, il 18 aprile, il 2 e il 23 maggio, il 13 giugno, il 4 luglio, l'8 e il 29 agosto, il 19 settembre, il 21 novembre, il 5 e il 19 dicembre: cf. ASV, *Congr. Concilio, Libri Decretorum*, vol. 72, f. 1r, 41r, 71r, 93r, 119r, 163r, 195r, 231r, 269r, 309r, 363r, 415r, 457r, 519r, 561r, 591r.

344 Il 16 e il 30 gennaio, il 20 febbraio, il 6 marzo, il 10 e il 24 aprile, il 15 maggio, il 5 e il 26 giugno, il 17 e il 31 luglio, il 28 agosto il 18 settembre, il 2 ottobre, il 20 novembre, il 4 e il 18 dicembre: cf. ASV, *Congr. Concilio, Libri Decretorum*, vol. 73, f. 1r, 31r, 61r, 91r, 129r, 169r, 205r, 251r, 285r, 333r, 383r, 431r, 495r, 537r, 575r, 609r, 649r.

345 Il 15 e il 29 gennaio, il 12 febbraio, il 7 marzo, il 10 giugno, l'8 e il 29 luglio, il 19 agosto, il 9 e il 30 settembre, il 18 novembre, il 2 e il 16 dicembre: cf. ASV, *Congr. Concilio, Libri Decretorum*, vol. 74, f. 1r, 37r, 65r, 125r, 185r, 255r, 309r, 355r, 409r, 479r, 521r, 559r.

346 Il 20 gennaio, il 3 febbraio, il 3 e il 24 marzo, il 14 aprile, il 9 e il 23 giugno, il 13 luglio, il 4 agosto, il 1 e il 22 settembre, il 17 novembre, il 1 e il 15 dicembre: cf. ASV, *Congr. Concilio, Libri Decretorum*, vol. 75, f. 1r, 43r, 83r, 135r, 171r, 245r, 307r, 351r, 403r, 459r, 531r, 595r, 641r, 683r.

347 Il 12 e il 26 gennaio, il 9 e il 23 febbraio, il 16 e il 30 marzo, il 13 aprile, il 4 e il 18 maggio, l'8 giugno, il 6 e il 27 luglio, il 17 agosto, il 7 e il 28 settembre: cf. ASV, *Congr. Concilio, Libri Decretorum*, vol. 76, f. 1r, 31r, 63r, 95r, 121r, 151r, 179r, 219r, 255r, 293r, 341r, 385r, 431r, 475r, 519r.

348 L'11 e il 25 gennaio, l'8 febbraio, il 15 e il 29 marzo, il 26 aprile, il 10 e il 24 maggio, il 7 giugno, il 5 luglio, il 2 e il 23 agosto, il 20 settembre, il 22 novembre, il 6 e il 20 dicembre: cf. ASV, *Congr. Concilio, Libri Decretorum*, vol. 77, f. 1r, 71r, 105r, 149r, 193r, 239r, 275r, 307r, 339r, 395r, 457r, 517r, 575r, 635r, 683r, 723r.

349 Il 17 gennaio, il 21 febbraio, il 13 marzo e il 17 aprile: cf. ASV, *Congr. Concilio, Libri Decretorum*, vol. 78, f. 1r, 73r, 125r, 173r.

di Ancona e arcivescovo di Bologna, la composizione del *De Synodo dioecesana*[350], cosí come il *De servorum Dei beatificatione et de beatorum canonizatione* è il frutto della sua attività come promotore della fede presso la Congregazione dei Riti.

L'ultimo campo di attività di Prospero Lambertini, complementare e contemporaneo al suo incarico di promotore della fede, fu quello di canonista della Penitenzieria Apostolica. Secondo la riforma della Sacra Penitenzieria, attuata da Pio V con la bolla *In omnibus rebus humanis* del 18 maggio 1569[351], il canonista o "doctor in decretis" doveva essere un "vir eximia doctrina praestans casuumque conscientiae peritus": si tratta di qualità che furono certamente individuate proprio nel nostro Lambertini.

La nomina del promotore della fede bolognese a canonista della Penitenzieria fu effettuata dall'allora penitenziere maggiore, il cardinale Bernardo Maria Conti[352], con un suo decreto del 10 marzo 1722[353]: si tratta quindi cronologicamente dell'ultimo ufficio esercitato dal Lambertini contemporaneamente agli altri due ben piú gravosi di promotore della fede della Congregazione dei Riti e di segretario della Congregazione del Concilio, e anche dell'ufficio a cui fu legato per un minore periodo di tempo: solo sei anni, dal marzo 1722 all'aprile 1728[354]. Di questo periodo ci è stato conservato un solo voto, steso di sua mano il 25 agosto 1723 e firmato come "Prosper de Lambertinis canonista", relativo al passaggio dall'Ordine benedettino della Congregazione olivetana alla Congregazione di Sant'Andrea d'Avignone, e da questa all'Ordine gerosolimitano nel priorato di Capua, da parte del patrizio napo-

---

350 È quanto afferma chiaramente M. T. Fattori, *"Acciò i vescovi latini siano ben informati di tutto": la seconda edizione del* De Synodo dioecesana *di Benedetto XIV*, in *Cristianesimo nella storia* 28 (2007) 543–608, spec. p. 543–545.

351 Per il testo cf. *Bullarium, diplomatum et privilegiorum sanctorum Romanorum pontificum...*, vol. VII, Augustae Taurinorum MDCCCLXII [Torino 1862], 746–750.

352 Nato a Roma il 29 febbraio 1664, entrò tra i benedettini cassinesi, tra i quali fu abate di vari monasteri e visitatore di alcune province; eletto vescovo di Terracina il 1 dicembre 1710, si dimise il 3 giugno 1720 e l'anno seguente, il 16 giugno 1721, fu creato cardinale dal fratello papa Innocenzo XIII, dal quale fu nominato penitenziere ammgione il 3 agosto successivo, carica da lui esercitata fino alla sua morte; si spense a Roma durante il conclave il 23 aprile 1730. Su di lui cf. *Hierarchia catholica* V, 33 e 372.

353 Archivio Penitenzieria Apostolica [in seguito: APA], *Acta* II, f. 101r: "Bernardus Maria etc. Dilecto nobis in Christo Magistro Prospero de Lambertinis subdiacono Bononiensi, Promotori fidei et Sacrae Congregationis Concilii Secretario, salutem in Domino. Cum officium consultoris canonistae Sacrae Poenitentiariae, quod nuper venerabilis in Christo Pater Vincentius Petra, archiepiscopus Damascenus et Sacrae Congregationis Episcoporum et Regularium sacretarius obtinebat, per assequutionem alterius officii Datarii eiusdem Sacrae Poenitentiariae vacaverit et vacet ad praesens, nos te Prosperum, ob doctrinae et virtutum merita quibus etc. Datum etc. Die et anno ut supra [10 marzo 1722]. Bernardus Maria cardinalis de Comitibus Maior Poenitentiarius. Prosper [Marefoschi] archiepiscopus Cesariensis sigillator Sacrae Poenitentiariae. Ioannes Dominicus Consalvus prim. et Sacrae Poenitentiariae secretarius". Ringrazio di cuore S. Ecc.za Mons. Fortunato Baldelli per avermi consentito la consultazione dell'Archivio della Penitenzieria Apostolica, e ringrazio parimenti l'allora archivista e attuale consultore della Congregazione delle Cause dei Santi, prof. Johan Ickx, per la collaborazione prestatami nella ricerca.

354 Sotto il 30 aprile 1728 gli atti della Penitenzieria Apostolica annotano la creazione cardinalizia del Lambertini e quindi la necessità di nominare per l'ufficio di canonista un suo successore, rinvenuto nella persona di Giacomo Amadori Lanfredini: APA, *Acta* III, c. 93.

letano Giuseppe Capecelatro[355], ma non è escluso che una ricerca piú approfondita e mirata possa riservare ulteriori sorprese documentarie.

4. Elementi autobiografici contenuti nel "De servorum Dei beatificatione"

La piú volte citata Maria Antonietta De Angelis nota che "in generale i ricordi autobiografici che Prospero Lambertini ha trasmesso nei suoi scritti sono molti e di notevole importanza"[356]. Se tale asserzione è vera per la corrispondenza privata e per alcuni testi canonici, essa è altrettanto vera anche per l'*opus maximum* del Lambertini. In questa sezione, oltre quanto già segnalato nelle annotazioni precedenti, per esigenza di brevità si riporta solo qualche esempio particolare, dal momento che gli elementi autobiografici, se non sono molto consistenti per tutti i vari segmenti della sua esistenza, per quanto riguarda il suo incarico di promotore della fede sono a tutti gli effetti esuberanti e forse eccessivi.

Nel *De servorum Dei beatificatione* si accenna una sola volta al periodo precedente la sua assunzione nel collegio degli avvocati concistoriali: nei primissimi anni del 1700, certamente tra il 1701 e il 1705, gli fu affidato per ordine di Clemente XI il patrocinio della causa della sua concittadina Caterina de' Vigri (8 settembre 1413–9 marzo 1463), e per essa il Lambertini non trascurò alcun mezzo per far accettare come miracolo il fatto che il corpo di lei si presentava ancora incorrotto[357]. Piú rappresentato è il invece la sua attività di avvocato concistoriale: oltre alla citazione precedente, Lambertini accenna al "consistorialis advocati munere" ottenuto "ex Clementis XI beneficentia" e da lui svolto dal 1701 al 1708[358], prima di essere chiamato all'ufficio di promotore generale[359].

Riguardo al suo canonicato in San Pietro, accennando alle solenni cerimonie e soprattutto alle canonizzazioni che normalmente avevano luogo nella Basilica Vati-

---

355 APA, Ms. 1720, 25 agosto 1723. Va detto che in tale occasione il voto di Lambertini non fu molto accondiscendente: riteneva infatti non giustificato il passaggio del Capecelatro all'Ordine gerosolimitano e quindi propendeva per il suo ritorno nella Congregazione benedettina di Sant'Andrea. Anche l'attività di canonista presso la Penitenzieria Apostolica si rivelò per il Lambertini molto utile, tanto da consentirgli, una volta asceso al soglio di Pietro, di promuovere con la necessaria competenza le opportune riforme del Sacro Tribunale. Cf. a questo riguardo *La Penitenzieria Apostolica e il Sacramento della Penitenza. Percorsi storici-giuridici-teologici e prospettive pastorali* (Monumenta, Studia, Instrumenta Liturgica, 55), a cura di Manlio Sodi e Johan Ickx, Città del Vaticano 2009, in particolare i contributi di Sua Em.za Card. Tarcisio Bertone, *Benedetto XIV e la riforma della Sacra Penitenzieria Apostolica*, 149–162, e Ángel Rodríguez Luño, *Benedetto XIV e la riforma della Penitenzieria Apostolica*, 163–168.

356 M. A. De Angelis, *Prospero Lambertini*, 23.

357 *De servorum Dei beatificatione*, lib. IV/I, cap. XXX, n. 12: "Iussi Clementis XI ipse, iuvenis cum essem, nec adhuc in collegium consistorialis aulae advocatorum adscitus, patrocinium assumpsi causae meae concivis sanctae Catharinae, atque tum scriptis, tum dictis omnem lapidem movi, ut corporis incorruptio inter miracula recenseretur".

358 *De servorum Dei beatificatione*, cap. introduttivo: I/1, 90.

359 *De servorum Dei beatificatione*, lib. IV/I, cap. XXII, n. 21: "Antequam ad fidei promotoratum assumptus fuissem, inter sacrae consistorialis aulae advocatos cooptatus [...]". Cf. anche *ivi*, I/1, 507 (lib. I, cap. XXII, n. 23): "me [...] tamquam sacri Consistorii advocatum"; lib. IV/I, cap. XVIII, n. 12: "me tunc sacrae consistorialis aulae advocato" (anche cap. XX, n. 33).

cana, non può non aggiungere: "nella quale noi per molti anni abbiamo ottenuto la prebenda canonicale teologale"[360]; e in altro luogo afferma: "Multorum equidem annorum spatio theologi proventum in eadem insigni basilica obtinui"[361]. Solo un fuggevole cenno viene fatto alla sua qualifica di segretario della Congregazione del Concilio: parlando infatti di Carla Alberto Guidoboni Cavalchini, che esercitò l'incarico di segretario di quella Congregazione, aggiunge: "il quale compito fu da noi esercitato per lo spazio di molti anni insieme all'ufficio di promotore della fede"[362].

Piú frequenti sono i richiami autobiografici relativi al cardinalato e al pontificato. Cosí ad esempio ricorda con riconoscenza la "cardinalitiam dignitatem" a cui fu promosso, "me licet immerente" da Benedetto XIII[363]; o anche il "cardinalitium honorem", che il Lambertini collega alla fine dei lavori relativi alla causa di Margherita da Cortona[364]; e ancora la riassunzione della causa del beato servita Francesco Patrizio, per la quale egli aveva rivolto una speciale supplica a Clemente XII il 1° agosto 1739, "cum cardinalis munere fungeremur"[365]. Ancora piú frequenti sono le menzioni, che non vale la pena qui ricordare singolarmente, relative alla sua ascesa al soglio di Pietro, menzioni sempre collegate alle cause dei santi o a documenti e decreti ad esse relativi[366], che non oltrepassano però l'anno 1744, pur avendo Benedetto XIV effettuato varie beatificazioni e canonizzazioni anche dopo tale data[367].

---

360 *De servorum Dei beatificatione*, I/1, 708 (lib. I, cap. XXXVI, n. 3). Al riguardo Maria Antonietta De Angelis annota, forse in contraddizione con quanto affermato dal Lambertini stesso: "Nella lista dei Canonici annessa ai libri dei Turni la sua qualifica è quasi costantemente quella di Canonico Teologo, pur senza avere la prebenda teologale": *Prospero Lambertini*, 140. È chiaro però che in questo e in casi simili fanno testo le fonti d'archivio.

361 *De servorum Dei beatificatione*, I/2, 215 (lib. I, cap. XLVI, n. 33). Cf. anche *ivi*, I/2, *Appendice II*, 296–297: "per molti anni, mentre eravamo negli ordini minori, fummo uno dei canonici del capitolo della stessa insigne basilica, e anche per molti anni abbiamo svolto l'incarico di promotore della fede".

362 *De servorum Dei beatificatione*, I/1, 409 (lib. I, cap. XVIII, n. 10).

363 *De servorum Dei beatificatione*, I/1, 408 (lib. I, cap. XVIII, n. 10).

364 *De servorum Dei beatificatione*, I/2, 212 (lib. I, cap. XLVI, n. 29).

365 *De servorum Dei beatificatione*, lib. II, cap. XXIV, n. 226.

366 Si incontrano con una certa frequenza nel corso del *De servorum Dei beatificazione* espressioni come: "primo pontificatus nostri anno" (lib. I, cap. XXIV, n. 13), "post nostram ad summum pontificatum assumptionem" (lib. I, cap. XXVII, n. 8; lib. II, cap. XXXVI, n. 20; lib. III, cap. III, b. 24; lib. III, cap. XV, n. 19; lib. IV/II, cap. XX, n. 4), "ad summum autem pontificatum evecti" (lib. I, cap. XXXII, n. 5), "coram nobis ad summum pontificatum evectis" (lib. I, cap. XXXII, n. 21); "nos ipsi in initio secundi anni nostri pontificatus" (lib. I, cap. XXXVI, n. 3), "antequam fuerimus ad summum pontificatum evecti" e "in ipso nostri pontificatus initio manus admovimus" (lib. I, cap. XLVI, n. 50). Si ritiene opportuno omettere, per il loro grande numero, ogni riferimento a decreti, bolle o brevi pontifici emanati da Benedetto XIV durante il suo pontificato, dedicati specificamente alle cause dei santi e riportati o segnalati nella sua opera.

367 Durante il suo pontificato, Benedetto XIV procedette alle seguenti beatificazioni: Alessandro Sauli il 23 aprile 1741, Camillo de Lellis l'8 aprile 1742, Girolamo Miani il 29 settembre 1747, Giuseppe Calasanzio il 7 agosto 1748, Giovanna Francesca Frémiot de Chantal il 21 novembre 1751 e Giuseppe da Copertino il 24 febbraio 1753; compí invece una sola cerimonia di canonizzazione il 29 giugno 1746, quando iscrisse nell'albo dei santi Camillo de Lellis, Caterina de Ricci, Fedele da Sigmaringen, Giuseppe da Leonessa e Pietro Regalado. Riguardo alla cerimonia della canonizzazione cf. Emanuele de Azevedo, *Acta canonizationis sanctorum Fidelis a Sigmaringa, Camilli de Lellis, Petri Regalati, Josephi a Leonissa et Catharinae de Ricciis una cum apostolicis literis sanctissimi domini nostri Benedicti XIV et Vaticanae Basilicae ornatus descriptione*, Romae 1749. Per

Come già detto, frequentissimi ed esuberanti sono i richiami autobiografici del Lambertini relativi al suo ruolo di promotore della fede, ascendenti a varie centinaia e introdotti con espressioni come "dum fungebar munere Fidei Promotoris" o "dum eram Fidei Promotor" o "me tunc Fidei Promotoris officium exercente" o "ipse vero tunc fungens munere Fidei Promotoris" e numerose altre simili, di cui si ritiene superflua la citazione precisa. Molte volte i suoi interventi "tam in voce quam in scriptis" come promotore della fede sono corredati di date e circostanze, che si rivelano del tutto esatte e ricevono immediato e preciso riscontro dai Registri contemporanei del Dicastero[368].

In alcuni casi le date da lui fornite non sono ricavabili da altre fonti. Si veda ad esempio quella riferita alla sua nomina nell'incarico di promotore della fede, fissata con il breve pontificio del 7 aprile 1708, ilcui testo risulta attualmente di difficile rinvenimento: studiosi anche qualificati e autori di opere pregevolissime, che non hanno tenuto presente il *De servorum Dei beatificatione*, tendono erroneamente a posporre di anno la sua nomina[369]. E si rivela preciso, in realtà solo sul filo del rasoio, anche il tempo di poco piú di vent'anni, dallo stesso Lambertini indicato come periodo della sua titolarità nell'ufficio[370]: a rigor di logica, il periodo di tempo che va dal 7 aprile 1708 al 10 aprile 1728 copre una durata cronologica superiore a venti anni, anche se di soli tre giorni.

I richiami autobiografici sono però anche di altro genere. Per citarne qualcuno, si pensi a citazioni bibliografiche di opere a lui dedicate[371], o ai frequenti rimandi a persone a lui legate da speciali vincoli di amicizia[372], o anche al consapevole compiacimento di qualificare come suoi concittadini persone non solo oggetto di indagine finalizzata alla canonizzazione, come avviene ad esempio per Caterina de' Vigri da

---

quanto riguardo il solo san Fedele da Sigmaringen cf. lo studio particolareggiato di Oktavian Schmucki, *Die Kanonisationsfeier des hl. Fidelis von Sigmaringen in St. Peter am 29. Juni 1746*, in *Collectanea Franciscana* 66 (1996) 511–561. "A parte la solenne canonizzazione – afferma il Pastor – Benedetto XIV promosse anche il culto di molti altri, morti in fama di santità", fornendo di essi una rapida e sommaria, ma pur utile carrellata: cf. *Storia dei Papi* XVI/1, 234–241.

368 Si ritiene inopportuno in questa sede riportare le varie centinaia di riferimenti in tale ambito e i relativi riscontri bibliografici e archivistici. Tale studio però non sarebbe privo di interesse, soprattutto per conoscere nei particolari la procedura del Dicastero e per seguire nei dettagli la maturazione e lo sviluppo delle varie cause, e in definitiva potrebbe mettere in maggiore risalto la competenza dimostrata e l'impegno profuso dal Lambertini nell'esercizio del suo ufficio nell'allora Congregazione dei Riti.

369 Si veda a questo riguardo M. A. De Angelis, *Prospero Lambertini*, 26 e 279; G. Greco, *Benedetto XIV*, 35.

370 *De servorum Dei beatificatione*, I/1, 502 (lib. I, cap. XXII, n. 19): "Quod vero duae ex tribus partibus suffragiorum modo explicato sint necessariae, comprobari potest ex consuetudine et instituto sanctae Sedis, quod ego ipse testari possum, qui amplius viginti annos apud summos pontifices munus exercui Fidei Promotoris".

371 Cf. ad esempio *De servorum Dei beatificatione*, I/1, 289 (lib. I, cap. XII, n. 5), ove si accenna al "padre abate Giovanni Crisostomo Trombelli nelle sue dissertazioni *de cultu Sanctorum*, stampate a Bologna negli anni 1740 e 1741 e a noi dedicate".

372 Tra questi Prospero Lambertini fa esplicitamente i nomi, tra gli altri, di Giovanni Vignoli, Giampietro Maffei, Giovanni Ciampini, Francesco Domenico Bencini, Ludovico Antonio Muratori, Giovanni Crisostomo Trombelli, Giovanni Battista Gamberucci e Fatinello de Fatinellis.

Bologna, spesso indicata come sua "concivis"[373], ma anche illustri in altri ambiti, come ad esempio il bolognese Paride de' Grassi, celebre cerimoniere di Leone X[374].

5. Le varie edizioni e il contenuto del "De servorum Dei beatificatione"

Come già detto, i presupposti dell'opera del Lambertini sono costituiti dalle sue ampie conoscenze in campo giuridico, storico e teologico e dalla pluriennale esperienza di impegno e di ricerca presso la Curia Romana; la sua realizzazione è però il prodotto di un lavoro lungo e meticoloso, realizzato sottraendo varie ore al sonno e sfruttando al meglio i ritagli di tempo[375].

Fino ai nostri giorni, del *De servorum Dei beatificatione et beatorum canonizatione* sono state pubblicate sette edizioni dell'intera opera e cinque di sillogi di essa.

La prima edizione fu pubblicata a Bologna, in quattro volumi e cinque tomi, tra il 1734 e il 1738 e fu curata dallo stesso Lambertini; nella lettera dedicatoria, che egli volle inusualmente rivolgere alla memoria di Clemente XI († 19 marzo 1721), confessava di avergli esposto già nel 1712 l'idea e il piano dell'opera, ricevendone dal sommo pontefice lode e apprezzamento[376]. La seconda edizione, esemplata sulla prima ma arricchita e resa "locupletior", fu praticamente promossa e approntata dal sacerdote padovano Giacomo Facciolati[377], e fu stampata nella celebre Tipografia del Seminario di Padova nel 1743, munita tra l'altro di una lettera-dedica al papa Benedetto XIV da parte del cardinale Carlo Rezzonico, vescovo di Padova dal 1743 al 1758 e quindi sommo pontefice e successore del Lambertini con il nome di Clemente XIII dal 6 luglio 1758 al 2 febbraio 1769.

La terza edizione o *editio tertia auctior et castigatior*, considerata *editio typica* del *De servorum Dei beatificatione et de beatorum canonizatione*, fu inserita nel conte-

---

373 Cf. ad esempio *De servorum Dei beatificatione*, I/1, 507 (lib. I, cap. XXII, n. 23), ; e anche lib. IV/I, cap. XXX, n. 12.

374 Egli viene cosí presentato dal Lambertini: "Paris de Crassis meus illustris concivis et celeberrimus olim summi Pontificis caeremoniarum Magister": *De servorum Dei beatificatione*, lib. I, cap. XLVI, n. 4.

375 Sono molti i riferimenti autobiografici del Lambertini a tale riguardo. Nel capitolo introduttivo del *De servorum Dei beatificatione* egli stesso dice che l'opera fu realizzata tra l'altro "horis ut plurimum succisivis, nec sine incommodo ante solis ortum saepissime sommo subtractis": I/1, 91. In altre occasioni dice di aver sottratto a questo scopo "nocturnae corporis quieti aliquas horas" (*Benedicti XIV opera omnia*, vol. XVI, Prato 1846, 490), o anche "aliquot antelucanas horas vix non quotidie somno subtraximus" (*De servorum Dei beatificatione*, Padova 1743, IV–V).

376 *De servorum Dei beatificatione*, vol. II, Bologna 1735, IV–V: "Quartus a collata in me Promotoris Fidei dignitate agebatur annus, cum huiusce Operis institu doctissimo Pontifici patefeci, et quaedam eiusdem veluti semina et fundamente quae ieceram, cum exquisito et acuto illius iudicio communicavi. Cogitatum ille non probavit modo, sed, quae erat admirabili benignitate, laudibus cumulavit".

377 Giacomo, o piú comunemente Iacopo Facciolati nacque a Torreglia, una piccola località dei Colli Euganei il 4 gennaio 1682. Ordinato sacerdote nel 1704, fu nello stesso anno nominato ripetitore nel Seminario padovano, quindi professore di discipline filosofiche e umanistiche sia presso il Seminario, sia dal 1723 presso l'Università di Padova. Diede alla luce numerosi scritti di carattere erudito, prima di spegnersi a Padova il 26 agosto 1769. Su di lui cf. Giovanni Battista Ferrari, *Vitae illustrium virorum Seminarii Patavini*, Padova 1815, 115–139; Giuseppe Vedova, *Biografia degli scrittori padovani*, vol. I, Bologna 1832, 374–383; Marina Boscaino, in *Dizionario biografico degli italiani* 44, Roma 1994, 65–68.

sto dell'*opera omnia* di papa Lambertini, i cui dodici volumi in folio apparvero a Roma tra il 1747 e il 1751. Essa fu curata dal gesuita portoghese Emanuele de Azevedo[378], che provvide a correggerne gli errori e refusi tipografici presenti nelle edizioni precedenti, mentre le spese di stampa furono sostenute completamente dall'Accademia Liturgica dell'Università di Coimbra. Dei dodici volumi i primi quattro abbracciano il testo del *De servorum Dei beatificatione*, da cui sono scorporate le appendici ai singoli volumi, il quinto comprende gli *Acta canonizationis* dei cinque santi canonizzati da Benedetto XIV, il sesto gli *Acta et decreta in causis beatificationum et canonizationum* editi dal papa fino al 1750, il settimo le appendici estratte dai primi quattro volumi e l'ottavo gli indici dei volumi precedenti, mentre gli altri quattro volumi racchiudono altre opere del Lambertini. Tutte le successive edizioni del *De servorum Dei beatificatione*, pur riunendo testo ed appendici nel volume corrispondente, non apporteranno alcuna variazione o modifica testuale a questa edizione, che per questo motivo può essere caratterizzata come *editio typica*.

La quarta edizione fu pubblicata a Venezia e Bassano del Grappa nel 1766 in sette volumi, di cui i primi quattro con il testo del *De servorum Dei beatificatione*, il quinto con gli indici, e il sesto e il settimo con gli *Acta et decreta* e gli *Acta canonizationis*. Con la quinta edizione, pubblicata a Bassano del Grappa nel 1767, si tornò all'edizione dell'*Opera omnia* in quindici volumi, dei quali i primi cinque con testo e indice del *De servorum Dei beatificatione*. La sesta edizione fu pubblicata a Roma negli anni 1787–1792 in quindici volumi, scorporando di nuovo le appendici: i primi nove volumi riportano il testo, il decimo gli *Acta et decreta*, l'undicesimo e il dodicesimo gli *Acta canonizationis*, i due successivi le appendici, e l'ultimo volumi gli indici. La settima e finora l'ultima edizione ritorna agli *Opera omnia*, pubblicati a Prato dal 1839 al 1847 in diciotto volumi, dei quali i primi quattro con il testo lambertiniano che a noi interessa insieme alle appendici, sempre ripreso dall'*editio typica*, il quinto riporta gli indici, e gli altri tredici volumi le altre opere del Lambertini. Per quanto riguarda le sinossi, anch'esse approntate da Emanuele de Azevedo, una prima fu pubblicata a Roma nel 1747, una seconda ancora a Roma nel 1749, una terza a Venezia nel 1777, una quarta a Bruxelles nel 1840 e una quinta a Napoli tra il 1854–1858[379].

Si ritiene possa essere sufficiente la breve presentazione delle varie edizioni del *De servorum Dei beatificatione et de beatorum canonizatione*. Una descrizione

---

378 Nato a Coimbra il 25 dicembre 1713, entrò nella Compagnia di Gesú il 9 dicembre 1728. Studiò a Lisbona e ad Evora, distinguendosi subito per la solidità delle sue conoscenze. Inviato a Roma, onel nel 1745 terminò gli studi, fu molto stimato da Benedetto IV , che lo nominò consultore di varie Congregazioni. Costretto nel 1754 a lasciare la Città Eterna come conseguenza della politica anti-gesuitica di Sebastiano Giuseppe da Carvalho e Melo, piú noto come Marchese di Pombal, risiedette a Venezia dal 1772 al 1792, recandosi poi a Parma e quindi a Piacenza, dove si spense il 7 aprile 1796. I numerosi lavori da lui date alle stampe, molti dei quali in riferimento alla opera lambertiniana, sono elencati in Carlos Sommervogel, *Bibliothèque de la Compagnie de Jésus*, vol. I, Bruxelles-Paris 1890, 721–734; cf. anche José Vaz de Carvalho-José Martínez de la Escalera, *Azevedo Manuel de*, in *Diccionario Histórico de la Compañía de Jesús*, vol. I, Roma-Madrid 2001, 315–316.

379 Forse a questo punto può essere anche segnalata una breve analisi o edizione ulteriormente ridotta e tradotta in francese, pubblicata da Jean-Paul Migne nel suo *Theologiae cursus completus*, vol. VIII, Paris 1862, 853–940.

dettagliata e bibliograficamente completa di tutte le edizioni dell'opera lamberti-niana e delle rispettive sinossi è stata fatta in modo esemplare dall'allora relatore generale presso la Congregazione della Cause dei Santi Pietro Amato Frutaz. Si ri-manda quindi al suo studio, pubblicato postumo nel 1981, per precise informazioni sia sulle edizioni dell'intera opera del Lambertini, sia sulle sillogi di essa[380].

Si ritiene invece opportuno presentare in questa sede due documenti, tutti di mano del Lambertini, che mostrano succintamente sia l'origine dell'opera, sia le motivazioni della sua composizione, sia anche il medoto utilizzato. Il primo docu-mento è una lettera del Lambertini all'amico Antonio Andrea Galli[381], canonico regolare del Santissimo Salvatore in Bologna e più tardi da lui creato cardinale, for-mulata tra il serio e il faceto, cioè in tipico stile lambertiniano[382].

> Io mi sarei potuto volgere a studi più piacevoli, ai quali mi spingeva il mio spirito vivace; ma mi sentivo nel mio interno chiamato dalla religione stessa a lavorare per magnificarla, e siccome ebbi occasione d'occuparmi per tempo dei processi di beati-ficazione, così non mi fu difficile dedicarmi a tale argomento. Io lo scelsi con tanta maggiore disposizione in quanto che il procedimento seguito nella canonizzazioni non era noto che alle poche persone che se ne occupavano.
>
> Ci furono pochi giorni, nei quali le indagini che dovetti fare non mi avessero ol-tremodo stancato; ma come durante un lungo viaggio non si sente la fatica quando ci si trova in compagnia, così anch'io dimenticai la fatica per la gioia di avere dei colla-boratori che mi aiutarono nella mia opera; io, per timore di smarrirmi, mi sarei spa-ventato del mio isolamento se fossi stato veramente solo.
>
> Oltre a ciò, quando il mio spirito detta, è il mio cuore che mena la penna per la gran gioia che provo dipoter essere utile alla religione. È necessario che uno scrittore si dedichi anima e corpo al suo lavoro per poter cavarne completa soddisfazione; ché se lo imprende per un vantaggio temporaneo o per vanità, la sua anima è solo conten-ta a metà e il suo lavoro è perduto per il cielo.
>
> Le piccolezze che io scrissi nella mia gioventù mi hanno rallegrato soltanto perché mi addestravano a cose più serie. Vorrei paragonarle a quei sassi che si gettano in un irruente ruscello che si intende di attraversare e che, quando vi si mette sopra il piede, hanno già servito allo scopo. Se i piccoli impulsi di impazienza, causatimi da quest'opera voluminosa, fossero contrassegnati da virgole e punti, tutto questo da-rebbe una seconda interpunzione che occuperebbe molto spazio.
>
> Voi conoscete la mia vivacità; io non posso sopportare che la mia penna, in attesa del pensiero, si libri nell'aria. Ma la religione, dandomi il colore ed il pennello, mi ha messo in grado di dipingere in modo duraturo; non vi è nulla di più eccelso di quello

---

380 Cf. Pietro Amato Frutaz, *Le principali edizioni e sinossi del "De servorum Dei beatificatione et beatorum canonizatione" di Benedetto XIV. Saggio per una bio-bibliografia critica*, in *Benedetto XIV (Prospero Lambertini)*, vol. I, Cento 1981, 27–90.

381 Nato a Bologna il 30 novembre 1697, entrò il 17 dicembre 1711 tra i canonici regolari del Santissimo Salvatore, poi lateranensi. Studiò a Bologna e a Roma, dove fu ordinato sacerdote nel 1716 e nomi-natolettore di filosofia e teologia nel 1730. Amico di Prospero Lambertini, fu da lui, una volta papa, nominato nel 1740 membro dell'Accademia liturgica, nel 1744 qualificatore del Sant'Officio e nel 1746 esaminatore dei vescovi. Fu anche eletto nel 1748 procuratore generale dei canonici re-golari e nel 1751 abate generale. Il 26 novembre 1753 fu creato cardinale; si spense a Roma il 24 marzo 1767. Su di lui cf. *Hierarchia catholica* VI, 17; Dario Busolini, in *Dizionario biografico degli italiani* 51, Roma 1998, 605–608.

382 La lettera viene riportata in L. A. Caraccioli, *Vita del papa Benedetto XIV*, 169–171, e in L. von Pastor, *Storia dei papi* XVI/1, 20–21.

che essa offre, e anche la filosofia è solo bella fino a tanto che la religione le fornisce il lato della sua bellezza, poiché essa abbraccia il tempo e l'eternità.

Quando io vidi innanzi a me la mia opera con la sua impronta, io le dissi: non temere di passare innanzi attraverso i sofismi, le follie e le cattiverie di questa epoca. La verità che costituisce la tua essenza ti proteggerà, nonostante gli errori e le debolezze; e quando gli scritti alla moda, che accecano solo con lo splendore delle frasi, saranno scomparsi, tu vivrai ancora e verrai letta dalle persone sagge.

Questo è l'ultimo addio che io diedi alla mia opera, che mi è cara, non perché è derivata dal mio spirito, ma perché, come io spero, sarà quella che intercederà presso Iddio perché mi siano perdonate le mie mancanze e i miei peccati.

Il secondo documento, che viene ora presentato, è costituito dall'esordio autobiografico dell'allocuzione tenuta da Benedetto XIV nel concistoro segreto del 18 aprile 1746, in vista della canonizzazione di Fedele da Sigmaringen, Camillo de Lellis, Pietro Regalado, Giuseppe da Leonessa e Caterina de Ricci, che ebbe luogo in San Pietro il 29 giugno successivo. Si tratta di uno sguardo retrospettivo sulla sua intera attività quasi trentennale come aiutante di studio di Alessandro Caprara, come patrono di alcune cause dei santi (1701–1708) e come promotore della fede (1708–1728), in cui si passa brevemente in rassegna l'investigazione eseguita nei fondi archivistici della Congregazione dei Riti, la ricerca bibliografica a livello legislativo e medico, e praticamente tutto il lavoro compiuto sugli atti processuali e sulla documentazione agiografica finalizzata allo studio dei singoli casi, oggetto delle beatificazioni e delle canonizzazioni in circa sei lustri. Se ne riporta il testo iniziale, nella sua originale formulazione latina e, seguendo i criteri della presente pubblicazione, anche nella traduzione in italiano[383].

Septuagesimum secundum huius vitae mortalis annum inivimus, illudque affirmare iure possumus, annos quinquaginta contulisse, exiguo licet cum fructu, studiis ecclesiasticis excolendis, atque iis praesertim, quae ad Beatificationem Servorum Dei ac Beatorum Canonizationem pertinent.	Siamo entrati nel settantaduesimo anno di questa vita mortale, e a buon diritto possiamo affermare che abbiamo dedicato cinquant'anni, anche se con poco frutto, nel coltivare gli studi ecclesiastici, e soprattutto quelli che riguardano la beatificazione dei servi di Dio e la canonizzazione dei santi.

---

383 Il testo latino viene ripreso dall'appendice al *Bullarium* di Benedetto XIV, pubblicata nel vol. XVI dell'*Opera omnia*, Prato 1846, 489–490.

Cum enim forensibus studiis operam dare statuissemus, factum est, ut Alexander Caprara tunc temporis Rotae Romanae Auditor, ac deinde Cardinalis, illius Tribunalis secretum, ut aiunt, nobis communicaret. Cum vero ille pariter inter Consultores Congregationis Sacrorum Rituum fuisset adscriptus[384], coepimus accurate legere scripta exhibita a Postulatoribus, atque animadversiones Promotoris Fidei; et alia quoque pro his studiis adiumenta consequuti sumus ex domesticis colloquiis, quae idem praesul Caprara nobiscum interserebat.	Avendo noi deciso di applicarci agli studi giuridici, avvenne che Alessandro Caprara, allora uditore della Rota Romana e poi cardinale, ci abbia introdotto nelle segrete cose, come si dice, di quel tribunale. Poiché poi egli stesso fu ascritto tra i consultori della Congregazione dei Sacri Riti, iniziammo a leggere accuratamente gli scritti esibiti dai postulatori e le obiezioni del promotore della fede; e potemmo conseguire anche altri sussidi per questi studi dai colloqui colloqui familiari, che lo stesso presule Caprara intratteneva con noi.
Deinde a Clemente XI felicis recordationis inter Consistoriales Advocatos recensiti, ipsius Pontificis iussu duas Causas Canonizationum promovendas suscepimus, nempe Beatae Catharinae Bononiensis, ac Beati Pii V, quae sub eodem Clementis XI Pontificatu ad finem solemnis Canonizationis perductae fuerunt.	Annoverato poi da Clemente XI di felice memoria tra gli avvocati concistoriali, su ordine del medesimo pontefice ci fu affidata la promozione di due cause di canonizzazione, cioè della beata Caterina da Bologna[385] e del beato Pio V, che sotto lo stesso pontificato di Clemente XI furono portate al termine della solenne canonizzazione.
Praeter has Causas, aliis quoque multis tum Beatificationis, tum Canonizationis, operam nostram et patrocinium impendimus, quas hoc loco recensere supervacaneum ducimus, et quae non pauca, neque exigua sane volumina, si collegerentur, efficerent.	Oltre a queste due, dedicammo la nostra opera e il nostro patrocinio a molte altre cause di beatificazione e di canonizzazione, che riteniamo superfluo elencare in questa sede e che, se fossero raccolte, formerebbero non pochi e non piccoli volumi.

384 Difficile stabilire con precisione la data di nomina di Alessandro Caprara come consultore della Congregazione dei Riti. Essa deve essere fissata comunque tra il 29 maggio 1696, quando di tale nomina non si ha ancora alcuna traccia, e il 9 ottobre dello stesso anno, quando risulta già aggregato al corpo dei consultori. Partecipò infatti per la prima volta alla congregazione generale, che ebbe luogo nel Palazzo Apostolico del Quirinale il 9 ottobre 1696, tra i "consultores praelatos et theologos", e insieme a due altri colleghi, il gesuita Lucchesini e il chierico regolare Cruciani, "non protulerunt suffragia, quia pro prima vice": cf. ACCS, *Decreta Sanctorum 1692–1702*, f. 296r–v.

385 Nel suo voto sui miracoli di Margherita da Cortona, formulato 18 luglio 1724 presso l'abitazione del cardinale Pietro Marcellino Corradini, l'allora promotore della fede Prospero Lambertini affermava che 25 anni prima gli era stata affidata la causa di Santa Caterina da Bologna, cioè nel 1699, mentre sappiamo che Clemente XI fu eletto pontefice soltanto il 23 novembre 1700. Cf. ACCS, *Fondo Q*, fasc. 17–2–315, f.n.n.

Post haec Promotoris Fidei perhonorificum munus ab eodem Clemente XI nobis demandatum fuit, quod per viginti et amplius annos, videlicet, cum idem Clemens XI, ac deinde Innocentius XIII ac Benedictus XIII Sedem Apostolicam tenuerunt, pro imbecillitate nostrarum virium quam diligentissime obire curavimus. Illud pro certo adfirmare posse videmur, gravissimas laboris partes nobis ipsi semper desumpsisse; nec satis existimasse studium ad ea negotia dumtaxat necessarium, quae proponebantur, expedienda, sed Acta universa Congregationis Sacrorum Rituum penitus inspexisse, ipsius Tabularium, et monumenta omnia, quae ad rem facere possent, ut ea quoque adnotaremus, quae nobis opportuna fore videbantur.	In seguito ci fu affidato dal medesimo Clemente XI il compito molto onorifico di promotore della fede, che per venti e piú anni, cioè mentre ressero la Sede Apostolica lo stesso Clemente XI, e quindi Innocenzo XIII e Benedetto XIII, abbiamo curato di adempiere in modo diligentissimo nonostante debolezza delle nostre forse. Ci sembra di poter affermare con certezza che sempre abbiamo svolto da noi stessi le parti piú pesanti del lavoro; né abbiamo stimato sufficiente lo studio necessario per trattare le questioni che venivano proposte, ma abbiamo investigato profondamente tutti gli atti della Congregazione dei Sacri Riti, l'Archivio di essa e tutti i documenti che potessero riguardare tali questioni, per poter annotare anche tutte le cose che ci fossero sembrate opportune.
Illud pariter asserere possumus, eas omnes Beatificationes et Canonizationes, quae vel a Clemente XI, vel a Benedicto XIII solemniter indictae sunt, nostris laboribus nostrisque vigiliis antea dispositas ac peracta fuisse. Porro, si idipsum nobis tribueremus de illis Canonizationibus, quas deinde Clemens XII peregit, nihil a veritate alienum diceremus. Nam in causis eiusmodi, quae tunc temporis absolutae sunt, non modo earum initia instituta atque expedita, sed etiam praecipuae quaestiones in examen adductae ac solutae fuerunt, cum adhuc nos ipsi munere Promotoris Fidei fungeremur.	Possiamo ugualmente affermare che tutte le beatificazioni e le canonizzazioni, che sono state solennemente celebrate o da Clemente XI o da Benedetto XIII, furono prima ordinate e condotte a termine dai nostri lavori e dalla nostre veglie. Inoltre, se attribuissimo a noi lo stesso lavoro per quelle canonizzazioni che in seguito furono compiute da Clemente XII, non diremmo niente di diverso dalla verità. In quelle cause infatti che in quel tempo furono portate a compimento, non solo le prime fasi furono iniziate e disposte, ma anche furono esaminate e risolte molte questioni, mentre ancora noi stessi svolgevamo l'incarico di promotore della fede.
Postea Benedicti XIII singulari beneficentia in Cardinalium Collegium cooptati fuimus, atque inter Cardinales Congregationis Sacrorum Rituum adnumerati. Quapropter eo, licet exiguo, temporis spatio, quo tunc Romae permansimus, Congregationibus interesse non praetermisimus, ac sententiam nostram, qualiscumque fuerit, libere proferre. Paulo post ad regendam Anconitanam Ecclesiam, ac deinde Bononiensem delecti fuimus, in quibus administrandis duodecim annos insumpsimus.	Successivamente per singolare benevolenza di Benedetto XIII fummo cooptati nel collegio cardinalizio e annoverato tra i cardinali della Congregazione dei Sacri Riti. Per questo in quello spazio di tempo, sebbene molto limitato, durante il quale rimanemmo a Roma, non omettemmo di partecipare alle congregazioni e di proferire liberamente il nostro parere, qualunque fosse. Poco dopo fummo destinati a reggere la chiesa di Ancona, e in seguito quella di Bologna, nell'amministrazione delle quale trascorremmo dodici anni.

Tum, licet pastoralis officii solicitudo nos plurimum occupatos tenuerit, tamen ratione temporis ita habuimus, et nocturnae corporis quieti aliquas horas ita subtraximus, ut nobis contigerit, praeter plura, quae in lucem emisimus, simul etiam colligere, disponere ac sedulo perpendere pene innumeras adnotationes, quas olim congressimus, cum Fidei Promotorem ageremus; insuper plura superaddere, quae ad explicanda miracula conferre maxime possent: cui rei regendae ac perficiendae magno adiumento nobis fuit copia librorum tum antiquorum, tum recentium, qui ad physicam ac medicinam pertinebant, tum praesertim doctorum, quos Bononiae deprehendimus.	Allora, sebbene la sollecitune dell'ufficio pastorale ci abbia tenuto maggiormente occupati, tuttavia abbiamo utilizzato il tempo e sottratto alcune ore al riposo corporale della notte in tal modo che ci è stato possibile, oltre a molte pubblicazioni date alle luce, anche mettere insieme, ordinare e diligentemente esaminare numerore annotazioni, che avevamo una volta raccolto allorché eravamo promotore della fede; e ancora aggiungere molte note che potevano essere sommamente utili per la spiegazione dei miracoli; per controllare e completare ogni cosa ci fu di grande aiuto l'abbondanza di libri antichi e recenti relativi alla fisica e alla medicina, e soprattutto il gran numero di docenti che ritrovammo a Bologna.
Quamobrem de Beatificatione Servorum Dei ac Beatorum Canonizatione quatuor volumina composuimus, quae in lucem edita fuerunt.	In questo modo componemmo quattro volumi sulla beatificazione dei servi di Dio e sulla canonizzazione dei beati, che furono pubblicati.
Postremo ad Summum Pontificatum, licet immerentes, evecti, cum facillimum sit inventis addere: plura additamenta non parvi momenti ac pretii fecimus iisdem commentariis, quae magis accurate copioseque lucem publicam secundo adspexerunt. Ad Congregationes Sacrorum Rituum, quae coram nobis frequenter habitae sunt, convenimus, in quibus non modo sententiam nostram exposuimus, sed eius quoque rationem palam indicavimus.	Infine eletti, sebbene indegnamente, al sommo pontificato, essendo molto piú facile completare quanto già composto, apportammo molte aggiunte di non poca importanza e valore agli stessi commentari, che apparvero in seconda edizione accresciuti e piú curati. Partecipammo alle congregazioni dei Sacri Riti, che frequentemente avevano luogo alla nostra presenza, nelle quali non solo esponemmo il nostro parere, ma anche indicammo apertamente la sua ragionevolezza.
In qualiber proposita Causa decrevimus ea, quae magis opportuna iudicavimus, alia quoque decreta promulgavimus, ad rectum examen huiusmodi Causarum, earumque solutionem instituendam. Tandem aliquos Dei famulos consueto ritu inter Beatos adnumeravimus.	In qualsiasi causa proposta decidemmo ciò che giudicammo maggiormente opportuno, promulgammo anche altri decreti per regolare un giusto esame di esse cause e una loro adeguata soluzione. Finalmente con il rito consueto ascrivemmo tra i beati alcuni servi di Dio.

Dopo un testo cosí pregnante e praticamente riassuntivo dell'intera attività di Prospero Lambertini favore delle cause di beatificazione e canonizzazione, prima come promotore della fede, poi come cardinale e papa, si ritiene opportuno aggiungere solo qualche breve annotazione sul contenuto dell'opera lambertiniana. Come già detto il *De servorum Dei beatificatione*, nella sua classica struttura voluta dall'autore, è organizzato in quattro volumi o libri, ai quali segue un volume di indici.

Il primo libro può essere considerato una introduzione generale all'intero lavoro e presenta un'ampia panoramica storico-teologico-giuridica sulle cause di beatificazione e di canonizzazione. Dopo alcune riflessioni sulle finalità dell'opera, sul metodo seguito e sulle fonti utilizzate, si propone la differenza tra martiri e confessori, sul culto ad essi riservato, sull'intervento in questo ambito dell'autorità del sommo pontefice, al quale unicamente viene riconosciuto il diritto esclusivo d'intervento in tutte le cause. Si presentano quindi brevemente le linee storiche della Congregazione dei Riti e le persone da cui essa è costituita, riservando una trattazione particolare al cardinale prefetto del Dicastero e al cardinale relatore delle singole cause, al protonotario e al segretario, al promotore e al sottopromotore, al notaio, all'archivista, ai traduttori, ai procuratori, agli avvocati e ai medici.

Dopo aver esposto la costante preoccupazione dei sommi pontefici in tale genere di processi, si chiarifica la differenza tra beatificazione e canonizzazione con tutti i problemi ad esse relativi, si parla quindi della necessità dei miracoli anche per le cause dei martiri, si esplicita l'importanza degli interventi di Urbano VIII con l'introduzione della beatificazione equipollente e quindi si spiega la differenza tra le cause che seguono l'iter del non culto e quello che percorrono la via del *casus exceptus*. Si espone inoltre il ruolo e la struttura dei concistori pubblici, semipubblici e segreti nelle cause di canonizzazione e si riafferma l'infallibilità del romano pontefice nelle loro ultime definizioni. Si propone alla fine un elenco delle spese necessarie per la trattazione delle cause e per le cerimonie solenni della beatificazione e della canonizzazione, delle quali si difende e raccomanda la celebrazione nella Basilica Vaticana.

Il secondo libro comprende la complessa normativa collegata all'istruzione dei processi informativi ordinari e dei processi apostolici. Si parla in particolare della facoltà e dell'autorità degli ordinari locali di istruire i processi informativi, della costituzioni e composizione del tribunale diocesano, di tutti i problemi relativi al culto, agli anniversari dei confessori e martiri, alle reliquie e alle immagini, con la raccomandazione agli ordinari di moderare ogni forma di culto prima dell'intervento ufficiale della Chiesa, riportando a tale riguardo i provvedimenti introdotti da Urbano VIII. Vengono ulteriormente chiarificate le differenze processuali che esistono tra le cause che seguono l'iter del non culto e quelle che seguono l'iter del *casus exceptus*, riferendo a questo proposito numerose esemplificazioni e chiarificando per i *casus excepti* il modo di computare l'arco cronologico centenario richiesto per dichiarare il culto prestato *ab immemorabili tempore*.

Un'attenzione particolare viene riservata all'esame e alla revisione degli scritti dei servi di Dio e a tutte le problematiche relative agli scritti stessi, soprattutto se si tratta di opere date alle stampe o trasmesse manoscritte, o anche di scritti di difficile reperimento, intepretazione e comprensione, specialmente se riguardano materie teologiche complesse o intricate tematiche mistiche. Ulteriori argomenti di trattazione sono la concessione della *signatura commissionis* con la quale si introduce la procedura canonica, la riassunzione della causa, la prova della fama di santità, il problema della validità giuridica dei processi, soprattutto di quelli apostolici, per i quali si propone la differenza tra processi remissoriali e compulsoriali, con particolare riguardo all'esame dei testi e alla ricerca dei documenti.

Nel terzo libro, dopo una trattazione particolare sull'importanza, la qualità e il numero dei testi *de visu* o *de auditu* nelle procedure processuali, si affrontano tutti i problemi collegati al martirio e alle cause del martirio, definendo con precisione la figura del persecutore o tiranno, i motivi della persecuzione e i modi di attuarla, e quindi esponendo le caratteristiche e le disposizioni richieste nel martire, di cui si trattano i requisiti, il desiderio o la ripugnanza del martirio, l'accettazione della morte violenta, la fede, la pazienza e la costanza del martire, con la necessaria differenza tra veri e falsi martiri.

Si passa quindi a trattare delle virtú, chiarificando prima di tutto il concetto di virtú eroica e passando poi alla presentazione delle virtú teologali e cardinali, alla spiegazione dello spirito di orazione e all'importanza di devozioni particolari. Non si omette di quantificare e graduare l'esercizio delle virtú secondo i vari stati (vergini, coniugati, vedovi) e le varie dignità o gradi gerarchici, sia in ambito ecclesiastico (papi, cardinali, vescovi, sacerdoti, religiosi), sia in ambito civile (imperatori, re, regine, principi e via di seguito). Dopo una serie di altre questioni particolari, quali i vari dubbi sull'esercizio delle virtú proposti dal promotore della fede e dai consultori, si passa alla trattazione specifica delle grazie *gratis datae* o di fenomeni soprannaturali, quali il dono della sapienza, della profezia, del discernimento degli spiriti, della glossolalia, dell'estasi e del rapimento, delle visione e delle apparizione e infine delle rivelazioni.

Il quarto e ultimo libro viene articolare in due parti. La prima parte è dedicata esclusivamente alla trattazione dei miracolo, di cui si esamina preliminarmente la natura, il grado, la causa, il fine, il numero e la qualità; si passa poi a tipologie specifiche di miracoli, quali la guarigione di ciechi, di muti, di zoppi, di paralitici, di epilettici e di numerose altre gravi malattie, non esclusa la lebbra e il cancro, fino alla risurrezione da morte. Altri tipi di miracoli riguardano la moltiplicazione di oggetti vari, il dominio degli elementi in cielo e in terra, il sudore o lacrime di sangue, lo splendore proveniente dagli occhi, la prolungata astensione da cibi e bevande. Vengano passati in rassegna anche miracoli spirituali, come l'espulsione di demoni dagli ossessi, l'emanazione di sangue o siero o anche profumo dai cadaveri dei santi, e infine eventuali apparizioni di beati o santi. Va notato che nell'esposizione delle malattie e nell'eventuale guarigione miracolosa il Lambertini si mostra particolarmente competente, potendo disporre dell'apporto dottrinale di autentici luminari in campo medico, allora professori presso l'Università di Bologna, tra i quali basta fare i nomi di Marcello Malpighi e Giovanni Battista Morgagni.

La seconda parte del quarto libro contiene la trattazione di questioni varie, sempre attinenti alle cause di beatificazione e canonizzazione, quali la concessione di messa e ufficio in onore dei beati e dei santi, la composizione delle lezioni per il breviario, la possibile diminuzione delle feste di precetto, l'inserimento di nuovi nomi nel martirologio e nelle litanie dei santi; e ancora questioni sulle immagini sacre, sulla traslazione dei resti mortali, sulle reliquie e sui reliquiari, e finalmente sul culto dei santi dell'Antico Testamento e degli angeli.

Si ritiene opportuno, in conclusione, ricordare le parole che il Servo di Dio Pio XII aveva scritto nei primi giorni di ottobre del 1958 e che a causa della sua morte non poté proclamare; aveva infatti deciso di organizzare una speciale commemorazione per il secondo centenario della morte di Benedetto XIV, e in tale occasione aveva stilato una specifica allocuzione[386]. In essa papa Lambertini veniva presentato come un "uomo straordinario per ricchezza umana, per pienezza di vita, per serietà di studi e fecondità di attuazioni"; "uno dei grandi dotti del suo secolo, scrittore straordinariamente erudito e fecondo, sincero amico della scienza, dell'arte, dei libri"; e ancora: "il piú grande [pontefice] del suo secolo", "al quale la storia della Chiesa continuerà ad assegnare un meritato posto tra i piú insigni successori di Pietro", soprattutto quale "maestro e ordinatore dei processi di beatificazione e canonizzazione".

Parlando delle opere del Lambertini e specificamente del suo *Opus maximum*, papa Pacelli affermava che "primeggia per originalità e compiutezza, quella celeberrima dal titolo *De servorum Dei beatificatione et beatorum canonizatione*, designata dalla critica unanime come fondamentale e classica, monumento durevole e ancora vivo del dotto Pontefice. A lui non potremmo rendere omaggio piú degno, nella odierna celebrazione centenaria, che fare di questa opera, ancora insuperata, una particolare menzione". Vengono enumerati quindi i molti meriti dell'opera, tra i quali in particolare "l'aver derivato dalla tradizione ecclesiastica con esattezza e fedeltà i criteri, secondo i quali i fatti e le opere dei santi, nonché la testimonianza cruenta della loro fede, sono da giudicare".

Si tratta di espressioni attualissime, pienamente giustificate e del tutto condivise.

Appendice Documentaria

A complemento dello studio sull'attività di Prospero Lambertini come promotore della fede presso la Congregazione dei Sacri Riti, si è ritenuto opportuno presentare una breve silloge di documenti, in massima parte ancora inediti, che rispecchiano sia alcuni risultati raggiunti nella sua carriera scolastica o ecclesiastica, sia qualche intervento particolare direttamente attinente al suo ruolo di *advocatus diaboli*.

Per quanto riguarda il primo segmento, i documenti sono dedotti tutti dall'Archivio Segreto Vaticano e fanno riferimento al conseguimento del dottorato "in utroque iure" presso lo *Studium Urbis* l'11 settembre 1694 (doc. 1), alla sua nomina come coadiutore con diritto di successione dell'avvocato consitoriale Bente Bentivoglio il 9 dicembre 1702 (doc. 2), alla nomina altrettanto importante e caratterizzante di coadiutore con diritto di successione del promotore della fede e arcivescovo di Mira Prospero Bottini il 5 maggio 1708 (doc. 3), e infine alla bolla pontificia di nomina ad arcivescovo titolare di Teodosia, datata 12 giugno 1724 (doc. 9): in quest'ultimo documento si incontra per la prima volta l'appellativo "magister", attribuito a Prospero Lambertini dal papa Benedetto XIII, con il quale il suo successore e omonimo Benedetto XIV è ancora oggi designato.

Per la documentazione inedita attinente alla sua attività di promotore della fede, tuttora sovrabbondante e custodita quasi interamente nell'attuale Archivio della Congregazione delle Cause dei Santi, è stato necessario operare una scelta rappresentativa: in questa sezione vengono riportati il voto per procedere *ad ulteriora* nella Causa di Girolamo Miani (doc. 4), le obiezioni e il voto per la riassunzione

---

386 Il testo completo viene riportato in *Discorsi e radiomessaggi di Sua Santità Pio XII*, vol. XX: *Dal 2 marzo al 9 ottobre 1958 nel ventesimo anno di Pontificato*, Città del Vaticano 1959, 453–472.

della Causa di Serafino da Montegranaro (doc. 5), il voto sull'ufficio di sant'Adiutore (doc. 6), il voto per la validità giudirica dei processi ordinari e apostolici di Serafino da Montegranaro (doc. 7), l'istruzione per la ricerca degli scritti attribuiti a Lorenzo da Brindisi (doc. 8), il voto emesso nella congregazione antipreparatoria sui miracoli per la canonizzazione di Margherita da Cortona (doc. 10), il voto sul significato e sul peso della guarigione conseguita da Caterina de' Ricci e attribuita all'invocazione di Girolamo Savonarola (doc. 11), l'istruzione per la traslazione del corpo di Serafino da Montegranaro in una nuova cappella della chiesa dei cappuccini di Ascoli Piceno (doc. 12), l'istruzione per la traslazione del corpo di Giacinta Marescotti dal suo sepolcro originario in una cappella del monastero San Bernardino di Viterbo (doc. 13), e in ultimo il voto emesso dal Lambertini nella congregazione preparatoria per l'approvazione dei miracoli previsti per la canonizzazione di Margherita da Cortona (doc. 14).

Ritengo doveroso infine esprimere un pensiero di ringraziamento per l'attuale archivista della Congregazione delle Cause dei Santi, la Dott. Simona Durante, per l'insostituibile collaborazione offertamenti nella ricerca documentaria all'interno dei fondi archivistici del Dicastero, non tutti dettagliatamente catalogati.

Doc. 1

Roma, 11 settembre 1694. – *Certificato di laurea per lo studente bolognese Prospero Lambertini, con il quale si attesta che egli ha brillantemente superato gli esami finali, ricevendo l'unanime approvazione degli esaminatori e conseguendo il dottorato "in utroque iure".* Certificato originale in pergamena; scrittura, righe e linee di delimitazione della carta in inchiostro dorato (ASV, *Dataria Apostolica, Proc. Dat.* 101, f. 99r–101v).

In nomine Domini. Amen.
Gloriosa studiorum mater et virtutum altrix urbs Roma, quae inter omnes mundi civitates celeberrima scientiarum omnium studio decorata existit atque singularibus privilegiis pontificiis et imperialibus sublimata, cuius etiam in toto terrarum Orbe veneranda famosissima et antiquissima clarissimorum doctorum undecumque confluentium authori[99v]tas sydereis veluti splendoribus illustrata obtinet principatum (illos dumtaxat), ad publicam et eminentem cathedram supremique doctoratus utriusque censurae splendidissimam dignitatem sublimat et extollit quos longo exercitio, studio labore et disciplina spretis, relictisque mundi deliciis, sese doctrinae penitus dantes, ipsam pene divinam, canonicam civilemque scientiam adeptos maximis laudibus accurate reperitur probatissimos, et quos certamen subtilis examinis digne ad id promovet per concurrentium virtutum copiam meritorumque excellentiam; ita ut taliter promovendi apud universos mundi praelatos, principes et rectores pro eorum assistentia et ad gubernandum et ad bene beateque re[100r]gendum ecclesias, et respublicas, aliasque dignitates caeteris hominum generibus et eiusdem ordinis singularibus privilegiis, praerogativis, laudibus et honoribus ac dignitatum culmine (id quod omnium rerum praestantissima virtus expostulat) veniant meritissime praeferendi.

Cum itaque illustrissimus et excellentissimus dominus comes Prosper de Lambertinis Bononiensis, qui scientia praeclarus, moribus modestus, ingenio acutus et omni doctrina praeditus, celeberrimis in studiis exercitatus, assiduis vigiliis iuribus pontificio et caesareo sollicitam operam iugiter navavit, habita prius debita informatione de illius religione et fide catholica, ac precedente eiusdem fidei catholicae professione ac iuramento super sacrosanctis Dei evangeliis palam et publica in manibus collegii infrascriptorum dominorum utriusque iuris doctorum consistorialium advocatorum praestito, [100v] iuxta formam litterarum felicis recordationis Pii PP. IV fuerit legitime praesentatus per illustrem iuris utriusque doctorem consistorialem advocatum dominum Marcum Antonium Burattum, eius promotorem, coram perillustri et reverendissimo domino Aloysio Priolo, Sacrae Rotae Auditore ac eminentissimi et reverendissimi domini Palutii misericordia divina Episcopi Praenestini Cardinalis de Alteriis, Sanctae Romanae Ecclesiae Camerarii inclitique Romani Studii Universitatis Cancellarii in Officio Cancellariatus huiusmodi locumtenente meritissimo, examinandus et approbandus in iure canonico et civile, et ob hoc se subiecerit arduo et rigoroso examini privato omnium infrascriptorum illustrium dominorum consistorialium advocatorum, videlicet dominorum Caroli Cartharii Decani, Caroli Montecatini, Prosperi Bottinii, Marcelli Severoli et Camilli Spreti.

In quo quidem examine dictus dominus Prosper puncta sibi assignata [f.n.n., ma 100br] in iure canonico Cap. si vero de Iur. Patr. et in iure civili L. si Legata VIC de Legatis, miro ordine recitavit continuando rubricas, textus dividendo, notabilia colligendo, ampliando, limitando, pro et contra arguendo argumentisque eorumdem de Collegio Doctorum acute et subtiliter rispondendo, adeo docte et eleganter et bene se habuit, quod fuit ab omnibus dicti Collegii advocatis in iure canonico et civili idoneus et sufficiens habitus, tentus et reputatus, et ob id ab eis in dictis iuribus canonico et civili unanimiter, concorditer, pari voto, nemine penitus, penitus, penitusque discrepante, ac viva voce vivisque suffragiis (quod duntaxat doctissimis et consummatissimis personis concedi solet) iure et benemerito approbatus.

Idcirco praedictus perillustris et reverendissimus dominus locumtenens, consideratis scientia, moribus, virtu[100bv]te et honestate, quibus eundem dominum Prosperum Altissimus illustravit, auctoritate praedicti eminentissimi et reverendissimi domini Cardinalis Camerarii et Cancellarii, et qua in hac parte fungitur, eundem dominum Prosperum benemeritum dignum, sufficientem et idoneum addictum Iuris Utriusque Doctoratus gradum assumendum et recipiendum fore et esse pronunciavit et declaravit, ac ipsum in iure canonico et civili doctorem fecit, creavit, deputavit ac solemniter ordinavit, ita ut in futurum omnibus privilegiis, exemptionibus, dignitatibus, favoribus, gratiis, libertatibus, praerogativis et praeeminentiis, quibus alii iuris utrisque doctores utuntur, potiuntur et gaudent, ipseque dominus Prosper iuris utriusque doctor creatus utatur, potiatur et gaudeat; dans insuper eidem liberam et plenam facultatem legendi, docendi, glossandi, interprae[101r]tandi, magistralem cathedram ascendendi, omnesque alios doctoreos actus publice et privatim exercendi.

His sic peractis, praedictus dominus Prosper, considerans quod ad perfectionem cuiuslibet et humani actus finis congruus appetendus est, a praedicto illustri domino Promotore solita Doctoratus insignia sibi concedi ac tradi humiliter postulavit. Unde praedictus illustris dominus Promotor, petitioni eius honestae annuens, ipsum in cathedram doctoream collocavit, eique libros iuris canonici et civilis clausos, mox et apertos in manibus praebuit, et digito annulari annulum pro desponsatione et capiti biretum pro corona imposuit, ut intelligeret se inter iuris utriusque doctores fuisse receptum, ad osculum fraternum a singulis receptus fuit, ad laudem et gloriam Omnipotentis Dei.

In quorum fidem praesens instrumentum manu infrascripti perillustris et reverendissimi domini locumtenentis sub script[101v]tum, ac soliti praedicti eminentissimi et reverendissimi domini Cardinalis Camerarii sigillo munitum in privilegii forma praedictus perillustris et reverendissimus dominus locumtenes per me, dicti Collegii secretarium, fieri sub scribi et publicari mandavit.

Actum Romae, in Gymnasio publico Regionis Sancti Eustachii, anno a Nativitate Domini MDCXCIV, indictione II, die vero undecima mensis septembris, Pontificatus autem Sanctissimi Domini nostri Domini Innocentii Papae XII anno eius IV.

Praesentibus perillustre excellentissimo et reverendissimis dominis Aurelio Augustino Milliario Mutinensi et Didaco de Aghirre Salernitano, iuris utriusque doctoribus et in Romanae Sapientiae Archigymnasio publici iuris professoribus, testibus ad praemissa vocatis atque rogatis.

Aloysius Priolus S. C. Auditor locumtenes

C[arolus] Mont[ecatini] Archiepiscopus Calcedonensis Prodecanus

Ego infrascriptus praedicti celeberrimi Collegii illustrissimorum et reverendissimorum dominorum Sacri Consistorii Advocatorum Almae Urbis secretarius specialiter deputatus, quia de praemissis rogatus, ideo praedicti doctoratum privilegium subscripsi et publicavi, meoque solito signo signavi. Hac die 12 mensis octobris 1694. In fidem omnium praemissorum rogatus et requisitus [*signum notarile*]

Ita est. Ego Ambrosius Lancelottus eiusdem Collegii secretarius.

Doc. 2

Roma, 9–22 dicembre 1702. – *Prospero Lambertini, dottore "in utroque iure", chiede ed ottiene dal papa Clemente XI la conferma pontificia del titolo di coadiutore con futura successione dell'avvocato concistoriale Bente Bentivoglio, disponendosi cosí alla morte di lui a subentrare al suo posto nel Collegio degli Avvocati Concistoriali.* Breve pontificio con documenti annessi (ASV, *Sec. Brev., Reg.* 2106, f. 49r–51v).

[f. 51r–v] Die sabathi 9 mensis dicembri 1702.

Collegialiter congregati in aula magna Archigymnasii Almae Urbis pro laurea doctoratus tradenda, et praevia speciali intimatione pro rebus Collegii illustrissimis dominis Sacri Consistorii advocatis, nempe Ioanne Francisco Fagnano decano, Marcello Severolo, Alexandro Casalio rectore deputato, Antonio Feliciano Montecatino, Philippo Sacripante, Camillo Spreto, Thoma Provenzalio; illustrissimus dominus comes Prosper Lambertinus instanter rogavit **coeterno** collegas ipsumque Collegium ut sibi, coadiutori illustrissimi domini Bentis Bentivoli, cum futura successione, post secretam disputationem habitam, hac eadem die ex eorum decreto admisso concedere dignentur ansianitatem aliis coadiutoribus concedi solitam.

Qui illustrissimi domini benigne auditis et exceptis huiusmodi praecibus collegialiter, ut supra congregati totumque Collegium representantes, maiorum vestigiis inhaerendo, unanimi omnium voto et assensu decreverunt et consenserunt, quod idem illustrissimus dominus comes Prosper Lambertinus ut supra coadiutor cum futura successione praedicti illustrissimi domini Bentis Bentivoli inter ipsos advocatos admissus, inposterum habeat et fruatur ansianitatis beneficio, quoad futuros advocatos, absque ullo praeiudicio eorum, qui nunc sunt de Collegio, ita tamen, quod etiam durante eius coadiutoria, teneatur et debeat subire et facere omnes functiones ab aliis advocatis fieri solitas et consuetas quasque ei Collegium ingiunget, non solum praemisso, sed et omni alio meliori modo etc.

Praesentibus Ioanne Paulo Pellegrino bedello venali et Iosepho Buiamonte bedello venali testibus, ad praemissa vocatis atque rogatis.

Et ego Dominicus Roncallium, celeberrimi Collegii illustrissimorum dominorum Sacri Concistorii advocatorum secretarius specialiter deputatus, quia de praemissis rogatus fui, ideo hoc decretum subscripsi et publicavi meoque solito signo signavi hac die 11 decembris 1702 rogatus et requisitus.

Ita est Dominicus Roncallium eiusdem Collegii secretarius [*signum notarile*].

[f. 50r] Beatissimo Padre.

Il Conte Prospero Lambertini di Bologna, dottore nell'una e l'altra legge, come coadiutore ammesso di monsignor Bente Bentivogli nell'avvocazia concistoriale, havendo da' signori avvocati concistoriali collegialmente congregati conseguito il decreto in ordine all'anzianità, solito concedersi a simili coadiutori, come costa da esso decreto originale qui congiunto, supplica umilmente Vostra Beatitudine perché si degni confermarlo, come si è praticato con altri a tenore dell'acclusa copia di breve. Che della grazia etc. Ut Deus etc.

[*sul retro*, f. 55v] Die XX decembris 1702. Sanctissimus annuit decreti in forma.

[f. 52r–v: copia del decreto di nomina di Camillo Spreti].

[f. 49r–50r]

CLEMENS PP XI

Ad futuram rei memoriam.

Exponi nobis nuper fecit dilectus filius Prosper Lambertinus Bononiensis, iuris utriusque doctor, dilecto pariter filio magistro Benti Bentivolo in utraque signatura referendario cum futura successione in advocatione concistoriali huiusmodi deputatus, quod cum idem Prosper die IX currentis mensis dilectos etiam filios Aulae Consistorialis praedictae Advocatos in Aula magna Gymnasii almae Urbis nostra collegialiter congregatos rogasset, ut sibi in coadiutorem cum futura successione huiusmodi admisso, antianitate aliis coadiutoribus iampridem concessam concederent, iidem Advocati Consistoriales, ut praedicitur, congregati, maiorum suorum Advocatorum Consistorialium vestigiis inhaerentes, unanimi omnium voto et assensu decreverunt et consenserunt, quod idem Prosper coadiutor cum futura successione memorati magistri Bentis iam servatis servatis admissus, ab illa die inposterum haberet et frueretur beneficio antianitatis, quoad futuros advocatos consistoriales huiusmodi, absque ullo praeiudicio eorum, qui tunc erant de Collegio, ita tamen ut ipse Prosper, etiam durante coadiutoria huiusmodi, teneretur et deberet subire omnes functiones solitas et consuetas fieri ab aliis Advocatis Consistorialibus, et quas ei Collegium praedictum iniungeret, et alias prout in decreto super praemissis emanato uberius dicitur contineri.

Cum autem, sicut eadem expositio subiungebat, dictus Prosper decretum huiusmodi quo firmius subsistat, apostolicae confirmationis nostrae patrocinio communiri summopere desideret, Nos ipsum Prosperum specialibus favoribus et gratiis prosequi volentes, et eum a quibusvis excommunicationis, suspensionis et interdicti aliisque ecclesiasticis sententiis, censuris et poenis, a iure vel ab homine, quavis occasione vel causa latis, ad effectum dumtaxat consequendum harum serie absolventes et absolutum fore censentes, supplicationibus eius nomine nobis super hoc porrectis inclinati, idem decretum auctoritate apostolica tenore praesentium confirmamus et approbamus, illique inviolabilis apostolicae firmitatis robur adiicimus, ac omnes et singulos iuris et facti defectus, si qui desuper quomodolibet intervenerint supplemus.

Decernentes easdem praesentes litteras firmas, validas et efficaces existere et fore, suosque plenarios et integros effectus sortiri et obtinere, ac ab omnibus et singulis illis, quos illae concernunt et concernent infuturum, inviolabiliter observari; sicque in praemissis per quoscumque iudices ordinarios et delegatos, etiam auditores iudicari et definiri debere, ac irritum et inane si secus super his a quoquam, quavis auctoritate, scienter vel ignoranter, contigerit attentari .

Non obstantibus constitutionibus et ordinationibus apostolicis ac dicti Collegii, etiam iuramento, confirmatione apostolica vel quavis firmitate alia roboratis, statutis et consuetudinibus, privilegiis quoque indultis et litteris apostolicis, et quibusvis aliis sub quibuscumque tenore et formis, ac cum quibusvis etiam derogatoriarum derogatoriis aliisque efficacioribus et insolitis clausulis ac irritantibus, et aliis decretis in genere vel in specie, ac alias in contrarium praemissorum quomodolibet concessis, confirmatis et innovatis. Quibus omnibus et singulis eorum omnium tenore praesentibus pro plene et sufficienter expressis et ad verbum insertis habentes, illis alias in suo robore permansuris, hac vice dumtaxat specialiter et expresse derogatmus, caeterisque contrariis quibuscumque.

Datum Romae, apud Sanctum Petrum, sub annulo Piscatori, die XXII mensis decembris anno millesimo septingentesimo secundo, pontificatus nostri anno tertio.

[*in calce*] Pro Prospero Lambertino Bononiensi I. V. D.

Confirmatio decreti Collegii Advocatorum Consistorialium, quo conceditur oratori r. p. d. Bentivoli coadiutori cum futura successione in Advocatione Consistoriali antianitas quoad futuros advocatos consistoriales, absque praeiudicio tamen existentium de Collegio, ita tamen ut durante coadiutoria teneatur et debeat subire et facere omnes functiones solita set consuetas fieri ab aliis advocatis consistorialibus, quas ei Collegium ingiunge.

[*autogr. papa*] Placet I. F. [Ioannes Franciscus Albani]

F. Oliverius

Doc. 3

Roma, 5 maggio 1708. – *Il papa Clemente XI tramite breve pontificio nomina l'avvocato concistoriale Prospero Lambertini coadiutore con diritto di successione di Prospero Bottini, arcivescovo di Mira e promotore della fede presso la Congregazione dei Sacri Riti* (ASV, *Sec. Brev.*, *Reg.* 2231, f. 52r–53r)[387].

Dilecto filio Prospero Lambertini, nobili Bononiensi, Aulae nostrae Consistorialis Advocato.

CLEMENS PP XI

Dilecte fili, salutem et apostolicam benedictionem.

Literarum scientia, vitae ac morum honestas aliaque laudabilia probitatis et virtutum merita, super quibus apud nos fidedigno commendaris testimonio, nos inducunt ut tibi reddamur ad gratiam liberales.

Cum itaque sicut venerabilis frater Prosper Bottinius archiepiscopus Myrensis, promotor fidei in causis beatificationum et canonizationis sanctorum nobis nuper exponi fecit, quondam Ioannes Baptista Bottinius eius nepos, dum vixit aulae nostrae consistorialis advocatus, qui nobis annuentibus officium promotoris fidei huiusmodi de ipsius Prosperi archiepiscopi consensu exercebat, nuper ab humanis decesserit; ipse vero Prosper archiepiscopus ob decrepitam suam aetatem et corporis infirmitates quibus laborat, te qui dictae aulae nostrae consistorialis advocatus existis, sibi in coadiutorem cum futura successione in praedicto officio promotoris fidei deputari plurimum desiderat.

Nobis propterea humiliter supplicari fecit, ut sibi et tibi in praemissis opportune providere et ut infra indulgere de benignitate apostolica dignaremur.

Nos igitur te ac eumdem Prosperum archiepiscopum specialibus favoribus et gratiis prosequi volentes, et vestrum singulares personas a quibusvis excommunicationis, suspensionis et interdicti aliisque ecclesiasticis sententiis, censuris et poenis, a iure vel ab homine, quavis occasione vel causa latis, ad effectum dumtaxat consequendum harum serie absolventes et absolutos fore censentes, huiusmodi supplicationibus inclinati, te memorato Prosperum archiepiscopo quoad vixerit, ac officium promotoris fidei praedictum obtinuerit seu exercuerit, in coadiutorem perpetuum et irrevocabilem in regimine et administratione ac exercitio dicti officii promotoris fidei cum futura ad tui favorem in illo successione ac cum plena, libera et omnimoda potestate, facultate et auctoritate, de consensu tamen dicti Prosperi archiepiscopi et non alias faciendi, dicendi, gerendi, exercendi, procurandi et exequendi omnia et singula, quae ad huiusmodi coadiutoris officium de iure, usu et consuetudine, privilegio aut alias quomodolibet [52v] spectant et pertinent, quae-

---

387 Un'esplicita allusione a questo breve pontificio viene fatta dal Lambertini stesso nel *De servorum Dei beatificatione* I/2, 201–202 (lib. I, cap. XLVI, n. 16), dove dice: "[...] sanctae memoriae Clemens XI cum me constituit coadiutorem Prosperi Bottinii archiepiscopi Myrensis fidei promotoris [...], uti colligitur ex eius apostolicis litteris expeditis die 5 maii 1708, in quibus sic legitur [...]".

que ipse Propser archiepiscopus per se ipsum facere, dicere, gerere, exercere, procurare et exequi posset et deberet, auctoritate apostolica tenore praesentium constituimus et deputamus.

Et nihilominus officium promotoris fidei huiusmodi, cum primum illud per cessum vel decessum aut quamvis aliam dimissionem vel amissionem praefati Prosperi archiepiscopi seu alias quomodolibet ex illius persona vacare contigerit, cum omnibus et singulis illius honoribus, oneribus et facultatibus promotoris huiusmodi officio de iure, usu et consuetudine competentibus, nec non portionibus panis et vini in palatio nostro apostolico antehac advocato fisci et Camerae nostrae apostolicae dari solitis, quas pro tempore existenti promotori fidei in posterum assignamus, tibi etiamsi tempore vacationis huiusmodi dictum coadiutoris officium exercere non inceperis, aut per te steterit quominus illud exerceres, et easdem praesentes literas dicto Prospero archiepiscopo seu alias, ad quos forsan pertinet et pro tempore pertinebit, intimari aut praesentari non feceris, seu alia de iure, usu vel consuetudine aut alias servanda et adimplenda non servaveris nec adimpleveris ex nunc prout ex tunc, et e contra auctoritate et tenore praefatis concedimus pariter et assignamus, teque in locum eiusdem Prosperi archiepiscopi quoad officium huiusmodi eiusque liberum exercitium, necnon honores, onera et portiones huiusmodi in eventum vacationis eiusmodi itidem ex nunc prout ex tunc et e contra substituimus et subrogamus.

Decernentes te ex nunc ad praedictum coadiutoris officium eiusque liberum exercitium necnon honores, onera et portiones huiusmodi in locum dicti Prosperi archiepiscopi recipiendum et admittendum fore, ac recipi et admitti, tibique de portionibus praefatis responderi debere.

Mandantes propterea in virtute sanctae obedientiae omnibus et singulis, ad quos spectat et pro tempore [53r] spectabit, ut te ex nunc ad praedictum officium promotoris fidei huiusmodi, illiusque liberum exercitium et postquam successioni praefatae ad tui favorem locus factus fuerit, ad officium promotoris fidei huiusmodi, illiusque similiter liberum exercitium, necnon honores, onera et portiones praedicta iuxta tenorem praesentium, ut moris est, recipiant et admittant, tibique de portionibus praedictis integre responderi curent et faciant.

Non obstantibus constitutionibus et ordinationibus apostolicis, et quibusvis etiam iuramento, confirmatione apostolica vel quavis firmitate alia roboratis, statutis et consuetudinibus, privilegiis quoque indultis et litteris apostolicis et quibusvis aliis sub quibuscumque tenore et formis, ac cum quibusvis etiam derogatoriarum derogatoriis aliisque efficacioribus et insolitis clausulis ac irritantibus, et aliis decretis in genere vel in specie, ac alias in contrarium praemissorum quomodolibet concessis, confirmatis et innovatis. Quibus omnibus et singulis, etiamsi pro illorum sufficienti derogatione de illis, eorumque totis tenoribus specialibus praesentibus pro plene et sufficienter expressis et ad verbum insertis servanda foret, tenores huiusmodi in suo robore permansuris, hac vice dumtaxat specialiter et expresse derogamus, caeterisque contrariis quibuscumque.

Datum Romae, apud Sanctum Petrum, sub annulo Piscatoris, die quinta maii MDCCVIII, pontificatus nostri anno octavo.

[*in calce*] Pro Prospero Lambertini nobili Bononiensi Advocato Consistoriali.

Deputatio in coadiutorem cum futura successione in officio promotoris fidei in causis canonizationum et beatificationum, quod r. p. d. Prosper Bottinius archiepiscopus Myrensis obtinet, cum solitis honoribus, oneribus et facultatibus, nec non portionibus panis et vini antehac advocato fisci et Camerae Apostolicae dari solitis, quos Sanctitas Vestra pro tempore existenti promotori fidei inposterum assignat. Et ad supplicationem dicti r. p. d. Bottinii, cum clausulis et derogationibus opportunis.

[*autogr. papa*] Placet I. F. [Ioannes Franciscus Albani]

F. Oliverius

Doc. 4

Roma, 4 agosto 1708. – *"Memoriale additionale" di Prospero Lambertini, avvocato concistoriale e coadiutore del promotore della fede, presentato nella congregazione ordinaria della Congregazione dei Sacri Riti, tenuta nel Palazzo Apostolico del Quirinale: ritenendo già concessa la validità giuridica del processo apostolico per Girolamo Miani, formula un voto positivo perché si possa procedere "ad ulteriora" nella stessa Causa, passando cosí alla discussione sulle virtú* (ACCS, *Fondo X*, 50, n. 9, f.n.n.)[388].

Sacra Rituum Congregatione. Eminentissimo et reverendissimo domino cardinali Colloredo.

Veneta seu Mediolanensis, Beatificationis et Canonizationis venerabilis Servi Dei Hieronymi Aemiliani, Congregationis Somaschae Fundatoris.

Memoriale additionale reverendissimi Fidei Promotoris.

Eminentissime et reverendissime domine,

Post exaratas novas animadversiones, quae contemporanee distribuuntur impressae, a reverendo patre domino secretario fuit mihi communicata commissio reassumptionis huius Causae, quae a postulatoribus dabitur per extensum in responsionibus ad hoc Memoriale, et ab hac commissione resultat difficultas, quae, praescindendo a caeteris deductis, impedire videtur ne in hac causa ad ulteriora procedatur, ad discussionem videlicet virtutum.

Ut autem res haec manifestissimae evadat, reminisci supplico, quod tota defensio postulatorum ad effectum se eximendi a rescriptis emanatis de anno 1631 et 1632, in quibus fuit reprobata collatio processuum, et plerique ex testibus halici fuerunt pro minus sufficienter interrogatis in hoc consistit, quod validitas eorumdem processuum fuit deinde obtenta mediante sanatione sub die 21 iunii 1670, quasi quod posteriora debeant derogare prioribus. Si ergo demonstrabitur, quod postre-

388 ACCS, *Decreta Sanctorum 1703–1712*, f. 1289r–1291r: qui si afferma chiaramente che la decisione di procedere "ad ulteriora" fu presa durante la congregazione ordinaria del 4 agosto 1708 "pluries auditis dominis sacrae consistorialis aulae advocatis bonae memoriae Bottinio et Lambertino, archiepiscopi Myrensis fidei promotoris coadiutoribus, a sanctissimo domino nostro specialiter deputatis".

mum rescriptum anni 1670, approbans validitatem processuum, emanavit sine iurisdictione et ultra limites commissionis, tale rescriptum nullius erit roboris et momenti, et sic antiquiora rescripta in suo robore permanebunt. Unde cum dicta processuum accusatio de dicto anno 1631 declarata fuerit minus legitime facta, legitima infertur consequentia, quod non est procedendum ad ulteriora, et sic ad discussionem virtutum.

Quod autem prostremum rescriptum emanaverit sine iurisdicione et ultra limites commissionis, patet, quia commissio reassumptionis Causae, vigore cuius caetera subsequentia facta sunt, et vigore cuius Sacra Congregatio processit de anno 1670, ad duo sequentia capita restricta est, ad confectionem videlicet processus particularis super paritione decretorum ab Urbano VIII editorum super non cultu, et ad ulteriorem progressum in discussione relevantiae processuum tam in genere quam in specie, veluti colligitur ex sequentibus verbis commissionis: *cum facultate in primis et ante omnia aliquem ex reverendissimis cardinalibus eiusdem Sacrae Congregationis in causa relatorem deputandi, et confectionem processus particularis super paritione decretorum ab eodem Urbano Octavo in Congregatione Sanctissimae Inquisitionis editorum super non cultu, si in curia aderunt probationes, committendi reverendissimo cardinali, Sanctitatis Vestrae in Urbe vicario; si vero extra curiam, alicui episcopo, qui ad eiusdem processus confectionem deveniat, iuxta formam eorundem decretorum, gratia illum post eidem Congregationi praesentandi, ac citato et audito reverendissimo patre domino Promotore Fidei discutiendi, ex eoque declarandi supradictis decretis sufficienter paritum fuisse factaque et Sanctitati Vestrae relata, ab eoque approbata huiusmodi declaratione, ad ulteriorem progressum in discussione relevantiae dictorum processuum tam in genere quam in specie deveniendi, in omnibus tamen et per omnia iuxta formam dictorum decretorum et non alias, ut deinceps omnibus mature examinatis, eadem Sacra Congregatio Sanctitati Vestrae referat an talia sint propter quae ad Beatificationem et Canonizationem dicti Servi Dei Hieronymi Emiliani iuxta sacrorum canonum decreta et Sanctae Romanae Ecclesiae ritum deveniri possit.*

Horum autem tenor verborum cum expresse praeseferat commissionem in eo, quod attinet ad processus, de quibus nunc agitur, esse restrictam ad relevantiam, non poterat idcirco Sacra Congregatio vigore talis commissionis de anno 1670 se ingerere in discussione validitatis, et sic a primo ad ultimum sumus in casu, in quo praedictum rescriptum emanavit sine iurisdictione et ultra limites commissionis.

Nec quidquam facere potest responsio a postulatoribus fortasse offerenda, quod haec videlicet commissio reassumptionis Causae habeat clausulas amplissimas, *cum suis et illorum incidentibus, dependentibus, emergentibus annexis et connexis quibuscumque*, hinc inferendo, quod poterat de anno 1670 institui in Sacra Congregatione disputatio non solum de relevantia, sed etiam de validitate processuum, quandoquidem talis responsio nullo modo subsistere potest; in narrativa enim commissionis postulatores exposuerunt, quod a Sacra Congregatione fuerat eorundem processuum approbata validitas: *quorum praesentatione, recognitione, operitione ac discussione expletis, ad relationem trium antiquorum Rotae auditorum, nempe Coccini, Pirovani et Merlini, qui suam relationem in scriptis fecerunt, in qua non solum firmarunt validitatem dictorum processuum, verum quoque legitimus examen testium, qua relatione iussu felicis recordationis Urbani Octavi, Sanctitatis Vestrae praedecessoris, iterato examini Congregationis Sacrorum Rituum commissa ab eadem Congregatione, referente cardinali Caesarino, dictum fuit constare quidem de validitate dictorum procesuum ac testium examinatorum, verum ob defectum legitimae auscultationis et collationis dictos processus ad partes remittendos esse, pro quorum remissione ac nova auscultatione expeditae fuerunt a dicta Sacra Congregatione Rituum litterae remissoriales die 10 aprilis 1633, qui denuo ad curiam tranmissis et Congregationi Sacrorum Rituum praesentati, priusquam ad eorundem aperitionem deventum fuerit, destitum fuit ad ulteriori progressi etc.* Imperceptibile autem est, quod vigore clausularum generalium, potuerit Summus Pontifex habere intentionem committendi Sacrae Congregationi examen validitatis Processuum, quando postulatores eidem Pontifici expresserant, quod validitas processuum iam fuerat approbata a Sacra Congregatione, ut ex se patet.

Quae dicta sint sub censura, salvo semper etc.

Prosper de Lambertinis

Sacri Consistorii Advocatus et Coadiutor Reverendissimi Fidei Promotoris

Doc. 5

Roma, 20 agosto 1712. – *Obiezioni e voto di Prospero Lambertini, esposti nella congregazione ordinaria della Congregazione dei Sacri Riti, tenuta nel palazzo Apostolico del Quirinale e vertente tra l'altro sulla possibile riassunzione e sulla firma della commissione della Causa del fratello laico cappuccino Serafino da Montegranaro* (ACCS, *Fondo* X, n. 187, c. 1–6)[389].

[1] Ausculana seu Firmana, Beatificationis et Canonizationis Servi Dei Seraphini a Monte Granario, laici professi Ordinis Cappuccinorum.

Animadversiones Fidei Promotoris super reassumptione Causae et signatura commissionis, in statu et terminis.

Eminentissime et reverendissime domine.

1. Non fuerunt exhibiti omnes processus, qui in hac Causa confecti sunt; ergo non est locus commissioni reassumptionis.

2. Consequentia est clara, et resultat ex littera decretorum sanctae memoriae Innocentii Undecimi, ibi: *In Causis Servorum Dei ante decreta felicis recordationis Urbani Octavi introductis, non signentur commissiones reassumptionis, nisi prius per Sacram Congregationem examinatis processibus tam auctoritate ordinaria confectis, quam auctoritate apostolica, quatenus adsint.*

---

389 Il voto viene firmato da Prospero Lambertini come "coadiutor fidei promotoris": è possibile quindi che esso fu materialmente steso prima del 21 marzo 1712, data in cui si spense il titolare dell'ufficio Prospero Bottini e il Lambertini, fino a quel momento ufficialmente suo coadiutore, divenne a tutti gli effetti promotore della fede. Manca ogni accenno a questo intervento del Lambertini nel pur esuberante studio di Vittorio Traini, *Iter per la Canonizzazione di fra Serafino da Montegranaro*, in *Spiritualità e cultura nell'età della riforma della Chiesa. L'Ordine dei Cappuccini e la figura di San Serafino da Montegranaro* (Bibliotheca seraphico-capuccina, 80), a cura di Giuseppe Avarucci, Roma 2006, 228–248.

3. Consonat et praxis huius Sacrae Congregationis tam ante praedicta decreta, quam post decreta. Ante decreta quidem, quia facta instantia die 16 ianuarii 1677 pro reassumptione Causae Antverpiensis Servae Dei Annae a Sancto Bartholomeo, eadem fuit denegata, ex quo non exhibebatur processus auctoritate apostolica confectus, non obstante quod Michael Angelus Lapius, tunc Causae defensor, plura notabilia deduceret circa illius [2] deperditionem, et Sacra Congregatio his non acquievit, sed rescripsit, quod darentur litterae pro transmissione dupplicati.

4. Post decreta deinde, quandoquidem signata commissione in Causa Lusitanae seu Conimbricensis Servarum Dei Theresiae et Sanciae, cum nullae expeditae fuissent litterae remissoriales, sed ordinarii locorum quosdam processus nullos et initos confecerint, nunquam fuerunt litterae remissoriales concessae, licet instantissime peterentur, nisi exhibitis iisdem processibus, quantumvis nullis, uti colligitur ex litteris remissorialibus in eadem Causa expeditis, ubi: *Et Sacra eadem Congregatio plene certiorata nulliter per binos processus in civitate praedictae Conimbricensi seu Ulissiponensi, postquam Sedes Apostolica apposuerat in huiusmodi Causis manus, fuisse super premissis constructos, ad relationem eminentissimi et reverendissimi domini cardinalis Albani ponentis sub die octava octobris labentis anni 1695 dilata, et exhibeantur omnes processus originales et particulares quacunque auctoritate confecti respondendum censuit. Verum exhibitis huiusmodi a praedicto postulatore enunciatorum processuum copiis authenticis, et per eundem eminentissimum et reverendissimum dominum cardinalem Albanum reproposita eadem supplici instantia super concessione dictarum litterarum remissorialium, compulsorialium et particularium petita, Sacra eadem Rituum Congregatio, audito tam in voce quam in scriptis reverendissimo archiepiscopo Mirensi, Fidei Promotore, petitioni annuendum censuit.*

5. Atque contraria omnia procedunt, vel quando ante decreta Urbani Octavi inceptus quidem fuisset processus auctoritate apostolica, sed nunquam completus fuisset. Processus enim non completus non meretur nomen processus et ulterius non videtur expedire, ut transmittatur et exhibeatur processus non completus, quandoquidem processus donec perfecte completus sit, debet manere clausus et sigillatus ad evitanda praeiudicia, quae alias occurrere possent, si depositiones iam factae panderentur, stante quod daretur anza observandi defectus, si qui forsan irrepsissent, et adhibendi remedium in aliorum testium examine, veluti bene adnotavit ad rem de qua agitur archiepiscopus Myrensis Fidei Promotor in suis animadversionibus, factis in Toletana Beatificationis et Canonizationis Servae Dei sororis Mariae Annae de Iesu, Tertii Ordinis Sancti Francisci, super reassumptione Causae, et in aliis adversionibus in Barchinonensis Beatificationis et Canonizationis Servae Dei sororis Mariae de Socos, super pariter commissione reassumptionis Causae.

6. Vel quando processus auctoritate ordinaria confectus reperiri non posset, nec in archivio Sacrae Congregationis, nec in Archivio Curiae Episcopalis, dummodo tamen constaret illum fuisse alias exhibitum Sacrae Congregationi, quando prima commissio signata fuit. Ita practitatum est in Causa mox memorata Barchinonensis Servae Dei sororis Mariae de Socos. Opposuit Fidei Promotor deficientiam processus auctoritate ordinaria confecti. Responderunt postulatores illum non potuisse reperiri, nec in Urbe, nec in civitate Barchinonensi, cum ex una parte tempore con-

fectionis non vigeret lex conservationis processuum in archivio episcopali, et ex alia parte bella et pleraque alia infortunia probabilem redderent deperditionem in civitate Barchinonensi. Addiderunt iidem postulatores processum illum deperditum fuisse exhibitum Sacrae Congregationi, quando signata fuit commissio introductionis, illumque tanti momenti habitum fuisse, ut non solum eadem Sacra Congregatio concesserit litteras remissoriales et compulsoriales pro conficiendo processu auctoritate apostolica, sed ulterius dispensaverit ab inquisitione in genere, et in hoc rerum statu Sacra [3] Congregatio certior facta deperditionis processus et ex caeteris documentis late in Summario recensitis, bene conscia de fama virtutum et miraculorum commissionem reassumptionis indulsit.

7. Difficultate igitur redacta ad probationem antecedentis, praemittendum est in facto, quod in processu Firmano fol. 4 a tergo ita legitur: *Noveritis, quod alias exhibitis in praefata Sacra Congregatione processibus auctoritate ordinaria seu ut dicitur ad perpetuam memoriam pluribus in locis confectis super vita, sanctitate et miraculis Servi Dei fratris Seraphini de Monte Granario, Firmanae dioecesis, Ordinis cappuccinorum*. Et fol. 5 circa finem, ibi: *Commissa per Sanctitatem Vestram Sacrae Congregationis cardinalium Sacris Ritibus praepositorum cognitione et discussione relevantiae contentorum in processibus informativis auctoritate ordinaria fabricatis super sanctitate vitae et miraculis, intercessione et meritis Servi Dei fratris Seraphini de Monte Granario, laici professi, ad relationem illustrissimi et reverendissimi domini cardinalis Madrutii ab ea deputati Causa mature discussa, eadem Sacra Congregatio censuit talia ex dictis processibus resultare, et causam in eo statu esse, ut possint concedi litterae remissoriales*. Et rursus in litteris remissorialibus, de quibus in processu Asculano fol. 5, ibi: *Quod alias exhibitis in praefata Sacra Congregatione processibus auctoritate ordinaria seu ad perpetuam, ut dicitur pluribus in locis confectis super vita, sanctitate et miraculis Servi Dei fratris Seraphini de Monte Granario, Firmanae dioecesis, Ordinis cappuccinorum.*

8. Praetermittendum est ulterius, quod testes in processibus, qui exhibentur, quorundam aliorum processum auctoritate ordinaria compilatorum mentionem faciunt. *Testis enim primus in Processu Asculano fol. 368 inquit: È verissimo che doppo la morte di detto fra Serafino fu ed è stato fabricato Processo con autorità ordinaria di monsignor illustrissimo nostro vescovo etc., et io in particolare fui esaminato. Testis 9 dicto Processu fol. 248 in fine, ibi: E perché in questa causa mi sono due volte esaminato, però mi rimetto ancora a quello che allora deposi, confermando tanto li detti miei esami, quanto questo presente. 10, fol. 440 a tergo in fine, ibi: Siccome delle altre cose che io dissi nell'altro mio primo esame, quando mi esaminai in questa stessa causa d'ordine di monsignor illustrissimo vescovo dell'anni 1623, che ora confermo. 15, fol. 464 a tergo: Io mi sono esaminato un'altra volta sei anni sono in circa. 60, fol. 700: Siccome di questo etc. ne ho deposto in un altro mio esame, che feci in questa medesima Causa di fra Serafino dell'anno 1623. Pariter in Processu Firmano, testis primus, fol. 66, a tergo ait: Questo è verissimo, perché io sono stato esaminato un'altra volta con l'autorità dell'ordinario nella sagrestia di questo convento, come vostra signoria illustrissima sa. 2, fol. 72 a tergo: Io so che si sono fabricati questi processi, perché mi sono esaminato un'altra volta qui a Fermo in questo convento con l'autorità dell'ordinario.*

9. Ab his quippe omnibus cum constet processus auctoritate ordinaria fuisse confectos tam in civitate Asculana quam in civitate Firmana, nec isti processus auctoritate ordinaria fabricati exhibeantur, semper sumus in casu, in quo locus esse non potest commissioni reassumptionis. Multoque magis, cum non appareat hos identicos processus fuisse Sacrae Congregationi exhibitos, quando signata fuit prima commissio, eosdemque amplius reperiri non posse, in quo rerum statu applicari nequit aequitas illa in superioribus recensita, et quae fuit executioni mandata in Causa Barchinonensis Servae Dei Mariae de Socos.

10. Absque eo, quod valeat responsio a postulatoribus fortasse afferenda, quod [c. 4] exhibetur processus auctoritate ordinaria confectus in civitate Asculana, *ut in Summario pagin. 7 litt. A*, quandoquidem processus hic, cuius fit mentio in allegato loco Summarii, confectus quidem fuit auctoritate ordinaria in civitate Asculana, sed de anno 1611, sequitur ergo ad evidentiam, quod hic non est ille processus, pro cuius exhibitione instatur, cum hic confectus fuerit de anno 1623 auctoritate ordinaria in civitate Asculana, iuxta ea quae referunt testes supra recensiti; et diversitas temporis arguit diversitatem processus ex deductis per *Baldum in leg. Sancimus § Si quis autem Cod. de donat., Menoch. de arbitr. cas. 213, num. 19, Rota coram Cerro decis. 289, num. 6.*

11. Multoque minus refragante si asseratur processus exhiberi auctoritate ordinaria confectos in civitate Firmana et in aliis locis eiusdem dioecesis, stante quod exhibentur testes examinati in oppido Granarii et in castro Lauri. Nemo enim est, qui non videat responsionis debilitatem, tum quia in litteris remissorialibus insertis in processu Firmano auctoritate apostolica confecto de anno 1627 mentio fit processuum auctoritate ordinaria praecedenter confectorum, nec processus auctoritate ordinaria confecti, quorum ibi fit mentio, possunt esse confecti, vel in oppido Granarii, vel in castro Lauri; cum confecti fuerint de annis 1628 et 1629, tum quia processus isti oppidi Granarii et castri Lauri dici non possunt auctoritate ordinaria confecti, si enim confecti sunt de annis 1628 et 1629, et Sedes Apostolica manus apposuerat de anno 1626, suo marte sequitur tales processus apostolicos potius quam ordinarios esse censendos, alias nullitatis vitio laborarent utpote confecti ab ordinario post appositionem manus Sanctae Sedis.

12. Sufficere haec deberent pro retardanda commissione reassumptionis, sed si ulteriora desiderentur, eadem profecto non deficiunt. Certum est, quod inter praecipua requisita pro commissione reassumptionis, enumeratur fama sanctitatis, virtutum et miraculorum, quae tamen undequaque deficit in hypothesi nostra praesenti. Quando Servus Dei, de quo nunc agimur, erat in humanis, non habuit hanc fama sanctitatis, veluti desumitur ex depositione testis 42 in processu Asculano auctoritate apostolica confecto, de quo in *Summario pag. 32: Intorno a tre anni prima che morisse detto fra Serafino, ritrovandomi io assieme il padre fra Hilario da Fermo cappuccino, predicatore del nostro convento qui d'Ascoli, et assieme con noi v'erano anche due altri padri cappuccini, che hora non mi ricordo chi fossero, passò lí dove eravamo noi il detto fra Serafino, et il padre fra Hilario sopradetto lo chiamò e li disse alcune parole ingiuriose, come: ippocritone, ingannamondo, collotorto, ti credi d'ingannare cosí i frati come inganni i secolari; e poi di piú accostatoseli, pigliò la barba con la mano e gli la tirò tanto forte che li restarono in mano molti peli della*

barba di fra Serafino; et io presi e tolsi di mano li detti peli al detto padre Hilario, e poi mi accostai al detto fra Serafino, e per modo di accarezzarlo gli pigliai leggermente la sua barba, e mi restorono in mano alcuni altri peli di quella, che bisognava si fossero smossi e staccati da quella tirata che li fece detto fra Hilario. Et quanvis testus subdat: *Io credo di certo che detto fra Hilario il tutto facesse per tentare e provare la patienza di detto fra Serafino, e con volto anco sereno rispose al detto padre fra Hilario: Santino, santino, e poi toccandolo nella spalla con la mano li disse: predica altrui, predica altrui. Et ho inteso ancora che fosse anco tentato e provato con simili parole ed attioni da altri padri della nostra religione, che sempre il* [5] *tutto sopportasse patientemente.* In hac tamen re testis deponit de sua credulitate. Unde videndum est quid et quantum probet credulitas testis eiusdemque interpretatio in ordine ad actum, qui ex sua natura est exclusivus famae sanctitatis, virtutum et miraculorum.

13. Post obitum Servi Dei, quidquid sit, an fama sanctitatis verificata dici valeat ex deductis *in Summario Num. 21,* hoc unum certum est, quod fama haec fuit momentanea, Servus enim Dei mortuus est anno 1604, die 12 octobris, *ut in Summario Num. 19,* et ab anno 1604 usque ad annum 1609 tantum abest, quod constans fuerit fama sanctitatis, virtutum et miraculorum, quod eadem in totum cessavit, teste patre Benedicto Giovannino Urbinatensi in historia vitae huius Servi Dei, impressa de anno 1709 et dicata Sanctissimo Domino Nostro Clementi Undecimo, et composita ad finem reassumptionis huius Causae, cuius historiae particulae dantur ad calcem praesentium animadversionum faciliori studii gratia. Testatur hic non solum fuisse suspensam venerationem, ex quo non debebat esse permissum antevertere iudicium Sanctae Sedis, sed etiam quia nonnulli existimarunt opera huius Servi Dei non fuisse tanti roboris et momenti, ut venerationem exigere possent. *Cominciossi a spargere essere un gran inganno della plebe il venerare quel religioso, esser degni di riprensione quelli che andavano alla sua sepoltura per raccomandarli alcun bisogno, che era soverchia semplicità di quelli che lo chiamavano per Santo e Beato, perché non fu che un semplice fraticello assai meno considerabile degl'altri religiosi etc.; anco per le case andavano molti burlandosi delle semplicità di fra Serafino per diradicare dal cuore di tutti verso di lui la divozione, riducevano le sue attioni a sola semplicità, per la quale meritava poi dalli suoi superiori grandissimi gastighi et aspre riprensioni. Fecero in somma tale impressione col biasimo delle sante operazioni del Servo di Dio, che se non ardivano di chiamarle cattive, almeno le riducevano tutte all'indifferenza.* Subdit hic idem auctor cap. 7 relato pariter post praesentes animadversiones, quod hic defectus famae sanctitatis duravit ab anno 1604 usque ad annum 1609. *Cinque anni durò il timore inserto ne' popoli per li rumori sudetti sparsi dal demonio, cioè dall'anno 1604 sino a quello 1609.*

14. Occasione deinde qua confectus fuit Processus auctoritate ordinaria ab Episcopo Asculano supponitur fama sanctitatis, virtutum et miraculorum iterum percrebuisse, veluti subdit citatus historicus: *Tutto fu eseguito, e dal signor cardinal Bandini fu ottenuta la bramata licenza da Sua Santità, per ordine della quale fu fatto decreto dalla Sacra Congregazione de Riti che il vescovo d'Ascoli facesse questo processo con la fabrica di cui si esaminino esattamente ogn'attione e virtú del Servo di Dio, ed ogni miracolo da lui fatto, e nella vita, e nella morte, e doppo di essa. Così*

si disingannarono tutti delle tante falsità propalate contro questo Servo di Dio, e si venne in chiaro di tutte le calunnie dette piú per opera del demonio che per malignità degl'huomini. Occasione pariter confectionis Processuum auctoritate apostolica, aliqua fama sanctitatis, virtutum et miraculorum iterum est propalata, sed haec non sufficere videntur ad effectum de quo agitur, vel quia illa quae narrata sunt ab historico debuerunt esse maiora et magis urgentia quam ab eodem exponantur, cum ipse idem institutum profiteretur, ac Dei servus, et vitam conscripserit pro facilitanda reassumptione huius Causae, vel quia fama debet esse continuata. Unde in interrogatoriis impressis inter decreta generalia pagin. 49 legitur ita esse super fama interrogandum, *an huiusmodi fama fuerit constans et perpetua, quae semper duraverit, vel brevi et per modicum tempus, et cito eva[6]nuerit, an contra huiusmodi famam fuerit unquam aliquid dictum, factum vel auditum in contrarium;* vel tandem quia fama percutere debet tempus quo fit instantia pro commissione introductionis, vel pro commissione reassumptionis, quae res non verificatur in nostro rerum statu, elapsum est enim tempus annorum octuaginta ab ultimo Processu apostolico, nihilque hoc interim affertur, quod famae sanctitatis continuationem praeseferat.

15. Hinc in decretis generalibus pag. 54 dispositum legitur: *Magnopere etiam considerari debet antequam ad aliquos actus deveniatur, ut exploretur in loco ubi mortuus fuit, vel requiescit ille pro quo petitur canonizatio, si ad praesens sit et vigeat communis reputatio et fama sanctitatis.* Hinc in decretis novissimis sanctae memoriae Innocentii Undecimi, postquam demandatum fuit ut commissio introductionis non signaretur, nisi elapso decennio a die praesentationis Processuum in Sacra Congregatione, iniungitur ut novae proferantur litterae episcoporum circa percrebescentiam famae virtutum et miraculorum, uti legitur pagin. 7 ibi: *et insuper habitis post decennium a die fabricationis illius novis litteris episcoporum circa percrebescentiam famae sanctitatis et miraculorum.*

16. Iuxta praxim huius Sacrae Congregationis, quando tractatur de commissione reassumptionis, videndum est an ex Processibus aliquid resultet obstativum. Porro obstativum in hipothesi praesenti deduci valet ex praesumptionis macula, qua Servus Dei affectus fuisse visus est, et quibusdam aliis cirucmstantiis, quae forte ad vanam observationem referri possunt.

17. Supra visum fuit, quod in actu increpationis factae a patre Hilario, Dei Servus ita locutus est: *Santino, Santino, e poi toccandolo la spalla con la mano li disse: Predica altrui, Predica altrui,* posito quippe, quod iuxta dictum testis in superioribus relatum, contumeliae irrogatae fuerint a patre Hilario, ut experientiam sumeret de Dei Servo, verba eiusdem repugnant virtuti humilitatis et praesumptionem quamdam praeseferunt, multoque minus cohaerent cum dictis et factis Apostolorum; legitur enim 2 ad Cotinth. 12: *Complaceo mihi in contumeliis, in persecutionibus, in angustiis pro Christo,* et de iisdem Apostolis habetur in Actis: *Ibant gaudentes a conspectu concilii, quoniam digni habiti sunt pro nomine Iesu contumeliam pati.* Et in hac eadem classe reponendum est illud, de quo deponit testis nonus in Processu Asculano fol. 431, ibi: *lo pregai a darmi il suo cordone, che portava cinto, e lui ritiratosi in una cella, uscí poi di quella e mi diede il cordone etc.*

18. Transeundo ad caetera, quae referri valent ad notam vanae observationis, testis 20 in Processu Firmano fol. 142 a tergo inquit: *Mi disse che la mattina seguen-*

te io andassi al convento a sentire la messa ed a communicarmi. Io andai come volse
il padre, et arrivato alla porta, mi si fece incontro e mi diede una scatoletta chiusa,
che io la tenessi in mano fino che mi communicavo, dentro la quale non so che ci
fosse poiché non l'aprii; subbito che mi fui communicato, mi partii e tornai a casa
libera dal mio male. Nec dissimile est aliud, de quo deponit testis 56 in Processo
Asculano fol. 677 a tergo, ibi: *Involtò in un pezzo di carta un filo di accia e lana,*
come di quella veste di cappuccini, che non potei accorgermi di dove se lo levasse, e
ligandolo poi in un filo di refe me lo mise al collo etc.

Atque haec dicta sint sub censura, salvo semper etc.

Prosper de Lambertinis Sacri Consistorii Advocatus et Coadiutor fidei Promotoris

Doc. 6

Roma, senza data, ma primo semestre 1717. – *Voto di Prospero Lambertini per*
l'approvazione delle tre lezioni del secondo notturno dell'ufficio di sant'Adiutore,
secondo la richiesta del clero e del popolo di Cava de' Tirreni (ACCS [arch. subterr.],
Fondo S, busta 26, fasc. *Caven 1826*, f. 17r–18v)

CAVENSIS.
CONCESSIONIS OFFICII PROPRII.

Clerus et universitas civitatis Cavensis supplices preces porrexerunt pro concessione Officii proprii in honorem Sancti Adiutoris, et lectiones sunt hae, quae sequun-
tur, quaeque etiam fuerunt revisae et in pluribus partibus correctae a clarae memoriae cardinali Ferrario, olim huius Causae relatore.

In secundo nocturno.
Prima lectio. – Adiutor episcopus unus fuit ex duodecim illis sanctis confessori-
bus, qui dum impius Gensericus, Wandalorum rex, Africanam ecclesiam Arianam
impietate subvertere nitebatur, nullis terroribus induci potuere, ut a catholica fide
discederent, quamobrem variis tormentorum generibus vexati. Cum eorum con-
stantia semper invicta persisteret, propriis sedibus pulsi, vetusta navi impositi fuerunt, ut certo naufragio perirent.

Secunda lectio. – Deo autem navim mirabiliter gubernante in Neapolitano Regno ad Campaniae lictora pervenerunt, ubi finitimis populis verbi Dei precones
effecti, christianam religionem mirifice propagarunt, et innumeros Christo filios
pepererunt. Adiutor interea Beneventanam primo ecclesiam, Cavensem deinde re-
gendam suscepit. Cumque verbo et exemplo boni pastoris munere per plures annos
functus esset, in pace quievit.

Tertia lectio. – Verum Cavensis civitas pastoris sui grata beneficiis, eum sibi
peculiarem in patronum, ut qui eam salutis monitis erudierat, dum esset in terris,
suo patrocinio adiuvare e coelis. Exteri etiam populi eius sanctitatem venerati, nonnullas eidem ecclesias dedicavere. Caput eiusdem integrum Beneventi, sub ara
maxima cathedralis ecclesiae honorifice conditur. Brachium vero in celeberrimo

sacrario ecclesiae Ordinis Cassinensis sub titulo Sanctissimae Trinitatis in eadem Cavensi civitate veneratur.

Cumque mihi, non obstante praedicta sua revisione, fuerit ab eodem eminentissimo domino cardinali Ferrario, dum viveret, demandatum, ut meas, qualescumque proponerem animadversiones; primo loco examinandum erit, an constet de sanctitate sancti Adiutoris; secundo, an instantia quae proponitur, proponatur ad tramites decretorum huius Sacrae Congregationis; tertio, an adsint circumstantiae concessioni favorabiles; quarto, an in lectionibus aliquid contineatur, quod [17v] approbari non possit; quinto et ultimo, an sancto huic Adiutori titulus vel episcopi vel martyris competat, vel confessoris pontificis; contendunt enim Cavenses, cultum illi esse praestandum tanquam episcopo et martyri.

Ducto initio a sanctitate sancti Adiutoris, nulla quo ad illam potest esse controversia, ipsius enim mentio fit in Martyrologio Romano ad diem primam septembris: *Capuae item alterius prisci episcopi, qui unus fuit ex illis sacerdotibus, qui in persecutione Wandalorum, ob fidem catholicam varie afflicti, et vetusta navi imposti, ex Africa ad Campaniae littora pervenerunt, et christianam disciplinam in iis locis dispersi, diversisque ecclesiis praefecti, mirifice propagarunt. Fuerunt autem eius socii Castrensis, Tammarus, Rosius, Heraclius, Secundinus, Adiutor, Marcus, Augustinus, Elpidius, Canion et Vindonius.*

Transeundo ad examen, an instantia quae proponitur, proponatur ad tramites decretorum huius Sacrae Congregationis, nulla pariter quo ad hanc partem esse potest dubitatio, tum quia authentice exhibetur petitio nomine cleri et communitatis civitatis Cavensis, tum quia accedit informatio et supplicatio ordinarii, ita ut servata sit forma decretorum de lectionibus propriis sanctorum, quae decreta aedita fuerunt die 17 iunii 1679, et renovata fuerunt die 18 augusti 1706, ibi: *Ut eadem forma servetur in petitionibus communitatum, quae non admittantur nisi cum instantiis ordinariorum.*

Posthaec, subsequitur ut videamus, an adsint circumstantiae favorabiles concessioni. Porro eaedem adesse videntur, teste enim episcopo Cavensi in sua epistola scripta die 24 octobris 1710. Sanctus Adiutor est peculiaris et praecipuus patronus a tempore immemorabili dictae civitatis et dioecesis. Ita enim adnotatum reperitur in dioecesanis conciliis, et in sanctorum suffragiis primaria fit eius commemoratio. Concurrente autem qualitate patroni, et quidem principalis, adesse videntur circumstantiae favorabiles concessioni lectionum propriarum, teste *Carolo Guyeto* in suo tractatu de festis propriis locorum et ecclesiarum, *lib. 3, sect. 1, qu. 2, pag. mihi 257*, ubi causas exponendo concessionis lectionum propriarum inquit: *Altera causa est ipsa sanctorum celebritas, quae eo maior esse videtur, quo eorum laudes non mutuatis aliunde, aut vulgaribus, sed germanis et innatis praeconiis efferuntur, hincque est, quod in omnibus fere breviariis aut codicibus dioecesum propriis habentur officia propria patronorum praecipuorum, sicut et in ordinibus regularium sanctorum fundatorum, et primariorum professorum.*

Suppositis tum sanctitate sancti Adiutoris, tum legalitate instantiae et circumstantiis concessioni favorabilibus, remanet an videamus, an aliquid contineatur in lectionibus exhibitis, quod approbari non possit.

In secunda lectione dicitur, sanctum Adiutorem fuisse episcopum Beneventanum, et deinde Cavensem. Hac autem in re aliqua difficultas esse potest, primo quia nulla sit episcopatus Beneventani [18r] et Cavensis mentio in Martyrologio Romano, nec apud antiquiores scriptores; secundo quia soli recentiores id asseruerunt, *Ferrarius* videlicet in cathalogo sanctorum Italiae ad diem 19 decembris, *Paulus Regius* et *David Romeus* in cathalogo sanctorum Regni Neapolitani. Tertio quia *Marius de Vipera* in cathalogo sanctorum Beneventanorum pag. 83 inquit, sanctum Adiutorem coli in civitatibus Beneventana et Cavensi, vel quia in iis locis vivens praedicavit, vel quia ibidem asservantur ipsius reliquiae. *Adiutor episcopus Africanus ex eorum numero, qui in persecutione Wandalica a suis sedibus pulsi ad Campaniae littera pervenere, ac diversa petentes loca, in iis vel functiones episcopales praedicando exercuerunt, vel ab urbibus in episcopos electi, ibi consedere, unus fuit, qui Beneventi et Cavae ob eius reliquias ibi quiescentes, vel etiam quod in iis locis vivens praedicavit, venerationem habet hac die 8 kalendas ianuarii, cuius meminit una cum aliis sociis sancti Prisci, Martyrologium Romanum sub die prima septembris.*

Caetera, quae in lectionibus habentur, partim desumuntur ex Martyrologio Romano, partim ex scripturis antiquitatem septem saeculorum excedentibus, et quae conservantur in archivio episcopali, partim ex authentica epistola eminentissimi domini cardinalis Ursini scripta die 9 augusti 1709, in qua refert se anno 1687 collocasse sub ara maxima metropolitanae ecclesiae Beneventanae caput sancti Adiutoris, et se anno 1694 ecclesiam parochialem eidem sancto dicasse.

Tandem in eo quod attinet ad cultum, ac sanctus scilicet Adiutor colendus sit tamquam confessor pontifex, vel tamquam episcopus et martyr, contendunt Cavenses illum hoc secundo modo esse colendum, et praecipue cum monacus Marinus Albritius, archivista celebris archivii coenobii Sanctissimae Trinitatis Cavae, in sua authentica attestatione exarata die 6 iulii 1716, dicat se invenisse in antiquissimo kalendario, ad diem 18 decembris, adnotatum festum sancti Adiutoris episcopi et martyris sub ritu duplicis minoris. E contra cardinalis Ursinus in allegata epistola refert eum in civitate et dioecesi Beneventuana coli die 18 decembris tanquam episcopum et confessorem; et cultus hic retinendus esse videtur, licet enim sanctus Adiutor furerit certo naufragio expositus, cum tamen incolumis evaserit et ad Regnum Neapolitanum devenerit, et ibi in pace quieverit, ex hoc sequitur, illum esse colendum non tanquam episcopum et martyrem, sed tamquam episcopum et confessorem.

Atque de facto sanctus *Quodvultdeus* episcopus Carthaginensis, qui una cum clero a Geiserico, rege Ariano, in navibus fractis absque remigiis et velis impositus, praeter spem, Neapolim appulit, ibique exul mortuus est, non martyr, sed confessor dicitur in Martyrologio Romano, ad diem 26 octobris.

Haud urgente, quod plerique tanquam martyres coluntur, licet mors non fuerit illico inducta ex facto tyranni, sed fuerit ad aliquod tempus suspensa et ex aerumnis post aliquod temporis interval[18v]lum, secuta sit; quandoquidem mors induci potest vel per vulnus inflictum, vel per alias afflictiones et aerumnas a tyrannis in odium fidei illatas, et quocumque modo mors ex his inducatur, certum est morientem, per eam martyrem constitui; sed cum afflictiones et aerumnas debeant esse usque ad mortem continuatae et cum morte coniunctae, uti late probat clarae memoriae *cardinalis Capisuccus, in suis Controv. Theolog., controv. 27, § Quarto,* hinc infertur, sanctum Adiutorem coli non posse tanquam martyrem, cum aerumna, quam ille passus est, quando ad fidem catholicam afflictus fuit, velq uando vetustae navi impositus est, non fuerit usque ad mortem continuata vel cum morte coniuncta.

Sed quod omnem tollit difficultatem est, quod kalendarium archiepiscopalis ecclesiae Capuanae, die 2 mensis septembris celebratur festivitas sancti Prisci, cuius socius fuit sanctus Adiutor, cumque sanctus Priscus cultum habeat confessoris pontificis, et uti talis describatur in lectionibus propriis approbatis pro dicta ecclesia ab hac Sacra Congregatione die 16 februarii 1669, absurdum esset ut sanctus Adiutor, qui est pari causa cum sancto Prisco, tanquam martyr coleretur. Quinimmo sicuti in ecclesia Capuana, quarta lectio est tantum propria sancti Prisci, et aliae duae sunt de communi, idem etiam, nisi aliter videatur eminentiis vestris, fieri potest in ecclesia Cavensi quoad sanctum Adiutorem, sumendo pro hac quarta lectione verba Martyrologii, sicuti fit in quarta lectione sancti Prisci.

Atque haec dicta sint sub censura, salva semper etc.

Prosper de Lambertinis Fidei Promotor

Doc. 7

Roma, 14 dicembre 1720. – *Obiezioni e voto di Prospero Lambertini, promotore della fede, emessi nella congregazione ordinaria della Congregazione dei Riti, celebrata nel Palazzo Apostolico del Quirinale, sulla validità giudirica dei processi ordinari e apostolici per la Causa di Beatificazione e Canonizzazione del fratello laico cappuccino Serafino da Montegranaro* (ACCS, *Fondo* X, n. 187, c. 1–6)[390].

[1] Ausculana seu Firmana, Canonizationis Beati Seraphini de Asculo seu de Monte Granario, laici professi Ordinis Cappuccinorum.

Animadversiones reverendi patris domini Fidei Promotoris super dubio: An constet de validitate procesuum authoritate apostolica et ordinaria in civitatibus Asculana et Firmana constructorum, testes sint rite et recte examinati, et iura legitime compulsata in casu etc.

---

390 ACCS, *Decreta Sanctorum 1713–1722*, f. 306r–309v: qui, a f. 306r–v, si afferma che al "dubio: An constet de validitate processuum auctoritate apostolica et ordinaria in civitatibus Asculana et Firmana constructorum, testes sint rite et recte examinati, ac iura legitime compulsata in casu etc., Sacra eadem Rituum Congregatio, tam in scriptis quam voce r. p. d. Prospero da Lambertinis fidei promotore prius audito, rescribendum censuit: Constare de validitate processuum auctoritate apostolica, et non constare de validitate processus auctoritate ordinaria, si sanctissimo domino nostro visum fuerit. Die 14 decembris 1720. Factaque deinde perme secretarium de praedictis sanctissimo domino nostro relatione, sanctitas sua benigne annuit. Die 18 eiusdem mensis et anni 1720". A questo riguardo cf. Anche V. Traini, *Iter per la canonizzazione*, 242. Il decreto sulla validità dei processi viene riportato in *Acta et decreta Causarum beatificationis et canonizationis O.F.M.Cap. ex regestis manuscriptis SS. Rituum Congregationis ab anno 1592 ad annum 1964*, a cua di Silvino da Nadro, Romae 1964, 1245.

Eminentissime et reverendissime domine.

Assumendo examen circa validitatem processus Asculani, constructi ab anno 1627 ad annum 1636, praetermittendum occurrit, quod in hoc processu folio 107 legitur mandatum dominorum iudicum pro citatione adversus nonnullos testes a postulatore inductos, quod utique mandatum non est integrum, sed in dicto folio processus relictum est albm, in quo tres versus scribi poterant [2] pro transcribendo integre dicto mandato, in quo relictus est dies citationis, et alia necessario exprimenda, et respective testibus significanda; idemque defectus notatur processus fol. 391, in quo relictum est album, ut describeretur dies examinis; et fol. 551 est similiter album, in quo extendi debuerat locus et dies examinis, atque etiam iuramentum testis examinati. Incipit enim sessio examinis a primo interrogatorio.

In prosecutione pariter examinis testis super vigesimo articulo deficiunt nonnulla verba describenda pro recta intelligentia responsionis, et relictum est album, ut videre est Process. fol. 592 tergo et fol. eodem tergo pariter adnotatur similis defectus; et alibi passim, ut legenti patet, Process. fol. 687 tergo, fol. 688, fol. 788, fol. 870, ex quibus insurgere videtur non levis suspicio circa legalitatem dicti Processus, ut in fortioribus terminis scilicet instrumenti, in quo notarius omisit apponere diem, mensem et locum advertit coeteris relatis *Farinacc. de Falsit. et simulat. quaest.* 157, *num.* 3.

His praemissis advertitur in puncto validitatis, quod testium examen receptum fuit non solum per dominos iudices remissoriales, sed etiam per notarium actuarium, uti resultat ex qualibet sessione examinis testium; dicitur enim ibi: *Examinatus etc. per supradictos dominos iudices, ut supra deputatos etc., et per me praesentis Causae notarium et scribam deputatum*, quod utique adversatur tam literis remissorialibus, *Summario Num.* 2, *pag.* 4, §. 3, ibi: *Ut vos, vel ad minus duo ex vobis coniunctim, ac simul vice nostra procedentes omnes et singulos testes etc. admittatis, receptoque prius ab ipsis testibus iuramento de veritate dicenda etc. diligenter examinetis*, sed etiam dispositioni iuris communis, ut advertit *Farinacc. de testib. quaest.* 77, *num.* 175 et 196, ubi quod in criminalibus (quibus Causis aequiparantur Causae Canonizationum) iudex non potest notario committere testium examen, et in terminis advertit *Contelor. de Canonizat. Sanctorum, cap.* 25, *num.* 12 *circa med.*

Adnotandum pariter est, quod a testibus examinatis sunt expungendi testis 77, cum non expresserit suam aetatem, ut monent *Mascard. de probat. Conclus.* 1313, *num.* 9 et 10, *vol.* 3, *Antonell. de tempor. legal. lib.* 2, *cap.* 3, *num.* 3, et testis 99, cum non excederet aetatis annum vigesimum, iuxta dispositionem *Textus in leg. in testimonium ff. de test.*, ibi: *In testimonium accusator citare non debet eum, qui iudicio publico reus erit, aut qui minor viginti annis erit.*

Advertendum etiam occurrit, quod in aliquibus testium examinatorum sessionibus deficit expressio loci, in quo examen fuerat receptum, ut videre est ex Process. fol. 531, 543, 548, 555, quod utique praesefert inobservantiam literarum remissorialium, de quibus *Summario Num.* 2, *pag.* 4, *post* §. 3, ibi: *Exprimendo semper locum loci pro tribunali sedentes admittatis*, quibus consonat dispositio iuris communis, ut notat *Antonell. de loco legal. lib.* 2, *cap.* 2, *num.* 10.

Similiter est observandum, quod nonnulli testes, qui examen in unica sessione explere non potuerunt, iuramentum non praestitere in [c. 3] subsequentibus sessionibus, ut videre est Process. fol. 575, 583, 588, 613, 641, 658, 854, 859, 902, 907 et alibi passim. Et tamen iuramentum in qualibet examinis sessione est praestandum, ut notant *Bald. in leg. ius-iurandum num.* 3, *et* 4 *de testib.*, *Papien. In praxi forman. oppos. contra test. fol. mihi* 165, *num.* 3 *et* 4. Et coeteris relatis, *Farinacc. de testibus quaest.* 74, *num.* 47.

Quinimmo iuramentum a dictis testibus unice praestitum in actu examinis non est in consideratione habendum, utpote quia continet solum obligationem, veritatem dicendi, non etiam secretum servandum, uti a iure requiritur et notant per *Text. in cap. si testes §. Qui falso quaest.* 3, *et per text. in leg. qui falso ff. de test.*, *Ioannes Andr. in cap. Fraternitati eod. tit. de testib. num.* 15 ibi: *Quod secretum teneant dictum suum usque ad publicationem num.* 12, qui eam rationem affert, ne scilicet ex ipsorum dicto, alii testes subornentur, ad quod inconveniens removendum, idem speculator ubi supra ait nec etiam sufficere, quod post depositionem iungatur testibus, ne alicui eorum dictum revelent, ibi: *Si enim hoc non iuret, licet post depositionem iungatur ei in vim praestiti iuramenti, quod nulli suum dictum revelet, non tenetur ad hoc, cum non iuraverit.*

Occurrit etiam animadvertendum, quod examen testis 85, Process. fol. 777, testis 86 fol. 783, testis 87 fol. 786, testis 96 fol. 810, testis 94 fol. 828 non habent subscriptionem notarii, quae praetermitti nullo modo poterat, iuxta *Gloss. In leg. generali Cod. de Tab. lib.* 10, *et §. Sed si instrumentum versic. adiiciantur Auth. de instrum. caut., et firmat coeteris relatis, Rota contra Buratt. decis.* 666, *num.* 4.

Ulterius est notandum, quod non fuit lecta primo testi eius depositio, nec coeteris sequentibus usque ad numerum 107, antequam illam ratificarent et subscriberent, quae quidem lectura facienda a notario de mandato dominorum iudicum erat apprime necessaria, iuxta formam traditam per Ambrosium de modo formandi Process. *lib.* 3, *pagina mihi* 238 *tergo versic. Et lecto*, ibi: *Et lecto sibi per me de mandato etc. ad claram ipsius intelligentiam dicto eius examine, et ipsum bene audito et intellecto (prout asseruit etc.)*: Et consonat observantia et praxis, quae in huiusmodi Canonizationum Causis viget, scilicet legenti testi suam depositionem, antequam illam subscribat; et quidem iuremerito, nam testis audita depositione per ipsum facta potest illam corrigere et declarare, vel aliquid examini de novi addere, quatenus opus sit, quod virtutes Servi Dei, de cuius Canonizatione agitur, comprobet vel potius obnubilet.

Praedictis addendum est, quod testis 107 et coeteri sequentes usque ad numerum 137 fuerunt examinati ab anno 1634 ad annum 1636, et propterea domini iudices in eorum examine observare tenebantur praescripta in decretis generalibus, quae tunc temporis emanaverant. Quod autem non observaverint, manifestum redditur ex sequentibus. Processerunt domini iudices in examine testium absque interventu subpromotoris, [c. 4] non receperunt a notario et testibus iuramentum de secretum servando, non se subscripserunt post terminatum examen cuiuslibet testis, et tandem non rescripserunt Sacrae huic Congregationis, quae fides testibus esset adhibenda, et an in deponendo aliquid viderint, per quod eorundem testium suspecta redderetur depositio. Omnia enim supradicta a dominis iudicibus neglecta, sunt praescripta in dictis decretis generalibus pag. 42, 59 et 60.

Agendo de Processu constructo de anno 1611 authoritate ordinaria, compulsato in praedicto Processu remissoriali, plura similiter animadvertenda proponuntur. Et primo advertitur, quod dictus Processus compulsatus dicitur extractus ex Actis quondam Petri Angeli Dionisii notarii et scribae eiusdem Processus. Id tamen cum non remaneat verificatum ex recognitione et attestatione dominorum iudicum, sed ex assertione notarii et scribae Processus remissorialis, qui illum extraxit ex asserto originali, quive se fecit filium dicti quondam Petri Angeli, dice debet improbatum, ut firmat *Rot. coram Buratt. decis.* 4, *num.* 7, *et decis.* 18, *num.* 13.

Secundo apparet Processus in parte fabricatus coram reverendo domino Bernabeo Innocentio canonico praebendae theologalis, et in parte coram reverendo domino Carolo Caballo iudicibus delegatis, ut asseritur ab episcopo Asculano. Verum cum de ipsorum iudicum delegatione non doceatur, Processus insanabili nullitatis vitio laborat, utpote constructus absque iurisdictione, ut caeteris relatis firmat *Rota coram Buratt. decis.* 240, *num.* 3.

Tertio, nullus ex testibus in dicto Processu examinatis praestitit iuramentum; nec huiusmodi animadversio removeri valet ex responsione forsan danda a postulatoribus, nempe quod in Processu exprimatur a notario de unoquoque teste, ibi: *N. N. Iuratus*; quandoquidem huiusmodi verborum formula, prorsus inepta reputari debet ad demonstrandum, quod testis iuramentum praestiterit, ut advertit caeteris relatis, *Ubert. de Citat. cap.* 13, *num.* 296. Quinimmo quatenus etiam per impossibile testes praedicti dici deberent iurati, adhuc tamen iuramentum ab ipsis praestitum non esset habendum in consideratione, utpote quia continere debuerat obligationem servandi secretum, ut alias ostensum fuit occasione discutiendi validitatem Processus remissorialis. Et etiam praestari debuerat per diem ante, non vero in actu examinis, ut factum fuit *Ridolphin. in Praxi par.* 1, *cap.* 11, *num.* 81.

Quarto, iidem testes dicuntur quidem a notario citati, citatio tamen non habetur in Processu, ut necessarium esset cum non sit praesumenda, sed in actis registranda, ut notat caeteris adductis *Ubert. de Citat. cap.* 13, *num.* 87.

Quinto, XXVI testis, de qua Process. fol. 1166 examinatur solum usque ad tertium interrogatorium exclusive, eo quia praedicta testis dixit coram iudicibus se referre ad attestationem seu examen praecedenter ab ipsa factum, quod nullo pacto a iudicibus permitti debuerat absque incursu nullitatis, ut notat *Farinacc. de opposit. Contra testes quaest.* 8, *opposit.* 39, *num.* 100 *et sequentes*. Eoque fortius cum non doceatur de dicto antecedenti testis examine, neque de [c. 5] alio Processu, in quo suam emiserit depositionem, ut necessarium fuisset ad hoc, ut iudices recognoscere potuissent, an materia et interrogatoria contenta in praecedenti examine essent eadem ac illamet, quae leguntur in Processu compulsato, quae profecto eadem esse non possunt, dum testis praefata asserit se unice fuisse examinatam super asserto miraculo. Interrogatoria enim super quibus examinari debuerat a dominis iudicibus testis praedicta, continens non solum asserta miracula, sed etiam virtutes, quibus Servum Dei insignitum fuisse praedicabant postulatores.

Sexto, testis XXXI, de quo Processu foglio 1196, non examinatur super 18 interrogatorio, quod sat est, ut eius examen in nulla parte sit in consideratione habendum, ut notat *Rosa in Addit. ad suum Tract. de Exequ. Liter. Apostolic.*, *num.* 82 *et sequ.*, *et firmat Rota decis.* 370, *num.* 4, *part.* 14 *rec.*

Ultima tandem animadvertendum proponitur, quod prima copia huius Processus originalis existentis inter Acta dicti quondam Petri Angeli Dionisii fuit collationata a notario Processus remissorialis absque interventu notarii adiuncti et dominorum iudicum Process. folio 1203, quod fieri non poterat, resistente lege decretorum generalium pag. 41. Nec ad removendam dictam inobservantiam in medium afferri meretur collatio legitime facta, quae habetur in fine Processus remissorialis, quandoquidem haec non est collatio copiae cum suo originali, sed est collatio copiae ad Urbem transmittendae cum dicta altera copia extracta a notario et ab eodem collationata, ut diximus, non servata lege decretorum sanctae mem. Urbani Octavi.

Remanet examinanda validitas Processus Firmani authoritate Apostolica constructi ab anno 1627 ad annum 1636, circa quam observandum proponitur, quod in examine testis 2 Processu fol. 67 non est expressus locus, in quo examen receptum fuit, talisque defectus notatur quoque in teste 3 Process. fol. 125, et fere in caeteris aliis testibus, contra formam literarum promissorialium, de quibus *in Summario num. 8, §. 3;* ibi *exprimendo semper locum loci, pro Tribunali sedentes admittatis.*

Notandum etiam occurrit, quod in fine examinis 11. testis non adest subscriptio notarii actuarii, nec minus in fine examinis testis XIV, quae tanquam a iure praescripta nullatenus erat praetermittenda, ut ostensum fuit in discussione validitatis Processus remissorialis §. *Occurrit.*

His accedit observandum, quod post examen LVIII et ultimi testis, terminatum de anno 1630, postulator Causae siluit usque ad annum 1636, de quo tempore ad ipsius postulatoris instantiam, exemplatus fuit Processus praedictus atque collationatus. Ex his autem insurgit inobservantiam decretorum ex triplici animadversione, quarum prima copiae Processus cum suo originali. Dicta siquidem decreta generalia, iam de illo tempore promulgata, ita se habent pag. 60: *Secreto retineantur etc. eaque quantocitius poterit authentica transcripta etc. et obsignata ad Sac. Rituum Congregationem transmittere, originalia vero etc. in capsa clausa etc. in Archivio etc. conserventur.*

[c. 6] Secunda ex quo iudices non detulerunt iuramentum notario adiuncto deputato, ad effectum collationandi copiam cum originali. Tertia tandem, ex quo iidem iudices non rescripserunt Sacrae huic Congregationi, quae fides testibus esset praestanda, et an in deponendo aliquid viderint per quod testium depositio redderetur suspecta. Quae omnia praescribuntur in saepedictis decretis generalibus pagina 41 et pagina 42.

Atque haec dicta sint sub censura etc., salvo semper etc.

Prosper de Lambertinis Fidei Promotor.

Doc. 8

Roma, 22–29 gennaio 1724. – *In seguito alla decisione della congregazione ordinaria, tenuta nel Palazzo Apostolico del Quirinale il 22 gennaio 1724, il promotore della fede Prospero Lambertini invia il 29 gennaio successivo al patriarca di Venezia Pietro Barbarigo e al vescovo di Vicenza Sebastiano Venier una istruzione particolare finalizzata alla ricerca degli scritti del predicatore cappuccino Lorenzo da Brindisi* (ACCS, *Decreta Sanctorum 1723–1730,* f. 487r–490r).

1724, die 22 ianuarii.

Perillustri et reverendissimo domino Patriarchae Venetiarum.

Perillustris etc.

Cum in revolvendis processibus, tam auctoritate ordinaria quam apostolica in Causa Beatificationis et Canonizationis Servi Dei fratris Laurentii a Brundusio, compertum fuerit ex dicto cuiusdam testis in Processu Veneto examinati, dictum Servum Dei propria manu exarasse nonnullas adnotationes in Sacram Scripturam; cumque iuxta praescriptum decretorum generalium ad ulteriora in huiusmodi Causis Beatificationum et Canonizationum Servorum Dei deveniri nequeat, nisi prius examinatis eorum scriptis seu opusculis.

Propterea eminentissimi patres Sacrorum Rituum Congregationis praepositi, instantibus postulatoribus huiusmodi Causae, ad parcendum expensis sub die 22 ianuarii proximi praeteriti per litteras particulares amplitudini tuae committendum esse duxerunt, ut ipsa vel per se, vel per suum vicarium iuxta instructionem r. p. d. fidei promotoris eidem dirigendam, diligentissime inquirat, ad effectum habendi praedictas adnotationes sive alia quaecumque opuscula seu scripta eiusdem Servi Dei, quatenus de illis aliquam habere valeat notitiam.

Idcirco, attento sanctissimi domini nostri benigno assensu sub infrascripta die praestito, in re tanti momenti omnem curam et diligentiam exactissime adhibere ne praeter[487v]mittat, et quidquid in adiuncta Instructione praescribitur adamussim exequi, et ad eamdem Sacram Congregationem transmittere ne gravetur.

Et amplitudini tuae diuturnam exopto felicitatem.

Romae, 29 ianuarii 1724.

Instructio pro reverendissimo Patriarcha Venetiarum ad effectum perquirendi scripta venerabilis Servi Dei patris Laurentii a Brundusio, sacerdotis Ordinis capuccinorum.

1. Debebit reverendissimus Patriarcha, per edictum sive alium quemcumque modum, notum facere omnibus et singulis suae civitatis, quod si quae habent, ad se deferant opera, manuscripta sive edita, et quascumque pagellas scriptas manu Servi Dei fratris Laurentii a Brundusio, sacerdotis Ordinis capuccinorum, intra spatium 20 dierum, cum omnia praedicta deservire debeant in Causa Beatificationis et Canonizationis dicti Servi Dei.

2. Reverendissimus Patriarcha per se vel per suum vicarium generalem accedet ad conventum patrum capuccinorum, vocatoque patre guardiano et duobus aut tribus aliis patribus senioribus, ipsos praevio iuramento de veritate dicenda interrogabit coram promotore fiscali, ac habeant vel sciant adesse in conventu aliqua [488r] opera edita vel manuscripta Servi Dei fratris Laurentii a Brundusio, et quatenus respondeant se habere vel scire quod existunt, mandet eorum exhibitionem, quae deinde clausa et sigillata transmittet ad Sacrorum Rituum Congregationem; et quatenus respondeant se non habere nec scire quod existant, iubebit ut eorum dicta in scriptis per notarium referantur, ita ut ad Sacrorum Rituum Congregationem vel opera ipsa, vel dicta testium circa non existentiam transmittantur.

3. Interrogabit an in conventu adsit bibliotheca vel archivium, et quatenus unum vel utraque adsint, vocare faciet patrem bibliothecarium sive archivistam eidemque

prefiget terminum octo dierum, intra quem ipsi cum duobus religiosis bibliothecam et archivum perquirere debebunt, ad effectum inveniendi opera sive scripta sive edita Servi Dei fratris Laurentii a Brundusio.

Dictoque termino elapso, idem reverendissimus Patriarcha sive per se sive per suum vicarium iterum a conventum capuccinorum accedet, et examinabit coram promotore fiscali, praestito prius iuramento de veritate dicenda, tam patres biblio[488v]thecarium et archivistam, quam patres assumptos in socios, tum super existentia operum, tum super diligentiis factis pro illis inveniendis, ita ut ad Sacrorum Rituum Congregationem vel opera, quatenus inveniantur transmittantur, vel transmittantur attestationes in scriptis a notario receptae, praesente promotore fiscali, de diligentiis factis in iisdem reperiendis.

Reverendissimo domino episcopo Vicentino.
Reverendissime etc.
Cum in revolvendis processibus, tam auctoritate ordinaria quam apostolica in Causa Beatificationis et Canonizationis Servi Dei fratris Laurentii a Brundusio, compertum fuerit ex dicto cuiusdam testis in Processu Vicentino examinati, dictum Servum Dei propria manu exarasse nonnullas epistolas in Sacram Scripturam; cumque iuxta praescriptum decretorum generalium ad ulteriora in huiusmodi Causis Beatificationum et Canonizationum Servorum Dei deveniri valeat, nisi prius examinatis eorum scriptis seu opusculis.

Propterea eminentissimi patres Sacrorum Rituum Congregationis praepositi, instantibus postulatoribus huiusmodi Causae, ad parcendum expensis sub die 22 ianuarii proximi praeteriti per litteras particulares amplitudini tuae committendum esse duxerunt, ut ipsa vel per se, vel per suum vicarium iuxta in[489r]structionem r. p. d. Fidei Promotoris eidem dirigendam, diligentissime inquirat, ad effectum habendi praedictas epistolas sive alia quaecumque opuscula seu scripta eiusdem Servi Dei, quatenus de illis aliquam habere valeat notitiam.

Idcirco, attento sanctissimi domini nostri benigno assensu sub infrascripta die praestito, in re tanti momenti omnem curam et diligentiam exactissime adhibere ne praetermittat, et quidquid in adiuncta Instructione praescribitur adamussim exequi, et ad eamdem Sacram Congregationem transmittere ne desinat. diuque felix et incolumis vivat.

Romae, 29 ianuarii 1724.

Instructio pro reverendissimo episcopo Vicentino ad effectum perquirendi scripta venerabilis Servi Dei patris Laurentii a Brundusio, sacerdotis Ordinis capuccinorum.

1. Debebit reverendissimus episcopus, per edictum sive alium quemcumque modum, notum facere omnibus et singulis suae civitatis, quod si quae habent, ad se deferant opera, manuscripta sive edita, et quascumque pagellas scriptas manu Servi Dei fratris Laurentii a Brundusio, sacerdotis Ordinis capuccinorum, intra spatium 20 dierum, cum omnia praedicta deservire debeant in Causa Beatificationis et Canonizationis dicti Servi Dei.

[489v] 2. Elapso dicto termino, ad se vocare faciet Matthaeum Ceratum, quatenus sit in humanis, et quatenus non sit in humanis eiusdem haeredes et successores,

nec non Ioannem Baptistam Ceratum, quatenus sit in humanis, et quatenus non sit in humanis eiusdem haeredes et successores, et eosdem vel per se vel per suum vicarium generalem coram promotore fiscali, exhibito prius ab ipsis iuramento de veritate dicenda, interrogabit an habeant penes se epistolas aut alias quasdam pagellas scriptas manu Servi Dei Laurentii a Brundusio, cum ex testibus, de quibus in processu Vicentino olim confecto desumatur litteras Servi Dei fuisse penes Matthaeum Cerati, et alias quasdam pagellas penes Ioannem Baptistam Cerati; et quatenus dictas epistolas et pagellas habeant, mandet eis ut eas ad se deferant, quas ipse deinde sigillatas transmittet ad Sacrorum Rituum Congregationem; et quatenus dicant se nec habere, nec dolo desiisse habere dictas epistolas et pagellas, eorum dicta in scriptis a notario referantur; ita ut ad Sacrorum Rituum Congregationem vel epistolae ipsae et pagellae transmittantur au[490r]thentica attestatio praedictorum, quod nec eas habeant, nec dolo desierint habere.

3. Reverendissimus episcopus per se vel per suum vicarium generalem accedet ad conventum patrum capuccinorum, vocatoque patre guardiano et duobus aut tribus aliis patribus senioribus, ipsos praevio iuramento de veritate dicenda interrogabit coram promotore fiscali, an habeant vel sciant adesse in conventu aliqua opera edita vel manuscripta Servi Dei fratris Laurentii a Brundusio, et quatenus respondeant se habere vel scire quod existunt, mandet eorum exhibitionem, quae deinde clausa et sigillata transmittet ad Sacrorum Rituum Congregationem; et quatenus respondeant se nec habere, nec scire quod existant, iubebit ut eorum dicta in scriptis per notarium referantur, ita ut ad Sacrorum Rituum Congregationem vel opera ipsa, vel dicta testium circa non existentiam transmittantur.

4. Interrogabit an in conventu adsit bibliotheca vel archivium, et quatenus unum vel utraque adsint, vocare faciet patrem bibliothecarium sive archivistam eidemque prefiget ter[490v]minum octo dierum, intra quem ipsi cum duobus religiosis bibliothecam et archivum perquirere debebunt, ad effectum inveniendi opera sive scripta sive edita Servi Dei fratris Laurentii a Brundusio.

Dictoque termino elapso, idem reverendissimus episcopus sive per se sive per suum vicarium generalem iterum ad conventum capuccinorum accedet, et examinabit coram promotore fiscali, praestito prius iuramento de veritate dicenda, tam patres bibliothecarium et archivistam, quam patres assumptos in socios, tum super existentia operum, tum super diligentiis factis pro illis inveniendis, ita ut ad Sacrorum Rituum Congregationem vel opera, quatenus inveniantur transmittantur, vel transmittantur attestationes in scriptis a notario receptae, praesente promotore fiscali, de diligentiis factis in iisdem reperiendis.

Doc. 9

Roma, 12 giugno 1724. – *Tramite bolla pontificia il papa Benedetto XIII nomina arcivescovo il "magister" Prospero Lambertini – già dottore in "utroque iure", avvocato concistoriale, canonico della basilica di San Pietro, promotore della fede presso la Congregazione de Riti, segretario della Congregazione del Concilio e consultore del Sant'Ufficio – promuovendolo alla sede titolare di Teodosia* (ASV, Sec. Brev., Reg. 2744, f. 97r–99r). [controlla tutto]

VINCENZO CRISCUOLO

Ecclesiae Theodosiensi pro Magistro Prospero Lambertino.

Benedictus Episcopus Servus Servorum Dei

Dilecto filio magistro Prospero de Lambertinis, electo Theodosiensi, salutem et apostolicam benedictionem.

Divina disponente clementia, cuius inscrutabili providentia ordinationem suscipiunt universa in apostolicae dignitatis solio meritis licet imparibus constituti, ad universas orbis Ecclesias aciem nostrae considerationis extendimus ac pro eorum statu salubriter dirigendo apostolici favoris auxilium adhibemus; sed de illis propensius cogitare nos convenit, quas propriis carere pastoribus intuemur, ut eis iuxta cor nostrum pastores praeficiantur idonei, qui commissos sibi populos per suam circumspectionem providam et providentiam circumspectam salubriter dirigant et informent ac bona ipsarum Ecclesiarum non solum gubernent utiliter, sed etiam multimodis efferant incrementis.

Dudum siquidem provisiones Ecclesiarum omnium [97v] apud Sedem Apostolicam tunc vacantium et in posterum vacaturarum ordinationi et dispositioni nostrae reservavimus, decernentes ex tunc irritum et inane si secus super his per quoscumque, quavis auctoritate, scienter vel ignoranter contigeret attentari.

Postmodum vero Metropolitana Ecclesia Theodosiensis, quae in partibus infidelium consistit et cui bonae memoriae Dominicus de Zaulis archiepiscopus Theodosiensis dum viveret praesidebat, per obitum eiusdem Dominici archiepiscopi, qui apud Sedem Apostolicam debitum naturae persolvit, pastoris solatio destituta, nos ad provisionem eiusdem ecclesiae celerem et felicem, in qua nullus praeter nos hac vice se intromittere potuit sive potest, reservatione et decreto obsistentibus supradictis, ne illa longe vacationis exponatur incommodis, paternis et sollicitis studiis intendentes, post deliberationem quam de praeficiendo eidem ecclesiae personam utilem ac etiam fructuosam cum venerabilibus fratribus nostris Sanctae Romanae Ecclesiae Cardinalibus habuimus diligentem.

Demum ad te, de legitimo matrimonio [98r] ex catholicis nobilibusque parentibus in civitate Bononiensi natum, aetatis tuae annorum quinquaginta circiter, iuris utriusque doctorem, consistorialis aulae advocatum, Basilicae Principis Apostolorum de Urbe canonicum, qui fidei catholicae promothor ac Congregationis venerabilium fratrum nostrorum praedictae Sanctae Romanae Ecclesiae cardinalium decretorum Concilii Tridentini interpretum secretarius, nec non Sancti Officii consultor existis, quique fidem catholicam iuxta articulos iam pridem a Sede Apostolica propositos expresse professus es et cui apud nos ob grata devotionis obsequia, quae Apostolicae Sedi hactenus impendisti et adhuc sollicitis studiis impendere non desistis, de vitae munditia, honestate morum, spiritualium providentia et temporalium circumspectione aliisque multiplicum virtutum donis fide digna testimonia perhibentur, direximus oculos nostrae mentis.

Quibus omnibus debita meditatione pensatis, te a quibusvis excommunicationis, suspensionis et interdicti aliisque ecclesiasticis sententiis, censuris et poenis, si quibus quomodolibet [98v] innodatus existis, ad effectum praesentium tantum consequendum harum serie absolventes et absolutum fore censentes, ecclesiae Theodosiensi praedictae de persona tua nobis et eisdem fratribus nostris ob tuorum exigentiam meritorum accepta, de fratrum eorumdem consilio, apostolica auctoritate providemus teque illi in archiepiscopum praeficimus et pastorem; curam, regimen et administrationem ipsius ecclesiae Theodosiensis tibi in spiritualibus et temporalibus plenarie committendo, firma spe fiduciaque conceptis, quod dextera Domini tibi assistente propitia praedicta ecclesia Theodosiensis per tuae circumspectionis industriam et studium fructuosum regetur utiliter et prospere dirigetur, ac grata in eisdem spiritualibus et temporalibus suscipiet incrementa.

Iugum igitur Domini tuis impositum humeris prompta devotione suscipiens, curam et administrationem praedictas sic exercere studeas sollicite, fideliter et prudenter, quod ecclesia ipsa Theodosiensis gubernatori provido et fructuoso administratori gaudeat se commissa, tuque praeter [99r] aeternae retributionis premium, nostram et dictae Sedis benedictionem et gratiam exinde uberius consequi merearis.

Nos enim tibi, quod donec dictam ecclesiam Theodosiensem ab infidelibus detinebitur, ad illam accedere et apud eam personaliter residere minime tenearis, apostolica auctoritate praedicta earumdem tenore praesentium indulgemus.

Praeterea tecum super eo, quod in sacro subdiaconatus ordine tantum constitutus existas, ad praemissorum effectum auctoritate et tenore praemissis dispensamus.

Datum Romae, apud Sanctum Petrum, anno Incarnationis Dominicae millesimo septingentesimo vigesimo quarto, pridie idus iunii, pontificatus nostri anno primo.

Pro eminentissimo et reverendissimo domino cardinale Otthobono summatore. J. C. Pelucchius substitutus.

Visa pro r. p. d. Sinibaldo. J. C. Pelucchius substitutus

L. Martinettus

Doc. 10

Roma, prima del 18 luglio 1724. – *Voto di Prospero Lambertini sui miracoli per la canonizzazione della beata Margherita da Cortona, da esporre nella congregazione antipreparatoria da tenersi il 18 luglio presso l'abitazione del cardinale Pietro Marcellino Corradini* (ACCS, *Fondo Q*, fasc. 17–2–315, f.n.n.)[391].

Per la congregazione antepreparatoria nella Causa della beata Margarita da Cortona sopra i miracoli, da tenersi nel giorno 18 di luglio 1724 avanti il signor cardinale Corradino ponente.

Il primo miracolo dell'incorruzione, ed il secondo dell'odore non appartengono al presente giudizio. E la ragione si è perché questi due miracoli *praecesserunt indultam venerationem*, ed il giudizio presente è *de his quae supervenerunt*, come si raccoglie dal decreto di Clemente Nono *ai 1o di settembre 1668*. Né può farsi forza nella conti-

---

391 Il voto espresso dal promotore della fede Prospero Lambertini nella congregazione antipreparatoria del 18 luglio 1724 viene cosí presentata nei registri del Dicastero: "Lambertinus archiepiscopus Theodosiae promotor fidei: Primum et secundum non pertinere ad praesens iudicium; de reiquis non constare": ACCS, *Decreta Sanctorum 1723–1730*, f. 55v.

nuazione dell'odore e del incorruzione, perché ciò non fu ammesso nella Causa di canta Caterina di Bologna, di cui 25 anni sono hebbi l'onore d'essere avvocato.

Senza che possa replicarsi che la continuazione dell'incorruzione e dell'odore si hebbe per novo miracolo nella Causa di Santa Maria Maddalena de' Pazzi, sí perché in questa Causa *furono approvati tre altri miracoli* oltre quelli della continuazione dell'incorruzione e dell'odore, sí perché la Causa di canta Catarina è posteriore a quella di canta Maria Maddalena de' Pazzi.

E perché vedo che dai postulatori si dice che la continuazione dell'incorruzione e dell'odore non fu approvata per miracolosa nella Causa di santa Catarina, perché il di lei corpo col tratto del tempo era deteriorato, siamo qui lecito il replicare tre cose: la prima, che non era deteriorato il miracolo dell'odore, che sempre era continuato nella stessa maniera; la seconda, che la forza della Causa di santa Catarina non fu posta nell'asserita e non provata deteriorazione del corpo, ma nell'indulti precedenti della Sede Apostolica, ne' quali erasi fatta menzione della miracolosa incorruzione e del miracoloso odore, dal che si inferí che questi miracoli *iam receperant mercedem suam*, e che però d'essi non si poteva far conto *ad effectum canonizationis*, al quale effetto i miracoli devono essere sopravenuti *post indultam venerationem*, il che per appunto si verifica ancora nella Causa della Beata Margarita; e finalmente perché non sarebbe gran cosa il dimostrare qualche deteriorazione ancora nel colpo della beata Margarita, dicendosi nell'antica recognitione, fatta nel 1634 al *Sommario* pag. 65, §. 5: *Viderunt nasum ipsius Beatae integrum cum pilis narium omnino integris*, e leggendosi nella recognizione fatta nel 1719 *Summarium* pag. 70, §. 23: *il naso intiero fosche tantin tantino su la punta*, e leggendosi pure nell'antica recognizione circa gl'occhi, come nel *Sommario* pag. 65, §. 5: *et oculos dictae Beatae non penitus et omnino clausos, ita quod viderunt aliquanto albedinem oculorum intus existentium*, e leggendosi nella recognizione dell'anno 1719, pag. 72, §. 37: *ha le palpebre e gl'occhi serrati*; et in postrema recognizione facta de anno 1723 in *Summario additionali* pag. 9, §. 4: *e vi si vedono i muscoli nell'occhio particolarmente dritto, che è un poco scoperto dalla sua palpebre, si vede un color bianco simile al bulbo colla prominenza dentro all'orbita, sono coperti dalle palpebri colle sue ciglia, ma senza peli, non si possono già aprire senza fare violenza*.

Questo discorso mi sembra assai convincente; ma perché si va dai postulatori asserendo che il riprovare questi due miracoli come già un'altra volta approvati dalla Santa Sede in questa medesima Causa è un punto di gran rilievo, io qui francamente dirò che il rispondere che i detti due miracoli non appartengono al presente giudizio, non è cosa che importi verun discredito alla Sede Apostolica, e poi francamente soggiungerò non esser mai stati approvati i detti miracoli dalla Santa Sede.

Per porre in chiaro quest'assunto, fa di mestieri il ricorrere ai due indulti di Leone X: il primo in cui concede il far la festa, parla dell'incorruzione, ma nella parte espositiva di quanto gl'haveva narrato Silvio Passerini arciprete di Cortona, come nel *Sommario* pag. 19: *sane pro parte dilecti filii magistri Silvii Passarini archipresbyteri Ecclesiae Cortonae nobis nuper exhibita petitio continebat*. Lo stesso si vede nel secondo indulto della stesso Leone X, in cui concede l'indulgenza a chi visita la chiesa della Beata Margarita, leggendosi in esso le seguenti parole alla pag. 22: *sicuti accepimus*.

La maggior forza potrebbe riporsi nel decreto della Sacra Congregazione de' Riti ai 14 di gennaro 1623 sopra la festa, l'offizio e la messa a tutto l'Ordine francescano, e la conferma d'Urbano Ottavo fatta nello stesso anno nel mese di decembre, come nel *Sommario* pag. 23 et 24, ibi: *Sacra Rituum Congregatio sanctitate praedictae mulieris considerata, quae super trecentum annos continuo miraculorum splendore corruscat, necnon mirabilis corporis integritate, quae his etiam diebus supra naturae vires odorem efflat suavissimum*; ma come che tal assertiva non fu fatta *causa cognita*, e bastava per l'intento che il fatto fusse solamente probabile, ciò basta ad effetto di dire che i detti due miracoli non sono mai stati approvati dalla Sede Apostolica.

Che poi la detta assertione fosse fatta su la sola probabilità *et causa non cognita*, mi pare che sia cosa evidente, perché il decreto della Sacra Congregazione ed il breve d'Urbano Ottavo come si è detto emanorno nel 1623, e solamente nel 1634 fu fatto il primo processo con autorità apostolica, in cui furono articolati i miracoli dell'incorruzione e dell'odore, senza che si habbia veruna notizia, che né meno antecedentemente dagl'ordinari fosse fatto verun processo sopra i detti due miracoli piú volte nominati dell'incorruzione e dell'odore.

E ciò che è stato detto in ordine al decreto del 1623 ed al breve d'Urbano Ottavo nello stesso anno, deve dirsi rispetto alla descrittione nel Martirologio Romano fatto del 1715, ed alle lezzioni proprie concedute nel 1719, ove si fa espressa menzione dell'incorruzione e dell'odore, come nel *Summario* al num. 12 e 13, perché allora si lavorò su la sola probabilità e su le antecedenti asserzioni, e né meno vi fu occasione di vedere il processo del 1634, né ancora era venuto a Roma il processo del 1719 sopra l'istessi miracoli dell'incorruzione e dell'odore.

Quali cose tutte dimostrano che non può dirsi che questi miracoli siano mai stati approvati dalla Sede Apostolica.

Aggiungo che quando mai si dovesse assumere *ex integro* l'esame di questi due miracoli e che si volesse sostenere che *pertinent ad praesens iudicium*, io v'haverei grandissima difficolt, essendo certa l'imbalsamazione, essendo certo che il corpo in alcune parti è stato aperto e ricuscito, essendo cosa indubitabile che in uno dei coscini si è ritrovata della polvere odorosa, e non essendovi esempio che la Sede Apostolica habbia mai approvata veruna incorruzione miracolosa, né verun odore quando v'è stata imbalsamazione.

Il dire poi che sono passati quattrocento e piú anni e che non vi resta veruna reliquia di balsamo, e che vi è qualche flessibilità nel corpo, prescindendo che in molte parti la carne è insecchita, le predette risposte non sono che probabili, e sul probabile appoggiare un *constare* pare una cosa assai difficile.

In comprova di quanto ho detto, non devo tralasciare che questa Beata morí nel 1297, e che nel 1306, nel 1318, nel 1328, nel 1392 si portano atti dei vescovi, nei quali si fa menzione dei miracoli della beata Margarita e della conservazione del suo corpo in Cortona, senza che si parli dell'incorruzione e dell'odore. Segno evidente che allora non s'haveva per miracolosa, e forse per il motivo dell'imbalsamazione, e la qualità miracolosa incomincia dall'assertiva del Passerino arciprete di Cortona fatta a Leone X nel 1515.

Posti dunque da parte il primo e secondo miracoli, subentra il quarto ed il sesto, che sono stati approvati dal medico che ha scritto *pro veritate*, ma nel quarto manca la prova dell'instantaneità, che è evidentemente eslcusa, e nel sesto non vi sono che testimoni *de auditu*, ed essendo tutti gl'altri disapprovati dallo stesso medico, quindi è che al dubio proposto risponderei *primum et secundum non pertinere ad praesens iudicium, de reliquis non constare*.

Doc. 11

Roma, 3 luglio 1726. – *In seguito alla richiesta dei postulatori della Serva di Dio Caterina de' Ricci, rivolta al papa Benedetto XIII, l'arcivescovo di Teodosia Prospero Lambertini risolve storicamente e giuridicamente le difficoltà relative alla Causa, proponendo che si prosegua "ad ulteriora" e ricevendo a questo scopo il beneplacito pontificio* (ACCS, *Decreta Sanctorum 1723–1730*, f. 165r–170v).

[165r] Beatissimo Padre.

I postulatori della Causa della Venerabile Serva di Dio suor Catarina de Ricci, monaca professa nel monastero di San Vincenzo della città di Prato dell'Ordine de predicatori, doppo aver rese a Vostra Santità umilissime grazie del favore compartitoli nella deputazione del signor cardinale Origo in ponente della detta Causa, in conformità del benigno rescritto che Vostra Santità s'è degnata fare alla loro supplica, presentano l'informazione di monsignor arcivescovo di Teodosia, pregando nello stesso tempo la Santità Vostra di prendere qualche temperamento, che parerà piú proprio alla sua profonda intelligenza sopra l'opposizione eccitata nella medesima Causa[392], non sembrando che questa Causa, per altro bella ed avanzata, resti arrenata per tale opposizione, la quale non ha tutta la sussistenza nel fatto, né tutta la rilevanza in punto di raggione. Che della grazia etc.

[*sul retro*, f. 170v] Alla Santità di Nostro Signore PP Benedetto XIII

Per i postulatori della Causa della Venerabile Serva di Dio suor Caterina de Ricci dell'Ordine de praedicatori.

[166r]Relazione dell'arcivescovo di Teodosia, Promotore della Fede, della Causa di Beatificazione e Canonizazione della Venerabile Serva di Dio suor Caterina de Ricci monaca professa dell'Ordine de predicatori.

Passò questa venerabile Serva di Dio a miglior vita nell'anno 1590, ed essendosi fatti tanto con autorità ordinaria quanto con autorità appostolica i soliti processi sopra le virtú e miracoli della medesima, fu secondo lo stile antico commessa la causa ai tre seniori uditori di Rota Coccino, Pirovano e Mirlino, che doppo un lungo studio diedero fuora la loro relazione, che ancor oggi si conserva in forma autentica, in cui approvarono le virtú ed i miracoli, e conchiusero che la Serva di Dio meritava d'essere canonizata.

---

392 Tale "opposizione" viene cosí esplicitata in una precedente supplica degli stessi postulatori al papa Benedetto XIII: "[...] l'opposizione eccitata in questa Causa, che la predetta Serva di Dio in una sua grave malattia si raccomandasse all'intercessione del padre fra Girolamo Savonarola e di lui compagni, che ne avesse un'apparizione, e che il predetto padre fra Girolamo, doppo averli dati alcuni salutevoli precetti, le facesse un segno di croce sopra lo stomaco e sopra la vita, per lo che restase liberata dal grave male, di cui era stata oppressa": ACCS, *Decreta Sanctorum 1723–1730*, f. 162r–v.

Sopragiunsero i decreti del pontefice Urbano Ottavo, ed essendo stata necessità d'adempire tutte le formalità prescritte nei medesimi, e lasciando da parte ogn'altra esposizione come superflua, in luogo della chiara memoria del cardinal Corsini fu surrogato in ponente della medesima il cardinale Ovuard, e doppo la morte di questo il fu Cardinale Tolomei di felice memoria, che secondo la trafila giudiziale di questa Causa sottoscrisse il solito dubio sopra le virtú teologali e cardinali della predetta Serva di Dio.

Fu tenuta ai 24 d'aprile dell'anno 1714 nel di lui palazzo la prima Congregazione, che si dice antepreparatoria, sopra l'accennato dubio delle [166v] virtú, et ad essa intervennero nove consultori, due de quali dissero liberamente *constare*, tre sospesero il giudizio, e quattro pure sospesero il giudizio, ma coll'espressione che inclinavano al *constare*.

Dalla congregazione antepreparatoria si passò alla preparatoria, che si tenne nel Palazzo Apostolico Quirinale alla presenza dei signori cardinali ai 10 di settembre 1715. Dieci consultori diedero il voto in essa, e nove dissero assolutamente *constare*, ed un solo sospese il giudizio.

Dovevasi per ultimare il punto delle virtú tenere la congregazione generale, in cui votano tanto i cardinali quanto i consultori, avanti la santa memoria di Clemente XI, ed essendomi pervenuto a notizia che vi erano due manoscritti nella Biblioteca Barberina, da quali si poteva ricavare una opposizione, che non era stata dedotta contro la Causa della Serva di Dio, stimai mio dovere partecipare il tutto alla chiara memoria del signor cardinal Tolomei ponente, che col consenso de' postulatori disintimò la congregazione generale ed ordinò che vedessi i manoscritti e facessi in carta l'opposizione, acciò si potessero dare le convenienti risposte.

Adempii il mio ministero ed i comandamenti del cardinale ponente, e feci l'opposizione che può vedersi nelle nuove animadversioni che sono state date a Vostra Santità e della quale parlerò in appresso. Fecero in carta pure i postulatori le loro risposte, che pure si sono consegnate a Vostra Beatitudine; ed essendosi tenuta la seconda congregazione preparatoria ai 28 d'aprile 1722, quindici furono i consultori che in essa votarono, e due dissero *non constare*, quattro *constare*, e nove *suspenderunt iudicium*; fra questi alcuni s'espressero che inclinavano al *constare*, fra i quali fui ancor io.

[167r] Ora, venendo all'opposizione, per cui fu disintimata la congregazione generale e sopra la quale furono fatte *hinc inde* le nuove scritture, è d'uopo lo premettere che il padre Serafino Razzi, che stampò la vita della Serva di Dio, fece ancora una vita manoscritta del padre fra Girolamo Savonarola, due esemplari della quale manoscritti si conservano nella Biblioteca Barberina, ed in questi manoscritti le parole de' quali sono *per extensum* portate doppo le mie nuove animadversioni citate, sí racconta il fatto esposto nel memoriale dato a Vostra Santità. Lo stesso fatto è pure raccontato da Tomaso Bzovio nel tom. 18 de suoi *Annali Ecclesiastici* all'anno 1498, numero 29; ed anche conteste con tutti questi può dirci il padre Timoteo Ricci in un codice manoscritto, che fu portato nell'ultima Congregazione preparatoria da uno dei signori consultori.

E da questo fatto, scrivendo come promotore della fede, dedussi nelle nuove animadversioni le seguenti conseguenze: la prima, che la Serva di Dio non può dirsi immune da peccato per essersi raccomandata all'intercessione del padre fra Girolamo

Savonarola e compagni; la seconda, che di necessità la Serva di Dio fu illusa in questa apparizione, perché altrimenti bisognarebbe dire che vi fusse un celeste testimonio per la santità del detto padre Girolamo e compagni; la terza, che se la Serva di Dio fu illusa in quest'apparizione, potrà dirsi che lo stesso sia seguito in tutte l'altre che si portano nella di lei causa, come può vedersi nell'allegate animadversioni; e nella congregazione ultuma preparatoria alcuni consultori soggiunsero che dubitavano di dire *constare de virtutibus*, perché, dicendolo, venivano ad approvare una apparizione ed una miracolosa sanatione ottenuta per intercessione del Savonarola.

[167v] Non mancarono i postulatori nella loro scrittura, che pure è stata data a Vostra Beatitudine, di rispondere all'opposizione, imperoché dissero che non si poteva prestar fede all'allegati manoscritti, non sapendosi di certo chi sia il loro autore, essendo varii fra di loro nel raccontare il fatto, non avendo di questo fatto parlato esplicitamente il Razzi nella vita stampata della Serva di Dio, non facendone tampoco menzione tant'altri storici, eccettuando il Bzovio che, senza il dovuto esame, trascrisse ne suoi Annali quanto aveva letto in essi.

Aggiunsero che, quando anche restasse pienamente provato che la Serva di Dio fosse ricorsa all'intercessione del Savonarola, il che né meno risulta dai manoscritti, quali dicono che il ricorso fu fatto dalle compagne, ciò non doverebbe ostare alle di lei virtú, trattandosi d'un culto privato, che è stato dato al Savonarola da tanti uomini dotti, da bene, ed anche santi.

Molte altre cose rilevanti sono portate nella citata scrittura; e nella Congregazione preparatoria alcuni consultori dissero che poteva risolversi favorevolmente il dubio delle virtú della Serva di Dio, senza approvare l'apparizione ed il supposto miracolo del Savonarola, perché doveva dirsi *constare de virtutibus Servae Dei*, e non già *de apparitione aut miraculosa sanatione obtenta ad intercessionem Savonarolae*.

Ed in oltre fecero una riflessione che, senza impegnarsi a difendere tutti i detti e i fatti del Savonarola e senza contrastare la giustizia della di lui giudiziale condanna e morte ignominiosa, non era né impossibile, né tanto meno improbabile che, essendo egli per altro stato religioso osservantissimo del suo istituto e tutto dedito alla salute dell'anime, ed avendo prima di morire ricevuti i santi sacramenti, ed essendoli state concedute dal pontefice le plenarie indulgenze, avesse cancellate le macchie [168r] contratte, che fosse morto piamente; nelle quali circostanze l'invocazione, l'apparizione e tutto il restante che si legge ne manoscritti non doverebbe ostare alla Causa della Serva di Dio Caterina de Ricci.

Essendo frequenti gl'esempi delle morti preziose doppo gl'errori commessi in vita, e lasciando da parte quella del buon Ladrone e quella di san Ginnesio; celebre è quella di Lodovico Alemanno cardinale d'Arles, che ha il pubblico culto nella città di Avignone coll'approvazione della Sede Apostolica, mediante un breve di Clemente Settimo stampato appresso il Ciaccionio, ancorché il predetto cardinale fosse notoriamente scommunicato per esser stato nel consesso di Basilea l'autore di citare, giudicare e privare del papato il legittimo pontefice Eugenio 4.° con sostituire in di lui luogo un antipapa, e siccome la di lui morte ha cancellato le antiche colpe e non ha impedito il di lui publico culto, cosí *a fortiori* si può inferire che, essendo probabile la pia morte del Savonarola, non sia altresí inverisimile ciò che del medesimo si racconta nei manoscritti.

E questo è quello che, per obedire ai sovrani commandamenti di Vostra Santità, ho stimato d'esporre fedelmente in questa relazione, sottoponendo il tutto all'alto intendimento della Santità Vostra, a cui appartiene lo stabilire ciò che debba farsi nel presente affare.

[*autografo*] Prosper Archiepiscopus Theodosiae Fidei Promotor

[168v] Die 3 mensis iulii 1726.

Visa relatione archiepiscopi Theodosiae, fidei promotoris, visis ultimis eiusdem animadversionibus, una cum responsionibus postulatorum, mandamus quod in Causa Venerabilis Servae Dei Catharinae de Riccis, monialis professae nostri Ordinis praedicatorum, procedatur ad ulteriora; hoc est ad discussionem tum virtutum, tum deinde miraculorum, prout de iure, et in eo quod attinet ad invocationem, apparitionem et sanationem de quibus in supplici libello et supradictis scripturis, iustis de causis animum nostrum moventibus, silentium imponimus et nolumus quod supradicta perinde se habeant ac si nunquam proposita fuissent, ita ut nullum prorsus vel minimum fundamentum possit in illis constitui in discussione Causae dictae Venerabilis Servae Dei, sive pro, sive contra, et hoc tam in dubio virtutum quam in dubio miraculorum et in reliqua Causae prosecutione; utque huius nostri decreti, praevio maturo concilio prolati, perpetua extet memoria, volumus ut consignetur cardinali praefecto Sacrorum Rituum, ut illud inter regesta eiusdem Congregationis mandet adnotari et conservari.

[*autografo*] Benedictus PP XIII manu propria

Doc. 12

Roma, 3–21 agosto 1726. – *Istruzione del promotore della fede Prospero Lambertini per la traslazione di Serafino da Montegranaro dalla vecchia cappella alla nuova nella stessa chiesa dei cappuccini di Ascoli Piceno (ACCS, Fondo X, n. 350, f.n.n.)*[393].

Die 21 augusti 1726.

Instructio pro translatione corporis Beati Seraphini de Asculo sine de Monte Granario a veteri cappella ecclesiae patrum Ordinis cappuccinorum civitatis Asculi ad novam eiusdem ecclesiae dicto Beato dicata.

---

393 Per quanto riguardo la decisione della traslazione dei resti mortali di Serafino da Montegranaro, stabilita nella congregazione ordinaria del 3 agosto, cf. ACCS, *Decreta Sanctorum 1723–1730*, f. 177r–v: "Asculana seu Firmana. Translationis corporis beati Seraphini a Monte Granario laici professi Ordinis cappuccinorum. Cum ex parte marchionis Ioannis Baptistae Cavucci postulatoris causae beati Seraphini de Asculo sive de Monte Granario praedicti pro translatione corporis dicti Beati a veteri cappella ecclesiae patrum Ordinis cappuccinorum ad novam eiusdem ecclesiae dicto Beato dicatam, et propriis sumptibus ipsius marchionis constructam, Sacrae Rituum Congregationi humillime supplicatum fuerit; Sacra eadem Rituum Congregatio translationem petitam fieriposse concessit iuxtainstructionem reverendissimi Prosperi de Lambertinis archiepiscopi Theodosiae fidei promotoris, si sanctissimo domino nostro visum fuerit. Die 3 augusti 1726. Factaque deinde per me secretarium de praedictis sanctissimo domino nostro relatione, sanctitas sua benigne annuit. Die 21 eiusdem mensis, et anni 1726". Al riguardo cf. anche V. Traini, *Iter per la canonizzazione*, 242. Il testo dell'*indultum translationis exuviarum* si trova riprodotto in *Acta et decreta*, 1246–1247.

Primo. Debet pater guardianus conventus instare coram ordinario, ut deputet notarium ecclesiasticum, qui translationi ut infra assistat, ne tractu temporis dubitari contingat de Beati corporis identitate.

Secundo. Notarius uti supra deputatus debet accedere ad ecclesiam Ordinis cappuccinorum, et accitis duobus testibus religiosis debet describere capsam, in qua Beatum corpus situm est et recognoscere an sit ne clausa, et omnia in scriptis redigere.

Tertio. Statuenda est dies, qua fieri debet translatio, statutaque die debebit circa primam noctis horam eiusdem diei fieri translatio capsae modo qui sequitur, hoc est cum comitatu patris guardiani et sex religiosorum intorticia in manibus gestantium, illustrissimo et reverendissimo domino episcopo, illustrissimo et reverendissimo domino Philippo Iosia Cauccio, illustrissimis dominis marchione Ioanne Baptista Cauccio postulatore, marchionissa anna Maria eius uxore, domino Dominico Clavarino Causae patrono, ac quatuor aliis supradicto episcopo bene visis, etiam interessentibus, quatenus velint, ultra quatuor alios religiosos, qui submissis humeris capsam deferent, et in itinere psalmi submissa voce canentur.

Quarto. Statim ac capsa erit ad novam cappellam delata, eadem erit reponenda in sacrario, et notarius supradictus debebit iterum accersiri et facere eiusdem recognitionem, an videlicet sit eadem quam ipse vidit in alia cappella, et an aliquid ab ea deficiat, et actum hunc, accitis testibus, etiam in scriptis redigere.

Quinto, Statuendo erit dies, qua repositio capsae fieri debebit in nova cappella, statutaque die, hora prima noctis eiusdem, ianuis ecclesiae clausis, quatuor religiosis submissis humeris capsam elevabunt et deferent ad cappellam, comitantibus supranominatis, ac patre guardiano, et caeteris religiosis conventus, qui in manibus deferent intorticia, et psalmos canebunt. Notarius quoque huic actui intererit, nec excludantur artifices, qui capsam in nova cappella debebunt collocare, quatenus eorum opera sit necessaria; et notarius capsam uti supra debebit recognoscere, et accitis testibus in scripturam redigere, in quo concludatur, quatenus veritas ita se habeat, quod capsa existens in veteri cappella talibus signis contradistincta fuit delata tali die ad sacrarium novae cappellae, et tali alia die praeviis recognitionibus fuit reposita in nova cappella.

Demum onus erit patri guardiani notificare, quod sutrahentes aliquid de sacro corpore, vel de antiqua capsa, licet minimum et licet ex devotione, sunt ipso facto excommunicati. Et quod huius excommunicationis absolutio est summo pontifici reservata.

Doc. 13

Roma, 3–21 agosto 1726. – *Istruzione di Prospero Lambertini per la traslazione del corpo della Beata Giacinta Marescotti in una nuova cappella del monastero di San Bernardino in Viterbo* (ACCS, *Fondo* X, n. 350, f.n.n.; *Decreta Sanctorum 1723–1730*, f. 510r–515v)[394].

---

[394] La decisione viene cosí riportata nei registri del Dicastero: "Viterbiensis. Extractionis corporis a sepulchro Venerabilis Servae Dei Hyacinthae de Mariscottis et translationis eiusdem ad novam cappellam in ecclesiam monialium Sancti Bernardini Viterbii. Ad supplices humillimasque preces

Instruzione di monsignor arcivescovo di Teodosia, promotore della fede, fatta in sequela del decreto della Sacra Congregazione de' Riti delli 3 agosto dell'anno corrente 1726, in cui coll'approvazione di nostro signore si è data facoltà d'estrarre dal sepolcro il corpo della beata Giacinta Marescotti e di riportarlo alla nuova cappella, situata nella chiesa delle monache di San Bernardino di Viterbo.

Dovrà in primo luogo l'eccellentissimo signor Principe di Cerveteri, come postulatore della Causa di questa Beata, fare un mandato di procura a chi gli parerà, ad effetto di fare in suo nome tutto ciò che sarà necessario in questa traslazione, e di comparire in tutti quegl'atti, ne quali sua eccellenza non potesse o non volesse comparire.

Dovrassi in secondo luogo esibire a monsignor vescovo di Viterbo il sopradetto decreto della Sagra Congregazione de' Riti, con un memoriale a nome del predetto signor Principe, in cui lo preghi a venire nelle debite forme all'esecuzione del medesimo decreto.

Dovrà in terzo luogo monsignor vescovo di Viterbo fare il rescritto al memoriale dicendo che si venga all'esecuzione del decreto, e con suo decreto a parte deputare il suo vicario generale o altra persona constituita in dignità ecclesiastica acciò intervenga a tutti quegl'atti, ai quali sua signoria illustrissima non potesse o non volesse intervenire; e nello stesso decreto monsignor vescovo faccia la deputazione d'una persona capace per promotore fiscale in questo negozio, e d'altra persona capace nell'arte di notaro ecclesiastico per attitare.

Dovrassi in quarto luogo fare instanza in nome del signor Principe postulatore, citato il promotor fiscale a monsignor vescovo, acciò s'estragga dalla sepoltura il corpo della beata Giacinta Marescotti, ed il promotor fiscale risponderà: *nihil fieri, nisi servatis servandis*; e monsignor vescovo farà il decreto che *procedatur ad extractionem servatis servandis*.

Dovrassi in quinto luogo fare in nome del signor Principe postulatore a monsignor vescovo l'istanza che si vada alla cancelleria vescovile, o sia a quel luogo in cui si conservano gl'autentici monumenti del luogo ove è sepolta la Beata, acciò si possino avere i lumi necessari per fare, *servatis servandis*, l'estrazzione. In quest'atto dovrà citarsi il promotore fiscale, che si protesterà: *nihil fieri, nisi servatis servandis*; e monsignor vescovo farà il decreto favorevole a ciò che si domanda, determinando il giorno e l'ora dell'accesso a detto luogo.

Dovrassi in sesto luogo, nel giorno ed ora istabilita nel decreto di monsignor vescovo, fare l'accesso al luogo coll'intervento del prelato o del suo sostituto, del signor Principe postulatore o sia suo sostituto, del notaro ecclesiastico, che dovrà

nomins domini Francisci Mariae Ruspoli, terrae Cerveteris Principis et Causae beatificationis et canonizationis venerabilis Servae Dei Hyacinthae de Mariscottis postulatoris Sacrae Rituum Congregationi porrectis pro extractione corporis praedictae Servae Dei a sepulchro, ubi ad praesens reconditum est, illiusque translatione ad novam cappellam in ecclesia monialium Sancti Bernardini Viterbii, ratione beatificationis eiusdem Servae Dei, Sacra Rituum Congregatio extractionem et translationem petitam fieri posse censuit iuxta instructionem reverendissimi Prosperi de Lambertini archiepiscopi Theodosiae promotoris fidei, si sanctissimo domino nostro visum fuerit. Die 3 augusti 1726. Factaque deinde per me secretarium de praedictis sanctissimo domino nostro relatione, sanctitas sua benigne annuit. Die 21 eiusdem mensis, et anni 1726": ACCS, *Decreta Sanctorum 1723–1730*, f. 180v.

deputarsi da monsignor vescovo, e di tre o quattro testimonii. In quest'atto dovrassi dal signor Principe postulatore o sia dal suo sostituto fare istanza a chi ha cura delli stromenti, o sia delle scritture, che esibisca quella che fu fatta sopra il luogo in cui è sepolta la Beata. Fatta l'esibizione, dovrà monsignor vescovo o sia il suo sostituto riconoscerla e dichiarare con decreto la medesima come autentica, ed alla presenza di tutti i sopradetti commandare al custode che la consegni al notaro, quale ne farà la ricevuta, e s'obligarà con giuramento a restituirla.

Dovrassi in settimo luogo farsi in nome del signor Principe postulatore, citato il promotore fiscale, una nuova istanza a monsignor vescovo, acciò determini l'ora di fare l'accesso al luogo della sepoltura della beata Giacinta. Il promotr fiscale farà la solita protesta: *nihil fieri, nisi servatis servandis*; e monsignor vescovo o sia il suo delegato farà il decreto che nel tal giorno e nella tal ora si faccia l'accesso, che ad esso intervenghino tutte le persone che furono presenti all'atto antecedente, e non mancarà d'ingiungere al notaro che porti seco la sopradetta scrittura.

Dovrassi in ottavo luogo, nel giorno ed ora determinata e coll'intervento delle sopradette persone, fare l'accesso al luogo della sepoltura. In quest'atto dovrà il signor Principe postulatore o sia il suo sostituto fare istanza che si legga la scrittura, estratta come sopra dalla cancelleria, e si riconosca se quanto in essa si dice circa il luogo, la cassa ed altre simili cose combini col luogo, colla cassa e coll'altre cose esistenti nel luogo dell'accesso. Farà monsignor vescovo il decreto d'annuenza a quest'istanza; e riconosciutasi l'uniformità di ciò che si dice nello stromento con ciò che si ritrova nel luogo, farà monsignor vescovo un decreto in cui pronunzierà *constare de identitate loci et capsae necnon aliorum signorum*, e commanderà che la cassa si porti nel tal luogo determinato senz'aprirla, ed immediatamente s'accenderanno le torcie; ed essendo pronte le persone idonee ad estrarre e portare, si porterà la cassa al luogo determinato da monsignor vescovo. Le persone sopradette, che saranno state presenti all'atto colla torcia in mano, accompagneranno la cassa; monsignor vescovo con alcuni pochi suoi famigliari seguitarà la medesima cassa; si salmeggiarà nel piccolo viaggio. Il tutto si farà a porte chiuse della chiesa, ed il sacro deposito si riporrà nella camera destinata, che dovrà essere decentemente accommodata. Monsignor vescovo, finita la funzione, chiuderà la camera colla chiave, quale riportarà seco; ed in tutto il tempo, che il beato corpo starà in quella camera, non si lasci senza il lume d'una lampada.

Dovrassi in nono luogo fare, in nome del signor Principe postulatore, una nuova instanza, citato il promotor fiscale a monsignor vescovo, acciò si facci un altro accesso alla camera sudetta, s'apra la cassa, si riconosca il beato corpo e si determini ogn'altra cosa per ultimare la funzione della collocazione nella nuova cappella della chiesa delle monache di San Bernardino. Il promotore fiscale farà la solita protesta: *nihil fieri, nisi servatis servandis*; e monsignor vescovo determinerà il giorno e l'ora dell'accesso alla presenza delle persone che saranno intervenute all'atto antecedente, escluse quelle che furono chiamate per corteggio di sua signoria illustrissima o per dare aiuto nell'estrazzione o delazione della cassa, né tralascierà monsignor vescovo di nominare una persona capace per accommodare secondo le regole dell'arte il beato corpo.

Dovrassi in decimo luogo, nel giorno ed ora prescritta, fare il nuovo accesso. Monsignor vescovo o sia il suo delegato portarà seco la chiave della camera, ed il notaro la consegnata scrittura, ed a quest'effetto interverrà la persona perita d'accommodare i santi corpi.

Avanti che si faccia cosa veruna monsignore vescovo intimerà a tutti la scommunica maggiore, da incorrersi *ipso facto* e riservata al sommo pontefice contro chi ardisse di levare qualunque minima parte o dal sacro corpo, o delle vesti o della cassa, eccettuato il signor Principe postulatore, a cui sua beatitudine, nell'udienza datami nel giorno primo ottobre, concesse che, quando il beato corpo fosse ridotto in ossa separate e sconnesse, possa levarne uno coll'intelligenza di monsignor vescovo, che ancora farà l'autentica necessaria, acciò sia collocato a publica venerazione nella sua nuova chiesa fatta nel suo feudo di Vignanello, ed un'altra sagra reliquia del sacro corpo per collocarla nella cappella privata del suo palazzo in Roma.

Fulminata questa censura, comanderà monsignor vescovo che s'apra la cassa, chiamati, quando ve ne sia bisogno, i necessarii artefici. Quando nella scrittura, che seco come si è detto porterassi dal notaro, si parlasse delle parti interiori della cassa, si dovrà fare la ricognizione per vedere se il tutto combini e, combinando, dovrà pronunziare sopra la combinazione ed ordinare che si riconosca il sagro corpo; ed il perito chiamato e destinato dovrà, secondo le regole dell'arte, vedere se è in stato da poter essere accommodato in figura di cadavere giacente sotto un altare o pure se sia più espediente rinchiudere il tutto in un'urna sotto l'altare. Farassi in quest'atto la puntuale descrizzione di tutto ciò che si sarà ritrovato nella cassa; e monsignor vescovo, doppo aver ordinato che si accommodi il corpo o in un modo o in un altro, farà chiudere la cassa, sigillandola colli suoi sigilli, e partirà portando seco la chiave della camera.

Dovrassi in undecimo luogo fare in nome del signor Principe postulatore, citato il promotore fiscale, l'istanza che si dia il commodo al perito d'accomodare il sagro corpo, giusta gl'ordini di sua signoria illustrissima. Il promotore fiscale farà la solita protesta: *nihil fieri, nisi servatis servandis*; e monsignor vescovo, doppo aver fatto chiamare il perito, li farà l'intimazione della scommunica papale, ed ancora d'altre pene temporali arbitrarie nel caso che portasse via qualunque minima parte o del corpo, o delle vesti, o della cassa. Anderà poi, o manderà il suo delegato, assieme col perito, il notaro e due testimonii, e comanderà che s'apra la camera e la cassa, fatta prima la ricognizione de sigilli, e consegnarà la chiave al predetto perito per tutto quel tempo che egli dovrà osservare nella camera attorno al beato corpo; ed in caso che avesse bisogno dell'aiuto di qualche persona, dovrà notificarlo a monsignore vescovo, che non dovrà concedere a veruno la licenza senza prima esser bene informato della probità della persona e senza avergli dato il formale avviso della scommunica papale e dell'altre pene da incorrersi in caso di levare qualche cosa, come si è detto, benché minima del corpo, delle vesti e della cassa.

Avvertendosi che potrà monsignore vescovo dar licenza al signor Principe postulatore o ad altro suo familiare, che egli deputasse d'entrare nel tempo del lavoro nella camera predetta per vedere se le cose si fanno a dovere, facendosi però al famigliare la sopradetta intimazione.

Terminato che sarà il lavoro ed accommodato l'altare, sotto cui dovrà riporsi il beato corpo, si farà in ultimo luogo al signor Principe postulatore l'istanza a monsignor vescovo, citato il promotor fiscale, acciò destini il giorno e l'ora della traslazione, e monsignore farà il decreto; e nel giorno ed ora destinata anderà monsignor vescovo alla chiesa di San Bernardino col suo corteggio, e doppo aver fatta orazione all'altare anderà alla camera, ed alla presenza delle persone, che saranno intervenute alli altri atti antecedenti, doppo aver venerato il beato corpo, comanderà che si chiuda o nella cassa o nell'urna, e farà che si sigilli con li suoi sigilli; e chiamati gl'operarii necessarii, che dovranno esser vestiti con sacco di confraternita, comanderà che si facci la traslazione e collocazione. Il tutto seguirà a porte chiuse della chiesa; e le sopradette persone, che doveranno essere presenti, accompagneranno il beato corpo colle torcie in mano e salmeggiaranno, e monsignore vescovo seguitarà con torcia in mano la sagra cassa; e fatta la collocazione sotto l'altare, ogn'uno ritornerà a casa sua.

Due regole generali si devono soggiungere per compimento del tutto. La prima, che il notaro sia perito e noti tutto per poter fare a suo commodo un legale ed esatto stromento. La seconda, che in caso di qualche circostanza non preveduta, possa monsignor vescovo ordinare ciò che stimarà necessario, rimettendosi il tutto alla di lui prudenza ed arbitrio.

E rispetto alle antiche vesti, quando non siano ridotte in cenere, e rispetto alle ceneri ed alla cassa vecchia, dovrà monsignor vescovo ordinare che il tutto s'unisca insieme, si metta in una nuova cassa, che dovrà sigillarsi con i suoi sigilli, e si consegni alle monache, acciò da esse sia collocato o nella camera, ove abitò la Beata, e in altro luogo decente.

E perché nel convento delle monache di San Bernardino vi è la camera, ove abitava la Beata, ed altresí vi è la camera ad uso d'infermeria, ove seguí il miracolo approvato dalla Sede Apostolica nella persona di suor Virginia Pedante, è cosa doverosa che le camere della Beata si riduchino ad un oratorio privato, e che in una di queste camere si trasporti il letto in cui giaceva suor Virginia Pedante sopradetta quando fu miracolosamente sanata; e rispetto alla camera, che ora serve d'infermeria, parerebbe altresí doveroso che si mettesse una lapide indicativa del miracolo seguito, e che un'altra camera si destinasse per l'uso delle inferme.

Doc. 14

Roma, 2 dicembre 1727. – *Voto di Prospero Lambertini, emesso nella congregazione preparatoria tenuta nel Palazzo Apostolico del Vaticano, per l'approvazione dei miracoli previsti per la canonizzazione della beata Margherita da Cortona* (ACCS, *Fondo Q, fasc. 17–2–315, f.n.n.)*[395].

In Congregatione praeparatoria canonizationis Beatae Margaritae de Cortona, habita die 2 decembris anni 1727.

Tria potissimum ex propositis miraculis examinanda in praesenti suscipio. Primum scilicet, quod est in ordine nonum, sanationis instantaneae monialis conversae de Vannuccis. Istud siquidem, sive probationes spectentur, sive relevantia, sive

---

[395] Il voto di Prospero Lambertini emesso nella congregazione preparatoria viene cosí riferito nei registri del Dicastero: "Archiepiscopus Lambertinus Episcopus Anconae Promotor Fidei: Constare de quarto et nono; quoad primum, secundum et octavum fieri posse mentionem in Bulla Canonizationis": ACCS, *Decreta Sanctorum 1723–1730*, f. 235r.

circumstantiae demum, quae miraculum exornant, adeo mirum ac omni ex parte est absolutum, ut satis sit si proferatur ut probetur. Illud precipue ad miraculi commendationem considerandum, quod post Beatae Margaritae invocationem, infirma non modo a lethali morbo immunis in instanti conserit, sed in instanti carnes, in instanti vires, in instanti colorem recuperavit, atque adeo altera a se in instanti prodierit. Quadrant huc quae habet eminentissimus Laurea, tom. 4, disp. 20 de miraculis, articulo 21: *Circa miracula tertii generis* (haec praeclarissimus doctor) *adhuc datur iudicium evidens, tollens suspicionem de virtute naturalis rei; est autem totalis coloris ac virium recuperatio, quam nulla herba, nullus lapis, nullum mixtum inducere potest; et ideo cum haec intevenerit, clamandum est: Digitus Dei est hic.*

Post hoc accedo ad secundum, quod est in ordine quartum, sanationis scilicet puellulae Mariae Catharinae de Fabris. Negare non possum, quin in partem negativam diu propenderim, ea impulsus ratione, quod cum sanatio non successerit in instanti, ea vel non certo miraculo est tribuenda, vel certe non eius conditionis miraculo, quod a theologis ac inveterata praxi huius Sacrae Congregationis praerequiritur ad canonizationem promovendam.

Ut haec difficultas, quae sane non exigui momenti videri debet, suo in lumine collocetur, primum, status in quo puellula ante contractam paralysim reperiebatur; secundum, status ad quem expulsa paralysi devenit. Si primum spectetur, fatendum est, quod etsi non adhuc triennis esset puella, nihilominus libere et absque alterius personae auxilio deambulabat, quin et per schalas sola ac insociata descendebat. Ita ex testimonio matris. Si spectetur secundum, fatendum etiam est, quod etsi post unctionem olei Beatae Margaritae motum in partibus afflictis recuperavit atque adeo in instanti movere coepit, id admodum aegre ac imperfecte fecit. Incessit igitur in instanti, at quaeso quomodo incessit. Scilicet ut pueri primo incedere solent, pedem dubium incertumque figendo, et hoc ipsum nonnisi duarum puellarum subsidio adiuta; melius deinceps in dies se habuit; postremo, post integram absolutam hebdomadam ad pristinam sanitatem se contulit.

In hoc rerum themate, quis est qui non videat, quod haec incedendi difficultas non ex diu perpessa inedia, non ex virium imbecillitate, non ex longa relicta deambulandi desuetudine acciderit, ut contendunt causae patroni, sed potius ex eo, quod malitia morbi paralysim constituentis, quae que motus impedimentum causabat, non illico et in instanti expulsa fuerit? Si enim ex alio, quam ex hoc capite evenisset, ad pristinam incedendi facilitatem et citius et facilius rediisset.

Hos positis, sic arguebam. Quotiescumque malitia morbi, non in instanti, sed successive et veluti per partes cedit ac expellitur, toties vel non habetur miraculum, vel non illud habetur miraculum, quod satis ad canonizationem est praerequisitum. Sic fuit in casu; ut probavimus, quod puellae sanatio vel non fuit miraculosa, vel non sufficiens ad constituendum miraculum ad canonizationem praerequisitum.

Quod hactenus veluti a priori probaveram, confirmabam a posteriori. Non semel aut bis, sed saepius ab hac Sancta Sede tanquam miraculosae canonizatae fuerunt huiusmodi a paralysi sanationes. Sed cum paralysis vis in eo sita sit, quod membra morbo affecta destituta sint motu, quandoque etiam sensu, semper ac miraculosa proclamata fuit huiusmodi sanatio; additum identidem est, quod qui eam expertus fuit, illico ac perfecte pristinum motum recuperavit. Sic Clemens IV in bulla canonizationis Sanctae Hedwigis ducissae Poloniae: *Alia quoque mulier fuit,* sunt verba Summi Pontificis, *quae manuum, pedum et linguae erat prorsus imminente paralysi destituta; sed quam cito ad locum, in quo ipsa Sancta fuerat tumulata, defertur, in integrum* (en perfectam sanitatem miraculi asserti constitutivam) *suscepit sanitatem.* Et ne ullus esset aequivocationi locus, ipse Summus Pontifex explicat, quid sit integram sanitatem accipere, subiungit enim: *sine sustentationis alicuius subsidio in domum revertitur non adiuta.*

Sic Clemens V in bulla canonizationis Sancti Petri Caelestini: *Sed et post obitum viri sancti,* inquit laudatus Pontifex, *quidam sic est percussus paralysi, ut nec ambulare, nec stare, nec loqui posset, ductus ad locum ubi sanctus Petrus poenitentiam egit, fuit statim liberatus.* Statim: en perfectam instantaneitatem miraculosae a paralysi etiam sanationis constitutivam.

Praeterea ab hac Sacra Congregatione, dum de canonizatione Sancti Petri Salesii ageretur, probata fuit tamquam miraculosa a paralysi sanatio cuiusdam Claudii Iuliani. Sed audiant quaeso, eminentissimi patres, quibus verbis illa ad miraculum commendandum conceptavit: *Delatus a matre* (uti in casu nostra puella) *ad sepulchrum Salesii, cum illud oscularetur, consolidatis basibus ac plantis, momento surrexit ac exiliens stetit ac ambulavit.*

Postremo quod propius facit ad rem nostram. Ex quinque propositis miraculis pro canonizatione Sancti Pii V, duo ab hac Sancta Sede probata fuere, atque alterum fuit subitae sanationis puellae decennis a diuturna paralysi, qua in coxa ac cruribus laborabat; sed illud ut ingeniosissime de more advertit revererendissimus Fidei Promotor, ex eo praecipue et fortasse etiam praecise probatum fuit, quod puella post invocationem *libere et absque ullius auxilio deambulaverit.*

Haec ergo mihi obiiciebam, sed re deinceps maturius considerata, ab obiectis discedo, ac mirum insolensque miraculum ita probo. Certum ac indubitatum est, ut ex Summario constat, quod puella haec, post invocationem ac olei Beatae Margaritae unctionem, statim loquelam, statim vires, statim motum, statim sensum recuperavit; statim incessit, statim totius paralysis caput ac fontem evexit, statim deambulavit. Vel igitur totum id naturae tribuendum, vel miraculo. Non naturae, quia nulla fuit applicata causa naturalis, quia imo, ut ex peritis constat, non poterat applicari causa, quae hunc effectum naturaliter in instanti produceret. Ergo miraculo. Habemus igitur unum ac certum miraculum.

Quod vero sanitas non perfecte, vel ut castigatius loquamur, non perfecta sanitas sequuta sit in instanti, id parum aut nihil officit. Ex eo enim evincitur, quod vel miraculum non fuerit perfectum perfectione integrali, accidentali, vel quod unum fuerit miraculum, non duplex, quod certe accidisset, si puella post unctionem non solum incessisset, sed perfecte ac expedite, hoc est nullo subsidio, nullo innixa fulcro incessisset.

Ita de paralitico a divo Petro sanato scribit in Acta Apostolorum 3 doctissimus a Lapide, qui exponens verba illa *Ambulavit et exiliens: Duplex,* inquit, *fuit miraculum, prius quod claudo restituta sit pedum rectitudo et firmitas, posterius quod illico prompte incesserit, imo exilierit.* Et rationem a priori dat huius secundi asserti miraculi, haec subiungens: *Qui enim diu non ambulaverunt, esto sanati sint, et valeant pedibus ut incarcerati; tamen ex longa desuetudine ambulandi expedite incedere nequeunt.* Haec ille. Quanto magis id iudicandum de puellula, quae non erat adhuc triennis, atque adeo quae a natura nondum perfecta, nedum a morbo diu contracto non poterat expedite ambulare?

Exempla in contrarium adducta nihil eviciunt. Ostendunt siquidem insolentiam patrati miraculi, non necessitatem, quod sic patrari debuisset probant. Enimvero, omissis aliis exemplis, opportunissimum illud est, quod desumitur ex bulla canonizationis Sancti Francisci Xaverii, dedita ab Urbano VIII; sic enim loquitur Summus Pontifex: *Eiusdem Servi Dei imaginis pepertim agnoverat virtutem Maria Diaz; septem enim annis caecitatem ac paralysim perpessa, signum crucis debilitatis membris impresserat, eaque eiusdem imaginis immersione aqua sanctificata lavaverat, nedum septem praeterierant dies, cum oculorum lumen ac totius corporis caelesti dono acceperat incolumitatem.* Neque id mirum est; non enim agitur vel de febri, vel de alio morbo, qui sit vel non difficilis, vel non adeo difficilis curationis, sed de paralysi, quae a nonnullis difficillimae, a caeteris impossibilis absolute curationis asseritur.

Quod utramque vero (hoc enim erat ultimum, sed brevi examinandum miraculum) Beatae Margaritae incorruptionem, sive ea corporis sit, sive potissimum adipis, quod utraque sit miraculosa, non ita facilis affirmare possum, quod non utraque sit mirabilis, neque etiam negare audeo. A corpore deficere omnino videntur tum perfecta integritas, tum flexibilitas, tum tractabilitas, quae sunt conditiones miraculosam corporis incorruptionem constituentes. Miraculosae adipis incorruptioni duo obstant, alterum quod non est omnino certum apud peritos de hac re rescribentes, an adipis, ubi etiam et sanguinis, incorruptio omnem naturae creatae ordinem absolute excedat; alterum, quod nunquam hactenus haec Sancta Sedes aut sanguinis (quae fortasse mirabilior est) aut adipis incorruptionem pro canonizatione astruenda inter miracula reputavit. Sed cum utraque certe mirabilis sit iuxta sensum Divi Thomae, distinguentis miraculum a mirabili, ac cuique sanae mentis admirationem excitans, non e silentio praetereunda.

Igitur extimo constare de quarto et nono in tertio genere; de incorruptione vero tum corporis, tum adipis, praecipue amplam habendam esse mentionem in bulla canonizationis.

Die Hermeneutik der Inquisition

Hans Feichtinger

Diese Überschrift weckt vielleicht gewisse Erwartungen. Damit kein falscher Eindruck entsteht, sei gleich zu Beginn klar gestellt, dass es hier nicht um die (römische) Inquisition als historische Einrichtung gehen soll, sondern vielmehr um die Frage nach der rechten Methode für die (theologische) Inquisition als Suche nach der Wahrheit. Diese Frage ist freilich gerade grundlegend für die Arbeit der heutigen Kongregation für die Glaubenslehre. Andererseits, Erwartungen sind selbst schon ein Hinweis darauf, dass es eine richtige Hermeneutik braucht, die etwa eigene Vorurteile als solche erkennt und anerkennt.

Dieser Beitrag greift auf Äußerungen von Papst Benedikt XVI. zurück, um der Frage nach der rechten theologischen Hermeneutik weiter nachzugehen. Dazu wirft er zunächst einen Blick auf philosophische Diskussionen zu diesem Thema, um dann einige Hinweise auf grundlegende Elemente und Prinzipien einer katholischen theologischen Hermeneutik zu geben, die sowohl philosophische wie theologische Voraussetzungen beachtet.

Auf der Suche nach der richtigen Hermeneutik heute

Alle Anstrengungen, den katholischen Glauben zu fördern und zu verteidigen,[1] setzen eine Art des Glaubensverständnisses voraus, die dem Glauben selbst wie auch der menschlichen Natur und Vernunft gerecht zu werden sucht. Auseinandersetzungen über hermeneutische Fragen haben die Theologie in den letzten Jahrzehnten stark beschäftigt.[2] Doch es ist zweifellos das Verdienst von Papst Benedikt XVI., die Aufmerksamkeit dafür in den aktuellen theologischen und kirchlichen Debatten neu erweckt zu haben, über den Kreis der akademischen Theologien hinaus. In der Tat sollten diese Auseinandersetzungen nicht nur von den wenigen Spezialisten (oder gar bloß im Internet) geführt werden, sondern verdienen das Interesse der ganzen wissenschaftlichen Theologie und der kirchlichen Öffentlichkeit, auch der Hierarchie, denn sie betreffen nicht nur einzelne Fragen,

---

1 Vgl. Apostolische Konstitution *Pastor Bonus*, Art. 48 (Aufgaben der Glaubenskongregation): *AAS* 80 (1988) 841–930, 873.
2 Vgl. U.H.J. Köstner, *Einführung in die theologische Hermeneutik*, Darmstadt 2006.

etwa die Interpretation des Vaticanum II und der Liturgie, sondern das Gesamt unseres Glaubens.[3] Wo gar kein Interesse an den hermeneutischen Fragen herrscht, kann leicht der Verdacht entstehen, dies würde bewusst vermieden, oder die theologische Wissenschaft heute wäre sich der eigenen Prinzipien, Richtlinien und Grenzen nicht ausreichend bewusst.

Wie treiben wir Theologie?

Die Fragen nach der rechten Hermeneutik und Methode der katholischen Theologie sind keineswegs gänzlich geklärt. In der heutigen Theologie scheinen wir vielmehr oft die Grenzen des gegenseitigen Verstehens erreicht zu haben. Große Gruppierungen innerhalb der einen Kirche und ihrer theologischen Elite sind offenbar nicht nur uneins über einzelne theologische Fragen, sondern schon darüber, wie theologisches Fragen, Verstehen und Antworten überhaupt geht, wie man Theologie treibt. Diese Art von Spaltung ist tiefer und viel komplexer als der gewöhnliche Streit, bei dem die eine Seite über eine Frage des Glaubens oder der kirchlichen Praxis eine andere Position vertritt als ihre Opponenten. Es geht daher darum, nicht irgend eine weitere theologische Hermeneutik ins Spiel zu bringen, orientiert an der immer weiteren Auffächerung der Theologie in ihre Einzeldisziplinen und Richtungen. Gefragt ist vielmehr eine Besinnung darauf, was die verbindende und verbindliche Hermeneutik für eine katholische Theologie ist, die den Zusammenhang halten will mit der ganzen Kirche, mit der Tradition und mit den verschiedenen theologischen Richtungen, die es innerhalb des katholischen Spektrums immer gab und bis heute gibt. Diese Verbundenheit ist heute bedroht, sie ist aber eine Bedingung für das Gespräch miteinander und für den Zusammenhalt der theologischen Disziplinen und Richtungen. Gerade deswegen ist die Frage ein Anliegen für den Papst, den Hirten der universalen Kirche.

Die „Hermeneutik der Reform in der Kontinuität"

In seiner ersten Weihnachtsansprache am 22. Dezember 2005 ist Benedikt XVI. ausführlich auf die Frage nach der richtigen Interpretation des Zweiten Vatikanischen Konzils eingegangen. Anlass dafür waren äußerlich die vierzig Jahre, die seit dem Ende des Vaticanum II (1962–1965) vergangen sind. Darüber hinaus wollte der Heilige Vater aber sicher einige Hinweise für die aktuelle Diskussion um die rechte Auslegung und Einordung der Konzilsaussagen geben. Dieses Thema hat das päpstliche Lehramt immer wieder beschäftigt und wird nun auch in der Theologie neu aufgegriffen.[4] Der Papst hebt in der genannten Ansprache hervor, dass die Jahr-

---

3   Vgl. den sehr informativen Eintrag vom 11. Mai 2011 auf der Internetseite von Sandro Magister, http://www.chiesa.espressonline.it, dort vor allem den Beitrag von Martin Rhonheimer.

4   Vgl. etwa J. Rahner, Weder Bruch noch stets das Gleiche : zur ökumenischen Hermeneutik der Texte des Zweiten Vatikanischen Konzils: *Catholica* (Münster) 64 (2010) 249–264; F. Kolfhaus,

zehnte nach dem Konzil beherrscht waren von einer Haltung, die er als „Hermeneutik der Diskontinuität und des Bruches" bezeichnet, die Abschied nahm von überlieferten Sicht- und Verhaltensweisen nach dem Motto: Was wir bisher geglaubt/getan haben, sehen/machen wir jetzt anders, weil wir es jetzt besser wissen.

Es kann nicht überraschen, dass sich gegen solche Positionen mit der Zeit Widerstand regte. Eine Antwort darauf war in der Tat notwendig, denn es handelt sich um Übertreibungen und Einseitigkeiten, mögen sie auch in gewandter Sprache vorgetragen worden sein. Der „Widerstand" dagegen wollte die Schätze wieder entdecken, die vorher oft allzu leichtfertig weggeworfen worden waren, etwa in der Liturgie, in der Kirchenmusik, aber auch in der geistlichen Literatur, in der Askese und in der Theologie. Diese Reaktion schreibt sich manchmal eine „Hermeneutik der Kontinuität" auf die Fahnen und will sich damit gegen das theologische Establishment auf die Seite des Papstes stellen.

Fruchtbar werden kann freilich nur eine Theologie, die eine echt katholische Hermeneutik befolgt, wie sie der Heilige Vater in der wichtigen Ansprache vor Weihnachten 2005 anmahnte. Daher lohnt es sich, die Formulierungen, die Benedikt XVI. dabei verwendet hat, genau zur Kenntnis zu nehmen: Der Papst fordert eine „„Hermeneutik der Reform', der Erneuerung des einen Subjekts Kirche, die der Herr uns geschenkt hat, unter Wahrung der Kontinuität".[5] Als er dreizehn Monate später vor der *Römischen Rota* erneut auf dieses Thema zurückkommt, bleibt er seiner Wortwahl treu und spricht von einer „Hermeneutik der Erneuerung unter Wahrung der Kontinuität",[6] die es auch in der juristischen Praxis zu beachten gilt. In einer Fußnote des Nachsynodalen Schreibens *Sacramentumcaritatis* (22. Februar 2007) findet sich dagegen der Ausdruck „Hermeneutik der Kontinuität";[7] auch in einer Ansprache am 12. März 2010 benutzt der Papst erneut diese kürzere Formel, um davon ausgehend eine „Hermeneutik der priesterlichen Kontinuität" zu entwickeln, welche die Brücke von Jesus Christus bis in unsere Tage schlagen soll.[8] Beide

---

Pastorale Lehrverkündigung – Grundmotiv des Zweiten Vatikanischen Konzils. Untersuchungen zu „UnitatisRedintegratio", „DignitatisHumanae" und „Nostra Aetate", Münster 2010 (Theologiamundi ex urbe 2); K. Lehmann, Kraftvoll-lebendige Erinnerung bis heute: Zweites Vatikanisches Konzil und Gemeinsame Synode als Wegweiser für die Zukunft: M. Schulz, R. Voderholzer, C. Schaller (Hgg.), *Mittler und Befreier. Die christologische Dimension der Theologie* (FS Gerhard Ludwig Müller) Freiburg u.a. 2008, 609–627; P. Hünermann, Der „Text": eine Ergänzung zur Hermeneutik des II. Vatikanischen Konzils: *Cristianesimo nella storia* 28 (2007) 339–358; Chr. Theobald, Enjeux herméneutiques des débats surl'histoire du concile Vatican II: *Cristianesimo nella storia* 28 (2007) 359–380.

5 BENEDIKT XVI., *Ansprache an das Kardinalskollegium und die Mitglieder der Römischen Kurie beim Weihnachtsempfang* (22. Dezember 2005), italienisches Original in *Insegnamenti di Benedetto XVI* 1 (2005) 1018–1032. (deutsch: *Verlautbarungen des Apostolischen Stuhls*, Nr. 172, Bonn 2006).

6 BENEDIKT XVI., *Ansprache an die Mitglieder des Gerichtshofes der Römischen Rota* (27. Januar 2007, italienisches Original in *Insegnamenti di Benedetto XVI* III,1 (2007) 117–122 (deutsch nach www.vatican.va).

7 Vgl. *AAS* 99 (2007) 105–180, 107 (deutsch: *Verlautbarungen des Apostolischen Stuhls*, Nr. 177, Bonn ²2007, 12).

8 BENEDIKT XVI., *Ansprache an die Teilnehmer an dem von der Kleruskongregation organisierten theologischen Kongress zum Priesterjahr* (12. März 2010), italienisches Original in *Insegnamenti di BenedettoXVI* VI,1 (2010) 323–326. Die auf www.vatican.va veröffentlichte deutsche Version

Texte beziehen sich freilich ausdrücklich bzw. implizit auf die Äußerungen über das II. Vatikanum vom Dezember 2005. Daher ist klar, wie M. Rhonheimer zurecht feststellt, dass hier der Papst nicht eine andere Kontinuität vorschlägt als die einer Reform in der Kontinuität.[9]

Richtungweisend bleibt die ursprüngliche Formulierung beim Weihnachtsempfang 2005. Jene Worte sind nicht zufällig gewählt und sollten eben nicht nur die Anhänger einer (modernistischen, reformistischen) Bruch-Hermeneutik herausfordern, über die der Heilige Vater hier unmittelbar gesprochen hatte, sondern auch all jene, die sich als Vertreter einer (verkürzten) „Hermeneutik der Kontinuität" ausgeben, eine Formulierung, die sich, wie gesehen, nicht willkürlich auf Benedikt XVI. berufen kann. Häufig scheint die letztere Gruppe zu übersehen, dass der Papst (und vor ihm das Zweite Vatikanische Konzil) sehr wohl für eine Erneuerung eintritt, für eine echte Reform innerhalb der Kontinuität der *einen* Kirche. Denn die Kirche bedarf einer solchen Reform, auch im Sinn einer Reinigung, gerade um mit sich selbst identisch zu bleiben.

An dieser Stelle sei kurz auf einige amtliche Texte zu einer authentischen Erneuerung in der Kontinuität hingewiesen: der *Kodex des kanonischen Rechts* (1983) und sein Gegenstück, der *Kodex der Kanones der Orientalischen Kirchen* (1990), der *Katechismus der Katholischen Kirche* (1992), sein *Kompendium* (2005) und viele weitere Lehrdokumente der Päpste und der Kongregation für die Glaubenslehre seit Abschluss des Vaticanum II.[10] Benedikt XVI. bzw. (Kardinal) Joseph Ratzinger hat dazu über Jahrzehnte einen einmaligen Beitrag geleistet. Wie der Heilige Vater bei verschiedenen Gelegenheiten betonte, bieten diese Dokumente die Richtschnur für eine angemessene, legitime, authentische und ehrliche Auslegung und Umsetzung des konziliaren Erbes.

Theologen und andere Beobachter des kirchlichen Lebens, unter dem Eindruck der Argumente oder der Autorität des Papstes, haben sein Programm der Erneuerung in der Kontinuität nicht als solches verworfen. Wohl aber haben viele von ihnen die Worte des Papstes auf ihre Weise interpretiert (wiederum ein hermeneutisch interessanter Vorgang) oder sie haben dazu alternative Hermeneutiken vorgelegt, um seine angeblich einseitigen Auffassungen zu ergänzen oder auszugleichen. Mit anderen Worten, wenigstens einige Theologen halten die Hermeneutik der Erneuerung in der Kontinuität für eine legitime Form, aber nur *eine* unter verschiedenen. Banal gesagt: der einen Seite ist sie zu wenig reformerisch, den anderen zu wenig traditionell, sondern letztlich ein schlechter Kompromiss.

So wird der Beitrag des Papstes zwar wertgeschätzt, aber zugleich stark relativiert. Eine solche Kritik gilt zwar als akademisch präsentabel, ist jedoch in Wirk-

---

lautet: „Wie sich die Hermeneutik der Kontinuität als immer dringlicher erweist, um die Texte des Zweiten Vatikanischen Konzils in angemessener Weise zu verstehen, so scheint analog dazu eine Hermeneutik notwendig zu sein, die wir als Hermeneutik »der priesterlichen Kontinuität« bezeichnen könnten, die ausgehend von Jesus von Nazaret, dem Herrn und Christus, und durch zweitausend Jahre der Geschichte von Größe und Heiligkeit, Kultur und Frömmigkeit, die das Priestertum in der Welt geschrieben hat, bis in unsere Tage heraufreicht."

9 Vgl. den in Fußnote 3 genannte online-Beitrag bei S. Magister.
10 Vgl. CONGREGATIO PRO DOCTRINA FIDEI, *Documenta inde a Concilio Vaticano Secundo expleto edita (1966–2005)*, Vatikanstadt 2005.

lichkeit nicht haltbar und nicht ausreichend (selbst-) kritisch. Um dieses Urteil zu beleuchten, müssen wir etwas auf den philosophischen und geistesgeschichtlichen Hintergrund blicken, der nach meiner Einschätzung die Auffassung des Papstes entscheidend mitgeprägt hat. Zudem muss ja jede katholische Hermeneutik geschichtliche, philosophische und theologische Horizonte im Auge haben, auch weil sie davon häufig etwas lernen kann, auch in der Auseinandersetzung mit philosophischen Positionen, die auf den ersten Blick nichts mit dem Glauben zu tun haben.

Gadamers Philosophische Hermeneutik

Die „Philosophische Hermeneutik" als eigene Disziplin ist – bei all ihrer langen Vorgeschichte – zutiefst mit den Werken von Hans-Georg Gadamer (1900–2002) verbunden. Nach ihm sind vergleichbar wirkmächtige Ansätze nicht zu erkennen, so dass bis heute hermeneutische Diskussionen nicht ohne Auseinandersetzung mit Gadamer ablaufen können.[11] Sein grundlegendes Buch *Wahrheit und Methode* erschien in erster Auflage im Jahr 1960.[12] Jahrzehnte später sagt Gadamer als eine Art Zusammenfassung seines Denkens und unter Bezug auf sein Hauptwerk:

> „Wir stehen in Traditionen, ob wir diese Traditionen kennen oder nicht, ob wir uns ihrer bewusst sind oder so hochmütig sind zu meinen, wir fingen voraussetzungslos an – an der Wirkung von Traditionen auf uns und unser Verstehen ändert das nichts".[13]

Gadamer entwickelt sein hermeneutisches Denken von Anfang an als eine Art „Philosophie der Endlichkeit",[14] damit als Kritik an einer überzogenen Vorstellung von den Fähigkeiten des menschlichen Individuums. Gadamer wollte herausarbeiten, dass es menschliches Verstehen nicht gibt ohne (geschichtliche) Vorbedingungen. Das menschliche Subjekt kann nie eine völlig neutrale Position einnehmen gegenüber den Wirklichkeiten, die es umgeben, andere Personen eingeschlossen. Verstehen geschieht stets innerhalb und dank eines unhintergehbaren Beziehungsgeflechts und in einem „hermeneutischen Zirkel", der aus vorausliegenden Begriffen und Traditionen (schon der Sprache) und aus früheren persönlichen Erfahrungen besteht, seien diese nun bewusst oder nicht. Das vorausgehende Zitat will sagen, *dass* Traditionen immer auf unser Verstehen Einfluss haben, dass es aber zugleich einen Unterschied macht für dieses Verstehen, d.h. darauf, ob dieses gelingt oder nicht, wie/ob wir uns dessen bewusst sind und uns dazu richtig verhalten. Der Traditionszusammenhang und der hermeneutische Zirkel sind unentrinnbar und notwendig. Unsere Vorurteile dürfen nicht einseitig als Schwierigkeiten und Hindernisse auf dem Weg des Verstehens aufgefasst werden, sondern sie sind zugleich die wesentlichen und nützlichen Startpunkte für alles menschliche Verstehen. Natürlich gibt es dann im Verlauf des Verstehensvorgangs Raum, diese Vor-

---

11 Vgl. Jean Grondin, *Einführung in die philosophische Hermeneutik*, Darmstadt ²2001.
12 *Wahrheit und Methode* wird zitiert nach der Ausgabe: Hans-Georg Gadamer, *Hermeneutik I. Wahrheit und Methode. Grundzüge einer philosophischen Hermeneutik*, Tübingen 1990 (GS 1).
13 Hans-Georg Gadamer – Carsten Dutt, *Hermeneutik –Ästhetik – Praktische Philosophie. Hans-Georg Gadamer im Gespräch*, Heidelberg 1995, 21.
14 Vgl. Wiebrecht Ries, *Hans-Georg Gadamers ‚Wahrheit und Methode'*, Darmstadt 2009, 9–31.

urteile zu korrigieren und zu verbessern, erst aber müssen sie einmal da sein und bewusst wahrgenommen werden.

Gadamer kommt auf diese Weise zu den folgenden Aussagen (die sicher auch provozieren wollten, denken wir nur an die deutschen Universitätsprofessoren und ihren Anspruch wissenschaftlicher Neutralität):

a) „In Wahrheit gehört die Geschichte nicht uns, sondern wir gehören ihr".[15] Geschichte, wie Gadamer sie versteht, ist nicht von uns getrennt, sondern über die Tradition sind wir verbunden mit der Vergangenheit und mit allem, was wir zu verstehen suchen.

b) „Die Antizipation von Sinn, die unser Verständnis eines Textes leitet, ist nicht eine Handlung der Subjektivität, sondern bestimmt sich aus der Gemeinsamkeit, die uns mit der Überlieferung verbindet".[16] Diese Verbindung bezieht sich nicht nur auf das Traditionsmaterial, sondern bestimmt auch die Methode (*wie* wir verstehen) und vermittelt uns auf noch grundlegender Ebene die Möglichkeit und die Sehnsucht zu begreifen, sie gibt uns Zugang zu und sogar den Glauben an einen Sinn.

c) „Das *Verstehen ist nicht so sehr als eine Handlung der Subjektivität zu denken, sondern als Einrücken in ein Überlieferungsgeschehen*, in dem sich Vergangenheit und Gegenwart beständig vermitteln".[17] Für das Individuum, das verstehen will, bedeutet dies, den eigenen Standort in Geschichte und Tradition zu berücksichtigen, und es verlangt, an diesem Punkt einzusetzen und anzufangen – alles andere führt nur in die Verwirrung.

Für Gadamer ist die *condicio humana* unausweichlich geschichtlich. Daher gelten die Regeln, die für das Verstehen der Vergangenheit entwickelt wurden, analog für alles Verstehen, ja letztlich für das ganze menschliche Dasein. Versuche, dieses grundlegende, auch existentielle Faktum zu leugnen, sind zum Scheitern verurteilt:

a) „*Geschichtlichsein heißt, nie im Sichwissen Aufgehen*. Alles Sichwissen erhebt sich aus geschichtlicher Vorgegebenheit".[18] Es gibt eine Grenze des Selbstverstehens, die beachtet werden muss, um überhaupt zu irgend einem Wissen um sich selbst zu kommen. Diese Grenze gibt dem menschlichen Selbstverständnis ihre eigene Form – ein platonisch anmutender Gedanke.[19] Diese Vorstellung aber lässt sich auf menschliches Verstehen und Wissen über andere und über Gott übertragen, denn beide beginnen nicht mit nichts und kommen nie an ein Ende, mindestens nicht in dieser Welt. Darüber hinaus hat unser Denken stets nicht nur historische Voraussetzungen, sondern ruht auf ersten Einsichten und grundlegenden Prinzipien, die nicht schlechthin historisch bedingt sind, mögen sie sich beim Einzelnen auch konkret geschichtlich vermittelt einstellen.

b) Während Gadamer die fruchtbare Rolle (traditioneller) Vorurteile hervorhebt, besteht er freilich auf einer weiteren Vorbedingung für echtes Verstehen:

---

15 *Wahrheit und Methode* 281.
16 *Wahrheit und Methode* 298.
17 *Wahrheit und Methode* 295 (Kursives im Original).
18 *Wahrheit und Methode* 307 (Kursives im Original).
19 Vgl. Platon, *Menon* 76a; über Gadamers Verhältnis zu Platon vgl. Karl Albert, *Platonismus. Weg und Wesen abendländischer Philosophie*, Darmstadt 2008, 129f.

„Wer einen Text verstehen will, ist vielmehr bereit, sich von ihm etwas sagen zu lassen. Daher muß ein hermeneutisch geschultes Bewußtsein für die Andersheit des Textes von vornherein empfänglich sein. Solche Empfänglichkeit setzt aber weder sachliche ‚Neutralität' noch gar Selbstauflösung voraus, sondern schließt die abhebende Aneignung der eigenen Vormeinungen und Vorurteile ein".[20] Wieder stehen wir vor einem hermeneutischen Zirkel: mich selbst zu verstehen, meine Vormeinungen und Vorurteile zu kennen, ist die Bedingung dafür, überhaupt etwas zu verstehen, und damit dafür, die eigenen Vorstellungen weiterzuentwickeln und dann das eigene Selbstverständnis zu vertiefen.

c) Gadamer hat seine Art, dies alles zu denken, zurecht mit einem Spiel verglichen, zu dem mehrere gehören (ich selbst, andere Teilnehmer, Spielobjekte und -regeln), das ich aber nicht wirklich verstehen kann, solange ich nicht selbst im Spiel und Teil davon bin. Für die heutigen Versuche etwa, die Wirklichkeit der Religion(en) und des christlichen Glaubens zu verstehen, ohne diese von innen her zu kennen, bedeutet das eine echte Verstehensgrenze. Diese Grenze wird dann besonders virulent, wenn man sie nicht einmal als solche erkennt.

Es kann kaum überraschen, dass Gadamers Gedanken nicht unwidersprochen blieben. Im katholischen Bereich gab es sicherlich Zuspruch, manchmal freilich wohl etwas naiven. Nicht alles kann ganz so einfach, wie es zunächst klingt, in das katholische Denken übernommen werden. Von anderer Seite wurde Gadamer dagegen recht schnell als reaktionär verdächtigt. Da *Wahrheit und Methode* im Jahr 1960 erschien, waren die folgenden Jahre gewiss keine Periode, die besonders offen war für seine Art von philosophischer Kritik.

Der hauptsächliche Gegner der Gedanken Gadamers war bzw. ist Jürgen Habermas (geb. 1929), seine Ideologiekritik und seine Hinwendung zu den für ihn zentralen Themen Gesellschaft und Diskurs.[21] Die Kritik von Habermas an Gadamers Positionen betrifft vor allem folgende Punkte:[22]

a) Aufgeklärtes Denken erlaubt keine ungebrochene Beziehung zur Tradition. Gerade die Geschichtswissenschaft lehrt, dass wir den tiefen Graben, der uns von der Vergangenheit trennt, letztlich nie überbrücken können. Die entscheidende Linie ist die Aufklärung. Mit ihr ist für das menschliche Denken das Vertrauen in Geschichte und Tradition ein für alle Mal erschüttert. Bei aller Kritik an der Aufklärung bleibt bei Habermas etwas in Spannung: Einerseits wird ein gewisses Vertrauen zur (Leistung der) Aufklärung vorausgesetzt, andererseits wird nicht deutlich, von woher er diese kritisiert, da ja nun sowohl das Individuum wie die Tradition als sichere Ausgangsbasis verloren sind. In jedem Fall betont auch er die geschichtliche Bedingtheit des menschlichen Daseins und geht selbst von einer Beziehung zur Vergangenheit aus, die unhintergehbar erscheint, wenn auch bezogen auf einen (scheinbar einma-

---

20 *Wahrheit und Methode* 273f.
21 Jean Grondin, *Hans-Georg Gadamer. Eine Biographie*, Tübingen 2000, 338–349; David Ingram, The Historical Genesis of the Gadamer/Habermas Controversy: *Auslegung. A Journal of Philosophy* 10 (1983) 86–151.
22 Ein gute Übersicht zu den Diskussionen zwischen Gadamer und Habermas gibt Jean Grondin, *Einführung in die philosophische Hermeneutik*, Darmstadt ²2001, 178–185.

ligen) Epochenwandel. Der phänomenale Erfolg und die Überzeugungskraft seines Denkmodells, die bis heute anhalten, lassen sich freilich nicht leugnen.

b) Für Habermas ist die Tradition zudem überlagert von sichtbaren und verborgenen Herrschaftsstrukturen und Ideologien. Dieser Hinweis wird dem guten Katholiken an sich nicht gleich gefallen, erscheint aber in einem anderen, positiveren Licht, wenn man ihn auf die Theologien (und sonstigen gesellschaftlichen Theorien) anwendet, die in jüngerer Vergangenheit dominant geworden sind, gerade im akademischen Bereich.

c) Habermas weist schließlich auf unbewusste Barrieren der Kommunikation und des Verstehens hin. Konsens und Zustimmung können die Folge nur angeblich gelungener Verständigung sein. Damit wollte er Gadamers scheinbar übertriebenes Vertrauen in die Tradition widerlegen. Doch wenn wir seine Gedanken auf die politische und mediale „Wirklichkeit" heute anwenden, dann wird man Habermas erneut nicht leicht widersprechen können. Sicherlich tut jeder Habermas unrecht, der ihm unterstellt, er würde jedem angeblich offenen Dialog automatisch Wahrheitsfähigkeit unterstellen.

Die von Habermas angebrachten Kritikpunkte sind gewiss teilweise berechtigt. Und Habermas' eigene Theorien vom idealen, herrschaftsfreien Diskurs sind mindestens eine interessante Analogie zu katholischen Vorstellungen von einer kollegialen Kommunikation, besonders etwa auf Synoden und Konzilen. Patristische Ansätze zu einer Konzilstheorie lassen freilich erkennen, dass der Raum konziliarer Beratung und Entscheidung nicht beliebig ist, sondern abgesteckt durch die Vorgaben der Tradition, gerade der vorausgehenden Konzile, und gesichert durch eine Ordnung und Leitung, die keine politischen Kompromisse zulässt, schon gar nicht in Glaubensfragen. Die Inspiration konziliarer Prozesse und ihrer Ergebnisse hat immer die Treue zum apostolischen, überlieferten Glauben zur Bedingung. Für die Freiheit der Beratungen ist es also notwendig, alle Einflussnahmen auszuschließen, die der Ausfaltung und Durchsetzung des traditionellen Glaubens zuwiderlaufen. Nur dann kommt es zum „Sieg Christi" und „der Wahrheit". Die Inspiration der Gläubigen bzw. eines Konzils hängt davon ab bzw. besteht darin, dass sie über die Tradition und so durch die Apostel mit dem Geist Gottes verbunden sind.[23] Damit ist die ideale Gesprächssituation, die bei vielen Anhängern von Habermas reichlich unbestimmt und oft nur postuliert ist, klar konturiert. Die inhaltlichen Voraussetzungen kann freilich nur der annehmen, der darin legitime Ausdrucksweisen der Wahrheit (und damit der geschenkten Freiheit) des Glaubens erkennt – also noch mehr als hilfreiche Vorurteile im Sinne Gadamers.

Gerade aus katholischer Sicht enthalten Gadamers Ansichten einige Schwierigkeiten. So scheint sich das verstehende Subjekt im historischen Traditionsprozess geradezu aufzulösen, etwa wenn er schreibt: „Die Selbstbesinnung des Individuums ist nur ein Flackern im geschlossenen Stromkreis des geschichtlichen Lebens. *Darum sind die Vorurteile des einzelnen weit mehr als seine Urteile die geschicht-*

---

23 Vgl. Leo der Große, ep. 120,2=71 (ACO II,4,79,7–11); ep. 89=46 (ACO II,4,47,28–30); Hans Feichtinger, *Die Gegenwart Christi in der Kirche bei Leo dem Großen*, Frankfurt u. a. 2007 (Patrologia 18), 125–143.

liche Wirklichkeit seines Seins".[24] Was bleibt übrig vom verstehenden Subjekt angesichts des übermächtig erscheinenden Prozesses der Überlieferung? Beim Blick darauf, wie Gadamer die Beziehung zwischen Person und Tradition beschreibt, müssen wir fragen: Wer ist überhaupt das verstehende Subjekt? Gibt es eine Art universelle Tendenz hin zu höherem Verstehen? Wer würde diese bestimmen? Und wie gehen wir dann mit historischen Rückschlägen und Wissensverlusten um? Aus katholischer Sicht muss an die komplexen Theorien sowohl von Gadamer wie von Habermas gewiss eine radikale Anfrage gestellt werden: Können für mich, den Einzelnen, oder auch für Gruppierungen und die Gesellschaft als ganze bei der Suche nach der Wahrheit hermeneutische und methodische Anleitungen alleine jemals genügen? Noch radikaler ist zu fragen, ob dem Menschen (und auch der Gesellschaft) Theorien gerecht werden können, die letztlich von einer absoluten Geschichtlichkeit ausgehen.

Gewiss darf man die Kritik an Gadamer nicht übertreiben, denn wenn er von einem Umgang mit den eigenen Vorurteilen spricht oder ein Einrücken in die Überlieferung verlangt, dann setzt dies ja gerade voraus, dass es jemanden gibt, der diese Vorurteile hat, sie als solche erkennt und damit umgehen kann, jemanden, der sich der eigenen Beziehung zur Tradition bewusst werden und diese gestalten kann.

Gadamer selbst blieb von der Kritik an seiner Hermeneutik letztlich recht unangefochten. Er sah darin anscheinend weniger Widersprüche gegen seine Theorien als vielmehr nützliche Hinweise darauf, diese recht zu verstehen. In seiner „Replik" an die eigenen Kritiker stellt er fest, „daß Tradition nicht aufgeht in dem, was man als eigene Herkunft weiß und dessen man sich bewußt ist, so daß Tradition nicht in einem adäquaten Geschichtsbewußtsein aufgehoben sein kann. Veränderung von Bestehendem ist nicht minder eine Form des Anschlusses an die Tradition wie die Verteidigung von Bestehendem. Tradition ist selbst nur in beständigem Anderswerden".[25] Man hat den Eindruck, Gadamer sah die Kritik an ihm selbst als Beispiel dafür, wie das Verstehen und die Reaktion auf seine Auffassungen diese gerade praktisch bestätigen und zugleich weiterentwickeln. Eine solche Einstellung darf man als Zeichen echter Weisheit verstehen, zu der immer eine gewisse Demut gehört.

Schritte zu einer katholischen Hermeneutik

Aus philosophischer wie theologischer Sicht können Gadamers grundlegende Intuitionen und fortentwickelte Theorie kaum schlechterdings abgewiesen werden. Vieles davon lässt sich in eine katholische Sichtweise des hermeneutischen Problems einbauen. Klar ist indes, dass sich mit dem Schritt von einer philosophischen in die theologische Hermeneutik notwendige Erweiterungen ergeben im Bezug auf die inhaltlichen Vorgaben des Glaubens und auf die Rolle der Kirche für jegliche, zumal übernatürliche Erkenntnis und deren Vertiefung. Aber auch philosophische

---

24 *Wahrheit und Methode* 281 (Kursives im Original).
25 Hans-Georg Gadamer, Replik zu ‚Hermeneutik und Ideologiekritik' (1971): *Hermeneutik II. Wahrheit und Methode. Ergänzungen, Register* (GS 2), Tübingen 1993, 251–275, 268.

Korrekturen sind erforderlich, wenn man die Geschichtlichkeit des menschlichen Daseins ernstnehmen will, ohne ihr jene Absolutheit zuzuschreiben, die es bei Gadamer (und auch in der Kritik von Habermas) zu haben scheint. Das dahinter stehende philosophische Problem, dass bei aller geschichtlicher Bedingtheit und Vermittlung unseres Wissens die Urprinzipien des Erkennens nicht selbst bloße Produkte der Geschichte sind, kann hier indes nur angedeutet werden.[26]

Gadamer sah die Tradition als Band zwischen Gegenwart und Vergangenheit, als den Kontext und die Voraussetzung, innerhalb derer alles Verstehen sich abspielt. Für eine kirchliche, katholische Hermeneutik ist das eine passende Vorstellung, die aber auf die Kirche angewendet und weiter vertieft bzw. ergänzt werden muss nach den Worten des Apostels Johannes: „Für euch gilt: Was ihr von Anfang an gehört habt, soll in euch bleiben; wenn das, was ihr von Anfang an gehört habt, in euch bleibt, dann bleibt ihr im Sohn und im Vater" (*1 Joh 2,24*).[27]

Um dies zu leisten, sind einige Prinzipien zu beachten:

a) Jede Art von Erkenntnis bezieht sich auf etwas Gegenwärtiges, wie immer diese Gegenwart näher beschrieben oder vermittelt gedacht werden mag. Der katholische Glaube verlangt und bietet nicht nur eine Verbindung mit Dingen der Vergangenheit, sondern macht diese gegenwärtig. Die Tradition hält die Anfänge präsent und lebendig, damit sie heute verstanden, angenommen und umgesetzt werden können.

b) Gerade in der Theologie zielt alles historische Arbeiten darauf ab, die Wahrheit und Relevanz des Glaubens für heute herauszuheben. Die katholische Theologie hält an der Vorstellung bleibend gültiger Wahrheiten des Glaubens und zugleich an einer Entwicklung der Dogmen und der Lehre insgesamt fest. Dies ist kein Widerspruch, sondern vielmehr logisch erforderlich, damit man überhaupt von Entwicklung anstelle von Ablösung oder Ersatz alter Auffassungen durch neue sprechen kann. Der Beitrag des Seligen J.H. Newman zu dieser theologischen Diskussion ist immer noch erhellend.[28] Newman dürfte daher auch der folgenden Aussage zustimmen:

c) Identität kann nur in Treue zu den Anfängen bewahrt werden. Der apostolische Glaube bleibt normativ; die vorausgehenden Konzilien etwa sind verbindlich für die folgenden, die ihrerseits die Bedeutung der früheren definieren, also begrenzen und so bestimmen. Letztlich bleibt immer Christus oberste Norm und Auslegungskriterium, mit dem wir durch die Tradition verbunden sind, der uns heute seine Lehre und sein Beispiel im Glauben gegenwärtig macht.

---

26 Vgl. Giovanni B. Sala, *Die Struktur der menschlichen Erkenntnis. Eine Erkenntnislehre.* Darmstadt 2009, bes. 39–45.

27 Immer noch nützlich als Einführung in die katholische Hermeneutik und selbst ein interessanter Beitrag ihrer jüngeren Geschichte: Franz Mußner, *Geschichte der Hermeneutik von Schleiermacher bis zur Gegenwart*, Freiburg ²1976 (HDG I,3c). Mußner (geb. 1916), Domkapitular i.R in Passau, lehrte zeitgleich mit Joseph Ratzinger an der Universität Regensburg.

28 Vgl. v. a. Newmans Werke *An Essay on the Development of Christian Doctrine (1845).* (Edited with an introduction and notes by S.L. Jaki, Pinckney 2003) und *An Essay in Aid of a Grammar of Assent* (Edited with Introduction and Notes by I.T. Ker, Oxford 1998).

d) Die Bezugnahme auf den Anfang konfrontiert uns zugleich mit der Wirkungsgeschichte eines Textes oder einer Aussage und so auch mit der daran geäußerten Kritik. Der Weg zu den Anfängen führt uns immer auch über die Stufen und auf den oft verschlungenen Pfaden der Überlieferung. Einen Sprung mit Anlauf direkt hin zu Jesus gibt es nicht. Die Wirkungen und Spuren, die das Evangelium in der Geschichte von Menschheit und Kirche hinterlassen hat, dürfen nicht übersehen werden, denn sie haben einen unausweichlichen, sei es verborgenen oder gar verdrängten Einfluss auf unser eigenes Denken und Verstehen. Dies gilt auf eigene Weise übrigens auch für den Einfluss des christlichen Glaubens auf andere Religionen, auch jene, die erst in jüngerer Zeit ausdrücklich mit der Kirche in Kontakt kamen, besonders freilich für Judentum und Islam.

e) Verstehen geschieht in einem Kontinuum, einem Lebenszusammenhang, der dem Wesen des Menschen und der Art und Weise, wie wir erkennen und verstehen, entspricht. Unsere Freiheit wird dadurch nicht abgeschnitten, sondern ermächtigt. Auch die zentrale Bedeutung der Erkenntnis Jesu Christi für die katholische Theologie ist nichts Abwegiges, sondern fußt auf der Tatsache, dass die Erkenntnis anderer Personen die grundlegende Form menschlicher Erkenntnis überhaupt ist.

f) Eine solche Vorstellung – realistisch, zurückhaltend und zugleich anspruchsvoll – ist aus katholischem Blickwinkel angemessen und konstruktiv, da sie zugleich die Fähigkeiten und die Grenzen des Menschen und insbesondere des Gläubigen wahrnimmt: Wir *können* etwas verstehen und wissen über uns selbst und sogar über Gott, aber um das zu können, müssen wir Regeln beachten, die aus einer zweifachen Quelle kommen: aus der menschlichen Natur und Vernunft, die von Gott erschaffen ist, aber sich jetzt geschichtlich in einem gefallenen Zustand befindet, sowie aus der göttlichen Offenbarung und der Tradition des Glaubens. Das ist das hermeneutische *a priori*, das sich aus der ganzen katholischen Glaubenslehre erhebt.

Der *Katechismus der katholischen Kirche* (§§ 36–38) fasst die grundlegenden Lehren über die Erkenntnis Gottes wie folgt zusammen, wobei er auf Aussagen beider Vatikanischer Konzilien und von Papst Pius XII. zurückgreift:[29]

> „Die heilige Mutter Kirche hält fest und lehrt, daß Gott, der Ursprung und das Ziel aller Dinge, mit dem natürlichen Licht der menschlichen Vernunft aus den geschaffenen Dingen gewiß erkannt werden kann. Ohne diese Befähigung wäre der Mensch nicht imstande, die Offenbarung Gottes aufzunehmen. Der Mensch besitzt diese Fähigkeit, weil er ‚nach dem Bilde Gottes' erschaffen ist.
> In den geschichtlichen Bedingungen, in denen sich der Mensch befindet, ist es jedoch für ihn sehr schwierig, Gott einzig mit dem Licht seiner Vernunft zu erkennen … So kommt es, daß die Menschen sich in solchen Dingen gerne einreden, es sei falsch oder wenigstens zweifelhaft, von dem sie selbst nicht wollen, daß es wahr sei.
> Deshalb ist es nötig, daß der Mensch durch die Offenbarung Gottes nicht nur über das erleuchtet wird, was sein Verständnis übersteigt, sondern auch über das, was in Fragen der Religion und der Sitten der Vernunft an sich nicht unzugänglich ist, damit es auch bei der gegenwärtigen Verfaßtheit des Menschengeschlechtes von allen ohne Schwierigkeit, mit sicherer Gewißheit und ohne Beimischung eines Irrtums erkannt werden kann".

---

29 Für genaue Zitate und Verweise siehe die Anmerkungen im *Katechismus*.

Was hier über die Erkenntnis Gottes gesagt ist, gilt analog für jede Erkenntnis im Bereich des Glaubens und der Offenbarung, und nicht nur dort. Ein eindrückliches, wenngleich politisch aufgeladenes Beispiel sind etwa die Auseinandersetzungen über die Abtreibung. Die Lehre der Kirche darüber ist an sich vernünftig und wäre also eigentlich auch für Ungläubige zugänglich und nachvollziehbar, da sie im natürlichen Sittengesetz wurzelt, konkret im grundlegenden Menschenrecht auf Leben. Dennoch ist nicht zu unterschätzen, wie schwierig es ist, unter den konkreten Bedingungen der heutigen Welt diese Auffassung ohne die Hilfe des Glaubens anzunehmen. So wird deutlich, dass die Offenbarung auch hier nicht überflüssig ist, dass also für uns Christen viel zu tun ist, damit unsere Zeitgenossen die Wahrheit und Menschlichkeit der kirchlichen Haltung zur Abtreibung wirklich entdecken und beherzigen können. Die bedachte Glaubenslehre wirkt hier als eine Art Erweiterung oder Verschiebung des geschichtlich bedingten, verengten Verstehenshorizonts über das Menschsein, so dass das Lebensrecht des Ungeborenen wahrhaft erkannt und dann geachtet werden kann.

Die Konsequenzen einer richtigen Hermeneutik betreffen freilich nicht nur Wirkung und Zeugnis der Kirche und ihrer Gläubigen nach außen, sondern gelten auch nach innen, im Leben der Kirche und in der Theologie. Immer müssen wir die jeweils geltenden Verstehensregeln und -kontexte beachten. In diesem Sinne möchte ich, so gewagt der Ausdruck aufs Erste klingen mag, von einer „hierarchischen Hermeneutik" sprechen, angelehnt an die Rede des Vaticanum II von der „Hierarchie der Wahrheiten" im Bezug auf den ökumenischen Dialog. *Unitatis redintegratio* 11 fordert, dass

> „die katholischen Theologen, wenn sie in Treue zur Lehre der Kirche in gemeinsamer Forschungsarbeit mit den getrennten Brüdern die göttlichen Geheimnisse zu ergründen suchen, mit Wahrheitsliebe, mit Liebe und Demut vorgehen. Beim Vergleich der Lehren miteinander soll man nicht vergessen, daß es eine Rangordnung oder ‚Hierarchie' der Wahrheiten innerhalb der katholischen Lehre gibt, je nach der verschiedenen Art ihres Zusammenhangs mit dem Fundament des christlichen Glaubens. So wird der Weg bereitet werden, auf dem alle in diesem brüderlichen Wettbewerb zur tieferen Erkenntnis und deutlicheren Darstellung der unerforschlichen Reichtümer Christi angeregt werden".

Nicht nur eine ökumenische ausgerichtete, sondern jede (katholische) Theologie muss den systematischen, organischen Zusammenhang innerhalb (und zwischen den einzelnen Aussagen) der katholischen Glaubenslehre beachten. Der Begriff „Hierarchie der Wahrheiten" wird oft missbraucht, doch er bedeutet keineswegs eine Unterscheidung zwischen mehr oder weniger wichtigen Wahrheiten in dem Sinn, dass es erlaubt wäre, einige oder einzelne katholische Lehren abzuschaffen oder zu übergehen. Der Ausdruck „Hierarchie" spricht im Gegenteil von der logischen und (damit) katechetischen Ordnung, die nicht nur bei der Erklärung des Glaubens gefragt ist, sondern die bereits dann im Spiel ist, wenn es darum geht, den Glauben zu verstehen.

Inhaltliche Voraussetzungen

Eine katholische Hermeneutik hebt sich auch darin von einer rein philosophischen Hermeneutik ab, dass sie nicht nur aus formalen Prinzipien und Regeln bestehen kann, sondern auch eine inhaltliche Dimension besitzt. Kardinal Leo Scheffzyk hat die Art und Weise, wie der katholische Glaube die Welt und die Überwelt versteht, als das System des „et-et" beschrieben.[30] Eine ganze Reihe von Begriffspaaren, die diesen Gedanken illustrieren, lässt sich schnell aufstellen: Wort und Sakrament, Glaube und Werke, Schrift und Tradition, *Lex orandi* und *Lex credendi*, Natur und Gnade, Vernunft und Geheimnis, Geschichte und Idee, Amt und Charisma, Leib und Seele, Gemeinschaft und Individuum und noch andere mehr.

Diese Begriffspaare sind nicht Variationen über ein und dasselbe Thema, ihre beiden Glieder stehen nicht jeweils in genau demselben Verhältnis zueinander, auch die Reihenfolge, in der die beiden Begriffe gewöhnlich genannt werden, ist nicht eindeutig. Aus diesen Paaren wird zunächst klar: Der Glaube kann nicht auf ein einziges Prinzip reduziert werden (etwa auf die Lehre von der Rechtfertigung), sondern ruht auf dem Glaubensbekenntnis, auf der alten *regula fidei*, also auf der Lehre von der Trinität und von Jesus Christus, damit auf einer komplexen Grundlage. Das Prinzip der Einheit und des Zusammenhangs der jeweiligen Begriffspaare und ihres Verstehens lässt sich letztlich aus der Christologie ableiten: Es folgt dem Modell des Zusammenspiels von göttlicher und menschlicher Natur in der göttlichen Person des Sohnes.[31] Analog dazu muss der Zusammenhang der genannten Begriffspaare verstanden werden. Gemäß diesem Prinzip der Einheit gilt daher für eine recht verstandene hierarchische Hermeneutik:

a) Niemals dürfen wir dem unterkomplexen, letztlich auch häretischen Modell der Ellipse (oder eines „dualen Systems") folgen, um die Beziehung zwischen den Gliedern der oben exemplarisch aufgezählten Wortpaare zu verstehen oder zu erklären: Schrift und Tradition, Klerus und Laien, Weltkirche und Teilkirche, Lehramt und Theologie stehen nicht unverbunden und in primärer Spannung zueinander.

b) Vielmehr müssen wir uns vergegenwärtigen, dass die Beziehung zwischen Gott und Mensch/Welt in Gott selber begründet ist, wie auch die Einheit von Mensch und Gott in Christus in seiner göttlichen Person besteht, unvermischt und ungetrennt und doch in gegenseitiger Durchdringung (Perichorese), jedenfalls nicht erst nachträglich hergestellt.

Dieses Prinzip ist in seiner Anwendung auf die verschiedenen Themen und Begriffspaare sicher wieder ein formales, hat aber einen inhaltlichen Ursprung in der Lehre über die Person Christi, die vor allem das *Konzil von Chalzedon* (451) festgelegt hat. Die katholische Theologie setzt für das Verstehen Gottes bei der grundlegenden Beziehung zwischen Gott und Mensch an, die man aus der *Analogia entis* ableiten kann. Nach dieser Analogie des Seins ist die Unähnlichkeit zwischen Gott und Mensch/Welt stets größer als jede zwischen beiden festgestellte und ausgesagte Ähnlichkeit: *Deus semper maior*. Diese Beziehung ist die Grundlage auch für das

---

30 Vgl. Leo Scheffczyk, *Katholische Glaubenswelt. Wahrheit und Gestalt*, Paderborn ³2008, 37–39.
31 Vgl. Scheffczyk, *Katholische Glaubenswelt* 39–52.

Geschehen und das Geheimnis der Menschwerdung Jesu Christi, für unser Verständnis davon und von ihm und für unsere Fähigkeit, mit ihm in Verbindung zu stehen.

Schlussfolgerungen

Theologie sucht den Glauben zu verstehen, ja sie ist der Versuch, den Glauben als Glaubender zu verstehen. Dieses Selbstbewusstsein ist hermeneutisch gefordert, ja es ist eine Bedingung der Möglichkeit gelingender Erkenntnisbemühungen. Es bestimmt so den Unterschied zwischen Theologie und Religionswissenschaft bzw. zwischen authentischer Theologie und theologischer Ideologie. Religionswissenschaft und Theologie, wenn sie hermeneutisch aufmerksam sind, wissen um die jeweiligen Grenzen der eigenen Erkenntnismöglichkeiten und wollen diese nicht etwa auflösen.

Aus diesen (hier nur angedeuteten) Gründen müssen Theologen und Prediger stets die weiteren und engeren Kontexte wahrnehmen, in denen sie stehen, verstehen und auslegen. Sie müssen die verschiedenen Quellen und Autoritäten des Glaubens zusammen-lesen, die freilich nicht alle auf derselben Ebenen stehen, zwischen denen aber kein Kompromiss, sondern eine Harmonie hergestellt bzw. gesucht werden muss. Dass die Wahrheit symphonisch ist, gilt ganz bestimmt für die Wahrheit des Glaubens, so wie wir sie wahrnehmen können.[32] Und wenn wir einen herrschaftsfreien Diskurs für kirchliche und synodale Kommunikation einfordern, dann muss das immer bedeuten, dass wir dem apostolischen Glauben ermöglichen, sich (neu) zu zeigen und durchzusetzen und sich so in Treue zur Überlieferung weiterzuentwickeln.

Vereinfacht gesagt ist das die katholische Version einer Diskurs-Hermeneutik. Um das Gesamt des Glaubens und die einzelnen Lehraussagen in ihrem Zusammenhang recht zu verstehen, ist gefordert,

a) die Übereinstimmung zwischen den verschiedenen Autoritäten, Zeugnissen und Ausdrucksweisen des Glaubens suchen und finden zu wollen und

b) dabei zu entdecken, dass diese sich gegenseitig ergänzen oder auch korrigieren können in dem Sinne, dass eine irreführende, einseitige Auslegung der einen durch die andere verhindert wird; oder aber eine Glaubensaussage folgt aus der anderen.

c) Wenn wir unsere persönliche Gesamtschau des katholischen Glaubens entwickeln, dann betreiben wir notwendigerweise Theologie, sind selbst Teil einer besonderen, also immer auch beschränkten theologischen Schule und Tradition. Wir müssen uns klar darüber sein, dass es auf der Ebene der Theologie, auf der ich mich als Einzelner immer bewege, keine absolute Wahrheit und Verbindlichkeit gibt. Hier bleibt vielmehr stets eine gewisse Relativität der theologischen Einsichten, Schulen und Erklärungsmuster, die mich auf den sicheren Felsen des Glaubens der Kirche verweisen, den ich freilich so annehmen und teilen kann, dass ich Anteil an seiner Wahrheit habe.

---

32 Vgl. das klassische Büchlein Hans Urs von Balthasar, *Die Wahrheit ist symphonisch. Aspekte des christlichen Pluralismus*, Einsiedeln ²2008.

d) Gewissheit findet sich (und finde ich, auch mit „meiner" Theologie) daher nur in der Lehre, also im Glauben und in der Gemeinschaft der Kirche, doch selbst dort kommt das Verstehen der göttlichen Geheimnisse nie an ein Ende, gewiss nicht in dieser Welt. Die Unabschließbarkeit kommt nicht nur aus unserer eigenen sündhaften Erkenntnisschwäche, sondern ist Folge unseres begrenzten, geschaffenen Seins.

e) In der Liturgie wird nach dem Vater unser der Satz gesprochen: „Schau nicht auf meine/unsere Sünden, sondern auf den Glauben deiner Kirche". Das können wir auch als „hermeneutisches Gebet" lesen, das darum weiß, dass der eigene Beitrag und Fortschritt im Verstehen aus dem dankbaren Bewusstsein entspringt, dass ich nur in/mit der Kirche, ihrer großen Gemeinschaft und ihrer Tradition etwas von der Wahrheit über Gott und die Welt sicher wissen kann.

Auf den umrissenen philosophischen und theologischen Grundlagen lassen sich für alle Formen der Verkündigung des Evangeliums und der Erklärung des Glaubens einige unausweichliche Regeln ableiten, derer wir uns bewusst sein müssen. Für eine katholische Hermeneutik sind diese Regeln wesentlich, da sie sich aus der Sache und aus unserer Stellung zu Gott, zur Kirche und zu einander notwendig ergeben:

a) Bei allen Versuchen, den Glauben zu verstehen, müssen wir uns vergegenwärtigen, dass dies nur innerhalb des Horizonts der Kirche möglich ist. Dieser Horizont ist weiter als jeder andere, kann freilich auch selbst die göttlichen Geheimnisse nicht ausschöpfen. Manch einer – gerade als Theologe – stößt mit seinen Auffassungen vielleicht einmal an die Grenzen des Katholischen, geht gar darüber hinaus und meint dabei, das Feld des Lebens und Denkens in der Kirche sei doch nicht weiträumig genug abgesteckt. Doch meist lässt sich schnell feststellen, dass ein solcher Theologe den eigenen, kleinen Gesichtskreis eben sehr einseitig verschoben hat und so weite Teile jenes Raumes aus den Augen verloren hat, in dem die große Gemeinschaft der Kirche lebt und denkt.

b) Innerhalb der Kirche braucht es einen systematischen Respekt für die Ordnung der Zuständigkeit vor allem im Bereich der Lehre, aber auch der Leitung und der Disziplin; gemeint ist Achtung davor, wer zu hören ist, wer als Berater ernst zu nehmen ist und wer dann eine Entscheidung trifft, die es zu befolgen gilt.

c) Wenn die Gelehrten Texte lesen oder über theologische Themen reden, müssen sie sich streng an die Unterscheidung zwischen verbindlicher Lehre der Kirche und theologischen Thesen und Auffassungen halten. Eine Theologie, die nur verschiedene Thesen diskutiert und vergleicht, ist nicht gut genug und letztlich nicht katholisch, wenn sie den Maßstab der Glaubenslehre aus den Augen verliert oder das Lehramt lediglich als eine (wichtige) unter vielen Stimmen betrachtet. In der theologischen Arbeit ist die Unterscheidung der traditionellen Gewissheitsgrade der theologischen Zensuren und der jeweils geforderten Art der Zustimmung nach wie vor hilfreich, mag all das so manchem Theologen heute, sei er Student oder Dozent, auch etwas aus der Mode gekommen oder gar unbekannt erscheinen.

d) Soweit wie möglich sollten bei der Auseinandersetzung über ein theologisches Thema die Beiträge und Stimmen der verschiedenen theologischen Disziplinen und Schulen, die Traditionen von Orden oder wichtigen Institutionen gehört werden; Ähnliches gilt für die verschiedenen Nationen, Kulturräume und sonstigen Personengruppen in der Kirche, die je nach Sachfrage relevant sind. Damit wird „mein" Standpunkt nicht aufgehoben, sondern er wird mir so erst deutlich bewusst.

e) Die Kultur und die konkrete Organisation lehrmäßiger Entscheidungen ist auf solche „symphonische" Wahrheitssuche noch mehr verwiesen und sollte daher von kollegialer Arbeit und Beratung geprägt sein, immer mit dem Ziel, möglichst zu einem Konsens zu kommen, vor allem aber, um lehrmäßige Urteile streng von theologischen Bewertungen abzuheben.

f) Diese Vorgehensweisen berücksichtigen so die für das Verständnis des Glaubens maßgebliche hierarchische Hermeneutik und respektieren zugleich die sakramentale Verfassung der Kirche. Dazu gehören nicht zuletzt das Vertrauen und der Gehorsam dem Heiligen Vater gegenüber, der die lebendige Stimme der Tradition in der Kirche Christi ist.

Katholische Theologie auf allen Ebenen, von den akademischen Gipfeln bis zum oft viel schwierigeren Glaubensgespräch bei der Vorbereitung einer Erstkommunion, einer Taufe oder einer Ehe braucht heute eine echte Erneuerung. Dies gilt nicht nur für die (deutsche) wissenschaftliche Theologie, die ihre kirchliche Relevanz und Weltmarktführerschaft zu verlieren droht. Zu dieser Erneuerung gehört ganz wesentlich, dass wir die allgemeinen hermeneutischen Gesetze und jene, die insbesondere im Bereich der katholischen Theologie und Glaubenslehre gelten, bewusst neu wahrnehmen und befolgen. Historisch wie auch philosophisch kritisches Bewusstsein sind Elemente, ohne die gute Theologie nicht zustande kommt. Vom Wettstreit zwischen Habermas und Gadamer, wer denn kritischer sei, können wir einiges lernen, vor allem wenn wir ihn zu einem Wettlauf in Selbstkritik machen, also die Rolle der Demut für die Erkenntnis neu entdecken.[33]

Wenn Gott der ganz Andere ist, der immer Größere, dann muss es in der Kirche Christi gerade heute darum gehen, Seine Stimme nicht aufgehen zu lassen in den Strömungen und Meinungen der wechselnden Mehrheiten. Die Theologie und die Kirche müssen bei aller Verbundenheit mit der Welt die Fähigkeit behalten, Sprachrohr zu sein für die Forderungen, den Trost, die Gnade und den Frieden, die nur Gott der Welt und den Menschen zusagen kann. Gerade dafür gibt es in der Kirche den Dienst und die Autorität des apostolischen Amtes. Gerade und nur so wird die Theologie bzw. jeder einzelne Prediger (und Gläubige!) zu einem wirklichen Fortschritt fähig und erkennt immer deutlicher die Kirche als den Horizont, in dem alles gelingende Verstehen seinen Platz findet. Das freilich ist andererseits die Herausforderung für die Kirche selbst, da in ihr alles gläubige Verstehen, alles echt Christliche seinen Platz haben muss. Denn dieser Horizont umgreift alles andere, alles Wahre und echt Christliche, da er sich ausrichtet und ausweitet auf Gott selber, und „Gott ist größer als unser Herz, und er weiß alles" (*1 Joh* 3,20).

---

33 Vgl. Notker Baumann, *Die Demut als Grundlage aller Tugenden bei Augustinus*. Frankfurt u. a. 2009 (Patrologia 21), bes. 75–132; die noch nicht veröffentlichte Dissertation von Seamus J. O'Neill, *Towards a restoration of Plato's doctrine of mediation: Platonizing Augustine's criticism of 'the Platonists'* (Thesis, Dalhousie University Halifax, 2008), bes. S. 249–258; Hans Feichtinger, Oudeneia and humilitas. Nature and Function of Humility in Iamblichus and Augustine: *Dionysius* 21 (2004) 123–160.

Bemühungen um Wiederaufnahme diplomatischer Beziehungen zwischen Bayern und dem Heiligen Stuhl nach dem Zweiten Weltkrieg

Michael F. Feldkamp

Im Jahre 1934, mit der Aufhebung der Länder im Zuge der nationalsozialistischen Gleichschaltungspolitik, mussten auch die bilateralen Beziehungen des aufgehobenen Landes Bayern mit dem Heilige Stuhl beendet werden.[1] Doch bald nach dem Zweiten Weltkrieg (1939–1945) wurden seitens der CSU-dominierten bayerischen Staatsregierung öffentlich Forderungen erhoben, wieder eigene diplomatische Beziehungen mit dem Vatikan zu unterhalten. Die Sache selbst ist in der Forschung bekannt: Karl-Ulrich Gelberg schildert in seiner Arbeit über Hans Ehard dessen Rolle als Ministerpräsident in dieser Frage;[2] ausgewählte Aktenstücke aus den Jahren 1951, 1954 und zuletzt 1960 sind in der Edition der einschlägigen „Vatikanakten" des Auswärtigen Amtes schon im Jahre 2000 publiziert worden;[3] und nicht zuletzt in der kleinen Studie zur Konfession der deutschen Botschafter beim Heiligen Stuhl habe ich kurz auf die bayerischen Sonderinteressen 1950/51 hingewiesen.[4] In der Zusammenschau ermöglicht die Durchsicht der Akten und der

---

1 Vgl. dazu Michael F. Feldkamp, Die Aufhebung der Apostolischen Nuntiatur in München 1934. Mit einem Anhang der Amtsdaten der Nuntien, Internuntien und Geschäftsträger 1786–1934, in: Im Gedächtnis der Kirche neu erwachen. Studien zur Geschichte des Christentums in Mittel- und Osteuropa. Festgabe für Gabriel Adriányi, hrsg. Reimund Haas, Karl Josef Rivinius und Hermann-Josef Scheidgen (= Bonner Beiträge zur Kirchengeschichte, Bd. 22), Köln, Weimar, Wien 2000, S. 185–234. Vgl. auch die Übersichtsdarstellungen: Georg Franz-Willing, Die Bayerische Vatikangesandtschaft 1803–1934, München 1965; Konrad Reiser, Bayerische Gesandte bei deutschen und ausländischen Regierungen 1871–1918. Ein Beitrag zur Geschichte der Teilsouveränität im Bismarckreich (= Miscellanea Bavarica Monacensia, Heft 10), München 1968.

2 Karl-Ulrich Gelberg, Hans Ehard. Die föderalistische Politik des bayerischen Ministerpräsidenten 1946 – 1954 (= Forschungen und Quellen zur Zeitgeschichte Bd. 18), Düsseldorf 1992, S. 336–345.

3 Michael F. Feldkamp, Die Beziehungen der Bundesrepublik Deutschland zum Heiligen Stuhl 1949–1966. Aus den Vatikanakten des Auswärtigen Amts. Eine Dokumentation (= Bonner Beiträge zur Kirchengeschichte, Bd. 21), Köln, Weimar, Wien 2000, Dok. Nr. 4, 20, 22, 30, 31, 34, 36, 37 und 113.

4 Michael F. Feldkamp, Katholisch oder evangelisch? Die Auseinandersetzungen um die Konfessionszugehörigkeit des Botschafters der Bundesrepublik Deutschland beim Heiligen Stuhl 1949–1954, in: Bücherzensur – Kurie – Katholizismus und Moderne. Festschrift für Herman H. Schwedt,

zeitgenössischen Presse bisher unberücksichtigte Aspekte, auf die im Folgenden hingewiesen sei.

I.

Für die Errichtung einer bayerischen Gesandtschaft beim Heiligen Stuhl sprach sich nach dem Zweiten Weltkrieg erstmals im April 1948 seitens der bayerischen Landesregierung CSU-Kultusminister Alois Hundhammer[5] in einem ausführlichen Bericht über seine Romreise vom 6. bis 16. April 1948 aus.[6] Der Bericht verschwand in den Akten, und fand wohl außerhalb des bayerischen Kabinetts keine Beachtung. Zu dieser Zeit war aufgrund fehlender Souveränitätsrechte nach dem alliierten Besatzungsrecht an eine irgendwie geartete diplomatische Beziehung zu anderen Staaten oder souveränen Völkerrechtssubjekten nicht zu denken.

Erst eineinhalb Jahre später, wenige Wochen nach Gründung der Bundesrepublik Deutschland (7. September 1949[7]), kam am 4. Oktober 1949 der Apostolische Visitator für Deutschland, Bischof Aloysius Muench[8] zu einem ersten offiziellen Besuch nach München und formulierte zum Schluss seiner Ansprache:

> „Ich von meiner Seite jedoch versichere Sie, dass ich jederzeit die herzlichen Beziehungen, die zwischen dem Heiligen Stuhl und der bayerischen Staatsregierung obwalten, zu pflegen und zu fördern gedenke."[9]

Es muss offen bleiben, ob diese Bemerkung nur ein freundlicher Akt war oder ob sich hinter dem Versprechen der Förderung von bilateralen Beziehungen auch die Wiedererrichtung einer bayerischen Nuntiatur verbarg. Unabhängig von diesen Überlegungen stand der Besuch des Apostolischen Visitators vorrangig im Kontext seiner Reise durch die Länder der Bundesrepublik Deutschland. Nach den im Grundgesetz für die Bundesrepublik Deutschland am 23. Mai 1949 festgelegten

---

hrsg. von Hermann-Josef Reudenbach und Peter Walter (= Beiträge zur Kirchen- und Kulturgeschichte, Bd. 10), Frankfurt am Main, Berlin, Bern, New York, Paris, Wien 2000, S. 239–267, hier S. 250–252.

5 Alois Hundhammer (1900–1974), 1946–1950 Staatsminister für Unterricht und Kultus in Bayern, 1950–1951 Landwirtschaftsminister und 1951–1954 Landtagspräsident in Bayern, 1968–1971 Statthalter der Deutschen Statthalterei des Ritterordens vom Heiligen Grab zu Jerusalem.

6 Gelberg (wie Anm. 4), S. 338, Anm. 7.

7 Die These, dass die Bundesrepublik Deutschland mit Konstituierung des 1. Deutschen Bundestages am 7. September gegründet wurde, habe ich zuletzt in einem Zeitungsartikel vertreten: Michael F. Feldkamp, „Viel Glück zum Nicht-Geburtstag!" In: „Frankfurter Allgemeine Zeitung" vom 28. Juli 2009, S. 32.

8 Aloysius Muench (1889–1962), 1922 Professor für Dogmatik und Sozialwissenschaften am Saint Francis Seminary und 1929 Dekan der Theologischen Fakultät sowie Regens des Priesterseminars, 1935–1959 Bischof von Fargo (North Dakota), 1946 Apostolischer Visitator und Leiter der Päpstlichen Mission für die Flüchtlinge in Deutschland, 1951 Erzbischof, 1951–1959 Apostolischer Nuntius in der Bundesrepublik Deutschland, 1959 Tutularerzbischof von Selymbria, 1959 Kardinal. Vgl. Colman Barry, American nuncio. Cardinal Aloisius Muench. Collegeville 1969; Herbert Alsheimer, Der Vatikan in Kronberg, Frankfurt am Main 2003.

9 Maschinenschriftlicher Durchschlag in: Bayerisches Hauptstaatsarchiv (künftig: BayHStA), Nachlass (künftig: NL) Schwend 8.

föderalistischen Grundsätzen waren Kirchenfragen der Hoheit der Länder unterstellt. So bekräftige Muench in seiner Münchener Rede vom 4. Oktober 1949 auch:

> „Ich verbinde damit [= mit dem Besuch in München] den Ausdruck meiner aufrichtigen Genugtuung über die Tatsache, dass nicht nur die freundlichen Beziehungen zwischen Staat und Kirche in der Verfassung des Landes Bayern in umfassender Weise grundgelegt sind, sondern dass auch die Haltung der Bayerischen Staatsregierung sich in jedem Falle in vollendeter Achtung und loyaler Zusammenarbeit gegenüber den Kirchen offenbart."[10]

Der Apostolische Visitator hatte mit Bayern ein katholisches Land bereist, dessen „Kräfte [...] nicht zuletzt auf dem unverbrüchlichen Felsengrunde christlichen Glaubens, den zu erhalten und zu pflegen unser aller heiligstes Anliegen ist", wie Muench selbst bekräftigte.[11]

Gerade in einem katholischen Land konnte der apostolische Visitator auch für Reisen nach Rom anlässlich des Heiligen Jahres werben. Papst Pius XII.[12] hatte turnusmäßig das Jahr 1950 als „Heiliges Jahr" ausgerufen. Um deutschen Pilgern aber die Ausreise aus Deutschland überhaupt erst zu ermöglichen, mussten von den alliierten Besatzungsmächten die strengen Reisebestimmungen gelockert werden. Sicherlich haben sich Muench und Ehard am Rande dieser Begegnung nicht über Details der Ausreisebedingungen in der besetzten Bundesrepublik Deutschland unterhalten. Aber Ehard hatte in seiner Rede am 4. Oktober 1949 immerhin die Hoffnung zum Ausdruck gebracht:

> „Möge des den Katholiken Bayerns vergönnt sein, im herannahenden Heiligen Jahr dem Heiligen Stuhle und seinem erhabenen Inhaber[13] seine Liebe und Ehrfurcht in besonderes herzlicher Weise zum Ausdruck bringen zu können."[14]

In Fragen der Erleichterung der Reisebedingungen war der Apostolische Visitator Muench, dessen Mutter aus Bayern stammte und der selbst die US-amerikanische Staatsangehörigkeit besaß, Ehards bester Verbündeter. Auf Antrag des Bundeskanzlers Konrad Adenauer[15] hatten die drei west-alliierten Besatzungsmächte (Frankreich, Großbritannien und USA) im November 1949 schließlich großzügig Reisen nach Italien erlaubt.[16] Tausende von Deutschen fuhren im nächsten Jahr mit der Eisenbahn nach Rom, um Pius XII. zu sehen und nach alter Tradition an einem

---

10 Ebd.
11 Ebd.
12 Pius XII. (Eugenio Pacelli) (1876–1958), 1917 Apostolischer Nuntius in München, 1920–1929 Apostolischer Nuntius beim Deutschen Reich, 1930–1939 päpstlicher Staatssekretär, 1939–1958 Papst. Zu Pius XII. sind gerade in den letzten Jahren wieder eine Reihe von neueren Studien erschienen; ich verweise dennoch hier gerne auf meine eigenen Studie, die obwohl schon 2000 erschienen, keineswegs überholt ist, sondern auch durch die zahlreichen Details neuerer Forschungen bestätigt wird. Vgl. Michael F. Feldkamp, Pius XII. und Deutschland, Göttingen 2000.
13 Gemeint war Papst Pius XII.
14 BayHStA, NL Schwend 8.
15 Konrad Adenauer (1876–1967), 1949–1963 Bundeskanzler der Bundesrepublik Deutschland, 1951–1955 Bundesminister des Auswärtigen.
16 Ministerialdirigent Herbert Blankenhorn (1904–1991) an Generalsekretär der Alliierten Hohen Kommission, L. Handley-Derry, 26. November 1949; Politisches Archiv des Auswärtigen Amts, B 10 (Abteilung 2), Bd. 1303, Bl. 18.

Tag die vier Papstkirchen zu Fuß zu besuchen. Nachdem schon während des Dritten Reiches Auslandsreisen erschwert und während des Zweiten Weltkrieges nahezu unmöglich wurden, war es für die meisten deutschen Rompilger zugleich die erste Auslandsreise überhaupt.

II.

Auch der bayerische Ministerpräsident Ehard gehörte im Heiligen Jahr zu den aus Deutschland anreisenden Rombesuchern. Zeitlich fiel sie in die Tage unmittelbar vor der Verkündung des Dogmas von der leiblichen Aufnahme Mariens in den Himmel (1. November 1950). Seine Reise im Oktober 1950 war von deutschsprachigen Presse aber vor allem mit dem Thema begleitet worden, ob Bayern eine Vertretung beim Heiligen Stuhl errichten sollte. Es scheint, dass Ehard tatsächlich den Austausch von Diplomaten mit dem Heiligern Stuhl erörtert hatte. Das Hamburger Wochenmagazin „Der Spiegel" wusste in seiner Ausgabe vom 1. November 1950 zu berichten: „Papst Pius XII. hörte die bayerischen Worte nicht ungern: Zur besseren Tuchfühlung wieder eine bayerische Gesandtschaft beim Heiligen Stuhl". Doch da schien der schon durch seine Regierungsnähe besser informierte „Bayernkurier" glaubwürdiger, der schon am 21. Oktober 1950 von einer sehr großen Zurückhaltung des Vatikans in dieser Frage zu berichten wusste. Diese Zurückhaltung im Vatikan wurde damit begründet, dass es opportun sei, zuerst diplomatische Beziehungen mit der Bundesrepublik aufzunehmen.[17]

Trotz der abwartenden vatikanischen Haltung, wurde der Vorstoß aus der Sicht von Ministerpräsident Ehard als Erfolg verkauft. Ehard wollte mit Blick auf die Landtagswahl am 26. November 1950 die bayerische Staatlichkeit herausgestellt wissen[18] und Katholiken als Wähler gewinnen, die nicht selten der mit der CSU konkurrierenden katholischen Bayernpartei (BP) nahe standen. Auch wenn wahltaktische Gründe offenbar waren, so darf zunächst die Ernsthaftigkeit, mit der die Forderung nach diplomatischen Beziehungen zum Heiligen Stuhl betrieben wurde, nicht leichtfertig abgetan werden.

Bei der Entsendung eines Botschafters der Bundesrepublik Deutschland gab es erhebliche Schwierigkeiten. Innerhalb der konfessionell aus evangelischen und katholischen Christen zusammengesetzten Regierungspartei CDU bestanden erhebliche Divergenzen wegen der Konfession des zukünftigen Botschafters beim Heiligen Stuhl. Nicht zuletzt Bundeskanzler Konrad Adenauer war besorgt, dass sich die CDU zu einer rein katholischen Partei entwickeln würde und hatte bei der Besetzung von Staatsämtern genau darauf geachtet, welche Konfession ein Kandidat hatte. In den zunächst nur innerparteilichen Fragen mischten sich aber, gerade weil es ja auch um Staatsämter ging, die Parteiführer anderer Koalitionsparteien ein. Sogar Ranghohe evangelische und katholische Vertreter äußerten sich hierzu öffentlich. Adenauer war zum Beispiel persönlich daran gelegen, dass solange er

17 Gelberg (wie Anm. 2), S. 338.
18 Ebd.

Bundeskanzler war und ein CDU-Kandidat das Amt des Bundestagspräsidenten innehaben würde, ein Protestant gewählt werden würde. Wurde diese Frage meist nur in Regierungskreisen diskutiert, wurde die Frage, welcher Konfession der Vatikanbotschafter angehören sollte, der ja immerhin die Bundesrepublik im Ausland vertreten würde, in die breite Öffentlichkeit getragen.[19]

Parallel dazu hatten die bayerischen Sonderinteressen zur Errichtung einer eigenen Gesandtschaft beim Heiligen Stuhl nicht nur ein neues Spielfeld eröffnet, sondern ließen auch bei der Frage der Konfession des Vatikanbotschafters neue Varianten zu: Wenn Bayern – selbstverständlich einen Katholiken – zum Gesandten ernennen würde, könnte im Gegenzug die Bundesrepublik Deutschland ohne weiteres einen Protestanten entsenden. Das hätte die Diskussion um die Konfession des Vatikanbotschafters sofort entschärft. So gesehen gefiel Adenauer zunächst die Koppelung der Konfessionsfrage des Vatikanbotschafters mit der Frage der Entsendung eines bayerischen Gesandten in den Vatikan.[20]

Doch schon am 9. April 1951 hatte das Auswärtige Amt ein Gutachten vorgelegt, in dem unter Hinweis auf den Artikel 32 Absatz 1 des Grundgesetzes für die Bundesrepublik Deutschland unterstrichen wurde, dass die Pflege der Beziehungen zu auswärtigen Staaten Angelegenheit des Bundes sei. Diese Bestimmung entstammte jedoch nahezu wörtlich dem Artikel 78 Absatz 1 der Weimarer Reichsverfassung, die es aber zuließ, dass Bayern bis 1934 eine Gesandtschaft beim Heiligen Stuhl unterhalten konnte, auch wenn man damals davon ausgegangen war, „dass die Kurie nicht als auswärtiger Staat anzusehen" sei. Auch wurde eingestanden, dass sich auf religiösem, kulturellem und karitativem Gebiet zwischen Bayern und dem Heiligen Stuhl zahlreiche Berührungspunkte ergäben, die durch einen bayerischen Gesandten behandelt werden könnten, zumal derartige Angelegenheiten ohnehin in den Zuständigkeitsbereich der Länder fallen. Rechtlich bestanden daher keine Bedenken gegen die Wiedererrichtung einer bayerischen Gesandtschaft beim Heiligen Stuhl. Die Behandlung politischer Fragen sollte dem Bund vorbehalten bleiben, weswegen es sich empfahl, vor der Errichtung einer bayerischen Gesandtschaft beim Heiligen Stuhl eine Einigung mit der bayerischen Staatsregierung und dem Heiligen Stuhl über diese Rechtsauffassung herbeizuführen.[21]

Die Benennung eines Botschafters beim Heiligen Stuhl wurde zu einer conditio sine qua non vor einer Entscheidung über die Berufung eines bayerischen Gesandten. Mit der Forderung nach der Errichtung einer bayerischen diplomatischen Vertretung beim Heiligen Stuhl, die nach dem Grundgesetz nicht verhindert werden konnte, geriet nun die Bundesregierung unter Druck, möglichst schnell eine Entscheidung in der Besetzung ihrer Vatikanbotschaft zu fällen. Dieser Druck erhöhte sich nochmals, als am 9. März 1951 der bisherige Apostolische Visitator Muench nun als Nuntius bei der Bundesregierung akkreditiert wurde.

Aufgrund des Gutachtens des Auswärtigen Amtes und anscheinend, um etwas Bewegung in die Frage der Besetzung der Vatikanbotschaft zu bringen, teilte Bun-

---

19 Feldkamp, Katholisch oder evangelisch (wie Anm. 4).
20 Gelberg (wie Anm. 2), S. 336 f.
21 Feldkamp, Die Beziehungen (wie Anm. 3), S. 43–45.

despräsident Theodor Heuss am 24. April 1951 dem Bundeskanzler mit, dass er den Chef des Bundespräsidialamtes Manfred Klaiber[22] nun gebeten habe, beim bayerischen Ministerpräsidenten Hans Ehard[23] offiziell anzuregen, einen bayerischen Gesandten beim Heiligen Stuhl zu akkreditieren. Dann könne – so Heuss – die Bundesrepublik durch einen Protestanten vertreten werden und „die Frage der deutschen Vatikan-Vertretung aus der unerfreulichen konfessionellen Erörterung" herausgelöst werden.[24] Ergebnisse des Vorstoßes von Bundespräsident Heuss sind nicht bekannt. Immerhin hatte aber die Bayernpartei am 29. August 1951 im bayerischen Landtag den Antrag gestellt:

> „Die Staatsregierung wird ersucht, alsbald Schritte zu unternehmen, um einen diplomatischen Vertreter Bayerns beim Vatikan zu ernennen."[25]

Schon wenige Tage später hatte Bundeskanzler Adenauer im September 1951 den bayerischen Ministerpräsidenten um Vorschläge für die Besetzung des Botschafterpostens der Bundesrepublik im Vatikan gebeten, die dann aber abgelehnt oder aus anderen Gründen nicht umgesetzt wurden.[26] Offenbar wollte Adenauer mit der Berufung eines Bayern zum Botschafter der Bundesrepublik beim Heiligen Stuhl den Absichten zur Gründung einer bayerischen Gesandtschaft entgegenarbeiten und derartige Pläne – wie sie jetzt auch von der Oppositionspartei BP forciert wurden – überflüssig erscheinen lassen.

Um die Frage der Entsendung eines bayerischen Gesandten in den Vatikan war es für die nächsten eineinhalb Jahre ruhig geworden, während die Konfessionsfrage des Vatikanbotschafters der Bundesrepublik weiter heftig erörtert wurde.

III.

Mit gewisser Beunruhigung wurden im Auswärtigen Amt in Bonn bayerische Pläne zur Entsendung eines eigenen Gesandten erst wieder virulent, als mit der Kreierung des Münchener Erzbischofs Joseph Wendel[27] zum Kardinal seitens der Bun-

---

22 Manfred Klaiber (1903–1981), 1945–1949 Regierungsdirektor und Ministerialrat im Staatsministerium Württemberg-Baden, 1949–1957 Chef des Bundespräsidialamtes, 1954 Staatssekretär, 1957–1963 Botschafter in Rom (Quirinal), 1963–1968 in Paris.
23 Hans Ehard (1887–1980), 1919 Staatsanwalt im bayerischen Justizministerium, 1925–1928 im Reichsjustizministerium, 1928 Ministerialrat im bayerischen Justizministerium, 1933–1945 Senatspräsident am Oberlandesgericht München, 1945 Staatsrat im bayerischen Justizministerium, Mitglied der Verfassunggebenden Landesversammlung von Bayern, 1946–1954 und 1960–1962 bayerischer Ministerpräsident, 1949–1955 Vorsitzender der CSU, 1954–1960 Präsident des Bayerischen Landtags, 1962–1966 Justizminister.
24 Hans Peter Mensing (Bearb.), Adenauer – Heuss. Unter vier Augen. Gespräche aus den Gründerjahren 1949–1959 (= Adenauer. Rhöndorfer Ausgabe. Stiftung Bundeskanzler-Adenauer-Haus), Berlin 1997, S. 60.
25 Gelberg (wie Anm. 2), S. 341. Der Antrag wurde erst am 8. Oktober 1953 im Verfassungsausschuss des bayerischen Landtags mit dem Hinweis zurückgestellt, dass zunächst eine Personalentscheidung für den Vatikanbotschafter der Bundesregierung getroffen sein müsse.
26 Gelberg, (wie Anm. 2), S. 340.
27 Joseph Kardinal Wendel (1901–1960) 1943–1952 Bischof von Speyer, 1952–1960 Erzbischof von München und Freising, 1953 Kardinal.

desrepublik mit Bundespostminister Hans Schuberth[28] ein Sondergesandter zum Geheimen Konsistorium am 12. Januar 1953 entsandt wurde.[29] Denn dem Auswärtigen Amt war nicht entgangen, dass – noch bevor die Bundesregierung die Entsendung eines Sonderbotschafters beschlossen hatte – bereits die bayerische Regierung Kultusminister Josef Schwalber[30] als ihren offiziellen Vertreter bei den Konsistorialfeierlichkeiten benannt hatte, der vom Landtagspräsidenten Alois Hundhammer begleitet worden war.[31]

Der Vortragende Legationsrat Rudolf Salat[32] stellte in seinem Bericht vom 22. Januar 1953 fest, dass Schwalber vom Heiligen Vater und dem Staatssekretariat ebenso freundlich aufgenommen und geehrt worden war wie der Vertreter der Bundesregierung. Und fügte an: „Der Vatikan zeigte aber deutlich seine Befriedigung darüber, dass nicht nur Bayern, sondern auch die Bundesrepublik als solche vertreten war."[33] Offenbar gab es auch im Vatikan Vertreter, die es als ein geradezu unfreundlicher Akt ansahen, dass die Bundesrepublik immer noch keinen Botschafter ernannt hatte.

Mit einer weiteren Bemerkung bestätigte Salat schließlich, dass der Vatikan und die Bundesregierung darin übereinstimmten, dass Bayern diplomatische Beziehungen mit dem Heiligen Stuhl erst aufnehmen könnte, wenn zuvor die Bundesrepublik Beziehungen mit dem Vatikan aufgenommen habe. Wörtlich führte Rudolf Salat aus:

> „Aus mehreren Äußerungen glaube ich entnehmen zu dürfen, dass der Vatikan etwas besorgt ist über die Beziehungen zwischen dem Bund und Bayern im Hinblick auf die Vertretung beim Vatikan. Nach dem Auftreten der Bayern im Rom scheint es mir eindeutig klar zu sein, dass die bayerische Staatsregierung ihren Plan aufrechterhält, beim Vatikan eine eigene Gesandtschaft zu errichten, auch wenn die Bundesregierung einen katholischen Botschafter, selbst einen Bayern, entsenden würde. Die maßgebenden Kreise haben allerdings betont, dass sie erst dann an die Errichtung der bayerischen Gesandtschaft gehen würden, wenn die deutsche Botschaft bereits besteht. Dem Vatikan wäre es außerordentlich erwünscht, wenn dieser ganze Fragenkomplex zwischen der Bundesregierung und der bayerischen Staatsregierung gelöst würde, dazu Stellung zu nehmen, etwa was die Abgrenzung der gegenseitigen Zuständigkeiten betrifft. Sollte aber Bayern unter Berufung auf das Konkordat darauf bestehen, die eigene Gesandtschaft zu errichten und in München eine Nuntiatur

---

28 Hans Schuberth (1897–1976), 1949–1953 Bundesminister für das Post- und Fernmeldewesen (CSU), 1953 außerordentlicher und bevollmächtigter Botschafter in besonderer Mission beim Heiligen Stuhl, 1953–1957 Mitglied des Deutschen Bundestages

29 Zu Sondergesandtschaft vgl. den Bericht von Bundespostminister Schuberth an Bundeskanzler Adenauer vom 22. Januar 1953 bzw. den des Botschafters von Brentano an das Auswärtige Amt vom 23. Januar 1953: Feldkamp, Die Beziehungen (wie Anm. 3), S. 74–76, 78–81.

30 Josef Schwalber (1902–1969), 1946–1950 Mitglied des bayerischen Landtages (CSU), 1947–1950 Staatssekretär im bayerischen Innenministerium, 1951–1954 Kultusminister. 1948 Mitglied des Verfassungskonvents auf Herrenchiemsee.

31 Feldkamp, Die Beziehungen (wie Anm. 3) S. 78.

32 Rudolf Salat (1906–1994), 1950–1954 Vortragender Legationsrat und Kulturreferent und kommissarischer Leiter der Kulturabteilung des Auswärtigen Amts, 1954–1957 Botschaftsrat I. Klasse an der Botschaft der Bundesrepublik beim Heiligen Stuhl, 1957–1961 Leiter der Kulturabteilung der UNESCO in Paris, 1962–1967 Generalkonsul in Mailand, 1967–1970 Botschafter in Chile.

33 Feldkamp, Die Beziehungen (wie Anm. 3), S. 77.

zu erhalten, dürfte sich der Vatikan anscheinend nicht in der Lage sehen, sich diesem Wunsch zu entziehen."[34]

Die Berufung auf das Bayern Konkordat vom 29. März 1924[35] konnte sich allenfalls darauf beziehen, dass dieses Eugenio Pacelli in seiner Eigenschaft als päpstlicher Nuntius in Bayern ausgehandelt hatte. Der Unterhalt bilateraler Beziehungen zwischen Bayern und dem Heiligen Stuhl war wenigstens nicht Gegenstand des Konkordates. Franz Josef Strauß[36] etwa vertrat die Ansicht, dass das bayerische Konkordat mit dem Vatikan noch als gültig betrachtet werden muss und Bayern deshalb das Recht auf einen eigenen Vertreter beim Papst habe.[37]

Offenbar war aber auch im Januar 1953 keine einhellige Meinung im Vatikan gebildet worden. Der Botschafter der Bundesregierung beim italienischen Staat, Clemens von Brentano,[38] berichtete am 29. Januar 1953, dass der einflussreiche Privatsekretär des Papstes, Pater Robert Leiber[39], bilateralen Beziehungen zwischen Vatikan und Bayern gegenüber „offensichtlich negativ" eingestellt war, während das päpstliche Staatssekretariat weniger Bedenken hatte, der bayerischen Regierung „ein gewisses Entgegenkommen" zu zeigen. Eine offizielle Stellungnahme des Vatikans lag bis dahin jedoch nicht vor.[40] Alle Spekulationen, der Papst würde die bayerischen Interessen begrüßen, beruhten darauf, dass dieser mehrere Jahre Nuntius in München war.[41]

Umso mehr war bayerischen Vertretern daran gelegen, die Sonderwünsche nach diplomatischen Beziehungen mit dem Heiligen Stuhl durch gezielte Presseberichterstattung aufrecht zu halten. Noch im Oktober 1953 wurden entsprechende Meldungen veröffentlicht, die offenbar im Zusammenhang mit der Nennung von Bundespostminister Hans Schuberth als Botschafter im Vatikan entstanden waren. Doch Schuberth winkte sofort ab; er wollte – selbst wenn er im Zusammenhang mit der Kabinettsumbildung infolge der Bundestagswahl am 6. September 1953 nicht mehr Postminister bleiben könnte – lieber Abgeordneter bleiben.[42]

---

34 Ebd., S. 78.
35 Für den Wortlaut des Konkordats zwischen Seiner Heiligkeit Papst Pius XI. und dem Staate Bayern vom 29. März 1924 vgl. Lothar Schöppe, Konkordate seit 1800. Originaltext und deutsche Übersetzung der geltenden Konkordate (= Dokumente, Hrsg.: Forschungsstelle für Völkerrecht und ausländisches öffentliches Recht Bd. 35), Frankfurt a. M., Berlin 1964, S. 46–51.
36 Franz Josef Strauß (1915–1988), 1948–1952 Generalsekretär der CSU, 1949–1978 sowie 1987 Mitglied des Deutschen Bundestages, 1952–1961 stellvertretender Vorsitzender des CSU, 1953–1955 Bundesminister für Sonderaufgaben, 1955 Atomminister, 1956–1962 Verteidigungsminister, 1961–1988 Vorsitzender der CSU, 1963–1966 Vorsitzender der CSU–Landesgruppe.
37 Ein Bayer zum Vatikan", in: „Die Welt" (Essen) vom 11. März 1954.
38 Clemens von Brentano di Tremezzo (1886–1965), Bruder des Außenministers von Heinrich von Brentano, 1925–1929 Botschaftsrat an der Botschaft beim Heiligen Stuhl, 1951–1957 Generalkonsul, später Botschafter der Bundesrepublik Deutschland in Rom (Quirinal).
39 Robert Leiber SJ (1887–1967), Professor an der Päpstlichen Universität Gregoriana, 1924–1958 persönlicher Mitarbeiter bzw. Privatsekretär von Eugenio Pacelli/Papst Pius XII.
40 Feldkamp, Die Beziehungen (wie Anm. 3), S. 82 f.
41 Vgl. „Bayerische Staatszeitung" vom 1. November 1952; zitiert nach Gelberg (wie Anm. 2), S. 341, Anm. 23.
42 „Wer geht zum Vatikan?" „Die Welt" vom 30. Oktober 1953.

IV.

Nach fast vier Jahre anhaltenden Personaldiskussionen über die Frage der Besetzung des Botschafterpostens beim Heiligen Stuhl wurde endlich im Februar 1954 Wolfgang Jaenicke[43] zum Botschafter im Vatikan berufen.[44] Er war Protestant, kam aus Bayern und gehörte 1945 bis 1950 der bayerischen Landesregierung als Staatskommissar für Flüchtlingswesen an. Im Kabinett war er als einziger Protestant und parteilos und führte seit 1947 den Titel eines Staatssekretärs.

War es aus bayerischer Sicht ein „Akt der Höflichkeit"[45] und des „politischen Taktes"[46] keinen Gesandten an den Vatikan zu schicken, bevor die Bundesregierung ihren Botschafter ernannt hatte, so war mit der Berufung Jaenickes der Weg frei, verstärkt bayerische Interessen geltend zu machen und – wie angekündigt – einen Gesandten zu berufen. Wer geglaubt hatte, mit dieser Personalentscheidung hätte sich Bayern zufrieden geben können, der sah sich getäuscht. Schon am 4. Februar 1954 wurde die Ernennung als eine aus katholisch-bayerischer Sicht „unerfreuliche Entwicklung" bezeichnet worden.[47] Dagegen bedauerte es jedoch die „Münchener katholische Kirchenzeitung" „außerordentlich, wenn die Besetzung des Botschafterpostens beim Vatikan ein Prestigestreit zwischen Katholiken und Protestanten werden sollte".[48] Während des Februars 1954 waren die einschlägigen Tages- und auch Wochenzeitung voll mit zum Teil mehrspaltigen Beiträgen zur Frage des Vatikanbotschafters. Man berief sich auf preußische Traditionen, man forderte sachliche Erwägungen unter Hintanstellung der Konfession und man warf evangelischen Kreisen vor, den Konfessionsstreit überhaupt erst losgetreten zu haben.

Der Düsseldorfer Rechtsanwalt und Vorsitzende des Katholikenausschusses der Erzdiözese Köln, Anton Roesen[49], brachte in der Kölnischen Rundschau vom 20. Februar 1954 mit dem Satz die Diskussion auf den Punkt:

---

43 Wolfgang Jaenicke (1881–1968), 1930–1932 Mitglied des Reichstags (Deutsche Staatspartei), 1933–1936 Berater von Tschiang Kai-schek für die Verwaltungsreform Chinas, 1945–1947 Staatskommissar und 1947–1950 Staatssekretär für das Flüchtlingswesen in Bayern, 1952–1954 Botschafter in Pakistan, 1954–1957 Leiter der Botschaft beim Heiligen Stuhl mit der Dienstbezeichnung Botschafter

44 Am 12. Februar 1954 erteilte Bundespräsident Heuss seine Zustimmung zur Einholung des Agréments für Staatssekretär a. D. Jaenicke als Botschafter beim Heiligen Stuhl. Am 8. März 1954 teilte Bundeskanzler Adenauer dem Kabinett mit, dass Jaenicke Botschafter beim Vatikan werde. Am 10. März 1954 erteilte der Heilige Stuhl Botschafter Jaenicke das Agrément als Botschafter. Am 15. April 1954 wurde Jaenicke ermächtigt, für die Dauer seiner Amtsführung als Leiter der Botschaft beim Heiligen Stuhl die Dienstbezeichnung Botschafter zu führen. Am 23. April 1954 erhielt er seine Instruktionen. Nach seiner Erkrankung im März 1954 überreichte Jaenicke erst am 17. Juli 1954 sein Beglaubigungsschreiben an Pius XII. Vgl. Feldkamp, Die Beziehungen (wie Anm. 3), S. 92, Anm. 1.

45 „Bonn und Bayern beim Vatikan", in: „Süddeutsche Zeitung" vom 4. Februar 1954.

46 Eberhard Körting, „Der weißblaue Leu und die Tiara", in: „Die Neue Zeitung" vom 6. Dezember 1953.

47 Katholiken: „Unerfreuliche Entwicklung", in: „Münchener Merkur" vom 4. Februar 1954.

48 Zitiert nach: „Kein Parteienstreit um Botschafter" in: „Bonner Rundschau" vom 5. Februar 1954; vgl. auch „Münchener Bistumsblatt: Prestigestreit wäre bedauerlich", in: „Frankfurter Neue Presse" vom 5. Februar 1954.

49 Anton Roesen (1901–1979), Rechtsanwalt, nach dem Zweiten führend in der katholischen Laienbewegung tätig, 1959 Präsident des Katholikentages in Berlin, Vizepräsident im Zentralrat der Deutschen Katholiken.

> „Der deutsche Botschafter beim Vatikan als konfessionelles Schreckgespenst – wer hätte das nach 1933, nach 1945 für möglich gehalten, wer will es heute?"

Neben der Konfessionsfrage des Botschafters, die auch nach Jaenickes Berufung weiter diskutiert wurde, flammte für einen Augenblick die vordergründig banale Frage auf, ob dieser auch Gesamtdeutschland vertreten würde. Für die bisherigen Botschafter der Bundesrepublik gab es eine solche Diskussion nie, selbstverständlich vertraten sie die Bundesrepublik und die Interessen der Bundesregierung. Doch für den Vatikanbotschafter war die Frage nicht unerheblich. Sollte er auch Vermittler katholischer Interessen in der Sowjetischen Besatzungszone der im Oktober 1949 gegründeten DDR, gegenüber dem Heiligen Stuhl sein?[50] Selbstverständlich wurde die Frage verworfen; ihre Beantwortung warf neues Licht auf die Frage, ob auch Bayern von der deutschen Botschaft beim Heiligen Stuhl vertreten sei. Wenn Jaenicke die SBZ nicht mit vertrete, dann könnten dort ebenfalls Begehrlichkeiten entstehen, mit einer diplomatischen Vertretung im Vatikan vertreten zu sein und würden eben auch die Eigenstaatlichkeit der DDR begünstigen.[51]

Umso größer war die Aufregung, als der Bonner Nuntius Muench im Juni 1954 die DDR besuchte. Botschafter Jaenicke, inzwischen im Amt, berichtete am 19. Juni 1954 über ein Gespräch, das sein Botschaftsrat Salat mit Münch nach der Reise geführt hatte. In dem Bericht schrieb Jaenicke:

> „Botschaftsrat Salat brachte das Gespräch auf mögliche Rückwirkungen, die die Errichtung einer Bayerischen Gesandtschaft auf den eventuellen Wunsch der Sowjetzonen-‚Regierung' haben könnte, ebenfalls eine Vertretung beim Heiligen Stuhl zu eröffnen und damit eine Art Anerkennung des souveränen Staatscharakters der DDR zu erreichen. Der Nuntius hörte diesen Darlegungen aufmerksam zu und stimmte ihnen theoretisch bei, erklärte aber, dass seiner Meinung nach diese Frage keineswegs aktuell sei, auch nicht von Seiten der DDR selbst."[52]

Erst nachdem Jaenicke zum Botschafter der Bundesrepublik ernannt war, sprach sich die SPD im Landtag – die ja zugleich Koalitionspartner in der CSU-geführten Regierung war – entschieden gegen einen eigenen bayerischen Gesandten aus.[53] Und sogar die katholische Wochenzeitung „Christ und Welt" bemerkte am 11. März 1954:

> „Die Wahl erscheint auch deshalb geschickt getroffen, weil Botschafter Jaenicke mit der bayerischen Landesregierung eng verbunden war. [...] Die Drohung der Bayern, im Falle der Ernennung eines Protestanten einen bayerisch-katholischen Gesandten an den Vatikan zu entsenden, dürfte durch die Wahl Jaenickes hinfällig geworden sein."

Nun wurde auch offenkundig, dass die Errichtung einer bayerischen Gesandtschaft beim Heiligen Stuhl nicht einmal mehr eine staatspolitisch erforderliche Option war, sondern allenfalls eine Prestigefrage. Die Diskussion wurde auch nur noch in der stark katholisch dominierten CSU und ihrem Konkurrenten, der Bayernpartei, forciert und war zusehends parteipolitisch und wahlkampfpolitisch

---

50 „Vertritt Jänicke auch Sowjetzone?" In: „Aachener Nachrichten" vom 10. März 1954.

51 Hierauf verwies auch Salat in seinem Schreiben an das Auswärtige Amt vom 10. Mai 1954; Feldkamp, Die Beziehungen (wie Anm. 3), S. 96.

52 Ebd., S. 103.

53 Um Bayerns Vertretung beim Vatikan", in: „Süddeutsche Zeitung" vom 11. März 1954

motiviert. Wohl auch aus diesem Grunde hatte die CSU die Nominierung Jaenickes zum Botschafter von Anfang an „mit Zurückhaltung" aufgenommen[54] oder gar abgelehnt.[55] Doch schon Ende April 1954 formulierte man in der Partei die Kritik stärker. In höchstem Maße zeigten sich führende Vertreter der CSU unzufrieden. In der CSU-Landesgruppensitzung des Deutschen Bundestages stellte Franz Josef Strauß am 27. April 1954 fest:

> „Die größte Pleite sei die Ernennung von Jaenicke gewesen, der im Herzen ein FDP-Mann sei. [...] Man hätte einen Botschafter bestimmen müssen, der in der Lage gewesen wäre, etwa auftretende Schwierigkeiten zu beseitigen, die dadurch entstehen könnten, dass durch den ‚Kurs' des Vatikans vielleicht an der Grundlage der CDU/CSU gerührt würde."[56]

Offenbar fühlten sich die Katholiken in der CSU durch Jaenicke im Vatikan schlecht vertreten. Wenn Strauß die „Grundlagen der CDU/CSU" beschwor, fragt man sich schon, wie er diese durch einen „Kurs des Vatikans" gefährdet sehen konnte. Es scheint, als wenn Strauß und manch andere hochrangige Katholiken in der CSU befürchteten, dass die Katholizität der Parteien zu kurz käme. Dabei waren die bikonfessionell christlichen Volksparteien nach dem Zweiten Weltkrieg gerade in Abgrenzung zu den katholischen Parteien der Weimarer Jahre entstanden und der Heilige Stuhl hatte diese Parteientwicklung von Beginn an begrüßt. Der Streit um Jaenicke und seine Konfessionszugehörigkeit scheint nur noch ein Vorwand gewesen zu sein, die christliche Bikonfessionalität der Volkspartei auf den Prüfstand zu stellen.

In der in Augsburg erschienenen „Schwäbische Landeszeitung" hatte Hartmut Bayer schon am 11. März 1954 deutlich formuliert:

> „Die Entsendung eines bayerischen Gesandten an den Hl. Stuhl macht die Entsendung eines Apostolischen Nuntius nach München notwendig. Das bedeutet, dass der bisherige Bereich der Apostolischen Nuntiatur in Bad Godesberg durch die Ausklammerung Bayerns verkleinert wird. Das bedeutet weiter, dass sich in der Bundesrepublik zwei Vertretungen des Hl. Stuhles befinden. Es gehört keine prophetische Gabe zu der Annahme, dass gegen diesen Zustand in kirchlichen Kreisen Roms und Deutschlands Einwände und Bedenken bestehen."

In diesem Kontext hatte Botschaftsrat Rudolf Salat am 28. April 1954 den Staatssekretär im Auswärtigen Amt, Walter Hallstein[57] u. a. darüber informiert:

> „2) Dr. Hundhammer und Dr. Schwend[58] sind eindeutig dafür, ab sofort die bayerische Gesandtschaft in Rom zu eröffnen, aus den bekannten Gründen, unter denen die Betonung der bayerischen Eigenstaatlichkeit an erster Stelle zu stehen scheint. Es wurde aber ausdrücklich unterstrichen, dass es sich nicht um eine Manifestation

---

54 „Jaenickes Ernennung und ihr Widerhall", in: „Süddeutsche Zeitung" vom 10. März 1954.
55 Vgl. auch Franz Josef Strauß, Die Erinnerungen, Berlin 1989, S. 125 f.
56 Gelberg, (wie Anm. 2), S. 342, Anm. 28.
57 Walter Hallstein (1901–1982), 1950–1951 Staatssekretär im Bundeskanzleramt, 1951–1958 Staatssekretär im Auswärtigen Amt, 1958–1967 Vorsitzende der Europäischen Kommission (Kommissionspräsident).
58 Karl Schwend (1890–1968), 1950–1954 Leiter der Bayerischen Staatskanzlei, 1958 Generalsekretär der Akademie der Bildenden Künste in München.

gegen Bonn handeln soll; im Gegenteil soll alles getan werden, um die Frage in organisatorischer und personeller Hinsicht im Einvernehmen mit dem Bund zu regeln, wenn auch die Bayerische Staatskanzlei es ablehnt, einen formellen Consensus der Bundesregierung einzuholen, der ihr staatsrechtlich nicht notwendig erscheint.
3) Dr. Schwalber ist nach wie vor der ganzen Frage gegenüber recht skeptisch. Ich hatte den Eindruck, dass er nicht daran glaubt, eine – positive oder negative – Entscheidung würde bald fallen, und dass er überhaupt nicht die Entsendung eines bayerischen Gesandten bejaht. Wohl aber hält auch er grundsätzlich den Anspruch Bayerns aufrecht, eine eigene Gesandtschaft eröffnen zu können, aber mehr als prinzipielle Manifestation der bayerischen Eigenstaatlichkeit denn als ein jetzt oder in naher Zukunft zu realisierendes Recht. Kardinal-Erzbischof Dr. Wendel scheint mir dieser selben Meinung zuzuneigen. Außerdem war er recht beeindruckt von der Möglichkeit, dass die Anwesenheit eines (katholischen) bayerischen Gesandten am Vatikan die deutschen Kreise bestärken könnte, die grundsätzlich für immer einen evangelischen Bundesbotschafter beim Heiligen Stuhl fordern."[59]

Schon zwei Monate später, im Juni 1954 ließ der Apostolische Nuntius Muench Zweifel daran aufkommen, „ob das heutige Bayern in diesem Sinne als voll souverän betrachtet werden könne."[60] Am 9. Juli 1954 teilte Botschafter Jaenicke dem Auswärtigen Amt mit, dass „an maßgebender Stelle des Staatssekretariats nach wie vor der Standpunkt vertreten [werde], dass der grundsätzliche Anspruch Bayerns vom Vatikan nicht abgestritten werden könne. Der Heilige Stuhl hätte aber kein Interesse daran, dass jetzt oder in naher Zukunft eine bayerische Gesandtschaft errichtet wird, sondern würde es vielmehr begrüßen, wenn Bayern seinen diesbezüglichen Anspruch zurückstellen würde."[61]

Nachdem mit dem Ausscheren der SPD noch nicht einmal die bayerische Landesregierung die für den Unterhalt einer eignen Gesandtschaft beim Heiligen Stuhl erforderlichen 500.000 DM in ihren Haushaltsplan hineinbekam, war die Frage, bilaterale Beziehungen zwischen Bayern und dem Heiligen Stuhl zu unterhalten, endgültig vom Tisch. Lediglich 1959/1960 wurde im Auswärtigen Amt in Bonn „dem Vernehmen nach" bekannt, dass Bayern die Aufnahme diplomatischer Beziehungen zum Heiligen Stuhl in Erwägung gezogen hätte. Zwar ließ das Grundgesetz dieses zu, doch war man sich wenigstens im Amt einig: „Politisch dürfte es dagegen unerwünscht sein"[62].

V.

Die Errichtung einer bayerischen diplomatischen Vertretung beim Heiligen Stuhl sowie die von mir an anderer Stelle dargestellt Diskussion um die Konfession des Vatikanbotschafters[63] der Bundesrepublik Deutschland in den Anfangsjahren der Bundesrepublik, gehören zu den innerparteilichen Auseinandersetzungen der sich

---

59 Feldkamp, Die Beziehungen (wie Anm. 3), S. 94 f.
60 Ebd., S. 103.
61 Ebd., S. 106.
62 Ebd., S. 279.
63 Feldkamp, Katholisch oder evangelisch? (wie Anm. 4).

bikonfessionell gerierenden CDU bzw. CSU, die sich bewusst von der Zentrumspartei bzw. der Bayerischen Volkspartei (BVP) der Weimarer Jahre abgrenzen wollten. Offenbar war es für CDU und CSU nicht einfach, ein christliches Profil zu
erlangen und auf dessen Grundlage moderne Politik zu betreiben. Für die CSU war
es noch einmal schwerer, weil sie die katholische Bayernpartei als starke Konkurrenz zu fürchten hatte und deswegen mit Initiativen wie der Forderung nach eigenen diplomatischen Beziehungen mit dem Heiligen Stuhl dezidiert katholische
Wähler zu gewinnen suchte.

Bei führenden katholischen Politikern in der CSU der Nachkriegsjahre konnte
beobachtet werden, dass sie eine vermeintliche Haltung des Heiligen Stuhl vor-
schoben, um tatsächlich eigene politische Ziele zu artikulieren und umzusetzen.
Formulierungen wie „Der Vatikan wünsche die Gründung einer rein katholischen
Partei in Bayern unter Leitung von Herrn Dr. Hundhammer" wie Botschafter
Jaenicke es in einem Bericht an das Auswärtige Amt am 13. Juli 1954 schrieb,[64] waren hochverdächtig; denn hier war vermutlich eher der Wunsch einer Minderheit der
Vater des Gedankens. Zu personalpolitischen Angelegenheiten anderer Staaten hat
sich der Heilige Stuhl nicht einmal in Zeiten von Diktaturen so eindeutig geäußert.

Im Juni 1956 hatte Botschafter Jaenicke „bei aller Ehrfurcht vor der überragenden Gestalt des gegenwärtigen Papstes" darauf hingewiesen, dass offenbar „gerade
sein persönliches Verhältnis zu Deutschland" dessen „Beurteilung der gegenwärtigen Situation" in Deutschland erschwere. Das Bild, das Pius XII. von Deutschland
habe – so Jaenicke –, sei von seiner Zeit als Nuntius in Deutschland von 1917 bis
1929 bestimmt. Und wenn der Papst sich über neuere Entwicklungen informiere,
hätte er zwar „verstandesmäßig Situationen" bejaht, die sich in der Nachkriegszeit
ergeben haben, wie zum Beispiel der parteipolitische Zusammenschluss von Christen beider Konfessionen. Aber gefühlsmäßig stehe der Papst weithin den Verhältnissen in der Weimarer Republik nahe.

Ob diese Einschätzung richtig ist, mag dahingestellt sein. Fest steht aber, dass
sich die päpstliche Kurie auch nach dem Zweiten Weltkrieg nicht vor den Karren
einzelner katholischer Interessengruppen in Deutschland hat spannen lassen. Erst
als im Sommer 1954 CSU-Persönlichkeiten wie Josef Müller[65], der während des
Zweiten Weltkrieges zwischen deutschen Widerstandsgruppen und dem Heiligen
Stuhl vermittelte, merkten, dass der Heilige Stuhl durchschaut hatte, dass Sonderinteressen von Katholiken in der CSU mit vermeintlich päpstlicher Unterstützung
zu Wahlkampfzwecken instrumentalisiert werden sollten, verschwand die Forderung nach einer bayerischen Gesandtschaft beim Heiligen Stuhl vollends aus dem
Blickfeld bayerischer Landespolitik der CSU.

Es wäre ein wertvolles Unterfangen einmal zu untersuchen, ob die Betonung
des christlichen Fundaments und der Bikonfessionalität in der CDU und CSU der
Nachkriegszeit nicht möglicherweise auch zu den Gründungsmythen der jungen
Bundesrepublik Deutschland gehört, und sich beide Parteien heute um so leichter
ihrer christlichen Tradition entledigen können.

---

64 Feldkamp, Die Beziehungen (wie Anm. 3), S. 107.
65 Josef Müller (1898–1979) (genannt Ochsensepp), 1946–1949 Vorsitzende der CSU, 1946–1962 Mit-
    glied des bayerischen Landtags, 1947–1952 bayerischer Justizminister.

L'Opera eucaristica di Papa Innocenzo III (1198–1216)

Stanislao Fioramonti

Premessa

Papa Innocenzo III (Lotario di Segni) nacque nel 1060–1061 a Gavignano, castello del Lazio meridionale in diocesi di Segni. Studiò Teologia a Parigi e Diritto a Bologna. Fu eletto cardinale da Clemente III nel settembre 1190 e pontefice a 38 anni l'8 gennaio 1198, succedendo a Celestino III. Governò la Chiesa per quasi 19 anni; morì a Perugia il 16 luglio 1216.

Richiamare le tappe fondamentali della sua vita è utile anche per chi voglia studiarne l'opera eucaristica, che non si è limitata a un periodo particolare del pontificato, ma si è sviluppata lungo tutto il suo corso; vedremo anzi che è iniziata ancor prima, quando Lotario era cardinale diacono del titolo dei santi Sergio e Bacco al Foro romano, chiesa ora scomparsa.

Un aspetto interessante del tema che trattiamo è che può essere studiato da vari punti di vista: storico, teologico, liturgico, giuridico; cercherò di considerarli tutti, seppur brevemente.

I cardini dell'opera eucaristica di Innocenzo III credo che si possano fissare in quattro punti, compresi in un arco di tempo di venti anni (1196–1215). Essi sono:

1) Il **trattato sulla Messa** *De Missarum Mysteriis* (**DMM**), scritto da Lotario verso il 1196–1197, quindi da cardinale, ma probabilmente rivisto e pubblicato subito dopo l'elezione al pontificato (gennaio 1198), quando le sue opere giovanili acquistarono ben più grande significato.

2) Le **lettere di interesse eucaristico** rintracciabili nel suo Registro (epistolario). Ne abbiamo individuate e analizzate **quattro**, scritte tra il 1202 e il 1209.

3) Le **decretali (leggi canoniche) del 1210**, che il cardinal Pietro Collivacino (Pietro Beneventano)[1] trasse dalle lettere dei primi dodici anni del pontificato innocenziano (1198–1210) e poi entrate a formare la terza delle *Quinque compilationes antiquae* comprese nelle *Decretales* di Gregorio IX[2].

---

1 A. Scola, *Collevacino, Pietro*, in: Enciclopedia Cattolica (E.C.), Città del Vaticano 1949, vol. III, col. 1967.

2 E' noto che papa Gregorio IX affidò al domenicano catalano Raimondo di Penyafort, poi santo, l'incarico di raccogliere in un'unica opera i più importanti lavori di diritto canonico pubblicati dal

4) **I capitoli o canoni del Concilio Ecumenico Lateranense IV**, celebrato da Innocenzo III nel novembre 1215, otto mesi prima della sua improvvisa morte. Dei 70 canoni approvati dal Concilio, tre in particolare (il **1°**, il **20°** e il **21°**) sono importanti per il nostro argomento.

Passiamo ad analizzare più diffusamente ciascuno dei quattro punti, per cercare di evidenziarne le principali peculiarità.

I. Il Trattato sulla Messa (1196–1198)

Intitolato in vari modi a seconda dei codici (*De Missarum Mysteriis, De Sacro Altaris Mysterio, De Sacrificio Missae, Mysteriorum Evangelicae Legis et Sacramenti Eucharistiae*, ecc.), è un'opera teologico-liturgica che spiega diffusamente ed analiticamente le cerimonie, i protagonisti e lo svolgimento della messa papale. Considerato "uno dei più importanti libri di liturgia del Medio Evo"[3] e "una delle pietre angolari più determinanti per circoscrivere la storia della liturgia eucaristica e il processo teologico svoltosi intorno ad essa negli anni successivi al suo pontificato"[4],

è importante per la teologia sacramentaria e per la storia della liturgia; ci consente inoltre di farci un'idea dell'ecclesiologia del grande pontefice[5]. Il gran numero di manoscritti conservati (oltre 200) e una grande quantità di estratti e rielaborazioni mostrano come quest'opera rappresentasse un importante fondamento per l'interpretazione dei sacramenti fra le generazioni successive, anche perché in essa sono esposte idee riemergenti in decretali e canoni del IV Concilio Lateranense[6].

Riportata nel 217° e ultimo volume della *Patrologia Latina* (PL) curata da J.P. Migne[7], l'opera si articola in due sezioni. La prima è rappresentata *dall'Ordo*

Decretum di Graziano (1140) al suo pontificato. Nel 1234 Raimondo presentò un'opera che comprendeva, oltre alle decretali dei primi sette anni del pontificato gregoriano, anche le cinque più importanti raccolte di fonti canoniche del secolo precedente, dette appunto *Quinque compilationes antiquae*, la terza delle quali (e come vedremo in seguito anche la quarta) sono costituite da decretali emanate da Innocenzo III. Tutta l'opera del Penyafort si chiamerà *Decretales* di Gregorio IX ed entrerà a sua volta a far parte – con il *Decretum* di Graziano, il *Liber sextus* di papa Bonifacio VIII ed altre opere successive – dell'ampio *Corpus Juris Canonici*, rimasto in vigore nella legislazione ecclesiastica fino all'uscita del Codice di Diritto Canonico del 1917, emanato da papa Benedetto XV.

3   M. Mignone, in: *Enciclopedia Liturgica*, a cura di R. Agrain, Appendice, pag. 1083, Edizioni Paoline, Alba 1957.

4   L. M. La Favia, *Innocenzo III, il papa del Corpo e del Sangue di Cristo*, inedito, 1998. Padre Luigi Marcello La Favia (1925–2008), della Congregazione dei Missionari del Preziosissimo Sangue, era nativo di Gavignano come Innocenzo III e fu per molti anni Professore di Storia della Chiesa all'Università Cattolica d'America di Washington (U.S.A.).

5   W. Imkamp, *Das Kirchenbild Papst Innocenz'III*, Stuttgart 1983, pagg. 46–53.

6   W. Maleczeck, *Innocenzo III,* in: Enciclopedia dei papi, Istituto della Enciclopedia Italiana, vol. II, pag. 328, Roma 2000; e anche in: Dizionario biografico degli Italiani, Istituto della Enciclopedia Italiana, vol. 62, p. 420, Roma 2004.

7   *Innocentii III Romani Pontificis Mysteriorum Evangelicae Legis et Sacramenti Eucharistiae libri sex (De Sacro Altaris Mysterio libri sex)*, in: J.P. Migne (a cura), *Patrologia Latina*, vol. 217, coll. 763–916, Paris 1890. Dell'opera ho curato la prima edizione italiana: *Innocenzo III, Il Sacrosanto Mistero dell'Altare* (De Sacro Altaris Mysterio), prima edizione italiana a cura di Stanislao Fioramonti, presentazione di Manlio Sodi, Libreria Editrice Vaticana, Città del Vaticano 2002.

Missae[8], cioè dall'Ordinario o Rito della Messa secondo il Pontificale Romano; è riportato il testo integrale della Messa papale com'era al tempo di Innocenzo III, importante perché poi commentato nel trattato vero e proprio. La seconda sezione, cioè il trattato vero e proprio (intitolato nel Migne *De Sacro Altaris Mysterio Libri Sex*), si compone di un *Prologo*[9], di *Sei Libri*[10] ognuno suddiviso in capitoli o paragrafi, nei quali l'Autore commenta con grande abbondanza di riferimenti biblici e patristici i vari momenti della Messa, e di una *Conclusione*[11].

I sei libri del trattato parlano dei ministri del culto e dei paramenti sacri (libro I); del complesso dei riti che vanno dall'ingresso fino al prefazio (libro II); del commento alla prima parte del Canone (libro III); del commento alle parole della consacrazione eucaristica (libro IV); del commento alla seconda parte del Canone e alla Preghiera del Signore (libro V); e finalmente dei riti di comunione e di congedo (libro VI).

Come Lotario spiega nel *Prologo*, nel corso dei secoli la celebrazione della Messa si è arricchita di preghiere, gesti e cerimonie in modo tale da rappresentare e significare tutti i momenti e le azioni della vita di Gesù, dall'incarnazione all'ascensione; così i quattro elementi costitutivi della messa (persone, opere, parole e cose) sono qui spiegati allegoricamente, in modo che la vestizione del sacerdote con i paramenti sacri (l. I) alluda all'incarnazione di Gesù; i riti di introduzione fino al prefazio (l. II) alludano alla sua predicazione; il Canone della Messa (ll. III-V) richiami la sua passione e morte dopo l'istituzione dell'Eucaristia; i riti di comunione e di congedo alla sua resurrezione ed ascensione e alla Pentecoste. Questo modo allegorico–mistico di spiegare la Messa è un genere letterario-teologico risalente fino al primo Medioevo e si rifà all'opera di Amalario di Metz (m. c. 850), che lo definisce appunto "allegoria commemorativa"[12]. Come nota Manlio Sodi[13], questa linea interpretativa della Messa attraversò tutto il medioevo giungendo "fin quasi alla vigilia del Concilio Vaticano II; una linea che cerca di vedere in che senso l'Eucaristia è vista e spiegata come il sacrificio di Cristo nella celebrazione della Chiesa; una linea che cerca di spiegare il "come" Cristo sia presente nell'Eucaristia ricorrendo ad una visione parcellizzata della celebrazione, per identificare i singoli momenti in corrispondenza ai momenti della Passione e Morte del Cristo Signore".

Nell'impossibilità di un'analisi dettagliata del trattato innocenziano, mi limito a ricordare con Michele Maccarrone[14] che con esso Lotario ha collegato la tradizione liturgica romana con la teologia di Parigi, grazie agli insegnamenti ricevuti dalle opere di autori quali in particolare Pietro Lombardo[15] e Ugo di San Vittore[16].

---

8   Cfr. PL 217, coll. 763–774.
9   Cfr. PL 217, coll. 773–774.
10 Cfr. PL 217, coll. 774–914.
11 Cfr. PL 217, coll. 913–916.
12 Cfr. *Eclogae de ordine romano*, in: *Amalarii episcopi Opera liturgica omnia*, ed. I. M. Hanssens, 3 voll., Roma 1948–1950 (Studi e testi, 138–140), III, Prol. 3, pagg. 1–15.
13 M. Sodi, *Innocenzo III, novità nella continuità di una "teologia" dell'Eucaristia*, intervento inedito presentato a Segni (Roma) il 12 aprile 2005, nello stesso Convegno in cui chi scrive è intervenuto con il presente lavoro.
14 M. Maccarrone, *Innocent III*, in: *Dictionnaire de Spiritualité*, tome VII, col. 1770, Beauchesne, Paris 1971.
15 Cfr. A. Piolanti, *Pietro Lombardo*, in Enciclopedia Cattolica, IX, 1438, Città del Vaticano 1948.
16 Cfr. A. Piolanti, *Ugo di San Vittore*, in: Enciclopedia Cattolica, XII, 711, Città del Vaticano 1954.

E' importante comunque qui approfondire le idee di Innocenzo III in ambito eucaristico, il suo apporto dottrinale. Tale studio è possibile esaminando il Libro IV del suo trattato sulla Messa, dedicato tutto al commento delle parole della Consacrazione (da *Qui pridie quam pateretur* a *In mei memoriam facietis*)[17]. Nei 44 capitoli che lo compongono Lotario affronta tutti i principali aspetti della questione eucaristica. Inizia (cap. 1) consapevole di essere al vertice sommo del sacramento, al cuore del divino sacrificio, per cui *"qualsiasi cosa tentiamo di esprimere sembra essere quasi priva di valore, l'intelletto è schiacciato davanti a un tema tanto profondo"*. Continua parlando delle prefigurazioni eucaristiche nell'Antico Testamento (cap. 2); del perché il sacramento del corpo e sangue di Cristo fu istituito sotto le specie del pane e del vino (cap. 3); del pane azzimo e lievitato (cap. 4); della verità del corpo e sangue di Cristo (cap. 7); dell'eresia di Berengario (cap. 10); se Giuda mangiò o no l'Eucaristia (cap. 13); della consacrazione sotto le due specie e dei dubbi connessi (capp. 21–24); del perché il sangue di Cristo è chiamato Nuovo Testamento (cap. 28); se l'acqua diventa sangue insieme al vino (cap. 29); se il pane lievitato può transustanziarsi (cap. 33); del perché il sacramento dell'altare è insieme realtà e figura (cap. 35); del sacramento e della *res* sacramenti (cap. 36); dei tre elementi – realtà, fatti e parole – su cui si fonda il sacramento (cap. 40); del sacramento dell'altare che è memoriale della morte di Cristo (cap. 43); e infine dei motivi che portarono all'istituzione del sacramento (cap. 44).

Lotario, dice Maccarrone[18], approfondisce la dottrina eucaristica che si sviluppava alla fine del secolo XII e apporta un importante contributo alla storia della devozione eucaristica. Manifestando un sentimento di profondo rispetto del mistero che si compie nella consacrazione, nelle discussioni allora molto vivaci sull'Eucaristia si schiera con coloro che stanno in posizione di rifiuto o di dubbio rispetto ai logici, che cercavano di spiegare il mistero con l'aiuto di concetti filosofici; *"Io affermo che i sacramenti divini si devono venerare anziché metterli in discussione"*, dice (cap. 12) sulla scia di Ugo di San Vittore. Questo però non gli impedisce di prendere una posizione personale sulle questioni di attualità, posizione che denota incertezze, in quanto la dottrina eucaristica non aveva ancora raggiunto la piena espansione del XIII secolo, ma anche innovazioni.

L'apporto più importante di Innocenzo è indubbiamente quello relativo al concetto di transustanziazione, che nel IV libro del trattato viene anticipato nel cap. 7 e poi pienamente sviluppato nei capp. 17–20. Si parla qui di quando avviene la transustanziazione e della sua modalità, in rapporto alle parole *Hic est enim corpus meum*. Il concetto non è nuovo (si trova già nel 1140 nelle *Sententiae* del senese Rolando Bandinelli, poi papa Alessandro III[19]), ma Lotario dà una formulazione chiara e poi codifica la dottrina della transustanziazione, come pure precisa gli effetti del sacramento: la sua *virtus unitatis*, che significa e produce l'unità della Chiesa tramite l'azione causale del corpo reale sul corpo mistico di Cristo, la sua

---

17 Di questo solo libro ho pure curato la prima edizione italiana, prima della traduzione dell'intero trattato; cfr. Innocenzo III, *L'Eucaristia (De Sacro Altaris Mysterio)*, Libreria Editrice Vaticana, Città del Vaticano 2000.
18 M. Maccarrone, *Innocent III*, cit., col. 1770.
19 A. Piolanti, *Transustanziazione*, in: Enciclopedia Cattolica, XII, 432, Città del Vaticano 1954.

efficacia come "nutrimento spirituale", tema di cui Lotario sviluppa gli elementi affettivi e devozionali che darà poi la pietà del XIII secolo.

E' stato lui, inoltre, il primo papa a formulare che non è solo il sacerdote, ma è il popolo tutto che offre a Dio il sacrificio insieme al sacerdote (l. III, cap. 6), stabilendo così il sacerdozio sacramentario dei fedeli[20].

Se fino alla consacrazione la parte principale era il memoriale e la rappresentazione della vita di Cristo, ora alla consacrazione il sacerdote agisce proprio come Cristo nell'ultima cena: trasforma il pane e il vino nel suo corpo e nel suo sangue; ora la cosa significante (il pane e il vino) diventa la cosa significata (il corpo e il sangue di Cristo), e così la nostra realtà, ciò che vediamo, coincide con la realtà di Cristo, ciò che crediamo[21].

II. Le Lettere Eucaristiche (1202–1209)

Dal vastissimo *Registro* innocenziano, composto di più di 6000 lettere e pubblicato nei volumi 214–216 della *Patrologia Latina* del Migne, abbiamo estrapolato quattro lettere di contenuto eucaristico che vogliamo qui brevemente presentare.

1) Nella **prima lettera** (*Cum Marthae circa*[22], scritta dal Laterano il 29 novembre 1202 all'ex arcivescovo di Lione Giovanni[23]), papa Innocenzo chiarisce alcuni dubbi del suo interlocutore riguardo alle parole del sacerdote nella messa durante la consacrazione eucaristica. La risposta del papa si articola in una breve introduzione e in tre parti, tante quante sono le domande del vescovo francese.

La prima parte, più importante, chiarisce la formula della consacrazione e spiega perché nel Canone vi siano tre frasi (*"alzati gli occhi al cielo"*, *"dell'eterna alleanza"*, *"mistero della fede"*) che nessun evangelista ha riferito. Innocenzo fa largo uso di argomenti già espressi nel suo trattato sulla Messa, specie ai capitoli 5 (*Le tre frasi che sembrano aggiunte alla formula della consacrazione*), 28 (*Perché il sangue di Cristo è detto Nuovo Testamento*), 35 (*Perché il sacramento dell'altare è insieme realtà e*

---

20 L. M. La Favia, *Innocenzo III, il papa del corpo e del sangue di Cristo*, cit., p. 5.

21 A. Ypenga, *Innocent's III De Missarum Mysteriis reconsidered: a case study on the allegorical interpretation of Liturgy*, in: *Innocenzo III Urbs et Orbis*, Atti del Congresso Internazionale di Roma (9–15 settembre 1998), a cura di A. Sommerlechner, Società Romana di Storia Patria – Istituto Storico Italiano per il Medio Evo, Roma 2003, vol. I, pagg. 323–339.

22 Cfr. *Innocentii III PP. Regestorum Lib. V, Epistula XXI, Joanni quondam archiepiscopo Lugdunensi. Declarat omnia quae dicuntur in missa circa consecrationem et alia. Laterani, III Kal. Decembris* (PL 214,1118; Denzinger, 782–784). Di questa lettera ho dato una traduzione italiana nel volume da me curato: Innocenzo III, *L'Eucaristia (De Sacro Altaris Mysterio)*, Libreria Editrice Vaticana, Città del Vaticano 2000, Appendice, pagg. 235–241.

23 *Jean "aux Bellesmains"*o *"de Bellesmes"*, fu vescovo di Narbonne (1881) e poco dopo arcivescovo di Lione. Stanco degli affari del mondo e desideroso della vita contemplativa, rinunciò alla sua carica e verso il 1195 si fece monaco cistercense a Claivaux, dove visse con la più grande pietà e devozione fino alla morte. Nel 1201 i monaci di Clairvaux, per suo tramite, chiesero a Innocenzo III di comporre le preghiere da cantare nella messa in onore di S. Bernardo; il pontefice acconsentì e le inviò a Giovanni con lettera dell'8 giugno 1202 (*VI Id. Junii Anno V*) (Cfr. PL 214, Lettera LXII, col. 1302, dalla quale abbiamo anche tratto queste notizie).

figura) e 36 (*Sacramento e realtà, res, del sacramento*). Egli ripropone tra l'altro la distinzione fra i tre piani o aspetti del sacramento: il *sacramentum tantum*, cioè la forma visibile con gli occhi; la *res et sacramentum*, cioè la verità corporea, che si crede con l'animo; e la *res tantum*, cioè la potenza (*virtus*) spirituale, che si percepisce con il cuore. Si dice dunque "*mistero della fede*" perché ciò che si vede (le specie del pane e del vino) è diverso da ciò che si crede (la verità del corpo e del sangue di Cristo).

Nella seconda parte della lettera Innocenzo analizza se l'acqua che si unisce al vino nel calice diventa o no sangue. Anche questa parte si ritrova nel Libro IV del *De Missarum Mysteriis*, ai capitoli 29 (*L'acqua diventa sangue insieme al vino?*) e 31 (*Il vino aggiunto dopo la consacrazione*).

Nella terza parte della lettera, cui non corrispondono capitoli del DMM, Innocenzo spiega da chi, quando e perché nel canone della messa sia stato cambiato il testo della secreta di S. Leone.

2) Nella **seconda lettera** (*De homine* qui[24], scritta da Sora il 22 settembre 1208 ai Rettori della Fraternità Romana[25] per rispondere a loro domande), Innocenzo prima risolve una "*quaestiuncula*", quindi passa alla questione importante: "*Ci avete chiesto un parere sull'incauto sacerdote che, consapevole di essere in peccato mortale, è nel dubbio se celebrare la messa, che per qualche motivo non può rinviare*". Pressato dalle due cose, teme di celebrare il divino mistero per non offendere il popolo che lo attendeva, e ha paura di consacrare il corpo di Cristo per non assumerlo indegnamente e così mangiare e bere la propria condanna. Egli allora finge di celebrare la messa, e senza dire le parole della consacrazione prende semplicemente il pane e il vino, con tale pretesa credendo di soddisfare il popolo e convinto nella sua intenzione di non dover provocare Dio. Ma poiché bisogna rigettare i falsi rimedi, che sono più gravi dei pericoli reali – sentenzia Innocenzo –, anche se chi si considera indegno per la consapevolezza dei suoi peccati deve rispettosamente astenersi da questo sacramento, e quindi se irriverentemente vi si dispone pecca più gravemente, poiché è tuttavia indubbio che chi ha osato fingere in modo tanto ingannevole offende senz'altro; chi lo fa evitando la colpa cade solo nelle mani di Dio misericordioso; costui invece commette il peccato mentre lo evita e si rende perciò colpevole sia verso Dio, che non ha temuto di ingannare, sia verso il popolo che tradisce.

3) La **terza lettera** (*Ejus exemplo*[26], scritta dal Laterano il 18 dicembre 1208 all'arcivescovo di Tarragona e ai suoi suffraganei) è legata alla vicenda di Durando da

---

24 Cfr. PL 215, col. 1463, Lib. XI, Ep. CXLVI, *Rectoribus Romanae Fraternitatis. Respondetur ad eorum consulta. Sorae, X Kal. Octobris.* Cfr. anche Denzinger, 789.

25 "La *Romana Fraternitas* era una pia unione dei principali membri del clero di Roma, rappresentati da *Rectores* che erano costituiti e deputati come tribunale giudicante e condannante nelle più gravi cause ecclesiastiche. Il collegio dei Rettori della Fraternità Romana era quasi vicario del papa in *spiritualibus*, onde a quello si rivolgeva il pontefice per pubblicare e far eseguire le sentenze relative a pene ecclesiastiche. Sembra che i Rettori della Fraternità Romana fossero 12, cioè 4 rappresentanti per ognuna delle tre parti in cui si suddividevano le numerosissime chiese di Roma" (M. Armellini, *Le chiese di Roma*, Roma 1887, pagg. 24–41).

26 Cfr. PL 215, col. 1510, *Lib. XI, Ep. CXCVI, Archiepiscopo et Suffraganeis Ecclesiae Tarraconensis. De negotio Durandi de Osca et sociorum ejus. Laterani, XV Kal. Januarii.* Cfr. Anche Denzinger, 794.

Huesca[27] che, dopo la sua conversione, era andato con alcuni compagni a Roma per incontrare il papa. Con questa lettera Innocenzo ci narra l'esito di quell'incontro: *"Sull'esempio di colui che è Dio non di divisione ma di pace, volendo che tutti gli uomini si salvino e giungano alla conoscenza della verità, abbiamo accolto con paterna bontà i diletti figli Durando da Osca e compagni, accettando tutto quanto si sono premurati di esporci. Esaminatili sugli articoli di fede e sui sacramenti della Chiesa, abbiamo riconosciuto che intendono una fede ortodossa e che professano la verità cattolica; tuttavia, perché lo manifestassero ulteriormente, abbiamo preteso da loro il giuramento sui Vangeli e una confessione scritta".*

La lettera riporta dunque il testo del giuramento, fatto da Durando sulle mani del pontefice, di credere a quanto scritto nella confessione, di opporsi a chi crede il contrario, di obbedire ai vescovi e ai sacerdoti dei luoghi dove si insedieranno i suoi seguaci. Nella confessione scritta Durando afferma di credere a tutti i dogmi della dottrina cattolica; l'Eucarestia è da lui confessata con queste precise parole: *"Con cuore puro fermamente e indubitatamente crediamo, e con parole fedeli semplicemente professiamo che il sacrificio, cioè il pane e il vino, dopo la consacrazione è vero corpo e vero sangue di Nostro Signore Gesù Cristo; e crediamo che in esse un buon sacerdote può realizzare nulla di più, e un cattivo sacerdote nulla di meno, perché si realizza non per merito del consacrante, ma per la parola del Creatore e per la potenza dello Spirito Santo. Crediamo pertanto e fermamente confessiamo che, per quanto saggio e santo possa essere un onesto religioso, non può né deve consacrare l'Eucaristia né compiere il sacrificio dell'altare se non è un presbitero regolarmente ordinato da un vescovo visibile e tangibile. Per tale ufficio crediamo necessarie tre cose: una persona certa, cioè il sacerdote stesso costituito dal vescovo, come detto, specialmente a questo ufficio; le parole solenni espresse dai santi Padri nel canone; e la fedele intenzione di chi le pronuncia. E dunque fermamente crediamo e confessiamo, come detto, che chiunque crede e sostiene di poter compiere il sacrificio eucaristico senza una previa ordinazione del vescovo, è eretico e partecipe e consorte della rovina di Core e dei suoi complici, e deve essere assolutamente isolato dalla comunità della Chiesa Romana".*

Poiché la fede senza le opere è morta, dopo aver espressamente professato gli articoli di fede presenti nel Credo Durando mise per iscritto anche il proposito di vita del suo gruppo, che presentava tra l'altro forti analogie con il nascente Francescanesimo.

---

27 *Durando da Huesca*, capo dei Valdesi di Aragona, dopo il contraddittorio di Pamiers (1207) tra il vescovo cattolico Diego de Osma e un suo omologo eretico, decise di rientrare con i suoi nella Chiesa Romana. Recatosi a Roma dal papa alla fine del 1208, gli giurò fedeltà e sottoscrisse una professione di vera fede e un proposito di vita basata su povertà, castità, preghiera e predicazione per la riforma morale della società. Con bolla del 14 giugno 1210 il papa raccomandò ai vescovi del mondo questi *"Poveri Cattolici"*, la cui regola era stata forse ispirata da S. Domenico e il cui apostolato in ospizi, orfanotrofi e ospedali si svolse nella obbedienza ai vescovi e ai parroci. Cfr. A. Fliche, *Il pontificato di Innocenzo III*, in: *Storia della Chiesa*, a cura di A. Fliche e V. Martin, vol X, pagg. 28 e 237, SAIE, Torino 1968.

4) Nella **quarta lettera** (*In quadam nostra*[28], scritta dal Laterano il 5 marzo 1209 al vescovo di Ferrara Ugo, per rispondere alle sue questioni) Innocenzo fa una premessa: il vescovo di Ferrara aveva letto in una decretale del papa che era errato pensare quanto anche lui credeva vero sulla parola di autorevoli personaggi, che cioè nel sacramento eucaristico l'acqua si trasformi in flemma e che dal fianco di Cristo trafitto sulla croce sia uscito non sangue ma umore acqueo. Il vescovo era indotto a seguire il diverso parere del papa, ma era perplesso perché le parole dell'apostolo Giovanni *"Tre cose danno testimonianza sulla terra, lo spirito, l'acqua e il sangue, ed esse sono una cosa sola"* (1Gv 5,7) erano da tutti spiegate come testimonianza di un solo fatto: dell'umanità di Cristo; se dunque dal fianco di Cristo era colata vera acqua e non umore acqueo, Ugo non capiva come da essa sola si potesse spiegare l'umanità di Cristo: infatti sia le parole di Giovanni sia la glossa (*"Lo spirito, cioè l'anima umana, emesso da Cristo nella passione è l'acqua e il sangue colati dal suo fianco"*) renderebbero più comprensibile la natura umana di Cristo se si parlasse di umore acqueo anziché di vera acqua. Ugo chiede dunque al papa di chiarirgli questo aspetto.

Innocenzo risponde che contro gli Ariani[29] – per i quali Cristo non era Dio vero ma adottivo – e contro i Manichei[30] – per i quali invece Cristo non era un uomo vero ma fantasmatico – Giovanni con quelle parole vuole affermare che Cristo è vero Dio e vero uomo. Per fare un uomo infatti occorre l'unione di corpo e anima, e dalle parole del Vangelo (Lc 23,46; Mt 26,38; Gv 10,18) risulta chiaramente che Cristo avesse uno spirito, cioè un'anima razionale; che poi avesse un vero corpo lo dimostra il soldato che gli aprì il costato con la lancia: da un corpo fantasmatico infatti non potrebbe uscire sangue né acqua. Ora, prosegue Innocenzo, se Cristo aveva vero spirito e vero sangue, ne consegue che era vera anche l'acqua del suo costato, perché chi vide dette una testimonianza verace di questo; e se dal fianco fosse uscita flemma anziché acqua, la sua non sarebbe stata una testimonianza veritiera. Né in questo si sarebbe manifestato il sacramento della rigenerazione, perché con il battesimo siamo rigenerati nell'acqua, non nella flemma. E ancora, se si fosse trattato di flemma, non si potrebbe dire che nel sacramento dell'eucaristia bisogna mescolare l'acqua al vino. Dunque dal costato di Cristo uscì vera acqua, come era vero il suo sudore ematico.

Concludendo questo argomento, che riprende e sviluppa quanto già esposto nel cap. 29 del DMM, Innocenzo dice: *"Poiché per comporre il corpo umano occorrono quattro elementi (terra, acqua, aria e fuoco) e alla vita vegetativa del corpo concorrono quattro umori (sangue, flemma, bile nera e bile gialla), per dimostrare assolu-*

---

28 PL 215, col. 16, *Lib. XII, Ep. VII, Ferrariensi Episcopo. Respondit ad ejus consulta. Laterani, III Non. Martii.* Cfr. anche Denzinger, 718.

29 *Ariani* erano i seguaci di Ario, eretico africano del IV secolo che negava l'uguaglianza del Figlio con il Padre e quindi la natura e gli attributi divini di Cristo. Tale dottrina fu condannata dal Concilio di Nicea (325), che affermò la consustanzialità del Figlio con il Padre.

30 I *Manichei*, seguaci di Mani (sec. III), credono a un dualismo che vede all'origine dell'universo la lotta dei princìpi del bene e del male, della luce e della materia. Da tale gnosticismo furono influenzate molte altre eresie in varie epoche (anche moderne), compresa quella dei Catari nel secolo XII–XIII, durante contrastata da Innocenzo III.

tamente la verità del corpo umano Giovanni indicò degli uni e degli altri quelli che più si addicevano al mistero: degli elementi l'acqua e degli umori il sangue, due cose in cui si riflettono i due maggiori sacramenti, quello della redenzione e quello della rigenerazione".

III. Le Decretali (1210)

L'opera di un pontefice è per sua natura anche opera legislativa, e Innocenzo era un giurista per natura e per formazione; egli anzi è considerato il primo dei papi giuristi del Duecento, che continueranno con Gregorio IX, Innocenzo IV e Bonifacio VIII. Innocenzo III dimostra una grande esperienza giuridica, acquisita negli studi bolognesi con Uguccione da Pisa (m. 1210) e praticata soprattutto durante gli otto anni del cardinalato, trascorsi prevalentemente nell'attività presso il tribunale della Curia Romana.

La sua azione codificatrice risulta in linea con il Diritto Canonico fino ad allora vigente, in particolare con il *Decretum* che Graziano, monaco camaldolese e professore di Diritto a Bologna, aveva redatto verso il 1140 sulla base delle Scritture, dei canoni conciliari e delle decretali pontificie, e che rappresentò il fondamento del Diritto Canonico medievale. Su Innocenzo ebbero grande influenza anche i maestri teologi dei suoi studi parigini, in particolare Ugo di San Vittore (m. 1141), il cui *De Sacramentis Christianae Fidei* (c. 1131) è tuttora una notevole introduzione alla dogmatica, e Pietro Lombardo (m. 1160), autore di una raccolta di sentenze dei maggiori teologi, i *Libri quatuor sententiarum*, che fu testo di riferimento fino al Concilio di Trento.

Ma Innocenzo stesso arricchì il Diritto Canonico di opere notevoli[31]:

1) Nel 1200 il diacono Raniero, monaco di Pomposa, racccolse le decretali tratte dalle lettere emanate nei primi tre anni del pontificato innocenziano (1198-1200); l'esigenza era quella di rispondere, come è detto nel Prologo della raccolta, alle sollecitazioni di regioni lontane, dove si voleva conoscere *"la saggezza del Salomone del suo tempo"*. E' questa la *Prima collectio decretalium Innocentii III*, in 41 articoli, pubblicata dal Migne[32].

2) Nel 1208 il decretalista spagnolo Bernardo Compostellano[33] *antiquus*, professore di Diritto Canonico, trasse dal *Registro* innocenziano le decretali dei suoi primi dieci anni di pontificato (1198-1207), aggiungendovene una dell'anno XI (1208), e le dispose in una raccolta ordinata in maniera sistematica, che successivamente fu denominata *Compilatio Romana*.

3) La compilazione suddetta venne successivamente revocata da un'altra raccolta di decretali innocenziane, la prima ufficiale, commissionata dal papa a Pietro Collivacino (Pietro Beneventano), suo antico suddiacono e notaio, nel 1205 nominato

---

31 Si tenga presente, nella lettura di questa parte e di quella seguente, quanto detto al n° 3 della Premessa e alla nota 1 di questo lavoro.

32 Cfr. PL 216, coll. 1173-1272.

33 Cfr. A. Rota, *Bernardo Compostellano*, in: E. C., II, 1441, Città del Vaticano 1948.

cardinale. La raccolta fu pubblicata come collezione autentica il 28 dicembre 1210 e comprende le decretali dei primi dodici anni di pontificato (1198–1210). Il papa ne donò una copia ai giuristi dell'Università di Bologna, perché ne tenessero conto nell'insegnamento e nell'esercizio della loro professione; successivamente questa raccolta, come *Compilatio tertia* delle *Quinque compilationes antiquae*, divenne il libro terzo delle *Decretales* di Gregorio IX (chiamate anche *Liber extra*), composte nel 1230–1234 dal domenicano spagnolo Raymondo de Penyafort, poi santo. In questo modo entrò a far parte del *Corpus juris canonici*.

Nella raccolta di Pietro Beneventano furono comprese dunque le decisioni di natura sacramentaria espresse da Innocenzo III nelle quattro lettere "eucaristiche" esaminate prima. Le ritroviamo infatti tutte nelle *Decretales* di Gregorio IX, al Libro III, titolo 41, intitolato *De celebratione missarum et Sacramento Eucharistiae, et divinis officiis*. La prima lettera (all'ex arcivescovo Giovanni) sta nel capitolo 7; la seconda (ai Rettori della Fraternità Romana) è nel capitolo intitolato *De homine*; la terza non vi compare come tale, trattandosi della professione di fede di Durando da Huesca, ma la ritroveremo quasi con gli stessi termini nel canone dogmatico (il primo) del IV Concilio Lateranense; la quarta lettera (al vescovo di Ferrara) si trova infine nel capitolo intitolato *In quidam*.

Ben presto dunque (dal 1211) anche le decisioni eucaristiche di Innocenzo III acquistarono forza di leggi canoniche, e in quanto tali si dovevano osservare da tutta la cattolicità.

Nel Congresso Internazionale *"Innocenzo III Urbs et Orbis"*, tenutosi a Roma nel settembre 1998 alla presenza di decine di studiosi del nostro pontefice, l'intervento del prof. Peter Landau di Monaco di Baviera è stato dedicato all'opera di codificazione canonica di Innocenzo III[34]; vi si tratta del materiale decretalistico approntato da Innocenzo III, si analizza il significato numerico delle sue decretali e i titoli delle raccolte con i nuovi ambiti riguardanti in prevalenza sacramenti, sacramentali e riti e le priorità introdotte, si esaminano i riferimenti ai suoi predecessori e si tracciano i lineamenti del grande papa come riformatore del Diritto Canonico.

IV. I Canoni del Concilio Ecumenico Lateranense IV (1215)

Questa grande assemblea della Chiesa medievale, che ebbe per quell'epoca storica la stessa portata che avrà il Concilio di Trento almeno per i tre secoli successivi, richiamò a Roma più di mille tra vescovi, abati e rappresentanti del potere civile e si svolse in tre sessioni (11, 20 e 30 novembre 1215)[35]. Il numero e la qualità dei partecipanti e l'importanza delle innovazioni apportate alla vita della Chiesa, concretizzatesi nei 71 canoni o capitoli conclusivi, rappresentarono l'acme del pontificato di Innocenzo III, che doveva inaspettatamente concludersi solo otto mesi dopo a Perugia, quando il papa aveva 56 anni.

---

34 P. Landau, *Innocenz und die Dekretalen seiner Vorgaenger*, in: *Innocenzo III Urbs et Orbis*, Atti del Congresso Internazionale di Roma, a cura di A. Sommerlechner, Società Romana di Storia Patria – Istituto Storico Italiano per il Medio Evo, Roma 2003, vol. I, pagg. 175–199.
35 Cfr, H. Jedin, *Breve storia dei Concili*, Herder-Morcelliana, Roma-Brescia 1978–1983, pagg. 71–75.

Anche i canoni conciliari passarono subito nel Diritto Canonico vigente, perché verso il 1217 fu compilata una raccolta (da Alano Anglico o da Giovanni Teutonico, non sappiamo se con valore di collezione autentica) contenente le decretali degli ultimi anni del pontificato innocenziano (1210–1216) e i 71 capitoli del Concilio approvati dallo stesso pontefice. Questa raccolta costituì la quarta delle *Quinque Compilationes Antiquae* comprese nelle *Decretales* di Gregorio IX[36].

Antonio Garcia y Garcia accetta la tesi secondo la quale le costituzioni conciliari furono frutto dell'elaborazione personale di Innocenzo III, realizzate in gran parte prima che il Concilio stesso iniziasse; tali costituzioni, egli dice, sono importanti anche per il contenuto dottrinale, essendo per esempio la prima volta che in un testo ufficiale della Chiesa si usa il termine di "transustanziazione"[37].

I canoni conciliari di importanza eucaristica sono soprattutto tre:

1) Il **canone 1 (*Della fede cattolica*)**, che apre le decisioni conciliari, è una professione della vera fede ribadita contro l'eresia dei Catari, mentre contro la Chiesa Greca veniva ribadito il dogma della Trinità. Nella terza parte di tale capitolo si dice che *"una sola è la Chiesa universale dei fedeli, al di fuori della quale nessuno assolutamente si salva. In essa unico è il sacerdote e il sacrificio, Gesù Cristo, il cui corpo e sangue sono veramente contenuti nel sacramento dell'altare sotto le specie del pane e del vino; per la potenza divina il pane essendo cambiato ("transubstantiatio") nel suo corpo e il vino nel suo sangue, in modo che per realizzare il mistero dell'unità noi riceviamo di Suo ciò che egli ha ricevuto di nostro. E nessuno può compiere questo sacramento* – puntualizza il Concilio, ancora contro i Catari – *se non il sacerdote ritualmente ordinato secondo il potere della Chiesa, che Gesù Cristo stesso ha affidato agli Apostoli e ai suoi successori"*[38].

Torna subito in mente l'analogia di queste frasi con quelle presenti nella confessione di Durando di Huesca o con quelle già scritte nel libro IV del *De Missarum Mysteriis*. L'Eucaristia dunque è strettamente legata ai misteri della Chiesa e della Redenzione; il concetto di transustanziazione è elaborato tramite la confutazione dell'eresia di Berengario di Tours[39], e la condanna della dottrina trinitaria di Gioachino da Fiore[40] e di quella panteistica di Amaury de Bène[41]. Secondo Jean de Baciocchi, il concetto di transustanziazione qui non si riferisce ancora alla nozione

---

36 P. Ciprotti, *Compilationes (Quinque) Antiquae*, in E. C., IV, 99, Città del Vaticano 1950.

37 A. Garcia y Garcia, *Las constituciones del Concilio IV Lateranense de 1215*, in: *Innocenzo III Urbs et Orbis*, cit., vol. I, pagg. 200–224.

38 Per il testo completo degli Atti, cfr. G. Alberigo et Al., *Conciliorum Oecumenicorum Decreta*, EDB, Bologna 1991, pagg. 226–271; la stessa fonte abbiamo utilizzato per il resto del capitolo.

39 *Berengario di Tours* (m. 1088), teologo simbolista-spiritualista, cadde nell'eresia negando la transustanziazione e quindi l'Eucaristia stessa; fu quindi sconfessato da molti teologi cattolici e condannato in vari sinodi di vescovi. Cfr. anche C. Boyer, *Berengario di Tours*, in E. C. II, 1376, Città del Vaticano 1949.

40 Il noto abate calabrese (m. 1202), nonostante questo provvedimento, non si staccò dalla Chiesa. La sua dottrina dell'Evangelo eterno influenzerà parte della cristianità e dei nuovi ordini religiosi mendicanti.

41 *Amaury de Bène* (m. 1206), teologo parigino, predicava un panteismo che svalutava ogni rito e sacramento della Chiesa e rifiutava anche il paradiso, perché convinto di vivere nell'età dello Spirito Santo. Cfr. anche E. Chiettini, *Amalrico di Bena*, in E. C., I, 967, Città del Vaticano 1947.

aristotelica della sostanza; significa semplicemente che l'essere fondamentale del pane e del vino "diventa l'essere fondamentale del corpo e del sangue di Cristo", mentre le qualità sensibili restano immutate[42].

2) Se dal punto di vista dottrinale il Concilio varò norme sull'Inquisizione, che riflettono la lotta della Chiesa contro i numerosi gruppi settari dell'epoca, notevoli furono anche le misure da esso adottate per la riforma morale della Chiesa e per la correzione dei costumi del clero. Si prescrive di *celebrare l'ufficio divino di giorno e di notte con zelo e devozione*" (can. 17); di custodire con cura la chiesa e gli arredi sacri (can, 19); di custodire sotto chiave il Crisma e l'Eucaristia: è questo il **canone 20** che dice: "*Ordiniamo che in tutte le chiese il Crisma e l'Eucaristia debbano essere conservati scrupolosamente sotto chiave, perché nessuna mano temeraria possa impadronirsi di essi profanandoli con usi innominabili. Se il custode li abbandona, sia sospeso dall'ufficio per tre mesi; e se per sua negligenza accadesse qualcosa di abominevole, sia assoggettato a una pena più grave*".

3) Quanto infine alla vita spirituale dei fedeli, il **canone 21 (*Della confessione, del segreto confessionale, del dovere di comunicarsi almeno a Pasqua*)** è forse il più noto, perché rimasto in vigore fino ai nostri giorni, dopo 800 anni! "*Qualsiasi fedele dell'uno e dell'altro sesso, giunto all'età della ragione, confessi fedelmente, da solo, tutti i suoi peccati al proprio parroco almeno una volta l'anno, ed esegua la penitenza che gli è stata imposta secondo le sue possibilità; riceva anche con riverenza, almeno a Pasqua, il sacramento dell'Eucaristia, a meno che per consiglio del proprio parroco non ritenga opportuno per un ragionevole motivo di doversene astenere per un certo tempo. Altrimenti finché vive gli sia proibito l'ingresso in chiesa e, alla sua morte, la cristiana sepoltura. Questa salutare disposizione venga spesso pubblicata nelle chiese, perché nessuno nasconda la propria cecità con la scusa dell'ignoranza...*". Nello stesso capitolo è sottolineata l'importanza del segreto confessionale.

Secondo A. Fliche[43] si prescrisse la comunione e la confessione annuali per il timore del sacrilegio che ossessionava le anime pie; mentre per H. Jedin[44] quelle prescrizioni rappresentavano un'esigenza minima, pienamente corrispondente però alla preoccupazione del papa di non decretare nulla che risultasse ineseguibile e quindi dovesse restare lettera morta.

Alcuni risvolti liturgici ed eucaristici del Concilio Ecumenico Lateranense IV sono stati recentemente riproposti da papa Benedetto XVI che, in un messaggio ai vescovi italiani riuniti nel novembre 2010 ad Assisi per l'assemblea generale[45], è tornato ai tempi di san Francesco d'Assisi e di Innocenzo III; ci piace ricordarli e porli quasi a sigillo di questo lavoro. Papa Ratzinger ha detto tra l'altro: "Come il nostro, anche il tempo in cui visse san Francesco era segnato da profonde trasfor-

---

42 J. de Baciocchi, *L'Eucharistie*, cit., pag. 81.
43 A. Fliche, *Storia della Chiesa*, cit., vol. IX/1, pag. 203.
44 H. Jedin, *Breve storia dei concili*, cit., pag. 72.
45 *Messaggio del Santo Padre al Cardinal Angelo Bagnasco in occasione della LXII Assemblea Generale della Conferenza Episcopale Italiana*, par. 1, scritto dal Vaticano il 4 novembre 2010, sul sito: www.vatican.va.

mazioni culturali, favorite dalla nascita delle università, dallo sviluppo dei comuni e dal diffondersi di nuove esperienze religiose. Proprio in quella stagione, grazie all'opera di papa Innocenzo III – lo stesso dal quale il poverello d'Assisi ottenne il primo riconoscimento canonico – la Chiesa avviò una profonda riforma liturgica. Ne è espressione eminente il Concilio Lateranense IV (1215), che annovera tra i suoi frutti il *"Breviario"*. Questo libro di preghiera accoglieva in sé la ricchezza della riflessione teologica e del vissuto orante del millennio precedente. Adottandolo, san Francesco e i suoi frati fecero propria la preghiera liturgica del sommo pontefice. (…) Lo stesso Concilio Lateranense IV, considerando con particolare attenzione il sacramento dell'altare, inserì nella professione di fede il termine "transustanziazione", per affermare la presenza reale di Cristo nel sacrificio eucaristico. (…) Dall'assistere alla santa messa e dal ricevere con devozione la santa comunione sgorga la vita evangelica di san Francesco e la sua vocazione a ripercorrere il cammino di Cristo crocifisso. (…) La santità dell'Eucaristia esige che si celebri e si adori questo mistero consapevoli della sua grandezza, importanza ed efficacia per la vita cristiana, ma esige anche purezza, coerenza e santità di vita da ciascuno di noi, per essere testimoni viventi dell'unico sacrificio di amore di Cristo".

Conclusione

Se riconsideriamo l'opera eucaristica di Innocenzo III e confrontiamo tra loro il trattato sulla Messa, scritto a 35–36 anni, le lettere eucaristiche (degli anni 1202–1209), le decretali del 1210 e i canoni conciliari del 1215, quando il papa era quasi alla fine della sua vita, possiamo renderci conto che i concetti espressi nella prima opera si ritrovano ripetuti spesso con le stesse parole o quasi anche nelle altre. E siccome il trattato sulla Messa ha fornito la materia delle lettere, e questo materiale è andato a costituire le decretali e i canoni conciliari, divenendo legge della Chiesa, possiamo dedurre che nei suoi ultimi anni Innocenzo non fece che ribadire, in materia eucaristica, quanto aveva elaborato già prima dell'elezione al pontificato, durante gli anni degli studi teologici a Parigi e durante il cardinalato, come avvocato nel tribunale della Curia romana. Gli stessi concetti eucaristici, compreso quello della transustanziazione (come termine, realtà e idea) che egli avrebbe confermato ed esteso a tutta la Chiesa poco prima di morire si ritrovano dunque invariati lungo tutta la sua opera.

Tutto questo testimonia la grande coerenza intellettuale del papa e la sua immutata fedeltà nel tempo ai principi della fede cattolica, in particolare a quelli del *"santo mistero del corpo e sangue di Cristo"*, che egli venerava in modo particolare. Gloria del suo grande pontificato fu di averli diffusi e proposti anche alla devozione popolare, preparando così nel modo più adeguato il terreno a Tommaso d'Aquino, *"Doctor Eucharisticus"*, e a papa Urbano IV, che solo cinquant'anni dopo la morte di Innocenzo, con la Bolla *"Transiturus"*, istituirà la festa del Corpus Domini (1264).

P. S.: Dedico questo lavoro alla memoria di mio padre Antino Giuseppe (1918–2003)

Bibliografia

ALBERIGO, Giuseppe, et Al., *Conciliorum Oecumenicorum Decreta*, EDB, Bologna 1991.

BARBERO, Giuseppe, *La dottrina eucaristica negli scritti di Innocenzo III*, Ed. Paoline, Roma 1953.

DE BACIOCCHI, Jean, *L'Eucharistie*, Desclée, Roma 1968.

DENZINGER, Heinrich, *Enchyridion symbolorum, definitionum et declarationum de rebus fidei et morum*, a cura di P. Hunermann, EDB, Bologna 1995.

DIZIONARIO TEOLOGICO, vol. I, *L'Eucaristia*, Queriniana, Brescia 1966.

FIORAMONTI, Stanislao (Ed.), *Innocenzo III: L'Eucaristia (De sacro altaris mysterio liber IV)*, Libreria Editrice Vaticana (LEV), Città del Vaticano 2000.

Id., *Innocenzo III: Il sacrosanto mistero dell'altare (De sacro altaris mysterio)*, LEV, Città del Vaticano 2002.

Id., *Innocenzo III: Sermoni (Sermones)*, LEV, Città del Vaticano 2006.

FLICHE, Augustin – MARTIN, Victor (Edd.), *Storia della Chiesa, vol. X (Il pontificato di Innocenzo III)*, SAIE, Torino 1974.

GARCIA Y GARCIA, Antonio, *Las constituciones del Concilio IV Lateranense del 1215*, in: Innocenzo III Urbs et Orbis, Atti del Congresso Internazionale di Roma (9–15 settembre 1998), a cura di A. Sommerlechner, Società Romana di Storia Patria–Istituto Storico Italiano per il Medioevo, Roma 2003, vol. I, pagg. 200–224.

IMKAMP, Wilhelm, *Das Kirchenbild Innocenz' III*, A Hiersemenn, Stuttgart 1983, pagg. 46–53.

JEDIN, Hubert, *Breve storia dei concili*, Herder-Morcelliana, Roma-Brescia, 1978–1983.

Id. (Ed.), *Storia della Chiesa*, vol. V/1, Jaca Book, Milano 1987.

LA FAVIA Luigi Marcello, *Innocenzo III, il papa del Corpo e del Sangue di Cristo*, inedito (1998).

LANDAU, Peter, *Innocenz III und die Dekretalen seiner Vorgaenger*, in: Innocenzo III Urbs et Orbis, cit., Roma 2003, vol. I, 175–1999.

MACCARRONE, Michele, *Innocenzo III prima del pontificato*, in: Archivio R. Deputazione Romana di Storia Patria, 66, 1943, pagg. 59–134.

Id., *Innocenzo III*, in: Dictionnaire de Spiritualité, tome VII, 1770, Beauchesne, Paris 1971.

Id., *Innocenzo III teologo dell'Eucaristia*, in: Studi su Innocenzo III, (Italia Sacra vol. 17), Padova 1972, pagg. 344–345.

MALECZECK, Werner, *Innocenzo III*, in: Enciclopedia dei Papi, vol. II, p. 328 segg., Istituto dell'Enciclopedia Italiana, Roma 2000.

MIGNE, Jacques-Paul (Ed.), *Patrologia Latina*, vol. 214–217, Paris 1855.

MIGNONE, Mario, in: *Enciclopedia Liturgica* (a cura di R. Agrain), cap. 18, Paoline, Alba 1957.

PIOLANTI, Antonio, *L'Eucarestia nella Teologia Dogmatica*, in: Enciclopedia Cattolica, vol. V, 740, Città del Vaticano 1952.

Id., *Il mistero eucaristico*, Libreria Editrice Fiorentina, Firenze 1955.

SIFFRIN, Pietro, *La Messa nella liturgia di Rito Latino*, in: Enciclopedia Cattolica, vol. VIII, 792, Città del Vaticano 1952.

SODI, Manlio, *Innocenzo III, novità nella continuità di una "teologia" dell'Eucaristia*, inedito (1995).

YPENGA, Anko, *Innocent III' De Missarum Mysteriis reconsidered: a case study on the allegorical interpretation of Liturgy*, in: Innocenzo III Urbs et Orbis, cit., Roma 2003, vol I, pagg. 323–339.

Roma – Garda Veronese – München

Heinz-Joachim Fischer

Es erscheint heutzutage beinahe abenteuerlich, „gut katholisch" zu sein. In diesem Sinn ist Wilhelm Imkamp ein großer Abenteurer. Auch ich habe dieses Wagnis auf mich genommen und tapfer als Journalist, Publizist und Schriftsteller durchgehalten. Deshalb ist mir Wilhelm Imkamp sympathisch.

Dem „Gut-Katholischen" gehört meine Sympathie. Seit ich den nun Sechzigjährigen als jungen Studenten im Oktober 1971 – 40 Jahre ist es her! –, seit seinem Eintritt in das Collegium Germanicum in Rom, das deutsche Theologen-Kolleg in der Via San Nicola da Tolentino, Nr. 13, kennen und schätzen gelernt habe. Das ist unter „Germanikern" nicht selbstverständlich. Dafür sind sie zu unterschiedlich, theologisch und kirchenpolitisch. Mir gefiel damals, dass der junge Mann vom katholischen Niederrhein ein Non-Konformist war, einer, der nicht die langweiligen Allerwelts-Meinungen, die damals in Kirche und Gesellschaft im Schwange waren, wiederholte, sondern Anfang der 1970er Jahre mit Witz und Stil den Mehrheits-Muff auflüftete. Das brachte mit sich, dass der „Aachener" – so nach seinem Heimatbistum – manche ärgerte. Das ist so geblieben. Der Prälat und Wallfahrtsdirektor Imkamp versteckt sich nicht im Mehrheits-Strom kirchlicher und gesellschaftlicher Anpassung, sondern hat Mut zum Kontrast-Programm. Viel Feind, viel Ehr, heißt es dazu.

Mut zur abweichenden Meinung, Tapferkeit, sich zu ihr zu bekennen, diese Fortitudo, eine Kardinalstugend, erfordert Charakter. Doch eine Gegenposition zu vertreten, verlangt auch Klugheit. Inzwischen wissen wir aus der Aufarbeitung der 68er Bewegung, dass es daran den „Wohlmeinenden" oft gefehlt hat. Für die allgemeine Gesellschaft, ist diese Erkenntnis Allgemeingut. Für Kirche und Theologie muss manche Einsicht darüber für jene bewegten Zeiten der 1960er und 1970er Jahre (und später) noch nachgeholt werden. Obwohl ich damit weder den Studenten Imkamp noch den etwas älteren H.-J. Fischer zu jenen rechne, die sich bei „68" einbildeten, die Weisheit mit Löffeln gefressen zu haben. Vielleicht waren die beiden weniger „bewegt" von den Parolen des Fortschritts, stärker verwurzelt im Bewährten.

Mir fiel vor allem Folgendes auf im Verlauf des Konzils und danach, auch angesichts der aufmerksam verfolgten Berichterstattung in den Zeitungen, zum Beispiel in der „Frankfurter Allgemeinen", die eine Gruppe von Germanikern Tag für Tag vom Kiosk in der nahen Via Veneto holte – wenn man sich nicht mit der Abonnementszustellung begnügte, die freilich dank der italienischen Post mit erheblicher Verzögerung erfolgte. Es war die Einseitigkeit des Beifalls für das Konzil „von außen", von „der Welt", mit der die Kirche damals den großen Frieden zu schließen sich anschickte.

Die „Progressiven", die „Fortschrittlichen" hatten stets den Applaus für sich, die „Konservativen", „Reaktionäre", die „Ewiggestrigen" ernteten immer Buhrufe. Das verwunderte mich etwas. War „das Richtige" so ungerecht verteilt? Einerseits war ich jung und gleichsam der klassische Jahrgang für Achtundsechziger-Gefühle, so dass Veränderung an sich schon ihren Reiz hatte. Andererseits war ich in Berlin aufgewachsen, hatte damit einen gewissen Diaspora-Katholizismus aufgenommen, die Haltung, dass der eigene Glaube doch nicht von anderen verstanden oder geteilt werde, er deshalb auch nicht angepasst werden müsse. Ich hatte damit auch gelernt, dass die kirchenferne Umwelt (mit der nahen DDR und der Gleichgültigkeit der Großstadt) nicht ein erstrebenswertes Ideal darstelle, dem man sich andienen müsse. (Der Katholizismus im „Westen" hatte da andere Bedingungen.) Zudem wollte ich in den kirchlichen Dienst treten, nicht um das Katholische umzustülpen, sondern weil es mir zusagte.

Noch heute erscheint es mir tollkühn, dass manche Bischöfe und Theologen um 1960 an der Seelsorgslage der Kirche noch etwas verbessern wollten; denn die statistischen Daten von damals, über Kirchenbesuch und Bindung der Gläubigen etwa, künden von goldenen Zeiten. Aber natürlich lasen wir Studenten in Rom die „modernen" katholischen Theologen, Karl Rahner, Hans Urs von Balthasar („Schleifung der Bastionen"), hörten mit Interesse von Hans Küng, einem „Alt-Germaniker", und Joseph Ratzinger, dem „Teenager"-Peritus von Kardinal Frings aus Köln. Selbstverständlich nahmen wir auch die wichtigen evangelischen Autoren zur Kenntnis, Karl Barth, Rudolf Bultmann oder Oscar Cullmann etwa.

Da war uns sonnenklar und selbstverständlich, dass die katholische Theologie aus dem gesamten Schatz der zwei Jahrtausende alten Tradition schöpfen musste und sich nicht auf eine kurzatmige Römische Theologie der letzten Jahrzehnte verengen lassen durfte. Aber ebenso deutlich schien, dass eine wahrhaft katholische Theologie weder vor der allerneuesten Entdeckung der protestantischen Exegese noch vor den Vorwürfen moderner Geisteswissenschaften in die Knie gehen müsse. Diesen vorsichtigen Entwicklungsprozess in der wissenschaftlichen Theologie erledigten die Jesuiten-Professoren an der Gregoriana-Universität für uns Studenten ohne viel Aufhebens.

Diese Unterscheidung der theologischen Geister nahmen aber natürlich „die Medien" nicht vor. Konnten sie, wollten sie vielleicht auch nicht. Aber das fiel mir eben auf. Die Gesellschaft, Zeitungen und Meinungs-Multiplikatoren beeindruckten mit Schlagworten, wie zeitgemäßem „Aggiornamento" der Kirche und „menschlicher Nähe" der Glaubensverkündigung, Toleranz, Freiheit und Eigenbestimmung, Demokratisierung, Dezentralisierung und so weiter, die Konzilsväter. Nach dem Ende des Konzils im Dezember 1965 schien die Kirche, nunmehr das „Volk Gottes", nur noch eine legitime christliche Richtung zu kennen, die des Fortschritts. Dem hätte ich gern zugestimmt, wenn der Fortschritt so eindeutig zu bestimmen gewesen wäre. Ich blieb misstrauisch gegenüber jenen, die überzeugt und begeistert vorgaben, die Richtung genau zu kennen und mit Beifallsstürmen und Kritikwellen öffentlich vorgaben, wo es langzugehen habe. An mir nagten die Fragen; Fortschritt? Fort wovon? Fort wohin? Aber spreche ich von mir oder von Wilhelm Imkamp?

Als ich mich im Sommer 1973, nach brav an der Gregoriana-Universität erlangtem Lizenziat der Theologie (1970) und korrekter Promotion über ein religionsphilosophisches Thema ebendort, dem Journalismus zuwandte, als mir in der Frankfurter Allgemeinen Zeitung im Mai 1975 die Berichterstattung über die katholische Kirche anvertraut wurde, hörten die Fragen nicht auf: Fort wovon? Fort wohin? Schnell konnte ich auch noch eine Lehre aus der allgemeinen Politik auf die Kirche anwenden: Immer war Vorsicht geboten, wenn die wirklich Verantwortlichen in ihren Ämtern Ratschläge von Nicht-Verantwortlichen erhielten, die letztlich nicht für die Folgen ihrer Ansichten einstehen mussten.

Offensichtlich gehörte ich nicht zu den Progressiven, denen jede Änderung schon um ihrer selbst verlockend und verdienstvoll schien. Auch nicht zu den felsenfest Überzeugten, die alle gegensätzlichen oder abweichenden Meinungen mit moralischer Entrüstung überschütteten. Das hätte das journalistische Handwerk erleichtert, aber das verbot mir mein theologisches Gewissen. Ich gehörte auch nicht – aber eigentlich spreche ich auch hier wieder mehr von Wilhelm Imkamp – auch nicht zu den Berufenen, die nun die Kirche retten wollten. Aus der Diktatur des Papstes, aus den Händen verknöcherter Bischöfe, aus den Gedanken stehengebliebener Hoftheologen. Ja, die Retter! Die selbsternannten, vom reinen Geist berührten Retter!

Viele Retter habe ich als Journalist kommen und gehen gesehen. Kardinäle, Bischöfe, Theologen. Die immer eine ganz einleuchtende Idee vortrugen, wie die Kirche zu retten sei. Viele Rettungsaktionen wurden veranstaltet im Lauf der Jahrzehnte nach dem Konzil. Zuerst in Holland mit freundlichen Ideen. Dann in Deutschland, die größte und bestorganisierte nach dem Konzil, die Gemeinsame Synode der Bistümer in Würzburg von 1971 bis 1975, mit riesigem Aufwand, gewaltigem Ausstoß an Papier und geringem Ertrag. Offen gesagt, war ich als „weltlicher" Journalist der Meinung: Soll sie doch untergehen die Kirche, wenn sie es nicht besser verdient! Auch wenn ich „ gut katholisch" die Zuversicht hegte, es müsse dann zugehen, wie bei Matthäus im 14. Kapitel, als Petrus fürchtet zu ertrinken und der Herr ihn rettet. Ich konnte mir schwer vorstellen, dass die Kirche von jenen vor dem Untergang bewahrt werde, die am Ufer über Rettungsaktionen diskutierten. Die Matrosen auf dem Schiff, die Arbeiter im Weinberg … Spreche ich von dem Alltag eines Wallfahrtsdirektors?

Aber „Die-Kirche-Retten" oder, darüber hitzig zu diskutieren, ist seit Jahrzehnten ein beliebtes Gesellschaftsspiel von Engagierten. „Ist die Kirche noch zu retten?", lautet seit einigen Jahren ein beliebter Ausruf. Unter Katholiken, anderen Christen und auch von vielen, die eigentlich nicht im Verdacht stehen, Religion und Christentum, aber im besonderen der römisch-katholischen Kirche besonders zugetan zu sein. Alle wollen sich in ihrer Sorge um die Glaubensgemeinschaft nicht übertreffen lassen und wissen ganz genau, wie die Papstkirche aus ihren wirklichen oder vermeintlichen Schwierigkeiten herauskommen könnte und alle 1,3 Milliarden Katholiken in der Welt wieder zufrieden und ganz mit sich im Reinen werden könnten.

Erst jüngst hat zum Beispiel Hans Küng ein Buch mit diesem Titel, „Ist die Kirche noch zu retten?", veröffentlicht. Er habe, so verbreitet der Verlag sogleich werbend von seinem und über seinen Autor, „weiß Gott etwas Besseres und Sinnvolleres", ihn viel mehr Befriedigendes zu tun gehabt. Aber, so wörtlich im Vorwort: „In der gegenwärtigen Situation kann ich es nicht verantworten zu schweigen". Und Hans Küng fährt fort: „Die katholische Kirche ist krank, vielleicht sterbenskrank." Da und bei der weiteren Lektüre des Buches – mit allerdings nicht neuen Behauptungen – geht einem wunderlich auf, dass die ganze Tragik der katholischen Kirche im letzten halben Jahrhundert darin besteht, dass sie sich nicht von Hans Küng hat retten lassen. Er wäre vielleicht dazu bereit gewesen, auch wenn er „weiß Gott etwas Besseres und Sinnvolleres" sich hätte vorstellen können; aber man ließ ihn nicht gewähren. Ein Schuft sei, wer da Ironie vermutet! Das Rettungswerk kann offenbar damit beginnen, sich das Buch zu kaufen und betrübt festzustellen, dass die letzten Päpste, Paul VI., Johannes Paul II. und Benedikt XVI., einfach ihren Job nicht ordentlich versehen haben.

Aber trotzdem; angesichts einer fühlbaren Stimmungslage: „Ist die Kirche noch zu retten?"

Ich gestehe, dass ein langer Artikel von mir diesen Titel erhielt, mit der Unterzeile, „Papst Johannes Paul II. und Hans Küng – Zwei Modelle nach zwanzig Jahren" (in der F.A.Z vom 19. Juni 1999 – in Ereignisse und Gestalten/Bilder und Zeiten, nachzulesen in, Heinz-Joachim Fischer: „Vom Theologen zum Papst. Joseph Ratzinger – Benedikt XVI." LIT Verlag, Münster 2010.) Ich verglich darin Hans Küngs Kirchenmodell mit dem von Johannes Paul II. zusammen mit Joseph Ratzinger und trug dem Umstand Rechnung, dass ersterer nun doch nicht – offenbar fehlbarer – Papst geworden war.

Etwas weniger pathetisch untersuchte ich, auch an anderer Stelle, in Auswahl, worum es den Deutschen geht. Das nennt man, damit es auch im Vatikan verstanden wird, seit altersher auf latein „Gravamina nationis germanicae", wörtlich übersetzt, „Beschwerungen der deutschen Nation", also aller Länder deutscher und ähnlicher Sprache im ehemals Heiligen Römischen Reich nördlich der Alpen. Es sind die „kritischen Umstände" der deutschen Kirche, „Beschwerlichkeiten", die zu offiziellen Beschwerden an Papst und Kurie in Rom führen. So war es im 15. Jahrhundert, in gefährlicher Nähe der Reformation, so ist es heute.

Das Zweite Vatikanische Konzil von 1962 bis 1965 hat die Kirche als „Volk Gottes" neu gewürdigt und die Würzburger Synode der katholischen Bistümer Deutschlands Anfang der siebziger Jahre diese Erkenntnis in die Praxis umzumünzen versucht. Das Ergebnis scheint, wie etwa im Sommer und Herbst 1995 das „Kirchenvolks-Begehren" in Österreich, Deutschland und der Schweiz offenbarte, dass viele Katholiken mit der römischen Kirchenführung unzufrieden sind. Oder, wie es im 1. Satz des „Kirchenvolks-Begehrens" heißt: „Wir leiden darunter, dass der Zugang zur eigentlichen Botschaft Jesu Christi durch manche Gegebenheiten in der gegenwärtigen katholischen Kirche für viele Menschen erschwert wird."

Man forderte deshalb, „dass die derzeitige schwere Krise der katholischen Kirche für eine längst überfällige Reform genutzt wird".

Prüft man aufmerksam die Strömungen im deutschen Katholizismus, so zeigt sich ein „Gottesvolk", dass in vielen Gruppen an der Lage „leidet", dass einiges an der Kirchenführung im Vatikan und in den örtlichen Ordinariaten auszusetzen hat, an sich selbst und seinem christlichen Eifer eher weniger. Auch Zustimmung, doch noch mehr Unsicherheit, müder Verdruss und zuweilen scharfer Dissens, alles etwas grau gemischt, prägen die Stimmung. Hört man noch einmal die Stimmen der führenden deutschen Katholiken, wie sie etwa in dem Sammelband „Wir sind Kirche" (Herder Verlag, Freiburg 1995) zusammengetragen sind, so ergibt sich ein buntes, aus 51 einzelnen Steinen gefügtes Mosaik. Keineswegs immer streng geteilt in hell und dunkel, in Befürworter und Ablehnende der real existierenden Kirche – wobei je nach dem eigenen Standpunkt die Wertung in Gute und Böse, in „Fortschrittliche" und „Reaktionäre" ausfiele. Nicht die Regel ist, dass Vertreter der anderen Meinung pharisäerhaft-überheblich abgetan werden, etwa, „dass sie keine Ahnung haben". Aber es kommt vor.

Für den Kirchenrebell Hans Küng etwa, einen Meister der Polarisierung, stehen sich gegenüber die legitimen Forderungen des „Volkes Gottes" (und seiner drei habilitierten Schüler auf einem Lehrstuhl, so erwähnt er ausdrücklich), entsprechend einer „ursprünglichen Demokratie, die in der Kirche geherrscht hat", und auf der anderen Seite das „letzte totalitäre System im neuen Europa, die absolutistische Papstkirche, die sich als ‚Mutter' aller betrachtet, die Rechtskirche, die alles kontrollieren will, die Machtkirche mit ihrem Anspruch auf Weltherrschaft und die Klerikerkirche, in der den Priestern die Heirat und den Frauen die Ordination verboten wird".

Für Hans Maier, den Vertreter des Ausgleichs, muss das „großflächige Referendum" einmünden „in einen wirklichen Dialog mit Nüchternheit, in ein ernstliches Voneinander-Lernen". Bischofsernennungen müssen in jedem Fall einen Bistumsleiter hervorbringen, der für alle da ist, nicht einen, dem man andere zur Aufsicht an die Seite stellen muss!

Hans Küng bemerkt in voller Kenntnis der Lage: „Entscheidendes wird von der nächsten Papstwahl abhängen." Das gilt immer. Denn: „es ist keine Frage, dass Änderungen unter dem gegenwärtigen Pontifikat schwierig sind." Das gilt auch immer. Aber „es ist auf Dauer gar nicht möglich, ständig gegen das Kirchenvolk anzuregieren. An der Basis hat die Realisierung dieser Forderungen bereits begonnen."

Die deutschen Gravamina also, die Beschwerungen des kirchlichen Lebens, sind in dem Begehren aufgeführt. Darüber wird diskutiert, daran wird gelitten, dafür verlangt man Abhilfe. Immer noch. Diese Forderungen spiegeln einen Großteil, nicht das Gesamt, der katholischen Kirche in jenen Gesellschaften wider, die durch Konsum und Kommunikation bei jeweils breitem Angebot, Leistungforderungen und Leidensantworten charakterisiert sind. Das Leiden an fremden Misslichkeiten, die Empörung über wirkliches oder vermeintliches Unrecht prägen die öffentliche Meinung, oft ohne die Bereitschaft, das Übel vor der eigenen Haustür abzustellen, und etwa den Nachbarn mal wieder zum Kirchgang bei dem neuen Pfarrer einzuladen. Nur selten sieht das brennende Engagement den Nächsten.

Die ersten drei Punkte lauten in Stichworten:

„1. Aufbau einer geschwisterlichen Kirche: Gleichwertigkeit aller Gläubigen, Überwindung der Kluft zwischen Klerus und Laien. Mitsprache und Mitentscheidung der Ortskirchen bei Bischofsernennungen.

2. Volle Gleichberechtigung der Frauen: Mitsprache und Mitentscheidung in allen kirchlichen Gremien. Öffnung des ständigen Diakonates für Frauen. Zugang der Frauen zum Priesteramt.

3. Freie Wahl zwischen zölibatärer und nicht-zölibatärer Lebensform."

Diese Forderungen sind keine Erfindungen der neuen Zeit oder der letzten Jahre von untergeordneter Bedeutung. Die zuerst genannte „Gleichwertigkeit aller Gläubigen" hat in der Kirchengeschichte immer wieder eine Rolle gespielt, nicht nur als Gegensatz zwischen der amtlichen Kirche und den einfachen Gläubigen. Etwa schon im 15. und 16. Jahrhundert bei der Forderung nach dem Laien-Kelch, nach der „Kommunion unter beiderlei Gestalten von Brot und Wein", die in Böhmen die Hussiten erhoben hatten. Nicht von ungefähr wurde in der Bannbulle gegen Martin Luther, „Exsurge Domine" vom 15. Juni 1520, der Laien-Kelch abgelehnt. Nicht von ungefähr verbrannte der Reformator die päpstliche Verdammung.

Schon unter Paul VI. am 15. Oktober 1976 nahm die Glaubenskongregation gegen die Zulassung der Frauen zum Priestertum Stellung – wie sie in den Anglikanischen Kirchen von Kanada und England grundsätzlich erlaubt worden waren.

Wann der Zölibat, die verpflichtende Ehelosigkeit der Priester, in die katholische Kirche eingeführt wurde, weiß man wohl nicht einmal ganz genau. Aber aus gegebenem Anlass – weil zur Kirchenerneuerung der Reformatoren die Abschaffung des Zölibats gehörte – stellte das Konzil von Trient am 11. November 1563 in dem Kapitel über das Sakrament der Ehe den Kanon 9 auf: „Wer sagt, Kleriker, die in den heiligen Weihen stehen, oder Ordensleute, die feierlich Keuschheit gelobt haben, könnten eine Ehe schließen, und dieser Vertrag sei gültig, trotz Kirchengesetz oder Gelübde, und der entgegengesetzte Standpunkt sei nichts anderes, als die Ehe zu verurteilen; und alle könnten eine Ehe schließen, die nicht fühlen, dass sie die Gabe der Keuschheit (auch wenn sie diese gelobt haben) besitzen: der sei mit dem Anathema (Ausschluss) belegt. Denn Gott verweigert sie denen nicht, die recht darum bitten, und duldet nicht, dass wir über das hinaus versucht werden, was wir können." Die Verurteilung des Konzils sollte also nach den neuen Vorschlägen nicht mehr gültig sein.

Da wird offensichtlich, dass es sich nicht um zweitrangige Fragen handelt, sondern um Streitpunkte, die massiv in Tradition und Struktur der katholischen Kirche eingreifen, die in der Vergangenheit zu nichts Geringerem führten als der Herausbildung neuer christlicher Kirchen. Damit sind die Themen nicht mit einem Tabu belegt. Doch man muss wissen, worum es geht, letztlich um eine Reform der römisch-katholischen Kirche, nach der sie nicht nur anders ist als vorher, sondern ganz anders – was man wünschen kann oder eben auch nicht.

Hinter dem Kirchenvolks-Begehren mit den deutschen Gravamina steht die Überzeugung, genährt vom Freiheits- und Individualismus-Pathos der Neuzeit, dass der einzelne Gläubige die Form seiner Kirche bestimmen kann – was in einigen christlichen Glaubens-Gemeinschaften bereits realisiert ist, mit unterschiedlichem Erfolg. Unter diesem Gesichtspunkt ist es etwa folgerichtig, dass eine katholische Theologie-Studentin die Konfession wechselt, weil sie in sich die Berufung zum Pfarramt verspürt und für sich die Freiheit in Anspruch nimmt, diesen Lebenswunsch zu verwirklichen. Dann eben in einer anderen Kirche! Soll der Papst doch sehen, wie er ohne uns Frauen auskommt! lautete ihr selbstbewusster Ruf.

Das ist konsequent. Nicht die Institution soll das Leben des einzelnen bestimmen, sondern die einzelnen schaffen mit Gleichgesinnten den Rahmen für ihre Selbstverwirklichung, wobei sie jedoch gewöhnlich vorziehen, in ein bestehendes Gehäuse zu eigenen Bedingungen einzuziehen. Die Kirche mit ihren Strukturen und Traditionen wird an der persönlichen Entscheidung gemessen. Mit dem Ergebnis, dass tiefgreifende Reformen der katholischen Kirche angesagt sind, die bereits in anderen Kirchen verwirklicht sind.

Deshalb lautet in der römisch-katholischen Kirche stets die Frage, ob eine „konfessionelle Konkurrenz" – auch angesichts des Fortschritts in der Ökumene, in den Bemühungen um die Einheit der Christen – ausgenutzt wird und unzufriedene Katholiken eine neue Heimat finden wollen. Eine andere, ob die Selbstverwirklichung der einzelnen im Vordergrund steht oder die Selbstbehauptung der kirchlichen Institution, aus welchen Gründen auch immer. Eine weitere, ob sich noch genügend Christen finden, die ihren Lebensweg innerhalb der Kirche und deren Regeln zu gehen bereit sind. Die Verweise der Kirchenführung auf die Tradition und die Erfolgsgeschichte des katholischen Systems, das auch noch nach zweitausend Jahren besteht, werden also stets neu gewichtet.

Denn vielleicht gilt das römische Modell eben nicht mehr im 3. Jahrtausend. Es fehlt nicht an drohenden Prophezeiungen, es könne der römischen Papstkirche so ergehen wie der Sowjetunion, wie dem Kommunismus in Theorie und Praxis. Da das kommunistische Regime sich nicht reformieren wollte, brach es zusammen. Oder war es so, dass es vom Willen des Volkes hinwegdemonstriert wurde, weil es unter dem sowjetischen Staats- und Parteichef Gorbatschow mit Glasnost und Perestrojka sich erneuern wollte, doch nicht konnte? Das ist die Grundsatzfrage, die beantwortet werden muss, wenn die Stellung des Laien in der Kirche, die Rolle der Frau und das Charakteristische des Priesters für das 3. Jahrtausend neu bestimmt werden muss.

Johannes Paul II. und Benedikt XVI. haben diese Grundsatzfrage eindeutig beantwortet. Wer wollte sonst in der Kirche dazu berechtigt sein?!

Ist damit die Geschichte einer Enttäuschung vorprogrammiert? Auf beiden Seiten. Enttäuschung bei dem Papst und bei den Katholiken des deutschen Sprachraums. Gegenseitig. Die einen verhalten sich nicht so, wie es die Päpste gern hätten. Die anderen fällen nicht die Entscheidungen, die man in Deutschland, Österreich und der Schweiz von ihnen erwarten.

Je länger desto mehr stellte sich heraus, dass die Vorstellungen des Papstes über die Führung der Kirche und jene vieler deutscher Katholiken über Veränderungen darin auseinandergingen. Die Themen dieser Kontroverse sind hinlänglich bekannt; sie reichen über innerkirchliche Traditionen und Vorschriften (Zölibat, Frauenordination, wiederverheiratet Geschiedene) über die allgemeine Moral bis hin zu politischen Themen wie Befreiungstheologie und Geburtenkontrolle, Abtreibung und Beratungsschein.

Der Anspruch der päpstlichen Kirchenführung, die römisch-katholische Kirche zu führen, stößt dabei regelmäßige auf den Stolz und den hohen Sinn deutscher Katholiken, die sich eine ganz eigene Kirche geschaffen haben, mit höchst komfortabler finanzieller Ausstattung durch den Staat, mit Privilegien, wohlerworbenen Rechten und einem zufriedenen, gefälligen Selbstbewusstsein. Man könnte dies auf sich beruhen lassen. Warum soll eine Nationalkirche nicht selbstbewusst auch eigene Wege gehen können! Wenn sich dies ohne weiteres mit dem Prinzip des Katholischen, der Harmonisierung zwischen römischem Zentralismus und dem Eigenrecht der Ortskirchen vertragen könnte, wenn Konflikte zwischen Papst, Ortsbischöfen und einem traditionsreichen Laiengremium wie dem „Zentralkomitee der Deutschen Katholiken" und anderen Vertretungen die Lebensprinzipien der Weltkirche nicht zerreißen würden.

Die „ewigen" moralischen Vorhaltungen mit der „nervigen" Sexualmoral, das päpstliche Frauenbild, Machtproben, Fehlgriffe und Irrtümer bei der Ernennung von neuen Bischöfen, das Aufbegehren von Theologen, ein innerkirchliches Klima mit publikums- und medienwirksamen Drehbüchern und Rollen, ein Kirchenvolksbegehren, die Regensburger Vorlesung mit missverständlichen Äußerungen über Mohammed und den Islam, die Begnadigung eines Traditionalisten-Bischofs, der den Holocaust relativierte, Zweifel über das Verhältnis zwischen Kirche und Synagoge, unangemessene Reaktionen auf Missbrauchsfälle – das sind die Stationen einer zunehmenden Entfremdung, des gegenseitigen Gekränktseins im Bewusstsein edelster Absichten.

Johannes Paul II. und Benedikt XVI. konnten sich bei ihren Besuchen jenseits der Alpen überzeugen, wie der deutsche Katholizismus in verschiedene Lager zerfiel und dabei immer mehr an Kraft und Einfluss verlor. Wobei die Fraktionen von Kirchen-Papst-Treuen und Progressiv-Reformbereiten unterschiedlich stark und laut auftraten. Eines konnte die Päpste trösten. Obwohl manche deutsche Katholiken als Kirchenmodell eben jene Weisen des Christlichen vorschlagen, die in anderen Gemeinschaften längst angeboten und verwirklicht werden, wollen sie doch aus der Papstkirche nicht ausziehen, abgesehen von einer Minderheit, die aus finanziellen Gründen den Austritt vollzog. Wollen sie einfach nur „gut katholisch" sein? Ja, vielleicht zeigt sich darin nur eine Sehnsucht, „gut katholisch" zu sein.

I Rapporti tra Stato e Chiesa in Italia

La *Libertas Ecclesiae* nel Concordato del 1929
e nell'Accordo del 1984[*]

Georg Gänswein

1) La questione della libertà nella disciplina concordataria

In un discorso del 13 febbraio 1929, due giorni dopo la firma dei Patti lateranensi, di fronte ai docenti e studenti della Università Cattolica del Sacro Cuore, Pio XI sintetizza l'obiettivo del Concordato lateranense: "Ridare Dio all'Italia e l'Italia a Dio".[1] Al Concordato con l'Italia è indissolubilmente collegato il Trattato lateranense con la soluzione della Questione Romana (*Simul stabunt, simul cadent* afferma Pio XI) ed il riconoscimento, da parte italiana, della personalità internazionale della Santa Sede. Il Papa rinuncia al potere temporale e costituisce il piccolo Stato Città del Vaticano, finalizzato a garantire libertà ed indipendenza alla Santa Sede per l'adempimento della sua missione nel mondo.[2] Libertà della Chiesa e libertà dei cattolici sono finalità primarie.[3]

Il Concordato lateranense vige per ben 40 anni: 20 in età fascista e 20 in età democratica. Dalla fine degli anni sessanta dello scorso secolo esso comincia ad essere contestato pur rimanendo in vigore sino al 1984 sul piano internazionale ed al 1985 sul piano interno italiano a seguito della legge di ratifica.[4] Il mutato spirito pubbli-

---

[*] *Lectio magistralis* nel ricevere la Laurea *honoris causa* in *Sistemi di comunicazione nelle relazioni internazionali* dell'Università per Stranieri di Perugia, 15 febbraio 2011.

[1] Allocuzione "Vogliamo anzitutto", 13 febbraio 1929: "Con la grazia di Dio, con molta pazienza, con molto lavoro, con l'incontro di molti e nobili assecondamenti, siamo riusciti *tamquam per medium profundum eundo* a conchiudere un Concordato che, se non è migliore di quanti se ne possono fare, è certo tra i migliori che si sono fin qua fatti; ed è con profonda compiacenza che crediamo di avere con esso ridato Dio all'Italia e l'Italia a Dio." AAS 21 (1929) 110–114, 113.

[2] Allocuzione "Il nostro benvenuto", 11 febbraio 1929: "Ci pare insomma di vedere le cose al punto in cui erano in S. Francesco benedetto: quel tanto di corpo che bastava per tenersi unita l'anima." AAS 21 (1929) 103–110, 108.

[3] Cfr. O. FUMAGALLI CARULLI, Il Concordato lateranense: libertà della Chiesa e dei cattolici, in: Stato, Chiese e pluralismo confessionale: Rivista telematica, aprile 2009, 1–17.

[4] Firma: 18 febbraio 1984, Ratifica: 3 giugno 1985, in: AAS 77 (1985) 521–578. Essendo impossibile riferire l'abbondante bibliografia precedente e successiva all'Accordo, mi limito a ricordare alcune opere di documentazione e saggi: AA.VV., Studi per la revisione del concordato, Padova, 1970:

co, nella comunità ecclesiale, come nella comunità civile con la contestazione sessantottina a tutti gli ordini costituiti ed a tutti gli istituti tradizionali, produce una serie di polemiche.[5] A chi invoca l'abrogazione risponde la saggezza della politica italiana di allora con l'avvio del procedimento di revisione, che produce una modificazione del testo del 1929 effettuata con la armonizzazione ai nuovi principi di libertà che lo Stato democratico e la Chiesa hanno nel frattempo posto a fondamento dei rispettivi ordinamenti. La revisione si conclude, dopo vari passaggi parlamentari, il 18 febbraio 1984 quando il Cardinale Segretario di Stato Agostino Casaroli ed il Presidente del Consiglio della Repubblica italiana On. Bettino Craxi firmano l'Accordo "di modificazioni al Concordato lateranense" o Accordo di Villa Madama, dal luogo della firma.[6]

La vicenda storica dei rapporti tra Stato e Chiesa in Italia nel XX secolo mostra in maniera esemplare come i concordati – cioè le convenzioni stipulate dagli Stati con la Santa Sede per la regolazione giuridica di materie di comune interesse – abbiano una doppia valenza, a seconda che si tratti di Stati totalitari o autoritari ovvero di Stati democratici. Nel senso che con gli Stati del primo tipo i concordati hanno una specifica funzione: assicurare alla Chiesa spazi di libertà i più ampi possibili, necessari alla sua missione spirituale, nell'ambito di un ordinamento statale che per natura sua è negatore delle libertà sia a livello individuale che a livello collettivo. Viceversa negli Stati democratici, dove il concordato viene ad avere una funzione del tutto diversa: non quella di garantire spazi di libertà, già assicurati ampiamente alla Chiesa ed ai suoi fedeli nel quadro delle libertà riconosciute a tutti; ma quella di definire concretamente il regolamento delle modalità di esercizio delle libertà e dei diritti universalmente riconosciuti.

In questa seconda ipotesi, in particolare, il concordato può avere la funzione di realizzare un'esperienza più avanzata di democrazia, nella misura in cui esprimere la partecipazione della società ecclesiastica alla formazione delle norme di cui essa sarà poi destinataria; così come può servire a raggiungere l'obbiettivo di garantire alla Chiesa, nell'ordinamento statale, un ordine giuridico rispettoso della sua identità, senza cadere in ingiustificati privilegi e senza ledere il principio, fondamentale in una democrazia, di eguale libertà di tutte le confessioni religiose.

Il Diritto Ecclesiastico (1971, II–III) Chiesa e Stato in Italia, p. 273 s. (1977/I–IV) La Revisione del Concordato, p. 5 s.; AA.VV., I nuovi accordi concordatari tra Chiesa e Stato, Roma-Bologna, 1985; G. DALLA TORRE, La riforma delle legislazione ecclesiastica, Bologna 1985; G. DALLA TORRE (a cura di), La revisione del concordato, Città del Vaticano 1985; UNIONE GIURISTI CATTOLICI ITALIANI, I nuovi accordi fra Stato e Chiesa, Roma 1986; AA.VV., Atti del Convegno italiano di studio sul nuovo Accordo tra Italia e Santa Sede (a cura di R. COPPOLA), Milano 1987.

5   Si rinvia a O. FUMAGALLI CARULLI, Società civile e società religiosa di fronte al Concordato, Milano, 1980, p. 245 ss.

6   Nella ricorrenza degli ottant'anni dalla sottoscrizione dei Patti lateranense e dalla loro ratifica, il Senato ha pubblicato un ampio libro con i dibattiti più significativi che hanno contraddistinto i rapporti tra l'Italia e la Santa Sede all'interno delle Aule parlamentari; cfr. Chiesa e Stato in Italia. Dalla Grande Guerra al nuovo Concordato (1914–1984) a cura di R. PERTICI, Bologna 2009 (= Collana dei Dibattiti storici in Parlamento, 3). Sulla comunicazione del Governo e conseguente dibattito sulla revisione del Concordato tra lo Stato italiano e la Santa Sede cfr. pp. 783–858.

Nell'un caso, dunque, il concordato ha la funzione di definire l'ambito ed i limiti di operatività dell'autorità ecclesiastica, garantendo perciò la libertà della Chiesa (*libertas Ecclesiae*) e, di riflesso, la libertà religiosa dei suoi fedeli. Nell'altro caso il concordato ha la funzione di promuovere nel contesto di un sistema di libertà, la collaborazione fra autorità statale ed autorità ecclesiastica per favorire la tutela della persona umana e la promozione del bene comune; in entrambi i casi, pertanto, soggiacente al concordato.[7]

Nell'esperienza italiana, il Concordato del 1929 veniva a definire la condizione giuridica della Chiesa in Italia con una serie di disposizioni nelle quali erano assicurati ad essa Chiesa alcuni spazi di libertà. In questo senso il Concordato lateranense era diretto a superare i limiti posti dalla legislazione ottocentesca, chiaramente ispirata alla politica di secolarizzazione della società e di riduzione dello spazio della Chiesa, della sua attività e delle sue istituzioni: d'altra parte lo stesso Concordato, assicurando quei seppur definiti spazi di libertà, veniva a garantire alla missione della Chiesa un'immunità da coartazione e da limiti che era negata alla generalità dei consociati, individui e gruppi, dalla legislazione autoritaria del fascismo.[8]

Significativa in questo senso la vicenda dell'Azione Cattolica – la più importante espressione dell'associazionismo cattolico – specie nel settore giovanile. Difatti in deroga alle norme statali che prevedevano il monopolio partitico dell'associazionismo giovanile, disponendo in particolare l'obbligo di iscrizione dei giovani nelle associazioni del regime e facendo divieto ai privati di costituire associazioni giovanili, l'art. 43 del Concordato lateranense riconosceva le organizzazioni dipendenti dall'Azione Cattolica "in quanto esse, siccome la Santa Sede ha disposto, svolgano la loro attività al di fuori di ogni partito politico e sotto l'immediata dipendenza della gerarchia della Chiesa per la diffusione e l'attuazione dei principi cattolici".[9]

Alla luce della pretesa del fascismo – alla stregua di ogni regime totalitario – di avere il monopolio nella educazione della gioventù, la disposizione di cui all'art. 43 concedeva dunque alla Chiesa una (parziale) libertà in materia associativa, non riconosciuta ad altri. Ma la eterogeneità della norma concordataria rispetto al sistema ordinamentale dell'Italia del tempo venne alla luce, nell'esperienza concreta, neppure due anni dopo la stipula dei Patti lateranensi. Difatti non è senza significato che i maggiori contrasti tra la Chiesa ed il fascismo avvennero (oltre che per le leggi razziali del 1938) nel 1931, proprio in materia di associazioni cattoliche, allorché il

---

7   Al riguardo mi baso sullo studio di G. DALLA TORRE, Principi di libertà, in: Lezioni di Diritto Ecclesiastico, Terza edizione, Torino 2007, 137–147. Informa sulla questione in modo dettagliato e preciso lo scritto: La Chiesa Cattolica in Italia. Normativa Pattizia. A cura di I. BOLGIANI (= CESEN – Centro Studi sugli Enti Ecclesiastici e sugli altri enti senza fini di lucro; Università Cattolica del Sacro Cuore, Milano, 2009).

8   Per una ricostruzione storica generale cfr. A. C. JEMOLO, Chiesa e Stato in Italia negli ultimi cento anni, Torino 1975, p. 483 ss.

9   AAS 21 (1929) 293. Sulle fonti pattizie nel quadro dell'evoluzione ordinamentale civile e canonica e sulle nuove dinamiche di relazione tra Stato e Chiesa cattolica informa I. BOLGIANI, La Chiesa cattolica, cit., pp. 1–53.

regime si accorse che le libertà riconosciute in materia dal Concordato erano in insuperabile contrasto con l'ordinamento italiano.[10]

Viceversa l'Accordo di Villa Madama del 18 febbraio 1984, con cui vennero apportate modifiche al Concordato lateranense, si pone nel contesto del complesso ed articolato sistema di democrazia pluralista delineato dalla Costituzione italiana del 1948. Esso quindi non ha lo scopo di garantire libertà, che, non solo in materia religiosa, sono già assicurate a tutti, individui e gruppi; bensì ha lo scopo di favorire, in una prospettiva propriamente promozionale, la più ampia e concreta esplicitazione di tali libertà, anche con riferimento alla istituzione ecclesiastica che, nella stessa Costituzione, è riconosciuta come soggetto indipendente e sovrano (art. 7, primo comma).[11]

Si può osservare che tra gli elementi salienti di distinzione fra il testo originario del Concordato (1929) e quello in vigore (1984), spiccano proprio quelli relativi ai profili di libertà. Nel testo originario, infatti, erano riconosciute una serie di libertà della Chiesa e dei cattolici italiani, singoli o associati. Ma tali riconoscimenti erano posti in deroga ai principi ed alle norme caratterizzanti l'ordinamento italiano del tempo, e soprattutto nel contesto di relazioni fra due soggetti – lo Stato e la Chiesa – gelosi della propria sovranità e che si guardavano con diffidenza; per i quali conseguentemente le disposizioni concordatarie erano sostanzialmente una *actio finium regundorum* diretta a definire con chiarezza le reciproche competenze ed a salvaguardare le rispettive autonomie.

Al contrario nel testo revisionato del Concordato lateranense il riconoscimento delle libertà della Chiesa e dei cattolici italiani costituisce logica esplicitazione, sul piano dei concreti rapporti tra le due Parti contraenti dell'Accordo, dei diritti di libertà garantiti a tutti, senza discriminazioni, dalla Carta costituzionale. Le singole disposizioni concordatarie non solo agevolano praticamente l'azione dello Stato nel rispetto dei limiti della legge, ma indicano concretamente spazi di libertà dischiusi alla fruizione degli interessati, nella pluralità di possibilità e di opzioni ipotizzabili sulla base delle astratte e generalissime enunciazioni di libertà contenute nella Costituzione. In tal senso significativamente il n. 2 dell'art. 13 dell'Accordo di Villa Madama lascia aperta la via ad altre future e possibili regolamentazioni di concreti spazi di libertà, affermando che "ulteriori materie per le quali si manifesti l'esigenza di collaborare tra la Chiesa cattolica e lo Stato potranno essere regolate sia con nuovi accordi tra le due Parti sia con intese tra le competenti autorità dello Stato e la Conferenza Episcopale Italiana".[12]

---

10 Sul conflitto tra Stato e Chiesa in ragione dell'Azione Cattolica, che conobbe anche pagine molto dolorose e talvolta drammatiche, cfr. R. MORO, Azione Cattolica Italiana, in: Dizionario storico del movimento cattolico in Italia, a cura di F. TRANIELLO e G. CAMPANINI, Alessandria 1981, I, 2, I fatti e le idee, pp. 185 e190 ss., specie per la ricca bibliografia sul tema. Sul processo di revisione del Concordato si rinvia a G. DALLA TORRE, La revisione del Concordato lateranense. Una vicenda lunga quarant'anni, in: Iustitia (2004), p. 145 ss.

11 Utili al riguardo le osservazioni di G. BARBERINI, Ancora qualche riflessione sull'art. 7, 1 della costituzione italiana per fare un po' di chiarezza, in: Stato, Chiese e pluralismo confessionale: Rivista telematica, settembre 2009, 1–16.

12 AAS 77 (1985) 531.

Nel riaffermare il principio costituzionale (art. 7, primo comma) secondo cui lo Stato e la Chiesa sono, ciascuno nel proprio ordine, indipendenti e sovrani, il primo articolo dell'Accordo di Villa Madama dispone che la Repubblica Italiana e la Santa Sede si impegnano "alla reciproca collaborazione per la promozione dell'uomo e il bene del Paese". Ciò sta ad indicare, da entrambe le Parte contraenti, una concezione nuova della sovranità, non più chiusa ma aperta al servizio dell'uomo e del bene comune, il che postula una sana collaborazione seppure nella diversità delle rispettive competenze.[13]

2. La libertas Ecclesiae nel Concordato e nell'Accordo

Tutte le clausole del Concordato, così come modificato dall'Accordo di Villa Madama, esprimono il riconoscimento fatto nell'ordinamento italiano alla *libertas Ecclesiae*, cioè alla libertà rivendicata sempre e dovunque dalla Chiesa di poter esercitare senza ostacoli la propria missione, nel pieno rispetto della sua natura e delle proprie funzioni.[14] Le disposizioni generali in materia sono comunque contenute negli artt. 1 e 2[15], nonché nell'art. 1 del Protocollo addizionale[16], che sotto questo profilo costituiscono una novità rispetto al passato, giacché il Concordato del 1929 riconosceva solo alcune libertà ecclesiastiche, altre le limitava o le condizionava (ad esempio in materia di nomina di vescovi e di parroci), e soprattutto non contemplava un riconoscimento della *libertas Ecclesiae* nella sua generalità e globalità.

Si è già detto che l'art. 1 ripete il contenuto del primo comma dell'art. 7 Cost., nella parte in cui afferma che lo Stato e la Chiesa sono, ciascuno nel proprio ordine, indipendenti e sovrani. Giova notare come non si tratti di una inutile ripetizione, né di una mera affermazione di principio senza alcun contenuto concreto sul piano del diritto positivo. Perché con quella formula si accoglie in via bilaterale, un principio che per il passato vigeva solo perché racchiuso in una norma unilaterale statale quale l'art. 7 Cost.; ma soprattutto perché la norma in esame estende la previsione costituzionale, disponendo che le due Parti contraenti sono impegnate nei loro rapporti al pieno rispetto dell'indipendenza e della sovranità di ciascuna, così come sono impegnate alla reciproca collaborazione per il bene dell'uomo e del paese.

Si tratta di una norma che non può considerarsi solo come meramente programmatica, ma di immediata precettività, nella misura in cui fa divieto di considerare la Chiesa come funzionale agli interessi dello Stato e lo Stato come "braccio secolare" della Chiesa, imponendo viceversa ad entrambi di collaborare – seppure ciascuno secondo le proprie competenze – in ragione del fatto che l'una e l'altro sono, ancor-

---

13 Per un approfondimento del principio della *sana cooperatio* fra Chiesa e Stato, secondo le moderne teorie canonistiche, cfr. G. DALLA TORRE, La Città sul monte. Contributo ad una teoria canonistica sulle relazioni fra Chiesa e comunità politica, Roma 1996, terza edizione 2007, p. 125 ss.

14 Sulla *libertas Ecclesiae* e sulle differenze con la libertà religiosa cfr. L. SPINELLI, Libertas Ecclesiae. Lezioni di diritto canonico, Milano 1979, p. 189 ss.

15 AAS 77 (1985) 522–523.

16 „Si considera non più in vigore il principio, originariamente richiamato dei Patti lateranensi, della religione cattolica come sola religione dello Stato italiano". AAS 77 (1985) 532.

ché a diverso titolo, a servizio della stessa persona umana e del bene comune. Come è stato giustamente notato, l'importanza della disposizione richiamata si evince in tutta la sua portata considerando che il collegamento tra Stato e Chiesa operato dalla norma in questione non serve solo "a tutelare ciascun ordine nel raggiungimento dei suoi fini ma a perseguire altresì in collaborazione una finalità comune: la promozione dell'uomo."[17]

La norma ricollega i contenuti del primo comma dell'art. 7 Cost. al precetto di cui all'art. 2 Cost., che riconosce i diritti fondamentali dell'uomo sia come singolo sia nelle formazioni sociali in cui si esplicita la sua personalità.[18] Essa non solo indica la linea pratica di condotta da seguire nello svolgersi delle relazioni tra Stato e Chiesa, ma funziona anche come criterio di interpretazione sia delle disposizioni concordatarie sia di tutte le altre norme dell'ordinamento italiano che coinvolgano il servizio all'uomo da parte di Stato e Chiesa.

Il più pieno e generale riconoscimento della *libertas Ecclesiae* è peraltro contenuto nei primi due commi dell'art. 2 dell'Accordo del 1984, laddove l'ordinamento giuridico statale assume la Chiesa secondo la sua peculiare natura, struttura e finalità. Ciò comporta di conseguenza la sua disciplina in Italia secondo un diritto speciale, ancorché non privilegiario, e non secondo il mero diritto comune, come sarebbe stata logica conseguenza se lo Stato si fosse limitato a riconoscere alla Chiesa la sola libertà religiosa in senso collettivo.

Per quanto riguarda poi i singoli contenuti di tale *libertas*, il testo vigente del Concordato appare assai dettagliato e preciso. In particolare è assicurata la libertà della Chiesa sia per quanto attiene alla sua struttura e, quindi, alla sua capacità di organizzarsi giuridicamente senza alcun limite posto dalle leggi dello Stato; sia per quanto attiene alla funzione sua propria, tenendosi nel dovuto conto la distinzione canonistica dei *tria munera – docendi, sanctificandi, regendi –* in cui tale funzione si articola.

Si deve rilevare che la formula generale dell'art. 2 è da collegare alle altre disposizioni del Concordato, nelle quali sono garantite singole libertà ecclesiastiche. Ciò vale in materia *munus docendi* relativamente alla dichiarazione, alla diffusione ed alla difesa del dogma cattolico (art. 2; art. 7, n 4); alla formazione dei *christifideles* (art. 9; art. 10, n. 3; art. 12); ed in particolare alla specifica formazione del clero (art. 10, nn. 12–2).

Quanto rilevato vale pure per il *munus sanctificandi*, del quale è fatta esplicita menzione nell'art. 2, n. 1, ma che direttamente o indirettamente è oggetto anche in una serie di specifiche previsione normative, come in materia di edifici di culto (art. 5), di riconoscimento agli effetti civili del matrimonio canonico (art. 8), ed anche di esonero degli ecclesiastici dal servizio militare (art. 4).

---

17 Così G. LO CASTRO, Ordine temporale, ordine spirituale e promozione umana. Premesse per l'interpretazione dell'art. 1 dell'Accordo di Villa Madama, in: Dir. eccl. (1984) I, pp. 507–567, 511. Cfr. anche in AA.VV., Nuovi Accordi fra Stato e confessione religiose. Studi e testi, con saggio introduttivo di P. Gismondi, Milano 1985, p. 275.

18 Cfr. A. BALDASSARE, Diritti inviolabili, in: Enciclopedia Giuridica, XI, Roma 1989, p. 10 ss; A. BARBERA, Art. 2, in: Commentario della Costituzione, a cura di B. BRANCA, Principi fondamentali, Artt. 1–12, Bologna-Roma 1975, p. 50 ss.

Il *munus regendi*, infine, oltre al generale riconoscimento della "giurisdizione in materia ecclesiastica" (art. 2, n. 1.), entra in rilievo sia come potere legislativo (ad es. nella disciplina degli enti ecclesiastici e del matrimonio: art. 7, n. 2. e art. 8), sia come potere amministrativo (ad es. nell'erezione degli enti ecclesiastici e nello svolgimento su di essi dei controlli canonici, nel conferimento degli uffici ecclesiastici, negli atti di certificazione, ecc.), sia come potere giudiziario (ad es. per quanto attiene alla giurisdizione ecclesiastica in materia matrimoniale, *ex* art. 8, n. 2.)

In materia di giurisdizione ecclesiastica si deve rilevare che nel Trattato lateranense ricorre una disposizione che ha una chiara connotazione concordataria. Si tratta di quella contenuta nel capoverso dell'art. 23, per cui hanno piena efficacia giuridica agli effetti civili, senza altre formalità, le sentenze ed i provvedimenti dell'autorità ecclesiastica ed ufficialmente comunicati alle autorità civili, riguardanti ecclesiastici o religiosi e concernenti materie spirituali e disciplinari. La norma comporta quindi, in maniera in qualche modo analoga a quanto previsto per le decisioni della Corte di giustizia delle Comunità europee, il riconoscimento della forza esecutiva del provvedimento ecclesiastico. Nell'Accordo del 1984 questa disposizione è indirettamente confermata, in ragione del fatto che all'art. 2, lett. c) del Protocollo addizionale è detto che "la Santa Sede prende occasione della modificazione del Concordato lateranense per dichiararsi d'accordo, senza pregiudizio dell'ordinamento canonico, con l'interpretazione che lo Stato italiano dà dell'art. 23, secondo comma, del Trattato lateranense secondo la quale gli effetti civili delle sentenze e dei provvedimenti emanati da autorità ecclesiastiche, previsti da tale disposizione, vanno intesi in armonia con i diritti costituzionalmente garantiti ai cittadini italiani"[19]. Sui provvedimenti in questione, pertanto, è inammissibile un sindacato di legittimità o di merito da parte del giudice italiano, che non sia quello diretto ad accertare che la loro eventuale esecuzione in Italia verrebbe a ledere diritti costituzionalmente garantiti. È evidente che qualora si configurasse tale lesione, il provvedimento ecclesiastico non potrebbe avere efficacia nell'ordinamento italiano, ma rimarrebbero integri tutti i suoi effetti nell'ordinamento canonico.

Nel quadro della libertà di organizzazione pienamente riconosciuta alla Chiesa, deve collocarsi – fatto di rilievo e innovativo – la valorizzazione della Conferenza Episcopale Italiana come ulteriore interlocutore della comunità politica (cfr. ad es. l'art. 13 e l'art. 5, lett. b del Protocollo addizionale). Detta valorizzazione, infatti, presuppone il rinnovamento promosso nel diritto costituzionale della Chiesa dal Concilio Vaticano II, che ha portato al recupero della Chiesa particolare e del suo ruolo[20], anche per quanto attiene ai rapporti con la comunità politica.

3. La libertà religiosa individuale e collettiva

Il terzo comma dell'art. 2 del testo vigente opera un generale riconoscimento di libertà religiosa agli appartenenti alla Chiesa cattolica, venendo così ad offrire una

---

19 AAS 77 (1985) 532–533.
20 Cfr. Christus Dominus, 37; AAS 58 (1966) 693; Apostolos Suos, 15; AAS 90 (1998) 651.

garanzia rafforzata della libertà religiosa, sia individuale che collettiva, già oggetto di tutela nella Costituzione. In particolare la norma garantisce "ai cattolici ed alle loro associazioni la piena libertà di riunione e di manifestazione del pensiero con la parola, lo scritto e ogni altro mezzo di diffusione"[21].

Si deve tuttavia osservare come in singole disposizioni concordatarie vengano disposte specifiche garanzie della libertà religiosa dei cattolici, soprattutto creandosi le condizioni per l'esercizio della libertà religiosa in ambiti qualificanti: si pensi al riconoscimento degli effetti civili al matrimonio canonico (art. 8), che in concreto significa rilevanza per l'ordinamento statale delle scelte di coscienza della persona in materia matrimoniale; ovvero alla riconosciuta facoltà di usufruire dell'insegnamento della religione cattolica nelle scuole pubbliche, che concorre ad attualizzare la libertà religiosa come diritto ad una formazione che non ignori la dimensione religiosa (art. 9, n. 2).

In materia di libertà di associazione per motivi religiosi, le disposizioni concordatarie relative agli enti ecclesiastici vengono oggi maggiormente incontro, rispetto al passato, alle esigenze di veder riconosciute agli effetti civili associazioni ed istituzioni nascenti all'interno dell'ordinamento giuridico canonico. Basti pensare soltanto alla possibilità di riconoscimento – seppure a determinate condizioni – degli istituti religiosi e delle società di vita apostolica di diritto diocesano, che era del tutto escluso dalla normativa del 1929; oppure allo speciale regime dettato per le associazioni pubbliche e private di fedeli che non possono ottenere il riconoscimento come enti ecclesiastici (artt. 8–10; legge 20 maggio 1985, n. 222).

Occorre infine notare come con la revisione del 1984 dal testo del Concordato è venuta meno tutta una serie di norme oggettivamente limitatrici della libertà religiosa a livello individuale: si pensi in particolare alla soppressione della disposizione di cui al terzo comma dell'art. 5 del Concordato lateranense, secondo cui "in ogni caso i sacerdoti apostati o irretiti da censura non potranno essere assunti né conservati in un insegnamento, in un ufficio od in un impiego, nei quali siano a contatto immediato col pubblico."[22] In alcuni casi le originarie disposizioni del Concordato lateranense sono state oggetto di modifiche rivolte a renderle più consoni alle esigenze di tutela della libertà religiosa: così nel caso dell'insegnamento della religione cattolica nelle scuole pubbliche, con il passaggio dal vecchio sistema dell'esonero dall'insegnamento, che pure era un istituto posto a garanzia della libertà religiosa degli studenti e dei diritti in materia educativa dei genitori, al sistema della facoltatività, cioè della sua libera scelta, certamente più garantista.

---

21 AAS 77 (1985) 522.

22 AAS 21 (1929) 278. Sulla disposizione cfr. S. BERLINGÒ, L'indisponibilità del diritto di libertà religiosa. A proposito dell'art. 5 terzo comma del Concordato, in: Dir. eccl. (1966), I, p. 3 ss.; C. MIRABELLI, L'art. 5 del Concordato, in: AA.VV., Studi per la revisione del Concordato, Padova 1970, p. 409 ss. Nonostante i fondati dubbi circa la sua oggettiva costituzionalità, la disposizione concordataria aveva tuttavia resistito ad un sindacato di legittimità costituzionale: cfr. Corte cost., 14 giugno 1962, n. 52, in: Giur. Cost., 1962, p. 224 ss.

4. Il "carattere sacro" di Roma

Nel secondo comma dell'art. 1 del Concordato lateranense era contenuta una norma secondo cui il Governo italiano, in considerazione del "carattere sacro della Città Eterna", sede vescovile del Pontefice, centro del mondo cattolico e meta di pellegrinaggi, era impegnato ad impedire tutto ciò che in Roma potesse essere in contrasto con detto carattere.

Quella disposizione, rimasta pressoché inapplicata[23], era interpretata dalla dottrina nel senso che essa conteneva un impegno non ben determinato dell'autorità governativa italiana, con riferimento alle potestà discrezionali del potere esecutivo. Proprio in ragione di questa sua indeterminatezza la norma era stata oggetto di critica, in quanto la genericità dell'impegno assunto dallo Stato italiano, consentendo di coprire un numero indeterminato di fattispecie concrete, rischiava di rendere arbitrario l'esercizio delle funzioni pubbliche, da parte dell'autorità governativa (soprattutto l'esercizio dei poteri di interdizione e di polizia), con conseguente possibile lesione delle libertà individuali e collettive.[24]

La disposizione, d'altra parte, era intesa ad accordare specifiche garanzie alla *libertas Ecclesiae* in rapporto alla peculiare situazione della città di Roma, di cui il Papa è Vescovo, sul cui territorio si trovano gli organi di governo della Chiesa universale e le rappresentanze diplomatiche accreditate presso la Santa Sede, che è un punto di riferimento spirituale per i cattolici del mondo intero.[25]

Il quarto comma dell'art. 2 del testo in vigore, afferma invece che "la Repubblica italiana riconosce il particolare significato che Roma, sede vescovile del Sommo Pontefice, ha per la cattolicità"[26]. Si tratta di una formulazione ancor più generica della precedente, ma priva di specifici impegni da parte statale; peraltro, essendo prevista in un atto con valore e forza giuridica, qual è il Concordato, non può considerarsi del tutto priva di effetti sul piano di diritto.[27]

---

23 Nel corso di un cinquantennio a tale disposizione si era appellata la Santa Sede in due diverse occasioni: nel 1938, in occasione della visita a Roma di Hitler, allorché il Papa Pio XI aveva lamentato il fatto che nella città "sacra" era stata inalberata l'insegna di una croce che non era la croce di Cristo. Nel 1965, in occasione della rappresentazione in Roma della commedia scandalistica *Il Vicario* di Rolf Hochhuth, ritenuta gravemente lesiva alla memoria di Papa Pio XII, perché accusato di non aver espresso ufficiale condanna contro il nazismo e lo sterminio degli ebrei. Su quest'ultima vicenda cfr. in particolare S. LARICCIA, Stato e Chiesa in Italia. 1948–1980, Brescia, 1981, p. 36 ss.

24 Per riferimenti bibliografici in materia cfr. E. GRAZIANI, Il carattere sacro di Roma. Contributo all'interpretazione dell'art. 1 cpv. Conc., Milano 1960; G. CAPUTO; Il carattere sacro di Roma, in: AA.VV., Studi per la revisione del Concordato, Padova, 1970, p. 239 ss; L. GUERZONI, "Carattere sacro" di Roma e sovranità dello Stato, Bologna 1970. Sulle origini storiche e ideologiche della formula cfr. A. RICCARDI; Roma "città sacra"? Dalla Conciliazione all'operazione Sturzo, Milano 1979; M. MADONNA, Dal "carattere sacro" al "particolare significato". La città di Roma nel Concordato del 1929 e nell'Accordo del 1984. Aspetti giuridici e politici, Tricase 2009.

25 Si vedano in proposito le osservazioni sviluppate da alcuni componenti della Commissione ministeriale di studio per la revisione del Concordato (1968–1969), in: G. SPADOLINI, La questione del Concordato, Firenze, 1976, p. 250 ss., i quali rilevavano anche l'aporia sussistente fra una norma limitatrice di libertà, ma non tassativa, e i principi di democrazia e libertà sanciti dall'ordinamento.

26 AAS 77 (1985) 523.

27 In questo senso cfr. O. FUMAGALLI CARULLI, Società civile e società religiosa di fronte al Concordato, Milano 1980, p. 321; contra C. CARDIA, La riforma del Concordato. Dal confessionalismo alla laicità dello Stato, Torino, 1980, p. 183.

Certamente la disposizione in esame non ha forza di legittimare, come accadeva in passato, limitazioni più o meno ampie di diritti e di libertà giuridicamente garantite; tuttavia può legittimare interventi del legislatore e della pubblica amministrazione destinati specificamente a Roma in quanto sede vescovile del Papa e centro della cattolicità, e diretti a garantire una migliore esplicitazione delle funzioni e delle relazioni che a detto carattere sono connesse. Così potrebbero trovare fondamento nella norma in esame leggi e regolamenti speciali per la città di Roma attenenti a settori che hanno connessione con quelle funzioni, come l'urbanistica, i trasporti, le relazioni internazionali, l'accoglienza di pellegrini, i servizi sociali e sanitari anche a favore di non cittadini (immigrati extra comunitari, etc.), il turismo di carattere religioso, la conservazione e la valorizzazione dei beni culturali ecclesiastici e religiosi. Due esempi recenti esplicitano tale visione. Il primo: il Grande Giubileo del 2000 che ha visto convergere a Roma per un intero anno milioni di pellegrini e ha richiesto un ripensamento di tanti luoghi della città da parte dell'autorità pubblica. Il secondo esempio: i funerali di Giovanni Paolo II con la grande affluenza di fedeli e autorità nonché l'impatto di tale evento sulla città in un brevissimo spazio di tempo.

Più in generale si potrebbe rilevare come la disposizione in esame si pone quale norma di un più ampio statuto speciale che potrebbe essere assicurato alla città di Roma, onde metterla in condizione di svolgere nel modo migliore le funzioni ed i servizi di cui è gravata per i suoi ruoli di capitale, di città internazionale e di sede della cattolicità.[28] Una prospettiva, quest'ultima, che ha acquistato concretezza per effetto della riforma del Titolo V della Costituzione, ove è stato consacrato formalmente il ruolo di Roma come "capitale della Repubblica", assegnando alla legge dello Stato il compito di disciplinarne l'ordinamento (art. 114, terzo comma).

5. Osservazioni conclusive

L'indagine condotta evidenzia un sistema articolato e complesso, caratterizzato dal costante e necessario misurarsi degli accordi in parola con le evoluzioni in atto nell'ordinamento tanto civile quanto canonico. Lo sviluppo della *libertas Ecclesiae* nella relazione fra Stato e Chiesa in Italia è stato incoraggiato dall'evoluzione ordinamentale italiana nel segno di una sempre più accentuata valorizzazione dell'autonomia ecclesiastica.

Tuttavia occorre precisare come nell'esaminare tali dinamiche relazionali non si debba cadere nel facile equivoco di considerarle operative "a senso unico". Se è vero

---

28 Per una spunto al riguardo cfr. S. BERLINGÒ, Per una nuova politica del diritto in materia ecclesiastica, in: Dir. eccl. (1977) I, p. 78. Per ulteriori approfondimenti, cfr. AA.VV., Roma, la capitale del Papa, a cura di L. FIORANI e A. PROSPERI, Torino, 2000; G. B. VARNIER, Roma "città sacra" e "città aperta nella seconda guerra mondiale", in: Dir. eccl. (2002), I, pp. 1282–1291; P. SASSI, I rapporti fra Roma capitale e la Santa Sede: poteri pubblici e Chiesa cattolica nell'ex "città" tra secondo e terzo millennio, in: AA.VV., L'ordinamento di Roma capitale, Atti del convegno, Roma, 10 aprile 2003, a cura di S. MANGIAMELI, Napoli, 2003, p. 139 ss.; AA. VV., L'ordinamento di Roma capitale, Napoli, 2003.

che lo sviluppo della *libertas Ecclesisae* negli accordi di attuazione del dettato concordatario appare indubbiamente condizionato dalle evoluzioni ordinamentali in atto, va però sottolineato come tale risultato, sia stato notevolmente favorito proprio dal paradigma strutturale dell'Accordo 1984. Si è dunque di fronte ad una realtà in cui i fattori dominanti sono in costante evoluzione. Dinamiche, "inter" ed "infra" ordinamentali, che non possono venire trascurate se non si intenda affrontare il rischio di porre in ombra alcuni degli elementi più significativi per ricostruire l'avvenuto sviluppo degli accordi, ma anche e soprattutto per comprendere le future linee evolutive, tanto nel loro insieme quanto nei singoli settori.

Vorrei, al termine di queste mie riflessioni, riproporre la visione dei rapporti tra Stato e Chiesa in Italia proposta da Papa Benedetto XVI nella sua visita al Quirinale del 2005, in cui richiama tra l'altro a una sana laicità dello Stato: "Le relazioni tra la Chiesa e lo Stato italiano sono fondate sul principio enunciato dal Concilio Vaticano II, secondo cui 'la comunità politica e la Chiesa sono indipendenti e autonome l'una dall'altra nel proprio campo. Tutte e due, anche se a titolo diverso, sono a servizio della vocazione personale e sociale delle stesse persone umane'(*Gaudium et spes, 76*). È principio, questo, già presente nei Patti Lateranensi e poi confermato negli Accordi di modifica del Concordato. Legittima è dunque una sana laicità dello Stato in virtù della quale le realtà temporali si reggono secondo le norme loro proprie, senza tuttavia escludere quei riferimenti etici che trovano il loro fondamento ultimo nella religione. L'autonomia della sfera temporale non esclude un'intima armonia con le esigenze superiori e complesse derivanti da una visione integrale dell'uomo e del suo eterno destino."[29]

Il Concordato del 1929 e gli Accordi del 1984 offrono un quadro giuridico per realizzare quella sana laicità di cui parla il Santo Padre e che rafforza l'identità dell'Italia, un Paese a cui mi sento tanto legato e a cui faccio auguri di ogni bene, quando si compiono i 150 anni della sua Unità.

---

29 Benedetto XVI, Discorso durante la visita al Quirinale, 24 giugno 2005, in: L'Osservatore Romano, 25.6.2005.

La gloriosa scuola Romana

Brunero Gherardini

Il medioevo ebbe, nella scuola carolingia (sec. VIII–IX), un vero *foyer* di riflessione teologica. Vi presero parte uomini tutt'oggi giustamente celebrati: Alcuino, Rabano Mauro, Teodolfo d'Orléans, Pascasio Radberto, Ratramno di Corbia[1].

La loro eredità fu poi raccolta in *Sententiae,* dalle quali nacquero le *Summae* che fecero grande la Scolastica. Di essa il genio più alato "che sovra gli altri com'aquila vola"[2], fu san Tommaso d'Aquino. Ma il nominalismo del XIV e del XV sec. ne decretò la decadenza[3] e la Riforma del XVI sec. completò l'opera[4].

Nei secc. XVII e XVIII, sotto l'urto di correnti varie e spesso contrapposte, la teologia s'inaridì nella controversia[5], preparando, ciò nonostante, l'avvento di quello che O. Dibelius avrebbe presto chiamato "il secolo della Chiesa"[6]. La preparazione immediata e diretta di esso appartiene, però, ad una gloriosa scuola la quale, prevenendo la felice ripresa dell'interesse all'Angelico, che l'enciclica *Aeterni Patris* di Leone XIII[7] avrebbe presto avviato, si sentì essa stessa approvata dall'epocale intervento leoniano: alludo alla **Scuola Romana**, sulla quale c'intratterremo brevemente.

---

1   CONGAR Y., *L'Eglise de saint Augustin à l'époque moderne*, Parigi 1970, p. 51–66 con ampie note bibliografiche; ID., *L'ecclésiologie du Haut Moye- Age, de saint Grégoire le Grand à la désunion entre Bysance et Rome*, Parigi 1968 con indicazioni di fonti e bibliografia specifica, spec. p. 34–39.
2   DANTE ALIGHIERI, *Inferno* IV, 96.
3   SEEBERG R., *Lehrbuch der Dogmengeschichte*, Dritter Band: *Die Dogmengeschichte des Mittelalters*, Graz 1953[5]; KLEIN J., *Nominalismus*, in RGG[3] IV, 1505–1506; RYLE G., *Systematically Misleading Expressions, logic and Language*, 1. Oxford 1952[2], p. 12–36; ABBAGNANO N., *Storia della Filosofia*, 1. Torino 1949, p. 526–550; VIGLINO U., *Nominalismo*, in EC VIII 1921–1926.
4   SEEBERG R., *Lehrbuch*, cit., Vierter Band, erster Teil: *Die Entstehung des protestantischen Lehrbegriffs*, Graz 1953[5]; per gli ulteriori sviluppi si veda HIRSCH E., *Geschichte der neuern evangelischen Theologie im Zusammenhang mit den allgemeinen Bewegungen des europäischen Denkens*, 5 voll., dei quali il quarto e il quinto in due tomi, Gütersloh 1960; ma la letteratura è semplicemente enorme.
5   GRABMANN M., *Die Geschichte der katholischen Theologie seit dem Ausgang der Väterzeit*, Friburgo Br. 1938[2]; cf. per l'ambito tedesco SCHEFFCZYK L., *Theologie im Aufbruch und Widerstreit. Die deutsche katholische Theologie im 19. Jh.*, Brema 1965
6   DIBELIUS O., *Das Jahrhundert der Kirche*, Berlino 1926.
7   LEONE XIII, Ep. encycl. *Aeterni Patris*, 4 agosto 1879, in ASS 11 (1878/1879) 98ss ed in LEONIS XIII *Acta*, Roma 1880, p. 33–69. Il testo, studiato e sviscerato storicamente e filosoficamente più volte, fu pure più volte riprodotto, p. es. da EHRLE F., *Zur Enzykl. "Aeterni Patris", Text und Kommentar*, Roma 1954, p. 17–34. Mi sembra doveroso richiamar l'VIII Congresso Tomistico Internazionale, organizzato a Roma dall'allora vivace P. Accademia Romana di S. Tommaso

1 I prodromi

Non sarà male, forse, incominciar da lontano: da quel 476 che vide dissolversi l'Impero Romano, lasciando alla sola Chiesa il compito d'innalzar i livelli socio-culturali mediante un nuovo impulso alle già esistenti *scuole parrocchiali*, che fornivan i rudimenti fondamentali dello scibile. Per un'ulteriore formazione, il II concilio di Toledo (531) prescrisse l'erezione di *scuole cattedrali*[8] affidandole alla responsabilità dei vescovi. Ognuna aveva un "magister" e si dividevan in "minores" o elementari e "maiores" estese al "trivium" e al "quadrivium". All'uno ed all'altro, tuttavia, provvedevan soprattutto le *scuole monastiche*, sia quelle "claustri", destinate ai monaci, sia quelle "externae", aperte ai non monaci e dirette pure da un "magister scholae", poi chiamato "scholasticus"[9].

Un passo ulteriore fu compiuto da Carlo Magno, specie dal 780 in poi. La *scuola carolingia*, resa obbligatoria a vescovi ed abati, e poco dopo (825) affiancata da quella statale, andava da un insegnamento rudimentale ad uno più elevato, che tuttavia non era ancora quello universitario[10]. Sfasciatosi l'impero carolingio nei sec. IX–XI, ne subì le sorti anche l'istituzione scolastica, che peraltro la Chiesa, con il Lateranense III del 1179 ed il Lateranense IV del 1215, riuscì a ripristinare[11].

Non tutto, nei secoli IX–XI, era stato in crisi. Era nata la già ricordata Scolastica che avrebbe avuto il massimo splendore nei sec. XII e XIII, diffondendo il sapere attraverso lo "Studium" o "Studium generale", l'antesignano della moderna *Università*[12]. Quando la Riforma diffuse l'errore, fu il Concilio di Trento ad esiger l'incremento dell'attività scolastico-universitaria, incontrando la pronta risposta di Somaschi, Barnabiti, Scolopi e soprattutto Gesuiti. Altrettanto avvenne nel XVII–XVIII sec., quando teologi come il Billuart ed il Gotti, religiosi come i benedettini di Salzburg ed i Gesuiti di Würzburg e santi come Alfonso de' Liguori, fecero sì che il metodo teologico movesse i primi passi in senso speculativo e positivo[13].

---

d'Aquino e celebrato in modo davvero superbo l'8–13 sett. 1980 con sessioni plenarie e particolari (A. Storica; B. Teoretica; C. Storico-Teoretica) con circa 300 tra relazioni e comunicazioni, tutte confluite in ben 8 ponderosi voll., editi dalla Libr. Ed. Vaticana nel 1981.

8 MANSI J.D., *Sacrorum Conciliorum nova et amplissima collectio*, in 31 voll., Parigi 1901–1927, vol. VIII, p. 785.

9 Cf HEFELE C.J., *Histoire des Conciles d'après les documents originaux*, versione fr. a c. di H. Leclercq, Parigi 1907ss., vol. III.

10 MANSI J.D., *Sacrorum Conciliorum*, cit., vol XIV, p. 599ss.

11 Ibid., vol. XXII, p. 227.999.

12 A qualcuno l'istituzione dell'Università sembra una liberazione "laica" dal predominio ecclesiastico, come se anche "il laico" non fosse parte della Chiesa e non vivesse in essa e di essa . Sta poi il fatto che l'Università è un'istituzione essenzialmente ecclesiastica. Nel 1400, delle 52 Università esistenti, 29 erano state fondate dal Papa e le altre ne erano state riconosciute ed approvate, cf RASHDALL H., *The Universities of Europe in the Middle Ages,* 3 voll. Oxford 1951³; NOTTHON A. O., *Readings in the History of Education: Medieval Universities*, Cambridge 1909; WOLTER H., *L'apogeo della Scolastica e dell'Università occidentale*, in JEDIN H. (a c. di)), *Storia della Chiesa,* vol. V/1: *Civitas medievale, XII–XIV sec.,* Milano 1976, p. 356–376. Si ricordi che al concilio di Vienna (1312) il papa ordinò che s'istituissero a Roma, Bologna, Parigi, Oxford e Salamanca cattedre d'ebraico, caldeo e arabo; in Spagna il card. Ximenes, nell'università da lui fondata, eresse il collegio di latino, greco ed ebraico. Tutt'i gli ordini fecero a gara per rispondere al desiderio della Chiesa e del Papa con istituzioni universitarie e/o loro incremento, cf TESTORE C., *Scuola*, in EC XI, 196.

13 PARENTE P., *Teologia*, in EC XI, 1963.

Si è già nell'atmosfera dell'*Aeterni Patris*, che è quella dei Sanseverino, Liberatore, Cornoldi, Talamo, Lepidi[14]. E' anche l'atmosfera del Collegio Romano e quindi de

2 La Scuola Romana

Nel linguaggio corrente scuola sta per *luogo dove s'insegna* o per *l'insieme delle istituzioni scolastiche*. Per estensione, significa pure *insegnamento, studio, dottrina*[15]. Scuola, quindi, sta spesso per *corrente filosofica, indirizzo di pensiero, eredità ideologica* di questo o di quel centro, o pensatore, o periodo. Specie in passato, "Scuola" era detta per antonomasia la Scolastica, o anche la sua filosofia. *Scuola Romana*, dunque, non è una speciale istituzione dell'Urbe, come quella che un tempo Carlo Magno chiamò "Palatina", perché era la scuola ospitata nel suo palazzo imperiale; e neanche è un'istituzione culturale speciale, fra le tante di cui Roma dispone. Sostantivo (*Scuola*) ed aggettivo (*Romana*) vengon usati in riferimento ad una corrente di pensiero filosofico e teologico (il tomismo) che ebbe in Roma e nel Collegio Romano il suo principale centro d'irradiazione ed amplificazione, ma annoverò cultori e perfino promotori anche fuori dell'Urbe; i suoi echi, infatti, si diffusero felicemente un po' dovunque.

Tra i promotori, degni di nota son certamente il piacentino Vincenzo Buzzetti (1777–1824), nonché il gruppo napoletano costituito da Matteo Liberatore (1810–1892), Gaetano Sanseverino (1811–1865), Nunzio Signoriello (1820–1889), Salvatore Talamo (1844–1932) ed altri, non meno illustri. L'onestà vuole che si ricordino anche due grandi domenicani, Tommaso Zigliara († 1893) e Ceferino González († 1893), autentici precursori della rinascita tomista. Né van passati sotto silenzio l'esemplare obbedienza e l'impegno operativo con cui in Europa e nelle Americhe si rispose all'*Aeterni Patris* di Leone XIII[16].

Romana, dunque, né definisce né esclude i confini geografici della *Scuola*, che esprime un indirizzo ideale, condiviso anche da personalità non romane, ma proprio per questo espressione esse pure della *Scuola Romana*. Un esempio fra i tanti: Matthias-Joseph Scheeben (1835–1888). L'aver avuto maestri come Liberatore, Secchi, Perrone, Cercia, Ballerini, Kleutgen, Patrizi ma soprattutto Franzelin e Passaglia, ne giustifica l'inserimento in ambito *romano*, non come un arido ripetitore, ma un pensatore che nutre di dottrina tomista il proprio genio speculativo per promuover il miglioramento metodologico della teologia[17].

---

14 GRABMANN M., *Geschichte*, cit.; CONGAR Y., *Théologie*, in DThC XV, 346–347; PIOLANTI A., *Pio IX e la rinascita del tomismo*, Vaticano 1974; ID., *Il tomismo come filosofia cristiana nel pensiero di Leone XIII*, Vaticano 1983; ID., *La filosofia cristiana in Mons. Salvatore Talamo, ispiratore della "Aeterni Patris"*, Vaticano 1986.

15 AA.VV., *Dizionario etimologico aggiornato*, Rusconi Libri 2005, p. 896.

16 Vi accenna BOGLIOLO L., *Il problema della filosofia cristiana*, Brescia 1959, spec. p. 166–173.

17 Si veda a questo riguardo, fra i vari studi sul grande Scheeben, al quale nel centenario della morte "Divinitas" offrì in omaggio un numero speciale (XXXII/1/1988/5–529), HOCEDEZ E., *Histoire de la Théologie au XIXe siècle*, III. Le Regne de Léon XIII. 1878–1903, Bruxelles-Parigi 1947, p. 377–384.

C'è, tuttavia, un motivo diretto che giustifica l'espressione *Scuola Romana*: Roma è il suo terreno di coltura e la "romanitas" è la scaturigine della sua tensione universale.

Un po' amaramente, rilevo che la *Scuola Romana* non ha incontrato l'attenzione che avrebbe meritato da parte degli storici. E. Hocedez, che pure è attento alle scuole ed ai teologi scolastici del XIX e XX sec.[18], non ne parla. Silenzio anche nell'EC e nel DThC, perfin all'interno della sua analisi, straordinaria per contenuto e dimensioni, del concetto di teologia[19]. Silenzio, inoltre, nella monumentale *Storia della Chiesa* diretta dal grande H. Jedin. Un riferimento indiretto, ma contenutisticamente ineccepibile, può invece trovarsi in RGG[3][20]. Alcune pagine dedicate esplicitamente alla *Scuola Romana* son reperibili in *L'Eglise de saint Augustin à l'époque moderne* di Y. Congar[21].

A me pare che sia anzitutto importante determinarne la collocazione storica. E' una scuola collegata con il noto "Collegio Romano" che, il 18 febbr. 1551, era già ufficialmente sede universitaria e due anni dopo rilasciò i primi titoli in filosofia e teologia. Nel 1584, grazie a Gregorio XIII, fu trasferito in altra sede, imponente e di recente costruzione, che non a caso prese il nome d' Università Gregoriana. Nel 1773, per la soppressione dei Gesuiti, la facoltà di filosofia e quella di teologia vennero affidate al Clero secolare, con sede fin dal 1824, per decisione di Leone XII, presso sant'Apollinare. Da qui, nel 1848 a seguito della rivoluzione, si riportò presso il Collegio Romano, definitivamente scisso dall'Università nel 1870, quando le sue scuole letterarie divennero appannaggio del Collegio Massimo. La Gregoriana, oltre a filosofia e teologia, fu da Pio IX e successori arricchita d'altre cattedre. Il Laterano, a sua volta, nato nel 1773 quando Clemente XIV affidò filosofia e teologia al Clero romano, ebbe il suo sviluppo presso sant'Apollinare, dove, nel 1853, Pio IX fondò anche il "Seminario Pio" in stretta correlazione con l'Ateneo. Molti dei suoi professori, ed altri della Gregoriana, collaborarono con Papa Mastai e con il suo successore Leone XIII, per alcuni Atti qualificanti il governo della Chiesa, specie la preparazione del Vaticano I e quella dell'*Aeterni Patris*[22].

La rivoluzione francese aveva lasciato il segno. Le torbide vicende italiane fin alla breccia di Porta Pia e lo spirito scopertamente massonico del Regno, posero gli studi sacri in stato comatoso. Nei seminari s'accordava un inspiegabile favore all'*ontologismo*, al *sensismo*, all'influsso *kantiano* ed *hegeliano*, e quindi al *razionalismo*, al *positivismo* e, soprattutto in ambito scientifico, perfino al *materialismo*. La sana

---

18 Ibid., p. 351–400.

19 CONGAR M. J., *Théologie*, in DThC XV, 342–502

20 PHILIPP W., *Neuthomismus*, in RGG[3] IV, sp. c. 1439–1440.

21 Cit. p. 428–435: "Restauration d'une Théologie de l'Eglise dans l'Ecole Romaine et par Scheeben". Significativo l'accostamento di Scheeben alla *Scuola Romana* a conferma di quanto io stesso ho sostenuto.

22 Si veda a tale riguardo BELLAMY J., *La théologie catholique au XIXᵉ siècle,* Parigi 1904; MASNOVO A., *Il neotomismo in Italia. Origini e prime vicende,* Milano 1923; EHRLE F., *Die Scholastik und ihre Aufgabe in unserer Zeit,* Friburgo Br. 1933²; FABRO C., Scolastica, in EC XI, 122–140 (veloce ma succosa ricostruzione storica della Scolastica, con attenzione anche al neotomismo); PIOLANTI A. (a c. di), *La Pontificia Università Lateranense. Profilo della sua storia, dei suoi maestri e dei suoi discepoli,* Roma 1963; ID., *Pio IX e la rinascita del tomismo,* Vaticano 1974.

dottrina tradizionale era ormai un pio ricordo. A ciò s'aggiunga l'indubbia simpatia di non pochi, del clero secolare e regolare, per le idee *gallicane, conciliariste, febroniane, richeriane*[23]. La ripresa, provvidenziale, ci fu e fu nel segno di san Tommaso. Si chiamò *Scuola Romana.*

3 Che cos'è

In base a differenti punti prospettici, si posson dare di essa varie indicazioni, con maggior o minore rispondenza alla realtà. Occorre però evitare, come auspica il prof. Neufeld[24], un'incongruenza abbastanza comune, quella di confonder la *Scuola Romana* con la *Teologia Romana*, questa[25] essendo ovviamente molto più ampia di quella. Ma occorre evitar pure il riduzionismo di quanti identificano la *Scuola Romana* nel solo Collegio Romano di fine Ottocento, con caratteristiche insieme di sicurezza e d'immobilismo dottrinale, di sordità al progresso scientifico, d'attenzione acritica al Magistero, d'armonizzazione del metodo speculativo con quello positivo e d'accentuata sensibilità al conservatorismo[26]. E', questa, un'indubbia stonatura, ripetuta con qualche variante da critici anche di riconosciuto valore (R. Aubert, G. Filograssi, W.V. Bangert, A. Cozzi, e non soltanto dalla penna facile e superficiale di L. Bedeschi) che s'accompagna negativamente al silenzio poco prima lamentato. Mi chiedo, pertanto, se la *Scuola Romana* sia davvero sinonimo d'integralismo, di mediocrità e d'isolamento dal mondo moderno. E rispondo affermando che tutto questo, in alcuni pochissimi casi, sembra vero, ma nel suo complesso la *Scuola Romana* fu ben altro.

Ben altro, intendo, sia perché promossa da varie istituzioni e non dal solo Collegio Romano; sia perché fra i suoi uomini di spicco figuran non soltanto gesuiti, ma anche domenicani, carmelitani, serviti, francescani e segnatamente preti secolari; sia infine perché il suo indirizzo non fu soltanto quello d'un Perrone, d'un Passaglia, d'uno Schrader e d'un Franzelin, ma anche d'un Talamo, d'un Lepidi, d'un Satolli, d'un Tabarelli, e d' altri ancora. A tutti costoro, così come alla Gregoriana, all'Apollinare, al Laterano, a Propaganda Fide ed altri centri dislocati rispetto all'Urbe, spetta il merito d'aver fatto grande la *Scuola Romana*. Alla base di tale scuola sta indubbiamente non il *neotomismo*, come s'insiste a dire, ma il vero *tomismo*, quello voluto dall' "Aeterni Patris", al quale la *Scuola Romana* conferì il respiro universale della "romanitas", distinguendolo dal tomismo lovaniense, aperto alla

---

23 Cf CONGAR Y., *L'Eglise*, cit. p. 413.

24 NEUFELD K. H., *"Römische Schule"*. *Beobachtungen und Überlegungen zur genaueren Bestimmungen*, in "Gregorianum" 63/4 (1982) 677–699; a p. 678/81 i lineamenti della „Scuola Romana"; a p. 692/3 la distinzione fra „Scuola" e „Teologia romana"; cf. ID., *Zur "Römische Schule" im deutschem Sprachraum*, in AA.VV., *Geist und Kirche*, Miscellanea H. Schauf, Paderborn 1990, p. 323–340.

25 Cf FILOGRASSI G., *Teologia e Filosofia nel Collegio Romano dal 1824 ad oggi*, in "Greg." 35/3 (1954) 525–535.

26 VERGANO G., *La forza della Grazia*, Cittadella editrice Assisi 2008, p.29–37, con riferimenti bibliografici.

modernità[27]; da quello spagnolo del pur ottimo González, finalizzato ad un'apologetica difensivista[28]; da quello di Napoli, di Perugia e d'altrove. E' falso sostenere che la *Scuola Romana* favorì un tomismo chiuso nell'espressione tomasiana, d'indirizzo tipicamente curiale, attestata sui documenti del Magistero e sostanzialmente immobile[29]. Essa presentò non un san Tommaso destoricizzato e per così dire sacralizzato, ma il suo pensiero a misura d'uomo, oggi domani e sempre, riscoperto in base ad un'appassionata ricerca che, della *Scuola Romana,* fece uno dei più significativi laboratori di teologia e di filosofia.

4 I suoi campioni

Provenienti dai due maggiori centri universitari dell'Urbe: la Gregoriana e il Laterano, essi reagivano ad una diffusa concezione liberale del Cristianesimo. La loro formazione aveva alla base non soltanto l'Angelico, ma anche la frequentazione e l'assimilazione del patrimonio patristico e la visione soprannaturale della Rivelazione cristiana. Il loro metodo fondeva armonicamente, con ovvie differenziazioni personali, indirizzo positivo e speculativo. Se Franzelin eccelleva nel primo non trascurando l'altro, Billot era di questo il campione indiscusso.

N'elenco alcuni senza una ragione discriminante. Sulla *Scuola Romana*, attraverso la mediazione di Schrader e di Passaglia[30], influì certamente il Möhler; più quello cristologico della *Symbolik* che quello pneumatologico del *Die Einheit*, come giustamente nota Y. Congar[31]. Non pochi, ma non tutt'i suoi campioni, appartennero alla Compagnia di Gesù: la seminagione tomista, nel solco tracciato da Liberatore e dai colleghi napoletani, aveva felicemente germogliato un po' dovunque.

Sarà bene dir qualcosa d'ognuno.

Perrone Giovanni (1794–1876), uno dei più tipici professori del Collegio Romano, restauratore degli studi ecclesiastici, controversista chiaro e versatile, espositore di tutte le discipline teologiche alla luce della Tradizione cattolica e della dottrina tomista, un vero martello nei confronti del protestantesimo in genere e dell'hermesianismo in particolare. Non ebbe, tuttavia, né la profondità né l'originalità d'altri colleghi, pur contribuendo con essi alla ripresa del tomismo romano[32].

Klemens Schrader (1820–1875), professore di teologia dogmatica nel Collegio Romano dal 1853 al 1857, poi a Vienna (1857–1863) ed infine a Poitiers (1870–1875), dove morì. Fece parte della commissione preparatoria del Vaticano I e suo è, in

---

27 Cf BESSE C., *Deux centres du mouvement thomiste, Rome et Louvain,* Parigi 1902; CORETI I E.-NEIDL W. M.-PFLIGERDORFFER G (a c. di), *La Filosofia cristiana nei sec. XIX e XX,* 2. Roma 1994, p. 154–177.

28 HOCEDEZ E., *Histoire,* cit., vol. III, p.202.

29 FILOGRASSI G., *Teologia,* cit. P. 526. Ma anche D. Chenu, R. Gibellini, R. Aubert, B. Mondin.

30 SCHAUF H., *Carl Passaglia und Clemens Schrader. Beitrag zur theologischen Geschichte des neunzehnten Jahrhunderts,* Roma 1937; ID., *Einwohnung des heiligen Geistes...als Beitrag zur Theologiegeschichte des neunzehnten Jahrhunderts unter besonderer Berücksichtigung der beiden Theologen C. Passaglia u. Cl. Schrader,* Friburgo Br. 1941.

31 Ibid. p. 430

32 TESTORE C., *Perrone G.,* in EC IX, 1197–1198; CONGAR Y., *L;'Eglise,* cit. p. 430–431.

sostanza, lo schema *De Ecclesia*, di cui il Concilio discusse solamente il 15° cap. Col Passaglia, ma senza volgarizzarne i temi come sostiene invece Y. Congar[33], combatté a favore dell'Immacolata Concezione, difese e spiegò il "Sillabo" di Pio IX, fu tomista puro, di comunicativa facile e vivace anche se talvolta un po' prolisso. Accentuò un'ecclesiologia verticistica per combattere le idee di Richer, Böhmer e Febronio. Oltre a quello di Möhler, si riconosce in lui l'influsso di Lainez e Bellarmino[34].

Passaglia Carlo (1812–1887), teologo d'alto valore e pensatore politico originale, professore al Collegio Romano prima di diritto canonico, poi di teologia dogmatica, erudito, eloquente, suasivo. Unitamente a Schrader, con cui scrisse ma non portò a termine un trattato *De Ecclesia*[35], spianò il cammino alla definizione dell'Immacolata Concezione e quando, per motivi politici, abbandonò Compagnia di Gesù e sacerdozio, Pio IX, sempre comprensivo e riconoscente, gli affidò la cattedra di filosofia alla Sapienza. Convinto assertore dell'unità d'Italia e sostanzialmente "conciliatorista", tentò in più modi di guadagnar alla sua causa l'episcopato italiano, ma un suo opuscolo del 1861 gli costò l'iscrizione all'*Indice* e l'esilio a Torino, dove continuò l'insegnamento universitario della filosofia. Una febbrile attività filosofica, letteraria, politica distinse i suoi anni torinesi. Apparsa l'*Aeterni Patris*, l'illustrò pubblicamente e favorevolmente. Morì pentito e riconciliato con la Chiesa[36].

Palmieri Domenico (1829–1909), illustre teologo della Gregoriana, di profonda dottrina e trasparenza espositiva. S'interessò di filosofia, teologia morale e dogmatica, Sacra Scrittura. Confutò i principi del modernismo e delineò il pensiero filosofico-teologico cui Dante aveva ispirato la sua *Divina Commedia*[37].

Kleutgen Joseph (1811–1883), geniale e senz'alcun dubbio eminente restauratore della Scolastica in Germania ed a Roma, dove alla Gregoriana tenne la prefettura degli studi e la cattedra di dogmatica, approfondendo il problema della conoscenza ed i rapporti tra scienza e fede in chiave prevalentemente tomista, con grande moderazione e precisione, con erudizione ed originalità di spunti personali. Combatté l'ontologismo e gli errori di Hermes, Günther e Hirscher e concepì un'opera enciclopedica, di cui poté pubblicare solo il primo volume nel 1881[38].

Franzelin Giovanni Battista (1816–1886), cardinale, il più illustre e forse anche il più dotato nel gruppo dei teologi della Gregoriana, dove, fin dal 1845, primeggiò alla scuola del Perrone e del Passaglia. Del primo fu aiuto nel 1850, insegnando da allora le lingue orientali, che possedeva alla perfezione unitamente a latino, greco e lingue europee. Del secondo fu successore sulla cattedra di dogmatica, tenuta dal 1857 al 1876. Ebbe una parte di prim'ordine nel Vaticano I e l'accompagnò anche dopo la morte una fama mondiale. I suoi trattati teologici son tuttora oggetto di

---

33 CONGAR Y., *L'Eglise*, cit. p. 432: «..a vulgarisé ces thèmes de Passaglia et les a introduits dans le schéma *De Ecclesia*».

34 TESTORE C., *Schrader Klemens*, in EC XI, 86–87; CONGAR Y, cit. , p. 430–431.

35 Dove stabilisce in modo sorprendente i rapporti tra Chiesa da una parte e Trinità (*teologia*), Cristo (*economia*) e Spirito Santo, dall'altra, CONGAR Y. *L'Eglise*, cit. p. 432.

36 TESTORE C., *Passaglia C.*, in EC IX , 908–909

37 DEZZA P., *Palmieri D.*, in EC IX, 660–661.

38 GIACON C., *Kleutgen J.*, in EC VII, 715–717; STECK K. G., *Kleutgen J.*, in RGG³ III, 1666.

studio e di consultazione. Fu creato cardinale nel 1876. Il suo metodo fu preminentemente positivo: buona conoscenza delle fonti, sempre di prima mano quella dell'Angelico, impressionante quella patristica. Fu un grande[39]. Non meno grande, anche se diverso, fu

Billot Louis (1846–1931), uno dei più rinomati professori della Gregoriana, dove, dop'esperienze d'insegnamento a Laval, Angers e Jersey, approdò nel 1885, rimanendovi sin al 1911, cioè sin al suo cardinalato. Ingegno acuto ed insieme profondo, fedele ma non pedissequo seguace di san Tommaso e della migliore tradizione tomista, mai disgiunto dal pensiero contemporaneo ma immune dai suoi slittamenti modernistici, autore d'una vera e propria "Summa theologica" moderna, fu al seguito del Franzelin, a lui inferiore nel campo storico-positivo, ma di gran lunga superiore in quello speculativo, per la sua innata capacità astrattiva e metafisica, per l'analisi del concetto e l'enucleazione della conseguenze anche estreme[40]

Schiffini Santo (1841–1906), meno ricordato rispetto ad altri tomisti, ma di essi non meno meritevole, sia per il non comune ingegno e per lo sviluppo ordinatamente logico del suo disquisire, sia per l'amore e la fedeltà a san Tommaso in ambito filosofico e teologico. Alla Gregoriana, così come in altri scolasticati della Compagnia di Gesù, fu proprio per queste doti apprezzato ed amato. La ragione per la quale lo si ricorda poco sta, forse, nel non elevato numero delle sue pubblicazioni, anche se tutte d'ottima qualità e d'alto livello[41].

Mazzella Camillo (1833–1900), teologo tra i più rinomati, professore a Lione, poi a Georgetown e a Woodstock, quindi (1877), chiamatovi da Leone XIII, alla Gregoriana perché desse un efficace contributo al rifiorire della Scolastica. Nel 1886 fu creato cardinale ed un anno dopo vescovo residenziale (Palestrina); egli però continuò a lavorar indefessamente come teologo, che alla chiarezza sposava la profondità del contenuto. Fu, specie in anni giovanili, seguace di Suárez per quanto attiene all'atto di fede[42], ma seppe presto ritornare all'autentico Aquinate, del quale fu uno studioso attento ed un interprete fedele[43].

Accanto ai gesuiti operarono altri esponenti della *Scuola Romana,* non meno significativi né meno importanti. Non di tutti potrò parlare, ma d'alcuni è doveroso farlo. Di Talamo Salvatore (1854–1932) in special modo. Continuò l'opera del Sanseverino e del Signoriello, ancor prima d'assumer l'insegnamento all'Apollinare per incarico di Leone XIII, che nel 1880 lo nominò segretario dell'Accademia Romana di san Tommaso. Per 33 anni tenne quest'incarico, ben meritando del tomismo e delle scienze sacre. Coltivò non solamente l'indagine dogmatica, ma anche quella

---

39 LANZ A., *Franzelin G. B.,* in EC V, 1700–1701; HOCEDEZ E., *Histoire,* cit., III 139–140.154–156.248–256.279–297.367.370; CONGAR Y., *L'Eglise,* cit. 432–433.

40 PARENTE P., *Billot L.,* in EC II, 1637–1638 con rimando ai principali studiosi del suo pensiero e della sua opera: J. Lebreton, A. Michel, J. Bittremieux, C. Figini e H. Le Floch che lo definisce "lumière de la Théologie".

41 TESTORE C., *Schiffini S.,* in EC XI, 60.

42 Cf HOCEDEZ E., *Histoire,* cit., III p. 263–264.

43 De CAMILLIS M, *Mazzella C.,* in EC VIII,526–527; HOCEDEZ E., *Histoire,* cit., III p. 242–248.250.263–264.370.396; BRANDI S., *Il Cardinale Camillo Mazzella, vescovo di Palestrina,* in "La Civiltà Cattolica" X (1900) 91–95.

storica, specie in rapporto agli errori che andava confutando. Lasciò di sé un ricordo che ha superato l'azione livellatrice del tempo[44].

Lepidi Alberto (1838–1922), insigne figura di filosofo e teologo domenicano, restauratore degli studi ecclesiastici in Francia, docente a Lovanio e quindi rettore del Collegio "San Tommaso" a Roma, nonché titolare della cattedra di dogmatica. Dal 1897 fu, fin alla morte, Maestro del Palazzo Apostolico[45].

Satolli Francesco (1839–1915), prima alunno di Gioacchino Pecci a Perugia, poi collaboratore di lui, divenuto Leone XIII, a Roma come professore di dogmatica all'Apollinare ed a Propaganda Fide e finalmente (1895) come cardinale. Trattò tutta la teologia dogmatica alla luce dell'Aquinate e seguendo il suo metodo, con chiarezza estrema e rara capacità espositiva. Oltre alla teologia, ebbe sommamente a cuore la filosofia, che coltivò ancor giovanissimo, e di cui restano, con la prima parte d'un *Enchiridion* purtroppo incompiuto, alcune monografie pubblicate negli Atti della Pont. Accademia Romana di san Tommaso d'Aquino. Una vera gloria della *Scuola Romana*[46].

Tabarelli Riccardo (1851–1909), stimmatino, professore di filosofia e di teologia dogmatica sia all'Apollinare, sia all'Accademia di san Tommaso d'Aquino, e come tale partecipe al rinnovamento neoscolastico per neutralizzar i crescenti influssi del pensiero tedesco, ch'egli conosceva perfettamente. E proprio perché aveva una diretta conoscenza di tutto il movimento culturale dell'epoca, non solo non fu sfiorato dal pericolo modernista, ma lo combatté efficacemente, così come combatté ciò che d'insicuro e discutibile trovava in Rosmini (da lui onestamente scagionato dall'accusa di panteismo), nell'ontologismo, nel positivismo e nel razionalismo[47].

5 Epilogo

L'elenco resta inevitabilmente incompleto: sarebbero necessarie non poche monografie per parlare adeguatamente di tutti e d'ognuno. Non posso, tuttavia, terminare questa veloce rassegna senz'accennar a coloro che, della gloriosa *Scuola Romana*, sono stati o sono tuttora gli epigoni: anzitutto le due Pontificie Accademie, la Teologica Romana e quella di san Tommaso d'Aquino, che prima e dopo il Vaticano II, in un contesto storico non sempre favorevole, han contribuito con intelligenza e costanza all'affermazione del tomismo, l'una soprattutto con "Divinitas", fondata

---

44 PIOLANTI A., *Talamo S.*, in EC XI, 1709–1710; ID. *La filosofia cristiana in Mons. Salvatore Talamo, ispiratore della "Aeterni Patris"*, Vaticano 1986; ID. (a c. di e con sua introduzione), *Salvatore Talamo: il Rinnovamento del Pensiero Tomistico*, Vaticano 1986; CORDOVANI M., *Commemorazione di Mons. S. Talamo*, Roma 1933.

45 SOLERI G., *Lepidi A.*, in EC VII, 1188–1189; SESTILI G., *il p. A. Lepidi e la sua filosofia*, Torino-Roma 1930. Come antiontologista, lo conobbe anche Talamo, che tuttavia gli preferiva T. Zigliara, PIOLANTI A., (a c. di), *Salvatore Talamo: il Rinnovamento*, cit. p. 106.

46 IGNUDI S., *Card. Francesco Satolli*, in PIOLANTI A. (a c. di), *La Pontificia Università Lateranense*, cit. p. 104–105; DE CAMILLIS M., *Satolli F.*, in EC X, 1964.

47 FABRO C., *P. Riccardo Tabarelli CPS*, in PIOLANTI A., (a c. di),. *La Pontificia*, cit. p. 108–112; ID., *Tabarelli R.*, in EC XI, 1675–1676; GRABMANN M., *Die Geschichte der scholastischen Methode*, 1. Friburgo Br., 1909, p. 23.

da Antonio Piolanti nel 1957 e tuttora validamente sulla breccia, e l'altra con i me-
morabili congressi tomistici e con il suo prestigioso organo "Doctor communis".
Ambedue rifondate nel 1999, han perso non poco della loro motivazione originaria.

Per epigoni intendo, inoltre, alcuni grandi Maestri con in quali io stesso sono
stato in rapporti di discepolato, di collaborazione e d'amicizia. Pongo in prima
linea il più grande di tutti, quel Cornelio Fabro (1911–1995) che, nella nostra epoca,
fu il più originale, il più profondo, il più creativo fra i pur dotti e fedeli tomisti.
Nessuno, infatti, riuscì come lui a coniugare *essere* e *libertà* come fondamenti di
quello ch'egli chiamava tomismo essenziale[48].

Sul versante più teologico che filosofico operò Pietro Parente (1891–1986), insigne dogmatico di Propaganda Fide e del Laterano, che presentò – "Thoma magistro" – l'intero curricolo teologico in chiave cristologica, espositore brillante e profondo, mai chiuso ma capace d' "inverare" nei limiti del possibile gli sforzi talvolta
devianti dell'intelletto umano. Con lui, difendendo una tesi sulla teologia di Karl
Barth, ho l'onore d'essermi laureato. Fu vescovo di Perugia, assessore al sant'Uffizio e cardinale di santa Romana Chiesa[49]

Colonna della Pont. Università Lateranense come professore e come Rettor
Magnifico, nonché rinomatissimo professore di Propaganda Fide, fu Antonio
Piolanti (1911–2001), il più infaticato cultore dell'Aquinate, animatore dei Congressi Tomistici e promotore di varie iniziative per la diffusione del pensiero tomista e dell'amore a san Tommaso. E' per me esaltante l'essergli stato alunno, per
poco tempo collega, collaboratore a lungo e tra i più stretti alle sue varie iniziative,
specialmente nell'ambito delle due Accademie – quella di san Tommaso e l'Accademia Teologica Romana – nonché alla causa di beatificazione di Pio IX, del quale fu sinceramente devoto, estimatore convinto e valido postulatore. Nella sua
vastissima produzione teologica e storico-teologica, non c'è pagina dalla quale
non trasudi il tomismo[50].

---

48 Enorme la sua produzione. Dal 1948 al 1981 collaborò all'EC con 113 voci; a *La filosofia contemporanea*, con *Storia della Filosofia* (in collaborazione), Roma 1954; a *Studi kierkegaardiani*, Brescia
1957; a *Ateismo contemporaneo*, II. Torino 1968; all'enciclopedia *Sowietsystem und demokratische
Gesellschaft*, con la voce "Idealismus", Friburgo Br 1960; all'*Encyclopedia Britannica*, con la voce
"Atheism", t. II 1974, p. 258–262. La sua produzione filosofica, teologica, ascetica non è contenibi-
le in una semplice nota. E' ammirevole l'impegno con cui l'Editrice del Verbo Incarnato, Segni
(RM) sta attendendo alla pubblicazione dell' "Opera omnia", in bella veste tipografica e ineccepibile rigore metodologico. Una decina di volumi son già stati pubblicati. Rinunzio a segnalare i nomi
di chi ha scritto su di lui.
49 E' coautore con A. Piolanti e con S. Garofalo della famosa "Collectio Romana", sulla quale migliaia di giovani candidati al sacerdozio si son teologicamente formati. Il nipote, S. E. Rev.ma Mons.
Michele Di Ruberto, ne ha raccolto la *Bibliografia*, in un bel volume presentato dall'allora card.
J. Ratzinger, Città del Vaticano 1991.
50 A parte la sua collaborazione con due volumi alla "Collectio Romana", ha all'attivo decine e decine
di ponderosi volumi sia di teologia in genere, sia di sacramentaria che era un po' la sua specializza-
zione. Il suo monumento "aere perennius" (Orazio, *Odi*, III, 30, 1) è costituito però dai volumi dei
vari Congressi tomistici. Per AA.VV., *Cinquant'anni di Magistero Teologico. Scritti in onore di
Mons. Antonio Piolanti nel 50° del suo sacerdozio*, Vaticano 1985, Mons. Filippo Caraffa redasse
una bibliografia (purtroppo già allora non completa) dal 1938 al 1984, che va da p. 15 a p. 33: i titoli
al suo attivo fin al 1984, senza contare quelli che vennero dopo (almeno una decina) né le voci per
dizionari ed enciclopedie in Italia e all'estero, assommano a 247.

Anche ad altri e non pochi, tra i quali i cari amici Luigi Bogliolo, Dario Composta e Raimondo Spiazzi, da poco mancati, ed i viventi Giovan Battista Mondin, Mario Pangallo, Abelardo Lobato, Andrea Dalledonne e Antonio Livi , si deve un grato pensiero per aver tenuto alta la bandiera della *Scuola Romana*. E trascuro quanti, al di fuori di essa, in Italia e altrove, furon sempre fedeli, e tuttora lo sono, alla scuola di san Tommaso. Un accenno, in chiusura, al sottoscritto, ultima ruota del carro ma felice se, chiusi gli occhi, qualcuno ne ricorderà la militanza tomasiana.

„Vineam Domini Sabaoth"

Die bleibende dogmatische Bedeutung Innozenz' III. und des IV. Laterankonzils

Peter H. Görg

Einleitung

Im Jahr 1982 promovierte der Jubilar an der Päpstlichen Hochschule Gregoriana mit einer Arbeit über das Kirchenbild Innozenz' III.[1], nachdem er sich bereits in verschiedenen dogmenhistorischen Beiträgen dem Wirken des wohl bedeutendsten Papstes des Mittelalters gewidmet hatte.[2] Diese Tatsache soll nun Anlass sein, in einem kurzen Abriss Leben und Werk Innozenz' III. vorzustellen unter besonderer Berücksichtigung der bleibenden Bedeutung seiner Schriften und des von ihm einberufenen Vierten Laterankonzils. Dabei soll auch auf neuere Literatur hingewiesen werden, die deutlich macht, dass der Segni-Papst von bleibendem Interesse für die historische und theologische Wissenschaft ist.[3]

Christoph Egger weist zugleich darauf hin, dass das Wirken des Papstes vorrangig unter politischen und kanonistischen Gesichtspunkten untersucht wurde,

---

1 Vgl. Wilhelm Imkamp, Das Kirchenbild Papst Innocenz' III. Dissertatio ad Doctoratum in Facultate Theologiae Pontificiae Universitatis Gregorianae, Excerptum ad normam Statutorum Universitatis, Rom 1982; ders., Das Kirchenbild Papst Innocenz' III. (1198–1216) (= Päpste und Papsttum, 22), Stuttgart 1983.

2 Vgl. Wilhelm Imkamp, Sermo ultimus quem fecit Dominus Innocentius papa tercius in Lateranensi concilio generali: Römische Quartalschrift für christliche Altertumskunde und Kirchengeschichte 70 (1975) 149–179; ders., „Sicut papa verus". Der Anfang der Primatialgewalt beim noch nicht zum Bischof geweihten Elekten in Theorie und Praxis Innocenz' III.: Apollinaris 49 (1976) 106–132; ders., „Virginitas quam ornavit humilitas". Die Verehrung der Gottesmutter in den Sermones Papst Innocenz III.: Lateranum N. S. 46 (1980) 344–378; auch in: De culto mariano saeculis XII–XV, Acta Congressus Mariologici Mariani Internationalis Romae Anno 1975 Celebrati, Rom 1980, 355–388; ders., Zur Neuedition der Register Papst Innocenz III.: Römische Quartalschrift 75 (1980) 250–259; ders., Sulla nuova edizione dei registri di Papa Innocenzo III.: Rivista di storia della chiesa in Italia 35 (1981) 140 – 149. Nach der Dissertation erschien: ders., Pastor et Sponsus. Elemente einer Theologie des bischöflichen Amtes bei Innocenz III.: H. Mordek (Hrsg.), Aus Kirche und Reich. Studien zu Theologie, Politik und Recht im Mittelalter, Festschrift für Friedrich Kempf, Sigmaringen 1983, 285–294.

3 Auf die unleugbare Bedeutung des Segni-Papstes weist etwa der Titel eines Sammelbandes hin: Thomas Frenz (Hrsg.), Papst Innozenz III. – Weichensteller der Geschichte Europas, Stuttgart 2000.

während die theologischen Schriften eher stiefmütterlich behandelt wurden.[4] Die Quellenlage ist auf jeden Fall sehr günstig[5]: bereits zu Lebzeiten des Papstes wurde eine Darstellung seines Pontifikates erstellt, die theologische und liturgische Werke ebenso anführt wie Predigten, Briefe und Dekretalen. Die so genannten Register bestehen nach Othmar Hageneder aus sechs Quartbänden, die sich im Vatikanischen (Geheim-)Archiv befinden.[6] Die ersten fünf Register sind zeitgenössische Werke, während das sechste eine Abschrift des Originals darstellt. Die Register sind nach Pontifikaljahren geordnet, weisen allerdings einzelne Lücken auf, wobei die Registerführung zu Beginn des Pontifikates strenger gehandhabt wurde als in den späteren Jahren.[7]

Herkunft und Jugend

Lothar von Segni (Lotario dei Conti di Segni), der spätere Papst Innozenz III., wurde um die Jahreswende 1160/61 auf Kastell Gavignano bei Segni geboren.[8] Das mittelitalienische Segni befindet sich in der Region Latium unweit von Rom. Sein Vater Trasimund (Trasimondo) war ein vermögender Graf aus dem Hause Conti, seine Mutter Claricia Scotti entstammte einer römischen Patrizierfamilie, was dem Sohn später zugute kommen sollte. Aus der Familie Conti sollten insgesamt vier Päpste hervorgehen[9]. Wahrscheinlich siedelte die Familie früh nach Rom über und Lothar erfreute sich der Gunst verschiedener Geistlicher stadtrömischer Herkunft, wie etwa des späteren Papstes Clemens III. Zugleich erlebte er große politische und kirchliche Wirren, wie die Rückkehr Papst Alexander III. aus seinem Exil in Frank-

---

4   Vgl. Christoph Egger, Papst Innozenz III. als Theologe. Beiträge zur Kenntnis seines Denkens im Rahmen der Frühscholastik: AHP 30 (1992) 55–123 (hier 55f.); ebenfalls von Christoph Egger stammen die Beiträge: Dignitas und Miseria. Überlegungen zu Menschenbild und Selbstverständnis Papst Innocenz' III.: MIÖG 105 (1997) 330–345; Papst Innocenz III. und die Veronica. Geschichte, Theologie, Liturgie und Seelsorge: The Holy Face and the Paradox of Representation. Papers from a Colloquium held at the Bibliotheca Hertziana, Rome and the Villa Spelman, Florence, 1996. Ed. Herbert L. Kessler and Gerhard Wolf (= Villa Spelman Colloquia 6), Bologna 1998, 181–203; Joachim von Fiore, Rainer von Ponza und die römische Kurie: Gioacchino da Fiore tra Bernardo di Clairvaux e Innocenzo III. Atti del 50 Congresso internazionale di studi gioachimiti, San Giovanni in Fiore, 16–21 settembre 1999. Ed. Roberto Rusconi (= Opere di Gioacchino da Fior: testi e strumenti 13), Roma 2001, 129–162; The Growling of the Lion and the Humming of the Fly. Gregory the Great and Innocent III.: Pope, Church, City. Essays in Honour of Brenda M. Bolton, eds. Frances E. Andrews, Christoph Egger, Constance M. Rousseau (= The Medieval Mediterranean 56), Leiden / New York / Köln 2004, 13–46; Herrn Ass.-Prof. Mag. Dr. Egger (Universität Wien) sei auf diesem Wege herzlich gedankt, dass er mir seine Arbeiten auf unbürokratischem Wege zukommen ließ.
5   Vgl. Othmar Hageneder, Die Register Innozenz' III.: Frenz (Hrsg.), Innozenz III., 91–101. Hageneder stützt sich auf umfangreiche Untersuchungen, die seit 1884 erfolgten und auf seine eigenen Vorarbeiten (100f.).
6   Vgl. ebd., 92. Es handelt sich um Reg. Vat. 4–7, 7A, 8.
7   Vgl. ebd., 100.
8   Die ausführlichste deutschsprachige Monographie zum Leben Lothar von Segnis ist noch immer das Werk von Helene Tillmann, Papst Innocenz III. (= Bonner Historische Forschungen Band 3), Bonn 1954.
9   Vgl. LMA III, 196.

reich, dessen jahrzehntelanges Ringen mit dem deutschen Kaiser Friedrich I. Barbarossa[10] und seinen Gegenpäpsten (Viktor IV. (1159–64), Paschalis III. (1164–68), Kalixt III. (1168–78) und Innozenz III. (1179–80)), den Angriff deutscher Truppen auf Rom und die das Heer dezimierende Seuche von 1167.

Studium und Aufstieg

Lothar besuchte die Schule des St. Andreasklosters in Rom, wo er von Peter Ismael in die scholastischen Studien eingeführt wurde. In diesen Jahren befand sich die Kurie allerdings nicht in Rom, da sich die dort regierende Partei zum Kaiser und dessen Gegenpäpsten bekannte.[11] Dadurch wurden dem jungen Schüler schon die Gegensätze zwischen Kaiser und Papst bewusst. Nach seiner Schulzeit in Rom, in der er vielleicht schon zum Kanoniker von St. Peter aufgestiegen war[12], begann er an der Universität in Paris u. a. bei Petrus von Corbeil (1150–1222)[13] Theologie zu studieren. Hier erlebte er wohl noch eine kritische Haltung gegenüber dem aufkommenden Aristotelismus und eine mehr seelsorgerliche und pastorale denn spekulative Ausrichtung. Doch zugleich wurden sicher die trinitarischen und christologischen Streitfragen in Rückgriff auf Petrus Lombardus eingängig diskutiert.[14]

Dem Studium der Philosophie und Theologie folgte ein juristisches Studium, das den jungen Studenten von 1178–1187 nach Bologna führte.[15] Hier lehrte u. a. Huguccio von Pisa[16], der sich gegen extrem hierokratische Anschauungen seiner Zeit wandte, was das Verhältnis von geistlicher und weltlicher Macht betraf. Huguccio hatte einen bleibenden Einfluss auf die Anschauungen des späteren Papstes. Dies zeigte sich etwa darin, dass er später von ihm zum Bischof von Ferrara erhoben wurde.[17]

Tillmann vermutet, dass Lothar von Segni Anfang 1187 als Pilger das Grab des heiligen Thomas Becket, des vormaligen Erzbischofs von Canterbury, besuchte, der sein Leben für die kirchliche Freiheit hingab. Dies bestärkte bereits den Gedanken der *libertas ecclesiae* in ihm, der ein besonderes Anliegen seines Pontifikates werden sollte. Im November 1187 wurde Lothar durch Papst Gregor VIII. zum Subdiakon geweiht und bereits zwei Jahre später, am 22. September 1189 von Papst

---

10 Zum Leben des Kaisers vgl. etwa Franco Cardini, Friedrich I. Barbarossa, Kaiser des Abendlandes, Graz 1990.

11 Vgl. Johannes Laudage, Alexander III. und Friedrich Barbarossa (= Forschungen zur Kaiser- und Papstgeschichte des Mittelalters 16), Köln/Weimar/Wien 1997.

12 Vgl. Tillmann, 4.

13 Vgl. Pierre Féret, Pièrre de Corbeil, in: ders.: La faculté de théologie de Paris et ses docteurs les plus célèbres, 1 (Moyen-Age) 1894, 72–77. Lothar berief seinen Lehrer später auf verschiedene Bischofsstühle, zuletzt ernannte er ihn im Jahr 1200 zum Erzbischof von Sens.

14 Vgl. Tillmann, 6.

15 Tillmann nimmt den Aufenthalt in Bologna erst ab 1187 an.

16 Vgl. Wolfgang P. Mueller, Huguccio. The Life, Works and Thought of a Twelfth-Century Jurist (= Studies in Medieval and Early Modern Canon Law, 3), Washington D.C. 1994.

17 Überhaupt ist auffällig, dass Innozenz einen großen Teil seiner Lehrer und frühen Weggefährten zu bischöflichen Würden berief.

Clemens III. zum Kardinaldiakon von SS. Sergius und Bacchus ernannt.[18] Das besondere Wohlwollen des Papstes ist darin zu erkennen, dass er dem jungen Kleriker damit jene Diakonie übergab, die er zuvor selbst innehatte. Unter dem hoch betagten Nachfolger Clemens' III., Papst Coelestin III.' (1191–1198), war der Einfluss Lothars auf die politischen Entscheidungen der Kurie nicht besonders groß. Wohl musste der Kardinal von Segni 1191 an der widerwillig vollzogenen Kaiserkrönung Heinrichs IV. teilnehmen[19], den er später als grausamen, unaufhörlichen Verfolger der Kirche brandmarkte.[20] Zugleich litt der Kardinal unter der „bettelhaften Jagd nach Geschenken" durch Clemens III. und den Wankelmut Coelestins III., dessen willkürliche Entscheidungen er als Papst wieder aufheben musste.[21]

Frühe theologische Schriften

Lothar verfasste in dieser Zeit aber auch seine Frühschriften „De miseria humane conditionis", „De quadripartita specie nuptiarum" und „De missarum mysticis". In der erstgenannten Schrift, die um 1194/95 entstand, behandelt Lothar die Unvollkommenheit des menschlichen Daseins und stellt eine äußerst pessimistische Sicht dar, wenn er zu Beginn schreibt:

> *„Aus Erde geformt ist der Mensch, empfangen in Schuld und geboren zur Pein. Er handelt schlecht, gleichwohl es ihm verboten ist, er verübt Schändliches, das sich nicht geziemt und setzt seine Hoffnung auf eitle Dinge … Er endet als Raub der Flammen, als Speise der Würmer, oder er vermodert."[22]*

Diese Charakterisierung entsprach nicht der Persönlichkeit und Weltanschauung Lothars.[23] Er wollte vielmehr eine Beschreibung der Niedrigkeit der menschlichen Natur zur Unterdrückung des Hochmuts liefern. Sein Vorhaben, auch ihre Würde zur Erhebung der Demut zu beschreiben, ist er leider nicht mehr angegangen. In seiner Schrift über die vierfache Art der Hochzeiten vergleicht Lothar die Verbindungen zwischen Mann und Frau, zwischen Christus und der Kirche, zwischen Gott und der Seele und dem Logos und der menschlichen Natur. Das Buch von den Geheimnissen der Messe zeigt Lothars starkes liturgisches Interesse und hebt sich von den vorgenannten Werken ab, die eher Gelegenheitsschriften darstellen.

---

18 Vgl. Werner Maleczek, Das Kardinalskollegium von der Mitte des 12. Jahrhunderts bis zur Mitte des 13. Jahrhunderts: Pensiero e sperimentazioni istituzionali nella "Societas Christiana" (1046–1250), ed. Giancarlo Andenna, Vita e Pensiero, 2007, 237–263.
19 Zu den vorangegangen Streitigkeiten vgl. Gerhard Baaken, Die Verhandlungen zwischen Kaiser Heinrich VI. und Papst Cölestin III. in den Jahren 1195–1197: DA 27 (1971) 457–513.
20 Vgl. Tillmann, 12.
21 Ebd.
22 Lothar von Segni, Vom Elend des menschlichen Daseins. Übersetzt und eingeleitet von Carl-Friedrich Geyer, Hildesheim-Zürich-New York 1990, 42 (1, 1, 2).
23 Vgl. Tillmann, 13.

Papstwahl

Am 8. Januar 1198 wurde Lothar von Segni im zweiten Wahlgang einstimmig zum Papst gewählt. Dies geschah noch am Todestag Coelestins III., dessen Pontifikat nur drei Jahre gedauert hatte.[24] Lothar gab sich den Namen Innozenz III. und empfing am 22. Februar 1198 die heiligen Weihen. Als Wahlspruch übernahm er jenen des seligen Zisterzienser-Papstes Eugen III. „Fac mecum Domine Signum in Bonum" aus Psalm 86, 17.[25]

Die Tatsache, dass der neue Papst erst 38 Jahre alt war, führte zu Kritik, etwa von Walter von der Vogelweide[26]. Mit einem Wahlalter von 37 Jahren war Innozenz jedoch älter als manche seiner Vorgänger[27] und brachte durchaus die Besonnenheit und Weisheit mit, die dem Amte angemessen war. Unmittelbar nach der Wahl begann Innozenz mit der juristischen Festigung des Papsttums. Der Titel „Vater der Urkundenlehre" wurde ihm zuteil, da er neben allgemeinen kirchlichen Gebühren- und Geschäftsordnungen auch Regeln zur Überprüfung der Echtheit von Urkunden aufstellen ließ.[28] Das Dekretalenrecht wurde durch die Sammlung *Compilatio III* gefördert. Innozenz verstand sich vorrangig als *vicarius Christi*, ein Titel der seit Innozenz gebräuchlich ist, und etablierte das Papsttum auch als weltliche Macht. Zugleich verdoppelte sich in seiner Amtszeit der päpstliche Territorialbesitz durch Rekuperationen. All dies wurde ihm erleichtert durch die Tatsache, dass Kaiser Heinrich VI. ein Jahr zuvor im Alter von 32 Jahren in Messina gestorben war.

Kreuzzug und Thronstreit

Das Antrittsjahr des Segni-Papstes war gefüllt mit politischen Ereignissen. So rief Innozenz im August den Vierten Kreuzzug zur Rückeroberung Palästinas aus mit der päpstlichen Bulle *Post miserabile Ierusolimitane*.[29] Die Intention des Papstes wurde jedoch missachtet und unter der Führung der Serenissima belagerten die Kreuzfahrer 1202 die dalmatinische Stadt Zara und nahmen diese ein. Unter Philipp von Schwaben wurde zudem der Beschluss gefasst, Byzanz anzugreifen und zu erobern, was Innozenz III. ausdrücklich untersagte. Auch den Angriff auf Zara ahndete er, indem er die Venezianer exkommunizierte. Die Rädelsführer fingen

---

24 Vgl. Johannes Geyer, Papst Clemens III., Jena 1914.
25 Diesem Wahlspruch ist auch der Titel der vorliegenden Festschrift entlehnt.
26 Vgl. Konrad Burdach, Der Kampf Walters von der Vogelweide gegen Innozenz III. und das vierte Lateranische Konzil: Zeitschrift für Kirchengeschichte 55 (1936) 445–522; Theodor Nolte, Papst Innozenz III. und Walter von der Vogelweide: Frenz (Hrsg.), Innozenz III., 69–89.
27 Etwa Gregor V., Benedikt IX. oder Johannes XII.
28 Vgl. Michael Hanst, Innozenz III.: BBKL 2 (1990) 1281–1285; Thomas Frenz, Innozenz III. als Kriminalist – Urkundenfälschung und Kanzleireform um 1200: Frenz (Hrsg.), Innozenz III., 131–139.
29 Vgl. hierzu Sebastian Runkel, Der Vierte Kreuzzug – Der Verlauf sowie die Rolle des Papstes Innocenz III., Konstanz 2005.

den Brief des Papstes jedoch ab und trieben die Kreuzfahrer dazu, Konstantinopel 1204 zu erobern und zu plündern.[30]

Der Tod Heinrichs hatte im Deutschen Reich einen Thronstreit[31] zur Folge, den sich Innozenz zunutze machte. Nach dem Tod des Kaisers wurde dessen Sohn Friedrich II.[32] zum deutschen König gewählt. Jedoch wurde diese Wahl im Reich nicht anerkannt und es kam zu einer Doppelwahl: der Staufer Philipp von Schwaben (1177–1208)[33] und der Welfe Otto von Braunschweig (1175/76–1218)[34] sahen sich als legitime Nachfolger des Kaisers. Noch 1198 erhielt Friedrich unter der Vormundschaft des Papstes die Krone von Sizilien.[35]

Innozenz sicherte sich weitere Länder für den Kirchenstaat und verfügte in seinem Dekret *Venerabilem* von 1202, dass dem Papst die Letztentscheidung bei der Kaiserwahl zukomme.[36] Bereits im Vorjahr hatte er für Otto Partei ergriffen, der nach der Ermordung Philipps 1208 zunächst König der welfischen Opposition wurde und 1209 von Innozenz in Rom zum Kaiser gekrönt wurde. Die Situation schlug jedoch um, da Otto seinerseits sein Schutzversprechen gegenüber dem Papst brach und 1210 Teile des Kirchenstaates eroberte. Innozenz sprach den Kirchenbann über ihn aus und veranlasste die deutschen Fürsten im September 1211 in Nürnberg Friedrich II. erneut zum König zu wählen. Nach den Königskrönungen in Mainz (1212) und Aachen (1215) und dem Tod Ottos IV. (1218) wurde Friedrich seit 1219 auch von den Welfen anerkannt und 1220 in Rom zum Kaiser gekrönt.

Die Vorbereitung und Einberufung des Konzils

Das 12. Jahrhundert wurde geprägt durch vier allgemeine Konzile im Lateran[37]. Das Erste Laterankonzil bestätigte im Jahr 1123 das Wormser Konkordat, befasste

---

30 Der Ablauf des Kreuzzuges, die Eroberung und Plünderung Konstantinopels und die Rolle des Papstes werden ausführlich behandelt in: Donald E. Queller, The Fourth Crusade. The Conquest of Constantinople 1201–1204, Philadelphia 1977; Werner Maleczek, Petrus Capuanus. Kardinal, Legat am Vierten Kreuzzug, Theologe, Wien 1988; Jonathan Phillips, The Fourth Crusade and the sack of Constantinople, New York 2004; Sebastian Runkel, Der Vierte Kreuzzug – Der Verlauf sowie die Rolle des Papstes Innocenz III., Konstanz 2005.

31 Vgl. Egon Boshof, Innozenz III. und der deutsche Thronstreit: Frenz (Hrsg.), Papst Innozenz III., 51–67.

32 Zur neueren Literatur über Friedrich gehören etwa Hubert Houben, Kaiser Friedrich II. (1194–1250). Herrscher, Mensch, Mythos, Stuttgart 2008; Wolfgang Stürner, Friedrich II. 1194–1250. 3., bibliografisch vollständig aktualisierte und um ein Vorwort und eine Dokumentation mit ergänzten Hinweisen erweiterte Auflage in einem Band, Darmstadt 2009; Olaf B. Rader, Friedrich der Zweite. Der Sizilianer auf dem Kaiserthron, München 2010.

33 Zu Philipp von Schwaben vgl. Peter Csendes, Philipp von Schwaben. Ein Staufer im Kampf um die Macht, Darmstadt 2003.

34 Zu Otto vgl. Bernd Ulrich Hucker, Otto IV. Der wiederentdeckte Kaiser, Frankfurt a. M. 2003.

35 Vgl. hierzu Friedrich Baethgen, Die Regentschaft Papst Innozenz III. im Königreich Sizilien, Nendeln 1977.

36 Vgl. Reg. Vat. 6. In diesem Dekret erkennt der Papst den deutschen Fürsten das Recht und die Vollmacht zu, einen König zu wählen. Der Papst habe aber das Recht diesen zu prüfen, da er allein ihn zum Kaiser salbe, weihe und kröne.

37 Vgl. Raymonde Foreville, Lateran I–IV (= Geschichte der ökumenischen Konzilien, Bd. VI), Mainz 1970.

sich mit Fragen um das Priestertum der Mönche und monastische Privilegien, die Stellung der Pilger und der Kreuzfahrer und verabschiedete verschiedene Reformdekrete.[38] Es gilt als erstes allgemeines Konzil des Westens, das unter alleinigem Vorsitz des Papstes durchgeführt wurde.[39] Bereits 1139 schloss sich das Zweite Laterankonzil an, das von Papst Innozenz II. einberufen wurde und nur wenige Tage dauerte.[40] Es beschäftigte sich mit der Beendigung des Schismas von 1130 und bekräftigte den Klerikerzölibat. Auf dem vierzig Jahre später folgenden Dritten Laterankonzil[41] wurde im Rückblick auf die unglückliche Papstwahl des Jahres 1159 festgelegt, dass zur Gültigkeit der Wahl eine 2/3-Mehrheit notwendig ist. Außerdem kam es zu einer kurzzeitigen Versöhnung mit Petrus Waldes, dem Begründer der Waldenserbewegung.

Papst Lucius III. plante bereits 1184 die Einberufung eines weiteren Konzils. Diesen Plan machte sich Innozenz III. im Jahr 1199 zu Eigen.[42] Beeinflusst war er dabei wohl durch den Vorschlag des byzantinischen Kaisers und des Patriarchen von Konstantinopel, die auf einem allgemeinen Konzil die strittigen Fragen zwischen West und Ost klären wollten.[43] Maßgebliche Theologen aus Nizäa hatten bereits einen Katalog von Klagen aufgestellt und forderten ein Konzil in Konstantinopel. Der Papst war jedoch um die Anerkennung des römischen Primats besorgt und hätte als Vertretung nur den lateinischen Patriarchen von Konstantinopel geduldet. Doch aufgrund der nur kurz zurückliegenden Eroberung Konstantinopels durch die lateinischen Kreuzfahrer verweigerten die Griechen „voll Abneigung und Haß gegen die Abendländer zum weitaus größten Teil die Unterwerfung"[44].

Die Hauptsorgen Innozenz III.' galten der Reform der Kirche und dem Ausruf eines neuen Kreuzzugs.[45] Letzterer wurde durch die zahlreichen Unruhen im Abendland behindert. Neben den bereits genannten politischen Auseinandersetzungen mit Kaiser Otto IV. musste Innozenz über England aufgrund der Streitigkeiten zwischen dem Erzbischof von Canterbury Stephen Langton[46] und König Johann Ohneland 1208 das große Interdikt verhängen und 1209 den König exkommunizieren. Erst 1214 kam es zu einer Versöhnung zwischen Papst und König. Südlich der Pyrenäen drohte die Gefahr des Islams, während nördlich des Gebirges die Häresie der Katharer wieder an Einfluss gewann. Der Papst rief die christlichen Ritter auf, beide Gefahren abzuwehren und 1210 ließen die Könige von Kastilien und Aragon unter der Führung des Erzbischofs von Toledo Rodrigo Jimenez de

---

38 Vgl. ebd., 56–91.
39 Vgl. Philipp Schäfer, Innozenz III. und das 4. Laterankonzil 1215: Frenz (Hrsg.), Innozenz III., 103–116, hier: 103.
40 Vgl. Foreville, 92–119.
41 Vgl. ebd., 120–199.
42 Vgl. Reg. II, 209; 211.
43 Vgl. Bayer, 104f.
44 Karl Biehlmeyer / Hermann Tüchle, Kirchengeschichte 2. Teil. Das Mittelalter 18. Auflage. Nachdruck 1982, § 126, 294.
45 Vgl. Foreville, 274f.
46 Vgl. Stephan Ernst, Stephan Langton: LThK³ 9, 965f.

Rada die Reconquista wieder aufleben.[47] Zusammen mit Sancho I. von Portugal und zwanzigtausend französischen Rittern brachten sie 1212 im „spanischen Kreuzzug" mit dem Sieg von Las Navas de Tolosa den islamischen Eroberern eine entscheidende Niederlage bei.

Der Kampf gegen die Häresie in Südfrankreich verlief schwieriger, da der ansässige Adel zum Teil selbst von der katharischen Irrlehre infiziert war. Daher führten nordfranzösische Feudalherren den Albigenserfeldzug an, der jedoch häufig in Gemetzel und Plünderungen ausartete.[48]

Ursachen der Ausbreitung der Häresie sah Innozenz in der Kumulierung kirchlicher Ämter, der Untätigkeit der Bischöfe, *„dieser stummen Hunde, die nicht bellen können"*[49] und dem Sittenverfall im Klerus.[50] Foreville führt zahlreiche Beispiele von Bischöfen an, die sich der Simonie schuldig gemacht haben, die Geschiedene wieder verheirateten, die sich für die Aufhebung des Zölibats und des Keuschheitsgebotes aussprachen, er nennt Kleriker, die ein üppiges Leben führten und sich in ihrem Benehmen und äußeren Auftreten nicht von den Laien unterschieden. Diese Übel, die auch vor den großen monastischen Orden nicht Halt machten, machen das Ausmaß des Niederganges deutlich und lassen zugleich zahlreiche Parallelen zur heutigen Situation der Kirche erkennen.

Auch im Volk kam es durch die Verbreitung orientalischer Sitten, die Propagierung außerehelicher Leidenschaft, der Infragestellung der Ehemoral und der Ausbreitung der Prostitution und des Wuchers zum fortschreitenden sittlichen Niedergang.

Im Umgang mit den offenkundigen Häretikern attestiert Foreville Innozenz III. eine große Langmut.[51] Er ließ den Predigten der Katharer katholische Predigten entgegenhalten. Die Beauftragten Priester und Bischöfe, zu denen niemand geringer als der heilige Ordensgründer Dominikus zählte, wandten völlig neue Methoden an, indem sie selbst in völliger Armut lebten und sich darum bemühten, mit ihrem Lebenszeugnis und durch ihre Predigt die Irrlehrer zur katholischen Wahrheit zurückzuführen.

Auch die Armutsbewegung des hl. Franziskus nahm in dieser Zeit ihren Anfang.[52] 1209 suchte der Poverello Papst Innozenz III. auf, um eine Bestätigung für

---

47 Zur Geschichte und Bedeutung der Rückeroberung Spaniens vgl. Derek William Lomax, Die Reconquista. Die Wiedereroberung Spaniens durch das Christentum, München 1980; Philippe Sénac, La frontière et les hommes (VIIIe–XIIIe siècle), le peuplement musulman au nord de l'Ebre et les débuts de la reconquête aragonaise, Paris 2000.

48 Vgl. Foreville, 275. Mit der im Grunde unchristlichen, manichäischen Lehre der Katharer und dem Albigenserkreuzzug (der wichtigste Standort der Katharer in Südfrankreich war Albi) befassten sich in jüngerer Zeit: Jean Duvernoy, Le Catharisme: La religion des cathares (tome 1), Toulouse 1996; ders., L'Histoire des cathares (tome 2), Toulouse 2004; Jesús Ávila Granados, La mitología cátara: símbolos y pilares del catarismo occitano, Madrid 2005; Jörg Oberste, Der Kreuzzug gegen die Albigenser, Darmstadt 2003.

49 Innozenz zitiert hier Jes 56,10. Der Prophet wirft den Wächtern des Volkes vor, dass sie blind sind und nichts merken, dass sie wie stumme Hunde nicht bellen können und lieber träumen und sich ausruhen.

50 Vgl. Foreville, 278f.

51 Vgl. ebd., 282.

52 Vgl. etwa G. K. Chesterton, Thomas von Aquin – Franz von Assisi, Bonn 2003, 197–330; P. Zahner, Franz von Assisi begegnen, Augsburg 2004.

seine Gemeinschaft zu erhalten. Noch in der Folgenacht soll der Papst einen Traum gehabt haben, indem die Lateran-Basilika einzustürzen drohte. Doch sogleich erschien der einfache Bettler Franziskus, der die Kirche vor dem Zusammensturz bewahrte.[53] Im Folgejahr erhielten die Minderbrüder eine erste, wohl mündliche Bestätigung durch den Papst, was sie nicht zuletzt der Fürsprache des Kardinals Ugolino von Ostia, dem späteren Papst Gregor IX. und Neffen Innozenz' III. zu verdanken hatten. Erst unmittelbar vor oder auf dem Vierten Laterankonzil wurde die Anerkennung der Gemeinschaft öffentlich verkündet. Gegen die untätigen Bischöfe ging Innozenz dagegen härter vor und setzte sie kurzerhand ab.

Vineam Domini Sabaoth

Den genannten Entwicklungen entgegenzutreten war Innozenz fest entschlossen. Am 19. April 1213 kündigte er daher mit der Bulle „Vineam Domini Sabaoth" das Vierte Laterankonzil an. Er bediente sich dabei des biblischen Bildes des Weinbergs, dessen Verwüstung droht.[54] Er machte deutlich, dass es ihm um die Reform der ganzen Kirche und die Wiedergewinnung des Heiligen Landes geht:

> *„In den Weinberg des Herrn brechen Tiere aller Art ein, um ihn zu verwüsten. Ihr Ansturm ist so stark geworden, daß zu einem guten Teil statt Weinreben Dornen emporsprießen und – wir sagen es unter Seufzen – die Weinreben selber, von vielfachen Krankheiten heimgesucht und verderbt, statt Trauben Herblinge hervorbringen. Als Zeuge rufen wir den an, der unser treuer Zeuge im Himmel ist (Ps 88,38): Unter allem, was unser Herz ersehnt, gibt es zwei Dinge in dieser Welt, die wir vor allem begehren: daß wir mit aller Kraft uns für die Wiedergewinnung des Heiligen Landes und für die Reform der gesamten Kirche einsetzen können. Beide Anliegen bedürfen so umfangreicher und dringlicher Vorbereitung, daß man sie ohne ernste und schwere Gefahr nicht länger übergehen oder verschieben kann. (…)*
> *Aus diesem Grunde haben wir mit unsern Brüdern und anderen klugen Männern häufig und gewissenhaft darüber beraten, wie es die Sorge für so ein großes Vorhaben erforderte, und haben schließlich auf ihren Rat beschlossen, zur Erreichung des genannten Zieles folgendes zu unternehmen: Da es um das gemeinsame Wohl aller Gläubigen geht, wollen wir nach dem alten Brauch der heiligen Väter nun im Hinblick auf das Heil der Seelen zu gelegener Zeit ein allgemeines Konzil abhalten. Durch dieses Konzil sollen alle Laster ausgerottet und die Tugenden eingepflanzt werden, die Auswüchse sollen korrigiert, die Moral gebessert, die Irrlehren beseitigt, der Glaube gestärkt, die Zwistigkeiten beigelegt, Friede geschlossen und die Gewalttätigkeit beendet, die Freiheit geschützt und die christliche Öffentlichkeit, sowohl Kleriker wie Laien, zu tätiger Hilfe für das Heilige Land gewonnen werden. (…).*"[55]

---

53 In der Franziskus-Basilika in Assisi ist dieser Traum auf einem Fresko von Giotto dargestellt.
54 760 Jahre später verwendete der bedeutende katholische Philosoph Dietrich von Hildebrand das gleiche Bild, das sich auf Jes 5,4 bezieht, um den Zustand der Kirche in der zweiten Hälfte des 20. Jahrhunderts zu charakterisieren (vgl. Dietrich von Hildebrand, Der verwüstete Weinberg, Regensburg 1973). Nur wenige Jahre zuvor hatte er mit seinem Werk „Das trojanische Pferd in der Stadt Gottes" (Regensburg 1968) bereits eine Analyse der innerkirchlichen Situation geliefert. Doch in diesen Jahren hatte sich die Lage so weit verschärft, dass Hildebrand das ganze Ausmaß der Zerstörung ausmachen konnte, das im trojanischen Pferd noch nicht absehbar war.
55 Innozenz III., Epistola XVI, 30: PL 216, 823D–825C, zitiert nach Foreville, 385f.

Von den eingeladenen Bischöfen sollten nur wenige Suffraganbischöfe zur Betreuung der Gläubigen in den Regionen bleiben und auch die Dekane und Pröpste der Kapitel sollten auf dem Konzil, das für den November 1215 angesetzt wurde, erscheinen. Alle Verantwortlichen sollten zudem Punkte zusammenstellen, die einer Besserung oder Änderung bedürfen und diese dem Konzil zur Beratung vorlegen.

Zum Konzil erschienen schließlich 402 Kardinäle, Patriarchen, Erzbischöfe und Bischöfe aus 80 Kirchenprovinzen und über 800 Prälaten.[56] Damit war es das bestbesuchte der ersten vier Laterankonzile.

Das Konzil als Passah

Am 11. November 1215 eröffnete Papst Innozenz III. das Vierte Laterankonzil feierlich mit einer Ansprache, in der er es mit dem Leidenskelch Christi verglich.[57] Das Konzil sollte ein Passah, ein Durchgang sein von den Lastern zur Tugend:

> *„Ein dreifaches ‚Hinüber' möchte ich mit euch feiern, körperlich, geistlich und ewig; ein körperliches, um den Übergang von einem Ort zu einem anderen zu vollziehen und das beklagenswerte Jerusalem zu befreien; ein geistliches, um den Übergang von einem Zustand in einen andern zu bewirken für die Reform der gesamten Kirche; ein ewiges, um den Übergang von diesem zum ewigen Leben zu verwirklichen und die Herrlichkeit des Himmels zu erlangen."*[58]

Mit Zuhilfenahme zahlreicher alttestamentarischer Bibelstellen führte Innozenz diese drei Übergänge näher aus. Dabei taucht immer wieder die Gefahr des Islams auf. Die Muslime werden als Söhne Hagars bezeichnet, die das Holz des Kreuzes schmähen und Christus durch Mohammed ersetzen. Der zweite Übergang stellt die Überwindung der Häresie und die Bestrafung der Häretiker dar, die nicht das Tau auf der Stirn tragen.[59] Am gleichen Tag schlossen sich der lateinische Patriarch von Jerusalem, Radulf von Merencourt[60], mit einer Ansprache über die Hilfe für das Heilige Land und der Bischof Tedisius von Agde im heutigen Bas-Longuedoc[61] mit einer Predigt über die Häretiker an.

Die zweite Sitzung des Konzils, die zehn Tage später stattfand, hatte das kaiserliche Schisma zum Thema.[62] Erzbischof Berard von Palermo stellte den Antrag, dass man die Wahl Friedrichs anerkennen sollte und verlas aus diesem Anlass einen Brief des Königs. Dagegen traten die Mailänder für Otto ein und verlasen mit Erlaubnis des Papstes einen Brief des Welfen. Gegenseitige Beleidigungen waren jedoch das einzige Resultat dieser zweiten Sitzung.

---

56 Vgl. Schäfer, 106.
57 Vgl. PL 216 Sp. 8–8, im Folgenden zitiert nach Foreville, 391–396.
58 Ebd., 393.
59 Es wäre eine eigene Untersuchung wert, ob der hl. Franz von Assisi bezüglich des mystischen Taus aus dem Buch Ezechiel (Ez 9,6), das ein Grundzeichen seiner Bewegung wurde, von Papst Innozenz III. inspiriert wurde.
60 Vgl. Klaus-Peter Kirstein, Die lateinischen Patriarchen von Jerusalem. Von der Eroberung der Heiligen Stadt durch die Kreuzfahrer 1099 bis zum Ende der Kreuzfahrerstaaten 1291 (Berliner Historische Studien 35. Ordensstudien 16), Berlin 2002, 443f.
61 Vgl. André Castaldo, L'Eglise d'Agde (Xᵉ–XIIIᵉ siècle) (Travaux et recherches de La Faculté de droit et des sciences économiques de Paris 20), Paris 1970, 83.

Das Glaubensbekenntnis des Konzils und die Verurteilung von irrigen Thesen

Die für uns wichtigste dritte Sitzung fand am 30. November statt und gilt als Höhepunkt des Konzils.[63] Zunächst wird im ersten Kanon ein eigenes Glaubensbekenntnis beschlossen, das länger als die Glaubensbekenntnisse von Nizäa (325) und Konstantinopel (381) und betont trinitarisch verfasst ist.[64] Es beginnt nicht mit dem Vater und schreitet dann weiter zum Sohn und zum Geist sondern mit dem einen göttlichen Wesen und den drei göttlichen Personen. Sodann werden die innertrinitarischen Zuordnungen genau beschrieben. Es wird die Schöpfung der beiden Ordnungen, der sichtbaren und der unsichtbaren, aus dem Nichts betont und die Zwischenstellung des Menschen, der beide Ordnungen umfängt, dargelegt. Gegen die dualistischen Irrtümer dieser Zeit betont das Glaubensbekenntnis, dass auch der Teufel und die anderen bösen Geister von Gott ihrer Natur nach gut geschaffen wurden und durch sich selbst schlecht wurden, während der Mensch aufgrund der Einflüsterung des Teufels sündigte.

In einer klaren Sprache wird dargelegt, dass die Werke der Dreifaltigkeit nach außen, einschließlich der Menschwerdung, von allen drei Personen gemeinsam gewirkt werden. Der menschgewordene Sohn vereint zwei Naturen in einer Person. Als Folge der Auferstehung des Sohnes wird zugleich die allgemeine Auferstehung zur Herrlichkeit oder zur Strafe angeschlossen, die in den alten Konzilien erst im Abschnitt über den Geist erscheint.

In der einzigen und heilsnotwendigen Kirche ist Christus Priester und Opfer zugleich. Die reale Gegenwart des Leibes und Blutes Christi unter den Gestalten von Brot und Wein wird ebenso betont, wie die katholische Lehre, dass allein der gültig geweihte Priester dieses Sakrament zustande bringt. Erstmals wird auf einem allgemeinen Konzil die Rechtmäßigkeit des Begriffes „Transsubstantiation"[65] festgelegt, der später in Trient bekräftigt werden soll. Bezüglich der Taufe wird die Notwendigkeit der trinitarischen Spendung in der Weise der Kirche festgehalten und gegen die Katharer betont, dass nicht nur Jungfrauen und Enthaltsame sondern auch die Eheleute zur ewigen Seligkeit gelangen, wenn sie den rechten Glauben bekennen und ein gottgefälliges Leben führen.

Die ausdrückliche Betonung des Dreifaltigkeitsglaubens und der Menschwerdung als Werk der ganzen Dreifaltigkeit stellt zugleich eine Antwort auf die Trinitätslehre des ehemaligen Zisterzienserabtes Joachim von Fiore (1130/35–1202)[66] dar. Diese wird im zweiten Kanon des Konzils ausdrücklich aufgegriffen und

---

62 Vgl. Foreville, 319–321.

63 Vgl. ebd., 323–323.

64 Vgl. ebd., 329; Schäfer, 110f.

65 Vgl. zur Begriffsgeschichte: Matthias Laarmann, Transsubstantiation. Begriffsgeschichtliche Materialien und bibliographische Notizen: Archiv für Begriffsgeschichte 41 (1999) 119–150.

66 Vgl. aus der neueren Literatur: Wilhelm Baum, Joachim von Fiore und das kommende Reich des Geistes: Jb. d. Oswald v. Wolkenstein-Gesellschaft 13 (2001/2002) 77–97; Wolfgang G. Schöpf, »Fuit in Spiritu dominica die ...«. Zu Jochim von Fiore, seiner Zeit und seiner Wirkung: Cistercienser Chronik 114 (2007) 47–60. 211–222; ders., Joachim von .Fiores geschichts(theo-)logische Kategorien: Cistercienser Chronik 117 (2010) 71–85.

zurückgewiesen.[67] Zugleich wird der Sentenzenmeister Petrus Lombardus gegen Angriffe Joachims in Schutz genommen, der ihm vorwarf, den drei göttlichen Personen die Dreifaltigkeit hinzuzufügen und damit ein Quaternität zu schaffen. Die Verteidigung der rechtgläubigen Trinitätslehre geschieht auf dem Laterankonzil nicht zuletzt durch den Rückgriff auf die Kappadokier und Johannes von Damaskus, was in der mittelalterlichen Scholastik nicht üblich war.[68] Joachim hatte mit seiner Drei-Zeiten-Lehre (das Alte Testament als Zeitalter des Vaters – die Menschwerdung und die Folgezeit als Zeitalter des Sohnes – die Gegenwart Joachims als Beginn des Zeitalters des Geistes, in dem die Einrichtungen des Sohnes ihre Bedeutung verlieren) die Einheit der Dreifaltigkeit ebenso gefährdet wie die Heilsnotwendigkeit der von Christus eingerichteten Hierarchie und Gnadenmittel. Daher auch die Betonung der wahren Gegenwart Christi unter den Gestalten von Brot und Wein und der Notwendigkeit von Taufe und Buße.

Im selben Kanon wird zudem die pantheistische bzw. panentheistische Lehre des Amalrich von Bena verurteilt, ohne dass das Konzil näher auf diesen eingeht.[69]

Der dritte Kanon[70] richtet sich gegen alle Häretiker, die sich gegen den definierten Glauben der Kirche wenden. Es wird festgehalten, dass die verurteilten Häretiker der weltlichen Gewalt zur Bestrafung übergeben werden sollen. Die Inhaber der weltlichen Gewalt werden zugleich ermahnt, dass sie den rechten Glauben verteidigen und die Häretiker zurückdrängen sollen.

Weitere bedeutende Kanones

In insgesamt 71 Kanones[71] geht das Vierte Laterankonzil sein Reformvorhaben an.[72] Wir greifen hier vor allem einige bedeutsame heraus:

Der vierte Kanon richtet sich gegen das ungebührliche Verhalten der Griechen gegenüber den Lateinern. So ließen etwa griechische Priester ihre Altäre waschen, wenn lateinische Priester vor ihnen zelebriert hatten und sie tauften von den Lateinern Getaufte erneut. Dies habe unter Androhung der Exkommunikation zu unterbleiben. Kanon 5 regelt die Rangfolge der Patriarchatskirchen Konstantinopel, Alexandrien, Antiochien und Jerusalem, die von Rom das Pallium erhalten. Im sechsten Kanon wird das jährliche Abhalten von Provinzialsynoden zur Besserung von Missständen und der sittlichen Erneuerung vorgeschrieben, während der fol-

---

67 Vgl. den Text bei Foreville, 401f.
68 Vgl. Bayer, 112f.
69 Vgl. Karl Albert, Amalrich von Bena und der mittelalterliche Pantheismus: Albert Zimmermann (Hrsg.), Die Auseinandersetzungen an der Pariser Universität im XIII. Jahrhundert, Berlin 1976, 193–212; Paolo Lucentini, Dialettica, teologia, eresia. Alano di Lille e Amalrico di Bène: Alain de Lille e Amalrico di Bène, le docteur universel. Philosophie, théologie et littérature au XIIe siècle (Actes du XIe Colloque international de la Société Internationale pour l'Étude de la Philosophie Médiévale, Paris, 23–25 octobre 2003), Turnhout 2005, 277–288.
70 Vgl. Foreville, 403–406.
71 Manche Zählungen nehmen 70 Kanones an und zählen den letzten als Anhang.
72 Vgl. Foreville, 406–449.

gende Kanon die Bischöfe ermahnt, die Übelstände, vor allem unter den Klerikern, zu beseitigen. Kanon 8 erteilt den Prälaten Regeln für ein Untersuchungsverfahren.

Für Gebiete, in denen mehrere Riten und Sprachgruppen ansässig sind, sollen die Bischöfe gemäß Kanon 9 Sorge tragen, dass geeignete Männer bestellt werden, die in den verschiedenen Riten und Sprachen die Gottesdienste halten, die Sakramente spenden und durch Wort und Beispiel unterweisen können. Es soll aber vermieden werden, dass mehrere Bischöfe in einer Stadt oder Diözese sind. Zudem sollen, soweit der Bischof selbst behindert ist, geeignete Prediger berufen werden, die auch die Beichte hören können (Kanon 10). Zu deren Ausbildung sollen an den Kathedralkirchen Schulen eingerichtet und Lehrer bestellt werden (Kanon 11).

Kanon 13 enthält, auch in Hinblick auf den neu entstandenen Dominikanerorden, das Verbot, neue Orden zu gründen, um keine Verwirrung durch die große Verschiedenheit der Orden hervorzurufen. Vielmehr sollen neue Gemeinschaften die Regeln bereits approbierter Orden übernehmen. In den Kanones 14–17 werden Regeln zur Lebensweise der Kleriker befestigt, so sollen unenthaltsame Kleriker bestraft werden. Die Trunksucht wird verurteilt.[73]

Der Kleriker darf kein Bluturteil unterschreiben oder an einem Gottesurteil teilnehmen. Ebenso wird das Duellieren verboten (Kanon 18).

Kanon 21 schärft die jährliche Beichte und Kommunion der Gläubigen sowie das Beichtgeheimnis ein. Wer gegen das Beichtgeheimnis verstößt, soll in ein strenges Kloster gesperrt werden.

Kanon 29 erinnert an die Bestimmung des Dritten Laterankonzils, die sich gegen die Häufung von Pfründen richtete. Da die Vorgaben des Vorgängerkonzils nicht griffen, werden nun die Maßnahmen verschärft. Auch die weiteren Kanones behandeln vor allem Rechtsvorschriften, die später in die Gesetzessammlungen aufgenommen wurden.

Die geltenden Eheverbote werden gelockert und nur bis zum vierten Grad der Blutsverwandtschaft und Schwägerschaft festgehalten (Kanon 50) und geheime Ehen verboten (Kanon 51). Die Ehe soll in der Kirche geschlossen werden nachdem sie zuvor vom Priester bekannt gemacht wurde. Die Kanones 53–56 behandeln den für den Unterhalt des Priesters so wichtigen Zehnten.

Das Vierte Laterankonzil tritt sodann in Kanon 62 dem Handel von Reliquien entgegen. Alte Reliquien dürfen nicht außerhalb ihres Reliquiars gezeigt und nicht verkauft werden, neue Reliquien müssen von der Römischen Kirche anerkannt werden.

In den Kanones 67–70 beschäftigt sich das Konzil mit den Juden. Der Zinswucher soll eingedämmt werden und die Juden und Sarazenen sollen sich durch ihre Kleidung von den Christen unterscheiden, damit es nicht zu einer Vermischung kommt. Weiters sollen die Juden sich an den Passionstagen nicht in der Öffentlichkeit aufhalten, da man von Verhöhnungen der Christen an diesen Tagen gehört hat.

---

73 Geradezu überzeitlich aktuell erscheint die Mahnung: „Deshalb bestimmen wir, dass dieser Missstand beseitigt werde, wonach mancherorts die Zecher einander nötigen, mitzuhalten, und im Urteil seiner Zechkumpane derjenige der Held ist, der die meisten unter den Tisch trinkt und immer die vollsten Becher leert." (Kanon 15).

Auch öffentliche Ämter sollen für Juden nicht zugänglich sein und konvertierten Juden wird untersagt, weiter die alten Riten zu pflegen.

Der letzte Kanon, der zum Teil als Anhang gezählt wird, lädt feierlich zum Kreuzzug ein, der für den Sommer 1217 anberaumt wird.

Das Konzil und der Papst

Philipp Schäfer führt zu Recht aus:

> *„Das Konzil ist in allem ein Werk des Papstes Innozenz III. Er hat es geplant, hat sehr zeitig und eindringlich dazu eingeladen. Er gab die Texte weithin vor. (…) Die das Konzil überragende Autorität des Papstes war allgemein anerkannt.“*[74]

Allein die Gestalt und der Ton der Texte entsprechen den von Innozenz entworfenen Texten und Schäfer macht 40 Stellen der Dekrete aus, die fast wörtlich in vorhergehenden Schriften des Papstes zu finden sind.

Der große deutsche Kirchenhistoriker und Konzilienexperte Hubert Jedin weist zugleich darauf hin, dass der Papst nicht willkürlich herrschte und auch nicht alle Ideen durchsetzen konnte:

> *„Unter Innozenz III. stand das mittelalterliche Papsttum auf der Höhe seiner geistlich-weltlichen Autorität. Dennoch war das vierte Laterankonzil keineswegs nur eine ‚Staffage des Papstes als des absoluten Herrn der Gesamtkirche‘, noch waren die Bischöfe ‚zu Werkzeugen des allmächtigen Papstes‘ degradiert (Heiler). Auch Innozenz hat seinen Willen nicht in allem durchzusetzen vermocht.“*[75]

Zugleich leistete das Vierte Laterankonzil eine gesetzgeberische Arbeit, wie kein Konzil zuvor. Seine Dekrete sind die einzigen der ersten vier Lateransynoden, die Eingang in die großen Rechtssammlungen der Kirche fanden.[76]

Der Tod des Papstes

Papst Innozenz III. sollte keinen weiteren Kreuzzug mehr erleben. Er starb überraschend am 16. Juli 1216 auf einer Reise nach Perugia, wo er in St. Laurentius beigesetzt wurde. Erst Papst Leo XIII. ließ 1891 seine Gebeine von dort nach Rom überführen und leitete selbst die Beisetzungsfeierlichkeiten in San Giovanni in Laterano, in jener Kirche, die dem göttlichen Erlöser geweiht ist und in der Innozenz das Laterankonzil abhielt.

---

74 Schäfer, 115.
75 Hubert Jedin, Kleine Konziliengeschichte, Frankfurt 1959, 49.
76 Vgl. Agostino Paravicini Bagliani, Das Vierte Laterankonzil: Geschichte des Christentums, hrsg. von Jean-Marie Mayeur u. a. Band 5. Machtfülle des Papsttums (1054–1274), hrsg. von André Vauchez, Freiburg 1994, 581–589, hier: 588.

Was bleibt?

Neben vielen zeitlich bedingten Bestimmungen (etwa den genannten Juden-Kanones) haben die Dekrete des Vierten Laterankonzils auch bleibend gültige Inhalte, wie ihre Bestätigung und Wiederholung in den kirchlichen Rechtsbüchern und auf den Folgekonzilien bis hin zum Zweiten Vatikanischen Konzil zeigen. Das gilt zunächst für die präzisen Formulierungen des Glaubensbekenntnisses, die eine Aufweichung der Trinitätslehre ebenso abwehren wie eine dualistische Schöpfungslehre. Auch die mit dieser Schöpfungslehre einhergehende Leibfeindlichkeit, die sich bei den Katharern in der Ablehnung der Ehe ausdrückte, wehrt das Konzil ab mit dem doppelten Verweis auf die grundlegende Güte der ganzen Schöpfung und dem Hinweis, dass selbstverständlich auch die Eheleute die ewige Seligkeit erlangen können.

Der bereits in dieser Zeit anbrechenden Auflösung der Sakramentenlehre, die von den so genannten Reformatoren im 16. Jahrhundert zu einem traurigen Höhepunkt geführt wurde, tritt das Konzil mit der Betonung der realen Gegenwart Christi in der Eucharistie, gewirkt durch die Transsubstantiation, und der Notwendigkeit der Taufe und der Buße entgegen.

Auch heute erleben wir wieder eine unvergleichliche Erosion des katholischen Glaubensgutes. Kaum ein Dogma der Kirche wurde in den letzten Jahrzehnten nicht hinterfragt, uminterpretiert oder seines eigentlichen Inhaltes beraubt. Dies geschieht und geschah in einfachen Sonntagspredigten ebenso wie in theologischen Fachbüchern. Wie in der Zeit des Laterankonzils trifft dies auch zu auf das zentrale Dogma des christlichen Glaubens, die Trinitätslehre, deren Verbiegungen von einem platten Modalismus über einen gefälligen Pantheismus bis hin zu einem unverblümten Atheismus reichen.

Mit der Nivellierung der christologischen Dogmen, vor allem der wahren Gottheit Christi, sowie Anlehnungen an protestantische Anschauungen geht auch die Leugnung der realen Gegenwart Christi in der Eucharistie einher, die eine Uminterpretierung zu einer reinen Bedeutungsänderung oder einer wie auch immer gearteten momentanen Gegenwart Christi erfährt. Wenn das Glaubensbekenntnis des Vierten Laterankonzils sodann einschärft, dass die Wesensverwandlung nur durch einen gültig geweihten Priester vollzogen werden kann, haben wir bereits einen weiteren neuralgischen Punkt berührt, insofern auch heute die unaustauschbare Stellung des Weihepriestertums nicht selten geleugnet wird.

Auch die Zeitanalysen, die Innozenz III. an verschiedenen Stellen liefert, zeigen nicht wenige Parallelen zu unserem Abschnitt der Kirchengeschichte. Auch heute gleicht die Kirche in manchem einem verwüsteten Weinberg. Auch heute ist vor allem in der westlichen Welt ein Zerfall der Sitten feststellbar, der aufs engste mit der Erosion des Glaubens zusammenhängt und der auch vor den Klerikern nicht Halt macht. Kirchenvolksbegehren, Pfarrer-Initiativen, Theologen-Memoranden und deren Forderungen, die Zölibatsverpflichtung aufzuheben, das Weiheamt für Frauen zu öffnen, die Sexualmoral zu lockern, „wiederverheiratete" Geschiedene zu den Sakramenten zuzulassen oder gar eine zweite kirchliche Eheschließung zu ermöglichen, stellen dabei nur Symptome der Krankheit dar. Und auch heute gleichen manche Bischöfe den „stummen Hunden", von denen Innozenz sprach.

Daher behalten die Forderungen des Segni-Papstes an die Hirten der Kirche bleibende Bedeutung. Ihre Aufgabe ist es, den unverkürzten und unverfälschten Glauben der Kirche zu verkünden und die ihnen anvertrauten Gläubigen vor Irrtümern zu bewahren.

Dies stellt zugleich die Stärke des Jubilars dar, der es auf einzigartige Weise versteht, den ewig gültigen Glauben ohne Abstriche in einer verständlichen, um nicht zu sagen modernen Sprache zu vermitteln.[77]

---

77 Vgl. etwa Wilhelm Imkamp, Katholische Evergreens. Sechs Fastenpredigten. Predigten aus St. Peter in München, Heft 2. München 1993; ders., Fit für die Ewigkeit: Hieb- und Stichfestes aus der Bibel, Augsburg 2009.

Forms of Dialogue between Jews and Christians before the Second Crusade

Annotations to Peter Abelard's "Dialogus"

Klaus Guth

I. Introductory Remarks

Peter Abelard (1079–1142) is one of the ranking figures of early scholasticism who have met with great human, literary and philosophical interest and caused astonishment through their philosophical interest and caused astonishment through their up-to-date thought and feeling till this day. There are so many different facets to the person and his work that this man reflects, as it were, like a mirror, 12th century West-European culture. He stands for an epoch which, in the manner of a first renaissance of Graeco-Roman times, tried to penetrate all their fields of knowledge with a new approach.[1] Roughly speaking, it was between the First (1096–1099) and the Second Crusade (1147–1149) that Abelard was en route in France, at first as a wandering scholar and, later on, as a wandering teacher, at the centres of West-European learning and erudition to acquaint himself with the subjects of the trivium and the quadrivium. He used a new method of questioning – though not being the first to introduce such – to make philosophical and theological matters accessible.[2] Thus a large circle of scholars gathered round the dialectician and magister Abelard; this, however, also resulted in his controversy with incumbents of church administration. Due to his personal conduct of life the said argument even intensified in the beginning until 1119.

Abelard focussed all his attention on science, unlike his great spiritual adversary Bernard of Clairvaux (appr. 1090–1153)[3], whose sermons delivered in France and the German Empire on the liberation of the Holy Places had not been able to prevent the Second Crusade from becoming a failure due to the fact that the German and the French king along with the noble crusaders, by proceeding separately,

---

1   Gerard Paré/Adrien Brunet/Pierre Tremblay: La Renaissance du XIIe siècle. Les écoles et l'enseignement. Paris-Ottawa 1933. – Richard W. Southern: Medieval Humanism and other Studies. New York 1970, esp. pp. 29–132.
2   Cf. his dialectic method Sic et Non.
3   Foundation of the Cistercian Order by Robert of Molesme 1098.

suffered crushing defeats inflicted by the Turks. It was science which promised Abelard's fame, honour and decent living. As a Canon[4] of Notre Dame in Paris (1114–1117) he gathered a permanent circle of scholars around him and fell in love with Heloise, which proves the warmth of his personality but also both his personal and professional dichotomies, carnal love and renunciation, sensibility and belief, dialectics as a method and free approval of the dogma, monastic "stabilitas" in the Benedictine abbey of Saint Denis (appr. 1119) and flight from seclusion, the establishing of schools and the loss of scholars, theological doctrines (among others dealing with the conceptual understanding of the individual Incarnation, Trinity, Grace and Foreknowledge) and their partial condemnation by the Councils held at Soissons in 1121 and at Sens in 1140, elucidate the reality of his turbulent life.[5]

In 1135 Peter Abelard, established philosopher and theologian, went to Mont Saint Geneviève, a suburb of Paris, to teach an illustrious circle of scholars to which belonged, among others, John of Salisbury, Otto von Freising, Roland Bandinelli, later Pope Alexander III., Guido de Castello, later Pope Celestine III., and Arnold of Brescia.[6] In the presence of the Council of Sens Abelard wanted to justify his theses in a dispute. However, it was the firm resolve of the Council to force him – at the instigation of Bernard of Clairvaux – before the first session on June 2 and 3, 1140, had begun, to recant his theological theses. To escape from such coercion Abelard pleaded his case before Pope Innocent II., but learnt that the latter had confirmed his condemnation and enjoined him from teaching.

In this critical period of Abelard's life, being aware of his imminent death he published the philosophical treatise on tolerance dealing with the relationship between Judaism and Christianity: "Dialogus inter Philosophum, Judaeum et Christianum" (1141). Practically speaking, the said treatise implied an acceptance of the three monotheistic world religions. It was also in 1141 that the Koran was translated into Latin for the first time.[7] A few years before the Second Crusade time seemed ripe for such a discourse.

II. Abelard's Dialogus

While Abelard was writing his last work dealing with philosophy of religion, the "Dialogue between a Philosopher, a Jew and a Christian", in the monastic confine-

---

4 Leif Grane: Peter Abelard. Philosophy and Christianity in the Middle Ages. London 1970, esp. p. 45. As an introduction to life and work: Theologische Realenzyklopädie, vol. I, Berlin 1977, pp. 7–17 (*Rolf Peppermüller*).
5 Leif Grane: Peter Abelard [n. 4], p. 137–149. – Raymonde Foreville: Lateran I–IV. Mainz 1970, esp. pp. 123–145.
6 Cf. Klaus Guth: Johannes von Salisbury. Studien zur Kirchen-, Kultur- und Sozialgeschichte Westeuropas im 12. Jahrhundert. München 1978, esp. pp. 30–47. – Otto of Freising was later participator of the Second Crusade.
7 Hans-Wolfgang Krautz (ed.): Peter Abailard. Gespräch eines Philosophen, eines Juden und eines Christen, Darmstadt 1995, p. 319 – Now the composition of „Dialogus" will be dated to the years about 1125/1126. Cf. Constant Mews: On dating the works of P. Abelard. In: Archives d'histoire doctrinale et littéraire du Moyen Âge 52 (1985), pp. 73–137.

ment of St. Marcell near Chalon-sur-Saône, a Priory of Cluny, persecutions and assaults of Jewish merchants and burghers again became more frequent in the Rhine and Main regions between the First and Second Crusade,[8] new contacts between Occident and Orient were established in 1135 through Hermann von Kärnten,[9] who, by order of his teacher Thierry of Chartres, endeavoured in Spain to make accessible Arabian writings on natural philosophy and a first translation of the Koran was made by the above-mentioned savant Hermann under the patronage of the abbot Peter the Venerable in 1141.[10]

Abelard, whose 19 key theses had been condemned by the Council at Sens in 1140,[11] was befriended by Peter the Venerable, abbot of Cluny. It is true that the latter had been able to bring about Abelard's formal reconciliation with Bernard of Clairvaux and Pope Innocent II. (1130–1143), but he failed in having the monastic confinement and the order of silence repealed. It was in 1141, one year before his death, that Abelard confessed for the last time his orthodox belief to Heloise in a pamphlet under the title of "Confessio fidei ad Heloisam". Such pamphlet, containing in fragmentary form the theologian's thoughts on the relationship of Judaism and Christianity, was his intellectual legacy. In the ring parable of his dramatic poem "Nathan der Weise" by Gotthold Ephraim Lessing,[12] a representative of German Enlightenment, the playwright proves to be a passionate advocate of religious and racial tolerance. Peter Abelard's line of reasoning was, in a way, characterized by critical rationalism[13] through which he had anticipated Lessing's conception of tolerance as early as in the middle of the 12th century. In the light of reason the belief in God as one entity entails the theoretical recognition of the other religion. This was heretic thought at a time when the Catholic church in Western Europe began to reach for universal power.

Let us now turn to the structure, the intention and, above all, the intercultural discourse of the "Dialogus". In what way does the author substantiate his concept of tolerance?

1. Prologue

"In a nocturnal vision" (in visu noctis) Peter Abelard beheld the partners to his dialogue who had come from different directions to a crossroads. By applying

---

8   Cf. Shlomo Eidelberg: The Jews and the Crusaders. The Hebrew Chronicles of the First and Second Crusades. London 1977, esp. pp. 5–8. – Sefer Zekhirah or: The Book of Remembrance of Rabbi Ephraim of Bonn. In: Shlomo Eidelberg: Ibid. pp. 121–131, there are anti-jewish conflicts on Rhine and Main in the year of 1146.

9   Hans-Wolfgang Krautz (ed.): Peter Abailard [n. 7], p. 317.

10 Cf. James Kritzeck: Peter the Venerable and Islam. New Jersey 1964 (Princeton Oriental Studies, 23).

11 Leif Grane: Peter Abelard [n. 4], p. 143 speaks of 19 theses. Also Rolf Peppermüller, in: Theologische Realenzyklopädie, vol. I, Berlin 1977, p. 10 in difference to Hans-Wolfgang Krautz (ed.): Peter Abailard [n. 7], p. 319: 14 theses.

12 Cf. Gotthold Ephraim Lessing: Nathan der Weise, 3. Aufzug, 7. Auftritt.

13 Abaelard ist kein reiner Rationalist, aber stets bemüht, die Glaubenswahrheiten mit Hilfe der Vernunft (Wissenschaft) besser zu verstehen und für seine Zeit zu aktualisieren, getreu dem frühscholastischen Axiom „fides quaerens intellectum" (opinion of the author).

different methods of questioning he finds out their religious belief and the reason for their coming. They were people of different denominations but equal by showing respect and honour to one God even though they served him in a different way in matters of faith and life. As a philosopher the pagan represented the natural moral law, Judaism and Christianity stood for religions based on God's self-revelation to Man ("Offenbarungsreligion") with written records. By means of disputing and comparing the Jewish with the Christian denomination they both strove to gain the arbitrator's judgement, that is the author Abelard.[14]

In astonishment, Abelard wanted to know why he of all people had been chosen arbitrator. The pagan philosopher as the spokesman of the fictitious dialogue replied that it was a philosopher's task to pursue truth by means of sound reasoning and not by submitting to the dictates of prevailing opinion but rather abiding by the laws of common sense.[15]

Abelard is able to formulate his way as a philosopher as well as his objective and evaluation of philosophy through the double identification of the author with the arbitrator of the dispute and the latter being equate with the role of the philosopher in his lecture.

They read as follows:

– Becoming acquainted with the different schools of philosophy,
– Training of the intellect by means of listening to rational grounds and authorities,
– Turning to moral philosophy, "quae omnium finis est disciplinarum" (goal of all the other philosophical disciplines).[16]

As a philosopher he had studied this natural philosophy which culminates in moral philosophy by reflecting on "summum bonum" or "summum malum" and on that phenomenon which constitutes human luck or ill luck as well as the different religious persuasions (sectae) which led to the divided world of today. So far as theological questions are concerned he also could only – after scrutiny and comparison – agree to that which was, to a better extent (magis), compatible to reason. The prerequisite in this context was the study of Jewish and Christian faith along with reason as the critical instrument.[17]

The three partners to the dialogue had resolved to ask for Abelard's arbitral judgement since philosophy – when drawing a comparison between Judaism and Christianity – had not been able to reach a decision up to that point. The grounds for their choice were Abelard's method and the fact that he proceeded by taking arguments from the Scripture and using reason. As a philosopher he had become familiar with handling rational arguments and could make full use of a broader philosophical arsenal of such rational grounds (philosophicam uberiorem habes armaturam).[18] Abelard was especially qualified for the task of an arbitrator due to his

---

14 Latin edition continuously used: Hans-Wolfgang Krautz (ed.): Peter Abailard [n. 7], Darmstadt 1995, elder latin edition of Dialogus inter Philosophum, Judaeum et Christianum, ed. by Rudolf Thomas, Stuttgart-Bad Camstadt 1970.
15 Dialogus, p. 8.
16 Dialogus, p. 8.
17 Dialogus, p. 10.
18 Dialogus, p. 14

well-known acumen and extraordinary faculty to recollect philosophical and theo-logical doctrines along with the studies of schools of thought. After some initial hesitation he is finally ready to shoulder the task of an arbitrator in the fictitious discourse of the religions, hoping, in the course of the discussion, to gain personal knowledge from the development of the dialogue (collationes). This is the end of the Prologue.[19]

2. Form of Dialogue

In different length and with different lines of reasoning the arguments of the part-ners to the discourse now collide with each other in the form of a disputation. Characteristically enough, it is the philosopher who opens the dialogue on Judaism (pp. 14–18), followed by the Jew's dialogue (pp. 22–34); the philosopher interrupts the discourse (pp. 34–50) and waits for the Jew to answer (pp. 50–74); however, the philosopher's answer is forthcoming (pp. 74–96). Arbitrator Abelard waits for more arguments and leads up to the 2nd part of the Dialogue.

A dispute between the Jew, the philosopher and the Christian follows (pp. 98–164; 194–288). It deals with the greatest good, interrupts the discourse by reflec-tions on the natural virtues (pp. 164–194) and continues the interrupted analysis of the greatest moral good (pp. 194–288). Finally the Christian brings the discourse to an end (pp. 270–288) by defining what he deems to be good. Since the Chrstian partner expects the philosopher to raise more objections or to systematically refer to other fields (p. 288), the conclusion is fragmentary. However, the expected judge-ment on the assessment of the three religions is missing completely.

3. Intention

The dispute between the Christian and the philosopher culminates in the question what the nature of the greatest good was and how it could be reached (p. 106). For a Christian the way of achieving this goal requires the observance of the orders given by the Old and the New Testament, the philosopher, however, was directed by ethical standards, i.e. the moral principles as the culmination of all disciplines, which is referred to as God's wisdom by the Christians (p.104). Nevertheless, the difference between Christian belief and philosophical cognition lay in the fact that priorities had been set by evaluating the goal and the way. Whereas the goal of his moral aspirations is considered more important by the Christian, the philosopher takes the view that God as the ultimate goal could only be approached by way of good morals or virtues. To put it briefly: The comparison between Christianity and religion based on reason results in a different assessment. In the first case the goal is the centre of religion and in the second case it constitutes the way (pp. 104–106). However, the two religions are alike with respect to their goals: The "celestial bliss"

---

19 Dialogus, pp. 8–10. For systematic analysis cf. esp. Rudolf Thomas: Der philosophisch-theolo-gische Erkenntnisweg Peter Abaelards in: Dialogus inter Philosophum, Judaeum et Christianum. Bonn 1966, esp. pp. 33–152. The formal-logic aspect of the analysis in hand will be excluded.

(p. 104) emerges from the enjoyment of the "greatest good". It is only and solely the ethical practices (p. 108) which show the "way thither" by keeping Man away from vice and evil thus leading him to the enjoyment of the greatest good in celestial bliss (p. 164).

By means of an insertion in the course of the dialogue such cognition causes the philosopher to reflect on virtue in general as well as in particular (pp. 164–188) with the help of quotations taken from moral philosophical tradition. The four cardinal virtues – prudence, justice, bravery and temperance – as well as the individual cardinal virtues in their varieties are elucidated by means of philosophical dialogue. Attendant features pertaining to justice are reverence (reverentia), charity (beneficientia), mercifulness (misericordia), truthfulness (veracitas), willingness to negotiate (vindicatio), but also the natural justice (pp. 170–188). From the attitude of bravery emanates magnanimity and the ability to endure hardships or staying power (tolerantia). Humility (humilitas) arises from the virtue of temperance as well as modesty (frugalitas) and leniency (mansuetudo). Those virtues of the 2nd order are counteracted by the attitudes of incapacity (impotentiae) which are the debility of mind (debilitas animi), pusillanimity (pusillanimitas), cowardice (ignavia), excessiveness (intemperantia) and the feebleness of the heart (imbecilitas animi). Thus Man – in the view of the philosopher – was able to "find his way to happiness and understand the greatest good according to his merits" (p. 192), that is by means of climbing the ladder to the height of such happiness rung by rung through internalizing the various virtues of the 2nd order. Standing opposite such philosophical-ethical quintessence of a doctrine of happiness are – in comparison – the fundamental principles of religions with written records based on God's self-revelation to Man ("Offenbarungsreligion") of Judaism and Christianity.

III. Argumentation used as an instrument for acquiring objective cognition

1. The Jewish religion in the discourse of the philosopher

As early as in the first part of the fragmentary dialogue (pp. 14–96) the philosopher, that is Abelard, stated his view on Judaism and Christianity. Already at the beginning of the dialogue the three partners to the discourse were of one mind in that philosophy and, hence natural cognition, must be attributed a certain pre-eminence, that is a leading role (p. 14), in Man's aspirations to achieving the greatest good. But why, after all, should rational grounds also not be brought into the description of religious persuasions (… in has fidei sectas ratio vos induxerit: p. 16)? In the philosopher's view a strict adherence to faith without a rational adoption of the essence did not make sense (p. 18). To put it in modern terms: Also religions based on God's self-revelation to Man ("Offenbarungsreligion") cannot only resort to the tradition of the Holy Scriptures.

It is the representative of a religion based on God's self-revelation to Man, namely the Jew who – in accordance with the Christian partner – is certain of the fact that it was also his task to find out the truth (p.22) However, in matters of faith, the divine law which – according to Jewish and Christian belief – was given by God must take priority and be observed by Man. This obedience in matters of faith to Lord God was confirmed by the testimony of many people and also had reason on its side. It is true that infidels could not be convinced cogently of God's self-revelation in the Testament but the opposite could also not be proved on rational grounds (p. 26) The Jews consider the divine law as God's guideline for a well-ordered human life. Each and every man was invited by their conscience to abide by the divine law. Jews and the fictitious philosopher have in common the "belief in the truth of the one and only God" (p. 28) whom the Jews worshiped in love and through their works.

These so-called "works" of the Jewish partner are described by Abelard in the figure of the fictitious Jew as a sea of afflictions and sorrows in his time: "... Nobody is believed to have suffered such sorrows on behalf of God, as we continuously endure. ... Are we not exposed to extreme taxation, we who are scattered all over the world, who are the only people without an earthly king or queen, that we are held to ransom almost every day until our dreadful life is released by paying an extraordinarily high tribute? We are the object of general contempt, hated by everybody to such an extent that he who is unfair in dealing with us in any way considers to be such injustice the utmost justice and the greatest sacrifice ever made to God (pp. 28–30).

Christians and infidels were imbued with an inveterate hatred against the Jews since in the view of the former we had killed their Lord. Consequently, they had staged actions in retaliation to compensate for that. The infidels found themselves forced to be guarantors of Jewish safety. The Jews had to pay the Christians large sums of money for safe conduct. Such protection, however, did not exclude death and pillaging. It almost borders on the miraculous that we were allowed to live (... hoc ipsum mirabile est, si vivere licet: p. 32). Due to the fact that the Jews were forbidden from owning landed property their only source of income was the lending of money against interest. And this, on the other hand, fuelled the hatred of the persons concerned against them, the Jews.

2. Conflicts between Jewish and natural religion

Suppression by the surroundings and legal provisions such as the religious act of circumcision, observance of diet regulations and the orders governing the slaughter of animals according to Jewish rites prevented the Jews from living together with other people. Abiding by the Jewish law meant shouldering new grief day after day (p. 34).

The philosopher compares this religion based on statutes with the patriarchs of the Israelites. In the beginning of Jewish religious history voluntary deeds of obedience were performed by Abraham: Justification results form faith and not from deeds (p. 38). The pursued course of argumentation is even strengthened by numerous quotations from the Old Testament (pp. 40–50).

The Jewish partner wards off such attacks by emphasizing the rational basis of the laws of the Old Covenant, constituting the agreement between God and the

Israelites, in which the former promised to protect them if they kept His terms and were faithful to Him. Such laws were to hold apart his people form other peoples and confirm their faith in the sole and only God (pp. 50, 52). Visible signs and instruments of the pure belief in God were the act of circumcision as well as the rites of cleanliness and the observance of diet regulations (pp. 54–66). This series of laws culminates in the perfect love of God and Man (p. 66) as the ultimate goal. Both the Jewish religion and the philosopher's natural religion based on reason had a similar goal the path to the one and only God was made easier by performing the deeds prescribed by Jewish ritual (p. 72).

The expositions we have just heard are confronted by the philosopher, who presents the line of argumentation from justification resulting form faith. Noah, Abraham and others personify voluntary religious obedience without reverting to circumcision, the rites of cleanliness and the observance of diet regulations. "It is the sacrifice of hearts and not that of animals the Lord is yearning for" (p. 90). The philosopher's passage presented in return reveal a detailed knowledge of the Jewish obligation to practise cleanliness with respect to diet, sleeping and seating arrangements, household goods and wearing apparel. Even the purification rites for men and women are expounded and compared with impurities and defilements of the soul. It is not the law or the purification rites that absolve the sinner but only the making of a full confession in an act of contrition (pp. 94–96).

This analysis of the Jewish faith from the point of view of the philosopher, that is the natural religion as Abelard sees it, was to be assessed in the arbitral award by the neutral judge (p. 96). Abelard postpones such assessment to the end of the ensuing discourse between the Christian and the philosopher on the greatest good (pp. 98–194) and the way to reach that goal by climbing rung by rung.[20]

IV. Function and Position of the Dialogue

The actual importance of the discourse in the field of philosophy of religion between Judaism, Christianity and Islam becomes apparent, however, only by looking back on its date of origin and similar works of other authors as well as on the function of the discourse at hand. It was already pointed out at the beginning[21] that the spirit of anti-semitism had pervaded the German Empire prior to the Second Crusade. Bernard of Clairvaux's crusade sermons, certain letters from his supporters, Peter Venerabilis, the abbot's pamphlet "Liber adversus Judaeorum inveteratam duritiam"[22] or "Gisleberti Crispini disputatio Judei et Christiani et anonymi auctoris continuatio",[23] a much-praised discourse between a Moguntian Jew and Gilbert, the abbot of Westminster (1046–1117), are characteristic of a more or less

---

20 Cf. chapter II, 3. The reflection on the highest evil, ibid. pp. 194–208.
21 Cf. chapter I of the manuscript.
22 In: Corpus Christanorum continuatio mediaevalis, vol. 58, Turnhout-Paris. Completing literature by H. Schreckenberg: Die christlichen Adversus-Judaeos-Texte (11.–13. Jh.), 2nd ed., Frankfurt/Main and others 1991, esp. pp. 192 f.
23 Ed. Bernhard Blumenkranz in: Stromata Patristica et Mediaevalia III. Antwerpen 1956.

vehement stream of invectives against Judaism.[24] With its Christology and the doctrine of Trinity, Christianity seems to be superior to Abraham's sons and daughters, the former ranking above the latter. Abelard's attempt at a discourse between the monotheistic world religions is an entirely different one. His tolerance of Judaism is also aimed at the Msulim religion although the latter was addressed only indirectly by Abelard. Toleration of the Jews by 12th-century society, the grief and sorrow they suffer according to philosopher's testimony is no reason for him to increase the pressure of grief and sorrow by using well-known patterns of argumentation.[25]

By virtue of the cognition that Judaism and Christianity are religions based on God's self-revelation to Man he compares the different doctrines (Trinity, God's Son, Church) with the religious law of the Jews. Regarding their belief in the one and only God Jews and Christians are alike and are both on their way to behold God after death by means of a moral conduct in life.

The fact that the philosopher's natural cognition of God is so emphatically stressed by Abelard in his dialogue corroborates his deep respect for the dignity of the other religion in which God is the goal of its adoration. Abelard holds the view that each and every man can achieve their "greatest good", aspired to personally, by obeying ethical principles.

In an irenic manner, the religious discourse is interspersed with the idea of acknowledging the other monotheistic religion. Neither derision or ridicule nor literary aggression can be found in the dialogue. Abelard's overemphasized belief in the power of reason and the understanding of conscience guide a man who lives according to ethical principles to the "greatest good". Embedded in the tradition of the Graeco-Roman philosophical lines of thought[26] the philosopher believes in the goodness of Man and the power of reason.[27]

---

24 Robert Chazan: European Jewry and the First Crusade. Berkley-Los Angeles-London 1987, pp. 179–191, esp. p. 187 (Letters of Petrus Venerabilis). – Cf. also the Adversus-Judaeos-Literature of the 11th till 13th century, now accessible by Heinz Schreckenberg: Die christlichen Adversus-Judaeos-Texte (11.–13. Jh.) with an iconography of the Jewish question till the Forth Lateran Council, 2nd ed. Frankfurt/Main-Bern-New York-Paris 1991, esp. pp. 53–446.

25 Cf. Dialogue, pp. 20–96, esp. pp. 30–34.

26 Schools of the Socratics, the Stoa and of Epicurus. Cf. Johannes Hirschberger: Geschichte der Philosophie, vol. 1, 2nd ed. Freiburg/Br. 1954, esp. pp. 50–58 (Socrates); 198–206 (Aristotle); 226–239 (Stoa); 252–256 (Epicurus).

27 Cf. for the whole article Klaus Guth: Religionsgespräche im Mittelalter. Peter Abaelards *Dialogus*. In: Freiburger Zeitschrift für Philosophie und Theologie 50 (2003), S. 136–149. Reprint in: Klaus Guth: Lebenswelten im Wandel. Beiträge zur Europäischen Ethnologie/Volkskunde und Historischen Landeskunde. St. Ottilien 2009, S. 325–336.

I Consultori della Congregazione delle Cause dei Santi

José Luis Gutiérrez Gómez

Al caro amico Mons. Dr. Wilhelm Imkamp,
Consultore della Congregazione

Cenni storici

1.1. La Congregazione dei Sacri Riti

Con la Cost. *Immensa aeterni Dei*, del 22 gennaio 1588[1], Sisto V istituì la Congregazione dei Sacri Riti, successivamente chiamata Sacra Congregazione dei Riti, alla quale attribuì la competenza sulla regolamentazione del culto divino e sulla canonizzazione dei santi. La Costituzione non introdusse modifiche nella procedura seguita fino allora[2], ma si limitò a istituire un gruppo stabile di Cardinali ai quali era affidato l'esame degli atti processuali. Oltre a questo gruppo furono nominati anche altri ufficiali, tra cui il Segretario, gli *advocati fiscales*[3], e i Consultori[4].

---

1 Sisto V, Cost. Ap. *Immensa aeterni Dei*, 22 gennaio 1588: Bullarium Romanum. Taurinensis editio, Tomo VIII, Torino 1863, pp. 985–999; per la Congregazione dei Sacri Riti, p. 996. Cfr. G. Papa, *Le cause di canonizzazione nel primo periodo della Congregazione dei Riti (1588–1634)*, Congregazione delle Cause dei Santi, Sussidio per lo studio delle Cause dei Santi, 7, Roma 2001.

2 Per quanto riguarda la procedura, divennero regola fissa le dodici *actiones* descritte dall'Ostiense nel suo commento alla Decretale *Audivimus* (X, III, 45, 1): cfr. Enrico da Susa (Card. ostiense), *In Tertium Decretalium librum commentaria*, Venezia 1581, fol. 172r–173r. Queste *actiones* sono riprodotte, per es. da A. Rocca, *De canonizatione Sanctorum commentarius*, Romae 1601, ristampa anastatica, Roma 2004, pp. 76–81. Lo studio approfondito del primo periodo dell'attività della Congregazione richiederebbe una lunga esposizione della funzione svolta dai tre Uditori della Rota, ai quali erano consegnati gli atti processuali perché li studiassero e redigessero le cosiddette *rubricae*, nelle quali erano esposte ordinatamente le prove sulle singole virtù, sul martirio o sui miracoli. Il materiale così elaborato passava poi all'esame dei Cardinali. Questa partecipazione degli Uditori della Rota andò via via decrescendo durante il pontificato di Urbano VIII (1623–1644) fino a scomparire definitivamente. Da allora, rimase la consuetudine di annoverare tre Uditori della Rota tra i Consultori prelati della Congregazione (cfr. *infra*, nota 5); sulla questione si veda G. Papa, *o. c.*, (nota 1), pp. 78–95; Ch. Lefebvre, *Relationes inter Sacram Rituum Congregationem et Sacram Romanam Rotam*, in Congregazione per le Cause dei Santi, «Miscellanea in occasione del IV Centenario della Congregazione per le Cause dei Santi (1588–1988)», Città del Vaticano 1988, pp. 53–59.

3 Gli *advocati fiscales* svolgevano le mansioni che l'11 gennaio 1631 Urbano VIII affidò in modo permanente al Promotore della Fede (cfr. Urbano VIII, *Decreta servanda in Canonizatione et Beatificatione Sanctorum*, Romae 1642, pp. 34–37). Si veda G. Papa, *o. c.* (nota 1), pp. 72–75.

4 G. Papa (*o.c.* [nota 1], pp. p. 96) segnala una proposta della Congregazione, databile tra l'8 maggio 1604 e il maggio 1605, per la nomina di tredici Consultori.

Nella stessa Cost. di Sisto V leggiamo sull'opera dei Consultori: «Et quoniam divinis oraculis admonemur, ubi multa consilia, ibi salutem adesse, eaedem Congregationes pro earum arbitrio viros sacrae Theologiae, Pontificii Caesareique iuris peritos et rerum gerendarum usu pollentes in consultationibus advocent atque adhibeant, ut causis, quaestionibus et negotiis quam optime discussis, quae Dei gloriae animarumque saluti et iustitiae atque aequitati consentanea maxime erunt, decernantur»[5].

I Consultori della Congregazione dei Riti, nominati dal Papa, appartenevano già fin dagli inizi a due categorie diverse: Consultori prelati, detti anche nati, perché titolari di determinati uffici nella Curia Romana[6], e Consultori teologi, del clero secolare e regolare[7].

Dopo la canonizzazione di S. Diego de Alcalá, avvenuta il 2 luglio del 1588, la prima canonizzazione della quale si occupò la Congregazione fu quella di S. Giacinto Odrowaz, avvenuta il 17 aprile 1594[8].

1.2. La funzione dei Consultori

Da quando le *rubricae* non furono più redatte dagli Uditori della Rota[9], l'esame delle cause sull'eroicità delle virtù, sul martirio o sui miracoli[10] aveva luogo nelle congregazioni o adunanze dette antipreparatoria, preparatoria e generale[11]. Da

---

5 Sisto V, Cost. Ap. *Immensa aeterni Dei*, cit. (nota 1), p. 989.

6 Cfr. G. Papa, *o. c.* (nota 1), pp. 97–98. Ai tempi di Benedetto XIV che, ancora Cardinale (Prospero Lambertini), pubblicò a Bologna la prima edizione della sua opera nel 1734–1738, si annoveravano fra i Consultori prelati «Episcopus Apostolici sacrarii Praefectus, vulgo *Sacrista* [tradizionalmente degli Agostiniani], Protonotarius Congregationis sacrorum rituum, tres antiquiores Rotae Auditores, Auditor Summi Pontificis, Assessor sanctissimae Inquisitionis, Magister sacri palatii, Secretarius Congregationis et Fidei Promotor» (Benedetto XIV, *De Servorum Dei beatificatione et Beatorum Canonizatione*, L. I, cap. 16, n. 13: per il primo volume di quest'opera utilizzeremo l'edizione bilingue latino-italiana a cura della Congregazione delle Cause dei Santi, Libreria editrice vaticana 2010, d'ora in poi Benedetto XIV).

7 Fra essi «semper aliquis assumptus est ex familia PP. Dominicanorum, ex familia Minorum Observantium, et ex familia PP. Societatis Iesu, praeter quos [dal 1725–1726…] unum… esse assumendum ex familia Minorum S. Francisci Conventualium, alterum ex congregatione Clericorum regularium Barnabitarum, tertium ex Ordine FF. Servorum B. Mariae Virginis» (Benedetto XIV, Lib. I, cap. 16, n. 14). Inoltre, «ut omnia rite quidem ac recte procedant, decessor noster Clemens Papa XII *die 11 Maii anni 1733*, decrevit ut Consultores regulares, exceptis personis in dignitate Episcopali constitutis, necnon Magistro sacri palatii, minime intersint Congregationibus, quando agitur de causis servorum Dei, qui idem regulare institutum professi sunt, quod ipsi profitentur» (*ibid.*). Eccettuato il Segretario della Congregazione, i Consultori non potevano farsi aiutare da altri nello studio delle cause e nella redazione dei propri pareri (cfr. *ibid.*, nn. 17–18). L'11 marzo 1733, Clemente XII proibì ai Consultori l'esercizio della funzione di postulatore di una causa (cfr. *ibid.*, Lib. I, cap. 19, n. 24); si veda anche Pio VI, *Decr. gen.* 22–XII–1779, in L. Porsi, *Leggi della Chiesa su beatificazione e canonizzazione dall'anno 993 all'anno 2000*, Roma 2006, pp. 241–244.

8 Cfr. Congregatio de Causis Sanctorum, *Index ac status causarum*, Città del Vaticano 1999, p. 547. Per l'elenco completo delle canonizzazioni fino al 3 giugno 2007, cfr. *ibid.*, pp. 547–596 e *Supplementum 2000–2007*, Città del Vaticano 2008, pp. 183–197.

9 Cfr. *supra*, nota 2.

10 Le altre questioni attinenti alle cause erano risolte nelle cosiddette Congregazioni ordinarie e particolari (cfr. Benedetto XIV, Lib. I, cap. 16, nn. 4 e 11).

11 Cfr. Benedetto XIV, Lib. I, cap. 16, nn. 5–10; CIC 17, cann. 2102–2115 e 2120–2124; I. Noval, *Commentarium Codicis Iuris Canonici. Liber IV. De processibus*, pars II e III, Augustae Taurinorum – Romae 1932, pp. 251–253, 336–347, 353–358.

notare che alle congregazioni partecipavano insieme i Cardinali e i Consultori[12]. La descrizione che esporremo delle predette riunioni è necessariamente generica e con qualche salto nel tempo, giacché subì delle variazioni nei diversi periodi.

Nella congregazione antipreparatoria, istituita solo agli inizi del sec. XVIII, i Consultori si riunivano nella casa del Cardinale Relatore o ponente della causa e solo essi votavano, giacché la finalità era che il Cardinale conoscesse bene i meriti e le difficoltà della causa[13].

Alla Congregazione preparatoria partecipavano tutti i Cardinali ascritti al Dicastero, i quali ascoltavano i pareri dei Consultori per avere informazioni sulla causa[14].

La congregazione generale[15] si svolgeva alla presenza del Romano Pontefice. In essa votavano prima i Consultori, i quali, espresso il proprio voto, uscivano dall'aula, ma rimanevano in una stanza adiacente, per essere disponibili qualora fossero richiamati dal Papa per eventuali delucidazioni[16]. In seguito, i Cardinali, il Segretario e il Promotore della fede rimanevano soli con il Papa e riferivano il proprio parere. La decisione finale spettava in esclusiva al Romano Pontefice[17].

Questa metodologia fu in uso fino alla Cost. Ap. *Sacra Rituum Congregatio*, del 8-V-1969[18]. A partire da quella data, le riunioni dei Consultori precedettero quelle dei Cardinali Membri della Congregazione.

2. I Consultori secondo la normativa attualmente vigente

2.1. I Consultori nella Curia Romana

I Consultori sono esperti di diverse nazionalità, nominati dal Santo Padre *ad quinquennium* per i diversi Dicasteri della Curia Romana[19]. Essi danno il proprio parere, generalmente per iscritto, sulle questioni loro sottoposte dal Prelato superiore, che nelle Congregazioni è il Segretario[20].

---

12 Dal 1969, invece, il congresso dei Consultori è previo alla congregazione dei Cardinali (e dei Vescovi) membri della Congregazione, i quali ricevono già stampati i voti dei Consultori. Se qualcuno tra i chiamati a partecipare era impedito, doveva consegnare il proprio voto scritto, affinché fosse letto nell'adunanza (cfr. Benedetto XIV, Lib. I, cap. 16, n. 21).

13 Per questa congregazione si doveva preparare il materiale elencato nel CIC 17, can. 2106.

14 Cfr. CIC 17, can. 2109.

15 Cfr. CIC 17, can. 2113.

16 Cfr. Benedetto XIV, Lib. I, cap. 16, n. 22.

17 Sono interessanti le riflessioni di Benedetto XIV sul peso da attribuire nella congregazione generale ai voti dei Cardinali e dei Consultori, e di quelli ritenuti dal Papa *aptiores et peritiores*: cfr. Lib. I, cap. 22, nn. 12–20.

18 Cf. Paolo VI, Cost. Ap. *Sacra Rituum Congregatio*, 8-V-1969: AAS 61 (1969), pp. 297–305.

19 Cfr. Giovanni Paolo II, Cost. Ap. *Pastor bonus*, 28-VI-1988, artt. 5 § 1 e 8: AAS 80 (1988), pp. 841–912; *Regolamento generale della Curia Romana*, 15-IV-1999, art. 12; *Regolamento della Congregazione delle Cause dei Santi*, XII–2000 (d'ora in poi *Regolamento CCS*), art.16.

20 Cfr. *Regolamento generale della Curia Romana*, 15-IV-1999, art. 121; *Regolamento CCS*, art. 6, n. 4 (che attribuisce al Sottosegretario questa competenza).

2.2. Le norme oggi vigenti per le cause di canonizzazione

La Congregazione dei Sacri Riti conservò il nome e la funzione attribuitale da Sisto V fino all'8 maggio 1969, data in cui fu divisa in due dicasteri diversi: la Congregazione per il Culto Divino e la Congregazione delle Cause dei Santi[21]. Spettano a quest'ultima in modo esclusivo e universale[22], le cause di canonizzazione, la concessione a un santo del titolo di Dottore della Chiesa e la dichiarazione di autenticità nonché la conservazione delle sacre reliquie[23].

Le leggi peculiari[24] o speciali[25] oggi vigenti per le cause di canonizzazione sono la Cost. Ap. del Beato Giovanni Paolo II *Divinus perfectionis Magister*, del 25 gennaio 1983[26] e le *Normae servandae in inquisitionibus ab Episcopis faciendis in causis Sanctorum*, emanate con delega legislativa dalla Congregazione delle Cause dei Santi il 7 febbraio 1983[27].

Ovviamente per le cause di canonizzazione valgono pure le norme processuali di diritto universale che «ex ipsa rei natura, etiam easdem causas afficiunt» (CIC 83, can. 1403 § 2: questa puntualizzazione manca nel CCEO). In pratica, data la sinteticità delle leggi peculiari o speciali, quasi tutti i prescritti di entrambi i Codici circa l'istruzione di un processo devono essere applicati *ex ipsa rei natura* al processo di canonizzazione: in modo particolare, per la questione che ora trattiamo, quelli riguardanti i mezzi di prova (CIC 83, can. 1527 § 1; CCEO, can. 1208 § 1) e la certezza morale *ex actis et probatis* (CIC 83, can. 1608; CCEO, can. 1291).

Per fornire uno strumento di lavoro ai tribunali diocesani che istruiscono cause di canonizzazione, la Congregazione delle Cause dei Santi ha emanato l'istruzione *Sanctorum Mater*, del 17 maggio 2007[28]. Ovviamente, l'istruzione non contiene prescrizioni legislative, né i suoi dispositivi derogano alle leggi[29].

In seguito citeremo di rado le *Normae servandae* e l'istruzione *Sanctorum Mater*, perché si riferiscono esclusivamente al modo di istruire il processo diocesano e non contengono, pertanto, disposizioni relative ai Consultori della Congregazione.

2.3. La procedura nella Congregazione delle Cause dei Santi

Per inquadrare nel modo dovuto il compito dei Consultori, appare conveniente premettere alcuni brevi cenni sul modo di procedere della Congregazione.

---

21 Cf. Paolo VI, Cost. Ap. *Sacra Rituum Congregatio, cit.* (nota 18).
22 Per le Chiese Orientali, cf. Giovanni Paolo II, Cost. Ap. *Pastor Bonus*, 28-VI–1988, art. 58 § 2.
23 Cf. *ibid.*, artt. 71–74.
24 Cfr. CIC, can. 1403 § 1.
25 Cfr. CCEO, can. 1057.
26 AAS 75 (1983), pp. 349–355 (d'ora in poi *DPM*).
27 AAS 75 (1983), pp. 396–403.
28 AAS 99 (2007), pp. 465–510. Cfr. J. L. Gutiérrez, *Note di commento all'istruzione "Sanctorum Mater" della Congregazione delle Cause dei Santi*, in «Ius Ecclesiae» 20 (2008), pp. 593–612.
29 Cfr. CIC, can. 34.

2.3.1. Nomina di un Relatore e redazione della "Positio"sulle virtù eroiche o sul martirio

Arrivati a Roma gli atti processuali diocesani di una causa di canonizzazione e verificata la loro validità giuridica[30], il postulatore chiede che sia nominato un Relatore[31], al quale spetterà il compito di studiare gli atti della causa e guidare il collaboratore presentato dalla postulazione[32], affinché egli rediga la *positio*[33] e ne curi la stampa[34].

La *positio* stampata e consegnata alla Congregazione dal postulatore dovrà attendere che arrivi il suo turno per essere esaminata dalle istanze alle quale ci riferiremo immediatamente[35].

---

30 Cfr. *Regolamento CCS*, artt. 56–58.

31 Cfr. *DPM*, 6–8; *Regolamento generale della Curia Romana*, 15–IV–1999, art. 5 § 2; *Regolamento CCS*, artt. 8–9 e 60–61. I Relatori sono in questo momento cinque, fra i quali il Relatore generale è *primus inter pares*. Su richiesta del postulatore e con l'intervento del Relatore generale, il Congresso ordinario assegna ciascuna causa a un Relatore (cfr. *Regolamento CCS*, art. 60 § 2).

32 Cfr. *Regolamento CCS*, art. 60 § 1, 2. Dopo aver accettato il collaboratore proposto (cfr. *Regolamento CCS*, art. 61 § 1), il Relatore lo guida nel suo lavoro e svolge il suo compito che è finalizzato a contribuire alla ricerca della verità. Secondo la metodologia e la normativa attuale della Congregazione, la funzione del Relatore assume alcune competenze che prima spettavano al Promotore della Fede quando la trattazione della causa aveva le caratteristiche di litigio fra il postulatore e il Promotore. Cfr. P. Gumpel, *Il Collegio dei Relatori in seno alla Congregazione per le Cause dei Santi. Alcuni commenti e osservazioni personali di un Relatore*, in Congregazione per le Cause dei Santi, «Miscellanea...», *cit.* (nota 2), pp. 299–337; A. Eszer, *La Congregazione delle Cause dei Santi. Il nuovo ordinamento della procedura*, in AA.VV. «La Curia Romana nella Cost. Ap. *Pastor Bonus*», Libreria Editrice Vaticana, Città del Vaticano 1990, pp. 309–329 (per i Relatori, pp. 317–318).

33 Si chiama *positio* il volume stampato che contiene: a) le deposizioni dei testi e i documenti della causa; b) il parere dei censori sugli scritti del servo di Dio; c) un'esposizione circa la storia della causa, il valore dell'apparato probatorio, la vita, le virtù (o il martirio) del servo di Dio e la sua fama di santità (o di martirio) e di favori ottenuti per sua intercessione, secondo quanto contenuto negli atti processuali. Era frequente che la *positio* sulle virtù fosse di circa un migliaio di pagine (recentemente la Congregazione ha emanato disposizioni interne affinché si cerchi di ridurre il volume), mentre quella sul martirio era di solito più breve, giacché, dopo la biografia del servo di Dio, si deve provare solo il martirio materiale e formale. Tuttavia una *positio* può aumentare considerevolmente di volume, soprattutto quando in essa si tratta di un gruppo numeroso di servi di Dio martirizzati in momenti e luoghi diversi (cfr. *Regolamento CCS*, artt. 63–69).

34 Spetta al Relatore guidare il collaboratore nello svolgimento del lavoro, segnalargli gli aspetti che hanno bisogno di essere chiariti o le ricerche che si devono effettuare, ecc.; e, inoltre, sottoporre alla decisione del Congresso ordinario i problemi che si possano presentare. Il tempo di redazione di una *positio* dipenderà, pertanto, dalla complessità della causa (in linea di massima, la causa di un Papa richiederà lo studio di aspetti della pratica delle virtù che non sarà necessario considerare quando si tratti, per esempio, di un servo di Dio che abbia svolto le mansioni di portiere in un centro docente); ma dipenderà anche dalla disponibilità di tempo e, in generale, dalle capacità concrete del collaboratore o dell'équipe di collaboratori che realizza il lavoro. La *positio* deve essere stampata con caratteri tipografici e con un procedimento che garantisca la sua futura conservazione. La postulazione si rende responsabile della correzione delle bozze (cfr. *Regolamento CCS*, art. 68 §§ 3–4).

35 Cfr. *Regolamento CCS*, art. 70.

2.3.2. Il Congresso dei Consultori e la Congregazione ordinaria

a) Le *positiones* sulle cause antiche[36] oppure su quelle recenti in cui, per ragioni di carattere storico, a giudizio del Relatore generale e con l'approvazione del Congresso ordinario, ciò appaia necessario o utile, saranno sottoposte anzitutto allo studio di sei Consultori specialisti in Storia i quali, presieduti dal Relatore generale[37], esprimeranno il proprio parere sul rigore scientifico con cui è stato realizzato il lavoro e sulla sua sufficienza agli effetti di cui si tratta. Se la risposta dei consultori è affermativa, la causa passerà successivamente al Congresso dei Consultori teologi; in caso contrario, il Congresso ordinario della Congregazione deciderà come si debba procedere[38].

b) In seguito, la *positio*, sia stata sottoposta o meno al parere dei Consultori storici –cfr. *supra*, a)–, è esaminata dal Congresso teologico, integrato dal Promotore generale della Fede e da otto consultori teologi[39].

c) Se l'esito è positivo, la *positio* è trasmessa alla Congregazione ordinaria dei Cardinali e Vescovi Membri della Congregazione, presieduta dal Cardinale Prefetto. Se anche il parere di questi è favorevole, il risultato viene presentato al Santo Padre, che può ordinare la promulgazione del decreto sul grado eroico delle virtù praticate dal servo di Dio (momento a partire dal quale gli è concesso il titolo di *venerabile*) oppure sul martirio. Dopo il decreto sul martirio, la disciplina attuale prevede che si possa procedere alla beatificazione; invece, al decreto sull'eroicità delle virtù dovrà seguire l'approvazione di un miracolo.

2.3.3. Lo studio della "positio" su un presunto miracolo

La Cost. Ap. *Divinus perfectionis Magister* prescrive che, innanzitutto, la *positio* stampata relativa a un miracolo «sia esaminata in una riunione dei periti (nella consulta medica, se si tratta di guarigioni), i cui pareri e conclusioni sono esposti in una accurata relazione»[40].

Passa poi la *positio* al Congresso peculiare di sei consultori teologi[41] e successivamente alla sessione dei Cardinali e Vescovi[42]. I pareri risultanti da queste tre

---

36 Una causa è *antica* se l'apparato probatorio si basa su documenti di carattere storico; è detta *recente* quando il processo contiene deposizioni di testi presenziali (cfr. *DPM*, 13, 3; *Normae* del 7–II–1983, citate nella nota 27, art. 7; *Regolamento CCS*, art. 50).

37 Cfr. *DPM*, 10, 1; *Regolamento CCS*, art. 72.

38 Cfr. *DPM*, 13, 3; *Regolamento CCS*, artt. 71–72.

39 Cfr. *DPM*, 13, 4–5; *Regolamento CCS*, artt. 73–78. Secondo la normativa vigente per secoli, spettava al Promotore della Fede proporre le obbiezioni o *animadversiones* contro la causa, alle quali dovevano rispondere i postulatori per mezzo degli avvocati. Attualmente (cfr. *DPM*, 10) il Promotore generale della Fede consegna per iscritto il suo parere, come fanno pure i consultori, e presiede l'adunanza nella quale questi, dopo aver letto in precedenza i pareri degli altri, emettono il proprio voto definitivo. Il voto di ciascun consultore può essere: *affirmative*, se ritiene di aver raggiunto la certezza morale sulla pratica delle virtù in grado eroico o sul martirio; *negative*, nel caso contrario; oppure *suspensive*, se sospende il proprio giudizio, senza pronunciarsi né pro né contro (cfr. *Regolamento CCS*, artt. 77 e 86 § 3).

40 *DPM*, 14, 1; cfr. anche 12. Si veda *Regolamento CCS*, artt. 80–85.

41 Cfr. *Regolamento CCS*, art. 86.

42 Cfr. *Regolamento CCS*, art. 87.

adunanze sono consegnati al Papa, che decide sulla promulgazione del decreto di riconoscimento del miracolo[43].

2.3.4. Valore dei pareri espressi dalle diverse istanze

È da tenere presente che nessuno dei pareri emessi dai diversi organi durante la fase di studio ha il valore di una sentenza o di una pronuncia che crei diritto rispetto alla causa e sia pertanto vincolante[44]. La relazione dei medici o degli altri periti su un miracolo è una perizia circa la consistenza dei singoli elementi integranti l'apparato probatorio[45]. Così pure, le conclusioni dei Consultori storici o teologi costituiscono solo l'opinione di collaboratori della Congregazione particolarmente competenti. Infine, la convinzione espressa dai Cardinali e Vescovi Membri della Congregazione è un parere qualificato. Tuttavia, le risultanze emerse dalle diverse riunioni saranno presentate al Papa, al quale spetta in esclusiva pronunciare il proprio giudizio sulla questione.

3. Il compito specifico dei Consultori della Congregazione

La Congregazione delle Cause dei Santi conta al momento presente su 24 Consultori storici e 41 Consultori teologi[46]. Durante l'anno 2010 sono stati celebrati 3 Congressi storici[47] e 63 Congressi teologici (36 sulle virtù eroiche, 17 su casi di martirio, 9 per l'esame di presunti miracoli e uno sulla concessione del titolo di Dottore della Chiesa).

Per ogni Congresso, la relativa *positio* è trasmessa con un congruo preavviso ai Consultori designati[48], affinché redigano il proprio voto su di essa e lo trasmettano al Promotore della Fede (o al Relatore generale, per il Congresso storico). In un secondo momento, i Consultori ricevono copia dei voti preparati dagli altri Consultori (e dal Promotore, per il Congresso teologico), li studiano e si riuniscono nella data stabilita per la discussione collegiale, al cui termine ciascuno esprimerà il proprio parere definitivo sulla causa in esame[49].

La procedura sopra esposta richiede un notevole impiego di tempo da parte dei Consultori, i quali esaminano attentamente l'intera *positio* e redigono un voto dettagliato sulla stessa. Poi studiano i voti degli altri partecipanti al Congresso e, infine, partecipano all'adunanza.

---

43 Cfr. *DPM*, 15.
44 Ovviamente, ciò non significa che la Congregazione possa a suo arbitrio interrompere il passaggio all'istanza successiva, come previsto dalle norme procedurali, qualora il parere sia stato favorevole alla causa.
45 Cfr. CIC, cann. 1574–1579; J. L. Gutiérrez, *Studi sulle cause di canonizzazione*, Milano 2005, pp. 247–253.
46 Cfr. *Annuario Pontificio 2011*, pp. 1182–1183.
47 Nel 2009 furono 11 e per il 2011 sono previsti almeno 9.
48 Come abbiamo già detto, i Consultori sono 8 per ogni *positio* sulle virtù eroiche o sul martirio e 6 per i miracoli (cfr. *Regolamento CCS*, artt. 73 § 1 e 86 § 1).
49 Cfr. *Regolamento CCS*, artt. 72–78 e 86.

3.1. Domande alle quali devono rispondere i Consultori

3.1.1. Nel Congresso storico

Le domande poste ai Consultori nella lettera di convocazione sono:
a) «Se la ricerca dei documenti per esporre la vita e l'attività del servo di Dio è stata eseguita *rite ac plene*, e cioè con il criterio storico adeguato e in maniera completa».
   I Consultori dovranno quindi valutare la completezza della ricerca documentaria non in astratto, ma in riferimento al caso di cui si tratta. È ovvio, infatti, che basterà una presentazione semplice della cornice ambientale per una persona che abbia condotto un'esistenza relativamente appartata e senza eventi salienti mentre, invece, sarà necessario documentare diversi episodi e si richiederà inoltre un'esposizione dettagliata delle circostanze politiche, sociali o ecclesiastiche per quelli che hanno svolto un ruolo di rilievo nella vita pubblica del loro tempo.
b) «Se i documenti raccolti e trascritti nella *positio* meritano affidabilità storica».
c) «Se si trovano nei predetti documenti i dati necessari per emettere un parere storicamente fondato sulla fama di santità e sulla pratica delle virtù del servo di Dio (o sul martirio)».
Rispetto a questa domanda si deve precisare che non si chiede ai Consultori di emettere un parere sull'eroicità delle virtù o sul martirio, ma solo di manifestare se l'apparato probatorio si possa ritenere sufficiente per rispondere in modo definitivo alla domanda.

3.1.2. Nel Congresso teologico sulle virtù in grado eroico

Il *dubium*, stampato nella prima pagina della *positio*, è:
   «Se consta nel caso presente e agli affetti di cui si tratta la pratica in grado eroico delle virtù teologali della fede, speranza e carità verso Dio e verso il prossimo, come pure delle virtù cardinali della prudenza, giustizia, temperanza e fortitudine e di quelle a esse connesse e se consta inoltre la fama di santità»[50].

   Da notare che la domanda richiede due risposte: a) se constano le virtù in grado eroico; b) se consta parimenti la fama di santità e di miracoli o di favori ottenuti per intercessione del servo di Dio di cui si tratta.

   Per quanto concerne la fama, Benedetto XIV intende per fama di santità e di favori la persuasione comune tra i fedeli che un servo di Dio abbia vissuto una vita pura e integra e abbia praticato tutte le virtù o sia morto martire per la fede e che, inoltre, Dio operi miracoli per sua intercessione ed egli sia piamente invocato da molti nelle loro necessità[51].

---

50 Cfr. *Regolamento CCS*, art. 62 § 2, n. 1.
51 Cfr. Benedetto XIV, *De Servorum Dei beatificatione et de Beatorum canonizatione*, L. II, Prati 1839, cap. 39, n. 7. Vid. anche gli artt. 5 e 6 dell'istruzione *Sanctorum Mater*, cit. (nota 28). Tra le opere più recenti sulla fama di santità e di grazie e favori, cfr. R. Quintana Bescós, *La fama de santidad y de martirio hoy*, Roma 2005.

Per molti secoli, il processo apostolico sulle virtù in specie o sul martirio di un servo di Dio era preceduto dal processo informativo diocesano sulla fama di santità o di martirio e di grazie e favori, che era esaminato a Roma per decidere se la causa poteva essere istruita o no. Le norme sul processo informativo furono raccolte nel Codice di Diritto Canonico del 1917[52].

A partire dal Motu pr. di Paolo VI *Sanctitas clarior*, 19–III–1969[53], il processo ordinario diocesano e quello apostolico furono uniti in uno solo, detto *cognizionale*. Con ciò la verifica della fama perse il suo carattere di requisito previo e passò a essere uno degli elementi che dovevano essere esaminati unitamente con l'eroicità delle virtù o il martirio. Questo modo di procedere è continuato di fatto fino a oggi, giacché le disposizioni delle leggi attualmente vigenti in proposito sono abbastanza generiche.

Tuttavia, in una lettera all'Assemblea plenaria della Congregazione delle Cause dei Santi, il 24–IV–2006, Benedetto XVI espresse circa la fama la *mens legislatoris*, che chiarisce le leggi dubbie od oscure[54]. Nella predetta lettera il Papa scrisse: «I Pastori diocesani, decidendo *coram Deo* quali siano le cause meritevoli di essere iniziate, valuteranno anzitutto se i candidati agli onori degli altari godano realmente di una solida e diffusa fama di santità e di miracoli oppure di martirio. Tale fama, che il Codice di Diritto Canonico del 1917 voleva che fosse "spontanea, non arte aut diligentia procurata, orta ab honestis et gravibus personis, continua, in dies aucta et vigens in praesenti apud maiorem partem populi" (can. 2050 § 2), è un segno di Dio che indica alla Chiesa coloro che meritano di essere collocati sul candelabro per fare "luce a tutti quelli che sono nella casa" (Mt 5, 15). È chiaro che non si potrà iniziare una causa di beatificazione e canonizzazione se manca una comprovata fama di santità, anche se ci si trova in presenza di persone che si sono distinte per coerenza evangelica e per particolari benemerenze ecclesiali o sociali»[55].

Con questa espressione tassativa della mente del legislatore, la Congregazione delle Cause dei Santi si è ritenuta legittimamente autorizzata ad esigere la verifica della fama di santità o di martirio e di favori prima che il Vescovo competente accetti il libello di domanda del postulatore, verifica che dovrà constare nel modo dovuto negli atti del processo[56] e nella *positio*, affinché sia i Consultori sia i Vescovi e Cardinali Membri della Congregazione possano pronunciarsi esplicitamente sulla sua consistenza.

---

52 Cfr. CIC 17, cann. 2049–2056; 2073–2084.
53 AAS 61 (1969), pp. 149–153.
54 Cfr. CIC, can. 17.
55 AAS 98 (2006), pp. 397–401; anche in «L'Osservatore Romano», 28–IV–2006, p. 4. Vid. l'intervista al Cardinale Prefetto della Congregazione delle Cause dei Santi, in «L'Osservatore Romano», 9–I–2008, p. 8.
56 Cfr. Istr. *Sanctorum Mater*, cit. (nota 28), artt. 4–8, 25 § 3 e 40 § 1.

3.1.3. Nel Congresso su uno o più casi di martirio

Il *dubium* stampato nella *positio* è:

«Se consta nel caso presente e agli effetti di cui si tratta il martirio, la sua causa e la fama»[57].

La risposta dei Consultori –e, successivamente, dei Cardinali e Vescovi– deve comprendere: a) il martirio materiale, ossia la morte reale del servo o dei servi di Dio; b) la causa o elemento formale del martirio *ex parte servi (servorum) Dei*: se, cioè, egli o tutti gli integranti un gruppo, abbiano accettato fino all'ultimo momento di essere uccisi per amore della fede, ossia per essere vissuti e per aver praticato le virtù in modo coerente con la fede cristiana; c) l'*odium fidei* come causa o elemento formale del martirio da parte di chi uccide (o *ex parte tyranni*, secondo la terminologia tradizionale): solo raramente si tratterà di un odio verso la *fides credenda*, perché il caso più frequente –praticamente l'unico– è l'odio verso la condotta dei martiri coerente con la propria fede, condotta che urta frontalmente contro i principi o l'ideologia del persecutore[58]; d) la fama di martirio e di grazie o favori, come abbiamo esposto sopra.

3.1.4. Nel Congresso su un presunto miracolo

Il *dubium* è in questo caso:

«Se consta il miracolo nel caso presente e agli effetti di cui si tratta»[59].

La domanda implica due questioni: a) se il fatto prodigioso analizzato dai periti (generalmente medici) e dichiarato inspiegabile secondo le loro conoscenze scientifiche debba essere considerato teologicamente un miracolo operato da Dio; b) se il miracolo possa essere attribuito all'intercessione del servo di Dio di cui si tratti, al quale siano state esplicitamente rivolte preghiere per ottenere il favore[60].

4. I criteri per la risposta dei Consultori: la certezza morale *ex actis et probatis*

Il parere chiesto ai Consultori implica una risposta precisa e motivata al *dubium* proposto nella causa in esame, secondo la giurisprudenza e la prassi della Congregazione[61], astenendosi quindi dal formulare opinioni o preferenze personali, che, se lo desiderino, possono esporre altrove, ma non nel voto consegnato alla Congregazione.

Ai quesiti se constano le virtù in grado eroico, il martirio materiale e formale, la fama, o un miracolo[62], la risposta definitiva dei singoli Consultori sarà: *affirmative*,

---

57 *Regolamento CCS*, art. 62 § 2, n. 2.
58 Cfr. J. L. Gutiérrez, *Studi sulle cause di canonizzazione*, cit. (nota 45), pp. 257–313.
59 *Regolamento CCS*, art. 69 § 1.
60 Cfr. J. L. Gutiérrez, *Studi sulle cause di canonizzazione*, cit. (nota 45), pp. 315–334.
61 Cfr. CIC, can. 19.
62 Cfr. *supra*, 3.1.1–4.

se sono giunti alla certezza che constano o, in caso contrario, *negative*. Esiste tuttavia una terza possibilità: *suspensive*, se manca la certezza in entrambi i sensi, e il votante ritiene che occorra completare l'apparato probatorio per chiarire qualche aspetto che susciti dubbi[63].

Su quale tipo di certezza si devono fondare i votanti per dare il proprio parere? Dato che la procedura da seguire in una causa di canonizzazione è intrinsecamente processuale, tale certezza è quella richiesta per i pronunciamenti del giudice in qualsiasi genere di processo, cioè la certezza morale *ex actis et probatis*[64], alla quale ci riferiremo in seguito. Ritengo necessario dedicare un certo spazio alla questione, perché, nel nostro caso, la nozione di certezza morale *ex actis et probatis* dovrà essere applicata non da giudici avvezzi alla prassi giudiziaria, ma dai Consultori teologi (e dai Cardinali e Vescovi), dotati certamente di una buona formazione giuridico-canonica, la quale tuttavia non è sempre accompagnata da un'esperienza concreta in materia processuale[65].

4.1. La certezza morale sull'eroicità delle virtù, sul martirio o sul miracolo come obiettivo da raggiungere

L'istruttoria diocesana sull'eroicità delle virtù praticate da un Servo di Dio (oppure circa il martirio o circa un eventuale miracolo attribuito alla sua intercessione) e l'elaborazione della relativa positio sotto la guida di un Relatore sono finalizzate a fornire ai votanti i necessari elementi di prova sulla base dei quali essi potranno emettere un parere fondato circa la qualità delle virtù, circa la realtà del martirio o, infine, circa il presunto miracolo di cui si tratti. In effetti, per pronunciare la sentenza in un processo sia giudiziale sia amministrativo, o per dare il proprio voto nell'esame di una causa di canonizzazione, si richiede che il giudice o i votanti abbiano raggiunto la certezza morale circa l'oggetto sul quale essi siano stati chiamati ad esprimere il proprio parere. In proposito, la dottrina valida per qualsiasi giudice o collegio giudicante è quella autorevolmente insegnata e autenticamente interpretata[66] da Pio XII e da Giovanni Paolo II in due Allocuzioni alla S. Romana Rota degli anni 1942 e 1980[67], la quale, inoltre, è stata raccolta nel Codice di Diritto Canonico. In effetti, il can. 1608 recita:

«§ 1. Ad pronuntiationem cuiuslibet sententiae requiritur in iudicis animo moralis certitudo circa rem sententia definiendam.

§ 2. Hanc certitudinem iudex haurire debet ex actis et probatis.

---

63 Cfr. *Regolamento CCS*, artt. 77 e 86 § 3.

64 Cfr. CIC, can. 1608; CCEO, can. 1291. Cfr. anche *Regolamento CCS*, art. 62 § 1.

65 Per l'esposizione che segue mi servirò largamente di quanto ho già pubblicato nei miei *Studi sulle cause di canonizzazione*, cit. (nota 45), pp. 175–191.

66 Cfr. CIC, can. 16 § 1.

67 Pio XII, Alloc. alla S. R. Rota, 1–X–1942: AAS 34 (1942), pp. 338–343; Giovanni Paolo II, Alloc. alla S. R. Rota, 4–II–1980: AAS 72 (1980), pp. 172–178. Nel corso di questo studio ci riferiremo spesso a queste due Allocuzioni, limitandoci ad indicare il nome del Pontefice e l'anno, senza citazione in calce nei singoli luoghi.

§ 3. Probationes autem aestimare debet iudex ex sua conscientia, firmis praescriptis legis de quarundam probationum efficacia.

§ 4. Iudex qui eam certitudinem adipisci non potuit, pronuntiet non constare de iure actoris et conventum absolutum dimittat, nisi agatur de causa iuris favore fruente, quo in casu pro ipsa pronuntiandum est»[68].

Pare indubitabile che i principi stabiliti nel can. 1608 siano applicabili anche alle Cause di Canonizzazione, giacché il can. 1403 § 2 stabilisce:

«Iisdem causis (canonizationis Servorum Dei) applicantur praeterea praescripta huius Codicis, quoties in eadem lege ad ius universale remissio fit vel de normis agitur quae, ex ipsa rei natura, easdem quoque causas afficiunt».

4.2. Certezza assoluta, probabilità e certezza morale

2. Nell'Allocuzione del 1942, Pio XII si espresse nei seguenti termini circa la certezza morale richiesta nel giudice:

«Tale certezza, la quale si appoggia sulla costanza delle leggi e degli usi che governano la vita umana, ammette vari gradi. Vi è una certezza assoluta, nella quale ogni possibile dubbio circa la verità del fatto e l'insussistenza del contrario è totalmente escluso. Tale assoluta certezza però non è necessaria per proferire la sentenza. In molti casi raggiungerla non è possibile agli uomini: l'esigerla equivarrebbe al richiedere cosa irragionevole dal giudice e dalle parti... In opposizione a questo supremo grado di certezza, il linguaggio comune chiama non di rado certa una cognizione che, strettamente parlando, non merita un tale appellativo, ma deve qualificarsi come una maggiore o minore probabilità, perché non esclude ogni ragionevole dubbio e lascia sussistere un fondato timore di errare. Questa probabilità o quasi-certezza non offre una base sufficiente per una sentenza giudiziaria intorno alla obbiettiva verità del fatto».

Pio XII, pertanto, distingue fra l'*assoluta certezza*, irraggiungibile in molti casi[69] e, d'altra parte, la *probabilità* o *quasi-certezza*, insufficiente per giudicare. Ma, con parole riprese anche da Giovanni Paolo II nell'Allocuzione del 1980, Pio XII prosegue:

---

68 Nell'edizione del *Codex Iuris Canonici fontium annotatione et indice analytico-alphabetico auctus*, a cura della Pontificia Commissione per l'interpretazione autentica del CIC, Lib. Vaticana 1989, entrambe le Allocuzioni citate nella nota precedente figurano tra le fonti del can. 1608. La dottrina non è nuova, giacché la formulazione del can. 1608 coincide praticamente con quella del can. 1869 del CIC 17. Nel *Codex Canonum Ecclesiarum Orientalium*, promulgato il 18–X–1990, il can. 1291 è identico al can. 1608 del CIC latino.

69 Laddove interviene la libera volontà dell'uomo, tale certezza assoluta è sempre irraggiungibile: si pensi all'esistenza o meno del consenso matrimoniale o, nel nostro caso, all'eroicità delle virtù o alle disposizioni interne per il martirio, che possono essere provate soltanto in quanto si manifestano esternamente. In riferimento alla sentenza in materia penale, lo stesso Pio XII, nell'Allocuzione del 5 dicembre 1954 ai Giuristi Cattolici Italiani, aveva detto: «Di regola dunque la pena è inflitta dalla Autorità competente. Ciò presuppone... la sicura conoscenza dell'atto da punire, tanto dal lato obbiettivo, vale a dire nell'attuazione del delitto contemplato dalla legge, quanto dal lato soggettivo, vale a dire per ciò che riguarda la colpevolezza del reo, la sua gravità ed estensione. Questa conoscenza necessaria per emanare una sentenza penale è dinanzi al tribunale di Dio, Giudice supremo, perfettamente chiara e infallibile... Il giudice umano, invece, il quale non ha la onnipre-

«Tra la certezza assoluta e la quasi-certezza o probabilità sta, come tra due estremi, quella *certezza morale*, della quale d'ordinario si tratta nelle questioni sottoposte al vostro foro, ed a cui Noi qui intendiamo principalmente di riferirCi. Essa, nel lato positivo, è caratterizzata da ciò, che esclude ogni fondato e ragionevole dubbio e, così considerata, si distingue essenzialmente dalla menzionata quasi-certezza; dal lato poi negativo, lascia sussistere la possibilità assoluta del contrario, e con ciò si differenzia dall'assoluta certezza».

Quindi, fra la certezza assoluta e la probabilità sta la *certezza morale*, la quale, mentre esclude ogni fondato e ragionevole dubbio, lascia tuttavia sussistere la possibilità assoluta del contrario.

Premesso quanto sopra, Pio XII continua immediatamente:

«La certezza, di cui ora parliamo è necessaria e sufficiente per pronunziare una sentenza».

A sua volta, nell'Allocuzione del 1980, Giovanni Paolo II afferma:

«Bisogna però avere presente che lo scopo di questa ricerca (fatta dal giudice prima di pronunciare la sentenza) non è una qualsiasi conoscenza della verità del fatto, ma il raggiungimento della *certezza morale*, cioè di quella conoscenza sicura che si appoggia sulla costanza delle leggi e degli usi che governano la vita umana (Pio XII, *Alloc.* del 1942). Questa certezza morale garantisce al giudice di aver trovato la verità del fatto da giudicare, cioè la verità che è fondamento, madre e legge della giustizia, e gli dà quindi la sicurezza di essere —da questo lato— in grado di pronunziare una sentenza giusta. Ed è proprio questa la ragione per cui la legge richiede tale certezza dal giudice, per consentirgli di pronunziare la sentenza».

4.3. Puntualizzazioni circa il modo di raggiungere la certezza morale

Sul *modo di raggiungere questa certezza*, Pio XII affermò nel 1942:

«Talvolta la certezza morale non risulta se non da una quantità di indizi e di prove che, presi singolarmente, non valgono a fondare una vera certezza, e soltanto nel loro insieme non lasciano più sorgere per un uomo di sano giudizio alcun ragionevole dubbio. Per tal modo non si compie in nessuna guisa un passaggio dalla probabilità alla certezza con una semplice somma di probabilità; il che importerebbe una illegittima transizione da una specie ad un'altra essenzialmente diversa; ma si tratta del riconoscimento che la simultanea presenza di tutti questi singoli indizi e prove può avere un sufficiente fondamento soltanto nell'esistenza di una comune sorgente o base, dalla quale derivano: cioè nella obbiettiva verità e realtà. La giusti-

---

senza e la onniscienza di Dio, ha il dovere di formarsi, prima di emanare la sentenza giudiziale, una certezza morale, vale a dire che escluda ogni ragionevole e serio dubbio circa il fatto esteriore e l'interna colpevolezza. Ora però egli non ha una immediata visione dello stato interiore dell'imputato, come era nel momento dell'azione; anzi il più delle volte non è in grado di ricostruirlo con piena chiarezza dagli argomenti di prova, e talvolta neppure dalla confessione stessa del colpevole. Ma questa mancanza ed impossibilità non deve essere esagerata, come se fosse d'ordinario impossibile al giudice umano di conseguire una sufficiente sicurezza, e quindi un solido fondamento per la sentenza» (AAS 47 [1955], pp. 64–65). Si veda anche l'Allocuzione di Pio XII alla S. R. Rota del 3–X–1941 (AAS 33 [1941], pp. 421–426).

zia promana quindi in questo caso dalla saggia applicazione di un principio di assoluta sicurezza e di universale valore, vale a dire del principio della ragione sufficiente. Se dunque nella motivazione della sua sentenza il giudice afferma che le prove addotte, separatamente, non possono dirsi sufficienti, ma, prese unitamente e come abbracciate con un solo sguardo, offrono gli elementi necessari per addivenire ad un sicuro giudizio definitivo, si deve riconoscere che tale argomentazione in massima è giusta è legittima».

Può darsi, quindi, che la certezza sia acquisita in base alla connessione di indizi e di prove che, sebbene *presi singolarmente* non possano fondare una vera certezza, tuttavia la loro *simultanea presenza* abbia un sufficiente fondamento soltanto nella obbiettiva verità e realtà, giungendosi così all'applicazione di un *principio di assoluta sicurezza e di universale valore*, vale a dire del *principio della ragione sufficiente*.

4.4. Certezza morale e possibilità assoluta del contrario

Tuttavia, per precisare ancora di più il suo pensiero, Pio XII aggiungeva:

«Una tale certezza morale oggettivamente fondata non si ha, se vi sono per la realtà del contrario motivi, che un sano, serio e competente giudizio dichiara come, almeno in qualche modo, degni di attenzione, e i quali per conseguenza fanno sì che il contrario debba qualificarsi come non soltanto assolutamente possibile, ma altresì, in qualche maniera, probabile».

Le parole testé trascritte sono della maggiore importanza: in effetti, la certezza morale, mentre è compatibile con la possibilità *assoluta* del contrario, non sussiste invece quando vi sono *motivi*, vale a dire prove o indizi positivi, per la realtà del contrario, almeno in qualche modo *degni di attenzione*. L'inesistenza di motivi positivi (obiettivamente attendibili) in contrario è sufficiente per assicurare il pacifico raggiungimento della necessaria certezza morale.

Approfondendo ulteriormente le idee esposte, Pio XII prosegue:

«Ma, perché la certezza morale ammette, come abbiamo detto, vari gradi, quale grado il giudice può o deve esigere per essere in stato di procedere ad emanar la sentenza? Primieramente deve in tutti i casi accertarsi, se si abbia in realtà una certezza morale oggettiva, se cioè sia escluso ogni ragionevole dubbio circa la verità»[70].

L'inizio di questo testo sembra ammettere vari gradi di certezza morale, ma questa prima impressione si corregge quando il Papa precisa che il giudice deve anzitutto accertarsi se si abbia in realtà una certezza morale oggettiva, la quale non può ammettere gradi, perché altrimenti non escluderebbe ogni ragionevole dubbio circa la verità.

---

70 Il testo continua immediatamente: «Una volta ciò assicurato, egli, di regola, non deve chiedere un più alto grado di certezza, se non quando la legge, massime a cagione dell'importanza del caso, lo prescriva (cfr. cann. 1869 § 3 e 1791 § 1 del CIC 17)». I canoni citati recitano: «Probationes autem aestimare debet iudex ex sua conscientia, nisi lex aliquid expresse statuat de efficacia alicuius probationis» (can. 1869 § 3); e: «Unius testis depositio plenam fidem non facit, nisi sit testis qualificatus qui deponat de rebus ex officio gestis» (can. 1791 § 1).

Perciò conclude Pio XII:

«Potrà bensì talora la prudenza consigliare che il giudice, quantunque non si abbia una espressa disposizione di legge, in causa di più grave momento non si appaghi di un grado infimo di certezza. Se però, dopo seria considerazione ed esame, si avrà una sicurezza corrispondente alle prescrizioni legali e all'importanza del caso, non si dovrà insistere, con notevole aggravio delle parti, perché si adducano nuove prove per raggiungere un grado ancor più elevato. L'esigere la più grande possibile sicurezza, nonostante la corrispondente certezza che già esiste, non ha giusta ragione ed è da respingersi».

4.5. La certezza morale ex actis et probatis

Il can. 1608 § 2 del CIC stabilisce: «Hanc certitudinem (moralem) iudex haurire debet ex actis et probatis».

In questo prescritto risiede la chiave dell'*obiettività* della certezza (oppure della sua inesistenza): in effetti, la motivazione del parere personale di ciascun giudice (cfr. CIC, can. 1609 § 2) e della stessa sentenza (cfr. CIC, can. 1610 § 2) deve essere fondata sugli atti del processo, mediante una libera valutazione (certamente non arbitraria) dell'insieme delle prove ivi addotte.

In proposito, Giovanni Paolo II ha insegnato nel 1980:

«Il giudice deve ricavare tale certezza "ex actis et probatis". Anzitutto "ex actis" poiché si deve presumere che gli atti siano fonte di verità... Poi "ex probatis", perché il giudice non può limitarsi a dar credito alle sole affermazioni... Occorre dunque cercare negli atti le prove dei fatti asseriti, procedere poi alla critica di ognuna di tali prove e confrontarle con le altre...».

E Pio XII aveva affermato nel 1942:

«Ad ogni modo, questa certezza va intesa come certezza obbiettiva, cioè basata su motivi oggettivi; non come una certezza puramente soggettiva, che si fonda sul sentimento o sulla opinione meramente soggettiva di questo o di quello, forse anche su personale credulità, sconsideratezza, inesperienza... Per rendere sicura la oggettività di questa certezza, il diritto processuale stabilisce ben definite regole d'istruttoria e di prove... Che cosa è questo se non un giusto formalismo giuridico, che riguarda talvolta più il lato materiale tal altra più il lato formale del processo o del caso giuridico?».

4.6. Il formalismo giuridico

C'è, pertanto, un giusto *formalismo giuridico*, in virtù del quale sono imposte al giudice regole ben definite che riguardano l'*aspetto procedurale*, e cioè la conduzione dell'istruttoria e l'acquisizione delle prove[71]. Ciò osservato, il giudice è tenuto a

---

71 Per questo giusto formalismo giuridico, uno dei primi passi realizzati nella Congregazione per le Cause dei Santi è appunto l'esame degli atti di ciascuna istruttoria diocesana, per verificare la loro validità ed emanare il relativo decreto: cfr. *DPM*, 5; *Regolamento CCS*, artt. 56–59; Decisione del Congresso Ordinario della Congregazione, 25–II–1989.

pronunciare la sentenza secondo le norme legali, e cioè secondo la certezza morale acquisita oppure non raggiunta «ex actis et probatis» (cfr. CIC, can. 1608 § 4; can. 1611, n. 1). Agire diversamente quando la ragione (il *sillogismo giudiziale*) conduce a una pronuncia affermativa –vale a dire a pronunciarsi negativamente per motivi non obiettivi– implicherebbe un atteggiamento ingiusto da parte del giudice (cfr. CIC, can. 1457 § 1).

4.7. Il libero apprezzamento delle prove

Il can. 1608 § 3 del CIC stabilisce:

«Probationes autem aestimare iudex debet ex sua conscientia, firmis praescriptis legis de quarundam probationum efficacia».

La valutazione delle prove raccolte negli atti processuali è lasciata *alla coscienza del giudice* ossia al *libero apprezzamento delle prove*[72], sempre con le condizioni di oggettività già ampiamente esposte in precedenza. Così si esprime Pio XII in proposito:

«Di qui voi vedete perché nella moderna procedura giudiziaria, anche ecclesiastica, non sia posto in prima linea il principio del formalismo giuridico, ma la massima del libero apprezzamento delle prove. Il giudice deve... decidere secondo la sua propria scienza e coscienza se le prove addotte e la istruttoria ordinata sono o no sufficienti, bastevoli cioè alla necessaria certezza morale circa la verità e la realtà del caso da giudicare».

4.8. L'eventuale conflitto fra formalismo giuridico e libero apprezzamento delle prove

E' ovvio che può sorgere un conflitto fra formalismo giuridico e libero apprezzamento delle prove. Il problema non era sfuggito a Pio XII, il quale afferma:

«Senza dubbio possono talvolta sorgere conflitti tra il "formalismo giuridico" e il "libero apprezzamento delle prove", ma essi sono nella maggior parte dei casi soltanto apparenti e quindi d'ordinario non difficilmente solubili. Giacché, come una è la verità obbiettiva, così anche la certezza morale obbiettivamente determinata non può essere che una sola».

E aggiunge, con parole che meritano la maggiore attenzione:

«Non è dunque ammissibile che un giudice dichiari di avere personalmente, in base agli atti giudiziari, la morale certezza circa la verità del fatto da giudicare, e al tempo stesso deneghi, in quanto giudice, sotto l'aspetto del diritto processuale, la medesima obbiettiva certezza».

Riepilogando quanto abbiamo scritto fino a questo momento, possiamo affermare che il Consultore deve emettere il proprio parere sulla base della raggiunta certezza morale che esclude ogni fondato e ragionevole dubbio, la quale differisce

---

72 Cfr. J. LLOBELL, *La genesi dei disposti normativi sul valore probatorio delle dichiarazioni delle parti: il raggiungimento del principio della libera valutazione delle prove*, in «Fidelium iura» 12 (2002), pp. 139–177.

sia dalla certezza assoluta sia dalla mera probabilità. La predetta certezza, poi, dev'essere acquisita *ex actis et probatis*, e cioè a partire dall'insieme degli elementi oggettivi emergenti dall'apparato probatorio presentato nella *positio*. Essa si poggia inoltre sulla costanza delle leggi e degli usi che governano la vita umana e non esclude necessariamente la possibilità assoluta del contrario: basta, infatti, che, a sostegno della verità del contrario, non vi siano motivi, vale a dire prove o indizi positivi, che abbiano un certo peso e siano, pertanto, degni di attenzione. Stante, poi, tale certezza, il giudice non può astenersi dal pronunciare la sentenza[73].

4.9. Le "probationes omnino plenae" nelle cause di canonizzazione

Con la promulgazione del Codice di Diritto Canonico del 1983 tutti i canoni del CIC 17 in materia di cause di canonizzazione sono da considerarsi formalmente abrogati[74]. Tuttavia, sembra opportuno considerare se, pur trattandosi di un prescritto formalmente abrogato, sia ancora in vigore, e in quale misura, la sostanza del can. 2019 del CIC 17, il quale stabiliva: «In his causis (canonizationis) probationes debent esse omnino plenae»[75].

Giova avvertire, innanzitutto, che le Cause di canonizzazione hanno per oggetto una pronuncia circa l'eroicità delle virtù praticate da un Servo di Dio o circa il martirio da lui subito oppure circa un miracolo attribuito alla sua intercessione. Ora, come già abbiamo accennato, si tratta di verificare se, *attese le manifestazioni esterne*, dal complesso di una vita (soprattutto degli ultimi anni della stessa), oppure da un solo atto (il martirio), sia lecito concludere che il Servo di Dio esercitò eroicamente tutte le virtù oppure morì martire. E' ovvio che le prove possono essere «omnino plenae» soltanto in quanto le predette manifestazioni esterne conducano alla *certezza morale* (non però alla *certezza assoluta*) che le disposizioni interne del soggetto corrispondano a quanto si percepisce dall'esterno. Del resto, questa è la portata da attribuire all'espressione «probationes omnino plenae» nella tradizione e nello stesso testo del CIC 17, in cui si prescrive che si possa procedere *ad ulteriora*, vale a dire, alla discussione circa i miracoli, quando dal complesso delle

---

73 Sulla certezza morale del giudice, cfr. E. McCarthy, De certitudine morali quae in iudicis animo ad sententiae pronuntiationem requiritur, Roma 1948; T. Giussani, Discrezionalità del giudice nella valutazione delle prove, Città del Vaticano 1977; L. del Amo, Comentario a la Alocución de Juan Pablo II a la Rota el 4–II–1980, in «Revista Española de Derecho Canónico» 36 (1980), pp. 499–552; P. A. Bonnet, De iudicis sententia ac certitudine morali, in «Periodica» 75 (1986), pp. 61–100, con ampia bibliografia; C. de Diego-Lora, Comentario al can. 1608, in «Comentario exegético al Código de Derecho Canónico», cit., vol. IV/2, pp. 1537–1550; Z. Grocholewski, La certezza morale come chiave di lettura delle norme processuali, in «Ius Ecclesiae» 9 (1997), pp. 417–450; P. Erdö, La certezza morale nella pronuncia del giudice. Problemi attuali, in «Periodica» 87 (1998), pp. 81–104; J. Llobell, La certezza morale nel processo canonico matrimoniale, in «Il Diritto Ecclesiastico» 109 (4/1998), pp. 758–802; A. Stankiewicz, La certezza morale e la motivazione della sentenza, in H. Franceschi – J. Llobell – M. A. Ortiz (ed.), «La nullità del matrimonio: temi processuali e sostantivi in occasione della "Dignitas connubii"», Roma 2005, pp. 231–245.

74 Cfr. CIC, can. 6 § 1, n. 1.

75 Come fonte di questo canone, l'edizione del CIC 17 curata dal Card. Gasparri cita il Decr. della S.R.C. del 28 marzo 1733: cfr. P. Gasparri – J. Serédi, *CIC 17 Fontes*, Roma 1923–1939, vol. VII, p. 1025.

testimonianze «talis habeatur probatio quae viro prudenti de re gravi iudicaturo fidem factura sit et auctoritatem»[76]. Per quanto riguarda concretamente il martirio, Benedetto XIV afferma in proposito:

«Interna perseverantia soli Deo est per se cognita: externa subditur Ecclesiae iudicio; et Ecclesia quidem ab externa perseverantia argumentum deducit, ut eo modo, quo potest, putet et credat, internam non defuisse. Sic ergo dictum explicandum erit, ut, cum constat ex verbis et signis externis de martyris interna perseverantia usque ad obitum, et in ipso obitu, nequaquam sit de praedicta perseverantia interna dubitandum; ita, ut si quis de ea rationabiliter dubium proponere velit, teneatur assertum martyris recessum a prima voluntate per alia verba, aut signa externa martyris demonstrare»[77].

Alla luce di quanto abbiamo esposto sulla prova delle disposizioni interne attraverso le loro manifestazioni esterne e percepibili, possiamo anche affermare in conclusione che il principio secondo il quale nelle cause di canonizzazione le prove devono essere «omnino plenae», seppur formalmente abrogato, continua ancora in vigore «ex ipsa rei natura», nel senso che i votanti non potranno emettere un parere positivo se non avranno raggiunto la necessaria certezza morale o, se si preferisce, con la formulazione del CIC 17, can. 2020 § 5, non «talis habeatur probatio quae viro prudenti de re gravi iudicaturo fidem factura sit et auctoritatem».

---

76 CIC 17, can. 2020 § 5. Come fonte viene citato il Decr. di Benedetto XIV *Cum ex relatione*, del 17 luglio 1744: cfr. *CIC 17 Fontes*, cit. (nota 75), vol. I, pp. 818–819.
77 Benedetto XIV, cit, Lib. III, cap. 18, 14.

Papst, Kirche und Christenheit bei Innocenz III.

Ein Beitrag zum Problem der päpstlichen „Weltherrschaft"

Othmar Hageneder

Wilhelm Imkamp ist die bis heute maßgebliche Monographie über das Kirchenbild Papst Innocenz' III. (1198–1216) zu verdanken, in der er mittels einer eindringlichen Quelleninterpretation und auf Grund einer erschöpfenden Verwendung historischer und theologischer Literatur eine dem Profanhistoriker sonst eher schwer zugängliche Seite im Denken dieses bedeutenden Papstes erschließt[1]. Der Gegenstand seiner Studie bedingte eine starke Konzentration auf den theologischen Gehalt der päpstlichen Briefe, Predigten und Traktate, so dass deren kirchenpolitischer Gehalt eher in den Hintergrund trat. Deshalb mögen die folgenden Ausführungen einem Thema gewidmet sein, das einem gemeinsamen Interesse des Geehrten und des Autors dieses Beitrags entspringt, nämlich dem Verhältnis von römischer Kirche, Christianitas und sogenannter Weltherrschaft im Denken Lothars von Segni[2]. Dabei kann es allein um einen Einzelaspekt gehen, der im Übrigen seine neuerliche Behandlung auch einem Einwand verdankt, der gegen eine frühere Behandlung dieses Gegenstands durch den Schreiber dieser Zeilen erhoben wurde[3].

Es handelt sich um eines der Argumente, die Innocenz III. 1199 gegenüber dem griechischen Patriarchen von Konstantinopel angeführt hat, um ihm seine Ansicht vom Primat der römischen Kirche darzulegen.[4] Dabei stützte er sich auf Jo 21, 7f. und Mt 14, 29–33, wonach Petrus, vom Herrn aufgefordert, über den See Genezareth geschwommen bzw. gegangen sei, während die anderen Jünger im Schiff verblieben[5]. Der Papst folgt in seiner Auslegung Bernhard von Clairvaux „De conside-

---

1 Imkamp Wilhelm, Das Kirchenbild Innocenz' III. (Päpste und Papsttum 22) 1983.
2 Gerne erinnere ich mich in diesem Zusammenhang an ein vor vielen Jahren in der Vatikanischen Bibliothek geführtes Gespräch, in dem Wilhelm Imkamp unter anderem seine Bedenken gegenüber der Christianitas-Interpretation Friedrich Kempfs formulierte: Kempf Friedrich, Papsttum und Kaisertum bei Innocenz III. Die geistigen und rechtlichen Grundlagen seiner Thronstreitpolitik (Miscellanea Historiae Pontificiae 19) 1954, 300–310.
3 S. unten Anm. 22.
4 Vgl. unter anderem Hageneder Othmar, Kirche und Christenheit in der neuen Ekklesiologie des Papsttums (Pensiero e sperimentazioni istituzionali nella „Societas Christiana" 1046–1250. A cura di Andenna Giancarlo), 2007, 217f.
5 Die Register Innocenz' III., 2. Pontifikatsjahr 1199/1200, bearb. von Hageneder Othmar, Maleczek Werner und Strnad Alfred A., 1979, 383 Z. 39–384 Z. 15, Br. 200 (209). Wilhelm Imkamp ist

ratione" 2.8.16, der aus beiden Bibelstellen geschlossen hatte, Petrus habe nicht, wie die übrigen Jünger, bloß ein Schiff, sondern die gesamte Welt zur Regierung erhalten *(sed saeculum ipsum susceperit gubernandum)*. Das Meer sei nämlich die Welt, und die einzelnen Kirchen würden in den einzelnen Schiffen dargestellt. Der Gang über das Wasser erschien dem Zisterzienserabt als Zeugnis für den alleinigen Vikariat Christi, den der Papst inne habe, indem er nicht einem einzigen Volk, sondern vielen vorgesetzt worden sei: die vielen Wasser stellten nämlich die vielen Völker dar[6]. Darauf folgt abermals der oben vorgeführte Gedankengang: während jeder der anderen nur über ein Schiff verfüge, wurde dem Papst das größte von ihnen zugeteilt, die *universalis ecclesia*, gebildet aus allen anderen und in der ganzen Welt verbreitet[7].

Beide Bibelinterpretationen Bernhards fasst nun Innocenz III. in seinem Schreiben an den Patriarchen zu einer einzigen zusammen: *Petro non solum universam ecclesiam, sed totum reliquit seculum gubernandum*[8]. Diese Wendung erscheint im gleichen Brief noch mehrmals als *universum orbem susceperat gubernandum, universus fuerit orbis commissus* oder *Petrus ... super universos populos se potestatem accepisse monstravit*[9]. Wenn hier auch deutlich der kirchliche Primat des Papstes gemeint ist, so scheint doch der Satz über jene Regierungsgewalt, die sich nicht allein über die gesamte Kirche, sondern (auch) das *totum seculum* erstreckt, den kirchlichen Bereich zu überschreiten[10].

Das wird durch die zweite Textstelle bekräftigt, in der sich Innocenz III. innerhalb seines Briefcorpus auf Mt 14, 29 bezieht, nämlich die Erhebung des Bulgarenfürsten Kalojan zum König seines Reiches. Der Gedankengang ist dort ähnlich: Petrus wandelte über die Wasser des Meeres, was den *mundus* bedeutet, so dass *Petro non specialiter aliqua specialis ecclesia, sed totus mundus commissus fuerit et ecclesia generalis*[11]. Hier entfernt sich die päpstliche Formulierung insoweit begrifflich von der bernhardinischen Vorlage, als das dortige *saeculum*, wie es auch noch im Brief an den byzantinischen Patriarchen vorherrscht, durch den *mundus* ersetzt wurde, wenn auch die inhaltliche Bedeutung gleich bleibt.

Ihr ist vielleicht mit Hilfe noch einer anderen innocentianischen Briefstelle näher zu kommen, die sich im *Registrum super negotio imperii* findet. Diese Briefsammlung wurde über den Streit zwischen dem Staufer Philipp von Schwaben und Otto von Braunschweig aus dem Geschlecht der Welfen, in dem es um die deutsche

---

    eine kompetente kritische Rezension dieses Bandes zu verdanken: Sulla nuova edizione dei registri di papa Innocenzo III. Rivista di Storia della Chiesa in Italia 35 (1981) 140–149.

6 Sancti Bernardi opera III., hrgb. von Leclercq J. und Rochais H. M., 1963, 424 Z. 13–22. Mit deutscher Übersetzung: Winkler Gerhard B., Bernhard von Clairvaux. Sämtliche Werke lateinisch/deutsch 1, 1990, 688f.

7 *Ita, cum quisque ceterorum habeat suam, tibi commissa est grandissima navis, facta ex omnibus ipsa universalis Ecclesia, toto orbe diffusa*: Ed. Leclercq-Rochais 424 Z. 22–24.

8 Register Innocenz' III 2, 383f. Bei Bernhard von Clairvaux lautet die entsprechende Stelle: *Petro universitatem cedens*; Ed. Leclercq-Rochais 424 Z. 4.

9 Ebenda 384 Z. 7f., 9, 14f.

10 Kempf, Papsttum und Kaisertum, 283f., 300f. In Auseinandersetzung mit Maccarrone Michele, Chiesa e Stato nella dottrina di papa Innocenzo III (Lateranum, N.S. VI 3–4) 1940, 16–26. Zum hier behandelten Br. II 200 (209) siehe ferner Imkamp, Kirchenbild, 249f.

11 Die Register Innocenz' III., 7. Pontifikatsjahr 1204/1205, bearb. von Hageneder Othmar, Sommerlechner Andrea, Weigl Herwig, Egger Christoph und Murauer Rainer, 1997, 4 Z. 16, Br. VII 1.

Königswürde ging, angelegt. In einer Konsistorialansprache legt der Papst, gleich zu Beginn, den Boten des staufischen Prätendenten die größere Würde des Sacerdotium im Verhältnis zu Regnum mit Anwendung auf den deutschen Thronstreit dar[12]. Neben anderen Argumenten erscheint hier ein Hinweis auf die Vollgewalt Petri, im Gegensatz zu welcher einzelne Große nur einzelne Provinzen und einzelne Könige allein einzelne Reiche inne hätten[13]. Dabei handelt es sich um denselben Gedanken, der auch im oben behandelten Papstschreiben an den Patriarchen von Konstantinopel anzutreffen ist, und zwar neuerdings, um die allumfassende (kirchliche) Kompetenz des Apostelfürsten herauszustellen[14]. Abermals bildet wohl Bernhard von Clairvaux die unmittelbare Vorlage[15]. Beide Male ist also bei Innocenz III. dieser Gedanke mit der Vollgewalt Petri und damit des Papstes als Vicarius Christi verbunden, wobei allerdings das Thronstreitregister eine bezeichnende Variante enthält: sowohl in der Fülle *(plenitudine)* als auch der Weite seiner Gewalt steht Petrus, und damit auch dessen Nachfolger, über allen, ist er doch der Stellvertreter Christi, dessen die Erde und deren Fülle ist, der Erdkreis und alle, die auf ihr wohnen[16]. Hier wird nun eine Lieblingsparaphrase Innocenz' III. wiederholt, nämlich der ihm zustehende Anspruch auf die Fülle der Gewalt in kirchlichen Angelegenheiten und die Weite seiner Kompetenz im weltlichen Bereich, wie sie vom Apostelfürsten auf den Papst gekommen ist[17].

Diese weite Kompetenz des Papstes im weltlichen Bereich, abgeleitet aus Christi Stellvertretung auf Erden, ist demnach dem *regimen seculi* oder der *commissio mundi* der Br. II 200 (209) und VII 1 Innocenz' III., die oben behandelt wurden, gleich zu setzen[18]. Dazu kommt ein anderes: Br. II 200 (209) für den Patriarchen von Konstantinopel stammt vom 19. November 1199, und RNI 18, die Konsistorialansprache an die Gesandten Philipps von Schwaben, wird auf Ende 1199/Anfang 1200 datiert[19]. Beide Schreiben wurden also etwa zur gleichen Zeit

---

12 Regestum Innocentii papae super negotio Romani imperii, hrgb. von Kempf Friedrich S.J. (Miscellanea Historiae Pontificiae 12) 1947 (= RNI) 45 Nr. 18.

13 Ebd. 48 Z. 13–17: *Quia singuli proceres singulas habent provincias et singuli reges singula regna; sed Petrus sicut plenitudine, sic et latitudine preminet uniuersis, quia uicarius est illius cuius et terra et plenitudo eius, orbis terrarum et universi, qui habitant in ea.* Vgl. dazu Kempf, Papsttum und Kaisertum, 288f., 317.

14 Die Register Innocenz' III., 2. Pontifikatsjahr 384 Z. 8–10: *ceteris apostolis vehiculo navis contentis, cum nulli eorum universus fuerit orbis commissus, sed singulis singule provincie vel ecclesie potius deputate.*

15 Ed. Leclercq-Rochais 424 Z. 2: *alii singuli singulas sortiti sunt plebes.* Zu den *provincie* vgl. Kempf, Papsttum und Kaisertum, 303 Anm. 61, für etwaige Vorlagen Maccarrone, Chiesa e Stato, 25 und Ladner Gerhart B., The Concepts of „Ecclesia" and „Christianitas" and their Relation to the Idea of Papal „Plenitudo potestatis" from Gregory VII to Boniface VIII (Miscellanea Historiae Pontificiae 18) 1954, 66 Anm. 57 (= Images and Ideas in the Middle Ages. Selected Studies in History and Art 2 (Storia e Letteratura, Raccolta di Studi e Testi 156) 1983, 505 Anm. 65).

16 S. den Text in Anm. 13. Dieselbe Wendung findet sich im Br. VII 1 an den neuen Bulgarenkönig: Die Register Innocenz' III., 7. Pontifikatsjahr 3 Z. 18f.

17 Kempf, Papsttum und Kaisertum, 288, 296–298 und Johrendt Jochen, Ein bisher unbekannter Kardinal in einem neu entdeckten feierlichen Privileg Innocenz' III.? *Gregorius/Rogerius tituli sancte Anastasie presbiter cardinalis.* Römische Historische Mitteilungen 48 (2006) 166: *sive plenitudo spiritualium sive temporalium amplitudo.*

18 Vgl. Kempf, Papsttum und Kaisertum, 300–310.

19 RNI 45 Nr. 18 Anm. 1.

abgefasst. Damit wird wahrscheinlich, dass die gesamte Argumentationskettte um diese Zeit an der Kurie, sehr wahrscheinlich von Innocenz III. selbst, konstruiert worden ist, wohl bedingt durch die Erfordernisse des Thronstreits, in den einzugreifen sich der Papst kurz vorher entschlossen haben dürfte[20]. An zwei Fronten kam sie jedenfalls damals zum Einsatz, um den Primat des Papstes innerhalb der Kirche, aber auch seine beherrschende Führungsrolle im Bereich zumindest der Christenheit deutlich hervorzuheben; nämlich gegenüber dem deutschen König und dem Patriarchen der Ostkirche. Volle Berechtigung hatte sie jedenfalls im ersteren Fall, ging es doch darum, die Zuständigkeit des Papstes für eine weltliche Angelegenheit, die Wahl des deutschen Königs, zu stützen, während das zweite Beispiel allein den kirchlichen Primat, auch über die Ostkirche, betraf. Dass auch hier die *gubernatio seculi* neben der Leitung der Gesamtkirche Erwähnung fand, ist wahrscheinlich aus dem Umstand zu erklären, dass für Innocenz III. seine, wenn auch beschränkte, weltliche Gewalt einen festen Bestandteil seines kirchlichen Primats bildete[21].

Diese Feststellung ist deshalb wichtig, weil vor einiger Zeit behauptet worden ist, im Zusammenhang mit dem „Weltherrschaftsanspruch Papst Innocenz' III." habe man „nicht berücksichtigt, dass diese Weltherrschaftsansprüche sich vor allem gegen die Ostkirche wenden"[22]. Leider unterließ es der Autor, diese Behauptung argumentativ zu unterbauen, was bei einer so weit reichenden Feststellung doch reichlich befremdet. Sollte er freilich dabei an den Br. II 200 (209) an den Patriarchen von Konstantinopel gedacht haben, so wäre eine solche, allerdings auch bereits ziemlich eingeschränkte, Sicht von der weltlichen Herrschaft des Papstes durch das mit diesem Schreiben gleichzeitige Auftreten von Teilen der dem Ganzen zugrunde liegenden Gedankenkette in RNI 18 zumindest stark relativiert[23].

---

20 Wahrscheinlich im September: Kempf, Papsttum und Kaisertum, 35f.; Hageneder Othmar, Zur Entstehung des Thronstreitregisters Papst Innocenz' III. und dessen Eingreifen in den deutschen Thronstreit (Miscellanea Historiae Pontificiae 45) 1979, 275–280.
21 Die Register Innocenz' III., 8. Pontifikatsjahr 1205/1206, bearb. von Hageneder Othmar, Sommerlechner Andrea, Weigl Herwig, Egger Christoph und Murauer Rainer, 2001, 327 Z. 10–15 Br. VIII 191 (190): *Licet pontificalis auctoritas et imperialis potestas diverse sint dignitates et officia regni et sacerdotii sint distincta, quia tamen Romanus pontifex illius agit vices in terris, qui est rex regum et dominus dominantium, sacerdos in eternum secundum ordinem Melchisedech, non solum in spiritualibus habet summam, verum etiam in temporalibus magnam a ipso Domino potestatem.* Vgl. dazu besonders Kempf Friedrich, Innocenz III. (Gestalten der Kirchengeschichte, hrgb. von Greschat Martin, Bd. 11) 1985, 198–201.
22 Krieb Steffen, Vermitteln und Versöhnen. Konfliktregelung im deutschen Thronstreit 1198–2008 (Norm und Struktur 13) 2000, 15 Anm. 34. Der Einwand richtet sich gegen meinen Aufsatz „Weltherrschaft im Mittelalter", MIÖG 93 (1985), 257–278.
23 Br. VII 1 an den neuen König der Bulgaren, der ebenfalls von einer Übertragung des *totus mundus* an den Apostelfürsten spricht, betrifft sicherlich auch Interessen der Ostkirche (Die Register Innocenz' III. 7, 5 Z. 4f. mit Anm. 4; 5. Pontifikatsjahr 1202/1203, bearb. von Hageneder Othmar, Egger Christoph, Rudolf Karl und Sommerlechner Andrea, 1993, 228 Z. 12–14 Br. V 115 (116)), doch bildet der diesbezügliche Satz nur ein Glied innerhalb einer Kette von Argumenten für die Erhebung des Fürsten Kalojan (Joannitza) zum König. Vgl. Hageneder, Kirche und Christenheit, 218.

Verwendete und zitierte Literatur

Sancti Bernardi opera III. hrgb. von Leclercq J. und Rochais H. M., Rom 1963.

Winkler Gerhard B., Bernhard von Clairvaux. Sämtliche Werke lateinisch/deutsch 1, Innsbruck 1990.

Hageneder Othmar, Zur Entstehung des Thronstreitregisters Papst Innocenz' III. und dessen Eingreifen in den deutschen Thronstreit (Miscellanea Historiae Pontificiae 45), Roma 1979, 275–280.

Hageneder Othmar, Weltherrschaft im Mittelalter (MIÖG 93, Wien-Köln-Graz 1985), 257–278.

Hageneder Othmar, Kirche und Christenheit in der neuen Ekklesiologie des Papsttums (Pensiero e sperimentazioni istituzionali nella „Societas Christiana" 1046–1250. A cura di Andenna Giancarlo), Milano 2007, 215–236.

Imkamp Wilhelm, Das Kirchenbild Innocenz' III. (Päpste und Papsttum 22) Stuttgart 1983.

Imkamp Wilhelm, Sulla nuova edizione dei registri di papa Innocenzo III. Rivista di Storia della Chiesa in Italia 35 (Roma 1981) 140–149.

Johrendt Jochen, Ein bisher unbekannter Kardinal in einem neu entdeckten feierlichen Privileg Innocenz' III.? *Gregorius/Rogerius tituli sancte Anastasie presbiter cardinalis.* Römische Historische Mitteilungen 48 (Wien 2006) 157–170.

Kempf Friedrich, Papsttum und Kaisertum bei Innocenz III. Die geistigen und rechtlichen Grundlagen seiner Thronstreitpolitik (Miscellanea Historiae Pontificiae 19) Roma 1954.

Kempf Friedrich, Innocenz III. (Gestalten der Kirchengeschichte, hrgb. von Greschat Martin, Bd. 11) Stuttgart-Berlin-Köln-Mainz 1985, 196–207.

Krieb Steffen, Vermitteln und Versöhnen. Konfliktregelung im deutschen Thronstreit 1198–2008 (Norm und Struktur 13) Köln-Weimar-Wien 2000).

Ladner Gerhart B., The Concepts of „Ecclesia" and „Christianitas" and their Relation to the Idea of Papal „Plenitudo potestatis" from Gregory VII to Boniface VIII (Miscellanea Historiae Pontificiae 18) Roma 1954, 49–77 (= Images and Ideas in the Middle Ages. Selected Studies in History and Art 2 (Storia e Letteratura, Raccolta di Studi e Testi 156) Roma 1983, 487–515).

Maccarrone Michele, Chiesa e Stato nella dottrina di papa Innocenzo III (Lateranum, N.S. VI 3–4) Roma 1940.

Die Register Innocenz' III., 2. Pontifikatsjahr 1199/1200, bearb. von Hageneder Othmar, Maleczek Werner und Strnad Alfred A., Rom-Wien 1979.

Die Register Innocenz' III., 5. Pontifikatsjahr 1202/1203, bearb. von Hageneder Othmar, Egger Christoph, Rudolf Karl und Sommerlechner Andrea, Wien 1993.

Die Register Innocenz' III., 7. Pontifikatsjahr 1204/1205, bearb. von Hageneder Othmar, Sommerlechner Andrea, Weigl Herwig, Egger Christoph und Murauer Rainer, Wien 1997.

Die Register Innocenz' III, 8. Pontifikatsjahr 1205/1206, bearb. von Hageneder Othmar, Sommerlechner Andrea, Weigl Herwig, Egger Christoph und Murauer Rainer, Wien 2001.

Regestum Innocentii papae super negotio Romani imperii, hrgb. von Kempf Friedrich S.J. (Miscellanea Historiae Pontificiae 12) Roma 1947 (= RNI).

Campo Santo Teutonico und Santa Maria dell'Anima als Drehscheiben der Geheimdiplomatie im Umfeld der Papstwahl von 1903

Johan Ickx

Einleitung

Im Zusammenhang mit dem Konklave, aus dem der hl. Papst Pius X. hervorging, ist die Figur Johannes de Montels schon oft ins Licht gestellt worden[1]. Unbekannt bisher ist die Tätigkeit einer anderen wichtigen Person, die für ihr wissenschaftliches Wirken schon weltweit bekannt ist, aber deren diplomatische Aktivität bisher unbeachtet blieb: Es handelt sich um einen der am meisten bedeutenden Protagonisten des „deutsch-österreichischen" Klerus beim Vatikan, den weltberühmten altchristlichen Archäologen Joseph Wilpert[2].

Die beiden „Monsignori", de Montel und Wilpert, sind weder Deutsche noch Österreicher im engeren Sinne des Wortes, sondern Südtiroler und Breslauer. Unsere beiden Protagonisten fügen sich also gleichsam in die Tradition des Heiligen Römischen Reichs deutscher Nation ein und können um 1903 als die letzte Generation dieser übernationalen politischen Realität beim Heiligen Stuhl bezeichnet werden. Und doch präsentieren sich die beiden um das Jahr 1903 sehr unterschiedlich: de Montel von Treuenfest, *ex-Animale*[3], Prälat aus Trient, zum einen *Uditore di Rota* für Österreich-Ungarn und auf persönliche Anweisung des Kaisers Franz

---

1 Siehe z. B.: Christoph WEBER, *Italien, Deutschland und das Konklave von 1903. Eine Studie zur Kirchen- und Bündnispolitik der Dreibundmächte*, in Quellen und Forschungen aus italienischen Archiven und Bibliotheken 57 (1977) 199–260, und Luciano TRINCIA, *Conclave e potere politico. Il veto a Rampolla nel sistema delle potenze europee (1887–1904). In appendice: il "diario" ufficiale inedito del conclave del 1903* (= Religione e Società, 46), Roma 2004. Für einen Lebenslauf und ausreichende Bibliographie siehe: Herman H. SCHWEDT – Tobias LAGATZ, *Prosopographie von römischer Inquisition und Indexkongregation 1814–1917, A-K*, Hrsg. Von Hubert WOLF (= Römische Inquisition und Indexkongregation. Grundlagenforschung III: 1814–1917), Paderborn etc. 2005, 435–436.

2 Zu Joseph Wilpert siehe Stefan HEID (Hrsg.), *Giuseppe Wilpert archeologo cristiano. Atti del Convegno (Roma – 16–19 maggio 2007)* (= Sussidi allo studio delle antichità cristiane, 22), Città del Vaticano 2009.

3 Er trat im Kolleg der Anima ein mit der ersten Generation unter dem Gründer und Rektor Alois Flir am 14. November 1854. S. auch dazu Josef LENZENWEGER, *Sancta Maria de Anima. Erste und zweite Gründung*, Wien–Rom, 167.

Joseph Geistlicher Botschaftsrat bei der Österreichischen Botschaft beim Hl. Stuhl, ein schon erfahrener Kirchenrechtspezialist mit einer besonders eindrucksvollen Laufbahn an der Römischen Kurie und einem allgemein bekannten Widerwillen gegen Kardinal Rampolla, sei es aus persönlichen oder aus politischen Gründen[4], während Wilpert noch als junger Forscher und ehemaliger Mitbewohner am Campo Santo Teutonico[5] am Beginn einer großen Karriere stand, vielleicht hat er sogar gerade dem, was in diesem Jahre 1903 passierte, seinen Aufstieg zu verdanken[6]: Ohne Zweifel war seine Ernennung zum Protonotar am 22. September 1903 Teil der Vorbereitung auf seine spätere Mission zum deutschen Kaiser gewesen[7].

Mehrere Quellen aus den Archiven von Santa Maria dell'Anima und dem Campo Santo Teutonico im Vatikan bringen, zusammen gelesen, bestimmte Elemente ins Spiel, die nicht nur das Konklave besser zu verstehen helfen, sondern nebenbei erkennen lassen, wie viel Mühe man sich in Rom gegeben hat, dort sowohl von deutscher als auch von österreichischer Seite aus die Beziehung zum deutschen Kaiser Wilhelm II. zu pflegen, die unter Leo XIII. einen Höhepunkt erreicht hatten (der Papst beauftragte ja sogar den Kaiser damit, als ein neuer Karl der Große das Abendland vor dem Atheismus zu schützen und damit seine gesamte Kultur zu retten[8]). Nun ging es darum, nach der Wahl Sartos, die sich ja auch nachteilig hätte

---

4   "*Come decano di Rota, egli aveva un posto cardinalizio, ma non fu mai creato cardinale. Qual è il motivo? E' difficile dirlo. Alcuni lo attribuiscono all'umiltà del prelato, che si accontentava del ruolo secondario che gli era stato assegnato, e dove egli poteva rendere servigi reali. Altri hanno cercato di vedere una sorda ostilità contro il Segretario di Stato di Leone XIII, di cui, seguendo le opinioni del suo governo, egli contrastava le vedute. Ci si è spinti fino a attribuirgli una cooperazione molto attiva al veto che il card. Puzyna pronunciò al Conclave del 1903.*" Anmerkung von Alain Battandier aus den *Annuaire pontifical catholique* vom Jahre 1911, in Luciano TRINCIA, *Conclave e potere politico. Il veto a Rampolla nel sistema delle potenze europee (1887–1904). In appendice: il "diario" ufficiale inedito del conclave del 1903* (= Religione e Società, 46), Roma 2004, 125.

5   Wilpert wohnte 1903 in der Via Cavour. Es hat einen Dissens mit Anton De Waal, Rektor von Campo Santo, gegeben, durch den Wilpert gezwungen worden war, aus dem Campo Santo Teutonico auszuziehen. Man achte auch darauf, wie gerade gleichzeitig die Anima ihm dauernd ihre Gastfreundschaft anbiette. Johan ICKX, *Vitam impendere vero. Praelat Joseph Wilpert und das paepstliche Institut Santa Maria dell'Anima in Rom*, in Stefan HEID (Hrsg.), *Giuseppe Wilpert archeologo cristiano. Atti del Convegno (Roma – 16–19 maggio 2007)* (= Sussidi allo studio delle antichità cristiane, 22), Città del Vaticano 2009, 106–112.

6   Es war allerdings nicht das erste Mal, dass Wilpert mit einer „diplomatisch-politischen" Auslandsreise beauftragt wurde. Zehn Jahre früher, in 1893, war es Wilpert gewesen, der den Kardinalshut für den neuen Primas von Ungarn zu Kaiser Franz Joseph gebracht hat. Stefan HEID, *Giuseppe Wilpert: uomo, sacerdote e studioso*, in DERS. (Hrsg.), *Giuseppe Wilpert archeologo cristiano. Atti del Convegno (Roma – 16–19 maggio 2007)* (= Sussidi allo studio delle antichità cristiane, 22), Città del Vaticano 2009, 23.

7   Das Original seiner Ernennung zum Protonotar ist aufbewahrt im Archiv von Santa Maria dell'Anima (cfr. *Motu Proprio* von Pius XI. in ASMA, I 33, ohne Numerierung). Die Ernennung wird erwähnt von: Alejandro Mario DIEGUEZ, *Documenti Wilpert nell'Archivio Segreto Vaticano*, in Stefan HEID (Hrsg.), *Giuseppe Wilpert archeologo cristiano. Atti del Convegno (Roma – 16–19 maggio 2007)* (= Sussidi allo studio delle antichità cristiane, 22), Città del Vaticano 2009, 509.

8   Christoph WEBER, *Italien, Deutschland und das Konklave von 1903. Eine Studie zur Kirchen- und Bündnispolitik der Dreibundmächte*, in Quellen und Forschungen aus italienischen Archiven und Bibliotheken 57 (1977) 235. Weber weist auf Seite 234 darauf hin: „*Es war nicht zu übersehen, dass Wilhelm II. in dem Masse, in dem in Frankreich der Antiklerikalismus wieder auf Ruder kam, sein Christentum betonte und die Religion als eines der Fundamente des neuen Kaiserreiches anerkannte. Ein Meilenstein in dieser Tendenz – speziell in Hinblick auf die Katholiken – bildete die*

auswirken können, diese Beziehungen weiter zu pflegen und zu stärken. Die Person des Breslauers Wilpert war offensichtlich dazu die einzige von Rom als geeignet angesehene *trait-d'union*.

2. Die Audienz des Prälaten Josef Wilpert beim deutschen Kaiser Wilhelm II. (16. Oktober 1903)

„In einem eleganten Zweispänner fuhr ich zum Potsdamer Bahnhof, von da nach Wildpark, wo ich von einer königlichen [sic!] Equipage abgeholt wurde. Der kaiserliche Flügeladjutant Major Graf von Schmettow empfing mich und wir unterhielten uns bis zur Audienz." Im Telegramm des Staatssekretärs im Auswärtigen Amt des deutschen Kaiserreichs Oswald Freiherr von Richthofen[9], das uns vorliegt, war die Audienz im neuen Schloss Wildpark für Freitag, den 16. Oktober 1903, um 12 Uhr vorgesehen[10]. An demselben Tag sollte Wilpert auch die Kaiserin mit einem Besuch beehren[11]. Wilpert hatte Rom zuvor schon seit Längerem verlassen und befand sich in seiner Heimat in Eiglau (Schlesien), von woher er ohne allzu große Mühe nach Berlin reisen konnte.

Dank einiger Notizen von Wilpert, die Hudal *„aus den Tagebüchern des Prälaten Joseph Wilpert"* überliefert, ist es uns möglich, mit ihm vor den Kaiser zu treten und anzuhören, was an diesem 16. Oktober geschah[12]. Auf die Einladung *„Majestät lässt bitten"* trat er in das Audienzzimmer und machte eine Verbeugung. Inzwischen kam ihm der Kaiser freundlich lächelnd entgegen und gab ihm die Hand. Er trug die Uniform eines Generals der Gardejäger und außer zahlreichen Dekorationen auch das Großkreuz des Ordens vom Hl. Grab. Letzteres war eine Aufmerksamkeit gegenüber Wilperts Person, da er als päpstlicher Ablegat nach Berlin geschickt wurde.

Wilpert begann mit den Worten: *„Majestät, der Hl. Vater Pius X ..."* und wollte mit einigen begleitenden Worten sein Werk überreichen[13], aber der Kaiser erwiderte sogleich: *„Ich danke herzlichst für das kostbare Geschenk, welches mir bereits durch mehrere sehr günstige Besprechungen bekannt ist".*

Rede Wilhelms II. im Rathaussaal von Aachen am 19. Juni 1902, in der er den konfessionellen Frieden in Deutschland betonte und gleichzeitig die politisch-gesellschaftliche Funktion der Religion in unmissverständlicher Weise herausarbeitete."

9 Zu ihm siehe: Patrick von RICHTHOFEN, *Jahre der Entscheidung – Der kaiserlich-deutsche Staatssekretär des Auswärtigen Amts Oswald Freiherr von Richthofen, 1847–1906*, Paris 2007.

10 Telegramm von Oswald von Richthofen an Wilpert: ASMA I 33, f. 205^v.

11 Die Einladung seitens der Kaiserin zu einem Empfang Wilperts in Privataudienz in ASMA, I 33, f. 197^r.

12 ASMA, I 34, f. 830–836 (Ms. von Wilpert – wie auf der Vorderseite von Hudal vermerkt). Wir zitieren aus diesem Text.

13 Diese „begleitenden Worte" hatte Wilpert allerdings vorher gut vorbereitet. Davon zeugt die schriftliche Unterlage, die er in eigener Handschrift zu diesem Besuch vorbereitet hat: *„Majestät !*
Der hl. Vater Pius X hat mir vor drei Wochen den überaus ehrenvollen Auftrag erteilt, Euerer Majestät ein Handschreiben von Ihm und ein Exemplar der italienischen Ausgabe meines Werkes

Bei diesen Worten schlug er den deutschen Textband auf, und als er auf der Widmungsseite auch den Namen Kopp las, erklärte der Kaiser, dass Kardinal Kopp öfters von diesem Werk gesprochen habe. *„Das Werk ist ganz prächtig ausgestattet, sieht vornehm und würdig aus. Merkwürdig ist, dass auch der deutsche Text in Rom gedruckt wurde und zwar in einer Druckerei, in der kein Setzer ein Wort Deutsch versteht. Da haben Sie jedenfalls sehr viel zu verbessern gehabt."* „Den Einband werden Eure Majestät gleich erkannt haben?", fragte Wilpert. *„Jawohl, er stammt von Hulbe in Hamburg".* Über die Tafeln war er ganz entzückt.

Wilpert zeigte dem Kaiser die hervorragendsten Beispiele und dieser fügte hinzu: *„Das sind doch alles hochwichtige Denkmäler, die den ganzen Erdkreis interessieren und ich freue mich, dass ein Deutscher es gewesen ist, der dieselben der Welt erschlossen hat. Ich hätte nie gedacht, dass in den Katakomben solche Schätze verborgen sind."*

Anschließend erfolgten einige Bemerkungen über die damals begonnenen Erneuerungsarbeiten in der Paulskirche: *„Das ist ja schauerlich, wie die in dieser Kirche bei Rom gewirtschaftet haben. Diese Mosaiken! Hat man keine Ahnung vom alten Stil? Da lobe ich mir meine Benediktiner von Maria Laach. Das ist ganz was anderes, was die schaffen. Nun, der P. Desiderius[14] hat wohl seine eigene Methode, indem er etwas Ägyptisches hineinbringt, aber das sind doch kräftige Schöpfungen".* „Ganz gewiss, Majestät", erwiderte ich, *„auch ich finde, dass die Beuroner Malerei als religiöse Kunst nicht bloß ihre Berechtigung hat, sondern dass sie religiöse Malerei im eminentesten Sinn des Wortes ist".*

Als Wilpert dann den Schutzkarton des Papstexemplars öffnete, betrachtete der Kaiser mit sichtlicher Zufriedenheit den Einband. *„Wie lange ist es her, dass Sie S. Heiligkeit gesehen haben?"* Ich erwiderte: *„Vor ungefähr 3 Wochen, als der Hl. Vater mir den Brief für Eure Majestät übergab."*

Der Kaiser kam sodann auf die Persönlichkeit des neuen Papstes zu sprechen: *„Die Erhebung des Patriarchen von Venedig auf den päpstlichen Stuhl wurde überall mit Freude begrüßt. Die Königinwitwe Margherita, der ich begegnet bin, war über die getroffene Wahl sehr erfreut, auch der verstorbene Koenig Humbert schätzte den Patriarchen wegen seiner Liebe zum Vaterland sehr hoch. Mir selbst ließ der Neugewählte sagen, dass ich die freundschaftlichen Beziehungen, die mich mit Leo XIII. verbunden haben, weiter fortsetzen möge."* Worauf Wilpert erklärte: *„Daran zweifele ich keinen Augenblick, Majestät, denn dieses Verhält-*

über die Malereien der Katakomben Roms zu überreichen, und zwar als Ausdruck der großen Verehrung und Hochschätzung, welche der hl. Vater für E[ur]e M[ajestät] hegt.
Dieser Akt der Aufmerksamkeit war die erste öffentliche Handlung S[eine]r H[eiligkeit]. Es gereicht mir daher zu einer ganz besonderen Freude, dass die Aufmerksamkeit E[ure]r Majestät gilt, allerhöchstderen Unterthan (sic) zu sein für mich im Auslande ein gerechter Stolz ist.
Indem ich nun diesen ehrenvollen Auftrag erfülle, bitte ich zugleich allerunterthänigst (sic), E[ur]e M[ajestät] mögen auch ein Exemplar der deutschen S[eine]r Eminenz dem Cardinal Kopp gewidmete Ausgabe meines Werkes, von mir anzunehmen geruhen zum Zeichen der Treue und Anhänglichkeit welche ich als Deutscher Unterthan (sic) im Auslande meinem Monarchen bewahre."
(ASMA, I, 33, f. 189–190ʳ)

14 Es handelt sich um den Künstler-Mönch Fr. Desiderius Lenz O.S.B. (1832–1928), Gründer der Kunstschule von Beuron.

nis zwischen Papst und Kaiser war zu tief verwurzelt. Dafür ist Eurer Majestät die ganze katholische Welt dankbar". „Das will ich gerne glauben, erwiderte der Kaiser, „tatsächlich bekam ich dafür selbst aus Amerika von Ordensleuten Dankesbriefe."

„Mit Recht", sagte der Gesandte des Papstes: „Namentlich der letzte Besuch Eurer Majestät im Vatikan hat überall einen unauslöschlichen Eindruck zurückgelassen. Die glänzende Auffahrt erinnerte mich an die Märchen aus Tausend und einer Nacht. Jeder Deutsche konnte und musste da auf seine Nationalität stolz sein". „Je vous envie votre empereur – c'était un propre Vice-roi d'Italie" sagte mir der nüchterne Direktor der Ecole française de Rome, Prälat Duchesne, als ich ihn einige Tage nach der Auffahrt gesprochen habe." „Die Auffahrt sollte etwas Mittelalterliches sein", meinte der Kaiser.

„Dieses hat", sagte Wilpert, „auch der französische Geschichtsforscher mit seiner feinen Beobachtungsgabe richtig herausgefühlt". Der Kaiser erklärte darauf: „Ich habe bei meinem Besuch so gehandelt, wie ich es für meine Pflicht hielt, denn wir erkennen im Papst den Mit-Souveränen, den Monarchen an. Mit Leo besonders war ich ganz alliiert. Wie wurde er doch so plötzlich hinweggerafft! Das hatte ich mir nie vorgestellt. Ich war fest überzeugt, dass er 100 Jahre alt werden würde, denn ich fand ihn gar nicht verändert. Diese geistige Frische und Kraft. Es war doch ganz wunderbar, welche Tätigkeit dieser Papst noch bei seinem hohen Alter entfaltet hat. Einmal machte ich ihn stutzig. Er hatte mir seine Auffassungen über das Regnum und Imperium entwickelt und sagte dann zu mir, dass ich die Rolle Karls des Großen übernehmen müsste. Darauf sagte ich: „Heiligkeit, Sie sind das Erbe des Imperiums, Sie sind der Imperator". Da schwieg der Papst einen Moment und sagte schließlich: „Au fond il y a quelque chose de vrai". „Und das ist auch meine Überzeugung, der Papst ist der Beherrscher der Welt, das hat übrigens ein Papst auch ausdrücklich erklärt, ich meine Bonifaz VIII., und ein Rechtshistoriker führte das auch sehr schön und richtig aus. Er ist der Imperator, aber dass ich der Imperator Orbis werden sollte, ist ganz ausgeschlossen. Ich kann kaum mit meinen Deutschen fertig werden, was würde es da erst geben, wenn ich die ganze Welt regieren sollte."

Das Gespräch kehrte zurück auf die Überreichung des Werkes. Der Kaiser sagte abschließend: „Sie werden jetzt glücklich sein nach Vollendung eines solchen Werkes". „Jawohl Majestät", erwiderte Wilpert, „ich glaube auch einiges Recht dazu zu haben, denn es ist eine harte langwierige Arbeit, die mich nicht weniger als 15 Jahre meines Lebens gekostet hat und da die ersten Vorbereitungen ein Raub der Flammen wurden, so musste alles Fertige noch einmal wiederholt werden." Der Kaiser sagte: „Dafür haben Sie aber auch die große seltene Genugtuung gehabt, dass das Geschenk Ihr Werk ist und dass man Sie selbst gewählt, dasselbe mir zu überbringen. Sagen sie S. Heiligkeit, dass ich mich gerade darüber sehr gefreut habe. Den Brief Sr. Heiligkeit werde ich selbst beantworten."

Der Kaiser reichte dem Gesandten des Papstes zum Abschied die Hand mit dem Wunsche einer glücklichen Reise.

Bei der Erforschung des historischen Gehalts in Bezug auf den Inhalt dieser „Erinnerungen" Wilperts haben wir festgestellt, dass dieser sich über vier verschiedene Ebenen bewegt. Wir wollen dann auch versuchen, das Ereignis aus diesen

Blickwinkeln zu betrachten, nämlich: dem kirchenpolitischen, dem kunsthistorischen, dem wirtschaftlichen und publizistischen und letztlich dem „ideologisch-politischen" Aspekt.

Kirchenpolitische Betrachtung: Papstwahl und Bedeutung des deutschen Kaisers in dieser Hinsicht

Es drängt sich die Frage auf: Warum eine besondere Mission beim deutschen Kaiser wie oben beschrieben, und dann warum in solcher Eile? In der Tat stellt sich die Frage, warum Wilpert gerade schon im Oktober mit dieser Mission beauftragt wurde, wo doch der Kaiser einige Monate zuvor mit den beiden Prinzen Rom und den Vatikan besucht hat.

Überdies bemerkt man an einigen Einzelheiten in den Worten des Kaisers den Einfluss deutscher Kurienkreise in Rom. Um diese These zu erklären, reicht uns eine Quelle aus dem Archiv des Campo Santo Teutonico der Deutschen und Flamen. Es gibt dort nämlich eine ziemlich detaillierte, nicht veröffentlichte Chronik Anton de Waals, Rektor des Campo Santo Teutonico, wo in dieser Zeit auch Wilpert gelebt und gewohnt hat. Am 3. Mai 1903 schrieb de Waal: *„Der Hl. Vater hatte gewünscht, daß die Pilger sich vor unserem Hause aufstellten, was dann auch geschah. Auf dem Hause wehte auf der höchsten Spitze eine päpstliche Tricolore, gelb-weiß-rot (zugleich die Hausfarbe der Habsburger), über dem Portal des Hauses die österreichische, vom Glockentürmchen herab die deutsche Fahne. Die Herren des Verwaltungsrates waren eingeladen worden, mit ihren Familien auf der Umfassungsmauer des Friedhofs Platz zu nehmen. Nach der Vorüberfahrt des Kaisers in den Vatikan um 3 Uhr begaben sich die Pilger in die Kirche, wo nach einer kurzen Ansprache der gerade im C[ampo] S[anto] weilende Bischof von Nocera-Umbra den Sakramentalen Segen spendete. Der Kaiser war allein 25 Minuten beim Hl. Vater, dann wurden die beiden Prinzen eingeführt und die Unterredung eine Viertelstunde lang fortgeführt, wobei der Papst dem Kaiser und den beiden Prinzen Mosaikbilder schenkte; dann ist das Gefolge empfangen worden. Der Hl. Vater hatte die gerade hier weilenden Bischöfe der Oberrheinischen Kirchenprovinz, die er in den vorhergehenden Tagen empfangen, zu dem Kaiserbesuch besonders in den Vatikan gerufen."* Am nächsten Tag, am 4. Mai, hat Anton de Waal die Prinzen durch die Basilika Sankt Peter geführt[15].

Man versteht leicht die Worte des Kaisers als er, fünf Monate später, im Oktober 1903 zu Wilpert sagte: *„Mit Leo besonders war ich ganz alliiert."*

Diese äußerst günstige Position für die katholische Kirche am kaiserlichen Hof sollte aber bald eine Bedrohung erfahren, denn vom 5. Juli an wurde Papst Leo XIII. von einer schweren Krankheit befallen, an der er am 20. Juli 1903 starb. In der unsicheren Phase der Sedisvakanz, haben die deutschen Angehörigen der Kurie nicht lange gewartet. Sie hatten ein Interesse, weiterhin gute Beziehungen Roms zum Kaiser aufrechtzuerhalten.

---

15 ACST, Libro 70, De Waal Chronik, II, f. 53ʳ.

Prälat Johannes von Montel hatte seit Jahren den Kardinal Staatssekretär Rampolla als *„ottimo papabile"* vorgeschlagen[16]. Aber durch die Ereignisse von 1903 hat er auch die Person des Kardinals Alfonso Capecelatro, Erzbischof von Capua und angesehenster Gelehrte des *Sacro Collegio*, in den Augenschein genommen. Auch in diesem Falle waren die Beziehungen zum deutschen Kaiser grundlegend für eine solche Präferenz. Prälat de Waal schrieb: *„Als der deutsche Kaiser vor einigen Jahren in Neapel war, kam in der Unterredung mit dem Cardinal San Felice die Rede auf die Pflege der Wissenschaften in Italien; Der Cardinal nannte Capicelatro und der Kaiser wünschte dessen Schriften kennen zu lernen. Sie wurden von dem hiesigen preußischen Gesandten von Bülow nach Berlin geschickt, und der Kaiser sandte dafür eine goldene Schnupftabakdose mit seinem Bildnis. Capicelatro versteht auch deutsch und war durch Leo XIII. bei den Beratungen über die Korrektur der Maigesetze[17] als Konsultor bei berufen worden. Käme also er in Frage, so würde er jedenfalls der Stimmen unserer beiden preußischen Kardinäle sicher sein."*[18]

Leo XIII. starb am 20. Juli 1903, und sein Nachfolger sollte nicht – wie es einige Deutsche gehofft hatten – Rampolla, sondern Giuseppe Melchiore Sarto heißen. Am 9. August wurde er gekrönt. Dieses Ereignis erregte die spezielle Aufmerksamkeit des Rektors Anton de Waal. Mitte August fragte er sich in seinem Tagebuch: *„Hat Berlin das Veto Österreichs beeinflußt bzw. inspiriert?"* Zu dieser Frage gibt *es von Montel sehr interessante Mitteilungen zum letzten Kaiserbesuch (3. Mai 1903). Kardinal Kopp hatte an Montel geschrieben, auf welche historischen Punkte besonders der Papst in der Unterredung hinweisen sollte (u. a. auf Karl den Großen, die Freiheitsverheißungen Preußens bei der Besitznahme von Schlesien). Montel übersetzte den Brief des Kardinals und gab das Schreiben an den Unterstaatssekretär, der es zunächst nicht wagte, dieses dem Papste vorzulegen. Er spielte dann aber bei Leo darauf an. Der Papst ließ sich die Übersetzung von Montels geben, und hat wirklich die dort niedergelegten Gedanken zur Grundlage seiner Unterredung gemacht. Der Kaiser war entzückt und hat dem Papste „reichsten Weihrauch gestreut". Zu Hause hat der Kaiser die ganze Unterredung diktiert. Als M[ontel] dies dem Papste mitteilte, hat auch dieser dasselbe getan. Minister von Bülow hätte gerne einen Christusorden gehabt, und Rampolla war dafür, allein Leo nicht, weil die Verleihung an Bismarck schon zu manchen bösartigen Bemerkungen Anlass gegeben*

---

16 ACST, Libro 70, De Waal Chronik, II, f. 54ᵛ: „(6. Juli) – *Natürlich spricht jetzt schon alle Welt über den mutmaßlichen neuen Papst. Vor etwa 20 Jahren, als einmal dieselbe Frage aufgeworfen wurde, sagte mir Mgr. v[on] M[ontel]: Mein Kandidat ist ein Prälat, der jetzt noch nicht Kardinal ist, der aber die drei Eigenschaften hat, welche ich für besonders empfehlend erachte: er ist von hohem Adel, ebenso gelehrt als fromm, und sucht sich nicht, sondern einzig die Ehre Gottes. Und wer ist das? Der Nuntius in Madrid: Rampolla.*"

17 1873 brachte Kultus-Minister Falk im preußischen Landtag die Maigesetze durch, die u. a. die wissenschaftliche Vorbildung der Geistlichen regelten und ein staatliches Kulturexamen vorschrieben, welches das staatliche Aufsichtsrecht über die Kirche verstärkte. Die Katholiken verweigerten den Maigesetzen ihre Anerkennung. Darauf griff die Regierung mit schärfsten Mitteln durch. Viele Bischöfe und Geistliche wurden abgesetzt, zu Geld- oder Gefängnisstraffen verurteilt. Zeitweilig waren alle preußische Bistümer verwaist.

18 ACST, Libro 70, De Waal Chronik, II, f. 55ʳ.

hatten. Es wurde daher beschlossen, ihm sämtliche Gedenkmünzen der Regierung Leos in Gold in einem prächtigen Etui zu schenken."[19]

... Aus alledem folgt, dass man in Berlin nichts dagegen gehabt hätte, wenn Rampolla Papst geworden wäre, umso weniger, als die Regelung der Theologischen Fakultäts-Frage in Strassburg wesentlich durch Rampolla ermöglicht wurde.

Nun zum Veto Österreichs: [...] *„In der in der Anima gehaltenen Besprechung der österreichischen Kardinäle hat Kardinal Jan Puzyna, Erzbischof von Krakau seit 1902, nichts von seinem Auftrag gegen Rampolla gesagt, wohl aber gegen ihn Stimmung zu machen versucht".* Aus einem neu aufgefundenen Manuskript, angelegt von Giovanni de Montel mit dem Titel *„Ricordi del Conclave di Pio X"*[20], heute aufbewahrt in *Santa Maria dell'Anima*, geht hervor, dass es mehrere Treffen der deutschsprachigen Konklavekardinäle in der Anima und es unter den Teilnehmern eine bestimmte Wahltaktik gab, hauptsächlich von Kardinal Puzyna bestimmt. Der gemeinsame Beschluss war, für Gotti zu stimmen. Bei den beiden Abstimmungen am Samstag stellte sich heraus, dass Gotti auf die Tiara nicht hoffen durfte. Sarto kam als neuer Kandidat erst jetzt ernsthaft in Frage, und es war nicht unwahrscheinlich, dass die zersplitterten Stimmen sich bis zum nächsten *Scrutinium* auf Rampolla vereinigen würden. So erhob sich dann Puzyna am Sonntagmorgen vor der Abstimmung und gab die Erklärung ab, dass Rampolla als Kandidat für die päpstliche Würde dem Kaiser eine *persona minus grata* sei. (Also ein Veto, wenn auch in der höflichsten Form, die jedoch durch die scharfe Art, wie Puzyna seine Sache vortrug, strenger erschien. Der Pole Puzyna war Rampolla wegen der freundlichen Beziehungen zu Russland übel gesinnt.) Sofort erhob sich Oreglia und protestierte gegen diesen Eingriff in die Freiheit des Konklaves[21]. Dann sprach Rampolla, sehr versöhnlich: Er strebe nicht nach der Tiara; er wisse nur zu gut, wie schwer die Bürde und wie groß die Verantwortung sei. Wenn er also gegen den Einspruch des Kaisers von Österreich das Wort ergreife, so tat er es durchaus nicht seiner eigenen Person wegen, sondern um das Interesse der Kirche zu wahren. In den Protokollen des Verwaltungsrates von Santa Maria dell'Anima wurde Folgendes aufgezeichnet: *„Am 4. August ging aus dem Conclave hervor als Nachfolger*

---

19 ACST, Libro 70, De Waal Chronik, II, f. 55ʳ–56ʳ.

20 Der Nachlass von Johannes oder, wie die Römer ihn gerne bezeichnen, Giovanni de Montel, Dekan der Rota Romana, zum Teil aufbewahrt im Archiv von Santa Maria dell'Anima in Rom, enthält einen Tätigkeitsbericht vom Konklave Pius' X. Bisher kennen wir als Quelle dieser Art *„il "diario" ufficiale inedito del conclave del 1903"*, publiziert von Luciano Trincia. Im Fall des Handschrift im Besitz von Santa Maria dell'Anima geht es um einen Tagesbericht des Konklaves, von de Montel selbst geschrieben, der später in den Nachlass vom Rektor Alois Hudal eingegliedert worden ist: ASMA, K47, ff. 855–867ᵛ *„IV. Konklave 1903 (Erinnerungen des geistlichen Botschaftsrates Prälat de Montel")*.

21 Die Reaktion und Kritik Kardinal Oreglias wurden kurz nach der Wahl Pius' X. vom neuen Papst selbst sehr ernst genommen und er befahl sofort, dieses Veto von einigen Spezialisten überprüfen zu lassen. Siehe dazu: Segreteria di Stato, Sezione per i Rapporti con gli Stati, Archivio Storico, A.A.EE.SS., Pio X-Benedetto XV, Stati Ecclesiastici, Pos. 1264, Fasc. 426–428. Interessant dabei ist eine Studie von dem jungen Eugenio Pacelli unter dem Titel *„Il veto d'esclusione nel Conclave"* (ivi, Fasc. 426, ff. 2–42). Das wird schon erwähnt in Luciano TRINCIA, *Conclave e potere politico. Il veto a Rampolla nel sistema delle potenze europee (1887–1904). In appendice: il "diario" ufficiale inedito del conclave del 1903* (= Religione e Società, 46), Roma 2004, 232ff.

Leo XIII. der Cardinal Joseph Sarto, Patriarch von Venedig, unter dem Namen von Pius X. Seine Wahl rief die größte Begeisterung in allen Ländern hervor. Dominus conservet eum! – Ein feierliches Danksagungs-Te Deum, welchen ebenfalls die hohe Botschaft, der Verwaltungsrat und die österreichisch-deutsche Colonie in Rom beiwohnten, wurde am 6. August in der Kirche der Anima abgehalten. Der Officiant war seine Eminenz Cardinal Anton Gruscha Fürsterzbischof von Wien. Die beide Cardinäle Katschthaler von Salzburg und Fischer von Cöln wohnten im Chorette bei (Cardinal Sksebenski von Prag war zufällig abwesend von Rom)."[22] Über Kardinal Kopp kein Wort.

In Anbetracht dieser Erkenntnisse ist die Audienz Joseph Wilperts in neuem Licht zu sehen, denn Wilpert war persönlicher Sondergesandter des Papstes, jedoch stand hinter dieser Aktion die deutsche Fraktion der Kurie, d. h. also seine eigenen Kollegen und Freunde. Das erklärt wahrscheinlich, warum die offiziellen Akten des Staatsekretariats von seinem „Privatauftrag" nichts preisgeben. Die Audienz ist also nicht als *„visite de courtoisie"* zu verstehen, sondern als Resultat einer zweckgebundenen Aktion mit politischen Absichten. Santa Maria dell'Anima und Campo Santo spielten dabei offensichtlich eine quasi entgegengesetzte Rolle, als sozusagen zwei verschiedene Kurienbotschaften: Santa Maria dell'Anima für Österreich und Campo Santo Teutonico für Deutschland. Auffallend ist dabei, dass Rektor de Waal in seiner Chronik auf keinerlei Art Wilperts geheime Mission zum Kaiser erwähnt. Andererseits war es nach dem Wahl Pius' X. für Johannes de Montel höchste Zeit, seine Linie sofort anzupassen[23]: Die prompte Kursänderung in der Kurie gegenüber dem Veto Österreichs, das konsequent abgelehnt wurde, brachte auch ihn zu einer Politik der Wertschätzung in Bezug auf den deutschen Kaiser. Und auch wenn *„nach dem Tode Leos XIII. de Montels Einfluss im Vatikan schlagartig zurückging"*, wie der vor Kurzem verstorbene Erwin Gatz schon betont hat[24], hat doch Santa Maria dell'Anima den Einsatz von Montel 1904 gewürdigt mit seiner Ernennung zum Mitglied ihres Verwaltungsrates[25]. Zusammen mit Anton

---

22 ASMA, A VI 12, p. 364.

23 Siehe dazu in Montels Nachlass, ASMA, I 2 A f. 45r–v, Schreiben von Montel an [Sua Eccellenza], Rom 18. Februar 1904: *„Ieri a sera venne da me Monsignore [Giuseppe] Aversa, il quale mi partecipò, coll'incarico di darne comunicazione confidenziale all'Eccellenza Vostra, che in data del 20. decorso Gennaro venne emanata una Costituzione Pontificia, colla quale Pio X. dichiara e sanziona che l'esclusivà ossia il veto che Potenze Cattoliche ritennero potere esercitare nel Conclave relativamente all'elezione del Sommo Pontefice, non viene in avvenire ammesso né tollerato, e perciò abolito sotto qualsiasi forma ed aspetto si tentasse da esse Potenze esplicarlo. Ai Cardinali è fatta l'assoluta proibizione di assumersi un tale mandato, e se audissero di agire in qualche modo contro tale Pontificio divieto, essi Cardinali incorrono ipso facto nella scomunica, censure ed in altre pene, la cui assoluzione è riservata al Pontefice che nel Conclave sarà eletto ..."*

24 Erwin GATZ, *Anton de Waal (1837–1917) und der Campo Santo Teutonico* (= Römische Quartalschrift für christliche Altertumskunde und Kirchengeschichte, 38. Supplementheft), Rom–Freiburg–Wien 1980, 120.

25 ASMA, A VI 12, p. 371: *„Sitzung 11. März 1904. Anwesend: Msgr. Rector Lohninger, Herr Prälat J. Bapt. De Montel, Herr Graf Czernin, Herr von Zwehl, Herr Hassemer, Msgr Jacquemin. 1) Monsignor Rector begrüßt im Namen der Congregation den hochwürdigsten Monsignor de Montel als neues Mitglied des Verwaltungsrates und gibt der freudigen Gewissheit Ausdruck, dass der Hochwürdigste Herr Prälat das rege Interesse, welches er jederzeit der Anima entgegenbrachte jetzt*

de Waal hatte er seitdem immer wieder die mangelnde deutsche Präsenz bzw. den mangelnden Einfluss Deutschlands im Vatikan thematisiert[26].

Kunsthistorische Betrachtung: Wilhelm II. und das christliche Missionsbewusstsein der Hohenzollern

Während des Gesprächs haben wir den Kaiser, der doch Protestant war, sagen hören: „... *meine Benediktiner von Maria Laach* ...“ Diese Bemerkung bezüglich des Konvents von Maria Laach und der Kunst von Beuron während der Konversation war kein Zufall. Zu diesem Thema kann man auf die Arbeit von Jürgen Krüger, *Rom und Jerusalem, Kirchenbauvorstellungen der Hohenzollern im 19. Jahrhundert,* verweisen[27]. Der Autor erklärt das besondere Interesse des Kaisers Wilhelm II. am Wiederaufbau der dortigen Kirche, für welche er seinen persönlichen Architekten Spitta mit dem Entwurf für Ziborium und Hauptaltar beauftragt hatte, zudem hatte er für die Inschriften einen Fachgelehrtenrat einberufen, dem auch Theodor Mommsen angehörte. Krüger behauptet, dass der Grund des Interesses an Maria Laach besonders in der Ordensgeschichte zu suchen sei, weil die Benediktiner im mittelalterlichen Europa die älteste und wichtigste Ordensgemeinschaft gewesen seien. Von ihnen ging eine Reihe großer Leistungen aus, so auch in der Baukunst, speziell der Romanik. Wilhelm II. – jetzt wissen wir, dass auch Wilpert dieser Ansicht war – schätzte die rheinische Romantik besonders, und es ist verständlich, dass er sich bemüht hat, als sich die Gelegenheit bot, Maria Laach seinen ehemaligen Besitzern zurückzugeben. Beuron war die erste Ordensniederlassung außerhalb Bayerns und Maria Laach somit der erste dem Orden restituierte Ort. Gleichzeitig kamen die Hohenzollern, die auch schon im Mittelalter die weltlichen Herren waren, teilweise wieder zu ihrem Besitz.

Zum Mittelalter und zu Karl dem Großen: Ging es um das Streben des Kaisers, Karl den Großen nachzuahmen, oder war es nur eine Marotte des Kardinals Kopp, Erzbischof von Breslau, dafür zu sorgen, dass man bei der Audienz für den Kaiser bei Leo XIII. unbedingt Karl den Großen ins Gespräch einbringen sollte?

Das Geschenk Wilperts an den Kaiser, seine Edition der Katakombenmalerei Roms, konnte dank der finanziellen Unterstützung des Kaisers und Kardinal Kopps realisiert werden. Beide erscheinen im Vorwort von Wilperts Werk mit der Danksagung, Wilhelm II. an erster Stelle.

Mit der Audienz beim Kaiser im Oktober 1903 war auch die Fortsetzung des Werkes von Wilpert über die mittelalterlichen Malereien und Mosaiken Roms

---

mehr in directer Weise bestätigen kann und dass seine allseitige reiche Erfahrung der Anstalt zu besonderem Nutzen gereichen werde.“

26 Über die Gründe ihres Scheiterns siehe: Erwin GATZ, *Anton de Waal (1837–1917) und der Campo Santo Teutonico* (= Römische Quartalschrift für christliche Altertumskunde und Kirchengeschichte, 38. Supplementheft), Rom–Freiburg–Wien 1980, 120–123. Von Montel sind auch sein Testament und einige Dokumente zum Nachleben im Archiv von Santa Maria dell'Anima aufbewahrt: ASMA, K87, ff. 282–287; 291; 294.

27 Jürgen KRÜGER, *Rom und Jerusalem. Kirchenbauvorstellungen der Hohenzollern im 19. Jahrhundert,* Berlin 1995.

gesichert. Für die Finanzierung dieses Werkes konnte Wilpert wieder auf den Kaiser rechnen, und auch dieses Monumentalwerk widmete Wilpert gleichsam dem protestantischen Kaiser. Der Kaiser selbst hatte dabei aber nebenbei noch ein ganz besonderes Ziel vor Augen, nämlich die Neuschaffung des verloren gegangenen *Labarums* Kaiser Konstantins, einem Vorhaben, dem seit Jahren viele Forschungen gewidmet worden waren, das aber erst durch die Mitarbeit von Wilpert zur Ausführung kam. In der Folge konnte dieses neue *Labarum* vom Kaiser an Papst Pius X. übergeben werden.

War vielleicht der römische Kaiser Konstantin so etwas wie ein Wunschbild für Wilhelm II.?

Wirtschaftliche und publizistische Betrachtung: Wilperts Besuch beim Kaiser und der Verlag Herder

Das italienische Exemplar für den Kaiser, erwähnt von Wilpert in seiner Notiz, wurde vom Verlag Herder aus Hamburg geschickt, das deutsche Kaiser- und Kanzlerexemplar aus Freiburg an die Berliner Adresse Wilperts, Niederwallstraße 9, bei den Grauen Schwestern. Dabei sprach die Verlagsbuchhandlung von der Möglichkeit, die Audienz in angemessener Weise, d. h. ohne Aufdringlichkeit, für die Reklame zu Gunsten des Werkes zu verwerten[28]. Dieser Ausschluss der „Aufdringlichkeit" war wahrscheinlich von Wilpert selbst in einer mündlichen Verabredung eingebracht worden, um dem „diplomatischen" Charakter seines Besuches nicht zu schaden.

Herder bat Wilpert sofort nach der Audienz um ein Telegramm mit der Information, wie sie verlaufen war, nämlich mit dem Kurzkommentar „zufrieden stellend" oder „sehr zufriedenstellend", damit der Verlag die schon bereit gehaltenen Notizen für die Zeitungen absenden könne[29]. Wilpert selbst sollte die Zeitschrift „Germania" und die „Kölnische Volkszeitung" bedienen. Die „Germania" war von Herder schon gebeten worden, sich besonders für die Sache zu interessieren; durch diese sollte die Notiz der Audienz auch an das Wolffsche Telegrafenbüro gelangen. An gleicher Stelle äußert der Verleger, dass nur die Herdersche Verlagshandlung durch die von Wilpert informierten Blätter genannt werden sollte. Zum Problem wurde das dadurch, dass der Mailänder Herausgeber Hoepli (im Auftrag des der Sache nicht ganz gewachsenen Desclée in Rom) die buchhändlerische Reklame für

---

28 „*Wie schon verabredet, werden wir die Audienz in angemessener Weise ohne Aufdringlichkeit für die Reklame zu Gunsten des Werkes zu verwerten suchen.*" Schreiben von Herder an Wilpert, Freiburg im Breisgau 13. Oktober 1903, in ASMA, I 33, f. 203^{r-v}.

29 Eine solche Notiz, in gedruckter Version, ist im Archiv der Anima aufbewahrt. Der Text lautet: „*Freiburg im Breisgau, 14. Oktober 1903. Verehrte Redaktion! Wie Ihnen aus früheren Blättermeldungen bekannt ist, hat Papst Pius X. den Archäologen Dr. Joseph Wilpert in Rom nach Berlin gesandt. Dr Wilpert soll Sr M. dem Kaiser das erste Exemplar des von ihm in deutscher Sprache herausgegebenen Prachtwerkes ‚Die Malereien der Katakomben Roms' überreichen. In der Voraussetzung, dass Ihnen zur Orientierung für Ihren Leserkreis einige Notizen über das Epochemachende Werk des deutschen Gelehrten willkommen sind, gestatten wir uns, Mitfolgendes zur gefl. Redaktionellen Verwendung gelegentlich Ihres Berichtes über die Audienz zu überreichen. In vorzüglicher Hochachtung HERDERSCHE VERLAGSHANDLUNG.*" ASMA, I 33, f. 207.

die italienische Ausgabe in anderen Ländern übernommen hatte und schon vor der Audienz auch Deutschland mit Werbung für diese italienische Ausgabe überschwemmt hatte.

Noch im Zeitraum der Audienz, am 15. Oktober 1903, erhält Wilpert die Bitte von Herder, das Resultat seiner Katakombenforschungen in einigen Jahren auch einem größeren gebildeten Publikum zugänglich zu machen, etwa in der Form eines Oktavbands mit Illustrationen. Herder warnt aber an gleicher Stelle, nicht sofort mit einem solchen Buch vor die Öffentlichkeit zu treten oder auch sein Erscheinen nur dem Buchhandel in Aussicht zu stellen, weil eine solche Ankündigung möglicherweise dem Verkauf des monumentalen großen Werkes schaden könnte, nochmals darauf hinweisend, dass es ohnehin nicht ganz leicht sein würde, eine größere Anzahl Exemplare des „Malereien"bandes abzusetzen, zumal die italienische Ausgabe eben doch eine erhebliche Konkurrenz sei[30].

Eine „ideologisch-politische" Betrachtung: Wilperts Besuch beim Kaiser Wilhelm II. (1903) und der Zweite Weltkrieg

Im Nachlass Hudal, archiviert in *Santa Maria dell'Anima* unter K13, f. 370–375, gibt es einen daktylographischen Text des ehemaligen Rektors, Bischof Alois Hudal[31], unter dem Titel *„Aus dem Tagebüchern von Prälat Josef Wilpert. Oktober 1903"*, in welchem er als Einleitung schreibt: *„Ein geschichtlich besonders wertvoller Abschnitt in den nicht veröffentlichten Erinnerungen des Altmeisters der christlichen Altertumskunde ist der Bericht über seine Audienz bei Kaiser Wilhelm II., in der er dem Monarchen die italienische und deutsche Ausgabe seines Monumentalwerkes über die Malereien der Katakomben überreichte. Diese Audienz erfolgte über ausdrücklichen Wunsch des Papstes Pius X. Dabei sollte der deutsche Gelehrte gleichzeitig ein Handschreiben des neu gewählten Papstes überbringen. Es war also eine doppelt ehrenvolle Aufgabe. Im Gesuch um diese kaiserliche Audienz betonte Wilpert, dass das päpstliche Handschreiben die „erste öffentliche Handlung" des neu gewählten Papstes und deshalb der Ausdruck der großen Verehrung und Hochschätzung gegenüber dem deutschen Kaiser sei. Er wolle ferner das Ergebnis seiner wissenschaftlichen Arbeiten überreichen als Zeichen der „Treue und Anhänglichkeit, die er als deutscher Staatsbürger im Ausland seinem Monarchen bewahre."*[32]

Wichtig ist die Angabe *„28.XII.1942"* auf der zweiten Kopie in Handschrift Hudals, welches darauf hinweist, dass der Text genau zu diesem Zeitpunkt von ihm zu irgendeinem Anlass benutzt wurde[33]. Wir nehmen an, dass der Text mit Einverständnis des Autors verwendet wurde, zumal eine Freundschaft zwischen Wilpert und Hudal bestanden hat, was die jetzigen Archivfunde immer mehr

---

30 Schreiben von Herder an Wilpert, 15. Oktober 1903. ASMA, I 33, f. 198ʳ–199ʳ.
31 Für weitere Literatur bezüglich Hudals: Johan ICKX, *The Roman "non possumus" and the attitude of Bishop Alois Hudal towards the National Socialist ideological aberrations*, in Lieve GEVERS – Jan BANK (Hg.), *Religion under Siege. The Roman Catholic Church in Occupied Europe (1939–1950)* (= Annua Nuntia Lovaniensia, 56), Louvain 2008, 315–316.
32 ASMA, Hudal K13, f. 370ʳ.
33 ASMA, Hudal K13, f. 364ʳ.

bestätigen[34]. So ist in Hudals Chronik im Eintrag zu Wilperts Tod ausdrücklich vermerkt: *„Am 13. Februar 11.40 starb in unserem Kolleg Exzellenz Josef Wilpert, Altmeister der Archäologie, der 20 Jahre Gast und Freund der Anima war.“*[35]

Es bleibt die Frage, für welche Gelegenheit Hudal die „Erinnerungen" über die Audienz Wilperts im Jahre 1942 genutzt hat. Man kann sich jedoch vorstellen, dass bei einem katholischen „Ideologen", wie Hudal es war, sowohl der Besuch eines Sondergesandten des Papstes beim protestantischen Kaiser als auch die Verweise auf exemplarische Modelle wie Karl den Großen und auf den *Imperator Orbis* eine ganz neue Bedeutung bekommen haben mögen. Der Herrscher der Christenheit ist und bleibt der Papst, und der weltliche Herrscher über das „Deutsche Reich" sollte das Christentum an die Spitze führen, aber jedenfalls nicht die Christen verfolgen und die katholische Kirche bekämpfen. Der Antagonismus zwischen der historischen Figur des Kaisers Wilhelm II. einerseits, Protestant, aber Bewunderer und Freund der Katholischen Kirche, und der zeitgenössischen Figur des „Führers" Adolf Hitler anderseits, der die Kirche sowohl einer materiellen als auch ideellen Verfolgung überantwortete und damit die historische Identität Deutschlands selbst verleugnete, ist offensichtlich.

Schlussfolgerungen

Die während des Gesprächs von Kaiser Wilhelm II. mit Leo XIII. im Mai 1903 behandelten Themen und die Aussagen des Papstes dazu waren in Auszügen von Kardinal Kopp über deutsche Kuriale (von Montel und de Waal) inoffiziell bekannt gemacht worden. Die Mission von Wilpert ist zu verstehen als ein Versuch derselben Kreise der deutsch-katholischen Hierarchie, möglichen Schaden von dem durch Österreich konditionierten Pontifikat Pius' X. abzuwenden.

Wilperts wissenschaftliche Arbeiten passten genau in die Linie der Hohenzollern und zu ihrem christlichen Missionsbewusstsein, was mit altchristlichen und mittelalterlichen Motiven einherging und wo historische Persönlichkeiten wie Kaiser Konstantin und Karl der Große eine prominente Rolle spielten.

Die Ausgabe in zwei Sprachen von Wilperts Edition über die Katakomben von 1903, auf Deutsch und Italienisch, hat den deutschen Verleger Herder vor Probleme gestellt, denn die italienische Publizitätskampagne war sehr effizient und international geführt. Wilperts Audienz beim Kaiser kam für den Verlag daher gerade im richtigen Moment und wirkte sich günstig aus.

Die „Erinnerungen" an Wilperts Audienz bei Kaiser Wilhelm II. wurden von Bischof Alois Hudal 1942 wieder aufgenommen, um den Kontrast zwischen der Situation der katholischen Kirche seinerzeit unter dem Kaiser und neuerdings unter dem Nationalsozialismus herauszustellen.

---

34 Siehe dazu auch Johan ICKX, *Vitam impendere vero. Prälat Joseph Wilpert und das päpstliche Institut Santa Maria dell'Anima in Rom*, in Stefan HEID (Hrsg.), *Giuseppe Wilpert archeologo cristiano. Atti del Convegno (Roma – 16–19 maggio 2007)* (= Sussidi allo studio delle antichità cristiane, 22), Città del Vaticano 2009, 124.

35 ASMA, A IV c, Chronik, f. 92[r–v].

Es bleibt immer noch die Frage, ob es die durch Hudal erwähnten „Tagebücher" von Josef Wilpert vielleicht noch gibt und ob es sie überhaupt je gegeben hat.

Quellenlage

Einleitung

Die zwei Berichte das Konklave von 1903 betreffend, redigiert von Giovanni de Montel von Treuenfest[36] und Kardinal Raffaele Merry del Val[37], sind von ihrem Inhalt her nicht sehr unterschiedlich, obwohl der Bericht des Kardinals geschrieben wurde, um für immer in den amtlichen Archiven des Heiligen Stuhles aufbewahrt zu werden, und daher in seiner Form reicher ist an minuziösen Details. Tatsächlich ist er auch eine umfassende Darstellung des gesamten päpstlichen Zeremoniells, von den Tagen des Ablebens von Gioacchino Pecci – bis dahin bekannt als Leo XIII. – bis zur Wahl seines Nachfolgers, Giuseppe Sarto, der den Namen Pius X. wählte.

Bei einer vergleichenden Analyse der beiden Berichte wird man feststellen, dass die Beschreibung der Ereignisse durch Kardinal Merry del Val, der am 21. Juli 1903 zum Sekretär des Konsistoriums ernannt worden war, vor allem zum Ziel hatte, jedes Detail der Ereignisse in den zehn Kardinals-Kongregationen, gehalten zwischen dem 21. und dem 30. Juli 1903, zu beschreiben, samt einer Liste der Kardinäle und ihrer jeweiligen Aufgaben und mit einer Aufzählung jeder Etappe des Konklaves: *Trasporto della Salma di Leone XIII; Accompagno funebre; Ricevimento del Corpo Diplomatico; Commissione per la Costruzione del Conclave; Lettera delle Costituzioni Ap.che e Giuramento; Commissione per l'approvazione dei Conclavisti.*

Die 10 Tage des Wartens und der Vorbereitung, die dem Konklave vorausgingen, erlaubten auch den externen Mitgliedern des Kardinalskollegiums anzureisen, so dass das Konklave von 1903 das größte in der Geschichte war: Das Kardinalskollegium zählte beim Tod Leos XIII. 64 Mitglieder, von denen nur zwei beim Konklave fehlten: Kard. Celesia hatte wegen seines Alters Palermo nicht verlassen können und Kardinal Moran, Erzbischof von Sydney in Australien, war beim Anfang des Konklaves noch nicht in Rom eingetroffen.

Giovanni de Montel von Treuenfest war seit 1877 Auditor der Rota für Österreich-Ungarn. Seine enge Beziehung zu den Kardinälen Österreichs und Deutschlands könnte uns zur Hypothese führen, dass er vielleicht von diesen die notwendigen Informationen bei der Vorbereitung dieses Berichts bekommen hat. Wir wissen nicht, ob er in der Lage war, bei den verschiedenen Kongregationen der Kardinäle, die dem Konklave vorangingen, anwesend zu sein. Die Tatsache, dass er

---

36 ASMA, K47, ff. 855–867ᵛ „*IV. Konklave 1903 (Erinnerungen des geistlichen Botschaftsrates Prälat de Montel).*

37 Luciano TRINCIA, *Conclave e potere politico. Il veto a Rampolla nel sistema delle potenze europee (1887–1904). In appendice: il "diario" ufficiale inedito del conclave del 1903* (= Religione e Società, 46), Roma 2004, 248–280.

viele Details und Ereignisse auslässt, die von Merry del Val beschrieben wurden, lässt eher das Gegenteil annehmen. Ebenso bleibt die Tatsache festzuhalten, dass der Name Montel unter den Anwesenden nicht erwähnt wird.

Es ist jedenfalls sicher, dass er die Ereignisse des sich anschließenden Konklaves rekonstruiert hat. Vielleicht wurde sein Bericht von einem Teilnehmer am Konklave beeinflusst, weil er die Ergebnisse der Abstimmungen genau berichten kann, obwohl bei Montel die dem Konklave vorangegangen Überlegungen fehlen. Zudem betont der Prälat besonders das Handeln der mit Österreich-Ungarn verbundenen Kardinäle und liefert nur wenige Details in Bezug auf das Zeremoniell in den Tagen vor dem Konklave. Dagegen bringt er für diese Tage sehr eingehende Erwägungen über die möglichen Kandidaten für die Nachfolge Leos XIII.

Für den 27., 28., 29. und 30. Juli beschreibt de Montel einige Zusammenkünfte am heißen römischen Nachmittag im Institut von Santa Maria dell'Anima, die von Kardinälen aus dem österreichisch-ungarischen Reich und anderen deutschen Kardinälen besucht wurden.

Die Sitzungen wurden geleitet von Kardinal Puzyna, und im Laufe verschiedener Unterhaltungen – die von Montel beschrieben wurden – skizzierte man die Fähigkeiten, die für einen Papst erforderlich seien, führte Namen der möglichen Kandidaten auf und diskutierte über die politische und kirchliche Lage während der letzten Jahre des Pontifikats von Leo XIII. Dabei wurde Rampolla als verantwortlich für alles genannt, was negativ zu deuten war, deshalb sei er als Nachfolger auszuschließen.

Von Anfang an bemerkt man den weniger offiziellen Ton des Berichtes des Prälaten Montel in Vergleich zu dem von Kardinal Merry del Val, aber andererseits bietet sein Bericht viele interessante Beschreibungen der verschiedenen Persönlichkeiten, auch von denen hinter der Bühne, die es uns ermöglichen, die Ursachen und Motive zu identifizieren, die die *conclavisti* dazu brachten, sich für Sarto zu entscheiden.

Das Dokument von Kardinal Merry del Val, der eine wahrhaftige Geschichte des Konklaves geben will, beschreibt die Eröffnung des Konklaves am Abend des Freitags, 21. Juli 1903; es bestätigt, dass das Kardinalskolleg aus 62 Kardinälen bestand, die nach dem Gesang des *Veni Creator* in einer Prozession in die Sixtinische Kapelle eintraten und nach dem *Extra-Omnes* des Präfekten der Zeremoniäre und nachdem sie den Eid geleistet hatten offiziell das Konklave beginnen konnten.

Bemerkenswert ist eine Novität, die erstmals bei diesem Konklave Anwendung fand: Nämlich die Installation eines Telefonapparats, angebracht im Raum des Sekretärs des Kardinalskollegiums, der so mit der Außenwelt verkehren konnte, allerdings nur mit dem Substituten des Staatsekretariates und unter vorgeschriebenen Sicherheitsbedingungen.

Am zweiten Tag des Konklaves geschah die Einbringung des Vetos. In seinem Bericht sagt Montel uns, dass Kardinal Puzyna zunächst den weisen Rat von Kardinal Kopp hören wollte; diesen Letzteren informierte er zunächst exklusiv vom Schreiben des Kaisers in Bezug auf Kardinal Rampolla. Nach dem Wunsch von Puzyna sollte man dann Kardinal Oreglia, Dekan des Kardinalskollegiums, in Kenntnis setzen von dem Mandat, das er vom Kaiser bekommen hatte.

Montel gibt wörtlich an, Kardinal Oreglia habe auf die Aktion Puzynas erwidert, dass das Konklave keine Einmischung von dieser oder jener Regierung dulde und dass er sich diese deshalb verbiete. Daraufhin wurden – immer auf den Rat von Kardinal Kopp hin – bei der abendlichen Abstimmung die Kardinäle darüber informiert, dass die etwaige Erhebung Rampollas zum Papst Seine Majestät, den Kaiser von Österreich und Apostolischen König von Ungarn, nicht zufriedenstellen würde.

Nach dem Bericht von Montel folgte darauf eine Intervention von Kardinal Rampolla selbst, der sagte, nicht nach der *Cattedra Petri* zu streben, er lehne sie sogar ab, protestiere aber vor dem Kardinalskolleg gegen die Äußerungen von Kard. Puzyna, die er als klare Einmischung von Regierungen bezeichnete, und erklärte schließlich, dass er all dies sagen würde aus eigenem Willen, um die Freiheit der Papstwahl zu wahren.

An diesen Protest Kardinal Rampollas erinnert uns Montel: *„fecero su molti una qualche ma non grave impressione – Malhieu – Vives-y-Tuto – Segna – Cavagnis – Steinhuber espressero il loro sdegno contro il Governo austriaco rumoreggiando. La massima parte però degli Eminentissimi si tenne silenziosa e riservata"*.

Nach der Abstimmung, die Rampolla zusätzliche Stimmen einbrachte – Montel behauptete, dass dieser Abend für alle Kardinäle der aufregenste war –, tauschte man sich bei gegenseitigen Besuchen aus: Thema war dabei immer das Veto, und indem die Kardinäle dessen Ursachen, Gründe und den Umfang untersuchten, erkannten viele die Notwendigkeit, einen Papst zu wählen, der mit gemäßigten und wohlwollenden Gefühlen dem österreichisch-ungarischen Reich gegenüber trete.

Nicht ganz verschieden, aber mit unterschiedlichem Tonfall ist der Bericht von Kardinal Merry del Val, der den Tag beschreibt als *„memorabile, segnata da un fatto doloroso del Veto portato dall'Austria contro la elezione a Sommo Pontefice del Card. Rampolla per mezzo del disgraziato Card. Puzyna, il quale disprezzando giuramenti e censure, si mise a servigio dei nemici della Chiesa."*

Der Kardinal Merry del Val erinnert daran, dass am Abend des Samstags, 1. August, Kardinal Puzyna zum Kardinal-Camerlengo ging, um einen Brief, dessen Inhalt am nächsten Morgen vor der Abstimmung vorgelesen werden sollte, zu überreichen, aber ohne damit Erfolg zu haben. Eine ähnliche Anfrage bekam auch der Sekretär, der aber mit einer emphatischen Ablehnung reagiert habe.

Als die Kardinäle die Sixtinische Kapelle erreicht hatten und man mit der Verteilung der Wahlscheine begann, fragte Puzyna den Sekretär, ob er den Kardinal Dekan bitten könne, ihm sofort das Wort zu erteilen. Aber so groß war die Eile des polnischen Kardinals, dass er sich sofort erhob und zu reden begann, ohne auf die Anwesenheit des Sekretärs und der Zeremoniäre, die immer noch nicht aus der Kapelle gegangen waren, zu achten. Darauf folgte der Protest Rampollas wegen dieses Anschlags gegen die Freiheit des Kardinalskollegs, dem sich der Kardinal-Camerlengo mit klaren Worten wegen dieses unverschämten Manövers anschloss und dafür den einhelligen Applaus seiner Kollegen bekam.

Nach nur drei Tagen und sechs Abstimmungen nahm das Konklave sein Ende mit der Wahl zum Nachfolger Petri in der Person des Kardinals Giuseppe Sarto, Papst Pius' X.

Textabdruck

Ricordi del Conclave di Pio X.

Le congregazioni Cardinalizie antipreparatorie al Conclave tenutosi in Vaticano dal dì 22 luglio 1903 al dì 30 luglio 1903 sotto la presidenza del Cardinale Origlia qual decano del S. Collegio procedettero / tranquillamente, pacificamente.

La lingua usata fu l'italiano, il che die/de causa che molti dei Cardinali esteri non osservassero il senso degli affari che si trattarono, e di frequente ricorsero al loro vicino per conoscerne in lingua latina o francese il tenore. L'unico incidente di qualche entità che ebbe luogo, si riferì alla domanda sollevata dall'Oreglia, se al futuro Pontefice dopo avvenuta la sua proclamazione dalla loggia esterna della Basilica Vaticana, si avesse a dare dal S. Collegio il sommesso consiglio d'impartire la Benedizione Apostolica Urbi et Orbi all'esterno o nell'interno della mentovata Basilica, emettendo egli il parere per l'esterno. Si oppose il Cardinale Rampolla per l'esterno, adducendo ragioni politiche e l'esempio di Leone XIII, ed al Rampolla fecero eco gli altri Cardinali, la più parte dei quali osservò che tale domanda doveva rimanere del tutto integra, e riservata all'arbitrio del nuovo Pontefice. La decisione, il che fu da tutti gli Eminentissimi ammesso ed accettato.

Pio X diede poi tale Benedizione dopo avvenuta la proclamazione nell'interno della Basilica.

25 luglio 1903

Nella Congregazione Cardinalizio tenutasi la mattina del 25. luglio in Vaticano fu distribuita agli Eminentissimi una Lettera Apostolica – Costituzione di Leone XIII. relativamente al Conclave ed alla elezione del Sommo Pontefice. Essa Costituzione comincia colle parole „Praedecessores Nostri", porta la data XXV. Maggio 1882, è scritta in lingua latina, ed è diretta ai Cardinali che a lui Pontefice sopravvivranno. Con qualche variante riproduce in un solo atto le disposizioni Pontificie emanate da [nicht lesbar] Papa IX. nelle tre Bolle, cioè con quella del 21. Agosto 1871 „In hac Sublimi" dell'a[l]tro dei 7. Settembre 1874 „Licet per Apostolicas" e della terza dei 10. Ottobre 1877. Le tre dette Costituzioni Apostoliche sono riportate nell'opera del Berthelet sul Conclave dell'anno 1878 stampata in Roma nell'anno 1880 e ristampata con qualche variante nel 1903.

Nella Costituzione non si parla di Veto né di esclusivo, indirettamente soltanto vi è fatta una lontana allusione coll'invitare i Cardinali ad esser [parole cancellate] e procedere nell'elezione indipendenti, a sottrarsi da ogni influenza governativo da qualunque parte essa provenga. Ad essa Costituzione vi è unito un stampato portante il titolo: „Regolamento da osservarsi dai Cardinali in occasione della vacanza della Santa Sede Apostolica durante la condizione eccezionale in cui essa si trova."

Esso Regolamento con qualche lieve modificazione è conforma a quello emanato da Pio Papa IX nel gennaio 1878, ed è riportato nell'opera accennato da Berthelet.

Nella prima pagina della mentionata Costituzione Pontificia Leonina vi è inserita la seguente nota: „Con il più assoluto silenzio, e con obbligo di restituzione".

Singolare è poi, che mentre le tre Costituzioni Pontificie di Pio Papa IX sono segnate oltre da lui anche da tre Cardinali – il Cardinale Decano – il Penitenziere Maggiore – il Cardinale Segretario di Stato, la Costituzione invece Leonina dei XXV Maggio 1882 porta soltanto la firma Leo XIII."

27. Luglio 1903

I Cardinali della Corona dell'Impero Austro-Ungarico i quali ebbero dal Governo l'avviso a voce di attenersi nell'elezione del nuovo Pontefice alle istruzioni che verranno a loro compartite dal Cardinale Puzyna, si radunarono il di 27 luglio nelle ore pomeridiane nell'Istituto di S. Maria dell'Anima, intervenendovi anche l'Emo Kopp, e mancando l'Emo Vaszary e Fischer non ancora arrivati a Roma.

La proposta fatta dal Cardinale Puzyna e dai presenti accettata fu di astenersi per ora di convenire in un determinato Cardinale alla Sede Papale, ma invece essere al presente espediente consiglio di mettersi in relazione con Cardinali italiani ed esteri, tastare il terreno, indagare al fine di conoscere i Cardinali dei diversi gruppi, e quali il gruppo più numeroso, che entrerà più compatto in Conclave. Il Puzyna nel ciò esternare e proporre fece cadere qualche severa parola, qualche pungente rimarco sull'andamento politico ecclesiastico degli ultimi anni del pontificato di Leone XIII, ne designò il Rampolla quale autore responsabile, e come Candidato da escludersi. Nominò poi Cardinali papabili Serafino Vannutelli e Di Pietro.

27. Luglio 1903

Il Cardinale Kopp in seguito a confidenziale partecipazione datagli, che il Rampolla in un colloquio avuto coll'Ambasciatore Spagnolo Gutierez si fosse esternato né di agire, né di far agire per la sua elezione, anzi di declinarla e propendere invece per un Pontefice di transizione coll'intenzione forse di essere poi di essere poi a questi successore volle avere con lui un abboccamento per tentare, procurare di formare con esso e con noi aderenti un gruppo a favore di Di Pietro o del Serafino Vannutelli. Tale colloquio che ebbe luogo il di 27 Luglio, non produsse l'effetto desiderato.

Il Rampolla si tenne sulle generali, alla domanda del Kopp sui Cardinali da ritenersi papabili, si schermì coll'evitare di entrare in particolarità, col dire che questo a lui sentire la necessità di vivere ritirato, aver bisogno di quiete ed latro al presente non restare che „di pregare accio il Signore assirta, illumini i componenti il S. Collegio nelle elezione del Ponteficc."

27 luglio 1903

da un abboccamento oggi avuto col mio collega Monsignor Mourey potei rilevare, che l'istruzione data ai Cardinali Francesi dal Ministro degli Affari Esteri si restrinse al consiglio per non dire al comando di dare il loro voto al Rampolla, di fare per lui propaganda, ed in questo senso sono concordi. Essi Cardinali Francesi ritengono di avere con loro i cinque Cardinali Spagnoli, e con questi dai dieci o dodici

Cardinali italiani, e costituire così il gruppo più numeroso, compatto, che già nel primo scrutinio del dí primo Agosto possa e valga ad imporre.

Ad essi Cardinali Francesi non dispiacerebbe il Serafino Vannutelli, ma soltanto in seconda linea, qualora cioè la candidatura del Rampolla facesse naufragio. Escludono poi il Gotti da cui qual Religioso vi sarebbe come suppongono, da trepidare di fronte all'attuale loro Governo, e per di più essi Cardinali Francesi lo ritengono benevolo al Governo italiano, il quale rivolge a lui come Genovese particolare attenzione.

28. Luglio 1903

Seconda adunanza tenutasi il di 28. Luglio dei Cardinali Austriaci della Corona, intervenendovi anche i due Cardinali Alemanni Kopp e Fischer.

Il Cardinale Puzyna riferì di avere avvicinato parecchi Cardinali italiani ed esteri, coi quali si intrattenne sul Pontefice da eleggersi, convenendo con essi, che debba essere fornito delle seguenti doti:

1. Pietà;
2. Generosità, Magnanimità;
3. Amore, affezione a tutti i popoli cattolici senza predilezione a qualsiasi nazionalità; che tenga rivolta una speciale attenzione all'Episcopato, e qual Pontefice stia con esso Episcopato in intima relazione;
4. che si guardi, si servi della politica qual mezzo per il bene della Chiesa, della Religione, della salute delle anime, e non qual fine; perciò un Papa non politico, non diplomatico. I summenzionati Eminentissimi approvarono, secondarono essi pure l'esposto del Puzyna, il quale poi riferì, che dai colloqui avuti con alcuni Eminentissimi non aveva scoprire, conoscere quale Cardinale fosse per loro il vero papabile. Molti, egli disse, preferire (sic) un Cardinale Vescovo di nazionalità italiana, che avesse dato prova di una condotta prudente, equanime; un Pontefice però atto a conservare la forza e la potenza della Santa Sede nel mondo.

In tale riunione nonostante, che il Puzyna facesse allusione al Gotti, non venne presa una decisione relativa ad un determinato Cardinale, si convenne però di procedere uniti e di dare il voto nel primo scrutinio del prossimo Sabato – 1 Agosto – a quel Cardinale che nella susseguente ed ultima adunanza da tenersi il 30 Luglio verrà accettato dalla maggioranza.

30 Luglio 1903

Adunanza del dì 30. Luglio coll'intervento dei cinque Cardinali Austriaci della Corona, e dei due Alemanni.

La discussione fu animata. Il Puzyna dopo avere accentuato che il Pontificato di Leone fu a parer suo troppo dedito alla politica, ed aver di nuovo biasimato l'operato, le tendenze, le simpatie del Rampolla alla Francia, alla Russia, tacciandolo di poco conto, circospetto e di troppo arrendevole alle due nominate potenze, disse di non potersi, né doversi rivolgere l'attenzione al Rampolla non benevolo all'Impero Austro-Ungherese, e propose qual Cardinale papabile il Gotti, nel quale a suo parere concorrevano le quattro dati da lui accennate nell'adunanza del 28. Luglio. Lo tratteggiò un encomio nella sua carriera monastica, in quella di Internunzio nel Brasile, di Cardinale, aggiungendo che come a lui era noto la candidatura del Gotti sarebbe sostenuta anche da altri Cardinali non favorevoli al Rampolla. Osservò poi, che non si pote[v]a prendere in considerazione il Serafino Vannutelli, Cardinale di non profonda cultura teologica, superficiale, facile a subire le altrui influenze specialmente del fratello Vincenzo, e disse che il Vannutelli non ave[v]a tra i Cardinali Italiani ed esteri che rari, benevoli fautori, partigiani.

Si associarono al Puzygna il Gruscha, il Katschthaler, il Fischer. Si oppose il Cardinale Kopp col sostenere la candidatura del Serafino Vannutelli, confutando le osservazioni del Puzygna contro il medesimo, facendo rilevare che quale Nunzio nel Belgio, a Vienna e poi quale Cardinale si dimostrò e si dimostra uomo valente, intelligente, oculato, pio, superiore alle questioni, lotte mondane, e concludeva doversi sotto molti riguardi preferire il Vannutelli al Glotti di carattere taciturno, fuor di misura meditando, diffidente, e non grato ai Cardinali Francesi e Spagnoli.

Le parole del Kopp non produssero il voluto effetto che sul Vaszary, il quale non s'internò nel dibattimento. Il Skrebensky sul principio tentennava, ma poi si unì ai quattro; e così fu presa la risoluzione di votare nel prossimo scrutinio per il Gotti, rimanendo assai dispiaciuto il Kopp, il quale da confidenza fattagli da S.Ecc. il Conte Szécsen, riteneva essere privo. Il Gotti designato dall'I.[mperiale] e R.[eale[Governo qual candidato possibilmente da escludersi. Il Kopp entra oggi 31 luglio in Conclave coll'animo 4 allontanarsi dal gruppo Austriaco e da Fischer, spero però che quanta risoluzione sarà passeggera, e in seguito anche alle mie preghiere rimarrà con esso gruppo collegato se non nel primo scrutinio nei susseguenti. S.E. il Conte Szécsen fece verso le 3 pomeridiane del dì 31. luglio una lunga visita al Cardinale Kopp. Questi proruppe in querele contro Puzyna, Gruscha, Skrebensky, Katschthaler e Fischer. Il Conte Széczen nulla tralasciò per calmarlo, s'abbonacciarlo, a non separarsi dai Cardinali della Corona, e l'effetto corrispose alle istanze.

30 Luglio 1903

L'Ambasciatore di Spagna, Gutierrez de Agnera, ebbe il 30. Luglio dal suo Governo l'incarico di dare ai quattro Cardinali Spagnoli della Corona il consiglio di procedere nelle votazioni possibilmente uniti coi Cardinali Austriaci. Di quest'ordine l'Ambasciatore Spagnolo diede partecipazione a S.E. il Conte Széczen il quale ne informò il Puzyna, e il Kopp acciò nel Conclave si mettessero e tenessero in relazione coi detti Eminentissimi Spagnoli. Aventi però anteriormente al consiglio loro dato dalla Corona avevano dietro l'efficace lavorio del Vives y Tuto preso la definitiva risoluzione di votare compatti per il cardinale Rampolla, e così fino all'ultimo voteranno nonostante il consiglio Governativo.

I Cardinali italiani e in Curia
Ai Cardinali italiani in Curia manca il Grande Elettore, essi difettano di quell'E. mo, che possa, valga per pietà, autorità, scienza, deferenza esercitare sui colleghi una efficace azione. I due a mio dire più valenti – Rampolla – Gotti – si tengono in

disparte, osservano una imperturbalità [sic], una indifferenza che ha dell'ostentata. Così avvenne, che si spezzarono, si divisero in frazioni, ed in frazioni dei sei ai sette tennero anteriormente al Conclave delle riunioni. Il più attivo è il Cardinale Vincenzo Vannutelli , il quale nel tentativo di raccogliere voti per il suo fratello Serafino entra in azione con troppo ardere, ed esaltando le doti del fratello fa, nominando Rampolla e Gotti, dei confronti nauseanti, e biasimevoli senza trovare appoggio negli Eminentissimi in Curia. Egli rivolse pure l'attenzione al gruppo Francese, Austriaco Alemanno, e rinvenne apparenti ma non sincere adesioni.

Il Cardinale Agliardi spiega l'attività che è contraria al Gotti, al Rampolla, nomina con compiacenza il Serafino Vannutelli qual Cardinale papabile, però interamente con parole melliflue, modeste procura di tirare l'attenzione sulla sua persona.

Il Cardinale Ferrata, il quale brama di essere il futuro Segretario di Stato, è procline al Rampolla, al Gotti, senza preferenza si pronuncia per l'uno e per l'altro e circospetto, come è, si astiene di mettersi alla testa di un gruppo, e di far propaganda più per l'uno che per l'altro dei due nominati Cardinali, ritenendo ambedue papabili.

Il Di Pietro – più modesto, umile – non forma partito; secondo quel che si dice, si associa al gruppo favorevole al Rampolla.

L'Oreglia si da cura con una affabilità, benevolenza straordinaria, con una arrendevolezza verso tutti gli E.mi si italiani che esteri non propria del suo carattere disprezzante, impetuoso, di formarsi dei partigiani, ma non trova che rari fautori ed anche questi soltanto apparenti.

Il Vives y Tuto che gode stima nei Cardinali in Curia per la sua pietà e scienza pratica negli affari ecclesiastici, esercita tutta la sua influenza presso i Cardinali connazionali Spagnoli e presso qualche Cardinale italiano in Curia a favore del Rampolla, al quale è assai affezionato e grato per la porpora conferitagli.

Serafino Vannutelli si ritiene taciturno, rinchiuso, ben sapendo che si adopera per lui il fratello Vincenzo.

Dal detto movimento dei principali Cardinali in Curia risulta, che fra loro non si formò un numeroso compatto partito per un Cardinale papabile, ma divisi come sono, voteranno nel primo scrutinio alcuni per il Gotti, altri per il Rampolla, qualcuno per il Di Pietro, e molti anderanno [sic] dispersi [tra] Cardinali italiani residente in Sedi Arcivescovili e Vescovili.

Anche questi che sono in numero di undici non entreranno in Conclave raggruppati, ma costituiscono a quel che si narra, tre gruppi. Il primo composto dai Cardinali Ferrari Richelmy, Svampa e Manara voterà per il Sarto, il secondo formato dai Cardinali Prisco, Portauova, Bacilieri, Francica-Nava per il Rampolla, il terzo costituito dal Sarto e dal Boschi per il Gotti, e il voto del Capicelatro, il quale agogna il Papato, andrà disperso, sarà probabilmente per l'Agliardi.

Dal narrato si ha, che i Cardinali italiani formano diversi fiumiciattoli, e mancando il Grande Elettore, un grande fiume chiave che li assuma, assorbisca, non si può prevedere né predire, dove essi durante il Conclave andranno a versarci lì sono inoltre insinuate tra loro delle ambizioncelle, delle rivalità, vi è un perturbamento alimentato da pettegolezzi, e così non si raggrupparono anteriormente al Conclave, ma formando dei non numerosi e ben compatti gruppi daranno nei primi scrutinî il loro voto chi per l'uno chi per l'altro Cardinale, concordi solo in questo che il Pontefice da eleggersi debba essere un Cardinale italiano.

Cardinali Esteri

I Cardinali Austriaci ed Alemanni. Sono sette e concordi nell'escludere il Rampolla. Nel primo scrutinio sei e probabilmente anche il Kopp, voteranno per il Gotti, e non riuscendo nel primo e susseguenti scrutinî a concentrarsi al Gotti i due terzi dei voti, è da sperare, e selo promisero, che i sette rimangono compatti per aggrapparsi a quelli Eminentissimi che daranno il loro voto ad un Cardinale benevole al nostro Impero.

Il Puzyna entra nel Conclave colle lettere di Sua Maestà che le accreditano presso il S. Collegio qual Rappresentante Imperiale coll'esclusiva al Rampolla.

S. E. il Conte Széczen quale Ambasciatore Autro-Ungarico presso il S. Collegio darà il primo giorno del Conclave partecipazione della Rappresentanza del Puzyna al Cardinale Oreglia quale Decano del S. Collegio con lettera, limitandosi a dire, che il Puzyna è incaricato di esprimere al S. Collegio i desideri di Sua Maestà Apostolica. Il Puzyna comunicherà ai quattro Cardinali Austriaci ed anche ai due Cardinali Alemanni il mandato Imperiale avuto, e ne farà uso soltanto nel caso, quando dai scrutinî stativi prevede, che stiano per raccogliersi sul Rampolla i due terzi dei voti.

B. Cardinali Francesi

Essi in numero di sette entrano compatti in Conclave, e mossi dal volere Governativo, e persuasi, come dicono, del valore mentale, dell'integrità morale, e spinti anche dalla benevolenza, affezione del Rampolla per la Francia, daranno a lui il loro voto, non cederanno, lo sosterranno possibilmente in tutte le votazioni.

C. Cardinali Spagnoli

Onesti in numero di quattro della Corona, e col Cardinale Vives y Tuto cinque, dopo alcune riunioni in cui il Vives perorò con calore a favore del Rampolla, riscelsero di votare uniti per il Rampolla, ed il desiderio all'ultima ora a loro espresso dal Governo di attenersi ai Cardinali Austriaci, non avrà che effetto apparente ma non reale.

D. Altri Cardinali Esteri.

Questi sono in numero di cinque.

1. Il Cardinale Gibbons avverso per suggerimento dell'Arcivescovo Ireland al Rampolla, voterà per il Capicelatro ritenendo di così corrispondere anche al desiderio del fu Cardinale Newman, dei Padri Oratoriani d'America e dell'Inghilterra.

2. Il Cardinale Goossens non è aderente al Rampolla, né voterà per lui, così si espresse col Cardinale Kopp, aggiungendo, che prim[a] del Conclave non si vuole associare ad un gruppo.

3. Il Cardinale Netto [sic] si aggrupperà, come si è detto, ai Cardinali Spagnoli, e darà il voto al Rampolla.

4. Del Cardinale Logue nulla di preciso si sa.

E' però noto, che ha una grande stima del Gotti, il quale dietro sua domanda venne nominato da Leone XIII, a Protettore del Collegio Irlandese in Roma, e si può quindi ritenere che voterà per il Gotti.

5. Il Cardinale Moran Arcivescovo di Sydney non potrà arrivare a Roma all'apertura del Conclave, né durante il Conclave che si ritiene di breve durata.

31. Luglio 1903

I Cardinali in numero di 62, mancando il Cardinale Celesia e il Moran impediti, l'uno per malattia, l'altro per la lontananza di trovarsi in Roma, entrarono in Conclave il dì 31. Luglio verso le cinque pomeridiane. Prestato da loro il giuramento nella Capella Sistina, e poi dagli addetti al Conclave sia nell'interno che all'esterno, gli Eminentissimi si recarono nelle modeste celle a loro assegnate accompagnati dal Conclavista e dal Cameriere.

1. Agosto 1903. Primo giorno del Conclave
Primo Scrutinio.
Quasi tutti i Cardinali assistettero a ore 8. antimeridiane nella Cappella Sistina alla Messa celebrata dal Cardinale Oreglia, il quale diede pure a loro la Santa Comunione. A ore poi 9 3/4 si riunirono in numero di 61 colla mancanza di un Cardinale Spagnolo rimasto in camera in causa di malattia, nella Cappella Sistina per la prima votazione. Lo scrutinio cominciò a ore dieci, e il risultato fu il seguente:

Rampolla	voti	24
Gotti	"	17
Sarto	"	5
Vannutelli Serafino	"	4
Oreglia	"	2
Capicelatro	"	2
Di Pietro	"	2
Agliardi	"	1
Ferrata	"	1
Tripepi	"	1
Portanuova	"	1
Cassetta	"	1
Segna	"	1

Non vi fu votazione di Accesso. Oreglia non la propose e non espresse per quale causa la omise. Alcuni dissero, e pare veritiero, che lo tralasciò, acciò i Cardinali tentennanti più per l'uno che per l'altro non subissero delle influenze momentanee.

1. Agosto 1903. Primo giorno del Conclave. Seconda Votazione – Vespertina.

I Cardinali in numero di 61 in luogo di 62[38] per la causa già accennata, tornarono alla Cappella Sistina a ore 4 3/4, e alle 5. cominciò lo secondo scrutinio, nel quale

– Il Rampolla ebbe	voti	29.
– Il Gotti	"	16.
– Il Sarto	"	10.
– Il Richelmy	"	3.
– Il Capicelatro	"	2.
– Il Vannutelli Serafino	"	1.
– Il Segna	"	1.

Anche dopo questo scrutinio non ebbe luogo la votazione di Accesso.

2. Agosto 1903. Secondo giorno del Conclave.
Terzo Scrutinio.

Nella sera antecedente al dì 2. Agosto Vincenzo Vannutelli, Puzyna, Kopp ed alcuni Cardinali italiani non propensi al Rampolla vedendo sfumata, svanita ogni probabilità di successo nel Gotti ed in Serafino Vannutelli, si misero in movimento raccomandando di votare per il Sarto, e procurando di formare una conferenza (sic) contro il Rampolla, ed in parte vi riuscirono. In esso scrutinio matutino (sic)

– Il Rampolla raccolse voti		29.
– Il Sarto	"	24.
– Il Gotti	"	9.
– L'Oreglia	"	1.
– Il Di Pietro	"	1.
– Il Capecelatro	"	1.

Anche dopo questo scrutinio non fu proposta la votazione di Accesso.

[a] Rilevatasi in seguito del terzo scrutinio dal Cardinale Puzyna, che i voti a favore del Rampolla non discendevano, anzi esservi grande probabilità di aumento da raggiungere i due terzi, egli ritenne di non potere più oltre procrastinare a dar corso al mandato Sovrano avuto ed assunto. Prima però di ciò effettuare volle sentire il savio parere dell'E.mo Kopp, il quale del tutto era informato e con cui stava nel Conclave in intima relazione ed accordo. Il consiglio del Kopp fu, che il Puzyna senza ritardo rendesse partecipe il Cardinale Oreglia qual Decano del S. Collegio del mandato datogli, del bisogno di farne consapevoli i Cardinali, e di tentare che l'Oreglia stesso ne li cagionasse nel modo e nei termini che avesse a ritenere più prudenti, più opportuni, più espedienti per raggiungere il fine.

Accettò il Puzyna tale consiglio, si portò da Oreglia e ragguagliatolo l'Oreglia gli dichiarò di non ammettere nel Conclave un'ingerenza governativa, e di non voler perciò esplicarla sotto qualsiasi forma. Congedatosi il Puzyna da lui, recatosi dal Kopp colla risposta si convenne tra loro, che egli il Puzyna prima che principiasse lo scrutinio della sera, domandasse la parola e comunicasse ai Cardinali radunati,

---

38 Die Chronik stimmt nicht überein mit der Anzahl der Stimmen, die später erwähnt werden.

che l'esaltazione del Rampolla al Pontificato non sarebbe gradita a Sua Maestà Apostolico l'Imperatore d'Austria e Re d'Ungheria. Ciò eseguì il Puzyna con parole in latino alquanto accerbe (sic) conformi al suo naturale carattere, non adducendo però motivi politici né ecclesiastici, su cui si basava il non gradimento. Contro tale manifestazione insorse il Rampolla, e dopo aver premesso la dichiarazione di non tendere al Papato e che anzi lo declinava, ben sapendo di non avere le virtù e le doti richieste a tale eccelsa dignità, protestava in nome del S. Collegio contro la dal Cardinale Puzyna espressa ingerenza Governativa accentuando, che era mosso a ciò fare soltanto a salvaguardia di uno dei più sacrosanti diritti della S. Sede, quello cioè della piena libertà di elezione del Sommo Pontefice. Le parole di protesta del Rampolla fecero su molti Cardinali una qualche ma non grave impressione – Malhieu – Vives-y-Tuto – Segna – Cavagnis – Steinhuber espressero il loro sdegno contro il Governo Austriaco rumoreggiando; la massima parte però degli Eminentissimi si tenne silenziosa e riservata. Dopo le osservazioni del Rampolla si procedé tranquillamente alla votazione col seguente risultato:

2. Agosto 1903. Secondo giorno del Conclave.

Quarta Votazione – Vespertina.

– Il Rampolla raccolse voti	30.
– Il Sarto raccolse voti	24.
– Il Gotti raccolse voti	3.
L'Oreglia raccolse voti	2.
Il Di Pietro raccolse voti	2.
Il Capicelatro raccolse voti	4.

Anche dopo questo scrutinio non ebbe luogo l'Accesso.

La sera del dì due Agosto fu per i Cardinali la sera più agitata del Conclave. Si scambiarono fra loro visite, il tema dei loro colloquî versava intorno all'esclusiva pronunciata dal Cardinale Puzyna, se la commentava, se ne indagavano le cause, i motivi, la portata, e da moltissimi si ammetteva la necessità di eleggere un Papa di temperati e benevoli sentimenti verso l'Impero Austro-Ungarico. Rivolsero questi anche le loro cure nel tentativo di far entrare nel loro gruppo dei partigiani del Rampolla per escluderlo e guadagnarli invece per il Sarto, che dicevano essere pio, di animo mite, senza ambizioni, aborrente d'ogni passione. L'effetto fu di rendere dei Cardinali fautori del Rampolla tentennanti, e di raccogliere per il Sarto alcuni voti, che nei quattro antecedenti scrutinî erano andati dispersi.

3. Agosto 1903. Terzo giorno del Conclave.

Quinto scrutinio.

dalla votazione statavi risultarono:

Per il Sarto voti	27.
Per il Rampolla voti	24.
Per il Gotti voti	6.
Per l'Oreglia voti	1.
Per il Capicelatro voti	1.
Per il Prisco voti	1.
Per il Di Pietro	1.
Per nessuno-nemini	1.

Il voto per nessuno, producendo nel farne lettura l'ilarità dei Cardinali, venne dato dal Cardinale Vaszary, il quale ritenne trattarsi di votazione d'Accesso, in cui avviene che l'uno e l'altro Cardinale scriva nella scheda di Accesso : „Accedo Nemini", il che significa che sta fermo nel voto dato anteriormente. Anche dopo questo scrutinio non si fece la votazione di Accesso.

Pure questa mattina dopo avvenuto lo scrutinio il gruppo Antirampolliano nulla tralasciò per indebolire il gruppo Rampolliano convergendo gli sforzi per fare accettare Sarto, e lo scopo venne in gran parte raggiunto come sia ha della votazione vespertina.

3. Agosto 1903. Terzo giorno del Conclave.

Sesta votazione – Vespertina.

Il risultato fu:

Per il Sarto voti	35.
Per il Rampolla voti	16.
Per il Gotti voti	7.
Per l'Oreglia voti	2.
Per il Capicelatro voti	1
Per nessuno-nemini	1

Il Cardinale Vaszary anche in questa votazione incorse nel medesimo errore come nella votazione antecedente, e scrisse di dare il voto „Nemini".

Anche a questa votazione non susseguì quella di Accesso.

Gli avversari del Rampolla passarono la sera e la notte del 3. Agosto in istato calmo e tranquillo, e col vivo desiderio che era del resto desiderio di tutti i Cardinali, di affrettare l'elezione per uscire dal Conclave in cui stavano quanto all'abitazione a disagio, non però quanto al vitto. Coll'essersi nella votazione statavi schierata una gran parte dei Cardinali Rampolliani a favore di Sarto, si dileguarono, svanirono le preoccupazioni che nei due giorni antecedenti ave[v]ano invaso gli antirampolliani, i quali ora ben animati si fecero a parlare del buon andamento preso del Conclave, e del Papa dell'indomani che sarebbe stato il Sarto.

I Cardinali Francesi anche nel summentovato scrutinio come negli antecedenti votarono a favore del Rampolla, spinti oltre dai suaccennati motivi forse anche dal sapere che il Sarto conosceva soltanto superficialmente la lingua francese e non la parlava.

4. Agosto. Quarto giorno del Conclave.

Settimo Scrutinio – Mattina.

Alle dieci antimeridiane cominciò lo scrutinio, il quale procedé con sollecitudine succedendosi le schede col nome di Sarto, il quale raccolse voti 50 perciò Electur,

Il Rampolla ne ebbe 10;

Il Gotti voti due.

Conclusione.

Questo Conclave fu il più numeroso anche per i Cardinali esteri intervenutivi, che ricordi la storia. Nessuno raccolse in minor tempo maggior numero di Cardinali presenti. Alla morte di Leone XIII il S. Collegio era composto di 64 Cardinali, di questi erano assenti nel Conclave soltanto due, e così si può dire che il Conclave era pressoché completo. Memorabile è pure tale Conclave per l'inframmettenza di Sua Maestà Apostolica in seguito al mandato dato ed accettato dal Puzyna. E' cioè fuor di dubbio che la comunicazione fattane dal Puzyna al S. Collegio ha esercitato molta influenza, fu di valore, di peso, diede il tracollo alla bilancia facendo sì, che una gran parte dei voti a favore del Rampolla discendesse e si riunisse nel Sarto.

La Prussia non esercitò nel conclave una azione diretta o diplomatica. Il Consiglio dato da S.E. il Conte Bülow al Cardinale Kopp si restrinse al dire, di tenersi collegato ai Cardinali Austraici, e tale consiglio fu anche espresso dal Barone de Botenhan al Fischer al suo arrivo a Roma.

Si verificò che il Governo Portoghese volesse per mezzo del Cardinale Netto [sic] valersi dell'esclusivo per colpire il Cardinale Oreglia, il quale nel tempo che fu Nunzio Apostolico in Portogallo ebbe dei forti attriti col Governo, e dovette lasciare il Portogallo ancor prima di essere creato Cardinale. Ma l'Oreglia non avea nel S. Collegio alcun partito ocorrente [sic] favorevole, e perciò di tale esclusiva se veramente vi fu, non ne venne fatta parola officialmente [sic] né officiosamente.

Nota caratteristica di questo Conclave fu la povertà, mancanza di Cardinali papabili. Pii uomini, ma mediocrità, nessuno, eccetto il Rampolla, che avesse dato prova di essere atto al comando [sic], capace d'impero.

Das Recht der menschlichen Person auf religiöse Freiheit

Die Erklärung „*Dignitatis humanae*. Über die Religionsfreiheit" des Zweiten Vatikanischen Konzils vor dem Hintergrund von Profangeschichte und Kirchen- und Theologiegeschichte

Harm Klueting

Papst Benedikt XVI. und die Religionsfreiheit

„Religionsfreiheit, ein Weg für den Frieden",[1] so überschrieb Papst Benedikt XVI. 2011 seine Botschaft zum Neujahrstag, der seit 1968 auch als Weltfriedenstag begangen wird. Religionsfreiheit sei, so heißt es darin, „ein unabdingbares Element eines Rechtsstaates". Man könne sie nicht verweigern, ohne zugleich alle Grundrechte und -freiheiten zu verletzen, da sie deren Zusammenfassung und Gipfel ist".[2] Nachdem schon sein Vorgänger Papst Johannes Paul II. in hervorragender Weise für Religionsfreiheit eintrat, spielt Religionsfreiheit auch sonst im Denken und in den Äußerungen des Dogmatikprofessors Joseph Ratzinger auf der *Cathedra Petri* eine große Rolle. Das gilt auch für die so oft missverstandene Regensburger Vorlesung von 2006,[3] die sich streckenweise wie ein Kommentar zu der Erklärung des Zweiten Vatikanischen Konzils über die Religionsfreiheit liest, auch wenn der Begriff „Religionsfreiheit" wörtlich darin nicht vorkommt. Es geht um Glaube und Vernunft und damit um eines der großen Lebensthemata des Theologen Joseph

---

1   Die Anmerkungen sind uneinheitlich. Wo es mir notwendig schien, habe ich umfangreichere Nachweise beigebracht, mich in anderen Fällen zur Begrenzung des Umfangs aber sehr knapp gefasst.

2   Zitiert nach Die Tagespost Nr. 1–2 vom 4. Januar 2011, S. 6: Echten Frieden erbeten. Predigt von Papst Benedikt XVI. bei der Neujahrsmesse in St. Peter am 1. Januar 2011.

3   Benedikt XVI., Glaube, Vernunft und Universität. Erinnerungen und Reflexionen – Vorlesung des Heiligen Vaters. In: Apostolische Reise Seiner Heiligkeit Papst Benedikt XVI. nach München, Altötting und Regensburg 9. bis 14. September 2006. Predigten, Ansprachen und Grußworte. (Verlautbarungen des Apostolischen Stuhls, Nr. 174) Bonn 2006. Dasselbe auch: Benedikt XVI., Glaube und Vernunft. Die Regensburger Vorlesung. Vollständige Ausgabe. Kommentiert von Gesine Schwan, Adel Theodor Khoury u. Karl Kardinal Lehmann, Freiburg (Brsg.) 2006. Es wird nach beiden Ausgaben zit., wobei sich die zweite Seitenzahl auf die zweite der beiden genannten Ausgaben bezieht.

Ratzinger, um die Vereinbarkeit von Vernunft und Glaube, um die Vernunft – oder die Vernünftigkeit – des Glaubens und darum, „mit der Vernunft nach Gott zu fragen und es im Zusammenhang der Überlieferung des christlichen Glaubens zu tun".[4] Die entscheidenden Sätze in unserem Zusammenhang stehen in der Stellungnahme Manuels II. Palaeologos in dem von Ratzinger seiner Vorlesung zugrunde gelegten Dialog des byzantinischen Kaisers mit einem persischen Gesprächspartner[5] im Winterlager zu Ankara 1391. Auch dieser mittelalterliche Text wurde von sehr vielen missverstanden, was teilweise gewolltes Missverstehen war, teilweise aber auch das grundsätzliche Problem der von der Oberflächlichkeit der Medienwelt genährten Unfähigkeit zu differenziertem Denken aufzeigt, das oft nicht einmal mehr zwischen Zitat und Kommentar zu unterscheiden vermag. Diese Sätze lauten:

> „Gott hat kein Gefallen am Blut [...], und nicht vernunftgemäß, nicht ‚σὺν λόγῳ' zu handeln, ist dem Wesen Gottes zuwider. Der Glaube ist Frucht der Seele, nicht des Körpers. Wer also jemanden zum Glauben führen will, braucht die Fähigkeit zur guten Rede und ein rechtes Denken, nicht aber Gewalt und Drohung".[6]

Deutlicher ist der Bezug zur Erklärung über die Religionsfreiheit in der Ansprache beim Weihnachtsempfang des Heiligen Vaters 2005.[7] Hier unterscheidet er zwischen der Religionsfreiheit, die „dem Relativismus den Rang eines Gesetzes verleiht", und der Religionsfreiheit

> „als Notwendigkeit für das menschliche Zusammenleben [...] oder auch als eine Folge der Tatsache, dass die Wahrheit nicht von außen aufgezwungen werden kann, sondern dass der Mensch sie sich nur durch einen Prozess innerer Überzeugung zu Eigen machen kann".[8]

Dabei bezieht Benedikt XVI. sich ausdrücklich auf die Erklärung von 1965:

> „Das Zweite Vatikanische Konzil hat mit dem Dekret über die Religionsfreiheit einen wesentlichen Grundsatz des modernen Staates anerkannt und übernommen und gleichzeitig ein tief verankertes Erbe der Kirche wieder aufgegriffen. Diese darf wissen, dass sie sich damit in völligem Einvernehmen mit der Lehre Jesu befindet".[9]

Drei Punkte aus diesem Zitat sind festzuhalten: 1. Religionsfreiheit ist ein Grundsatz des Staates, den die Kirche anerkennt und übernimmt; 2. Religionsfreiheit ist ein Erbe der Kirche, ist also nichts Neues, sondern ordnet sich ein in die Kontinuität der Kirchengeschichte; 3. Religionsfreiheit entspricht der Lehre Jesu.

---

4 Benedikt XVI., Glaube, Vernunft u. Universität, S. 73 / S. 13.
5 Manuel II Palaéologue, Entretiens avec un Musulman. 7e Controverse. Éd. par Adel Théodore Khoury, Paris 1966. Siehe auch Manuel II. Palaiologos, Dialoge mit einem Muslim [griech./dt.]. Hrsg. von Karl Förstel, 3 Bde., Würzburg/Altenberge 1993–96.
6 Benedikt XVI., Glaube, Vernunft u. Universität, S. 74 / S. 16.
7 Ansprache von Papst Benedikt XVI. an das Kardinalskollegium und die Mitglieder der Römischen Kurie beim Weihnachtsempfang, 22. Dezember 2005. (Verlautbarungen des Apostolischen Stuhls, Nr. 172) Bonn 2006.
8 Ebd., S. 17.
9 Ebd. – Benedikt XVI. verweist auf Mt 22,21: So gebt dem Kaiser, was des Kaisers, und Gott, was Gottes ist.

Die Erklärung über die Religionsfreiheit

Die Erklärung *„Dignitatis humanae.* Über die Religionsfreiheit" („Declaratio de libertate religiosa")[10] wurde am 19. November 1965 mit überwältigender Mehrheit der Konzilsväter verabschiedet und am 7. Dezember 1965 in der Schlusssitzung des Zweiten Vatikanischen Konzils vor dem am 8. Dezember folgenden feierlichen Abschluss des Konzils promulgiert.[11] Als bloße „Erklärung" – lateinisch „Declaratio"[12] – steht sie hinsichtlich ihres Ranges – gemeinsam mit den Erklärungen über die christliche Erziehung und über das Verhältnis der Kirche zu den nichtchristlichen Religionen – hinter den Konstitutionen und den Dekreten auf der unteren Bedeutungsstufe. Eine nützliche Definition der Gattung „Erklärung" unter den Konzilsdokumenten gibt Otto Hermann Pesch:

> „Das sind Äußerungen zu heiklen und umstrittenen Fragen. Es sind ferner Äußerungen zu Fragen, die nicht nur innerkirchliche Probleme, sondern das Außenverhältnis der Kirche betreffen. [...] ‚Erklärungen‘ hat das Konzil dort veröffentlicht, wo es sich zwar zu Fragen äußert, die durchaus mit dem Selbstverständnis der Kirche zu tun haben, und wo auch Weisungen zu geben waren, wo es indes angezeigt war, sich so vorsichtig und überholbar wie möglich zu äußern, einerseits, um innerkirchliche Kontroversen nicht anzuheizen, andererseits, um außerhalb der Kirche keine ihr Wirken belastenden Missverständnisse aufkommen zu lassen".[13]

Kritik an der Erklärung über die Religionsfreiheit

Die Erklärung über die Religionsfreiheit fand und findet Kritik von verschiedenen Seiten und besonders stark in Kreisen wie denen der Priesterbruderschaft St. Pius X. In einer Veröffentlichung des Deutschen Distrikts der Priesterbruderschaft, verfasst von dem Distriktoberen Franz Schmidberger, wird die Religionsfreiheit „die vierte Zeitbombe" genannt, „die ins II. Vatikanische Konzil eingeschmuggelt"[14] worden

---

10 Text: u. a. ASyn 4/VII, 663–673 [lat.]; DH RN 4240–4245 [lat./dt.]; Karl Rahner / Herbert Vorgrimler (Hrsg.), Kleines Konzilskompendium, ²⁸Freiburg (Brsg.) 2000, S. 661–675 [nur dt.].

11 Grundlegend: Max Seckler, Religionsfreiheit und Toleranz. Die „Erklärung über die Religionsfreiheit" des Zweiten Vatikanischen Konzils im Kontext der kirchlichen Toleranz- und Intoleranzdoktrinen, in: ThQ 175 (1995), S. 1–18; wichtig auch: Ernst-Wolfgang Böckenförde, Einleitung, in: Zweites Vatikanisches Ökumenisches Konzil. Erklärung über die Religionsfreiheit. Authentischer lat. Text der Acta Apostolicae Sedis. Dt. Übersetzung im Auftrag der dt. Bischöfe, Münster 1968, S. 5–21, dasselbe mit erweitertem Titel „Einleitung zur Textausgabe der ‚Erklärung über die Religionsfreiheit'", in: Heinrich Lutz (Hrsg.), Zur Geschichte der Toleranz und Religionsfreiheit, Darmstadt 1977, S. 401–421; Roger Aubert, Le problème de la liberté religieuse à travers l'histoire du christianisme, in: Scripta Theologica 1 (1969), S. 377–400, dt.: Das Problem der Religionsfreiheit in der Geschichte des Christentums, in: Lutz, Zur Geschichte der Toleranz und Religionsfreiheit, S. 422–454; Louis de Vaucelles, La déclaration du Vatican II sur la liberté religieuse, in: Éric Binet / Roselyne Chenu (Hrsg.), La liberté religieuse dans le Judaisme, le Christianisme et l'Islam, Paris 1981, S. 127–134; Walter Kasper, Wahrheit und Freiheit. Die „Erklärung über die Religionsfreiheit" des II. Vatikanischen Konzils, in: SHAW.PH Jg. 1988/4.

12 In ASyn 4/VII, 663 ist „Dignitatis humanae" aber als „Decretum" überschrieben.

13 Otto Hermann Pesch, Das Zweite Vatikanische Konzil. Vorgeschichte – Verlauf – Ergebnisse – Nachgeschichte, Würzburg 2001, S. 80f.

14 Franz Schmidberger, Die Zeitbomben des Zweiten Vatikanischen Konzils. Vortrag, gehalten am 9. April 1989 in Mainz vor der Bewegung „actio spes unica", ⁴Stuttgart 2008, S. 19.

sei. In der Öffentlichkeit hätten dadurch, kirchlich gutgeheißen, „alle Religionen gleiches Recht; keine dürfe beschränkt oder gar verboten werden, so lange sie sich nicht als gemeingefährlich erweise".[15] Während die Ablehnung der Religionsfreiheit durch die Kirche in der Vergangenheit „ein machtvoller Schutz für die Seelen" gewesen sei, „die sonst unablässig der Propaganda der Sekten und den Eroberungsfeldzügen der nichtchristlichen Religionen mehr oder weniger schutzlos ausgesetzt sind",[16] habe das Konzil mit dieser Erklärung Jesus Christus um seine Herrschaft gebracht. „Er hat allenfalls ein Mitdaseinsrecht neben Buddha, Mohammed und irgendwelchen Sektenführern; aber er ist nicht mehr der König der Herzen".[17] Hält man dem die Erklärung über die Religionsfreiheit entgegen, so erweist sich diese Kritik als Polemik, die weder im Wortlaut noch in der Intention der Erklärung die geringste Bestätigung findet.

Die Erklärung über die Religionsfreiheit stellt fest: Die „einzige wahre Religion ist verwirklicht in der katholischen, apostolischen Kirche".[18] Außerdem sagt sie, Religionsfreiheit in ihrem Verständnis lasse die „überlieferte katholische Lehre" von der „Pflicht der Menschen" gegenüber „der wahren Religion und der einzigen Kirche Christi unangetastet".[19] Daran lässt das Konzil auch in dieser Erklärung keinen Zweifel. Da bleibt kein Raum für Synkretismus oder Religionsvermischung. So kann man Pesch zustimmen, der schreibt, „an keiner Stelle" sage „die Erklärung, der Wahrheitsfrage könne man mit Indifferenz begegnen".[20]

Religionsfreiheit als Freisein von staatlichem Zwang

Das Konzil versteht religiöse Freiheit als Freiheit von Zwang, und zwar vor allem als Freiheit von Zwang „in der staatlichen Gesellschaft",[21] also von Seiten des Staates. Deshalb konnte Benedikt XVI. in seiner Weihnachtsbotschaft 2005 von Religionsfreiheit als Grundsatz des Staates sprechen. Religionsfreiheit besteht darin, dass

> „in religiösen Dingen niemand gezwungen wird, gegen sein Gewissen zu handeln, noch daran gehindert wird, privat und öffentlich, als einzelner oder in Verbindung mit anderen – innerhalb der gebührenden Grenzen – nach seinem Gewissen zu handeln".[22]

Statt Synkretismus oder Relativismus gutzuheißen, gibt das Konzil damit den – sozusagen „konstantinischen" – Anspruch auf, die Alleingültigkeit seiner Lehre durch staatlichen Zwang durchgesetzt sehen zu wollen. Es tut das zu einem Zeitpunkt, an dem es den „katholischen Staat" als gegenwärtige Realität längst nicht mehr gibt.

---

15 Ebd.
16 Ebd., S. 20.
17 Ebd., S. 21.
18 Dignitatis humanae, zit. nach Rahner / Vorgrimler (wie Anm. 10), S. 61f.
19 Ebd., S. 662.
20 Pesch, Das Zweite Vatikanische Konzil (wie Anm. 13), S. 308.
21 Dignitatis humanae, zit. nach Rahner / Vorgrimler (wie Anm. 10), S. 662 (Nr. 1).
22 Ebd., S. 662 (Nr. 2).

Die Würde der menschlichen Person

Das Konzil sieht den Grund dieser Freiheit in der „Würde der menschlichen Person"[23] (*Dignitas personae humanae*) – hinter der ebenso wie der *imago Dei*-Gedanke (Gen 1,27) zweifellos auch die Anthropozentrik der Aufklärung des 18. Jahrhunderts steht –, und zwar so, „wie sie durch das geoffenbarte Wort Gottes und durch die Vernunft selbst" – *ipsa ratione*[24] – erkannt wird".[25] Aus ihrer Würde folgt das „Recht der menschlichen Person auf religiöse Freiheit"[26] – „libertas religiosa". Schließlich erkennt „Dignitatis humanae" den Menschen in seiner Soziabilität – das ist seit Gen 2,18 ein dem jüdischen und christlichen Glauben vertrauter Gedanke, der in säkularisierter Gestalt auch ein Gedanke der Aufklärung ist – und sagt: „Die Sozialnatur des Menschen wie auch die Religion selbst verlangt religiöse Gemeinschaften"[27] – „communitates religiosae". Deshalb gesteht die Erklärung nicht nur den Einzelnen, sondern auch den Gemeinschaften religiöse Freiheit als Freisein von Zwang zu und kommt so zu dem Ergebnis, dass auch religiöse Gemeinschaften – damit sind auch nichtchristliche Gemeinschaften gemeint –

> „nicht durch Mittel der Gesetzgebung oder durch verwaltungsrechtliche Maßnahmen der staatlichen Gewalt daran gehindert werden, ihre eigenen Amtsträger auszuwählen, zu erziehen, zu ernennen und zu versetzen, mit religiösen Autoritäten und Gemeinschaften in anderen Teilen der Erde in Verbindung zu treten, religiöse Gebäude" – auch islamische Moscheen oder buddhistische Tempel – „zu errichten und zweckentsprechende Güter zu erwerben und zu gebrauchen".[28]

Religionsfreiheit in der Profangeschichte

Toleranz und Intoleranz

Wenn die Kirche mit „Dignitatis humanae" den Anspruch aufgab, die Alleingültigkeit ihrer Lehre durch staatlichen Zwang durchgesetzt sehen zu wollen – ohne die Alleingültigkeit ihres Glaubens aufzugeben –, so schuf sich die Kirche damit nicht nur ein Appellationspotential, von dem nicht zuletzt der Papst immer dann Gebrauch macht, wenn irgendwo in der Welt Christen diskriminiert oder offen verfolgt werden; vielmehr lief dieser Absage an Zwang im profanen Bereich eine lange Entwicklung voraus, die von genereller Intoleranz über partielle oder prinzipielle Toleranz zu grundsätzlicher Religionsfreiheit führte.[29] Für das

---

23 Ebd., S. 661 (Nr. 1) u. 662 (Nr. 2).
24 Lat. DH RN 4240.
25 Dignitatis humanae, zit. nach Rahner / Vorgrimler (wie Anm. 10), S. 662 (Nr. 2).
26 Ebd., S. 663 (Nr. 2).
27 Ebd., S. 665 (Nr. 4).
28 Ebd.
29 Grundlegend: Klaus Schreiner, Art. Toleranz I–X u. XIV–XVI / Gerhard Besier, Art. Toleranz XI–XIII, in: GGB 6 (1990), S. 445–605; Hans Rudolf Guggisberg (Hrsg.), Religiöse Toleranz. Dokumente zur Geschichte einer Forderung, Stuttgart–Bad Cannstadt 1984; Lutz, Zur Geschichte der Toleranz und Religionsfreiheit (wie Anm. 11); Horst Lademacher / Renate Loos / Simon

historische Verständnis – das kirchengeschichtliche nicht weniger als das profangeschichtliche – ist die Unterscheidung zwischen Toleranz (Duldung) und Religionsfreiheit unverzichtbar.[30]

Ketzerrecht

Am Anfang stand überall das Ketzerrecht, das mit der Vorstellung des Zusammenlebens der Menschen in räumlich abgrenzbaren Siedlungen oder ethnisch bestimmten Stämmen, in Städten oder Staaten als „sakrale Gemeinschaft" verbunden war. Nach dem Ketzerrecht musste jeder, der Gott – oder die Götter – durch Häresie beleidigt hatte, aus der sakralen Gemeinschaft ausgeschlossen und unter Umständen getötet werden, wie Sokrates im Griechenland des Jahres 355 v. Chr. unter dem Vorwurf der ἀσέβεια, der Gottlosigkeit, zum Trinken eines Bechers Gift verurteilt wurde.[31] Das Ketzerrecht stand auch noch hinter dem Wormser Edikt Kaiser Karls V. gegen Martin Luther vom 8. Mai 1521,[32] der als Inhaber der staatlichen Gewalt erklärte, dass

> „wir […] den gedachten Martin Luther, als von gots kirchen abgesündert gelide und einen verstopten zertrenner und offenbarn ketzer von uns und euch allen und jedem insonderheit zu achten und ze halten erkennet und ercleret [haben] […]. Und gebieten darauf euch allen […], das ir […] den vorgemelten Martin Luther nit hauset, hoffet, etzt, drenket, noch enthaltet, noch ime mit worten oder werken haimlich noch offentlich kainerlai hilf, anhang, beistand noch fürschub beweiset, sonder wo ir ine alsdann ankomen und betretten und des mechtig sein mügt, in fenklich annemet und uns wolbewart zusendet […]".[33]

Groenveld (Hrsg.), Ablehnung – Duldung – Anerkennung. Toleranz in den Niederlanden und in Deutschland. Ein historischer und aktueller Vergleich, Münster u. a. 2004.

30 Hingegen Seckler, Religionsfreiheit (wie Anm. 11), S. 1: „Zu seinen [des Dokuments ‚Dignitatis humanae'] Besonderheiten gehört dass es das Toleranzmotiv so konsequent in seinem Begriff der Religionsfreiheit aufgehen ließ, dass es dafür sogar bewusst auf die Heranziehung des Toleranzbegriffs glaubte verzichten zu dürfen oder vielmehr ihn in höherer Absicht vermeiden zu sollen". Die Frage der „konziliaren Rezeption des Toleranzbegriffs" (S. 4) durchzieht wie ein *cantus firmus* den Beitrag von Seckler, der schreibt: „Der alten Maxime der Aufklärung, die auch Goethe sich zu eigen gemacht hatte, Toleranz sei unbefriedigend und im Grunde eine Beleidigung, weil nicht Duldung, sondern Anerkennung zu fordern sei, ist das Konzil gerecht geworden. Aber die Frage ist, ob damit eben nicht doch nur eine Seite des Toleranzproblems gesehen wird. Mir scheint, dass das Konzil mit seinem Verfahren, zu dem formal auch das bewusste Ausblenden des Toleranz*themas* gehört, der Komplexität des Toleranz*problems* nicht gerecht geworden ist" (S. 16). An anderer Stelle spricht er von den „Paradoxien, die den Weg des Konzils bis zur definitiven ‚Erklärung über die Religionsfreiheit' und dann auch deren definitive Textgestalt kennzeichnen, dass die traditionelle Toleranzlehre und schließlich sogar der Toleranzbegriff selbst als Hindernis für das Anliegen des Konzils in Sachen Religionsfreiheit angesehen wurden" (S. 5). Aus der Sicht des Kirchen- und des Profanhistorikers war das keine Paradoxie, sondern eine Notwendigkeit.

31 Alexander Demandt, Sokrates vor dem Volksgericht in Athen 399 v. Chr., in: Ders. (Hrsg.), Macht und Recht. Große Prozesse in der Geschichte, München 1990, S. 16–17; Michael Breitbach, Der Prozess des Sokrates – Verteidigung der oder Anschlag auf die athenische Demokratie? Ein Beitrag aus rechtswissenschaftlicher Sicht, in: Gymnasium 112 (2005), S. 321–343.

32 Druck: DRTA.JR 2, 653–658; Auszug: Alfred Kohler (Hrsg.), Quellen zur Geschichte Karls V., Darmstadt 1990, Nr. 16 (S. 76–79). Danach zit.

33 Ebd., S. 76f.

Der Kaiser konnte das Ketzerrecht gegen Luther nicht durchsetzen, weil ihm wichtige Fürsten des Reiches den Gehorsam verweigerten und weil ihm sein von 1521 bis 1526 geführter erster Krieg gegen Frankreich um die Vorherrschaft in Italien, auf den drei weitere Kriege folgten, die Unterdrückung der reformatorischen Bewegung unmöglich machte.[34] Erst der Frieden von Crépy von 1544, der die Folge von Kriegen zwischen Karl V. und Franz I. von Frankreich beendete, machte für den Kaiser die Hand frei. So kam es 1546 zum Schmalkaldischen Krieg, den Karl V. als Strafexpedition gegen die protestantischen Fürsten des Reiches im Sinne des Wormser Edikts und des Ketzerrechts führte. Der Krieg endete 1547 nach der Schlacht von Mühlberg an der Elbe mit einer vernichtenden Niederlage der protestantischen Fürsten. Doch war das ein Pyrrhussieg des Kaisers, der über den Fürstenkrieg und den Passauer Vertrag von 1552 zum Augsburger Religionsfrieden von 1555 führte.

Martin Luther

Auch Luther hat einen Platz in der Geschichte der Toleranz, obwohl ihn Johannes Kühn durchaus zutreffend als „Begründer der Intoleranz des Altprotestantismus"[35] bezeichnet. Luther war vor seinem Bruch mit Rom katholischer Priester, observanter Augustiner-Eremit und katholischer Theologieprofessor; er kam aus der lange vor der Reformation einsetzenden katholischen Reform und blieb ein Mann der Kirchen- und Theologiegeschichte.[36] Wenn er hier dennoch im Abschnitt über Religionsfreiheit in der Profangeschichte Erwähnung findet, so deshalb, weil er nach seinem Bruch mit Rom keinen positiven Anteil mehr an der Lehrentwicklung der Kirche hatte, die 1965 „Dignitatis humanae" annahm.[37] Ähnliches gilt für Erasmus von Rotterdam,[38] auch wenn der 1536 gestorbene Humanist nicht mit der Kirche des Papsttums brach.[39]

---

34 Harm Klueting, Das Konfessionelle Zeitalter. Europa zwischen Mittelalter und Moderne. Kirchengeschichte und Allgemeine Geschichte, [Bd. 1] Darmstadt 2007, S. 180f., 185. – Bd. 2, Berlin 2009, enthält auf 677 Seiten umfassende Literaturberichte.
35 Johannes Kühn, Toleranz und Offenbarung. Eine Untersuchung der Motive und Motivformen der Toleranz im offenbarungsgläubigen Protestantismus. Zugleich ein Versuch zur neueren Religions- und Geistesgeschichte, Leipzig 1923, S. 74.
36 Harm Klueting, Luther und die Neuzeit, Darmstadt 2011.
37 Grundlegend für das 16. u. 17. Jahrhundert: Joseph Lecler, Geschichte der Religionsfreiheit im Zeitalter der Reformation, 2 Bde., Stuttgart 1965, dasselbe zuerst frz.: Histoire de la tolérance au siècle de la réforme, 2 Bde., Paris 1955; Heinrich Bornkamm, Das Problem der Toleranz im 16. Jahrhundert, in: ders., Das Jahrhundert der Reformation, Göttingen 1961, S. 262–291; Erich Hassinger, Religiöse Toleranz im 16. Jahrhundert. Motive – Argumente – Formen der Verwirklichung, Basel/Stuttgart 1966; Henry Kamen, Intoleranz und Toleranz zwischen Reformation und Aufklärung, München 1967, dasselbe zuerst engl.: The Rise of Toleration, London 1967; Ole Peter Grell / Robert Scribner (Hrsg.), Tolerance and Intolerance in the European Reformation, New York/Oakleigh 1996; Karl Völker, Toleranz und Intoleranz im Zeitalter der Reformation, Leipzig 1912.
38 Robert Henry Murray, Erasmus & Luther. Their Attitudes to Toleration, o. O. 1920, Nachdr. New York 1972.
39 Harm Klueting, „Lasset beides miteinander wachsen bis zur Ernte": Toleranz im Horizont des Unkrautgleichnisses (Mt 13,24–30). Martin Luther und Erasmus von Rotterdam als Beispiel, in: Lademacher, Ablehnung (wie Anm. 29), S. 56–67, Eckehart Stöve, Luther, Erasmus und das Problem der Toleranz, ebd. S. 68–82.

Auf Luther, der 1525 in seiner Deuteronomium-Vorlesung[40] den lateinischen Begriff „tolerare"[41] gebrauchte und 1526 in seiner Kohelet-Vorlesung[42] von „mutua tolerantia"[43] sprach, geht der deutsche Begriff „Toleranz" zurück. Er findet sich in einem Brief Luthers an die beiden Fürsten Johann und Georg von Anhalt vom 12. Juni 1541.[44] Luther spricht von „tollerantz" und gebraucht diese von ihm gebildete deutsche Wiedergabe des lateinischen „tolerantia", um sich gegen die von Karl V. auf dem Regensburger Reichstag 1541 angeregten konfessionellen Reunionsversuche auszusprechen. Er polemisiert gegen diese Toleranzprojekte,[45] äußert Zweifel, ob „einiche ursach vorhanden sey, die gegen got die tollerantz mochte entschuldigen",[46] und unterstellt der katholischen Seite, dass sie „auch solcher tollerantz also misbrauchen [werde]".[47] In seiner Obrigkeitsschrift von 1523[48] gebraucht Luther lateinisch „tolerantia" oder deutsch „tollerantz" nicht, widerspricht aber hier – vor dem Hintergrund seiner Lehre von den zwei Reichen oder zwei Regimenten[49] – allem Zwang der weltlichen Gewalt – des Staates – in Glaubensdingen:

> „Wes untersteht sich denn die unsynnige welltliche gewallt, solch heymlich, geystlich, verporgen ding, als der glawb ist, zu richten und meystern?"[50]

Aber bei Luther gibt es nicht die Absage an Zwang der weltlichen Gewalt in Glaubenssachen generell. Seine Polemik gilt nur solchen weltlichen Obrigkeiten, die die Menschen zum katholischen Glauben zwingen wollen.[51] In seiner Kirchenpostille von 1522[52] heißt es, dass „das Evangelium keyn ander lere neben sich leyden"[53] möge, während Luther in der Fastenpostille von 1525[54] der Frage nachgeht, „wie wyr uns halten sollen gegen die selben ketzer und falschen lerer"[55] – gemeint sind sowohl Katholiken wie auch radikale Reformatoren und deren Anhang –, und antwortet:

> „Nicht sollen wyr sie ausrotten noch vertilgen. [...] Denn es gehet also ynn dieser sachen, das wer heutte yrret, kan morgen zu rechte kommen".[56]

---

40 WA 14, S. 497–744.

41 WA 14, S. 669, Z. 14f. Auch bei Schreiner, Art. Toleranz (wie Anm. 29), S. 477f.

42 WA 20, S. 7–203.

43 WA 20, S. 146, Z. 29. Auch bei Schreiner, Art. Toleranz (wie Anm. 29), S. 477.

44 WA.B 9, S. 441, Nr. 3629. Dazu auch Gerhard Ebeling, Die Toleranz Gottes und die Toleranz der Vernunft, in: ZThK 78 (1981), S. 442–464, hier S. 450 mit Anm. 31.

45 Albrecht Pius Luttenberger, Glaubenseinheit und Reichsfriede. Konzeptionen und Wege konfessionsneutraler Reichspolitik 1530–1552, Göttingen 1982, S. 228–241.

46 WA.B 9, S. 441, Z. 57f.

47 Ebd., Z. 65–68. Weitere Zitate aus diesem Brief bei Klueting, „Lasset beides ..." (wie Anm. 39), S. 58.

48 WA 11, S. 245–281.

49 Dazu hier nur Bernhard Lohse, Luthers Theologie in ihrer historischen Entwicklung und in ihrem systematischen Zusammenhang, Göttingen 1995, S. 333–344; Peter Manns, Luthers Zwei-Reiche-Lehre und Drei-Stände-Lehre, in: Erwin Iserloh / Gerhard Müller (Hrsg.), Luther und die politische Welt, Stuttgart 1984, S. 3–6.

50 WA 11, S. 264, Z. 8–10.

51 Ausführlich mit zahlreichen Lutherzitaten bei Klueting, „Lasset beides ..." (wie Anm. 39), S. 59f.

52 WA 10 I 1.

53 Ebd., S. 219, Z. 18.

54 WA 17 II, S. 1–247.

55 Ebd., S. 125, Z. 1f.

56 Ebd., Z. 2–5.

Luther knüpft an das Gleichnis vom Unkraut im Weizen in Mt 13,24–30 an,[57] das seit dem 3. Jahrhundert immer wieder zur biblischen Begründung der Duldsamkeit gegenüber Ketzern herangezogen wurde.[58]

Erasmus von Rotterdam

Das Unkrautgleichnis spielt auch bei Erasmus von Rotterdam[59] eine Rolle.[60] In seiner Streitschrift „Apologia adversus articulos aliquot per monachos quosdam in hispanis exhibitos"[61] von 1527 antwortete Erasmus auf die 1527 in Valladolid zusammengestellten Artikel mit gegen ihn erhobenen Häresievorwürfen.[62] Der erste Kritikpunkt der spanischen Mönche hatte sich gegen seine Auslegung des Unkrautgleichnisses in seiner „In evangelium Matthei paraphrasis"[63] gerichtet. Erasmus verteidigte sich mit einer ausführlichen Erörterung von Mt 13,24–30. Er verwies auf seine 1527 erschienene Schrift „Supputatio errorum in censuris Beddae",[64] in der sich ähnliche Ausführungen zu Mt 13,24–30 finden.[65] Erasmus schloss sich mit seiner Auslegung an Hieronymus an.[66] Dieser habe das Herausreißen des Unkrauts aus dem Weizen als „amputatio Haereticorum ab Ecclesia"[67] verstanden und davor gewarnt, sich vor der Zeit ein Urteil zu bilden. Die letzte Entscheidung liege bei Gott – „Deo iudici terminum reservemus"[68] – am Tag des Jüngsten Gerichts. Es sei möglich, dass ein heute von der Irrlehre Verführter sich morgen besinne und die Wahrheit zu verteidigen beginne:

> „Quia fieri potest, ut ille qui hodie noxio depravatus est dogmate, cras resipiscat, & defendere incipiat veritatem".[69]

---

57 Ebd., S. 125, Z. 9f. Ausführlich bei Klueting, „Lasset beides …" (wie Anm. 39), S. 60–62.
58 Guggisberg, Religiöse Toleranz (wie Anm. 29), S. 19f.
59 Roland Herbert Bainton, Erasmus of Christendom, New York 1969; Lewis William Spitz, Erasmus. Philosopher of Christ, in: ders., The Religious Renaissance of the German Humanists, Cambridge, Mass. 1963, S. 197–236.
60 Manfred Hoffmann, Erasmus and Religious Toleration, in: Erasmus of Rotterdam Society Yearbook 2 (1982), S. 80–106. Siehe auch Heinz Holeczek, Friedensrufer Erasmus, in: Erasmus von Rotterdam. Vorkämpfer für Frieden und Toleranz. Ausstellungskatalog Historisches Museum Basel, Basel 1986, S. 36–38; Christine Christ-von Wedel, Erasmus von Rotterdam – Anwalt eines neuzeitlichen Christentums, Münster 2003.
61 LB IX (Leiden 1706, Nachdr. London 1962), Sp. 1015–1094.
62 Miguel Avilès (Hrsg.), Erasmo y la Inquisición. El libelo de Valladolid y la Apologia de Erasmo contra frailes Espanioles, Madrid 1980.
63 LB VII (Leiden 1706), Sp. 2–146, hier 79 D–80 C.
64 LB IX, Sp. 515–720/36, hier 581 F.
65 Apologia, LB IX, Sp. 1054 C.
66 John C. Olin, Erasmus and Saint Jerome. The Close Bond and its Significance, in: Erasmus of Rotterdam Society Yearbook 7 (1987), S. 33–53; Albert Rabil jr., Erasmus and the New Testament. The Mind of a Christian Humanist, San Antonio 1972, Nachdr. Boston 1993, S. 105f.
67 Apologia, LB IX, Sp. 1058 B.
68 Ebd., Sp. 1058 D.
69 Ebd., Sp. 1058 C. Ausführlich bei Klueting, „Lasset beides …" (wie Anm. 39), S. 65–67.

Augsburger Religionsfrieden 1555

Der Augsburger Religionsfrieden von 1555[70] – ein politisch-säkularer Frieden, der die Frage der religiösen Wahrheit „in der Schwebe"[71] hielt – ließ für das Ketzerrecht des Wormser Edikts keinen Platz mehr, das seitdem obsolet war. Zwar räumte der Augsburger Religionsfrieden mit dem „ius reformandi" nur den Fürsten des Reiches bzw. den weltlichen Landesherren und nicht ihren Untertanen die freie Entscheidung zwischen katholischem Glauben und Luthertum ein – Reformierte und Täufer blieben ausgeschlossen, während die Juden einen Sonderstatus genossen und nicht unter den Augsburger Religionsfrieden fielen –, doch begründete er immerhin das „ius emigrandi". Das ius emigrandi war das Recht zur Übersiedlung in ein Territorium der eigenen Glaubensgruppe oder Konfession, mit Familie sowie – zumindest formal – unter Eigentumsschutz und, bei Leibeigenen, Ablösung der Leibeigenschaft. Das ius emigrandi war von Toleranz oder gar Religionsfreiheit noch weit entfernt. Wenn Axel Gotthard auch zu folgen ist, der hier „weniger das Recht der Untertanen auf Auswanderung" sieht, sondern die Möglichkeit der Fürsten, „ihnen diese nahezulegen",[72] andersgläubige Untertanen also zu vertreiben, so war das ius emigrandi doch etwas Neues gegenüber dem mittelalterlichen Ketzerrecht.[73] Der Westfälische Frieden von 1648[74] – das „Intrumentum Pacis Osnabrugense" – bestätigte den Augsburger Religionsfrieden und bezog die Reformierten in die gegenseitige Duldung der Katholiken und Lutheraner im Reich ein.

Die „vier rezipierten Religionen" in Siebenbürgen und die Konföderation von Warschau

Nach 1555 gab es in Siebenbürgen und in Polen Formen gesetzlich garantierter Religionsfreiheit, die über bloße Toleranz – wie im Falle des 1685 wieder aufgehobe-

---

70 Text: u. a. Karl Zeumer (Bearb.), Quellensammlung zur Geschichte der deutschen Reichsverfassung in Mittelalter und Neuzeit, ²Tübingen 1913, Nr. 189 (S. 343–347).

71 Martin Heckel, Deutschland im konfessionellen Zeitalter, ²Göttingen 2001, S. 45. Die zahlreichen Arbeiten von Martin Heckel bleiben grundlegend wichtig für die Augsburger Religionsfrieden. Siehe jedoch auch Axel Gotthard, Der Augsburger Religionsfrieden, Münster 2004; Klueting, Konfessionelles Zeitalter (wie Anm. 34), [Bd. 1], S. 196–202; ders., Der Augsburger Religionsfrieden und die katholische Reichskirche, in: Joachim Gaertner / Erika Godel (Hrsg.), Religionsfreiheit und Frieden. Vom Augsburger Religionsfrieden bis zum europäischen Verfassungsvertrag, Frankfurt am Main 2007, S. 35–48; Helmut Gabel, Der Augsburger Religionsfriede und das Problem der Toleranz im 16. Jahrhundert, in: Lademacher, Ablehnung (wie Anm. 29), S. 83–98.

72 Gotthard, Augsburger Religionsfrieden (wie Anm. 71), S. 119, ähnlich S. 11.

73 Georg May, Das ius emigrandi nach dem Westfälischen Friedensinstrument, in: Ecclesia Militans. Studien zur Konzilien- und Reformationsgeschichte. Festschrift Remigius Bäumer, Paderborn 1988, Bd. 2, S. 607–636; ders., Zum ius emigrandi am Beginn des konfessionelen Zeitalters, in: AKathKR 155 (1986), S. 92–125; Matthias Asche, Auswanderungsrecht und Migration aus Glaubensgründen – Kenntnisstand und Forschungsperspektiven zur ius emigrandi-Regelung des Augsburger Religionsfgriedens, in: Heinz Schilling / Heribert Smolinsky (Hrsg.), Der Augsburger Religionsfrieden 1555, Gütersloh 2007, S. 75–104.

74 Text des Westfälischen Friedens vom 24.10.1648: u. a. Konrad Müller (Bearb.), Instrumenta Pacis Westphalicae. Die Westfälischen Friedensverträge 1648. Vollständiger lateinischer Text mit [dt.] Übersetzung der wichtigeren Teile u. Regesten, Bern 1949, ²Bern 1966.

nen Edikts von Nantes von 1598[75] für die Protestanten in Frankreich[76] – hinaus-reichten. In Siebenbürgen, dem Land der seit 1571[77] gesetzlich garantierten Religionsfreiheit, galt das für die – seit 1595 so genannten – „vier rezipierten Religionen" der Lutheraner, Reformierten, Antitrinitarier und römischen Katholiken, bei Duldung der griechischen Orthodoxen und kleinerer Gemeinschaften.[78] Ähnliches gab es in Polen, wo der Sejm 1573 mit der Konföderation von Warschau für ganz Polen Religionsfreiheit unter Einbeziehung der häretischen Antitrinitarier verkündete.[79] Doch blieb es in Polen – anders als in Siebenbürgen – dabei nicht, weil zeitlich parallel zum Ausbau des Toleranzrechts die von den Jesuiten getragene und vom katholischen Adel gestützte Rekatholisierung einsetzte, die nach der Niederlage der Adelseinung, des „Rokosz", von 1607 zum Sieg des katholischen Glaubens in Polen führte.

Irenik, Antikonfessionalismus und antikatholische Teiltoleranz

Nur hinzuweisen ist auf Irenik und Antikonfessionalismus in der zweiten Hälfte des 17. Jahrhunderts[80] und auf die konfessionellen Reunionsversuche[81] sowie die Fürstenkonversionen dieser Zeit.[82] Dasselbe gilt für den englischen „Toleration Act" von 1689, der die protestantischen Nonkonformisten begünstigte, aber die Katholiken ausschloss. Doch brachte der „Toleration Act" auch den protestantischen Nonkonformisten keine Gleichstellung mit den Anglikanern.[83] Erst seit 1718 durften die nicht-anglikanischen Protestanten öffentliche Ämter einnehmen und seit

---

75 Text dt.: Ernst Mengin (Hrsg.), Das Edikt von Nantes. Das Edikt von Fontainebleau. Dt. unge-kürzte Ausgabe, Flensburg 1963.

76 Aus der jüngsten Literatur hier nur Michel Grandjean / Bernard Roussel (Hrsg.), Coexister dans l'intolérance. L'Édit des Nantes 1598, Paris 1998; Lucienne Hubler / Jean-Daniel Candaux / Christophe Chalamet (Hrsg.), L'Édit de Nantes revisté, Genève 2000; Thierry Wanegffelen, L'Édit de Nantes. Une histoire européenne de la tolérance, XVIe–XXe siècle, Paris 1998, Neuausgabe Paris 2004.

77 Klueting, Konfessionelles Zeitalter (wie Anm. 34), [Bd. 1], S. 228–230.

78 Ludwig Binder, Grundlagen und Formen der Toleranz in Siebenbürgen bis zur Mitte des 17. Jahrhunderts, Köln/Wien 1976; Krista Zach, Stände, Grundherrschaft und Konfessionalisierung in Siebenbürgen. Überlegungen zur Sozialdisziplinierung (1550–1650), in: Joachim Bahlcke / Arno Strohmeyer (Hrsg.), Konfessionalisierung in Ostmitteleuropa. Wirkungen des religiösen Wandels im 16. und 17. Jahrhundert in Staat, Gesellschaft und Kultur, Stuttgart 1999, S. 367–391, hier S. 385; dies., Religiöse Toleranz und Stereotypenbildung in einer multikulturellen Region. Volkskirchen in Siebenbürgen, in: Konrad Gündisch (Hrsg.), Das Bild des Andern in Siebenbürgen. Stereotype in einer multiethnischen Region, Köln/Weimar/Wien 1997, S. 109–154.

79 Stanisław Salmonowicz, Konfederacja warszawska 1573, Warschau 1985; Janusz Małłek, Art. Consensus von Sandomir, in: TRE 30 (1999), S. 29–32.

80 Harm Klueting (Hrsg.), Irenik und Antikonfessionalismus im 17. und 18. Jahrhundert, Hildesheim 2003.

81 Hans Otte / Richard Schenk (Hrsg.), Die Reunionsgespräche im Niedersachsen des 17. Jahrhunderts. Royas y Spinona – Molan – Leibniz, Göttingen 1999; Heinz Duchhardt / Gerhard May (Hrsg.), Union – Konversion – Toleranz. Dimensionen der Annäherung zwischen den christlichen Konfessionen im 17. und 18. Jahrhundert, Mainz 1999.

82 Klueting, Konfessionelles Zeitalter (wie Anm. 34), [Bd. 1], S. 373–375.

83 Geoffrey Fillingham Nuttal / Owen Chadwick (Hrsg.), From Uniformity to Unity, 1662–1962, London 1962; Alexandra Walsham, Charitable Hatred. Tolerance and Intolerance in England, 1500–1700, Manchester 2006.

1727 auch in das bis dahin den Anglikanern vorbehaltene Unterhaus gewählt werden. Die Außerkraftsetzung der „Test Act" von 1673, die alle zivilen und militärischen Amtsträger zum Empfang des Abendmahls nach anglikanischer Form und zur öffentlichen Ableistung eines kirchlichen Suprematseides verpflichtet hatte, und die Emanzipation der nonkonformistischen Protestanten ließ jedoch bis 1828 auf sich warten, die der Katholiken bis 1829.[84] Diese antikatholische Teiltoleranz war nach der Absetzung des katholischen Königs James (Jakob) II. Stuart in der Glorious Revolution von 1688 geradezu englische Staatsräson, wie mit dem bis heute geltenden „Act of Succession" von 1701 für den englischen König bzw. die Königin die Zugehörigkeit zur anglikanischen Kirche festgelegt wurde, was zur „protestantischen Thronfolge" des Hauses Hannover in Großbritannien 1714 führte.

Josephinische Toleranz

Toleranz im Sinne von Duldung religiöser Minderheiten – der „Akatholiken" genannten Lutheraner und Reformierten,[85] der Orthodoxen und der Juden[86] – und nicht Religionsfreiheit stand auch noch hinter den Toleranzpatenten Kaiser Josephs II.[87] in der Österreichischen Monarchie von 1781.[88] Die Toleranzgesetzgebung beendete die „generelle Intoleranz" (Barton) gegenüber den Nichtkatholiken und den Zustand des Geheimprotestantismus[89] sowie die Transmigrationen[90] oder Zwangsdeportationen. An deren Stelle trat „prinzipielle Toleranz" (Barton). Das bedeutete Duldung religiöser Minderheiten bei Fortbestehen vieler Einschränkungen, die erst durch das Protestantengesetz Kaiser Franz Josephs von 1861 beseitigt wurden. Die Kirchengebäude der „Akatholiken" durften von außen nicht als

---

84 Klueting, Konfessionelles Zeitalter (wie Anm. 34), [Bd. 1], S. 356f.
85 Peter F. Barton (Hrsg.), Im Zeichen der Toleranz. Aufsätze zur Toleranzgesetzgebung des 18. Jahrhunderts in den Reichen Josephs II., ihren Voraussetzungen und ihren Folgen, Wien 1981.
86 Joseph Karniel, Die Toleranzpolitik Kaiser Josephs II., Gerlingen 1985.
87 Text des als repräsentativ geltenden Toleranzpatentes für Österreich ob der Enns (Oberösterreich) vom 13. Oktober 1781: Harm Klueting (Hrsg.), Der Josephinismus. Ausgewählte Quellen zur Geschichte der theresianisch-josephinischen Reformen, Darmstadt 1995, Nr. 102 (S. 252–255). Siehe auch den Faksimile-Druck bei Barton, Im Zeichen der Toleranz (wie Anm. 85), S. 199–202.
88 Es gab nicht „das" Toleranzpatent, sondern Toleranzpatente für die einzelnen Bestandteile der Monarchie wie Österreich unter der Enns (Niederösterreich mit Wien), Österreich ob der Enns (Oberösterreich), Ungarn, Siebenbürgen, Steiermark, Krain, Böhmen, Mähren, Galizien, österreichisch Schlesien, die österreichischen Niederlande oder die österreichische Lombardei mit zum Teil unterschiedlichem Publikationsdatum. Auflistung der wichtigsten Toleranzpatente bei Klueting, Josephinismus (wie Anm. 87), S. 252, Anm. 1.
89 Grete Mecenseffy, Geschichte des Protestantismus in Österreich, Graz/Köln 1956, S. 186–207; Peter G. Tropper, Staatliche Kirchenpolitik, Geheimprotestantismus und katholische Mission in Kärnten (1752–1780), Klagenfurt 1989; Rudolf Leeb / Martin Scheutz / Dietmar Weikl (Hrsg.), Geheimprotestantismus und evangelische Kirchen in der Habsburgermonarchie und im Erzstift Salzburg (17./18. Jahrhundert), München 2009.
90 Ernst Novotny, Die Transmigration ober- und innerösterreichischer Protestanten nach Siebenbürgen im 18. Jahrhundert, Jena 1931; Erich Buchinger, Die Landler in Siebenbürgen. Vorgeschichte, Durchführung und Ergebnis einer Zwangsumsiedlung im 18. Jahrhundert, München 1980; Dieter Knall, Aus der Heimat verdrängt. Letzte Zwangsumsiedlung steirischer Protestanten nach Siebenbürgen unter Maria Theresia, Graz 2002.

Kirchen erkennbar sein, keinen direkten Zugang von der Straße und keinen Glockenturm haben. Voraussetzung für die Genehmigung zur Gründung einer evangelischen Kirchengemeinde war das Vorhandensein von 100 evangelischen Familien oder 500 Personen. Die stärkste Diskriminierung lag in dem sechswöchigen katholischen Zwangsreligionsunterricht, dem sich auf staatliche Anordnung unterziehen musste, wer vom katholischen Glauben zu einer der beiden protestantischen Konfessionen übertreten wollte.

Das rationale Naturrecht und die Relativierung der Glaubensaussagen

Von den Sonderfällen Siebenbürgen und Polen zur Zeit der Geltung der Konföderation von Warschau abgesehen, hing der Übergang von der Toleranz zur Religionsfreiheit mit dem Aufkommen des rationalen Naturrechts und der Relativierung der Glaubensbekenntnisse zusammen. Für letzteres steht Jean Bodin, der in seinem Hauptwerk „Les six livres de la République" von 1576[91] mit der Souveränitätslehre die theoretische Grundlage zur Etablierung der über den konfessionellen Gegensätzen stehenden staatlichen Gewalt schuf und mit seinem erst im 19. Jahrhundert veröffentlichten religionsphilosophischen „Coloquium heptaplomeres" der Relativierung der Glaubensaussagen vorarbeitete.[92] William Chillingworth trat mit „The Religion of Protestants, a safe way to salvation" von 1638 für die Freiheit individueller Glaubensüberzeugungen ein[93] und fand mit diesem Werk die Bewunderung John Lockes,[94] der mit seiner 1689 zunächst anonym auf Latein unter dem Titel „Epistola de tolerantia" erschienenen Schrift „A Letter concerning Toleration"[95] den ersten Toleranztraktat der Aufklärung verfasste.[96] Locke gab das Ideal der sakralen Gemeinschaft, das hinter dem Ketzerrecht gestanden hatte und noch wenige Jahre vorher, mit der Aufhebung des Edikts von Nantes durch Ludwig XIV. im Jahre 1685, noch einmal im Sinne der Glaubenseinheit – un roi, une loi, une foi gemäß der „catholicité" des Trägers der Krone als eines der „lois fondamentales" – des Königreiches hervorgetreten war, endgültig auf, indem er dieses Ideal auf eine andere Ebene verlagerte. Locke verlangte vom Staat völlige Freiheit für alle Religionsgruppen. Hingegen gestand er den verschiedenen Religionsgemeinschaften interne Intoleranz zu, indem sie selbst darüber entscheiden sollten, wen sie aufnehmen und in ihren Reihen dulden wollten und wen nicht. Locke machte zwei Ausnahmen: Die Katholiken und die Atheisten wurden nicht einbezogen. Im Falle der Katholiken entsprach das der politischen Katholikenphobie in England seit dem Ende der Stuartmonarchie; im Falle

---

91 Text: Jean Bodin, Les six livres de la République, Paris 1583, Nachdr. Aalen 1977.
92 Günter Gawlick / Friedrich Niewöhner (Hrsg.), Jean Bodins ‚Colloquium Heptaplomeres', Wiesbaden 1996.
93 Martin Schmidt, Art. William Chillingworth, in: ³RGG 1 (1957), Sp. 1653; David A. Pailin, Art. William Chillingworth, in: TRE 7 (1981), S. 745–747.
94 Peter R. Anstey (Hrsg.), The Philosophy of John Locke. New Perspectives, London 2003.
95 Text engl./dt.: John Locke, Ein Brief über Toleranz, Hamburg 1996.
96 Dieter Henrich, Art. John Locke, in: ³RGG 4 (1960), Sp. 425f.; Rolf W. Puster, Art. John Locke, in: ⁴RGG 5 (2002), Sp. 480f.; Heinrich Bornkamm, Art. Toleranz II, in: ³RGG 6 (1962), Sp. 933–946, hier Sp. 943; Wilhelm Wertenbruch, Art. Menschenrechte I, in: ³RGG 4 (1960), Sp. 869f.

der Atheisten hing das damit zusammen, dass man die Atheisten für gemeingefährlich hielt, für Feinde von Staat und Gesellschaft, weil die Atheisten als radikale Leugner der Existenz Gottes keine göttliche Strafe fürchteten und sich somit über alle Schranken von Sitte und Moral hinwegsetzen könnten. Besonders fürchtete man die Unzuverlässigkeit der Atheisten im Hinblick auf das Eidproblem.

Einen Schritt über Locke hinaus machte der Franzose Pierre Bayle, ein Protestant, der seit 1681 als Professor im holländischen Rotterdam lebte.[97] Bayle war der erste, der Atheisten für sozialverträglich erklärte und Toleranz auf Atheisten ausdehnte,[98] nachdem Sebastian Castellio in Basel schon mit seiner 1554 unter dem Pseudonym Martin Bellius erschienenen Schrift „De haereticis, an sint persequendi" für die Duldung des 1553 auf Veranlassung Calvins in Genf hingerichteten Antitrinitariers Michael Servet und damit für Toleranz für einen Ketzer eingetreten war.[99]

Der andere Bereich, aus dem Toleranzforderungen der Aufklärung und schließlich das Postulat der Religionsfreiheit hervorgingen, war die Naturrechtslehre in ihrer Gestalt als säkularisiertes oder rationales Naturrecht, wie es in Deutschland von Samuel Pufendorf und vor allem von Christian Thomasius[100] vertreten wurde.[101] Die Naturrechtslehrer stellten, wie schon Bodin, den Staat über die Kirche, während das naturrechtliche Axiom der natürlichen Gleichheit aller Menschen die Duldung ihrer unterschiedlichen Glaubensformen verlangte.

Deismus und Freimaurerei

Große Bedeutung für die Verbreitung der Ideen der Aufklärung und auch des Deismus gewann die Freimaurerei.[102] Die erste Freimaurerloge[103] entstand 1717 in

---

97 Hubert Bost, Pierre Bayle, Paris 2006; Wiep van Bunge (Hrsg.), Pierre Bayle (1647–1706). Le philosophe de Rotterdam. Philosophy, religion, and reception, Leiden 2008; Hans Bots (Hrsg.), Pierre Bayle. Critique, savoir et érudition à la veille des lumières. Le dictionnaire historique et critique de Pierre Bayle (1647–1706), Amsterdam/Maarssen 1998.

98 Alberto Bianchi, Secolarizzazione e Società di Atei nell'illuminismo francese, in: Luigi Lombardi Vallauri / Gerhard Dilcher (Hrsg.), Christentum, Säkularisation und modernes Recht, 2 Bde., Milano/Baden Baden 1981, Bd. 1, S. 283–368.

99 Werner Kaegi, Castellio und die Anfänge der Toleranz, Basel 1953.

100 Werner Schneiders (Hrsg.), Christian Thomasius 1655–1728. Interpretationen zu Werk und Wirkung, Hamburg 1989; Klaus Luig, Christian Thomasius, in: Michael Stolleis (Hrsg.), Staatsdenker im 17. und 18. Jahrhundert. Reichspublizistik, Politik, Naturrecht, Frankfurt am Main 1977, S. 228–247, hier S. 243f.; Friedrich Vollhardt (Hrsg.), Christian Thomasius (1655–1728). Neue Forschungen im Kontext der Frühaufklärung, Tübingen 1997.

101 In den Zusammenhang des rationalen Naturrechts und des durch ihn konditionierten Staat-Kirche-Verhältnisses gehört auch der rationale Territorialismus. Dazu Klaus Schlaich, Der rationale Territorialismus. Die Kirche unter dem staatskirchenrechtlichen Absolutismus um die Wende vom 17. zum 18. Jahrhundert, in: ZSRG.K 65 (1968), S. 269–340; Harm Klueting, „Quidquid est in territorio, etiam est de territorio". Josephinisches Staatskirchentum als rationaler Territorialismus, in: Der Staat 37 (1998), S. 417–434.

102 Rudolf Vierhaus, Aufklärung und Freimaurerei in Deutschland, in: Festschrift Reinhard Wittram, Göttingen 1973, S. 23–41, wieder in: ders., Deutschland im 18. Jahrhundert. Politische Verfassung, soziales Gefüge, geistige Bewegung. Ausgewählte Aufsätze, Göttingen 1987, S. 110–125; Horst Möller, Vernunft und Kritik. Deutsche Aufklärung im 17. und 18. Jahrhundert, Frankfurt am Main 1986, S. 213–232; Winfried Müller, Die Aufklärung, München 2002, S. 25–36.

103 Aus der Fülle der Literatur hier nur wenige Titel: Alexander Giese, Die Freimaurer. Eine Einführung, Köln/Weimar/Wien 1997; Dieter A. Binder, Die Freimaurer. Ursprung, Rituale und Ziele

London. Mit der Gründung der Loge „Absalon" in Hamburg 1737 kam die Freimaurerei 20 Jahre später nach Deutschland, wo rasch zahlreiche Logen in vielen Städten zunächst vor allem des protestantischen, später auch des katholischen Deutschland[104] entstanden. Wichtig war das Aufklärung und Freimaurerei gemeinsame Menschenbild. Dazu gehörte die Betonung der Würde des Einzelmenschen vor den Unterschieden des Standes oder der Konfession, der Glaube an das Gemeinsame aller Menschen und an deren prinzipielle Gleichheit – worin auch ein Säkularisat christlichen Glaubens steckte. Zahlreiche bekannte und weniger bekannte Aufklärer waren Freimaurer, darunter der preußische König Friedrich II.[105] und der Dichter Lessing, wie später auch Mozart Freimaurer war, dessen Oper „Zauberflöte" von 1791 mit dem Libretto des Freimaurers Johann Emanuel Schikaneder ein musikgewordenes Denkmal der Freimaurerei ist.

Friedrich II. von Preußen

Der 28 Jahre alte preußische König Friedrich II. schrieb im Jahr seiner Thronbesteigung in einer Marginalnotiz vom 22. Juni 1740:

> „Die Religionen Müsen alle Tolleriret werden und Mus der Fiscal nuhr das Auge darauf haben, das keine der andern abrug Tuhe, den hier mus ein jeder nach seiner Fasson Selich werden".[106]

Toleranz aus Staatsräson trat in Preußen ein, nachdem Friedrich II. 1741 den größten Teil des bis dahin zu Böhmen bzw. zu Österreich gehörenden Schlesien erobert und annektiert hatte. Um Schlesien in den preußischen Staat zu integrieren, suchte er die Verständigung mit dem schlesischen Adel. Niederschlesien mit der Hauptstadt Breslau war konfessionell gemischt, aber doch mehrheitlich katholisch, während Oberschlesien ein rein katholisches Land war. Mit Schlesien erhielt der König von Preußen, der mächtigste protestantische Fürst des Reiches, in so großer Zahl katholische Untertanen, dass Preußen ein gemischtkonfessioneller Staat wurde.[107] In seinem „Testament Politique" von 1752[108] machte der König zunächst klar, was er persönlich von Glauben und Religion hielt – nämlich gar nichts –

---

einer diskreten Gesellschaft, Freiburg (Brsg.) 1998; Ludwig Hammermayer, Zur Geschichte der europäischen Freimaurerei und Geheimgesellschaften im 18. Jahrhundert, in: Eva H. Balázs u. a. (Hrsg.), Beförderer der Aufklärung in Mittel- und Osteuropa. Freimaurer, Gesellschaften, Clubs, Berlin 1979, S. 9–98; Helmut Reinalter (Hrsg.), Aufklärung und Geheimgesellschaften. Zur politischen Funktion und Sozialstruktur der Freimaurerlogen im 18. Jahrhundert, München 1989.
104 Für das katholische Wien Edith Rosenstrauch-Königsberg, Freimaurer im josephinischen Wien, Wien 1975.
105 Rüdiger Hachtmann, Friedrich II. von Preußen und die Freimaurerei, in: HZ 264 (1997), S. 21–54.
106 Zit nach Georg Büchmann, Geflügelte Worte und Zitatenschatz, Stuttgart 1953, S. 315f.
107 Harm Klueting, Die politisch-administrative Integration Preußisch-Schlesiens unter Friedrich II., in: Peter Baumgart (Hrsg.), Kontinuität und Wandel. Schlesien zwischen Österreich und Preußen, Sigmaringen 1990, S. 41–62.
108 Richard Dietrich (Bearb.), Die politischen Testamente der Hohenzollern, Köln/Wien 1986, S. 254–461.

> „Les religions […] Sont fondées sur un Sisteme fabuleux plus ou moins absurde. Il est imposible qu'un homme de bon sens qui […] n'en Voye pas L'ereur, mais Ce prejugéz, ces Ereurs, ce Merveilleux est fait pour Les hommes, et il faut Savoir assez respecter Le public pour ne le pas Scandalisser dans son Culte, de quelque Religion quil soit",[109]

um mit dem Blick auf Schlesien fortzufahren:

> „Le Grand Nombre des Catoliques se trouve en Silesie. On Leur Laisse Le libre exsercise de Leur religion, mais pour empecher que Les Couvens n'ensevelissent pas dans leur Celibat Les esperances des familles, il est defendu de devenir moine ou religieuse avans L'Age de Majorité. Je laisse d'ailleurs aux eclessiastiques toute Liberté et les drois qui leurs apartienent".[110]

1747 erteilte der König die Baugenehmigung für die repräsentative katholische Hedwigskirche in Berlin, die heutige Kathedrale des Erzbistums Berlin. Die hl. Hedwig war die Patronin Schlesiens, so dass mit diesem Kirchenbau der friderizianischen, zur Religionsfreiheit hin tendierenden Duldung gegenüber den schlesischen Katholiken auch architektonisch Ausdruck verliehen wurde.[111]

Lessing und die Ringparabel

Das klassische Dokument der Relativierung der Glaubensaussagen und der Forderung nach Religionsfreiheit – zugleich als freimaurerisches Dokument das dramatische Gegenstück zu Mozarts „Zauberflöte" – lieferte in Deutschland Gotthold Ephraim Lessing mit seinem Drama „Nathan der Weise" von 1778. Im Mittelpunkt des „Nathan" steht die Ringparabel, die Lessing aus der zwischen 1348 und 1353 verfassten und 1470 gedruckten Novellensammlung des „Decamerone" des Giovanni Boccaccio übernahm.[112]

> Der weise Jude Nathan wird von Sultan Saladin gefragt, welche Religion die beste sei, der Islam, das Judentum oder das Christentum. Als Antwort erzählt Nathan die Geschichte von den drei Ringen, die einander so sehr gleichen, dass man sie nicht unterscheiden kann. So sei auch die eine Religion ebenso viel wert wie die andere. In Lessings Worten, die der Jude Nathan spricht, heißt das: „Der rechte Ring war nicht erweislich – fast so unerweislich, als uns itzt der rechte Glaube".[113]

---

109 Ebd., S. 314. Auf S. 315 die dt. Übersetzung: „Alle Religionen sind […] auf ein mythisches System gegründet, mehr oder weniger absurd. Es ist unmöglich, dass ein Mensch mit gesundem Verstand […] nicht den Irrtum sieht, aber diese Vorurteile, diese Irrtümer, diese Wunder sind für die breite Masse gemacht, und man muss auf die Öffentlichkeit Rücksicht zu nehmen wissen, um sie nicht in ihrem Kult zu verletzen, welche Religion es auch sei".

110 Ebd. Auf S. 315 dt.: „Die große Zahl der Katholiken findet sich in Schlesien. Man lässt ihnen die freie Ausübung ihrer Religion, aber um zu verhindern, dass die Klöster im Zölibat die Hoffnung der Familien begraben, ist es verboten, vor der Großjährigkeit Nonne oder Mönch zu werden. Sonst lasse ich den Geistlichen alle Freiheit und die Rechte, die ihnen zustehen".

111 Anton Schindling, Friedrichs des Großen Toleranz und seine katholischen Untertanen, in: Baumgart, Kontinuität und Wandel (wie Anm. 107), S. 257–272.

112 Zu Boccaccio Wilhelm Theodor Elwert, Die italienische Literatur des Mittelalters. Dante, Petrarca, Boccacio, München 1980.

113 Gotthold Ephraim Lessing, Nathan der Weise. Ein dramatisches Gedicht in fünf Aufzügen, 3. Aufzug, 7. Auftritt.

Keine Religion konnte in Lessings Augen die volle Wahrheit für sich beanspruchen. Alle Religionen enthielten für ihn nur Teilwahrheiten und besaßen darüber hinaus einen gemeinsamen Kern – die „natürliche Religion". Also konnten auch nicht die Anhänger einer Religion privilegiert und die der anderen Religionen unterdrückt werden. Dieser Gedanke des Relativismus der religiösen Wahrheit war das Gegenteil der alten Vorstellung von der sakralen Gemeinschaft. Es war aber auch das genaue Gegenteil des christlichen – und insbesondere des katholischen – Glaubens. Die Konsequenz aus der Relativität der religiösen Wahrheit musste jedoch Religionsfreiheit sein, die der Staat – nicht die Kirche – gewährt.

Verfassungsrechtliche Verankerung der Religionsfreiheit

Hatten die josephinischen Toleranzpatente den „Akatholiken" nur Toleranz – Duldung – gewährt, so setzte in derselben Zeit die verfassungsrechtliche Verankerung der Religionsfreiheit ein. Am Anfang stand die „Bill of Rights" des Staates Virginia vom 12. Juni 1776,[114] ein hauptsächlich von George Mason verfasstes Dokument, das erheblichen Einfluss auf die Unabhängigkeitserklärung der Vereinigten Staaten von Amerika aus demselben Jahr, auf die „Bill of Rights" der Vereinigten Staaten und auf die französische „Déclaration des droits de l'homme et du citoyen" von 1789 und darüber hinaus auf die Grundrechtsartikel in den konstitutionellen Verfassungsurkunden der europäischen Länder des 19. und 20. Jahrhunderts hatte. Der 16. – letzte – Artikel der „Virginia Declaration of Rights" hat den Wortlaut:

> „That religion or the duty, which we owe to our Creator and the manner of discharging it can be directed only by reason and conviction, not by force or violence and therefore all men are equally entitled to the free exercise of religion, according to the dictates of conscience; and that it is the mutual duty of all to practise Christian forbearance, love and charity towards each other".[115]

In der „Déclaration des droits de l'homme et du citoyen" – der „Erklärung der Menschen- und Bürgerrechte" – vom 26. August 1789, die in die erste Verfassungsurkunde des zu diesem Zeitpunkt noch monarchisch verfassten Frankreich, die „Constitution de 1791"[116] einging und ihr als Grundrechtskatalog vorangestellt wurde, ist die Religionsfreiheit weniger deutlich. Man muss die Artikel 2, 4 und 10 zusammen nehmen:

> „[Art. 2] Le but de toute association politique et la conservation des droits naturels et imprescriptibles de l'homme. Ces droits sont la liberté, la propriété, la sûreté et la

---

114 Text engl. u. dt.: Günther Franz (Hrsg.), Staatsverfassungen. Eine Sammlung wichtiger Verfassungen der Vergangenheit und Gegenwart in Urtext und Übersetzung, ²Darmstadt 1964, S. 6–10.
115 Franz, Staatsverfassungen (wie Anm. 114), S. 10. Auf S. 11 auch dt.: „Die Religion oder die Ehrfurcht, die wir unserem Schöpfer schulden, und die Art, wie wir sie erfüllen, können nur durch Vernunft und Überzeugung bestimmt sein und nicht durch Zwang oder Gewalt; daher sind alle Menschen gleicherweise zur freien Religionsausübung berechtigt, entsprechend der Stimme ihres Gewissens; es ist die gemeinsame Pflicht aller, christliche Nachsicht, Liebe und Barmherzigkeit aneinander zu üben".
116 Text frz. u. dt.: Franz, Staatsverfassungen (wie Anm. 114), S. 303–371. Dasselbe nur frz: Les constitutions de la France depuis 1789. Présentation par Jacques Godechot, Paris 1979, S. 33–67.

résistance à l'oppression. [Art. 4] La liberté consiste à pouvoir faire tout ce, qui ne nuit pas à autrui [...]. [Art. 10] Nul ne doit être inquiété pour ses opinions, même religieuses, pourvu que leur manifestation ne trouble pas l'ordre public établi par la loi".[117]

Im „Allgemeinen Landrecht für die preußischen Staaten"[118] von 1794[119] finden sich im II. Teil unter dem 11. Titel die §§ 1 bis 6, von denen hier die §§ 1 bis 3 Beachtung verdienen:

> „§ 1. Die Begriffe der Einwohner des Staats von Gott und göttlichen Dingen, der Glaube und der innere Gottesdienst können kein Gegenstand von Zwangsgesetzen sein. § 2. Jedem Einwohner im Staate muss eine vollkommene Glaubens- und Gewissensfreiheit gestattet werden. § 3. Niemand ist schuldig, über seine Privatmeinungen in Religionssachen Vorschriften vom Staate anzunehmen".

Die auch als „Paulskirchenverfassung" bekannte „Verfassung des Deutschen Reiches" vom 28. März 1849[120] enthält im Abschnitt IV mit den Artikeln I bis XIV und den §§ 130 bis 189 die von der Verfassunggebenden Nationalversammlung schon am 27. Dezember 1848 vorweg in Kraft gesetzten „Grundrechte des deutschen Volkes".[121] Einschlägig ist § 144:

> „Jeder Deutsche hat volle Glaubens- und Gewissensfreiheit. Niemand ist verpflichtet, seine religiöse Überzeugung zu offenbaren".

Die „Verfassungsurkunde für den Preußischen Staat" vom 31. Januar 1850[122] geht in den Artikeln 12 bis 18 ausführlich auf das Verhältnis von Staat und Kirche bzw. Staat und Religionsgesellschaften und auf die Religionsfreiheit des Einzelnen ein:

> „Art. 12. Die Freiheit des religiösen Bekenntnisses, der Vereinigung zu Religionsgesellschaften und der gemeinsamen häuslichen und öffentlichen Religionsausübung wird gewährleistet. Der Genuss der bürgerlichen und staatsbürgerlichen Rechte ist unabhängig von dem religiösen Bekenntnisse. Den bürgerlichen und staatsbürgerlichen Pflichten darf durch die Ausübung der Religionsfreiheit kein Abbruch geschehen. [...] Art. 14. Die christliche Religion[123] wird bei denjenigen Einrichtungen des Staats, welche mit der Religionsausübung im Zusammenhang stehen, unbeschadet der im Art. 12 gewährleisteten Religionsfreiheit, zum Grunde gelegt".

---

117 Franz, Staatsverfassungen (wie Anm. 114), S. 304 u. 306. Auf S. 305 u. 307 auch dt.: „[Art. 2] Das Ziel jeder politischen Vereinigung ist die Erhaltung der natürlichen und unveräußerlichen Menschenrechte. Diese Rechte sind Freiheit, Eigentum, Sicherheit und Widerstand gegen Unterdrückung. [Art. 4] Die Freiheit besteht darin, alles tun zu können, was einem anderen nicht schadet. [...] [Art. 10] Niemand soll wegen seiner Meinungen, selbst religiöser Art, beunruhigt werden, solange ihre Äußerung nicht die durch das Gesetz festgelegte öffentliche Ordnung stört".

118 Text: Allgemeines Landrecht für die preußischen Staaten von 1794. Hrsg. von Hans Hattenhauer, Frankfurt am Main 1970.

119 Das ALR war keine konstitutionelle Verfassungsurkunde und eher der Vorläufer des 1900 kodifizierten BGB.

120 Text: Franz, Staatsverfassungen (wie Anm. 114), S. 140–167.

121 Ebd., S. 159–166.

122 Nicht bei Franz, Staatsverfassungen (wie Anm. 114). Text (Auszug): Rudolf Schuster (Hrsg.), Deutsche Verfassungen, München 1978, S. 57–70.

123 In Art. 15 werden „die evangelische und die römisch-katholische Kirche sowie jede andere Religionsgesellschaft" genannt, die „ihre Angelegenheiten selbständig" ordnen.

Die Weimarer Reichsverfassung vom 11. August 1919,[124] deren sog. Kirchenartikel – die Art. 136, 137, 138, 139 und 141 – seit 1949 über Artikel 140 GG als Bestandteil des Grundgesetzes fortgelten, garantiert die Religionsfreiheit in Artikel 135:

> „Alle Bewohner des Reichs genießen volle Glaubens- und Gewissensfreiheit. Die ungestörte Religionsausübung wird durch die Verfassung gewährleistet und steht unter staatlichem Schutz. Die allgemeinen Staatsgesetze bleiben hiervon unberührt".

Im Grundgesetz für die Bundesrepublik Deutschland vom 23. Mai 1949[125] tritt Artikel 4, Absatz 1 und 2, an die Stelle des Artikels 135 der Weimarer Reichsverfassung, womit die Religionsfreiheit, wie schon in der Paulskirchenverfassung, in die Grundrechtsartikel rückt:

> „Die Freiheit des Glaubens, des Gewissens und die Freiheit des religiösen und weltanschaulichen Bekenntnisses sind unverletzlich. Die ungestörte Religionsausübung wird gewährleistet".

Die „Europäische Konvention zum Schutze der Menschenrechte und Grundfreiheiten"[126] vom 4. November 1950,[127] die in Deutschland und allen Mitgliedsstaaten des Europarates geltendes Recht ist, gewährleistet die Religionsfreiheit in Artikel 9:

> „Toute personne a droit à la liberté de pensée, de conscience et de religion; ce droit implique la liberté de changer de religion ou de conviction, ainsi que la liberté de manifester sa religion ou sa conviction individuellement ou collectivement, en public ou en privé, par le culte, l'enseignement, les pratiques et l'accomplissement des rites. La liberté de manifester sa religion ou ses convictions ne peut faire l'objet d'autres par la loi, constituent des mesures nécessaires, dans une société démocratique, à la sécurité publique, à la protection de l'ordre, de sa santé ou de la morale publiques, ou à la protection des droits et libertés d'autrui".[128]

Der säkularisierte religionsneutrale Staat

Mit diesen Textzeugnissen von hohem verfassungsrechtlichem Rang, deren Anzahl sich wesentlich erweitern ließe, tritt der säkularisierte Staat hervor, der – so Ernst-Wolfgang Böckenförde[129] – die Religion keineswegs negiert: „Er findet sie vor und

---

124 Franz, Staatsverfassungen (wie Anm. 114), S. 191–225.
125 Bei geltendem Recht erübrigt sich die Druckortangabe.
126 Amtlicher Titel: „Convention des sauvegarde des droits de l'homme et de libertés fondamentales" – „Convention for the Protection of Human Rights and Fundamental Freedoms".
127 Bei geltendem Recht erübrigt sich die Druckortangabe.
128 Amtlich ist nur der frz. u. der engl. Text. Der nichtamtliche dt. Text lautet: „Jedermann hat Anspruch auf Gedanken-, Gewissens- und Religionsfreiheit; dieses Recht umfasst die Freiheit des einzelnen zum Wechsel der Religion oder der Weltanschauung, sowie die Freiheit, seine Religion oder Weltanschauung einzeln oder in Gemeinschaft mit anderen öffentlich und privat, durch Gottesdienst, Unterricht, durch die Ausführung und Beachtung religiöser Gebräuche auszuüben. Die Religions- und Bekenntnisfreiheit darf nicht Gegenstand anderer als vom Gesetz vorgesehener Beschränkungen sein, die in einer demokratischen Gesellschaft notwendige Maßnahmen im Interesse der öffentlichen Sicherheit, der öffentlichen Ordnung, Gesundheit und Moral oder für den Schutz der Rechte und Freiheiten anderer sind".
129 Ernst-Wolfgang Böckenförde, Die Reinigung des Glaubens, in: Frankfurter Allgemeine Zeitung Nr. 215 vom 16. September 2010, S. 32. Dort die folgenden Zitate.

setzt sich in ein Verhältnis zu ihr. Dieses Verhältnis wird bestimmt durch die Ge-
währleistung der Religionsfreiheit". Das Verhältnis des säkularisierten Staates[130]
zur Religion sei, „ein solches der Neutralität: Sie ist das Korrelat, die andere Seite
der Religionsfreiheit". Böckenförde unterscheidet die „offene Neutralität, wie sie
vor allem in der Schweiz und in Deutschland, aber nicht allein dort gilt" und die
„der Religion auch Entfaltungsraum im öffentlichen Bereich" gibt, von der „distanzierenden Neutralität", die „die Rechtsordnung insoweit rein weltlich-säkular"
gestaltet und „die religiösen Aspekte als irrelevant und privat" abweist. Das gilt für
die französische *Laïcité*. Trotz Anerkennung der Religionsfreiheit auch im System
der distanzierenden Neutralität, entspreche nur die Form der „offenen Neutralität
[...] der Freiheitsidee und der Anerkennung der Religion in ihrer Eigenständigkeit.
Denn Religion zielt aus sich heraus auf Kundgabe und Praktizierung auch im öffentlichen Raum".[131] Die sittliche Idee, die sich im säkularisierten Staat mit der offenen Neutralität realisiere, liege „in der Anerkennung des Menschen als frei handelnden, auch in Glaubensfragen frei handelnden Wesens, letztlich in seiner
Subjektstellung als Person". Diese sittliche Idee „des säkularisierten religionsneut-
ralen Staates" habe, so Böckenförde, inzwischen die Zustimmung der christlichen
Kirchen und „vor allem auch Anerkennung in der katholischen Kirche und kirchlichen Lehre gefunden", womit er die Erklärung über die Religionsfreiheit des
Zweiten Vatikanischen Konzils anspricht – deren im Auftrag der deutschen Bischöfe erfolgte Textausgabe er 1968 mit einer fundierten Einleitung begleitet hat.[132]

Religionsfreiheit in der Kirchen- und Theologiegeschichte

Bruch mit der Tradition oder Entsprechung der Offenbarung Gottes?

War die Erklärung über die Religionsfreiheit 1965 ein Bruch mit der Tradition der
heiligen katholischen und apostolischen Kirche? Max Seckler stellt fest, dass das
Konzil „mit dem Lehrgehalt von ‚Dignitatis humanae' [...] in eklatanter Weise über
die zuvor in der Kirche herrschenden Auffassungen hinausgegangen ist", und fragt,
„ob es sich noch um eine kontinuierliche Lehrentwicklung oder schon um einen
wahren Traditionsbruch handelte".[133] Er listet diejenigen auf, die auf Traditionsbruch plädieren – u. a. Louis de Vaucelles oder die Juristen Ernst-Wolfgang
Böckenförde und Joseph Isensee –, aber auch die Vertreter der Kontinuitätsthese –
u. a. Walter Kasper.[134] Der ehemalige Bundesverfassungsrichter Böckenförde sieht

---

130 Ein Schlüsseltext in diesem Zusammenhang: Ernst-Wolfgang Böckenförde, Die Entstehung des
Staates als Vorgang der Säkularisation, u. a. in: Heinz-Horst Schrey (Hrsg.), Säkularisierung,
Darmstadt 1981, S. 67–89.
131 Dass sich in dieser Hinsicht gegenüber 1905 in Frankreich, dem Land der *Laïcité*, einiges geändert
hat, zeigt Volker Wick, Die Trennung von Staat und Kirche. Jüngere Entwicklungen in Frankreich
im Vergleich zum deutschen Kooperationsmodell, Tübingen 2007.
132 Böckenförde, Einleitung (wie Anm. 11).
133 Seckler, Religionsfreiheit (wie Anm. 11), S. 2.
134 Ebd., S. 2f.

das auch heute noch so, wenn er von „kopernikanischer Wende"[135] spricht und an „die lange Tradition gegenteiliger Verlautbarungen des kirchlichen Lehramts, nicht zuletzt der Päpste des 19. Jahrhunderts",[136] erinnert; 1968 hielt Böckenförde die Kirche mit der Erklärung über die Religionsfreiheit für „nicht nur graduell, sondern prinzipiell"[137] von ihrer vorherigen Position abgerückt. War es eine Verbeugung vor dem Zeitgeist? Eine schiere Notwendigkeit in der Welt von heute, in der Katholiken von Religionsfreiheit eher profitieren als sie anderen zu gewähren? War es „Reinigung des Glaubens durch die Vernunft"?[138] So formuliert Böckenförde, um hinzuzufügen: „Es war nicht irgendeine Vernunft, sondern die Vernunft der Aufklärung".[139] Dem wird man – auch mit der Regensburger Vorlesung Benedikts XVI. im Hintergrund – zustimmen können. Aber kann man auch den Folgesätzen zustimmen, die Böckenförde in ungewollte Nähe zur Fundamentalkritik des Vertreters der Priesterbruderschaft St. Pius X. Franz Schmidberger bringen?:

> „Es war eine säkulare, weltliche Vernunft, nicht theologisch inspiriert von einem Offenbarungsglauben, sondern von ihm sich ablösend [...], eine Vernunft, in ihrem Erkenntnisstreben auf das ausgerichtet, was wahr und richtig ist für die Menschen und ihr Zusammenleben."

Max Seckler kommt auf die von ihm gestellte Frage zu einer abgewogeneren Antwort:

> „Zwischen der vorkonziliaren kirchenamtlichen Toleranzdoktrin und der konziliaren Sicht der Dinge liegen Welten. Aber von dem Wandel, den das Konzil brachte, ist das päpstliche Lehramt (des 19. und der ersten Hälfte des 20. Jahrhunderts) viel stärker betroffen als die Kirche und kirchliche Theologie im Ganzen. Im Grunde war in der Kirche längst still herangewachsen, was auf dem Konzil zum Durchbruch kommen sollte. [...] So gesehen stellten die Richtung und der Gehalt von ‚Dignitatis humanae' keine so große Neuerung dar".[140]

„Hermeneutik der Diskontinuität" oder „Hermeneutik der Reform"?

Robert Spaemann hat 2009 in einem Interview geäußert, es sei „das Prinzip von Konzilien, immer im Einklang mit der Tradition zu stehen".[141] Noch deutlicher wurde Papst Benedikt XVI. in seinem Schreiben an die Bischöfe der Weltkirche vom 10. März 2009:

---

135 Ebd., S. 9 die „Kapitelüberschrift „Kopernikanische Wende des Konzils – Ja und Nein". Hier sollte man in Erinnerung rufen, woher die Metapher „Kopernikanische Wende" stammt und worauf sie sich ursprünglich bezieht. Sie stammt aus der Vorrede zur zweiten Auflage von Kants „Kritik der reinen Vernunft" von 1787, wo der Ausdruck „Kopernikanische Wende" aber nicht wörtlich vorkommt. Kant spricht stattdessen von einer „Revolution" (S. 23) der Denkart der Physik und bringt diese mit Nikolaus Kopernikus in Verbindung, siehe Immanuel Kant, Werke. Hrsg. von Wilhelm Weischedel, Bd. 2, Wiesbaden 1956, S. 23 u. 25.
136 Böckenförde, Reinigung des Glaubens (wie Anm. 129).
137 Böckenförde, Einleitung (wie Anm. 11), S. 406.
138 Böckenförde, Reinigung des Glaubens (wie Anm. 129).
139 Ebd.
140 Seckler, Religionsfreiheit (wie Anm. 11), S. 9.
141 Robert Spaemann, Schismen sind schnell machbar und sehr schwer zu beheben. Ein Gespräch mit dem Philosophen Robert Spaemann. Von Regina Einig, in: Die Tagespost vom 15. Februar 2009.

> „Man kann die Lehrautorität der Kirche nicht im Jahr 1962 einfrieren […]. Aber manchen von denen, die sich als große Verteidiger des Konzils hervortun, muss auch in Erinnerung gerufen werden, dass das II. Vaticanum die ganze Lehrgeschichte der Kirche in sich trägt. Wer ihm gehorsam sein will, muss den Glauben der Jahrhunderte annehmen und darf nicht die Wurzeln abschneiden, von denen der Baum lebt".[142]

Benedikt XVI. nimmt damit – wie auch in der erwähnten Ansprache beim Weihnachtsempfang 2005 – die Position der „Hermeneutik der Reform" und nicht die der „Hermeneutik der Diskontinuität und des Bruches" ein,[143] d. h. die Sicht auf die „Erneuerung des einen Subjekts Kirche, die der Herr uns geschenkt hat, unter Wahrung der Kontinuität".[144] Wenn das richtig ist, so gilt das auch für die Erklärung über die Religionsfreiheit, die Benedikt XVI. in der Ansprache zum Weihnachtsempfang 2005 – oben wurde es zitiert – als „tief verankertes Erbe der Kirche" bezeichnet hat. Doch hat Robert Spaemann auch angemerkt, man müsse den Konzilsvätern vorwerfen, sich nicht die Mühe gemacht zu haben, die Vereinbarkeit von „Dignitatis humanae" mit der traditionellen Lehre der Kirche gezeigt und begründet zu haben.[145]

Irrwege der Kirchengeschichte

„Dignitatis humanae" stellt sich selbst in die Tradition der Kirche:

> „Somit verfolgt die Kirche in Treue zur Wahrheit des Evangeliums den Weg Christi und der Apostel, wenn sie anerkennt und dafür eintritt, dass der Grundsatz der religiösen Freiheit der Würde des Menschen und der Offenbarung Gottes entspricht. Sie hat die Lehre, die sie von ihrem Meister und von den Aposteln empfangen hat, im Laufe der Zeit bewahrt und weitergegeben".[146]

Aber die Erklärung verschweigt die Irrwege der Kirchengeschichte – Irrwege der „konstantinischen" Kirche aus der Sicht des nachkonstantinischen Zeitalters – nicht:

> „Gewiss ist bisweilen im Leben des Volkes Gottes auf seiner Pilgerfahrt – im Wechsel der menschlichen Geschichte – eine Weise des Handelns vorgekommen, die dem Geist des Evangeliums wenig entsprechend, ja sogar entgegengesetzt war; aber die Lehre der Kirche, dass niemand zum Glauben gezwungen werden darf, hat dennoch die Zeiten überdauert".[147]

Mit Recht erinnert Böckenförde an die Päpste des 19. Jahrhunderts, das manchem Konzilskritiker unserer Tage als besonders erleuchtetes, anderen im Hinblick auf die Religionsfreiheit aber als besonders finsteres Säkulum erscheint. Tatsächlich

---

142 Zitiert nach „Verkrampfungen lösen, das Positive bewahren. Schreiben von Papst Benedikt XVI. an den Episkopat der katholischen Kirche zur Aufhebung der Exkommunikation der vier Bischöfe der Pius-Bruderschaft", in: Die Tagespost Nr. 62 vom 13. März 2009, S. 5.
143 Ansprache von Papst Benedikt XVI. (wie Anm. 7), S. 11.
144 An die „Hermeneutik der Reform" knüpft mit der Übertragung dieser Sicht vom Zweiten Vatikanischen Konzil auf das Konzil von Trient an Harm Klueting, Tridentinischer Katholizismus – Katholizismus nach dem Konzil von Trient, in: Mariano Delgado / Markus Ries (Hrsg.), Karl Borromäus und die katholische Reform, Fribourg/Stuttgart 2010, S. 15–27.
145 Spaemann, Schismen sind schnell machbar (wie Anm. 141).
146 Rahner / Vorgrimler, S. 672 (Nr. 12).
147 Ebd.

erreichte der Irrweg der Kirchengeschichte in Sachen Religionsfreiheit seinen neuzeitlichen Höhepunkt in dem Jahrhundert nach der die Kirche tief – und tiefer als die Reformation des 16. Jahrhunderts – verunsichernden Französischen Revolution, zumal dieses Jahrhundert zugleich die Konfrontation mit der Moderne in Gestalt von Liberalismus und Industrialismus brachte. Das gilt vor allem für das 1846 begonnene und bis 1878 reichende Pontifikat Pius IX. und seine Enzyklika „Quanta cura" vom 8. Dezember 1864,[148] dem Tag des zehn Jahre vorher verkündeten Dogmas der Unbefleckten Empfängnis der Gottesmutter Maria, mit dem angehängten „Syllabus"[149] mit der Liste der 79 Irrtümer. Als Irrtum Nr. 15 erscheint in dieser Liste:

> „Liberum cuique homini est eam amplecti ac profiteri religionem, quam rationis lumine quis ductus veram putaverit". – „Es steht jedem Menschen frei, diejenige Religion anzunehmen und zu bekennen, die man, vom Lichte der Vernunft geführt, für wahr erachtet".

Oder Irrtum Nr. 77:

> „Aetate hac nostra non amplius expedit, religionem catholicam haberi tamquam unicam status religionem, ceteris quibuscumque cultibus exclusis" – „In dieser unserer Zeit ist es nicht weiter dienlich, die katholische Religion als die einzige Staatsreligion zu haben und alle übrigen Formen der Gottesverehrung auszuschließen".

Der „Syllabus" von 1864 enthält viele Aussagen, die auch heute noch wichtig, beherzigenswert und für den Glauben unverzichtbar sind. So wird man gerade auch im Lichte des eingangs angesprochenen theologischen Ansatzes Joseph Ratzingers, „mit der Vernunft nach Gott zu fragen und es im Zusammenhang der Überlieferung des christlichen Glaubens zu tun", gewiss kein Fragezeichen hinter die Anprangerung von Irrtum Nr. 6 setzen:

> „Christi fides humanae refragatur rationi; divinaque revelatio non solum nihil prodest, verum etiam nocet hominis perfectioni" – „Der Glaube an Christus widerspricht der menschlichen Vernunft; und die göttliche Offenbarung nützt nicht nur nichts, sondern schadet sogar der Vervollkommnung des Menschen".

Anderes aber und so auch die Haltung zur Religionsfreiheit erweist sich als zeitgebunden. Macht man es zum Paradigma, so erscheint die Erklärung über die Religionsfreiheit tatsächlich als radikaler Bruch.

Der Geist des Evangeliums

Aber es gibt ein besseres Paradigma, das Benedikt XVI. in der zitierten Ansprache beim Weihnachtsempfang 2005 mit den Worten anspricht, die Kirche befinde sich mit der Erklärung über die Religionsfreiheit „in völligem Einklang mit der Lehre Jesu".

Es gibt nicht nur das Unkrautgleichnis (Mt 13,24–30) und nicht nur die Antwort Jesu auf die Frage nach der Steuer für den Kaiser (Mt 22,21). Wenn „Dignitatis humanae" Freiheit als Freisein von Zwang in religiösen Dingen versteht, so ist das die

---

148 Hier nach DH RN 2890–2896.
149 DH RN 2901–2980.

Freiheit, die Gott dem als sein Abbild geschaffenen Menschen (Gen 1,27) gewährt und die die Freiheit zu gottwidrigem Handeln, die Freiheit zur Sünde, einschließt. Gott lässt das erste Menschenpaar in Gen 3 die verbotene Frucht essen. Er hat es ihnen verboten, aber er hindert sie nicht daran. Auch Jesus zwingt niemanden in die Nachfolge. In Mt 19 rät er dem reichen Mann, sein Geld den Armen zu geben und ihm nachzufolgen. „Als der junge Mann das hörte, ging er traurig weg, denn er hatte ein großes Vermögen" (Mt 19,22). Jesus übt keinen Zwang aus; er lässt ihn in Freiheit gewähren. Dagegen spricht nicht das „compellere" in „compelle intrare" in Lk 14,23, das viele Bibelübersetzungen – Luther ebenso wie die Einheitsübersetzung – mit „nötigen" wiedergeben, das aber auch und wohl besser mit „anreden", „zu etwas bewegen" oder „zu etwas drängen" übersetzt werden kann; das griechische ἀναγκάζω hat beide Bedeutungen, „nötigen, zwingen" und „(nachdrücklich) einladen".[150]

Verschüttete Überlieferungen

Nicht so eindeutig ist die Überlieferung durch die Jahrhunderte der Kirchengeschichte. Im 3. Jahrhundert zog der hl. Hieronymus – sein „amputatio Haereticorum ab Ecclesia" wurde im Zusammenhang mit Erasmus von Rotterdam schon genannt – das Unkrautgleichnis zur biblischen Begründung der Duldsamkeit gegenüber Ketzern heran.[151]

Der hl. Augustinus[152] zog gleichfalls das Unkrautgleichnis heran. Als Unkraut, das Gott am Tag der Ernte selbst aussondern werde, sollten Ketzer um des Friedens willen geduldet werden.[153] Augustinus machte, wie Klaus Schreiner schreibt, „aus der ‚tolerantia' eine soziale Grundtugend"[154] und verstand ‚tolerantia' vom Liebesgebot her, das zur Friedenswahrung auch gegenüber Häretikern und Schismatikern verpflichte. Aber – und das macht ihn nur sehr begrenzt zu einem Traditionsträger der Religionsfreiheit – „Augustinus, ursprünglich ein entschiedener Gegner obrigkeitlicher Zwangsmaßnahmen, rückte jedoch im Verlaufe seiner Auseinandersetzung mit den Donatisten vom Grundsatz gewaltfreier Bekehrung ab und machte aus dem biblischen ‚compelle intrare' (Lk 14,23; in der augustinischen Version: ‚cogite intrare') eine theologisch legitime Verfahrensweise gegen hartnäckige, bekehrungsunwillige Ketzer. Durch Gewalt sollten Häretiker wieder in die Kirche eingegliedert, auf keinen Fall aber getötet werden".[155]

Auch Thomas von Aquin setzte sich mit dem Unkrautgleichnis auseinander, kam aber im Hinblick auf den Umgang mit Ketzern zu einem anderen Ergebnis als

---

150 Walter Bauer, Griechisch-deutsches Wörterbuch zu den Schriften des Neuen Testaments und der frühchristlichen Literatur, ⁶Berlin/New York 1988, Sp. 101, empfiehlt für Lk 14,23 die Übersetzung von ἀναγκάζω mit „(nachdrücklich) auffordern, (dringend) einladen".

151 Benoît Jeanjean, Saint Jérôme et l'hérésie, Paris 1999.

152 Auf Augustinus bezieht sich „Dignitatis humanae" in vier Rekursen. Darauf macht aufmerksam Hermann-Josef Sieben, Augustinus-Rezeption in Konzilien von den Lebzeiten des Kirchenvaters bis zum Zweiten Vatikanum, in: ders., Studien zum Ökumenischen Konzil. Definitionen und Begriffe, Tagebücher und Augustinus-Rezeption, Paderborn 2010, S. 29–68, hier S. 61.

153 Schreiner, Art. Toleranz (wie Anm. 29), S. 466f., mit Nachweisen.

154 Ebd., S. 452.

155 Ebd., S. 467.

Hieronymus.[156] Er unterschied drei Gruppen,[157] die Ungläubigen, die nie den Glauben angenommen haben,[158] die abtrünnig gewordenen Christen und die Juden.[159] Als Häretiker betrachtete er nur abtrünnigen Christen.[160] Diesen gegenüber kannte Thomas keine Duldung: „Et ideo haeretici sunt compellendi ut fidem teneant".[161]

Wichtig wurde die Konfrontation mit dem Islam. Kaiser Manuel II. Palaeologos hat schon im Zusammenhang mit der Regensburger Vorlesung Benedikts XVI. Erwähnung gefunden. Aus dem 13. Jahrhundert ist der Franziskaner Raymundus Lull zu nennen, der Missionsreisen nach Nordafrika unternahm, Arabisch lernte, die arabischen Schriften der muslimischen Theologen studierte und für die Bekehrung der Muslime zum christlichen Glauben wirkte.[162] Aber Lull lehnte Zwang ab und war von der Möglichkeit überzeugt, Muslime auf dem Weg philosophischer Reflexion zur Anerkennung der Trinität und der Inkarnation Gottes in Jesus Christus sowie zur Einsicht in die Übereinstimmung des christlichen Glaubens mit der menschlichen Vernunft zu bringen. Auch der Dominikaner Wilhelm von Tripolis war als Missionar unter den Muslimen tätig.[163] In seinem Traktat „De statu sarracenorum" von 1273[164] suchte er den Nachweis zu führen, dass ein Kreuzzug nicht notwendig sei, weil die Muslime kurz vor dem Übertritt zum Christentum stünden – „aufgrund der einfachen Predigt über Gott, ohne gelehrte Diskussionen oder Waffengewalt, streben sie wie einfache Schafe die Taufe Christi an".[165] Hierher gehört auch der 1320 gestorbene Dominikaner Riccoldo da Monte di Croce, der als Muslim-Missionar bis nach Bagdad gelangte.[166] Er verfasste den polemischen Traktat „Contra legem sarracenorum"[167], der auch ins Griechische übersetzt wurde und bei der Rückübersetzung ins Lateinische den Titel „Confutatio Alcorani" erhielt.[168] Doch auch er widerriet jedem Zwang und trat dafür ein,

---

156 Thomas von Aquin, Summa theologiae II–II 10,8 (Dt. Thomasausgabe, Bd. 15), Heidelberg 1950: Summa theologiae, dt.–lat., II–II, 1–16, S. 211–214.

157 Siehe Schreiner, Art. Toleranz (wie Anm. 29), S. 457, auf den ich mich stütze.

158 Thomas, Summa theologiae II–II 10,8 (S. 212): „Dicendum quod infidelium quidam sunt qui nunquam susceperunt fidem, sicut gentiles et Judaei: Et tales nullo modo sunt ad fidem compellendi, ut ipsi credant. Quia credere voluntatis est".

159 Ebd. (S. 213f.): „Dicendum quod Judaei, si nullo modo acceperunt fidem, nullo modo sunt cogendi ad fidem. Si autem acceperunt fidem, ,oportet ut fidem necessitate cogantur retinere'".

160 Ebd. (S. 212f.): „Alii vero sunt infideles qui quandoque fidem susceperunt et eam profitentur; sicut haeretici et quicumque apostate. Et tales sunt etiam corporaliter compellendi ut impleant quod promiserunt et teneant quod semel susceperunt".

161 Ebd. (S. 214).

162 Helmut Riedlinger, Art. Raymundus Lullus, in: LMA 7 (1995), Sp. 490–494.

163 Zu ihm auch Edeltraud Klueting, Quis fuerit Machometus? Mohammed im lateinischen Mittelalter (11.–13. Jahrhundert), in: AKuG 90 (2008), S. 283–306. Dort zahlreiche Nachweise.

164 Wilhelm von Tripolis, Notitia de Machometo. De statu Sarracenorum. Hrsg. von Peter Engels, Würzburg/Altenberge 1992.

165 Ebd., S. 371. Auch zit. bei E. Klueting, Quis fuerit Machometus (wie Anm. 163), S. 299.

166 Literatur zu Riccoldo da Monte di Croce bei E. Klueting, Quid fuerit Machometus (wie Anm. 163), S. 297, Anm. 46.

167 Riccoldo da Monte di Croce, Contra Legem Sarracenorum. Hrsg. v. Jean-Marie Mérigoux, in: Memorie domenicane 17 (1986), S. 60–142, Einleitung S. 1–59; Lat.-dt. Textausgabe: Riccoldus de Montecrucis, Confutatio Alcorani (1300). Martin Luther, Verlegung des Alcoran (1542). Hrsg. v. Johannes Ehmann, Würzburg/Altenberge 1999.

168 Unter diesem Titel ist die Schrift aus den Werken des Nikolaus Cusanus und Martin Luthers bekannt. Luther hat die „Confutatio Alcorani" als „Verlegung des Alcoran Bruder Richardi" 1542 ins Deutsche übersetzt: WA 53, S. 272–396.

den Muslimen aus dem Koran selbst den Irrtum ihrer Lehre zu beweisen und sie mit Vernunftgründen von der Wahrheit des christlichen Trinitätsglaubens zu überzeugen.

Aber das waren nicht nur lediglich verstreute Stimmen, sondern auch nur private Stellungnahmen, wenn auch von gelehrten Theologen, die in der Konfrontation mit dem Islam standen und besser wussten, wovon sie sprachen, als Papst Gregor XI., der Raymundus Lull verurteilte; Papst Martin V. hob 1419 die Verurteilung wieder auf. Es waren keine Konzilsdekrete und keine lehramtlichen Dokumente. Aber auch solche gibt es.

„Dignitatis humanae" begründet das Recht auf religiöse Freiheit als Freisein von Zwang mit dem Personsein des Menschen: „Weil die Menschen Personen sind, d. h. mit Vernunft und freiem Willen begabt und damit auch zu persönlicher Verantwortung erhoben [...]".[169] „Freier Wille" ist ein zentraler theologischer Begriff, vor allem seit der Formulierung von Luthers den „freien Willen" leugnender Rechtfertigungslehre.[170] Das Konzil von Trient verabschiedete am 13. Januar 1547 in Abgrenzung gegen Luthers Rechtfertigungslehre das „Decretum de iustificatione".[171] Das Tridentinum bejahte den von Luther verworfenen freien Willen und erklärte:

> „Ipsius iustificationis exordium in adultis a Dei per Christum Iesum praeveniente gratia sumendum esse, hoc est, ab eius vocatione, qua nullis eorum exsistentibus meritis vocantur, ut qui per peccata a Deo aversi erant, per eius excitantem atque adiuvantem gratiam ad convertendum se ad ipsorum iustificationem, eidem gratiae libere assentiendo et cooperando, disponantur" – „dass diese Rechtfertigung bei Erwachsenen ihren Anfang von Gottes zuvorkommender Gnade durch Christus Jesus nehmen muss, das heißt, von seinem Ruf, durch den sie – ohne dass ihrerseits irgendwelche Verdienste vorlägen – gerufen werden, so dass sie, die durch ihre Sünden von Gott abgewandt waren, durch seine erweckende und helfende Gnade darauf vorbereitet werden, sich durch freie Zustimmung und Mitwirkung mit dieser Gnade zu ihrer eigenen Rechtfertigung zu bekehren".[172]

Diese „freie Zustimmung" von 1547, in der die Willensfreiheit ihren Ausdruck findet, steht in einer Verbindung mit der Religionsfreiheit von 1965.

Schluss

Ein päpstlich bestätigtes Konzilsdekret[173] wie das „Decretum de iustificatione" des Tridentinums von 1547 ist zumindest von keinem geringeren Rang als eine Enzyklika wie „Quanta cura" und eine einer Enzyklika angehängte Liste wie der „Sylla-

---

169 Rahner / Vorgrimler (wie Anm. 10), S. 663 (Nr. 2).
170 Zu beachten ist in diesem Zusammenhang auch die scharfe Auseinandersetzung im Streit um die Willensfreiheit zwischen Luther und Erasmus von Rotterdam, der 1525 mit Luthers Gegenschrift „De servo arbitrio" (WA 18, S. 600–787) auf die Abhandlung „De libero arbitrio διατριβή" des Erasmus (LB IX, S. 1215–1248; dasselbe lat./dt.: Eras.AS Bd. 4, 1–195) begann und endgültig zur Trennung zwischen dem Humanisten und dem Reformator führte.
171 Hier zit. nach DH RN 1520–1583.
172 Ebd. RN 1525.
173 Papst Pius IV. bestätigte die Beschlüsse des Konzils von Trient mit der Bulle „Benedictus Deus" vom 26. Januar 1564: DH RN 1847–1850.

bus" von 1864. Die Kirchen der Reformation und besonders der lutherischen Tradition sehen ihr Proprium in Luthers Rechtfertigungslehre mit ihrem *sola gratia*, der Lehre von der Rechtfertigung des Sünders „allein durch Gnade". Die katholische Kirche kann mit dem „Decretum de iustificatione" von Trient und mit seiner Hochschätzung des freien Willens die Brücke schlagen vom Unkrautgleichnis zur Erklärung über die Religionsfreiheit – weit entfernt von jedem Synkretismus oder Relativismus, wie ihn manche Kritiker an die Wand malen.

Es war die Rede von dem der Aufklärung und der Freimaurerei gemeinsamen Menschenbild und auch davon, dass darin ein Säkularisat christlichen Glaubens stecke. Am Ende dieses Beitrags steht die These, dass sich die Kirche mit der Erklärung über die Religionsfreiheit das zurückgeholt hat, was sich Aufklärung und Freimaurerei in säkularisierender Weise aus ihrem Bestand – aus Bibel und christlicher Tradition – angeeignet hatten: die Würde der menschlichen Person und die Verbindung von Freiheit und Glauben.[174]

Abkürzungen:

ALR = Allgemeines Landrecht für die preußischen Staaten; AKathKR = Archiv für katholisches Kirchenrecht; AKuG = Archiv für Kulturgeschichte; ASyn = Acta Synodalia Sacrosancti Concilii Oecumenici Vaticani II; BGB = Bürgerliches Gesetzbuch; DRTA.JR = Deutsche Reichstagsakten, Jüngere Reihe; Eras.AS = Erasmus von Rotterdam. Ausgewählte Schriften. Hrsg. von Werner Welzig; GG = Grundgesetz; GGB = Geschichtliche Grundbegriffe; DH = Enchiridion symbolorum, definitionum et declarationum de rebus fidei et morum. Hrsg. von Heinrich Denzinger u. Peter Hünermann; HZ = Historische Zeitschrift; LB = Desiderii Erasmi Roterodami Opera Omnia, editio Lugdunum Batavorum; LMA = Lexikon des Mittelalters; RGG = Religion in Geschichte und Gegenwart; RN = Randnummer; SHAW.PH = Sitzungsberichte der Heidelberger Akademie der Wissenschaften, Philosophisch-historische Klasse; ThQ = Theologische Quartalschrift; TRE = Theologische Realenzyklopädie; WA = Martin Luther, Werke, Kritische Gesamtausgabe. [Weimarer Ausgabe] Schriften; WA.B = Martin Luther, Werke. Kritische Gesamtausgabe. [Weimarer Ausgabe] Briefwechsel; ZSRG.K = Zeitschrift der Savigny-Stiftung für Rechtsgeschichte. Kanonistische Abteilung; ZThK = Zeitschrift für Theologie und Kirche

---

174 Dieser These könnte Seckler, Religionsfreiheit zustimmen, der S. 3 anmerkt, dass die Kirche, die „Dignitatis humanae" annahm, „nicht eine in die Enge getriebene Kirche war, die sich die Dinge abnötigen ließ, sondern eine vitale, kraftvoll der Zukunft zugewandte", die „durch eine relecture der einschlägigen Theologumena (wie z. B. die unantastbare Würde der Person, die Freiheit der Glaubensentscheidung, die Begrenztheit der staatlichen Gewalt, die Korrelativität von Wahrheit und Freiheit usw.), zur theologischen Fundamentierung der neuen Lehrgehalte auf eigene, originär biblische und christliche Prinzipien zurückgreifen konnte".

„Zurück zum Konzil!"

Florian Kolfhaus

Über vierzig Jahre sind nach Beendigung des Zweiten Vatikanischen Konzils vergangen, und auf allen Ebenen des kirchlichen Lebens ist seit mehr als einer Generation die Rezeption des Zweiten Vatikanums im Gange. Scheinen nicht alle wesentlichen Fragen bereits hinreichend geklärt? Gerade in jüngster Zeit hat eine neue Diskussion über die Interpretation des Zweiten Vatikanischen Konzils begonnen, die sich damit auseinandersetzt, inwieweit seine Texte einen Bruch mit der kirchlichen Tradition darstellen oder eingebettet sind in die Kontinuität des Lehramtes. Papst Benedikt selbst hat in seiner berühmt gewordenen Weihnachtsansprache vor den Mitarbeitern der Römischen Kurie am 22. Dezember 2005 davon gesprochen, dass das Zweite Vatikanum nur im Kontext der ganzen kirchlichen Tradition richtig verstanden werden kann. Es gab keine „kopernikanische Wende", keinen radikalen Neuanfang, keinen Bruch mit all dem, was vorhergehende Päpste und Konzilien gelehrt haben. Vierzig Jahre nach dem Konzil stellt sich nun aber die drängende Frage, wieso sich in der Nachkonzilszeit Theologien entwickeln konnten, die – und dessen rühmen sich nicht wenige ihrer Autoren – eben doch einen „Neuanfang" darstellen, um „dogmatische Engführungen" des Lehramtes zu überwinden. Es mag paradox klingen, aber einer der Gründe für diesen Bruch mit der Tradition ist eine allzu „traditionelle" Lesart des Zweiten Vatikanums als dogmatisches Konzil. Das Zweite Vatikanische Konzil wollte ein pastorales sein, d. h. orientiert an den Bedürfnisse seiner Zeit, ausgerichtet auf die Ordnung von Praxis. Kardinal Ratzinger hat bereits 1988 vor den Bischöfen Chiles festgestellt, dass „das Konzil selbst kein Dogma definiert hat und sich bewußt in einem niedrigeren Rang als reines Pastoralkonzil ausdrücken wollte." Allerdings wird gerade dieses „Pastoralkonzil" – so Ratzinger – interpretiert „als wäre es fast das Superdogma, das allen anderen die Bedeutung nimmt." Während also 20 dogmatische Konzilien vergessen scheinen, wird das letzte, welches gerade kein neues Dogma verkündet und nicht eine einzige moderne Häresie mit einem feierlichen „Anathema" verurteilt hat, zum „Superdogma". In der Tat, seit die Kommission Ecclesia Dei das Gespräch mit der Piusbruderschaft aufgenommen hat, mangelt es nicht an lauten Rufen, die davor warnen, hinter das Konzil zurückzufallen und das Zweite Vatikanum als beliebig zu entwerten. Keine Frage, darum kann es nicht gehen. Niemand kann „hinter das Konzil zurück." An der Autorität und Rechtmäßigkeit des Konzils, an der Verbindlichkeit seiner Texte und an seiner grundlegenden Bedeutung für das Leben der Kirche heute kann es keine Zweifel geben. Dies gilt insbesondere für drei zentrale Themen – Ökumene, Religionsfreiheit und interreligiöser Dialog – auf die wir uns hier beschränken wollen. Allerdings bleibt der Anspruch, seine Dokumente in einer „Hermeneutik der Kontinuität" zu lesen und sich die Frage zu stellen, was es denn bedeute, wenn ein Konzil nicht dogmatisch, sondern pastoral spreche – oder wie Kardinal Ratzinger es ausdrückte – „in einem niedrigeren Rang". Vielleicht wäre die Devise „Zurück *zum* Konzil" besser geeignet, um ideologische Grabenkämpfe zu vermeiden, indem man nicht versucht einen vagen Geist des Konzils zur rechten Interpretation seiner Texte zu bemühen, sondern die Intention seiner Verfasser.

Ein Konzil wie keines zuvor

Das Zweite Vatikanum hat, nicht im Begriff, aber in der Praxis, einen neuen Typ von Konzil und eine neue Form der authentischen Verkündigung eingeführt, die weiter zu fassen ist, als das Magisterium, das auf die Definition von Wahrheit ausgerichtet ist. Es geht hier nicht um die Frage der Verbindlichkeit des Magisteriums, das auch dann, wenn es sich nicht um Dogmen, also unfehlbare Definitionen der geoffenbarten Lehre handelt, mit Autorität, d. h. Zustimmung bzw. Gehorsam fordernd, in Fragen des Glaubens und der Moral spricht. Es scheint, dass das Konzil nicht schlechterdings – wie es etwa der Papst, in Ausübung des ordentlichen Lehramtes, in seinen Enzykliken tut – wohl nicht unfehlbar, aber doch verpflichtend Wahrheit lehrt – sondern, das gilt für seine Dekrete und Erklärungen (an dieser Stelle sind die dogmatischen Konstitutionen des Zweiten Vatikanums auszunehmen), nicht die Lösung strittiger Lehrfragen vor Augen hat (wie andere Konzilien), noch die primäre Absicht der autoritativen Vorstellung einer bestimmten „neuen" Doktrin (wie z. B. in *„Lumen Gentium"* die Sakramentalität der Bischofsweihe), sondern praktisches Tun, d. h. Pastoral als Konsequenz der Lehre. In der Theologie fehlt ein Begriff für dieses pastorale Lehramt, und gerade das führt oft zu den genannten Interpretationen des Konzils als eines Bruchs mit der Tradition. Man kommt nicht umhin, manchen „modernen" Theologen, die in den Dekreten und Erklärungen des Zweiten Vatikanums klassische Lehrdokumente des Magisterums sehen wollen, Konservatismus vorzuwerfen, da sie diese Dokumente nicht selten als dogmatische Texte lesen, die „neue" Wahrheiten definieren. Das Konzil selbst wollte das nicht: Für die Erklärung über den interreligiösen Dialog beispielsweise stellt der Redner des Einheitssekretariats am 18. November 1964 in der Konzilsaula fest: „Was das Ziel der Erklärung betrifft, so will das Sekretariat keine dogmatische Erklärung der nicht-christlichen Religionen abgeben, sondern praktische und pastorale Normen vorstellen." (vgl. Acta Synodalia (AS) III/8. 644). Wie viele Theologen haben unter Berufung auf *Nostra Aetate* aus diesen auf die Praxis des Dialogs zielenden Grundsätzen eine Theologie der Religionen entwickelt, die in den nicht-christlichen Religionen echte, von Christus und der Kirche unabhängige Heilswege sieht? Wie oft wurde, *Unitatis Redintegratio* zitierend, erklärt, das Zweite Vatikanum habe den „Absolutheitsanspruch der Kirche" aufgegeben, um sich endlich als eine unter vielen Kirchen zu verstehen? Wer die Akten liest, staunt.

Ausdrücklich wird zum Ökumenismusdekret festgestellt, dass seine Aussagen in keiner Weise die Wahrheit des Axioms „Extra Ecclesiam nulla salus" berühre (vgl. AS III/7. 32) und dass es keinen Zweifel gebe, dass nur die katholische Kirche die Kirche Christi ist („Clare apparet indentificatio Ecclesiae Christi cum Ecclesia catholica ... dicitur ... una et unica Dei Ecclesia" AS II/7. 17.)

Die Absichten des Zweiten Vatikanischen Konzils

Um dem Selbstverständnis des Konzils gerecht zu werden, ist es dringend geboten, die Diskussionen um das Zweite Vatikanische Konzil nicht nur an die Texte seiner Dokumente zurückzuführen, sondern dabei auch die Absicht, mit der ihre Verfasser diese geschrieben haben, zu berücksichtigen. In der Tat hat das Konzil selbst, in der Bekanntmachung seines Generalsekretärs in der 123. Generalkongregation vom 16. November 1964, erklärt, dass geoffenbarte Lehre „de rebus fidei et morum" nur dann vorliegt, wenn das ausdrücklich definiert wird. Da diese Erklärung in den Konzilstexten nie erfolgte, ist klar, dass das Konzil kein neues Dogma und keine unfehlbaren Lehren, es sei denn im Rückgriff auf das vorkonziliare Magisterium der Kirche, verkündet hat. Für alle anderen Aussagen sind der behandelte Gegenstand („subiecta materia"), die klassischen Regeln der theologischen Interpretation („ratio secundam normas interpretationis theologicae") und die Intention der Heiligen Synode, die „mens Sanctae Synodi" ausschlaggebend. Es lohnt sich gerade letztere genauer in den Blick zu nehmen, um verstehen zu können, was die Väter meinten, wenn sie dem Konzil ein „finis pastoralis" geben wollten. Die veröffentlichten Akten des Zweiten Vatikanums, die in den Bibliotheken fast aller theologischer Fakultäten zu finden sind, aber – im Vergleich zur Unmenge der über das Konzil verfassten Bücher und Aufsätze – nur selten zur Kenntnis genommen werden, zeigt ein deutliches Bild, wie sich diese pastorale Intention der Väter langsam und mühsam entwickelt hat. Nicht selten wird aber, gerade in der Konzilsdarstellung Giuseppe Alberigos der Eindruck vermittelt, der Selige Johannes XXIII. hätte – noch dazu gegen den Widerstand der Römischen Kurie – von Anfang an einen klaren pastoralen Kurs des Konzils vorgegeben, der unter dem schillernden Schlagwort „aggiornamento", das Johannes XXIII. übrigens nicht für das Konzil, sondern die Codexreform verwandte, zusammengefasst werden könnte. Dabei übersieht man allerdings, dass Papst Johannes XXIII. die von der Kurie vorbereiteten Schemata gewollt und gebilligt hat und seine Vorgaben nicht eindeutig waren, was unter „pastoral" gemeint sei. Zu Beginn des Konzils betonte er die klare Vorlage von Lehre und gab als „Meinung des Heiligen Vaters" für den Oktober 1962 der Kirche das Gebetsanliegen, dass das „unfehlbare Lehramt des Konzils" den Glauben wirksam gegen Gefahren und Irrtümer verteidigen möge. Der besondere „pastorale Charakter" des Zweiten Vatikanums stellte auch für die Konzilsväter eine Neuheit dar. Dieser neue „Stil" zeigt sich zunächst in dem Wunsch, Texte in leicht verständlicher Sprache zu verfassen und biblisch zu argumentieren. Man wollte zuerst keine schultheologischen und dann keine lehramtlichen Definitionen, und doch sollte selbstverständlich die katholische Lehre immer und in allen Texten präsent und maßgebend sein. Die auf dem Konzil versammelten

Väter hatten alle die scholastischen Manuale ihrer Studienzeit im Kopf (oder wenigstens in der Aktentasche ihrer theologischen Berater). Diese Lehre wollten sie nicht verändern, sondern neu, leichter verständlicher, praxisorientierter vortragen. Wer die Antworten des Katechismus auswendig kennt, der kann auch freier, undifferenzierter und offener sprechen, wenn es um die praktische Anwendung der katholischen Doktrin geht. Pastoral gründet auf Doktrin, Praxis setzt die rechte Lehre voraus. Die Umkehrung dieser Ordnung führt allzu leicht dazu, das mit „einer neuen pastoralen Wirklichkeit" sich auch eine „neue" Lehre entwickelt. Beispiele dafür gibt es im kirchlichen Gemeindealltag genug. Das gilt leider auch, und das ist in der Tat ein Problem der Nachkonzilszeit, für viele Theologen, die – einfache Katechismuswahrheiten belächelnd – aus den pastoralen Aussagen des Konzils doktrinäre machen, um daraus neue (eigene) Positionen zu entwickeln.

Vielfalt konziliarer Dokumentengattungen

Von Bedeutung für die Klärung der Frage, was denn ein Pastoralkonzil sei, ist die oft zu wenig beachtete Tatsache, dass das Zweite Vatikanum, im Gegensatz beispielsweise zu den beiden vorhergehenden Konzilien, drei verschiedene Dokumentengattungen (Konstitutionen, Dekrete, Erklärungen) verwendet, um dadurch seine Rede zu gewichten. Neben „*Dei Verbum*" ist das zentrale doktrinäre Dokument des Konzils die Konstitution über die Kirche „*Lumen Gentium*". Andere Dokumente, namentlich Dekrete und Erklärungen, so „*Unitatis Redintegratio*" zur Ökumene, „*Nostra Aetate*" über die nicht-christlichen Religionen und „*Dignitatis Humanae*" über die Religionsfreiheit sind keine Lehrdokumente, in denen Wahrheit definiert wird, sondern auf die Praxis ausgerichtete Texte. Im Kontext der Gegenwart mag die sachliche Feststellung provokant klingen, dass „*Unitatis Redintegratio*" die gleiche formale Qualifikation trägt wie das Dekret über die sozialen Kommunikationsmittel „*Inter mirifica*". Ausgehend von den Dokumentengattungen müsste also beiden Texten die gleiche lehramtliche Qualifikation zukommen. Es liegt auf der Hand, dass „*Inter mirifica*" kein doktrinärer Text ist, der das Ziel verfolgt, überzeitlich gültige Lehre vorzustellen. Es geht hier um die Praxis, nicht um Doktrin. Gleichzeitig aber ist „*Inter Mirifica*" (wie übrigens auch „*Unititas Redintegratio*") kein disziplinäres Dokument, da es nicht darum geht konkrete Normen zu formulieren, – ein in Artikel 23 angekündigtes Schreiben soll zu einem späteren Zeitpunkt Grundsätze und Weisungen des Dekrets weiterführen – sondern Prinzipien über den rechten Umgang mit den sozialen Kommunikationsmitteln vorzustellen. Der Grund für die gleiche Dokumentengattung der Dekrete „*Inter mirifica*" und „*Unitatis Redintegratio*" kann nicht in der gleichen Bedeutung liegen. Zweifellos ist aus kirchlicher (vielleicht nicht gesellschaftlicher) Sicht der ökumenische Dialog eine wichtigere Herausforderung als die rasant wachsenden modernen Kommunikationsmittel. Beide Themen werden in Dekreten behandelt, weil ihnen die Ausrichtung auf die Praxis gemeinsan ist. Es geht eben nicht – weder in „*Inter mirifica*", noch in „*Unitatis Redintegratio*" – um eine neue Lehre, sondern um eine neue bzw. erneuerte Praxis.

Grundgesetzänderung oder Verordnungsreform?

Die Tatsache, dass man auf Grossbritanniens Straßen links fahren muss, findet sich nicht in der englischen Verfassung und es dürfte, juristisch betrachtet, ein leichtes sein – auch wenn die praktische Umstellung schwerfallen mag und zu manchen Unfällen führen wird – diese Regelung umzustellen und an die europäische Praxis auf dem Kontinent anzupassen. Verkehrsregeln – praktische Normen – zu ändern bedeutet keineswegs, die Konstitution und die darin verankerten Grundwerte anzutasten. Wendet man diesen Vergleich auf das Konzil an – konstitutionelle Weisungen stünden in diesem Fall für dogmatische Wahrheiten und naturrechtliche Prinzipien – so mag es in der Tat provokant klingen, die großen Themen des Zweiten Vatikanums auf der Ebene der Straßenverkehrsordung zu betrachten. Genau diesen Vergleich aber benutzt Bischof de Smedt, Relator von „Unitatis Redintegratio", in einer seiner letzten Ansprachen zur Erklärung über die Religionsfreiheit. Er will deutlich machen, dass die „zivile Freiheit von staatlichem Zwang", über die das Konzil spricht, nicht mit der traditionellen Lehre kollidiert, weil es nicht um eine „Verfassungsdiskussion" geht. „So wenig Verkehrsregeln von der moralischen Pflicht entheben, sich klug und achtsam auf den Straßen zu bewegen, so wenig entbindet der rechtliche Schutz der religiösen Freiheit den Menschen von den Verpflichtungen des objektiven moralischen Gesetzes und, wenn sie Katholiken sind, von den Gesetzen der Kirche" (AS IV/5. 100.). An anderer Stelle spricht De Smedt noch deutlicher von diesem „objektiven moralischen Gesetz", das durch die „neue" Praxis der Religionsfreiheit nicht berührt werde: „Es steht fest, dass in der moralischen Ordnung alle Menschen, alle Gesellschaften und jede zivile Autorität objektiv und subjektiv verpflichtet sind, die Wahrheit zu suchen und es ihnen nicht gestattet ist, das Falsche zu verteidigen. Es gelte die moralische Verpflichtung aller Menschen gegenüber der Kirche, ihren Lehren und Geboten anzuerkennen. Keine menschliche Instanz besitzt eine objektive moralische Wahlfreiheit in der Anerkennung oder Ablehnung des Evangeliums und der wahren Kirche. Bei genauerer Betrachtung ist diese Verpflichtung auch eine subjektive" (AS IV/1. 433). Natürlich ist sich der Relator bewusst, dass eine „neue" Praxis auch neue Fragen an die Lehre stellen kann. Diese Fragen will „Dignitatis Humanae" aber nicht beantworten, sondern überlässt sie – so stellt De Smedt am 21. September 1965 ausdrücklich fest – „dem ordentlichen Lehramt der Kirche" (AS IV/1. 433).

Weder unfehlbar, noch unverbindlich

Es ist der besondere pastorale Charakter des Zweiten Vatikanums, dass die Dekrete und Erklärungen die Kategorien von Disziplin und Lehre übersteigen. Dafür fehlen in der Theologie „Schablonen", die sich auf das Zweite Vatikanische Konzil legen ließen, um seine Eigenart festzustellen. Es scheint ein Fehler in der theologischen Rezeption des Konzils zu sein, Kategorien, die für die Beschreibung der auf anderen Konzilien oder auch in päpstlichen Lehrschreiben und Erlassen gemachten Aussagen zutreffend sein mögen, auf das Zweite Vatikanum anzuwenden. Die pastorale

Intention der Väter – Ordnung von Praxis aufgrund von Lehre – wird zu Gunsten einer dogmatischen Interpretation der Konzilstexte vernachlässigt. Damit aber läuft man nicht selten Gefahr, auf der einen Seite die besondere Eigenart des Konzils nur ungenügend zu erfassen und auf der anderen Seite in ideologische Bewertungen zu verfallen, die – im Extrem – zur gänzlichen Ablehnung des Zweiten Vatikanums oder zu seiner Überhöhung als alles vorher Gewesene hinter sich lassendes Ereignis führen. Diese Art „dogmatischen" Interpretation, insbesondere der drei genannten Dokumente zur Ökumene, zur Religionsfreiheit und zu den nicht-christlichen Religionen hat gezeigt, dass das Verständnis dieser Texte als Doktrin (womöglich in bewusster Abgrenzung zu *Lumen Gentium*) zur Entwicklung von Theologien führen kann, die dann tatsächlich in einem klaren Bruch nicht nur zum vor- sondern auch zum konziliaren Lehramt selbst stehen. Es mag schwer sein, weil eben ein Begriff für „pastorales Magisterium" fehlt, zu sagen, was ein Pastoralkonzil wirklich ist, aber es gilt dennoch klarer als bisher zwischen auf Definition von Wahrheit ausgerichteter Lehre und Verkündigung mit Ziel ein bestimmtes Tun zu fördern, zu unterscheiden. In einer päpstlichen Enzyklika, in einer guten Sonntagspredigt und im wohl überlegten Zuspruch nach der Beichte wird jeweils der katholische Glaube verkündet, und doch auf ganz unterschiedliche Weise und mit unterschiedlichen Zielen. Mag es im ersten Fall v. a. um die Klärung von Lehrfragen gehen, so sind die beiden anderen Momente ganz auf die Pastoral ausgerichtet. Keineswegs unverbindlich, wollen Predigt und Beichtzuspruch nicht nur Lehre erklären, sondern vor allem zu einem bestimmten Tun bewegen – einem „neuen" Leben aus dem Glauben. Damit diese Verkündigung beim Hörer „ankommt" und etwas bewegt, muss sie Rücksicht nehmen, auf Zeit und Ort, Bildung und Alter, geistliche Reife und religiöse Offenheit. Pastoral bedeutet, Lehre in Praxis zu „übersetzen" – nicht Lehre abzuändern. Um es noch einmal am Ökumenismusdekret deutlich zu machen. Die Väter wollten keine Definition des ökumenischen Dialogs verkünden, weil sie sich bewusst waren, dass diese pastorale Praxis ganz unterschiedliche Formen annehmen kann und, will sie erfolgreich sein, annehmen muss. Deutlich haben sie aber doktrinäre Fragen ausgeschlossen, die durch *Unititatis Redintegratio* eben nicht beantwortet werden sollten: Das Dekret schweigt ausdrücklich zur Kontroverse über die Kirchengliedschaft, zum Problem der *bona fides*, zur klaren Beurteilung, welche Gemeinschaften außerhalb der katholischen Kirche im theologischen Sinne Kirche seien, zur Behandlung der Verhältnisbestimmung von Schrift und Magisterium, zur näheren Darstellung der Bedeutung des päpstlichens Primates sowie zu einer differenzierte Darstellung der dogmatischen Unterschiede zwischen Katholiken und Orthodoxen (AS III/7. 675ff.).

Neue Pastoral in voller Tradition

Die Frage nach der näheren Bestimmung dessen, was den Vortrag von Lehre zur Feststellung von Wahrheit und Verkündigung derselben zur Ordnung von Praxis unterscheidet, ist keine müßige Beschäftigung, sondern berührt das Problem des rechten Verständnisses, was „Pastoralkonzil" meint. Aussagen des Zweiten Vatikanums werden allzuoft missverstanden, sei es in liberaler oder traditionalistischer Engführung, wenn man sich nicht um einen klaren Begriff für ihre Qualifikation bemüht. Sie als unverbindliche, bloß „pastorale" Rede, die bestenfalls Beachtung, aber nicht Annahme und Umsetzung fordert, zu bewerten, hieße die Autorität des Konzils missachten, das in allen seinen Dokumenten authentisch, d. h. mit rechtmäßiger Autorität, spricht. Umgekehrt aber Erklärungen und Dekrete, also auf Praxis ausgerichtete Texte, schlechterdings so zu bewerten, als wären es Dokumente, die lehramtliche Wahrheiten definieren, widerspricht der in den Akten feststellbaren Intention des Konzils. Das Konzil hat kein „neues" Dogma verkündet und keine „alte" Doktrin widerrufen, sondern vielmehr eine neue Praxis in der Kirche begründet und gefördert; dies aber eben nicht aufgrund einer Veränderung der überlieferten Lehre, sondern durch Verkündigung derselben zur Förderung der Pastoral gemäß den Bedürfnissen der Zeit. Natürlich sind mit der Frage nach der Natur eines Pastoralkonzils eine Reihe von anderen verbunden, die nach einer näheren Klärung von Lehre und Praxis verlangen: Ist Pastoral nur Vermittlungstechnik der Lehre oder nicht auch Anfrage an das Magisterium? Wo steht die Pastoraltheologie mit ihrem Beitrag für das Leben der Kirche? Hat das Zweite Vatikanum mit seiner „Andersartigkeit" tatsächlich eine neue Form des Magisteriums geschaffen (oder dieses wenigstens um eine neue Art der Verkündigung erweitert), von der Otto Hermann Pesch provokant und allzu überspitzt sagt, „es ist noch gar nicht hinreichend nachgedacht worden über Formen und Bedingungen, wie die Kirche auch in Zukunft das tun kann, was sie auf dem Konzil mit so viel Mut erstmalig getan hat: in vorläufiger Form, provisorisch, überholbar reden und zwar bewußt und eingestandenermaßen" (*Das Zweite Vatikanische Konzil* S. 379)? Ist nicht das, das was Pesch wohl meint – nämlich das pastorale Anliegen der Kirche, auf zeitbedingte Probleme in angemessener Weise zu antworten – eine bewusste Ausrichtung auf die Praxis anstatt einer Konzentration auf die Definition lehramtlicher Wahrheit? Diese authentische Feststellung von Doktrin, selbst wenn sie nicht den Charakter der Unfehlbarkeit trägt, erhebt den Anspruch verläßlich wahr und gültig zu sein. Umso mehr gilt das von feierlich definierten Lehrsätzen, die im Glauben anzunehmen sind: Dogmen sind nicht „provisorisch, überholbar, vorläufig"; Praxisorientierte Antworten auf drängende Probleme der Zeit müssen es dagegen zuweilen sein, um der politischen, sozialen und kulturellen Situation gerecht zu werden. Wie auch immer diese Fragen beantwortet werden, es geht nicht darum, Lehre und Praxis gegeneinander auszuspielen, pastoral als Synonym für „unverbindlich" oder „beliebig" zu verstehen und Seelsorge stets in Konflikt mit dem Lehramt zu sehen. Das Zweite Vatikanum wollte beides: Lehre bewahren und verkünden – dies tut das Konzil v. a. in der Konstitution über die Kirche – und aufgrund derselben Lehre eine neue, zeitgemäße Praxis fördern, die – in Dekreten und Erklärungen – als Antwort auf die Herausforderungen der Kirche und der Welt vorgestellt wird. In diesem Sinne hat Paul VI. in der Sitzung zur Verabschiedung der beiden Konzilsdokumente über die Kirche „*Lumen gentium*" und über die Ökumene „*Unitatis Redintegratio*" festgestellt: „Dies scheint der bedeutendste Kommentar zur Promulgation dieser Dokumente zu sein: Was Christus gewollt hat, das wollen auch wir. Was war, das bleibt. Was die Kirche im Laufe der Jahrhunderte gelehrt hat, genau das lehren auch wir" (AS III/8 911.).

Wie lässt sich die geistige Seele mit dem materiellen Substrat des Leibes in ein „Eins-Sein" bringen?

Zum Verhältnis von Theologie und Naturwissenschaft

Dirk Költgen

So wie für die cartesische Philosophie und auch für die tägliche Erfahrung Körper und Geist als zwei getrennte Phänomene und damit als ein dualistischer Gegensatz erscheinen, so scheinen auch oft wissenschaftliche Rationalität und Glaubenswahrheiten dem Menschen des 21. Jahrhunderts im ungelösten Widerstreit zu stehen. Doch schon Jahrhunderte vorher, z. B. zur Zeit Alberts des Großen († 1280), stellte sich der Tradition der christlichen Spätantike mit dem wieder bekannt gewordenen aristotelischen Schrifttum und der arabischen Wissenschaft eine umfassende nicht-christliche Weltaufklärung entgegen, die sich nur auf profane Rationalität stützte. In diesem Widerstreit geht Albert folgenden Weg:

„Der Wahrheitsanspruch rational begründeter Wissenschaft wird anerkannt; ja, sie wird inhaltlich übernommen, ergänzt, korrigiert und weiterentwickelt in ihrer eigenständigen Rationalität. Eben dadurch wird sie zum Eigentum der christlichen Welt. Diese findet so ihr Weltverständnis ungemein bereichert, aber sie muß kein Wesenselement ihrer Tradition oder gar die Glaubensgrundlage aufgeben. Denn zwischen einer Vernunft, welche durch ihre gottgegebene Natur auf Wahrheit angelegt und zur Erkenntnis der Wahrheit befähigt ist, und dem Glauben, der sich der gleichen göttlichen Quelle aller Wahrheit verdankt, kann es keinen grundsätzlichen Konflikt geben. Der Glaube bestätigt gerade das Eigenrecht der natürlichen Vernunft. Er setzt es voraus; denn seine Annahme setzt jene Freiheit voraus, die nur dem Vernunftwesen eigen ist. Damit zeigt sich zugleich, dass Glaube und Wissenschaft verschiedenen Erkenntnisordnungen zugehören, die nicht ineinander überführbar sind. Dann aber erweist sich: Die Vernunft kann nicht alles aus sich selbst, sie ist endlich. Sie muß durch eine Vielzahl einzelner Erkenntnisse fortschreiten, sie ist in einer Mehrheit von einzelnen Wissenschaften verfaßt. Die Einheit von Welt und Wahrheit mit ihrem Ursprung kann sie nur in je besonderen Wissensweisen erfassen: Auch die Philosophie und die Theologie sind als Wissenschaften endliche Bemühungen, welche die Einheit der Wahrheit nur in der Unterschiedlichkeit, also in einem offenen Ordnungsgefüge darstellen können."[1] Die Naturwissenschaften sind ebenfalls endliche Bemühungen, einen Teil der Wahrheit zu erfassen und darzustellen. Sie sind eine vom Naturobjekt faszinierte Wissenschaft, die in aposteriorischer Erfahrung die Einzelphänomene und ihre Zusammenhänge, denen der Mensch in sinnlicher Erfahrung in seiner Welt begegnet, erforscht, während die Theologie in einer apriorischen Frage es mit dem Ganzen der Wirklichkeit als solcher und ihrem Grund zu tun hat. Mit den Methoden der Naturwissenschaften hat der Mensch keine Möglichkeit, das Ganze der möglichen Phänomene der Wirklichkeit überhaupt als solches auf einmal für eine aposteriorische Erfahrung sich gegenübertreten zu lassen. Sie gehen notwendig von einem Einzelphänomen innerhalb einer größeren Weite von möglichen, aber noch nicht realisierten Erfahrungen aus. Sie setzen dabei stillschweigend als selbstverständlich voraus, dass diese Einzelerfahrung und Einzelwirklichkeit eine objektive Verknüpfung aufweist mit anderen Wirklichkeiten der schon gemachten oder zukünftigen Erfahrung, und dass somit grundsätzlich ein verstehbares Netz von solchen Zusammenhängen fortschreitend hergestellt werden kann.

Die Theologie dagegen macht eine Aussage von Gott als dem einen und absoluten Grund aller Wirklichkeiten. Sie läßt die Pluralität aller Wirklichkeiten, die als einzelne erfahren werden können, gründen in einer absoluten Wirklichkeit, die selber nicht ein einzelnes Moment innerhalb dieser pluralen Welt ist, sondern ihr Grund, der letztlich inkommensurabel mit dieser Pluralität, diese setzt und zusammenhält. Da die Theologie Fragen nach dem ursprünglichen Einen und Ganzen als solchem und eben im Gegensatz zu den Naturwissenschaften nicht Fragen nach der Summe von zusammengetragenen Einzelerfahrungen stellt, scheinen sich diese beiden Disziplinen nicht gegenseitig ins Gehege zu kommen. Die Naturwissenschaften werden methodisch bedingt nie das Ganze erreichen, da die Summierung der Einzelerfahrungen sich nicht vollenden läßt. Ferner werden sie zur Verknüpfung und Erklärung von Einzelphänomenen nicht plötzlich Gott herbeiziehen, denn einzelne Erfahrungen lassen sich immer durch weitere partikuläre Erfahrungen innerhalb des Ganzen erklären, nicht aber durch das Eine und Ganze selber. Scholastisch ausgedrückt würde man sagen, die Naturwissenschaften tasten sich innerhalb der causae secundae vor, können diese aber niemals aufsummieren, um der causa prima habhaft zu werden. Gott als den einen und absoluten Grund aller Wirklichkeiten zu erfassen, ist Sache der Metaphysik und der Theologie, die logisch den Naturwissenschaften in der Frage nach den Bedingungen der Möglichkeit von Subjekt und nach einer von sich selber noch einmal wissenden Erkenntnis und Freiheit vorausgehen.[2]

Da jedoch die in der Neurophysiologie gewonnenen Kenntnisse zur Formulierung oder auch zur Korrektur erkenntnistheoretischer Fragestellungen geeignet

---

1 Papst Johannes Paul II., Ansprache an Wissenschaftler und Studenten im Kölner Dom am 15. November 1980, in: Predigten und Ansprachen von Papst Johannes Paul II. bei seinem Pastoralbesuch in Deutschland sowie Begrüßungsworte und Reden, die an den Heiligen Vater gerichtet wurden, 15.–19.11.1980, Verlautbarungen des Apostolischen Stuhls, 25A, S. 26–34, hier S. 27.
2 Vgl. Rawer, K., Rahner, K., Weltall – Erde – Mensch, in: Böckle, F., u. a., (Hg.), Christlicher Glaube in Moderner Gesellschaft, Freiburg 1981, Bd. 3, S. 6–85, hier S. 37–40.

sind, erweist sich die interdisziplinäre Bearbeitung der Fragen der Erkenntnisordnungen als sehr sinnvoll, wenn nicht gar notwendig, nicht zuletzt, weil jeder Erkenntnisvorgang prinzipiell auch an ein neurophysiologisches Ereignis gekoppelt
ist oder auf einem beruht. Die Zuordnungen von motorischem, sensorischem,
auditorischem und visuellen Cortex und den zugehörigen spezifischen Leistungen
dafür sind eindeutig.[3] Daher kann weder die Theologie noch die Naturwissenschaft in bezug auf das Erkenntnisphänomen Alleinansprüche vertreten. Die Ab-
grenzungsformel Karl Barths: „Die Naturwissenschaft hat freien Raum jenseits
dessen, was die Theologie als das Werk des Schöpfers zu beschreiben hat. Und die
Thelogie darf und muß sich da frei bewegen, wo eine Naturwissenschaft, die nur
das und nicht heimlich eine heidnische Gnosis und Religionslehre ist, ihre gegebene
Grenze hat"[4] kann heute keine Hilfe mehr sein, da weder hinreichend klar ist, wo
die Naturwissenschaft ihre gegebene Grenze hat, noch was die Theologie nun genau als Werk des Schöpfers zu beschreiben habe.

Somit können wir hier versuchen, die Erkenntnisse der Naturwissenschaften
mit den Erträgen der Dogmatik zu einem offenen Ordnungsgefüge aus den unterschiedlichen Erkenntniswegen und –ordnungen von Glaube und Vernunft zusam-
menzufügen.

Schöpfung versus Evolution

Mit dem wissenschaftlich fundierten Evolutionsparadigma gewannen die Naturwissenschaften im 19. Jahrhundert den Streit mit der Theologie über die Frage der
Wandelbarkeit oder Unwandelbarkeit der Arten. Das Faktum der Wandelbarkeit
der Arten wird allerdings auch heute noch mit durchaus divergierenden Evolutionstheorien erklärt.[5] Ebenso gibt es auf Seiten der Theologie auch divergierende
Schöpfungstheologien.[6] Einen „Frontverlauf"[7] zwischen theologischer und biolo-
gischer Seite und „die Strategie des Miteinanders"[8] zeigt Lüke in seinem Buch Bio-
Theologie auf.[9]

So lassen sich bei Durchsicht durch die Literatur verschiedene Argumentations-
modelle feststellen. Lüke unterscheidet zwischen Abgrenzungs- und Selbstimmu-
nisierungsmodellen (Bergold, Rahner, Scheffczyk, Hengstenberg, Volk, Hemmin-
ger und Vollmer) und Integrations- bzw. Vereinnahmungsmodellen (Theißen,

---

3   Vgl. Költgen, D., In Leib und Seele einer, Münster 1998, S. 63–88.
4   Barth, K., Die Lehre von der Schöpfung. Kirchliche Dogmatik, Bd. III/1, Vorwort, Zürich 1947.
5   Neben der wichtigsten historischen Evolutionstheorie von Charles Darwin sollen hier die derzeit
    unter Biologen vermutlich mehrheitsfähige Synthetische Theorie, die Systemtheorie der Evolution
    und die Kybernetische Evolutionstheorie genannt werden.
6   Hier wären z. B. die Entwürfe von J. Moltmann, Gott in der Schöpfung, A. Ganoczy, Schöpfungs-
    lehre, oder K. Rahner, Die Christologie innerhalb einer evolutiven Weltanschauung (in: ders.,
    Schriften zur Theologie Bd. 5, Einsiedeln 3. Aufl. 1965, S. 183–221) zu nennen.
7   Lüke, U., Bio-Theologie. Zeit – Evolution – Hominisation, Paderborn 1997, S. 110.
8   Lüke, Bio-Theologie, S. 110.
9   Vgl. Lüke, Bio-Theologie, S. 109–162.

Weissmahr, Koltermann, Altner, Löbsack, Wilson, Sommer, Schmidt, Rensch, von Ditfurth).[10] Für den abgrenzenden Argumentationstyp tritt zwischen den theologischen Schöpfungstheorien und den naturwissenschaftlichen Evolutionstheorien im Fall der „creatio ex nihilo" kein Streit auf, da die Theologie die „creatio originalis" (der „Urknall" sollte nicht mit der „creatio ex nihilo" identifiziert werden[11]) „vor" den Beginn aller naturwissenschaftlichen Bemühungen gerückt hat. Als Bedingung der Möglichkeit von Evolution kann sie auch nicht Gegenstand der Evolutionstheorie sein.[12] Die schöpfungstheologische „creatio continua" dagegen liegt auf Kollisionskurs mit der naturwissenschaftlich zu beschreibenden Evolution, da die Kausalitätsfrage auf theologischer Seite „nicht in einer auch für den Naturwissenschaftler nachvollziehbaren Weise kompetent und kritisch"[13] diskutiert wird. An der Klärung der Kausalitätsfrage allerdings entscheidet sich, wie die Verzeitlichung des Handelns Gottes vermieden werden kann. Und sie muß vermieden werden, um das Handeln des Schöpfers nicht auf die Ebene des zeitlichen, endlichen und dadurch defizitären Handelns seiner Geschöpfe herabzusetzen.[14] Im Falle der „creatio continua" prallen nach wie vor sowohl naturwissenschaftliche als auch theologische Monopolansprüche aufeinander, die teils in sich (Verzeitlichungsfalle) teils für die jeweils andere Disziplin (Verdoppelung der kategorialen und transzendentalen Ursachen) in ihrer Kausalität nicht überzeugend sind.

Die theologischen Integrationsmodelle nehmen an, dass sich die Schöpfung in der sichtbaren Weise der Evolution vollzieht. „Aber bei der gleichzeitigen Entgegensetzung von kontingentem und absolutem Sein taucht das ‚Überbrückungsproblem' auf, dessen Lösung durch eine als Erhaltung im Sein verstandene ‚creatio continua' und den als göttliche Mitwirkung verstandenen ‚concursus divinus' nicht überzeugt."[15] Denn es muss begründet werden, wie die transtemporale „creatio continua" des Theologen mit der temporalen Evolution des Biologen verbunden ist. „Der Eindruck und Ausdruck des Nichtzeitlichen in das Zeitliche [muss] ‚terminierbar und lokalisierbar , sein."[16] Die von den Biologen vorgestellten Integrationsmodelle für Schöpfungstheologie und Evolutionstheorie sehen auf der einen Seite die Religiosität zunächst als ein evolutionstheoretisch beschreibbares und simulierbares Phänomen, das sich als selektionsprämiertes Verhalten mit einem Überlebenswert darstellt, allerdings nicht unbedingt einen Wahrheitswert hat.[17] Zum anderen wird versucht, den Schöpfergott zu eliminieren, indem die Kategorien der

---

10 Als „sonstige Positionen" werden von ihm noch behandelt: Track „Teil-Ganzes-Modell", Moltmann „Mischkategorie" und Metz „Zeit- contra Evolutionsverständnis", vgl. Lüke, Bio-Theologie, S. 142–147.

11 Vgl. Scherer, S., Die Suche nach Eden. Wege zur alternativen Deutung der menschlichen Frühgeschichte, Neuhausen – Stuttgart 1991, S. 45. Beim Urknall soll alle Materie auf einen gedachten Punkt konzentriert gewesen sein. Damit wäre aber schon Materie vorhanden gewesen, was eine Übereinstimmung von „creatio ex nihilo" und „Urknall" ausschließt.

12 Vgl. hierzu auch Hoeps, R., Die Erschaffung der Welt aus dem Nichts. Das Problem des Grundes in der Schöpfungstheologie. In: Religionspädagogische Beiträge 31/1993, S. 79.

13 Lüke, Bio-Theologie, S. 122.

14 Die Frage der Inkarnation durchbricht allerdings dieses Schema.

15 Lüke, Bio-Theologie, S. 140.

16 Lüke, Bio-Theologie, S. 141.

17 Vgl. Lüke, Bio-Theologie, S. 141.

Materie und Energie religiös gesehen werden, so wird z. B. „Weltgesetzlichkeit" mit „Gott" gleichgesetzt, um ihnen Begriffe einer religiösen Gedankenwelt zuzuordnen. Ferner wird die biologische Evolution auch als Projektion des zeitlosen Schöpfungsereignisses in die nur zeithaft mögliche Repräsentationsform des Gehirns betrachtet.[18]

Während es also zwischen den Begriffen „creatio ex nihilo" und Evolution keine Konfrontation geben kann, weil der eine als außerzeitlich und der andere als innerzeitlich gedacht wird, bleibt bei den Begriffen „creatio continua" und Evolution die Vermittlung von Zeitanspruch (Evolution) und Ewigkeitsanspruch („creatio continua") offen und ungeklärt.

Wie kann sich also eine Manifestation des Ewigen im Zeitlichen ereignen, wie sich das zeitlose Sein und Wirken Gottes des Schöpfers in das zeithafte Sein und Wirken seiner Schöpfung hinein entäußern?

Wenn nun die „creatio ex nihilo" als die Erschaffung von Sein, die „creatio continua" als die Erhaltung im Sein und der „concursus divinus" als göttliches Mitwirken in den Seienden betrachtet wird, dann wird implizit ein Zeitfaktor in das zeitlose göttliche Wirken eingetragen, der es in zwei sukzessive Initiativen Gottes unterteilt. „Denn bevor etwas als das erhalten werden kann, was es ist, muß es das geworden sein, als was es erhalten wird."[19] Hierbei bleibt also die Frage offen, wie das zeitlose Wirken Gottes und das zeithafte Wirken seiner Geschöpfe aufeinander zu beziehen sind und überdies, wie im zeitlosen Wirken Gottes selbst ein Früher und ein Später zustande kommen sollen. Die Lösung dazu lautet zunächst: Gottes creatio kann nur eine sein, Dasein („creatio ex nihilo") und Sosein („creatio continua") können nicht getrennt werden, sondern sind als das eine von Gott geschaffene Sein aufzufassen.[20] Doch die göttliche creatio muß noch „zeitseitig geerdet"[21] werden, damit Schöpfer und Geschöpf nicht getrennt bleiben. Dazu führt Lüke den Terminus der „strengen Gegenwart" ein, zu verstehen als ein „nunc stans".[22] Diese Gegenwart hat nicht den Status einer in Zeitquanten aufgeteilten Dauer, keine horizontale Erstreckung, sondern ist als ausdehnungsloser Jetztpunkt zu begreifen und vertikal, d. h. in ihrem Ewigkeitsbezug, zu verstehen.[23] Es ist eine Gegenwart zeitloser Tiefe. Wenn man andererseits die Zeit nur bis in ein kleinstes Zeitquant zerteilen könnte, wäre damit eine horizontal qualifizierbare Gegenwart erreicht, allerdings mit einer inhärenten „tendentia ad non esse" eines jeden Zeitquants, wodurch der Begriff der Ewigkeit auf diesem gedanklichen Weg unerreichbar wird. Solange aber ein ausdehnungsloser Augenblick der Gegenwart gedacht wird, kann sich in diesem ausdehnungslosen Augenblick der Gegenwart der Einbruch der Ewigkeit in die Zeit und der Ausblick der Zeit auf die Ewigkeit vollziehen.[24]

---

18 Vgl. Lüke, Bio-Theologie, S. 142.
19 Lüke, Bio-Theologie, S. 152.
20 Vgl. Splett, J., Freiheits-Erfahrung. Vergegenwärtigungen christlicher Anthropo-Theologie, Frankfurt 1986, S. 84f.
21 Lüke, Bio-Theologie, S. 153.
22 Lüke, Bio-Theologie, S. 154, und das Kapitel: Zeit und Ewigkeit, S. 24–106.
23 Vgl. Rawer, K., Rahner, K., Weltall – Erde – Mensch, in: Böckle, F., u. a., (Hg.), Christlicher Glaube in Moderner Gesellschaft, Freiburg 1981, Bd. 3, S. 6–85, hier S. 51f.
24 Vgl. Lüke, Bio-Theologie, S. 108.

Ähnlich wie bei Lükes Betrachtung zur „creatio continua" stellt Fischer[25] fest, dass es nicht möglich ist, das Schöpfungshandeln Gottes in die Ereignisperspektive der Naturwissenschaften zu übersetzen und an den Naturvorgängen zu identifizieren, ohne Gottes Beteiligung nur noch als denkmögliche Ursächlichkeit, nicht aber als Handeln in den Blick zu nehmen. Es ist für den Menschen unmöglich, die „dritte" Perspektive einzunehmen und von dieser her Gottes freies Handeln zur naturwissenschaftlich erkannten Natur ins Verhältnis zu setzen.[26] Lükes Begriff der strengen Gegenwart bietet allerdings die Schnittstelle, an der zur Gewinnung eines gemeinsamen Erkenntnisfeldes die Perspektive von Theologie und Naturwissenschaft ineinander überführbar sind.

In dieser nicht dimensional oder prozessional ausgefalteten Gegenwart könnte sich die „creatio continua" ausdrücken, so „daß die Zeitlosigkeit Gottes inmitten der anscheinend fließenden Zeit steht und gerade so die sich bewegende prägt".[27] Ferner wäre die als zeitlos inmitten der Zeit stehende „creatio continua" ohne eigenen Zeitvermerk, und somit „würde die göttliche creatio nicht mehr in zwei miteinander unvermittelbare Initiativen Gottes auseinanderfallen, von denen die erste als zeitlos vor aller Zeit und die zweite notgedrungen als zeithaft in aller Zeit konzipiert wäre."[28] Dieses Auseinanderfallen vollzieht sich dann lediglich in der zeithaften Geschöpfesperspektive des Menschen, die mit ihren Wahrnehmungsdimensionen nur ein Nacheinander von einzelnen für sich defizitären Teilinitiativen Gottes erkennt und diese auf den Schöpfer projiziert.[29] Diese Überlegung läßt sich z. B. in einer „Theologie des heilbringenden Heute" im Lukasevangelium biblisch nachvollziehen. „‚Heute‘, und das heißt ‚Zeit‘, Vergangenheit, Gegenwart wie auch Zukunft, ist das Konzentrat des Lebens jeder menschlichen Person. Die Vergangenheit besteht aus vielen, vielen ‚Heute‘, die nicht mehr in unserem Besitz sind. Die Zukunft wird aus sehr vielen ‚Heute‘ bestehen, die wir noch nicht kennen und noch nicht erlebt haben. Die Gegenwart ist das ‚Heute‘, das man zur Verfügung hat, um das Glück zu erreichen. Und in der Gegenwart, jetzt, ruft Jesus den Menschen zur Begegnung mit ihm und erwartet von ihm die Bereitschaft, ihn aufzunehmen."[30]

Die Naturwissenschaften nun beziehen sich auf die zeithafte Horizontalität der ferneren und näheren Vergangenheit, da sie der strengen Gegenwart nicht habhaft werden können. Daher können sie die sich zeitlos in der strengen Gegenwart ereignende „creatio continua" ebensowenig wie die vor aller auf Materialität angewiesenen Physik rangierende „creatio ex nihilo" untersuchen. Damit sind das Wirken

---

25 Vgl. Fischer, J., Kann die Theologie der naturwissenschaftlichen Vernunft die Welt als Schöpfung verständlich machen?, in: Freiburger Zeitschrift für Philosophie und Theologie, 41, 1994, 3, S. 491–514, hier S. 501.

26 Vgl. Fischer, Fußnote 19, S. 504.

27 Lüke, Bio-Theologie, S. 154; vgl. Rawer, K., Rahner, K., Weltall – Erde – Mensch, S. 51f.

28 Lüke, Bio-Theologie, S. 156; vgl. Bosshard, S.N., Evolution und Schöpfung, in Böckle, F., u. a., (Hg.), Christlicher Glaube in Moderner Gesellschaft, Freiburg 1981, Bd.3, S. 87–27, hier S. 91f.

29 Vgl. Lüke, Bio-Theologie, S. 158.

30 Jesus Christus. Wort des Vaters, Hg. Theologisch-Historische Kommission für das Heilige Jahr 2000, Regensburg 1997, S. 80f; vgl. Lk 2,11; 4,21; 5,26; 19,5–6; 22,61–62; 23,43.

Gottes und die transzendentale Kausalität in der strengen Gegenwaret für die Naturwissenschaft nicht zu greifen".[31]

Der in dieser strengen Gegenwart präsente, ewige, keinem Raum-Zeit-Punkt zuzuordnende Gott prägt allerdings die naturwissenschaftlich als vergangene erhebbaren Raum-Zeit-Punkte und stellt so überall (Raum) und immer jetzt (Zeit) und in einem einzigen Geschehen (Einheit der creationes) die Materie ins Sein und hält sie im Sein. Die Raum-Zeit-Dimensionen werden dadurch in eins mit der Schöpfung konstituiert und sind als deren auch naturwissenschaftlich beschreibbare Eigenschaften erfahrbar. Gott ist dadurch der aller Raumzeit enthobene und in ihr zugleich wirksam gegenwärtige, „Denn in der allen Geschöpfen und eben auch dem Menschen trotz aller technischer Möglichkeiten unerreichbar bleibenden, strengen Gegenwart ist Gott gegenwärtig, dem Geschöpf näher als dieses sich selbst, und insofern er einem jeden Geschöpf näher ist als dieses sich selbst, wird er mit dem Prädikat allgegenwärtig bezeichnet und ausgezeichnet."[32]

Das Gewordensein des Menschen

Die naturwissenschaftlichen Befunde zur Hominisation sprechen eindeutig gegen einen Monogenismus und biblizistischen Kreationismus. Der Monogenismus der Theologie würde ja die Einzigkeit eines ursprünglichen Paares und das unvermittelte Erscheinen zweier Individuen erfordern, die vom ersten Augenblick an in ihrer spezifischen Entwicklung vollständig fertig sind.[33] Auch ist z. B. offensichtlich, dass der Tod nicht erst mit Adam in die Welt kam, sondern schon mit der Entwicklung einfacher Vielzeller mit sexueller Fortpflanzung auf der Bildfläche erschien. An die durch die Paläoanthropologie dargelegten Etappen der Hominisation[34] schließen sich die Fragen nach den Kriterien für das Menschsein und dafür, wann diese auftraten, an. Die Frage ist: „Wann erreichte ein Vorfahr das Entwicklungsstadium, auf das man den Begriff menschlich wirklich anwenden kann? ... Eine große Schwierigkeit besteht darin, dass eine ganze Reihe der Charakteristika, von denen wir intuitiv glauben, sie seinen für unsere Spezies einzigartig, Merkmale sind, die man im fossilen Fundmaterial niemals finden wird, und dass deshalb alle Ergebnisse in starkem Maße von Schlußfolgerungen und Meinungen im Gegensatz zu Fakten abhängen werden."[35] Auf ein anatomisches Kriterium kann man also kaum zurückgreifen, da es bei einer kontinuierlichen Entwicklung auch keinen genauen Punkt der Unterscheidung zwischen einem „Vor" und einem „Nach" der Menschwerdung gibt. Ein Ansatzpunkt sind vielleicht die biologisch-paläontolo-

---

31 Vgl. Lüke, Bio-Theologie, S. 158.
32 Lüke, Bio-Theologie, S. 165.
33 Vgl. Teilhard de Chardin, P., Comment je crois. Paris/Seuil 1969; zit. Nach Haas, A., Teilhard de Chardin-Lexikon. Grundbegriffe, Erläuterungen, Texte, 2 Bde., Freiburg 1971, S. 166f.
34 Vgl. Költgen, S. 53–56.
35 Leakey, R.E., Die Bedeutung eines vergrößerten Gehirns in der Evolution des Menschen, in: Der Mensch und sein Gehirn. Die Folgen der Evolution, Meier, H. und Ploog, D., (Hg.), München 1997, S. 121–136, hier S. 121.

gisch identifizierten ersten religiösen oder religiös zu deutenden Phänomene, weil sie auch auf ein Selbst-Bewusstsein oder Ich-Bewusstsein[36] bei Vertretern dieser Spezies schließen lassen. Das Entstehen des Selbstbewusstseins scheint allerdings „proportional" einherzugehen mit der Entwicklung des Gehirns bzw. seines neurophysiologischen Komplexitätsgrades, dessen immer komplexere Verschaltung auch Voraussetzung für die Sprachentwicklung und den damit verbundenen Möglichkeiten ist.[37]

Das Phänomen der Religiosität bzw. des Gottbezuges ist ein auch außertheologisch fassbares Kriterium für Menschsein, zumindest insofern Menschen durch Verehrungsgegenstände, Kultbilder und rituelle Beerdigungen paläontologisch nachvollziehbare Bewusstseinsäußerungen gesetzt haben. Doch auch hier wird eine Vorphase vorauszusetzen sein. In der heutigen Interpretation sind diese Phänomene als Kriterium für das Menschsein allerdings konsensabhängig, so wie auch der aufrechte Gang (Leakey) und die Entwicklung der Sprache konsensabhängig als Kriterien mit oder ohne Trennschärfe bewertet werden, wie es bei einer retrospektiven Erforschung mit vielen Lücken und Fragezeichen wohl nicht anders möglich ist.

In Frage gestellt wird das Kriterium des Ich-Bewusstseins als scharfer trennpunkt gegenüber der Tierwelt durch die Forschungsergebnisse der Ethologie, die eindeutig belegen, dass z. B. Schimpansen allein nach optischen Orientierungsexperimenten ebenfalls in der Lage sind, einen Ich-Begriff zu bilden.[38] Arzt und Birmelin formulieren zu den Ergebnissen dieser Experimente: „Es wird, wie es dem Stil der Evolution entspricht, einfachste Vorformen geben, undeutliche Ahnungen vom eigenen ich: Vorstellungen über den eigenen Körper, das eigene Tun, den eigenen Rang. Und am anderen Ende des Spektrums stellt sich das Ich-Bewusstsein in seiner vielleicht höchsten Ausprägung dar: als Nachdenken über die eigene Vergänglichkeit und den Sinn der eigenen Existenz. Die Frage, an welcher Stelle dieses fließenden Verlaufs es gerechtfertigt ist, von Ich-Bewusstsein zu reden, ist dabei ähnlich müßig wie die Frage, wann genau bei Tagesanbruch die Dunkelheit aufhört und die Helligkeit beginnt."[39]

Die Fähigkeit, die Sinnfrage zu stellen, ist jedoch nicht nur ein quantitativer Fortschritt innerhalb eines „Bewusstseinsspektrums", sondern ein qualitativer Sprung, denn hier kommt das Bewusstsein der eigenen Endlichkeit ins Spiel, was einem Lebensentwurf eine ganz andere Richtung oder vielleicht überhaupt eine Richtung geben kann. In dem Moment, in dem sich feststellen lässt, dass auch Tiere wie Menschenaffen (und dann auch unbezweifelbar die Prähominiden) ein solches Selbstbewusstsein haben, ist dieses Kriterium nicht mehr ausreichend zur Unterscheidung zwischen Mensch und Tier. Somit ist die Fähigkeit, ein Selbstbewusstsein

---

36 Vgl. Teilhard de Chardin, P., Der Mensch im Kosmos, München 7. Aufl. 1964, S. 151; vgl. auch ders., Die Zukunft des Menschen, Olten 2. Aufl. 1966, S358 u.385.

37 Vgl. Költgen, S. 67 und S. 78–83.

38 Vgl. Rensch, B., Gedächtnis, Begriffsbildung und Planhandlung bei Tieren, Berlin 1973, S. 177ff.; vgl. Arzt, V., Birmelin, I., Haben Tiere ein Bewußtsein? Wenn Affen lügen, wenn Katzen denken und Elefanten traurig sind, München 2. Aufl. 1993, S. 270ff.

39 Arzt, V., Birmelin, I., Haben Tiere ein Bewußtsein?, S. 193.

zu entwickeln, in Anbetracht der Ergebnisse der Ethologie eine stammesgeschichtlich sicher notwendige, aber nicht auch hinreichende Bedingung für das Menschsein und kann daher nicht als einziges Kriterium zur Grenzziehung zwischen Tier und Mensch gewertet werden.[40] Ein quantitativ und qualitativ gewachsenes Selbst-Bewusstsein kann sich auch äußern durch Ausdrücke eines Transzendenz- oder Gottesbezuges. Für diesen Gottesbezug oder dieses Gottesbewusstsein ist das Selbstbewusstsein die notwendige Grundlage. Mit Hilfe dieses zusätzlichen Kriteriums würde dann ein Wesen als Mensch oder Tier unterschieden. Dabei wird die historische Folge vermutlich die von einer wie auch immer gearteten „Beziehung" zu persönlich gedachten Gottheiten, die im persönlichen Lebensraum eine überlebenswichtige Bedeutung hatten, zu einer abstrakten Vorstellung von Transzendenz gewesen sein, die dann über viele Zwischenstufen schließlich in die Hochreligionen einmündete. Dieser bei den Primaten nicht auffindbare Transzendenz- und Gottesbezug könnte, verbunden mit dem sich selbst die Sinnfrage stellenden Selbst-Bewusstsein, nach derzeitigem Forschungsstand ein menschliches Spezifikum sein.

Nun ist zu klären, wie diese beiden Kriterien miteinander verbunden sind bzw. sich ergänzen. Der Mensch mit Selbst-Bewusstsein, der sich mit sich selbst beschäftigt, wird immer wieder neue Aspekte an sich selbst wahrnehmen, aber er wird sich nie ganz wahrnehmen können, auch nicht, wenn er seine Selbstwahrnehmung „von außen" durch Fremdwahrnehmung ergänzen kann. In gewisser Weise ist das schon neurophysiologisch vorgegeben, weil „... es einer komplexen neuronalen Architektur unmöglich ist, auf sich selbst zu reflektieren, ohne nicht einzelne Verschiebungen in ihrer Physiologie zu bewirken,"[41] denn „schon wenn das Hirn auf sein ihm eigenes Gefüge ‚schaut', verändert es dieses. D. h. aber, dass es im Blick auf sich ‚selbst' nie den strengen Determinismus der es konstituierenden Reaktionen erkennen kann. Schließlich verändert es sich im Akt der ‚Selbstreflektion' immer in einer Weise, die nicht selbst Objekt dieser Reflexion sein kann, da dies sich ja durch dieses ‚Reflektieren' ereignet."[42] Dadurch erkennt „das seiner selbst bewusste Bewusstsein, das Ichbewusstsein, [erkennt] selbst in einem für menschliche Verhältnisse idealen Erkenntnisprozess das eigene Ich stets nur so, dass es sich selbst als Bewusstsein in diesem selben Erkenntnisvorgang nicht wahrnimmt."[43] Aufgrund dieser Gegebenheiten stößt der Mensch, je intensiver er nachdenkt, umso unweigerlicher auf die an sich selbst gewonnene Erfahrung der Unfasslichkeit und Unendlichkeit seiner selbst und damit auch der eigenen Selbstentzogenheit.

---

40 Vgl. Roth, G., Menzel, R., Neuronale Grundlagen kognitiver Leistungen, in: Dudel, J., Menzel, R., Schmidt, R.F., Neurowissenschaft. Vom Molekül zur Kognition, Berlin 1996, S. 539–560, hier S. 557f; vgl. Lüke, Bio-Theologie, S. 272–274.

41 Breidbach, O., Steckt das „Ich" im Gehirn? Einige biologisch genährte Anmerkungen zum Problem des Bezuges von Körper und Seele. In: Kaiser, P., Peters, D.S., Organismus – Evolution – Mensch. Ein Gespräch zwischen Philosophie, Naturwissenschaft und Theologie, Eichstätter Beiträge Bd. 27, Regensburg 1995, S. 54.

42 Breidbach, O., Steckt das „Ich" im Gehirn?, S. 54.

43 Lüke, Bio-Theologie, S285; vgl. Gierer, A., Tragweite und Grenzen der Naturwissenschaften, Manuskript eines Vortrags in der Evangelischen Forschungsakademie Berlin-Weißensee, Januar 1991, S. 10f.

Doch auch seine Umwelt kann er nicht vollständig erfassen und deuten, so dass Rahner sagen kann: „Das Geheimnis in seiner Unumgreifbarkeit ist das Selbstverständliche … Natürlich kann ein Mensch, wenn er will, in seiner konkreten Lebensentscheidung immer die unendliche Frage nur als Stachel seiner erkennenden und erobernden Wissenschaft wollen und annehmen und sich weigern, mit der absoluten Frage als solcher etwas zu tun zu haben außer dadurch, daß diese Frage ihn immer weiter zu einzelnen Fragen und einzelnen Antworten treibt. Und nur dort, wo man sich der Frage nach dem Fragen, dem Denken des Denkens, dem Raum der Erkenntnis und nicht nur den Gegenständen der Erkenntnis, der Transzendenz und nicht nur dem in dieser Transzendenz kategorial raumzeitlich Erfaßten zuwendet, ist man eben am Beginn, ein homo religiosus zu werden."[44]

Somit eröffnet das konsequent und ernstgenommene Selbstbewusstsein die Möglichkeit des Transzendenz- bzw. Gottesbezuges, weil der Mensch sich selbst in einer existentiellen Fraglichkeit wahrnimmt. Dem entspricht, dass „wo und wie früh immer ein Homo sapiens auftaucht, [lässt] er sich durch seine Artefakte und Fossilfunde auch als homo religiosus identifizieren [lässt]."[45] Lüke schlussfolgert daher, dass das Kriterium des Selbst-Bewusstseins durch den aus ihm erwachsenden Transzendenz- oder Gottesbezug wieder die Bedeutung zur Unterscheidung zwischen Mensch und Menschenaffe zurückerhält, die es zunächst aufgrund des Selbst-Bewusstseinsfundes bei den Menschenaffen verloren hatte und die es dadurch aus sich selbst nicht haben konnte.[46]

Ist dieser Transzendenz- oder Gottesbezug nun als ein empirisch fassbares Indiz für die Erschaffung der Seele anzusehen? Wer das das Phänomen, das im theologischen Sinne den Menschen zum Menschen macht – in Leib und Seele einer? Söling schlägt in diesem Zusammenhang folgende Definition für den Begriff Seele vor: „Der Begriff der menschlichen Seele lässt sich als personale Gottesrelation umschreiben … Bezüglich der Vorstellung von der Seele als einer personalen Gottesrelation ist folgende einschränkende Klausel notwendig: Natürlich besitzt auch vorpersonales Leben eine Gottesrelation, also eine ‚Seele', und zwar in dem Sinn, dass es auf Gott hin offen und durch Gott anrufbar ist."[47] Hier ist allerdings sofort anzufragen, woher es bekannt sein soll, dass vorpersonales Leben eine Seele hat. Ist doch im scholastischen Sinne die Seele Bedingung für die Person!

Der Begriff „personale Gottesrelation" aber impliziert eine von zwei Seiten, von Gott und dem Menschen, ausgehende Beziehung. Die Möglichkeit zu einer solchen Beziehung kann nur Gott eröffnen. Er schafft sie, indem er durch die Schöpfung eine Menschwerdung ermöglicht, die Voraussetzung für die wechselseitige Beziehung Gott-Mensch ist. Damit hat die Seele als Beziehung einen Beginn, ist nicht

44 Rahner, K., Grundkurs des Glaubens. Einführung in den Begriff des Christentums, Freiburg 1976, S. 32ff.

45 Lüke, Bio-Theologie, S289; vgl. Lipowsky, F., Der historische Gottesbeweis und die neuere Religionsethnologie. Der religionshistorische Gottesbeweis als kausaler Gottesbeweis, Lobnig-Freudenthal 1938, S. 22f.

46 Vgl. Lüke, Bio-Theologie, S. 291.

47 Söling, C., Das Gehirn-Seele-Problem. Neurobiologie und theologische Anthropologie, Paderborn 1995, S. 246.

präexistent und ist auch nicht Teil oder Wesen Gottes. Sie ist allerdings unsterblich, insofern sie Beziehung zum unsterblichen Gott ist. Transzendenz- oder Gottesbezug bzw. Gottesrelation können somit die Schnittstelle für biologisch-paläontologisch erkennbare Indizien und den theologischen Aussagen zur Erschaffung der Seele und der Leib-Seel-Einheit bilden. Die biologisch-paläontologischen Indizien betrachten allerdings nur die Phylogenese des Menschen. Zur Ontogenese muss noch überlegt werden, wie und wann die Seele auf der Bildfläche erscheint. Das Lehramt sagt dazu: „An sich selbst besteht dagegen die menschliche Seele, die, wenn sie einem hinreichend veranlagten Zugrundeliegenden eingegossen werden kann, von Gott geschaffen wird und ihrer Natur nach unzerstörbar und unsterblich ist."[48] Die Eingießung der Seele ist damit ein Ereignis der creatio continua und dadurch – wie oben erläutert ein Ereignis, was sich in der strengen Gegenwart abspielt und daher den Naturwissenschaften unzugänglich bleibt. „Gleichwohl kann im Nachhinein aus einer dann in der Vergangenheit liegenden Ereignissequenz die Wirkung der transzendentalen Kausalität einer zeitlichen Nachbarschaft zugeordnet, d. h. also auch nach einem Beseelungszeitpunktgefragt werden."[49]

Was ist nun das „hinreichend veranlagte Zugrundeliegende", dem die Seele eingegossen wird? Biologisch betrachtet würde sich für diesen Vorgang statt eines „ontogenetisch schon vorliegenden Substrates" eher deren ermöglichender Beginn, d. h. die Bedingung der Möglichkeit für die Karyogamie anbieten. Das hätte den Vorteil, „daß Es ontogenetisch gesehen keinen der Beseelung vorausgehenden Zustand und also keine Diastase zwischen Zuständen bloß des Leibes und Zuständen des beseelten Leibes geben könnte. Von allem Anfang an wäre der Mensch als untrennbare Leib-Seele-Einheit ein vollständiger Mensch ohne die nur quasi-menschlichen Vorstufen, weil als Bedingung der Möglichkeit dafür, dass überhaupt ein Embryo erkennbar wird, wie primordial auch immer er sein mag, eben diese Beseelung angenommen wird."[50] Für diesen Beseelungszeitpunkt stellt sich allerdings noch das Problem der eineiigen Zwillinge. Zur Lösung dieses Problems definiert Lüke die Individualität eines Lebewesens durch zwei Größen:

„1. Das genetische Programm, das in der Karyogamie neukomponiert oder in der Keimteilung bei eineiigen Zwillingen rekapituliert wird,

und

2. dessen Etablierung in einer spezifischen Umwelt, d. h. an einer ganz spezifischen Raum-Zeit-Stelle."[51]

So betrachtet können Individualität und Beseelung auch im Falle der eineiigen Zwillinge wieder zusammen einhergehen. Hierzu ist allerdings kritisch anzumerken, dass gerade bei eineiigen Zwillingen das genetische Programm dasselbe ist! Bei der zweiten Größe fällt der genetische Aspekt, der vorher der Ansatzpunkt war (Bedingung der Möglichkeit der Karyogamie), völlig weg. Individualität über den verschiedenen Einnistungsort von Blastomeren in der Gebärmutter zu definieren,

---

48 Dekret der Hl. Studienkongregation 27. Juni 1914, DH 3615.
49 Lüke, Bio-Theologie, S. 298.
50 Lüke, Bio-Theologie, S. 299.
51 Lüke, Bio-Theologie, S. 302.

ist kein vollständig überzeugendes Argument. Abgesehen von der noch nicht eindeutig geklärten Frage der eineiigen Zwillinge kann man ontogenetisch gesehen auch interdisziplinär zu dem Schluss kommen, dass der Mensch in Leib und Seele einer ist. Was besagt es für das Verhältnis von Leib und Seele zueinander, wenn wir sagen können, dass die Beseelung die Bedingung der Möglichkeit für die Karyogamie ist und dass es ontogenetisch von Anfang an einen beseelten Leib gibt?

Die Dualität der Erfahrung

Diesen Fragen könnte man folgende Erklärung des Dekretes der Hl. Studienkongregation vom 27. Juli 1914 gegenüberstellen: „Dieselbe vernunftbegabte Seele wird so mit dem Leib geeint, dass sie dessen einzige substantielle Form ist, und durch sie hat der Mensch, dass er Mensch, Sinnenwesen, Lebewesen, Körper, Substanz und Seiendes ist. Die Seele verleiht dem Menschen also jeden wesenhaften Grad der Vollkommenheit; überdies teilt sie dem Leib den Akt des Seins mit, durch den sie selbst ist."[52] Doch hilft uns das weiter?

Den letzten Satz können wir so auffassen, dass die Seele dem Menschen die Systemeigenschaft des personalen Bewusstseins gibt.[53]

Dadurch ist der Mensch gegenüber Gott als dem Grund aller Systemhaftigkeit das Subsystem, das sich zu seinem eigenen Grund verhalten kann. Dies bedeutet auch, dass die bewusste Gottesrelation durch die Systembedingungen des Körpers bzw. des Gehirns konstruiert wird.[54] Damit können wir aus Sicht der Naturwissenschaft das Leib-Seele-Problem auf das Gehirn-Seele- oder vielleicht auch Gehirn-Geist-Problem präzisieren.[55] Dies deckt sich mit den Ergebnissen der klinischen Neurologie und der Hirnforschung, die immer wieder deutlich darstellen, dass der Geist keinen direkten Zugang zum Körper hat. Alle Interaktionen mit dem Körper laufen über das Gehirn und auch da nur über die höheren Ebenen cerebraler Aktivität[56], und es spricht einiges dafür, das Gehirn als „Träger" der individuellen Identität anzusehen.[57] Bislang ist es nicht möglich gewesen, irgendeine neurophysiologische Theorie zu entwickeln, die hätte erklären können, wie eine Vielfalt von Gehirnvorgängen sich durch Synthese so zusammenfügen kann, dass eine durchgängige Bewusstseinserfahrung von ganzheitlichem Charakter entsteht.[58] Zwischen Gehirn und Geist gibt es sozusagen eine explanatorische Kluft, denn wir kennen keinen zwingenden Zusammenhang zwischen Materie, biochemischem

---

52 DH 3616
53 Vgl. Söling, Das Gehirn-Seele-Problem, S. 260.
54 Vgl. Söling, Das Gehirn-Seele-Problem, S. 260.
55 Vgl. Vollmer, G., Was können wir wissen? Bd. 2: Die Erkenntnis der Natur. Beiträge zur modernen Naturphilosophie, Stuttgart 1986, S. 76f.
56 Vgl. Eccles, J., Die Psyche des Menschen. Gifford Lectures 1978–79, München 1984, S. 15.
57 Vgl. Haeffner, G., Hirntod und Organtransplantation. Anthropologisch-ethische Überlegungen, Stimmen der Zeit, Bd. 214, 1996, S807–817, hier S. 810f.
58 Vgl. Eccles, J.C., Zeier, H., Gehirn und Geist. Biologische Erkenntnisse über Vorgeschichte, Wesen und Zukunft des Menschen, Frankfurt a. M. 1984, S. 148.

und neurophysiologischem Substrat und dem Geist.[59] Diese Kluft zwischen Materie und Geist äußert sich auch in einer charakteristischen Dualität der Erfahrung in der Alltagswelt. Brüntrup illustriert das sehr anschaulich, indem er ein Fußballspiel aus zwei verschiedenen Perspektiven betrachtet: „Keine noch so exakte Beschreibung eines Fußballspieles in rein physiologischer Terminologie sagt etwas aus über die Gedanken, Hoffnungen, Wünsche und Emotionen der beteiligten Spieler und Zuschauer. Die physikalische Sprache beschreibt nur Körper in Bewegung. Das gesamte mentale Leben in all seiner Vielschichtigkeit bleibt unberücksichtigt. Die mentale und die physische Beschreibung handeln jeweils von einem ganz anderen Thema."[60] Die beiden Phänomenbereiche scheinen nicht aufeinander angewiesen zu sein, was aber gleichzeitig im Widerspruch zu unserer Alltagserfahrung steht, denn eine unserer fundamentalen Erfahrungen ist, dass wir aufgrund eines willentlichen Entschlusses eine Veränderung in der Welt der physischen Gegenstände bewirken können. Wenn ich will, kann ich meinen Arm bewegen, kann einen visuellen Reiz in den Blick nehmen, etc. Umgekehrt verändern die physischen Gegenstände ihrerseits die geistigen Zustände, so erzeugt z. B. die Nahrungsaufnahme das Sättigungsgefühl. (Viele weitere Beispiele könnte die psychosomatische Medizin anführen). Es gibt also ganz klar eine psychophysische Wechselwirkung. Eine detaillierte Bestimmung des Wesensunterschiedes zwischen physischen und psychischen Gegebenheiten sowie der Einwände gegen diese Unterscheidung gibt Seifert.[61] Es ist wichtig zwischen Positionen, die das Wesen von Leib und Seele (deren Unterschiedenheit wir hier voraussetzen) betrachten, und solchen, die die Beziehung beider betreffen (und mit denen wir uns beschäftigen wollen), zu unterscheiden. Doch noch auf einer anderen Ebene ergibt sich eine Spannung in der Erfahrung. Der Mensch ist als materieller Körper ein Teil der physischen Welt und unterliegt den Kausalitäten der Naturgesetze. Doch der Mensch erlebt sich auch als autonom und als kausalen Ursprung seiner eigenen Handlungen, was sich in der Erfahrung der sittlichen Verantwortung und der Schuld äußert.

Diese Spannung ergibt sich aus der Möglichkeit, sowohl der inneren als auch der äußeren Wahrnehmung des Gehirns[62], denn so Vollmer: „Das Gehirn ist das einzige System, zu dem wir außer dem üblichen objektiven Zugang („von außen") noch einen zweiten, den subjektiven Zugang („von innen") haben. Angesichts der Kompliziertheit des Gehirns sollten wir uns darüber freuen. Ohne diesen zweiten Zugang hätte sich das Leib-Seele-Problem zwar nie gestellt; aber hätten wir dann überhaupt eine Chance, dieses System jemals zu verstehen?"[63]

Die Frage, die sich zwangsläufig an diesen Sachverhalt anschließt, lautet: Spielt der Geist in der physischen Welt eine kausale Rolle? Denn, wenn die Annahme

---

59 Vgl. Brüntrup, G., Das Leib-Seele-Problem. Eine Einführung, Stuttgart 1996, S. 132f.
60 Brüntrup, das Leib-Seele-Problem, S. 9.
61 Vgl. Seifert, J., Das Leib-Seele-Problem und die gegenwärtige philosophische Diskussion. Eine systematisch-kritische Analyse, Darmstadt 2. Aufl. 1989, S. 5–81.
62 Seifert, das Leib-Seele-Problem, S. 8.
63 Vollmer, G., Altehrwürdig, aber unhandlich: Popper und Eccles zum Leib-Seele-Problem, in Allgemeine Zeitschrift für Philosophie, H.2 1981, S. 60–70, hier S. 69f.

richtig ist, dass der physische Bereich kausal geschlossen ist, dann gibt es keine nichtphysischen Ursachen, die physische Ereignisse bewirken, denn sonst würde der Energieerhaltungssatz[64] unterlaufen! Demnach kann der Geist keine kausale Rolle in der physischen Welt einnehmen. Und doch beobachten wir, dass der Geist mit unserem Körper interagiert[65] und der Wille Veränderungen in der Aktivität der neuronalen Maschinerie bewirkt, was James R. Mensch so ausdrückt: „Mind of course, can also be said to be immaterial in the sense of being the ‚place' where the forms appear. As such, it has the immateriality of a formal/final cause, the cause that can move us without itself being moved."[66]

Zu dieser Frage ist der der Naturwissenschaft widersprechende Ansatz von Seifert interessant, der relativ sorglos mit dem Energieerhaltungssatz umgeht. Seiner Meinung nach steht in der Ordnung der Wirkursachen die Freiheit an höchster Stelle und zwischen der in einem beschränkten Seinsbereich wirksamen Kausalität nach Naturgesetzen und der Kausalität durch Freiheit besteht kein Gegensatz, sondern ein organisches Verhältnis wechselseitiger Vorausgesetztheit.[67] Daher hält er den Energieerhaltungssatz bei der Anwendung auf lebendige und freie Wesen für philosophisch irrig und eine kausale Wirkung des Psychischen auf das Physische für normal.[68] Dies erläutert er am Beispiel der Beherrschung des Leibes z. B. beim Sprechen, bei dem der Wille eine freie und bewusste Beziehung zum Leib hat. Nach Seifert schließt dieses Beherrschen des Leibes eine Kausalität durch Freiheit ein, die weit über eine bloße wirkursächliche Beziehung hinausgeht und sowohl eine objektiv-unbewusste als auch eine wesenhaft bewusste Beziehung zum Leib in sich enthält.[69] Die offene Frage bleibt, ob alle Wirkursächlichkeit auf solche gemäß den Naturgesetzen reduziert werden kann oder nicht. Naturwissenschaftlich konkretisiert muss an Seifert zurückgefragt werden, wie denn dann der Geist an den einzelnen Neuronen die Aktionspotentiale auslöst, denn beispielsweise die für das Sprechen zuständigen vernetzten Neurone unterliegen ja alle einer wirkursächlichen Beziehung. Wie nun die mentalen Ereignisse mit den physikalischen Ereignissen kausalen Kontakt pflegen, wird innerhalb eines breiten Spektrums von Autoren entsprechend ihrer naturwissenschaftlichen oder philosophischen Herkunft sehr verschieden erklärt. So schreibt Searle: „Die Trennung zwischen Geist und Körper war im 17. Jahrhundert ein nützliches heuristisches Werkzeug[70], durch das ein großer Teil des Fortschritts erleichtert wurde, der in den Wissenschaften stattfand. Dennoch ist diese Trennung philosophisch verfehlt und im 20. Jahrhundert war sie zu einem massiven Hindernis für das wissenschaftliche Verständnis von Bewusst-

64 Vgl. Mortimer, C.E., Chemie. Das Basiswissen der Chemie in Schwerpunkten. (Deutsch von P. Jacobi und H.J. Schweizer), Stuttgart 3. Aufl. 1980, S. 417ff.
65 Vgl. Brüntrup, das Leib-Seele-Problem, S. 19.
66 Mensch, J.R., The Mind-Body Problem: Phenomenological Reflections on an Ancient solution, American Catholic Philosophical Quarterly, 1994 Vol.68, S. 31–56, hier S. 44.
67 Vgl. Seifert, Das Leib-Seele-Problem, S. 175.
68 Vgl. Seifert, Das Leib-Seele-Problem, S. 176.
69 Vgl. seifert, Das Leib-Seele-Problem, S. 176.
70 Hier ist an Descartes, Galilei und andere gedacht. Gemäß der cartesianischen Lehre schließen die eigentlichen Naturwissenschaften die res cogitans aus und beschäftigen sich allein mit der res extensa.
71 Searle, J.R., Die Wiederentdeckung des Geistes, München 1993, S. 104.

sein innerhalb der natürlichen Welt geworden".[71] Er vertritt daher den Standpunkt: „Bewußtsein ist, kurz gesagt, ein biologisches Merkmal des Menschenhirns und des Hirns gewisser anderer Lebewesen. Es wird durch neurobiologische Vorgänge verursacht und ist ein Bestandteil der natürlichen biologischen Ordnung wie jedes andere biologische Merkmal (Photosynthese, Verdauung, Mitose)".[72] Sozusagen am anderen Ende des Spektrums befindet sich Eccles, der von einem dualistischen Interaktionismus zwischen Gehirn und Geist überzeugt ist. Für ihn ist die Lösung zum oben genannten Problem, wie etwas Nichtphysisches (ein Gedanke) etwas Physisches (einen Körper) bewegen kann, dass „die Interaktion zwischen Geist und Gehirn einem Wahrscheinlichkeitsfeld der Quantenmechanik analog [ist] ..., einem Feld, das weder Masse noch Energie besitzt und dennoch im mikroskopischen Maßstab eine Wirkung hervorrufen kann. Genauer gesagt: die mentale Konzentration, die bei Intention oder planmäßiger Überlegung auftritt, kann durch einen Prozess, der den Wahrscheinlichkeitsfeldern der Quantenmechanik analog ist, neurale Ergebnisse bewirken"[73] denn in der „Quantenmechanik kann im mikroskopischen Maßstab Energie geborgt werden, vorausgesetzt, sie wird sogleich zurückgezahlt. Die mit der Exocytose verbundene Transaktion müsste also nicht unbedingt die Erhaltungssätze der Physik verletzen."[74] Zwischen diesen beiden Außenpositionen des Monismus und dualistischen Interaktionismus liegen noch diverse Theorien, die hier nicht besprochen werden können.[75]

Die Kluft zwischen Gehirn und Geist bleibt also unüberbrückbar, da es sich bei beiden um zwei verschiedene Ebenen der Erfahrung mit verschiedenen kategorialen Bezügen handelt. Die mentalen Erfahrungen der Lebenswelt mit den Hirnmechanismen, die diese Erfahrungen ermöglichen, gleichzusetzen, muss deshalb notwendigerweise scheitern. Das wird noch einmal deutlich im Blick auf die Ergebnisse und Schlüsse der Arbeit von O.D. Creutzfeld.[76] Creutzfeld kann sich weder dafür entscheiden, aus seiner dualistischen Erklärungsweise eine dualistische Substanztheorie (im Sinne der Scholastik) zu machen, da diese Annahme die

---

72 Searle, J.R., Die Wiederentdeckung des Geistes, S. 109.

73 Eccles, J.C., Die Evolution des Gehirns – die Erschaffung des Selbst, München 1993, S. 303; vgl. dazu auch ders., Evolution of consciousness, in: Proceedings oft he Natural Academy of Science, Vol. 89, August 1992, S. 7320–7324; ders., The Mind-Brain Problem Revisited: The Microsite Hypothesis, in: Eccles, J.C., Creutzfeldt, O.D., (Hg.), The Principles of design and operation of the brain, Berlin 1990, S. 549–572.

74 Eccles, J.C., Die Evolution des Gehirns, S. 303f. Die Berechnungen zur Stützung dieser Theorie finden sich in: Beck, F., Eccles, J.C., Quantum aspects of brain activity and the role of consciousness, in: Proceedings oft he Natural Academy of Science, Vol. 89, 1992. S. 11357–11361.

75 Ausführlich setzt sich Karl R. Popper mit diesen Theorien im dritten Kapitel des Buches: Popper, K.R., Eccles, J.C., Das Ich und sein Gehirn, München 10. Aufl. 1991 auseinander. Eine knappere Skizze des Diskussionsstandes verbunden mit dem Versuch einer Bewertung der Argumente innerhalb der evolutionären Erkenntnistheorie findet sich bei Lüke, U., Evolutionäre Erkenntnistheorie und Theologie, Stuttgart 1990, S. 99–110.

76 Creutzfeld, O.D. and Rager, G., Brain mechanisms and the phenomenology of conscious experience. In: Buser, P. and Rougeul-Buser, A., Cerebral correlates of conscious experience, Amsterdam 1978, S. 311–318.; Creutzfeldt, O.D., Bewußtsein und Selbstbewußtsein als neurophysiologisches Problem der Philosophie. In: Reproduktion des Menschen, A. Peisl, A. Mohler (Hg.), Berlin 1981, S. 29–54.; Creutzfeld, O.D., Cortex Cerebri. Performance, structural and functional organisation oft he cortex, Göttingen 1993.

physikalischen Gesetze ausklammern müsste, noch sich einer monistischen Identitätstheorie zuzuwenden, weil diese die Nicht-Überführbarkeit der beiden Erkenntnisebenen ineinander zugunsten eines methodischen Monismus ausklammern würde. So übergibt er die Frage der Gehirn-Geist Beziehung dem Bereich der Metaphysik.[77]

Eine bleibende Aporie?

Welche Beziehung haben der materielle Leib und die geistige Seele zueinander? Nach Betrachtung der theologischen Seite, vertreten durch die Schöpfungstheologie und der naturwissenschaftlichen Seite, vertreten durch die Neurophysiologie, ergeben sich folgende Schnittmengen: Die Ein-Erschaffung der Seele in das leibliche Substrat kann als Bedingung der Möglichkeit der Karyogamie betrachtet werden. Der Mensch ist als Geistnatur sich selbst unmittelbar gegeben, lebt in personaler Freiheit in Bezüglichkeit auf Gott. Dieses relationale Dasein ist, um frei zu leben, anzunehmen und bewusst zu gestalten. Das Gehirn ist ein strukturell und funktionell offenes System, angewiesen auf die Interaktion mit der physischen und sozialen Umwelt. Es ermöglicht dem Menschen als einzigem ein selbstreflektiertes Bewusstsein und Selbsttranszendenz. Damit ist es Basis und Medium der Selbstverwirklichung personalen Seins. Die Gehirnforschung vermag jedoch nicht, eine teleologische Erklärung des Phänomens Geist zu geben, während die Theologie dem Menschen zusprechen kann, ein leiblich verwirklichtes Geist- und Freiheitswesen zu sein, dessen geistige und freie Selbsthabe der von Gott bewirkte Modus seiner (des Menschen) Seinspartizipation ist. Am Punkt der kausalen Geschlossenheit treten die beiden Erkenntnisordnungen auseinander. Die geistigen Akte des Menschen haben physiologische Vorgänge zur Bedingung, aber nicht zur Wirkursache. Umgekehrt kann nach den Gesetzen der Physik ein geistiger Akt nicht die Wirkursache eines physiologischen Prozesses sein, da die physikalische Welt als kausal geschlossen gelten muss. Somit endet die rein wissenschaftliche Interdisziplinarität zur Beantwortung der Eingangsfrage in der Aporie.

Doch muss sie das tatsächlich? Könnte die Aporie vielleicht auch eine Folge eines Selbstimmunisierungsversuches sein, wenn es heißt, dass Theologie und Naturwissenschaft grundsätzlich nicht in einen Widerspruch untereinander geraten können, weil sie sich beide von vornherein in ihrem Gegenstandsbereich und ihrer Methode unterscheiden? Dass es zwischen einer Vernunft, welche durch ihre gottgegebene Natur auf Wahrheit angelegt und zur Erkenntnis der Wahrheit befähigt ist, und dem Glauben, der sich der gleichen göttlichen Quelle aller Wahrheit verdankt, keinen Konflikt geben könne, hatte man eigentlich schon bei Galilei gesagt ...

Die Frage ist, ob Glaube und Wissenschaft wirklich nicht ineinander überführbaren Erkenntnisordnungen zugehören. Hier ließe sich ein Ausweg denken, wenn die Frage der immanenten und transzendenten Kausalität nachgearbeitet wird. Die

---

77 Vgl. Creutzfeldt, O.D., Modelle des Gehirns – Modelle des Geistes?, in: Ditfurth, H. von (Hg.), Mannheimer Forum 87/88, Mannheim 1988, S. 8–58, hier S. 56f.

physikalisch-kausale Geschlossenheit ist ein Phänomen der naturwissenschaftlichen „Vergangenheitsbewältigung", während Gott in der strengen Gegenwart wirkt, die durch die naturwissenschaftliche Realität nicht ergriffen wird, in der aber Phänomene geistiger und naturwissenschaftlicher Art in Wechselwirkung zu denken wären. Naturwissenschaftlich ließe sich das allerdings nicht nachprüfen, da die Naturwissenschaft durch die Endlichkeit der Lichtgeschwindigkeit in ihrer Signalübertragungsgeschwindigkeit begrenzt ist und somit Gott nicht „auf frischer Tat ertappen" kann.

Literatur

Arzt, V., Birmelin, I., Haben Tiere ein Bewußtsein? Wenn Affen lügen, wenn Katzen denken und Elefanten traurig sind, München 2. Aufl. 1993.

Barth, K., Die Lehre von der Schöpfung. Kirchliche Dogmatik, Bd. III/1, Vorwort, Zürich 1947.

Beck, F., Eccles, J.C., Quantum aspects of brain activity and the role of consciousness, in: Proceedings of the Natural Academy of Science, Vol. 89, 1992. S. 11357–11361.

Bosshard, S.N., Evolution und Schöpfung, in: Böckle, F., u. a., (Hg.), Christlicher Glaube in Moderner Gesellschaft, Freiburg 1981, Bd.3, S. 87–127.

Breidbach, O., Steckt das „Ich" im Gehirn? Einige biologisch genährte Anmerkungen zum Problem des Bezuges von Körper und Seele. In: Kaiser, P., Peters, D.S., Organismus – Evolution – Mensch. Ein Gespräch zwischen Philosophie, Naturwissenschaft und Theologie, Eichstätter Beiträge Bd. 27, Regensburg 1995, S. 54.

Brüntrup, G., Das Leib-Seele-Problem. Eine Einführung, Stuttgart 1996.

Creutzfeld, O.D. and Rager, G., Brain mechanisms and the phenomenology of conscious experience. In: Buser, P. and Rougeul-Buser, A., Cerebral correlates of conscious experience, Amsterdam 1978, S. 311–318.

Creutzfeld, O.D., Cortex Cerebri. Performance, structural and functional organisation oft he cortex, Göttingen 1993.

Creutzfeldt, O.D., Bewußtsein und Selbstbewußtsein als neurophysiologisches Problem der Philosophie. In: Reproduktion des Menschen, A. Peisl, A. Mohler (Hg.), Berlin 1981, S. 29–54.

Creutzfeldt, O.D., Modelle des Gehirns – Modelle des Geistes?, in: Ditfurth, H. von (Hg.), Mannheimer Forum 87/88, Mannheim 1988, S. 8–58.

Dekret der Hl. Studienkongregation 27. Juni 1914, DH 3615.

DH 3616

Eccles, J., Die Psyche des Menschen. Gifford Lectures 1978–79, München 1984.

Eccles, J.C., Die Evolution des Gehirns – die Erschaffung des Selbst, München 1993.

Eccles, J.C., Evolution of consciousness, in: Proceedings oft he Natural Academy of Science, Vol. 89, August 1992, S. 7320–7324.

Eccles, J.C., The Mind-Brain Problem Revisited: The Microsite Hypothesis, in: Eccles, J.C., Creutzfeldt, O.D., (Hg.), The Principles of design and operation of the brain, Berlin 1990, S. 549–572.

Eccles, J.C., Zeier, H., Gehirn und Geist. Biologische Erkenntnisse über Vorgeschichte, Wesen und Zukunft des Menschen, Frankfurt a. M. 1984.

Fischer, J., Kann die Theologie der naturwissenschaftlichen Vernunft die Welt als
Schöpfung verständlich machen?, in: Freiburger Zeitschrift für Philosophie und
Theologie, 41, 1994, 3, S. 491–514.

Gierer, A., Tragweite und Grenzen der Naturwissenschaften, Manuskript eines
Vortrags in der Evangelischen Forschungsakademie Berlin-Weißensee, Januar
1991, S. 10f.

Haeffner, G., Hirntod und Organtransplantation. Anthropologisch-ethische
Überlegungen, Stimmen der Zeit, Bd. 214, 1996, S807–817.

Hoeps, R., Die Erschaffung der Welt aus dem Nichts. Das Problem des Grundes in
der Schöpfungstheologie. In: Religionspädagogische Beiträge 31/1993, S. 79.

Jesus Christus. Wort des Vaters, Hg. Theologisch-Historische Kommission für das
Heilige Jahr 2000, Regensburg 1997, S. 80f.

Költgen, D., In Leib und Seele einer, Münster 1998.

Leakey, R.E., Die Bedeutung eines vergrößerten Gehirns in der Evolution des
Menschen, in: Der Mensch und sein Gehirn. Die Folgen der Evolution, Meier,
H. und Ploog, D., (Hg.), München 1997, S. 121–136.

Lipowsky, F., Der historische Gottesbeweis und die neuere Religionsethnologie.
Der religionshistorische Gottesbeweis als kausaler Gottesbeweis, Lobnig-Freudenthal 1938, S. 22f.

Lüke, U., Bio-Theologie. Zeit – Evolution – Hominisation, Paderborn 1997.

Lüke, U., Evolutionäre Erkenntnistheorie und Theologie, Stuttgart 1990, S. 99–110.

Mensch, J.R., The Mind-Body Problem: Phenomenological Reflections on an
Ancient solution, American Catholic Philosophical Quarterly, 1994 Vol.68,
S. 31–56.

Moltmann, J., Gott in der Schöpfung, Ganoczy, A., Schöpfungslehre, oder Rahner,
K., Die Christologie innerhalb einer evolutiven Weltanschauung (in: ders.,
Schriften zur Theologie Bd. 5, Einsiedeln 3. Aufl. 1965, S. 183–221).

Mortimer, C.E., Chemie. Das Basiswissen der Chemie in Schwerpunkten. (Deutsch
von P. Jacobi und H.J. Schweizer), Stuttgart 3. Aufl. 1980.

Papst Johannes Paul II., Ansprache an Wissenschaftler und Studenten im Kölner
Dom am 15. November 1980, in: Predigten und Ansprachen von Papst Johannes
Paul II. bei seinem Pastoralbesuch in Deutschland sowie Begrüßungsworte und
Reden, die an den Heiligen Vater gerichtet wurden, 15. –19.11.1980, Verlautba-
rungen des Apostolischen Stuhls, 25A, S. 26–34.

Popper, K.R., Eccles, J.C., Das Ich und sein Gehirn, München 10. Aufl. 1991.

Rahner, K., Grundkurs des Glaubens. Einführung in den Begriff des Christentums, Freiburg 1976, S. 32ff.

Rawer, K., Rahner, K., Weltall – Erde – Mensch, in: Böckle, F., u. a., (Hg.), Christlicher Glaube in Moderner Gesellschaft, Freiburg 1981, Bd. 3, S. 6–85.

Rensch, B., Gedächtnis, Begriffsbildung und Planhandlung bei Tieren, Berlin 1973.

Roth, G., Menzel, R., Neuronale Grundlagen kognitiver Leistungen, in: Dudel, J.,
Menzel, R., Schmidt, R.F., Neurowissenschaft. Vom Molekül zur Kognition,
Berlin 1996, S. 539–560.

Scherer, S., Die Suche nach Eden. Wege zur alternativen Deutung der menschlichen Frühgeschichte, Neuhausen – Stuttgart 1991.

Searle, J.R., Die Wiederentdeckung des Geistes, München 1993.

Seifert, J., Das Leib-Seele-Problem und die gegenwärtige philosophische Diskussion. Eine systematisch-kritische Analyse, Darmstadt 2. Aufl. 1989, S. 5–81.

Söling, C., Das Gehirn-Seele-Problem. Neurobiologie und theologische Anthropologie, Paderborn 1995.

Splett, J., Freiheits-Erfahrung. Vergegenwärtigungen christlicher Anthropo-Theologie, Frankfurt 1986, S. 84f.

Teilhard de Chardin, P., Comment je crois. Paris/Seuil 1969; zit. Nach Haas, A., Teilhard de Chardin-Lexikon. Grundbegriffe, Erläuterungen, Texte, 2 Bde., Freiburg 1971, S. 166f.

Teilhard de Chardin, P., Der Mensch im Kosmos, München 7. Aufl. 1964.

Teilhard de Chardin, P., Die Zukunft des Menschen, Olten 2. Aufl. 1966.

Vollmer, G., Altehrwürdig, aber unhandlich: Popper und Eccles zum Leib-Seele-Problem, in Allgemeine Zeitschrift für Philosophie, H.2 1981, S. 60–70.

Vollmer, G., Was können wir wissen? Bd. 2: Die Erkenntnis der Natur. Beiträge zur modernen Naturphilosophie, Stuttgart 1986, S. 76f.

Immagine di Dio e figlio nel Figlio

Luis F. Ladaria Ferrer

Prendo lo spunto per questa breve nota da un passaggio di Origene nel suo trattato sulla preghiera. Dice così l'Alessandrino:

> *Padre nostro che sei nei cieli* (Mt 6,9). Lo stesso Spirito rende testimonianza al loro spirito che sono figli di Dio e anche i suoi eredi, coeredi di Cristo; quando soffrono con lui giustamente sperano di essere con lui glorificati (cf. Rom 8, 16–17) [...] Dunque in tutta la loro azione e parola e pensiero sono confermati dal Verbo Unigenito, imitano l'immagine del Dio invisibile (cf. Col 1,15) e diventano all'immagine del Creatore che fa sorgere il suo sole sopra i cattivi e i buoni e fa piovere sopra i giusti e gli ingiusti (cf. Mt 5,45), perché sia in essi *l'immagine del celeste* (1 Cor 15,49), che è l'immagine di Dio[1].

Prendendo come punto di partenza la prima frase della preghiera del Signore secondo il vangelo di Matteo, l'Alessandrino connetta le affermazioni fondamentali della lettera ai Romani sulla filiazione divina e la nostra condizione di eredi di Dio. La vita secondo Gesù, la configurazione alla sua passione per essere da lui e con lui glorificati, è la vita propria dei figli di Dio. Essi devono vivere in modo coerente con le parole, perché altrimenti direbbero la preghiera dei figli, il *Pater noster,* in un modo "dimezzato"[2]. Chi invoca Dio come padre e agisce in modo conseguente con questa invocazione vive invece come immagine di Dio. In questo modo possono imitare Gesù, qui presentato, seguendo la lettera ai Colossesi, come l'immagine del Dio invisibile. Ma Gesù rimanda sempre al Padre. L'imitazione di Gesù, immagine del Dio invisibile, porta a diventare immagine del Creatore, il Padre, che fa sorgere il sole e piovere su buoni e cattivi, giusti e ingiusti. Si diventa così immagine del Adamo celeste, Gesù, che è l'immagine di Dio.

Il testo mostra una intima relazione fra la creazione ad immagine di Dio e la filiazione divina della quale Cristo ci fa dono con la sua morte e risurrezione e l'effusione dello Spirito Santo. I motivi dell'immagine divina nell'uomo e della filiazione in Cristo sembrano a prima vista lontani l'uno dall'altro. Il primo, infatti, si trova già nel primo capitolo della Genesi, non si arriva al secondo se non nelle pagine del Nuovo Testamento. Ma il testo di Origene che abbiamo citato ci mostra che la chiamata iniziale e la realizzazione escatologica hanno molto in comune. La realtà

---

1 Origene, *De orat.* 22,4 (GCS 35; Origenes Werke 2, 348–349)
2 Cf. ib.

dell'immagine si vive soltanto nella filiazione divina e questa significa nel più profondo la configurazione a Cristo per opera dello Spirito Santo; né l'una né l'altra trovano la sua significazione se non nella relazione a Cristo. Questi, Alfa e Omega, unisce il principio e la fine in quanto costituisce il centro della storia e del disegno salvifico di Dio.

Per secoli la teologia ha interpretato la affermazione di Gn 1,26–27 come riferita a la Trinità santa in quanto modello, e al alma umana come immagine creata di essa. In virtù della sua anima spirituale l'uomo è capace di conoscere e di amare Dio[3]. Questo è evidentemente una realtà data all'uomo con la creazione. Ma non si esclude, anzi, viene affermato, un dinamismo che soltanto nella vita eterna troverà la sua piena espressione. San Tommaso lo ha visto con molta chiarezza. L'uomo, ci dice, è immagine di Dio secondo la sua natura intellettuale, secondo la quale può imitare Dio. Lo si imita specialmente in quanto Dio conosce e ama sé stesso. Per questo nell'uomo l'immagine di Dio si può considerare in un triplice senso: in primo luogo in quanto l'uomo ha la capacità naturale di conoscere e amare Dio; da questo punto di vista l'immagine si trova in tutti gli uomini. In un secondo senso si parla dell'immagine di Dio nell'uomo in quanto questi veramente conosce e ama Dio; è l'immagine secondo la conformità della grazia. In un terzo senso, più pieno, l'immagine si realizza in coloro che conoscono e amano Dio perfettamente; l'immagine è in questo caso secondo la somiglianza della gloria[4]. Il testo della Genesi viene interpretato in modo dinamico, ci porta verso l'escatologia. Non c'è però in questo contesto un esplicito riferimento a Cristo e alla sua filiazione divina come invece troviamo nel testo di Origene con il quale abbiamo iniziato la nostra esposizione. Come abbiamo già notato, per Tommaso il punto di riferimento, il modello secondo il quale è stato creato l'uomo, o, con più precisione, la sua anima, è la Trinità, Dio Padre, Figlio e Spirito Santo, il cui riflesso nell'anima, secondo le note teorie agostiniane sono la memoria, l'intelletto e la volontà o la *mens, notitia, e amor*[5]. Il nostro testo iniziale invece, più vicino al Nuovo Testamento, parla della nostra conformazione con Cristo, del nostro essere immagine di colui che è l'immagine (cf. 2 Cor 4,4; Col 1,15). Certamente si è conservata in San Tommaso la distinzione fra la condizione di Immagine perfetta che corrisponde soltanto al Figlio e la condizione dell'uomo, del quale si dice che è stato creato "secondo l'immagine", *ad imaginem*. Si parla di

---

3 Il concilio Vaticano II, GS 12, ha accolto questa intuizione: «La Bibbia infatti insegna che l'uomo è stato creato "ad immagine di Dio", capace di conoscere e amare il suo Creatore...». Il Concilio però parla semplicemente dell'uomo, non distingue in questo contesto fra il suo corpo e la sua anima.

4 S. Tommaso d'Aquino, *STh* I q.93,a 4: «...cum homo secundum intelectualem naturam ad imaginem Dei esse dicatur, secundum hoc est maxime ad imaginem Dei, secundum quod intellectualis natura Deum maxime imitari potest. Imitatur autem intellectualis natura maxime Deum quantum ad hoc, quod Deus seipsum intelligit et amat. Unde imago Dei tripliciter potest considerari in homine. Uno quidem modo, secundum quod homo habet aptitudinem naturalem ad intelligendum et amandum Deum; et haec aptitudo consistit in ipsa natura mentis, quae est communis omnibus hominibus. Alio modo, secundum quod homo actu vel habitu Deum cognoscit et amat, sed tamen imperfecte; et haec est Imago per conformitatem gratiae. Tertio modo, secundum quod homo Deum actu cognoscit et amat perfecte: et sic attenditur imago secundum similitudinem gloriae... Prima ergo imago invenitur in omnibus hominibus; secunda in iustis tantum; tertia vero solum in beatis».

5 Cf. S. Agostino, *Trin.* ; S. Tommaso, *STh* I q. 93, a. 5

immagine a causa della somiglianza, ma si aggiunge "secondo l'immagine" a causa dell'imperfezione[6]. Nell'antica tradizione della Chiesa questa distinzione non puntava tanto sull'imperfezione della nostra somiglianza divina, che certamente si presuppone, ma piuttosto su fatto che il punto immediato di riferimento è Gesù Cristo il Figlio, l'unico che propriamente è l'immagine del Padre. Gli altri siamo fatti soltanto "secondo l'immagine".

Nell'imitazione di Cristo, immagine del Dio invisibile, come abbiamo già fato notare, i cristiani diventano immagine del Padre. Questi è sempre l'ultimo punto di riferimento per Gesù e dunque anche per i suoi discepoli che con lui si configurano. Non è assente la prospettiva trinitaria in questa visione, anzi, risulta più chiaramente articolata in quanto la distinzione delle persone appare con più chiarezza. Notiamo un particolare del testo origeniano molto interessante per il nostro interesse in questo momento: il testo di Mt 5,45 al quale si riferisce l'Alessandrino dice testualmente: «perché siate figli del Padre vostro celeste, che fa sorgere il suo sole sopra i malvagi e sopra i buoni, e fa piovere sopra i giusti e sopra gli ingiusti». È la categoria della filiazione che viene utilizzata, non quella dell'immagine. Origene pensava probabilmente che c'è un'equivalenza fra le due, quando ha usato il motivo dell'immagine nel suo commento personale. Il motivo dell'immagine fa presente in un modo molto esplicito la mediazione di Gesù: si diventa immagine del Creatore in quanto ci si configura con la sua Immagine. Ma lo stesso capita con la filiazione: solo in quanto uniti a Cristo siamo gli uomini figli di Dio, egli è per antonomasia il "Figlio", la cui condizione possiamo noi condividere soltanto per grazia in virtù del dono dello Spirito. E risaputo che il Nuovo Testamento non colloca mai Gesù e i discepoli in un stesso piano quando si parla della filiazione divina e del rapporto a Dio Padre. Questi è il Padre di Gesù e anche il nostro, ma Dio non viene mai presentato come il Padre dell'uno e degli altri senza differenziazione (cf. Gv. 20,17). Gesù ci insegna a dire "Padre nostro", è chiaro però che così dobbiamo pregare *noi* (cf. Mt 9,9; anche Lc 11,4).

È evidente che stando al Nuovo Testamento la categoria della filiazione è molto più centrale di quella dell'immagine, prima di tutto dal punto di vista cristologico. Il "Figlio" è il titolo cristologico fondamentale già nel Nuovo Testamento e nella tradizione della Chiesa; non abbiamo bisogno di soffermaci qui su questo argomento[7]. E correlativamente possiamo dire lo stesso per quanto riguarda il motivo della filiazione divina dell'uomo[8]. Nella conformazione con Cristo il Figlio diventiamo gli uomini figli di Dio Padre e partecipiamo al rapporto unico e originale, costitutivo della sua persona divina, che Gesù ha con lui. Cosa aggiunge allora a tutto questo il titolo cristologico dell'immagine? Certamente molto in quanto esplicita

---

6   S. TOMMASO, *STh* I q. 93, a. 1, ad 2: «Primogenitus omnis creaturae est imago Dei perfecta, perfecte implens illud cuius imago est; et ideo dicitur *Imago*, et nunquam *ad imaginem*. Homo vero, et propter similitudinem dicitur imago; et propter imperfectionem similitudinis dicitur *ad imaginem*».

7   Posso rimandare a L.F. LADARIA, *El Dios vivo y verdadero. El misterio de la Trinidad*, Salamanca [4]2010,86–89; J. RATZINGER-BENEDIKT XVI., *Jesus von Nazaret. I. Von der Taufe im Jordan bis zur Verklärung*, Freiburg-Basel-Wien 2007, 386–396.

8   Cf. L. F. LADARIA. *Teología del pecado original y de la gracia*, Madrid [5]2007, 231–262.

elementi di non poca trascendenza. Infatti fa vedere come in Gesù, l'Immagine di Dio per eccellenza, si fa visibile la vocazione iniziale dell'uomo. La protologia e l'escatologia si contemplano così in un unico sguardo. E, per quanto riguarda l'uomo, la relazione e in certo senso equivalenza fra questi due aspetti del nostro essere ci fa vedere come la chiamata alla pienezza della filiazione divina si trova già radicata nel più profondo del nostro essere fin dal primo istante della creazione, in quanto fatti all'immagine di Dio. Il concilio Vaticano II in un testo memorabile, ha combinato questi diversi temi:

> In realtà solamente nel mistero del Verbo incarnato trova vera luce il mistero dell'uomo. Adamo infatti, il primo uomo, era figura di quello futuro (Rm 5,14) e cioè di Cristo Signore. Cristo, che è l'ultimo Adamo, proprio rivelando il mistero del Padre e del suo amore svela anche pienamente l'uomo a se stesso e gli manifesta la sua altissima vocazione [...]
> Egli è «l'immagine del Dio invisibile» (Col 1,15), è l'uomo perfetto che ha restituito ai figli di Adamo la somiglianza con Dio, resa deforme già subito agli inizi a causa del peccato[9].

La paternità e dunque implicitamente la filiazione sono al centro della rivelazione di Dio e dello svelamento dell'uomo all'uomo che porta a termine Gesù. Proprio in quanto immagine può rivelare il Dio invisibile e ridare all'uomo quella dignità iniziale che Dio gli ha conferito in vista della pienezza che nel futuro si doveva manifestare. In realtà i motivi della filiazione e della somiglianza divina si trovano già uniti nel Nuovo Testamento: «Quale grande amore ci ha dato il Padre per essere chiamati figli di Dio, e lo siamo realmente! Carissimi, noi fin d'ora siamo figli di Dio, ma ciò che saremo non è stato rivelato. Sappiamo però che quando egli si sarà manifestato, noi saremo simili a lui, perché lo vedremo così come egli è» (1 Gv 3,1–2). La pienezza della filiazione divina coincide con la pienezza della somiglianza che è riservata a noi nel mondo futuro[10]. Sant'Ireneo di Lione si è espresso in questi termini tenendo presente l'azione dello Spirito Santo che ci concede di poter vivere da figli di Dio:

> Se dunque fin d'ora, avendo ricevuto il pegno dello Spirito gridiamo «Abba, Padre» (Rm 8, 15, Gal 4,6), che cosa accadrà quando, risuscitati, lo vedremo faccia a faccia [...] Infatti, se già il pegno, abbracciando l'uomo da ogni parte in se stesso, gli fa dire «Abba, Padre», che cosa non farà la grazia intera dello Spirito, quando sarà data agli uomini da Dio? Ci renderà simili a lui e porterà a compimento la volontà del Padre, perché farà l'uomo a immagine e somiglianza di Dio[11].

L'immagine iniziale si sviluppa fino alla perfetta somiglianza per opera dello Spirito Santo che ci fa partecipare della relazione unica di Gesù, il Figlio unigenito, col Padre e ci fa gridare appunto "Abba, Padre". Las pienezza dell'immagine si dà nella

---

9 *Gaudium et Spes*, 22.
10 Non entro nella distinzione fra immagine e somiglianza propria della teologia patristica, che in questo contesto non riveste per noi una rilevanza speciale. D'altronde come abbiamo già visto nel testo citato di Origene e vedremo ancora si parala a volte dell'immagine e non solo della somiglianza a proposito della condizione dell'uomo conformato con Cristo.
11 *Adv. Haer.* V 8,1 (SCh 152, 94–96). Ho preso la traduzione da E. Bellini, *Ireneo di Lione. Contro le heresie e gli altri scritti*, Milano 1981, 423.

filiazione. Se il titolo "Figlio" ci mostra fino in fondo l'ultima identità di Gesù, la nostra partecipazione a questa filiazione ci svela la nostra più profonda identità in lui. Mediante Cristo, in un solo Spirito, abbiamo acceso al Padre (cf. Ef 2,18). Accediamo al Padre conformati con Gesù Cristo, divenuti cioè immagini dell'Immagine, simili a Gesù che ha dato la vita per i fratelli. L'amore universale di Cristo ci porta a essere figli e immagine del Padre che fa sorgere il sole e piovere sui buoni e sui cattivi, sui giusti e sugli ingiusti. Così possiamo diventare perfetti come è perfetto il nostro Padre del cielo (cf. Mt 5,48; cf. anche Lc 6,36).

Uno sguardo sulla Diplomazia Vaticana, oggi

Giovanni Lajolo

1. Natura ecclesiale del servizio diplomatico della Santa Sede

Parlando di diplomazia si pensa spontaneamente ad un'attività propria ed esclusiva dello Stato nei suoi rapporti sovrani con gli altri Stati. Per questo quando si parla di "diplomazia vaticana" molti ritengono che essa sia un'espressione dello Stato della Città del Vaticano. Non è così.

La diplomazia vaticana è espressione propria della Santa Sede, in quanto Suprema Autorità della Chiesa Cattolica. Come dichiara il Preambolo del Trattato Lateranense, la Santa Sede gode di sovranità indiscutibile nel campo internazionale; e l'art. 2 del medesimo Trattato riconosce – con una formula pregnante – che tale sovranità è un *«attributo inerente alla sua natura, in conformità alla sua tradizione ed alle esigenze della sua missione nel mondo»*. È proprio in forza di tale sovranità che la Santa Sede, insieme all'Italia, ha costituito con il predetto Trattato lo Stato della Città del Vaticano, sul quale la Santa Sede ha sovranità e giurisdizione esclusive (cf. art. 4).

È vero per altro che anche lo Stato della Città del Vaticano gode, in quanto Stato, di una riconosciuta sovranità internazionale, non però separata da quella della Santa Sede, ma anzi con essa collegata e ad essa finalizzata, come strumento della indipendenza e libertà del Romano Pontefice. È così possibile anche per gli Stati che non intendono per sé avere rapporti formali con la Chiesa Cattolica in quanto tale, di avvalersi della riconosciuta sovranità internazionale dello Stato del Vaticano per entrare in rapporti con la Santa Sede.

In ogni caso, i rapporti diplomatici che gli Stati intrattengono con la Santa Sede sono rapporti tra soggetti sovrani di diritto internazionale e quindi formalmente della stessa natura di quelli che intercorrono tra gli Stati. Quanto però al contenuto di tali rapporti, in quanto essi si realizzano in concreto attraverso le Ambasciate accreditate presso la Santa Sede, essi si sostanziano principalmente di questioni attinenti alla attività della stessa Santa Sede nel mondo ed alla presenza della Chiesa Cattolica nei vari paesi[1]. Credo che solo l'Ambasciata d'Italia, a motivo degli impe-

---

1 Lo Stato della Città del Vaticano è rappresentato nei rapporti con gli Stati esteri e con gli altri soggetti di diritto internazionale, per le relazioni diplomatiche e per la conclusione di trattati, dalla

gni derivanti dal Trattato Lateranense, debba occuparsi con una certa frequenza di questioni inerenti allo Stato della Città del Vaticano.

V'è poi anzitutto un aspetto che vorrei dire "visivo", che deriva da tale natura ecclesiale della diplomazia della Santa Sede, ed è il carattere sacerdotale o episcopale dei Rappresentanti Pontifici. Papa Giovanni XXIII stabilì, nel 1962, che i Nunzi Apostolici, fin dall'inizio della loro missione – e non soltanto alcuni anni più tardi, come sotto il pontificato di Pio XII – fossero insigniti della dignità episcopale: essa mette meglio in evidenza la funzione di collegamento, direi omogeneo, tra il Sommo Pontefice ed i Vescovi delle Chiese locali. La prima funzione, infatti, che il Codice di Diritto Canonico attribuisce ai Nunzi Apostolici è quella di «rendere sempre più saldi ed efficaci i vincoli di unità che intercorrono tra la Sede Apostolica e le Chiese particolari» (can. 364). Questa non è ancora propriamente una funzione diplomatica; ma intimamente connessa con tale funzione dei Rappresentanti Pontifici è poi quella di esercitare una legazione presso lo Stato accreditatario, promuovendo le relazioni con le Autorità dello Stato ed affrontando le questioni che riguardano i rapporti tra Chiesa e Stato (cf. can. 365 § 1). Il titolo stesso di Nunzi Apostolici proprio degli Ambasciatori della Santa Sede ne sottolinea la loro funzione ecclesiale.

Connessa con tale natura ecclesiale della diplomazia vaticana, anzi ad essa conseguente, è la focalizzazione e la limitazione dei suoi interessi. Esulano per ciò stesso dalla diplomazia della Santa Sede tutta una serie di questioni che sono invece di interesse primario per le diplomazie degli Stati: per esempio, le alleanze politiche, le strutture militari – le Nunziature sono Ambasciate che non hanno *Attachés* militari! – i rapporti commerciali e finanziari, la promozione turistica, ecc.: tutte sfere di azione che alla diplomazia della Santa Sede non interessano, se non, occasionalmente, per eventuali loro risvolti morali[2]. Fortemente indicativa di tale natura della diplomazia vaticana, è la dichiarazione dell'art. 24 del Trattato Lateranense:

> *«La Santa Sede, in relazione alla sovranità che le compete anche nel campo internazionale, dichiara che Essa vuole rimanere e rimarrà estranea alle competizioni temporali fra gli altri Stati ed ai Congressi internazionali indetti per tale oggetto, a meno che le parti contendenti facciano concorde appello alla sua missione di pace, riservandosi in ogni caso di far valere la sua potestà morale e spirituale».*

Segreteria di Stato, la quale procede mediante l'invio e l'accreditamento di personale tecnico del Governatorato dello Stato della Città del Vaticano. Lo Stato della Città del Vaticano è membro di numerose Organizzazioni internazionali, tra l'altro di: Unione Postale Internazionale (UPU), Unione Internazionale delle Telecomunicazioni (UIT), Conferenza Europea su Amministrazioni postali e telecomunicazioni (CEPT), Organizzazione Internazionale per le Telecomunicazioni Satellitari (ITSO, già INTELSAT), Organizzazione Europea per le Telecomunicazioni Satellitari (EUTELSAT), Consiglio Internazionale sui Cereali (IGC), Organizzazione Internazionale per la Proprietà Intellettuale (OMPI), Istituto Internazionale per l'Unificazione del Diritto Privato (UNIDROIT).

2 Sull'evoluzione storica della figura del Rappresentante Pontificio fa testo l'opera di PIERRE BLET, *Histoire de la Représentation Diplomatique du Saint Siège des origines à l'aube du XIXe siècle*, Città del Vaticano 1982, pp. XX, 530 (seconda edizione 1990, pp. XIX, 537). Una presentazione organica aggiornata della tematica si può trovare in GIOVANNI BARBERINI, *"Chiesa e Santa Sede nell'ordinamento internazionale. Esame delle norme canoniche"*, G. Giappichelli Editore, Torino 2003. Dello stesso autore è anche la voce *"Diplomazia Pontificia"* nel Volume aggiornamento XIII della Enciclopedia Giuridica 2005, dell'Istituto dell'Enciclopedia Italiana Treccani.

2. Odierna consistenza delle Rappresentanze Pontificie

2.1

Una conferma storica del fatto che la diplomazia vaticana non è in sostanziale riferimento allo Stato Vaticano è facilmente ravvisabile nel fatto che essa continuò a svilupparsi anche dopo il 1870 e la *debellatio* dello Stato Pontificio da parte dell'Italia; anzi, tra il 1870 ed il 1929 le Rappresentanze diplomatiche degli Stati presso la Santa Sede, e reciprocamente della Santa Sede presso gli Stati, aumentarono da 16 a 29.

Al presente, la diplomazia vaticana è tra quelle dotate di una più vasta "rete" di Rappresentanze. I Paesi che intrattengono piene relazioni diplomatiche con la Santa Sede sono 178; ad essi va aggiunto il Sovrano Militare Ordine di Malta. E' inoltre rappresentata da una Missione Speciale l'Organizzazione per la Liberazione della Palestina, guidata da un Direttore.

Può essere interessante ricordare lo sviluppo numerico che hanno avuto le Nunziature Apostoliche nell'ultimo quarto del secolo ventesimo. Sotto i Pontificati di Paolo VI e di Giovanni Paolo II, quindi dal 1963 al 2005, gli Stati con rapporti diplomatici con la Santa Sede sono passati da 46 a 174. Più precisamente: nel 1978, alla morte di Paolo VI, le Nunziature e le Delegazioni Apostoliche in Africa costituivano meno della metà del numero complessivo delle Rappresentanze Pontificie nel mondo, e quel continente era quello con un numero relativamente maggiore di Rappresentanze della Santa Sede (43 su 117). Durante il pontificato di Giovanni Paolo II vi è stata una forte espansione della rete di Nunziature e Delegazioni, che ha interessato tutti i continenti. La crescita numerica più forte si è registrata in Europa (da 18 a 45 Rappresentanze), soprattutto come conseguenza dei fatti del 1989, che hanno interessato l'ex Unione Sovietica e vari paesi dell'Europa centro-orientale e dell'Asia centrale. Sempre sotto il Pontificato di Giovanni Paolo II, il numero delle Rappresentanze Pontificie è raddoppiato in Asia (da 19 a 38), e significativo è stato il loro aumento anche nelle Americhe (da 24 a 36), in Oceania (da 5 a 15) ed in Africa (da 43 a 53).

Le Rappresentanze Pontificie presso gli Stati, con un Nunzio Apostolico stabilmente residente, sono al presente 105. Se ne deduce che per ricoprire tutti i paesi che hanno relazioni diplomatiche piene con la Santa Sede, non pochi Nunzi sono titolari di diverse sedi[3].

2.2

Molto rapido è stato lo sviluppo delle Rappresentanze della Santa Sede presso le Organizzazioni Internazionali; esse sono attualmente 15. Si partì nel 1949 con l'accreditamento di un Osservatore Permanente presso la FAO, l'Organizzazione

---

3   Casi estremi sono quelli del Nunzio Apostolico a Trinidad e Tobago, che è titolare di 11 Rappresentanze in altri Stati caraibici e delle Antille, e del Nunzio Apostolico in Nuova Zelanda, che è titolare di 10 altre Rappresentanze in Oceania.

per l'Alimentazione e l'Agricoltura, con sede a Roma, al quale la Santa Sede ha successivamente assegnato anche la rappresentanza presso il Programma Alimentare Mondiale (PAM), nel 1963, e presso il Fondo Internazionale per lo Sviluppo Agricolo (IFAD), nel 1977.

Sempre con carattere di Osservatore, nel 1952 fu accreditato il Rappresentante della Santa Sede presso l'UNESCO a Parigi. Nel 1957 la Santa Sede divenne membro fondatore della Agenzia Internazionale per l'Energia Atomica (AIEA), con sede a Vienna e vi accreditò un Delegato Permanente, oggi Rappresentante Permanente.

Fu però sotto il pontificato di Paolo VI che la Santa Sede incrementò la sua presenza nelle Organizzazioni Internazionali intergovernative, inviando un Osservatore Permanente: nel 1964 presso le Nazioni Unite di New York; nel 1967 presso l'Ufficio ONU e le Istituzioni Specializzate a Ginevra; nel 1971 presso l'Organizzazione delle Nazioni Unite per lo Sviluppo Industriale (ONUDI), con sede a Vienna. Nel 2004 la Santa Sede ha formalizzato il suo statuto di "Osservatore Permanente" presso l'Organizzazione delle Nazioni Unite (Risoluzione N. 58/314 del 1° luglio 2004).

Tale attenzione è continuata anche sotto il Pontificato di Giovanni Paolo II, così che una presenza stabile della Santa Sede è riscontrabile nei più importanti organismi internazionali. Essa è Membro di sei altre Organizzazioni internazionali[4] e presso sei altre ancora ha carattere di Osservatore a volte "su base informale"[5].

Per gli organismi internazionali intergovernativi a base regionale, la Santa Sede ha nominato un Inviato Speciale presso il Consiglio d'Europa a Strasburgo, nel 1970, anche se i rapporti con detto organismo risalgono al 1962; ed un Osservatore Permanente presso l'Organizzazione degli Stati Americani (1978). Nel 1994 ha inviato un Rappresentante Permanente presso l'Organizzazione per la Sicurezza e la Cooperazione in Europa (OSCE), di cui essa è membro sin dal 1973. Nell'anno 2000 furono nominati gli Osservatori Permanenti presso l'Organizzazione della Lega Araba e presso l'Unione Africana, con la quale la Santa Sede ha sottoscritto un Accordo di cooperazione il 19 ottobre 2000. Una posizione speciale ha il Rappresentante Pontificio presso le Comunità Europee, in concreto l'Unione Europea, con sede a Bruxelles (distinto dal Nunzio Apostolico in Belgio), che ha il titolo di Nunzio Apostolico non solo *ad personam* (come alcuni Osservatori Permanenti), ma d'ufficio.

---

4   Alto Commissariato delle Nazioni Unite per i Rifugiati (UNHCR); Conferenza delle Nazioni Unite sul Commercio e lo Sviluppo (UNCTAD); Strategia Internazionale per la Riduzione dei Disastri (ISDR); Organizzazione Mondiale della Proprietà Intellettuale (WIPO); Unione Internazionale delle Telecomunicazioni (ITU), della quale è membro anche a nome e per conto dello Stato della Città del Vaticano; Organizzazione per l'Applicazione del Trattato per il Bando Completo della Sperimentazione Nucleare (CTBTO).

5   Organizzazione Internazionale per le Migrazioni (OIM); Organizzazione Meteorologica Internazionale (WMO); Organizzazione Mondiale della Sanità (WHO); Ufficio Internazionale del Lavoro (ILO); Organizzazione Mondiale del Turismo (OMT), a partire dal 1979; Organizzazione Mondiale del Commercio (WTO), dal 1997; Organismi delle Nazioni Unite per l'Ambiente e gli Insediamenti Umani (UNEP e UN/HABITAT), sempre a partire dal 1997.

2.3

Varrà la pena di rilevare che la Santa Sede intrattiene un così vasto sistema di rapporti diplomatici, con un personale estremamente ridotto. Tutti i Nunzi Apostolici – come sopra riferivo – sono un centinaio; mentre i Rappresentanti presso gli Organismi Internazionali sono 12. Il Personale diplomatico subalterno, ossia quello che presta servizio nelle sedi diplomatiche della Santa Sede e nella Segreteria di Stato, conta con 154 ecclesiastici. Essi appartengono a 50 nazioni. Questa singolare internazionalità del corpo diplomatico della Santa Sede, mentre risponde ad un auspicio del Concilio Ecumenico Vaticano II circa la composizione degli organi centrali della Chiesa (cf. *Christus Dominus*, n. 10,1), riflette anche quella prerogativa della Chiesa che lo stesso Concilio qualifica come *"un germe validissimo di unità... per tutto il genere umano"* (*Lumen gentium*, n. 9,2).

Come riesce la diplomazia della Santa Sede ad affrontare i suoi compiti, difficili e complessi, con un personale così ridotto?

Le ragioni sono molteplici. Vorrei rilevare, in particolare, la possibilità che hanno le Rappresentanze Pontificie di trovare aiuto da parte delle Chiese locali, che possono fornire, oltre ad alcuni collaboratori per la sede diplomatica, anche preziose informazioni ed efficace assistenza nel campo delle problematiche trattate dalle Nunziature stesse. Altra ragione, che non va sottovalutata, è naturalmente l'impegno di vita dei Diplomatici stessi della Santa Sede che, in quanto sacerdoti, non hanno altro scopo che quello di servire la Chiesa e la Santa Sede. Non irrilevante a tal fine (ma anche sotto l'aspetto economico) mi pare anche la circostanza che le Nunziature Apostoliche riuniscono in una sola sede la Cancelleria e la Residenza.

Analoghe osservazioni valgono anche per la Sezione per i Rapporti con gli Stati della Segreteria di Stato, il cui "compito proprio" "è di attendere agli affari che devono essere trattati con i Governi civili" (Costituzione Apostolica *Pastor Bonus* sulla Curia Romana, art. 45). Com'è noto, la Segreteria di Stato è presieduta dal Cardinale Segretario di Stato, al quale è internazionalmente riconosciuto il rango di Primo Ministro. Essa si articola in due Sezioni, la Sezione per gli Affari Generali e la Sezione per i Rapporti con gli Stati. Quella per gli Affari Generali è sotto la guida diretta del Sostituto con l'aiuto dell'Assessore, mentre la Sezione per i Rapporti con gli Stati è sotto la direzione del proprio Segretario con l'aiuto del Sotto-Segretario, ai quali si riconosce internazionalmente il rango rispettivamente di Ministro e di Vice Ministro degli Esteri. Il personale di tutta la Segreteria di Stato consta di circa 230 persone, e di queste solo 58 sono assegnate alla Sezione per i Rapporti con gli Stati, la quale si avvale però di un consistente appoggio da parte della Prima Sezione per alcuni settori che presso gli Stati sono propri del Ministero degli Esteri, ad esempio per il Protocollo, la Cifra, l'Ufficio del Personale e l'Ufficio dei Corrieri. Infine, per molte questioni specifiche, la Sezione per i Rapporti con gli Stati ricorre alla consulenza delle Congregazioni o dei Pontifici Consigli della Curia Romana, o chiede loro anche di mettere a disposizione esperti da inviare come membri di Delegazioni della Santa Sede ad incontri internazionali, e ne riceve una collaborazione molto solerte e sempre molto apprezzata.

3. Presenza diplomatica della Santa Sede nei diversi Paesi

3.1

L'attenzione prioritaria delle Rappresentanze Pontificie nei diversi paesi riguarda anzitutto lo *status* della Chiesa Cattolica, cioè i suoi rapporti interni, la sua attività sociale e, in particolare, il suo stato giuridico nell'ambito dell'ordinamento dello Stato: a questo riguardo l'interesse precipuo è rivolto all'aspetto della libertà della Chiesa.

Più vasti ambiti di interessi, che non si concentrano solo sulla Chiesa Cattolica, sono quelli della pace, dei diritti umani, del dialogo ecumenico ed interreligioso, ecc.

3.2

Di particolare rilievo è poi l'attività pattizia, cioè dei concordati e in genere degli accordi tra Chiesa e Stato. Questi possono essere sia a livello di Santa Sede e Stato, sia a livello di Chiesa locale e Stato, ma anche in questo caso essi non sono solitamente conclusi senza un coinvolgimento della Rappresentanza Pontificia.

Per quanto riguarda gli accordi fra Santa Sede e Stato, è ben noto come essi costituiscono un non breve capitolo della storia stessa della Chiesa.

Il primo grande Accordo, che ha iniziato la storia dei Concordati, è considerato quello di Worms del 1122 (*Concordia* o *Pax Wormatiensis*): ponendo fine alla lotta per le investiture, esso costituì un momento determinante nella separazione dei poteri civile e religioso, e quindi della libertà della Chiesa come anche della laicità dello Stato.

Dopo quel patto di Worms, consistente in due documenti unilaterali correlativi, rispettivamente da parte dell'Imperatore Enrico V e del Papa Callisto II, i Concordati come strumento giuridico-diplomatico hanno trovato un crescente favore per regolare le differenze e le contese tra Stato e Chiesa. Nel corso della storia essi hanno assunto una differente fisionomia a seconda anche del sistema politico proprio della parte statale, cioè secondo che si trattasse, per esempio, di un patto con un Sovrano assolutista o con uno Stato democratico. Sempre comunque hanno inteso essere strumenti della libertà della Chiesa ed al contempo della collaborazione nelle cosiddette "materie miste".

In epoca a noi più recente si è rimproverato alla Santa Sede di avere, per il fatto stesso di entrare in rapporti pattizi con Stati totalitari, legittimato in qualche modo il regime al potere. Tale accusa è stata sollevata specificamente in riferimento al nazismo, per la conclusione del Concordato con il Reich (1933), ed al fascismo, per la conclusione dei Patti Lateranensi (1929). Una tale interpretazione non regge ad una serena critica storica. Per quanto riguarda il Concordato con il Reich, non posso non ricordare le parole di Pio XII:

> *«Nella primavera del 1933, il Governo germanico sollecitò la Santa Sede a concludere un Concordato col Reich: pensiero che incontrò il consenso anche dell'Episcopato e almeno della più gran parte dei cattolici tedeschi. Infatti, né i Concordati già conclusi con alcuni Stati particolari della Germania (Länder), né la Costituzione di Weimar*

sembravano loro assicurare e garantire sufficientemente il rispetto delle loro convinzioni, della loro fede, dei loro diritti e della loro libertà d'azione. In tali condizioni, queste garanzie non potevano essere ottenute che mediante un accordo nella forma solenne di un Concordato, col Governo centrale del Reich. Si aggiunga che, avendone questo fatto la proposta, sarebbe ricaduta, in caso di rifiuto, sulla Santa Sede la responsabilità di ogni dolorosa conseguenza. Non già che la Chiesa, dal canto suo, si lasciasse illudere da eccessive speranze, né che con la conclusione del Concordato intendesse in qualsiasi modo di approvare la dottrina e le tendenze del nazionalsocialismo, come fu allora espressamente dichiarato e spiegato. Tuttavia bisogna riconoscere che il Concordato negli anni seguenti procurò qualche vantaggio, o almeno impedì mali maggiori. Infatti, nonostante tutte le violazioni di cui divenne ben presto l'oggetto, esso lasciava ai cattolici una base giuridica di difesa, un campo sul quale trincerarsi per continuare ad affrontare, fino a quando fosse loro possibile, il flutto sempre crescente della persecuzione religiosa» (AAS 37 [1945] 160–161).

Così Pio XII nella sua allocuzione al Collegio Cardinalizio, del 2 giugno 1945. È ben vero, per altro, che da parte tedesca, subito dopo la conclusione di quel Concordato, si cercò di darne un'interpretazione favorevole al regime; ma non mancarono immediatamente, colpo su colpo, pubbliche prese di posizione della Santa Sede con articoli ufficiosi su *L'Osservatore Romano*[6]: i Concordati, come tutti i trattati internazionali, sono sempre conclusi con gli Stati, i quali restano, e non con i regimi o i Governi, i quali passano.

Con il Concilio Vaticano II (1963–1965) e il ruolo assunto dalle Conferenze Episcopali, non pochi osservatori pensarono che l'epoca dei concordati ed in genere degli accordi tra Santa Sede e Governi fosse ormai tramontata. Non fu però così, per tutta una serie di ragioni, ed anzitutto perché gli accordi con la Santa Sede, proprio come Accordi di diritto internazionale, hanno un'altra stabilità e danno un'altra sicurezza alle istituzioni ecclesiastiche interessate. L'attività concordataria della Santa Sede non solo non diminuì, ma ebbe motivo di intensificarsi. Solo in Germania sono in vigore 35 Accordi[7].

---

6 «Qua e là nei commenti giornalistici affiora il concetto che il fatto dell'avvenuto Concordato tra la Santa Sede e la Germania significa l'abbandono da parte della Santa Sede stessa del suo costante contegno dinanzi alle diverse forme di Governo e vuol essere invece approvazione e riconoscimento di una determinata corrente di dottrine e vedute politiche. Questa asserzione merita subito un chiarimento. Non sarà infatti superfluo ricordare che la Santa Sede tratta con gli Stati in quanto tali per assicurare i diritti e la libertà della Chiesa, prescindendo da ogni considerazione od apprezzamento di altra natura. Le varie Costituzioni di Stato sono materia interna delle singole Nazioni, e, salvi sempre i diritti di Dio e della Chiesa, riguardano unicamente i singoli popoli, i quali sono liberi di scegliersi, nell'ambito del retto vivere civile, quelle forme di Governo che meglio rispondano al benessere ed alla prosperità del Paese. Dal canto suo la Chiesa, sempre allo scopo di più agevolmente esplicare e svolgere la sua divina missione, prende contatto con gli Stati in quanto tali per un giusto regolamento dei rapporti tra i due poteri; il che si risolve sempre a vantaggio della pace religiosa e del bene stesso dei popoli.» (*L'Osservatore Romano* del 27 luglio 1933). Si rispondeva così alle illazioni diffuse dal *Völkischer Beobachter* e da altri giornali tedeschi. Per una documentata ricostruzione storica della posizione della Santa Sede nei confronti dell'ideologia nazionalsocialista si può attingere all'opera sempre valida di Michele Maccarrone, *Il Nazionalsocialismo e la Santa Sede*, Roma 1947.

7 Cf. *«La diplomazia concordataria della Santa Sede nel XX secolo: tipologia dei concordati»*, Intervento al Convegno promosso dall'Ambasciata di Polonia presso la Santa Sede; Roma, Pontificia Università Gregoriana, 15 novembre 2005.

Oltre alla riforma o alla modifica di Concordati precedenti per adattarli alla nuova situazione socio-politica e culturale – si pensi per esempio agli Accordi con la Spagna, l'Italia, la Germania, il Portogallo – vi sono stati nuovi concordati e nuovi accordi tra Chiesa e Stato, non solo in Europa o in America Latina, ma anche con paesi africani, asiatici e islamici. Attualmente gli Accordi bilaterali in vigore sono circa 160. Diversi accordi sono in cantiere con alcuni Stati in Europa, in Africa ed in America Latina (Gabon, Gibuti, Camerun, Congo-Brazzaville, Mozambico, Slovacchia, Filippine)[8].

Circa questi nuovi Concordati ed Accordi vorrei qui mettere in evidenza i seguenti aspetti:

a) In genere: l'influsso delle dichiarazioni e disposizioni del Concilio Vaticano II e di nuove norme canoniche, così come, da parte statale, di nuove norme costituzionali e legislative: l' "aggiornamento" giovanneo giunge a permeare anche le istituzioni giuridiche e concordatarie. Più specificamente:

b) il ruolo riconosciuto alle Conferenze Episcopali, o circa materie di cui è menzione nell'Accordo stesso, o nell'esecuzione pratica di determinate disposizioni: è questo certo uno sviluppo correlativo ad uno sviluppo istituzionale all'interno della Chiesa stessa.

c) L'attenzione ecumenica: sebbene gli accordi della Chiesa Cattolica con gli Stati non possano interferire *in re aliena*, tuttavia essi non sono senza riflessi positivi sulle altre comunità religiose. Oggi, infatti, in seguito all'Accordo di modifica del Concordato Lateranense e alle intese con altre confessioni religiose, sono sette i soggetti che possono beneficiare del sistema dell' "8‰": oltre allo Stato italiano e alla Chiesa Cattolica, l'Unione delle Chiese Cristiane Avventiste del Settimo Giorno, le Assemblee di Dio in Italia, la Chiesa Evangelica Valdese, la Chiesa Evangelica Luterana in Italia e l'Unione delle Comunità Ebraiche italiane.

d) L'inserimento, tra le materie regolate, di temi attuali, come l'utilizzo da parte della Chiesa dei mezzi di comunicazione sociale o la tutela dei beni artistici e culturali.

3.3

Un'osservazione vorrei fare sui Concordati, in riferimento alle recenti prese di posizione da parte di personalità probabilmente meno addentro nella tematica giuridica. È stato infatti affermato che l'esistenza del Concordato – e ci si riferiva espressamente a quello italiano – limiterebbe la libertà degli esponenti della Chiesa Cattolica di prendere posizione su questioni di carattere socio-politico, libertà che essi avrebbero invece se la Chiesa, libera da vincoli concordatari, avesse come suo unico riferimento la Costituzione e le leggi dello Stato. Deve essere rispettata la

---

8 Per una migliore conoscenza della posizione di fondo tenuta dalla Santa Sede nella complicata situazione balcanica si possono consultare i *Quaderni de "L'Osservatore Romano"*: n. 18, La crisi jugoslava 1991–1992 (1992); n. 25, L'azione della Santa Sede nel conflitto bosniaco (1994); n. 33, La Santa Sede per la pace nei Balcani (1996); n. 58, The Holy See and the Crisis in Kosovo (2002).

distinzione tra le materie di carattere politico e quelle di carattere religioso, ed il relativo ambito di competenza delle istituzioni statali ed ecclesiastiche. Non raramente per altro questioni socio-politiche hanno delle implicazioni morali e religiose di grande rilievo. Nella tradizione giuspubblicistica ecclesiastica si parla di "materie miste". Gli interventi da parte della Chiesa su tali materia, per l'aspetto di sua competenza, non potrebbero comunque essere intesi come una limitazione dell'autonomia propria dello Stato, i cui organi restano del tutto autonomi ed indipendenti nelle loro decisioni. Del resto, nessun testo concordatario ha mai limitato, né mai limiterà, quanto disposto dal Concilio Vaticano II, nella Costituzione pastorale *Gaudium et spes*, che afferma:

> «Se per autonomia delle realtà terrene si vuol dire che le cose create e le stesse società hanno leggi e valori propri, che l'uomo gradatamente deve scoprire, usare e ordinare, allora si tratta di una esigenza d'autonomia legittima: non solamente essa è rivendicata dagli uomini del nostro tempo, ma è anche conforme al volere del Creatore... Se invece con l'espressione "autonomia delle realtà temporali" si intende dire che le cose create non dipendono da Dio e che l'uomo può adoperarle senza riferirle al Creatore, allora a nessuno che creda in Dio sfugge quanto false siano tali opinioni. La creatura, infatti, senza il Creatore svanisce» (n. 36).

Queste parole hanno non minor valore a proposito dell'autonomia di quella realtà terrena che sono gli Stati e la loro attività politica, nazionale o internazionale. Lo stesso documento vaticano aggiunge:

> «Sempre e dovunque, e con vera libertà, è diritto della Chiesa di predicare la fede e insegnare la propria dottrina sociale, esercitare senza ostacoli la propria missione tra gli uomini e dare il proprio giudizio morale, anche su cose che riguardano l'ordine politico, quando ciò sia richiesto dai diritti fondamentali della persona e dalla salvezza delle anime. E farà questo utilizzando tutti e soli quei mezzi che sono conformi al Vangelo e in armonia col bene di tutti, secondo la diversità dei tempi e delle situazioni» (n. 76).

Ed ancora, nel Decreto *Apostolicam actuositatem* sull'apostolato dei laici si può leggere:

> «È compito di tutta la Chiesa aiutare gli uomini affinché siano resi capaci di ben costruire tutto l'ordine temporale e di ordinarlo a Dio per mezzo di Cristo. È compito dei pastori enunciare con chiarezza i principi circa il fine della creazione e l'uso del mondo, dare gli aiuti morali e spirituali affinché l'ordine temporale venga instaurato in Cristo» (n. 7).

In questo medesimo senso sono gli sviluppi dottrinali contenuti nelle Lettere Encicliche *Deus Caritas est* (n. 28 *a*), e Caritas in Veritate (n. 9) di Benedetto XVI, che, essendo molto recenti, considero come a tutti ben noti.

Va comunque precisato che non v'è alcuna disposizione in tutta la storia dei Concordati che limiti la libertà di magistero della Chiesa; al contrario la Santa Sede, quando conclude un Concordato o accordo concordatario, si preoccupa sempre di garantirla esplicitamente.

3.4

Ma rientriamo nell'alveo del nostro tema più preciso. Rimanendo sempre nel contesto dell'attività bilaterale della diplomazia della Santa Sede, potrà forse sorgere spontanea la domanda su dove siano oggi i "punti caldi" che più la impegnano. Una risposta la si può trovare con facilità nei recenti Messaggi del Santo Padre per la Giornata Mondiale della Pace, così come nei suoi discorsi al Corpo Diplomatico d'inizio d'anno.

4. Presenza della Santa Sede nella diplomazia multilaterale

Vengo ora ad illustrare brevemente un tema di grandissima estensione, che è però caratteristico dell'epoca a noi contemporanea. Lo sviluppo delle organizzazioni internazionali, anche se ha dei prodromi dopo la prima guerra mondiale, ha avuto luogo in maniera crescente, sin ad essere esse quasi onnipresenti, dopo la seconda guerra mondiale[9]. In merito la Chiesa ha un espresso mandato del Concilio Ecumenico Vaticano II, che raccomanda:

> «La Chiesa dev'essere assolutamente presente nella stessa comunità delle nazioni, per incoraggiare e stimolare gli uomini alla cooperazione vicendevole. E ciò, sia attraverso le sue istituzioni pubbliche, sia con la piena e leale collaborazione di tutti i cristiani animata dall'unico desiderio di servire a tutti» (Gaudium et spes, n. 89).

Ho già indicato in quale maniera la Santa Sede partecipa nelle principali organizzazioni internazionali, o come Membro o come Osservatore. Vorrei qui accennare a tre sfere di problematiche, che possono essere più attuali per l'interesse della pubblica opinione: pace, disarmo e sviluppo; diritti umani; e cultura[10].

4.1 Pace: disarmo e sviluppo

L'impegno della diplomazia vaticana in favore della pace è connaturale espressione dell'impegno della Chiesa stessa, la cui missione è, per divina istituzione, missione di pace. Non ho bisogno di illustrare questo assunto, sul quale vi sono innumerevoli documenti pontifici.

Pace significa certamente, anzitutto, "silenzio delle armi". Per questo la Santa Sede ha dato il suo appoggio attivo a tutta una serie di Trattati, che essa ha sottoscritto e ratificato, o ai quali ha aderito. Anche se da parte sua si è trattato soltanto di partecipazione simbolica, essa è stata sempre molto apprezzata, anzi sollecitata, da parte degli Stati proprio per la sua valenza squisitamente morale. Mi riferisco, in

---

9   Per il periodo successivo alla prima guerra mondiale cf. ROBERT JOHN ARAUJO e JOHN A. LUCAL, "Papal Diplomacy and the Quest for Peace", Naples (Florida) 2004.

10 Una ricca antologia degli interventi dei Rappresentanti della Santa Sede su tutti i temi all'esame della diplomazia multilaterale è offerta da ANDRÉ DUPUY, "Words that matter. The Holy See in multilateral diplomacy. Anthology (1970–2000)", New York 2003. Gli stessi temi nelle parole di Giovanni Paolo II sono illustrati nel volume dello stesso autore "Jean-Paul II et les enjeux de la diplomatie pontificale. Recueil de textes (1978–2003)", New York 2004.

particolare ai Trattati di non proliferazione delle armi nucleari (1968; adesione della Santa Sede: 1971), sull'interdizione globale degli esperimenti nucleari (1996; adesione della Santa Sede: 2001), per la proibizione, lo sviluppo, la produzione e lo stoccaggio delle armi chimiche (1993; adesione della Santa Sede: 1999); per la proibizione, lo sviluppo, la produzione e lo stoccaggio delle armi biologiche (1972; adesione della Santa Sede: 2001); per la proibizione dell'uso, produzione, stoccaggio e trasferimento delle mine anti-uomo (1997; ratifica della Santa Sede: 17 febbraio 1998); per la proibizione o restrizione dell'uso di armi convenzionali eccessivamente dannose o con effetti indiscriminati (1981; ratifica della Santa Sede: 1997). Purtroppo, nell'esecuzione dei primi due Trattati ci si trova in una situazione di stallo, dovuta a contrastanti valutazioni da parte delle potenze nucleari, circa il rapporto tra disarmo e sicurezza.

La pace è però ben più che il silenzio delle armi. Il nuovo nome della pace – dice una celebre definizione di Paolo VI – è lo sviluppo (*Populorum Progressio*, n. 87). Il Codice di Diritto Canonico pone espressamente tra i compiti dei Nunzi Apostolici la promozione "*di tutto ciò che riguarda la pace, il progresso e la cooperazione tra i popoli*" (can. 364, 5°). La diplomazia della Santa Sede è impegnata in favore dello sviluppo mediante tutta una rete di interventi, sia per rilevare i bisogni più urgenti, sia per convogliare su di essi gli aiuti che la Santa Sede stessa è in grado di fornire, come anche per attirare su di essi l'attenzione delle organizzazioni cattoliche ed anche di enti internazionali. È questa un'azione molto discreta, ma non per questo meno efficace. La diplomazia pontificia agisce qui come un'irradiazione della *Ecclesia Mater*, come strumento della "carità del Papa". In tal senso anche la RECENTE ENCICLICA DI Benedetto XVI *Caritas in Veritate* è per i diplomatici della Santa Sede un prezioso strumento di lavoro.

4.2 Diritti umani

Il tema è oggetto di crescente consapevolezza in tutto il mondo. Nel suo ambito vi sono temi più specifici, che sono anche all'attenzione delle Nazioni Unite, sia a New York che a Ginevra. Mi limito ad accennare ai seguenti:

4.2.1 Il tema dei *bambini*. Secondo una valutazione complessiva, oltre un miliardo di bambini nel mondo sono vittime della povertà, dell'analfabetismo e di sfruttamento. I dati dell'UNICEF riportano oltre 240 milioni di bambini costretti al lavoro; oltre 20 milioni come profughi insieme alle loro famiglie; 15 milioni come orfani a causa dell'AIDS; e oltre 2 milioni come portatori del virus HIV. Vi sono poi centinaia di migliaia di "bambini-soldato", venendo considerati come "bambini" quelli al di sotto dei 18 anni (età definita nel 2002, dopo l'entrata in vigore del Protocollo facoltativo alla Convenzione sui Diritti dell'Infanzia).
Come è noto, dal 1997 la Santa Sede ha cessato di dare il proprio contributo, simbolico, all'UNICEF per dissociarsi dall'azione dell'UNICEF stessa, aliena dalle sue finalità istituzionali, in favore delle pratiche contraccettive ed abortive. Ciò non significa che l'UNICEF non svolga, quando resta entro le sue finalità istituzionali, un'attività altamente benefica.

4.2.2 Il tema della *donna*: punti dolorosissimi sono il feticidio e l'infanticidio femminili, la pratica della mutilazione genitale femminile, l'analfabetismo, la discriminazione sociale, la violazione della dignità della donna, il suo sfruttamento sessuale, ecc. Sono ben noti gli interventi della Santa Sede alle Conferenze mondiali del Cairo su Popolazione e Sviluppo (1994) e di Pechino sulla Donna (1995), per impedire che tra i diritti della donna, sotto il termine del diritto alla "salute riproduttiva" si inserisse surrettiziamente un diritto all'aborto.

4.2.3 Il tema della *famiglia*. A questo riguardo mi permetto, data la ristrettezza del tempo, di rinviare alla mia conferenza per la presentazione del *"Léxicon"* curato dal Pontificio Consiglio per la Famiglia. In essa è esposta più particolareggiatamente l'azione diplomatica della Santa Sede nelle organizzazioni internazionali in favore della famiglia[11].

Sul tema della famiglia la Chiesa è confrontata in molti paesi dell'area culturale occidentale, ed in alcune organizzazioni internazionali, a motivo del tentativo di snaturarne il significato naturale (il quale non è senza riflessi sul suo significato teologico), attribuendo il valore di famiglia anche ad unioni omosessuali. Si tratta di un'evoluzione, o meglio, di una involuzione che tocca in realtà il fondamento stesso della civiltà umana. La diplomazia vaticana è impegnata, con tutta la dovuta attenzione, nella difesa della istituzione familiare, quale uscita dalle mani del Creatore, santa e feconda, e quale elevata dal Redentore a dignità di *"ecclesia domestica"*[12].

4.2.4 Il tema dei *migranti*, dei *rifugiati*, degli *sfollati*, ecc., che, secondo i dati del 2009 dell'Alto Commissariato delle Nazioni Unite, ammontano nel mondo rispettivamente a oltre 200 milioni, 15,2 milioni, e 27,1 milioni.

4.2.5. Dovrei qui ricordare anche il grande impegno profuso dalla diplomazia vaticana alle Nazioni Unite, in connessione con la trattazione del tema della *clonazione umana*, che mina alle radici la *dignità della persona*. La sua proibizione, sancita dalla Risoluzione ONU N. 59/280 dell'8 marzo 2005, è in non piccola parte dovuta agli interventi, a New York ed in molte altre Capitali, dei Rappresentanti Pontifici.

Su tutti questi temi e su altri ancora – come quelli dei "millenium goals" delle Nazioni Unite – la diplomazia della Santa Sede è presente cercando di far valere le argomentazioni di etica naturale, quindi accessibili alla semplice ragione umana, anche se non ancora illuminata dalla fede, in difesa della persona, della sua dignità, e di un concetto di società umana, dove la tutela della libertà sia suffragata anche dalla promozione della responsabilità non solo verso gli altri membri attuali della società, ma anche nei confronti delle generazioni future.

---

11 Cf. *«Acción de la diplomacia de la Santa Sede en defensa de la familia en las Organizaciones Internacionales »*, Intervención a la presentación del "Lexicon" a los Embajadores de América Latina; sede del Pontificio Consejo por la Familia, 20 de octubre de 2004 (*Familia et Vita* IX (3/2004–1/2005), pagg. 190–198).
12 Cf. *Lumen gentium*, 11, 2; *Gaudium et spes*, 48,4.

4.3 La cultura

4.3.1 La Chiesa Cattolica è *Mater et Magistra*. Essa è stata sempre ed ovunque promotrice di scienza e di arte. Se si esaminano i Concordati, recenti e meno recenti, si vede in essi un crescente interesse per le istituzioni culturali, dalle scuole elementari fino alle facoltà teologiche ed alle università cattoliche. Se è vero, come con profonda preoccupazione asseriva Paolo VI, che «*la rottura tra Vangelo e cultura è senza dubbio il dramma della nostra epoca, come lo fu anche di altre*» (*Evangelii nuntiandi*, n. 20), è però anche innegabile che da parte della Chiesa non è mai mancato un impegno serio e costruttivo, certo attento anzitutto ai bisogni più urgenti, e condizionato dai limiti dei mezzi e delle forze, ma esteso ad ogni sfera del vivere, del pensare e del creare umano. L'impegno si è fatto ancora più intenso e vasto negli ultimi decenni di fronte al pericolo, non solo teorico, dello scontro delle culture, così fortemente prospettato nel famoso libro di Samuel P. Huntington del 1996.

4.3.2 In ambito internazionale la Santa Sede è presente all'UNESCO con un proprio Osservatore Permanente e partecipa all'attività nei tre ambiti di competenza dell'UNESCO stessa: educazione, scienza e cultura.

4.3.2.1 Nell'ambito dell'*educazione* essa segue i programmi contro l'analfabetismo ed in favore dei diritti dei genitori alla scelta dell'educazione per i figli. È inoltre parte delle cinque Convenzioni dell'UNESCO concernenti il riconoscimento di studi, diplomi, gradi e titoli dell'insegnamento superiore.

4.3.2.2 Nell'ambito della *scienza* ha svolto un ruolo attivo nell'elaborazione delle tre Dichiarazioni sul genoma umano e i diritti dell'uomo (1997), sui dati genetici umani (2003), e sulla bioetica e i diritti dell'uomo (2005). L'Osservatore Permanente prende parte attivamente anche nei relativi Comitati: Comitato Internazionale di Bioetica (CIB), Comitato Intergovernativo di Bioetica (CIGB), Commissione Mondiale dell'Etica, delle Conoscenze Scientifiche e delle Tecnologie (COMEST).

4.3.2.3 Nell'ambito della *cultura*, la Santa Sede è parte delle Convenzioni dell'UNESCO per la protezione dei beni culturali in caso di conflitto armato (1954), e per la protezione del patrimonio culturale e naturale mondiale (1972).

Oltre a ciò si dovrebbero citare altre organizzazioni internazionali di carattere culturale: il Consiglio Internazionale dei Monumenti e dei Siti (ICOMOS), il Consiglio Internazionale dei Musei (ICOM), il Centro Internazionale di Studi per la Conservazione ed il Restauro dei Beni Culturali (ICCROM), il Comitato Internazionale di Storia dell'Arte (CIHA), il Consiglio Internazionale degli Archivi (ICA), la Federazione Internazionale delle Associazioni dei Bibliotecari e delle Biblioteche (IFLA). Con esse e con altre ancora la Santa Sede collabora in vari modi, con il coinvolgimento anche della Sezione per i Rapporti con gli Stati della Segreteria di Stato.

5. Conclusione

La diplomazia vaticana è la diplomazia del Papa. Essa vuole essere uno strumento docile, fedele, in tutto attento alle indicazioni del Vicario di Cristo, cercando sempre tanto di interpretarne le preoccupazioni quotidiane, quanto di operare per la realizzazione delle sue grandi visioni.

Quali esse siano non è difficile individuare. Una parola di Paolo VI – sempre suggestivo nelle sue espressioni – ripetutamente ripresa da Giovanni Paolo II ed anche da Benedetto XVI, parola che tutto riassume, è: «la civiltà dell'amore». Nella sua prima Lettera enciclica *Deus caritas est*, Benedetto XVI ha indicato l'ispirazione che muove la Chiesa verso così alta finalità, quali le strutture, quale il profilo professionale e spirituale della sua azione. Al centro del disegno di una tale civiltà dell'amore non può esservi che l'immagine dell'uomo. L'uomo – ha detto Giovanni Paolo II – è "la via della Chiesa" (cf. *Redemptor hominis*, n. 14). Essa non è un'immagine vaga e sfocata; essa ne riflette, invece, un'altra ricca, inconfondibile, sempre viva e parlante: quella di Cristo, che è la via dell'uomo. Nella sua enciclica, Benedetto XVI ha scritto: *«l'amore per l'uomo si nutre dell'incontro con Cristo»* (n. 34).

Su questa via e non altra, cammina, con lo stesso passo della Chiesa, anche la diplomazia vaticana in un pellegrinaggio lungo ed appassionante quanto la storia stessa dell'uomo.

Leidenschaft für die Wahrheit

Zur Seligsprechung John Henry Newmans durch Benedikt XVI.

Uwe Michael Lang

Am 19. September 2010 wurde einer der überragenden Zeugen des katholischen Glaubens im 19. Jahrhundert, der englische Oratorianer und Kardinal John Henry Newman (21. Februar 1801 – 11. August 1890) im Rahmen einer feierlichen Messe im Cofton Park von Birmingham seliggesprochen. Die Bedeutung dieser Seligsprechung zeigt sich schon darin, daß es die bis dahin einzige war, der Papst Benedikt XVI. selbst vorstand, nachdem er zu Beginn seines Pontifikats die ältere Praxis wiedereingeführt hatte, daß der Nachfolger Petri selbst nur Heiligsprechungen vornimmt.[1] In seiner Ansprache bei der Gebetsvigil am Vorabend im Londoner Hyde Park kam der Heilige Vater auf seine persönliche Verbundenheit mit dem neuen Seligen zu sprechen:

> Schon lange hat Newman (…) mein eigenes Leben und Denken in besonderer Weise beeinflußt, wie er es bei so vielen Menschen über diese Inseln hinaus getan hat. Das Drama von Newmans Leben lädt uns ein, unser Leben zu überprüfen, es vor dem weiten Horizont der Pläne Gottes zu betrachten und in Gemeinschaft mit der Kirche zu jeder Zeit und an jedem Ort zu wachsen: die Kirche der Apostel, die Kirche der Märtyrer, die Kirche der Heiligen, die Kirche, die Newman liebte und für deren Sendung er sein ganzes Leben einsetzte.[2]

In dieser Ansprache deutete der Papst das Leben Newmans aus der Perspektive von dessen Bekehrungserlebnis aus dem Jahre 1816, das auf den jungen Mann einen tiefen Eindruck hinterließ. Newman beschreibt diese Erfahrung im Rückblick:

> Als ich fünfzehn Jahre alt war, ging in meinem Denken eine große Änderung vor sich. Ich kam unter den Einfluß eines bestimmten Glaubensbekenntnisses, und mein Geist nahm dogmatische Eindrücke in sich auf, die durch Gottes Güte nie mehr ausgelöscht und getrübt wurden.[3]

---

1 Die zweite von Benedikt XVI. selbst gefeierte Seligsprechung war die seines Vorgängers Johannes Pauls II. am 1. Mai 2011.

2 Benedikt XVI. *Ansprache beim Abendgebet zur Seligsprechung von Kardinal John Henry Newman* (18. September 2010).

3 J. H. Newman, *Apologia Pro Vita Sua, Being a History of His Religious Opinions*, Nachdruck, London 1908, 4; deutsche Übersetzung von M. Knoepfler, *Apologia pro Vita Sua. Geschichte meiner religiösen Überzeugungen*, Mainz 1951, 21–22. Als Einführung in Leben und Werk Newmans ist zu empfehlen G. L. Müller, *John Henry Newman begegnen* (Zeugen des Glaubens), Augsburg 2000.

Der Glaube an den dreifaltigen Gott, der sich in der Geschichte offenbart, wurde für Newman zu einer geistlichen Wirklichkeit, die sein ganzes Leben formte. Treffend deutet Benedikt XVI. diese „Umkehr" als „eine direkte Erfahrung der Wahrheit des Wortes Gottes, der objektiven Realität der christlichen Offenbarung, wie sie in der Kirche überliefert ist".[4] Die Wirkungen dieses Erlebnisses sollten sich in Newmans langem und reichem Leben entfalten.

Nach seinem Studium in Oxford wurde er *Fellow* und Dozent am dortigen Oriel College und anglikanischer Geistlicher. Zunächst hing er der evangelikalen Richtung in der Church of England an und versuchte in diesem Sinne, das religiöse Leben der Universitätsstadt, das er unter dem rationalistischen Zeitgeist leiden sah, zu heben. Zusammen mit John Keble und Edward Bouverie Pusey begründete Newman die „Oxfordbewegung", die das katholische Erbe in der englischen Staatskirche wiederbeleben wollte. Wichtigstes Instrument dieser Bewegung war die Publikation der *Tracts for the Times*, einer Reihe von konzis gehaltenen theologischen Traktaten, die eine weite Verbreitung auch über den kirchlichen Bereich hinaus fanden.

Newman erkannte bald, daß die Anliegen der Oxfordbewegung auf einer soliden Theologie ruhen mußten, und widmete sich zu diesem Zweck immer stärker der Patrologie. In seinem theologischen Werdegang hatten die Kirchenväter zunächst, von gelegentlichen Eindrücken abgesehen, kaum eine Rolle gespielt. Zu einer ernsthaften Beschäftigung mit den ersten christlichen Jahrhunderten kam es erst durch die Begegnung mit Vertretern der hochkirchlichen Richtung des Anglikanismus, worauf der junge Hochschullehrer im Sommer 1828 begann, die Väter in chronologischer Folge zu lesen. Auch wenn Newman im Rückblick seine erste Väterlektüre mit dem biblischen Bild der Fischer beschreibt, die sich die ganze Nacht hindurch mühen und nichts fangen, so erhielt er dennoch einen lebendigen Eindruck von der Ekklesiologie jener frühen Theologen, der ihn sein ganzes Leben lang prägen sollte.[5]

Im Jahr 1836 begannen Newman und Pusey damit, die Werke der Kirchenväter in englischer Sprache einer breiteren Leserschaft zugänglich zu machen. Newmans wichtigster Beitrag zu dieser *Library of the Fathers* war seine Übersetzung *Select Treatises of St. Athanasius*, die in zwei Teilen 1842 und 1844 erschien.[6] Das Studium der Kirchenväter konnte in England auf eine beachtliche Tradition zurückblicken, da es dort nach dem Bruch mit dem Papsttum vor allem aus zwei Gründen gepflegt wurde. Zum einen sollten die Ansprüche der Nationalkirche gegen die römisch-katholische Kirche verteidigt werden, zum anderen mußte man sich schon im 17. Jahrhundert mit häretischen Bewegungen innerhalb des Protestantismus auseinandersetzten, die grundlegende christliche Dogmen wie das der göttlichen Drei-

---

4 Benedikt XVI. *Ansprache beim Abendgebet zur Seligsprechung von Kardinal John Henry Newman* (18. September 2010).

5 Vgl. J. H. Newman, *Lectures on Certain Difficulties Felt by Anglicans in Submitting to the Catholic Church*, London 1850, Lecture 12: Ecclesiastical History No Prejudice to the Apostolicity of the Church, 371–372.

6 J. H. Newman, *Select Treatises of S. Athanasius, Archbishop of Alexandria, in Controversy with the Arians, translated, with notes and indices*, 2 Bde., Oxford 1842–1844.

einigkeit leugneten. Newman verstand sich dieser Schultradition zugehörig, machte sich aber auch mit der französischen Patrologie vertraut, die im Zeitalter vor der Revolution eine ausgesprochene Blüte erlebt hatte. Der Ertrag dieser Arbeit war Newmans erste theologische Monographie *The Arians of the Fourth Century* (1833).[7]

Etwa ein Drittel des Buches ist der Beschreibung zweier grundsätzlich verschiedener Schulen von Exegese und Theologie gewidmet: Während die Schule von Antiochien (und Syrien) sich auf eine rationalistische Schriftinterpretation beschränkte, die zu der Irrlehre des Arius von Jesus Christus als nur geschaffenem Mittler-Logos zwischen dem transzendenten Gott und der Welt führte, entwickelte die Schule von Alexandria ein tieferes Verständnis für den geistlichen Sinn der Heiligen Schrift und somit eine theologische Vision, die auf dem „mystischen oder sakramentalen Prinzip" ruhte. Newman traf diese Vision bereits bei Clemens und Origenes an und sah sie vor allem in der Theologie des Athanasius verwirklicht, des großen Verteidigers des trinitarischen Glaubensbekenntnisses von Nicaea (325 n. Chr.).

In Newmans Dogmengeschichtsschreibung spiegeln sich unverkennbar die Kontroversen seiner eigenen Zeit, und es wird zu Recht darauf hingewiesen, daß sein „Antiochien" und „Alexandrien" viel mehr theologische Idealtypen als historische Schulen darstellen.[8] *The Arians of the Fourth Century* ist das Erstlingswerk eines jungen Theologen und zeigt dementsprechende Schwächen. Wichtig ist es dennoch, weil Newman durch die Beschäftigung mit dem Thema die alexandrinische Tradition entdeckte, die seine eigenen theologischen Überzeugungen entscheidend formte. Das Werk bezeichnete den Ausgangspunkt der patristischen Forschungen Newmans, die er in den folgenden Jahren weiter vertiefte und verfeinerte.

Die Einsichten, die Newman aus den Vätern gewann, schlugen sich in vielen seiner Predigten nieder, die Sonntag für Sonntag eine eindrucksvolle Zahl von Oxforder Studenten anzogen und weithin berühmt wurden.[9] Eine bemerkenswerte Frucht findet sich auch in den *Lectures on the Doctrine of Justification* von 1838, in denen Newman vorschlägt, die zentrale Kontroverse der Reformationszeit über die Rechtfertigung des Sünders durch die patristische Lehre von der Vergöttlichung (*theosis/deificatio*) des Menschen im Heilswirken Christi zu überwinden.[10] Die Vorlesungen zur Rechtfertigungslehre enthalten auch beachtenswerte Ausführungen zur biblischen Hermeneutik, in denen Newman die Geltung der Kirchenväter als Schriftexegeten hervorhebt und damit ein Thema berührt, das gerade in der heutigen Theologie an Aktualität gewonnen hat.[11]

---

7 J. H. Newman, *The Arians of the Fourth Century: Their Doctrine, Temper, and Conduct, Chiefly as Exhibited in the Councils of the Church, between A.D. 325, & A.D. 381*, London 1833.

8 Cf. R. Williams, "Introduction", in J. H. Newman, *The Arians of the Fourth Century* (Birmingham Oratory Millennium Edition, 4), Leominster, 2001, xix–xlvii.

9 Die zwischen 1834 und 1843 im Druck erschienen Predigten sind heute erhältlich in der Ausgabe: J. H. Newman, *Parochial and Plain Sermons*, Ignatius Press 1987.

10 Siehe hierzu A. Louth, "Manhood into God: The Oxford Movement, the Fathers and the Deification of Man", in R. D. Williams and K. Leech (eds.), *Essays Catholic and Radical*, London: 1983, 70–80.

11 J. H. Newman, *Lectures on the Doctrine of Justification*, 9. Auflage, London, 1908, 121. Vgl. R. L. Wilken, "Interpreting Job Allegorically: The Moralia of Gregory the Great", in *Pro Ecclesia* 10 (2001), 213–226, und "Allegory and the Interpretation of the Old Testament in the 21st Century",

In der *Apologia pro Vita Sua*, seinem literarischen Meisterwerk aus katholischer Zeit, das nicht zu Unrecht mit Augustins *Confessiones* verglichen wird, schreibt Newman im Rückblick, daß sein Studium der Kirchenväter eine Reise in Neuland war – mit ungewissem Ausgang. Er war sich bewußt, daß der Versuch, die Theologie und Spiritualität der Kirchenväter zu beleben, die protestantischen Prinzipien der englischen Staatskirche in Frage stellen könnte.[12] Als einer der führenden Männer der Oxfordbewegung vertrat Newman zunächst die Auffassung, die Kirche von England habe Lehre und Praxis der Frühzeit am reinsten bewahrt und sei daher die *„Via Media"*, der Mittelweg zwischen den Abirrungen und Auswüchsen der römischen Kirche und dem Rationalismus und Glaubensabfall des Protestantismus. In der zweiten Auflage der *Lectures on the Prophetical Office of the Church* von 1838 sprach er daher zum ersten Mal vom „Anglo-Katholizismus" anstelle von „Anglikanismus".[13]

Jedoch stellte sein kontinuierliches Studium der frühen Kirchengeschichte, vor allem der entscheidenden trinitarischen und christologischen Kontroversen des vierten und fünften Jahrhunderts, die Theorie der *„Via Media"* immer stärker in Frage, eine Wirkung, zu der auch die starke Ablehnung der Oxfordbewegung in der anglikanischen Staatskirche beitrug. Im Sommer 1839 geriet Newman in eine intellektuelle Krise, die ihn nach langem Ringen zur katholischen Kirche brachte. Im Streit um das rechte Verständnis der Person Jesu Christi bis zum Vierten Ökumenischen Konzil von Chalcedon im Jahr 451 erwies sich Papst Leo der Große gegenüber den Monophysiten, deren extremer Vertreter Eutyches die menschliche Natur Jesu ganz in der göttlichen Natur aufgehen lassen wollte, als Zeuge des apostolischen Bekenntnisses.

> Mein Bollwerk war das Altertum. Nun fand ich anscheinend hier, in der Mitte des 5. Jahrhunderts, das Christentum des 16. und 19. Jahrhunderts abgespiegelt. Ich sah mein Gesicht in diesem Spiegel, und *ich war Monophysit*. Die Kirche der Via media nahm dieselbe Stelle ein wie die orientalische Gemeinschaft; Rom war damals dasselbe, was es jetzt ist; die Protestanten waren die Eutychianer.[14]

Der Vergleichspunkt zwischen den Monophysiten des fünften Jahrhunderts und den Anglikanern des 19. Jahrhunderts lag für Newman nicht in der strittigen Frage selbst, sondern in dem Prinzip, nach dem sie entschieden wurde: Es ging ihm um die Lehrautorität in der Kirche.[15]

Newmans Reaktion ist umso bemerkenswerter, als seine eigene theologische Position der alexandrinischen Tradition entsprach mit ihrer „hohen" Christologie des göttlichen Wortes, der zweiten Person der Trinität, die sich mit einer mensch-

in *Letter and Spirit* 1 (2005), 11–21; ebenso R. R. Reno, "A Richer Bible", in *First Things* 205 (August/September 2010), 41–44.

12 Newman, *Apologia Pro Vita Sua*, 56.

13 Vgl. S. Gilley, "Life and Writings", in *The Cambridge Companion to John Henry Newman*, hg. v. I. Ker – T. Merrigan, Cambridge 2009, 1–28, hier 8.

14 Newman, *Apologia Pro Vita Sua*, 114; dt. Übersetzung, 141.

15 Siehe hierzu die Untersuchungen von S. Thomas, *Newman and Heresy: The Anglican Years*, Cambridge 1991, 171–247, und B. J. King, *Newman and the Alexandrian Fathers: Shaping Doctrine in Nineteenth-Century England*, Oxford 2009, 127–180.

lichen Natur als Heilsinstrument vereint. Selbst stark „monophysitische" Passagen bei Cyrill von Alexandrien lagen Newman näher als die „symmetrische" Christologie Leos des Großen, der in seinem in Chalcedon aufgenommen Lehrschreiben die unverminderte Wirklichkeit von Gottheit und Menschheit in Christus darlegte. Für Newman war es vor allem eine Frage der kirchlichen Lehrgewalt, wofür er bereit war, seine eigenen theologischen Präferenzen zu revidieren.

In jenem Schlüsselsommer 1839 wurde Newman von einem Freund auf einen Aufsatz Nicholas Wisemans, damals Rektor der englischen Kollegs in Rom und später erster Kardinal-Erzbischof von Westminster, aufmerksam gemacht. Der Aufsatz mit dem Titel „The Anglican Claim" verglich die Anglikaner mit den schismatischen Donatisten in Nordafrika in der Zeit des Augustinus von Hippo. Anfangs war Newman von der Schlüssigkeit der Argumentation nicht überzeugt, allerdings traf ihn ein von Wiseman angeführtes Augustinus-Zitat: *Securus iudicat orbis terrarum* („Ruhevoll richtet der Erdkreis").[16] Augustinus wollte mit diesem Satz betonen, daß die Donatisten, die sich als die wahre, reine Kirche darstellen, im Unrecht seien, weil sie sich gegen die katholische, in der ganzen Welt anzutreffende Kirche stellten. Für Newman hatte dieses Prinzip vor allem im Hinblick auf die genannten christologischen Streitigkeiten Relevanz, wie er im Rückblick schreibt: „Diese großen Worte des alten Kirchenvaters lösten die Theorie der Via media vollständig in Staub auf".[17]

Einen weiteren Einschnitt markierte das Jahr 1841, als Newman dasselbe theologische Prinzip, das er in den christologischen Kontroversen des 5. Jahrhunderts erkannt hatte, auch in den Wirren des arianischen Streits im 4. Jahrhundert feststellte. Hinzu kam, daß die Ablehnung der Oxfordbewegung bei vielen anglikanischen Bischöfen und die Errichtung eines gemeinsamen englisch-preußischen Bistums in Jerusalem die ekklesiologischen Fundamente seines Wirkens erschütterten.[18] Diese Ereignisse führten ihn dazu, im Jahr 1843 seine Tätigkeit an der Universitätskirche St Mary's und am Oriel College aufzugeben und sich in das Dorf Littlemore bei Oxford zurückzuziehen. Dort führte er mit Freunden ein klösterliches Leben und suchte Klarheit in den großen Fragen, die ihn bewegten. Konnte die anglikanische Kirche als Teil der katholischen Kirche verstanden werden? Konnte sie nach ihrem Bruch mit Rom im 16. Jahrhundert den Anspruch geltend machen, in Kontinuität mit der Kirche der Väterzeit zu stehen? In diesen Jahren entwickelte Newman eine Theorie, die zu einem seiner wichtigsten Beiträge zur modernen katholischen Theologie gehört: Die geschichtliche Entfaltung der Glaubenslehre, die bereits im apostolischen Zeitalter stattfand und bis in die Neuzeit eine authentische Fortsetzung durch das Lehramt der katholischen Kirche findet.

Die Arbeit an seinem bedeutenden *Essay on the Development of Christian Doctrine* führte Newman schließlich nach langjährigem intellektuellem und existentiellem Ringen zu seiner Konversion. Entscheidend war die Erkenntnis, daß die

---

16 Augustinus von Hippo, *Contra epistulam Parmeniani*, III,4,24: CSEL 51,131: *Quapropter securus iudicat orbis terrarum bonos non esse qui se diuidunt ab orbe terrarum, in quacunque parte terrarum.*

17 Newman, *Apologia pro Vita Sua*, 117; dt. Übersetzung, 144.

18 Vgl. Newman, *Apologia pro Vita Sua*, 139 und 207–208.

Kirche, die mit dem Papst in Gemeinschaft steht, sich zu Recht die katholische nennt, weil sie mit der Kirche der Apostel und der Kirchenväter identisch ist. Am 9. Oktober 1845 wurde er von dem mittlerweile seliggesprochenen Passionisten-pater Domenico Barberi in die Gemeinschaft dieser Kirche aufgenommen. Die Bedeutung der Kirchenväter für den Weg Newmans ist kaum zu überschätzen. Davon legte er selbst Zeugnis ab, als er 1866 in seiner Antwort auf die Kritik seines ehemaligen Weggefährten in der Oxfordbewegung Pusey schrieb: „Die Väter haben mich katholisch gemacht".[19]

Es ist heute schwer, sich vorstellen, welchen Preis dieser Schritt von Newman forderte. Der Oxforder Dozent und Prediger war eine der bekanntesten Persönlichkeiten in der anglikanischen Staatskirche, Vorbild einer Generation von Studenten und Geistlichen und auf der Höhe seines Schaffens. Die katholische Kirche galt dem Establishment des viktorianischen England als fremde, sektiererische Gruppe, deren Mitglieder aus den untersten Bevölkerungsschichten, vor allem den armen irischen Einwanderern, stammten. In einem allgemein liberal und fortschrittlich gesinnten Klima rief ein solcher Übertritt Befremden, wenn nicht Verachtung hervor. Ablehnend wurde Newmans Konversion auch in seiner Familie aufgenommen. Doch Newman ließ alles hinter sich, um dem „gütigen Licht" (*kindly light*) Gottes zu folgen. Dieses Wort stammt aus einem bekannten Gedicht Newmans, das er unter dem Eindruck eines schweren Seesturms vor Sizilien am 16. Juni 1833 geschrieben hatte.[20]

In seiner Predigt zur Seligsprechung ging Benedikt XVI. besonders auf das Wirken Newmans als Seelsorger und Erzieher ein,[21] das sein Leben vor allem nach seiner Priesterweihe am 30. Mai 1847 in Rom bestimmte. Newman, der auch in seiner anglikanischen Zeit zölibatär gelebt hatte, zog es zum katholischen Priestertum, und er entdeckte das Oratorium des hl. Philipp Neri. In dieser Gemeinschaft von Weltpriestern ohne Ordensgelübde sah er die ideale Lebensform für das Wirken der Gruppe von englischen Universitätsabsolventen, die mit ihm konvertiert waren. Seine Kongenialität mit dem hl. Philipp Neri ließ Newman zum Begründer des Oratoriums in England werden, wobei er die Regel des römischen Instituts aus dem 16. Jahrhundert behutsam modifizierte im Hinblick auf die englische Situation des 19. Jahrhundert.[22] Newmans Oratorium wurde am 2. Februar

---

19 J. H. Newman, *A Letter Addressed to the Rev. E. B. Pusey, D.D., on Occasion of his Eirenicon of 1864*, in *Certain Difficulties Felt by Anglicans in Catholic Teaching Considered*, 2 vols., Nachdruck, London 1901, Bd. II, 24.

20 J. H. Newman, „The Pillar of the Cloud", in *Verses on Various Occasions*, Nachdruck, London 1903, 156.

21 Benedikt XVI., *Ansprache bei der Heiligen Messe mit Seligsprechung von Kardinal John Henry Newman* (19. September 2010).

22 Zu Newman als Oratorianer siehe das grundlegende Werk von P. Murray, *Newman the Oratorian. His unpublished Oratory Papers. Edited with an Introductory Study on the Continuity between his Anglican and his Catholic Ministry*, Dublin 1969. Siehe auch die wertvollen Beiträge, Quellen und Literaturhinweise bei P. B. Wodrazka (Hg.), *John Henry Newman. Oratorianer und Kardinal. Ein großer Lehrer der Kirche. Mit ausgewählten Quellen oratorianischen Lebens*, Bonn 2009, 123–284. Eine deutsche Übersetzung von Newmans wichtigen „Bemerkungen zur oratorianischen Berufung" findet sich bei P. B. Wodrazka (Hg.), *Philipp Neri, der Apostel der Freude, und das Oratorium. Mit ausgewählten Quellen oratorianischen Lebens*, Bonn 2008, 226–264.

1848 in Birmingham kanonisch errichtet, im Juni 1849 kam es zur Gründung eines Hauses in London.

Freilich stand die katholische Zeit Newmans zunächst unter dem Zeichen von Schwierigkeiten und Anfechtungen. Der Gruppe der neuen Konvertiten begegnete man nicht selten mit Mißtrauen, Newmans Rechtgläubigkeit wurde angezweifelt, und besonders von Seiten extremer Ultramontaner wurde ihm – zu Unrecht – vorgeworfen, er bestreite die volle Autorität des Papstes. Hinzu kamen Enttäuschungen wie das abgebrochene Projekt einer katholischen Universität in Dublin, deren erster Rektor Newman war,[23] und öffentliche Anfeindungen, als Newman in den sogenannten Achilli-Prozeß und die mit ihm verbundene antikatholische Kampagne verwickelt wurde. Auch in den Jahren schwerer persönlicher Krise strahlte jedoch Newmans Glaubensgewißheit:

> Von der Zeit an, daß ich katholisch wurde, habe ich natürlich keine Geschichte meiner religiösen Anschauungen mehr zu schreiben. Damit will ich nicht sagen, daß mein Geist müßig gewesen sei, oder daß ich aufgehört hätte, über theologische Fragen nachzudenken; sondern daß ich keine Änderungen mehr durchzumachen hatte und keinerlei Besorgnis mehr im Herzen trug. Ich habe in vollkommenem Frieden und ungestörter innerer Ruhe gelebt, ohne je von einem einzigen Zweifel heimgesucht zu werden … es schien mir, als hätte ich nach stürmischer Fahrt den sicheren Hafen erreicht; und das Glück, das ich darüber empfand, hat bis heute ununterbrochen angehalten.[24]

Dieses bewegende Bekenntnis stammt aus der *Apologia pro Vita Sua* aus dem Jahre 1864 und ist Teil der zweiten Lesung für die Lesehore am liturgischen Gedenktag des neuen Seligen, dem Jahrestag seiner Aufnahme in die katholische Kirche am 9. Oktober.[25] Die *Apologia*, eine brillante Antwort auf die heftigen Angriffe des anglikanischen Geistlichen und Schriftsteller Charles Kingsley auf seine persönliche Integrität und auf die katholische Kirche allgemein, war ein großer publizistischer Erfolg und verschaffte Newman Hochachtung in der britischen Öffentlichkeit.

Nach Jahren der Prüfung und Anfechtung genoß Newman schließlich große Anerkennung nicht nur in der Kirche, sondern auch weit darüber hinaus. Diese Wertschätzung fand besonderen Ausdruck in der Kreierung zum Kardinal durch Papst Leo XIII. im Jahre 1879. Nachdem Newman am 12. Mai 1879 in Rom das *biglietto* des Kardinal-Staatssekretärs erhalten hatte, das ihn von seiner Erhebung in den Kardinalsrang im geheimen Konsistorium desselben Vormittags informierte, hielt er eine bedeutende Rede, in der er sein Lebenswerk zusammenfaßte:

---

23 Die Vorträge, die Newman in Dublin zum Wesen der Universität hielt und mit Ergänzungen als *The Idea of the University* 1873 veröffentlichte, haben bis heute nicht an Aktualität und Bedeutung verloren.

24 Newman, *Apologia pro Vita Sua*, 238; dt. Übersetzung, 275.

25 Auch das Tagesgebet nimmt dieses Motiv auf: „Gott, du hast dem seligen Priester Johannes Heinrich die Gnade geschenkt, deinem gütigen Licht zu folgen und in deiner Kirche Frieden zu finden; gewähre uns, dass wir auf seine Fürsprache und durch sein Beispiel aus Schatten und Bildern zur Fülle deiner Wahrheit geführt werden". Die für die Konföderation des Oratoriums des hl. Philipp Neri approbierten liturgischen Texte sind zugänglich auf http://www.oratoriosanfilippo.org/08–10–2010(2).html.

> Über dreißig, vierzig, fünfzig Jahre lang hin habe ich mich unter vollem Einsatz meiner Kräfte dem Geist des Liberalismus in der Religion widersetzt. ... Liberalismus in der Religion ist die Lehre, daß es in der Religion keine positive Wahrheit gibt, sondern daß ein Bekenntnis so gut ist wie das andere, und dies ist die Lehre, die Tag für Tag an Einfluß und Macht gewinnt. Sie ist unvereinbar mit irgendeiner Anerkennung irgendeiner Religion als wahr. Sie lehrt, alles müßte toleriert werden, denn alles sei schließlich eine Sache der persönlichen Ansicht. Geoffenbarte Religion ist keine Wahrheit, sondern eine Sache des Gefühls und des Geschmacks, sie ist kein objektives Faktum, gehört in den Bereich des Wunderbaren. Jeder hat darüber hinaus das Recht, ihr die Aussagen zuzuschreiben, die ihm gerade an ihr auffallen.[26]

In dieser durchaus prophetischen Rede charakterisiert Newman treffend, was Joseph Ratzinger als Kardinaldekan in seiner Predigt zur Eröffnung des Konklaves am 18. April 2005 als „Diktatur des Relativismus" bezeichnet hat.[27] Bei seiner Ansprache am Vorabend der Seligsprechung hat Benedikt XVI. mit ausdrücklichem Bezug auf Newmans „Bigliettorede" bemerkt:

> Das ist die erste Lehre, die wir von seinem Leben lernen können: Wenn heutzutage ein intellektueller und moralischer Relativismus die wahren Fundamente unserer Gesellschaft zu untergraben droht, erinnert uns Newman daran, daß wir Menschen, die wir Abbild Gottes und ihm ähnlich sind, erschaffen wurden, um die Wahrheit zu erkennen und in dieser Wahrheit unsere höchste Freiheit und die Erfüllung unserer tiefsten menschlichen Sehnsucht zu finden. Kurz gesagt, wir sind dazu bestimmt, Christus zu erkennen, der selbst „der Weg und die Wahrheit und das Leben" ist (*Joh* 14,6).[28]

Die *vita* Newmans, fügt der Papst hinzu, „weist uns darauf hin, daß Leidenschaft für Wahrheit, intellektuelle Aufrichtigkeit und echte Umkehr sehr anspruchsvoll sind". Mit diesen drei Kennzeichen ist das außerordentlich segensreiche Lebenswerk Newmans treffend beschrieben, das sich bis heute in vielfältiger Weise fortsetzt.

---

26 J. H. Newman, „Biglietto Speech", in *Addesses to Cardinal Newman with his Replies etc. 1879–81*, hg. W. P. Neville, London 1905, 64; dt. Übersetzung nach *Leben als Ringen um die Wahrheit. Ein Newman-Lesebuch*, hg. V. G. Biemer und J. D. Holmes, Mainz 1984, 111.

27 J. Card. Ratzinger, *Predigt bei der Missa pro eligendo Romano Pontifice* (18. April 2005).

28 Benedikt XVI. *Ansprache beim Abendgebet zur Seligsprechung von Kardinal John Henry Newman* (18. September 2010).

Scheeben und Kleutgen – ihr Verhältnis im Spiegel zweier unveröffentlichter Briefdokumente

Thomas Marschler

1 Hinführung

Fast in allen biographischen Skizzen über Matthias Joseph Scheeben (1835–1888) ebenso wie in Einführungen zu Editionen seiner Werke oder in Monographien, die der Scheeben-Interpretation gewidmet sind, findet sich auch der Name Joseph Kleutgens (1811–1883). Allerdings bleibt es oft bei kurzen, verstreuten Bemerkungen. Der vorliegende Beitrag möchte resümieren, was die Forschung über die mehr als drei Jahrzehnte andauernde Beziehung zwischen den beiden fraglos bedeutendsten deutschen Vertretern einer erneuerten scholastischen Methode in der Theologie des 19. Jahrhunderts[1] bereits herausarbeiten konnte, und zwei neue Quellentexte präsentieren, die das Bild bereichern und ausdifferenzieren.

Als Scheeben mit 17 Jahren kurz nach bestandener Reifeprüfung im Herbst 1852 zum Studium ins Collegium Germanicum überwechselte[2], wo er bis zur Promotion 1859 blieb, lebte Kleutgen fast schon ein Jahrzehnt lang (seit 1843) als Jesuit in Rom[3]. Ab 1847 unterrichtete er Rhetorik und Homiletik am deutschen Kolleg, wo er auch als Beichtvater wirkte[4]; ab 1850 kam eine Tätigkeit als Konsultor der

---

1 Zu deren Herausbildung vgl. D. Peitz, Die Anfänge der Neuscholastik in Deutschland und Italien (1818–1870), Bonn 2006, darin zu Kleutgen 146–199, zu Scheeben 290–296.

2 Vgl. den alle früheren relevanten biographischen Arbeiten berücksichtigenden Beitrag von H. Gasper, Das Wirken Scheebens als Priester und Theologe, in: N. Trippen (Hg.), Das Kölner Priesterseminar im 19. und 20. Jahrhundert. Festschrift zur Feier des 250jährigen Bestehens am 29. Juni 1988 (SKKG 23), Siegburg 1988, 223–243, hier: 226f.

3 Vgl. zur ersten römischen Phase im Gesamt der Biographie Kleutgens: K. Deufel, Kirche und Tradition. Ein Beitrag zur Geschichte der theologischen Wende im 19. Jahrhundert am Beispiel des kirchlich-theologischen Kampfprogramms P. Joseph Kleutgens S. J. Darstellung und neue Quellen, Paderborn 1976, 47–56.

4 Vgl. F. Lakner, Kleutgen und die kirchliche Wissenschaft Deutschlands im 19. Jahrhundert, in: ZKTh 57 (1933), 161–214, hier: 192f. Im Kolleg, so erinnert sich Hettinger (Studium in Rom ab 1841), „wurden wöchentlich mehrmals Vorträge über Stilistik und Homiletik gehalten; sie waren die besten, die ich über diesen Gegenstand gehört habe. P. Kleutgen war damals noch ein ziemlich junger Mann, am Anfang der dreißiger Jahre stehend; daß er mit Geist, Geschmack und höchst anregend dieses Fach zu behandeln verstand, beweisen seine späteren Werke" (F. Hettinger, Aus Welt und Kirche. Bilder und Skizzen, Bd. 1, Freiburg ⁶1911, 26). Dass er einmal ein bedeutender systematischer Theologe werden sollte, schien zu dieser Zeit noch nicht absehbar (vgl. Hettinger, Aus Welt und Kirche, 80f.).

Index-Kongregation hinzu[5]. Als solcher hatte er entscheidenden Einfluss bei der Verurteilung von Schriften Anton Günthers[6] und Jakob Frohschammers[7]. Nach einigen kleineren Veröffentlichungen hatte Kleutgen 1843 mit der Publikation seines theologischen Hauptwerkes („Die Theologie der Vorzeit vertheidigt") begonnen, dem ein ebenso umfassendes philosophisches Pendant folgte („Die Philosophie der Vorzeit vertheidigt", ab 1860). Scheeben erlebte Kleutgen in Rom also auf dem Höhepunkt seiner wissenschaftlichen und kirchenpolitischen Tätigkeit, auch wenn von einem Lehrer-Schüler-Verhältnis in strikt akademischer Hinsicht während dieser Zeit nicht gesprochen werden kann[8]. 1859, das Jahr des römischen Studienabschlusses für Scheeben, wurde für Kleutgen das Jahr seines tiefen Sturzes durch die peinliche Verwicklung in die S. Ambrogio-Affäre[9]. Seine publizistische Tätigkeit hat er in den nachfolgenden Jahren, die er als kirchlich Bestrafter, mit zeitweiligem Verbot, die Messe zu feiern und Beichte zu hören, in der Jesuitenresidenz Galloro (südöstlich von Castel Gandolfo) zubrachte, aber eher noch intensiviert. Ab 1863 lebte er (mit kurzen Unterbrechungen) bis 1869 wieder in Rom, bevor er die letzte Periode seines Lebens zumeist auf unsteter Reise durch Oberitalien und Tirol fristete und nur während des Vatikanischen Konzils (als Peritus des Paderborner Bischofs Konrad Martin) und danach 1878 als Studienpräfekt der Gregoriana kurzzeitig nach Rom zurückkehrte. Seit 1879 durch einen Schlaganfall gesundheitlich schwer beeinträchtigt, starb Kleutgen am 13.1.1883 in der Nähe von Kaltern/Südtirol.

Scheeben hatte nach seiner Rückkehr aus der Ewigen Stadt recht bald (1860) eine Tätigkeit am Kölner Priesterseminar begonnen, wo er zuerst als Repetent und bald danach als Professor für Dogmatik bis zu seinem Lebensende wirkte (auch als der Lehrbetrieb durch den Kulturkampf ab 1875 unterbrochen wurde). So unspektakulär sich seine äußere Biographie darstellte, so rasant entfaltete sich Scheebens

---

5 Detaillierte Nachweise dieser Tätigkeit finden sich bei H. H. Schwedt, Prosopographie von römischer Inquisition und Indexkongregation 1814–1917. A–K (Römische Inquisition und Indexkongregation. Grundlagenforschung III: 1814–1917), Paderborn 2005, 806–817. Aufgelistet werden rund 40 Gutachten Kleutgens aus den Jahren 1851–1869.

6 Vgl. H. H. Schwedt, Die Verurteilung der Werke Anton Günthers (1857) und seiner Schüler, in: Ders., Censor Censorum. Gesammelte Aufsätze, hg. von T. Lagatz/S. Schratz (Römische Inquisition und Indexkongregation 7), Paderborn 2006, 187–230.

7 Vgl. E. Pahud des Mortanges, Philosophie und kirchliche Autorität. Der Fall Jakob Frohschammer vor der römischen Indexkongregation (1855–1864) (Römische Inquisition und Indexkongregation 4), Paderborn 2005. Die Studie resümiert, Kleutgen habe sogar „als *die treibende Kraft*" hinter den Frohschammer-Indizierungen zu gelten (373).

8 Dies betont mit Recht gegen anderslautende Behauptungen H. Schauf, Vorwort zu: M. J. Scheeben, Handbuch der katholischen Dogmatik. VI: Gnadenlehre (GS VII, Freiburg 1957), V–XXI, hier: XV.

9 Vgl. Deufel, Kirche und Tradition [Anm. 3], 56–63. Die exakte Datierung für den römischen „Sturz" Kleutgens im Gefolge der Affäre ist noch umstritten; vgl. die Bemerkungen H. Schwedts in seiner Rez. zur Arbeit von Deufel in: RQ 72 (1977), 264–269, hier: 268f. Auffällig ist, dass ab Ende 1859 seine Gutachtertätigkeit für die Indexkongregation und (noch länger) seine Anwesenheit bei deren Sitzungen eine Unterbrechung findet. Seit längerem ist eine größere Arbeit von Hubert Wolf zu diesem spektakulären Fall angekündigt (vgl. H. Wolf, Kontrolle des Wissens. Zensur und Index der verbotenen Bücher, in: ThRv 99 (2003), 437–452, hier: 444, Anm. 43). Sie dürfte aus den mittlerweile zugänglichen römischen Quellen neues Licht auf Kleutgens Beteiligung an der Affäre werfen.

publizistische Tätigkeit, die sich schon in den Jahren 1860–1865 in drei größeren Monographien[10] niederschlug und ihren Höhepunkt ab 1873 in der Publikation des „Handbuchs der katholischen Dogmatik" fand. Hinzu kamen zahlreiche Zeitschriftenartikel und Rezensionen, die bis heute bibliographisch nicht vollständig erfasst sind[11]. Entschieden, aber alle Extreme vermeidend, trat der Kölner Seminarprofessor im Umfeld des Ersten Vatikanums für die Definition der päpstlichen Unfehlbarkeit ein. Als Scheeben mit nur 53 Jahren am 21.7.1888 in Köln starb, hinterließ er seine große Dogmatik zwar unvollendet, aber eingebettet in ein beeindruckendes Gesamtwerk.

Viele der Briefe, die Scheeben seit 1859 an Jesuiten nach Rom versandte, bezeugen reges Interesse am Befinden Kleutgens und den neuesten Publikationen aus seiner Feder[12]. 1864 bot Scheeben sich sogar für eine Mithilfe beim Korrekturlesen an[13]. Beide Theologen pflegten auch unmittelbaren Briefkontakt, von dem wir im Folgenden noch sprechen werden. Obwohl es kein Zeugnis dafür gibt, dass Scheeben Kleutgen nach seinem Weggang aus Rom persönlich wiedergesehen hat, blieb er ihm vor allem in wissenschaftlicher Hinsicht zeitlebens verbunden und verpflichtet. Wenn Scheeben nach einem lobenden Wort Karl Eschweilers als „kostbarste Blüte, die dem Frühling der Neuscholastik überhaupt beschieden war"[14], gelten darf, muss hinzugefügt werden, dass der Kölner Theologe deren Programm vor allem „via Kleutgen"[15] kennengelernt hat. Kleutgens „Theologie der Vorzeit" hat nach dem Urteil Heribert Schaufs „weitgehend auf Scheeben eingewirkt"[16], auch wenn dieser Einfluss bis heute nicht detailliert untersucht worden ist[17]. Ohne

---

10 Die Herrlichkeiten der göttlichen Gnade, Freiburg 1862; Natur und Gnade. Versuch einer systematischen, wissenschaftlichen Darstellung der natürlichen und übernatürlichen Lebensordnung im Menschen, Mainz 1861; Die Mysterien des Christentums. Wesen, Bedeutung und Zusammenhang derselben nach der in ihrem übernatürlichen Charakter gegebenen Perspective, Freiburg 1865.

11 Noch immer die beste Übersicht bietet Karl-Heinz Minz, Pleroma Trinitatis. Die Trinitätstheologie bei Matthias Joseph Scheeben (DiTh 10), Frankfurt/Bern 1982, 11–15. Seitdem ist kaum mehr etwas unternommen worden, um bislang unbekannte Texte zu identifizieren, was auch damit zusammenhängt, dass größere Scheeben-Studien von nachhaltiger Qualität in den letzten 20 Jahren leider selten geworden sind. Ein echtes Desiderat stellt m. E. neben der systematischen Untersuchung weiterer ungezeichneter Artikel im „Katholik" der Aufweis von Texten Scheebens im Kölner „Pastoralblatt" und in der „Kölnischen Volkszeitung" dar, von denen bislang in den Bibliographien gar nichts zu finden ist. Leider haben Scheebens Zeitgenossen nicht auf Franz Hülskamp gehört, der bereits in seinem Nachruf auf Scheeben (LH 27 [1888], 465–472, hier: 470, Anm. 17) gefordert hatte: „Zu Gunsten des künftigen Biographen sollte schon jetzt, wo es noch leichter geht, nach Möglichkeit ermittelt (…) werden, was Scheeben alles für seine eigenen u. für andere Blätter schrieb."

12 Vgl. beispielsweise Scheeben, Briefe nach Rom, Freiburg 1939, 77 (n. 14, an F. X. Huber SJ, Anfang 1863); 85 (n. 17, an Huber vom 22.8.1864); 97 (n. 24, an A. Steinhuber SJ vom 25.11.1867); 107 (n. 33, an Steinhuber vom 31.1.1881) u.ö.

13 Vgl. ebd. 89 (n. 19, an F. X. Huber, Ende 1864).

14 K. Eschweiler, Die zwei Wege der neueren Theologie, Augsburg 1926, 24.

15 E. Paul, Matthias Joseph Scheeben, in: H. Fries/G. Schwager (Hgg.), Katholische Theologie Deutschlands im 19. Jahrhundert, Bd. 2, München 1975, 386–408, hier: 390.

16 H. Schauf, Vorrede zu: Scheeben, Briefe nach Rom [Anm. 12], 7–25, hier: 16. Ganz ähnlich: A. Kerkvoorde, La formation théologique de M.-J. Scheeben à Rome (1852–1859), in: EThL 22 (1946), 174–193, hier: 190f.

17 Einzelne Versuche, wie etwa derjenige von Minz, Pleroma trinitatis [Anm. 11], 186, der Scheebens Sympathie für eine an Dionysius Areopagita orientierte Ordo-Theologie auf die Beziehung zu Kleutgen zurückführen möchte, können nicht restlos überzeugen.

Zweifel gehört der Jesuit in allen Werken Scheebens zu den am häufigsten zitierten zeitgenössischen Autoren, wobei das Urteil von Alfréd Eröss, wonach Scheeben insgesamt die Philosophie Kleutgens stärker wertgeschätzt habe als seine Theologie[18], kaum sicher belegbar ist. In der „Dogmatik" dienen Kleutgens zentrale Publikationen im Kontext beinahe aller Traktate als regelmäßig herangezogene Referenzquellen. Scheeben verweist auf sie in dogmengeschichtlichen Kontexten (vor allem der Patristik) ebenso wie dort, wo es um die Zurückweisung falscher Gegenwartsthesen geht, deren Verbindung mit den Namen von Hermes, Günther u. a. er gerne von Kleutgen übernimmt. Aber auch zur vertieften Illustration bestimmter systematischer Probleme, die Scheeben in seiner eigenen Darstellung ausspart, wird der Jesuit herangezogen[19]. Unter den positiven Stellungnahmen Scheebens sind darüber hinaus vor allem die Rezensionen zu nennen, die er zwischen 1863 und 1882 zu neu erschienenen Büchern Kleutgens im „Katholik"[20] sowie im „Literarischen Handweiser"[21] vorgelegt hat. An Superlativen fehlt es darin nicht: Kleutgens Arbeit wird „der Name einer wahrhaft epochemachenden, ja für uns Katholiken geradezu der wichtigsten theol.-philos. Erscheinung des letzten Decenniums"[22] zuerkannt. Stil, Erudition und Gründlichkeit der Werke werden ebenso gepriesen wie die Fähigkeit des Verfassers, ganz auf der Höhe der Zeit „keine Repristination, sondern eine Regeneration" der Scholastik zu betreiben[23]. Nachdem 1881 als letztes größeres Werk Kleutgens der erste (und einzig vollendete) Band seiner lateinischen Dogmatik auf den Markt gekommen ist, greift Scheeben noch einmal zur Feder, um „die reife Frucht einer langjährigen ruhmreichen Thätigkeit auf theol. und philos. Gebiete"[24] rühmend zu präsentieren. In dem Buch sieht er nichts weniger als eine theologische Summe, „wie der hl. Thomas selbst sie schreiben würde, wenn er in unserer Zeit lebte"[25], und in persönlich gehaltenem Ton stellt er an den Schluss der Besprechung nur die sorgenvolle Befürchtung, „daß dem greisen Verf. bei seinem kränklichen Zustande die Kraft fehlen werde, das Ganze zu vollenden"[26]. Ergänzend sei erwähnt, dass sich Beispiele für ein öffentliches Eintreten Scheebens

---

18 Vgl. A. Eröss, Die Herrlichkeiten der göttlichen Gnade. Scheebens Gnadenlehre in ihrer ersten Fassung, in: M. J. Scheeben alumno suo eximio centesimo ipsius redeunte natali Collegium Germanicum Hungaricum, Rom 1935, 71–109, hier: 74.

19 Sicherlich müsste im einzelnen überprüft werden, inwiefern Kleutgens Ausführungen tatsächlich mit der Intention Scheebens konform gehen; vgl. die kritische Bemerkung bei E. Paul, Denkweg und Denkform der Theologie von Matthias Joseph Scheeben (MThS.S 40), München 1970, 42f.

20 Die Zuschreibung der Rezension „Kleutgens Theologie der Vorzeit", in: Der Katholik 46 (1866) I, 301–326, an Scheeben werden wir einem nachfolgenden Exkurs eingehender begründen.

21 Nach der Bibliographie bei Minz, Pleroma Trinitatis [Anm. 11], 13f. – vgl. zuvor die Zuordnung bei Kerkvoorde, La formation théologique [Anm. 16], 184f., Anm. 4 –, sind dies: P. Kleutgen's Vertheidigung der Theologie und Philosophie der Vorzeit, in: LH 3 (1864), 323–326; Der „letzte" Band von P. Kleutgen's „Theologie der Vorzeit", in: LH 5 (1866), 16–17; Kleutgen's Theologie der Vorzeit in neuer Auflage, in: LH 6 (1867), 521–523; P. Kleutgen's Philosophie der Vorzeit in neuer Auflage, in: LH 18 (1879), 413–415; Rez. J. Kleutgen, Institutiones theologicae, Vol. I, in: LH 21 (1882), 105–107.

22 LH 3 (1864) [Anm. 21], 323.

23 Ebd. 324.

24 LH 21 (1882)[Anm. 21], 105.

25 Ebd. 106. Im Schlussfazit spricht Scheeben nochmals vom „Thomas redivivus" (107).

26 Ebd. 107.

zugunsten Kleutgens auch in Verbindung mit wissenschaftlichen Debatten der Zeit nachweisen lassen. So nimmt er den Jesuiten 1868 im „Katholik" gegen die allzu scharfe Kritik in Schutz, die Konstantin von Schaezler im Kontext der Auseinandersetzungen um die Theologie des Tübingers Joh. Ev. Kuhn an der philosophischen Erkenntnislehre Kleutgens geübt hat[27].

Trotz dieser unbezweifelbaren Wertschätzung verliert Scheeben gegenüber Kleutgen niemals seine Eigenständigkeit und wahrt – wo er es für notwendig erachtet – kritische Distanz. Dies gilt zunächst hinsichtlich theologischer Stil- und Methodenfragen. Obwohl beide Autoren ihre Hauptwerke in Deutsch verfassten, unterscheidet sich Scheebens eigenwillige Sprachgestaltung spürbar von Kleutgens „klassischem" Duktus[28]. Der Kölner Theologe sucht nicht vorrangig die apologetische Auseinandersetzung, die Kleutgen oft mit polemischer Abgrenzung gegen Zeitgenossen vornimmt, sondern eine Plausibilisierung des Glaubens aus der Mitte dogmatischer Reflexion. Schon in seinem ersten für den „Katholik" geschriebenen Aufsatz hat er das Lob für Kleutgens „Theologie der Vorzeit" mit der Einschränkung verbunden, dass die Schrift „leider nur zu viele von ihrer sonst so ansprechenden und erquickenden Lesung durch den mißlichen Umstand abschreckt, daß sie so einläßlich die Lehren von Hirscher und Hermes bespricht"[29]. Für den Rezensenten scheint dies primär ein didaktisches Problem zu sein, da er den Inhalt der polemischen Passagen häufiger ausdrücklich lobt[30]. In seiner eigenen Dogmatik will Scheeben jedenfalls den bei Kleutgen „zu sehr mit Polemik durchwebt[en]" Stoff[31] lieber in einer anderen Weise, nämlich in der sachlichen Verbindung von positiver und systematischer Darstellung präsentieren[32]. In ihr ist nicht zu übersehen, dass die „aufkommende Neuscholastik (…) bloß *eine* der Scheeben bestimmenden Traditionen" darstellte[33]. Mindestens ebenso wichtig waren die Impulse, die er durch die großen Vertreter der „römischen Schule" empfing, bei denen er studiert hatte, und durch die unzähligen theologischen Schriften aus Patristik, Mittelalter und Barock, die er wie kaum ein anderer kannte. Schon zu Lebzeiten, so Eugen Paul,

---

27 Vgl. Scheeben, C. v. Schäzlers „Neue Untersuchungen", in: Ders., Gesammelte Aufsätze (GS VIII, Freiburg 1967), 91–134, hier: 132f.

28 Vgl. Kerkvoorde, La formation théologique [Anm. 16], 190.

29 Scheeben, Die Lehre von dem Übernatürlichen in ihrer Bedeutung für christliche Wissenschaft und christliches Leben, in: Scheeben, Gesammelte Aufsätze (GS VIII [Anm. 27]), 13–42, hier: 16f., Anm. 4. In eine ähnliche Richtung zeigt eine Bemerkung in der Erstlingsmonographie Scheebens: Kleutgen habe eine Bestimmung des neuen Begriffs „Übernatur" zwar „sorgfältig ausgeführt, aber mehr polemisch gehalten, und nicht gerade in der Richtung, wie ich sie zu meinem Zwecke brauchen kann": Natur und Gnade (GS I, Freiburg 1941, 15, Anm. 1; E. Paul, Denkweg und Denkform [Anm. 19], 42f., bezieht Scheebens Kritik fälschlicherweise auf den Begriff der *Natur*). Auch in einer Kleutgen-Rezension – LH 6 (1867), 523 – heißt es, manche Leser könnten in dem Werk „ihnen überflüssig scheinende Polemik" ausmachen – „und deren sind nicht wenige".

30 Die Rezensionen im LH heben etwa die gelungene Kritik an Hermes, Günther, Hirscher und Hegel hervor.

31 Vgl. J. Dorneich, Matthias Josef Scheeben und Benjamin Herder (Aus ihrem Briefwechsel, 1861–1888): ThQ 117 (1936) 27–68, hier: 46 (aus einem Brief an Herder vom Mai 1867).

32 Eröss, Vorwort zu: Scheeben, Briefe nach Rom [Anm. 12], 2–7, hier: 5, sieht hier inspirierende Impulse F. X. Hubers wirksam.

33 Gasper, Das Wirken Scheebens [Anm. 2], 240.

wurde er daher „von keiner ‚Schule' vorbehaltlos akzeptiert"[34], und auch die moderne Forschung hat immer wieder bestätigt, dass sich Scheebens Denken allen schematischen Zuordnungsversuchen entzieht[35].

In materialer Hinsicht haben vor allem zwei Kontroversen zwischen Kleutgen und Scheeben deutlichere literarische Spuren hinterlassen. Eine erste, kleinere Auseinandersetzung betraf Scheebens Ablehnung der substantiellen Einwohnung Gottes (insbesondere der Person des Hl. Geistes) im gerechtfertigten Menschen, wie sie in seinem Frühwerk „Natur und Gnade" von 1861 zum Ausdruck gekommen war[36]. Offenbar stand der junge Theologe, wie Christoph Binninger zeigen konnte, dabei unter deutlichem Einfluss von Thesen des Mainzer Dogmatikers Johann Baptist Heinrich, mit dem er nur eine abbildhafte Ähnlichkeit des Menschen mit Gott aufgrund der heiligmachenden Gnade annahm[37]. Scheeben stellte sich mit dieser Positionierung nicht nur gegen Petavius und wichtige Teile der theologischen Tradition, sondern auch gegen seine Lehrer aus der „römischen Schule" – und nicht zuletzt gegen Kleutgen, der die Frage im zweiten Band der „Theologie der Vorzeit" im Kontext der Gnadenlehre zustimmend behandelt hatte[38]. Als Alois von Schmid in einer Rezension der „Tübinger Quartalschrift" zu Scheebens Buch diesen Punkt monierte[39], schloss sich Kleutgen in privaten Äußerungen der Kritik an, was Scheeben erfuhr und mit Verletzung zur Kenntnis nahm[40]. Allerdings veränderte

---

34 Paul, Matthias Joseph Scheeben [Anm. 15], 386. Dies bemerkt bereits Eschweiler, Die zwei Wege [Anm. 14], 24: „Während dieser [sc. Kleutgen, Th. M.] aber stets darauf bedacht war, das scholastische Erbgut in einer bestimmten Schulredaktion allen abweichenden Bestrebungen entgegenzusetzen, hat sich der Schüler nie auf einen abgeschlossenen Kanon festlegen lassen. Für Scheeben waren die Gedanken der Vorzeit niemals das Ende, sondern immer nur Wegweiser in der Wirklichkeit, deren Lebensfülle sein staunendes Auge bedrängte."

35 Schon Grabmann urteilt: „Es wird meines Erachtens sehr schwer sein, Scheeben aus einer Schule zu erklären oder in eine Schule einzureihen" (M. Grabmann, Matthias Joseph Scheebens Auffassung vom Wesen und Wert der theologischen Wissenschaft, in: Matthias Joseph Scheeben. Der Erneuerer katholischer Glaubenswissenschaft, hg. vom Katholischen Akademikerverband, Mainz 1935, 57–108, hier: 105). Schauf, Vorrede zu: Scheeben, Briefe nach Rom [Anm. 12], 24, schreibt mit gleicher Intention: „Scheeben ist Scholastiker und Vätertheologe zugleich, ja er ist dieses in ähnlicher Art wie seine römischen Lehrer, die in gleicher Weise keine bestimmte Schulrichtung vertraten."

36 Vgl. Scheeben, Natur und Gnade (GS I [Anm. 29]), bes. 105–122.

37 Vgl. C. Binninger, Mysterium inhabitationis trinitatis. M. J. Scheebens theologische Auseinandersetzung mit der Frage nach der Art und Weise der übernatürlichen Verbindung der göttlichen Personen mit dem Gerechten (MThS.S 62), St. Ottilien 2003, bes. 44–48.69–92. In der Studie werden auch alle relevanten älteren Titel zum Thema berücksichtigt (bes. die Arbeiten von H. Schauf).

38 Vgl. bes. J. Kleutgen, Theologie der Vorzeit, Bd. 2, Münster 1854, 361–378 („Beweis für die wirkliche und wesenhafte Vereinigung des h. Geistes mit den Seelen der Gerechten"). Dazu: Binninger, Mysterium inhabitationis [Anm. 37], 35–39.

39 Vgl. A. v. Schmid, Ueber Natur und Gnade. Mit Rücksicht auf die Theorien von J. Kleutgen und Dr. M. J. Scheeben, in: ThQ 44 (1862), 3–49, bes. 44.

40 Als (einzige) Quelle dafür dienen briefliche Äußerungen Kleutgens gegenüber P. Franz-Xaver Huber SJ; vgl. den Brief vom 4.9.1862 (n. 17 in: Deufel, Kirche und Tradition [Anm. 3], 253f.; zu korrigieren nach P. Walter, Zu einem neuen Buch über Joseph Kleutgen SJ. Fragen, Berichtigungen, Ergänzungen, in: ZKTh 100 [1978], 318–356, hier: 334. Zuvor Teiled. in: Scheeben, Briefe nach Rom [Anm. 12], 130, Anm. 116); vgl. Binninger, Mysterium inhabitationis [Anm. 37], 105f. In einem Brief vom 15.11.1862 an Huber schreibt Kleutgen, Scheebens Buch sei zwar „gut, d. h. die Lehre richtig", jedoch fürchtet er, „daß es die Köpfe mehr verwirren als aufklären wird". Vor allem missfällt ihm „die Zuversicht, womit so viele, wie mir scheint unbeweisbare, hie und da auch nicht

er selbst bald darauf seine Lehre in Richtung der von Kleutgen unterstützten Mehrheitsmeinung[41] und entwickelte sie seit den „Mysterien des Christentums" von 1865 sogar (in enger Anlehnung an seine Lehrer Passaglia und Schrader und mit Bezug auf die griechischen Väter) zur These einer substantiell-hypostatischen Einwohnung des Heiligen Geistes in den Gerechten fort, die dann im dritten Buch der Dogmatik (1877) in Verbindung mit dem Begriff der „übernatürlichen Zeugung" ihre reifste systematische Entfaltung fand. Dieser weitere Denkweg ebenso wie die zwischen 1881 und 1885 um die *Inhabitatio*-Lehre entbrannte publizistische Kontroverse Scheebens mit dem Jesuiten Theodor Granderath betreffen das Verhältnis zu Kleutgen nicht mehr direkt und können darum hier ausgeklammert bleiben[42].

Die zweite, wichtigere Kontroverse, die zwischen Scheeben und Kleutgen in größerer Heftigkeit und zudem weitenteils in der publizistischen Öffentlichkeit ausgetragen wurde, hatte die spekulative Reflexion des religiösen Glaubensaktes zum Inhalt. Sie brachte paradigmatisch auf den Punkt, was Scheeben und Kleutgen in theologischer Hinsicht voneinander trennte. An Forschungsliteratur zum Thema mangelt es nicht. Die besten Studien sind – nach der durch Karl Eschweiler geleisteten Pionierarbeit[43] – bis heute die Bonner Dissertation von Wilhelm Bartz aus dem Jahr 1939[44], die Kleutgens Lehre vom Glauben textnah unter ständiger Berücksichtigung der Kontroversen mit Scheeben untersucht, und die aus dem Blickwinkel der Scheebenschen Glaubenstheorie, aber unter Beachtung der Einwände Kleutgens verfasste Monographie von Patrick Burke[45]. Knappere Darstellungen des Scheebenschen Glaubensverständnisses wurden in der Folgezeit aus unterschiedlichen Perspektiven noch mehrfach vorgelegt[46]. Die Punkte des Dissenses

---

richtige oder doch ganz verfängliche Lehren, Meinungen sollte ich sagen, vorgetragen und den gewissen [korrig. nach Walter, Kleutgen, 334] Lehrpunkten der Theologie zur Seite gestellt werden. Wer das Buch liest, darf auf seiner Hut sein" (n. 18 in: Deufel, Kirche und Tradition, 255f.).

41 Dass dabei Kleutgens Kritik nicht ohne Einfluss war, zeigt eine Briefäußerung Scheebens an P. Huber SJ von Ende 1864 (Briefe nach Rom [Anm. 12], 89 [n. 19]): „In den Geheimnissen hoffe ich die Ausstellungen des P. Kleutgen in Betreff der inhabitatio person. Sp. Si. vollständig zu befriedigen."

42 Vgl. die genetische Darstellung bei Binninger, Mysterium inhabitationis [Anm. 37], 123–251. Paul, Denkweg und Denkform [Anm. 19], 33f., sieht in der gegenläufigen Jesuitenkritik, die Scheebens *inhabitatio*-Lehre an den Eckpunkten ihrer Entfaltung traf, ein Zeugnis dafür, wie „verschlungen die Wege verlaufen, wie sehr Scheeben in den theologischen Umbruch zur Neuscholastik hin geraten ist."

43 Vgl. bes. Eschweiler, Die zwei Wege [Anm. 14], 145–150.172–177. Vgl. auch die lange, nur in kleinen Teilen publizierte Studie von J. C. Murray, Scheeben on Faith. Ed. by D. Th. Hughson = TST 29, Lewiston 1987 [urspgl. Diss. Rom 1937].

44 W. Bartz, Das Problem des Glaubens. In Auseinandersetzung mit Joseph Kleutgen behandelt (TThSt 2), Trier 1950. Die Arbeit stellt sich ganz auf die Seite Scheebens.

45 P. Burke, Faith and the Human Person. An Investigation of the Thought of Scheeben, Chicago 1968.

46 Vgl. etwa: H. Petri, Zur Theologie des Glaubensvollzuges bei M. J. Scheeben, in: ThGl 55 (1965), 409–430; N. Hoffmann, Natur und Gnade. Die Theologie der Gottesschau als vollendeter Vergöttlichung des Geistgeschöpfes bei M. J. Scheeben (AnGr 160), Rom 1967, 112–142; W. W. Müller, Die Gnade Christi. Eine geschichtlich-systematische Darstellung der Gnadentheorie M. J. Scheebens und ihrer Wirkungsgeschichte (MThS.S 48), St. Ottilien 1994, 132–135.224–229; J. Schumacher, Apologetik und Fundamentaltheologie bei Matthias Joseph Scheeben, in: M. J. Scheeben. Teologo cattolico d'ispirazione tomista (StTom 33), Città del Vaticano 1988, 63–88, darin bes. 82–86; J. H. Walgrave, Foi et deification chez M. J. Scheeben, in: ebd., 89–95; U. Sander, Ekklesiologisches

zwischen den beiden Theologen in dieser Frage sind also hinreichend bekannt: Gegen Kleutgen betrachtete Scheeben den Glaubensakt nicht vorrangig als Vollzug des Intellekts, als Urteilsbildung im syllogistischen Schema, bei der die Anerkennung der Wahrhaftigkeit Gottes entscheidende Prämisse ist, sondern als ganzheitlich-personalen, stärker durch das Wollen geprägten, freien sittlichen Akt, der aus der Ehrfurcht gegenüber Gott hervorgeht und den Glaubwürdigkeitserweis der Offenbarung nur unter seine Voraussetzungen zählt. Nicht das (rational als wahrhaftig erwiesene) äußere Offenbarungswort Gottes ist darnach Grund des Glaubens, sondern Gott selbst, dem wir letztlich deswegen glauben, weil wir uns ihm, fasziniert von seinem Licht, vertrauensvoll-anbetend hingeben. Indem die unmittelbare Verbindung mit Gott bei Scheeben als entscheidendes Formalmotiv der eingegossenen *virtus fidei* angesehen wird, ist der Glaube für ihn stärker als für Kleutgen als Teilhabe an der Erkenntnis Gottes selbst und damit als Beginn der Glorie qualifiziert. Klarer als Kleutgen vermag Scheeben damit auch die Übernatürlichkeit des Glaubensaktes zu begründen[47]. Im folgenden wird es nicht um eine weitere Differenzierung dieser inhaltlichen Aspekte gehen, sondern darum, einige Details aus dem Verlauf der Debatte über das Glaubensmotiv exakter zu fassen, die es uns auch erlauben, das persönliche Verhältnis zwischen Kleutgen und Scheeben besser zu verstehen. Dies soll im Ausgang von zwei bislang unbekannten Briefen Kleutgens an Scheeben aus den Jahren 1867 und 1875 geschehen.

2 Zwei neu aufgefundene Briefe Kleutgens an Scheeben zur Kontroverse um die Glaubenstheologie

2.1 Die Überlieferung der Texte

„Leider existiert die Korrespondenz zwischen Scheeben und Kleutgen nicht mehr"[48] – dieses bislang in der Forschung mit Bedauern vorgetragene Urteil können wir durch einen neuen Quellenfund mit einer Einschränkung versehen. Karl Eschweiler, einer der ersten modernen Scheeben-Interpreten, hatte im Gefolge seiner vor allem von Jesuitenrezensenten heftig angefeindeten Monographie „Die zwei Wege der neueren Theologie" (von 1926)[49] die Bitte an Scheebens Großneffen,

---

Wissen: Kirche als Autorität. Die „theologische Erkenntnislehre" Matthias Joseph Scheebens als antimodernistische Theologie der Moderne (FTS 54), Frankfurt/M. 1997, 130–142; M. Fohl, Die göttliche Wurzel bei Matthias Joseph Scheeben. Die Bedeutung des Bildes von der zweifibrigen Wurzel der übernatürlichen Gnadenordnung für die Gnadenlehre von Matthias Joseph Scheeben, Hamburg 2004, 89–102.

47 Schon lange in der Forschung wahrgenommen wurde in diesem Kontext die (wohl auch durch die Auseinandersetzung mit Schäzler) veränderte Stellungnahme Kleutgens zur Glaubenstheorie De Lugos zwischen der ersten und zweiten Auflage seiner „Theologie der Vorzeit"; vgl. Eschweiler, Die zwei Wege [Anm. 14], 274 (Anm. 19); Lakner, Kleutgen [Anm. 4], 208f.; Bartz, Das Problem des Glaubens [Anm. 44], 42–53.

48 Binninger, Mysterium inhabitationis [Anm. 37], 34, Anm. 5.

49 Vgl. Th. Marschler, Karl Eschweiler (1886–1936). Theologische Erkenntnislehre und nationalsozialistische Ideologie (Quellen und Studien zur neueren Theologiegeschichte 9), Regensburg 2011, bes. 92–178.

den Kölner Theologiehistoriker Heribert Christian Scheeben (1890–1968), gerichtet, ihm erhaltene Korrespondenz aus dem Nachlass des berühmten Verwandten zu Forschungszwecken zugänglich zu machen. Dieser ist dem Wunsch nachgekommen und hat Eschweiler mit einem Begleitbrief vom 20.5.1929 „sämtliche noch vorhandenen Briefe" an Matthias Joseph Scheeben zur Einsicht und Abschrift überlassen. Eschweiler hat sich von sechzehn dieser Briefe maschinenschriftliche Transkriptionen angefertigt, die uns sein Nachlass (heute im Ermlandhaus, Münster) bewahrt hat[50]. Sie stammen allesamt aus der Feder von Jesuitentheologen. Im einzelnen sind in dieser Weise acht Briefe des Germanicum-Spirituals Franz-Xaver Huber, je zwei Briefe von Kleutgen, Hartmann Grisar und Gerhard Schneemann sowie jeweils ein Schreiben von Max Huber und Theodor Granderath überliefert. Heribert Chr. Scheeben erwähnt in seinem Begleitbrief auch, dass weitere Briefe Kleutgens existiert hätten, die aber schon früh verloren gegangen seien, weil sein Onkel (d. h. der Bruder Matthias Joseph Scheebens) sie aus dem Nachlass leichtfertig an einen Pfarrer der Kölner Erzdiözese verliehen habe, der angab, über Kleutgen arbeiten zu wollen; von diesem habe er sie nicht mehr zurückbekommen. Möglicherweise war dieser Geistliche Johann Hertkens, der ein Buch über Kleutgen verfasste, das aber erst nach seinem Tod erschien[51]. Bereits 1892 hatte er ein Lebensbild Scheebens publiziert, in dem auffälligerweise aus einem Brief Kleutgens an Scheeben aus dem Jahr 1871 und aus weiteren Briefen zitiert wird, die dem Scheeben-Nachlass entstammen müssen und m. W. nirgendwo sonst in der Literatur Erwähnung gefunden haben[52].

Vom Verbleib der Originale, die Eschweiler vorgelegen haben, ist heute nichts mehr bekannt; vermutlich müssen sie als Kriegsverluste gelten[53]. Eschweiler hat, soweit ich sehe, das ihm zugänglich gewordene Material in seinen Publikationen selbst an keiner Stelle verwertet. Nach seinem frühen Tod 1936 geriet es wie sein gesamter Nachlass zunächst in Vergessenheit und befand sich bis vor wenigen Jahren in nicht zugänglichem Privatbesitz. Im Rahmen des vorliegenden Beitrags sollen nur die beiden Kleutgen-Briefe vorgestellt werden; eine kommentierte Publikation der übrigen Stücke wird demnächst an anderer Stelle folgen.

---

50 Der Brief H. Chr. Scheebens ist dort im Original erhalten. Zum Eschweiler-Nachlass vgl. Marschler, Karl Eschweiler [Anm. 49], 11ff.

51 J. Hertkens, P. Joseph Kleutgen S.J. Sein Leben und seine literarische Wirksamkeit, hg. von L. Lercher S.J., Regensburg 1910; im Vorwort des Hg. ebd. 11 einige biographische Hinweise zu Johann Hertkens (1843–1909), der nach priesterlichen Tätigkeiten in der Erzdiözese Köln zuletzt Oberpfarrer in Dortmund war.

52 Vgl. J. Hertkens, Professor Dr. M. J. Scheeben. Leben und Wirken eines katholischen Gelehrten im Dienste der Kirche. Festschrift zur Feier der Konsekration und Inthronisation des Hochw. Herrn Dr. Hubert Theophil Simar, Bischofs von Paderborn, Paderborn 1892, 23 (Kleutgen an Scheeben vom 31.3.1871, belobigend zu Scheebens Schrift über die Konstitutionen des Vatikanums); vgl. erneut 25. Hertkens zitiert auch aus Briefen des Prof. Morgott (27) und des Bischofs Philippus Krementz während seiner Zeit im Ermland (32f.) an Scheeben.

2.2 Kleutgens Brief vom 9. Februar 1867

Das erste Schreiben, das uns aus Kleutgens Feder erhalten ist, stammt aus seiner zweiten, von 1863 bis 1869 währenden römischen Tätigkeitsphase im Collegium Germanicum (als Dozent für Rhetorik und Philosophie). Die schlimmsten Folgen des S. Ambrogio-Skandals waren überwunden, aber der Bruch in seiner Biographie sollte nie mehr ganz geheilt werden. Es ist eigentlich überraschend, dass Kleutgens publizistische Tätigkeit keinen größeren Schaden erlitten hatte – 1867 lief eine zweite Auflage seiner „Theologie der Vorzeit" an – und er seine Tätigkeit als Konsultor der Indexkongregation nach knapper Unterbrechung schon 1861 wieder aufnehmen konnte (bezeugt bis 1869). Auch für wichtige ordensinterne Aufgaben war er 1867 längst schon wieder herangezogen worden[54].

Das im Februar an Scheeben gerichtete Schreiben spricht zwei Themen an. Das erste betrifft ein liturgiehistorisches Buch des Braunsberger Regens Ludwig Augustin Hoppe (1821–1885)[55], das Scheeben wertschätzte und 1866 zum Anlass einer größeren eigenen Abhandlung im „Katholik" genommen hatte[56]. Als eine mögliche Indizierung durch den Vatikan drohte, hatte er dem Autor die Strategie vorgeschlagen, sich an die bekannten Kurienkardinäle Reisach und Pitra zu wenden, von denen sich Scheeben in der vorliegenden Frage offenbar Hilfe erwartete. Scheeben hatte in einem vorangehenden Brief Kleutgen über dieses Vorgehen informiert und ihn (als Konsultor der Indexkongregation) nachdrücklich um seinen Rat in der Causa gebeten. Dies darf als Beleg für das prinzipiell intakte Vertrauensverhältnis zwischen beiden Theologen zu dieser Zeit gewertet werden. Kleutgens Verweis auf die zu erwartende milde Praxis der römischen Behörde war realistisch[57]. Seine Angabe, dass er „seit Jahren" an keiner Sitzung der Indexkongregation mehr teilge-

---

53 Nach Gasper, Das Wirken Scheebens [Anm. 2], 224, Anm. 2, ist „nahezu der gesamte Nachlass Scheebens, soweit in Köln befindlich, ein Opfer der Bomben im 2. Weltkrieg" geworden.

54 In diesem Jahr schloss Kleutgen vermutlich die Mitarbeit in einer Kommission zur Neuordnung der jesuitischen Ordensstudien ab; vgl. Deufel, Kirche und Tradition [Anm. 3], 64.

55 Ludwig Augustin Hoppe, Die Epiklesis der griechischen und orientalischen Liturgieen und der römische Consekrationskanon, Schaffhausen 1864. Hoppe war Priester der Diözese Ermland, wo er nach Studienjahren in Rom ab 1850 fast zwei Jahrzehnte (1850–1869) als Subregens, dann als Regens in der Priesterausbildung tätig war. Während dieser Zeit wurde er 1860 in Freiburg/Br. zum Dr. theol. promoviert. Ab 1869 lehrte er als Professor am Lyceum Hosianum zu Braunsberg und wirkte als Domkapitular in Frauenburg. Vgl. zu ihm die biographische Notiz von Buchholz in: Altpreußische Biographie, Bd. 1, Königsberg 1941 [ND Marburg 1974], 289.

56 Vgl. Scheeben, Studien über den Meßkanon im Anschluss an das Werk von Dr. Hoppe über die Epiklesis, in: Katholik 46/II (1866), 526–558.679–715. Zum liturgietheologischen Inhalt (ohne Berücksichtigung der kirchenpolitischen Dimension): F.-J. Bode, Gemeinschaft mit dem lebendigen Gott. Die Lehre von der Eucharistie bei Matthias Joseph Scheeben (PaThSt 16), Paderborn 1986, 143–159.

57 Vgl. H. H. Schwedt, Kommunikationskontrolle durch den römischen „Index der verbotenen Bücher". Facetten eines viel diskutierten Phänomens, in: Ders., Censor Censorum [Anm. 6], 1–13, hier: 5: „Einige Schriften galten als verboten ‚bis zur Verbesserung' (‚donec corrigatur'). Die meist durch handschriftliche Streichungen oder Schwärzungen von Worten und Absätzen gesäuberten Bücher hießen ‚expurgiert' und waren erlaubt. Die vom Hl. Stuhl zu approbierenden Korrekturen ließen sich bei einer Neuauflage berücksichtigen, wie es bisweilen auch geschah. Freilich gab man im Allgemeinen die anstößigen Sätze oder Stellen nicht bekannt, und damit entfiel auch meist die Möglichkeit einer ‚Korrektur'".

nommen habe, kann aus den mittlerweile zugänglichen Akten als korrekt bestätigt werden: Während er zwischen 1851 und Ende 1859 ziemlich regelmäßig unter den Anwesenden der *Congregationes praeparatoriae* verzeichnet ist, fehlt sein Name seitdem in den Protokollen und taucht dort erst zu Beginn des Jahres 1868 wieder auf[58]; seine Gutachtertätigkeit für die Kongregation hatte er dagegen, wie schon angedeutet, nach nur eineinhalb Jahren Pause im Gefolge des S. Ambrogio-Skandals bereits 1861 wieder aufgenommen[59]. Die Akten der Indexkongregation lassen erkennen, dass Hoppes Schrift dort tatsächlich in den Jahren 1866 bis 1868 in drei Sitzungen behandelt wurde, bei denen Pitra und Reisach stets unter den Teilnehmern erscheinen[60]. Zu einer Indizierung kam es am Ende nicht – die Stellungnahme der Kardinäle in diesem Fall müsste im Einzelnen erforscht werden.

Wichtiger für uns ist das zweite Thema des Briefes, nämlich Kleutgens Reaktion auf das Erscheinen von Scheebens „Mysterien des Christentums" im Jahr 1865. Zunächst galt es, ein Kommunikationsproblem aufzuarbeiten: Kleutgen zeigt sich irritiert wegen eines verloren gegangenen Briefes aus dem Frühsommer 1866, dessen besonders sorgfältige und darum verzögerte Abfassung er deutlich betont. Dieser Brief war zu Beginn des Monats Juli 1866 durch Studenten des Germanicums zu Scheeben auf die Reise geschickt worden, hatte ihn aber, wie Kleutgen aus dem Inhalt des nachfolgenden Briefes Scheebens gefolgert hat, nicht erreicht. Der Jesuit hatte nach seinen Angaben in dem verschwundenen Schreiben nicht nur eine ausführliche Stellungnahme zu den „Mysterien" abgegeben (der Brief sei Ergebnis eines „ganzen Tages" Arbeit gewesen), sondern zugleich auf eine Rezension über den Abschlussband seiner eigenen „Theologie" durch Scheeben reagiert, die zwischenzeitlich im „Katholik" publiziert worden war[61]. Kleutgen rekurriert nun auf seinen verlorenen Brief und fasst einige zentrale Punkte daraus zusammen. Mit Bezug auf eine in der Zwischenzeit erschienene, sehr kritische Rezension zu Scheebens Buch (von Wenzeslaus Mattes) stellt er fest, dass auch er Lob und Tadel nun etwas anders gewichten würde als im Vorjahr. Bestätigt sieht er durch den Rezensenten seine eigenen Vorbehalte gegenüber dem zu starken „Mystizismus" in Scheebens Schrift, von der er vor allem im deutschen Raum negative Konsequenzen erwartet; hier klingt Kleutgens lebenslange Abneigung gegen die „deutsche" Theologie an, die er als so nachhaltig korrumpiert betrachtet (wohl durch seine theologischen Lieblingsgegner Hermes, Hirscher und Günther), dass er ihr zur Regenerierung vorerst nur solide Schulkost anstatt hoher Spekulation vorsetzen möchte. Aber Kleutgen missfällt Scheebens Theologie nicht nur wegen der Gefahr problematischer Rezeption. An der Tendenz des Kölners, alles im Licht des „Über-natürlichen" zu beurteilen, hatte er schon seit dessen ersten Publikationen Anstoß

---

58 Vgl. H. Wolf (Hg.), Systematisches Repertorium zur Buchzensur 1814–1917. Indexkongregation. Bearb. von S. Schratz / J. D. Busemann / A. Pietsch (Römische Inquisition und Indexkongregation. Grundlagenforschung II: 1814–1917), Paderborn 2005, 390 (Kleutgens Anwesenheit bezeugt für den 3.12.1859) und 485 (nächste Anwesenheit am 13.2.1868).

59 Belege wie oben Anm. 5.

60 Vgl. Wolf, Systematisches Repertorium [Anm. 58], 476f.482ff.491.

61 Vgl. dazu unseren nachfolgenden Exkurs.

62 Vgl. Kleutgen an P. Huber S. J. vom 4.9.1862 (n. 17 in: Deufel, Kirche und Tradition [Anm. 3], 254): „Ich fürchte übrigens, daß er der Sache, für die er eifert, durch Übertreibung viel schadet, doch

genommen[62]. Im Brief von 1867 nun unterstreicht Kleutgen die Nähe von Scheebens Position zur Lehre des französischen Priesterphilosophen Alphonse Gratry[63], der in „Natur und Gnade" an zwei Stellen zitiert worden war. Die dabei anklingende Kritik bezieht sich allein auf „Gratrys These vom Primat des Willens vor dem Intellekt"[64] und hat nichts mit dem Streit um Gratry zu tun, der wenige Jahre später wegen seiner Position zur Unfehlbarkeitslehre entbrannte[65]. Auf dem Hintergrund dieser grundsätzlichen Vorbehalte macht Kleutgen aus seiner Skepsis gegenüber baldigen neuen Buchprojekten Scheebens (vor allem in Richtung eines eigenen wissenschaftlichen Dogmatik-Handbuchs[66]), die dieser ihm mit der (gewiss ehrlichen) Bitte um eine Stellungnahme geschildert hatte, keinen Hehl. Offenbar sieht er Scheeben auf dem Weg zum Vielschreiber, bei dem die Qualität nicht mehr stimmt. Ähnliche Vorbehalte hatte Kleutgen gegenüber Dritten schon früher geäußert[67]. Explizit inhaltliche Kritik durch den Jesuiten erfährt Scheeben hinsichtlich seiner Aussagen zur Glaubensanalyse, die er als Rezensent anlässlich des entsprechenden Passus aus der „Theologie der Vorzeit" gemacht hatte. Kleutgen sieht seinen generellen Mystizismus-Vorwurf durch die Tatsache belegt, dass Scheeben dem Willen in der Konstitution des Glaubensaktes zu große Bedeutung einräumt. Er wertet dies zwar nicht als Glaubensirrtum, meint aber, dass sich

---

redet er – im Katholiken – von einer übernatürlichen Logik, einer übernatürlichen Ontologie usw. [korrig. nach Walter, Kleutgen [Anm. 40], 334] hat etwa das irgendeinen vernünftigen Sinn?" P. Walter (Kleutgen, 329) hat den Aufsatz Scheebens, auf den Kleutgen anspielt, identifiziert als: Die Lehre von den Übernatürlichen in ihrer Bedeutung für christliche Wissenschaft und christliches Leben, in: Katholik 40 (1860) I, 280–299; II, 657–674. Bald darauf kommt er in einem Brief etwas ironisch auf Scheeben als „den guten, aber gar eifrigen Verteidiger der ‚Übernatur'" zu sprechen (Kleutgen an P. Huber SJ vom 15.11.1862 [n. 18 in: Deufel, Kirche und Tradition, 255]). Zu den von Kleutgen kritisierten Begrifflichkeiten Scheebens ist ein Hinweis von H. Schauf hilfreich: GS VIII [Anm. 27], 30, Anm. 21.

63 Alphonse Gratry (1805–1872) war ein französischer Oratorianer, Professor an der Sorbonne und Mitglied der *Academie française*. Scheeben erläutert mit Gratry die übernatürliche Erkenntnis des Glaubens und das übernatürliche Wollen der Liebe als Partizipation an den entsprechenden Fähigkeiten Gottes selbst. Die kritische Edition der „Mysterien" verzeichnet einen Hinweis auf Gratry in ähnlichem Kontext aus Scheebens Handexemplar (in der gedruckten Fassung nicht enthalten); vgl. GS II, Freiburg 1941, 167, Anm. 2. Zu Gratry vgl. den Beitrag von E. Paschetto, in: E. Coreth / W. M. Neidl / G. Pfligersdorffer (Hgg.), Christliche Philosophie im katholischen Denken des 19. und 20. Jahrhunderts, Bd. 1, Graz-Wien-Köln 1987, 518–534.

64 Ebd. 532.

65 Dazu: K. Schatz, Vatikanum I. 1869–1870, Bd. 2: Von der Eröffnung bis zur Konstitution „Dei Filius", Paderborn 1993, 256–261.

66 1867 konkretisierten sich auch in der Korrespondenz mit dem Verleger Herder Pläne Scheebens zur Abfassung eines eigenen Dogmatik-Handbuchs; vgl. J. Höfer, Von der ersten zur zweiten Auflage von Scheebens Handbuch der katholischen Dogmatik, in: M. J. Scheeben, Handbuch der katholischen Dogmatik, Buch I: Theologische Erkenntnislehre (GS III), Freiburg 1948, V–XXIII, hier: VI–VII.

67 Vgl. Kleutgen an Chr. Moufang [1817–1890, Hg. des „Katholik"] vom 16.10.1865: „Auch Scheeben schien mir sich in gar zu viele Fragen einzulassen, u[nd] überdies mit jugendlicher Kühnheit so manche Punkte zu entscheiden, die große Männer unentschieden lassen." (in: P. Walter, „Für die eine katholische Wahrheit ohne Menschenfurcht zu kämpfen". Briefe Joseph Kleutgens an den Mainzer Theologen Christoph Moufang aus den Jahren 1863–1866, in: P. Walter / Hermann-Josef Reudenbach (Hgg.), Bücherzensur – Kurie – Katholizismus und Moderne. Festschrift für H. H. Schwedt (Beiträge zur Kirchen- und Kulturgeschichte 10), Frankfurt 2000, 271–307; der Brief ebd. 301–304, darin das Zitat 303).

Scheeben in der genannten Frage dem schwächsten unter allen theologisch vertretbaren Erklärungsmodellen anschließe, wie er sie selbst in seiner „Theologie" vergleichend vorgestellt hatte. In diesem Bewusstsein der eigenen Überlegenheit hat Kleutgen seinen Brief trotz eines nicht zu überhörenden vorwurfsvollen Untertons insgesamt eher väterlich mahnend formuliert.

Diese Inhalte des Schreibens fügen sich nahtlos in das Bild ein, das wir uns aus der bislang bereits bekannten Korrespondenz unserer beiden Theologen mit Dritten machen können. So spielt Scheeben offenkundig auf Kleutgens Warnung vor zu vielen Publikationen im Februar-Brief an, als er im März 1867 an P. Huber[68] in Rom schreibt: „Bitte P. Kleutgen meinen innigsten Dank zu melden für seinen freundlichen Brief (…). Sie wollen ihm auch sagen, daß ich leider bisher aus ähnlichen Gründen wie Hergenröther, um meine Eltern vor gänzlichem Bankrott zu bewahren, mehr schreiben mußte, als mir selber lieb war. Die Zukunft bietet bessere Aussichten"[69]. Die Meinungsdifferenz zwischen Scheeben und Kleutgen in puncto Glaubenstheologie ist auch Kollegen nicht lange verborgen geblieben. Noch im März 1867 muss Kleutgen darauf in einem Brief an den Jesuiten Gerhard Schneemann eingehen, da dieser ihn auf das Thema angesprochen hat[70]; auch in diesem Kontext findet sich ein expliziter Hinweis auf den Brief vom 9. Februar. Die Erläuterungen, die Kleutgen seinem Ordensbruder übersendet, belegen erneut, dass er sich im Streit mit Scheeben sachlich im Recht sieht. Gegenüber Schneemann wird noch deutlicher als im Brief an Scheeben selbst dessen „Mystizismus" auf den Einfluss Gratrys zurückgeführt. Eine öffentliche Fehde mit dem Kölner Seminarprofessor über die Rolle des Willens in der Glaubenstheologie lehnt Kleutgen zu diesem Zeitpunkt jedoch ausdrücklich ab.

---

68 Der schon früher erwähnte Franz Xaver Huber SJ (1801–1871) war bereits zur Zeit von Scheebens römischen Studien Spiritual am Collegium Germanicum. Wie manche andere der römischen Alumnen blieb Scheeben ihm als väterlichem Freund und Ratgeber verbunden. Vgl. die Angaben der Vorworte von Eröss und Schauf in ihrer Ausgabe von: Scheeben, Briefe nach Rom [Anm. 12], 1–8. Briefe an Huber sind auch von Denzinger, Hergenröther, Hettinger und anderen prominenten SJ-Schülern der Epoche erhalten.

69 Scheeben, Briefe nach Rom [Anm. 12], 94 (n. 22).

70 Vgl. Kleutgen an P. Schneemann SJ vom 27.3.1867 (n. 31 in: Deufel, Kirche und Tradition [Anm. 3], 277): „Ew. Hochwürden reden mir am Schlusse Ihres Briefes von meiner ‚Differenz mit dem Herrn Scheeben'. Über die Erklärung des Glaubenssatzes gibt es vielleicht Meinungen, die – mit Ausnahme der ersten, welche ich ausführe, freigestellt sind. Wenn sich Herr Scheeben, wie ich aus seinen Rezensionen sehe, eine andere erwählt hat, so ist das wohl eine Verschiedenheit der Ansichten, aber darum keine Kontroverse. Ich werde mich in keine solche einlassen. Doch ich habe ihm geschrieben, daß es mir für ihn leid tue, sich aus jenen verschiedenen Meinungen gerade die ausgesucht zu haben, welche durch die offenbarsten Gründe widerlegt wird, und für die er sich kaum auf einen Theologen von Bedeutung berufen kann. Indessen, füge ich bei, wundere es mich nicht, weil sie viel bequemer für den Mystizismus sei, in den er sich nur gar zu sehr, besonders durch Gratry hat hinreißen lassen. Ich bitte ihm nichts zu sagen, daß ich dies auch an Sie geschrieben habe; es ist genug, daß er es von mir selbst gehört hat." Den Hinweis auf Scheebens „Rezensionen" werden wir unten noch aufgreifen.

Exkurs: Eine ausführliche Kleutgen-Rezension des Jahres 1866 als Werk Scheebens

Der eben von uns vorgestellte Brief Kleutgens ist nicht zuletzt deswegen interessant, weil er neues Licht auf eine 1866 im „Katholik" erschienene ausführliche Rezension von „Kleutgens Theologie der Vorzeit"[71] wirft. Der Zeitpunkt der Rezension wird aus dem Umstand erklärlich, dass die Erstauflage des Schlussbandes der „Theologie", um die es hier geht, in drei Heften erschien, von denen das erste 1860, die beiden letzten aber erst 1865 auf den Markt kamen[72]. Wie die meisten Artikel im „Katholik" ist die Rezension nicht namentlich gezeichnet und wurde bislang in der Forschung auch keinem Verfasser zugewiesen[73]. In seinem Februar-Schreiben an Scheeben spricht Kleutgen mit Rekurs auf den verlorenen Brief von 1866 davon, er habe dessen Abfassung u. a. deswegen bis in den Frühsommer hinein verschoben, weil er noch auf Scheebens Rezension seines „letzten Bandes" gewartet habe. Auf sie kommt er wenig später nochmals zu sprechen und erwähnt dabei, dass die Besprechung „im Katholiken" erschienen sei. Damit scheidet eine ebenfalls Scheeben zuzuweisende Rezension im „Literarischen Handweiser" von 1866 aus (zumal diese bereits im Januar herausgekommen war); somit kann nur die Kleutgen-Rezension im ersten Teilband des „Katholik" von 1866 gemeint sein. Deren ausführliche Anlage passt gut zu Kleutgens Dank an Scheeben „für die viele Teilnahme, welche Sie neuerdings durch jene Rezension an den Tag legten". Diese äußeren Belege lassen sich beim Vergleich des Textes mit sicher von Scheeben stammenden Werken durch inhaltliche Indizien unterstützen. So klagt der Beitrag wie eine Rezension Scheebens im „Literarischen Handweiser" von 1867 über die bislang fehlende wissenschaftliche Auseinandersetzung mit Kleutgens Werk, wobei die Kritik durch Alois von Schmid als lobendes Gegenbeispiel erwähnt wird[74]. Ähnlich wie in der Rezension verweist Scheeben in seiner Dogmatik auf Kleutgens abmildernde Deutung des „Rationalismus" mancher patristischer und mittelalterlicher Theologen und nennt exakt die gleichen fünf Namen, die auch dort aufgezählt werden[75]. In beiden Schriften hebt Scheeben den Wert der scholastischen Methode für die positive Theologie hervor und macht sich den Kleutgenschen Begriff einer „sokratischen Philosophie" zu eigen, um mit ihm eine für die christliche Theologie besonders geeignete Denkform zu bezeichnen. Die auffallend positive Stellungnahme der Rezension zu Kleutgens „herrliche[r] Erörterung über den Fortschritt der theologischen Wissenschaft" spiegelt sich in Scheebens Dogmatik wider, etwa bei der Warnung vor jedem „Radikalismus" in der Auffassung des Themas, vor falscher Versöhnung mit dem Zeitgeist, schließ-

---

71 Vgl. die bibliographischen Angaben oben, Anm. 20.

72 Die Angaben in den Bibliographien sind diesbezüglich bis heute oft ungenau, sofern sie den gesamten Band auf 1860 datieren; die Besprechung im „Katholik" erfolgte also erst nach Abschluss des Gesamtwerks.

73 Vgl. die entsprechenden Angaben in den Bibliographien bei Deufel, Kirche und Tradition [Anm. 3], 493; Minz, Pleroma Trinitatis [Anm. 11], 13; Müller, Die Gnade Christi [Anm. 46], 334.

74 Vgl. Rez. Katholik 1866/I, 301f. mit LH 6 (1867), 522.

75 Vgl. Rez. Katholik 1866/I, 318f. mit Dog. I, n. 891 (GS III [Anm. 66], 393).

lich vor der Übernahme des Grundsatzes „voraussetzungsloser Wissenschaft" und ihres radikalen Zweifelns[76]. Schließlich lässt sich auf die in beiden Texten parallel zu findende Aussage verweisen, dass ein Gegensatz zwischen Scholastik und Mystik nur zu finden sei, wo ein „echter" Scholastiker auf einen „falschen" Mystiker treffe (oder umgekehrt)[77]. Diese Beispiele könnten noch vermehrt werden. Es ist kaum als Argument gegen Scheebens Autorschaft ins Feld zu führen, dass er selbst in der Rezension mehrfach in der dritten Person zitiert wird[78]. Dies ist für den Autor einer anonymen Publikation der einzige Weg, um eigene Beiträge ins Spiel zu bringen, und es gibt Stellen in Scheeben sicher zugeschriebenen Texten, wo ebenso verfahren wird[79]. Stattdessen könnte man umgekehrt argumentieren: Es ist eher unwahrscheinlich, dass ein anderer als Scheeben selbst ein Interesse daran gehabt hätte, gerade auf die Beziehung Kleutgen-Scheeben so eingehend zu sprechen zu kommen – mit exakten Zitierungen, die den Bogen von der ersten bis zur gerade erschienen neuesten Monographie spannen. Besonders aussagekräftig ist der Hinweis auf einen „von demselben [sc. Scheeben] herrührenden Artikel des ‚Katholiken', Jahrg. 1863, Bd. II, S. 272f."[80] – und zwar deswegen, weil dieser Beitrag ungezeichnet erschien und erst im 20. Jahrhundert mühsam Scheeben zugeordnet wurde[81]. Scheeben selbst dagegen hatte keine Mühe anzugeben, von wem der Text stammt[82]. Die Belege für seine Verfasserschaft an der Rezension sind also insgesamt vielfältig und kaum zu bezweifeln. [Ende des Exkurses].

Für die Scheeben-Forschung ist die Zuordnung dieses Beitrags insofern von sachlicher Bedeutung, als nun klar wird, dass der Kölner Theologe bereits mehrere Jahre vor dem Erscheinen des ersten Bandes seiner Dogmatik zwar anonym, aber doch öffentlich zum Ausdruck gebracht hat, dass seine (seit „Natur und Gnade" sachlich erkennbare) Lehre von der Rolle des Willens im Glaubensakt eine Differenz gegenüber Kleutgens Position markiert[83]. Die Kritik an Kleutgens Übernah-

---

76 Vgl. Rez. Katholik 1866/I, 320f. mit Dog I, nn. 1016–1024 (GS III [Anm. 66], 442ff.).

77 Vgl. Rez. Katholik 1866/I, 305 mit Dog. I, n. 1067 (GS III [Anm. 66], 468).

78 Vgl. Rez. Katholik 1866/I, 312f; 314, Anm. 2; 317.

79 Vgl. nur den Beitrag: Die Kritik der Kuhnschen Theologie durch Herrn von Schäzler, in: Der Katholik 45 (1865) II, 280–297 [ohne Autorennennung], hier: 290; krit. Ed.: Scheeben, Gesammelte Aufsätze (GS VIII [Anm. 27]), 70–90, hier: 84.

80 Vgl. Rez. Katholik 1866/I, 313.

81 Das Zitat stammt aus dem Aufsatz: Über den Unterschied und das Verhältnis von Philosophie und Theologie, Vernunft und Glauben, in: Der Katholik 43 (1863) I, 641–665; 43 (1863) II, 267–300. Er ist durch Heribert Schauf auf dem Wege eines Indizienbeweises unserem Autor zugeschrieben worden (GS VIII [Anm. 27], 70f., Anm. 2; 131, Anm. 61). Der Hinweis aus der Kleutgen-Rezension von 1866 ist Schauf dabei entgangen.

82 Ähnlich wird man den Verweis der Rezension 317f. und 322 auf die Rezension des Werkes von A. von Schmid, Wissenschaftliche Richtungen…, in: Der Katholik 43 (1863) I, 89–99, einschätzen dürfen – auch sie stammt von Scheeben (vgl. Minz, Pleroma Trinitatis [Anm. 11], 13).

83 Vgl. Rez. Katholik 1866/I, 311, wo Scheeben zu verstehen gibt: Auch wenn man an der Tatsache der Offenbarung nicht zweifeln kann (weil sie durch die rationale Apologetik bewiesen wurde), besteht keine Nötigung, den eigentlichen übernatürlichen Glaubensakt zu setzen, weil dieser „seinem Wesen nach auf der frommen Unterwürfigkeit und Ergebenheit gegen Gott beruht (…). Was wir hier bei Kleutgen vermissen, hängt mit einer Anschauung vom Wesen des Glaubens zusammen, die sich schon im Früheren kundgegeben, aber erst bei der Lehre vom Einflusse des Wissens auf den Glauben sich vollständig enthüllt."

me der De Lugo-These sowie ihre Konfrontation mit Scheebens eigener Lehre vom Primat des Willens vor der Vernunft im Glauben sind schon hier explizit zu finden[84]. Erst im Licht dieser Rezension (viel mehr als im Rekurs auf die „Mysterien", die für die Glaubenstheorie nicht besonders ergiebig sind und den Jesuiten in diesem Zusammenhang nicht zitieren) wird also die von Kleutgen 1867 brieflich geäußerte Kritik überhaupt verstehbar. Damit steht fest: Die Kontroverse zwischen Kleutgen und Scheeben entbrannte bald nach dem Erscheinen des letzten Teils der „Theologie der Vorzeit" in ihrer ersten Auflage 1865, freilich zunächst unter dem Schleier einer anonymen Rezension Scheebens und privater brieflicher Reaktionen Kleutgens. Als im Sommer 1875 der zweite Brief an Scheeben entstand, der uns aus Kleutgens Feder erhalten ist, hatte die Angelegenheit das volle Licht der wissenschaftlichen Öffentlichkeit erreicht.

2.3 Kleutgens Brief vom 31. August 1875

Es ist erstaunlich, wie unmittelbar beide Briefe ineinander greifen. Zum einen scheint nach mehr als acht Jahren Kleutgens Ärger darüber, dass ihn Scheeben 1867 nicht intensiver um Rekonstruktion des 1866 verlorengegangenen Schreibens gebeten hatte, noch nicht verflogen zu sein. Hinzu kommt, dass der Jesuit sich im Anschluss an eine erneute Wortmeldung Scheebens zum Thema *fides theologica* (publiziert 1870 im zweiten Band der von ihm redigierten Konzils-Zeitschrift) in der erwünschten Rolle des korrigierenden Ratgebers erneut nicht hinreichend gewürdigt sah. Das Fass zum Überlaufen brachte Scheebens Darstellung im ersten Band seines „Handbuchs der Dogmatik", der zwischen 1873 und 1875 in drei Abteilungen erschien. Die Lehre vom Glauben wird dort ab § 38 entfaltet. Der Brief, den Scheeben im Sommer 1875 von Kleutgen empfing, dokumentiert bereits die höchste Zuspitzung der Kontroverse: Mit der dritten Beilage zu seiner „Theologie der Vorzeit" hatte der Jesuit der Öffentlichkeit eine heftige Polemik gegen Scheebens Lehre vom Glauben in der „Dogmatik" übergeben. Aus dem Dissens in einer traditionell umstrittenen Einzelfrage waren jetzt handfeste Anklagen geworden, die der August-Brief gut erkennen lässt. Kleutgen wirft dem Kölner Professor auf der persönlichen Ebene vor, sich des „rücksichtslosen Benehmens" schuldig gemacht zu haben. Offenbar erachtet er Scheebens Kritik als Ausdruck der Undankbarkeit, in der die wohlwollende Unterstützung, die er den theologischen Bemühungen des Kölner Dogmatikers stets erwiesen habe, vergessen werde. Auch das sachliche Urteil ist nun vernichtend: Scheeben habe sich „eine durch und durch verkehrte Theorie erfunden". Die „echt christl. kath. und ganz kirchliche Gesinnung" wird ihm deswegen aber nicht abgesprochen. Kleutgen gibt klar zu erkennen, worüber er sich in Scheebens Dogmatik besonders geärgert hat: Seine eigene Lehre ist dort der einzige (zeitgenössische) Beitrag, der durchgängig kritisiert wird. Darin erkennt Kleutgen einen Generalangriff, den es zu parieren gilt. Doch nicht nur Scheebens Lehre in sich, auch ihre Rezeption in Deutschland ist es, die Kleutgen wütend macht. Während er feststellen muss, dass seine eigenen Schriften sich bei Käufern

---

84 Vgl. Rez. Katholik 1866/I, 312f.

und Rezensenten fortwährend schwer tun, beobachtet er, dass Scheebens Werke beim wissenschaftlichen Publikum erstaunlich positive Reaktionen hervorrufen[85]. Verständnislos nimmt Kleutgen zur Kenntnis, dass nicht bloß Rezensenten wie Johann Baptist Heinrich[86] oder Ignaz Jeiler[87] von Scheebens Entwurf in den höchsten Tönen sprechen, sondern selbst eine Jesuitenzeitschrift wie die „Stimmen aus Maria Laach" dem Kölner mehr Aufmerksamkeit widmet[88] als ihm selbst[89]. In seinen Briefen kommt Kleutgen darauf vielfach zu sprechen und kann die Tatsache nur als neuen Beleg für die Verwirrung der deutschen Theologie verbuchen, von der er längst überzeugt ist. Eine seltsame Mischung aus Enttäuschung, Trotz und Eitelkeit spricht aus Kleutgens Worten, die er wenige Wochen vor seinem Brief an Scheeben dem Rektor des Deutschen Kollegs in Rom übersandt hat: „Es ist nun ein Heft von ‚Beilagen‘ unter der Presse, das freilich dem übermütigen Scheeben und seinen vorlauten Lobrednern zu denken geben könnte, aber, wie ich hoffe, mein letztes Wort in deutscher Sprache sein wird. Ich will mit diesem Lande der verwirrten und doch so aufgeblasenen Geister nichts mehr zu tun haben"[90]. Dass Kleutgen zu den „aufgeblasenen Geister[n]" zumindest bis zu einem gewissen Grad auch Scheeben rechnet, wird in seinem Brief vom August 1875 ebenfalls deutlich. Der Vorwurf mangelnder Demut gegen Scheeben (vor allem in den Worten seiner Vorrede zur Dogmatik) bildet geradezu den Höhepunkt des Schreibens, nachdem zwei andere, ebenfalls nicht sehr freundliche Kritikpunkte (mangelnde Nüchternheit in

---

85 Fast alle im Brief an Scheeben genannten Punkte hatte Kleutgen kurz zuvor auch gegenüber dem Herausgeber des „Literarischen Handweisers" geltend gemacht: „Was aber Scheeben angeht, so hatte ich noch einen ganz besonderen Grund, ihm entgegenzutreten. Es handelt sich nicht mehr um jene eine Streitfrage, über welche die Theologen sehr geteilt sind, sondern über die gesamte Lehre vom Glauben. Mein bester Herr Hülskamp, ich möchte nicht mit Anmaßung reden, aber Ihnen auch, was ich denke, offen sagen. Nun wohl, ich sage mit aller Ruhe, daß ich nicht etwa die Meinung, sondern die klarste Einsicht habe, daß Scheebens Lehre durch und durch verkehrt und schon darum, aber nicht darum allein verderblich ist. Er stellt sie aber in fortlaufender Polemik wider mich auf; also glaubte ich, daß es auch an mir wäre, Widerspruch zu erheben. Und dazu bewog mich noch die Überzeugung, daß unsere deutschen Theologen, obwohl die Neuheit sie zurückhalten müßte, vielmehr von der ‚Originalität‘ angezogen werden würden." (Kleutgen an F. Hülskamp vom 20.06.1875, n. 74 in: Deufel, Kirche und Tradition [Anm. 3], 347).

86 Dass Kleutgen wohl besonders an die breite Rezeption der Scheebenschen Lehre im ersten Band von Heinrichs Dogmatik, der 1874 erschien, dachte, macht der eben zitierte Brief an Hülskamp gleichermaßen deutlich: „Aus eigner Lesung kenne ich Heinrichs Buch noch nicht. Denn ich habe weder Geld, mir alle neuen Werke zu kaufen, noch Zeit, sie zu lesen. Aber Ihr Mitarbeiter berichtete ja schon, wie Heinrich Scheebens ‚originelle‘ Ausführungen benutzt habe." (Kleutgen an F. Hülskamp vom 20.66.1875, n. 74 in: Deufel, Kirche und Tradition [Anm. 3], 347).

87 Hier ist zu denken an Jeilers rundum positive Rezensionen zu Scheeben in LH 13 (1874), 3–8.32–37 und LH 14 (1875), 175–179.214–216, in denen mehrfach betont wird, dass dessen Glaubenstheorie dem Gegenmodell von De Lugo-Kleutgen überlegen sei; vgl. Kleutgens gallige Reaktion in einem Brief an Steinhuber vom 6.7.1874, wo es mit Bezug auf den LH heißt, dass „in jedem dieser Referate hervorgehoben wurde, wie siegreich meine verkehrte Lehre vom Glauben bekämpft werde" (n. 73 in: Deufel, Kirche und Tradition [Anm. 3], 345).

88 Vgl. Kleutgen an Schneemann vom 5.4.1874 (n. 66 in: Deufel, Kirche und Tradition [Anm. 3], 331). Konkret verweist er auf die Rez. von K. Wiedenmann zu M. J. Scheeben, Handbuch der katholischen Dogmatik, 1. Bd. 1. Abt., Freiburg 1873, in: StML 6 (1874) I, 281–290.

89 Vgl. mit ähnlichem Tenor: Kleutgen an Schneemann vom 20.6.1874 (n. 67 in: Deufel, Kirche und Tradition [Anm. 3], 335); Kleutgen an Steinhuber vom 6.7.1875 (n. 73 in: Deufel, Kirche und Tradition, 345).

90 Kleutgen an Steinhuber vom 6.7.1875 (n. 73 in: Deufel, Kirche und Tradition [Anm. 3], 345).

der theologischen Spekulation, zu geringe Kenntnisse in Morallehre und Philosophie) vorangegangen waren. In einem Brief von Ende Oktober 1875 an P. Steinhuber, der Kleutgen wegen dieser harten Kritik getadelt hatte, überliefert Kleutgen eine Passage aus Scheebens Entgegnung auf das von uns publizierte Briefdokument, hält aber seine Vorwürfe unvermindert aufrecht und zeigt für Scheebens Berufung auf vertiefte theologische Einsichten wenig Verständnis[91].

Obwohl Scheeben nach einer Notiz von Johann Hertkens „hoch erstaunt über die Verkennung seiner Absicht und über den scharfen Ton der Erwiderung gewesen sein" soll[92], hat er auf die öffentlichen Angriffe Kleutgens publizistisch nicht unmittelbar reagiert. Da er grundsätzlich solche Gefechte nicht scheute (wie einige Jahre später der heftige Streit mit Th. Granderath SJ beweisen sollte), muss sein Schweigen vor allem als Zeichen des persönlichen Wohlwollens gegenüber Kleutgen gedeutet werden. Ein Nachgeben in der Sache war damit nicht verbunden. Die von einigen Interpreten vorgetragene These, Scheeben habe in seinem ausführlichen Artikel „Glaube" im von Wetzer und Welte herausgegebenen Kirchenlexikon[93] ein konziliant formuliertes Versöhnungsangebot vorgelegt[94], kann nicht recht überzeugen, denn substantiell sind die dort gegenüber der „Dogmatik" zu findenden Änderungen kaum[95]. Die uneingeschränkt positive Rezension zum einzig vollendeten Eröffnungsband der lateinischen Dogmatik Kleutgens, die Scheeben (jetzt mit namentlicher Zeichnung) 1882 im „Literarischen Handweiser" publizierte, erbringt den endgültigen Beweis dafür, dass er dem Jesuiten gegenüber keinen persönlichen Groll hegte. Bei Kleutgen sah die Sache zunächst anders aus. In Briefen der Folgezeit ist die Enttäuschung, ja das Selbstmitleid angesichts der Tatsache unübersehbar, dass seine Scheeben-Polemik von der Fachwelt kaum aufgegriffen wurde[96]. 1879 zeigt Kleutgen auf Bitten von P. Steinhuber immerhin die Bereit-

---

91 Vgl. Kleutgen an Steinhuber vom 30.10.1875 (n. 75 in: Deufel, Kirche und Tradition [Anm. 3], 351): „Mein Urteil über diesen, weil ich ihn übermütig nannte, finden Ew. Hochwürden zu strenge. Möge es doch so sein: aber lesen Sie [korrig. nach Walter, Kleutgen [Anm. 40], 337] die Vorrede zu seinem Handbuche. Ich habe ihm selber darüber geschrieben. Er antwortet, dass Gott ihn durch Widerwärtigkeiten hinlänglich demütige, sagt dann aber auch: ‚Allerdings habe ich die Kühnheit, manches Neue zu sagen, wenn ich es, aber stets nach langem Ringen und Mühen, klar erkannt zu haben glaube; und so habe ich auch in der Trinitätslehre sogar eine Menge von Sachen, von denen selbst die alte Scholastik' (die er vorher über die neuere hoch erhoben hatte, und zu befolgen vorgab) ‚nichts hat, und die mir selbst vor einem Jahr, ehe ich die Trinitätslehre der griechischen Väter im Zusammenhange studiert hatte, so unbekannt waren, daß ich nicht einmal eine Ahnung davon hatte, usw.'. Wenn man in der Trinitätslehre eine Menge von neuen Sachen vorbringt, von denen man kurz vorher [korrig. nach Walter, Kleutgen, 337] selbst keine Ahnung hatte, so hat man sich nicht nach langem Ringen und Mühen dazu entschlossen. Ich schreibe Ihnen dies auch darum, daß man auf seine Trinitätslehre aufmerksam sei. Ebenso meint er, eine ganz originelle ‚Darstellung' der Organisation des Lehrapostolates geliefert zu haben."
92 Hertkens, P. Joseph Kleutgen S.J. [Anm. 51], 177.
93 Vgl. dort Bd. 5, Sp. 616–674.
94 Vgl. Hertkens, P. Joseph Kleutgen S.J. [Anm. 51], 177: „Er [sc. Scheeben] war aber auch edel genug, die Schwäche seiner Hypothese zu bekennen und gab ihr im Sinne Kleutgens eine andere Fassung."
95 So das Ergebnis der minutiösen Vergleiche bei Burke, Faith and the Human Person [Anm. 45], 137–140.
96 Vgl. Kleutgen an P. Schneemann SJ vom 18.3.1877 (n. 80 in: Deufel, Kirche und Tradition [Anm. 3], 366): „Über meine Kontroverse mit Scheeben, weil ich gerade auf ihn zu sprechen komme, höre und sehe ich nichts; die Literaturblätter haben, soviel ich weiß, gar keine Notiz davon genommen, und

schaft, in Rom bei Kardinal Pecci zugunsten der Verleihung des Monsignore-Titels für Scheeben vorzusprechen. Er kann es aber nicht unterlassen, im gleichen Atemzug wieder vor Scheebens Dogmatik zu warnen[97]. So wundert es kaum, wenn der Jesuit nach seiner erledigten Vorsprache in Rom vor allem über sehr ungünstige Urteile zu Scheebens Werk durch Kardinal Hergenröther und andere zu berichten weiß[98]. Der Hinweis, dass er selbst ein „Scheeben äußerst günstiges Urteil (...) mit aller Freiheit hinzugefügt" habe, klingt nach dem, was zuvor von ihm zu hören war, nur eingeschränkt glaubwürdig[99]. Als Kleutgen trotz allem, was vorgefallen war, 1879 eine uneingeschränkt positive Rezension Scheebens zur Neuauflage seiner „Philosophie" lesen konnte, war er fast verblüfft. Nun fand auch er selbst wieder lobende Worte über den Kölner Kollegen, freilich verbunden mit dem Verweis auf seine eigenen angeblichen Bemühungen für Scheeben in Rom, von denen er bedauerte, dass sie nicht öffentlich bekannt geworden seien[100]. Spätere Äußerungen über Scheeben sind aus Kleutgens Mund nicht mehr überliefert; Scheebens Rezension von 1882 dürfte den Ärger des Jesuiten weiter besänftigt haben.

3 Ein knappes Resümee

Es ist in der Forschung unterschiedlich bewertet worden, wie tief der in der Frage der Glaubensanalyse zwischen Scheeben und Kleutgen offenbar gewordene theologische Dissens in sachlicher Hinsicht ging und wie die damit verbundenen persönlichen Verstimmungen zu gewichten sind. Was den ersten Punkt betrifft,

---

wie diese, so werden meine jüngsten Schriften nicht einmal angezeigt. Auch Gutberlet, dessen ausführliche und strenge Kritik des Scheeben'schen Handbuches [Literarische Rundschau 2 (1876) 9–17.41–50] Ihnen bekannt sein wird, hat wahrscheinlich nur darum von der Abhandlung Scheebens über den Glauben ganz geschwiegen, um nicht über meine Schrift reden zu müssen. – Nun, ich werde den Deutschen mit keiner neuen Arbeit lästig fallen." Ähnlich Kleutgen an P. Steinhuber SJ vom 23.9.1877 (n. 82 in: Deufel, Kirche und Tradition, 369), wo er von einer Briefäußerung Gutberlets ihm gegenüber spricht: „Bedeutende Männer" hätten Gutberlet zu verstehen gegeben, dass „Scheeben den Tadel nicht verdient habe". Kleutgen reagiert mit einer bitteren Klage über die Bosheit der Welt.

97   Vgl. Kleutgen an P. Steinhuber SJ vom 12.9.1879 (n. 85 in: Deufel, Kirche und Tradition [Anm. 3], 374).

98   Vgl. Kleutgen an P. Steinhuber SJ, vermutlich Sept. 1879 (n. 86 in: Deufel, Kirche und Tradition [Anm. 3], 376f.). Vgl. auch die Bemerkungen bei Walter, Kleutgen [Anm. 40], 331.

99   Scheeben ist nie Monsignore geworden, wohl vor allem, weil er selbst es nicht wollte; vgl. Scheeben an Steinhuber vom 19.12.1879 (n. 27 in: Scheeben, Briefe nach Rom [Anm. 12], 100f.). Noch in den Nachrufen haben nahe Vertraute darauf hingewiesen, dass seine Demut solchen Ehrungen entgegenstand; vgl. F. Hülskamp, Matthias Joseph Scheeben – 21. Juli 1888, in: LH 27 (1888), 465–472, hier: 466.

100 Vgl. Kleutgen an P. Steinhuber SJ vom 15.11.1879 [korrig. nach Walter, Kleutgen [Anm. 40], 338] [n. 91 in: Deufel, Kirche und Tradition [Anm. 3], 386]: „Haben Ew. Hochwürden im Literarischen Handweiser Scheebens Rezension der Philosophie der Vorzeit gelesen? Ob er glühende Kohlen auf meinem Haupte sammeln wollte? Doch nein! Er ist eine offene und gerade Seele. Es wäre mir sehr erwünscht, daß er von den Schritten, die ich zu seinen Gunsten [korrig. nach Walter, Kleutgen, 338] schon vor Monaten in Rom getan, etwas erführe." Ähnlich: Kleutgen an Schneemann vom 29.12.1879 [n. 92 in: Deufel, Kirche und Tradition, 388]. Zur Rezension heißt es hier: „Etwas überrascht hat mich dieselbe, doch nicht sehr gewundert; denn ich kenne Scheebens aufrichtige und edle Seele."

sollte man bei aller Betonung der Originalität Scheebens gegenüber Kleutgen nicht übersehen, dass der Konflikt zwischen ihnen sich innerhalb der Grenzen des neuscholastischen Rahmens abspielte, zu dem sich beide Autoren – bei differierender formaler und materialer Ausgestaltung – prinzipiell bekannten. Auch die gemeinsame Beeinflussung durch die „Römische Schule", vor allem Passaglia, ist unübersehbar. Obgleich sich Scheeben durch seine reichere Quellenauswahl und sein außergewöhnliches spekulatives Talent fraglos von der lehrbuchhaften Systematik Kleutgens unterschied, ist es problematisch, ihn als „Selbstdenker" oder „Hegel der Theologie"[101] allzu radikal von den „Schuldenkern" à la Kleutgen abzugrenzen, wie es zuweilen versucht worden ist[102]. Im konkreten Streit um die Glaubenstheorie blieb auch seine Position einem durch die Tradition vorgezeichneten (allerdings minoritären) Lösungsweg zuweisbar. Im Vergleich wird eher deutlich, welche Potentiale neuscholastisches Denken gehabt hätte, wenn in seiner Mitte mehr theologische Begabungen nach Art Scheebens zur Entfaltung gekommen wären.

Dagegen haben einige Interpreten beim Blick auf das persönliche Verhältnis zwischen Scheeben und Kleutgen eine gelegentlich zu harmonisierende Tendenz verfolgt[103]. Unsere Zusammenschau und nicht zuletzt die neuen Briefdokumente haben deutlich gemacht, dass auf Seiten Kleutgens die Verletzung sehr tief ging und er in ihrem Gefolge kaum noch zwischen Sache und Person zu trennen vermochte. Man wird dabei sein Schicksal seit 1859, das ihn empfindlicher und reizbarer gegenüber öffentlicher Kritik an seiner Person gemacht haben mag, nicht aus dem Blick verlieren dürfen. Auch auf dem Höhepunkt des Streits hat er es allerdings nicht auf einen radikalen Bruch mit Scheeben angelegt. Dass letzterer sich in der ganzen Kontroverse vornehmer verhalten hat als Kleutgen, lässt sich kaum bezweifeln.

---

101 Diese etwas unglückliche Charakterisierung stammt von A. Kerkvoorde, La formation théologique [Anm. 16], 191. Scheeben hat sich übrigens selbst explizit gegen den Vorwurf verwehrt, er verfahre nach Art der dialektischen Methode Hegels; vgl. Scheeben, Rez. Kleutgen, Institutiones [Anm. 21], 107 (gegen eine Bemerkung von P. August Langhorst SJ in den „Stimmen aus Maria Laach" Jg. 1880, Heft 2, 211). Langhorst hat anschließend im „Literarischen Handweiser" öffentlich erklärt, dass er eine solche „Anklage" nie habe erheben wollen, und Scheeben hat ebenfalls noch einmal kurz zur Sache Stellung genommen (LH 21 [1882], 149–152).

102 Vgl. etwa die Urteile in der Scheeben-Studie von Minz, Pleroma Trinitatis [Anm. 11], 255–262 u.ö. P. Henrici hat jüngst im Gegensatz zu diesen Beurteilungen wieder die innovatorischen Aspekte gerade in Kleutgens Werk hervorgehoben; vgl. seinen Beitrag: Matteo Liberatore und Joseph Kleutgen, zwei Pioniere der Neuscholastik, in: Greg 91 (2010) 768–789 (hier z. B. 788: „Kleutgens Blick in die Vergangenheit war zukunftsträchtig").

103 Vgl. Schauf/Eröss in der Ausgabe von Scheebens „Briefen nach Rom" [Anm. 12](134, Anm. 143): „Trotz der scharfen wissenschaftlichen Differenzen blieb das persönliche Verhältnis, von dem Scheebens Briefe Zeugnis geben, auch später gewahrt. Diese Äußerungen der bedeutenden Theologen übereinander sind, wie auch die der großen Künstler, man denke nur an Raffael und Michelangelo, ‚cum grano salis' anzunehmen". Vielleicht noch deutlicher in diese Richtung geht die Aussage bei Brosch, Das Werden des jungen Matthias Joseph Scheeben, in: StZ 123 (1932), 395–407, hier: 402: „Diese Auseinandersetzungen [sc. Scheebens mit Kleutgen] blieben friedlich und leidenschaftslos. Selbst Kleutgen wurde nach und nach von Scheebens großem Schaffen ganz überzeugt." Klarer urteilte Hertkens, P. Joseph Kleutgen S.J. [Anm. 51], 176: Kleutgen, „an welchem zuweilen (...) ein leiser Zug zur Schwarzseherei hervortrat, fühlte sich empfindlich getroffen."

Textanhang

Editorischer Hinweis: Die beiden Briefe Kleutgens werden im folgenden getreu der allein zur Verfügung stehenden Typoskript-Abschriften im Nachlass Karl Eschweilers (Ermlandhaus, Münster) wiedergegeben. Vermutlich wurden sie durch Eschweiler selbst hergestellt. Einige Worte wurden von ihm handschriftlich nachgetragen; sie sind nicht gesondert gekennzeichnet. Eine Überprüfung der Transkriptionen auf Lesefehler, Konjekturen etc. war wegen des Verlusts der Originale nicht möglich.

(1) Joseph Kleutgen an Matthias Joseph Scheeben vom 09.02.1867

Hochwürdiger, geliebter Herr Professor.

Um Ihnen zuerst die Antwort zu geben, welche für den Augenblick von Ihnen am meisten gewünscht wird, so glaube ich nicht, dass Herr Dr. Hoppe zu fürchten hat, sein Buch auf dem Index zu sehen[104]. Seit vielen Jahren habe ich zwar keiner Sitzung beigewohnt, und weiss somit nicht, wie die Sache steht, und wenn ich's wüsste, dürfte ich's nicht mitteilen. Aber wenn <u>derartige</u> Bücher von <u>solchen</u> Verfassern nicht bedeutende und sehr gefährliche Irrtümer enthalten, pflegt man sie nicht zu verbieten, sondern über das, was man auszusetzen hat, dem Verfasser für eine zweite Auflage in der Stille ein Monitum zu geben. Sie haben sehr wohl getan, Hr. Hoppe zu raten, dass er an die Kardinäle Reisach[105] und Pitra[106] schreibe. Wenn man etwas zu tadeln findet, wird, denke ich, nichts anderes als jenes Monitum erfolgen. – Indem Sie aber, mein lieber Herr Scheeben, bemerken, wenn man es so genau nehme, so seien andere bedeutendere Werke viel eher der Verurteilung würdig; vergessen Sie ganz, dass die Congregation nicht etwa unter allen erscheinenden Büchern sich die aussucht, gegen welche sie einschreiten will, sondern nur diejenigen, welche auf rechtmässigem Wege denunziert werden, einer Prüfung unterwirft.

Ihr Brief hat mir von dem, was ich vermutete, Gewissheit gegeben, dass Sie nämlich mein sehr ausführliches Schreiben über Ihr geschätztes Werk von den Mysterien[107] und Ihre Rezension meines letzten Bandes[108] nicht erhalten haben. Ich

---

104 Vgl. dazu die Angaben im Darstellungsteil unseres Artikels.

105 Karl August von Reisach (1800–1869) war zuerst Bischof von Eichstätt (1836–1846), danach Erzbischof von München und Freising (1846–1856). Von Pius IX. als Kurienkardinal nach Rom berufen, stand er u. a. als Präfekt der Studienkongregation vor (ab 1862) und spielte eine wichtige Rolle in der Vorbereitung des Ersten Vatikanums. Die ihm vom Papst zugedachte Aufgabe als Konzilspräsident konnte er wegen Erkrankung und baldigem Tod nicht mehr erfüllen. Vgl. R. Lachner, Art. Reisach, Karl August Graf von, in: BBKL 7 (1994), 1567–1571; M. Weitlauff, Art. Reisach, Karl August Graf von, in: NDB 21 (2003), 382–383.

106 Jean-Baptiste Pitra OSB (1812–1889), nach Tätigkeit als Geschichtsprofessor, Herausgeber wichtiger Quellenwerke und Mitarbeiter an der Patrologie Mignes ab 1861 Kardinal in Rom, ab 1869 Bibliothekar der Römischen Kirche. Im Falle Hoppes sollte er wahrscheinlich als renommierter Kenner der östlichen Liturgien eingeschaltet werden. Vgl. H. R. Drobner, Art. Pitra, Jean-Baptiste, in: LThK³ 8 (1999), 321–322.

107 Gemeint ist: M. J. Scheeben, Die Mysterien des Christenthums. Wesen, Bedeutung und Zusammenhang derselben nach der in ihrem übernatürlichen Charakter gegebenen Perspective dargestellt, Freiburg 1865.

108 Vgl. unten, Anm. 116.

hatte im Frühsommer vorigen Jahres einen ganzen St. Saba[109] Tag dazu verwendet, um alle Ihre Fragen zu beantworten und einige Punkte beizufügen. Die Germaniker, welche schon anfangs Juli abreisten, haben den Brief mitgenommen, und wahrscheinlich verloren. Denn wenn Sie ihn erhalten hätten, würden Sie mir ein Wort davon gesagt haben, besonders da Sie vom Briefe des Hochw. P. Huber[110] mir reden.

P. Huber hat mir zur Zeit nur gesagt, er habe Ew. Hochwürden geschrieben, dass Sie sich zu tief in die Mysterien eingelassen hätten. Um den Inhalt jenes meines Briefes in Kürze zu wiederholen, bemerke ich, dass ich Ihnen einen ähnlichen Gedanken auseinandersetzte. Ich hatte damals die Rezension im Theol. Literaturblatt[111] noch nicht gelesen, sonst hätte ich mich kürzer fassen, und Ihnen sagen können, dass ich dieselbe mit zwei Klauseln unterschreiben möchte. Die erste Klausel wäre gewesen, dass ich den Tadel, welchen der zweite Teil enthielt, bedeutend gemildert wissen wollte[112]. Ich bemerkte Ihnen in meinem Briefe dieselben Mängel, aber viel milder, und fügte bei, dass auch die Darstellung viel besser sei, als in Ihrem früheren Werke über Gnade und Natur[113]. Ebenso hätte ich aber auch das

---

109 Das Anwesen bei der früheren Abtei St. Saba auf dem römischen Aventin, die zu den alten Dotationen des deutschen Kollegs zu Rom gehört (vgl. A. Steinhuber, Geschichte des Kollegium Germanikum Hungarikum in Rom, Bd. 1, Freiburg ²1906, 112–120), wurde von den Dozenten und Studenten jeden Donnerstag zu einem Erholungsaufenthalt genutzt. Vgl. Hettinger, Aus Welt und Kirche [Anm. 4], 101–108.

110 Vermutlich geht es bei dem hier erwähnten Brief um Hubers Schreiben vom 18.07.1866 an Scheeben, das ebenfalls im Eschweiler-Nachlass dokumentiert ist. Dafür spricht, dass Scheebens vorangehender Brief an Kleutgen offenbar zu einem Zeitpunkt verfasst worden war, an dem Kleutgen es für möglich gehalten hatte, dass sein eigener (im Juli 1866 Germanikern übergebener) Brief hätte Berücksichtigung finden können (was faktisch nicht der Fall war). Dies kann kaum vor August/September 1866 der Fall gewesen sein. Auch der Inhalt des Briefes von P. Huber, auf den Kleutgen unter Bezugnahme auf ein Gespräch mit dem Verfasser anspielt, passt gut zum Inhalt des erwähnten Briefes vom 18.07.1866. U. a. verweist Huber darin Scheeben nach der Lektüre von dessen neuem Buch auf die Aussage Gregors d. Gr., „dass es nicht allen zukommt, die geheimnisvolleren Lehren zu erforschen".

111 Rez. von W. Mattes, in: Bonner Theologisches Literaturblatt 1 (1866) 381–384. Zu Wenzeslaus Mattes (1815–1886), der in Tübingen promoviert hatte, nach verschiedenen Stationen ab 1860 als Pfarrer in seiner Heimatdiözese Rottenburg tätig war und sich als Autor vieler Artikel in der Erstauflage von Wetze und Welte's Kirchenlexikon ausgezeichnet hatte, vgl. die biographische Notiz bei Dorneich, Matthias Josef Scheeben und Benjamin Herder [Anm. 31], 43, Anm. 2, den biographischen Artikel von Lauchert in: ADB 52 (1906), 231f., sowie A. Hagen, Gestalten aus dem schwäbischen Katholizismus, Bd. 1, Stuttgart 1948, 250–289; W. Gross, Das Wilhelmsstift Tübingen 1817–1869 (Contubernium 32), Tübingen 1978, 143–150.

112 Es heißt bei Mattes dort [Anm. 111] u. a. (383f.): „Durch das ganze Buch hindurch herrscht solche Unklarheit, Verwirrung und Unverständlichkeit, daß es beinahe unmöglich ist, dasselbe durchzulesen. (…) Mit Recht, in der That, ist der Titel unverständlich; wäre er verständlich, paßte er nicht zum Buche. (…) Der Grund der hiermit geschilderten Beschaffenheit des Buches im Großen und Ganzen liegt in Folgendem. Erstens theilt der Verf. nicht nur vielfach, sondern meistentheils nicht fertige, sondern werdende Gedanken, nicht die reife Frucht des Denkens, sondern die Gedankenprocesse selbst mit. (…) Zweitens ist die Sprache äußerst mangelhaft. Daß eigentliche Sprachfehler vorkommen, behaupte ich nicht. Aber fast durchgängig sind die Sätze nachlässig gebildet, die Satzglieder so in einander verwickelt, dass die Sätze mehr verwirrten Knäueln als gebildeten Gedankenäußerungen gleich sehen – hart, holperig, endlos, den Leser enthamend. (…) Endlich drittens habe ich mich bei dem Durchlesen des Buches mehr und mehr überzeugt, die erschreckliche Verwirrung und Unklarheit führe sich zu nicht geringem Theile auch auf die Weitschweifigkeit zurück, deren sich der Verf., es sei mir erlaubt mich so auszudrücken, beflissen hat."

113 M. J. Scheeben, Natur und Gnade [Anm. 10].

Lob, welches der erstere Teil der Rezension enthielt, in etwa herabgestimmt[114]. Über das Eingehen in die Mysterien schrieb ich Ihnen ausführlich, und drückte meine Furcht aus, dass solche Werke, auch wenn sie sehr gut aufgenommen würden, doch in Deutschland vielen, ja den meisten eher gefährlich sein möchten. Wie man, sagte ich, die, welche sich von einem schlechten Leben bekehren, nicht in die Mystik einführen, sondern durch die einfache Aszese erst lange zur Tugend und zum Umgang mit Gott in gewöhnlicher Gebetsweise anleiten müsse; also sei es auch bedenklich, die deutsche Lesewelt, welche mit der gewöhnlichen Theologie noch nicht vertraut ist, und sich auf so viele Abwege verirrt hatte, so auf einmal in die Spekulation über die Mysterien einzuführen. Sie (die Deutschen) lieben das; aber desto gefährlicher ist es ihnen.

Hierin war zugleich der Rat vorbereitet oder schon enthalten, den Sie von mir begehrt hatten, ob Sie nämlich ein anderes Werk über die Geheimnisse, oder vielmehr ein Lehrbuch, das man von Ihnen begehre, verfassen sollten. Ich äusserte mich dahin, dass letzteres gewiss nützlicher sein würde, wenn Sie aber, wie Sie angedeutet hatten, vielmehr zur Erbauung über die Geheimnisse reden wollten, so würden Sie wohl tun, das Buch so einzurichten, dass es wie ein Seitenstück zu den Betrachtungen über die Herrlichkeiten der Gnade[115] wäre. Denn von diesen, sagte ich Ihnen, höre man wie in Deutschland, so auch hier, nur Gutes. Indessen verhehle ich nicht, dass ich Ihnen auch zu verstehen gab, es möchte vielleicht ratsam sein, Ihre Musse zum grossen Teil für Studien zu benutzen, und nicht so viel, nicht so rasch zu schreiben. Ein Buch über das andere, mein lieber Herr Scheeben, und alle über die schwierigsten Gegenstände; daneben noch so viele Aufsätze für die Zeitschriften; wie ist das möglich, ohne Ihre Gesundheit aufzureiben und sich der Gefahr auszusetzen, weder in der Sache immer gründlich und genau, noch auch in der Darstellung immer klar, bündig, vorsichtig zu sein. Glauben Sie nicht, dass das Sprichwort: Gut Ding will Weile haben – auch von den Büchern gelte?

Jenen Brief, den Sie nicht bekommen haben, hatte ich nicht so bald, als ich und auch Sie wünschten, geschrieben, weil ich mich doch erst in Ihrem Werke umsehen, und auch die Rezension über das meinige im Katholiken[116] lesen wollte. Diesen bekommen wir aber spät. Ich dankte Ihnen also auch für die viele Teilnahme, welche Sie neuerdings durch jene Rezension an den Tag legten, und wiederhole hier diesen meinen Dank. – Sie hatten mich um die Lehre von dem Glauben befragt. Da musste ich Ihnen denn aber wieder eine Bemerkung machen, die Ihnen vielleicht in etwa unangenehm gewesen wäre. Und doch wiederhole ich sie jetzt, weil Sie meine Meinung wissen wollen. Unter den verschiedenen Ansichten, die ich am Ende der Abhandlung – Über das Wissen vor dem Glauben[117] – bespreche, kann jeder mit

---

114 Mattes [Anm. 111] lobt 382f. u. a. die Konsequenz in der Methode, das tiefe Eindringen in den Gegenstand, die klare Orthodoxie des Verfassers und „eine schöne Besonnenheit und Ruhe" in der gesamten Darstellung.

115 M. J. Scheeben, Die Herrlichkeiten der göttlichen Gnade [Anm. 10].

116 Kleutgens Theologie der Vorzeit [Anm. 20], 301–326.

117 Vgl. Kleutgen, Die Theologie der Vorzeit vertheidigt, Letzter [vierter] Band, Münster 1860, 332–544 [Vierte Abhandlung: Vom Wissen vor dem Glauben (oder der Apologetik)], hier: 492–544 („Vom Einfluß des Wissens auf den Glauben").

Freiheit wählen, die erste ganz verwerfliche ausgenommen. Dass Sie jene, die alles im Willen sucht[118], vorzogen, fand ich natürlich, weil sie besser zu dem Mystizismus passt, dem Sie gar sehr huldigen. Aber ich musste es insofern bedauern, als diese Meinung am leichtesten durch offenbar gültige Gründe widerlegt werden kann, und darum kaum von einem oder dem anderen Theologen von Bedeutung verteidigt wird. Ich bemerkte Ihnen aber, dass ich vielmehr erwartet hätte, Sie würde[n] eben auf jenen Ihren <u>Mystizismus in der Erklärung des Glaubens</u> aufmerksam geworden sein. Was Sie in Ihrem Werke über Natur und Gnade vom Glauben sagen[119], ist sehr verfänglich. Fast alles <u>kann</u> zwar als <u>richtig ausgelegt</u> werden, aber weil ein oder der andere Satz (S. 181) gewiss unrichtig ist, und Sie überdies Ihre Leser auf Gratry[120] verweisen, so wäre man berechtigt, alles übel auszulegen. – Sie sehen aber wohl, dass ich hier doch eigentlich nur Schärfe, Klarheit, Bestimmtheit vermisse, und nicht sagen will, Sie seien in Irrtümern befangen. Ich wiederhole: Gut Ding will Weile haben.

Zu dem guten Fortgang des Pastoralblattes[121] wünsche ich von Herzen Glück. Gott segne alle Ihre Arbeiten, und beglücke Sie mit dem Frieden *qui exsuperat sensum.*[122]

Herzliche Grüsse von P. Huber und den übrigen. Gedenken Sie meiner vor Gott.

Mit aller Hochschätzung und Liebe

Ew. Hochwürden ergebenster Diener in Xo

Jos. Kleutgen S.J.

Rom, den 9. Febr. 1867.

(2) Joseph Kleutgen an Matthias Joseph Scheeben vom 31.08.1875

Lengmoos bei Bozen, den 31. August 1875

Hochwürdiger Herr Professor.

Welche Aufnahme dieser mein Brief finden werde, kann ich nicht vorhersehen; glaube mich aber dadurch nicht sollen abhalten lassen, ihn zu schreiben.

Das neue Heft von „Beilagen"[123], welches vor mehr als einem Monat schon muss versendet sein, ist Ihnen wahrscheinlich schon bekannt; und Sie begreifen leicht, dass ich darüber schreiben will.

Zunächst möchte ich Sie an das erinnern, was Sie bei Verfassung Ihrer Abhandlung über den Glauben[124] wohl gar nicht mehr in Erinnerung hatten oder doch gewiss nicht bedachten. Vor mehreren Jahren, als ich eben Ihre „Mysterien" gelesen

---

118 Vgl. ebd. 504–510.
119 Vgl. Scheeben, Natur und Gnade, Mainz 1861, 178–185; kritische Ausgabe: GS I, Freiburg 1941, 141–146.
120 Vgl. Scheeben, Natur und Gnade, Mainz 1861, 185, Anm. 1; 195, Anm. 1; kritische Ausgabe: GS I, Freiburg 1941, 146, Anm. 13; 153f., Anm. 18.
121 Scheeben war ab 1867 Schriftleiter des Kölner „Pastoralblattes".
122 Vgl. Phil 4,7.
123 Vgl. J. Kleutgen, Beilagen zu den Werken über die Theologie und Philosophie der Vorzeit, Drittes Heft, Münster 1875.
124 Kleutgen bezieht sich hier auf M. J. Scheeben, Dogmatik I, nn. 616–1026 (GS III [Anm. 66], 285–447).

hatte, schrieb ich Ihnen einen sehr ausführlichen Brief, insbesondere über die Lehre vom Glauben[125]. Sie ersahen dies aus einem späteren Briefe[126] und antworteten[127], dass Ihnen jener frühere nicht zugestellt worden, ohne jedoch irgendein Verlangen auszudrücken, dass ich den Inhalt wenigstens summarisch wiederholen möchte[128]. Als ich noch in Brixen war[129], baten Sie mich, Sie aufmerksam zu machen auf alles, was mir in Ihren Schriften unrichtig zu sein schiene. Ich antwortete in Kürze, auf das, was Sie in den period. Blättern über den Glauben gesagt[130], hinweisend. Sie haben nicht geantwortet, weder Aufschluss begehrend über die nur allgemein angegebenen Punkte, noch mir sagend, dass Sie vielmehr bei mir viele unrichtige Lehren über den Glauben zu finden meinten. Wohl aber geben Sie mir nun gewissermaßen diese Antwort öffentlich[131], und in welcher Weise? Wie jeder Theologe haben natürlicher Weise auch Sie in Ihrem Handbuche manche Lehren abgewiesen oder in Kürze widerlegt. Aber in keinem Abschnitte Ihres Werkes finde ich, dass Sie irgend eine Lehre von Anfang an ins Auge fassen, um sie in allen §§ als eine irrige zu verfolgen und so recht eigentlich *ex professo* zu bekämpfen. Dies haben Sie nur in Betreff meiner Auffassung des Glaubens getan[132]. Hatte ich, mein Bester, dies durch die teilnahmsvolle Liebe verdient, womit ich Sie vom Anfange Ihrer literarischen Tätigkeit auf das, was mir ein Verstoss schien, in der Stille aufmerksam machte, damit Sie, wenn ich recht zu haben schien, sich selbst verbessern könnten?

Dennoch ist dies Ihr Benehmen (dürfte ich es nicht ein rücksichtsloses nennen?) keineswegs der Grund, welcher mich bewogen hat, jene Beilage: „Zur Lehre vom Glauben"[133] zu schreiben. Einen Angriff, wie den Ihrigen, konnte ich, abgesehen von anderen Rücksichten, nicht wohl ohne Abwehr lassen; nun kam aber dazu noch ein besonderer höchst starker Beweggrund. Es handelt sich in der Polemik, die Sie wider mich führen, nicht mehr bloss um jenen Punkt, über den es ganz gewiss nur ein mehr oder weniger unsicheres Meinen gibt[134], sondern um die gesamte Lehre vom Glauben. Und da muss ich Ihnen denn sagen, dass ich nicht etwa meine oder

---

125 Gemeint ist der bei Scheeben nicht angekommene Brief aus dem Sommer 1866.

126 Dies ist der von uns zuvor edierte Brief vom 9. Februar 1867.

127 Wann diese Antwort Scheebens auf den Brief Kleutgens erfolgte, lässt sich aus der uns ansonsten verfügbaren Korrespondenz Scheebens und Kleutgens nicht erschließen. Es darf sicherlich damit gerechnet werden, dass Scheeben bald nach Erhalt noch 1867 geantwortet hat.

128 Der Vorwurf ist insofern etwas verwunderlich, als im Brief vom Februar 1867, wie wir herausgearbeitet haben, eine solche Zusammenfassung *de facto* bereits gegeben worden war.

129 In Brixen hielt sich Kleutgen die meiste Zeit des Jahres 1871 auf; vgl. Deufel, Kirche und Tradition [Anm. 3], 70f.78. Im Laufe dieses Jahres müsste also der Brief Scheebens mit der von Kleutgen angesprochenen Anfrage geschrieben worden sein.

130 Kleutgen dürfte sich beziehen auf Scheebens Artikel: Die dogmatische Constitution *de fide catholica*, in: Das ökumenische Concil vom Jahre 1869, Bd. 2 (Regensburg 1870), 118–138.217–286. Das dem Glauben gewidmete Kapitel der Konstitution bespricht Scheeben dort 238–265, vgl. vor allem 245–255.

131 Nämlich im ersten Band von Scheebens Dogmatik, der in drei Abteilungen von 1873–1875 erschien (vgl. GS III [Anm. 66], X [Vorwort Höfer]).

132 Vgl. explizit Scheeben, Dogmatik I, nn. 681.685–689.695.746.789.792 (GS III [Anm. 66], 312f.314f.318.336.353f.).

133 Vgl. J. Kleutgen, Beilagen [Anm. 123], II. Zur Lehre vom Glauben, 49–208.

134 Also die Frage nach der Rolle des Wissens im Glaubensakt und nach der übernatürlichen Bestimmtheit dieses Wissens.

dafürhalte, sondern auf das Klarste erkenne, dass Sie sich eine durch und durch verkehrte Theorie erfunden haben. Da Sie nun aber diese in beständiger Polemik wider mich vorlegen, so glaubte ich auch vor Anderen verpflichtet zu sein, die Verkehrtheit darzutun; besonders weil ich voraussetzen musste, was schon zum Teil erfolgt ist, dass deutsche Theologen gar leicht in Ihre Theorie eingehen würden.

Es kann leicht geschehen, dass meine Gründe Sie nicht überzeugen; aber wenn dies der Fall ist, so will ich Ihnen in aller Aufrichtigkeit sagen, woraus ich mir dies erklären werde. Etwas Schuld könnte daran haben, dass es Ihrer theologischen Spekulation gar oft an besonnener Nüchternheit gebricht; aber die hauptsächliche Ursache möchte ich darin finden, dass Sie sich zu einseitig mit der spekulativen Dogmatik beschäftigt haben und zu wenig in der spekulativen Moral und Philosophie bewandert sind. Dies Gebrechen habe ich in allen Ihren Werken und in den verschiedensten Abhandlungen derselben wahrgenommen.

Noch eines. Der Prof. Egger[135] sagte mir, dass er Sie gewarnt habe vor gefährlichen Wegen. Ich habe ihm geantwortet, dass das, was Sie wider mich geschrieben, eben keinen Grund zu solcher Warnung enthalte. Und gewiss, in allem, was ich von Ihren Arbeiten gelesen habe, gibt sich die echt christl. kath. und ganz kirchliche Gesinnung kund; aber wenn ich mir eine Warnung erlauben darf, so gestehe ich Ihnen, dass ich durch die Lesung Ihrer Vorrede zum Handbuch der Dogmatik[136] veranlasst werden könnte, Ihnen, mein teurer Scheeben, dringend zu raten, dass Sie Gott ohne Unterlass um den Geist der Demut und Bescheidenheit anflehen. Vielleicht ist dieser Rat empfindlicher als jene Warnung; aber dass er gut gemeint ist und aus der aufrichtigsten Teilnahme entspringt, weiss Jener, der Herz und Nieren durchforscht. Er segne Sie! Gedenken Sie meiner vor Ihm, in dem ich verharre.

Ew. Hochwürden ergebenster

J. Kleutgen S.J.

P. S. An diesem Orte bin ich nur für einige Wochen u. werde gegen die Mitte des M. September wieder im Stifte Grees bei Bozen sein.

---

135 Gemeint ist wohl der Brixener Dogmatiker und spätere Fürstbischof Franz Egger (1836–1918); vgl. A. Dörrer, Art. Egger, Franz, in: LThK², Bd. 3, Freiburg 1959, 670f.

136 Vgl. M. J. Scheeben, Dogmatik I, Vorrede des Verfassers (GS III [Anm. 66], S. XXXI–XXXV).

L'Eglise est-elle une société comme les autres?

Roland Minnerath

1. La société selon la doctrine sociale de l'Eglise

Précisons d'abord ce que l'on entend par société. Dans le vocabulaire aristotélico-thomiste de la doctrine sociale de l'Eglise, *societas* et *communitas* sont synonymes pour désigner le milieu humain organisé dans lequel la personne atteint son perfectionnement. La société procède des exigences de la nature humaine. Elle est voulue par le Créateur qui non seulement a créé l'homme, mais l'a encore mis en relation avec ses semblables selon des normes inscrites dans sa nature. Le débat entre société et communauté n'a surgi qu'au XIXe siècle, lorsqu'à la suite de Hegel on s'est mis à distinguer Etat et société civile, et lorsque s'est imposé la notion de contrat social.

a) De l'Antiquité jusqu'au XVIIe siècle, on n'opposait pas société, communauté et cité (*civitas*, Etat). Selon Aristote, la cité est une communauté politique *(koinonia politikè)* selon la nature[1], qui fait vivre la pluralité dans la justice qui est sa règle par le moyen de l'égalité et par réciprocité[2]. La communauté politique est condition immédiate de liberté et d'égalité. C'est dans ses rapports avec les autres que l'homme exerce sa liberté réelle et en apprend les limites. Pour S. Thomas, la *communitas politica,* la *civitas* ou la *societas civilis* sont des termes équivalents[3] Hobbes, Locke, Spinoza, Rousseau, Kant ne distinguent pas *civitas* (Etat) et *societas*, société civile. Mais ils les distinguent de l'état de nature pour en faire un création volontaire des individus, non plus une donnée de la nature. La communauté et la société sont conçues en termes d'engagement des volontés. La communauté résulte d'un engagement mutuel spontané et révocable des volontés individuelles; tandis que la communauté politique est instituée par délégation et convention avec un pouvoir de coercition qui garantit la sécurité des individus. Toute forme de société résulte d'un contrat, y compris la famille. Société civile et société politique sont confondues, comme créations des volontés individuelles. Elles ne sont plus des réalités naturelles, mais des options volontaristes.

b) C'est Hegel[4] qui a distingué entre la famille qui est communauté naturelle et immédiate, la société civile *(bürgerliche Gesellschaft)* où se développe le jeu des

---

1 Aristote, *Pol.*, liv. I, I, 2.
2 *Id.*, I, II 16; II, II 2.4).
3 *Summa theologiae*, IaIIae, q. 90, a 2 & 3.
4 *Principes de philosophie du droit*, Berlin 1821.

intérêts particuliers, dans l'interdépendance juridique et économique, et enfin l'Etat, communauté médiate volontariste et historique qui est censé accomplir l'universel en l'homme, comme incarnation de l'Esprit. Le schéma hégélien restera déterminant dans la pensée du XIXe et du XXe siècle. Tönnies, Durkheim, Weber proposent une typologie où la communauté est distinguée de la société par ses pratiques sociales basées sur la spontanéité de l'accord des volontés singulières adhérant à un même système de normes, tandis que la société institutionnalise ses règles par la médiation d'une convention où s'exprime la volonté de la majorité.

c) La doctrine sociale de l'Eglise n'a jamais ratifié la théorie du contrat social, puisqu'il fait dériver toute la vie sociale, le droit, les normes et les valeurs qui l'inspirent d'une volonté originaire des individus, sans référence à l'ordre moral objectif inscrit dans leur nature commune créée par Dieu. La société se définit par la fin qu'elle poursuit. Elle est au service du bien commun, qui est la réalisation de la personne et des familles. Elle se fonde sur la justice et la solidarité. L'Eglise a toujours maintenu la distinction essentielle entre la famille, communauté ou société domestique fondée sur la nature des êtres, et la société politique fondée sur la raison et régulée par le droit. Entre la famille et la *civitas*, il y a autant de configurations de la société qu'il y a de formes d'association entre les hommes: les corps intermédiaires, les sociétés privées, commerciales et autres, sont des formes de société. Entre elles les sociétés doivent être coordonnées selon le principe de subsidiarité.

2. L'Eglise est elle-même une société

Au cours d'une période précise de son histoire, depuis le concile de Trente jusqu'à Vatican II, et plus explicitement du milieu du XIXe au milieu du XXe siècle, l'Eglise a insisté dans son auto-compréhension, sur sa nature de société *sui generis*, dont la finalité est le salut des âmes et la vie éternelle, qui doit son existence non à un pacte toujours renouvelé entre ses membres, mais au Christ qui l'a confiée aux apôtres et à leurs successeurs, dotée d'un droit qui ne dérive d'aucun autre droit. Cette réalité fait d'elle une « société parfaite ».

a) Qu'une *civitas* ou une *societas* doive être parfaite était une évidence pour la pensée classique. L'animosité soutenue avec laquelle on rejette aujourd'hui la notion de société parfaite a de quoi surprendre. Il s'agit en fait d'un expression technique comme beaucoup d'autres, qui n'implique pas une idée de perfection morale, mais juridique. Le propre de toute communauté politique est de tendre à sa propre perfection qu'Aristote appelait l'autarcie, c'est-à-dire le fait de disposition de tous les éléments dont elle a besoin pour vivre bien, car, dit Aristote, se suffire à soi-même est une fin, et ce qu'il y a de meilleur.[5] Le but des créateurs de la science du *ius publicum ecclesiasticum* était de montrer que l'Eglise a tous les éléments qui lui sont nécessaires pour exister comme société distincte de la société politique et indépendante par rapport à elle.

---

5   Aristote, *Pol.*, I, II 8.

Le *ius publicum ecclesiasticum* est né au XVIIIe siècle en réaction à l'assujettissement de l'Eglise à l'Etat absolutiste. L'Eglise catholique ne pouvait admettre, comme les Eglises luthériennes, d'être administrée par le prince, de n'avoir de configuration juridique que celle que l'Etat lui donnait. Les théoriciens protestants comme Pufendorf († 1694) et Böhmer († 1749) disaient que les Eglises ne sont que des collèges, et même des collèges d'égaux, en qui ne réside aucun pouvoir, qui n'ont pas de droit propre. Les catholiques ont développé la veine apologétique qui, depuis Bellarmin († 1621), insistait sur la visibilité de l'Eglise, une *respublica* aussi visible et palpable que le Royaume de France ou la République de Venise, une *respublica perfecta sibi sufficiens in ordine ad suum finem*.[6] Bref l'Eglise est une *societas perfecta* parce qu'elle est autonome par rapport à l'Etat. Elle se régit selon un droit originaire, non dérivé de celui de l'Etat.

Le magistère romain a fait sienne la thèse de l'Eglise *societas perfecta* dans le contexte polémique des relations entre le Saint-Siège et le gouvernement piémontais engagé dans le processus de l'unification italienne. La première utilisation du thème se trouve dans la Lettre *Cum catholica Ecclesia* que Pie IX publie le 26 mars 1860 pour protester contre l'annexion de la Romagne, arrachée à ses Etats. On voit donc cette thèse d'abord utilisée dans le *ius publicum ecclesiasticum externum*. Dans le *Syllabus* (1864) sera condamnée l'erreur de ceux qui prétendent que l'Eglise n'est pas une société parfaite et véritable, pleinement libre et qu'elle ne jouit pas de droits propres et permanents que son divin Fondateur lui a conférés, mais qu'il appartient à la puissance civile de définir quels sont les droits de l'Eglise et les limites à l'intérieur desquelles elle peut les exercer[7].

b) Dans une étape ultérieure, la thèse den la société parfaite sera transposée dans le *ius publicum ecclesiasticum internum*, mais toujours en vue de qualifier juridiquement l'Eglise par rapport aux sociétés politiques. La Constitution apostolique *Providentissima mater Ecclesia* qui promulgue le Code de droit canonique de 1917 rappelle dans la première phrase que l'Eglise a été dotée par son Fondateur de tous les éléments qui conviennent à une société parfaite. Aussi l'Encyclique de Pie XI, *Divini Illius Magistri* du 31 décembre 1929, fonde-t-elle le droit de l'Eglise d'éduquer ses membres sur le fait qu'elle est une société parfaite. "Il y a trois sociétés nécessaires établies par Dieu, à la fois distinctes et harmonieusement unies entre elles, auxquelles l'homme appartient dès sa venue au monde. Deux sont d'ordre naturel: la société domestique et la société civile; la troisième est d'ordre surnaturel, c'est l'Eglise"[8].

La dernière apparition de la notion de *societas perfecta* se trouve aussi dans un document traitant des relations de l'Eglise avec les Etats. Il s'agit du motu proprio de Paul VI *Sollicitudo omnium ecclesiarum* du 24 juin 1969, qui précise les fonctions des légats du Saint-Siège[9].

c) Réception étatique de la thèse. La thèse de la *societas perfecta* n'a pas seulement été un discours apologétique ou une doctrine juridique *ad intra*. Elle a été

---

6 Bellarmin, *De controversiis christianae religionis*, t. 2, liv. 3, ch. 7.
7 Pie IX, Alloc. *Maxima quidem*, 9 juin 1862; *Syllabus*, prop. 19, in: DS 2919.
8 Pie XI, encyclique *Divini Illius Magistri*, n. 8, in : AAS 22 (1930) 52–53.
9 Paul VI, m.p. *Sollicitudo omnium Ecclesiarum*, in : AAS 61 (1969) 476.

l'objet d'une large réception par la science juridique internationale. En voici quelques exemples.

Le juriste italien Santi Romano[10], réfléchissant sur la notion de souveraineté, conclut que celle-ci n'est pas seulement un attribut des Etats territoriaux, mais de tout système de droit originaire. Il pensait à l'Eglise catholique, sujet de droit international *sui generis*, qui a en commun avec les Etats de s'appuyer sur un ordre juridique propre, non dérivé d'un autre.

Autre exemple, en 1899, Louis Renault, rapporteur français du comité de rédaction de l'*Accord pour la résolution pacifique des conflits* adopté par la Conférence de paix de La Haye a fait insérer la mention de l'ouverture de l'Accord à l'adhésion d' « autres puissances », selon une conception du droit des gens comme *ius inter potestates.* Il avait en vue le Saint-Siège qui n'avait pu siéger à la Conférence du fait de l'opposition de l'Italie.

Des concordats conclus sous Pie XII avec l'Espagne (1953, art. 2)[11] et la République dominicaine (1954, art. 3)[12] mentionnent que l'Eglise est une société parfaite, qui exerce librement son pouvoir spirituel et son culte.

Enfin les manuels de droit international, lorsqu'ils exposent la position juridique du Saint-Siège, le classent parmi les sujets primaires de droit, comme les Etats, et non parmi les sujets dérivés comme les organisations internationales[13].

3. L'Eglise communauté sacramentelle et société organisée

Il convient de préciser que les thèses du droit public ecclésiastique n'ont jamais épuisé le discours de l'Eglise sur elle-même. Les traités d'ecclésiologie du XIXe siècle restaient inspirés par la pensée patristique, le langage symbolique, les riches métaphores bibliques. En parlant de l'Eglise-société, le magistère n'éludait pas la nature de l'Eglise-mystère de communion avec Dieu, réalisé dans les sacrements et la vie de la foi. Vatican II a rétabli l'équilibre en proposant une approche unifiée du mystère de l'Eglise.

a) Le concile Vatican II a montré qu'il était impossible d'isoler un seul aspect de la réalité complexe de l'Eglise. L'Eglise est communion avec les personnes divines, réalité invisible, et en même temps unité sacramentelle d'une communauté de foi organisée en ce monde. La constitution *Lumen Gentium* procède par intégration de ces diverses manifestations de l'unique être de l'Eglise. "Cette société (*societas*) organisée hiérarchiquement d'une part et le corps mystique d'autre part, l'assemblée discernable aux yeux et la communauté spirituelle... ne doivent pas être considérées comme deux choses, mais une seule réalité complexe..."[14]. Plus loin, il est dit que l'Eglise terrestre est bien une *societas* à laquelle sont agrégés les baptisés. La défini-

---

10 *L'ordinamento giuridico*, Florence 1962².

11 Voir AAS 45 (1953) 625.

12 Voir AAS 46 (1954) 296.

13 Cf. Fischer/Koch, *Allgemeindes Völkerrecht*, Prugg Verlag, Eisenstadt 1983², p. 153.

14 *Lumen Gentium*, 8. Voir aussi *Lumen gentium*, 20.

tion de la visibilité et du caractère sociétaire de l'Eglise est d'ailleurs reprise de Bellarmin[15]. Dans la revendication de son droit à la liberté, la Déclaration *Dignitatis humanae* invoque aussi le droit corporatif de l'Eglise d'exister comme *societas hominum* vivant dans la société civile[16].

On a dit que le concile avait juxtaposé deux ecclésiologies, l'une de communion l'autre sociétaire. Il a plutôt maintenu les deux aspects comme intégrant une même réalité complexe. Une ecclésiologie de communion ne peut nier que l'Eglise ait une structure sociétaire, qu'elle est régulée par un droit qui lui est propre. *Ubi ius ibi societas*. Le concile emploie volontiers le terme neutre *compago* (*compago visibilis, socialis*, etc) au sens de structure, assemblage, organisme. Le Code de droit canonique de 1983 s'inscrit dans la même perspective. Celui-ci se veut la traduction juridique de l'ecclésiologie du concile. Il avait été précisé que dans la mise à jour du droit, le caractère juridique du nouveau code exigé par la nature sociale de l'Eglise devra être absolument conservé[17].

b) Dans les différents projets de *Lex ecclesiae fundamentalis*[18] qui n'ont pas abouti, l'expression *compago* n'apparaît pas, mais son équivalent. Le projet comportait un chapitre consacré aux relations entre l'Eglise et la société humaine. Le can. 84 rappelle que l'Eglise a été ordonnée comme une société pour exister et agir en ce monde. Composée d'hommes et pour les hommes, elle a des obligations inéluctables par rapport aux autres groupes humains avec lesquels elle partage la destinée terrestre. Citant Paul VI, la *Lex* dit qu'en raison de sa mission propre l'Eglise se distingue et se sépare (*distinguitur et secernitur*) des sociétés temporelles. Le can. 86 associe des citations de Vatican II et de Léon XIII. L'Eglise et l'Etat sont indépendantes et autonomes l'un par rapport à l'autre. Chaque société, bien que circonscrite par des frontières précises, définie par sa nature et sa mission, est en son genre suprême par rapport aux hommes qui lui sont soumis. La liberté dont l'Eglise doit jouir par rapport à l'ordre temporel doit être pleine et parfaite, indépendante de toute puissance humaine (can. 89). Un dernier canon mentionne que l'Eglise a la personnalité juridique en droit international. Le nouveau Code de Droit canonique sera promulgué par une constitution qui parlera aussi de société ecclésiale, de *compago*, organisme social et visible[19].

---

15 Cf. *Lumen Gentium*, 14: „ Sont incorporés pleinement à la société (*societati*) qu'est l'Eglise ceux qui, ayant l'Esprit du Christ, acceptent intégralement son organisation et tous les moyens de salut institués en elle, et qui, en outre, grâce aux liens constitués par la profession de foi, les sacrements, le gouvernement ecclésiastique et la communion, sont unis, dans l'ensemble visible (*in eiusdem compagine visibili*) de l'Eglise, avec le Christ qui la dirige par le Souverain Pontife et les évêques ».

16 Cf. *Dignitatis humanae*, 13 : « Dans la société humaine et devant tout pouvoir public, l'Eglise revendique la liberté en tant qu'autorité spirituelle (*auctoritas spiritualis*), instituée par le Christ Seigneur et chargée par mandat divin d'aller par le monde entier prêcher l'Evangile à toute créature. L'Eglise revendique également la liberté en tant qu'elle est aussi une société d'hommes (*societas hominum*) ayant le droit de vivre dans la société civile selon les préceptes de la foi chrétienne ».

17 Cf. Préface au Code de droit canonique, in *Enchiridion vaticanum* 8, *Codex Iuris canonici*, p. 33.

18 Cf. Projet du 25 juillet 1970, in: *Ius canonicum* 1970, p. 54–59.

19 Jean-Paul II, constitution *Sacrae disciplinae leges*, 25 janvier 1983, in: AAS 75 (1983) pars II, XIII.

4. Toute Eglise est une société autonome dans son ordre.

a) Dans l'insistance sur le caractère sociétaire souverain de l'Eglise catholique, il y avait un aspect contingent, mais aussi un aspect substantiel. Si le temps était venu d'abandonner des positions jadis tenues pour des libertés de l'Eglise comme le privilège du for, il n'en restait pas moins vrai que l'Eglise devait préserver l'autonomie de sa propre sphère d'activité, qui recouvre le culte, la doctrine la discipline et le gouvernement. L'Eglise n'a-t-elle pas une structure organisationnelle universelle, un droit originaire, une liberté innée reçue de son Fondateur? En ce sens, si elle est une société, elle ne peut qu'être une société parfaite. Le terme est devenu désuet, mais nous retrouvons le contenu du concept dans les notions d'autonomie et d'indépendance reprises par le concile[20], et mieux encore de souveraineté, énoncée par l'Accord de révision du concordat italien de 1984[21].

Le problème est aujourd'hui dans l'effacement imperceptible de la frontière entre société ecclésiale et société tout court. Une conscience insuffisante de la spécificité de la société ecclésiale conduit à vouloir y appliquer les normes de la société globale. Ainsi les droits de l'homme, qui constituent la norme suprême de la plupart des Etats de droit, ne doivent-ils pas avoir court dans la société ecclésiale? Curieusement les partisans de cette revendication sont aussi ceux qui refusent volontiers à l'Eglise la qualificatif de société. Ils insistent sur l'Eglise communion invisible, qui se coulerait dans les moules de la société séculière sans s'y repérer institutionnellement. C'est ce choix que l'Eglise catholique ne peut pas ratifier. Refuser la distinction institutionnelle entre les deux sociétés, c'est condamner l'Eglise à la plus entière sécularisation. Car alors il lui sera interdit d'exprimer à travers ses institutions son origine dans le dessein de Dieu, dans la volonté de son Fondateur et la continuité de ses canons librement adoptés et ratifiés au cours des temps.

En toute époque, le droit de l'Eglise a subi l'influence du droit étatique (et vice versa). Déjà depuis la codification de 1917, la conception du droit canonique était devenue positiviste en ce sens que le droit a tendu à se réduire à la loi positive, non au jugement appliqué à chaque cas concret. L'équité cependant reste l'idéal de la pratique du droit canonique. Dans le Code de 1983, l'insistance sur les droits subjectifs est évidemment une influence des droits séculiers. Dans le droit ancien les mêmes besoins étaient satisfaits sous l'angle de ce qui est dû à chacun, conformément aux exigences du bien commun et de l'ordre juste de la société. L'accent mis sur les droits subjectifs comme des titres que toutes les personnes possèdent est une autre conception du droit, abstraite et théorique. Elle procède d'une philosophie de l'autonomie de l'individu par rapport à l'ordre moral et au bien commun qui est étranger à la pensée catholique.

---

20 Cf. Constitution *Gaudium et spes*, 76,3 : « Sur le terrain qui leur est propre, la communauté politique et l'Eglise sont indépendantes l'une de l'autre et autonomes ».

21 Accord de révision du concordat italien, 18 février 1984, art. 1 : « La République italienne et le Saint-Siège réaffirment que l'Etat et l'Eglise catholique sont, chacun dans son ordre, indépendants et souverains ».

Si l'on devait retenir une interprétation absolue des droits subjectifs des fidèles, qui seraient la norme suprême de tout le droit canonique, la société ecclésiale se fondrait dans son environnement sociétal. Car alors, on ne pourrait plus maintenir la distinction clerc/laïc, l'appel des seuls hommes au ministère ordonné, la désignation des ministres par l'autorité supérieure. Plus encore: quand la société aura complètement envahi l'Eglise, cette dernière ne pourra plus que se faire porte-parole de la société, elle ne pourra plus enseigner les vérités morales qui vont à contrepied de cette société. L'Eglise relèverait du contrôle de l'ONU pour certaines conventions internationales qu'elle a déjà signées ou qu'elle signerait encore.

b) Le fondement de la position juridique internationale du Saint-Siège, est bien l'indépendance dont jouit la société ecclésiale par rapport à toutes les législations civiles du monde. Le Saint-Siège apparaît dès lors comme l'organe suprême de l'Eglise catholique, qui la personnifie sur la scène internationale et jouit de la personnalité juridique internationale. Est-il besoin de rappeler ce n'est pas l'Etat du Vatican subordonné au Saint-Siège et créé par lui dans le traité du Latran de 1929 avec l'Italie qui est le sujet actif et passif des relations diplomatiques entretenues par le Saint-Siège? Si l'Eglise catholique n'était pas un organisme, une *compago* transnationale autonome par rapport aux Etats où elle est implantée, elle ne pourrait prétendre à la souveraineté internationale. Aujourd'hui nous voyons les Eglises et organisations religieuses se rapprocher de l'Eglise catholique dans la revendication de leur autonomie interne par rapport aux Etats. La qualification juridique internationale de l'Eglise catholique est une protection pour les autres Eglises et organisations religieuses. Ce que l'Eglise catholique obtient par un concordat, traité international, l'Etat est tenu de l'accorder aux autres confessions par une entente ou un contrat de droit interne, comme nous le voyons en Italie et en Espagne. Les Eglises qui n'ont pas une structure internationale ont leurs règles de fonctionnement interne que l'Etat reconnaît comme telles. L'autonomie organisationnelle est devenue un domaine reconnu par le droit des Etats modernes comme relevant de la liberté de religion, un domaine non régulé par le droit de l'Etat. Toutes les confessions religieuses ont intérêt à se souvenir que leur indépendance vis-à-vis des Etats, qu'elle soit doctrinale et institutionnelle, dépend de leur capacité de maintenir une frontière claire entre elles-mêmes et la société globale. Pour le plus grand bien des unes et des autres.

En conclusion, la société civile et la société ecclésiale sont des sociétés situées sur deux plans différents. Elles sont sociétés puisqu'elles sont exigées, chacune sur son plan spécifique, par la nature sociale de l'homme.

-La société civile et la société ecclésiale diffèrent quant à leur origine. Selon la Doctrine sociale de l'Eglise, elles ont toutes deux Dieu pour auteur. Mais la société temporelle, à la différence de la famille n'est pas immédiatement instituée par le Créateur. Elle détermine sa forme par le jeu de la raison et de la volonté humaine. L'Eglise a le Christ pour Fondateur immédiat, qui l'a dotée d'une forme essentielle immuable: elle a pour âme l'Esprit-Saint, qui agit par les sacrements; pour norme la Parole de Dieu proclamée dans l'Ecriture, reçue dans la tradition, enseignée par le magistère; elle est structurée par le ministère apostolique de l'épiscopat et de la primauté. L'Eglise n'est donc pas une communauté spontanée au sens de la sociologie. Elle n'est pas une association résultant d'un accord des volontés. Elle est en réalité pré-donnée, antérieure à tous ses membres[22]. La fin de la société temporelle est le bonheur, le bien vivre terrestre; la fin de l'Eglise est le salut des âmes et la vie éternelle.

-Faire partie de la société temporelle est affaire de nécessité, l'l'Etat exerçant légitimement la contrainte pour qui n'obéit pas à ses lois. La société ecclésiale, quant à elle, est nécessaire au salut, mais y entrer et y demeurer est affaire de liberté. La société ecclésiale existe en vertu de la liberté de religion, qui est un droit naturel inaliénable.

L'Eglise est assurément une société dont les principes fondateurs sont autres que ceux qui fondent les sociétés temporelles. Le jour où l'Eglise voudra se rapprocher davantage des sociétés contractuelles, elle risquera de devenir une société comme les autres. Quand elle sera une société comme les autres, elle cessera d'être l'Eglise de Dieu.

---

22 Cf. Congrégation pour la doctrine de la foi, Lettre *Communionis notio*, 28 mai 1992.

La Iglesia, Sacramentum Salutis según Joseph Ratzinger

Fernando Ocáriz

(Artículo publicado en "PATH" (Rivista della Pontificia Accademia Teologica) 6 (2007) pp. 161–181)

Suele afirmarse que la eclesiología de Joseph Ratzinger gira en torno a tres conceptos fundamentales: Cuerpo de Cristo, Pueblo de Dios y Sacramento[1]. La Iglesia radicalmente es misterio: visiblemente es un Pueblo, el Pueblo de Dios, que constitutivamente es Cuerpo de Cristo y operativamente es Sacramento[2].

Las reflexiones de Joseph Ratzinger sobre la sacramentalidad de la Iglesia y su vinculación con las nociones de Pueblo de Dios, de Cuerpo de Cristo y de Comunión, con su centro en la Eucaristía, presentan una gran variedad de aspectos. En estas páginas, necesariamente breves, se seguirá una exposición que, considerando a grandes rasgos la cronología de los escritos de quien hoy es el Sucesor de Pedro, permita destacar junto a los aspectos principales también el coherente desarrollo de su pensamiento sobre la Iglesia en cuanto Sacramento de salvación.

1. La dimensión eucarística de la Iglesia

La relación entre Iglesia y Eucaristía estuvo presente desde el principio en el pensamiento de Joseph Ratzinger. Como él mismo narra, en 1947, especialmente con la lectura de *Corpus Mysticum*, de Henri de Lubac, se le presentó un nuevo panorama para profundizar en el misterio eucarístico en su relación con la unidad de la Iglesia[3].

---

1 Cf., por ejemplo, Th. WEILER, *Volk Gottes-Leib Christi: Die Ekklesiologie Joseph Ratzingers und ihr Einfluss auf das Zweite Vatikanische Konzil*, Grünewald, Mainz 1997; Z. GACZYNSKI, *L'ecclesiologia eucaristica di Yves Congar, di Joseph Ratzinger e di Bruno Forte*, Pont. Univ. Gregoriana, Roma 1998; P. MARTUCCELLI, *Origine e natura della Chiesa: la prospettiva storico-dommatica di Joseph Ratzinger*, Peter Lang, Frankfurt am Main 2001.
2 Cf. P. MARTUCCELLI, *Origine e natura della Chiesa*, cit., 460.
3 Cf. *Mi vida; recuerdos (1927–1977)*, Encuentros, Madrid 1997, 74. Todos los textos que se citan sin mención del autor son de Joseph Ratzinger.

Tres años después, en 1950, bajo la dirección de Gottlieb Söhngen, comenzó a trabajar en la tesis doctoral – *Pueblo y casa de Dios en san Agustín* –, que terminaría en 1954[4]. En San Agustín, Ratzinger encuentra la "conexión" entre Pueblo de Dios, Cuerpo de Cristo y Eucaristía: el Pueblo de Dios es la comunidad sacramental del Cuerpo de Cristo, no de un modo sólo simbólico, porque el Pueblo tiene como centro el *unus panis – unum corpus multi sumus*[5].En la presentación que, en 1978, Ratzinger hace de aquella tesis doctoral, comenta:

> «"Pueblo de Dios" es una afirmación metafórica extraída del Antiguo Testamento. Tiene un valor exclusivamente alegórico y su aplicación a la Iglesia depende de la posibilidad de aplicar a la Iglesia "de modo alegórico" el Antiguo Testamento. "Cuerpo de Cristo", por el contrario, expresa una realidad objetiva de esta comunidad: ésta resulta constituida en un nuevo organismo, a partir de la asamblea litúrgica. [...] La relectura cristológica del Antiguo Testamento y la vida sacramental centrada en la Eucaristía son dos elementos centrales de la visión agustiniana de la Iglesia»[6].

La elaboración de la tesis doctoral supuso un recorrido histórico por la patrística, con el fin de rastrear el concepto de "Pueblo de Dios" en los siglos III y IV, especialmente en San Agustín. El doctorando alemán había estado en contacto – como se acaba de recordar – con la eclesiología eucarística de origen francés, en la que encontró uno de los motivos centrales de su eclesiología[7]. En el periodo de entreguerras se había desarrollado una eclesiología espiritual, que dejaba demasiado en sombra los aspectos externos e institucionales de la Iglesia. Sin embargo, Ratzinger pone de relieve que la Iglesia es a la vez Pueblo de Dios y Cuerpo místico de Cristo, en el que el Cuerpo eucarístico del Señor es precisamente el sacramento de la unidad, de la comunión.

En el artículo *Origen y naturaleza de la Iglesia*, de 1956 (recogido después en el volumen *El nuevo Pueblo de Dios*), Joseph Ratzinger continúa sus reflexione acerca de la eclesiología eucarística: la Iglesia, nueva comunidad visible de salvación, ha nacido de la Eucaristía, del Cuerpo de Cristo, y es en la Eucaristía donde la Iglesia tiene su permanente centro vital[8]. De ahí también, como expondría en 1958 en una célebre conferencia pronunciada en el Instituto Pastoral de Viena, la necesidad de reconocer y vivir la Eucaristía como sacramento de la fraternidad[9]. En los años posteriores al Concilio Vaticano II, Ratzinger vuelve una y otra vez a subrayar, con creciente profundidad, que la clave de la unidad en la Iglesia se encuentra en el misterio eucarístico. Así aparece en un texto de 1969:

> «El contenido, el acontecimiento de la Eucaristía, es la unión de los cristianos a partir de su separación, para llegar a la unidad del único Pan y del único Cuerpo. La Eucaristía se entiende por tanto en sentido dinámico y eclesiológico. Es el acontecimiento vivo que hace a la Iglesia ser ella misma. La Iglesia es comunidad eucarística. Esta no es simplemente un Pueblo: constituida por muchos Pueblos, se transforma

---

4   Cf. *Ivi*, 73.
5   Cf. *Popolo e casa di Dio in sant'Agostino*, Jaca Book, Milano 1978, 331.
6   *Ivi*, XII–XIII. Cf. *La sal de la tierra,* Palabra, Madrid 1997, 201–202.
7   Cf. A. NICHOLS, *Joseph Ratzinger*, San Paolo, Alba 1996, 56; cf. 259.
8   Cf. *El Nuevo Pueblo de Dios. Esquemas para una eclesiología* , Herder, Barcelona 1972, 92–93.
9   Cf. *La fraternidad cristiana*, Taurus, Madrid 1962, 90.

en *un solo* Pueblo gracias a *una sola* mesa, que el Señor ha preparado para todos nosotros. La Iglesia es, por así decirlo, una red de comunidades eucarísticas, y permanece siempre unida por medio de *un único* Cuerpo, el que comulgamos»[10].

Y, en las homilías sobre la Eucaristía pronunciadas en 1978 en la iglesia de San Miguel de Munich, el ya Cardenal Arzobispo Ratzinger observaba cómo hasta en la iglesia más humilde de un pueblo, en la celebración de la Eucaristía se hace presente el completo misterio de la Iglesia, al hacerse presente el Cuerpo de Cristo[11]. Por eso, la Eucaristía se celebra siempre con toda la Iglesia; tenemos a Cristo, si lo tenemos con los demás[12]. De igual modo, en una ponencia de 1984 titulada significativamente *Communio*, Ratzinger señalaba que el nexo de unión en la Iglesia tiene su fundamento en la Encarnación y la Eucaristía, que produce como efecto la transformación personal y de toda la comunidad, de manera que la comunión con Cristo es también necesariamente la comunión con todos los suyos[13]. La Eucaristía es sacramento que crea unidad y que, a su vez, exige una unidad previa para poder ser celebrada.

La comunión eucarística nos lleva a la comunión con Cristo y con su Iglesia, para al final llegar a la misma comunión de todos con Dios[14], de manera que, para la salvación, la necesidad de la Iglesia coincide con la necesidad de la Eucaristía:

> «La Eucaristía es nuestra participación en el acontecimiento pascual y, de esta forma, constituye la Iglesia, el Cuerpo de Cristo. A partir de aquí se percibe la necesidad salvífica de la Eucaristía. La necesidad de la Eucaristía es idéntica a la necesidad de la Iglesia y viceversa»[15].

La esencial centralidad de la Eucaristía, en el ser y en la vida de la Iglesia, es tal que se puede afirmar que "la Iglesia es Eucaristía". Así lo expresaba el Cardenal Ratzinger en una conferencia pronunciada en Brasil en 1990:

> «Iglesia es Eucaristía. Esto implica que la Iglesia proviene de la muerte y la resurrección, pues las palabras sobre la donación del Cuerpo habrían quedado vacías de no haber sido una anticipación del Sacrificio real de la cruz, lo mismo que su memoria en la celebración sacramental sería culto de muertos, y formaría parte de nuestro luto por la omnipotencia de la muerte, si la resurrección no hubiese transformado este Cuerpo en "espíritu dador de vida" (*1 Co* 15,45). [...] Los Padres compendiaron dos aspectos – Eucaristía y reunión – en la palabra *Communio*, que hoy vuelve a estar de nuevo en alza: Iglesia y comunión; ella es comunión de la Palabra y del Cuerpo de Cristo y, por tanto, comunión recíproca entre los hombres, quienes – en virtud de esta comunión que les lleva desde arriba y desde dentro a unirse – se convierten en un solo Pueblo: es más, en un solo Cuerpo»[16].

---

10 *La Eucaristía, centro de la vida: Dios está cerca de nosotros* , Comercial Editora de Publicaciones, Valencia 2003, 128. Cf. *Iglesia, ecumenismo y política. Nuevos ensayos de eclesiología*, BAC, Madrid 1987, 11; *Caminos de Jesucristo*, Cristiandad, Madrid 2004, 108–115.

11 Cf. *La Eucaristía, centro de la vida*, cit., 57.

12 Cf. *Ivi*, 134.

13 Cf. *Convocados en el camino de la fe. La Iglesia como comunión* , Cristiandad, Madrid 2004, 82.

14 Cf. *Ivi*, 83–87.

15 *Ivi*, 87.

16 *La Iglesia, una comunidad siempre en camino*, Paulinas, Madrid 1991, 45–46. La misma fuerte afirmación – "la Iglesia es Eucaristía" –, por ejemplo en 1997: cf. *Convocados en el camino de la fe* , cit., 107.

Pero la Eucaristía no sólo crea la comunión necesaria en la Iglesia, sino que también promueve la misión y el crecimiento del Cuerpo de Cristo.

> «Hemos de entender la Eucaristía – si se entiende bien – como centro místico del cristianismo, en la que Dios, misteriosamente, sale de sí mismo una y otra vez y nos acoge en su abrazo. La Eucaristía es el cumplimiento de las palabras de promesa del primer día de la gran semana de Jesús: "Cuando sea levantado sobre la tierra, atraeré a todos hacia mí" (*Jn* 12,32)»[17].

De la Eucaristía fluyen las energías que hacen posible toda la actividad de la Iglesia; actividad que, en último término, tiende precisamente a esto: a atraer y unir a todos a Dios en Jesucristo por la fuerza santificadora del Espíritu Santo. La celebración de la Eucaristía es la gran fiesta de la Iglesia, que conmemora y hace presente el misterio de Cristo y, con él, la alegría de la Pascua que se irradia hacia el mundo produciendo unidad entre los hombres[18].

A propósito de la fiesta del *Corpus Christi*, es significativo un nuevo recuerdo biográfico. Ratzinger evocaba la espiritualidad tradicional de los bávaros, al evocar la procesión de *Corpus Christi* en sus años de infancia:

> «Todavía siento el aroma que desprendían las alfombras de flores y el abedul fresco, los adornos en las ventanas de las casas, los cantos, los estandartes; todavía oigo los instrumentos de viento que aquel día en el Pueblo se atrevían a más de lo que podían; y oigo el ruido de los cohetes con los que los niños expresaban su barroca alegría de vivir, pero con los que a la vez saludaban a Cristo en el Pueblo como si fuera una autoridad venida de la ciudad, como a *la* autoridad suprema, como al Señor del mundo»[19].

Se proclamaba a Cristo como centro del mundo y de la historia. En cierto modo, la procesión del *Corpus Christi* se podría considerar como una alegoría de toda la Iglesia peregrina, con su inmensa variedad de vocaciones, dones y carismas, que camina por el mundo acompañando a Jesús-Eucaristía. Esta procesión podría ser una buena imagen para entender que la Eucaristía es fuente y centro de la Iglesia, alma de todo el mundo.

Como ya se ha mencionado – y se mencionará también más adelante –, en la obra eclesiológica de Joseph Ratzinger, junto a la Eucaristía encontramos necesariamente otro principio de unidad en la Iglesia: la unión con el Sucesor de Pedro y los Obispos. No como dos principios independientes, sino como esencialmente vinculados:

> «La unidad de la Iglesia no se funda en primer lugar en tener un régimen central unitario, sino en vivir de la única Cena, de la única comida de Cristo. Esta unidad de la comida de Cristo está ordenada y tiene su principio supremo de unidad en el obispo de Roma, que concreta su unidad, la garantiza y la mantiene en su pureza»[20].

---

17 *Ivi*, 125; cf. *Caminos de Jesucristo*, cit., 115–119.
18 Cf. *La fiesta de la fe*, Desclée, Bilbao 1999, 176–177, 182–183.
19 *Ivi*, 171–172.
20 *El nuevo Pueblo de Dios*, cit., 102. Cf. *La Iglesia, una comunidad siempre en camino*, cit., 19–21.

2. Sacramento de salvación, Cuerpo de Cristo y Pueblo de Dios

La primera vez que aparece la noción teológica de *Ecclesia sacramentum salutis,* en los escritos de Joseph Ratzinger, es en un breve artículo de 1961[21], donde expone la perspectiva dogmática de la Iglesia como Cuerpo de Cristo. Después de un recorrido histórico sobre el desarrollo de ese concepto, ya en sede sistemática lo sitúa entre dos extremos: por un lado, no se puede reducir al modelo profano de la corporación, como si la Iglesia fuera un Pueblo entre los Pueblos. Por otro lado, tampoco puede reducirse a una mera imagen de la unión puramente interior de la *gratia capitis* con el que la recibe, es decir, una imagen de la comunidad sin una referencia directa a las realidades institucionales. Más bien designa la singular visibilidad de la Iglesia, que le viene dada por la ordenada "comunión de mesa" (*Tischgemeinschaft*) que Dios dona a este mundo en la Eucaristía[22].

> «De este modo, Cuerpo de Cristo expresa exactamente el ser específico de la Iglesia. La Iglesia no es parte de los órdenes visibles del mundo, ni una *civitas platonica* como mera comunidad espiritual, sino un *sacramento:* es decir, un *sacrum signum* ; como signo visible que sin embargo no se agota en la visibilidad, sino que según todo su ser, no es otra cosa que la referencia y el camino hacia lo invisible»[23].

En consecuencia, la eclesiología ha de mostrar cómo todos los elementos esenciales de la forma visible de la Iglesia están fundados en su ser Cuerpo de Cristo. Por tanto, no son parte de una visibilidad que se baste a sí misma[24].

Un importante texto sobre este tema fue publicado por el profesor Ratzinger en 1964, en la obra colectiva *Wahrheit und Zeugnis*[25]. El título, *Zeichen unter den Völkern,* evoca el que daba el Concilio Vaticano I a la Iglesia: "signo levantado entre las naciones". Después de unas reflexiones acerca de las interpretaciones sobre el origen de la Iglesia (en Cristo, en el Espíritu Santo), señala que pertenecen a su esencia los tres significados del término *ecclesia*: la asamblea de culto, la comunidad local y la única comunidad universal. Como definición, propone la siguiente:

> «La Iglesia es el Pueblo de Dios, que vive del Cuerpo de Cristo y se hace él mismo Cuerpo de Cristo en la celebración de la Eucaristía»[26].

Considerada en profundidad, se ve que en esta definición se contienen tanto la raíz cristológica, como la pneumatológica de la Iglesia, su conexión con la historia de

---

21 *Leib Christi,* LThK 2ª ed, VI (1961) 910–912. De las citas textuales de los escritos de los que no hay edición castellana, se dan en nota los originales en alemán.

22 Cf. *Ivi,* 912.

23 «So drückt er genau die besondere Seinsart der Kirche aus: Weder ist sie Teil der sichtbaren Ordnungen dieser Welt noch *civitas platonica* blosser geistiger Gemeinsamkeit, sondern *sacramentum,* i. e. *sacrum signum*; als Zeichen sichtbar u. doch nicht in der Sichtbarkeit sich erschöpfend, sondern dem ganzen Sein nach nichts anderes als Verweis auf das Unsichtbare u. Weg dahin» (*Ibidem*).

24 Cf. *Ibidem*

25 *Zeichen unter den Völkern,* en M. SCHMAUS – A. LÄPPLE (eds.), *Wahrheit und Zeugnis,* Patmos, Düsseldorf 1964, 456–466

26 «Die Kirche ist das Volk Gottes, das vom Leib Christi lebt und in der Eucharistiefeier selbst Leib Christi wird» (*Ivi,* 459).

Israel y con la humanidad, y también la distinción y la novedad tanto respecto a Israel como a otros Pueblos y comunidades humanas.

En este contexto surge la formulación de la Iglesia como Sacramento de salvación:

> «Si entendemos así la Iglesia como "Pueblo de Dios desde el Cuerpo de Cristo", se manifiesta fácilmente todo lo específico de su Ser: no se puede entender según el esquema de los Pueblos de este mundo o como una corporación entre otras (uno de los malentendidos acerca de la noción de Cuerpo de Cristo), lo que sería incurrir en las habituales categorías jurídicas, ni tampoco una magnitud puramente mística o interior. Como comunidad que participa de la mesa de Dios (*Tischgemeinschaft Gottes*), como red de comunión, que abarca el mundo entero, tiene su propia visibilidad y orden, pero que le hacen trascender lo puramente visible, es un "Sacramento", que no se refiere a sí mismo, sino que encuentra su esencia en la referencia hacia Aquél del que recibe su llamada, y al que debe reconducir la historia»[27].

La concepción de la Iglesia como Sacramento es el principio unificador común a las nociones de Pueblo de Dios y Cuerpo de Cristo[28].

A partir de aquí, Joseph Ratzinger muestra cómo la estructura de la Iglesia se apoya en un ministerio, que es testimonio y servicio de la Palabra, que se articula sobre todo en torno a la mesa del Cuerpo del Señor, y que se organiza como Episcopado-Presbiterado-Di conado. En este contexto de eclesiología eucarística se entiende también el Primado del Obispo de Roma[29].

En relación a la universalidad salvífica de la Iglesia, es necesario tener en cuenta la afirmación, ya enunciada por San Cipriano, según la cual *salus extra ecclesiam non est*. Para interpretar adecuadamente esta afirmación, es preciso considerar la sacramentalidad de la Iglesia, pues el sentido de la historia y su meta es entrar en el acontecimiento de Cristo, respecto al cual tiene sentido la existencia personal (una existencia que está centrada en el amor), y la misión de la Iglesia es precisamente ser germen del reino de Cristo en la historia.

> «La Iglesia es así el signo público levantado para (mostrar) la voluntad de salvación de Dios para el mundo, el signo eficaz de la fraternidad de Dios con los hombres»[30].

Con la fuerza que surge de la Pascua del Señor, la existencia de cada cristiano adquiere sentido en el seguimiento de Cristo como ser-para-los-demás. Esta carac-

---

27 «Versteht man so Kirche als "Volk Gottes vom Leibe Christi her", dann wird das ganz Besondere ihres Seins unschwer deutlich: Weder ist sie nach dem Schema der Völker dieser Welt oder als Körperschaft unter Körperschaften zu verstehen (so eins der Missverständnisse des Leib-Christi-Begriffs), als wäre sie in juristischen Kategorien üblicher Art adäquat einzufangen, noch auch ist sie eine rein mystisch-innerliche Grösse. Als Tischgemeinschaft Gottes, als Netz von Kommunionen, das den Erdkreis umschliesst, hat sie ihre eigentümliche Sichtbarkeit und Ordnung, durch die dennoch über alles bloss Sichtbare hinausbezogen ist, ein "Sakrament", das nicht sich selber meint, sondern darin sein Wesen hat, über sich hinauszuweisen auf den, von dem sie gerufen ist und zu dem sie die Geschichte zurückführen will» (*Ivi*, 460).

28 Cf., en este sentido, J. MEYER ZU SCHLOCHTERN, *Sakrament Kirche. Wirken Gottes im Handeln des Menschen*, Herder, Freiburg 1992, 152–190; P. MARTUCCELLI, *Origine e natura della Chiesa* , cit., 411.

29 Cf. *Zeichen unter den Völkern*, cit., 460–462.

30 «Die Kirche ist so das öffentlich aufgerichtete Zeichen für den Heilswillen Gottes mite den Welt, das wirksame Sakrament der Verschwisterung Gottes mit den Menschen» (*Ivi*, 465).

terística de no ser para sí mismo pertenece también a la esencia y al sentido de la misión eclesial, que debe hacer posible, con su capacidad significativa (*Zeichenhaftigkeit*), que la salvación de Cristo abrace la dinámica misma del cosmos[31]. Entender que la Iglesia es sacramento comporta – en el pensamiento de Ratzinger – captar, a la vez, la amplitud ilimitada de la salvación, como esperanza, y el carácter indispensable de la unión con Cristo para esa salvación[32].

> «Para la Iglesia visible, la unidad visible es algo más que "organización". La unidad concreta en la fe común, que se atestigua en la palabra y en la mesa común, es el signo que la Iglesia debe presentar al mundo. (…) En un mundo dividido debe ser el signo y el medio de unidad que trasciende y une naciones, razas y clases»[33].

La unidad visible aparece en el doble signo de "la palabra y de la mesa común" como prenda – "signo e instrumento" – de la comunión en el mundo. Una comunión de vida eterna que el hombre no puede darse a sí mismo pero a la que está convocado, como fruto de la obra redentora de Cristo y la fuerza del Espíritu Santo. La Iglesia es signo e instrumento de salvación, es decir sacramento de la comunión con Dios.

3. Sacramento de salvación, *Communio* y Eucaristía

El texto más importante y explícito de Joseph Ratzinger sobre la sacramentalidad de la Iglesia fue publicado en 1977, como colaboración en un volumen editado por J. Reikerstorfer[34]. En este escrito, después de analizar el origen de la fórmula *sacramentum salutis* en el Concilio Vaticano II, pasa a considerar su significado teológico.

Citando la definición de sacramento en el Catecismo Romano, recuerda que es un signo visible, de la gracia invisible, instituido para nuestra justificación. En primer lugar, un signo, y más precisamente una *actio* o un acontecimiento, que remite a algo invisible, en la medida en que quien lo percibe se sitúa en relación con el plan salvífico de Dios[35]; y ese plan no se da si no es en y por la Iglesia. Por tanto, los sacramentos sólo son inteligibles como realizaciones concretas de lo que la Iglesia es en su totalidad: los sacramentos son modos de realizarse la sacramentalidad de la Iglesia[36], de manera que la Iglesia y los sacramentos se interpretan mutuamente.

---

31 Cf. *Ivi*, 465s.
32 Cf. B. FORTE, *Una teologia ecclesiale. Il contributo di Joseph Ratzinger*, en AA.VV., *Alla scuola della verità. I settanta anni di Joseph Ratzinger*, San Paolo, Cinisello Balsamo 1997, 70–72.
33 *Introducción al cristianismo*, Sígueme, Salamanca 2002, 287.
34 *Kirche als Heilsakrament*, en J. REIKERSTORFER (ed.), *Zeit des Geistes. Zur heilgeschichtlichen Kerkunft der Kirche*, Wiener Dom-Verl, Wien 1977, 59–70, incluido después en *Theologische Prinzipienlehre*, Erich Wewel, München 1982. Se citará por *La Iglesia como sacramento de salvación*, en *Teoría de los principios teológicos. Materiales para una teología fundamental*, Herder, Barcelona 1985, 49–62.
35 Cf. *La Iglesia como sacramento de la salvación*, cit., 54, donde remite a H. SCHNACKERS, *Kirche als Sakrament und Mutter. Zur Ekklesiologie von H. De Lubac*, Peter Lang, Frankfurt 1979, 74: «Sólo se descubre el sentido espiritual de un misterio, cuando, como dice Orígenes, se vive el misterio. Según este autor, la percepción espiritual coincide con la conversión».
36 Cf. *La Iglesia como sacramento de la salvación*, cit., 54.

Mediante el septenario sacramental se verifica plenamente en la Iglesia la lógica de la Encarnación[37].

La salvación es la finalidad de la Iglesia: nos da la vida eterna; todo lo demás es secundario[38], pero es preciso superar tanto una concepción individualista como una meramente institucional de la salvación. Cuando De Lubac llamaba a la Iglesia "sacramento" en los años treinta del siglo XX, lo hacía precisamente para salir al paso de una idea individualista de la salvación. La esencia de la salvación es la unificación de la humanidad en Jesucristo (cf. *Ga* 3, 28). El "catolicismo", así entendido, es el perfecto antídoto contra el ateísmo humanista. En esta dirección, continúa Ratzinger, se mueven las intenciones del Vaticano II y todas sus afirmaciones eclesiológicas, dirigidas no tanto a la contemplación interior de la Iglesia, sino al descubrimiento de su ser sacramento de salvación para el mundo[39].

Considerar la Iglesia como sacramento lleva efectivamente consigo superar una idea individualista de la vida cristiana y, concretamente, de la vida sacramental, pues al reconocer que la Iglesia es sacramento se profundiza y se clarifica el concepto mismo de Iglesia. Se entiende que la Iglesia no es la simple sociedad de quienes poseen unas creencias comunes, sino que es, por su misma esencia, una "comunidad cúltica", en la que mediante la celebración de la liturgia se hace presente el amor redentor de Jesucristo, que libera a los hombres de la soledad uniéndolos entre sí al unirlos con Dios[40].

En este contexto, es preciso considerar también el carácter eclesial de la fe:

> «En efecto, no existe la fe como una decisión individual de alguien que permanece recluido en sí Una fe que no fuera un concreto ser recibido en la Iglesia, no sería una fe cristiana. Ser recibido en la comunidad creyente es una parte de la fe misma y no sólo un acto jurídico complementario. Esta comunidad creyente es, a su vez, comunidad sacramental, es decir, vive de algo que no se da ella misma; vive del culto divino, en el que se recibe a sí misma. Si la fe abarca el ser aceptado y recibido por esta comunidad, debe ser también, y al mismo tiempo, un ser aceptado y recibido en el sacramento. El acto del bautismo expresa, pues, la doble trascendencia del acto de la fe: la fe es don a través de la comunidad que se da a sí misma. Sin esta doble trascendencia, es decir, sin la concreción sacramental, la fe no es la fe cristiana»[41].

De ahí que el "Yo creo" (*credo*) de la profesión de fe se identifique con el "Nosotros creemos" (*credimus*): es el "yo" de la Iglesia que abarca todos los "yo" de los creyentes individuales[42].

Ratzinger advierte muy claramente que el problema de la eclesiología eucarística – cultivada sobre todo por los teólogos ortodoxos – sería la explicación del Primado de Pedro: podría convertirse sobre todo en una eclesiología en torno al Obispo y su

---

37 Cf. A. SCOLA, *Joseph Ratzinger 1927–1977*, en AA.VV., *Alla scuola della verità. I settanta anni di Joseph Ratzinger*, cit., 176.
38 Cf. *La sal de la tierra*, cit., 177.
39 Cf. *La Iglesia como sacramento de la salvación*, cit., 56.
40 Cf. *Ivi*, 57.
41 *Bautismo, fe y pertenencia a la Iglesia*, en *Teoría de los principios teológicos*, cit., 45–46.
42 Cf. *La estructura "nosotros" de la fe como clave de su contenido* , en *Teoría de los principios teológicos*, cit., 24. Sobre la naturaleza eclesial de la fe, según Ratzinger, cf. P. BLANCO, *Joseph Ratzinger: razón y cristianismo*, Rialp, Madrid 2005, 98–105.

Iglesia particular, pero de espaldas al Primado. Hacía falta hacer frente a esta dificultad y también a la presentada por la idea protestante de la Iglesia como "comunidad de la Palabra". Para esto, ha sido importante destacar la noción de *Communio* como una de las ideas-madre para la comprensión de la Iglesia, pues contiene también la noción de catolicidad[43]. En este sentido, es muy significativa la descripción de la Iglesia primitiva que nos ofrecen los Hechos de los Apóstoles: los fieles «perseveraban asiduamente en la doctrina de los apóstoles y en la comunión (*koinonía*), en la fracción del pan y en las oraciones» (*Hch* 2,42). La unidad de la Iglesia – la comunión – se encuentra como abrazada por el ministerio apostólico (expresado en su función magisterial) y el misterio eucarístico (la fracción del pan)[44].

Al considerar a la Iglesia como sacramento de la unidad de los hombres entre sí, surgió el intento de utilizar la realidad cristiana como catalizadora de unificación política. La denominada "teología política" hizo este planteamiento poco después del Vaticano II. Joseph Ratzinger, tras mostrar las razones por las que semejante intento lleva inevitablemente en una falsa dirección, expone lo que constituye el más profundo significado de la afirmación de la Iglesia como sacramento de la unidad, en su esencial interrelación con la Comunión y la Eucaristía:

> «La Iglesia es comunión: es la comunicación de Dios con los hombres en Cristo y, por tanto, de los hombre entre sí; y así es sacramento, signo e instrumento de la salvación. La Iglesia es celebración de la Eucaristía y la Eucaristía es Iglesia. No es que marchen juntas, es que son lo mismo. A partir de aquí, se hace luz sobre todo lo demás. La Eucaristía es el sacramento de Cristo *y porque la Iglesia es eucaristía, por eso mismo es sacramento* con el que todos los demás sacramentos se coordinan»[45].

Según Joseph Ratzinger, esta eclesiología de Comunión es el núcleo de la doctrina del Vaticano II sobre la Iglesia; un elemento nuevo, pero en plena continuidad con los orígenes[46].

4. La Iglesia, *Communio* eucarística universal y particular

En el año 2000, el Cardenal Ratzinger pronunció la conocida conferencia sobre la eclesiología de la Constitución *Lumen gentium*[47], en la que destacan sucesivamente tres grandes temas: la sacramentalidad de la Iglesia (en conexión con la *Communio*), a partir de la Eucaristía; la relación entre Iglesia universal e Iglesias particulares; la cuestión del *subsistit* (la subsistencia de la Iglesia de Cristo en la Iglesia católica)[48]. Ante todo, se reafirma con fuerza que

---

43 Cf. *La Iglesia, una comunidad siempre en camino*, cit., 49.
44 Cf. *Convocados en el camino de la fe*, cit., 65.
45 *La Iglesia como sacramento de salvación*, cit., 60–61.
46 Cf. *Iglesia, ecumenismo y política*, cit., 10.
47 *Die Ekklesiologie der Konstitution Lumen gentium*, publicada en "Die Tagespost"; suplemento especial de marzo de 2000. Aquí se cita por la versión castellana – algo ampliada respecto al original –, recogida en *Convocados en el camino de la fe* , cit., 129–157.
48 Sobre el influjo de la eclesiología de Joseph Ratzinger en el Concilio Vaticano II, cf. Th. WEILER, *Volk Gottes-Leib Christi: Die Ekklesiologie Joseph Ratzingers und ihr Einfluss auf das Zweite Vatikanische Konzil*, cit.

«La Iglesia no existe para sí misma, sino que debería ser instrumento de Dios para reunir a los hombres en Él, para preparar el momento en el que Dios será "todo en todas las cosas" (*1 Co* 15, 28)»[49].

Precisamente el concepto de *Communio* (cf. *1 Jn* 1, 3) expresa la unión de los hombres con Dios, mediante la unión con Jesucristo, en quien se realiza la suprema unión de lo humano con lo divino; y de ahí se sigue la unión de los hombres entre sí[50].

La palabra *Communio* posee carácter teológico, cristológico, histórico-salvífico, eclesiológico y sacramental. Por eso, la eclesiología de comunión es necesariamente eclesiología eucarística, tal como aparece en San Pablo (cf. *1 Co* 10, 16s)[51]. Cristo en la Eucaristía, presente bajo las especies del pan y del vino y entregándose siempre de nuevo, edifica la Iglesia como su Cuerpo, y nos une a Dios y entre nosotros a través de su Cuerpo resucitado. La Eucaristía acontece en lugares concretos y a la vez es siempre universal, porque sólo hay un Cuerpo de Cristo; comporta el ministerio sacerdotal y, junto a él, el servicio de unidad y pluralidad que expresa la palabra *Communio*.

Sin embargo, el concepto de *Communio* – a pesar del relieve que se le dio en la Asamblea Extraordinaria del Sínodo de Obispos de 1985 – sufrió, como había sucedido con el de Pueblo de Dios, una creciente horizontalización, mediante la atribución de prioridad a la *Communio* particular sobre la universal Comunión de los discípulos del Señor. Ante éste y otros aspectos entonces problemáticos acerca del concepto de "Comunión eclesial", la Congregación para la Doctrina de la Fe publicó la Carta *Communionis notio*, del 28-VI-1992. Especial atención suscitó el n. 9 de esta Carta, en el que se afirma que la Iglesia universal precede ontológica y temporalmente a las Iglesias particulares. El texto, explica Joseph Ratzinger, se apoya en que la Iglesia una y única es querida por Dios desde la creación, también como Cuerpo y Esposa de Cristo. La prioridad ontológica de la Iglesia universal está fuera de duda en la Tradición[52]. Resulta, en efecto, evidente esta prioridad, si se entiende la Iglesia particular como presencia de la Iglesia universal, con todos sus elementos esenciales, en una porción de la humanidad.

Por lo que se refiere a la precedencia temporal, lo importante es que

«desde el principio, la Iglesia de los Doce ha nacido del Espíritu para todos los Pueblos, y de ahí que, también desde el primer momento, está orientada a expresarse en todas las culturas y, precisamente así, a ser el Pueblo uno de Dios: no es una comunidad local que se extiende poco a poco, sino que la levadura está ordenada hacia la totalidad y, por ello, lleva en sí la universalidad desde el primer momento»[53].

---

49 *Convocados en el camino de la fe*, cit., 134.
50 Cf. *Ivi*, 136.
51 Cf. *Ivi*, 137. «Mientras que en Afanasieff la eclesiología eucarística es comprendida rigurosamente desde la Iglesia local, L. Hertling abrió las puertas ya en 1943 a una eclesiología de comunión pensada de forma totalmente católica» (*Ibidem*, en nota). Joseph Ratzinger afirma que ésta es una clave de lectura para sus propios escritos desde 1962.
52 Incluso Bultmann lo reconoce explícitamente: cf. *Ivi*, nota 7, añadida a la versión primera del texto de la conferencia.
53 *Ivi*, 143.

Sólo si se identificara la Iglesia universal con el Papa y la Curia romana, tendría sentido negar la precedencia de la Iglesia universal sobre la particular; pero entonces se estaría tergiversando la noción de Iglesia universal. En la *Lumen gentium* la eclesiología, de raíz trinitaria, trata siempre de la Iglesia universal antes que de sus realizaciones históricas concretas o particulares. Y si nos preguntamos qué es la Iglesia universal que precede a las Iglesias locales, la Constitución dogmática responde hablando de los sacramentos. En el Bautismo – explica Ratzinger –, la Iglesia universal precede siempre a la Iglesia local y la establece. Esto también se ve si se considera la profesión de la fe. También la Eucaristía viene a la Iglesia local, como Cristo que llega desde fuera a través de las puertas cerradas, como el lugar donde continuamente se unifica a los comulgantes en la *Communio* universal[54]. Y lo mismo se pone de manifiesto en el ministerio del Obispo y del Presbítero: se es Obispo por la pertenencia al Colegio episcopal, continuidad del Colegio de los Apóstoles, presidido por Pedro[55].

Según la célebre expresión de *Lumen gentium*, n. 8, la universal *Communio*, que es la Iglesia de Cristo, «establecida y organizada en este mundo como una sociedad, subsiste en *(subsistit in)* la Iglesia católica, gobernada por el Sucesor de Pedro y por los Obispos en comunión con él, si bien *(licet)* fuera de su estructura se encuentren muchos elementos de santificación y de verdad que, como bienes propios de la Iglesia de Cristo, impelen hacia la unidad católica». Como es bien sabido, la expresión *subsistit in* ha sido objeto de diversas y contrapuestas interpretaciones. Joseph Ratzinger se refiere en este contexto a lo que denomina "relativismo eclesiológico", según el cual Jesús no habría querido fundar la Iglesia como una institución universal, sino que por necesidades sociológicas de institucionalización habrían ido surgiendo las diferentes Iglesias locales. Según esta concepción, en todas las formas institucionales, siempre variables, de las Iglesias, habría que decir que "subsiste" la Iglesia de Cristo. Pero, en realidad, según esto, no habría motivo siquiera para hablar de una Iglesia de Cristo[56].

La tradición católica, en cambio, no contrapone la Institución al Espíritu. El *subsistit* quiere decir lo opuesto al relativismo eclesiológico: existe la Iglesia de Jesucristo, y el ser institución pertenece esencialmente a su naturaleza.

> «*Subsistere* es un caso especial de *esse*. Es el ser en la forma de un sujeto que existe en sí mismo. El Concilio nos quiere decir que la Iglesia de Jesucristo se puede encontrar en la Iglesia católica como sujeto concreto en este mundo. Esto puede suceder sólo una vez y la concepción según la cual el *subsistit* se habría de multiplicar no capta precisamente lo que se quería decir. Con el término *subsistit* el Concilio quería expresar la singularidad y la no multiplicabilidad de la Iglesia católica: existe la Iglesia como sujeto en la realidad histórica»[57].

---

54 Con razón se afirma que Ratzinger es probablemente el teólogo que más ha contribuido a desarrollar una eclesiología que armoniza las dimensiones eucarística y universal de la Iglesia: cf. A. CATTANEO, *La Chiesa locale*, Libreria Editrice Vaticana, Città del Vaticano 2003, 73.

55 Cf. *Ivi*, 143–149.

56 Cf. *Ivi*, 149–151.

57 *Ivi*, 152

Por tanto, decir que la Iglesia de Cristo *subsiste* en la Iglesia católica no excluye la afirmación según la cual la Iglesia de Cristo *es* la Iglesia católica. La idea de subsistencia añade, sin embargo, la de continuidad de la Iglesia, con todos sus elementos esenciales, a lo largo de la historia; plenitud de eclesialidad que no se encuentra en las comunidades cristianas no católicas, aunque en éstas existen elementos de santificación y de verdad, propios de la Iglesia.

5. Reflexión final

Para Joseph Ratzinger, que la Iglesia es "Sacramento de salvación" significa ante todo que la Iglesia es creada, donada y guiada por Dios; también indica cómo la Iglesia actúa: de modo visible e invisible, humano y divino. La sacramentalidad de la Iglesia contribuye a iluminar la peculiar y necesaria relación entre las nociones "Cuerpo de Cristo" y "Pueblo de Dios". Que la Iglesia es Sacramento de salvación indica también que es signo e instrumento del Reino de Dios que ha de venir; expresa, finalmente, que la Iglesia es signo e instrumento del amor de Dios por el mundo entero. La dimensión sacramental de la Iglesia es el fundamento de su operatividad tanto *ad intra* como *ad extra*[58]

La sacramentalidad de la Iglesia depende esencialmente del Sacramento eucarístico, de manera que Joseph Ratzinger afirma que "la Iglesia es Eucaristía". Esta fuerte identidad significa, en primer lugar, que todo lo que la Iglesia es surge de la constante entrega de Cristo en la Eucaristía. Además, esta identidad podría entenderse en el sentido que, análogamente a la Eucaristía y por la fuerza de la Eucaristía, en lo visible de la Iglesia (el Pueblo de Dios) – *sacramentum tantum* –, se hace presente el Cuerpo de Cristo – *res et sacramentum* –, que a su vez tiene como último efecto la unidad de los hombres en Cristo -*res tantum*-. Signo e instrumento de la unión de los hombres con Dios y entre sí, la Iglesia es no sólo Comunión sino, además, sacramento de la Comunión: es la Comunión entre los que reciben la gracia salvífica y el instrumento mediante el cual Cristo dona esa gracia a los hombres. De ahí también la dimensión ministerial de la Iglesia, como principio de unidad inseparable de la Eucaristía.

En fin, reconocer la sacramentalidad de la Iglesia, dentro de esta eclesiología eucarística, permite superar la ausencia de la dimensión cristológica que, sin ella, tendría la noción de Pueblo de Dios (también era Pueblo de Dios el del Antiguo Testamento), y permite, a su vez, superar la ausencia de visibilidad o "terrenalidad" que, sin ella, tendría la noción de Cuerpo de Cristo[59].

Pero mientras el concepto Pueblo de Dios ha sido recibido muy ampliamente en la Iglesia, no ha sucedido así con la consideración de la Iglesia como Sacramento. Esto representa un riesgo para la misma comprensión del significado de la Iglesia como Pueblo de Dios, porque

---

58 Cf. P. MARTUCCELLI, *Origine e natura della Chiesa*, cit., 421.
59 Cf. A. NICHOLS, *Joseph Ratzinger*, cit., 151.

«El "no Pueblo" sólo puede convertirse en Pueblo en virtud de aquello que lo unifica desde arriba y desde el interior: por obra de la comunión con Cristo»[60].

Para concluir estas páginas, dedicadas en homenaje filial a quien hoy es Benedicto XVI, parece oportuno citar unas palabras escritas por Joseph Ratzinger en 1977, que siguen siendo muy actuales:

> «una de las tareas hoy decisivas en la elaboración y estudio de la herencia conciliar consiste en explorar de nuevo el carácter sacramental de la Iglesia y, de este modo, abrir los ojos a aquello que es lo verdaderamente importante: la unión con Dios, que es condición de la unidad y la libertad de los hombres»[61].

---

60 *La Iglesia como sacramento de la salvación*, cit., 62.
61 *Ibidem* .

À propos de l'héroïcité des vertus

Aristote, Saint Thomas, Benoît XIV, les Papes du XXe siècle[*]

Daniel Ols

Pour honorer notre collègue de l'Académie pontificale de Théologie, Mgr Wilhelm Imkamp, qui est, depuis de longues années, consulteur fort apprécié de la Congrégation des Causes des Saints, nous avons pensé lui offrir quelques considérations à propos de l'héroïcité des vertus, notion capitale dans les causes de canonisation des confesseurs[1]. Il nous semble, en effet, qu'il n'est pas inutile de s'essayer à approfondir quelque peu cette notion qui, restée longtemps très marginale[2], a acquis une importance considérable dans un domaine très particulier quand on a commencé à en faire la condition *sine qua non* de la canonisation[3] mais est restée, bien souvent, très vague et fort confuse[4].

---

[*] Je tiens à remercier le P. Adriano Oliva, O. P., et M. Iacopo Costa qui ont bien voulu relire cet article et me faire bénéficier de leur observations.

[1] et aussi, d'ailleurs, dans les causes des martyrs, car, si le *dubium* proposé ne porte pas sur l'héroïcité de leurs vertus, mais sur leur martyre, il n'en reste pas moins que le martyre est un acte héroïque de la vertu de force, acte dont la foi est la cause finale et la charité la cause impérante (IIa IIae, q. 124, a. 2).

[3] Comme le montre le fait que, sauf erreur de notre part, dom Odon Lottin ait négligé, dans ses volumineuses études sur *Psychologie et morale aux XIIe et XIIIe siècles* (6 tomes en 8 volumes, Louvain, Abbaye du Mont-César [Duculot, à partir du t. V], 1942–1960), de s'intéresser à ce sujet.

[3] Comme l'a bien montré M. André Vauchez, « [pour ce qui concerne les causes des saints], contrairement à ce qu'ont affirmé encore récemment des historiens de la spiritualité, la notion de vertu héroïque ne date pas de la Renaissance ou de la Contre-Réforme, même si elle n'est devenue d'usage courant qu'à cette époque. L'idée inspirait déjà l'attitude du Saint-Siège vis-à-vis des saints depuis les dernières années du XIIIe siècle et le mot figure dès 1347 dans un document pontifical promulgué à l'occasion de la canonisation de S. Yves. On le retrouve dans le procès de Ste Catherine de Sienne et surtout dans un traité [...] qui fut composé vers 1480 par l'évêque de Vintimille, Jean-Baptiste de' Giudici, O. P., à propos de la canonisation de S. Bonaventure » (André Vauchez, *La sainteté en Occident aux derniers siècles du moyen âge*, Rome, École française de Rome ["Bibliothèque des Écoles françaises d'Athènes et de Rome, 241"], 1988² [2e tirage, 1994], pp. 606–607).

[4] Je n'en veux pour preuve que ce passage de Michel De Jaeghere, dans sa présentation du numéro hors-série du *Figaro* publié à l'occasion de la béatification de Jean Paul II (« Jean Paul II, Karol le bienheureux ») : « L'exemplarité de Jean-Paul II ne tient pas à une perfection surhumaine. Plutôt à l'héroïsme avec lequel il fit face à des responsabilités écrasantes »... mais l'héroïsme n'est-ce pas précisément ce qui porte l'action humaine à une perfection surhumaine ?

Aristote

Comme chacun sait, les expressions « vertu héroïque », « héroïcité des vertus » remontent, au moins comme expressions techniques, à Aristote qui écrit, dans l'*Éthique à Nicomaque* :

> [...] il faut dire que ce qu'il faut éviter, relativement aux mœurs, est de trois espèces : le vice, l'incontinence, la bestialité. Les contraires de deux de ceux-ci sont évidents : nous les appelons, en effet, l'un, vertu, et l'autre, continence. À la bestialité, le plus adapté serait d'opposer la vertu surhumaine, cette sorte de vertu divine, selon laquelle Homère fait dire à Priam qu'Hector était superlativement valeureux, « et ne semblait pas fils d'un mortel, mais d'un dieu » [*Il.*, ch. 24, v. 58][5].

Il n'est pas très aisé de comprendre exactement ce qu'Aristote entendait par cette vertu héroïque, étant donné qu'en dehors du texte de l'*Éthique à Nicomaque* que nous venons de citer et d'un passage de la *Grande Éthique*[6] (si toutefois l'on considère, ainsi que je le crois légitime, cet ouvrage comme authentique[7]), il n'est nulle part question, dans le *Corpus aristotelicum*, de la vertu héroïque, qui ne joue donc, en fait, aucun rôle dans la construction de la morale aristotélicienne[8].

---

5 Μετὰ δὲ ταῦτα λεκτέον, ἄλλην ποιησαμένους ἀρχήν, ὅτι τῶν περὶ τὰ ἤθη φευκτῶν τρία ἐστὶν εἴδη, κακία ἀκρασία θηριότης. τὰ δ᾽ ἐναντία τοῖς μὲν δυσὶ δῆλα· τὸ μὲν γὰρ ἀρετὴν τὸ δ᾽ ἐγκράτειαν καλοῦμεν· πρὸς δὲ τὴν θηριότητα μάλιστ᾽ ἂν ἁρμόττοι λέγειν τὴν ὑπὲρ ἡμᾶς ἀρετήν, ἡρωικήν τινα καὶ θείαν, ὥσπερ Ὅμηρος περὶ <τοῦ> Ἕκτορος πεποίηκε λέγοντα τὸν Πρίαμον ὅτι σφόδρα ἦν ἀγαθός, οὐδὲ ἐῴκει ἀνδρός γε θνητοῦ πά ις ἔμμεναι ἀλλὰ θεοῖος (Aristoteles, *Ethica Nicomachea*, l. 7, c. 1 [1145a.15–1145a.22]).

6 « La bestialité est un vice excessif. En effet, quand nous voyons quelqu'un de complètement vicieux, nous disons que ce n'est pas un homme, mais une bête, faisant ainsi de la bestialité une sorte de vice. La vertu opposée n'a pas de nom ; c'est une vertu surhumaine, c'est comme une vertu héroïque et divine. Cette vertu n'a pas de nom, parce que dieu n'a pas de vertu. Dieu, en effet, est supérieur à la vertu et n'est pas bon selon la vertu, sinon la vertu serait supérieure à dieu. C'est pourquoi la vertu opposée au vice de la bestialité n'a pas de nom. Pour s'opposer à ce vice, il faut la vertu divine et surhumaine. En effet, comme le vice de la bestialité va au-delà de l'humain, de même la vertu qui lui est opposée. »

Ἔστιν δὲ ἡ θηριότης ὑπερβάλλουσά τις κακία. ὅταν γὰρ τινα παντελῶς ἴδωμεν φαῦλον, οὐδ᾽ ἄνθρωπόν φαμεν εἶναι ἀλλὰ θηρίον, ὡς οὖσαν τινα κακίαν θηριότητα. ἡ δὲ ἀντικειμένη ἀρετὴ ταύτῃ ἐστὶν ἀνώνυμος, ἔστιν δ᾽ ἡ τοιαύτη ὑπὲρ ἄνθρωπον οὖσα, οἷον ἡρωϊκή τις καὶ θεία. ἀνώνυμος δέ ἐστιν αὕτη ἡ ἀρετή, ὅτι οὐκ ἔστιν θεοῦ ἀρετή· ὁ γὰρ θεὸς βελτίων τῆς ἀρετῆς καὶ οὐ κατ᾽ ἀρετήν ἐστι σπουδαῖος· οὕτω μὲν γὰρ βέλτιον ἔσται ἡ ἀρετὴ τοῦ θεοῦ. διὸ ἀνώνυμος ἡ ἀρετὴ ἡ τῇ κακίᾳ τῇ θηριότητι ἀντικειμένη. θέλει δὲ τῇ τοιαύτῃ ἀντικεῖσθαι ἡ θεία καὶ ὑπὲρ ἄνθρωπον· ὥσπερ γὰρ καὶ ἡ κακία ἡ θηριότης ὑπὲρ ἄνθρωπον ἐστι, οὕτω καὶ ἡ ἀρετὴ ἡ ἀντικειμένη (Aristoteles, *Magna Moralia*, l. 2, c. 5 [1200a9–1200a19]).

7 Relativement au problème de l'authenticité des écrits aristotéliciens qui nous sont parvenus, il convient de faire trésor de l'observation pénétrante de Pierre Aubenque : « s'agissant d'Aristote, les concepts d'authenticité et d'inauthenticité sont très relatifs : si l'ouvrage semble avoir été rédigé par un disciple tardif, celui-ci a sans aucun doute utilisé des "notes", peut-être très anciennes, d'Aristote » (Pierre Aubenque, *La prudence chez Aristote, avec un appendice sur La prudence chez Kant*, Paris, Presses Universitaires de France ["Quadrige"], 2004⁴, p. 3, note 3) et, pour ce qui regarde plus précisément les écrits moraux, on peut se reporter aux considérations mesurées d'Arianne Fermani, « Saggio introduttivo », in Aristotele, *Le tre Etiche*, Saggio introduttivo, traduzione, note e apparati di Arianna Fermani, Presentazione di Maurizio Migliori, Milano, Bompiani ("Il pensiero occidentale"), 2008, pp. LXXVII–CLXXIX (pp. C–CV).

8 Et, à vrai dire, on ne voit pas quel rôle elle pourrait y jouer. L'intention d'Aristote est de construire une morale « humaine », où, par conséquent, ce qui passe l'homme n'a pas sa place. – Nous nous

Saint Thomas d'Aquin

Les médiévaux ont recueilli cette indication d'Aristote, en particulier à cause, vraisemblablement, de l'épithète « divine » utilisée par le Stagirite, et se sont employés à la préciser et à l'intégrer dans une perspective chrétienne. Sans chercher à parcourir les différentes étapes et les formes diverses de cette entreprise[9], limitons-nous à ce que dit à ce propos saint Thomas d'Aquin[10].

Au lieu de grappiller çà et là et d'amasser à la hâte et sans grand esprit critique les indications que l'on peut trouver sur la vertu héroïque chez saint Thomas, il convient – sur ce sujet comme sur tant d'autres – de replacer les divers textes dans leur succession chronologique et il apparaîtra bien vite que nous nous trouvons non pas en face d'une doctrine établie une fois pour toutes, mais bien d'une pensée qui se cherche et ce, d'autant plus que, même si la vertu héroïque a incontestablement

---

sommes limité ici, en guise d'introduction, à évoquer l'origine de la notion de « vertu héroïque » chez Aristote ; une étude un peu complète demanderait évidemment que l'on étudiât la conception de cette notion chez les philosophes anciens successifs au Stagirite. Saint Thomas est d'ailleurs conscient de cette diffusion de la notion, puisqu'il écrit : « secundum *philosophos*, non quicumque habebat virtutes acquisitas, habebat virtutes heroicas vel divinas » (I^a II^ae, q. 68, a. 2, c.). Comme le suggèrent les éditions, il est vraisemblable que l'Aquinate dépende ici du *Commentaire à l'Éthique* (l. 7, lect. 1 [ed. Col., t. 14, p. 514]) de saint Albert, qui fait référence à ce propos à Plotin (à travers Macrobe), aux Stoïciens (à travers Cicéron), à Platon et à Socrate (à travers Vitruve !).

9   Sur l'histoire de la notion de vertu héroïque, l'étude fondamentale reste Rudolf HOFMANN, *Die heroische Tugend. Geschichte und Hinhalt eines theologischen Begriffes*, München, Pustet ("Münchener Studien zur historischen Theologie, 12"), 1933 (rééd. Hildesheim, Gerstenberg, 1976). Pour les nombreuses études postérieures, on se reportera à Pierluigi GIOVANNUCCI, *Canonizzazioni e infallibilità pontificia in età moderna*, Brescia, Morcelliana ("Storia, 29"), 2008, pp. 65–79. – Rappelons, d'autre part, que, pour ce qui regarde les traductions latines de l'*Éthique à Nicomaque*, l'*Ethica vetus* et l'*Ethica nova* se limitant aux trois premiers livres de l'*Éthique à Nicomaque*, il faudra attendre la traduction de Robert Grosseteste († 1253) pour que la connaissance de l'intégralité de cet ouvrage d'Aristote pénètre dans les universités. Saint Thomas cite constamment cette traduction (*recensio pura*) ; dans les ouvrages postérieurs au *Scriptum super Sententiis*, il recourt parfois à la révision qu'en a fait Guillaume de Moerbeke (*recensio recognita*). Voici la traduction (identique pour les deux recensions) du texte d'Aristote qui nous intéresse et que nous avons cité *supra*, note 5 :

> Post hec autem dicendum aliud facientes principium, quoniam circa mores fugiendorum tres sunt species, malicia, incontinencia, bestialitas. Contraria autem duobus quidem manifesta, hoc quidem enim virtutem, hoc autem continenciam vocamus. Ad bestialitatem autem maxime utique congruit dicere super nos virtutem, heroicam quandam et divinam. Quemadmodum Homerus de Hectore fecit dicentem Priamum quoniam valde erat bonus, neque videbatur viri mortalis puer existere, set dei (ed. Renatus Antonius GAUTHIER, AL XXVI, 1–3, fasc. 3, p. 271 & fasc. 4, p. 494).

10 Un tel choix, qui trouve son fondement dans l'importance objective prise au cours des siècles, dans l'Église, par la doctrine de saint Thomas, est imposé, dans notre cas, par le fait que c'est cette doctrine qui inspire toute la procédure des causes de béatification et canonisation et, en particulier, l'étude des vertus héroïques. D'ailleurs, Benoît XIV déclara un jour, devant un chapitre général des Dominicains, il est vrai :

> [...] Nos ipsi in Libris, quos de variis argumentis conscripsimus, postquam Angelici Doctoris sententiam diligenter scrutando percepimus, atque suspeximus, admirabundi semper atque lubentes eidem adhaesimus, atque subscripsimus; candide profitentes, siquid boni in iisdem Libris reperitur, id minime Nobis, sed tanto Praeceptori totum esse adscribendum (BENEDICTUS XIV, *Allocutio habita in Comitiis generalibus Fratrum Ordinis Praedicatorum in Conventu S. Mariae super Minervam celebratis V. Nonas Julii MDCCLVI* [ed. Prat., t. 14, pp. 142–144 (p. 143)]).

chez saint Thomas une place plus importante que chez Aristote, elle n'est cependant pas au centre de sa considération dans l'élaboration de la morale chrétienne.

Le premier ouvrage de saint Thomas où apparaisse la vertu héroïque est le *Scriptum super Sententiis* et, plus précisément, le commentaire au troisième livre du Lombard, commentaire qui a été enseigné durant l'année scolaire 1253–1254 ou 1254–1255 et revu pour la « publication » vraisemblablement avant l'année 1256[11]. Dans ce premier exposé, saint Thomas semble bien aller vers une identification de la vertu héroïque et divine d'Aristote avec les dons du Saint-Esprit[12] :

> Si autem ea quae hominis sunt, supra humanum modum quis exequatur, erit operatio non humana simpliciter, sed quodammodo divina. Unde Philosophus, in 7 Ethic. [η 1 (1145a20)], contra virtutem simpliciter dividit virtutem heroicam, quam divinam dicit, eo quod per excellentiam virtutis homo fit quasi Deus. Et secundum hoc dico, quod dona a virtutibus distinguuntur in hoc quod virtutes perficiunt ad actus modo humano, sed dona ultra humanum modum: quod patet in fide et intellectu (*Super 3 Sent.*, d. 34, q. 1, a. 1, c. [Moos, p. 1114]).

Ce texte, qui se trouve dans un article où saint Thomas s'efforce de déterminer la distinction entre les vertus et les dons[13], n'utilise la vertu héroïque que comme terme de comparaison. Strictement parlant, on en peut tirer seulement que, comme la vertu héroïque, le don perfectionne l'homme *ultra humanum modum*. On ne peut nier, cependant, que ces considérations de saint Thomas n'orientent vers l'assimilation de la vertu héroïque aux dons du Saint-Esprit.

---

11 Nous faisons nôtre la datation établie, selon nous, de façon définitive, par le P. Adriano Oliva, *Les débuts de l'enseignement de Thomas d'Aquin et sa conception de la* sacra doctrina, Paris, J. Vrin (« Bibliothèque thomiste, 58 »), 2006, pp. 187–253 (spéc. p. 241).

12 Comme on sait, saint Thomas enseigne que les vertus perfectionnent l'homme en tant qu'il lui est naturel d'être mû par la raison dans ses opérations intérieures et extérieures, alors que les dons du Saint-Esprit disposent l'homme à être facilement mû par l'inspiration divine (v. Iª IIᵃᵉ, q. 68, a. 1, c.).

13 Il n'est peut-être pas inutile de rappeler que la question du rapport entre les vertus et les dons a été fort débattue aux XIIᵉ et XIIIᵉ siècles. Voici comment M. Berlioz résume les recherches de dom Lottin (*Psychologie et morale aux XIIᵉ et XIIIᵉ siècles*, t. 3, 2/1, pp. 331–358) sur ce point :
> Les théologiens du XIIᵉ siècle qui reprirent la question des dons du Saint-Esprit multiplièrent frénétiquement les rapprochements entre les divers septénaires tant bibliques que liturgiques. La discussion sur les dons se cristallisa sur une grave question : les vertus étaient-elles supérieures aux dons ? Étaient-elles des dons ? Les dons du Saint-Esprit étaient-ils au contraire supérieurs aux vertus ? Hugues de Saint-Victor distingua dans le *De quinque septenis* les sept dons des sept vertus ; Othon de Lucques affirma que les dons étaient des sources de vertus ; Pierre Lombard resta incertain ; Pierre de Poitiers et Alain de Lille n'établirent pas de distinction. Les débats étaient fort confus et n'allaient pas devenir plus clairs au début du XIIIᵉ siècle. Hugues de Saint-Cher proclamait l'équation des dons et des vertus en s'appuyant sur l'autorité de saint Ambroise. Guillaume d'Auvergne multipliait les solutions. Vers 1235, la tendance fut à l'affirmation des dons face aux vertus. Supériorité qui allait devenir classique dans les milieux franciscains et dominicains de Paris. Saint Thomas d'Aquin sonna le glas des vertus dans son Commentaire des Sentences : pour lui les vertus faisaient agir *modo humano*, les dons *ultra modum humanum*. Les dons et les vertus restaient toutefois associés dans la pratique spirituelle : Jean de la Rochelle ne pensait-il pas que les dons rendaient plus facile la pratique des vertus ? (Jacques Berlioz, « La mémoire du prédicateur. Recherches sur la mémorisation des récits exemplaires (XIIIᵉ–XVᵉ siècles) », in *Temps, mémoire, tradition au moyen âge* [Actes des congrès de la Société des historiens médiévistes de l'enseignement supérieur public. 13ᵉ congrès, Aix-en-Provence, 1982], Marseille, Publications de l'Université de Provence, 1983, pp. 157–183 [pp. 162–163]).

Une quinzaine d'années plus tard, nous voyons réapparaître la vertu héroïque dans la I[a] II[ae] de la *Summa theologiae*, composée, selon toute probabilité, en 1271[14]. Dans l'article 1 de la question 68, où l'on se demande si les dons du Saint-Esprit se distinguent des vertus, répondant à une objection qui s'appuyait sur un texte de saint Grégoire, où les dons sont appelés vertus[15], saint Thomas explique :

> [...] huiusmodi dona nominantur quandoque virtutes, secundum communem rationem virtutis. Habent tamen aliquid supereminens rationi communi virtutis, inquantum sunt quaedam divinae virtutes, perficientes hominem inquantum est a Deo motus. Unde et Philosophus, in VII Ethic. [1, 1 (1145a20)], supra virtutem communem ponit quandam virtutem heroicam vel divinam, secundum quam dicuntur aliqui divini viri (I[a] II[ae], q. 68, a. 1, ad 1[m]).

La lecture attentive de cette réponse, ainsi que la considération du corps de l'article, d'une longueur insolite, montre bien, nous semble-t-il, un certain embarras de saint Thomas, en particulier devant des textes difficilement conciliables de saint Grégoire[16] ; il affirme cependant, en conclusion du *corpus* de l'article, une ferme distinction entre les dons et les vertus, expliquant que les vertus perfectionnent l'homme en tant qu'il lui est naturel d'être mû, dans ses opérations, par la raison alors que les dons rendent l'homme disponible à la motion divine qui le fait agir sans intervention de la raison[17] ; dans la réponse au premier argument, il sauve saint Grégoire en expliquant que celui-ci prend le mot vertu « secundum communem rationem », mais il ne dit pas ce qu'il entend par là, même s'il est assez clair qu'il renvoie ainsi au début du *corpus* où il écrit « ratio virtutis sumitur secundum quod perficit hominem ad bene agendum », ce qui, évidemment, peut s'appliquer aussi aux dons du Saint-Esprit. Ce qui est plus curieux, c'est qu'au lieu de se limiter à justifier saint Grégoire par cet escamotage insatisfaisant, comme il le dit lui-même dans le *corpus*[18], il introduise ici,

---

14 Pour les problèmes posés par la datation de la rédaction de la II[a] Pars, on peut voir le bon exposé fourni par le P. Jean-Pierre Torrell, *Initiation à saint Thomas d'Aquin*, Paris, Éd. du Cerf (« Vestigia, 13 ») / Fribourg (Suisse), Academic Press, 2008[3], pp. 213–214 & p. 614.

15 « Dicit [...] Gregorius, in I Moral. [c. 27], exponens illud Iob [1,2], "nati sunt ei septem filii": "septem nobis nascuntur filii, cum per conceptionem bonae cogitationis, Sancti Spiritus septem in nobis virtutes oriuntur". Et inducit illud quod habetur Isaiae XI [2], « requiescet super eum spiritus intellectus etc. », ubi enumerantur septem Spiritus Sancti dona. Ergo septem dona Spiritus Sancti sunt virtutes » (I[a] II[ae], q. 68, a. 1, arg. 1).

16 comme le sont, p. ex., le texte de ce pape cité dans la première objection (et reproduit ici dans la note précédente) et les textes du même pape utilisés dans le *sed contra*:
> Sed contra est quod Gregorius, I Moral. [c. 27], distinguit septem dona, quae dicit significari per septem filios Iob, a tribus virtutibus theologicis, quas dicit significari per tres filias Iob. Et in II Moral. [c. 49], distinguit eadem septem dona a quatuor virtutibus cardinalibus, quae dicit significari per quatuor angulos domus (I[a] II[ae], q. 68, a. 1, s. c.).

17 « Manifestum est autem quod virtutes humanae perficiunt hominem secundum quod homo natus est moveri per rationem in his quae interius vel exterius agit. Oportet igitur inesse homini altiores perfectiones, secundum quas sit dispositus ad hoc quod divinitus moveatur. Et istae perfectiones vocantur dona, non solum quia infunduntur a Deo; sed quia secundum ea homo disponitur ut efficiatur prompte mobilis ab inspiratione divina, sicut dicitur Isaiae L [5], "Dominus aperuit mihi aurem; ego autem non contradico, retrorsum non abii". Et Philosophus etiam dicit, in cap. De bona fortuna [cf. *Eth. Eudem.*, l. 7, c. 14, 22 (1248a32)], quod his qui moventur per instinctum divinum, non expedit consiliari secundum rationem humanam, sed quod sequantur interiorem instinctum, quia moventur a meliori principio quam sit ratio humana » (I[a] II[ae], q. 68, a. 1, c.).

18 « [...] si loquamur de dono et virtute secundum nominis rationem, sic nullam oppositionem habent ad invicem. Nam ratio virtutis sumitur secundum quod perficit hominem ad bene agendum, ut

sans nécessité, la vertu héroïque, l'identifiant avec les dons, ce qui implique – mais il ne le dit pas explicitement – qu'il s'agisse d'une vertu seulement « secundum communem rationem », c'est-à-dire, en fait, non d'une vertu proprement dite portée à un degré supérieur, mais d'autre chose et, précisément, d'un don du Saint-Esprit. Ainsi donc la charité héroïque, la prudence héroïque, la chasteté héroïque n'ont plus grand chose à voir avec les vertus de charité, de prudence, de chasteté et il faudrait refaire la liste des dons du Saint-Esprit en y introduisant ces « vertus » héroïques – autrement dit, il faudrait réécrire le prophète Isaïe.

Et dans l'article 2 de cette même question 68, saint Thomas introduit de nouveau la vertu héroïque. Bien que les vertus théologales – explique-t-il – perfectionnent la raison de l'homme à un degré supérieur à celui de la perfection naturelle causée par les vertus acquises, si cependant on considère ces vertus relativement à l'homme qu'elles perfectionnent, elles le perfectionnent moins, puisque « imperfecte enim diligimus et cognoscimus Deum » (alors que les vertus acquises nous permettent un amour et une connaissance sinon parfaite, du moins satisfaisante, des réalités qu'elles ont comme objet) ; il s'ensuit que, pour opérer convenablement, les vertus théologales ont besoin d'une motion extrinsèque, qui est la motion des dons du Saint-Esprit[19]. Pour éclaircir cela, saint Thomas prend l'exemple du médecin qui,

---

supra dictum est, ratio autem doni sumitur secundum comparationem ad causam a qua est. Nihil autem prohibet illud quod est ab alio ut donum, esse perfectivum alicuius ad bene operandum, praesertim cum supra dixerimus quod virtutes quaedam nobis sunt infusae a Deo. Unde secundum hoc, donum a virtute distingui non potest. Et ideo quidam posuerunt quod dona non essent a virtutibus distinguenda. Sed eis remanet non minor difficultas, ut scilicet rationem assignent quare quaedam virtutes dicantur dona, et non omnes; et quare aliqua computantur inter dona, quae non computantur inter virtutes, ut patet de timore » (*ibid.*).

19 « in ordine ad finem ultimum supernaturalem, ad quem ratio movet secundum quod est aliqualiter et imperfecte formata per virtutes theologicas; non sufficit ipsa motio rationis, nisi desuper adsit instinctus et motio Spiritus Sancti; secundum illud Rom. VIII [14.17], "qui Spiritu Dei aguntur, hi filii Dei sunt; et si filii, et haeredes", et in Psalmo CXLII [10], dicitur, "Spiritus tuus bonus deducet me in terram rectam"; quia scilicet in haereditatem illius terrae beatorum nullus potest pervenire, nisi moveatur et deducatur a Spiritu Sancto. Et ideo ad illum finem consequendum, necessarium est homini habere donum Spiritus Sancti » (Iª IIae, q. 68, a. 2, c.).

Il vaut cependant la peine de remarquer que, dans le *Commentaire à l'épître aux Galates* (que l'on tend à dater, comme l'ensemble des commentaires à saint Paul, à l'exception du commentaire sur l'épître aux Romains, de son séjour à Rome [1265–1268]), saint Thomas semblait soutenir une opinion exactement contraire, enseignant que la vertu de foi peut atteindre de par soi la connaissance de Dieu *in aenigmate* (c'est-à-dire sa fin propre, fin que, dans l'article de la *Somme*, le même saint Thomas déclare inatteignable sans le secours du don du Saint-Esprit, don qui serait donc *necessarium* à l'opération de la vertu de foi) et il ajoute que le don du Saint-Esprit (et précisément le don d'intelligence) permet, lui, au croyant de connaître Dieu *perspicue* ! Même en tenant compte du fait que nous nous trouvons devant une *reportatio*, nous croyons pouvoir lire ici un autre indice des hésitations du Docteur relativement à l'articulation des vertus et des dons du Saint-Esprit et à la nature de la vertu héroïque, qui, ici aussi, intervient comme terme de comparaison avec les dons du Saint-Esprit :

Habitus autem virtutis perficit ad bene agendum. Et si quidem perficit ad bene operandum humano modo, dicitur virtus. Si vero perficiat ad bene operandum supra modum humanum, dicitur donum. Unde Philosophus supra communes virtutes ponit virtutes quasdam heroicas, puta cognoscere invisibilia Dei sub aenigmate est per modum humanum: et haec cognitio pertinet ad virtutem fidei; sed cognoscere ea perspicue et supra humanum modum, pertinet ad donum intellectus (*Super ep. ad Galatas*, c. 5, lect. 6 [Mar., n. 329]).

connaissant parfaitement l'art médical, n'a besoin de recourir à personne pour l'exercer, tandis que le disciple de ce médecin, qui n'est pas encore parfaitement instruit dans l'art médical, ne peut pas exercer cet art par lui-même, mais doit être guidé par l'enseignement de son maître[20] et il ajoute :

> Sic igitur quantum ad ea quae subsunt humanae rationi, in ordine scilicet ad finem connaturalem homini; homo potest operari, per iudicium rationis. Si tamen etiam in hoc homo adiuvetur a Deo per specialem instinctum, hoc erit superabundantis bonitatis, unde secundum philosophos[21], non quicumque habebat virtutes morales acquisitas, habebat virtutes heroicas vel divinas.
> Sed in ordine ad finem ultimum supernaturalem, ad quem ratio movet secundum quod est aliqualiter et imperfecte formata per virtutes theologicas; non sufficit ipsa motio rationis, nisi desuper adsit instinctus et motio Spiritus Sancti; secundum illud Rom. VIII [14.17], "qui Spiritu Dei aguntur, hi filii Dei sunt; et si filii, et haeredes", et in Psalmo CXLII [10] dicitur "Spiritus tuus bonus deducet me in terram rectam"; quia scilicet in haereditatem illius terrae beatorum nullus potest pervenire, nisi moveatur et deducatur a Spiritu Sancto.
> Et ideo ad illum finem consequendum, necessarium est homini habere donum Spiritus Sancti (Iª IIᵃᵉ, q. 68, a. 2, c).

Nous voyons donc réapparaître ici, comme terme de comparaison (dans une analogie de proportionnalité), les vertus héroïques : elles sont aux vertus morales acquises ce que les dons du Saint-Esprit sont aux vertus théologales. On ne peut donc pas dire, en toute rigueur, que saint Thomas identifie les vertus héroïques aux dons du Saint-Esprit, mais plutôt qu'il enseigne que la vertu morale devient héroïque grâce à un *specialis instinctus* infusé par Dieu (ce qui ressemble fort à un don du Saint-Esprit…). Mais, puisque cet *instinctus* a, par rapport à la vertu morale acquise, le même rôle que le don par rapport à la vertu théologale, puisque cet *instinctus* et le don ont la même origine (Dieu) et le même effet (élever la vertu à opérer *supra humanum modum*), on peut se demander quelle différence subsiste entre ces deux aides surnaturelles. On pourrait répondre que la différence est dans la fin, le *specialis instinctus* étant ordonné, comme la vertu qu'il perfectionne, à une fin qui regarde les *res humanae*, alors que le don est ordonné aux biens surnaturels. Mais il en résulterait que, si seules les vertus acquises peuvent devenir vertus héroïques, on ne

---

20 « […] dona sunt quaedam hominis perfectiones, quibus homo disponitur ad hoc quod bene sequatur instinctum divinum. Unde in his in quibus non sufficit instinctus rationis, sed est necessarius Spiritus Sancti instinctus, per consequens est necessarium donum. Ratio autem hominis est perfecta dupliciter a Deo, primo quidem, naturali perfectione, scilicet secundum lumen naturale rationis; alio modo, quadam supernaturali perfectione, per virtutes theologicas, ut dictum est supra.
  Et quamvis haec secunda perfectio sit maior quam prima, tamen prima perfectiori modo habetur ab homine quam secunda, nam prima habetur ab homine quasi plena possessio, secunda autem habetur quasi imperfecta; imperfecte enim diligimus et cognoscimus Deum. Manifestum est autem quod unumquodque quod perfecte habet naturam vel formam aliquam aut virtutem, potest per se secundum illam operari, non tamen exclusa operatione Dei, qui in omni natura et voluntate interius operatur. Sed id quod imperfecte habet naturam aliquam vel formam aut virtutem, non potest per se operari, nisi ab altero moveatur. Sicut sol, quia est perfecte lucidus, per seipsum potest illuminare, luna autem, in qua est imperfecte natura lucis, non illuminat nisi illuminata. Medicus etiam, qui perfecte novit artem medicinae, potest per se operari, sed discipulus eius, qui nondum est plene instructus, non potest per se operari, nisi ab eo instruatur » (Iª IIᵃᵉ, q. 68, a. 2, c.).
21 V. *supra*, note 8.

pourrait canoniser personne, puisque l'on demande pour la canonisation le degré héroïque des vertus infuses[22], ce qui, dans cette perspective, ne saurait exister !

Ajoutons encore que dans ce texte, lorsqu'il insinue que les vertus héroïques sont des vertus divines, parce que tirant leur origine d'une motion divine, saint Thomas, qui en avait cependant donné une interprétation correcte dans le commentaire aux *Sentences*[23], commet, consciemment ou non, un contresens absolu sur le θείαν qui, chez Aristote, caractérise la vertu héroïque[24] : Aristote ne veut pas dire, en effet, que la vertu héroïque est donnée par la divinité, mais que celui qui pratique les vertus au degré héroïque est digne d'être appelé dieu[25].

---

22 « Heroicae virtutis genus divinum et theologicum ad eas tantum virtutes coarctatur, quas supra omnem naturae exigentiam Deus animabus nostris infundit in ordine ad objectum seu finem supranaturalem » (Benedictus XIV, *De servorum Dei beatificatione et beatorum canonizatione*, l. 3, c. 21, n. 9 [*ed. Prat.*, p. 213b]).

23 « […] Philosophus, in 7 Ethic., contra virtutem simpliciter dividit virtutem heroicam, quam divinam dicit, eo quod per excellentiam virtutis homo fit quasi Deus » (*Super 3 Sent.*, d. 34, q. 1, a. 1, c. [Moos, p. 1114]).

24 On remarquera que la traduction latine utilisée par saint Thomas ne suggère en aucune façon une telle erreur, mais reproduit fidèlement (*de verbo ad verbum*) le texte d'Aristote (v. *supra* note 9).

25 En effet, la citation d'Homère me semble interdire d'interpréter la vertu héroïque comme un don de la divinité. Homère dit simplement qu'Hector semblait un dieu. Et l'on pourrait dire, sans montrer une complaisance excessive pour le paradoxe, que ce qui est vrai, c'est le contraire de ce qu'insinue ici saint Thomas : le héros grec devient tel quand il s'oppose à la méchanceté, à la jalousie (φθόνος) des dieux et, surtout, quand il s'y oppose par le mépris envers le dieu injuste qui le persécute et la fidélité héroïque à soi-même (v., à ce propos, A.-J. Festugière, *La sainteté*, Paris, Presses Universitaires de France ["Mythes et religions"], 1949², pp. 27–57). – Sur le rôle de la divinité dans la morale d'Aristote, comme on sait, les opinions des érudits sont partagées ; les uns, comme Werner Jaeger ou Willem J. Verdenius, soutiennent que, pour le Stagirite, la divinité joue un rôle effectif dans la vie morale de l'homme ; les autres, comme Franz Dirlmeier, H. von Armin, Ingemar Düring, affirment que, quand Aristote parle de la « contemplation de dieu », il faut comprendre « l'activité spéculative de la raison ». Enrico Berti pense que « probablement, les deux interprétations sont vraies, étant donné que, pour Aristote, la sagesse est, par elle-même, quelque chose de divin et, en même temps, a le dieu, c'est-à-dire Dieu, comme objet, Dieu étant une des causes première dont elle est science » (Enrico Berti, *Profilo di Aristotele*, Roma, Studium ["Nuova Universale"], 1979, pp. 267–268). – C'est aussi le lieu ici pour déplorer l'introduction du mot « héroïque » dans le vocabulaire de la théologie chrétienne. Il ne fait aucun doute, en effet, que ce mot, dans l'antiquité – tout au moins à partir de l'époque post-homérique, puisque, comme le note Chantraine, dans la Grèce archaïque, le mot ἥρως semble être simplement « un terme de respect et de politesse : "sire", etc. » (Pierre Chantraine, *Dictionnaire étymologique de la langue grecque*, nouv. éd., Paris, Klincksieck, 1999, p. 417a) – et encore de nos jours, ce mot, dis-je, évoque celui qui, à l'aide de ses seules forces, fait des choses extraordinaires, surhumaines ; le saint, en revanche, est celui qui fait ces choses par la grâce de Dieu : l'opposition ne saurait être plus radicale (il faut regretter que le P. Festugière ait méconnu ce point fondamental dans le livre, par ailleurs très érudit et fort stimulant, que nous venons de citer). Saint Augustin est témoin de la répugnance des chrétiens de son époque à appeler « héros » les martyrs, répugnance qui se reflète dans la *ecclesiastica loquendi consuetudo* (v. *De civitate Dei*, l. 10, c. 21) et Benoît XIV dit très justement, en commentant ce passage de saint Augustin :

> Herois nomen inanem quamdam gloriam praeseferre consuevisse, quam viri sancti spernebant, et a qua religio christiana abhorrebat; quo sensu S. Augustinus ait, se Martyres nostros fuisse Heroas appellaturum, si Ecclesiastica loquendi consuetudo pateretur (Benedictus XIV, *De servorum Dei beatificatione et beatorum canonizatione*, l. 3, c. 21, n. 8 [ed. Prat., p. 213a] – À dire vrai, le motif que donne saint Augustin de l'aversion envers ce mot est tout autre que celui insinué par le pape Lambertini; voici le texte de saint Augustin : « hoc enim nomen a Iunone dicitur tractum, quod graece Iuno ῞Ηρα appellatur, et ideo nescio quis filius eius secundum Graecorum fabulas Heros fuerit nuncupatus, hoc uidelicet ueluti mysticum signifi-

Quelque mois plus tard, saint Thomas se montre tout à fait explicite, bien qu'il tienne à indiquer que ce qu'il affirme est seulement son opinion (ce qui n'est pas si fréquent dans ses écrits). Devant préciser le rapport entre les vices de « saevitas » et de « crudelitas », il écrit :

> [...] clementia est virtus humana, unde directe sibi opponitur crudelitas, quae est malitia humana. Sed saevitia vel feritas continetur sub bestialitate. Unde non directe opponitur clementiae, sed superexcellentiori virtuti, quam Philosophus vocat heroicam vel divinam, quae secundum nos videtur pertinere ad dona Spiritus Sancti. Unde potest dici quod saevitia directe opponitur dono pietatis (II^a II^ae, q. 159, a. 2, ad 1^m).

Nous sommes donc là devant ce qui peut sembler le point d'arrivée du travail de gestation que nous venons de retracer : les vertus héroïques sont les dons du Saint-Esprit. Mais, en fait, le parcours n'est pas achevé et nous assistons, peu de temps après, à une totale palinodie. Au début de la III^a Pars, rédigée encore, à ce que l'on pense, à Paris, dans les premiers mois de l'année 1272, saint Thomas a changé d'avis et exprime sa nouvelle (et définitive) opinion sans aucune ambiguïté. À l'objection qui disait :

> [...] secundum Philosophum, VII Ethic., virtus dividitur contra quendam heroicum sive divinum habitum, qui attribuitur hominibus divinis. Hoc autem maxime convenit Christo. Ergo Christus non habuit virtutes, sed aliquid altius virtute (III^a, q. 159, a. 2, ad 1^m),

il répond, de façon très catégorique :

> [...] habitus ille heroicus vel divinus non differt a virtute communiter dicta nisi secundum perfectiorem modum, inquantum scilicet aliquis est dispositus ad bonum quodam altiori modo quam communiter omnibus competat. Unde per hoc non ostenditur quod Christus non habuit virtutes, sed quod habuit eas perfectissime, ultra communem modum. Sicut etiam Plotinus posuit quendam sublimem modum virtutum, quas esse dixit purgati animi (*Ibid.*, ad 2^m).

Voici donc qu'ici saint Thomas réintègre l'« habitus heroicus » parmi les vertus, découvrant entre les vertus communes et les vertus héroïques une seule distinction de degré et identifiant la vertu héroïque, reçue d'Aristote, à la vertu *iam purgati animi*[26], reçue de Plotin, par l'intermédiaire de Macrobe, et qu'il avait commentée

---

cante fabula, quod aer Iunoni deputetur, ubi uolunt cum daemonibus heroas habitare, quo nomine appellant alicuius meriti animas defunctorum. Sed a contrario martyres nostri heroes nuncuparentur, si, ut dixi, usus ecclesiastici sermonis admitteret, non quo eis esset cum daemonibus in aere societas, sed quod eosdem daemones, id est aerias uincerent potestates et in eis ipsam, quidquid putatur significare, Iunonem, quae non usquequaque inconuenienter a poetis inducitur inimica uirtutibus et caelum petentibus fortibus inuida » [CCLat 47, p. 295]).

26 Hofmann affirme, sans donner aucune justification :
Der letzte Satz will nur die Tatsache der Anerkennung höherer Tugenden vergleichen, nicht etwa die heroische Tugend mit der plotinischen virtus purgati animi identifizieren (Rudolf HOFMANN, *Die heroische Tugend*, cit., p. 63, note 62).
Il nous semble qu'une telle interpétation ne rend pas compte du mouvement du texte, ni de l'influence de la position de saint Albert (v. note suivante). Il est probable que Hofmann ait émis cette opinion en pensant au fait que, si les thomistes ont défendu une identité stricte entre vertu héroïque et vertu *purgati animi*, d'autres – et, parmi eux, Benoît XIV, comme nous le verrons bientôt (*infra*, p. 15) – ont mitigé cette position et ont soutenu que la vertu héroïque pouvait se trouver aussi dans une âme pas tout à fait purgée.

dans la I^a II^{ae}[27]. Avoir mis en relation ces deux perspectives a permis à notre Docteur de donner une forme plus satisfaisante et plus assurée à sa doctrine et cela nous impose, pour compléter notre connaissance de la vertu héroïque, de recourir à l'article 5 de la question 61 de la I^a II^{ae}, où saint Thomas se demande si c'est de façon convenable que l'on divise les vertus cardinales en vertus exemplaires, vertus de l'âme purgée, vertus purgatoires et vertus politiques et répond ainsi :

> [...] sicut Augustinus dicit in libro *De moribus eccles.* [c. 6], oportet quod anima aliquid sequatur, ad hoc quod ei possit virtus innasci, et hoc Deus est, quem si sequimur, bene vivimus. Oportet igitur quod exemplar humanae virtutis in Deo praeexistat, sicut et in eo praeexistunt omnium rerum rationes. Sic igitur virtus potest considerari vel prout est exemplariter in Deo, et sic dicuntur virtutes exemplares. Ita scilicet quod ipsa divina mens in Deo dicatur prudentia; temperantia vero, conversio divinae intentionis ad seipsum, sicut in nobis temperantia dicitur per hoc quod concupiscibilis conformatur rationi; fortitudo autem Dei est eius immutabilitas; iustitia vero Dei est observatio legis aeternae in suis operibus, sicut Plotinus [cf. Macrobium, *In somn. Scipion.*, l. 1, c. 8] dixit.
>
> Et quia homo secundum suam naturam est animal politicum, virtutes huiusmodi, prout in homine existunt secundum conditionem suae naturae, politicae vocantur, prout scilicet homo secundum has virtutes recte se habet in rebus humanis gerendis. Secundum quem modum hactenus de his virtutibus locuti sumus.
>
> Sed quia ad hominem pertinet ut etiam ad divina se trahat quantum potest, ut etiam Philosophus dicit, in X *Ethic.* [c. 7]; et hoc nobis in sacra Scriptura multipliciter commendatur, ut est illud *Matth.* V [48], « estote perfecti, sicut et pater vester caelestis perfectus est », necesse est ponere quasdam virtutes medias inter politicas, quae sunt virtutes humanae, et exemplares, quae sunt virtutes divinae. Quae quidem virtutes distinguuntur secundum diversitatem motus et termini.
>
> Ita scilicet quod quaedam sunt virtutes transeuntium et in divinam similitudinem tendentium, et hae vocantur virtutes purgatoriae. Ita scilicet quod prudentia omnia mundana divinorum contemplatione despiciat, omnemque animae cogitationem in divina sola dirigat; temperantia vero relinquat, inquantum natura patitur, quae corporis usus requirit; fortitudinis autem est ut anima non terreatur propter excessum a corpore, et accessum ad superna; iustitia vero est ut tota anima consentiat ad huius propositi viam.
>
> Quaedam vero sunt virtutes iam assequentium divinam similitudinem, quae vocantur virtutes iam purgati animi. Ita scilicet quod prudentia sola divina intueatur; temperantia terrenas cupiditates nesciat; fortitudo passiones ignoret; iustitia cum divina mente perpetuo foedere societur, eam scilicet imitando. Quas quidem virtutes dicimus esse beatorum, vel aliquorum in hac vita perfectissimorum (I^a II^{ae}, q. 61, a. 5, c.).

---

27 Il vaut la peine de remarquer que dans le commentaire à l'Éthique, que saint Thomas avait copié quand il était son élève, saint Albert identifiait déjà la vertu héroïque avec la vertu *purgati animi* :
   [...] quando ratio omnino suppeditat huiusmodi passiones, ita quod non sentiat eas, et hoc fit per divinam quandam et heroicam virtutem, per quam aliquis imitatur divinam aequalitatem secundum remotionem a perturbatione passionum. Et hanc etiam DICIT heroicam quandam, quia qui ad regendum alios praeponuntur, quasi dii, hac virtute pollere debent, ut sicut sunt super alios regiminis officio, ita excedant dignitate virtutis. Et has virtutes vocat Macrobius [*In somnium Scipionis*, l. 1, c. 8, n. 9] purgati animi, quibus ad divinam similitudinem ascendatur. Dicit Tullius in II Paradoxa [*Parad. Stoicorum*, l. 1, c. 2, n. 11]: 'Quibus', inquit, 'gradibus Romulus ascendit in caelum? His quae isti bona appellant' sicut corporalibus bonis, 'aut rebus gestis atque virtutibus'? Quasi dicat virtutibus; 'ascendere enim in caelum' dicit ad aequalitatem dei per imitationem virtutis attingere (S. Albertus Magnus, *Super Ethicam*, l. 7, lect. 1 [ed. Col., t. 14, p. 514a]).

À PROPOS DE L'HÉROÏCITÉ DES VERTUS

Nous avons pensé qu'il était bon de citer dans son intégralité, malgré sa longueur, le corpus de cet article 5, parce que nous trouvons ici, dans son contexte plus large et bien que le mot « héroïque » ne soit pas prononcé, la description la plus complète (même si elle reste assez succincte) que saint Thomas ait faite de la vertu héroïque : c'est un degré si parfait de vertu, qu'il ne laisse subsister aucune place pour la tentation[28] et donc pour le combat intérieur contre celle-ci.

Et un passage du *Commentaire sur l'évangile de saint Matthieu* – commentaire que l'on peut dater de l'année 1269–1270 – apporte les précisions ultimes à cette position définitive de saint Thomas :

> [...] Philosophus distinguit duplex genus virtutis: unum communis, quae perficit hominem humano modo; aliud specialis, quam vocat heroicam, quae perficit supra humanum modum. Quando enim fortis timet ubi est timendum, istud est virtus; sed si non timeret, esset vitium. Si autem in nullo timeret *confisus Dei auxilio*, ista virtus esset supra humanum modum: et istae virtutes vocantur divinae. Isti ergo actus sunt perfecti, et virtus etiam, secundum Philosophum, est operatio perfecta. Ergo ista merita vel sunt actus donorum, vel actus virtutum secundum quod perficiuntur a donis (*Super Matthaeum*, c. 5 [Mar., n. 410 – c'est nous qui soulignons]).

Deux points, selon nous, sont à remarquer dans ce texte. D'un côté, il met bien en évidence, ce que l'on pressentait dans tous les textes que nous avons cité, à savoir que seules les vertus infuses peuvent devenir des vertus héroïques ou plutôt, pour être plus précis, que les vertus acquises peuvent, elles aussi, acquérir leur perfection (c'est-à-dire l'héroïcité) seulement si elles bénéficient d'une « aide divine », qui suppose la grâce habituelle[29]. De l'autre côté, notre Docteur s'emploie à organiser de

---

28 ou, pour mieux dire et avec plus de précision : qui ne laisse aucune place à la tentation *ab intrinseco*, c'est-à-dire à la tentation qui vient de la chair, puisque toutes les puissances inférieures sont parfaitement contrôlées par la raison, mais où il reste, évidemment, la possibilité d'une tentation *ab extrinseco*, de la part du démon, sans que, d'ailleurs, celle-ci ait la moindre chance de succès, puisqu'elle ne trouve aucune complicité en celui qui est tenté : c'est ainsi que le Christ a été tenté au désert (cf. III^{am}, q. 41, a. 1, ad 3^m).

29 « in statu naturae integrae, quantum ad sufficientiam operativae virtutis, poterat homo per sua naturalia velle et operari bonum suae naturae proportionatum, quale est bonum virtutis acquisitae, non autem bonum superexcedens, quale est bonum virtutis infusae. Sed in statu naturae corruptae etiam deficit homo ab hoc quod secundum suam naturam potest, ut non possit totum huiusmodi bonum implere per sua naturalia. Quia tamen natura humana per peccatum non est totaliter corrupta, ut scilicet toto bono naturae privetur; potest quidem etiam in statu naturae corruptae, per virtutem suae naturae aliquod bonum particulare agere, sicut aedificare domos, plantare vineas, et alia huiusmodi; non tamen totum bonum sibi connaturale, ita quod in nullo deficiat. Sicut homo infirmus potest per seipsum aliquem motum habere; non tamen perfecte potest moveri motu hominis sani, nisi sanetur auxilio medicinae. Sic igitur virtute gratuita superaddita virtuti naturae indiget homo in statu naturae integrae quantum ad unum, scilicet ad operandum et volendum bonum supernaturale. Sed in statu naturae corruptae, quantum ad duo, scilicet ut sanetur; et ulterius ut bonum supernaturalis virtutis operetur, quod est meritorium » (I^a II^{ae}, q. 109, a. 2, c.).

Cela implique – et l'on comprend bien que saint Thomas ait hésité à le dire *expressis verbis* –, cela implique, dis-je, que les vertus qu'Aristote appelle héroïques, en réalité ne le sont pas ! – Il est vrai, cependant, que l'on pourrait se demander si, dans la perspective même de saint Thomas, il ne s'agit pas ici, lorsqu'il parle de l'homme laissé à ses propres forces débilitées par le péché originel, mais cependant partiellement vertueux, d'une vue plus théorique que concrètement réalisée, puisque, comme il l'enseigne dans un texte célèbre, si l'homme, lorsqu'il a atteint l'âge du discernement, choisit d'orienter sa vie vers le bien, il reçoit la grâce qui efface le péché originel et donc le

façon cohérente ce qu'il avait dit jusqu'ici relativement au rapport de l'héroïcité aux dons du Saint-Esprit ou aux vertus. Si je comprends bien ce qui est ici sous-entendu ou insinué[30], il est nécessaire, tout d'abord, de bien distinguer deux sortes d'*habitus* : les vertus, d'un côté, et les dons, de l'autre ; il faut, ensuite, bien distinguer les *habitus* eux-mêmes de leur passage à l'acte et c'est seulement dans son actuation qu'une vertu peut être perfectionnée par un don : comme nous l'avons vu, les vertus théologales ne sont pas assez parfaites par elles-mêmes pour que la raison puisse les faire passer à l'acte sans la motion de l'Esprit-Saint[31]. Pour saint Thomas, donc, un acte héroïque peut avoir deux origines possibles : ou bien un don du Saint-Esprit ou bien une vertu (elle-même perfectionnée dans son actualisation par le don du Saint-Esprit correspondant). Autrement dit, la vertu héroïque est et reste vertu, c'est-à-dire disposition stable sur laquelle j'ai tout empire et que j'utilise comme je veux et quand je veux, selon le jugement de ma raison[32], mais il y a d'autres actes héroïques qui ne dépendent pas de la vertu, mais qui naissent dans le saint, sans être précédés de la délibération de la raison, sous la poussée de l'instinct donné par le Saint-Esprit. Tel me semble être le dernier état de la réflexion de saint Thomas sur l'héroïcité : *vel actus donorum, vel actus virtutum secundum quod perficiuntur a donis*[33].

---

justifie (Iᵃ IIᵃᵉ, q. 89, a. 6, c. ; sur quoi v., entre autres, Jacques MARITAIN, « La dialectique immanente du premier acte de liberté », in *Raison et raisons*, Paris, Librairie Universelle de France / Fribourg [Suisse], Egloff, 1948, pp. 131–156), si bien que les païens qui ignoraient le Christ ont pu avoir accès à la grâce du salut et recevoir ces aides divines qui non seulement leur ont donné les vertus infuses, mais ont aussi perfectionné leurs vertus acquises et, pourquoi pas ?, parfois jusqu'à l'héroïcité.

30 Mais il faut sans doute tenir compte du fait que nous nous trouvons devant une *reportatio* et que, vraisemblablement, saint Thomas avait été plus explicite dans son exposition orale.

31 V. *supra*, p. 6 – Une question, toutefois, se présente : les vertus qui ont besoin d'être perfectionnées par les dons du Saint-Esprit sont-elles seulement les trois vertus théologales, ou bien toutes les vertus infuses ? En Iᵃ IIᵃᵉ, q. 68, a. 2, saint Thomas donne comme raison de la nécessité de l'aide du don du Saint-Esprit le fait que les vertus théologales ont une fin surnaturelle, mais cela est vrai aussi des vertus infuses. Saint Thomas, que je sache, n'a pas examiné le problème (v. cependant, p. ex., IIᵃ IIᵃᵉ, q. 81, a. 5, c.), mais il me semble que la solution ne fait pas de difficulté : les vertus théologales ont pour fin propre la fin surnaturelle ; les vertus morales infuses, elles, ont la même fin propre que les vertus acquises, mais non la même fin ultime. Pour atteindre leur fin propre, donc, les vertus morales infuses n'ont pas besoin du don du Saint-Esprit ; par exemple, la piété naturelle a pour fin le service et le respect à l'égard des parents et de la patrie ; cette fin, la vertu acquise l'atteint en tant qu'elle est conforme à la raison et la piété infuse l'atteint en tant qu'elle est commandée par Dieu, mais c'est toujours la même fin, dont l'atteinte ne dépasse pas les forces de la nature humaine. Cela n'empêche pas, évidemment, que, selon saint Thomas, les vertus infuses ne soient normalement perfectionnées et aidées dans leurs actes par les dons correspondants du Saint-Esprit (mais v. *infra*, note 33).

32 « quantumcumque aliqua virtus efficaciam habeat, flexibilitatem a libero arbitrio non tollit, dum est in statu viae » (*Super 4 Sent.*, d. 14, q. 1, a. 4, qᵃ 1, c. [Moos, p. 609] ; cf. *ibid.*, ad 1ᵐ).

33 Ce qui n'implique pas nécessairement que cette ultime élaboration soit complètement satisfaisante. Il me semble, en effet, que le problème n'est que déplacé : on essaie, en effet, de respecter la distinction fondamentale entre vertu et don, distinction qui a été exposée en Iᵃ IIᵃᵉ, q. 68, a, 1 : « virtus, secundum quod procedit ex iudicio rationis, [...] donum secundum quod operatur ex instinctu divino » (ad 4ᵐ), mais, sauf erreur de ma part, saint Thomas n'explique pas comment il est possible, comme il l'affirme à propos de plusieurs vertus, que le don perfectionne la vertu. La vertu ne perdrait-elle pas alors sa raison de vertu ? Comment deux principes inconciliables (raison et instinct) peuvent-ils coopérer ? On pourrait bien sûr imaginer, à la rigueur, que la raison juge de l'authenticité d'une inspiration du Saint-Esprit, mais, outre le fait que cette hypothèse semble difficile à accorder avec la nature du don, dont le rôle est précisément de rendre docile à l'inspiration et non de pousser à examiner celle-ci à l'aune de la raison, comme saint Thomas lui-même l'enseigne à la suite d'Aristote :

Benoît XIV

Le concept de vertu héroïque qui sera retenu dans les causes des saints dépend directement de l'élaboration de saint Thomas, même s'il est quelque peu mitigé[34]. Voici comment Benoît XIV définit la vertu héroïqu

> [...] Philosophus etiam dicit in cap. *De Bona Fortuna* [*Eth. Eudem.*, l. 7, c. 14, n. 22 (1248a32)] quod his qui moventur per instinctum divinum non expedit consiliari secundum rationem humanam, sed quod sequantur instinctum ; quia moventur a meliori principio quam sit ratio humana (Iª IIªᵉ, q. 68, a. 1, c.),

outre cela, donc, dans le cas d'un examen de l'inspiration par la raison, on ne voit pas le rôle que jouerait la vertu correspondant au don et en quoi celui-ci la perfectionnerait : si l'examen est favorable, le sujet passe à l'acte sans qu'il soit besoin de déranger pour cela la vertu correspondant au don. D'autre part, si on lit attentivement les lignes suivantes, qui me semblent être celles où saint Thomas s'approche le plus du problème que nous examinons, je ne pense pas que l'on puisse y reconnaître de façon indubitable l'affirmation d'un perfectionnement intérieur de la vertu par le don, mais plutôt celle d'une sorte de suppléance extérieure du don qui permet d'atteindre la fin que la vertu n'est pas capable d'atteindre :

> [...] in ordine ad finem ultimum supranaturalem, ad quem ratio movet secundum quod est aliqualiter et imperfecte formata per virtutes theologicas, non sufficit ipsa motio rationis, nisi desuper adsit instinctus et motio Spiritus Sancti; secundum illud *Rom.*, 8 [14.17]: « Qui Spiritus Dei aguntur, hi filii Dei sunt,... et haeredes »; et in Psalmo 142 [10] dicitur : « Spiritus tuus bonus deducet me in terram rectam », quia scilicet in haereditatem illius terrae beatorum nullus potest pervenire, nisi moveatur et deducatur a Spiritu Sancto. Et ideo ad ultimum finem consequendum, necessarium est homini habere donum Spiritus Sancti (Iª IIªᵉ, q. 68, a. 2, c. – On remarquera d'ailleurs que, dans l'ad 2ᵐ de ce même article, saint Thomas ne dit pas que le don meut la vertu, mais que le don meut l'homme).

Peut-être pourrait-on penser trouver un début de solution en faisant du don non pas proprement la cause efficiente de l'atteinte de la fin surnaturelle, mais, comme semble y inviter l'ad 3ᵐ, la cause *removens prohibens* de cette atteinte, en sorte que la raison, libérée par le don de ses défauts, pourrait alors atteindre la fin surnaturelle. Mais ce serait ne pas tenir compte du fait qu'il ne s'agit pas, pour le don, de détruire ces défauts et de nous restituer une raison infaillible, mais simplement de nous en mettre à l'abri quand, grâce à lui, nous suivons convenablement l'inspiration du Saint-Esprit : « dona Spiritus Sancti, quae faciunt nos bene sequentes instinctus ipsius, dicuntur contra huiusmodi defectus dari ».

Benoît XIV examine assez rapidement la question du rapport entre les vertus héroïques et les dons du Saint-Esprit : pour qui ne faisait certes pas de la concision la vertu principale de ses écrits, on avouera qu'une page et quelques lignes sont vraiment bien peu (BENEDICTUS XIV, *De servorum Dei...*, *cit.*, l. 3, c. 22, n. 1 [*ed. cit.*, pp. 222a–223b]) ! Il expose l'opinion commune qui se réclame de saint Thomas et selon laquelle les dons du Saint-Esprit font l'héroïcité de la vertu et l'opinion contraire de Maderna (le Barnabite Alessandro Maderno, 1617–1685, que notre A. appelle, je ne sais pourquoi, Maderna), mais il montre sa faveur pour l'opinion commune en citant un long passage du Jésuite Bernardino Rossignoli (1547–1613), qui cependant ne me semble pas affirmer ce que le pape veut lui faire dire. – À propos du peu d'intérêt marqué par Benoît XIV pour les dons du Saint-Esprit, on pourra remarquer que son contemporain Charles-René Billuart (O. P., 1685–1757), dans son célèbre manuel (qui, dans l'édition que je cite, ne compte pas moins de dix volumes, imprimés en corps 9), saute à pieds joints l'examen des dons du Saint-Esprit (ainsi que celui des béatitudes et des fruits du Saint-Esprit) en déclarant tout uniment :

> Et haec pauca de passionibus et virtutibus instituto nostro sufficiant : qui plura scire cupit, legat Auctorem [*sc.* S. Thomam] late de istis materiis tractantem, item de septem donis Spiritus sancti, de octo beatitudinibus, et de duodecim fructibus Spiritus sancti, usque ad quaest. 71 (Carolus Renatus BILLUART, *Summa sancti Thomae hodiernis academiarum moribus accommodata*, Parisiis, apud Victorem Lecoffre, 1904, t. 4, p. 273b).

34 Résumant le cardinal de Aguirre (José Sáenz de Aguirre, O. S. B., 1630–1699), selon qui ceux qui ont la vertu au degré héroïque « dicuntur effecti consortes divinae naturae, juxta illud 2. *Petri* 1. 4. et dicuntur habere similitudinem cum Christo, uti loquuntur S. Thomas *in libro moralium cap.* 3

[...] virtus christiana, ut sit heroica, efficere debet, ut eam habens operetur expedite, prompte, et delectabiliter supra communem modum ex fine supernaturali, et sic sine humano ratiocinio, cum abnegatione operantis, et affectuum subjectione (BENEDICTUS XIV, *De servorum Dei..., cit.*, l. 3, c. 22, n. 1 [*ed. cit.*, p. 222ab]).

Cette définition appelle plusieurs remarques. En premier lieu, « expedite, prompte et delectabiliter[35] » indiquent des caractéristiques qui ne sont pas propres à la vertu héroïque, mais qui appartiennent à tout acte de vraie vertu[36] (de cette vertu que saint Thomas appelle parfaite[37]) : « de conditione virtutis est ut virtuosus et firmiter et delectabiliter operetur » (*Contra Gentiles*, l. 3, c. 116). En deuxième lieu, « ex fine supernaturali » souligne que, comme nous l'avons vu (v. *supra*, note 22), les vertus dont il s'agit sont les vertus infuses. En troisième lieu, on nous dit que la vertu héroïque opère sans intervention de la raison (« sine humano ratiocinio »)[38], ce qui en

---

et S. Bonaventura *in 3. sent. dist.* 34. *qu.* 1. », Benoît XIV ajoute : « Quae tamen cum grano salis, uti dicitur, intelligenda sunt; [...] cum perfecta participatio et similitudo Dei, et Christi sit omnino impossibilis; et quantacumque sit hominis perfectio, semper immensum quid atque infinitum sit illud, quo creatura distat a Creatore » (BENEDICTUS XIV, *De servorum Dei beatificatione et beatorum canonizatione*, l. 3, c. 21, n. 9 [*ed. Prat.*, p. 214a]).

35 Saint Thomas dit « prompte et delectabiliter » (Iᵃ IIᵃᵉ, q. 107, a. 4, c. ; IIᵃ IIᵃᵉ, q. 32, a. 1, ad 1ᵐ ; *QQ. DD. de virtutibus*, q. 2, a. 5, arg. 10), « delectabiliter et sine difficultate » (IIIᵃ, q. 89, ad 3ᵐ), « faciliter et delectabiliter » (*Super 2 Sent.*, d. 27, a. 1, c. ; IIIᵃ, q. 69, a. 4, arg. 3) ; « connaturaliter et faciliter et delectabiliter » (*Contra Gentiles*, l. 3, c. 150) ; « expedite, firmiter et delectabiliter » (*QQ. DD. de virtutibus*, q. 1, a. 1, ad 13ᵐ), etc., et il utilise aussi « delectabiliter » seul (p. ex., Iᵃ IIᵃᵉ, q. 32, a. 6, c.).
36 « [...] aliquid dicitur esse actus virtutis dupliciter. Uno modo, materialiter, sicut actus iustitiae est facere iusta. Et talis actus virtutis potest esse sine virtute, multi enim non habentes habitum iustitiae iusta operantur, vel ex naturali ratione, vel ex timore sive ex spe aliquid adipiscendi. Alio modo dicitur esse aliquid actus virtutis formaliter, sicut actus iustitiae est actio iusta eo modo quo iustus facit, scilicet *prompte et delectabiliter*. Et hoc modo actus virtutis non est sine virtute. Secundum hoc ergo dare eleemosynas materialiter potest esse sine caritate, formaliter autem eleemosynas dare, idest propter Deum, *delectabiliter et prompte* et omni eo modo quo debet, non est sine caritate » (IIᵃ IIᵃᵉ, q. 32, a. 1, ad 1ᵐ [c'est nous qui soulignons]).
37 « [...] virtus moralis potest accipi vel perfecta vel imperfecta. Imperfecta quidem moralis virtus, ut temperantia vel fortitudo, nihil aliud est quam aliqua inclinatio in nobis existens ad opus aliquod de genere bonorum faciendum, sive talis inclinatio sit in nobis a natura, sive ex assuetudine. [...] Perfecta autem virtus moralis est habitus inclinans in bonum opus bene agendum » (Iᵃ IIᵃᵉ, q. 65, a. 1, c.).
38 Cette expression renvoie probablement à un texte de saint Thomas : « Et Philosophus etiam dicit in cap. *De Bona Fortuna* [*Ethica Eudemia*, l. 8, c. 2 (1248a32–b3)] quod his qui moventur per instinctum divinum non expedit consiliari secundum rationem humanam, sed quod sequantur interiorem instinctum » (Iᵃ IIᵃᵉ, q. 68, a. 1, c.), mais, précisément, cela est dit des dons du Saint-Esprit et non des vertus ! – On constate ici comment la tradition théologique a accumulé tout ce que l'on peut trouver dans saint Thomas (et dans quelques autres) sur les vertus héroïques sans chercher vraiment à organiser ce matériel et est arrivée ainsi à une construction incohérente, puisqu'une vertu dans l'exercice de laquelle n'interviendrait pas la prudence (et donc le *ratiocinium*) ne serait plus une vertu : « [...] prudentia adiuvet omnes virtutes, et in omnibus operetur » (IIᵃ IIᵃᵉ, q. 47, a. 5, ad 2ᵐ). Ce point, pourtant fondamental, ne me semble pas avoir été mis en lumière par les études sur l'histoire de la notion de vertu héroïque. – Et il n'est pas impossible que, dans ce glissement de la vertu héroïque vers l'irrationnel, ait joué un certain rôle le concept « profane » et « militaire » d'héroïsme qui se développe à partir de la Renaissance et voit dans l'héroïsme un acte impulsif, absolument étranger à toute délibération, fruit d'un état d'exaltation irrationnelle (et que l'on cherchait à favoriser, chez les soldats, par la distribution d'alcool avant la bataille). C'est en ce sens qu'Abel Hermant a pu dire, dans une formule restée fameuse, « L'héroïsme n'exige aucune maturité d'esprit » (Abel HERMANT, *Xavier, ou les entretiens sur la grammaire française*, Paris, Le Livre, 1923, p. 123) et que Marcel Pagnol a pu constater : « L'héroïsme, c'est comme le soufflé au fromage : ça ne supporte pas très bien l'attente » (Marcel PAGNOL, *Le temps des amours*, in *Œuvres complètes*, vol. 3,

ferait, comme nous venons de le voir, non plus une vertu, mais un don du Saint-Esprit (v. *supra*, p. 12). En quatrième lieu, la définition précise que la vertu héroïque demande l'abnégation de celui qui la pratique et la soumission des passions ; ce sont là des caractéristiques qui ne demandent pas d'explications particulières (et, de fait, Benoît XIV ne les commente pas), mais qui doivent être présentes aussi dans la vertu « normale ». Si bien qu'en fin de compte il reste que la seule vraie différence (comme on dit dans l'École) de la vertu héroïque consiste en ce qu'elle est « supra communem modum », comme Benoît XIV lui-même le reconnaît :

> [...] habitus heroicus et divinus non differt a virtute communiter dicta, nisi secundum perfectiorem modum, in quantum scilicet aliquis est dispositus ad bonum quodam altiori modo, quam communiter omnibus competat (BENEDICTUS XIV, *De servorum Dei...*, *cit.*, l. 3, c. 22, n. 8 [*ed. cit.*, p. 229a]).

En outre, il est nécessaire de préciser qu'alors que les thomistes interprétaient généralement, en suivant le texte de saint Thomas cité plus haut, la vertu héroïque comme vertu de l'âme purgée, c'est-à-dire totalement libérée de l'influence des passions[39], Benoît XIV, bien qu'il affirme que le « supra communem modum » doive être entendu comme « supremu[s] ille ap[ex], quo aliquis longissime supergreditur bonitatem aliorum justorum, qui lentiori conatu ad perfectionem christianam aspirant[40] », fait sienne l'opinion selon laquelle « non esse [...] necessarium, ut virtus heroica sit virtus purgati animi [...]. Uno verbo, promptitudo, alacritas, et delectatio, quae requiruntur, ut quis heroice operari dicatur, non excludunt passiones, sed cum eis cohaerent, eoque magis si sint in gradu remisso[41] ».

La vertu héroïque, comme la vertu « normale », comme tout *habitus operativus*, se manifeste à travers ses actes[42], qui doivent donc être des actes héroïques. Il faut alors se demander, qu'est-ce qu'un acte héroïque ? Qu'est-ce concrètement qu'un acte qui soit, comme la vertu dont il procède, « supra communem modum » ?

Paris, Éd. de Fallois, 1995, p. 527) ; mais nous sommes ici aux antipodes de la vertu héroïque. – Il reste cependant qu'il faut sans doute faire place, comme nous l'avons vu (v. *supra*, p. 12) aux actes héroïques qui ne sont pas fruits de la vertu héroïque, mais fruits des dons du Saint-Esprit, et qui entretiennent un rapport d'analogie avec l'héroïsme dont parlent les auteurs que nous venons de citer. Mais ce qui est demandé, dans les causes de béatification et canonisation, ce sont les vertus héroïques et ce sont elles, donc, qui doivent ici retenir notre attention, encore qu'il soit bien difficile de juger de l'extérieur si un acte héroïque est fruit de la vertu ou du don ; il faudrait, pour avoir une certitude sur ce point, que le serviteur de Dieu lui-même nous dise si cet acte a été le fruit d'une inspiration subite et irraisonnée ou bien d'un jugement pondéré. On peut toutefois affirmer, sans crainte de se tromper, que, puisque l'essentiel est, dans les causes de canonisation, de prouver – autant que faire se peut – la sainteté de quelqu'un et puisque la sainteté consiste dans l'union avec Dieu, laquelle est réalisée par la grâce sanctifiante, qui est la grâce des vertus et des dons, les dons du Saint-Esprit, par leurs actes, témoignent de la présence de la grâce sanctifiante et si ces actes sont héroïques, ils témoignent d'une sainteté canonisable.

39 Cf., p. ex., l'opinion du P. Antonio Gonzalez (*ex Dominicana familia doctus et diligentissimus Postulator causae S. Rosae de Lima* [BENEDICTUS XIV, *De servorum Dei...*, *cit.*, l. 3, c. 21, n. 10 (*ed. cit*, pp. 214b–215a)]), rapportée par Benoît XIV, *ibid.*, c. 22, n. 4 (*ed. cit.*, p. 225ab).

40 BENEDICTUS XIV, *De servorum Dei...*, *cit.*, l. 3, c. 21, n. 9 (*ed. cit.*, p. 214a).

41 *Ibid.*, c. 22, n. 7 (*ed. cit.*, p. 228a). – Les art. 2 et 3 de la q. 59 de la Iª IIae, que Benoît XIV invoque pour soutenir cette thèse, en réalité ne sont pas *ad rem*.

42 « [...] opera et actus externos [...] de quibus tantum Ecclesia potest ferre iudicium » (BENEDICTUS XIV, *De servorum Dei*, *cit.*, l. 3, c. 23, n. 3 [*ed. cit.*, p. 234b]).

Il semble que ce qui peut rendre extraordinaire un acte vertueux soit la difficulté qu'il comporte pour être posé, son arduité. Et c'est en effet ce que l'on peut conclure des différents exemples que propose Benoît XIV quand il examine l'héroïcité de chacune des vertus. Il en ressort qu'un acte vertueux héroïque est un acte qui met en danger imminent la vie ou la liberté[43], un acte qui met en danger la propre réputation, les propres avoirs ou les propres moyens de subsistance, un acte qui demande un zèle extraordinaire. Mais un acte héroïque peut aussi être une passion héroïque ou, disons mieux, une réaction affective qui manifeste la profondeur d'une vertu : Benoît XIV rapporte que, lorsque la ville de Naples se refusa à accueillir le tribunal de l'Inquisition, le futur saint Gaétan *fere interierit prae dolore*, manifestant ainsi sa foi héroïque[44].

Évidemment, ce que l'on pourrait appeler la physionomie de l'acte héroïque varie selon la vertu en cause. Par exemple, on retint comme acte héroïque de prudence la façon dont usa saint Jérôme Émilien pour combattre ses vices en les vainquant l'un après l'autre[45].

Il faut encore souligner l'importance des circonstances. Vivre dans une cabane, loin de tout, n'a rien d'héroïque pour le sauvage, qui l'a toujours fait, mais peut être héroïque pour le missionnaire[46].

Deux observations doivent être faites ici, eu égard aux causes de béatification et canonisation.

En premier lieu, il faut toujours être attentif à la connexion des vertus : pour prouver l'héroïcité des vertus, de nombreux actes héroïques d'une seule vertu ne

---

43 Benoît XIV raconte comment le Dominicain Michele Ghislieri (le futur saint Pie V), lorsqu'il était inquisiteur à Côme, fut spécialement délégué par le Saint-Siège pour agir contre un certain hérétique, du nom de Planta, qui briguait le siège épiscopal de Coire, contre l'évêque de Bergame, lui aussi *haeretica labe infectus* (il s'agit de Vittore Soranzo), et contre le notaire Giorgio Medolaco (ou Medolago, de la dynastie des notaires bergamasques Vavassori de Medolago), homme très puissant à Bergame, au point que les autres inquisiteurs, terrorisés, s'était abstenus de décréter contre lui les peines encourues ; comment Ghislieri, *spretis carceris et vitae periculis*, porta à bonne fin sa mission et conclut : « merito haec ad Fidei excellentiam pertinere dicta sunt » (Benedictus XIV, *De servorum Dei, cit.*, l. 3, c. 23, n. 9 [*ed. cit.*, p. 237b]).

44 Benedictus XIV, *De servorum Dei, cit.*, l. 3, c. 23, n. 9 [*ed. cit.*, p. 238b]). – Le royaume de Naples se refusa toujours, en allant jusqu'à des soulèvements populaires, à ce qu'y fût établie l'Inquisition espagnole. Ce à quoi fait ici allusion Benoît XIV est probablement l'une ou l'autre des tentatives avortées de Ferdinand II le Catholique ou de son successeur Charles Ier (c'est-à-dire l'empereur Charles-Quint) pour introduire dans le royaume de Naples l'Inquisition « à la mode d'Espagne ».

45 « In relatione causae Servi Dei (nunc Beati) Æmiliani *eod. tit. de Prudentia*, retulerunt [*sc*. Rotae auditores] eum, ut se liberaret a coeno vitiorum, quo erat obrutus, sic rem aggressum esse, ut non omnia simul justo proelio adoriretur, sed quasi singulorum viribus divisione imminutis seorsim bellum inferret, et interitum moliretur; quod feliciter praestitum est, ita ut, uno prostrato, et penitus dejecto, aliud in aciem provocaverit, et, adversae virtutis exercitiis oppugnatione instructa, non prius destiterit, quam, expugnato vitio, virtus in animo sedem constituerit, et ad reliqua pari pugna, victoriaeque cursu perrexerit » (Benedictus XIV, *De servorum Dei, cit.*, l. 3, c. 24, n. 8 [*ed. cit.*, p. 257b]).

46 « [...] operis excellentiam, et ejus arduitatem judicandam esse habita ratione circumstantiarum; si enim ex. gr. puer jejunet, uti legitur de S. Nicolao Myrensi Episcopo; id utique erit excellens, at tale non erit si jejunium fiat ab aliquo jam viro facto; si Rex, aut Princeps infirmis ministret in nosocomio, uti legimus factum a S. Ludovico Rege Galliarum, id habebitur pro opere excellenti, at pro tali non habebitur, si fiat a viro infimae conditionis » (Benedictus XIV, *De servorum Dei, cit.*, l. 3, c. 21, n. 11 [*ed. cit.*, p. 216b]).

suffisent pas, mais il faut des actes héroïques de l'ensemble des différentes vertus, de sorte cependant que des actes héroïques de chaque vertu ne soient pas nécessaires, mais que l'on puisse prouver surtout des actes héroïques de charité (qui est la forme des vertus [infuses])[47] et aussi des actes héroïques de différentes vertus morales, selon la condition du serviteur de Dieu[48].

En second lieu, comme on a pu le voir à l'occasion des exemples que nous avons empruntés à Benoît XIV, le concept d'« acte » admet une certaine élasticité, qui peut aller jusqu'à le faire totalement disparaître : bien que Benoît XIV demande explicitement un nombre consistant d'actes héroïques pour que l'on puisse procéder dans les causes de béatification et canonisation[49], il en arrive à prendre en considération la possibilité de se passer totalement d'actes héroïques proprement dits, en se limitant à ce qui qualifie un acte comme héroïque, à savoir, comme nous l'avons vu, son caractère ardu. Autrement dit, l'héroïcité se manifeste non plus nécesssairement par des actes précisément déterminés, mais aussi à travers une façon de faire (comme dans le cas cité ci-dessus de saint Jérôme Émilien, quoi que l'on pense de sa méthode), un comportement habituel et on arrive ainsi à dispenser d'actes proprement héroïques et à reconnaître une héroïcité pour ainsi dire habituelle, qui consiste dans une constance inaltérable à pratiquer les vertus, constance qui est, par elle-même, fort ardue : on pourrait dire, dans cette perspective, qu'il n'y a certainement rien d'héroïque, par exemple, à pratiquer la chasteté pendant une demi-heure, mais que

---

47 II^a II^{ae}, q. 23, a. 8.

48 « [...] multitudinem actuum, licet heroicorum, satis non esse, ut virtutes Beatificandi, et Canonizandi approbentur; satis enim non est, si ex pluribus heroicis actibus, ex. gr. virtutis fidei heroicus habitus fidei comprobetur, sed ulterius requiritur, ut ex aliis actibus [...] habitus heroici aliarum virtutum theologalium, et cardinalium demonstrentur [...]. Quae tamen sic explicanda sunt et intelligenda, non ut quolibet Beatificando, et Canonizando opus sit, ut probetur existentia virtutum tum theologalium, tum cardinalium in gradu heroico per multiplices heroicos actus ejusdem generis ex unaquaque praedictarum virtutum procedentes; sed ut in omnibus et singulis Beatificandis, et Canonizandis per actus multiplices heroicos probetur existentia virtutum theologalium, et praecipue Charitatis, in gradu heroico; tum quia illi, qui ratione eximiae perfectionis virtutum theologicarum se integre devoverunt Deo ut fini supernaturali, veluti fedelissimi servi, sicuti tota animi contentione se exercent in virtutibus theologicis, ita per illarum illustrationem et imperium eliciunt toto impetu et conatu actiones virtutum moralium, uti loquitur Cardinalis de Aguirre *de virtutibus, et vitiis disp. 12. quaest. 1. sect. 2. n.* 20. tum quia Charitas est vinculum perfectionis [...]; et denique quia ab eminenti Charitate splendor et eminentia aliarum virtutum dependet [...]. Probatis autem [...] virtutibus theologalibus in gradu heroico, necesse est ut probetur virtutum quoque Cardinalium, seu Moralium existentia non semper per actus heroicos, sed quandoque per actus heroicos, quandoque per actus communes, restricta tamen heroicorum necessitate ad eas virtutes in quibus Dei servus, dum viveret, juxta suum statum et conditionem potuit se exercere, quemadmodum deducitur ex doctrina D. Thomae 2. 2. *quaest.* 152. *art.* 3. *ad secundum: Nil enim prohibet, alicui virtuoso suppetere materiam unius virtutis, non autem materiam alterius, sicut pauper habet materiam temperantiae, non autem materiam magnificentiae* » (BENEDICTUS XIV, *De servorum Dei...*, *cit.*, l. 3, c. 21, n. 11 [*ed. cit.*, pp. 217a–218a]).

49 « [...] in re et ad effectum, de quo agitur, paucos actus, licet heroicos, non sufficere; cum multiplex excellentia vitae requiratur in Canonizandis, uti loquuntur Canonistae in superioribus allegatis, et cum de virtutibus constare dici non possit in gradu heroico, uti loquuntur Theologi, si multiplices non proponantur actus a Dei Servis eliciti, qui qualitate heroica praediti sint » (BENEDICTUS XIV, *De servorum Dei...*, *cit.*, l. 3, c. 21, n. 11 [*ed. cit.*, pp. 216b–217a]).

la pratiquer vraiment, sans aucune chute, même petite, durant toute sa vie, cela est vraiment héroïque[50]. Et ainsi Benoît XIV en arrive à cette affirmation :

> [...] Tertio casus est, in quo innocentia vitae a Confessoriis asserta[51] dictis testium confirmatur, qui actus exprimunt cum enarratis qualitatibus [*sc.* promptitudine, facilitate et delectatione], et cum observantia praeceptorum et consiliorum juxta statum personae Servi Dei, vel Beati, et juxta circumstantias, in quibus, dum viveret, fuit constitutus: et de hoc tertio casu loquendo, non videtur aliquid deesse ad approbationem virtutum requisitam in ordine ad Beatificationem et Canonizationem. Licet enim non doceatur de actibus arduis in particulari admirationem excitantibus, tota nihilominus vitae series, continuataque innocentia per integrum vitae cursum media inter pericula peccandi, quibus expositi sunt illi qui degunt in humanis, una cum exacta observantia praeceptorum et consiliorum, arduitatem constituunt, et considerantibus admirationem ingerunt (Benedictus XIV, *De servorum Dei...*, *cit.*, l. 3, c. 22, n. 11 [*ed. cit.*, p. 232b]).

Le xxᵉ siècle.

La possibilité ainsi ouverte par Benoît XIV, si elle ne semble pas avoir été beaucoup utilisée aux xviiiᵉ et xixᵉ siècles, a été de plus en plus pratiquée à partir du xxᵉ siècle. Les paroles mêmes des papes en témoignent.

Le décret *super virtutibus* de Jean Népomucène Neumann (saint aujourd'hui) résume ainsi les concepts exprimés par Benoît XV dans différents discours tenus à l'occasion de la promulgation des décrets *super virtutibus* de Jean-Baptiste de Bourgogne (1916)[52], d'Antoine Marie Gianelli (1920, saint aujourd'hui)[53] et de Marcellin Joseph Champagnat (1920, saint aujourd'hui)[54] :

---

50 Benoît XIV rapporte, à ce propos, le passage suivant extrait de l'ouvrage intitulé *Della vita di Roberto cardinal Bellarmino arcivescovo di Capua*, Roma, Nicolo Angelo Tinasso, 1678 (l. 3, c. 3), du P. Daniello Bartoli (S. I., 1608–1685) :
   Talchè se avessimo da poter dire, che il Cardinal Bellarmino portasse indosso per settantanove anni un cilicio, che il vestisse quanto avea lunga la vita, e lo si stringesse a' fianchi con una gran catena di ferro, parrebbe loro udire un miracolo di virtù e nol parrà loro il dirne quel, che in fatti fu vero, che egli per settantanove anni di vita mai non imbrattò, neppur con una lieva macchia di colpa veniale deliberatamente commessa, la veste dell'innocenza Battesimale etc. Pruovisi, e crederallo a sé stesso, chi nol crede altrui, quanta meno perfezion di virtù si richieggia a sottomettere e domare il suo corpo con digiuni, con veglie, con battiture a sangue, fino a lacerarsi le vive carni indosso, che a tenere in ogni varietà d'accidenti gli affetti dell'anima in tanta suggezione e ubbidienza allo spirito, che non si risentano, non si muovano, non si faccian vivi, se non sol quando, e quanto egli loro comanda etc. Questa non è perfezione di virtù, che dia nell'occhio, nè meni gran rumore, anzi neppur si sente, come i gran fiumi, che quanto son più profondi, tanto corron più cheti (*cit. in* Benedictus XIV, *De servorum Dei...*, *cit.*, l. 3, c. 22, n. 11 [*ed. cit.*, pp. 232b–233a).
51 Je rappelle toutefois que la législation actuelle ne permet plus d'interroger les confesseurs des serviteurs de Dieu sur ce qu'ils ont appris par la confession.
52 « [...] la santità propriamente consiste solo nella conformità al divino volere, espressa in un continuo ed esatto adempimento dei doveri del proprio stato » (*L'Osservatore Romano*, lunedì 10 gennaio 1916, p. 1).
53 « [...] nei santi confessori non si richiede quel atto esterno di costanza in opere ardue e difficili, che rivela l'eroismo proprio dei martiri, bastando in quelli la perseveranza fino alla morte nel fedele adempimento di tutti i doveri del loro stato secondo il particolare disegno che Iddio abbia formato riguardo ai singoli » (*L'Osservatore Romano*, lunedì-martedì 12–13 aprile 1920, p. 1).

[...] ex eis [...], quibus heroica virtus coalescit, elementis, quodnam praecipuum sit habendum adeo, ut sine illo nulla dari possit heroicitas, enucleavit [*sc.* Benedictus XV] posuitque in aperto; illudque in una dumtaxat situm sit oportet fideli, iugi et constanti proprii status munerum et officiorum perfunctione (*Decretum super virtutibus ven. servi Dei Ioannis Nepomuceni Neumann*, 11 dec. 1921 [AAS 14 (1922), pp. 23–26 (p. 23)]]).

Après Benoît XV, les papes ont repris ce même enseignement. Pie XI, à l'occasion de la lecture du décret *super virtutibus* du Frère Bénilde (1928, saint aujourd'hui), affirmait : « la sainteté ne consiste pas dans les choses extraordinaires, mais dans les choses banales accomplies de façon non banale »[55]. Et il faut rappeler, en particulier, un très beau discours de Pie XII, adressé, le 5 avril 1948, aux pèlerins venus à Rome pour la béatification de ce même Frère Bénilde, dont la vie, remarque le pape, fut « vie simple et uniforme, succession ininterrompue d'actions ordinaires dans un cadre plutôt modeste », mais transfigurée par « une indéfectible constance dans la fidélité aux humbles devoirs de la vie quotidienne, dans une pratique de toutes les vertus et dans toutes les occasions », de telle sorte que cette constance « ne peut être que l'épanouissement au dehors d'une vie intérieure profonde, vigoureuse, débordante de sève divine ». « Il y a de la marge – disait encore le Saint-Père – de la simple correction disciplinaire [*sc.* du religieux] à la pratique exacte de la plus rigoureuse ponctualité, à l'exquise délicatesse des amants de la pauvreté, au renoncement total que suppose la dépendance absolue, à l'abnégation continuelle requise par l'exercice de cette vie commune, dans laquelle saint Jean Berchmans trouvait sa grande mortification : "Maxima mea paenitentia vita communis". Il y a des degrés et, dans une vie sans grands incidents, sans occasions extraordinaires, c'est à ces degrés que se mesure la sainteté du religieux. Celle du Frère Bénilde s'élevait très haut »[56].

Le concile Vatican II enseigne, au numéro 50 de la constitution *Lumen gentium* :

Apostolos [...] et martyres Christi, qui sui sanguinis effusione supremum fidei et caritatis testimonium dederant, in Christo arctius nobis coniunctos esse Ecclesia semper credidit, eos simul cum Beata Virgine Maria et sanctis Angelis peculiari affectu venerata est[57], eorumque intercessionis auxilium pie imploravit. Quibus mox adnumeratis sunt alii quoque qui Christi virginitatem et paupertatem pressius erant imitati[58] et tandem ceteri quos praeclarum virtutum christianarum exercitium[59] ac divina charismata piae fidelium devotioni et imitationi commendabant[60] (LG 50).

---

54 « Già altra volta, Noi dicemmo che l'adempimento del divino volere è elemento necessario e sufficiente alla santificazione dei Servi di Dio: elemento "necessario", perché senza di esso non può aversi virtù; elemento "sufficiente", perché con esso può aversi virtù in grado eroico » (*L'Osservatore Romano*, lunedì–martedì 12–13 luglio 1920, p. 1).

55 « non nelle cose straordinarie consiste la santità, ma nelle cose comuni non comunemente adempite » (Pie XI, « Per l'eroicità delle virtù del venerabile Fratel Benilde: il terribile quotidiano », in *Discorsi di Pio XI*, t. 1 [1922–1928], s. l. [Città del Vaticano], Libreria Editrice Vaticana, 1985², pp. 759–762 [p. 760]).

56 Cf. Pio XII, « La eroica figura di un insigne educatore », in *Discorsi e radiomessaggi di Sua Santità Pio XII*, t. 10, s. l. [Città del Vaticano], Tipografia poliglotta vaticana, 1949, pp. 37–43.

57 Nota 7: « Cf. Gelasius I, Decretalis *De libris recipiendis*, 3: PL 59, 160, Denz. 165 (353) ».

58 Nota 8: « Cf. S. Methodius, *Symposion*, VII, 3: GCS (Bonwetsch), p. 74 ».

59 Nota 9: « Cf. Benedictus XV, *Decretum approbationis virtutum in Causa beatificationis et canonizationis Servi Dei Ioannis Nepomuceni Neumann*: AAS 14 (1922), p. 23. – Plures allocutiones

Deux observations sont à faire à propos de ce texte.

En premier lieu, on ne peut passer sous silence son caractère plutôt malencontreux, puisque, à le prendre *prout sonat*, on doit en conclure que, pour ceux qui imitent de plus près la virginité et la pauvreté du Christ (c'est-à-dire pour les religieux), l'exercice des vertus n'est pas nécessaire, puisqu'ils sont précisément contredistingués de ceux qui exercent les vertus ! Évidemment, ce n'est pas là ce que le concile entend dire, mais, traçant un raccourci de l'évolution historique du culte des saints, après en avoir rappelé la naissance avec le culte des apôtres et des martyrs, il passe ensuite au culte des anachorètes, puis il conclut en se limitant à caractériser toutes les autres catégories de saints par ce qui est commun à tous les saints, à savoir la pratique des vertus à un degré excellent.

En second lieu, il faut remarquer l'absence des mots « héroïque » et « héroïsme ». Cette absence a été sans aucun doute voulue par le concile, puisque le schéma originel du chapitre VII de la *Lumen gentium* parlait, à propos des saints, de l'*in virtutum omnium heroic[um] exerciti[um]*[61]. Pourquoi cette formulation a-t-elle été écartée ? Il est possible que l'on doive reconnaître ici un effet du choix conciliaire d'éviter le plus possible un langage technique ; il est probable aussi que l'on ait voulu éviter les confusions possibles avec le concept de « héros » tel qu'il était entendu dans l'Antiquité, tel qu'il a été ressuscité par la Renaissance et tel qu'il est couramment compris de nos jours ; toutefois, les références qui sont données dans les notes de ce passage et qui renvoient exclusivement aux textes pontificaux que nous venons de citer et à d'autres déclarations récentes qui expriment la possibilité de l'héroïcité sans actes extraordinaires, manifestée uniquement par l'exercice constant du devoir, inclinent à penser que le concile ait voulu se placer dans la ligne des papes récents qui ne retiennent pas nécessaire à la sainteté canonisée la preuve d'actes clairement héroïques.

D'autre part, à l'époque même du concile, à l'occasion de la béatification de Léonard Murialdo (3 novembre 1963), Paul VI déclara, citant un témoin du procès, « Ed è perciò a lui bene riferito il giudizio di un contemporaneo: "fu uomo straordinario nell'ordinario" »[62]. Voici donc l'apparition, dans le vocabulaire que l'on pourrait

---

PII XI de Sanctis: *Inviti all'eroismo…*: Discorsi…, t. I–III, Romae 1941–1942, passim. – PIUS XII, *Discorsi e Radiomessaggi*, t. 10, 1949, pp. 37–43 » – Il faut relever ici une inexactitude dans le fait d'attribuer le décret *super virtutibus* de Jean Népomucène au pape Benoît XV : comme tous les décrets *super virtutibus*, ce décret n'a en aucune façon le pape comme auteur ; il est préparé par la Congrégation (à l'époque, la Sacrée Congrégation des Rites) et le pape en ordonne la publication. Dans le décret en question, comme nous l'avons déjà indiqué, est résumé ce que Benoît XV avait enseigné en diverses occasions relativement à l'héroïcité des vertus, mais ce résumé, comme le décret dans son ensemble, n'est pas l'œuvre du pape ni se présente comme tel, puisqu'il est signé par le préfet de la Congrégation et contresigné par le secrétaire de cette même Congrégation.

60 Nota 10: « Cf. PIUS XII, encycl. *Mediator Dei*: AAS 39 (1947), p. 581 ».

61 Sur l'histoire de l'élaboration du chapitre VII de la constitution *Lumen gentium*, il faut voir : Paolo MOLINARI, « La storia del capitolo VII della costituzione dogmatica "Lumen gentium": indole escatologica della Chiesa pellegrinante e sua unione con la Chiesa celeste », in CONGREGAZIONE PER LE CAUSE DEI SANTI, *Miscellanea in occasione del IV centenario della Congregazione per le Cause dei Santi (1588–1988)*, Città del Vaticano, 1988, pp. 114–176.

62 PAUL VI, « Il beato Leonardo Murialdo », in *Insegnamenti di Paolo VI*, t. 1 (1963), s. l. [Città del Vaticano], Tipografia Poliglotta Vaticana, 1965, pp. 279–285 (p. 281). – Un concept analogue (mais sans la formule en question) avait déjà été exprimé par Paul VI à l'occasion de la béatification de

dire officiel, d'une formule dont, dorénavant, usera et abusera, à tort ou à raison, une troupe serrée de postulateurs. Mais, si l'on tient absolument à recourir à cet oxymore, il faut être en mesure de prouver que, quoique dans l'ordinaire, l'extraordinaire ait vraiment été extraordinaire.

En guise de conclusion

Il semble que l'on puisse tirer de l'ensemble de l'exposition que nous venons de tenter, deux considérations.

D'un côté, notre recherche sur la conception de la vertu héroïque chez saint Thomas, nous a permis d'aborder sous un angle particulier un problème plus vaste qui est celui de la nature et du rôle des dons du Saint-Esprit[63]. Comme l'on sait, hors l'école thomiste, on a douté de l'existence de ces dons : Scot et les scotistes, par exemple, ont nié la distinction réelle entre les vertus et les dons. Dom Odon Lottin, qui pensait qu'il n'y avait pas de raison de retenir leur existence au sens reçu dans l'École[64], insinue que saint Thomas en a parlé et s'est ingénié à leur trouver une place et une fonction dans l'édifice de la morale chrétienne uniquement parce qu'il se trouvait « en présence d'une tradition scolaire qu'il croyait ferme et, sans nul doute, solidement étayée sur la tradition patristique »[65], alors qu'en réalité, il n'en était rien. Sans entrer dans cette controverse[66], disons seulement qu'au terme de notre enquête sur la vertu héroïque il apparaît nécessaire, nous semble-t-il, de porter à son terme la réflexion entreprise par saint Thomas en distinguant nettement les vertus et les dons du Saint-Esprit : ces derniers supposent les vertus théologales et

---

Jean Népomucène Neumann, le 13 octobre précédent (v. « Il beato Giovanni Nepomuceno Neumann », *ibid.*, pp. 222–227). La formule elle-même reviendra sur les lèvres de Paul VI dans l'homélie de la canonisation de Léonard Murialdo, le 3 mai 1970 (v. « San Leonardo Murialdo, Alfiere dell'azione sociale della Chiesa », in *Insegnamenti di Paolo VI*, t. 8, pp. 414–421 [p.420]). – Je n'ai pas vu qu'après Paul VI, les papes se soient arrêtés à exposer cette conception de l'héroïcité : sans doute l'ont-ils considérée comme acquise.

63 En entendant évidemment « dons du Saint-Esprit » au sens spécifique, parce que l'on peut certainement dire que les vertus infuses sont elles-mêmes des dons du Saint-Esprit, indiquant par là qu'elles sont données par le Saint-Esprit, mais il s'agit, dans ce cas, de dons au sens générique (v. *Super ev. Ioannis*, c. 14, lect. 4 [Mar., 1915]).

64 « Nous pensons donc que pour expliquer les degrés, même les plus élevés, de la vie surnaturelle normale, il suffit de laisser s'épanouir, sans y opposer d'entrave volontaire, la vitalité des vertus théologales. [...] D'autres habitus surnaturels ne semblent pas nécessaires ; et ce qu'on appelle les "dons du Saint-Esprit" sont les fruits, les effets, les dérivés d'un exercice fervent et prolongé des vertus théologales » (Odon LOTTIN, *Morale fondamentale*, Paris – Tournai – New-York – Rome, Desclée & Cⁱᵉ ["Bibliothèque de Théologie, Série II, vol. 1"], 1954, p. 431).

65 *Ibid.*, p. 417 ; v. pp. 423–425.

66 Le P. Torrell dit simplement à ce propos:
    [...] Lottin se situe lui-même dans la lignée des auteurs qui refusent cette distinction [*sc.* entre vertus et dons], et il pense que Thomas ne l'aurait faite que pour se conformer aux usages de son temps ; il est permis d'en douter étant donné le rôle qu'il leur fait jouer (Jean-Pierre TORRELL, *Saint Thomas d'Aquin, maître spirituel*, Paris, Éd. du Cerf ["Vestigia, 19"] / Fribourg [Suisse], Éd. Universitaires, 1996, p. 274, note 19).
    On trouvera une réfutation très argumentée de la position de Scot dans le commentaire de Cajetan à l'a. 1 de la q. 68 de la Iᵃ IIᵃᵉ (EL 6, pp. 447–448).

peuvent être connexes aux vertus infuses, mais ils n'interviennent pas dans le « fonctionnement » de celles-ci. L'acte surnaturel (et donc, aussi, l'acte héroïque), selon nous, peut donc procéder soit de la vertu soit du don, mais non d'une coopération de l'une et de l'autre.

De l'autre côté, on ne peut se dissimuler que le recours immodéré au principe de l'« extraordinaire dans l'ordinaire », uni à la radicale simplification des procédures opérée par la réforme de 1983, ait conduit à un abaissement sensible du niveau d'héroïcité de certains des nouveaux bienheureux ou saints. Il appartient à chacun de juger si c'est un bien ou non.

L'evoluzione delle uniformi dei cavalieri del Santo Sepolcro di Gerusalemme

Massimo Perrone

Nella sua storia millenaria l'Ordine Equestre del Santo Sepolcro di Gerusalemme è tra i più antichi e gloriosi ordini cavallereschi nel mondo[1]. Esso si sviluppa nel corso di quattro periodi ben delineati: il periodo delle Crociate e del Regno Latino di Gerusalemme (1099–1291); il periodo della Cavalleria suprema (1335–1499); il periodo dell'Ordine organizzato (1500–1847); il periodo moderno (1847 ai giorni nostri).

L'Ordine trae le sue origini storiche nel sodalizio cristiano avente finalità religiose e di difesa della Terra Santa che fu costituito presso la basilica del Santo Sepolcro in Gerusalemme nel 1099, subito dopo la conquista della città da parte dei crociati. Goffredo di Buglione, capo della milizia della prima crociata, affidò ad alcuni cavalieri la custodia armata del Santo Sepolcro. Questi cavalieri, per distinguersi dagli altri crociati assunsero lo stemma di Goffredo di Buglione quale loro emblema costituito dalle cinque croci purpuree in campo d'argento.

Dopo la riconquista di Gerusalemme da parte del sultano Saladino e poi definitivamente dopo la disfatta di San Giovanni d'Acri nel 1291 venne meno l'unitarietà dell'Ordine. I cavalieri superstiti rientrarono nei loro priorati in Europa sotto la protezione di sovrani, principi, vescovi e pontefici, mantenendo vivi i loro ideali della cavalleria crociata quali la propagazione della fede e della carità verso il prossimo.

Raramente i cavalieri del Santo Sepolcro parteciparono successivamente ad eventi militari. Nel XIV secolo la Santa Sede ottenne dal Sultano d'Egitto, dietro pagamento di un altissimo riscatto, che la custodia dei santuari della fede cristiana fosse affidata ai frati minori di san Francesco. Durante tutto il periodo di soppressione del Patriarcato Latino, la facoltà di creare nuovi cavalieri rimase nella prerogativa del Custode di Terra Santa.

Molti pontefici riconobbero e protessero l'Ordine: Innocenzo IV (1243–1254), Alessandro VI (1492–1503), Giulio II (1503–1513), Leone X (1513–1521), e particolarmente Benedetto XIV (1740–1758), che nel 1746 promulgò lo Statuto con il breve *In supremo militantis*. In tale documento pontificio il papa confermò il privilegio

---

1 Per indicazioni storiche relative all'Ordine, si rimanda a E. GADDI, *Cenno storico del sacro militare ordine del santo sepolcro di Gerusalemme*, Napoli 1860; K. ELM – C.D. FONSECA (a cura di), *Militia Sancti Sepulcri. Idee e Istituzioni*, Atti del Colloquio internazionale, Città del Vaticano 1998; J.P. DE GENNES, *Les Chevaliers du Saint-Sepulcre de Jerusalem*, I, *Mémoire & Documents*, Versailles 2004.

del custode di Terra Santa di creare nuovi cavalieri e ricordò le condizioni per l'ammissione.

Nel 1847 Pio IX ristabilì il Patriarcato Latino a Gerusalemme conferendo un assetto moderno all'Ordine con la promulgazione di un nuovo Statuto.

L'Ordine venne posto direttamente sotto la protezione della Santa Sede e la reggenza affidata al Patriarca che, peraltro era tenuto al mantenimento morale ed economico del Patriarcato.

Il modo di vestire dei cavalieri e l'evoluzione delle uniformi diventò importante segno distintivo dell'Ordine. Prima della riforma del 1868 il costume dei cavalieri era caratterizzato da un abito di panno bianco con paramani, collo e pettina di velluto nero; ricami in oro, su disegno a foglie di ulivo, al collo, paramani, patte, pettina, secondo i gradi; pantalone anch'esso bianco di panno, con banda laterale di gallone d'oro; spalline d'oro con distintivi dell'ordine; bottoni d'oro bombati con distintivo dell'ordine in smalto rosso rappresentato da croce quintuplice o di Goffredo; feluca di felpa nera e piuma bianca, cappiola di granoni d'oro e coccarda bianca e rossa; spada con elsa, impugnatura e coccia dorata e dragona d'oro.

Con il breve *Cum Multa sapienter* del 24 gennaio 1868, a seguito della richiesta di mons. Valerga, patriarca latino di Gerusalemme, il papa Pio IX arricchì l'ordine di nuovi gradi stabilendo i particolari delle decorazioni e fissando le modalità di utilizzo sull'uniforme.

L'uniforme era composta da una marsina chiusa di panno bianco, con collo, paramani e pettina di velluto nero, contornati di nastro d'oro; disegni a foglie di ulivo d'oro su collo e paramani; bottoniera doppia formata da cinque bottoni d'oro bombati per lato; falde con motivi in nastro d'oro terminanti al centro a forma di palmetta; pantalone di panno bianco con banda di gallone d'oro; feluca di felpa nera, con piuma bianca e cappiola di granoni d'oro; spada con elsa, impugnatura e coccia dorata; dragona d'oro; speroni dorati con rotella a stella agganciati a scarpe di copale nero.

I cavalieri non indossavano le spalline che invece sussistevano d'oro e con frange dorate nelle divise dei commendatori e dei cavalieri di gran croce.

I commendatori avevano intorno alla pettina un ricamo di foglie di ulivo d'oro mentre i cavalieri di gran croce un ricamo triplo. I cavalieri indossavano la piccola croce di Goffredo appuntata sulla sinistra della pettina mentre i commendatori la portavano più grande al collo pendente su un nastro di seta nera; i cavalieri di gran croce la portavano pendente da una fascia di seta nera a tracolla sulla spalla destra verso sinistra e indossavano la placca sul lato sinistro della pettina.

La croce di Goffredo, nei vari gradi, era smaltata in rosso e non era sormontata né da corona, né da trofeo di armi. [2]

Nel 1888 Leone XIII istituì la classe delle dame accanto a quella dei cavalieri.

Nel 1907 San Pio X, a dimostrazione dell'alta considerazione verso l'Ordine, assunse personalmente la carica di Gran Maestro.

---

2 I disegni colorati a mano delle uniformi approvate da Pio IX sono allegati al carteggio presente in Archivio Segreto Vaticano, Segreteria dei brevi, diverso rum, lib. IX, vol. 5675, ff. 120r, 121 r, 122 r.

Nel 1925 Pio XI nominò il beato Bartolo Longo [nato a Latiano (BR) nel 1841 e morto a Pompei nel 1926] Cavaliere di Gran Croce in riconoscimento della sua straordinaria opera del Santuario di Pompei; nel 1928 unì ad esso la Preservazione della Fede in Palestina ed affiancò ai tre gradi di cavaliere, commendatore e cavaliere di gran croce quello di commendatore con placca (grand'ufficiale).

Nello statuto approvato nel 1932 dalla Sacra Congregazione Ceremoniale ed aggiornato poi nel 1936 si evidenziarono sempre più i vari gradi cavallereschi con particolari raffinati. Infatti, ad esempio, per i cavalieri di gran croce i disegni sul collo, pettina, paramani, patte, sottopatte e falde erano caratterizzati da mazzetti di tre foglie di ulivo d'oro. Anche nel pantalone di panno bianco la banda d'oro laterale, alta 4 centimetri, era tessuta a meandri di foglie di ulivo. Il mantello era ampio di panno bianco, con collo di velluto, alamari di seta e mostre di raso dello stesso colore con la croce di Goffredo scarlatta sulla spalla sinistra di centimetri venticinque.

Nel 1949 Pio XII stabilì che il Gran Maestro dell'Ordine fosse un cardinale di Santa Romana Chiesa e nominò quale primo patrono il card. Nicola Canali. Con il breve *Quan Romani Pontifice* del 14 settembre 1949 fu approvato il nuovo statuto che apportò alcune lievi modifiche all'uniforme sino ad allora in uso.

Nel 1962 il beato Giovanni XXIII approvò l'aggiornamento dello statuto e nel 1977 Paolo VI diede un ulteriore impulso inserendo ulteriori disposizioni.

Nel 1994 il beato Giovanni Paolo II confermò la B.V. Maria Regina della Palestina e Patrona dell'Ordine.

L'Ordine è persona giuridica di diritto canonico nonché persona giuridica vaticana come da rescritto del beato Giovanni Paolo II del 1996. È sotto la protezione della Santa Sede ed ha la sua sede legale nello Stato della Città del Vaticano.

Ha una struttura prettamente gerarchica, al vertice della quale si pone il cardinale Gran Maestro che, nominato direttamente dal Papa, lo regge e lo governa, assistito dal Gran Magistero a composizione internazionale.

Il Patriarca Latino di Gerusalemme è il Gran Priore ed è, dopo il Cardinale Gran Maestro, il più alto Dignitario dell'Ordine.

Attualmente i 28.000 cavalieri e dame presenti nel mondo, organizzati in 58 suddivisioni territoriali attraverso Luogotenenze in Europa, America, Asia ed Australia, (a cui appartengono le Sezioni e le Delegazioni) provvedono ad inviare, con offerte personali, ingenti somme al Patriarcato Latino di Gerusalemme per la realizzazione degli interventi programmati (ospedali, chiese, asili, e scuole di ogni ordine e grado, compresa l'Università di Betlemme).

Nella storia dell'Ordine vengono descritti diversi viaggi compiuti da pellegrini tedeschi in Terra Santa. Tra questi segnalo i seguenti.

Nella relazione[3] del pellegrinaggio fatto da Stephan von Gumpenberg nel 1449 insieme a Friedrich von Wolffskel e Hans von Kameraw si racconta della creazione di 14 cavalieri del Santo Sepolcro di Gerusalemme avvenuta il giorno 8 ottobre:

"Poi noi andammo nella cappella dove si trova il Santo Sepolcro, nel mezzo del coro che è stato dipinto da allora. Là 14 cavalieri furono investiti davanti al Santo

---

3 Pubblicata da K. Bawr, *Wahrhaftige Beschreibung der Meerfahrt so von den Gestrengen*, Frankfurt, 1561

Sepolcro. Poi ci fu ordinato di lasciare il tempio ed andammo all'ospedale dove restammo il resto della giornata."

Otto membri della famiglia Ketzel di Norimberga fecero il pellegrinaggio a Gerusalemme dal 1389 al 1503 e diventarono cavalieri del Santo Sepolcro: primo fra tutti Heinrich Ketzel che fu cavaliere nel 1389; Jorg Ketzel nel 1453, Ulrich Ketzel nel 1462; Martin Ketzel fece due volte il pellegrinaggio nel 1468 con il duca di Baviera e nel 1472 con il duca Albrecht von Sachsen; Wolf Ketzel nel 1493 con il duca Friedrich von Sachsen e con il duca Cristof di Baviera; Jorg e Scholt Ketzel nel 1498 con il duca Heinrich von Sachsen ed infine Michel Ketzel nel 1503 con il conte Hermann von Henneberg.

Una grande tavola dipinta conservata al Germanisches Nationalmuseum di Norimberga raffigura gli otto membri della famiglia Ketzel. Essi sono rappresentati in ginocchio, vestiti di armatura e spada e, per ciascun membro, oltre alle proprie armi è raffigurata la croce di Gerusalemme.

Nella relazione del viaggio di Martin Ketzel si racconta che egli partì da Augsburg per la Terra Santa e che il 1° e il 4 di agosto 1476 [nella tavola dipinta della famiglia Ketzel di cui sopra è indicato l'anno 1472] il duca Albrecht von Sachsen fece 72 cavalieri del Santo Sepolcro e che il Guardiano [probabilmente fra' Giovanni di Prussia] ne fece 31. [4] Nel riquadro della tavola dove è rappresentato Martin Ketzel la croce di Gerusalemme è dipinta due volte a significare il duplice viaggio fatto in Terra Santa.

Attualmente, come ben noto, l'uniforme da grande cerimonia non è più in uso ed i cavalieri indossano nelle funzioni religiose solo il mantello di panno con la croce di Goffredo scarlatta sul lato sinistro.

Nel corso dei secoli e con l'evolversi dei tempi l'abito del cavaliere si è trasformato dall'armatura di ferro al mantello; esso indossato con dignità e portamento, rappresenta il simbolo della fede cattolica e della solidarietà sociale nel proprio territorio e verso la Terra Santa.

Ha pubblicato i seguenti contributi:

Le matrone del S. Sepolcro in "Sallentina Tellus", Lecce 2006, Anno II, n. 2, pagg. 45–47;

Verbale del congresso tenuto per comando di N.S. dagli Ecc.mi Sig.ri Cardinali Clarelli, Barnabò e Antonelli sul nuovo regolamento proposto da Mons. Valerga Patriarca di Gerusalemme per l'Ordine Equestre del S. Sepolcro in "Sallentina Tellus", Lecce 2007, Anno III, n. 3, pagg. 55–62;

La concessione del trofeo militare da apporre sulle insegne dell'O.E.S.SH., in "Sallentina Tellus", Lecce 2008, Anno IV, n. 4, pagg. 55–57;

L'Incognito del S. Sepolcro: Fra' Giovanni di Prussia – Una leggenda del XV secolo, in "Sallentina Tellus", Lecce 2009, Anno V, n. 5, pagg. 44–47;

---

4   J.P. De Gennes, *Les Chevaliers du Saint-Sepulcre de Jerusalem,* I, *Mémoire & Documents,* Versailles 2004, p. 277–278; p.297–298; p.310.

Pio XI e l'Ordine del Santo Sepolcro in "Sallentina Tellus", Lecce 2009, Anno V, n. 5, pagg. 68–72;

Dalla Terra Santa alla Puglia. L'Ordine Equestre del Santo Sepolcro di Gerusalemme, in Spicilegia Sallentina, Nardò 2009, n. 6, pagg. 126–129;

Immagini e ritratti di cavalieri dell'Ordine Equestre del Santo Sepolcro di Gerusalemme, (a cura di), Nardò 2009;

Uniformi, decorazioni e armi dei cavalieri dell'Ordine Equestre del Santo Sepolcro di Gerusalemme, (in collaborazione con Antonio E. Foscarini), Lecce 2010;

La solidarietà soprattutto. Il caso Leech, in Rotary 2120, Bari 7/2010, n. 1, pagg.26–31;

Castel Coira e il conte pellegrino in "Sallentina Tellus", Lecce 2010, Anno VI, n. 6, pagg.70–74;

Come è nata una icona: la B.V. Maria Regina della Palestina e Patrona dell'Ordine in "Sallentina Tellus", Lecce 2010, Anno VI, n. 6, pagg.35–37;

"S. Barbagallo-Gli animali nell'arte religiosa. La basilica di San Pietro in Vaticano" *a favore di Polio Plus,* in Rotary 2120, Bari 3/2011, n. 8, pagg.32–33.

Über Schwerpunkte, Organisation und Ertrag niederrheinischer Geschichtsforschung und Geschichtsschreibung in den letzten 60 Jahren

Leo Peters

Der wie der Jubilar aus Kaldenkirchen stammende Autor dieses Beitrags, dessen Elternhaus nur 300 Meter weit von Imkamps Kaffeerösterei stand und der mit ihm zusammen Messdiener an St. Clemens war, hält es für sehr gut denkbar, dass Wilhelm Imkamp, hätte sein Weg ihn nicht nach Bayern geführt, auch im Rheinland als Forscher und Autor zu landesgeschichtlichen Themen hervorgetreten wäre. Dazu ist es bekanntlich leider nicht gekommen und so mag an dieser Stelle der Versuch gemacht werden, einige Entwicklungslinien, Besonderheiten, Schwerpunkte und Institutionen der niederrheinischen Historiographie der letzten sechs Jahrzehnte zu skizzieren, und Stationen des Weges zu markieren, den die Geschichtsforschung am Niederrhein in dieser Zeit genommen hat – ohne Wilhelm Imkamp.

Das geschieht ohne jeden Anspruch auf Vollständigkeit und allseits befriedigende Gewichtung, aber vielleicht als Möglichkeit, Lesern, die mit in anderen deutschen Geschichtslandschaften verorteter „Landesgeschichte" vertraut sind, einen Vergleich zu bieten. Zugleich mag es den niederrhein-fernen Freunden des Jubilars ein wenig den Blick für die reiche Geschichtslandschaft öffnen, aus der Wilhelm Imkamp kommt.

Die Frage nach der Definition des Niederrheins soll dabei einleitend nicht abschließend beantwortet werden. Die ebenso zahl- wie erfolglosen Versuche, verbindlich zu benennen, was der Niederrhein ist, haben im Laufe der Zeit so viele Blüten getrieben, dass dies allein schon zur Zurückhaltung mahnt. Dabei hat ja auch die Geschichte selbst manche Absonderlichkeiten hervorgebracht und es für alle Zeit schwer gemacht, aus ihr eine allseits verbindliche Festlegung abzuleiten, was Niederrhein ist. Man denke beispielsweise nur daran, dass Koblenz 1818 Hauptstadt der preußischen Provinz Niederrhein war.

Zu den intelligentesten Versuchen, sich definitorisch dem Niederrhein zu nähern, gehört wohl das, was der streitbare Klever Archivar und Kunsthistoriker Friedrich Gorissen 1970 kenntnisreich-provokant formulierte, und was ein längeres Zitat rechtfertigt: „So neu und falsch und gefühlsbeladen, so künstlich ist auch unser Niederrheinbegriff. Daß er überhaupt nicht verbindlich definiert werden kann, ist jedem Einsichtigen bekannt. Will man den Niederrhein rein geographisch definieren, könnte man ihn im Süden vom Rand des Rheinischen Schiefergebirges begrenzt sein lassen; man könnte sich vermutlich auch über die Grenzen rechts des Rheins gegen Sauerland und Münsterland, und links der Maas gegen Brabant, einigen. Aber da könnte es schon Streit mit den Niederländern geben, so daß sogar die Geographen dann lieber den Raum, den sie oben mit einer natürlichen Grenze umreißen, unten mit einer vom Wiener Kongreß im Jahre 1815 abgesteckten politischen Grenze enden lassen. Daß die Bezeichnung für dies seltsame, mehr negativ als positiv zu umreißende Gebilde nicht die mindeste Tradition in dieser Landschaft hat, habe ich so häufig dargelegt, daß ich mir die Wiederholung der geschichtlichen Tatbestände ersparen kann. Fassen wir nur das Ergebnis noch einmal zusammen: vor der Mitte des 19. Jhs. haben unsere Vorfahren noch nicht gewußt, daß sie Niederrheiner seien. Sie fühlten sich als Niederländer – was wir heute kaum noch begreifen, da wir dies Wort politisch definieren; und so ist die genaueste Definition unseres heutigen Niederrheinbegriffes immer noch die negative, die ganze Geschichtlichkeit, einschließlich der Gegenwart umfassende: was wir Niederrhein nennen, ist der Teil des rheinischen Niederlandes, der politisch nicht zum Königreich der Niederlande gehört"[1].

Als Vorsitzender des 1854 vor allem von katholischen Geistlichen initiierten „Historischen Vereins für den Niederrhein" ist der Autor dieser Zeilen im übrigen nicht zuletzt dem verpflichtet, was dieser Verein bis heute seinem Namen hinzufügt: „insbesondere für das alte Erzbistum Köln".

In der politischen und Verwaltungsterminologie hat sich heute weitgehend ein Niederrheinbegriff durchgesetzt, der die Städte Düsseldorf, Duisburg, Krefeld und Mönchengladbach und die Kreise Viersen, Kleve, Wesel und Neuss umfasst. Irmgard Hantsches vorzüglicher „Atlas zur Geschichte des Niederrheins", auf das unten noch zurückgekommen wird, legt indessen einen physisch-geographischen Niederrheinbegriff zugrunde (S. 15), und erfasst in ihren Karten auch noch Aachen und Bonn[2].

Etwa seit der Mitte des 19. Jahrhunderts ist (auch) am Niederrhein eine große Zahl lokalhistorischer Forschungen und Veröffentlichungen festzustellen gewesen. Das erwachende wissenschaftliche und populäre Interesse an lokaler und regionaler Geschichte war geprägt von Vereinsgründungen, der Etablierung einschlägiger Periodika und von Quellenpublikationen. Bahnbrechend gab Theodor Joseph Lacomblet ab 1840 das vierbändige „Urkundenbuch für die Geschichte des Niederrheins oder des Erzstifts Cöln, der Fürstenthümer Jülich und Berg, Geldern, Meurs, Cleve und Mark, und der Reichsstifte Elten, Essen und Werden" heraus.

Diese vielfach von Pfarrern, Lehrern und Ärzten betriebene Geschichtsforschung und -schreibung beruhte weniger auf einer verbindlichen theoretisch-methodischen Grundlage und war vielfach von Autodidakteneifer und manchmal

---

1 Friedrich GORISSEN, Vom Nutzen und Nachteil der Heimatkunde. In: Heimatbuch des Kreises Kempen-Krefeld 1970, S. 259
2 Als sehr erhellend ist die Lektüre des „Eine Skizze" genannten Aufsatzes von Wilhelm JANSSEN zu empfehlen „Rheinland – Begriff und Sache". In: Stadt und Region. Internationale Forschungen und Perspektiven. Kolloquium für Peter Johanek. Köln Weimar Wien 2005, S. 31–42

auch von uns heute bisweilen naiv erscheinender Vergangenheitssehnsucht geprägt. Andererseits sind damals für viele Städte und Orte, für kirchliche Verwaltungseinheiten (Dekanatsgeschichten) Quellensammlungen und Werke entstanden, die immer noch Respekt abnötigen, und überdies schon deshalb unverzichtbar sind, weil sie vielfach Quellen bekannt machten, die inzwischen verloren sind. Das 1920 gegründete Institut für geschichtliche Landeskunde der Rheinlande an der Rheinischen Friedrich-Wilhelm-Universität in Bonn stellte mit seinem unter dem ersten Direktor Hermann Aubin entwickelten programmatischen Neuansatz eine „Wende von der Territorial- und Staatsgeschichte zur Kultur- und Volksgeschichte"[3] dar – für Jahrzehnte auch für die landesgeschichtliche Forschung des niederrheinischen Raumes von bestimmender Wirkung. Nicht in erster Linie das Staatsgebiet oder der Verwaltungssprengel sollte in den Blick genommen werden, sondern gleichsam das „Land an sich", ein interdisziplinärer Ansatz[4], der die nächsten Jahrzehnte Forschungsgeschichte prägte.

Doch wenden wir uns rasch dem Befund niederrheinischer Geschichtsforschung und -schreibung und ihren tragenden Organisationsstrukturen nach dem Zweiten Weltkrieg zu!

Entwicklung der Archivlandschaft

Dabei ist zunächst ein Blick auf die Entwicklung der niederrheinischen Archivlandschaft zu werfen. Die verlief trotz schmerzlicher Kriegsverluste durchaus erfreulich, und zwar im Sinne einer deutlichen Professionalisierung. Verband man bis nach dem Zweiten Weltkrieg fachwissenschaftlich organisiertes und geleitetes Archivwesen vor allem mit dem Staatsarchiv in Düsseldorf und einigen großen Stadtarchiven (allen voran Köln), so werden heute viele Archive der niederrheinischen Städte und Kreise von fachlich vorgebildeten Archivaren des höheren Dienstes geleitet. Sie arbeiten auf Augenhöhe mit den Staatsarchivaren, die vorher bisweilen zu Recht, manchmal zu Unrecht aus einer fachlichen Vogelperspektive auf die ehrenwerte, aber eben laienhafte Arbeit der lokalen Archive schauten. Was heute in den kommunalen Archiven auch am Niederrhein geschieht, ist längst dem Dunstkreis bloßer antiquarischer und heimatkundlicher Verliebtheit entrückt.

So gibt es heute von wissenschaftlichen Facharchivaren geleitete Archive in den niederrheinischen Kreisen Kleve, Neuss, Viersen und Wesel sowie in den Städten Aachen, Bonn, Düsseldorf, Duisburg, Mönchengladbach, Krefeld und Neuss. Unter den Stadtarchiven ragt Köln ragt natürlich nach Bedeutung und Rang hervor – seit dem 3. März 2009 leider aber auch hinsichtlich seines fatalen Schicksals. Es gibt wohl keine niederrheinische Stadt, deren historische Quellenüberlieferung von dem Einsturz des Kölner Stadtarchivs nicht betroffen ist. Um sich dessen zu ver-

---

3   Wilhelm JANSSEN, Geschichtliche Landeskunde. Ein programmatischer Neuansatz der Landesgeschichte im ersten Viertel des 20. Jahrhunderts. In: Adel, Reformation und Stadt am Niederrhein. Festschrift für Leo Peters, Bielefeld 2009, S. 289
4   Vgl. ebd. S. 287

gewissern, muss man nur einen Blick in die eindrucksvolle, seit 1882 erscheinende Reihe „Mitteilungen aus dem Stadtarchiv Köln" werfen[5]!

Zur Qualifizierung der Arbeit der kleineren nichtstaatlichen Archive hat die Archivberatungsstelle Rheinland des Landschaftsverbandes Rheinland – heute mit Sitz in der ehemaligen Benediktinerabtei Brauweiler bei Köln – durch finanzielle und fachliche Unterstützung erheblich beigetragen. Dieser Kulturdienststelle des LVR ist auch unmittelbar die Rettung manchen Archivgutes zu danken.

In Schloss Ehreshoven im Oberbergischen Kreis wurde zusammen mit den Eigentümern ein großes Depot auch niederrheinischer Adelsarchive errichtet, was der leichteren Zugänglichkeit und der Sicherung dieser wichtigen Archivalien zugute kommt. Von niederrheinischen Adelsarchiven, die sich mittlerweile in Ehreshoven befinden, seien beispielhaft genannt das Archiv von Schloss Dyck der Fürsten von Salm-Reifferscheidt-Dyck, zuvor auf Schloss Dyck, und das Archiv des niederrheinisch-maasländischen Grafengeschlechtes von und zu Hoensbroech, früher auf Schloss Haag bei Geldern.

Gleichzeitig hat sich die Dienststelle in Brauweiler, die heute unter dem Titel „LVR-Archivberatungs- und Fortbildungszentrum" firmiert, große Verdienste um die Erschließung wichtiger Archivbestände erworben. In diesem Zusammenhang verdient die inzwischen auf bald 50 Bände angewachsene Reihe der „Inventare nichtstaatlicher Archive" dankbare Erwähnung. Sie umfasst Verzeichnungen historischer Quellen aus Kommunalarchiven, von Pfarr- und Stiftsarchiven, von evangelischen Kirchenarchiven und von rheinischen Adelsarchiven. Als Beispiele mögen gelten die Inventare des Stiftsarchivs Xanten, des Archivs der Evangelischen Gemeinde Duisburg, der Pfarrkirche St. Suitbertus in Kaiserswerth und der Pfarrkirche St. Lambertus in Düsseldorf, die fast alle in den letzten 60 Jahren erschienen.

Für den Landesteil Nordrhein liegt seit 1994 das äußerst nützliche „Handbuch der Kommunalarchive in Nordrhein-Westfalen" vor.

Unter den kirchlichen Archiven sind insbesondere die Diözesanarchive in Aachen, Köln und Münster und das Archiv der Evangelischen Kirche im Rheinland in Düsseldorf hervorzuheben. Das vom Krieg bitter heimgesuchte Bistumsarchiv Münster hat inzwischen in Xanten eine Außenstelle errichtet. Mit seiner baulichen Erweiterung und Verbesserung, mit seinen Forschungsprojekten und seiner personellen Ausstattung, vor allem aber nach Umfang und Bedeutung seiner Bestände ragt das Historische Archiv des Erzbistums Köln hervor: über 6.500 Regalmeter, darunter ca. 5.300 Urkunden seit dem Jahre 942.

Dass natürlich das „Landesarchiv NRW Abteilung Rheinland", – wohl immer noch bekannter unter dem Namen Hauptstaatsarchiv Düsseldorf – nach Inhalt, Umfang, Relevanz und mit seinen gedruckten und ungedruckten Findmitteln und wissenschaftlichen Reihen das wichtigste Archiv für jeden niederrheinischen Forscher darstellt, ist so selbstverständlich, dass es hier nur des kurzen Hinweises bedarf. – Zum zweiten Mal in dem hier zu betrachtenden Zeitraum schickt sich das

---

5   Unter den vielen Veröffentlichungen zum Kölner Archiv-Einsturz siehe Bettina SCHMIDT-CZAIA und Ulrich S. SOÉNIUS (Hrsg.): Gedächtnisort. Das Historische Archiv der Stadt Köln. Köln 2010

Land Nordrhein-Westfalen an, für sein größtes Archiv ein neues Gebäude zu schaffen – unter Inkaufnahme eines empfindlichen Traditionsbruches nicht mehr in Düsseldorf sondern in Duisburg.

Manches alte Vorurteil im Sinne einer gewissen Behäbigkeit und Fortschrittsresistenz von Archivaren wird spätestens ad absurdum geführt, wenn man sieht, wie souverän gerade sie die neuen Medien nutzen. Unter dem Stichwort „Archive in NRW" findet man raschen und komfortablen Zugang auch zu allen für den Niederrhein einschlägigen Archiven, zu ihren Beständen, ihren Publikationen und ihren jeweiligen Besonderheiten. Voran schreitet die Erreichbarkeit von Findbüchern über das Internet. Das Archiv des Kreises Viersen in der ehemaligen kurkölnischen Landesburg in Kempen kann hier unter den mittelgroßen Archiven als vorbildliches Beispiel genannt werden. Aber auch bemerkenswerte einzelne Archivalien findet man hier bisweilen: im Internetauftritt des Historischen Archivs des Erzbistums Köln beispielsweise das Telegramm von Papst Paul VI. aus dem Jahre 1977, in dem er sich in der von Köln ausgehenden Schleyer-Entführung gegenüber dem Kölner Erzbischof Kardinal Höffner ausdrücklich als Geisel anbietet (*Waere es von Nutzen, so wuerden wir sogar unsere Person fuer die Befreiung der Geiseln anbieten.*)

Abschließend sei festgestellt, dass trotz der schon angedeuteten herben Kriegsverluste dem Forscher des Jahres 2012 am Niederrhein mehr und leichterer Zugriff auf archivalische Quellen gegeben ist als vor dem Zweiten Weltkrieg.

Geschichtsmuseen am Niederrhein

Neben den Archiven haben, natürlich mit anderen wissenschaftlichen und methodischen Ansätzen und Intentionen etliche namhafte Museen wichtige Forschungsbeiträge geleistet, wofür hier auch nur einige Beispiele genannt seien, bevor auf die universitären und außeruniversitären Institutionen niederrheinischer Geschichtsforschung in einem engeren Sinne eingegangen wird.

Einen unmittelbaren und dabei äußerst instruktiven Beitrag vor allem zur breiten Vermittlung niederrheinischer Geschichte zur Zeit der römischen Antike stellt das in Fachkreisen europaweit und seinen spektakulären Besucherzahlen nach auch im interessierten Publikum hoch beachtete Römermuseum in Xanten dar. Mit seinen über 2.500 Exponaten und den zwischen 1984 und 1993 freigelegten römischen Thermen ermöglicht es mit modernsten didaktischen Mitteln einen chronologisch geprägten Überblick über die römische Geschichte am Niederrhein von Caesars Zeiten bis zu den Franken. Dass hier permanent Forschung betrieben, weitere Teile des Terrains des Römerlagers ergraben und neue wissenschaftliche Erkenntnisse publiziert werden, versteht sich fast am Rande.

Fast zeitgleich ist in Xanten ein weiteres Museum entstanden, das neben den Domschatzkammern von Aachen und Köln sowie dem Museum für Niederrheinische Sakralkunst in Kempen einen zusätzlichen sehr wichtigen Beitrag zur niederrheinischen Kirchengeschichte, zur Darstellung hochwertiger und auch einzigartiger Sakralkunst darstellt: das Stiftsmuseum. Mit dem ebenfalls bedeutsamen Stiftsarchiv und der Stiftsbibliothek lässt es die Geschichte des ehemaligen Xantener

St. Viktor-Stiftes lebendig werden – und rundet das Erlebnis ab, das der im Krieg so entsetzlich ruinierte Dom nach seinem Wiederaufbau bietet.

Übergangen werden mag hier die als allseits bekannt vorausgesetzte Tatsache, dass die Geschichte der Römer am Rhein natürlich in Köln besonderen musealen Niederschlag findet (Römisch-Germanisches Museum). Neben dem herausragenden Engagement, das das Erzbistum in den letzten Jahrzehnten für seine schriftliche Überlieferung, insbesondere für das Historische Archiv des Erzbistums Köln und die Diözesan- und Dombibliothek, geleistet hat, ist auch sein einzigartiger Einsatz im Bereich der Museen hervorzuheben (Domschatzkammer 2000 und Kolumba 2007 eingeweiht).

Der an niederrheinischer Landesgeschichte Interessierte kann sich seit Jahrzehnten in weiteren Museen der Region – und nicht zuletzt in ihren Publikationen – mit großem Gewinn umsehen. Genannt seien das Rheinische Landesmuseum in Bonn, das soeben mit einer Ausstellung über die „Renaissance am Rhein" brillierte und mit dem begleitenden opulenten Katalogband ein Standardwerk schuf[6].

Der Renaissance, wenn auch vor allem unter militärgeschichtlichem Aspekt, wendet sich das seit 1998 bestehende Museum Zitadelle Jülich zu. In diesem Zusammenhang verdienen die 1994 und 1999 vorgelegten Tagungshandbücher von zwei Jülicher Symposien zu Alessandro Pasqualini[7] und zur italienischen Renaissance am Niederrhein anerkennende Erwähnung.

Und wer an die Renaissance am Niederrhein denkt, hat auch gleich Schloss Rheydt bei Mönchengladbach im Sinn, wo nicht zuletzt durch Wiederherstellung und Zugänglichmachung der unterirdischen Wehranlagen das Wissen um frühneuzeitliche Wehrtechnik erweitert wurde[8].

Das stadtgeschichtliche Museum der Festungs- und Residenzstadt Düsseldorf hat mit seinen Ausstellungen und Publikationen willkommene Beiträge zur Erhellung der Landes- und Kulturgeschichte der von hier aus regierten Herzogtümer geleistet. Ein Paukenschlag waren 1984 insoweit die zuerst in Kleve, dann in Düsseldorf gezeigte Ausstellung „Land im Mittelpunkt der Mächte. Die Herzogtümer Jülich-Kleve-Berg" und der gleichnamige Katalogband. Ausstellungs-Veröffentlichungen, die im Rahmen dieses Versuchs eines Überblicks ebenfalls genannt sein sollten, sind: „Frommer Reichtum in Düsseldorf. Kirchenschätze aus 10 Jahrhunderten" (1978) und „Anna Maria Luisa Medici, Kurfürstin von der Pfalz" (1988). Schon 1971 hatte das Kunstmuseum Düsseldorf mit einer Ausstellung und einem umfassenden Katalog „Europäische Barockplastik am Niederrhein. Grupello und seine Zeit" in den Blick genommen.

In die Geschichte eines in mancherlei Beziehung aus dem Rahmen niederrheinischer Historie heraus fallenden kleineren Territoriums, der Grafschaft Moers, die

---

6   Guido von BÜREN, Georg MÖLICH u. a. (Redaktion), Renaissance am Rhein, Bonn 2010
7   Günter BERS, Conrad DOOSE (Hrsg.), Alessandro Pasqualini (1493–1559) und die Renaissance am Niederrhein, Jülich 1994.
    Günter BERS, Conrad DOOSE (Hrsg.), ‚Italienische' Renaissancebaukunst an Schelde, Maas und Niederrhein, Jülich 1999
8   Vgl. Gisbert KNOPP (Red.), Schloß Rheydt – Sanierung und museale Neugestaltung. (Arbeitshefte der rheinischen Denkmalpflege, 51), Köln 1998

schon sehr früh und dauerhaft zur Reformation fand, führt das „Grafschafter Museum" in den Resten des ehemaligen gräflichen Schlosses ein. Zur Zeit erfährt es eine umfassende Sanierung und Umstrukturierung. Einen eigenen Akzent in der niederrheinischen Museumslandschaft stellt das1998 eröffnete „Preußenmuseum" in der Zitadelle von Wesel dar. Es weiß sich besonders dem brandenburgisch-preußischen Anteil an der Geschichte des Niederrheins seit dem frühen 17. Jahrhundert verpflichtet.

Viel kulturgeschichtliche Vermittlungsarbeit leistet das mitten im Wallfahrtsort angesiedelte „Niederrheinische Museum für Volkskunde und Kulturgeschichte e.V. Kevelaer". Es mag mit diesen Beispielen sein Bewenden haben, wenngleich manch anderes Museum (z. B. in Aachen, Emmerich, Grefrath, Kempen, Linnich) der genaueren Darstellung wert wäre.

„Rheinische Geschichte"

Franz Petri und Georg Droege, sein Nachfolger als Direktor des Instituts für Geschichtliche Landeskunde der Rheinlande an der Universität in Bonn, haben von 1976 bis 1983 in vier Text- und einem Bildband die „Rheinische Geschichte" herausgegeben, ein Meilenstein der rheinischen Historiographie, die gleichsam den damaligen Forschungsstand zusammen zu fassen versuchte. Das Unternehmen hat viel Lob gefunden, wenngleich es mit dem Schönheitsfehler in die Geschichte der rheinischen Geschichtsschreibung einging, dass der dem Spätmittelalter zugedachte Band nie erschien.

Umso dankbarer kann das an Überblicksdarstellungen interessierte Publikum sein, dass es seit 1997 die „Kleine Rheinische Geschichte" des vormaligen Chefs des Nordrhein-Westfälischen Hauptstaatsarchivs und nachmaligen Bonner Ordinarius für Geschichtliche Landeskunde der Rheinlande Wilhelm Janssen gibt[9]. Dieses Buch mit dem aus jeder Zeile quillenden Wissen des mit den Quellen vertrauten Archivars ist ebenso wissenschaftlich zuverlässig wie angenehm und verständlich zu lesen, – geschichtliche Informationsvermittlung auf bestdenkbarem Niveau.

Dem Autor ist nicht bekannt, ob es in anderen deutschen Geschichtslandschaften ein Werk gibt, das mit dem „Atlas zur Geschichte des Niederrheins" von Irmgard Hantsche vergleichbar ist. Die ehemalige Duisburger Lehrstuhlinhaberin hat es meisterhaft verstanden, zahlreiche Themen und Teilaspekte der niederrheinischen Geschichte kartographisch darzustellen: zuverlässig, in hohem Maße informativ und dazu didaktisch gekonnt aufbereitet. Und sie ist belohnt worden nicht nur durch viel Zustimmung unter den professionellen Nutzern des Atlas. Bereits 2004 konnte das populäre Werk zum fünften Mal aufgelegt werden. 2008 gab die Historikerin einen zweiten Band heraus mit weiteren 65 kartographisch aufbereiteten Themen, davon alleine 21 zu religiösen Bewegungen und Institutionen sowie zur kirchlichen Organisation und Konfessionsverteilung. Eigens für das ehemalige, zu großen Teilen in den heutigen Niederlanden gelegene Herzog-

---

9 Wilhelm JANSSEN, Kleine Rheinische Geschichte, Düsseldorf 1997

tum Geldern gab Irmgard Hantsche außerdem 2003 den 45 Karten umfassenden „Geldern-Atlas" heraus.

Angesichts der unübersehbar zahlreichen Einzeluntersuchungen zu allen denkbaren Facetten der Geschichte der größeren rheinischen Territorien (insbesondere der Herzogtümer Kleve, Geldern und Jülich und des Kurfürstentums Köln), die doch ein gutes halbes Jahrtausend lang Rückgrat niederrheinischer Geschichte waren, ist es mindestens auf den ersten Blick erstaunlich, dass keines über eine moderne monographische Gesamtdarstellung verfügt. Den wohl umfassendsten Überblick kann man sich seit 2001 über das Herzogtum Geldern verschaffen, als parallel zu einer breit angelegten Geldern-Ausstellung ein über 500 Seiten starker Aufsatzband „Geschichte und Kultur des Herzogtums Geldern" erschien, und gleichzeitig der Katalogband „Das Goldene Zeitalter des Herzogtums Geldern. Geschichte, Kunst und Kultur im 15. und 16. Jahrhunderts". Als besonders verdienstvoll muss in diesem Zusammenhang der viel zu früh verstorbene Klever Kreisarchivar Karl-Heinz Tekath genannt werden. Der Tatsache, dass ein Großteil des ehemaligen Herzogtums Geldern heute niederländisches Staatsgebiet darstellt, ist die begrüßenswerte Herausgabe eines Parallelbandes in niederländischer Sprache geschuldet.

Ähnlich verdienstvolle opera waren schon1984 zu Geschichte und Kultur der Herzogtümer Jülich-Kleve-Berg („Land im Mittelpunkt der Mächte" vgl. oben) und 1985 zu Kurköln („Land unter dem Krummstab") erschienen, wobei festzuhalten ist, dass „Land im Mittelpunkt der Mächte" drei Auflagen erlebte.

Das alles sind sehr vorzeigenswerte, gleichsam eine Zwischenbilanz der Forschung ziehende und auch über die Fachwelt hinaus wirkende Arbeiten, aber – wie gesagt – abschließende Geschichten der jeweiligen Territorien bleiben vorerst Desiderate. Das hat auch damit zu tun, dass es staatliche Nachfolgegebilde, die weitgehend exakt den Umfang der alten Territorien haben, nicht gibt, was der geschichtlichen Tradition und dem territorialgeschichtlichen Bewusstsein natürlich enorm Abbruch tut.

Universitäre und außeruniversitäre Forschungsinstitutionen

Das „Institut für geschichtliche Landeskunde der Rheinlande" war seit den 20er Jahren nicht nur der Ort der theoretisch-methodischen Fortentwicklung rheinischer Geschichtsforschung, sondern auch Ausbildungsstätte mehrerer Generationen rheinischer Historiker, Volkskundler und Sprachwissenschaftler und darüber hinaus Entstehungsort zahlloser wissenschaftlicher Studien. Die Namen aller Institutsleiter haben Rang und Bedeutung auch für die Geschichtsforschung am Niederrhein: Hermann Aubin, Franz Steinbach, Franz Petri, Edith Ennen, Georg Droege, Wilhelm Janssen und Manfred Groten.

Als verantwortlich für die „Rheinischen Vierteljahrsblätter", dem wohl wichtigsten Organ der Geschichtlichen Landeskunde im Rheinland, und dem „Rheinischen Archiv", das inzwischen schon über 150 Monographien, vielfach Dissertationen, veröffentlicht hat, genießt das „Institut", wie es seine Schüler mit einer gewissen Anhänglichkeit nennen, nicht nur regional, sondern auch national und international eine hervorragende Stellung. Die 2005 in die Tat umgesetzte Entscheidung, es zur „Abteilung für Rheinische Landesgeschichte des Instituts für Geschichtswissenschaft der Universität Bonn" umzuwandeln, kann man indessen durchaus kritisch sehen.

Die schon von Hermann Aubin begründete Reihe „Rheinisches Archiv", deren meiste Bände aber in den letzten 60 Jahren erschienen, spiegelt in ihrem Themenspektrum die drei Säulen des Instituts: die landesgeschichtliche, die volkskundliche und die sprachgeschichtliche Forschung. Bei den von den Bonner Institutsleitern vergebenen Dissertationen fand der Niederrhein stets große Beachtung. Das wird beispielsweise bei einem Blick in das 1994 nach seinem Tode veröffentlichte Verzeichnis der von Georg Droege betreuten Dissertationen deutlich (1985: Willi Nikolay, Die Ausbildung der ständischen Verfassung in Geldern und Brabant während des 13. und 14. Jahrhunderts; 1986: Stefan Frankewitz, Die geldrischen Ämter Geldern, Goch und Straelen im späten Mittelalter; 1989: Martina Stercken, Königtum und Territorialgewalten in den rhein-maasländischen Landfrieden des 14. Jahrhunderts; 1990: Claudia Rotthoff-Kraus, Die politische Rolle der Landfriedenseinungen zwischen Maas und Rhein in der zweiten Hälfte des 14. Jahrhunderts; 1992: Norbert Becker, Das Land am unteren Niederrhein. Untersuchungen zur Verfassungs-, Wirtschafts- und Sozialgeschichte des ländlichen Raumes vom Hohen Mittelalter bis zur Frühen Neuzeit (1100–1600))[10]. Mit Nr. 156 ist soeben der neueste Band der Reihe, die Kölner Dissertation von Andreas Becker, der sich einem besonders bemerkenswerten Thema niederrheinischer Geschichte in napoleonischer Zeit widmet, der Rolle der protestantischen Pfarrer[11]. Auch der Autor dieses Beitrages wurde 1971 mit einer „niederrheinischen" Arbeit am Bonner Institut promoviert („Geschichte des Geschlechtes von Schaesberg bis zur Mediatisierung. Ein Beitrag zur Erforschung der interterritorialen Verflechtungen des rhein-maasländischen Adels"[12]).

In engstem personellen und organisatorischen Verbund mit dem Bonner Universitätsinstitut für Geschichtliche Landeskunde steht der „Verein für Geschichtliche Landeskunde der Rheinlande" mit seinen jeweils aktuelle Forschungsthemen aufgreifenden wissenschaftlichen Tagungen.

Im Institut für Geschichtswissenschaften der Heinrich-Heine-Universität in Düsseldorf besteht im Seminar VIII (Geschichte der Frühen Neuzeit) ein eigener Schwerpunkt „Geschichte des Rheinlandes in der Frühen Neuzeit", wo ebenfalls immer wieder niederrheinische Themen Berücksichtigung finden. Insbesondere der langjährige Ordinarius Hansgeorg Molitor war erfolgreich darum bemüht, nachwachsende Historiker auf die niederrheinische Geschichtslandschaft hinzu-

---

10 Marlene NIKOLAY-PANTER, Wilhelm JANSSEN, Wolfgang HERBORN (Hrsg.), Geschichtliche Landeskunde der Rheinlande. Regionale Befunde und raumübergreifende Perspektiven. Köln Weimar Wien 1994, S. 617 f.

11 Napoleonische Elitenpolitik im Rheinland. Die protestantische Geistlichkeit im Roerdepartement 1802–1814. Köln Weimar Wien 2011

12 Erschienen als Bd. 24 der Schriftenreihe des Kreises Kempen-Krefeld und in den Niederlanden als Bd. 16 der „Maaslandse Monografieen".

weisen. Molitor wird noch in den nachfolgenden Ausführungen zur kirchengeschichtlichen Forschung zu nennen sein.

An der Gerhard-Mercator-Universität Duisbeurg wurde 1998 das „Institut für
niederrheinische Kulturgeschichte und Regionalentwicklung" (InKuR) gegründet
und 2005 in ein Institut des Fachbereichs Geisteswissenschaften der Universität
Duisburg-Essen umgewandelt. Unter anderem reüssierte es mit eine inzwischen
auf über 20 von Horst Lademacher herausgegebenen Reihe „Studien zur Geschichte und Kultur Nordwesteuropas". Jüngst entschloss sich das Institut ferner, die
Zeitschrift „Rhein-Maas. Studien zur Geschichte, Sprache und Kultur" herauszu-
geben. Sie steckt noch in den Anfängen. Band 2 ist für das Jahr 2011 vorgesehen.

In seinem betont interdisziplinärer Ansatz in der Betrachtung des Niederrheins – und zwar des deutschen und des niederländischen Niederrheins – lässt es
sich von derselben Grundintention leiten wie die „Niederrhein-Akademie/Acade-
mie Nederrijn e.V." (NAAN), die sich im letzten Jahrzehnt des 20. Jahrhunderts
an der Universität in Duisburg etablierte. Ihr ist es inzwischen gelungen, eine nahezu repräsentative Gruppe von Vertretern unterschiedlicher Wissenschaften und
Institutionen, die sich mit dem Niederrhein befassen, an sich zu binden. Überzeugen kann sie insbesondere mit ihrer schon jetzt beeindruckenden Schriftenreihe,
die auch aus unterschiedlichen Perspektiven der Frage nach einem „Niederrhein-
Bewusstsein" nachgeht. In dem niederländischen Germanisten Guillaume van
Gemert, dem deutschen Mediävisten Dieter Geuenich und anderen namhaften
Forschern konnte sich die NAAN zu einer, anfängliche Skepsis widerlegenden,
impulsgebenden und gerade von Historikern geschätzten Institution entwickeln.
Es lohnt ein Blick auf die bis 2011 erschienenen zehn Bände: die beiden ersten thematisieren den „Kulturraum Niederrhein", mit „Sprache und Literatur am Niederrhein" befasst sich Band 3, der schon hervorgehobene zweibändige „Atlas zur
Geschichte des Niederrheins" von Irmgard Hantsche verteilt sich auf die Bände 4
und 8, „Deutschen-niederländische(n) Wechselbeziehungen von der frühen Neuzeit bis zur Gegenwart" wird in Band 5 und „Heiligenverehrung und Wallfahrten
am Niederrhein" in Band 6 nachgegangen. Clemens von Looz-Corswarem und
Georg Mölich gaben Band 7 „Der Rhein als Verkehrsweg" heraus und die Sprachwissenschaftler Georg Cornelissen und Heinz Eickmans (der heutige Vorsitzende
der NAAN) widmen sich in Band 9 dem Thema „Familiennamen an Niederrhein
und Maas". Besonders apart, die jüngste Ausgabe (2011), für die Heinz Eickmans,
Guillaume van Gemert und Helmut Tervooren als Herausgeber zeichnen: „Das
'Kerkelyk Leesblad' (1801/02). Eine Zeitschrift für den Niederrhein zwischen
Aufklärung und Traditionalität".

Außeruniversitär, damit aber mitnichten weniger effizient und wissenschaftlich
reputierlich ist das „LVR-Institut für Landeskunde und Regionalgeschichte" in
Bonn. Auch diese Einrichtung des Landschaftsverbandes Rheinland hat in den
letzten Jahrzehnten namhaft zur Kenntnis der niederrheinischen Geschichte beigetragen, wobei der hier herausgegebene „Rheinische Städteatlas" besonders hervorzuheben ist, was unten noch geschehen soll. Das LVR-Institut besteht ebenfalls aus
einer landesgeschichtlichen, einer volkskundlichen und einer sprachgeschicht-
lichen Abteilung. Gerade diese hat es in der Person ihres Leiters Georg Cornelissen

verstanden, sprachgeschichtliche Fragestellungen wissenschaftlich seriös und publikumsnah zugleich weit zu verbreiten.

Geschichtsvereine des Niederrheins und ihre Publikationsorgane

Neben einer erfreulich dichten Archiv- und Museumslandschaft am Niederrhein ist auch eine nicht weniger dichte und mit Archiven und Museen vielfach vernetzte Vereins- und Zeitschriftenlandschaft zu konstatieren.

Der älteste, grundsätzlich das gesamte Rheinland in den Blick nehmende wissenschaftliche Geschichtsverein ist der 1854 von dem Wachtendonker Pfarrer Joseph Hubert Mooren gegründete „Historische Verein für den Niederrhein, insbesondere für das alte Erzbistum Köln". Er ist kein Geschichtsverein des Erzbistum Köln, weiß sich seiner Geschichte aber sehr verpflichtet und bringt dies, wie gesagt, bis heute in seinem Namen zum Ausdruck: „insbesondere für das alte Erzbistum Köln".

Das Vereinsorgan, die „Annalen des Historischen Vereins für den Niederrhein" haben inzwischen die Nummer 213 erreicht. In den gegenwärtig jeweils meist gut 400 Seiten starken Jahresbänden ist die gesamte Bandbreite rheinischer Geschichtsforschung abgebildet, und man wird schwerlich eine Arbeit zu mittelalterlichen oder neuzeitlichen Themen am Niederrhein finden, die nicht auf Beiträge aus den „Annalen" zurückgreift. Jedem der sich gründlich mit niederrheinischer Geschichte befasst, sind sie ein fester Begriff.

2004 hat der Verein in Köln sein 150jähriges Bestehen gefeiert und aus diesem Anlass eine Festschrift herausgegeben[13], der alle Facetten der Vereinsgeschichte berücksichtigt – und bisweilen auch selbstkritisch auf sie schaut, so zum Beispiel in der Untersuchung des Düsseldorfer Historikers Stephan Laux: „Positivismus" und „warme Bodenständigkeit". Zum historiographischen Selbstverständnis der „Annalen des Historischen Vereins für den Niederrhein" und ihrer Macher (1854/55–2003).

Neben den „Annalen" gibt der Verein noch eine eigene Reihe „Veröffentlichungen" heraus, in der zuletzt eine kritische Edition des Brauweiler Necrologs erschien. Im Jahre 2000 veröffentlichte der Duisburger Ordinarius Dieter Geuenich hier den wichtigen Band „Köln und die Niederrheinlande in ihren historischen Raumbeziehungen (15.–20. Jahrhundert)".

So wissenschaftlich respektabel und erkenntnisfördernd die Arbeit dieses Vereins auch war und ist, wahr ist auch, dass er – wie wohl alle vergleichbaren Vereine – massive Nachwuchsprobleme hat.

Zu den alten historischen Gesellschaften am Niederrhein gehört auch der „Düsseldorfer Geschichtsverein", der 1880 zunächst als „Verein für Geschichte und Alterthumskunde von Düsseldorf und Umgegend" gegründet und dann 1882 in „Düsseldorfer Geschichtsverein" umbenannt wurde. Natürlich steht bei ihm die

---

13 Ulrich HELBACH (Hrsg), Der Historische Verein für den Niederrhein 1854–2004. Festschrift zum 150jährigen Bestehen. (= Annalen des Historischen Vereins für den Niederrhein 207), Pulheim 2004

Düsseldorfer Stadtgeschichte im Mittelpunkt des Interesses. Aber allein schon die Tatsache, dass Düsseldorf neben Kleve lange die Residenzstadt der Herrscherdynastien von Kleve-Jülich-Berg war, bringt es mit sich, dass hier im Laufe von Jahrzehnte viele essentielle Arbeiten mit Niederrhein-Bezug erschienen sind. Anfangs nannte sich die inzwischen auf 80 Bände angewachsene Reihe im Untertitel sogar „Beiträge zur Geschichte des Niederrheins". Zeitweise war die Zeitschrift aber auch stark auf das Herzogtum Berg konzentriert. Dieses hatte im Übrigen schon 1863 im „Bergischen Geschichtsverein" eine eigene Plattform landesgeschichtlicher Forschung gefunden[14].

Im Selbstverständnis einiger Geschichtsvereine am Niederrhein ist nach wie vor die Erinnerung an Territorien der vorfranzösischen Zeit am Niederrhein wirkmächtig. Das gilt insbesondere für den „Historischen Verein für Geldern und Umgegend", der bereits 1851 – und zwar ebenfalls von Joseph Hubert Mooren – gegründet wurde und sich gemessen an seiner Mitgliederzahl und seinen vorzeigenswerten wissenschaftlichen Veröffentlichungen (inzwischen mehr als 100) einer außergewöhnlichen Vitalität erfreut.

Für den ehemaligen, inzwischen in den Kreis Kleve aufgegangenen Kreis Geldern erscheint (eine sympathisch-trotzige Betonung des historischen Propriums) nach wie vor jährlich ein „Geldrischer Heimatkalender" – herausgegeben vom „Historischen für Geldern und Umgegend".

Zu nennen sind in diesem Zusammenhang aber auch die von Historikern in Jülich ausgehenden Bemühungen, die Geschichte der Stadt und des gleichnamigen Herzogtums, zu dem Kaldenkirchen übrigens rund ein halbes Jahrtausend lang gehörte, zu erforschen und im öffentlichen Geschichtsbewusstsein zu verankern. Zu nennen sind die „Beiträge zur Jülicher Geschichte" des Jülicher Geschichtsvereins und die „Neue(n) Beiträge zur Jülicher Geschichte" der Joseph-Kuhl-Gesellschaft, in deren Verantwortung auch das „Forum Jülicher Geschichte" erscheint.

Zu einem eigenen Typus als Publikationsort meist kleinerer, aber durchweg ernst zu nehmender Forschungsergebnisse haben sich die in der Regel jährlich erscheinenden Heimatbücher/Jahrbücher niederrheinischer Kreis und Städte entwickelt. Sie bieten Autodidakten und professionellen Forschern einer breiten Palette von der Vor- und Frühgeschichte bis zur Zeitgeschichte, von der Kunst-, Wirtschafts- und Verkehrsgeschichte bis hin zur in jüngster Zeit wieder stark aufblühenden Genealogie die Gelegenheit, ihre gewonnenen Erkenntnisse einem breiten regionalen Publikum zu präsentieren. Im letzten halben Jahrhundert haben sie sich erfreulicherweise von ihrer bisweilen heimattümelnden Attitüde befreit und werden inzwischen von den verschiedenen historischen Disziplinen durchaus geschätzt. Herausgegeben werden sie meist von den Landräten der Kreise, was de facto heißt von den professionell geleiteten Archiven dieser Gebietskörperschaften oder wie zum Beispiel im Falle Krefeld vom örtlichen Geschichtsverein. Genannt seien die als Jahrbuch, Heimatbuch oder auch Heimatkalender firmierenden Periodika der Kreise Kleve, Wesel, Viersen (dort inzwischen 62 schon überwiegend

---

14 Vgl. dazu Jörg ENGELBRECHT, Der Bergische Geschichtsverein als „Gegenpart" des Historischen Vereins für den Niederrhein. Wie vorherige Fußnote, S. 331–341

durch ein Register erschlossene Bände), Neuss und Heinsberg. Dem Heimatbuch des Kreises Viersen attestierte Wilhelm Janssen 1999, dass „es für die allgemeine rheinische Landesgeschichte die Funktion einer niveauvollen regionalen landeshistorischen Zeitschrift wahrnimmt"[15]. Die Entwicklung dieser Bücher von heimatzentrierten zu wissenschaftlich weiterführenden Veröffentlichungen ist zugleich eine Antwort auf die längst vollzogene Entwicklung zu einem, wie Janssen an gleicher Stelle sagt „aufgeklärten Heimatbewusstsein". Der Kreis Viersen (vormals Kempen-Krefeld), der Heimatkreis von Wilhelm Imkamp, gibt zudem seit 1951 eine wissenschaftliche Schriftenreihe heraus, in der etliche Dissertationen, Ortsgeschichten, Quelleneditionen und historische Monographien erschienen – zuletzt als Band 48 die spannenden monatlichen Berichte des Oberkreisdirektors an die Militärregierung (1945–1948), bearbeitet von Gerhard Rehm.

Viele weitere bemerkenswerte Einzelergebnisse niederrheinischer Geschichtsforschung der letzten Jahrzehnte findet man auch in weiteren Schriftenreihen, die von den vielen der oben genannten Kommunalarchive betreut werden. Sie und andere Reihen verdienten gemessen an Qualität und Reputation gründlichere Erwähnung (z. B. das „Rheydter Jahrbuch"), was hier aus Raumgründen aber ebenfalls unterbleiben muss. Zu nennen wären auch jene, zum Teil auch kleinere, damit aber nicht weniger wirkungsvoll arbeitenden Vereine, wobei zumindest aber der verdienstvolle „Rheinische Verein für Denkmalpflege und Landschaftsschutz" hervorgehoben werden soll.

Mit Genugtuung ist schließlich die Tatsache zu vermerken, dass es namhafte Verlage gibt, die in ihrer Veröffentlichungspraxis immer wieder geschichtliche Themen des Niederrheins berücksichtigen, wofür der in Köln, Weimar und Wien ansässige Böhlau-Verlag ein wichtiges Beispiel ist.

Einzelne wissenschaftliche Projekte

Prägend für die von Anfang an äußerst anspruchsvolle Arbeit der in Köln ansässigen, 1881 von dem aus Dülken stammenden Industriellen Gustav von Mevissen gegründeten „Gesellschaft für Rheinische Geschichte" war und ist die wissenschaftliche Edition von Quellen zur rheinischen Geschichte. Auf diesem Feld hat sie Bahnbrechendes geleistet. Aus der Produktion der letzten 60 Jahre nur wenige für den niederrheinischen Raum wichtige Beispiele: die Herausgabe der Stadtrechnungen von Wesel in fünf Bänden von Friedrich Gorissen, die Verwaltungs- und Behördengeschichte der Rheinprovinz 1914–1945 (Horst Romeyk), das Urkundenbuch der Abtei Steinfeld (Ingrid Joester), der Widerhall des Kölner Ereignisses in der Rheinprovinz (Friedrich Keinemann), die Aachener Urkunden 1101–1250 (Erich Meuthen), die Beschlüsse des Rates der Stadt Köln 1320–1550 in sechs Bänden (Manfred Groten), die Aachener Stadtrechnungen des 15. Jahrhunderts (Thomas Kraus) – und von ganz grundlegender Bedeutung die seit 1954 wieder erscheinenden

---

15 Zum Erscheinen des 50. Jahrgangs des Heimatbuches des Kreises Viersen. In: Heimatbuch des Kreises Viersen 1999, S. 15

Regesten der Erzbischöfe von 313–1414, wofür man bezogen auf den Berichtszeitraum ihren Bearbeitern Friedrich Wilhelm Oediger, Wilhelm Janssen und Norbert Andernach sicher noch nach vielen Historikergenerationen dankbar sein wird.

Seit 1982 wird im Auftrag der Gesellschaft für Rheinische Geschichtskunde zusammen mit dem Landschaftsverband Rheinland (der sich immer noch ein Stück weit in der Tradition der bis nach Saarbrücken reichenden preußischen Rheinprovinz sieht) der „Geschichtliche Atlas der Rheinlande" herausgegeben. Wie der nachfolgend zu nennende „Rheinische Städteatlas" ohne jede Übertreibung ein Grundlagenwerk. Das vom Trierer Ordinarius Franz Irsigler herausgegebene Kartenwerk wurde 2008 mit der 11. Lieferung abgeschlossen. Erschienen sind 119 Kartenblätter und 81 Beihefte. Das Werk ist interdisziplinär orientiert und bearbeitet geographisch-geologische Fragestellungen ebenso wie die Archäologie, vor allem aber das gesamte Spektrum der Geschichte. Es sei mit dem nachdrücklichen Hinweis, dass sich künftig kaum eine rheinische historisch-landeskundliche oder ortsgeschichtliche Arbeit wird seriös nennen können, wenn sie den wissenschaftlichen Ertrag dieses Werkes nicht zu Rate gezogen und darauf verzichtet hat, die vielen den Niederrhein unmittelbar und mit großem Erkenntnisgewinn betreffenden Karten und zum Teil monografischen Begleithefte zu konsultieren.

Der Autor verhehlt nicht, dass er den „Rheinischen Städteatlas", den das „LVR-Institut für Landeskunde und Regionalgeschichte" seit 1972 herausgibt, für den wissenschaftlich anspruchsvollsten und effizientesten Beitrag dieser an weiteren Projekten nicht armen Einrichtung hält. Bearbeitet werden auf breitester Quellengrundlage alle Stadtrechtsorte des nordrhein-westfälischen Landesteiles Nordrhein und eines schmalen südlich angrenzenden Gebietsstreifens in Rheinland-Pfalz (oder von Emmerich im Norden bis Andernach im Süden). Das Städteatlas-Unternehmen versteht sich zu Recht als historisch-topographisches Grundlagenwerk und folgt einem, wie der Herausgeber betont, weit gefassten Stadtbegriff. „Jede Mappe besteht aus einem Text- und einem Kartenteil. Der Text folgt einem Schema, das vergleichende Forschungen ermöglicht. Neben der lexikalischen Erfassung von Daten und Fakten stehen ausführlicher formulierte Abschnitte zur Topographie, zur Siedlungsentwicklung, zum Verhältnis von Herrschaft und Gemeinde, zur Kirchengeschichte, zur Geschichte der Juden, zum Schul- und Gesundheitswesen sowie zur Wirtschafts- und Sozialgeschichte. Statistiken ergänzen die Darstellung" (aus dem Vorwort zur Lieferung XVII, 2008). In nuce ist jedes Heft eine eigene Stadtgeschichte. Von den zur Bearbeitung vorgesehenen 187 Heften sind bislang 92 erschienen. Am nördlichen Niederrhein u. a. Kalkar, Rheinberg, Orsoy, Ruhrort, Duisburg, Geldern, Straelen und Wachtendonk. Besonders weit fortgeschritten ist die Bearbeitung der Stadtrechtsorte im Kreis Viersen, wo die Hefte von Brüggen, Neersen, Süchteln, Dülken, Viersen und Kaldenkirchen vorliegen. Vom Projekt „Rheinischer Städteatlas" hat die gesamte Stadtgeschichtsforschung ungemein profitiert.

Denn die erheblichen Fortschritte, die am Niederrhein in den letzten Jahrzehnten gerade auf dem Gebiet der Stadtgeschichtsschreibung zu verzeichnen sind, haben gewiss mit jener methodischen Stringenz zu tun, die das Projekt „Rheinischer Städteatlas" allen auf diesem Gebiet Arbeitenden vorgegeben hat. Viele große und kleine Städte am Niederrhein verfügen inzwischen über abschließende und sicher für die nächsten Generationen gültige Stadtgeschichten. Zuletzt hat Krefeld ein fünfbändiges Opus abgeschlossen. Vorausgegangen waren ihm Mönchengladbach, Neuss, Düsseldorf, Moers. Kleinere Städte standen dem nicht nach: Meerbusch, Sonsbeck, Kempen, Willich – auch Kaldenkirchen.

Eine biographische Reihe, die „Rheinischen Lebensbilder", ebenfalls herausgegeben von der „Gesellschaft für Rheinische Geschichtskunde" kann mit Blick auf den Niederrhein nicht ungenannt bleiben. Hier findet man essayistisch gehaltene Darstellungen von Persönlichkeiten aus Kirche, Politik und Wirtschaft, Wissenschaft und Kunst, Musik und Literatur – darunter auch das Lebensbild des vor allem als frankreichbegeisterter Geschichtsschreiber hervorgetretenen reformierten Kaldenkirchener Pfarrers Heinrich Simon van Alpen (1761–1830), der dort 1794 über die Frage predigte „*Welches ist das Maas von Aufklärung, welches für die Kanzel gehört?*" Im Kontext dieses Beitrages ist es aber auch der Erinnerung wert, dass van Alpen mit seinem 1802 erschienenen Werk „Geschichte des fränkischen Rheinufers. Was es war und was es itzt ist" als ein Pionier der niederrheinischen Geschichtsschreibung anzusehen ist.

Noch zwei wissenschaftliche Projekte, eines das der Forschung, ein anderes das vor allem der Vermittlung dient, sollen an dieser Stelle in die Reihe der vielen Bemühungen eingefügt werden, das Wissen von Geschichte und Kultur des Niederrheins zu vermehren und zu festigen: „Aufbruch in die Moderne. Der rheinische Adel in westeuropäischer Perspektive von 1750 bis 1850" lautet das gemeinsame wissenschaftliche Unterfangen des Deutschen Historischen Instituts in Paris und des Landschaftsverbandes Rheinland, dessen besonderes Augenmerk ja ohnehin, wie schon gezeigt wurde, auf Schutz, Pflege und Erschließung der rheinischen Adelsarchive gerichtet ist. Es ist Ausdruck eines allgemein in der rheinischen Historikerschaft erkennbar wachsenden Interesses an Adelsgeschichte, das sich vielfach in einer erfrischend neuen Sicht auf die historische Bedeutung des Adels im Rheinland und nicht zuletzt auch am Niederrhein niederschlägt. Manche bislang nur wenigen Historikern vertraute Geschlechter wurden in ihren politischen, geistlichen oder militärischen Funktionen untersucht (z. B. die Merode von Hans J. Domsta, die Hompesch von Wolfgang Löhr, die Hatzfeld von Jens Friedhoff, die Bocholtz von Theo Optendrenk). In einem mittelbaren Zusammenhang mit dem genannten Projekt steht eine von der Fachwelt ebenso wie von der interessierten Öffentlichkeit lebhaft begrüßte Neuerscheinung: Gudrun Gersmann und Hans-Werner Langbrandtner: „Adelige Lebenswelten im Rheinland. Kommentierte Quellen zur Frühen Neuzeit" (Köln, Weimar, Wien 2009). Wie sehr das Thema „Adel" Historiker im Rheinland beschäftigt, zeigt ein weiteres, soeben herausgegebenes deutsch-niederländisches Buch: „Adel verbindet – Adel verbindt. Elitenbildung und Standeskultur in Nordwestdeutschland und den Niederlanden vom 15. bis 20. Jahrhundert" (Hrsg. von Maarten van Driel, Meinhard Pohl und Bernd Walter), Paderborn, München, Wien, Zürich 2010.

Ende September 2010 hat der Landschaftsverband „das erste Internetportal zur Geschichte des Rheinlandes" gestartet. Darin soll der Nutzer laut eigener Darstellung künftig „Informationen zu zwei Jahrtausenden rheinischer Geschichte – von der Vor- und Frühgeschichte über die Römerzeit, das Mittelalter und die ‚Franzosenzeit' bis hin zur Gegenwart" abrufen können.

Kirchengeschichte am Niederrhein

Auf dem weiten Feld Kirchengeschichte, das der Adressat dieser Festschrift (nicht nur) in Bayern beackert hat, gab es am Niederrhein im Zeitraum der beiden letzten Generationen große Fortschritte und es ist schwer, halbwegs repräsentativ Beispiele und Strukturen zu benennen. Nachdem der rührige Gelderner Archivar Gregor Hövelmann zusammen mit kundigen wissenschaftlichen Kollegen (u. a. Hugo Borger)1965 eine „Niederrheinische Kirchengeschichte" herausgegeben hatte[16], traten 1998 Weihbischof Heinrich Janssen und Udo Grote mit einem mächtigen Werk „Zwei Jahrtausende Geschichte der Kirche am Niederrhein"[17] an die Öffentlichkeit – ein wahrhaft ambitioniertes Opus in Wort und Bild, und in der Kartographie von Irmgard Hantsche. Es dokumentiert die alles durchdringende Rolle der Kirche von den Anfängen im 2. Jahrhundert in ihren Höhen und Tiefen bis ins 20. Jahrhundert. Hier wird gleichsam die Summe gezogen der Kirchengeschichte einer Region, die in hohem Maße von den Erzbischöfen und Kurfürsten von Köln bestimmt wurde. Aber an diesem Buch lässt sich auch ablesen, was zu vermitteln heute ein Problem ist, die einstmalige Omnipräsenz von Kirche und Religion in allen Phasen des Lebens der Menschen, im wahrsten Wortsinne von der Wiege bis zur Bahre.

Schaut man sich beispielsweise manche aktuelle Stadt- oder Gemeindegeschichte an, dann scheint es bisweilen eine Frage des Geburtsjahres des Autors zu sein, wie sehr diese einstmalige, keinen Bereich des Lebens außer Acht lassende Rolle der Kirche im irdischen Dasein als geschichtliches Faktum gewürdigt wird. Autoren die jenes Phänomen in ihrer Kindheit und Jugend nicht mehr gespürt haben, neigen eher dazu, die Kirchengeschichte des geschichtlich erforschten Ortes auf niedriger Augenhöhe gemeinsam mit der Geschichte von Gewerkschaften, Sportvereinen oder in Vereinen sich manifestierenden kulturellen Lebensäußerungen zu sehen. Aus solchen Stadtgeschichten lässt sich dann eben nur rudimentär ableiten, dass zum Beispiel gemeindliche Strukturen in aller Regel auf der Basis kirchlicher Strukturen entwickelt wurden.

Dennoch hat Kirchengeschichtsforschung am Niederrhein nach wie vor viele solide Partner. Erwähnt wurden schon die Diözesanarchive von Köln, Münster und Aachen. Der katholische Lehrstuhl für Kirchengeschichte in Bonn hat sich immer auch rheinischen Themen gewidmet. Der langjährige Bonner Ordinarius Eduard Hegel war sogar zwölf Jahre (1967–1979) Vorsitzender des Historischen Vereins für den Niederrhein. 1986 erschien als Band 16 der „Veröffentlichungen des Historischen Vereins für den Niederrhein" sein Sammelband „Ecclesiastica Rhenana. Aufsätze zur rheinischen Kirchengeschichte".

---

16 Gregor HÖVELMANN, Niederrheinische Kirchengeschichte, Kevelaer 1965
17 Heinrich JANSSEN und Udo GROTE (Hrsg.), Zwei Jahrtausende Geschichte der Kirche am Niederrhein. Münster 1998

Monumentale Werke sind im hier zu überblickenden Zeitraum erschienen. Unter allen ragt die 2008 mit dem reformations- und gegenreformationsgeschichtlichen Band von Hansgeorg Molitor abgeschlossene „Geschichte des Erzbistums Köln" hervor. Nahezu ein halbes Jahrhundert hat die Herausgabe dieses in jeder Weise beispielgebenden Opus gedauert. Eine erste Konzeption erarbeitete 1960 der Bonner Kirchenhistoriker Wilhelm Neuß im Auftrag von Kardinal Frings. Der Bonner Kirchenhistoriker und Kölner Domkapitular Norbert Trippen zeichnete im Vorwort zum Molitor-Band die Geschichte des Werkes nach, was angesichts seiner einzigartigen Bedeutung für den Niederrhein und des damit vermittelten Blicks in seinen Inhalt ein längeres Zitat rechtfertigen dürfte. Es kann die Mühen, die hinter einem solchen wissenschaftlichen Unternehmen von höchsten Ansprüchen stehen, nur andeuten: „1964 erschien der erste Band, in dem der am 31. Dezember 1965 verstorbene Wilhelm Neuß als sein letztes Werk den ersten Teil über die römische und fränkische Zeit der Kölner Kirche, Friedrich Wilhelm Oediger deren mittelalterliche Entwicklung bis zum Ende des 12. Jahrhunderts bearbeitet hatten. Dieser erste Band fand eine so positive Aufnahme und einen solchen Absatz, dass bereits 1972 eine 2. Auflage notwendig wurde, die Friedrich Wilhelm Oediger neu bearbeitete. Zu diesem Zeitpunkt war auch der als Bearbeiter des zweiten Bandes – über das Hoch- und Spätmittelalter in der Kölner Kirche – vorgesehene Archivdirektor Robert Haaß am 29. März 1968 bereits verstorben. Es war eine glückliche Fügung, dass wenige Monate nach Neuß' Tod sein Schüler Eduard Hegel zum Sommersemester 1966 von Münster auf den Bonner Lehrstuhl für Kirchengeschichte des Mittelalters und der Neuzeit überwechseln und die Herausgeberschaft für die „Geschichte des Erzbistums Köln" übernehmen konnte ... Inzwischen war am 30. März 1972 der Bearbeiter des 3. Bandes – über die Reformationszeit der Kölner Kirche –, der aus dem Erzbistum Köln stammende Freiburger Kirchenhistoriker August Franzen, allzu früh verstorben, so dass Hegels schwierigste Aufgabe zunächst darin bestand, geeignete Bearbeiter für die Bände 2 und 3 des Gesamtwerks zu finden. 1975 sagte der damalige Leiter des Hauptstaatsarchivs Düsseldorf Wilhelm Janssen zu, die Bearbeitung des zweiten Bandes zu übernehmen. 1977 gelang es Hegel auch, den damaligen Professor für Rheinische Geschichte an der Pädagogischen Hochschule Rheinland, Abteilung Neuss, Hansgeorg Molitor für die Bearbeitung des dritten Bandes zu gewinnen. Wilhelm Janssen und Hansgeorg Molitor konnten erst mit einer Verspätung von fünfzehn Jahren an ihre Arbeit gehen. Dieser Umstand und die außerordentliche Fülle des zu verarbeitenden Quellenmaterials und zumal der Literatur machen es verständlich, dass die Bände 2 und drei als letzte des Gesamtwerks erschienen ... Wilhelm Janssen konnte 1995 einen ersten Teilband, 2003 den zweiten Teilband vorlegen ... An dieser Stelle ist des zweiten Herausgebers des Gesamtwerks und Autors der Bände 4 und 5, Eduard Hegel, zu gedenken. Konnte Hegel seine zwölfjährige Tätigkeit an der Universität Münster mit der monumentalen zweibändigen „Geschichte der katholisch-theologischen Fakultät Münster 1773–1964" (Münster 1966 bzw. 1972) abschließen, so arbeitete er in Bonn in jeder freien Stunde an den von ihm übernommenen Bänden 4 und 5 der „Geschichte des Erzbistums Köln". Wenige Jahre nach seiner Emeritierung konnte er 1979 den vierten Band „Das Erzbistum zwischen

Barock und Aufklärung. Vom Pfälzischen Krieg bis zum Ende der Französischen Zeit (1688–1814)" vorlegen. In seiner ungebrochenen Schaffenskraft vollendete er 1987 den fünften Band „Das Erzbistum zwischen der Restauration des 19. Jahrhunderts und der Restauration des 20. Jahrhunderts (1815–1962)".

Norbert Trippen, der Autor dieses Zitates hat der Kölner Kirchengeschichte zwischenzeitlich zwei ebenfalls sehr umfangreiche biographische Werke hinzugefügt: die zweibändige Biographie von Josef Kardinal Frings (1887–1978) und den ersten Band über Joseph Kardinal Höffner (1906–1987) „Lebensweg und Wirken als christlicher Sozialwissenschaftler bis 1962". Alles in allem: Einen besseren Forschungsstand zur Geschichte des Erzbistums Köln und damit weitgehend zur Geschichte der katholischen Kirche am Niederrhein kann man sich wahrlich kaum wünschen!

Mit enormer Schaffenskraft gibt die Diözesan- und Dombibliothek in Köln unter ihrem Direktor Heinz Finger zwei eigene Reihen heraus, die auch für den Niederrhein-Interessierten von Belang sind, die „Libelli Rhenani", aus denen aus jüngster Zeit der 380-seitige Band 37 „Fromme Frauen als gelehrte Frauen" genannt sei, und die „Analecta Coloniensia". Schon nach nur einem Jahrzehnt ihres Erscheinens stellen die Bände dieser Reihe einen immensen Zugewinn an geschichtlicher Kenntnis dar.

Im Vergleich zur Historiographie des Erzbistums Köln nimmt sich jene des erst 1930 gegründeten Bistums Aachen bescheidener aus, wenngleich auch dort in jüngster Zeit die Geschichtsforschung und Geschichtsschreibung spürbar vorangekommen sind – spätestens seit der Gründung des mit Wolfgang Löhr unter fachwissenschaftlicher Leitung stehenden „Geschichsverein(s) für das Bistum Aachen", der ebenfalls eine eigene gediegene Reihe („Geschichte im Bistum Aachen") herausgibt. In den zusätzlich herausgegebenen Beiheften ragt der 2005 erschienene Band „Heilige im Bistum Aachen" heraus. „Die Wiedererrichtung des Bistums Aachen" hat Josef Reuter 1976 dargestellt und in den ebenfalls nicht zu vernachlässigenden „Veröffentlichungen des Bischöflichen Diözesanarchivs Aachen" als Band 35 publiziert.

Bezogen auf Wilhelm Imkamps Heimatstadt, die bis in die napoleonische Zeit hinein zum Bistum Lüttich, dann zum Bistum Aachen und schließlich bis zum Konkordat mit Preußen von 1929 zum Bistum Münster gehörte, wäre es reizvoll, jetzt noch einen Blick auf die Forschung zu diesen Bistümern zu tun, was aber zur Vermeidung einer Ausuferung des Themas unterbleiben soll.

Für Widerstand und Blutzoll vor allem katholischer Priester zur Zeit des Nationalsozialismus auch (und beileibe nicht zuletzt) am Niederrhein greife man auf das verlässliche Werk von Helmut Moll, „Das deutsche Martyrologium des 20. Jahrhunderts" zurück.

In diesem Zusammenhang sei auch bemerkt, dass die Erforschung der Geschichte der Juden inzwischen einen solchen Umfang und eine solche Differenzierung erfahren hat, dass der Überblick beinahe unmöglich ist. Gründlichkeit und Fülle der zahllosen Veröffentlichungen wird man sicher auch als einen Beitrag zu Wiedergutmachung und Versöhnung verstehen dürfen. Genannt seien hier nur drei Werke:

- Elfi Pracht-Jörns, Jüdisches Kulturerbe in Nordrhein-Westfalen, Teil II 2, Regierungsbezirk Düsseldorf, Köln 2000
- Monika Grübel/Georg Mölich (Hg.), Jüdisches Leben im Rheinland. Vom Mittelalter bis zur Gegenwart, Köln, Weimar, Wien 2005
- Elfi Pracht-Jörns (Bearb.), Jüdische Lebenswelten im Rheinland. Kommentierte Quellen von der Frühen Neuzeit bis zur Gegenwart. Köln, Weimar, Wien 2011.

Auch die Geschichte der Juden in Wilhelm Imkamps Heimatstadt Kaldenkirchen ist inzwischen gründlich erforscht[18].

Zahllose Forschungsfortschritte sind für die Geschichte von Reformation und Protestantismus am Niederrhein zu verzeichnen. Das rührige Archiv der Evangelischen Kirche im Rheinland in Düsseldorf und der „Verein für Rheinische Kirchengeschichte", der jährlich die soliden „Monatshefte für Evangelische Kirchengeschichte des Rheinlandes" herausgibt, sind neben vielen wichtigen Einzeluntersuchungen als jene zu nennen, die sich um die Durchdringung des in vielerlei Hinsicht atypischen niederrheinischen Reformations- und Konfessionsgeschichte verdient gemacht haben. Die reiche quelleneditorische Arbeit mag mit dem Hinweis nur angedeutet sein, dass 2009 als Band 174 (!) von Ferdinand Magen „Die Protokolle der reformierten Synoden des Herzogtums Jülich von 1701 bis 1740" erschienen.

Monastischer Niederrhein

Als besonders großer Gewinn ist zu verbuchen, dass inzwischen (2009) das „Nordrheinische Klosterbuch. Lexikon der Stifte und Klöster bis 1815" (Teil 1: Aachen bis Düren) erschienen ist. Es ist ein Glanzpunkt in den vom Historischen Archiv der Erzbistums Köln herausgegebenen „Studien zur Kölner Kirchengeschichte". Das Gesamtwerk wird den Niederrhein als eine einstmals vielfältige und dichte Region von Klöstern und Stiften präsentieren. Das Werk ist „ein Gemeinschaftsprojekt des Landschaftsverbandes Rheinland (LVR-Institut für Landeskunde und Regionalgeschichte), der Rheinischen Friedrich-Wilhelms-Universität Bonn (Institut für Geschichtswissenschaft, Abt. für Rheinische Landesgeschichte und Institut für Kirchengeschichte) und des Historischen Archivs des Erzbistum Köln" – nebenbei ein weiteres gutes Beispiel für Vernetzung und Kooperation von Institutionen, die sich der landesgeschichtlichen Forschung verpflichtet wissen.

In der Reihe „Germania Sacra", die „Historisch-statistische Beschreibung der Kirche des Alten Reiches", herausgegeben vom Max-Planck-Institut für Geschichte erschienen mehrere für den Niederrhein relevante Darstellungen, wovon als Beispiel der 1984 von Günter von Roden vorgelegte Band über die „Zisterzienserinnenklöster Saarn, Duissern und Sterkrade" genannt sei.

---

18 Vgl. insbesondere Gerhard REHM (Red.), Geschichte der Juden im Kreis Viersen, Viersen 1991. 2009 konnte der Autor die autobiographischen Aufzeichnungen eines aus Kaldenkirchen stammenden jüdischen Arztes herausgeben: Leo PETERS (Hrsg.) Eine jüdische Kindheit am Niederrhein. Die Erinnerungen des Julius Grunewald (1890 bis 1929), Köln, Weimar, Wien 2009

In unterschiedlicher Fragestellung und Methodik wurden wesentliche Beiträge zu weiteren wichtigen Klöstern und Abteien geleistet. Aus dem Jahre 2008 seien als vorzeigenswerte Beispiele genannt das 2008 vom Landeskonservator Rheinland herausgegebene geschichtlich und kunstgeschichtlich umfassende Werk über das Zisterienserinnenkloster Graefenthal und die bei Dieter Geuenich erschienene Dissertation von Natalie Alexandra Holtschoppen, „St. Vitus zu Gladbach", die in zwei voluminösen Bänden als Bd. 48 der „Beiträge zur Geschichte der Stadt Mönchengladbach" erschien („Studien zum Kapiteloffiziumsbuch" und „Prosopographische Erschließung und Edition des Necrologs"). Völlig einzigartig für den Niederrhein ist natürlich die Reihe „Die Stiftskirche des Hl. Viktor zu Xanten", herausgegeben im Auftrag des „Vereins zur Erhaltung des Xantener Domes". In ihr sind grundlegende Einzeluntersuchungen des um den Wiederaufbau des sinnlos zerstörten Domes hoch verdienten Walter Bader(„Sanctos. Grabfeld, Märtyrergrab und Bauten vom 4. Jahrhundert bis um oder nach 752–768 n. Chr."), und von so namhaften Autoren wie Friedrich Wilhelm Oediger (u. a. „das älteste Totenbuch des Stiftes Xanten"), Guido Rotthoff und Dieter Lück erschienen. In dieser Reihe erschien auch der imposante Katalog der kostbaren Xantener Stiftsbibliothek, bearbeitet von Hildegard Föhl und Anita Benger. In jüngster Zeit (2006 und 2007) gab Dieter Kastner die Bände II und III Regesten der Urkunden des Stiftsarchivs heraus.

Gegenstand von Untersuchungen war auch die zwangsweise Auflösung der Stifte und Klöster in napoleonischer Zeit. Schon 1962 erschien in der Schriftenreihe des Kreises Viersen die Dissertation von Wilma Klompen über „Die Säkularisation im Arrondissement Krefeld". Maßgeblich ist heute freilich das 1991 von Wolfgang Schieder herausgegebene Standardwerk „Säkularisation und Mediatisierung in den vier rheinischen Departements 1803–1813". Von Bedeutung ist nicht minder die 2002 von Georg Mölich, Joachim Oepen und Wolfgang Rosen herausgegebene Aufsatzsammlung „Klosterkultur und Säkularisation im Rheinland".

Kevelaer

In einem solchen Wilhelm Imkamp gewidmeten Beitrag darf natürlich eine Bemerkung zu den Fortschritten der wallfahrtsgeschichtlichen Forschung zu Kevelaer, *dem* Marienwallfahrtsort seiner Heimat, nicht fehlen, zumal hier in den letzten Jahrzehnten viel in Bewegung kam. Der Besuch von Papst Johannes Paul II. in Kevelaer war natürlich ein nicht zu übertreffender Höhepunkt in der Liste der seit dem 17. Jahrhundert zahlreichen bedeutenden Persönlichkeiten, die zum seit 1642 verehrten Bild der Consolatrix Afflictorum pilgerten. Aus Anlass der 350-Jahrfeier der Wallfahrt erschien 1992 ein monumentales Werk zahlreicher Autoren (darunter Joseph Ratzinger, „Nicht unmöglich ist es für Gott, in seiner Schöpfung zu handeln"), das alle wesentlichen Gesichtspunkte der Wallfahrt und ihrer Geschichte behandelt[19]. Als Band II erschien Peter Dohms, Die Wallfahrt nach Kevelaer zum

---

19 Josef HECKENS, Richard SCHULTE STAADE (Hrsg.), Consolatrix Afflictorum. Das Marienbild zu Kevelaer. Botschaft, Geschichte, Gegenwart. Kevelaer 1992

Gnadenbild der „Trösterin der Betrübten", eine immense Fleißarbeit mit „Nachweis und Geschichte der Prozessionen von den Anfängen bis zur Gegenwart. Mit Abbildung der Wappenschilder" – auch von Kaldenkirchen.

Eine Kontroverse u. a. um die Rolle des Hendrik Busmann bei der Entstehung der Wallfahrt löste Peter Lingens 2003 aus, als er die Mirakelgeschichte kritisch hinterfragte[20]. Seine Thesen konnte Wilhelm van Aaken 2008 weitgehend widerlegen[21], was vom Autor dieses Beitrages auf Grund der Quellen in einem benachbarten Adelsarchiv kürzlich bekräftigt wurde[22].

Abschließende (zum Teil persönliche) Bemerkungen

In aller Kürze sind an dieser Stelle wichtige Ergebnisse dessen mitgeteilt worden, was in den letzten Jahrzehnten zur Geschichte des Niederrheins geforscht und ermittelt wurde. Es ist viel. Und viel mehr als hier erwähnt, bleibt ungenannt.

Unberücksichtigt sind insbesondere wichtige wissenschaftliche Nachbardisziplinen der eigentlichen Landesgeschichte aus den Bereichen Kunstgeschichte, Denkmalpflege, Archäologie, Vor- und Frühgeschichte, Agrar-, Wirtschafts- und Sozialgeschichte, Verkehrs- und Industriegeschichte, Volkskunde, Historische Hilfswissenschaften (z. B. Heraldik und Sphragistik). Zu allen diesen Themen ließen sich umfassende neuere Werke und zum Teil traditionsreiche Zeitschriften nennen. Doch darauf sei ausdrücklich verzichtet – nicht zuletzt, auch weil es dem Autor an der für eine Wertung und Gewichtung zureichenden Fachlichkeit gebricht.

Angesichts der Vielzahl der Publikationen zwischen Rhein und Maas ist es nicht einfach, den Überblick zu bewahren, auch nicht über die jährlich auf den Markt gebrachten Neuerscheinungen. Da ist es gut, dass die hier genannten Zeitschriften, die Annalen des Historischen Vereins für den Niederrhein, die Rheinischen Vierteljahrsblätter, das Düsseldorfer Jahrbuch und andere zugleich gediegene Rezensionsorgane sind, die insoweit einen kritischen Leitfaden darstellen. Insbesondere Städte und Kreise am Niederrhein haben sich in den letzten Jahrzehnten als Auftraggeber und Herausgeber vieler geschichtlicher Untersuchungen Verdienste erworben – wenngleich man nicht in jedem Einzelfall von der Notwendigkeit und Sinnhaftigkeit erschienener Bücher überzeugt sein muss. Insgesamt wagt der Autor aber die Wertung, dass insgesamt die Quantität der Qualität nicht im Wege stand und steht.

---

20 Peter LINGENS u nd Robert PLÖTZ, „An dieser Stelle sollst Du mir ein Kapellchen bauen". Goch 2003

21 In: Peter DOHMS (Hrsg.), Kleine Geschichte der Kevelaer-Wallfahrt, Kevelaer 2008. – Wilhelm van AAKEN gab 2008 zusammen mit Heinz van de LINDE heraus: „Ich bin geheilt!" Spontanheilungen im Wallfahrtsort Kevelaer aus vier Jahrhunderten (= Veröfflichungen des Vereins für Heimatschutz und Museumsförderung e.V. Kevelaer Nr. 7)

22 Leo PETERS, „.... als ob Keveler ein unauszugründeter geltschatz sey..." Quellen zur Geschichte der Kevelaer-Wallfahrt des 17./18. Jahrhunderts im Gräflich von und zu Hoensbroech'sche Archiv von Schloss Haag. In: .... Festschrift für Norbert Trippen (= Bonner Beiträge zur Kirchengeschichte Nr.)

Freilich: es wird viel geforscht, viel publiziert, es werden viele Bücher gekauft, aber ob sich das neu erarbeitete historische Wissen auch in den Köpfen der Menschen am Niederrhein einnistet, daran kann man oft Zweifel haben. Meine Erfahrungen mit der Rezeption von Gedrucktem sind jedenfalls äußerst ambivalent. Jahrelang hatte ich dienstlich an der Vereidigung von Grund-, Haupt- und Sonderschullehrern im Kreis Viersen teilzunehmen. Ich habe ihnen dabei das Wappen des Kreises erklärt, das aus dem geldrischen und jülichschen Löwen und dem kurkölnischen Kreuz gebildet ist. Am Anfang dachte ich, damit die jungen Lehrer zu unterfordern – es war eher eine Überforderung.

Oder: wer sich um das Schicksal von Pfarrarchiven sorgt (angesichts der immer häufiger verwaisten Pfarrhäuser ein wirklich nachhaltiges Problem für die geschichtliche Überlieferung), der trifft auf Pfarrer, deren Interesse daran nicht unterentwickelt, nein gar nicht vorhanden ist, von irgendwelcher Kenntnis ganz zu schweigen.

Für Generationen von Geistlichen am Niederrhein gehörte es gleichsam zum guten Ton, Mitglied des „Historischen Vereins für den Niederrhein insbesondere das alte Erzbistum Köln" zu sein. Heute braucht man nicht die Finger einer Hand, um auf den Jahrestagungen des Vereins Priester zu zählen. Lange war es in diesem traditionsreichen Verein üblich, dass sich im Vorsitz Priester und Laien abwechselten: mit der Beendigung meiner Amtszeit wird es wohl zu Ende sein mit diesem Turnus. Ich schreibe das so freimütig, weil ich mich nach diesem sicher sehr unvollkommenen Versuch eines Einblicks in die jüngere Geschichtsforschung seiner Heimat an ein Gespräch mit Wilhelm Imkamp erinnere, das sicher mehr als 25 Jahre zurückliegt. Damals bezeichnete er es als besonders verwerflich (er hat es drastischer formuliert) wenn ein katholischer Priester keine Beziehung zur Geschichte hat.

Dennoch soll nicht Tristesse den Abschluss dieses Beitrages bilden. Vielmehr möchte ich die Hoffnung ausdrücken, dass die reiche Geschichte seiner Heimat, die Wilhelm Imkamp geprägt hat, bald auch wieder viele Menschen am Niederrhein stärker als bisher inspirieren möge. Die Fachleute haben das ihre getan und einen guten Grund dafür gelegt.

Die hl. Crescentia von Kaufbeuren als Vermittlerin im Kemptener Nachfolgestreit

Karl Pörnbacher

Schon sein Titel zeigt die außerordentliche Stellung des Abtes im Kemptener Benediktinerstift: Der hochwürdigste, des heiligen Römischen Reiches Fürst und Herr,
Abt des hochfürstlichen Stiftes Kempten, Prinzipialkommissar in Wetzlar, kaiserlich Geheimer Rat und Reichshofratspräsident, Ihrer Majestät der regierenden Kaiserin beständiger Erzmarschall.

Der Kemptener Fürstabt verstand es auch, seinem Rang gemäß zu residieren.
Im 18. Jahrhundert konnte er bei freiem Lebensunterhalt über jährliche Einkünfte
von rund 8 000 Gulden verfügen. Dazu stand ihm ein Leibzug mit neun viersitzi-
gen Reisewagen zur Verfügung, ferner ein Postzug von sechs Pferden sowie drei bis
vier Reitpferde mit Kutschern und Reitknechten. Der Hofstaat der Kemptener Fürstabtei umfasste in der zweiten Hälfte des 18. Jahrhunderts rund 230 Personen, für
die etwa 42 000 Gulden an Gehältern und Pensionen bezahlt werden mussten. Kein
Wunder, dass die benachbarten Benediktinerklöster bei ihren Kemptener Mitbrüdern bisweilen den klösterlichen Geist vermissten, wenn der fürstliche Prunk die
evangelische Armut des Fürstabtes nicht einmal mehr erahnen ließ.

Immerhin führte das Stift seine Gründung auf Kaiser Karl den Großen und seine
Gemahlin Hildegard zurück. Aufgenommen wurden nur Adelige, die wenigstens 16
Ahnen vorweisen konnten. Jeder Kapitelherr hatte Anspruch auf 300 Gulden jährlich, dazu freie Wohnung und Verpflegung, Wein, Bier, Heizung, Licht, Wäsche und
Kleidung. Überdies standen ihm Kutschen und Reitpferde zur Verfügung. Vor allem
ärmere Adelige sahen hier eine vorzügliche Versorgung für ihre nachgeborenen Söhne, und alle Reformversuche, welche die Aufnahme auch bürgerlicher Kandidaten
erreichen wollten, scheiterten am energischen Einspruch des schwäbischen Adels
beim Kaiser. Kein Wunder, wenn einem Besucher aus dem Benediktinerstift Krems-
münster im Jahre 1779 auffiel, dass „hier jeder auf seinen Rang sehr genau und wahrhaft adelmäßig sieht, und überhaupt das strengste Ceremoniell beobachtet wird".

Das hochfürstliche Gebiet umfasste etwa 900 Quadratkilometer mit 42 000
Einwohnern in sieben Marktflecken und 85 Dörfern, die jährlich 250 000 bis
300 000 Gulden an Einkünften erbrachten.

Die Stelle eines Fürstabts in Kempten war also durchaus attraktiv. Trotzdem
flehte Rupert von Bodman, als er am 2. Januar 1678 gewählt wurde, den Wahlleiter

auf Knien an, sie möchten ihm doch nicht die Bürde der Prälatur auferlegen. Er fand sich allerdings rasch in sein Amt, das er bis 1728, also fünf Jahrzehnte hindurch, ausübte. Dank seiner Klugheit und Gewandtheit erzielte er erhebliche politische Erfolge. So gelang es ihm zum Beispiel 1714, vom Kaiser das Stadtrecht für den Stiftsbezirk zu bekommen, so dass es von da an neben der evangelischen Reichsstadt auch die katholische Stiftsstadt gab, was schon aus wirtschaftlichen Gründen wichtig war. Sein geistliches Fürstentum regierte er wie ein absolutistischer Reichsfürst, und eine Schäftlarner Chronik stellte zurecht über ihn fest: „Er hat ein grosse hoffhaltung angericht, prächtiger dann alle andere fürsten."

Grenzen setzte dem Fürstabt jedoch sein Konvent, der bei der Verteilung der Konventsposten, der Pfarrstellen und der Klosterpfründen sorgfältig auf die Bewahrung seiner Rechte achtete. Als Rupert von Bodman von sich aus den Dekan Adalbert von Falkenstein zu seinem Coadjutor mit dem Recht auf Nachfolge ernannte, verwahrte sich der Konvent dagegen, verwies auf das Recht der freien Abtwahl und klagte, als der Fürstabt nicht einlenkte, vor Papst und Kaiser. Die Mitbrüder wünschten Anselm von Reichlin-Meldegg als Nachfolger und waren entschlossen, ihren Willen durchzusetzen. Beide Seiten kämpften mit allen Mitteln, es gab Verleumdungen und Verhaftungen. Über zwei Jahrzehnte zogen sich die Auseinandersetzungen hin, und die Rechtsstreitigkeiten verschlangen riesige Summen. Die Atmosphäre im Kemptener Konvent war vergiftet. Papst und Kaiser hatten vergeblich versucht, die streitenden Parteien durch gute Worte, strenge Ermahnungen, Kompromissvorschläge und verlockende Versprechungen zu versöhnen.

Genau genommen kam es darauf an, Fürstabt Rupert von Bodman dazu zu bringen, sich dem Kirchenrecht entsprechend zu verhalten. Dies gelang auf überzeugende Weise einer einfachen Kaufbeurer Franziskanerin, nämlich Maria Crescentia Höß.

Als Anna Höß war diese am 20. Oktober 1682 als sechstes von acht Kindern des Kaufbeurer Webers Mathias Höß und seiner Frau Luzia geboren worden. Der Vater war ein kluger und frommer Mann, den die katholische Weberzunft zu ihrem Sprecher wählte und die Jesuiten im kleinen Kaufbeurer Kolleg zum Präfekten der Marianischen Kongregation bestimmten. Die Mutter, Tochter eines Füssener Baders, hatte seit dem 14. Lebensjahr bei einem Kaufbeurer Bader gearbeitet. Sie verstand viel von der Behandlung kranker Menschen, und man sagte ihr nach, dass sie eine heilende Hand besitze. Sie war eine vorzügliche Köchin und eine tüchtige Schneiderin, die ihren Töchtern viel von ihren Fähigkeiten weitergab.

Anna Höß besuchte die Schule bei St. Martin, und die Lehrer staunten über ihr kritisches, klares Urteil, ihr genaues Mitdenken und ihr phänomenales Gedächtnis. Ihre leibliche Schwester Regina berichtete, dass Crescentia zum Beispiel die Predigt im Sonntagsgottesdienst beim Mittagessen wörtlich wiederholen konnte. Dieses Gedächtnis kam ihr später bei ihren vielfältigen Kontakten zugute. Der Kantor bei St. Martin förderte ihre auffallende Musikalität und ihre vorzügliche Stimme. Schon früh trat sie solistisch in der Kirche auf, und wenn sie sang, kamen gerne auch evangelische Christen, zu denen damals mehr als zwei Drittel der Bevölkerung Kaufbeurens zählten, in die katholische Pfarrkirche, darunter auch der Bürgermeister Andreas Wöhrle von Wöhrburg.

Anna erlernte bei ihrem Vater das Weberhandwerk, wollte jedoch schon früh in das Kaufbeurer Franziskanerinnenkloster eintreten. Bei einem Besuch im Kloster vermeinte sie beim Gebet vor einem Kreuz von Christus die Worte zu vernehmen: „Hier wird einmal deine Wohnung sein." Der Vater konnte jedoch die vom Kloster verlangte Mitgift nicht bezahlen, deshalb erhielt Anna keinen der begehrten 17 Plätze im Kloster. (Diese Mitgift war die einzige Einnahmequelle der Schwestern, denn die Stadt hatte ihnen verboten, selbstgewebte Tuche zu verkaufen, damit den Webern, deren Geschäfte seit dem 30-jährigen Krieg überaus schlecht gingen, nicht noch zusätzliche Konkurrenz entstand.) Mathias Höß stellte bei der Stadt den Antrag auf Bezahlung der Mitgift aus der sogenannten Schorer'schen Stiftung in Höhe von 35 Gulden, die ihm am 6. Juni 1704 gewährt wurde, „auszuzahlen um Martini 1704". Im Vergleich zur Mitgift anderer Bewerberinnen war dies allerdings eine überaus kleine Summe.

Den entscheidenden Anstoß für die Aufnahme Annas in das Kloster gab ausgerechnet der evangelische Bürgermeister, der nach Aussage des katholischen Stadtpfarrers von St. Martin geäußert hatte, es sei schade, dass ein so nettes und tüchtiges Mädchen wegen seiner Armut nicht in das Kloster eintreten könne. Andreas Wöhrle von Wöhrburg ermöglichte den Schwestern den Kauf einer gegenüber dem Kloster liegenden Gastwirtschaft, deren Lärm das Gebet und die Nachtruhe der Schwestern störte. Dafür verlangte er die Aufnahme von Anna Höß ins Kloster. Anfang Juni 1703 wurde sie Novizin und erhielt den Namen Crescentia, das heißt, die Wachsende, ein für sie höchst passender Name, denn sie kam nicht als Heilige ins Kloster, sondern als junge Frau, die für ihr religiöses Leben erst noch die ihr von Gott vorgesehene Bestimmung finden musste.

Die damalige Oberin M. Theresia Schmid meinte, Crescentia habe den Klosterberuf angestrebt, um der häuslichen Armut zu entgehen und weil die Schwestern in der Stadt hohes Ansehen genossen. Sie behandelte die junge Schwester deshalb besonders streng und hoffte, sie dadurch zum Austritt bewegen zu können.

Crescentia aber beeindruckte den Konvent durch ihre überzeugende Frömmigkeit, ihre Freundlichkeit und ihre Klugheit. Freude in Gott, Tatkraft und Dienst für die Mitmenschen bestimmten schon damals ihr Leben.

Rasch erwies sich, dass sie wegen ihrer vielfältigen außerordentlichen Fähigkeiten bestens dafür geeignet war, Aufgaben im Kloster zu übernehmen. 1710 wurde sie Pförtnerin und zeigte ein besonderes Charisma für den Umgang mit Menschen, die bald in schier überwältigender Zahl die Begegnung und das Gespräch mit ihr suchten, um von ihr Rat und Orientierung für ihr Leben zu erhalten. Die neue Oberin M. Johanna Altwöger berichtete in einem Brief von den vielen Menschen, die zu Crescentia kamen und schloss ihre Mitteilung mit der Feststellung, dass alle getröstet von ihr weggingen. Einfache Leute kamen ebenso wie hochgestellte Persönlichkeiten, etwa die bayerische Kurfürstin und spätere Kaiserin Maria Amalia, die mehrmals nach Kaufbeuren reiste, um mit M. Crescentia wegen der politischen Differenzen zwischen ihrem Mann, Kurfürst Karl Albrecht, und Kaiserin Maria Theresia zu sprechen. Kurfürst Clemens August in Köln, Bischof in fünf Bistümern und Hochmeister des Deutschen Ordens, richtete eine eigene Staffette von Köln nach Kaufbeuren ein, um möglichst rasch Crescentias Antwort auf seine Briefe zu erhalten.

Viele Menschen, die nicht persönlich nach Kaufbeuren reisen konnten, wandten sich brieflich an Crescentia, und die genannten Zahlen lassen erschließen, dass sie im Jahr durchschnittlich mindestens 1200 bis 1500 Briefe beantwortet hat. Viele Briefe Crescentias, die hauptsächlich von der Klosterschreiberin M. Anna Neth geschrieben wurden, haben sich erhalten. Die Briefe der Absender ließ Crescentia nach der Beantwortung verbrennen; sie sollten nicht in falsche Hände geraten.

1717 übernahm die 35jährige Crescentia das wichtige Amt der Novizenmeisterin und erzog die Novizinnen für das Leben im Kloster. Nach dem Tod der Oberin Johanna Altwöger im Jahre 1741 wählten die Schwestern sie gegen ihren Willen zur Oberin. Mit bewundernswertem Geschick führte sie dann das Kloster in geistlichen und ebenso in weltlichen Belangen, so dass sie zurecht als zweite Klostergründerin bezeichnet wurde. Sie legte Wert darauf, dass im Kloster nicht Traurigkeit oder bloß gemessener Ernst herrschten, sondern Freude und Fröhlichkeit im Bewusstsein, Gottes Willen zu erfüllen. Ausgerechnet Crescentia, die selbst überaus bedürfnislos und asketisch lebte, ließ die Qualität des Essens verbessern, die Portionen vergrößern und meinte, es fördere das gute Zusammenleben der Schwestern, wenn sie manchmal etwas Besonderes zum Trinken bekämen. Aber sie vergaß auch nie den Hinweis, dass das Gute nicht von alleine komme, sondern „allezeit erstritten werden" müsse und beständiger Anstrengung bedürfe.

Wichtiges Anliegen war ihr die Verehrung des Leidens Christi, weshalb sie meist mit dem Kreuz in der Hand dargestellt wurde. Um 1725 malte der Irseer Benediktiner und Maler P. Magnus Remy nach ihren Anweisungen ein Bild vom Schulterwundenheiland im Kerker. Dabei handelt es sich um die Zusammenschau des Leidens vor der Kreuzigung: Gefangennahme, Haft, Geißelung, Dornenkrönung und die Schulterwunde durch die Kreuztragung. Hinter einem Gitter steht Jesus an der Geißelsäule, trägt sein Obergewand und die Dornenkrone sowie eine klaffende Wunde auf der linken Schulter, die vom Tragen des Kreuzes stammt. – Im 18. Jahrhundert wurden nach dem Vorbild dieses Gemäldes Hunderte von Figuren des Schulterwundenheilands in Kirchen und Kapellen aufgestellt.

Angesichts des wachsenden Einflusses der Aufklärung und dem damit verbundenen Mangel an Glaubensbereitschaft und Glaubensfähigkeit war es Crescentia besonders wichtig, die Verehrung des Heiligen Geistes zu fördern. Angeregt durch die hl. Theresia von Avila sah sie die dritte göttliche Person in ihren Visionen nicht als Feuerzunge oder als Taube, zu denen sich nur schwer ein Bezug herstellen ließ, sondern als jugendlich strahlende, lichtdurchflutete Gestalt, nicht Mann und nicht Frau. Die Heiligste Dreifaltigkeit bestand für sie nicht aus drei Männern in verschiedenen Lebensaltern, sondern aus drei göttlichen Personen, die nicht nach menschlichen Eigenschaften und Geschlechtsbestimmungen eingeordnet oder gar verstanden werden können.

Im Jahre 1728 ließ Crescentia, vielleicht auf Wunsch der bayerischen Kurfürstin, ein großes Bild des Heiligen Geistes nach ihren Angaben malen. Sie wählte dafür den in Meran geborenen Maler Joseph Ruffini, der vermutlich zunächst bei seinem Vater gelernt und dann seine Ausbildung in München abgeschlossen hatte.

Zwischen 1714 bis 1719 malte er für den Kreuzgang in Ottobeuren etwa 50 große und rund 20 kleine Bilder und 1718 für die Münchner Dreifaltigkeitskirche einen hl. Josef mit Jesuskind als Altarblatt für den linken Seitenaltar.

In ihrem Bemühen, die Verehrung des Hl. Geistes zu fördern, ließ Crescentia von dem Heilig-Geist-Gemälde Kupferstichbildchen herstellen und verbreiten. Die schönsten Stiche fertigte der Augsburger Johann Heinrich Störcklin nach einer Zeichnung von Gottfried Bernhard Göz, weitere Drucker waren die Gebrüder Klauber in Augsburg und Simon Thaddäus Sondermayr in Köln, der „Hofkupferstecher des Kurfürsten von Köln", mit dem Kurfürst Clemens August gemeint war, der in dem neu erbauten Schloss Brühl eine Heilig-Geist-Kapelle mit einem Altarbild des Heiligen Geistes nach Crescentias Vision einrichten ließ.

Crescentia unterschrieb eine kleine Zahl solcher Bildchen mit den Anfangsbuchstaben ihres Namens M.[aria] C.[rescentia]; die Klosterschreiberin Maria Anna Neth signierte Tausende mit der flott geschriebenen Unterschrift „Maria Crescentia".

Crescentia war klug genug gewesen, vor der Veröffentlichung dieser Bildchen bei der Leitung der Augsburger Diözese um Erlaubnis zu fragen. Man riet ihr, auf die Brust des Heiligen Geistes eine Taube malen zu lassen, so dass jeder sofort wisse, dass es sich um den Heiligen Geist handle. Dann könne sie mit dem Verbreiten der Bildchen „köckh fortfahren". Als Pfarrer Erasmus Oxenreiter von Obergermaringen, einem Dorf acht Kilometer nordöstlich von Kaufbeuren, Crescentia 1743 sagte, er meine, dass diese Darstellung nicht dem kirchlichen Brauch entspreche, antwortete sie ganz entschieden: „Ist nicht auch der Heilige Geist eine Person in der Heiligsten Dreifaltigkeit? Also wird er auch in der Gestalt einer Person gemalt werden können." Im Jahre 1928, genau 200 Jahre nach Entstehung des Gemäldes, wurde es auf Anweisung eines höheren Geistlichen verbrannt, weil man hoffte, dadurch eher die Heiligsprechung Crescentias zu erreichen. Erhalten hat sich glücklicherweise eine wohl ebenfalls von Ruffini angefertigte kleine Kopie seines Gemäldes, die heute in der Crescentia-Gedenkstätte des Klosters zu sehen ist.

Crescentia starb am 5. April 1744 im Alter von 62 Jahren. Rasch entwickelte sich, nicht zuletzt in Verbindung mit der Verehrung des Gegeißelten Heilands in der Wies, eine blühende Wallfahrt, die auch von Kaiserin Maria Theresia durch die Stiftung eines zweiten Klostergeistlichen gefördert wurde. Nach der Einleitung des Seligsprechungsverfahrens im Jahre 1775 besuchten bis zu 60 und 70 000 Pilger im Jahr das Grab Crescentias in Kaufbeuren. Wegen der Säkularisierung kam es zu Beginn des 19. Jahrhunderts jedoch nicht mehr zur Seligsprechung, sondern erst am 7. Oktober 1900 durch Papst Leo XIII. Am 25. November 2001 wurde sie von Papst Johannes Paul II. heilig gesprochen. Sie ist ein Vorbild für die Bemühungen der Ökumene, für das Mitwirken der Frauen in der Kirche und für christliches Verhalten im Alltag. Letzteres bemaß sie nicht nach der Menge der Kirchenbesuche und Gebete, sondern nach dem Umgang mit den Geringsten, also mit den Menschen, die nichts hatten und von denen keine Gegengabe zu erwarten war.

Es ist bezeichnend, dass neben zahllosen einfachen Menschen vor allem besonders intelligente Leute die Bekanntschaft Crescentias suchten, zum Beispiel die

großen Ottobeurer Äbte Rupert Neß und Anselm Erb, der geniale Komponist
P. Meinrad Spieß im Benediktinerstift Irsee oder P. Karl Meichelböck aus Bene-
diktbeuern, von dem gleich die Rede sein wird.

Die Kontakte zwischen dem Kaufbeurer Franziskanerinnenkloster und der
Fürstabtei Kempten ergaben sich bereits im Jahr 1721. Der Konvent hatte den
katholischen Kaufbeurer Ratsherrn ein Darlehen gewährt, dafür aber keinen
ordnungsgemäßen Schuldbrief und deshalb auch keine Zinszahlungen erhalten.
Crescentia schlug vor, auf dem Recht zu bestehen und nicht nachzugeben. In Begleitung einer Mitschwester ging sie zum Kemptener Fürstabt Rupert von Bodman, der den Sommerurlaub auf seinem Jagdschloss Wagegg in der Gemeinde Hal-
denwang verbrachte, das etwa halbwegs zwischen Kaufbeuren und Kempten lag.
Sie stellte dem Fürstabt die Situation vor und bat ihn, die Angelegenheit durch seinen Kemptener Kanzler regeln zu lassen, was dieser auch zu tun versprach.

Oberin M. Johanna bedankte sich umgehend beim Fürstabt für „so große
Gnad und Wohlgewogenheit" und versprach, sie „werde beflissen sein, mit meinen
Schwestern bey dem großen Gott umb Euer Hochfürstl. Gnaden höchst beglück-
hte und langwä[h]rige Regierung zue bitten". Zugleich kündigte sie ein kleines
Geschenk an: „Es sind mir auch diese wenigen, geringen Fischlein zue Handen
kommen, welche bitte demüthig belieben zue lassen und nit zue verschmähen."

Die Ratsherren ließen sich allerdings weiterhin Zeit, und im Frühjahr des
folgenden Jahres fehlten dem Kloster bereits zwei Zinszahlungen. Auf Crescentias Rat hin wandte sich die Oberin nochmals an den Fürstabt und bat „ganz
demüthig und fueßfällig", dass „Euer Hochfürstl. Gnaden doch so gnädig und
väterlich sein wollen, allhiesigen Magistrat an[zu]befehlen, daß man uns von
[der] Stadt eine Versicherung [Schuldverschreibung] soll geben und die verfallene
Zins". Die Angelegenheit wurde durch den Fürstabt und seine Kemptener Kanzlei bereinigt.

Der Fürstabt war bei der Begegnung mit Crescentia im Schloss Wagegg von
ihrer Persönlichkeit so beeindruckt gewesen, dass er anscheinend mit ihr auch
über den Nachfolgestreit in seinem Konvent gesprochen hatte. In einem Brief, der
leider nicht erhalten ist, legte sie ihm ihre Ansicht dazu dar und berief sich dabei
auf Äußerungen Gottes, die ihr dieser in einer Vision mitgeteilt hatte. Rupert von
Bodman antwortete ihr und bat sie darum, nochmals Gottes Meinung zu erfragen.
Auch dieser Brief ist nicht erhalten. Crescentia antwortete am 13. März 1722 in
einem souverän formulierten Schreiben und berichtete dem Fürstabt von ihrem
Gespräch mit Gott über die Nachfolgestreitigkeiten in Kempten.

Schon als Kind hatte sie Gespräche mit den Personen der göttlichen Dreifaltigkeit geführt. Nach ihrem Klostereintritt erlebte sie vermehrt Visionen der göttlichen Personen und der Heiligen. Anfangs hatte sie lange gezweifelt, ob es sich dabei
nicht vielleicht sogar um Versuchungen handelte, weil sie sich solcher Bevorzugun-
gen gar nicht für würdig erachtete. Nur im klösterlichen Gehorsam informierte sie
Oberin und Beichtvater davon, dass sie nach dem Empfang der hl. Kommunion
derartige Zustände erlebte. Den Mitschwestern war längst aufgefallen, dass sie nach
dem Kommunionempfang völlig verändert und geistig abwesend wie in Trance in
ihrem Betstuhl saß. Dabei handelte es sich aber nicht um einen Zustand des Schla-

fens oder gar der Ohnmacht, sondern um eine höchst intensive Konzentration auf ihr Gebet als ein Gespräch mit Gott. Sie selbst bezeichnete diese Erfahrungen treffend als „ein Schauen mit den Augen der Seele durch unseren Glauben".

Crescentia sprach kaum je über den Inhalt ihrer Visionen, zumal sie davon überzeugt war, dass es sich um seelische Vorgänge handelte, eben um Gespräche mit den göttlichen Personen und den Heiligen, die niemanden etwas angingen. Wenn sich jemand mit seinen Visionen brüstete, um sich dadurch als eine von Gott besonders ausgezeichnete Person darzustellen, glaubte sie ihm nicht, dass er überhaupt welche gehabt hatte. Sie konnte sogar ziemlich unwillig werden, wenn sie etwa erfuhr, dass eine Klosterfrau in München davon berichtete, der Schutzengel der Schwester Crescentia sei zu ihr gekommen.

Bei ihrer Antwort an den Fürstabt verfolgte sie das Anliegen, nach Möglichkeit zur Lösung dieses unseligen Streits im Kemptener Konvent beizutragen, der neben dem geistlichen Leben auch die seelsorglichen und ebenso die materiellen Kräfte des Klosters nachhaltig beeinträchtigte. Gegenüber dem hohen geistlichen Fürsten, dessen Persönlichkeit ihr bei dem persönlichen Gespräch wohl imponiert hatte und dessen hohes geistliches Amt sie respektierte, scheute sie sich nicht, in wörtlichen Zitaten von ihrem Gespräch mit Gott zu berichten, dies nicht zuletzt auch deshalb, weil sie davon überzeugt war, dass der göttlichen Autorität selbstverständlich erheblich mehr Gewicht zukam, als den Argumenten einer einfachen Klosterfrau.

> *Auß Gehorsam [gegenüber]meiner Obern habe ich Unwürdige bey der göttlichen Güetigkeit Ihro Hochfürstlichen Gnaden nochmahlen gnädig seinen hl. Willen zue eröffnen gebetten und alßo gefragt, ob er noch des Sinnes, und [es] seyn hl. Willen seye, wie er mir vormahlen angezeigt habe: So hat mir die Göttlichkeit geantwortet folgende Wortt: ich veränder mein Sinn und Willen nit so leichtlich wiederumb als wie die Menschen, sondern waß ich gered und ihm schreiben laßen, das red ich noch und [es] wird mein unveränderlicher Will[e] seyn, daß er soll Fürst bleiben bis daß ich komm [bis an sein Lebensende], und wann ich alsdann komme, so soll ein Fürst durch die freye Wahl und nit anderst erwöhlt werden, damit es widerumb zur vorherigen klösterlichen Disciplin komme und sich die Stifterin [Hildegard, Gemahlin Karls des Großen] nit einmahl könne yber sie beklagen. Wann er [der Fürstabt] je alßdann einen Coadiutor will haben, so ist es auf keine andere Weis mein Will, alß daß er durch die freye Wahl soll erwöhlt werden.*

> *Dieses wer auch mein Will, daß er entweder mündtlich oder schriftlich mit unparteyischen Zeugen soll hinderlaßen, daß es seyn letzter Willen sey, daß nach seinem Hintritt solle ein Fürst durch die freye Wahl erwöhlt werden. Wenn er diesen Act würd yben und meinen Willen erfüllen, so würde ich ihm ein solche Belohnung geben, daß seyn Lohn würdt groß, ja ybergroß seyn in deme Himmel. Würde ihm auch zue diesem meine Gnaden und Stärckhe reichlich mittheylen. Doch aber bleibt es wie ich schon in dem Ersten [Gespräch] [an]gemerkt, daß ich es seinem freyen Willen yberlaße.*

> *Dieses seynt also die Wortt, die mir mein Geliebter zue Antwortt gegeben, und ich aus hl. Gehorsam nach Ihro hochfürstlichen Gnaden Begehren auch yberschreibe [mitteile]. Ich wünsche und bitte den Höchsten, daß seyn hl. Willen in allen Menschen möge erfül[l]t werden. Damit alle vollkommen werden, gleich wie der himmlische Vatter vollkommen ist. Und unser höchster Gott recht geehrt, und die Menschen Gnad und ihr ewiges Hayl dadurch erlangen.*

Wormit Euer Hochfürstlichen Gnaden mich allerdemütigist befehle und in dem Schutz des Allerhöchsten verbleibe.

Kaufbeyren den 13. Martij 1722
Euer Hochfürstlichen
       Gnaden   *Zue Gott schuldtige Vorbitterin und*
                      unwürdtige Dienerin
                      Sch. M. Crescentia Hößin

Die Aussage des Briefes war eindeutig: Es gibt nur eine Lösung, nämlich die Wahrung des gültigen Rechts. Diese Einstellung hatte Crescentia schon von ihrem Vater übernommen und ihr ganzes Leben hindurch beibehalten. Um die Eitelkeit und das Selbstgefühl des geistlichen Fürsten nicht zu verletzen, hielt Crescentia ihre Person ganz im Hintergrund: nicht sie maße sich an, so zu entscheiden, vielmehr berichte sie vom Willen Gottes, den sie auf Anweisung ihrer Oberen, also im Gehorsam, im Gebet erfragt habe. Die dringend notwendige Änderung seiner bisherigen Überzeugung formulierte sie deutlich, versäumte jedoch nicht den ausdrücklichen Hinweis auf seinen freien Willen. Rupert von Bodman sollte keinesfalls zu einer bestimmten Entscheidung gezwungen werden. Andererseits aber wollte sie ihm durch die Aussicht auf reichen Lohn im Jenseits und den Hinweis auf die Möglichkeit eines plötzlichen Todes, nach dem keine Korrektur mehr möglich war, das für ihn so schwierige Nachgeben erleichtern.

Der Fürst war offensichtlich von dieser Auskunft wenig begeistert. Er besprach sich deshalb mit seinem langjährigen vertrauten Berater, dem angesehenen Historiker aus der Benediktinerabtei Benediktbeuren, P. Karl Meichelbeck, den er zu seinem Geistlichen Rat ernannt hatte. Dieser hielt sich seit 1719 bei ihm in Kempten auf, ordnete die Fürstlich Kemptischen Archivalien und beriet den Fürstabt in historischen und rechtlichen Fragen. P. Karl Meichelbeck plante allerdings beim Eintreffen des Briefes bereits seine Abreise, weil ihn der Fürstbischof in Freising, als dessen Geistlicher Rat er ebenfalls tätig war, zur Abfassung der „Historia Frisingensis" und zur Erstellung des Bildprogramms für die Ausmalung des Freisinger Doms durch die Gebrüder Asam berufen hatte.

Der Fürstabt bat ihn, auf der Rückreise nach Freising einen Halt in Kaufbeuren einzulegen, damit er einen persönlichen Eindruck von dieser Schwester Crescentia gewinnen könne. „P. Karl! Wenn er auf seiner Rückreise nach Freising nach Kaufbeuren kommt, dann gehe er zum Beichvater dieser Nonne, prüfe dann selbst, was von ihr zu halten ist, und schreibe mir voll Vertrauen und bestärke mich in meinem Vorhaben! Ich sagte ihm die Erfüllung seines Auftrages in aller Demut zu."

In Kaufbeuren ging P. Karl also zunächst zur Jesuitenresidenz und redete mit P. Ignatius Lieb SJ., der seit 1719 Beichvater im Franziskanerinnenkloster war. Über Crescentia hörte er nur bewunderndes und rühmendes Lob. Anschließend sprach er mit Crescentia selbst und notierte in seinem Tagebuch unter dem Datum vom 2. August 1722 in Latein:

„Auf Anweisung des Fürstabts von Kempten komme ich zu P. Ignatius Lieb SJ und rede mit ihm über die Persönlichkeit der Schwester Crescentia, die er über alle Maßen lobt. Ich zelebriere bei den Schwestern von Kaufbeuren und spreche mit der außerordentlich frommen Schwester [Crescentia], die, obwohl sie in entrücktem Zustand war [wie regelmäßig nach dem Empfang der hl. Kommunion], von ihrer Oberin zu mir gerufen wurde. Sie sagte, dass es der feste und unabänderliche Wille Gottes sei, dass der Fürstabt sich Seinem [= Gottes] Willen fügt, der von der Schwester im Brief mitgeteilt worden ist. – Sie geht mit mir ein geistliches Bündnis ein, worüber ich mich besonders freue, und hat noch geäußert, dass gut gewesen wäre, wenn ich länger beim Fürstabt geblieben wäre."

P. Karl teilte seine Eindrücke unverzüglich dem Fürstabt in Kempten mit, und dieser war schließlich nach langjährigen Auseinandersetzungen dazu bereit, einem Vermittlungsversuch zuzustimmen. Natürlich verkündete er nicht sofort die Änderung seiner Nachfolgepläne, aber immerhin lud er zunächst einmal den Kandidaten der Gegenpartei, Anselm von Reichlin-Meldegg, zu einer gemeinsamen Ausfahrt ein, bei der sich Gelegenheit zum ausführlichen Gespräch ergab. Bereits Anfang 1723 war der Friede zwischen Fürstabt und Konvent wieder hergestellt. Am 3. September 1723 kam es in Anwesenheit eines päpstlichen Legaten und eines kaiserlichen Gesandten zur Wahl des Coadjutors. Beim ersten Wahlgang erhielt der Freiherr Anselm von Reichlin-Meldegg, der Kandidat des Konvents, die einfache Mehrheit. Beim zweiten Wahlgang fielen auf ihn zwölf Stimmen, der Dekan Adalbert von Falkenstein bekam nur vier Stimmen.

Nach dem Tod Ruperts von Bodman im Jahre 1728 wurde Anselm von Reichlin Meldegg ein würdiger und überaus fähiger Nachfolger. Er regierte bis 1747 und ließ unter Leitung des Kemptener fürstäbtlichen Hofmalers Franz Georg Hermann und des Wessobrunner Stukkateurs Johann Georg Üblhör die großartigen fürstäbtlichen Prunkräume ausstatten. Maria Crescentia stand auch mit ihm im Briefverkehr.

Literaturhinweise

Abdruck des Briefes von M. Crescentia Höß vom 13. März 1722 mit freundlicher Erlaubnis des Staatsarchivs Augsburg (Fürststift Kempten Urk. 5744/1).

Jahn, Wolfgang, Kirmeier Josef, Petz, Wolfgang, Brockhoff, Evamaria: „Bürgerfleiß und Fürstenglanz" – Reichsstadt und Fürstabtei Kempten. Katalog zur Ausstellung in der Kemptener Residenz. Augsburg 1998.
Pörnbacher Karl: Crescentia Höß begegnen. Augsburg 2001.
Ders.: Die heilige Crescentia von Kaufbeuren. Lindenberg ²2001.
Ders.: Ein Tröster, ein lebendiger Brunnen. Die Heilig-Geist-Verehrung der hl. Crescentia von Kaufbeuren. In: Herbert Schneider OFM (Hrsg.): Das franziskanische Verständnis des Wirkens des Heiligen Geistes in Kirche und Welt. Mönchengladbach 2005, S. 136–148.
Ders.: Auf dem Weg zu Gott und zu den Menschen. Lindenberg 2011.
Rottenkolber, Joseph: Geschichte des hochfürstlichen Stiftes Kempten. München 1933.

Das Lehramt Papst Pius IX.
in seinen Enzykliken

Christian Schaller

Wertet man die bekannten Äußerungen zur Person und zum Pontifikat Papst Pius IX. aus, so entsteht ein Bild, das Giovanni Maria Mastai-Feretti als antimodernen Pontifex, als absolutistischen Papst-König und tyrannengleichen Herrscher über den Kirchenstaat abbildet, in dessen psychologische Struktur eine tiefe Angst gegen soziale und politische Neuerungen zu finden ist, die durch die Ressentiments gegenüber Nicht-Katholiken nur noch verstärkt wird.[1] Aussagekräftiger Beleg dafür sei die, angeblich aus antisemitischen Motiven heraus durchgeführte, Entführung eines jüdischen Kindes.[2]

Das Szenario des bisher längsten Pontifikats der Kirchengeschichte (1846–1878) wird zudem bereichert durch das Schreckgespenst der Definition der Päpstlichen Unfehlbarkeit auf dem Ersten Vatikanischen Konzil (1896–1870) und die damit vermeintlich notwendig gewordene Reaktion des Preußischen Reiches im sogenannten Kulturkampf.[3] An der Stelle sollte bereits die Frage gestellt werden, welcher der beiden „Kontrahenten" – Papst oder Kaiser – für sich die Unfehlbarkeit in einer absolutistischen Weise beanspruchte. Das Dekret *Pastor aeternus* des Konzils beschreibt und definiert das Glaubensgut der Kirche, wie es in der Tradition ihrer

---

1 Vgl. Diskussion über den Syllabus vgl. Aubert, Roger, *Die Religionsfreiheit von „Mirari vos" bis zum „Syllabus"*, in: Conc 7 (1965) 584–591 und Wolf Hubert, *Der „Syllabus Errorum" (1864). Oder: Sind katholische Kirche und Moderne unvereinbar?*, in: Weitlauff, Manfred (Hg.), Kirche im 19. Jahrhundert, 1998, 115–139; De Mattei, Roberto, *Pio IX*, 2000.

2 Zur Diskussion über den „Fall Mortara" vgl. die Autobiographie des Betroffenen: Mortara, Pius Maria, *Das Walten der göttlichen Vorsehung und Das Kind Mortara. Ein Veilchen herzinnigster Dankbarkeit auf das Grab meines hochseligen huldvollen Gönners und Beschützers Pius IX.*, Köln 1896; Brechenmacher Thomas, *Die Juden im Kirchenstaat zwischen Restauration und Revolution. Mietrecht, Immobilieneigentum und Judenedikt unter Leo XII., Gregor XVI. und Pius IX.*, in: Historisches Jahrbuch 122 (2002), 195–234.; Schaller, Christian, *Zeugen des Glaubens. Pius IX. begegnen*, 2003, besonders 51–56; Messori, Vittorio, *Io, il bambino ebreo rapito da Pio IX*, Milano 2005. Eine polemische und Geschichte sowie Intention verfälschende Gegenposition nimmt hingegen Kertzer, David I., *Die Päpste gegen die Juden. Der Vatikan und die Entstehung des modernen Antisemitismus*, 2001; ders., *Die Entführung des Edgardo Mortara. Ein Kind in der Gewalt des Vatikan*, 1998 ein.

3 Zum Kulturkampf vgl. Lill, Rudolf, *Der Kulturkampf*, 1997.

Lehrentfaltung belegt ist und hat mit einer uneingeschränkten „Macht", die alle Segmente des menschlichen Lebens umfasst, nichts gemein. Dagegen steht der politische Anspruch Preußens einer Totalvereinnahmung des Menschen und die völlige Verdrängung der Kirche aus der gesellschaftlichen Öffentlichkeit und den Organen der sozialen Gestaltung, der Verlust jeder Form von Mitsprache und der Versuch der sozialen Diskreditierung[4]. Ein Totalanspruch, der „den Staat" als unhinterfragbare Instanz aufbaut, der gegenüber unbedingter Gehorsam eingefordert wird, wäre wohl eher als „unfehlbar" zu bezeichnen, zumindest dann, wenn man die unzureichende Interpretation des Dogmas von 1871 des preußischen Staates als Grundlage nehmen würde.

Zur finsteren Legendenbildung um Pius IX. zählen auch seine angebliche Aversion gegenüber moderner Technik oder seine als kindlich oder irrational eingestufte Frömmigkeit, die sich bedingungslos einer nicht weiter reflektierten „Vorsehung" überlässt. Übersehen werden dabei die geistlichen Aufbrüche im Ordensleben, das wachsende Interesse an einer guten Ausbildung des zukünftigen Klerus, die zahlreichen Initiativen katholischer Laien[5] und die, gerade unter Pius IX. rasant zunehmende, Internationalisierung der römischen Kurie, in deren Folge das missionarische Engagement zu einer neuen Dimension gelangte.[6] Pius IX. entdeckte gerade in den Missionsgebieten[7] auch eine Chance für die Kirche, den Verlust an territorialer Eigenständigkeit und an politischer und gesellschaftlicher Einflussnahme auszugleichen – mit der geistlich-spirituellen Tradition der unterschiedlichsten Länder auf den verschiedensten Kontinenten, deren Gaben für die Kirche, den Glauben und die Theologie erst entdeckt werden mussten. Der Weg, der die Kirche in die katholische Weite internationaler Präsenz führen sollte, wurde mit Pius IX. vorgezeichnet.

Wirft man Pius IX. vor, er hätte eine „mehr und mehr isolierte Kirche"[8] am Ende seines Pontifikats hinterlassen, so darf der Wandel, der sich im politischen Bereich vollzog, nicht unberücksichtigt bleiben. Nationale Selbstherrlichkeit[9],

---

4 Vgl. die interessante und aufschlussreiche Studie von BORUTTA, Manuel, *Antikatholizismus. Deutschland und Italien im Zeitalter der europäischen Kulturkämpfe*, 2010, besonders 289–326 und 352–389.

5 Dazu BINNINGER, Christoph, *„Ihr seid ein auserwähltes Geschlecht". Berufen zum Aufbau des Gottesreiches unter den Menschen. Die Laienfrage in der katholischen Diskussion in Deutschland um 1800 bis zur Enzyklika „Mystici Corporis" (1943)* (= MThS. S 61), 2002. Der Hinweis auf die Pius-Vereine darf an dieser Stelle nicht fehlen. Steht ihr Name für eine umfangreiche Bewegung von katholischen Laien im Zeitalter der zunehmenden Bedrängnis für die Kirche. Sie sind Ausdruck eines selbstbewussten Katholizismus, der sich auch politisch durchzusetzen verstand.

6 Insgesamt entstanden unter Pius IX. 206 neue Diözesen und apostolische Vikariate auf fünf Erdteilen. In England und den Niederlanden reorganisierte er die kirchliche Hierarchie und in Deutschland wurde er zur Integrationsfigur katholischer Vereine und Organisationen.

7 Pius IX. war bereits in als junger Geistlicher Mitglied einer Delegation des Vatikans, die nach Südamerika reiste; vgl. dazu SCHALLER, Christian, *Zeugen des Glaubens. Pius IX. begegnen*, 2003, 17–18.

8 SCHATZ, Klaus, Art. Pius IX., Papst (1846–1878), in: TRE 26, 661–666, zit. 665 allerdings mit einer sachlichen Würdigung der Bedeutung des gesamten Pontifikats.

9 Vgl. das Resümee von LILL, Rudolf, *Der Kulturkampf*, 1997, 24: „Es ging [...] in den Kulturkämpfen nicht nur um konkrete gesellschaftliche Veränderungen anzupassende Grenzen zwischen Staat und Kirche, sondern um den Machtanspruch des modernen Staates mit seinen prä-totalitären

menschenverachtende Kriege[10], Pseudoformen von Demokratie[11] und philosophische Irrwege[12] bedrängten die elementaren Grundlagen des Glaubens und bedrohten die Existenz der Kirche am Ende des 19. Jahrhunderts in beträchtlichem Mass.

Dass es dem Papst gelungen ist, trotz der Umbrüche und Zäsuren in einem Zeitalter, das die gewachsene Struktur eines einheitlichen Welt- und Menschenbildes, dessen Begründung im Schöpfer und Erlöser allein wurzelt, verloren und zum Teil aktiv bekämpft hat, die Kirche in eine tiefere geistliche Dimension zu führen und als weltumspannende Gemeinschaft des Heils als „Zeichen, das aufgerichtet ist für die Völker"[13] mit neuen Möglichkeiten und Aufgaben für die Zukunft vorzubereiten, gehört zu seinen Verdiensten. Als er Leiter des Hospizes San Michele in Rom wurde, waren ihm die Sorgen der Sterbenden und die Trauer der Angehörigen sicherlich auch ein Lehrstück wahrer Menschlichkeit – auch in den Facetten der Tragik und des Verlustes. Es geht also nicht um eine Isolierung, sondern vielmehr um eine positive Positionierung gegenüber den neuen politischen und gesellschaftlichen Bedingungen, denen gegenüber sich die Kirche klar zu Wort melden musste.

Enzykliken – Ausdruck des ordentlichen allgemeinen Lehramtes des Papstes

In den meist emotional geführten Diskussionen um seine Person und sein Pontifikat fehlt bedauerlicherweise immer der Blick auf seine Enzykliken. Sie geben Aufschluss über die Vielfalt seiner lehramtlichen Verantwortung und lassen das Spektrum seines Wirkens neu entdecken. Die Enzyklika ist ein Weg des ordentlichen allgemeinen Lehramtes. Darin können Fragen zur Glaubens- und Sittenlehre ebenso angesprochen werden wie einzelne Aspekte philosophischer Themenfelder. Mit den großen Sozialenzykliken an der Wende vom 19. zum 20. Jahrhundert wurden erstmals auch inhaltlich neue Akzente gesetzt – als Reaktion auf veränderte Arbeits- und Produktionsbedingungen in der sich formierenden Industrie- und Arbeitswelt (z. B. *Rerum novarum* 1891). Im Zuge sich verändernder politischer Systeme kam es auch zu konkreten Äußerungen zur Staatslehre (z. B. *Summi pontificatus* 1939), zur Wirtschaftslehre oder zu innerkirchlichen Problemen.

Zügen. Die für eine humane Gesellschaft grundlegende Frage nach der Existenz und der Anerkennung von Rechten und Werten, die dem Staat vorgegebene und für ihn nicht verfügbar sind, wurde in neuartiger Zuspitzung gestellt und von den Nationalisten verneint. Die Verdikte erst nationalliberaler und nationalistischer, dann nationalsozialistischer, in der Gegenwart schließlich sozialliberaler Politiker, Publizisten und Historiker über eine antiliberale und autoritäre oder ‚undeutsche', jedenfalls anachronistische Kirche greifen zu kurz."

10 Vgl. Preußisch-Österreichischer Krieg (1866), Preußisch-Französischer Krieg (1870–1871)

11 Die Kritik Pius IX. an der Demokratie in Italien nach der Staatenbildung ist begründet darin, dass nicht alle wählen durften – und so das Prinzip des Entscheids der Mehrheit ad absurdum geführt wird.

12 Z. B. materialistisch geprägter Fortschrittsglaube, Rationalismus in der Theologie (Anton Günther), Naturalismus und Sozialismus, Semirationalismus und Generationismus.

13 Erstes Vatikanisches Konzil, *Dogmatische Konstitution „Dei Filius" über den katholischen Glauben vom 24. April 1870*, Kapitel 3; DH 3014.

Immer waren und sind die Enzykliken Mittel der Ausübung des Lehramtes des Papstes und zugleich Ausdruck des Verkündigungsauftrags der Kirche. Eine Erfassung des Pontifikats Pius IX. setzt also neben den ihm auferlegten Zwängen der politischen Veränderungen jener Zeit und dem von der Geschichtswissenschaft eingestellten Focus auf den Syllabus und das Dogma der Unfehlbarkeit des Papstes auch den Blick auf seine Enzykliken voraus, die er in den Dienst seiner Verkündigung gestellt hat.

Versuch einer Struktur

Papst Pius IX. veröffentlichte 41 Enzykliken. Um eine Analyse der Themen und Schwerpunkte vornehmen zu können, wird im Folgenden ein erster Überblick erstellt. Im Mittelpunkt steht also weniger die Diskussion über die inhaltliche Ausrichtung der Enzykliken, die bei der großen Zahl nicht geleistet werden kann, sondern vor allem der Blick auf die von ihm gesetzte Themenauswahl und die damit verbundenen Schwerpunkte, die wiederum Aufschluss geben können auf das Selbstverständnis seines Pontifikats sowie auf dessen Einordnung in der Kirchengeschichte.

a) Staat-Kirche-Verhältnis: Ein auferlegtes Thema

Es ist nicht Aufgabe der Kirche, die Struktur und Herrschaftsform der Staaten zu bestimmen. Ihr Einfluss muss aber dort geltend gemacht werden, wo sich der Staat als die alle Lebensbereiche bestimmende Größe versteht, die in den Bereich des Glaubens und in die Selbstbestimmung der Kirche hineinreicht, oder dort, wo er die ethischen und moralischen Grundwerte relativiert oder gar zerstört und damit das Menschsein einer rein innerweltlichen Verfügbarkeit überstellt. Im Verlust eines gesamtgesellschaftlichen und als selbstverständlich empfundenen geschlossenen Weltbildes, das von Glaube, Kirche, kollektiver und individueller Frömmigkeit geprägt war, versuchte das neue Nationalbewusstsein tief alle Felder der menschlichen Wirklichkeit zu besetzen und der Kirche im besten Fall einen Platz im rein privaten Winkel der Häuser und Wohnungen der Menschen zuzugestehen.

Die Bedrohung durch den Nationalismus des 19. Jahrhunderts war aber nicht nur ein akademisches Gedankenspiel, sondern wurde in den Truppen vor den Toren Roms und des Kirchenstaates konkrete Bedrängnis und Angst. Leib und Leben waren in Gefahr; der Papst floh nach Gaeta im Königreich Neapel[14].

Mit der Enzyklika *Optime noscitis* vom 5. November 1855 tritt jedoch zunächst das Verhältnis des Heiligen Stuhls mit dem Österreichischen Kaiserreich in den Vordergrund. Das päpstliche Schreiben, an die Österreichischen Bischöfe gerichtet, betont die gute Zusammenarbeit zwischen dem Heiligen Stuhl und dem Kaiser von Österreich, Franz Joseph I., regelt Einzelfragen und bemüht sich um ein ausgewogenes Miteinander der kirchlichen und politischen Instanzen. Eng verbunden mit

---

14 ANDREOTTI, Giulio, *La fuga di Pio IX e l'ospitalità dei Borbone*, 2003.

Optime noscitis ist die Enzyklika *Singulari quidem* vom 17. März 1856; sie steht unter dem Eindruck des Österreichischen Konkordats, das die Bischöfe mit Kaiser Franz Joseph I. abgeschlossen hatten. Mahnend greift er die Themen der Priesterausbildung und der Erziehung und Bildung der jungen Menschen auf, den Einfluss der Kirche auf zentrale Fragen der gesellschaftlichen Mitsprache auf diese Weise zu unterstreichen.

Zu Beginn seines Pontifikates wurde Pius IX. als Hoffnungsträger der italienischen Einheitsbewegung gefeiert. Seine anfängliche Sympathie aber für ein national geeintes Italien wich jedoch sehr schnell einer Skepsis und zunehmender Ablehnung der politischen Ziele des Risorgimento. Als Papst ließ er sich nicht politisch instrumentalisieren. Der drohende Verlust des Kirchenstaates widersprach seiner Auffassung eines Papstes, der für die Geschicke der ganzen Kirche verantwortlich ist.

Den Einmarsch der revolutionären Kräfte in den Kirchenstaat konterte er mit seinem Schreiben *Qui nuper* vom 18. Juni 1859, in dem die Revolutionäre als Rebellen bezeichnet werden und zugleich das Recht auf Souveränität des *Patrimonium Petri* nachhaltig eingefordert wurde.

1860 dankte Pius IX. mit *Nullis certe verbis* (19. Januar) für alle Zeichen der Verbundenheit und der Unterstützung in seinem Einsatz für den Erhalt der bürgerlichen Souveränität des Kirchenstaates. Sein Drängen auf die Autonomie der Kirche war aber nicht beschränkt auf die europäische und insbesondere die italienische Situation. Die Unmittelbarkeit der Bedrohung, die er in Rom erleben musste, hielt ihn nicht davon ab, auch internationale Brennpunkte zu beobachten und, wie im Fall von Kolumbien, auch einzuschreiten. In *Incredibile* vom 17. September 1863 verurteilt er die aggressiven Angriffe der Regierung im damaligen Neu Granada, die Kirchengüter enteignete und die Amtausübung des Klerus massiv einschränkte[15].

Die Übernahme weltkirchlicher Verantwortung war ein besonderes Merkmal des Pontifikats Pius' IX., das sich auch in *Ubi urbaniano* vom 30. Juli 1864 widerspiegelt. Die polnischen Katholiken wurden verfolgt, Bischöfe inhaftiert, die Bevölkerung vertrieben[16]. Auf ähnliche Weise richtet Pius IX. seine Worte am 20. April 1876 an die Bischöfe in Brasilien, die sich zunehmend dem von der Regierung unterstützten Freimaurertum als ernste Bedrohung gegenübersahen. Prominentes Beispiel für das kirchenfeindliche Handeln der politisch Verantwortlichen war die Inhaftierung des Bischofs und Kapuzinermönch Vital Maria Conçalves de Oliveira. Seine oppositionelle Haltung gegenüber dem Kaiser Pedro II. führte zu seiner Inhaftierung. *Exortae in ista* vom 20. April 1876 wurde von Pius IX. verfasst, als der Gefangene in Rom um Unterstützung für die bedrängte Kirche in Brasilien bat.

Von besonderer Bedeutung für die Rezeption des bisher längsten Pontifikats der Kirchengeschichte ist die Enzyklika *Quanta Cura* (1864) mit dem als Anhang beigefügten *Syllabus complectens praecipuos nostrae aetatis errores, qui notantur in*

---

15 Eine gute Einführung in die Geschichte der Kirche in Lateinamerika bietet PRIEN, Hans-Jürgen, *Das Christentum in Lateinamerika* (= KGE 4, 6), 2007.
16 Namentlich wird Zygmunt Szczęsny Feliński erwähnt, den Papst Pius IX. 1862 zum Erzbischof von Warschau ernannte, und den Papst Benedikt XVI. am 11. Oktober 2009 heiliggesprochen hat. Er wurde im Rahmen der zaristischen Maßnahmen für 20 Jahre aus Warschau verbannt. Gestorben ist er 1885 in Krakau.

Allocutionibus consistorialibus, in Encycliis aliisque apostolicis Litteris sanctissimi Domini Nostrii Pii papae IX. (Eine Liste, die die wichtigsten Irrtümer unserer Epoche enthält, die in Ansprachen vor dem Konsistorium, in Enzykliken und anderen apostolischen Briefen unseres heiligsten Herrn Papst Pius IX. verzeichnet sind).

Die genaue Analyse allein des Titels macht deutlich, dass es sich materiell nicht etwa um Neues handelt, sondern vielmehr um eine Zusammenführung bereits in früheren Veröffentlichungen und Ansprachen des Papstes als Irrtümer zurückgewiesene philosophischer und weltanschaulich-politischer Positionen handelt.

Dem *Syllabus errorum* wird man nur dann gerecht, wenn er im Kontext der bereits mehrfach angedeuteten geistesgeschichtlichen Wandlung in Europa nach 1789 gelesen wird. Auch wenn Menschenrechte und bürgerliche Freiheit sicherlich zu den positiven Entwicklungen des 19. Jahrhunderts gehören, so wurde gleichzeitig die Autorität und Souveränität des Papstes bezweifelt und eine antikirchliche und antiklerikale Politik zu einem Spezifikum der nationalstaatlichen Regierungen. Die Kirche sollte aus allen Bereichen des gesellschaftlichen Lebens verdrängt werden. Der Blick „ultra montes" galt als staatsfeindlich[17] und die Theologie erhielt eine nationale Prägung[18], damit eine enge Bindung an die Herrschenden gewährleistet wurde.

Im Syllabus spiegelt sich also keine Selbstherrlichkeit, die der Welt das eigentlich Richtige und Wahre präsentiert, sondern der ehrliche Versuch, eine Antwort darauf zu finden, wie sich die katholische Kirche auf die „neue und moderne" Welt einstellen soll. Die Zerstörung traditioneller Werte auf gesellschaftlichem und moralischem sowie religiösem Gebiet konnte einen Papst, der für das Heil seiner Kirche und der Gläubigen verantwortlich war, nicht gleichgültig lassen. Zu leicht interpretiert die heutige Geschichtsschreibung den Syllabus als reines Politicum, als Machtdemonstration zur Erhaltung des Kirchenstaates. Der Aspekt der religiösen und spirituellen Verantwortung wird dabei völlig ausgeblendet. Hier scheint auch das Kirchenbild Pius' IX. durch, der mit der im I. Vaticanum festgelegten Formel der Kirche als aufgerichtetes Zeichen in der Welt den sakramentalen Charakter der Kirche stärker betont. Mit einer einseitigen Politisierung der „Irrtümer" wird man jedoch sowohl dem Text als auch der Intention Pius' IX. nicht gerecht. Das Staat-Kirche-Verhältnis einseitig als rein politische Fragestellung oder als bloß theologische Diskussion zu interpretieren verfehlt das Wesen der Kirche als Volk Gottes vom Leib Christi her. Insofern ist der Syllabus durchaus als Text zu werten, der

---

17 Wer sich jenseits der Berge orientierte, galt als undeutsch, als nicht national, zumal das erwachende Nationalgefühl auch den Gedanken einer nationalen Kirche hervorrief. Den Ultramontanismus allein theologisch als eine Bewegung zu sehen, die sich für die Unfehlbarkeit des Papstes stark machte, greift zu kurz. Von den Gegnern einer Identifikation des Katholiken mit dem Papst wurde der Begriff *politisch* missbraucht und

18 Exemplarisch sei dafür die Gestalt des Münchener Kirchenhistorikers Ignaz Döllinger genannt, der sich zum Mentor einer deutschen Theologie in polemischer und überheblicher Abgrenzung zur römischen Theologie verstand. Dazu vgl. BISCHOF, Franz-Xaver, *Theologie und Geschichte. Ignaz von Döllinger (1799–1890) in der zweiten Hälfte seines Lebens. Ein Beitrag zu seiner Biographie* (= MKHS 9), 1997, 75; zur inhaltlichen Auseinandersetzung vgl. SCHATZ, Klaus, *Vaticanum I. 1869–1870*, Bd. 1 Vor der Eröffnung, 1992, 58, 61 und SCHALLER, Christian, *Zeugen des Glaubens. Pius IX. begegnen*, 2002, 105–114.

das berechtigte Anliegen der Eigenständigkeit der Kirche im politischen Gefüge einfordert.

Ein besonderes Kapitel des Pontifikats Pius IX. ist die Auseinandersetzung mit dem Preußischen Staat und seiner antikirchlichen Gesetzgebung[19]. Mit *Quod numquam* vom 5. Februar 1875 über die Kirche in Preußen setzte Pius IX. auf offen zur Sprache gebrachten Aufruf zum Widerstand. Ziviler Ungehorsam wurde zum Instrument gegen eine nicht hinnehmbare Einmischung in kirchliche Angelegenheiten. Die Amtsenthebung, Ausweisung und sogar Inhaftierung von Priestern und Bischöfen[20] hat das erschreckende Ausmaß der kulturkämpferischen Ideologie dokumentiert. Mutig hat sich Pius IX. zum Anwalt der Freiheit und der Unabhängigkeit der Kirche gemacht. Und es wurde ihm mit einem ungeheuren Aufbruch und einer Welle der Sympathie gedankt[21].

Erneut wendet sich der Papst mit *Vix dum a nobis* (7. März 1874) an die Kirche in der Donau-Monarchie mit einer deutlichen Kritik an der liberalen Gesetzgebung und 1873 (21. November) formulierte er mit *Etsi multa luctuosa* ein Schreiben, das auf die Situation der Kirche in Italien, Deutschland und der Schweiz eingeht. Der Kulturkampf in Preußen wird mit einigen Aktionen des italienischen Staates gegen die Kirche, etwa der Unterdrückung der gregorianischen Universität durch den Verwaltungsapparat der Behörden und antikatholischen Maßnahmen in der Schweiz (erforderliche Zustimmung staatlicher Einrichtungen bei Besetzungen usw.) als klare Bedrohung für die Existenz und Freiheit der Kirche in den genannten Ländern bewertet und auf das Schärfste verurteilt. Mit dem Schreiben verbunden waren auch die Exkommunikation der Altkatholiken und ein erneuter Angriff gegen das Freimaurertum.

1871 wurde der Kirchenstaat annektiert. Pius IX., sich selbst als Gefangener im Vatikan bezeichnend, verurteilte das Vorgehen der neuen Regierung („Piemont-Regierung"), als das Handeln von Usurpatoren, die das legitime Recht des Papstes auf territoriale Unabhängigkeit bekämpften. *Ubi nos* vom 15. Mai 1871 wendet sich in erster Linie eben gegen die Garantiegesetze des neuen italienischen Staates, die ihm als Papst zwar Freiheit und Unverletzlichkeit in der Leitung der Kirche zubilligen sollten. Für den Theologen Pius IX. war dies aber ein Angriff auf die Rechte der Kirche, die nur Gott seiner Kirche verleihen konnte – und nicht ein Staat, eine Regierung oder ein Volk. Bereits am 1. November 1870 kritisierte er den Einmarsch

---

19 Erwähnung sollten hier die sogenannten „Maigesetze" von 1873 finden, mit denen ein königlicher Gerichtshof für kirchliche Angelegenheiten errichtet werden sollte, der Anweisungen zur Ausbildung und Anstellung des Klerus sowie Vorschriften zur Erleichterung des Kirchenaustritts und die Zivilehe vorsah. Bereits 1875 wurden Klöster und Ordensniederlassungen in Preußen geschlossen und die Mitglieder ausgewiesen. Kirche war nur noch zum taktischen Instrument der Regierung geworden, die eine nationale Kirche wollte, die als Teil des Staates (!) den moralischen Erziehungsauftrag übernehmen sollte. Eigenständigkeit und Selbstbestimmung sollten aufhören und sämtliche Strukturen der staatlichen Verantwortung überstellt werden.

20 1876 war fast der gesamte katholische Episkopat Preußens inhaftiert oder des Landes verwiesen.

21 Am 13. Mai 1875 überreichte der Präsident des Mainzer Katholikenvereins eine Huldigungsadresse, die über eine Million Katholiken unterzeichnet hatten. Die Gläubigen reagierten sensibel auf die staatliche Bevormundung im religiösen Bereich. Es wurde als problematischer und unerhörter Eingriff in die Privatsphäre und in das kollektive Verankert-sein in das eigene Weltbild empfunden; vgl. Lill, Rudolf, *Der Kulturkampf*, 1997.

der neu-italienischen Truppen am 20. September 1870 in Rom[22] und die damit verbundene Enteignung der Kirche in seinem Schreiben *Respicientes*.

Im Vorfeld der Ereignisse von 1870 in Italien und der Auseinandersetzung mit dem Preußischen Staat während des Kulturkampfes gerieten Polen, Russland und Italien 1867 ins Blickfeld des Papstes aus den Marken. Kirchenverfolgung in Polen, Zaristische Gesetze zur Einschränkung der Freiheit der Katholiken und die sich bereits abzeichnende Situation in Italien selbst ließen ihn *Levate* verfassen (27. Oktober), um, wie so oft während seines Pontifikats, sich einzusetzen für die Katholiken auf der ganzen Welt.

b) Die Lehre der Kirche betreffend: Apologie und Dogmatisierung

Knapp ein halbes Jahr nach seiner Wahl zum Pontifex veröffentlichte er die Enzyklika *Qui pluribus* am 9. November 1846. In ihr nimmt Pius bereits wesentliche Teile des *Syllabus errorum* vorweg und stellt eine deutliche Unvereinbarkeit des Glaubens mit dem Rationalismus, der dem Glauben und jeder Form von Transzendenz eine Absage erteilt und dem Indifferentismus fest. Glaube und Vernunft stehen nicht in einem Gegensatz, sondern ergänzen sich gegenseitig. Da der Mensch sich selbst als Wesen erfährt, das nach den eigenen Gesetzmäßigkeiten und Bedingungen hineingestellt ist in die natürlichen Abhängigkeiten des Werdens und Vergehens, muss über seiner sichtbaren Wirklichkeit eine unsichtbare Realität seine Geschicke lenken und begleiten. Der Rationalismus, den Pius angreift, ist jener, der sich gegen den Glauben an Jesus Christus stellt und behauptet, dass allein der menschliche Verstand die Wahrheit der Natur und des Menschen erklären kann. Hier befinden sich die Anhänger einer derartig verabsolutierten Philosophie jedoch im Gegensatz zur Vorstellung einer gegenseitigen Zuordnung von Vernunft und Glaube. Beide Elemente sind für die Existenz des Menschen konstitutiv. Steht zwar der Glaube über der Vernunft, da sie trotz aller Anstrengungen das Geheimnis Gottes nicht in letzter Gültigkeit erschließen kann, so dient sie dennoch dem Glauben dadurch, dass sie seine Wahrheit mit den Mitteln der Vernunft schützt und verteidigt: „Denn beide stammen von ein und derselben Quelle der unveränderlichen und ewigen Wahrheit, dem unendlich guten und großen Gott, und leisten sich gegenseitig Hilfe, dass die rechte Vernunft die Wahrheit beweist, schützt und verteidigt."[23]

Pius IX. hat innerhalb der Kirchengeschichte nicht zuletzt wegen der Dogmatisierung der Unbefleckten Empfängnis 1854 seinen Platz erhalten. Mit *Ubi primum* von 1849 und *Inter graves* vom 1. Dezember 1854 bereitet er die Dogmatisierung des Geheimnisses der Immaculata Conceptio am 8. Dezember 1854 mit der Bulle *Ineffabilis Deus* vor.[24] Nach der Befragung von Kardinälen, Bischöfen und Exper-

---

22 Für die historische Einordnung und die Details vgl. aus der Fülle der Veröffentlichungen: LILL, Rudolf, *Geschichte Italiens in der Neuzeit*, ⁴1988; HEYDENREICH, Titus, *Pius IX. und der Kirchenstaat in den Jahren 1860–1870*, 1995 und SEIBT, Gustav, *Rom oder Tod. Der Kampf um die italienische Hauptstadt*, 2001.

23 DH 2776

24 Zur theologischen Interpretation des Dogmas von 1854 vgl. MÜLLER, Gerhard Ludwig, *Anfang in Gnade. Zur Empfängnis der Gottesmutter Maria ohne Erbschuld*, in: ders., Maria – Die Frau im Heilsplan Gottes (= Mariologische Studien XV), Regensburg 2002, 226–230.

ten verkündet er feierlich: „Die Lehre, dass die allerseligste Jungfrau Maria im ersten Augenblick ihrer Empfängnis aufgrund einer besonderen Gnade und Auszeichnung von Seiten des allmächtigen Gottes in Hinblick auf die Verdienste Jesu Christi, des Erlösers des menschlichen Geschlechtes, von jeder Makel der Erbsünde bewahrt geblieben ist, ist von Gott geoffenbart und muss deshalb von allen Gläubigen fest und unabänderlich geglaubt werden"[25].

Mit Ignaz Döllinger (1799–1890) ist der Hauptprotagonist der später als Altkatholiken bekannt gewordenen Gruppe genannt, der sich mit seinen Forderungen nach einem Nationalkonzil und einem deutschen Primas sowie mit seiner Beurteilung einer deutschen Theologie selbst in den Gegensatz zu einer katholischen universalen Weite manövriert hat[26]. In seinem Schreiben an den Klerus der Schweiz *Gravis ac diuturnae* vom 23. März 1875 charakterisiert Pius IX. die Altkatholiken und ihre Bestrebungen in der Schweiz, vor allem in Basel, ihre Vorstellungen einer Kirche ohne Rom und den Papst umzusetzen als Häresie, die auf der Basis von Täuschung und Betrug zum Erfolg kommen möchte.

Als Diener der Einheit und Verteidiger der kirchlichen Lehre tritt der Pius-Papst auch bereits 1863 auf, wenn er in *Quanto conficiamur* das Auftreten irriger Meinungen als Lügen, Verleumdungen und Blasphemie bezeichnet und 1849 den sich gestaltenden Sozialismus in Italien als Gefahr für die Lehre brandmarkt.

c) Klarheit in der Disziplin

Inter multiplices heißt das Schreiben, das Pius IX. am 21. März 1853 an alle Kardinäle, Erzbischöfe und Bischöfe von Frankreich richtete. Provinzkonzilien und regionale Synoden mahnten eine Veränderung der Liturgie und ihrer Texte an. Der Papst fordert die Bischöfe auf, ihrer Pflicht treu zu dienen und für die reine Lehre der Kirche einzutreten.

Ebenfalls wurden mit *Ubi primum* die Ordensgemeinschaften daran erinnert, welche Bedeutung die religiöse Disziplin für ihre jeweiligen Gemeinschaften und für die Kirche als Ganzes hat. Das korrekt aufgebaute und durchgeführte Studium soll an die Blütezeit der Ordensgemeinschaften anknüpfen und einen Beitrag zur Förderung des Wissens auf allen Gebieten des Fächerkanons leisten.

d) Humanitäre und karitative Verantwortung

Am 25. März wandte sich Pius IX. mit der Enzyklika *Praedecessores nostros* an die Bischöfe der katholischen Kirche, um die sich in Irland ausbreitende Hungersnot zu bekämpfen. Der Spendenaufruf an den römischen Klerus und die Bitte um das Gebet für die betroffenen Gebiete waren Initiativen, die unmittelbar auf den Papst selbst zurückgingen. In Irland starben in Folge der Katastrophe zwischen 1854 und 1859 über eine Million Menschen.[27]

---

25 DH 2803.
26 Zu Döllinger vgl. SCHALLER, Christian, *Zeugen des Glaubens. Pius IX. begegnen*, 101–113.
27 Zu den Ursachen und den Verlauf der Katastrophe vgl. ELVERT, Jürgen, *Geschichte Irlands*, ⁴2003; STEWART, Francis / LYONS, Leland, *Ireland since the Famine*, 1971.

Als Mahner zum Frieden und als Freund der Menschen zeigt sich Pius IX. in seinem Schreiben *Cum Sancta Mater Ecclesia*, in dem an die Opfer der italienischen Befreiungskriege des Jahres 1859 erinnert wird und in dem er die Völker der Welt einlädt, um Frieden und für die Opfer der blutigen Auseinandersetzung zu beten wie er es bereits 1854 in *Apostolicae nostrae caritatis* (1. August) gefordert hat.

e) Motive des Handelns: Erneuerung und Reform

Insgesamt zwölf Enzykliken widmete Pius IX. den Fragen der Erneuerung der Kirche in einer Zeit des Umbruchs im Inneren und der Angriffe von Außen. Er war sich sicher, dass wahre Reform keine Frage äußerer Strukturen sei, sondern nur durch die geistliche, spirituelle und theologische Neuausrichtung aller Glieder des Leibes Christi zu suchen sei. Weder die Abschottung zur Vergangenheit noch die Statik des Augenblicks können zur Erneuerung der Kirche in der (damaligen) Moderne führen.

Zwischen 1851 und 1874 mahnte Pius IX. in *Exultavit cor nostrum, Ex alliis nostris, Nemo certe ignorat, Probe noscitis venerabilis, Optime noscitis, Neminem vestrum, Cum nuper, Amantissimi Redemptoris, Amantissimus, Maximae quidam, Meridionali Americae* und *Gravibus ecclesiae* eine verbesserte Ausbildung des Klerus, auch des jeweils einheimischen in den Missionsgebieten, eine Intensivierung des seelsorglichen Engagements der Priester, eine vertiefte Frömmigkeit, ein umfassendes Hochschulstudium und die Gründung neuer Universitäten an. Als geistlichen Rahmen rief er das Heilige Jahr 1875 aus, das allerdings wegen der Annexion des Kirchenstaates durch Italien nicht gefeiert wurde.

f) Auf dem Weg zur sichtbaren Einheit

Pius IX. beschritt bereits in der ersten Hälfte des 19. Jahrhunderts eigene Wege, um für die sichtbare Einheit der Kirche einzutreten. Seine Bereitschaft zum ökumenischen Gespräch mit der Orthodoxen Kirche dokumentierte er in der am 6. Januar 1848 erschienenen Enzyklika *In suprema Petri* mit ihrem Angebot der Verständigung, des Dialogs in Konferenzen und Tagungen und in der gemeinsamen Sprache der Liturgie; dem Text folgte erst 1872 *Quae in Patriarchatu*, das sich um die unierten chaldäischen Christen unter dem Patriarchen Joseph I. Audo müht, jedoch nicht vorher disziplinäre Fragen zwischen einer mit Rom unierten Kirche des Ostens und der Stellung des Petrusamtes geklärt zu haben.

Die Einheit der Kirche zu wahren, war auch die Motivation von *Quarta supra vigesimum* aus dem Jahr 1873 an die Armenischen Christen und *Omnem sollicitudinem* vom 13. Mai 1874 über den griechisch-ruthenischen Ritus[28].

---

28 Die Ruthenische Kirche ist benannt nach dem ostslawischen Volk der Ruthenen, das auf dem Gebiet der heutigen Ukraine und der Slowakei beheimatet ist. Vgl. dazu KULIČ, Jakov, Art. Ruthenen, in: Thönissen, Wolfgang (Hg.), Lexikon der Ökumene und Konfessionskunde, 2007, 1190–1191.

g) Biographische Anklänge

Am 16. Juni 1848 begann das bisher längste Pontifikat der bisherigen Kirchengeschichte. Nach 25 Jahren, am 4. Juni 1871, blickt Pius IX. auf sein Leben und sein
Pontifikat voller Dankbarkeit zurück. Sieben Jahre später stirbt er am 7. Februar
und findet seine letzte Ruhestätte in der Römischen Basilika San Lorenzo fuori le
Mura. Mit *Beneficia Dei* und *Saepe venerabilis fratres* setzt er zwei biographische
und sehr persönliche Schreiben auf, in denen er seinen Dank gegenüber seinen
engsten Mitarbeitern ausspricht und doch zugleich auch auf offene Problemfelder
aufmerksam macht wie etwa die Versöhnung mit den Kirchen des Ostens oder die
bittere Erfahrung des Exils.

Resümee

Die in seinen Enzykliken zur Sprache kommende Themenvielfalt erstaunt ebenso
wie die internationale Ausrichtung des sel. Papstes im Rahmen eines 19. Jahrhunderts, das die technischen Mittel einer umgreifenden Kommunikation noch nicht
kannte. Das Spezifische des Pontifikats lässt sich, zu einer solchen Einschätzung
dürfte die Tour d'horizon durch die Enzykliken geführt haben, nicht einfach am
Dogma der Unfehlbarkeit und am Dogma der Unbefleckten Empfängnis fixieren.
Zumal es sich meist um einen unhistorischen Zugang zu den Ereignissen, die zur
Dogmatisierung geführt haben, handelt. Isoliert man Pius IX. aus seinem historischen Kontext, wird man seiner Person und seinem Anliegen nicht gerecht. Eingebunden in äußere Konditionen politischer und geistesgeschichtlicher Veränderungen von erheblichem Ausmaß, ist sein Agieren Ausdruck besonnener und überlegter
Einschätzung der geschichtlichen Voraussetzungen in der zweiten Hälfte des
19. Jahrhunderts. Angesichts einer Bedrohung für Leib und Leben, einer Inhaftierung der ganzen Kirche im Gefängnis eines Nationalstaates (in Italien und in Preußen) und einer philosophisch und weltanschaulich fragilen Geistesgeschichte die
Stimme zu sein für eine wahre Reform im Inneren der Kirche durch Vertiefung des
Glaubens und der gelebten Botschaft Jesu Christi sowie nach Außen der Repräsentant einer sichtbaren Einheit der Kirche Christi zu sein, der zur Einheit und zum
Dialog einlädt, ist zwischen Risorgimento und Kulturkampf ebenso nicht hoch
genug einzuschätzen wie zwischen krudem Marxismus und entleertem Rationalismus. Sein Verdienst ist es gewesen, der Kirche ihre Position als Verkünderin des
Evangeliums und als Anwalt der Armen und Schwachen im Gewirr der Zeit zu
erhalten. Sein Einfluss auf das 20. Jahrhundert liegt auch im Ersten Vatikanischen
Konzil begründet, das weniger als 100 Jahre später seine Fortsetzung im II. Vaticanum gefunden hat.

Literatur

ANDREOTTI, Giulio, *La fuga di Pio IX e l'ospitalità dei Borbone*, Roma 2003.

AUBERT, Roger, *Die Religionsfreiheit von „Mirari vos" bis zum „Syllabus"*, in: Conc 7 (1965) 584–591.

BINNINGER, Christoph, *„Ihr seid ein auserwähltes Geschlecht". Berufen zum Aufbau des Gottesreiches unter den Menschen. Die Laienfrage in der katholischen Diskussion in Deutschland um 1800 bis zur Enzyklika „Mystici Corporis" (1943)* (= MThS. S 61), St. Ottilien 2002.

BISCHOF, Franz-Xaver, *Theologie und Geschichte. Ignaz von Döllinger (1799–1890) in der zweiten Hälfte seines Lebens. Ein Beitrag zu seiner Biographie* (= MKHS 9), Stuttgart 1997.

BORUTTA, Manuel, *Antikatholizismus. Deutschland und Italien im Zeitalter der europäischen Kulturkämpfe*, Göttingen 2010.

BRECHENMACHER, Thomas, *Die Juden im Kirchenstaat zwischen Restauration und Revolution. Mietrecht, Immobilieneigentum und Judenedikt unter Leo XII., Gregor XVI. und Pius IX.*, in: Historisches Jahrbuch 122 (2002), 195–234.

ELVERT, Jürgen, *Geschichte Irlands*, München ⁴2003.

ERSTES VATIKANISCHES KONZIL, *Dogmatische Konstitution „Dei Filius" über den katholischen Glauben vom 24. April 1870*, Kapitel 3; DH 3014.

HEYDENREICH, Titus, *Pius IX. und der Kirchenstaat in den Jahren 1860–1870*, Erlangen 1995.

KERTZER, David I., *Die Päpste gegen die Juden. Der Vatikan und die Entstehung des modernen Antisemitismus*, Berlin/München 2001.

KERTZER, David I., *Die Entführung des Edgardo Mortara. Ein Kind in der Gewalt des Vatikan*, München 1998.

KULIČ, Jakov, Art. Ruthenen, in: Thönissen Wolfgang (Hg.), Lexikon der Ökumene und Konfessionskunde, Freiburg 2007, 1190–1191.

LILL, Rudolf, *Geschichte Italiens in der Neuzeit*, Darmstadt ⁴1988.

LILL, Rudolf, *Der Kulturkampf*, Paderborn 1997.

DE MATTEI, Roberto, *Pio IX*, Casale Monferrato 2000.

MESSORI, Vittorio, *Io, il bambino ebreo rapito da Pio IX*, Milano 2005.

MORTARA, Pius Maria, Das Walten der göttlichen Vorsehung und Das Kind Mortara. Ein Veilchen herzinnigster Dankbarkeit auf das Grab meines hochseligen huldvollen Gönners und Beschützers Pius IX., Köln 1896

PRIEN, Hans-Jürgen, *Das Christentum in Lateinamerika* (= KGE 4, 6), Leipzig 2007.

SCHALLER, Christian, *Zeugen des Glaubens. Pius IX. begegnen*, Augsburg 2003.

SCHATZ, Klaus, Art. Pius IX., Papst (1846–1878), in: TRE 26, 661–666.

SCHATZ, Klaus, *Vaticanum I. 1869–1870*, Bd. 1 Vor der Eröffnung, Paderborn 1992.

SEIBT, Gustav, *Rom oder Tod. Der Kampf um die italienische Hauptstadt*, Berlin 2001.

STEWART, Francis / LYONS, Leland, *Ireland since the Famine*, London 1971.

WOLF, Hubert, *Der „Syllabus Errorum" (1864). Oder: Sind katholische Kirche und Moderne unvereinbar?*, in: Weitlauff, Manfred (Hg.), Kirche im 19. Jahrhundert, Regensburg 1998, 115–139.

Quietisten und ein verbotenes Buch des Inquisitors R. Grillenzoni (1688)

Herman H. Schwedt

Dreihundert Jahre dauerten bisher die Verfahren, an deren Ende die Heiligsprechung Papst Innozenz' XI. stehen soll. Im Jahre 1956 konnte Papst Pius XII. zahlreiche Schwierigkeiten überwinden und in recht feierlicher Seligsprechung seinen Vorgänger zur Ehre der Altäre erheben. Der weitere Weg bis zu einer Heiligsprechung dauert seither schon einige Jahrzehnte, und man hat nicht den Eindruck, dass diese sofort oder bald erfolgen würde. Zunächst einmal, so hört man aus jüngeren Medienberichten, müssen die sterblichen Überreste des seligen Papstes Innozenz denen eines anderen Papstes weichen und werden innerhalb der Basilika von St. Peter umgebettet. Es müsse Platz geschaffen werden für die neue Grabstätte Papst Johannes' Pauls II., der sofort oder wenigstens bald heiliggesprochen werden solle. Die Vorbehalte gegen eine Heiligsprechung Innozenz' XI., dessen Überreste verlegt werden, spiegeln auf ihre Weise die heftigen Widerstände wider, die dieser Papst bis zu seinem Tod im Jahre 1689 von Staatsmännern und aus der römischen Kurie erfuhr. Außer vielen Vorwürfen zur Politik und zu den Reformplänen des Papstes gab es auch solche zu seiner Rechtgläubigkeit. Einige hielten ihn für einen Freund der Jansenisten, also der Anhänger des belgischen Bischofs Cornelius Jansen und seiner Gnadenlehre, die eher protestantisch als katholisch klang. Außerdem habe der Papst sich zu sehr mit den Quietisten eingelassen, die durch stilles Gebet und fromme Betrachtungen statt durch Sakramentenempfang und Werke der Buße ihr Seelenheil finden wollten.

Eben jener Papst, dem man eine Vorliebe für die Quietisten nachsagte, verbot 1688 das Buch des Dominikaners Raffaele Grillenzoni, das Irrtümer wie jene der Quietisten angeblich verbreitete oder verteidigte. Das Buch war in Rom angezeigt worden, und zwar bei der ältesten der Kardinalskongregationen der römischen Kurie, der Kongregation der Inquisition oder des Sanctum Officium. Ihr Vorsitzender oder Präfekt war der Papst selber, der alle Beschlüsse dieser aus rund einem Dutzend Kardinälen bestehenden Behörde eigens bestätigen musste, um ihnen Rechtsgültigkeit zu verleihen. Die Kongregation ließ das Buch durch einen ihrer Fachleute begutachten. Dieser, der Franziskanerkonventuale Giovanni Damasceno Bragaldi, plädierte für das Verbot des Buches, das der Papst entsprechend dem Beschluss der Kardinäle bestätigte.

Besonders Aufklärung und Liberalismus bekämpften Herrschaftsgebaren und Obrigkeit als Mechanismen der Unterdrückung, symbolisiert durch Zensur und Bücherverbote auf Kosten der Rechte von Autoren und der Meinungsfreiheit. Diese historischen Befreiungsbewegungen und ihre Historiographie nahmen nicht in den Blick, dass die Verbote sich nicht nur gegen die Autoren, sondern auch gegen die Herren der Zensur richten konnten, im Falle der römischen Kurie gegen den Papst. In einem solchen Zusammenhang entstand das Dekret zum Buch von Raffaele Grillenzoni.

1) Quietismus in Italien

Beobachter sahen seit den 1670er Jahren, dass kirchliche Vorschriften und Traditionen in Italien geringer geachtet wurden, auch der Empfang von Sakramenten, der seit dem Mittelalter und erneut seit dem Konzil von Trient nach den Reformationsjahren im Alltag fest verankert und reglementiert war. Weniger die Libertinen und Freizügler als vielmehr die Frommen im Lande hinterfragten oder bezweifelten insbesondere die Beichtpraxis, darunter deren Häufigkeit und die auferlegten Werke der Buße. Damit verbunden waren Zweifel und Fragen zu Einzelheiten in der Praxis, nach schweren Verfehlungen (Sünden) dürfe man ohne Beichte nicht das Sakrament der Eucharistie empfangen (Kommunion). Die religiöse Praxis in Italien löste sich von den kirchlichen Vorschriften, besonders in den Städten und bei den Männern. Der beste Kenner der Zustände seines Landes, der Jesuit Paolo Segneri († 1694), seit 1665 Volksmissionar, sah darin einen schwindenden Einfluss der Kirche auf ihre Mitglieder und auf die Gesellschaft. Entgegen der weit verbreiteten Frauenfeindlichkeit in der frühen Neuzeit („donna – danno", übersetzt etwa: die Frau, ein Unheil) setzte Segneri erstmals gerade auf die Frauen als Alliierte der Kirche. Nach Segneri sind die Frauen sozusagen an der vordersten Linie Emissäre der Kirche an der Seite der Priester, Missionarinnen zur (Wieder-)Bekehrung der Männer und zur Christianisierung der Familie, gegen die schleichende Entkirchlichung. Segneri interessierte sich für die Begründungen, mit denen man die schwindende Einschätzung der Sakramente rechtfertigte. Fromme Theologen, ja Mystiker sprachen vom Heil als reinem Gnadengeschenk, das man nicht mit Anstrengung oder guten Werken erlangen könne. Gott werde es schon einrichten, ihm solle man sich überlassen, alle Gedanken und Sinne auslöschen, befreit vom Druck der Erwartungen und Pflichten. Dieses Eintauchen in die Allmacht des Einen und des „Nichts" nannte man das Gebet der Ruhe, oratio quietis, das reine Schauen ohne Worte, ohne Gedanken und ohne Bilder.

Die Gegner gaben dieser Tendenz und ihrer Theologie den Namen Quietismus, ein polemisch gemeinter Begriff aus der Zeit Papst Innozenz' XI. Der Religionsphilosoph Leszek Kolakowski nannte die ihr Christentum, nicht aber die kirchlichen Vorschriften liebenden Quietisten „Christen ohne Kirche" (Chrétiens sans Eglise, Paris 1969): sie zerstörten nicht die Kirche oder die Kirchen, nicht einmal durch kritische Wortattacken, sie wollten die Kirche auch nicht verbessern oder verändern. Sie wollten gar keine Kirche und wanderten einfach aus, wollten aber das Christentum mitnehmen, ihr eigenes Christentum. In Rom und anderen Gegenden Italiens bildeten sich Zirkel und Konventikel, in denen nicht mehr vornehme Herkunft oder heilige Weihen, sondern nur Erfahrung auf dem Wege zur Heiligkeit und in der Mystik zählte. Frauen, sonst chancenarm ohne Privilegien des Klerus, des Adels oder der Ausbildung, fanden hier Anerkennung und soziale Bestätigung. Der Quietismus des 17. Jahrhunderts förderte einen Feminismus ante literam und einen Kult der Heiligkeit, der die bestehenden Gesellschaftsstrukturen unterlief. Diese Befreiungsbewegung der Heiligen jener Jahre galt einigen Etablierten als Libertinage, Einfallstor für Unsittlichkeit und zügellose Freizügigkeit. Anderen galt sie als Flucht aus der Welt und vor deren Verbesserung, eine Emigration aus dem Ordnungsgefüge etwa von Staat und Kirche, die sich jedoch letztlich gegen den Menschen selber richte. Zu den ersten Kritikern gehörte der erwähnte Jesuit Paolo Segneri.

Papst Innozenz XI. sympathisierte mit den einschlägigen Kreisen der zeitgenössischen Frommen. Schon vor seiner Wahl in das höchste Kirchenamt zählte dieser aus Como stammende Kardinal Benedetto Odescalchi zu den Freunden der römischen Oratorianer des heiligen Philipp Neri, um die sich die Quietisten gruppierten. Einer aus der gleichen Priestergemeinschaft, Pier Matteo Petrucci, inzwischen Bischof von Jesi in den Marken von Ancona, genoss besondere Beliebtheit, bekannt auch durch zahlreiche Frömmigkeitsbücher. Papst Innozenz XI. förderte den bekanntesten Seelenberater in der Stadt Rom, den spanischen Priester Miguel Molinos, und umgab sich mit weiteren Persönlichkeiten, die zumindest Sympathien für die Quietisten hegten. Die Konstellation innerhalb der römischen Kurie erlaubte es, dass am 26. November 1681 die Kongregation der Inquisition zwei Bücher von Jesuiten verbot, beide mit Kritik an den Quietisten. Der heute weniger bekannte Pater Gottardo Belluomo hatte über die „normalen und die mystischen Gebete" (orationi ordinarie e mistiche) geschrieben, während der zweite der Jesuiten, Paolo Segneri, den harmonischen und beide Seiten vermittelnden Titel fand: „Einmütigkeit zwischen Anstrengung und Ruhe im Gebet". Dieses Buch „Concordia fra la fatica e la quiete nell'oratione" hatte Segneri 1680 in Florenz drucken lassen, ausgestattet mit den erforderlichen Druckerlaubnissen: vom Generaloberen des Jesuitenordens, vom Erzbischof von Florenz (vertreten durch dessen Generalvikar) und vom florentinischen Inquisitor, vertreten durch dessen Generalvikar Cesare Pallavicini aus dem Orden der Franziskanerkonventualen. Der letztere hatte seine Druckerlaubnis erteilt aufgrund von zwei Fachgutachten Florentiner Theologen, deren Namen und Zustimmung zum Druck auch im veröffentlichten Buch erschienen. Die vielen absichernden Gutachten und die Approbationen geben zu verstehen, dass die römische Inquisition und deren Präfekt, der Papst, mit ihrem späteren Verbot viele Leute vor den Kopf stoßen würden und damit hätten rechnen können.

Der Papst verbot die beiden Bücher mit der Klausel „bis zur Verbesserung", also solange bestimmte Textkorrekturen fehlten. Die vorzunehmenden Korrekturen hat der Heilige Stuhl jedoch nicht vorgelegt, jedenfalls wurde nichts hierzu bekannt. Während man folglich den Namen Belluomos in den „Index der verbotenen Bücher" einfügte, unterblieb dies für Segneri. Der Papst errichtete im gleichen Verbotsdekret vom 26. November 1681 eine ansonsten unbekannte Sonderkommission des Sanctum Officium, bestehend aus drei Kardinälen und fünf Fachtheologen zur Untersuchung des Gebetes ohne Anstrengung (oratio quietis). Kein Weltkleriker war unter den Kardinälen dieser Kommission, alle stammten aus Orden: Francesco Brancati (Franziskaner), Michelangelo Ricci und Raimondo Capizucchi (beide Dominikaner), von denen mindestens die beiden ersten als stadtbekannte Sympathisanten der Quietisten und Gegner der Jesuiten galten.

Noch vor dem Verbot des Buches von Segneri hatte der Bischof von Jesi, Pier Matteo Petrucci, eine Gegenschrift veröffentlicht „Über die Betrachtung" (Della contemplazione), mit drei Auflagen 1681 und 1682, von denen die erste jedoch schon 1680 auf dem Markt war. Sogleich antwortete Segneri mit einem pseudonymen Buch gegen die „moderni quietisti" (Venedig 1681), das die römische Inquisitionskongregation am 15. Dezember 1682 verbot. Die Verfahrensakten zu diesem Buch, in dem erstmals das Wort „Quietisten" auftaucht, fehlen kurioserweise heute im römischen Archiv, außer dem Dekrettext (CL 1680–1682, Nr. 25).

2) Eine erste Wende

In den Jahren 1682 und 1683 verlor der Papst in Rom an Boden. Die vielfältigen Angriffe und Übergriffe des französischen Königs auch in Rom, denen sich der Papst entgegensetzte, dauerten an, sie gehörten zum Hegemoniebestreben Ludwigs XIV. Für diesen brachte das Jahr 1683 zwar eine Niederlage, als die türkische Belagerung Wiens, der Hauptstadt des deutschen Kaisers, wie durch ein Wunder endete. Aber das minderte nicht den französischen Druck auf den Papst, der den König von Polen und den Kaiser bei der Entsetzung von Wien unterstützt hatte. Innerhalb der Kurie hatte der scharfsinnige Jurist und spätere Kardinal Giambattista de Luca († 1683) Reformen vorgeschlagen, die ungezählte Privilegien und Gewohnheiten in den staatlichen und kirchlichen Strukturen in Frage stellten. Am bekanntesten wurde die von Innozenz XI. versuchte, aber gescheiterte Reform oder Abschaffung des Nepotismus, jenes Systems, das den Papst mit Verwandten umgab zur erhofften Festigung der eigenen Aktionsfreiheit. De Luca stellte auch Privilegien der römischen Inquisition in Frage. De Lucas Reformgedanken gehören in den Prozess der Ausbildung des neueren Staates in mehreren Ländern Europas, mit zunehmender Machtkonzentration besonders in Frankreich (Absolutismus) zuungunsten alter Vorrechte von Familien oder Korporationen. Auf das Jahr 1680 datierte der bekannte Essay von Paul Hazard vor über siebzig Jahren den Beginn der „Krise des europäischen Bewußtseins" (1935). Im Zusammenhang dieses Umbruchs und des einhergehenden Neuerungsschubes stehen die Gedanken des Prälaten und 1681 zum Kardinal erhobenen de Luca auch hinsichtlich der Privilegien der römischen Inquisition. In treffsicherer Vorausahnung künftiger Dinge sahen Kardinal Pietro Ottoboni und seine römische Gruppe in den „Reformen" des Papstes und in der Beschneidung der Sonderrechte der Inquisition eine Infragestellung dieser selber. Diese Krise der römischen Inquisition, greifbar an der Kritik des Prälaten de Luca und den Absichten des Papstes, betraf neben Ausnahmen bei gerichtlicher Zuständigkeit (für die normale Gerichtsbarkeit) für die Mitarbeiter der Inquisition auch sensible Themen wie das Waffenprivileg.

Nach einem Zwischenfall in der Toskana, wo ein Beauftragter der Inquisition von Siena wegen des Tragens von Waffen verurteilt wurde, verbot Innozenz XI. den Inquisitionsmitarbeitern im Großherzogtum von Florenz das Führen von Waffen (2. September 1682). Damit gab der Papst ein über hundertjähriges Privileg auf, zurückzuführen auf die berühmte Konstitution „Si de protegendis" Papst Pius' V. (1569), die jede Behinderung von Ermittlungen der Inquisition verbot. Entgegen aller Kritik verteidigte einer der markantesten Kardinäle der damaligen Inquisition, Francesco Albizzi († 1684), ausführlich dieses Privileg im klassischen Traktat „De inconstantia" in einem Kapitel über die bewaffneten Inquisitionsdiener („familia armata"). Albizzi zitiert zwar die Abgabenbefreiung für die familia der Inquisition, eine Art Steuerprivileg, das der Papst am 6. Juni 1682 abschaffte (Ausgabe 1683, Kap. 29, S. 248), erwähnt aber nicht, dass der Papst wenige Wochen später auch das Waffentragen in der Toskana verboten hatte und damit einen Pfeiler in der Struktur der römischen Inquisitionskongregation stürzte. In dieser formierte sich eine immer entschlossenere Opposition gegen den Papst. Das Volk spottete über den zunehmend unpopulären Papst, der in der „heiligen" Stadt Spiele und Theater verbot oder den Frauen das Dekolleté und kurze Ärmel; aber die Kardinäle der Inquisition unter der Führung ihres Sekretärs Pietro Ottoboni aus Venedig witzelten oder lachten nicht, sondern handelten. Ein zehnseitiges Schriftstück des Kardinals Albizzi („Scrittura sopra l'orazione della quiete", 12. April 1682) konstruierte einen angeblichen Stammbaum der neuen Häresie, angefangen von den mittelalterlichen Beginen über die fromme Gruppe von Santa Pelagia auf dem Gebiet der Republik Venedig um 1650, bis zu einem Brandbrief des Kardinals von Neapel, Innico Caracciolo, über die „quietisti" vom Januar 1682.

3) Vorbereitung

Im Jahre 1682 besaßen die Gegner Innozenz' XI. unter den Kardinälen der römischen Inquisition noch nicht den Mut und die Geschlossenheit zu einer konzertierten Aktion gegen den Papst und seine Freunde. Einige Kardinäle hielten diesen heiligmäßigen Nachfolger Petri für ein Unglück in Kirche und Politik, ähnlich wie die Leute auf den Straßen von Rom den frommen Innozenz XI. und seine Maßnahmen für „saubere Sitten" unerträglich fanden. Aber die Kardinäle waren kein Schattenkabinett, das offen kritisierte, sondern ein Gegenregime unter der Führung des durchsetzungsfähigen Sekretärs der Inquisition, Ottoboni, der 1689 auf den Papstthron gelangte als Alexander VIII. Jede Aktion gegen den Präfekt der eigenen Behörde brauchte freilich Umsicht und Anlaufzeit. Hilfe und Anschub kam aus der Republik Venedig, der Heimat von Ottoboni. Dort lebten die seit langem verurteilten Frommen von Santa Pelagia im Exil oder als Gefangene. Von den beiden bekanntesten, den Gebrüdern Don Marcantonio und Giovanni Agostino Recaldini, war der letztere 1682 aus der Haft der Inquisition von Treviso geflohen und wurde von staatlichen wie bischöflichen Behörden gesucht. Ohne dessen

Namen zu nennen veröffentlichten einige Bischöfe und Inquisitoren in der Republik Venedig Plakate mit Edikten und Warnungen vor nicht genau beschriebenen geistlichen Übungen. Der Kardinal von Padua, der später für seinen Eifer heiliggesprochene Gregorio Barbarigo, sowie der Inquisitor von Padua, Oliviero Tieghi, verboten für solche Gebetsgruppen Zusammenkünfte und verlangten Anzeige unter Strafe der Exkommunikation (Plakataushang Padua vom 14. November 1682, Exemplar StSt UV 38). Bei Hausdurchsuchungen wegen des geflohenen Recaldini fand man Aufzeichnungen und Briefe, die nun auch andere belasteten, darunter den Bischof von Jesi, Pier Matteo Petrucci. Von diesem verlangte die römische Inquisition am 15. Januar 1683, jeden Kontrakt zu Recaldini abzubrechen (se abstineat: Decreta 1683). Vor allem kam jetzt dieser Bischof selber wieder ins Visier der Ermittler. Aus vielen Städten sammelte man in Rom Texte und Indizien, forschte nach Kontakten, verhörte, analysierte Briefe und Aussagen. Aufmerksam beobachtete man in Rom die Publizität gerade zu Themen der Frömmigkeit und des Gebetes, darunter im laufenden Jahre 1683 zwei Bücher alleine von Petrucci in Jesi, eines des Spaniers Miguel Molinos in Rom, und im folgenden Jahr ein weiteres Buch von Petrucci. Einer der strammsten Antiquietisten, der Dominikaner Tommaso Mazza, ein erfahrener Theologe, Generalinquisitor von Genua und Bologna, seit Januar 1682 Commissarius der römischen Inquisitionskardinäle und praktisch deren Stellvertreter, meldete sich Anfang 1685 zu Wort. Seine Fähigkeiten als Schriftsteller hatte er bewiesen in einem Werk über die Goten mit zahlreichen Auflagen, zudem galt er als erfahrener Verwaltungspraktiker. Über seine kämpferische Energie sagt die Stadtgeschichte seiner Heimat Forlì in der Romagna im Jahre 1757: Mazza entdeckte die würdelose Häresie der Quietisten und löschte diese aus, auch wenn er den ihm zustehenden Lohn seiner Mühen nicht erhielt, eine Anspielung auf den Tod von Mazza 1688, ohne den Kardinalstitel zu erlangen. („scoprì, ed estinse l'indegna eresia de' Quietisti, sebbene non ottenne la mercede dovuta alle sue fatiche": I lustri, 1757, S. 156). Der Commissarius Mazza präsentierte 1685 dem Papst eine Denkschrift („Scritture") über die „oratio quietis", die voller Gefahren sei und skandalös, wenn man nichts unternehme. Besonders die Schriften des in Rom lebenden Spaniers Molinos und diejenigen des Bischofs Petrucci prangert Mazza an (StSt N 3–a, Nr. 49–50bis, 1685).

4) Der Durchbruch

Der Papst war gewarnt, aber scheint nichts Wirksames dagegen unternommen zu haben. Da schlugen die Kardinäle zu und führten am 18. Juli 1685 Molinos aus seiner Stadtwohnung ins Gefängnis des Inquisitionspalastes. Der Papst widerstand heftig, setzte sich aber nicht durch. Es folgten die mehrfach beschriebenen Prozesse gegen Molinos und einige Gleichgesinnte, im September 1687 dann die Sentenz gegen Molinos und die Abschwörung von allen Irrtümern in einer feierlichen Inszenierung, wohl der pompösesten „abiuratio" des ganzen Jahrhunderts in Rom.

Wir wissen nicht, wie der Papst im einzelnen dachte und was er unternehmen wollte. Die Inquisitionskongregation würde bei den Prozessen gegen Priester ohne hohen Rang wie Molinos nicht stehen bleiben, so ahnte er wohl. Um Bischof Petrucci vor dem Zugriff der Inquisition zu bewahren, ernannte Innozenz XI. ihn 1686 zum Kardinal. Gegen einen solch prominenten Kirchenfürsten und Schützling des Papstes, so dachte dieser, würden die Kardinäle der Inquisition doch nicht vorgehen können. Sie konnten es und verboten im Februar 1688 acht Bücher dieses Würdenträgers, wobei sie vorschrieben, dass im gedruckten „Index der verbotenen Bücher" hinter dem Namen Pier Matteo Petrucci der Titel „Kardinal" fehlen müsse, um Ehre und Würde dieses römischen Spitzen-Kollegiums nicht zu kompromittieren. Über 250 Jahre lang folgten die offiziellen Ausgaben des päpstlichen „Index" diesem Beschluss, bis zur Abschaffung der römischen Bücherverbote nach dem Zweiten Vatikanischen Konzil.

Für Innozenz XI. erarbeitete die Inquisitionskongregation feierliche Dokumente, neben dem hochpeinlichen Widerruf des Kardinals Petrucci vor allem eine Aufzählung von 68 Lehrsätzen des Molinos, die als gefährliche oder gar häretische Thesen mit päpstlicher Autorität verurteilt wurden. Der Antiquietismus, der sich gerne auf diese Liste berief, brachte viel Unruhe und Leid. Allein in Rom sollen schon 1687 rund hundert Personen verhaftet worden sein. Noch im Jahre 1724 verbrannte auf dem Scheiterhaufen in Palermo eine Ordensfrau wegen Quietismus, die Benediktinerin Schwester Geltrude Cordovana; so hatte es der Wiener Fürsterzbischof Kardinal Sigismund von Kollonitsch entschieden, zuständig als Generalinquisitor für die damals zu Österreich gehörende Insel Sizilien.

Der Durchbruch von 1685–1687 ermunterte die Antiquietisten auch zum energischen Vorgehen im toskanischen Siena. Aus dieser Stadt stammte Kardinal Flavio Chigi, Mitglied der römischen Inquisitionskongregation und Gegner Innozenz' XI., angesehenes Mitglied jenes Fürstenhauses, aus dem wenige Jahrzehnte vorher Papst Alexander VII. hervorgegangen war. Die Nachrichten aus Siena beunruhigten den Kurienkardinal Chigi, er hielt den Inquisitor von Siena, Modesto Paoletti, für ungeeignet und sorgte für seine Absetzung. Ermutigt durch die Erfolge der Antiquietisten in Rom erreichte Chigi, dass der Generalvikar der Inquisition von Florenz als Sonderkommissar zur Aufspürung des Quietismus nach Siena abgeordnet würde (Dezember 1687, Ankunft erst Anfang 1688). Damit errichtete die römische Kongregation neben der offiziellen Inquisition, deren Leiter Paoletti dem Kardinal Chigi nicht zuverlässig erschien, sozusagen eine Parallel-Inquisition. Dieser für die Inquisitionsgeschichte im Italien der Neuzeit einzigartige Vorgang stellte nicht nur eine Ohrfeige für den Sieneser Inquisitor Paoletti dar, der wenige Monate später tatsächlich abgesetzt wurde (28. April 1688), sondern war auch ein Zeichen für die erstarkte neue Mehrheit der mächtigen Kardinäle Ottobini, Chigi, Federico Baldeschi-Colonna und der anderen Antiquietisten in der römischen Inquisition. Der Kommissar, Pater Cesare Pallavicini, blieb nicht lange in Siena, und wurde im August 1688 zum Inquisitor von Pisa befördert.

Die antiquietistischen Aktivitäten in Siena besonders ab 1687 zeigen die bedeutende Rolle vor allem des Kardinals F. Chigi, über den bislang recht wenig bekannt war. Unermütlich sorgte er für Eingriffe in Siena und führte Regie in Rom für alles, was mit den toskanischen Quietisten zusammenhing. Als Kardinal-Protektor der Franziskaner-Konventualen kümmerte er sich intensiv um diesen Orden, bis hin zur Einflussnahme auf personelle Entscheidungen der Franziskaner. Seinen persönlichen Berater und Fachtheologen, den Franziskanerkonventualen Giovanni Damasceno Bragaldi, schätzte und förderte er nach Kräften. Dieser wurde später bei der Inquisition eine der einflussreichsten römischen Persönlichkeiten dieses Ordens im ganzen Jahrhundert. Unter den Fachtheologen zählt er zu den wichtigsten Gegnern der Quietisten, in politischen Fragen gehörte er, wie allgemein die Antiquietisten, im bekannten Widerstreit der Höfe von Madrid und von Paris in der italienischen Poltik zu den Anhängern der profranzösischen Partei. Bragaldi half seinem Dienstherren Chigi auch durch Reisen nach Siena, mit einschlägigen Vollmachten etwa bei Hausdurchsuchungen und Mitnahme von Unterlagen, besonders in Klöstern. In die Hände von Bragaldi gelangte später das Buch von Grillenzoni, wie sich zeigen wird.

5) Die Anzeige gegen Grillenzoni

Im Juli 1688, bevor der erwähnte Generalvikar Pallavicini der Florentiner Inquisition seine Sondermission in Siena im nächsten Monat beendete, sandte er an die römische Kongregation der Inquisition ein Buch des Dominikaners Grillenzoni. In dieser Schrift habe er gefährliche Sätze gelesen, ähnlich den veruteilten Lehren des im Vorjahr veruteilten Miguel Molinos. Noch habe der bereits ernannte (5. Mai 1688) Nachfolger des abgesetzten sienesischen Inquisitors M. Paoletti, Pater Serafino Gottarelli, seine Stelle nicht angetreten; so teilte Pallavicini der Kongregation mit und erbat eine Prüfung des Buches. Dem Commissarius Pallavicini gelingt in seinem Schreiben eine einmalige Wortprägung, die das römische Sanctum Officium zwar nicht unfehlbar nennt, aber dieses Amt befinde sich so geradlinig auf dem Weg des rechten Glaubens (Orthodoxie) und mit der richtigen Sichtweise, dass es niemals seitlich blickt (oblique) und nur geradeaus: das Auge der Inquisition kann man nicht ablenken, und es bleibt unbeirrbar, inobliquibile.

Wir wissen nicht, wie das zwölf Jahre alte Buch an Pallavicini gelangte und welche Umstände mitspielten, als dieser die Anzeige schrieb. Wir wissen auch nur wenig über die Herkunft, Studien und Interessen dieses Inquisitors. Aus Mailand stammend gehörte er wohl zu einer der weitverzweigten Adelsfamilien der marchesi Pallavicini im Gebiet zwischen Lombardei und dem Herzogtum Parma, kaum aber zur Gruppe der Adeligen gleichen Namens in Genua. Nach dem Eintritt in den Orden der Franziskanerkonventualen wurde er Professor für Philosophie und Theologie (Lektor) in verschiedenen Ordenskollegien, darunter in Florenz. 1674 ernannte ihn der dortige Inquisitor, Pater Francesco Antonio Triviero, ebenfalls Franziskaner und aus einem Mailänder Adelshaus stammend, zum Kanzler (Notar) der Inquisition von Florenz. Der gleiche Inquisitor beförderte seinen Schützling 1678 zum Generalvikar der Inquisition von Florenz mit weitgehenden Befugnissen. So erteilte Pallavincini als Vicarius der Inquisition 1680 die Druckerlaubnis für das in Florenz gedruckte Werk „Concordia" des Jesuiten Paolo Segneri, eine nach Routine aussehende Amtshandlung, wovon noch die Rede sein wird. Anfang 1688 kam Pallavicini von Florenz nach Siena, behielt aber den Titel eines Generalvikars der Inquisition von Florenz, mit dem Sonderauftrag eines „Kommissars" für die Quietisten in Siena. Am 18. August 1688 beförderte die römische Inquisition ihn zum Inquisitor von Pisa, von wo er auf eigenen Wunsch am 17. September 1701 als Inquisitor nach Siena versetzt wurde. Dort starb er am 26. Mai 1706. Nur bei wenigen bekannt gewordenen Begebenheiten der Inquisition erscheint bisher der Name von Pallavicini, so etwa 1681 in Pisa, als er über die jüdischen Ärzte klagte, die christliche Kranke behandeln, wonach die römische Kongregation der Inquisition sofort die einschlägigen alten Verbote hierzu bestätigte.

Das Verbot des Buches „Concordia" von Segneri 1681 war geeignet, Pallavicini empfindlich zu schädigen. Nach einigen Jahren als Generalvikar der Inquisition von Florenz stand die Beförderung zum Inquisitor in einer der italienischen Städte an. Die Approbation, die Pallavicini für jenes Buch gezeichnet hatte, ließ sich leicht gegen diesen verwenden, sei es von Neidern, Konkurrenten oder Gegnern, um eine Beförderung zu verhindern. Wenn er es nicht schon war, das Dekret von 1681 gegen Segneri brachte Pallavicini vollends ins Lager der Antiquietisten.

Dort setzten gleich nach dem Inquisitionsdekret gegen Segneri beeindruckende Bemühungen ein, um diesen Beschluss des Papstes zu obstruieren. Die interessierte Partei erreichte, dass der offizielle päpstliche „Index der verbotenen Bücher" das Verbot der „Concordia" von Segneri nicht bekannt gab. Um zu zeigen, wie die päpstlichen „Index"-Ausgaben durch politische Eingriffe, Machenschaften oder Nachlässigkeit durchaus ihre Angaben verändern, schönen oder verfälschen konnten, entgegen den offiziellen Beteuerungen, entstand um 1980 das Projekt, die einschlägigen römischen Plakataushänge systematisch zu sammeln. Auf diesen verkündeten die päpstlichen Instanzen ihre Maßnahmen zum Druck- und Buchwesen, mit auffällig vielen anderslautenden Angaben als im später in Buchform gedruckten „Index". Gut 800 verschiedene Drucke solcher Erlasse, in Rom damals genannt „bandi" (Aushänge), hat der Schreiber dieser Zeilen in einigen tausend Exemplaren damals gesammelt und meist kopiert, darunter auch den Druck zum Bücherverbot der Inquisition von 1681, in welchem diese das Verbot der beiden Bücher der Jesuiten Belluomo und Segneri veröffentlichte. Im Rahmen des erwähnten Projektes konnten seiner Zeit außerhalb des Archivs der Kongregation für die Glaubenslehre, das damals nicht zugänglich war, für das gedruckte Inquisitionsdekret vom 26. November 1681, veröffentlicht am 2. Dezember, insgesamt zehn Exemplare aufgefunden werden. Von diesen besitzen die Vatikanbibliothek und das Vatikanarchiv insgesamt fünf Exemplare, zwei das Staatsarchiv Rom sowie je eines zwei römische Staatsbibliotheken (Bibl. Nazionale, Casanatense) und die British Library in London. Die Entdeckungen des erwähnten Projektes illustrieren, dass der Plakataushang mit dem Verbot des Buches von Segneri recht gut verbreitet war, und dokumentieren eindeutig dessen Veröffentlichung. Es bedurfte vieler Mühen und politischer Winkelzüge, um das öffentlich und rechtskräftig verkündete Verbot des Buches „Concordia" in den offiziellen päpstlichen Index-Ausgaben zu verschweigen. Dies gelang, was hier nicht zu vertiefen ist, als offensichtliche Gegensteuerung zur Politik des Papstes Innozenz XI. Pater Pallavicini war, neben dem verurteilten Buchautor Segneri, direkt betroffen, denn er hatte die kirchliche Druckerlaubnis unterzeichnet. Pallavicini übersah die angeblichen Verstöße Segneris gegen die

Glaubenslehren doch wohl wegen seiner mangelnden Zuverlässigkeit: dieser Schluss, selbst wenn er nicht stimmte, genügte als Gerede, um Pallavicini am Weiterkommen zu hindern. Freunde kamen zu Hilfe, in erster Linie Kardinal Chigi, der Protektor des Ordens und intime Kenner der Franziskanerkonventualen. Er fand für den nach Beförderung suchenden Pallavicini, für den noch Anfang 1688 die versuchte Ernennung zum Provinzialoberen für Mailand scheiterte, den Ausweg: Anfang 1688 kam Pallavicini mit dem in der Inquisitionsgeschichte einmaligen Titel eines „Commissarius für die Untersuchung des Quietismus in Siena" in diese Stadt, unter Beibehaltung seines offiziellen Titels als Generalvikar der Inquisition von Florenz. Dies bedeutete für Pallavicini keine Beförderung, sondern eher eine Schleife im Fortkommen, aber immerhin eine Chance, neue Verdienste zu erwerben. Die Erfolge der Nachforschungen Pallavicinis in Siena kennt man noch nicht. Dieser kam freilich in den nur wenigen Monaten (Frühjahr bis August 1688) nur zäh voran bei seinen Verhören und Ermittlungen. Seine wirksamste Aktion in Siena unternahm Pallavicini durch die beschriebene Anzeige gegen das Buch von Grillenzoni, die in Rom zügig mit Erfolg gekrönt wurde. Pallavicini hatte sicheres Gespür gezeigt für ein Buch mit verdächtigen Sätzen, und die römische Verurteilung sollte ihm Recht geben und indirekt den Vorwurf dementieren, er habe im Falle von Segneris Buch schwerwiegende Irrtümer übersehen.

Kein bekanntes Faktum berechtigt zu der Annahme, Pallavicini habe gegen Innozenz XI. intrigieren oder Rache nehmen wollen für die Indizierung des von ihm approbierten Buches von Segneri. Als überzeugter Antiquietist gab er sein „Imprimatur" für das Buch des Antiquietisten Segneri, und als ebensolcher, inzwischen bestärkt durch die feierliche Verurteilung des Quietisten Molinos, unterbreitete er das Buch von Grillenzoni der Inquisition in Rom zur Prüfung. Pallacinis Anzeige gegen das Buch betraf keinen Jesuiten, für deren Orden er also nicht den Anschein erweckte, nachhaken oder zurückschlagen zu wollen. In Pallavicinis Brief nach Rom ging es vielmehr um einen Autor aus dem Dominikanerorden, der traditionell in Rivalität zum Orden der Jesuiten stand, die sich beide auf jeweils unterschiedliche christliche Traditionen stützten.

6) Der Verfahrensbeginn in Rom

Eine Woche später beschlossen die Kardinäle der Inquisitionskongregation, das von Pallavicini übersandte Buch untersuchen zu lassen (CL 1688–1689, Blatt 143v). Den Gutachter, so heißt es im gleichen Dekret vom 13. Juli 1688, solle der Commissarius der Kongregation bestimmen. Dies war der bereits erwähnte Dominikaner Tommaso Mazza, ein seit Jahrzehnten aktiver Antiquietist und erfahrener Kurialer. Aber den Gutachter konnte Pater Mazza nicht bestimmen; er verstarb zwei Tage später.

Pallavicini und die in Rom mit der Anzeige befassten Personen wussten offenbar wenig vom Verfasser des eingesandten Buches, einem Dominikaner, wie es schon auf dem Titelblatt hieß. In den bisher aufgefundenen Quellen gibt niemand von den Beteiligten des Jahres 1688 zu erkennen, irgendeine Information zur Person von Grillenzoni zu besitzen oder danach zu fragen. Möglicherweise wusste man nichts von Grillenzonis Tätigkeit und von seinen Schriften, wo er lebte und ob er eventuell verstorben war, und wenn jemand etwas über ihn erfahren haben sollte, so wurde es in den offiziellen Unterlagen geschickt verschwiegen und fand dort jedenfalls keinen Niederschlag.

Grillenzoni stammte aus dem Patriziermilieu der Stadt Carpi bei Modena, aus dem mehrere Akademiker und Schriftsteller des 16. bis 18. Jahrhunderts erwähnt werden. Die Eltern, Melchiorre Grillenzoni und Caterina Coccapani in Bologna, beide aus Carpi, wohnten wohl schon in Bologna, als dort ihr Sohn auf den Namen Ludovico getauft wurde, vielleicht in den Jahren 1570 bis 1575. Später nannte man diesen nicht „Raffaele da Carpi", sondern immer „aus Bologna" (Bononiensis), wo er aufwuchs. Ein Autor gibt an, Grillenzoni sei in einem Ort „bei" Bologna geboren, vielleicht ein Hinweis auf Carpi, das freilich nicht nahe bei, sondern rund fünfzig Kilometer entfernt nordwestlich von Bologna liegt. Über die Jugend des späteren Dominikaners weiß man fast nichts, auch nicht über familiäre Verbindungen etwa zu dem Bischof Paolo Coccapani († 1597) und dem gleichnamigen Paolo Coccapani († 1650), Bischof von Reggio Emilia bei Modena. Zu den Studienjahren fehlen noch Nachrichten. Aber in einer späteren Druckerlaubnis für einen Kommentar zu Thomas von Aquin aus dem Jahre 1627 unterzeichnete Grillenzoni mit dem Vermerk, er approbiere das Werk des Inquisitors und Dominikaners Gian Paolo Nazari († 1641), der „mein Lehrer" (praeceptor meus) war. Demnach studierte Grillenzoni am Dominikanerstudium in Bologna, nachdem er dort in den Konvent San Domenico eingetreten war und für seinen Taufnamen den Ordensnamen Raffaele angenommen hatte. Wahrscheinlich wurde er Lektor und Professor für Philosophie und Theologie in Ordenskonventen der Ordensprovinz Lombardei (genannt „utriusque Lombardiae"). Zu einem noch unbekannten Zeitpunkt kam er als Lektor in den Dominikanerkonvent von Imola, etwa fünfzig Kilometer östlich von Bologna. Dort wird er am 19. Juni 1604 erstmals erwähnt als Vicarius der Inquisition von Imola. Diese Stadt gehörte zum Sprengel der Inquisition von Forlì, und Grillenzoni dürfte Außenvikar (vicarius foraneus) des Inquisitors von Forlì in Imola gewesen sein, neben seiner Rolle als Lektor im dortigen Konvent. Letzteres Amt dauerte üblicherweise zwölf Jahre, in denen der Lektor alle Einzelfächer (Philosophie, Theologie) nacheinander mit seinen Studenten durchnahm. Nach zwölf Jahren, wahrscheinlich 1616, erhielt er den Titel „Magister theologiae". Am 6. Februar 1620 erwählten ihn die römischen Kardinalinquisitoren zum Inquisitor von Crema (Decreta 1620, S. 54). Diese Stelle hat Grillenzoni offenbar nie angetreten, vielleicht wegen des schwelenden Konfliktes zwischen Venedig und dem Heiligen Stuhl seit dem Interdikt des Papstes von 1606 über die Lagunenrepublik, und am 23. Juni 1620 ernannten die gleichen römischen Kardinäle einen anderen Inquisitor in Crema (Giovanni Paolo Fieschi: Decreta 1620, S. 230). Ohne dass wir Genaueres über die Hintergründe und über die nächsten Jahre wüssten, findet man am 27. Juli 1628 seine Ernennung zum Inquisitor von Rimini (Decreta 1628, Blatt 128v). Bei dieser Gelegenheit machte die Kongregation dem neu ernannten Grillenzoni eine ungewöhnliche Auflage, er solle nämlich eine Liste der Mitarbeiter (familiares) der Inquisition von Rimini einsenden, denen der frühere Inquisitor auch die Erlaubnis zum Waffentragen erteilt hätte. Der Vorgänger, Pietro Angelo Santinelli (Sancinelli) OP, war am gleichen Tag des 27. Juli 1628 vom Papst abgesetzt worden, vermutlich im Zusammenhang mit Klagen über die Vergabe von zu vielen Sondererlaubnissen (Privilegien) für den Kreis der Freunde und Förderer der Inquisition von Rimini (familiares). In Rimini blieb Grillenzoni ein Jahr, bis zu seiner Versetzung als Inquisitor von Como am 2. Mai 1629 (Decreta 1629, Bl. 82). Nach zweieinhalb Jahren trat er zurück, die Annahme des Rücktrittsgesuches erfolgte in Rom am 21. Juli 1632 (Decreta 1632, Bl. 112), aber wir wissen nicht, wo und in welcher Tätigkeit er sich in den folgenden Jahren aufhielt. Im Jahre 1641 begegnet er als Prior von San Domenico in Bologna, des damals wohl bedeutendsten Dominikanerkonventes in Italien, und 1644 wählte ihn das Provinzialkapitel in Bologna zum Provinzprior der Ordensprovinz Lombardei, bevor er im gleichen Jahr starb.

Grillenzoni veröffentlichte einige Schriften, von denen eine seiner Erfahrung als Leiter in Ordenshäusern entsprang: „Handbuch für Richter von Ordensleuten" (Manuale iudicum religiosorum, Bologna 1641, Nachdruck 1655, 114 Seiten), mit Handreichungen zur Rechtsfindung beim Streit mit Ordensmitgliedern. Seine sonstigen Schriften kann man zur erbaulichen Literatur zählen. 1635 erschien in Bologna sein anonymes Heftchen von 34 Seiten mit Anleitungen für einen Verein (compagnia), eine Art Bruderschaft zur Hilfe für Sterbende (agonizzanti). Im Jahre 1642 folgten „Worte des sterbenden Jesus am Kreuze an die ihn verehrende Seele" (Colloquio di Giesù Christo agonizzante in croce all'anima divota, 67 Seiten) und 1644 eine fromme Lebensbeschreibung des seligen Mönches und Kardinals Nicolò Albergati (61 Seiten). Im letzten Lebensjahr erschien „Kummer (oder: Betrübnis) der gottesfürchtigen Seele, wie man sie tröstet und ihr hilft. Wege, um eine an Skrupeln erkrankte Seele zu heilen" (Affanni dell'anima timorata co' suoi conforti et rimedij. Aggiuntovi il metodo per risanare una anima inferma di scrupoli", Bologna, Giov. Batt. Ferroni, 1644, 284 Seiten). In dem frommen Text geht es wie bei einem Seelenarzt um Gewissensbisse, Angst vor Sündenlast, immer wiederkehrende Hinterfragung auch alter Erlebnisse, immer neues Aufreißen halb verheilter seelischer Wunden, Furcht vor unwürdigem Empfang der Kommunion, und viele andere Nöte. Besorgte „Seelen" will Grillenzoni beruhigen, besonders wegen bereits in der Beichte erklärter Sünden. Beim heutigen Leser entsteht der Eindruck, der Autor wolle die verängstigen „Seelen" beschwichtigen, nicht um Fragen oder Probleme zu verdecken, sondern er wolle wirklich helfen, stehe aber ohnmächtig vor einem ihm häufig begegnenden Phänomen. Dabei fallen tatsächlich Ausdrücke wie „Gott vergisst" und andere anthropomorphe Wendungen, die einige Leser als unerlaubte Übertragung menschlicher Verhaltensweisen auf den unendlich anderen Gott ansehen konnten. Eine neue Auflage dieses Buches erschien 1675 in Macerata, eine weitere 1676 in Venedig.

Die Frage nach den Auflagen dieses Buches sollte eine gewisse Bedeutung erlangen. Noch niemand ist dem Verfahren gegen Grillenzoni nachgegangen, aber soweit die Frage bisher auftauchte, spricht man in der modernen Literatur von dem Druck in Macerata als der fraglichen Auflage (Bujanda, Malena, Zito). Diese Ausgabe besaß eine förmliche kirchliche Druckerlaubnis des Bischofs von Macerata (Marken) durch dessen Generalvikar, ein Neu-Imprimatur (Reimprimatur), nachdem schon die erste Auflage in Bologna von 1644 ausreichende Erlaubnisse vorwies, jeweils durch die Beauftragten des Ortsbischofs Kardinal Girolamo Colonna, der Mitglied der römischen Inquisition war, und des Inquisitors von Bologna, Prospero Bagarotti OP. In der Ausgabe von Macerata 1675 unterzeichneten neben zwei Revisoren und Fachtheologen auch der Vicarius der Inquisition von Macerata, also der Beauftragte des Inquisitors der Marken in Ancona. Die Auflage von Venedig 1676 trug jedoch kein eigenes Imprimatur. Noch konnte kein Exemplar dieses venezianischen Druckes nachgewiesen werden, wohl ein Beispiel, das die verheerenden Folgen der päpstlichen Bücherverbote für das materielle Weiterbestehen ungezählter Buchdrucke illustriert. Diese Folgen betreffen besonders die Erbauungsliteratur mit einer Galaxie von Heftchen, Sterndeutungen oder Ablasszetteln, deren Besitzer und Leser sich im Gewissen verpflichtet sahen, den Vorschriften entsprechend die Bücher und Drucke beim Inquisitor abzugeben oder zu vernichteten. Vielleicht fand ein solches Buch von Grillenzoni, das abgeliefert oder eingezogen wurde, seinen Weg in die Bibliothek der römischen Inquisition. Deren Bestand wies früher tatsächlich ein Exemplar jener „Affanni" von Grillenzoni nach, Auflage Macerata 1675, das heute in der Vatikanischen Bibliothek aufbewahrt wird, Bestand S. Offizio (Nr. 289; ein weiteres Exemplar dieser Bibliothek: RG Teol. VII 36). Dieser Druck von 1675 war jedoch nicht Gegenstand des Verfahrens von 1688.

Das Buch aus Venedig lag in Rom zunächst wohl bei dem Dominikaner Antonio Leoni, socius (Assistent) des Commissarius Mazza. Es dauerte noch über vier Monate, bis für diesen im Juli verstorbenen Commissarius der Nachfolger die Stelle antrat, Tommaso Maria Bosi. Für die Zwischenzeit amtierte der Assistent von Mazza als zeitweiliger Vertreter, ab 21. Juli 1688 mit dem Titel eines Pro-Commissarius. Schon ab dem 2. Juni war Leoni Bevollmächtigter des schwer erkrankten Commissarius Mazza, den man darum auf die historische Sommervilla der Dominikaner in San Pastore bei Palestrina östlich von Rom brachte. A. Leoni († 1710), später Inquisitor in mehreren Städten, war fünf Jahre lang Assistent von Mazza gewesen und im Juni 1688 zum Inquisitor von Ferrara ernannt worden. Den Antritt dieser Stelle verschob man jedoch wegen der Krankheit von Mazza und wegen der Vertretungsrolle des Pro-Commissarius Leoni innerhalb der Inquisitionskongregation. Im Jahre 1710 veröffentlichte Leoni ein einzigartiges Buch „Sammlung" (Raccolta), in dem auch viele von den römischen Behörden nicht ausdrücklich untersagte Schriften „verboten" wurden. Unter diesen befinden sich Hunderte von „geistlichen" Büchern, Gebeten und Frömmigkeitstexten, eine Fundgrube für jeden Erforscher von nicht oder kaum bekannten Drucken des 17. Jahrhunderts. Pater Leoni sagte mit seinem privaten Index der verbotenen Bücher das, was andere hinter vorgehaltener Hand erzählten: der offizielle römische Index der verbotenen Bücher ist zu unvollständig und geht an der Realität vorbei. Die gebildeten Prälaten und Theologen in Rom nehmen zwar Büchertexte ernst, die Theorien oder Polemiken verbreiten oder die „würdig" sind, wahrgenommen und verboten zu werden, sie übersehen aber oder verachten gar das Meer von populären Frömmigkeitstexten und Blättchen und vor allem die beliebten Devotionsbildchen und sonstige Bilderdrucke. Pater Leonis Index wollte in den Alltag des Volkes blicken, in seine Vorliebe und Gewohnheiten, mit indirekter Kritik an den Buchzensoren der römischen

Inquisition und der Indexkongregation mit deren Neigung zu „gebildeten" Buchzensuren und ihrer Abneigung gegenüber der tatsächlich konsumierten Druckproduktion auch auf religiösem Gebiet. In diesem Sinne schaute der Index des Paters Leoni dem Volk auf das Maul mit einer bis heute nicht erforschten Menge von Titeln und Angaben „verbotener" Drucke. In gewolltem Gegensatz zum römischen Index der verbotenen Bücher bietet Leoni einen privaten Index verbotener Bücher (Texte) und verbotener Bilder.

Auffallend viele der in Leonis „Sammlung" genannten Frömmigkeitstitel kann man dem breiten, wenn auch unbestimmten Themenfeld „Quietismus" zuordnen. Seine „Kurze Sammlung einiger verbotener geistlicher Schriftchen […] und unzüchtiger Bilder", zunächst 140 Seiten stark (Bologna 1710), zuletzt mit 238 Seiten Umfang, erweist Leoni als gelehrigen Schüler des profilierten Antiquietisten Tommaso Mazza. Pater Leoni wurde Akteur und Zeuge bei den römischen Verfahren von 1688 und bringt in seinem privaten „Index" die zuverlässigen Verlagsangaben des Buches von Grillenzoni (Auflage Pavia 1722, S. 7: „Grinenzoni") zur Auflage Venedig, die man in jüngeren Publikationen vergeblich sucht.

7) Das Gutachten von Bragaldi

Der von Leoni benannte Gutachter war der bereits erwähnte Franziskaner-Konventuale Giovanni Damasceno Bragaldi. In einer für die üblichen Bücherzensuren relativ kurzen Zeit von sechs Wochen war das Gutachten von Bragaldi kopiert und vortragsreif für die Versammlung der Kardinäle am 1. September 1688. Gleichzeitig arbeitete Bragaldi an einem zweiten Gutachten für die römische Inquisitionskongregation, ebenfalls zu einem Druckwerk. Es handelt sich um ein anonymes Büchlein aus Lyon mit dem Titel „Enchiridion" mit Bußpsalmen und Gebeten in lateinischer Sprache von 1619, von dem sich noch kein Exemplar fand. Es gehört wohl zur so genannten Erbauungsliteratur und wurde wie Grillenzonis Buch am 1. September 1688 Gegenstand des Dekretes der Inquisition.

Wie angedeutet, war Bragaldi Vertrauter des Kardinals Flavio Chigi bei dessen antiquietistischen Aktivitäten in Siena. Bragaldi stammte aus kleinen Verhältnissen in der Stadt Castel Bolognese in der Romagna, dort geboren 1664, wurde 1694 Qualifikator der Kongregation der Inquisition und 1696 deren Konsultor. Nach dem Tod seines Förderers Kardinal Chigi (1693) ernannte ihn Kardinal Pietro Ottoboni zu seinem persönlichen Referenten als „adjutor studiorum". In den Auseinandersetzungen besonders um den Jansenismus wurde Bragaldi eine bedeutende Persönlichkeit in der römischen Kurie der Jahrzehnte um 1700. Vergleichbares gilt für seine Aktivitäten gegen die Quietisten; in jungen Jahren arbeitete er schon mit bei der Verurteilung der Werke des Kardinals Petrucci 1688. Innerhalb des Ordens der Franziskaner-Konventualen, den damals viele innere Konflikte politischer, disziplinärer und finanzieller Art in Schwierigkeiten brachten, stand Bragaldi wiederholt in Auseinandersetzung mit seinen Vorgesetzten und Ordensbrüdern, wobei es meist um die vermeintlichen oder wirklichen Vorrechte und Ausnahmeregelungen ging, die der Qualifikator und Konsultor der Inquisition für sich im Kloster beanspruchte. Im Jahre 1712 schließlich soll der Papst ihn zum Kardinal „in pectore" (in petto) kreiert haben, ohne dies öffentlich zu erklären; denn, so erinnert sich der Ordenshistoriker Pater Nicolò Papini im 18. Jahrhundert, im letzten Augenblick verhinderte der spanische Botschafter beim Papst die Publikation dieser Ernennung. Bragaldi jedoch hatte fest mit ihr gerechnet und war wie vom Blitz getroffen, als sein Name auf der Liste fehlte. Er fiel rückwärts mit dem Stuhl um, floh wie von Sinnen aus dem Kloster und war über einen Monat krank: ceu fulmen percussit: cecidit una cum sella retrorsum, veluti demens aufugit e coenobio, aegrotavit mense et amplius (Ausgabe 1933, S. 252). Bragaldi verstarb als Professor der Universität La Sapienza von Rom am 26. August 1715, im Alter von 51 Jahren, ohne zu den „maiores honores" gelangt zu sein, womit man auf die Ehre des Kardinalates anspielte.

Seinen späteren Ruf als Fachmann besaß Bragaldi im Jahre 1688 noch nicht, als man ihn beauftragte, das Gutachten über das Buch von Grillenzoni zu schreiben. Damals war Bragaldi soeben 24 Jahre alt und im Studium. Vielleicht hatte er schon vor ein paar Wochen die Priesterweihe erhalten. Seinem Förderer Kardinal Chigi hatten die Ordensoberen ihn im Vorjahr benannt, als dieser einen fleißigen jungen Mann oder den besten aus dem obersten Studienkurs des Franziskanerstudiums San Bonaventura suchte, der ihm bei der Aktenarbeit helfe. Diese betraf besonders die Geheimunterlagen der römischen Inquisition, die Chigi für die Sitzungen studieren und kennen sollte und für die Bragaldi nun die Sondererlaubnis erhielt, diese einsehen zu dürfen. Am 15. Mai 1687 leistete er, damals 23 Jahre alt, den entsprechenden Eid bei der römischen Kongregation zu vollständiger Verschwiegenheit. Bei dieser Gelegenheit wird Bragaldi „scriptor" genannt, also beauftragt mit Schreibarbeiten, eine Untertreibung angesichts der tatsächlichen Tätigkeit, die er für die Kongregation und für seinen Beschützer Kardinal Chigi ausübte. Noch im Studium befindlich (der akademische Abschluss als doctor ist auf den 15. Mai 1689 datiert) und vielleicht noch ohne Priesterweihe, besaß Bragaldi damals noch nicht die spätere Erfahrung als Gutachter, und seine frühen Bearbeitungen für Kardinal Chigi und die Kongregation könnte man als Schülerarbeit bezeichnen.

Das Gutachten zum Buch von Grillenzoni – im folgenden Anhang erstmals veröffentlicht, mit einer deutschen Zusammenfassung – ist ohne Datum, aber datierbar auf den Monat August 1688. Bragaldi erwähnt nicht die früheren Ausgaben des Buches, sondern nur jene des Jahres 1676 aus Venedig, und bemerkt, dass eine Druckerlaubnis fehle. Er verzichtet jedoch auf weitere Fragen oder Vorschläge zu diesem Thema, etwa bezüglich einer denkbaren Rückfrage in Venedig beim dortigen Patriarchen oder beim Nuntius. Zur Stellung des Verfassers Raffaele Grillenzoni gibt das Gutachten nichts an, außer dass er laut Titelangabe Dominikaner sei. Nirgends findet man eine Andeutung, man könne etwa die Zuständigen im Dominikanerorden informieren oder befragen, oder man könne dem Autor die vorgefundenen Fehler und Irrtümer vorlegen zwecks Erklärung oder Berichtigung. Dass der Autor schon verstorben war, wird der Gutachter nicht gewusst haben, aber falls doch, so erwähnte er dies mit keiner Anspielung. Das Gutachten skizziert in lateinischer Sprache auf vier handschriftlichen Seiten nicht den Inhalt oder den Plan des Buches, um wenigstens die Absicht des Verfassers vorzustellen und zu diskutieren, ob dieser vom eigenen Vorhaben vielleicht abkam. Der Gutachter sagt auch nichts zum Stil des Buches, das ohne fachwissenschaftliche Terminologie in einfacher Sprache wie ungezählte vergleichbare Beispiele aus der Ratgeber-Literatur nach dem Motto „man nehme, man vermeide" anleiten will bei praktischen Fragen, hier bei religiösen Gewissensnöten.

Gleich die erste Feststellung des Gutachtens lautet: in diesem Buch befinden sich mehrere Aussagen (Sätze), die der Zensur würdig sind. Diese unterwerfe der Autor freilich laut Vorwort dem Urteil der Kirche. An dieser Stelle folgt unmittelbar ein italienisches Zitat, entnommen dem Buch von Grillenzoni: „Gott erinnert sich nicht mehr der bereits gebeichteten und verabscheuten Sünden, denn wir haben einen Gott der Gegenwart und nicht der Zukunft". Daraus folge klar, heißt es sofort, dass Grillenzoni das unendliche Wissen Gottes in Frage stelle. Der kritische Gutachter Bragaldi meint wohl, Gott könne nicht vergessen und auch in der Zukunft Vergangenes nachhalten. Zum Beweis beruft er sich auf das Alte Testament und den Hebräerbrief, wonach Gott von Ewigkeit her und für immer alles wisse. Etwa ein Dutzend ähnlicher Sätze nimmt sich das Gutachten vor und beurteilt diese je nach Grad der Falschheit meist als „verwegen", „ärgerniserregend" oder „gefährlich". Zweimal wird ausdrücklich auf die jüngste römische Verurteilung verwiesen, die im Vorjahr die berühmten Sätze des Miguel Molinos betraf (1687). Dies ist wenigstens für den Leser ein Hinweis darauf, dass der Autor Grillenzoni einige gleiche oder ähnlich falsche Lehren wie der jüngste Ketzer vertrete, eben Molinos. Einmal erklärt der Gutachter ausdrücklich, dass er in dem Buch eine Häresie auffand, dass es sich also nicht mehr bloß um gefährliche oder anstößige Sätze handele, sondern um eine Irrlehre (Ketzerei). Das schwerwiegende Urteil gilt einer italienischen Aussage des Grillenzoni: „Das wahre Gebet bewirkt im Innern und Äußern große Veränderungen und macht sogar den Beter sündenlos (impeccabile), wenn es wirkliches Gebet ist". Diese Aussage sei die Häresie der Beginen und Begarden, so erklärt Bragaldi, die man auf dem Konzil von Vienne unter Papst Clemens V. verurteilt hatte. Dieses Urteil des Jahres 1312 galt der angeblichen Lehre, nach welcher der Mensch eine solche Vollkommenheit erlangen könne, dass er sündenlos werde, impeccabilis. Aber die anderen ähnlichen Sätze im fraglichen Buch aufzuzählen, sei zu lang, so erklärt der Gutachter gegen Ende und schließt, das Buch sei zu verbieten.

Rund zwei Dutzend Mal zitiert oder erwähnt das Gutachten Stellen aus der Bibel oder aus Lehramtsentscheidungen und aus Werken mittelalterlicher oder späterer Autoren. Wenn man davon ausgeht, dass Bragaldi von seiten des Ordens nur als der beste aus dem Studienkurs an Kardinal Chigi empfohlen wurde, dann beweist das Gutachten zu Grillenzoni den guten Blick seiner Vorgesetzten für diesen belesenen und zitierfreudigen jungen Mann. Er hatte sich zweifellos gut vorbereitet, vielleicht fand er einen Mentor, der ihn begleitete mit Hinweisen. Hier darf man an den Franziskanerkonventualen und späteren (1697) Bischof Lorenzo Fabri († 1709) denken, langjähriger Generalprokurator des Ordens, Regens des Collegium S. Bonaventura, an dem Bragaldi studierte, Konsultor der Inquisition und mehrfach erprobter Antiquietist. Auf ihn oder andere Mithelfer mögen einige der Zitate oder erwähnten Autoren im Gutachten von Bragaldi zurückgehen. Besonders findet man solche in den umfangreichen geheimen Vorbereitungspapieren der römischen

Inquisition für die Verurteilung von M. Molinos mit Hunderten von extrahierten Sätzen und widerlegenden Zitaten aus anderen Werken. Dazu gehörten Beweisstellen und „loca classica", die man in den damaligen Unterlagen wiederholt findet, insbesondere wenn Bragaldi die mittelalterlichen Beginen und Begarden und das einschlägige Konzil im französischen Vienne treffsicher aufführt, um allein mit dieser Dokumentation die „Häresie" im Buch von Grillenzoni nachzuweisen.

Die Rückfrage nach dem Verfasser des Gutachtens und seiner Arbeitsweise tut vielleicht einem jungen Mann Unrecht, der noch im Studium stand. Nicht der junge Bragaldi war Akteur, noch bot seine schriftliche „censura" eine unwiderstehliche Handhabe im Kampf gegen den Quietismus. Bragaldi war eher Werkzeug interessierter Personen, denen das Gutachten dazu diente, erneut in die Kerbe des gefährlichen Quietismus zu schlagen und den regierenden Papst Innozenz XI. in die Enge zu treiben. Bragaldi und seine censura sind Teil der Politik der damaligen Kongregation der Römischen und Universalen Inquisition, die darum die Arbeit des jungen „scriptor" zur Diskussionsgrundlage für ihrem Beschluss zum Buch von Grillenzoni machte.

8) Das Verbot

Auf ihrer Wochensitzung vom 1. September 1688 beschlossen die Kardinäle das Verbot des Buches von Grillenzoni. Diskussionen zu dieser Frage, Einwände oder ein Gegenvorschlag etwa eines Verteidigers oder dessen Einbeziehung lassen sich aus den bisher bekannten Quellen nicht belegen. Vergleichbares gilt für das siebzig Jahre alte anonyme Erbauungsbüchlein „Enchiridion" (Lyon 1619), zu dem den Kardinälen gleichzeitig ein Gutachten von Bragaldi vorlag. Das Verbotsdekret, datiert auf den 9. September 1688, verkündete die Kongregation der Inquisition mit einem Plakat durch Aushang auf den römischen Plätzen am 11. September 1688 (Anlage). Die späteren offiziellen Ausgaben des römischen Index der verbotenen Bücher sowie die Fachliteratur weisen auch für die auf diesem Plakatdruck aufgeführten Verbote interessante Varianten auf. In dem erwähnten Projekt der 1980er Jahre, das die von den päpstlichen Instanzen veröffentlichten Texte sammelte, meist gedruckt in Plakatform, wurden acht Exemplare des fraglichen Dekretes vom 9. September ermittelt und kopiert. Drei von ihnen befinden sich heute in der Bibliothek und im Geheimarchiv des Vatikans, vier in römischen Staatsbibliotheken oder Archiven, eines in Modena (beschädigt, mit geringem Textverlust). Nach dem am 11. September 1688 publizierten Plakat gibt dieses die Verbote wieder, die angeblich auf der Sitzung vom 9. September 1688 beschlossen wurden. Dies entspricht nur bedingt den Angaben anderer Herkunft und den einschlägigen Sitzungsprotokollen (Decreta 1688, Blatt 209v, zum 1. September). Von den acht auf dem Plakatdruck aufgezählten verbotenen Buchtiteln gehören mehrere zum weiteren Umfeld der Frömmigkeitsbücher oder der sogenannten quietistischen Literatur. Außer dem erwähnten anonymen „Enchiridion" aus Lyon, angeblich von 1619, stammen zwei der Titel von französischen Autoren, die in Italien erschienen waren (François La Combe, Henri-Marie Boudon, genannt auf dem Plakat „Dudone"). Dieses einzigartige Plakat der Inquisition, veröffentlicht am 11. September, nennt gleich zwei Namen von Inquisitoren als Autoren von verbotenen Büchern, außer Grillenzoni auch Tommaso Menghini. Niemals in vierhundert Jahren gab die römische Inquisition an einem Tag Bücherverbote für zwei Inquisitoren bekannt, außer auf dem Plakataushang des 11. September 1688. Darin erscheint an erster Stelle unter acht Titeln das Buch „Mystisches Licht" (Lume mistico) des Dominikaners Tommaso Menghini. Von diesem hatte die gleiche Kongregation schon vorher das Buch „Werk der göttlichen Gnade" (Opera della divina grazia) verboten, durch Dekret vom 2. März 1688 mit dem Zusatz, der Verfasser solle als Inquisitor von Ferrara abgesetzt werden. Dieses Buch besaß die prominenten Druckerlaubnisse des Ordensgenerals Antonio Monroy und des päpstlichen Hoftheologen, des Magisters Sacri Palatii Raimondo Capizucchi OP. Inzwischen Kardinal und wie die meisten der Gruppe aus dem Papst-Palast war Capizucchi bei der Partei um Ottoboni verdächtig und konnte das Verbot des von ihm selbst approbierten Buches des Ordensbruders Menghini nicht verhindern. Der Spanier Monroy war als Generaloberer seit 1686 abgelöst durch den Franzosen Antonin Cloche, einen eifrigen Vorkämpfer für eine neue Thomismus-Orthodoxie. Der Dominikaner Menghini war vorher Professor (Lektor) und dann Assistent des Commissarius der römischen Inquisition gewesen, danach über zwanzig Jahre lang päpstlich ernannter Inquisitor in sechs Städten Norditaliens, ab 1685 in Ferrara. Papst Innozenz XI., von den vielen ihn selber bedrängenden und erniedrigenden Beschlüssen der römischen Inquisition geradezu überrollt, zuletzt durch die Verurteilung der Werke des Kardinals Petrucci im Februar 1688, versuchte immer noch letzten Widerstand gegenüber seiner Inquisitionskongregation zu leisten, wenn auch in hilfloser Weise. Der Papst approbierte am 2. März 1688 das vom Gutachter, dem Franziskanerkonventualen Lorenzo Fabri vorgeschlagene und von der Kongregation beschlossene Verbot der Schrift des Inquisitors, aber er verweigerte die Bestätigung der von den Kardinälen dekretierten Absetzung von Menghini (Sanctitas Sua approbavit prohibitionem dicti libri, non autem remotionem ab officio Inquisitoris praedicti patris Thomae Menghini: Decreta 1688, Blatt 48). Gegen das Recht des Papstes als Präfekt der Kongregation, deren Beschlüsse eventuell nicht zu approbieren, konnten die Kardinäle der Inquisition unter Führung von Pietro Ottoboni nicht angehen. Sie fanden einen anderen Weg, damit Innozenz XI. mit eigener Entscheidung entgegen seiner Absicht das Amtsende des Inquisitors Menghini besiegele. Die Kardinäle beriefen über ein neues Dekret der gleichen Kongregation einen weiteren Termin ein, an dem dann der Papst zum zweiten Mal das Verbot des Buches von Menghini tatsächlich bestätigte, wiederum mit beschlossener, aber nicht bestätigter Absetzung des Inquisitors (Decreta 1688, Bl. 66v, 1. April). Aber die Kardinäle der Inquisition legten nach: am 21. April 1688 verboten sie das zweite Buch von Menghini, das erwähnte „Lume mistsico", wiederum auf Vorschlag des Gutachters Lorenzo Fabri und erneut mit beschlossener Entfernung des Inquisitors aus seinem Amt in Ferrara („amoveri"). Weil sich jedoch keine Bestätigung dieses Dekretteiles durch den Papst und damit keine Absetzung des Inquisitors erreichen ließ, versuchten es die Kardinäle über andere Kanäle, vielleicht über den Ordensgeneral Antonin Cloche OP. Jetzt geriet Pater Menghini unter moralischen Druck, dem der Dominikaner nicht standhielt. Am 1. Mai 1688 schrieb er ein Entlassungsgesuch. Darin spricht Menghini nicht von römischen oder sonstigen Pressionen, sondern von seinem fortgeschrittenen Alter („gravi aetate") und von der Belastung als gleichzeitiger Prior des Dominikanerklosters von Ferrara. Die Kongregation unter der Führung des Kardinals Ottoboni als „Sekretär" hatte erreicht, was sie wollte, gegen den erklärten Willen ihres Präfekten, des Papstes. Diesem blieb nicht mehr die Wahl, am 12. Mai 1688 einen neuen formellen Beschluss der Kongregation abzulehnen, mit welchem diese das Rücktrittsgesuch des Inquisitors von Ferrara genehmigte. Wie von den Kardinälen geplant, bestätigte der Papst dieses Dekret mit Annahme der vom Inquisitor selber beantragten Entlassung (Decreta 1688, Bl. 107v).

Die Kardinäle des Sanctum Officium bewiesen, dass sie sich angesichts der von Innozenz XI. vermeintlich mitverantworteten Krise der römischen Inquisition zu wehren wussten. Als Mittel konnten dafür auch Bücherverbote und eine „freiwillige" Demission dienen, beides weniger gegen die Buchautoren als vielmehr an die Adresse des Papstes selber gerichtet.

Nach diesem Zeitpunkt fehlen bislang Nachrichten zum Leben und Tod von Tommaso Menghini. Vergleichbare Mühen der römischen Kardinäle um das weitere Wirken des Inquisitors Raffaele Grillenzoni nach dem Verbot seines Werkes erübrigten sich im Jahre 1688. Dieser war über vierzig Jahre vorher, am 9. Oktober 1644, als Provinzoberer in Cremona verstorben.

Gedruckte Quellen und Literatur
(Auswahl, verkürzte Titelangaben; bei Nachschlagewerken Stichworte ohne Seitenzahl)

Albizzi, Francesco, De inconstantia in iure admittenda. Amsterdam, Io. Ant. Huguetan, 1683

Biographisch-Bibliographisches Kirchen-Lexikon Bd. 9, 1996, Spalten 1316–1320 [Segneri]

Bujanda, Jesus M. de, Index librorum prohibitorum 1600–1966. Montréal-Genève 2002

Ceyssens, Lucien, Le P. Damascène Bragaldi: L. Ceyssens, J. A. G. Tans, Autour de l'Unigentitus. Leuven 1987, S. 482–500

Denzinger, Heinrich, Enchiridion symbolorum, hg. v. P. Hünermann. Freiburg 1991

Enciclopedia dei papi. Roma 2000, 3 Bände [Innozenz XI., Alexander VIII.]

Quid censendum sit de modo quo Innocentius PP. XI in causa cardinalis Petrutii se gesserit. Votum R. P. Guilhelmi Hentrich, Qualificatoris. Typis Polyglottis Vaticanis 1952 [335, (321) S.]

Leoni, Antonio, Breve raccolta d'alcune particolari operette spirituali proibite [...] et immagini indecenti. Bologna, del Monti, 1710 [Neudrucke als „Raccolta d'alcune...". Pavia 1717, 1722]

Lexikon für Theologie und Kirche. Freiburg 1993–2001, 11 Bde. [Alexander VIII., Innozenz XI., Begarden/Beginen, de Luca, Molinos, Quietismus, Segneri]

I lustri antichi e moderni della citta di Forlì. Forlì, Antonio Barbiani 1757 [Mazza]

Malena, Adelisa, L'eresia dei perfetti. Inquisizione romana ed esperienze mistiche. Roma 2003

Papini, Nicolò, Minoritae Conventuales Lectores: Miscellanea Francescana. 33, 1933, 242–261

Petrocchi, Massimo, Il quietismo italiano del Seicento. Roma 1948

Petrucci, Pier Matteo, I mistici Enigmi disvelati (1680). Firenze 2009 [Einleitung v. S. Stroppa]

Dictionnaire de Spiritualité. Paris 1986, Bd. 12, Spalte 2756–2842 [Quiétisme]

Prosperi, Adriano (dir.), Dizionario storico dell'Inquisizione. Pisa 2010, 4 Bde., [Albizzi, Begardi, de Luca, Menghini, Molinos, Quietismo]

Schwedt, Herman H. (mit J. Hasecker, D. Höink und J. Schepers), Prosopographie von römischer Inquisition und Indexkongregation 1701–1813. Hg. v. H. Wolf. Paderborn 2010, 2 Bde [Bragaldi, Petrucci, Gottarelli u. a.]

Schwedt, Herman H. Gli inquisitori generali di Siena 1560–1782: Le lettere del Sant'Ufficio all'inquisitore di Siena, hg. v. O. Di Simplicio. Trieste 2010, S. IX-LXXX [Bragaldi, Pallavicini]

Signorotto, Gianvittorio, Inquisitori e mistici nel Seicento. L'eresia di Santa Pelagia. Bologna 1989

Signorotto, Gianvittorio, La crisi seicentesca dell'Inquisizione e il caso milanese: C. Di Filippo, G. Signorotto (Hg.), L'Inquisizione in età moderna e il caso milanese. Roma 2009, S. 327–368

Zito, Paola, Granelli di senapa all'Indice. Tessere di storia editoriale (1585–1700). Pisa-Roma 2008 [Grillenzoni, Molinos, Petrucci]

Ungedruckte Quellen (Auswahl)

Archivio della Congregazione per la Dottrina della Fede (ACDF), S. Officium. Benutzte Serien: Decreta [zitiert nach Jahr]; Stanza Storia [zitiert als StSt]; Censura Librorum [zitiert CL mit Jahr]

Sammlung Schwedt [Einblattdrucke u. Personaldaten 16. bis 19. Jh., Projekt H. Schwedt ab 1980, mit Daten zu R. Grillenzoni, F. Chigi, L. Fabri u. a. sowie zu den erwähnten Plakataushängen]

Anlagen Nr. 1 bis 3

Eckige Klammern enthalten Zusätze oder Auslassungen […] des Verfassers. H. H. Sch.

1. Anzeige gegen das Buch von R. Grillenzoni, 7. Juli 1688

Schreiben von Pater C. Pallavicini an einen Kardinal, wohl Flavio Chigi
Original ACDF CL 1688–1689, Stück Nr. 15, Blatt 138r

E[minentissi]mo e R[everendissi]mo Sig[nor]e

Dalla lettura del qui giunto libretto stampato in Venezia dal P. f[ra] Raffaello Grilinzoni [!] Domenicano, intitolato „Affanni dell'Anima timorata", mi è parso di
leggervi molte proposizioni perniciose, et altre simili a quelle dannate del Molinos,
e bramando io veder recise tutte quelle radici che possano contaminare la purità
della nostra santa fede, ho stimato mio debito, in assenza del P. Inq[uisito]re di
q[uesta] città, che per anco non ha preso il possesso, di fare giungere come faccio per
mezzo della p[rese]nte a notizia della Sac. Cong[regazion]e, acciò dall'occhio inobliquibile della med[esi]ma sia riconosciuto. Et inchinato faccio a V. E. humiliss.

In Siena 7 luglio 1688
Di V[ostra] R[everenz]a Ven[eratissi]ma dev[otissi]mo e obbliga[tissi]mo serv[ito]re
f[ra] Cesare Pallavicino Vic[ario] del S. Off[icio] di Firenze.

Deutsche Zusammenfassung der Anzeige:
Eminenz, Hochwürdigster Herr,
Bei der Lektüre des hierher gelangten und in Venedig gedruckten Büchleins des
Dominikaners Pater Raffaello Grilinzoni, überschrieben „Betrübnisse der gottesfürchtigen Seele", schien es mir, darin viele Aussagen zu lesen, die gefährlich sind,
und andere, die den verurteilten Sätzen des Molinos ähneln. In dem sehnlichen
Wunsche, alle Wurzeln abzutrennen, welche die Reinheit unseres heiligen Glaubens anstecken [kontaminieren] können, schien es meine Pflicht zu sein, in Abwesenheit des Inquisitors dieser Stadt [Serafino Gottarelli], der bisher noch nicht [von
seiner Stelle] Besitz ergriffen hat, das Buch hiermit zur Kenntnis der heiligen Kongregation zu bringen, damit sie es mit ihrem unbeirrbarem Auge durchsieht.

Siena, den 7. Juli 1688
Euer Hochwürden ergebenster und verbindlichster Diener
P. Cesare Pallavicino, Vicarius des S. Officium von Florenz

2. Anlage: Gutachten zum Buch von R. Grillenzoni (ohne Datum, 1688)

Lateinischer Text von G. D. Bragaldi (nachfolgende deutscher Zusammenfassung
siehe unten)
ACDF CL 1688–1689, Vorgang 15, Blatt 139r–141v
Die Randvermerke Bragaldis zu Autoren werden im Folgenden nicht detailliert
(Zitate, Textausgaben). Sie betreffen Bibelstellen (Psalmen, Hebräerbrief), mittelalterliche Autoren (Bernard von Clairvaux, Thomas von Aquin, Bonaventura) und
neuzeitliche Schriftsteller (Thesesa von Avila; Francisco Suarez SJ; Luis Paramo,
De origine Inquisitionis, 1598; Sebastian Salelles SJ, De materiis Inquisitionis, 1651)
sowie die Konzilien von Vienne (1312, zitiert nach der „Clementinischen" Text-
sammlung Clemens' V.) und von Trient (sechste Sitzung von 1547). Die „jüngere"
Verurteilung betrifft die Päpstliche Konstitution „Caelestis Pater" vom 20. November 1687 gegen den Quietisten Miguel Molinos, dessen „Briefe" und „Traktat"
Bragaldi erwähnt, wohl „Cartas a un caballero" und „Tratato de la comunión", beide 1675.

In libro qui inscribit[itur] „Affanni dell'Anima timorata con suoi conforti, e rimedij", auctore P. Raffaele Grilinzoni [!] Dominicano, Venetiis edito, anno sal[utis]
1676, et huic sacros[anc]to Senatui a P. Vicario S. Offitij Florentiae nuper misso, ac
mihi pro examine tradito, nonnullae reperiuntur propositiones censura dignae, in
eoq[ue] nulla superiorum approbatio invenitur, licet auctor in ep[isto]la ad lectorem
omnia submittit censuris S. Matris Ecclesiae. Pag. 17–18 ait: „Dio più non si ricorda
de' peccati confessati, abborriti, e detestati, poiché habbiamo un dio del presente, e
non del futuro".

Propo[sitio]nem hanc infinitam ipsius Dei scientiam infirmare, satis clare liquet; si
quidem Deus co[gno]scere omnia noviss[im]a et antiqua, ac omnia nuda et aperta
esse oculis eius docetur a Davide et Ap[osto]lo Paulo [am Rand: Psal., ad Heb. 4°];
possidet n[empe] Deus infinitam ab ae[ter]no omnium rerum scientiam [Blatt 139v]
quae cuilibet temporis spetiei correspondet, oppositum cum auctore asserere Deum
est confiteri ignorantem, quod est error Cain, ut coll[igitur in] Gen[esi] 4° et notant
Ludovicus Paramus, Salelles et Salianus [?] [am Rand: Param. de Origine S. Inquisitionis lib. primo tit. 2 cap. 7° n° 7; Salelles tomo primo Prologus p° n° 10; Salian.
tomo p° ad an. Num. 100]; quapropter prop[ositione]m hanc temerariam, ac erro-
neam esse censeo.

Pag. 58 sic auctor alloquitur animam „Voi havete un intelletto, che vuole vagare
dove li piace nel bene, e nel male, lasciatelo nelle sue vagationi, ma fermate voi la
volontà, che non deliberi nel cattivo che l'intelletto gli presenta che tutto va bene".
Temerariam parit[er], periculosam, ac perniciosam hanc puto esse doct[rin]am cum
occasionem proximam praebeat voluntati, ut in malo proprio consensu, nostram ob
humanam fragiliatem, condelectetur. Imo vagationes istae, ac distractiones i[ntellec]
tuales praesertim super ob[iec]tis peccaminosis, cum possint aliquomodo impediri
a voluntate, et non impediantur, remanent saltem indirecte voluntariae, et consequenter peccaminosae.

Pag. 220 conquerit[ur] an[im]am et dicit „Stimo [Blatt 140r] certo di consentire a'
pensieri impuri di Dio, di bestemmia, e dishonore di quello". Et auctor subiungit:
„Quell'horrore ch'havete è segno che non v'è consentim[ent]o. Non state a dispu-
tare tra voi stessa, ne vi date a credere d'havere con atto di perfetta volontà acconsentito, che non è vero, e è vostra imaginatione, alla quale bisogna v'opponiate".
Instructio haec temeraria, animabus scand[alos]a, in praxi perniciosa, ac errori
prox[im]a videt[ur], eo vel max[im]e quia auctor ipse super tali proposito pag[in]is
88 et 180 docet: „Che trovandosi l'anima nell'oscurità, non avverte, ne s'avvede
s'habbi repugnato, ed acconsentito". Ex quibus omnibus simul consideratis seq[uitu]r
doctrinam iam damnatam Quietistarum recentiorum, et preacipue ijsd[em] fere
verbis, in tomo p[rim]o epistolarum, ac tractatum sp[iritua]lium lib. 2, pag. 337.
Unde si vera esset auctoris doct[rin]a nec[essar]io sequeret[ur] a[nim]as in tali statu
obscuro, tenebris, ac caligine circumfusas esse prorsus impeccabiles, cum Beguinis
err[or]e primo et cum ex Trid[entini Concilii] Sess[ion]e 6 can. 6 sit in potestate
hominis vias suas malas facere, non vid[etu]r qu[omod]o [Blatt 140v] ipsos possit

certiorare de non consensu, q[uomo]do et ipsi fatentur certum, et verum praebuisse consensum, et multo minus ipsis denegare discussionem, ac reflexionem super consensu, vel non consensu.

Pag. 213 ait auctor: „Nell'oppressione di spirito meglio è per noi patire, che cercare sol[ev]amento e gusto, non dico, che li sacramenti, l'oratione e simili non siano buoni, ma servirsi di queste cose per passare più facilmente l'oppressione, non s'ammette cosi facilmente". Propo[sitio]nem praefatam temerariam puto, scandalosum, ac perniciosam, quia anima in suis afflictionibus invocare debet ac Deum precari, sicut ipse nos admonet per prophetam dicentem „Invoca me in die tribulationis tuae, eruam te", et hoc vel ipsa oratione med[ian]te, aut mediantibus sacramentis, per quae cum nobis conferratur g[rati]am, maiorem vim et conatum acquirere possumus; unde D[ivus] Paulus [am Rand: Hebreor. 4 no. 13] „Adeamus ergo cum fiducia ad thronum gratiae, ut misericordiam consequamur, et gra[ti]am. inveniamus in auxilio opportuno"; quod utiq[ue] confirmant Bernardus de Circum[cisio]ne, Bonaventura de Proces. Religios[or]um et S. Teresia in suis mansionibus [am Rand: S. Bernardus de Circum.ne Serm. 3; S. Bon.a Proc. 4 Religios. S. Teresa in Mansionibus cap. 7°].

Pag. 287 docet: „Ha la vera oratione quest'effetto di far mutationi grandi nell'interno [Blatt 141r] e nell'esterno, anzi di fare sino impeccabile l'orante, se però è vera oratione". Haec prop[ositi]o est haeresis Beguinarum, et Begardorum damnata in Concilio Viennensi sub Clem[ente] V°, ut pat[et] in Clem[entin]a „ad nostrum de haereticis".

Pag. 292 hic auctor loquitur: „Soffrite con patienza q[uest]a distrattione, con rassegnarsi in Dio, pigliatela per croce, lasciate a Dio la cura di voi, non vi fate forza, perchè debilitarebbe il capo". Et pag. 297 super tali proposito subiungit „In caso di distrattioni si contenti l'anima di stare alla presenza di Dio a quel modo ch'a lui piace, e q[uest]o è il miglior tempo speso per l'anima che potesse in altro spenderlo".

In qualibet oratione sive mi[nim]a ex praecepto sive spontantea, distractio directe, vel indirecte volunt[ari]a est peccaminosa, ut docent omnes cum S. Thoma [am Rand: S. Tho. 2.2, quaestio 83 art. 13; S. Bonaventura relatae a P. Suarez tomo 2. De Relig. lib. 3, c. 5 n° ij] nam verum est quod ait Seraph[ic]us Doctor Bon[aventu]ra sc[ilicet] quod quamvis distractio non tollat omnino attentionem, dividit tamen cor, et impedit ne oratio pure, et cum debita reverentia fiat; unde in casu nostro 2a doc[rin]a Auctoris in praxi deducta, distractio an[im]ae esset saltem indirecte volunt[ari]a, quia videret se de alijs cogitare, et non attendere, nec curare deberet [Blatt 141v] aut sibi auxilium prebere, ut docent Sancti Bernardus et Bon[aventur]a superius relati, et consequenter peccaminosa; quae doctr[ina] pariter damnata conspicitur prop[ositio]ne 24 int[er] errores Molinos.

Sunt, et aliae consimiles propositiones in hoc libro quas recensere nimis longhum esset, ideo[ue] ut brevitati studeam illas ommitto.

Igitur ex hactenus relatis, satis clare liquet librum hunc esse penitus prohibendum, sicut ego censeo, si tamen Em[inent]ijs Vestris, quarum sapientissimo iuditio ea quae hucusq[ue] dixi humiliter submitto, expedire videbitur.

F[rater] Damascenus Bracaldi de Castro Bonon[iensi] Ord[inis] Min[oru]m Con[ventua]lium

Deutsche Zusammenfassung des lateinischen Gutachtens:
In dem Buch unter dem Titel „Kummer der gottesfürchtigen Seele, mit Ermunterung und Abhilfe für diese" des Verfassers P. Raffaele Grillenzoni [„Grilinzoni"], Dominikaner, herausgegeben in Venedig im Jahre des Heils 1676 und diesem hochheiligen Senat neulich vom Vikar des Heiligen Officium von Florenz übersandt und mir zur Prüfung übergeben, finden sich mehrere zensurwürdige Sätze. In ihm fehlt eine Approbation der Obrigkeit, wenn auch der Verfasser im Wort an den Leser alles der Zensur der Heiligem Mutter Kirche unterwirft. Auf den Seiten 17–18 sagt er: „Gott erinnert sich nicht mehr der Sünden, die gebeichtet wurden und denen man absagte, weil wir einen Gott der Gegenwart und nicht der Zukunft haben". Dass dieser Satz das unendliche Wissen Gottes beschränkt, ist ziemlich klar: denn dass Gott alle alten und neuesten Dinge kennt, dass alles offen und unverdeckt vor seinen Augen ist, lehren [König] David und der Apostel Paulus (Psalm, Hebräerbrief, Kapitel 4). Denn Gott besitzt von Ewigkeit her ein unendliches Wissen aller Dinge, das einer jeden Art von Zeit entspricht, und mit dem Verfasser das Gegenteil behaupten, heißt Gott einen Nichtwisser (Ignoranten) nennen, was der Irrtum des Kain ist, nachzusehen in Genesis 4, wie Ludovicus Paramus, Salelles und Salianus [?] vermerken. Darum halte ich diesen Satz für verwegen und irrig.

Seite 58 spricht der Verfasser zur Seele: „Ihr habt einen Verstand, der umherschweifen will, wo es ihm gefällt, im Guten und im Bösen, lasst ihn herumstreunen; aber haltet den Willen an, damit er nicht bei dem Bösen verweilt, das der Verstand ihm vorlegt, und alles geht gut". Diese Lehre halte ich ebenfalls für verwegen und gefährlich, denn sie bietet dem Willen die nächste Gelegenheit, am Bösen mit eigener Zustimmung wegen unserer menschlichen Schwäche Gefallen zu finden. Mehr noch, jenes Umherschweifen und Ablenken besonders hinsichtlich der sündhaften Dinge, die in irgendeiner Weise vom Willen verhindert werden können und nicht verhindert werden, bleiben wenigstens mittelbar willentlich und damit sündhaft.

Seite 220 lässt er die Seele klagen und sagt: „Ich meine sicher, den unreinen Gedanken über Gott, über das Fluchen zuzustimmen, zu dessen [Gottes] Unehre". Und der Autor fügt hinzu: „Jener Abscheu, den ihr habt, ist Zeichen dafür, dass keine Zustimmung vorliegt. Macht euch keine Gedanken darüber und gebt euch nicht dem Glauben hin, ihr hättet einen Akt der vollkommenen Zustimmung und des Willen gesetzt, denn dies ist nicht wahr und eure Einbildung, der ihr widerstehen sollt". Diese Anleitung scheint verwegen und für die Seelen ärgerniserregend, in der Praxis gefährlich und nahe dem Irrtum zu sein, besonders weil der Verfasser zu diesem Punkt auf den Seiten 88 und 180 lehrt: „Wenn die Seele sich im Dunkel befindet, merkt sie nicht, ob sie etwas ablehnt oder zustimmt". Aus all diesem zusammengenommen folgt die bereits verurteilte Lehre der jüngeren Quietisten und fast mit den gleichen Worten wie im ersten Band der Briefe und der Geistlichen Trakate Buch 2, Seite 337. Wenn des Verfassers Lehre richtig wäre, würde notwendig folgen, dass die Seelen in diesem Zustand der Dunkelheit und der Schatten völlig sündenfrei seien mit dem ersten Irrtum der Beginen, und nachdem laut Konzil von Trient, Sitzung 6 Kanon 6, es in der Macht des Menschen ist, seine schlechten Wege zu gehen, und man sieht nicht wie man sie versichern kann, dass die keine Zustimmung geben, wie auch sie selber zugeben, dass sie eine sichere und wirkliche Zustimmung gaben, und noch viel weniger sich selber das Nachdenken über die Zustimmung oder Nichtzustimmung verwehren.

Seite 213 sagt der Verfasser: „In der Bedrückung des Geistes ist es für uns besser zu leiden als nur Erleichterung und Gefallen zu suchen, ich sage nicht, dass die Sakramente und das Gebet und ähnliches nicht gut seien, aber sich dieser Dinge bedienen um leichter über die Bedrückung hinwegzukommen, das geht nicht so leicht". Den genannten Satz halte ich für verwegen, ärgerniserregend und gefährlich, weil die Seele in ihren Anfechtungen zu Gott beten muss, wie dieser uns durch den Propheten gemahnt: „Rufe mich an am Tag deiner Nöte, ich will dich aufrichten", und dies vermittels des Gebetes oder der Sakramente, durch die wir, weil uns Gnade verliehen wird, größere Kraft und Mut erwerben können, weshalb Paulus sagt: „Gehen wir also mit Vertrauen zum Thron der Gnade, um Erbarmen zu erlangen und Gnade zu finden mit entsprechender Hilfe", was Bernhard [von Clairvaux], Bonaventura und die Heilige Theresa bestätigen.

Seite 287 lehrt er: „Das wahre Gebet bewirkt große Veränderungen im Innern und im Außen, der Betende wird sogar sündenlos, wenn es freilich das wahre Gebet ist". Dieser Satz ist die Irrlehre der Beginen und Begarden, verurteilt auf dem Konzil von Vienne unter Papst Clemens V. entsprechend den Clementina [mittelalterliche Textsammlung].

S. 292. Hier sagt der Verfasser: „Erleidet diese Zerstreuung mit Geduld, mit Gottesergebenheit, nehmt sie als Kreuz, überlasst es Gott sich um euch zu kümmern, tut ihm keine Gewalt an, denn das würde den Kopf schwächen". Und Seite 297 fügt er zu diesem Satz hinzu: „Im Falle einer Zerstreuung möge sich die Seele damit zufriedengeben, in der Gegenwart Gottes zu sein in der Weise, die ihm gefällt, und das ist die beste Weise, die Zeit zu verwenden für die Seele als man sie anderweits verwenden könnte".

In jedem Gebet, auch im nur kleinsten gemäß den Geboten, sei es im spontanen, ist die direkte oder die mittelbare willentliche Zerstreuung sündhaft, wie alle lehren mit dem Hl. Thomas, denn es ist wahr, was der Seraphische Doktor Bonaventura sagt, dass die Zerstreuung, obschon sie nicht die Aufmerksamkeit vollständig wegnimmt, dennoch das Herz teilt und verhindert, dass das Gebet rein und mit der erforderlichen Ehrerbietung geschieht. Darum wäre in unserem Falle entsprechend der Lehre des Verfassers, in die Praxis umgesetzt, die Zerstreuung der Seele wenigstens indirekt willentlich, denn wenn sie sähe, dass sie an anderes denkt und nicht achtsam ist, sollte sie sich nicht darum kümmern und sich nicht helfen, wie die Heiligen Bernhard und Bonaventura lehren, und folglich sündhaft; dieser Satz befindet sich auch unter den verurteilten Lehren Nr. 24 des Molinos.

Es gibt auch noch andere ähnliche Sätze in diesem Buch, die zu zensieren zu lang wäre, was ich der Kürze halber übergehe.

Aus dem bisher Gesagten ergibt sich also mit genügender Klarheit, dass dieses Buch vollständig zu verbieten ist, wie ich meine, sollte es so Euren Eminenzen zu entscheiden gefallen, deren sehr weisem Urteil ich das bisher von mir Gesagte demütig unterwerfe.

Fr. Damascenus Bragaldi aus Castel Bolognese, vom Orden der Franziskaner-Konventualen

3. Anlage: Plakataushang vom 11. September 1688

Dekret des Sanctum Officium, datiert auf den 9. September 1688

Verbot von acht Druckwerken, darunter je eines Buches der Dominikaner Tommaso Menghini und Raffaele Grillenzoni (Nr. I und VI, „Grinezoni"), beide Inquisitoren, was im Dekretdruck nicht erwähnt wird.

Verbot von drei älteren Drucken aus Flandern (1650 und 1669: Nr. V und VIII) und aus Rom (1667, von „Dudone", d. h. H.M. Boudon, Nr. III), sowie eines noch älteren Druckes aus Lyon (1619, anonym, begutachtet von G. D. Bragaldi, Nr. IV).

Die jüngsten der verbotenen Drucke sind von 1684 (Nr. II, anonym, über die Exerzitien des Ignatius von Loyola) und von 1686 (Nr. VII, von Fr. La Combe) und behandeln Fragen der Frömmigkeit.

DECRETVM

Feria 5. Die 9. Septembris 1688.

Acra Congregatio Eminentiſſimorum, & Reuerendiſſimorum DD. S. R. E. Cardinalium in tota Republica Chriſtiana Generalium Inquiſitorum habita in Palatio Apo-
ſtolico in Monte Quirinali, poſt examen Theologorum ſpecialiter ad hoc deputato-
rum, ac auditis, & reſpectiuè relatis Sanctitati Suæ, tàm eorumdem Eminentiſſimorum Dominorum votis, quàm Theologorum cenſuris; de mandato eiuſdem Sanctiſ-
ſimi Domini Noſtri damnauit, & prohibuit, ac præſenti decreto damnat, & prohibet infraſcriptos
Libros, vbicumque, & quocumque idiomate, aut verſione, ſiue abſque nomine, ſiue proprio, ſiue
ficto, aut alieno nomine impreſſos, aut in poſterum imprimendos: ne quis cuiuſcumque ſtatus, &
conditionis eos vllo modo imprimere, aut imprimi facere audeat ſub quocumque prætextu, neque
impreſſos apud ſe retinere, aut legere valeat, ſub pœnis in Indice Librorum prohibitorum contentis, ſed illos Ordinarijs locorum, aut hæreticæ prauitatis Inquiſitoribus ſtatim, & cum effectu tradere, & conſignare ſub ijſdem pœnis teneatur.

LIBRI SVNT.

V. *Lume Miſtico per l'eſercitio degl'affetti Diuini, preſo dall' Opera della Diuina Grazia; E publicato à beneficio del-
l'Anime diuote, dallo Scrittor d'eſſa, Frà Tomaſo Menghini d'Albacina de' Predicatori &c. In 12. per Claudio
Percimineo 1682.*

*II. Barlumi à Direttori negl'Eſerciti di S.Ignazio Loiola Fondatore della Compagnia di Gieſù, per facilitare la pra-
tica loro con qualſiuoglia ſtato di perſone. In Venetia 1684. Appreſſo Andrea Poletti.*

*III. Dio ſolo, ouero; Aggregatione per l'intereſſe di Dio ſolo, compoſto in lingua Franceſe dal Signor Henrico Maria
Dudone Theologo, & Archidiacono della Chieſa d'Eureux, e tradotto nell' Italiano da vn Sacerdote. In Roma per
il Succ. al Maſcardi 1667.*

*IV. Libellus cui Titulus – Hoc in Enchiridio, Manualue, Pie Lector proximè ſequentia habentur; Septem Pſalmi
Pœnitentiales. Oratio deuota Leonis Papæ. Aliquot item orationes aduerſus omnia mundi pericula. Lugduni. Apud
Benedictum la Caille 1619.*

*V. Libellus Flandricè impreſſus, cui titulus – Catechiſmus Oft Korte – Leeringhe V ande Gratie &c. Quod latinè ſo-
nat – Breuis Doctrina de Gratia, ex Galico Idiomate in Flandricum tranſlata. Gandaui. Apud Alexandrum Ser-
ſanders 1650.*

*VI. Aſſanni dell'Anima timorata, cõ ſuoi conforti, e remedij, aggientouiui Metodo per riſanare vn'Anima inferma
di ſcrupoli. del M.R. P. F. Rafaele Grintzoni Dominicano, di nuouo con la ſua Tauola .Venetia 1676. Appreſſo
Franceſco Salerni.*

*VII. Orationis Mentalis Analyſis. Deque varijs eiuſdem ſpecibus Iudicium, ex Diuini Verbi, Sanctorumue Pa-
trum ſententijs, concinnatum : Per Patrem D. Franciſcum la Combe Tononinſem, Presbyterum profeſſum Congregationis Clericorum Regularium S. Pauli Vercellis, apud Nicolaum Hyacinthum Martam Typog. Episc. 1686.*

*VIII. Libelli Abecedarij, cum, & ſine loci, temporis, & Typographi nominibus, Latino, ac Flandrico idiomate edi-
ti, in quibus vltrà alios errores, qui in illis irrepſerunt, ſecunda pars Salutationis Angelicæ mutata eſt, & omiſſis his
verbis – Sancta Maria Mater Dei, ora &c. ſubſtituuntur ſequentia – Maria Mater Gratiæ, Mater Miſericor-
diæ &c. Cuiuſmodi ſunt illi, qui latinè reperiuntur impreſſi, cum hoc Flandrico anni, loci, & Typographi indicio
T'antwerpen bij Godtgaf verhulſt 1669. Et illi qui Flandricè editi, ſine anni indicio, ſed cum his Typographi, &
loci nominibus – T'antwverpen bij Arnout van braſcei. Et illi Flandricè pariter editi, cùm ſequentibus loci, & Typographi nominibus – T'antwverpen bij godtgat verhulſt de ionge. Et ſi qui alij &c.*

Loco † Sigilli.

Alexander Speronus S. Romanæ, & Vniuerſalis Inquiſitionis Notarius.

Die 11. Septembri. 1688. ſupradictum Decretum affixum, & publicatum fuit ad valuas Baſilicæ Principis Apoſtolorum, Palatij S. Officij, in acie Campi Flo-
ræ, & alijs locis ſolitis: & conſuetis Vrbis per me Franciſcum Perinam SS. D. Noſtri Papæ, & SS. Inquiſitionis Curſorem.

ROMÆ. Ex Typographia Reuerendæ Cameræ Apoſtolicæ. M. DC. LXXXVIII.

La Giurisdizione del Cardinale Arciprete della Basilica Vaticana

Giuseppe Sciacca

Se si prendono in mano le vigenti Costituzioni del Capitolo della Basilica Vaticana, approvate da Giovanni Paolo II con M. P. del 23 maggio 1999[1], e ci si sofferma sull'art. 3, § 2[2], si resta a prima vista colpiti dalla pressoché totale concordanza – anche formale – tra detto articolo e il corrispondente art. 2 delle precedenti Costituzioni, approvate da Pio XI il 5 febbraio 1938[3], e formalmente abrogate dalla nuova legge.

Recita infatti l'art. 3, § 2 della presente legge: "La giurisdizione spirituale ordinaria nella Basilica di San Pietro compete all'Arciprete, la quale si estende nei confronti della parrocchia, del Capitolo, del clero, e del personale dipendente, a qualunque titolo, mediante l'autorità Apostolica, allo stesso modo come il Vicario del Sommo Pontefice la esercita per la Città del Vaticano"[4].

Recita infatti l'art. 3, § 2 della presente legge: "Iurisdictio in spiritualibus ordinaria in Basilicam sancti Petri eiusve paroeciam, capitulum, clerum, aliosve quomodolibet inservientes, Archipresbytero competit, auctoritate Apostolica exercenda, utpote qui Vicarius Summi Pontificis exsistat pro Civitate Vaticana". Mentre la norma del 1938 recitava: "Iurisdictio autem quoad praemissa in spiritualibus ordinaria in Paroeciam S. Petri, Basilicam, eiusdem Capitulum, clerum, aliosque omnes ipsi quomodolibet inservientes, Cardinali Archipresbytero competit, auctoritate Apostolica exercenda tam per se ipsum quam per suum Vicarium ab illo pro tempore deputandum".

Epperò, dobbiamo fin da subito avvertire che si tratta di una apparente consonanza, sotto la quale è dato riscontrare una sostanziale ed irriducibile diversità, come avremo modo più tardi mettere in luce. Una diversità che, invero, è espressione compiuta di un radicale mutamento che ha, in maniera sensibile, vistosamente rivisitato ambito e fondamento di quella *iurisdictio* che la norma richiama e disciplina.

---

1   *Statuta Capituli Basilicae Patriarchalis Sancti Petri in Vaticano.* Civitate Vaticana, MCMXCIX.

2   *Statuta* op. cit. p. 8.

3   *Capita Constitutionum Sacrosanctae Basilicae Principis Apostolorum*, Tipis Polyglottis Vaticanis, MCMXXXVIII.

4   *Statuta* op. cit. p. 8: "*Iurisdictio in spiritualibus ordinaria in Basilicam sancti Petri eiusve paroeciam, capitulum, clerum, aliosve quomodolibet inservientes, Archipresbytero competit, auctoritate Apostolica exercenda, utpote qui Vicarius Summi Pontificis exsistat pro Civitate Vaticana*".

A conferma di ciò si possono confrontare le annotazioni contenute nei vecchi Annuari Pontifici, in cui la diocesi romana viene definita come la Sede retta dal Romano Pontefice, al cui governo spirituale collaborano col medesimo il Cardinal Vicario Generale per Roma e il suo distretto ed il Vicario Generale per lo Stato della Città del Vaticano, e si aggiunge poi: "Per la Basilica di S. Pietro in Vaticano, una *particolare giurisdizione ordinaria vicaria* è affidata all'Arciprete"[5]. E di somma importanza è che ancora nella cost. di Paolo VI *Vicariae potestatis in Urbe* del 6 gennaio 1977 (n. 2, § 2) si specifichi: "Nell'ambito della Diocesi di Roma [...] esercitano distinte giurisdizioni sia il Cardinale Arciprete della Basilica Vaticana, a norma delle antiche e ancora vigenti costituzioni della Basilica stessa [...] sia il Vicario Generale per la Città del Vaticano".

Ora, nel momento in cui la legge successivamente emanata – vale a dire, il Chirografo di Giovanni Paolo II del 14 gennaio 1991 – attribuisce all'Arciprete della Basilica Vaticana anche l'ufficio di Vicario del Papa per lo Stato della Città del Vaticano (precedentemente assegnato al Sacrista Pontificio, cf. cost. *Ex Lateranensi pacto* di Pio XI, del 30 maggio 1929), si pone immediatamente il problema se tale sovrapposizione di figure istituzionali lasci sopravvivere, e in che termini, quella autonoma e peculiare giurisdizione che alla prima di esse, all'Arcipretura cioè, si venne riconoscendo attraverso un lungo, e invero sostanzialmente lineare, percorso storico.

Al fine di affrontare debitamente tale questione, non è inutile partire da un sintetico *excursus* che ripercorra, sia pur celermente, le tappe di tale iter storico-giuridico.

Annotazioni storiche

Il clero della Basilica di S. Pietro e la giurisdizione su di essa

Non senza una vibrazione di solenne – e ben motivata – autoconsapevolezza istituzionale, nell'art. 5 delle Costituzioni della Basilica Vaticana del 1938 è dato leggere che "prima Canonicorum institutio adeo est antiqua, ut omnem memoriam excedat".

In realtà pare che per i primi secoli succedutisi alla fondazione della Basilica costantiniana non si possa affermare l'esistenza di un proprio clero officiante, anzi nemmeno è attestata la regolarità del culto liturgico. È noto che Leone Magno fece erigere nei pressi della Basilica un monastero (probabilmente quello successivamente noto sotto il titolo del SS. Giovanni e Paolo), ma nulla viene riferito circa l'eventuale assegnazione di compiti liturgici da eseguirsi presso la basilica da parte dei monaci ivi residenti. Dall'epoca di Gregorio Magno si ha notizia della regolare celebrazione di messe in San Pietro, sicuramente nelle domeniche e feste principali dell'anno liturgico; probabilmente risale a quell'epoca l'istituzione di un servizio liturgico giornaliero, di cui si hanno prove inconfutabili, comunque, solo dalla metà del sec. VIII. A quell'epoca i monaci dei tre monasteri insediatisi nei pressi della Basilica erano divenuti a tutti gli effetti "monaci basilicali", cioè titolari del compito di celebrare la salmodia all'interno della Basilica. Alla fine del medesimo

---

5 *Annuario Pontificio* del 1961, p. 85.

secolo il servizio liturgico domenicale venne affidato a sette cardinali vescovi, detti *hebdomadarii*.

In quel torno di tempo, infatti, i papi istituirono un particolare legame tra le due principali basiliche dell'Urbe, la Lateranense e la Vaticana, deputando gli *episcopi cardinales* a celebrarvi l'eucaristia ogni domenica. Più tardi, ad essi furono affiancati sette cardinali presbiteri, anche essi chiamati *hebdomadarii* in quanto il loro servizio durava una settimana per ciascuno. Tale loro compito si affiancava a quello dei monaci dei monasteri basilicali, cui era assegnato il canto delle ore liturgiche. Si suppone che per un certo periodo l'animazione liturgica gestita dal clero 'secolare' sia rimasta indipendente da quella monastica, invero non senza problemi logistici derivanti da tale sovrapposizione, col manifestarsi dell'esigenza di un'autorità superiore di coordinamento delle attività[6].

Tali cardinali, comunque, rimanevano legati al proprio titolo di appartenenza, di cui erano a tutti gli effetti parroci. Solo nel XI secolo, quando, con l'accresciuta funzione politica del cardinalato, il legame tra il porporato e il proprio titolo si allenta, qui emerge la figura di un cardinale che, a prescindere dal suo titolo, è deputato in modo specifico a sovrintendere ad una basilica (nella specie, la Vaticana)[7].

Si trattò, probabilmente, di un'evoluzione della figura dell'*archipresbyter* di estrazione monastica – figura in verità non chiaramente distinguibile dall'abate e peraltro diversa da quella successiva dei Cardinali arcipreti – che emerge, intorno all'anno Mille, nei monasteri vaticani, con competenze anche nel campo liturgico[8]. Qualche autore non esita ad affermare che gli arcipreti basilicali, cioè i prelati che dirigevano i canonici e che curavano l'amministrazione, la vita parrocchiale e in parte la liturgia nelle basiliche maggiori, derivavano dagli abati dei monasteri annessi alle basiliche stesse[9].

L'origine formale del Capitolo Vaticano si suole far risalire al 1053, anno in cui Leone IX, con privilegio indirizzato all'Arciprete Giovanni, confermò a questi e a tutti coloro che servivano la Basilica i possedimenti e i diritti in precedenza riconosciuti ai quattro monasteri vaticani: destinatari del provvedimento papale sono "Giovanni, arciprete della Venerabile Chiesa del Beato Apostolo Pietro, e ai canonici della stessa chiesa" (cf. *Bullarium Vaticanum*, I, pp. 22, 29, 33). Nel corso dell'evoluzione storica, i Capitolari assunsero infatti un ruolo direttivo nei confronti dei predetti cenobi, i quali persero la propria autonomia, finendo per diventare chiese e oratori dipendenti dal Capitolo[10].

Le competenze giurisdizionali sulla Basilica di S. Pietro e su tutta la Città leonina assegnate dai pontefici Giovanni XIX e Benedetto IX a partire dal 1026 al vescovo di Silva Candida (sede successivamente unita a Porto, nel 1120) secondo una plausibile ricostruzione sarebbero state limitate all'esercizio dei Pontificali nelle

---

6 Cf. D. Rezza – M. Stocchi, *Il Capitolo di San Pietro in Vaticano dalle origini al XX secolo*, vol. I, *La storia e le persone*, Città del Vaticano 2008, pp. 42–43.

7 Cf. *ibid.*, pp. 154–155.

8 Cf. *ibid.*, pp. 44–45.

9 T. di Carpegna Falconieri, *Il clero di Roma nel medioevo: istituzioni e politica cittadina (secoli VIII–XIII)*, Roma 2002, p. 173.

10 Cf. D. Rezza – M. Stocchi, *Il Capitolo di San Pietro in Vaticano*, cit., p. 48.

funzioni maggiori, essendo reputato difficile che l'Arciprete Vaticano, attestato fin dalla metà del sec. XI, con diritti e privilegi ampiamente assegnati dai Pontefici, condividesse col vescovo suburbicario la propria giurisdizione[11].

Di tale giurisdizione, espressa nella forma dell'esenzione da altre autorità diverse da quella papale, abbiamo varie testimonianze almeno dall'epoca di Adriano IV, il quale, emettendo una speciale bolla (1158) a tutela dei beni, dei diritti e dei privilegi della chiesa di S. Pietro, dichiarò che la Basilica, insieme con le sue chiese filiali, si trovava "libera sotto la nostra protezione"[12]. Tale esenzione si trova consacrata più esplicitamente da Innocenzo III, nel 1205 – si propone una versione italiana di questo, come dei successivi documenti dei Sommi Pontefici –: "Innanzitutto prendiamo sotto la nostra speciale tutela la Sacrosanta Basilica, in quanto sede propria dell'Autorità Apostolica, con l'Arciprete, i suoi Canonici e tutti coloro che appartengono alla canonica di questi, munendola del presente privilegio. Stabiliamo che nella suddetta Basilica, che è specchio, modello e onore delle altre chiese, nessuno rivendichi qualsivoglia potestà, al di fuori dell'autorità del Romano Pontefice"[13]. La disposizione fu confermata da Gregorio IX nel 1228[14]. Le residue competenze ancora riservate al cardinale vescovo di Porto in tali bolle evidentemente caddero pian piano in desuetudine, come risulta dalle bolle successive, di cui si farà più avanti menzione.

Facoltà riconosciute al Cardinale Arciprete

Le facoltà dell'Arciprete di S. Pietro si vennero via via accrescendo, essendo comunque, generalmente, modellate di volta in volta sulla volontà dei singoli Pontefici, i quali, a seconda delle circostanze, decidevano come aumentarle o diminuirle a proprio beneplacito.

Nel 1243 Innocenzo IV attribuì al Cardinale Arciprete Stefano Conti queste speciali prerogative: "Perché tu possa esercitare l'ufficio arcipresbiterale a te commesso con tanta maggior utilità, quanto sarai a tal fine sostenuto dal favore della nostra autorità, in forza della predetta autorità accordiamo alla tua provvidenza, affinché non ti manchi nulla per governare direttamente, e dirigere indirettamente, di fare in modo plenario le nostre veci, affinché tu distrugga ed estirpi, edifichi e pianti, come ti concederà il Signore"[15].

Si tratta, com'è evidente, di un'amplissima potestà vicaria, da esercitarsi per autorità del Pontefice nella Basilica Vaticana, in favore della stessa Basilica e dei suoi Canonici, estesa anche al governo di essa e di tutte le chiese e i monasteri ad essa soggetti; potestà che successivamente venne definita più espressamente dagli stessi Romani Pontefici mediante diverse bolle emesse secondo quanto richiedevano i tempi.

Assai ampia risulta la potestà concessa nel 1276 da Giovanni XXI a Giovanni Gaetano Orsini insieme alla dignità arcipresbiterale: essa comportava che l'eletto, *per se vel per alium*, tanto nella stessa Basilica, quanto nelle chiese collegiate e nelle

---

11 Cf. *ibid.*, p. 49.
12 BV I, p. 59
13 BV I, p. 83
14 BV I, p. 113
15 BV I, p. 126

altre chiese, nonché nei monasteri e priorati ad essa pertinenti, potesse estirpare, distruggere, dissipare, disperdere, edificare e piantare, ordinare, correggere, riformare, statuire e disporre, come, quando e quante volte risultasse opportuno; nonché reprimere i contraddittori e i ribelli mediante censura ecclesiastica e pene spirituali, temporali o altre, secondo l'opportunità, senza possibilità d'appello. "In tutte le cose esposte e nelle simili, che riterrai utili al prospero stato della stessa Basilica e alla salvezza delle anime, avrai giurisdizione ordinaria, che fin d'ora ti conferiamo"[16]. Ricevuta quindi tale potestà, e anche una più ampia "vivae vocis oraculo", il predetto Arciprete intraprese a riformare lo stato della Basilica, riforma che però non volle portare a compimento se non "con il consenso e l'approvazione del Capitolo", ovvero, come fu detto, "con l'approvazione, il consiglio e l'assenso del predetto Capitolo, radunato, come si è detto, alla nostra presenza, e col suo voto unanime e concorde"[17].

Le Costituzioni di Nicolò III

Un passaggio normativo che può senz'altro dirsi strutturante per il profilo giuridico tanto del Capitolo quanto dell'Arciprete Vaticano è integrato dalle Costituzioni di Nicolò III.

Allorquando l'Arciprete Orsini, alla morte di Giovanni XXI, fu asceso al soglio pontificio, assumendo il nome di Nicolò III, nel 1278, mediante la celebre bolla *Civitatem Sanctam*, abolì le costituzioni del suo predecessore e diede alla Basilica Vaticana quella normativa che fu sempre mantenuta come fondamento di tutta l'organizzazione della medesima[18].

Le predette Costituzioni, volendo riepilogarne il contenuto, definiscono il numero e l'ordinamento dei canonici e dei beneficiati, l'ordine e la disciplina del coro, la distribuzione dei redditi, l'amministrazione dei beni, ecc.; assegnano compiti e cura all'Arciprete, che è il primo dei canonici nella Basilica (tanto da rivolgersi agli altri come *concanonici*), al suo Vicario e al Capitolo. La giurisdizione ordinaria dell'Arciprete, pertanto, deve essere intesa nei limiti di tali Costituzioni, e viene esercitata congiuntamente con lo stesso Capitolo a norma delle stesse.

La carica di Arciprete era ricoperta a quel tempo da Matteo Rosso Orsini, che fu sostituito nel 1306 da Napoleone Orsini, per nomina di Clemente V. Nell'atto di conferimento dell'arcipretura si affida al nuovo prelato la cura e il governo della Basilica insieme agli edifici e cappelle ad essa soggette *in spiritualibus*, nonché le altre facoltà "come esercitate di consueto dai tuoi predecessori Arcipreti della predetta Basilica"[19]. Nell'esercizio di tali facoltà, nel 1337, da Avignone l'Arciprete Napoleone Orsini emanò degli statuti di riforma, con parecchie disposizioni intese al ripristino di elementari regole di decoro e di disciplina ecclesiastica, in un periodo segnato da forti turbolenze[20].

16 BV I, p. 155
17 BV I, p. 159
18 BV I, pp. 177 ss
19 BV I, p. 246
20 Cf. D. Rezza – M. Stocchi, *Il Capitolo di San Pietro in Vaticano*, cit., p. 58.

Dalle riferite disposizioni risalta plasticamente e riceve conferma l'esenzione della Basilica e delle sue chiese, garantita dal governo dell'Arciprete e del Capitolo. Del pari Clemente VI, nel 1342, al successore di Napoleone Orsini nell'arcipretura, il Cardinale Annibaldo Gaetani di Ceccano, accordò le medesime facoltà "come le possedettero il predetto Napoleone e gli altri Arcipreti *pro tempore*, concedendole, in modo pieno, con autorità apostolica"[21]. Innocenzo VI poi, nel 1360, con una bolla diretta ai Canonici della Basilica del Principe degli Apostoli, tanto presenti quanto futuri, legittimamente nominati, confermò tutti i privilegi, "giacché la stessa Basilica è parte peculiare della Sede Apostolica e sede propria del Romano Pontefice"[22].

La potestà di giurisdizione dell'Arciprete della Basilica Vaticana si colloca, pertanto, entro i confini delineati da Nicolò III, vincolata e garantita dagli statuti capitolari, ed esercitata a norma degli stessi. Appare comunque ormai chiaro che la Basilica Vaticana gode del privilegio di esenzione da qualunque altra autorità episcopale (nel caso, del vescovo di Porto), essendo posta, insieme con le sue chiese, sotto l'immediata giurisdizione del Romano Pontefice, e venendo retta per autorità del medesimo.

Dal sec. XV al sec. XVII: Visite e Vicari apostolici. Il consolidamento dell'autorità degli Arcipreti

Le vicende del governo della Basilica Vaticana nel XV sec. non mancano, tuttavia, di mostrare eloquentemente i limiti di siffatta giurisdizione arcipresbiterale. I Romani Pontefici, infatti, disposero più volte la visita della Basilica, nominando spesso appositamente dei propri Vicari.

L'Arciprete Cristoforo Maroni sul finire del XIV secolo sollecita al papa Bonifacio IX un intervento di radicale riforma della Basilica Vaticana. Il Pontefice nel novembre del 1397 nomina due cardinali (Francesco Carbono del titolo di Santa Susanna e Angelo Acciaioli, del titolo di San Lorenzo in Damaso, poi Arciprete a sua volta) affinché, insieme all'Arciprete, procedano alla Visita e a tutte le riforme ritenute opportune[23], derogando a tutte le esenzioni e i privilegi, "soprattutto a quelli per cui si dice essere stabilito che i Patriarchi, gli Arcivescovi, e tutti gli altri giudici ordinari ed ecclesiastici non possono visitare la detta Basilica ed il Priore, il Capitolo, i beneficiati, i chierici e le persone della stessa chiesa, o esercitare nei loro confronti una qualche giurisdizione"[24]. Da ciò risulta comunque, sia pure *in obliquo*, dimostrata l'esenzione di cui godeva la Basilica Vaticana, seppur derogata, in via straordinaria, dalla citata costituzione.

Le Visite apostoliche disposte dai Papi nel '400 allo scopo di arginare i pesanti fenomeni di declino morale e disciplinare, con episodi anche gravissimi in cui persero la vita dei Capitolari, furono affidate di volta in volta all'Arciprete, o a un

---

21 BV I, p. 321
22 BV I, p. 365
23 Cf. D. Rezza – M. Stocchi, *Il Capitolo di San Pietro in Vaticano*, cit., p. 59.
24 BV III, ap. p. 8
25 BV II, pp. 67, 69

semplice Canonico, o a persone esterne al Capitolo e alla Basilica. Visite furono disposte già da Gregorio XII nel 1408 e due anni dopo da Alessandro V: in entrambi i casi fu incaricato l'Arciprete Antonio Calvi, a tal fine ampliando la potestà arcipresbiterale[25]. Martino V, nel 1421, conferì amplissime facoltà ad Antonio Corario, cardinale Vescovo di Porto, titolare dell'arcipretura, dignità principale della Basilica, per concessione apostolica: "ti concediamo di fare le nostre veci ed ogni facoltà con piena e libera potestà, fino alla completa riforma, sia nei confronti del Capitolo, dei canonici e delle persone, di qualunque grado, stato dignità, ufficio e condizione, sia quanto alle cose e allo stato della detta Basilica"[26]. Il diritto di visita fu confermato al medesimo Pontefice allo stesso Cardinale nel 1428[27].

Invero la ragione precipua della visita apostolica risiedeva nel venir meno della disciplina nella Basilica durante il triste periodo della cattività avignonese, e soprattutto durante lo Scisma d'Occidente, che operò, com'è noto, una lacerante divisione nella Chiesa. Siffatto stato di cose fu tanto infelice che in seguito anche i Vicari del Papa vennero nominati con facoltà amplissime.

Nel 1447, con l'elezione da parte di Niccolò V di Antonio Fatati, si aprì per la Basilica Vaticana la lunga stagione dei Vicari Apostolici, protrattasi, con alterne vicende, fino ai primi decenni del '500. Al Fatati il Pontefice concesse piena giurisdizione sui beni e sulle persone addette al servizio della basilica, in modo tale che, da quel momento e per oltre un cinquantennio, sarebbe venuto meno il carattere esclusivo della giurisdizione esercitata sulla basilica dagli Arcipreti e dai loro Vicari[28]. Talmente estesa era la potestà di questo Vicario apostolico, eccedente ogni diritto ordinario dei vicari, che era vietato perfino ai Canonici, se non in presenza del Vicario medesimo, riunire il Capitolo per trattare gli affari della Basilica. Lo stesso Nicolò V nel 1452, essendo stato Antonio de Fatatis promosso alla Chiesa Aprutina, nominò visitatori due vescovi spagnoli, quelli di Zamora e di Mondoñedo, concedendo loro "piena e totale potestà su tutti"[29].

Successivamente il Papa Pio II, nel 1458, confermò le più larghe facoltà nelle questioni spirituali e temporali a Francesco de Tomei, canonico vaticano che l'Arciprete aveva designato quale suo vicario, tanto che questi era un vero Vicario del Romano Pontefice per le cause anche criminali[30], come lo stesso Papa ebbe a definirlo nella bolla *Etsi Universis* del 1464: "Vicario generale del nostro signore il Papa Pio II nella detta Basilica, *in spiritualibus et temporalibus*"[31].

L'amplissima estensione di tale potestà sulla Basilica Vaticana, sui Canonici e gli altri chierici, nonché su tutti i sudditi, si spiega sia per le particolari circostanze dei tempi, sia per l'assenza dei Cardinali Arcipreti da Roma, che in un certo senso obbligava i Romani Pontefici a intervenire direttamente nella gestione della Basilica Vaticana, con l'interposizione immediata della propria autorità apostolica.

---

26 BV II, p. 80
27 BV II, p. 83
28 Cf. D. Rezza – M. Stocchi, *Il Capitolo di San Pietro in Vaticano*, cit., p. 65.
29 BV II, p. 139
30 BV II, p. 168
31 BV II, p. 184

Tutto ciò comunque aveva carattere di norma straordinaria, per cui gli stessi Romani Pontefici limitavano "ad beneplacitum nostrum" le sopra descritte facoltà. Così Paolo II nel 1467, costituendo il Vescovo di Sebenico suo Vicario generale nella Basilica nelle questioni spirituali e temporali, gli impose solo questi due limiti, uno quanto al tempo: "usque ad beneplacitum nostrum", e l'altro, che nelle questioni di privazione di prebende dei Canonici necessitasse di speciale mandato apostolico[32]. È evidente che il Vicario costituito dal Romano Pontefice fosse al di sopra di ogni giurisdizione, anche arcipresbiterale. Ciò risulta chiaramente dal fatto che Sisto IV, riformatore del Capitolo Vaticano e istitutore delle dignità all'interno di esso[33] incaricò il suo Vicario per la Basilica di comporre la lite tra l'Arciprete e i Canonici, da un lato, e gli abitanti di Poggio Nativo, dall'altra, lite poi da questi definita[34]. Il Vicario del Pontefice, peraltro, in ragione del suo servizio riceveva le distribuzioni quotidiane, il *grossum* e tutti gli altri emolumenti come uno dei Canonici[35], il che chiaramente dimostra la peculiarità di tale ufficio.

Comunque, in un periodo in cui la frequente presenza di Vicari apostolici nella Basilica Vaticana segna un pesante limite alla potestà degli Arcipreti, si colgono dei segni dell'ampliamento dell'autorità del Cardinale Arciprete sulla Basilica stessa; un esempio ne è costituito dalle disposizioni date da Innocenzo VIII nel 1484, sempre con modalità straordinarie. In primo luogo, oltre le ordinarie facoltà connesse alla dignità, egli ne concesse una nuova, di conferire, cioè, tutti i benefici e i chiericati della Basilica, nonché tre canonicati, salvo il diritto competente al Capitolo. Fu allora stabilito per la prima volta che la stessa dignità potesse essere concessa in Commenda[36]. Inoltre, mediante la costituzione apostolica *Licet ex debito* risultano attribuite all'Arciprete tutte le concessioni fatte al Vicario del Romano Pontefice da Nicolò V e dai seguenti Papi, tuttavia "a beneplacito nostro e della Sede Apostolica"[37]. Nondimeno, lo stesso Pontefice nel 1488 costituì suo Vicario generale e Riformatore nella Basilica Niccolò Fieschi, Vescovo di Fréjus, con vastissime facoltà *in spiritualibus et temporalibus*, parimenti "fino a nostro beneplacito"[38].

Nel 1543 Paolo III nominò Arciprete della Basilica vaticana suo nipote il Cardinale Alessandro Farnese. Questi, che in precedenza aveva rivestito la carica di Arciprete di Santa Maria Maggiore, e quivi era dotato di giurisdizione anche di conoscere e definire ogni genere di causa (il che certo esulava dalla potestà ordinaria di quell'Arciprete), ottenne dal Romano Pontefice la medesima potestà anche nella Basilica Vaticana[39]. Con un successivo Motu proprio tale potestà fu limitata alla vita del predetto Cardinale, ovvero fin quando avesse ricoperto l'arcipretura della Basilica di S. Pietro[40]. Pio IV nel 1561 confermò simili facoltà al Cardinale Farnese[41].

---

32 BV II, pp. 190, 101
33 Cf. *Licet ex debito*, BV II, p. 206
34 BV II, p. 210
35 BV II, p. 217
36 BV II, p. 323
37 BV II, p. 234
38 BV II, p. 255, BV III, ap. p. 29
39 BV II, p. 439
40 BV II, p. 441
41 BV III, p. 45

Sisto V rinnovò "ad vitam" tutte le predette facoltà al Cardinale Pallotta, succeduto al defunto Cardinal Farnese nell'arcipretura, anzi le ampliò ulteriormente: "dandoti la facoltà di esercitare i diritti pontificali nella predette Basilica, e la giurisdizione ordinaria anche *in spiritualibus* sui Canonici, Beneficiati, Chierici e Ministri. In modo che solo da te, o con la tua licenza, e non diversamente, siano promossi a tutti gli Ordini, anche sacri e del presbiterato, da qualunque Presule in comunione con la Sede Apostolica, che dovrà essere indicato da te; e tu e tali Presuli, lecitamente possiate o dobbiate promuoverli, senza licenza, lettere dimissorie o esame, da parte nostra o dei nostri Successori, o del Vicario, o di qualunque altro Ordinario"; a ciò aggiunse la Prefettura della Fabbrica di S. Pietro[42].

L'Arciprete Pallotta, tra la fine del '500 e i principi del secolo seguente, aveva atteso alla redazione di nuove costituzioni, destinata ad aggiornare quelle di Niccolò III, per più versi obsolete, e non più rispondenti alle esigenze dei tempi nuovi. In tale opera egli tenne conto delle disposizioni dei Pontefici succeduti all'Orsini e dei decreti del Concilio di Trento, che obbligavano tutto il clero cattolico. Purtroppo, per l'intervenuta morte di Sisto V, che aveva patrocinato l'opera del Pallotta, le nuove costituzioni, benché portate a compimento, non ricevettero attuazione. Solo sotto Paolo V furono promulgate nuove disposizioni, allo scopo precipuo di adattare le modalità del culto e i requisiti dei suoi ministri alle rinnovate esigenze imposte dal Concilio. Nella Bolla *Super Cathedram* del 14 ottobre 1611 egli disciplinò, fra l'altro, il potere dell'Arciprete e del suo Vicario di concedere licenze di assentarsi ai capitolari, e demandò all'Arciprete la cura e la supervisione dell'ornato e del decoro della basilica e dei suoi ministri[43].

Le disposizioni di Paolo V[44], raccolte in un testo unico e distinte in capitoli, come prescritto dal medesimo Pontefice, costituirono gli Statuti del Capitolo Vaticano, che ressero l'istituzione fino alle Costituzioni del 1938.

Lo stesso Papa Paolo V, nel 1620, quando era arciprete il cardinal nipote Scipione Caffarelli Borghese, da lui nominato, ne rinnovò la giurisdizione, come già era avvenuto durante i pontificati precedenti per gli Arcipreti Farnese e Pallotta (*ad vitam suam* ovvero *durante munere*[45]). Nella stessa forma conferirono la dignità arcipresbiterale i papi Urbano VIII e Clemente IX, finché Innocenzo XII, nel 1692, nella generale riforma della Curia e dei Capitoli dell'Urbe, circoscrisse la giurisdizione dell'Arciprete in materia di giudizi, mantenendola limitatamente al servizio della Chiesa: "Infine dichiariamo che la presente non toglie affatto ai Cardinali, Arcipreti, Titolari o protettori, e ai loro vicari, e agli altri incaricati, la facoltà o giurisdizione in ciò che concerne il servizio della Chiesa o del Luogo Pio, soltanto però per quanto attiene alla disciplina ecclesiastica e alla correzione dei costumi"[46]. Trattasi della c.d. "giurisdizione domestica", di cui diremo più avanti I successivi Arcipreti ottennero la giurisdizione nella Basilica di S. Pietro giusta la suddetta

---

42 BV III, p. 156
43 Cf. D. Rezza – M. Stocchi, *Il Capitolo di San Pietro in Vaticano*, cit., p. 76–79.
44 BV III, pp. 213 ss
45 BV III, p. 224
46 Cost. *Romanus Pontifex*, § 9; Bull. Rom., vol. 20, p. 464

limitazione[47]. Tale disposizione fu confermata nel 1742 dalla Cost. *Quantum ad procurandum* di Benedetto XIV, che entro tali limiti conferì l'arcipretura a Enrico, Duca di York[48].

È degno di menzione, comunque, che anche in precedenza le controversie sorte nel Clero Vaticano – Canonici da una parte, beneficiati e Chierici dall'altra – in particolare sull'amministrazione dei beni pertinenti alla detta Basilica, venivano devolute a diversi giudici, soprattutto agli *Auditores Causarum* del Palazzo Apostolico, cioè agli Uditori di Rota. Ciò inconfutabilmente dimostra i limiti della giurisdizione dell'Arciprete nel campo propriamente giudiziario.

La riforma di Benedetto XIV

Benedetto XIV, non diversamente da Nicolò III, fu grande legislatore anche della Basilica Vaticana, di cui era stato non immemore Canonico. Prima di emanare la Cost. *Ad honorandam*, Papa Lambertini aveva già fatto menzione dell'Arciprete di S. Pietro nella Cost. *Cum a Nobis* del 4 agosto 1747[49]. In essa si legge: "Tra gli Arcipreti delle Basiliche Patriarcali, solo quello che ricopre la carica nella Basilica di S. Pietro, in forza di singolari privilegi, rilascia le lettere dimissorie per ricevere gli ordini ai chierici addetti alla sua Basilica e alle persone soggette e amministra [loro] il sacramento della Confermazione. Tuttavia, né egli, né gli altri Arcipreti godono di alcuna giurisdizione a conoscere e giudicare le cause che siano intentate tra i Canonici e gli altri posti al servizio delle medesime Basiliche, essendo stati privati di tale facoltà dalla costituzione di Innocenzo XII, da noi confermata con un'altra costituzione dal titolo *Quantum ad procurandum*, pubblicata il 15 febbraio 1742 […]. E così nessuna altra giurisdizione, dopo che sono state emanate queste costituzioni, viene lasciata agli stessi Arcipreti, se non quella *paterna* ed *economica* nelle questioni pertinenti al culto della Chiesa, all'emendazione dei costumi e alla disciplina ecclesiastica, come si evince chiaramente dal decreto 65 contenuto nel Bollario proprio di Innocenzo XII".

Da tali espressioni emerge nettamente la posizione di Benedetto XIV circa la potestà arcipresbiterale, che egli avrebbe di lì a breve definito con la cost. *Ad honorandam* del 27 marzo 1752[50], "sulla base della conoscenza che abbiamo un tempo acquisito delle questioni relative alla Basilica Vaticana, per la prolungata gestione dei compiti assegnatici dal suo Capitolo" (§ 1), intendendo stabilirla e rafforzarla con la sua autorità apostolica.

Ribadito il principio per cui "nella predetta Basilica Vaticana, che è speciale parte della Sede Apostolica, ornamento e domicilio della dignità pontificia, nessuno rivendichi una qualche potestà, al di fuori dell'autorità del Romano Pontefice" – principio religiosamente osservato da tutti i Romani Pontefici fin dai tempi di Innocenzo III – Papa Lambertini sancì l'esenzione della Basilica Vaticana con le

---

47 cf. BV III, p. 288
48 BV III, p. 330
49 Cf. *Bullarium Benedicti XIV*, II, p. 249
50 *Bull. Benedicti XIV*, III, p. 361 ss

seguenti parole: "in forza e a tenore della presente, esimiamo e decretiamo che sono e saranno per sempre esenti da ogni e qualsiasi superiorità, obbedienza, correzione, visita, governo, o qualsiasi altra giurisdizione spirituale tanto ordinaria quanto delegata di qualsivoglia Superiore, ed anche del Vicario Generale *in spiritualibus* per Roma e il suo distretto, di quello nostro attualmente esistente e dei Romani Pontefici nostri Successori, la stessa Basilica e i suoi edifici, il Seminario, il Capitolo e i Canonici, i Beneficiati, i Chierici, i Ministri e gli alunni del predetto Seminario, esistenti *pro tempore*, e le altre persone temporaneamente addette al servizio della Basilica, durante tale servizio e nelle questioni allo stesso servizio attinenti; gli stessi, resi in tal modo esenti, li sottoponiamo immediatamente a Noi e alla Sede Apostolica, ricevendoli e immutabilmente collocandoli sotto la speciale tutela e protezione nostra e dei predetti nostri Successori" (*Ad honorandam*, § 3).

Siffatta esenzione, coerentemente riformata, venne nuovamente proclamata nel n. 1 delle Costituzioni del 1938. Opportunamente e consequenzialmente la giurisdizione da esercitare nelle materie che formano oggetto dell'esenzione viene affidata al Cardinale Arciprete, secondo la tradizione della Basilica, con le seguenti parole: "La giurisdizione ordinaria sulle materie di cui in premessa, quanto alle questioni spirituali, sulla stessa Basilica, il suo Seminario, i Canonici, i Beneficiati, i Chierici, gli Alunni, i Ministri, e tutti gli altri che a qualunque titolo vi prestano servizio, insieme con tutte e le singole giurisdizioni, potestà e privilegi, esenzioni, libertà, prerogative, preferenze, indulti, autorità e facoltà, che altrimenti da Paolo III, Pio IV, Sisto V, Paolo V, Urbano VIII, Clemente IX, Clemente XI, e altri, sono stati concessi di solito agli Arcipreti della Basilica, quanto alla Basilica e alla Chiesa predetta, vita natural durante, vogliamo che, per il permanente vigore della presente, in seguito competa allo stesso Arciprete ora in carica, e ai suoi successori nella dignità arcipresbiterale in perpetuo, da esercitarsi per l'autorità apostolica, sia personalmente, sia mediante i rispettivi Vicari da nominarsi *pro tempore*; di modo che i futuri Arcipreti *pro tempore* della Basilica Vaticana [...] una volta conseguito il pacifico possesso della stessa arcipretura, esercitino sulle predette cose e persone tale giurisdizione spirituale, siccome annessa in perpetuo alla dignità arcipresbiterale; salva tuttavia la forma della costituzione di Innocenzo XII [...] circa la soppressione, abolizione e abrogazione del Tribunali [...] che mediante un'altra nostra costituzione emanata nel 1742 abbiamo espressamente confermato e ridefinito" (*Ad honorandam*, § 4).

Riforme legislative nel sec. XX

Per incontrare un'altra organica riforma della legislazione relativa alla Basilica vaticana occorre giungere al secolo appena trascorso.

Pio XI, già egli stesso Canonico vaticano dal 1914 al 1919, pubblicò la nuova normativa della Basilica di San Pietro con la Bolla *Quotiens in Beati Petri* del 5 febbraio 1938, con l'intenzione dichiarata di offrire un "breve compendium" delle varie disposizioni e dei decreti con cui nel corso dei secoli i Pontefici avevano governato non solo il Capitolo, ma anche tutto il Clero della Basilica Vaticana. I trentacinque documenti pontifici citati in appendice (da Innocenzo III allo stesso Pio XI) non esauriscono, in realtà, il complesso degli interventi normativi dei Papi a favore della Basilica, epperò consentono comunque una ricostruzione organica dei privilegi, diritti, onorificenze, competenze, doveri ed oneri del clero capitolare, armonizzandoli con l'allora vigente legislazione codiciale[51]. I principali tratti di tale legislazione in materia della giurisdizione arcipresbiterale saranno esposti sinteticamente più avanti.

In seguito, fatalmente, anche le costituzioni di Papa Ratti mostrarono i segni dell'età, in particolare dopo la celebrazione del Concilio Vaticano II. Dopo un primo tentativo negli Anni Sessanta, in cui la preferenza dei Canonici andò verso una revisione, e non una nuova edizione delle costituzioni (tentativo comunque andato a vuoto), si decise di attendere la promulgazione del nuovo Codice di Diritto Canonico (1983) prima di presentare al Papa un altro progetto. I lavori della relativa commissione istituita dal Capitolo (tre membri nominati dai Capitolari e tre dall'Arciprete) si conclusero nel 1989 con la presentazione di uno schema di Costituzioni, discusso e approvato a maggioranza dal Capitolo stesso.

Mentre si attendeva dalla Segreteria di Stato una risposta, giunse invece il testo elaborato da un'altra commissione istituita dalla stessa Segreteria di Stato per la revisione degli statuti di tutte le Basiliche Patriarcali dell'Urbe. Tale testo fu respinto all'unanimità dalla commissione capitolare e dal Capitolo medesimo, ritenendo che non fosse rispettoso della specificità dello statuto giuridico della Basilica Vaticana, così come nei confronti delle altre Basiliche romane, in forza della natura autonomica propria dei Capitoli e delle persone giuridiche (cf. can. 505; can. 94 CIC). Fu costituita quindi una nuova Commissione destinata a rielaborare ed emendare il testo proposto, basandosi sul presupposto che oggetto della nuova regolamentazione dovesse essere la stessa basilica del Principe degli Apostoli con tutte le realtà giuridiche ivi esistenti e che operano in essa, e non solo il Capitolo Vaticano. La Commissione concluse i lavori nel 1994, riscuotendo un vasto consenso da parte dei Capitolari, dato che il prodotto dei suoi lavori fu ritenuto conforme, almeno nella sostanza, alle disposizioni con cui i Papi da circa un millennio avevano governato la Basilica Vaticana.

Ciononondimeno, il testo finalmente promulgato nel 1999 da Giovanni Paolo II non si discostò significativamente dalla bozza resa nota dalla Segreteria di Stato. Nella nuova normativa – essendo fra l'altro intervenuta, nel frattempo (5 dicembre 1992), la separazione della Parrocchia di San Pietro dal Capitolo Vaticano – al Capitolo rimane essenzialmente la competenza di curare il servizio corale, atteso che le attività liturgiche ordinarie sono ormai appannaggio del parroco[52].

Considerazioni giuridiche in merito alla giurisdizione sulla Basilica Vaticana

Volendo ora trarre dalla sommaria esposizione storica fin qui offerta delle considerazioni di ordine giuridico, non possiamo fare a meno di osservare come il tema vada in buona parte coniugato al passato, facendo riferimento soprattutto alla legi-

---

51 Cf. D. Rezza – M. Stocchi, *Il Capitolo di San Pietro in Vaticano*, cit., p. 106.
52 Cf. *ibid.*, pp. 107–108.

slazione di Benedetto XIV e a quella di Pio XI, atteso che al giorno d'oggi, a norma dei vigenti Statuti capitolari, l'Arciprete della Basilica di San Pietro non gode di giurisdizione *qua talis*, ma solo in quanto cumula in sé anche l'ufficio di Vicario generale del Santo Padre per la Città del Vaticano. Nondimeno, rimane l'utilità di tratteggiare quale sia stata la peculiare *iurisdictio in spiritualibus* dell'Arciprete Vaticano, anche per interrogarsi, come già detto, su una sua ipotizzabile sopravvivenza, semmai il Legislatore dovesse decidere di separare l'ufficio di Arciprete da quello di Vicario Generale del Papa per la Città del Vaticano; nel far ciò ci rifaremo ampiamente all'ottima sintesi offerta mezzo secolo fa da P. Raimondo Bidagor, S.J., in un suo saggio sull'argomento[53], confrontando, comunque, le abrogate disposizioni con le vigenti, allo scopo di disvelare, in queste ultime, tracce e lasciti degli antichi istituti.

La giurisdizione di cui godeva il Cardinale Arciprete secondo le modalità definite nella cost. *Ad honorandam* di Benedetto XIV e delle Costituzioni della Basilica di S. Pietro emanate nel 1938, era una giurisdizione *privilegiata*, vale a dire derivante dal *privilegio* dell'esenzione di cui è stata storicamente insignita la Basilica. Attraverso le riferite vicissitudini storiche appare che i Romani Pontefici hanno sempre ritenuto la Basilica con tutto il suo Clero, cioè Canonici, Beneficiati e Chierici sotto la propria immediata giurisdizione, di talché assolutamente nessuno, "al di fuori della potestà del Romano Pontefice", potesse rivendicare in essa "una qualche potestà". Tale soggezione immediata al Romano Pontefice è a fondamento dell'esenzione da qualunque altra autorità. Già da qui consegue che la giurisdizione ordinaria del Cardinale Arciprete deve essere definita mediante tale esenzione di cui per privilegio gode la Basilica Vaticana, ovvero è una giurisdizione contenuta entro i limiti di siffatta esenzione.

La giurisdizione dell'Arciprete di San Pietro a confronto con quella episcopale

Occorre soffermarsi innanzitutto sulle caratteristiche di tale peculiare giurisdizione, così come enucleate dalla dottrina classica, soprattutto in contrapposizione a quelle della giurisdizione episcopale.

Invero, il confronto fra tale giurisdizione e quella che il vescovo esercita nella sua diocesi, rende di immediata evidenza la distinzione che intercorre tra giurisdizione ordinaria *nativa* e giurisdizione ordinaria *privilegiata*: la prima deve essere misurata alla stregua del diritto comune, la seconda in base al tenore del privilegio. Il vescovo nella sua diocesi ritiene la giurisdizione in base al diritto comune diocesano: "Spetta al Vescovo diocesano governare la Chiesa particolare a lui affidata con potestà legislativa, esecutiva e giudiziaria, a norma del diritto" (can. 391); e inoltre: "Compete al Vescovo diocesano nella diocesi affidatagli tutta la potestà ordinaria, propria e immediata che è richiesta per l'esercizio del suo ufficio pastorale, fatta eccezione per quelle cause che dal diritto o da un decreto del Sommo Pontefice sono

---

53 Cf. R. Bidagor, *De iurisdictione Cardinalis Archipresbyteri Basilicae Vaticanae*, in *Periodica* 48 [1959], pp. 267 ss

riservate alla suprema oppure ad altra autorità ecclesiastica" (can. 381, § 1. Cf. il can. 335 CIC 1917, in cui si afferma "il diritto e dovere di governare la diocesi nelle materie sia spirituali che temporali con potestà legislativa, giudiziaria, coattiva, da esercitare a norma dei sacri canoni").

La giurisdizione ordinaria del cardinale Arciprete, invece, è storicamente rimasta circoscritta alle sole questioni spirituali. La cost. *Ad honorandam* e le Costituzioni del 1938 riaffermano, infatti, "la giurisdizione ordinaria nelle questioni spirituali a tenore delle premesse". È quindi esclusa, innanzitutto, ogni giurisdizione *in temporalibus*, vale a dire, sui diritti temporali spettanti alla Basilica.

Inoltre, il vescovo nella sua diocesi gode di potestà giudiziaria, che invece non compete al Cardinale Arciprete. Già Innocenzo XII nel 1692 ritenne soppressa la giurisdizione a conoscere e giudicare le cause insorte fra i Canonici e gli altri posti al servizio della Basilica. Tale disposizione fu da Benedetto XIV espressamente confermata nelle sopra ricordate cost. *Quantum ad procurandum* e *Cum a Nobis*, nonché nella cost. *Ad honorandam*.

La differenza, poi, era rimarchevole nella potestà esecutiva. Ai vescovi, infatti, eccettuate le dignità capitolari, riservate alla Santa Sede, spettava il diritto di conferire liberamente, sentito il Capitolo, tutti e ciascuno i benefici e i canonicati nelle chiese sia cattedrali che collegiate (can. 403 CIC 1917), mentre il Codice vigente, al can. 509 § 1, attribuisce al Vescovo diocesano l'assegnazione dei canonicati, fatta salva la facoltà del Capitolo di eleggere il Presidente. Giammai, di contro, al Cardinale Arciprete è stata riconosciuta la facoltà di nominare i Canonici, spettando il conferimento dell'ufficio canonicale solo al Papa (oggi Gli compete anche la nomina dei Coadiutori, art. 5, § 1). All'Arciprete spettava bensì, secondo un meccanismo turnario e in concorso col Capitolo, la nomina di Beneficiati e Chierici. La collazione doveva essere fatta dal Cardinale Arciprete *insieme* al Capitolo e ai Canonici, secondo l'antica consuetudine della divisione in settimane, nelle quali alternativamente e a turno spettava allo stesso Arciprete e, rispettivamente, al Capitolo, conferire i benefici vacanti *pro tempore*. Ciò risultava stabilito nella cost. *Ad honorandam* e nelle Costituzioni del 1938, al n. 104[54].

Per quanto attiene alla privazione dei benefici, l'Ordinario può privare il beneficiario del beneficio o rimuoverlo da esso sia in modo ordinario che straordinario, con un processo amministrativo o giudiziale a norma del diritto. Mentre nella Basilica Vaticana la destituzione o rimozione perpetua dal beneficio di Beneficiati e di Chierici, così come l'istituzione, competeva all'Arciprete *e* al Capitolo, siccome stabilito dalla cost. *Civitatem Sanctam* di Nicolò III e dalle Costituzioni capitolari del 1938, n. 105. Anche la competenza disciplinare sui Beneficiati e i Chierici venne

---

54 Questa potestà di conferire i benefici, divisa tra il Cardinale Arciprete e il capitolo, era illustrata dal Riganti nei seguenti termini: "Siffatta divisione dei benefici per settimane non tocca solo l'esercizio, ma la stessa titolarità e la sostanza del diritto di collazione, di modo che sia l'Arciprete sia il capitolo nelle loro rispettive settimane conferiscono per diritto e a nome proprio e ognuno indipendentemente dall'altro; cosicché se il Capitolo è impedito a conferire il beneficio vacante nella propria settimana, la collazione di esso non spetta all'Arciprete, ma al Pontefice; allo stesso modo se si rende vacante, mentre è vacante l'arcipretura, un beneficio la cui collazione spetterebbe all'Arciprete, se vivente, la provvista non deve essere effettuata dal Capitolo, ma dal Pontefice, in forza della II regola della Cancelleria" (Cf. *Commentaria in Regulas Cancellariae*, in Reg. VIII, § 1, nn. 17–19).

affidata all'Arciprete *e* al Capitolo secondo la forma stabilita nella predetta cost. di Nicolò III e nelle Costituzioni del 1938 (cf. nn. 107 ss, soprattutto n. 111).

Attualmente l'art. 12, in combinato disposto con l'art. 10, § 5, degli Statuti del Capitolo Vaticano, riserva al Romano Pontefice la privazione dell'ufficio canonicale e della coadiutoria, per la quale – in assenza di normativa specifica – si procede a norma del diritto comune.

La titolarità congiunta delle facoltà più sopra descritte, in capo all'Arciprete e, in concorrenza, al Capitolo, si spiega considerando che l'Arciprete è la prima dignità capitolare, quindi è membro egli stesso del Capitolo, o, come usa dirsi *de gremio capituli*. Il vescovo diocesano – pur essendo in un certo senso capo del Capitolo Cattedrale, in quanto questo nel Codice del 1917 è considerato il senato della chiesa diocesana e il consiglio nativo del vescovo – propriamente parlando non fa parte di esso. La posizione dell'Arciprete di San Pietro rispetto al Capitolo Vaticano è diversa, in quanto questo non è il consiglio che a norma dei canoni coadiuva l'Arciprete nell'amministrazione della Basilica Vaticana.

Il Capitolo Vaticano, piuttosto, ha sempre concorso con l'Arciprete nel disbrigare, gestire o definire gli affari della Basilica Vaticana, a norma delle Costituzioni; ma non collaborando con l'Arciprete, come è compito del capitolo cattedrale, bensì costituendo con lui un unico corpo, le cui membra sono tutti e singoli i canonici, tra cui è annoverato lo stesso Arciprete. Nelle Bolle pontificie risulta chiarissimo che la giurisdizione deve essere esercitata dall'Arciprete come "annessa in perpetuo alla dignità arcipresbiterale" (cost. *Ad honorandam*, § 5), e il Cardinale Arciprete è per definizione colui "che ricopre la dignità principale" (cf. Martino V, cost. *Ad ecclesiarum*, 30 dicembre 1421; Paolo III, cost. *Ad personam*, 10 ottobre 1543, e così via).

Dunque, la sua dignità è una dignità canonicale; né ripugna unire tale dignità canonicale con quella cardinalizia, come mostrò Benedetto XIV nella cost. *Cum a Nobis* del 4 agosto 1747. La giurisdizione e la potestà, che secondo le costituzioni apostoliche – segnatamente la cost. *Ad honorandam* – e le Costituzioni capitolari competono al Cardinale Arciprete, non sono mai separate dalla sua dignità capitolare, ma vengono da lui conseguite in quanto egli è parte del Capitolo, seppure parte principale ed eminente.

Nel testo legale vigente il legame organico dell'Arciprete con il Capitolo Vaticano appare chiaro da svariate disposizioni: egli lo presiede, curandone compiti ed attività (art. 3, § 4); gode di specifici poteri nella convocazione e direzione delle sue riunioni e dei suoi lavori (art. 3, § 5), nonché nel dirimere l'eventuale parità nelle votazioni (art. 3, § 6); nelle materie temporali la sua competenza è condivisa con il Capitolo medesimo (art. 3, § 7); egli, infine, rappresenta il Capitolo negli atti pubblici, agendo nei limiti del mandato e riferendo di ciascun atto compiuto (art. 3, § 8).

La Basilica Vaticana come circoscrizione ecclesiastica e l'Arciprete come Ordinario. Ammissibilità e limiti di tale prospettazione

La Basilica Vaticana nelle bolle pontificie viene definita "speciale parte della Sede Apostolica e sede propria del Romano Pontefice" (Innocenzo VI, cost. *Etsi cunctas*, del 1360); per cui non si è mai messo in dubbio lo speciale titolo di appartenenza della Basilica Vaticana alla sede del Romano Pontefice. Nella diocesi romana, poi, nessuno può esercitare in nome proprio l'autorità episcopale, se non il Romano Pontefice. Tutti gli altri sono Vicari, che reggono la diocesi romana non già a nome proprio, bensì a nome del Sommo Pontefice, e pertanto con potestà vicaria.

Così nella cost. ap. di Pio XI *Ex Lateranensi pacto* si afferma: "Sebbene questa Città del Vaticano sia parte della nostra diocesi Romana, il cui vescovo è lo stesso Romano Pontefice, ci sembra nondimeno opportuno che la Città del Vaticano, come ha una propria amministrazione civile, così venga retta da una peculiare amministrazione religiosa, distinta da quella per mezzo della quale Noi governiamo la restante parte della diocesi di Roma. Per cui stabiliamo quanto segue: I. mediante questa nostra costituzione eleggiamo Prelato il Sacrista *pro tempore* della Casa Pontificia, affinché per il futuro goda della nostra potestà vicaria sulle questioni religiose nella Città del Vaticano, attribuendogli tutte le necessarie facoltà ecc."[55].

La stessa costituzione stabilisce una duplice esenzione da questa giurisdizione: *a)* della Basilica e della Canonica di S. Pietro, *b)* del Seminario Etiopico. L'esenzione del Seminario Etiopico venne meno nel 1930 con la cost. *Curis ac laboribus*, con cui il Seminario fu posto sotto la giurisdizione del Vicario generale del Papa per lo Stato della Città del Vaticano[56]. In precedenza lo stesso era stato posto sotto la giurisdizione del Cardinale Segretario della Congregazione per la Chiesa Orientale, come giurisdizione vicaria.

La Basilica e la Canonica di S. Pietro, benché esenti, ricadono tuttavia all'interno della diocesi romana; il che si dimostra facilmente, se sol si consideri che il Sommo Pontefice nel 1929 ha innovato l'amministrazione religiosa, ovvero spirituale, della diocesi romana, e *di conseguenza* ha ribadito l'esenzione sia della Basilica sia della Canonica dal Prelato che è Vicario Generale del Papa per la Città del Vaticano. Non avrebbe avuto senso riconfermare tale esenzione (della Basilica e della Canonica Vaticana, cioè), se esse avessero costituito una diocesi separata, ovvero un territorio separato dalla diocesi romana. Peraltro quando viene indetta la Visita apostolica in Roma, cioè nella città e nel suo distretto, che costituisce la diocesi romana, la visita abbraccia anche tutte le basiliche papali, non esclusa la Basilica di S. Pietro, come è avvenuto ad esempio sotto Pio XI[57].

Va, inoltre, osservato che storicamente né la Bolla di Benedetto XIV né le Costituzioni capitolari hanno fatto alcun cenno alla facoltà del Cardinale Arciprete di S. Pietro di approvare i confessori e conferire la facoltà di udire le confessioni nella Basilica Vaticana (facoltà propria della Penitenzieria Apostolica) e nemmeno nelle

---

55 *AAS* 1929, p. 309

56 *AAS* 1930, p. 239

57 Nella lettera apostolica *Ut hac Alma*, del 10 gennaio 1932, Pio XI concedeva infatti al Cardinale Vicario di Roma, nominato Visitatore, la facoltà di effettuare la Visita "ripetute volte di tutte e qualsiasi le chiese di questa alma Città, anche esistenti al di fuori di essa, purché entro il suo distretto, anche di quelle che siano esenti dalla giurisdizione ordinaria dello stesso Vicario di Roma, rimanendo sospese e abrogate, a questo solo effetto della sacra Visita, tutte le antiche consuetudini e le costituzioni apostoliche, nonché complessivamente tutti i diritti e i privilegi degni di speciale o anche specialissima menzione, delle chiese patriarcali, collegiate, o delle altre che siano soggette ai Cardinali di Santa Romana Chiesa in ragione del titolo o per la denominazione del loro cardinalato e in qualunque altro modo o per qualunque causa, ecc." (*AAS* 1932, p. 21).

chiese dipendenti dal Capitolo Vaticano (competenza questa del Vicario Generale di Roma).

Da quanto esposto in precedenza si deduce con chiarezza che il privilegio della Basilica Vaticana è storicamente consistito nell'*esenzione*, come del resto le stesse costituzioni apostoliche definiscono. La misura dell'esenzione deve desumersi dall'estensione dei privilegi concessi; poiché, secondo le regole del diritto canonico, il privilegio dell'esenzione non si estende oltre quanto è stato concesso e il tenore verbale della concessione[58].

Alcuni canonisti, partendo dal complesso di facoltà concesse ai Cardinali Arcipreti, hanno cercato di determinarne la figura giuridica. Tra questi va ricordato in primo luogo il Cardinal De Luca, che, nella sua opera *Il Cardinale della S. R. Chiesa pratico*, cap. XVIII, p. 195, così si esprime: "La facoltà (dei tre Arcipreti, delle Basiliche di San Giovanni in Laterano, di San Pietro e di Santa Maria Maggiore) non merita dirsi *ordinaria e nativa*, come quella dei Vescovi nelle loro diocesi, e anche dei medesimi Cardinali nei loro titoli come sopra, ma è *dativa*, ovvero *privilegiata* per concessione del Papa, il qual è l'Ordinario come Vescovo di Roma, sicché gli Arcipreti non sono *veri ed ordinari Prelati e Sposi delle chiese*, ma si considerano come prime dignità e come *parte principale del corpo del Capitolo*, al che conviene riflettere per i molti effetti, che nascono dall'essere Ordinari, o no". È fuor di dubbio che l'Autore intenda l'espressione *Ordinari* nel senso di quella odierna *Ordinari del luogo*, e neghi senza esitazione tale qualità agli Arcipreti delle Basiliche papali, non escluso quello di S. Pietro, malgrado gli amplissimi privilegi di cui questi gode.

Invero l'Arciprete di S. Pietro si distingue dagli altri in quanto i privilegi a lui concessi dai Romani Pontefici sono più estesi e rilevanti, al punto che la sua potestà è definita *giurisdizione ordinaria*. Siffatta giurisdizione è stata definita ordinaria poiché secondo il concetto antico, poi abolito nel diritto codiciale, la potestà che compete a un soggetto per commissione perpetua, non temporanea, o in ragione dell'ufficio, della dignità o della consuetudine, è potestà ordinaria[59]. Ma dire potestà o giurisdizione ordinaria, non equivale a dire giurisdizione propria degli Ordinari del luogo, ovvero episcopale, come si chiamava nel diritto antico. La dottrina antica ha fatto ricorso al concetto di giurisdizione *quasi-episcopale* per indicare ogni giurisdizione che contiene in sé qualcuna delle potestà spettanti per diritto ordinario ai vescovi, vale a dire la giurisdizione episcopale non piena (siffatta giurisdizione a buon diritto poteva essere riconosciuta al Cardinale Arciprete della Basilica Vaticana).

Se tale qualifica di *quasi-episcopali*[60] veniva attribuita a tutte le Basiliche patriarcali (ora *papali*[61]) in relazione alla collazione dei benefici da parte del Cardinale

---

58 Cf. C. Porro, *De privilegiis* [c. 7, X, 5, 33]

59 Cf. L. Ferraris, *Prompta Bibliotheca canonica*, s.v. *Iurisdictio*, t. V, Genova 1768, pp. 147–156

60 Cf. G.B. Riganti, *Comment. in Regulas Cancellariae*, reg. VIII, § 1

61 Da quando, nel 2006, il S. P. Benedetto XVI decise di far togliere dall'annuario Pontificio, nella pagina concernemte il Sommo Pontefice, il titolo di 'Patriarca d'Occidente', l'aggettivo 'Patriarcale' che accompagnava le 4 basiliche romane maggiori, risultò problematico e financo incoerente. Si cominciò, pertanto, a qualificare le suddette basiliche col titolo di 'Pontificie', invere 'mere honori-

Arciprete, riguardo alla Basilica Vaticana, in quanto titolare di maggiori privilegi, alcuni canonisti (mossi da particolare favore verso di essa) hanno voluto tratteggiarne una condizione giuridica in qualche modo superiore.

Ne dà testimonianza l'Andreucci, che nella sua opera *De Vicariis Basilicarum Urbis, ac praecipue S. Patriarch. Basilicae Vaticanae* così descriveva le facoltà dell'Arciprete: "Al presente la potestà dell'Arciprete Vaticano, oltre la presidenza della Fabbrica, si estende al retto governo della Basilica in ciò che concerne il servizio divino, la disciplina ecclesiastica e la correzione dei costumi, inoltre alla collazione di alcuni benefici, e alla giurisdizione ordinaria *in spiritualibus* sui Canonici, Beneficiati, Chierici e Ministri, con la facoltà di celebrare pontificali, di promuovere ai Sacri Ordini, di rilasciare le dimissorie ecc. Le stesse facoltà, ma limitatamente, competono all'Arciprete del Laterano e di S. Maria Maggiore; dico limitatamente, giacché questi non hanno la facoltà di promuovere ai sacri Ordini e di dare le dimissorie, né sono Ordinari *in spiritualibus* rispetto ai Ministri delle loro rispettive Basiliche"[62].

Lo stesso Autore, dopo aver affermato che la potestà dei Vicari delle Basiliche va commisurata a quella di cui godono i rispettivi Arcipreti, riguardo a tale potestà così continuava: "Da ciò risulta con chiarezza che si tratta di una potestà di non esigua importanza, infatti egli prima di tutto è preposto con autorità alla Basilica, quanto al divino ufficio e al servizio ecclesiastico; è preposto allo stesso Clero e ai ministri per quanto attiene alla disciplina e alla correzione dei costumi; presiede il Coro come prefetto del Coro; e nella Basilica Vaticana presiede la Basilica, Il Clero e i Ministri come Ordinario *in spiritualibus*, nel che differisce molto dai Vicari delle altre Basiliche, che non sono Ordinari, e non godono di autorità quasi episcopale rispetto al Clero e ai Ministri delle stesse, essendo questa una peculiarità della Basilica Vaticana, che cioè essa goda di esenzione, e il suo Arciprete possegga la giurisdizione spirituale sulle persona ad essa ascritte, tanto che questa Basilica ha propriamente la qualità di *Nullius*, come alcuni sostengono, o almeno la ha impropriamente e per analogia"[63].

Andreucci evidentemente ammette che la qualità di *Nullius* non competa con certezza alla Basilica Vaticana; ragione ne è il fatto che la prelatura *Nullius* presuppone un territorio separato. Ma anche le altre affermazioni dell'autore prestano il fianco ad osservazioni critiche.

Il Cardinal De Luca, seguendo la classica decisione della Sacra Rota *Squillacen.* in materia di territorio separato[64], distingueva tre specie di prelati inferiori e tre

---

ficus' e inadeguato a indicarne l'immediata appartenenza e dipendenza dal Sommo Pontefice. Per le basiliche maggiori, invece, il titolo 'Papale' è stato sempre inteso quale sinonimo di 'Patriarcale': 'Nomen Basilicae Patriarchalis idem sonat ac Papalis…'. Così Joachim Nabuco in 'Jus Pontificalium, 1956, p. 228. In questo senso si era già espresso Pio XI nelle Lettere Apostoliche 'Omnium Urbis et Orbis' (AAS 1924, p. 450: "Continens est traditio, quod supra Basilicarum Urbis quae PATRIARCHALES et PAPALES nuncupantur, altare maius solus Pontifex Romanus sollemnia egerit". Il Card. Segretario di Stato Tarcisio Bertone, con lettera del 23 nov. 2006, prot. 47.222, indirizzata al Card. Arciprete della Basilica di S. Paolo fuori le Mura, comunicava che 'il Santo Padre |ha disposto| che le quattro citate Basiliche siano d'ora in poi chiamate col titolo di 'Basiliche Papali'.

62 *Op. cit.*, Romae 1854, p. 30.

63 *Ibid.* pp. 31–32

64 Cf. in Tamburini, *De iure abbatum*, t. 3, dec. 69

specie di esenzioni: "Infine la terza specie è quella di quei Prelati che in uno o più luoghi, esistenti secondo l'antica divisione della diocesi e sotto l'autorità del vescovo, godono di piena e totale giurisdizione spirituale e quasi episcopale, esclusiva nei riguardi del vescovo, mediante la separazione del territorio, così che si dica sussistere un nuovo territorio per sé stante a mo' di diocesi dello stesso prelato, che viene detta *Nullius*. Questi sono veri Ordinari del luogo, e vengono chiamati col nome di Ordinari"[65]. Il celebre Autore dimostra come tale genere di esenzione non si applichi alle basiliche patriarcali, compresa la Vaticana, descrivendo la prima specie di esenzione: "La prima e più frequente: è quella degli Abati o Priori e degli altri Superiori regolari nei loro rispettivi monasteri, conventi o case regolari, esistenti nella città o diocesi, ma con esenzione dalla giurisdizione del vescovo. Il che si ha anche con riguardo alla maggior parte dei Prelati o prime dignità di chiese collegiate secolari, come ad esempio il Priore di San Nicola di Bari e anche gli Arcipreti delle Chiese Patriarcali di Roma e simili. Questi Prelati non hanno alcun territorio, se non quanto si estenda l'ambito dei loro monasteri, conventi, case o chiese, in cui si dice consistere il territorio del monastero e dell'abate, secondo la dottrina consolidata. Per cui fuori da tale ambito la giurisdizione di tali prelati è sulle persone ad essi soggette senza territorio; e i detti monasteri, o altri luoghi, vengono detti *nella* diocesi, ma non *della* diocesi, per via dell'esenzione dalla legge universale diocesana"[66].

Le argomentazioni testé riferite ricevono conferma dalle stesse parole di Benedetto XIV nella cost. *Ad honorandam*. In primo luogo il Pontefice, così come i suoi Predecessori, chiama la Basilica Vaticana sua "diletta Sposa, e splendidissima sede dell'Apostolica dignità" (ragion per cui i Cardinali Arcipreti non hanno mai chiamato *Spose* le rispettive Basiliche, nome in antico riservato dai Cardinali alla chiesa del loro titolo) e nuovamente conferma "i diritti, i privilegi e gli statuti della Basilica, nel cui complesso consiste il suo stato, la sua dignità e il suo regime", "salva tuttavia l'autorità dell'Arciprete e del Capitolo in quello che si riconosce dipendere dal loro arbitrio e dalle loro facoltà" (cf. § 3). E proprio poiché la predetta Basilica Vaticana "è speciale parte della Sede Apostolica, ornamento e domicilio della dignità pontificia, nessuno rivendichi una qualche potestà, al di fuori dell'autorità del Romano Pontefice", egli dichiara la stessa Basilica e i suoi edifici, il Seminario, il suo Capitolo e i Canonici, Beneficiati, Chierici, Ministri esistenti *pro tempore* e gli alunni del predetto Seminario e altre persone esenti da ogni altra giurisdizione di qualunque Superiore, "ed anche del Vicario Generale *in spiritualibus* per Roma e il suo distretto, di quello nostro attualmente esistente e dei Romani Pontefici nostri Successori".

Oggetto di tale esenzione è la stessa Basilica, i suoi edifici e il seminario (successivamente solo la Basilica e la Canonica Vaticana), e questa è l'esenzione reale; in secondo luogo, le persone elencate a quelle addette al servizio della Basilica, "durante il servizio e per le questioni attinenti al predetto servizio", e questa è l'esenzione personale, limitata al servizio della Basilica. Mancano invero in siffatta esenzione un territorio determinato e una specifica porzione di fedeli esente; l'esenzione

---

65 *De iurisdictione et foro competenti*, disc. 1.
66 *Ibid.*

stessa è in tutto e per tutto stabilita in funzione e in favore del culto da officiarsi in essa più solennemente che altrove, atteso che proprio in ragione della dignità di esso la Basilica è stata resa esente e dotata di molti altri privilegi. Questi privilegi si aggiungono allo stato giuridico della stessa Basilica, per lo più come privilegi peculiari "in forza di speciale concessione"[67].

Portata della giurisdizione dell'Arciprete della Basilica Vaticana

Va, inoltre, rimarcato che l'Arciprete di S. Pietro non ha mai goduto di potestà legislativa, non essendo egli Ordinario, né di siffatta potestà fecero mai menzione le Costituzioni apostoliche o gli Statuti del 1938; già si è osservato che non ha mai goduto di potestà giudiziale (salvo qualche caso in cui gli era stata concessa *ad personam* nei secoli andati).

Egli godeva, invece, di un certo potere disciplinare e coercitivo (*jurisdictio domestica*), ma sempre entro i limiti espressamente indicati dalle predette fonti normative.

In particolare, a mente delle Costituzioni del 1938, in virtù di tale potere il Cardinale Arciprete aveva il diritto: 1° di presentare tre candidati, tra cui il capitolo eleggeva il vicario curato perpetuo incaricato della cura d'anime della parrocchia di S. Pietro (n. 3); 2° di ricevere o personalmente, o per mezzo del suo Vicario, la professione di fede, alla presenza del Capitolo, da emettersi dai Canonici novelli (n. 14); 3° di approvare l'accettazione di nuovi oneri da parte del Capitolo (n. 18); 4° di regolare, insieme al Capitolo, il servizio corale (n. 21); 5° di stabilire la congrua retribuzione da darsi per la supplenza nel servizio del coro (n. 31); 6° di concedere uno speciale mandato di assenza dal coro, con diritto di percepire le distribuzioni corali (n. 39); 7° di dare il consenso circa la nomina dei Camerlenghi (n. 65); 8° di ricevere, insieme al Capitolo, il giuramento dei nuovi Camerlenghi (n. 67); 9° di conferire, insieme al Capitolo, l'istituzione ai Beneficiati e ai Chierici secondo le norme stabilite da Benedetto XIV e dal Codice allora vigente (n. 104); 10° di dare il consenso per il conferimento di qualche beneficio o ufficio da parte dei Canonici (n. 104); 11° di rimuovere, insieme al Capitolo e *servatis servandis*, i Beneficiati e i Chierici dal beneficio o ufficio proprio e della Basilica (n. 104); 12° di procedere a norma del Codice contro i beneficiati e i Chierici illegittimamente assenti dal coro (n. 106); 13° di correggere, riformare, sospendere dal beneficio, infliggere pene canoniche, adottare altri opportuni provvedimenti, rispetto ai Beneficiati e ai Chierici (n. 107); 14° di dirimere, o personalmente, o per mezzo del suo Vicario, le questioni, le controversie, le liti o discordie sorte fra i Beneficiati o qualcuno di essi da una parte e il Capitolo o qualcuno del Capitolo dall'altra parte (n. 108); 15° di avere ed esercitare, insieme al Capitolo, una speciale autorità sui Beneficiati (n. 111); 16° di approvare l'accettazione di nuovi oneri anniversari (n. 123); 17° di visitare ogni anno la suppellettile della Sacrestia e dare le opportune disposizioni (n. 124); 18° di

---

67 Tale era il privilegio di conferire e amministrare la Confermazione ogni anno nell'ottava della solennità dei SS. Pietro e Paolo a tutti coloro che a tal fine si recavano alla Basilica Vaticana (cf. *Ad honorandam*, § 12).

stabilire la qualità, il tempo ecc. circa l'uso della suppellettile (n. 125); 19° di correggere ed eliminare gli abusi e gli inconvenienti che si verificassero nella Sacrestia o nella Basilica, o personalmente, o per mezzo del Vicario, quando l'uno o l'altro sia presente; nel caso di assenza del cardinale Arciprete e del suo Vicario, tale diritto competeva ai Canonici Sacristi (n. 126).

L'Arciprete non aveva, invece, uno speciale diritto di vigilanza e di controllo circa il tesoro, le offerte e le questue nella Basilica, i beni della massa capitolare, della sacrestia, della Fabbrica, della Cappella Giulia e degli *Exceptorum*, giacché la bolla di Benedetto XIV non faceva alcun cenno, in merito, all'Arciprete e menzionava solo il Capitolo: così anche le Costituzioni del 1938 (cf. nn. 82–86).

Nemmeno aveva l'Arciprete il diritto di sospendere o annullare le disposizioni capitolari eventualmente ritenute contrarie alle norme comuni o lesive dei diritti dei terzi; poteva solo, come qualunque altro Canonico, richiamare l'attenzione su siffatta violazione della legge o del diritto altrui. Del pari, non poteva l'Arciprete ricevere e definire i ricorsi contro eventuali deliberazioni o disposizioni capitolari, fermo restando il sopra cennato potere di dirimere le controversie tra Capitolari (n. 108).

Infine al Cardinale Arciprete competeva il diritto di compiere nella Basilica Vaticana le sacre funzioni e di amministrare la Cresima personalmente o per mezzo del suo Vicario, o di dare il permesso ad altri di amministrarla; di conferire la prima tonsura, gli ordini minori e maggiori ai candidati addetti al servizio alla Basilica; di nominare gli esaminatori *e gremio Capituli*; di consacrare gli altari e le chiese dipendenti dal capitolo Vaticano; di consacrare gli Oli Santi il giovedì santo (cf. Cost. *Ad honorandam*, §§ 6–13).

Al presente, fermo il principio che "in temporalibus Archipresbyter partem habet una cum capitulo" (art. 3, § 7 Cost. vig.), devono evidenziarsi alcune esplicazioni particolari, specificamente normate, della *iurisdictio* arcipresbiterale *in spiritualibus* quanto al *servitium Ecclesiae*: sono, in ispecie, quelle contemplate agli art. 53 (secondo cui spetta all'Arciprete la presidenza delle celebrazioni nelle solennità liturgiche in cui è prescritto il servizio corale), 54 (che rimette all'Arciprete o al suo Vicario la vigilanza sulla frequenza del ministero corale e la disciplina nel compierlo) e 59 (che attribuisce all'Arciprete la competenza a dettare norme sulle eventuali iniziative di carattere pastorale da esplicarsi in Basilica). Tali norme trovano conferma e specificazione negli artt. 1 § 2, 2 § 2, 7 e 10 del Regolamento capitolare.

Attribuzioni analoghe a quelle contemplate nelle previgenti Costituzioni, e implicanti una qualche forma di potestà esecutiva e disciplinare, sono poi quelle contenute negli artt. 6, § 1 e 9, § 3 (l'Arciprete – o il suo Vicario – presenzia alla presa di possesso dei Canonici e dei Coadiutori); 9, § 6 (insieme al Capitolo, assegna i compiti ai Coadiutori); 10, §§ 3–5 (ammonisce gli inadempienti al servizio corale e ne propone la privazione in caso di persistenza nella mancanza); 11, §§ 2–5 (ammonisce ed eventualmente sospende temporaneamente, i canonici o i Coadiutori che conducono una vita non consona alla dignità dell'ufficio o si allontanino dalla dottrina della Chiesa nella predicazione o nella celebrazione dei sacramenti, e ne propone parimenti la privazione); 13, § 2, 4 (convoca le adunanze capitolari e le presiede personalmente o tramite il Vicario; a mente dell'art. 11, § 2 del regolamento approva anche l'ordine del giorno); 27 (nomina tra i capitolari, sentito il Capitolo, i sostituti temporanei degli Officiali); 28, n. 5 e 50 (sottoscrive insieme al Segretario, e in alternativa al Vicario, i verbali e gli atti del Capitolo); 74 (promulga il Regolamento del Capitolo e le sue eventuali modifiche).

In ambito giudiziale, per quanto siano alquanto frequenti, specie dopo la stipula dei Patti Lateranensi, i matrimoni celebrati nella Basilica Vaticana, la competenza a trattare le relative cause di nullità, in ragione del luogo di celebrazione, avendo lo Stato della Città del Vaticano un tribunale ecclesiastico proprio, appartiene solo a questo, in base al M.P. di Giovanni Paolo II *Quo civium iura* del 21 novembre 1987; il Cardinale Arciprete non gode quindi, in quanto tale, di alcuna competenza giudiziale.

Definizione della giurisdizione del Cardinale Arciprete

Riepilogando quanto sopra esposto, risulta evidente che la Basilica Vaticana non ha mai costituito una diocesi separata dalla diocesi di Roma, né un territorio separato retto con piena potestà episcopale, a mo' di diocesi, da un prelato *nullius*, a norma dei cann. 319 ss. CIC 1917 o in analogia ad una prelatura territoriale, di cui al can. 370 del Codice vigente. La giurisdizione del Cardinale Arciprete deve essere desunta *ex integro* dalle costituzioni apostoliche, che, compendiate, confluirono nelle Costituzioni della Basilica di S. Pietro emanate nel 1938. E in primo luogo la giurisdizione del Cardinale Arciprete deve definirsi come potestà o giurisdizione vicaria, cioè da esercitarsi in nome e con l'autorità del Romano Pontefice. Lo affermano espressamente le costituzioni apostoliche citate nelle note storiche, in particolare la cost. *Ad honorandam*, e le Costituzioni capitolari del 1938 al n. 2. In realtà lo stesso Benedetto XIV afferma che la Basilica è posta "sotto la giurisdizione immediata del Romano Pontefice" (*Ad honorandam*, § 12) e che tutti i soggetti esenti sono "sottoposti immediatamente al Romano Pontefice e alla Sede Apostolica" (ibid. § 4). L'esenzione di cui gode la Basilica Vaticana è locale, l'esenzione delle persone invece è personale. L'una e l'altra, poi, definiscono la giurisdizione ordinaria del Cardinale Arciprete, che a mente del decreto di Innocenzo XII è limitata *ad servitium Ecclesiae*. Secondo l'espressione di Benedetto XIV, l'esenzione ha luogo "durante il servizio alla Basilica e nelle materie attinenti a tale servizio", e l'oggetto ne viene spiegato "in ciò che concerne il servizio alla Chiesa, però soltanto quanto alla disciplina ecclesiastica e alla correzione dei costumi" (Decreto di Innocenzo XII).

Con l'espressione di "servizio alla Basilica" devono intendersi le funzioni liturgiche che vi si celebrano, in particolare il servizio del coro, e il servizio spirituale della Basilica in ciò che non è determinato nelle Costituzioni. Poiché però questi aspetti sono da gran tempo definiti dalle consuetudini, è chiaro che queste sono ormai legittimamente stabilite, e contro di esse invano può essere invocato uno speciale titolo di deroga o di abrogazione. "L'osservanza è ottima interprete delle costituzioni apostoliche", sostiene Riganti[68].

Per quanto concerne, poi, i diritti del Capitolo e degli uffici canonicali, esse devono essere definiti secondo le Costituzioni e le legittime consuetudini. Infatti il

---

68 Cf. *Commentarium in Regulas Cancellariae Apostolicae*, Reg. VIII, § 2, n. 50.

Capitolo, in quanto collegio disciplinato da sue proprie leggi apostoliche, agisce come persona morale non soggetta alla speciale autorità del Cardinale Arciprete, se non a norma delle predette. Ciò è evidente in primo luogo poiché il Capitolo, in ciò che attiene al servizio del coro e della Basilica, è soggetto alla vigilanza e alla correzione del Cardinale Arciprete o del suo Vicario. Nelle rimanenti materie deve procedere a norma delle costituzioni, sotto la propria responsabilità; nel senso che le sue deliberazioni e decisioni non sono sottoposte che al Romano Pontefice. Il Cardinale Arciprete è tenuto a partecipare, sia in prima persona che delegando il Vicario, all'ufficiatura corale. È anche opportuno che partecipi mediante il suo voto, di regola mediante il Vicario, al lavoro del Capitolo. Le decisioni del Capitolo non devono essere a lui sottoposte, come Superiore dello stesso Capitolo, salvo che si tratti di decisioni riguardanti il servizio del coro e della Basilica. Invero, mentre nel diritto comune il Vescovo possiede giurisdizione sul Capitolo, ma non ne fa parte, rimanendo da esso distinto e separato, il Cardinale Arciprete invece è in seno al Capitolo Vaticano, del quale è la dignità prima e principale, per cui deve attivamente partecipare alle deliberazioni del Capitolo stesso. Peraltro, egli può esercitare la giurisdizione anche sul Capitolo, nelle materie in cui gli sia stata espressamente concessa.

Riflessioni sul significato e la portata attuale della giurisdizione del Cardinale Arciprete

Al presente, il Cardinale Arciprete di S. Pietro è anche, *ipso iure*, Vicario Generale del Sommo Pontefice per lo Stato della Città del Vaticano. In quest'ultima veste egli è titolare della potestà ordinaria vicaria sulla porzione della Diocesi romana che include la Basilica Vaticana; si trova, quindi, nella singolare posizione di titolare di una potestà ampia, e allo stesso tempo di una giurisdizione peculiare fondata sull'esenzione da quella stessa potestà. Si potrebbe, quindi, ritenere che – alla stregua di quanto avviene per un noto meccanismo giuridico nell'ambito dei diritti soggettivi – il confluire in un unico soggetto di una situazione giuridica più ampia e di una di contenuto più limitato, provochi l'estinzione (per c.d. consolidazione) di quest'ultima; tanto più che la norma vigente sembra voler ricondurre il fondamento della peculiare *iurisdictio* arcipresbiterale alla titolarità, in capo alla medesima autorità, della potestà vicaria di più esteso ambito ("utpote qui Vicarius Summi Pontificis exsistat pro Civitate Vaticana").

Epperò, rimangono degli elementi che inducono ad abbracciare una soluzione diversa. Per un elementare principio di ermeneutica legale, non possiamo sottacere l'obiettiva differenza tra le Costituzioni rispettivamente di Pio XI e di Giovanni Paolo II: mentre le prime titolano *Capita Constitutionum Sacrosanctae Basilicae Principis Apostolorum*, le vigenti recano come titolo semplicemente: *Statuta Capituli Basilicae Patriarchalis* [ora da leggersi *Papalis*] *Sancti Petri in Vaticano*. Al riguardo non può non rilevarsi che, malgrado l'espressa clausola abrogatoria delle precedenti Costituzioni capitolari contenuta nel Motu proprio del 1999, il contenuto normativo delle nuove Costituzioni – come puntualmente rilevato, a suo tempo, dai Capitolari, al tempo dell'elaborazione della vigente normativa – è, di fatto, alquanto più ristretto, occupandosi *ex professo* solo del Capitolo Vaticano e non toccando, almeno espressamente, la Basilica di S. Pietro nella sua autonoma configurazione e consistenza di persona giuridica.

Di "complesso organismo della Basilica", cui "appartiene a pieno diritto | la parrocchia di S. Pietro | alla stregua del Capitolo", aveva scritto il Card. Segretario di Stato Angelo Sodano nella nota del 15 dic. 1992, prot. n. 316.573, con la quale comunicava all'allora Arciprete e Vicario Generale di S. S. per la Città del Vaticano Card. Virgilio Noè l'avvenuta separazione della parrocchia di S. Pietro dal Capitolo Vaticano[i].

E pertanto, non investendo la figura giuridica della Basilica Vaticana *qua talis*, le vigenti Costituzioni lasciano intatto, in particolare, quell'enunciato di base della *esenzione* della Basilica medesima – nonché delle istituzioni e persone ad essa pertinenti (cf. n. 1 delle Costituzioni capitolari del 1938) – che costituiva il presupposto logico e giuridico essenziale per l'affermazione della *iurisdictio in spiritualibus* dell'Arciprete.

In secondo luogo, rimane il fatto che di tale giurisdizione, storicamente – e solidamente – sedimentata il Legislatore del 1999 ha comunque inteso fare speciale menzione nell'art. 3, § 2 delle nuove Costituzioni, e forse sarebbe far torto alla sua *mens* considerare tale menzione come un mero lascito, se così possiamo esprimerci, di valore puramente antiquario.

È ben vero che interrogarsi, *de iure condito*, sulla persistenza dell'esenzione della Basilica di S. Pietro, può apparire un vuoto bizantinismo; ma la questione non manca di rivestire un suo interesse, invero non irrilevante, se solo si pensi che in futuro il Legislatore potrebbe disporre diversamente in merito al governo spirituale di quella porzione territoriale della diocesi Romana in cui la Basilica del Principe degli Apostoli ricade, ad esempio decidendo di attribuire la potestà vicaria a soggetto diverso dall'Arciprete.

Ora, considerati gli elementi storici e giuridici fin qui ampiamente esposti, non pare azzardato affermare che in tale ipotesi la speciale *iurisdictio* arcipresbiterale *in spiritualibus*, posta, per così dire, in uno stato di quiescenza nel tempo in cui la più ampia potestà vicaria del suo titolare ne assorbiva gli aspetti più tipici, potrebbe conoscere una sorta di reviviscenza e riespandersi nel suo contenuto storicamente stratificato attraverso le costituzioni apostoliche e le legittime consuetudini; per lo meno integrando quella *iurisdictio domestica* che è propria dei Capitoli canonicali – seppur di proiezione decisamente minore rispetto alla sua primigenia e peculiarissima giurisdizione – ovvero quella 'iurisdictio domestica' di cui godevano i Cardinali nei loro Titoli e Diaconie dell'Urbe fino al M. P. 'Ad hoc usque tempus' di Paolo VI del 15 apr. 1969, che stabilì che quelle chiese dipendessero esclusivamente dal Card. Vicario di Roma.

Quanto alla parrocchia di S. Pietro: i vigenti statuti – a differenza delle Costituzioni di Pio XI ai nn. 1 e 2 – coerentemente con la previsione legale del can. 510 § 1, che statuisce la separazione tra capitolo e parrocchia – non ne disciplinano l'esistenza. Nella citata nota del Card. Segretario di Stato al Card. Arciprete di S. Pietro si legge: "La Parrocchia di S. Pietro, pur non essendo più unita al Capitolo, continua ad essere un ente che appartiene a pieno diritto al complesso organismo della

Basilica, alla stregua del Capitolo. La parrocchia deve poter disporre di una propria amministrazione che le permetta di portare avanti tutte le sue iniziative pastorali, come quelle ordinarie di culto, nella vita della Basilica. Sarà, quindi, necessario che il Capitolo di S. Pietro faccia avere all'amministrazione parrocchiale tutti i mezzi necessari, attingendo dai proventi del cosiddetto 'Tesoro' e da altri beni della Basilica, che, del resto, ad essa furono primariamente dati per ragioni di culto. Sono sicuro che Vostra Eminenza vorrà gentilmente comunicare quanto sopra all'Ecc.mo Camerlengo, pregandolo di voler portare a conoscenza dei Membri del Capitolo queste disposizioni, a complemento della decisione pontificia di separare la parrocchia dal Capitolo di S. Pietro. Liberato dal peso del lavoro parrocchiale, codesto Capitolo Vaticano potrà così attendere più serenamente al suo 'munus' specifico, quale è quello della solenne celebrazione del culto divino nella Basilica di S. Pietro".

Il Chirografo Pontificio del 14 genn. 1991 – col quale Giovanni Paolo II affidava la "cura spirituale nello Stato della Città del Vaticano…all'Arciprete 'pro tempore' della Basilica Vaticana, il quale diventa così anche Vicario Generale per la Città del Vaticano e per le Ville Pontificie di Castel Gandolfo…" – al n. 3, così dispone circa la parrocchia di S. Anna in Vaticano: "la cura pastorale della parrocchia di S. Anna in Vaticano resta affidata ai Religiosi dell'Ordine di S. Agostino: il Parroco sarà da me nominato su proposta del Priore Generale degli Agostiniani e dell'Arciprete della Basilica di S. Pietro".

Nulla dice il Chirografo circa la parrocchia di S. Pietro, per la quale quindi – in presenza di siffatta e palese 'lacuna legis' – quanto alla nomina del parroco, si procederà, alla luce del can. 19, per 'analogia legis', secondo quanto previsto, 'congrua congruis conferendo', per la parrocchia di S. Anna: il parroco di S. Pietro viene quindi nominato dal Papa su proposta dell'Arciprete di S. Pietro, che è il Vicario Generale di Sua Santità per lo Stato Città del Vaticano.

Un ultimo cenno merita l'art. 1 §1 dei vigenti Statuti, il quale si plasma con immediata evidenza, sul canone 503 del Codice di Diritto Canonico: "Patriarchalis Basilicae Vaticanae capitulum collegio sacerdotum constituitur, cuius est functiones liturgicas sollemniores in eadem Basilica per solvere, ad normam Codicis Iuris Canonici et iuxta his in statutis praescripta" (Statuti, art. 1 §1); "Capitulum canonicorum, sive cathedrale sive collegiale, est sacerdotum collegium, cuius est functiones liturgicas sollemniores in ecclesia cathedrali aut collegiali persolvere; capituli cathedralis praeterea est munera adimplere, quae iure aut ab Episcopo dioecesano ei committuntur" (can. 503).

Fonte autorevolissima di tale disposto legislativo è dato ravvisare già in *Sacrosanctum Concilium* n. 95[69].

Tuttavia sarebbe interpretazione riduttiva, fino a risultare arbitraria, restringere e far dipendere l'esistenza medesima del capitolo e il complesso conseguente delle sue funzioni al fine esclusivo di render più solenni le celebrazioni liturgiche, per quanto pregnante sia nel mistero del culto cristiano il concetto di *solennità*, e pecchi

---

69 "Communitates choro obligatae, praeter Missam conventualem, tenentur Officium divinum cotidie in choro celebrare, et quidem: […] b) Capitula cathedralia vel collegialia, eas partes Officii, quae sibi a iure communi vel particulari imponuntur".

senz'altro di superficialità chi, sbrigativamente proceda all'equazione, falsa, tra solennità ed esteriorità.

È chiaro che, *natura propria*, le celebrazioni liturgiche officiate da un capitolo canonicale esprimano decoro, compostezza solennità; epperò siffatta caratterizzazione funzionale non può aver l'effetto di escludere il capitolo dall'ordinario esercizio di attività cultuali nella chiesa capitolare, ferme restando le competenze del parroco laddove la chiesa fosse, *insimul*, capitolare e parrocchiale.

Insomma, il compito di render solenne il culto è una determinazione ulteriore che non esaurisce la globale finalità e il *munus* prevalentemente cultuale che l'Ordinamento canonico vigente attribuisce ai capitoli e ne sostanzia l'esistenza.

Quanto alla vita liturgica, discorso a parte merita la Basilica Vaticana. In essa infatti han luogo le liturgie Papali e allorquando celebra il Sommo Ponefice, essa basilica diviene siccome la splendida e spirituale cornice della Cappella Papale, all'interno della quale il Capitolo Vaticano, al pari di altri Corpi ecclesiastici e prelatizi, giusta le disposizioni e le precedenze stabilite dal M.P. *Pontificalis Domus* di Paolo VI (1968), trova posto. Ma il Capitolo, in forza del suo *munus*, non può escludersi dall'ordinaria vita di culto della Basilica Vaticana e dalla responsabilità nei confronti dello stesso, per cui non appare congrua la scomparsa dai presenti statuti dell'ufficio dei *Canonici Sacristi*, quali figure funzionali intimamente connesse con l'esercizio del culto, la sua vigilanza, la sua preparazione.

Ma anche nella gestione complessiva della Basilica il Capitolo gode di una qualche soggettività operativa in sinergia con la Fabbrica di S. Pietro, siccome formalmente previsto dall'art. 192 della cost. ap. *Pastor Bonus*: "Fabrica Sancti Petri curare perget ea quæ ad Basilicam Principis Apostolorum pertinent sive quoad conservationem et decorem ædificii sive quoad disciplinam internam custodum et peregrinorum, qui visendi causa templum ingrediuntur, iuxta proprias leges. In omnibus, quæ id exigunt, Superiores Fabricæ concorditer agant cum Capitulo eiusdem Basilicæ".

Il che ribadisce irrefutabilmente la soggettività ecclesiastica del Capitolo nei confronti della Basilica Vaticana.

L'*Ordo dedicationis seu consecrationis ecclesiae* nel *Pontificalis liber* di Agostino Patrizi Piccolomini e Giovanni Burcardo (1485)[*]

Manlio Sodi

In occasione del VI centenario della nascita di Pio II Piccolomini (1405–2005) ha visto la luce l'edizione anastatica del *Pontificalis liber* predisposto dai cerimonieri pontifici Agostino Patrizi Piccolomini e Giovanni Burcardo e pubblicato nel 1485. Si tratta della prima edizione a stampa del "Pontificale", cioè di quel libro che contiene le celebrazioni presiedute dal vescovo.[1]

L'edizione del 1485 è importante in quanto realizza la codificazione di numerosi manoscritti, testimoni di diverse prassi locali, contenenti le varie celebrazioni proprie del vescovo.[2] Ma la sua importanza risulta ancora più decisiva in quanto sarà proprio questa edizione ad essere presa come base per la revisione del *Pontificale Romanum* all'interno della riforma liturgica tridentina.[3]

Quando infatti si confronta l'edizione ufficiale del *Pontificale* della riforma tridentina (apparsa nel 1595–1596) con quella del 1485, risulta evidente lo stretto

---

[*] Dedico il contributo a Mons. Wilhelm IMKAMP, Socio "corrispondente" della Pontificia Accademia di Teologia. Il presente testo rinvia indirettamente a Pio II (Enea Silvio Piccolomini) che ha voluto esprimere nella "sua" cattedrale di Pienza (Siena) le linee di bellezza contemplate nelle cattedrali da lui visitate nei suoi lunghi soggiorni in Austria e in Germania.

[1] Cf M. SODI (ed.), *Il "Pontificalis liber" di Agostino Patrizi Piccolomini e Giovanni Burcardo (1485). Edizione anastatica, Introduzione e Appendice* = Monumenta Studia Instrumenta Liturgica [= MSIL] 43, Lev, Città del Vaticano 2006 (dall'*Introduzione* a questa opera dipendono in buona parte i contenuti del presente studio). – Per una sintesi di quanto svolto durante le celebrazioni del centenario della morte di Pio II, oltre a quanto segnalato nella nota 21, cf M.A. TERZOLI (ed.), *Enea Silvio Piccolomini. Uomo di lettere e mediatore di culture*, Schwabe Verlag, Basel 2006; M. SODI – A. ANTONIUTTI (edd.), *Enea Silvio Piccolomini. Pius Secundus Poeta Laureatus Pontifex Maximus*, Lev – Shakespeare and Company2, Città del Vaticano – Romae MMVII, pp. 444–447; L. SECCHI TARUGI (ed.), *Pio II umanista europeo* = Quaderni della Rassegna 49, Franco Cesati Editore, Firenze 2007.

[2] Per la storia del *Pontificale* cf la documentazione offerta nell'ampia Introduzione all'edizione anastatica, in particolare le pp. XXV–XLII.

[3] Cf M. SODI – A. M. TRIACCA (edd.), *Pontificale Romanum. Editio princeps (1595–1596). Edizione anastatica, Introduzione e Appendice* = Monumenta Liturgica Concilii Tridentini [= MLCT] 1, Lev, Città del Vaticano 1997. Per tutto il dispositivo cerimoniale che accompagna il *Pontificale* cf A. M. TRIACCA – M. SODI (edd.), *Caeremoniale episcoporum. Editio princeps (1600). Edizione anastatica, Introduzione e Appendice* = MLCT 4, Lev, Città del Vaticano 2000.

rapporto che intercorre tra le due edizioni. Questo a conferma dell'importanza del *Pontificalis liber* come "capitolo" decisivo di una storia che non si ferma all'edizione tridentina ma che giunge fino ai nostri giorni coinvolgendo anche la riforma liturgica promossa dal Concilio Vaticano II.

Il presente studio ha pertanto l'obiettivo di contestualizzare il significato dell'opera (I), di presentare il complesso rituale che caratterizzava la dedicazione di una chiesa per evidenziarne soprattutto gli elementi portanti (II), e indicarne il significato essenzialmente simbolico (III) nell'ottica di tutto l'edificio e di ciò che lo circonda.

1. Dall'attenzione al libro liturgico una lezione anche per l'oggi

L'interesse per lo studio del libro liturgico è tornato di grande attualità in parallelo all'attuazione della riforma liturgica voluta dal Concilio Ecumenico Vaticano II. All'insegna delle prospettive conciliari anche la ricerca storica è stata sollecitata. Ne sono derivati risultati notevoli che caratterizzano come fecondo il periodo postconciliare, degno prosieguo del tempo del "movimento liturgico" durante il quale hanno visto la luce numerosi studi storici ed edizioni di fonti.[4]

Nel presente lavoro l'attenzione si concentra soprattutto sul *Pontificalis liber* del sec. XV e XVI, con accenni alla storia "recente" del *Pontificale*. Altri hanno già trattato adeguatamente di tale storia fornendo elementi sufficienti per coglierne l'ortogenesi.[5] Lo stesso sviluppo delle compilazioni (rubriche, testi, canti…) che sono state successivamente raccolte e sistematizzate in un libro unico – per comodità delle celebrazioni a cui normalmente presiedeva il *pontifex* (da cui *Pontificale* ovvero *Pontificalis ordinis liber*) – è già stato sottolineato in modo sufficiente.[6]

Le tappe del passaggio dalla liturgia romana pura[7] – come si è soliti affermare – alla liturgia "romana" del Medio Evo e a quella *secundum usum Romanae Curiae*[8]

---

4 Per una panoramica sul movimento liturgico cf B. NEUNHEUSER – A. M. TRIACCA, *Movimento liturgico*, in D. SARTORE – A. M. TRIACCA – C. CIBIEN (edd.), *Liturgia* = Dizionari San Paolo 2, San Paolo, Cinisello B. (Mi) 2001, 1279–1293 (con ampia documentazione); A. CATELLA, *Movimento liturgico in Italia*, ib., 1293–1300.

5 Cf C. VOGEL, *Introduction aux sources de l'histoire du culte chrétien au moyen-âge* = Biblioteca degli "Studi Medievali" 1, Spoleto 1966 (²1975), 182–215 (362). Esiste una traduzione inglese curata da W.G. STOREY – N.R. RASMUSSEN, dal titolo: *Medieval Liturgy: an Introduction to the sources*, Pastoral Press, Washington 1986.

6 Per una sintesi cf M. RIGHETTI, *Manuale di storia liturgica*. I.: *Introduzione generale*, Ancora, Milano ³1964 [anastatica 1998], 345–351; cf anche A. NOCENT, *Storia dei libri liturgici romani*, in S. MARSILI et ALII, *Anámnesis*. 2.: *La liturgia, panorama storico generale*, Marietti, Casale 1978, 165–168; I. SCICOLONE – C. CIBIEN, *Libri liturgici*, in D. SARTORE – A. M. TRIACCA – C. CIBIEN (edd.), *Liturgia*, o.c., 1011–1024; M. SODI – M. NAVONI, *Il libro liturgico nella storia*, in ASSOCIAZIONE BIBLIOTECARI ECCLESIASTICI ITALIANI (ed.), *ACOLIT: Autori cattolici e opere liturgiche*, vol. 3. *Opere liturgiche*, Editrice Bibliografica, Milano 2004, LVII–XCIV (nel volume si trova anche una ricca *Nota bibliografica* sul libro liturgico, disposta in ordine cronologico).

7 È l'espressione usata anche da B. NEUNHEUSER nella sua classica opera: *Storia della liturgia attraverso le epoche culturali* = Bibliotheca "Ephemerides Liturgicae", Subsidia [= BELS] 11, Clv – Edizioni Liturgiche, Roma ³1999, 57–74.

8 Cf *Ib.*, 89–111; E. CATTANEO, *Il Culto cristiano in Occidente. Note storiche* = BELS 13, Clv – Edizioni Liturgiche, Roma ²1984, 189–251.

sono state scandite dalla formulazione dei libri liturgici romani. Dagli *ordines*, dai *sacramentaria*, dai *libri comitis*, dai *capitularia evangeliorum*, dai *lectionaria plenaria*, dagli *antiphonaria*, ecc. si arriva infatti ai *missalia plenaria, collectaria, ritualia, pontificalia*.[9] La strutturazione del libro riservato alle celebrazioni presiedute dal *pontifex* passa attraverso una serie di sviluppi che non hanno ancora raggiunto il traguardo definitivo. Ne sono prova – a tutt'oggi – alcuni studi che restano come imprescindibili punti di riferimento.[10]

All'inizio degli anni Trenta del sec. XX, il De Puniet traccia la storia del *Pontificale* romano in base agli elementi allora noti.[11] Nella stessa decade, il Leroquais fornisce i dati riguardanti i Pontificali manoscritti presenti nelle biblioteche pubbliche di Francia.[12] Cataloghi così esaurienti non sono stati realizzati per altre regioni dove sappiamo essere custoditi numerosi manoscritti.[13] Solo dopo una rassegna di questo genere che abbracci tutte le aree geo-cultuali del Rito romano, sarà possibile delineare una storia oggettiva circa lo sviluppo della redazione del *Pontificale* romano. Questo permetterà, di conseguenza, la comprensione più corretta della stessa prima *editio* a stampa.[14]

1.1. All'origine del Pontificale

Il materiale raccolto e sistemato come un libro ad uso del *pontifex* fu redatto a metà del sec. X nella città di Magonza (Mainz). Per questo nelle prime decadi del sec. XX, dato il luogo d'origine di questa compilazione, si parlava di "Mainzer Pontifikale" o anche di "Ottonisches Pontifikale" perché composto al tempo di Ottone I, e definitivamente denominato dall'Andrieu "Pontificale romano-germanico", sottolineando in tal modo l'origine del materiale ivi contenuto ("romano") e il luogo della redazione ("germanico").[15] Il manoscritto è edito – su materiale da lui raccolto – da Vogel-Elze.[16]

---

9 Per tutto questo si veda K. Gamber, *Codices Liturgici Latini Antiquiores* = Spicilegii Friburgensis Subsidia 1, Universitätsverlag, Freiburg S. ²1968; Id. et Alii, *Supplementum. Ergänzungs- und Registerband,* Freiburg S. 1988, nn. 601–1599.

10 È doveroso segnalare in questo ambito il più ampio "commento" finora realizzato, a cura di J. Catalanus, *Pontificale Romanum in tres partes distributum, Clementis VIII ac Urbani VIII auctoritate recognitum, nunc primum prolegomenis et commentariis illustratum,* 3 voll., J. Leroux et Jouby, Parisiis 1850–1852 (la prima edizione è del 1738).

11 Cf P. De Puniet, *Le Pontifical romain. Histoire et commentaire,* vol. I.: *Introduction historique. Confirmation et Ordinations;* vol. II.: *Consécrations et Bénédictions,* Abb. Mont César – Desclée De Brouwer et Cie, Louvain-Paris 1930–1931.

12 Cf V. Leroquais, *Les Pontificaux manuscrits des Bibliothèques publiques de France,* 3 voll. + 1 vol. di *planches,* Paris 1937.

13 Cf l'opera di K. Gamber, con i rimandi che lo studioso fa ad altre rassegne di manoscritti.

14 Per un'esemplificazione concreta dello studio sui manoscritti del libro che sarà chiamato *Pontificale* cf A. Martini (ed.), *Il cosiddetto Pontificale di Poitiers (Paris, Bibliothèque de l'Arsenal, cod. 227)* = Rerum Ecclesiasticarum Documenta, Series maior, Fontes 14, Herder, Roma 1979.

15 Cf M. Andrieu, *Le Pontifical Romano-germanique du Xe siècle. Lieu et date de sa composition,* in Id. (ed.), *Les "Ordines Romani" du haut moyen-âge.* I.: *Les manuscrits* = Spicilegium Sacrum Lovaniense 11, Louvain 1965, 494–506. L'Andrieu tratta poi della diffusione del "Pontificale romano-germanico" in Germania, Francia, Inghilterra, Italia fino all'adozione del medesimo da parte della Chiesa di Roma (cf *Ib.,* 507–525).

16 Cf C. Vogel – R. Elze (edd.), *Le Pontifical romano-germanique du Xe siècle* = Studi e Testi 226–227, BAV, Città del Vaticano 1963.

L'Andrieu ha seguito lo sviluppo del "Pontificale romano" durante il Medio Evo, nelle sue tre grandi fasi: dal "romano-germanico" del sec. X a quello del sec. XII, e al "Pontificale della Curia" del sec. XIII, fino a quello caratteristico che "fa scuola" – sempre nel Medio Evo – di Guglielmo Durando.[17]

La storia del *Pontificale* – come per gli altri libri liturgici – è ritmata da quel fenomeno solitamente indicato con "flusso e riflusso" che sta a testimoniare l'interscambio avvenuto tra il così detto "centro" (= Roma) e la periferia. Per il *Pontificale* il movimento originario è opposto: dalla periferia al centro e poi, di nuovo, dal centro alla periferia. È il fenomeno che notiamo fino alla prima edizione a stampa del *Pontificale* (1485) sotto Innocenzo VIII (1484–1492). Quell'edizione, frutto di una stretta collaborazione tra Agostino Patrizi Piccolomini (Augustinus Patricius de Picolominibus) e Giovanni Burchard (opppure Burckhard), segna una data importante per la storia del *Pontificale*. Le pagine che seguono intendono evidenziare la tappa di un percorso storico che permette di cogliere alcuni aspetti dell'evoluzione di contenuti e forme liturgiche che ancora oggi incidono nel tessuto della *lex orandi* della Chiesa di rito romano.

1.2. Agostino Patrizi Piccolomini e Giovanni Burcardo

Per un'adeguata comprensione del *Pontificale* è opportuno tener presenti alcune essenziali informazioni circa l'opera dei due cerimonieri pontifici che, in risposta all'incarico ricevuto, realizzarono l'impresa di una edizione a stampa di tutto ciò che concerneva le celebrazioni presiedute dal vescovo. Così si esprime il Dykmans:

> «Le pape Innocent VIII voulut obtenir, au début de l'année 1485, une révision du Pontifical romain, non pour l'usage papal, mais pour celui des diocèses. Il la confia au cérémoniaire bien connu de Paul II et Sixte IV, Agostino Patrizi, alors devenu évêque de Pienza et Montalcino depuis le 19 janvier 1484».[18]

1.2.1. Agostino Patrizi Piccolomini

La vita di *Augustinus Patricius de Picolominibus* è ampiamente descritta dal Dykmans in apertura dell'edizione del *Caeremoniale*: opera che lo stesso Patrizi completa nel 1488, quando è già vescovo di Pienza, e che sarà poi edita da Cristoforo Marcello nel 1516.[19]

---

17 Cf M. Andrieu (ed.), *Le Pontifical Romain au moyen-âge* = Studi e Testi 86–89, BAV, Città del Vaticano 1938–1941: vol. I. *Le Pontifical Romain du XIIe siècle*; vol. II. *Le Pontifical de la Curie romaine ai XIIIe siècle*; vol. III. *Le Pontifical de Guillaume Durand*; vol. IV. *Tables alphabétiques*.

18 M. Dykmans, *Le Pontifical Romain révisé au XVe siècle* = Studi e Testi 311, BAV, Città del Vaticano 1985, 108 [= Dykmans 1985].

19 Cf M. Dykmans, *L'oeuvre de Patrizi Piccolomini ou le Cérémonial papal de la première renaissance*. Tome I: *Livre premier* = Studi e Testi 293, BAV, Città del Vaticano 1980 [= Dykmans 1980]; Tome II: *Livres II et III. Index* = Studi e Testi 294, BAV, Città del Vaticano 1982 [= Dykmans 1982]. Per il plagio operato da Cristoforo Marcello cf quanto già descritto in A. M. Triacca – M. Sodi (edd.), *Caeremoniale Episcoporum. Editio princeps (1600)*, o.c.: *Introduzione*, XXV–XXXI, e in Dykmans 1980, c. IV: *L'édition Marcello* (33*–42*). Per la vita e le opere del Patrizi cf *ibid.*, c. I: *La vie de l'Auteur* (1*–15*), e c. II: *Les oeuvres* (16*–26*). Altre informazioni anche in R. Avesani, *Per la*

Agostino Patrizi nasce a Siena verso il 1435. Adottato dalla *familia* dei Piccolomini per le sue capacità (per questo avrà il privilegio di aggiungere quel casato al proprio), è presto assunto come *amanuensis*; ma nel 1460 è già a servizio di Pio II; e vi rimarrà fino a quando il papa muore ad Ancona il 14 agosto 1464.[20] Di sua mano sono moltissime pagine dei *Commentari* di Enea Silvio Piccolomini Papa Pio II,[21] anche se solo una volta vi è citato quando descrive una tempesta avvenuta a Ostia il 21 maggio 1463.[22]

Alla morte di Pio II rimane nella *familia* dei Piccolomini, al seguito di Francesco Tedeschini Piccolomini, cardinale di Siena e futuro Pio III (22 settembre – 18 ottobre 1503), che lo nomina canonico della cattedrale di Pienza.[23]

Dal 1466 risulta annoverato tra i cerimonieri della cappella papale; carica che mantiene fino al dicembre del 1483 quando è nominato vescovo di Pienza e Montalcino (19 gennaio 1484), senza però risiedere a Pienza. Riprenderà infatti l'originario servizio nella Curia romana non più come "maestro" ma come "presidente" dell'ufficio delle cerimonie fino al 1488, quando darà le dimissioni.[24] È in questo periodo che Innocenzo VIII gli conferisce l'incarico di redigere il *Pontificale* e il *Caeremoniale*. Muore a Roma nel 1495, e sarà sepolto nella sua cattedrale di Pienza.[25]

Biblioteca di Agostino Patrizi Piccolomini vescovo di Pienza, in Aa. Vv., *Mélanges Eugène Tisserant*, Vol. VI. *Bibliothèque Vaticane* = Studi e Testi 236, BAV, Città del Vaticano 1964, 1–87 + 8 tav. f.t.

20 Cf la descrizione della morte di Pio II che lui stesso annota nel *Caeremoniale*; in Dykmans 1985, 232–233, nn. 685–686.

21 Cf L. Totaro (ed.), Enea Silvio Piccolomini Papa Pio II, *I commentarii*. Edizione con testo latino a fronte, note e indici, 2 voll. = Classici 47, Adelphi Edizioni, Milano 1984. Numerose sono le iniziative editoriali apparse in occasione del VI centenario della nascita di Pio II (18 ottobre 1405); in particolare ricordiamo: R. Di Paola – A. Antoniutti – M. Gallo (edd.), *Enea Silvio Piccolomini. Arte, Storia e Cultura nell'Europa di Pio II. Atti dei Convegni Internazionali di Studi 2003–2004*, Ed. Shakespeare and Company2 – Lev, Romae [– Città del Vaticano] MMVI; Aa. Vv., *Nymphilexis. Enea Silvio Piccolomini, l'umanesimo e la geografia. Manoscritti Stampati Monete Medaglie Ceramiche*, Ed. Shakespeare and Company2, Romae MMV; A. Antoniutti (ed.), *La libreria Piccolomini attraverso le incisioni. Una rilettura contemporanea*, Ed. Shakespeare and Company2, Romae MMV; Ead. (ed.), *Galleria di Ritratti. Il volto di Pio II nell'idea di dodici artisti contemporanei*, Ed. Shakespeare and Company2, Roma 2004; G. Gardelli, *Arte e arredo al tempo di Pio II*, Accademia Raffaello, Urbino 2004; A. Angelini (ed.), *Pio II e le arti. La riscoperta dell'antico da Federighi a Michelangelo*, Silvana Editoriale – Gruppo Fondazione MPS, Siena 2005.

22 Cf *Ib.*, 2215: «Pio nella sua stanza aveva cominciato, com'era sua abitudine, a dettare qualcosa, e Agostino Patrizi a scrivere...».

23 Per informazioni storiche e culturali su Pienza cf G.B. Mannucci, *Pienza: arte e storia* [s.e., s.l.] ³1937 (rist. anastatica con note introduttive: Ed. Don Chisciotte, San Quirico d'Orcia [Siena] 2005; M. Forlani Conti (ed.), *Il duomo di Pienza 1549–1984. Studi e ricerche*, Cantini, Firenze 1992; P. Torriti, *Pienza, la città del rinascimento italiano*, Ed. Sagep, Genova 1992; E. Carli, *Pienza, la città di Pio II*, Editalia, Roma ³1993; L. Martini (ed.), *Il piviale di Pio II*, Silvana Editoriale, Cinisello B. (Mi) 2001; e soprattutto J. Pieper, *Pienza: il progetto di una visione umanistica del mondo*, Axel Menges, Stuttgart 2000. Per gli archivi cf G. Chironi (ed.), *L'archivio diocesano di Pienza. Inventario* = Le esperienze di Clio 5, s.e., Siena 2000; M.P. Bagnoli – D. Guerrini – E. Insabato (edd.), *L'archivio comunale di Pienza. Inventario della sezione storica*, s.e., Siena 1991.

24 Secondo l'Avesani il Patrizi lasciò definitivamente l'ufficio il 31 maggio 1489: cf R. Avesani, *Per la Biblioteca...*, o.c., 18.

25 Cf foto della sua tomba nella sovraccoperta dell'edizione anastatica del *Pontificalis liber*; la tomba si trova appena varcata la soglia della porta centrale della cattedrale di Pienza (Siena). Anche se permane l'incertezza sulla data della morte, sulla pietra tombale è incisa la data del 1495: «D. O. M. | Aug.ˢ Patritius | Episcopus | (stemma) | A. D. M. CCCCXCV | T.P.». La differenza circa la data

L'opera liturgica del Patrizi si concentra su un progetto ambizioso: quello di preparare un *Pontificale* per i vescovi, un *Caeremoniale* papale e un *Sacerdotale* che sarà poi portato a compimento dal Castellani e pubblicato a Venezia nel 1523.[26] Mentre il *Caeremoniale* sarà completato il 1° marzo 1488 – ma vedrà la luce solo nel 1516 per opera di Cristoforo Marcello, come sopra accennato – il *Pontificale* appare nel 1485. Sarà questa opera che costituirà la base per l'edizione del *Pontificale* di Clemente VIII nel 1595–1596.[27]

1.2.2. Giovanni Burcardo[28]

Nato nella diocesi di Strasburgo, in Alsazia, verso il 1450, giunge a Roma nell'ottobre del 1467, e si pone a disposizione di vari cardinali finché non si ritrova al servizio di Sisto IV (1471–1484).[29] Tra le cariche di cui è rivestito vi è anche quella di protonotario apostolico (1481) e poi di maestro delle cerimonie (29 novembre 1483): incarico che manterrà sotto cinque papi (Sisto IV, Innocenzo VIII, Alessandro VI, Pio III e Giulio II), fino alla morte (1506), anche dopo la sua elezione a vescovo di Civita Castellana e Orte (29 novembre 1503).

Valido "liturgista", la sua opera è legata soprattutto all'edizione del *Pontificalis liber*, curata insieme al Patrizi, e all'*Ordo servandus per sacerdotem in celebratione Missae*. Si tratta del testo delle rubriche pubblicato a Roma il 18 settembre 1498, e seguito da numerose ristampe; il contenuto passerà poi nei Messali fino alla codificazione definitiva nel *Missale Romanum* del 1570.[30]

Fonte di preziose informazioni sono infine i *Diaria* che come cerimoniere pontificio annotava con regolarità dal 1483 alla morte avvenuta a Roma il 16 maggio

---

della morte tra 1495 e 1496 può essere determinata anche dal fatto che fino al 1749 città e stati italiani seguivano un computo diverso nel calcolo dell'inizio degli anni: chi cominciava *a Nativitate Domini* (25 dic.), chi *a Circumcisione Domini* (1° genn.), chi *ab Incarnatione Domini* (25 marzo), chi secondo lo stile bizantino (1° sett.). L'imperatore Francesco, Granduca di Toscana, il 20 novembre 1749 stabilisce che dal 1° gennaio 1750 tutti i calendari si uniformino iniziando il computo da quel giorno. Sulla problematica cf A. Cappelli, *Cronologia, cronografia e calendario perpetuo*, Hoepli, Milano ³1969, 8–16. Comunque in *Hierarchia Catholica Medii Aevi* (ed. C. Eubel, Monasterii MDCCCXIV, 216) risulta che il 31 ottobre 1495 è eletto come amministratore della diocesi il card. Francesco Piccolomini.

26 Cf la presentazione che è stata fatta in M. Sodi – J.J. Flores Arcas (edd.), *Rituale Romanum. Editio princeps (1614). Edizione anastatica, Introduzione e Appendici* = MLCT 5, Lev, Città del Vaticano 2004, XXXIV–XXXVI.

27 La doppia data sta ad indicare i rispettivi anni in cui è iniziata e si è conclusa la stampa dell'opera (cf inizio e fine).

28 Per un profilo completo di Jean Burckard, cf Dykmans 1980, c. VI: *La collaboration de Burckard*, 70*–97*.

29 Nel 1503 Burcardo si fabbricò una casa usufruendo dei resti di un'antica torre che prese il nome di Torre Argentina dalla città di provenienza (Strasburgo = *Argentoratum*); in seguito ha dato il nome al *Largo* e alla *Via di Torre Argentina*. Oggi la casa del Burcardo è al n. 44 di *Via del Sudario*, ed è sede della Biblioteca della Società Italiana Autori ed Editori (SIAE).

30 Cf M. Sodi – A.M. Triacca (edd.), *Missale Romanum. Editio princeps (1570). Edizione anastatica, Introduzione e Appendice* = MLCT 2, Lev, Città del Vaticano 1998: *Ritus servandus in celebratione Missarum*, 20*–36*. In particolare cf *Introduzione*, XVIII–XIX e relative note. Nel *colophon* dell'*Ordo* si legge: «Impressum Rome per magistrum Stephanum Planck de Patavia anno Domini Mcccclxxxxviij die vero xviij mensis septembris sedente Alexandro VI pontifice maximo anno eius vij». Per l'elenco delle numerose edizioni cf Dykmans 1980, 95*–97*.

1506 (salvo qualche interruzione) annotando notizie e informazioni anche non inerenti alle celebrazioni, tali comunque da offrire uno sguardo interessante sulle vicende e situazioni del tempo.[31]

1.3. L'edizione del *Pontificalis liber*

«Le pape Innocent VIII, couronné le 12 septembre 1484, donna dés le début de son pontificat l'ordre de refaire le pontifical romain. Ce devait être un livre fidèle au passé mais valable pour l'avenir. Le souverain pontife s'adressa pour celà à l'évêque de Pienza, Agostino Patrizi Piccolomini, toujours son cérémoniaire, comme il l'avait été depuis 1467, sous Paul II, et à peu près tout de règne de Sixte IV».

Così il Dykmans introduce il suo studio sulla situazione del *Pontificale* nel sec. XV.[32] Da qui si comprende l'obiettivo di offrire attraverso il *Pontificalis liber* uno strumento per le celebrazioni del vescovo nella propria diocesi, con la valida motivazione:

«... neque erit absurdum si relique ecclesie que a Romana fidem et christiana dogmata susceperunt, illamque ut omnium matrem et magistram venerantur et colunt, cum ea in sacris ritibus omnino convenerint, ne in aliquo a matre discrepare videantur».[33]

Nell'arco di quasi due anni l'opera giungerà a conclusione, e avrà una notevole diffusione. Quasi due anni dopo la morte del Patrizi, il 16 agosto 1497 Giacomo de Luzzi, vescovo di Caiazzo (Caserta) dal 1480, pubblicherà – insieme al Burcardo – una seconda edizione di questo *Pontificale*[34] sotto Alessandro VI (1492–1503); successivamente anche il Castellani curerà nel 1520 un'altra edizione, sotto Leone X (1513–1521): è questa l'edizione che sarà riprodotta quasi integralmente sotto Clemente VIII (1592–1605) nell'*editio princeps* realizzata dopo il Concilio di Trento.[35]

---

31 Tali *Diaria*, fedelmente conservati nell'Archivio dell'Ufficio per le Celebrazioni liturgiche del Sommo Pontefice, offrono preziose informazioni su tanti aspetti della vita della Curia e della stessa città di Roma, come ben ricordato da P. Marini nelle pagine introduttive all'edizione del *Pontificalis liber*, sotto il titolo: *I "Magistri Caeremoniarum" custodi e promotori della liturgia romana* (pp. V–XII); nel testo sono anche segnalati i volumi dei manoscritti che riguardano sia il Patrizi Piccolomini (vol. 125 e 265) che il Burcardo (voll. 419, 359–367, 847 [ordine cronologico]). Nell'*Appendice* al testo il Marini riporta anche l'elenco dei *Magistri* che hanno prestato la loro opera tra la fine del XV e per tutto il XVI secolo.

32 Cf Dykmans 1985, 7.

33 Cf testo nell'edizione citata, n. 5.

34 Per i dettagli della vicenda, per il testo della *Lettera* con cui il de Luzzi si rivolge al card. Raffaele Riario e per le modifiche apportate cf Dykmans 1985, 126–133; il testo della *Lettera-Presentazione* è trascritto a p. 127, nota 1, mentre nella nota 3 è riportato il testo del *colophon* dove si legge: «Finit liber pontificalis emendatus diligentia reverendi in Christo Patris domini Iacobi de Lutiis, utriusque iuris doctoris, episcopi Caiacensis, et domini Ioannis Burckardi, capelle Sanctissimi domini nostri pape cerimoniarum magistri, impressus Rome, per magistrum Stephanum Plannck, sedente Alexandro VI, pontifice maximo, anno V., M CCCC LXXXXVII., die XVI, augusti». Per le edizioni successive realizzate nel 1503, 1510, 1511 e 1520 cf *ibid.*, c. X: *Le pontifical d'Albert de Castello en 1520*.

35 Per questa documentazione cf C. Vogel, *Introduction...*, o.c., 211–215, dove l'Autore segnala ulteriore bibliografia in merito.

1.4. Per un primo accostamento all'opera

Il *Pontificale* si apre con la Lettera *Sanctissimo in Christo* indirizzata a Innocenzo VIII (1484–1492).[36] In essa il Piccolomini, che si presenta come *episcopus Pientinus et Ilcinensis* [= Montalcino], indica il lavoro svolto su codici tra loro molto diversi (tanto che solo *duo aut tres codices* danno lo stesso testo) e il confronto soprattutto con l'opera di Guglielmo Durando, con l'affermazione: «Nos vero illum quantum potuimus secuti» (n. 4). In questo lavoro – durato *plures menses* (cf n. 10) – il Patrizi si associa il Burcando (*socium mihi adiunxi*; e assicura: «maximo mihi adiumento fuit», n. 6). Dopo aver descritto la metodologia seguita («in debitum ordinem redigere omni studio conati sumus», n. 8) e aver accennato al progetto di raccogliere in un altro volume «quae ad sacerdotes spectant» (n. 7), si sofferma sull'uso della mitria in particolari momenti delle celebrazioni (cf n. 9).[37]

La conclusione del *Pontificalis liber* conferma che l'opera è stata realizzata «magna diligentia» dai due cerimonieri (n. 2030); e stampata a Roma da Stefano Planck il 20 dicembre 1485, nel secondo anno del pontificato di Innocenzo VIII (cf n. 2031). Le parole conclusive sono una richiesta di perdono per gli errori di stampa che inevitabilmente accadono in opere di questo genere, e che dipendono dalla lettura dei manoscritti e dalle loro abbreviazioni.

L'indice dei contenuti del *Pontificalis liber* è descritto nei nn. 11–17 («ea... quae ad officium Pontificis pertinent», n. 11). Le varie celebrazioni sono distribuite in tre parti:

- *De benedictionibus, ordinationibus et consecrationibus personarum* (cf nn. 12 e 15; quindi le singole celebrazioni, nn. 18–810);
- *De consecrationibus et benedictionibus rerum* (cf nn. 13 e 16; quindi le singole celebrazioni, nn. 811–1526);
- *De quibusdam sacramentis et ecclesiasticis officiis* (cf nn. 14 e 17; quindi le singole celebrazioni, nn. 1527–2029).

Di tanto in tanto l'esemplare riprodotto proveniente dalla Biblioteca Ambrosiana,[38] conserva alcune annotazioni marginali;[39] una rilegatura successiva talvolta ha tagliato le annotazioni manoscritte sui margini. Il *registrum foliorum* completa l'opera.

---

36 Cf pp. 1–3, nn. 1–10. Per la trascrizione del testo cf Dykmans 1985, 108–109 e una sintesi, in lingua francese, nelle stesse pagine; mentre la traduzione completa – sempre in francese – si trova in Dykmans 1980, 24*–25*.

37 Si tratta di un'indicazione importante per i cerimonieri; e quando questa manca essi la aggiungeranno a penna, come ampiamente rilevato nell'esemplare conservato a Pienza, nella biblioteca del Palazzo Piccolomini.

38 Per le informazioni circa gli esemplari consultati cf l'ampia introduzione alla stessa edizione anastatica.

39 Cf per esempio a pag. 74, nn. 329 e 330; pag. 77–78, nn. 337. 339. 341–343; pag. 83–84, n. 348–350; pag. 90, n. 358; pag. 94, n. 376; pag. 383, nn. 1286–1287; pag. 415, n. 1381; pag. 431, n. 1439; pag. 476, n. 1564.

Bildnis Brigitte Schulze, 1931

Bildnis Eva-Maria Schulze, 1934

Mutter mit Kind, 1932

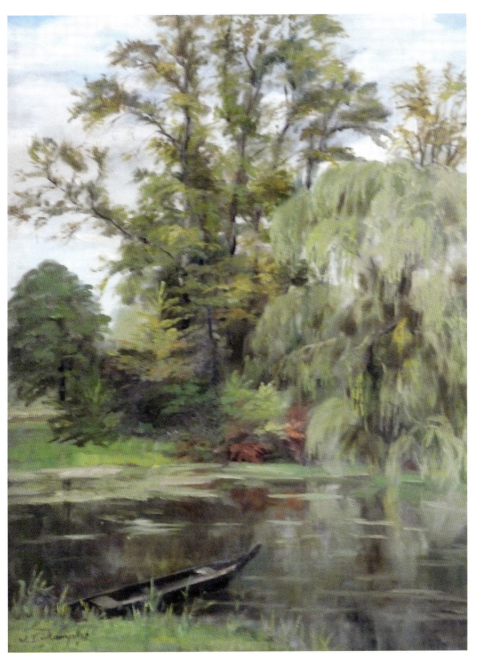

Waldsee, 1937

Waldlandschaft, 1932

Ohne Titel, 1948

Abstrakt, 1959

Die schöne Lau, 1973

Ohne Titel, 1976

1.5. L'edizione del 1485 tra l'opera del Durando e quella tridentina

Al seguito dei lavori dell'Andrieu, di numerosi altri studiosi e soprattutto del Dykmans[40] è attualmente possibile una conoscenza più diretta della situazione del *Pontificale* e del suo *status* anche per il periodo che intercorre tra il sec. XV e XVI.

La sinossi che segue offre una comparazione essenziale – a partire dai titoli dei capitoli – di quanto racchiuso nelle tre edizioni, ma solo per ciò che concerne i contenuti che interessano direttamente il presente studio.

Una presentazione dettagliata dei contenuti del *Pontificale* del Durando passati nel *Pontificale* del Piccolomini – e talvolta con riferimenti e confronti con l'*editio princeps* successiva al Concilio di Trento – è ampiamente descritta dal Dykmans.[41] Qui si pone in evidenza il contenuto della seconda parte e specificamente quanto concerne la dedicazione della chiesa.

Pontificale Romanum		
Gugliemo Durando (sec. XIII ex.)[42]	A. Patrizi Piccolomini e G. Burcardo (sec. XV ex.)	Concilio di Trento (sec. XVI ex.)[43]
Liber Primus		
Liber Secundus[44]		
I. [...] de benedictione et impositione primarii lapidis in ecclesiae fundatione	De benedictione et impositione primarii lapidis pro ecclesia edificanda	32. De benedictione et impositione primarii lapidis pro ecclesia aedificanda
		33. De benedictione salis
		34. De benedictione aquae

---

40 Cf Dykmans 1980, 1982 e 1985, con l'amplissima bibliografia e documentazione offerta; e quanto già elaborato nell'*Introduzione* all'*editio princeps* del *Pontificale Romanum (1595–1596)*, o.c.

41 Cf Dykmans 1985, 111–123; è a queste pagine che si rinvia per ogni approfondimento. Nella stessa opera (cf 152–156) si trova una sinossi in base ai titoli delle celebrazioni, relativa alle edizioni del 1485, 1497, 1520 e 1561, prendendo come base i titoli dell'edizione del 1595–1596 e mettendo in corsivo tutti i titoli già usati dal Patrizi.

42 Il Pontificale del Durando, vescovo di Mende, è la fonte del lavoro del Piccolomini; la sinossi lo evidenzia in modo eloquente. «La plupart de ses rubriques sont reprises à la lettre. Les prières se trouvent toutes, peut-on dire, chez lui. Ainsi le Pontifical, dit parfois narbonnais, mais qui était voulu par Guillaume Durand comme romain, est resté celui du pape Innocent VIII en 1485, et celui de Rome pour tous les textes ajoutés, en 1497 et 1520, qui sont tous du XVe siècle et presque toujours pris à Durand. Le même ouvrage est à reconnaître, au fond, à la véritable origine de celui de Clément VIII en 1595» (Dykmans 1985, 156). C'è ancora da aggiungere una preziosa annotazione che leggiamo nella pagina successiva: «Les prières, sauf quelques exceptions, ne sont pas de Durand, ni même ne sont empruntées par lui à des Pontificaux récents des XIIe siècle, en Gaule, en Espagne, en Angleterre, etc., au VIIIe et IXe, et presque toujours à Mayence au Romano-germanique depuis 950». Cf anche C. Vogel, *Introduction aux sources de l'histoire du culte chrétien au moyen âge*, o.c., 211–213 (con bibliografia e documentazione).

43 La numerazione progressiva presente in questa colonna riprende quanto già elaborato nella sinossi tra il *Pontificale* del 1595–1596 e quello del 1961–1962 pubblicata nell'*editio princeps* dei MLCT 1, XVII–XXI.

44 I titoli dei singoli *ordines* sono riportati secondo la dicitura presente all'interno del *Pontificale*, talvolta diversi da quelli dell'*Index*.

II. De ecclesie dedicatione	De eclesiae dedicatione seu consecratione[45]	35. De ecclesiae dedicatione seu consecratione
		36. De benedictione aquae cum sale, cineribus et vino[46]
III. De altaris consecratione que fit sine ecclesie dedicatione	Consecratio altaris	37. De consecratione altaris
	Benedictio cementi	38. De benedictione caementi
		39. De allocutione episcopi ad fundatores ecclesiae super debita donatione ecclesiae
		40. De benedictione incensi
	Benedictio tobalearum, vasorum et ornamentorum ecclesiae et altaris consecratorum	41. De benedictione tobalearum, vasorum, et ornamentorum ecclesiae et altaris consecratorum
	De altaris consecratione quae fit sine ecclesiae dedicatione	42. De altaris consecratione, quae fit sine ecclesiae dedicatione
	Benedictio incensi	
	Benedictio tobalearum, vasorum et ornamentorum altaris (consecrati)	
	De consecratione altaris cuius sepulchrum reliquiarum est in medio summitatis stipitis	43. De consecratione altaris, cuius sepulchrum reliquiarum est in medio summitatis stipitis
IV. De altaris portatilis consecratione	De altaris portatilis consecratione	44. De consecratione altaris portatilis
V. De cimiterii benedictione	De cimiterii benedictione	45. De benedictione coemeterii
VI. De ecclesie ac cimiterii reconciliatione	De ecclesiae et cimiterii reconciliatione	46. De reconciliatione ecclesiae et coemeterii
VII. De reconciliatione cimiterii per se, sine ecclesie reconciliatione	De reconciliatione cimiterii per se, sine ecclesie reconciliatione	47. De reconciliatione coemeterii, sine ecclesie reconciliatione
VIII. De patene et calicis consecratione	De patene et calicis consecratione	48. De consecratione patenae et calicis

---

45 Nella traccia di testo da affidare alla pergamena che accompagna le reliquie il Patrizi dà un esempio facendo riferimento a ricordi personali: «... sub hac forma: M CCCC LXXXV die III mensis Januarii Ego A Episcopus Pientinus consecravi ecclesiam et altare hoc in honorem sancti A et reliquias beatorum martyrum A et A in eo inclusi. Singulis christifidelibus in anniversario consecrationis huiusmodi ipsam visitantibus *tot* annos *vel* dies de vera indulgentia in forma ecclesie consueta concedens» (n. 862 dell'edizione anastatica). Questo testo sarà conservato dal Burcardo anche nell'edizione del 1497; mentre nell'edizione di Clemente VIII leggiamo: «M D XCV die N. mensis N. ego N. episcopus N. consecravi altare hoc in honorem Sancti N. et reliquias Sanctorum Martyrum N. et N. in eo inclusi, et singulis Christifidelibus hodie unum annum, et in die anniversario consecrationis huiusmodi ipsam visitantibus quadraginta dies de vera Indulgentia in forma Ecclesiae consueta concessi» (n. 719 dell'edizione dei MLCT 1).

46 Nel *Pontificale* del 1485 queste benedizioni sono incluse nel rito segnalato nel titolo precedente.

IX. De benedictione sacerdotalium indumentorum in genere	De benedictione sacerdotalium indumentorum in genere	49. De benedictione sacerdotalium indumentorum in genere
	Specialis benedictio cuiuslibet indumenti	50. Specialis benedictio cuiuslibet indumenti
X. De benedictione mapparum seu linteaminum sacri altaris	De benedictione mapparum seu linteaminum sacri altaris	51. De benedictione mapparum seu linteaminum sacri altaris
XI. De benedictione corporalium	De benedictione corporalium	52. De benedictione corporalium
XII. De benedictione nove crucis	De benedictione novae crucis	53. De benedictione novae crucis
		54. De benedictione crucis pectoralis
XIII. De benedictione ymaginis beate Marie		55. De benedictione imaginis beatae Mariae virginis
XIV. De benedictione ymaginum sanctorum		56. De benedictione imaginum aliorum sanctorum
XV. De benedictione thuribuli		
XVI. De benedictione sacrorum vasorum et aliorum ornamentorum in genere	De benedictione sacrorum vasorum et aliorum ornamentorum in genere	57. De benedictione sacrorum vasorum, et aliorum ornamentorum in genere
XVII. De benedictione vasculi pro eucharistia condenda fabricati	De benedictione tabernaculi sive vasculi pro Eucharistia conservanda	58. De benedictione tabernaculi, seu vasculi pro sacrosancta eucharistia conservanda
XVIII. De benedictione capsarum pro reliquiis et aliis sanctuariis conservandis	De benedictione capsarum pro reliquiis et aliis sanctuariis includendis	59. De benedictione capsarum pro reliquiis, et aliis sanctuariis includendis
XIX. De benedictione ciborii seu umbraculi altaris		
XX. De benedictione tabule ante vel post altare collocande		
XXI. De benedictione baptisterii sive lapidis fontium		
XXII. De benedictione signi seu campane	De benedictione signi vel campanae	60. De benedictione signi vel campanae
XXX. De benedictione et impositione crucis proficiscentium in subsidium terre sancte	De benedictione et impositione Crucis proficiscentibus in subsidium terrae sanctae	61. De benedictione et impositione crucis proficiscentibus in subsidium et defensionem fidei christianae, seu recuperationem terrae sanctae
	[...........................]	
	Explicit pontificalis liber	
	Registrum foliorum	

1.6. Un essenziale punto di riferimento

Con l'edizione anastatica del *Pontificale* del 1485 lo studioso della storia dei pontificali ha la possibilità di disporre di un *terminus ad quem* e di un *terminus a quo*. È un punto di riferimento per la storia che precede l'invenzione della stampa. Ormai si supera il tempo dei codici manoscritti e con questo si riduce la possibilità di moltiplicare errori, e quindi di conservare e trasmettere il testo con maggior fedeltà. Ma l'edizione è anche un punto di riferimento per continuare lo studio dei pontificali che saranno stampati tra il sec. XV e il sec. XVI, quando sul finire di esso apparirà la vera *editio princeps* del *Pontificale* di Clemente VIII (1595–1596), seguita dall'*editio princeps* del *Caeremoniale Episcoporum* nel 1600.

Se da una parte l'edizione permette di avere una visione diretta dei testi – e quindi di cogliere sia la disposizione rituale delle celebrazioni sia la loro ricchezza testuale –, dall'altra facilita l'opportunità di verificare la permanenza o meno dei testi eucologici, l'uso dei salmi e delle antifone, il dispositivo rubricale, le parti musicali, ecc.

Alla luce delle numerose correzioni e aggiunte riscontrate in altri esemplari è possibile cogliere come da questa *editio* si siano meglio puntualizzate sia le cerimonie sia i testi eucologici. Uno studio di queste annotazioni, condotto su tutti gli esemplari finora conservati, può aiutare a comprendere meglio il lavoro che è stato compiuto dalla commissione che fu incaricata di redigere il *Pontificale* di Clemente VIII. Anche in questo ambito lo studio dei pontificali a stampa del sec. XV e soprattutto XVI può rivelare una pagina che costituisce un'opportuna occasione per comprendere come durante questo periodo la liturgia – sull'esempio delle celebrazioni presiedute dal Papa – abbia subito e assorbito adattamenti che furono poi consolidati nei secoli successivi, fino alla vigilia del Concilio Vaticano II.

Nell'insieme è pertanto possibile concludere che l'edizione del *Pontificalis liber* completa una pagina nella storia dei pontificali che annovera contributi preziosi, e che prende l'avvio da quel lavoro del Piccolomini e del Burcardo i cui effetti si manterranno fino all'ultima edizione avvenuta nel 1961–1962:[47] quelle pagine, nei capitoli conservati, mantengono i testi e l'impronta generale soprattutto del vescovo di Pienza e Montalcino.[48] È naturale supporre che nel lavoro di preparazione del *Pontificalis liber* Agostino Patrizi Piccolomini avesse ben presente l'esperienza vissuta 23 anni prima a Pienza, quando aveva accompagnato Pio II proprio per la dedicazione della cattedrale.

---

47 Cf M. Sodi – A. Toniolo (edd.), *Pontificale Romanum. Editio typica 1961–1962. Edizione anastatica e Introduzione* = Monumenta Liturgica Piana 3, Lev, Città del Vaticano 2008. Per completare l'orizzonte tridentino cf M. Sodi – A. Toniolo – P. Bruylants (edd.), *Liturgia Tridentina. Indices, fontes, concordantia* = Monumenta Liturgica Piana 5, Lev, Città del Vaticano 2010.

48 Si legge nei *Commentari* di Pio II (o.c., 1579): «Pio eresse Montalcino in città, a pari grado con Pienza, e in entrambe le città istituì una chiesa episcopale e un capitolo di canonici; ma volle che uno solo fosse il vescovo e una la diocesi». La cattedrale – la cui prima pietra sarà posta il 10 agosto del 1460 – sarà "dedicata" dallo stesso Pio II il 29 agosto 1462, nella festività della Decollazione di san Giovanni Battista.

2. La struttura del rito di dedicazione

A differenza dei libri liturgici odierni, il *Pontificalis liber* non è strutturato in modo tale da far apparire subito la logica della successione degli elementi. Ecco perché è necessario evidenziare una linea celebrativa anche per collocarvi tutto ciò che il *Pontificalis liber* contiene.

Nel testo dell'edizione anastatica, come sopra schematicamente accennato, la successione della complessa celebrazione caratterizza l'inizio del II libro. Schematicamente si può dare il quadro seguente.

2.1. Benedizione e posa della prima pietra

Il rito con cui si attua la *benedizione e posa della prima pietra* è descritto nei nn. 811–859. Individuata l'area su cui dovrà sorgere la nuova chiesa, si predispone un insieme di riti in cui dominano soprattutto le invocazioni perché Dio benedica l'opera che si sta iniziando. Dalla benedizione dell'acqua al luogo dove sono già poste o sorgeranno le fondamenta, è tutto un riecheggiare di invocazioni che si intrecciano con antifone, salmi e orazioni.

Al termine del rito è offerta al vescovo la possibilità di rivolgere un'esortazione al popolo soprattutto *de contribuendo pro structura ecclesiae novae* (n. 859). La benedizione e la concessione di indulgenze completa la celebrazione. Se il vescovo lo desidera, può celebrare sul posto la messa *de sancto in cuius nomine ecclesia fundatur* (n. 859).

2.2. La dedicazione o consacrazione della chiesa

Il titolo recita: *de ecclesiae dedicatione seu consecratione*, e occupa i nn. 860–1113. La struttura essenziale del complesso rito può essere così descritta:

1. *Dispositivo rubricale* – Per predisporre la celebrazione si ricorda in prima istanza il dovere del digiuno come dimensione per la preparazione al rito (cf n. 861); quindi il compito del vescovo di preparare le reliquie (con relativo documento di autenticità), e la proclamazione delle indulgenze per l'anniversario della dedicazione;[49] infine è indicato in modo preciso e dettagliato tutto ciò che è richiesto per la celebrazione (cf nn. 863–868).
2. *Ritualità iniziale* – La celebrazione inizia presso il luogo dove sono state preparate le reliquie (cf n. 869) e include i sette salmi con antifone, preghiere, litanie e benedizioni. Dopo la benedizione dell'acqua inizia la benedizione esterna dell'edificio: il vescovo fa un primo giro, accompagnato da tutto il popolo, e giunto alla porta bussa con il pastorale; inizia quindi un secondo giro e, come sopra, bussa alla porta; e quindi per la terza volta; finalmente entra in chiesa (cf n. 891).

---

49 Cf n. 862 in cui si dà anche uno *specimen* di testo con riferimento specifico *Ego A. Episcopus Pientinus...*

3. *Nella chiesa* – Una volta che tutti sono entrati in chiesa viene cantato il *Veni creator Spiritus* (cf n. 896); durante il canto si sparge della cenere per terra a forma di croce, su cui il vescovo dovrà tracciare le 24 lettere dell'alfabeto greco (cf n. 906) e quindi le 23 (U = V) dell'alfabeto latino (cf n. 908). La celebrazione continua con la benedizione dell'acqua *cum sale cinere et vino* (n. 911). Quindi ci si porta all'ingresso della chiesa dove si fa il segno della croce *in limine superiori et inferiori intrinsecus* (n. 932); tutto questo è accompagnato dal canto.

4. *Consacrazione dell'altare* (cf nn. 938–1074)[50] – Il dispositivo rituale in sintesi comprende: l'antifona *Introibo ad altare Dei* con il salmo (nn. 939–940); la *signatio* dell'altare con acqua benedetta e aspersione dell'altare mentre il vescovo gli gira intorno 7 volte, cantando ogni volta l'antifona *Asperges me* seguita dal salmo e dall'orazione propria (cf nn. 946–959). Segue quindi un triplice giro all'interno della chiesa aspergendo le pareti (in basso, ad altezza di persona, e un po' più in alto) mentre si cantano antifone e salmi (cf nn. 961–969). Si procede poi all'aspersione del pavimento della chiesa in lungo e in largo, e ancora spargendo acqua verso i 4 punti cardinali (cf n. 975); il canto di un testo prefaziale completa questa parte (cf n. 980). Segue la preparazione della malta usando l'acqua benedetta, per chiudere le reliquie sulla mensa dell'altare, e il relativo rito che comprende anche la processione attorno alla chiesa con le reliquie (cf nn. 983–1002).

5. *"Brevis sermo" e rientro in chiesa* – È nella complessa ritualità di questo momento della consacrazione dell'altare che il *Pontificalis liber* indica: *facit ibi* (= davanti alla porta della chiesa) *breviter sermonem* (n. 1002). Il testo indica solo i temi da trattare, mentre nell'edizione tridentina troviamo l'allocuzione completa, e i due decreti del Concilio di Trento (cf nn. 610–616). L'ingresso in chiesa è caratterizzato dalla *signatio* con il crisma della porta della chiesa; la stessa *signatio* è fatta nello spazio dell'altare in cui verranno poste le reliquie. Deposte le reliquie tutto viene chiuso con l'ulteriore aggiunta di una *chrismatio* sopra la pietra (cf n. 1018); segue quindi l'incensazione fatta prima dal vescovo e successivamente da un presbitero *qui continue altare circuit incensando, donec consecratio perficiatur...* (n. 1030). Nel frattempo il vescovo traccia segni di croce con l'olio dei catecumeni ai 4 angoli dell'altare; successivamente sparge olio dei catecumeni e crisma *manu sua confricans, liniens et perungens* (n. 1060) e accompagnando il tutto con una monizione sulla sacralità dell'altare (cf n. 1064). Si procede quindi all'unzione dei punti dove sono state collocate le 12 croci sulle pareti (cf n. 1070).

6. *Benedizione dell'incenso e altri segni* (cf nn. 1075–1109) – Si tratta dell'incenso che sarà bruciato sull'altare dopo che è stato predisposto ai quattro angoli insieme a piccole candele la cui consumazione farà bruciare l'incenso. Il tutto è completato da un testo prefaziale (cf nn. 1086–1087). Il rito prosegue ancora con la

---

50 Da notare che nel *Pontificale* del 1595–1596 il capitolo della *consecratio altaris* si apre con la rubrica: «... si plura altaria... consecranda, Pontifex eodem actus, et caerimonias facit, sub eiusdem verbis, in singulis altaribus successive, sicut facit in primo altari» (n. 558). Nel *Pontificalis liber* la stessa indicazione si trova al termine (cf n. 1113).

signatio del crisma nei punti in cui la mensa dell'altare si congiunge con gli stipiti. Si completa questa parte con la benedizione delle tovaglie, dei vasi e degli ornamenti della chiesa e dell'altare. Mentre si cantano varie antifone e salmi, si prepara l'altare; quindi il vescovo vi sale e lo incensa. Infine si reca in sacrestia per il cambio degli abiti e dei *sandalia* (cf n. 1109).

8. *Celebrazione della Messa* – A questo punto tutto è pronto per la celebrazioen della messa; ma se il vscovo è stanco può affidare il compito ad altro sacerdote. Il formulario è quello della dedicazione della chiesa, con l'aggiunta di testi propri (cf nn. 1110–1112). La celebrazione si conclude con la benedizione impartita dal vescovo (cf n. 1113).

2.3. Altri elementi benedizionali presenti nel Pontificalis liber

Anche se non interessano direttamente il nostro tema, ricordiamo che il *Pontificalis liber* presenta ancora altri testi che direttamente o indirettamente sono indicati nella parte che concerne la dedicazione dell'edificio sacro:

- De altaris consecratione quae fit sine ecclesiae dedicatione (cf nn. 1114–1247).
- De consecratione altaris cuius sepulchrum reliquiarum est in medio summitatis stipitis (cf nn. 1248–1253).
- De altaris portatilis consecratione quae poterit fieri quocumque die et loco tamen ieiuno stomacho (cf nn. 1254–1312).
- De cimiterii benedictione (cf nn. 1313–1350).
- De ecclesiae et cimiterii reconciliatione (cf nn. 1351–1391).
- De reconciliatione cimiterii per se sine ecclesiae reconciliatione (cf nn. 1392–1400).
- De patenae et calicis consecratione (cf nn. 1401–1415).
- De benedictione sacerdotalium indumentorum in genere (cf nn. 1416–1424).
- De benedictione mapparum seu linteaminun sacri altaris (cf nn. 1425–1428).
- De benedictione corporalium (cf nn. 1429–1433).
- De benedictione novae crucis (cf nn. 1434–1449).
- De benedictione sacrorum vasorum et aliorum ornamentorum in genere (cf nn. 1450–1453).
- De benedictione tabernaculi sive vasculi pro Eucharistia conservanda (cf nn. 1454–1456).
- De benedictione capsarum pro reliquiis et aliis sanctuariis includendis (cf nn. 1457–1464).
- De benedictione signi vel campanae (cf nn. 1465–1505).

Il solo elenco permette di cogliere la ricchezza di elementi racchiusi nel *Pontificalis liber*; si tratta di un'abbondanza di "documenti" che denotano una grande complessità rituale tipica di questa particolare celebrazione. Quando si accosta, inoltre, la successione degli elementi tipici dell'*ordo* uno degli aspetti che colpisce il lettore odierno è il clima di sacralizzazione che circonda ogni movimento e ogni segno.

La comprensione di tutto ciò va situata nell'orizzonte in cui si muove la liturgia "romana" nella prima metà del secondo millennio. La sistematizzazione che essa acquisterà in seguito al dettato del Concilio di Trento e della successiva linea di riforma sarà la risposta ad un bisogno di precisione e di essenzialità. Nel contesto, comunque, permarrà la preponderanza del linguaggio rubricale a scapito di una comprensione dei vari contenuti da parte dell'assemblea che non appare coinvolta se non in minima parte, in quanto sostituita dal ruolo della *schola*.

3. Dimensione altamente simbolica dell'apparato rituale

Accostare con *mens* odierna il *Pontificalis liber* del sec. XV implica un notevole impegno in quanto il libro liturgico di questo periodo non indica con precisione i vari momenti. Il lettore si trova di fronte ad una successione di movimenti, testi, segni, simboli, canti, processioni... che devono essere valutati secondo le rispettive sequenze rituali.

La difficoltà che permane consiste nel comprendere la logica delle singole sequenze in quanto esse sono complesse e intrecciate continuamente tra di loro. Un aspetto determinante che contribuisce alla comprensione degli elementi è costituito dai testi soprattutto eucologici.

La ricchezza rituale dell'*ordo dedicationis* è da considerare nell'ottica di tutti quei testi costituiti da *orationes* di vario genere, da numerose antifone e salmi che rinviano costantemente ad un substrato biblico. La tipologia dell'Antico e del Nuovo Testamento non è rintracciabile nella proposta di letture bibliche, ma nei riferimenti che questi testi racchiudono e nella interpretazione che è offerta principalmente dalle antifone e dalle orazioni di supplica e di benedizione-invocazione.

Il capitolo dei segni e simboli è ricchissimo. Al di là della sua comprensione più o meno immediata, chi celebra e chi partecipa si trova immerso in una celebrazione estremamente complessa per gli elementi che si sovrappongono. Questo spiega la lunghezza della celebrazione stessa. Non ci è dato di verificare il tipo di partecipazione dei fedeli, consapevoli anche del fatto che una tale celebrazione occupava molte ore della giornata. Resta comunque il fascino di una ritualità costituita da movimenti processionali, da segni e simboli che evidenziano la centralità e l'importanza del luogo e dello spazio, dell'altare in modo particolare, delle reliquie deposte nell'altare... Tutto questo per dare un'aura di sacralità al luogo in cui si compiono i santi misteri e in particolare all'altare in cui si celebra il sacrificio della Croce.

In questa linea nessun accenno è fatto all'ambone o al pulpito, data la non rilevanza della Parola di Dio e della predicazione; né è dato risalto alla sede del vescovo, la cattedra. Permangono invece i richiami alla sacralizzazione degli elementi tramite il ricorso all'uso dell'acqua benedetta, al crisma, all'olio dei catecumeni, all'incenso, alle lettere dell'alfabeto greco e latino, alle candele, ai movimenti processionali dentro e fuori dell'edificio da dedicare, ecc.

Escludendo quindi confronti con la liturgia odierna – anche se la conoscenza della storia ci permette di comprendere il senso della riforma voluta dal Concilio Vaticano II – il contatto con le forme rituali del rito della dedicazione nel sec. XV offre l'immersione in una ritualità davvero effervescente, e tale da coinvolgere l'attenzione e suggestionare l'immaginario collettivo in vista di un misticismo che avvolge tutti gli aspetti e i momenti della liturgia.

4. Conclusione

Nel delineare le norme generali per la riforma della liturgia il Concilio Vaticano II affermava che «per conservare la sana tradizione e aprire però la via a un legittimo progresso, la revisione delle singole parti della liturgia deve essere sempre preceduta da un'accurata investigazione teologica, storica e pastorale» (*Sacrosanctum Concilium*, n. 23). Questo perché un'adeguata comprensione dell'*oggi* e una fruttuosa progettazione del *domani* deve sempre prendere in considerazione l'*ieri*. Se questo vale per ogni aspetto della vita, a maggior ragione vale anche per le forme attraverso cui il dialogo tra Dio e l'uomo, nel contesto storico-salvifico della rivelazione cristiana, si prolunga nel tempo. Conoscere le pagine che "raccontano" e tramandano le modalità di questo rapporto non implica tanto un mettersi a sfogliare tesori che la storia affida anche alla cultura odierna, quanto soprattutto cercare di cogliere le caratteristiche e le sfumature del rapporto tra Dio e il suo popolo, all'interno dei diversi contesti culturali.

Il percorso storico delineato in queste pagine ha permesso di cogliere alcuni tratti salienti di una *traditio* in cui la prassi della *lex orandi* testimonia nelle sue varie fasi le modalità di espressioni cultuali della comunità cristiana. Entrare in questi contenuti è la sfida che interpella in particolare il teologo. Sia le sequenze rituali, infatti, sia soprattutto i testi eucologici costituiscono gli elementi determinanti per cogliere il senso, le modalità e le forme di un rapporto tra Dio e il suo popolo in cammino. Ma la sfida interpella anche altri ambiti: dall'arte alla musica, dalla prosa alla poesia, dall'uso della Scrittura alla sua interpretazione orante... è tutto un intreccio di elementi che rivelano lo stretto rapporto che intercorre tra culto e cultura. Far emergere questa sintonia è la lezione che il confronto con una pagina di storia può rilanciare anche oggi a partire da una conoscenza più profonda della stessa storia del culto cristiano e di alcuni dei suoi elementi costitutivi quali sono i libri liturgici.

Wallfahrtslieder

Robert Spaemann / Cordelia Spaemann

Ich widme Msgr. Imkamp den folgenden Aufsatz meiner verstorbenen Frau Cordelia Spaemann, geb. Steiner, die 1925 geboren wurde, 2003 starb und die dem Jubilar in Sympathie und Verehrung zugetan war. Das Thema des Textes passt zum Geburtstag des berühmten Wallfahrtsdirektors besser als alles, was ich zu dieser Festschrift beisteuern könnte.

Das Wallfahrtslied ist in seiner Urform die aus Vorsängerstrophe und Kyrieruf bestehende Litanei. Als meditativer Wechselgesang regelt sie weniger den Schritt als den Atem und trägt so über weite Wegstrecken. Außerdem war sie in einer buchlos-analphabetischen Volkskultur die einzig mögliche Praxis lang anhaltenden Auswendigsingens. Das litaneiartige Lied in der Volkssprache erweitert dann den Kyrieruf zum Kehrvers, der bis heute für das Wallfahrtslied charakteristisch bleibt: das Gleichmaß des Gehens bildet sich ab in der steten Wiederkehr derselben Wort-Ton-Verbindung. Nach und nach breiten die Bittgesänge in wachsender Strophenzahl alle Bereiche des weltlichen und geistlichen Lebens aus und beschreiben so den Pilgerweg als Lebensweg, dessen Ziel – der Gnadenort – identisch wird mit dem Eintritt in das ewige Leben.

Über die allgemeine Beliebtheit deutscher geistlicher Lieder im Mittelalter berichtet Gerhoh von Reichersberg in seinem Psalmenkommentar *Commentarius aureus in Psalmos et Cantica ferialia* (ed. Pez) um die Mitte des 12. Jahrhunderts: „Die ganze Erde jubiliert zum Lobe Christi, auch in den Liedern der Volkssprache, vor allem bei den Deutschen – maxime in Teutonicis – deren Sprache sich für wohlklingende Gesänge besonders eignet."

Das bekannteste mittelalterliche Wallfahrtslied ist ein einstrophiger, nach der Sitte der Zeit mit „Kyrieleis" abschließender Ruf, der von den Kreuzfahrern auf ihren Pilgerwegen zum Heiligen Land gesungen wurde und gelegentlich auch als Schlachtruf dienen musste:

In gotes namen fara wir / sîner gnâden gere wir
nu helfe vns diu gotes kraft / vnd daz heiliege grap
dâ got selber inne lac / Kyrieleis.

Im Jahr 1524 schrieb Luther auf die Melodie dieses alten Rufes sein Katechismuslied: *Dis synd die heylgen zehn gebot / die vns gab vnser herre Gott durch Mosen seinen diener trew …* Mit der Wahl der bekannten Melodie gab Luther, wie es damals oft geschah, seinem eigenen Text eine bestimmte Deutung: Die Gebote, den Israeliten einst auf ihrer Pilgerfahrt durch die Wüste gegeben, sind auch Wegzehrung für den christlichen Lebensweg, und dieser ist wiederum nichts anderes als eine Pilgerreise zum Himmel.

In der bewegten Zeit des 16. Jahrhunderts spielte sich ein wichtiger Teil des Lebens in Liedern ab. Kaum ein beliebtes weltliches Lied, von dem nicht auch eine geistliche Variante erschien, und umgekehrt. Kaum ein altes katholisches Lied, das nicht mit einem reformierten, verinnerlichten Text neue Deutung erfuhr. Die Parodie: *In tüfels namens faren wir,* gehört ebenfalls in dieses Jahrhundert. Melodien wurden zu Medien der Mitteilung. Wer der Öffentlichkeit etwas zu berichten hatte – eine neueste Nachricht, eine alte Legende, eine politische Meinung oder eine Glaubensthese –, der brauchte seinen Text nur in Verse zu bringen und anzumerken, auf welchem bekannten „Thon" sie passen sollten. Als Liedblätter gedruckt, wurden sie dann einem fliegenden Händler mitgegeben, der in den Straßen der Volksmenge daraus vorsang und sie anschließend wie Zeitungen verkaufte. Dieses Verfahren diente ebenso der Förderung des Reformationsgedankens wie der Verbreitung von Wallfahrtsliedern. Man kann im Norden Brasiliens heute noch etwas Ähnliches erleben, wenn man das Glück hat, eine Gruppe von „Cantadores" zu treffen. Von Analphabeten umringt – und das waren die meisten Menschen des 16. Jahrhunderts ja auch – tragen sie ihre mehr oder weniger aktuellen Lieder zur Gitarre vor und bieten dann die mit kindlichen Linolschnitten verzierten Flugblätter zum Kauf an.

Dreizehn Jahre nach Luthers Zehngebote-Lied erschien der alte Kreuzfahrerruf in einem der ersten katholischen Gesangsbücher unter dem Titel: *Ein Bittlied zu singen zur Zeyt der Bittfahrten ym anfang der procession.* Hier war, um elf Strophen erweitert, ein klassisches Wallfahrtslied entstanden mit allen notwendigen Bitten für Leib und Seele.

> *In Gottes Namen fahren wir / Seyner gnaden begehren wir*
> *Verleyh vns die auss gütickeyt / O heylige tryfaltickeyt*
> *Kyrieleison.*

> *In Gottes Namen fahren wir / zu got dem vater schreien wir*
> *behüt und herr vorm ewigen tod / und tu uns hilf in unser not.*

Die folgenden vier Strophen wenden sich an Christus, den Heiligen Geist, Maria und die Heiligen. Dann fährt das Lied fort:

> *In gottes namen faren wir, / in dich allein herr glauben wir*
> *behüt und vor des teüfelslist / der uns allezeit nachstellen ist.*

> *In gottes namen faren wir / auf dein tröstung herr hoffen wir*
> *gip uns friden in dieser zeit / wend von uns alle herzenleit.*

> *In gottes namen faren wir / seiner verheissung warten wir*
> *die frucht der erden uns bewar / davon wir leben das ganze jar.*

> *In gottes namen faren wir / kein helfer on in wissen wir*
> *von pestilenz und hungersnot / behüt und lieber herre got.*

Die folgende Strophe verrät deutlich die gegenreformatorische Sorge:

> In gottes namen faren wir / allzeit dir herr vertrauen wir
> mach rein die kirch von falscher ler / und unser herz zur wahrheit ker.

> In gottes namen faren wir / welchen allein anbeten wir
> Vor allem übel uns bewar / herr hilf uns an der engel schar.
> Kyrieleison.

Die Analogie: Ende der Wallfahrt gleich Ende des Lebens – hier unter dem Bild der „Engelschar" – bildet den Schlussgedanken aller großen Wallfahrtslieder.

Ähnliche Bittgesänge sind nun, bis ins 17. Jahrhundert hinein, auf allen größeren Wallfahrten zu hören. Manchmal sind sie von gewaltiger Länge, bis zu 140 Strophen. Damit ließen sich schon zwei gute Wegstunden zurücklegen. Dem allgemeinen Zug zur Verinnerlichung folgend, breiten sie nun auch subtilere Bitten aus:

> Erleucht auch unsere Hertzen fein / das wir nit stoltz noch hoffertig sein
> Den Kindern und alln Krancken / gib jn o Herr gut Gedancken...

Ein Sonderfall bezüglich Inhalt und Form und eigentlich kein Wallfahrtslied, sondern eher ein Wallfahrtsbericht ist das Jakobslied der Pilger nach Santiago de Compostela. Es erzählt vom „ellend", von der Fremde, von der für uns unvorstellbaren Härte einer Auslandsreise in mittelalterlicher Zeit, in einer bezwingenden, gar nicht wallfahrtsmäßigen Melodie, die als „Jacobston" damals weithin beliebt und bekannt war:

> Wer das elent bawen will / der heb sich auf und sei mein gsel
> wol auf sant Jacobs strassen
> Zwei par schuch der darf er wol / ein schüssel bei der flaschen.

> Ein breiten hut den sol er han / und on mantel sol er nit gan
> mit leder wol besetzet
> Es schnei es regn es wehe der wind / dass in die luft nicht netzet.

Die Jakobsbrüder sangen solche Strophen vermutlich nicht nur auf dem Pilgerweg, sondern auch nach der Heimkehr für die Daheimgebliebenen – („Wenn jemand eine Reise tut, dann kann er was erzählen...") – auch zur Weisung für künftige Pilger:

> So ziehen wir durch Schweizerland ein / sie heissen uns gottwillkum sein
> und geben uns ir speis
> Sie legen uns wol und decken uns warm / die strassen tun sie uns weisen.

oder zur Warnung:

> So ziehen wir durch der armen Jecken land (Armagnac)
> man gibt uns nichts dann apfeltrank
> die berge müssen wir steigen.
> Gäb man uns äpfel und birn genug / wir ässens für die feigen.

> So ziehen wier nach Soffeien (Savoyen) hinein,
> man geit uns weder brot noch wein,
> die säck sten uns gar läre.
> Wo ein bruder zu dem andern komt / der sagt im bösen märe.

Mancher Pilger ist den Entbehrungen des Weges nicht gewachsen, und er weiß: *stirbt er in dem welschen land, / man gräbt in bei der strassen.*

Dies gilt vor allem von den Bergen der Pyrenäen, die doch gar nicht mehr weit vom Ziel entfernt sind: *da leit vil manches edelmans kind / aus deutschen land begraben.*

Auch das Jacobs Lied hat seine Parodie: *Wer doch das ellend bawen will / der mach sich auf und kart und spil und zech mit schönen frawen...;*

Und wiederum seine protestantisch-vergeistigte Variante, die statt Schuhen und Essgeschirr als Rüstzeug für unterwegs die christlichen Tugenden empfiehlt:

> *Wer hie das elend bawen will / der heb sich auff und zieh dahin*
> *und geh des Herren strassen,*
> *glaub und gedult dörfft er gar wol / sollt er die welt verlassen.*

Aus derselben Sicht schreibt der evangelische Liederdichter Gerhard Tersteegen noch im 18. Jahrhundert die Verse:

> *Man muss wie Pilger wandeln / frei, bloss und wahrlich leer.*
> *Viel sammeln, halten, handeln / macht unsern Gang nur schwer,*
> *Wer will, der trag sich tot!*
> *Wir reisen abgeschieden / mit wenigem zufrieden,*
> *wir brauchen's nur zur Not.*

So lebt seit Luther in den Liedern der evangelischen Kirche das Bild vom Pilger weiter, während die katholische Kirche es lebendig hält, indem sie die symbolische Handlung selbst immer wieder realisiert.

In der Barockzeit kommt das Wallfahrtslied zu seiner reichsten Ausfaltung. An mittelalterlichen Wallfahrtsorten werden nicht nur neue Altäre und Kapellen gebaut, sondern auch neue Lieder gesungen. Aber auch neu aufkommende, vor allem Maria geweihte Wallfahrtsorte bekommen eigene Lieder, auch dann, wenn sie nur fromme Stiftungen sind und weder eine Legende noch irgendwelche Wunder aufzuweisen haben. In jener Zeit mit ihrer poetischen Vorliebe für das Genaue und Besondere wird das Gnadenbild gern beim Namen genannt:

> *Maria Taferl tausendmahlen sei sey gegrüsst...*
> *Maria von Trost, so niemand verstosst...*
> *Stams heisst man das Gnaden Orth, wo Maria sich erzeiget...*
>
> *Weil wir jetzt kommen schon / zu dem schönen Gnadenthron*
> *Nach Sanct Maria Haid / mein Trost und Freud*
> *Ey mein schöns Blümelein / Jesu Maria rein / vergiss nicht mein.*

Oder man erfindet eine praktische Anfangszeile, in die ein beliebiger Gnadenort eingesetzt werden kann:

> *Nach Maria N. seydt geladen, Kirchfarther gross und klein...*

Dieselbe Vorliebe zeigt sich darin, dass nun verschiedene Lieder den verschiedenen spezifischen Momenten der Wallfahrt zugeordnet werden: dem Aufbruch vom Heimatort, dem Weg, der Einkehr in die Stationskirchen, dem Durchzug durch bestimmte Ortschaften, der Ankunft am Wallfahrtsort, die durch ein bestimmtes

Deine Kinder werden von weiten zu dir
kommen. Isaiæ 60.

Zeller-Frewdt/
Das ist:
Ein Newes
Geistliches Gesang/
In welchen
Die Wienerische Zellerische Kirchfahrter / in
wehrender ihrer Jährlichen Procession zum Lob Gottes
vnd Mariæ auffgemundert werden.
Gedruckt zu Wienn bey Johann Jacob Kürner/ 1671.

Liederheft für die Wallfahrt nach Mariazell, Wien 1671.
Stift St. Lambrecht, Steiermark

Kreuz am Ortsrand markiert ist, dann dem Umzug um die Wallfahrtskirche, dem feierlichen Überschreiten der Schwelle, der Andacht vor dem Gnadenbild und schließlich dem schmerzlichen Abschied. In ihrer Reihenfolge bilden diese Lieder zum ersten Mal so etwas wie ein Wallfahrtsprogramm. Damit wird ein neuer Raum geschaffen für eine ganz persönliche, ja intime Frömmigkeit und vor allem für die poetische und symbolische Ausweitung der Wallfahrtsthematik. Mit ausführlicher Dramatik vollzieht sich zum Beispiel ein mancherorts noch heute üblicher Brauch, nach dem die ankommenden Wallfahrer die Tür der Gnadenkirche (gleich der Himmelspforte) verschlossen finden. Erst nach dreimaligem Anklopfen und einem langen, gesungenen Dialog mit Maria (hier durch ein jüngeres Textbeispiel wiedergegeben) wird den Einlasssuchenden geöffnet:

Wallfahrer:	*Wir stehen an der Pforte / viel Sünder groß und klein,*
	und flehn am Gnadenorte / Maria, lass uns ein!
	Antwort hör ich geschwinde / Maria zu uns spricht:
Maria:	*Geht weg, ihr seid voll Sünde / mein Jesus kennt euch nicht.*
Wallfahrer:	*Erschrecklich sind diese Worte / wo wende ich mich hin?*
	von diesem Gnadenorte? / Da bricht mir Herz und Sinn.
Maria:	*Die Pforten sind versperret / die Sünd lässt euch nicht ein*
	Bereuet und bekehret / wascht euch durch Buße rein!
Wallfahrer:	*Der Tag ist nun vergangen / wo soll ich kehren ein?!*
	Ich klopf an mit Verlangen / Maria, lass mich ein!
Maria:	*Vor meines Herzens Pforten / muss warten oft mein Kind.*
	Ihr schmähet es mit Worten / und viele große Sünd!
	Weil ihr ihn täglich schenket / den bittern Myrrhenwein,
	jetzt ihr euch ja nicht denket / dass ich euch lasse ein!

Die Verhandlung zieht sich noch durch weitere sieben Strophen hin. Dann erst dürfen die Wallfahrer nach einem kniefällig gebeteten Vaterunser und Ave Maria in die Kirche einziehen.

Der Verschlossenheit draußen entspricht nun der Glanz im Inneren der Kirche. *Nun bin ich angekommen, o engelische Zierd*, so oder ähnlich singen die Wallfahrer am Ziel. Das Gnadenbild ist für sie mit der dargestellten Wesenheit eins geworden. Irdische und himmlische Schönheit fließen darin zusammen. Andacht ist Anschauung des Schönen. Der Andächtige wird dabei zum Liebenden:

> *Und wann ich thue stehen / vor deinem Angesicht,*
> *in dein schenheit, Mariä / verliebe ich mich,*
> *so khan ich vor Freiden / khaum reden nit mehr,*
> *nur einzig Mariä / zu lieben begehr.*

In diesen Andachtsliedern geht es immer wieder um den Gedanken der sich selbst genügenden Schönheit, die in zahllosen Metaphern und Allegorien auf ihre transzendente Bedeutung hin durchsichtig wird. Maria ist Sonne, Mond und Sterne, Lilie und Vergissmeinnicht, sie ist Gnadenmeer, frischer Brunnen, heller Kristall, Rose ohne Dornen, „Stab ohne Rinden, woran auch kein Ast zu finden" oder die „schöne Morgenröth, die niemals untergeht". Sie erscheint als Vision von kosmischem Ausmaß:

Alte Lieder fürs Landvolk ... zur Wallfahrt nach Maria Taferl.
Vierseitiger Druck, verlegt von Stähelin und Lauenstein, Wien frühes 20. Jh.
(Lieder aus einer Handschrift von 1819). München, Bayerisches National-
museum, Slg. Kriss

Sagt an, wer ist doch diese, / die auf am Himmel geht,
die überm Paradiese / als Morgenröte steht?
Sie kommt hervor von ferne, / es grüßt sie Mond und Sterne,
die Braut von Nazareth;

oder als ganz kleine Blume, die sich wie eine regelmäßige Verzierung in den Kehrversen sehen lässt:

Bei Eisenstadt findest Rosenblatt,
drum eil geschwind, komm nicht spat,

oder in vielen Varianten mit dem doppeldeutigen Vergissmeinnicht:

O ihr schönen Blümelein / Jesus Maria rein,
Vergiss nicht mein.

Nicht nur ihr Anblick, sondern auch ihr Duft zeichnet sie vor allen anderen Blumen aus, und so ... *müssen ingleichen / all Blumen ausweichen, mit ihrem Wohlriechenden / sich sämbtlich verkriechen vor diesem Blümelein.*

Manchmal kommt es vor, dass eine Metapher abwandert, um in einem anderen Zusammenhang wiederaufzutauchen. Das „Blümelein" findet sich auch in einem Vierzehnheiligenlied wieder, und hier offenbar ohne rechten logischen Halt:

Hier ist der Ehrenplatz, / den Jesus unser Schatz,
o schönes Blümelein,
Vierzehn Nothelfer mein / vergesst nicht mein.

Das Blümelein zieht sich, gleichsam als Girlande eingeflochten, durch zweiundzwanzig Strophen. Erst in der Schlussstrophe gibt es sich als Votivgabe zu erkennen:

Dies Blümelein schenk ich euch, / euch Vierzehn Heiligen gleich,
o schönes Blümelein,
Vierzehn Nothelfer mein / vergesst nicht mein.

Die Rose – rosa Mystica –, als Anrufung schon in der lauretanischen Litanei enthalten, ist eigentlich die klassische marianische Blumenmetapher:

Sie ist die reinste Rose, / ganz schön und auserwählt,
die Magd, die makellose, / die sich der Herr vermählt.
O eilet, sie zu schauen, / die schönste aller Frauen,
die Freude aller Welt.

Doch sie ist auch im Wallfahrtsgesang zur Blutreliquie von Weingarten als Blutmetapher zu finden:

O du Rose lieblich blühend / Auss des Herrn mildter Brust...

In einem Abschiedslied aus Eisenstadt wollen die Wallfahrer für Maria noch einen Kranz aus Tugendblumen binden, die sie aus ihrem „Herzensgarten" „herausgeklaubt" haben. Solche Allegorien gehören allerdings, ebenso wie Schäferinnen-Idyllen, schon in die Zeit des Rokoko:

O Maria schönste Schäferinn / eine getreue Hirtensfrau,
sie thut ihre Schäflein weiden / auf der schönen grünen Au,
sie nimmt ihren Hirtenstecken / ihre Schaaf vom Schlaf aufwecken,
lauf mein Schäflein, lauf nur hin / zu Maria der Schäferinn.

Maria wird sie genennt / ist zu finden alle Stund,
sie thut ihren Schäfer klagen / dass viel Schäflein gehen zu Grund
dass so viel sind irrgegangen / von dem Wolf werden gefangen,
lauf mein Schäflein, lauf nur hin / zu Maria der Schäferinn.

Der ganze Bereich der „das Schöne" umkreisenden Bildsprache gehört in die Phase der Andacht und des Verweilens. Der Abschied dagegen ist schmerzlich und realistisch. Die Wallfahrer sind entlassen aus dem großen sinnbildlichen Vollzug, der in der Vorwegnahme des Himmels endete. Mit den letzten Klängen des Liedes beginnt die Alltagswirklichkeit. Darum ist es oft ein langes, nicht enden wollendes Lied. Auch der Schmerz ist noch Teil der Wallfahrt, wenn auch der allerletzte. Der Rückweg ist ein profaner Weg ohne liturgische Schönheit und Ordnung. Die Heimkehrer werden sich vielleicht über die Härte mit ein paar lustigen Liedern hinwegtrösten.

In diese Abschiedsstimmung tritt nun der Gedanke an die eigene Todesstunde, dem von jeher schon eine Schlusszeile der alten Bittgesänge gewidmet war: *Komm uns zu hülf am letzten endt*, oder: *…und bring uns an der engelschar.* Nun wird dieser Gedanke breit und dramatisch ausgeführt, wobei das dreifache „o Königin" die Strophen wie Seufzer begleitet:

O Maria, noch eine Bitt, o Königin!
Am letzten End verlass mich nit, o Königin!
Maria, Maria, Maria, o Königin!
Wenn meine Augen nicht mehr sehn … / Und die Seufzer bleiben stehn …
Wenn meine Augen nicht mehr hören / und der Mund sich auch tut sperren …
Wenn mir der kalte Schweiss ausbricht … / Und der Priester schon zuspricht …
Wenn der Tod schon klopfet an … / von ganzem Herzen ruf ich dann …
Wenn meine Seel vom Leib sich trennt / Empfiehl ich sie in deine Händ …
Wenn ich steh vor Gottes Gericht … / Und dein Sohn das Urteil spricht
Bitt für mich bei deinem Sohn … / Dass er ewig mich verschon …
Komm mit deinen Engelein … / und führ uns in den Himmel ein …
Maria, jetzt scheiden wir … / Und mein Herz, das schenk ich dir …
Dir schenk ich meine Seel und Leib … / Alles, alles ich dir verschreib
B'hüt dich Gott viel tausendmal … / Vielleicht ist es das letzte Mal
B'hüt dich Gott viel tausendmal … / Allhier in deinem Gnadensaal …

Oft ist in solchen „Urlaubsliedern" der Abschiedsschmerz das Hauptthema:

Traurig fang ich an zu singen / vor dem schönen Gnadenthron
Mein Herz im Leib will mir zerspringen, / weil es kommt zum Scheiden dann
Kirchfahrter all, / schaut noch einmal,
dort seht ihr Maria zum letzten Mal;

und in einem anderen Lied:

Nun will ich mit Verlangen / Jesu und Maria rein
Mit ein Urlaubs-Kuß umfangen / denn es muß geschieden sein.

Diese Wallfahrtslieder sprachen jedermanns Sprache, ohne trivial zu sein. Die Dichte ihrer Aussage, die für Deskriptives, Adjektivisches keinen Raum lässt, macht die Poesie dieser Sprache aus. Solche Lieder waren Volksgesang, nicht Kirchenlied, und darum als geistiges Eigentum im Alltag der Menschen beheimatet. Lieder für alle Berufsstände, für alle Zeiten und Gelegenheiten gehörten damals zur Tagesordnung – geistliche ebenso wie weltliche. Die Sing- und Hörgewohnheiten waren in beiden Bereichen dieselben, und die Freude am Singen umfasste beide. Geistliche Texte wirkten im häuslichen Leben ebenso wenig fremd wie weltliche Melodien in der Kirche. Auf den Jahrmärkten gab es Flugblätter mit Wallfahrtsliedern zu kaufen. Das Amt des Wallfahrtsführers übte, vor allem in ländlichen Gegenden, kein Geistlicher aus. Der Volksgesang war Sache der Laien. Ein Lehrer, Kantor oder sonst ein des Singens und Schreibens kundiger Mann führte den Wallfahrtszug an, „allwo vielmahls ein oder mehr Discantisten eine Clausel lieblich vorsingen, welche hernach der völlige Chor repetiert, mit allen Stimmen, kleinen und grossen, wiederhollet und nachsinget" (Procopius von Templin, Salzburg 1667). Er hatte dazu die Lieder mehr oder weniger nach einigem Geschmack ausgesucht und sie in sein selbst geschriebenes Liederbuch eingetragen und wohl auch gelegentlich ein paar Strophen selbst verfasst. So kam ein Repertoire zustande, das – schon wegen der unterschiedlichen mundartlichen Färbung – von Ort zu Ort ein wenig verschieden war.

Eine besondere Gattung unter den Wallfahrtsliedern bilden die Legendenballaden, in denen von den wunderbaren Ursprungsgeschichten der Wallfahrtsorte berichtet wird. Jeder große Wallfahrtsort hat bis hin zu Lourdes und Fatima, also bis in unser Jahrhundert hinein, seine Ursprungsgeschichte mit dem dazugehörigen Lied. Solche Balladen gab es zwar schon seit dem späten Mittelalter, aber in der Barockzeit kommt etwas neues hinzu, ein apologetischer Zug: Sie wollen einen bestimmten Akzent setzen, die Zuhörer sollen von der Echtheit und Wirksamkeit oder auch von der Bedeutung des Wallfahrtsortes überzeugt werden.

Sey du gegrüsst, O heiligs Orth, O Zell und Gnaden = Brunnen, so beginnt das Mariazeller Ursprungslied und erzählt die Geschichte von dem Mönchsbruder, der eine Muttergottesfigur zur Vermehrung in einen Baum stellt und somit, *Wo vor ein Alm und Vich-Wald war*, ein Heiligtum gründet. Und da das Lied selbst aus der Zeit der Türkenbedrängnis stammt, berichtet es in aller Ausführlichkeit ein Türkenwunder: König Ludwig I. von Ungarn siegt, ermutigt durch eine Mariazeller Vision, über das Türkenheer und lässt so den Gnadenort als geistiges Bollwerk gegen alle weiteren Türkenanstürme erscheinen: *Wann sich der Türckisch Hund auffmacht, Maria erhält uns die Schlacht Durch Jesum Maria, Maria.*

Vierzehnheiligen hat wie viele Wallfahrtsorte als Ursprungslegende eine Hirtengeschichte. Inmitten seiner Schafe hat der Hirte eine höchst seltsame und schwer zu deutende Vision:

> *Am Tag vor Petri Pauli Fest / sieht er das Kindlein sitzen*
> *Am Acker, wo er vor gewest / und helle Strahlen blitzen.*
> *Er sieht ein herrlich rothes Kreuz / an seinem Brüstlein hangen.*
> *Er denkt bei sich: o was bedeut'ts? / Ihn trieb ein Lustverlangen.*
> *Das nackend Kind war nicht, wie vor / allein, wie er's gesehen.*

Von vierzehn Kindlein einen Chor / sah er im Kreise stehen.

Die vierzehn Kindlein stunden dar / halb roth, halb weiss gezieret
Das blosse Kind was länger war / wie es sich auch gebühret.
gleich hat die Lieb bei solchem Stand / des Schäfers Herz geschmelzet
Dass er von seinem Augenstand / viel süsser Zähren wälzet.

Doch was nützt die Vision, die sich nirgends einordnen lässt? So fasst sich der Hirte beim nächsten Mal ein Herz und bittet das Kind *mit unerschrockenem Sinn,* sich irgendwie auszuweisen.

Das nackend Kind lieblächelnd sagt, / wir seynd die zweimal sieben
Nothelfer, weil du mich befragt / und seyn hier unvertrieben ...
Wir wollen hier im Frankenthal / weltständig ruhn und rasten
Uns soll kein Zug in keinem Fall / gottslästerisch antasten.

Diese Deutung ist überraschend. Denn die Vierzehn Nothelfer sind längst bekannt als erwachsene Heilige, es sind Ritter, Bischöfe, Märtyrer, Riesen und Jungfrauen. Mit einem Kinderreigen haben sie keinerlei Ähnlichkeit. Das Lied spricht diesen Einwand nicht aus, entkräftet ihn aber dennoch, denn, so argumentiert es: was sich im Laufe der Zeit so glänzend bewährt hat, an dessen Richtigkeit ist nicht zu zweifeln.

Weil Jesus nun in Kindsgestalt / den Ort hat selbst gesegnet,
So wird mit Gnaden mannigfalt / das Pilgervolk beregnet.
Dies hat bewährt der Zeitenkreis / von vierhalbhundert Jahren.
Wie mancher Mensch ganz wunder weis / hat es im Werk erfahren
Drum dir die vierzehn Himmelsfreund / erwähle zu Patronen
Die werden retten dich vom Feind / Und reichlich dort belohnen.

Obgleich diese Lieder nicht eigentlich zum Wallfahrtsvollzug gehörten, eigneten sie sich in ihrer breiten epischen Erzählweise sicher gut zum Überwinden langer Wegstrecken. Sie wurden aber vermutlich auch am Wallfahrtsort selbst durch Bänkelsänger vorgetragen, die beim Singen mit ihrem Zeigestock das zu jeder Strophe gehörige Bild auf ihrer gefelderten Tafel zeigten. Auf einem Gemälde im Wiener Volkskundemuseum ist ein solcher Bänkelsänger am Wallfahrtsort zu sehen. Besonders geeignet für den Bänkelsänger waren gewiss die Mirakellieder mit ihren Wunderberichten. Es zeigt sich hier eine fließende Grenze zwischen Andacht und Sensationslust, zwischen frommem Brauch und Vergnügen. Die als „Zeller Faust" bekannt gewordene Geschichte vom „Mahler-Jung", der sich dem Teufel verschreibt, ist eine fünfundzwanzig Strophen lange geistliche Moritat:

O Mensch thue auff die Ohren / mit Wunder höre an,
ob nicht den Gottes Zorn / Maria stillen kann.
Wer sie anrufft in seiner Noth,
wird nimmermehr verloren / entweicht dem ewigen Todt.

Von vorbemelt neun Jahren / die Mahler-Kunst hat
Ein Jüngling wohl erfahren, / geübt sich frühe und spat,
von geringen Mitteln war er zwar,
dass er sein Not hofft klaget, / hört an die grosse Gfahr.

Lied zur Wallfahrt nach Mariazell. Vierseitiger Druck von Mathias Kränzl, Ried 1844. München, Bayerisches Nationalmuseum, Slg. Kriss

Sein Weeg er offtmahls nahme / in grüne Au hinein,
macht seine Reyss, da kame / ein aller Mann allein
und sprach, wie bist du so betrübt,
willst du mir hinfür dienen, / hast alles, was dir beliebt.

Die einzige Bedingung besteht darin, dass der „Mahler-Jung" seinen Namen für den Alten auf einen Zettel schreibt.

Voll Freud er sich befande / und schreibt auss Unverstand
O wehe Unglücks Stunde / Christoph Holtzmayr zur Hand.
Leibeigen will ich dienen dir,
da hast du meinen Namen. / Der Alt greifft umbs Papier.

Nach Ablauf des Jahres taucht der Alte wieder auf und verlangt eine Unterschrift mit Blut.

Der Jüngling thät erschröcken, / sagt dieses völlig ab,
kein Bitten wollt erklecken / bei diesem Höllen Rab,
Der Alte da verschwind behend,
ein Teuffel auss ihm wurde / und sprach zu diesem End;

Dass er den Gwalt schon hätte, / dass mit seinem Höllen Schlund
So eine Sach nicht thäte, / zerriss ihn gleich zur Stund.
Der Mahler-Jung vor Angst und Pein
Nichts wusste anzufangen, / schneid sich in Daum hinein.

Nach neun qualvollen Jahren der Teufelsabhängigkeit beschließt der Maler eine Wallfahrt nach Maria Zell, die jedoch der Teufel auf alle erdenklichen Weisen zu verhindern sucht. Der Maler erreicht nach einer abenteuerlichen Reise den Gnadenort und findet dort einen Priester, dem er sich anvertrauen kann. Dieser

Führt ihn in seine Zelle, / fieng an zu betten schön,
den Teuffel also schnelle / sah er beim Fenster stehn
und liess den Zettel fallen dar
die man zu Zell thut zeigen / jetzt allem Volck fürwahr.

Den 24. September / ward er vom Teuffel erlöst,
der ihn mit Noth und Jammer / so lange Jahre gepresst.
Ach liebe Christen sehet an,
was Maria für Gnaden / zu Zell ausstheilen kan.

Das folgende Lied reiht die Strophen wie gesungene Votivtafeln aneinander:

Einstmahl fuhl umb ein schwer beladner Wagen,
thät auff dem Weg vier Kinder niederschlagen.
Doch alle vier gesunder / fund man unverwunder
ach so rufft Mariam an / zu Zell vor dem Gnaden-Thron

Zwey Kinder fielen unlängst hoch herunter
von einer Felsen, ist das nicht ein Wunder,
dass man hat gesehen, / unverletzt sie stehen,
ach so rufft Mariam an / zu Zell vor dem Gnaden-Thron

Ein Mann so eine Schlang in den Mund gekrochen,
von allen wurd ihm schon das Lebn abgesprochen,
Maria ihm zusaget / und die Schlange verjaget,
ach so rufft Mariam an / zu Zell vor dem Gnaden-Thron.

Eine Kindl-Betherin ist angefochten worden
Vom Teufl, sie solt sich unds Kind ermorden,
auss solcher Angst und Quell / hulff ihr Maria Zell,
ach so rufft Mariam an / zu Zell vor dem Gnaden-Thron.

Ein Kind so einen Fingerhut thet schlicken,
es war schon an dem, dass es solt ersticken
die Mutter nach Zell schreiet, / das Kind wird befreyet,
ach so rufft Mariam an / zu Zell vor dem Gnaden-Thron.

Ein Mann auff einer Trag man hin thet bringen,
der krumb und lahm Maria thet ansingen,
seht was ist geschehen, / grat thut er auffstehen,
ach so rufft Mariam an / zu Zell vor dem Gnaden-Thron.

Ins Wasser fielen biss dreyssig Personen,
gleich ruffen sie nach Zell alle zusammen,
Maria sich gleich fande, / hulff dass sie an Lande,
ach so rufft Mariam an / zu Zell vor dem Gnaden-Thron.

Während des hier beschriebenen Zeitraums von Frühbarock bis zur beginnenden Aufklärung lässt sich eine allmähliche Entwicklung beobachten, ein Wandel des Denkens und Empfindens wie der Hör- und Singgewohnheiten. Er vollzieht sich behutsam: Einmal erhält eine bekannte Melodie einen neuen Text, dann wieder bekommt ein alter Text eine neue Melodie. Durch solche Verflechtungen ist immer wieder dafür gesorgt, dass ein Teil des Liedes bekannt bleibt, sei es wenigstens durch einen Kehrvers oder durch eine Wanderzeile. Das Bedürfnis nach Redundanz, nach Wiederkehr, wird befriedigt und mit dem sich wandelnden Zeitgeschmack versöhnt. Der bekannte Teil bürgt für die Vertrauenswürdigkeit des neuen.

Besonders gut lässt sich diese Entwicklung an der Liedersammlung des Klosters St. Lambrecht beobachten. Benediktinermönche, die die Betreuung von Mariazell zu besorgen hatten, sammelten dort in einem Zeitraum von 130 Jahren die von den großen Pilgerzügen mitgebrachten Flugblätter und Liedheftchen, die nun in ihrer Geschlossenheit einen einzigartigen Überblick gestatten. Fast alle diese Wallfahrtszüge waren von Wiener Orden und Bruderschaften organisiert und brachten eigens für das einmalige Erlebnis der Wallfahrt gedruckte Liederprogramme mit, Gelegenheitsdichtungen nach dem Geschmack der Zeit, die meist einem allegorischen Thema unterstellt waren. Man spürt geschickte Seelsorger am Werk, die den Gebildeten, dem verwöhnten Adel und der gehobenen Bürgerschaft Vergnügen und Abwechslung versprachen. Die Hefte tragen entsprechend verlockende Titel: „Zeller Frewd" oder „Marianischer Zeller Wolllust mit welcher sich die die Wiennerischen Pilgerfahrter … auff der Zeller-Kirchfahrt ergötzen". Die Ergötzung besteht darin, dass der Gnadenort jedes Jahr unter einem anderen Bild erscheint. Mal ist er eine „Geistliche Hertz-Stärckung, distilliert und ausgebrennet in den Ofen der göttlichen Lieb", dann ein „marianischer Rosengarten" mit der „allerheiligsten Rosen-Königin und selbst Rosa Mystica". Mariazell ist „Heylsambe Apotheken" oder „Wohlruechender Balsam". Die Wallfahrt ist ein „Vorflug des gross-gefligelten Adlers Maria und Nachflug des sammentlichen Wiener Adlers … zu den Zellerischen Adler-Nest-Gnaden-Orth". Die Wallfahrer sind ein Schwarm singender Lerchen,

Chöre zur Dreieichener Wallfahrt. Vierseitiger Druck von Ferdinand Berger in Horn, NÖ um 1900. München, Bayerisches Nationalmuseum, Slg. Kriss

oder die Lieder des Heftchens sind lauter „Liedes-Pfeil, welche auf das weltberühmte Gnaden-Ziel … von den Hertzens-Bogen abgeschossen" werden. All diese
Allegorien werden mehr oder weniger durchgehalten und in den Liedern ausgebrei-
tet. Zu Kriegszeiten ist die Wallfahrt ein "Marianischer Soldaten-Marsch" zur „un-
überwindlichsten Kriegsgöttin" Maria. Die Liedblätter werden zu Rollenbüchern
eines großen Wallfahrtsspiels.

Nach dem ersten Viertel des 18. Jahrhunderts nehmen die Allegorien ab oder
beschränken sich auf alttestamentliche Bilder. Zell ist der Berg Sion oder Salomons
Tempel, und die Pilger sind das Volk Israel auf der Fahrt ins Gelobte Land. Es gibt
sogar ein Lied mit Fußnoten, das fast bei jeder Zeile auf die passende Bibelstelle
verweist. Die vertraute Sprache wird von einer distanzierteren abgelöst. Der Titel
„Achttägige Seelen-Vacantia in dem Reich der Einöde" lässt schon fast an einen
Meditationskurs denken. Im letzten Viertel des 18. Jahrhunderts wird der Satzbau
komplizierter, die Strophen werden länger, die Aussagen direkter und bildloser. Es
vollzieht sich ein entscheidender Schritt zur Abstraktion. Wir befinden uns mitten
in der Zeit der Aufklärung.

Eine intellektuelle Oberschicht, für die Religion sich auf das vernünftig Mitteil-
bare beschränkt, bekämpft eine archaische Mentalität, die noch nie imstande war,
sich abstrakt und direkt zu äußern. Dieser Mentalität entspricht der meditative Weg
des Circumambulare, des Gürtens und Einkreisens. Zu ihr gehören der sakrale
Raum, die kultische Gebärde, die Wiederholungen in allen erdenklichen Formen,
das Wallfahren und Rosenkranzbeten ebenso wie das Singen ungezählter Strophen
und Kehrverse.

Singen ist an sich schon ein irrationaler Vorgang, die dem der Inhalt des Liedes
den Singenden in einer Tiefenschicht erreicht, die dem gesprochenen oder gelesenen
Worten meistens verschlossen bleibt. Das Singen in barocken Formen musste bei
den Aufklärern Ärgernis erregen. Die geistigen Auseinandersetzungen jener Zeit
wurden auch als ein Kampf um Lieder ausgetragen. Schon unter Maria Theresia
erschien ein neues, verpflichtendes Kirchengesangbuch, das in fast allen deutschsprachigen Ländern Schule machte. Ende 1783 heißt es in einem Erlass des Salzburger Fürstbischofs Colloredo: „Wir verordnen demnach und befehlen hiemit gemes-
senst, dass mit Anfang künftigen Jahres in allen Kirchen unseres fürstlichen
Erzstiftes … diese Liedersammlung fleissig und nirgends eine andere Musik oder
Gesang gebraucht werden soll, gleich wie auch wir, wenn Wir in eine obgedachte
Kirche kommen, nichts anderes als nur Gesänge aus obgedachter Sammlung hören
wollen". Solche Sammlungen enthielten sowohl alte, nunmehr schulmeisterlich
„verbesserte" Lieder als auch neue, manchmal nach Lehrbüchern der Poetik rasch
zusammengereimte Texte zum Einsingen in eine purifizierte, vernunftgemäße
Frömmigkeit.

Dieses Vorgehen rief in manchen Gegenden, besonders beim katholischen
Landvolk, lang anhaltende Proteste und Krawalle hervor. Aber auch Herder,
Goethe und Claudius äußerten ihr Unbehagen. Ein sich ohnehin unmerklich, aber
stetig vollziehender Wandlungsprozess war gewaltsam abgebrochen worden. Die
Maßnahmen richteten sich gegen das zwecklos Schöne in der Frömmigkeit. Die
Worte „Schönheit" und „schön", „verlieben", „verloben", „Liebe" und „Freund-

schaft" verschwanden samt den poetischen Metaphern aus den geistlichen Liedern. Gleichzeitig mit der verbalen Demontage wurde alles Glanzvolle aus den Wallfahrtskirchen entfernt: Schmuck, Ampeln, Kronen und Kleider der Gnadenbilder, alles, was Bewunderung und Zärtlichkeit hervorrufen oder die Einheit von Bild und Wesenheit bestätigen konnte. Dieselbe Absicht verfolgte das Verbot, die Wallfahrt mit den beliebten Pauken und Trompeten, Fahnen, Statuen und ähnlichem Prunk abzuhalten. Schließlich ließen Wallfahrtsverbote und die Schließung der meisten Wallfahrtskirchen auch die Lieder für einige Zeit ganz verstummen.

Die Philosophie der Aufklärung hatte das Schöne – früher als Glanz des Wahren, splendor veri, verstanden – vom Wahren und Guten getrennt. Es wurde in eine neue Disziplin, die Ästhetik, eingewiesen. In den Wallfahrtsliedern und den sie begleitenden Texten taucht ein neuer Begriff auf: die Pflicht. Die Sprache der Lieder verliert ihren lebensnahen konkreten Ausdruck, sie wird feierlich, unverbindlich und allgemein. Sie wird zur Sonntagssprache.

> *Beglückter Augenblick! / Wir sehen neu entzückt,*
> *wornach die schmachtende Seele verlange.*
> *Mit Himmelstrost erfüllt, / sehn wir in diesem Bild,*
> *das mit eifriger Verehrhung hier prange,*
> *dich Hochverehrte, / Gottheit Werthe*
> *Tochter des Vaters und der Mutter des Sohns,*
> *des Heilgen Geistes glorwürdige G'spons.*

Vielleicht war es ein ländlicher Schulmeister, der hier spürbar mit Worten rang, als er Ende des 18. Jahrhunderts ein Lied nach neuestem Zeitgeschmack, „bey den Frauen-Bründel in Wimpassing zu singen", verfasste. Hier wird bereits das später so häufig gebrauchte Wort „Bild" ausgesprochen, das auf ein verändertes Bewusstsein gegenüber dem Gnadenbild schließen lässt. Mag dieser Text in seiner Unbeholfenheit noch Sympathie erwecken, so breitet sich indessen anderswo eine unterkühlte Stimmung aus:

> *Da wir den Verehrungszoll / neu entrichtet, wie man soll,*
> *Lass, o Mutter, uns abziehen / froh und hoffnungsvoll.*
> Oder:
> *Sey uns, Mutter reiner Liebe, / eine sichere Zufluchtsstatt,*
> *Sieh auf unsere Andachtstriebe / und erwirb uns Heil und Gnad.*

Die „reine Liebe" versteht sich bewusst im Gegensatz zur barocken Verliebtheit. „Sollen" und „Pflicht" werden von nun an immer wiederkehren, ebenso die seltsam vorstellungsleeren Wortverbindungen, wie „Verehrungszoll", „Zufluchtsstatt" oder „Andachtstriebe", Worte, die nun nicht mehr den Gegenstand der Andacht, sondern die Andacht selbst in den Mittelpunkt der Betrachtung rücken. Auch solche politischen Leerlauf anzeigenden Verdoppelungen wie „Heil und Gnad" oder „froh und hoffnungsvoll" bleiben für die Texte von Wallfahrtsliedern bis in unser Jahrhundert hinein kennzeichnend.

Nach dem Wiederaufleben der Wallfahrt – in Österreich nach dem Tod Josephs II., in Deutschland rund zwei Jahre später – zeigt sich, dass im Volk die Liebe zu den alten Liedern wach geblieben ist. Die Romantik, die inzwischen zu einer einflussreichen Bewegung herangewachsen ist, nimmt sich mit großem Sammeleifer der Pflege des alten Liedgutes an, während die Ideen der Aufklärung jetzt erst anfangen, sich in neuen Texten voll zu entfalten. Zwei entgegengesetzte geistige Strömungen werden mit verwirrender Gleichzeitigkeit wirksam.

Im Jahre 1819 geht von Wien die erste staatlich angeordnete Volksliedsammlung aus, die später als „Sonnleitner-Sammlung" bekannt wird. Sie fordert Pfarrer, Schulmeister und Gutsbesitzer der Landkreise zur Sammeltätigkeit in ihren Bezirken auf. (s. Schunko, Franz) Doch gerade unter den Gebildeten der ländlichen Gegenden befinden sich noch echte Söhne der Aufklärung, und aus ihren Antworten spricht gelegentlich Ratlosigkeit gegenüber den so schnell wechselnden Interessen ihrer unterschiedlichen Obrigkeiten: „Die alten Kirchenlieder", schreibt ein Kirchenmusiker aus Maria Taferl, „welche ehemals bey dem Gottesdienst nach den verschiedenen Festen und Zeiten gesungen wurden, sind ... durch das auf Befehl ihrer Majestät der hochseeligen Kaiserin Maria Theresia herausgekommene verbesserte Gesangbuch ganz außer Gebrauch gesetzt worden. Diese ... Gesänge waren so sehr nach dem Geschmack des Volkes, dass sie durch die neuen guten Kirchlieder lange nicht verdrängt werden konnten, und der Unterzeichnete, der doch erst bey 30 Jahre alt ist, mußte selbst als Sängerknabe ... sich mit solchem Unsinne produzieren ... Obgleich der hochseelige Kaiser Joseph II. das so häufige und meistens nur Neugierde zum Grunde habende Wallfarthen zu gewissen berühmten Kirchen und sogenannten Gnadenbildern verbothen hatten, und auch immer heutigen Tages noch aufgeklärte Priester mit Predigen und Ermahnungen das Volk von den ... , oft abergläubischen Vertrauen auf gewisse Örter und Bilder zurück zu bringen und darüber zu belehren suchen, so hat es doch bis jetzt ... nichts gefruchtet ... und dabei diesen Prozessionen das Singen fast die Hauptsache ist, so wird es nicht undienlich sein, etwas von diesen Wallfahrtsliedern zu sagen. Die meisten und der größte Teil derselben hat weder in Hinsicht der Poesie, noch in Hinsicht der Melodie etwas Auszeichnendes. Sie sind fast alle sehr alt und werden insgemein gesungen".

Etwa um dieselbe Zeit amüsiert man sich in ganz Deutschland über ein Spottlied auf die Wallfahrer:

> Dö Pinzgara wolt'n kirfart'n gehen, / Widi wadi we, eleison!
> Sö wolt'n singa aba kunt'ns nit ga schen / Widi wadi we, eleison!
> Kirfart'n thoants gean, dös woasst ja von eh,
> Juhe! Widi wadi we! / Gelobt sey dö Christl und d'Salome!

Der Witz des Liedes besteht darin, dass es all die Bitten recht derb formuliert, die an den Wallfahrtsorten nur insgeheim und niemals laut ausgesprochen werden:

> Wannst uns liasst a d'Schörgn varöcka,
> That ma dar epps en Opfastock stöcka ...

> Schick uns Kölba, schick uns Rinda,
> Aba dazua nit ga z'vul Kinda ...

> Und wannst uns hoja mit'n Schaua thuast plag'n
> Thoan ma da h'Heiögn üban Altar ahö schlag'n

Heilögö Maria, junkfräulöchö Ziard / Widi wadi we, eleison!
Mach, dass koan Bua uns koan Dirndl vafüart / Widi wadi we eleison!

Valiabtö Katzn sands, dös woasst ja von eh
Juhe! Widi wadi we! ...

Das Lied, in Salzburg um die Mitte des 18. Jahrhunderts, also vor der Aufklärung, entstanden, wird erst jetzt über die Alpenländer hinaus bekannt. Die Mutter Goethes zitiert es zweimal in ihren Briefen nach Weimar. Im Rückblick wirkt es wie ein Relikt aus einer noch heilen, einheitlich katholischen Welt, in der die Frömmigkeit alle Schattierungen des Lebens angenommen hatte, nicht nur Ernst, sondern auch Spott, Übermut und Spielerei.

Was dagegen die Lieder des 19. Jahrhunderts kennzeichnet, ist eher eine zunehmend pathetisch-ernste oder stimmungsbetont-sentimentale Haltung. Die Nachfahren jener Bruderschaften, die einst als Lerchen oder Hirschlein nach Mariazell gepilgert waren, ziehen nun als „Wiener Mariazeller Prozessionsverein" zum Westbahnhof. An ihrer Spitze geht der Vereinsdirektor. Sie singen unterwegs:

Kommt, ihr auserwählten Glieder / Unsrer frommen Pilgerschaft.
Stimmet andachtsvolle Lieder / mit erneuter Seelenkraft!
Singend treten wir die Reis' / nach dem Sitz der Gnade an,
Wo der Jüngling und der Greis / Trost und Hilfe finden kann.

Du hast einst in deinem Leben / Gläubigen zum Unterricht,
Dieses Beispiel selbst gegeben, / o du Muster aller Pflicht!
Jährlich dort vor Gott zu beten, / gingst du nach Jerusalem,
Deine Wallfahrt anzutreten, / war kein Weg dir unbequem.

Amen, ja wir singen Amen, / große Himmelskönigin!
Und in deinem süßen Namen / ziehen wir frohlockend hin.
Engel, öffnet uns die Thore / zu dem Gnadenaufenthalt,
Wo des frommen Bitters Ohre / Nachlaß und Erhörung schallt.

Niemandem wäre es früher eingefallen, Pilger als „auserwählte Glieder" zu bezeichnen. Doch nun, nachdem die einheitlich christliche Kultur zerschlagen ist, gehört Wallfahren, zumindest in den Städten, nicht mehr zur Verhaltensnorm. Denken und Fühlen der Wallfahrer findet nicht wie früher seinen selbstverständlichen Ausdruck in Liedtexten. Geistliche Lieder fügen sich nicht mehr harmonisch zu den übrigen Liedern der Zeit. Sie versuchen vielmehr mit sichtbarer Anstrengung inmitten einer säkularisierten Welt ein christliches Fluidum mit seinen spezifischen Andachtsgefühlen zu produzieren. Für poetische Fantasie und unbekümmerte Fröhlichkeit ist in ihnen kein Platz mehr. Die Wallfahrtdichtung ist um Effekte bemüht: formal durch eine, Leerlauf in Kauf nehmende, metrische Glätte, inhaltlich durch schwärmerisches Verdoppeln und Kumulieren und durch Wortverbindungen wie „Dankestränen", „Himmelsgaben", „Christenherzen", „Lichtgefilde", „Mutterhand", „Tugendweg", „Liebesdrang", „Gnadenohr" und den hemmungslosen Gebrauch des Reimes „Herzen" auf „Schmerzen". Gern beginnen die Lieder mit einem Blickfang:

Kennt ihr das Bild dort am Altar / so lieb, so hold, so wunderbar?

Manchmal schließt sich sogleich eine Reflexion auf die Gefühle des Singenden an:

Hier knie ich, Maria, vor deinem Bild, / mein Herz ist mit Freude und Jubel erfüllt ...
Endlich ist das Ziel erricht, wo uns blühen fromme Freuden

Oder sie beginnen mit einem akustischen Reiz:

„Lieblich rauschen Festeslieder
Aveglöcklein läutet still"

Die Natur, im barocken Lied nur als roher Boden erwähnt, aus dem der Gnadenort hervor wachsen konnte (*Wo vor ein Alm und Vich-Waid war, wohnt ietzt Jesus Maria dar...*) oder aber als Methapher (*O schöne Morgenröth, die niemals untergeht*), tritt jetzt als Eigenwert hervor:

„Wo dort in jenem grünen Tale / die heilige Kapelle steht,
zu der beim letzten Liederschalle / so mancher fromme Pilger geht..."

„Ins Maintal leuchtet groß und schön / von waldbedeckten Bergeshöhn.
Das hocherhabene Gotteshaus..."

„Im Walde steht so festlich geschmückt / in Blumen- und Lichterfülle das
Kirchlein, das Aug' und herz entzückt, / in seiner holden Idylle..."

In dem Jahrzehnt vor dem Ersten Weltkrieg, demselben, in dem solche Verse entstehen und gesungen werden, erscheinen die Gedichte von Arno Holz, Rilke und Stefan George. Auf dem Theater spielt man Ibsen, Strindberg und Wedekind, und in den Kreisen der Gebildeten kursiert Emile Zolas kritischer Lourdesroman. Die Wallfahrer distanzieren sich von dieser weltlichen Welt, indem sie singen:

Bitt auch bei Gott für alle Redakteure,
dass ihre Feder Gottes Geist regiert,
dass sie nichts schreiben gegen seine Lehre...

Noch immer halten die Pilgerzüge sich an Programme, die für das Durchziehen bestimmter Ortschaften – jetzt auch für das Durchfahren bestimmter Bahnstationen – Gebete und Lieder genau vorschreiben. Auf dem Rückweg jedoch – und hier zeigt sich, dass Weg und Ziel in ihrer alten sinnbildlichen Bedeutung nicht mehr verstanden werden – wird dieses Programm mit denselben Messen, Liedern und Gebeten oft ebenso wieder zurückgespult.

Unterdessen wächst eine neue Generation heran. Sie macht sich, sofern sie überhaupt noch pilgert, die von der Philologengeneration ihrer Väter erschlossenen mittelalterlichen Quellen zunutze. Die ältesten Bittgesänge sind diesen jungen Leuten die liebsten. Sie singen wieder *In Gottes Namen fahren wir* und *Nun lasst uns fröhlich heben an, kyrie eleison*. Alte Lieder werden, wie es in der Liedgeschichte geschieht, zu neuen. Man wählt sie in der Gewissheit, in ihnen das Wahre und Echt zu besitzen, und nicht zuletzt auch, um gegen die sentimentalen Lieder mit zu erwecken.

In den gedruckten Wallfahrtsführern nehmen nach und nach die Prosatexte einen immer größeren Raum ein. Sie enthalten außer längeren Gebeten moralische Unterweisungen in Bezug auf Gesinnung und Verhalten des Wallfahrers. Vom Beginn der dreißiger Jahre unseres Jahrhunderts an verweisen sie auch gern auf

Geschichte und Sehenswürdigkeiten des Wallfahrtsortes, auf seine Landschaft und seine heilklimatischen Wirkungen, gelegentlich auch mit dem Hinweis: „Bitte dies zuerst lesen!" Pilgerfahrt wird gleichzeitig Bildungsfahrt, der Begriff des Pilgerns vermischt sich mit dem des Wanderns, und die Heftchen enthalten schließlich neben Wallfahrtsliedern auch Wanderlieder. Ein Wallfahrtsführer der österreichischen Arbeiterjugend kommentiert seine – recht kleine – Liedsammlung in der Fortschrittseuphorie der fünfziger Jahre: „ Das Stampfen der Kolben in den Autobussen und die Umdrehungen der gewaltigen Anker in den Lokomotiven soll der kraftvolle Akkord auf unser Beten und Singen werden."

Vielleicht hat der Purismus der Jugendbewegung die allgemeine Tendenz zur Vereinheitlichung und Verarmung mitbefördert. Mehrere Purifizierungswellen haben das Liedgut auf die kleine Zahl allgemein bekannter Marienlieder reduziert, die wir heute auf Wallfahrten zu singen pflegen. Einige davon wurden noch von den obligaten Textänderungen der siebziger Jahre betroffen und kamen somit für den spontan und auswendig angestimmten Gesang nicht mehr in Frage. Ihrer Wirk- und Erinnerungsmacht beraubt, waren sie als Lieblingslieder, die auf Wallfahrten eine große Rolle spielen, gestorben. Die Tatsache, dass in den letzten Jahrzehnten insgesamt immer weniger gesungen wird, hat auch den Stellenwert der Wallfahrtslieder verringert. Aus diesem früheren „Sitz im Leben" werden sie in ein papiernes, durch „Imprimatur" kontrolliertes Dasein verbannt.

Anders ist es, wenn der geschichtliche Augenblick die Lieder herausfordert, dann, wenn Wallfahrtsorte zu Orten der Zuflucht oder der Bewahrung werden. Die statische Existenz ihrer Gnadenbilder macht diese zu Symbolen für das Unveränderliche. Als solche erscheinen sie auch immer wieder in den Legenden um ihre wunderbare Erhaltung in Feuer, Wasser oder Krieg. Und so kann in Zeiten der Erschütterung den Liedern plötzlich eine unvorhergesehene Bedeutung zufallen. Sie werden zu Signalen der Besinnung oder des Widerstandes – so wie das „Jest zakątek na tej ziemi" oder das „Była cicha i piękna" zur Schwarzen Madonna von Tschenstochau –, ausgezeichnet nicht durch ihren Eigenwert, sondern durch das Bewusstsein der Gleichgestimmtheit, das ihr Singen vermittelt, und durch alles, was sonst noch an Trost und Erinnerung beim Klang dieser Lieder mitschwingen mag.

Anmerkung

Die zitierten Lieder des Mittelalters und der Reformationszeit sind dem Sammelwerk von Franz M. Böhme, *Altdeutsches Liederbuch*, Leipzig 1877, entnommen. Die Lieder der Barockzeit bis zur beginnenden Aufklärung stammen aus der noch unveröffentlichten Mariazeller Liedersammlung des Stiftes St. Lambrecht, von Flugblattdrucken und Aufzeichnungen der Volksliedarchive Freiburg i. Br. und Wien und der Wallfahrtsausstellung Eisenstadt 1983. Einige Liedstrophen und -zeichen wurden aus den Veröffentlichungen von Horak, Riedl-Klier und Wallner (s. unten) zitiert. Da manche Lieder sich auf dem Weg der handschriftlichen oder mündlichen Überlieferung in verschiedenen Variationen lange erhalten haben, ist ihr ursprüngliches Alter nicht immer genau zu bestimmen. Handschriftliche

Liederbücher, wie die der Enneberger Ladiner, können, je nach Stil und Aussage der Texte, als Zeugnisse einer älteren Zeit gewertet werden.

Das Legendenlied von Vierzehnheiligen ist den *Fränkischen Volksliedern* von F. W. v. Ditfurth, Leipzig 1855, entnommen. Das Spottlied über die Pinzgauer stammt aus den *Salzburgischen Volksliedern* von M. V. Sülz, Salzburg 1868. Die Zitate des 19. und 20. Jahrhunderts sind zahlreichen in Privatbesitz befindlichen Pilgerführern und Liederheften entnommen.

Literaturnachweis

Wilhelm Bäumker, *Das katholische deutsche Kirchenlied*, Freiburg 1886–1911.

Wilhelm Bäumker, *Ein deutsches geistliches Liederbuch*, Leipzig 1877.

Ludwig Erk u. F. M. Böhme, *Deutscher Liederhort*, Leipzig 1893/94.

Karl Horak, *Zeller Wallfahrtslieder*, in: Jahrbuch des Österreichischen Volkslied-werkes 21, 1972.

Ernst Klusen, *Volkslied*, Köln 1969.

J. Knipfer, *Das kirchliche Volkslied*, Leipzig 1875.

H. J. Moser, *Tönende Volksaltertümer*, Berlin 1935.

Leonardo Mota, *Cantadores*, Rio de Janeiro 1978.

Sigmund Polnitz, *Vierzehnheiligen*, Weißenhorn 1971.

Lutz Röhrich, *Deutsche Volkslieder*, Düsseldorf 1965.

Reinhold Röhricht, *Deutsche Pilgerreisen nach dem Heiligen Land*, Innsbruck 1900.

Wilhelm Schepping, *Die Purifizierung des geistlichen Liedes*, in: Jahrbuch für Volksliedforschung 1974.

Leopold Schmidt, *Barocke Legendenlieder aus Österreich*, in: Jahrbuch des Öster-reichischen Volksliedwerkes 22, 1973.

Leopold Schmidt, *Geistlicher Bänkelsang*, in: Jahrbuch des Österreichischen Volksliedwerkes 12, 1963.

Leopold Schmidt, *Flugblattlied und Volksgesang*, in: Das Deutsche Volkslied 40, 1938.

Leopold Schmidt, *Salzburger Flugblattlieder zwischen Barock und Romantik*, in: Sänger- und Musikantenzeitung 5, 1975.

Heinrich Schneegans, *Die Lieder und Melodien der Geißler*, Leipzig 1900.

Georg R. Schroubek, *Das Wallfahrts- und Prozessionslied*, in: Handbuch des Volks-liedes, Bd. 1, München 1973.

Franz Schunko, *Eine österreichische Volksliedsammlung aus dem Jahr 1819*, in: Jahrbuch des Österreichischen Volksliedwerkes 15, 1966.

Cordelia Spaemann, *Die zweite Aufklärung im Kirchenlied*, in: Internationale katholische Zeitschrift 1975, 4.

Peter Stürz, *Die Wallfahrtsorte von Maria Weißenstein*, in: Beiträge zur Volks-musik in Tirol, Innsbruck 1978.

Wolfgang Suppan, *Deutsches Liedleben zwischen Renaissance und Barock*, Tutzing 1973.

Wolfgang Suppan, *Lieder einer steirischen Gewerkensgattin*, Graz 1970.

Wolfgang Suppan, *Vorbericht über die geplante Ausgabe der Mariazeller Lieder-sammlung des Stiftes*

St. Lambrecht, in: Zeitschrift des historischen Vereins f. Steiermark, 1977.

Philipp Wackernagel, *Das deutsche Kirchenlied*, Leipzig 1864–77.

Norbert Wallner, *Deutsche Marienlieder der Enneberger Ladiner*, Wien 1970.

Othmar Wonisch, *Geschichte von Mariazell*, Mariazell 1947.

Oliva Wiebel-Fanderl, *Die Wallfahrt Altötting*, Passau 1982.

Summary

Pilgrim songs

The pilgrim song, a processional chant, is derived from the litany with its solo verse and "Kyrie" response. The meditative responsorial chant of the litany regulates breathing – rather than step – and thus lightens the effort of covering long distances. In the litany-like song in the vernacular the "Kyrie" in vocation is extended into a refrain; this is a typical feature of pilgrimage hymns up to the present day. The regular tread of the wayfarer is reflected in the repetition of certain metrical units in which the same text is always coupled with a characteristic musical phrase. In time, the number of strophes increases, and the petitionary chants begin to cover all aspects of secular and spiritual life. The pilgrim's path is described as the path of life; his destination, the shrine, is identified with the entry into Eternity. Thanks to the invention of printing, pilgrim songs were widely circulated in pamphlet form, and actively propagated in the Counter-reformation. Other favourite forms were ballads about the legendary origins of the various shrines, and songs recounting the miracles which had taken place there. Things would have been performed in the manner of popular ballads.

Para-liturgical folksong rather than church hymn in the strict sense, the pilgrim song in the Baroque age remained deeply rooted in everyday life. For the first time, the sequence of these popular hymns amounted to a sort of pilgrimage programme. The central theme of devotional hymns – particularly those in honour of Our Lady – was the transcendental significance of beauty, elaborated in copious metaphors and allegories. The Enlightenment and the rationalistic temper of the reign of Joseph II inevitably brought about a change. The newly composed devotional hymns which were henceforth "prescribed" lacked the old intimacy; their erudite language and metrical smoothness introduced an alienation which was to prove irrevocable. The cultural unity of the Christian world had been destroyed. In the ensuing age the new songs, the product of a secularized world, were less concerned with expressing feelings than evoking them. The 20th-century trend towards drab uniformity has reduced the wealth of songs to a meagre selection of well-known hymns, and even these have not survived the obligatory textual alternations of the 1970s unscathed. A general decline in singing has had the effect of removing the pilgrim songs from their former place in everyday life and relegating them to the sphere of printed matter, complete with official "imprimatur". But they come to life again to sound a summons to resistance or reflection – something that still happens in our century.

La Risposta di Gesù a Maria alle Nozze di Cana

Solenne pre-annunzio della gioia pasquale

Tarcisio Stramare

Il racconto evangelico delle nozze di Cana (Gv 2,1–11) tanto noto quanto problematico dal punto di vista esegetico. La rivista "Theotokos" ha dedicato all'argomento ("Le nozze di Cana") un intero fascicolo[1], indicativo dell'interesse sempre vivo, a motivo anche delle difficoltà che esso contiene. Ne troviamo un conciso sommario in F.-M. Braun: "La storicità di questo racconto stata molto discussa e combattuta. Si è cominciato a far osservare il silenzio dei sinottici, poi la cosiddetta inverosimiglianza di certi dettagli: Maria aspetta un prodigio quando Gesù non ha fatto ancora nessun miracolo; Gesù le risponde duramente; la quantità enorme di acqua mutata in vino; l'osservazione dell'organizzatore della festa, ecc. Se ne conclude che si tratta di una allegoria pura e semplice (Holtzmann, Bauer, Loisy, Abbot). Il mutamento dell'acqua in vino figurerebbe la sostituzione dell'economia del NT alle osservonze della Legge. Gli elementi minori avrebbero valore di simbolo: lo sposo rappresenterebbe Gesù ; la sposa, la comunità cristiana, alla quale Gesù si unisce con i legami di un matrimonio spirituale; sua madre, la comunità giudaica dalla quale si separa decisamente; gli invitati, i discepoli; le sei anfore di pietà, i sei giorni lavorativi della settimana o i tempi antichi. Autant d'expedients d'une critique aventureuse ».[2]

Trattando dello scopo del racconto, lo stesso Braun avverte che "l'evangelista vuole spiegare come la fede dei primi discepoli si trovi confermata. Si erano dati a Gesù sull'autorità della sua parola. Il miracolo li conferma nella loro credenza, preparandoli a più alta rivelazione. Oltre questo, nell'intenzione del Salvatore il miracolo abbia avuto un certo senso figurato, o che l'evangelista vi abbia visto una figura dell'ordine nuovo, anzi una prefigurazione lontana dell'eucarestia, la cosa possibile. Ma non che una semplice congettura, e non c'e motivo di insistere"[3].

---

1 Theotokos, anno VII, 1999, n.1. Poiché il presente studio è rivolt agli esperti, mi dispenso dagli elenchi bibliografici, presenti, d'altra parte, nella rivista indicata e reperibili, inoltre, attraverso i libri qui citati. Si veda anche la voce "Bibbia" di A. SERRA, in *Nuovo Dizionario di Mariologia* (a cura di S. De Fiores e S. Meo), Ed. Paoline, Cinisello Balsamo 1985, con ampio riferimento bibliografico. Voglio ricordare qui anche il defunto P. Guido Lombardi, con il quale ebbi occasione di discutere in più occasioni questo argomento, animandomi a studiarlo.

2 *Evangile selon Saint Jean*, in *La Sainte Bible* (L. Pirot), X, Paris 1946, p. 329. Cf. 1. KNABEN-BAUER, *Commentarius in quatuor S. Evangelia*, ed. altera, Parisiis 1906, pp.124–137.

3 O.c., p. 329.

Per la verità, mentre nel passato i commentatori cattolici non erano favorevoli all'interpretazione allegorica, perché da parte loro i razionalisti ne abusavano per negare la storicità del miracolo, considerando il racconto solo come una dottrina espressa da un involucro allegorico, negli studi odierni sembra che l'interesse allegorico stia diventato quasi esclusivo.

Di qui l'importanza di sottolineare anzitutto lo scopo del racconto.

Lo scopo del racconto

La Costituzione "Dei Verbum" insegna che le opere di Gesù sono costituite "dai segni e miracoli e specialmente dalla sua morte e gloriosa risurrezione di tra i morti e, infine, dall'invio dello Spirito di verità" (11.4).

Nel racconto delle nozze di Cana ci troviamo proprio in un caso particolare, nel quale "segno e miracolo" si identificano. San Giovanni è esplicito nel considerare i miracoli come un segno della "gloria" di Gesù. Cibo che egli aveva asserito nel prologo: "vedemmo la sua gloria" (1,14), ossia la manifestazione della sua divina identità di "primogenito del Padre", trova qui il suo "incipit". Allo stesso modo che i prodigi dell'Antico Testamento svelavano la presenza salvifica di Dio nel popolo ebraico, così i prodigi di Gesù intendono svelare ehe tale presenza e attività divina sono concentrate.

La presenza del Padre in Gesù e manifestata appunto dalle opere "Filippo, chi vede me, vede anche il Padre. Come, dunque, tu dici: – Mostraci il Padre? Non credi che io sono nel Padre e il Padre è in me?_.. Il Padre, che sta in me, *fa lui le opere*" *(14,9s.; cf.* 15,24). Comprendere il miracolo è, dunque, vedere il Padre all'opera (5,19ss.36; 10,38).

"Segni" e "miracoli" non possono, di conseguenza, essere percepiti nel loro intimo valore, che è soprannaturale, senza *l'intervento del Padre* (6,37.44). Non godere di tale intervento o rifiutarlo ha come conseguenza di "non vedere il segno" (6,26; cf. 12,31).

L'"initium signorum"(1,11), termine con il quale Giovanni designa il primo miracolo, non si riferisce semplicemente all'apertura dell'elenco generale dei miracoli compiuti da Gesù, ma di quei miracoli che si risolvono nella "fede", ossia nel "credere in Lui". Così Giovanni designerà come "segni" il miracolo *("secondo segno")* della guarigione del ministro del re operata a Cafarnao, la quale si conclude appunto con il "credidit ipse et dominus eius tota" (4,53s.); non altrettanto il miracolo operato a Gerusalemme, non aperto verso il "credere in Lui" delle persone in esso coinvolte, nonostante la chiara affermazione di Gesù: "Pater meus usque modo operatur, et ego operor" (5,17). La guarigione operata da Gesù e rimasta in tale caso un "miracolo", e basta.

Si deve allora ritenere che il miracolo delle nozze di Cana è stato il mezzo attraverso il quale Gesù ha manifestato la sua "gloria", consentendo ai discepoli di " credere in Lui". Giungiamo così alla definizione dell'identità del "vero discepolo" nella teologia di Giovanni: discepolo non è semplicemente colui che *segue* Gesù, ma colui al quale, attraverso l'attrazione del Padre, e consentito "vedere" nel "miracolo" il "segno" della "gloria" e in tal modo "credere in Gesù". "Vedere", "miracolo" "segno", "gloria", "credere in Lui" sono termini giovannei, che trova questo racconto un punto di incontro veramente eccezionale.

La sottolineatura dell'esegesi moderna sull'"unitium signorum" è, dunque, quanto mai appropriata[4].

La presenza di Gesù

Per coerenza con il significato e l'importanza da attribuire all'"initium signorum", è necessario che l'attenzione non sia distratta dai simbolismi o da descrizioni giornalistiche. Non ha senso, per esempio, soffermarsi sulle circostanze riguardanti le relazioni di Gesù con Cana, le eventuali parentele con la famiglia degli sposi e tutte le usanze matrimoniali dell'epoca. Neppure è opportuno sottolineare troppo il tema delle nozze, come se lo scopo della presenza di Gesù a Cana sia stato quello di santificare il matrimonio. Una sana teologia del matrimonio, infatti, dovrebbe dedicare maggiore tempo e spazio ai "misteri" della vita di Cristo, via maestra per comprendere il significato e l'importanza che nel piano della salvezza compete in questo caso al "matrimonio della Madre di Dio", vero mistero salvifico e necessario punto di riferimento per tale teologia specifica[5]. Con questo non si vuol detrarre nulla al significato della "cornice", ossia al contesto delle nozze nel quale il miracolo e collocato, ma a patto che il dito non nasconda la montagna.

Gesù, dunque, trattandosi dell'"initium signorum", non si è trovato per caso alle nozze e quasi coinvolto in un evento imprevisto, che lo ha costretto ad anticipare i tempi della storia della salvezza, fosse pure per fare un piacere a sua madre o per rallegrare un convito nuziale. Cristo sapeva che cosa sarebbe accaduto a Cana e che cosa egli avrebbe dovuto fare. Vi è andato per fare ciò che di fatto fece, con lo scopo preciso di "manifestare la sua gloria" e per condurre in tale modo i suoi discepoli a "credere in Lui".

Siamo ben lontani, dunque, dall' attribuire un "tale" miracolo, con il significato che Giovanni gli assegna nella storia della salvezza, alla causalità di un pranzo, vedendovi un commovente intervento provvidenziale rivolto a salvare la festa di due sposi.

La presenza della Madre di Gesù

Giovanni presenta i discepoli all'inizio (2,2) e al termine (v.11) del racconto. La loro presenza e calcolata, perche il miracola finalizzato alla loro fede in Gesù.

Ancor più deve essere calcolata la presenza di Maria, designata da Giovanni "la Madre di Gesù", titolo ehe nella comunità apostolica sostituiva il suo nome per esprimere la sua dignità eil conseguente onore che le veniva riconosciuto. "E' per un

---

4   Cf. G. SEGALLA, La „ Madre degli inizi" nel vangelo di Giovanni, in Theotokos 8 (2000) 769–785.
5   T. STRAMARE, Il matrimonio della Madre die Dio. I Santi Sposi, Ed. Stimmatine, Santuario N.S. di Lourdes, Verona 2000.

disegno molto studiato che Giovanni la mette in scena al primo miracolo di Gesù, come ella sarà presente al momento della sua rnorte (19,25)"[6].

La risposta di Gesù a sua Madre

"Che ho da fare con te, o donna? None ancora giunta la mia ora" riflette più o meno la traduzione più comune della risposta di Gesù a Maria, che si era rivolta a lui dicendo: "Non hanno piü vino" (Gv 2,3s.). A considerare l'immensa letteratura che riguarda questo versetto, la traduzione "accettata" non deve essere priva di difficoltà per chiunque legga tutto il racconto, che sembra seguire, invece, un altro cammino. È unanime l'ammissione dei commentatori circa la difficoltà che comporta tutta la risposta di Gesù, considerata un punto cruciale in tutte e tre le sue parti.

Di qui la necessità di considerarle singolarmente.

Quid mihi et tibi ?

Nell'impossibilità di riferire tutte le interpretazioni, mi limiterò a qualche autore con il solo scopo di far emergere dalle loro argomentazioni il nocciolo del problema.

Comincio con M.-J. Lagange, abbastanza ampio in proposito. "Quid mihi et tibi" "e solo un modo di dire: Non tocca a noi occuparcene: *commoda quidem et pia interpretatio, si loquendi consuetudo pateretur (Mald.).* All'opposto, Ireneo vi ha visto un rimprovero: *Dominus repellens eius intempestivam festinationem* (Haer. IQ, XVI,7); ma come Maria avrebbe avuto l'intenzione di prevenire i disegni di Dio astenendosi perfino da una domanda esplicita? Crisostomo ha azzardato la congettura di un sentimento di vanagloria... Un interprete non deve nè dissimulare il senso naturale delle parole, nè considerarle da sole, senza tener conto del contesto, e bisogna aggiungere, della situazione. Gli Arabi di Palestina usano frequentemente ancora *ma-lech, quid tibi?* È una frase la cui portata È tutta nell'accento che uno ei mette. A volte significherà: "occupatevi dei vostri affari", e a volte, con un sorriso: "lasciami fare, andrà tutto bene". Ora risulta da tutto il racconto che questo secondo modo è proprio quello di Cana, con più di dignità nel tono, ma senza dubbio ancor più di affetto nell'accento"[7]. F.-M. Braun commenta così: "La risposta di Gesù, *Quid mihi et tibi*, sonne plus étrangement. Secondo il rigore grammaticale, si sarebbe più inclini a tradurre, come ha fatto Loisy: "Che c'è tra me e te?". Ciò equivarrebbe alla negazione di ogni tipo di relazione tra Gesù e Maria. Ma il substrato semitico è evidente. La locuzione *ti emoi kai soi* ricorre sovente nell'Antico e nel N.T. e sempre per rifiutare un intervento o per declinare un invito inopportuno... Si tratta certamente di un rifiuto, pieno tuttavia di rispetto. Subito ne è dato il motivo: *la mia ora non è ancora venuta"*.[8]

Passando a qualche autore recente, notiamo che G. Zevini, dopo aver anmesso che "Gesù, alle parole che la Madre gli rivolge, risponde con una frase quanto mai

---

6 M.-J. LAGRANGE, *Evangile selon saint Jean*, éd., Paris 1948, p. 55.

7 *Ibidem*, p. 56.

8 *O.c.*, p. 328.

enigmatica", interpreta la risposta di Gesù nel senso di una divergenza di vedute o di pensiero, ma sottolineando che "le relazioni tra di loro si trovano su un diverso piano"[9]. Da parte sua, G. Ferraro ritiene che "nel presente dialogo tra Gesù e Maria certamente da escludere il senso di ostilità" e riporta l'interpretazione di coloro i quali vedono in Gesù una presa di distanza da sua madre per mostrare "la sua autonomia nel compimento della propria missione stabilita dal Padre: l'indipendenza di

Gesù da ogni vincolo naturale nell'esecuzione del suo compito si radica nella totale dipendenza del Figlio dal Padre"[10].

Il vero nocciolo dell'enigma sta nel reciproco condizionando tra la prima ("Quid mihi et tibi") e la terza frase ("nondum venit hora mea"); l'appellativo di mezzo ("mulier") fa da cerniera. Normalmente è la terza frase ehe condiziona la prima. È chiaro, infatti, che interpretando la terza frase in senso escludente: "Non è venuta la mia ora!", la prima può significare solo una preclusione. Di qui l'affermazione quasi unanime che "Quid mihi et tibi" comporti un rifiuto, come verrebbe comprovato dall'interpretazione dei passi paralleli dell'A. e N.T.

Ho esaminato accuratamente alcuni autori[11] per vedere se le cose stanno veramente così. Analizzando uno dopo l'altro tutti i passi ricorrenti, sia in ebraico che in greco, mi sono reso conto che il significato della frase stereotipata non è così univoco come sembrerebbe a prima vista e ehe il suo significato dipende dalla motivazione che la supporta. Ogni testo rivela allora la sua sfumatura, con una gamma che non può essere considerata esaustiva, a motivo del numero limitato dei casi esaminabili. Ne deriva per lo meno la conclusione che l'etichetta non deve essere necessariamente la stessa per tutti.

Vediamo, dunque, seguendo l'ordine del canone, i passi dell'A.T., per renderci conto della variabilità del substrato ebraico.

Giosue 22,14: Le tribù rimaste in Transgiordania vogliono spiegare che la costruzione dell'altare è indispensabile per dimostrare la loro appartenenza al popolo di Dio.

Giudiei 11,12: Iefte chiede agil Ammoniti, perche sono venuti contro di lui per invadere la sua terra *2 Samuele 16,10:* Davide <u>non</u> vuole che Abisai si intrometta per difenderlo, perché e il Signore ha comandato a Semei di maledirlo.

2 Samuele 19,22: Davide non pesmette che Abisai uccida Semei, perche non lo ritiene opportuno.

1 Re 17,18: La vedova di Sarepta si interroga sulla causa della morte del figlio: "Si tratta di una punizione per le sue colpe?".

2 Re 3,13: Eliseo <u>non</u> vuole ascoltare Ioram, perche il re d'Israele e idolatra.

---

9 *Vangelo secondo Giovanni,* vol. I, Città Nuova Editrice, Roma 1984, pp. 26–27.

10 *Gesù e la madre alle nozze di Cana. Studio esegetico di Gv 2, 1–11,* in *Theotokos* 7 (1999), 19–20.

11 Cf. P. GRAECHTER, *Maria im Erdenleben. Neutestamentliche Marienstudien,* Innsbruck 1953, pp. 195–200; G. BRESSAN, *Maria nelle nozze di Cana,* in **Tabor** 25/1 (1959) 5–22. Esaminando il substrato ebraico ed aramaico di Gv 2,4 ed indipendentemente dalla mia analisi qui presentata, è giunto alla stessa conclusione di fondo M. MARCO HERRANZ, *La virginidad perpetua di Maria,* Studia Semitica Novi Testamenti 9, Ediciones Encuentro, Madrid 2002, pp. 122–125. Ringrazio l'autore per avermi anticipato il risultato del suo studio.

3 Re 9,18 e 19: In. tutti e due i casi, Iehu intende semplicemente far *capire* al messaggero di Ioram che "maiora urgent".

2 Cronache 35,21: Necao spiega a Giosia che sta andando a combattere contro un altro regno. Dunque, solo in tre casi su nove si tratta di un "disaccordo"; negli altri sei casi il senso e vario secondo le motivazioni. Come si può dire, allora, che si tratta *sempre* di ... un rifiuto?

Se esaminimo i casi del N.T. (Matteo 8,29; Marco 1,24; 5,7; Luca 4,34; 8,28), la situazione non migliora per la tesi del rifiuto, perche incontriamo *sempre* piena sottomissione da parte dei demoni, espressa sia nel titolo riconosciuto a Gesù ("Figlio di Dio", Figlio di Dio Altissimo"), sia nella supplica ("obsecro te, ne me torqueas!") e, infine, sia nel riconoscimento del suo potere ("venisti perdere – torquere – nos!). Marco nota ehe gli spiriti immondi "lo adoravano e gridavano: Tu sei il Figlio di Dio! E Gesù li minacciava" (2,11).

Dov'e, allora, o in che cosa consiste il rifiuto?

Interessante è quanto scrive M. Zerwick a proposito della nostra frase. Dopo aver spiegato, riguardo a "tis" e "os", ehe la proposizione relativa e la interrogativa indiretta dopo i verbi "dire, conoscere, ecc." sono molto affini, ne deduce che "hellenistice *tì* loco pronominis relativi stare possit", per cui "da parte della lingua si potrebbe, come è stato proposto, tradurre quel *ti emoi kai soi* di Giovanni 2,4 ' quod meum est, tuum est'", pur aggiungendo che "omni probabilitate caret considerata phrasi semitica quae certe subest"[12]. Al nostro fine ci interessa sottolineare questa possibilità, dal punto di vista della lingua greca, nella quale, ricordiamolo, è scritto il nostro testo. Quanto alla riserva che egli pone sul substrato semitico, abbiamo già controllato sul campo che tutto il contrario.

Donna

"Cet mot femme parait un peu choquant"[13]. "Choquant" esprime il sentimento che trova unanimi i commentatori su questo punto, nonostante l'appellativo, certamente poco "confidenziale", sia in accordo con l'interpretazione negativa, ossia di rifiuto, che essi danno a tutto il versetto. Dovrebbe servire come campanello di allarme. Dopo aver presentato Maria come la "madre di Gesù", sembra, infatti, strano questo appellativo sulla bocca di Gesù, e certamente non deve essere sembrato normale neppure a Giovanni che lo riferisce o, chi sa, inserisce di proposito per un suo scopo.

Gli stessi commentatori si preoccupano conseguentemente di precisare che l'espressione non contiene niente di irrispettoso, ma che anzi "aveva una sfumatura di tenerezza più profonda". Sarà, anche se c'è da dubitare su un consenso delle mamme in proposito.

Tenuto conto, invece, che l'evangelista, il quale riporta il fatto di Cana è lo stesso che descrive la morte di Gesù in croce, al Calvario, dove certamente era stato testimone auricolare del termine usato da Gesù (cf. Gv 19,26s.), l'appellativo „donna" deve avere una particolare motivazione e conseguente significato.

---

12 *Graecitas Biblica exemplis illustratur*, ed. 4, Romae 1960, n. 221, pp. 66s.
13 F.M. BRAUN, *o.c.*, p.328.

Se nella solennità del momento della morte, Gesù aveva chiamato sua madre „donna", per indicare il ruolo che le veniva assegnato riguardo al „discepolo", perché non riconoscere che anche qui ci troviamo in un particolare momento storico, seppure non altrettanto solenne? L'appellativo „donna", così inatteso e singolare, non potrebbe essere stato scelto e usato di proposito per sottolineare, a modo di chiasmo, la nuova fase della vita di Gesù, differente da quella vissuta fino a quel momento storico, ossia quella "incipiens a Galilaea post baptismum, quaed praedicavit Ioannes" (At 10,37), generalmente chiamata "vita pubblica", sulla quale si insiste tanto, a torto, per classificare in una categoria a parte i "cosiddetti vangeli dell'infanzia"?

Sta di fatto, comunque, che con l'"initium signorum" incomincia la manifestazione terrena della "gloria" di Gesù, ehe fa parte di quell'"ora", parimenti caratteristica del linguaggio di Giovanni, la quale si estende appunto dal crepuscolo di Cana, ossia dall'"initium signorum", sino al suo momento conclusivo dell'esaltazione della croce, che vede Gesù "exaltatus a terra" (12,32; cf. 3,14; 8,28).

Nondum venit hora mea

Qui si scontrano maggiormente le interpretazioni con evidente influsso sul significato da dare alle precedenti espressioni. Non è mia intenzione togliere validità agli argomenti addotti da coloro i quali fanno praticamente coincidere l' "ora" di Gesù con il mistero pasquale. È sufficiente, per non ostacolare la logica della nostra argomentazione, l' ammissione che tale "ora" di Gesù tuttavia in qualche misura anticipata, in quanto contenuta dentro il segno, il principio dei segni che Gesù compie, nel quale si manifesta la sua gloria. Il rapporto tra l' "ora" di Gesù e la sua glorificazione viene svolto lungo tutto il vangelo, specialmente in quei testi che connettono esplicitamente l' "ora" e la gloria".[14]

In definitiva, l'interpretazione esclusiva dell'"ora", limitata a un particolare evento della vita di Cristo, porterebbe allo stesso equivoco di coloro che in campo liturgico volessero interpretare l'aggettivo dei "tempi *forti*' come declassamento di tutti gli altri tempi al livello di "tempi *deboli* ". Ovviamente mi limito qui a citare solo qualche autore, di diverso periodo, che mi consenta di "sbloccare" i limiti di tale "ora". Già il Lagrange scriveva: "Nella *e ora mu* si è vista sovente con

Agostino un'allusione alla Passione. Tuttavia nel caso presente il contesto indica ben chiaramente il tempo di rispondere al desiderio della madre, ossia di fare un miracolo. Quest'ora egli la conosce, è già fissata in un certo modo, è il momento in cui egli deve manifestarsi, aspettando la manifestazione più splendente che seguirà la sua morte. Tuttavia, c'è troppa gravità solenne in queste parole per intendere: Pazienza, non ancora; sarà fra poco... Secondo Schanz, Gesù declina ogni intervento nell'opera messianica, che egli dovrà intraprendere secondo la volontà di suo Padre, indipendentemente da ogni influenza umana; – ciò non è esatto, perché l'intervento di Maria porta al miracolo. Tuttavia e vero che entra per cosè dire in un

---

14 G. FERRARO, *a.c.*, p. 22.

ministero nuovo. Finora egli era nel cerchio della famiglia; ormai comincia in pubblico la sua opera, il cui programma è giunto".[15]

Anche Braun nel suo commento a Giovanni ammette: "Senza dubbio non l'ora della passione, che precede l'ingresso nella gloria, dopo la quale Gesù esaudirà tutte le preghiere di sua madre (Agostino, Gregorio, Ireneo), ma l'ora prevista per l'inizio delle manifestazioni esteriori del Verbo incarnato".[16]

Zevini traduce senz'altro: "La mia ora non e forse venuta?"; e commenta: "Il versetto va letto in forma interrogativa e non in forma negativa. Utilizzando questa lettura che vede a Cana iniziato il tempo della manifestazione messianica di Gesù si comprende meglio l'atteggiamento di Maria (2,5.11). Cf. Vanhoye, Interrogation johannique, cit., 157–167)"; "L'ora di Gesù è tutta la sua vita terrena vissuta in conformità alla volontà del Padre, che comincia qui a Cana e raggiunge la sua pienezza sulla croce, punto-vertice della rivelazione messianica di Gesù al mondo e preludio del suo ritorno al Padre (7,30; 8,20; 13,1; 17,1; 19,27)".[17]

Poiche dal punto di vista linguistico, anche la forma interrogativa è possibile[18], non si vede perché sia necessario continuare a conservare un "enigma".

A questo punto sembra indispensabile ricorrere al test della ragionevolezza..

Il test della ragionevolezza

È proprio dalla risposta negativa di Gesù che nasce l'enigma del comportamento "illogico" di Maria. "Maria si comporta come se avesse vinto la causa"; *"L'etonnant è c*he Maria sembra contare sul miracolo. Maria ha dato degli ordini ai servi". Sono queste le reazioni di Braun e di Lagrange, per rimanere fra gli autori già citati.

Tuttavia, si sa, una soluzione alle difficoltà, con un po' di buona volontà, si trova sempre. Gli stessi esegeti, infatti, si mettono all'opera, passando dal piano testuale a quello psicologico: "Maria sa bene che il rifiuto è più apparente che reale. L'ora di Gesù non e ancora venuta. Sia. Ma la preghiera di una madre è un elemento che va tenuto in conto". "E' il fatto di una madre che conosce il cuore di suo figlio. E di fatto Gesù entra nelle sue vedute quasi subito. Come mai ciò che non era maturo è diventato opportuno? La sola spiegazione e che l'umiltà di Maria eil suo abbandono hanno ottenuto ciò che dapprima le era stato rifiutato. Tutto avviene in un'atmosfera di sentimenti delicati; comprendere in tale modo è entrare nello spirito del testo".

L'enigma sembra così risolto, ma ne fa sorgere un altro in relazione allo scopo del racconto, già affrontato al principio del nostro studio: la finalità del miracolo di Cana e forse quella di provare l'importanza dell'umiltà, dell'abbandono, della preghiera, sia pur quella di Maria? Tutti sanno e ammettono ehe dobbiamo privilegiare la spiegazione cristologica. E allora?

---

15 *O.c.*, p. 57.
16 *O.c.*, p. 328.
17 G. ZEVINI, *o.c.*, p. 107.
18 Cf. M. ZERWICK, o.c., pp. 139 s.; F. ZORELLI, *Lexicon Graecum Novi Testamenti*, ed. altera, Parisiis 1931, col. 958. La TOB, Paris 1975, annota: „Autre traduction grammaticalement possible: *Mon heure n'est-elle pas venue?*", p. 295.

A questo punto, non resta che applicare al nostro caso concreto quello che A. Ory chiama "test di ragionevolezza".[19]

Se invece di partire da Gv 2,4, che ci chiude in un enigma, provassimo a partire dal successivo v. 5? Il v. 5 suppone chiaramente ehe Maria, la quale ordina ai servi di eseguire gli ordini di Gesù, ha inteso le sue parole come un "ampio" assenso a quella che non era stata neppure una domanda, ma semplicemente una costatazione: "Non hanno vino!".

Nel caso contrario, tenuto conto della successione dei fatti, se *e etonnant* la risposta di Gesù a sua madre, ancor più *etonnant* dovrebbe sembrare il comportamento di Maria, che avrebbe dovuto incontrarvi due ostacoli: il primo, a livello umano, in relazione al suo significato più immediato, ossia riguardante il momento (= ora) non adatto; il secondo, ancora più grande, qualora ella vi avesse percepito un riferirnento al momento supremo (= ora). E tutto questo dopo il "freddo" appellativo "donna", almeno per coloro che lo intendono come "scostante", e soprattutto dopo la dura risposta "quid mihi et tibi?, se interpretata come dissenso.

La questione è importante, considerate le diffuse interpretazioni "antropologiche" che vedono in questo passo "tracce" dello scarso amore della famiglia di Gesù. Un figlio così "duro" verso sua madre; una madre, che impone la sua volontà al figlio, una vera "virago", alla quale viene attribuita dai commentatori ogni iniziativa, a cominciare dagli episodi dell'infanzia di Gesù, dove la madre assorbe anche la parte del padre, nonostante tutti i diritti e doveri che la legge e le consuetudini gli attribuiscono e che certamente il giusto san Giuseppe deve aver adempiuti.[20].

A questo punto sembra "ragionevole", come già detto, partire da ciò che è chiaro per illuminare ciò che chiaro non è. Supposta, infatti, la risposta affermativa:

la "giustificazione" di Gesù, in forma interrogativa: "Nondum venit hora mea?", esprime indirettamente un accordo;

– l'appellativo "mulier" acquista il significato "ufficiale" proprio del momento importante dell' "initiurn signorum" ;

la frase idiomatica "Quid mihi et tibi" rimane aperta verso un consenso.

Poiché questa interpretazione "alternativa" è grammaticalmente possibile, come abbiamo illustrato, olve ogni enigma, non si vede perche non la si debba accettare. Ovvero qualcuno pensa che l'interpretazione "enigmatica" faccia parte della "Tradizione"?

L'esegesi "dotta" stia attenta a non farsi scavalcare da quella di "Famiglia Cristiana", la quale si trova a suo agio nel significato simbolico e non si lascia imprigionare dalle asperità del testo. Ecco come: "Gesù chiama la Madre "donna", titolo nobilissimo che nel linguaggio biblico richiama la Donna promessa, la cui discendenza schiaccerà il capo al serpente, la Donna-Sion cui Dio stesso propone l'alleanza. Ebbene, la Donna vede il bisogno di Israele e coglie la fecondità dell'ora, non vuole far fare il miracolo, ma con totale fiducia depone ai piedi del Figlio la sete della sua gente. Gesù chiamandola donna capisce il linguaggio della madre (anche

---

19 *Riscoprire la verità storica dei vangeli. Una iniziazione all'esegesi funzionale*, Massimo-Milano 1986.

20 Cf. SCALFARI, *Due o tre ipotesi sul Gesù della storia*, in *Il Venerdì* (Supplemento de La Repubblica), 18 gennaio 2010, p. 13. Chi non conosce le interpretazioni di I. Magli?

quando dice: 'Che ho a che fare con te?', che nel linguaggio semitico vale: 'C'è forse una divergenza di vedute tra te e me?') e le dice: 'Non è forse ancora arrivata la mia ora?', intendendo che egli agirà secondo il volere del Padre, non determinato da contingenze mondane. Nel medesimo tempo ricambia la sua totale fiducia, lasciandola agire secondo la più pura delle fedeltà".[21]

Riassumendo

– La traduzione diffusa della risposta di Gesù a Maria è ritenuta un "enigma", perché va contra la logica del racconto;
 Lo scopo di tutto il racconto e eminentemente *cristologico;*
 Cana è collegata con la manifestazione della *gloria* di Gesù;
 Il miracolo e considerato solo come funzionale al *segno;*
 Giovanni intende presentare l'inizio *dei segni;*
– Mentre il miracolo è a beneficio di tutti i commensali, il segno riguarda solo *i discepoli;*
 "Discepoli" sono coloro ai quali e divinamente concesso di *vedere* nel *miracolo* il *segno* della *gloria, e così credere in Lui;*
– Gesù è il protagonista di tutto l'avvenimento, nel quale egli rivela la sua origine divina (la *gloria*) ;
– L'episodio si conclude con *la fede in Lui* da parte dei *discepoli;*
 Gesù è consapevole del significato e dell'importanza del momento, né occasionale né anticipato: "Nondum venit hora mea?";
 Con l'inizio dei segni la vita terrena di Gesù passa dalla vita *nascosta* a quella *pubblica;*
 Maria, la "Madre di Gesù", e inserita in questa nuova fase della vita di Gesù con un nuovo titolo, quello di "Donna", lo stesso che ai piedi della croce la costituisce "Madre del *discepolo";*
 La presenza e l'intervento di Maria sono indissociabili dalle "manifestazioni" di Gesù sia al momento della nascita, come "madre", sia a quello della gloria, come "donna";
– Dalla parte di Gesù, l'affermazione-rivelazione "Nondum venit hora mea?" non è stata per Maria la triste motivazione di un rifiuto, ma il solenne *pre-annunzio* della gioia pasquale: "Donna, è giunta la rnia ora!".

Conclusione

Se così stanno le cose, "non e venuta l'ora" di sciogliere l'enigma?

Ecco, dunque, la traduzione ehe mi sembra non solo possibile, ma logica, adeguata al contesto all' importanza dell' "initium signorum":

"Ciò che mio è tuo.

Donna, e giunta la mia ora!".

---

21 M. ZATTONI – G. GILLINI, Il primo miracolo è nel segno della gioia, n. 2/2001.

Saint Clément Ganganelli

Einige frühe Berichte über von Papst Clemens XIV. nach seinem Tode gewirkte Wunder

Christoph Weber

Die Epoche der Päpste Clemens XIII., Clemens XIV. und Pius VI.,[1] also die Zeit von 1758 bis 1800, brachte nicht nur den Triumph der *Philosophie* im Sinne einer antichristlichen Aufklärung, sondern auch eine Gegenbewegung, die sich in Wundern, Visionen, Prophezeiungen, Geheimbünden und okkulten Bestrebungen aller Art manifestierte. Diese Doppelgesichtigkeit der Epoche ist seit langem Gegenstand intensiver Forschung.

Um die relative Bescheidenheit aller hier geschilderten Phänomene des Übersinnlichen in den richtigen Rahmen zu stellen, ist es nötig, wenigstens in kurzen Andeutungen das historische Umfeld der konkurrierenden religiösen Symptome kennen zu lernen.

Die protestantischen Sekten waren in den Bereich konvulsivischer Zuckungen, die Jansenisten bis hin zu grausamen Marterritualen vorgedrungen. Swedenborg öffnete nicht nur ein Reich der Engel und der Himmelsräume, sondern drang auch in das Erdinnere vor, in dem er den physischen Raum der Hölle vermutete. Die avanciertesten Feinde des Christentums fanden es notwendig, an dem Ufer der Themse in den Ruinen eines Zisterzienserklosters Messen zu Ehren Satans nach katholischem Ritus (?) zu feiern.[2]

---

1   Für die Papstgeschichte dieser Zeit ist jetzt maßgeblich: Enciclopedia dei Papi (coord. A. Menniti Ippolito), hier Bd. III (2000) 475–492, Mario Rosa, mit intensiver Literaturdiskussion. – Zur Thematik Aufklärung/Antiaufklärung vgl. u. a. Cyril B. O'Keefe, Contemporary reactions to the enlightenment 1728–1762, Geneve 1974; Darrin MacMahon, Enemies of the Enlightenment, Oxford 2001; Matt D. Goldish (Ed.), Millenarism and messianism in early modern European culture, Dordrecht 2001; Antonio Trampus, I gesuiti e l'illuminismo. Politica e religione in Austria e nell'Europa centrale (1773–1798), Firenze 2000. – Mario Rosa, Gesuitismo e antigesuitismo nell'Italia all Sei-Settecento. In: Rivista di Storia e Letteratura Religiosa, a. 2006, 247–281. – M. Rosa, Le contraddizioni della modernità: Apologetica cattolica e Lumi nel Settecento, ebd. a. 2008, 73–114. – Sydney F. Smith, SJ.: The Suppression of the Society of Jesus, edited by Joseph A. Munitz, SJ, with an Afterword by R.W. Truman, Gracewing Ed., Leominster 2004. Dieses Werk repräsentiert die jesuitische Anschauung.
2   Zu den jansenistischen Martern vgl. Picot II, 353f.; zu den Erweckungsbewegungen, Freimaurerei und Illuminaten vgl. B. Plongeron (Hrsg.), Geschichte des Christentums, Bd. 10, Freiburg 2000,

Das allergewöhnlichste waren Prophezeiungen zu politischen wie religiösen Fragen, als literarische Form, als Totengespräche, als Visionen von Nonnen.[3] Wenn erst das Blut der Jesuiten durch die Straßen Roms fließe (so werden wir noch lesen), dann sei der Umschlag da und die *Resurrectio Societatis* stehe bevor!

Nicht erlaubt waren Prophezeiungen über den Tod des Papstes Clemens und der bourbonischen Könige. Sie verstießen gegen die *Lex laesae maiestatis,* die keine Prophezeiung gegen das Leben eines Herrschers zuließ.[4]

Es gibt Zeugnisse dafür, dass Clemens XIV. selbst an Prophezeiungen geglaubt hat. Sowohl sein Aufstieg zum Kardinalat und Pontifikat, wie auch sein Tod sind von Vorhersagen unterschiedlicher Art begleitet;[5] die heftigsten Todeswünsche beantwortete er mit der Verhaftung der Verantwortlichen.[6] Die plausibelste Erklärung seines Todes wurde von einem französischen Priester, der damals in Rom

201–21. – Zum Hellfire Club mit seinen Mitgliedern aus der Oberschicht vgl. Will und Ariel Durant, Kulturgeschichte der Menschheit, Bd. 16, Köln 1985, 252. – Es handelte sich um die ehemalige Abtei Medmenham. Der Zeitraum dieser Riten lag zwischen 1752 und 1762. – Zu den jansenistischen Konvulsionen, die von der sanior pars dieser Richtung ebenso wie vom Staat abgelehnt, respektive verboten wurden, sich aber bis in die Zeit der französischen Revolution hielten, vgl. Picot, II 352–58, 384–87 und IV 61–67. Der ultramontane Picot hielt diese extremen Manifestationen für ein Werk der Finsternis. Vgl. jetzt: Catherine-Laurence Maire, Les convulsionnaires de Saint-Médard. Miracles, convulsions et prophètes à Paris du XVIIIᵉ siècle, P. 1985.

3 Der Benediktiner Pernetti führte um 1770 Swedenborgs Lehre in Frankreich ein und lieferte eine Übersetzung von dessen Hauptwerk: *Merveilles du ciel et de l'enfer,* Paris 1782. – Eindrucksvoll ist die Verknüpfung von Gaßners Teufelsaustreibungen mit dem Verbot der Jesuiten: Nach der Darstellung A.v. Haens (1776) war es Ziel der Gaßner'schen Wunder 1. den christlichen Glauben zu stärken, 2. *die ganze Kirche zu überzeugen, was diejenige Gesellschaft ihr für Nutzen habe bringen müssen, welche von dem heiligen Namen ihre eigene Benennung hatte, und durch denselben handelte, 3. den Teufel von der ganzen Welt zu dem Bekenntniß zu zwingen, so wol was er für Schaden seit zwey hundert Jahren von dieser Gesellschaft gelitten, als wie angenehm ihre Aufhebung der Hölle gewesen;* Beytrag zu der Nachricht von den gaßnerschen Teufelsbeschwörungen. In: Ch.W.F. Walch, Neueste Religions-Geschichte, 6. Bd. (1777), 538–548, hier 544. – Der Teufel wurde also gezwungen, zugunsten der Societas Jesu auszusagen! – Zu Swedenborg vgl. Picot IV 491; V 226f. – Ein Beispiel für die Totengespräche: Gespräche im Reich der Toten, zwischen Benedikt XIV. und Klemens XIV., 2 Bde, o.O. 1776, mutmaßlicher Verfasser: Johann Michael Lehner. In Deutschland via KVK nur zweimal nachgewiesen.

4 vgl. Seidler/Weber 589f., 610f. – Maßgeblich ist M. Caffiero, Religione e modernità, 131–166. – Pastor XVI/2, 230f.

5 Caraccioli, La vie du Pape Clement XIV (Ganganelli), 17, 29, 84. – Ausführlicher und unter Angaben von Zeugen: Lettres à M. Caraccioli, 206–11. – Die wichtigste Prophezeiung, die er (eventuell von dem Konventualen Lucci) erhielt, war diese: er werde Kardinal, er werde Papst, aber für nur kürzere Jahre als Sixtus V.! – Zu Louis-Antoine Caraccioli (1719–1803), 1739 kurzfristig Oratorianer, dann Berufsschriftsteller von christlich-aufgeklärter Gesinnung, Voltaire ebenso unsympathisch wie den Jesuiten; unendlich viele Bücher biographischen und moralischen Inhalts, vgl. Feller, II (1848), 391f. – Seine *Vie du Pape Clement XIV* von 1775 rief heftigen Widerspruch der Jesuiten hervor, deren Gemeinschaftswerk *Lettres à Monsieur Caraccioli* von 1776 eine unserer wichtigsten Quellen.

6 vgl. Seidler/Weber, 612 Anm. 250 mit Lit. – Eine der schrecklichsten Visionen Clemens XIV. war jene, in der er nachts in seinem Schlafgemach lag, als plötzlich drei mit Stöcken bewaffnete Jesuiten sein Zimmer betreten, sich auf den drei offenen Seiten des päpstlichen Bettes aufstellen und anfangen, auf den Papst einzuprügeln. Die wehrlosen Schmerzensschreie des Papstes hört niemand. Erst als die drei Jesuiten ebenso unerklärlich, wie sie gekommen, wieder verschwunden waren, vernimmt der päpstliche Kammerdiener Bartolomeo in einem Nebenraum die Schreie des Papstes, konnte aber am Körper desselben keine Verletzungen erkennen: so berichten die Jesuiten in ihren *Lettres à Monsieur Caraccioli,* Paris 1777, 337f.

weilte, vorgebracht, konnte sich aber in der Historiographie nicht durchsetzen: Abbé Roman erfuhr, dass der Papst aus Angst, von den Jesuiten vergiftet worden zu sein, anfing, ein aus London oder Venedig besorgtes Antidot einzunehmen, ein Quecksilberpräparat, welches dann tatsächlich zu seinem vorzeitigen Ende führte.[7] Diese Frage können wir hier nicht vertiefen, obwohl das Thema natürlich eine definitive Lösung kennt, die heute auch möglich wäre.[8]

Keineswegs kirchenrechtlich unerlaubt war es, wenn Kranke Gott um Heilung anriefen und ihm dabei die Verdienste des verstorbenen Papstes entgegenhielten. Um das zu tun, bedurfte es nicht einer *Beatificatio* oder *Canonizatio* der Person, deren Interzession bei Gott in Anspruch genommen wurde.[9] Deshalb haben die Berichte über (kurz gesagt) Wunderheilungen Clemens' XIV. an sich nichts Anstößiges. Es war dies einer unter mehreren Wegen, auf denen zu einer Heiligsprechung gelangt werden konnte.[10]

Die ganze Bewegung zu Gunsten eines solchen Prozesses dauerte offenbar vom Frühjahr 1775 bis zum Herbst 1777. Wir beschränken uns – auch wegen unübersteigbarer Quellenprobleme[11] – auf das Jahr 1775, genau genommen auf die Monate Mai bis September 1775, während derer offenbar heftigst um die Durchsetzung eines seligen und heiligen Wunderheilers Clemens' XIV. gerungen wurde. Zehn einzelne Quellenstücke aus diesen Monaten können hier vorgestellt werden, von fünf unterschiedlichen Autoren. Abschließend folgen noch zwei Texte aus dem Jahr 1777 von zwei weiteren Schriftstellern. Drei Exkurse zu verwandten Themen, ebenfalls von zahlreichen unterschiedlichen Zeugnissen getragen, lassen insgesamt

---

7 Abbé Roman, Mémoires historiques 205. – Seidler/Weber, 612.
8 Ohne dass dies hier näher zu erörtern ist, steht fest, dass Clemens XIV. praktisch alle Symptome einer chronischen Quecksilbervergiftung aufwies, von den Mundraumentzündungen über die Störungen des Verdauungsapparates bis zu den psychischen Störungen, der Schlaflosigkeit, der nervösen Übererregbarkeit bis zur Depression und Angstgefühlen. Die Tatsache, dass er extreme Schwitzkuren machte, kann die Aufnahme von Quecksilberdämpfen in seinem Wohnraum nur verstärkt haben. Zur Forschung vgl. Rosa (Anm. 1) sowie Rétat. Vgl. dann Seidler/Weber, 612f., wo eine dem Papste wohlgesonnene Biographie ediert ist, die an dieser Stelle genau die schwere Krankheitssymptome anführt, die vollständig mit einer Quecksilbervergiftung übereinstimmen. Diese Stelle ist deshalb besonders wichtig, weil die Zeitgenossen sonst immer nur nach den Symptomen einer Arsenvergiftung forschten. Trotz der bedeutenden Leistung von Rétat muss das Problem noch immer für offen gehalten werden.
9 Es sei an die vielfach verbreiteten religiösen Heftchen, z. B. über P. Wilhelm Eberschweiler S.J. oder Bruder Firminus Wickenhäuser OFM erinnert, deren Hilfe heute von vielen Gläubigen in Anspruch genommen wird.
10 vgl. Stefan Samerski, „Wie im Himmel, so auf Erden"? Selig- und Heiligsprechung in der katholischen Kirche 1740 bis 1870, Stuttgart 2002.
11 Nicht erreichbar waren dem Autor folgende Schriften: *Notizie interessanti la sacra persona del gran pontefice O.M. Clemente XIV ...* Lugano 1783, in der p. 64–173 Nachrichten über die Wunder des Papstes gesammelt sind; sowie die Handschrift *Processo per introduzione della causa di canonizzazione di Fra Lorenzo Ganganelli detto Clemente XIV*, eine Polemik gegen ihn. Beide Werke zitiert in Pastor XVI/2, 396. Das folgende Opusculum existiert in der Bayer. Staatsbibliothek, umfasst 22 Seiten und ist eine wertlose Polemik: De Miraculis Clementis XIV. Commodisque Mendicantium ex abolita Societate Jesu, Editio secunda, Francofortum s.a., 22 pp. Eine Digitalisierung dieses Textes veranlasste der Autor im Jahre 2010, sodass heute jeder über das sog. Resolving-System sich kostenfrei eine Kopie beschaffen kann. Die Bayer. Staatsbibliothek gibt aber das falsche Erscheinungsjahr 1750 an. Das Heft wird dem Jesuiten Weissenbach zugeschrieben.

eine Vielfalt von Stimmen vernehmen. Dass dabei die Befürworter einer Seligsprechung Clemens' XIV. das Übergewicht haben, liegt in der Natur der Sache.

1. Dokument.
Brief Fabio de' Vecchis an Zanobi Banchieri vom 13. Mai 1775.

Fabio de' Vecchi aus Siena und Zanobi Banchieri aus Pistoja waren zu verschiedenen Zeiten Referendare beider Signaturen, verzichteten aber aus ihrer reformistisch-jansenistischen Haltung heraus auf eine „Karriere". Vielmehr widmeten sich beide intensiven theologischen Studien im Sinne der *sana doctrina*. Besonders de' Vecchi war ein Antijesuit von hohen Graden.[12]

Beide Monsignori entstammten Kardinalsfamilien mit verwandtschaftlichen Beziehungen zu den Päpsten der Piccolomini, respektive zu Clemens IX.[13]

Ihre Weigerung, sich intellektuell und als Kirchenmänner dem Kurs der *Societas* anzupassen, bedeutete ihr Karriereende, denn in den 5 Jahren Clemens' XIV. tat dieser sehr wenig für eine auch nur etwas breiter angelegte Personalpolitik, und unter Pius VI. hatten bald wieder die Jesuitenfreunde das Oberwasser.[14]

Nach einem langen Brief, in dem es um eine wichtige Frage der künftigen Plazierung des Theologen Tamburinis und um Themen der Wohltätigkeit ging, fügt Fabio de' Vecchi ein Postskriptum an:[15]

> *P.S. Consolatevi dopo tante cattive nuove. Questa sera ho inteso di certo, e ne gira per relazione, che in Rimini per mezzo della immagine di Papa Ganganelli è stata guarita quasi istantaneamente una donna impiagata, e ritenuta in letto da molti anni; la relazione è munita di tutte le formalità legali, e di tutta autorità, e la ricognizione vescovile.[16] Questo fatto se non giustifica Ganganelli innocente, lo giustifica martire. Addio.*

Diese Heilung muß also bereits im April 1775 stattgefunden haben. Auf die Frage eines Martyriums Clemens' XIV. wird später noch eingegangen.

---

12 Fabio de' Vecchi (1745–1821) und Zanobi Banchieri (1747–1798) hatten beide im Collegio Nazareno studiert und wurden 1767 resp. 1787 Referendare beider Signaturen. Ihr Leben hat Codignola, I 40–117, ausführlich erforscht. Beide Prälaten waren vermögend und verwendeten ihr Geld ausschließlich für ihre theologischen Werke, der Förderung von Priestern, die der *sana doctrina* folgten, sowie für Wohltätigkeiten. Sie bilden das absolute Gegenbild zu den ehrgeizigen, habgierigen und oft auch unmoralischen kurialen Monsignori.

13 Banchieri war Neffe eines Kardinals; Weber, Geneal. I 78; De' Vecchi hatte einen entfernten Cousin gleichen Namens als Kardinal und stammte auch aus dem Hause Piccolomini; Weber, Geneal. III 479f.

14 De' Vecchi verlor 1792 im Zuge der antijansenistischen Wende seinen Lehrstuhl in Siena; Codignola, I 106f.

15 Ebd., I 216.

16 Francesco Castellini, 1763–1777 Bischof von Rimini; HC VI 100.

2. Dokument.
Brief Fabio de' Vecchis an Zanobi Banchieri vom 17. Juni 1775.

An denselben Adressaten berichtete de' Vecchi über furchtbare Tataren-Meldungen aus Paris, wo es in diesem Jahr die ersten Unruhen gab, die man schon dem Vorfeld der künftigen Revolution zurechnen muss. Viele Leute hielten diese Unruhen für Intrigen der Ex-Jesuiten, viele Aufständische, darunter vier Jesuiten, seien geköpft worden.[17]

Auf der anderen Seite wachse *la fama dei miracoli di Ganganelli* ins Unermessliche. Gotte möge so die Verleumdung des Papstes widerlegen. De' Vecchi glaubt offenbar nicht hundertprozentig an die Wahrheit der vielen Wunder, die vielleicht eine Folge eines natürlichen Effekts der Volksbewegung seien.

> *Ogni giorno si sentono nuovi miracoli. Io vi accludo copia di quelle di Rimini consegnatami dal famoso P. Viatore da Coccaglio Cappuccino, il quale [gemeint ist das Dokument über das Wunder] mandato dal Vescovo di Rimini al Card.e Carlo Rezzonico e dal Card.e Datario al Papa è finalmente passato per ordine pontificio nelle mani del Promotore della fede ed è stato incaricato il Vescovo di Imola di maggiormente verificarlo. Qui in Roma se ne contano parecchi.*[18]

Namentlich nennt er eine Kammerdienerin im Hause Bernini, die von einem Arzt und Juristen untersucht und befragt worden sei. Pater Viatore OFM Cap legte Zeugnis von einem Wunder in seinem Kloster ab. Leider weisen beide Wunder jansenistische Verknüpfungen auf, denn der ebengenannte Arzt und Jurist war ein De' Vecchi, und Pater Viatore war als Jansenist bekannt und zwar als *polemista vigoroso e aggressivo*.[19]

De' Vecchi erwähnt dass es bereits Wunder in Frankreich und Deutschland gäbe. Man wird nicht umhinkommen, bei allen Berichten darauf zu achten, ob sie von „jansenistischer" Seite überliefert wurden. Auf der anderen Seite: konnte man irgendwie erwarten, dass Ex-Jesuiten und ihre „Terziaren" von sich aus ein Wunder Clemens' XIV. melden würden? So blieb eben nur das weitgefächerte Milieu der Antijesuiten übrig, um sich um die Wunder des verstorbenen Pontifex zu kümmern.

---

17 Brief De' Vecchi an Banchieri vom 17.6.1775; Codignola, I 219–21, hier 219. – Zu den völlig unerwarteten heftigen Agrarrevolten in Frankreich vgl. Mercure Historique et Politique 178 (1775), 60ff., mai 1775, und 179 (1775) 48–78, juillet 1775. Von Hinrichtungen von Jesuiten ist nirgendwo die Rede. Die *Guerre des farines* (April/Mai 73), hervorgerufen durch die Freihandelspolitik, braucht hier nicht behandelt zu werden.

18 Ebd., 219f. – Bischof von Imola war Gio. Carlo Bandi, der Onkel des Papstes; HC VI 243.

19 Der Kapuziner aus Brescia P. Viatore da Coccaglio (1706–1793) ist der Jansenismusforschung seit langem bekannt; Zitat ebd. 220. – Seidler/Weber, 100.

3. Dokument.
Bericht des kurkölnischen Ministers am römischen Hof, Marchese Tommaso Antici, vom 24. Juni 1775.[20]

Dieser sehr lange Bericht handelt zuerst einmal von einer Sitzung der Kardinalskongregation für die Jesuitenangelegenheiten, dann vom „Prozess" gegen den Ex-
General der Jesuiten, Abbé Lorenzo Ricci, danach von einigen Entlassungen von
Verdächtigen aus der Engelsburg. Endlich kommt der durchaus jesuitenfreundliche
Kirchendiplomat zu dem hier behandelten Thema, die seiner Meinung nach antijesuitischen Parteiversuche, das berühmte Verbotsbreve *Dominus ac Redemptor* dadurch abzusichern, dass sie seinen Urheber zum Heiligen erklären. Dadurch werde
das Jesuitenverbot für immer unantastbar. *L'on debite de toute part des miracles
obtenus à l'intercession de Saint Clément Ganganelli, on en repand des relations et
des legendes, et l'on voit et connoit l'art de plusieurs qui s'empressent à lui procurer
un culte, et la dévotion du Peuple. Dans ce projet doit être melé nécessairement le
bras fort des Ministres antijesuitiques ;[21] et il est d'ailleurs certain que les Moines de
tout genre sont des charlatans les plus empressés à débiter ces contes.*

Hier muss man allerdings gleich eine Bemerkung einfügen: weder bezüglich der
„Ministres antijésuitiques", also der Botschafter Spaniens, Frankreichs und Sizili-
ens, bringt Antici in seinen weiteren Berichten einen Beweis vor, noch bezüglich
der „Moines". Es waren keine Mönche, welcher Regel auch immer, sondern Angehörige der Bettelorden und der neueren Regularkleriker, die mit Energie auf die
Dokumentation von Wunderheilungen drängten. Was die Hauptmotivation der
Bewegung angeht, hat Antici wohl recht.

Der kurkölnische Minister erwähnt, dass mehrere Kardinäle sich dem Skandal
entgegensetzen wollen, denn Qualitäten und Handlungen des verstorbenen Papstes
seien nur in allzu frischer Erinnerung. Wir kennen einige Namen solcher Kardinäle, denen man eine völlige Ablehnung auch des toten Papstes Clemens guten Gewissens zuschreiben kann: den Ex-Staatssekretär und neuen Sekretär des S. Officio
L. Torrigiani, den Kardinaldekan G.F. Albani, den Kardinalvikar M.A. Colonna,
die beiden Rezzonico, welche von Anfang an und bis zur Papstwahl Braschis Pro-
tektoren gewesen sind, den Großpönitentiar Boschi, die bedingungslosen Jesuiten-

---

20 Bericht Tommaso Anticis an den Kurfürsten von Köln, Max Friedrich, vom 24.6.1775, im Hauptstaatsarchiv Düsseldorf, Kurköln VIII 85/5 fol. 205. – Diesen Quellenbestand hat der Verfasser
bereits teilweise ausgewertet in seinem Festschriftbeitrag mit dem Titel: Faire revivre l'arbre entier,
mit Hinweis auf die Arbeiten von Gisela Fleckenstein. Hier finden sich viele bio-bibliographische
Hinweise auf den römischen Hof 1775/76, die hier nicht wiederholt werden.

21 Theoretisch waren dies die Botschafter von Frankreich, Spanien, Portugal und Neapel; tatsächlich
ist damit José Moñino gemeint, Conde de Floridablanca als Dank für die Jesuitenauflösung, zu
dem es eine große Literatur gibt. Die geltungssüchtige Ader, die ihn beherrschte, kann man in der
gesamten diplomatiegeschichtlichen Literatur zu seiner Zeit nachsehen; hier seien nur seine Be-
richtsexzerpte vom römischen Hof erwähnt: Antonio Ferrer del Rio (Ed.), Obras originales del
Conde de Floridablanca, y escritos referentes a su persona, Madrid 1952, pp. XI–XXVI. – Floridablanca war der offizielle Wortführer der bourbonischen Diplomaten in Rom und besaß jene
völlige Skrupellosigkeit, die den Kardinälen Bernis und Orsini noch fehlte (letzterer Botschafter
beider Sizilien). – Francisco Marti Gilabert, Carlos III y la politica religiosa, Madrid 2004 (sehr
informativ).

freunde Calini und Paracciani.[22] Sie waren in der Lage, das Feuer nach spätestens zwei Jahren auszutreten. Antici befürchtete nämlich, dass die Geschichte ausgehen könnte wie auf dem Pariser Friedhof von St. Medard, wo der dort beigesetzte jansenistische Diakon Pâris Heilungswunder wirkte, bis ihm der Erzbischof und der König dies untersagten.[23]

4. Dokument.
Brief aus Rom vom 28. Juni 1775.

Nur wenige Tage später, am 28. Juni 1775, sandte ein Korrespondent einen Bericht aus Rom[24] an den in Kleve erscheinenden *Courier du Bas-Rhin*, einer preußisch inspirierten, aber französischsprachigen Zeitung, die von einem Franko-Italiener redigiert wurde und die Aufgabe hatte, im westdeutsch-niederländischen Bereich der Dominanz der Amsterdamer und Pariser Presse entgegenzutreten.[25] Wer kann der Absender in Rom gewesen sein? Wir wissen es nicht, aber der ganze Tonfall erinnert an die Sichtweise des französischen Botschafters, Kard. de Bernis.[26] Es dürfte ein freier Mitarbeiter gewesen sein, der – gegen Entgelt – die Ansichten des Kardinals verbreitete, dem wir folgende Analyse verdanken:

Zuerst berichtet er von einer scharfen Intervention des spanischen Botschafters Moñino bei Pius VI. gegen die Freilassung der gefangenen Jesuiten – de facto unter Androhung des Abbruchs der diplomatischen Beziehungen –, dann geht er auf Clemens XIV. über:

> C'etoit assez que la voix publique eut mis Clément XIV au nombre des grands hommes & á côté des pontifes qui ont le plus illustré la chaire de S. Pierre, sans que le fanatisme & la superstition qui outrent tout, entreprissent encore de le mettre au rang des saints, & c'est assez pour sa gloire des grandes choses qu'il a opérées en politique durant sa vie, sans qu'il ait besoin qu'après sa mort on lui fasse opérer de prétendus miracles & des prodiges. On en publie cependant deux qui ont été faits tout récemment par son intercession, savoir, l'un sur une femme possédée du démon

---

22 Die europäische Öffentlichkeit konnte aus der in dem Haag erscheinenden Zeitung *Mercure Historique et Politque* erfahren, welche Kardinäle also projesuitisch galten; Tome 178 (Jan.-Juni 1775), 109, 281, 396, 398. Allgemeineres in Seidler/Weber, 68–70.

23 François de Pâris (1690–1727), Diakon der Erzdiözese Paris, lebte zurückgezogen und wirkte nach seinem Tode zahlreiche Wunder, die vom Erzbischof de Vintimille 1731 verboten wurden; Picot II 308ff. Zu seinem Leben vgl. Pierre Barral, Appellans célèbres, o.O. 1753, 14–20. Dieses inzwischen unzugänglich gewordene wichtige Werk ist jetzt (2009) als Reprint zugänglich bei der Firma Kessinger (www.kessinger.net).

24 Courier du Bas-Rhin, Nr. 56 vom 15.7.1775, p. 447.

25 Zum Courier du Bas-Rhin vgl. die breite Untersuchung von Matthias Beermann, Zeitung zwischen Profit und Politik. Der Courier du Bas-Rhin (1767–1810), Leipzig 1996, pp. 590. Der Redakteur Jean Manzon stammte aus Piemont und war offensichtlich Jesuitenschüler; jedoch fand er in dem Orden vor allem einen unerträglichen Stolz. Dies – und nur dies – warf er der Societas bei der Gelegenheit vor: *orgueil!*

26 Es gibt viele neuere Publikationen zu Kard. de Bernis, die aber alle in kulturgeschichtlicher Nostalgie schwelgen (le royaume des charmes); für uns ist das quellennahe Werk F. Massons von 1903 allein nützlich. Nach Meinung dieses Autors war de Bernis in erster Linie französischer Patriot, dann mit weitem Abstand Kirchenmann.

qui a été guérie en invoquant saint Clément XIV, & l'autre sur une femme qui étoit sur le point de mourir des suites d'une hydropisie, dont elle a été radicalement guérie en buvant de l'eau dans laquelle elle avoit fait infuser des reliques de ce pontife : Ce sont là sans doute de pieuses impostures qu'inventent & qu'accréditent certaines gens qui voudroient canoniser la mémoire de Clément XIV, tandis que le parti contraire emploie de son côté des artifices encore plus coupables pour la décrier & la rendre odieuse.

Gerade der letzte Absatz ist ganz dem Denken Bernis' entsprechend: bitte keine frommen Lügen, das hat Clemens XIV. nicht verdient, aber bitte auch aufhören mit der Flut schmutziger Verleumdungen, die von seinen Gegnern nach wie vor verbreitet werden.[27]

5. Dokument.
Brief aus Rom vom 12. Juli 1775.

Vom 12. Juli 1775 datiert ein neuer Brief an die Redaktion der Klever Zeitung,[28] der seinen Ausgangspunkt wieder von der Kardinalskongregation für die Ex-Jesuiten nahm. Die Tagung fand im Quirinalspalast, aber ohne Anwesenheit des Papstes statt. Diese Kongregation befand sich bereits in der Krise:

Il ne s'y trouva que les cardinaux Corsini, Caraffa, Zelada, & l'avocat Andreetti ; le cardinal Marefoschi avoit refusé de s'y trouver & le cardinal Casali étoit absent ;[29] on ne fait point ce qui a été arrêté dans cette assemblée ; mais il est certain que l'on poursuit l'examen du procès des Jésuites prisonniers & que tout le parti est fort consterné. On continue à s'entretenir des miracles qui s'opérent journellement par l'intercession de Clément XIV ; & l'on assure qu'il en a été porté à la congrégation des Rits, pas moins de onze, tous attestés dans les formes requises. Les Jésuites crient à la fourbe, á la ruse, á la fausseté ; mais on se contente de leur répondre, que si le bon Ignace leur ignorant patron & fondateur a pu faire des miracles après sa mort ; il n'est pas surprenant qu'un pontife plein de talens, de sagesse & d'esprit puisse en faire aussi : Ils ne veulent sans doute pas se persuader que le don des miracles n'est que le partage de l'idiotisme & de l'ignorance.

Damit ist eine weitere Notiz gegeben, dass eine Serie von Wunderberichten der Ritenkongregation eingereicht wurde. Nach Mitteilung der Jesuiten war es der Pönitentiar von St. Peter, Regini OFM Conv., der eine Sammlung von acht Wundern dem Promotor fidei übergeben habe. Später hören wir davon, dass das S. Officium die Sammlung der Konventualen beschlagnahmte. Hier müssten Archivstudien in

---

27 Im Sommer 1775 erschien z. B. das Falsifikat (auf Latein), von dem die Nouvelles Ecclésiastiques vom 18.9.1775, p. 15f. berichten: *Retraction de Clement XIV ecrite de sa propre main, & remise à son confesseur extraordinaire le Card. N.N.*; in Italien erschienen. Dazu: A. Trampus, La ritrattazione del breve di soppressione della Compagnia di Gesù. In: Roma moderna e contemporanea 11 (2003), 253–80. – Aus Rom meldete man im April 1775, dass Kard. Giraud, Erzbischof von Ferrara, einen Ex-Jesuiten a sacris suspendierte, weil er in einer Predigt in beleidigender Weise vom verstorbenen Papst geredet hatte; Mercure Historique et Politique, t. 178 (1775), 403.

28 Courier du Bas-Rhin, Nr. 60 vom 29.7.1775, p. 479.

29 Zu den fünf Mitgliedern der Spezialkongregation vgl. Seidler/Weber, Personenindex; Weber, Faire revivre 297, Anm. 16.

den beiden Nachfolgebehörden einsetzen.[30] Nicht geklärt werden kann hier, ob in Rom auch der Kardinalvikar hätte beteiligt sein müssen, um den ersten Schritt zu einer Seligsprechung, des *processus ordinarius* der Diözese durchzuführen.[31] Davon hören wir aber nichts und der konservative jesuitenfreundliche Kardinalvikar Marcantonio Colonna wäre einer der allerletzten gewesen, der ein solches Unternehmen gefördert hätte. Er gehörte mit den Kardinälen Torrigiani und Albani (dem Kardinaldekan) zu den mächtigsten Jesuitenfreunden im Hl. Kolleg.

Auf keinen Fall hätte aber die Ritenkongregation an den Zeugnissen dieser und zahlreicher anderer Kardinäle vorbeigehen können, auch wenn möglicherweise in Rom eine Seligsprechung direkt vor der Kongregation begonnen worden wäre.[32]

6. Dokument.
Brief aus Rom vom 23. Juli 1775.

Tief in das Kampfgetümmel führt uns ein Brief aus Rom an den *Courier* vom 23. Juli 1775.[33] Wieder glaube ich, den Geist des Kard. de Bernis' zu vernehmen, wenn er z. B. ganz am Anfang ausführt, dass gute Dinge ihre Zeit benötigen; dass die Kirchenhistorie wohl kein Beispiel dafür kennt, dass ein Papst seinen direkten Vorgänger heiliggesprochen habe, und dass es daher gelte, hier erst einmal die Zeit ihr Werk tun zu lassen. Dann aber gibt uns der Autor konkrete Notizen von hohem Wert:

Le parti dominant, composé entr'autres du plus grand nombre des cardinaux, vient de manifester ouvertement combien il est peu disposé à croire aux prodiges d'un pontife, qui s'est signalé surtout par les coups qu'il lui a portés, & qui a constamment tenu les membres du sacré college dans l'éloignement de sa personne & des affaires d'état. Deux religieux de la congrégation de St. Vincent de Paule qui habitent la maison des missions à Monte Cittorio s'étant avisé de croire aux miracles du feu pape, de le dire publiquement à leurs séminaristes & de leur recommander d'avoir

---

30 Lettres à M. Caraccioli (1776), 348, 353: Der Promotor fidei sei im Besitz von acht Wunderbeschreibungen. – Promotor fidei der Ritenkongregation (dem die Kritik an den Seligsprechungsgesuchen oblag), war von 1770–1778 Domenico Sampieri; Gio. Papa, Cardinali Prefetti, Segretari, Promotori generali della fede e Relatori generali della Congregazione. In: Miscellanea, pp. 423–28, hier 427. Dieser Prälat starb 1784 als Leiter des Erzhospitals von S. Spirito; Weber, Referendare, III 875.

31 Über den „idealtypischen Ablauf des Selig- und Heiligsprechungsverfahrens" in der Epoche nach Benedikt XIV. vgl. Samerski, 81–83.

32 Keinen Hinweis auf besondere Amtsvollmachten des Kardinalvikars bezüglich dieser Materie in der vorzüglichen Edition eines Schlüsseltextes zur Kuriengeschichte des 17. und 18. Jahrhunderts: Domenico Rocciolo (a cura di), Della giurisdittione e prerogative del Vicario di Roma. Opera del canonico Niccolò Antonio Cuggiò, segretario del tribunale di Sua Eminenza, Carocci Editore, Roma 2004 (via Sardegna 50, 00187 Roma). – Diese 415 Seiten starke Edition des zwischen 1700 und 1719 entstandenen Textes bietet jedem Kurienforscher ungeahnte Einblicke in das städtische Milieu der römischen Kurie; Einblicke, die sich aus der Konfrontation der Diözesanleitung von Rom mit allen Ständen, Schichten, Lebenswirklichkeiten in ihrer Problematik und ihren kirchlichen Realisierungen ergeben. – Zur Geschichte der Ritenkongregation vgl.: Miscellanea in occasione del IV. Centenario della Congregazione per le cause dei Santi (1588–1988), Città del Vaticano 1988, mit zahlreichen einzelnen Studien, z. B. von Gio. Papa über die Geschichte der Ritenkongregation in ihrer ersten Phase, 13–52, und A. Eszer über Ulrich Reiss O.P. und die Beurteilung von Wundern, 177–209.

33 Courier du Bas-Rhin, Nr. 63 vom 9.8.1775, p. 501.

en vénération la mémoire d'un saint pontife dont toute la vie n'avoit été marquée que par des vertus héroïques, ces propos sont venus aux oreilles des cardinaux qui ont la confiance du pape régnant, & ils en ont été fort scandalisés. Aussitôt il a été expédié un ordre qui enjoint á ces deux religieux de sortir de leur maison & qui les relegue à Tivoli[34] dans une espèce d'exil. Le père Vasquez, général de l'ordre des Augustins vient aussi de recevoir défense de paroître à la cour. On savoit déjà qu'il étoit un des plus ardens antagonistes de la Société défunte ; & l'on a découvert que c'est lui qui a suggéré au ministre d'Espagne l'idée d'empêcher que les ex-Jésuites ne vivent en communauté, en lui faisant envisager les dangers & les inconvéniens de ces espèces d'associations.

7. Dokument.
Notizie d'Italia vom 5. August 1775.

Aus der diplomatischen Schreibstube des Marchese Antici, aber nicht aus seiner Feder, stammten die *Notizie d'Italia*, die er gelegentlich seinen Berichten beilegte und die zu der alten, aber immer noch gepflegten Gattung der sogenannten Zeitungsberichte gehörten, meist unter dem Namen *avvisi di Roma* bekannt.[35] Die Verfasser sind meist anonym, und wenn man zufällig ihren Namen kennt, bedeutet das auch nicht viel, denn ein solcher Korrespondent war umso besser, je mehr er sich im Hintergrund hielt. Dann wurde er auch nicht von der Obrigkeit in den Kerker geworfen.

Auf den 5. August 1755 sind die Blätter datiert,[36] in denen es zuerst um die Freilassung einiger weniger prominenter Jesuiten geht, gewissermaßen um eine Abschlagzahlung für die immer noch nicht mögliche Befreiung der Ordensführung, hier ohne polemischen Beigeschmack *il Sinedrio* genannt.

In Italien zeigte sich jetzt, gleich an verschiedenen Orten, *la manifestazione di varie grazie, o siano miracoli che si dicono operati dal defunto Pontefice Clemente XIV. sopra varj infermi che si sono raccomandati alla di Lui intercessione.* Die Parteigänger der Ex-Jesuiten behaupten, es seien bloß Erfindungen der Jesuitenfeinde. Auch taucht hier der Gedankengang auf, Clemens XIV. habe dadurch eine Art Martyrium erlitten (und heroische Tugend bewiesen), dass er zwar von seiner Vergiftung gewusst und den (die) Täter gekannt, dieses Wissen aber bis zu seinem Ende geheim gehalten habe.

Der Zeitungsschreiber glaubte nicht an diese Wunder: *È fuor di dubbio che il Papa defunto è stato sempre dabbene, e di una esteriore condotta irreprensibiile, ma*

---

34 F.X. Vasquez (1703–85), General der Augustiner und entschiedener Gegner der Jesuiten; E. Codignola, Carteggi di Giansenisti liguri, vol. I, Firenze 1941, 11.

35 Zum genus literarium der *avvisi di Roma* vgl. Sabrina M. Seidler, Il teatro del mondo, 38–43. – Dass auch noch im späten 18. Jahrhundert das *Avvisi*-Schreiben nicht ohne Risiko war, zeigt eine Meldung aus Rom vom 3. Mai 1775, als der Korrespondent des *Mercure Historique et politique*, tome 178 (1775) 513, über ein strenges Vorgehen des Papstes gegen die Feinde der Societas berichtet: *L'Abbé Benzi, qui dans ses Feuilles manuscrites s'est toujours montré un de ses Ennemis les plus acharnés, a eu ordre de sortir de l'Etat-Ecclésiastique, parce qu'on l'accuse de maltraiter dans ces mêmes Feuilles les Personnes les plus distinguées de cette Capitale.*

36 Hauptstaatsarchiv Düsseldorf, Kurköln VIII 85/5 fol. 115f.

non ha mai dato segno di santità, nè mostrasse quelle virtù in grado eroico che arrivano a caratterizzare i Santi.

8. Dokument.
Notizie dell'Italia vom 19. August 1775. Vermutlich derselbe Avvisi-Schreiber zeigt die Wende im Geschehen an:[37]

È diminuita quasi del tutto la divozione del defunto Papa Ganganelli dopo che sono state prese delle misure per rimediare ai supposti miracoli castigando i propagatori. Tra le altre cose su di cui i fautori appoggiano le grazie, ed i miracoli era la voce del preteso micidale veleno. Su questo ordito si fabbricava la tela, aggiungendosi che il morto Papa era ben inteso del veleno a lui propinato, che sapeva di più per impulso di chi, e per qual mano gli era stato dato: inoltre che vedeva cogli occhi proprj l'immediato suo uccisore, che però per atto eroico non aveva mai voluto rivelarlo, perdonandogli invece di procurare il suo castigo, mentre non voleva il suo danno, ma solo la sua conversione, ed il suo pentimento. Questo bel tessuto è stato disfatto quando meno si aspettava, poiché il Padre Generale de' Conventuali, sulla cui relazione era fondato tutto il lavoro per la confidenza, dicevasi, fattagli dal Papa in punto di morte, ha fatto spontaneamente un atto legale, pubblico, solenne, col quale dichiara vano, insussistente, e falso del tutto il divulgato racconto, non avendo il Papa defunto tenuto mai con esso Lui discorso alcuno di veleno, non dato indizio di credere non naturale la sua morte, ma violenta; molto meno di conoscere il propinatore, e non volerlo rilevare.

Zu diesem Text ist nur zu sagen, dass der General der Konventualen Marzoni keineswegs freiwillig und spontan, sondern gezwungen am 27. Juli 1775 eine Erklärung unterschrieb (nämlich vorgeladen vor das Supremum Tribunal S. Officii), dass ihm der verstorbene Papst niemals etwas über eine erlittene Vergiftung gesagt habe.[38] Wie dem auch sei, wir können aus dem Vorgang schließen, dass Pius VI. und die jesuitenfreundliche Majorität des hl. Senates seit Ende Juli 1775 aktiv gegen die Wunder Clemens' XIV. Stellung bezogen.

Vor allem kam es diesen Jesuitenfreunden darauf an, zu verhindern, dass der heroische Tugendgrad Clemens' XIV. mit dem Erdulden der von den Jesuiten arrangierten Vergiftung dieses Papstes begründet werden konnte. Dass die Ex-Jesuiten bei dieser Vorstellung, wie man sagt, die Wände hochgingen, ist verständlich.

Die Seligsprechung des kürzlich verstorbenen Papstes wurde zwangsläufig mit einem anderen Verfahren verknüpft, für das der Kard. Ganganelli Ponent, d. h. kardinalizischer Vertreter in der Ritenkongregation gewesen war: die Heiligsprechung des Ehrwürdigen Dieners Gottes Juan de Palafox y Mendoza (1600–1659), dessen Verfahren nun schon 100 Jahre umgewälzt wurde, lange nur liegenblieb, aber unter Clemens XIV. entscheidend vorangekommen war.[39] Alle Requisiten waren erbracht, alle Stufen durchlaufen, es fehlte nur noch die Anerkennung der heroischen

---

37 Ebd. fol. 125.
38 Text in: J. Crétineau-Joly (1848), 398. – Ausführlich zur These, Clemens XIV. habe von seiner Vergiftung gewußt usw.: Seidler/Weber, 613f.
39 I. Moriones, La causa (2000), 89–104 zur Geschichte der Beatifikation des Bischofs Palafox in den Jahren 1771–77.

Tugend. Genau diese wurde von den Jesuitenfreunden aber bestritten, weil die herbe Kritik des damaligen Erzbischofs von Angelopolis Palafox am Jesuitenorden und dessen prinzipieller Unwilligkeit, in diözesanen Angelegenheiten dem Bischof zu gehorchen, dem Orden übel aufgestoßen war. Die neue, genau dokumentierte Geschichte der Nicht-Heiligsprechung des Bischofs Palafox durch Ildefonso Moriones bietet tiefe Einblicke in die nie eine Minute schlafende Wachsamkeit der *Societas*, wenn es galt, Fortschritte dieser Causa durch befreundete, oder sagen wir abhängige, zu Dank verpflichtete Kardinäle zu verhindern.[40]

In diese von Bitterkeit durchtränkte trübe Nachtlandschaft von Herrschsucht und Manipulation bietet unsere neunte Quelle einen sonst nicht leicht so deutlich ausgesprochenen Einblick. Wieder ist es ein Brief aus Rom des *Courier du Bas-Rhin*, datiert vom 23. August 1775. Wir vermuten aus dem Stil und der Tendenz, dass es nicht derselbe Autor ist, der unsere früheren drei Briefe aus Rom verfasst hat, sondern der leitende Redakteur Jean Manzon, der gerne und oft polemische und kritische Artikel über die Jesuiten veröffentlicht hat.

9. Dokument.
Brief aus Rom vom 23. August 1775.[41]

Il avoit été question de reprendre les procès de béatification de l'évêque de Palafox, mais les Jésuites & leurs partisans ont encore eu assez de crédit pour accrocher de nouveau cette affaire, qui traine depuis environ cent ans, comme on sait. Cela prouve qu'il est plus difficile aujourdui qu'autrefois de faire un saint, & surtout un saint qui ne soit pas Jésuite. Il est de fait que depuis leur existence, ces moines ambitieux ont presque toujours disposé des clefs du paradis & n'y ont laissé entrer que ceux qu'il leur a plu ; ce qui est en vérité porter trop haut l'esprit de domination. C'est par une suite de cette même fureur de dominer que la cabale Jésuitique s'obstine à ne pas vouloir laisser faire des miracles à Clément XIV, qui continue cependant d'en faire en dépit d'elle. On attend de Gênes la relation de deux guerisons miraculeuses opérées par son intercession ; & c'est pour les Jésuites un crève-cœur de voir la foule de gens qui se portent chaque jour à l'église de S. Pierre pour y vénérer les reliques de Clément XIV & implorer son assistance. Il est bien étrange au reste, que les Jésuites & leurs partisans montrent si peu d'indulgence pour les miracles d'autrui, eux qui en ont tant besoin pour les leurs. Est-il plus difficile de croire que le pontife dont nous parlons a pu guérir une dissenterie que d'admettre que St. François Xavier a ressuscité 8 morts de compte fait ; qu'il eut le don des langues comme les Apôtres ; & surtout que dans uns tempête qui dura 3 jours, il se trouva à la fois dans 2 vaisseaux différens à 150 lieues l'un de l'autre, & leur servit de pilote ?[42] Après ce miracle, leurs Révérences conviendront qu'il ne faut plus parler d'aucun, ou plutôt qu'on ne peut plus en conscience en révoquer aucun en doute.

---

40 Besonders entschiedene Gegner des Palafox waren die Kardinäle Calini und Boschi; ebd., 102.
41 Courier du Bas-Rhin, Nr. 72 vom 9.9.1775, p. 575.
42 Zu den extremen Wundern des Franz Xaver S.J. vgl. die generelle Tendenz jesuitischer Schriftsteller, dessen Leistungen jenseits aller Wahrscheinlichkeit zu übertreiben. Feller, III (1848) 621f., schreibt z.B., er habe 52 Königreiche bekehrt und fast eine Million Individuen eigenhändig getauft. Es war diese Hemmungslosigkeit in der Selbstverherrlichung, die mit dazu beigetragen hat, die Jesuiten verhasst zu machen.

Nicht, als ob die Jesuiten im Sommer 1775 in Rom hätten Freudenfeste feiern können. Als Mitte August die beiden Jesuiten-Schriftsteller Faure und Benincasa – der erstere war seit dem 16. September 1773 in Haft – freigelassen wurden, mussten sie unter Eid versichern, dass sie nie mehr gegen das Suppressionsbreve schreiben würden.[43] Aber wie war es mit dem Diktieren eines Textes an einen Mitbruder im Orden? War es nicht eine probable Meinung, dass mit dem Eid das Diktieren nicht mit eingeschlossen war, da Straf- und Verbotsdekrete doch stets eng auszulegen seien. Ich würde das auch als eine *Opinio probabilis* bezeichnen, allerwenigstens als *Opinio probabiliter probabilis!*[44]

Für die Bedenkenlosigkeit der jesuitischen Polemik gegen Clemens XIV. und sein *Breve Suppressionis* gibt es viele Hinweise. Der Papst hatte alle Broschüren gelesen, die natürlich stets anonym gegen ihn verbreitet worden waren. Die Gerechtigkeit erfordert es, auch die Gegenseite nicht zu verharmlosen, z. B. die von einem Piaristen verfasste Schrift „*I Lupi smascherati*",[45] die schon im Titel zeigt, dass die Antijesuiten den Ordensmitgliedern schlechterdings die Qualität als Menschen absprachen. Sie galten als Wölfe, Füchse und Heuschrecken,[46] deren Vernichtung direkt geboten war. Der Polemik der Jesuiten entsprach die Hysterie ihrer Feinde.

10. Dokument.
Brief aus Rom vom 6. September 1775.

Einen ausführlichen Bericht über zwei Heilungen von tödlicher Erkrankung nach Anrufung der Verdienste Clemens' XIV. bietet uns Mons. Fabio de' Vecchi in Rom, dem wir schon die Dokumente 1 und 2 verdanken.

Sein Text ist zu lang, um hier ganz reproduziert zu werden. Fassen wir das Wichtigste zusammen. Auf Anfrage von Mons. Zanobi Banchieri in Pistoia unterrichtete er diesen am 6. September 1775 von zwei Wundern, durch die in den römischen Pfarreien San Quirico und San Francesco a Ripa eine am Bruchleiden tödlich

---

43 Weber, Faire revivre, 304.

44 Zum Probabilismus vgl. Ludolf Schüßler, Moral im Zweifel. Die Herausforderung des Probabilismus, Paderborn 2006. – Simona Morini, Probalilismo. Storia e teoria, Milano 2004.

45 Lettres à un Anglois, Paris 1776, 278: Clemens XIV. habe auf seinem Schreibtisch 13 Exemplare des Buches über seine simonistische Wahl liegen gehabt. Allerdings sagen die Autoren, dass es dieses Buch nie gegeben habe. – Zu den „Lupi smascherati" des Piaristen Tosetti vgl. C. Vogel, der Untergang der Gesellschaft Jesu als europäisches Medienereignis (1758–1773), Mainz 2006. Diese Arbeit beruht auf intensiven Studien zu den Broschüren und der Medienpolitik der antijesuitischen Königreiche, jedoch ist der Titel irreführend, denn die Recherchen reichen nur bis 1768; die letzten 5 Jahre sind oberflächlich behandelt.

46 Der Augustinergeneral Vasquez bezeichnete die Jesuiten als bösartige Reptile; W. Bangert 387. Man darf diese Prädikate aber auch nicht mit den Augen der politischen Korrektheit der Jahre um 2000 lesen. – Zur Bildpolemik gegen die *Societas* vgl. das mit über 200 Tafeln ausgestattete Werk von Michael Niemetz, Antijesuitische Bildpublizistik in der Frühen Neuzeit. Geschichte, Ikonographie und Ikonologie, Regensburg 2008. Hier S. 184–86 zur Tiersymbolik: im Vordergrund stand die Darstellung der Jesuiten als Füchse, Wölfe, Schweine, Hunde, Widder und Heuschrecken (letztere beide Tiere aus der Apokalypse herrührend).

CHRISTOPH WEBER

erkrankte Frau, bei der schon die Agonie eingesetzt hatte, sowie ein Ordensbruder, Romano di S. Agostino, dessen Bein vor offenen Wunden starrte, geheilt wurden: die eine in kürzester Frist, der andere nach einer Novene unter Anrufung des verewigten Papstes.[47]

Für die Feststellung, wie weit die Verehrung Clemens' XIV. gediehen war, sind die einleitenden Mitteilungen Mons. de' Vecchis wohl noch interessanter:

> E per verità son tanti, per tanti luoghi, e qui in Roma, semplici nel loro racconto [i miracoli], autenticati da tante persone, che una providenza particolare di Dio, impegnata a vendicare gli oltraggi d'un suo Vicario, vi si scorge troppo sensibilmente ; e indipendentemente dalla verità, o falsità de miracoli, il vostro spirito è violentato a concepire della stima per la sua persona e le sue azioni, e a sdegnarsi contro le maldicenze, e le villanie con le quali lo caricano gli Exgesuiti.[48]

Dieser Abschnitt des Briefes sagt deutlich, dass sich unabhängig von der Wahrheit oder Falschheit einzelner Wunderberichte, eine allgemeine Geistesbewegung in Italien gegen die Verleumdungen und üblen Gerüchte, die von den Jesuiten gegen Clemens XIV. ausgestreut wurden, erhob.[49] Tatsächlich sei der Effekt einer Befreiung von den Anklagen eingetreten.

> Il popolo si provede con venerazione della sua imagine ; il pellegrino si umilia al suo sepolcro, e gode di toccare col bordone l'urna delle sue ceneri. Iddio ne resta onorato, la Religione fomentata.[50]

Ein Jahr später allerdings konnten die Ex-Jesuiten bereits eine ironische Zerpflückung der Bestrebungen zur Kanonisierung Clemens' XIV. veröffentlichen, in der nicht weniger als 32 Pseudo-Wunder der Lächerlichkeit preisgegeben wurden.[51] Diese Geschichten, in sich wegen ihrer geringen Ernsthaftigkeit nur von beschränktem Wert, verweisen doch deutlich auf das Milieu, aus dem heraus die Pro-Ganganelli-Kampagne geschürt wurde: es waren die Orden der Franziskaner-Konventualen, der Dominikaner, der Augustiner und der Lazaristen (Signori della Missione), die mit Nachdruck die Devotion zu dem verstorbenen Papst betrieben. Einige dieser Orden – ich vermute die Dominikaner – ließen bald von der Bewegung ab, die anderen wurden von oben her diszipliniert, nämlich die Augustiner, Franziskaner und Lazaristen (wie in unseren Quellen im einzelnen belegt). Ob sich die jesuiten-

---

47 Cadignola, I 227–236, hier 229f. – Es ist allerdings zu erwähnen, dass in diesem Kloster Pater Carlo Cristoforo da Casale lebte, einer der beiden Theologen der *Congregatio de rebus jesuiticis*, den Codignola als eng befreundet mit allen jansenistischen Zirkeln nennt; I 135.
48 Ebd., 228.
49 Die Wunder seien zum größten Teil geschehen per „risarcimento che sembra voler fare Iddio alla fama di Clemente XIV contro le insolente calugne e la maledetta politica"; ebd., 227.
50 Ebd., 228.
51 Lettres à Monsieur Caraccioli (1776), 324–391, besonders 330–35, 345–51. Hier 349 die Mitteilung, dass der Assessor S. Officii Antamori vom General der Konventualen die Auslieferung des gesamten Dossiers über die Wunder Clemens' XIV. verlangte und durchsetzte; sein Chef war Torrigiani. Ob das Dossier heute noch im betreffenden Archiv vorliegt, entzieht sich meiner Kenntnis. – Paolo Francesco Antamori wurde 1780 Bischof von Orvieto und Kardinal; er starb 1795; Weber, Referendare, II, 416. – Schwedt, Prosopographie, I, 40–42: Nach einer eher langsamen Karriere (er war seit 1751 Referendar), wurde er im April 1775 Assessor S. Ufficii, woraufhin er sich 1776 die Diakonatsweihe erteilen ließ, im Alter von 64 Jahren!

feindlichen Piaristen, Oratorianer und Theatiner an der Kampagne beteiligten, vermag der Autor nicht zu sagen.

Eine markante Persönlichkeit unter den Ordensleuten in Rom war zweifellos Tommaso Angelo Ricchini O.P. (1695–1779), der nach einer langen Ordenslaufbahn seit 1759 das Amt eines Magister S. Palatii bekleidete.[52] Seit 1749 hatte er als Sekretär des Index die Jesuiten, die er *Molinisten* nannte, durch eine spektakuläre Indizierung gegen sich aufgebracht. Damals nämlich war die *Bibliothèque Janséniste* von Pater De Colonia, 2 voll. Malines 1744, durch den Index verboten worden. Das Dekret vom 20. September 1749 wurde von Kard. Guadagni, einem heiligmäßigen Mann, und von Ricchini unterzeichnet.[53] Es war eines der vielen Menetekel, die von den Jesuiten nicht verstanden, sondern mit verdoppelter Polemik beantwortet worden waren: ein Mitbruder De Colonias, Pater Louis Patouillet (1699–1779) brachte mit leicht variiertem Titel, aber unveränderter Tendenz das verbotene Werk in vier Bänden erneut heraus: *Dictionnaire des Livres Jansénistes, ou qui favorisent le Jansénisme*, Anvers 1752–55, anonym und ohne jede kirchliche oder weltliche Druckgenehmigung![54] In diesem Werk, Bd. II (1755) p. 56., schreibt Patouillet folgende Broschüre dem Pater Ricchini zu: *Epistola Romani Philalethis ad Theologum Lovaniensem de justa Bibliothecae Jansenianae proscriptione, Romae 1750*.[55] Ricchini habe, so der Jesuit, immer wieder jansenistische Irrlehren als rechtmäßige augustinische Auffassungen ausgegeben. Besonders deutlich werde das, so Patouillet, bei der Verteidigung des Augustiners Gianlorenzo Berti durch den Sekretär der Index-Kongregation.[56]

Das enge Zusammengehen der Augustiner mit den Dominikanern wird deutlich. Es wird auch klar, dass für die Dominikaner eine Wiedererweckung der Jesuiten ein grässlicher Gedanken gewesen sein musste.

Nunmehr – nach dem Tode Clemens' XIV. – begünstigte Ricchini in Rom den Vertrieb von Bildern (gemeint sind wohl kleine Kupferstiche) „du Saint Pape Ganganelli"[57], während er gleichzeitig Abbildungen des Herzens Jesu oder Gravuren, in

---

52 Zu T.A. Ricchini vor allem die ausführlichen Angaben bei Schwedt, Prosopographie ... 1701–1813, II, 1074–1079, mit genauer Angabe aller Schriften dieses Autors. – Gelegentlich auch bei Seidler/Weber genannt.

53 Schwedt, Römische Bücherverbote ... 1701–1813, S. 173f. Hier auch der acht Zeilen lange Titel der *Bibliothèque janséniste*, die sich auch gegen die Baianisten und Quesnellisten richtete.

54 Von diesem Werk stehen mir die Bände I–III zur Verfügung, da diese von der Firma Kessinger nachgedruckt wurden: www.kessinger.net (möglicherweise als books on demand), und zu einem verhältnismäßig maßvollen Preis. Bis zum Jahre 2009, als dieser Nachdruck stattfand, war dieses Werk in Deutschland so selten und vergessen, dass es in der Forschung nicht verwendet wurde. Die Jansenisten erscheinen hier nicht nur als Häretiker, sondern auch als Kriminelle im strafrechtlichen Sinne des Königreiches Frankreich und der österreichischen Niederlande.

55 Dictionnaire des livres jansénistes, II, 1755, p. 56–58. Reprint Kessinger 2009. – Zu den Jesuiten De Colonia und Patouillet vgl. Feller, II (1848), 05 und VI (1849), 392 f.

56 Dictionnaire des livres jansénistes, l.c. – Gianlorenzo Berti (1696–1766), Augustiner, zuletzt Professor in Pisa, vertrat in seinem achtbändigen Kursus der Theologie den Standpunkt, es gäbe keinen Status naturae purae. Er wurde daher von Frankreich aus (Erzbischof Languet) in Rom wegen Jansenismus angeklagt, aber von Benedikt XIV. freigesprochen. – Vgl. Feller, I (1848), 598.

57 Suite des lettres d'un Anglois, sur la Vie de Clément XIV, par M. Caraccioli, Paris 1777, p. 61. Reprint Kessinger 2010. Über die Autorschaft dieses offen jesuitischen Werkes werde ich später berichten.

denen noch der Betriff „Institutum S.J. pium, Trid. Sess. 25 c. 16" auftauchte, verbot. Letzteres war z. B. der Fall bei einem Porträt des Pariser Erzbischofs de Beaumont, einem berühmten Jesuitenfreund.[58]Auch soll Ricchini eine Lebensbeschreibung des Apostelfürsten S. Petrus genehmigt haben, in der gesagt wurde – entsprechend Arnauld –, dass in dem bekannten Vorhof seines tiefen Falles „la grace manqua à Saint Pierre."[59]

11. Dokument.
Bericht der Nouvelles Ecclésiastiques vom Oktober 1777.

Die, wie man zugeben muss, nicht betont jesuitenfreundlichen *Nouvelles Ecclésiastiques* in Paris berichteten noch am 16. Oktober 1777 von einem Brief aus Bologna, der uns zum ersten Mal detailliert darüber aufklärt, wie eine Wunderheilung sich konkret abspielte.[60]

Der Laienbruder im Servitenorden, Filippo Schiaffi, litt unter einer heftigen Halskrankheit, die ihm wegen der Schwellung der Luftröhre das Leben in kurzer Frist zu rauben drohte. Der Prior und der Infirmarius des Klosters eilten herbei, mit einem Bild Clemens' XIV., das sie dem Kranken darreichten. Die dazu gehörigen religiösen Übungen am besten in der Originalsprache:

1. actes de contrition et de confiance,
2. demandant la guérison par les merites de ce Pontife,
3. récitant les litanies de la Sainte Vierge à genoux.

Während dieser Gebete schwoll der Hals des erkrankten Bruders ab, und die Lebensgefahr war überwunden. In kurzer Frist konnte er als geheilt betrachtet werden.

Für die *Nouvelles Ecclésiastiques* ging es vor allem um die unverkürzte traditionelle christliche Moral. Dementsprechend war es für ihre Leser wichtig, dass Gott das Wunder bewilligte, nachdem der Klosterbruder einen Akt der vollkommenen Reue in sich erweckt hatte, also eine Reue über seine Sünden aus Liebe zu Gott, und nicht bloß aus Furcht vor der Hölle.[61] So konnten sich die starken Reuetränen des Bruders fast ohne Übergang in die Tränen der Freude und Dankbarkeit auflö-

---

58 Christophe de Beaumont (1703–1781), Erzbischof von Paris seit 1746, war der entschiedenste Helfer der Jesuiten in Frankreich; er hatte zahllose schwere Konflikte mit dem Pariser Parlament und der Regierung. Das Eingreifen Ricchinis bezog sich auf einen Kupferstich mit einem Porträt Beaumonts, der ein offenes Buch in seinen Händen hält, auf dessen erster offener Seite das Wort „Jesus" steht, auf der zweiten Seite aber das oben genannt Zitat, welches die Approbation des Jesuitenordens durch das Trienter Konzil beinhaltet. Ricchini zwang den Drucker dieses Blattes, beide Worte bzw. Zitate auszukratzen, ebenso wie die Unterschrift *Ecclesiae gratia domo, Patria extorris*, was bedeutet, dass der Erzbischof mehrfach vom König aus Paris verbannt worden war; Suite des lettres d'un Anglois, Paris 1777, p. 60f.

59 Ebd. – Die These, dem Apostel Petrus habe im Vorhof des Hohepriesters, als er Jesus dreimal verleugnete (Matth. 26,69–75), die Gnade gefehlt, galt den Molinisten als typisch jansenistisch. Nach ihrer Theologie hatte der Apostel auch in dieser Situation eine *gratia sufficiens*; eine brüchige Konstruktion, durch die eine letzte Verantwortung Gottes für alles was geschieht beseitigt werden sollte.

60 Nouvelles Ecclésiastiques vom 16.10.1777, p. 168.

61 Döllinger/Reusch, Moralstreitigkeiten, 2. Aufl. 1889, I, 68–94.

sen. All dies, so kann man den Text sehr wohl verstehen, vermittelte ihm die Fürsprache des seligen Papstes, der nie der Anhänger einer laxen Moral gewesen war, wie sie von einer mächtigen Gesellschaft vertreten wurde.

12. Dokument.
Literarischer Brief aus Rom aus dem Jahre 1777.

Zu ihrer „Suite des lettres d'un Anglois sur la Vie de Clément XIV par M. Caraccioli", Paris 1777 (mit dem ironischen Druckort „Chez Jean-Vincent le Petit, rue des Cordeliers, à l'image de Saint Laurent") haben die römischen und französischen Jesuiten[62] die Situation im dritten Jahr nach dem Tode dieses Papstes so beschrieben:

> *Quant aux miracles, je conviens que le bruit & l'opinion s'en est répandue presque par-tout ; que Rome elle-même en a retenti durant près deux ans ; que ce n'est pas seulement le Peuple ignorant & crédule, que ce sont sur-tout la plupart des Religieux : le Conventuels, les Augustins, les Dominicains qui les ont préconisés ; qu'au Chapitres généraux des Conventuels & des Dominicains,[63] en 1777, il n'y a peut-être pas un seul, de ces Religieux étrangers, qui n'ait remporté dans sa Patrie, avec plusieurs des dévotes images du Saint Pape, l'Histoire édifiante d'un grand nombre de ses merveilles. Les Cardinaux, il est vrai, les Prélats, les personnes judicieuses, les Jésuites, un grand nombre de Religieux, crioient au fanatisme, à l'impiété ; mais ce n'étoient que des Jésuites ou des Tertiaires, & cette seule réponse étoit plus que suffisante pour anéantir leur témoignage, peut-être même faisoit-elle une preuve de plus en faveur du Thaumaturge.*

Entscheidend für das Scheitern der Seligsprechung Clemens' XIV. war die fehlende Bereitschaft des Papstes Pius VI., die breite Bewegung zu deren Gunsten positiv anzunehmen, durch kompetente Theologen in geordnete Bahnen zu lenken und auf diese Weise, wie hundertfach erprobt, einen religiösen Impuls in einen kirchlich anerkannten Kult einmünden zu lassen, die Verehrung des Heiligen Papstes Clemens XIV.

Fassen wir zusammen: die Wunder Clemens' XIV. waren keine abergläubischen, magischen Mirakel, sondern Gnadenerweisungen und Gebetserhörungen, die – so weit wir Einblick haben – sich im strengen Rahmen der traditionellen christlichen Gnadenlehre, Moral und Gottesverehrung und -anrufung abspielten. Manipulationsvorwürfe wären im Kontext anderer Wunderheilungen des 17./18. Jahrhunderts zu überprüfen. Das baldige Ende der Bewegung ist auf die jesuitenfreundliche Mehrheit im Kardinalskollegium zurückzuführen, bei der Propagierung spielte aber ebenfalls die kirchenpolitische Sorge um ein drohendes Wieder-

---

62 Über das sehr schwierige Verfasserproblem werde ich mich später äußern. Dass es auf jeden Fall Jesuiten waren, ergibt sich aus der offenen Apologetik dieser Schriften mit Sicherheit.

63 Dieses Datum gibt eine Hilfe zur näheren Datierung von Dokument 12: am 17. Mai 1777 hielt Pius VI. im Konvent von S.M. Sopra Minerva eine Ansprache zum Generalkapitel der Dominikaner: Sanctissimi Domini Nostri PII Papae VI. allocutio habita in comitiis generalibus Fratrum Ordinis Praedictorium etc., ohne Paginierung, aber 12 Seiten; zweisprachig, lateinisch und spanisch; gedruckt in Barcelona, Druckerlaubnis vom 15.7.1777. In dieser Ansprache geht der Papst mit keiner Silbe auf seinen Vorgänger ein.

aufleben des Jesuitenordens hinein. Ob es künftig einmal zu einer *Introductio Causae* vor der *Sagra Congregazione per le cause dei Santi* kommen wird, muss die Zeit enthüllen.

1. Exkurs
Einige Prophezeiungen und Wunder der Jesuiten aus den Jahren 1770–1774.

Der *Courier du Bas-Rhin* und der *Mercure Historique e Politique* (eine niederländische 14-tägliche Zeitung) berichten gelegentlich auch über Randgebiete der Jesuitendebatte.[64] Sehen wir uns einige *Lettres* der ihrer Gesinnung nach in etwa jansenistisch oder/und aufgeklärt denkenden Korrespondenten an.

1. Am 11. August 1770 heißt es in *Lettres de Viterbe*, dass durch Interzession des Hl. Ignatius von Loyola eine an verschiedenen Krankheiten gleichzeitig leidende Frau geheilt worden sei. Viterbo: das bedeutet fast sicher, dass es sich um spanische Jesuiten handelt, die in der Provinzhauptstadt nach ihrer Exilierung einen Aufenthalt gefunden hatten und auch mit den Prophezeiungen von Valentano zusammenhingen. Dieser kleine Ort lag einige km westlich des Lago di Bolsena.[65]

2. Aus der ersten Aprilhälfte von 1772 stammt ein *Avis de Rome*, in dem gleich von mehreren Wundern die Rede ist: in Orvieto hat ein (west-)indischer Jesuit den Baron Valenti, der *in extremis* lag, geheilt.[66] Es kann sich sehr gut um einen Angehörigen der Kardinalsfamilie Valenti handeln, aus der zuletzt noch Kard. Luigi Valenti (1759–63) hervorgegangen war. Diese und andere Heilungen wurden der Öffentlichkeit in Form einer *Lettre d'Orvieto* mitgeteilt, also einer jener leicht herzustellenden, rasch verteilten Drucke von wenigen Blättern, wie sie damals ein Hauptkommunikationsmittel bildeten. In Viterbo nämlich hat derselbe Jesuit zwei weitere Personen geheilt, die „von den Ärzten aufgegeben waren" (diese Bedingung war zwingend für ein Wunder; eine natürliche zusätzliche medizinische Behandlung wäre zu wenig gewesen).

Der General der Jesuiten ließ diese *Lettre d'Orvieto* – sie liegt uns nicht vor – verteilen, offensichtlich auch in Rom. Er hatte damals wohl schon aufgehört, für die Weiterexistenz der *Societas* auf andere als übernatürliche Mittel zu hoffen.[67]

---

64 Die *Mémoires Historiques et Politiques* sind nur noch fragmentarisch erhalten. Der Autor konnte 2008 ein für die Jahre 1761–1781 vollständiges Exemplar erwerben. Das Interesse der Zeitung an Jesuitica/Antijesuitica reicht bis 1777, mit wenigen späteren Reflexionen.

65 Courier du Bas-Rhin, Nr. 70 vom 1.9.1770, p. 560. Der Brief aus Rom ist datiert auf den 11.8.70. – Die Tätigkeit spanischer Exjesuiten in Italien ist neuerdings Gegenstand lebhafter Erforschung. Vgl. u. a. Niccolò Guasti, L'esilio italiano dei gesuiti spagnoli, Roma 2006.

66 Memoires Historiques et Politiques, Tome 172 (1772), p. 508 (Mai-Heft).

67 Nicht selten findet man in der Presse spöttische Bemerkungen über die Hilflosigkeit der Jesuiten. Unmittelbar nach dem *Breve Suppressionis* visitierte Mons. o. Alfani das Noviziat der Jesuiten von S. Andrea di Monte-Cavallo. Pater Stefanucci begleitete die exmittierten Novizen zum Collegio Romano (er war früher Beichtvater des Kard. von York gewesen). Stefanucci versprach den Novizen ein Wunder des Hl. Ignatius, das noch Jahrhunderte in Staunen versetzen würde; Nouvelles Ecclésiastiques vom 19.9.1773, p. 152.

3. Am 17. August 1773 wird aus Bologna berichtet, dass die Interzession des Hl. Ignatius zwei Personen geheilt habe: eine hochgestellte, nämlich die Ehefrau des Mailänder Residenten in Bologna, also des diplomatischen Vertreters des Herzogtums Mailand im Staat von Bologna; zweifellos eine Aristokratin, sowie eine Klosterfrau unter der geistlichen Leitung eines Paters des Servitenordens. Beide waren chronisch krank und wurden radikal geheilt. Spekulation: die Heilung der adligen Dame befestigte den Rückhalt der *Societas* in der Oberschicht; die Heilung der Nonne befestigte die Beziehung zu dem Servitenorden.[68]

4. Eine Prophezeiung, die den Jesuiten oder ihren *Terziari* zugeschrieben wurde, war die schon anderswo belegte Buchstabenfolge **P.S. S.V.**, die auf einem Plakat auf dem Pasquino zu lesen war. Man benachrichtigte den Papst davon – der Brief aus Rom datiert vom 11. August 1773, das berühmte Breve war schon veröffentlicht – und Clemens XIV. brauchte nur einen kurzen Moment, um die Bedeutung des *logogriphe* zu erklären: *Presto sarà Sede Vacante*.[69] Es war eine Prophezeiung gegen das Leben des Papstes, aber den Autor hat man nie feststellen können, so dass man nicht einmal völlig ausschließen kann, dass dieses Plakat von den Jesuitenfeinden publiziert wurde, um Clemens XIV. zu ängstigen und gegen den Ex-Orden aufzubringen.

5. Ein Brief aus Rom vom 2. Dezember 1773 spekuliert mit der Möglichkeit, dass einige Mitglieder der *Curia generalizia* der *Societas* zum Tode verurteilt werden könnten. Leider hat die spätere Jesuitenhistoriographie einen derartigen Ausgang der „Prozesse" in der Engelsburg gegen Ricci, seine Assistenten, Prokuratoren und Sekretäre nie ernst genommen; es wäre aber ganz im Sinne der Moñino und Pombal, weniger eines Tanucci und sicher nicht im Sinne eines Bernis gewesen.

Der Brief fährt dann fort: *Les partisans des* Jésuites *semblent être le plus persuadés de cette catastrophe ; & soit pour la prévenir ou pour la venger, ils répandent une prétendue prophétie qui annonce que le sang* Jésuitique *sera répandu dans* Rome, *que le pape mourra ensuite, & que dans la prochaine année du* Jubilé *la compagnie de* Jésus *sera rétablie. La promotion des cardinaux & autres dignités vacantes dans la prélature est différée d'une semaine à l'autre, sans qu'on sache les raisons de ce retard qui afflige la modestie & le désintéressement des divers prélats.*[70]

6. Aus dem Umkreis der Jesuitenfreunde stammt ein sonst nicht bekannter Abbate Ilari, von dem der *Courier du Bas-Rhin* zum 17. August 1774 berichtet, dass er verhaftet und nach Castel S. Angelo gebracht worden sein.

Es wurde angeklagt, *d'être l'auteur de certaines prophéties qui annonçaient des évenements extraordinaires, entr'autres la mort du chef de l'église, qui heureu-*

---

68 Courier du Bas-Rhin, Nr. 72 vom 4.9.1773, p. 566 (Brief aus Bologna vom 17.8.73).

69 Courier du Bas-Rhin, Nr. 71 vom 1.9.1773 p. 554 (aus Rom, 11.8.73). – Eine vergleichbare Prophezeiung hatte es schon im Frühjahr 1773 gegeben, als in der *Pannetteria* des Apost. Palastes (d. h. in der Brotausgabe für die Bediensteten) eine Wandinschrift gelesen wurde: „*Pregate per il Papa che presto morirà*"; Nouvelles Ecclésiastiques vom 27.3.1773, p. 50–52. – Caraccioli, La vie (1775), p. 214; Seidler/Weber, 590.

70 Courier du Bas-Rhin, Nr. 103 vom 22.12.1773 (Brief aus Rom vom 2.12.73).

sement survit aux rêves de ces fanatiques.[71] Die Prophezeiungen über den Tod des Papstes noch vor den Aequinoktien des September sind hier nicht weiter zu behandeln, da sie schon oft erwähnt wurden. Nur zwei weniger bekannte übernatürliche Zeichen, die den Jesuitenorden mit dem Tode Clemens XIV. in Verbindung bringen, seien noch erwähnt:[72]

Die Prophetin Bernardina Renzi, bekanntlich in ein Kloster zu Montefiascone eingeschlossen, suchte exakt zu der Stunde, als der Papst am 22. September 1774 starb, die Mutter Oberin auf und sagte ihr: „Sie können jetzt die Kommunität die üblichen Gebete für einen Papst sprechen lassen: er ist nämlich gestorben." Die Oberin unterrichtete sofort den Ortsbischof, so dass die ganze Stadt schon am Morgen die Kunde hatte, welche die Boten erst am Nachmittag brachten.

Das zweite übernatürliche Zeichen, das wir noch erwähnen wollen, bestand in einer merkwürdigen Koinzidenz, die wir Proyart verdanken: Am 23. September 1773 wurde der Ordensgeneral in das Gefängnis der Engelsburg gebracht, und am 23. September 1774, am Tage nach seinem Tode, wurde Clemens XIV. *renfermé dans la prison du cercueil.*

7. Ein besonders schreckeinflößendes Wunder wirkte der Hl. Franz Xaver in Bologna, und zwar gegen den Kardinal-Erzbischof Vincenzo Malvezzi, *un des plus ardents Provocateurs de la destruction des Jésuites*, wie ihn Abbé Proyart nicht ohne Grund nannte.[73] Denn Malvezzi hatte bereits im Vorfeld des Auflösungsbreve die Jesuitenniederlassungen in seiner Erzdiözese mit rüden Mitteln auflösen lassen.[74]

Darüber hinaus, so Proyart, habe Malvezzi eine Kapelle zu Ehren des Hl. Franz Xaver schließen und zerstören, eine silberne Reliquienstatue zerbrechen und ein Altarbild des Heiligen dergestalt übermalen lassen, dass dieser nicht mehr als Jesuit, sondern als Weltpriester erscheine.

Nach so vielen Missetaten verschlechterte sich der Gesundheitszustand des Kardinals von Tag zu Tag, Fieberschübe und Koliken vermehrten und verschärften sich, und am Festtage des Heiligen Franz Xaver, am 3. Dezember 1775, starb er an einer extremen Kolik, wahrscheinlich einem Darmverschluss. Dieser Zusammenhang ließ einen Kardinal, so Proyart, die geistreiche Bemerkung machen: *que, de tous les assassinats des Jésuites, il n'en étoit pas de mieux avéré que celui du P. Xavier sur l'Archeveque de Bologne.*

---

71 Courier du Bas-Rhin, Nr. 71 vom 3.9.1774, p. 564 (Brief aus Rom vom 17.8.74). – Weber, Faire revivre, 292.

72 Das Folgende nach Proyart, Louis XIV. détrône, 403f.

73 Abbé Proyart, Louis XIV détrôné, p. 401f. Hier auch das folgende Zitat.

74 Literatur zur antijesuitischen Aktivität Malvezzis in Seidler/Weber, 635–39. Es handelt sich um Kampfmaßnahmen während der Monate Februar bis Juni 1773. Die internationale Presse, noch nicht sicher, ob die Jesuitenauflösung wirklich stattfinde, berichtete ausführlich über Malvezzis Vorgehen.

2. Exkurs
War Clemens XIV. ein rechtmäßiger Papst?

Das Dilemma, vor dem die jesuitenfreundliche Geschichtsschreibung stand, war folgendes: Kard. Ganganelli wurde mit 46 von 47 Stimmen gewählt (seine eigene Stimme erhielt Kardinal Rezzonico), andererseits gab es eine mündliche Zusage des Kandidaten, den Orden aufzulösen.[75] Die Deutschen haben sich wenig mit dem Konklave von 1769 befasst, alles Entscheidende kommt aus Frankreich. Im Grunde stehen sich heute wie damals die pro- und antijesuitischen Autoren dieses Landes gegenüber: auf der einen Seite der Comte de Saint-Priest (1846), definitiv F. Masson (1903) für die Antijesuiten, auf der anderen Seite Crétineau-Joly (1848) und seine Nachfolger für die Jesuitenpartei.[76]

Grundlegende Editionen aus den Archiven der Staatsministerien Europas sind bis heute ausgeblieben, vergleichbar dem Werke von Ferdinand Maaß über den Josephinismus oder von Norbert Miko über das Ende des Kirchenstaates. Weder Jesuiten, noch Franziskaner, noch Vertreter der Staatsräson haben hier zugreifen wollen. Wir verzichten hier darauf, denkbare Gründe dafür zu nennen.[77]

Unserer hier angewandten Methode folgend stellen wir einige Quellenstücke vor, in denen von den Jesuiten die Gültigkeit der Wahl Clemens XIV. bestritten wurde.

Zum ersten Mal hören wir von dem Simonievorwurf, also von der Ungültigkeit der Wahl, in einer *Lettre de Rome* vom 12. Mai 1773, als von den verdoppelten Anstrengungen der Jesuiten die Rede ist, ihre Auflösung abzuwenden.[78] Als einziges Mittel blieb ihnen der Broschürenkrieg, da sie jeden Zugang zum Papst eingebüßt hatten. *Cette Capitale est inondée de brochures & de libelles les plus hardis & les plus scandaleux, dans lesquels on défend la cause de la Société.* Nach einer Komödie, in der Palafox durch den Dreck gezogen wurde, taucht soeben eine Broschüre auf, in der die Jesuiten *représentent le pontife actuel comme aiant été élevé au pontificat par simonie, attendu, disent-ils, que préalablement à son élection, il avoit promis aux cours de Bourbon d'abolir la compagnie de* Jésus. Der Papst bewahre dazu tiefes Schweigen und lasse nicht einmal nach dem Autor forschen.[79]

Der Autor dieser Broschüre, so meinte man später sicher, war Pater Nikolaus Scarponia S.J. und der Titel lautete: *De Simoniaca Electione Fratris Ganganelli in Summum Pontificem.*[80] Was weiß man über Scarponia? Geboren 1709, seit 1729

---

75 Zuletzt zum Konklave: L. Szilas, Konklave und Papstwahl Clemens' XIV. (1769). In: Zeitschrift für katholische Theologie 96 (1974), 287–99. – F. Masson, Bernis 77–112, besonders 105ff. Der Autor schreibt seinem Helden das Verdienst an der Wahl Clemens' XIV. zu.

76 Crétineau-Joly, 197–260 erblickt in Bernis keineswegs den „Macher" Clemens' XIV. – Die Depeschen Kardinals de Bernis waren übrigens seit 1818 bekannt, so dass Masson, der gegenüber Crétineau-Joly eine tiefe Verachtung affichiert, realiter sich stets nur von ihm abzusetzen bemüht war.

77 Da die an sich beachtlichen Werke Theiners samt seiner Quellenanhänge jeder Archivsignatur entbehren, sind sie im Falle kritischer Konfrontationen nicht benutzbar.

78 Courier du Bas-Rhin, Nr. 43 vom 29.5.1773, p. 337.

79 Ebd.

80 Courier du Bas-Rhin, Nr. 75 vom 15.9.1773 (Lettre de Rome, 28.8.73); Memoires Historiques et Politiques, Tome 175, Oktober 1773, p. 418. – Zu diesem Werk vgl. Seidler/Weber, 592, wo O. Stefanucci S.J. als Autor genannt ist. Die Jesuiten wiesen die Existenz der Schrift vollständig

Jesuit, durchlief er eine lange Dozentenlaufbahn an vielen kirchenstaatlichen Kollegien, bis er 1764 zum Studienpräfekten des *Collegio Greco* in Rom berufen wurde. Später in derselben Funktion am *Collegio Germanico* tätig, starb er 1784 im Priesterhaus al Gesù, wo ja nach der Jesuitenauflösung zahlreiche Ex-Jesuiten wohnen bleiben durften. Sommervogel nennt ihn einen *esprit caustique*, und tatsächlich gehörte er zu jenem Milieu römischer Jesuiten, die pausenlos anonyme Broschüren in die Welt schickten. Anscheinend gibt es in Europa noch unedierte Werke dieses flüssigen Skribenten.[81]

Scarponia (später öfters Scarponio genannt) wurde im August 1773 verhaftet und in die Engelsburg geführt, in der ersten, noch geringfügigen Verhaftungswelle bald nach dem *Breve Suppressionis*.[82]

In einer *Lettre d'Italie*, erschienen am 14. November 1773 in den *Nouvelles Ecclésiastiques*, wird genauer mitgeteilt, worum es in dieser Polemik ging. Der vermutlich jansenistische Einsender gab als Inhalt bestimmter *libelles* an:[83]

a) Nur ein Concilium generale kann den Jesuitenorden aufheben.
b) Die Wahl Clemens' XIV. war simonistisch und daher ungültig.
c) Der Heilige Stuhl ist vakant, daher muss eine Neuwahl stattfinden!

Diese Broschüre oder Broschüren kämen aus Genf, von wo sie via Genua und Civitavecchia nach Rom gelangten, und zwar an den Buchhändler Bianchi und den Arciprete Catrani von S. Eustachio. Verantwortlich sind die Jesuiten Stefanucci, Ambrogio und Ascquasciati. Dieser letztere war Konsultor der Ritenkongregation und wird uns später bei der Edition weiterer Quellen noch beschäftigen.[84]

Die Jesuiten haben noch mindestens bis 1777/78 an ihrer These „Clemens XIV." sei kein Papst gewesen, festgehalten.[85] Nach heftigen Repressionen diverser klandestiner Autoren haben sie davon spätestens 1780 abgelassen. In der *Memoria Cattolica* von diesem Jahr wird Clemens zwar schärfstens getadelt, aber nicht mehr als ungültig bezeichnet.[86] Rein zeitlich betrachtet endeten beide Bewegungen, nämlich die Wundertaten Clemens' XIV. und seine Bestreitung als ungültiger Papst, gleichzeitig: in den späten 70er Jahren. Man kann im Hintergrund Pius VI. sehen, dem innerkirchliche Zwistigkeiten zuwider waren.

---

zurück; der Lärm, den man um diese *Chimère* gemacht habe, hätte nur den Zweck gehabt, *de justifier dans le Public la destruction prochaine;* kein Mensch habe sie jemals gesehen; Lettres d'un Anglois (1776), 278. – Der Autor dieser Zeilen hat diese Broschüre noch nie nachweisen können, auch nicht in spezifischen Internetkatalogen zu den kirchlichen Bibliotheken in Rom; vielleicht gibt es ganz geheime Dokumentendepots der Jesuiten, selbst nur einer kleinen Gruppe von Ordensmitgliedern bekannt, und diese wären mir natürlich unzugänglich.

81 Sommervogel, VII (1896) col. 699f. zum Leben und Werk. Die meisten seiner Werke erschienen anonym oder blieben ungedruckt.
82 Courier du Bas-Rhin, Nr. 75 vom 15.9.1773, p. 587 (Lettre de Rome, 28.8.73).
83 Nouvelles Ecclésiastiques vom 14.11.1773, p. 181.
84 Die hier genannten Jesuiten wurden teils schon behandelt, sind teils unbekannt. Pater Francesco Asquasciati als Konsultor der Ritenkongregation: Moriones, 13.
85 Im Juni 1776 kam es in Florenz zu einem Druck (oder Manuskript?) mit dem (Original ?-)Titel „De la nullité de la suppression de l'Ordre des Jesuites", an dem neben anderen Scarponia beteiligt war. Es kam zu einigen Verhaftungen, das Material schickte der Großherzog seinem Schwiegervater, Karl III., nach Spanien zu; Mercure Historique et Politique, Tome 181, Juli-Heft vom 1776, p. 51 ff. – Tanucci redet noch von der Beteiligung der Patres Zaccaria und Faure; Tanucci, Lettere, 1035.
86 Memoria Cattolica (1780), 55 ff.

Dennoch dauerte es noch lange, bis die letzten Spuren einer Illegitimitätspolemik gegen den Ganganelli-Papst sich verloren.

Abbé Proyart,[87] ein jesuitenfreundlicher Schriftsteller der Revolutionszeit, fand im Jahre 1800 folgende Interpretation: Der Heilige Geist war zwar anwesend, als Clemens XIV. zum rechtmäßigen Papst gewählt wurde, aber mit einer anderen Intention, als man sie traditionell voraussetzt: nicht als segensreichen Hirten hat er Ganganelli ausgewählt, sondern als Geißel über die sündige Menschheit, besonders über die vom Glauben abgefallenen, ehemals katholischen Königreiche. Indem der Hl. Geist durch sein Werkzeug Ganganelli die Christenheit ihrer stärksten Stütze, der *Societas Jesu*, beraubte, strafte er sie und führte sie dem endgültigen Gericht entgegen:

> *Qui, certes, il y étoit (der Hl. Geist im Konklave) : Il y étoit déposant dans le trésor de sa colère l'outrage fait à son Epouse ; il y étoit préparant plus prochainement contre le sacerdoce et l'Empire la catastrophe épuratoire dont nos yeux sont témoins. Et qu'on n'imagine pas que ceci soit une assertion gratuite.*[88]

Die reinigende Katastrophe war natürlich die französische Revolution: sie war der Ausbruch des göttlichen Zorns gegen jene, die mit ungeheurer Anmaßung geglaubt hatten, die Kirche zu ihrer Sklavin machen zu dürfen. Also, kurz gesagt, die aristokratisch-absolutistischen Staaten unter ihren Ministern Choiseul, Bernis, Pombal, Roda, Aranda, Moñino, Aubeterre, Orsini, Du Tillot, Tanucci und Kaunitz hätten mit Ganganelli sich selbst ein Gefäß der göttlichen Rache gewählt. Eine Interpretation immerhin, welche die Person des umstrittenen Papstes in einen größeren welthistorischen Rahmen hebt.

3. Exkurs
Eine Deutung der biblischen Apokalypse im Hinblick auf den Jesuitenorden aus dem Jahreswechsel 1776/1777.

Im Herbst 1776 bis zum Frühjahr 1777 gab es ein starkes politisches Revirement, welches den Jesuiten Hoffnung geben musste: zuerst wurde Tanucci entlassen, dann starb König Joseph von Portugal, und seine Nachfolgerin entließ Pombal, schließlich kehrte Floridablanca nach Spanien zurück. Der Hof von Versailles desinteressierte sich offensichtlich an den Jesuiten,[89] und deren Sieg in der *Causa Palafoxiana* am 28. Januar 1777 bedeutete in Rom soviel wie eine Epochenwende.[90]

---

87 Liévan-Bonaventure Proyart (1743–1808), Priester, Pädagoge, Schriftsteller, Konterrevolutionär, verfasste zahlreiche Biographien zur königlichen Familie, u.a. eine 5-bändige zu Ludwig XVI.; vgl. Feller, VII (1849), 78.

88 Proyart, Louis XVI détrôné (1800), p. 367. – Dieses Werk wurde ausgiebig benutzt von Theodore Bouys, Nouvelles considérations puisées dans la clairvoyance instinctive de l'homme sur les Oracles, les Sibylles et les Prophètes, et particulièrement sur Nostradamus, Paris 1806, 30–42. – Vgl. Jean-Jacques Langendorf (Hrsg.), Pamphletisten und Theoretiker der Gegenrevolution (1789–1799), München 1989. – C. Weiss (Hrsg.), Von « Obscuranten » und « Eudämonisten ». Gegenaufklärerische, konservative und antirevolutionäre Publizisten im späten 18. Jahrhundert, St. Ingbert 1997.

89 Noch lesenswert ist stets: Joh. Bapt. von Weiß, Weltgeschichte. 3. Auflage, Dreizehnter Band, Graz/Leipzig 1894, 92–120 zum raschen Umschlag der öffentlichen Meinung nach 1775.

90 I. Moriones, 95–97.

Insbesondere die französischen Jesuiten, die ja nicht aus ihrem Vaterlande vertrieben worden waren, sondern in vielfältiger Form de facto weiterbestanden, konnten auf ihre baldige volle Wiederherstellung hoffen. Masson, der Historiker des Kard. de Bernis, gibt ein detailliertes Kapitel (S. 319–372), in dem Tag für Tag die befürchtete Wiederbelebung des Jesuitenordens anhand der 30 Bände diplomatischer Berichte des Kardinals nachgezeichnet wird (Affaires Etrangères, Rome, voll. 873–903). Natürlich kann Masson nicht alle Agenden erzählen, aber er stellt doch klar heraus, dass der Jahreswechsel von 1776 auf 1777 – also die Zeit, in der die Kanonisationskampagne für Clemens XIV. ins Stocken geriet – mit starken Hoffnungen der Jesuiten einherging.[91]

Nicht bei Masson oder einem anderen Historiker erwähnt finde ich eine Broschüre, die tatsächlich ihren Weg in keine einzige Bibliothek gefunden hat, mithin als de facto verloren gelten muss, über die aber ein amtliches Schriftstück genügend Auskunft gibt, welches im *Courier du Bas-Rhin* veröffentlicht wurde. Aus dem langen Zeitungsartikel vom 22. März 1777 werden wir hier den wichtigsten Abschnitt edieren, die historischen Umstände aber vorweg berichten.[92]

Nachdem es verschiedene Zwischenfälle gegeben hatte, die auf das Persistieren des Ordens hindeuteten (so weigerte sich z. B. der Erzbischof von Paris, einem Ex-Jesuiten eine Pfarrei zu verleihen mit der Begründung, der Kandidat sei doch Jesuit), ergriff Mr. Angran, Präsident der 3. *Chambre des Enquêtes*, also einer der Untersuchungskammern des Parlamentes von Paris, am 28. Februar 1777 das Wort und berichtete der noblen Versammlung von allerlei gefährlichen Jesuitenumtrieben, z. B. die massive Konzentration von Ex-Jesuiten in Lyon.[93] Mit tiefem Ingrimm berichtete er von den Jesuiten in Weiß-Russland und konkludierte ganz richtig: *Les Jésuites se regardent donc comme aiant encore une existence, malgré la bulle de suppression, émanée de Clément XIV. Aussi publient-ils dans leurs Libelles que cette Bulle est nulle ; & dans le pais où ils ne peuvent avoir une existence publique et légale, ils se flattent de conserver, aux yeux de certaines personnes, une espèce d'existence religieuse.*[94]

Letzteres war eine Anspielung auf den Erzbischof von Paris, Christophe de Beaumont, den bekannten Jesuitenfreund, vielleicht sogar auf einige weibliche Mitglieder des Königshauses.

Nunmehr kommt der Präsident zu dem schärfsten Teil seiner Warnungen, der Enthüllung über eine jesuitische Apokalypse, die anonym im Januar 1777 in Paris verbreitet worden war.

Apokalyptische Prophezeiungen *gegen* die Jesuiten waren keine Seltenheit; seit dem Auftreten dieses Ordens gab es Polemiken, in denen er mit den zerstörerischen

---

91 F. Masson, 335.
92 Courier du Bas-Rhin, Nr. 24 vom 22.3.1777, p. 189–90. Darin Bericht aus Paris vom 14.3.1777. Hieraus alle folgenden Zitate.
93 Man kommt nicht umhin, an die Massenerschießungen von Opponenten gegen die Revolutionsregierung in Lyon im Oktober 1793 zu erinnern. Darauf folgte innerhalb der Monate November 1793 bis April 1794 die Erschießung von rund 120 Priestern; verantwortlich war vor allem Fouché; Picot, VI 280f.
94 Ebd. 190.

Tieren der Apokalypse, z. B. den Heuschrecken, gleichgesetzt wurde.[95] In dem Libell von 1777 wurde ein (nicht näher angegebenes) Kapitel dieser biblischen Schrift auf die *Societas* angewandt. Man darf vermuten, dass es sich um die geschichtstheologischen Kapitel 12 bis 14, resp. eines von ihnen gehandelt hat. So denkt man mühelos an das Weib, bekleidet mit der Sonne (12, 1–17), welches von dem siebenköpfigen Drachen verfolgt und in die Wüste gerettet wird, als geeignetes Bild der von den gottlosen Monarchen verfolgten Gesellschaft Jesu.[96]

Zwei Personen, ein Weltpriester und ein Ordensmann, besuchten mehrfach den Pariser Stadtpfarer von Saint-Gervais[97] und verlangten von ihm inständig die Approbation dieser Schrift, die offensichtlich verweigert wurde. Verständlich dies, denn für die Monate März bis Juli 1777 (noch war in Rom die Seligsprechung Clemens' des XIV. nicht gescheitert) wurde in ihrem Scriptum die *Resurrectio Societatis* prophezeit.

Daraufhin veröffentlichten die beiden Priester ohne Approbation einen Teil ihres Libells:

> *Une première partie de cet ouvrage, imprimée séparément, avoit été distribuée dans Paris, sur la fin de l'année dernière, mais avec les plus grandes précautions, pour échapper à la vigilance des magistrats. On reconnoît aisément dans cette brochure l'esprit qui l'a dictée. L'auteur applique aux Jésuites un chapitre entier de l'Apocalypse, & plusieurs passages détachés. Il prétend y trouver leur établissement, leur mission pour prêcher & défendre la foi, la conversion du nouveau-monde par leurs travaux apostoliques ; les persécutions qu'ils doivent éprouver ; leur destruction causée par l'atheisme, & par un sistème de politique antichrétienne, qui tend à ramener le regne de l'infidélité ; l'époque de cette destruction ; enfin leur rétablissement en 1777. Il a soin d'avertir les lecteurs que la disposition des choses est conforme à ce qu'il annonce pour l'avenir. Il mêle à ses prédictions des principes dont il est aisé de sentir tour le danger. En parlant d'un nouvel empire, qu'il appelle l'empire purement chrétien ; il dit que cet empire est dans l'église, au lieu qu'autrefois l'église étoit dans l'empire ; qu'il est fondé sur la religion Chrétienne, ou plutôt qu'il est l'église même, & que l'empire & l'église ne sont qu'une seule & même chose. Telle est l'analise succincte de cette brochure, dont je me suis procuré un exemplaire, pour le mettre sous les yeux de la cour. Quelque graves que soient les faits dont je viens de rendre compte, ce qui se passe depuis longtemps à Lyon, l'est encore davantage. Il paroit que cette ville est le*

---

95 Eine seltene Broschüre: Der Jesuit der Apokalypsis, oder die Plage der außerordentlichen Gattung von Heuschrecken in der Offenbarung Johannis, IX. Kapitel, ohne Autor und Ort 1773 in 12°, pp. 102. Vorhanden in der Stadtbibliothek Trier (vermutlich aus dem Besitz von F.X. Kraus), in der Staatsbibliothek Berlin und in Göttingen als Mikrofiche. Vgl. Sommervogel, XI, 209 Nr. 1499. – Zur Forschungslage vgl. Jürgen Brokoff/Bernd Ulrich Schipper, Apokalyptik in Antike und Aufklärung, Paderborn 2004.

96 Natürlich bedienten sich auch die Jansenisten, besonders die Schule der sog. Figuristen, gerne der Apokalypse, um die Konstitution *Unigenitus* als das Zeichen des Tieres zu deuten, und die Verfolgungen, die sie tatsächlich erlitten, als den Krieg des Tieres gegen die Heiligen zu verstehen. Vgl. Picot, II, 333ff., 382ff. Derartige Schriften erschienen noch zu Beginn des 19. Jahrhunderts; ebd. IV, 66. Maßgebliche neuere Studie: Catherine-Laurence Maire, De la cause de Dieu à la cause de la nation: le Jansénisme du XVIIIe siècle, Paris 1998, pp.710.

97 Der Pfarrer hieß Bouillerot. Die Pfarrei von Saint-Gervais war eine sehr alte Pariser Pfarrei mit einer bedeutenden Kirche und 20.000 Pfarrkindern, sowie einem Klerus von 60 Geistlichen, womit wohl alle in der Pfarrei wohnenden Geistlichen gemeint sind. Vgl. Abbé de Malvaux, L'Europe Ecclésiastique, Paris 1757, p. III, p. 40.

centre des intrigues des ci-devant Jésuites ; qu'ils y possèdent des fonds considérables, placés dans le commerce, & administrés par une espèce de société, composée de plusieurs personnes qui leur sont totalement dévouées ; que cette société a une caisse ; qu'elle tient des assemblées ; qu'elle donne des secours de toute espèce aux ci-devant Jésuites qui passent par la ville ; enfin qu'elle entretient une correspondance réglée au dedans & au dehors du roiaume. Tous ces faits réunis prouvent que les ci-devant Jésuites conservent toujours l'esprit de leur institut ; qu'ils désirent de le rétablir, s'il étoit possible, & qu'ils font tous leurs efforts pour y réussir.

Nach diesem Bericht ihres dienstältesten Präsidenten beschloss die Kammer,[98] die genannte Broschüre zu verbieten und durch die Hand des Henkers an den Stufen des Parlaments zerreißen und verbrennen zu lassen, was am 12. April 1777 geschah. Nur durch das Plakat, in dem dieses Urteil verkündet und verbreitet wurde, und von dem ein Exemplar in der Bibliothèque Nationale de France gerettet wurde, kennen wir den exakten Buchtitel der Broschüre:[99]

Arrêt du parlement
qui ordonne que la brochure in–12 intitulée ;

Plan de l'Apocalypse,

MDCCLXXIII sans nom d'auteur ni d'imprimeur,
ni du lieu d'impression,
sera lacérée et brulée par l'exécuteur de la Haute-Justice,
Paris, P. Simon in 4°, 1777.

Verzeichnis der mehrfach zitierten Literatur:

Bongert, William V.: A history of the society of Jesus, 2. ed., St. Louis 1986.

Caffiero, Marina: Religione e modernità in Italia (secoli XVII–XIX), Pisa/Roma 2000.

Caraccioli, M. [Louis-Antoine]: La vie du Pape Clément XIV (Ganganelli), Paris 1775 (Der Autorenname S. 385 in der Kgl. Approbation genannt).

Caraccioli: Lettres à M. Caraccioli, Paris 1776. Kessinger Reprint 2010.

Codignola, Ernesto: Il giansenismo toscano nel carteggio di Fabio de Vecchi, 2 voll., Firenze 1944.

---

98 Courier du Bas-Rhin, Nr. 26 vom 26.4.1777, S. 270: Bericht aus Paris mit Abdruck der Rede des Avocat-général Seguier vom 11.4.1777, in der er noch einmal energisch gegen die Phantasien des Apokalypse-Interpreten protestierte. Bemerkenswert ist daran vielleicht, dass Seguier die Zerstreuung der Jesuiten mit derjenigen der Juden verglich, die ebenfalls glaubten, noch ein existierendes *Corps de Nation* zu bilden. Die Parallelisierung von Juden und Jesuiten ist ein Kapitel für sich, das im 19. Jahrhundert noch wirkmächtig wurde.

99 Der Titel wurde festgestellt über den Karlsruher Verbundkatalog, der zum Internetkatalog der BNF führt. – Die Vordatierung der Broschüre auf das Jahr 1773 ist sicher kein Druckfehler, sondern von den Autoren gewollt, zum Zwecke eines *vaticinium ex eventu.*

Courier du Bas-Rhin, Clèves (Kleve); benützte Jahrgänge 1769–1777. Ein Exemplar in der Univ.- und Landesbibliothek Düsseldorf.

Crétineau-Joly, Jacques: Clément XIV et les Jésuites ou Histoire de la déstruction des Jésuites. Seconde edition, Paris/Lyon 1848.

Dictionnaire des Livres Jansénistes, 4 voll., Anvers 1752–55 (anonym, Autoren: Dominique de Colonia S.J. und Louis Patouillet S.J.). Reprint der Bände 1–3 bei Kessinger 2009.

Döllinger, J.J.I. von /Reusch, Fr.Hr.: Geschichte der Moralstreitigkeiten in der römisch-katholischen Kirche seit dem 16. Jahrhundert, 2 Bde., Nördlingen 1889. Reprint Aalen 1984.

Feller, F.-X. de: Biographie universelle ou Dictionnaire historique des hommes qui se sont fait un nom, 9 Tomes, Edition revue, Paris 1847–1856.

HC VI = Hierarchia Catholica medii et recentioris aevi … per P. Remigium Ritzler O.F.M. Conv. et P. Pirmimum Sefrin O.F.M. Conv., Patavii 1958.

(Anon.) Lettres à M. Caraccioli, Paris 1776. Reprint Kessinger 2010.

Masson, Frédéric: Le Cardinal de Bernis depuis son ministère 1758–1794. La suppression des Jésuites – Le schisme constitutionnel, Paris 1903.

Memoria Cattolica da presentarsi a Sua Santità. Opera postuma, Cosmopoli [Roma?] 1780.

Mercure Historique et Politique, La Haye. Benützte Jahrgänge 1768–1778, im Besitz des Verfassers.

Miscellanea in occasione del IV Centenario della Congregazione per le cause dei Santi (1582–1988) Città del Vaticano 1988 (Vorwort: Pietro Card. Palazzini).

Moriones, Ildefonso: La causa de beatificación de Juan de Palafox. Historia di un proceso contrastado, Roma (Postulación General O.C.D.) 2000.

Niemetz, Michael: Antijesuitische Bildpublizistik in der Frühen Neuzeit. Geschichte, Ikonographie und Ikonologie (= Jesuitica, Band 13), Regensburg 2008.

Nouvelles Ecclésiastiques, Paris; benützte Jahrgänge 1769–1777. Ein Exemplar in der UB Bonn.

Pastor, Ludwig Freiherr von: Geschichte der Päpste seit dem Ausgang des Mittelalters, Bd. XVI/2 (= Klemens XIV. 1769–1774), Freiburg/Br. 1932.

Picot, Michel-Pierre-Joseph: Mémoires pour servir à l'histoire ecclésiastique pendant le dixhuitème siècle, 3. edit., 7 voll., Paris 1853–1857.

Proyart, l'Abbé: Louis XVI détrôné avant d'être Roi, ou Tableau des causes nécessitantes de la révolution française et de l'ébranlement de tous les trônes, Londres 1800.

Rétat, Pierre : La mort de Clément XIV. In : Papes et Papauté au XVIIIᵉ siècle (ed. Ph. Koeppel), Paris 1999, 261–283.

Roman, l'Abbé : Anecdotes sur Ganganelli. In : Id., Mémoires historiques et inédits etc., publiés par Auguste Couvret, Paris 1807, pp. 185–252.

Samerski, Stefan : « Wie im Himmel, so auf Erden » ? Selig- und Heiligsprechung in der Katholischen Kirche 1740 bis 1870, Stuttgart 2002.

Schwedt, Hermann H. / Paintner, Ursula / Wiesneth, Christian : Römische Bücherverbote. Edition der Bandi von Inquisition und Indexkongregation 1701–1813, Paderborn 2009.

Schwedt, Hermann H. (et al.), Prosopograhie von Römischer Inquisition und Indexkongregation 1701–1813, 2 voll., Paderborn 2010.

Seidler, Sabrina M : Il teatro del mondo. Diplomatische und journalistische Relationen vom römischen Hof aus dem 17. Jahrhundert, Frankfurt/M. 1996.

Seidler/Weber: Päpste und Kardinäle in der Mitte des 18. Jahrhunderts (1730–1777). Das biographische Werk des Patriziers von Lucca Bartolomeo Antonio Talenti, hrsg. v Sabrina M. Seidler / Christoph Weber, Frankfurt/M. 2007.

(Anon.) Suite des lettres d'un Anglois, sur la Vie de Clément XIV, par M. Caraccioli, Paris 1777. Reprint Kessinger 2010.

Sommervogel, Carlos : Bibliothèque de la Compagnie de Jésus. Nouvelle édit., Bruxelles/Paris/Toulouse 1890–1930. Reprint Louvain in 12 voll. 1960.

Tannucci : Lettere di Bernardo Tanucci a Carlo III di Borbone (1759–1776). Regesti a cura di Rosa Mincuzzi, Roma 1969.

Weber, Christoph : « Faire revivre l'arbre entier » – die Freilassung der gefangenen Jesuiten aus der Engelsburg (1775/76) nach den Berichten des kurkölnischen Ministers Marchese Tommaso Antici aus Rom. In : Rheinisch-Kölnisch-Katholisch. Festschrift für Heinz Finger zum 60. Geburtstag, hrsg. von Siegfried Schmidt, Köln 2008, 291–314.

Weber, Christoph : Die päpstlichen Referendare 1566–1809. Chronologie und Prosopographie, 3 voll., Stuttgart 2003–2004.

Weber, Christoph, unter Mitwirkung von Michael Becker : Genealogien zur Papstgeschichte, 6 Bände, Stuttgart 1999–2002.

Religiöse Erneuerung im deutschen Katholizismus am Beginn des 19. Jahrhunderts

Otto Weiß

Die Wende vom 18. zum 19. Jahrhunderts war, wie der Historiker Reinhart Koselleck aufgezeigt hat, eine „Sattelzeit", das heißt eine Zeit, in der alte Weltdeutungen brüchig geworden waren und neue Paradigmen an die Stelle angeblich ewiger unveränderlicher Normen und Leitlinien traten. Das Bürgertum übernahm die geistige Führung, so dass das 19. Jahrhundert zum spezifisch bürgerlichen Jahrhundert wurde[1]. Ein Pluralismus von Wertvorstellungen begann auch in Deutschland allmählich die althergebrachte Seins-, Staats- und Gesellschaftsordnung und die aus ihr fließenden Verhaltensnormen abzulösen[2].

Die Katholiken in Deutschland blieben von dem grundstürzenden Wandel nicht unberührt. Sie erlebten, dass die Religion, vor allem die kirchlich gebundene Religion, aufhörte, alleinige Norm zu sein und ein schleichender Prozess der Dechristianisierung[3] eingesetzt hatte. Doch anders als in den westlichen Ländern, wo die Aufklärung den Glauben als solchen in Frage stellte, war die entscheidende Frage der deutschen Aufklärung noch immer die Frage nach Gott gewesen[4], mehr noch, eine „katholische Aufklärung" hatte Religion und Glaube von paganen Frömmigkeitsformen befreit und damit eher reformatorisch als zerstörend gewirkt[5]. So fand die Entkirchlichung in Deutschland zunächst nur in eine dünne Führungsschicht

---

1 Vgl. Jürgen KOCKA (Hg.), Bürger und Bürgerlichkeit im 19. Jahrhundert, Göttingen 1987; DERS. (Hg.), Bürgertum im 19. Jahrhundert. Deutschland im europäischen Vergleich, 3 Bd., München 1988.

2 Vgl. Karl BOSL, Pluralismus und pluralistische Gesellschaft, München 1967.

3 Tatsächlich kann man an der Wende zum 19. Jahrhundert nur sehr bedingt von einer „Entchristianisierung" sprechen. Vgl. zu dem Begriff: Bernard PLOGERON, La déchristianisation a-t-elle une histoire?, in: Christianisation et Déchristianisation, Angers 1986, 91–106; DERS., Eine Revolutionsregierung gegen das Christentum, in: Die Geschichte des Christentums, Bd. 10: Aufklärung, Revolution, Restauration (1750–1830), dt. Ausgabe, Freiburg i. Br. u. a. 2000, 365–430; Friedrich Wilhelm GRAF, ‚Dechristianisierung'. Zur Problemgeschichte eines kulturpolitischen Topos, in: Hartmut LEHMANN (Hg.), Säkularisierung, Dechristianisierung, Rechristianisierung im neuzeitlichen Europa, Göttingen 1997, 33–66.

4 Vgl. Ernst CASSIRER, Die Philosophie der Aufklärung, Tübingen 1932; Joseph ENGERT, Der Deismus in der Religions- und Offenbarungskritik des Hermann Samuel Reimarus, Wien 1916; Karl ANER, Die Theologie der Lessingzeit, ²Hildesheim 1964.

5 Vgl. Harm KLUETING (Hg.), Katholische Aufklärung im katholischen Deutschland, Hamburg 1993; Silvaine REEB, L'Aufklärung catholique à Salzbourg (1772–1803), 2 Bde, Frankfurt u. a. 1995.

Eingang. Für die Masse des einfachen Volkes bestimmten nach wie vor Religion und Kirche Leben und Handeln, auch wenn vielfach eine Art „praktische Säkularisierung" um sich griff. Für breite Bevölkerungsschichten war nicht der moderne „Unglaube" das Problem, wohl aber das Ausbrechen aus dem alten staatlichen, kirchlichen, gesellschaftlichen Ordnungsgefüge[6].

Dazu kam, dass die meisten Katholiken in den Ideen der Französischen Revolution keinerlei Fortschritt erkennen konnten. Im Namen von Vernunft und Freiheit wurden die schrecklichsten Gräuel verübt. In den der Revolution folgenden napoleonischen Kriegen wurde Europa zum großen Heerlager[7]. Geborgenheit bot die Religion, die auch das Unbegreifliche als göttliche Fügung zu deuten suchte[8]. Und es war die katholische Kirche, die als sicherer Fels im Strudel des um sich greifenden Individualismus und Liberalismus wieder gefragt war, auch bei den Gebildeten, wie die Konversion führender Männer des Geisteslebens zum Katholizismus beweist. Leopold Graf zu Stolberg[9] sei genannt, ebenso der Philosoph Friedrich Schlegel[10] und der Staatsrechtslehrer Adam Müller[11].

Mit Recht kann man von einem religiösen Neuaufbruch sprechen, der an verschiedenen Orten seine Kristallisationspunkte besaß. Allerdings wurde bisher bei der Darstellung dieses Neuaufbruchs zu wenig differenziert. Denn Inhalt und Zielrichtung der religiösen Bewegungen in Deutschland waren verschiedenartig, ja, sie standen im Konflikt miteinander. Sucht man nach einem gemeinsamen Nenner, so könnte man am ehesten die religiösen Reformgruppen mit dem Begriff „romantischer Katholizismus" – Romantik verstanden im weitesten Sinne als Lebensgefühl und Weltdeutung – charakterisieren, abgesehen von einzelnen reformkatholischen Strömungen, die nach wie vor ihre Vorstellungen aus der kirchlichen Aufklärung bezogen, wie die Anhänger des Philosophen Bolzano in Böhmen oder Wessenberg nahestehende Reformer im deutschen Südwesten. Doch auch die

---

6 Vgl. Michael PHAYER, Religion und das gewöhnliche Volk in Bayern in der Zeit von 1750–1850 (Miscellania Bavarica Monacensia 21), München 1970.

7 Vgl. Thomas NIPPERDEY, Deutsche Geschichte 1800–1866. Bürgerwelt und starker Staat, München ³1985, 403, 414f.

8 Ebd., 404–440.

9 Friedrich Leopold Graf zu Stolberg-Stolberg, geb. 1750 in Bramstedt (Holstein), gest. 1819 Sondermühlen bei Osnabrück, Schriftsteller, Historiker, Kammerpräsident in Eutin, nach seiner Konversion zur kath. Kirche (1800) mit der Fürstin Gallitzin Mittelpunkt der romantischen kathol. Erneuerung in Deutschland. Zu ihm Gerhard SAUDER, Stolberg-Stolberg in: LThK³ 9 (2000) 1016 f. (Lit.).

10 Karl Friedrich Wilhelm von Schlegel, Philosoph, Orientalist, Literaturwissenschaftler, Historiker, Sohn eines protestantischen Pastors, konvertierte als Professor in Köln 1808, begab sich anschließend nach Wien, seit 1809 österreichischer Staatssekretär, 1815 bis 1818 österreichischer Legationsrat am Bundestag in Frankfurt. Ernst BEHLER, Friedrich Schlegel, ⁷Hamburg 2004; Friedrich-Schlegel, kritische Ausgabe, hg. von Ernst BEHLER, Paderborn-München-Wien-Zürich 1956ff.

11 Adam Heinrich Müller (1779–1829), Ritter von Nittersdorf, aus Berlin, bedeutender Staatsrechtslehrer, Haupt der politischen Romantik und einer der Väter der „Restauration", im preußischen, dann im österreichischen Staatsdienst, 1805 in Wien bei den Serviten Konversion zur kath. Kirche. Zu ihm: Jacob BAXA, Adam Müller, Jena 1930; Ernst NOLTE, Ein moderner Revolutionär? Adam Müller, in: Wolfgang HARDTWIG – Harm-Hinrich BRANDT (Hgg.), Deutschlands Weg in die Moderne. Politik, Gesellschaft und Kultur im 19. Jahrhundert, München 1993, 74–82; Albrecht LANGNER, Müller Adam, in: LThk³ 7 (1998) 516; Benedikt KOEHLER, Ästhetik der Politik. Adam Müller und die politische Romantik, Stuttgart 1980.

gewöhnlich dem „romantischen Katholizismus" zugeordneten religiösen Erneuerungsbewegungen müssen differenzierter gesehen werden. Es geht nicht an, Gruppierungen um Gestalten wie die Fürstin Gallitzin[12], um Johann Michael Sailer[13] und Klemens Hofbauer[14], ergänzt durch die katholische Restauration in Mainz einfach aneinander zu reihen[15], vielmehr muss das Zu- und Gegeneinander dieser Reformgruppen deutlich zum Ausdruck gebracht werden.

1. Nachklänge der Aufklärung

Nachdem Sebastian Merkle 1910 die kirchliche Aufklärung grundsätzlich als eine positiv zu wertende Reformbewegung rehabilitiert hatte[16], dauerte es nahezu ein Jahrhundert, bis die Kirchengeschichtsschreibung ihm endgültig gefolgt ist. Dies gilt vor allem für Österreich und seinen „Josephinismus", dessen reformerische Impulse auf dem Gebiet der Erziehung und der Seelsorge wie der Organisation der Kirchenstruktur heute allgemein anerkannt sind[17]. Auch die Wirksamkeit des böhmischen Spätaufklärers Bernard Bolzano[18] wird in der Zwischenzeit als Erneue-

---

12 Adelheid Amalia Fürstin von Gallitzin (geb. Gräfin von Schmettau), geb. Berlin 1748, gest. Münster 1806, nach ihrer betonten Hinwendung zur kathol. Kirche 1786, wurde sie zum Mittelpunkt des „Münsterer Reformkreises", verband das Bemühen um katholische Erneuerung mit Bildung und hoher gesellschaftlicher Anerkennung und stand im Kontakt mit den Führenden von Wissenschaft und Kultur (Goethe, Jacobi, Hamann). Zu ihr Rudolfine v. OER, Gallitzin, in: LThK[3] 4 (1995) 280 f. (Lit); Jürgen KAMPMANN, Gallitzin, in: RGG[4] 3 (2000) 462 (Lit.).

13 Die Literatur zu Sailer ist fast ins Uferlose gewachsen. Noch immer grundlegend: Hubert SCHIEL (Hg.), Johann Michael Sailer, Leben und Briefe, 2 Bde, Regensburg 1948 und 1952; ferner (in Auswahl): GEORG SCHWAIGER, Johann Michael Sailer. Der bayerische Kirchenvater, München-Zürich 1982; Georg SCHWAIGER – Paul MAI, Johann Michael Sailer und seine Zeit, Regensburg 1982; Walter BRANDMÜLLER, Das Priesterbild Johann Michael Sailers, in: Stimmen der Zeit 201 (1983), 119–132; Manfred WEITLAUFF, Johann Michael Sailer (1751–1832), Universitätslehrer, Priestererzieher und Bischof im Spannungsfeld zwischen Aufklärung und Restauration, in: Zeitschrift für Schweizerische Kirchengeschichte 77 (1983) 149–202; DERS., Priesterbild und Priestererziehung bei Johann Michael Sailer, in: Münchener Theologische Zeitschrift 46 (1995) 69–97; Bertram MEIER, Die Kirche der wahren Christen. Johann Michael Sailers Kirchenverständnis zwischen Unmittelbarkeit und Vermittlung (Münchener kirchenhistorische Studien 4), Stuttgart-Berlin-Köln 1990; Konrad BAUMGARTNER – Peter SCHEUCHENPFLUG (Hgg.), Von Aresing bis Regensburg. Festschrift zum 250. Geburtstag von Johann Michael Sailer (Beiträge zur Geschichte des Bistums Regensburg 35), Kallmünz 2001; Manfred WEITLAUFF, Johann Michael Sailer (1751–1832), in: DERS. (Hg.), Lebensbilder aus dem Bistum Augsburg. Vom Mittelalter bis in die neueste Zeit (Jahrbuch des Vereins für Augsburger Bistumsgeschichte 39), Augsburg 2005, 220–250.

14 Vgl. zuletzt Otto WEISS, Begegnungen mit Klemens Maria Hofbauer (1751–1820), Regensburg 2009.

15 So in zahlreichen älteren Darstellungen. Vgl. Franz SCHNABEL, Deutsche Geschichte im 19. Jahrhundert. 4. Band: Die religiösen Kräfte, ²Freiburg i. Br. 1951, 44–97.

16 Vgl. Sebastian MERKLE, Die katholische Beurteilung des Aufklärungszeitalters, Berlin 1909; DERS., Die kirchliche Aufklärung im katholischen Deutschland, Berlin 1910.

17 Vgl. Eduard WINTER, Der Josefinismus. Die Geschichte des österreichischen Reformkatholizismus, ²Berlin 1962; Harm KLUETING (Hg.), Der Josephinismus, Darmstadt 1995.

18 Bernard Bolzano, geb. 1781 in Prag, gest. 1848 ebd., Mathematiker, Philosoph und Theologe, seit 1805 Priester, 1806–1819 Prof. für kath. Religionslehre in Prag, Vertreter der kirchlichen Aufklärung, vertrat im Sinne von Leibniz einen vorkantischen metaphysischen Objektivismus, von starkem Einfluss auf die österreichische Philosophie.

rung gefeiert[19], zumal Bolzanos Schüler Franz Exner sich als Schulreformer in Österreich einen Namen gemacht hat[20].

Bei all dem darf nicht übersehen werden, dass vieles, was für das österreichische Stammland galt, auch für Vorderösterreich – für die bis zum Ende des Alten Reiches zu Österreich gehörigen Gebiete im heutigen Süddeutschland –, zumal für Freiburg und das Breisgau, Gültigkeit besaß. Die häufig in Wien erfolgte Ausbildung der höheren Geistlichkeit wirkte im späteren Großherzogtum Baden noch lange nach[21]. Dazu kam hier das Reformwerk des Konstanzer Generalvikars Ignaz Heinrich von Wessenberg[22] im Sinne der kirchlichen Aufklärung. Im Vordergrund standen für ihn die Seelsorge, eine „durchgreifende Reform" der Katechese und die Verlebendigung des Gottesdienstes. Aus den Gesängen und Gebeten beim Gottesdienst sollte die „lichte Wärme" sprechen, die im „Geist des Evangeliums" wurzelt. Doch Wessenberg wusste auch, dass eine Veränderung nur erreicht werden konnte, wenn der Klerus von Grund auf neu geformt und ausgebildet wurde[23]. In manchem freilich war er seiner Zeit voraus. So, wenn er die Volkssprache bei der Sakramentenspendung einführte. Noch im 20. Jahrhundert glaubten Volksmissionare in Baden den Einfluss Wessenbergs zu spüren[24].

Auch in Württemberg war die kirchliche Aufklärung lange wirksam, wobei sie allerdings bis hin zu hohen Würdenträgern radikale Züge annahm. Zu der Forderung nach Vereinfachung der Liturgie, nach dem Gebrauch der deutschen Sprache und zum Kampf gegen den Aberglauben gesellte sich der Ruf nach Diözesansynoden und nach der Abschaffung des Pflichtzölibats. Die Organe dieses kirchlichen „Liberalismus" waren das „kritische Journal für das katholische Deutschland" (1820–1830)

---

19 Vgl. die Beiträge zur Bolzano-Forschung, hg. von Eduard Morscher und Otto Neumaier, St. Augustin 1991ff.; ferner Helmut Rumpler (Hg.), Bernard Bolzano und die Politik. Staat, Nation und Religion als Herausforderung für die Philosophie im Kontext von Spätaufklärung, Frühnationalismus und Restauration, Wien u. a. 2000.

20 Franz Exner (1802–1853), Philosoph, Anhänger Herbarts und Bolzanos, Schulreformer. Oesterr. Biographisches Lexikon, hg. von der österr. Akademie der Wissenschaften, Bd. 1, Graz-Köln 1957, 275 f.; Jan Wenski, Franz Seraphin Exner. Österreichs Philosoph und Schulorganisator. Eine geschichtliche pädagogische Studie, Dissertation Wien 1974.

21 Vgl. Karl-Heinz Braun, Hermann von Vicari und die Erzbischofswahlen in Baden. Ein Beitrag zu seiner Biographie (Forschungen zur oberrheinischen Landesgeschichte 35), München 1990, 21f.

22 Ignaz Heinrich von Wessenberg, geb. 4. November 1774 in Dresden, gest. 9. August 1860 in Konstanz, Schüler Sailers. W. war von 1800 bis 1827 Generalvikar und Verweser des Bistums Konstanz, betrieb eine Reform der Seelsorge und Priesterbildung im Geiste der kirchlichen Aufklärung. Zu ihm: Karl-Heinz Braun: Wessenberg, Ignaz Heinrich von (1774–1860), in: Erich Gatz (Hg.), Die Bischöfe der deutschsprachigen Länder 1785/1803 bis 1945, Berlin 1983, 808–812; Franz Xaver Bischof, Das Ende des Bistums Konstanz. Hochstift und Bistum Konstanz im Spannungsfeld von Säkularisation und Suppression (1802/03–1821/27), Stuttgart 1989; Manfred Weitlauff, Zwischen katholischer Aufklärung und kirchlicher Restauration. Ignaz Heinrich von Wessenberg (1774–1860), der letzte Generalvikar und Verweser des Bistums Konstanz, in: RJKG 8 (1989) 11–132; Ders., Dalberg als Bischof von Konstanz und sein Generalvikar Ignaz Heinrich von Wessenberg, in: Ders., Kirche zwischen Aufbruch und Verweigerung, Stuttgart 2001, 50–73; Ders., Wessenberg, Ignaz Heinrich, in: LThK³ 10 (2001) 1115–1117 (Lit.); Günther Wassilowski, Wessenberg, Ignaz Heinrich, in: RGG⁴ 8 (2005) 1487f. (Lit.).

23 Ignaz Heinrich von Wessenberg, Unveröffentlichte Manuskripte I/1: Autobiographische Aufzeichnungen, Freiburg-Basel-Wien 1968, 30–32.

24 Alois Meier, Commentarii Provinciae Germaniae Superioris anno 1906 et 1907 et 1908 gestis, Ratisbonae 1911, 77.

und die „Freymüthigen Blätter über Theologie und Kirchentum" (1830–1840)[25]. Herausgeber der letzteren war Benedikt Alois Pflanz[26], der in fast aussichtsloser Lage versuchte, die reformkatholisch-liberalen Kräfte – weit über die Grenzen Württembergs hinaus – nochmals zu sammeln. Zu den Autoren seiner Zeitschrift gehörten Wessenberg und Bolzano, den er persönlich in Böhmen besuchte[27].

In anderen deutschen Ländern wirkte die kirchliche Aufklärung weit weniger nach. Dies gilt besonders für Bayern, es sei denn, man stellte Johann Michael Sailer an die Spitze der kirchlichen Aufklärer. Nur muss man sich darüber im Klaren sein, dass Sailer auch in seiner frühen Zeit mit „Radikalaufklärern" nichts zu tun hatte. Solche gab es um die Jahrhundertwende in den neubayerischen Gebieten (Würzburg, Bamberg)[28], aber auch in der Haupt- und Residenzstadt München. Ein Zentrum der Aufklärungsphilosophie stellte das fränkische Benediktinerkloster Banz dar. Hier erschien die Zeitschrift „Kritik für gewisse Kritiker", die aufgeklärtes Gedankengut verbreitete[29]. Von hier stammte der Würzburger Dogmatiker Maternus Reuß (1751–1798), der sich als erster katholischer Theologe zu Kant bekannte und diesen in Königsberg besuchte[30]. Katholische Kantianer waren auch die altbayerischen Theologen Kajetan Weiller (1762–1826)[31] und Sebastian Mutschelle[32].

---

25 Vgl. August Hagen, Geschichte der Diözese Rottenburg, Bd. 1, Stuttgart 1958, 35–40.

26 Pflanz, Benedikt Alois, Gymnasialprofessor, Pfarrer, Kirchenpolitiker, geb. 1797 in Espachweiler (Pfarrgemeinde Neuler bei Ellwangen), gest. 1844 in Schörzingen bei Rottweil, Studiengenosse und Rivale Möhlers, den er später bekämpfte, 1820 Priester, seit 1830 Redakteur der «Freymüthigen Blätter über Theologie und Kirchenthum». Vgl. August Hagen, Die kirchliche Aufklärung in der Diözese Rottenburg, Stuttgart 1953, 279–335; Abraham Peter Kustermann, „Katholische Tübinger Schule". Beobachtungen zur Frühzeit eines theologiegeschichtlichen Begriffs, in: Catholica 36 (1982), 65–82.

27 Vgl. Franz Ryschawy, Die Beziehungen Bernhard Bolzanos zur südwestdeutschen-katholischen Aufklärung und sein Kampf gegen die römisch-katholische Restauration (Wiener Katholische Akademie; Miscellanea NF 2159), Wien 1983.

28 Von der bischöflichen Universität Würzburg kam der Ingolstädter Professor Johann Adam Freiherr von Ickstatt, der die Aufklärungsphilosophie Christian Wolffs nach Kurbayern brachte. Vgl. Fritz Kreh, Leben und Werk des Reichs-Freiherrn Johann Adam von Ickstatt (1702–1776), Paderborn 1974.

29 Vgl. Wilhelm Forster, Die kirchliche Aufklärung bei den Benediktinern der Abtei Banz im Spiegel ihrer von 1772 bis 1798 herausgegebenen Zeitschrift, in: Studien u. Mitteilungen aus dem Benediktinerorden 63 (1951) 172–233; 64 (1952) 110–233.

30 Zu ihm: Karl Eugen Motsch, Matern Reuß. Ein Beitrag zur Geschichte des Frühkantianismus an katholischen Hochschulen, Freiburg i. Br. 1932; Clemens Schwaiger, Reuß, Maternus, in: BBKL 12 (2003) 1149–1152.

31 Kajetan Weiller, geb. in München, gestorben ebd., war seit 1799 Professor für Philosophie und Rektor am Lyzeum zu München. Der begabte Pädagoge mühte sich in der Begegnung mit Kant und Jacobi um die Versöhnung von Glauben und Wissen. Philipp Funk, Von der Aufklärung zur Romantik: Studien zur Vorgeschichte der Münchener Romantik, München 1925, 52f. – Philipp Schäfer, Philosophie und Theologie im Übergang von der Aufklärung zur Romantik, dargestellt an Patriz Benedikt Zimmer, Göttingen 1971, 64f.

32 Mutschelle, Sebastian, geb. 1749 in Allertshausen, gest. 1800 in Baumkirchen, war 1765 mit Sailer und Feneberg Jesuitennovize in Landsberg, Dorfpfarrer in Baumkirchen, Schulkommissar, Kantianer, seit 1799 Professor für Moral- und Pastoraltheologie am Lyzeum zu München, mit Hilfe der kantischen Philosophie suchte er den seichten Rationalismus zu überwinden und eine hohe Auffassung von der Sittlichkeit zu begründen. Zu ihm noch immer lesenswert: Kajetan Weiller, Mutschelle's Leben, München 1803; ferner Philipp Schäfer, Mutschelle, Sebastian, in: BBKL 6 (1993) 404f.

Richtig ist allerdings, dass in Bayern der aufgeklärte Katholizismus im 19. Jahrhundert oft nur noch als verdünnter Rationalismus weiterlebte. Ein Musterbeispiel eines ausgeprägten Rationalisten stellte etwa der Kantianer, Pastoraltheologe und Landshuter Seminarleiter Matthäus Fingerlos (1748–1817) dar[33].

2. „Romantische" Erweckungsbewegungen

Wenn im Folgenden von „romantischen Erneuerungsbewegungen" die Rede ist, so meint dies in erster Linie, dass sie einem antirationalistischen Lebensgefühl[34] verbunden waren. War für den Aufklärer das Licht des Verstandes entscheidend, wandte sich die Romantik den „Nachtseiten des Lebens" zu. Im Vordergrund standen das Dunkel, die Phantasie, der Traum, auch die Religion, die Mystik und der Glaube an wunderbare Erscheinungen. Für manche überzeugte „Romantiker" wie den Münchener Philosophen Franz von Baader (1767–1841)[35] war die Aufklärung zum „Aufkläricht" – wohl einer Art Kehricht – geworden. Besonnenere Geister allerdings glaubten an die Notwendigkeit einer Synthese von Aufklärung und Romantik, wie dies Friedrich Schlegel zum Ausdruck brachte, der das „Streben nach einer streng wissenschaftlichen Methode" in der Theologie forderte, jedoch überzeugt war, dass die „moderne Denkweise", soweit es sich bei ihr um „hohle Vernunftwissenschaft" handelte, nicht ausreicht[36]. „Die Vernunft, so schrieb er, kennt und hat und gibt nur einen verneinenden Begriff oder Nichtbegriff von Gott. Die Liebe allein hingegen führt zu einer positiven, oder um es nicht in abstrakter sondern in lebendiger Sprache zu sagen, zu einer lebendigen Erkenntnis Gottes und der Fülle des Lebens und der Liebe in ihm"[37].

Und noch etwas ist festzuhalten: Die katholische Erneuerung war für die Romantiker nicht einfach identisch mit jenem Katholizismus, der sich seit Beginn der Neuzeit in Bekenntnisfrömmigkeit manifestiert hatte[38], sondern sie war von

---

33 Matthäus Fingerlos, geb. in Flatschach (Lungau), gest. in Salzburg, 1804–1814 Rektor des Georgianums in Landshut, 1806–1814 Professor für Pastoraltheologie ebd. – Heinz MARQUART, Mätthäus Fingerlos (1748–1817). Leben und Wirken eines Pastoraltheologen und Seminarregenten in der Aufklärungszeit (Studien zur Theologie- und Geistesgeschichte des Neunzehnten Jahrhunderts, 22), Berlin 1977.

34 Vgl. Hermann August KORFF, Geist der Goethezeit. 4. Teil: Hochromantik, Leipzig ²1958; Jean DROZ, Le romantisme catholique en Allemagne, Paris 1963; Ernst BEHLER, Kritische Gedanken zum Begriff der europäischen Romantik, in: Europäische Romantik, Frankfurt 1972; Hans EICHNER, The European History of a Word, Toronto 1972. – Zur sog. „katholischen Romantik" zusammenfassend: Josef SCHREIER, Die katholische deutsche Romantik – Gestalten und Probleme, in: Emerich CORETH u. a., Christliche Philosophie im kath. Denken des 19. und 20. Jahrhunderts. Bd. I: Neue Ansätze im 19. Jh., Graz-Wien-Köln 1987, 127–147.

35 Benedict Franz Xaver (Ritter von) Baader, geb. in München, gest. ebd., Arzt, Bergbauingenieur und Philosoph. Hans GRASSL, Aufbruch zur Romantik. Bayerns Beitrag zur deutschen Geistesgeschichte, München 1968, 367–402 und passim.

36 F. S. [= Friedrich Schlegel], Von der wahren Liebe Gottes und dem falschen Mystizismus, in: Oelzweige 1 (1819) 419–429, 431–436, hier 426f. – Vgl. DERS., Anfangspunkte des christlichen Nachdenkens. Zweyter Anfangspunkt, in: Oelzweige 2 (1820) 193–200.

37 DERS., in: ebd. 1 (1919) 429.

38 Vgl. Joachim MEISNER, Nachreformatorische katholische Frömmigkeitsformen in Erfurt (Erfurter theologische Studien 26), Leipzig 1971.

einer Weite, die nicht an den Grenzpfählen der Konfessionen Halt machte. Schlegel betonte: „Den gründlich gelehrten, wahrhaft christlichen und frommen Protestanten werden wir überall die größte Achtung zollen und auch jeden Fortschritt in der Wissenschaft des Christentums und der christlichen Begründung des Lebens und der menschlichen Angelegenheiten, insofern er sich als ein gültiger und allgemeiner bewährt, als solchen anerkennen und soviel als möglich benutzen«[39]. Tatsächlich wirkte die protestantische Erneuerungsbewegung auf die katholischen Gruppierungen ein. Von daher wird auch deren irenischer, ja ökumenischer Charakter verständlich.

a) Der Münsteraner Kreis

Zeitlich die erste „romantische" Erneuerungsbewegung stellte der Münsteraner Kreis dar, spöttisch auch *familia sacra* genannt, dessen Seele die Fürstin Adelheid Amalie von Gallitzin (1748–1806) darstellte. Sie war reformiert getauft, jedoch in Breslau bei den Ursulinen unterrichtet worden. 1768 war sie nach katholischem Ritus mit dem russischen Gesandten in Paris Dimitrij Aleksejewitsch Golizyn (1738–1803) getraut worden, mit dem sie zwei Kinder hatte, von dem sie sich jedoch 1774 wieder trennte. Ihre Kinder suchte sie nach aufgeklärten Idealen zur Sittlichkeit zu erziehen[40].

Die Fürstin war eine hochgebildete Frau. Diderot (1713–1784)[41] nennt sie „une femme très vive, très gaie, très spirituelle", aber er vermerkte auch, sie sei von einer „extrême sensibilité"[42]. Tatsächlich litt sie unter Depressionen, die ans Psychotische grenzten[43] und zu einer Lebenskrise führten, aus der sie sich durch Kontakte mit Intellektuellen wie Goethe und Friedrich Heinrich Jacobi (1743–1819)[44] zu befreien suchte. Dabei stieß sie schließlich auf Johann Georg Hamann (1730–1788), den „Magus des Nordens"[45], der sie zur inneren Harmonie finden ließ[46]. Hamann konnte sie davon überzeugen, dass die biblische Offenbarung und die intuitive Erfahrung der Wirklichkeit „unentbehrliche Flügel oder Krücken unserer Vernunft" darstellen.[47] Wohl über Hamann lernte sie dann den Priester und Pädagogen

---

39 Friedrich SCHLEGEL, in: Oelzweige 2 (1820) 162.
40 Siehe oben Anm. 13.
41 Zu ihm Herbert DIECKMANN, Diderot und die Aufklärung, Stuttgart 1972; Johanna BOREK, Denis Diderot, Hamburg 2000.
42 Denis DIDEROT, Oeuvres complètes, Bd. 10, Paris 1971, 1058ff.
43 Vgl. Siegfried SUDHOF, Von der Aufklärung zur Romantik. Die Geschichte des Kreises von Münster, Berlin 1973, 154; Pierre BRACHIN, Le Cercle du Münster (1779–1806) e le Pensée Religieuse de F. J. Stolberg, Lyon-Paris 1952, 38.
44 Zu ihm Birgit SANDKALEN, in: RGG⁴ 4 (2001) 343.
45 Zu ihm Ulrich MOUSTAKAS, Hamann Johann Georg, in: RGG⁴ 3 (2000) 1396f.
46 Vgl. Mathilde KÖHLER, Amalie von Gallitzin. Ein Leben zwischen Skandal und Legende, Paderborn 1993, 137.
47 Vgl. Oswald BAYER, Zeitgenosse im Widerspruch. Johann Georg Hamann als radikaler Aufklärer, München 1988; DERS. (Hg.), Johann Georg Hamann. „Der hellste Kopf seiner Zeit", Tübingen 1998, passim.

Bernard Overberg (1754–1826)[48] kennen, der 1786 ihr Seelenführer wurde und 1789 als ihr Beichtvater in ihr Haus übersiedelte[49].

Maßgeblich für das Zustandekommen des Münsteraner Kreises war der leitende Minister und Generalvikar Franz Friedrich Wilhelm Freiherr von Fürstenberg (1729–1810), der sich durch die Gründung einer Universität und eine Bildungsreform im Sinne der kirchlichen Aufklärung einen Namen gemacht hatte[50]. Mit ihm reiste die Fürstin Gallitzin auf der Suche nach Gesinnungsgenossen durch Deutschland. Eine Eigenheit des Kreises war seine Öffnung für Protestanten, so für Matthias Claudius (1740–1815), der seinerseits den Mittelpunkt eines pietistischen Reformkreiseses darstellte[51]. Aber auch das Haupt des Schweizer Pietismus Johann Caspar Lavater (1741–1801)[52] war dem Kreis verbunden. So wurde er zu einem Sammelpunkt für Katholiken wie Protestanten, die der reinen Vernunftlehre überdrüssig waren und vielfach zunächst bei Freimaurern und Rosenkreuzern[53] ihre geistige Heimat gesucht hatten, bis sie diese schließlich in der Hinwendung zur Heiligen Schrift und einer innerlichen Frömmigkeit fanden.

Eine zentrale Rolle im Münsteraner Kreis spielte Graf Friedrich Leopold zu Stolberg-Stolberg[54]. Der angesehene Diplomat war von Klopstock erzogen worden, hatte zusammen mit Goethe die Schweiz bereist und auch selbst Gedichte geschrieben. Zeitweilig war er Großmeister der Hamburger Loge zu den drei Rosen. Später schloss er sich einem Kreis an, dem neben seinem Freund Johann Heinrich Voß (1751–1826)[55] auch Jacobi, Johann Gottfried Herder (1744–1803)[56], Matthias

---

48 Bernhard Heinrich Overberg, geb. in Voltlage, gest. in Münster, Theologe und Pädagoge. Gundolf KRAEMER, Bernard Overberg. Religionspädagogik zwischen Aufklärung und Romantik, Frankfurt am Main u. a. 2001.

49 Ebd., 155–158.

50 Zu ihm Rudolfine VON OER, Fürstenberg Franz Friedrich Wilhelm von, in: LThK³ 4 (1995) 248; Friedrich KEINEMANN, Franz von Fürstenberg (1729–1810), in: Robert STUPPERICH (Hg.), Veröffentlichungen der Historischen Kommission für Westfalen Bd. XVII A (Westfälische Lebensbilder Bd. XV). Münster 1990, S. 64–90.

51 Matthias Claudius, Dichter und protestantischer mystisch-religiöser Reformer, geb. in Reinfeld (Holstein), gest. in Hamburg. Zu ihm Ute MENNECKE-HAUSTEIN, in: RGG⁴ 2 (1999) 390f.

52 Johann Caspar Lavater, geb. in Zürich, gest. ebd., evangelischer Pfarrer ebd., fand von der Aufklärung zur Erweckungsbewegung, zur religiösen Erfahrung und zum „fortlebenden Christus in uns", zahlreiche Freundschaften u. a. mit Goethe und Sailer; allerdings konnten seine Freunde seinen (ichbezogenen) Supranaturalismus nicht immer mitvollziehen. Zu ihm: Horst WEIGELT, in: RGG⁴ 5 (2002), 122f.

53 Vgl. GRASSL, Aufbruch zur Romantik (wie Anm. 35), 96–130.

54 Friedrich Leopold Graf zu Stolberg-Stolberg, geb. 1750 in Bramstedt (Holstein), gest. 1819 Sondermühlen bei Osnabrück, Schriftsteller, Historiker, Kammerpräsident in Eutin, nach seiner Konversion zur kath. Kirche (1800) mit der Fürstin Gallitzin Mittelpunkt der romantischen kathol. Erneuerung in Deutschland. Zu ihm Manfred WEITLAUFF, Die Konversion des Grafen Friedrich Leopold zu Stolberg zur katholischen Kirche (1800) und seine „Geschichte der Religion Jesu Christi" (1806–1818), in: DERS., Kirche zwischen Aufbruch und Verweigerung (wie Anm. 22), 1–49; weiterführende bibliographische Angaben ebd. 1, n. 1.

55 Johann Heinrich Voß, geb. in Sommerstorf bei Waren (Müritz); gest. in Heidelberg, Dichter und Übersetzer klassischer Dichtungen. Zu ihm: Klaus LANGENFELD, Johann Heinrich Voß. Mensch, Dichter, Übersetzer (Eutiner Bibliothekshefte 3), Eutin 1990.

56 Johann Gottfried Herder, geb. in Mohrungen, gest. in Weimar, ev. Theologe, Philosoph und Literaturkritiker, gehört neben Goethe und Schiller zu den bedeutendsten geistigen Größen seiner Zeit, u.a. durch seinen Begriff der Kulturnation von großem Einfluss auf das politische Denken des

Claudius und Johann Caspar Lavater angehörten. Von dort war der Weg zur *familia sacra* der Fürstin von Gallitzin nicht mehr weit. Anfang 1800 gab er alle seine Ämter auf, und übersiedelte nach Münster. Am 1. Februar 1800 trat er mit seiner Familie zum Katholizismus über[57]. Der Schritt erregte im protestantischen Deutschland riesiges Aufsehen, galt doch die katholische Kirche bei aufgeklärten Protestanten als Hort der Finsternis. Selbst Jacobi kündigte seine Freundschaft und Heinrich Voß verurteilte den Schritt als Aufgabe der Freiheit[58]. Anders Herder, dem die Konversion zwar als ein Zeichen von Schwärmerei erschien, der aber der Ansicht war, entscheidend sei der „reine Geist des Christentums" jenseits der Konfessionen[59]. Auch der Schwiegersohn von Matthias Claudius Friedrich Perthes (1772–1843)[60] sah keinen Grund, die Freundschaft zu kündigen.

In den Jahren 1806–1818 verfasste Stolberg eine 15bändige *Geschichte der Religion Jesu Christi*. Das Werk, das bezeichnender Weise bei dem protestantischen Verleger Perthes erschien[61], war ein – unwissenschaftliches – Erbauungsbuch. Die ganze Weltgeschichte wurden in ihm zur Heilsgeschichte, deren Höhepunkt Menschwerdung und Erlösung darstellten[62]. Die offizielle katholische Kirche trat dahinter zurück. So kam es denn zu Angriffen von zwei Seiten. Der katholische Philosoph Georg Hermes (1775–1831)[63], um den sich im Rheinland eine Schule von Theologen sammelte, die den Glauben wissenschaftlich zu begründen suchten, empfand den Mangel an Wissenschaft und den Überschwang an Phantasie und Erbauung eher schädlich[64]. Konservative Katholiken wie Karl Joseph Hieronymus Windischmann (1775–1839)[65] waren der Ansicht, Stolberg habe die Entwicklung der katholischen Kirche nicht begriffen, da er innerlich noch immer Protestant geblieben sei[66]. Daran ist so viel wahr, dass Stolberg wie der gesamte Münsteraner Zirkel nichts mit einem ultramontanen Katholizismus gemein hatten, jedoch sehr viel mit den protestantischen Erweckungsbewegungen der Zeit, und dass für ihn das Gemeinsame der Konfessionen, der Glaube an Jesus Christus, wichtiger war als

---

19. Jahrhunderts. Zu ihm noch immer grundlegend: Georg HAYM, Herder nach seinem Leben und seinen Werken, 2. Bd., Berlin 1958; ferner: Wilhelm-Ludwig FEDERLIN – Markus WITTE (Hgg.), Herder-Gedenken. Interdisziplinäre Beiträge anlässlich des 200. Todestages von Johann Gottfried Herder (= Theion. Jahrbuch für Religionskultur, Bd. XV), Frankfurt am Main u. a. 2005.

57 Vgl. die ausgezeichnete Darstellung in: WEITLAUFF, Die Konversion (wie Anm. 54), 8–26.

58 Vgl. Carl Theodor PERTHES, Friedrich Perthes Leben. Nach dessen schriftlichen und mündlichen Mitteilungen, 3 Bde, ³Gotha 1855–1856, III, 505.

59 HAYM, Herder (wie Anm. 56), II, 605.

60 Friedrich Christoph Perthes, geb. in Rudolstadt; gest. in Gotha, Buchhändler und Verleger. Zu ihm: PERTHES, Friedrich Perthes Leben (wie Anm. 56).

61 Vgl. ebd., II, 189f.

62 Vgl. WEITLAUFF, Die Konversion (wie Anm. 54), 27–49.

63 Georg Hermes, geb. in Dreierwalde, gest. in Bonn. Zu ihm Herman H. SCHWEDT, Das römische Urteil über Georg Hermes (1775–1831). Ein Beitrag zur Geschichte der Inquisition im 19. Jahrhundert. Römische Quartalschrift. 37. Supplementheft, Rom-Freiburg-Wien 1980.

64 PERTHES, Friedrich Perthes Leben (wie Anm. 56), II, 189.

65 Karl Joseph Hieronymus Windischmann, geb. in Mainz, gest. in Bonn, Arzt und Philosoph. Vertreter einer auf die Offenbarung gestützten Philosophie. Zu ihm Adolf DYROFF, K. J. H. Windischmann und sein Kreis, Köln 1916; Hannelore WOHLER, Karl Joseph Hieronymus Windischmann (1775–1839). Studien zu seinem Leben und seinen Beziehungen zu Zeitgenossen. Lizentiatsarbeit Univ. Freiburg (Schweiz) 1989.

66 PERTHES, Friedrich Perthes Leben (wie Anm. 56), II, 189.

konfessionelle Schranken. Zeuge dafür ist ein jüdischer, zum Katholizismus konvertierter Theologe, Joseph Wolff (1795–1862)[67], der zuvor die Reformkreise von Hofbauer und Sailer kennen gelernt hatte. Wolff war überrascht von dem Geist, den er bei Stolberg fand und darüber, dass der Graf, der sich doch zum römischen Papst bekannte, gleichzeitig voll Achtung von Martin Luther sprach und Jan Hus wie einen Heiligen verehrte[68].

b. Die Allgäuer Erweckungsbewegung

Der Münsteraner Kreis war nicht der einzige Reformgruppe, die in Verbindung zu pietistischen Gruppen stand. Es gab im Übergang von der Aufklärung zur Romantik in beiden Konfessionen Frauen und Männer, die die Forderung nach innerlicher Frömmigkeit verband, wobei nicht selten die Katholiken Impulse aus dem protestantischen Pietismus empfingen. Dies gilt besonders für die Allgäuer Erweckungsbewegung[69]. Doch während sich der Kreis um Graf Stolberg im Bereich des katholischen Intellektuellenmilieus bewegte, war die Allgäuer Erweckungsbewegung eine Volksbewegung, die weite Gebiete Süddeutschlands über ihr Ursprungsland, das bayerische Schwaben, hinaus beeinflusste. Am Anfang der Allgäuer Erweckungsbewegung standen – erklärbar aus der Begegnung mit zugewanderten Krypto-Protestanten, etwa aus Tirol, der Verbreitung protestantischer Bücher und der Nähe der in der Reformation lutherisch gewordenen Reichsstadt Memmingen[70] – Einflüsse aus dem Protestantismus, auch wenn es verfehlt wäre, die Bewegung und ihre Anliegen allein von daher zu erklären. Immerhin finden sich unter den Schriften, die bei den Allgäuer Erweckten kursierten[71], neben klassischen quietistischen Schriften von Molinos (1628–1696)[72] sowie den Schriften Fénelons (1651–1715)[73] nicht wenige Werke protestantischer Pietisten, wie Lavater, Friedrich Christoph

---

67 Joseph Wolff, geb. in Weilersbach (Oberfranken), gest. in Brewers (Somerset, England), anglikanischer Geistlicher und Missionar. Zu ihm Joseph WOLFF, Travels and Adventures, 2 Bde, ²London 1861; Heinrich SENGELMANN, Dr. Joseph Wolff. Ein Wanderleben, Hamburg 1863; Felix H. P. PALMER, Joseph Wolff. His Romantic Life and Travels, London 1935; WEISS, Begegnungen (wie Anm. 14), 164–170.

68 WOLFF, Travels (wie Anm. 67), 24.

69 Hierzu Hildebrand DUSSLER, Johann Michael Feneberg und die Allgäuer Erweckungsbewegung. Ein kirchengeschichtlicher Beitrag aus den Quellen zur Heimatkunde des Allgäus, Kempten-Nürnberg 1959. – Vgl. auch Jacob SALAT, Versuch über Supranaturalismus und Mystizismus, Sulzbach 1823, 475f., 493.

70 DUSSLER, Johann Michael Feneberg (wie Anm. 69), 72–75.

71 Vgl. ebd. 230–240.

72 Miguel de Molinos, geb. in Muniesa (Spanien), gest. in Rom, mystischer Schriftsteller, Hauptwerk Guía espiritual (Rom 1675). M. wurde von der Inquisition angeklagt und 1685 ins Inquisitionsgefängnis gebracht, wo er 11 Jahre später starb. Zu ihm zuletzt: Gabriele PERROTTI, Tempo della meditazione e tempo della contemplazione. Molinos e la controversia quietista, in: Rivista di Storia e Letteratura Religiosa 41 (2005) 555–571.

73 François Fénelon de Salignac de la Mothe, Erzbischof von Cambrai, theologischer Schriftsteller, wandte sich gegen religiösen Intellektualismus zugunsten eines lebendigen mystischen Christentums, wegen quietistischer Tendenzen von Rom verurteilt. Jacques LE BRUN, in: RGG⁴ 3 (2000) 77f.

Oetinger (1702–1782)[74], Johann Albrecht Bengel (1687–1752)[75], Gerhard Tersteegen (1697–1769)[76] und auch von dem „Patriarchen der Erweckung" Johann Heinrich Jung-Stilling (1740–1817)[77]. Die Verfasser dieser Schriften waren sich mit dem Vater des Pietismus Philipp Jacob Spener (1635–1705) darin einig, dass in der Begegnung mit Gott der Verstand unwichtig ist. Damit „die Theologie ins Herz kommt", so hatte Spener gesagt, brauche es keine Universitätsprofessoren und keine vermittelnden Amtspriester. Großer Wert wurde dagegen auf ein „Erweckungserlebnis" gelegt, das als eine Art zweiter Taufe verstanden wurde und eine „Abwendung von der Sünde" und ein neues Leben in der Hingabe an den „Christus in uns" zur Folge habe[78].

Ihre Ausstrahlung verdankte die Allgäuer Erweckungsbewegung dem Umstand, dass katholische Priester in der Bewegung die Führung übernahmen. Genannt seien Johann Michael Feneberg, Martin Boos und Johannes Goßner. Der gemütstiefe Johann Michael Feneberg[79], geboren 1851, war 1770 mit dem gleichaltrigen Johann Michael Sailer Jesuitennovize in Landsberg und blieb ihm seither freundschaftlich verbunden, vor allem nachdem sich ihre Wege 1785 in Dillingen wieder gekreuzt hatten. Sailer lehrte an der theologischen Hochschule, Feneberg am Gymnasium. Der neue Geist, der Sailer und seine Mitstreiter Patriz Benedikt Zimmer (1752–1820)[80] und Joseph Weber (1753–1831)[81] beseelte, war auch bei einigen Gymnasiallehrern, darunter Johann Michael Feneberg, zu Hause. Gemeinsam wurden sie als Neuerer beim bischöflichen Konsistorium verklagt. Gemeinsam mussten sie 1793 Dillingen verlassen. Doch während Sailer schließlich als Professor in Landshut wirkte, wurde Feneberg Pfarrer in dem kleinen Ort Seeg, unweit seiner Heimat, wo ihn Sailer häufig besuchte.

---

74 Friedrich Christoph Oetinger, geb. in Göppingen, gest. in Murrhardt, Pfarrer, Pietist, Theosoph, „Magus des Südens". Hermann EHMER, Oetinger, in: RGG⁴ 6 (2003) 460; Gerhard SCHÄFER, Zu erbauen und zu erhalten das rechte Heil der Kirche. Eine Geschichte der Evangelischen Landeskirche in Württemberg, Stuttgart ⁵1984, 161–172.

75 Johann Albrecht Bengel, geb. in Winnenden, gest. in Stuttgart, Pfarrer, Konsistorialrat, bedeutendster württembergischer Pietist. Martin H. JUNG, Bengel, in: RGG⁴ 1 (1998) 1299f.; SCHÄFER, Zu erbauen (wie Anm. 74), 143–153.

76 Gerhard Tersteegen, geb. in Moers, gest. in Mühlheim (Ruhr), Laientheologe, religiöser Schriftsteller, Lyriker, Kritiker der Aufklärungstheologie, Wegbereiter der Erweckungsbewegung. Gustav Adolf BENRATH, Tersteegen, in: RGG⁴ 8 (2005) 170–172.

77 Johann Heinrich Jung (genannt Jung-Stilling), geb. in Grund (Siegerland), gest. in Karlsruhe, befreundet mit Goethe, Augenarzt, (religiöser) Schriftsteller. Zu ihm jetzt: Martin VÖLKEL, Jung-Stilling: Ein Heimweh muß doch eine Heimat haben. Annäherungen an Leben und Werk 1740–1817, Nordhausen 2008.

78 Vgl. Friedrich Wilhelm KANTZENBACH, Die Erweckungsbewegung, Neuendettelsau 1957; Max GEIGER, Aufklärung und Erweckung, Zürich 1963; Friedrich Wilhelm GRAF, Erweckung, Erweckungsbewegungen, in: RGG⁴ 2 (1999) 1490–1495; vgl. auch SCHÄFER, Zu erbauen (wie Anm. 74), 112–116.

79 Johann Michael Feneberg, geb. in Oberdorf (heute Marktoberdorf), gest. in Vöhringen. Zu ihm noch immer lesenswert: Johann Michael SAILER, Aus Fenebergs Leben, München 1814; ferner: DUSSLER, Johann Michael Feneberg (wie Anm. 69); Wilhelm LIEBHART, Johann Michael Feneberg (1751–1812), in: Lebensbilder aus dem Bistum Augsburg (wie Anm. 13), 207–220.

80 Patriz Benedikt Zimmer, geb. in Abtsgmünd, gest. in Steinheim, Prof. für Dogmatik in Dillingen und Prof. für Christliche Archäologie in Landshut. Zu ihm: Philipp SCHÄFER, Philosophie und Theologie im Übergang von der Aufklärung zur Romantik, dargestellt an Patriz Benedikt Zimmer, Göttingen 1971.

Dort nun war es, dass Feneberg, der aufgeklärten Verstandesreligion überdrüssig, seinen Weg innerlicher Christusverbundenheit fand. Wegweiser auf diesem Weg waren ihm neben pietistischen Schriften „erweckte" Katholiken seiner Umgebung, besonders Martin Boos. All dies mündete in ein Erweckungserlebnis, das Sailer teilweise persönlich miterlebte, der davon Feneberg in seiner Biographie berichten lässt: "Dreymal nach einander, jedesmal 4 bis 6 Stunden, und am Neujahrstage 1797 von 12 Uhr Nachts bis 12 Uhr Mittags ward das *manifestabo ei me ipsum* in mir Thatsache. Alles in mir war Licht, Liebe, Leben, wie noch nie, – anders kann ich es nicht beschreiben, und es kann es auch Niemand verstehen, der es nicht erfahren hat"[82]. Diese Erfahrung suchte Feneberg weiterzugeben. Der kleine Ort Seeg wurde das Zentrum einer katholischen Erweckungsbewegung, deren zentrale Lehre lautete: „Christus für uns, Christus in uns. Für uns starb er am Kreuze, in uns lebt sein Geist"[83]. Beim bischöflichen Konsistorium allerdings wurde Feneberg eines verkehrten „Mystizismus" angeklagt, weil er angeblich die Vermittlung der Kirche in der Begegnung mit Gott leugne. Es kam zu einem kirchlichen Prozess, in dem er der „Aftermystik" beschuldigt wurde[84].

Tatsächlich war die treibende Kraft bei all dem nicht Feneberg selbst, sondern sein tieffrommer Kaplan Martin Boos (1762–1825)[85]. Als Kaplan in Kempten hatte er 1790 seine erste Erweckung am Sterbebett einer Frau erlebt, die ihre Rechtfertigungshoffnung nicht auf ihr heiligmäßiges Leben, sondern allein auf den erlösenden Tod Jesu Christi setzte. Von da an war die zentrale Botschaft seiner Predigt der „lebendige Glaube" an den „Christus für uns": „Christus für uns am Kreuze leidend und sterbend ist unsere vor Gott geltende Gerechtigkeit; Christus in uns wohnend und mit uns den Willen des Vaters erfüllend ist unsere Heiligung". Verschiedene weitere Bekehrungserlebnisse folgten[86]. Am 16. Dezember 1796 kam es dann in Seeg, ausgelöst durch Boos und zwei erweckte Frauen, zur Erweckung Fenebergs und vielleicht auch zu der Sailers, der daraufhin in eine schwere seelische Krise geriet[87] und sich seither vor Boos stellte, auch als dieser vom bischöflichen Konsistorium ermahnt und bestraft wurde. Er stand zu ihm, auch nachdem er die Diözese verlassen musste und in Österreich Zuflucht fand. Sailer nannte Boos einen „Wurzel- und Felsenmann". Er war überzeugt: „die große Angelegenheit des frommen Boos ist in der Hauptsache aus Gott"[88].

---

81 Joseph Weber, geb. in Rain (Donau), gest. in Augsburg, Prof. für Philosophie in Dillingen, Ingolstadt und Landshut. Zu ihm zuletzt Klaus Unterburger, Joseph Weber (1753–1831), in: Lebensbilder aus dem Bistum Augsburg (wie Anm. 13), 251–264.

82 Sailer, Aus Fenebergs Leben (wie Anm. 79), 114f.

83 Ebd., 124.

84 Vgl. Dussler, Feneberg (wie Anm. 69), 198–210.

85 Martin Boos, geb. in Huttenried bei Augsburg, gest. in Sayn bei Bendorf (Rhein), tieffrommer Mystiker, nach seiner Verurteilung durch das Bischöfliche Offizialat der Diözese Augsburg unter dem Schutz Johann Michael Sailers stehend. Zu ihm noch immer wichtig seine Selbstbiographie, herausgegeben von Johannes Gossner unter dem Titel: Martin Boos, der Prediger der Gerechtigkeit, Leipzig 1826; ferner: Dussler, Johann Michael Feneberg (wie Anm. 69), 94–98 u. öfter; Franz Xaver Bischof, Boos, in: RGG⁴ 1 (1998) 1694 (Lit.).

86 Dussler, Feneberg, (wie Anm. 69), 95.

87 Ebd., 154; vgl. Schiel, Sailer (wie Anm. 13), I, 274f., 280–283 und 289–291.

88 Schiel, Sailer (wie Anm. 13), II, 367; vgl. ebd. I, 275.

Die dritte führende Gestalt der Bewegung war Johannes Evangelist Goßner (1773–1858)[89], der im Oktober 1797 sein Erweckungserlebnis hatte und wenig später für einige Jahre Kaplan bei Feneberg wurde. Anders als Boos ließ er sich aus der katholischen Kirche hinausdrängen. Nach seiner Konversion zum Protestantismus 1826 wurde er 1829 evangelischer Pfarrer in Berlin, wo er eine ausgedehnte karitative und missionarische Tätigkeit entfaltete. 1836 wurde er zum Begründer der bis heute in nichtchristlichen Ländern wirksamen evangelischen „Goßner-Mission", die heute auch auf ökumenischem Gebiet aktiv ist.

Außer den drei Genannten kamen aus der Allgäuer Erweckungsbewegung mehrere prächtige Priestergestalten wie Christoph von Schmid (1768–1854)[90] und der Immenstädter Benefiziat Martin Völk (1787–1848)[91], von dem der Moraltheologe Magnus Jocham (1808–1893)[92] die Prägung fürs Leben erhielt. Von ihm sagte Jocham: „Was er sprach, kam aus dem Innersten seines Herzens; da war kein Hintergedanken"[93]. Dass die Bewegung auch Gefahren barg, sei jedoch nicht verschwiegen. Wer nicht das Korrektiv seines Verstandes gebrauchte, konnte auf sektiererische Abwege geraten, wie etwa Ignaz Lindl (1774–1845)[94], der den Dichter Clemens Brentano erweckte, selbst jedoch mit seinem zahlreichen Anhang einem ausgesprochenen Chiliasmus huldigte. Auch dass junge exaltierte Frauen eine bedeutende Rolle innerhalb der Bewegung spielten, kam dieser nicht zugute. Vor allem die Tätigkeit einer Erweckten als „Beichtmutter" brachte die Bewegung in Verruf[95].

c. Die Wundmale der Anna Katharina Emmerick und andere wunderbare Erscheinungen

Eine Besonderheit der Romantik war der Glaube an wunderbare Erscheinungen, ein Glaube der in gleicher Weise bei den Gold- und Rosenkreuzern wie bei Protes-

89 Johannes Evangelist Goßner, geb. in Hausen bei Waldstetten, gest. in Berlin, 1798–1801 Kaplan in Seeg. Zu ihm Dussler, Feneberg (wie Anm. 69), 94–97; Martin Laube, Goßner, in: RGG[4] 3 (2000) 1093 (Lit.).

90 Christoph von Schmid, geb. in Thannhausen, gest. in Augsburg, Schüler Sailers, religiöser Dichter und Volksschriftsteller, Domkapitular, vom März 1795 bis Dezember 1796 Kaplan in Seeg. Zu ihm Ursula Creutz, Christoph von Schmid, 1768–1854, Weißenhorn 2004.

91 Martin Völk, geb. in Eismannsberg bei Baindlkirch, gest. in Indersdorf, Schüler von Kajetan Weiller und Johann Michael Sailer, 1825–1835 Benefiziat in Immenstadt/Allgäu. Magnus Jocham, Memoiren eines Obskuranten, Kempten 1896, 35–39; Dussler, Feneberg (wie Anm. 69), 136.

92 Magnus Jocham, geb. in Rieder bei Immenstadt, gest. in Freising, bedeutender Moraltheologe im Geiste Sailers am Lyzeum in Freising. Zu ihm Philipp Schäfer, in: BBKL 5 (1992) 125–128; Helmut Borok, Sein und Leben für Gott in Christo. Begründung, Verfasstheit und Vollzug des christlichen Lebens. Das organische Moralprinzip des Magnus Jocham (1808–1893), St. Ottilien 1993.

93 Jocham, Memoiren (wie Anm. 91), 38.

94 Ignaz Lindl, geb. in Baindlkirch, gest. in Barmen, seit 1802–1818 Pfarrer in Baindlkirch (dort war seit 1812 sein Kaplan Martin Völk, dessen Schwester er 1820 heimlich heiratete), angeregt von württembergischen prot. Bewegungen Hinwendung zum Chiliasmus, 1818 mit Protestanten und Katholiken Auswanderung nach Russland, wo er in Bessarabien eine „urchristliche" Gemeinschaft deutscher Kolonisten leitete, von dort 1824 ausgewiesen, in Leipzig förmlicher Übertritt zum Protestantismus. Zu ihm Hildebrand Dussler, Der Nuntiaturbericht über die Sekte des Ignaz Lindl vom 18. Juni 1819, in: Jahrbuch des histor. Vereins Dillingen 16 (1968) 129–138.

95 Es handelte sich um Theres Erdt (1771–1856). Zu ihr und ihrer Tätigkeit als Beichtmutter: Dussler, Feneberg (wie Anm. 69), 143–151 u. öfter.

tanten und Katholiken zu Hause war. Ausgerechnet zur Naturwissenschaft und Medizin gesellte sich eine okkulte Geheimwissenschaft, die sich dem Rätselhaften und Unerklärlichen zuwandte. Dazu gehörte die so nüchtern erscheinende Bergbauwissenschaft. Novalis (1772–1801)[96] und Franz von Baader waren wie zuvor schon der Geisterseher Swedenborg (1688–1772)[97] Bergbauingenieure. Dazu kam, dass naturwissenschaftliche Entdeckungen, wie die der Elektrizität, oder der durch Mesmer (1734–1815)[98] zur Mode gewordene Umgang mit dem Magnetismus von einem geheimen Zauber umgeben schienen. Hinter all dem aber leuchtete eine ältere voraufklärerische Tradition auf, als deren wichtigster Gewährsmann Paracelsus erscheint. Der materialistischen Definition des Menschen als „l'homme machine"[99] stellte sich eine Richtung entgegen, die mit Schelling von der „geistigen Beschaffenheit der ganzen körperlichen Außenwelt", nicht zuletzt des Menschen selbst, überzeugt war[100]. Antworten suchte man in der Kabbala, aber auch im christlichen Glauben und der Lehre der Kirche. So setzte sich der katholische Arzt und Philosoph Karl Joseph Hieronymus Windischmann entschieden von dem „Pöbel der materialistischen Ärzte" ab und forderte die Hinwendung der Medizin zu Gott, denn letztlich hätten alle Krankheiten seelische Ursachen und seien in ihrem tiefsten Wesen eine Folge der Erbsünde[101].

Ein vielfach behandeltes Thema war in diesem Zusammenhang neben dem „Magnetismus" das Phänomen des Hellsehens, vor allem bei so genannten somnambulen Frauen. Der protestantische württembergische Arzt und Dichter Justinus Kerner (1786–1862)[102], der in seiner „Seherin von Prevorst" das Leben einer solchen Somnambulen schildert, spricht in diesem Zusammenhang vom „Hereinragen einer höheren Geisterwelt in die unsere"[103]. Zum mindesten phänotypisch fällt in den Rahmen solcher Erscheinungen ein Aufsehen erregendes Ereignis. Die

---

96 Novalis, eigentlich Friedrich Freiherr von Hardenberg, romantischer Dichter. Zu ihm u. a. Winfried Freund, Novalis, München 2001.

97 Emanuel Swedenborg, geb. in Stockholm, gest. in London, Naturwissenschaftler, Theologe, Theosoph, zählte Anhänger in ganz Europa. Zu ihm u. a. Olof Lagercrantz, Vom Leben auf der anderen Seite, Frankfurt 1997.

98 Franz Anton Mesmer, geb. in Iznang (Bodensee), gest. in Meersburg, Arzt, Heiler, Begründer des „animalischen Magnetismus" (Mesmerismus). Zu ihm u. a. Gereon Wolters (Hg.), Franz Anton Mesmer und der Mesmerismus. Wissenschaft, Scharlatanerie, Poesie (Konstanzer Bibliothek 12), Konstanz 1988.

99 Vgl. Julien Offray de La Mettrie, L'homme machine (1748), neue französisch-deutsche Ausgabe: Die Maschine Mensch, übersetzt und hg. von Claudia Becker, Hamburg 2009.

100 Vgl. Otto Weiss, Der Ort der „Christlichen Mystik" im Gesamtwerk von Görres und im Denken seiner Zeit, in: Ders., Kulturen, Mentalitäten, Mythen. Zur Theologie- und Kulturgeschichte des 19. und 20. Jahrhundert, Paderborn u. a. 2004, 85–130, hier 111.

101 Carl Josef Hieronymus Windischmann, Ueber etwas, was der Heilkunst Not thut. Ein Versuch zur Vereinigung dieser Kunst mit der christlichen Philosophie. Aus dem dritten und vierten Hefte der Zeitschrift für Anthropologie, Jahrgang 1823, besonders abgedruckt, Leipzig 1824.

102 Justinus Andreas Christian Kerner, geb. in Ludwigsburg, gest. in Weinsberg. Arzt und Dichter. Zu ihm u. a. Friedrich Pfäfflin – Reinhart Tgahrt, Justinus Kerner, Dichter und Arzt 1786–1862, Marbach 1986.

103 Justinus Kerner, Die Seherin von Prevorst. Eröffnungen über das innere Leben des Menschen und über das Hereinragen einer Geisterwelt in die unsere, Stuttgart 1829.

bettlägerige ehemalige Augustinernonne Anna Katharina Emmerick (1774–1824)[104] in Dülmen in Westfalen trug die Wundmale Christi. Es fällt jedoch auf, dass katholische Priester wie Bernard Overberg den Ereignissen gegenüber auffallend zurückhaltend waren und weithin die Ansicht des untersuchenden Arztes vertraten, der die Erscheinungen psychogen zu erklären suchte[105], was ihnen nach dem Urteil Johann Michael Sailers jedoch nicht ihren besonderen Zeichencharakter nahm. Nach seinem Besuch in Dülmen erklärte er: „Was die Geschichte der Wundmale betrifft, so sind sie da; an Betrug ist gar nicht zu denken; wie sie geworden sind, weiß sie nicht [...]. Das Beste an der Sache ist, dass Emmerich so truglos und so kindlich ist [...] und man mag von den Zeichen an Händ' und Füßen denken, was man wolle: die Wundmale Christi trägt sie geistig, im Geiste, – gewiss"[106]. Einen ähnlichen Standpunkt nahmen andere Besucher, unter ihnen Graf Stolberg und Melchior Diepenbrock (1798–1853)[107], ein. Allerdings hätte das Ereignis von Dülmen ohne den Dichter Clemens Brentano[108] kaum die Wirkung erreicht, die es bis in die Gegenwart herein hat. Von 1818 an hielt sich Brentano fünf Jahre lang am Bett der Kranken auf und schrieb in Tausenden von Manuskriptseiten ihre Visionen nieder. Zu Recht wurde festgestellt, der Grund für all dies sei sein „tiefer Sinn für alles Irrationale und Religiöse" gewesen[109], besonders jedoch seine „Bekehrung", die er zuvor in der Begegnung mit der Allgäuer Erweckungsbewegung erlebt hatte[110]. In Anna Katharina Emmerick sah er jetzt „ein Medium göttlicher Offenbarung". Die Frage nach der nachprüfbaren „Echtheit" war jedoch für den Dichter zweitrangig. Das Leben der Seherin nannte er eine „höchst sinnreiche allegorische Parabel", die unserer „übermütigen, seichten und ungläubigen Zeit zum Zeichen wird"[111].

Es gab noch andere auffallende Erscheinungen innerhalb des „romantischen Katholizismus". Dazu gehören verschiedentlich bezeugte Lichterscheinungen[112],

---

104 Anna Katharina Emmerick, geb. in Coesfeld, gest. in Dülmen, 2004 seliggesprochen. Zu ihr u. a. Joseph ADAM, Clemens Brentanos Emmerick-Erlebnis, Freiburg 1956; Michael BANGERT (Hg.), Anna Katharina Emmerick – Passio, Compassio, Mystik. Dokumentation des Emmerick-Symposions an der Päpstlichen Universität Gregoriana in Rom, Münster 2000. – vgl. auch: Otto WEISS, Seherinnen und Stigmatisierte, in: DERS., Kulturen, Mentalitäten, Mythen (wie Anm. 100), 43–77, hier 48–56.

105 Vgl. ebd., 51–53.

106 SCHIEL, Sailer (wie Anm. 13), II, 444–446.

107 Melchior von Diepenbrock, Fürstbischof von Breslau, Kardinal, geb. in Bocholt, gest. auf Schloss Johannesberg (Österreichisch-Schlesien). Zu ihm Manfred EDER, in: LThK³ 3 (1995) 218.

108 Clemens Brentano, Dichter, bedeutendster Lyriker der deutschen Romantik. Zu seiner Beziehung zu A. K. Emmerick: Walter FRÜHWALD, Das Spätwerk Clemens Brentanos (1815–1845), Tübingen 1977.

109 Josef ADAM, Clemens Brentanos Emmerick-Erlebnis. Bindung und Abenteuer, Freiburg i. Br. 1956, 88.

110 Aufschlussreich ist der Brief von Johann Nepomuk Ringseis an Friedrich Carl von Savigny über die Allgäuer Erweckungsbewegung und Ignaz Lindl, der Brentano tief beeindruckte; abgedruckt in: Jürg MATHES (Hg.), Anna Katharina Emmerick – Biographie (= Clemens BRENTANO, Sämtliche Werke und Briefe, Bd. 28, Teil 2), Stuttgart 1981, 365–382.

111 Die Zitate aus Schriften Brentanos (mit Fundstelle), ebd., 30–36. – Vgl. FRÜHWALD, Das Spätwerk (wie Anm. 108), 51–72, 293.

112 Eine solche Lichterscheinung schildert Magnus Jocham. JOCHAM, Memoiren (wie Anm. 91), 53f.

die an Ereignisse im Leben des heiligen Ignatius erinnern. Andere Aufsehen erregende Ereignisse waren die Kuren, Teufelsaustreibungen und Krankenheilungen des Wunderpfarrers Johann Joseph Gaßner (1727–1779)[113] in Vorarlberg am Ende des 18. Jahrhunderts, und der Zulauf, den der wundertätige Fürst und Priester Alexander von Hohenlohe (1794–1849)[114] erhielt. Allerdings hätten solche außergewöhnlichen Manifestationen allein kaum eine derartige Hinwendung vieler Katholiken zu einer wunderbaren Überwelt bewirken können, die nach dem Zeugnis Magnus Jochams so weit ging, dass sich nahezu jeder Pfarrer in seiner Pfarrei eine hellsehende, mit den Wundmalen versehene Person wünschte[115], wenn nicht führende Männer des Katholizismus, allen voran der Katholikenführer Joseph Görres (1776–1848)[116], diese Phänomene geradezu als naturwissenschaftliche Beweise für die Wahrheit des katholischen Glaubens dargestellt hätten. In seinem fünfbändigen Alterswerk „Die christliche Mystik" werden die wunderbaren Begleiterscheinungen der Mystik zu einem „fünften Evangelium"[117]. So haben sich denn auch führende katholische Priester und Laien auf den Weg nach Südtirol gemacht, um die Ekstatikerin Maria von Mörl (1812–1868)[118] zu besuchen. In der Unsicherheit des 19. Jahrhunderts, wo die moderne Naturwissenschaft, aber auch die neo-protestantische Theologie und Geschichtswissenschaft – man denke an das Leben Jesu von David Friedrich Strauß[119], – dabei waren, den Glauben in Frage zu stellen, glaubten sie, bei den Trägerinnen der Wundmale eine übernatürliche Gewissheit und Sicherheit zu finden.

3. Johann Michael Sailer und sein geistiger Standort

Es fällt schwer, Johann Michael Sailer[120], den Bauersohn aus dem bayerischen Aresing und ehemaligen Jesuitennovizen, späteren Professor und Priestererzieher einer

---

113 Johann Joseph Gaßner, geb. in Graz bei Bludenz, gest. in Pondorf (Ndb.). Zu ihm Georg Pfeilschifter, Des Exorzisten Gaßner Tätigkeit in der Konstanzer Diözese im Jahre 1774, in: Historisches Jahrbuch 52 (1932) 401–441; Josef Hanauer, Der Exorzist Johann Joseph Gaßner. Eine Monographie, Dissertation Würzburg 1950.
114 Alexander Prinz zu Hohenlohe-Waldenburg-Schillingsfürst, geb. in Kupferzell, gest. in Vöslau, 1815 Priester, 1844 Titularbischof von Sardica, Verfasser von Predigtbüchern und anderen theologischer Schriften, wurde bekannt durch seine Wunderheilungen. Zu ihm: Theodor Freudenberger, in: NDB 9 (1972), 486f.
115 Vgl. Jocham, Memoiren (wie Anm. 91), 213–224
116 Johann Joseph Görres, geb. in Koblenz, gest. in München, Hochschullehrer und Publizist, in der Jugend begeisterter Anhänger der Demokratie und Revolution, um 1820 Hinwendung zu einem bewussten Katholizismus, seit 1827 Universitätslehrer für Allgemeingeschichte in München, Führer eines frühen politischen Katholizismus. Aus der umfangreichen Görres-Bibliographie seien genannt die von der Görresgesellschaft herausgegeben „Gesammelten Schriften", erschienen im Verlag Ferdinand Schöningh Paderborn.
117 Vgl. Weiss, Der Ort der „Christlichen Mystik" im Gesamtwerk von Görres und im Denken seiner Zeit, in: Ders., Kulturen, Mentalitäten, Mythen (wie Anm. 100), 79–130.
118 Maria von Mörl, geb. in Kaltern, gest. ebd. Zu ihr: Nicole Priesching, Maria von Mörl (1812–1868). Leben und Bedeutung einer „stigmatisierten Jungfrau" aus Tirol im Kontext ultramontaner Frömmigkeit, Brixen 2004.
119 David Friedrich Strauss, Das Leben Jesu, kritisch bearbeitet, Tübingen 1835.
120 Vgl. zu Sailer die unter Anm. 13 genannte Literatur.

spezifischen Reformbewegung zuzuordnen. Sailer ist eine geistige Macht für sich. Von den verschiedensten Strömungen seiner Zeit hat er gelernt, mit den führenden Gestalten der religiösen Erneuerung seiner Zeit stand er in Kontakt. Nach der Schulung bei den Jesuiten erhielt er an der Landesuniversität Ingolstadt seine grundlegende wissenschaftliche Prägung aus der kirchlichen Aufklärung. Deren pädagogisches und pastorales Engagement erschien ihm vorbildhaft. Doch zugleich begann er sich gegen den moralisierenden Rationalismus mancher Aufklärer zu wenden. Eine erste Frucht dieser Neuorientierung war sein 1783 erschienenes „Vollständiges Lese- und Betbuch"[121], das bei Katholiken und Protestanten begeistert aufgenommen wurde. Eine weitere Frucht war das von ihm verfasste Pastoralschreiben für den Klerus der Diözese Augsburg vom 1. November 1783[122]. Das Schreiben, in dem er den echten Priester als einen vom Glaube und der Liebe beseelten Künder des göttlichen Wortes zeichnete, wurde als das „wertvollste amtliche Dokument einer katholischen Aufklärung und ihres Reformwillens, vor allem hinsichtlich seiner streng christologischen Konzeption"[123] bezeichnet.

Die Schrift bahnte ihm den Weg zu einer Anstellung als Professor in Dillingen. Dort wurde er schon bald zum Anziehungspunkt von Studenten aus dem ganzen deutschen Sprachraum. Reformer wie Wessenberg und Martin Boos und religiöse Schriftsteller wie Christoph von Schmid waren seine Schüler. Es begann das, was man die „Priesterschule" Sailers genannt hat[124]. Sailer unterschied, wie er in seiner „Vernunftlehre" schreibt, die „falsche" moralisierende Aufklärung von der „wahren" religiös begründeten Aufklärung[125], wie sie Jesus selbst gewollt hatte[126]. Wichtiger als alle Moral war ihm die lebendige Beziehung zu Jesus Christus. Das neue Leitbild des Priesters war für ihn der aus dem Geiste der Heiligen Schrift lebende und wirkende Priester. In seinen „Vorlesungen zur Pastoraltheologie" widmete er daher den ersten umfangreichen Abschnitt dem „Unterricht der praktischen Schriftbetrachtung für angehende Seelensorger"[127]. Sailers Dillinger Schüler, wie später seine Schüler in Landshut, trugen den neuen Geist weiter. Dazu kamen seine Kollegen Weber und Zimmer, die ähnlich wie er die Verwurzelung in der Heiligen Schrift mit der Offenheit für die Ideen der Zeit mit einander zu verbinden suchten.

Bei all dem sei nicht vergessen, dass Sailer in diesen Jahren Impulse vom protestantischen Pietismus empfing, war er doch seit 1778 mit Johann Caspar Lavater befreundet, der den Glauben an Christus als Mitte des Evangeliums über jede rati-

---

121 Johann Michael SAILER, Vollständiges Lese- und Betbuch zum Gebrauche der Katholiken. 2 Theile, München und Ingolstadt 1783.
122 Hirtenbrief Seiner Churfürstlichen Durchlaucht des Hochwürdigsten Durchlauchtigsten Fürsten und Herrn Clemens Wenceslaus, Erzbischofs zu Trier und Bischofs zu Augsburg an die Seelsorger des Augsburger Kirchensprengels, Augsburg 1784.
123 WEITLAUFF, Johann Michael Sailer (2005) (wie Anm. 13), 227.
124 Vgl. Manfred WEITLAUFF, Priesterbild und Priesterbildung bei Johann Michael Sailer, in: Münchener Theologische Zeitschrift 46 (1995) 69–97, hier 77–80.
125 Johann Michael SAILER, Vernunftlehre für Menschen, wie sie sind. Nach den Bedürfnissen unserer Zeit, München 1785. – Vgl. WEITLAUFF, Johann Michael Sailer (2005) (wie Anm. 13), 228; vgl. ferner: SCHÄFER, Philosophie und Theologie (wie Anm. 80), 30f.
126 Sailer zögerte nicht, Jesus Christus einen „Aufklärer" zu nennen. Ebd., 30.
127 Vgl. Johann Michael SAILER, Vorlesungen aus der Pastoraltheologie, 3 Bde. (Sämmtliche Werke hg. von Joseph Widmer), 5Sulzbach 1835, I, 28–45.

onalistische Schriftauslegung gestellt hatte. Der wohl bedeutendste Sailerforscher Hubert Schiel ist der Ansicht: „Was Sailer unter seinen katholischen Zeitgenossen die überragende Stellung gab und ihn heute noch groß sein lässt, seine völlige Durchdringung mit biblischem Geist und die Intensität seines evangelischen Christentums, ist Geist von Lavaters Geist."[128] Ohne diese Befruchtung durch Lavater, so Schiel, hätte Sailer nie sein „Lese- und Betbuch" schreiben können. Ein besonderes Ergebnis dieses durch Lavater vermittelten Christozentrismus war der neue Kirchenbegriff Sailers. Nicht dass er den juridischen Kirchenbegriff und das Bekenntnis zum Papst geleugnet hätte, aber er war der Ansicht, dass darüber hinaus alle wahrhaft Christus verbundenen Gläubigen die „Kirche der wahren Christen" bilden[129].

Angeregt durch Lavater und andere Pietisten wie Matthias Claudius machte sich Sailer jetzt auch mit klassischer mystischer Literatur vertraut, angefangen von Tauler (um 1300–1361)[130] bis hin zu Fénelon, nicht zu vergessen Thomas von Kempen, dessen „Nachfolge Christi" er übersetzte und mit einer einfühlsamen Einführung versah[131]. Er legte sich eine mystische Bibliothek an, in der Werke von Fénelon, Claudius und Tersteegen standen[132].

1793 wurden Sailer, Zimmer und Weber, nicht zuletzt auf Betreiben der Augsburger Exjesuiten, deren begabteren Schüler nach Dillingen zu Sailer liefen, wegen ihrer aufgeklärten Theologie und wegen angeblicher Umtriebe gegen die Autorität ihrer Ämter enthoben[133]. Sailer zog sich nach Ebersberg zurück. In diese Zeit fällt seine bereits erwähnte nähere Begegnung mit der Allgäuer Erweckungsbewegung. Auf die Erweckung Fenebergs am 18. Dezember 1796, bei der Sailer anwesend war, kamen wir bereits zu sprechen. Vieles deutet darauf hin, dass auch er, der damals eine persönliche religiöse Krise durchmachte, eine Art „Erweckung" erlebte, wenngleich sein Verhalten – er reiste überstürzt ab – zum mindesten den Schluss zulässt, dass er bei dem religiösen Erlebnis – einer großen inneren Ruhe[134] – niemals das Korrektiv seines Verstandes ausschaltete[135]. Doch als bald darauf einige Scharfmacher im Augsburger Ordinariat gegen die Allgäuer Erweckungsbewegung vorgingen, geriet auch Sailer in den Verdacht, ein Aftermystiker und „Sektenstifter" zu sein[136]. Auch wurde ihm angekreidet, „dass eine seiner Anhängerinnen sogar Beichte höre"[137].

---

128 Hubert Schiel, Sailer und Lavater, Köln 1928, 14.
129 Meier, Die Kirche der wahren Christen (wie Anm. 13), hier bes. 261–270.
130 Zu ihm Isnard W. Frank, Johannes Tauler, in: LThK³ 5 (1996) 970–972; Volker Leppin, Tauler, Johannes, in: RGG⁴ 8 (2005) 96f.
131 Johann Michael Sailer (Hg.), Das Buch von der Nachfolgung Christi, verfasst von Thomas von Kempis und neu übersetzt und mit einer Einleitung und kurzen Anmerkungen für nachdenkende Christen, München 1794.
132 Funk, Von der Aufklärung zur Romantik (wie Anm. 31), 88–90.
133 Schiel, Sailer (wie Anm. 13), I, 230–252.
134 Sailer an Martin Boos und die Freunde in Seeg, 18. Dezember 1796, Schiel, Sailer (wie Anm. 13), II, 150.
135 Dussler, Feneberg (wie Anm. 96), 153f.; vgl. Schiel, Sailer (wie Anm. 13), I, 274f., 280–283 und 289–291.
136 Vgl. Weitlauff, Sailer (2005) (wie Anm. 13), 233.
137 Es handelte sich um Theres Erdt (1771–1856). Vgl. Dussler, Feneberg (wie Anm. 96), 143–151 u. öfter.

Völlig unerwartet wurde Sailer Ende November 1799 als Professor für Moral- und Pastoraltheologie zusammen mit seinen ehemaligen Dillinger Kollegen Zimmer und Weber an die bayerische Landesuniversität Ingolstadt berufen, die bald darauf nach Landshut verlegt wurde. Hinter der Berufung stand der Minister Maximilian Freiherr von Montgelas (1759–1838)[138], der dabei war, den bayerischen Staat im Sinne eines aufgeklärten Staatskirchentums (regalismo) zu organisieren und die Staats-Universität zu einer Ausbildungsstätte aufgeklärter Volkserzieher zu machen[139]. Da schienen die drei als Aufklärer von Dillingen entfernten Theologen gerade rechtzukommen. Tatsächlich jedoch wurden sie, – in Auseinandersetzung mit dem Direktor des Priesterseminars und radikalen Aufklärer Matthäus Fingerlos – zum Mittelpunkt eines „romantischen" Kreises von Professoren und Studenten, die sich gegen den Moralismus der radikalen Aufklärung wandten und vom Seelsorger Frömmigkeit und praktische Betrachtung der Heiligen Schrift forderten[140]. Bedeutende Theologieprofessoren, die in Landshut bei Sailer studiert hatten, wie die Schweizer Gügler (1783–1869)[141] und Widmer (1779–1844)[142], wurden zu Verbreitern dieses Priesterbildes.

In den folgenden Jahren kam es dann allerdings im Zusammenhang mit dem Erstarken der „ultramontanen" Richtung zu Anklagen gegen Sailer. Vor allem als er 1817 Bischof von Augsburg werden sollte, wurde ihm sein Kirchenverständnis übel genommen, das alle mit Jesus Christus verbundenen Menschen umfasste[143]. Dazu kam, dass er in den kirchenpolitischen Auseinandersetzungen seiner Zeit auf der Seite des deutschen Primas Dalberg (1744–1817)[144] und seines Schülers Wessenberg stand, die sich für ein Weiterleben der Reichskirche einsetzten. Als dann auch noch seine Nähe zur Allgäuer Erweckungsbewegung aufgewärmt wurde, stand er voll im Fadenkreuz konservativer Kreise, angeführt vom Wiener Nuntius Severoli (1757–1824)[145]. Dass sich auch Klemens Maria Hofbauer, der selbst in Wien im

---

138 Maximilian Freiherr (Graf) von Montgelas, geb. in München, gest. ebd., von 1799 bis 1817 Minister unter dem Kurfürsten und späteren König Maximilian I. Zu ihm: Eduard WEIS, Montgelas. Eine Biographie 1759–1839, durchgesehene und ergänzte einbändige Sonderausgabe, München 2008.

139 Vgl. ebd. II, 615–619.

140 FUNK, Von der Aufklärung zur Romantik (wie Anm. 31), passim.

141 Joseph Heinrich Alois Gügler, geb. in Udligenswill, gest. in Luzern, war von 1802 bis 1805 Schüler Sailers in Landshut, ab 1805 Prof. für Exegese in Luzern, wirkte auf Drey und Möhler ein. Zu ihm: Elmar KLINGER, Alois Gügler (1782–1827), in: Heinrich FRIES – Georg SCHWAIGER, Katholische Theologen Deutschlands im 19. Jahrhundert, 3 Bde., München 1975, I, 205–226.

142 Joseph Widmer, geb. in Hohenrain, gest. in Münster, Schüler Sailers in Landshut, 1805 Prof. der Philosophie in Luzern, seit 1819 ebd. Prof der Pastoral- und Moraltheologie. Zu ihm Franz X. BISCHOF, Widmer Joseph, in: BBKL 17 (2000) 1541–1543 (Lit.).

143 MEIER, Die Kirche der wahren Christen (wie Anm. 13), passim.

144 Dalberg, Carl Theodor Anton Maria, geb. in Hermsheim, gest. in Regensburg, Reichsfreiherr, Kurfürst und Reichserzkanzler, Fürstprimas des Rheinbunds. Zu ihm: Konrad M. FÄRBER u a. (Hg.), Carl von Dalberg, Erzbischof und Staatsmann (1744–1817), Regensburg 1994; Karl HAUSBERGER (Hg.), Carl von Dalberg. Der letzte geistliche Reichsfürst (= Schriftenreihe der Universität Regensburg 22), Regensburg 1995.

145 Antonio Gabriele Conte di Severoli, von 1801–1817 Nuntius in Wien. Severoli galt als der Anführer der so genannten „zelanti" und damit als Gegenspieler des gemäßigten Staatssekretärs Consalvi. Er galt als Kandidat für das Papstamt. Johannes MADEY, Severoli, in: BBKL 9 (1995) 1512–1513. – Zu seinem Verhältnis zu Hofbauer vgl.: Monumenta Hofbaueriana XI, Thorn 1939, 211, 256;

Zentrum einer religiösen Erneuerung stand, in unverständlicher Hartnäckigkeit an den Angriffen gegen Sailer beteiligte[146], entbehrt nicht einer gewissen Tragik. Auf die Dauer freilich konnten die Angriffe Sailer nichts anhaben. 1822 wurde er Weihbischof und Generalvikar von Regensburg, 1829 Bischof.

Dass er noch Jahrzehnte nach seinem Tode als Häretiker in Rom angeklagt wurde, ist freilich wahr[147]. Es zeigt jedoch nur, wie weit sich maßgebliche Kreise vom Irenismus Sailers entfernt hatten. Inzwischen jedoch ist er, auch von oberster Stelle, als „erfolgreicher Urheber der katholischen Erneuerung", als „scharfsinniger Verfechter der rechten Lehre" und als „Vorbote der neueren ökumenischen Bewegung" rehabilitiert[148]. Und in der Tat hat er wie kein anderer die Impulse aus der Aufklärung und Romantik für die Theologie und das kirchliche Leben fruchtbar gemacht. Seine Hinwendung zur Heiligen Schrift, seine Christozentrik, aber auch sein neuer mystischer Kirchenbegriff sind bis heute wegweisend und haben der Theologie der großen Tübinger Drey, Hirscher, Möhler, Staudenmaier, Kuhn, Hefele, Linsenmann den Weg bereitet.

4. Die „Tübinger Schule"

Die so genannte Tübinger Theologenschule, die wenigstens kurz umrissen werden soll, verdankt ihr Entstehen indirekt der *Mediatisierung* und der so genannten *Säkularisation* der Jahre 1803 bis 1806, das heißt der Auflösung geistlicher und anderer Herrschaften, durch die eine Reihe katholischer Territorien zu dem bis dahin vorwiegend evangelischen Königreich Württemberg kamen. Für sie wurde 1812 in Ellwangen eine eigene „Katholische Landesuniversität" mit fünf theologischen Lehrstühlen errichtet[149]. 1817 wurde diese Fakultät der Universität Tübingen angegliedert. Dies trug dazu bei, dass die dort lehrenden Theologen, im Bemühen nicht hinter den Protestanten zurückzustehen, sich im Sinne einer katholischen Aufklärung um Wissenschaftlichkeit und Aufgeschlossenheit für die Philosophie der Zeit mühten. In zunehmendem Maße verband sich diese Aufgeschlossenheit mit kirchlichem Geist, ohne dass dieser jedoch das „Selbstdenkertum" der Tübin-

---

Otto Weiss, Die Redemptoristen in Bayern (1790–1909). Ein Beitrag zur Geschichte des Ultramontanismus, St. Ottilien 1984, 142.

146 Schiel, Sailer (wie Anm. 13), I, 529f.,; vgl. Otto Weiss, Begegnungen mit Klemens Maria Hofbauer, in: SHCSR 57 (2009) 3–93, hier 52–54.

147 Vgl. Hubert Wolf, Johann Michael Sailer. Das posthume Inquisitionsverfahren, Paderborn u. a. 2002; ferner: Otto Weiss, Constantin Freiherr von Schaezler – neue Akzente aufgrund neuer Quellen, in: Gisela Fleckenstein – Michael Klöcker – Norbert Schlossmacher, Kirchengeschichte. Alte und neue Wege. Festschrift für Christoph Weber, 2 Bde., Frankfurt u. a. 2008, I, 397–442, hier 427–434.

148 Wort des Hl. Vaters zur Feier der Bischof Sailer-Gedenkwoche vom 14. bis 20. Mai 1982, in: Amtsblatt für die Diözese Regensburg, Nr. 9, 28. Mai 1982, 65f.

149 Eugen Haug, Geschichte der Friedrichsuniversität Ellwangen 1812–1817, Ellwangen 1917; Rudolf Reinhardt, Die Friedrichs-Universität Ellwangen, 1812–1817, in: Ellwanger Jahrbuch 27 (1977/78) 93–115.

ger Theologen erdrückte[150]. So gewann die Fakultät schon bald einen guten Ruf, seit 1819 gefördert durch die Herausgabe eine theologische Zeitschrift, der „Tübinger theologischen Quartalschrift", die weite Verbreitung fand[151].

Konkretisieren wir das Gesagte am Beispiel führender Tübinger Theologen. Deren erster bedeutender Repräsentant ist Johann Sebastian Drey (1777–1853)[152], 1812 bis 1817 Dogmatiker in Ellwangen, 1817 bis 1846 in Tübingen, der als Begründer der modernen Fundamentaltheologie gilt. In der Begegnung mit der deutschen Aufklärung, dem deutschen Idealismus, der romantischen Naturphilosophie und der zeitgenössischen neoprotestantischen Theologie hat er über das Ende der 1820er Jahre hinaus der katholischen Theologie einen Platz auf der Höhe der Zeit gesichert. Als zweiter großer Tübinger gilt Johann Baptist Hirscher (1788–1865)[153], der seine theologische Laufbahn 1812 als Repetent in Ellwangen begann. Von 1817 bis 1839 lehrte er Pastoral- und Moraltheologie in Tübingen, dann wechselte er nach Freiburg. Hirscher war wie Drey von Schleiermacher und vom deutschen Idealismus, aber auch von Sailer beeinflusst. Das Ziel der Katechese und Pastoraltheologie war für ihn ein „lebendiges Christentum"[154]. Schließlich ist Johann Adam Möhler (1796–1838)[155] zu nennen, 1828–1835 ordentlicher Professor für Kirchengeschichte in Tübingen, seit 1835 in München, der einige Wandlungen durchmachte, in denen sich der Wandel von der Aufklärung zur Romantik spiegelt. Einigen frühen, der Aufklärung verpflichteten Veröffentlichungen folgten unter dem Einfluss der katholischen Romantik (Friedrich Schlegel) und Schleiermachers bahnbrechende theologische Werke, wie vor allem seine „Symbolik", eine Schrift, die sich mit den Unterschieden der Konfessionen beschäftigt und Kirche nicht in erster Linie als Institution, sondern vor allem als Fortsetzung der Inkarnation darstellt[156]. Möhlers

---

150 Rudolf REINHARDT, Die katholisch-theologische Fakultät Tübingen im ersten Jahrhundert ihres Bestehens, in: DERS. (Hg.), Tübinger Theologen und ihre Theologie, Tübingen 1977, 1–42; Abraham Peter KUSTERMANN, Die erste Generation der „Katholischen Tübinger Schule" zwischen Revolution und Restauration, in RJKG 12 (1993) 11–24.

151 Rudolf REINHARDT, 175 Jahre Theologische Quartalschrift – ein Spiegel Tübinger Theologie, in: ThQ 176 (1996) 101–124.

152 Johann Sebastian Drey, geb. in Killingen bei Ellwangen, gest. in Tübingen. Zu ihm: Abraham Peter KUSTERMANN, Die Apologetik Johann Sebastian Dreys, Tübingen 1988; DERS. (Hg.), Revolution der Theologie – Reform der Kirche. Die Bedeutung des Tübinger Theologen Joh. Seb. Drey in Geschichte und Gegenwart, Würzburg 1994; Michael KESSLER – Ottmar FUCHS (Hg.), Theologie als Instanz der Moderne, Beiträge und Studien zu Johann Sebastian Drey und zur Katholischen Tübinger Schule" (Tübinger Studien zur Theologie und Philosophie 22) Tübingen 2005.

153 Johann Baptist Hirscher, geb. in Altergarten bei Ravensburg, gest. in Freiburg i. Br. Zu ihm: Walter FÜRST, Wahrheit im Interesse der Freiheit. Eine Untersuchung zur Theologie Johann Baptist Hirschers, Mainz 1979; DERS., Hirscher, in: LThK³ 5 (1996) 153f.

154 Vgl. Gebhard FÜRST (Hg.), Neugestaltung christlich-kirchlicher Lebenspraxis und lebensbezogener Theologie, Mainz 1989, 12–31.

155 Johann Adam Möhler, geb. 1796 in Igersheim bei Mergentheim, gest. in München. Zu ihm u. a. Manfred WEITLAUFF, Kirche und Theologie in der ersten Hälfte des 19. Jahrhunderts, in: Münchener Theologische Zeitschrift 39 (1988) 155–180; Walter KASPER, J. A. Möhler – Wegbereiter des modernen Katholizismus, in: Internationale Katholische Zeitschrift 17 (1988) 433–443; Harald WAGNER (Hg.), Johann Adam Möhler, Kirchenvater der Moderne, Paderborn 1996.

156 Johann Adam MÖHLER, Symbolik, oder Darstellung der dogmatischen Gegensätze der Katholiken und Protestanten nach ihren öffentlichen Bekenntnißschriften, Mainz 1832. – Vgl. Harald WAGNER, Die eine Kirche und die vielen Kirchen, München u. a. 1977.

Schriften hatten eine starke Auswirkung auf die spätere Theologie über Deutschland hinaus. Hervorgehoben sei besonders sein Ernstnehmen der Kirche als geschichtliche Größe. Erwähnt sei auch seine Anthropologie, in der Schluss gemacht wird mit einem „Zwei-Stockwerk-Denken von Natur und Übernatur"[157]. Möhler gilt als „Kirchenvater der Moderne" und als Wegbereiter der Ökumene[158].

Lassen wir es bei diesen Hinweisen bewenden, die nur andeutungsweise die Bedeutung der „Tübinger Schule" anzeigen können, die im Grunde für sehr vielfältige Richtungen, Strömungen und Theologen – auch konservative – steht. Entscheidend dürfte jedoch sein, dass die Tübinger Fakultät in der Zeit nach 1850, die gekennzeichnet ist durch den Siegeszug der Neuscholastik, nie die Offenheit zur Zeit und ihren drängenden Fragen verlor.

5. Konservative Reformer

Es gab auch konservative Reformgruppen in Deutschland, die sich prinzipiell gegen die Aufklärung stellten. Im Übrigen waren diese Gruppierungen jedoch untereinander verschieden. Gemeinsam war ihnen neben einer gewissen Neubelebung barocker Frömmigkeitsformen und der Fortführung der scholastischen Theologie vor allem das Streben nach konfessioneller Geschlossenheit und die Betonung des Zentrums Rom, weshalb man auch von den Anfängen der ultramontanen Richtung in Deutschland spricht. Dass diese Gruppierungen relativ schnell Einfluss gewannen und sich teilweise in Richtung eines politischen Katholizismus entwickelten, hatte nicht zuletzt mit dem Ende der Reichskirche zu tun, das Rom gar nicht so ungelegen kam. Der römische Zentralismus, der im „Febronius" des Nicolaus von Hontheim (1701–1790)[159] als verderblicher „Ultramontanismus" gebrandmarkt worden war[160], und den Mauro Cappellari[161] um die Wende zum 19. Jahrhundert als große Errungenschaft feierte[162], konnte in die Lücke vordringen, die das Ende der Reichskirche hinterlassen hatte. Eine Vorreiterrolle spielten dabei ehemalige Jesuiten. Zu nennen ist in diesem Zusammenhang die Augsburger Lehranstalt St. Salvator und die aus Norditalien stammende Bewegung *Amicizia cristiana*. Beide standen mit ihren restaurativen Tendenzen im Widerspruch zu den aufgeklärten

---

157 Peter NEUNER, Möhler, in: RGG⁴ 5 (2002) 1396f.

158 Vgl. Reinhold RIEGER, Johann Adam Möhler – Wegbereiter der Ökumene?, in: Zeitschrift für Kirchengeschichte 101 (1990) 267–286.

159 Johann Nikolaus von Hontheim, geb. in Trier, gest. in Montquintin (Luxembourg), seit 1748 Weihbischof von Trier, bemühte sich im Anschluss an Leibniz um die Wiedervereinigung der Konfessionen mit seiner Schrift: Justini FEBRONII J[uris] Canonici de statu Ecclesiae et legitima potestate Romani Pontificis liber singularis ad reuniendos dissidentes in religione christianos compositus. Vgl. zu ihm Edmund JANSON, Das Kirchenverständnis des Febronius, Pirmasens 1979.

160 Nach Hontheim sind die „Ultramontanen" Leute, die den Jurisdiktionsprimat und die Unfehlbarkeit des Papstes vertreten. Vgl. Justini FEBRONII [...]Kapitel I. 10: „Ultramontanorum doctrina de Romani Pontificis infallibilitate".

161 Mauro (Bartolomeo Alberto) Cappellari, geb. Belluno, gest. Rom, von 1831 bis 1846 Papst Gregor XVI. Zu ihm: Georg SCHWAIGER, in: LThK³ 4 (1995) 1023f. (Lit.).

162 Mauro CAPPELLARI, Il trionfo della S. Sede e della Chiesa contro gli assalti dei Novatori, 4 Bde., Venezia 1799.

Reformgruppen, vor allem zu Johann Michael Sailer. Dies gilt in ähnlicher Weise für den Kreis um Klemens Hofbauer in Wien wie für die konservativen Reformer in Mainz.

a) Die Lehranstalt St. Salvator

Das Jesuitenkolleg in Augsburg, zu dem ein Gymnasium und ein Seminar gehörten, genoss einen guten Ruf, auch wenn der Schulbetrieb nach der alten Studienordnung der Gesellschaft Jesu organisiert war[163]. So bestand nach dem Urteil eines Schülers das „Hauptziel des klassischen Unterrichts in der Übung lateinisch zu sprechen und zu schreiben"[164]. Doch wie immer dem war, in Augsburg wurde es jedenfalls zutiefst beklagt, als 1773 der Jesuitenorden aufgelöst wurde. Die Augsburger richteten an Papst und Kaiser die Bitte, dass das Kolleg und die Lehranstalt fortbestehen dürfen. Die Bitte wurde gewährt und die Augsburger Exjesuiten setzten ihre Tätigkeit fort[165]. Dazu gehörte neben einer weit gefächerten Publizistik – bei der es vor allem um die Bekämpfung der Aufklärung ging[166] – die Weiterführung des Gymnasiums, an dem zum Beispiel Wessenberg, Feneberg und Boos, und später auch Möhler, studierten.

Je länger, je mehr zeigte sich jedoch, dass die Ex-Jesuiten auf verlorenem Posten standen. Ihr restaurativer Geist trug dazu bei, dass die irenische romantische Richtung Sailers und seiner Freunde nur umso anziehender wirkte. Die Reaktion der Augsburger war ihr Bemühen, Sailer und seine Freunde von der Universität Dillingen zu entfernen, was ihnen schließlich auch glückte[167]. Es wäre jedoch verkehrt, den Exjesuiten nur böse Absichten zu unterstellen. Zweifelsfrei glaubten sie, im Sinne der katholischen Glaubenslehre zu handeln, die sie durch aufklärerische Ideen gefährdet sahen. Dazu kommt, dass auch sie keinen monolithischen Block bildeten und sich nicht auf ein „polemisches Schema" festlegen lassen[168].

b) Die *amicizia cristiana*

Die Einflüsse der *amicizia cristiana* im deutschen Sprachraum sind im Unterschied zu deren Bedeutung für Norditalien[169] kaum erforscht. Sicher dürfte sie in Deutschland kaum die Bedeutung erlangt haben, die sie in Italien hatte. Zum andern wissen

---

163 Zu der Lehranstalt noch immer grundlegend Placidus BRAUN, Geschichte des Kollegiums der Jesuiten in Augsburg, München 1822; vgl. auch Peter RUMMEL, Katholisches Leben in der Reichsstadt Augsburg (1650–1806), in: Jahrbuch des Vereins für Augsburger Bistumsgeschichte 18 (1984) 9–161, hier bes. 40–45.
164 SCHIEL, Sailer (wie Anm. 13), I, 188.
165 GRASSL, Aufbruch zur Romantik (wie Anm. 35), 73f.
166 Organ ihres Kampfes waren ihre Zeitschriften Kritik über gewisse Kritiker 1787–1796; Journal der Wahrheit, Religion und Literatur 1797 bis 1803.
167 SCHIEL, Sailer (wie Anm. 13) I, 230–252.
168 Vgl. GRASSL, Aufbruch zur Romantik (wie Anm.35), 78f.
169 Vgl. u. a. Candido BONA, Le „Amicizie". Società segrete e rinascita religiosa (1770–1830), Torino 1962 (grundlegend); Gabriele DE ROSA, Il movimento cattolico in Italia. Dalla Restaurazione all'età Giolittina, ²Roma-Bari 1988, 1–16; Guido VERUCCI, I cattolici e il liberalismo. Dalle "amicizie cristiane" al modernismo. Ricerche e note critiche, Padova 1968.

wir, dass der Begründer der Bewegung, der Exjesuit Nikolaus Joseph Albert von Dießbach (1732–1798)[170] an verschiedenen Orten in Deutschland Anhänger sammelte. So besuchte er nicht nur seine ehemaligen Mitbrüder in Augsburg, sondern rief dort auch eine Gruppe der *amicizia cristiana* ins Leben, über deren Wirksamkeit allerdings nichts bekannt ist. Weit mehr weiß man über die Gruppe, die er in Wien gründete und die zeitweilig von Don Luigi (Ludovico) Virginio (1756–1805)[171], einem Freund und engen Mitarbeiter von Pio Bruno Lanteri (1759–1830)[172], dem Stifter der „Oblaten der Jungfrau Maria", geleitet wurde.

Bekanntlich ging es der *amicizia cristiana* um die Eindämmung der negativen Einflüsse der Aufklärung und der praktischen Säkularisierung des Lebens mit Hilfe der Wiederbelebung jesuitischer Traditionen. Das bedeutete jedoch auch, dass sie nichts gemein hatte mit den irenischen Erneuerungsbewegungen, wie sie von Stolberg oder Sailer vorangetrieben wurde. Ihr ging es zu allererst um „das Wohl der heiligen katholischen Religion" und die „Verbreitung der Kirche"[173]. Darum stand das Zentrum Rom bei ihr im Mittelpunkt. Die Bewegung war „geheim" nach dem Beispiel der Freimaurerbündnisse und sie war weithin eine Laienorganisation[174]. Auffallend ist jedoch, dass sie offensichtlich führende Persönlichkeiten des öffentlichen Lebens für sich zu gewinnen suchte[175]. Ihr Erfolg in Deutschland war allerdings eher indirekt. Ohne sie wäre die konservative Reformzelle um Clemens

---

170 Nikolaus Joseph Albert von Dießbach, geb. in Bern, gest. in Wien. Zu ihm Ernst Karl WINTER, P. Nikolaus Joseph Albert v. Dieszbach S. J., in: Zeitschrift für Schweizerische Kirchengeschichte 18 (1924) 22–41, 282–304; Johannes HOFER, P. Joseph Anton von Dießbach, in: Klemensblätter 4 (1932) 40–42, 74–76; Eduard WINTER, Der Josefinismus. Die Geschichte des österreichischen Reformkatholizismus, Berlin 1962, 9, 75, 282f., 355; DERS., Frühliberalismus in der Donaumonarchie, Berlin 1968, 18–21; BONA, Le „Amicizie" (wie Anm. 169); DE ROSA, Il movimento (wie Anm. 169), 1–16; Paolo CALLIARI, (Hg), Carteggio del Venerabile Padre Pio Bruno Lanteri (1759–1830), 5 voll., Torino 1975/76, I, 187–252; Armando SANTORO, Il cammino spirituale del P. Pio Bruno Lanteri (1759–1830), Fondatore della Congregazione dei Padri della Maria Vergine, Roma 2007; Rolf DECOT, Klemens Maria Hofbauer. Konservativer Erneuerer der Kirche Österreichs, in: Rolf DECOT – Hans Josef SCHMITZ, Luthers Reformation zwischen Theologie und Reichspolitik. Aufsätze, Frankfurt 2007, 433–482, hier 458–482; WEISS, Begegnungen mit Hofbauer (wie Anm. 14) 129–136 u. öfter.

171 Luigi (Ludovico) Virginio, geb. in Cuneo, gest. in Wien, 1771 Eintritt in die Gesellschaft Jesu, „anima gemella" von Bruno Lanteri, dem er in der Leitung der amicizia cristiana zur Seite stand, seit 1799 geistlicher Leiter der amicizia cristiana in Wien und Kirchenrektor der italienischen Nationalkirche (Minoritenkirche). Vgl. zu ihm: Amato Pietro FRUTAZ, Positio super introductione causae et super virtutibus Servi Dei Lanteri, Città del Vaticano 1945, 82f.; DE ROSA, Il movimento (wie Anm. 169), 6; SANTORO, Il cammino (wie Anm. 170), passim.; ferner: Andreas SAMPERS, Ein Brief des hl. Klemens aus dem Jahre 1802, in: SHCSR 27 (1979) 257–277, hier 261–265.; vgl. SHCSR 7 (1959) 32–35.

172 Pio Bruno Lanteri, geb. in Cuneo, gest in Pinerolo, Gründer der „Oblati della Vergine Maria" (approbiert 1826). Zu ihm die unter Anm. 169 und Anm. 170 genannte Literatur.

173 Klemens Maria Hofbauer über Dießbach an den Generalobern der Redemptoristen Pietro Paolo Blasucci, 19. August 1800, in: Monumenta Hofbaueriana, Bd. VIII, Thorn 1936, 77.

174 Vgl. DE ROSA, Il movimento (wie Anm. 169), 4.

175 Nach dem 15bändigen Quellenwerk Monumenta Hofbaueriana, Krakau-Thorn-Rom 1915–1951 dürfte z.B. der als Kunstmäzen geltende Joseph Anton Sigismund Freiherr von Beroldingen (1738–1816), ein guter Bekannter von Goethe, Mitglied der „amicizia cristiana" gewesen sein. Vgl. «Monumenta Hofbaueriana», Bd. XV, Rom 1951, 178 (Index generalis).

Maria Hofbauer (1751–1820)[176] in Wien kaum so bedeutend geworden. Es war die *amicizia cristiana*, die Hofbauer nicht nur die Impulse gab, sondern auch die von ihr aufgebaute Infrastruktur zur Verfügung stellte. Es würde jedoch zu kurz greifen, in der Gruppe um Hofbauer nur eine Untergruppe der *amicizia cristiana* zu sehen, zumal Hofbauer die Verbindung zur Zentrale der *amicizia cristiana* in Turin abgebrochen hatte[177].

c) Der konservative Reformkreis Klemens Maria Hofbauers

Von 1808 bis zu seinem Tode 1820 war Klemens Maria Hofbauer der Mittelpunkt eines konservativen Reformkreises in Wien, der weit über Österreich hinaus strahlte. Der erste deutsche Redemptorist und Generalvikar seiner Kongregation für die „transalpinen Länder" war 1808 mit seinen Mitbrüdern auf Veranlassung Napoleons aus Warschau ausgewiesen worden[178]. Er suchte Unterschlupf in Wien. Hier hatte er Theologie studiert, hier hatte er bereits 1781 Dießbach kennen gelernt, dessen Organisation *amicizia cristiana* er beigetreten war. Als er 1808 nach Wien kam, war wenige Jahre zuvor der geistliche Leiter der Wiener Gruppe Luigi Virginio gestorben. Hofbauer übernahm seine Stelle[179] und stand schon bald im Mittelpunkt des Netzwerkes, dass durch Mitglieder der *amicizia cristiana* zuvor geknüpft worden war.

Fast gleichzeitig mit ihm war der Philosoph Friedrich Schlegel mit seiner Frau Dorothea (1764–1839)[180], Tochter des Philosophen Moses Mendelssohn, nach Wien gekommen, nachdem sie wenige Jahre zuvor zum Erstaunen der deutschen gebildeten Klasse zum Katholizismus konvertiert hatten. Auch sie traten in Kontakt zu dem Reformkreis, der damals allmählich zum „Hofbauerkreis" wurde. Und noch eine bedeutende Gestalt der Romantik, der bereits zuvor in Wien konvertiert hatte, gehörte dieser Reformgruppe an: der Staatsrechtler Adam Müller. Um diese Gruppe, deren Mittelpunkt Hofbauer wurde, scharten sich im Laufe der Zeit führende Männer der Wissenschaft und Kunst wie der Professor und Direktor des veterinär-

---

176 Clemens Maria Hofbauer, geb. in Tasswitz (Mähren), gest. in Wien, Generalvikar der Niederlassungen der Redemptoristen nördlich der Alpen, Apostel von Warschau und Wien, 1909 heiliggesprochen. Zu ihm: Johannes Hofer, Der heilige Klemens Maria Hofbauer. Ein Lebensbild, zweite und dritte vermehrte Auflage, Freiburg i. Br. ³1923; Eduard Hosp, Der heilige Klemens Maria Hofbauer (1751–1820), Wien 1951; Hans Schermann (Hg.), Klemens Maria Hofbauer. Profil eines Heiligen, Wien 2001; Otto Weiss, Klemens Maria Hofbauer und seine Biographen. Eine Rezeptionsgeschichte, Rom 2001; Ders., Begegnungen (wie Anm. 14).

177 Solange Hofbauer in Wien lebte, lässt sich kein Kontakt mit Turin nachweisen. Erst nach Hofbauers Tod erkundigt sich Lanteri in Wien bei Baron Penckler, dem weltlichen Leiter der amicizia cristiana, wie es in Wien mit derselben stehe. Vgl. Bona, Le „Amicizie" (wie Anm. 169), passim.

178 Vgl. Hofer, Der heilige Klemens (wie Anm. 176), 219–239.

179 Vgl. Otto Weiss, Klemens Hofbauer – Ordensmann und Redemptorist – auch in seinen Wiener Jahren 1808–1820, in: SHCSR 46 (1998) 341–365, hier 343f.

180 Dorothea Schlegel, geb. Mendelsohn, geschiedene Veit, geb. in Berlin, gest. in Frankfurt, hochgebildete, auch literarisch tätige Frau mit einem großen Bekanntenkreis, in Wien Beichtkind Hofbauers. Zu ihr Carola Stern, „Ich möchte mir Flügel wünschen". Das Leben der Dorothea Schlegel, Reinbek 1991. Vgl. auch Weiss, Begegnungen (wie Anm. 14), 141–148.

medizinischen Instituts Johann Emanuel Veith[181], der sich später als Domprediger einen Namen machte, oder die Theologieprofessoren und späteren Bischöfe Gregor Ziegler (1770–1852)[182] und Roman Zängerle (1771–1848)[183], dazu die romantischen Wiener Schriftsteller Anton (1788–1847)[184] und Georg Passy (1784–1836)[185] und der „Begründer der Schicksalstragödie" Zacharias Werner (1768–1823), der nach bewegten Jahren Katholik und Priester geworden war[186]. Dazu kamen Dozenten und Studenten der Universität, die später bedeutende Positionen einnehmen sollten, allen voran der spätere Wiener Kardinal Joseph Othmar von Rauscher (1797–1875)[187] und der Priesterphilosoph Anton Günther (1783–1863)[188]. Nach dem Vorbild von Dießbach lud Hofbauer diese seine Freunde zu so genannten Leseabenden in seine Wohnung. Dort wurde nach dem Beispiel der zahlreichen Lesevereine in Wiener Cafés und Bierhäusern aus einem religiösen oder historischen Buch vorgelesen und über das Gelesene diskutiert.

Schon Zeitgenossen haben sich gefragt, woher der Einfluss Hofbauers, „der doch ein aus dem Mittelalter zurückgekehrter Mann schien", auf so viele Männer und Frauen „aus der Elite der Gebildeten Deutschlands" kam[189]. Zweifellos gehörte er der konservativen Richtung an. Doch war er der verbissene Ultramontane, als der er häufig gezeichnet wurde[190]? Sicherlich nicht. Sonst hätte er kaum einen derartigen Einfluss auf Persönlichkeiten wie Friedrich und Dorothea Schlegel, auf Veith, auf Günther ausüben können, die alles andere als „ultramontan" waren. Dass er auf Sailer und Wessenberg nicht gut zu sprechen war, ist jedoch nicht wegzu-

---

181 Johann Emanuel Veith, geb. in Kuttenplan (Böhmen), gest. in Wien, Arzt und Domprediger in Wien, religiöser Schriftsteller. Zu ihm Otto WEISS, Veith, in: LthK³ 11 (2001) 252 (Lit.).

182 Gregor Thomas Ziegler, geb. in: Kirchheim (Mindel), gest. in Linz, seit 1827 Bischof von Linz. Zu ihm Rudolf ZINNHOBLER, Ziegler, Gregorius Thomas, in: GATZ, Bischöfe (wie Anm. 22), 834–837 (Lit.).

183 Roman Zängerle, geb. in Oberkirchberg (Iller), gest. in Graz, seit 1824 Fürstbischof von Seckau und Administrator von Leoben. Zu ihm Ägidius LEIPOLD, Zängerle Roman, in: GATZ, Bischöfe (wie Anm. 22), 829–832 (Lit.).

184 Anton Passy, geb. in Wien, gest. ebd., romantischer Schriftsteller, seit 1820 Redemptorist. Zu ihm: Gertrud POLOCSAY, Anton Passy (1788–1847). Leben und Wirken eines Historikers und Publizisten der katholischen Romantik, Dissertation Wien 1968.

185 Georg Passy, geb. in Wien, gest. ebd., Bibliothekar, Schriftsteller, Herausgeber der romantischen Zeitschrift «Oelzweige» (1819–1823). Zu ihm: Eduard HOSP, Erbe des heiligen Klemens, Wien 1953, 556–565.

186 Zacharias Werner, geb. in Königsberg, gest. in Wien, Dichter, Begründer der „Schicksalstragödie", 1813 Priester, Prediger in Wien. Zu ihm Otto WEISS, in: BBKL 13 (1998) 850–864.

187 Joseph Othmar von Rauscher, geb. in Wien, gest. ebd., 1849 Fürstbischof von Seckau, 1853 Fürsterzbischof von Wien, 1855 Kardinal. Zu ihm Erwin GATZ, Rauscher, in: DERS., Bischöfe (wie Anm. 22), 596–601 (Lit.).

188 Anton Günther, geb. in Lindenau (Nordböhmen), gest. in Wien, Philosoph und Theologie. Zu ihm: Eduard WINTER, Die geistige Entwicklung Anton Günthers und seiner Schule, Paderborn 1931; Johann REIKERSTORFER, Anton Günther (1783–1863) und seine Schule, in: Emerich CORETH u. a., Christliche Philosophie im katholischen Denken des 19. und 20. Jahrhunderts. Bd. I: Neue Ansätze im 19. Jahrhundert, Graz–Wien–Köln 1987, 266–284; Herman H. SCHWEDT, Die Verurteilung der Werke Anton Günthers (1857) und seiner Schüler, in: Zeitschrift für Kirchengeschichte 101 (1990) 303–345.

189 WOLFF, Travels (wie Anm. 67), 25.

190 Otto WEISS, Wie ultramontan war Klemens Maria Hofbauer? Überlegungen anlässlich einer neuen Hofbauerbiographie, in: SHCSR 39 (1991) 41–98.

leugnen. In der Auseinandersetzung mit ihnen gab er sich ausgesprochen römisch und schloss sich der Position des Wiener Nuntius Severoli an[191]. Zum andern werden von ihm Aussprüche überliefert, die sehr wohl auch zu Sailer passen würden. So gab er mehrmals zu verstehen, dass er neben der sichtbaren römischen Kirche eine „unsichtbare" Kirche kenne[192], die alle jene Menschen umfasse, die nach ihrem Gewissen leben. Persönlich sei er den Protestanten gegenüber, so seine Zeitgenossen, immer freundlich und zuvorkommend gewesen[193]. Ja, er ging soweit zu sagen, die Reformation sei gekommen, weil die Deutschen das Bedürfnis hätten fromm zu sein[194]. Er war kein Proselytenmacher, aber er war dennoch alles andere als indifferent. Der römischen Kirche und dem Papst war er in einer – durchaus kritischen – Anhänglichkeit verbunden[195].

Neuere Untersuchungen haben herausgestellt, dass Hofbauer ähnlich wie Sailer Aufklärung und Romantik, Verstand und Gemüt, miteinander zu verbinden suchte[196]. Was den einfachen Priester Hofbauer, der ganz ein Mann der Praxis war, von dem Theologen und Gelehrten Sailer jedoch unterschied, war sein Ausgangspunkt, die barocke Volksfrömmigkeit mit ihrer gemütstiefen Marienverehrung, die er nie aufgegeben hat. Aufgeklärt hingegen waren sein erzieherisches Engagement und sein Einsatz für die Volksbildung (Gründung einer Leihbibliothek und einer literarischen Zeitschrift). Sicherlich fanden die Romantiker ihre Ansichten in der Hofbauerschen Synthese wieder, auch wenn er deren Vorliebe für außergewöhnliche mystische Erscheinungen und den hochgelobten Mesmerismus entschieden ablehnte[197].

d) Ultramontane Reformer in Mainz

In älteren Darstellungen wird der so genannte Mainzer Kreis „als wichtiger Mittelpunkt der katholischen Erneuerung" in Deutschland dargestellt[198]. Es wird auch gesagt, was der Grund dafür war: Mainz war 1792 und endgültig 1797 infolge der französischen Revolutionskriege zu Frankreich gekommen. Das alte Erzbistum Mainz brach 1803 endgültig zusammen. Zuvor schon war 1801 das neue linksrheinische französische Bistum Mainz errichtet worden. Die Führung des Bistums wurde 1802 von Napoleon dem Straßburger Domprediger Joseph Ludwig Colmar (1760–1818)[199] übertragen. 1805 kam ebenfalls aus Straßburg Bruno Franz Leopold

---

191 Vgl. WEISS, Begegnungen (wie Anm. 14), 107f.
192 Vgl. PERTHES, Friedrich Perthes Leben (wie Anm. 56), II, 139–141; Bartholomäus PAJALICH, Erinnerungen aus dem Leben des Ehrwürdigen Dieners Gottes Joh. Cl. M. Hofbauer, Provinz-Archiv Redemptoristen Wien, gedruckt in: Monumenta Hofbaueriana XII, Thorn 1939, 134–235, hier 172.
193 Vgl. Sebastian BRUNNER, Clemens Maria Hoffbauer und Seine Zeit, Wien 1858, 271–275.
194 PERTHES, Friedrich Perthes Leben (wie Anm. 56), II, 141.
195 Vgl. WEISS, Begegnungen (wie Anm. 14), 110–113.
196 Vgl. Thomas DÖKER, Klemens Maria Hofbauer im pastoralen Zeichen. Diplomarbeit an der Rheinischen Friedrichs-Wilhelms-Universität, Bonn 1995.
197 Ebd., 60–68.
198 Vgl. SCHNABEL, Deutsche Geschichte, Bd IV (wie Anm. 15), 73.
199 Joseph Ludwig Colmar, geb. in Straßburg, gest. in Mainz, seit 1802 Bischof des neuen Bistums Mainz (geweiht in Paris). Zu ihm: Friedhelm JÜRGENSMEIER, Colmar, in: LThK³ 3 (1994)1259f. (Lit.)

Liebermann (1759–1844)[200], der Regens des neu errichteten Priesterseminars, das nach dem Modell tridentinischer Seminare strukturiert war. Colmar und Liebermann waren beide geprägt vom papsttreuen Elsässer Katholizismus und der in Straßburg gepflegten Scholastik. Unter ihrer Führung kam es zu einer Restauration des deutschen Katholizismus weit über Mainz hinaus, nicht zuletzt dadurch, dass von dem neuen Mainzer Priesterseminar die so genannte „erste Mainzer Theologenschule" ihren Ausgang nahm[201].

Der Katholizismus des Grenzlandes Elsass zeichnete sich dadurch aus, das er unbeeinflusst von den Neuerungen der Zeit und in striktem Gegensatz zum französischen Gallikanismus wie zum Reichsepiskopalismus seit den Tagen der Gegenreformation zu einem Bollwerk eines romtreuen, von den Jesuiten – und auch den Kapuzinern – geprägten Katholizismus geworden war. Schulen, Seminarien, Universitäten waren durch zwei Jahrhunderte von den Jesuiten geleitet worden. So hat denn auch die Elsässer Geistlichkeit fast geschlossen 1790 den Eid auf die so genannte Zivilkonstitution verweigert. Die Verfolgungen der Revolutionszeit haben dann vollends die Elsässer Katholiken zu einer geschlossenen Kampftruppe geformt[202].

Mit den Elsässern in Mainz wurde all dies nach Deutschland übertragen. Colmar und Liebermann übernahmen die im französischen Seminar in Straßburg gepflegte Scholastik. Man kämpfte entschieden gegen das Staatskirchentum und auch der Kampf Joseph de Maistres (1753–1821)[203] für die päpstliche Infallibilität wurde – nach einigem Schwanken – zu einem zentralen Programmpunkt der Mainzer[204]. All dies ging freilich auch in Richtung eines politischen Katholizismus[205].

6. Die Politisierung des deutschen Katholizismus

1829 schrieb Friedrich Perthes an seinen katholischen Freund Karl Joseph Hieronymus Windischmann: „Die katholische Kirche ist römischer und ist hierarchischer geworden, die protestantische Geistlichkeit steht im heftigen Protestantismus in Schlachtordnung da, bereit zum Angriff [...]. Die Zeit, in der gläubige Protestanten und gläubige Katholiken sich ihres Glaubens wegen als eins fühlten, geht zu

---

200 Bruno Franz Leopold Liebermann, geb. in Molsheim (Elsass), gest. in Straßburg, 1805–1823 Regens des Mainzer Priesterseminars, seit 1828 Generalvikar in Straßburg. Zu ihm Ludwig Lenhart, Die Erste Mainzer Theologenschule des 19. Jahrhunderts (1803–1830), Mainz 1956, 25–53; Abraham Peter Kustermann, Liebermann, Leopold, in: NDB 14 (1985) 485f.

201 Vgl. René. Epp, Le mouvement ultramontain dans l'eglise en Alsace au XIXeme siècle (1802–1820), Lille–Paris 1975.

202 Epp, Le mouvement ultramontain (wie Anm. 201), passim. Vgl. auch Luzian Pfleger, Randglossen zu Görres' Straßburger Exil, in Karl Hoeber, Görres-Festschrift. Aufsätze und Abhandlungen zum 150. Geburtstag von Joseph Görres, Köln 1926, 191–205, hier bes. 196.

203 Joseph de Maistre, geb. in Chambéry, gest. in Turin. Sein Werk Du Pape (Lyon-Paris 1819) beeinflusste maßgeblich die Diskussion, die zur Definition der Dogmen vom Universalepiskopat des Papstes und von dessen Unfehlbarkeit (1870) führte. Vgl. Hermann Josef Pottmeier, Unfehlbarkeit und Souveränität. Die päpstliche Unfehlbarkeit im System der ultramontanen Ekklesiologie des 19. Jahrhunderts (Tübinger Theologische Studien, 5) Mainz 1975, 61–73.

204 Ebd., 193–200.

205 Schnabel, Deutsche Geschichte, Bd. IV (wie Anm. 15), 74–80, 90–94.

Ende"[206]. Perthes brachte damit zum Ausdruck, was sich auch aus anderen zeitgenössischen Quellen entnehmen lässt: um 1830 begann eine neue Konfessionalisierung. Darüber hinaus machte sich ein Mentalitätswechsel bemerkbar. Der Katholizismus politisierte sich. „Die milde, versöhnliche Religionsgeschichte Stolbergs" war nicht mehr gefragt[207]. In Wien hatte sich nach Hofbauers Tod sein Kreis gespalten. Zwar wandten sich Friedrich Schlegel, Adam Müller und Anton Günther entschieden dagegen, dass aus dem Wiedererwachen der Religion eine bloße Parteisache würde, andere Hofbauerjünger, vor allem in seinem eigenen Orden, wurden bis in das äußere Erscheinungsbild hinein zu „Ultramontanen"[208]. Selbst in Bayern, wo die Priesterschule Sailers eine starke Strahlkraft besaß, wurde jetzt der „Neo-Sailerianismus", der „nur Schweigen, Nachgeben, Bruderliebe" empfiehlt, kritisiert[209]. Bei all dem darf man nicht übersehen, dass Religion und Konfession in Deutschland auch deswegen zur „Parteisache" wurden, weil sich seit Beginn des 19. Jahrhunderts innerhalb des deutschen Staatssystems mit der wachsenden Hegemonie des protestantischen Preußens das Gleichgewicht der Konfessionen zu Gunsten der Protestanten verschob[210]. Die Reaktion war, zunächst besonders in den katholischen Gebieten Westpreußens, aber auch in Bayern, die Entstehung eines politischen Katholizismus.

Voll im Trend lag bei all dem der Mainzer Kreis. Die von dem aus dem Elsass stammenden Mainzer Dogmatiker Räß (1794–1887)[211] und dem späteren Speyerer Bischof Nikolaus Weis (1796–1869)[212] 1821 gegründete erste katholische Zeitschrift großen Stils „Der Katholik" mit seiner populärtheologischen Apologetik wurde zum Sprachrohr der neuen streng kirchlichen Richtung. In gleicher Weise wandte er sich gegen Aufklärung und Liberalismus wie gegen den erstarkten Protestantismus. Sein oberster Grundsatz war, „dass wir nur den und das für wahrhaft katholisch halten, der und das mit dem Oberhaupt der katholischen Kirche, dem Papst, vereinigt ist und mit ihm gleichlautend lehrt"[213].

---

206 Perthes, Friedrich Perthes Leben (wie Anm. 56), III, 198.
207 Ebd. 190.
208 Vgl. Vgl. Eduard Winter, Differenzierungen in der katholischen Restauration in Österreich, in: Historisches Jahrbuch 52 (1952) 442–450; Otto Weiss, Die „transalpinen" Redemptoristen und der Zeitgeist, in: RJKG 6 (1987) 43–55.
209 Vgl. Otto Weiss, Ein Ultramontaner frohlock ich zu sein. Wandlungen im bayerischen Katholizismus unter König Ludwig I., in: Peter Kritzer (Hg.), Unbekanntes Bayern, Bd. 11, München 1980, 61–73; Ders., Die Redemptoristen in Bayern (145), 103–109.
210 Vgl. Hans Maier, Katholisch-protestantische Ungleichgewichte seit dem 18. Jahrhundert. Ein Vorspiel zum Kulturkampf, in: Rudolf Lill – Francesco Traniello (Hgg.), Der Kulturkampf in Italien und in den deutschsprachigen Ländern (Schriften des Italienisch-Deutschen Historischen Instituts in Trient, 5), Berlin 1993, 19–26.
211 Andreas Räß, geb. in Sigolsheim, gest. in Straßburg, Schüler von Liebermann in Mainz, 1819 Prof. der Philosophie in Mainz, 1824 Regens und Prof. der Dogmatik, 1841–1842 Koadjutor des Bischofs von Straßburg, 1842–1887 Bischof von Straßburg. Zu ihm: Erich Gatz, Räß Andreas, in: Ders., Bischöfe (wie Anm. 22), 584–590; Manfred. Weitlauff, Räß, Andreas, in: NDB 21 (Berlin 2003), 107f.
212 Nikolaus (von) Weis, geb. in Rimlingen (Lothringen), gest. in Speyer, Studium in Mainz bei Liebermann, 1822 Domkapitular in Speyer, seit 1842 Bischof von Speyer. Zu ihm: Karl Josef Rivinius, Weis, Nikolaus von, in: BBKL 13 (1998) 629–633 (Lit.).
213 Prospekt zur Ankündigung der Zeitschrift, verfasst von Räß, in: Ludwig Bergsträsser, Studien zur Vorgeschichte der Zentrumspartei, Tübingen 1910, 118f.

Spätestens 1824 gewann dann *der Katholik* in Straßburg, wohin er zeitweilig ausweichen musste, einen neuen Mitarbeiter: Joseph von Görres. Der ehemalige Republikaner war in den Jahren seines Straßburger Exils zum entschiedenen Katholiken und zum kämpferischen Konservativen geworden[214], auch wenn er anders als die Mainzer die – damals noch nicht definierte – Unfehlbarkeit des Papstes ablehnte. 1827 wurde Görres vom bayerischen König Ludwig I. als Professor für Universalgeschichte an die Münchener Universität berufen. Damit hatte der deutsche Katholizismus nach den Worten Clemens Brentanos seinen „Konzertmeister" gefunden. Denn Görres entwickelte sich zum unumstrittenen Führer der deutschen Katholiken. Er wurde in München der Mittelpunkt eines kleinen philosophisch-politischen Zirkels, der von seinen Gegnern als jesuitische „Kongregation" verschrien war. An die Stelle des Sailerschen Irenismus und des philosophisch-theologischen überkonfessionellen Kreises um den Romantiker-Philosophen Franz von Baader trat nun auch in Bayern ein entschieden kirchlicher Kurs[215].

Am 14. November 1837 wurde der Kölner Bischof Clemens August Droste von Vischering (1773–1845)[216] von der protestantischen preußischen Regierung im Laufe der Streitigkeiten über konfessionell verschiedene Ehen gefangen genommen und auf die Festung Minden gebracht. Dagegen erhoben sich Katholiken in ganz Deutschland[217]. Mit der Leidenschaft seiner Jugend schrieb Görres damals die Streitschrift „Athanasius", die im katholischen Deutschland mit Begeisterung aufgenommen wurde[218]. Ein Jahr später gehörte er zu den Mitbegründern der „Historisch-politischen Blätter", einer Zeitschrift, die fast ein Jahrhundert hindurch das Sprachrohr eines selbstbewussten deutschen Katholizismus wurde[219]. 1848 machte sich dann die katholische Kirche in Deutschland den allgemeinen Freiheitsruf zu Nutze[220]. Der politische Katholizismus begann sich an verschiedenen Orten zu formieren.

---

214 Vgl. Sebastian MERKLE, Zu Görres' theologischer Arbeit im Katholik, in: HOEBER (Hg.), Görres-Festschrift (wie Anm. 202), 151–190.

215 Vgl. Hans KAPFINGER, Der Eos-Kreis 1828–1832. Ein Beitrag zur Vorgeschichte des politischen Katholizismus in Deutschland, München 1928; Karl HAUSBERGER, Die katholische Bewegung im Bayern des Vormärz als Wegbereiterin des politischen Katholizismus in Deutschland, in: RJKG 19 (2000) 93–105.

216 Clemens August Droste zu Vischering, geb. in Schloss Vorhelm bei Beckum, gest. in Münster. Zu ihm Eduard HEGEL, Droste zu Vischering, Clemens August Freiherr, in: GATZ, Die Bischöfe (wie Anm. 22), 145–148; Markus von. HÄNSEL-HOHENHAUSEN, Clemens August Droste zu Vischering, Erzbischof von Köln 1773–1845, 2 Bde., Egelsbach 1991.

217 Vgl. Heinrich SCHRÖRS, Die Kölner Wirren (1837). Studien zu ihrer Geschichte, Berlin-Bonn 1927; F. KEINEMANN, Das Kölner Ereignis, sein Widerhall in der Rhein-Provinz und in Westfalen, Münster 1974; Heinz HÜRTEN, Görres und die Kölner Wirren, in: Harald DICKERHOF (Hg.), Görres-Studien. Zum 150. Todesjahr von Joseph Görres 1776–1848, Paderborn u. a. 1999,47–53.

218 Vgl. Marcus BAUER, Der Athanasius von Joseph Görres. Ein politisch-kirchliches Dokument im Spannungsfeld zwischen Politik und Theologie, Liberalismus und Konservativismus, Geistesfreiheit und Dogmenstrenge (Europäische Hochschulschriften, Reihe III, vol. 933), Frankfurt am Main u. a. 2002.

219 Götz Frh. von PÖLNITZ, Joseph Görres und die Pressepolitik der deutschen Reaktion. Ein Beitrag zur Görresforschung. Einleitung zu Joseph GÖRRES, Gesammelte Schriften, Bd. 16/1: Historisch-politisches Schrifttum der Münchener Zeit, Köln 1936, IX–LXIV.

220 Vgl. Hubert WOLF, Der deutsche Katholizismus als Kind der Revolution von 1848? Oder: Das ambivalente Verhältnis von katholischer Kirche und Freiheit, in: RJKG 19 (2000) 13–30.

Bilanz

Man kann sich fragen, was war um die Mitte des 19. Jahrhunderts bei den deutschen Katholiken aus der religiösen Erneuerung am Jahrhundertbeginn geworden? Handelte es sich nur um eine Zwischenphase, ein letztes Aufbäumen katholisch-christlichen Lebens, das zum einen von der fortschreitenden Säkularisierung, zum andern vom protestantisch geprägten Nationalstaat völlig erdrückt wurde? Ein genauer Blick auf die katholische Geistes- und Kulturgeschichte Deutschlands macht deutlich, dass dies nicht so war. Die von Sailer ausgehenden Impulse etwa waren durchaus noch lebendig und selbst die Allgäuer Erweckungsbewegung wirkte, wie Magnus Jocham schildert, im besten Sinne noch lange nach[221]. Ähnliches gilt von dem Münsteraner Kreis. In Wien waren es aufgeschlossene Schüler Klemens Hofbauers wie Anton Günther und Johann Emanuel Veith, die in ganz Deutschland von Breslau über Köln bis Tübingen nach wie vor ihre Anhänger hatten[222]. Schließlich ist im Bereich der Theologie an die „Tübinger Schule" zu erinnern, deren erster Generation mit Drey, Möhler, Hirscher, Staudenmaier eine zweite folgte: Johann Evangelist (von) Kuhn (1806–1887), Karl Joseph (von) Hefele (1809–1893), Franz Xaver (von) Linsenmann (1835–1898). Diesen Männern ging es nicht zuerst um katholische Politik, sondern um katholische Wissenschaft, die es durchaus mit den Protestanten aufnehmen konnte. Ähnliches gilt von Köln, Bonn oder München, wo Ignaz von Döllinger (1799–1890) lehrte.

Richtig ist allerdings, dass der deutsche Katholizismus insgesamt einen Struktur- und Mentalitätswechsel erfuhr. Gewiss, er gewann an Geschlossenheit und Schlagkraft, zum anderen jedoch kam es in den Auseinandersetzungen mit den Herausforderungen der Moderne zu einem Strategiewechsel. Es kam, wie Urs von Balthasar bedauernd feststellte, zum Rückzug auf festgefügte Bastionen und zur Ausbildung eines politischen Katholizismus, was angesichts der geistigen Entwicklungen im Deutschland des 19. Jahrhunderts und des von Preußen ausgehenden kämpferischen Antikatholizismus[223] zwar verständlich ist, aber doch dazu führte, dass der „religiöse Katholizismus" und die innere Erneuerung, die Männer wie Sailer und Hofbauer zu Jahrhundertbeginn gepredigt hatten, hinter der Zugehörigkeit zu einer geschlossenen, politisch aktiven katholischen Phalanx zurücktraten.

---

221 Vgl. JOCHAM, Memoiren (wie Anm. 91), 45–54, 57–63.

222 In gewisser Hinsicht kann der Güntherianismus sogar als Ahnherr des Altkatholizismus gesehen werden. Vgl. Angela BERLIS, Frauen im Prozess der Kirchwerdung. Eine historisch-theologische Studie zur Anfangsphase des deutschen Altkatholizismus (1850–1890) (Beiträge zur Kirchen- und Kulturgeschichte 6), Frankfurt am Main u. a. 1998 (vgl. im Namensregister die Namen Anton Günther, Johann Emanuel Veith und die von deren Schülern und Freunden Wilhelm Reinkens und Peter Knoodt).

223 Vgl. Manuel BORUTTA, Antikatholizismus. Deutschland und Italien im Zeitalter der europäischen Kulturkämpfe, Göttingen 2010.

Literaturverzeichnis

(Bibliographische Angaben zu nur einmal erwähnten Werken in den Anmerkungen)

BONA, Candido, Le „Amicizie". Società segrete e rinascita religiosa (1770–1830), Torino 1962.

DE ROSA, Gabriele, Il movimento cattolico in Italia. Dalla restaurazione all'età Giolittana, Roma-Bari ²1988.

DÖKER, Thomas, Klemens Maria Hofbauer im pastoralen Zeichen, Diplomarbeit Bonn 1995.

DUSSLER, Hildebrand, Johann Michael Feneberg und die Allgäuer Erweckungsbewegung. Ein kirchengeschichtlicher Beitrag aus den Quellen zur Heimatkunde des Allgäus, Kempten-Nürnberg 1959.

EPP, René, Le mouvement ultramontain en Alsace au XIXème siècle, Lille-Paris 1975.

FUNK, Philipp, Von der Aufklärung zur Romantik. Studien zur Vorgeschichte der Münchener Romantik, München 1925.

GATZ, Erich (Hg.), Die Bischöfe der deutschsprachigen Länder 1785/1803–1945, Berlin 1983.

GRASSL, Hans, Aufbruch zur Romantik. Bayerns Beitrag zur deutschen Geistesgeschichte, München 1968.

HOEBER, Karl, Görres-Festschrift. Aufsätze und Abhandlungen zum 150. Geburtstag von Joseph Görres, Köln 1926.

HOFER, Johannes, Der heilige Klemens Maria Hofbauer. Ein Lebensbild, Freiburg i. Br. ²1923.

JOCHAM, Magnus, Memoiren eines Obskuranten, Kempten 1896.

MEIER, Bertram, Die Kirche der wahren Christen. Johann Michael Sailers Kirchenverständnis zwischen Unmittelbarkeit und Vermittlung (Münchener kirchenhistorische Studien, 4), Stuttgart-Berlin-Köln 1990.

PERTHES, Carl Theodor, Friedrich Perthes Leben. Nach dessen schriftlichen und mündlichen Mittheilungen, 3 Bde., Gotha 1855–1856.

REINHARDT, Rudolf (Hg.), Tübinger Theologen und ihre Theologie, Tübingen 1977.

SAILER, Johann Michael, Aus Fenebergs Leben, München 1814.

SANTORO Armando, Il cammino spirituale del P. Bruno Lanteri (1759–1830), fondatore della Congregazione dei Padri della Maria Vergine, Roma 2007.

SCHÄFER, Gerhard, Zu erbauen und erhalten das rechte Heil der Kirche. Eine Geschichte der evangelischen Landeskirche in Württemberg, Stuttgart ⁵1984.

SCHÄFER, Philipp, Philosophie und Theologie im Übergang von der Aufklärung zur Romantik, dargestellt an Patriz Benedikt Zimmer, Göttingen 1971.

SCHIEL, Hubert, Johann Michael Sailer, Leben und Briefe, 2 Bde., Regensburg 1948 u. 1952.

SCHNABEL, Franz, Deutsche Geschichte im 19. Jahrhundert. 4. Band: Die religiösen Kräfte, Freiburg i. Br. ²1951, 44–97.

WEISS, Otto, Begegnungen mit Klemens Maria Hofbauer (1751–1820), Regensburg 2009.

WEISS, Otto, Kulturen, Mentalitäten, Mythen. Zur Theologie- und Kulturgeschichte des 19. und 20. Jahrhunderts, Paderborn u. a. 2004.

WEITLAUFF, Manfred, Johann Michael Sailer, in: DERS. (Hg.), Lebensbilder aus dem Bistum Augsburg. Vom Mittelalter bis in die neueste Zeit (Jahrbuch des Vereins für Augsburger Bistumsgeschichte 39), Augsburg 2005, 220–250.

WEITLAUFF, Manfred, Kirche zwischen Aufbruch und Verweigerung, Stuttgart 2001, hierin: DERS., Die Konversion des Grafen Friedrich Leopold zu Stollberg zur katholischen Kirche (1800) und seine „Geschichte der Religion Jesu Christi" (1806–1818), 1–49.

WOLFF, Joseph, Travels and Adventures, 2 Bde., London ²1861.

.

Aus fürstlicher Hofbibliothek und Kunstgeschichte

Die Modelle der Heiligen Stätten in der Thurn und Taxis Hofbibliothek

Ein Forschungsbericht

Christina Pchaiek

Als kleiner Schatz präsentiert sich eine bedeutende Sammlung von Architektur-modellen in der Fürst Thurn und Taxis Hofbibliothek. Diese „Modelle von Heili-gen Stätten", wie sie vorläufig betitelt wurden, bilden ein Konvolut von verkleiner-ten Architekturdarstellungen, die verschiedene religiös entscheidende und bedeutsame Orte im Heiligen Land dokumentieren.

Als Forschungsthema werden diese „Modelle von Heiligen Stätten" im Rahmen einer Dissertation im Fachbereich Kunstgeschichte an der Universität Regensburg unter Betreuung von Prof. Dr. Dittscheid einer genauen Untersuchung unterzogen. An dieser Stelle sei der Dank an die Franz-Marie-Christinen-Stiftung gerichtet, mit deren Unterstützung diese Dissertation gefördert und verwirklicht wird. Diese Arbeit ist zum jetzigen Zeitpunkt noch in ihrem anfänglichen Entstehen und damit im Bereich der Recherche verhaftet. Als kleiner Ausblick wird im Folgenden eine kurze Vorschau über das Thema gegeben. Für diese Gelegenheit und Möglichkeit sei Herrn Prälat Wilhelm Imkamp herzlichst gedankt.

Die zu untersuchende Modellsammlung von „Modellen von Heiligen Stätten" ist nicht nur wegen ihrer umfangreichen Quantität, sondern auch wegen ihrer gestalterischen Qualität ein wahre Kostbarkeit.

Sie setzt sich aus 24 kleinen Nachbauten von bekannten und teils unbekannte-ren, ergo nicht mehr vertrauten, biblischen Bauwerken aus der Gegend um Jerusa-lem, Bethlehem und Nazareth zusammen. Alle Gebäude bzw. Orte haben einen inhaltlichen Bezug zum Leben und Tod von Jesus Christus, sowie zu dessen Wirken. Die Architekturen stellen verkleinerte Kopien sowohl von Kirchen und Kapellen als auch von einfachen Wohnhäusern oder öffentlichen Anwesen dar. Jedes Modell wurde auf seiner Unterseite mit einer lateinischen Inschrift, die das Gebäude bezeichnet, und mit einer Jahreszahl, die das Modell datiert, versehen.

Den Hauptbestandteil der Sammlung bilden Modelle, die Bauwerke aus Jerusa-lem reflektieren. Dort bildet der Komplex um die Grabeskirche den größten zu-sammenhängenden Bestand: die Grabeskirche *(Basilica S. Sepulchri 1696)*, die Grabkapelle *(S. Sepulchrum Christi DNI 1702)* (Abb. 1), der Kalvarienberg *(Mons*

Regensburg, FTTZA, Modell
S. Sepulchrum Christi DNI 1702

Calvariae 1718) und die Helenakapelle *(Inventio S. Crucis 1718).* Diese stellten in christlicher Tradition den Endpunkt der *Via Dolorosa* dar, während zugleich Bauten den Leidensweg Jesus Christus auf dem Weg dorthin kennzeichneten: das Prätorium *(Praetorium Pilati 1727),* der Ecce-Homo-Bogen *(Arcus Pilati 1720)* und das Haus der Veronika *(Domus Veronicae et Porta iudi 1732).*[1] Des Weiteren wurden Modelle von historisch bedeutsamen Gebäuden sowohl innerhalb, als auch außerhalb der Stadtmauern von Jerusalem in die Sammlung aufgenommen. Es wurden Miniaturen wie das Haus der Anna *(Domus S. Ioachim et S. Annae 1721),* das Haus des Zebedäus *(Domus Zebedaei 1732),* der Abendmahlsaal *(Coencaulum in monte sion 1718),* die Himmelfahrtskapelle *(Sacellum Ascensionis 1702),* die Grabanlage der Maria *(Sepulchrum B. Virgins 1703)* mit dem Grabbau *(Sepulcr. B.V. Mariae 1721),* der Blutacker *(Ager Sanguinis 1728)* und das Haus des Zacharias *(D. Zachariae. Nat. S. IOIS. BAP 1732)* verwirklicht. Für die südliche Region von Jerusalem wurden in gleicher Weise Bauten von Bethlehem, wie von der Geburts-

---

1   Vgl. für die *Via Dolorosa:* Gorys, Erhard, Das Heilige Land, Historische und religiöse Stätten von Judentum, Christentum und Islam in dem 10000 Jahre alten Kulturland zwischen Mittelmeer, Rotem Meer und Jordan, Köln ²1984 (überarbeitete Auflage), S. 76–80.

kirche *(Templum B.V. Bethlemiy 1720)* (Abb. 2), sowie von der Geburtsgrotte *(Antrum Bethlehem 1697)*, der dortigen Milchgrotte *(Antrum Lactis B.V. 1727)* und dem Grab der Rachel *(Sepulchr. Rachel 1718)*, als Modelle angefertigt. Vom nördlich gelegenen Nazareth wurden die Verkündigungsgrotte *(Nazareth 1718)* und das hl. Haus von Loreto *(Domus Lauretanna 1718)* in den Modellen festgehalten, wie auch der östlich davon gelegene Berg Tabor *(3. Tabernac. M. Thabor 1727)*. Als letzte Örtlichkeiten wurden das Haus bei Kairo *(Matarea in Aegypto 1721)* und die Katakomben *(Catacumbae 1719)* kreiert.

Der Bestand umfasst damit ein weites Spektrum und stellt eine bedeutende Sammlung von „Modellen von Heiligen Stätten" dar. Ferner sind es gerade die Gestaltungskriterien und die einzelnen Facetten, die diese so einzigartig machen.

Die Vielfalt der Modelle zeigt sich bereits bei der Auswahl der Gebäudetypen bzw. deren Umsetzung. So wurden nicht nur Bauten, die sich auf Bodenniveau befinden, kreiert, sondern auch unterirdische Anlagen ausgeführt. Teilweise wurde zudem, wenn beide Gegebenheiten in einem Bauwerk vorhanden waren, beide Aspekte zusammen festgehalten. Neben diesen einzelnen Gebäuden wurden aber ebenso kleine Areale konzipiert. Sie stellen meist ein abgeschlossenes Gebiet dar, in dem die entsprechenden Architekturen dargeboten werden. Zusätzlich zu diesen direkten Gebäudekomplexen wurden fernerhin reine architektonische Elemente, wie Triumphbögen, als einzelne Modelle gefasst.

Die Architekturen bestehen aus einem Holzkörper, bei dem unterschiedliche Hölzer verarbeitet wurden. Bereits bei diesem Punkt der Ausführung wird die geballte Formenvielfalt deutlich. Jedes Modell erhielt einen einmaligen individuellen Grund- und Aufriss. Dabei erstreckt sich das Spektrum von einfachen rechteckigen bis zu polygonal gestalteten Grundrissen. Bauformen wie die der Rotunde oder basilikale bzw. kreuzbasilikale oder hallenartige Anlagen wurden zudem verwirklicht. Diese Konstruktionen wurden mit verschiedenen Vor- und Anbauten erweitert und durch diverse Vor- oder Innenhöfe, teils mit Arkadenbögen, bereichert. Von ein bis mehrstöckigen Bauten ist alles vertreten. Die Gebäude wurden durch verschiedene Stockwerke in der Höhe gesteigert und besitzen größtenteils noch als abschließende bekrönende Elemente Kuppeln oder Baldachine. Neben diesen Dachelementen wurden einige aber ebenso durch herkömmliche Flach- oder Satteldächer verschlossen.

Im Überblick lässt sich feststellen, dass in Bezug auf die Ausschmückung der Fassaden nicht alle Bauten gleich ausgestattet wurden. Einige erhielten eine aufwendigere, einige eine einfachere Ausführung, während wiederum andere in ihrem rohen Zustand belassen wurden. Ob sich anhand dieser Feststellung eine Wertigkeit der Gebäude oder etwa eine Unterscheidung der ober- und unterirdischen Trakte festmachen lässt, wird die nähere Untersuchung zeigen.

Die Wände wurden bei allen Modellen durch Elemente wie Fenster und Türen gegliedert. Diese waren entweder als einfache Löcher gestaltet oder zusätzlich mit verschiedenen architektonischen und künstlerischen Elementen verziert worden. Teilweise können diese geöffnet oder geschlossen werden. Zudem wurde bei den reich verzierten Fassaden die Architektur durch Gebälke, Gesimse, Blendarkaden, sowie Säulen bereichert. Dabei ist häufig ein Materialwechsel von Knochen und

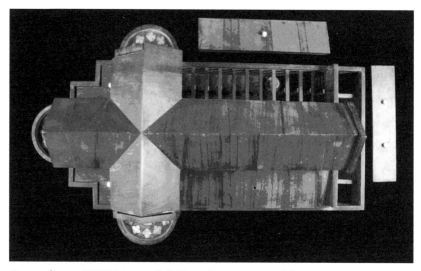

Regensburg, FTTZA, Modell Templum B. V. Bethlemiy 1720.

Elfenbein zu beobachten, der eine noch stärkere Betonung bewirkt. Neben diesem Gestaltungskriterium ist es vor allem die reiche Ausstattung an verschiedenen Variationen von Perlmutteinlagen, die auffällt. Allerdings wurden nicht alle Objekte damit in gleichem Maße verziert, so dass sie sich bei einigen nur auf die Dachflächen oder die Fassaden beschränkt, während bei anderen Modellen sie sich an allen Seiten, ergo den Fassaden, den Dächern und Kuppeln, sowie den inneren Wänden, wiederfinden. Die Vielfalt und das Verwendungsschema ist dementsprechend unterschiedlich. Aus diesem Material wurden nicht nur die verschiedensten ornamentalen Elemente gestaltet, sondern auch Ordenskürzel oder christliche Symbole wiedergegeben.

Die Bauten sind zwar durch ihre Architektur verschlossen, dennoch aber nicht vollständig geschlossen. Der Großteil der Dächer oder Dachteile ist abnehmbar, so dass auch das Innere der Gebäude in Augenschein genommen werden kann. Durch diese zusätzliche Funktion wurden bei den Modellen auch die Innenräume bis ins Detail ausgearbeitet. Dort wurden neben weiteren inneren architektonischen Gliederungselementen, auch künstlerische Ausführungen realisiert. Die bereits am Außenbau wahrgenommene Vielfältigkeit der Architektur wird durch die teils sehr verschachtelte Anordnung der Räume im Inneren noch übertroffen. Aufgrund der unterschiedlichen Ebenen wurden teils kleine Treppenübergänge, teils monumentale Treppenanlagen miteingebaut. Die Verbindung einzelner Räume wurde durch einfache Türen, aber auch durch große Arkaden vorgenommen. Bestimmte Gliederungselemente, wie die Säulen der Kirchenschiffe, wurden erneut im Materialwechsel wiedergegeben und geben der Architektur auch im Inneren Struktur. Elemente, wie Nischen, Abstufungen und Vertiefungen, verweisen auf die reale Verwendbarkeit der Räume. Daneben ist es wiederum die exakte künstlerische Ausarbeitung und Verzierung, die das Innere der Modelle so spannend gestaltet. Neben der unterschiedlich intensiven Perlmuttgestaltung, werden Details, wie Bodenfliesen, Wandreliefs oder sogar Sarkophagdarstellungen, bis ins Kleinste exakt verkleinert wiedergegeben. Auf minimalster Fläche lassen sich dort figürliche Szenen und Darstellungen ausmachen. Die unglaubliche Formenvielfalt der Modelle wurde in allen Bereichen bis aufs Äußerste betrieben.

Bei der Erforschung müssen demnach sowohl die kunstgeschichtlichen als auch die geschichtlichen Aspekte analysiert und spezifiziert werden, um das historische, aber auch das ökonomische Umfeld, sowie die Beweg- und Hintergründe der Objekte zu verstehen. Vorab muss allerdings anhand der Akten im Fürst Thurn und Taxis Zentralarchiv genau ermittelt werden, zu welchem Zeitpunkt und auf welche Weise die Modelle in den Besitz der Familie Thurn und Taxis gekommen sind und was über ihre vorherige Historie zu erfahren ist. Die Komponente der Vorbesitzer bzw. deren berufliches Tätigkeitsfeld und soziales Milieu müssen für die Beurteilung der Bedeutungsgeschichte der Sammlung ebenso miteinbezogen werden. Die Untersuchung der Charakteristika der künstlerischen Umsetzung und Verarbeitung der Modelle stellt den Schwerpunkt der Arbeit dar. Durch diese genaue Analyse kann in einem späteren Abschnitt mit der Auswertung bezüglich dem Abgleich mit Vorbildern, historischen Zeichnungen und Vergleichsobjekten begonnen werden. Die ursprüngliche Intention bzw. der ausschlaggebende Grund der Produktion solcher Modelle ist für die Erforschung gleichermaßen von hoher Bedeutsamkeit. Die anfänglich religiöse Funktion als Pilgerandenken ist anhand von Quellen in Form von Pilgerberichten als sicher zu identifizieren. Dennoch muss im Hinblick auf die geistigen Strömungen der Zeit und der Interessen der Besitzer abgeklärt werden, inwiefern noch andere Facetten innerhalb der Bedeutungsgeschichte zusätzlich ermittelt werden können. Ein weiterer Punkt, der bei der Thematik des Ursprungs außerdem noch ergründet werden muss, ist inwieweit mögliche Initatoren bzw. Begründer dieser Tradition der Produktion von Holzmodellen zu bestimmen sind. Der in der Literatur vielfach erwähnte Bernardino Amico bzw. die in seinem Werk angefertigten Zeichnungen der Heiligen Stätten müssen daher eingehend erforscht werden. Bei der Auswertung der Modelle im Vergleich zu den realen Vorbildern wird untersucht werden, in welchem Maß sie den realen Vorbildern entsprechen, von ihnen abweichen oder innovativ gestaltet sind. Während sich die Situation bei den noch existierenden Bauwerken einfacher gestaltet, wird bei den nicht mehr existenten Gebäuden die Suche nach deren einstiger Gestaltung komplizierter. Viele Gebäude dieser Zeit, wie vor allem die Privathäuser, wurden abgerissen oder durch andere Bauten überbaut. Als zusätzlicher Anhaltspunkt, als Rekonstruktionshilfe, aber auch als Vergleichsmaterial werden zeitgenössische Zeichnungen der Objekte beziehungsweise historische Ansichten von Pilgerreisenden, wie die des Pilgerberichts von Bernhard Breydenbach, herangezogen. Diese können sich auch bezüglich der Lokalisierungsversuche der einstigen Standorte als dienlich erweisen. Überdies wird sicher auch der Abgleich mit weiteren existierenden Modellen dieser Art aufschlussreiche Resultate ergeben.

All diese Untersuchungen, offenen Fragen und Vergleichsversuche sollen in der Dissertation diskutiert und behandelt werden, um ein umfassendes Bild dieser Sammlung zu erhalten.

In der bisherigen Forschung ist diese Art von Modellen zweifellos nicht unent-deckt geblieben. Gerade die häufig Vorkommenderen, wie die der Grabeskirche oder Grabkapelle, sowie der Geburtskirche, sind weltweit verbreitet.

Doch was stellen diese Architekturmodelle überhaupt dar? Es handelt sich nicht um Architekturmodelle herkömmlicher Art, die für Bauprojekte verwendet wurden und als Anschauungsmaterial dienten, sondern sie haben in ihrem ursprünglichen Sinn eine rein religiöse Bedeutung.[2] Sie fallen unter die Kategorie „Votiv- und Stif-termodelle [und] sind gleichsam „symbolische Formen" von Architekturen."[3] Mit-tels ihrer Definition können sie genau zugeordnet werden: „(…) Abbilder von Hei-ligtümern werden in kleinem Format hergestellt, von den Besuchern erworben und ex-voto dargebracht oder in den Wohnungen als geweihte Erinnerungsstücke aufge-stellt. – Diese Bräuche setzen sich im christlichen Zeitalter fort bis in die heutige Zeit (Votivmodelle und geweihte oder ungeweihte Pilger- und Reiseerinnerungsmodel-le: (…))".[4]

In ihrer ursprünglichen Bedeutung können diese Miniaturen demnach mit den heutigen Souvenirs verglichen werden. Sie wurden von den Pilgern vor Ort als Er-innerung an ihre Wallfahrt für zu Hause erworben. Dabei stellten sie nicht die einzige Gruppe von Andenken dar, die die Pilger von ihrer Reise mitnehmen konn-ten. Nina Gockerell hat sich in ihrem Werk ‚Pilgerandenken aus Jerusalem‘ aus-führlich mit den verschiedenen Formen der Pilgerandenken befasst und sie entspre-chend der Objekte in verschiedene Bereiche kategorisiert.[5] Einen Posten für sich nehmen darunter die Modelle ein: „(…) Andenken, die die Heiligen Stätten maß-stabsgetreu, dreidimensional in Miniaturformat nachbilden."[6]

Diese wissenschaftliche Deutung der Funktion und Bestimmung war bereits in den 30er Jahren des 19. Jahrhunderts erkannt worden. Bei dem berühmten Paläs-tinaforscher Titus Tobler waren sie in den genaueren Blickpunkt der Forschung gerückt. Er verfasste mehrere Schriften über das Heilige Land, von denen an dieser Stelle nur exemplarisch ‚Golgotha. Seine Kirchen und Klöster‘, ‚Topographie von Jerusalem und seinen Umgebungen‘, ‚Titus Toblers dritte Wanderung nach Palästi-na im Jahre 1857‘ oder ‚Nazareth in Palästina‘ genannt werden. Für den Bereich der Modelle der Heiligen Stätten hat gerade hinsichtlich der Produktion und der Be-deutung bzw. Wichtigkeit der Objekte Toblers Arbeit einen enorm hohen Stellen-wert. Die Bedeutung des heiligen Landes als Produktionszentrum für Pilgeranden-ken erläuterte er ebenso wie die Facetten der Fabrikation, der Herkunft und der Geschichte, und außerdem bis zu welchem Grad die Einwohner von diesem Er-werb abhängig waren bzw. ab welchem Zeitpunkt der Handel mit diesen Waren für sie uninteressant wurde. Desgleichen äußerte er sich über die einzelnen Vertriebs-möglichkeiten, wie auch den finanziellen Status der Objekte. Insofern zählt er zu den wichtigsten Quellen, die herangezogen werden können, um Aussagen über

---

2 Vgl. Heydenreich, Ludwig Heinrich, Artikel „Architekturmodell", in: RDK I, Sp. 918–933.
3 Ebda., Sp.933.
4 Ebda., Sp.933.
5 Vgl. Gockerell, Nina, Pilgerandenken aus Jerusalem, in: Dona Ethologica Monacensia, hrsg. von Helge Gerndt, Klaus Roth und Georg R. Schroubek, München 1983, S. 163f.
6 Ebda., S. 165.

diese Art der Produktion zu treffen. Die einzelnen Ausführungen, die er über die genauen Abläufe des Herstellens und des Verkaufes traf, belegte er anhand von Quellen, basierend auf Pilgerberichten.

Für das Vorgehen in der Systematik bei der Erforschung der Modelle ist diese Methode maßgeblich entscheidend. Die Pilgerberichte stellen die wichtigste Quelle dar, um sich ein Bild von der damaligen Situation zu verschaffen. Unter Bezugnahme dieser können viele Aspekte abgeklärt werden. Sie berichten zwar meist nur in einem singulären Abschnitt, wie in einem Zusatz oder Querverweis, über die Modelle, dennoch können aus diesen einzelnen Äußerungen fundierte Tatsachen und Folgerungen gezogen werden. Anhand der einzelnen Ausführungen lassen sich Thematiken wie Produktionsorte, Verkäufe oder Wirtschaftlichkeit dieses Produktionszweiges rekonstruieren.

Mittels dieses Schemas haben die nachfolgenden Forscher, die sich mit diesem Thema beschäftigt haben, ebenso ihre Fakten zusammengetragen. Nur auf exemplarische und gekürzte Weise sei an dieser Stelle auf einige Autoren und deren Forschung verwiesen.

Einer dieser Forscher, der genannt werden muss, ist Bellarmino Bagatti. In seinem Aufsatz ‚L'industria della madreperla a Betlemme' erforschte er die Entwicklung dieses alten Produktions- und Erwerbszweiges. Darin lieferte er beispielsweise nicht nur ihre zeitliche Einordnung, deren Beginn er in den Zeitraum von 1588 bis 1598 legte, sondern verwies auch auf ihren möglichen Urheber, den Pater Bernardino Amico, der anhand von Vermessungen die Heiligen Stätten in Zeichnungen festhielt. Des Weiteren trug er Informationen über den Verkauf an Pilger und die finanziellen Aufwendungen, die beispielsweise bei dem Modell der Grabeskirche zwischen 15 und 20 Talern lagen, zusammen.[7]

Mit der gleichen Herangehensweise hat Michele Piccirillo sich des Öfteren mit diesem Thema befasst und verschiedene Schriften dazu herausgegeben, wie ‚Un modellino della basilica del Santo Sepolcro di Gerusalemme conservao a Malta' oder ‚Artiganato al servizio dei Luoghi Santi'. In diesen hat er nicht nur anhand von spezifischen Beispielen die Modelle in ihrer Bedeutungsgeschichte bearbeitet, sondern auch allgemeine Aspekte derselbigen erforscht. Beginnend mit einer zeitlichen Einschränkung, wobei er sich dort auf Bagatti bezieht und dessen Einschätzung folgt,[8] lokalisiert er zudem die verschiedenen Produktionsorte der Handwerker in Bethlehem, En Kerem und Jerusalem.[9] Außerdem legte er in seinen Werken die bereits bekannten Aspekte, wie Urheberschaft, Verkaufsangelegenheiten, Wert und Bedeutung der Modelle, unter Angabe der entsprechenden Quellen dar. Zusätzlich erstellte er eine Auflistung von Standorten, an denen sich weitere Miniaturen dieser Art befinden.[10]

---

7   Vgl. Bagatti, Bellarmino, L'industria della madreperla a Betlemme, in: Custodia di Terra Santa: 1342–1942, Gerusalemme 1951, S. 135f.

8   Vgl. Piccirillo, Michele, Un modellino della basilica del Santo Sepolcro di Gerusalemme conservato a Malta, in: Le vie del Mediterraneo, hrsg. von Gabriella Airaldi, Genova 1996, S. 69–71.

9   Vgl. Piccirillo, Michele, Artiganato al servizio dei Luoghi Santi. I modellini della basilica del Santo Sepolcro, in: In Terrasanta. Dalla Crociata alla Custodia dei Loughi Santi, Firenze-Milano 2000, S. 172.

10 Vgl. Piccirillo 1996 (wie Anm.8), S. 69–76.

Dieser kurze Einblick soll nur einen Vorgeschmack auf die noch anstehenden und bei weitem ausführlicheren und intensiveren Erforschungen innerhalb der Dissertation geben. Dieses spannungsreiche Thema eröffnet immer wieder neue Aspekte und deckt neue Facetten auf. Jene außergewöhnliche Kunstsammlung von „Modellen von Heiligen Stätten" im Fürst Thurn und Taxis Zentralarchiv beinhaltet viele interessante Themen und Sachverhalte, so dass sich schon zu Beginn bei der Erforschung der Sammlungsgeschichte nie erahnte Aspekte aufgetan haben, die analysiert und diskutiert werden müssen.

Da sich die Modelle bei ihrer Wiederentdeckung in einem sehr schlechten Zustand befanden, wurden sie zunächst zur konservatorischen Sicherung in die fachmännischen Hände der Technischen Universität München übergeben. Dort sollte neben der Sicherung des Materials auch eine spezifische Untersuchung des Werkstoffs erfolgen. Zum jetzigen Zeitpunkt befinden sie sich noch immer dort. An dieser Stelle sei auf Frau Judith Vogel verwiesen, die sich in ihrer Diplomarbeit an der Technischen Universität München unter Betreuung von Prof. Dr. Emmerling diesem Thema gewidmet hat.

Regensburg, FTTZA, Modell Basilica S. Sepulchri 1696

„Doch ist's nur Vatertausch …"

Die Säkularisation der schwäbischen Klöster Marchtal, Buchau und Neresheim durch das Fürstliche Haus Thurn und Taxis – ein zusammenfassender Überblick

Martin Renner

In der deutschen Geschichte sind Säkularisationen, also die Einziehung kirchlichen Vermögens und geistlicher Hoheitsrechte zu anderen Zwecken sowie die Aufhebung von Stiften und Klöstern durch Kaiser, Könige, Fürsten, sogar durch Bischöfe als Einzelhandlung immer wieder zu beobachten. Die Aufhebung der geistlichen Staaten und Klöster an der Wende vom 18. zum 19. Jahrhundert ist nicht nur Ausgangspunkt für die bis heute in Deutschland bestehende kirchliche Ordnung, sondern hat auch den Zusammenbruch der Reichsverfassung und vor allem im deutschen Süden die Entstehung neuer Territorien eingeleitet. Nicht nur die Säkularisation der Erz-, Hoch- und Reichsstifte muss in diesem großen Zusammenhang gesehen werden, sondern auch die der landsässigen Stifte und Klöster überhaupt.

Schon bei den Rastatter Friedensverhandlungen 1799 wurde die allgemeine Säkularisation aller geistlichen Stifte und Klöster als zweite Basis des Reichsfriedens aufgestellt, um diejenigen Fürsten und Stände zu entschädigen, welche entweder aufgrund der französischen Koalitionskriege ihre Besitzungen auf dem linken Rheinufer ganz oder zum Teil, oder auch nur Ansprüche auf solche verloren hatten.[1] Diese Basis wurde auch im Lüneviller Frieden von 1801 aufrecht erhalten.[2] Als im Jahre 1803 durch den Reichsdeputationshauptschluss die meisten geistlichen

---

1 Zum Rastatter Kongress, der aufgrund des zwischen Österreich und Frankreich geschlossenen Friedens von Campoformio (17./18.10.1797) binnen Monatsfrist zusammentrat, um alle das Reich betreffenden Fragen zu klären, vom 9.12.1797 bis 23.4.1799 tagte und durch den Zweiten Koalitionskrieg gegen Frankreich unterbrochen wurde, vgl. u. a. Hermann Hüffer: *Der Rastatter Congreß und die zweite Coalition vornehmlich nach ungedruckten archivalischen Urkunden.* 2 Bde. Bonn 1878–1879. (Diplomatische Verhandlungen aus der Zeit der französischen Revolution, Bde. 2–3.)

2 Zum Frieden von Lüneville (9.2.1801), welcher die seit 1793 andauernden französischen Revolutionskriege beendete, vgl. Peter Hersche (Bearb.): *Napoleonische Friedensverträge. Campo Formio 1797 – Lunéville 1801, Amiens 1802 – Pressburg 1805, Tilsit 1807 – Wien–Schönbrunn 1809.* Bern ²1973. (Quellen zur neueren Geschichte, Bd. 5.); Ernst Rudolf Huber: *Reform und Restauration 1789 bis 1830.* Stuttgart [u. a.] ²1967. (Deutsche Verfassungsgeschichte seit 1789, Bd. 1.)

Stifte in Deutschland aufgelöst wurden,[3] kamen die Klöster Buchau, Marchtal und Neresheim und alle dazugehörigen Besitztümer, Gebäude und Rechte an das fürstliche Haus Thurn und Taxis als Ersatz für den im Lüneviller Frieden festgeschriebenen schmerzlichen Verlust der Postbezirke in den linksrheinischen und niederländischen Gebieten. Noch vor der Verabschiedung des Reichsdeputationshauptschlusses in seiner endgültigen Fassung wurden die als Entschädigungslande vorgesehenen Gebiete provisorisch in Besitz genommen, denn das Haus Thurn und Taxis musste sich beeilen, sollten ihm nicht Baden, Bayern oder Württemberg zuvorkommen.

In der Folge der durch den Reichsdeputationshauptschluss sanktionierten Säkularisation der Jahre von 1802 bis 1810 kam es zu einer ersten wissenschaftlichen Auseinandersetzung, die vor allem die Frage nach der Rechtmäßigkeit der Vorgänge bzw. deren Angemessenheit in den Blick nahmen.[4] Ein erneuter Schwerpunkt zur Aufarbeitung des Säkularistionsgeschehens im hundertjährigen Abstand der Ereignisse bilden die Untersuchungen des späteren Reichstagsabgeordneten und Reichsfinanzministers Matthias Erzberger (1875–1921) zur Säkularisation in Württemberg[5] sowie die Arbeit Alfons Maria Scheglmanns (1858–1937) zu Bayern.[6] Zur zweihundertjährigen Wiederkehr ist das Interesse der historischen Forschung an den Voraussetzungen, Ursachen und Auswirkungen der Säkularisation wiederum deutlich gewachsen. An dieser Stelle wären im Vorfeld der Begebnisse der von Irene Crusius herausgegebene Sammelband zur Säkularisation geistlicher Institutionen zu nennen,[7] ebenso die umfangreichen Studien Hermann Schmids zur Säkularisation in Baden,[8] aber auch neuerdings die im Katalogband anlässlich der Großen Landesausstellung „Alte Klöster – neue Herren" veröffentlichten neueren Arbeiten zur Säkularisation im deutschen Südwesten.[9]

---

3 Zum Reichsdeputationshauptschluss (25.2.1803), dem letzten bedeutenden Gesetz des Heiligen Römischen Reiches Deutscher Nation, welches die Entschädigung der linksrheinisch enteigneten Reichsstände durch Säkularisation und Mediatisierung regelte vgl. Klaus Dieter Hömig: *Der Reichsdeputationshauptschluß vom 25. Februar 1803 und seine Bedeutung für Staat und Kirche unter besonderer Berücksichtigung württembergischer Verhältnisse.* Tübingen 1969. (Juristische Studien, Bd. 14.); Ulrich Hufeld (Hg.): *Der Reichsdeputationshauptschluss von 1803. Eine Dokumentation zum Untergang des Alten Reiches.* Köln 2003; Ingo Knecht: *Der Reichsdeputationshauptschluß vom 25. Februar 1803. Rechtmäßigkeit, Rechtswirksamkeit und verfassungsgeschichtliche Bedeutung.* Berlin 2007.
4 Vgl. z. B. Johann Paul Harl: *Deutschlands neueste Staats- und Kirchenveränderungen, historisch, staats- und kirchenrechtlich entwickelt.* Berlin 1804.
5 Matthias Erzberger: *Die Säkularisation in Württemberg von 1802 bis 1810. Ihr Verlauf und ihre Nachwirkungen.* Stuttgart 1902. Nachdruck Aalen 1974.
6 Alfons Maria Scheglmann: *Geschichte der Säkularisation im rechtsrheinischen Bayern.* 3 Bde. Regensburg 1903–1908.
7 Crusius, Irene (Hg.): *Zur Säkularisation geistlicher Institutionen im 16. und im 18./19. Jahrhundert.* Göttingen 1996. (Veröffentlichungen des Max-Planck-Instituts für Geschichte, Bd. 124; Studien zur Germania Sacra, Bd. 19.)
8 Hermann Schmid: *Die Säkularisation in Baden 1802–1811.* Überlingen am Bodensee 1980.
9 Volker Himmelein; Hans Ulrich Rudolf (Hgg.): *Alte Klöster – neue Herren. Die Säkularisatioin im deutschen Südwesten.* Begleitbücher zur Großen Landesausstellung Baden-Württemberg 2003 in Bad Schussenried vom 12. April bis 5. Oktober 2003. Im Auftrag der Gesellschaft Oberschwaben e. V. und des Württembergischen Landesmuseums Stuttgart. 2 Bde. Stuttgart 2003.

Eine wissenschaftlich fundierte Gesamtdarstellung der Säkularisation zu Beginn des 19. Jahrhunderts in Deutschland ist nicht vorhanden. Für den deutschen Süden sieht es dagegen – wie dargetan – besser aus: hier liegen die Säkularisationsgeschichten für Bayern[10], Württemberg[11] und Baden[12] vor; Stückwerk blieb eine angekündigte Gesamtdarstellung der Säkularisation in Hessen-Darmstadt[13].

Die Ebene der süddeutschen Mittelstaaten ist also in der Vergangenheit bereits Gegenstand wissenschaftlicher Untersuchungen geworden. Ein bis dato unbefriedigt gebliebenes Desiderat der historischen Forschung stellen aber die breite Schicht der größeren und kleineren Standesherrschaften dar, die bedauerlicherweise in der Säkularisationsforschung noch wenig berücksichtigt worden sind. Diesem Manko der historischen Wissenschaft möchte meine geplante Dissertation Abhilfe bringen.[14] Der vorliegende Aufsatz gibt einen zusammenfassenden Überblick meiner Arbeit, mit welcher den angeführten Gesamtüberblicken eine Detailstudie zur Vorgehensweise der Mediatherrschaft Thurn und Taxis beiseite gestellt werden soll, die auch die inneren und äußeren Verhältnisse der ehemaligen in Oberschwaben gelegenen Klöster Marchtal und Buchau sowie dem Kloster Neresheim auf dem Härtsfeld berücksichtigt. Es soll mit der Untersuchung zum einen eine detaillierte Studie zur oben angesprochenen Säkularisationsforschung für den Bereich der Standesherrschaften geleistet und zum anderen ein Beitrag zur Historiographie dieser drei schwäbischen Klöster geliefert werden.

Die Entwicklung der thurn- und taxisschen Reichslande

Das eigentliche „Fürstentum" der Fürsten von Thurn und Taxis war die Post. Die Gewinne aus diesem Unternehmen und der ständige Kontakt mit Kaisern und Königen ermöglichten einen beispiellosen gesellschaftlichen Aufstieg. Aus kleinen Anfängen erhob sich die Familie schließlich zu fürstlichem Rang.[15]

Bei den Taxis war die Tendenz der Rückversicherung des Vermögens in Grundbesitz – wie dies andere zu Wohlstand gelangte Unternehmerfamilien im Reich seit dem 16. Jahrhundert praktizierten – gering ausgeprägt. Nur der Wunsch nach gesellschaftlichem Prestigegewinn erforderte die Erwerbung von herrschaftlichem Besitz.

---

10 Vgl. Scheglmann (wie Anm. 6).

11 Vgl. Erzberger (wie Anm. 5).

12 Vgl. Schmid (wie Anm. 8).

13 Heinrich Reichert: *Studien zur Säkularisation in Hessen-Darmstadt.* Diss. Mainz 1927.

14 Die von Prof. Dr. Franz Quarthal am Historischen Institut der Universität Stuttgart betreute Dissertation mit dem Arbeitstitel *„Doch ist's nur Vatertausch ..." Die Säkularisation der schwäbischen Klöster Marchtal, Buchau und Neresheim durch das Fürstliche Haus Thurn und Taxis* kann vermutlich im kommenden Jahr abgeschlossen werden.

15 Zum Aufstieg der Familie und ihres Unternehmens vgl. Wolfgang Behringer: *Thurn und Taxis. Die Geschichte ihrer Post und ihrer Unternehmen.* München; Zürich 1990; Anton Lohner: *Geschichte und Rechtsverhältnisse des Fürstenhauses Thurn und Taxis.* Regensburg 1895; Max Piendl: *Das Fürstliche Haus Thurn und Taxis. Zur Geschichte des Hauses und der Thurn und Taxis-Post.* Regensburg 1980; Max Piendl: *Thurn und Taxis 1517–1867. Zur Geschichte des fürstlichen Hauses und der Thurn und Taxisschen Post.* Frankfurt a. M. 1967. (Archiv für deutsche Postgeschichte, Heft 1/67.)

Seit der Übersiedlung der Familie anfangs des 16. Jahrhunderts nach Brüssel wurde systematisch Besitz in Mechelen und Brüssel erworben, durch Heirat kam die Herrschaft Businghen und durch Belehnung die Grafschaft La Roche in den Ardennen, außerdem noch die Herrschaft Hemmessem hinzu.

Kaiser Rudolf II. (1576–1612) erhob den Fürsten Leonhard I. von Taxis, den obersten Postmeister im Reich, im Jahre 1608 in den erblichen Reichsfreiherrenstand. Dessen Sohn und Nachfolger Lamoral von Taxis erlangte 1615 durch Kaiser Matthias (1557–1619) die Erhebung des Generalpostmeisteramtes zum Erbmannlehen. Kurz vor seinem Tod wurde Lamoral von Taxis 1624 durch Kaiser Ferdinand II. (1578–1637) in den erblichen Reichsgrafenstand erhoben.

Erst jetzt, genauer nach den Wirren des Dreißigjährigen Krieges, begann der Aufbau eines standesgemäßen Grundbesitzes. Graf Lamoral Claudius von Thurn und Taxis erwarb 1670 die Herrschaften Braine-le-Château und Haut-Ittre im Hennegau (Brabant); unter dem Grafen Eugen Alexander von Thurn und Taxis wurde die Herrschaft Braine-le-Château von der Krone Spaniens zum erblichen Fürstentum mit der Bezeichnung „Fürstentum Thurn und Taxis (Principauté de la Tour et Tassis)" erhoben. 1700 konnte in den Niederlanden noch die Herrschaft Impden erworben werden. Die kleine niederländische Herrschaft mit dem daran geknüpften spanischen Fürstentitel genügte zunächst, um das Bedürfnis nach gesellschaftlichem Aufstieg zu befriedigen.

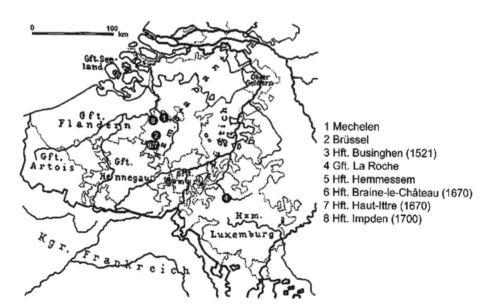

1 Mechelen
2 Brüssel
3 Hft. Businghen (1521)
4 Gft. La Roche
5 Hft. Hemmessem
6 Hft. Braine-le-Château (1670)
7 Hft. Haut-Ittre (1670)
8 Hft. Impden (1700)

Karte: Die niederländischen Besitzungen.[16]

16 Kartengrundlage aus Hans-Erich Stier; Ernst Kirsten; Wilhelm Wühr, Heinz Quirin; Werner Trillmich; Gerhard Czybulka; Hermann Pinnow; Hans Ebeling (Hgg.): *Großer Atlas zur Weltgeschichte.* München 1990, S. 104, Nr. III (Die Niederlande 1586–1648).

Mit der Verlagerung des Lebensmittelpunktes der Familie nach Deutschland aufgrund des Spanischen Erbfolgekrieges (1701–1713/14) verloren die niederländischen Besitzungen an Bedeutung.

Den bedeutendsten gesellschaftlichen Sprung brachte 1695 die Erhebung des Fürsten Eugen Alexander von Thurn und Taxis in den erblichen Reichsfürstenstand durch Kaiser Leopold I. (1640–1705) – gebahnt zum einen durch die spanische Standeserhebung, zum anderen durch die Mitgliedschaft im „Orden vom Goldenen Vlies", in den der Fürst 1687 aufgenommen worden war.

Bis zu dieser Erhebung hatte das Haus Thurn und Taxis praktisch keine Liegenschaften auf dem Boden des Deutschen Reiches erworben, weshalb der Fürst von Thurn und Taxis noch im 18. Jahrhundert als „Fürst ohne Land" galt – gemeint war damit das Fehlen eines dem 1695 verliehenen Titel entsprechender Grundbesitz eines Reichsterritoriums. Sitz und Stimme im Reichstag waren aber gemäß eines Reichstagsbeschlusses von 1654 mit der Inhaberschaft von Landeshoheit verknüpft, was zu andauernden Protesten anderer Reichsstände gegen die Gesandten der Fürsten von Thurn und Taxis führte. Dem Fürsten wurde daher „die Anschaffung Fürstenmässiger ohnmittelbarer Land- und Leuten" zur Auflage gemacht, damit dem Herkommen und früheren Reichstagsbeschlüssen Genüge getan werde.

Mit der Übersiedlung von Brüssel nach Frankfurt konnte Fürst Eugen Alexander auch mit den Mitgliedern des Kurrheinischen Kreises Beziehungen aufnehmen, in den er 1704 auch ohne entsprechenden Territorialbesitz gegen Übernahme eines Matrikularbeitrags aufgenommen wurde.

Nach dem Spanischen Erbfolgekrieg war die Politik der Landerwerbung in den Niederlanden aufgegeben worden. Das ertragreiche Postgeneralat war für das Haus Thurn und Taxis verloren und der Mittelpunkt des Postnetzes lag nicht mehr in Brüssel, sondern in Frankfurt. Das Fürstenhaus begann daher folgerichtig im frühen 18. Jahrhundert eine systematische Erwerbspolitik von Grund und Boden in Südwestdeutschland, einem territorialen Splittergebiet, wo immer wieder Reichslehen käuflich erworben werden konnten. Nachdem die wichtige Postlinie von Ulm nach Nürnberg durch Dischingen führte und damit Verbindungen zum Härtsfeld bestanden, bot sich diese Gegend im Norden des östlichen Schwabens auf der Suche nach fürstenmäßigem Besitz besonders an.

Den Anfang machte die Reichsherrschaft Eglingen, die Fürst Anselm Franz 1723 kaufte. Der Erwerb machte den Fürsten zum Mitglied des schwäbischen Reichsgrafenkollegiums, auf dessen Bank er 1726 aufgenommen wurde. 1734 folgte der Kauf der Herrschaft Trugenhofen mit Dorf und Markt Dischingen. Abschließend gelang dem Fürsten 1735 die Herrschaft Duttenstein anzukaufen. Der Kaiser erhob dieses Gut zur gefürsteten Grafschaft als kaiserliches Lehen. Fürst Alexander Ferdinand setzte die Bemühungen seines Vaters fort. Ihm gelang 1741 die Vergrößerung des Hausbesitzes durch Erwerbung des Dorfes Trugenhofen. 1749 kam das Rittergut und die Herrschaft Ballmertshofen hinzu.

Den Fürsten von Thurn und Taxis war es damit gelungen, ein zwar kleines, aber zusammenhängendes Herrschaftsgebiet auf dem Härtsfeld zu erwerben, dessen Verwaltungsschwerpunkt Dischingen mit Schloss Trugenhofen als Fürstensitz war.

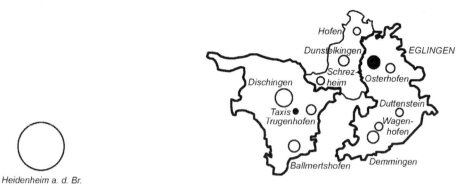

Karte: Die Besitzungen auf dem Härtsfeld (1723–1749).

Durch die neue Residenz in Frankfurt kam Fürst Alexander Ferdinand von Thurn und Taxis bald auch in engste Beziehungen zu Kaiser Karl VII. (1697–1745). Im Juli 1742 bot der Kaiser dem Fürsten das Prinzipalkommissariat an, also die Stellvertretung des Kaisers auf dem Reichstag; die Ernennung erfolgte Anfang Februar 1743. In diesem Zusammenhang ist auch die weitere Erhebung des Reichspostgeneralats zu einem kaiserlichen Thron- und Fahnenlehen zu sehen, eine Privilegierung, mit der Fürst Alexander Ferdinand seine Aufnahme in den Reichsfürstenrat zu beschleunigen hoffte. Nach dem Tod Karls VII. residierte der Reichstag wieder regulär in Regensburg. Mit der Wiederannäherung zwischen Habsburg und Thurn und Taxis wurde Alexander Ferdinand 1748 von Kaiser Franz I. (1708–1765) erneut zum Prinzipalkommissar bestellt – von nun an sollte dieses Amt bis zum Ende des Alten Reiches im Besitz der Fürsten von Thurn und Taxis bleiben. Die Familie entschloss sich deshalb 1748 zur Übersiedlung nach Regensburg.

Mit der neuerlichen Übernahme des Prinzipalkommissariats trat für die Fürsten von Thurn und Taxis das alte Verlangen nach Sitz und Stimme im Reichsfürstenrat wieder in den Vordergrund. Ein kaiserliches Kommissariatsdekret gestattete Fürst Alexander Ferdinand 1753 Sitz- und Stimmrecht auf das Thronlehen des Reichspostgeneralats als fürstenmäßigem Reichsgut anstatt auf ein tatsächliches Fürstentum. Dies löste jedoch zahlreiche Proteste aus, die erst nach vielen Verhandlungen nachließen, als der Fürst versprochen hatte, „sich nach Zeit und umbständig mit immediaten reichfürstenmäßigen Gütern und Herrschaften besser zu qualifizieren".[17] Daraufhin erfolgte 1754 die endgültige Aufnahme in den Reichsfürstenrat. Letztendlich um der kaiserlichen Auflage nachzukommen, musste sich sein Sohn Fürst Carl Anselm ernsthaft darum bemühen, ein Fürstentum zu erwer-

---

17 FTTZA, SchA 570, Auszug aus dem Fürstenratsprotokoll (6. Mai 1754). Vgl. Jürgen Nordmann: Kodifikationsbestrebungen in der Grafschaft Friedberg-Scheer am Ende des 18. Jahrhunderts. In: Zeitschrift für württembergische Landesgeschichte 28 (1969), S. 265–342, hier S. 275 mit Anm. 41.

ben. Die drei Jahrzehnte dauernde Suche nach reichsunmittelbarem fürstenmäßigem Besitz führte nach Oberschwaben.[18]

Um das im Reichsfürstenrat erworbene Sitz- und Stimmrecht endgültig zu sichern, stand Carl Anselm seit dem Sommer 1784 in Verhandlungen über den Ankauf der Grafschaft Friedberg nebst den Herrschaften Scheer, Dürmentingen und Bussen und konnte im Herbst 1785 einen Kaufvertrag zu der ungeheuerlichen und völlig überhöhten Kaufsumme von 2.100.000 fl. abschließen – unter rein wirtschaftlichen Gesichtspunkten ein äußerst schlechtes Geschäft; in politischer Hinsicht aber war diese Investition durchaus zu vertreten. Im Sommer 1786 übergaben die Reichserbtruchsessen von Waldburg die abgetretenen Besitzungen. Im darauffolgenden Spätsommer 1787 wurde die gefürstete Grafschaft Friedberg-Scheer dem Fürsten von Thurn und Taxis vom Kaiser als standesgemäßes Territorium zu Lehen gegeben und diese Erwerbung auch vom Reichstag als fürstenmäßiges Besitztum anerkannt und angenommen. Schließlich folgte 1797 die Aufnahme der Fürsten von Thurn und Taxis auf die Fürstenbank des Schwäbischen Kreises.

In der Folgezeit war das fürstliche Haus Thurn und Taxis auf die Vermehrung des Besitzes bedacht und kaufte benachbarte weitere Herrschaften in Schwaben mit dem Ziel des Aufbaus einer Landesherrschaft sowie der Arrondierung des Grundbesitzes in Schwaben.

Eine Abrundung und Vergrößerung des bisherigen Besitzes auf dem Härtsfeld gelang Carl Anselm schließlich noch 1786 mit der Erwerbung des Ritterguts Dunstelkingen. 1789 folgte die Herrschaft Grundsheim und Willenhofen südwestlich von Ehingen. Schließlich kaufte Carl Anselm 1790 die Reichsherrschaft Göffingen bei Riedlingen sowie die reichsritterschaftliche Herrschaft Heudorf am Bussen.

Die bedeutendste – im weiteren noch näher zu beleuchtende – Vermehrung des thurn- und taxisschen Landbesitzes in Schwaben brachte der Reichsdeputationshauptschluss 1803. Es handelte sich im einzelnen um das gefürstete Damenstift Buchau, zu dem auch die Herrschaft Straßberg gehörte, nebst der Stadt Buchau, außerdem um die Abteien Marchtal und Neresheim sowie um das zur Abtei Salem gehörige Amt Ostrach mit der Herrschaft Schemmerberg und den Weilern Tiefental, Frankenhofen und Stetten. Mit dem Reichsdeputationshauptschluss gingen auch die in der Grafschaft Friedberg-Scheer gelegenen Klöster Ennetach und Sießen in fürstlichen Besitz über.

Die Besitzerweiterungen im Gefolge der damit einhergehenden Säkularisation ließen einen ansehnlichen Besitz in Oberschwaben zusammenwachsen. Die günstige Lage der Entschädigungslande brachten eine Abrundung des Besitzes einerseits im Norden um Trugenhofen und Dischingen und andererseits im Süden um Friedberg-Scheer.

Die ihm durch den Reichsdeputationshauptschluss zugefallenen Neuerwerbungen veranlassten den Fürsten von Thurn und Taxis auch dazu, seinen Titel und sein Wappen zu erweitern. Seit Mai 1803 nannte er sich

---

18 Zum Besitzerwerb in Schwaben vgl. Franz Herberhold: *Das fürstliche Haus Thurn und Taxis in Oberschwaben. Ein Beitrag zur Besitz-, Verwaltungs- und Archivgeschichte.* In: Zeitschrift für württembergische Landesgeschichte 13 (1954), S. 262–300.

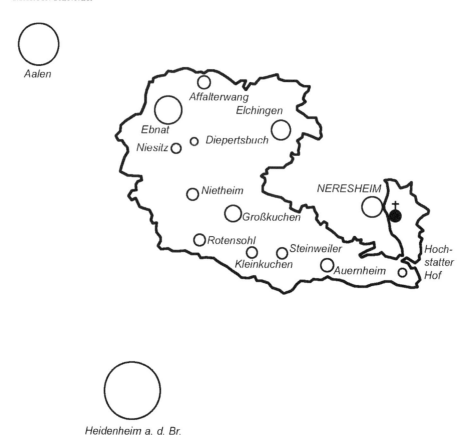

Karte: Territorialgewinne in Schwaben im Zuge der Säkularisation (1802–1803).

> *Von Gottes Gnaden Karl Anselm des Heiligen Römischen Reichs Fürst von Thurn und Taxis, Fürst zu Buchau, gefürsteter Graf zu Friedberg-Scheer, Graf zu Valsasina, auch zu Marchtal und Neresheim, Herr der freyen Reichsherrschaft Eglingen, Herr zu Ostrach und Schemerberg, Herr der freyen Herrschaften Demingen, Dischingen, Ballmertshofen, auch zum Bußen etc. Ritter des goldenen Vlieses, Ihro Römischen Kaiserlichen Königlichen Apostolischen Majestät wirklicher Geheimer Rath, auch Erb-General-Postmeister im Heiligen Römischen Reiche etc. etc.*

Nach dem Frieden von Preßburg,[19] bestand für Thurn und Taxis eine Hoffnung auf weitere territoriale Abrundung durch die Erwartung, dass Bayern, Baden und Württemberg die Post an sich ziehen würden und zu einer Entschädigung des Hauses Thurn und Taxis bereit seien. Aus diesem Projekt ist jedoch nichts geworden. Allerdings konnte Carl Anselm 1805 die Herrschaft Ober- und Untersulmetingen

---

19 Zum Preßburger Frieden (26.12.1805), der den dritten Koalitionskrieg zwischen Frankreich, Österreich und Russland beendete, vgl. Rudolfine Freiin von Oer: *Der Friede von Preßburg: Ein Beitrag zur Diplomatiegeschichte des Napoleonischen Zeitalters.* Münster 1965. (Neue münstersche Beiträge zur Geschichtsforschung, Bd. 8.)

erwerben. Seinem Nachfolger Karl Alexander gelang 1809 der Kauf der nördlich an Sulmetingen anschließenden Herrschaft Öpfingen mit den dazu gehörigen Besitzungen. Als letzte, 1835 zustande gekommene Erwerbung ist schließlich noch die Herrschaft Rechtenstein zu nennen.

Bis zur Erhebung in den Reichsfürstenstand lag die wirtschaftliche Kraft des Hauses Thurn und Taxis – abgesehen von dem niederländischen Besitz – fast ausschließlich im Postwesen. Die Fürsten des 18. Jahrhunderts haben diese Struktur durch laufende Gebietsankäufe und schließlich gemäß Reichsdeputationshauptschluss auch durch Entschädigungslande in Schwaben weitgehend verändert – allein die Kaufbeträge in einer Gesamthöhe von annähernd vier Millionen Gulden, die unter den Fürsten Anselm Franz, Alexander Ferdinand und Carl Anselm für Land- und Herrschaftskäufe aufgewendet wurden, zeigen dies sehr deutlich.

Zur Vorgeschichte der Säkularisation von 1803

Die politische Umwälzung in Deutschland an der Wende vom 18. zum 19. Jahrhundert, die zur Auflösung des Alten Reiches führte, war bedingt durch das Zusammenspiel zweier Tendenzen, die zur territorialen Veränderung führten, welche zunächst durch Säkularisation und Mediatisierung das politische Kleinleben im Reich vernichtet und endlich mit Schaffung des Rheinbundes dieses Alte Reich selbst zerstört hat: einmal der machtpolitische Wille des revolutionären und napoleonischen Frankreichs, seine Grenze zum Rhein vorzuschieben und seine Macht auch im rechtsrheinischen Deutschland auszuüben, andermal der expansive Wille der größeren deutschen Einzelstaaten, ihren Machtbereich auszudehnen, ihr Territorium abzurunden und die staatliche Souveränität zu vollenden.[20]

Der politische Impuls der Französischen Revolution 1789 in Verbindung mit den Revolutionskriegen seit 1792 führte schließlich zur Eroberung des linksrheinischen Reichsgebietes durch die siegreichen französischen Truppen. Preußen schloss – unter Verletzung seiner verfassungsrechtlichen Pflichten gegenüber dem Reich – mit der französischen Republik den Sonder- bzw. Separatfrieden zu Basel.[21] Darin stimmte Preußen beispielgebend dem Entschädigungsprinzip durch Säkularisation geistlicher Territorien zu. Es folgten Hessen-Kassel, Württemberg und Baden in

---

20 Zum Ende des Alten Reiches vgl. z. B. Ernst Walder (Bearb.): *Das Ende des Alten Reiches. Der Reichsdeputationshauptschluß von 1803 und die Rheinbundakte von 1806 nebst zugehörigen Aktenstücken*. Bern 1948. (Quellen zur Neueren Geschichte, Heft 10.); Elisabeth Fehrenbach: *Vom Ancien Régime zum Wiener Kongreß*. München; Wien ⁴2001. (Oldenbourg-Grundriß der Geschichte, Bd. 12.)

21 Zum Basler Frieden (5.4.1795) vgl. u. a. Paul Bailleu: *König Friedrich Wilhelm II. und die Genesis des Friedens von Basel*. In: Historische Zeitschrift 75, N. F. 39 (1895), S. 237–275; Anton Ernstberger: *Österreich – Preußen von Basel bis Campoformio 1795 bis 1797. Bd. 1: Der Westen. Krieg und Frieden mit Frankreich*. Prag 1932. (Quellen und Forschungen aus dem Gebiete der Geschichte, Bd. 12.); Hans Haussherr: *Hardenberg und der Friede von Basel*. In: Historische Zeitschrift 184 (1957), S. 292–335; Albert Sorel: *La paix de Bâle. Étude sur les négociations qui ont précédé le traité du 15 germinal an III (4. avril 1795) entre la France et la Prusse*. In: Revue historique 5 (1877), S. 265–305 ; 6 (1878), S. 29–86, 315–354 ; 7 (1878), S. 14–65, 316–361.

jeweiligen separaten Friedensabkommen – wenn auch noch versteckt in den Gehei-
martikeln. Die derartigen Entschädigungszusagen zum Opfer fallenden Reichslande konnten noch auf Fortbestand hoffen, solange der Kaiser als Schutz- und
Schirmherr des Reiches in der Entschädigungsfrage noch nicht Stellung bezogen
hatte – doch diese Hoffnung war nur von kurzer Dauer. Der von der Tripelallianz
Österreich, England und Russland in wechselvollen Kämpfen weitergeführte Krieg
wurde mit dem Präliminarfrieden von Leoben und dem auf Schloss Passariano, in
der Nähe von Campo Formio, geschlossenen Frieden beendet. In einem geheimen
Zusatzabkommen verpflichtete sich Österreich zum Prinzip der Säkularisation.
Die weltlichen Fürsten sollten mit geistlichen Gütern und Territorien im verblie-
nen rechtsrheinischen Reichsgebiet entschädigt werden. Der Kriegszustand zwischen dem Reich und Frankreich blieb bestehen; ein Friedensvertrag sollte – wie im
Frieden von Campo Formio vereinbart – auf dem Kongress in Rastatt ausgehandelt
werden. Hauptthemen waren die Abtretung des linken Rheinufers und die Regelung der Entschädigungsfrage. Allerdings kam es auf dem Rastatter Kongress nicht
mehr zu einem greifbaren Ergebnis, nachdem der Kongress wegen der erneut aus-
gebrochenen Feindseligkeiten mit Frankreich vorzeitig abgebrochen worden war.
Nach anfänglichen Erfolgen nahm der Krieg einen für die Alliierten unglücklichen
Verlauf, woraufhin sich die Mehrzahl der Reichsstände durch Sonderverträge aus
dem Krieg zurückzog. Im Frieden von Lunéville beendete der Kaiser den Kriegszustand für Österreich und das Reich und musste das gesamte linke Rheinufer an
Frankreich abtreten.

Fürst Karl Anselm von Thurn und Taxis wurde nicht nur um seinen Besitz im
heutigen Belgien gebracht, der von den Franzosen beschlagnahmt worden war, sondern vor allem um die einträgliche Post in den abgetretenen Gebieten. Die Ein-
bußen schätzte man hausintern auf über 381.000 fl.[22]

Der Reichstag beauftragte eine Reichsdeputation, einen Ausschuss des Reichs-
tages, mit der Aufstellung eines Entschädigungsplanes. Ehe diese zusammentrat
hatten sich die Großmächte Frankreich und Russland – die Garantiemächte des
Westfälischen Friedens von 1648 – über die Verteilung der Entschädigungsmasse
im wesentlichen geeinigt. Hauptgegenstände der Verhandlungen der Reichsdeputation waren die Säkularisation der Erz-, Hoch-, Reichs- und Mediatstifte sowie
sonstiger Klöster, die Mediatisierung etlicher Reichsstädte, Ländervertauschun-
gen, Verteilung der Entschädigungen auf verlusttragende und auch nicht verlusttragende Reichsstände, die Schaffung neuer Kurwürden und Verteilung der politischen und konfessionellen Gewichte im zukünftigen Reichstag, die Sicherung des
Religionsstandes und der hiermit zusammenhängenden Rechte der Untertanen in
den Entschädigungsländern, die Verpflichtungen der erwerbenden Landesherren
und die Sicherheiten für die säkularisierte Geistlichkeit und ihre Dienerschaft. Obwohl Frankreich und Russland sich als bloße Vermittler gaben und deshalb ihre an

---

22 FTTZA, DK 69, Prod. 58. Vgl. Martin Dallmeier: *Das oberschwäbische Schloß Marchtal der Fürsten von Thurn und Taxis im 19. Jahrhundert*. In: Max Müller; Rudolf Reinhardt; Wilfried Schöntag
(Hgg.): Marchtal. Prämonstratenserabtei, Fürstliches Schloß, Kirchliche Akademie. Festgabe zum
300jährigen Bestehen der Stiftskirche St. Peter und Paul (1692 bis 1992). Ulm 1992, S. 321–353, hier
S. 349, Anm. 8.

den Reichstag übergebene Deklaration vom August 1802 nur die Bedeutung eines unverbindlichen Vorschlags haben konnte, nahm ihn der Reichstagsausschuss im allgemeinen an; der Kaiser allerdings verweigerte die Zustimmung. Die Reichsdeputation aber trat auch dem zweiten, sogenannten allgemeinen Entschädigungsplan vom Oktober 1802 bei und nahm in nach einigen Änderungen im November 1802 in den ersten Deputationshauptschluss auf. Nach verschiedenen weiteren Abänderungen und Zusätzen erhob die Deputation den dritten Entschädigungsplan im Februar 1803 zum Hauptschluss, dem der Reichstag durch gemeinsames Reichsgutachten im März 1803 zustimmte und der durch den Kaiser im April 1803 ratifiziert wurde. Damit erlangte er die Kraft eines Reichsgesetzes, das die Grundlagen für die künftige Gestalt des Deutschen Reiches festlegte. Freilich konnte es keine dauernde neue Ordnung begründen.

Dank guter diplomatischer Beziehungen zur napoleonischen Verwaltung wurde das Fürstenhaus Thurn und Taxis zu den Entschädigungsberechtigten gezählt. Bereits unmittelbar nach dem Frieden von Lüneville hatte der geheime dirigierende Rat Freiherr von Vrints-Berberich Erkundigungen über den Wert verschiedener schwäbischer Kirchengüter eingezogen und sich in Hinsicht auf die bevorstehenden Säkularisationen der weltlichen Fürsten einige Gedanken über mögliche Entschädigungen gemacht. Vorteilhaft erschienen vor allem solche Besitzungen,[23] die

1°) auswärtige klösterliche Besitzungen in den hochfürstlichen Reichslanden mit selbigen consolidiren,

2°) die nebst guten Revenüen in der Nähe derselben gelegen sind, oder angränzen, wodurch auch die Administrationskosten vermindert würden,

3°) die dem Fürsten eine gute und angenehme Residenz sicherten, und einen künftigen Residenzbau ersparen würden.

Zu erstern rechnete das Fürstenhaus die Besitzungen auswärtiger Reichsstifte – im Gespräch waren Güter und Gefälle der Reichsstifte Weingarten, des Bistums Konstanz, der Landkommende Altshausen, des Reichsstifts Isny, Salem, Schussenried, des vorderösterreichischen Klosters Heiligkreuzthal und schließlich des Reichsstifts Buchau – im Friedbergischen, die Erwerbung der Kloster Neresheimischen, zwischen Dischingen und Ballmertshofen gelegenen Buchbronnmühle, dann der Hintersassen zu Dischingen, Schrezheim und Eglingen sowie die Domkapitlischen Gefälle im Dischingischen. Interessiert zeigte man sich schließlich auch an der Vereinigung der vier Städte Mengen, Saulgau, Riedlingen und Mieterkingen, dann des Dorfes Ertingen. Zu zweitem zählte die Abtei Neresheim, das bischöflich Augsburgische Amt Wittislingen bei Villingen, das Salemische Oberamt Ostrach, dann

---

23 FTTZA, DK 21069: Einige Anmerkungen in Hinsicht auf die bevorstehenden Säcularisationen und Entschädigungen der weltlichen Fürsten (Regensburg, 27. Februar 1801), fol. 1v (§ 4). Vgl. Claudia Neesen: *Zur Schadloshaltung für die Einkünfte der Reichsposten in den an Frankreich abgetretenen Gebieten... Die Prämonstratenserabtei Marchtal als Entschädigungsgut für das Haus Thurn und Taxis.* In: *Alte Klöster – neue Herren* (wie Anm. 9), Bd. 2/1, S. 411–424, hier S. 413–414; Volker Trugenberger: *Landesherrschaft im Übergang: Der Fürst von Thurn und Taxis und das Oberamt 1802–1806.* In: Edwin Ernst Weber (Hg.): Ostrach 1799. Die Schlacht, der Ort, das Gedenken. Hrsg. im Auftrag der Gemeinde Ostrach. Ostrach 1999, S. 93–128, hier S. 96–98; Dallmeier (wie Anm. 22), hier S. 321.

die Abtei Marchtal, das Reichsstift Buchau, die Abteien Schussenried oder Ochsenhausen. Zu drittem gehörte wieder die Abtei Neresheim sowie auch die Abtei Salem.[24]

Schon der erste französisch-russische Entschädigungsplan berücksichtigte einen Großteil der territorialen Wünsche des Fürsten von Thurn und Taxis. Er sollte die Klöster Marchtal und Neresheim, das Damenstift Buchau mit der Herrschaft Straßberg, die Reichsstadt Buchau sowie – nachträglich – das salemische Oberamt Ostrach mit der Herrschaft Schemmerberg erhalten.[25] Neben der Zuweisung neuer Territorien sah der Reichsdeputationshauptschluss neben der Stimme für die gefürstete Grafschaft Friedberg-Scheer für Buchau eine weitere Virilstimme auf dem Reichstag vor.[26]

Ein erster Wertansatz berechnete für die Entschädigungen eine Summe von insgesamt 194.000 fl., so dass zu den eigenen linksrheinischen Verlustberechnungen eine negative Differenz von fast 188.000 fl. vorlag.[27] Selbst wenn man die Verluste der Niederländischen Post – wie in Paris vereinbart – nur zur Hälfte veranschlagt, bleibt ein Defizit von ungefähr 13.000 fl. Nachträglich haben sich die Wertansätze dagegen als deutlich zu niedrig erwiesen.

Übernahme der Entschädigungslande

Noch bevor die Reichsdeputation in Regensburg eine endgültige Entscheidung über die Entschädigungslande getroffen hatte, sich aber die Wiedergutmachungen für das Haus Thurn und Taxis bereits konkret abzuzeichnen begannen, ließ der fürstliche Regierungs- und Hofgerichtspräsident Alexander Graf von Westerholt Ende August 1802 in den vorgesehenen Gebieten einerseits die Stimmung gegenüber dem neuen Herrscherhaus erkunden, andererseits war es ihm wichtig, Wachsamkeit gegenüber den Anstalten anderer Herrschaften walten zu lassen.[28] Preußen

---

24 Vgl. FTTZA, DK 21069: Einige Anmerkungen (wie Anm. 23), fol. 1v (§5), 1v–2r (§ 6), 2r–2v (§ 7) Beilagen.

25 Vgl. § 13 RDHS: „Dem Fürsten von Thurn und Taxis, zur Schadloshaltung für die Einkünfte der Reichsposten in den an Frankreich abgetretenen Provinzen: das gefürstete Damenstift Buchau, nebst der Stadt; die Abteyen Marchthal und Neresheim, das zu Salmannsweiler gehörige Amt Ostrach im ganzen Umfange seiner gegenwärtigen Verwaltung, mit der Herrschaft Schemmerberg und den Weilern Tiefenthal, Frankenhofen und Stetten. […]"

26 Vgl. § 32 RDHS: „Neue Virilstimmen in dem Reichsfürstenrathe erhalten: […] Der Fürst von Thurn und Taxis, für Buchau eine […] Die Aufruforderung, sowohl der alten, als der neuen Stimmen im Reichsfürstenrathe, wird künftig, nach der zehnten Strophe, folgende seyn: […] 99. Thurn und Taxis. […] 113. Taxis Buchau. […]" Eine Anzahl von weltlichen Mitgliedern des Reichsfürstenrats wechselte in zehntägigem Turnus die Reihenfolge in Sitz, Stimme und Unterzeichnung. Die verschiedenen Ordnungen wurden als Strophe I–X bezeichnet. Vgl. Karl Zeumer: *Quellensammlung zur Geschichte der Deutschen Reichsverfassung in Mittelalter und Neuzeit.* Tübingen 1913, S. 519, Anm. 1; Johann Stephan Pütter: *Institutiones iuris publici Germanici.* Göttingen ⁶1802, § 97, S. 97–99.

27 FTTZA, DK 21069, Nr. 58: Note. Vgl. Dallmeier (wie Anm. 22), hier S. 322, 349, Anm. 14.

28 Vgl. Neesen (wie Anm. 22), hier S. 414; Trugenberger (wie Anm. 22), hier S. 98.

und Österreich hatten bereits mit Okkupationen begonnen und es war damit zu rechnen, dass auch andere Häuser diesem Beispiel folgen würden.

Nachdem der dirigierende Rat Alexander Freiherr von Vrints-Berberich in Erfahrung gebracht hatte, dass seitens Bayerns, Württembergs und Hessens von den ihnen durch die mehrheitlich von der Reichsdeputation angenommene russisch-kaiserlichen und französischen Deklaration zugeteilten Entschädigungslande teils Militär- und teils Zivilbesitz bereits genommen worden war und Baden kurz davor stand solches zu tun, wollte er – um Nachteile zu vermeiden – mit der Besitzergreifung der dem Hause Thurn und Taxis zugefallenen Lande ebenfalls nicht mehr warten, bis dieser Plan durch die Reichsdeputation endgültig ratifiziert wäre. Schließlich bestand durchaus die konkrete Gefahr, dass diese mächtigeren Fürsten mit einer vorläufigen Besitzergreifung durch ihre Truppen auch in den für Thurn und Taxis vorgesehenen Entschädigungen vollendete Tatsachen schufen, durch die der Fürst von Thurn und Taxis trotz der französisch-russischen Pläne das Nachsehen haben könnte. Zudem drängten auch die vermittelnden Mächte Frankreich und Russland auf eine rasche Inbesitznahme der Entschädigungsgebiete vor Abschluss der Verhandlungen, damit die Umsetzung ihrer Vorstellungen unumkehrbar würde. Die provisorische Besitzergreifung sollte – im Gegensatz zu anderen Herrscherhäusern – nicht militärisch, sondern zivil und *mit aller möglichen Vorsicht und mit dem wenigsten Aufsehen, doch aber mit Würde und Erfolg geschehen.*[29]

Ausführen sollte diese Besitznahme der Regierungspräsident Graf von Westerholt als Kommissär, wofür er am 23. September 1802 die fürstliche Vollmacht erhielt.[30] Eine weitere ähnliche Vollmacht wurde zwei Wochen später notwendig, nachdem in einer neuen, zum 8. Oktober vorgelegten Deklaration der Reichsdeputation auch die zu Salem gehörende Herrschaft Schemmerberg sowie die Orte Tiefenhülen, Frankenhofen und Stetten (bei Ehingen) als Entschädigung angesetzt und zugewiesen worden waren.[31]

Der geheime dirigierende Rat Freiherr von Vrints-Berberich wandte sich im Namen des Fürsten auch an die Reichsprälaten von Salem, Marchtal und Neresheim sowie an die Fürstäbtissin von Buchau und den Magistrat der Reichsstadt Buchau und brachte diesen die Unabwendbarkeit der bevorstehenden Ereignisse zum Ausdruck.[32] Die Freude war groß, vor andern an das Fürstenhaus Thurn und

29 FTTZA, DK 21069, Nr. 49: Abschrift des Berichts Freiherr von Vrints-Berberich an Fürst Karl Anselm von Thurn und Taxis (Regensburg, 20. September 1802); DK 21070: Konzept des Berichts (Regensburg, 20. September 1802).
30 FTTZA, DK 21069, Nr. 55: Vollmacht Fürst Karl Anselm für Graf von Westerholt (Schloss Trugenhofen, 23. September 1802); DK 21070: Vollmacht.
31 FTTZA, DK 21069, Nr. 57: Vollmacht Fürst Karl Anselm für Graf von Westerholt (Schloss Trugenhofen, 23. September 1802); DK 21070, Konzept der Vollmacht (Schloss Trugenhofen, 23. September 1802).
32 FTTZA, DK 21070, ad N. 864: Fünf Schreiben Freiherr von Vrints-Berberich an die Reichsprälaten von Salmannsweiler, Marchtal, Neresheim, die Fürstäbtissin von Buchau und den Magistrat der Reichsstadt Buchau (Regensburg, 23. September 1802); DK 21069, Nr. 54: Konzept der fünf Schreiben (Schloß Trugenhofen, 23. September 1802). Vgl. Neesen (wie Anm. 21), hier S. 415.

Taxis gefallen zu sein,[33] das für seinen Großmut und seine Freigebigkeit bekannt war. Dieses hohe Maß an Zutrauen sollte nicht enttäuscht werden, da ihm *in der Politik eine ähnliche Bedeutung zukommt, wie der Glaubwürdigkeit in der Wirtschaft.*[34]

Graf von Westerholt stand während seiner Geschäftsreise durch die Entschädigungslande in ständigem brieflichem Kontakt – in französischer Sprache – mit Freiherr von Vrints-Berberich, dem Direktor der fürstlichen Kanzlei in Regensburg, um ihn von allen Vorgängen in Kenntnis zu setzen und natürlich um alle erforderlichen Maßnahmen abzuklären und absegnen zu lassen. Die Hauptsorge sollte der Kommissär darauf legen, *so viel möglich, genaue und verläßge Notizen, und in möglichster Eile sam[m]eln zu laßen, was die uns zugetheilten Stifter etc. etc. an Zehenden, Gefällen etc. überhaupts an Besitzungen in auswärtigen Territoriis haben, und was dagegen andere in den unsrigen besitzen, wobey es hauptsächlich auf den wahren Werth dieser Gefälle anköm[m]t, um davon sicheren Gebrauch zu möglichen Austauschungen und Bestim[m]ungen zu unsrer Konvenienz und Vortheil noch zu rechter Zeit machen zu können.*[35] Diesem Zweck diente sicherlich auch die Aufforderung an die Kommissionsgehilfen von den zugeteilten Entschädigungsgebieten Okularrisse, sprich nicht maßstabsgetreue Karten, anzufertigen und außerdem die genauen, vollständigen Titel nachzuforschen sowie die Wappen nebst Erklärung der Beziehung der verschiedenen Felder beizufügen.[36] Im September erhielt Graf von Westerholt ein erstes „Verzeichnis der Reichs-Stift Marchtallischen Besitzungen", zusammengestellt von dem marchtalischen Rentmeister Leopolt Carl von Blocken, ferner je eine „Generaltabelle" über die jährlichen Einkünfte und Ausgaben der Reichsabtei mit Ausnahme der Pfarreien und Fabriken: Einnahmen in Höhe von 101.073 fl. 48 xr. 5 h. standen Ausgaben in Höhe von 29.205 fl. 37 xr. 1 h. gegenüber, womit ein Reingewinn von 71.868 fl. 11 xr. 4 h. verbleibt.[37]

Am 24. September 1802 wollte Graf von Westerholt eigentlich sein Dienstgeschäft in Neresheim beginnen, musste aber unverrichteter Dinge in Dischingen abwarten, da Abt Michael an diesem Tag in Mönchsdeggingen weilte. So begab sich Westerholt in Begleitung des Hof- und Regierungsrates Kleinschmidt erst am 25. September um 9 Uhr morgens nach Neresheim, um mit dem Reichsprälaten in eine Privatunterredung zu treten, bei dem er kurz die Gründe für die Eile bei der Besitzergreifung erläuterte, die am folgenden Tag vor sich gehen sollte. Die provi-

33 FTTZA, SchA 810, Nr. 3, Beilage: Schreiben des Oberamtmanns von Ackermann an Graf von Westerholt (Marchtal, 3. September 1803), fol. 1v.

34 FTTZA, DK 21069: Copie de la lettre de M. le Comte de Westerholt à M. le Baron de Vrints-Berberich (Heudorf, le 3 octobre 1802).

35 FTTZA, DK 21069: Schreiben Freiherr von Vrints-Berberich an Graf von Westerholt (Regensburg, 2. Oktober 1802), fol. 2r.

36 Vgl. FTTZA, SchA 810, Nr. 27: Konzept des Schreibens an die Hof- und Regierungsräte von Dollé und Kleinschmidt, Hofrat und Oberamtmann Grimm sowie Ökonomierat Poppele (Regensburg, 20. Oktober 1802).

37 FTTZA, DK 21069: Verzeichnis der Reichs-Stift Marchtallischen Besitzungen, mit zwei Beilagen: Generaltabelle über die jährlichen Ausgaben der Reichsabtei Marchtall, mit Ausnahme der Pfarreien und Fabriken, Generaltabelle über die jährlichen Einkünfte der Reichsabtei Marchtall mit Ausnahme der Pfarreien und Fabriken (Marchtal, … September 1802). Vgl. Neesen (wie Anm. 21), hier S. 415.

sorische Besitznahme Neresheims begann dann am Vormittag des 26. September um 11 Uhr und war um halb 5 Uhr abgeschlossen. Hofrat Kleinschmidt blieb nach Abreise Westerholts als fürstlicher Kommissär in Neresheim.[38] Am 10. und 11. Oktober kehrte Westerholt noch einmal nach Neresheim zurück, wo er zum einen das Besitznahmepatent an der Abteitür und den auswärtigen Besitzungen anschlagen ließ und sich zum anderen einen Überblick über die Waldungen machte, die in einem sehr guten Zustand waren.[39]

Die zum Kloster Salem gehörigen Güter in Ostrach und Schemmerberg schienen gleichermaßen vielversprechend zu sein. Das fürstliche Haus konnte daraus mit Einnahmen von bis zu 25.000 fl. rechnen – dies war *vielleicht viermal so viel, als wir es in den Anschlag gesetzt und berechnet haben, so, daß man mit Gewißheit annehmen kann, dieses einzige, bishero gleichsam als Zugabe angesehene Oberamt werde einen größern jährlichen Ertrag abwerfen, als sämtliche verlohrne Besitzungen in den Niederlanden.* Nach einem ersten Eindruck glaubte Westerholt jedoch nicht mehr, *daß der reine Ertrag von dem Oberamt Ostrach ienem der niederländischen Herrschaften gleichkomme.*[40]

Fürst Karl Anselm kündigte dem Reichsprälaten Caspar von Salem die unmittelbar bevorstehenden Veränderungen an – ähnlich wie einige Tage zuvor schon der badische Markgraf Karl Friedrich. Bemerkenswert ist, dass der Fürst – anders als Baden – beim Abt eindringlich um Verständnis für seinen Schritt bat und ihm sein Bedauern darüber ausdrückte, an den Säkularisationen teilnehmen zu müssen, um seine Rechte zu wahren.[41]

Die provisorische Besitzergreifung ging ohne Absprache der beiden erwerbenden Parteien vor sich. Am 28. September war Graf von Westerholt in Scheer eingetroffen, von wo aus er die zugeteilte Entschädigung in Gestalt des Oberamts Ostrach provisorisch in Besitz nehmen wollte. Dieses grenzte direkt an die thurn- und taxissche Herrschaft Scheer, was für eine weitere Arrondierung des fürstlichen

---

38 FTTZA, DK 21069: Copie de la lettre de M. le Comte de Westerholt à M. le Baron de Vrints-Berberich (Dischingen, le 24 septembre 1802); DK 21070: Registratur ad Acta über eine mit dem Herrn Reichsprälaten von Neresheim unterm 25. September 1802 gehabte Privatunterredung; DK 21070: Registratur ad acta über die am 26. September 1802 ergriffene provisorische Besitznahme der Reichsabtei Neresheim samt Zugehörden. Vgl. auch *Schwäbische Chronik* (6.10.1802), S. 403: „§ Taxis. Dischingen, den 26 Sept.[ember.] [...] Gestern hat unser RegierungsPräsident von der Reichs-Prälatur Neresheim provisorischen Besiz genommen, und reist heute nach dem FederSee ab, um auch die dortigen EntschädigungsLänder Buchau, Marthal [et]c. in Besiz zu nehmen. Der HofRath Kleinschmidt bleibt als Fürstl.[icher] Kommissarius in Neresheim."

39 FTTZA, DK 21069: Copies des lettres de M. le Comte de Westerholt à M. le Baron de Vrints-Berberich (Dischingen, le 10 octobre 1802; Dischingen, le 11 octobre 1802).

40 FTTZA, DK 21069: Copie de la lettre de M. le Comte de Westerholt à M. le Baron de Vrints-Berberich (Scheer, le 28 septembre 1802); DK 21070, N. 829: Abschrift Schreibens des Oberpostamtverwesers Klinkhammer in Ulm an Graf von Westerholt (Ulm, 3. September 1802); DK 21070, N. 950: Schreiben Graf von Westerholt an Freiherr von Vrints-Berberich (Ulm, 8. Oktober 1802), fol. 3r–3v.

41 GLA Karlsruhe, 48/5820: Schreiben Markgraf Friedrich an Reichsprälat Caspar (14. September 1802); 98/1550 (Findbuch) = 1428 (Mikrofilm): Schreiben Fürst Karl Anselm an Reichsprälat Caspar (Schloß Trugenhofen, 23. September 1802). Vgl. Hermann Schmid: *Die Säkularisation des Reichsstifts Salem durch Baden und Thurn und Taxis 1802–1804.* In: Schriften des Vereins für Geschichte des Bodensees und seiner Umgebung 98 (1980), S. 111–145, hier S. 125

Territoriums interessant war. So wollte er am Folgetag dem Reichsprälaten von Salem das fürstliche Schreiben schleunig zustellen und am 30. September Ostrach samt allen Zugehörden vorläufig in Besitz nehmen. Also fuhr Westerholt zusammen mit dem Regierungsrat von Dollé, dem Scheerer Oberamtmann Grimm, dem Forstmeister Aichner und zwei weiteren Personen von Scheer nach Ostrach. Nachdem er gegen ein Uhr mittags dort angekommen war, verlas er dem dortigen Oberamtmann Stehle nach kurzen einleitenden Worten das Besitznahmepatent, das anschließend am Amtshaus angebracht wurde. Der Hofrat und Oberamtmann Grimm erhielt den Auftrag, dann dort bis auf weiteres zu verbleiben, um sich eingehend über den neuen Besitz zu informieren. Noch am Abend des 30. September kehrte Graf von Westerholt nach Scheer zurück, von wo er die Ergebnisse seiner Mission an Freiherr von Vrints-Berberich übermittelte.[42]

Bereits Anfang Oktober war in der „Schwäbischen Chronik" zu lesen, dass die schwäbischen Grafen *die Aufhebung des Buchauischen Stiftes zu hintertreiben [suchten], weil die Grafen ein Recht zu haben glauben, ihre Töchter hinein zu bringen.* Anfang November stellte der reichsgräflich schwäbische Komitialgesandte Johann Sebastian Freiherr von Zillerberg beim Immerwährenden Reichstag zu Regensburg die Position der schwäbischen Reichsgrafen vor und konnte die Reichsdeputation von den besonderen Verhältnissen des Stifts Buchau als Haus- und Familienstiftung zur Versorgung der Töchter in einem geistlichen Institut überzeugen. Freiherr von Vrints-Berberich gab sich bei der Gesandtschaft der vermittelnden Mächte alle erdenkliche Mühe, dieses Vorhaben zu hintertreiben und brachte es dahin, dass der französische Minister La Forest eine Abänderung des Entschädigungsplanes in dieser Sache nicht zuließ. Das Stift Buchau war damit als Entschädigung für das Fürstenhaus Thurn und Taxis gerettet.[43]

Von Heudorf aus, wo Graf von Westerholt am 1. Oktober eingetroffen war, wollte er nunmehr der Fürstäbtissin *sein Lied singen.* So begab er sich am folgenden Tag um 10 Uhr vormittags nach Buchau, wo er um halb 12 Uhr anlangt, um die bevorstehende Besitzergreifung anzukündigen. Das Dienstgeschäft in Buchau gestaltete sich notabene weniger schwierig als erwartet, da einige Stiftsdamen sich bereits im Vorfeld, ohne die Äbtissin, der Gnade des Fürsten anvertrauen wollten, in der Hoffnung oder Vorsicht, dass ihnen aus dem Eigensinn ihrer Fürstäbtissin kein Nachteil entstehe.[44]

42 FTTZA, DK 21070, ad N. 911, Beilage 1: Schreiben Graf Westerholt an den Fürsten (Scheer, 28. September 1802); DK 21069: Copie de la lettre de M. le Comte de Westerholt à M. le Baron de Vrints-Berberich (Scheer, le 30 septembre 1802); SchA 1280, Nr. 7; SchA 1283: Bericht des Grafen von Westerholt über die provisorische Besitzergreifung in Ostrach (Scheer, 1. Oktober 1802). Vgl. Trugenberger (wie Anm. 21), hier S. 102–103. Zur Vorgehensweise Badens vgl. Schmid (wie Anm. 40), hier S. 125–127.
43 FTTZA, DK 21069: Vorstellungen der schwäbischen Reichsgrafen (Regensburg, 8. November 1802); Promemoria des Freiherrn von Zillerberg (Regensburg, 6. November 1802); DK 21070, Nr. 1106: Bericht der Geheimen Kanzlei an den Fürsten (Regensburg, 17. November 1802). Vgl. *Schwäbische Chronik* (15.10.1802), S. 415 (Ulm, 8. Oktober).
44 FTTZA, DK 21069: Copie de la lettre de M. le Comte de Westerholt à M. le Baron de Vrints-Berberich (Dischingen, le 25 septembre 1802) ; DK 21070, N. 925, Beilage 2 : Registratur ad acta über die Insinuation der provisorischen Besitzergreifung des Reichsstifts Buchau (Schloß Heudorf, 3. Oktober 1802).

Westerholt war von der wirtschaftlichen Situation sowohl des Stiftes als auch der Reichsstadt und Landschaft nicht angetan, zeigte sich aber dennoch zuversichtlich, dass auch mit dem Erwerb Buchaus dem Fürstenhaus eine einträgliche Entschädigung zugefallen war, obgleich hier erst noch durch eine effektive Verwaltungsarbeit die auf Reichsstadt und Landschaft liegenden Lasten beseitigt werden mussten.[45] Bereits als die Stadt Buchau davon erfahren hatte, dass sie ebenfalls als Entschädigung dem fürstlichen Haus Thurn und Taxis zugefallen war, schickten Bürgermeister und Rat ein Schreiben an den neuen Landesherrn, in welchem sie ihrer Freude darüber Ausdruck verliehen, den Fürsten als *Durchlauchtigst-erhabensten Soufrainen und Huldreichsten Retter der Armen* erhalten zu haben, und sich der fürstlichen Gnade unterwarfen. Auch die örtliche Buchauer Judenschaft lief bei der Durchfahrt des Kommissärs zusammen und bekundete ihre Freude, sich als zukünftige fürstliche Untertanen ansehen zu dürfen.[46]

Auch Abt Friedrich von Marchtal, der erst im Mai 1802 ins Amt gewählt worden war und schon ahnte, *daß seine Regierung nicht von langer Dauer sein werde*, wandte sich Anfang September 1802 in einem Schreiben an den Fürsten, in welchem er seinen Empfindungen Ausdruck verlieh. Seine trotz des zu erwartenden Schicksals positive Einschätzung des Fürsten von Thurn und Taxis wird umso verständlicher, wenn man sich das Vorgehen Württembergs vor Augen führt, das im Rahmen seiner Besitzergreifung die benachbarten Zwiefaltischen Klosteruntertanen mit Truppen belegt hatte, die von diesen mit Lieferungen aller Art unterhalten werden mussten. Im Gegensatz dazu konnte der Besitznahmekommissär seinem Fürsten ganz andere Wahrnehmungen von *Liebe und Zutrauen* aus den thurn- und taxisschen Entschädigungslanden vermelden.[47]

Vor den eigentlichen Handlungen zur Besitzergreifung gab es ein Treffen des marchtalischen Klosterbeamten von Ackermann mit dem Scheerer Oberamtmann Grimm am 13. September zu Riedlingen. Der Besitznahmekommissär erhielt bereits Mitte September eine umfängliche topographische „Beschreibung über die Besitzungen, Herrlichkeiten, Rechte und Einkünfte des Reichsstifts Marchtal südlich der Donau". Gerade die Geschlossenheit des Territoriums und die benachbarte

---

45 FTTZA, DK 21069: Copie de la lettre de M. le Comte de Westerholt à M. le Baron de Vrints-Berberich (Dischingen, le 10 octobre 1802); DK 21070, N. 925, Beilage 1: Schreiben Graf von Westerholt an den Fürsten die vorläufige Besitzergreifungsinsinuation zu Stift Buchau betreffend (Schloß Heudorf, 3. Oktober 1802).

46 FTTZA, DK 21069, Nr. 31, Beilage a: Schreiben Bürgermeister und Rat von Buchau an den Fürsten (Buchau, 6. September 1802); DK 21070, N. 863: Antwortschreiben des Fürsten an den Bürgermeister der Reichsstadt Buchau (Schloss Trugenhofen, 20. September 1802); N. 925, Beilage 1 (wie Anm. 44).

47 FTTZA, DK 21069, Nr. 18: Schreiben Reichsprälat Friedrich an Fürst Karl Anselm von Thurn und Taxis (Marchtal, 3. September 1802); DK 21070, ad N. 926, Beilage 1: Schreiben Graf Westerholt an den Fürsten (Schloss Heudorf, 4. Oktober 1802), fol 1r–1v; SchA 810, Nr. 7, Beilage b: Note über die Einkünfte von dem Reichs-Stift Marchtall.[isch]en Leibfälligen Hofe zu Berg (Marchtal, 22. September 1802), fol. 2r; Nr. 12: Schreiben Graf von Westerholt an den Fürsten (Schloss Heudorf, 4. Oktober 1802), fol. 1r–1v. Vgl. Friedrich August Walter: *Kurze Geschichte von dem Prämonstratenserstifte Obermarchtall. Von seinem Anfange 1171 bis zu seiner Auflösung 1802. Zusammengetragen von einem Mitgliede dieses Stiftes. Mit einem Titelkupfer.* Ehingen a. d. D. 1835. ND in: Aus der Geschichte des Klosters Obermarchtal. Bad Buchau 1985, S. 57–428.

Lage zur angrenzenden thurn- und taxisschen Herrschaft Dürmentingen machte Marchtal für das Fürstenhaus so interessant. Das Kloster bot außerdem die Möglichkeit zu einer fürstlichen Residenz umgewandelt zu werden.[48]

Am 3. Oktober begab sich Westerholt um 10 Uhr vormittags von Schloss Heudorf nach Marchtal, um die bevorstehende provisorische Zivilbesitznahme der Reichsabtei anzukündigen. Gegen 12 Uhr mittags traf er dort ein und wurde vom Reichsprälaten, von einigen Klostergeistlichen und den Klosterbeamten *auf das zuvorkommendste u.[nd] freundschaftlichste empfangen*. Der Besitznahmekommissär musste feststellen, dass er *eine solche Uebereinstimmung von Denkungsart [...], eine so ruhige, edle unängstliche Hingebung [...] niergends angetroffen* habe.[49] Nach 5 Uhr abends begab sich Westerholt wieder nach Schloss Heudorf, um am darauffolgenden Tag, dem 4. Oktober die Inbesitznahme der Reichsabtei Marchtal vorzunehmen. Der Kommissär verfügte sich also – mit Ausnahme des Hofrats und Oberamtmanns Grimm – in der nämlichen Begleitung wie bei Ostrach nach 10 Uhr vormittags nach Marchtal und wurde dort wiederum vom Reichsprälaten und einigen Geistlichen sowie der Beamtenschaft empfangen. In seiner Rede nahm Westerholt als Besitzergreifungskommissär noch einmal kurz Bezug auf die am Vortag erläuterten Gründe dieser schnellen Durchführung und dankte Abt Friedrich für *die entschlossene Ruhe, das feste Zutrauen u.[nd] das offene Betragen*, mit dem er dem Fürsten entgegengekommen wäre. Im Anschluss verlas Westerholt die Vollmacht kraft welcher er provisorischen Besitz ergriff. Danach wurde getafelt, auf das Wohl des Fürsten von Thurn und Taxis getrunken und anschließend die Klosterkirche, einige Abteigebäude und der Konventgarten besichtigt. Nach 5 Uhr abends verließ Westerholt Marchtal und begab sich wieder nach Heudorf zurück.[50]

---

48 FTTZA, SchA 810, Nr. 4: Schreiben Oberamtmann von Ackermann an Graf von Westerholt (Marchtal, 17. September 1802); Nr. 5 Beilage a: Oberflächlicher Beschrieb der Reichs Stift Marchtall[isch]en Besitzungen, Herrlichkeiten, Rechte, und Einkünften diesseits der Donau (Marchtal, 19. September 1802); DK 21070: Abschrift des Topographischen Beschriebs der Reichsstift Marchtallischen Besitzungen, Herrlichkeiten, Rechte und Einkünfte diesseits der Donau (Marchtal, 19. September 1802); SchA 810, Nr. 4, Beilagen a–d: Oberflächlicher Beschrieb der Reichsstift Marchtallischen Besitzungen, Herrlichkeiten, Rechte und Einkünfte diesseits der Donau (Marchtal, 17. September 1802), im einzelnen die Herrschaften Bremelau, der Freihof in Reutlingen, das Gut Ammern sowie das Augustinerkloster in Uttenweiler; Nr. 5, Beilage b: Kloster Uttenweiler (Marchtal, 18. September 1802); DK 21070, ad N. 926, Beilage 1: Schreiben Graf von Westerholt an den Fürsten (Schloß Heudorf, 4. Oktober 1802), fol. 2r; SchA 810, Nr. 12: Schreiben Graf von Westerholt an den Fürsten (Schloß Heudorf, 4. Oktober 1802), fol. 1v–2r.

49 FTTZA, DK 21070, ad N. 926, Beilage 2: Registratur ad acta über die geschehene Insinuation der erfolgenden provisorischen Besitzergreifung des Reichsstifts Marchtall (Schloß Heudorf, 4. Oktober 1802); SchA 810, Nr. 12, Beilage 1: Registratur ad acta über die geschehene Insinuation der erfolgenden provisorischen Besizergreifung des Reichs Stifts Marchtal (Schloss Heudorf, 4. Oktober 1802).

50 FTTZA, DK 21070, N. 958, Beilage 1: Registratur ad Acta über die erfolgte Besitzergreifung des Reichsstifts Marchtal (Schloß Heudorf, 5. Oktober 1802); Beilage 2: Anrede des Grafen Westerholt bei der provisorischen Besitzergreifung des Reichsstift Marchtal; SchA 810, Nr. 13: Registratur ad acta über die erfolgte Besitzergreifung des Reichs Stifts Marchtal (Schloss Heudorf, 5. Oktober 1802); Beilage: Anrede des Grafen von Westerholt bei der provisorischen Besitzergreifung des Reichsstifts Marchtal. Vgl. Walter (wie Anm. 42), S. 222–223; *Schwäbische Chronik* (20.10.1802), S. 419: „§ ReichsStift Marchtall. Am 4 diß hat das HochFürstliche Haus von Thurn und Taxis durch HochDero Herrn Regierungs- und HofGerichtsPräsidenten, Grafen v.[on] Westerholt,

In einem neuerlichen Schreiben brachte der Marchtaler Abt Friedrich nochmals seine Freude zum Ausdruck, an den Fürsten von Thurn und Taxis gefallen zu sein – auch rückblickend spricht er vom Fürsten und dem Erbprinzen als *äußerst humane und großartig gesinnte Herrn* –, gleichzeitig äußerte er aber auch den Wunsch, zu gegebener Zeit für die bereitwillige Übergabe seines Stiftes auch entsprechende Zuwendungen für die Geistlichkeit und Dienerschaft von Seiten des Fürstenhauses erwarten zu dürfen.[51] Alles in allem zeigte sich Graf von Westerholt hocherfreut über die große Zustimmung, die ihm und dem Fürstenhaus allgemein entgegengebracht wurde.

Am 5. Oktober fand schließlich die provisorische Besitzergreifung des Stifts Buchau statt; die Stadt Buchau folgte einen Tag später. In der nämlichen Begleitung wie in Marchtal begab sich Graf von Westerholt nach Buchau in das dortige Reichsstift, wo er von der versammelten fürstlichen Regierung empfangen und zur Fürstäbtissin und ihren Stiftsdamen geführt wurde. Der Kommissär hielt seine Anrede und ließ die Proklamation an das Stiftstor anschlagen. Im Anschluss vereinbarte Westerholt mit dem geheimen Rat Scheffold, dass die Untertanen der Herrschaft Straßberg von dem Vorgang unterrichtet werden, außerdem instruierte er den Hof- und Regierungsrat von Dollé, welcher sich abwechselnd in Buchau und Marchtal aufhalten sollte, um den ergriffenen provisorischen Besitz im Auge zu behalten – gemeint waren hier vor allem mögliche Übergriffe seitens Württembergs oder Badens – sowie sich über die verschiedenen Bestandteile und Verhältnisse der in Besitz genommenen Reichslande zu informieren.[52]

Zufrieden war Graf Westerholt auch mit dem voraussichtlichen Wert des im Marchtalischen gelegenen Augustinerklosters Uttenweiler, dem er am 7. Oktober seinen Besuch abstattete. Die Besitzergreifung erfolgte am 24. Oktober 1802 durch Anbringen des Patents.[53]

Nach den in Marchtal und Buchau erledigten Aufgaben hatte sich Graf von Westerholt am 8. Oktober auf der Rückreise nach Dischingen, um von dort den Geschäftsgang in Neresheim zu beleben und den Fortgang der Arbeiten in Augenschein zu nehmen, zu Ehingen wegen Schemmerberg näher erkundigt, und erfahren, es sei *eine sehr importante [= bedeutende] Herrschaft, deren Ertrag an die 30.000 fl. gehen soll.*[54]

---

provisorischen Besiz von dem hiesigen ReichsStifte nehmen lassen. – Das überaus edle, weise und menschenfreundliche Betragen des HochFürstlichen Herrn Kommissarius wird in den Herzen derjenigen, die bei diesem Akt anwesend waren, ewig unvergeßlich bleiben."

51 FTTZA, SchA 810, Nr. 14: Original und Abschrift des Schreibens Abt Friedrich an den Fürsten (Marchtal, 5. Oktober 1802). Vgl. Walter (wie Anm. 42), S. 222.

52 FTTZA, DK 21070, N. 959, Beilage 2: Registratur ad acta über den provisorisch ergriffenen Besitz des Reichsstifts Buchau; Beilage 2, N. 2: Kopie der Instruktioin für Hof- und Regierungsrat von Dollé; Beilage 3: Registratur ad acta über den provisorisch ergriffenen Besitz der Reichsstadt Buchau (Schloß Heudorf, 5. Oktober 1802).

53 FTTZA, SchA 810, Nr. 34: Schreiben Oberamtmanns von Ackermann an Graf von Westerholt (Marchtal, 25. Oktober 1802), fol. 1r; Nr. 35: Schreiben Hofrats von Dollé an Graf von Westerholt (Marchtal, 26. Oktober 1802), mit Beilage: Kopie des Schreibens Pater Augustin Riedmüller, Prior zu Uttenweiler, an Oberamtmann von Ackermann.

54 FTTZA, DK 21070, N. 950: Schreiben Graf von Westerholt an Freiherr von Vrints-Berberich (Ulm, 8. Oktober 1802), fol. 1v.

Nicht nur der Fürst von Thurn und Taxis, sondern auch der Markgraf von Baden und der Graf von Stadion waren an der in der Nähe der österreichischen Stadt Ehingen gelegenen Herrschaft Schemmerberg interessiert. Ersterem war nach dem französischen Entschädigungsvorschlag vom August 1802 der Besitz des Klosters Salem mit Ausnahme Ostrachs zugesprochen worden – Grundlage der Streitigkeiten zwischen den beiden Häusern. Baden ließ sogar Besitznahmepatente in Schemmerberg und auch am Salemer Hof in Pfullendorf anbringen. Der Graf von Stadion forderte Schemmerberg zusammen mit dem Amt Simmetingen des Klosters Ochsenhausen für den Verlust zweier Häuser in Mainz, das als linksrheinische Stadt an Frankreich gefallen war. Letztlich konnte Thurn und Taxis die Sache für sich entscheiden: ein neuer Entschädigungsplan vom 8. Oktober 1802 behielt die bereits im alten Plan vorgesehenen Entschädigungen bei und präzisierte die Gebietsgewinne aus der salemischen Säkularisationsmasse hinsichtlich des Pfullendorfer Pfleghofs und des Oberamts Ostrach, das in der ganzen Ausdehnung seines gegenwärtigen Verwaltungsgebietes mit der Herrschaft Schemmerberg und den Orten Frankenhofen, Tiefenhülen und Stetten bei Ehingen an die fürstliche Herrschaft fallen sollte.[55]

Eine provisorische Besitznahme konnte allerdings erst erfolgen, nachdem Westerholt von Dischingen aus mit einer neuen Vollmacht versehen worden war, da die bisherige darauf nicht lautete. Nach badischem Vorbild erteilte Westerholt Grimm den Auftrag, die provisorische Besitzergreifung in den unter fremder Landeshoheit stehenden Orten, in denen dem Oberamt Ostrach Gefälle zustanden, und ebenso in den Orten des Oberamts öffentlich bekanntzumachen. Der Oberamtmann ließ daraufhin die jeweiligen Ortsobrigkeiten mit einem entsprechenden Schreiben von der Besitznahme in Kenntnis setzen. In den Oberamtsorten wurden mangels gedruckter Patente, weisungsgemäß handschriftliche Bekanntmachungen angeschlagen. Die Inbesitznahme Schemmerbergs und der zum Pflegamt Ehingen gehörenden Orte Frankenhofen, Tiefenhülen und Stetten erfolgte am 16. Oktober bei der Rückreise des Kommissärs Westerholt von Dischingen nach Regensburg.[56]

Damit war das aufgetragene Dienstgeschäft *vor der Hand* vollzogen, *die verlangten Notizen gesammelt und zusammen geschrieben*. Die provisorische Inbesitznahme dauerte alles in allem drei Wochen. Der Besitznahmekommissär hatte – trotz angeschlagener Gesundheit – ein enormes Arbeitspensum abgeleistet. Insgesamt zeigte er sich sehr zufrieden mit den neuen Erwerbungen, die seiner Meinung nach *ein herrliches Ensemble bilden, aus dem wir mit der Zeit, mit Ordnungssinn und Weisheit in den Grundsätzen einen wohl beträchtlicheren Nutzen als die derzeitigen Besitzer ziehen können*. Die von der thurn- und taxisschen Verwaltung angestellten Berechnungen, um die durch den Lüneviller Frieden erlittenen Verluste mit dem Wert der Entschädigungen vergleichen zu können, wurden später bei

---

55 FTTZA, DK 21069: Schreiben Vrints-Berberich an Westerholt (Regensburg, 29. November 1802). Vgl. Erzberger (wie Anm. 5), S. 31; Trugenberger (wie Anm. 21), hier S. 106.
56 FTTZA, DK 21070: Reiserechnung des Grafen von Westerholt in Besitzergreifungsgeschäften, fol. 1v–2r; SchA 1280, Nr. 13; Nr. 15. Vgl. Trugenberger (wie Anm. 21), hier S. 104.

weitem übertroffen. Auch bezüglich der Stimmung gegenüber dem neuen Herrscherhaus Thurn und Taxis fand er überwiegend positive Meinungen.[57]

Im Vorfeld der provisorischen Besitzergreifung hatte sich Graf von Westerholt bereits Übersichten über die Marchtalischen Besitzungen und Einkünfte zusammenstellen lassen, um einen Überblick über den wirtschaftlichen Zustand des Reichsstiftes zu erlangen. Nach seiner neuerlichen Abreise von Regensburg Mitte November 1802 machte sich Graf Westerholt mithilfe seiner Kommissare daran, nach und nach die Vermögensverhältnisse der neuen Besitzerwerbungen näher in Augenschein zu nehmen und die entsprechenden Angaben und Auskünfte der Klosterverwaltungen zusammenzustellen. Das Kloster Marchtal verfügte über Vermögen von einiger Bedeutung, das neben den kirchlichen Eigentums- und Nutzungsrechten auch aus Forderungen in Form von Zehntabgaben sowie aus den Fronrechten, Hand- und Spanndiensten bestand. Auch die Einkünfte des Klosters übertrafen diejenigen der Abtei Neresheim *wenigstens um das alterum tantum* (Doppelte) und warfen *eine Summe von mehr als 100.000 fl.* ab – ungeachtet der Tatsache, dass die Fruchtvorräte *in einem sehr mittelmäsigen Anschlag angerechnet worden sind.* Auch die Einkünfte aus den Ökonomien könnten *durch zweckmäsige Einrichtungen [...] wenigstens um 20.000 fl. erhöht werden.* So konnte Westerholt seiner Zufriedenheit Ausdruck geben über die Neuerwerbung. Selbst wenn man *die Marchtalischen Einkünfte im geringsten Anschlag mit 110.000 fl., die Sustentation, und die Administrations Kösten aber auf etwa 40–42.000 fl. im höchsten anschlägt, [könne] man doch im[m]er höchst wahrscheinlich einen reinen Ertrag von 70.000 fl. sich versprechen.*[58]

Nach der Rückkunft des Grafen Westerholt in Regensburg ging es alsdann darum – vor allem nachdem im durch den Deputationsbeschluss vom 21. Oktober angenommenen Definitivplan der 1. Dezember 1802 als Termin der Zivilbesitzergreifung festgesetzt worden war –, die in Bezug auf den Übergang vom provisorischen zum wirklichen Zivilbesitz festzusetzenden Maßregeln und Grundsätze mit Freiherrn von Vrints-Berberich zu besprechen. Außerdem mussten die entsprechenden Erlasse für das künftige Organisationssystem vorbereitet und ausgeführt werden.[59]

Fürst Karl Anselm von Thurn und Taxis ernannte am 22. November 1802 wiederum seinen geheimen Rat, Regierungs- und Hofgerichtspräsidenten Alexander Graf von Westerholt zu seinem Besitzergreifungskommissär. Dieser sollte im Auftrag des Fürsten den bisherigen Besitzern und ihren Untertanen die Aufhebung der Klöster eröffnen und die bisherige stiftische und reichsstädtische Beamten- und

---

57 FTTZA, DK 21070, N. 959, Beilage 1: Schreiben Graf von Westerholt an den Fürsten (Schloß Heudorf, 6. Oktoeber 1802), fol. 1r–1v; DK 21069: Copie de la lettre de M. le Comte de Westerholt à M. le Baron de Vrints-Berberich (Heudorf, le 3 octobre 1802), fol. 1r; DK 21070, ad N. 926, Beilage 1: Schreiben Graf von Westerholt an den Fürsten (Schloß Heudorf, 4. Oktober 1802), fol. 1r–1v.

58 FTTZA, DK 21071, No. 44: Pro Memoria Graf von Westerholt an die geheime Kanzlei (Obermarchtal, 7. Januar 1803), fol. 1r; No. 45: Promemoria Graf von Westerholt an die geheime Kanzlei (Obermarchtal, 9. Januar 1803), fol. 1r.

59 FTTZA, DK 21070, N. 950: Schreiben Graf von Westerholt an Freiherr von Vrints-Berberich (Ulm, 8. Oktoeber 1802), fol. 3v–4r.

Dienerschaft sowie die Untertanen in fürstliche Pflichten nehmen. Danach waren notwendigerweise die wirtschaftlichen Verhältnisse dieser Entschädigungen genauer in Augenschein zu nehmen und alles weitere abzuwickeln und anzuordnen. Diese Instruktionen waren zwar sehr detailliert geregelt, im einzelnen wurden sie letztlich aber nicht genau so umgesetzt.[60]

Als Württemberg bereits am 23. November zur Tat schritt, erteilte auch Graf von Westerholt den verschiedenen Okkupationskommissionen die Weisung, den geistlichen Souveränen die fürstlichen Schreiben auszuhändigen und das hochfürstliche Wappen anbringen zu lassen. Zugleich wurden Schreiben an die Klosterbeamtenschaft verfasst, in denen an die Verantwortung für die neue Herrschaft erinnert wurde. In einem gleichlautenden Schreiben wurde Ende November den Reichsprälaten zu Marchtal und Neresheim sowie der Fürstäbtissin zu Buchau die anstehende Zivilbesitznahme der fürstlichen Entschädigungslande angekündigt. Ein ähnlich lautendes Schreiben erhielt auch der Reichsprälat zu Salem.[61]

Bereits schon Mitte November hatte Graf von Westerholt die fürstlichen Beamten in Ehingen, Marchtal und Scheer davon in Kenntnis gesetzt, dass der Anfang des Zivilbesitzes durch die Reichsdeputation um acht Tage in die letzte Novemberwoche vorverlegt worden war. Nachdem Ende November die Zivilbesitznahme seitens Badens und Württembergs bereits vor sich gegangen war und diejenige durch Bayern und Kurmainz unmittelbar bevorstand, sollte die Besitzergreifung der thurn- und taxisschen Entschädigungslande ebenfalls baldmöglichst Anfang Dezember erfolgen, sobald es die Gesundheitsumstände des Grafen von Westerholt erlauben würden, der gerade an einem Gichtanfall litt. Den Akt der Zivilbesitznahme und die damit in unmittelbarer Verbindung stehenden Vorkehrungen übertrug Graf von Westerholt aufgrund seiner Unpässlichkeit an die verschiedenen Besitznahmekommissionen vor Ort. Das eigentliche Organisationsgeschäft behielt er sich aber vor und holte dies nach seiner Genesung nach.[62]

Am 1. Dezember 1802 erfolgte dann die Zivilbesitznahme des Reichsstifts Neresheim durch den Hof- und Regierungsrat Kleinschmidt. Sogleich nach der

---

60 FTTZA, DK 21069: Vollmacht für Herrn Grafen v.[on] Westerholt zur Civilbesitznahme der fürst[lichen] Entschädigungen; Instruktion für Herrn Besitznahm Com[m]issaire Grafen von Westerholt (Schloß Trugenhofen, 22. November 1802); DK 21070: Konzept der Vollmacht (Schloss Trugenhofen, 22. November 1802) und Instruktion (Regensburg, 22. November 1802).

61 FTTZA, DK 21070, ad No. 1170: Schreiben Graf von Westerholt an Freiherr von Vrints-Berberich (Schloß Trugenhofen, 26. November 1802); DK 21069: Abschrift des Schreibens Fürst Karl Anselm von Thurn und Taxis an die Fürstin von Buchau, an den Reichsprälaten zu Neresheim und an den Reichsprälaten zu Marchtal sowie an den Reichsprälaten zu Salmannsweiler (Schloß Trugenhofen, 22. November 1802); DK 21070: Konzept der Schreiben (Schloss Trugenhofen, 22. November 1802).

62 FTTZA, DK 21069: Schreiben Graf von Westerholt an Ökonomierat Poppele zu Ehingen, Hof- und Regierungsrat von Dollé zu Marchtal und Hofrat und Oberamtmann Grimm zu Scheer (Regensburg, 17. November 1802); DK 21070, No. 1113: Konzept des Berichts der geheimen Kanzlei an den Fürsten (Regensburg, 19. November 1802); DK 21069: Schreiben Freiherr von Vrints-Berberich an Graf von Westerholt (Regensburg, 29. November 1802); DK 21070, ad No. 1170: Konzept des Schreibens; DK 21070: Schreiben Graf von Westerholt an Freiherr von Vrints-Berberich (Schloß Trugenhofen, 30. November 1802).

Hochfürstlich Thurn- und Taxissches Wappen.[63]

Inbesitznahme ließ Hofrat Kleinschmidt Inventarien über die neresheimischen Besitzungen, Mobilien und Fahrnisse anfertigen.[64]

Die kurfürstlich pfalzbayerische Landesdirektion zu Neuburg stellte sich wegen der Zivilbesitznahme der zu Neresheim gehörigen kurpfalzbayerischen Hofmark Ziertheim zunächst quer. Um allen Bedenklichkeiten gegenüber Bayern auszuweichen, schlug Graf Westerholt vor, der Fürst von Thurn und Taxis solle alle diesbezüglichen Rechte anerkennen. Nach Rücksprache mit Freiherrn von Rechberg,

---

63 Bischöfliches Ordinariat Rottenburg a. N., Inv. Nr. 00827: Wappen des Fürstenhauses Thurn und Taxis vom Tor des säkularisierten Prämonstratenserklosters Marchtal (um 1803). Holz, farbig gefasst, ca. 155 × 133 cm. Vgl. *Alte Klöster – neue Herren* (wie Anm. 9), Bd. 1, S. 126. Nr. III.56. In der Mitte das „redende" Stammwappen der Familie, der Dachs, umgeben von den Wappen della Torre (Turm, doppelt), Valsassina (Löwe, doppelt), Friedberg (Löwe) und Scheer (Schere).

64 FTTZA, DK 21070: Registratur über die Civilbesitznahme des Klosters Neresheim; DK 21070, No. 1261: Schreiben Graf von Westerholt an Freiherr von Vrints-Berberich (Schloss Trugenhofen, 11. Dezember 1802); Beilage: Verzeichniß verschiedener Reichstift Neresheimischen Inventarien; DK 21070, ad No. 1261: Schreiben der geheimen Kanzlei an Graf von Westerholt (Regensburg, 18. Dezember 1802); DK 21070, No. 1262: Schreiben Graf von Westerholt an Freiherr von Vrints-Berberich (Schloss Trugenhofen, 12. Dezember 1802); Beilage: Verzeichniß verschiedener Reichstift Neresheimischen Inventarien. Vgl. auch die kurze Notiz in der *Schwäbischen Chronik* (16.12.1802), S. 485: „§ Taxis. Neresheim, den 2 Dec.[ember.] Gestern ist von S[eine]r. HochFürstlichen Durchlaucht von Thurn u.[nd] Taxis durch den Fürstlichen Hof- und RegierungsRath Kleinschmidt CivilBesitz von unsrer bißherigen ReichsAbtei genommen worden. Es wurden alle geistliche und weltliche Beamten in Eid und Pflicht genommen, die HochFürstl.[ichen] Wappen angehängt, und die Archive besiegelt."

dem Pfalzbayerischen Subdelegierten bei den Verhandlungen am Reichstag zu Regensburg, wurde festgestellt, dass die bisher gegen Neresheim bestehenden Verhältnisse auf den neuen Besitzer übergehen.[65]

Da Graf von Westerholt wegen seines sich doch länger hinziehenden Gichtanfalls die Besitznahme zunächst nicht persönlich durchführen konnte, der Fürst aber die Beschleunigung der Angelegenheit wünschte, erhielt auch Hof- und Regierungsrat von Dollé Anfang Dezember 1802 per Eilbote den Auftrag, das nötige Besitznahmegeschäft zunächst in Buchau, dann in Marchtal vorzunehmen. Neben den auszuhändigenden Schreiben wurden ihm für das Stift und die Stadt Buchau, das Stift Marchtal, die Herrschaften Straßberg, Ammern und Bremelau sechs gemalte Wappen mitgeschickt. Am 3. Dezember erfolgte die wirkliche Besitzergreifung des fürstlichen Stifts Buchau, am andern Tag die Besitzergreifung der Reichsstadt Buchau. Das Stift sollte zukünftig als Sitz der hochfürstlichen Regierung dienen.[66]

Ungeduldig wartete Graf Westerholt in Schloss Trugenhofen auch auf Vollzugsmeldung der erfolgten Zivilbesitznahme in Marchtal. Endlich konnte Hofrat von Dollé als beauftragter Kommissär die im Namen des Fürsten am 6. Dezember erfolgte Ausführung der Zivilbesitznahme durch Estaffette vermelden. Am 9. Dezember hatte er auch die sämtliche Marchtaler Klosterdienerschaft und Vorgesetzte in Pflichten genommen und in ihren Verwaltungen und Verwendungen bis auf weiteres bestätigt sowie den Ortsvorgesetzten, außerdem Bannwarten, Jägern und Holzwarten das Handgelübde abgenommen. Die Vergelübdung sämtlicher Scheuermeister und Drescher erfolgte mit Vorwissen und Genehmigung des nach Beendigung seines Dienstgeschäfts am 14. Dezember nach Uttenweiler und Buchau abgereisten Hofrats von Dollé am 16. Dezember durch das marchtalische Oberamt. Mitte Dezember sandte Hofrat von Dollé in einem Kästchen die einbehaltenen Signete der Stifte Buchau und Marchtal, ferner der Stadt Buchau an den Reichsgrafen von Westerholt nach Schloss Trugenhofen.[67]

---

65 FTTZA, DK 21070, No. 1204: Schreiben Graf von Westerholt an Freiherr von Vrints-Berberich (Schloß Trugenhofen, 5. Dezember 1802); DK 21070, No. 1204, Beilage: Abschrift Schreibens Graf von Westerholt an Landrichter Binner zu Hochstädt (Schloß Trugenhofen, 1. Dezember 1802); DK 21070, ad No. 1204: Promemoria der geheimen Kanzlei an Graf von Westerholt (Regensburg, 8. Dezember 1802); DK 21069: Promemoria Freiherr von Vrints-Berberich an Graf von Westerholt (Regensburg, 18. Dezember 1802).

66 FTTZA, DK 21070, No. 1199, Beilage: Veränderungen zur Instruction des Hof- und Regierungs Raths von Dollé; SchA 810, Nr. 72: Schreiben Graf von Westerholt an Hofrat von Dollé (Schloss Trugenhofen, 30. November 1802); Beilage: Verzeichnungen zur Instruction des Hof- und Regierungsrats von Dollé; DK 21070: Abschrift der Registratur ad acta die Besitz Ergreifung des fürstlichen Stifts Buchau betreffend; Abschrift der Registratur ad acta die Besitzergreifung der Reichsstadt Buchau betreffend.

67 FTTZA, SchA 810, Nr. 75: Schreiben Graf von Westerholt an Hofrat von Dollé (Schloss Trugenhofen, 3. Dezember 1802); Nr. 77: Schreiben Graf von Westerholt an Hofrat von Dollé (Schloss Trugenhofen, 3. Dezember 1802); Nr. 83: Schreiben Hofrat von Dollé an Graf von Westerholt (Marchtal, 7. Dezember 1802); Beilage: Registratur ad Acta, mit Beilagen a–e: Abtretungsurkunde, Eidesformel; Nr. 89: Schreiben Hofrat von Dollé an Graf von Westerholt (Obermarchtal, 9. Dezember 1802) mit Beilage: Eid; Nr. 99c: Schreiben Oberamtmann von Ackermann an Graf von Westerholt (Marchtal, 15. Dezember 1802); Nr. 104: Schreiben Oberamtmann von Ackermann an Graf von Westrholt (Marchtal, 16. Dezember 1802); Nr. 109: Schreiben Oberamtmann von Ackermann an Graf von Westerholt (Marchtal, 18. Dezember 1802), Beilage a/1: Verzeichnis sämtlicher

Nach Erledigung seiner Dienstgeschäfte in Buchau und Marchtal, machte sich der mit der Zivilbesitznahme beauftragte Hofrat von Dollé am 14. Dezember 1802 auf nach Uttenweiler, um am Folgetag die Inbesitznahme des dortigen Augustiner-klosters für das Fürstenhaus Thurn und Taxis zu betreiben. Der Pater Prior Augustin Riedmüller erhielt ferner den Auftrag, eine Inventur des Mobiliars sowie ein Verzeichnis aller auf dem Kloster haftenden Aktiv- und Passivkapitalien zu fertigen und einzuliefern.[68]

In Ostrach beauftragte Graf von Westerholt den Scheerer Oberamtmann Grimm, an seiner Stelle als provisorischer Besitznahmekommissär die Besitznahme zu bewerkstelligen und die Vereidigung der Beamtung und Bediensteten vorzunehmen. Der Besitzergreifungsakt erfolgte dann am 5. Dezember 1802 – am Vortag hatte Baden die Zivilbesitzergreifung seiner ehedem salemischen Neuerwerbungen durchgeführt. Alle Amtsträger des Oberamtes waren dazu von Grimm ins Ostracher Amtshaus einbestellt worden, neben der höheren Beamtenschaft mit Oberamtmann Friedrich Stehle und dessen Sohn Christoph Stehle das Forstpersonal, die Schultheißen im Oberamt, die Zolleinnehmer, die Lehrer und Mesner, der Amtsdiener, die Hebammen sowie die militärische Kontingentsmannschaft.[69]

Die Differenzen und offenen Fragen zwischen dem Fürstenhaus Baden im Zusammenhang mit der Säkularisation des Klosters Salem wurden noch im Dezember 1802 geregelt. Beide Parteien hatten sich in Ulm zusammengefunden und eine Einigung erzielt. Das Ergebnis der Verhandlungen wurde in der sogenannten „Ulmer Punktation“ und in einem Nachtrag zusammengefasst.[70]

Ende Dezember 1802 ging auch der Deutsche Orden daran, sich die ihm im Hauptschluss zugedachten Mediatklöster – also die nicht reichunmittelbaren Klöster – der Augsburger und Konstanzer Diözesen in Schwaben provisorisch zuzueignen. Im Auftrag des Grafen von Westerholt sollte sich Hofrat von Dollé daher Anfang Januar nach Sießen und Ennetach begeben, um vorderhand beide in der Grafschaft Friedberg-Scheer gelegenen Frauenklöster in eigene landesherrliche Verwaltung zu nehmen, um damit dem deutschordenschen Abgeordneten zuvorzukommen. Die Zivilbesitznahme erfolgte am 8. Januar 1803, wobei zunächst an der bisherigen Ordnung und Verwaltung nichts verändert wurde.[71]

Scheuer-Meister und Tröscher; Nr. 99a: Schreiben Hofrat von Dollé an Graf von Westerholt (Obermarchtal, 13. Dezember 1802).

68 FTTZA, SchA 810, Nr. 102, Beilage a: Registratur ad acta betreffend die Zivilbesitznahme des Augustinerklosters zu Uttenweiler; Nr. 102: Schreiben Hofrat von Dollé an Graf von Westerholt (Buchau, 16. Dezember 1802); Nr. 105: Rechnung über Einnahmen und Ausgaben des Schlosses Uttenweiler; Nr. 106: Verzeichnis der Kapitalien des Augustiner-Klosters zu Uttenweiler; Nr. 107: Inventarium des Augustiner-Klosters in Uttenweiler.

69 FTTZA, SchA 1278, 1280, 1283: Entwurf, Ausfertigung und Kopie des Protokolls über die Zivilbesitznahme. Vgl. Trugenberger (wie Anm. 21), hier S. 108–109; Schmid (wie Anm. 40), hier S. 126–127.

70 Der Ulmer Vertrag mit Nachtrag und Ratifikation des Fürsten in FTTZA, SchA 1283; Abschrift in GLA Karlsruhe, 98/1551 (Findbuch) = 1429 (Mikrofilm), Bl. 39r–45r (Punktation), 45v–46r (Separatartikel), 46v–47r (Ratifikation); Abdruck in Th. Martin: Das Ende des Klosters Salem. In: Freiburger Diöcesan-Archiv 15 (1882), S. 101–118, hier S. 112–115.

71 FTTZA, DK 21071, No. 50: Promemoria Graf von Westerholt an die geheime Kanzlei (Marchtal, 7. Januar 1803); Beilage 1: Abschrift Schreibens der Deutschmeisterschen Regierung an den Fürs-

Gegenüber Graf von Westerholt zeigte sich Freiherr von Vrints-Berberich äußerst erfreut darüber, *daß nun dieses wichtige Geschäfte allenthalben vollendet ist*. Er zeigte sich auch überzeugt, dass die Zivilbesitznahme der Entschädigungsgüter nunmehr *auch bey der Reichs-Versam[m]lung seine baldige Erledigung erhalten, und der Rezeß werde angenom[m]en werden*.[72]

Nachdem durch Thurn und Taxis von den Entschädigungslanden provisorisch Besitz ergriffen worden war, mussten sich die entsprechenden Stellen in Regensburg bis zum Zeitpunkt der wirklichen Zivilbesitzergreifung natürlich auch Gedanken über die entsprechenden Pensionszahlungen machen. Der Reichsdeputationshauptschluss hatte Pensionszahlungen für die ehemaligen geistlichen Regenten und die Klostergeistlichen und -laien bestimmt, die innerhalb eines Minimal- und Maximalbetrages liegen mussten. Auch in Ansehung der bisherigen geistlichen und weltlichen Dienerschaft, Militär und Pensionisten wurde beschlossen, dass diesen – sofern sie nicht weiter in Diensten behalten wurden – eine Pension zu zahlen war. Der Fürst von Thurn und Taxis ging zum Teil weit über das durch die Reichsdeputation im Hauptschluss festgesetzte Mindestmaß der Pensionszahlungen hinaus. Auch bei den Beamten und der Dienerschaft fielen die Leistungen im Großen und Ganzen zur Zufriedenheit der Betroffenen aus. Augenfällig ist, dass gerade auch damit das Ansehen des fürstlichen Hauses in Oberschwaben noch mehr gesteigert werden sollte und konnte.

Nach der Besitzergreifung ging der Fürst von Thurn und Taxis auch daran, seinen oberschwäbischen Besitzungen eine einheitliche Verwaltungsstruktur zu geben. Mit Rückgriff auf den bewährten klösterlichen Verwaltungsstab wurden nach der als konstitutiv anzusehenden Zivilbesitzergreifung allerseits die klösterlichen Verwaltungen umstrukturiert und eine neue fürstliche Verwaltung in den Entschädigungslanden aufgebaut. Bei der Neugestaltung der Verwaltung hat man sich im übrigen durchaus auch an den Reformen der anderen Mächte orientiert. So ließ sich das Regierungspräsidium zu Regensburg beispielsweise auch die kurbadischen Organisationsedikte von badischer Seite zustellen.

Das Fürstenhaus Thurn und Taxis wollte die bisherigen *ruhigen und glücklichen Zeiten* der marchtalischen Gebiete unter der klösterlichen Herrschaft entsprechend fortführen. Die neue Landesregierung richtete in den übernommenen Marchtaler Klostergebäuden die Verwaltungszentrale für seine in Oberschwaben neuerworbenen Besitzungen ein. Mitte Januar 1803 erfolgte die erste vorläufige Amtsanweisung für das neuerrichtete Ober- und Rentamt zu Marchtal. Die Bestimmungen und Anweisungen für die Forstverwaltung als eigenem wichtigem Zweig sollten nachfolgen. Das Oberforstamt fand Unterkunft im sogenannten großen Schloss in Uttenweiler. Entsprechende Instruktionen wurde alsbald mit Oberamtmann Stehle von Ostrach für das dortige Oberamt besprochen. Anfang

---

ten von Thurn und Taxis (Mergentheim, 17. Dezember 1802); No. 65: Promemoria Graf von Westerholt an die geheime Kanzlei (Obermarchtal, 9. Januar 1803). Zu den Entschädigungen des Deutschen Ordens vgl. Friedrich Täubl: *Der Deutsche Orden im Zeitalter Napoleons*. Bonn 1966. (Quellen und Studien zur Geschichte des Deutschen Ordens, Bd. 4.)

72 FTTZA, DK 21069: Schreiben Freiherr von Vrints-Berberich an Graf von Westerholt (12. Dezember 1802), fol. 1r.

Februar besorgte und beendete Kommissär Westerholt das Erforderliche auch in Neresheim. In Buchau wurde eine Regierung als Mittelbehörde zwischen der in Regensburg verbleibenden Verwaltungszentrale in Form von Regierungspräsidium und Geheimer Kanzlei und den Ober- und Rentämtern Buchau, Scheer, Dürmentingen, Marchtal, Ostrach, Schemmerberg und Straßberg sowie dem Pflegamt Frankenhofen und dem Rentamt Obersulmetingen geschaffen.[73]

Die Huldigung wurde von den meisten deutschen Ständen, denen Entschädigungen zugefallen waren, nicht gleich mit der Zivilbesitznahme abgenommen, sondern auf einen späteren Zeitpunkt verschoben. Hier wollte das Fürstenhaus Thurn und Taxis ebenfalls abwarten, wie sich Württemberg und Baden, die beiden benachbarten mächtigeren Stände in Schwaben, verhalten würden. Bereits im Januar 1803 kam es aber zu ersten Ehrenbezeugungen der Bevölkerung. So wurde Graf von Westerholt in seiner Funktion als Besitznahmekommissär von den Einwohnern der Stadt Buchau mit den Gemeinden Kappel und Kanzach bereits in Dürmentingen mit Infanterie und Kavallerie begrüßt. Die eigentliche Huldigungsfeier zur Bekräftigung der landesherrlichen Rechte und Herkommen in den neufürstlichen Landen sollte im August 1803 stattfinden. Fürst Carl Anselm von Thurn und Taxis konnte die Feier in den Entschädigungslanden selbst nicht vornehmen. Der Fürst wollte sich mit seinen über 70 Jahren die beschwerliche Reise von Schloss Trugenhofen nach Oberschwaben derzeit aus gesundheitlichen Gründen wohl nicht zumuten. Deshalb ernannte er am 5. August wiederum seinen geheimen Rat und Regierungspräsidenten Alexander Graf von Westerholt an seiner statt zum bevollmächtigten Kommissar. Als Gehilfen wurden ihm neben der betreffenden Beamten- und Dienerschaft auch Hof- und Regierungsrat Otto sowie Präsidialsekretär Lang und ein Schreiber mitgegeben. Die fürstliche Regierung sollte die untergebenen Gemeinden und Untertanen von dieser fürstlichen Entscheidung in Kenntnis setzen. Auch die Kosten für diese Feierlichkeiten wollte der Fürst für die betreffenden Gemeinden so gut als möglich erleichtern.[74]

Es lässt sich allgemein feststellen, dass die Verwaltungen vor Ort sehr darum bemüht waren, die Huldigungsfeierlichkeiten gut vorzubereiten und entsprechend

73 FTTZA, DK 21071, No. 156: Promemoria Graf von Westerholt an die geheime Kanzlei (Marchtal, 2. Februar 1803); Beilage: Instruktion für das Ober- und Rentamt in Obermarchtal (Obermarchtal, 11. Januar 1803); No. 157: Promemoria Graf von Westerholt an die geheime Kanzlei (Marchtal, 3. Februar 1803); SchA 810, Nr. 125a: Instruction für das O./[ber] und R./[ent] Amt in O./[ber] Marchtal (Obermarchtal, 11. Januar 1803); SchA 816, N. 234/204: Schreiben Graf von Westerholt an Freiherr von Vrints-Berberich (Regensburg, 23. Februar 1804), fol. 1r; StA Sigmaringen, Dep. 30/12, T 8, Nr. 268, Bestellnr. 227. Vgl. Herberhold (wie Anm. 17), hier S. 275–285; Behringer (wie Anm. 15), S. 260–262; Trugenberger (wie Anm. 21), hier S. 120.
74 FTTZA, DK 21070, No. 1179, fol. 1v–2r; DK 21071, No. 67, Beilage 1: Copie du rapport de M. Comte de Westerholt à M. le Prince regnant de la Tour et Tassis (Buchau, le 13 janvier 1803) ; DK 21072, Nr. 1 : Konzept des Berichts der geheimen Kanzlei an den Fürsten (Regensburg, 1. August 1803); Konzept des fürstlichen Antwortschreibens an Graf von Westerholt (Trugenhofen, 30. Juli 1803); Konzept des Schreibens an die fürstliche Regierung (Schloß Trugenhofen, 30. Juli 1803); Konzept des Huldigungspatents (Schloss Trugenhofen, 30. Juli 1803); Nr. 6: Fürstliches Antwortschreiben an Graf Westerholt (Schloß Trugenhofen, 30. Juli 1803); Huldigungspatent (Schloß Trugenhofen, 30. Juli 1803); Abschrift des Huldigungspatents (Schloß Trugenhofen, 30. Juli 1803); StA Sigmaringen, Dep. 30/12, T 8, Nr. 84, Bestellnr. 267.

dem Anlass würdevoll zu begehen, um der neuen fürstlichen Herrschaft zu gefallen. Aus den aktenkundigen Erfahrungen der bisher durchgeführten vergleichbaren Erbhuldigungen durch die geistliche Landesherrschaft haben die Oberämter zu Buchau, Marchtal und Neresheim entsprechende detaillierte Vorschläge erarbeitet, diese Pläne der fürstlichen Regierung unterbreitet und um Anweisungen und Bestimmungen für die geplante fürstliche Huldigung gebeten. Vorderhand wurden den Oberämtern Marchtal, Buchau, Straßberg, Ostrach, Schemmerberg und dem Pflegamt Frankenhofen wegen der bevorstehenden Huldigungsfeierlichkeiten am 8. August 1803 die näheren Bestimmungen zur Bekanntmachung an die Ortspfarrer und Untertanen mitgeteilt. Am 17. August folgten dann die entsprechenden Bestimmungen für das Ober- und Rentamt Neresheim. Der Huldigungstag wurde für Marchtal auf den 20. August, für Buchau auf den 22. August und für Neresheim auf den 31. August festgelegt.[75]

Im Vorfeld der Huldigung hielt Graf von Westerholt Mitte August zu Heudorf mit der Marchtalischen Beamtenschaft eine Konferenz zur Vorbereitung der Feierlichkeiten. Da die alte Herrschaft der Landschaft bei vorigen Huldigungen einen Nachlass von einigen tausend Gulden erlassen hatte, wollte das Haus Thurn und Taxis diesem Gunstbeweis natürlich nicht nachstehen. Nachdem für die Landschaften aber schon keine unbedeutenden Erleichterungen vorgesehen waren, wurde Marchtal nach abgehaltener Huldigung von fürstlicher Seite ein freiwilliger Nachlass von 2.000 fl. bewilligt. Die anderen neufürstlichen Landschaften *könnten darin keine Zurücksetzung finden, und am allerwenigsten jene von Buchau, da Euere Hochfürstliche Durlaucht ihr seit der Civil Besitznahms Epoche Höchst Ihro fürstliche Huld und Grosmuth bereits bewähret haben, und solche noch lange in dem Falle seyn wird, der höchsten Unterstützung bedürfen.*[76]

In Vertretung des Fürsten Carl Anselm nahm Kommissar Graf von Westerholt die Huldigung der neuen Untertanen entgegen. In Marchtal erschien er am 20. August 1803, um die Land- und Erbhuldigung der Marchtaler Gemeindeabgeordneten entgegenzunehmen. In der „Schwäbischen Chronik" ist der Ablauf der Feierlichkeit nachzulesen:[77]

> *Der 20. August war für uns ein Tag des Segens und der Wonne. Es war der ErbHuldigungsTag Seiner HochFürstlichen Durchlaucht, Carl Anselm von Thurn und Taxis, unser gnädigsten Fürsten und allgeliebten LandesVaters. Gleich mit der*

75 FTTZA, DK 21072, Nr. 3: Bericht des Oberamts Buchau an das Regierungspräsidium (Buchau, 26. Juli 1803) mit 3 Beilagen; Nr. 7: Schreiben des Ober- und Rentamts Neresheim an das Regierungspräsidium (Neresheim, 30. Juli 1803) mit 4 Beilagen; DK 21072: Schreiben Graf von Westerholt an die Oberämter Schemmerberg, Ostrach, Buchau, Marchtal, Straßberg und an Pfleger Troll wegen Frankenhofen (8. August 1803); Nr. 14: Schreiben Graf von Westerholt an das Ober- und Rentamt Neresheim (Heudorf, 17. August 1803).

76 Vgl. FTTZA, DK 21072, Nr. 3 (N. 366): Schreiben Graf von Westerholt an Hof- und Regierungsrat Kleinschmidt zu Schloss Trugenhofen (Heudorf, 16. August 1803); Nr. 13: Konzept des Schreibens (Heudorf, 16. August 1803); Nr. 6 (No. 170): Schreiben Freiherr von Dietterich an die geheime Kanzlei (Schloß Trugenhofen, 17. September 1803); N. 441: Schreiben der geheimen Kanzlei an Graf von Westerholt (Regensburg, 9. September 1803).

77 *Schwäbische Chronik* (4.9.1803), S. 412–413. Vgl. auch FTTZA, DK 21072, Nr. 32: Bericht Graf von Westerholt an den Fürsten (Heudorf, 21. August 1803); SchA 814, Nr. 1 (No. 139): Bericht Graf von Westerholt an den Fürsten (Heudorf, 21. August 1803).

MorgenRöthe kündigte das harmonische Geläute aller Glocken und das Lösen [= Abfeuern] des groben Geschüzes die werdende Feierlichkeit dieses Tages an, welcher wegen seiner Heiterkeit an unserm wichtigen Feste fröhlichen Antheil zu nehmen schien. Zween Abgeordnete vom Ober- und RenntAmte [Oberamtssekretär Adelmann und Rentamtssekretär Muttelsee] empfiengen an der Gränze disseitiger Herrschaft S[ein]e. Excellenz, den Herrn ReichsGrafen Alexander v.[on] Westerhold, als gnädigst ernannten HochFürstlichen HuldigungsCommissair: Auch 250 Burger zu Pferd aus dem OberAmte waren daselbst versammelt, um S[ein]e. Exc. [ellenz] den H.[errn] Commissair, welcher mit dem H.[errn] Hof-Regierungs- und HofGerichtsRath v.[on] Otto, dann unter Begleitung der OberBeamtungen von Scheer und Buchau ankam, nach Marchthall zu begleiten. Der von Scheer und Dürmentingen herkommende Kommissionszug mit dem Kommissionspersonal des Forstamts und der Oberämter Scheer und Dürmentingen bestand aus sieben Wagen. *Als der Zug dem Orte näher kam, begann abermal das Läuten aller Glocken und das Donnern des groben Geschüzes: Sämmtliche Burger, wovon ein Theil ein SchüzenKorps bildete, waren auf dem HauptPlaze gegen das Schloß unter dem Gewehr. Dann paradirte nebst dem hiesigen KreisKontingent auch ein HochFürstliches Taxissches MilitärKommando von der gefürsteten Grafschaft Scheer. An dem SchloßThore, in dem SchloßHofe und an der KirchThüre des Schlosses waren TriumphBogen errichtet, woran passende Aufschriften prangten.* Die Inschriften lauteten am Schlosstor *Benedictus qui venit in nomine domini* (Gesegnet sei er, der kommt im Namen des Herrn), am Schlossportal *Intra in gaudium Domini tui* (Komm, nimm teil an der Freude Deines Herrn) und an der Kirche *Vide terram, quam Dominus Deus tibi dedit, ascende et posside eam* (Sieh, der Herr, dein Gott, hat dir das Land ausgeliefert. Zieh hinauf und nimm es in Besitz). Alle drei Inschriften sind Bibelzitate,[78] die der Huldigung der Untertanen an den neuen Landesfürsten gleichzeitig eine höhere religiöse Weihe geben und sie in den Zusammenhang des göttlichen Bundes rücken. *Am ersten TriumpfBogen war das sämmtliche Ober- und RenntAmtsPersonale von hier, von Schemmerberg u.[nd] der Pflege [Frankenhof]en, dann die Geistlichkeit in ChorRöcken versammelt. Bei dem Eintritte in den SchloßHof stunden die OrtsVorgesezten und GemeindsDeputirten in Reihen. Mehrere Mädchen, weiß gekleidet, kamen S[eine]r. Exc.[ellenz] dem H.[errn] Kommissär freundlich, im ländlichen Kleide der Unschuld, entgegen und sangen Demselben unter Streuung von Blumen ein herzliches Lied. S[ein]e. Excellenz verfügten sich jetzt in einen großen Saal, um die HandTreue sämmtlicher Beamtungen, der Geistlichkeit, des ForstPersonals, und der niedern Dienerschaft abzunehmen. Eine in aller Ansicht vortreffliche Rede an jede Klasse dieser Versammlung von S.[einer] E.[xcellenz] dem H.[errn] Kommissär bereitete sämmtliche Gemüther zu dieser wichtigen Handlung vor, und rührte sichtbar jedes gute Herz tief.* Aus jeder Gemeinde des Oberamts Marchtal, der Herrschaft Schemmerberg und der Pflege Frankenhofen war je der Schultheiß, zwei Bürgermeister und – wo vorhanden – der Gerichtsamann und Unteramann, außerdem je zwei oder drei Bürger abgeordnet, die stellvertretend für die volljährigen männlichen Bürger der Gemeinden den Eid ablegten. Insgesamt waren 111 Vorgesetzte und Deputierte aus dem Oberamt Marchtal, neun aus der Herrschaft Schemmerberg und sieben aus der Pflege Frankenhofen bei der Erbhuldigung. Von der Geistlichkeit sollten Pfarrer und Kaplan

---

78 Am Schlosstor aus Mt 21, 9 (Der Einzug Christi in Jerusalem), bezugnehmend auf Ps 118, 26 (Eine Dankliturgie); am Portal aus Mt 25, 21 (Das Gleichnis vom anvertrauten Geld); an der Kirche aus Dtn 1, 21 (Rückblick Mose auf die Wüstenwanderung).

79 Vgl. FTTZA, SchA 814, Nr. 2: Verzeichnis der Vorgesetzten und Deputierten des Oberamts Marchtal; Nr. 3: Verzeichnis des von Seiten des Pflegamts für Frankenhofen anwesenden Perso-

anwesend sein.[79] *Dann gieng der Zug in die Kirche zur Huldigung der Gemeinds-Deputirten. S.[eine] Exc.[ellenz] wurden, umringt von der Beamtung und Geistlichkeit, mit einem militärischen Zuge dahin begleitet. Die Schüzen und übrigen Bürger hatten sich zur Parade auf dem SchloßHofe gegen die Kirche hin aufgestellt: und jetzt ertönte auch wieder das schöne Geläute, und es krachte das Geschüz. Auf einem erhabenen Baldachin nahm in der Kirche S.[eine] Exc.[ellenz] die Huldigung von sämmtlichen OrtsVorgesezten und GemeindsAbgeordneten der hiesigen, dann der Herrschaft Schemmerberg und der Pflege [Frankenhof]en ein.[80] Eine ebenfalls ausgezeichnet schöne Anrede an die Huldigende machte auch hier den Anfang:[81] hierauf folgte die Auslegung des Eides von dem HofRath und OberAmtmann v.[on] Ackermann;[82] und nach wirklich eingenommener Huldigung von eben demselben, eine Dank- u.[nd] EmpfehlungsRede an des HochFürstlichen Kommissärs Exc.[ellenz.][83] Diese Reden konnten nicht ohne allgemeinen Beifall und Rührung bleiben. Nun wurde eine sehr zweckmäßig eingerichtete Predigt und ein feierliches Dich Gott! loben wir gehalten.* Die Predigt hielt Carl Schlund, Hofmeister des jungen Grafen Westerholt und späterer fürstlicher Kaplan in Schloss Trugenhofen, dem Sinn des Tages entsprechend *Ueber den Gehorsam der Unterthanen gegen ihren Landesfürsten.*[84] *Jetzt gaben das Militär und die Burger abwechselnd vor der KirchThüre 3 Salven. Endlich gieng der Zug wieder unter den nemlichen Feierlichkeiten, wie beim Eintritt, zurück in das Schloß. Ein frohes Rufen: Es lebe Carl Anselm, unser gnädigster Fürst u.[nd] Herr: ertönte; allgemein herrschte Freude; volle Zufriedenheit und Trost für die späteste Zukunft ruhte auf jedes Unterthanen Miene. Mittags [um ein Uhr] war eine sehr zahlreiche, reichlich besezte, glänzende Tafel, woran der Fürstliche Kommissarius die GemeindsDeputirten und OrtsVorgesezten bewirthete. Diese tranken mit den Reutern, Schüzen und übrigen Burgern auf die Gesundheit ihres gnädigsten Fürsten aus dem herrschaftlichen Keller zur Genüge.* Bei dieser Gelegenheit wurden auch ein Gedicht und eine Ode vorgetragen, die der Pfarrer zu Munderkingen und Pater Ignaz Vogel von Schemmerberg verfasst hatten. Die Empfindungen der Untertanen Marchtals wurden darin in Versen ausgedrückt.[85] *Abends beschloß ein Ball den glücklichen Tag, welcher jedem Unterthanen Marchthalls unvergeßlich seyn, und dessen Erinnerung auf die spätesten Enkel übergehen wird.*

---

nale; Nr. 4: Verzeichnis der männlichen Untertanen in dem Pflegamt Frankenhofen; Nr. 5: Verzeichnis der Huldigungsdeputierten aus der Herrschaft Schemmerberg.

80 Huldigungsformel und Eid in FTTZA, DK 21072, Nr. 23, 24: Huldigungsformel; SchA 814, Nr. 1e: Huldigungsformel und Eid; StA Sigmaringen, Dep. 30/12 T 8, Bestellnr. 271, fol. 1r–2r (Huldigungsformel), fol. 2r (Eid).

81 Original und Abschriften der Reden in FTTZA, DK 21072, Nr. 28: Anrede an die Beamtung, und Geistlichkeit der Oberämter Marchtall, und Schemerberg, und der Pflege Frankenhofen (Marchtal, 20. August 1803); Nr. 29: Anrede an die verpflichtete Dienerschaft der Oberämter Marchtall, und Schemmerberg, und der Pflege Frankenhofen (Marchtal, 20. August 1803); Nr. 30: Anrede an die Deputirten der Oberämter Marchtall, und Schemerberg, und der Pflege Frankenhofen (Marchtal, 20. August 1803); SchA 814, Nr. 1a–c; Abschriften der Reden in StA Sigmaringen, Dep. 30/12 T 8, Nr. 88, Bestellnr. 271.

82 Rede in FTTZA, SchA 814, Nr. 1d; Rede und Konzept in StA Sigmaringen, Dep. 30/12 T 8, Bestellnr. 271.

83 Rede in FTTZA, SchA 814, Nr. 1f; Rede und Konzept in StA Sigmaringen, Dep. 30/12 T 8, Bestellnr. 271, 281.

84 Predigt in FTTZA, SchA 814, Nr. 1g.

85 Das in blaue Seide eingebundene und mit goldenem Rand versehene gedruckte sechsseitige Bändchen sowie die Ode in FTTZA, SchA 814, Nr. 1h–1i. Darin findet sich auch der im Titel der Arbeit aufgegriffene Zeilenanfang „Doch ist's nur VaterTausch".

Zwei Tage später wiederholte sich der Akt der Land- und Erbhuldigung in Buchau. Die „Schwäbische Chronik" berichtete desgleichen ausführlich von diesem Ereignis.[86]

Ende August gab Graf von Westerholt den Hofräten und Oberamtmännern Vogler in Buchau und von Ackermann in Marchtal die Zufriedenheit und den Dank des Fürsten von Thurn und Taxis über die bei der Huldigung veranstalteten Feierlichkeiten weiter, *deren Beschreibung Höchstdieselben mit Vergnügen u.[nd] Rührung erfüllten.*[87]

Nachdem das Huldigungsgeschäft in den oberschwäbischen Landen abgeschlossen war, begab sich Graf von Westerholt zurück nach Schloss Trugenhofen. Dort hielt er, wie zuvor schon mit den Verwaltungsbeamten aus Marchtal und Buchau, am 27. August im Vorfeld der zu Neresheim abzuhaltenden Huldigung mit den Beamten des Ober- und Rentamtes Rücksprache, um letzte Einzelheiten zu klären. Am 31. August fand dann die Land- und Erbhuldigung in den Neresheimischen Landen statt, worüber wiederum in der „Schwäbischen Chronik" berichtet wurde.[88]

Ausbau der Herrschaft bis zur Mediatisierung

Im November 1802 war in der „Schwäbischen Chronik" zu lesen, dass der Fürst von Thurn und Taxis beschlossen habe, seine Residenz von Regensburg nach Dischingen in Schwaben zu verlegen, *da Regenspurg nunmehro aufhört, Reichs-Stadt zu seyn, und die Residenz des noch übrigen geistlichen KurFürsten oder ReichsErzKanzlers wird.*[89] Eine Verlegung von Hofhaltung und Regierung war allein schon deshalb naheliegend, da dem fürstlichen Haus Thurn und Taxis repräsentative Gebäude in Regensburg nur mietweise zur Verfügung standen. Außerdem hatte Fürst Carl Anselm bereits 1797 die Würde des Prinzipalkommissars an den Erbprinzen Karl Alexander übertragen lassen und selbst Schloss Trugenhofen als Wohnsitz bevorzugt. Dieser neugewählte Fürstensitz lag freilich abseits. Als künftige Hauptresidenz des Fürsten von Thurn und Taxis mitten in den fürstlichen Reichslanden in Oberschwaben bot sich demzufolge Marchtal an.

Eine eigene Hofökonomiekommission, geleitet von Johann Jakob von und zu Westerholt, dem Vater des Hof- und Regierungspräsidenten Alexander Graf von Westerholt, war zuständig für den Ausbau und die Umgestaltung des ehemaligen Reichsstifts Marchtal in eine fürstliche Residenz. Schon im Januar 1803 wurden Bestimmungen und Verfügungen zu vorzunehmenden Gebäudeführungen und

86 *Schwäbische Chronik* (8.9.1803), S. 421–424. Vgl. auch FTTZA, DK 21072, Nr. 38: Bericht Graf von Westerholt an den Fürsten (Schloss Trugenhofen, 27. August 1803).
87 FTTZA, DK 21072, Nr. 39: Schreiben Graf von Westerholt an die Hofräte und Oberamtmänner Vogler zu Buchau und von Ackermann zu Marchtal (Schloss Trugenhofen, 30. August 1803).
88 *Schwäbische Chronik* (14.9.1803), S. 433–434. Vgl. auch FTTZA, DK 21072, Nr. 46: Bericht Graf von Westerholt an den Fürsten (Schloss Trugenhofen, 1. September 1803).
89 *Schwäbische Chronik* (17.11.1802), S. 449.

-anpassungen erarbeitet. Zum einen ging es dabei um den Residenzbau in Marchtal, zum andern um die Aufführung einiger neuer Gebäude, um darin die fürstliche Regierung unterzubringen.[90]

Im Laufe des Frühjahrs 1803 mussten die Gebäude des Reichsstifts Marchtal von den ehemaligen Klosterinsassen geräumt werden. Mit dem Auszug der Konventualen Ende März standen die Hauptgebäude leer. Die Einrichtung der hochfürstlichen Residenz Marchtal wurde von der fürstlichen Hofökonomiekommission in Regensburg im Sommer 1803 in Angriff genommen. Bereits Mitte Juni 1803 hatte sich Ökonomierat Johann Josef Sorg nach Marchtal begeben, um die anbefohlenen Einrichtungen zum Aufenthalt des Fürsten in den neuen Reichslanden für künftiges Frühjahr zu treffen. Für die Möblierung wollte man zum einen die zu Marchtal und Buchau angefallenen Mobilien verwenden. Zu diesem Zweck erstellte Rat Sorg bei seinem Aufenthalt zu Buchau ein neues Inventarium der Mobiliarschaft, das einen wertmäßigen Anschlag von insgesamt 4.128 fl. 50 xr. auswies. Außer wenigen Stücken war *alles Uebrige für die Meublirung des Residenzschloßes Marchtall brauch- und verwendbar.* Des weiteren sollten auch taugliche Stücke aus dem Schloss Heudorf und der brauchbare Teil der sich in Regensburg in Verwahrung befindlichen Möbel aus dem Frankfurter Palais zur Einrichtung der Residenz Marchtal Verwendung finden.[91] Aus dem Palais zu Frankfurt sollten außerdem auch die Spiegel für das neue Residenzschloss kommen, von den vorhandenen schienen jedoch nur zwölf Spiegel und einige Marmorplatten für Marchtal geeignet.

Die Angelegenheiten zur Umgestaltung der Konventsgebäude in ein Residenzschloss zogen sich allerdings – gleichwohl *bereits mehrere Tausend Gulden für die Arbeit zu Marchtal ausgegeben* worden sind – wegen mangelnder Kommunikation zwischen Hofökonomiekommission und geheimer Kanzlei schleppend hin und haben sich auf diese Weise *seit vier Monaten [...] in einem Kreise von Dunkelheit und Unwißenheit [...] herum gewälzt.* Deshalb stellte die Hofökomiekommission Anfang Januar 1804 dem Rat Sorg noch Hofrat Kayser beiseite, auch oder gerade weil *es dermalen kaum noch möglich [scheint] bis Anfang Mays die Residenz Marchtal gänzlich herzustellen, und es dürfte [...] jede Stunde kostbar werden.* Beide sollten *die nöthigen Arbeiten, Vorbereitungen, Anschaffungen etc. zur Einrichtung der Residenz zu Marchtal vorläufig in ein Verzeichniß bringen* und vorlegen.[92] Ende Februar musste Hofökonomierat Sorg in seiner Auskunft über den Fortschritt der

---

90 Zum Umbau vgl. Dallmeier (wie Anm. 22), hier v. a. S. 334–336. Vgl. FTTZA, DK 21071, No. 144: Promemoria Graf von Westerholt an die geheime Kanzlei (Buchau, 28. Januar 1803), fol. 1r.

91 Vgl. FTTZA, SchA 816, Nr. 1 (N. 129): Bericht der geheimen Kanzlei an den Fürsten (Regensburg, 14. Juni 1803); N. 130: Promemoria der Hofökonomiekommission an die geheime Kanzlei (Regensburg, 13. Juni 1803); N. 284: Promemoria der Hofökonomiekommission an die geheime Kanzlei (Regensburg, 1. August 1803); N. 347 Anwortschreiben Dietterich an geheime Kanzlei (Schloss Trugenhofen, 21. August 1803), mit Beilage: Verzeichniß ueber die in dem Hochfürstl.[ichen] Palais zu Frankfurt befindliche Fürstliche Meubles (Schloss Trugenhofen, 14. August 1803); N. 498: Promemoria der Hofökonomiekommission an die geheime Kanzlei (Regensburg, 5. Oktober 1803), mit Beilagen a–b: Inventar (31. Mai 1803), Inventar (5. Juni 1803).

92 FTTZA, SchA 816, N. 86: Promemoria der Hofökonomiekommission an die geheime Kanzlei (Regensburg, 14. Januar 1804).

Bautätigkeiten zur Umgestaltung des Residenzschlosses eingestehen, dass der avisierte Termin der Fertigstellung zum 1. Mai wegen der großen Baumaßnahme und des Mangels an Mauer- und Zimmerleuten nicht zu halten sein würde und besser von Mitte Mai ausgegangen werden sollte.[93] Anfang März waren Hofrat Kayser und Hofkammerrat Sorg als Deputierte der Hofökonomiekommission noch einmal vor Ort, um die *Lage der hiesigen Angelegenheiten näher zu untersuchen und zu beschleunigen.*[94]

Baron Vrints-Berberich gab Ende Januar 1804 dem beim Fürsten zu Trugenhofen weilenden Hofrat Vicomte François de Becker zu verstehen, dass man sich nicht vorstellen könne, *welche Schwierigkeiten, Mühe und Ausgaben es erfordere, aus einer auch noch so schönen Prälatur eine anständige und würklich fürstliche Residenz, besonders für einen Fürsten herzustellen, welcher an Glanz und Lustre seines Hauses von jeher gewohnt gewesen ist und in dieser Residenz ein bleibendes Denkmal seiner Größe haben und gleichsam stiften will.* Zwischen Spätsommer 1803 bis kurz vor Ankunft des Fürsten im Mai 1804 waren für Baumaßnahmen im Schloss laut einer Kassenaufstellung von Mitte April insgesamt 32.578 fl. 52 xr. aufgewendet worden. Die teuren Wandbespannungen aus Stoff sorgten allein für Tapezierkosten in Höhe von 3.683 fl. 56 xr. und damit den größten Teil der Einrichtungskosten. Hinzu kamen für die Herstellung des Gartens noch einmal 8.363 fl. 52 xr.[95]

Im Frühjahr 1804 wollte Fürst Carl Anselm von Thurn und Taxis in die oberschwäbischen Lande reisen, sich auf sein neues Residenzschloss Marchtal begeben und den Sommer dort verbringen. Außer der fürstlichen Familie mit Erbprinz Karl Alexander und Erbprinzessin Therese Mathilde und den Prinzessinnen Therese und Sophie begleitete ihn sein Hofstaat – insgesamt 155 Personen. Am 17. Mai konnte der Fürst von Schloss Trugenhofen aus aufbrechen und zog einen Tag später in Marchtal ein.[96]

Bereits im Vorfeld hatte das Oberamt Marchtal bei der Regierung in Regensburg angefragt, ob bei diesem ersten Aufenthalt des Fürsten in Marchtal eine nochmalige Huldigung der Bevölkerung stattfinden sollte. Die Regierung wollte dem Oberamt aber keine Vorschrift erteilen, *worin die Veyerlichkeiten bestehen sollen, da solches von der Bereitwilligkeit der Unterthanen, von ihren Vermögenskräften und andern Umständen abhängen.* Auch die geheime Kanzlei fand es ebenfalls unangemessen, eine Vorschrift zu erteilen, trug dem Oberamt aber auf, *unter gehöriger Berücksichtigung der Kräfte der Unterthanen einen Plan zu diesen Feierlichkeiten, ungefähr nach dem Maaßstab der Empfangsfeierlichkeiten der Huldigung, iedoch mit einer angemessenen Erweiterung derselben, zu entwerfen, und an hoch-*

---

93 Vgl. FTTZA, SchA 825: Bericht Sorgs an die geheime Kanzlei (21. Februar 1804).

94 FTTZA, SchA 816, N. 290/257: Abschrift des Berichts der Hofräte Kayser und Sorg an die Hofökonomiekommission (Marchtal, 11. März 1804).

95 Vgl. FTTZA, SchA 816, N. 400: Schreiben Hofrat Kayser an die geheime Kanzlei (Regensburg, 19. April 1804), mit Anlage: Stand der Kaßen (Regensburg, 20. April 1804); Dallmeier (wie Anm. 22), hier S. 337.

96 Zum Aufenthalt des Fürsten vgl. Dallmeier (wie Anm. 22), hier S. 336–337.

fürstliche Regierung berichtlich einzuschicken. Diesen Plan legte das Oberamt am 2. Mai 1804 vor, an welchem Graf von Westerholt in seiner Funktion als Regierungspräsident *nichts zu erin[n]ern gefunden* hatte.[97]

Die Feierlichkeiten liefen am Freitag, 18. Mai 1804 zur höchsten Zufriedenheit weitgehend in der beschriebenen Form ab. Der darüber verfasste nachfolgende Bericht sollte auch auf höchstes Verlangen in öffentlichen Blättern erscheinen:[98]

> *Nie lächelte uns die Son[n]e so hold, wie heute, entgegen; jndem uns das schon lange sehnlichst gewünschte Glück zu Theil ward, unseres neuen Landes-Herrn, und Vaters, des regierenden Herrn Fürsten Karl Anselms von Thurn- und Taxis Hochfürstliche Durchlaucht mit so viel Ehrfurcht, als Won[n]e empfangen, und Hoechstdieselben in Ihr Residenz-Schloß dahier einführen zu dörfen. Nachmittags um ½ 3 Uhr erfolgte die Höchsterfreuliche Ankunft an den Gränzen von Untermarchtall, wo die erste Ehren-Porte mit In[n]schrift gesetzt war. Sämtliche Ober- und Unterbeamte vom Ober- und Rentamt, wie auch das Ober-Forstamt mit seinen Förstern stunden daselbst zum unterthänigsten Empfang bereit, – und nachdem S.[ein]e Hochfürstliche Durchlaucht die Anrede des HofRaths, und Oberamtman[n]s von Ackerman[n] in den gnädigsten Ausdrücken erwiedert hatten, – gieng die Zug bis zum ersten SchloßThore unterm jm[m] er währenden Frohloken des Volks, unter Ablösung der Pöller, – unter Trompeten und Pauken-Schall, und einer türkischen Musick voran. S.[ein]e Hochfürstliche Durchlaucht begrüßten das von allen Seiten herbeigeeilte Volk auf eine so herablassende, und liebenswürdige Weise, daß aller Herzen von jn[n]igster Freude druchströmt waren. Der Zug selbst wurde von 600 Man[n] bürgerlicher Cavallerie die zu beeden Seiten der Straßen in ländlicher Kleidung, mit Laub-Buschen aufgestellt war, und ihre auf diese Feyerlichkeit eigens verfertigte Estandarten vom blauen Atlas mit GoldBorten, und Quasten in verschiedenen Abtheilungen führte, eröfnet. Kaum langten S.[ein]e Hochfürstliche Durchlaucht beim ersten SchloßThore, wo der 2te TriumphBogen mit In[n] schrift prangte, an, als schon 25 Vorgesetzte hinzu eilten, den Wagen worin[n]en Hoechstdieselben in Begleitung von Vrints Berberich Excellenz sassen, – ausspan[n] ten, und Ihren allgeliebten Landes-Vater, unterm lauten Vivat-Rufen des Volks, unter Läutung aller Glocken, und unter Paradirung der Bürger Militz von 100 Man[n] Cavallerie und 200 Man[n] Infanterie bis unter das Haupt-Portal der Residenz, wo heiter dem 3ten ebenfalls mit In[n]schrift gezierten TriumphBogen ausgestiegen wurde, hinzogen. Eine Thräne des zärtlichesten Herzens, die dem schönsten Fürsten-Auge, wie eine Perl, – entquoll', war der süßeste Lohn für diesen Tribut von ächter bürgerlicher Anhänglichkeit. Beim Aussteigen würden S.[ein]e Hochfürstliche Durchlaucht von den hiesigen Beamtungen, von der Orts, und LandesGeistlichkeit ehrerbietigst empfangen, – von da durch 60 OrtsVorgesetzte der Grafschaft Marchtall hinauf zum großen Saale begleitet, – vor welchem schon 50 LandMädchen nebst den Döchtern der Oberbeamten, und des Kontingents Officiers bereit stunden, um vor S.[ein]er Hochfürstlichen Durchlaucht Blumen aller Art hinzustreuen. Bei dem Eintritt in den Saal selbst wurde Hoechstdenenselben von der Dochter des HofRaths, und Oberamtman[n]s von Ackerman[n] ein Körbchen mit Blumen vol aromatischen Geruchs unter den Ausdrü-*

---

97 FTTZA, SchA 824, Nr. 1 (303/§ 250): Schreiben des Oberamts Marchtal an die fürstliche Regierung (Marchtal, 19. Februar 1804); Nr. 2 (§ 250): Zum Regierungsprotokoll vom 27. Februar 1804; Nr. 3 (392/§ 318): Präsidialeröffnung (Regensburg, 7. März 1804); Nr. 5 (774/§ 658: Schreiben Oberamt Marchtal an fürstliche Regierung (Marchtal, 2. Mai 1804), mit Beilage: Plan zum Empfange Seiner Hochfürstlichen Dur[ch]laucht bei der Ankunft in Marchtall; Nr. 6 (796/§ 658): Präsidialeröffnung (Regensburg, 11. Mai 1804); Nr. 7 (§ 658): Zum Regierungsprotokoll vom 11. Mai 1804.

98 FTTZA, SchA 824, Nr. 8 (887): Schreiben des Oberamts Marchtal an die fürstliche Regierung (Marchtal, 29. Mai 1804), mit Beilage.

cken der Gefühle von Unschuld auf Atlas unterthänigst überreicht, – die Hoechstdieselben als Beschützer der gedrückten Unschuld, – mit einer Ihnen ganz eigenen Herz-
lichkeit huldvollest an[n]ahm. Jtzt, wo sich S.[ein]e Hochfürstliche Durchlaucht mit
HöchstIhrem hochansehnlichen Gefolge, dan[n] die säm[m]tlichen Räthe, und Beamten dahier, nicht minder die Geistlichkeit, und die 60 OrtsVorgesetzte aus der Landschaft vollends im Saale befanden, wurde vom HofRath, und Oberamtman[n] von
Ackerman[n] eine Bewillkomungs Anrede gehalten, welche Hoechstdieselben mit der
jn[n]igsten Rührung, und mit den kraftvollesten Ausdrücken von VatersLiebe zu beantworten gnädigst geruhten. Nach allseits abgelegten devotesten Glücks-Wünschen
zogen sich S.[ein]e Hochfürstliche Durchlaucht unter 3 maligem Abfeuern der Infanterie in Ihr Cabinet zurück, um von dort aus nicht nur die bereits en Parade gestandene
Man[n]schaft, sondern auch die durch das erste SchloßThor herein ziehende bürgerliche Cavallerie von 600 Man[n] bei Ihren Zim[m]ern vorbei defiliren zu sehen. So
ländlich, und einfach auch die Anstalt, der Anzug, und Ausführung an sich selbst
waren; so äußersten doch S.[ein]e Hochfürstliche Durchlaucht so viel Zufriedenheit,
und Vergnügens darüber, als sonst nur die Prunkvollsten Anstalten zu erwarten pflegen! Um ½ 4 Uhr wurde zur Tafel gegangen: – und, als während derselben vom Hof-
Rath, und Oberamtman[n] von Ackermann die höchsten Gesundheiten unserm gnädigsten LandesVater im Namen des Volks von Marchtall ausgebracht wurden,
– erwiederte solches der Menschenfreundlichste der Fürsten alsbald unter den Ausdrücken: „Sagen sie meinen lieben, neuen Kindern, daß ich ebenfalls auf ihre Gesundheit getrunken habe." Eine so edelmütige, herzliche, bis zum Entzücken hinreißende
Äußerung beherrschte plözlich den ganzen Saal mit einer ehrwürdigen Stille. Nach
der Tafel wurde S.[ein]er Hochfürstlichen Durchlaucht vom HofRath, und Oberamtman[n] von Ackerman[n] eine der Feyerlichkeit angemessene Ode auf Atlas gedruckt unterthänigst übergeben, und hierauf der Landschäftliche Ausschuß zum
HandKuße gelaßen. Auch da entfielen dem Durchlauchtigsten Fürsten keine andern
Ausdrücke, als welche sonst nur zwischen Vater, und Söhnen ertönen. Voll des jn[n]
igsten Trosts, voll der seltensten aller Freuden entfernte sich der Landschäftliche Ausschuss, nachdem nicht nur dieser, sondern auch die säm[m]tliche Man[n]schaft auf
Kosten des höchsten Ärariums reichlich verpflogen, und dieser in der Geschichte des
Hochfürstlichen Hauses wenig merkwürdige Tag durch ein großmütiges Allmosen
nochmale verherrlicht worden war. Am 20ten dieß wird in der ganzen Landschaft ein
feyerliches Te Deum wegen der höchstbeglükten Ankunft gehalten, hier aber noch
insbesondere ein Volks-Lied am Feyer-Altere der Liebe unten vor den Zim[m]ern
S.[ein]er Hochfürstlichen Durchlaucht mit abwechselnder Musik gesungen werden.
Heil dem Fürsten, der sein neues Volk schon in den ersten Stunden seines Daseyns auf
eine so sanfte, und herrliche Weise noch enger nach sich zu knüpfen wußte! – und Heil
dem Volke, dem die Vorsehung so einen Fürsten gab!

Seine so kostspielig ausgebaute fürstliche Residenz nutzte Fürst Carl Anselm von
Thurn und Taxis allerdings nur ein einziges Mal im Sommer 1804 zu einem Aufenthalt. Sein plötzlicher Tod durch einen Schlaganfall am 13. November 1804 bei
einem Spaziergang in Winzer bei Regensburg verhinderte alle weiteren Pläne.

Die Mediatisierung durch Württemberg

Das Jahr 1806 brachte für das Fürstenhaus Thurn und Taxis die folgenschwersten
Ereignisse. Die Gründung des Rheinbundes am 12. Juli 1806 führte zum Rücktritt
des Kaisers und zur Auflösung des Heiligen Römischen Reiches Deutscher Nation.

Zugleich fielen rund siebzig bisher unabhängige Landesherrschaften der Mediatisierung zum Opfer. Die Landeshoheit des Hauses Thurn und Taxis ging an die Länder Württemberg, Hohenzollern und Bayern über.

Fürst Alexander von Thurn und Taxis musste drei Jahre nach der bedeutsamen Vermehrung des Besitzes und einer dadurch erlangten Standeserhöhung den Verlust der Reichsunmittelbarkeit und die Zerreißung seiner Territorien hinnehmen. Der Fürst sollte seine Souveränität verlieren. Die ostschwäbischen Besitzungen sollten zunächst unter die Herrschaft Bayerns kommen, das sie 1810 an Württemberg abtrat, und die Besitzungen in Oberschwaben größtenteils unter diejenige Württembergs. Die Oberämter Ostrach und Straßberg wurden der Herrschaft des Fürstentums Hohenzollern-Sigmaringen unterstellt.

Die Rheinbundakte verpflichtete aber alle Mitglieder des Rheinbundes ausdrücklich zum Verzicht auf Rechtsansprüche an Besitzungen anderer Mitglieder. Außerdem verblieben den mediatisierten Fürsten nicht nur ihre gesamten grund-, zehnt-, leib- und patronatsrechtlichen Rechte und Einkünfte, sondern auch Kompetenzen in der Rechtssprechung und freiwilligen Gerichtsbarkeit, in der Verwaltung und auf dem Gebiet der öffentlichen Ordnung und Sicherheit.

Die Besuche fürstlicher Herrschaften in der oberschwäbischen Residenz Marchtal waren nach dem Ende des Alten Reiches mit dem Verlust der Souveränität in Oberschwaben und dem unfreundlichen Vorgehen des württembergischen Königs gegen die mediatisierten Standesherren äußerst spärlich. Auch die Einquartierungen im Dritten Koalitionskrieg 1806 und Nutzungen des Schlosses als Militärspital während der Befreiungskriege 1813 bis 1816 minderten das fürstliche Interesse an den Marchtaler Baulichkeiten. Das Fürstenpaar Karl Alexander und Therese von Thurn und Taxis bevorzugte in Oberschwaben die Schlösser Heudorf und Buchau und weilte ansonsten – nachdem mit dem Postentschädigungsvertrag mit Bayern 1812 das ehemalige Regensburger Reichsstift St. Emmeram an das fürstliche Haus übergegangen war – seit damals in dieser neuen repräsentativen Hauptresidenz am bisherigen Aufenthaltsort der fürstlichen Familie in Regensburg oder im Schloss Trugenhofen (seit 1819 Schloss Taxis). Vom Residenzplan in Oberschwaben hatten die Fürsten von Thurn und Taxis endgültig Abstand genommen. Die Schlossräume und Nebengebäude in Marchtal nahmen dafür Amtslokalitäten der örtlichen unteren fürstlichen Verwaltungsstellen auf, das Amtspersonal fand im Schlossbezirk geeignete dienstnahe Wohnräume.

Von einer Verlegung der fürstlichen Residenz sowie der Verwaltung von Regensburg ins Zentrum des fürstlichen Landbesitzes nach Marchtal und Buchau entschloss man sich nach längeren Erwägungen abzusehen.

Gleichermaßen wurde die unter großen Mühen mit viel Sachverstand 1803 eingerichtete Ausbildungsstätte für Wissenschaftler, Geistlichkeit und Beamte in fürstlichen Diensten, das „Lyceum Carolinum" zu Neresheim nach der Mediatisierung 1806 aufgegeben. Die Schulleitung und Professoren wurden als Geistliche auf Pfarreien gesetzt oder pensioniert, nicht benötigtes Mobiliar und Teile der Bibliothek versteigert, der Rest nach Regensburg verbracht. Die Heranbildung einer Elite für die neuen Machthaber wollte das fürstliche Haus – verständlicherweise – nicht mehr finanzieren.

Das Haus Thurn und Taxis hatte seit dem 16. Jahrhundert durch zwei Jahrhunderte seine Grablege in Brüssel in der Kirche Notre Dame du Sablon. Auch im Frankfürter Kaiserdom St. Bartholomäus haben in der ersten Hälfte des 18. Jahrhunderts einige Mitglieder des Hauses ihre letzte Ruhestätte gefunden. Als neue Grablege wurde in Regensburg die Wolfgangskrypta in der Stiftskirche St. Emmeram ausgewählt. Neresheim wäre vielleicht die Grablege geworden, wenn der Aufbau eines eigenen Staatswesens in Schwaben nicht durch die Mediatisierung vereitelt und Buchau Regierungssitz geworden wäre.[99]

---

99 Vgl. Max Piendl: *Die fürstliche Residenz in Regensburg im 18. und beginnenden 19. Jahrhundert.* In: Max Piendl (Hg.): Beiträge zur Kunst- und Kulturpflege im Hause Thurn und Taxis. Kallmünz 1963. (Thurn-und-Taxis-Studien, Bd. 3), S. 47–125, hier S. 72; Paulus Weißenberger: *Das fürstliche Haus Thurn und Taxis und seine Grablege in der Benediktinerabtei zu Neresheim.* In: Jahrbuch des Historischen Vereins von Dillingen 69 (1967), S. 81–105.

Der Gratulationsbrief „*Optimo sane consilio*" Papst Leos XIII. an Pietro Antonio Uccelli vom 7. 12. 1878, seine Form und seine Aussagen zum Buchwesen

Hermann-Josef Reudenbach

I. Der Papst als Gratulant und Laudator

Es* bedarf keiner besonderen historischen Kenntnisse, um sich vorzustellen, daß von einem Papst – zumindest in der Moderne – zu den verschiedensten Anlässen Briefe mit Glückwünschen, Anerkennung und Lob erhofft, erwartet oder sogar erbeten werden; erst recht nicht, daß der Pontifex von sich aus zu dem Entschluß kommt, Schreiben solcher Art ergehen zu lassen. In der Tat finden wir in den Dokumentensammlungen der Päpste eine große Zahl derartiger Gelegenheitsbriefe.

Einer von ihnen ist die „*Epistola*" Papst Leos XIII. (1810/1878–1903)[1] an Pietro Antonio Uccelli (1816–1880)[2] vom 7. Dezember 1878, die im folgenden vorgestellt werden soll.[3] Uccelli stammte aus dem lombardischen Städtchen Clusone (Klausen); er war Priester der Diözese Bergamo und trat, namentlich im Revolutionsjahr 1848, als Befürworter der italienischen Einigung hervor. Wissenschaftliche Bedeutung gewann er als Philologe und Historiker. In seinem Geburtsort Clusone wurde eine zentrale Piazza, in Bergamo eine Straße nach ihm benannt. Den Anlaß, warum Leo XIII. einen Gratulationsbrief an ihn richtete, bot eine wissenschaftliche Tat: Uccelli hatte 1878 eine Edition der „*Summa contra gentiles*" des Thomas von Aquin veröffentlicht, die auf dem Autograph des großen Lehrers beruhte.

---

* Für Hilfe bei der Beschaffung von Literatur geht ein freundschaftlicher Dank an Dr. Herman H. Schwedt, Salsomaggiore.
1 Zu ihm SCHWAIGER, GEORG, Papsttum und Päpste im 20. Jahrhundert. Von Leo XIII. zu Johannes Paul II., München 1999, S. [45]–104 mit S. 431–447 (dort viel Literatur); KÖHLER, OSKAR, Leo XIII., in: LThK³ 6 (1997), Sp. 828–830.
2 Zu seiner Biographie MARCHESI, ANGELO, Il clusonese Pietro Antonio Uccelli, in: Atti dell'Ateneo di scienze, lettere ed arti di Bergamo 42 (1980–81/1981–82), erschienen 1983, S. 389–404. Für unseren Zweck ist leider unergiebig die Diözesangeschichte: Diocesi di Bergamo, a cura di CAPRIOLI, ADRIANO – RIMOLDI, ANTONIO – VACCARO, LUCIANO (Storia religiosa della Lombardia, 2), Brescia 1988. Uccelli wird dort zwar an drei Stellen erwähnt (S. 198 Anm., S. 343 und 348), diese sind jedoch für seine Biographie und sein Profil nicht aussagekräftig.
3 Gedruckt in: Leonis Acta I, S. 158–159. Ein Zitat in Übersetzung bringt MARCHESI, Il clusonese (wie Anm. 2), S. 399–400.

Der Brief des Papstes enthält mehrere bemerkenswerte Aussagen zum Buchwesen. Hauptsächlich sie sind es, weswegen es sich lohnt, dieses Dokument eingehender zu betrachten.

Josef Schmidlin hat in seiner Papstgeschichte, die man trotz der inzwischen weit günstigeren Quellenlage auch heute noch nicht unterschätzen sollte, den Gratulations- und Lobesschreiben Leos XIII. einen eigenen Abschnitt gewidmet: „Fernerhin unterstützte, belobigte und ermutigte er [der Papst. Rb.] eine Legion von Gelehrten und Schriftstellern, die ihm bei seinem wissenschaftlichen und literarischen Aufbauwerk auf philosophischem, theologischem, historischem und soziologischem Boden zur Seite standen oder die Erzeugnisse ihrer Feder übersandten, wofür er ihnen mit beredten Worten seinen Dank auszusprechen pflegte."[4] In zeitlicher Folge bringt er dann eine Auswahl von sechzig Autoren bzw. Verlagen, die einen lobenden Papstbrief erhielten. Die „*Epistola*" an Uccelli berücksichtigt er dabei nicht, erwähnt sie aber an einer anderen Stelle.[5]

Schmidlin stellt eine Ausnahme dar. Die Gelegenheitsschreiben von der Art des Briefes an Uccelli finden in der Literatur im allgemeinen höchstens marginale Beachtung. Man hört die Meinung, es handele sich bloß um Routinearbeiten der Sekretariate. Das ist nicht völlig falsch, trifft jeweils aber in sehr unterschiedlicher Weise zu. So kann man auf den ersten Blick erkennen, daß ein erheblicher Unterschied besteht zwischen den fast schon serienmäßigen Belobigungsschreiben für Buchautoren, welche ab 1909 die ersten Jahrgänge der „*Acta Apostolicae Sedis*"[6] füllen, und dem hier vorzustellenden Brief Leos XIII.

Indem man von Sekretariatsarbeiten spricht, kommt auch das sprachliche Gewand der „*Epistolae*" ins Spiel. Gewöhnlich heißt es, die Ausarbeitung der minder wichtigen Dokumente sei Sache des „*Sekretärs der lateinischen Briefe*" („*Segretario delle Lettere latine*"), die Ausarbeitung der großen Dokumente Sache des „*Sekretärs der Breven an die Fürsten*" („*Segretario dei Brevi ai principi*") gewesen.[7] Unter Leo XIII. lagen die Dinge jedoch anders; die Zuteilung der Aufträge erfolgte häufig nach dem „momentanen Willen des Papstes".[8] Beide Sekretärsposten wurden stets

---

4 SCHMIDLIN, JOSEF, Papstgeschichte der neuesten Zeit. Band 2: Papsttum und Päpste gegenüber den modernen Strömungen. Pius IX. und Leo XIII. (1846–1903), München 1934, S. 403.

5 Vgl. ebd., S. 395.

6 Zu diesem Publikationsorgan des Hl. Stuhls die gleichnamigen, einander ergänzenden Artikel von: KALDE, FRANZ, Acta Apostolicae Sedis, in: LThK³ 1 (1993), Sp. 119; MÖRSDORF, KLAUS, in: LThK² 1 (1957), Sp. 115; DEL RE, NICCOLÒ, in: Mondo Vaticano, S. 22–23. – Eine Untersuchung über die Entwicklung der A. A. S. scheint zu fehlen. Es fällt z. B. auf, daß die Zahl der zu Beginn sehr häufigen Autorenbelobigungen durch den Papst und anfänglich auch den Kardinalstaatssekretär im Lauf der beiden ersten Jahrzehnte deutlich abnimmt.

7 Dazu DEL RE, NICCOLÒ, La Curia Romana. Lineamenti storico-giuridici. Quarta edizione aggiornata ed accresciuta, Città del Vaticano 1998, S. 455–456 (Segreteria dei Brevi ai principi), S. 457–458 (Segreteria delle Lettere latine). Bis heute unverzichtbar ist BAUMGARTEN, PAUL MARIA, Das Sekretariat der Breven an die Fürsten, und: Das Sekretariat der lateinischen Briefe, in: Die Katholische Kirche unserer Zeit und ihre Diener in Wort und Bild. Hrsg. von der Leo-Gesellschaft. Band 1: BAUMGARTEN, PAUL MARIA – DANIEL, CHARLES – WAAL, ANTON DE (Bearbb.), Rom. Das Oberhaupt, die Einrichtungen und die Verwaltung der Gesamtkirche, Wien 1899, S. 491–493 und S. 493–494 (Abb.).

8 WEBER, CHRISTOPH, Quellen und Studien zur Kurie und zur vatikanischen Politik unter Leo XIII. Mit Berücksichtigung der Beziehungen des Hl. Stuhles zu den Dreibundmächten (Bibliothek des Deutschen Historischen Instituts in Rom, Band 45), Tübingen 1973, S. 98.

mit fähigen Latinisten besetzt. Papst Leo war selbst ebenfalls ein Latinist von hohen Graden[9], bei einem Brief wie dem vorliegenden darf man aber mindestens die M i t wirkung einer der beiden lateinischen Sekretäre annehmen. Die „Sekretariatsarbeiten" dieser im allgemeinen wenig erforschten Kurialen[10] – und damit nicht zuletzt die „*Epistola*" an Uccelli – verdienen auch als Zeugnisse neulateinischer Prosa eine aufmerksame Würdigung.

II. Der Brief „*Optimo sane consilio*"

Der Adressat des vorliegenden Briefes, Pietro Antonio Uccelli, hat sich sein Leben lang mit Thomas von Aquin und dessen literarischer Geschichte beschäftigt.[11] Damit hängt, leicht verhüllt, schon der Beginn des Briefes zusammen. Bei päpstlichen Schreiben läßt sich häufig der Brauch beobachten, daß die Anfangsworte, nach denen das betreffende Dokument auch gern zitiert wird, bereits eine Anspielung auf das enthalten, was folgt. Wir finden diese Gepflogenheit im vorliegenden Fall bestätigt: „*Optimo sane consilio*" – „*Fürwahr, durch glücklichste Eingebung*". Leo preist damit den Umstand, daß das Autograph der „*Summa contra gentiles*" des Thomas von Aquin im Jahre 1876 durch eine Kollekte des Bischofs von Bergamo[12] von den Erben eines Advokaten erworben werden konnte; die Diözese Bergamo schenkte es Papst Pius IX. (1792/1846–1878)[13], und so gelangte es in die Vatikanische Bibliothek.[14]

9 Dazu Kühlmann, Wilhelm, Elegante Frömmigkeit – Papst Leo XIII. (1810–1903) in seiner lateinischen Lyrik. Mit einem Blick auf Stefan Georges „Leo XIII.", in: Nach hundert Jahren – Rückblick auf Papst Leo XIII. (1878–1903). Vorträge des Studientages am 8. März 2003 in Aachen. Hrsg. vom Geschichtsverein für das Bistum Aachen e. V. (Geschichte im Bistum Aachen, Beiheft 3), Neustadt a. d. Aisch 2003, S. 61–84.

10 Ein Hinweis zum Kenntnisstand: Unter Leo XIII. wurde 1884 Alessandro Volpini (1844–1903) zum Sekretär der lateinischen Briefe berufen. Als er 1892 zum Sekretär der Fürstenbreven aufrückte, folgte ihm Vincenzo Tarozzi (1849–1918). Beide kommen für den Brief an Uccelli von 1878 aber nicht in Betracht. Wichtige Angaben zu diesen zwei Sekretären bei Weber, Quellen und Studien (wie Anm. 8), Reg. Zu Tarozzi, der nicht nur als Latinist, sondern auch als asketische Persönlichkeit bekannt wurde, siehe des weiteren Masetti Zannini, Gian Ludovico, Monsignor Vincenzo Tarozzi, formatore e padre spirituale di seminaristi, in: Seminarium 39 (1999), S. [151]–164 (Lit.); Semeraro, Cosimo, Vincenzo Tarozzi: appunti per la storia della pietà del primo Novecento in Italia, in: Salesianum 46.(1984), S. [759]–772 (Lit.).

11 Dazu Grabmann, Martin, Geschichte der katholischen Theologie seit dem Ausgang der Väterzeit. Mit Benützung von M. J. Scheebens Grundriß dargestellt. 2. Aufl., Darmstadt 1961 (reprographischer Nachdruck der 1. Aufl., Freiburg im Br. 1933), S. 221. Grabmann konnte dem lombardischen Gelehrten, wie zahllosen anderen der von ihm erfaßten Autoren auch, nur einen einzigen Satz widmen; dieser fällt aber durch ein gewisses Pathos auf: „Im Dienste der historischen Thomasforschung zehrte sich der Weltpriester *Pietro Antonio Uccelli* († 1880) aus Bergamo auf."

12 Pietro Luigi Speranza (1801–1879), seit 1853 Bischof von Bergamo; vgl. HierCath VIII, S. 147.

13 Zu ihm Aubert, Roger, Pius IX., in: LThK³ 8 (1999), Sp. 330–333.

14 „*Optimo sane consilio factum esse putamus, ut codex autographus S[ancti] Thomae Aquinatis contra gentiles, in iis partibus, quae supersunt, per industriam eximii Bergomatium Episcopi ex aere collato redemptus, et Pio IX decessori Nostro donatus […]*": Leonis Acta I, S. 158.
Zur Erwerbung des Manuskripts siehe Pelzer, A[ugust], Notes sur les autographes de saint Thomas d'Aquin à la Bibliothèque Vaticane, in: Revue philosophique de Louvain 53 (1955), S. 321–327, hier S. 325–326: „Le Vat. lat. 9850, à la Bibliothèque Vaticane depuis 1876, fut acheté pour 10.000

Deren Funktion, zu retten und zu hüten, ist in Leos Brief sehr anschaulich ausgesprochen: Die kostbare Handschrift *„konnte, gleichsam aus einem Schiffbruch, in der Vatikanischen Bibliothek wie in einem Hafen aufgenommen werden, damit man sie dort mit Eifer und Sorgfalt bewahre".*[15] Daraus entspringt ein Ausruf des Papstes, dem man gerne zustimmen wird: *„Könnten doch auch die übrigen Autographen des heiligen Lehrers, die noch nicht untergegangen sind, wenn sie vielleicht irgendwo vergessen lagern, aufgefunden und in Sicherheit gebracht werden!"*[16]

Der Wunsch *„in Sicherheit gebracht werden"* wendet das Bildwort vom rettenden Hafen ins allgemeine. Auch wenn die Bibliothek hier nicht noch einmal ausdrücklich genannt wird, weist doch der Zusammenhang vor allem auf s i e als auf jenen Ort, der ganz allgemein solchen Zimelien Zuflucht gewährt. Der Brief *„Optimo sane consilio"* enthält am Anfang also in einprägsamer Sprache ein wichtiges Element zur Sinngebung der Bibliothek.[17]

Im folgenden gratuliert der Papst dem Pietro Antonio Uccelli dazu, daß er seine Sorgen und seine Mühen der *„Summa contra gentiles"* zugewandt habe, und verweist auf den philosophischen Tiefgang dieses Werkes[18], in welchem Thomas *„höchst passende Waffen darbietet, um die Irrtümer unserer Zeit zu widerlegen".*[19] Diese Anschauung hat Leo XIII. einige Monate später in seiner Enzyklika *„Aeterni*

---

lires aux héritiers de l'avocat Louis Fantoni à Rovetta grâce à une souscription du diocèse de Bergame, où l'autographe se trouvait depuis 1354. Le f. 1ʳ enluminé rappelle le don du manuscrit à Pie IX par cette inscription en capitales: ‚S[ancti] Thomae Aq[vinatis] Doct[oris] Angelici, Svmmae Contra Gentiles, Commentarii in Boetivm de Trinitate, Postillae Super Isaiam Proph[etam], Avtographae Membranae, Qvas, Pio IX Pont[ifice] Max[imo], Dioecesis Bergomen[sis] D[onvm] D[edit].‘ Suivent, aux ff. 2ʳ–3ᵛ une adresse au Saint Père, datée de Bergame, le 12 décembre 1876, avec les signatures des souscripteurs; au f. 4ʳ⁻ᵛ, sa lettre de remercîment adressée à l'évêque, au clergé et aux fidèles du diocèse, et au f. 5ʳ le document par lequel Joachinus Turrianus, général des dominicains, défend en 1490, d'aliéner quoi que soit de l'autographe." Auf den S. 326–327 bringt PELZER weitere kodikologische und bibliographische Angaben.
Vgl. auch BIGNAMI ODIER, JEANNE, La Bibliothèque Vaticane de Sixte IV à Pie XI. Recherches sur l'histoire des collections de manuscrits avec la collaboration de RUYSSCHAERT, JOSÉ (Studi e testi, 272), Città del Vaticano 1973, S. 233 mit S. 244–245 Anm. 23. – Zu dem Autograph selbst der Ausstellungskatalog: San Tommaso e San Bonaventura nella Biblioteca Vaticana. Mostra in occasione del VII centenario (1274–1974), [Città del Vaticano] 1974, S. 27–28 Nr. 17 (Lit.; dazu auch S. 117 Nr. 146).

15 *„[...] potuerit, quasi e naufragio, in Bibliotheca Vaticana tamquam in portu recipi, in qua studiose diligenterque conservaretur."*: Leonis Acta I, S. 158.

16 *„Utinam reliqua S[ancti] Doctoris autographa, quae nondum interciderunt, si forte alicubi neglecta iacent, reperiri possent, atque in tuto collocari!"*: ebd. – In diesem Zusammenhang ist eines hochbedeutenden Fundes der jüngsten Zeit zu gedenken: der Entdeckung autographer Glossen des Aquinaten in der Erzbischöflichen Diözesan- und Dombibliothek Köln. Dazu BURGER, MARIA, Codex 30 der Dombibliothek Köln. Ein Arbeitsexemplar für Thomas von Aquin als Assistent Alberts des Großen, in: Mittelalterliche Handschriften der Kölner Dombibliothek. Erstes Symposion der Diözesan- und Dombibliothek Köln zu den Dom-Manuskripten (26. bis 27. November 2004). Hrsg. von FINGER, HEINZ (Libelli Rhenani, Band 16), Köln 2005, S. 190–208. Der Wunsch *„utinam possent in tuto collocari"* ist in Köln natürlich in vorbildlicher Weise erfüllt.

17 Weiteres dazu in Kapitel IV.

18 *„Itaque gratulamur tibi plurimum, dilecte Fili, quod curas laboresque tuos in hoc tam insigne opus contuleris, in quo S[anctus] Doctor, divite vena, thesauros penitioris philosophiae effundit, [...]"*: Leonis Acta I, S. 158.

19 *„[...] et arma praebet ad refellendos nostri temporis errores peropportuna."*: ebd.

Patris" vom 4. August 1879 breiter entfaltet.[20] Den Gedanken, daß eine Schrift in den zeitgenössischen geistigen Auseinandersetzungen von apologetischem Nutzen sei, finden wir nicht allein bei Leo XIII., sondern in vielen Schreiben an Buchautoren aus anderen Pontifikaten. Im Falle des Literarhistorikers und Editors Uccelli mochte ein halber Satz genügen, bei den Glückwünschen für s y s t e m a t i s c h e Theologen oder Philosophen war der Gedanke beherrschend.

Namentlich unter Leos Nachfolger Pius X. (1835/1903–1914)[21] schwoll die Zahl der offiziell veröffentlichten Belobigungen aktueller, betont rechtgläubiger Autoren unübersehbar an.[22] Welchen Sprengstoff ein solches Lob bilden konnte, zeigen die Kontroversen um den Würzburger Theologen Herman Schell (1850–1906) und dessen Lehren.[23] Die vielbesprochene Belobigung des Autors Ernst Commer (1847–1928)[24] durch den Brief *„Summa Nos voluptate"* Pius' X. vom 14. Juni 1907[25] bedeutete in den erbitterten Auseinandersetzungen – Schell selbst war bereits gestorben – eine nicht zu unterschätzende Waffe.[26]

Der apologetisch-polemische Aspekt ist in dem Schreiben an Pietro Antonio Uccelli nicht die Hauptsache. Anlaß und Gegenstand von *„Optimo sane consilio"* bildet die auf dem Autograph der Vatikanischen Bibliothek fußende Ausgabe der *„Summa contra gentiles"*, die Uccelli 1878 vorgelegt hatte.[27] Leo XIII. würdigt das

---

20 Dazu Walter, Peter, Theologische Schwerpunkte eines langen Pontifikats. Leo XIII. in seinen Enzykliken, in: Nach hundert Jahren (wie Anm. 9), S. 27–59, bes. S. 39–42; Kluxen, Wolfgang, Aeterni Patris Unigenitus, in: LThK³ 1 (1993), Sp. 187.

21 Zu ihm Schwaiger, Papsttum (wie Anm. 1), S. 105–160 mit S. 447–462 (Lit.); Aubert, Roger, Pius X., in: LThK³ 8 (1999), Sp. 333–335 (Lit.).

22 Diese Beobachtung stützt sich auf eine Durchsicht der Buchausgaben der jeweiligen *„Acta"* der jüngeren Päpste, vor allem aber der Zeitschriften *„Acta Sanctae Sedis"* und *„Acta Apostolicae Sedis"*.

23 Dazu Hausberger, Karl, Herman Schell (1850–1906). Ein Theologenschicksal im Bannkreis der Modernismuskontroverse (Quellen und Studien zur neueren Theologiegeschichte, Band 3), Regensburg 1999; Berning, Vincent, Schell, Herman, in: LThK³ 9 (2000), Sp. 122–123. Der Jubilar, dem die vorliegende Festschrift gewidmet ist, hat in einem Handbuchbeitrag (sehr reichhaltige Literaturangaben) ebenfalls zu H. Schell Stellung genommen: Imkamp, Wilhelm, Die katholische Theologie in Bayern von der Jahrhundertwende bis zum Ende des Zweiten Weltkrieges, in: Handbuch der Bayerischen Kirchengeschichte. In Verbindung mit [...] hrsg. von Brandmüller, Walter. Band 3: Vom Reichsdeputationshauptschluß bis zum Zweiten Vatikanischen Konzil, St. Ottilien 1991, S. [539]–651, vor allem S. 551–560.

24 Zu ihm siehe Hausberger, Schell (wie Anm. 23), Reg; Greshake, Gisbert, Commer, Ernst, in: LThK³ 2 (1994), Sp. 1274.

25 Gedruckt u. a. in: Acta Sanctae Sedis 40 (1907), S. 392–394.

26 Vgl. Hausberger, Schell (wie Anm. 23), S. 401–405.

27 Der Titel ist es wert, in der originalen Zeilenanordnung wiedergegebn zu werden:
S[ANCTI] THOMAE AQUINATIS
DOCTORIS ANGELICI ORD[INIS] PRAED[ICATORUM]
SUMMAE
DE VERITATE CATHOLICAE FIDEI
CONTRA GENTILES
QUAE SUPERSUNT
EX CODICE AUTOGRAPHO QUI IN BIBLIOTHECA VATICANA ADSERVATUR
CETERA VERO EX PROBATISSIMIS COD[ICIBUS] ET EDITIONIBUS
CURA ET STUDIO
PETRI ANTONII UCCELII
EDITA

Hauptverdienst des Thomasforschers mit folgenden Worten: „*So hast Du nämlich bewirkt, daß das Autograph dieses Werkes, fein und treu von Dir abgeschrieben, aus seinem im Schatten liegenden, internen Aufbewahrungsort in den Gesichtskreis und das Licht der Öffentlichkeit getreten ist zum Vorteil und Nutzen aller.*"[28] Nach dem rettenden „*Hafen*", dem Bildwort für die bergende Funktion der Bibliothek, hier also der Weg „*aus dem Schatten zum Licht*", ein Bildwort für die Bedeutung der Editionstätigkeit.[29]

Der Brief fährt fort, indem er die römische Kongregation „*de Propaganda Fide*"[30] lobt: sie habe weder Kosten noch Mühen gescheut und dafür gesorgt, „*daß das ganze Vorhaben in geschmackvoller, ausgesuchter Form vollendet werde*".[31] Das Lob der Propaganda-Kongregation hat seinen Sitz im Leben darin, daß Uccellis Edition in der berühmten Polyglott-Druckerei der Propaganda erschienen war.[32]

Mit „*geschmackvoll*" geben wir hier das lateinische „*eleganti*" wieder. Wenn man sich in der deutschen Bücherwerbung und der Rezensionsliteratur im letzten Drittel des neunzehnten Jahrhunderts umsieht, findet man im Blick auf die Ausstattung eines Buches nicht selten den Begriff „*elegant*".[33] Es wäre wohl schwierig, aber auch reizvoll, Papst Leos lateinisches „*eleganti*" mit dem damaligen und dem heutigen Verständnis von „*elegant*" zu vergleichen.

Anschließend mahnt der Papst den Editor, er solle sein Werk fortsetzen zur „*Weiterentwicklung der hochgewichtigen Disziplinen*", zur Ehre Gottes und des heiligen Thomas.[34] Mit den „*hochgewichtigen Disziplinen*" – „*graviorum disciplinarum*" sind offensichtlich die systematische Philosophie und Theologie gemeint.[35]

ET
LEONI XIII. P[ONTIFICI] M[AXIMO]
DICATA
ROMAE
EX TYPOGRAPHIA POLYGLOTTA
S[ACRAE] C[ONGREGATIONIS] DE PROPAGANDA FIDE
MDCCCLXXVIII.

28 „*Sic enim effecisti, ut ipsum huius operis autographum nitide et fideliter a te descriptum, ex umbratili domesticaque sua statione, in adspectum lucemque publicam, ad omnium commodum et utilitatem, prodierit.*": Leonis Acta I, S. 158–159.

29 Weiteres dazu in Kapitel IV.

30 Zur Propaganda-Kongregation das umfassende Sammelwerk: Sacrae Congregationis de Propaganda Fide memoria rerum 1622–1972, cura et studio JOSEPHI METZLER edita, 3 Bände in 5, Rom – Freiburg – Wien 1971–1975; zur Kurzinformation immer noch KOWALSKY, NIKOLAUS, Propaganda-Kongregation, in: LThK[2] 8 (1963), Sp. 793–794.

31 „*Qua quidem in re summopere laudanda est sapientia et alacritas sacri Nostri Consilii propagando nomini Christiano, quod nec studio nec impensis parcens, rem totam eleganti exquisitaque ratione perficiendam curaverit.*": Leonis Acta I, S. 159. – Die Übersetzung von „*ratione*" kann man lange hin und herwenden, gemeint ist jedenfalls der Druck und die Ausstattung der Edition.

32 Zu der Druckerei siehe Kapitel IV.

33 Wir greifen aufs Geratewohl ein Beispiel heraus: EBNER-ESCHENBACH, MARIE VON, Aphorismen. Vierte Auflage, Berlin 1895; in den Anzeigen nach S. 196 sind die Bücher mehrfach mit dem Hinweis versehen: „*elegant gebunden*".

34 „*Nos itaque ad incrementum graviorum disciplinarum, ad Dei et S[ancti] Doctoris gloriam, te hortamur [...]*": Leonis Acta I, S. 159.

35 Falls es sich bei „*graviores*" doch um einen echten Komparativ handeln sollte, müßte man den Schluß ziehen, daß die Tätigkeit des Literarhistorikers und des Editros als „minder gewichtig" eingeschätzt wurde.

Leo XIII. wünscht, Pietro Uccelli möge von seinem Beginnen nicht ablassen, sondern danach streben, *„die sowohl in Unserer Bibliothek wie auch auswärts gesammelten Autographen des hl. Thomas, die er,* [für die Edition. Rb.] *eingerichtet, vorliegen habe"*, möglichst bald dem Druck zu übergeben.[36] Dieser Wunsch erfüllte sich zunächst nur noch in Ansätzen, denn der Gelehrte starb bereits im Jahre 1880. Sein literarischer Nachlaß gelangte, gemäß testamentarischer Verfügung, in den rettenden *„Hafen"* der Vaticana.[37] Uccellis Bemühungen mündeten aber in das große Vorhaben Leos XIII., eine Gesamtausgabe der Werke des *„Doctor communis"* zu veranstalten.[38]

Damit haben wir einen Überblick über den Gedankengang von *„Optimo sane consilio"* gewonnen. Zum guten Schluß spendet der Pontifex dem Gelehrten den Apostolischen Segen.[39]

III. Die *„Epistola"* in formaler Hinsicht

Das päpstliche Urkunden- und Dokumentenwesen hat im Gang der Geschichte eine Fülle von Formen hervorgebracht. Die entsprechende Literatur ist kaum zu übersehen.[40] Die jüngere und jüngste Vergangenheit oder gar die Gegenwart kommen darin aber meistens nur insofern vor, als in ihren Dokumenten ältere Formen, gegebenenfalls mit leichten Veränderungen, weiterleben.[41] So findet man auch kaum etwas über die Merkmale der neueren *„Epistolae"*, die uns hier interessieren.

Ob *„Optimo sane consilio"* auf Pergament oder auf Papier ausgefertigt wurde, läßt sich ohne das Original nicht mit Gewißheit sagen. Was die Gattung des Dokuments betrifft, so ist es in den gedruckten *„Acta"* des Papstes Leo mit der Überschrift *„Epistola"* versehen. Dies ist wohl eine Zutat der Redaktion des Bandes; auf

---

36 „[...] *ne ab incepto deficias, sed ad cetera quae parata et in promptu habes sive e Nostra bibliotheca, sive foris collecta S[ancti] Thomae autographa prelo committere, cum primum fieri poterit, enitaris.* ": Leonis Acta I, S. 159.

37 Dazu Bignami Odier, La Bibliothèque Vaticane (wie Anm. 14), S. 241 (mit S. 254 Anm. 113): „Suivant l'ordre chronologique des entrées, nous citerons les manuscrits de S. Thomas et de S. Albert le Grand, les copies ou commentaires de l'abbé Pietro Antonio Uccelli, laissés par testament (2–3 avril 1880). Ces manuscrits sont classés avec de nombreux manuscrits données par Léon XIII, promoteur de la grande édition des œuvres de saint Thomas."

38 Unser Kapitel IV kommt darauf zurück.

39 Die Segensformel erscheint in den päpstlichen Dokumenten in vielfältigen Abwandlungen. Hier lautet sie: *„Denique paternae benevolentiae testimonium sit tibi, dilecte Fili, quam ex animo impartimur, Apostolica Benedictio.* ": Leonis Acta I, S. 159.

40 Siehe Frenz, Thomas, Papsturkunden des Mittelalters und der Neuzeit (Historische Grundwissenschaften in Einzeldarstellungen, Band 2). 2., aktualisierte Auflage, Stuttgart 2000 (mit Bibliographie); Rabikauskas, Paulus, Diplomatica pontificia (Praelectionum lineamenta). Editio tertia, Roma [sic!] 1972 (ebenfalls mit viel Lit.).

41 Vgl. Frenz, Papsturkunden (wie Anm. 40), S. 42–43; Rabikauskas, Diplomatica pontificia (wie Anm. 40), S. 140–145. – Eine wichtige Übersicht der im Pontifikat Papst Pauls VI. (1963–1978) gebräuchlichen Formen bietet Morando, Umberto, Regesto dei documenti ufficiali promulgati da Paolo VI (Pubblicazioni dell'Istituto Paolo VI, 20), Brescia 1997, S. VII–IX Anm. 2. – Nicht aus dem Blickwinkel des Urkundenforschers geschrieben, aber überaus nützlich ist Grote, Heiner, Was verlautbart Rom wie? Eine Dokumentenkunde für die Praxis (Bensheimer Hefte, 76), Göttingen 1995.

dem originalen Dokument wäre es ganz ungewöhnlich. Nach dieser Gattungs-
bezeichnung folgt in der Druckausgabe die „*Inscriptio*", die Adresse: „*Dem geliebten Sohn*" – „*Dilecto filio Petro Antonio Uccelli*". In der Originalausfertigung
befinden sich diese Worte vermutlich links unter dem Haupttext.[42] Am Kopf des
Briefes finden wir dann die „*Intitulatio*", den Namen, den Titel und die Ordnungs-
zahl des Papstes: „*Leo PP. XIII.*".[43] Es folgt die Grußformel im Vokativ, ohne Nennung des Eigennamens des Empfängers: „*Geliebter Sohn, Gruß und Apostolischen
Segen*".[44] Am Ende des Dokuments steht die Datumszeile mit dem Ort, dem Datum
nach der bürgerlichen Zählung und dem Jahr des Pontifikats: „*Gegeben zu Rom bei
St. Peter, am 7. Dezember 1878, im ersten Jahr Unseres Pontifikats.*"[45] Darunter der
Name des Papstes, im Original wohl als eigenhändige Unterschrift.

Handelt es sich bei unserem Brief und vergleichbaren „*Epistolae*" um Breven? Die
Frage ist nicht müßig. Das vorhin erwähnte Schreiben Pius' X. an Ernst Commer, das
formal die gleichen Merkmale aufweist wie „*Optimo sane consilio*", wird in der Literatur häufig als Breve bezeichnet.[46] Dazu ist aber zu bemerken, daß sowohl dem Brief
an Uccelli als auch dem Brief an Commer ein Element fehlt, das für das Breve charakteristisch ist, nämlich die Siegelankündigung in der Datumszeile: „*Gegeben unter
dem Fischerring*" – „*Datum sub anulo piscatoris*".[47] Es scheint also, daß man hier
nicht von einem Breve sprechen darf; wir wagen die Frage aber nicht zu entscheiden.

Ausführungen speziell zu den „*Epistolae*" scheint es, soweit dem Verfasser bekannt, erst für die jüngste Zeitgeschichte zu geben, und zwar für den Pontifikat Papst
Pauls VI. (1898/1963–1978).[48] Dessen „*Epistulae*" (jetzt in d i e s e r Schreibweise)
definiert Umberto Morando, der sich als erster intensiv mit dem Dokumentenwesen
unter Paul VI. befaßt hat, so: „Briefe des Heiligen Vaters an Gruppen oder Einzelpersonen, um bestimmter Ereignisse zu gedenken, die für die Gemeinschaften oder
die einzelnen wichtig sind."[49] Diese Definition ist auf das Gedenken konzentriert.

---

42 Vgl. FRENZ, Papsturkunden (wie Anm. 40), S. 42 (§ 46).

43 Zur Handhabung der „*Intitulatio*" in der jüngsten Zeit vgl. Anm. 49.

44 „*Dilecte fili salutem et Apostolicam Benedictionem*": dies wie auch die vorher beschriebenen
Elemente in: Leonis Acta I, S. 158.

45 „*Datum Romae apud S[anctum] Petrum die 7 Decembris 1878, Pontificatus Nostri anno primo*":
ebd., S. 159.

46 Vgl. z. B. HAUSBERGER, Schell (wie Anm. 23), S. 401: „eines päpstlichen Belobigungsbreves für Commer"; IMKAMP, Katholische Theologie in Bayern (wie Anm. 23), S. 557: „ein apostolisches Breve".

47 Daß die Siegelankündigung „*sub anulo piscatoris*" zu den unterscheidenden Merkmalen der älteren
Breven gehört, geht hervor aus RABIKAUSKAS, Diplomatica pontificia (wie Anm. 40), S. 82 (Tabelle
der Merkmale); vgl. FRENZ, Papsturkunden (wie Anm. 40), S. 36 (§ 35 Nr. 3). – Seit 1842 wurde das Wachssiegel zwar durch einen roten Stempel ersetzt; RABIKAUSKAS, Diplomatica pontificia,
S. 141, macht aber ausdrücklich darauf aufmerksam, daß der Fischerring, der als Zeichen für die
Siegelung steht, bis in unsere Tage erwähnt werde: „[...] mentio tamen in datatione anuli Piscatoris
usque in nostros dies permansit."

48 Zu ihm SCHWAIGER, Papsttum (wie Anm. 1), S. [344]–372 mit S. 516–523; CONZEMIUS, VICTOR,
Paul VI., in: LThK³ 7 (1998), Sp. 1524–1526.

49 „Lettere del Santo Padre a gruppi o persone per commemorare avvenimenti importanti per le
comunità o i singoli.": MORANDO, Regesto (wie Anm. 41), S. IX mit Anm. 2 Nr. 10. – Dort auch die
Angabe, daß im Pontifikat Pauls VI. diesen Briefen der vorangestellte Papstname, also die „*Intitulatio*", fehlt – was, wie oben dargestellt, bei Leo XIII. noch anders war – und daß sie die Unterschrift „*Paulus PP.VI*" tragen.

Damit sind weitere Inhalte aber nicht ausgeschlossen. Dies zeigt eine Beschreibung, die der evangelische Konfessionskundler Heiner Grote für die jüngste Zeitgeschichte und die Gegenwart bietet; entstanden ist sie im Pontifikat Johannes Pauls II. (1920/1978–2005)[50]: „Es gibt ungezählte Anlässe, zu denen Kurie und Papst sich äußern müssen, bei denen sie Beziehungen pflegen wollen oder auf deren Verlauf sie Einfluß zu nehmen wünschen. Wird dabei die Gelegenheit ergriffen, Lehre zu verkündigen oder Vorgaben zu machen bzw. an solche zu erinnern, so entsteht eine ‚*Epistula Apostolica*'. Eine schlichte „*Epistula*" […] grüßt Bischöfe und Gläubige eines Landes, richtet sich an alle Priester zum Gründonnerstag oder übermittelt Aufträge an dadurch geehrte Prälaten."[51]

Die Gratulations- und Lobesbriefe an Gelehrte und Buchautoren, mithin auch „*Optimo sane consilio*", gehören offensichtlich zu den einfachen „*Epistulae / Epistolae*". Obwohl einige von ihnen in der Literatur als Breven bezeichnet werden, fehlt ihnen ein wichtiges formales Element des Breve: die Formel „*Gegeben unter dem Fischerring*". Eine Untersuchung darüber, s e i t w a n n die Päpste sich der „*Epistolae*" bedienen, scheint zu fehlen.

IV. Die Aussagen zum Buchwesen

Ein Gratulationsbrief wie der vorliegende hat nicht die Aufgabe, weit auszuholen und irgendein Thema breiter zu entfalten. Er muß sich auf einige prägnante Aussagen beschränken. Vielleicht darf man hinzufügen, daß diese Aussagen dadurch, daß sie lateinisch gedacht und formuliert sind, an Einprägsamkeit noch gewinnen. In dieser Weise bietet „*Optimo sane consilio*" vier Gesichtspunkte zum Buchwesen.

Erstens reiht sich Leo XIII. in die Tradition ein, Autographen eine besondere Wertschätzung entgegenzubringen.[52] Das Autograph der „*Summa contra gentiles*" war schon seit Jahrhunderten von einer solchen Achtung umgeben. Dies bezeugt das auf f. 5ʳ vorgebundene Dokument von 1490, mit welchem der Generalmagister der Dominikaner verbietet, irgendetwas von der verehrungswürdigen Handschrift zu veräußern.[53] Daß das Autograph wohl auch als Reliquie des hl. Thomas angesehen wurde, sei hier nur angedeutet.

Die Hochschätzung der Thomas-Autographen und der Wunsch, diese aufgespürt, gesammelt und geborgen zu sehen, gewinnt im Zusammenhang des Programms Leos XIII. eine weitere Bedeutung. Die Suche nach den kostbaren Urschriften bildete einen wesentlichen Schritt auf dem Weg zu der großen Thomas-Gesamtausgabe, der „*Editio Leonina*", deren erster Band 1882 die Druckerpresse verließ.[54]

---

50 Zu ihm Schwaiger, Papsttum (wie Anm. 1), S. [397]–413 mit S. 527–530; Gatz, Erwin, Johannes Paul II., in: LThK³ 5 (1996), Sp. 979–980.

51 Grote, Dokumentenkunde (wie Anm. 41), S. 64 Nr. 6.3. Der Autor weist auch auf die andersartigen „*Epistulae*" der römischen Kongregationen hin: S. 83–84 Nr. 8.2 / 8.2.1.

52 Dazu der Überblick von Pätzke, Hartmut, Autograph, in: LexBuchkunst, S. 26–29; auch Andree, C[hristian], Autograph, in: LGB² 1 (1987), S. 200.

53 Vgl. Pelzer, Notes (wie Anm. 14), S. 326.

54 Dazu Bataillon, Louis J., Leonina. Editio L., in: LThK³ 11 (2002), Sp. 171. – Der Autor gibt an, daß im Rahmen der Leonina auch „die erstmals aufgrund des Autographs edierte ‚*Summa contra*

Als zweite Aussage zum Buchwesen nennen wir Leos Lob der Polyglott-Druckerei der Propaganda-Kongregation.[55] Die Offizin war weltberühmt wegen ihres immer wieder ausgebauten Vorrats an Schriftsätzen in fremden Alphabeten und Sprachen. Durch diesen Schatz gewann sie auch Bedeutung für die Entwicklung mancher Nationalliteraturen. Daß die Erinnerung daran auch in der Gegenwart nicht erloschen ist, zeigt eine bemerkenswerte Gedenktafel, die vor knapp drei Jahrzehnten von der Sozialistischen Sowjetrepublik Georgien und der Stadtverwaltung Rom an der Straßenfront des ehemaligen Sitzes der Offizin, Salita del Grillo Nr. 16/17, angebracht wurde: *„Dieses Gebäude beherbergte / im 17., 18. und 19. Jahrhundert / die Druckerei der Kongregation / „de Propaganda Fide",/ deren erster, im Jahr 1629 veröffentlichter Text / das georgisch-italienische Wörterbuch war, / zusammengestellt von / Stefano Paolini und Nikifor Irbach."*[56]

Das Lob Leos galt aber nicht nur der bisher geleisteten Arbeit der Druckerei. Am Horizont steht wohl bereits wieder der Plan der großen Thomas-Ausgabe. In der Tat schreibt der Papst unter dem 18. Januar 1880 in *„Placere Nobis"*, dem *„Motu proprio"*, mit welchem er konkrete Anweisungen für das schon früher angekündigte Unternehmen gab: *„Daher wünschen wir zunächst, damit Unserer Erhabenen Stadt* [= Rom. Rb.] *dieser Ruhmestitel nicht verlorengehe, daß die Edition, von der wir oben gesprochen haben, der Buchdruckerei der Heiligen Kongregation für die Ausbreitung des christlichen Namens vorbehalten sei, die schon*

---

gentiles' in 3 Bänden" erschienen sei. Dies ist mit einem Fragezeichen zu versehen, denn unser Uccelli hatte für seine Edition ja gerade auch das Autograph herangezogen, vielleicht nicht in einer den modernen Kriterien entsprechenden Weise, aber immerhin doch das Autograph.

55 Dazu HENKEL, WILLI, The Polyglot Printing-office of the Congregation. The press apostolate as an important means for communicating the faith, in: Memoria rerum (wie Anm. 30), vol. I/1 (1971), S. 335–350; DERS., The Polyglot Printing-office During the 18th and 19th Century: ebd., vol. II (1973), S. 299–315; JOSIP BURIĆ, Libri croati pubblicati a cura della S. C. de Propaganda Fide: ebd., vol. II, S. 827–841; MOSHER, F[REDERIC] J., Propaganda Fide Druckerei, in: LGB² 6 (2003), S. 115; DERS., Paolino, Stefano, in: LGB² 5 (1999), S. 522 (Der Drucker und Schriftgießer P. war erster Leiter der Druckerei.).

56 Der Originaltext wurde vom Verf. vor Ort kopiert:
QUESTO EDIFICIO OSPITÒ
NEI SECOLI XVII XVIII E XIX
LA TIPOGRAFIA DELLA CONGREGAZIONE
DE PROPAGANDA FIDE
IL CUI PRIMO TESTO PUBBLICATO NEL 1629
FU IL DIZIONARIO GEORGIANO-ITALIANO
COMPOSTO DA
STEFANO PAOLINI E NIKIFOR IRBACH

REPUBBLICA SOCIALISTA
SOVIETICA DI GEORGIA
(U.R.S.S.)

COMUNE DI ROMA

5 LUGLIO 1983

wegen der Herausgabe anderer gewichtiger Bände des vortrefflichen Unternehmens berühmt ist."[57]

Die dritte Aussage zum Buchwesen besteht in der Metapher, mit welcher Leo XIII. die Editionstätigkeit umschreibt: „*So hast Du nämlich bewirkt, daß das Autograph dieses Werkes* [...] *aus seinem im Schatten liegenden, internen Aufbewahrungsort in den Gesichtskreis und das Licht der Öffentlichkeit getreten ist* [...]" – „*Sic enim effecisti, ut ipsum huius operis autographum* [...] *ex umbratili domesticaque sua statione, in adspectum lucemque publicam* [...] *prodierit.*"[58]

Die Bildworte „*Schatten*" und „*Licht*" evozieren eine geistige Tradition von kaum zu überblickenden Ausmaßen. Immer geht es um Vorgänge wie um den Weg von der Unwissenheit zur Erkenntnis, von der Unerleuchtetheit zur Erleuchtung, vom Tod zum Leben. Als Repräsentant dieser Tradition sei ein religiöser Denker des 19. Jahrhunderts genannt: John Henry Newman (1801–1890), den Leo XIII. 1879 zum Kardinal erhob.[59] Seine Grabinschrift lautet: „*Ex umbris et imaginibus in veritatem*" – „*Aus Schatten und Bildern zur Wahrheit*".[60]

Es muß festgehalten werden, daß „*Optimo sane consilio*" den Vorgang des Edierens – aus der Verborgenheit der Bibliothek in das Licht der Öffentlichkeit – mit einer Metapher umschreibt, die aus einem weit tiefgründigeren Bereich stammt. Bisher scheint nicht untersucht zu sein, ob und wann dieses Bildwort auch sonst noch im Bereich des Buchwesens gebraucht worden ist.

Ähnlich verhält es sich mit Papst Leos vierter Aussage. Die kostbare Handschrift des Thomas von Aquin „*konnte, gleichsam aus einem Schiffbruch, in der Vatikanischen Bibliothek wie in einem Hafen aufgenommen werden, damit man sie dort mit Eifer und Sorgfalt bewahre.*" – „[...] *potuerit, quasi e naufragio, in Bibliotheca Vaticana tamquam in portu recipi, in qua studiose diligenterque conservaretur*".[61] „*Könnten doch auch die übrigen Autographen des heiligen Lehrers* [...] *aufgefunden und in Sicherheit gebracht werden!*" – „*Utinam reliqua S[ancti] Doctoris autographa* [...] *reperiri possent, atque in tuto collocari!*"[62]

Die Bibliothek also als „*Hafen*", der die Handschriften nach gefährlichen Irrfahrten aufnimmt und ihnen Sicherheit bietet. Das Bildwort des Hafens steht ebenfalls in einer viel weiter reichenden Tradition. Bei Hugo Rahner findet man dargestellt, wie die Kirchenväter die Kirche als Hafen interpretiert haben.[63] Auch

---

57 „*Primum itaque, ne Almae Urbi Nostrae haec pereat laus, editionem, quam supra diximus, reservatam esse volumus Officinae librariae Sacri Consilii Christiano nomini propagando, clarae iam ob alia magnae molis et laudati operis edita volumina.*": Leonis Acta II, S. [1]–3, hier S. [1]. – Es ist nicht ganz leicht, die Worte „*ob alia magnae molis et laudati operis edita volumina*" zu interpretieren. Wenn man zu der Auffassung gelangt, daß „*laudati operis*" die große Thomas-Edition bezeichne, ergibt sich die Schwierigkeit, daß 1880 von dieser Ausgabe ja noch keine Bände gedruckt vorlagen. Dieses Problem könnte vielleicht dadurch gelöst werden, daß man die „*alia laudati edita volumina*" als eine Anspielung auf die Edition des Pietro Antonio Uccelli versteht. Damit würde dessen Vorläuferunternehmen gewissermaßen in das „*laudatum opus*" mit einbezogen.
58 Vgl. oben Anm. 28.
59 Zu ihm BIEMER, GÜNTER, John Henry Newman 1801–1890. Leben und Werk, Mainz 1989; DERS., Newman, John Henry, in: LThK³ 7 (1998), Sp. 795–797.
60 Vgl. BIEMER 1989 (wie Anm. 59), S. 193 u. 196.
61 Vgl. oben Anm. 15.
62 Vgl. oben Anm. 16.

hier wissen wir bisher nichts über etwaige Wanderungen und Wandlungen der Metapher im Bereich des Buchwesens.

Wenn „*Optimo sane consilio*" von der Bibliothek als „*Hafen*" spricht, so ist dies zunächst auf die Vatikanische Bibliothek und ihre Handschriftenschätze gemünzt. Das Bildwort läßt sich aber auch in die Jetztzeit und auf Bibliotheken übertragen, die im Rang hinter der Vaticana zurückstehen. Heinz Finger, Direktor der Erzbischöflichen Diözesan- und Dombibliothek Köln, stellt dazu fest: „Das alles beherrschende Problem ist heute die Bewahrung von akut gefährdeten im engeren Sinne kirchlichen Buchbeständen, insbesondere von historisch einmaligen kostbaren Altbeständen."[64] Bei einer anderen Gelegenheit sagt er es noch zugespitzter: „In Zukunft wird mit größter Wahrscheinlichkeit die längst aktuelle Gefährdung kirchlicher Buchbestände dramatisch zunehmen. Es scheint kaum übertrieben, wenn man einen ‚Ausverkauf' kostbaren Bibliotheksgutes befürchten muss."[65] Unter den Beispielen, die er nennt, wirkt das folgende besonders bedrückend: „Ein sehr markantes Beispiel dafür in Deutschland stellt die Bibliothek der Philosophisch-Theologischen Hochschule der Redemptoristen in Hennef-Geistingen dar. Sie ist von Papst Benedikt XVI. in seiner als Kardinal verfassten Autobiographie außerordentlich gelobt und als ‚sehr schöne und gepflegte Bibliothek' bezeichnet worden. Sie ist im 21. Jahrhundert untergegangen, ohne – da alle Bestände verkauft und in alle Winde zerstreut wurden – auch nur erkennbare Spuren zu hinterlassen."[66]

Leo XIII. sprach von dem „*naufragium*", welchem der „*portus*" wehren soll. In dem zitierten Fall – und nicht nur in ihm – ist es tatsächlich zum „*Schiffbruch*" gekommen. Ob wirklich kein rettender „*Hafen*" zu erreichen war?

Abkürzungen

HierCath VIII	Hierarchia catholica medii et recentioris aevi […]. Vol. VIII: A pontificatu Pii PP IX (1846) usque ad pontificatum Leonis PP. XIII (1903) […] per Ritzler, Remigium – Sifrin, Pirminum, Patavii 1978.
Leonis Acta I / II	Leonis XIII. Pontificis Maximi Acta, vol. I, Romae, ex Typographia Vaticana, 1881; vol. II, ibidem, 1882.
LexBuchkunst	Lexikon der Buchkunst und der Bibliophilie. Hrsg. von Walther, Karl Klaus, Hamburg 2006.

63 Vgl. Rahner, Hugo, Symbole der Kirche. Die Ekklesiologie der Väter, Salzburg 1964, S. 548–564 („Die Ankunft im Hafen").

64 Finger, Heinz, Zur Funktion und Bedeutung katholischer Kirchenbibliotheken, in: Analecta Coloniensia. Jahrbuch der Diözesan- und Dombibliothek Köln mit Bibliothek St. Albertus Magnus 9 (2009), S. 57–86, hier S. 81.

65 Finger, Heinz, Die Arbeitsgemeinschaft Katholisch-Theologischer Bibliotheken (AKThB). Geschichte – Gegenwart – Zukunftsaufgaben, in: Omnia autem probate, quod bonum est tenete. Opstellen aangeboden aan Etienne D'Hondt […], uitgegeven door Lamberigts, Mathijs – Kenis, Leo, Leuven 2010, S. [105]–127, hier S. 121; vgl. auch S. 116–118.

66 Finger, Zur Funktion (wie Anm. 64), S. 81.

LGB²	Lexikon des gesamten Buchwesens. Zweite, völlig neu bearbeitete Auflage. Hrsg. von CORSTEN, SEVERIN – PFLUG, GÜNTHER – SCHMIDT-KÜNSEMÜLLER, FRIEDRICH ADOLF […], Stuttgart 1987–.
LThK³	Lexikon für Theologie und Kirche. Dritte, völlig neu bearbeitete Auflage. Hrsg. von KASPER, WALTER […], 11 Bände, Freiburg – Basel – Rom – Wien 1993–2001.
LThK²	Lexikon für Theologie und Kirche. Zweite, völlig neu bearbeitete Auflage […] hrsg. von HÖFER, JOSEF – RAHNER, KARL, 10 Bände und Reg.-Bd., Freiburg im Br. 1957–1967.
Mondo Vaticano	Mondo Vaticano passato e presente. A cura di DEL RE, NICCOLÒ, Città del Vaticano [1995].

Hinweise

- Verf. folgt der herkömmlichen Rechtschreibung.
- Die Übersetzungen der lateinischen und italienischen Zitate stammen vom Verf.
- Neben den Quellenzitaten sind auch deren Übersetzungen kursiv gedruckt.
- Um der Einheitlichkeit willen wurden bei den italienischen Zitaten die Anführungszeichen nach deutschem Brauch gesetzt.
- Zusätze des Verf. stehen in eckigen Klammern [].

Die Glasmalereien des Franz Joseph Sauterleute in der Gruftkapelle der Fürsten von Thurn und Taxis

Erich Sauer

1. Einleitung

Als Frau Elgin Vaassen im Jahre 2007 ihr fundamentales Werk über die Glasgemälde des 19. Jahrhunderts im Dom zu Regensburg verfasste, wies sie in der Einleitung darauf hin, dass

> *„Regensburg ... einen weiteren Schatz an frühen Fenstern beherbergt: Der Glasmaler Franz Josef Sauterleute (1793–1843) schuf sie 1837 ff. und kopierte dafür Figuren des Nürnberger Sebaldusgrabes von Peter Vischer. Sie befinden sich in der Gruftkapelle der Fürsten von Thurn und Taxis im Kreuzgang von St. Emmeram zu Regensburg, vgl. Elgin Vaassen 1997 ...sowie E. Sauer 2003.“* [1]

Die von 1836–1840 während Regensburger Entstehungsgeschichte der Glasmalereien des Franz Josef Sauterleute wird auf der Grundlage der „Studien zur Gruftkapelle ...“ [2] im Folgenden dargestellt. Dabei werden neuere Erkenntnisse zu den Biografien Sauterleutes und der Kunstschaffenden seines Regensburger Umkreises berücksichtigt.

2. Anmerkungen zur Planung des Gruftbaues

Die Vorgeschichte des Gruftbaues geht bis auf das Jahr 1802 zurück. Damals schon befand Fürst Carl Anselm, dass die Krypta in St. Emmeram zu klein und nicht mehr standesgemäß sei. Die Geheime Kanzlei schlug einen Kapellenbau in einer der Kirchen der zum Fürstentum Taxis gehörenden säkularisierten Abteien Obermarchtal oder Neresheim vor. Der Plan wurde verworfen. Die Angelegenheit „Gruftbau“ blieb jedoch aktuell und trat dann 1827 in eine akute Phase, als überraschend Fürst Karl Alexander starb. Er wurde in dem eigens dafür hergerichteten

---

1 Vgl. Elgin Vaassen, Die Glasgemälde des 19. Jahrhunderts im Dom zu Regensburg, Regensburg 2007, Anm. 3; Elgin Vaassen, Bilder auf Glas: Glasgemälde zwischen 1780 und 1870, München-Berlin 1997; Erich Sauer, Studien zur Gruftkapelle Thurn und Taxis im Kreuzgang St. Emmeram, Magisterarbeit (mschr.) Universität Regensburg, 2003.

2 Erich Sauer, wie Anm. 1.

Kapitelsaal der Neresheimer Abtei beigesetzt, sein Herz in der Klosterkirche selbst.[3] Noch im Herbst wurde der württembergische Kreisbaurat Karl Ferdinand Fischer aus Ellwangen beauftragt, Zeichnungen *„über den Bau einer Begräbniskapelle und Gruft an der Schloßkirche zu Neresheim"* vorzulegen. Fischer legte seine Pläne schnell vor. Sie wurden *„mit höchstem Beifall"* aufgenommen und für 275 Gulden angekauft.[4] Der Plan, von dem noch die Baubeschreibung vorhanden ist, sah einen zweigeschossigen Zentralbau im klassizistischen Stil vor, der auch schon die Aufstellung der Christusstatue von Heinrich Dannecker berücksichtigte und an den Chorscheitel der Abteikirche in Neresheim angefügt werden sollte. Auch dieses Bauvorhaben wurde nicht realisiert.

Der Plan für eine Gruftkapelle wurde jedenfalls bis in den Mai 1835 wieder einmal auf Eis gelegt. Damals starb die Fürstin Wilhelmine Caroline mit 32 Jahren nach nicht ganz siebenjähriger Ehe. Für den Fürsten Maximilian Karl, der seiner protestantischen Frau durch eine (unstandesgemäße) Liebesheirat besonders eng verbunden war, war dies nunmehr endgültig Anlass, eine Gruftkapelle zu errichten.

Der mit dem Bau beauftragte fürstliche Domänenrat Carl Victor Keim legte schon am 10.08.1835 die Pläne für einen Gruftbau vor, denen er die folgende Erklärung beigab:

Erklärung über den Entwurf einer neu zu erbauenden fürstlichen Familiengruft im Palais Skt. Emmeram (Auszug)
Innerhalb des ganzen Schlossumfanges Sct. Emmeram findet sich nur eine ruhige, dem Auge entzogene und von den fürstlichen Appartements entlegene Baustelle, die sich zur Erbauung einer Gruft eignen dürfte. Diese ist in dem sogenannten Kreuzgarten, der von 3 Seiten von dem herrlichen Kreuzgang aus dem edlen Baustyl des Mittel-Alters eingeschlossen wird.
Bei diesem Bauplatz ist daher die Wahl des Baustyls nicht mehr frei gegeben, sie ist bedingt und verlangt, dass die Gruft in dem Baustyl des Mittel-Alters, welcher sich auch für ein solches Gebäude, seiner edlen und ruhigen Form wegen, ganz gut eignet, ausgeführt werde.[5]
*… Die Treppe wird durch 2 große runde Fenster sattsam erleuchtet; das Schiff der Todenhalle aber durch **6 große, mit Glasmalereyen versehene Fenster** in ein feierliches Halbdunkel versetzt.*

---

3   Derartige Umnutzung von säkularisiertem Klostergut war s. Z. nicht unüblich. So sollte nach einem Plan von 1822 das Refectorium des ehem. Klosters Heilsbronn die Grablege der Hohenzollern aufnehmen (vgl. Stillfried Dr. R. G., Kloster Heilsbronn, Ein Beitrag zu den Hohenzollerschen Forschungen, Berlin 1877, S. 73.) In St. Emmeram wurde 1835 der Kapitelsaal für die Beerdigungsfeierlichkeiten der prot. Fürstin Wilhelmine Caroline genutzt (vgl. FTTZA HMA, 1477, 1835 V 17.).

4   Weißenberger Paulus, Das fürstliche Haus Thurn und Taxis und seine Grablege in der Benediktinerabtei zu Neresheim, in: Jahrbuch des Historischen Vereins Dillingen, LXIX. Jahrgang, Dillingen (Donau) 1967, S. 81–105, hier S. 92–95 und 103.

5   Damit war der Fischersche Bauplan vom Tisch. Obwohl dem König bis ins Jahr 1839 der Bauplan vorenthalten wurde (s. Spindler Max (Hrsg.), Briefwechsel zwischen Ludwig I. von Bayern und Eduard von Schenk 1823–1841, München 1930, S. 337.) bedurfte er doch der Absegnung. Dies geschah sehr wahrscheinlich durch Friedrich v. Gärtner, der 1834/35 die purifizierende Restaurierung des Regensburger Domes betrieb. Für Carl Victor Keim, der noch bei Gärtner an der Kunstakademie in München studiert hatte, bot sich nun die Gelegenheit sein Können unter Beweis zu stellen und zusammen mit seinem Bruder Hermann eine spätgotische Kirchenhalle im Parlerschen Stil, mit der kath. Liebfrauenkirche in Nürnberg als Vorlage, zu erbauen. Damit war auch die Stunde für den Glasmaler Sauterleute gekommen.

In den Chor wird die Christus-Statue von Ritter von Dannecker gestellt, die von 2 großen mit reinem weißen Glas versehenen Fenstern (weil bunte Scheiben nicht nur allein das schöne helle Licht nicht gewähren, sondern auch auf die Statue durch den Reflex der Farbenspielung störend einwirken würden) sehr hell beleuchtet wird...

Das Ganze [= die Wände] *wird ganz einfach in dem natürlichen Steinton gehalten, die Felder* [der Decke] *mit gebrochenem tiefen Blau (Graublau) gefärbt, der Fußboden aber mit graublauen, farbigen Thonplatten belegt, und alle Farbenpracht auf die 6 Fenster mittelst Glasmalereyen verlegt.*

In die Fenster werden die 12 Apostel, die 4 Propheten, die heilige Maria, und der König David von Peter Fischer gemalt, so dass in die 4 Seitenfenster je 3 Apostel und in ein Mittelfenster Maria mit 2 Propheten, und in das andere Mittelfenster König David mit 2 Propheten zu stehen kommen. Da die Composition dieser Figuren allgemein als eines der größten Meisterwerke teutscher Kunst anerkannt ist, so wird hier in Beziehung auf die treffliche Christus-Statue die Copie keiner Entschuldigung bedürfen.

Eine gute Wirkung der Beleuchtung und Haltung des Ganzen dürfte daher nicht verfehlt werden. ...Von dem Kreuzgang aus gelangt man durch die beiden Seitenthüren ... hinab in die Gruft. Dieselbe bildet ein eng verbundenes, auf kurzen Säulen ruhendes Gewölbe, deßen Felder eine graue Farbe erhalten, und deßen Wände und Gewölberippen aber die natürliche Farbe der Steine behalten. Durch 8 Fenster mit Glasmalereyen versehen, wird solches in ein ernstes Halbdunkel gesetzt.

Die Fenster werden nur damastartig grau in grau gemalt, und werden mit den fürstlichen Wappen, die bunnt kolorirt werden, versehen... Der Chor schließt den Altar ein und durch Fenster mittelst weißem Glas hell beleuchtet. ...Der Kreuzgang wird gehörig restauriert, und außen um den Kreuzgang und um die Gruft wird eine Garten-Anlage hergestellt, die vor dem Chor der Gruft ein mit lebendem Wasser versehenes Bassin erhält... Die anliegenden Pläne sind: I. der Grundplan von der Todenhalle[6] [Abb. 1] *samt der unter derselben befindlichen Gruft...*

Den 10.8. 1835   *Keim, Fürstl. Domainenrath*[7]

3. Der Vertrag mit Sauterleute

Am 09.04.1836 erging erneut ein Bericht Keims, diesmal

> „*Die Glasmalerey für die fürstliche Gruft betreffend.*
>
> *In Folge des höchsten Orts mündlich ganz gehorsamst erstatteten Vortrages haben wir nicht unterlassen, alsobald uns mit den durch öffentliche Rezensionen rühmlichst bekannt gewordenen Glasmaler Sauterleute in Nürnberg*[8] *ins Benehmen zu setzen, und von demselben einige Bilder zur Einsichtnahme zu verlangen.*

---

6   Der (neutrale) Begriff „Todenhalle" meint, dass der Kapellenbau ganz auf das Leichenbegängnis hin gedacht war. Obwohl der Bau durch seine Ausstattung (Weihekreuze, Apostelleuchter, Ewiges Licht, Kanontafeln, tabulae) ganz für eine Kirche vorbereitet war, fand nie eine Konsekration statt.

7   FTTZA HFS 1770, 1835 IX 08.

8   Franz Joseph Sauterleute (1796–1843) gehörte mit Dannecker und den älteren Mitgliedern der Familien Keim, Heideloff und Fischer zu jenen Künstlern, die aus der Hohen Carlsschule in Stuttgart hervorgingen. Er lernte bei Isopi in Ludwigsburg als Porzellanmaler und wandte sich ab 1824, nach Auflösung der Ludwigsburger Manufaktur, der Glasmalerei zu. Er ist seit 1824 in Nürnberg anzutreffen und wird dort nach dem Weggang von Sigmund Frank nach München der führende Porzellanmaler. Er arbeitete eng mit Carl Alexander Heideloff zusammen, für den er zuletzt 1840 in der Heiligkreuzkirche zu Rottweil tätig war. Kurz vor seinem Tod im Jahr 1843 bereitete er einen Geschäftsvertrag vor, der Manfred Heideloff zu seinem Teilhaber machen sollte. Ausführlicher s. Anm. 1, Vaassen 1997, S. 162–166.

Schloss St. Emmeram, Gruftkapelle, Längsschnitt. Plansammlung
Gruftkapelle A.01.06.01

> *Derselbe ist nun hierher gekommen und hat die ganz gehorsamst beigefügten 3 Glas-*
> *malereyen selbst zu Einsichtnahme anher überreicht...*[9]

Wenig später, am 24.05.1836, kam es zu dem maßgeblichen Arbeitsvertag mit dem
Glasmaler Sauterleute:

> ***Protocoll welches über die Anfertigung der Glasmalerey zur fürstlichen Familien-***
> ***gruft abgehalten wurde, Regensburg den 24. Mai 1836***
> *In Gegenwart, des f. Domainenraths Keim, des f. Revisors Heller. Reitmeyer als Actuar*
>
> *Auf den Grund des höchsten Resk. Vom 7. Mai 1836 ad No 4576 hat man folglich den*
> *Glasmaler H. Sauterleute von Nürnberg hieher berufen und mit demselben nach der*
> *vorausgegangenen mündlichen Besprechung und Behandlung namentlich auch in*
> *Betreff der Lieferung der Gläser folgenden **Ackord** getroffen:*
> *1) Herr Sauterleute macht sich verbindlich die Brenn- und Malerarbeiten zu den*
> *Fenstern der nun erbaut werdenden fürstl. Familiengruft auf eine meisterhafte*
> *Weise zu liefern, und hiebei alle Regeln der Kunst zu beachten, und für richtige*
> *Zeichnung und gutes Colorit gut zu stehen.*

---

9   FTTZA, HMA 1770, 1836 IV 09.

2) *Herr Sauterleute liefert auf seine Kosten und Risiko alle zu den 8 Gruft- und zu den 6 Kapellenfenstern erforderlichen farbigen und anderen Gläser inclusive Transport.*[10]

3) *Herr Sauterleute liefert alle nöthigen Farben Oxyde pp Pinsel Öle, Hülfsarbeiter und was zur Malerey erforderlich ist, und wird dann das erforderlich Papier zu den Figuren und die Beschaffung der Vorbilder von den Figuren nämlich die Zeichnungen von den 12 Aposteln des Peter Fischer, eine Zeichnung von der Maria und vom König David und von den 4 Propheten nach den Figuren von Peter Fischer* [besorgen].

4) *Herr Sauterleute macht sich verbindlich in einem Jahr also bis ultimo May 1837 die Arbeit, wo möglich, zu vollenden und diesen Termin soweit er ohne Übereilung und ohne Nachtheil der Malerey selbst geschehen kann einzuhalten.*

5) *Herr Sauterleute erklärt, dass, wenn seine Arbeit nicht für gut und meisterhaft von Seite des fürstl. Baubureaus erachtet werden sollte, solche durch unpartheyische Kunstverständige auf Kosten des Unrecht habenden Theils eingesehen werden sollte, und wenn seine Arbeit nicht für gut anerkannt wird, und Betreff der Dauerhaftigkeit und Colorit den ächten alten Glasmalereyen nicht gleichkommt und die Probe nicht aushält, hierfür auch nicht bezahlt werden dürfte.*
Alles Risiko, nämlich aller Schaden, der bei Malen und Brennen der Gläser entsteht, trägt ohne allen ... und Ersatz Herr Sauterleute.

6) *Herr Sauterleute macht sich verbindlich, während dem Laufe der Arbeit sich immer rechtzeitig mit dem Baubureau ins Benehmen zu setzen und in artistischer Beziehung wie in Betreff der Maaße der vorgeschriebenen Zeichnungen zu der zu malenden Architektur immer die ertheilte Vorschrift, Anordnung, Verbesserung einzuhalten, und genau zu befolgen, ohne hiefür einen weiteren Ersatz über die behandelten Preise zu fordern, insofern es sich nicht um eine gänzliche Umänderung und nur um jene Theile handelt, die als Proben resp. Vorarbeiten zu betrachten sind.*

7) *Die Fenster werden nach den vorliegenden Zeichnungen, und hiebei nur bemerkt, dass a) die 8 Gruftfenster damastartig gemalt, und jedes Fenster mit 3 verschiedenen farbigen Wappen versehen wird, und dass b) die 6 Kapellenfenster reich koloriert werden, und in dieselben die 12 Apostel, die 4 Propheten und die Maria und König David von Peter Fischer, gemalt werden.*

8) *Die Glasmalerey muß hier in St. Emmeram gefertigt werden, und für Reisekosten hieher und zurück nach Nürnberg sowie überhaupt für Reisekosten hat H. Sauterleute keine Vergütung anzusprechen.*

9) *Über die Glaserarbeiten, die Hand in Hand mit der Malerarbeit geht, hat H. Sauterleute die Aufsicht zu führen, welches hier nun so ausdrücklich bestimmt wird, als jeder Schaden, der durch den Glaser den gemalten oder den zuschneidenden Gläsern zugeht, von dem Glaser dem Maler H. Sauterleute zu ersetzen ist, wozu der aufzunehmende Glaser vom Baubureau zu verpflichten ist.*
das fürstliche Aerar übernimmt:

10) *Die Überlassung eines geeigneten Lokals,*

11) *Die Bauung des Herdes und der Brennöfen,*

12) *Die Heitzung der 2 Arbeitszimmer und der Brennöfen.*

13) *Die Kosten welche der Heitzer bei den Oefen erfordert.*

14) *Die Brennmaterialien resp. Das Brennholz und Kohlen.*

---

10 Woher Sauterleute die Gläser bezog, ist nicht bekannt. Eine Rechnung vom 06.07.1840 (HFS 1767) verweist auf die Glashütte des *Benedict Poschinger in Oberzwislau* [heute 94227 Lindberg Kr. Regen Oberzwieselau]: „*Schiffer Vogl (ab Deggendorf) 1 Kiste Tafelglas.*" Die Konkurrenz, der königliche Glashütten-Betrieb in Benediktbeuren, dürfte kaum in Frage gekommen sein.

15) *Die Beschaffung von alten Tischen und Stühlen zum malen.*

16) *Drey unbelegte Spiegelgläser samt 3 Staffeleyen[11], die nach gemachtem Gebrauch wieder zurück gewährt werden, dann einen Spiegel, der ebenfalls nach gemachten Gebrauch zurück gewährt wird.*

17) *Die Beischaffung eines Glasers, das Zinn, Bley und den Bleizug[12].*

18) *Die Einsetzung der Gläser in die Fensteröffnungen*

19) *Die Herstellung einer Stellage, wo die Fenster eingelegt werden, bis sie eingesetzt werden können.*

20) *Die Lieferung der Zeichnung in natürlicher Größe zu den Verzierungen, mit Ausnahme der Figuren und Wappen.*

   Unter diesen vorstehenden Bedingungen erhält Herr Sauerleute

21) *Für ein Fenster in die Gruft 125 fl.*
   also für 8 Stück .... 1000 fl.
   Ein Tausend Gulden.

22) *Für ein Fenster in die Kapelle 600 fl.*
   also für 6 Stück .... 3600 fl.
   Drey Tausend Sechs Hundert Gulden[13].

   Die Bezahlung geschieht wie folgt:

23) *Auf Abschlag erhält der Maler Herr Sauerleute folglich 100 fl.*

24) *Wenn die Gläser zu den unteren Fenstern angekommen und nach Emmeram gebracht worden sind, erhält H. Sauerleute 200 fl.*

25) *Wenn von den Gruftfenstern 4 Stück fertig sind und verbleit sind d. h. bis zur Einsetzung in die Fensteröffnungen fertig sind, 200 fl.*

26) *Wenn alle 8 Gruftfenster fertig sind 500 fl.*

27) *Wenn je ein Fenster von den 6 Stück Fenstern der Kapelle zur Hälfte fertig ist 200 f*

28) *Wenn ein Fenster der Kapelle ganz fertig ist, 200 fl. und*

29) *Wenn alle Fenster in die Fensteröffnungen eingesetzt sind, und die Arbeit vollendet ist, den Rest mit*
   1200 fl.

---

11 In den Staffeleien konnte man die eingebleiten Fenster bei Durchlicht aufstellen und wie bei einer Malerstaffelei noch Korrekturen anbringen.

12 Werkzeug, mit dessen Hilfe vorgeformte Bleiprofile durch ein feststehendes Ziehgerät gezogen und zu Bleiruten (meist H-förmig) umgeformt werden. Am 12.07.1836 erhält der vormalige Baurath Franz Xaver Keim (Vater von Carl Victor Keim) 100 fl. von der Hochfürstlichen Thurn und Taxischen Oeconomie-Commißion Bau-Cassa für seinen *Bleizug mit sämdlicher Zugehörung.* [Bescheinigungsvermerk:] *Obiger Bleyzug, ganz für die Glasmalerey der Gruft eingerichtet, ist um obige Summe sehr billig und hiemit testiert Jos. Sauerleute Glasmaler* FTTZA B 111 (1840).

13 Sauerleute gelang es, aufgrund mehrerer Gesuche die Gesamtabrechnung von 4600 auf 7300 Gulden zu erhöhen. 300 fl. gehen dabei à conto Vergrößerung der Wappenbilder in der Gruft. 2400 fl. wurden gnadenhalber draufgeschlagen. *Mehr als alle die von dem Glasmaler Sauerleute angegebenen Begründungen zur Erhöhung seines Accordes spricht für sein Gesuch, dass er eine treffliche Arbeit lieferte, dass er nicht an der Güte des Glases gespaart hat, dass er keine Kosten spart sich das schön in Maße gefärbtes Glas und sogenanntes Überfangglas – welches nur auf den Glashütten gemacht wird – zu verschaffen und zu verwenden, dass er den Umfang der Arbeit gar nicht richtig bemeßen und gleichsam bezüglich der Glaslieferung die Rechnung ohne den Wirth machte. Für die Richtigkeit dieses dürfte selbst ein flüchtiger Vergleich der Kosten auf den gemalten Fenstern in Dom dahier und in der Auer-Kirche in München, mit jener der fürstlichen Gruft dahier à 4600 fl. resp. wegen Vergrößerung der Wappen auf 4900 fl. erhöhten Kosten sprechen".* Wenn in voraussichtlich 5 Wochen die Fenster eingesezt sein werden sollte ein zusätzlicher Betrag von 400 fl. [S. hatte 400 fl. je Fenster verlangt!] *verausgabt werden."* FTTZA, HFS 1840, 1840 IV 30.

Von vorstehendem Ackord erhält H. Sauterleute eine beglaubigte Abschrift.
Nach vorausgegangener Verlesung
unterzeichnet sich zur Festhaltung der vorstehenden Verhandlung.

gez. *Keim*   gez. *Heller*   gez. *Franz Joseph Sauterleute*
                     gez. *Reitmeyer*   *Glasmaler zu Nürnberg*

4. Die Wappen-Bilder in der Gruft

Wenden wir uns nun zunächst den Bildern in der Gruft zu. Die acht Wappenfenster (je drei auf den beiden Längsseiten, je eines zu beiden Seiten des Ostchores) sollten laut „*Erklärung*" und laut Vertrag mit Sauterleute „*damastartig grau in grau*" gemalt werden. Sie präsentieren sich heute in einem dunkelrot marmorierten Überfangglas, das bei Sonnenlicht die ganze Gruft blutrot aufleuchten lässt. Auch die Fenster im Chor, die laut „*Erklärung*" weiß gedacht waren, wurden rubinrot, aber ohne Wappen, ausgeführt. Wahrscheinlich hatte sich das Aufbringen von Damastmustern als zu zeitraubend erwiesen. Wenn Groblewski meint, Carl Victor Keim könnte mit dem teuren roten Glas Anleihen bei Schinkel genommen haben, so ist das angesichts der Kopiertalente Keims nicht von der Hand zu weisen[14]. Allerdings müsste man dann die Ausführung als nicht sehr gelungen betrachten. Schinkel spricht nämlich in seiner Erklärung zum Entwurf des Luisen-Mausoleums von 1810 von Glas „*von rosenrother Farbe, wodurch über die ganze Architektur, welche in weißem Marmor ausgeführt ist, ein sanftes rotes Dämmerlicht verbreitet wird*"[15].

Auf die Gruftbilder mit den Wappen, zu denen übrigens keine Entwürfe vorliegen, soll hier nicht weiter eingegangen werden, weil, wie sich neuerdings herausstellte, diese gar nicht von Sauterleutes eigener Hand stammen, sondern von seinem Gehilfen J. J. Röttinger gefertigt wurden.[16]

---

14 Groblewski Michael, Die Gruftkapelle des Fürstlichen Hauses Thurn und Taxis im Kreuzgang von St. Emmeram, Überlegungen zum Verständnis der Gotikrezeption im fürstlichen Mausoleumsbau, in: Piendl, Max (Hrsg.), TT-Studien, Bd. 15, Kallmünz 1986, S. 99–132. Groblewski hat anscheinend Verbindungen zwischen Keim und Schinkel hergestellt. Diese könnten, wenn schon nicht direkt, so doch indirekt über Heideloff oder die Fürstin Therese zustande gekommen sein. Beide kannten Schinkel persönlich.

15 Zitat bei Forssmann Erik, Karl Friedrich Schinkel, Bauwerke und Baugedanken, München 1981, S. 64.

16 **Frau Eva-Maria Scheiwiller-Lorber, die an einer Dissertation über den Glasmaler J. J. Röttinger arbeitet, fand in einem Bewerbungs-Schreiben des Malers die folgende Referenz:** „*Darüber bemerke Ihnen nur, dass ich die sämtlichen Wappenfenster für Fürst Thurn und Taxis in der Familien Gruft in Regensburg...ausführte*". **Herzlichen Dank für diese Mitteilung.** Es war auch Frau Scheiwiller, die im Rahmen einer Diplomarbeit im Fach Konservierung und Restaurierung bei Prof. van Treeck an der FH Erfurt die Grundlagen für die jetzt laufenden Restaurierungsarbeiten an den Sauterleute-Bildern legte.

5. Die Sauterleute – Glasbilder in der Kapelle

a) Die Apostel

Die Idee, für die Ausgestaltung der Fenster die Apostel- und Prophetenfiguren vom Sebaldusgrab in Nürnberg zum Vorbild zu nehmen, war für den Nürnberger Carl Victor Keim naheliegend. Naheliegend auch die Begründung, die er dazu in der „*Erklärung*" gibt:

> „*Da die Composition dieser Figuren allgemein als eines der größten Meisterwerke teutscher Kunst anerkannt ist, so wird hier in Beziehung auf die treffliche Christus-Statue die Copie keiner Entschuldigung bedürfen.*"

Von wem Sauterleute die Vorbilder für die Vischer-Figuren beischaffen sollte, wird im Vertrag nicht erwähnt[17]. Erst in einem späteren Bericht von Carl Victor Keim kann man Folgendes lesen:

> „*Die Glasmaleryen wurden nach der ursprünglichen Skizze hergestellt und selbst die Wahl der Farben, von der Architektur die der mitunterzeichnete Domainenrath Keim bestimmte und worüber die Skizzen noch vorliegen, und von den 12 Aposteln, die der Glasmaler Sauterleute bestimmte und solche auf die von dem Kupferstecher* <u>*Albert Rindel*</u> *gefertigte Kupferstiche mit Waßerfarben angab, –* **von den 4 Propheten, den König David und der Maria hat der Glasmaler Sauterleute keine gemalten Skizzen gemacht** – *strenge beibehalten*".[18]

Den besagten Kupferstecher vermutete Groblewski schon richtig in dem Verfasser des Stichewerkes „*Die wichtigsten Bildwerke am Sebaldusgrab zu Nürnberg von Peter Vischer, gez. U. gest. v. A. Reindel*[19]*, Nürnberg o. J.,* [1821?] *b. J. L. Schrag*", von dem ein Original beigebracht werden konnte. Sauterleute hat aus diesem Stichewerk kurzerhand die 12 Apostelfiguren ausgeschnitten, zu je dreien auf Zeichenpapier geklebt und koloriert. Die Zeichnungen sind uns in der Plansammlung (A.01.06.04–07) erhalten. Sie zeigen die Entwürfe zum

- nordwestlichen Fenster mit Jacobus major, Thaddäus und Andreas (n IV)
- nordöstlichen Fenster mit Simon, Mathias und Jacobus minor (n II)
- südöstlichen Fenster mit Paulus, Johannes und Petrus (s II) und
- südwestlichen Fenster mit Thomas, Bartholomäus und Philippus (s IV)
- und sind nach Art eines dreiteiligen spätgotischen Altars mit Tisch, Retabel und Gesprenge aufgebaut.

Eine Gegenüberstellung der Figuren des südöstlichen Fensters (s II) mit denen der Zeichnung und denen aus dem Stichwerk von Albert Reindel zeigt weitestgehende Übereinstimmung (Abb. 3).

Eine kleine Abweichung besteht insofern, als das Bild des Petrus im Glasfenster seitenverkehrt angelegt ist, so dass der Heilige sich dem Johannes in Bildmitte zuwendet.

---

17 FTTZA HFS 1770, 1836 IV 09.
18 FTTZA HFS 1840, 1840 IV 30.
19 Zu Albert Reindel vgl. Ulrich Thieme-Felix Becker, Allgemeines Künstlerlexikon, Bd. 28, Leipzig 1934, S. 117.

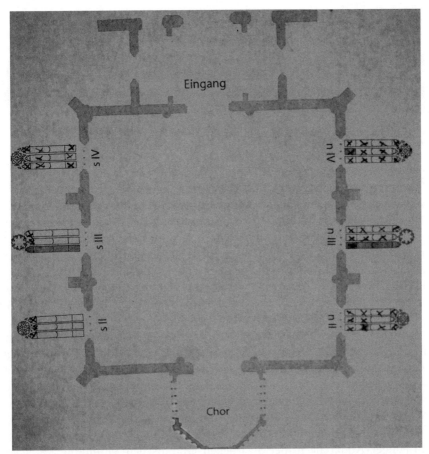

Planskizze mit Grundriss der Kapelle und schematischer Nummerierung aller Glasfenster.

b) Das Marienfenster

Zu den mittleren Fenstern der Nord- und Südseite (Maria, Ezechiel und Daniel; Isaias, David und Jeremias) gibt es nur einen Entwurf ohne Figuren, der sich anhand des für die Mittelfenster typischen 8teiligen Kleeblattkranzes in der Bekrönung und einer auf den David hinweisenden Inschrift bestimmen ließ. Wie schon oben (s. Anm. 18) von Carl Victor Keim ausgeführt, hat Sauterleute zu diesen Fenstern auch keine Figurenvorlagen beigesteuert. Wahrscheinlich hatte er anfangs keine entsprechenden Stichvorlagen zur Verfügung[20].

---

20 Denkbar wäre auch, dass man sich über die Wahl der Bildmotive nicht endgültig einig war. Zwischen der „*Erklärung*" vom 10. 08. 1835 und diesem Vertrag vom 24.05. 1836 gibt es nämlich die Ungereimtheit des Berichtes vom 09.04.1836, in dem noch von einer Mutter Christi mit 2 Engeln und anstelle des David von einem Johannes dem Täufer die Rede ist.

Die Apostel Paulus-Johannes-Petrus im Stichewerk (links), in der Zeichnung (Mitte) und als Glasbild (rechts).

Die durch den Vertragstext genährte Vermutung, dass es sich bei der Maria und dem David um Werke aus der Vischer-Werkstatt handeln müsse, führte zunächst nicht weiter. Die Maria im Bild n III ließ sich schließlich als eine dem Artus-Meister zugeschriebene Holzskulptur identifizieren, die vormals in der von Franz Xaver Keim betreuten kgl. Sammlung in der Kapelle auf der Nürnberger Burg stand und sich heute im Germanischen Museum in Nürnberg befindet[21].

Diese *„Nürnberger Madonna"* war s. Z. infolge der romantisierenden Zuwendung zum deutschen Mittelalter auch außerhalb von Künstlerkreisen so populär, dass sie bei Keim und Sauterleute keiner näheren Beschreibung bedurfte; die Zuweisung an Vischer ist natürlich falsch. Den vielen z. T. lebensgroßen Nachbildungen (u. a. von Rauch), die in viele Privatwohnungen bis nach Berlin gelangten, lag ein Stichewerk von Friedrich Wagner aus dem Jahre 1847 zugrunde.[22] Wagner seinerseits hat sich eng an einen Stich von Albert Reindel gehalten, der im Frauentaschenbuch des Jahres 1829 veröffentlicht wurde[23].

Woher aber kam dann die **Skizzen-Vorlage**? Ein Hinweis von Frau Elgin Vaassen (s. Einleitung) brachte nun ganz überraschend eine Antwort: Sie fand sich in Form einiger Aquarelle in der Staatlichen Graphischen Sammlung München in einer Mappe, die fast ausschließlich Rötel- Zeichnungen des Kirchen- und Historienmalers Johann von Schraudolph umfasste.[24] Dort liegt – irgendwie nicht dazugehörig – eine fein aquarellierte Komposition des Trios Ezechiel-Maria-Daniel. Die Ähnlichkeit mit den Glasbildern in der Gruftkapelle ist so groß, dass dieses Aquarell aus der Schraudolph-Mappe als Skizzenvorlage gedient haben muss.

Der Vollständigkeit halber sei gesagt, dass die Namen der Propheten auf dem Glasbild frei zugeordnet sind. Auf dem Sebaldus-Grab sind sie nicht benannt.

---

21 Vgl. Kahsnitz Rainer, Skulptur in Stein, Ton und Holz, in: Kat. Ausst. „Nürnberg 1300–1550, Kunst der Gotik und Renaissance" (Nürnberg, Germanisches Museum, 25.03.–28.09.1986), Nürnberg 1986, S. 61–74, hier S. 74, und Mende Matthias, Die Nürnberger Madonna. Zur Geschichte ihres Nachruhms, in: Mitteilungen des Vereins für Geschichte der Stadt Nürnberg, Bd. 56, Nürnberg 1969, S. 445–481.

22 Wagner Friedrich, Nürnberger Bildhauerwerke des Mittelalters, Nürnberg 1847.

23 Döring Georg (Hrsg.), Frauentaschenbuch für das Jahr 1829, Nürnberg 1828. Da die Frauentaschenbücher nur als schlecht reproduzierbare Mikrofiches zugänglich sind, wurde der Stich von Wagner für den nachfolgenden Bildvergleich benutzt.

24 SGSM 1917: 50 Z, 51 Z, 52 Z.

Links: Die Bildsequenz Ezechiel-Maria-Daniel jeweils von Reindel gestochen.
Mitte: Dasselbe Trio, aquarelliert, aus der Schraudolph-Mappe.
Rechts: Das Glasbild von Sauterleute.

c) Das Davidfenster

Für den David mit dem Schwert (?) als ungewöhnlichem Attribut (wie z. B. beim David des Donatello) konnte trotz eingehender Suche kein Vorbild im Nürnberger Künstlerkreis gefunden werden, auch nicht bei Vischer. Die Figur am Sebaldusgrab stellt den jungen David ohne jegliches Attribut dar (Abb. 5). Sie ist so typisch, dass sie als einzige unter den Prophetenfiguren in der Fachliteratur als David identifiziert wurde.[25]

Es bleibt bis zum Beweis des Gegenteils die Vermutung, er könnte Bestandteil des von Albert Reindel in den Jahren 1821–24 restaurierten Schönen Brunnens vor der Frauenkirche in Nürnberg gewesen sein. Die damals in romantisierender Manier durch die Bildhauer Rotermundt, Bandel und Burgschmiet erneuerten Figuren wurden 1902–04 nach einem Konzept des Baurates Heinrich Walraff in Nachbildung von Originalen der Parler-Schule ersetzt[26]. Der jetzige David trägt traditionsgemäß eine Harfe als Attribut[27]. Eine Harfe trägt auch die aquarellierte Figur in der Schraudolph-Mappe. Sie ist so verdeckt unter dem weiten Mantel des Königs, dass man fast nur die Harfensäule und den Kopf der Harfe erkennt, auf die die Figur ihre beiden Hände stützt. Wenn man nun diese Figur mit der des David im Glasbild Sauterleutes vergleicht (Abb. 6), dann fällt es einem wie Schuppen von den Augen: Das Attribut im Glasbild ist kein Schwert (das Schwert hat keine Parierstange, wie bei den Schwertern des Paulus) sondern eine Harfe! Erst bei genauem Hinsehen – das Glasbild ist stark korrodiert – erkennt man die Harfensäule mit dem leicht modellierten Harfenkopf. Die Saiten, die auf dem „Schraudolph"-Bild deutlich zu

---

25 S. Kurt Pilz, S. 73/74: ... *„am Eck zur Südseite: zwei Propheten. Von diesen ist der linke als David zu benennen, mit einer kurzen Gewandung, mit Mantel und flachem Hut ist er besonders gekennzeichnet ... Nur dieser eine David ist mit Namen zu benennen, bei sämtlichen anderen gelingt dies nicht ... . Einzeln sind die Propheten 0,28 m hoch."*

26 Vgl. Häußler Helmut, Brunnen, Denkmale und Freiplastiken in Nürnberg, Nürnberg 1977. Von den Reindel-Figuren sind lediglich vier in den Frauentaschenbüchern der Jahre 1826 und 1827 abgebildet. Sie stellen Chlodwig, Karl den Großen, Karl IV. und einen Kurfürsten von Mainz dar.

27 Am Rande sei hier noch eine ikonographische Besonderheit eingefügt: Die Maria und der David in den zentralen Fensterbahnen der Mittelfenster und der Christus im Chor formen zusammen ein gleichseitiges Dreieck. Hier wird nicht nur die Dreizahl der Fenster und Fensterbahnen evoziert, die drei Figuren formieren auch eine Art imaginäre Wurzel Jesse.

David vom Sebaldusgrab

David von Sauterleute (links); David aus der Schaudolph-Mappe (rechts)

sehen sind, kann man auf dem Glasbild nur noch erahnen. Vom Fuß der Harfensäule zieht sich beim Glasbild nach links hinten der Ansatz des Resonanzkörpers. Weitere Punkte der Übereinstimmung sind

- die offene Krone (Art Lilienkrone)
- der herabhängende Schnurr- und Vollbart
- die auf dem Harfenkopf aufgelegten Hände
- der Hermelinbesatz an Ärmelstulpen und Mantelfutter
- das Rot des Mantels
- das unter dem weißen Unterkleid hervor lugende Spielbein
- der Aufbau des Baldachins.

Die im Glasbild en face dargestellte Figur des David ist dem Umstand geschuldet, dass dieser als Zentralfigur ausgebildet ist, mit den Propheten Jesaias und Jeremias als Assistenzfiguren. Zu den beiden Assistenzfiguren gibt es keine Vorlagen, auch nicht im Stichwerk des Albert Reindel. Doch sind diese den Prophetenfiguren des Reindel nachempfunden.

6. Mutmaßungen zum Autor der Zeichnungen der Marien- und Davidfiguren

Da die Zeichnungen der Mariengruppe und der Davidgruppe in der Schraudolph-Mappe nicht signiert sind, ist die Autorschaft ungeklärt. Ungeklärt ist auch die Herkunft der Schraudolph-Mappe. Da die Fachleute keine Zuschreibung an Schraudolph abgeben können und auch kein näherer Zusammenhang zwischen Schraudolph und den Sauterleute-Glasbildern in Regensburg bekannt ist, kann man vermuten, dass die Skizzen-Vorlagen der Marien- und David-Gruppen zusammen mit den übrigen Zeichnungen in der Mappe von Schraudolph stammen.

Ich nehme dagegen an, dass die Zeichnungen von Hermann Keim (* 1811 Nürnberg), dem Bruder Carl Victor Keims (* 1799) stammen. Der um 12 Jahre Jüngere war nach einem Studium an der Akademie der bildenden Künste in München (ab 1831) und einer Beschäftigung bei Daniel Ohlmüller beim Bau der ersten neugotischen Kirche Maria-Hilf in München-Au von seinem Bruder mit dem folgenden Berichtstext eingeführt worden: *Zur Anfertigung der Detailzeichnungen und zu speziellen Aufsicht bei dem Bau namentlich bei der Versetzung der Steine und Profile pp. ist nach der gnädigsten Erlaubnis, der bei dem Bau der Kirche in der Vorstadt Au zu München mehrere Jahre von dem königlichen Baurathe Ohlmüller mit Nutzen verwendete Architekt und Maler Hermann Keim einberufen worden, und auch schon bereits eingetroffen. Derselbe hat schon mit den erforderlichen Zeichnungen unter unserer speziellen Aufsicht auf dem fürstlichen Baubureau den Anfang gemacht".*[28]

Es fällt auf, dass Carl Victor Keim die Verwandtschaft mit Hermann nicht zu erkennen gibt. Wahrscheinlich wollte er vermeiden, dass, wie schon einmal früher geschehen, mit einem Verwandten ein geringeres Salär ausgehandelt wird. Auch später, als Hermann Keim die 6 Kanontafeln für die Gruftkapelle malte (1842) und für vier der Sarkophage in der Gruft die Entwürfe zeichnete (1844), wurde die Verwandtschaft nicht erwähnt. Bei seinem Vater, dem pensionierten kgl. Baurat Franz Xaver Keim, der eine Wohnung in Regensburg im Haus des Gutsbesitzers und Abgeordneten am Frankfurter Bundestag, Adolph von Zerzog, besaß, lernte er die um 17 Jahre jüngere Tochter Luise Caroline aus der Ehe des Hausherrn mit Juliane von Thon-Dittmer kennen und heiratete sie 1852. In diesem Jahre war Hermann Keim schon Zeichenlehrer an der Gewerbeschule Regensburg als Nachfolger des Malers und Graphikers Bernhard Grueber. Es gibt Indizien dafür, dass Hermann Keim, ebenso wie der Vetter Carl Alexander Heideloff, ohne Namensnennung an den Bauten Carl Keims für das Theater Regensburg und das Schloss Donaustauf beteiligt war. Zu vermuten ist, dass diese Geheimniskrämerei vom Vater Franz Xaver Keim ausging, um dem überforderten fürstlichen Domänenrat Carl Victor Keim unter die Arme zu greifen. Die fehlende Signatur auf einigen Zeichnungen in der Plansammlung des fürstlichen Zentralarchivs stützten diese Vermutung. Dass Hermann Keim sich zusammen mit dem „gothicus" Friedrich Hoffstadt, seinem Vater Franz Xaver und dessen Bauzeichner Ballenberger an Glasbildern versucht hat und

---

28 FTTZA HFS 1770, 1835 XII 26.

vom seinem Vater dazu ausersehen war, die Entwürfe für die Glasbilder im Dom zu Regensburg zu fertigen, ist hinreichend belegt.[29]

Da in der Biografie von Hermann Keim die Zeit zwischen 1840 und 1852 nicht lückenlos belegt ist, kann angenommen werden, dass sich dieser damals mit seinem renommierten Vetter Heideloff in Nürnberg zusammengetan hat. Dieser nahm s. Z. Restaurierungen in Rottweil, Meiningen und Stuttgart vor. Er operierte dabei von seinem Wohnsitz Nürnberg aus, wo Sauterleute, den er öfters zuzog, seine Werkstatt hatte. Aus dieser Zeit datieren auch einige zeichnerische Beiträge von Hermann Keim zu Heideloffs Standardwerk „Die Ornamentik des Mittelalters", in denen Hermann Keim einmal als Zeichenlehrer an der Gewerbeschule in Nürnberg genannt wird.[30] Der Nachlass des sehr produktiven Neugotikers Heideloff wurde leider in alle Winde zerstreut. Nur ein Teil ist im Germanischen Nationalmuseum in Nürnberg erhalten. Es ist daher denkbar, dass die „Schraudolph"-Zeichnungen von Hermann Keim oder Sauterleute in die Sammlung Heideloffs und aus dessen Nachlass über einen Sammler in die Grafische Sammlung nach München gelangt sind.

7. Sauterleutes Glasbilder – eine Würdigung

Wenn man aus dem Kreuzgang von St. Emmeram über die Eingangsstufen in die Gruftkapelle tritt, wird man zunächst auf einer magischen Blickachse auf den Christus von Heinrich von Dannecker hingeführt (s. Abb. 1). In der Mitte der „Todenhalle" angekommen, wird man, zuvor geschult am Anblick der weich gezeichneten König-Ludwig-Fenster im Regensburger Dom, von den stark farbigen, plakativ wirkenden Glasbildern Sauterleutes irritierend angezogen. Diese kräftig konturierten Figuren stehen in starkem Kontrast zu den kühlen weiß-marmornen Christusfigur im Chor. Hier „altdeutsche" Glasmalerei, dort vollendete Romantik – klassischer Historismus. Beides gibt der Gruftkapelle der Fürsten von Thurn und Taxis ihren unverwechselbaren Charakter.

Bei Elgin Vaassen liest man, dass schon im Jahre 1845 Sulpiz Boisserée, der spiritus rector beim Ausbau des Kölner Domes, als er die **Gruftkapelle** besichtigte, über die Bilder urteilte „... *sehr hart gemalt und mit undurchsichtigen Schatten auf Glas*"[31]. Um dieses Bild zurechtzurücken, ist niemand berufener und erfahrener, als Frau Vaassen selbst. Ihrem Urteil schließe ich mich vollinhaltlich an, verbunden mit dem herzlichen Dank für viele wegweisende Impulse zu dieser Arbeit. Frau Vaassen schreibt: „In den sechs dreiteiligen Fenstern stehen die Gestalten in hellen „steinernen" Nischen unter mächtigen gelben oder gelb-weißen Architektur-Baldachinen auf hohen Sockeln. Schattenpartien, zum Teil stark ausgeprägt auf den

---

29 E. Vaassen 1997, wie Anm. 1, S. 158 und Schriftwechsel Hoffstadt-Rietzler, München, BSB, Hbh: cgm 6425.

30 „Les ornements du moyen age / Die Ornamentik des Mittelalters", Nürnberg 1843–1850, S. 36. Heft XXII. Platte VIII, Fig. a.: „Ein interessanter Tisch aus dem 15. Jahrhundert, im Besitze des Zeichners Herrn Hermann Keim, Lehrers an der k. Kreis-Gewerbsschule in Nürnberg".

31 E. Vaassen 2003, wie Anm. 1, S. 151.

Gewändern, schwächer auf den Rückwänden der Gehäuse, zeigen an, dass das Licht stets als von links oben einfallend gedacht ist...Im Sockelfeld des David liest man unter dem Satz *Staub zu Staub, der Geist zu Gott* die Angabe: *Diese Fenster hat auf Glas gemalt Franz Joseph Sauterleute 1840.* Glaubte er, seine Arbeiten gegenüber denen der kgl. Glasmalereianstalt im nahe gelegenen Dom deutlich absetzen zu müssen? – Die Fenster sind extrem bunt, denn Sauterleute platzierte starke Farbgläser ohne viel Abstufung durch deckende Bemalung nebeneinander. Außerdem wechseln die Hintergrundfarben, vor denen die »Türme« aufragen, durch alle ihm zur Verfügung stehenden Glastöne. Vergleicht man »Vorbilder« der Dürerzeit, etwa aus der Hirsvogel-Werkstatt, so muss man zugeben, dass die Nürnberger Glasmalerei um 1500 ebenfalls recht kräftige Farbstellungen bevorzugte. Auch unter Berücksichtigung fehlender Malschichten – die Scheiben sind stark korrodiert – ist sicher, dass Sauterleutes Glasmalereien immer plakativ gewirkt haben und ohne die zahlreichen Abstufungen und Nuancen auskamen, deren sich die Münchener befleißigten. Bereits sein Biograph Beck[32] bemerkte, Sauterleute habe zur Frank'schen Schule gehört, nicht zu der des Boisserée: *er zeichnet, das Princip möglichster Durchsichtigkeit verfolgend, mehr mit Schwarzlot und illuminiert seine Zeichnungen, als dass er auf eine rein malerische Durchführung des Bildes hält.*"[33]

Ergänzend zu dieser nüchtern-sachlichen Stellungnahme sei hierzu noch die Schlusswürdigung Becks beigefügt, die da lautet: *„Er führte diesen großartigen Auftrag* [in Regensburg] *bis zum Jahre 1837 meisterhaft aus, so dass diese Leistung zu dem Besten, was alte und neue Kunst in der Art hervorgebracht hat, gezählt werden darf."*[34]

Verzeichnis der Abkürzungen

ADB	Allgemeine Deutsche Biographie
B	Baugeschichte
BSB	Bayerische Staatsbibliothek
FTTZA	Fürst Thurn und Taxis Zentralarchiv Regensburg
HFS	Haus- und Familiensachen
HMA	Hofmarschallamt
SGSM	Staatliche Gemäldesammlung München

---

32 Paul Beck, Sauterleute, Franz Joseph, in ADB, Band 30.
33 E. Vaassen 1997, wie Anm. 1, hier S. 164–165.
34 Ebda.

Wilhelm Imkamp – der Maler und sein Sammler

Ute Schönfeld-Dörrfuß

Mein erster Kontakt mit Wilhelm Imkamp, dem Sammler, liegt erst einige Jahre zurück. Meine Bekanntschaft mit Wilhelm Imkamp, dem Maler*, begann im Sommer 1990. Ich lernte ihn in seinen letzten fünf Lebensmonaten kennen und er erzählte mir von seinem Leben und führte mich voller Enthusiasmus in seine Kunst ein. Ein Stück gelebte Kunstgeschichte.

Erinnerung: ein bedeutungsloser Vormittag bei mir zu Hause, das Telefon klingelt. Ich hebe ab, nenne meinem Namen und höre die freundliche Stimme einer mir unbekannten Frau. Mit bayrischem Akzent wird mir mitgeteilt, dass mich doch bitte der Herr Prälat Dr. Imkamp, Wallfahrtsdirektor von Maria Vesperbild, sprechen wolle. Ich möge freundlichst warten und würde verbunden werden. Es klickte und ich hörte nur noch seichte Musik. Mir wurden die Knie weich, von dem ganzen Wortschwall war bei mir nur ein Wort hängengeblieben: IMKAMP! Wie war das möglich? Mich will Imkamp sprechen, der doch schon jahrelang tot war. Ein Anruf direkt aus dem Himmelreich?

Es wurde wieder irdisch und ich erfuhr, dass es zum Maler Wilhelm Imkamp auch noch den Sammler Wilhelm Imkamp gibt. Letztgenannter hat durch den Erstgenannten den Weg zur modernen Kunst gefunden und ihm liegt viel daran, die Bekanntheit des Namensvetters zu mehren. Zwischen beiden Imkamps besteht eine entfernte Verwandtschaft: Prof. Wilhelm Imkamp wurde 1906 in Münster/Westfalen geboren und Prälat Dr. Wilhelm Imkamp stammt aus Kaldenkirchen unweit der niederländischen Grenze. Die beiden haben sich nie persönlich kennengelernt und umso größer ist die Neugier des Theologen an Person und Werk des Künstlers.

Als jüngstes von vier Kindern wuchs Wilhelm Imkamp in seiner katholisch konservativ geprägten Familie auf. Seine ersten Kinderzeichnungen fertigte er auf den Rückseiten der Tapetenbücher seines Vaters an, er war selbständiger Malermeister[1]. „Schon als kleiner Junge malte ich in jeder freien Minute und ich war mir bereits als junger Schüler darüber klar, dass ich in der Kunst meinen Beruf suchen würde."[2] Der Junge hatte das Glück, sowohl bei seinen Eltern als auch bei seinen

---

*   Zugehörige Farbabbildungen: s. Farbtafeln X–XVI.
1   Gespräch der Autorin mit Sohn Heiner Imkamp am 19.05.1990
2   Wilhelm Imkamp, unveröffentlichter Lebenslauf 1964.

Lehrern Unterstützung und Verständnis für sein Talent zu finden. Schon früh wurde seine bildnerische Begabung durch Kunstunterricht gefördert. Bereits während seiner Schulzeit am Gymnasium in Münster musste Imkamp dabei die Erfahrung machen, mit Kunst den Lebensunterhalt mit zu bestreiten. Durch die Krankheit des Vaters war die familiäre Situation von wirtschaftlicher Not gekennzeichnet und Imkamp trug nicht nur zum Familienunterhalt bei, sondern finanzierte sich mit Porträtmalerei seine Ausbildung. Ihm gelang es, sich in Münster einen Kreis von Auftraggebern zu erarbeiten und die frühen Erfolge in der Porträtmalerei führten dazu, dass Imkamp von allen nur noch „der Maler" genannt wurde[3]. Wilhelm Imkamp spürte sehr bald, dass er in seiner Malerei nach zwei Richtungen tendierte. Einerseits bewunderte er die Alten Meister, er wollte malen können wie die Realisten im 19. und 20. Jahrhundert. Andererseits wollte er frei sein und nur das malen, was ihm sein Innerstes aufgab. Bis zum Ausbruch des Zweiten Weltkriegs hat sich Imkamp durch mehrere hundert Landschaftsbilder und Porträtaufträge die wirtschaftliche Basis für seinen Lebensunterhalt erarbeitet. „Aber immer war mir in der übrigen mir bleibenden Zeit *meine Malerei* das Wichtigste!"[4]

Die gegenständliche Malerei war für Imkamp mit dem Zwang zum Broterwerb verbunden. Seine innere Berufung zur absoluten, also zur gegenstandsfreien Malerei lief zeitgleich, was dazu führte, dass er sich der Gegenständlichkeit verwehrte, sobald er seine Existenz durch abstrakte Malerei sichern konnte.[5]

Nach dem Abitur wollte Imkamp seine weitere künstlerische Ausbildung am Bauhaus in Dessau absolvieren. Das Bauhaus war damals die progressivste und richtungsweisendste Einrichtung für abstrakte Kunst in Deutschland. Für den jungen Künstler waren diese drei Jahre von 1926–29 nach eigener Aussage „die wichtigen Jahre, in denen ich aufnahm, selbst zu verarbeiten lernte und am Beispiel meiner Lehrer mir meine künstlerischen Ziele zu setzen lernte".[6]

Gemäß dem Lehrplan am Bauhaus, der sowohl eine geistig-künstlerische als auch eine handwerklich-praktische Ausbildung vorsah, besuchte Imkamp die Kurse: Vorkurs bei Josef Albers, Unterricht in den Werkstätten für Wandmalerei und Druckerei, gelegentlicher Aufenthalt bei der Bauhaus-Bühne, analytisches Zeichnen, Farb- und Formenlehre bei Kandinsky, ab 1927 Unterricht in den freien Malklassen. Die Einrichtung der freien Malklassen erfolgte auf Drängen der Studenten, woran sich auch Wilhelm Imkamp stark beteiligte. Es war der freie Unterricht, in dem den Studenten keinerlei Schemata künstlerischen Gestaltens vorgegeben wurde und in dem Imkamp weitere Sicherheit für seine Malerei finden konnte. Vor allem war es aber die Auseinandersetzung mit den Werken und der Lehre seiner Bauhaus-Lehrer Wassily Kandinsky, Paul Klee und Lyonel Feininger, die nachhaltig auf den jungen Künstler wirkten und seine malerische Entwicklung maßgeblich

---

3 Schönfeld-Dörrfuß, Ute, Wilhelm Imkamp Monographie und Werkverzeichnis, Diss. Stuttgart 1993, S. 8.
4 Ebenda, S. 9.
5 Durch die politischen Umstände war dies erst nach dem Zweiten Weltkrieg der Fall, denn auch Wilhelm Imkamp konnte nur im Verborgenen seiner abstrakten Malerei nachgehen, um nicht als entarteter Künstler verfolgt zu werden.
6 Wilhelm Imkamp, unveröffentlichter Lebenslauf 1964.

entwickelten. Werner Sumowski hat die Bedeutung der drei Lehrer für Imkamp prägnant formuliert: Kandinsky vermittelte ihm „die Dogmen vom Ausdruck der farbigen Form" und die emotional gebundenen Farb-Form-Beziehungen. Der auf durchscheinenden Farbformen aufgebaute Kubismus von Lyonel Feininger „beeindruckte ihn durch seine Transparenz" und Paul Klee „weckte in ihm den Sinn für bildnerische Poesie".[7] Alles in Allem war es aber nicht nur der fundierte Unterricht, der Imkamps künstlerische und persönliche Entwicklung reifen ließ. Es war die Gesamtheit aller Erfahrungen am Bauhaus, das Zusammenkommen mit den Lehrern, die regelmäßig stattfindenden Feste, die künstlerischen Veranstaltungen, die persönlichen Beziehungen, die den Geist der Freundschaft und die reiche Kreativität der Atmosphäre ausmachten.

Mit diesem reichen Erfahrungsschatz suchte Wilhelm Imkamp ab April 1929 in der Kunstmetropole Paris seinen weiteren künstlerischen Weg. Ein knappes Jahr lag vor ihm, in dem ihm der Durchbruch vom Angelernten zum eigenen Schaffen gelingen sollte. Imkamp wollte nur für seine Malerei leben. So entstand mit den Blättern der sog. „Pariser Mappe" ein abgeschlossener, in sich gegliederter Zyklus vollkommen abstrakter Werke, in denen verschiedene bildnerische Elemente in unterschiedlicher Anwendung wiederkehren. Tatsächlich bildet die „Pariser Mappe" den Urkern des Gesamtwerks des Künstlers. In ihr ist angelegt, was später – durch die politischen Umstände erst nach dem Zweiten Weltkrieg – in dem auf Überfluss angelegten Werk immer wieder durchscheinen sollte.

Zurück nach Deutschland führten Porträtaufträge den jungen Künstler nach Essen. Für die nächsten 15 Jahre wurde die gegenständliche Malerei die hauptsächliche künstlerische Ausdrucksform, nicht nur aus pekuniären Gründen, sondern um nicht als entarteter Künstler von den Nationalsozialisten mit Berufsverbot belegt zu werden. Imkamps anfängliche Situation in Essen war zunächst verheißungsvoll. Durch gute Kontakte zu Kunsthistorikern und Museumsleitern[8] erhielt er in Essen und Duisburg zwei Einzelausstellungen für seine abstrakte Malerei. Doch weitere Ausstellungen wurden durch politischen Druck verhindert. Imkamp malte „seine Malerei" heimlich und unter ständiger Bedrohung und der Traum von einer Künstlerkarriere, wie sie seine Bauhaus-Lehrer lebten, wurde immer blasser.

Mit Kriegsbeginn wurde Wilhelm Imkamp als Soldat einberufen und war bis Kriegsende in einer Luftwaffenbaukompanie tätig. Kurzfristig war er als Kriegsmaler an die Westfront abkommandiert, doch da er nicht der nationalsozialistischen Gesinnungskunst entsprach und den Kampfeswillen der deutschen Soldaten eher unzulänglich darstellte, erhielt er auch kaum Aufträge. Im privaten Umfeld konnte Imkamp dagegen während der gesamten Kriegsjahre mit Porträtaufträgen den Familienunterhalt – er hatte im Juli 1939 geheiratet – etwas aufbessern.

Der Neubeginn nach 1945 brachte für den Künstler die entscheidende Wende zur Abstrakten Malerei. Fortschrittliche Kräfte setzten sich für die Abstraktion ein und auch der Ausstellungsbetrieb begann sich langsam wieder zu etablieren. Durch

---

7   Werner Sumowski, Rede zur Eröffnung der Ausstellung in der Galerie Dorn, Stuttgart 1981. Zitiert nach Ausst.-Kat.: Wilhelm Imkamp, Dätzingen 1989, S. 4.
8   Vgl. Schönfeld-Dörrfuß, Ute, Wilhelm Imkamp, Dissertation, S. 19f.

anfängliche Zufälle konnte Imkamp Kontakte knüpfen zu dem Psychologen Walter Winkler, der in seinem Buch „Psychologie der modernen Kunst" (1949) auch Beispiele aus Imkamps Werk besprach. Es ergaben sich weitere Kontakte und Imkamp lernte seinen wichtigen Förderer Richard Hamann kennen, der für den Künstler interessante Kontakte zu Ausstellungen vermitteln konnte. Imkamp war erfolgreich bei wichtigen nationalen und internationalen Ausstellungen mit dabei und konnte viele Bilder verkaufen. Bis Ende der 40er Jahre war Wilhelm Imkamp ein anerkannter Vertreter der zeitgenössischen Malerei geworden und hatte seine Position inne. Er trat 1947 der „Neuen Gruppe" in München bei. In seiner Heimatstadt Münster wurde er Mitglied der Künstlergruppe „Die Schanze". Er trat dem „Verband Bildender Künstler Württemberg" bei sowie der „gruppe sw".

Um sein Netzwerk noch zu steigern, nahm der Künstler Kontakte zur Stuttgarter Kunstszene auf. „Kein Zweifel: Um 1947 ist Stuttgart im geteilten Deutschland die Hochburg – und für die ganz jungen nachdrängenden Kräfte, sowie die Akademiestudenten das Mekka der abstrakten Kunst."[9] Mit seiner Familie zog Wilhelm Imkamp 1948 zunächst nach Asperg und 1953 nach Stuttgart. Der künstlerische Erfolg sicherte auch die finanzielle Situation der Familie und Imkamp lebte und arbeitete nur noch für seine Malerei. Er lehnte jegliche Verpflichtungen, die ihn von seiner Staffelei entfernten, ab: Keine Auftragsarbeiten, keine Übernahme von Lehrtätigkeiten. Das Land Baden-Württemberg verlieh ihm 1979 im Alter von 73 Jahren den Professorentitel.

Wilhelm Imkamp war ein Künstler mit einer unverwechselbaren Ausdrucksweise. Er blieb seiner Malerei treu, auch als er erkannt hatte, dass er sich immer weiter vom aktuellen Kunstgeschehen entfernt hatte. Die Konzentration auf seine eigene Atelierwelt und auch die Ablehnung gegenüber dem professionellen Kunsthandel manövrierten ihn ab Ende der 70er Jahre in ein gewisses künstlerisches Abseits, was von ihm selbst aber nicht als nachteilig angesehen wurde. Er schuf weiter seine „Liebhaber-Malerei", die seinen Forderungen nach Schönheit, malerischer Kostbarkeit und Freude gerecht wurde. Die letzten Lebensjahre verbrachte der Künstler im Kreise seiner Familie, ohne dabei seine Malerei aufzugeben. Sie war sein Lebenselixier, ohne den künstlerischen Schaffensprozess konnte Imkamp nicht leben. Mit fortschreitenden Altersbeschwerden wurde die Malerei in der letzten Lebensphase zunehmend zur Therapiemalerei. Am 1. November 1990 starb Wilhelm Imkamp in seinem Haus in Stuttgart.

Das bildnerische Denken bei Imkamp

Es sind drei Faktoren, die das bildnerische Denken von Imkamp bestimmen, die zur Entstehung eines abstrakten Werkes führen: die Natur, der Zufall und die Musik.

Die Ausgangsbasis, um die Ungegenständlichkeit zu erreichen, ist die Beherrschung der Natur. Immer wieder hob Imkamp hervor, das die Natur seine größte Lehrmeisterin war. Der organische Reichtum der Natur ist die Grundlage für

9   Günther Wirth, Stuttgarts Beitrag zur Kunst der Gegenwart, S. 85.

Imkamps Formensprache der Gegenstandslosigkeit. Die Sicherheit im Umgang mit der Gegenständlichkeit brachte für ihn nicht nur anfänglich die Existenzsicherung, sondern war auch die Voraussetzung für die festgebaute Strukturierung der Ungegenständlichkeit.

Der Zufall gab ihm Inspiration und Lenkung im Wachsen des Bildes. Es malte aus ihm heraus. „War der Anfang Improvisation, so ist das Wachsen Gestaltung, bei der bildnerische Intelligenz die Angebote des Gefühls kontrolliert oder Form- und Farbzufälle auf ihren Wert für die werdende Ordnung, für die Harmonie des Ganzen, prüft."[10] Den Prozess des Zufalls in Gang zu setzen war nicht einfach. Für Imkamp war die Malerei stets ein Selbstfindungsprozess, in dem er sich immer wieder neu entdecken musste.

Das dritte Element im bildnerischen Denken war für den Maler die Musik. Musik bedeutet geistige Stimulanz, Quelle der Inspiration, um in die eigene innere Schwingung zu gelangen. Die Musik hat allerdings lediglich die Funktion zur Schaffung der notwendigen schöpferischen Atmosphäre im Atelier. Sie wirkte niemals illustrierend.

Vom Werden des Bildes

„Ich male Malerei"[11]. Oberstes Ziel seiner Malerei war für den Künstler stets die Freude am Bild – für ihn als auch für den Betrachter. Er wollte die eigene Begeisterung vom Klang der Farben und dem Rhythmus der Formen weitergeben, ohne dabei weltanschauliche oder gesellschaftskritische Themen zu bearbeiten.

Es war ein unbewusster, aber ein kontrollierter und besonnener Schaffensprozess, aus dem heraus der Künstler seine Bilder wachsen ließ. Ohne Skizzen oder Vorzeichnungen begann der kreative Prozess. Aus den ersten Farben und Formen wuchsen durch die Kontrolle des Künstlers Aufbau und Komposition des Bildes. Er fügte hinzu, nahm weg, verschob die Formen, ergänzte die Farben in einer Schaffenszeit, die über mehrere Monate dauern konnte. Oftmals wurde auch ein Bild zur Seite gestellt, um es dann erst später vollenden zu können. In diesen Reifezeiten erspürte der Maler, wohin ihn das Bild führte und wie er die Komposition zur Perfektion bringen konnte.

Bei dem freien Gestaltungsprozess mit Formen und Farben ergeben sich beim Betrachter unweigerlich Anklänge an bekannte, vertraute Formen und Gegenstände aus unserer Alltagswelt. Diese plötzliche Assoziation von Gegenständlichkeit ist rein zufällig und wohl auch von Betrachter zu Betrachter unterschiedlich stark ausgeprägt. Es bedarf einer besonderen Sensibilität im Blick, um sich der gegenstandsfreien Malerei öffnen zu können. Gelegentlich verführt der Bildtitel, der vom Künstler immer nach Beendigung des Bildes vergeben wurde, den Betrachter zu einem formengebundenen Sehen. Doch der Künstler wünschte sich

---

10 Werner Sumowski, Eröffnungsrede zur Ausstellung „Wilhelm Imkamp" in der Galerie Schlichtenmaier, Grafenau. Stuttgart 1989.
11 Wilhelm Imkamp im Gespräch mit der Autorin am 31.07.1990

einen produktiven Betrachter, der sein Assoziationsvermögen spielen lässt und die Vieldeutigkeit der Farb-Form-Gefüge erkennt. Für die Imkampsche Malerei gibt es nicht die einzig gültige Deutung, vielmehr kommt es auf den Betrachter an, der sich den Bildern mit seinem persönlichen Erfahrungsschatz und seiner ganz individuellen Sehweise nähert. Dadurch löst ein und dasselbe Bild bei unterschiedlichen Betrachtern auch unterschiedliche Wahrnehmungen, Gefühle, Erinnerungen und Deutungen aus. Und alles hat seine berechtigte Gültigkeit.

Ausgewählte Werke der Sammlung Prälat Dr. Wilhelm Imkamp im Kontext des Gesamtwerkes

Die Imkamp-Sammlung des Prälaten ist noch eine junge und daher sehr überschaubare Sammlung, in der die gegenständlichen Auftragsarbeiten der Vorkriegszeit überwiegen. Nichtsdestotrotz wird in dieser Zusammenstellung das meisterliche Können des Malers deutlich, denn ohne die perfekte Wiedergabe des Menschen und der Natur in der Erfassung der Räume, Proportionen und Lichteinfall kann der Schritt in die Ungegenständlichkeit nicht gelingen.

Eine besondere Herausforderung für einen Maler sind Kinderbildnisse. So charmant lächelnd, wie uns die beiden Mädchen *Brigitte Schulze* (Farbteil, Tafel X) und *Eva-Maria Schulze* (Farbteil, Tafel XI) aus ihren Porträts entgegen lächeln, so schwierig war auch die Erfassung der Kinder. Kindergesichtern fehlen noch die markanten Spuren des Lebens, die für einen Maler das Porträtieren erleichtern. Ihre natürliche Unruhe erschwert das notwendige Innehalten und in der Regel ist die Körpersprache auch noch nicht so prägnant, dass eine charakteristische Position gefunden werden kann. Imkamp hat aus der Not eine Tugend gemacht und deshalb einen engen Bildausschnitt gewählt, der die beiden Schwestern jeweils in Nahsicht, frontal als Bruststück wiedergibt. Bei Bildnissen von Erwachsenen hat der Maler in der Regel eine sitzende Position in Dreiviertelansicht gewählt, bei der die oft schräg aus dem Bild herausschauenden Personen nicht nur durch ihr Gesicht, den Blick, sondern auch durch die Haltung der Hände charakterisiert sind.

Imkamps Porträts sind meistens ohne Raumangabe komponiert, wie auch bei den beiden Mädchenbildnissen der eng gewählte Bildausschnitt keine weiteren Angaben gestattet. Vor blaugrün changierendem Hintergrund schauen die Mädchen, gekleidet in ihren hellen Sommerkleidern, dem Betrachter entgegen und dokumentieren somit auch gleich ihre Unterschiedlichkeit: Brigitte, die ältere der beiden Schwestern, hält den Blick ihrer blauen Augen leicht gesenkt, die Frisur verdeckt die Stirn, das Kinn scheint etwas zurückgenommen, um eine gewisse Zögerlichkeit und distanzierte Haltung im Temperament zu vermitteln. Die Jüngere dagegen, Eva-Maria, schaut mit ihren großen braunen Augen offen und erwartungsvoll aus dem Bild heraus. Ihr gescheiteltes blondes Lockenhaar trägt sie zur Seite gekämmt, wodurch die Offenheit des Gesichts und die zu vermutende Aufgeschlossenheit des Kindes unterstrichen wird.

Eine im Gesamtwerk kaum zu vergleichende Arbeit ist das Leinwandbild *Mutter mit Kind* aus dem Jahr 1932 (Farbteil, Tafel XII). Das in verschiedenen Weiß-

und Blautönen modellierte Bild zeigt uns wiederum im engen Bildausschnitt eine junge Frau, die in inniger Umarmung ihr neugeborenes Kind hält. Ihr Gesicht ist im Profil gemalt, während der Oberkörper in Dreiviertelansicht bildauswärts gewandt ist. Der zum Kind herab geneigte Kopf wird von einem leuchtend blauen Umhang umfangen, der das dunkle Haar straff zurückhält und der jungen Frau über Schultern und Rücken fällt. Ein zarter weißer Unterschleier nimmt den Linienfluß der verdeckten Frisur auf. Die Mutter hält ihr schlafendes Kind liebevoll im Arm, wobei für den Bildbetrachter lediglich ihre rechte Hand mit der Andeutung des Unterarms sichtbar ist. Die darunter positionierte linke Hand geht in den blauen Farbwolken beinahe verloren. Das Neugeborene liegt eng an die Mutter geschmiegt. Das weiße Babyjäckchen wird durch die Farbmodulation zu einer optischen Einheit mit der weißen Decke, in die das Kind gewickelt scheint. Der Vordergrund löst sich zum unteren Bildrand in einen Farbenrausch auf, der jegliche Körperlichkeit auflöst und die gesamte Palette der Komposition wiedergibt. Vordergrund und Hintergrund bilden eine koloristische Einheit.

Durch das blaue Schleiermotiv entsteht unwillkürlich der Eindruck eines Madonnenbildes. Die anmutige Haltung der jungen Frau trägt zu dieser Erhabenheit bei, doch das Kind ist eindeutig menschlich. Kein Glanz, keine Göttlichkeit. Es ist erfüllt von einer satten Zufriedenheit, die durch das Spüren der mütterlichen Geborgenheit unterstützt wird – eben eine *Mutter mit Kind*. Die besondere Innigkeit der Darstellung rührt aus dem persönlichen Verhältnis zwischen Maler und Modell. Imkamp hat seine Schwester mit ihrem neugeborenen ersten Kind dargestellt.

Eine idyllisch romantische Landschaftsansicht zeigt die Arbeit *Waldsee* aus dem Jahr 1937 (Farbteil, Tafel XIII). Imkamp wurde auch immer wieder mit Landschaftsansichten beauftragt, die für die Auftraggeber besonderen Erinnerungswert hatten. In der Art und Weise seiner Landschaftsdarstellungen setzt der Künstler ganz unterschiedliche Stilmittel ein und variiert stark in seinen Kompositionen. Er spielt mit der Ebene des Betrachterstandpunkts, er malt expressive Farbfeldlandschaften oder romantisch naturalistische Idyllen. Er zoomt durch die Lichtführung im Bild die Landschaft heran oder gibt sie als weit dahin gefächerte Weltlandschaft wieder. Der *Waldsee* ist eine ruhige besinnliche Komposition, die vor allem auf Licht- und Farbwirkung im Bild Wert legt. Zu sehen ist der Waldsee, an dessen vorderem Ufer ein alter Holzkahn festgemacht ist. Der See ist recht schmal wiedergegeben, so dass die üppige und wunderbar differenziert wiedergegebene Baumvegetation mehr als die obere Bildhälfte einnehmen kann. Die Bäume verdecken den weiteren Blick in die Landschaft und geben nur noch die Sicht frei auf den mit weißen Wolken überzogenen Himmel. Imkamp gibt die Charakteristik der Baumlandschaft in warmen, bereits herbstlichen Farben wieder und lässt die Vegetation, ganz nach impressionistischer Manier, sich im Wasser spiegeln.

Dem relativ eng gewählten Bildausschnitt des *Waldsees* steht die *Waldlandschaft* (Farbteil, Tafel XIV oben) von 1932 entgegen. Von einem erhöhten Betrachterstandpunkt schweift der Blick über eine differenzierte Landschaft bis zur hoch angelegten Horizontlinie, die noch Platz gewährt für einen schmalen Himmelsstreifen. Das Ansteigen und Abfallen der Landschaft wird von den dunkleren Waldstreifen in der Komposition akzentuiert, während in der Mitte des Bildes eine weite gelbgrüne Ebene gezeigt ist, in der in komplementärem Blau ein Wasserlauf eingebettet ist. Die Harmonie im Bild wird getragen von sich abwechselnden hellen und dunklen Farbfeldern, sowie steigenden und fallenden Landschaftslinien, die der Komposition Halt geben.

Die Sammlung des Prälaten Imkamp hat für das ungegenständliche Hauptwerk des Malers Wilhelm Imkamp sehr treffende und für die jeweiligen Stilphasen auch charakteristische Werke. In dem hier möglichen Rahmen möchte ich vier Bilder ansprechen, die auch für die künstlerische Entwicklung des Malers stehen.

Wie schon im biographischen Teil angesprochen startete Imkamp nach dem Zweiten Weltkrieg voller Energie und Kraft seine weitere Karriere und war 1948, in dem Jahr als die *Abstrakte Komposition* (Farbteil, Tafel XIV unten) entstand, längstens angekommen auf seinem zielgerichteten Weg in der Ungegenständlichkeit. Imkamps Stilrichtung dieser frühen Nachkriegsjahre zeigt tiefe Bildräume mit meist eckigen Flächenformen, die sich teilweise zu Raumkörpern erweitern. Den kantigen Formen setzt er ganz bewusst eine runde Kreisform entgegen, eine ihm vertraute Kompositionsform aus der Bauhauszeit. Die Formen und Raumkörper fügen sich zu einem dichten Gewebe, das in dieser Zeit eng im Bildvordergrund steht. Imkamp arbeitet in einer homogenen Formensprache, in der die Betonung der Einzelform durch die Kontur in den Kontext des Bildraumes eingebaut wird. Der in sich changierende Farbauftrag erzeugt eine vibrierende Wirkung, die die Oberflächen der Formen belebt und zusätzlich für die transparent schwebende Raumwirkung steht. Die Farbpalette der späten 40er Jahre weist gedeckte Braun- und Grüntöne auf, denen in geringem Maß strahlendes Rot und Gelb gegenübergestellt werden.

Das Hochformat der *Abstrakten Komposition* unterstützt das Wachsen und Emporstreben der Einzelformen, die fest begrenzt von ihren Umrisslinien die Undurchdringlichkeit der Komposition bewirken. Zu den Bildrändern hin öffnet Imkamp den Bildraum nach hinten. Dunkles erdiges Grün trägt die Formen der vorderen Bildebene. Ganz nah, also auf den Betrachter zukommend, wirken die beiden roten Kreise und die gelbe Kopfform in der oberen Bildhälfte. An diesem Werk lässt sich deutlich vor Augen führen, wie unterschiedlich ein Imkamp-Bild auf den Betrachter wirken kann. Eine inhaltliche Deutung der Bilder ist vom Künstler nicht vorgegeben, weshalb eine Annäherung von Kunstwerk und Betrachter zu einer sehr persönlichen Auseinandersetzung wird, die geprägt ist vom individuellen Erfahrungshorizont. Der eine Betrachter kann den Sehvorgang auf den rein ästhetischen, zweckfreien Prozess reduzieren. Er gibt sich der Harmonie der Formen und Farben hin, die damit den ausschließlichen Bildinhalt darstellen. Ein anderer Betrachter kann beim Anblick des gleichen Bildes ganz andere Inhalte empfinden. In ihm spricht das Bild eine gefühlsmäßige, sinnliche Ebene an, die anderen Menschen verschlossen bleibt. So hat auch der Sammler Imkamp seine ganz persönliche Begegnung mit seinem Imkamp-Bild. Als Theologe assoziiert er mit diesem Bild das Fronleichnamsfest. Es ist seine ganz persönliche Deutung, die ihm den Zugang zum Bild öffnet und durch die er das Bild wertschätzen kann. Der Maler Imkamp wollte, wie er selbst sagte, Malerei malen und er wollte stets Freude beim Betrachter auslösen. Das gelingt ihm immer noch im höchsten Maße.

Gut 10 Jahre später ist das Bild *Abstrakt* (Farbteil, Tafel XV) entstanden. Der Maler hat sich weit von seinen ernsten, dunklen Kompositionen entfernt, hat einige andere Stilphasen erarbeitet und erreicht Ende der 50er Jahre bis etwa Mitte der 60er Jahre die Strahlkraft seiner fröhlich bunten, leuchtenden Fleckenbilder. Das lange Breitformat unterstützt die friesartige Wirkung der Werke, die durch ihre Leuchtkraft und Vielfalt bestehen. Der Bildraum ist insgesamt geschlossener, die Transparenz wurde zu Gunsten einer Buntheit aufgegeben. Das freie Formenspiel steht im Vordergrund, das durch den Glanz der Farben Fröhlichkeit und Lebendigkeit versprüht. Mit dieser Phase Ende der 50er Jahre öffnet sich Imkamp dem modernen Stilwandel, ohne dabei aber bis zum Informellen vorzustoßen. Er sprengt die Formstrukturen auf, er gewährt der Linie wachsende Eigenständigkeit und führt sie als Raumformation neben die Farbstrukturen. In all seinen Kompositionen achtet Imkamp auf die Ausgewogenheit zwischen den Ausdruckselementen, so dass auch das Werk *Abstrakt* in der Tradition der Disziplinierung von Form und Farbe steht. Vor einem leuchtend mittelblauen Hintergrund tanzen bunte Farbstrukturen, die sich scheinbar gegenseitig anziehen und abstoßen. Es entsteht ein munteres Treiben zwischen den Formzentren, die mit ihren Farbüberlagerungen trotzdem im Flächigen verhaftet bleiben. Die Bildwirkung ist auf den Vordergrund ausgerichtet und auch der blaue Bildraum sucht nicht mehr die schwebende Tiefenwirkung, sondern bietet Halt für das Spiel auf der Leinwand.

Für einen weiteren großen Entwicklungsschritt hin zum Spätwerk steht die kleine, auf Nessel gemalte Arbeit *Die schöne Lau* (Farbteil, Tafel XVI oben). Die 70er Jahre sind das Jahrzehnt der alterserotischen Formen. Imkamp integriert in seine fahrig verschlungenen Kompositionen pralle Popos und runde Brüste, die er durch die Farbe Rot hervorhebt oder betonte schwarze Konturierungen einsetzt. Mit der Alterserotik knüpft er nochmal an seine ganz frühen Arbeiten der Bauhauszeit an, in denen er sich ebenfalls mit dem weiblichen Geschlecht auseinandersetzte.

Die schöne Lau erscheint als gar nicht schönes Mädchen mitten im Bild. Die Linienstrukturen nehmen eine frappierende Nähe zu gegenständlichen Naturformen ein, so dass man, unterstützt durch den Titel, an dem prallen Weib nicht vorbei kommt. Sie drängt sich in ihrer Hässlichkeit und Fratzenhaftigkeit in den Vordergrund und schielt verhöhnend aus dem Bild. Die weiteren Strukturen im Bild, die aus Farbnebeln gebunden in Tuschelineaturen bestehen, sind reine Platzhalter und bilden die Bühne für die schöne Lau.

Das Motiv des fratzenhaften Kopfes verwendet Imkamp in dieser Zeit öfters, teils sogar identisch mit der Lau. Immer blickt die weibliche Fratze nach links, hat den hölzern gelängten Hals und teilweise den prall gedrungenen nackten Körper. Die dazu gehörigen Titel *Lilofee* (1973), *Guter Geist* (1973) und *Der Besuch der alten Dame* (1974) sind doch von recht spöttischer Natur.

Die Arbeit *Ohne Titel* (Farbteil, Tafel XVI unten) steht stellvertretend für die typische Mischtechnik, die Imkamp in seinem Alterswerk so gern einsetzt. Er trägt die Farben aquarellartig leicht auf und bindet die Formen in kalligraphische Tuschelinien ein, die zu eigenständigen Bildstrukturen heranwachsen können. Imkamp verzichtet im Alterswerk auf jegliche Bilduntergründe. Er entwickelt sein Formenspiel vor weißen Hintergründen und entwickelt mit seinen Bildelementen die räumliche Tiefe. In der Arbeit *Ohne Titel* experimentiert er mit Einzelformen, denen er farbigen Halt gibt und ihnen Formgewichte entgegensetzt. Die gebauten rahmenden Formen bilden die Statik im Werk und die Farbe, vor allem die roten Felder bestimmen die Dynamik im Bild. Über allem steht der runde kosmische Himmelskörper, eine Form, die Imkamp sein gesamtes Lebenswerk begleitet hat.

Ich wünsche der Sammlung Imkamp ein weiteres gedeihliches Wachsen und Werden, der Keim dazu ist angelegt, ganz im Sinne des Malers.

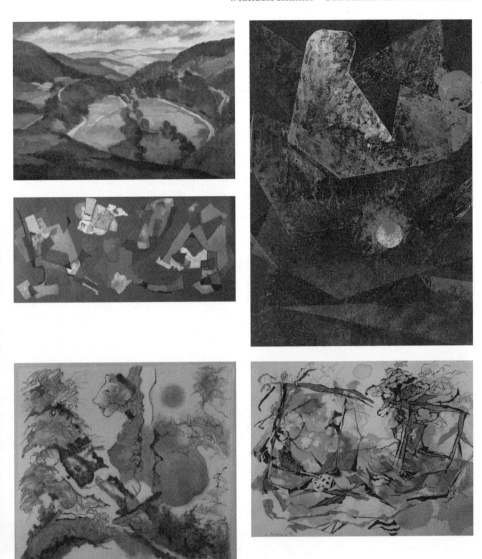

Abbildungen in Farbe: s. Farbtafeln X–XVI

Wappen und Orden als Zeichen fürstlicher Souveränität

Peter Styra

„*Wappen sind überhaupt nichts anders als gewisse, beständige und nach angenommenen Regeln eingerichtete Kennzeichen, wodurch die Geschlechter und Gemeinen, oder auch nur einzelne Personen, von einander unterschieden werden*", charakterisiert Zedler in seinem Universallexikon.[1]

Ist diese Eingangsdefinition auch minimalistisch, so trifft sie doch den Kern. Seine weiteren Ausführungen über Ursprung, Einteilung, Wert und Recht der Wappen führen Zedler in die unterschiedlichsten Wissensbereiche des 18. Jahrhunderts und machen deutlich, dass der Bereich der Wappen, Wappenkunde, Wappenlehre tatsächlich zahlreiche Wissensgebiete streift. Juristische Belange sind ebenso tangiert wie historische, künstlerische nicht weniger als geschmackliche. Allein die Auflistung der heraldischen Figuren nimmt in Zedlers Werk 25 Spalten ein, gefolgt von Beschreibungen kaiserlicher, kirchlicher, städtischer, adeliger oder bürgerlicher Wappen und abgerundet durch die ausführliche Beschreibung der umfangreichen Wappenkunst. Zählt Zedler auch zu den wortgewaltigen unter den Lexika, so ist doch die Darstellung der Heraldik ausgesprochen umfangreich.

Noch detaillierter behandeln die Gebrüder Grimm das Thema Wappen in ihrem Deutschen Wörterbuch[2], allerdings mit etwas anderer Konnotation. Hier steht das Sprachliche im Vordergrund. Einzelne Textstellen zu Wappen deutscher Autoren seit mittelalterlicher Zeit werden vorgestellt, aber auch ganz praktische Hinweise von der Wappenbeschreibung, der Wappenbesserung bis zu Wappenblech, Wappenbrief, Wappenschild, Wappenwissenschaft und Wappenzierde.

Beiden Lexika ist eines gleich: Die eingehenden Schilderungen verweisen auf ein komplexes, kompliziertes und sowohl in politischer als auch gesellschaftlicher Sicht außerordentlich bedeutendes Phänomen, tangiert es doch mit der Möglichkeit, sich mit Hilfe von Zeichen bzw. Wappen kenntlich zu machen und als eigenständig darzustellen, einen wichtigen Bereich menschlichen und kulturellen Zusammenlebens.

---

1   Johann Heinrich Zedler, Grosses vollständiges Universal-Lexicon, Leipzig und Halle 1747, Bd. 52, Sp. 2012ff
2   Deutsches Wörterbuch von Jacob und Wilhelm Grimm, Leipzig, 1854, Bd. 13, Leipzig 1922, Sp. 1934ff

Ähnlichkeiten zeigen sich mit den europäischen Verdienstorden, die aus den ritterlichen Orden hervorgegangen sind. Aus diesen wiederum entwickelte sich im 18. Jahrhundert das Phänomen der Familien- oder Hausorden. Ursprünglich, also seit dem 12. Jahrhundert, dienten die ritterlichen Orden der Darstellung der Eigenständigkeit einer Gruppe, die sich bestimmten Regeln unterworfen und gewisse Verpflichtungen übernommen hatte und die durch ein bestimmtes Erscheinungsbild nach außen sichtbar gemacht werden konnten. Bei den Hausorden handelt es sich um eine eigene Besonderheit des Hochadels, die sich zu einer Zeit herausbildete, als sich neben den großen territorialen Potentaten zahlreiche kleine, aber souveräne und stolze Häuser einen eigenen Hausorden schufen, um die Stellung von Familie und Dynastie nach außen deutlich zu machen. Auch die Thurn und Taxis gesellten sich in die Reihe dieser Ordensgründer und stifteten den bis heute vom jeweiligen Chef des Hauses verliehenen Orden „De parfaite amitié".

1. Das fürstliche Familienwappen

Das Haus Thurn und Taxis kann auf eine Wappengeschichte zurückblicken, deren Anfang im Dunkel der Geschichte liegt.[3] Erste Belege der taxisschen Wappenteile stammen von Gebäuden der alten taxisschen Heimatstadt Cornello sowie der Umgebung bis nach Bergamo. Es handelt sich um einen geteilten Schild mit einem Posthorn und einem nach rechts schreitenden Dachs. Das Posthorn verweist auf die berufliche Ausrichtung als Kuriere, der Dachs ist das Symbol der Familie Tasso (= Dachs). Näheres lässt sich für die Zeit bis ins frühe 16. Jahrhundert nicht feststellen.

Mit der Erhebung der Familie in den deutschen Reichsadel durch Kaiser Maximilian am 31. Mai 1512 erfolgte automatisch eine Wappenmehrung für die Brüder Roger, Leonhard, Johannes und Franz von Taxis und weitere vier Vettern. In der Erhebungsurkunde Kaiser Maximilians heißt es: „Das Wappen ist geteilt in einen wachsenden schwarzen Adler auf Silber und einen silbernen, nach rechts schreitenden Dachs auf blauem Feld. Die Helmdecken in Blau und Silber sind bekrönt von vier Pfauenfedern und einem goldenen Posthorn darüber"[4] (s. Wappen 1). Im Poststundenbuch des Franz von Taxis aus dem Jahr 1516 ist dieses Wappen überliefert.[5]

1534 bestätigte Kaiser Karl V. der Familie Taxis die Erhebung in den Reichsadel und mehrte zugleich ihr Wappen um entscheidende Details: Der einköpfige Adler

---

3 Zur Entwicklung des fürstlichen Wappens: FTTZA (Fürst Thurn und Taxis Zentralarchiv), Haus- und Familiensachen 1330: „Zusammenstellung urkundlicher Notizen über die Entstehung und fortschreitende Gestaltung […] des Fürstlich Thurn und Taxisschen Wappens, von Albert Schmid, 1860/61".

4 Dem fürstlichen Zentralarchiv liegt eine Kopie der Originalurkunde vor: FTTZA, Haus- und Familiensachen-Urkunden 4. Hier soll nur auf die Entwicklung des Wappens der Brüsseler Linie, also der Hauptlinie des fürstlichen Hauses, eingegangen werden, andere Familienzweige können nicht berücksichtigt werden.

5 Das Poststundenbuch befindet sich im Musée Condé in Chantilly, Oise. Vgl. dazu auch: Rudolf Freytag, Dachs, Horn, Adler als Symbole der alten Reichsposten, in: Archiv für Postgeschichte in Bayern VIII (1952/54), S. 156–162; Peter Kaupp, 500 Jahre Posthorn – Historischer Ursprung, hoheitliche und kommunikative Funktion postalischer Symbole, in: Archiv für das Post- und Fernmeldewesen, 40. Jg. (1988), Nr. 3, S. 193–224.

Wappen 1

Wappen 2

wurde durch den doppelköpfigen Reichsadler ersetzt und in der Helmzier erschien zudem die goldene Kaiserkrone neben dem Posthorn.[6] Der Kaiser gestattete seinen Postmeistern, auf deren gut funktionierende Postanstalten er angewiesen war, das Führen des Doppeladlers und symbolisierte so seine Zufriedenheit mit den Taxis[7] (s. Wappen 2). Eine entscheidende Stärkung bei der Führung des kaiserlichen Doppeladlers trat ein, als die Reichspost 1615 zu einem kaiserlichen Lehen erhoben wurde. Zwar war die Reichspost quasi ein privates Unternehmen, sie unterstand

---

6 Detaillierte Blasonierungen der einzelnen Wappen bei: Max Piendl, Das fürstliche Wappen, in: Thurn und Taxis-Studien 10 (1978), S. 108–125.

7 Am 14.6.1520 hatte Kaiser Karl Baptista von Taxis zum Generalpostmeister seiner Königreiche und Herrschaftsgebiete ernannt und ihm weitreichende Kompetenzen zur Unterhaltung der Posten zugestanden. So waren u. a. alle kaiserlichen Beamten zum Ablegen des Amtseids dem Generalpostmeister gegenüber verpflichtet worden. FTTZA, Posturkunden 7. Im Vertrag vom 5.8.1536 bestätigt Kaiser Karl sämtliche Rechte, weitet sie aus und dankt für die Einrichtung neuer Postkurse in Kriegsgebieten, die unter persönlicher Gefahr erfolgt sei. FTTZA, Posturkunden 9.
Die Führung des Doppeladlers als Zeichen des Kaisers und des Reiches wurde 1433 durch Kaiser Sigismund eingeführt. Der einköpfige Adler stand ursprünglich für den römisch-deutschen König, der doppelköpfige für den Kaiser. Diese genehmigten die Führung des Adlers für Reichsstädte oder Reichsämter.

Wappen 3

aber faktisch bis zu ihrem Ende im 19. Jahrhundert dem Reich bzw. dem Kaiser. Die Taxis legten auf diese Tatsache großen Wert und argumentierten auch bei ihren Adelserhebungen immer wieder mit dem rechtlichen Charakter der Post als Reichslehen, ja sogar Thronlehen.[8]

Mit der am 8. Juni 1624 erfolgten Aufnahme in den Grafenstand des Heiligen Römischen Reiches ging eine erneute Wappenmehrung einher. Über dem Wappen wurde nun die Grafenkrone als neues „Rangabzeichen" der Familie platziert (s. Wappen 3).

Als wenige Jahre später der gelehrte Kanonikus von Besançon und Kanzler vom Orden des Goldenen Vlieses Julius Chifletius im Auftrag der Grafen von Taxis die Verwandtschaft der Familie zu den Mailänder Grafen Torriani feststellte und diese in einem umfangreiches Epos dokumentierte, erfolgte eine weitere und vor allem bedeutende Veränderung des alten taxisschen Familienwappens.[9] Gestützt auf

---

8 So argumentierte man in den Jahren vor Aufnahme in den Reichsfürstenrat (1754), die Post sei kaiserliches Lehen und so einem für die Introduktion reichsrechtlich geforderten reichsunmittelbaren Territorium gleichzustellen. Vgl. dazu: Peter Styra, Eine Karriere durch die Post – Die Standeserhebungen der Thurn und Taxis. Diss. Phil. Masch., Regensburg 2010. Die Publikation dieser Arbeit ist für das Jahr 2011 als Band 3 der Neuen Folge der Thurn und Taxis-Studien vorgesehen.
9 Julius Chifletius, Les Marques D'Honneur De La Maison De Tassis, Brüssel 1645.

Dokumente bezeugten königlich-spanische Wappenherolde die Abstammungs-
überlieferung und gaben bekannt, dass den Taxis das Führen der Wappenzeichen
der Torriani zustehe und sie diese in das Familienwappen „wieder aufnehmen"
dürften. Graf Lamoral von Taxis holte bei den ebenfalls von den Mailänder Grafen
abstammenden und in Kärnten sesshaften Grafen Thurn und Valsassina die Zustimmung zur Führung des Torriani-Turmes ein und legte sich Titel und Wappen
der Torriani bzw. Thurn und Valsassina zu. 1649 genehmigte dies zuerst König
Philipp von Spanien, 1650 Kaiser Ferdinand II.; es entstand Wappen 4.

Im nun quadrierten Wappen gesellt sich zu Dachs und doppelköpfigem Reichsadler links oben und rechts unten in den weiteren zwei Feldern der Turm mit den
gekreuzten Lilienzeptern der Grafen de la Torre. Turm und Dachs waren von nun
an die hauptsächlichen Wappensymbole der seit 1650 umbenannten Familie Thurn
und Taxis, denn nicht nur das Wappen wurde vermehrt, gleiches erfuhr auch der
Name, zum „Taxis" (Tasso = Dachs) kam der Turm (de la Torre = von Turm).

Um dies nach außen sichtbar zu machen, veranlasste die Familie in Brüssel, dass
der 1646 fertig gewordene Wandteppich, der sogenannte Reiterteppich, erstmals
diese Wappenmehrung zeigte. Auch der Reichsadler wurde weiterhin als Zeichen
des seit 1615 bestehenden Reichslehens der Post weitergeführt.[10] Doch schon wenige Jahre später änderte sich das Wappen erneut. König Philipp von Spanien genehmigte 1652 endgültig, dass von nun an die Führung des Dachses auch ohne den
Reichsadler erlaubt sei. Somit war für das alte Wappentier, den Dachs, „der Weg
frei", in die Mitte des Wappens, also ins Herzschild aufzurücken. Man kehrte zum
alten taxisschen Familienwappen zurück.

Mit der Bestätigung des Lehenbriefes über das Generalpostmeisteramt im Reich
(von Kaiser Matthias 1615 erstmals erteilt) verschaffte Kaiser Leopold im Jahr 1677
den Thurn und Taxis eine wichtige rechtliche Grundlage für die Erhebung in den
Reichsfürstenstand. Die Taxis hatten den Dreißigjährigen Krieg, im Gegensatz zu
zahlreichen Standesgenossen, wirtschaftlich gut überstanden. Das erschreckende
Bild, das Volker Press über den Zustand des deutschen Adels für die Jahrzehnte
nach dem Krieg zeichnet, trifft für die Taxis nicht zu.[11] Die wenigen finanzkräfti-
gen Familien versuchte der Kaiser zu fördern und an sich zu binden.

Noch vor dem Dreißigjährigen Krieg war, wie Thomas Klein nachweist[12], die Zahl
der Fürstenerhebungen sehr gering. Erst im Krieg, auf dem Regensburger Fürstentag
von 1623 nahm der Kaiser einige wenige Fürstenerhebungen vor, die der Verschie-

---

10 Vgl. Luisa Hager, Die dynastischen Wirkteppiche des Hauses Thurn und Taxis, in: Thurn und
    Taxis Studien 3 (1963), S. 5f.

11 Vgl. Volker Press, Soziale Folgen des Dreißigjährigen Krieges, in: Ständische Gesellschaft und so-
    ziale Mobilität, (Schriften des Historischen Kollegs, Kolloquien 12), München 1988, S. 239–268.
    Press weist auf gräfliche Familien hin, die durch den Krieg in finanzielle Krisen gestürzt wurden,
    deren Folgen bis zum Ende des Alten Reiches spürbar waren. Kaiserliche Debitkommissionen
    übernahmen im Namen des Reichsoberhauptes die Schuldenverwaltung kleiner Reichsstände, die
    von ihren Gläubigern bedrängt wurden. Die Finanzverwaltung wurde diesen Familien gänzlich
    entzogen, man beließ ihnen aber weiterhin Regierungsgewalt und Justiz. Freilich wurden die Re-
    venuen der Herren empfindlich reduziert.

12 Vgl. Thomas Klein, Die Erhebungen in den weltlichen Reichsfürstenstand 1550–1806, in: Blätter
    für deutsche Landesgeschichte 122 (1986), S. 137–192.

Wappen 4

bung des politischen Schwerpunktes, wie sie der Krieg mit sich gebracht hatte, ent-
sprachen. Als herausragendes Beispiel einer Standeskarriere im Dreißigjährigen Krieg
ist auf Albrecht von Wallenstein zu verweisen, der als kaiserlicher General innerhalb
weniger Jahre von einem kleinen böhmischen Adeligen zum erblichen Reichsfürsten
aufstieg.[13] Aus dieser kaiserlich eingeleiteten Blitzkarriere, der ein allzu plötzlicher
Niedergang (1634) folgte, hatte der Kaiser im Bezug auf Standeserhebungen seine
Lehren gezogen. Fortan wurden, wie Klein feststellt, als neue Fürsten nur mehr solche aufgenommen, die zwar Reichtum vorweisen, jedoch militärisch und politisch
dem Kaiser nicht gefährlich werden konnten. Ein zweiter Wallenstein sollte nicht

---

13 Vgl. zu Wallenstein: Hellmut Diwald, Wallenstein. Eine Biographie, München/Esslingen 1969.
Heinz RIEDER, Wallenstein. General – Herzog – Verräter, Graz/Wien 1973. Golo Mann, Wallen-
stein, Frankfurt 1974. Wallenstein wurde 1617 Reichsgraf und 1623 Reichsfürst.1624 erhob der
Kaiser seine Ländereien zum Fürstentum, später Herzogtum Friedland. 1628 wurde Wallenstein
Herzog des Reichslehens Mecklenburg. Der Sturz Wallensteins 1634 allerdings riss auch seine
Familie mit. Sie blieben fortan Grafen von Waldstein.

mehr vorkommen.[14] In diese Reihe fallen Familien, deren Verdienste der Kaiser durch eine Fürstenerhebung zu belohnen wusste, so die Lobkowitz (1624) und Dietrichstein (1648), die sich ihre Meriten in der Rekatholisierung Böhmens und Mährens erworben hatten. Militärisch aber waren sie mit Wallenstein nicht zu vergleichen.

Nach langen Bemühungen war es Graf Eugen Alexander 1695 gelungen, von Kaiser Leopold die Erhebung der Familie in den Reichsfürstenstand zu erreichen.[15] Grund für die Standeserhebung der Thurn und Taxis waren ihre Leistungen als Organisatoren der kaiserlichen Reichspost, die im 17. Jahrhundert, vor allem im Dreißigjährigen Krieg, für die Habsburger von größter logistischer Bedeutung gewesen war.

Verbunden mit der Erhebung zu Reichsfürsten war auch die Wappenmehrung. Auf dem neuen Wappen ruhte von nun an als Zeichen der neuen Würde der Fürstenhut, eingerahmt ist der Schild von einem Hermelinmantel, gehalten wird er von zwei aufsteigenden goldenen Löwen. Der gevierte Schild ist mit einem Herzschild belegt; im blauen Feld dieses Herzschildes befindet sich ein silberner, nach rechts schreitender Dachs. Das erste und das vierte Feld enthalten in Silber einen gezinnten roten Turm mit blauem Tor vor zwei gekreuzten goldenen Lilien mit blauem Schaft, das zweite und das dritte goldene Feld einen blau gekrönten, nach rechts aufsteigenden roten Löwen mit blauer Zunge und blauen Krallen. Zwar ist dieses Wappen bereits 1662 nachweisbar, freilich hier noch mit Grafenkrone, nicht mit Fürstenhut,[16] die erste „amtliche" Abbildung kennen wir allerdings erst aus der Erhebungsurkunde von 1695, in der dieses Wappen in aufwendig gestalteter heraldischer Form abgebildet ist[17] (s. Wappen 5).

Die Erhebung in den Fürstenstand des Heiligen Römischen Reiches war für den erfolgsverwöhnten und ehrgeizigen jungen Reichsfürsten Eugen Alexander ein wichtiger Schritt für seine Familie. Von nun an gehörte das Haus Thurn und Taxis zur obersten politischen und gesellschaftlichen Schicht des Reiches.[18] Und wie die meisten neu aufgenommenen Fürsten seit dem Westfälischen Frieden hegte man sogleich den Wunsch der Aufnahme zu Sitz und Stimme am Regensburger Reichstag. Allerdings hatte sich in der zweiten Hälfte des 17. Jahrhunderts ein neues Verhältnis zwischen Kaiser und Adel entwickelt. Hatte der Adel, wie Rössler nachweist, bisher seinen Sitz im Reichsfürstenrat, also der politischen Einflussnahme im Reich, auf die *„Verbindung von Herkunft und Herrschaft, auf Teilhabe am Reich wie im Mittelalter"*[19] gegründet, so waren nun in erster Linie Dienst und Leistung für Habsburg ausschlaggebend für die Aufnahme ins Reichsfürstenkolleg in Regensburg.

---

14 Vgl. zu den einzelnen Erhebungen: Johann Jakob Moser, Von denen Teutschen Reichs-Ständen, der Reichs-Ritterschaft, auch denen übrigen unmittelbaren Reichs-Gliedern, Frankfurt/Main 1767, S. 32ff.

15 Vgl. Peter Styra, Die Standeserhebungen der Thurn und Taxis, Diss. Phil. Masch, Regensburg 2010.

16 Vgl. Gabriel Bucelinus, Germania topo-chrono-stemmato-graphica sacra et prophana, Bd. 2, Ulm 1662, o. S.

17 FTTZA, Haus- und Familiensachen-Urkunden 33.

18 Die Erhebung erfolgte für die Gesamtfamilie, nicht wie ebenso oftmals üblich, nur für den Chef des Hauses.

19 Helmuth Rössler, Der deutsche Hochadel und der Wiederaufbau nach dem Westfälischen Frieden, in: Blätter für deutsche Landesgeschichte 101 (1965), S. 130.

Wappen 5

In der Wahlkapitulation Kaiser Ferdinands von 1654 waren die Vorbedingungen reichsrechtlich festgelegt worden.[20] Zum einen waren der Reichsfürstenstand, die Zahlung eines Reichsanschlags sowie die Zustimmung der Reichsstände Voraussetzungen, zum anderen kam als Bedingung eine „fürstenmäßige", also einem Reichsfürsten standesgemäße Lebensführung hinzu. Um dies wiederum gewährleisten zu können, brauchte man ein Territorium, das diesen nicht unerheblichen Wohlstand garantierte. Zudem musste dieses Territorium reichsunmittelbar sein, also dem Reich, keinem mittelbaren Landesherrn unterstehen. Zahlreiche Fürsten, die der Kaiser mit dem Titel versehen hatte, suchten im 17. und 18. Jahrhundert fieberhaft nach immediatem Gebiet. Einigen gelang dies wie Liechtenstein, Lobkowitz und Auersperg, andere scheiterten an dieser Auflage und blieben lediglich als „Personalisten" im Reichstag, nach ihrem Tod erlosch automatisch ihre Stimme. Freilich spielte auch die konfessionelle Zugehörigkeit eine wichtige Rolle. So wurde in der Spätphase des Reiches versucht, bei der Aufnahme eines katholischen Fürsten auch einen protestantischen zu berücksichtigen. Dieses strenge Vorgehen hatten die altfürstlichen Häuser dem Kaiser nach dem Dreißigjährigen Krieg abgerungen, nach einer Epoche der zunehmenden Fürstenerhebungen und Introduktionen

---

20 Vgl. Johann Jakob Moser, Teutsches Staats-Recht, Teil 9, Frankfurt 1743, S. 185ff.

in den Reichstag, mit denen die Habsburger-Kaiser zahlreiche Getreue aus dem Wiener Hofadel mit Titeln und Sitzen versorgt hatten.[21]

Das strenge Vorgehen zeigte Wirkung: In den Jahren 1600 bis 1806 wurden zwar 160 Personen bzw. Familien in den Fürstenstand aufgenommen, nur 19 von ihnen erhielten jedoch Sitz und Stimme.

Fürst Eugen Alexander machte sich bereits ab 1685 daran, ein fürstenmäßiges Territorium aufzubauen. Nach 1695 wurden diese Bestrebungen intensiviert. Man suchte jahrzehntelang nach geeigneten Gebieten, zahlreiche Angebote aus allen Teilen des Reiches wurden geprüft und verworfen.[22] Erst mit dem Erwerb der reichsunmittelbaren Grafschaft Friedberg und der Herrschaft Scheer, die 1787 zur gefürsteten Grafschaft Friedberg-Scheer erhoben wurde, hatte sich Fürst Carl Anselm, der Enkel des ersten Thurn und Taxis-Fürsten, „fürstenmäßig begütert". Zwar war mit 1,5 Millionen Gulden der Kaufpreis für die winzige Herrschaft völlig überteuert, aber das Ziel war erreicht. Auch dies reichlich spät, denn das Haus Thurn und Taxis war bereits 1754 zusammen mit dem Haus Schwarzburg in den Reichstag aufgenommen worden. Der Protest der altfürstlichen Häuser dagegen war dreißig Jahre lang nicht zur Ruhe gekommen, der taxissche Gesandte am Reichstag sah sich bei zahlreichen Sitzungen des Gremiums für seine nicht-rechtmäßige Stimme massivem Widerstand gegenüber und erst mit dem Erwerb der neuen Grafschaft verstummten diese Ablehner.[23]

Auf die Entwicklung des fürstlichen Wappens hatte diese Besitzerweiterung ebenfalls Einfluss. Mit Diplom vom 16. Juli 1787 erhob Kaiser Joseph II. Friedberg-Scheer zur Reichsgrafschaft und vermehrte zugleich das Wappen:

> „[...] Ferner, und zu mehrern Gedächtnisse dieser Unserer Kaiserlichen Gnade, haben Wir unseren lieben Oheim, Carl, den Heiligen Römischen Reichs Fürsten von Thurn und Taxis sein althergebrachtes fürstliches Wappen nicht nur allein bestätigt, sondern auch wegen der gefürsteten Reichsgrafschaft Friedberg-Scheer mit zwei besonderen Feldern vermehret [...]: als einen in die Länge und zweimal in die Quer in sechs gleiche Theile geteilten Schild, mit einem über die obere Quertheilung gelegten blauen Herz- oder Mittelschild, in welchem sich ein silberner Dachs befindet [...], in dem fünften silbernen Felde eine Tuchscheere und in dem sechsten goldenen Felde endlich ein rother Löw zu ersehen [...]"[24]

Die Tuchschere symbolisiert die Herrschaft Scheer, deren Haupterwerbszweig die Tuchherstellung war, der rote Löwe steht für die Grafen von Friedberg (s. Wappen 6).

Von nun an blieb dieses Wappen in offiziellem Gebrauch, zumindest bis weitreichende geschichtliche Ereignisse, die 1787 bereits vor der Tür standen, Europa verändern sollten. Zwei Jahre später brach in Frankreich die Revolution aus.

Nach den Wirren der Französischen Revolution und den Napoleonischen Kriegen hatte sich auch für das fürstliche Haus vieles verändert. Nicht nur waren sie

21 Volker Press/Dietmar Willoweit, (Hg.), Liechtenstein – Fürstliches Haus und staatliche Ordnung. Geschichtliche Grundlagen und moderne Perspektiven, München ²1988; Karl Otmar von Aretin, Heiliges Römisches Reich 1776–1806, 2 Bde., Wiesbaden 1998.
22 Vgl. dazu: Styra, wie Anm. 15.
23 Vgl. dazu die Komitialprotokolle der entsprechenden Jahre: FTTZA, Komitialprotokolle.
24 FTTZA, Friedberg-Scheer-Urkunden, 1787 VII 16.

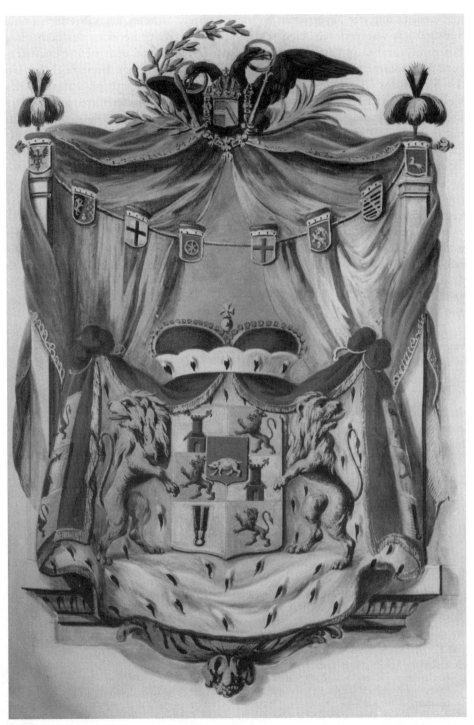

Wappen 6

mediatisiert und der bayerischen Krone unterstellt worden, auch ihre territoriale Souveränität war verloren. Und schlimmer noch: Weite Bereiche des taxisschen Postgebiets waren in neuen Staaten aufgegangen bzw. von neuen Herrschaftsträgern übernommen worden. So hatte beispielsweise das junge Königreich Bayern die Reichspost in seinem Territorium bereits 1806 verstaatlicht, aufgrund des fehlendes Fachwissens aber den Taxis bis 1808 als Lehen weiterführen lassen. 1808 übernahm Bayern die Post endgültig in eigene staatliche Regie. Die Taxis, obwohl mit dem Haus Wittelsbach eng verwandt, hatten das Nachsehen. Die Entschädigungsleistungen, die dem Haus zustanden, wurden erst in der Deutschen Bundesakte verbindlich festgelegt.[25]

Die Entschädigungen aus dem Reichsdeputationshauptschluss von 1803 sowie diejenigen aus der Deutschen Bundesakte, die im Lauf des 19. Jahrhunderts dem Haus zugute kamen, hatten auch umfangreiche Auswirkungen auf das fürstliche Wappen.

Zunächst regelte der Reichsdeputationshauptschluss, dass der Fürst von Thurn und Taxis *„zur Schadloshaltung für die Einkünfte der Reichsposten in den an Frankreich abgetretenen [linksrheinischen] Provinzen das gefürstete Damenstift Buchau [...] nebst der Stadt, die Abteyen Marchthal und Neresheim, das zu Salmannsweiler gehörige Amt Ostrach [...] mit der Herrschaft Schemmerberg und den Weilern Tiefenhülen, Frankenhofen und Stetten".*[26]

Der fürstliche Agent in Wien, Freiherr von Wunsch, wurde umgehend beauftragt, von einem *„geschickten Heraldiker"* die neuen Wappenteile ins bestehende Wappen einzupassen und es neu zu gestalten. Dieses neue, vermehrte Wappen wurde ab dem 31. Mai 1803 offiziell verwendet.[27]

Die Veränderungen sind deutlich sichtbar. Das Wappen von 1787 mit seinen sechs Feldern und dem Herzschild wird nun seinerseits insgesamt zum Herzschild eines neuen vermehrten Wappens. In weiteren elf Feldern werden die neuen schwäbischen Entschädigungsgebiete aufgeführt (s. Wappen 7).

Der Schild ist geteilt und gespalten, rechts oben und rechts unten nochmals geteilt und gespalten, links oben nochmals gespalten.

Felder 1 und 4: geteilt und gespalten, hier in 1 und 4 drei übereinander nach rechts schreitende schwarze Leoparden, in 2 und 3 Wecken in Schwarz und Silber für das Stift Buchau;

Felder 2 und 3: in Grün mantuanisches rotes Kreuz, über den Querarmen rechts eine goldene Sonne, links eine wachsende goldene Mondsichel für den Fürsten von Buchau;

Feld 5.: in Gold eine dreiteilige rote Kirchenfahne mit drei Ringen und einem Gitter für die Abtei Marchtal;

25 Vgl. Peter Styra, *„Fürst Taxis bleibt doch in Bayern, daran liegt mir viel"*, in: *„Sie haben einen kunstsinnigen König"* – Ludwig I. und Regensburg, hrsg. von Hans-Christoph Dittscheid, Peter Styra und Bernhard Lübbers (Kataloge und Schriften der Staatlichen Bibliothek Regensburg, Regensburg 2010, S. 25–44.
26 Anton Lohner, Geschichte und Rechtsverhältnisse des Fürstenhauses Thurn und Taxis, Regensburg 1895, S. 18.
27 FTTZA, Haus- und Familiensachen 1326, 1332.

Wappen 7

Feld 6.: auf blaugeschupptem Panzer Pfahl von Hermelin mit drei schwarzen Tupfen für den Grafen von Marchtal;

Feld 7: in Blau silberner Schräglinksbalken, zu beiden Seiten je zwei goldene, nach links aufwärts hintereinander schreitende Löwen für die Abtei Neresheim;

Felder 8 und 9: von Schwarz und Silber sechsmal geteilt, überdeckt mit einem goldenen Löwen für das Stift Buchau;

Feld 10: in Schwarz silbernes Kleeblattkreuz für den Grafen von Neresheim;

Feld 11: in Silber grüne Buche mit schwebendem Fisch am Stamm für die Reichsstadt Buchau.

Die in Artikel 17 der Deutschen Bundesakte festgelegten Entschädigungsrechte der Taxis betrafen zunächst den König von Preußen, der für die von ihm annektierte Post in Berg, Wetzlar, Nassau und Westphalen das fürstliche Haus mit den Ämtern Adelnau, Krotoschin, Orpiszewo und Rosdrazewo im Großherzogtum Posen entschädigte. 1819 wurden diese Gebiete zum Fürstentum Krotoschin erhoben, Fürst Karl Alexander trug von nun an den Titel eines Fürsten von Krotoschin mit der Erlaubnis, das Wappen Krotoschins (ein gevierter Schild, in dessen erstem und viertem blauem Feld ein goldener Fels, im zweiten und dritten roten Feld ein silbernes Kreuz zu sehen ist) führen zu dürfen.

Mit dieser Neuerung erfuhr das Wappen seine letzte Änderung zum heutigen „großen" Wappen. Die grüne Buche in Silber mit dem schwebenden Fisch am

Wappen 8

Stamm rückte in die Mitte, der Schild wurde damit unten durch eine eingeschleifte Spitze gespalten. An die freie Stelle kam unten links ein geviertes Wappen, in dessen Felder 1 und 4 der goldene Fels, in den Felder 2 und 3 das schwebende silberne Kreuz aufgenommen wurde. Zusammen mit dem Fürstenhut, den Schildhaltern, dem Hermelinumhang und dem Kleinod vom Goldenen Vlies, das an einer Kette das Wappen nach unten abrundet, ist seit 1819 das fürstliche Familienwappen unverändert geblieben (s. Wappen 8).

2. Der fürstliche Hausorden „*De parfaite amitié*"

Das Kleinod des Ordens vom Goldenen Vlies vollendet nach unten das fürstliche Wappen. Fürst Eugen Alexander war 1687, sechs Jahre nach der Erhebung zu einem Fürsten der spanischen Krone die hohe Auszeichnung der Aufnahme in den Orden vom Goldenen Vlies zuteil geworden. Seither wurden die regierenden Fürsten Mitglieder in diesem vornehmen Orden. Nach heutiger Definition zählt der Orden vom Goldenen Vlies zur Kategorie der „Weltlichen Ritterorden".

Rein phänomenologisch werden die Orden in der deutschsprachigen Phaleristik folgendermaßen unterteilt:[28]

1. geistliche Orden wie zum Beispiel den Orden der Augustiner Chorherren, der der älteste Orden der katholischen Kirche ist.

2. geistliche oder weltliche Ritterorden, wie den Malteserorden oder den Hosenbandorden. Diese haben mit den rein geistlichen Orden gemeinsam, dass es sich um genau bestimmbare Ordensgemeinschaften handelt, in denen sich die Mitglieder untereinander bekannt sind und regelmäßig zu Ordensfeierlichkeiten zusammenkommen.

3. monarchische Hausorden sowie monarchische oder republikanische Verdienstorden. Hier wird jeweils ein größerer, meist auch zahlenmäßig unbestimmter Personenkreis aufgenommen, der entweder keinen oder nur noch losen Kontakt zu- und untereinander hat. Der Auszeichnungsgrund ist entweder die Zugehörigkeit zu einer bestimmten Gruppe, zur adligen Familie oder engeren und weiteren Verwandtschaft des Stifters und/oder nachprüfbare Verdienste. Bei Verdienstorden gibt es meist auch eine allgemeine Vorschlagsmöglichkeit zur Verleihung, was bei den Hausorden und den unter 2. genannten Ritterorden nicht möglich ist.

Die weltlichen Ritterorden entstanden auf Veranlassung verschiedener Fürstenhäuser nach dem Vorbild der geistlichen Ritterorden im Spätmittelalter und in der Frühen Neuzeit. Kennzeichnend waren ebenfalls das rege Ordensleben nach festen Grundsätzen und Statuten, das Tragen von Ordenstrachten bei feierlichen Ordenstagen sowie das Verwenden von Ordenszeichen und Ordensdevisen. Die wichtigsten dieser Orden sind der englische Orden des hl. Georg, genannt der Hosenbandorden (gegründet 1350), der savoyische Höchste Orden der Verkündigung, der Annunziantenorden (gegründet 1362), der burgundische Orden vom Goldenen Vlies (gegründet 1429) sowie der dänische Elefantenorden (gegründet 1462). Über diese berühmten Orden hinaus gab es bereits zahlreiche kleinere Ritterorden mit ähnlicher Struktur. Im 17. und 18. Jahrhundert bürgerte sich für den Begriff „Orden" allgemein ein, dass er als Synonym für eine Gesellschaft oder Gemeinschaft verwendet wurde, was uns im Zusammenhang mit den geistlichen Orden bis heute geläufig ist.[29]

---

28 Zur komplexen und sich noch immer verändernden Definition des Begriffs „Phaleristik" vgl. Dietrich Herfurth, Phaleristik – eine Historische Hilfswissenschaft in Bewegung, in: Herold-Jahrbuch, hrsg. v. Der Herold, Neustadt 2001, S. 95–109; Zusammenstellung der Literatur zur Phaleristik: Jörg, Nimmergut, Bibliographie zur deutschen Phaleristik, Regenstauf 2010. Vgl. Eckart Henning / Dietrich Herfurth, Orden und Ehrenzeichen, Handbuch der Phaleristik, Köln 2010, S. 100ff. Das neue umfassende Werk von Mario Volpe, Segni d'Onore, Compendio degli Ordini Cavallereschi delle Onorificenze d'Italia d'Europa e del Resto del Mondo, Rom 2004, S. 25ff teilt die historischen Orden aus der Entstehungszeit vor 1800 in andere Kategorien ein. Hier werden „religiös-militärische" und „dynastische" Orden unterschieden. Die unterschiedlichen Charakterisierungen machen deutlich, dass es sich bei der Phaleristik um eine noch jüngere Historische Hilfswissenschaft handelt, in der abschließende Kriterien nicht festgelegt sind.
Mein besonderer Dank für Rat und Unterstützung in diesem komplexen Themenbereich gilt Herrn Prälat Dr. Wilhelm Imkamp und Herrn Dr. Nicolaus U. Buhlmann CanReg.

29 Vgl. Jochen Klauß, Der Sachsen-Weimarische Hausorden der Wachsamkeit oder vom Weißen Falken. Zur Beleihungpraxis unter Carl Alexander 1853–1901, in: Lothar Ehrlich / Justus H. Ulbricht (Hg.), Carl Alexander von Sachsen-Weimar-Eisenach, Köln 2004, S. 165.

Problematisch bei dieser Aufzählungsmöglichkeit ist eben gerade die Gruppe der Hausorden, die uns besonders interessiert. Die großen alten weltlichen Ritterorden wie der Hosenband- oder der schottische Distelorden, das Goldene Vlies, der savoyische Annunziatenorden etc. haben fast alle in ihren Statuten noch die Verpflichtung der Mitglieder, für den Glauben zu kämpfen bzw. für ihn einzutreten und sind grundsätzlich an eine Konfession gebunden. Darüber hinaus sind sie aber auch meist hochadlige Personenverbände, in die man auch aus dynastischen oder schlicht bündnispolitischen Erwägungen heraus aufgenommen wurde. Sie sind allesamt einklassig, was bei den Hausorden nicht immer der Fall ist.

Bei den Hausorden kann man beobachten, dass sie historisch gesehen Nachzügler sind. Die bedeutenden Reiche und Dynastien hatten schon ihren weltlichen Ritterorden gegründet, als, meist im 18. Jahrhundert, die kleineren Häuser auch das Bedürfnis spürten, eine tragbare, elitäre Auszeichnung zu schaffen, schon, um nicht nur immer die Orden der anderen tragen zu müssen. Das Verdienstmotiv spielt hier zwar von Anfang an eine gewisse Rolle, offiziell will man aber nur nachziehen und ebenfalls eine kleine, möglichst hochkarätige Gruppe um das jeweilige Haus schaffen.

Später tritt auch klar das Verdienstmotiv hinzu, und zwar meist als Belohnung für dem Souverän oder dem Haus persönlich erwiesene Verdienste. So wurde aus einer ursprünglich herzoglich nassauischen Stiftung der heute noch verliehene Großherzoglich Luxemburgische Haus- und Verdienstorden Adolphs von Nassau. Auch Großbritannien, Belgien, die Niederlande und Monaco, außereuropäisch Thailand und Oman, verleihen eigene Hausverdienstorden, die im Falle der ersten beiden Länder nicht dem Einfluss der ansonst bestimmenden Regierung unterliegen. Großbritannien ist sogar ein besonders interessantes Beispiel in diesem Zusammenhang, weil es dort sowohl zwei weltliche Ritterorden gibt (den Hosenband für England und den Distelorden für Schottland), als auch einen Hausverdienstorden, den Victoriaorden, der wie die beiden ersten allein von Regent oder Regentin verliehen wird, während für drei weitere bestehende Verdienstorden die Regierung dem Monarchen die Auszeichnung empfiehlt oder vorschreibt.

Demnach tangieren sich weltliche Ritterorden und Hausorden, was die begriffliche Trennung erschwert. Beide verbindet, dass sie Ordensdevisen oder Wahlsprüche aufweisen, was bei den neueren, reinen Verdienstorden nicht mehr der Fall ist.

Die Gründung eigener Hausorden war eine Tendenz, man könnte fast sagen, eine Mode des ausgehenden 17. und vor allem des 18. Jahrhunderts. Zahlreiche europäische Fürsten stifteten eigene Hausorden.[30] Die Gründe hierfür waren vielfältig. So waren die Stärkung der eigenen Hausmacht, die Dokumentierung und Festigung politischer und gesellschaftlicher Bündnisse und Verdienste, aber auch die barocke und höfische Prachtentfaltung im Zeitalter des Absolutismus Gründe für diese Stiftungen. Freilich untermauerten Fürsten wie auch Thurn

---

30 Als Beispiele: 1690: Ernestinischer Hausorden, 1698: russischer St.-Andreas-Orden, 1701: preußischer Hoher Orden vom Schwarzen Adler, 1705: polnischer Orden des Weißen Adlers, 1714: russischer St.-Katharinen-Orden, 1715: badischer Hausorden der Treue, 1725: englischer erneuerter Bath-Orden, 1725: russischer Alexander-Newski-Orden, 1729: bayerischer St.-Georgs-Orden.

und Taxis die eigene neue Staatlichkeit und Souveränität, die nicht nur im Erhalt einer Stimme am Reichstag, sondern zu erheblichem Teil der Zurschaustellung eigener Macht und Pracht dienen sollte. Selbst politisch unbedeutende Fürsten, deren Souveränität sich oftmals auf wenige Reichsdörfer stützte, führten ihren Prunk in reger Bautätigkeit vor Augen. So manch kleiner Potentat leistete sich ein Schloss, dessen Baukosten und Bauunterhalt weit außerhalb des Möglichen lagen. Demnach war der Bereich der Orden, Dekorationen und Ehrenzeichen ähnlich bunt wie die Landkarte des Heiligen Römischen Reiches. Diese Form der Ehrung und Danksagung war – im Gegensatz zu barocken Schlössern – leichter zu finanzieren und brachte dennoch eine beeindruckende barocke Prachtentfaltung nach außen mit sich.

Die Hausorden sind den Ritterorden eng verwandt, jedoch durch gesellschaftliche Neuerungen des 17. Jahrhunderts der Zeit angepasst. Zunächst entwickelten sich die dynastischen Orden oder Hausorden. Sie werden auch als Hoforden, monarchische oder höfische Orden bezeichnet. Wie schon erwähnt, erstreckt sich die Zeit ihres Auftretens vom Ende des 17. bis zum letzten Drittel des 18. Jahrhunderts. In der Napoleonischen Zeit und im Lauf des 19. Jahrhunderts entstanden weitere Ordensarten, die aber hier nicht behandelt werden können. Grund für die Entstehung war die Ausprägung der Monarchien, wie sie in dieser Zeit in Europa feststellbar ist, neu an ihnen war, dass nicht mehr der Orden selbst Handlungssubjekt war, sondern die Dynastie bzw. der Staat. *„Der Orden wurde Mittel zum Zweck, besser: zu mehreren Zwecken, nämlich, die Mitglieder der eigenen Familie zu kennzeichnen (und damit auszuzeichnen) sowie verwandte Mitglieder anderer Familien dem Fürstenhaus zu verbinden, durch Verleihungen außerhalb des engsten Zirkels Bündnisse zu schließen und das höfische Repräsentationsbedürfnis zu befriedigen".*[31] Der Begriff „Orden" war nach wie vor gleichbedeutend mit dem der Ordensgemeinschaften, weiterhin sprach man von Ordensmitgliedern oder Ordensangehörigen, allerdings wurde, wie Gondorf treffend bemerkt, *„das Religiöse und Politische, das in den Ursprüngen des Ordenswesens deutlich zu erkennen ist, […] zugunsten eines gesellschaftlichen Moments zurückgedrängt."*[32]

Neben den reinen Hausorden entstand seit dem Ende des 17. Jahrhunderts bis zum beginnenden 19. Jahrhundert eine Reihe von Verdienstorden, die sich der Ehrung weiterer Kreise von Persönlichkeiten der Gesellschaft verschrieben hatten. Darin unterschieden sie sich grundsätzlich von den Hausorden, die nur wenigen exklusiven Mitgliedern höchsten gesellschaftlichen Standes und Ranges vorbehalten waren.[33] Die Übergänge verliefen im Lauf des 18. Jahrhunderts, sodass eine eindeutige Trennung der Gattungen nur schwer möglich ist. Hausorden wurden durch Hinzufügung niedrigerer Klassen erweitert, neue Ordensstiftun-

---

31 Henning / Herfurth, wie Anm. 29, S. 103.

32 Bernhard Gondorf, Der wiedische Hausorden de la Fidélité, in: Der Herold, Bd. 13, 35 Jg. 1992, Heft 11, S. 335.

33 Als Beispiele: 1694 Orden des hl. Ludwig, gestiftet von König Ludwig XIV., 1740 der preußische Orden Pour le Mérite, 1757 der österreichische Militär-Maria-Theresia-Orden, 1797 der bayerische Militär-Max-Joseph-Orden.

gen wurden von Beginn an als Haus- und Verdienstorden in verschiedenen Klassen angelegt.[34]

Dieser Kategorie lässt sich auch der thurn und taxissche Hausorden *De parfaite amitié* zuordnen.[35] Leider lassen sich aus den Akten des Fürstlichen Zentralarchivs nur sehr spärliche Informationen gewinnen. Wahrscheinlich wurde er um 1770 von Fürst Alexander Ferdinand (1704–1773) als regierendem Fürsten des Hauses gestiftet. Der Fürst war 1745/48 zum Prinzipalkommissar, also zum kaiserlichen Vertreter am Reichstag in Regensburg, ernannt worden. Hier, für die Gesandten, sollte er den barocken Wiener Hof repräsentieren. Die zahlreichen gesellschaftlichen, politischen und familiären Beziehungen, die zur gewünschten Ausübung dieses ehrenvollen Amtes nötig waren, konnten durch die ehrenvolle Bindung an das fürstliche Haus, durch die Verleihung eines Hausordens gefestigt werden. Vor diesem historischen Kontext lässt sich die Stiftung des Ordens verstehen. Leider fehlen jegliche Belege der Gründung, auch sind keine Verleihungsurkunden überliefert, so dass wir bis 1773 keinen Ordensträger namentlich kennen. Ungeklärt ist auch die Namenschiffre im Medaillon der Rückseite des Ordenskreuzes. Die Buchstaben *FW* haben keinen namensgeschichtlichen Bezug, liest man sie, was ebenfalls möglich ist, als *TW*, so könnte es auf die 1753 erfolgte, politisch hoch bedeutende eheliche Verbindung des Erbprinzen Carl Anselm von Thurn und Taxis mit der württembergischen Prinzessin Auguste Elisabeth hinweisen. Auch das wäre für einen Hausorden durchaus denkbar. So wurden 1732 der dänische Hausorden *de l'Union parfaite* oder 1749 der sachsen-hildburghausische Orden *de l'Union heureuse* aus Anlass von Eheschließungen gestiftet. Als 1773 Fürst Alexander Ferdinand starb, ließ Sohn und Nachfolger Carl Anselm (1733–1803) neue Ordenszeichen anfertigen. Das *TW* wurde durch die verschlungenen Initialen *CA* ersetzt. Diese werden bis heute im Medaillon auf der Vorderseite der Ordensdekoration geführt.

Frühe Ordensverleihungen

Archivalischen Quellen lässt sich entnehmen, dass der taxissche Hausorden unter Fürst Carl Anselm an Postmeister und weitere um das Fürstenhaus verdiente Persönlichkeiten verliehen wurde.[36] Mit Regierungsantritt im Jahr 1773 wurde Fürst Carl Anselm offiziell Chef des Hausordens und bereits wenige Monate nach

---

34 Als Beispiele: 1757, der hohenlohische Haus- und Phönixorden, 1770 der hessische Hausorden vom Goldenen Löwen, 1705 der preußische Rote-Adler-Orden, der als reiner Hausorden angelegt, aber 1810 in drei Klassen untergliedert wurde, ebenso der englische Bath-Orden, der sachsen-weimarische Orden der Wachsamkeit oder die als Haus- und Verdienstorden angelegten: 1764 der ungarische St.-Stephans-Orden, 1808 der Verdienstorden der bayerischen Krone, 1815 der hannoversche Guelphen-Orden.

35 Vgl. die wenigen, teils unkorrekten Darstellungen des Ordens De parfaite amitié in: Arnhard Klenau, Großer deutscher Ordenskatalog, Orden und Ehrenzeichen bis 1918, München 1974, S. 205; Klietmann, Kurt-Gerhard, Der Fürstliche Hausorden „De parfaite amitié" von Thurn und Taxis, in: Ordenskunde, Beiträge zur Geschichte der Auszeichnungen, Rundschreiben Nr. 20, 1957, S. 2–4, Volpe, wie Anm. 29.

36 FTTZA, Haus- und Familiensachen 1893.

dem Tod seines Vaters verlieh er – wohl zum ersten Mal – seinen Hausorden an Freiherrn Josef Andreas von Weittersheim, seinen Hofkavalier.[37] Im Jahr darauf erhielt der Kölner Oberpostmeister Franz Peter von Becker den Hausorden, 1785 der Offenburger Postmeister Karl Freiherr von Plittersdorf. An diesen Beispielen wird ersichtlich, dass es für Fürst Carl Anselm tatsächlich notwendig gewesen war, einen Hausorden zur Ehrung verdienter Mitarbeiter zu nutzen. Die genannten Herren standen nicht nur allein für sich und ihre Meriten in der Postverwaltung, mit ihnen ehrte der Fürst Postmeisterdynastien, die teils seit dem 16. Jahrhundert in Diensten der Reichspost standen.[38]

Eine kleine, aber aussagekräftige Episode im Zusammenhang mit dem Hausorden ereignete sich im Jahr 1777. Herzogin Sophie von Radziwill wandte sich an ihren Vater, Fürst Carl Anselm, mit der Bitte, er möge den fürstlichen Hausorden an ihren Leibarzt „Mr. Kerés" und an ihre Hofdame „Comtesse Taufkirchen" verleihen. Der Fürst schrieb seiner Tochter, dass dies nicht möglich sei, die Zahl der Ordensinhaber dürfe nicht überschritten werden („dans ce moment ci ou le nombre, que je me suis fixé est complet").[39]

Als im Jahr 1802 der Bamberger Postmeister Jakob Heinrich Freiherr von Haysdorff um die Verleihung bat, wurde diese „infolge der angenommenen Grundsätze" abgelehnt. Die exakten Gründe für die beiden Ablehnungen sind nicht belegbar. Im Fall seiner Tochter mag Fürst Carl Anselm abgelehnt haben, weil die beiden Personen keinerlei Verdienste um das Haus Thurn und Taxis vorzuweisen hatten. Der angegebene Grund könnte vorgeschoben worden sein. Es ist freilich auch denkbar, dass der Fürst tatsächlich Grundsätze erlassen hat, die aber nicht überliefert sind. Bei Haysdorff lässt sich nicht nachvollziehen, warum dieser verdiente Postverwalter den Orden nicht verliehen bekam. Denkbar ist, dass Erbprinz Karl Alexander, der 1803 dem Vater folgte, die Verleihungspraxis auf Familienmitglieder eingeschränkt hat. Da das Ablehnungsschreiben nicht namentlich gekennzeichnet ist, könnte es auch dem Erbprinzen, der seinen bereits kranken Vater in der Leitung des Hauses mehr und mehr ersetzte, zuzuordnen sein. Allerdings sind weitere Ordensverleihungen erst wieder für das ausgehende 19. Jahrhundert überliefert und nun ausschließlich an Familienangehörige.

---

37 FTTZA, Personalakten 10109 (Weittersheim), PA 454, 455 (Becker), PA 7040, 7041 (Pittersdorf), PA 3229, 3230 (Haysdorff).

38 Es war üblich, dass die Postverwaltung ihr Personal für die Führungsebene selbst heranzog. Diese Familien blieben oft über viele Jahrzehnte, manche sogar über Jahrhunderte in der Postverwaltung tätig. Vgl. dazu: Rudolf Freytag, Die Postmeisterfamilien mit besonderer Berücksichtigung der Familie Kees, in: Familiengeschichtliche Blätter 13 (1915), Heft 3 und Heft 6, Ders., Die Postmeisterfamilie Somigliano. Ein Beitrag zur Postgeschichte Hamburgs und Nürnbergs, in: Archiv für Post und Telegraphie Nr. 7 (1922), S. 217–227. Das Thema „Postmeisterfamilien" ist noch nicht eingehend untersucht. Die großen Postmeisterfamilien hier nur erwähnt: Henot und de Becker (Köln), van den Birghden (Frankfurt), Vrints von Treuenfeld (Hamburg/Bremen/Frankfurt), von Berberich (Würzburg/Frankfurt), von Haysdorff (Augsburg/Bamberg), von Kurtzrock (Hamburg), de Bors (Maaseik), von Lilien (Nürnberg/Maaseik), Zuylen van Nyefeld (Brügge).

39 FTTZA, Haus- und Familiensachen 1893, Schreiben 1777 September 13.

Der Hausorden im 19., 20. und 21. Jahrhundert

Die Tatsache, dass im Lauf des 19. Jahrhunderts ausschließlich Familienangehörige in den Orden aufgenommen wurden, hat seinen Grund in der Mediatisierung, also im Verlust der Souveränität, der Eigenstaatlichkeit des Hauses Thurn und Taxis im Jahr 1806. Mit der Gründung des Rheinbundes war Kaiser Franz II. zurückgetreten, das Heilige Römische Reich hörte formell auf zu bestehen. Verbunden mit diesem Schritt fielen beinahe 70 souveräne Landesherrschaften der Mediatisierung, also der Unterstellung unter neue Potentaten, zum Opfer. Für das Haus Thurn und Taxis brachte dies in zweifacher Hinsicht weitreichende Einschnitte. Zum einen ging ihre Landeshoheit an Bayern, Württemberg und Hohenzollern über, zum anderen endete das Reichspostlehen, was die neuen Staaten in die Lage versetzte, die Postrechte zu verstaatlichen.

Und verbunden mit der Mediatisierung endete auch die „rechtliche" Möglichkeit, den eigenen Orden zu verleihen, ausgenommen an Familienmitglieder. Zwar war Fürst Carl Anselm bei seiner zweiten Ordensverleihung im Jahr 1774 noch kein Landesherr, er konnte aber als Träger des Reichsgeneralpostmeisteramtes und Postlehensträger an seine Postmeister durchaus Orden vergeben. Die rechtliche Stellung des Fürsten im Bereich der Reichspost war seit dem 16. Jahrhundert sehr ausgeprägt. Die erste Verleihung an seinen Hofkavalier lässt sich daraus zwar nicht begründen, allerdings ist anzunehmen, dass Fürst Carl Anselm Verleihungen innerhalb seines Hofes vornehmen konnte.[40] Somit wurde der Orden seit der Mediatisierung des Hauses Thurn und Taxis nur noch an Familienmitglieder verliehen. Somit entspricht er *„dem ursprünglichen Charakter eines Haus-Ordens"* und konnte bis heute *„unangefochten durch staatliche Ordensgesetzgebung bis heute gewahrt bleiben"*.[41]

Im Jahr 1927 wurde, vermutlich vom zuständigen Hofmarschallamt, das Archiv angewiesen, eine Liste zu erstellen, die zu diesem Zeitpunkt lebenden Ordensträger mit deren Geburtsdatum zu verzeichnen, leider fehlt bei den meisten Personen das Datum der Aufnahme in den Hausorden:

Familienangehörige, die bis vor 1927 mit dem Hausorden beliehen wurden bzw. diesen trugen:[42]

Herren:

Fürst Albert (1867)
Fürst Franz Joseph (1893), Aufnahme: 1911
Prinz Karl August (1898)
Prinz Ludwig Philipp (1901)
Prinz Max Emanuel (1902)

---

40 Die rechtliche Stellung dieser Hausorden ist in der Literatur nicht eindeutig geklärt. So lässt sich nicht eindeutig feststellen, ob nach 1806 der rechtliche Status überhaupt geklärt wurde.
41 Klietmann, wie Anm. 35, S. 3.
42 FTTZA, Haus- und Familiensachen 1899, 1900. Interessanterweise fehlen im Archivverzeichnis der Ordensverleihungen seit dem 17. Jahrhundert die Verleihungen des eigenen Hausordens. Erst für das ausgehende 19. Jahrhundert existieren auch dafür Verzeichniskarten.

Prinz Raphael Rainer (1906)
Prinz Philipp Ernst (1908)
Prinz Friedrich Christian, Herzog zu Sachsen (1893), Aufnahme 1924
Prinz Karl Theodor (1925)
Prinz Karl Ludwig (1863)
Prinz Gabriel (1922)
Prinz Johannes Baptista (1926)
Prinz Albert (1930)
Prinz Anselm (1924)
Prinz Friedrich Lamoral (1871)
Prinz Max Theodor (1876)

Damen:
(die männlichen Namen stehen für den jeweiligen Gemahl)

Fürstin Margarete (1870)
Fürstin Elisabeth (1894)
Prinzessin Karl August (1899)
Prinzessin Ludwig Philipp (1901)
Prinzessin Elisabeth Helene (1903)
Prinzessin Louisa (1859)
Prinzessin Karl Ludwig (1881)
Prinzessin Friedrich Lamoral (geb. Prinzessin de Ligne, 1877)
Prinzessin Max Theodor (geb. Prinzessin Metternich-Winneburg, 1880)
Prinzessin Philipp Ernst (geb. Prinzessin Thurn und Taxis, 1908)
Prinzessin Raphael Rainer (geb. Prinzessin Thurn und Taxis, 1913)
Prinzessin Iniga (geb. Prinzessin Thurn und Taxis, 1925)
Prinzessin Mafalda (1925)
Prinzessin Helene (1924)
Prinzessin Clothilde (1922)
Prinzessin Maria Therese (1925)
Prinzessin Maria Ferdinanda (1927)

Der Orden wurde bei feierlichen Anlässen getragen, von den Herren entweder am Band um den Hals oder am schmalen Band auf dem Frackaufschlag, von den Damen mittels einer Schleife. Nach dem Tod des Ordensträgers muss das Ordenszeichen zurückgegeben werden.

Bis zum Tod S.D. des Fürsten Karl August im Jahr 1980 wurden drei verschiedene Formen des Ordenszeichens unterschieden:[43]

1. Das Kreuz des Fürsten Albert bzw. der Fürstin Margarete in Brillanten
2. Das Kreuz der männlichen Mitglieder der Familie Thurn und Taxis mit der Chiffre *FW, TW* oder *A*
3. Das Kreuz der weiblichen Familienmitglieder mit derselben Chiffre

Das Ordenszeichen ist ein goldenes, achtspitziges Kreuz mit flacher Einkerbung an den Enden der Kreuzarme. Die Zwischenräume zwischen den Armen sind mit goldenen heraldischen Figuren gefüllt, heraldisch rechts oben und links unten mit dem

---

43 Beschreibung nach Klietmann, wie Anm. 35.

Zinnenturm aus dem aus dem Wappen Thurn (de la Torre), in den beiden anderen Ecken mit einem aufsteigenden bewehrten Löwen aus dem Valsassina-Wappen. Die weiß emaillierten Arme tragen auf beiden Seiten im Uhrzeigersinn fortlaufend, auf dem rechten oberen Arme beginnend, die in goldenen Versalien gehaltene Inschrift: VIN / CLUM / AMICI / TIAE (Band der Freundschaft).

Das Herzstück bzw. das Medaillon ist gewölbt und zeigt vorn auf rotem, rückseitig auf blauem Grund (rot-blau sind die taxisschen Hausfarben) je einen verschlungenen Namenszug in lateinischer Schreibschrift. Das Monogramm der Aversseite lautet *CA* (Carl Anselm), das der Reversseite entweder *FW* oder *TW*, bzw. seit 1928 *A* (Albert).

Das Kreuz hängt mittels einer Öse und eines Ringes an einem goldenen Fürstenhut, dessen Mütze rot emailliert ist. Durch den Reichsapfel läuft der Bandring, das Ordensband ist gewässert und himmelblau mit einer Breite von 30 bzw. 40 cm.

Fürst Albert I. (1867–1952) ließ sich beim Juwelier Hammerle in München ein Prunkexemplar des Hausordens anfertigen. Die Insignie dieses Ordens ist auf der Vorderseite vollkommen mit Brillanten besetzt, sowohl auf den Kreuzarmen, auf der Inschrift, den Türmen und Löwen als auch auf dem (Hermelin)Stulp. Die Perlen auf den Kronenbügeln sind jeweils durch einen freistehenden Brillanten ersetzt, die rote Mütze besteht aus zwei Rubinen, der Reichsapfel wohl aus einem Saphir. Der Reif, das Kreuz und der Bandring sind ebenfalls mit Brillanten besetzt. Das Mittelstück des Ordenskreuzes ist vorne ein Rubin, hinten ein Saphir. Es ist unklar, wann dieses Exemplar in Auftrag gegeben wurde, aus Fotos ist überliefert, dass es von Fürst Albert bis 1950 getragen wurde. Im Jahr 1985 wurden die Klassen des Hausordens durch SD Fürst Johannes verändert. Von nun an sollte der Hausorden vier Klassen verliehen werden:[44]

Klasse 1:   Großkreuz mit Stern und Schulterband
Klasse 2:   Große Verdienstkreuz mit Stern
Klasse 3:   Große Verdienstkreuz
Klasse 4:   Verdienstkreuz 1. Klasse

Die beiliegenden Entwürfe wurden genehmigt und es wurde Anweisung erteilt, die Orden in dieser Form herstellen zu lassen. Weitere Verleihungen waren zwar geplant, wurden jedoch nicht durchgeführt.

Nach Aktualisierung der Ordensstatuten nahm im Jahr 2010 SD Fürst Albert II. die jüngsten Ordensverleihungen vor. So wurden in den fürstlichen Hausorden *De Parfaite Amitié* mit Seiner Eminenz und Hoheit dem Großmeisters des Malteser Ritterordens Fra' Matthew Festing (Großkreuz mit Stern und Schulterband) sowie Herrn Prälat Dr. Wilhelm Imkamp (Großes Verdienstkreuz mit Stern) zwei neue Mitglieder aufgenommen. Prälat Dr. Imkamp ist zudem der erste Priester in der Geschichte des Ordens.

---

44 FTTZA, Registratur der Gesamtverwaltung H 055, Vormerkung des Hofmarschallamtes vom 1985 III 1.

SD Fürst Albert II. mit dem thurn und taxisschen Hausorden „De Parfaite Amitié" neben der Büste seines Urgroßvaters Fürst Albert I. (1867–1952). Foto: Todd Eberle, 2011

Fürstlicher Hausorden

Großes Verdienstkreuz

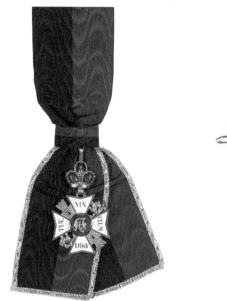

Großes Verdienstkreuz am Band

Brustkreuz

Abbildungen der Orden in Farbe: s. Farbtafel I.

Seelsorge, Volksfrömmigkeit und Wallfahrtswesen

Von der (Un-) Möglichkeit kirchlicher Kindertageseinrichtungen

Gedankensplitter zur Trägerverantwortung

Peter Beer

Wahrnehmbare Widersprüche?
Kirchliches Handeln und kirchliches Reden

Es ist schon etwas eigenartig. Auf der einen Seite ist die katholische Kirche de facto zum Teil einer der größten freien Anbieter von Kinderbetreuungsplätzen in von ihr getragenen Tageseinrichtungen für Kinder. Auf der anderen Seite werden von kirchlicher Seite auch immer wieder Argumente vorgebracht, die verdeutlichen sollen, dass eine so genannte Fremdbetreuung von Kindern außerhalb der Familie durch entsprechend gebildetes Fachpersonal unangebracht ist. Hier scheint etwas nicht zusammen zu passen.

Offensichtlich gibt es innerhalb der Kirche gewisse Unklarheiten oder zumindest erheblichen Abstimmungsbedarf. Wie anders ließe es sich sonst erklären, dass die de-facto-Situation so von der theoriegeleiteten Argumentation abweicht? Entweder kennen diejenigen, die den Bereich der kirchlichen Kindertageseinrichtungen organisieren, nicht die kirchlicherseits dagegen vorgebrachten Gegenargumente oder die, die eben jene Argumente vorbringen, haben die faktisch bestehende teilweise kirchliche „Marktführerschaft" im Bereich Kindertageseinrichtungen in ihrer Wirkmächtigkeit nicht wahrgenommen bzw. unterschätzt. Dies ist zugegebenermaßen die negative Sicht auf die soeben angesprochene wahrnehmbare Differenz zwischen kirchlichem Einsatz für Kindertageseinrichtungen und Argumentation dagegen.

Eine derartige Sicht, die übrigens bei Kirchenfernen zu einem gewissen genüsslichen Amüsement ob der anscheinend bestehenden kirchlichen Verwirrung führen kann, soll im Folgenden nicht weiter ausschlaggebend sein. Vielmehr soll es darum gehen, die auf den ersten Blick als grundsätzlich gegen Kindertageseinrichtungen vorgebrachten Argumente als wichtige Anregungen und Hinweise zu verstehen, die Fehlentwicklungen in der kirchlichen Kindertageseinrichtungslandschaft vermeiden helfen und damit wichtige Orientierungspunkte für die Qualitätssicherung in diesem Bereich kirchlichen Engagements darstellen.

Wo liegt das Problem I?
Kritische Nachfragen zum Thema Kindertageseinrichtungen

Es ist ein kaum bestreitbares Faktum, dass Kinder in der Zeit, in der sie eine Tageseinrichtung besuchen, sich nicht in ihrer Familie befinden, nicht deren soziale Einbindung und emotionale Wärme erfahren und damit auch Einflüssen unterliegen, die nicht unmittelbar durch Familienangehörige ausgeübt werden.

In diesem Zusammenhang sei daher ohne die entsprechenden Antworten in die eine oder andere Richtung gleich vorwegzunehmen, die kritische Nachfrage erlaubt: Werden hier die Kinder nicht ihren Familien und ihren Eltern entfremdet? Wird da nicht ein geordnetes Familienleben unmöglich gemacht? Und: Wie sollen Eltern noch ihr Erziehungsrecht wahrnehmen und ihrer Erziehungsverantwortung gerecht werden können, wenn mit den Tageseinrichtungen Fremdbetreuung groß geschrieben wird? Außerdem: unterliegen die Kinder gerade wegen der Fremdbetreuung im Vergleich zu den Familien nicht auch fremden Interessen, wie beispielsweise denen der Wirtschaft, die darauf drängt, möglichst rasch möglichst effektiv gebildete Nachwuchsarbeiter und -wissenschaftler zu bekommen, deren Ausbildung schon im Kindergartenalter beginnen soll? Kommt es also gar zu einer Entmündigung der Eltern und Familien in Sachen Erziehung ihres Nachwuchses zu Gunsten einer Verstaatlichung bzw. Vergesellschaftung von frühester Kindheit an, bei der der Einzelne so gut wie nichts mehr, der Staat oder die Gesellschaft aber dafür umso mehr zählen?

Sollte dies zur Gänze oder auch nur teilweise der Fall sein, so gälte es aus dem christlichen Glauben heraus unbedingt Widerstand gegen solche Entwicklungen zu leisten, die wesentlich dem widersprechen würden, was einem glaubenden Christenmenschen wichtig ist: die Würde der Person, der Wert der Familie, die Freiheit, die der Geist Gottes schenkt.

Wo liegt das Problem II?
Gesellschaftliche Entwicklungen

Aus kirchlicher Sicht müssen Entwicklungen, von denen nachfolgend einige genannt seien, Anlass zu großer Sorge sein. Wenn sie schon das Ideal einer christlichen Familie nicht grundsätzlich in Frage stellen können, so erschweren sie zumindest dessen Realisierung.

In zunehmendem Maße bricht die Glaubensweitergabe von Generation zu Generation in den Familien ab. Eltern sind aus verschiedenen Gründen nicht mehr in der Lage, ihre eigenen Kinder in den Glauben einzuführen, weil sie selbst keinen Bezug zur Kirche (mehr) haben, weil ihnen der Glaube unverständlich geworden ist, weil ihnen entsprechende Ausdrucksformen des Glaubens fehlen etc. Wenn Kinder dann in die Schule kommen, werden sie nicht selten gar nicht mehr zum Religionsunterricht angemeldet, weil die Basis aus dem Elternhaus dafür fehlt. Oder die Bemühungen des Religionsunterrichts – die betroffenen Lehrkräfte können ein Lied davon singen – laufen oftmals ins Leere, weil damit nicht das aufgefangen werden kann, was vom Elternhaus her fehlt.

Viele Kinder wachsen als Einzelkinder auf. Sie haben keine Geschwister mit denen sie zusammen spielend die Welt entdecken, soziales Verhalten einüben und Beziehungen aufbauen können. Ob das der Entwicklung der Persönlichkeit eines Kindes gut tut, bleibt zu fragen. Alleine der in pädagogischen Diskussionen immer wieder eingebrachte Begriff der Peer-Group, der für die Gruppe der Gleichaltrigen und deren Bedeutung für die kindliche Entwicklung steht, legt es vor dem Hintergrund der Realität der Ein-Kind-Familien nahe, sich auf die Suche nach einer Problemlösung zu machen. Jene kann wohl kaum darin liegen, eine bestimmte Kinderzahl für Paare festzulegen.

Es ist nicht von der Hand zu weisen, dass die eher geringe Kinderzahl in Familien auch darauf zurückzuführen ist, dass die wirtschaftliche Situation oftmals jungen Paaren, so gewillt sie auch zur Führung einer christlichen Familie sein mögen, keine andere Wahl lässt. Abgesehen von den nicht gerade geringen laufenden Lebenshaltungskosten sind die Aufwendungen für berechtigte entwicklungsspezifische Bedürfnisse von Kindern und Jugendlichen dermaßen hoch, dass dies an eine finanzielle Überforderungsgrenze eines Normalverdieners heranreichen kann.

Alles in allem zeichnet sich alleine durch diese obigen kurzen Andeutungen zur Situation von Familien ab, dass Familien in unserer Zeit Hilfe brauchen. Jene Hilfe muss ebenso von der Kirche kommen, denn es ist unter anderem Kern ihrer Soziallehre, dass die Familien die Keimzelle der Gesellschaft sind.

Was ist die Orientierungslinie?
Unterstützung und Begleitung für Familien

Wenn also Familien der Hilfe bedürfen, so muss eine der Grundlinien kirchlichen Handelns in unserer Zeit die Begleitung und Unterstützung von Familien sein.

Eine Form davon kann sicherlich das politische Engagement der Kirche sein, die sich für eine finanzielle Besserstellung der Familien einsetzt und Vereinnahmungen durch staatliche oder wirtschaftliche Interessen abwehren hilft. Dennoch gilt: Das politische „Geschäft" ist ein mühsames. Mehrheiten müssen gefunden und gehalten werden, schier unzählige Gespräche und Diskussionsprozesse sowie Abstimmungsdurchgänge wollen vollzogen sein, wobei die Einhaltung genauer Zeitgrenzen und Zielvorgaben in gewisser Weise immer fraglich bleibt. Ob Familien jeweils so lange warten können? Braucht es nicht zu allen Bemühungen auf politischem Feld zugleich auch noch etwas anderes, das jetzt zuverlässig und nachhaltig sowohl Begleitung als auch Unterstützung gewährt? Wahrscheinlich schon. Nicht wenige zählen dazu die Kindertageseinrichtungen in kirchlicher Trägerschaft.

In Kindertageseinrichtungen, die sich in kirchlicher Trägerschaft befinden, besteht die Möglichkeit Kinder und deren Familien mit Glaube und Kirche vertraut zu machen. Oftmals kommen junge Eltern über ihre Kinder und deren positive Erfahrungen in der Kindertageseinrichtung mit religiösen Themen und Fragestellungen (wieder) in Kontakt. Bedenkt man, dass Kindertageseinrichtungen ein zentraler Kontaktpunkt nicht nur für die Kinder und deren Eltern sind, sondern auch für begleitende Geschwisterkinder, z. B. die Kinder abholenden Großeltern,

Tanten, Onkel, Freunde der Eltern, dann gewinnen diese Einrichtungen im Kontext des Verkündigungsauftrages der Kirche eine ganz neue Bedeutung.

In den Kindertageseinrichtungen erhalten Eltern auf Wunsch niederschwellige Angebote der Erziehungsberatung, die sich nachgewiesenermaßen großer Nachfrage erfreuen.

Das Zusammenleben der Kinder für den klar umschriebenen Zeitraum des Aufenthalts in einer Tageseinrichtung eröffnet den Kindern Lern- und Erfahrungsräume, die sie unter Umständen als Einzelkinder in der Weise gerade in Bezug auf soziales und wertorientiertes Lernen so nicht haben können.

Eine gewisse finanzielle Entlastung können Tageseinrichtungen insofern bieten, als alleine schon die gemeinschaftliche Anschaffung von Spielgerät, die Organisation von Ausflügen und Unternehmungen, der Kauf von Bastelbedarf etc. günstiger realisiert werden können, als dies von Einzelnen je gemacht werden könnte. Dazu kommen eventuell noch Tauschbörsen (beispielsweise für Kinderkleidung, Spielzeug etc.), Unterstützungsmaßnahmen durch ehrenamtliches Engagement und vieles andere, das sich entlastend im Kontext einer Kindertageseinrichtung für Eltern finden lässt.

Kindertageseinrichtungen in kirchlicher Trägerschaft können aber nur dann wirklich begleitend und unterstützend für Familien sein, wenn sie nicht in die Fallen tappen, wie sie indirekt durch die schon angeführten kritischen Nachfragen an Kindertageseinrichtungen angedeutet wurden. Eine zwangsweise „Einweisung" von Kindern in entsprechende Tageseinrichtungen per Gesetz oder Vorschrift, woher auch immer diese kommen mögen, scheidet dabei ebenso aus wie ein automatisiert ablaufendes „Abgeben" der Kinder in Einrichtungen, was einer Kontaktsperre über den Tag zwischen Eltern und Kind gleichkommt.

Wo gibt es Handlungsbedarf?
Aufgabenstellungen für kirchliche Kindertageseinrichtungen

Kindertageseinrichtungen, die sich nicht als Konkurrenz zu Eltern bzw. Familie der ihnen anvertrauten Kinder verstehen, sondern Begleitung und Unterstützung sein wollen, kommen nicht umhin, sich u. a. diesen Aufgaben zu stellen:

Es bedarf einer qualifizierten Elternarbeit im Sinne einer Arbeit mit und für die Eltern. Information über pädagogische Aktivitäten mit den Kindern wird weitergegeben und transparent dargestellt. Es besteht für die Eltern die Möglichkeit zum Austausch mit dem Fachpersonal über Verfasstheit und Entwicklungsschritte der Kinder in der Einrichtung. Eltern werden an der Planung des Alltags in der Tageseinrichtung in all ihren Facetten zuverlässig beteiligt.

Besonderer Wert wird auf religiöse Bildung und Erziehung gelegt, die Kindern eine positive (erste) Begegnung mit Glaube und Kirche ermöglicht, Eltern Anregungen für ein aktives religiöses Familienleben gibt sowie Kontaktmöglichkeiten zur nächsten Pfarrgemeinde und anderen Orten gelebten Glaubens bietet.

Derartige „Querverbindungen" legen sich auch im Bezug auf die vielen bestehenden unterstützenden caritativen Dienste der Kirche (z. B. organisiert in der verbandlichen Caritas) nahe, die Eltern in sozialen, psychologischen, beratenden und ähnlichen Bedürfnissen unterstützend zur Seite stehen können.

Wer trägt die Verantwortung?
Herausforderungen für den kirchlichen Träger

„Von Nichts kommt Nichts". Diese Allerwelts-Spruchweisheit gilt auch in der Frage, ob und wie Kindertageseinrichtungen in kirchlicher Trägerschaft Unterstützer und Begleiter von Familien sein können. Wenn der Träger als Letztverantwortlicher für das Geschehen in und um die in Frage stehenden Einrichtungen sich nicht darum sorgt, sondern sie als Selbstläufer oder lästigen Ballast einstuft, dann braucht man sich nicht zu wundern, dass eine kirchliche Tageseinrichtung hinter ihrem Potenzial zurückbleibt und eigentlich berechtigte Erwartungen nicht erfüllt werden. Was es heißt, als Träger um seine Kindertageseinrichtung in ihrer Eigenschaft als familienunterstützende Sorge zu tragen, sei an einigen Punkten exemplarisch fest gemacht.

Es ist unabdingbar, dass das pastorale Personal einer Pfarrgemeinde, auf deren Gebiet sich eine Tageseinrichtung für Kinder befindet, Kontakt zu dieser Einrichtung sucht. Dies nicht nur im Sinne eines kurzen Telefongesprächs, sondern in Form eines Besuches, der es dem Fachpersonal möglich macht, sich z. B. in religionspädagogischen oder pastoralen Fragestellungen mit einem/r Volltheologen/in auszutauschen; bei dem Kinder einmal einem „echten" Priester begegnen, der ihnen erzählt, was seine Aufgabe ist und wie er lebt; bei dem es auch zum Kontakt zwischen Eltern und Pfarreivertretern kommt und eine konkrete persönliche Einladung in die Pfarrei ausgesprochen werden kann.

Solche Bezüge zwischen Kindertageseinrichtung und Pfarrgemeinde setzen natürlich voraus, dass zum einen in der Gemeinde ein Bewusstsein darüber da ist, welche Bedeutung eine solche Einrichtung für das apostolische Wirken der Kirche, aber auch für die Unterstützung der Eltern bzw. Familien hat. Genauso bedarf es einer Offenheit der Pfarrmitglieder im Bezug auf eventuellen „Zuwachs" durch Menschen, die über die Kindertageseinrichtung Kontakt zur Kirche konkret in der Pfarrgemeinde suchen. In beiden Fällen, sowohl hinsichtlich der Bewusstseinsbildung als auch der Offenheit der Pfarrgemeinde, kommt dem Träger als exponiertem kirchlichem Vertreter und Katalysator eine nicht zu unterschätzende Bedeutung zu.

Dies gilt in gleichen Maßen bei der Qualifikation der Mitarbeiterinnen in den Einrichtungen. Bleiben z. B. Fort- und Weiterbildung alleine im Belieben des Personals, dann wird es schwierig werden, das gewünschte eindeutige Profil kirchlicher Kindertageseinrichtungen vom bloßen Wunsch bzw. Postulat in die Realität überzuführen. Es sollte für einen Träger klar sein, dass die systematische Ausrichtung der von ihm zu verantwortenden Einrichtung hin zu Familienunterstützung und -begleitung nur durch einschlägig andauernde Qualifizierungsprozesse des Personals zu so wichtigen Themen wie Elternarbeit, Familienorientierung, Religionspädagogik möglich ist.

Nimmt man die bisherigen Gedankensplitter zur Möglichkeit bzw. Unmöglichkeit von Kindertageseinrichtungen in kirchlicher Trägerschaft zusammen, so sollte
damit auch klar geworden sein, dass der entscheidende Punkt nicht so sehr die
Frage nach den vorhandenen Ressourcen sein darf, die darüber entscheidet, ob es
möglich ist, eine kirchliche Tageseinrichtung zu betreiben oder nicht. Unbeschadet
der unbestreitbaren Bedeutung von Ressourcen gilt es aber vor allem, auch den
Blick auf die Bedürfnisse der Familien, der Eltern und Kinder zu richten. Fehlt
dieser Blick, dann stünden Kindertageseinrichtungen in kirchlicher Trägerschaft
in Widerspruch zu zentralen Grundüberzeugungen der Kirche und damit wäre es
eine Unmöglichkeit sie zu betreiben. Gelingt es diesen Blick auf Familien, Eltern
und Kinder zu wahren und wirkmächtig werden zu lassen, dann sind kirchliche
Kindertageseinrichtungen in unserer Zeit mit ihren Nöten vielleicht nicht nur eine
Möglichkeit, sondern auch eine Notwendigkeit im Handlungsrepertoire der Kirche
aus dem Glauben heraus für die Menschen.

Maria Vesperbild – ein Wallfahrtsort mit einer gesunden Volksfrömmigkeit

Peter C. Düren

Mitten im Herzen Bayerisch-Schwabens liegt der idyllische Wallfahrtsort Maria Vesperbild, einer der bedeutendsten im Bistum Augsburg. Das Patronat verdankt Maria Vesperbild der Darstellung der Mutter Gottes am Abend („vespera") des Karfreitags: der Schmerzensmutter (Pietà), einem Gnadenbild aus dem späten 15. Jahrhundert. Eine Feldkapelle stand dort schon ab dem Jahre 1650, zum Dank für das Ende des Dreißigjährigen Krieges. Die heutige Kirche wurde 1754/55 erbaut. Eigentlich eine „regionale" Wallfahrt, kommen doch regelmäßig Pilger aus der gesamten Diözese sowie aus dem benachbarten Ausland. Der Hauptwallfahrtstag Mariä Himmelfahrt mit ca. 15.000 teilnehmenden Gläubigen (mitten in den schulischen Sommerferien!) ist wohl das größte kirchliche Ereignis an diesem Tag in Süddeutschland. Seit 1988 wirkt in Maria Vesperbild der aus dem Rheinland stammende Prälat Dr. Wilhelm Imkamp als Wallfahrtsdirektor. Der gediegene Dogmenhistoriker und Konsultor römischer Dikasterien bürgt in Maria Vesperbild für die Solidität der Verkündigung und die Reinhaltung der Liturgie genauso wie auch für die Klarheit der zu Herzen gehenden Volksfrömmigkeit. Das Angebot praktizierter Volksfrömmigkeit erfüllt die Sehnsucht der Gläubigen nach religiöser Emotionalität, was angesichts häufig zu verkopfter Liturgien oder moralisierender Verkündigung von großer Bedeutung ist. Damit ist in Maria Vesperbild in der Praxis das realisiert, was die Kongregation für den Gottesdienst und die Sakramentenordnung in ihrem „Direktorium über die Volksfrömmigkeit und die Liturgie" vom 17. Dezember 2001 als „Grundsätze und Orientierungen" aufgestellt hat.[1]

Volksfrömmigkeit und Liturgie stehen nicht immer spannungsfrei nebeneinander. Das genannte römische Direktorium stellt in drei umfangreichen Kapiteln ihr Verhältnis im Licht der Geschichte (Nr. 22–59), im Lehramt der Kirche (Nr. 60–75) sowie in theologischer Reflexion (Nr. 76–92) ausführlich dar. Die Quintessenz dabei ist: Liturgie und Volksfrömmigkeit gehören zusammen, befruchten einander,

---

1 Vgl. Kongregation für den Gottesdienst und die Sakramentenordnung, Direktorium über die Volksfrömmigkeit und die Liturgie. Grundsätze und Orientierungen. 17. Dezember 2001 (=VApS 160), im Folgenden zit. als „DVL"; lateinisch: Congregazione per il culto divino e la disciplina dei sacramenti, Direttorio su Pietà popolare e liturgia. Principi e orientamenti, Città del Vaticano 2002; vgl. Wilhelm Imkamp, Interview, in: Die Tagespost v. 13.08.2003; ders., Vorwort zum Wallfahrtskalender 2003.

lassen sich nicht gegeneinander ausspielen, sondern haben – bei einem klaren Vorrang der Liturgie vor der Volksfrömmigkeit – eine unverzichtbare Funktion im Leben der Kirche.

Gerade an Wallfahrtsorten – das Direktorium spricht hier (mit dem kirchlichen Gesetzbuch) von „Heiligtümern" – sind „die Beziehungen zwischen Liturgie und Volksfrömmigkeit häufiger und lebendiger"[2]. Dies ist in Maria Vesperbild deutlich spürbar. Hier können die Gläubigen eine gesunde Symbiose von Liturgie und Volksfrömmigkeit erleben, bei der die von der Kirche geforderte rechte Zuordnung beider in gesunder Weise gelingt.

Wir folgen nun im Blick auf Maria Vesperbild dem Aufbau des Zweiten Teiles („Orientierungen für die Harmonisierung der Volksfrömmigkeit mit der Liturgie") des „Direktoriums über die Volksfrömmigkeit und die Liturgie" und behandeln:

1. Liturgisches Jahr und Volksfrömmigkeit

Die Liturgie macht im Laufe des Jahres das gesamte Christus-Mysterium sichtbar und erlebbar. Daher muss im Verhältnis von „Liturgie und Volksfrömmigkeit die *Feier des liturgischen Jahres* gegenüber allen anderen Ausdrucksweisen der Frömmigkeit als Fixpunkt den Vorrang haben"[3].

Seit Beginn seines Wirkens am 1. März 1988 hat der Wallfahrtsdirektor von Maria Vesperbild deutlich gemacht, dass ihm die Einbettung der Volksfrömmigkeit in das liturgische Jahr sehr am Herzen liegt. Der jährlich erscheinende Wallfahrtskalender belegt dies von Anfang an. Bereits die Ausgabe des Jahres 1989 – damals noch im bescheidenen Umfang von 16 Seiten[4] – gleicht einem liturgischen Jahreskalender, in dem, beginnend mit Wallfahrtsjahr im Frühling mit dem Paschamysterium der Drei Österlichen Tage, das gesamte liturgische Jahr entfaltet wird. So erschließt sich dem Wallfahrer, dass er nicht in einen Mirakelbetrieb eingeladen wird, an dem irgendwelche charismatisch erleuchteten „Heiler" zu einem Heilungsevent einladen (was heute bedauerlicherweise weit verbreitet ist und aus einer „Seelsorge" eine „Wohlfühlveranstaltung" zu machen versucht), sondern der Wallfahrer mit hineingenommen wird in den Lauf des Kirchenjahres, er also gewissermaßen mit dem Herrn und seiner Kirche „auf Zeitreise" geht: vom Advent über Weihnachten, die Fastenzeit bis hin zu Ostern, das im Pfingstfest vollendet wird, und dazwischen durch den Lauf des Jahreskreises sowie über die zahlreichen Heiligenfeste zwischendurch. Die Jahresdaten werden bereits im Wallfahrtskalender von 1989 ergänzt durch monatliche Termine, vor allem den Fatima-Pilgertag am 13. und den Herz-Jesu-Freitag. Hinzu kommen die wöchentlichen Termine, die am Dies Domini, dem Sonntag, beginnen und auch am Freitag mit dem zweistündigen „Gedächtnis des Leidens und Sterbens unseres Herrn Jesus Christus" zeigen, dass

---

2 DVL 261.
3 DVL 94.
4 Vgl. Wallfahrtskirche Maria Vesperbild A.D. 1989, hrsg. von der Wallfahrtsdirektion Maria Vesperbild.

das Mysterium des leidenden, sterbenden und auferstandenen Herrn in der Mitte des liturgischen sowie volksfrommen Lebens der Wallfahrt stehen.

Der Wallfahrtskalender des Jahres 2011 ist bereits der 23., nicht nur im Design sehr gehobene und vom Umfang her (88 Seiten) erheblich erweiterter seiner Art.[5] Er blieb seinem Grundprinzip – der Einbettung der Wallfahrtsfrömmigkeit in den Lauf des Kirchenjahres – treu, und ist während der Jahre immer detaillierter in seinen Angaben geworden. Fast jeder einzelne Tag ist nun eigens aufgeführt mit seiner liturgischen Benennung und dem jeweiligen liturgischen Tagesprogramm. Zentral und farblich in Rot hervorgehoben sind die *Sonntage und Hochfeste*, ergänzt mit den Festen und gebotenen wie nicht gebotenen Gedenktagen im Laufe des Kirchenjahres. Damit entspricht das Wallfahrtsprogramm von Maria Vesperbild der Forderung des römischen Direktoriums: „Der ‚Herrentag‘ als ‚Ur-Feiertag‘ sowie ‚Fundament und Kern des ganzen liturgischen Jahres‘ darf den volksfrommen Übungen nicht untergeordnet werden."[6]

Innerhalb des Kirchenjahres soll die Volksfrömmigkeit in die Liturgie eingebunden werden. So hebt das römische Direktorium die Bedeutung des *Advents*kranzes hervor: Er wurde „zum typischen Adventszeichen in den Häusern der Christen. Durch das an jedem Adventssonntag bis zum Weihnachtsfest fortschreitende Entzünden der vier Lichter erinnert der Adventskranz … an die verschiedenen Etappen der Heilsgeschichte vor Christus und ist zugleich Symbol des prophetischen Lichtes, das nach und nach die Nacht der Erwartung erhellte bis zum Aufgang der Sonne der Gerechtigkeit"[7]. Maria Vesperbild unterstützt diesen frommen Brauch, indem bei einem Adventsbasar am Hochfest Christkönig den Wallfahrern Adventskränze und adventlicher Schmuck angeboten werden, mit denen die Wallfahrer zuhause ihre Wohnungen zieren können.[8]

Der Advent ist auch eine marianische Zeit. So erinnert das römische Direktorium an das *Hochfest der Unbefleckten Empfängnis* und die vorangehende Novene.[9] In Maria Vesperbild wird auf diese Novene (die im Bistum Augsburg im Jahre 1975 festgeschrieben wurde[10]) hingewiesen; während dieser neun Tage wird in den Abendmessen eine Marienpredigt gehalten.[11] Am Hochfest selbst, das in vielen Pfarrgemeinden nur noch eine marginale Rolle spielt, gilt in Bezug auf die Gottesdienste in Maria Vesperbild die Sonntagsordnung (vier heilige Messen).[12]

Die Übungen der Volksfrömmigkeit an *Weihnachten* finden vor allem in den einzelnen Familien statt: das Aufstellen der Krippe, das Schmücken des Christbaumes (bzw. Weihnachtsbaumes), die Überreichung von Geschenken am Geburtstag des Erlösers. Doch im Zentrum von Weihnachten steht die Christmette in der Kirche. Auch sie ist von Elementen der Volksfrömmigkeit durchzogen, denkt man

---

5   Vgl. Maria Vesperbild, Wallfahrtskalender 2011, hrsg. von der Wallfahrtsdirektion Maria Vesperbild.
6   DVL 95.
7   DVL 98.
8   Vgl. Wallfahrtskalender 2011, S. 58.
9   Vgl. DVL 101–102.
10 Vgl. Amtsblatt für die Diözese Augsburg 1975, S. 444; 447.
11 Vgl. Wallfahrtskalender 2011, S. 59.
12 Vgl. Wallfahrtskalender 2011, S. 61.

an die Eingangsprozession mit dem Christkind – Christmette „mit Krippenlegung und Segnung der Figur des Christkindes"[13] – oder das in der Volksfrömmigkeit so beliebte Lied „Stille Nacht, heilige Nacht", das wohl in dieser Nacht weltweit in fast allen Kirchen gesungen wird.

Eine besondere Note verleiht der Wallfahrtsdirektor der weihnachtlichen Krippe am 2. Weihnachtstag, wenn nämlich am Festtag des heiligen *Erzmärtyrers Stephanus* dessen blutüberströmte Figur in die Krippe integriert wird. Denn der Stephanstag und der Tag der Unschuldigen Kinder, die beide in der Weihnachtsoktav gefeiert werden, erinnern daran, dass Krippe und Kreuz zusammengehören, dass die Menschwerdung und der gewaltsame Tod zum Kern des Christus-Mysteriums zählen: „In der Weihnachtszeit werden außer den Feiern, die ihnen ihren erstrangigen Sinn geben, auch andere gefeiert, die in enger Beziehung zum Geheimnis der Menschwerdung des Herrn stehen: das Martyrium der Unschuldigen Kinder am 28. Dezember, deren Blut wegen des Hasses gegen Jesus und der Ablehnung seiner Herrschaft durch Herodes vergossen wurde"[14].

Zu Beginn des Jahres erinnert das römische Direktorium an „die weit verbreitete Gewohnheit ..., am *ersten Januar* den Hymnus Veni, creator Spiritus zu singen, damit der Geist des Herrn die Gedanken und die Taten der einzelnen Gläubigen und der christlichen Gemeinschaften während des Jahres leite"[15] – keine Frage für Maria Vesperbild, dass diese mit der Gewinnung eines vollkommenen Ablasses verbundene Gewohnheit auch im Wallfahrtskalender empfohlen wird.[16]

Anlässlich des *Hochfestes Erscheinung des Herrn* verweist das römische Direktorium auf „die Segnung der Häuser, deren Türen mit dem Kreuz des Herrn bezeichnet werden: die Ziffer des neuen Jahres, die Anfangsbuchstaben der überlieferten Namen der heiligen Sterndeuter (C+M+B), die auch als Abkürzung von ‚Christus mansionem benedicat' (Christus segne dieses Haus) zu erklären sind. Sie werden mit gesegneter Kreide geschrieben."[17] Daher heißt es an diesem Tag im Wallfahrtskalender: „In jeder hl. Messe feierliche Segnung von Weihrauch und Kreide."[18] Auch am *Fest der Darstellung des Herrn (Mariä Lichtmess)* erfüllt die Wallfahrtsdirektion mit der „feierliche[n] Segnung der Kerzen" eine Forderung des römischen Direktoriums: „Die in den Häusern aufbewahrte Kerze muss für die Gläubigen ein Zeichen Christi, des ‚Lichts der Welt' sein, und somit Ausdruck des Glaubens"[19].

Und so zieht sich durch das gesamte liturgische Jahr die besondere Verbindung von Liturgie und Volksfrömmigkeit, die vom römischen Direktorium vorgeschrieben und in Maria Vesperbild treu praktiziert wird, z. B. bei der Ascheauflegung an *Aschermittwoch*[20], bei der Übung des *Kreuzweges*[21], der Segnung der zu Hause

---

13 Wallfahrtskalender 2011, S. 64.
14 DVL 107.
15 DVL 116.
16 Vgl. Wallfahrtskalender 2011, S. 66.
17 DVL 118.
18 Wallfahrtskalender 2011, S. 66.
19 DVL 123.
20 Vgl. DVL 125; Wallfahrtskalender 2011, S. 71.
21 Vgl. DVL 131–135; Wallfahrtskalender 2011, S. 73.

aufzustellenden *Palmzweige*[22], der Anbetung des Allerheiligsten Altarsakramentes am *Gründonnerstag* – in Maria Vesperbild bis 22.30 Uhr[23] –, der Gang zum „Schulterwundenheiland" (oder Geißelheiland, überlebensgroße Statue aus dem 18. Jh.) auf dem Marienplatz mit Kreuzweg am *Karfreitag*[24].

Eine besondere Stunde für Maria Vesperbild ist der *Abend des Karfreitags*. Denn dann ereignet sich, was den Namen der Wallfahrt ausmacht: Die selige Jungfrau und Gottesmutter Maria trägt ihren toten Sohn auf ihrem Schoß. Das römische Direktorium „empfiehlt …, ‚das Gedächtnis der Schmerzen der seligen Jungfrau Maria' wegen seiner lehrmäßigen und pastoralen Bedeutung nicht zu vernachlässigen"[25]; in der Volksfrömmigkeit ist der „Planctus Mariae", das Wehklagen über ihren toten Sohn, das auch die „Verirrung seines Volkes und die Sünde des Menschengeschlechtes"[26] umfasst, tief verwurzelt. Und: „In der Stunde der Betrübten' ‚leisten' die Gläubigen in Formen rührender Hingabe der nach dem Tod ihres einzigen Sohnes allein zurückgebliebenen und in tiefen Schmerz versunkenen Mutter des Herrn ‚Gesellschaft'. Indem sie die Jungfrau mit ihrem toten Sohn auf dem Schoß – die Pietà – betrachten, verstehen sie, dass sich der Schmerz der ganzen Welt wegen des Todes Christi auf Maria konzentriert. Sie sehen in ihr eine Verkörperung aller Mütter, die im Lauf der Geschichte den Tod eines Kindes beweinten."[27] Der Karfreitagabend ist die Stunde der Schmerzhaften Muttergottes, die Stunde von Maria Vesperbild! Und sie wiederholt sich liturgisch nochmals: am 15. September, dem Gedenktag der Schmerzen Mariens und Patrozinium der Wallfahrtskirche.[28]

Das *Gnadenbild von Maria Vesperbild* ist ein zu Herzen gehender Ausdruck für das menschliche Leid, das sich – so groß es auch ist – geborgen weiß in der Liebe des göttlichen Erlösers: Hält Maria auch das Tränentuch in der linken Hand hoch – Ausdruck der Trauer und des Leides – so zeigt doch der Finger des toten Heilandes nach unten auf Altar und Tabernakel – Zeichen für die Tröstung, Heilung und Verwandlung, die nur in der heiligen Eucharistie geschieht, die der verklärte Herr selbst ist, der von allem Übel befreit und in die ewige Glückseligkeit hinein erlöst. Dieses Gnadenbild stellt geradezu die Symbiose von Liturgie und Volksfrömmigkeit dar. Indem das gläubige Volk sich betrachtend in dieses Bild versenkt, wird es hingeführt zur Quelle und zum Höhepunkt allen liturgischen Lebens[29]: zum Messopfer und zum Sakrament der Eucharistie. Nach der *Osternacht* oder am Abend des Ostersonntags spielt das Gnadenbild gemäß römischer Vorgabe eine besondere Rolle: dann wird nämlich „das Bild der schmerzhaften Mutter verehrt, das mancherorts gekrönt wird, während man das Regina caeli singt. Die Gläubigen, die mit der Jungfrau Maria im Leiden ihres Sohnes vereint waren, wollen sich so mit ihr gemeinsam über die Auferstehung freuen."[30]

---

22 Vgl. DVL 139; Wallfahrtskalender 2011, S. 76.
23 Vgl. DVL 141; Wallfahrtskalender 2011, S. 18.
24 Vgl. DVL 142; Wallfahrtskalender 2011, S. 18
25 DVL 145.
26 DVL 145.
27 DVL 145.
28 Vgl. Wallfahrtskalender 2011, S. 47.
29 Vgl. Zweites Vatikanisches Konzil, Lumen gentium 11.
30 DVL 151.

Auch an *Ostern* spielt die Volksfrömmigkeit eine große Rolle: „Unter den Andachtsübungen, die in Verbindung zum Osterereignis stehen, gibt es den traditionellen Segen der Eier als Symbol des Lebens sowie der Speisen des Familientisches."[31] So verweist der Wallfahrtskalender an Ostern ebenfalls darauf: „Nach jeder hl. Messe ist feierliche Segnung der Speisen."[32]

Das von Papst Johannes Paul II. im Jahr 2000 eingeführte und auf eine Vision der hl. Sr. Maria Faustyna Kowalska zurückgehende *Fest des Sonntags der Göttlichen Barmherzigkeit* hat noch nicht in allen Pfarreien Fuß gefasst. In Maria Vesperbild wird es mit einem Hinweis auf den entsprechenden Ablass, der Aufstellung des Bildes vom Barmherzigen Jesus sowie mit einem Vortrag besonders gewürdigt,[33] getreu den römischen Vorgaben.[34]

In Vergessenheit geraten ist vielerorts auch die *Pfingstnovene* – die Urform aller Novenen, da sie auf das beharrliche und einmütige Gebet der Apostel mit den Frauen, mit Maria und Jesu Brüdern (vgl. Apg 1,14) während der neun Tage zwischen Christi Himmelfahrt und Pfingsten zurückzuführen ist. Das römische Direktorium empfiehlt sie[35], und entsprechend weist der Wallfahrtskalender darauf hin.[36]

„Das Pfingstgeheimnis verdeutlicht das Wesen der Volksfrömmigkeit, indem es zu Gebet und missionarischem Engagement aufruft."[37] Dementsprechend groß wird *Pfingsten* mit einem feierlichen Pontifikalamt und einer anschließenden Lichterprozession über den Schlossberg zur Mariengrotte gefeiert.[38]

Das Geheimnis des *Fronleichnamsfestes* erinnert auch an die Praxis der *eucharistischen Anbetung*. In vielen Pfarreien ist diese Praxis fast völlig verschwunden oder auf ein paar Stunden einmal im Jahr im Rahmen der so genannten „Ewigen Anbetung" reduziert worden. Das römische Direktorium verweist darauf, dass „die Anbetung des Allerheiligsten … ein besonders weit verbreiteter Ausdruck des eucharistischen Kultes [ist], zu der die Kirche die Hirten und die Gläubigen nachdrücklich auffordert."[39] Die eucharistische Anbetung nimmt demzufolge einen bedeutenden Platz innerhalb des Wallfahrtsgeschehens ein: Jeden Freitag ist Aussetzung des Allerheiligsten[40] und gemäß dem Liturgischen Kalender des Bistums Augsburg täglich Anbetung.[41] Dreimal im Jahr findet darüber hinaus eine Sakramentsprozession statt.[42]

„Die Verehrung des *heiligen Herzens Jesu* ist ein großer geschichtlicher Frömmigkeitsausdruck der Kirche in Bezug auf Jesus Christus, ihren Bräutigam und Herrn. Sie verlangt eine Grundeinstellung von Bekehrung und Wiedergutmachung,

---

31 DVL 150.
32 Wallfahrtskalender 2011, S. 20.
33 Vgl. Wallfahrtskalender 2011, S. 22.
34 Vgl. DVL 154.
35 Vgl. DVL 155.
36 Vgl. Wallfahrtskalender 2011, S. 28.
37 DVL 156.
38 Vgl. Wallfahrtskalender 2011, S. 30.
39 DVL 164.
40 Vgl. Wallfahrtskalender 2011, S. 12.
41 Vgl. Direktorium für das Bistum Augsburg 2011, S. 40.
42 Vgl. Wallfahrtskalender 2011, S. 14.

Liebe und Dankbarkeit, apostolischem Eifer und Einsatz für Christus und sein Erlösungswerk. Deshalb empfehlen sie der Apostolische Stuhl und die Bischöfe und fördern ihre Erneuerung"[43]. Vielerorts ist die Herz-Jesu-Frömmigkeit schon verloren gegangen, obwohl sie beispielsweise im Bistum Augsburg u. a. im Rahmen des monatlichen Triduums (Priesterdonnerstag, Herz-Jesu-Freitag, Herz-Mariä-Samstag) sehr gefördert wird.[44] In Maria Vesperbild gilt am Hochfest Heiligstes Herz Jesu die sonntägliche Gottesdienstordnung[45] – auch das wird man andernorts kaum finden. Die monatlichen Herz-Jesu-Freitage werden außer mit den an den Freitagen üblichen Messfeiern auch mit einem „Herz-Jesu-Amt" (in der forma extraordinaria) und einem mitternächtlichen Messopfer begangen.[46] Zudem fördert eine Herz-Jesu-Statue auf dem Weg zur Grotte diese Frömmigkeitsform.

In der pastoralen Praxis ist die Feier der *Marien-Messen am Samstag*, des *Herz-Mariä-Samstages* am 1. Samstag im Monat sowie der *Gedenktag des Unbefleckten Herzens Mariens* nahezu untergegangen. Grund dafür sind die Feiern von Hochzeiten am Samstagnachmittag und die Einführung der sonntäglichen Vorabendmessen am Samstagabend; dies hat zur Folge, dass die Messen am Samstagvormittag praktisch flächendeckend verschwunden sind. Es ist klar, dass an einem Ort wie Maria Vesperbild, in dem das leidende Herz der Mutter des Herrn am Abend des Karfreitags im Gnadenbild der Schmerzhaften Muttergottes geradezu Gestalt gewonnen hat, die Verehrung des Herzens Mariä einen besonderen und unaufgebbaren Platz aufweist. So beginnt jeder Samstag ab 8.30 Uhr mit Rosenkranz und Beichtgelegenheit sowie heiligem Messopfer und endet auch wieder mit Beichtgelegenheit, Rosenkranz und Messopfer als Vorabendmesse ab 18.30 Uhr.

„In der Volksfrömmigkeit wird das Marienfest am 15. August sehr geschätzt."[47] Das *Hochfest Mariä Aufnahme in den Himmel*, das sich u. a. in Bayern noch eines staatlichen Feiertages erfreut, stellt in Maria Vesperbild den Hauptwallfahrtstag des Jahres dar. Etwa 15.000 Wallfahrer kommen zum Hauptereignis dieses Tages am Abend: zum feierlichen Pontifikalamt an der Mariengrotte und der anschließenden Lichterprozession über den Schlossberg zur Mariengrotte.[48] Die vom römischen Direktorium als „ein beredtes Beispiel echter Evangelisierung vorchristlicher Riten und Glaubensinhalte"[49] gepriesene Segnung aromatischer Kräuter findet bereits in den drei Vormittagsmessen statt.

2. Die Verehrung der heiligen Mutter des Herrn

An einem marianischen Wallfahrtsort gehört naturgemäß die Verehrung der Muttergottes in den Mittelpunkt. Im Zentrum der Wallfahrt von Maria Vesperbild

---

43 DVL 172.
44 Vgl. Direktorium für das Bistum Augsburg 2011, S. 16f.
45 Vgl. Wallfahrtskalender 2011, S. 34.
46 Vgl. Wallfahrtskalender 2011, S. 12; 45.
47 DVL 181.
48 Vgl. Wallfahrtskalender 2011, S. 42.
49 DVL 181.

steht das Gnadenbild der Schmerzensmutter vom Abend des Karfreitags (daher: Vesper-Bild).[50] Doch die Mutter führt nie vom göttlichen Sohne weg, sondern zu ihm hin. Und die marianische Volksfrömmigkeit vollendet sich in einem aufmerksamen Hören des Wortes Jesu Christi – gemäß der Worte der Gottesmutter: „Was er euch sagt, das tut!" (Joh 2,5) – und einem ehrfürchtigen Empfang der heiligen Sakramente. Die heilige Liturgie ist „Quelle der Inspiration, beständiger Bezugspunkt und letztes Ziel"[51] der Volksfrömmigkeit. In Maria Vesperbild wird dies sehr schön deutlich, da der *Rosenkranz* als eine der wichtigsten Formen der Volksfrömmigkeit stets vor der täglichen Abendmesse sowie den Freitag- und Samstagfrühmessen und der Freitagnachmittagsmesse – also: der Liturgie – stattfindet. Auf diese Weise wird deutlich, dass die Volksfrömmigkeit ihr Ziel in der Liturgie findet. Da das kirchliche Lehramt vor allem den Rosenkranz als marianische Andachtsübung empfiehlt,[52] ist zu bedauern, dass sich nicht mehr überall der fromme Brauch gehalten hat, vor der Wochentags-Abendmesse in der Pfarrkirche den Rosenkranz zu beten.

Eine unverzichtbare Rolle innerhalb des Wallfahrtsgeschehens spielen die *Marienfeste und der Marien-Samstag.*[53] „In einigen Regionen treffen sich Gläubige in Erinnerung an die Erscheinungen der Jungfrau Maria in Fatima am 13. Tag jedes Monats zum marianischen Gebet."[54] Dies ist auch in Maria Vesperbild der Fall, obwohl das eigentliche Gnadenbild der Schmerzensmutter zu Recht innerhalb des Wallfahrtsgeschehens den klaren Vorrang hat vor der Fatimamadonna in der Kirche sowie der in der Nähe gelegenen Fatimagrotte. Die *Fatimapilgertage* beginnen mit einer Heiligen Messe um 6.45 Uhr und 7.30 Uhr. Ab 7.30 Uhr ist auch Beichtgelegenheit. Um 8.30 Uhr wird das Allerheiligste ausgesetzt, der Rosenkranz gebetet und der sakramentale Segen gespendet. Das feierliche Pilgeramt, zu dem die Gläubigen mit Sonderbussen aus dem Umkreis anreisen und das auch auf den Vorplatz übertragen wird, beginnt um 9.20 Uhr. Um 10.20 Uhr folgt die Weihe an das Unbefleckte Herz Mariens und die Erteilung des großen Krankensegens („Maurus-Segen"), der auch einzeln gespendet wird, sowie der anschließende sakramentale Segen. Dann werden Andachtsgegenstände geweiht. Am Nachmittag gibt es die Fatimagebetsstunde und am Abend den Rosenkranz mit sakramentalem Segen sowie zum Abschluss eine Abendmesse.

---

50 Vgl. Imkamp, Wilhelm, Volksfrömmigkeit und Wallfahrt – fragmentarische Überlegungen, in: ders. (Hrsg.), Die Wallfahrt Maria Vesperbild, Augsburg 1995, S. 7–10; ders., Hinführung zum Vesperbild, in: ebd., S. 27–30; ders., Pilgerorte als Stätten der Inkulturation des Evangeliums. Die Volksfrömmigkeit verbindet Schöpfungsoptimismus und gesunden Erbsündenrealismus, in: Deutsche Tagespost v. 15.08.1998, S. 5; ders., Der Glaube verhindert nicht das Leid, aber er zeigt den Weg, damit umzugehen. Die Schmerzensmutter als Bild einer ausgereiften Persönlichkeit – Eine Betrachtung zum Gnadenbild Unserer Lieben Frau in der Wallfahrtskirche Maria Vesperbild, in: ebd.; ders., Mater dolorosa, in: ders. Katholische Evergreens. Sechs Fastenpredigten. Predigten aus St. Peter in München, Heft 2, München 1993, S. 24–26; ders., Vesperbild, in: Marienlexikon, Bd. 6, St. Ottilien 1994, Sp. 623f.

51 DVL 184.

52 Vgl. DVL 192; 197–202.

53 Vgl. DVL 187–188.

54 DVL 189.

In der Volksfrömmigkeit spielt auch der „*Marienmonat* " *Mai* eine große Rolle.[55] In Maria Vesperbild kommt dies durch dreimal wöchentlich stattfindende Maiandachten zum Ausdruck.[56] Doch der 1. Mai, der in Bayern als Hochfest der Patrona Bavaria gefeiert wird, beginnt in Maria Vesperbild bereits mit einem eigens eingeführten „Eigenritus": der Wassersegnung am Marienbrunnen, bei dem auch Goldflocken in das Wasser gegeben werden.[57]

Das römische Direktorium empfiehlt auch das Tragen des *Skapuliers* des Karmels und anderer Skapuliere.[58] Dementsprechend erfolgt am Skapulierfest, das in Maria Vesperbild am Sonntag nach dem 16. Juli begangen wird, „in allen hl. Messen feierliche Segnung der Skapuliere"[59]. Die von der Kirche empfohlene „*Wundertätige Medaille*"[60] der hl. Katharina Labouré wird in Maria Vesperbild am Todestag der Heiligen, dem 31. Dezember, gesegnet und an die Gläubigen verteilt.[61]

3. Die Verehrung der Heiligen und Seligen

Neben der Gottesmutter haben in Maria Vesperbild natürlich auch die anderen *Seligen und Heiligen* ihren Platz. In der dreifachen Bedeutung – als religiöse Vorbilder, als mächtige Fürsprecher und als verehrungswürdige Vollendete – nehmen sie einen wichtigen Platz in der Liturgie wie in der Volksfrömmigkeit ein.

Wie in allen Gottesdienstorten, so begegnen uns die Heiligen auch in Maria Vesperbild im Laufe des Kirchenjahres, wenn ihre Gedenktage und Feste begangen werden. Der Wallfahrtskalender gibt davon beredtes Zeugnis. Darüber hinaus werden den Wallfahrern aber auch einzelne Heilige besonders vor Augen gestellt, beispielsweise der heilige Pater Pio, der als lebensgroße Statue im Bereich der Fatimagrotte aufgestellt ist, aber auch die Heiligenstatuen in der Wallfahrtskirche, wie z. B. die Heiligen Johannes Nepomuk, Sebastian, Katharina von Alexandrien und Barbara, oder die Statuen der Heiligen Ulrich, Afra, Leonhard, Antonius, Julius I. und Karl Borromäus im Pilgerheim. Ein im Wallfahrtskalender alljährlich abgedrucktes Gebet der heiligen Patronin Europas, Theresia Benedicta vom Kreuz (Edith Stein), zur Schmerzensmutter verdeutlicht die enge Verbindung der Heiligen zum Geheimnis der Schmerzhaften Mutter, dem Gnadenbild von Maria Vesperbild.[62]

Der praktische Glaube an die *heiligen Engel* ist aus dem kirchlichen Bereich und der persönlichen Frömmigkeit nahezu verschwunden („Schutzengelglaube") oder aber in der esoterischen Praxis verfälscht worden. Das römische Direktorium empfiehlt die Verehrung der Engel erneut.[63] In Maria Vesperbild begegnet man Engel-

---

55 Vgl. DVL 190–191.
56 Vgl. Wallfahrtskalender 2011, S. 22.
57 Vgl. Wallfahrtskalender 2011, S. 22f.
58 Vgl. DVL 205.
59 Wallfahrtskalender 2011, S. 36.
60 Vgl. DVL 206.
61 Vgl. Wallfahrtskalender 2011, S. 65.
62 Vgl. Wallfahrtskalender 2011, S. 40.
63 Vgl. DVL 213–217.

statuen an verschiedenen Stellen, u. a. im Fegfeuer-Relief in der Kirche, beim Schutzengel am rechten Seitenaltar oder auf dem Prozessionsweg zur Grotte.

Der *heilige Josef* [64] darf keineswegs in Liturgie und Volksfrömmigkeit fehlen. Wohl an kaum einen Ort in den deutschsprachigen Ländern wird man an seinem Hochfest am 19. März die Sonntagsordnung praktiziert sehen, wie dies in Maria Vesperbild der Fall ist.[65] Und auch eine Josefsstatue im Wallfahrtsbezirk mit dem Jesuskind auf dem Arm erinnert die Wallfahrer an sein mächtiges Wirken.

4. Das Gebet für die Verstorbenen

Sowohl in der Liturgie als auch in der Volksfrömmigkeit nimmt neben der Heiligenverehrung (Himmel, triumphierende Kirche) das Gebet für die Verstorbenen einen großen Stellenwert ein. Es ergibt sich aus der Solidarität der auf Erden lebenden Gläubigen (Pilgerstand, streitende Kirche) mit den noch zu reinigenden Seelen am Läuterungsort (Fegfeuer, leidende Kirche) und der katholischen Überzeugung, durch fürbittendes Gebet bei Gott die Abkürzung der Fegfeuerstrafe erreichen zu können.[66]

Wesentliche Elemente dieser Hilfe für die Armen Seelen sind die *Darbringung des heiligen Messopfers* für die Verstorbenen, die wie überall, so auch in Maria Vesperbild durch Messstipendien zum Ausdruck kommt, sowie die *Gewinnung von Ablässen.* Wohl kaum ein Wallfahrtsort empfiehlt und fördert die Praxis der Gewinnung von Ablässen mehr als Maria Vesperbild, indem im Wallfahrtskalender auf sämtliche im Laufe des Jahres zu gewinnenden Ablässe verwiesen wird.[67]

In vielen Pfarrgemeinden werden die drei Messopfer, die jeder Priester zur Erlösung der Armen Seelen aus dem Fegfeuer am *Allerseelentag* darbringen darf (bzw. sollte),[68] leider nicht mehr gefeiert. In Maria Vesperbild finden jedoch zusätzlich zu den Messen um 7.30 Uhr, 8.30 Uhr, 17 Uhr und 18.15 Uhr an diesem Tag noch ein Requiem in der Schlosskapelle, ein lateinisches Requiem und ein feierliches Requiem am Abend statt.[69]

5. Heiligtümer und Wallfahrten

Die Kirche wendet den Heiligtümern und Wallfahrten im Rahmen des Verhältnisses von Liturgie und Volksfrömmigkeit besondere Aufmerksamkeit zu.[70] Maria Vesperbild ist – im Gegensatz zu den bloßen „Gebetsstätten" – ein diözesan anerkannter Wallfahrtsort; das, was das Kirchenrecht ein diözesanes „Heiligtum"

---

64 Vgl. DVL 218–223.
65 Vgl. Wallfahrtskalender 2011, S. 76.
66 Vgl. Zweites Vatikanisches Konzil, Lumen gentium 48–51.
67 Vgl. Wallfahrtskalender 2011, S. 10 mit jeweiligen Verweisen.
68 Vgl. Direktorium für das Bistum Augsburg 2011, S. 333.
69 Vgl. Wallfahrtskalender 2011, S. 56.
70 Vgl. DVL 261–287.

nennt:[71] „In Heiligtümern sind den Gläubigen reichlicher die Heilsmittel anzubieten durch eifrige Verkündigung des Gotteswortes, durch geeignete Pflege des liturgischen Lebens, besonders der Feier der Eucharistie und des Bußsakramentes, wie auch der gutgeheißenen Formen der Volksfrömmigkeit"[72]. Möglich wird dieses größere Angebot auch durch eine personell stärkere Ausstattung mit Priestern, als dies in einer Pfarrgemeinde möglich und üblich ist. Doch diese „Investition" lohnt sich in seelsorglicher Sicht, bedenkt man, dass über *20.000 Beichten* jährlich dort abgelegt werden – das sind über 20.000 Begegnungen mit dem Versöhner und Erlöser Jesus Christus. Das bedeutet für jeden der gegenwärtig sieben dort wirkenden Priester von Maria Vesperbild aber auch: jede Woche stundenlanges Beichthören; dies zeigt aber wohl auch eine im deutschen Sprachraum fast singuläre Hochschätzung des Bußsakramentes sowohl seitens der Beichtväter als auch der Gläubigen. Damit wird ein Ziel erreicht, das auch im römischen Direktorium erwähnt wird: „Der Besuch des Heiligtums ist für viele Gläubige eine gute und oft genutzte Gelegenheit zum Empfang des Bußsakraments. Daher muss für all das Sorge getragen werden, was mit der Feier dieses Sakramentes zusammenhängt"[73]. Dazu gehört beispielsweise, dass die Gläubigen vor und auch während der Feier der heiligen Messe das Bußsakrament empfangen können – eine Ordnung, die von der Kirche ausdrücklich gutgeheißen wird: „Empfohlen wird insbesondere die sichtbare Anwesenheit der Beichtväter in den Kultstätten während der vorgesehenen Zeiten, die Anpassung dieser Zeiten an die reale Lebenssituation der Pönitenten und die spezielle Bereitschaft dazu, vor den Messfeiern die Beichte abzunehmen und, sofern andere Priester zur Verfügung stehen, dem Bedürfnis der Gläubigen nach der Beichte auch während der Messfeier nachzukommen."[74]

Dem Direktorium ist es auch ein wichtiges Anliegen, dass *Wallfahrergruppen* keine Sondergottesdienste feiern, sondern es gelingt, „unterschiedliche Gruppen in einer gemeinsam gefeierten Eucharistie zu vereinen"[75]. Dem wird in Maria Vesperbild voll Rechnung getragen dadurch, dass die von außen kommenden Pilgergruppen (ca. 200 angemeldete Bus-Pilgergruppen) in der Regel am feierlichen sonntäglichen Pilgeramt um 10.15 Uhr teilnehmen oder aber am Nachmittag eigene Andachten für die Pilgergruppen stattfinden.[76] Einen besonderen Akzent setzen die *ca. 50 Musikgruppen und Chöre*, die im Laufe des Jahres praktisch jedes sonntägliche Pilgeramt im Rahmen der liturgischen Ordnung feierlich gestalten.

---

71 cc. 1230–1234 CIC.

72 c. 1234 § 1 CIC.

73 Vgl. DVL 267.

74 Johannes Paul II., Misericordia Dei 2.

75 DVL 268.

76 Vgl. Wallfahrtskalender 2011, S. 28: „Empfang der Ettal-Fußwallfahrer ..., anschließend Andacht", „Andacht für die Pilger der Kroatischen Katholischen Mission". Wie es auch das Direktorium empfiehlt: „Der Empfang der Pilger kann als eine Art ‚Tor-Liturgie' stattfinden, in der sich Pilger und Hüter des Heiligtums auf einer betont geistlichen Ebene begegnen. Wo es möglich ist, sollen sie den Pilgern entgegenkommen, um mit ihnen das letzte Stück des Weges gemeinsam zu gehen" (DVL 287).

Die Feier der *Eheschließung* wird – wie es im Direktorium vorgeschrieben ist – im Wallfahrtsort nur dann gehalten, wenn eine Erlaubnis des Bischofs oder des zuständigen Pfarrers vorliegt.[77]

Die *Sakramentalien* haben an Wallfahrtsorten eine große Bedeutung, da die Pilger gerne Devotionalien mit nach Hause nehmen: „Es ist daher wünschenswert, dass in Zeiten vermehrten Pilgerandrangs die Rektoren der Heiligtümer im Lauf des Tages bestimmte Zeiten für Segnungsfeiern festlegen"[78]. In diesem Sinne gehört die „Weihe von Andachtsgegenständen i. d. Anbetungskapelle"[79] an den Fatimapilgertagen zum festen Programm von Maria Vesperbild, ebenso auch der „Maurus-Segen" als Krankensegen und die dreimal jährlich stattfindende Fahrzeugsegnung.[80]

6. Schluss

Natürlich könnte man das liturgische und pastorale Programm dem römischen Direktorium gemäß noch mehr erweitern, z. B. durch die besondere Begehung der *Quatember*,[81] die Einführung der *Weihnachtsnovene*[82] oder das gemeinsame *Stundengebet* an bestimmten Tagen.[83] Doch wird man auch bedenken müssen, dass man ein ohnehin äußerst dicht gefülltes liturgisches und pastorales Angebot auch nicht überfrachten sollte.

Wie sehr die Wallfahrtskirche Maria Vesperbild, seit Jahrhunderten im Bistum Augsburg fest verwurzelt, zugleich auch im Heute beheimatet ist, zeigt vielleicht die Tatsache, dass sie en miniature im nahe gelegenen *Kinderspielparadies „Lego-Land"* maßstabsgetreu nachgebaut wurde – auf Wunsch zahlreicher Kinder. Diese finden in einem eigenen „Wallfahrtsführer für Kinder" kindgemäße Zugänge zur Volksfrömmigkeit und Liturgie.[84]

Dass selbst in den besucherschwachen Zeiten, in denen die Gottesdienstbesucher diözesanweit gezählt werden (2. Fastensonntag, 2. Sonntag im November), weit mehr als 1.000 Gläubige zu den *Sonntagsmessen* gehen, wohlgemerkt in einer Kirche ohne eigenes Pfarrterritorium, zeugt von der Bedeutung dieses Wallfahrtsortes und ist angesichts des mageren Kirchenbesuches in den meisten Pfarreien ein vielsagendes und positives Zeichen. Auch mit *75.000 Kommunionen* pro Jahr, also durchschnittlich 205 pro Tag, kann wohl kaum eine Pfarrei mithalten. Dies ist vor allem in Relation zu den zahlreichen Beichten (ca. 55 pro Tag) als äußerst segensreich einzuschätzen (vgl. 1 Kor 11,27–29).

---

77 Vgl. DVL 270.
78 DVL 273.
79 Wallfahrtskalender 2011, S. 13.
80 Vgl. Wallfahrtskalender 2011, S. 14.
81 Vgl. DVL 100.
82 Vgl. DVL 103.
83 Vgl. DVL 271.
84 Vgl. Claudia Fuchs, „Komm' mit nach Maria Vesperbild!" Wallfahrtsführer für Kinder, Lindenberg 2002.

Die Wallfahrtsdirektion legt zu Recht Wert auf die *normale Sakramentenpastoral* unter Ausschluss aller (kirchlich nicht anerkannter) privatoffenbarungstheologischer Absonderlichkeiten; dies wirkt sich gleichermaßen positiv für eine würdige Feier der Liturgie wie für eine gesunde Volksfrömmigkeit aus. In Maria Vesperbild gelingt es, Menschen schicht- und altersübergreifend zusammenzuführen und im Glauben zu stärken. Alte und Junge, Arme und Reiche, Arbeiter und Fabrikbesitzer, Arbeitslose und Akademiker – d. h. also alle Milieus können hier (vielleicht im Gegensatz zur Sinus-Milieu-Studie) ihre persönliche religiöse Heimat finden. Als *niederschwelliges kirchliches Angebot* – die Sonntagsmesse kann man auch auf dem Vorplatz außerhalb der Kirche miterleben und bei Fahrzeugsegnungen wird man auch auf dem Parkplatz noch kirchlich erreicht – liegt in der Wallfahrt von Maria Vesperbild gewiss ein großes Potential der Neuevangelisierung. Bei ca. 400.000– 500.000 Besuchern ergeben sich vielfach pastorale Erstkontakte nach oft jahre- und jahrzehntelanger religiöser Abstinenz. So bietet Maria Vesperbild auch einen Ort für Gläubige, die nicht mehr in das Leben der Pfarreien voll integriert sind, sondern eher am Rande stehen. Wallfahrtsorte können Pfarrgemeinden nicht ersetzen, sie stellen aber eine wesentliche Komplementarität zur ordentlichen Seelsorge der Pfarrei dar. Und dies macht den Wallfahrtsort Maria Vesperbild – so wie er heute ist – unverzichtbar in der kirchlichen Landschaft des Bistums Augsburg.

Zur geschichtlichen Dimension religiösen Lernens

Der Lernbereich Kirchengeschichte im aktuellen Lehrplan
an bayerischen Gymnasien

Sabine Düren

1. Vorbemerkungen zum neuen Lehrplan

Seit März 2009 liegt der neue Lehrplan für das achtjährige Gymnasium in Bayern
vor. Als zentrale Anliegen des Faches Katholische Religionslehre werden in einem
Leitfaden, der im Auftrag des Staatsministeriums für Unterricht und Kultus vom
Staatsinstitut für Schulqualität und Bildungsforschung erstellt wurde, folgende genannt: „Das Fach Katholische Religionslehre bietet den jungen Menschen Raum,
von ihren unterschiedlichen Lebenswelten und altersspezifischen Erfahrungen her
in reflektierten Dialog mit dem christlichen Glauben zu treten. Es unterstützt die
Heranwachsenden bei ihrer Suche nach Orientierung und tragfähigen Lebensperspektiven. Darüber hinaus lernen sie, die religiöse Dimension von Wirklichkeit zu
erschließen und entwickeln eine Sprachfähigkeit, die ihnen hilft, ihre Fragen nach
Gott und der Welt zu formulieren, sich mit den christlichen Antworten in eigenständiger Weise auseinanderzusetzen, aber auch mit Andersdenkenden ins Gespräch zu kommen. Damit leistet der Katholische Religionsunterricht gerade in der
pluralen Gesellschaft einen wesentlichen Beitrag zu Offenheit und echter Toleranz."[1] Bereits hier könnte vorsichtig angefragt werden, ob unterschiedliche Lebenswelten und altersspezifische Erfahrungen als alleinige Basis für eine Suche
nach Orientierung und tragfähigen Lebensperspektiven ausreichend sind und
woran Jugendliche sich orientieren sollen, wenn nur der Blick in die Zukunft, nicht
aber in die Vergangenheit freigegeben wird.

Weniger wertneutral äußert sich der Leitfaden, was die evangelische Religionslehre anbelangt: „Der evangelische Religionsunterricht am Gymnasium erschließt
die religiöse Dimension der Lebenswirklichkeit. Er begleitet die Heranwachsenden
bei ihrer grundsätzlichen Orientierung und hilft ihnen, die Fragen nach Gott und

---

1 Bayerisches Staatsministerium für Unterricht und Kultus, Der Lehrplan für das Gymnasium in
Bayern im Überblick, hg. vom Staatsinstitut für Schulqualität und Bildungsforschung Abteilung
Gymnasium, 2. Auflage 2010, S. 8 (pdf-Datei): http://www.verwaltung.bayern.de/Anlage3999497/
LehrplanGymnasiumBayernUeberblick2010.pdf (Stand 18. 7. 2011).

der Welt zur Sprache zu bringen; dabei zeigt er Angebote von christlichen Antworten auf. Er macht die jungen Menschen aber nicht nur religiös sprachfähig, sondern unterstützt sie dabei, auf dem Weg zum Erwachsenwerden einen persönlichen, begründeten Standpunkt zu finden und diesen zu vertreten. So ermutigt er die Schülerinnen und Schüler, ihr Leben in der Verantwortung vor Gott zu führen aus der Gewissheit heraus, von Gott angenommen zu sein."[2] Ob hier allerdings die „Angebote von christlichen Antworten" lediglich die momentane Situation oder auch die Geschichte im Blick behalten, bleibt offen.

Erst der Blick in das Kapitel zum Schulfach Geschichte ist bezüglich des Zusammenhangs von Geschichte und Religion ergiebiger: Das Fach bietet laut Leitfaden „einen Orientierungsrahmen für alle gymnasialen Fächer, die auf geschichtliches Wissen zurückgreifen (z. B. Religionslehre; Ethik; Deutsch; Fremdsprachen; Sozialkunde; Geographie; Kunst; Musik)"[3], es „trägt durch die Beschäftigung mit bayerischer Landesgeschichte wesentlich zur Identifikation der Schülerinnen und Schüler mit ihrer bayerischen Heimat bei"[4] und „verdeutlicht die Wurzeln der christlich-abendländischen Kultur und fördert so den Gedanken einer europäischen Integration."[5]

Es scheint, dass im Hinblick auf den Zusammenhang von Religion und Geschichte die Theologen leider (noch?) nicht verstanden haben, dass Schülererfahrung im schülerorientierten Unterricht zwar notwendig, aber nicht ausreichend ist. Erschließen sich nicht gerade durch einen Blick auf die Tradition und die geschichtliche Erfahrung neue Perspektiven für die Zukunft des in der Gegenwart verwurzelten Menschen? Ist Glaube nicht von Anfang an ein geschichtlicher Prozess, den es im Auge zu behalten gilt? Ist die historische Dimension religiösen Lernens nicht konstitutiv für den religiösen Lernprozess, den ja gerade Kinder und Jugendliche durchlaufen? Kann eine die Schüler interessierende aktuelle Situation wirklich angemessen analysiert werden, ohne dass der geschichtliche Hintergrund des zur Diskussion stehenden Problems und die Motive bzw. Maßstäbe der in ihr Handelnden erhellt werden? Ist nur den Historikern und nicht den Theologen bewusst, dass eine Trennung von Kirchen- und Profangeschichte nicht möglich ist?

Neben einer Beschreibung der Ziele und Anliegen des Gymnasiums sollen nun in einem nächsten Schritt das Profil des Faches Religionslehre mit seinem Beitrag zum gymnasialen Bildungsauftrag sowie der detaillierte Fachlehrplan genauer betrachtet werden. Interessant ist hier der jeweilige Vergleich von Katholischer und Evangelischer Religionslehre.

2. Der Lehrplan

Aneignung von Grundwissen und der Erwerb von Kompetenzen sind die zentralen Schlagwörter des neuen Lehrplans: „Der Lehrplan des bayerischen Gymnasiums

---

2 Ebd. S. 10.
3 Ebd. S. 42.
4 Ebd.
5 Ebd.

ist vor allem auf die Vermittlung und Sicherung des Grundwissens sowie die Stärkung von Kernkompetenzen bei unseren Schülerinnen und Schülern ausgerichtet … Um diesem Perspektivenwechsel gerecht zu werden, ist eine konsequente Ausrichtung des Unterrichts auf Grundwissenssicherung und Kompetenzerwerb notwendig."[6] Zweifelsfrei sind beide Anliegen wichtig und berechtigt. Darum soll nun betrachtet werden, welche Kompetenzen als nötig und welches Wissen als grundlegend betrachtet werden.

2.1 Grundwissen

Immer wieder wurde in den vergangenen Jahren fehlendes Allgemeinwissen bei Auszubildenden und Studenten beklagt. Dem versucht der Lehrplan entgegenzuwirken, wenn er die Aneignung von Grundwissen fordert. „Wer von ‚Grundwissen‘ spricht, versteht darunter in aller Regel die Kernbereiche des Lernens, also nicht nur Wissen, sondern auch Fähigkeiten, Fertigkeiten oder sogar Haltungen. Wäre der Ausdruck ‚Grundwissen‘ nicht so stark verwurzelt in der Bildungsdiskussion, würde man ihn heutzutage wohl durch den Begriff ‚Kern-Kompetenzen‘ ersetzen, damit aber den Bereich der Haltungen noch außer Acht lassen. Das Grundwissen steht – blau unterlegt – im jeweiligen Fachlehrplan einer Jahrgangsstufe gleich nach dem einleitenden Zieltext. In komprimierter Form wird hier wiedergegeben, was von den nachfolgend ausführlicher dargestellten Lernzielen und Lerninhalten dieser Jahrgangsstufe nachhaltig gelernt und beherrscht werden muss. Es gibt somit der Lehrkraft eine Orientierung für eine eventuelle Schwerpunktsetzung im Verlauf des Schuljahres und ggf. auch beim Umgang mit den Angeboten eines Lehrwerks. Um dieses Grundwissen wirklich nachhaltig zu verankern, wird die Lehrkraft auch entsprechend geeignete Methoden einsetzen. Grundwissen umfasst also das zu Lernende, das noch nach Jahren parat sein soll: im einzelnen Fach, um darauf aufbauen zu können, aber auch noch nach der Schulzeit als Allgemeinbildung. Der Begriff „Allgemeinbildung" macht dabei sofort sichtbar, dass es sich nicht nur um Wissen oder nur um Können handeln kann; erworbene Haltungen prägen gleichermaßen eine Persönlichkeit und sind bei einem Lernenden ein Leben lang unerlässlich.[7] Im Folgenden werden die Grundwissenselemente der verschiedenen Jahrgangsstufen aufgelistet.

2.1.1 Grundwissen Katholische Religionslehre

Jahrgangsstufe 5:[8]
- die Einmaligkeit jedes Menschen und die Bedeutung von Verhaltensregeln für die Gemeinschaft begreifen, in der Hinwendung zu Gott mit Grundgebeten, einem Psalm und wichtigen Gebetsformen vertraut sein

---

6 Dr. Ludwig Spaenle und Dr. Marcel Huber auf der Startseite von www.isb-gym8-lehrplan.de im März 2009; http://www.isb-gym8-lehrplan.de/contentserv/3.1.neu/g8.de/index.php?StoryID=26412 (Stand 20. 7. 2011).
7 Ebd.
8 Vgl. http://www.isb-gym8-lehrplan.de/contentserv/3.1.neu/g8.de/index.php?StoryID=26326 (Stand 26. 7. 2011).

- den Gottesglauben Abrahams von anderen Gottesvorstellungen unterscheiden können
- fähig sein, mit der Bibel sachgerecht umzugehen und ihre Wertschätzung als Heilige Schrift zu begründen
- über Einblick in die Lebenswelt Jesu verfügen und seine Botschaft von der entgrenzenden Liebe Gottes in biblischen Beispielen erkennen
- die sakrale Atmosphäre eines heiligen Ortes achten und die Grundausstattung eines Kirchenraums erläutern können
  Der letzte Punkt wird dem Lernbereich Kirchengeschichte zugeordnet[9] – *eine Begründung dafür fehlt.*

Jahrgangsstufe 6:[10]

- um die Bedeutung fester Zeiten für die Lebensgestaltung wissen und fähig sein, über wichtige christliche Feste Auskunft zu geben
- Lebenssituationen von Kindern in der Einen Welt vergleichen und christliche Solidarität an einem kirchlichen Hilfswerk veranschaulichen können
- an biblischen Beispielen erkennen, dass menschliche Macht vor Gott zu verantworten ist
- den Glauben an die Auferstehung Jesu als Hoffnung für unser Leben verstehen
- das Pfingstereignis als Ursprung der Kirche und die lebensgestaltende Kraft des Glaubens begreifen (Credo), wesentliche Elemente heutigen kirchlichen Gemeindelebens erklären können
  Punkt 2 und 5 werden dem Lernbereich Kirchengeschichte zugeordnet[11]*, wobei dies bei Punkt 2 und dem zweiten Teil von Punkt 5 weniger einleuchtet.*

Jahrgangsstufe 7:[12]

- Lebenseinstellungen Jugendlicher überdenken können und im Glauben Hilfen für das Mündigwerden erkennen
- über Grundlagen des Markusevangeliums Bescheid wissen, biblische Sprachbilder und die bildhafte Sprache von Gleichnissen begreifen
- fähig sein, Symbole und Rituale zu erschließen sowie christliche Symbole und die Sakramente zu deuten
- die Verschiedenartigkeit christlicher Lebensweisen an geschichtlichen Beispielen erfassen, klösterliche Lebensformen und deren kulturelle Bedeutung erläutern können
- Hauptelemente des islamischen Glaubens kennen und um die Notwendigkeit toleranten Zusammenlebens wissen
  Punkt 4 wird dem Lernbereich Kirchengeschichte zugeordnet.[13]

---

9   Vgl. http://www.rpz-bayern.de/dld/katholische_religionslehre_oberstufe.pdf, S. 6 (Stand 26. 7. 2011).
10 Vgl. http://www.isb-gym8-lehrplan.de/contentserv/3.1.neu/g8.de/index.php?StoryID=26308 (Stand 26. 7. 2011).
11 Vgl. http://www.rpz-bayern.de/dld/katholische_religionslehre_oberstufe.pdf, S. 6 (Stand 26. 7. 2011).
12 Vgl. http://www.isb-gym8-lehrplan.de/contentserv/3.1.neu/g8.de/index.php?StoryID=26326 (Stand 26. 7. 2011).
13 Vgl. http://www.rpz-bayern.de/dld/katholische_religionslehre_oberstufe.pdf, S. 6 (Stand 26. 7. 2011).

Jahrgangsstufe 8:[14]
- die naturwissenschaftliche von der religiösen Sicht der Wirklichkeit abgrenzen und Grundaussagen der biblischen Schöpfungserzählungen verdeutlichen können (Credo)
- Versöhnung als christliche Aufgabe sehen und Formen verantwortlicher Schuldbewältigung kennen
- anhand der Reformation die Grundfrage von göttlicher Gnade und menschlichem Tun erfassen, konfessionelle Unterschiede benennen und ein Beispiel gelebter Ökumene darstellen können
- wichtige Aufgabenfelder der Kirche von deren Selbstverständnis her begreifen
- christliche Kriterien in der Bewertung neuer religiöser Strömungen und Psychokulte anwenden können
  Punkt 3 und 4 werden dem Lernbereich Kirchengeschichte zugeordnet[15], wobei dies wohl nur bei Punkt 3 berechtigt ist.

Jahrgangsstufe 9:[16]
- Freiheitsimpulse der Exoduserfahrung und Weisungen des Dekalogs erklären können, die Bedeutung prophetischer Kritik für die christliche Lebensgestaltung erfassen
- den jüdischen Glauben in Hauptzügen kennen und als Wurzel des Christentums verstehen, Gründe der belasteten Geschichte zwischen beiden Religionen und Beispiele des Miteinanders aufzeigen können
- fähig sein, Auswirkungen des II. Vatikanischen Konzils auf das Glaubensleben zu benennen und den Weltauftrag der Kirche zu erläutern
- den Beitrag christlicher Werthaltungen zum Gelingen von Freundschaft, Liebe und Sexualleben begreifen
- die Verantwortung für die eigene Ausbildung und christliche Kriterien für das Berufsleben verstehen
  Punkt 1,3 und 5 werden dem Lernbereich Kirchengeschichte zugeordnet[17], was bei Punkt 1 und 5 nur schwer nachvollziehbar ist.

Jahrgangsstufe 10:[18]
- in Fragen der Menschenwürde und des Lebensschutzes christliche Werthaltungen begründen können
- die Besonderheit des christlichen Auferstehungsglaubens gegenüber anderen Jenseitsvorstellungen begreifen, Beispiele für Leidbewältigung aus dem Glauben kennen

---

14 Vgl. http://www.isb-gym8-lehrplan.de/contentserv/3.1.neu/g8.de/index.php?StoryID=26269 (Stand 26. 7. 2011).
15 Vgl. http://www.rpz-bayern.de/dld/katholische_religionslehre_oberstufe.pdf, S. 6 (Stand 26. 7. 2011).
16 Vgl. http://www.isb-gym8-lehrplan.de/contentserv/3.1.neu/g8.de/index.php?StoryID=26287 (Stand 26. 7. 2011).
17 Vgl. http://www.rpz-bayern.de/dld/katholische_religionslehre_oberstufe.pdf, S. 6 (Stand 26. 7. 2011).
18 Vgl. http://www.isb-gym8-lehrplan.de/contentserv/3.1.neu/g8.de/index.php?StoryID=26208 (Stand 26. 7. 2011).

- fähig sein, die Frage nach dem historischen Jesus und dem Christus des Glaubens zu erläutern (Credo) sowie eine Kernaussage der Bergpredigt zu erschließen
- Meditation und Gebet als innere Quelle für die Lebensgestaltung wahrnehmen
- fernöstliche Religiosität in Hauptaspekten darstellen und vom christlichen Glauben unterscheiden können, die Notwendigkeit des interreligiösen Dialogs erkennen
  Punkt 5 wird dem Lernbereich Kirchengeschichte zugeordnet, was völlig unplausibel ist.

Jahrgangsstufe 11/12: Hier nehmen die Schüler „Elemente religiöser Grundbildung aus den verschiedenen Jahrgangsstufen und Lernbereichen auf"[19].

Die Einordnung in den Lernbereich Kirchengeschichte nimmt das Religionspädagogische Zentrum Bayern (RPZ) vor, das weitere Lernbereiche benennt: I. Biblische Botschaft, II. Christlicher Glaube und Weltdeutung, III. Christliche Spiritualität, IV. Christliche Ethik und Lebensbewältigung sowie VI. Interreligiöses und interkulturelles Lernen.[20] Warum diese Einrichtung den 5. Punkt des Grundwissens der 5. Jahrgangsstufe nicht dem Bereich III zuordnet, ist nicht nachvollziehbar. Besser einreiht wäre zudem der 2. Punkt des Grundwissens der 6. Jahrgangsstufe in den Bereich IV, der 4. Punkt des Grundwissens der 8. Jahrgangsstufe in den Bereich II, der 1. Punkt des Grundwissens der 9. Jahrgangsstufe in den Bereich I, den Bereich IV und schließlich der 5. Punkt der 10. Jahrgangsstufe in den Bereich VI. *Es entsteht hier der Eindruck, dass diese Themen bewusst dem Bereich V Kirchengeschichte zugeteilt wurden, um zu verschleiern, dass nur drei bis vier Grundwissensschwerpunkte des gesamten gymnasialen Unterrichtsstoffes tatsächlich diesem Bereich angehören.*

2.1.2 Grundwissen Evangelische Religionslehre

Als Grundwissenselemente werden genannt:
Jahrgangsstufe 5:[21]
- das Doppelgebot der Liebe, die Zehn Gebote, Psalm 23 und den Ersten Glaubensartikel auswendig können
- ein Beispiel christlicher Symbolsprache erklären können
- den selbstständigen Umgang mit der Bibel beherrschen
- ein Beispiel aus den David-Geschichten in seiner religiösen Aussage erklären können
- Grundaussagen eines Schöpfungsberichts sowie der Exodustradition erläutern können

---

19 http://www.isb-gym8-lehrplan.de/contentserv/3.1.neu/g8.de/index.php?StoryID=26175 (Stand 26. 7. 2011).
20 Vgl. http://www.rpz-bayern.de/dld/katholische_religionslehre_oberstufe.pdf, S. 1 (Stand 26. 7. 2011).
21 Vgl. http://www.isb-gym8-lehrplan.de/contentserv/3.1.neu/g8.de/index.php?StoryID=26327 (Stand 26. 7. 2011).

Jahrgangsstufe 6:[22]

- den Zweiten Glaubensartikel auswendig können, den Begriff Messias erklären können
- den Zusammenhang von Jesu Passion und seiner Botschaft vom Reich Gottes aufzeigen können
- Jüngerschaft und Nachfolge Jesu am Beispiel eines Mannes oder einer Frau verstehen
- den Kirchenjahreskalender überblicken, die christlichen Hauptfeste in ihrer Bedeutung kennen
- an einem Fallbeispiel eine Möglichkeit der konstruktiven Konfliktbearbeitung darstellen können

Jahrgangsstufe 7:[23]

- den Dritten Glaubensartikel im Wortlaut wiedergeben und in Grundzügen erklären können
- die Bedeutung einer Gestalt der Kirchengeschichte aus der Zeit bis zum Vorabend der Reformation verstehen
- die „fünf Säulen" und deren Bedeutung für den Islam kennen
- mit dem Vaterunser als Grundgebet des Christentums vertraut sein
- die Auswirkung des Doppelgebots der Liebe in einem diakonischen Arbeitsfeld beschreiben können

Jahrgangsstufe 8:[24]

- Kennzeichen christlichen Schöpfungsglaubens darstellen können
- Impulse des Glaubens auf das Zusammenleben in Familie und anderen Lebensformen beziehen können
- Grundanliegen evangelischen Glaubens und Lebens erläutern können
- wichtige Merkmale prophetischer Existenz und Verkündigung im Alten Testament beschreiben können
- sich möglicher Gefahren des Psychomarkts oder einer neureligiösen Bewegung bewusst sein

Jahrgangsstufe 9:[25]

- Grundzüge jüdischen Glaubens kennen und zur Auseinandersetzung mit Antisemitismus fähig sein
- die Bedeutung des Kreuzes für den christlichen Gottesglauben erklären können
- mit Impulsen christlichen Glaubens zur Gestaltung von Liebe und Sexualität vertraut sein

---

22 Vgl. http://www.isb-gym8-lehrplan.de/contentserv/3.1.neu/g8.de/index.php?StoryID=26310 (Stand 26. 7. 2011).

23 Vgl. http://www.isb-gym8-lehrplan.de/contentserv/3.1.neu/g8.de/index.php?StoryID=26289 (Stand 26. 7. 2011).

24 Vgl. http://www.isb-gym8-lehrplan.de/contentserv/3.1.neu/g8.de/index.php?StoryID=26270 (Stand 26. 7. 2011).

25 Vgl. http://www.isb-gym8-lehrplan.de/contentserv/3.1.neu/g8.de/index.php?StoryID=26239 (Stand 26. 7. 2011).

- lutherisches Verständnis von Arbeit und Leistung reflektieren können
- an einem Beispiel das Verhältnis von Kirche und Staat beurteilen können

Jahrgangsstufe 10:[26]

- Grundzüge evangelischen Schriftverständnisses kennen
- über ein differenziertes Verständnis von Toleranz verfügen
- grundlegende Vorstellungen des Buddhismus kennen
- mit der christlichen Auferstehungshoffnung vertraut sein
- Alltagssituationen aus evangelischer Sicht ethisch reflektieren können

In den Jahrgangsstufen 11 und 12 „stehen grundlegende systematisch-theologische Themen wie die Frage nach der Beziehung von Gott und Mensch und der sich daraus ergebenden Lebensführung mit ihrer Bedeutung für die konkrete Lebenswirklichkeit im Mittelpunkt. Die Schüler nehmen die theologischen, anthropologischen und ethischen Denkfiguren des Christentums in ihrer evangelischen Ausprägung als Angebot wahr und werden befähigt, eine christliche Perspektive in den gesamtgesellschaftlichen Diskurs einzubringen. Dabei werden sie sich der Relativität ihrer eigenen Meinung bewusst, entwickeln einen eigenen qualifizierten Standpunkt und lernen, diesen zu artikulieren und zu vertreten."[27]

Auf der Homepage des Staatsministeriums für Unterricht und Kultus wird für die Evangelische Religionslehre auf einer ganzen Seite die Bedeutung des Kirchengeschichtsunterrichts für den Religionsunterricht hervorgehoben. „Schülerinnen und Schüler sind erfahrungsgemäß auf Anhieb nicht von Kirchengeschichte im Religionsunterricht begeistert. Dieser Unterricht handelt schließlich von einer Institution und deren Vergangenheit, der sie meist kritisch oder distanziert gegenüberstehen. Sie empfinden eine Kluft zwischen ihrer Lebenswirklichkeit und den Fakten und Ereignissen der Vergangenheit. Ein Anliegen des Religionsunterrichts ist es allerdings, den Schülerinnen und Schülern plausibel zu machen, dass die Geschichte für unser Mensch-Sein heute relevant und für die Zukunft wesentlich ist …"[28]

Es bleibt festzustellen, dass anscheinend die evangelische Kirche die historische Dimension religiösen Lernens um einiges wichtiger erachtet als wir es tun und dass im evangelischen Religionsunterricht bei weitem mehr Wert auf die Vermittlung kirchengeschichtlicher Grundthemen gelegt wird als im katholischen Religionsunterricht.

2.2 Kernkompetenzen

Ausführlich beschreibt das Staatsministerium für Unterricht und Kultus Profil und den Anspruch des bayerischen Gymnasiums. Als überfachliche Kompetenzen, die einem Schüler des Gymnasiums vermittelt werden sollen, werden genannt: „Unerlässlich für die Schüler des Gymnasiums ist der Erwerb überfachlicher Kompetenzen. Zu diesen zählen vor allem Selbstkompetenz (z. B. Leistungsbereitschaft,

---

26 Vgl. http://www.isb-gym8-lehrplan.de/contentserv/3.1.neu/g8.de/index.php?StoryID=26209 (Stand 26. 7. 2011).

27 http://www.isb-gym8-lehrplan.de/contentserv/3.1.neu/g8.de/index.php?StoryID=26515 (Stand 26. 7. 2011).

28 http://www.isb-gym8-lehrplan.de/contentserv/3.1/g8.de/index.php?StoryID=27000&PHPSESSID=6453857905aabc 8 035e5e84375c18aea (Stand 26.7.2011).

Ausdauer, Konzentrationsfähigkeit, Verantwortungsbereitschaft, Zeiteinteilung, Selbstvertrauen), Sozialkompetenz (z. B. Kommunikationsfähigkeit, Teamfähigkeit, Konfliktfähigkeit, Toleranzbereitschaft, Gemeinschaftssinn, Hilfsbereitschaft), Sachkompetenz (z. B. Wissen, Urteilsfähigkeit) und Methodenkompetenz (z. B. Informationsbeschaffung, Präsentationstechniken, fachspezifische Arbeitsmethoden). Die Einübung und langfristige Aneignung dieser Kompetenzen tragen sowohl zur Verbesserung der Arbeitsqualitat als auch wesentlich zur Formung einer gefestigten Persönlichkeit bei."[29]

2.2.1 Kernkompetenzen Katholische Religionslehre

Zu diesen allgemeinen Kernkompetenzen kommen religiöse Kompetenzen hinzu, die im Religionsunterricht eingeübt werden sollen:

„Der überlieferte Glaube tritt somit in eine vielschichtige Beziehung zur Gegenwart. Ausgehend von der bildenden Kraft des Evangeliums und der kirchlichen Verkündigung orientiert sich der katholische Religionsunterricht an religiösen Kompetenzen, die in verschiedenen Bereichen die Glaubensentwicklung junger Menschen fördern:

- Die Schüler sind sensibilisiert für die Frage nach Gott, die Tiefendimensionen der Wirklichkeit und befähigt, religiöse Phänomene wahrzunehmen und zu beschreiben.
- Sie können religiöse Sprache und Zeugnisse, Symbole und andere ästhetische Ausdrucksformen interpretieren und verstehen.
- Sie sind in der Lage, religiöses Wissen geordnet darzustellen und religiös bedeutsame Ausdrucks- und Gestaltungsformen reflektiert zu gebrauchen.
- Sie können wichtige Kriterien christlicher Sinndeutung und Wertorientierung anwenden und in religiösen wie in ethischen Fragen begründet urteilen.
- Sie entwickeln im Kontext weltanschaulicher Pluralität christlich verantwortete Toleranz, sind fähig zur verständigen Begegnung mit anderen Religionen und zur Argumentation in einem konstruktiven Dialog.
- Sie sind vertraut mit den Möglichkeiten religiös motivierter Lebensgestaltung sowie der Teilhabe am kirchlichen und gesellschaftlichen Leben.
- Sie erschließen christliche Grundlagen der abendländischen Traditionen, befragen die heutige europäische Kultur in ihren spirituellen, aber auch säkularen Tendenzen und reflektieren Beiträge des Glaubens für die Entwicklung einer humanen Welt."[30]

Niemand möchte die genannten Kompetenzen in Frage stellen, im Gegenteil: Unsere Gesellschaft hat sie nötiger denn je angesichts der Probleme und Fragestellungen in der heutigen globalen Welt, in der Kulturen, Religionen und Weltanschauungen sich viel näher rücken, als es früher der Fall war.

---

29 http://www.isb-gym8-lehrplan.de/contentserv/3.1.neu/g8.de/data/media/26418/Lehrplaene/
  Gym_in_Bay_Fachprofile.pdf, S. 4 (Stand 26.7.2011).
30 http://www.isb-gym8-lehrplan.de/contentserv/3.1.neu/g8.de/data/media/26418/Lehrplaene/
  Gym_in_Bay_Fachprofile.pdf, S. 7 (Stand 26.7.2011).

*Doch wie soll ein Jugendlicher diese Kompetenzen entwickeln, wenn das histori-
sche Wissen im gleichen Fach vernachlässigt wird?*

*Wie soll er religiöse Phänomene wahrnehmen und beschreiben, wenn er nur die
aktuellen kennt?*

*Wie soll er religiöse Sprache und Zeugnisse verstehen, wenn Glaubensinhalte nur
noch in der heutigen Sprache – im heutigen Deutsch – formuliert werden, weil „die
altertümlichen Wörter ohnehin niemand mehr versteht", und wenn Kinder und
Jugendliche sich unter den Begriffen wie „Gnade" oder „Erlösung" gar nichts mehr
vorstellen können?*

*Wie sollen Jugendliche religiöses Wissen geordnet darstellen können, wenn jede
Systematik als Rückfall in eine längst überholte Zeit des Katechismuswissens bejam-
mert wird?*

*Wie sollen Jugendliche wichtige Kriterien christlicher Sinndeutung und Wertori-
entierung anwenden und in religiösen wie in ethischen Fragen begründet urteilen
können, wenn immer mehr Glaubensinhalte einer subjektiven Zugangsdeutung
geopfert werden?*

*Wie sollen Jugendliche zu einer verständigen Begegnung mit anderen Religio-
nen und zur Argumentation in einem konstruktiven Dialog befähigt werden, wenn
sie mehr über die andere als über die eigene Religion wissen, weil ein performativer
Religionsunterricht die Inhalte immer mehr an den Rand drängt?*

*Wie sollen Jugendliche vertraut mit den Möglichkeiten religiös motivierter Le-
bensgestaltung sowie der Teilhabe am kirchlichen und gesellschaftlichen Leben werden, wenn „im Unterschied zu einer katechetischen Intention … Vollzugsformen im
Religionsunterricht nicht auf eine verbindliche Nachhaltigkeit über den Unterricht
hinaus [zielen]"[31]?*

*Und wie sollen diese Jugendlichen schließlich christliche Grundlagen der abend-
ländischen Traditionen erschließen, die heutige europäische Kultur in ihren spirituellen, aber auch säkularen Tendenzen befragen und Beiträge des Glaubens reflektieren können, wenn wenn jegliche religiöse Äußerung und alles religiöse Handeln
„geprägt sein [soll] von der Möglichkeit einer subjektiven Bedeutungszuweisung"[32]?*

Nach diesen religiösen werden fachübergreifende Kompetenzen aufgezählt:
„Glauben und Leben ergänzen sich zu einer inneren Einheit. Religiöses Lernen
steht im Bezug zu menschlichen Grundphänomenen sowie zu sozialen, politischen
und kulturellen Entwicklungen. Somit werden im Religionsunterricht auch weitere
Selbst-, Sozial-, Sach und Methodenkompetenzen ausgebildet:

- Die Schüler begreifen im Horizont menschlicher Grunderfahrungen und
  Sinnorientierungen die eigene Biographie als Lebensaufgabe und gewinnen
  daraus Identitat und vertiefte Lebensqualität.
- Sie können altersspezifische Herausforderungen verantwortungsvoll und in
  Gemeinschaft mit anderen bewältigen.
- Sie sind sensibilisiert für eine Kultur des Lebens, welche angesichts moderner
  Infragestellungen die unbedingte Würde des Menschen sichert.

---

31 Mendl, Hans, Religion erleben – Orte des Glaubens kennen lernen, S. 10.
32 Ebd.

- Sie verfügen über kommunikative Fähigkeiten in einer Gesellschaft, die in weltweitem kulturellem und religiösem Austausch steht, und verstehen den Wert authentischer Erfahrung im Umgang mit modernen Kommunikationsmedien.
- Sie treten für die Menschenrechte ein, die sie als konsensstiftende Basis in Gesellschaft, Staat und einer sich herausbildenden Weltgemeinschaft sehen.
- Sie sind motiviert zum Einsatz fur Gerechtigkeit, Frieden und die Bewahrung der Schöpfung.
- Sie kennen den methodisch geleiteten Umgang mit Zeugnissen kultureller Traditionen und verwenden geeignete Formen der Interpretation und Präsentation."[33]

Auch diese Kompetenzen kann sich ein Jugendlicher ohne historisches Grundwissen kaum aneignen.

2.2.2 Kernkompetenzen Evangelische Religionslehre

Zunächst wird die Studierfähigkeit als angestrebte Kompetenz genannt: „In höheren Jahrgangsstufen unterstützt der Religionsunterricht ein zunehmend differenziertes, vertieftes und kritisches Verständnis unterschiedlicher Weltdeutungen. Er fordert zur multiperspektivischen Auseinandersetzung mit Antworten unterschiedlicher Disziplinen auf die großen Menschheitsfragen heraus. Er leistet wissenschaftspropädeutische Arbeit, indem er dazu anleitet, mit biblischen und anderen geistesgeschichtlich wichtigen Texten sachgemäß und methodisch reflektiert umzugehen und eigene Standpunkte argumentativ in einen Diskurs einzubringen"[34]. Danach werden die religiösen Kompetenzen genannt. „Im Religionsunterricht geht es darum, die religiösen Voraussetzungen zu vermitteln und zu stärken, die für die Mündigkeit der Schüler von Bedeutung sind. In folgenden Bereichen spielt religiöse Kompetenz eine wichtige Rolle:

- im Bereich der persönlichen Lebensgeschichte: Die Begegnung mit reflektierten Glaubensvorstellungen soll die Schüler anregen, sich im Kontext ihrer Lebensgeschichte mit den eigenen Lebensmöglichkeiten, Fähigkeiten und Grenzen auseinanderzusetzen und ein verantwortungsfähiges Selbst zu entwickeln.
- im Bereich der religiösen Praxis: Indem die Schüler unterschiedliche religiöse Ausdrucksformen und Rituale kennenlernen, können sie sich ihrer religiösen Prägungen bewusst werden und Erfahrungen mit Spiritualität machen. Zugleich sollen sie fähig werden, sich in der Vielfalt religiöser und religionsähnlicher Erscheinungen zurechtzufinden sowie solche Phänomene von einer christlichen Perspektive aus zu beurteilen und einen eigenen Standpunkt einzunehmen.

---

33 http://www.isb-gym8-lehrplan.de/contentserv/3.1.neu/g8.de/data/media/26418/Lehrplaene/Gym_in_Bay_Fachprofile.pdf, S. 8 (Stand 26.7.2011).

34 http://www.isb-gym8-lehrplan.de/contentserv/3.1.neu/g8.de/data/media/26418/Lehrplaene/Gym_in_Bay_Fachprofile.pdf, S. 12 (Stand 26.7.2011).

- im kulturellen Bereich: In der Begegnung mit den vielfältigen geschichtlichen Einflüssen des Evangeliums auf Kultur und Gesellschaft sowie in der Begegnung mit nichtchristlichen Religionen und Kulturen sollen die Heranwachsenden fähig werden, den Zusammenhang zwischen Religion und Kultur zu bedenken und so ihre Wahrnehmungs- und Urteilsfähigkeit zu schulen.
- im sozialen und ethischen Bereich: Ausgehend vom befreienden Charakter der christlichen Botschaft sollen die Schüler über Lebensformen und eine ethische Praxis, die dem Glauben gemäß sind, nachdenken. Dabei sollen sie die Bereitschaft entwickeln, Verantwortung für Einzelne wie für die Gemeinschaft zu übernehmen und sich für Gerechtigkeit, Frieden und die Bewahrung der Schöpfung einzusetzen.
- im Bereich des Politischen: Indem der evangelische Religionsunterricht den Blick der Schüler für Fragen sozialer und globaler Gerechtigkeit weitet und historische Zusammenhänge klärt, aber auch indem er die Auseinandersetzung mit anderen Weltanschauungen fordert, leistet er einen wesentlichen Beitrag zur politischen und interkulturellen Bildung.
- im Bereich der Ästhetik: Der Religionsunterricht vermittelt ästhetische Kompetenz, indem er die Jugendlichen zum genaueren und sensibleren Wahrnehmen anregt, indem er ihre Kreativität weckt und ihre ästhetische Urteilsfähigkeit stärkt. Dies kann geschehen im eigenen Gestalten sowie im Umgang mit vielfältigen religiösen Sprach- und Ausdrucksformen, z. B. in Architektur, Literatur, Musik, Bildender Kunst, Theater, Film und Medien."[35]

Erfreulicherweise wird im vorletzten Punkt das Erkennen historischer Zusammenhänge als Kernkompetenz bezeichnet, die bereits im 3. Punkt angedeutet wird. Leider findet man im Kernkompetenzkatalog der Katholischen Religionslehre keine entsprechende Aussage.

2.3 Fachprofile

Den einzelnen Fachlehrplänen sind jeweils die Fachprofile vorangestellt, in denen das Selbstverständnis des Faches dokumentiert wird.

2.3.1 Fachprofil des Katholischen Religionsunterrichts

Das Fachprofil Katholische Religionslehre beginnt mit folgenden Worten: „Im katholischen Religionsunterricht treten die jungen Menschen von ihrem Reflektierten Glaubensdialog mit jungen Menschen und kulturelle Bildung unterschiedlichen Lebenswelten her in reflektierten Dialog mit dem kirchlichen Glauben. Ausgehend von der christlichen Überlieferung erschließen die Schüler einen religiösen Zugang zur Wirklichkeit, der sich durch keine andere Dimension der Welterfahrung ersetzen lässt, und erarbeiten in diesem Horizont tragfähige Lebensperspektiven. Dabei werden sie mit den christlichen Wurzeln unserer abendländischen

---

35 http://www.isb-gym8-lehrplan.de/contentserv/3.1.neu/g8.de/data/media/26418/Lehrplaene/
Gym_in_Bay_Fachprofile.pdf, S. 12f (Stand 26. 7. 2011).

Kultur vertraut und lernen Grundlagen des modernen Europa verstehen."[36] Unter den sieben aufgezählten religiösen Kompetenzen deutet lediglich eine die Auseinandersetzung mit der Kirchengeschichte an. „Sie [die Schüler] erschließen christliche Grundlagen der abendländischen Traditionen, befragen die heutige europäische Kultur in ihren spirituellen, aber auch säkularen Tendenzen und reflektieren Beiträge des Glaubens für die Entwicklung einer humanen Welt."[37] Unter den sieben fachübergreifenden Kompetenzen wird genannt: „Sie [die Schüler] kennen den methodisch geleiteten Umgang mit Zeugnissen kultureller Traditionen und verwenden geeignete Formen der Interpretation und Präsentation."[38]

Sechs Lernbereiche werden aufgezählt:[39]

- Der Lernbereich *Biblische Botschaft* eröffnet einen situationsbezogenen Zugang zur Bibel, in deren Wort die Geschichte Gottes mit den Menschen gegenwärtig bleibt.
- Der Lernbereich *Christlicher Glaube und Weltdeutung* erschließt kirchliche Glaubenslehre erfahrungsnah und in Lebenskontexten der Heranwachsenden.
- Der Lernbereich *Christliche Spiritualität* weckt Offenheit für Ausdrucksformen, die in Gebet, Meditation, Gottesdienst und Sakramenten zum Geheimnis Gottes hinführen.
- Der Lernbereich *Christliche Ethik und Lebensbewältigung* bildet ethische Urteilsfähigkeit aus und motiviert zur Ausrichtung an christlichen Wertvorstellungen.
- Der Lernbereich *Kirchengeschichte* betrachtet Christsein unter sozialen und kulturellen Aspekten und überprüft in erinnerndem Lernen heutige Orientierungen.
- Der Lernbereich *Interreligiöses und interkulturelles Lernen* leitet zur Wahrnehmung fremder Glaubens- und Lebenswelten in kritischer Toleranz an.

Zu überprüfen wird noch sein, ob diese sechs Lernbereiche etwa gleich gewichtet sind oder ob nicht deutliche Schwerpunkte gesetzt werden.

2.3.2 Fachprofil Evangelische Religionslehre

Als wichtigstes Anliegen nennt das Fachprofil Evangelische Religionslehre als Erstes unter dem Stichpunkt „Gespräch mit der christlichen Tradition" Folgendes: „Der evangelische Religionsunterricht hat im Fächerkanon der Schule die Aufgabe, der Kommunikation der Schüler mit der christlichen Tradition in der gegenwärtigen Welt zu dienen. Mit dem Religionsunterricht nimmt die Kirche Bildungsverantwortung in der pluralen Gesellschaft am Ort der Schule wahr. Sie tut dies in konfessioneller Deutlichkeit und ökumenischer Offenheit. Der Religionsunterricht geschieht unter den Gegebenheiten und Bedingungen der Schule und

---

36 Ebd.
37 Ebd.
38 Ebd.
39 Vgl. ebd.

wird von Kirche und Staat gemeinsam verantwortet."[40] Zwar werden keine Lernbereiche aufgezählt, *aber in der Nennung der Auseinandersetzung mit der Tradition als erstem Punkt wird deutlich, dass dieser Konfession trotz des Sola-Scriptura-Prinzips nicht nur die Auslegung der Heiligen Schrift, sondern auch der Blick auf die Tradition sehr wichtig ist.* Wie wichtig, dazu ist ein Blick in die eigentlichen Lehrpläne nötig.

2.4 Die Jahrgangsstufenlehrpläne

2.4.1 Der Jahrgangsstufenlehrplan Evangelische Religionslehre

Im evangelischen Religionsunterricht wird sehr viel Wert auf die Auseinandersetzung mit der Geschichte gelegt. Dies wird in den Zielen deutlich, die jahrgangsstufenübergreifend formuliert werden. Als erstes Ziel wird genannt: „Der Religionsunterricht informiert und orientiert über die christliche Tradition und ihre jüdischen Wurzeln, über die Kirche in Geschichte und Gegenwart, über Fragen der Ökumene und des interreligiösen Dialogs sowie über philosophische und außerchristliche Deutungen von Mensch und Welt. Er will den Schülern Wege zu einem lebensbezogenen Umgang mit der biblischen Überlieferung eröffnen."[41] Neun Ziele und Inhalte bestimmen den evangelischen Religionsunterricht. Als drittes wird genannt: „Zugänge zur Bedeutung von markanten kirchengeschichtlichen Ereignissen und Personen."[42]
Die Themen des Religionsunterrichts sind folgende:
Für die Jahrgangsstufe 5:[43]
- Ich und die anderen
- Christentum vor Ort
- Begegnung mit der Bibel
- Gestalten aus den alttestamentlichen Königsgeschichten
- Der Glaube an Gott

Spezifische Themen aus dem Bereich Kirchengeschichte sind in dieser Jahrgangsstufe nicht vorgesehen.
Für die Jahrgangsstufe 6:[44]
- Zeit und Umwelt Jesu
- Jesus von Nazareth und seine Botschaft
- Menschen aus dem Umkreis Jesu

---

40 http://www.isb-gym8-lehrplan.de/contentserv/3.1/g8.de/index.php?StoryID=26354 (Stand 26. 7. 2011).

41 http://www.isb-gym8-lehrplan.de/contentserv/3.1.neu/g8.de/data/media/26418/Lehrplaene/Gym_in_Bay_Fachprofile.pdf, S. 12f (Stand 26.7.2011).

42 Ebd.

43 http://www.isb-gym8-lehrplan.de/contentserv/3.1/g8.de/index.php?StoryID=26327 (Stand 26. 7. 2011).

44 http://www.isb-gym8-lehrplan.de/contentserv/3.1/g8.de/index.php?StoryID=26310 (Stand 26. 7. 2011).

- Religiöse Feste und Bräuche
- Leben in Gruppen

Die Themen 1–3 können dem Bereich Kirchengeschichte zugeordnet werden.

Für die Jahrgangsstufe 7:[45]

- Grundlage und Gestaltung der Kirche
- Gestalten der Kirchengeschichte bis zum Vorabend der Reformation
- Islam
- Wunschträume, Ängste, Gebet
- Nächstenliebe im Alltag und in der Diakonie

Die Themen 1 und 2 können dem Bereich Kirchengeschichte zugeordnet werden.

Für die Jahrgangsstufe 8:[46]

- Leben in Gottes Schöpfung und Geschichte
- Leben in vielfältigen Familienformen
- Reformation
- Prophetisches Reden und Handeln
- Neureligiöse Bewegungen und Psychomarkt

Die Themen 1 und 3 können dem Bereich Kirchengeschichte zugeordnet werden.

Für die Jahrgangsstufe 9:[47]

- Judentum
- Im Zeichen des Kreuzes
- Liebe – der Himmel auf Erden?
- Arbeit und Leistung
- Kirche und Staat – gestern und heute

Das Thema 5 kann dem Bereich Kirchengeschichte zugeordnet werden, wobei auch bei Thema 1 und 4 historische Aspekte eingebaut sind!

Für die Jahrgangsstufe 10:[48]

- Zugänge zur Bibel
- Religion und Religionen
- Buddhismus
- Tod und Leben
- Tun und Lassen

Die Themen 1 (exemplarisch eine biblische Schrift oder Tradition in gesamtbiblischer Perspektive kennen lernen) und 2 (den Wandel vom traditionellen zum heutigen Verständnis von Mission kennen lernen) können dem Bereich Kirchengeschichte zugeordnet werden.

---

45 http://www.isb-gym8-lehrplan.de/contentserv/3.1/g8.de/index.php?StoryID=26289 (Stand 26. 7. 2011).

46 http://www.isb-gym8-lehrplan.de/contentserv/3.1/g8.de/index.php?StoryID=26270 (Stand 26. 7. 2011).

47 http://www.isb-gym8-lehrplan.de/contentserv/3.1/g8.de/index.php?StoryID=26239 (Stand 26. 7. 2011).

48 http://www.isb-gym8-lehrplan.de/contentserv/3.1/g8.de/index.php?StoryID=26209 (Stand 26. 7. 2011).

2.4.2 Der Jahrgangsstufenlehrplan Katholische Religionslehre

Die Themen sind folgende:

Für die Jahrgangsstufe 5:[49]

- Ein Neubeginn – miteinander leben, lernen und den Glauben entdecken
- Wie Menschen sich Gott vorstellen – Abraham begegnet dem einen Gott
- Die Bibel: Erfahrungen unseres Glaubens in einem Buch
- Gott zeigt sich neu: Jesus von Nazaret und seine Botschaft
- Unsere Kirchen: „Ortszeichen" weltweiten christlichen Glaubens

Spezifische Themen aus dem Bereich Kirchengeschichte sind in dieser Jahrgangsstufe nicht vorgesehen. Das Staatsministerium für Unterricht und Kultus ordnet jedoch den letzten Punkt dem Themenbereich Kirchengeschichte zu.[50]

Für die Jahrgangsstufe 6:[51]

- Zwischen Leistungserwartungen und Erlebniswelten: eigene Orientierung finden
- Kinder in der Einen Welt: Kinder des einen Gottes
- Menschliche Macht unter dem Anspruch Gottes: Könige in Israel
- Aus dem Dunkel zum Licht: Jesus gibt Hoffnung in Leid und Tod
- Chrsitliches Gemeindeleben: Begeisterung und Mut am Anfang – Impulse für heute

Das Thema 5 beinhaltet Elemente aus dem Bereich Kirchengeschichte.

Für die Jahrgangsstufe 7:[52]

- „Ich bin doch kein Kind mehr!" – Fragen des Jugendalters
- Mit dem Evangelisten Markus von einer „besseren Welt" erzählen
- Im Sichtbaren wird Unsichtbares gegenwärtig – Symbole und Sakramente
- Kulturen im Wandel: christliches Europa im Mittelalter
- Der Islam – Begegnung mit Muslimen in unserer Gesellschaft

Das Thema 4 kann dem Bereich Kirchengeschichte zugeordnet werden.

Für die Jahrgangsstufe 8:[53]

- Gottes Schöpfung – Gabe und Aufgabe für den Menschen
- Die Welt ist unvollendet: Konflikte, Schuld und Versöhnung
- Heilssehnsucht: Ringen um das ewige Leben im Reformationszeitalter
- Zwischen Nähe und Distanz: Jugendliche begegnen der Kirche
- Religiosität und Lebensdeutung im Angebot: Orientierung auf dem Psychomarkt

---

49 http://www.isb-gym8-lehrplan.de/contentserv/3.1/g8.de/index.php?StoryID=26326 (Stand 26. 7. 2011).

50 Vgl. http://www.verwaltung.bayern.de/Anlage3999497/LehrplanGymnasiumBayernUeberblick 2010.pdf, S. 9 (Stand 26.7.2011).

51 http://www.isb-gym8-lehrplan.de/contentserv/3.1/g8.de/index.php?StoryID=26308 (Stand 26. 7. 2011).

52 http://www.isb-gym8-lehrplan.de/contentserv/3.1/g8.de/index.php?StoryID=26288 (Stand 26. 7. 2011).

53 http://www.isb-gym8-lehrplan.de/contentserv/3.1/g8.de/index.php?StoryID=26269 (Stand 26. 7. 2011).

Das Thema 3 kann dem Bereich Kirchengeschichte zugeordnet werden. Das Staatsministerium für Unterricht und Kultus ordnet zudem den vierten Punkt dem Themenbereich Kirchengeschichte zu.[54]

Für die Jahrgangsstufe 9:[55]

- Exodus, Dekalog und Propheten: Gott schenkt Freiheit und fordert Gerechtigkeit
- Das Judentum: Weltreligion und Wurzel des Christentums
- Kirche und die Zeichen der Zeit: Bedrängnis, Aufbruch und Bewahrung
- Zwischen Öffentlichkeit und Intimität: Freundschaft, Liebe und Sexualität
- Schule, Abitur, Beruf – wozu?

Das Thema 3 kann dem Bereich Kirchengeschichte zugeordnet werden.

Für die Jahrgangsstufe 10:[56]

- Gewissen konkret: Verantwortung für das Leben übernehmen
- Leben an der Grenze: Tod und Jenseitserwartungen
- Jesus, der Christus: „Eckstein" unseres Glaubens
- Zur inneren Mitte finden – Sinnerfahrung und christliches Handeln
- Christentum im Pluralismus von Religionen und Kulturen: Hinduismus und Buddhismus

Spezifische Themen aus dem Bereich Kirchengeschichte sind in dieser Jahrgangsstufe nicht vorgesehen. Das Staatsministerium für Unterricht und Kultus ordnet jedoch den zweiten Punkt dem Themenbereich Kirchengeschichte zu.[57]

Insgesamt kann man sich des Eindrucks nicht erwehren, dass auch die Zuordnung zu Themenbereichen wie auch bei den Grundwissenskatalogen im Lehrplan für katholischen Religionsunterricht recht willkürlich geschieht. Der Grund hierfür kann nur die Festlegung der Schwerpunktthemen sein, die ihren „Sitz im Leben" hauptsächlich in der Gegenwart haben. Mit dem Hinweis, die Lebenssituation der Schüler zu berücksichtigen, wird höchstens ein Blick in die Zukunft, nicht aber in die Vergangenheit gewagt. Die Fixierung auf das Hier und Jetzt deutet sich in fast allen Themenbereichen der verschiedenen Jahrgangsstufen an.

3. Kirchengeschichte im Religionsunterricht – eine verhasste Pflicht?

Dass kirchengeschichtliche Inhalte im katholischen Religionsunterricht an bayerischen Gymnasien zwar gefordert, aber wenig eingeplant werden, wird an der vorausgehenden Darstellung deutlich. Der katholische Religionspädagoge Konstantin

---

54 Vgl. http://www.verwaltung.bayern.de/Anlage3999497/LehrplanGymnasiumBayernUeberblick 2010.pdf, S. 9 (Stand 26.7.2011).

55 http://www.isb-gym8-lehrplan.de/contentserv/3.1/g8.de/index.php?StoryID=26238 (Stand 26. 7. 2011).

56 http://www.isb-gym8-lehrplan.de/contentserv/3.1/g8.de/index.php?StoryID=26208 (Stand 26. 7. 2011).

57 Vgl. http://www.verwaltung.bayern.de/Anlage3999497/LehrplanGymnasiumBayernUeberblick 2010.pdf, S. 9 (Stand 26.7.2011).

Lindner spricht von einem unterrepräsentierten Inhaltsbereich des Religionsunterrichts.[58] Zwar nenne der Beschluss „Der Religionsunterricht in der Schule" der Gemeinsamen Synode der Bistümer in der Bundesrepublik Deutschland keine expliziten Unterrichtsinhalte. Dennoch lassen sich, so Lindner, „Folgerungen hinsichtlich des Stellenwertes kirchengeschichtlicher Inhalte ableiten, die entsprechende Inhalte als notwendigen Bestandteil des Religionsunterrichts erweisen."[59] Sein Fazit lautet, dass Kirchengeschichte im (katholischen) Religionsunterricht zu selten vorkommt und von den Lernenden als uninteressant empfunden wird. Erst mit einer Neudefinierung des Begriffes „Tradition" sieht er Chancen, in unserer „posttraditionalen Gesellschaft" wieder Interesse an Kirchengeschichte bei der jungen Generation zu wecken.[60] Dann „bieten mit der Kirchengeschichte transportierte Erfahrungen den Lernenden Optionen zur Selbstwerdung und unterstützen damit das bildende Potential des Religionsunterrichts."[61] Gewarnt wird immer wieder dringend vor einer reinen Wissens- und Datenvermittlung. Die Chance liege vor allem in den biographischen Zugängen. „Eine strukturgeschichtliche Präsentation, die abseits einer expliziten Einbindung von Personen vornehmlich eine Zuordnung von Jahreszahlen und historischen Strukturen sowie Verläufen intendiert (…), würde eine Verkürzung kirchengeschichtlicher Zusammenhänge zu Lasten des Interesses der Schülerinnen und Schüler darstellen."[62] Was viel wichtiger sei, seien Erzählungen und Erinnerungen, die die Ich-Identität beim Heranwachsenden unterstützen.

Im Gegensatz zum katholischen wird im protestantischen Religionsunterricht kirchengeschichtlichen Themen mehr Platz eingeräumt. Überhaupt scheint evangelischen Theologen dies ein wichtiges Anliegen zu sein. Der protestantische Religionspädagoge Harmjan Dam macht es sich zu seinem Anliegen, kirchengeschichtliche Themen im Unterricht zu verankern. Die Lehrkraft fordert er auf, mit den Schülerinnen und Schülern an den wichtigsten Stationen der Kirchengeschichte entlang zu gehen. „Die Kirche hat eine 2000 Jahre alte Geschichte und sie ist nicht ohne Wissen um diese Vergangenheit zu verstehen."[63] Er plädiert gleichzeitig für eine Wiederbesinnung auf das notwendige Erlernen von Basiswissen. Nach einer Phase unter dem Schlagwort „Kompetenz statt totes Wissen" sei nun ein erneutes Umdenken fällig. „Die Fähigkeiten, die in der Schule vermittelt werden müssen (…), machen sich an Schulfächern fest und diese haben nun mal bestimmtes Fachwissen und spezifische Inhalte … Kompetenz lässt sich nicht ohne Wissen vermitteln. Es ist nicht beliebig, an welchem Wissen die Fähigkeiten trainiert werden."[64]

---

58 Vgl. Lindner, In Kirchengeschichte verstrickt, S. 139. „Deutlich zeigen die bundeslandspezifischen Lehrplanvorgaben, dass die Geschichte der Kirche keinesfalls ein Dauerthema des Religionsunterrichts ausmacht. Neben biblischen, moralisch-ethischen, philosophischen, anthropologischen, kirchlich-liturgischen oder dizidiert persönlich-individuellen Themen erweist sie sich oftmals nur als ein Randbereich unter den Lernfeldern." (Ebd., S. 139f.)
59 Ebd., S. 123.
60 Vgl. ebd., S. 158.
61 Ebd., S. 129.
62 Ebd., S. 161.
63 Dam, Harjam, Kirchengeschichte im Religionsunterricht, 2010, S. 6.
64 Ebd.

Dahm schließt sich hier seinem Kollegen Biehl an, der die Vernachlässigung der geschichtlichen Dimension des Lernens nicht nur als „ein Zeichen von schlechter Theologie" betrachtet; sie bedeute vielmehr einen „Verlust an Identität."[65] Deutlicher als der katholische Synodenbeschluss stellt die EKD-Denkschrift „Identität und Verständigung" aus dem Jahr 1994 die Bedeutung der geschichtlichen Elemente des Religionsunterrichts heraus. „Indem sie ‚traditionsbezogenes Lernen' als Grundsatz des Lehrens und Lernens und somit als Unterrichtsprinzip einfordert, geht die EKD-Schrift davon aus, dass in der Beschäftigung mit der christlichen Tradition – also auch mit der Kirchengeschichte – ein Verstehen der Wirklichkeit angebahnt wird … Insgesamt macht die EKD-Denkschrift mit der bildungstheoretischen Fundierung des Religionsunterrichts als notwendiges Schulfach unmissverständlich deutlich, dass kirchengeschichtlichen Inhalten – gerade im Interesse des pädagogischen Auftrags zur Allgemeinbildung – im Religionsunterricht große Relevanz zukommt."[66]

Fazit: In der protestantischen wird im Gegensatz zur katholischen Theologie erkannt, dass (trotz Sola-Scriptura-Prinzips) ein Geschichtsbewusstsein entwickelt werden muss, das die Einsicht vermittelt, dass jeder von Vorgaben der Überlieferung lebt, und das dazu auffordert, sich mit diesen Vorgaben aktiv auseinander zu setzen. Und während im evangelischen Bereich immer wieder der Begriff der Überlieferung (= traditio) zu finden ist, wird dieser in katholischen religionspädagogischen Schriften durch das Wort „Traditionen" ersetzt und die Kirchengeschichte somit ihres wegweisenden und bildenden Charakters beraubt. Wenn schon das Schulfach Geschichte das Anliegen hat, die Wurzeln der christlich-abendländischen Kultur aufzuzeigen, und im evangelischen Religionsunterricht auf den Glauben als historischer Prozess hingewiesen wird, sollte da nicht auch – wenigstens aus ökumenischen Gründen – eine Annäherung stattfinden, vor allem was das anzustrebende Grundwissen der jungen Generation anbelangt?

Literatur

BAYERISCHES STAATSMINISTERIUM FÜR UNTERRICHT UND KULTUS, Der Lehrplan für das Gymnasium in Bayern im Überblick, hg. vom Staatsinstitut für Schulqualität und Bildungsforschung Abteilung Gymnasium, 2. Auflage 2010

BIEHL, Peter, Die geschichtliche Dimension religiösen Lernens. Anmerkungen zur Kirchengeschichtsdidaktik, in: JRP 18 (2002), S. 135–143

DAM, Harmjan, Kirchengeschichte im Religionsunterricht, Göttingen 2010

DAM, Harmjan, Kirchengeschichte lebendig. Schönberger Impulse – Praxisideen Religion, Frankfurt a. M. 2002

DAM, Harmjan, Mit Kirchengeschichte Kompetenzen vermitteln – am Beispiel Reformation, in: Jahrbuch für Religionspädagogik 22 „Was ist guter Religionsunterricht", Neukirchen 2006, S. 215–228

---

65 Biehl, Peter, Die geschichtliche Dimension religiösen Lernens, 2002, S. 136.
66 Lindner, In Kirchengeschichte verstrickt, S. 126f.

Englert, Rudolf, Glaubensgeschichte und Bildungsprozess. Versuch einer religionspädagogischen Kairologie, München 1985

Englert, Rudolf, Vom Umgang mit Tradition im Zeichen religiöser Pluralität. Ein katholischer Beitrag, in: ZPT 55 (2003), S. 137–150

Lindner, Konstantin, In Kirchengeschichte verstrickt. Zur Bedeutung biographischer Zugänge für die Thematisierung kirchengeschichtlicher Inhalte im Religionsunterricht (= Arbeiten zur Religionspädagogik, hg.v. Gottfried Adam und Rainer Lachmann, Band 31), Göttingen 2007

Mendl, Hans, Religion erleben – Orte des Glaubens kennen lernen. Plädoyer für einen Religionsunterricht, der mehr ist als nur ein „Reden über Religion", in: kontakt. Informationen zum Religionsunterricht im Bistum Augsburg 2/2011 Wo Glauben spürbar wird, S. 6–12

Pötzschke, Sophia (Hg.), Peter Biehl. Von der ‚Kirchengeschichte im Religionsunterricht' zur geschichtlichen ‚Dimension religiösen Lernens'. Kirchengeschichtsdidaktik bei Peter Biehl (= Religionspädagogik im Diskurs 4), Jena 2007

Wemke, Michael, Warum noch/wieder Kirchengeschichte. Zum Stand der kirchengeschichtsdidaktischen Diskussion, in: Kwiran, Manfred (Hg.), Religionsunterricht konkret. Gymnasium Heft 7, Braunschweig/Wolfenbüttel 1997, S. 6–12

La presenza di Maria

Le apparizioni e i santuari mariani nella predicazione del Card. Giuseppe Siri

Antonio Guido Filipazzi

Introduzione

Nella predicazione mariana[1] del Card. Giuseppe Siri, Arcivescovo di Genova dal 1946 al 1987[2], si può ritrovare una significativa riflessione circa la funzione dei Santuari mariani nella vita della Chiesa e dei cristiani.

Il presente studio intende offrire una lettura sistematica di alcune omelie e altri interventi del Card. Siri[3]. Dopo essersi soffermati sul rapporto che egli ebbe con il Santuario della Madonna della Guardia[4], viene considerato il fondamento biblico-dogmatico della realtà dei santuari mariani, visti come strettamente legati alle appa-

---

1 Un nostro precedente studio della predicazione mariana del Card. Siri è A. FILIPAZZI, *Sulla predicazione mariana del card. Giuseppe Siri*, in P. GHEDA (a cura di), *Siri, la Chiesa, l'Italia*, Genova-Milano, Marietti 1820, 2009, pp. 332–359.

2 Giuseppe Siri nacque a Genova il 20 maggio 1906. Studiò presso la Gregoriana, a Roma, fu ordinato presbitero nel 1928 e si laureò in teologia nel 1929. Fu quindi professore di teologia nel Seminario Maggiore del capoluogo ligure. L'11 marzo 1944 Pio XII lo elesse vescovo titolare di Liviade, come ausiliare del Card. Pietro Boetto, al quale successe quale arcivescovo di Genova il 14 maggio 1946. Creato cardinale il 12 gennaio 1953, fu presidente della Conferenza Episcopale Italiana dal 1959 al 1965; fu anche presidente del Comitato Permanente delle Settimane Sociali. Giovanni Paolo II accettò la sua rinuncia al governo della Diocesi il 6 luglio 1987. Morì a Genova il 2 maggio 1989.
Sul Card. Siri si vedano: *Il cardinale Giuseppe Siri, arcivescovo di Genova dal 1946 al 1987. La vita, l'insegnamento, l'eredità spirituale, le memorie*, a cura di R. SPIAZZI, Bologna, Edizioni Studio Domenicano, 1990; B. LAI, *Il papa non eletto. Giuseppe Siri, cardinale di Santa Romana Chiesa*, Roma-Bari, Laterza, 1993; M. DOLDI, *Giuseppe Siri. Il pastore, 1946–1987*, Città del Vaticano, Libreria Editrice Vaticana, 2006; N. BUONASORTE, *Siri. Tradizione e Novecento*, Bologna, Il Mulino, 2006, P. GHEDA (a cura di), *Siri, la Chiesa, l'Italia*, e D. VENERUSO, *Siri, Giuseppe*, in F. TRANIELLO – G. CAMPANINI (direttori), *Dizionario storico del movimento cattolico. Aggiornamento 1980–1995*, Genova, Marietti, 1997, pp. 458–461.

3 Trattandosi spesso di testi inediti, si è scelto di dare ampio spazio alle citazioni dei suoi interventi nel testo o nelle note.

4 Abbiamo finora raccolto le omelie che il Card. Siri tenne nella festa della Madonna della Guardia, il 29 agosto, nell'omonimo santuario, negli anni 1970, 1973, 1974, 1980, 1982–1986. Ad esse si aggiungono le catechesi da lui pronunciate ai vespri della medesima festa nella chiesa genovese di S. Stefano dal 1984 al 1987 (quelle dal 1985 al 1987 sono pubblicate da C. CAPPONI, *Magna cum parvis componere. I fioretti del Cardinale Siri*, ECIG, Genova, 2006, pp. 43–53).

rizioni e ad altre manifestazioni[5] della Vergine Maria, la quale può esserne considerata la "fondatrice" di essi[6]. Secondo il cardinale, i santuari hanno una precisa funzione di risposta ai bisogni della Chiesa e dell'umanità in momenti storici di crisi e, allo stesso tempo, in essi continua a risuonare il messaggio che la Madre di Dio rivolge all'umanità in vista della sua salvezza.

Il Santuario Della Guardia

Al tema dei santuari il pastore Genovese non poteva restare differentemente, soprattutto se si tiene conto dell'importanza che ha avuto e tuttora ha il Santuario della Madonna della Guardia[7] per l'Arcidiocesi Genovese, nella quale Siri crebbe come cristiano e sacerdote e della quale fu pastore per oltre quattro decenni[8]. Lo stesso cardinale considerava quel luogo mariano come "il cuore della nostra Diocesi"[9], "il punto di incontro di tutti"[10], e perciò ebbe con esso un rapporto profondo di carattere sia pastorale sia personale, come è stato messo ben in luce da una testimonianza finora inedita di Mons. Giacomo Barabino, già suo segretario particolare e vescovo ausiliare[11].

"Spesso fu pellegrino alla Guardia, da piccolo con i genitori e con la sorella, da seminarista, da sacerdote, da vescovo e da Cardinale, per tutta la vita. Costante la sua

---

5   La Vergine Maria si è resa presente "sia intervenendo sia indicando sue immagini sacre, che hanno da quel momento avuto una speciale venerazione, sia concedendo grazie straordinarie e miracolose, per cui in certi punti dove pare si sia aperto un canale di grazia e di salvezza sono frequentissimi i pellegrinaggi della gente del nostro tempo" (*Catechesi ai vespri della festa di Nostra Signora della Pietà e del Soccorso* (Cattedrale di Genova – 1985).

6   "Chi ha fondato questo santuario? Lei, la Vergine, perché è Lei che ha chiesto che si costruisse. La costruzione di questo santuario indica la perennità dell'assistenza, indica cioè che l'apparizione non ha concluso il suo ciclo il 29 agosto 1490, ma che era disposizione divina che la presenza speciale continuasse tanto quanto sarebbe continuato il suo tempio, nel quale ora ci troviamo" (*Omelia per la festa di Nostra Signora della Guardia* (Santuario della Madonna della Guardia – 1973).

7   Circa il Santuario stesso, si veda, fra le pubblicazioni più recenti G. MERLATTI, *La Madonna della Guardia: un laico chiamato a costruire la Chiesa*, Madonna dell'Olmo, Agami, [2000] e *Genova e Maria: contributi per la storia del santuario di Nostra Signora della Guardia: atti dell'incontro di studio, 24 novembre 1990*, s. l., s. n.

8   Tuttavia la riflessione del Card. Siri sull'argomento ritorna anche in altre circostanze e si allarga ad una considerazione più ampia in termini storici e geografici. Egli, infatti, rileva l'enorme fioritura di santuari mariani avutasi nella sua Liguria, così come lungo la storia, soprattutto del secondo millennio cristiano, nella diverse parti del mondo: "Devo dire che ogni anno scopro un santuario nuovo e debbo concluderne che questa nostra terra è stata percorsa molte volte dalla Vergine Madre del Signore... Direi che la Liguria è tutta ingemmata" (*Catechesi ai vespri della festa Nostra Signora della Pietà e del Soccorso* (Genova – 1985).

9   *Omelia in occasione del pellegrinaggio del Seminario e del conferimento dei ministeri* (Santuario della Madonna della Guardia – 15 maggio 1986). Se non ne viene indicata la pubblicazione, si tratta di trascrizioni di registrazioni dal vivo, il cui testo è presso l'Autore.

10   *Il Papa viene a Genova! Lettera pastorale per la Quaresima 1985*, in *Rivista Diocesana Genovese*, 1984, pp. 523–524 e anche in www.cardinalsiri.it. E continuava: "Le preoccupazioni per la nostra città, non ancora del tutto svanite, da parte nostra almeno, passano sempre attraverso quel monte della Guardia, per avere la più sicura delle protezioni".

11   G. BARABINO, *Il Cardinale Siri e il Santuario della Madonna della Guardia*, 12 gennaio 1992 (testo inedito in copia presso l'A.).

presenza da Arcivescovo per la solennità dell'Apparizioni ogni anno, nel mese di maggio con i parroci della Città e con i seminaristi. Sempre con i fedeli in momenti significativi per la vita della diocesi e della Città[12]. Moltissimi i suoi pellegrinaggi privati. I problemi difficili e le decisioni importanti li risolveva o verificava pellegrinando ai piedi della Madonna... Questi pellegrinaggi segnarono i momenti importanti della vita diocesana o della città, ma a volte erano semplicemente legati alla vita di una persona, specialmente di qualche sacerdote o per la sua salute fisica o per altre ragioni di preoccupazione. Spesso questo tipo di pellegrinaggio era andata e ritorno, segno che la Madonna l'ascoltava ed aiutava"[13].

Durante il suo episcopato vi furono interventi di ampliamento e restauro dell'edificio sacro, che egli "pensò e desiderò come centro di spiritualità".

Come Mons. Barabino osserva,

"l'azione pastorale del Card. Siri, come Arcivescovo iniziò e si concluse sotto lo sguardo della Madonna della Guardia".

Infatti,

"praticamente la "peregrinatio Mariae", con la statua della Madonna della Guardia portata in tutte le parrocchie della diocesi, coincise quasi perfettamente con l'inizio del suo governo episcopale"[14],

---

12 Ad esempio, nel 1983 indicò nelle preoccupazioni per la crisi del lavoro la ragione del pellegrinaggio al Santuario della Guardia: "Il mio pellegrinaggio quest'anno alla Guardia ha uno scopo: chiedere alla Santissima Vergine che protegga la nostra città, Genova. Vorrei che voi tutti vi uniste e capirete subito il perché: è nell'interesse di tutti. La situazione del capoluogo della Liguria è preoccupante per due motivi diversi, fortunatamente. Il primo: si starà restringendo fortemente il campo del lavoro. Capite che cosa vuol dire questo e che cosa potrebbe dire. Credo che a pensar bene a questo fatto nessuno di noi possa dormire tranquillo. Ed è giusto che anche coloro che si sentono al sicuro, pensino al timore, all'ansia dei loro fratelli e la facciano propria, come devo fare io, vescovo. Ma c'è un'altra ragione che per fortuna è diversa: esistono progetti, uomini intelligenti che stanno elaborando piani. Questi piani sono giusti, sono anche possibili, ritengo che siano probabili. Quello che dobbiamo chiedere alla Vergine (ed è in questo che chiedo la collaborazione della vostra preghiera, della nostra preghiera comune) è proprio che questi piani, che questi uomini intelligenti e di retta intenzione, abbiano la costanza, la forza, l'incoraggiamento e in qualche momento l'eroismo (perché ricordiamoci che nelle cose gravi molte volte bisogna avere il coraggio di camminare da soli). È questa grazia che sono venuto a chiedere alla Vergine. E a voi chiedo che collaboriate alla mia preghiera. Si tratta del bene di tutti" (Omelia per la festa di Nostra Signora della Guardia (Santuario della Madonna della Guardia – 1983). Per gli interventi del Card. Siri sulla crisi del lavoro a Genova fra il 1983 e il 1987, si vedano i testi riportati nel sito www.cardinalsiri.it.

13 G. BARABINO, Il Cardinale Siri e il Santuario della Madonna della Guardia. E continua: "Un fatto significativo sono stati i suoi pellegrinaggi prima di partire per i Conclavi. Il primo dopo la morte di Pio XII. Era rettore del Santuario Mons. Ferrari, il quale offerse al Cardinale una catenina e medaglietta d'oro, dicendo: "Eminenza, si porti in conclave la Madonna della Guardia". Dopo il Conclave tornò al Santuario e chiese al Rettore di mettere al collo della statua della Madonna la catenina. Prima di partire per gli altri Conclavi, tornò a prendersi quella catenina e sempre tornò a riporla al collo della Madonna".

14 G. BARABINO, Il Cardinale Siri e il Santuario della Madonna della Guardia. "Nel 1948 la situazione del Paese non era tranquilla. Raccolsi tutto il clero nella Chiesa Metropolitana e lì, davanti al simulacro della Vergine, tutti abbiamo promesso con voto di fare la «peregrinazione» della Vergine della Guardia. La si fece nel periodo '48–'49. Quando riaccompagnai il venerato simulacro potevo ben dire alla folla che quanto era accaduto durante il lungo viaggio giustificava chiamare «miracolosa» l'immagine della Madonna" (Il Papa a Genova!). Per l'indizione di quella Peregrinatio, si veda la Lettera di annuncio al clero e ai fedeli del 4 giugno 1949 in Rivista Diocesana Genovese, 1948, pp. 34–36.

mentre

> "dopo quasi 40 anni di lavoro pastorale intenso, terminò il suo servizio con la visita pastorale del Papa Giovanni Paolo II alla Chiesa e Città di Genova"[15].

E la Madonna della Guardia vegliò anche sul tramonto della vita terrena del porporato genovese[16].

Nelle sue omelie per la festività del Santuario sul Monte Figogna il Card. Siri non si sofferma tanto sulle vicende dell'apparizione della Vergine a Benedetto Pareto nel 1490 e sulla storia del santuario[17], ma soprattutto mette in luce il contesto storico dell'intervento mariano:

> "il contesto dell'apparizione sul Monte della Guardia è stato questo. In quel momento la Repubblica di Genova era in crisi. Crisi economica, perché la conquista da parte del Turco di Costantinopoli aveva squilibrato il Mediterraneo, anche se non aveva interrotti i commerci con l'Oriente. Dio sapeva che due anni dopo, con la scoperta dell'America, la questione si sarebbe fata più grave, perché il centro del commercio dei Paesi civili si sarebbe spostato sulle rive dell'Atlantico. Può sembrare che questo fatto non interessi il campo religioso; non è così. Noi uomini siamo una unità e un aspetto si riflette sempre sull'altro. Genova si trovava anche in un situazione politica

---

15 G. BARABINO, *Il Cardinale Siri e il Santuario della Madonna della Guardia*. Il beato Giovanni Paolo II compì la sua prima visita pastorale a Genova il 21 e 22 settembre 1985 e visitò il Santuario sul Monte Figogna il 22 settembre. È interessante per il nostro studio l'esordio del discorso ivi tenuto dal Pontefice, da confrontarsi con i contenuti della predicazione del Card. Siri: "Il mistero gaudioso della Visitazione, di cui abbiamo ora ascoltato il racconto evangelico, ci offra preziosi spunti di riflessione. Anche su questo monte, infatti, la Madre del Redentore ha visitato il suo popolo... Dalla fine del secolo XV ad oggi la Madonna ha continuato a "visitare" il suo popolo. Ha accolto anime pellegrinanti che qui sono accorse sempre più numerose, così che questa cima è diventata un centro qualificato di devozione, preghiera, raccoglimento, e il cuore propulsore della spiritualità e dello slancio pastorale della diletta Chiesa di Dio che è a Genova" (in *Insegnamenti di Giovanni Paolo II. VIII,2. 1985 (luglio-dicembre)*. Città del Vaticano, Libreria Editrice Vaticana, 1985, pp. 731–732).

16 "Quando lasciò il governo della diocesi e si ritirò a Villa Campostano, portò con se la statuetta della Madonna della Guardia, che la diocesi gli aveva donato, come segno di riconoscenza e affetto. Conservò quella immagine nella sua camera; davanti ad essa recitava le preghiere della sera, due volte, come era sua consuetudine (una volta per sé e l'altra per i suoi diocesani che non le recitavano). Recitate le preghiere la baciava con devozione e amore. Davanti a quell'immagine il 2 del mese di maggio 1989 spirò!" (G. BARABINO, *Il Cardinale Siri e il Santuario della Madonna della Guardia*).

17 Al riguardo scriveva nella già citata Lettera pastorale in preparazione alla visita di Giovanni Paolo II a Genova: "La tradizione mostra nel 1490 l'apparizione della Vergine a Benedetto Pareto, pastore, sulla vetta del monte. La tradizione è confermata storia da quel che successe dopo. La preghiera, la penitenza, il continuo pellegrinaggio cominciò subito da tutti i paesi circonvicini. Essi eressero la Chiesa e l'ospizio per i Sacerdoti e i pellegrini: qualche arcivescovo vi andò in visita pastorale. Il monte appare alto e per la sua forma angolare e per essere alquanto distaccato dalla catena appenninica. Ha solo 817 metri di altezza, ma chi lo vede come l'ho descritto lo giudicherebbe più alto. Fino agli ultimi decenni del secolo scorso l'unico modo per raggiungere il Santuario era guadagnarselo a piedi o a mezzo cavalcatura. Nel 1922 venne costruita una guidovia che permise il trasporto di folle intere dal piano sotto San Biagio. Verso gli anni '50 l'Amministrazione del Santuario coraggiosamente costruì il raccordo completo stradale dalla località San Bernardo fino al Santuario. Intanto il Santuario, ridotto l'alloggio dei pellegrini, ebbe a poco a poco la sistemazione razionale che mostra oggi. Nel frattempo, e cioè per oltre un cinquantennio, il Santuario ebbe la cura di Mons. Pietro Clemente Malfatti. Quest'uomo merita di essere riguardato come il restauratore dell'influsso spirituale del complesso" (*Il Papa a Genova!*).

imbarazzante, tanto che tre decenni dopo Andrea Doria avrebbe dovuto dare, salvandola, una nuova costituzione alla Repubblica. Anche questo disagio si rifletteva in tutto. Dal punto di vista religioso le cose non erano molto floride. La diocesi di Genova era sotto il lunghissimo – quasi mezzo secolo – governo del cardinale Paolo di Campofregoso, il quale – grande uomo, certamente – dovendo fare il doge, l'ammiraglio e il generale, ebbe ben poco tempo per fare il suo dovere di vescovo. Questo il contesto, che forse fa comprendere perché la Vergine sia venuta su questo monte"[18].

Inoltre, egli invita a cogliere l'indicazione già nel nome stesso della località ("Guardia") dove sorge il Santuario ligure, indicazione di una protezione singolarmente efficace perché non meramente umana, ma di ordine soprannaturale:

"si dice che il nome della Guardia proviene da questo: quassù c'era una postazione militare – si andrebbe indietro di secoli –, una postazione militare per sorvegliare la sicurezza della valle e della città di Genova. Dio ha scelto questo monte perché in esso apparisse la Vergine Madre del Signore; se ha scelto questo monte, ha scelto questo titolo. Ora, fare la guardia, vuol dire proteggere. Questo Santuario porta con sé, dallo stesso suo nome, il fatto della protezione della Vergine sopra di noi"[19].

---

18 *Omelia per la festa di Nostra Signora della Guardia* (Santuario della Madonna della Guardia –1973). "Il quadro prossimo è la situazione in cui si trovava Genova nel 1490. Genova era dilaniata da una rissa interna tra opposte fazioni. Questa rissa interna, oltre che danneggiare il traffico portuale, e la ricchezza della Repubblica, rischiava di trasformare la stessa libera Repubblica gloriosa in una delle piccole monarchie delle quali era già piena l'Italia; e sarebbe stata, tutto considerato, la morte della libertà. La Vergine appare a questo punto. Solo nel 1522 Andrea Doria riuscì con la sua nuova costituzione e con i dogi biennali a ridare un assetto sufficientemente tranquillo alla città di Genova. Nel secolo appresso, ripresentandosi lo stesso pericolo, fecero di più. Perché nessuno osasse salire sul trono di Genova, ci misero la Madonna. E nel 1637 proclamarono la Madonna Signora e Regina di Genova. Le monete furono coniate con l'immagine della Vergine" (*Omelia per la festa di Nostra Signora della Guardia* (Santuario della Madonna della Guardia – 1983).

19 *Omelia per la festa di Nostra Signora della Guardia* (Santuario della Madonna della Guardia – 1985). E continua: "Questa protezione non sempre la si sente fisicamente, perché questo eccessivo entrare di cosa divina nelle vicende umane, se fatto in modo fisicamente accessibile, romperebbe molto della nostra vita, e Dio vuole che rimaniamo liberi, non soggiogati, nell'esistenza nostra da fatti eccessivamente grandi; ma la protezione c'è!… Ma che cos'è questa protezione da parte della Vergine? E' la cognizione, è la vicinanza, è la prosecuzione continua di una sorveglianza sui nostri bisogni; ed è poi l'intervento: quello che è compatibile con la prova della vita che non può essere cessata da nessuno, perché tutti debbono guadagnarsi il futuro, e Dio non ci tratta da poveri, ricchi o mendicanti. Il punto grave è che questa protezione è divina e pertanto non ha la grandezza, la possibilità delle protezioni umane condizionate ai difetti degli uomini, condizionate allo spazio che gli avvenimenti comuni lasciano anche a coloro che vorrebbero proteggere, no! Questa è una protezione che sovrasta la nostra vita, come sovrasta tutta la nostra storia. Ricordiamoci di aver bisogno di protezione. Non aspettiamo che Iddio ci faccia capire questo attraverso nuovi guai. Chiediamo a Lei di evitarceli! Essa ci sarà, ma attenti! I doni divini possono avere un limite nel nostro contegno disarticolato, irregolare, senza ispirazione superiore, senza un esempio cristiano dato in visione a quelli che ci vedono. Questa protezione la posso garantire, ma attenti! Voi, io, tutti insieme la possiamo limitare coi nostri difetti, coi nostri peccati". E nello stesso giorno: "Che cosa è questa protezione? Qualunque protezione è un dono di forza per evitare errori, evitare passi falsi, ed è un'erogazione di energia per poter compiere la propria difesa; questa è la protezione. Gli uomini possono dare qualche protezione, certo. Ma non hanno alcuna assicurazione, anche perché assicurazioni di questo genere non esistono in questo mondo: non possono dare assicurazioni complete, assicurazioni certe, assicurazioni definitive; non possono. E pertanto bisogna distinguere bene le protezioni che vengono dall'alto da quelle che vengono, direi, dalla tranquilla e forse sonnolenta prestazione umana. Quando le protezioni vengono da Dio portano con sé qualche cosa di sicuro, qualche cosa che dona la fiducia, che permette la pace, che chiude la porta alla sconsolata

Ma, soprattutto, l'Arcivescovo genovese insiste sul messaggio proveniente dall'apparizione e, quindi, dal santuario, un messaggio che egli considera "elemento essenziale" e che, come vedremo, ritrova identico presso tutti i santuari mariani:

"La solennità, i suoi strumenti, la sua gioia, non devono farci perdere visione di quello che è sostanziale. In questo giorno, 496 anni prima, la Vergine è apparsa su questo monte. Per questo fatto esiste questa basilica, esiste questo concorso del mondo a cercare lo sguardo e la protezione della Vergine. Ma qual è l'elemento sostanziale? E' il messaggio che essa ha portato su questo monte. Perché ha parlato"[20].

Il Pellegrinaggio dell'Assunta

La liturgia delle festa della Madonna della Guardia prevede la lettura del brano evangelico della visita di Maria alla cugina Elisabetta (cfr. Lc 1, 39ss)[21]. Da tale testo il Card. Siri trae spunto certamente per additare ai fedeli gli esempi dell'umiltà e della carità della Vergine[22], ma gli preme soprattutto sottolineare che quella visita della Vergine fu solo un inizio:

"nel vangelo è narrata la prima visita di Maria che fu a S. Elisabetta... Quella prima visita è il tipo e l'inizio di tutte le altre. Qui, oggi, delle molte altre visite, una ne ricordiamo: quella accaduta in questo stesso monte il 29 agosto 1490. Ma mentre ricordiamo la prima visita e quella che a noi interessa ricordare, dobbiamo ricordare tutte le altre. Vedete, i Santuari in questo mondo sono innumerevoli. La gran parte ripetono la loro origine da un intervento diretto della Madre di Dio... E' un fatto che è universale: Essa, la Vergine, arriva sempre"[23].

---

ambascia di tutte le vicende umane. La Vergine è venuta per dare questo sul monte della Guardia. È per questo che fin da principio si è chiamata così; e la Vergine viene connotata con questo titolo: la protezione" (*Catechesi ai vespri della festa di Nostra Signora della Guardia* (Genova – 1985), in C. CAPPONI, *Magna cum parvis componere*, pp. 43–46).

20 *Omelia per la festa di Nostra Signora della Guardia* (Santuario della Madonna della Guardia – 1986).

21 "Il Vangelo che abbiamo ascoltato è il solito di tutti gli anni" (*Omelia per la festa di Nostra Signora della Guardia* (Santuario della Madonna della Guardia – 1980).

22 "Essa era già la Madre di Dio, Maria, e tuttavia non esitava di andare a servire la vecchia cugina" (*Omelia per la festa di Nostra Signora della Guardia* (Santuario della Madonna della Guardia – 1970). "La prima cosa che ha fatto la Vergine, diventata la Madre di Dio, è stata quella di andare a servire: luminoso esempio per tutti noi" (*Omelia per la festa di Nostra Signora della Guardia* (Santuario della Madonna della Guardia – 1980). "Badate che questa visita l'ha intrapresa appena ha saputo di essere la Madre di Cristo. Per prima cosa Lei, che era diventata regina degli uomini e degli angeli, per prima cosa ha fatto questo: è andata a servire. E noi che cosa avremmo fatto? Probabilmente avremmo pensato a un trono, almeno a desiderarlo. Lei no! E' andata a servire. E con questo ha dato il grande esempio del quale il mondo ha bisogno. Perché il mondo ha tutto per vivere, ma non se ne accorge. Ricerca, ricerca sempre. Che cosa? Quello che servirà alla sua distruzione. Impariamo dalla Vergine e mettiamoci così dalla parte del bene, della salvezza della gioia e anche – perché no? – dalla parte della gloria" (*Omelia per la festa di Nostra Signora della Guardia* (Santuario della Madonna della Guardia – 1986).

23 *Omelia per la festa di Nostra Signora della Guardia* (Santuario della Madonna della Guardia – 1970). "Questo Vangelo presenta la Vergine che va a trovare. Perché è stato letto? Perché è l'inizio di un lungo pellegrinaggio che la Vergine fa attraverso la storia. Essa è sempre riapparsa nella storia umana, Madre degli uomini. E i santuari che costellano il mondo, questo per esempio, sono le tappe di questa continuata visitazione della Vergine. E' per questo che sulla grande volta di questo

Quindi, per Siri, questo brano lucano non vale solo per il Santuario della Guardia, tanto che egli esprime analoghe riflessioni in altri santuari[24] e in altre circostanze liturgiche[25].

Soprattutto dopo la sua Assunzione in anima e corpo al cielo, inizia per la Vergine Maria quella che il Card. Siri denomina come "storia postuma":

> "La Vergine Madre di Dio ha avuto una storia terrena, una vita terrena, ma come è accaduto a nessun altro una storia postuma, che la rende presente in modo singolare a a tutta la storia umana"[26].

In questa maniera la nostra storia viene toccata e diventa maggiormente consapevole dell'esistenza di quello che il Card. Siri denomina l'"altro mondo":

> "Ma questo intervento della Madre di Dio che cosa dice a noi? Dice questo: la presenza del vero mondo che è un altro da questo. La presenza di Lei, Madre divina. Noi non siamo soli, abbiamo l'impressione di avere attorno e presente a noi quello che soltanto vediamo e tocchiamo. Questo è l'infinitamente poco, il resto sappiamo con certezza che c'è: non lo vediamo, non lo tocchiamo, perché la nostra libertà deve

---

Santuario è stata raffigurata proprio la scena della Visitazione: la prima tappa. Naturalmente mentre oggi ricordiamo che la Vergine, quasi cinque secoli or sono, in questa mattinata si è soffermata sulla vetta di questo monte, noi dobbiamo ricordare tutto il pellegrinaggio (*Omelia per la festa di Nostra Signora della Guardia* (Santuario della Madonna della Guardia – 1974). "Si canta questo Vangelo perché il pellegrinaggio della Vergine, Madre del Signore, è incominciato allora e non è mai finito" (*Omelia per la festa di Nostra Signora della Guardia* (Santuario della Madonna della Guardia – 1980).

24 "La pagina del Vangelo che avete appena ascoltato ha narrato la prima visita di Maria Santissima: l'ha fatta appena era divenuta Madre di Dio… La Regina del mondo ha cominciato così! Ho l'impressione che non abbia avuto molte imitatrici a quel rango. Ma, ha cominciato – ho detto –, perché la visita continuata. Sappiamo poco di questa visita nel primo millennio; ma nel secondo millennio ne sappiamo molto; ha continuato a visitare – dopo la sua assunzione al Cielo – il mondo" (*Omelia per la festa di Nostra Signora di Montallegro* (Santuario di Montallegro – 1987) in R. SPIAZZI, *Le litanie della Beata Vergine. In pellegrinaggio a Montallegro*, Edizioni Studio Domenicano, Bologna, Bologna, 1994, pp. 8–12).

25 Nella festa dell'Assunzione diceva: "Perché nel giorno in cui si ricorda l'ultimo episodio della Vergine si legge questo brano che riguarda il principio? Perché a principio la sua strada era già segnata, ed il principio sta all'altezza della fine. La strada della Vergine è fra questi due punti, la sua strada… Vedete, appena avuto l'annuncio di essere la Madre di Gesù, è andata a trovare Elisabetta…Vedete, si è mossa poi sempre: tutti i Santuari di questo mondo che hanno avuto origine da una apparizione della Vergine sono la continuazione di questo. È essa che va a trovare i suoi figli, e il fatto che abbiamo letto questa mattina ha continuato a ripetersi dopo la sua Assunzione. Chissà quante altre volte si ripeterà ancora nella storia!" (*Omelia per la solennità dell'Assunzione di Maria* (Sestri Ponente – 1963). "La Vergine Santissima è venuta molte volte in questo mondo; direi che il suo pellegrinaggio, almeno nel secondo millennio della Chiesa, non ha fine e forse noi non lo conosciamo tutto" (*Catechesi ai vespri della festa di Nostra Signora della Pietà e del Soccorso* (Cattedrale di Genova – 1985).

26 *Catechesi ai vespri della festa di Nostra Signora della Pietà e del Soccorso* (Cattedrale di Genova – 1973). "Io vi invito a leggere, quando potrete, la vita postuma della Madre di Dio. La vita della Beata Vergine Maria ha un capitolo, e quello sta in cielo, e di quello cantiamo lode sine fine e va bene; a vedere non ci andiamo, perché per adesso non si può. Ma vi sono altri due capitoli quaggiù. Uno è la sua vita, della quale sappiamo poco, ma tanto quanto basta per entrare in una venerazione immensa per lei. E poi c'è un'altra vita sua, un altro capitolo, la parte postuma, dal momento in cui è andata in cielo fino a noi, fino a oggi, fino alla fine dei tempi, quaggiù in terra. Essa viene a passeggiare sulla terra. Viene sul serio. Tutte le apparizioni della Madonna!" (G. SIRI, *Esercizi Spirituali*, MG Editore, s.l., s.n., p. 355).

restare intatta a dare la prova e a raggiungere il merito della vita. Però c'è! La visita della Vergine Santissima, che dal momento della Sua Assunzione non appartiene più al nostro mondo, ci richiama la presenza, l'immediatezza e l'influsso di questo altro mondo"[27].

È questo il modo con cui la Vergine adempie a quella missione materna che il Figlio le affidò dalla Croce (cfr. Gv 19, 25–27)[28]. L'adempimento di questa missione non è totalmente percepibile, anzi in gran parte sfugge all'umana consapevolezza[29]. Alcuni aspetti però lo sono, cioè quelli legati appunto al suo "pellegrinaggio", alle sue apparizioni e ai suoi santuari:

> "La Vergine Maria è stata data come madre a tutto il genere umano, a tutti gli uomini. Mi pongo una domanda: Come ha eseguito questo ordine commessole dal Divin Salvatore in Croce? Naturalmente la risposta non può essere comprensiva di tutto, perché il più del lavoro – chiamiamolo così – della Vergine sta nel fondo delle anime, e questo, non avendo la percezione psicologica del lavoro di Dio nell'anima, sfugge al nostro controllo, per quanto noi possiamo sentirne, se siamo attenti alla nostra anima, le conseguenze. Pertanto, debbo dire che non posso rispondere pienamente, ma solo in parte. Così noi sappiamo che l'ufficio della Madre è – e quante fonti lo dicono! – sui fatti degli uomini. Si tratta molte volte di deviare una causa che è in corso, si tratta di cassare sviluppi che sarebbero logici; e qui l'intervento della Madre di Dio in favore nostro non ha un controllo; dei fatti può averlo, ma non di chi è la causa. Pertanto anche su questo aspetto, dopo avervelo mostrato, dichiarando che è immenso, debbo tacere. Vengo a dire quello che è a noi noto e che probabilmente, pur grandioso, non è il più dell'ufficio di Madre. La Vergine Santissima è venuta molte volte in questo mondo; direi che il suo pellegrinaggio, almeno nel secondo millennio della Chiesa, non ha fine e forse noi non lo conosciamo tutto"[30].

Questi interventi della Madre di Dio sono suscitati da particolari situazioni di bisogno dell'umanità e della Chiesa. Infatti,

> "generalmente queste apparizioni della Vergine, come quella sul monte Figogna, sono avvenute in un momento acuto. È carattere costante delle apparizioni della Vergine"[31].

---

27 *Omelia per la festa di Nostra Signora della Guardia* (Santuario della Madonna della Guardia – 1970). Su questo tema si veda anche *Omelia per la solennità dell'Assunzione (1981)* in G. SIRI, *Omelie per l'anno liturgico*, a cura di A. Filipazzi, Verona, Fede & Cultura, 2008, pp. 262–265.

28 "Essa è la Madre del Signore, che da Lui sulla Croce sentì affidarsi, nella persona di Giovanni, tutta l'umanità, e costituita così Madre di tutti gli uomini, interviene per compiere il Suo ufficio materno" (*Catechesi ai vespri della festa di Nostra Signora della Guardia* (Genova – 1985), in C. CAPPONI, *Magna cum parvis componere*, pp. 43–46). Per il commento del Card. Siri a questo brano evangelico si veda A. FILIPAZZI, *Sulla predicazione mariana del card. Giuseppe Siri*, pp. 337–340.

29 Infatti, nel "dialogo che si è sviluppato per secoli tra lei e i fedeli" bisogna ricordare che "le risposte sono per lo più ricevute nelle anime, conservate nel segreto, sentite profondamente nell'amore, ma non si recitano. Parlo quindi delle risposte che ha dato attraverso questo dialogo attraverso la Diocesi: e le risposte vennero attraverso i santuari" (*Catechesi ai vespri della festa di Nostra Signora della Pietà e del Soccorso* (Cattedrale di Genova – 1986).

30 *Catechesi ai vespri della festa di Nostra Signora della Pietà e del Soccorso* (Cattedrale di Genova – 1985).

31 *Omelia per la festa di Nostra Signora della Guardia* (Santuario della Madonna della Guardia – 1974). Nella stessa omelia il Card. Siri esemplifica tale affermazione: "Quando è apparsa su questo monte, Genova attraversava un periodo pericoloso per la sua libertà e per la sua stessa esistenza…

"La Vergine arriva quando è il momento; quando c'è la passione, quando c'è il pericolo, quando per qualche cosa di tragico nel vorticoso circolare della volontà umana mala, si prospetta la tragedia degli uomini... La Vergine dunque è una Madre che appare storicamente china sui propri figli e si preoccupa che le prove loro non diventino troppo gravi ed opprimenti"[32].

Nella sua predicazione il Card. Siri mette in rilievo alcuni snodi storici di particolare criticità nel secondo millennio cristiano[33] in relazione ai quali si sono registrati interventi straordinari e frequenti della Vergine Maria. Egli individua tali "moment acuti" soprattutto nella frattura della cattolicità causata da Lutero (specialmente in rapporto alle possibili conseguenze per l'Italia)[34] e, poi, a partire dal secolo XIX, a

---

Ci sono molte altre ragioni per cui sul declino di quel XV secolo la Vergine è venuta sul monte della Guardia. Ma per stare al momento soltanto in Liguria la stessa cosa sarebbe accaduta poco più che quarant'anni dopo a Savona, per lo stesso motivo. Savona era stata distrutta. Momenti acuti! Nel secolo scorso la Vergine Santa è venuta molte volte e ha sempre sottolineato i momenti acuti. In questo secolo è ritornata e ha sempre sottolineato i momenti acuti. Fatima, nel pieno della guerra, dove fu predetto l'avvenire... È tornata in Sicilia ventun'anni or sono per piangere. Sempre momenti acuti. Questa è una costante".

32 *Omelia per la festa di Nostra Signora della Guardia* (Santuario della Madonna della Guardia – 1983). "Questa nostra Madre ha pietà di noi e sa che tutto il mondo è soggetto ad uno sforzo terribile da parte delle opere del male e che sotto questo sforzo tante anime possono piegare. E allora si spiegano tutti questi interventi" (*Catechesi ai vespri della festa di Nostra Signora della Pietà e del Soccorso* (Cattedrale di Genova – 1972).

33 "Essa, si direbbe, non è entrata molto, esternamente, nel primo millennio della Chiesa; almeno i documenti non ci danno granché di informazioni in proposito. Comincia ad occuparsi degli uomini in modo così aperto, così reale, così direi da toccarsi con mano, soltanto nel secondo millennio. Mi domando: perché? C'è una ragione. La difficoltà delle comunicazioni rendeva il mondo più semplice. Siccome la storia ordinariamente si occupa dei peccati degli uomini e non delle virtù, bisogna dire che la storia del primo millennio non ci dà segnalazioni su questo punto. Pertanto, il pellegrinaggio, iniziato nel giorno dell'Annunciazione con la visita ad Elisabetta, si manifesta solo nel secondo millennio" (*Catechesi ai vespri della festa di Nostra Signora della Pietà e del Soccorso* (Cattedrale di Genova – 1985).

34 "Ho già avuto occasione di accennarvi, parlandovi del Regno di Dio, di quel tale dispositivo strategico che è stato fatto al tempo della Riforma protestante, che ha protetto l'Italia e gli altri paesi cattolici; quei santuari sorti poco prima o poco dopo, messi proprio ai valichi. Per esempio, chi legge la storia della Svizzera del XVI e XVII secolo, fino alla metà, capisce perché c'è stato il santuario di Tirano, messo lì, allo sbocco, dove scendevano abitualmente. Piantato lì, e li ha fermati. C'è stato un momento che la Valtellina era già in mano ai protestanti, ed è stato quel santuario che ha salvato la Valtellina" (G. SIRI, *Esercizi spirituali*, p. 355). "Se noi osserviamo l'intera storia delle manifestazioni della Beatissima Vergine in questo mondo, visibili agli uomini e documentate da tanti fatti sorprendenti e soprannaturali, noi osserviamo questa strana cosa: la maggior parte dei Santuari d'Europa – la maggior parte dico e non tutti perché le cose continuano anche ora – ricordano manifestazioni che si trovano disposte, direi su due opposte rive: prima dell'avvento del protestantesimo (e tra queste si conta l'Apparizione della Vergine sul monte della Guardia), le altre subito dopo la rivolta protestante. Tanto che si può dire che l'azione di contenimento di questa rottura dell'unità tra i cristiani fu fatta tutta dalla Vergine Santissima" (*Omelia per la festa di Nostra Signora della Guardia* (Santuario della Madonna della Guardia – 1983). "Evidentemente, se si guarda a tutto il complesso delle apparizioni che accadono in Italia e in Europa in questo tempo, tutta questa catena di apparizioni sembra – e non si può dare in realtà altra interpretazione – un divino intervento per salvaguardare l'Italia, e non solo l'Italia, dal veleno protestantico. La più gran parte delle apparizioni della Vergine in questo millennio accade prima e dopo il fatto di Martin Lutero; bisogna dunque collegare" (*Catechesi ai vespri della festa di Nostra Signora della Guardia* (Genova – 1985), in C. CAPPONI, *Magna cum parvis componere.* pp. 43–46). "Momento grande è quello che precede e segue la rivolta di Lutero. Sì c'è stato il Concilio di Trento a far la sua parte e

seguito dell'influsso dell'Illuminismo e di altre filosofie sulla vita degli Stati e della società[35].

Secondo il Card. Siri, è assodato – pur non volendo egli anticipare le decisioni che spettano alle Autorità della Chiesa[36] – che questo "pellegrinaggio" della Vergine Maria arriva fino ad oggi, con lo scopo di rispondere ai pericoli attuali[37], in particolare la secolarizzazione e l'attacco alla vita umana[38].

---

fu fondamentale; c'è stata la Controriforma e fu benedetta, anche se oggi è criticata da quelli che non sanno né la teologia né la storia. Ma fu la Vergine che fece il fronte di difesa contro l'eresia" (*Catechesi ai vespri della festa di Nostra Signora della Pietà e del Soccorso* (Cattedrale di Genova – 1973). "Abbiamo una serie di apparizioni della Vergine in questo periodo prima e dopo l'avvento del protestantesimo, come per prevenire i guai e come per sopirne dopo le tristi conseguenze... Il protestantesimo era arginato: quando si pensa che santuari sono sorti in seguito all'apparizione della Vergine allo sbocco di certe valli alpine, di dove i protestanti potevano venire a inquinare l'Italia, si capisce come la più grande lotta contro il protestantesimo non l'hanno fatta né i Papi né i teologi, l'ha fatta la Vergine Maria, è venuta Essa" (*Catechesi ai vespri della festa di Nostra Signora della Pietà e del Soccorso* (Cattedrale di Genova – 1985).

35 "Per qualche secolo si ha un certo riposo, ma quando nel secolo scorso si arriva alle ultime conseguenze ed applicazioni dell'illuminismo e all'hegelianismo, allora la Vergine esce nuovamente fuori e arriva in tempo a fornire a coloro che intendevano difendere e salvare la propria fede gli elementi anche miracolosi: basta ricordare Lourdes; ma Lourdes non è la sola: sono ben altre le apparizioni del secolo scorso. E quello che impressiona è che in questo secolo sono ancora aumentate rispetto al secolo scorso; pertanto c'è sempre, in queste apparizioni, un collegamento strettissimo con gli avvenimenti del mondo" (*Catechesi ai vespri della festa di Nostra Signora della Guardia* (Genova – 1985), in C. CAPPONI, *Magna cum parvis componere. I fioretti del Cardinale Siri*, ECIG, Genova, 2006, pp. 43–46). "Nel XIX secolo le apparizioni si susseguono: comincia a La Salette in Francia, prosegue a Lourdes... Perché? Nel secolo scorso, come conseguenza della Rivoluzione francese imperava l'Illuminismo, il quale non negava Dio, ma Lo rinchiudeva nei cieli, riservando a sé di dirigere la terra. Tutti gli Stati, o la gran parte almeno, sono stati diretti dall'Illuminismo, e anche lo Stato italiano" (*Catechesi ai vespri della festa di Nostra Signora della Pietà e del Soccorso* (Cattedrale di Genova – 1985).

36 "Ci sono dei fatti accaduti in questi ultimi anni, dei quali io non posso parlare perché non si è avuto il giudizio autorevole, competente, legittimo della Chiesa, ma continua" (*Catechesi ai vespri della festa di Nostra Signora della Pietà e del Soccorso* (Cattedrale di Genova – 1973).

37 "Oggi come ci troviamo? Oggi siamo a questo punto: gli uomini hanno fatto di tutto per migliorare la loro situazione materiale e, fino a un certo punto, ci sono riusciti, ma hanno fatto, stanno facendo, forse faranno, a loro danno una dimenticanza terribile... In noi non sono due parti che si equivalgono; il corpo è il meno, l'anima è il più. Le esigenze materiali soddisferanno al primo, qualche poco, indirettamente, anche alla seconda. Ma l'esigenza dell'anima sono ben altre, reclamano ben altri livelli, hanno bisogno di ben altri appelli e domandano ben altra contemplazione. Tutto questo è stato dimenticato... Un altro punto del contesto: si odia troppo. Gli strumenti delle idealità, dei programmi ed altro sono pervasi di odio, perseguiti con odio, odio dappertutto. L'effetto più grande delle guerre non sono i morti, anche se quelli vanno rimpianti per sempre, ma l'effetto più grande è l'avvelenamento di tutto, di tutti e singoli gli elementi della vita civile e di tutti e singoli gli uomini, e abbiamo dalle guerre imparato ad odiare. Non sappiamo che tanto quanto odiamo, altrettanto inutilmente soffriamo... Altro elemento del nostro contesto: dove se ne andata la felicità fra gli uomini? Dove? Chi ha davanti a sé nella propria memoria un arco di tempo sufficientemente lungo – e io che vi parlo sono in grado di ricordarmi di prima della prima guerra mondiale – sa benissimo quale precipitoso declino ha avuto la felicità tra gli uomini. Saltano, ballano, gridano, ridono, sghignazzano, non conoscono più la felicità. Il cielo si è oscurato. Indubbiamente gli uomini pensano meno a Dio a loro danno. Sono infelici" (*Omelia per la festa di Nostra Signora della Guardia* (Santuario della Madonna della Guardia – 1973).

38 "Il mondo ha pericoli gravi. Il primo l'ho detto: quello dell'Illuminismo... Ma c'è un'altra ragione: si direbbe che il mondo detto civile contesta la Creazione e il diritto sulla vita di Dio. Il pericolo è gravissimo. In questo anno l'Italia ha cominciato a diminuire di popolazione, e l'avvenire appare,

Il Messaggio di Maria

Come sopra ricordato, per il Card. Siri elemento "sostanziale" tanto delle manifestazioni mariane quanto dei santuari ai quali esse danno origine è il messaggio che in essi continua a risuonare[39]. Per questo egli mette in guardia da un approccio meramente "miracolistico" verso i santuari, dimenticando che essi, appunto perpetuando l'eco di tale messaggio, chiedono una risposta attiva da parte di chi a tali luoghi si accosta:

"E' facile essere portati a guardare i Santuari come a elementi puramente miracolistici. Certo, nei Santuari generalmente accadono anche dei miracoli, e miracoli sono accaduti nell'ultimo periodo, davanti a questa immagine della Vergine, soprattutto durante la peregrinazione che abbiamo fatto fare nell'anno 1948–49. Ma, non è soltanto l'aspetto miracolistico. Lasciato da solo ci indurrebbe in errore, perché tutte le apparizioni della Vergine, le tappe visibili postume alla sua Assunzione al cielo in questa terra, tutte portano un messaggio... E' evidente che tutto questo dice che non è solo il miracolo, ma c'è la parte degli uomini. E' una legge costante della Provvidenza. Dio aiuta, ma dice: "Aiutati!"... Dio lascia a noi l'onore di fare la nostra parte. Ecco perché i Santuari sarebbe un errore riguardarli soltanto nelle fonti di grazia. Lo sono, ma questa fonte di grazia non dispensa affatto da quello che dobbiamo fare noi... Questo è l'insegnamento dei Santuari che domandano un equilibrio tra quello che Iddio fa, anche in modo straordinario, e quello che dobbiamo fare, in modo ordinario"[40].

A chi visita o frequenta un santuario è dunque richiesto l'ascolto attento del messaggio che in quel luogo continua a risuonare:

"Questo è il messaggio! Potete venire quassù e non ascoltare il messaggio, contenuto nel fatto che questa basilica ricorda a noi? Non credo che questo sia possibile e neppur dignitoso: chi viene quassù deve sapere dove va; deve sapere qual è la parola che è rimasta sospesa nei secoli per servire a quelli che devono venire. E' giusto e decoroso che nelle cose di Dio si porti quel tanto di attenzione e profondità meditativa che esse meritano, e senza del quale noi rischiamo di stare, poveretti, a mordere la polvere della terra senza mai elevarci al di sopra della nostra miseria!"[41]

---

per questo solo fatto, se vogliamo esso solo considerare, appare oscuro, ricco di nembi, che a suo tempo porteranno tempesta. Il pericolo è che gli uomini non dico stanchino la Divina Misericordia, perché Dio non si stanca, ma lo si può dire così per metafora, per esprimersi più profondamente, più energicamente. Gli uomini stanno stancando la Divina Provvidenza, e allora si capisce per cui non c'è più nulla che cammini secondo il cammino diritto, secondo la linea di una giusta ragione, secondo una moralità seria, e forse noi stessi non abbiamo fatto tutti il nostro dovere (*Catechesi ai vespri della festa di Nostra Signora della Pietà e del Soccorso* (Cattedrale di Genova – 1985).

39 "L'apparizione è una grande e bella cosa; è stata certo una soddisfazione per il brav'uomo, il pastore che l'ha vista e ha colloquiato con Lei. Ma vedete, questa non è la sostanza; la sostanza è un'altra. È quello che la Madonna ha detto, è il messaggio che ha presentato agli uomini del suo tempo qui nel Genovesato e che per la rinnovata solennità continua a ripresentare a noi" (*Catechesi ai vespri della festa di Nostra Signora della Guardia* (Genova – 1985), in C. CAPPONI, *Magna cum parvis componere*, pp. 46–49).

40 *Omelia per la festa di Nostra Signora della Guardia* (Santuario della Madonna della Guardia – 1974).

41 *Omelia per la festa di Nostra Signora di Montallegro* (Santuario di Montallegro – 1987) in R. SPIAZZI, *Le litanie della Beata Vergine*, pp. 8–12.

Secondo il Card. Siri, il messaggio della Vergine Maria è sempre sostanzialmente il medesimo. Riferendosi al Santuario della Guardia, dice:

> "E qual è il messaggio? E' questo: Pregate, fate penitenza, costruite qui una chiesa e veniteci in pellegrinaggio. Se noi compariamo l'apparizione della Madonna sul monte Figogna con tutte le altre apparizioni che sono avvenute nel mondo, noi troviamo l'identità del messaggio, sempre. Qualche volta ha aggiunto qualche altra cosa, ma questa è sempre stata la forma, la sostanza del messaggio della Vergine"[42].

Si tratta di un triplice invito che non si sofferma su aspetti secondari, ma che mira direttamente alla salvezza dell'uomo nel tempo e nell'eternità, e che, proprio per questo, non intende essere accattivante o piacevole, ma serio e veramente utile[43].

Nelle sue omelie il porporato genovese ha illustrato il triplice contenuto di questo messaggio lasciato dalla Vergine.

Circa la preghiera, il Card. Siri vede nell'invito della Vergine anzitutto un'esortazione a recuperare una pratica forse perduta da non pochi[44] in mezzo allo straripante frastuono di tante altre parole[45]. Occorre rendersi conto che pregare significa "parlare con Dio", cioè stare alla sua presenza in atteggiamento di adorazione, e questo incontro però non può rimanere senza conseguenze nella vita:

> "Quando si prega, ci si ricorda e ci si lascia guidare da due riflessioni. La prima eccola: si parla con Dio e, pertanto, ci si ispira al rispetto, all'adorazione. La seconda eccola: quello che si dice, lo si dice a Dio; si è alla presenza di Dio. Qualunque orazione stabilisce noi alla diretta presenza di Dio. Ci siamo sempre, ma questa è più qualificata, più profonda e più feconda. Parlare con Dio. Siamo meravigliati quando ci tocca parlare con qualche grande personaggio: lui è uomo e siamo uomini anche noi. Ma quando si parla con Dio, si parla con il Creatore, con l'Onnipotente e l'Eterno; e allora la preghiera, quando è fatta bene, è una cosa seria. Ed è talmente seria che piega l'azione della volontà, rompe le tentazioni, forma alla seria considerazione del nostro essere, del nostro fine, del nostro ultimo traguardo. L'orazione fatta bene si espande come una

---

42 *Omelia per la festa di Nostra Signora della Guardia* (Santuario della Madonna della Guardia – 1986). "Il messaggio, generalmente, oltre a altri dati specifici, contiene questi tre avvertimenti: penitenza, orazione, pellegrinaggio" (*Omelia per la festa di Nostra Signora della Guardia* (Santuario della Madonna della Guardia – 1974). Infatti, per il Card. Siri, questo è anche il messaggio della Vergine a Lourdes: "Il fatto di Lourdes comporta un Messaggio che la Vergine, là, ha portato. Quel Messaggio chiede la penitenza, la preghiera, il pellegrinaggio orante alla Santa Grotta come simbolo di una uscita dalla depravata e contaminante Città del Mondo" (*Il centenario dell'apparizione della Vergine Immacolata*).

43 "Evidentemente questo messaggio non è un messaggio da carnevale, è un messaggio serio che impone riflessione e domanda spirito di sacrificio" (*Catechesi ai vespri della festa di Nostra Signora della Guardia* (Genova – 1986), in C. CAPPONI, *Magna cum parvis componere*, pp.46–49).

44 "Io penso che tra quelli che mi stanno ascoltando ce n'è – e non uno solo – che non dice più le orazioni del mattino e della sera. Mi permetta di ricordargliele: la vita senza un incontro col Signore è una vita ben oscura e tenebrosa. Accolga questo richiamo e ci pensi seriamente. Dio si occupa di noi, ma lascia molto alla nostra iniziativa, perché avendoci data la libertà, dobbiamo usarla" (*Omelia per la festa di Nostra Signora della Guardia* (Santuario della Madonna della Guardia – 1986).

45 "E' forse superfluo ricordare a tutti che pregare vuol dire parlare con Dio e con le cose divine? Occorre di più per raccomandare la preghiera? Occorre di più per dire che nella preghiera tutte le cose trovano la loro sistemazione, anche tra le faccende umane? In mezzo a tutto questo eloquio, fatto in tutti i modi, straripante e assorbente che è intorno a noi, si trovi il tempo di parlare con il nostro Creatore e Padre!" (*Omelia per la festa di Nostra Signora della Guardia* (Santuario della Madonna della Guardia – 1986).

macchia d'olio e copre tutto; la Vergine ha chiesto questo, perché sapendo che se Le fosse stata data, la misericordia e la Grazia non avrebbero avuto più confini"[46].

La preghiera ha quindi un nesso profondo con l'esistenza, la quale da essa viene trasformata, anche perché deve essere coerente con quanto la preghiera esprime[47].

Riprendendo delle considerazioni che si ritrovano anche in altri contesti[48], il Card. Siri ricorda, poi, ai fedeli che il termine "penitenza" ha una duplice accezione. La prima, che è quella più comunemente intesa (atti di penitenza), non è però quella principale ("cambiare la testa"):

> "La vera penitenza è togliere la volontà cattiva, resa tale col peccato, dal peccato stesso. Cambiare volontà: questa è la vera penitenza. Noi diamo il nome di penitenza anche ad atti che comportano dolore, rinuncia, e tutto questo sta bene, e ci vuole anche questo. Ma la vera penitenza è cambiare le testa, cambiare la volontà"[49].

Senza questo cambiamento profondo, le mortificazioni e le penitenze non avrebbero senso[50], ma, d'altra parte, esse sono una componente necessaria dell'itinerario penitenziale, affinché esso non resti solo teorico e velleitario[51].

Fra l'altro, secondo Siri, solo la pratica della vera penitenza consentirà di raggiungere la pace autentica[52].

---

46 *Catechesi ai vespri della festa di Nostra Signora della Guardia* (Genova – 1986), in C. CAPPONI, *Magna cum parvis componere*, pp.46–49.

47 "Tutti siete qui per pregare. Ma vi rendete conto della coerenza che la preghiera deve annettere alla nostra vita? Nella preghiera si pensa a Dio, nella preghiera si adora Iddio, ci si inginocchia davanti al Signore, si tratta, si pensa o si parla con cose eterne, con la Madre del Signore; d'accordo, ma impone una coerenza nel rimanente. Non possiamo noi esser soddisfatti, come non lo è Dio, di una vita che abbia dei momenti di orazione, dei momenti di sentimento e magari di esaltazione religiosa, e abbia dei momenti di contraddizione. No, noi siamo su questo monte per contemplare un'immagine che ci parla della Verginità, della Maternità, della amabilità della Vergine. Ammiriamo queste cose, ma non possiamo contraddirle in modo smaccato, continuativo, cosciente, nella nostra vita (*Omelia per la festa di Nostra Signora della Guardia* (Santuario della Madonna della Guardia – 1974).

48 Cfr., ad esempio l'*Omelia per il Mercoledì delle Ceneri (1984)* in G. SIRI, *Omelie per l'anno liturgico*, pp. 84–86.

49 *Omelia per la festa di Nostra Signora della Guardia* (Santuario della Madonna della Guardia – 1986).

50 "Ha chiesto che si faccia penitenza. Non si tratta – sempre almeno – che si debbano prendere dei flagelli; chi lo vuole, lo può fare. La penitenza è una cosa diversa. Consiste nel cambiare la testa, cambiare modo di pensare, modo di scegliere, modo di aderire. La grande penitenza è questa. Tutte le altre mortificazioni, rinunce, dolori sono per confermare questa ragione intima. Che importerebbe flagellarsi se non cambiassimo idea, quando l'idea è sbagliata; se non cambiamo modo di sentire, di pensare, di decidere le nostre azioni, quando esse sono sbagliate?" (*Omelia per la festa di Nostra Signora della Guardia* (Santuario della Madonna della Guardia – 1974).

51 "C'è un'accezione della penitenza che è però ridotta, e sono allora indicati con la parola penitenza tutti quegli atti di sopportazione di sofferenza, anche di dolore da noi eletto e voluto per restituire, con qualche cosa che soffra in noi, l'amore a Dio. Anche questa penitenza è necessaria. Credo che se qualche poco non la si pratica, nella vita non si conclude nulla, spiritualmente; si parla, ma è tutto a vanvera. Ci vuole anche questa. Però non è la più importante" (*Catechesi ai vespri della festa di Nostra Signora della Guardia* (Genova – 1986), in C. CAPPONI, *Magna cum parvis componere*, pp.46–49).

52 Essa "sarà la vera azione in favore della pace. Perché il rimanente alla pace non serve. Serve che gli uomini ridiventino buoni. Stiamo attenti a non spostare gli oggetti della nostra ricerca e della nostra invocazione. La pace la si assicura con la virtù. Se al mondo non ci fossero cattivi e peccatori, guerre non ce ne sarebbero e neanche l'armamento delle guerre" (*Omelia per la festa di Nostra Signora della Guardia* (Santuario della Madonna della Guardia – 1986).

Infine, nelle sue apparizioni la Vergine Maria ha chiesto l'edificazione di una chiesa – il santuario – dove recarsi in pellegrinaggio. La comunità dei credenti ha bisogno di una casa in cui radunarsi come famiglia di Dio[53]. Ma la Vergine colloca questi suoi santuari, in genere, fuori dalla città, in luoghi solitari – infatti, "è apparsa naturalmente fuori città, in campagna, sui monti, nelle lande"[54] –, non facili da raggiungere[55]: questo diventa, secondo il Card. Siri, un messaggio, un invito a "venire dalla città del mondo e andare verso la città di Dio"[56]. Si tratta di "un fatto di abbandono da una parte, un fatto di ricerca dall'altra"[57].

In realtà, "la città può essere buona, può essere cattiva; non è necessariamente cattiva, come non è necessariamente buona"[58]. Ciò che è veramente richiesto è uscire dal "mondo",

> "quello che nel Vangelo è indicato come una specie di atmosfera che raccoglie i peccati di tutti gli uomini, le conseguenze dei peccati, tutte le alimentazioni indegne dei nostri sentimenti e dei nostri istinti, raccolti quasi come in un aere dispersa che si respira quasi senza avvertirlo; è il mondo, fatto dalle cattiverie di tutti che lasciano un sedimento nella vita comune e che diventano praticamente insegna e indicazione per il contegno degli uomini"[59].

In particolare, il Card. Siri sottolinea quell'atmosfera contrassegnata dalla noia che domina nella "città del mondo" in conseguenza del suo allontanamento da Dio[60].

---

53 "Essa ha chiesto un tempio. Perché? Non dimentichiamoci che con la Redenzione e con il Battesimo che l'amministra, noi siamo diventati famiglia di Dio. Ed è per questo che ad una famiglia corrisponde una casa. Ed è per questo che ci vuole la casa che si chiama chiesa. Qui siamo tutti figli di Dio. A queste pietre, come a tutte le pietre di questo mondo, ordinate in modo architetturale, espressione di grande e sublime bellezza, è dato l'incarico di custodire la grande realtà della famiglia di Dio. E se guardiamo attraverso i secoli, ammirando le cose più belle che sono nel mondo, comprendiamo quale è la missione che è stata data anche alle pietre" (*Omelia per la festa di Nostra Signora della Guardia* (Santuario della Madonna della Guardia – 1986).

54 *Catechesi ai vespri della festa di Nostra Signora della Guardia* (Genova – 1986), in C. CAPPONI, *Magna cum parvis componere. I fioretti del Cardinale Siri*, ECIG, Genova, 2006, pp. 46–49.

55 "Questo bisogna intendere: che la Vergine sia apparsa sul monte, che ad ascenderlo a piedi non è poi cosa tanto facile e piccola; vuol dire sforzo di volontà, vuol dire resistenza di volontà, forza, resistenza che danno veramente il primato all'uomo che le porta" (*Omelia per la festa di Nostra Signora della Guardia* (Santuario della Madonna della Guardia – 1986).

56 *Omelia per la festa di Nostra Signora della Guardia* (Santuario della Madonna della Guardia – 1980). In un altro testo il cardinale parla di un "uscire dal mondo, per andare nel deserto, verso Dio" (*Catechesi ai vespri della festa di Nostra Signora della Guardia* (Genova – 1986), in C. CAPPONI, *Magna cum parvis componere*, pp.46–49). E ancora afferma: "Il messaggio qual è? Cari, per incontrare Dio, ultimamente bisogna uscire dalla città, dal mondo" (*Omelia per la festa di Nostra Signora di Montallegro* (Santuario di Montallegro – 1987) in R. SPIAZZI, *Le litanie della Beata Vergine*, pp. 8–12.

57 *Omelia per la festa di Nostra Signora della Guardia* (Santuario della Madonna della Guardia – 1986).

58 *Catechesi ai vespri della festa di Nostra Signora della Guardia* (Genova – 1986), in C. CAPPONI, *Magna cum parvis componere. I fioretti del Cardinale Siri*, ECIG, Genova, 2006, pp. 46–49. D'altra parte, ritiene anche che "la città del mondo, qualunque città del mondo (potrebbe essere anche Genova) ha molte cose che non vanno. Ha molta noia, certo, e molti se la meritano. Ha molta tristezza, e molti se la meritano. Ha le cose congiurate contro di sé, e molti se lo meritano" (*Omelia per la festa di Nostra Signora della Guardia* (Santuario della Madonna della Guardia – 1986).

59 *Catechesi ai vespri della festa di Nostra Signora della Guardia* (Genova – 1986), in C. CAPPONI, *Magna cum parvis componere*, pp. 46–49.

60 "Uscire dal mondo. Uscire di là dove si impara a cantare, a ballare, a fare altre stramberie pur di accontentare i propri sensi, pur di allontanare la propria noia, perché almeno questa la patiscono

Quindi, uscire dal mondo significa

> "Togliersi dalla testa le sue distrazioni[61], le sue suggestioni, che sono quasi tutte sbagliate. Uscire dal suo peccato, dalla sua contaminazione – per cercare – nell'aria pura – la purezza della vita e dell'intelligenza"[62].

La Vergine, con il suo invito al pellegrinaggio, ci fa dirigere

> "verso i traguardi di Dio, dove ci si incontra soltanto con la Vergine, coi santi Sacramenti, con la Grazia di Dio, con il perdono, con la luce del Signore. Andare là, e, anche quando si ritorna, aver sempre l'animo volto a quel pellegrinaggio che si distacca dal male e vuole spesso, anzi, se ha buona volontà, sempre afferra il bene"[63].

Circa il messaggio di Maria, il Card. Siri attira l'attenzione anche sugli interlocutori scelti dalla Vergine:

> "Bisogna osservare la scelta dei suoi interlocutori da parte della Madre di Dio; perché i suoi interlocutori si trovano sempre tra gente umile, preferibilmente bambini. Domandiamoci perché. Vedete: è una constatazione che bisogna fare tutti i giorni; la felicità, quella poca, la moralità cominciano per terra; man mano che si sale – guardate! – la felicità scompare. Ho conosciuto qualcuno dei grandi – e ho avuto tante occasioni! – nessuno l'ho trovato felice; e quanto più era l'accaldarsi nel creare distrazioni esterne, tanto più profondo era il dolore e la desolazione e spesso la disperazione occulta"[64].

Tale rapporto privilegiato con i piccoli e gli umili non riguarda solo il momento della manifestazione mariana, ma appare anche nella storia dei santuari della Madre di Dio, la cui edificazione si deve proprio alla generosità dei poveri[65].

---

tutti e non soltanto – come stupidamente si dice – quelli che vanno a fare il servizio militare. La patiscono tutti, è il male del secolo, e il secolo che non si piega tutto a Dio, e Dio lo obbliga ad avere noia; perché gli uomini scappano, perché sono annoiati e cercano fra le altre cose di portare con meno sforzo questa vita, questo peso indegno e che generalmente merita. La noia. I cattivi divertimenti, i cattivi colloqui, i cattivi rapporti, e non mi spiego di più perché ne sapete meglio di me" (*Catechesi ai vespri della festa di Nostra Signora della Guardia* (Genova – 1986), in C. CAPPONI, *Magna cum parvis componere*, pp. 46–49). Al "male del secolo" Giuseppe Siri dedicò nel 1952 una Lettera pastorale al clero (cfr. *Il male del secolo. Lettera pastorale al clero*, in *Rivista Diocesana Genovese*, 1953, pp. 19–34 e anche in www.cardinalsiri.it).

61 Una Lettera pastorale del Card. Siri scritta nel 1984 tratta il tema della distrazione (cfr. *La distrazione – Lettera pastorale* in *Rivista Diocesana Genovese*, 1984, pp. 153–157 e anche in www.cardinalsiri.it).

62 *Omelia per la festa di Nostra Signora di Montallegro* (Santuario di Montallegro – 1987) in R. SPIAZZI, *Le litanie della Beata Vergine*, pp. 8–12.

63 *Catechesi ai vespri della festa di Nostra Signora della Guardia* (Genova – 1986), in C. CAPPONI, *Magna cum parvis componere. I fioretti del Cardinale Siri*, ECIG, Genova, 2006, pp. 46–49).

64 *Omelia per la festa di Nostra Signora di Montallegro* (Santuario di Montallegro – 1987) in R. SPIAZZI, *Le litanie della Beata Vergine*, pp. 8–12.

65 "La Basilica della Guardia non è sorta per l'erogazione di qualche grande personaggio, di qualche riccone, no. Erano i più distanti costoro. La Basilica della Guardia è sorta per le mani del popolo commune... Questo Santuario oggi è splendido; non si direbbe che l'ha fatto la gente comune, che l'ha fatto la gente povera, no. Eppure è così" (*Catechesi ai vespri della festa di Nostra Signora della Guardia* (Genova – 1985), in C. CAPPONI, *Magna cum parvis componere. I fioretti del Cardinale Siri*, ECIG, Genova, 2006, pp. 46–49).

Conclusione

Queste pagine hanno voluto principalmente permettere una conoscenza diretta di alcuni testi del Card. Giuseppe Siri sul tema delle manifestazioni mariane e dei santuari ai quali esse hanno dato origine, cercando di offrirne una lettura in modo sistematico. Si spera di aver offerto così un mezzo per conoscere una parte di quella predicazione non solo mariana del porporato Genovese, che è tuttora in gran parte non pubblicata, anche se tuttora persiste l'eco ammirata di chi potè udirla dalle labbra del cardinale.

Le riflessioni da lui sviluppate e proposte nella predicazione ci sembrano ancora assai valide e utili sia per l'impostazione pastorale dei santuari sia per un'autentica devozione mariana.

Come conclusione provvisoria di questa ricognizione, che andrebbe allargata ad altri testi e argomenti e che dovrebbe essere inquadrata all'interno del pensiero teologico e spirituale dell'autore, possiamo affermare che trovano ulteriore conferma alcune caratteristiche del magistero dell'Arcivescovo di Genova da più parti rilevate: brevità, chiarezza, profondità teologica e spirituale, sensibilità storica[66], capacità di leggere in profondità il presente. Per questo il Card. Giuseppe Siri, ad oltre vent'anni dalla sua morte, rimane una voce che merita di essere ascoltata.

---

66 Su questo aspetto si veda A. GORINI, *Il cardinale Giuseppe Siri e gli studi storici: elementi relativi al piano effettivo*, in SOVRANO MILITARE ORDINE DI MALTA, COMMISSIONE SCIENTIFICA PER GLI APPROFONDIMENTI BIOGRAFICI SUI SANTI E SUI BEATI DELL'ORDINE, *Atti del convegno internazionale, 18 settembre 1999*, a cura di D. VENERUSO – L. TACCHELLA – F. VON LOBSTEIN – G. SCARABELLI, Pietrabissara (Genova), 2000, pp. 65–85; A. GORINI, *Storia e storiografia nel pensiero del cardinale Giuseppe Siri*, in *Missione e carità. Scritti in onore di p. Luigi Mezzadri C.M.*, a cura di F. LOVISON – L. NUOVO, Edizioni CLV, Roma, 2008, pp. 607–621.

Peregrinatio religiosa: Fundamentalia und Propria des Wallfahrtswesens aus theologischer Sicht

Andreas Fuchs

„Je pense, donc je suis" – Diese Kurzformel darf als eine der wichtigsten und prägendsten Reflexionsstationen der Philosophiegeschichte betrachtet werden, besonders im Hinblick auf die sich konstituierende neuzeitliche Philosophie. Ausgehend von dem grundlegenden Zweifel legt R. Descartes ein neues und zugleich auch modernes Fundament, das philosophische Reflexionen der folgenden Zeit maßgeblich beeinflussen wird. Das „Cogito ergo sum" wird zum Charakteristikum rationalistischen Philosophierens und erhebt seinen Erfinder in den Olymp wichtiger Philosophen. Der Blick auf den biographischen Kontext des Cogito ermöglicht eine interessante erste Annäherung zum Wesen und Sinn der Wallfahrt. Seine entscheidende philosophische Entdeckung macht R. Descartes nämlich im bayerischen Ort Neuburg an der Donau und er verbindet dieses Schlüsselerlebnis unmittelbar mit dem Gedanken an eine Wallfahrt. Es wird berichtet, dass R. Descartes aus Dank für seine philosophische Einsicht eine Wallfahrt nach Loreto gelobte, die er einige Jahre später auch vollzog.[1] Die Bedeutung und der Sinn der Wallfahrt zeigen sich gerade im Blick auf R. Descartes. Wenn schon der „Vater der neuzeitlichen Philosophie" eine Wallfahrt unternahm, erkennt man den performativen und modernen Charakter dieser Frömmigkeitsform. Die Wallfahrt ist weder Signum unaufgeklärter Volksfrömmigkeit, noch Charakteristikum des antimodernen Menschen. Die Wallfahrt erweist sich vielmehr als modernes Geschehen. Das Cogito ergo sum zeigt, dass Wallfahren nicht nur von religionsgeschichtlicher Bedeutung ist, sondern vor allem auch geistesgeschichtliche Relevanz hat. Im Folgenden sollen grundlegende Aspekte zum Wesen und der Sinn des Wallfahrens beleuchtet werden. Nach den terminologischen Überlegungen soll aus alttestamentlicher Perspektive ein Blick auf das Wallfahrtswesen ermöglicht werden. Die Wallfahrt ist nicht nur modern, sondern sie hat auch eine reiche Tradition.

---

1 Vgl. J. Hirschberger, Geschichte der Philosophie Bd. 2, Freiburg [11]1980, 90.

Zur terminologischen Pluriformität eines Phänomens

Insofern der Begriff der Wallfahrt in seinem Zusammenhang mit dem religiösen Akt im weiteren Sinn zu deuten ist, wird sowohl sein breites inhaltliches Spektrum erahnbar, als auch sein direkter Bezug zu den zahlreichen Termini des religiösen Lebens ersichtlich, die in ihrer geschichtlichen Konkretion und auch in der systematisierenden theologischen Abstraktion in ihrem inhaltlichen Bedeutungsgehalt eine breite Varianz aufweisen. Formen und Ausprägungen der Volksfrömmigkeit, der Heiligenverehrung, des Patronatsgedankens, des Devotionalienwesens, des Reliquienkultes, ja der gelebten Spiritualität im Allgemeinen sind für den Begriff und das Wesen der Wallfahrt prägend. Insofern handelt es sich bei der Wallfahrt um ein sich stets entwickelndes Phänomen mit hohem kontextuellen Deutungsgehalt.

Die Begriffe Wallfahrt und Pilgerfahrt finden sehr häufig synonyme Verwendung.[2] In unterschiedlicher Weise wird bisweilen von mancher Seite eine Unterscheidung des Bedeutungsgehaltes der beiden Begriffe vertreten. Als Unterscheidungskriterium wird die räumliche und zeitliche Dimension der Reise angeführt. Während die Pilgerfahrt von großen Entfernungen und dem grundsätzlichen Verweilen in der Fremde gekennzeichnet ist, wird das begrenzte Unterwegssein zum Charakteristikum der Wallfahrt. Die Wallfahrt bezieht sich dabei auf einen näher gelegenen Ort, vollzieht sich in einem überschaubaren zeitlichen Rahmen und kann außerdem mehrmals wiederholt werden.[3] Als weiteres Unterscheidungskriterium zwischen Wallfahrt und Pilgerfahrt wird auch die Form der Durchführung angesehen. H. Dünninger erkennt im Einfluss gewisser theologischer Literatur einen wesentlichen Faktor für den synonymen Gebrauch der Begriffe Wallfahrt und Pilgerfahrt. Demgegenüber votiert er für eine klare Unterscheidung der beiden Begriffe. Während er die Pilgerfahrt der Privatfrömmigkeit zuordnet, sieht er in der Wallfahrt ein Phänomen der Volksfrömmigkeit.[4] Vor dem Hintergrund dieser Unterscheidung definiert er die Wallfahrt in Abgrenzung zu den liturgischen supplicationes und den Bittgängen.[5]

Aus theologischer Sicht erscheint eine strikt antonyme Verwendung der beiden Begriffe Wallfahrt und Pilgerfahrt in der heutigen Verwendung nicht als sinnvoll.[6]

---

2   H. Dünninger verweist in seiner ausführlichen Abhandlung über die terminologische Unterscheidung zwischen Wallfahrt und Pilgerfahrt darauf, dass im alltäglichen Sprachgebrauch auch der Begriff der „Prozession" mit dem Begriff der Wallfahrt ineinsgesetzt wird. Er verweist darauf, dass dies nicht nur im 20. Jahrhundert landläufig vorzufinden ist, sondern er datiert diese Begebenheit zurück bis hin zu Lorenz Fries im 16. Jahrhundert. Vgl. H. Dünninger, Wallfahrt und Bilderkult. Gesammelte Schriften, Würzburg 1995, 12.

3   I. Jehle führt die zeitliche und räumliche Begrenztheit der Wallfahrt als entscheidendes Kriterium der Unterscheidung von Wallfahrt und Pilgerfahrt an. Gleichzeitig verweist sie jedoch auch darauf, dass in der allgemeinen Verwendung der beiden Begriffe keine Unterscheidung vorgenommen wird. Vgl. I. Jehle, Der Mensch unterwegs zu Gott. Die Wallfahrt als religiöses Bedürfnis des Menschen – aufgezeigt an der Marienwallfahrt in Lourdes, Würzburg 2002, 22.

4   Vgl. H. Dünninger, Wallfahrt und Bilderkult. Gesammelte Schriften, Würzburg 1995, 30.

5   Vgl. H. Dünninger, Wallfahrt und Bilderkult. Gesammelte Schriften, Würzburg 1995, 31.

6   So wird auch in den einschlägigen theologischen Lexika keine inhaltlich verbindliche Trennung der beiden Termini vertreten. Die gerade im 15. Jahrhundert auftretende terminologische Unschärfe hinsichtlich des Wallfahrtsphänomens manifestierte sich vielmehr im Zuge der Konfessio-

Vielmehr beziehen sich beide Begriffe auf das sich religionsgeschichtlich überaus facettenreich konkretisierende Gottsuchen des Menschen. Dass diese sich frömmigkeitsgeschichtlich aktuierende Suchbewegung nicht nur mit einem Begriff besetzt wird, sollte nicht als Stein des Anstoßes gewertet werden, sondern ist vielmehr deutliches Zeichen und greifbares Indiz für die Vielfältigkeit des Phänomens selbst. Aus theologischer Sicht ist jedoch die je eigene inhaltliche Akzentuierung beachtenswert, die sich aus der unmittelbaren etymologisch-theologischen Betrachtung der beiden Begriffe „Wallfahrt" und „Pilgerfahrt" ergibt. Während der Terminus „Wallfahrt"[7] etymologisch in Verbindung mit dem westgermanischen „wallen" die spezifische Form des Unterwegssein zu einem heiligen Ort akzentuiert[8], verbindet sich mit der Pilgerfahrt der Blick auf die letzte Bestimmung des Menschen und die Begrenztheit der irdischen Existenz. Angesichts des Gerichts gilt es schon während der praemortalen Existenz als Pilger die eschatologische Prägung und diesseitige Begrenztheit des Menschen nicht zu vergessen. Insofern birgt die Pilgerfahrt ein wesentliches Moment individueller Eschatologie, steht jedoch auch in untrennbarer Verbindung zum allgemeinen Gericht. Aus theologischer Sicht wird dabei die ganzheitliche Sicht des Menschen konkret, der nicht nur individuelle Erlösung und Gericht erfährt, sondern auch in seiner Beziehung zu seinem Mitmenschen gesehen wird. Das Pilgertum auf das individuelle Moment zu beschränken verkennt die wesentliche Relation jedes Pilgers zur Menschheitsfamilie, die außerdem aus christlich eschatologischer Sicht transzendiert wird durch die „familia dei" in umfassendem Sinn.

Die christliche Wallfahrt, wie auch die Pilgerfahrt hängen mit der „peregrinatio" zusammen, dem sich in die Fremde begeben aus einem aszetisch-spirituellen Motiv. Der Peregrinus, unter den man im klassischen Latein gemäß dem römischen Rechtssystem den Nichtbürger versteht,[9] erhält im theologischen Kontext eine vielschichtige Bedeutung. Zu den drei prägenden Bedeutungen der peregrinatio gehören das Aufbrechen in die Ferne, die Deutung der irdischen Existenz als Exil und der Blick auf das himmlische Jerusalem als wahre Heimat des Menschen.[10] Der Begriff peregrinatio erfährt in seiner Verwendung mit der Zeit eine Bedeutungserweiterung. Tertullian, der als erster christlicher Autor den Begriff peregrinus aufgreift, verwendet ihn im Sinne des Zustandes der Fremdheit.[11] In der monastisch-aszetischen Bewegung bezieht er sich auch auf den Aspekt der *imitatio Christi*, der Loslösung vom Diesseits und bekommt somit den direkten Bezug sowohl zum syrischen Asketentum, als auch zum ägyptischen Eremitentum.[12] Im westlichen

---

nalisierung in der bis heute verbreiteten „Generalisierung der Terminologie." Vgl. H. Kühne, Wallfahrt V. Kirchengeschichtlich, in. TRE 35 (2003), 425.

7   Das Wort Wallfahrt geht zurück auf das Wort „walevart" und steht auch in Verbindung mit der „betevart". Die Bittfahrt und auch der Bittgang sind bis heute gebräuchliche Termini, die den besonderen Charakter des Unterwegsseins zum Ausdruck bringen. Vgl. Trübners Deutsches Wörterbuch, Berlin 1957, Bd. 8, 34.

8   Vgl. Trübners Deutsches Wörterbuch, Berlin 1957, Bd. 8, 33.

9   Vgl. H. Kühne, Wallfahrt V. Kirchengeschichtlich, in: TRE 35 (2003), 423.

10 Vgl. A. Solignac, Pèlerinages, in: DSp 12/1 (1984), Sp. 890.

11 E. Lanne, Peregrinatio, in: DIP 6 (1980), Sp. 1424.

12 Vgl. H. Kühne, Wallfahrt V. Kirchengeschichtlich, in: TRE 35 (2003), 424.

Mönchtum konkretisierte sich der Peregrinusgedanke besonders in der iroschotti-schen Bewegung der Wandermönche und erhielt durch den Aspekt der *memoria* an heiligen Stätten eine wesentliche Verbreitung. Die ausgeprägte und sich entwi-ckelnde „peregrinatio ad loca sancta", zu denen man besonders Rom und Jerusalem zählte, wird zum aussagekräftigen Zeugnis christlicher Lebensführung. Die Pil-gerfahrt ins Hl. Land gilt als „Zeichen der Heiligkeit" und wird sogar manchen Persönlichkeiten fälschlicherweise zugeschrieben, um ihr Ansehen zu erhöhen.[13] Die Peregrinatio bezieht sich dabei im Verlauf der Geschichte nicht nur auf die Stadt Rom als durch das Christentum wesentlich geprägte Kulturstatt und wichtige Wirkungsstätte der Apostel, sondern vor allem auch auf Jerusalem und Santiago di Compostela. Auch wenn Rom, Jerusalem und Santiago di Compostela zu den be-deutenden Pilgerorten gezählt wurde und ihnen damit auch die Deutung als „peregrinationes maiores" zukam, fand der Ausdruck der peregrinatio seit dem 13. Jahrhundert auch im Zusammenhang mit dem Besuch näher gelegener Pilger-stätten Verwendung.[14] Die große Distanz, die man zu den großen Pilgerzielen zu-rücklegte, lud auch zum Gedächtnis, zum Gebet und zur Besinnung an kleineren Pilgerstätten ein. Es entwickelte sich damit eine gewisse „(…) Kumulation von Ziel-punkten einer Pilgerfahrt."[15] Die Ausweitung des Peregrinus-Begriffs wird auch im Zusammenhang mit kirchenrechtlichen Vorzügen gedeutet. Nicht zuletzt durch die Lateransynoden wurden die Gefangennahme oder das Ausrauben eines Pilgers kirchenrechtlich sanktioniert und damit der Pilger gegenüber den sonstigen Rei-senden privilegiert und geschützt. Die religiös motivierte Reise zu nahe gelegenen Orten christlicher Devotion und Verehrung erreichte durch den Begriff der Pilger-fahrt einen privilegierten Rahmen.[16] Durch die Anwendung des Peregrinusbegriffs auf nahe gelegene Pilgerziele entfaltete der Peregrinusgedanke eine Breitenwirkung und konkretisierte sich als Phänomen der Volksfrömmigkeit. Während die lange Pilgerfahrt zu weit entfernten Orten auch aus monetären Gründen teilweise nicht unternommen wurde, war nun die Umsetzung des Peregrinusgedankens leichter möglich.[17] Die Wallfahrt als religiöses Unterwegssein äußerte sich dabei aber schon viel früher. Im Folgenden sollen die Anfänge des Wallfahrtswesens zu alttesta-mentlicher Zeit näher beleuchtet werden.

Wallfahrt aus alttestamentlicher Perspektive

Die Wallfahrt gehört seit der Frühzeit zum religiösen Kult Israels und steht dabei in unmittelbarer Verbindung mit der Bedeutung von heiligen Orten, als auch der Rele-vanz der großen Jahresfeste.[18] Ein heiliger Ort bzw. eine heilige Stätte zeichnet sich im Unterschied zum Profanum durch die besondere Anwesenheit des Göttlichen

---

13 Vgl. B. Kötting, Peregrinatio ad loca sancta, in: LThK 8 (²1963), Sp. 269.
14 Vgl. H. Kühne, Wallfahrt V. Kirchengeschichtlich, in: TRE 35 (2003), 424.
15 H. Dünninger, Wallfahrt und Bilderkult. Gesammelte Schriften, Würzburg 1995, 21.
16 Vgl. H. Kühne, Wallfahrt V. Kirchengeschichtlich, in: TRE 35 (2003), 424.
17 Vgl. H. Kühne, Wallfahrt V. Kirchengeschichtlich, in: TRE 35 (2003), 424.
18 Vgl. F. Sedlmeier, Wallfahrt II. Biblisch, in: LThK 10 (³2006), Sp. 962.

aus. Die Besonderheit einer heiligen Stätte wird durch die Umgrenzung eines Ortes unterstrichen. So soll nach Ex 19,12 Mose eine Grenze um den Berg Sinai ziehen.[19] Beim brennenden Dornbusch wird Mose beauftragt, nicht heranzutreten und seine Sandalen auszuziehen (Vgl. Ex 3,5). Beim Tempel von Jerusalem manifestierte sich später die Abgrenzung des Heiligen vom Profanen in Inschriften, auf denen Heiden sogar mit der Androhung der Todesstrafe der Zutritt verboten wurde.[20] Die besondere Nähe Gottes macht den heiligen Ort auch zu einer Zufluchtsstätte, an der man besonderen Schutz genießt. Der Altar als Zufluchtsort für Verfolgte wird eindrücklich greifbar bei der Thronbesteigung König Salomos.[21] Die heilige Stätte als Ort der Gottesnähe steht dabei auch in Verbindung mit der Errichtung eines Altars. Der Kultort als heilige Stätte geht dabei auf die unmittelbare Offenbarung Gottes in theophanen Ereignissen zurück oder durch die mittelbare Offenbarung in Ereignissen und Begebenheiten in der Natur, die der besonderen göttlichen Macht zugeschrieben werden.[22] Gerade in Kanaan erkannte man in den Wasserquellen als Ursprung der Fruchtbarkeit die besondere Nähe Gottes. Auch in biblischen Erzählungen findet sich die Erwähnung des Elementes Wasser im Kontext der Gottesnähe und der Gottesbegegnung.[23] Auch Bäume werden zum geeigneten Ort der Gottesbegegnung. In der mesopotamischen Ikonographie symbolisiert der Baum Fruchtbarkeit und Leben. Der Baum erscheint jedoch nicht grundsätzlich als heiliger Ort. So kommt der Eiche des Tabor (1 Sam 10,3) wohl nur topographische Funktion zu.[24] Im Einfluss des kanaanäischen Götterkults wurde der Baum als Zeichen der Fruchtbarkeit auch zum Ort mit erotischer Bedeutung, wodurch auch eine ausgeprägte kritische „(...) Polemik (...)" entfacht wurde. Schon bei Jeremia findet sich eine Kultkritik im allgemeinen Sinn.[25] In den alttestamentlichen Schriften wird der Baum nicht nur kritisch oder topographisch gedeutet, sondern eben auch als religiöser Ort. In Genesis findet die Eiche von Mambre Erwähnung.[26] Des Weiteren werden zu den mit der Sphäre des Göttlichen in Verbindung stehenden Bäumen auch der Orakelbaum bei Sichem und der Baum von Ofra gezählt.[27]

Zu Orten der besonderen Nähe Gottes ist auch der Berg zu zählen. Die Erhabenheit und Größe eines Berges stellt ein beeindruckendes Phänomen dar, das

---

19 Vgl. D. Kellermann, Heilige Sätten II. Altes Testament, in: TRE 14 (1985), 677.

20 Vgl. R. de Vaux, Das Alte Testament und seine Lebensordnungen II, Freiburg ²1966, 91.

21 Vgl. C. Traulsen, Das sakrale Asyl in der Alten Welt. Zur Schutzfunktion des Heiligen von König Salomo bis zum Codex Theodosianus, in: JusEcc 72 (2004), 19 f.

22 Vgl. R. de Vaux, Das Alte Testament und seine Lebensordnungen II, Freiburg ²1966, 91 f.

23 Die Salbung des Salomon wurde an der Gichon-Quelle in Jerusalem vollzogen. Auch die Brunnen von Beerseba finden Erwähnung, als Abraham sich an Jahwe wendet. Vgl. R. de Vaux, Das Alte Testament und seine Lebensordnungen II, Freiburg ²1966, 93.

24 Vgl. R. de Vaux, Das Alte Testament und seine Lebensordnungen II, Freiburg ²1966, 94.

25 Vgl. Jer 2,20. Der Baum erscheint damit auch in späterer Zeit als Ort des Götzendienstes: „Noch in nachexilischer Zeit klagt Tritojesaja diejenigen an, die unter jedem laubreichen Baum in Brunst geraten (Jes 57,5). Dabei wird mit dem erotisch gefärbten Vokabular jede Art von Götzendienst apostrophiert." O. Keel u.a, Orte und Landschaften der Bibel. Ein Handbuch und Studien-Reiseführer zum Heiligen Land, Bd. 1, Zürich 1984, 96.

26 Vgl. R. de Vaux, Das Alte Testament und seine Lebensordnungen II, Freiburg ²1966, 94.

27 Vgl. O. Keel u.a, Orte und Landschaften der Bibel. Ein Handbuch und Studien-Reiseführer zum Heiligen Land, Bd. 1, Zürich 1984, 96.

schon in der babylonischen Mythologie religiös gedeutet wurde. Danach ereignete sich auf dem Berg die Geburt herausragender Götter.[28] Der Berg gilt dabei als Ort der Offenbarung und der Nähe Gottes. Theophane Ereignisse machen den Berg zum Ort expliziter Heilsgeschichte. Der Berg Sinai als Ort der Offenbarung und des Bundes wird zum Ort konkreter göttlicher Wirkmächtigkeit.[29] Der Zion als Wohnstätte Jahwes wird zum herausgehobenen heiligen Ort, zur Stätte des Kultes. Als Ziel der Völkerwallfahrt wird er zur übergreifenden Heilszusage mit deutlich eschatologischer Konnotation.[30] Der Berg Zion als Gottesberg und das Motiv des „himmlischen Jerusalem" haben in ihrer endzeitlichen Deutung soteriologische Bedeutung.[31] Neben einzelnen Bergen werden auch ganze Berghöhen zum privelierten Kultort.[32]

Das Wallfahrtsmotiv wird deutbar als ein sich zum Herrn begeben und ihm außerhalb des gewöhnlichen Umfeldes begegnen. Als privilegierter Ort der Begegnung mit dem Heiligen dient dabei der Tempel. Die spezifische Bedeutung von Bergen bei den semitischen Heiligtümern zeigt sich auch in der Architektur und Lage von Tempelanlagen. Die wiederzufindende Anlage des Tempels auf einer künstlich angelegten Erhebung in der Funktion eines Sockels widerspiegelt auch das religiöse Empfinden damaliger Menschen. Die Bedeutung von Erhebungen manifestiert sich dabei sehr markant in den sog. Zikkurats, die vornehmlich in Unter-Mesopotanien lokalisierbar sind.[33] Charakteristikum des Zikkurat als besondere Form des Tempelbaus, ist die mehrstufige Bauweise in der Form eines Sakralturms, der über eine Treppe zu erreichen war.[34] Neben praktischen Gründen ermöglicht der erhöhte Bau des Tempels auch eine religiös-emotionale Paränese im Sinne der Bewusstmachung der Heiligkeit des Ortes.[35] Die herausgehobene Bedeutung von Bergen und erhöhten Orten wird dabei gerade in der ägyptischen Kosmogonie greifbar. Bereits die Inschriften ägyptischer Pyramiden verweisen auf die religiöse Vorstellung eines „Ur-Hügels", der als Ort der Stabilität sicheres Leben ermöglicht.[36] Die verbreitete Mythologie des Ur-Hügel wird in der ägyptischen Tempelarchitektur greifbar und zeigt sich auch in den stufenförmigen Thronanlagen von Göttern und Herrschern.[37]

Neben dem heiligen Ort als Ziel der Wallfahrt erschließt auch der Blick auf den religiösen Jahresfestkreis Israels das Wesen und die Umstände alttestamentlichen

---

28 Vgl. R. de Vaux, Das Alte Testament und seine Lebensordnungen II, Freiburg [2]1966, 94.
29 Vgl. R. Bohlen, Berge, heilige. II. Altes Testament, in: LThK 2 ([3]2006), Sp. 249.
30 Vgl. J. Schreiner, Zion, in: LThK 10 ([3]2006), Sp. 1462.
31 Vgl. D. Sänger, Wallfahrt III. Neues Testament, in: TRE 35 (2003), 420.
32 Vgl. R. Bohlen, Berge, heilige. II. Altes Testament, in: LThK 2 ([3]2006), Sp. 249.
33 R. de Vaux, Das Alte Testament und seine Lebensordnungen II, Freiburg [2]1966, 97.
34 Vgl. H. Olbrich u. a., Lexikon der Kunst, Leipzig 1994, Bd. 7, 922.
35 So hat die Gestaltung des zum Tempel führenden Weges als „Feststrasse" nicht nur die Funktion, der Gottheit einen angemessenen „Gottesweg" zu bieten. Die „Feststrasse" hat auch pädagogische Funktion für den Kultstättenbesucher: „(…) sie wirkt auch auf den Frommen, der zum Tempel wallfahrtet. Sie leitet ihn und bereitet ihn geistig vor." Vgl. H. Bonnet, Reallexikon der ägyptischen Religionsgeschichte, Berlin [2]1971, 785.
36 Vgl. M. Görg, Die Barke der Sonne. Religion im Alten Ägypten, Freiburg 2003, 46.
37 Vgl. M. Görg, Die Barke der Sonne. Religion im Alten Ägypten, Freiburg 2003, 47.

Wallfahrtsbrauchtums. Nach Ex 34,23 und Dt 16,16 war das dreimalige Erscheinen vor Jahwe religiöse Pflicht.[38] Dieses Gebot wurde auch durch den Besuch nahe liegender Kulthöhen oder regionaler Kultstätten erfüllt.[39]

Bei der Wallfahrt handelt es sich also um ein genuin biblisch fundiertes Phänomen. Die Anfänge der Geschichte der Wallfahrt zeigen, dass die Wallfahrt ein vielschichtiges Phänomen ist mit unterschiedlichen Ausdrucksformen und Bezugspunkten. In der Wallfahrt artikuliert sich dabei ganz deutlich die Gottsuche des Menschen, das sich auf den Weg machen des homo religiosus. Die Wallfahrt ist aufgrund dieses Wesenszuges nicht nur in alttestamentlicher Zeit auffindbar, sondern sie ist Signum christlicher Heils- und Menschheitsgeschichte im umfassenden Sinn.

Die Wallfahrt: Ein Weg zur Überwindung des garstig breiten Grabens

Die Wallfahrt erweist sich nicht nur als frömmigkeitsgeschichtliches Phänomen alttestamentlicher Zeit, sondern avancierte im Verlauf der Geschichte zum Charakteristikum christlicher Gottsuche. Die Wallfahrt steht dabei im wesentlichen Zusammenhang mit der grundsätzlichen Lebenssituation des gottsuchenden Menschen, dessen Weltsicht ganz wesentlich von dem „Über sich hinaus" allen Seins bestimmt ist. Der auf das Übernatürliche verwiesene „homo religiosus" erfährt sich durch die Transzendierung der rein innerweltlichen Perspektive zugleich als „homo viator." Gerade heute vermögen Wallfahrtsorte dieser religiösen Grundsituation des Menschen in besonderer Weise zu entsprechen. Und umgekehrt ermöglicht das Wallfahren eine ganz bewusste Form des Gottsuchens. Der Mensch tritt heraus aus seinem Alltag und macht sich auf den Weg. Die Bereitschaft, sich auf den Weg zu machen, wird gerade für den Christen von morgen unabdingbare Prämisse für ein gesundes geistliches Leben sein. Man könnte auch sagen: Peregrinare necesse est.

---

38 Vgl. A. Deissler, Wallfahrt II. Wallfahrtswesen in Israel, in: LThK 10 (²1965), Sp. 942.
39 Vgl. C. Körting, Wallfahrt II. Altes Testament, in: TRE 35 (2003), 417.

Abendmahl und Kartoffelmesse

Eine Polemik gegen die Trivialisierung der Kirche durch sich selbst

Markus Günther

Vor ein paar Wochen sah ich einen Film, der Kinder auf die erste Heilige Kommunion vorbereiten soll. Kurzweilige 20 Minuten, in denen erklärt wurde, was es mit der Eucharistie eigentlich auf sich hat. Bilder aus einer Erstkommunionfeier in einer deutschen Kirche wurden mit Bildern aus der Bäckerei und aus der Getreidemühle verschnitten. Man erfuhr etwas über das letzte Abendmahl, aber auch einiges über das Müller- und Bäckerhandwerk, über Kochlust, Tischkultur und das Essen als soziales Ereignis in den verschiedensten Epochen und Kulturkreisen. Man konnte die freudigen Tänze afrikanischer Stammesvölker bei der Essenszubereitung bestaunen, aber auch Hügel und Felder im Heiligen Land, eine normale deutsche Familie beim Abendessen, Winzer bei der Ernte im Weinberg, Barriquefässer in den Kellern des Bordeaux. Und dazwischen immer wieder Schnittbilder aus dem Kindergottesdienst, mit fröhlich kichernden Mädchen in weißen Kleidern, herumalbernden Jungen, die sich offensichtlich gut unterhalten, und einem Priester, der die liturgischen Texte frei übersetzt hat, so dass Jesus das Brot nicht „seinen Jüngern", sondern „seinen Freunden" reicht, Gott nicht „herrscht", sondern „wirkt" und wir alle nicht etwa „Kinder Gottes" sind, sondern „Töchter und Söhne Gottes". Dazu flotte Lieder mit Gitarre und Schlagzeug, rhythmisches Klatschen der gut gelaunten Festgemeinde und sinnfällige Gebärden für groß und klein. Schließlich teilt der Priester die Kommunion an die Kinder aus, die jetzt um den Altar versammelt sind und sich mit der Hostie in der Hand verlegen anschauen, während man auf die Letzten in der Runde wartet. Erst dann nehmen Kinder und Priester – gleichzeitig, versteht sich – die Kommunion zu sich.

Gut katholisch ist das alles nicht, aber es ist alles gut gemeint. Oder anders gesagt, der 20-minütige Film, übrigens von mehreren deutschen Diözesen finanziert und vertrieben, zeigt in kompakter Form alle Probleme der Glaubensverkündigung in Deutschland: Die Kirche versucht etwas zu sein, was sie nicht ist; sie biedert sich an und wird gerade deshalb nicht ernst genommen; sie traut ihrer eigenen Sprache nicht mehr; sie sucht die soziale und die kulturelle Anpassung; sie will unterhaltsam sein und ist gerade dadurch besonders langweilig; sie tritt ihre eigene

Tradition mit Füßen und macht sich schon damit unglaubwürdig; sie unterschätzt die Wirkkraft ihrer Liturgie, und sie unterschätzt die Gläubigen, auch die Kinder; sie passt sich der Zeit an und verspielt gerade so ihre Zeitlosigkeit; sie reduziert das Geheimnisvolle auf das Symbolhafte. Mit einem Wort: So trivialisiert die Kirche sich selbst.

Der Film zur Erst-Kommunion ist weder das einzige noch das beste Beispiel für diese Trivialisierung der Kirche. Er fällt mir nur ein, weil ich noch ganz unter dem Eindruck dieses Films stehe. Tatsächlich könnte man andere, zahlreiche und wohl viel dramatischere Beispiele nennen, ja man könnte eine regelrechte Sammlung liturgischer Schreck- und Schauer-Erfahrungen zusammenstellen. Was man in deutschen Kirchen erleben kann, spottet jeder Beschreibung, und es stellt die guten Absichten der Liturgiereform des Zweiten Vatikanums auf den Kopf. Der Limburger Bischof Franz-Peter Thebartz-van Elst erzählte einmal von einer schrecklich gut gemeinten „Kartoffelmesse", in der mal nicht Brot und Wein, sondern zur Abwechslung mal die Kartoffel im Mittelpunkt stand – inklusive der Bastelarbeiten zum Thema, die die Kindergartenkinder erstellt hatten, und gemeinsamem Kartoffelessen im Pfarrheim. (Nur der Heilige Geist kann verhindert haben, dass die Kartoffel auch noch als Kommunion verteilt wurde.) Weiter: Ich erinnere mich an einen liturgischen Tanz junger Frauen, die durch den Altarraum sprangen, als wäre es ein Bauchtanzkurs der Volkshochschule. Ich erinnere mich an eine Mutter in Jeans und Lederjacke, die in einem Familiengottesdienst die Predigt hielt und erst einmal alle aufforderte, aufzustehen und mit geschlossenen Augen den eigenen Rücken zu erspüren: „Haben wir nicht alle ein Kreuz …?", fragte sie meditativ dazu. Ich erinnere mich an eine Messe, in der mehrere zur Animation verpflichtete Laienprediger uns aufforderten, uns umzudrehen und das Gespräch mit der Reihe hinter uns aufzunehmen. „Statt einer normalen Predigt wollen wir heute einfach mal miteinander ins Gespräch kommen und das Evangelium diskutieren, und dann kann später jede Gruppe über ihre Erfahrungen berichten." Ich erinnere mich an Rock- und Schunkelmusik, an Sitz- und Bewegungsgottesdienste, an Händchenhalten und Schulterklopfen. Erst neulich erlebte ich eine neue Art der Kommunionausteilung: Die ganze Gemeinde sollte die Hostie in der Hand halten und gleichzeitig in den Mund stecken. Dem Gruppenzwang konnte man sich nur noch entziehen, indem man auf Mundkommunion bestand.

Es ist kein Zufall, dass sich die schlimmsten Verfremdungen und Verbesserungsversuche in Kinder- und Familiengottesdiensten zeigen, bei Erstkommunionfeiern und Firmungen: Gerade dort, wo die Kirche einen besonders schweren Stand hat, also bei Kindern und Jugendlichen, führt die Verzweiflung zur missglückten Modernisierung und zur peinlichen Anbiederung – das Ergebnis verstärkt dann den Trend, der bekämpft werden sollte: Gerade junge Menschen können mit dem klerikalen Klimbim nichts anfangen und wenden sich von der von Identitätszweifeln geplagten Kirche gleichgültig ab. Das ist verständlich. Denn junge Menschen suchen Vorbild und Orientierung, man kann unmöglich von ihnen erwarten, dass sie der verunsicherten Kirche bei der Selbstfindung helfen. Außerdem wollen Kinder und junge Menschen vor allem ernst genommen werden – und genau das werden sie nicht, wenn man ihnen ständig ein ulkiges Kinderprogramm vorführt und unterstellt, sie seien für die wahre, strenge, traditionsreiche Liturgie wohl zu jung und zu dumm. Dabei zeigt die Erfahrung mit Kindern das präzise Gegenteil: Wer von kleinauf, idealerweise tatsächlich vom Säuglingsalter an, die Messe gewohnt ist, der ist darin schon sinnlich zuhause, lange bevor er lesen und schreiben lernt oder gar beginnt, mit dem Verstand das Wesen der Liturgie zu durchdringen. Kinder haben einen natürlichen, sicheren Instinkt für das Sakrale. Sofern er ihnen nicht ausgetrieben worden ist, reagieren sie auf die Heilige Messe mit aufrichtiger Neugierde und auf einen typischen Kindergottesdienst mit Heiterkeit, Befremden oder schlechtem Benehmen.

Das alles heißt aber nicht, dass die Gottesdienste für Erwachsene besser wären. Im Gegenteil, dort findet die Fortsetzung der Liturgiezerstörung mit anderen Mitteln statt, nur ohne die zwar falsche, aber im Grundsatz verständliche Prämisse, Kindergottesdienste müssten ja per se anders und einfacher sein. Warum auch Erwachsenen die Liturgie, so wie sie festgeschrieben ist, nicht zugemutet werden kann, bleibt rätselhaft. Offenbar führt auch hier der Befund stetig sinkender Besucherzahlen zu dem Trugschluss, nun müsse alles irgendwie anders, moderner, attraktiver und unterhaltsamer werden. Dass es gerade umgekehrt ist, also die Teilnahme am Gottesdienst natürlich deshalb nicht mehr so ernst genommen wird, weil die Veranstaltung sich selbst ja nicht ernst zu nehmen scheint, dämmert nur wenigen. Stattdessen wird die Heilige Messe weiter *kreativ gestaltet* – und damit der Trend verstärkt, den man bekämpfen wollte.

Auf der liturgischen Mängelliste ganz oben stehen die vielfältigen Weglassungen, die so normal geworden sind, dass jetzt als seltsam und exotisch empfunden wird, was vollkommen selbstverständlich sein sollte: Der Einzug in die Kirche etwa, der so ungemein wichtig ist, weil er den Aufbruch hin zu Gott signalisiert, den Weg des Kirchenvolkes durch die Zeiten, die Hinwendung zum Kreuz und zum Allerheiligsten. Ist es eigentlich Gedankenlosigkeit oder Faulheit, dass meistens ganz schnöde die Abkürzung von der Sakristei in den Chorraum genommen wird, so als sei alles andere unverhältnismäßiger Aufwand? Das Schuldbekenntnis wird ebenso zuverlässig weggelassen, oft auch das Gloria und das Credo, die man, wenn's schon sein muss, lieber durch ein Lied ersetzt. Es entspricht dem katholischen Verständnis von Sinn und Charakter der Eucharistiefeier, dass die mutwilligen Eingriffe dort am ärgerlichsten und schmerzhaftesten sind, wo sie den Altar und die Wandlung, das Hochgebet und die Kommunion selbst betreffen. Namentlich die Hochgebete, eigentlich auch in der deutschen Fassung recht poetisch formuliert, sind vor dem Zugriff priesterlicher Selbstherrlichkeit nicht mehr sicher. Tag für Tag gibt es in den heiligsten Augenblicken der Eucharistiefeier Selbstgedichtetes und Improvisiertes zu hören, Gegoogeltes und Handgeschriebenes. Der Phantasie sind keine Grenzen gesetzt; der Schamlosigkeit auch nicht. „Gott, wir danken dir", beginnt etwa eine besonders kreative Variante des Hochgebets, „für den Hausmeister, der nicht vergessen hat, dass er selber auch mal ein Kind war; für die Vorgesetzte, die versteht, dass Kinder krank werden können; für den Lehrlingschef, der ein Auge zudrückt, die Aufsicht, die Fünfe gerade sein lässt, für die Politikerin, deren Profil nicht undeutlich wird, und den Pfarrer, der weiß, dass es viele Bilder von Gott gibt. Vor allem danken wir für dich, Gott, denn großzügig und vielfältig ist dein Wesen, öffnend und einladend. Du kommst uns entgegen, und wir kommen dir entgegen – mit unserem Lied. (...) Auch als Kirche lass uns Toleranz und Achtung lernen, gegenüber ungewohnten Entwürfen des Lebens, gegenüber unvertrauten Gestalten des Glaubens, gegenüber der Vielzahl der Bilder des Unergründlichen, der Vielfalt der religiösen Erfahrung (...) Durch Jesus, mit ihm und in ihm ..." Es ist kein Zufall, dass das Wort Toleranz hier eine zentrale Rolle spielt und die Vielfalt der religiösen Erfahrung beschworen wird. Haben sich hier nicht, bei aller guten Absicht, kirchenpolitische Interessen in die liturgische Hobby-Poesie hineingemogelt? Sollen hier nicht beiläufig die Strenge der „Amtskirche" und ihr Wahrheitsanspruch kritisiert werden? Doch auch, wo solche Motive wegfallen, gibt es schlimme Verirrungen in Form von Hochgebeten „für Kinder", „für Frauen", „für Senioren" etc.

Zu den keinesfalls nebensächlichen Veränderungen in der realexistierenden Liturgie deutscher Kirchen gehört, dass vielerorts das Knien aus der Mode gekommen ist. Als ich einmal einen Pfarrer nach der Messe darauf ansprach, sagte er, das habe sich unter seinem Vorgänger so entwickelt, und: „Ich mache hier bestimmt nicht den Märtyrer und fange Streit an." In nicht wenigen Kirchen sind die Kniebänke abgebaut worden. Wer dann noch kniet, outet sich als Fundamentalist, zumal wenn auch die Messdiener nicht knien und der Priester selbst an vielen Stellen die vorgesehenen Kniebeugen weglässt. Es liegt auf der Hand, dass die ganze Messe einen entschieden anderen Charakter bekommt, wenn niemand mehr kniet. Es ist eine der wichtigsten sinnlichen Erfahrungen in der katholischen Messe, so unverwechselbar wie das kalte Weihwasser an den Fingerspitzen und der Weihrauch in der Nase. Es ist auch die entscheidende Demutsgeste, die heute wichtiger denn je ist. Oder ist es vielleicht umgekehrt: Ist die reale Gegenwart Christi im Sakrament des Altares schon so verwässert worden, dass das Knien keinen rechten Sinn mehr zu ergeben scheint? Ist in einem Gottesdienst, der das soziale und nicht das sakramentale Ereignis betont, das Sitzen und Stehen nicht die angemessenere Haltung? Sehr treffend hat Martin Mosebach gesagt: „Wir beten mit den Knien, oder wir beten nicht." Wo wir uns nicht herablassen und einlassen wollen, bleiben wir selbst als Akteure und Konsumenten die zentralen Figuren. Die Hinwendung zu Gott ist dann nur scheinbar; in Wahrheit drehen wir uns um uns selbst. Oder wie Lorenz Jäger einmal schrieb: „Das Niederknien ist so eine einfache Form, in der ja eigentlich alles an Sinn steckt. Sie ist althergebracht, sie ist, in der einen oder anderen Abwandlung, auch in der ganzen Welt verbreitet. Gott gegenüber ist Demut die angemessene Haltung. (...) Demut, Glaube und Gehorsam gehören zusammen. Autonomiestolz paßt nicht dazu. Und kein Ritus kann Segen bringen, den man nicht mit gebeugtem Knie vollziehen kann."

Und schließlich: Die deutsche Kirchenmusik ist in einem verheerenden Zustand und hat viel zum Niedergang und zur Selbstaufgabe der katholischen Liturgie beigetragen. Dabei muss man gar nicht einmal in erster Linie an den gregorianischen Choral denken, der natürlich so gut wie gar nicht mehr gesungen wird – eine verpasste Chance und ein kostbares Erbe, das leichtfertig hingegeben wurde. Nein, auch das Gemeindelied ist den Modernisierern zum Opfer gefallen, oft unterstützt von selbstverliebten Kirchenmusikern, die gern zeigen wollen, was sie können, und wenig Lust haben, ganz einfach die Gemeinde beim Singen zu unterstützen. Und weil es ihnen allenthalben langweilig ist, wollen sie auch nicht ständig dieselben und ständig die alten Lieder singen. Während in den USA oft dieselben Lieder über Wochen und Monate gesungen werden, damit sich alle daran gewöhnen und gut mitsingen können, ist es in Deutschland typisch, ständig etwas Anderes und oft etwas ganz Ungewöhnliches zu singen. Das Ergebnis ist, dass die Orgelmusik zwar auf recht hohem Niveau stattfindet, die Menschen aber völlig kalt lässt. Das Lied, das sie heute kennenlernen, hören sie vielleicht erst im nächsten Jahr wieder. Andererseits stelle ich zwei Jahre nach meiner Rückkehr nach Deutschland traurig fest, dass keines der in langen Jahren im Ausland schmerzhaft vermissten deutschen Kirchenlieder auch nur in einem einzigen deutschen Gottesdienst gesungen wurde: „O Haupt, voll Blut und Wunden ...", „Maria, breit den Mantel aus ...", „Ein Haus voll Glorie schauet ..." und „Gegrüßet seist Du, Königin" summe ich einsam vor mich hin. In den deutschen Kirchen kommen sie nicht mehr vor. Stattdessen werde ich genötigt, das „neue geistliche Lied" zu singen, das mir ziemlich altmodisch vorkommt. „Die Sache Jesu braucht Begeisterte ..."? „Und dann kam einer ..." – klingen diese Lieder nicht immer wie eine Mischung aus Parteitagsrhetorik und deutschem Schlager?

Wer so redet wie ich, wer sich beklagt über das Jammerbild der Liturgie in deutschen Kirchen, über fehlende Kniebeugen und alberne Liedchen, der wird schnell mit dem Vorwurf konfrontiert, er interessiere sich wohl nur für Äußerlichkeiten. Diesen Vorwurf sollte man nicht leichtfertig abtun, sondern sehr ernst nehmen. Denn an diesen Fragen führt ja kein Weg vorbei: Gibt es nicht ebenso Wichtiges, ja doch wohl Wichtigeres als die Liturgie? Was ist die schönste Messe wert, wenn die Nachfolge Christi nur im Kirchenraum stattfindet und nicht im alltäglichen und gesellschaftlichen Leben? Kann man ernsthaft und mit Leidenschaft über Liturgie streiten, während Menschen unterdrückt und gefoltert werden, während die Reichen reicher und die Armen ärmer, während behinderte Kinder schon vor der Geburt aussortiert und kerngesunde Kinder abgetrieben werden? Mit einem Wort: Ist es nicht wichtiger, das Evangelium praktisch zu leben als es rituell zu feiern?

Diese Frage, noch einmal, muss man sehr ernst nehmen. Denn in der Tat darf der praktische Glaube nicht auf Liturgie und Sakramente beschränkt bleiben. Nun könnte man etwas salomonisch sagen, dass beides zusammengehört, die praktische Tat und das praktizierte Ritual. Falsch wäre das nicht, aber vermutlich ist es doch noch einmal anders, nämlich so: Die Krise der Liturgie spiegelt die Krise des Glaubens. Was schon liturgisch an Verfälschungen und Verwässerungen, an Gleichgültigkeit und Ignoranz, an Anmaßung und Mutlosigkeit zu beobachten ist, das durchzieht eben den ganzen Glauben. Der Zusammenhang ist unübersehbar: Wenn die Kirche sich liturgisch selbst nicht ernst nimmt, wenn sie nicht weiß, was sie will, wenn sie experimentierfreudig, aber orientierungslos ist, dann wirkt sie auch auf ebendiese Weise auf das Leben der Gläubigen ein. Die Liturgie ist anspruchslos geworden; die Kirche als Ganzes ist es auch.

Deshalb überrascht es auch nicht, dass die Trivialisierungen außerhalb des Kirchenraumes weitergehen. Eine Bekannte, die in einem deutschen Bistum hauptberuflich in der Jugendarbeit tätig ist, fragte ich einmal nach ihrer Arbeit. Sie erzählte dann dies und das, bevor sie sagte: „Zum Schluss gibt es dann noch einen spirituellen Impuls." Ich fragte verdutzt, was das sei, ein spiritueller Impuls. Sie sagte: „Ach, weißt Du, wir sollen nicht Gebet sagen, damit sich niemand vor den Kopf gestoßen fühlt, aber es ist natürlich so etwas in der Art." Was soll man dazu noch sagen? Wenn wir Angst haben, dass ein Gebet die Menschen „vor den Kopf stößt", wenn wir uns noch nicht einmal sicher sind, ob es eines ist, sondern vielleicht auch nur „so etwas in der Art", hat die Kirche sich dann nicht schon selbst aufgegeben? Ein anderes Beispiel: Als ich vor einer Weile in einer Podiumsdiskussion zur Zukunft der Kirche sagte, dass die Abschaffung der Kirchensteuer vielleicht gar nicht so schlecht wäre, sprang eine Zuhörerin erregt auf und sagte: „Wissen Sie überhaupt, wie viele Arbeitsplätze dann hier in der Region gefährdet wären?" Und sie fügte zur Untermauerung ihres Arguments eine ganze Reihe von Beispielen an, von der Caritas über das Familienbildungswerk und die Diözesanjugend. Kirche also als bedeutender Arbeitgeber in der Region? Auf einem Legitimationsniveau mit der Müllverbrennungsanlage und der lokalen Kälbermast? Drastischer stand mir die selbst verschuldete Trivialisierung der Kirche selten vor Augen.

Der Streit für eine überzeugende, der Tradition verpflichtete, das Heilige und Geheimnisvolle bewahrende Liturgie, in deren Zentrum Christus in seiner sakramentalen, realen Gegenwart steht, darf nicht als ästhetische Auseinandersetzung geführt werden, das ist wahr. Doch oft ist der Vorwurf des Ästhetizismus nur ein polemischer Gegenangriff und ein plumpes Ablenkungsmanöver. Wer mit Leidenschaft über die Liturgie spricht, soll unter Verdacht gestellt und diskreditiert werden. Dass aber die Eucharistie wesensbildend für den katholischen Glauben ist, dass ohne eine überzeugende Liturgie der Heiligen Messe auch alles andere kaum überzeugen kann, dass die Trivialisierung längst den Kirchenraum verlassen und Glaubensinhalte, Kirchenverständnis, Verkündigung und nicht zuletzt: unsere Haltung zu Gott erfasst hat, genau das setzt den Kampf für eine neue, alte, lebendige Liturgie gegen alle Einwände ins Recht.

Die Lauretanische Litanei

Systematische Aspekte marianischer Volksfrömmigkeit

Manfred Hauke

Zu den herausragenden Elementen marianischer Volksfrömmigkeit gehören die Litaneien, an die Gottesmutter gerichtete Bittrufe mit einer trinitarischen und christologischen Einrahmung. Am bekanntesten ist die mit dem Marienwallfahrtsort Loreto verbundene „Lauretanische Litanei", die vielfach dem Rosenkranzgebet folgt, aber auch einen eigenständigen Charakter besitzt[1]. In ihr zeigt sich auf besondere Weise der ganzheitliche Charakter der Frömmigkeit: Die Marienrufe von Loreto haben auch in Meisterwerken der Musik[2], der bildenden Kunst[3] und der

---

1 Zur Einführung in die Thematik der Lauretanischen Litanei vgl. E. Campana, *Maria nel culto cattolico* I, Torino [2]1943, 610–636; G. Besutti, *Litanie*, in S. De Fiores – S. Meo (Hrsg.), *Nuovo dizionario di mariologia*, Cinisello Balsamo 1985, 759–767; W. Dürig, *Die Lauretanische Litanei. Entstehung, Verfasser, Aufbau und mariologischer Inhalt*, St. Ottilien 1990; W. Dürig – G. Nitz, *Lauretanische Litanei*, in Marienlexikon 4 (1992) 33–44; G. Basadonna – G. Santarelli, *Litanie Lauretane*, Città del Vaticano 1997; I.M. Calabuig – S.M. Perrella, *Le litanie della Beata Vergine. Storia, teologia, significato*, in Marianum 70 (2008) 103–202; Dies., *Litanie*, in S. De Fiores – V. Ferrari Schiefer – S.M. Perrella (Hrsg.), *Mariologia*, Cinisello Balsamo 2009, 719–726. Vgl. auch die meditative Erschließung in J.H. Newman, *Betrachtungen über die Lauretanische Litanei für den Monat Mai*, in Ders., *Betrachtungen und Gebete*, München 1952, 243–304 (englisches Original: *Meditations and devotions*, 1893; neuere Ausgabe: *Prayers, Verses, and Devotions*, San Francisco 2000, 111–179); J.E. Zollner, *Die lauretanische Litanei. Betrachtungen über sämtliche Anrufungen dieser Litanei nebst Beispielen und Nutzanwendungen*, Regensburg 1906; S. Beissel, *Die Verehrung Unserer Lieben Frau. Betrachtungspunkte über das Leben Mariens und die Lauretanische Litanei für die Feste der Gottesmutter, sowie die Monate Mai und Oktober*, Freiburg i. Br. [4]1925; A. Bierbaum, *Die Lauretanische Litanei: geschichtlich, biblisch und ascetisch in 52 Betrachtungen dargestellt*, Werl 1936; F.M. Moschner, *Unsere Liebe Frau von der erfrischenden Quelle. Gedanken zur Lauretanischen Litanei*, Freiburg i. Br. [4]1955; R. Schneider, *Das Gebet von Loreto*, Stein am Rhein 1974; J. Colgen, *So bittet dich die Kirche: die Lauretanische Litanei*, Leutesdorf 1989; K.-P. Vosen, *Die liebenswürdige Mutter: Meditationen zu den Anrufungen der Lauretanischen Litanei*, Kisslegg 2007; J. Overath, *Maria Monstranz: wie die Lauretanische Litanei uns Jesus zeigt ...*, Kisslegg 2009.

2 Vgl. G. Santarelli, *Le Litanie Lauretane nella Storia e nell'Arte*, in G. Basadonna – G. Santarelli, *Litanie Lauretane*, Città del Vaticano 1997, 7–48 (41f). Exemplarisch genannt seien hier vor allem die Vertonungen von Palestrina und Mozart (von dem zwei verschiedene Versionen stammen: die erste aus dem Mai 1771, nach einer Loretowallfahrt, und die zweite aus dem Jahre 1774). Santarelli verweist auf das umfassende Werk von P. Santucci, *La Madonna nella musica*, 2 Bde., Bologna 1983.

3 Vgl. L. Lüdicke – Kaute, *Lauretanische Litanei*, in E. Kirschbaum u. a. (Hrsg.), *Lexikon der christlichen Ikonographie* III, Freiburg i. Br. 1971; Sonderausgabe 1990, 27–31; G. Nitz, *Lauretanische*

933

Poesie[4] ihren Ausdruck gefunden. Nach einer kurzen geschichtlichen Einführung werden im Folgenden einige systematische Gesichtspunkte der lauretanischen Bittrufe hervorgehoben.

1. Geschichtliche Hinweise

Seit dem Ende des 19. Jahrhunderts sind die geschichtlichen Ursprünge der Lauretanischen Litanei gut erforscht[5]. Im Heiligtum von Loreto sind sie sicher bezeugt seit der ersten Hälfte des 16. Jahrhunderts. Das uns bekannte älteste Zeugnis des heutigen Formulars (das später durch einige Anrufungen erweitert wurde) stammt aus dem Jahre 1572[6] und wurde am 11. Juli 1587 von Papst Sixtus V. approbiert: In der an die Unbeschuhten Karmeliter gerichteten Bulle *Reddituri* gewährte er für die Rezitation der üblicherweise an der Römischen Kurie und im „Haus der heiligen Jungfrau" gebräuchlichen Bittrufe 200 Tage Ablaß (*„iuxta morem et consuetudinem in Romana Curia et Domo beatae Mariae Virginis usitatim recitentur"*)[7]. Ein sehr altes Zeugnis stammt vom hl. Petrus Canisius, der 1548 Loreto besuchte[8]: Es findet sich in einer von ihm herausgegebenen lateinischen Gebetssammlung, die 1587 in Ingolstadt gedruckt wurde[9].

Die geistigen und literarischen Wurzeln der Litanei sind freilich wesentlich älter. Das lateinische Wort *litania* meint seit dem Ausgang der Väterzeit eine Bitte bzw. ein Gebet sowie (oft im Plural) einen feierlichen, von Gesang begleiteten Bittgang[10]. Es ist ein Lehnwort aus dem Griechischen, *litaneía*, mit der gleichen Bedeutung[11]. Der strukturelle Ausgangspunkt der im Hochmittelalter entstandenen Marien-

---

Litanei III. Ikonographie, in Marienlexikon 4 (1992) 42–44; Santarelli (1997) 43–46. Beispiele aus dem deutschen Sprachraum: J.P. Brunner, *Die lauretanische Litanei in Bildern. Beschreibung und Erklärung der Wand- und Deckengemälde in der Stadtpfarrkirche zu Deggendorf*, Deggendorf 1888; W. Lehner, *Bilder des Glaubens – Bilder zum Leben. Die Lauretanische Litanei von Maria Altenburg*, Oberpframmern 2011.

4 Vgl. Santarelli (1997) 36–41.

5 Zu den geschichtlichen Aspekten vgl. besonders A. De Santi, *Le Litanie Lauretane. Studio storico critico*, Roma ²1897 (dt. *Die Lauretanische Litanei. Historisch-kritische Studie*, Paderborn 1900); G.G. Meersseman, *Der Hymnos Akathistos im Abendland* I–II, Fribourg 1958–60, vor allem II 53–62; Besutti (1985); Dürig (1990) 9–15; Ders., *Lauretanische Litanei I. Geschichte*, in Marienlexikon 4 (1992) 33–35; G. Santarelli, *Le Litanie Lauretane nella Storia e nell'Arte*, in G. Basadonna – G. Santarelli, *Litanie Lauretane*, Città del Vaticano 1997, 7–48 (9–35); J.L. Bastero, *Sinopsís histórica de las Letanias Lauretanas*, in T. Trigo (Hrsg.), *Dar razón de la esperanza. Homenaje al Prof. Dr. J.L. Illanes*, Pamplona 2004, 1339–1362; Calabuig – Perrella (2008; 2009).

6 Vgl. Calabuig – Perrella (2008) 134; (2009) 721, mit Hinweis auf *Nuova dichiarazione della Casa di Loreto*, Firenze (nach 1572).

7 Vgl. Calabuig – Perrella (2008) 136; (2009) 722, mit Hinweis auf *Bullarium Carmelitanum*, Romae 1718, II, 242. Zu den Ablässen siehe auch F. Beringer, *Die Ablässe, ihr Wesen und Gebrauch* I, Paderborn ¹⁵1921, Nr. 439, S. 206–209.

8 Vgl. Dürig (1992) 34.

9 Vgl. Calabuig – Perrella (2009) 721, mit Hinweis auf *Manuale catholicorum in usum pie precandi collectum*, Ingolstadt 1587.

10 Vgl. J.F. Niermeyer – C. Van de Kieft – J.W.J. Burgers, *Mediae Latinitatis Lexicon minus* I, Darmstadt ²2002, 804.

11 Vgl. G.W.H. Lampe, *A Patristic Greek Lexicon*, Oxford ⁸1987, 804.

litaneien ist die Allerheiligenlitanei, die sich im 7. Jh. herausbildete und auf griechische Vorbilder in Kleinasien (um das Jahr 400) zurückgeht[12]. In ihr findet sich die Anrufung der Gottesmutter als *Sancta Maria*; seit dem 8. Jh. wird dieser Bittruf zu drei Elementen ausgestaltet: Die selige Jungfrau wird auch als *Sancta Dei Genitrix* sowie *Sancta Virgo Virginum* angerufen[13]. Später werden gelegentlich weitere Bittrufe hinzugefügt. Selbständige Marienlitaneien gibt es im Abendland seit dem 12. Jh. Dazu gehört auch die Urfassung der „Lauretanischen Litanei", die sich (freilich nicht unter diesem Titel) zuerst in einer um das Jahr 1200 entstandenen, 1956 entdeckten Pariser Handschrift findet[14]. Der Verfasser der marianischen Bittrufe läßt sich nicht mit Sicherheit ausmachen, ist aber vielleicht ein Pariser Magister aus der zweiten Hälfte des 12. Jahrhunderts[15]. Das Pariser Manuskript enthält 73 Anrufungen der Gottesmutter: von ihnen richten sich (nach den drei einleitenden Anrufungen „Sancta Maria", „Sancta Dei genitrix", „Sancta virgo virginum") 12 an Maria als Mutter, 4 an die Gottesmutter als Muster der Tugend mit der Anrede „Lehrerin" (*magistra*) und 8 an Maria als Jungfrau; 32 bieten symbolhafte Titel vor allem biblischer Herkunft mit Bildern aus der Welt der Blumen, der Himmelskörper und des Bauwesens; 14 Bitten schließlich rufen Maria als Königin an[16]. Die 1572 im Namen des Loreto-Heiligtums gedruckte Litanei hingegen enthält 43 Anrufungen, die sich fast alle wörtlich (oder sehr ähnlich) bereits im Pariser Manuskript finden. Den lauretanischen Bittrufen wurden in der Folgezeit noch 8 hinzugefügt, so dass wir heute 51 an die Gottesmutter gerichtete Bittrufe zählen.

Für die seit dem 12. Jh. bekannten Marienlitaneien ist auch der weiträumige Einfluß des um das Jahr 500 im Osten entstandenen Hymnos Akathistos anzusetzen[17]. Er wurde um das Jahr 800 ins Lateinische übersetzt und beeinflußte die marianische Dichtung und Ikonographie im Abendland[18]. Der Name „Akathistos" bedeutet „nicht sitzend" und bezieht sich auf den ehrfurchtsvollen Gesang im Stehen, ähnlich beim Hören des Evangeliums. Die Dichtung besteht aus einer Einleitung und 24 Strophen, die „Zimmer" genannt werden. Sie ist inhaltlich abhängig von einer Predigt des Basilius von Seleucia († 458) über die Gottesmutter; entstanden ist sie wahrscheinlich noch vor Romanus dem Meloden († vor 562), dem sie oft

---

12 Vgl. B. Fischer, *Litanei I. Liturgisch*, in LThK³ 6 (1997) 954f (955).

13 Vgl. Dürig (1992) 33.

14 Vgl. den Text bei Meersseman II (1960) 222–225 (Paris, Nat. Lat. 5267, fol 80ʳ); siehe dazu Meersseman II (1960) 53–62; Dürig (1992) 34; Calabuig – Perrella (2009) 720. Dürig bezeichnet den mittelalterlichen Text als „älteste uns bekannte Bezeugung" der Lauretanischen Litanei, während Calabuig und Perrella ihn unter deren „Vorläufer" (*prodromi*) rechnen und ihm gleichzeitig eine sehr wichtige Rolle in der Vorgeschichte zugestehen.

15 Nach Meersseman II (1960) 57 ist dies „wahrscheinlich"; für Dürig (1992) 34 gilt dies mit „großer Wahrscheinlichkeit".

16 Meersseman II (1960) 54 beschreibt folgende „logische Konstruktion": „1. das zu entwickelnde Thema (1–4), 2. Maria als Mutter (5–14), 3. Maria als Muster der Tugend (14–18), 4. Maria als Jungfrau (19–26), 5. biblische Symbole Mariens (27–50), 6. Apotheose Mariens im Himmel (51–66) mit Regina-Gruppe (54–66)" (die Ziffern beziehen sich nicht auf die Pariser Handschrift, sondern auf den hypothetischen Rekonstruktionsversuch der Urfassung unter Einbeziehung zweier späterer Handschriften aus dem 14. und 15. Jh.: Meersseman II 227–229).

17 Vgl. dazu besonders E.M. Toniolo, Akathisthos. *Saggi di critica e di teologia*, Roma 2000.

18 Vgl. Meersseman I–II (1958–60).

zugeschrieben wird[19]. Die später beigefügte Einführung bezieht sich auf die Befreiung Konstantinopels im Jahr 626, die der Fürsprache der Gottesmutter zugeschrieben wurde. Danach habe das gläubige Volk Maria die ganze Nacht über „stehend" gedankt: So erklärt sich der traditionelle Name des Hymnus („Akathistos").

Die inhaltliche Analyse des Hymnus Akathistos bei Ermanno M. Toniolo untersucht die Dogmatik, die liturgisch-sakramentalen Gesichtspunkte und die geistliche Theologie[20]. Bezüglich der dogmatischen Aspekte werden vor allem drei Glaubenswahrheiten betont: die jungfräuliche Empfängnis, die Gottesmutterschaft und die jungfräuliche Geburt[21]. Darüber hinaus erscheint die beständige Jungfräulichkeit Mariens als Beginn und Modell des jungfräulichen Lebens in der Kirche, das Maria verteidigt. Die Gottesmutterschaft weitet sich aus in die geistliche Mutterschaft, insbesondere im Blick auf die Taufgnade. Vom Himmel her ist Maria wie die Bundeslande und ein geheiligter Tempel ein machtvoller Schutz für die Kirche auf ihrem Weg durch die Zeit und beim Kampf gegen ihre Feinde[22].

Schon vor der Verbindung mit dem päpstlichen Ablaß durch Sixtus V. 1587 hatte die Lauretanische Litanei eine bevorzugte Stellung unter den marianischen Bittrufen. Interessant ist die „Konkurrenz" am Wallfahrtsort Loreto selbst durch die sogenannten *Litaniae modernae*, die 1575 neben den (bis heute gebräuchlichen) *Litaniae antiquae* gesungen wurden. Sie waren eine Neuschöpfung und hatten eine (zumindest nach Urteil zweier neuerer Interpreten) „biblischere" Prägung (im Sinne einer alttestamentlichen Symbolenreihe)[23]. Entgegen den in Loreto ansässigen „Neuerern" setzte sich freilich, nicht zuletzt aufgrund der päpstlichen Bulle von 1587, der „alte Ritus" durch.

Als sich in der Folgezeit die Zahl der Litaneien vervielfachte, veröffentlichte das Heilige Offizium im Auftrag Papst Klemens' VIII. 1601 das Dekret „Quoniam multi", um die unkontrollierte und übertriebene Ausbreitung von Litaneien zu beenden; darin wird im Bereich der Marienverehrung für den öffentlichen Gebrauch nur die Lauretanische Litanei zugelassen (abgesehen von lokal begrenzten Ausnahmen)[24]. Mit Sixtus V. und Klemens VIII. erreicht die Lauretanische Litanei eine herausragende Würde als vom Apostolischen Stuhl approbiertes Zeugnis marianischer Volksfrömmigkeit und Liturgie. Bis zum Ende des 19. Jahrhunderts war sie, neben der Allerheiligenlitanei, die einzige vom Heiligen Stuhl genehmigte Litanei für die Weltkirche[25].

19 Vgl. Toniolo (2000) 4 mit reich dokumentierten Anmerkungen (38–49).
20 Vgl. Toniolo (2000) 142–162.
21 Vgl. Toniolo (2000) 143.
22 Vgl. Toniolo (2000) 143f.
23 Calabuig – Perrella (2008) 137. Vgl. De Santi (1897) 60–73; Meersseman II (1960) 54; Calabuig – Perrella (2008) 69–71.
24 Vgl. Santarelli (1997) 22–25; Calabuig – Perrella (2008) 151f; (2009) 722f, mit Hinweis auf *Magnum Bullarium Romanum*, Lugduni 1656, III, 169.
25 Erst seit dem Pontifikat Leos XIII. wurden weitere Litaneien approbiert: die vom Namen Jesu (1886), vom Herzen Jesu (1899), vom hl. Joseph (1909) und vom kostbaren Blut (1960): vgl. B. Fischer, *Litaneien II. Die approbierten Litaneien*, in LThK² 6 (1961) 1077.

Bemerkenswert sind die in der Folgezeit eingefügten Ergänzungen zu den Gebetsrufen[26]: Der Titel „Auxilium christianorum" („Hilfe der Christen") wurde nach der Seeschlacht von Lepanto 1571 unter dem Einfluß der Volksfrömmigkeit (und der siegreichen Soldaten) eingeführt, während die späteren Einfügungen vom Heiligen Vater angeordnet wurden. Die Anrufung „Regina sine labe originali concepta" („Königin ohne Erbsünde empfangen") war von Papst Gregor XVI. († 1846) so vielen Bistümern und Ordensgemeinschaften erlaubt worden, dass ihre förmliche allgemeinkirchliche Einführung gar nicht mehr vorgenommen wurde, sondern sich nach der dogmatischen Definition der Unbefleckten Empfängnis 1854 spontan überall durchsetzte[27]. Papst Leo XIII. († 1903), der eine ganze Reihe von Enzykliken über den Rosenkranz verfaßte, fügte 1883 in die Litanei die Anrufung „Regina sacratissimi Rosarii" ein („Königin des heiligen Rosenkranzes"). Am Ende seines Pontifikates (1903) nahm er den Titel „Mater Boni Consilii" auf. Während des Ersten Weltkrieges (1917) fügte Papst Benedikt XV. die Anrufung „Regina pacis" ein („Königin des Friedens"). Der Bittruf „Regina in caelum assumpta" („Königin in den Himmel aufgenommen") wurde von Papst Pius XII. 1950 anläßlich der dogmatischen Definition der leiblichen Aufnahme Mariens in den Himmel eingeführt. Der Titel „Mater Ecclesiae", aufgrund seiner feierlichen Proklamation durch Papst Paul VI. während des Zweiten Vatikanums, wurde 1980 mit einem Schreiben der Sakramentenkongregation den Bischofskonferenzen gewährt, die darum nachsuchten[28]. Die „meisten Konferenzen griffen diese Anregung auf", darunter auch 1981 die Deutsche Bischofskonferenz; „mit langer Verzögerung" wurde der Titel „1994 in die neueren Auflagen des Gotteslob aufgenommen"[29]. 1995 verfügte Papst Johannes Paul II. die Einführung der Anrufung „Regina familiae" („Königin der Familie").

Bemerkenswert scheint bei dieser Übersicht das Zusammenspiel zwischen dem Glaubenssinn des Gottesvolkes, dem Bemühen bestimmter Gruppen sowie der Zustimmung und der Initiative des Petrusamtes. Vor allem seit dem 17. Jh. gab manche Bemühungen, ausgewählte Gesichtspunkte der Marienfrömmigkeit durch eine Aufnahme in die Lauretanische Litanei zu stärken. Als Beispiel seien die Bemühungen um eine lehramtliche Klärung der allgemeinen Gnadenmittlerschaft Mariens genannt. Weil die dogmatische Definition des erbsündenfreien Empfangenseins Mariens durch die vorausgehende Einführung der einschlägigen Anrufung in die Litanei gefördert wurde, gab es entsprechende Bitten seit den Bemühungen Kardinal Merciers (1915–1926), die universale Gnadenmittlerschaft Mariens zu defi-

---

26 Vgl. dazu Santarelli (1997) 25–30; Bastero (2004) 1360–62; Calabuig – Perrella (2008) 155–169; (2009) 723f.

27 Pius IX. in seiner Definitionsbulle *Ineffabilis Deus* (1854) erwähnt freilich die einschlägige Anrufung in der Lauretanischen Litanei unter den von ihm bestätigten Förderungen der Frömmigkeit: Pii IX P.M. Acta I/1, 600f; deutsch R. Graber – A. Ziegenaus (Hrsg.), *Die Marianischen Weltrundschreiben der Päpste von Pius IX. bis Johannes Paul II. (1849–1988)*, Regensburg 1997, Nr. 7.

28 Paul VI. selbst war in der Frage 1964 noch beim Heiligen Offizium und in der Theologischen Kommission des Zweiten Vatikanums auf Widerstand gestoßen: vgl. A. Dittrich, Mater Ecclesiae. *Geschichte und Bedeutung eines umstrittenen Marientitels*, Würzburg 2009, 641f.

29 Dittrich (2009) 760.

nieren[30]. 1921 wurde zwar fakultativ das Fest von Maria als „Mittlerin aller Gnaden" ermöglicht für alle Bistümer und Ordensgemeinschaften, die darum nachsuchten[31], aber eine vergleichbare Entscheidung bezüglich der Lauretanischen Litanei wurde nicht getroffen.

2. Die christologische und trinitarische Einrahmung

Der Lobpreis Mariens ist stets von Christus her zu sehen und auf ihn bezogen. Das gleiche gilt für die trinitarische Ausrichtung der Marienverehrung. Die christologische und trinitarische Dimension zeigen sich schon strukturell unübersehbar beim Beginn und beim Abschluß der Lauretanischen Litanei. Sie beginnt mit einer feierlichen Anrufung Christi (zunächst auf Griechisch) und der Allerheiligsten Dreifaltigkeit: *Kyrie eleison. Christe, eleison. Christe, audi nos. Christe, exaudi nos. Pater de caelis, Deus, miserere nobis. Fili, Redemptor mundi, Deus, miserere nobis, Spiritus Sancte, Deus, miserere nobis. Sancta Trinitas, unus Deus, miserere nobis.*

Die Anrufung Mariens ersetzt nicht die Anbetung Christi und des dreifaltigen Gottes, sondern bereitet den Weg für eine innigere Verbindung mit dem menschgewordenen Sohn des ewigen Vaters in der Kraft des Heiligen Geistes. Der Unterschied zwischen der Anbetung Gottes und der Verehrung Mariens wird schon in den Formulierungen deutlich, mit denen die Bitte ausgedrückt wird: Der Ruf „miserere nobis" („erbarme Dich unser") richtet sich an Gott, „ora pro nobis" („bitte für uns") an die Königin der Heiligen.

Der Abschluß der Litanei führt nach den marianischen Anrufungen zur innigen Bitte an Christus, mit dem dreifach wiederholten Titel des „Lammes Gottes", das die Sünden der Welt hinwegnimmt: *Agnus Dei, qui tollis peccata mundi, parce nobis, Domine. Agnus Dei, qui tollis peccata mundi, exaudi nos, Domine. Agnus Dei, qui tollis peccata mundi, miserere nobis.* Hier wird auch deutlich (im Blick auf die Vergebung der Sünden), dass die fürbittende Vermittlung der Gottesmutter sich stets im Rahmen der einzigen Mittlerschaft Christi vollzieht, an deren Wirkungskraft die selige Jungfrau teilhat[32].

---

30 Die Bittschrift des Mechelner Klerus 1915 bittet um die Einführung der Anrufung „Allgemeine Mittlerin des Menschengeschlechtes, bitte für uns": M. Hauke, *Maria – „Mittlerin aller Gnaden". Die universale Gnadenmittlerschaft Mariens im theologischen und seelsorglichen Schaffen von Kardinal Mercier (1851–1926)* (Mariologische Studien 17), Regensburg 2004, 61. Das von Jacques Bittremieux verfaßte Gutachten der Löwener Theologischen Fakultät aus dem gleichen Jahre bittet hingegen, nach der Anrufung „Mutter Christi" die (angeblich) schon im 4. Jh. bezeugte Bitte einzufügen: „Mittlerin des ganzen Menschengeschlechtes, bitte für uns" (gemeint damit ist ein schwer datierbarer Text, der Ephräm zugeschrieben wird) (vgl. Hauke, aaO. 65).

31 Vgl. Hauke, aaO. 72–78.

32 Vgl. 1 Tim 2,5f; Zweites Vaticanum, Lumen gentium 60.

3. Die drei einführenden Anrufungen: die heilige Jungfrau als Gottesmutter[33]

Schon in den geschichtlichen Anmerkungen haben wir die Bedeutung der ersten drei Anrufungen hervorgehoben, die sich bereits seit dem 8. Jh. in manchen Ausgaben der Allerheiligenlitanei finden: *Sancta Maria (ora pro nobis), Sancta Dei Genetrix, Sancta Virgo virginum.*

Auf die allgemeinste Anrufung, die den Namen „Maria" herausstellt, folgt sofort der bedeutsamste Marientitel, der 431 auf dem Konzil von Ephesus feierlich definiert wurde: Die Bezeichnung *Dei Genitrix* (wörtlich „Gottesgebärerin") ist lateinische Übersetzung des griechischen „Theotókos". Da die Gottesmutterschaft nicht von der beständigen Jungfräulichkeit zu trennen ist, nennt die Litanei gleich im Anschluß daran *Virgo Virginum* („Jungfrau der Jungfrauen"). Im Blick auf die Verheißung des Propheten Jesaja über die Geburt des Emmanuel aus der „Jungfrau" (Jes 7,14 LXX) wird Maria schon seit dem 2. Jh. als „die" Jungfrau schlechthin bezeichnet[34], ein Vorrang, den der Titel *Virgo virginum* zur Geltung bringt. Die Gottesmutterschaft in beständiger Jungfräulichkeit ist gleichsam der Schlüssel, der das Verständnis für die folgenden Anrufungen eröffnet.

4. Die Aussagen über die Mutterschaft Mariens

Die grundlegende Aussage über die Gottesmutterschaft wird in den zwölf „Mutter"-Anrufungen wieder aufgenommen, aber zugleich in ihren Auswirkungen näher ausgestaltet: *Mater Christi, Mater Ecclesiae, Mater divinae gratiae, Mater purissima, Mater castissima, Mater inviolata, Mater intemerata, Mater amabilis, Mater admirabilis, Mater boni Consilii, Mater Creatoris, Mater Salvatoris.*

Maria ist nicht nur Mutter Christi, sondern auch „Mutter der Kirche". Die Bedeutung beider Gesichtspunkte zeigt sich sehr gut auf dem Zweiten Vatikanum im Titel des Marienkapitels der Dogmatischen Konstitution über die Kirche, „Lumen gentium": „Die selige Jungfrau und Gottesgebärerin Maria im Geheimnis Christi und der Kirche"[35]. Der Gehalt des Titels „Mutter der Kirche" bildet eine logische Folgerung aus der durch die Taufe begründeten Verbindung Christi des Hauptes mit den Gliedern seines geheimnisvollen Leibes. Die grundlegende Formulierung dieses Gedankens findet sich bereits beim hl. Augustinus: Maria ist „Mutter der Glieder (Christi), ... weil sie in Liebe mitgewirkt hat, dass die Gläubigen in der Kirche geboren werden, die jenes Hauptes Glieder sind"[36]. Da alle Menschen dazu

---

33 Zur inhaltlichen Ausdeutung der Anrufungen vgl. u. a. C. Kammer, *Die Lauretanische Litanei*, Innsbruck 1960; Dürig (1990) 18–80; Ders., *Lauretanische Litanei II. Theologie*, in Marienlexikon 4 (1992) 35–42; G. Basadonna, *Commento alle invocazioni delle Litanie Lauretane*, in G. Basadonna – G. Santarelli, *Litanie Lauretane*, Città del Vaticano 1997, 51–211.

34 Vgl. G. Söll, *Mariologie* (Handbuch der Dogmengeschichte III,4), Freiburg i. Br. 1978, 33–36 und passim.

35 Lumen gentium, Kap. VIII.

36 Augustinus, De virginitate 6 (PL 40, 399): Lumen gentium 53. Vgl. Dittrich (2009) 41–58.

berufen sind, in die Kirche eingegliedert zu werden, ist der Titel „Mutter der Kirche" weitgehend sinngleich mit der universalen geistlichen Mutterschaft in der Gnade, die sich seit der Väterzeit seit dem 4. Jh. etwa in der Vorstellung Mariens als „Mutter der Lebenden" (*Mater viventium*)[37] bzw. „Mutter aller Lebenden" (*Mater omnium viventium*)[38] ausdrückt (Gen 3,20), wobei die natürliche Mutterschaft Evas auf die übernatürliche Dimension des göttlichen Lebens übertragen wird.

Es ist darum eine sinnvolle Entscheidung gewesen, als 1980 allen Bischofskonferenzen die Möglichkeit eröffnet wurde, den von Paul VI. 1964 feierlich proklamierten Titel „Mutter der Kirche" auch in die Lauretanische Litanei aufzunehmen.

Unmittelbar danach folgt nun die Anrufung *Mater divinae gratiae* („Mutter der göttlichen Gnade"). Da Maria „voll der Gnade" ist (Lk 1,28), wird ihr Begnadetsein auch zur Aufgabe für alle anderen Menschen, die mit Christus verbunden sind. Der hl. Thomas von Aquin erklärt verschiedene Gesichtspunkte des „voll der Gnade"-Seins in seiner Auslegung zum „Ave Maria":

„Die selige Jungfrau ist voll der Gnade sowohl in der Ausübung des Guten wie in der Meidung des Bösen ... Zweitens ist sie voll der Gnade, weil die Gnade aus ihrer Seele auf ihren Leib überströmt ... Drittens ist sie voll der Gnade wegen der Ausgießung der Gnade auf alle Menschen. Bei jedem Heiligen ist es schon etwas Großes, wenn er soviel Anteil an der Gnade hat, als für das Heil vieler hinreicht. Wenn er aber soviel hätte, dass es für das Heil aller Menschen auf der Welt genügte, so wäre dies das Höchste. So verhält es sich mit Christus und der seligsten Jungfrau. Denn in jeder Gefahr kannst du Rettung bei der allerseligsten Jungfrau finden"[39].

Der Titel „reinste Mutter" (*mater purissima*) erinnert an die Reinheit des „Herzens", die unter anderem in den Seligpreisungen der Bergpredigt genannt wird (Mt 5,8). Diese Reinheit gründet auf der unbefleckten Empfängnis, die von der Litanei am Ende genannt wird. *Mater castissima* („du keuscheste Mutter") betont die Tugend der Keuschheit, ein wesentlicher Bestandteil der jungfräulichen Hingabe Mariens an Gott.

Die Anrufung *Mater inviolata* („du unversehrte Mutter") erinnert an die Jungfräulichkeit in der Geburt, eine Frucht der Freiheit von der Erbsünde (in Gen 3,16 erscheinen die Geburtsschmerzen als Folge des Sündenfalls). Die jungfräuliche Integrität der Gottesmutter gehört zu ihrer persönlichen Prägung[40]. Der Ausdruck *Mater intemerata* („du unverletzte Mutter") ähnelt der vorausgehenden Anrufung. Das Zeitwort *temerare* meint „verletzen, entheiligen". Maria hat ihre Weihe an Gott nach Leib und Seele treu bewahrt. Die früher gängige deutsche Übersetzung – „du unbefleckte Mutter"[41] – weist hingegen eher auf die Freiheit von der Erbsün-

---

37 So zuerst bei Epiphanius, Adversus haereses 78,17 (PG 42, 728 C). Vgl. Dittrich (2009) 26f.

38 So bei Petrus Chrysologus, Sermo 99,5 (PG 52, 479).

39 Thomas von Aquin, Expositio salutationis angelicae. Deutsche Übersetzung bei C. Pesch, *Die selige Jungfrau Maria, die Vermittlerin aller Gnaden*, Freiburg i. Br. 1923, 76f.

40 Vgl. Katechismus der katholischen Kirche, Nr. 499. Zu dieser gerade von deutschen Theologen in den letzten Jahrzehnten geleugneten oder umgedeuteten Lehre vgl. M. Hauke, *Die „virginitas in partu": Akzentsetzungen in der Dogmengeschichte*, in A. Ziegenaus (Hrsg.), *„Geboren aus der Jungfrau Maria". Klarstellungen* (Mariologische Studien 19), Regensburg 2007, 88–131.

41 Vgl. etwa *Gebet- und Gesangbuch für das Bistum Limburg*, Frankfurt a. M. 1957, Nr. 857 (Einheitstext für alle deutschen Bistümer, 1950).

de. Ganz verschwunden ist die jungfräuliche Integrität der Gottesmutter in der deutschen Übersetzung des „Gotteslobes": Für *Mater inviolata* und *Mater intemerata* findet sich nur ein einziger Ausdruck, die spiritualisierende Anrede „Mutter ohne Makel"[42]. Um dergleichen interpretatorische Fehlgriffe in Zukunft zu vermeiden, wäre am besten die Erstellung einer zweisprachigen Ausgabe der Litanei auf lateinisch und deutsch, wie es in den Diözesangesangbüchern vor dem „Gotteslob" weithin üblich war, mit einer genaueren Übersetzung der Anrufungen (etwa mit Rückgriff auf den Einheitstext der deutschen Bistümer aus dem Jahre 1950).

Beim Lobpreis Mariens als „liebenswürdiger Mutter" (*Mater amabilis*) können wir an die in der Gnade begründete geistige Schönheit denken. Ein passender biblischer Kommentar wäre etwa die Beschreibung der „Braut" des Messias im Psalm 45,10–16. Wie die Sünde innerlich „häßlich" ist, so zieht die Gnade unsere Bewunderung an und unsere Liebe. So gelangen wir schnell zum folgenden Titel der „wunderbaren Mutter" (*Mater admirabilis*) oder, genauer, der „bewunderswerten Mutter"[43].

Die Anrufung „Mutter des guten Rates" (*Mater boni consilii*) wurde von Papst Leo XIII. im Jahre 1903 in die Litanei eingefügt. Der Titel geht auf ein berühmtes Gnadenbild zurück: U.L.F. von Genazzano, in der Nähe Roms, in der Heimat des damaligen Papstes gelegen. Wie schon sein Vorgänger Pius IX. war Leo XIII. Mitglied der Bruderschaft der „Mutter des guten Rates".

In der anläßlich des Heiligen Jahres 1987–88 erstellten „Sammlung der Marienmessen", die in keiner Sakristei fehlen sollte, gibt es ein eigenes liturgisches Formular zur „Mutter des guten Rates"[44]. Maria ist Mutter Christi, der von Jesaja „wunderbarer Ratgeber" (Jes 9,5) genannt wird; sie führte ihr Leben ganz unter der Leitung des „Geistes des Rates" (Jes 11,2), der sie überschattet hat. Sie verwirklicht, was das Alte Testament der Weisheit zuschreibt: „Bei mir ist Rat und Hilfe: ich bin die Einsicht, bei mir ist Macht" (Spr 8,14). Das Evangelium von der Hochzeit zu Kana erinnert an den Rat Mariens in einer schwierigen Situation, während die zur Auswahl gestellten ersten Lesungen auf Jesus als „wunderbaren Ratgeber" weisen (Jes 9) sowie auf das Gebet im Abendmahlssaal zusammen mit der Herabkunft des Heiligen Geistes am Pfingstfest (Apg 1,12–14; 2,1–4). Das Heiligtum von Genazzano wird vom Augustinerorden betreut, aus dessen Proprium (mit Ausnahme der Präfation) die Messtexte stammen.

Der Lobpreis Mariens als „Mutter" endet mit *Mater Creatoris* („Mutter des Schöpfers") und *Mater Salvatoris* („Mutter des Erlösers"). Der Ausdruck *Salvator* (ähnlich das lateinische *Redemptor*) nimmt den Gehalt des Namens „Jesus" auf, der „Gott rettet" bedeutet. Die Anrufungen „heilige Gottesgebärerin", „Mutter Christi", „Mutter des Schöpfers" und „Mutter des Erlösers" sind gleichsam verschiedene Beleuchtungen des gleichen Geheimnisses der Gottesmutterschaft.

---

42 Vgl. *Gotteslob*, Stuttgart 1975 (etc.), Nr. 769.
43 Vgl. Dürig (1990) 25.
44 Vgl. *Schott-Messbuch Marienmessen. Originaltexte der authentischen deutschen Ausgabe des Meßbuches und des Meßlektionars*, Freiburg i. Br. 1994, Nr. 33.

5. Die Hinweise auf Maria als Jungfrau

Den zwölf um die Mutterschaft Mariens kreisenden Anrufungen folgen sechs weitere mit Hinweisen auf die Jungfräulichkeit: *Virgo prudentissima, Virgo veneranda, Virgo praedicanda, Virgo potens, Virgo clemens, Virgo fidelis.*

Virgo prudentissima („überaus kluge Jungfrau": Die Klugheit, die erste der vier Kardinaltugenden, wird mit Maria als „Jungfrau" verbunden, vielleicht aufgrund der Verbindung mit dem Gleichnis von den klugen und den törichten Jungfrauen (Mt 25,1–10)[45]. Die Vulgata benutzt für die klugen Jungfrauen den Ausdruck *prudentes.* Die Attribute *Virgo veneranda* und *Virgo praedicanda* („ehrwürdige" und „lobwürdige Jungfrau") sind gleichsam ein Widerhall des Magnificat: „Selig von nun an werden mich selig preisen alle Geschlechter" (Lk 1,48).

Virgo potens („mächtige Jungfrau") erinnert an die Macht Mariens, die in ihrer Mitwirkung an der Erlösung gründet und sich in ihrer mütterlichen Fürbitte auswirkt. Der Hinweis auf die *Virgo clemens* („gütige Jungfrau") hebt die Mildheit und Güte der Gottesmutter hervor; der Begriff kommt auch im „Salve Regina" vor (*o clemens, o pia, o dulcis Virgo Maria*). Macht und Güte sind Eigenschaften, die einander ergänzen. Sie werden schon in der heidnischen Antike als erstrebenswerte Tugenden der Vorgesetzten genannt gegenüber ihren Untergebenen, insbesondere beim römischen Kaiser. Die Milde beinhaltet die Bereitschaft zum Verzeihen, also das Mitleid. Die Haltung der Güte nähert sich der Sanftmut, von der Jesus spricht im Blick auf sich selbst (vgl. Mt 11,28f). Die Erinnerung an die *Virgo fidelis* („getreue Jungfrau") betont die Treue auch in der schwierigsten Situation des Sohnes, als die Schmerzensmutter am Fuße des Kreuzes stand.

6. Die Sprache der Sinnbilder

Es folgen dreizehn Anrufungen, die Maria mit verschiedenen symbolhaften Aussagen preisen: *Speculum iustitiae, Sedes sapientiae, Causa nostrae laetitiae, Vas spirituale, Vas honorabile, Vas insigne devotionis, Rosa mystica, Turris Davidica, Turris eburnea, Domus aurea, Foederis arca, Ianua caeli.*

Der Ausdruck *Speculum iustitiae* („Spiegel der Gerechtigkeit") betont die „Gerechtigkeit" im biblischen Sinne, mit der beispielsweise der hl. Joseph bezeichnet wird (Mt 1,19): Gemeint ist die Übereinstimmung mit dem Willen Gottes im menschlichen Leben. Das Sinnbild des Spiegels hat (im marianischen Kontext) zwei Grundbedeutungen: als ganz reiner Spiegel erweist Maria ihre einzigartige Heiligkeit; wie der Spiegel mit Klarheit das Licht widerstrahlt, so nimmt Maria auf höchste Weise die Gnaden Christi in sich auf, um sie gleichsam „widerzuspiegeln". Auf eine ähnliche Weise stellt das Alte Testament die Weisheit vor: „Sie ist der Widerschein des ewigen Lichts, der ungetrübte Spiegel von Gottes Kraft, das Bild seiner Vollkommenheit" (Weish 7,26).

---

45 Das „Gotteslob" übergeht den Superlativ und übersetzt „kluge Jungfrau", was immerhin genauer ist als die Fassung von 1950, „weise Jungfrau".

Die Anrufung *Sedes Sapientiae* („Sitz der Weisheit") weist auf Maria als diejenige, in der die Weisheit selber, das ewige göttliche Wort, Wohnung genommen hat. Der Ausdruck geht aus von dem Gebet König Salomos zur Erlangung der Weisheit: „Gib mir die Weisheit, die an deiner Seite thront ..." (Weish 9,4). Maria ist „Thron" oder „Sitz" der Weisheit. Es gibt aber noch einen weiteren Gesichtspunkt: Da Maria durch die Gnade an der göttlichen Weisheit teilhat, kann sie auch selbst mit deren Attributen bedacht werden, wie sie im Alten Testament beschrieben werden. Maria ist nicht nur „Thron" und „Monstranz" der Weisheit, sondern auch deren höchster Ausdruck im geschöpflichen Bereich. Als Urbild der Kirche ist Maria „das personal gefaßte Sakrament der menschgewordenen Weisheit Jesu Christi"[46].

Diese theologische Erklärung gründet auf dem Doppelcharakter der Weisheit, die im Alten Testament mit symbolhaft weiblichen Zügen als Mittlerin der Schöpfung und der Heilsgeschichte erscheint. Auf der einen Seite ist die „Weisheit" die personifizierte Nähe Gottes, auf der anderen Seite steht sie auch die Antwort der Geschöpfe Gott gegenüber. Während im Neuen Testament Aussagen über die Weisheit auf die Gestalt Christi bezogen werden[47], wenden sie die Kirchenväter auch auf den Heiligen Geist und die Gottesmutter an. In Maria zeigt sich die vollkommen reine Antwort des Geschöpfes auf den Ruf Gottes. In ihrer mütterlichen Mittlerschaft erstrahlt die Schönheit der göttlichen Weisheit[48].

Die Anrufung *Causa nostrae laetitiae* („Ursache unserer Freude") greift zurück auf den Gruß der Engel, die zur Geburt des Messias eine große Freude verkünden (Lk 2,10). Die Kindheitsgeschichte des Lukasevangeliums ist ganz durchdrungen von der Freude über die Ankunft Christi, des Heilandes. Maria ist „Ursache" unserer Freude durch ihr Jawort bei der Verkündigung, auf das hin der Sohn Gottes aus ihr seine menschliche Natur annahm. Schon Judith, die aus lukanischer Sicht als Vorausbild Mariens erscheint[49], wird als „Freude Israels" gepriesen (Jdt 15,10). Die wahre Freude kommt stets vom Heiligen Geist, der den Erlöser im Schoße Mariens geformt hat. Das Thema wird liturgisch entfaltet in der marianischen Votivmesse „Maria, Ursache unserer Freude"[50].

Es folgen drei Anrufungen mit dem Hauptwort *Vas*, das wir als „Gefäß" oder „Kelch" übersetzen können: *Vas spirituale, Vas honorabile, Vas insigne devotionis*. Das dahinter stehende griechische Wort *skeûos* bedeutet eigentlich „Gerät" oder „Gefäß" im Sinne von „Werkzeug". So sagt z. B. in der Apostelgeschichte der Herr zu Hananias über Paulus: „Geh nur! Denn dieser Mann ist mein auserwähltes

---

46 L. Scheffczyk, „*Sitz der Weisheit". Maria – Bild vollendeten Menschseins*, in Mariologisches Jahrbuch 2 (1/1998) 48–69 (62). „Sakrament" ist hier natürlich in einem weiteren Sinne als wirksames Zeichen verstanden, ähnlich wie die Verwendung dieses Begriffes für die Kirche (etwa in *Lumen gentium* 1). Zur liturgischen Vertiefung beachte man das Messformular „Maria, Sitz der Weisheit": *Marienmessen*, Nr. 24.

47 So im Johannesprolog (Joh 1,14), der ein Bild aus dem Buch Jesus Sirach aufnimmt (Sir 24,8). Vgl. A. Ziegenaus, *Jesus Christus. Die Fülle des Heils* (Katholische Dogmatik IV), Aachen 2000, 140–145.

48 Zur Anwendung der Stellen über die göttliche Weisheit auf Maria vgl. u. a. J. Ratzinger, *Die Tochter Zion*, Einsiedeln 1977, 23–26; Scheffczyk (1998); M. Noll, *Die mariologischen Grundlinien im exegetischen Werk des Cornelius a Lapide SJ (1567–1637)* (Mariologische Studien 16), Regensburg 2003, 142–151 (Erklärung des Cornelius a Lapide).

49 Vgl. den Widerklang von Jdt 13,18 in Lk 1,42.

50 *Marienmessen*, Nr. 34.

Werkzeug: Er soll meinen Namen vor Völker und Könige und die Söhne Israels tragen" (Apg 9,15). In der Antike kann der Begriff auch die Bedeutung einer Opfergabe annehmen, die in einem Gefäß enthalten ist und in den Tempel gestellt wird[51].

Die Anrufung *Vas spirituale* („geistliches Gefäß" oder – so die deutschen Fassungen von 1950 und 1975 – „Kelch des Geistes") stellt Maria als auserwähltes Werkzeug des Heiligen Geistes dar. Maria ist voll der Gnade und bietet sich im Heiligen Geist Gott als vollkommene Opfergabe dar.

Ganz ähnlich ist der folgende Titel: *Vas onorabile* bedeutet „ehrwürdiger Kelch" bzw. „ehrwürdiges Werkzeug" des Heiligen Geistes, um in ihrem Schoß den Erlöser zu formen. „Ehrwürdig" beinhaltet das Würdigsein einer besonderen Verehrung, den die Theologie mit dem Fachbegriff der „Hyperdulie" angibt[52]. Die Übersetzung des „Gotteslobes" (1975), mit „kostbarer Kelch", geht am gemeinten Inhalt vorbei.

Besser hingegen ist die Übersetzung der folgenden Anrufung *Vas insigne devotionis* im „Gotteslob" mit „Kelch der Hingabe". Übergangen wurde hier freilich das Eigenschaftswort „insigne"; treffender ist die Wiedergabe im deutschen Einheitstext von 1950: „erlesener Kelch der Hingabe". Die „devotio" meint (nicht nur die „Andacht", sondern) die Hingabe an Gott, wie sie etwa im „Jawort" Mariens zum Ausdruck kommt: „Siehe, ich bin die Magd des Herrn, mir geschehe nach deinem Wort" (Lk 1,38).

Die Rose ist gleichsam die „Königin" unter den Blumen, die als Symbole der Gottesmutter genannt werden: *Rosa mystica*, „geheimnisvolle Rose". Die Rose ragt unter den übrigen Blumen heraus durch die Schönheit der Farben und den angenehmen Geruch[53]. Wie für mehrere andere Anrufungen handelt es sich auch hier um eine Anwendung aus den Texten des Alten Testamentes über die Weisheit: Sie wächst empor wie „eine Palme", „wie ein Rosenstrauch in Jericho" („quasi plantatio rosae in Hiericho", Jesus Sirach = Ecclesiasticus 24,18 Vg.)[54]. So wachsen auch die Frommen „wie eine Rose am Wasserlauf" (Sir 39,17 Vg.)[55]. Vor allem die rote Rose ist ein Zeichen der Liebe und trägt die gleiche Farbe wie das menschliche Herz. Sie weist auch auf das Blutzeugnis der Martyrer. Das Zeichen der Rose wird Maria schon seit dem christlichem Altertum beigesellt: Sedulius Celius (5. Jh.) nennt die selige Jungfrau als erster „Rose unter Dornen"[56]. Ein ähnliches Bild findet sich im Hohenlied: „eine Lilie unter Disteln" („lilium inter spinas") (Hld 2,2), als Bezeichnung für die Schönheit der Braut im Vergleich zu den anderen Frauen. Die „Rose

---

51 Vgl. Kammer (1960) 113f.
52 „Dulia" meint die den Heiligen zustehende Verehrung, im Unterscheid zu „latria", der nur Gott gebührenden Anbetung. Insofern Maria als Gottesmutter in ihrer Würde alle übrigen Heiligen überragt, nennt sich der ihr zukommende Kult „Hyperdulia" (wörtlich „über die dulia hinaus").
53 Zum Folgenden vgl. W. Dürig, *Geheimnisvolle Rose*, in Marienlexikon 2 (1989) 604f; Ders. (1990) 46–48; M. Schmidt – S. Egbers, *Rose*, in Marienlexikon 5 (1993) 548–552.
54 Die Übersetzung aus dem Hebräischen in der deutschen Einheitsübersetzung spricht von „Oleandersträuchern" (Sir 24,14). Der Oleander wird auch „Rosenlorbeer" genannt.
55 Der hebräische Text spricht von einer Zeder: vgl. Sir 39,13.
56 Carmen pasquale II,28–31 (PL 19, 595f; CSEL 10, 46): „Wie die zarte Rose mitten unter stechenden Dornen hervorsprießt und nichts Anstößiges in sich hat, sondern im Gegenteil mit ihrer Schönheit den eigenen Stamm in den Schatten stellt, so reinigt die heilige Maria, von Eva abstammend, als neue Jungfrau das Vergehen der alten Jungfrau".

unter Dornen" dient als Kennzeichnung der makellosen Heiligkeit Mariens, die ohne Erbsünde empfangen ist. Die Fülle der Rosenblätter ist ein Zeichen für die Innigkeit des Affektes, aber auch für den geheimnisvollen Charakter der Liebe (das Innerste der Rose ist nicht zu sehen). Maria als „Rose ohne Dornen" erscheint auch als Symbol des erneuerten Paradieses: nach einer alten Deutung der Genesis (3,18) waren die Rosen im Paradies ohne Dornen; auch wenn diese Erklärung keine Zustimmung verdient, so bereitet doch die Anwendung des Sinnbildes auf die Gottesmutter keine Probleme. Im Mittelalter wird Maria häufig inmitten eines Rosenbusches dargestellt („Maria im Rosenhag").

Nach dem Hinweis auf die „Königin der Blumen" gebraucht die Litanei Bilder aus dem Bereich des Bauwesens: *Turris Davidica, Turris eburnea, Domus aurea*. Der „Turm Davids" kommt im Hohenlied vor, das die Schönheit der Braut besingt: „Wie der Turm Davids ist dein Hals, in Schichten von Steinen erbaut; tausend Schilde hängen daran, lauter Waffen von Helden" (Hld 4,4). Der Hals weist hier auf ein ausgeprägtes Selbstbewußtsein, aber auch auf die Selbstbeherrschung, die jede Ausschweifung vermeidet[57]. Der Turm Davids war die stärkste Stelle der Befestigung Jerusalems und galt als uneinnehmbar. Seine Stärke wurde illustriert durch den Behang mit wertvollen Schilden, die das Hohelied mit dem Brautschmuck vergleicht. Der Turm galt als letzter Zufluchtsort vor den Feinden. Ähnlich bildet Maria eine unbesiegbare Festung des katholischen Glaubens und eine Zuflucht für alle, die sich an sie wenden. Der Hinweis auf den Turm Davids läßt sich auch mit der Herkunft Mariens aus dem Geschlechte Davids verbinden (was möglich ist, auch wenn die Davidssohnschaft Jesu sich rechtlich von Josef ableitet und nicht von Maria).

In der Anrufung „du starker Turm Davids" zeigt sich die marianische Deutung des Hohenliedes, die mit dem hl. Ambrosius beginnt und sich im Mittelalter allgemein durchsetzt[58]. Das Hohelied ist deshalb in den Kanon den Heiligen Schrift aufgenommen worden, weil die bräutliche Liebe zwischen Mann und Frau seit der Zeit des Propheten Hosea als Zeichen für den Bund der Liebe zwischen Gott und seinem Volk gesehen wird. Aus der Sicht des Neuen Testamentes wird diese Sicht präzisiert durch den Liebesbund zwischen Christus und der Kirche (Eph 5,21–33). Die Kirchenväter sehen die Braut des Hohenliedes darüber hinaus als Symbol der Seele in ihrer Beziehung zu Gott. In diese Deutung fügt sich (seit Ambrosius) Maria ein als Urbild der Kirche und des erlösten Menschen. Die marianische Deutung des Hohenliedes erreicht einen Höhepunkt in den Schriften des hl. Bernhard von Clairvaux.

Auch die nächste Anrufung geht auf das Hohelied zurück, das den Hals der Braut nicht nur mit dem Turm Davids, sondern auch mit einem „Turm aus Elfenbein" vergleicht (Hld 7,5). Der „elfenbeinerne Turm" – *Turris eburnea* – ist ein Zeichen für Stärke und Schutz, aber auch für herausragende Größe und außergewöhnliche Schönheit. Ausgehend von diesem Bildwort, stellen die mittelalterlichen Künstler Maria oft mit einem langen Hals glänzender Weiße dar. Ins Spiel

---

57 So die Erklärung von G. Krinetzki, *Hoheslied* (Die Neue Echter Bibel), Würzburg ²1985, 16f.
58 Vgl. J. Scharbert, *Hoheslied*, in Marienlexikon 3 (1991) 232–234; M. O'Carroll, *Theotokos. A Theological Encyclopedia of the Blessed Virgin Mary*, Eugene, OR 2000, 327f ("Song of Songs").

gebracht wird sogar der Vergleich zwischen Maria und dem Turm (der „Dame") beim Schachspiel.

Der Titel *Domus aurea* („goldenes Haus") erinnert an den Schmuck des Allerheiligsten im Bundeszelt (Ex 26) und vor allem im salomonischen Tempel. Das Innere des Allerheiligsten war ganz mit Gold verkleidet (vgl. 1 Kön 6,20–22). Um das Heiligtum das Höchsten zu schmücken, benutzte man das wertvollste Material. Durch ihre Gnade und ihre Tugenden erscheint Maria wie mit Gold überkleidet.

Dem Bereich des Tempels entstammt auch die Anrufung *Foederis arca* („Bundeslade")[59]. Nach der Beschreibung des Buches Exodus mußte Mose die Bundeslade aus Akazienholz herstellen, das besonders haltbar war; innen und außen wurde sie mit Gold verkleidet. Darüber befand sich eine Deckplatte, auf die beim Sühneritus am Versöhnungstag (Jom Kippur) das Blut gegossen wurde. Auf der Deckplatte waren auch die beiden Kerubim angebracht, die ihre Gesichter einander zuwandten mit Blick auf die Sühneplatte (Ex 25,10–22). Gott „thronte" über den Kerubim (1 Sam 4,4; 2 Sam 6,2). Manchmal wurde die Bundeslade in den Schlachten mitgeführt als Unterpfand des Sieges (was nicht immer einen guten Ausgang brachte) (1 Sam 4,3–11; 2 Sam 11,11). Die Bundeslade verschwindet vor der Zerstörung des ersten Tempels (587 v. Chr.), aber nach der jüdischen Überlieferung soll sie aufs neue erscheinen, wenn Gott sein Volk versammelt, um es zu retten (2 Makk 2,4–8). Nach dem Hebräerbrief enthielt die Bundeslade nicht nur die Bundestafeln, sondern auch ein wenig Manna und den Stab Aarons (Hebr 9,4). In der Offenbarung des Johannes erscheint die Bundeslade im Himmel, als die siebte Posaune erschallt: die Bundeslade ist hier ein Zeichen der endgültigen Gegenwart Gottes inmitten seines Volkes (Offb 11,19).

Der Vergleich zwischen Maria und der Bundeslade beginnt schon in der Väterzeit. Proklus von Konstantinopel z. B. (5. Jh.) erklärt die goldene Verkleidung der Bundeslade (innen und außen) als Zeichen für die Heiligung Mariens nach Seele und Leib. Maria ist jedoch größer als die Bundeslade, die nur die Gesetzestafeln enthielt: die Gottesmutter hat den Gesetzgeber selbst in sich getragen, den Sohn Gottes[60]. Maria, Ort der Gegenwart Gottes, ist auch ein unbesiegbares Pfand bei den Kämpfen der Kirche in dieser Welt: sie ist „Siegerin in allen Schlachten Gottes" (Pius XII.)[61]. Die Bundeslade stand im Allerheiligsten des Tempels, während Maria ihre endgültige Aufnahme in die himmlische Herrlichkeit gefunden hat. Das Manna in der Bundeslade kann als Vorausbild des Verhältnisses zwischen Maria und der Eucharistie gesehen werden. Wie die Bundeslade die Tafeln des Alten Bundes enthielt, so nahm Maria alle Heilsereignisse Jesu in ihrem Herzen auf (vgl. Lk 2,19.51).

Die Akten des Konzils von Ephesus (431) enthalten eine Predigt des Bischofs Proklus von Cyzikus, die einige Jahre zuvor in der Hauptkirche von Konstantinopel gehalten worden war. Wie zahlreiche andere Autoren des Altertums bezieht er sich auf eine Verheißung des Propheten Ezechiel, um die Gottesmutterschaft zu

59 Vgl. J. Schildenberger – J. Scharbert, *Bundeslade*, in Marienlexikon 1 (1988) 615f; Dürig (1990) 53–55.
60 Proklus, Oratio VI,17 (PG 65, 753 B).
61 Weltweihe an das Unbefleckte Herz Mariens (1942): Graber – Ziegenaus, Nr. 166.
62 B. Schwarz, Acta Conciliorum Oecumenicorum I,1,1 Berlin 1927, 107, übersetzt in Dürig (1990) 56.

veranschaulichen: „Der Emmanuel hat zwar als Mensch die Pforte der Natur geöffnet, hat aber als Gott die Siegel der Jungfrauenschaft nicht verletzt". Nach Ezechiel tritt allein die Herrlichkeit Gottes durch das östliche Tor des Tempels. Das Tor bleibt verschlossen, weil der Herr hindurchgegangen ist (Ez 44,1–3; vgl. 43,1–3)[62]. Maria ist das Tor, durch das der Sohn Gottes in diese Welt gekommen ist, und umgekehrt vollzieht sich der Weg zum Himmel durch Maria. Die Anrufung *Ianua coeli* („Pforte des Himmels") findet sich zum ersten Mal im 9. Jh. im marianischen Hymnus *Ave maris stella*[63], dem vermutlich populärsten Marienlied der Kirchengeschichte[64]. Aufgenommen wird sie auch im Marienmessbuch[65].

Anstelle der heutigen Anrufung *Stella matutina* („Morgenstern") enthielt das älteste Manuskript der Lauretanischen Litanei aus dem 12. Jh. die beiden Titel *Stella marina* („Meeresstern") und *Lux matutina* („Morgenlicht")[66]. Die in Padua überlieferte Handschrift aus dem 14. Jh. verbindet die beiden Anrufungen und gelangt zum Titel „Morgenstern"[67]. Der Morgenstern kündet den Aufgang der Sonne an. Ähnlich bereitet Maria das Kommen der „Sonne der Gerechtigkeit" (Mal 3,20) vor, des „Aufgangs aus der Höhe", der die Finsternis erhellt (Lk 1,78).

In der Offenbarung des Johannes wendet Jesus das Sinnbild auf sich selbst an: „Ich bin die Wurzel und der Stamm Davids, der strahlende Morgenstern" (Offb 22,16). In diesem christologischen Zusammenhang ist der Morgenstern wahrscheinlich mit der Prophetie des Bileam zu verbinden, wonach ein Stern in Jakob aufstrahlen wird (Num 24,17). Im religionsgeschichtlichen Umfeld der Apokalypse wird die Göttin Venus als „Morgenstern" bezeichnet, weil sie nach heidnischem Glauben die Herrschaft und den Sieg verleiht. Auch der Kaiser Domitian wird von einem Hofdichter „Morgenstern" genannt. Der zeitgenössische Leser der Offenbarung des Johannes konnte von diesem Umfeld her folgern, dass Christus (und nicht Venus oder der römische Kaiser) den Christen den Sieg und das Heil mitteilt[68]. Maria kann Christus dem „Morgenstern" angenähert werden, weil sie am Glanz der Gnade teilhat, die von ihm stammt. Die „erleuchtende" Rolle Mariens als *Stella matutina* ähnelt dabei der Bildwelt, die mit dem Titel *Stella maris* („Meeresstern") verbunden ist: bei der gefahrvollen Reise auf dem Ozean der Erdenzeit gibt die Gottesmutter eine sichere Orientierung.

7. Vier Anrufungen als Nothelferin

Auf die dreizehn Anrufungen mit symbolhaften Titeln folgen vier Bittrufe, die den Beistand Mariens in grundlegenden Notlagen des menschlichen Lebens hervorheben: *Salus infirmorum, Refugium peccatorum, Consolatrix afflictorum, Auxilium christianorum.*

---

63 Vgl. G. Bernt, *Ave maris stella*, in Marienlexikon 1 (1988) 317.
64 So nach der Wertung von O'Carroll (2000) 379.
65 Vgl. *Marienmessen*, Nr. 46: „Maria, Pforte des Himmels".
66 Vgl. Meersseman II (1960) 223, Zeilen 41–43: *Stella marina, Pulchrior luna, Lux matutina.*
67 Vgl. Meersseman II (1960) 226, Zeile 36.
68 Vgl. H. Giesen, *Die Offenbarung des Johannes*, Regensburg 1997, 490.

Das von Christus gebrachte Heil betrifft in erster Linie das ewige Leben und die Einheit der Seele mit Gott, die aber bei der Auferstehung am Ende der Welt auch zur Verklärung des Leibes führt. Die zahllosen Heilungen Jesu zeigen seine Liebe zu den Kranken. Sie haben Leid und Tod nicht aus der Welt geschafft, sind aber Zeichen, in denen bereits die künftige Welt aufstrahlt. So betrifft auch Marias mütterliche Sorge in besonderer Weise die Kranken. Die Anrufung der Gottesmutter als *Salus infirmorum* („Heil der Kranken") findet sich in der Lauretanischen Litanei von Anfang an. Im Marienmessbuch ist diesem Marientitel ein eigenes Formular gewidmet, das mit dem Kamillianerorden verbunden ist[69].

Ebenso offenkundig ist die noch grundlegendere Bedeutung der Anrufung Mariens als *Refugium peccatorum* („Zuflucht der Sünder"), der das Römische Messbuch von 1962 für den 13. August ein eigenes Formular widmet („pro aliquibus locis"). Dessen Texte fehlen im Marienmessbuch von 1987, aber das wesentliche Anliegen findet sich in der besonders für die Fastenzeit vorgesehenen Messe unter dem Titel „Maria, Mutter der Versöhnung"; das gilt auch für die Anrufung „Zuflucht der Sünder"[70].

Die Anrufung der Gottesmutter als *Consolatrix afflictorum* („Trost der Betrübten") ist zum ersten Mal in einer Litanei um das Jahr 1400 bezeugt[71]. Sie wurde besonders im Herzogtum Luxemburg geschätzt und gelangte von da aus nach Kevelaer, dem meist besuchten Marienheiligtum in Norddeutschland. Erinnert sei auch an die Votivmesse unter dem Titel „Maria, Mutter des Trostes"[72].

Wie bereits erwähnt, gelangte die Anrufung *Auxilium christianorum* („Hilfe der Christen") in die Lauretanische Litanei nach dem Sieg über die Türken bei Lepanto (1571). Ihre Bedeutung wird unterstrichen durch das gleichnamige Formular unter den Marienmessen[73]; dessen Evangelium blickt auf die Hochzeit zu Kana (Joh 2,1–11). Die wohl bekannteste architektonische Bezeugung des Gehaltes findet sich in der von dem hl. Johannes Bosco erbauten Turiner Marienbasilika, die der Gottesmutter als „Hilfe der Christen" geweiht ist. Ein herausragendes ikonographisches Zeugnis ist die Ikone von der „Immerwährenden Hilfe", deren Original sich in der Kirche des hl. Alfons von Liguori in Rom befindet.

8. Maria als Königin

Der letzte Teil der Lauretanischen Litanei ist dem Königtum Mariens gewidmet. Hier findet sich auch der überwiegende Teil der oben erwähnten späteren Beifügungen. *Regina Angelorum, Regina Patriarcharum, Regina Prophetarum, Regina Apostolorum, Regina Martyrum, Regina Confessorum, Regina Virginum, Regina Sanctorum omnium, Regina sine labe originale concepta, Regina in caelum assumpta, Regina sacratissimi Rosarii, Regina familiae, Regina pacis.*

---

69 Vgl. *Marienmessen*, Nr. 44.
70 Vgl. *Marienmessen*, Nr. 14.
71 Vgl. Dürig (1990) 60.
72 *Marienmessen*, Nr. 41.
73 Vgl. *Marienmessen*, Nr. 42.

Die ersten acht Anrufungen betreffen die königliche Aufgabe Mariens gegenüber den Engeln und den verschiedenen Gruppen der Heiligen. Die Auflistung dieser Gruppen hängt ab von der Allerheiligenlitanei. Die abschließende Anrufung „Königin aller Heiligen" betont die Überlegenheit der Gottesmutter gegenüber allen anderen Heiligen. Ihr Königtum gegenüber den Engeln wird erwähnt unter anderem auch in dem seit dem 12. Jh. bekannten Hymnus *Ave, Regina coelorum, ave, Domina angelorum*[74]; im Brevier der außergewöhnlichen Form des römischen Ritus bildet er die marianische Schlußantiphon für die Komplet zwischen dem 2. Februar und Gründonnerstag, während er beim nachkonziliaren Stundengebet täglich zur Auswahl steht (mit Ausnahme der Osterzeit). Dass Maria Königin auch der Engel ist, zeigt sich schon im christlichen Altertum nach dem Konzil von Ephesus (431)[75].

Das Königtum Mariens gegenüber den Patriarchen bezeugt sich in der mittelalterlichen Kunst oft in Darstellungen des Stammbaums Mariens, wobei stets Isai genannt wird (Jes 11,1) und Maria mit dem Jesuskind im Zentrum steht. Der Titel *Regina prophetarum* zeigt sich im prophetischen Charisma Mariens, das sich im Magnificat bekundet („Siehe von nun an preisen mich selig alle Geschlechter") und bei der Hochzeit zu Kana („Was er euch sagt, das tut"); die prophetische Aufgabe stellt sich nicht zuletzt dar in den authentischen Marienerscheinungen[76].

Für den Titel „Königin der Apostel" gibt es auch eine Marienmesse, die mit der missionarischen Spiritualität des hl. Vinzenz Pallotti verbunden ist[77]. Bezug genommen wird hier vor allem auf das Gebet vor dem Pfingstfest im Abendmahlssaal (Apg 1,12–14) und auf die Grundlegung der geistigen Mutterschaft Mariens unter dem Kreuz (Joh 19,25–27). Maria ist „Königin" der Apostel, ohne „Apostelin" im Sinne eines hierarchischen Dienstes zu sein.

Maria ist „Königin der Märtyer" nicht, weil sie selbst das Blutzeugnis abgelegt hätte, sondern weil sie in ihrem Herzen unter dem Kreuze an den Leiden Christi teilnahm. „Königin der Bekenner" wird sie der Vollständigkeit halber genannt (für die Heiligen, die keine Märtyrer waren), während sich der Gehalt der Anrufung „Königin der Jungfrauen" schon im dritten Jahrhundert in einer Bemerkung des Origenes bekundet: wie Christus die Erstlingsfrucht (*aparché*) der Keuschheit unter den Männern ist, so kommt Maria die „Erstlingsfrucht der Jungfräulichkeit" unter den Frauen zu[78].

Die nächsten beiden Anrufungen betonen die Dogmen der Unbefleckten Empfängnis und der leiblichen Aufnahme in den Himmel: *Regina sine labe originali contepta, Regina in caelum assumpta*. Über die nachträgliche Einführung dieser Titel haben wir bereits berichtet, ebenso wie über die Aufnahme der Anrufungen *Regina sacratissimi Rosarii* („Königin des heiligen Rosenkranzes") durch Papst

---

74 Vgl. G. Bernt, *Ave regina coelorum*, in Marienlexikon 1 (1988) 321.
75 Vgl. A. Ziegenaus, *Engel II. Dogmatik*, in Marienlexikon 2 (1989) 339.
76 Vgl. dazu M. Hauke, *Introduzione alla mariologia* (Collana di Mariologia, 2), Lugano 2008, 303–307.
77 Vgl. *Marienmessen*, Nr. 18.
78 Origenes, Com. in Mt. 10,17 (GCS 40, 22). Vgl. M. Hauke, *Jungfrauen*, in Marienlexikon 3 (1991) 484–487 (484).

Leo XIII. und *Regina familiae* („Königin der Familie") während des Pontifikates von Papst Johannes Paul II.

Ebenso wurde schon erwähnt die Eingliederung der Anrufung *Regina pacis* („Königin des Friedens") während des Ersten Weltkrieges durch Papst Benedikt XV. (1917). Der Gehalt ist freilich älter und findet sich beispielsweise schon ähnlich auf einer Statue, die 1702 in Koblenz nach der üblen Erfahrung schwerster Kriegsnot aufgestellt wurde: *Sancta Maria de pace, ora pro nobis!*[79] Die stets aktuelle Bedeutung des Friedens im umfassenden Sinn wird deutlich in der Marienmesse „Maria, Königin des Friedens"[80].

9. Die Lauretanische Litanei als Kompendium der katholischen Marienlehre

Gewiß bilden die Anrufungen der Lauretanischen Litanei keine vollständige Auflistung der für Maria passenden Ehrentitel. Sie bieten freilich einen konzentrierten Ausdruck der Marienfrömmigkeit, der auch seine dogmatische Bedeutung hat als Zeugnis für den Glauben der Kirche. In diesem Sinne ist sie ein Kompendium der katholischen Marienlehre[81]. Unter den übrigen Anrufungen sind besonders hochrangig diejenigen, die Eingang gefunden haben in die Liturgie der Kirche, insbesondere bei der Feier der hl. Messe. Erwähnt seien hier nur als Beispiel einige Titel im Marienmessbuch: „Mutter des Erlösers" (MBVM, Nr. 5)[82], „Mutter der Versöhnung" (MBVM, Nr. 14), „Quelle des Lichtes und des Lebens" (MBVM, Nr. 15), „Tempel des Herrn" (MBVM, Nr. 23), „Unbeflecktes Herz Mariä" (MBVM, Nr. 28), „Mutter und Mittlerin der Gnade" (MBVM, Nr. 30), „Quelle des Heils" (MBVM, Nr. 31), „Hort des Glaubens" (MBVM, Nr. 35), „Mutter der schönen Liebe" (MBVM, Nr. 36)[83], „Mutter der heiligen Hoffnung" (MBVM, Nr. 37), „Mutter der Einheit" (MBVM, Nr. 38), „Königin und Mutter der Barmherzigkeit" (MBVM, Nr. 39), „Mutter der göttlichen Vorsehung" (MBVM, Nr. 40), „Mutter des Trostes" (MBVM, Nr. 41).

Für eine systematische Auswertung der Lauretanischen Litanei für die Glaubenslehre über Maria ist es hilfreich, an die gängige Strukturierung der mariologischen Traktate nach den Mariendogmen zu erinnern. Geläufigerweise spricht man von vier zentralen Mariendogmen: Gottesmutterschaft, beständige Jungfräulichkeit, erbsündenfreie Empfängnis und leibliche Aufnahme in den Himmel. Ein weiter Bereich ist auch die mütterliche Mittlerschaft Mariens in Christus bzw. ihre geistliche Mutterschaft. Auf längere Sicht ist es durchaus möglich, dass auch hierzu

---

79 Vgl. Kammer (1960) 221f.
80 *Marienmessen*, Nr. 45.
81 Vgl. A. Gejdos, *Die Lauretanische Litanei als Kompendium der Mariologie: Eine dogmatische Analyse der Typologien in den Anrufungen Mariens*, München 2010 (Heiligenkreuzer Diplomarbeit, 2009).
82 MBVM = Missale Beatae Virginis Mariae; genauer Titel: *Collectio Missarum de beata Maria Virgine*, Civitas Vaticana 1987; deutsch: *Marienmessen*, aaO.
83 Vgl. Dürig (1990) 26–29, mit Hinweis auf Sir 24,24 Vg. (*mater pulchrae dilectionis*).

die Kirche ihren Glauben durch ein fünftes Dogma auf den Punkt bringt, der die Mittlerschaft betrifft[84]. Lassen sich die Anrufungen der Lauretanische Litanei mit den genannten Lehrpunkten in Verbindung bringen?

Die lauretanischen Bittrufe bilden trotz ihrer poetischen Prägung nicht einfachhin ein buntes Kaleidoskop, das sich jeder Strukturierung entzieht, sondern sind untereinander geordnet. Die Gliederung selbst stellt die Titel „Mutter", „Jungfrau" und „Königin" in den Vordergrund. Offenkundig ist hier die Gegenwart der Gottesmutterschaft Mariens und ihrer beständigen Jungfräulichkeit. „Die Anrufungen erhalten ihren sicheren Gang vor allem durch ihren Beginn bei der Gottesmutterschaft Mariens, die nachfolgend sogleich durch das Geheimnis der Jungfrau ausgeweitet wird. So nimmt die Litanei die beiden grundlegenden biblischen Wahrheiten zum Ausgangspunkt, um aus ihnen die Fürbittmacht Mariens abzuleiten"[85].

Unter dem Stichwort „Mutter" wurde bereits deutlich, dass sich die Gottesmutterschaft in der geistigen Mutterschaft der Gnade auf die gesamte Kirche ausstreckt, zu deren Mitgliedschaft alle Menschen gerufen sind. Wichtig sind hier vor allem die Titel *Mater Ecclesiae* und *Mater divinae gratiae*.

John Henry Newman hat seine Betrachtungen zur Lauretanischen Litanei (für die Maiandachten) unter vier Gesichtspunkte geordnet: 1) Über die Unbefleckte Empfängnis, 2) Über die Verkündigung, 3) Die Schmerzen unserer Lieben Frau, 4) Über die Aufnahme in den Himmel[86]. Unter dem Stichwort „Unbefleckte Empfängnis" betrachtet er Anrufungen aus verschiedenen Teilen der Litanei, angefangen mit *Virgo purissima* (eigentlich heißt es *Mater purissima*)[87]. In der Tat finden wir eine ganze Fülle von Titeln, welche die makellose Heiligkeit der Gottesmutter hervorheben, die ihren letzten Grund in der Unbefleckten Empfängnis haben. Diese Strukturierung ist sicherlich gefördert die Verkündigung des einschlägigen Dogmas im Jahre 1854, das auch bei Newmans mariologischen Schriften im Vordergrund der Aufmerksamkeit stand.

Interessant ist, dass der Titel „Über die Aufnahme in den Himmel" bereits in gewisser Weise das Dogma von 1950 vorausnimmt, obwohl der explizite Titel *Regina in caelum assumpta* zu Newmans Zeiten noch gar nicht zur Litanei gehörte. Die Kirche feierte freilich schon damals das Fest der Aufnahme Mariens in den Himmel, und Newman begründet die leibliche Aufnahme der Gottesmutter in die himmlische Herrlichkeit mit der jungfräulichen Gottesmutterschaft und der erbsündenfreien Empfängnis[88].

---

84 Vgl. dazu u. a. M. Hauke, *Maria, „Mittlerin aller Gnaden". Die universale Gnadenmittlerschaft Mariens im theologischen und seelsorglichen Schaffen von Kardinal Mercier* (Mariologische Studien 17), Regensburg 2004; Ders., *Maria als mütterliche Mittlerin in Christus. Ein systematischer Durchblick*, in Sedes Sapientiae. Mariologisches Jahrbuch 12 (2/2008) 13–53; Ders., *Die Bittschrift von Kardinal Mercier für die dogmatische Definition der universellen Gnadenmittlerschaft Mariens (1915)*, in Sedes Sapientiae. Mariologisches Jahrbuch 14 (2–2010) 128–168.

85 L. Scheffczyk, *Maria. Mutter und Gefährtin Christi*, Augsburg 2003, 245.

86 Newman, aaO.

87 Vgl. Newman, aaO., 247–264.

88 Vgl. Newman, aaO., 292–304.

Unter dem Titel „Die Schmerzen Unserer Lieben Frau" bringt Newman unter anderem die Anrufungen „Königin der Märtyrer" und „Trösterin der Betrübten"[89]. Im Vordergrund der Betrachtungen steht das Mitleiden Mariens bei der Erlösung. Bei den Erwägungen zum „elfenbeinernen Turm" findet sich etwa der Hinweis, dass Marias Schmerz „viel größer und tiefer als derjenige der Apostel war, sie war ja seine Mutter"; gleichzeitig *stand* Maria beim Kreuze", einem starken Turm vergleichbar, einem „elfenbeinernen Turm" als „Bild von der überirdischen Lieblichkeit und Anmut der Mutter Gottes"[90].

Unter dem Titel „Über die Verkündigung" findet sich unter anderem eine Betrachtung zu Maria als „Pforte des Himmels". Er beschreibt sie als neue Eva: „sie hat einen Platz im Erlösungswerk"[91]. Durch ihre Einwilligung bei der Verkündigung nimmt sie teil „am Werk der Welterneuerung" und wurde so „die *Pforte des Himmels*"[92]. Mit dem Hinweis auf das Jawort Mariens bei der Verkündigung und ihr Mitleiden unter dem Kreuz erschließt Newman Gesichtspunkte, die systematisch gesehen zum Thema der Mittlerschaft gehören.

Nicht trennbar vom gleichen Thema ist auch das Königtum Mariens, dem in der Litanei die höchste Zahl von Anrufungen (dreizehn) verbunden sind. Nach der Erklärung Papst Pius' XII. in seiner Enzyklika „Ad caeli Reginam" (1954) gründet die königliche Würde Mariens in ihrer Gottesmutterschaft, aber auch darin, dass „sie nach dem Willen Gottes einen besonderen Anteil hatte am Werk unseres ewigen Heiles". In ähnlicher Weise ist Christus unser König nicht nur durch seine Würde als Mensch gewordener Sohn Gottes, sondern auch durch das „erworbene Recht" der Erlösung. Wie „Christus dadurch, dass er uns erlöste, auf besonderen Rechtsanspruch hin unser Herr und König ist, so auch Maria wegen ihrer einzigartigen Mitwirkung zu unserer Erlösung" (Suarez)[93].

Die Lehre von der mütterlichen Mittlerschaft Mariens in Christus läßt sich also mit den Anrufungen zum Thema „Mutter" (die geistliche Mutterschaft) und „Königin" verbinden. Ihre fürbittende Wirksamkeit für die Erlangung der Gnaden wird aber auch sehr deutlich in den vier Anrufungen als Nothelferin („Heil der Kranken, Zuflucht der Sünder, Trösterin der Betrübten, Hilfe der Christen"). Nicht zu unterschätzen sind die symbolhaften Anrufungen, insbesondere der Hinweis auf Maria als „Pforte des Himmels" und „Sitz der Weisheit" mit einer universalen Reichweite. Leo Scheffczyk hebt die „universale Heilsstellung Mariens" in der Litanei hervor[94]. Nach der Meinung des literarisch produktivsten italienischen Mariologen des 20. Jahrhunderts, Gabriele Roschini, lassen sich die Anrufungen der Litanei, die nicht unter die Titel „Mutter", „Jungfrau" und „Königin" gestellt sind, durchwegs unter dem Gesichtspunkt der „universalen Mittlerschaft" zusammenfassen. Die lauretanischen Titel seien gleichsam „hell strahlende Sterne", welche „die einzigartige Größe der Gottesmutter erhellen, ihre wunderbare jungfräu-

---

89 Vgl. Newman, aaO., 281–291.
90 Newman, aaO., 290f.
91 Newman, aaO., 271.
92 Newman, aaO., 272f.
93 Pius XII., Ad caeli Reginam: Graber – Ziegenaus, Nr. 238.
94 Scheffczyk (2003) 246.

liche Reinheit an Leib und Seele, ihren mächtigen Arm als universale Mittlerin, ihr großmütiges und mildes Herz als Königin der Erde und des Himmels"[95].

Gelten diese Bemerkungen auch für die gegenwärtige Situation? Ist nicht vielfach dem heutigen Menschen die Fähigkeit abhanden gekommen, Symbole geistig aufzunehmen? Ist die gegenwärtige Exegese noch in der Lage, die für die geistige Deutung des Alten Testamentes innerlich vorausgesetzte Hermeneutik mitvollzuziehen (beispielsweise für die Anrufungen „Sitz der Weisheit" oder „elfenbeinerner Turm")?[96] Mit Leo Scheffczyk können wir angesichts dieser Herausforderungen darauf weisen, dass es sich „vorzüglich um biblische Symbole" handelt, „die sich dem der Heiligen Schrift verpflichteten Christen leicht erschließen (ihn aber auch umgekehrt tiefer in den geistigen Sinn der Schrift eindringen lassen). Schließlich aber kann auch der moderne Mensch der Symbole nicht entbehren. Soweit sie ihm ferngerückt scheinen, bieten ihm gerade solche Gebete den Ansporn, das Entfernte wieder einzuholen. Aus der Lauretanischen Litanei wie überhaupt aus der Marienverehrung empfängt der gläubige Mensch wertvolle Anregungen zur Wiederentdeckung der Bilder, des sinnhaft Gestalteten und des Schönen, entgegen dem modernen Zug zur Intellektualisierung und verquälten Selbstreflexion des Glaubens"[97].

In diesem Sinne ist die Lauretanische Litanei auch ein wertvoller Beitrag zur Neuevangelisierung. Die Situation der Kirche in Deutschland ist derart, dass wir wirklich die lobpreisenden Anrufungen brauchen, die schon als „Sturmgebet der Christenheit" zur „Siegerin in allen Schlachten Gottes" bezeichnet wurden[98]. Wallfahrtsorte wie Maria Vesperbild können hier lebendige Quellen bilden, die geistliche Wüsten neu zum Blühen bringen.

---

95 G.M. Roschini, *La Madonna: secondo la fede e la teologia*, IV, Roma 1954, 313. Vgl. die bereits die Anmerkungen desselben in Campana I (1943) 614f, Anm. 1.
96 Zur mariologischen Rezeption des Alten Testamentes vgl. Hauke, *Introduzione alla mariologia* (2008), 29–38 (Lit.).
97 Scheffczyk (2003) 246f.
98 Vgl. Scheffczyk (2003) 245.

Marianische Kräuterbräuche in der Volksfrömmigkeit

Markus Hilpert

Heil der Kranken

Es ist kein Zufall, dass die Gottesmutter Maria von den Menschen seit alters her bei allen Nöten angerufen wurde und in der Volksfrömmigkeit aller Jahrhunderte einen so festen Platz hat:[1] Sie gilt als die Fürsprecherin schlechthin. Daher ist es auch wenig verwunderlich, dass sehr viele Kräutersegen und -legenden eng mit der allerseligsten Jungfrau in Verbindung stehen. Ebenso lassen sich hunderte volkstümliche Bezeichnungen der Heilkräuter auf die Hl. Maria zurückführen. Weil sie im frommen Brauchtum zudem die Schützerin der Heilkräuter ist, war und ist ihre Verehrung zu fast allen Zeiten mit Kräuterbräuchen verbunden. Gerade in gefährlichen Zeiten und schwierigen Lebenslagen finden wir schließlich eine Reihe von Bittgebeten, Segensformeln und Volksbräuchen, die nicht selten ebenfalls in verschiedenen Art und Weise vor allem Heilkräuter thematisieren.

Bereits zu Beginn eines Lebens vertrauten unsere Vorfahren beispielsweise auf die segenbringende Wirkung sogenannter Marienkräuter. So bettete man früher die Wöchnerin und ihr Neugeborenes auf Bettstrohkräuter (Johanniskraut, Kamille, Thymian oder Waldmeister). Sie verbreiteten nicht nur einen beruhigenden Heuduft, sondern wirkten auch antiseptisch (infektions- und keimhemmend). Diese Kräuterkissen (auch Gebärkissen genannt) wurden vielerorts der Fürbitte Mariens gewidmet. Man nannte Sie deshalb auch Liebfrauenstroh oder Marias Bettstroh. Auch das Labkraut wurde als „Unser lieben Frauen Bettstroh" bezeichnet, weil der Legende nach die Gottesmutter aus den Blättern dieser Pflanze für sich ein Lager und für das göttliche Kindlein ein Wiegekissen gemacht habe. Noch bis ins 20. Jahrhundert wurde beispielsweise in Unterfranken den Neugeborenen ein solches geweihtes „Marienkisselchen" unter das Kopfkissen gelegt.[2]

Besonders bei der Bitte um Heilung von schweren Krankheiten wird Maria in der Volksfrömmigkeit als Mittlerin zwischen Gott und dem kranken Menschen

---

1 Imkamp, Wilhelm: Moment mal! Durch die Bibel gesagt. Augsburg, 2003.
2 Hilpert, Markus; Wörner, Daniela: Kräuterheilige. Kräuterlegenden und Kräutersegen rund um unsere Schutzpatrone. Konradshofen, 2009.

angerufen. Ein Hauptgrund hierfür ist sicherlich die Hoffnung vieler Gläubiger, dass die Gottesmutter die Schmerzen der Leidgeplagten nachempfinden kann, da sie selbst unter der Passion ihres Sohnes gelitten hat. So heißt es auch im Wallfahrtslied der mittelschwäbischen Wallfahrt Maria Vesperbild: „Ich gehe, wenn ich traurig bin, zur lieben Mutter Gottes hin, und alles Leid und allen Schmerz vertrau' ich ihrem Mutterherz".[3] Nicht ohne Grund wird die Gottesmutter auch im Bitt- und Dankgebet der Lauretanischen Litanei als „Heil der Kranken" angesprochen. Und die unzähligen Dankopfer und Votivtafeln in Wallfahrtskirchen und Marienkapellen geben ein beredtes Zeugnis davon, dass den Bittstellern wirklich geholfen wurde. Auch die Mirakelbücher der marianischen Wallfahrtsorte notieren zahlreiche Heilungen, die ohne ärztliche Hilfe und allein durch das Erbarmen und die Fürsprache der Gottesmutter erfolgten. Demnach „besteht an der Tatsächlichkeit des Vorkommens von extramedikalen, supernaturalen und ärztlich inexplakablen Krankheitsheilungen durch die Fürsprache Mariens nach kritischer medizinischer Prüfung und Beurteilung kein Zweifel".[4]

Die marianische Botanik

In der Liturgie wird die Hl. Maria als Blume des Feldes oder als Lilie der Täler bezeichnet. Im marianischen Liedgut wird sie auch als „Rose ohne Dornen" und als „Lilie ohnegleichen" beschrieben und die Lauretanische Litanei nennt sie sogar „geistliche Rose". Diese enge Verbindung der Gottesmutter mit der Flora, insbesondere mit den Heilpflanzen, mag Grund und Ausdruck dafür sein, weshalb schon unsere Vorfahren bei ihrer Naturheilkunde fest auf die Mithilfe Mariens vertrauten. Bereits im 15. Jahrhundert wurde beispielsweise die Madonna in Florenz als Patronin der Ärzte und der Apotheker verehrt. Die Äbtissin Hildegard von Bingen sprach von der Hl. Maria gar als der Mutter der Medizin („mater medicinae") und in der Basilika der Zwölf Apostel in Rom wird sie als Madonna der Gesundheit („Madonna della sanità") verehrt.[5] Nach und nach wurden daher immer mehr Heilpflanzen der besonderen Fürsprache Mariens unterstellt. Insbesondere aus dem Glauben, dass der Leichnam Mariens nach Blumen geduftet habe, erwuchs seit dem Mittelalter eine eigene marianische Botanik. Allein im deutschen Sprachraum kennt der Volksmund rund 200 Pflanzen, die der allerseligsten Jungfrau gewidmet sind und die „Maria" (z. B. Marien Weiß, *Gentiana frigida*) oder „Muttergottes" (z. B. Muttergottesdorn, *Rosa rubiginosa*) im Namen tragen.[6]

Neben der Rose und der Lilie galten früher vor allem das Veilchen (*Viola*), das Maiglöckchen (*Convallaria majalis*) oder die Primel (*Primula*) als typische Marien-

---

3   Imkamp, Wilhelm (Hrsg.): Die Wallfahrt Maria Vesperbild. Augsburg, 1995.

4   Stadlbauer, Ferdinand: Realien der Marienverehrung im profanen Bereich. In: Beinert, W.; Petri, H. (Hrsg.): Handbuch der Marienkunde. 2. Auflage. Band 2. Regensburg, 1997, S. 527–554.

5   Imkamp, Wilhelm: Eine katholische Liebeserklärung an die Schöpfung. Durch das Gebet leuchtet das Kräuterbrauchtum in der Volksfrömmigkeit in den richtigen Farben. In: Die Tagespost. Katholische Zeitung für Politik, Gesellschaft und Kultur. 14. August 2008, Sonderdruck.

6   Crvenka, Mario: Marias Pflanzen. Annweiler, 2008.

blumen.[7] In Österreich gilt auch heute noch die Rose der Hagebutte (Heckenrose, *Rosa canina*) als die Marienpflanze schlechthin.[8] Zu den Marienkräutern zählt ebenfalls der Thymian (Quendel, *Thymus serpyllum*). Im slawischen Sprachraum heißt er auch „Seelchen der Mutter" und in Tirol erzählt man sich, dass die Gottesmutter bei ihrer Hochzeit einen Kranz aus Feldthymian im Haar getragen habe.[9] Im Altbayerischen wurden früher aus Thymian an Fronleichnam auch kleine Kränze geflochten und geweiht, die sich die Mädchen (Kranzljungfrauen) zur Prozession in die Haare steckten. Nach dem Umgang wurden diese dann an Fenstern oder Türstöcken aufgehängt, denn im Volksglauben gilt der Thymian als Schutz gegen das Böse.[10]

Als Mariegold wird im Volksmund die Ringelblume (*Calendula officinalis*) bezeichnet. Der Name wird darauf zurückgeführt, dass die krautige Pflanze während fast aller Feste zu Ehren der Hl. Jungfrau Maria blüht. Früher trugen sich übrigens abergläubische Mädchen vor dem Schlafen eine Salbe aus getrockneten Ringelblumen, Honig und Essig auf und riefen den Hl. Lukas an, er möge sie von ihrer großen Liebe träumen lassen.[11]

Als Maria- und Josefsblümchen wird noch heute um Landau in der Pfalz die Gewöhnliche Kreuzblume (*Polygala vulgaris*) bezeichnet. Der volkstümliche Namen geht vermutlich auf die verschiedenen Blütenfarben (blau und rot bzw. weiß) der Pflanze zurück. Früher glaubte man, dass Kühe, die die Kreuzblume fressen, mehr Milch geben.[12]

Im Mittelalter war die weiße Lilie (*Lilium candidum*) u. a. das Attribut der Jungfrau Maria. Die Pflanze gilt als Symbol der Reinheit und der Keuschheit und wurde deshalb auch Keuschblume genannt. Sie wurde vor allem in den Klostergärten von Mönchen angebaut. In der Benediktinerabtei Corvey (Nordrhein-Westfalen) soll sie den Brüdern sogar den Tod angekündigt haben: Drei Tage bevor ein Bruder das Zeitliche segnete, lag auf dessen Chorstuhl eine weiße Lilie! Geschichten um eine solche Todeslilie gibt es übrigens auch in anderen Klöstern, wie beispielsweise in Hildesheim oder Breslau.[13]

---

7   Pötzl, Walter: Brauchtum. Von der Martinsgans bis zum Leonhardsritt, von der Wiege bis zur Bahre. Augsburg, 1999.

8   Wolf, Helga Maria: Brauchbares. In: Schaufenster Volkskultur. Nachrichten zur Volkskultur in Niederösterreich. Heft 4/2008, S. 4–5.

9   Nach einer anderen Tiroler Legende ist der Thymian sogar ein „ganz frommes Kraut", seit die Muttergottes bei einer Wanderung auf einem Thymianrasen gerastet hat. Im Mittelalter hat man sich auch erzählt, dass die Hl. Maria das neugeborene Jesuskind auf Thymian gebettet und während der Flucht nach Ägypten auf Thymianpolstern geruht habe.

10 Baum, Karl: Altbayerische Bräuche und Feste. Schrobenhausen, 2008.

11 Hilpert, M.; Wörner, D.: Kräuterbrauchtum in der Volksfrömmigkeit. Mit Würz- und Heilpflanzen durch Kirchenfeste, Feiertage und Klostergärten. Konradshofen, 2008.

12 Crvenka, Mario: Marias Pflanzen. Annweiler, 2008.

13 Fink-Henseler, Roland: Naturrezepte aus der Hausapotheke. Bindlach, 1996.

Kräuterbrauchtum an Mariä Himmelfahrt

Von allen Festtagen steht die Aufnahme Mariens in den Himmel (15. August) am engsten mit dem Kräuterbrauchtum in Verbindung. Das Hochfest wird umgangssprachlich meist nur Mariä Himmelfahrt genannt, ist aber auch als Maria Würzweih, Büschelfrauentag, Maria in der Ernte oder sogar als Hoher Frauentag bekannt. In der Volksfrömmigkeit ist es jedenfalls das Fest der Hl. Jungfrau Maria schlechthin.[14]

   Die Entschlafung Marias wird in der armenischen Kirche am 15. August schon seit dem Jahr 450 begangen. Für den Westen ist das Fest der Himmelfahrt Mariens seit dem 7. Jahrhundert bezeugt.[15] Dass bereits zu dieser frühen Zeit die Kräuter eine gewisse Rolle in der Volksfrömmigkeit spielten, belegt u. a. das Konzil von Liftinä im belgischen Hennegau im Jahr 743, das sich mit einem Brauch der Kräuterweihe beschäftigte. Zur Belehrung der Priester wurde damals sogar ein Verzeichnis alter Volksbräuche angelegt, in dem „von dem geweihten Bündel, das das gutgläubige Volk [...] Sankt-Mariä-Bündel" nennt, zu lesen ist.[16] Die Weihe der Kräuterbuschen während der Hl. Messe an Mariä Himmelfahrt mit entsprechenden Benediktionsformeln ist aber erst seit dem 10. Jahrhundert historisch gesichert.[17] Aus dieser Zeit ist ein schönes Segensgebet für die Heilkräuter überliefert: „Allherrschender Gott, den Menschen Urheber allen Heils und aller Gesundheit, du Arzt für Seele und Leib. In unerforschlicher Weisheit hast du eine Fülle von Pflanzen als heilwirkende Medizin für die Kranken erschaffen. Wir bitten dich: Erfülle die Kräuter, die du geschaffen hast, mit deinem heilsamen Segen. Und jedem Kranken, der sie braucht, seien sie Arznei für den Leib und Kraft für die Seele, auf dass er dir Dank abstatte. Alle Geister loben unseren Herrn Jesus Christus".[18]

   Seit über 1000 Jahren ist die Benedictio herbarum an Mariä Himmelfahrt nachgewiesen. Warum aber an diesem Tag die Kräuter geweiht werden, ist nicht eindeutig zu belegen. Eine Erklärung basiert auf der legenda aurea, wonach sich bei der Aufnahme Mariens in den Himmel ein unaussprechlicher Wohlgeruch verbreitet habe und in ihrem leeren Grab statt des Leichnams duftende Blumen gefunden wurden. Auch seien Rosen und Lilien am leeren Grab gewachsen und ein wundersamer Kräutergeruch habe die Luft erfüllt.[19] Ab dem 5. Jahrhundert ist zudem bereits überliefert, dass die Grabtücher, in die ihr Leichnam gewickelt worden war, ebenfalls einen unbeschreiblichen Wohlgeruch verbreitet haben. Eine andere Legende erzählt, dass dem Grab Mariens bei ihrer Aufnahme in den Himmel ein wunderbarer Duft von Kräutern und Blumen entstieg. Und noch heute wird bei Marienerscheinungen von einem seltsamen Rosenduft berichtet, der den Ort des

---

14   Kongregation für den Gottesdienst und die Sakramentenordnung: Direktorium über die Volksfrömmigkeit und die Liturgie. Grundsätze und Orientierungen. Bonn, 2001.

15   Mit einem Dogma bestätigte Papst Pius XII schließlich im Jahr 1950 die Jahrhunderte alte christlicher Überzeugung, wonach Maria mit Leib und Seele in den Himmel aufgenommen wurde.

16   Schmidt, Philipp: Volkskundliche Plaudereien. Bonn, 1941.

17   Pötzl, Walter: Brauchtum. Von der Martinsgans bis zum Leonhardsritt, von der Wiege bis zur Bahre. Augsburg, 1999.

18   Mai, Stefan: Pfarrbrief Frickenhausen. Nr. 8/9, 1991.

19   de Voragine, Jacobus: Legenda Aurea. 15. übersetzte Auflage. Gütersloh, 2007.

Vorübergangs erfüllt.[20] Jedenfalls erwuchs bereits im Mittelalter aus dem Glauben, der Leichnam Mariens habe nach Blumen geduftet, eine fast eigene marianische Botanik.[21]

Ob diese Legenden allein wirklich der Ursprung für die Weihe der Kräuterbuschen an Mariä Himmelfahrt sind, bleibt umstritten. Schließlich erreichen auch die ätherischen Öle vieler Kräuter im August ihre höchste Konzentration und damit ihren höchsten therapeutischen Nutzen.

Die Auswahl der Kräuter für die Buschen, die an Mariä Himmelfahrt gesegnet werden, ist in jeder Region verschieden.[22] Die Gläubigen verwendeten früher meist Pflanzen, die in der heimischen Flora wuchsen, deren Heilkraft ihnen bekannt war, die im lokalen Volksglauben eine bestimmte Bedeutung hatten oder die in eine Verbindung zu Maria gebracht wurden, wie etwa die Königskerze (für die Himmelskönigin) oder der Frauenmantel (für den schützenden Mantel der Gottesmutter). Teilweise spielte auch die Zahlensymbolik eine Rolle. So sollte der Kräuterbuschen mindestens 7, manchenorts aber auch 9, 12, 15, 19, 33, 66, 77 oder gar 99 verschiedene Pflanzen umfassen.[23]

Die Kräuterbuschen können während der Hl. Messe (nach dem Wortgottesdienst) oder mit dem Schlusssegen geweiht werden.[24] Dabei wird um die Wohlfahrt des Leibes und der Seele sowie um Schutz vor widrigen Einflüssen gebetet.[25] Die Segnung der Kräuterbuschen beginnt der Priester mit den Worten „Der Name des Herrn sei gepriesen" und die Gemeinde antwortet mit „Von nun an bis in Ewigkeit". Dann spricht der Priester: „Lasset uns beten. Herr, unser Gott, du hast Maria über alle Geschöpfe erhoben und sie in den Himmel aufgenommen. An ihrem Fest danken wir dir für alle Wunder deiner Schöpfung. Durch die Heilkräuter und Blumen schenkst du uns Gesundheit und Freude. Segne + diese Kräuter und Blumen. Sie erinnern uns an deine Herrlichkeit und an den Reichtum deines Lebens. Schenke uns auf die Fürsprache Mariens dein Heil. Lass uns zur ewigen Gemeinschaft mit

---

20 Bemerkenswert ist in diesem Kontext auch die Symbolik der Bitterkräuter bei den Marienerscheinungen in Lourdes zwischen dem 11. Februar und dem 16. Juli des Jahres 1858. Zwischen der achten und zwölften Erscheinung der Gottesmutter machte die Hl. Bernadette scheinbar unverständliche Dinge. So rutschte sie auf den Knien über den schmutzigen und feuchten Boden der Grotte und aß von den bitteren Kräutern, die dort wuchsen, weil die Gottesmutter sie dazu aufforderte. Sie sprach beispielsweise bei der neunten Erscheinung am 24. Februar zu dem 14jährigen Mädchen: „Trinke und wasche Dich in der Quelle und iss von den Kräutern, die dort wachsen" (vgl. Laurentin, René: Lourdes. Histoire authentique des apparitions. 6 Bände. Paris, 1961–1964).

21 Stadlbauer, Ferdinand: Realien der Marienverehrung im profanen Bereich. In: Beinert, W.; Petri, H. (Hrsg.): Handbuch der Marienkunde. 2. Auflage. Band 2. Regensburg, 1997, S. 527–554.

22 Frei, Hans: Brauchtum und Dorfkultur. In: Frei, H.; Stettmayer, F.: Die Stauden. Porträt einer Landschaft in Bayerisch-Schwaben. Augsburg, 2006, S. 132–145.

23 Während heute auch Getreide und Blumen als dekorative Elemente in die Buschen gebunden werden, galten früher Alant, Arnika, Engelwurz, Erdrauch, Hornklee, Johanniskraut, Klatschmohn, Königskerze, Kornblume, Mutterkraut, Rainfarn, Raute, Ringelblume, Schafgarbe, Tausendgüldenkraut, Wegwarte und Wermut als typische Pflanzen für die Kräuterbüschel, vgl. Pötzl, Walter: Brauchtum. Von der Martinsgans bis zum Leonhardsritt, von der Wiege bis zur Bahre. Augsburg, 1999.

24 Findet die Kräutersegnung außerhalb einer Hl. Messe statt, werden die jeweiligen Lesungen zum Hochfest der Aufnahme Mariens in den Himmel oder die Lesung von den Lilien auf dem Felde (Mt 6, 25–33) verkündet.

25 Schott, Anselm: Das vollständige Römische Meßbuch. 10. Auflage. Freiburg im Breisgau, 1949.

dir gelangen und dereinst einstimmen in das Lob der ganzen Schöpfung, die dich preist durch deinen Sohn Jesus Christus in alle Ewigkeit." Die Gemeinde antwortet mit „Amen". Anschließend besprengt der Zelebrant die Kräuterbuschen mit Weihwasser. An die Segnung schließt sich oft ein Mariengebet an.[26]

Die geweihten Kräuterbuschen sollen mit Ehrfurcht und Vertrauen zur Gottesmutter aufbewahrt werden.[27] Zuhause werden sie deshalb getrocknet und beispielsweise unter dem Dach oder im Stall aufgehängt. Bei drohendem Unwetter wird ein Teil der getrockneten Kräuter verbrannt. Auch erkranktem Vieh wird zur Genesung etwas von den zerriebenen Kräutern unter das Futter gemischt. Früher bekamen auch kranke Angehörige einen Tee aus geweihten Kräutern. In einigen Gegenden wurden auch die Ställe oder das Zimmer der Wöchnerin mit den Kräutern geräuchert oder man steckte einen Teil der geweihten Kräuter ins Ehebett, in die Wiege oder in das Taufkissen. Einige geweihte Körner hob man auch bis zur nächsten Saat auf. Ebenso trug man kleine Kräutersäckchen bei sich oder nähte sie in die Kleidung ein. Mancherorts trug auch die Braut ein paar Kräuter im rechten Strumpf, und auch den Toten gab man schließlich etwas vom Kräuterbuschen mit ins Grab. Die alten Kräuterbuschen des Vorjahres verbrannte man zuhause, warf sie an Epiphanie in die Dreikönigsglut oder am Karsamstag ins Judasfeuer. Mancherorts gab man sie auch dem Vieh zum Fressen.[28]

Frauenkräuter

Die Wochen nach Mariä Himmelfahrt, vom 15. August bis zum 12. September (Mariä Namen), werden Frauendreißiger genannt.[29] Diese Zeit galt früher als besonders günstig, um Kräuter zu sammeln.[30] Nach altem Volksglauben sei ihre Wirkkraft in dieser Zeit besonders groß, ja ihre Heilwirkung sei sogar dreifach so stark und giftige Pflanzen würden keinen Schaden mehr anrichten können.[31] Der Legende nach segnet nämlich die Gottesmutter in diesen vier Wochen die Erde. Manche Pflanzen, wie etwa die Blutwurz (Aufrechtes Fingerkraut, *Potentilla*

26 Liturgische Institute Salzburg, Trier, Zürich (Hrsg.): Benediktionale. Studienausgabe für die katholischen Bistümer des deutschen Sprachgebietes. 14. Auflage. Freiburg im Breisgau, 2004.
27 Schott, Anselm: Das vollständige Römische Meßbuch. 10. Auflage. Freiburg im Breisgau, 1949
28 Hilpert, M.; Wörner, D.: Kräuterbrauchtum in der Volksfrömmigkeit. Mit Würz- und Heilpflanzen durch Kirchenfeste, Feiertage und Klostergärten. Konradshofen, 2008.
29 Der Frauendreißiger entstand in Anlehnung an den Trauerbrauch des Dreißigsten bereits im Mittelalter.
30 Seit Ende des 15. bis ins 18. Jahrhundert wurden vermehrt sogenannte „Kräuterbücher" geschrieben, die erstmals in gedruckter Form meist den praktischen Nutzen von (Heil)Kräutern beschrieben. Das Wissen stammte oft aus antiken Quellen (vor allem Plinius und Dioskurides). Das Buch „Gart der Gesundheit" (Hortus Sanitatis) behandelt beispielsweise 382 verschiedene Pflanzen. Einige dieser Kräuterbücher förderten aber auch abergläubische Übertreibungen. So etwa die Vorstellung, dass zwischen Mariä Himmelfahrt und Maria Geburt gesammeltes und über der Tür aufgehängtes Immergrün apotropäisch (den Teufel abwehrend) wirke, vgl. Bächtold-Stäubli, Hanns; Hoffmann-Krayer, Eduard (Hrsg.): Handwörterbuch des deutschen Aberglaubens. 10 Bände. Berlin, 1927–1942.
31 Fuchs, Friederike: Bauernregeln. Altes Wissen rund um Feld und Garten, Bauernmedizin und Brauchtum. Augsburg, 2009.

erecta), die im Volksmund auch Marienreinigung genannt wird, sollen dem Brauch nach sogar ausschließlich im Frauendreißiger gesammelt werden, weil ihr Tee sonst keine Wirkkraft hätte.[32] In einigen Gegenden fand die Kräutersegnung sogar nicht an Mariä Himmelfahrt, sondern erst am 8. September (auch „Kleiner Frauentag" genannt) oder gar am 12. September (Mariä Namen) statt.[33]

Im Frauendreißiger wurden früher meist die volkstümlich bezeichneten Frauenkräuter gesammelt. Sie wurden in der gesamten Frauenheilkunde eingesetzt: Während der Schwangerschaft, bei der Geburt, gegen Menstruationsbeschwerden, zur Verhütung oder auch für Kindersegen. Dass Maria bevorzugt bei Frauenleiden angerufen wird, hat den Ursprung bereits in der späten Antike. Als nämlich das Konzil von Ephesus im Jahr 431 für Maria den Titel „Gottesgebärerin" bestätigte, wurde sie zur bevorzugten Patronin der Frauen und der Mütter und bei allen gynäkologischen Erkrankungen, bei Unfruchtbarkeit, bei Schwangerschaftsbeschwerden oder bei Geburtsnöten angerufen. Eine ganze Reihe von Kräutern wurde in der Folgezeit nach ihr benannt, weil sie häufig bei diesen Frauenbeschwerden verwendet werden: Marienkraut (*Arnica montana*), Mariennelke (Gartennelke, *Dianthus caryophyllis*), Mariennessel (Frauenminze, *Marubium vulgare*), Mariabettstroh (Labkraut, *Galium odoratum Scop.*), Marienblume (Maßliebchen, *Bellis perennis*), Marienkerze (*Verbascum thepsus*), Marienstengel (Veilchen, *Viola adorata*), Maria Tränen (Frauenmantel, *Alchemilla vulgaris*), Marienrose (Jerichorose, *Anastatica hierochunta*), Marienglocke (*Campanula medium*), Marienglöckchen (Maiglöckchen, *Convallaria majalis*), Mariendistel (*Silybum Marianum*) oder Marienrose (*Rosa rubiginosa*).[34]

Besonders heilkräftig soll der an Marientagen gesammelte Frauenmantel (*Alchemilla xanthochlora*, syn. *A. vulgaris*) sein. Volkstümlich wird das Rosengewächs auch Marienkraut, Marienblume, Marienmantel, Mutterkraut, Muttergottesmäntelchen oder Aller Frauen Heil genannt. Die Namen deuten bereits darauf hin, dass der Frauenmantel in der Volksmedizin vor allem bei Frauenleiden eingesetzt wurde und die eingeschlechtliche Fortpflanzung des Rosengewächses eignet sich zudem hervorragend als Sinnbild für die unbefleckte Empfängnis. In Mähren wurden die kleinen Wassertröpfchen, die der Frauenmantel an den Rändern ausscheidet, Mariä Tränen genannt. In der Oberpfalz erzählte man den Kindern, dass sich in den Morgenstunden die Geister der Verstorbenen dort im Frauenmantel verbergen.[35] Aus längst vergangenen Zeiten, als die Pflanze noch Sinnau genannt wurde, ist ein altes Kräutergebet überliefert: „Die Wurzeln und Kräuter bete ich mit meinem kostbaren Gebet an, die da auf diesem Ort beschaffen sind, zu doktern und zu heilen. Sinnau, Sinnau, du heiliger Sinnau, das sind die Sinnauwurzeln, unserer lieben Frau ihr Mantelkraut".[36]

---

32 Crvenka, Mario: Marias Pflanzen. Annweiler, 2008.

33 Schmidt, Siegfried: Geweihte Kräuter im Odenwald und ihre Volksnamen. Eine Bestandsaufnahme des traditionellen Brauchs. Lorsch, 1992.

34 Hilpert, Markus: Im Kräutergarten Gottes. Heilpflanzen in Brauchtum und Volksglauben. Augsburg, 2011.

35 Stadlbauer, Ferdinand: Realien der Marienverehrung im profanen Bereich. In: Beinert, W.; Petri, H. (Hrsg.): Handbuch der Marienkunde. 2. Auflage. Band 2. Regensburg, 1997, S. 527–554.

36 Fink-Henseler, Roland: Naturrezepte aus der Hausapotheke. Bindlach, 1996.

Kräuterlegenden

Marienlegenden wurden über Generationen hinweg von den Eltern an ihre Kinder weiter gegeben. Dabei stand aber nicht der Unterhaltungswert im Vordergrund. Vielmehr dienten die Marien-Erzählungen der geistigen Erbauung, der moralischen Erziehung und der religiösen Orientierung.[37] In zahlreichen solcher Geschichten aus dem Leben der Gottesmutter geht es auch um Kräuter.

Beispielsweise spielte der Salbei (*Salvia officinalis*) der Legende nach bei der Flucht der Hl. Familie vor Herodes eine wichtige Rolle: Während der Flucht bat die Gottesmutter nämlich alle Pflanzen und Blumen um Hilfe. Aber nur der Salbei neigte sich über sie und das Jesuskind, so dass die Landsknechte des Herodes an ihnen vorüber gingen und sie nicht entdeckten. Als die Gefahr überstanden war, sprach die Gottesmutter zum Salbei: „Von nun an bis in alle Ewigkeit wirst Du eine Lieblingsblume der Menschen sein. Ich gebe Dir die Kraft, die Menschen zu heilen von jeder Krankheit. Errette sie vom Tode, wie Du es auch an mir getan hast".[38]

Eine andere bekannte Geschichte über die Flucht Mariens nach Ägypten erklärt auch, warum die Wein-Rose (*Rosa rubiginosa*) so herrlich duftet: Die Gottesmutter habe nämlich auf den Zweigen des Rosengewächses die Windeln des Jesuskindes getrocknet! Daher stammen auch die Volksnamen der Pflanze, wie Maria Windelkraut, Maria Windelröschen oder Maria Windelwäsche.[39]

Eine dritte Flucht-Legende erklärt, warum die Blüten des Rosmarins (*Rosmarinus officinale*), der im Volksmund auch Marienbaum oder Marienstrauß genannt wird, blau sind. Ursprünglich waren sie nämlich einmal weiß! Als sich aber die Gottesmutter vor den Soldaten des Herodes verstecken musste, breitete sie ihren Mantel über einem Rosmarinbusch aus und kniete sich hinter ihm nieder. Als die Gefahr vorüber war, stand die Hl. Maria auf und schlug den Umhang zurück. Da färbten sich die Blüten ihr zu Ehre himmelblau.[40]

Warum die Acker-Winde (*Convolvolus arvensis*), eine aromatisch duftende Pflanze mit rotviolett gestreiften Trichterblüten, im Volksmund auch Marienkelch oder Muttergottesgläschen genannt wird, erzählt eine alte Sage: Ein Fuhrmann hatte einst seinen schwer mit Wein beladenen Karren festgefahren. Da kam die Muttergottes des Weges, sah die Not des Mannes und sprach zu ihm: „Ich bin durstig. Gib mir ein Glas Wein und ich will Dir helfen". Der Fuhrmann antwortete: „Gern, aber ich habe kein Glas, worin ich Dir den Wein geben könnte". Da brach die Muttergottes ein Blümlein ab, das einem Glas ähnlich sah und reichte es dem Fuhrmann. Er füllte es mit Wein und augenblicklich war der Wagen wieder frei.[41]

Eine andere schöne Mariengeschichte beschreibt schließlich, warum die Preiselbeere (*Viccinium vitis-idaea*) je nach Region auch Muttergotteskirsche, Lieb-

---

37 Societas Bollandiensis (Hrsg.): Acta Sanctorum. 67 Bände. Paris, 1643–1940.
38 Fink-Henseler, Roland: Naturrezepte aus der Hausapotheke. Bindlach, 1996.
39 Crvenka, Mario: Marias Pflanzen. Annweiler, 2008.
40 Crvenka, Mario: Marias Pflanzen. Annweiler, 2008.
41 Crvenka, Mario: Marias Pflanzen. Annweiler, 2008.

frauenbirn oder Frauenstrauch genannt wird. Der Sage nach erhörte nämlich die Gottesmutter die Bitte eines frommen Klausners, sie möge doch in den kargen Bergen eine nährende Pflanze wachsen lassen. So kamen die Beeren an das Heidekrautgewächs.[42]

Quellen

Beinert, W.; Petri H. (Hrsg.): Handbuch der Marienkunde, Band 2. Regensburg, 1997.

Facius, G.: Die neue Volksfrömmigkeit. In: Welt Online, 15.08.2008.

Bächtold-Stäubli, Hanns; Hoffmann-Krayer, Eduard (Hrsg.): Handwörterbuch des deutschen Aberglaubens. 10 Bände. Berlin, 1927–1942.

Baum, Karl: Altbayerische Bräuche und Feste. Schrobenhausen, 2008.

Crvenka, Mario: Marias Pflanzen. Annweiler, 2008.

de Voragine, Jacobus: Legenda Aurea. 15. übersetzte Auflage. Gütersloh, 2007.

Fink-Henseler, Roland: Naturrezepte aus der Hausapotheke. Bindlach, 1996.

Frei, Hans: Brauchtum und Dorfkultur. In: Frei, H.; Stettmayer, F.: Die Stauden. Porträt einer Landschaft in Bayerisch-Schwaben. Augsburg, 2006, S. 132–145.

Fuchs, Friederike: Bauernregeln. Altes Wissen rund um Feld und Garten, Bauernmedizin und Brauchtum. Augsburg, 2009.

Hilpert, Markus: Im Kräutergarten Gottes. Heilpflanzen in Brauchtum und Volksglauben. Augsburg, 2011.

Hilpert, Markus; Wörner, Daniela: Apostelkräuter. Pflanzensegen und Bauernbräuche im Volksglauben an die 12 Jünger Christi. Konradshofen, 2010.

Hilpert, Markus; Wörner, Daniela: Kräuterbrauchtum in der Volksfrömmigkeit. Mit Würz- und Heilpflanzen durch Kirchenfeste, Feiertage und Klostergärten. Konradshofen, 2008.

Hilpert, Markus; Wörner, Daniela: Kräuterheilige. Kräuterlegenden und Kräutersegen rund um unsere Schutzpatrone. Konradshofen, 2009.

Imkamp, Wilhelm (Hrsg.): Die Wallfahrt Maria Vesperbild. Augsburg, 1995.

Imkamp, Wilhelm: Eine katholische Liebeserklärung an die Schöpfung. Durch das Gebet leuchtet das Kräuterbrauchtum in der Volksfrömmigkeit in den richtigen Farben. In: Die Tagespost. Katholische Zeitung für Politik, Gesellschaft und Kultur. 14. August 2008, Sonderdruck.

Imkamp, Wilhelm: Moment mal! Durch die Bibel gesagt. Augsburg, 2003.

Kongregation für den Gottesdienst und die Sakramentenordnung: Direktorium über die Volksfrömmigkeit und die Liturgie. Grundsätze und Orientierungen. Bonn, 2001.

Laurentin, René: Lourdes. Histoire authentique des apparitions. 6 Bände. Paris, 1961–1964.

---

42 Crvenka, Mario: Marias Pflanzen. Annweiler, 2008.

Liturgische Institute Salzburg, Trier, Zürich (Hrsg.): Benediktionale. Studienausgabe für die katholischen Bistümer des deutschen Sprachgebietes. 14. Auflage. Freiburg im Breisgau, 2004.

Mai, Stefan: Pfarrbrief Frickenhausen. Nr. 8/9, 1991.

Pötzl, Walter: Brauchtum. Von der Martinsgans bis zum Leonhardsritt, von der Wiege bis zur Bahre. Augsburg, 1999.

Schmidt, Philipp: Volkskundliche Plaudereien. Bonn, 1941.

Schmidt, Siegfried: Geweihte Kräuter im Odenwald und ihre Volksnamen. Eine Bestandsaufnahme des traditionellen Brauchs. Lorsch, 1992.

Schott, Anselm: Das vollständige Römische Meßbuch. 10. Auflage. Freiburg im Breisgau, 1949.

Societas Bollandiensis (Hrsg.): Acta Sanctorum. 67 Bände. Paris, 1643–1940.

Stadlbauer, Ferdinand: Realien der Marienverehrung im profanen Bereich. In: Beinert, W.; Petri, H. (Hrsg.): Handbuch der Marienkunde. 2. Auflage. Band 2. Regensburg, 1997, S. 527–554.

Wolf, Helga Maria: Brauchbares. In: Schaufenster Volkskultur. Nachrichten zur Volkskultur in Niederösterreich. Heft 4/2008, S. 4–5.

Über das Böse und seine Überwindung

Predigt vom 15. August 2010 in Maria Vesperbild

Friedhelm Hofmann

Auch heute ist es noch nicht vergessen: Am 21. März 1972 verübte ein 34-jähriger Exil-Ungar (Laszlo Toth) ein Attentat auf die weltberühmte Pietà Michelangelos im Petersdom zu Rom. Mit den Worten: *„Ich bin Jesus Christus. Jesus Christus ist auferstanden"* überwand er die Marmorbalustrade und schlug mit einem Hammer auf den Nacken der Marienstatue ein, um sie zu enthaupten. Der Kopf hielt aber stand. Darauf schlug er auf das Gesicht ein. Das linke Augenlid, die Nase und der Schleier Mariens zersplitterten. Außerdem löste sich der linke Arm – in Höhe des Ellebogens –, fiel auf den Marmorboden und die Hand zerbrach in mehrere Teile.

Nach zweieinhalbjähriger psychiatrischer Behandlung wurde der Attentäter in seine Wahlheimat Australien abgeschoben. Diese Tat schreckte die Welt auf. Dieses Attentat geschah vor den Augen vieler Dombesucher. Die einen sahen darin die Zerstörung eines unvergleichlich wertvollen Kunstwerkes, die anderen eine blasphemische Handlung.

Die Welt entsetzte sich nicht nur angesichts der psychopatischen Handlung eines Einzelnen, sondern als im Sommer 2001 in Afghanistan große Buddhastatuen im Auftrag der Taliban zerstört wurden, wurde der Grundkonflikt unseres Daseins gleichsam in einer symbolischen Handlung sichtbar: Der Kampf des Guten gegen das Böse.

Mit Recht haben große Kirchenmänner immer wieder darauf hingewiesen, dass es geradezu absurd sei, dass in einer Zeit, in der das Böse seine schrecklichsten Erfolge feiere, die Menschheit hinging und den Bösen leugnete. In keiner Zeit wie im sogenannten aufgeklärten 20. Jahrhundert sind so viele Menschen gefoltert und umgebracht worden. Und es geht offensichtlich nahtlos im 21. Jahrhundert weiter. Fast schon ohne Maske können Brutalität und menschenverachtende Ideologien den Tod von Millionen Menschen – inklusive der ungeborenen – herbeiführen.

In der heutigen Lesung aus dem 12. Kapitel der Geheimen Offenbarung des Johannes wird in einem grandiosen Bild die Grundstruktur unseres Lebens visionär entfaltet: Im Bild der apokalyptischen Frau.

Auf der einen Seite ist die Frau, mit der Sonne umkleidet, ein Kranz von 12 Sternen auf dem Haupt, den Mond zu ihren Füßen zu sehen, und auf der anderen Seite der feuerrote Drache, der die Frau und ihren neugeborenen Sohn zu zerstören versucht.

In diesem Bild deutet der auf die Mittelmeerinsel Patmos verbannte Seher Johannes gegen Ende des ersten Jahrhunderts unsere Grundsituation: Die apokalyptische Frau steht symbolisch für das Volk Israel, die Gottesmutter Maria und die Kirche.

Der Drache steht für die alte Schlange, den Teufel, den Fürst dieser Welt, der sich zum Affen Gottes macht (7 Köpfe, 10 Hörner ect.).

Auch wir erfahren heute die Welt bedroht: Ich erinnere nur an das schreckliche Erdbeben in Haiti, die verschiedenen Flutkatastrophen in Pakistan und China, die Waldbrände in Russland, die Ölkatastrophe im Golf von Mexico, die kriegerischen Auseinandersetzungen mit den Taliban in Afghanistan, die Konflikte im Nahen Osten, die atomare Kriegsgefahr durch den Iran, die weltweite Verfolgung der Christen, der unvorstellbare Mord an ungeborenen wie auch geborenen Kindern und die sexuellen Übergriffe weltweit.

Natürlich sind die hier exemplarisch angesprochenen Probleme nicht auf einer Ebene angesiedelt. Sie spiegeln aber die Konflikte und Nöte wider, denen Menschen innerhalb und außerhalb der Kirche ausgesetzt sind.

Nur, wer denkt angesichts dieser Problemlage darüber nach, dass das Heil von Gott und das Unheil vom Satan kommt?

Wir verstecken uns oft hinter Analysen der Konflikte, die die eigentliche Ursache nicht in den Blick nehmen und deshalb auch die Notsituationen nicht einmal partiell lösen können.

Wir wissen, dass viele Klimakatastrophen durch menschliches Verschulden herbeigeführt werden. So gehen manche Überschwemmungen auf der einen und sich ausbreitende Dürrezonen und verheerende Brände auf der anderen Seite auf fehlerhaftes oder gar sündhaftes Tun des Menschen zurück. (Ich denke dabei an die unverantwortliche Ausbeutung der Erde durch den Menschen.)

Man kann jedoch nicht sagen, dass Katastrophen wie Tsunami, Erdbeben oder Vulkanausbrüche auf menschliches Versagen zurückzuführen sind. Aber sie sind auch nicht einfach nur auf Naturvorgänge zu reduzieren. Die Schöpfung ist durch den Fürst dieser Welt in sich gebrochen, unvollkommen und gestört. Das wird bis zur Wiederkunft Jesu Christi so bleiben. Aber wir sind den Mächten des Bösen nicht hilflos ausgeliefert, sondern können sogar mit einem gottgefälligen Handeln dagegensetzen. Wir können das Böse durch das Gute überwinden und das Leid der Welt durch unser Verhalten weglieben.

In unserem visionären Bild aus der Apokalypse öffnet uns der Seher Johannes die Augen für das Grundproblem, das sich durch die Menschheitsgeschichte hindurch zieht.

Er fordert uns auf, auf der Hut zu sein, die Gefahr des Bösen zu sehen, aber nicht gegenüber einer scheinbaren Übermacht zu resignieren, oder sich gar vom Bösen paralysieren oder einfangen zu lassen.

Das wahrhaft Tröstliche an diesem Bild der apokalyptischen Frau ist die vermittelte Hoffnung, grundsätzlich in der Liebe Gottes geborgen zu sein. Denn es heißt dort: *„Die Frau aber floh in die Wüste, wo Gott ihr einen Zufluchtsort geschaffen hatte."* (Offb 12,6) Der geifernde Drache vermag zwar die Frau, die Kirche, jeden einzelnen von uns zu bedrohen, aber letztlich nicht zu vernichten.

Der heilige Matthäus überlieferte uns den Ausspruch Jesu: *„Fürchtet euch nicht vor denen, die den Leib töten, die Seele aber nicht töten können, sondern fürchtet euch vor dem, der Seele und Leib ins Verderben der Hölle stürzen kann."* (Mt 10,28)

Unsere Lebenssituation gleicht dem Weg durch die Wüste: Sie ist oft hart und unerbittlich. Aber es gibt Zufluchtsorte, Brunnen und Tore zu Gott: Unsere Kirchen und Wallfahrtsstätten wie Maria Vesperbild.

Der Aufblick zur schmerzreichen Mutter lässt uns erkennen, dass sie, die Schmerzensreiche, um unsere Not weiß, weil sie selbst zutiefst Leid und Schmerzen erfahren hat. Wie oft erfahren Menschen an Wallfahrtsstätten wie hier oder in Lourdes und Fatima, dass die Gottesmutter, erst nach dem irdischen Leben mit Leib und Seele in den Himmel aufgenommen, die Königin des Himmels geworden ist. Sie sieht uns, nimmt uns wahr und ist unsere Fürsprecherin bei Gott. Die vielen – vor allen Dingen seelischen – Heilungen sprechen eine deutliche Sprache.

Wir dürfen der Gottesmutter vertrauen und unsere Sorgen, unser Leid und unsere Schmerzen vor ihr ausbreiten.

Mir sind einmal die oft verborgenen Zusammenhänge göttlichen Wirkens aufgegangen, als ich durch eine geschenkte Anregung feststellen konnte, dass selbst die irdischen Wallfahrtsorte eine tiefe geschöpfliche und kosmologische Einbindung haben. Schauen wir nur kurz auf die Marienwallfahrtsorte *Lourdes* und *Fatima*, mit denen ja auch *Maria Vesperbild* sehr verbunden ist: In *Lourdes* erschien die Gottesmutter 1858 der kleinen Bernadette Soubirous in einer Höhle und forderte sie auf, von dem zu ergrabenden Quellwasser zu trinken.

In *Fatima* erschien die Gottesmutter 1917 den drei Hirtenkindern Lucia, Francesco und Jacinta in einer Baumkrone. Das von vielen Tausenden Menschen miterlebte Sonnenwunder schloss die Erscheinungen ab.

In *Lourdes* werden wir durch die Grotte und die Quelle auf die beiden Elemente *Erde* und *Wasser*, in *Fatima* durch die Erscheinung in luftiger Höhe und das Sonnenwunder auf die Elemente *Luft* und *Feuer* verwiesen. So dürfen wir auch darin erkennen, dass Gott in viel weiteren und tieferen Dimensionen wirkt, als wir es oft in unserer Kurzsichtigkeit erkennen.

So ist auch der heutige Festtag wahrhaft ein Tag der Freude und des Dankes. Hier und heute dürfen wir den triumphierenden Ruf vernehmen: *„Jetzt ist er da, der rettende Sieg, die Macht und die Herrschaft unseres Gottes und die Vollmacht seines Gesalbten."* Mit Maria dürfen wir in das Magnificat, den großartigen Lobpreis Gottes, einstimmen:

„Er vollbringt mit seinen Armen machtvolle Taten: Er zerstreut, die im Herzen voll Hochmut sind; er stürzt die Mächtigen vom Thron und erhöht die Niedrigen."

Sie, die reine, glorreiche Jungfrau ist uns in diesem Bewusstsein vorausgegangen. Bei Gott ist sie nun unsere Fürsprecherin.

Das hiesige Maria Vesperbild und die Pietà Michelangelos in Rom zeigen die strahlende junge Mutter, die ihren toten Sohn auf dem Schoß hält. Die Gottesmutter war während ihrer Lebenszeit der Drohung Satans ausgeliefert – bis unter das Kreuz. Und doch dürfen wir sie jetzt als die Königin des Himmels im Glanz der überirdischen Schönheit verehren.

Ihre leibliche und seelische Aufnahme in den Himmel ist wie ein Leitstern am oft durch Leid verdunkelten Himmel unseres Lebens.

Mit dem heutigen Tag feiern wir vorausschauend auch unsere Aufnahme in den Himmel, das Ziel unseres irdischen Pilgerweges. Nutzen wir die vielen Möglichkeiten, Gottes Heilswillen in diese Welt hinein Bahn zu brechen. Feiern wir deshalb voll Freude dieses Fest als Gottes Zusage, uns auf unserem Lebensweg heilend zu begleiten, und als frohen Ausblick auf unsere eigene Vollendung im Himmel.

Amen.

Das gute Leben

Ulrich Hommes

Mitten in dem atemlosen Gerenne und Gejage, dem wir fast alle Tag für Tag ausgeliefert sind, fühlt sich manch einer doch gelegentlich gedrängt zu fragen, was wir mit unserem Handeln und Verhalten eigentlich tun und in welchem Verhältnis das steht zu dem, was letztlich dann vielleicht doch wichtig ist. Will man sich dazu ein paar Anregungen holen, liegt es nahe, sich an einen Philosophen zu wenden. Denn Philosophie hat es nicht nur mit den Gesetzen der Logik zu tun, sondern ganz elementar mit der Kunst zu leben: Die Philosophie frägt nach dem, was man das gute Leben nennt, nach jenem Leben also, bei dem wir die Gewissheit haben, dass es gut ist und schön, da zu sein. Solche Frage nach dem guten Leben ist weit weniger harmlos, als sie klingt. Denn sie erwächst aus der Erfahrung von Widersprüchen, die zum menschlichen Leben gehören und die gar nicht aufzulösen sind. Wie soll Leben einen Sinn haben, wo wir doch endliche Wesen sind, sterblich also, von vielen Wünschen hin und her getrieben und einem wechselhaften Geschick unterworfen? Insoweit zielt die Frage nach dem guten Leben keineswegs einfach auf ein wohlhabendes und sorgloses Dasein, sucht nicht herauszubekommen, wie man es sich möglichst gut gehen lassen kann. Sie sucht vielmehr zu klären, wie wir leben müssten, wenn wir erfüllt leben wollen, in welche Richtung dafür zu gehen ist und woran wir uns dabei halten können.

Die Philosophen früherer Zeiten haben die Frage nach dem guten Leben gerne mit dem Begriff Glück verbunden, mit der Vorstellung von Eudaimonia. Was sie damit ansprechen wollten, ist allerdings nicht geradewegs von dem her zu verstehen, was die Alltagssprache heute alles mit Glück verbindet. Das Glück, dem die Philosophen nachspürten, hatte nichts zu tun mit Glück im Sinne von wunderbaren Zufällen in der Art des Lottogewinns und es meinte auch nicht lediglich das gnädige Verschontbleiben von Unfällen aller Art. Ebenso wenig ist es zusammenzubringen mit der Vorstellung, Glück sei eine käufliche Ware. Was wird uns heute nicht alles von der Werbung aufgedrängt mit dem Versprechen einer Beförderung unseres Glücks! Dabei soll gar nicht bestritten werden, dass es vielerlei gibt, das gut tun kann und das unser Leben angenehm und leicht zu machen verspricht. Von dem aber, was wir suchen, wenn wir uns gedrängt fühlen zu fragen, ob das Leben die Mühe gelebt zu werden lohnt oder nicht, davon ist dies alles sehr weit weg.

Nachdem das Wort Glück so überaus vieldeutig geworden ist und der moderne Sprachgebrauch in Sachen Glück zu vielen Missverständnissen führt, sollte man die

Frage nach dem guten Leben besser nicht mehr im Ausgang von „Glück" entfalten. Bei den Philosophen spricht man heute stattdessen gerne vom Gelingen des Lebens. Was das meint, kann man fürs erste schon vom Klang dieses Wortes her fassen. Von Gelingen sprechen wir in der Regel ja dann, wenn etwas so wird, wie wir es uns gewünscht und vorgestellt haben. Ob wir einen Brief schreiben oder einen Ausflug machen, einen Kuchen backen oder ein Haus bauen, wenn wir am Ende feststellen, es ist gelungen, dann heißt das vor allem, dass es zu dem geworden ist, was an Versprechen in ihm steckte.

Dabei lebt schon das Wort Gelingen von einer eigentümlichen Spannung. Zum einen setzt Gelingen durchaus eine gewisse Anstrengung voraus, unsere Bemühung um Verwirklichung gehört dazu. Hätte ich bei irgendetwas bloß auf einen möglichst guten Ausgang zu warten ohne selbst etwas dazutun zu können, müssten wir nicht um das Gelingen bangen. Zum anderen aber beinhaltet ein Hoffen auf Gelingen das Wissen darum, dass das Vorhaben auch schiefgehen kann und wir das Ziel vielleicht verfehlen. Ja, hört man genau hin, klingt in Gelingen nicht nur die Möglichkeit von Scheitern mit an, sondern auch die Ahnung, dass es zu einem positiven Ausgang etwas braucht, über das ich selbst bei aller Anstrengung gar nicht verfüge, etwas, das meine Kraft übersteigt und das mich ein tatsächliches Gelingen dann auch immer als Geschenk nehmen heißt.

Alles das bekommt aber nun ein besonderes Gewicht, wo es nicht um das Gelingen irgendeiner Unternehmung draußen geht, wo vielmehr nach dem Gelingen des Lebens selbst gefragt wird. Hinter dieser Frage steckt die Wahrnehmung, dass unser Leben sich nicht von selbst rundet, so wie Leben sonst in der Natur. Die höchst unterschiedlichen Bedürfnisse des Menschen fügen sich nicht von selbst zum Ganzen eines gelingenden Lebens zusammen. Der Mensch muss sein Leben führen. Um das tun zu können, sollte er allerdings wissen, wessen er bedarf um richtig Mensch zu sein. Keineswegs ist da schlicht Befriedigung aller möglichen Bedürfnisse angesagt. Denn es gibt Bedürfnisse, mit deren Erfüllung uns Freude und die Gewissheit von Sinn zuteil werden, und Bedürfnisse, in deren Befriedigung wir leer bleiben und uns verfehlen. Das aber heißt: Es kann für die Erwartung von Fülle und Sinn nicht gleichgültig sein, wie wir leben und wonach wir uns ausrichten.

Schon dies verweist auf wesentlich anspruchsvollere Sachverhalte, als wir zu sehen bekommen, wenn wir jenen Ratgebern folgen, die behaupten, dass es das Wichtigste sei, im Leben möglichst glücklich zu werden. Dennoch gehört ein Verlangen nach Glück ganz ursprünglich zum Menschen. Und deshalb ist es bei aller Skepsis mancher Glücksverheißung gegenüber wichtig, das auch für die Frage nach dem Gelingen des Lebens aufzunehmen. Es gibt tatsächlich immer wieder solches, bei dem nichts so trefflich wie das Wort Glück ausdrücken kann, was uns da widerfährt, und wie das wirkt, was wir erleben.

Dabei ist zunächst festzustellen, dass die Menschen in sehr verschiedenartigen Dingen ihr Glück suchen. Da setzt der eine für Glück auf Erwerb und Besitz materieller Güter, ein anderer setzt dafür auf das Erleben der Natur, wieder ein anderer sucht Glück im Genuss von Werken der Kunst und manch einer erwartet das Glück in der Beziehung zu anderen Menschen. Nicht immer freilich finden die Menschen da, wo sie suchen, und so, wie sie das tun, tatsächlich Glück. Ganz besonders die

Annahme, durch Erwerb und Besitz materieller Güter dem Glück näherzukommen, wird in der Regel schnell auf eine ernste Probe gestellt. Es ist gar keine Frage, dass es viel zu unserem Wohlbefinden beiträgt, nicht hungern und nicht frieren zu müssen, sondern über das Nötige zu verfügen und möglichst noch über etwas darüber hinaus, also zum Beispiel nicht nur ein Dach über dem Kopf zu haben, sondern ein schönes Haus um sich herum. Aber es ist auch eine vielfach bezeugte Erfahrung, dass dann, wenn die Grundbedürfnisse gestillt sind und ein gewisses Maß von Wohlstand erreicht ist, dass der Mensch dann durch noch mehr vom selben nicht wesentlich glücklicher wird. Für das Verlangen nach Glück kommt es dann vielmehr darauf an, sich anderen Zusammenhängen zu öffnen und sich für sein Handeln und Verhalten an anderen Werten zu orientieren.

Dennoch: Es gibt so etwas wie Glück. Das wird zwar immer wieder einmal mit Verweis auf Schreckliches und Bedrückendes auch bestritten. Aber die entscheidende Frage ist hier, von woher wir Glück inhaltlich zu begreifen haben. Ist Glück tatsächlich bestimmt durch die Abwesenheit von Negativem? Wir sollten hierzu schlicht die eigene Erfahrung befragen. Jeder von uns hat sich schon einmal richtig glücklich gefühlt. Erinnert er sich aber nun daran, dann zeichnete sich dieser Zustand des Glücklichseins nicht so sehr dadurch aus, dass er aller Sorgen enthoben war und alle Probleme gelöst schienen. Das Wesentliche war vielmehr, dass wir uns inmitten von Sorgen und Problemen erfüllt und erhoben fanden, bejaht, bestätigt und erfreut. Was das Glück ausmacht, ist also gar nicht so sehr die Abwesenheit von Negativem, es ist die Gegenwart von solchem, das uns positiv bestimmt. Vom Glück sind wir angerührt, wo sich uns etwas ganz überzeugend von der guten, von der schönen, von der befreienden Seite zeigt. Und wo immer das geschieht, steigt in uns so etwas wie Jubel auf. Da wissen wir, es ist gut da zu sein. Glück in diesem Sinn, das ist zum Beispiel da, wo einer findet, was er lange gesucht hat, wo ihm gelingt, was er unbedingt schaffen wollte, wo er mit dem zusammen sein darf, den er liebt.

So schön das allerdings mit dem Glück ist, jeder weiß, wie leicht Glück bricht und wie oft es einfach fehlt. Da hilft es, sich auf einen Sachverhalt zu besinnen, an dem die Philosophie immer festgehalten hat und der von großer Bedeutung ist für die Sorge um das Gelingen des Lebens: Wir erfahren Fülle und Sinn nicht nur, wo uns von draußen Herrliches geschenkt wird – eben zum Beispiel in der Natur, mit der Kunst, durch die Zuwendung eines anderen Menschen. Besonders verlässlich wächst uns die Gewissheit von Sinn vielmehr zu im eigenen Tätigsein. Damit ist nicht alles Mögliche gemeint, was Menschen so tun. Es geht vielmehr um Tätigkeiten, die für das Menschsein selbst wesentlich sind.

Um das zu verdeutlichen, möchte ich an eine wichtige Unterscheidung erinnern. In den meisten Fällen verfolgt unser Tun ein Ziel, es geht auf etwas zu, das am Ende als das Resultat unserer Bemühungen uns gegenübersteht. Unser Tun weist insoweit über sich hinaus, wir unterziehen uns ihm nicht um seiner selbst willen, sondern um willen eines anderen, nämlich wegen des angestrebten Resultats. Genau betrachtet handelt es sich hier also um ein instrumentelles Tun, ein Tun, das ein Werk schafft und das im geschaffenen Werk seinen Sinn und seinen Wert hat. Und deshalb bemisst sich Gelingen oder Misslingen nicht an der Art des

Herstellens, sondern an der Qualität des Hergestellten. Wenn ich ein Haus baue, zählt am Ende nicht das Bauen, sondern die Benutzbarkeit und Wohnlichkeit des fertigen Hauses.

Es gibt aber auch ein Tun, das nicht wie das „Herstellen von etwas" zu begreifen ist, das vielmehr in ganz ursprünglichem Sinne „Handeln" darstellt. Hier erreicht das Tun sein Ziel schon im Vollzug, und über das Gelingen entscheidet – so wie über seinen Sinn und seinen Wert – nichts anderes als die Beschaffenheit dessen, was da geschieht. Der Maßstab dieses Tuns liegt nicht bei einem vom Tun selbst verschiedenen Ergebnis, sondern in dem diesem Tun innewohnenden Sinn.

Sieht man nun genauer hin, entdeckt man, dass es sich bei den Tätigkeiten, die uns in besonderer Weise das Gefühl von Erfüllung schenken, um Tätigkeiten handelt, mit denen wir uns solchem widmen, das gut und sinnvoll ist in sich. Hier liegt das Entscheidende jeweils schon im Vollzug selbst, das Handeln erfährt nicht erst rückwirkend von seinem Effekt her einen Sinn. Für bestimmte Tätigkeiten so anzunehmen, dass sie in sich schon die Mühe lohnen könnten, setzt das Berührtsein von einem entsprechenden Wert voraus. Wir entwerfen da nichts von uns her, sondern finden uns angesprochen und antworten. Wir halten das, wofür wir uns engagieren, für richtig, wichtig und gut. Das heißt: Es geht hier tatsächlich um den Bezug auf solches, das selbst etwas wert ist und das nicht von uns für wertvoll gehalten wird, nur weil es irgendwelche Wünsche befriedigt.

Immer wieder sehen wir, dass Menschen sich Tätigkeiten widmen, bei denen es keineswegs vor allem um solches geht, das ihnen selbst wohl tut. Das ist ein einprägsamer Beleg für den angesprochenen Zusammenhang. Denn ein solches Verhalten ist überhaupt nur von daher zu verstehen, dass es sich da um die Verwirklichung von etwas handelt, das in sich selbst gut ist. Erfülltes Leben lässt sich sehr wohl in der Weise verfolgen, dass man sich für Zwecke einsetzt, die das Interesse am eigenen Wohlbefinden deutlich überschreiten. Wohl jeder kennt solche Menschen, die ihr Leben auf die Realisierung eines Ziels hin ausrichten, das mit persönlichen Vorlieben und zu erwartender Belohnung zunächst wenig zu tun hat – im Bereich des Sozialen, Medizinischen, Technischen, Wissenschaftlichen, Künstlerischen. Dabei bedeutet solche Tätigkeit nicht nur Mühe und Plage, sondern oft in ganz erheblichem Maße auch Einschränkung und Verzicht – sei es, dass der Einsatz für bestimmte Dinge einem so viel abverlangt, dass für anderes, das auch wichtig wäre und wohl tun könnte, kein Raum bleibt, sei es, dass einer auf beruflichen Aufstieg oder angesehene Tätigkeit draußen verzichtet, um einem anderen hilfreich nahe bleiben zu können. Wohl wird uns aufs Ganze gesehen in solch angestrengtem Einsatz für andere oder für eine Sache, die lohnt, am Ende das Gefühl guten Lebens geschenkt. Dennoch ist dies nicht als der wahre Grund des betreffenden Tuns anzusehen. Wer sich in dieser Weise engagiert, tut das nicht, um sich ein gutes Gefühl zu beschaffen oder um glücklich zu werden. Er folgt vielmehr dem Anspruch einer Sache, die getan sein will. Das heißt das Tun ist nicht sinnvoll, weil es uns erfüllt, vielmehr erfüllt es uns, weil es sinnvoll ist.

Die Idee von Sinnhaftigkeit unseres Handelns und Verhaltens ist tief mit der Wahrnehmung von Anspruch und Herausforderung verbunden, sie gründet in Wertüberzeugungen, mit denen wir selbst in Pflicht genommen sind. Mit solchen

Wertüberzeugungen tun sich die Menschen heute eher schwer. Denken wir nur daran, wie wir meistens allem, was uns begegnet, gegenübertreten. Der moderne Mensch ist es gewohnt, die Dinge ernst zu nehmen, soweit man mit ihnen rechnen kann. Sein Interesse an der Wirklichkeit ist ganz darauf gerichtet, sich möglichst alles messend und konstruierend zu unterwerfen. Und es lässt sich die Wirklichkeit nicht nur tatsächlich auf diese Weise in den Griff nehmen. Für viele der Bedürfnisse, die wir ausgebildet haben, gäbe es keine Möglichkeit von Befriedigung, würden wir mit der Wirklichkeit nicht ebenso verfahren. Hochmut gegenüber Technik und Wissenschaft oder gegenüber der Wirtschaft, die ihrerseits die Technik und die Wissenschaft antreibt, ist wahrlich nicht angebracht. Eben der technisch-wissenschaftlichen Rationalität verdanken wir die guten Verhältnisse, in denen wir leben, den großen Komfort, den materiellen Wohlstand und die soziale Sicherheit. Aber vielfach stoßen wir inzwischen darauf, dass dies allein, das heißt ein technisch-wissenschaftlicher Umgang mit der Wirklichkeit noch kein Gelingen des Lebens garantiert. Davon allein können wir nicht menschlich leben. Die Wirklichkeit, mit der wir uns in solchem Zugriff beschäftigen, ist zu eingeschränkt und noch nicht in ihrem tieferen Sinn erschlossen. Man kann alles daraufhin befragen, wie es zusammengesetzt ist, nach welchen Gesetzen es funktioniert und welcher Nutzen daraus zu ziehen ist. Aber jeder von uns ahnt zumindest auch, dass da noch mehr ist und dass die Wirklichkeit sehr wohl noch anderes zu sagen hat.

Ich erinnere in diesem Zusammenhang gerne an das Ethische. Es ist hier nicht der Raum gründlicher zu beschreiben, was Ethik heißt. Aber es ist wohl unverkennbar, dass zu den entscheidenden Vorgaben, wie der Mensch leben sollte, wenn er erfüllt leben will, ein ganz eigenes Verhältnis zu denen gehört, die mit ihm zusammen da sind. Dies Verhältnis ist nicht zuerst eine Einschränkung, der ich dann unter Umständen auch noch irgendwann Nutzen oder Lust abgewinnen kann. Dies Verhältnis ist eine ganz ursprüngliche Bestimmung unseres Seinkönnens. Die Menschen müssen sich nicht nur miteinander arrangieren, es zeichnet sie aus, dass sie umeinander willen da sind. Deshalb sind Glück und Erfüllung nur im Miteinander zu finden und nicht in ständigem Gegeneinander oder wenn einer auf Kosten der anderen zu leben sucht. Das heißt zum Menschsein gehört ein grundsätzliches Interesse am Wohl der anderen. Der eigentliche Grund der Möglichkeit eines dem menschlichen Wesen angemessenen Zusammenlebens sind Wohlwollen und Anteilnahme und nicht etwa die Moral oder gar das Recht.

Oder denken wir an das Ästhetische: Damit ist nichts gemeint, was vorrangig mit Kunst zu tun hat. Es geht ganz allgemein um die Entdeckung von Schönheit als Grundzug der Wirklichkeit. Und es geht darum zu sehen, wie ganz anders der Umgang mit allem wird, wenn man die Empfänglichkeit für das Schöne nicht verkommen lässt. Denn was uns das Schöne sagt, meint keine schmückende Zutat bloß, sondern hat zu tun mit Sinn. Schönes finden wir ja keineswegs nur in der Kunst, das heißt in der Malerei, der Plastik, der Architektur, in der Dichtung und in der Musik. Es gibt Schönheit in der Natur und beim Menschen und auch immer wieder bei den Dingen, die der Mensch herstellt zum Gebrauch. Und nun ist es nicht so, dass die Wirklichkeit eben auch einmal schön scheinen kann, so wie sie viele Male hässlich ist und grausam. In ihrem schönen Schein kommt vielmehr heraus, was sie eigentlich ist, und was Wirklichsein im Grunde meint. Lässt man sich jedenfalls wirklich auf die Schönheit ein, dann bringt uns dies in ein anderes, ein schonenderes und freundlicheres Verhältnis Menschen und Dingen gegenüber. Gerade für die Veränderung unseres Verhältnisses zur Natur zum Beispiel, die nötig ist, wenn wir in der modernen Welt erfüllt leben wollen, gerade für sie wird in der Begegnung mit dem Schönen eine Bresche geschlagen.

Und schließlich – auch darauf sei hier nachdrücklich verwiesen – das Religiöse: Wenn ein Philosoph von der religiösen Dimension menschlichen Daseins spricht, ist zunächst nicht gleich Gläubigkeit im Sinn von Kirche gemeint. Gemeint ist aber eine ursprüngliche Beziehung des Menschen auf jene transzendente Wirklichkeit, die unsere Sprache von alters her das Göttliche nennt oder Gott. Wer die Geschichte der Menschheit und die Ausbildung ihrer Kulturen betrachtet, stößt überall auf das Zeugnis dieses Bezugs. Erst in der Neuzeit wird das anders. Da steht nun der Gedanke der Autonomie im Vordergrund, das heißt das Verlangen nach gänzlicher Unabhängigkeit und uneingeschränkter Selbstbestimmung. Deshalb tun sich die meisten mit der religiösen Dimension heute besonders schwer. Zu tief hat sich die Vorstellung eingenistet, dass wir uns selbst preisgeben, wenn wir etwas Höheres über uns anerkennen und bereit sind, Antwort auf die Frage nach dem Sinn uns von dort her geben zu lassen. Inzwischen sehen wir aber, dass die Absage an solche Bindung das Leben keineswegs reicher und freier macht, sondern eher umgekehrt unser Leben verkümmern lässt. Dann aber muss auch die Frage erlaubt sein, ob nicht Religion doch ein unaufgebbares Moment menschlichen Daseins ist. Macht man sich jedenfalls einmal frei von der Behauptung des autonomen Subjekts und betrachtet dann die Wirklichkeit, in der wir leben, erweist sich an vielen Stellen, dass wir sie gar nicht richtig fassen können, auch die ethischen und ästhetischen Phänomene nicht, wenn wir von diesem Bezug absehen, der nur religiös zu begreifen ist.

In der Verkümmerung der ethischen, ästhetischen und religiösen Dimension zeigt sich ein geistiges Defizit, das gewiss mit ein Grund ist für unsere Unfähigkeit, mit schwierigen Problemen der Gegenwart etwas besser fertig zu werden. Denken wir nur an die ständig weiter voranschreitende Zerstörung der Umwelt oder an die maßlose Ichsucht, die kein positives Verhältnis zu irgendwelchen Institutionen mehr zulässt und die es nicht erlaubt, auch vergleichsweise harmlosen Einschränkungen zuzustimmen. Und denken wir an unsere Hilflosigkeit angesichts von Fragen, vor die uns die moderne Biomedizin stellt. Wie soll denn einer erkennen können, was richtig wäre, wenn er keine vernünftige Vorstellung hat von dem, was gutes Leben meint, keine Klarheit darüber, was es heißt, als Mensch zu leben?

Wo wir landen, wenn es nicht gelingt, dem allgemeinen Bewusstsein vom Wesen des Menschen diese Dimensionen zurückzugeben, das ist am inneren Zustand unserer Gesellschaft abzulesen, daran zum Beispiel, wofür wir uns eigentlich interessieren, was wir wichtig nehmen oder auch ganz schlicht: wovon wir uns unterhalten lassen. Auf Dauer lässt sich kein konstitutiver Faktor der menschlichen Wirklichkeit aus unserem Selbstverständnis verdrängen ohne destruktive Folgen für die Integrität des persönlichen und gesellschaftlichen Lebens.

Dem gegenüber spricht vieles dafür, dass es zum Gelingen des Lebens helfen könnte, entschiedener auf diese geistigen Dimensionen zu achten und im Handeln und Verhalten auf das zu antworten, was sich dort zeigt. Wir sollten ernst machen mit der Einsicht, dass der Mensch über sich selbst hinausgerufen ist und dass für das Gelingen seines Lebens Entscheidendes davon abhängt, ob und wie er dem entspricht. Man mag das für paradox halten, dass der Mensch am ehesten er selbst sein soll, wenn er nicht nur er selbst sein will, sondern sich versteht aus dem Bezug auf solches, das ihn übersteigt. Aber es könnte sich genau so verhalten: Erst wo der Mensch über sich selbst hinaus ist, ist er eigentlich bei sich selbst.

Es liegt auf der Hand, dass das nicht jeder so sieht. In der pluralistischen Welt von heute kann jede Deutung menschlichen Daseins zunächst nur als eine von mehreren Möglichkeiten wahrgenommen werden. Und je vielfältiger das Angebot denkbarer Formen und Inhalte unseres Lebens ist, desto schwieriger wird es, sich bewusst für einen Weg zu entscheiden. Auch die Philosophie muss da als Ratgeber enttäuschen, wenn man von ihr klare Regeln erwartet, mit deren Befolgung das Gelingen des Lebens garantiert wäre. Ganz unnütz ist sie gleichwohl nicht, wenn sie uns die Grundgegebenheiten unseres Daseins erklärt und den menschlichen Erfahrungen bis in jene Tiefe nachgeht, wo sich zeigt, was durch die ganze Geschichte des Denkens hindurch immer wieder glaubhaft bezeugt wurde: dass es Sinn gibt, der aller drohenden Sinnlosigkeit standhält.

Die Philosophie macht ein Angebot. Zwar kann sie ihre Einsichten nicht in ähnlich zwingender Eindeutigkeit präsentieren, wie die Naturwissenschaften „Sachfragen" klären. Dennoch gibt es auch in „Lebensfragen" keineswegs bloß subjektive Präferenzen, sondern ihnen voraus eine erkennbare Wahrheit. Wer ihr auf die Spur kommen will, könnte sich einlassen zum Beispiel auf das, was andere, die vertrauenswürdig scheinen, gedacht und erfahren haben, was sie prägte und worauf ihre Geschichte verweist. In vielfältiger Weise wird uns das dargeboten, in unmittelbaren Begegnungen so gut wie in Erzählungen, die wir Büchern, dem Theater und manchmal auch dem Film verdanken. Und dann gilt es im Licht der Beispiele die eigenen Erfahrungen ernst zu nehmen, indem man hinsieht und hinhört und aufzunehmen sucht, was uns da zu einem guten Leben gesagt wird.

Zur missionarischen Seelsorge an Marien-wallfahrtsorten durch Oblaten M.I. zu Lebzeiten des Hl. Eugen von Mazenod (1782–1861)

Thomas Klosterkamp

Marienwallfahrtsorte und das Gründungscharisma der „Missionare Oblaten der makellosen Jungfrau Maria"

Die missionarische Ausrichtung der Oblaten der Makellosen Jungfrau Maria (OMI) wurzelt in der Person ihres Ordensgründers, des adeligen Franzosen Charles-Joseph-Eugène de Mazenod (1782–1861).[1] Nach der französischen Revolution hatten ihn die desolaten Zustände der Kirche bewogen, Priester zu werden. Ab 1812 wirkte der junge Priester zunächst in seiner Heimatstadt Aix-en-Provence als Prediger und Seelsorger der Armen. Schon 1816 wandte sich Eugène de Mazenod dem Dienst der Volksmission zu. Um sich dieser missionarischen Arbeit besser widmen zu können, gründete er mit wenigen Gleichgesinnten 1816 die Gemeinschaft der „Missionare der Provence", die 1826 unter dem Namen „Missionare Oblaten der Makellosen Jungfrau Maria" als Kongregation päpstlichen Rechts kirchlich bestätigt werden sollte.

Die Gemeinschaft entwickelte die Volksmission zu ihrem Spezifikum. Sie blieb aber nicht sehr lange die einzige und ausschließliche Aufgabe des Instituts, da ab 1841 im Ausland auch Aufgaben der Erstevangelisierung übernommen wurden. Die Gemeinschaft der Oblaten M.I., die heute mit über 4.000 Mitgliedern in 67 Ländern wirkt, ist ganz wesentlich ein Missionsorden. Sie ist ihren beiden Ursprungscharismen der Volksmission und der Mission ad gentes bis heute treu geblieben.

Zwischen 1816 und 1841 entwickelte sich aber noch ein Apostolat, dem das vorrangige Interesse des vorliegenden Artikels gelten soll. Zu den ersten Aufgaben gehörte auch die Seelsorge an Marienwallfahrtsorten. Bereits die zweite Ordensniederlassung nach dem Ordenshaus von Aix-en-Provence war ein Marienwall-

---

1 Zur Person des Ordensstifters vgl. das Standartwerk: Leflon, Jean, Eugène de Mazenod, 3 Bde., 1957–1965. Ferner sind in den letzten Jahren erschienen: Boudens, Robrecht / Katzer, Josef, Eugen von Mazenod, 1995; Etchegaray, Roger, Petite vie de Eugène de Mazenod, 1995; Pielorz, Jozef, The Spiritual Life of Bishop de Mazenod 1782–1812, Rom 1998; Wedon-Jones, Athanasius de, Eugène de Mazenod, 2001; Hubenig, Alfred / Motte, René, Living in the Spirit's Fire, 2004; Santucci, Frank, Eugene de Mazenod, 2004.

fahrtsort. Bis 1854 kamen in Frankreich acht weitere regionale Marienheiligtümer dazu. De Mazenod bezeichnete dieses Apostolat als die „nichtumherziehende Mission"[2] der Oblaten. Der somit explizit „missionarische" Dienst an Wallfahrtsorten, wurzelt also in der Gründungsvision des Hl. Eugène de Mazenod.

Es scheint nun angebracht in einem ersten Teil zunächst biographische Punkte der persönlichen Marienfrömmigkeit Eugène de Mazenods zu untersuchen. Die Gründungsgeschichte der Oblaten M.I. bildet dazu den Rahmen. Da es vor allem um die Gründungsvision de Mazenods geht, bleibt seine Zeit als Titular- und Diözesanbischof (1832–1837 / 1837–1862) weitgehend unberücksichtigt. Der zweite Teil des Artikels wird sich dann der Untersuchung der missionarischen Seelsorge an den Marienwallfahrtsorten widmen.

Teil 1
Persönliche Marienfrömmigkeit Eugène de Mazenods

Marianische Frömmigkeit in Kindheit und Mannesjugend

Auch wenn wir heute kaum etwas über die religiöse Atmosphäre in der Familie de Mazenod wissen, so scheint es in der normalen adelig-königstreuen Katholizität der de Mazenods verschiedene marianische Devotionen gegeben zu haben. Der erste Biograph Eugène de Mazenods spricht vom Officium der Heiligen Jungfrau, das Eugènes Mutter, Marie-Rose Joannis (1760–1851), gebetet haben soll. Ebenso gibt es einen Hinweis auf die tägliche Bitte des Vaters, Charles-Antoine de Mazenod (1745–1820), um den Schutz der Gottesmutter.[3]

Den wesentlich größeren Einfluss hatte im Bereich der religiösen Erziehung der Jesuit P. Bartolo Zinelli SJ (1766–1803). Dieser geistliche Lehrer, der Eugène zwischen 1794 und 1797 in Venedig unterrichtete, unterwies ihn in einer Spiritualität, die explizit auf Christus und Maria ausgerichtet war. Diese Jahre des venezianischen Exils waren prägend für den heranwachsenden Eugène. P. Zinelli stellte für den Jungen eine Tagesordnung auf. Darin war er gehalten, Maria darum zu bitten, ihn in all seinem Handeln beizustehen. Dabei wurde auf Jesus verwiesen, der all sein Vertrauen auf die göttliche Mutter gesetzt hatte. Eugène war aufgefordert, dem Beispiel des Herrn zu folgen und sich an Maria mit demselben liebenden Herzen zu binden, wie Jesus selbst.[4] Im Wortlaut des Regelwerkes heißt es von Eugène: *„Morgens vollziehe ich folgende Übung: Bevor ich mein Schlafzimmer verlasse, schaue ich in Richtung Kirche, knie mich hin und bitte Jesus mich zu segnen. [...] Dann schaue ich auf das Marienbild und bitte demütig [...] um den mütterlichen Segen. [...] Dann nehme ich Weihwasser, küsse respektvoll das Kruzifix [...]. Und ich küsse die Hand der Mutter Maria."*[5]

---

2   Zitiert bei: Lubowicki, Casimir / Beaudoin, Yvon, Art. Mary, in: Dictionary of Oblate Values, 2000, 537.
3   Vgl. Ray, Achille, Histoire des Monseigneur Charles-Joseph-Eugène de Mazenod, Bd. 1, 25.
4   Vgl. a.a.O., 25f.
5   a.a.O., 26.

In den folgenden Jahren des Exils in Neapel und Palermo, 1798 bis 1802, fehlte sicher eine adäquate geistliche Führung. Dem jungen Mann blieb das Fundament, das er in Venedig erworben hatte. 1802 kehrte Eugène de Mazenod aus dem Exil nach Aix-en-Provence zurück. Die Situation war schwierig: Die Ehe der Eltern war zerrüttet. Der junge Adelige musste sich einen neuen gesellschaftlichen Stand erwerben. Er überlegte zu heiraten. Zwischen 1806 und 1807 arbeitete er als Verwalter des Gefängnisses von Aix-en-Provence. Das adelige Leben widerte ihn schließlich an. Das soziale Engagement für die Gefangenen trieb ihn zudem um ... In dieser Zeit habe Eugène de Mazenods immer wieder Ruhe und Zuflucht gesucht am Gnadenbild in der Kirche von St. Madelaine in Aix-en-Provence. Gleiches ist belegt für die Kirche von Notre-Dame de la Seds, dem Schutzheiligtum der Stadt Aix-en-Provence.[6] Schließlich war es dann das Karfreitagserlebnis, wahrscheinlich 1807, das für Eugène de Mazenod mit einer mystischen Christuserfahrung Ausschlag gab, sein Leben grundlegend zu ändern. Der Wunsch Priester zu werden, den er bereits als Kind in Venedig hegte und der seit 1805 seine Gedanken bewegte, sollte nun verwirklicht werden.

Marianische Frömmigkeit während der Priesterausbildung

Mit Eintritt ins Pariser Priesterseminar von St. Sulpice, am 12. Oktober 1808, lassen sich in den Zeugnissen Eugène de Mazenods auch wieder Spuren marianischer Spiritualität finden. An seine Großmutter Catherine Élisabeth Joannis (1730–1811) schrieb er 1808: *„Und wie werde ich mich mit der Allerseligsten Jungfrau Maria freuen über alle großen Dinge, die Gott in ihr gewirkt hat. Oh! Welche Fürsprecherin bei Gott! Seien wir ihr ergeben, denn sie ist der Ruhm unsres Geschlechts. Wir versprechen, nur durch sie zu ihrem Sohn zu gehen, und wir erwarten alles von ihrer mächtigen Fürsprache."*[7]

Die Erziehung von St. Sulpice barg eine Reihe von marianischen Elementen. Der Ordensgründer der Sulpicianer und der Initiator des großen Seminars von St. Sulpice, Jean-Jacques Olier (1608–1657), gehörte zu den großen Erneuerern der französischen Kirche im tridentinischen Geist. Im Rahmen seiner geistlichen Bildung sah er den Priester als *„alter Christus"*. Schon der Seminarist musste Christus somit immer ähnlicher werden in Allem, auch in seiner Beziehung zu Maria. Es ging darum, dieselben Gefühle für die göttliche Mutter zu entwickeln, wie der Herr. Die geistliche Formung von St. Sulpice zielte darauf ab, dass die Verehrung der Gottesmutter nichts anderes sein konnte als eine christozentrische Frömmigkeitsform. Es galt in der Marienverehrung das Leben Jesu zu meditieren. Jesus muss im Leben des Priesters so lebendig werden, wie im Leben seiner jungfräulichen Mutter. Zu den Grundgebeten im Seminar gehörte daher auch das Gebet *„O Jesu vivens in Maria"*. Die Praxis des täglichen Rosenkranzes, das Gebet des *„Sub tuum"* war eine Selbstverständlichkeit. All das sollte Jahre später zur Tradition der Oblaten M.I. werden.[8]

---

6   Baffie, Eugène, Esprit et vertus du missionnaire des pauvres C. J. Eugene de Mazenod, 1894, 185.

7   Mazenod, Eugen v., Geistliche Briefe 1794 – 1811, (Schriften, Bd. 14), Nr. 29, 106.

8   Vgl. Pielorz, Jozef, Art. Saint Sulpice, in: Historical Dictionary, Bd. 1, 2008, 704–707. Zur marianischen Spiritualität in St. Sulpice vgl., Lubowicki, Casimir / Beaudoin, Yvon, Art. Mary, in: Dictionary of Oblate Values, 2000, 530f.

Im Glauben des Seminaristen de Mazenod war die Gottesmutter also lebendig. Sie gehörte für ihn untrennbar zum Mysterium Christi. Im Bezug auf die zu empfangenen Weihen schrieb er im Mai 1811: *„Schließlich werde ich die heiligste Jungfrau bitten, mich unter ihren Schutz zu nehmen."*[9] In Notizen unmittelbar vor seiner Priesterweihe schrieb er dann: *„Mein Gott, verdopple, verdreifache, verhundertfache meine Kräfte, damit ich dich liebe, [...] damit ich dich liebe wie die Heiligen dich geliebt haben, so sehr, wie dich deine heilige Mutter geliebt hat."*[10]

Marianische Frömmigkeit im frühen priesterlichen Wirken

Abbé de Mazenod war am 21. Dezember 1811 in Amiens zum Priester geweiht worden. Im Herbst 1812 kehrte er schließlich in seine Heimatstadt Aix-en-Provence zurück. 1813 begann er dort seine außerordentliche Seelsorge. In der Kirche von St. Madeleine hielt er sonntags im porvencalischen Dialekt die Fastenpredigten für Hausangestellte, Tagelöhner und die Armen der Stadt. Im Zusammenhang mit dieser Seelsorge an den Verlassensten gründet er am 25. April 1813 eine christliche Jugendvereinigung. Hatte die schulische Erziehung nach der Revolution doch jeden christlichen Aspekt verloren. Abbé de Mazenods Jugendgruppe wuchs von 25 Mitgliedern im Jahre 1813 auf über 300 im Jahre 1817. Aufgenommen wurden nur Jungen aus allen sozialen Schichten im Alter von 10 bis 12 Jahren.[11]

Die strengen Reglements dieser Assoziation waren marianisch geprägt. Die Vereinigung wurde unter den Schutz der *„Unbefleckten Empfängnis der Allerseligsten Jungfrau"* gestellt. Eugène de Mazenod war es wichtig, dass die Jugendlichen in Maria, der Mutter Jesu, auch ihre *„eigene Mutter"* sahen: eine geistliche Mutter, die sich sorgt und das Heil der Jugend will. Mit Eintritt in die fromme Vereinigung gehörte es zur Pflicht der Jungen, öffentlich zu erklären, dass sie in ihrem Leben versuchen werden, eine *„vollkommene Verehrung"* der Gottesmutter umzusetzen. Diese sollte schließlich *„auf die Fürsprache der Immaculata"* zur *„Hingabe an die Heiligste Dreifaltigkeit"* führen. Für Eugène de Mazenod war die Selbstweihe an die Heiligste Dreifaltigkeit eine Konsequenz der Marienverehrung. War Maria doch selber ganz Gott geweiht und für seinen Heilsplan offen.[12]

Als de Mazenod 1814 infolge der Seelsorge an typhuskranken Kriegsgefangenen selber lebensgefährlich erkrankte, hielt die Jugendvereinigung Gebetswachen. Eugène de Mazenod schrieb später in diesem Zusammenhang nieder: *„Ihre Unruhe erreichte den Höhepunkt, als sie erfuhren, ich sei zwei oder drei Stunden nach dem Empfang der [Sterbe-] Sakramente in Ohnmacht gefallen. [...] Sie wandten sich in der Tat an den höchsten Lenker aller Dinge und verließen sich auf die mächtige Fürsprache der allerseligsten Jungfrau Maria. [...] Sie begannen Gebete zu*

---

9   Mazenod, Eugen v., Geistliche Briefe 1794–1811, (Schriften, Bd. 14), Nr. 85, 250.
10 a.a.O., Nr. 95, 284.
11 Vgl., Beaudoin, Yvon, Art. Youth Association of Aix, in: Historical Dictionary, Bd. 1, 2008, 796 f. Zur Gründung vgl. die Zeugnisse in: Mazenod, Eugen v., Tagebuch 1791–1821 (Schriften, Bd. 16), 115–119.
12 Vgl. Lubowicki, Casimir / Beaudoin, Yvon, Art. Mary, in: Dictionary of Oblate Values, 2000, 533f.

verrichten, [...] die mich [...] den Armen des Todes entrissen, dessen Beute ich fast geworden wäre."[13]

Seine Genesung schrieb de Mazenod der Gottesmutter zu. Wie oft hatten die Jugendlichen in St. Madelaine am Bild der „Wundertätigen Mutter der Gnaden" gebetet. Das wundert nicht. Die Frömmigkeitsformen der Jugendlichen waren ja von Anfang ebenso stark marianisch geprägt. Man grüßte sich in der Vereinigung mit „*Laudetur Jesus Christus et Maria Immaculate*", ein Gruß, den später die Gemeinschaft der Oblaten M.I. übernehmen sollte. Die Treffen wurden mit einem „*Ave Maria*" eröffnet und mit dem „*Sub tuum*" beschlossen, zu den täglichen Gebeten der Mitglieder gehörte das „*Memorare, o piissima Virgo Maria*" des Hl. Bernhard. Ab 21. November 1815 trafen sich die Jugendlichen donnerstags und sonntags im alten Karmel von Aix-en-Provence, den Eugène de Mazenod im Hinblick auf die Gründung einer Priestergemeinschaft 1815 erworben hatte, um die Matutin und die Laudes oder die Vesper aus dem Offizium der Allerseligsten Jungfrau zu beten.[14]

Der menschliche Einfluss Abbé de Mazenods auf die Jugendlichen und seine Art der geistlichen Prägung müssen immens gewesen sein. Ziel seiner Aktivitäten mit diesen Jugendlichen, die oft auch aus den unteren Bevölkerungsschichten von Aix-en-Provence stammten, war es aufzuzeigen, was wirkliche Liebe ist: Vertrauen, das dazu führt, sich rückhaltlos selber in die Hand des Liebenden zu geben. Hier ging es um die menschliche, wie um die religiöse Dimension von Liebe. Maria schien hier das hervorragendste pädagogische Beispiel für de Mazenod gewesen zu sein. Es ist wohl nicht verwunderlich, dass über 20 Mitglieder der Jugendassoziation später in die Gemeinschaft der Oblaten M.I. eintreten sollten. Ebenso darf es nicht verwundern, dass viele marianische Elemente, die den Zusammenhalt der Jugendvereinigung förderten, später in die Ordensgründung de Mazenods einflossen.[15]

Marianische Frömmigkeit in der jungen Ordensgemeinschaft

Die Erfahrung seiner Typhuserkrankung und das geplante neue Apostolat der Volksmissionen veranlassten Eugène de Mazenod mit Gleichgesinnten eine Priestergemeinschaft zu gründen. Das geschah am 25. Januar 1816. Am 29. Januar 1816 erfolgte die bischöfliche Anerkennung der neuen Gemeinschaft. Der alte Karmel von Aix-en-Provence auf dem Cour Mirabeau Nr. 60 hatte nach der Revolution als Mädchenpensionat gedient und war noch nicht hergerichtet. Man konnte zunächst nur einen Teil des neu erworbenen Hauses beziehen. Die ersten Mitglieder, neben de Mazenod waren es der Diözesanpriester Francois de Paule Henry Tempier (1788–1870) aus Arles und vier weitere Priester, lebten noch sehr bescheiden und beengt. Am 11. April 1816 legten die ersten beiden Mitglieder der Kongregation, de Mazenod und Tempier, Gelübde ab, um sich an den Dienst und an die kleine Gemeinschaft zu binden. Abbé Tempier wurde der Vertraute Eugène de

---

13 Mazenod, Eugen v., Tagebuch 1791–1821, (Schriften, Bd. 16), 122.
14 Vgl. a.a.O., 124.
15 Vgl. dazu: Jetté, Fernand, Essai sur le caractère marial de notre spiritualité, in : Études Oblates 7 (1948), 20f.

Mazenods und als solcher fungierte er später über viele Jahre als Generalvikar der Kongregation.

Die Gemeinschaft trug zunächst gemäß ihrer Tätigkeit und ihres Wirkungsradius den Namen „Missionare der Provence". Schon am 11. Februar 1816, also nur wenige Tage nach der Gründung brachen die Patres zu ihrer ersten Volksmission in Grans auf. Es folgten viele weitere Missionen in der südfranzösischen Provence. Die ersten Stadtmissionen fanden 1820 in Aix-en-Provence und in Marseille statt. Die Klosterkirche des alten Karmel von Aix-en-Provence war schon im April 1816 für die Öffentlichkeit wieder zugänglich gemacht worden. Sie hieß in Aix-en-Provence fortan „Kirche der Mission". Der Dienst an der Jugendvereinigung in Aix-en-Provence wurde nun ebenfalls als Missionsapostolat der Priestergemeinschaft gesehen.[16]

Den ersten Gefährten de Mazenods war klar, dass Maria die Mutter der Missionare und somit die natürliche Begleiterin jeder Mission war. In all diesen missionarischen Aktivitäten, besonders bei den Volksmissionen, hatte Marienverehrung ihren Platz. P. de Mazenod hatte in Anlehnung an die gängigen Traditionen eine eigene Missionsmethode erarbeitet.[17] Danach gab es bei jeder Volksmission zwei spezielle Marienfeiern: eine marianische Feierstunde für Kinder und die feierliche Weihe der Pfarrei an die Gottesmutter.

Die marianische Kinderfeier fand unmittelbar nach Beginn der Mission statt. Es gab eine Prozession, zu der eine Marienlitanei gebetet wurde. Eine Marienstatue wurde während der Feier von den Kindern mit Blumen und Kränzen geschmückt. Die Kinder erhielten sodann eine katechetische Unterweisung und das Gelingen der Mission wurde der Gottesmutter anvertraut. Oft wurden die Eltern dann erst durch ihre Kinder zur Mission geführt.

Die Weihe der Pfarrei an die Gottesmutter, die bei allen Volksmissionen obligatorisch war, fand in der Regel in der Mitte der Mission statt. Die Zeitzeugen berichten: *„Von dieser Weihe hing nach Meinung P. de Mazenods die entscheidende Wendung der Mission ab. Er kündigte sie deshalb im Voraus an und hob ihren Nutzen, ihre Wichtigkeit und ihre Schönheit hervor. Es war ein herrliches Bild, wenn der fromme Missionar auf der Kanzel stand und die Gemeinde der Gottesmutter weihte. Sein Glaubensgeist, seine Frömmigkeit, seine Liebe zu Maria legten ihm Worte von hinreißender Kraft in den Mund. [...] Alle Augen füllten sich mit Tränen, die Herzen wurden erschüttert, die Seelen mit der Liebe zur Himmelskönigin entzündet. Wer P. de Mazenod noch nicht in diesem Augenblick gesehen hat, der kann sich keinen richtigen Begriff machen von dem unwiderstehlichen Einfluss, den seine Worte auf das Volk hatten."*[18]

Im Januar 1819 sollten die Missionare der Provence eine zweite Niederlassung in der Diözese von Digne übernommen. Das eröffnete ihnen ein neues Apostolat am regionalen Marienwallfahrtsort „Notre-Dame de Laus". Ebenso gab der neue

---

16 Vgl., Levasseur, Donat, A History of the Missionary Oblates, Bd. 1, 1985, 39–50.
17 Zur Missionsmethode de Mazenod vgl. : Klosterkamp, Thomas: Katholische Volksmission, 2002, 63–66.
18 Baffie, Eugène, Esprit et vertus du missionnaire des pauvres C. J. Eugene de Mazenod, 1894, 196f.

Standort der Kommunität die Möglichkeiten, in den Diözesen von Gap, Digne, Embrun und Sisteron Volksmissionen zu predigen. Die Gemeinschaft war zu dieser Zeit auf neun Mitglieder angewachsen. Das Leben an zwei Orten bedurfte nun der einheitlichen Lebensregel. Diese schrieb Eugène de Mazenod im Herbst 1818. Am 01. November 1818 wurde somit aus der Priestergemeinchaft endgültig eine Ordensgemeinschaft. Die meisten Mitglieder legten an diesem Tag ihre Gelübde ab und nahmen die Satzungen und Regeln des Instituts an.[19]

Eugene de Mazenod hatte von Anfang an darauf geachtet, dass marianische Frömmigkeitselemente ins tägliche Leben eingeführt wurden. So schrieb er neben dem Rosenkranz auch eine tägliche *„Besuchung der Heiligen Jungfrau"* vor.[20] Im Direktorium für die Novizen von 1853 hieß es dazu später: *„Welch eine großer Trost ist es für ein Kind der Immaculata, die Mutter Gottes grüßen zu dürfen, ihr Ehre und Zuneigung zu erweisen und an ihrem mütterlichen Herzen Ruhe zu finden."*[21]

Ebenso wurden das *„Sub tuum"* und das *„Tota pulchra es Maria"* in den Gebetsschatz der Gemeinschaft aufgenommen. Nach der päpstlichen Bestätigung sollten zudem die Einführung der Gesänge des *„Salve Regina"* (1826) und des *„Maria Mater Graciae"* (1829) folgen. Für de Mazenod war ebenso klar, dass die Anliegen um geistliche Berufe für die eigene Gemeinschaft und die Probleme innerhalb der Missionsgesellschaft in die *„Hände der Heiligen Jungfrau"* gelegt werden müssen.[22]

Zu einer außerordentlichen Begebenheit im Leben des Eugène de Mazenod kam es am 15. August 1822. Als Eugène de Mazenod vor der am selben Tag in der Kirche des alten Karmel zu Aix-en-Provence geweihten Statue der Immaculata betete, soll sich Maria dem P. de Mazenod zugewandt und ihn angelächelt haben. Der Einzige, dem de Mazenod über dieses mystische Ereignis noch am gleichen Tag berichtete, ist P. Tempier. De Mazenod schrieb: *„Wenn ich Ihnen nur alles mitteilen könnte, was ich an Tröstungen an diesem schönen, unserer Königin Maria geweihten Tag empfunden habe. [...] Ich glaube der Gottesmutter auch einen großen Eindruck zu verdanken, den ich heute empfand. Ich will nicht sagen, mehr als je, aber sicherlich mehr als gewöhnlich. Ich kann den Eindruck nicht gut beschreiben, denn er bezieht sich [...] auf unsere liebe Genossenschaft. Ich glaubte zu sehen, ja mit Fingern berühren zu können, dass sie den Keim sehr großer Tugend in sich schloss, dass sie unendlich viel Gutes tun könnte; ich fand sie gut, alles an ihr gefiel mir, ich liebkoste ihre Regeln, ihre Satzungen; ihr Apostolat schien mir erhaben, wie es in der Tat ist. Ich fand in ihrem Schoß sichere, ja unfehlbare Heilmittel."*[23]

---

19 Das Gelübde der Armut wurde erst 1821 eingeführt. Seit 1818 war es theoretisch nun auch möglich neben Priestern und Priesteramtskandidaten auch Ordensbrüder in die Gemeinschaft aufzunehmen. Der erste Bruder sollte 1827 sein Noviziat beginnen.

20 Vgl. Constitution et Règles de la société des Missionnaires de Provence, 1818, in. Missions 78 (1951), 61.

21 Zitiert aus dem „Directoire du noviciat de N.-D. de l'Osier" von 1853 bei: Lubowicki, Casimir / Beaudoin, Yvon, Art. Mary, in: Dictionary of Oblate Values, 2000, 536.

22 Vgl. Lubowicki, Casimir / Beaudoin, Yvon, Art. Mary, in: Dictionary of Oblate Values, 2000, 536.

23 Vgl., Mazenod, Eugen v., Briefe an Oblaten in Frankreich 1814–1825, (Schriften, Bd. 6), Nr. 86, 109–113. Eine ausführliche Reflexion zu dem von de Mazenod Erlebten bietet: Lubowicki, Kazimierz: Marie dans la vie du Bx Eugène de Mazenod et da sa Congrégation, L'expérience du 15. aout 1822, in: Vie Oblate Life, 47 (1988), 11–22.

P. de Mazenod kommt also durch diese mystische Erfahrung vor der Immaculata zu dem Schluss, dass das von ihm gegründete Werk von Gott gewollt ist und trotz aller Schwierigkeiten Zukunft haben wird. Wieder ist Maria die Mittlerin, die die Wege Gottes aufzeigt. De Mazenods tieferes Verständnis der mütterlichen Sorge Mariens bestätigte sich einmal mehr. Es mag dann seine innerliche Freude gewesen sein, mit der die mündliche Tradition diese geistliche Erfahrung als ein „Lächeln" der Jungfrau gedeutet hat.[24]

Die Gemeinschaft veränderte sich in den 20er Jahren des 19. Jahrhunderts sehr rasch. Zwei weitere Missionshäuser sollten eröffnet werden. 1821 erfolgte eine Gründung in Marseille, 1826 in Nimes. Ein weiteres einschneidendes Ereignis war die Ernennung des Onkels von Eugène des Mazenod, Msgr. Fortuné de Mazenod (1749–1840), zum Bischof von Marseille. Am 10. August 1823 war Eugène de Mazenod zum Generalvikar von Marseille ernannt worden. Er blieb zwar Generaloberer des Instituts, verließ aber das Kommunitätsleben und lebte fortan im bischöflichen Palais in Marseille. Bis 1824 hatte die junge Ordensgemeinschaft bereits 21 Professen.[25]

Der Name „Missionare Oblaten der Makellosen Jungfrau Maria"

Als die Gemeinschaft ihr Tätigkeitsfeld nun weit über die Provence hin ausdehnt hatte, schien der Name „Missionare der Provence" nicht mehr angebracht. Ende 1825 reiste Eugène de Mazenod in seiner Eigenschaft als Generaloberer nach Rom, um die päpstliche Bestätigung der Gemeinschaft zu erwirken. Als er sich auf die entscheidende Papstaudienz vorbereitete, stand man mitten in der Novene zum bzw. in der Oktav nach dem 08. Dezember, dem Fest der Immaculata. Der Name eines neuzeitlichen Ordensinstituts gibt ja in der Regel Auskunft über Wesen, Inhalt und Funktion der Gemeinschaft. Das mag für den Ordensgründer de Mazenod der tiefere Grund gewesen sein, in Rom, quasi in letzter Minute, den Namen zu ändern.[26] Eugène de Mazenod sah in Maria die Person der Heilgeschichte, die am engsten mit Christus verbunden war. Sie war für ihn das verständlichste Model apostolischen Daseins. Am 20. Dezember 1825 wurde P. Eugène de Mazenod von Papst Leo XII. (1823–1829) empfangen. Der Name der neuen Kongregation sollte nun „Missionare Oblaten der Makellosen Jungfrau Maria" sein. Am 22. Dezember 1825 schreibt P. de Mazenod an P. Tempier, dass er dem Papst die Frage gestellt habe: *„Heißt eure Heiligkeit es gut, dass die Kongregation den Namen Oblaten der heiligsten und makellosen Jungfrau Maria annimmt …?"* Weiter heißt es: *„Der Papst sagte weder ja noch nein."*[27] Nach dieser Audienz begann die kuriale Prüfung.

---

24 Als die Oblaten 1903 aus Frankreich ausgewiesen wurden, wurde die „Hl. Jungfrau des Lächelns" nach Rom gebracht. Sie wird dort heute in der Kapelle des Generalhauses auf der Via Aurelia 290 verehrt.

25 Vgl., Levasseur, Donat, A History of the Missionary Oblates, Bd. 1, 1985, 54–61.

26 Die Gemeinschaft trug seit Mai 1825 kurzzeitig den Namen „Oblaten des Hl. Karl Borromäus". In Rom musste de Mazenod erkennen, dass es bereits seit 1578 in Mailand eine Priestergemeinschaft gab, die dem Hl. Karl Borromäus geweiht war.

27 Mazenod, Eugen v., Briefe an Oblaten in Frankreich 1814–1825, (Schriften, Bd. 6), Nr. 213, 252.

Dieser Verwaltungsakt zog sich bis zur offiziellen päpstlichen Bestätigung der Kongregation am 17. Februar 1826 hin. Am darauffolgenden Tag schreibt de Mazenod in Bezug auf den neuen Namen der Kongregation enthusiastisch an P. Tempier: *„Erkennen Sie Ihre Würde und tragen Sie Sorge, Ihrer Mutter niemals Schande zu machen, die gerade auf einen Thron gesetzt und als Königin im Haus des Bräutigams anerkannt worden ist, dessen Gnade sie fruchtbar machen wird, um ihr eine große Zahl von Kindern zu zeugen, wenn wir treu sind und wir keine schändliche Unfruchtbarkeit auf sie herabziehen. Im Namen Gottes lasst uns Heilige sein!"* [28] Und am 20 März 1826 schreibt er erneut an P. Tempier: *„Mögen wir doch begreifen, was wir sind! Ich hoffe, dass der Herr uns die Gnade gewähren wird mit der Hilfe und dem Schutz unserer heiligen Mutter, der unbefleckten Maria, zu der wir in unserer Kongregation eine große Verehrung hegen müssen. Scheint es Ihnen nicht, dass es ein Zeichen der Erwählung ist, den Namen Oblaten Mariens zu tragen? [...] Es ist die Kirche, die uns diesen schönen Titel gegeben hat; wir empfangen ihn mit Ehrerbietung, Liebe und Dankbarkeit, stolz auf unsere Würde und Rechte, die er uns gibt unter dem Schutz der Allmächtigen vor Gott."* [29]

Der neue Name der Gemeinschaft war also in Rom geboren worden. Dahinter stand die Einsicht Eugène de Mazenods, dass es für die Gemeinschaft darum gehen muss, authentisch auf die vielfältige Not der Kirche zu antworten. Darum müssen sich die Mitglieder notwendig mit der Jungfrau Maria identifizieren, die ihr Ja gesprochen hat und sich vorbehaltlos in den Heilsplan Gottes gestellt hatte. Letztlich war es also nicht allein die persönliche Marienverehrung de Mazenods, die für die neue Namengebung ausschlaggebend war. Es war das geistliche Verlangen des Ordensstifters, dass seine Gefährten sich mit dem Leben der Jungfrau Maria identifizieren sollten, die durch ihre Haltung für andere Gott zur Welt gebracht hat. De Mazenods marianische Grundhaltung paart sich hier mit seinem missionarischen Eifer in genuiner Weise. Es geht darum, Christus durch Wortverkündigung, Lehre und Lebensbeispiel in die Seelen zu gebären. Das war für den Hl. Eugène tiefster Sinn der Mission.

Teil 2
Missionarische Pastoral der Oblaten M.I. an Marienwallfahrtsorten

Missionarischer Verkündigungsdienst an Marienwallfahrtsorten

Wie schon erwähnt, war 1818 der Marienwallfahrtsort Notre-Dame de Laus in der Diözese Gap als die zweite Niederlassung der Kongregation gegründet worden. Zweifellos hatte P. de Mazenod erkannt, dass Marienwallfahrtsorte heilige Orte der Gottesbegegnung waren, die den Gläubigen besondere Gelegenheiten boten,

---

28 Mazenod, Eugen v., Briefe an Oblaten in Frankreich 1826–1830, (Schriften, Bd. 6), Nr. 226, 82.
29 Mazenod, Eugen v., Briefe an Oblaten in Frankreich 1826–1830, (Schriften, Bd. 7), Nr. 231, 103. Eine theologische Reflexion zu diesem Brief findet sich bei: Jetté, Fernand: Essai sur le caractère marial de notre spiritualité, in : Études Oblates 7 (1948), 35–38.

ihren bisherigen christlichen Lebensvollzug zu reflektieren. Die Pilger kamen aus ganz verschiedenen Gründen: als Sünder oder zur Danksagung, aus Gewohnheit oder als Ratsuchender. Wallfahrer jeden Standes waren disponiert für die Ewigen Wahrheiten des Glaubens, sie waren auf die Gnade der Bekehrung eingestellt, sie waren größtenteils bußfertig, sie hatten den Willen ihr Glaubensleben zum Besseren zu verändern, sie hofften auf Heilung an Leib und Seele. Das waren ideale missionarische Voraussetzungen. In diesem Sinne belehrte de Mazenod die Mitbrüder: *„Wir wurden Wächter eines der berühmtesten Heiligtümer der heiligen Jungfrau, wo es dem lieben Gott gefällt, seine Macht zu offenbaren, die er dieser lieben Mutter der Barmherzigkeit mitgeteilt hat. Mehr als 20.000 Gläubige kommen jedes Jahr hierher, um im Schatten dieses imponierenden Heiligtums, das, ich weiß nicht wie, inspiriert und auf welche wunderbare Weise zu Gott hinführt, ihren Glaubensgeist zu erneuern“*[30]

Was die Pastoral anging, war de Mazenod eindeutig. Es musste darum gehen, den *„Gläubigen die Buße“* zu predigen und *„ihnen die Glorie und Größe Mariens“* zu verkünden.[31] Der Verkündigungsdienst musste also missionarisch sein und stand damit im direkten Zusammenhang mit der Volksmission. Hier gab es traditionell drei Schritte: 1. Predigt, 2. Katechese, 3. Erneuerung der religiösen Praxis. Genau dieses in der Volksmission erprobte Prinzip konnte nun auch am Wallfahrtsort umgesetzt werden: 1. Verkündigung des Wortes Gottes durch die Marienpredigt, 2. anschließende katechetische Unterweisung und Ermahnung der Pilger, 3. Empfang des Bußsakramentes und der folgenden Feier der Eucharistie mit Kommunionempfang. Bezüglich der Wallfahrtsbeichte galt dasselbe Denken, wie zur Missionsbeichte: *„Erst im Beichtstuhl kann man vervollständigen, was in der Predigt nur angedeutet werden konnte. Selbst wenn die Gnade eine Seele mit der Kraft des Wortes Gottes berührt hat, kann diese sie erst im Beichtstuhl umformen und gerecht machen.“*[32] Beichte und Kommunionempfang waren die sichtbaren Zeichen für die Bekehrung des Pilgers. Nur durch sie war ein Neubeginn mit Gott möglich.

Wie bei den Volksmissionen gab es dann auch außerordentliche Feiern für die Pilger, die dazu dienten, die erlebte Gemeinschaft der versammelten Gläubigen zu vertiefen, und somit zur Stärkung und Sendung für den Alltag wurden. Solche Feiern waren der gemeinsame Rosenkranz, in der Marias Beziehung zu Christus meditiert wurde, sowie der Kreuzweg, der teilweise von einem der Patres gepredigt wurde. Ziel jeder Wallfahrt blieb es also Maria kennen- und lieben zu lernen, um sich wie sie und durch sie tiefer mit Gott und Christus vereinen zu können. Wenn der katholische Glaube und das Leben der Kirche in Frankreich vorangebracht werden sollten, und nach den Jahren der Revolution war das eine Notwendigkeit, bedurfte es vor allem reifer Katholiken, die in der Lage waren, in allen Bevölkerungsschichten ihren Glauben an andere Menschen weiterzugeben. Die hier dar-

---

30 Mazenod, Eugen v., Briefe an Oblaten in Frankreich 1814–1825, (Schriften, Bd. 6), Nr. 32, 65.
31 Ebd.
32 Constitution et Règles de la Société des Missionnaires de Provence, 1818, in: Missions 78 (1951), 36f.

gestellte Form der Seelsorge an Marienwallfahrtsorten schien eine optimale Basis dafür zu sein, eine solche Mission zu fördern.[33]

Marienwallfahrtsorte als Gnadenorte für die Mission der eigenen Gemeinschaft

Mit der Übernahme von Marienwallfahrtsorten verfolgte Eugène de Mazenod aber noch ein weiteres Ziel. Er erhoffte sich durch diese so unmittelbare Nähe zur Patronin der eigenen Ordensgemeinschaft vielfältige Gnaden. Drei Anliegen können wir heute ausmachen: 1. Die Wahrung der Würde der Missionare, 2. die mütterliche Hilfe der Gottesmutter in schwierigen Situationen und 3. die Bitte um gutes Gelingen neuer Missionsaufgaben.

Alles Wirken des Missionars war abhängig vom persönlichen Zeugnis. Wie sonst könnten Christen und Nichtchristen geistlich erbaut werden? Die Standeswürde und das Selbstbewusstsein des Missionars sowie die Wahrung der Berufsgnade waren de Mazenod ein ständiges Gebetsanliegen. Es wundert daher nicht, wenn er über die Mission am Wallfahrtsort schreibt: *„Was das Geschehen außerhalb der Kommunität betrifft, so erinnern Sie sich daran, dass die Vorsehung Sie bestellt hat zum Dienst am Heiligtum, damit die Andacht der Leute in bessere Bahnen gelenkt werden. Ich bete, dass ihre Andacht zur heiligen Jungfrau sie durch Ihre Bemühungen zur Bekehrung führt."*[34] Die persönliche Verantwortung des Missionars und damit sein Wille zur ständigen eigenen Bekehrung bilden im Christentum das Fundament für seine Fähigkeit, andere Menschen zur Bekehrung bzw. überhaupt zum Glauben zu führen. In diesem Zusammenhang ging es Eugène de Mazenod auch darum, dass seine Missionare ein gutes Standesbeispiel für die Priester der Umgebung sein sollten. Die Herausforderungen, die die Seelsorge durch die Wirren der Revolution an die Kirche von Frankreich stellte, waren im Denken de Mazenods allein durch gute und opferbereite Priester zu bewältigen. Er forderte die Mitbrüder an den Wallfahrtsorten in besonderer Weise dazu auf, die Priester der Umgebung immer wieder einzuladen, um sie durch das persönliche Beispiel zu formen.[35]

Einzelne Mitbrüder, deren Berufung in Frage stand, empfahl de Mazenod auch immer wieder der Mutter Gottes. Einem Mitbruder schrieb er: *„Wir bedauern, dass wir Sie verlieren, aber wir sind deswegen ohne Schuld vor Gott, wenn wir alles tun, was wir tun können, um Sie von ihrem Entschluss abzubringen, der eindeutig vom Gegner ihres Heils inspiriert wurde. [...] Sie werden also zunächst nach Notre-Dame du Laus kommen, um sich bis zu einem neuen Entscheid unter dem Mantel unserer guten Mutter zu bergen. Das ist der letzte Versuch, den ich mache, um Sie zu retten. Gehen Sie mit aufrichtigem Herzen dorthin, rufen Sie dort imbrünstig die mächtige*

---

33 Vgl. Lamirande, Emilien, L'apostolat des pèlerinages et Mgr de Mazenod, in: Études Oblates 21 (1962), 47–50. Zur Struktur der Volksmission vgl. Klosterkamp, Thomas: Katholische Volksmission, 2002, 11–17.

34 Mazenod, Eugen v., Briefe an Oblaten in Frankreich 1831–1836, (Schriften, Bd. 8), Nr. 541, 224.

35 Vgl. Leflon, Jean, Eugène de Mazenod, Bd. 3., 1965, 731

Fürsprecherin an, bitten Sie sie, [...] Ihnen selbst die Einfalt und Gelehrigkeit, die Sie im entscheidenden Augenblick ihres Lebens nötig haben, zu geben."[36]

Auch als die Oblaten M.I. ab 1841 erstmals Missionen der Erstverkündigung in Übersee übernahmen, vertraut Eugène de Mazenod auf die Fürsprache der Gottesmutter. Den Patres und Brüdern die 1841 nach Montreal / Kanada ausgesandt wurden, gab er z. B. mit auf den Weg: *„Geht nun geliebte Söhne, vom heiligen Gehorsam geleitet, an die Arbeit, die ich Euch zugeteilt habe. [...] Die allerseligste, makellos empfangene Jungfrau sei Eure Führerin und Patronin."* Und er vergaß dabei nicht, die Mitbrüder daran zu erinnern, den Marienkult weltweit zu fördern: *„Denkt daran, dass Ihr von Eurer Berufung her in besonderer Weise verpflichtet seid, überall ihre Verehrung zu fördern."*[37]

Verbreitung des Missionsapostolates durch Übernahme weiterer Wallfahrtsorte

Nach der erfolgreichen Übernahme des Marienwallfahrtsorts Notre-Dame de Laus im Jahre 1818 sollten von den Oblaten M.I. weitere regionale Marienheiligtümer übernommen werden. Meist ging es darum, vor Ort die alten Wallfahrtstraditionen nach den Wirren der französischen Revolution wieder neu zu beleben. P. de Mazenod war dabei sehr enthusiastisch. Dem Bischof von Avignon schrieb er beispielsweise: *„Es ist mein sehnlichster Wunsch, dass unsere Kongregation alle Gnadenorte Mariens wieder aus den Trümmern aufrichten könnte."*[38]

Kurz nach 1830 hatte der Bischof von Marseille, Fortuné de Mazenod, den Oblaten M.I. den Wallfahrtsort „Notre-Dame de la Garde" anvertraut. Die Bevölkerung von Marseille liebte die „bonne Mère" des kleinen Marienheiligtums hoch über der Stadt. 1850 bauten die Oblaten M.I. eine eigene Niederlassung bei der kleinen Wallfahrtskirche, die Eugène de Mazenod, der seinem Onkel 1837 auf den Bischofsstuhl der Stadt gefolgt war, zu einer großen Basilika ausbauen wollte. Die Fertigstellung der Wallfahrtskirche im Jahre 1864, die heute monumental über Marseille thront, erlebte Bischof Eugène de Mazenod nicht mehr.[39]

1834 übernahmen die Oblaten M.I. „Notre-Dame de L'Osier" in der Diözese Grenoble. Auch hier ging es um die Restauration des Kultes, der in das 17. Jahrhundert zurückreicht. Die Oblaten M.I. übernahmen den alten Augustinerkonvent. 1841 wurde in L'Osier das Noviziat der Gemeinschaft angesiedelt. Die Wallfahrten entwickelten sich nur langsam: 1834 wurden nur 20 Kommunionen verzeichnet, 1845 waren es 1.000, 1873 waren es 25.000.[40]

---

36 Mazenod, Eugen v., Briefe an Oblaten in Frankreich 1831–1836, (Schriften, Bd. 8), Nr. 411, 71.
37 Mazenod, Eugen v., Briefe an Korrespondenten in Amerika 1841–1850, (Schriften, Bd. 1), Nr. 6, 29.
38 So zitiert bei: Baffie, Eugène, Esprit et vertus du missionnaire des pauvres C. J. Eugene de Mazenod, 1894, 198. Vielfältige Angaben zur Übernahme weiterer Wallfahrtsorte vgl.: Leflon, Jean, Eugène des Mazenod, Bd. 3., 1965, 729–741; Lamirande, Emilien, La desserte des sanctuaires de la très saint Vierge. Place parmi de fins de la Congrégation d'après Mgr de Mazenod, in: Études Oblates 17 (1958), 99–102.
39 Vgl. Beaudoin, Yvon, Art. Marseilles, N.-D. de la Garde, in: Historical Dictionary, Bd. 1., 2008, 455–458.
40 Vgl. Beaudoin, Yvon, Art. N.-D. de L'Osier, in: Historical Dictionary, 2008, Bd. 1., 555–561

Der Bischof von Avignon wollte die Oblaten M.I. in seiner Diözese haben, da er Volksmissionen in provenzalischem Dialekt gepredigt wissen wollte. 1837 bot er Bischof de Mazenod, der bis zu seinem Tode Generaloberer der Oblaten M.I. blieb, den Wallfahrtsort „Notre-Dame de Lumières" an, der nur 50 km von Aix-en-Provence entfernt ist. Schon im 4. Jahrhundert gab es dort eine Kapelle zur Gottesmutter. Im 17. Jahrhundert kam die Wallfahrt in Gang. Auch in Notre-Dame de Lumières gelang es den Oblaten M.I. den Wallfahrtsstrom zurückzugewinnen. Um 1860 wurden jährlich 50.000 Pilger verzeichnet. Schon 1840 hatten die Oblaten M.I. zusätzlich ein Internat für Jungen in Notre-Dame de Lumières eröffnet.[41]

Ebenfalls in der Diözese von Grenoble, nur 20 km von Notre-Dame de L'Osier entfernt, liegt in den Bergen im Dorf Parménie die Wallfahrtskirche „Notre-Dame de la Croix", an der die Oblaten M.I. 1842 die Seelsorge übernahmen. Die Wallfahrt war regional sehr beschränkt und entwickelte sich nie zu einer besonderen Größe.[42]

1846 übernahmen die Oblaten M.I. „Notre-Dame de Bon Secours" in der Diözese Viviers im Department Ardèche. Der Wallfahrtsbetrieb war in den Revolutionsjahren eingestellt worden. Mgr Joseph Hippolyte Guibert OMI (1802–1886), der spätere Kardinal-Erzbischof von Paris, war seit 1842 Bischof von Viviers. Er hatte es ausdrücklich gewünscht, dass die Mitbrüder seiner eigenen Ordensgemeinschaft die Wallfahrt neu belebten, was auch gelang. 1862 konnte man jährlich wieder 100.000 Pilger zählen.[43]

Der Marienwallfahrtsort „Notre-Dame de Sion" in der Diözese Nancy wurde 1850 von den Oblaten M.I. übernommen. An diesem Ort hatte sich aus einer Brüdergemeinschaft eine schismatische Gruppe entwickelt. Dem Bischof von Nancy war also daran gelegen eine neue, dynamische und glaubensstarke Ordensgemeinschaft zu finden, die die Tradition der alten Abtei aus dem Jahre 1626 fortführen konnte und die den Verunsicherungen in der Umgebung ein Ende bereiten würde. Das gelang auch. Bischof Eugène de Mazenod konnte beispielsweise 1856 in Notre-Dame de Sion mit 2.000 Pilgern die hl. Messe feiern.[44]

Seit 1851 waren die Oblaten M.I. als Volksmissionare in der Erzdiözese von Bordeaux tätig. Zwei Jahre später, 1853, übernahmen sie den Wallfahrtsort „Notre-Dame de Talence". Der kleine Ort Talence lag damals am Stadtrand von Bordeaux. Die Wallfahrt verdankte sich einer Marienerscheinung aus dem 12. Jahrhundert. Jährlich kamen zwischen 40 und 50 organisierte Wallfahrtsgruppen aus der Erzdiözese nach Talence. Hunderte von Volksmissionen wurden nach 1852 in der Umgebung von Talence seitens der Ortskommunität gepredigt.[45]

1854 wurde den Oblaten M.I. das Marienheiligtum von „Notre-Dame de Clery" angeboten. Die Tradition der Wallfahrt reicht ins 6. Jahrhundert zurück. Die gotische Wallfahrtskirche aus dem 15. Jahrhundert liegt nur 15 km entfernt von Orléans. Die geographische Lage war für die Oblaten M.I. auch im Zusammenhang mit den

---

41 Vgl. Beaudoin, Yvon, Art. N.-D. de Lumières, in: Historical Dictionary, Bd. 1., 2008, 561–568.
42 Vgl. Beaudoin, Yvon, Art. Parménie, in: Historical Dictionary, Bd. 1., 2008, 612–614.
43 Vgl. Beaudoin, Yvon, Art. N.-D. de Bon Secours, in: Historical Dictionary, Bd. 1., 2008, 546–551.
44 Vgl. Courvoisier, Michel, Art. N.-D. de Sion, in: Historical Dictionary, Bd. 1., 2008, 568–584.
45 Vgl. Beaudoin, Yvon, Art. N.-D. de Talence, in: Historical Dictionary, Bd. 1, 2008, 584–588.

neuen Möglichkeiten für weitere Volksmissionen interessant. Zwischen 1855 und 1863 wurden von Notre-Dame de Clery mehr als 150 Missionen gepredigt.[46]

Mitte des 19. Jahrhunderts arbeitete ein Drittel aller Mitglieder der Oblaten M.I. in Frankreich an einem Marienwallfahrtsort. Die Kongregation zählt 1861, beim Tod ihres Stifters, 415 Mitglieder aus 10 Nationen, von denen fast die Hälfte bereits außerhalb Frankreichs in England, Irland, Kanada, den Vereinigten Staaten, Mexiko, Ceylon und Südafrika tätig waren.[47]

Die hier gebotene kurze Darstellung der neun französischen Marienwallfahrtsorte, die auf Initiative Eugène de Mazenods von den Oblaten M.I. übernommen wurden, zeigt zunächst zwei praktische Dimensionen auf: 1. Die Standorte bilden von ihrer geographischen Lage ein gutes pastorales Netz über ganz Frankreich. Diese Strategie wurde nach dem Tod de Mazenods mit der Übernahme bedeutender französischer Wallfahrtsorte weiter verfolgt. Die Oblaten M.I. übernahmen 1867 die Seelsorge an St. Martin in Tours, 1873 in „Notre-Dame de Pontmain" in der Bretagne und 1876 an Montmartre in Paris. 2. Überall wurde die „nicht umherziehende Mission" an den Wallfahrtsorten mit dem „mobilen" Gründungsapostolat der Volksmission verknüpft. Diese Strategie verfolgten die Oblaten seither weltweit sehr gezielt. Erst in der Zeit nach dem Zweiten Vatikanischen Konzil wurde dieses Prinzip seitens der Oblaten M.I. mehr und mehr vernachlässigt, oft zugunsten der Mission ad gentes und der zahlreichen Versuche missionarischer Aufbrüche inmitten einer säkularisierten Welt.

Quellen und Literatur

Baffie OMI, Eugène: *Esprit et vertus du missionnaire des pauvres C. J. Eugene de Mazenod, Evêque de Marseille – Fondateur des Missionnaires Oblats de Marie Immaculée*, Paris-Lyon 1894.

Boudens OMI, Robrecht / Katzer OMI, Josef: *Eugen von Mazenod, Leben für eine missionarische Kirche*, Mainz 1995.

Constitution et Règles de la Société des Missionnaires de Provence, Saint-Laurent du Verdon 1818, in: Missions de la Congrégation des Missionnaires Oblats de Marie Immaculée 78 (Rom 1951), 9–97.

Dictionary of Oblate Values, hg. v. d. Association for Oblate Studies and Research, Rom 2000.

Etchegaray, Roger: *Petite vie de Eugène de Mazenod (1782–1861)*, Paris 1995

Historical Dictionary of the Missionary Oblates of Mary Immaculate, hg. v. d. Association for Oblate Studies and Research, Bd. 1, The Oblates in France at the time of the Founder, Rom 2008.

Hubenig, Alfred OMI / Motte, René OMI: *Living in the Spirit's Fire, Saint Eugene de Mazenod, Founder of the Missionary Oblates of Mary Immaculate*, Rom 2004.

---

46 Vgl. Beaudoin, Yvon, Art. N.-D. de Cléry, in: Historical Dictionary, Bd. 1, 2008, 552–555.
47 Vgl. Levasseur, Donat, A History of the Missionary Oblates, Bd. 1, 1985, 180.

Jetté OMI, Fernand: *Essai sur le caractère marial de notre spiritualité*, in : Études Oblates 7 (Montreal 1948), 13–45.

Klosterkamp OMI, Thomas: *Katholische Volksmission in Deutschland*, EThSt 83, Erfurt 2002.

Lamirande, Emilien: *La desserte des sanctuaires de la très saint Vierge. Place parmi de fins de la Congrégation d'après Mgr de Mazenod*, in: Études Oblates 17 (Montreal 1958), 97–118.

Lamirande, Emilien: *L'apostolat des pèlerinages et Mgr de Mazenod*, in: Études Oblates 21 (Montreal 1962), 41–54.

Leflon, Jean: *Eugène des Mazenod, Evêque de Marseille – Fondateur des Missionnaires Oblats de Marie Immaculée 1782–1861*, 3 Bde., Paris 1957–1965.

Levasseur OMI, Donat: *A History of the Missionary Oblates of Mary Immaculate*, 2 Bde., Rom 1985.

Lubowicki OMI, Kazimierz: *Marie dans la vie du Bx Eugène de Mazenod et da sa Congrégation, L'expérience du 15. aout 1822*, in: Vie Oblate Life, 47 (Ottawa 1988), 11–22.

Mazenod OMI, Eugène de: *Schriften des Hl. Eugen von Mazenod*, hg. v. d. Generalpostulation OMI, 22 Bde, Mainz 1994–2007.

Pielorz OMI, Jozef: *The Spiritual Life of Bishop de Mazenod 1782–1812*, A Critical Study, Rome 1998.

Ray OMI, Achille: *Histoire des Monseigneur Charles-Joseph-Eugène de Mazenod*, 2 Bde., Rom-Marseille 1928.

Santucci OMI, Frank: *Eugene de Mazenod, Co-operator of Christ the Savior*, Communicates his Spirit, Rom 2004.

Wedon-Jones OMI, Athanasius de: *Eugène de Mazenod (1782–1861), „Evangelizare pauperibus"*, Leben und pastorale Praxis, Würzburg 2001.

St Philip Neri, Apostle of Friendship

Julian Large

"May you be burned!" said the man in black to the man in white. The courtiers bristled. These terrible words had not been addressed to some wretched heretic or sorcerer. The man in white was the Sovereign Pontiff. The man in black was a simple priest. The Successor of Peter laughed, descended from his dais and embraced the priest with great affection. Pope Gregory XIV and Father Philip Neri were old friends. The Pope was already familiar with this saying of Father Philip, and understood its real meaning to be a blessing: "May you be martyred for the Faith, for the love of Christ!" He placed on Philip's head the same red biretta which he himself had worn at the recent Conclave that had elected him to the papacy. "We create you Cardinal," he said, nodding to his secretary to prepare the customary brief. Philip whispered something in the Pope's ear and it became clear to the courtiers that the honour had been politely declined.

Within twenty four years of this scene in the papal audience chamber, Philip Neri would be beatified. As the banner with his portrait dangled under the dome of St Peter's, there were some in the congregation who remembered another of his sayings. "Mark my words," he had said, "If you live long enough you will see me hanged like a common criminal in this city of Rome!" It was now 25th May 1615, and yet another of his prophecies had just come true. Seven years after this he would be "hanged" again at his canonisation.

Few saints can have been honoured with as many titles as St Philip Neri, father of the Congregation of the Oratory. His role in revitalising the spiritual life of Rome during the latter two thirds of the sixteenth century earned him the title of that city's "Second Apostle". During his lifetime Philip was already known as a "Christian Socrates", thanks to his dexterity in drawing souls away from worldliness and into spiritual insight. "The humorous saint" was the title granted to him by that self-proclaimed "non-Christian" Goethe, who adopted Philip as his patron saint during his stay in Rome. Blessed John Henry Newman, in his Litany to St Philip, hails him with various titles, including "Winning Saint" and "Gentle Guide of Youth".

The character qualities revealed in these titles, and by that touching scene at the papal throne in 1590, indicate that St Philip's achievements as "Second Apostle of Rome" had much to do with the extraordinary attraction that his winning personality exercised over individual souls. Observing his life as a layman, his work as a priest while the new Congregation of the Oratory gradually formed around him, his influence in the Papal Court and even on the stage of international politics, one is struck by the part that personal friendship played throughout this long apostolate – so much, in fact, that we would be justified in adding to the list of St Philip's honours yet one more title: "Apostle of Friendship".

The context for this apostolate was Counter-Reformation Rome. Born in Florence in 1515, Philip Neri left his native city forever and came to Rome in 1534. He arrived in a devastated vineyard. Just seven years before, the city had been sacked by the mutinous troops of the Emperor Charles V. Palaces were reduced to rubble, basilicas and churches desecrated and looted. The Swiss Guard had been all but massacred on the steps of St Peter's, Pope Clement VII had been besieged in the Castel Sant'Angelo, priests and cardinals had been murdered in the streets. The low morale of the clergy was exacerbated by the moral turpitude for which the Court of the Renaissance popes has become a byword. Many priests and prelates rarely celebrated the Holy Sacrifice of the Mass for which they had been ordained, and even went about the city in secular dress. All of this provided rich seams of plunder for those rebels North of the alps who were mining for all the evidence they could uncover to prove to the world that Rome was the modern Whore of Babylon.

It was to redress this sickness and to rescue Christendom from further free fall into apostasy that the real reformation began in earnest at the Council of Trent which opened in 1545. Mention of the "Counter Reformation" conjures up an image of the Church Militant rolling out all the engines of war. Established religious orders were to be radically reformed or suppressed; new congregations would be equipped with spiritual and intellectual artillery to defend the Faith and reclaim territories that had been lost to schism and heresy. Seminaries like military barracks would be formed to instil discipline and fortitude into new legions of priests. Jesuits were deployed around Europe to engage in public dispute with heresiarchs, or despatched to risk life and limb recruiting converts from among the heathens of the New World.

Philip's contribution to the authentic and glorious renewal that would issue from the Counter Reformation was more subtle and discreet. It can be argued that the Church Militant is engaged in a continuing war against the world, the flesh and the devil, and that in this conflict there are no civilians. Philip, however, operated entirely on the home front. He did once consider becoming a missionary. A few years after his priestly ordination he decided that he could not deny the unquenchable longing in his heart to shed his blood for Christ, and determined that the best way to fulfil this ambition would be to preach the Gospel in the Indies. Before departure he had sought counsel from a Cistercian who was renowned for the gift of prophecy. The sage told Philip that his Indies was to be Rome. From then on for the rest of his life he would never leave the Eternal City, and his mission would continue to take the same basic form that had characterised it since his arrival there as a teenager. During the nights he had buried himself in prayer like a hermit in the Catacombs around the outskirts of the ancient city. During the days, he had sought out the Florentine artisans, lawyers and bankers who had followed the Medici popes to the banks of the Tiber. Befriending his compatriots, he would lift their hearts and minds by talking and joking with them, before turning the conversation in a very natural way to the things of God. He would also invite them to join him on pilgrimages around the city to the ancient churches that were still in such a state of decay.

After he became a priest in obedience to his confessor in 1551, Philip would continue this apostolate of friendship in his simple lodgings at the church of San Girolamo della Carita, opposite the English College in the via Monserrato. His influence on the Counter Reformation would come indirectly from the inspiration that prelates and future popes found in those rooms during the discourses over which Father Philip presided sitting on the edge of his bed. He gained so many vocations to the religious life that he became known as "the bell" that summoned men in from the streets and then directed them on towards the Dominicans, Theatines or Jesuits. He certainly had no intention of founding a new congregation of his own. The Oratory gradually crystallised around him when men who had come to his rooms out of curiosity found themselves so captivated by his company that they did not wish to live away from him. If they themselves became priests then they were put to work serving the spiritual exercises that had brought them into the Oratory.

One of the characteristics of the institute of the Congregation of the Oratory to this day is supposed to be the availability of its priests, and this is based on the example that our Father Philip set in those rooms in San Girolamo in the 1550s. He was always at home to those who wished to find him. Men seeking refuge from temptation knew that they could flee to Philip's *nido* to gain courage in his presence. The saint would press their heads to his heart, where the fire of Divine Love had established itself during a miraculous visitation of the Holy Ghost one night in the Catacombs in 1544. The heat and the palpitation that never left his breast would cure them and they emerged from his room liberated and strengthened. Anyone kept awake by a troubled conscience knew that he could find Father Philip's key under the mat in front of his door and make his confession in the middle of the night. Those looking for meaning and purpose in life could always call in during the afternoon for good conversation with others who were already on the road of enlightenment. Hardened sinners who accepted his invitation to friendship found themselves reborn into the life of grace through the Sacrament of Penance and drawn into the devout life. Only in Heaven shall we discover how many holy friendships were forged in Father Philip's rooms. It is in Heaven, too, that we shall see clearly how that spirit of friendship cultivated by Philip was ordered towards the most sublime end of friendship with God.

Friendship is a concept that has taken on something of a shallow meaning in the modern age, when it is often identified with utility and pleasure. To understand how and why friendship was so effective in St Philip's apostolate it is useful to re-examine the meaning of friendship in the classical and Christian traditions. Philip was well-educated and highly civilised. His intellectual formation included a thorough grounding in the thought of Aristotle, whose complete works are to be found in a well-worn edition in a case of the saint's books that survives in the Vallicella Library. As a layman in Rome he had received a formal introduction to the ancient philosophers at the Sapienza university, before going on to study theology with the Augustinian Friars at Sant' Agostino. His early biographer Bacci relates that "in theology he always followed the teaching of St Thomas, for whom he had a special love and devotion, having the *Summa* almost always in his hand." His capacity for holding his own on intricate problems with the learned men of the day is well testified by noted intellectuals like Cardinals Agostino Valier and Federico Borromeo. It is appropriate, therefore, to examine his exercise of friendship in the light of the classical, patristic and Thomist patrimony in which he was steeped.

Aristotle's idea of friendship includes elements of the usefulness and the pleasure that the weird and wonderful creature known as "Modern Man" tends today to equate with friendship itself. For Aristotle, however, real friendship in its essence is actually a "settled disposition" – a habit and an activity, based on virtue. Usefulness and pleasure come and go in relationships, whereas virtue endures in the man of integrity. In his Nichomachean Ethics, Aristotle says: "Perfect friendship is the friendship of men who are good and alike in virtue; for these wish well to each other *qua* good, and they are good themselves. Now those who wish well to their friends for their sake are most truly friends; for they do this by reason of their own nature and not incidentally; their friendship lasts as long as they are good – and goodness is an enduring thing."

For Aristotle, then, some level of equality is necessary for true friendship to flourish. Both parties must be alike in virtue. This virtue is the common good that each possesses, and serves in the other. In the life of Philip, we see how readily he forged friendships with other virtuous men. One of the most tender friendships he enjoyed was with Father Nicolo Gigli. A Frenchman, Gigli imitated Philip in leaving his native country forever to live in Rome. Entering the Oratory in 1571, he spent the next twenty years there until his death, and was greatly loved by Philip who christened him the "Flower of Purity" in a play on his name. A model of humility and apostolic zeal, he devoted every spare moment he could find to hearing confessions in the church. In his last illness, Philip insisted on waiting on him and attended to all his needs. After his death, Philip was seen weeping over his body and covering his face with kisses as it lay in front of the altar in the Chiesa Nuova, mistakenly believing the church to be empty of observers. When St Philip himself died the Oratory Fathers had his heart buried at Gigli's tomb in memory of the special affection that these two men of virtue held for one another.

Another intimate of the saint's within the community of the Oratory was Father Pietro Consolini, from whose company Philip gained particular strength in his later years. When the young Consolini arrived in Rome from Ancona, Philip enveloped him in affection, insisted on being his confessor and informed him that he had an Oratorian vocation. At his entry into the community Philip danced for joy, and as a novice he soon became known as "Philip's Benjamin". To Consolini he confided the secret of the miracle of the Holy Ghost penetrating his heart in the Catacombs. Philip had the habit of going into ecstasy while celebrating Mass and sometimes even on the way to the altar. With the aim of preventing this by means of distraction, Consolini would be summoned to the sacristy to read jokes to Philip before Mass began. They prayed the Divine Office together, and during the day Consolini accompanied Philip on his walks. Shortly before he died Philip called Consolini into his room and placed his hand over his heart, asking him to be sure to say a Requiem for him when he was gone. Consolini would be the chief single beneficiary of the saint's last will and testament. This was a friendship of soul mates, and Father Consolini has forever been held in the highest esteem in the Congregation on account of it. The fact that the final draft of the Constitutions of the Oratory that were ratified by Pope Paul V in 1612 came from Consolini's hand has always been taken as proof that it is imbued with Philip's spirit.

It should be noted that, despite his personal capacity for giving and receiving affection, Philip always maintained a certain detachment in these friendships – something that was spiritually chaste and disciplined. His evenings were not spent chatting into the late hours with bosom companions, but rather alone, communing with his Divine Friend under the stars on the loggia he had built on the top of the house. The most important friendship in Philip's life was always that which he nurtured in solitude with his Saviour. The tears that soaked Gigli's dead body were not the tears of grief that flow from the pain of bereavement. They were tears of joy, interspersed with laughter. Philip did not mourn the loss of his friend, but rather he exulted at the thought that the virtuous Frenchman was now enjoying the fullness of friendship with God in Eternity. Philip was so sure of his friend's place in Heaven that he always kept something of Gigli's on his person as a relic.

While any friendship that remains at the levels of utility and pleasure will inevitably wither once the circumstances that have made the relationship useful and enjoyable are no longer present, the true friendship of Aristotle's virtuous man will provide inexhaustible opportunities for serving the good of the friend. Philip's driving motivation in his apostolate was to bring others to that sanctity which can be understood in terms of living in profound friendship with God. An absolute pre-requisite for this, in Philip's eyes, was to teach men to be humble. He had a horror of anyone taking himself seriously, and if someone were to be a friend of Fr Philip's then he would have to be prepared to become the laughing-stock of Rome. "Always humble yourself and abase yourselves in your own eyes and in the eyes of others," he would say, "so that you can become great in God's eyes." For Philip, humility was an indispensable foundation for the all the blessings God wishes to build in our lives. He could not resist deflating pompous people, and this was because he wished them to share in the joy of divine friendship that was the mainstay of his own life.

With this end in view, Philip never tired of inventing new devices to mortify the self-regard of his best-loved friends. The highly sensitive Gigli was once ordered by Philip to feign drunkenness before a delegation of distinguished visitors to the Oratory. Towards the end of his life Gigli would say: "I have no honour left; the Father has taken it all from me." Consolini, meanwhile, would be sent into the streets with purple taffety and gold lace tied around his clerical hat. "Philip's Benjamin" was once required to submit himself to an examination in front of a learned committee in the presence of the Pope. At Philip's command, the poor young priest was forced to announce haughtily that he was quite an erudite fellow himself, and certainly had no need of any examination. He must have been relieved when the Pope immediately recognised Philip's hand in this. A talented new priest in the community called Father Agostino Manni made the mistake of preaching brilliantly the first time he mounted the pulpit. This impressed the congregation, but not Philip. He ordered Manni to deliver the exact same sermon word for word every Sunday until further notice. As a result, whenever Manni came into the church, men would groan and say: "Here comes the father with only one sermon."

Distinction was never a guarantee of immunity from Philip's mortifications. Francesco Maria Tarugi and Cesare Baronius were "founding fathers" of the Oratory with Philip, and both would eventually be made cardinals. Tarugi was to be Archbishop of first of Avignon and then Siena before returning to spend his final years in the Oratory, while Baronius would narrowly escape election to the papacy in two conclaves. Of Tarugi and Baronius, Philip's biographer Cardinal Capecelatro writes that Philip "fixed upon them as the two main instruments of his work, and the stay and support of his whole life."

The nephew of two popes, Julius III and Marcellus II, Tarugi was a courtier in the service of Cardinal Ranuccio Farnese when he arrived in Fr Philip's rooms at San Girolamo. Elegant and worldly-wise, he was considered one of the most brilliant men of his day at Court. Arriving in Philip's rooms to make his confession one afternoon, he was invited to spend an hour in meditation with the saint. Tarugi had never before practised mental prayer, but he experienced such an overwhelming interior delight on this occasion that he was immediately enchanted with Philip, and inflamed with an earnest desire to change his life. Before long he had entered the community, where Philip made great use of him in converting souls. Such was the effectiveness of his preaching that it earned him the title *Dux Verbi*, and his sermons drew huge crowds.

Forever wary of the spiritual dangers that accompany such talent, Philip lost no opportunity of humbling his brilliant pupil. The main instrument of Tarugi's mortification was a singularly unattractive dog called Capriccio that had once belonged to Cardinal Sforza of Santa Fiora but had attached itself to Philip during a visit to his rooms with its master. Tarugi was often ordered to comb and wash this malodorous, overweight and mange- ridden creature, and to carry it in his arms around the streets of Rome, earning him the scorn of street urchins and ruffians. When the dog eventually died, Tarugi composed an ode of celebration in which he hailed Capriccio as "that cruel scourge of human minds". Despite countless humiliations of this type, Tarugi declared at the end of his life that since that first meeting with Philip at San Girolamo, he had never lost the interior peace that had come from submitting himself unreservedly to the direction of his spiritual father. After being raised to the purple, he boasted that he had been Philip's novice for fifty years.

Baronius was highly conventional, serious-minded and a gifted scholar. He had been brought to San Girolamo by a friend, and Capecelatro describes his first encounter with Philip as "like those we read of in the Holy Gospel ... Philip welcomed him with such cordial affection that he won his heart at once, and he returned again and again." Baronius was asked by Philip to talk at the exercises of the Oratory, but the only subject he ever felt comfortable discoursing on was hell. Philip cured this by instructing him that in future he would only ever be allowed to speak on the topic of Church history. He prepared so conscientiously for these talks that eventually their content would be published in his famous *Annals*, which defended the Apostolicity of the one true Church against the anti-Roman propaganda that had been spewing out of Germany and drew acclaim from all over Catholic Europe.

Determined that fame should not be allowed to spoil Baronius's natural modesty and simplicity, Philip never once offered him a single word of congratulation. Instead, he would interrupt his research to send him on impossible errands. On one occasion, Baronius was ordered to go to a wine merchant. On arrival he was to present the owner with a large flask, asking him to rinse it out with the greatest care. Baronius was then to make a great display of tasting every wine in the cellar. At the end of this performance he was to ask for half a bottle of the cheapest wine on the shelf, and then insist on paying for it with a gold coin of such high value that it would be difficult to change. He was seen off the premises with the threat of a beating.

For Philip, wishing well to the other *qua* good meant removing any obstacles that might stand in the way of that good flourishing. He saw that pretentiousness of all sorts- intellectual, moral, social or spiritual- was inimical to friendship with the Saviour. He would never allow the virtue that he loved in others to be tarnished by the slightest blemish of self-importance. His friends recognised this, and it is a mark of the trust they placed in him that they allowed themselves to be subject to such mortification. Those who had suffered embarrassing humiliations at his hands were actually the ones who left the most informative testimonies to his kindness after he had left for Heaven. It is from Manni, that "father with only one sermon", that we learn the following particular about Philip's technique in correcting his children: that when he admonished someone for his faults, he would usually speak as if it were a fault that he himself had. Manni also recalled what the Barnabite Tito degli Alessi said of Philip: "He has a way of inflicting blows that do not seem to wound."

Philip made sure that he was always the first victim of his own irony. When Polish dignitaries sent by the Pope arrived in the hope of meeting a living saint, he arranged that they found him having frivolous pamphlets read aloud to him. On another occasion he called in a barber to shave off just one half of his beard in the church, and then ran out into the piazza to perform a victory dance as if he had just achieved some great victory. In the heat of the Roman summer, he walked out in a thick fur shawl, holding a nosegay to his face with one hand and making extravagant gestures with the other.

To this end of his own self-abasement he recruited the assistance of anyone who was on the same quest. Philip counted a number of future canonised saints among his friends, but out of all of them he held a singular love for the simple Capuchin lay brother Felix of Cantalice, who went around Rome in a threadbare habit begging for his order and was nicknamed "Brother *Deogratias*". Crossing each other on the Ponte Sant' Angelo one day, Philip and Felix overheard someone remark: "Look, two saints on the same bridge". The two immediately exchanged hats with absurd theatrical flourish, and then Philip asked Felix to pass him the full wineskin which he was carrying home to his community. Philip threw back his head and took a long deep draft from the skin, and was delighted when some of the bystanders shook their heads in disapproval. He would much prefer to appear like an old fool than be praised as someone who had reached great heights in the spiritual life. His humble Capuchin friend was an enthusiastic accomplice. With tricks like this Felix and Philip delighted in pushing each other further along the road to sanctity.

If Philip was always glad to be taken for a simpleton, however, he could never succeed in hiding his intellectual virtuosity from the learned men of the day who frequented his rooms. During his lifetime, Cardinal Agostino Valier wrote a Dialogue entitled "Philip, or Christian Joy", which shows the saint in his element among humanists. Valier, who was a regular visitor to the Oratory, describes a discourse after dinner there on the words "Rejoice in the Lord always." The other guests included fellow cardinals- among them Federico Borromeo, cousin of St Charles- and the Abbate Maffa who called Philip's room "a school of sanctity and Christian joy", as well as Baronius. The conversation takes the form of a Platonic Dialogue, in which each speaks in turn and in exact accordance with his character. Borromeo extols contemplation and solitude as the source of happiness, while Maffa praises the incomparable joy that comes from conversing with learned friends, and Baronius lives up to his sombre reputation by maintaining that there is nothing so delightful as the thought of death. It is in this Dialogue by Valier that Philip is first described as the "Christian Socrates", interested in all aspects of the human situation, and stimulating the intellects of the whole company with his wit, irony and charm. Valier based this work on his experience of actual discourses in which he often participated at the Oratory.

The reader of Valier's Dialogue can easily understand why it was that the most cultivated minds sought Philip's company at this time. Reforming prelates and future popes forged ties of sympathy in this school of Christian joy and virtue, and this made an invaluable contribution to the good of the Church. It was Philip who persuaded Federico Borromeo to accede to the wishes of the Milanese to become their bishop. Borromeo had been made a cardinal at the age of twenty three, but he was a shy scholar who would have much preferred a life of study and contemplation. He visited Philip almost daily for confession and conversation, and through careful spiritual direction Philip instilled in him the confidence to rise to the challenge in Milan. Aged thirty, Borromeo succeeded to the See of Ambrose, where he became an example to the world of episcopal zeal and culture. He established new churches and colleges at his own expense, he founded the great *Biblioteca Ambrosiana*, and he completed the reformation of his archdiocese that had been initiated by his cousin St Charles. His depositions for the "Cause" of Philip's canonisation are among the most tender and detailed.

The very character of the Congregation that grew around Philip lent itself to the formation of virtuous friendships. Such friendship is rare, says Aristotle, because it requires time and intimacy. In Aristotle's words: "You cannot get to know each other until you have eaten the proverbial quantity of salt together." In the Oratory, the institute's members would live together for the rest of their lives in the same house. They remained secular priests, however, and would not be bound to stay there by any vow- their only bond was to be charity, and they would always be free to leave. Oratorians would not live under a strict rule in the manner of monks, but rather according to the customs of the Congregation and in obedience to any decrees promulgated in the house by means of a democratic vote. Philip's own freedom of spirit greatly affected the nature of the institute as it developed, and the flavour of its mission. "He put away from him monastic rule and authoritative speech as David refused the armour of his king," wrote Newman; "his weapons should be but unaffected humility and unpretending love. All he did was to be done by the light, and fervour, and convincing eloquence of his personal character and his easy conversation. He came to the Eternal City and he sat himself down there, and his home and his family gradually grew up around him."

Daily contact with his children was so essential to Philip that he did not contemplate founding other houses, and never even visited any of those that formed during his lifetime. The new foundations sprang up in imitation of his house in Rome, always in cities and always the model was to be autonomy for each congregation. To the extent that these new Oratories disseminated Philip's apostolic methods of personal contact and influence- especially through the confessional, through the constant availability of priests and through preaching the daily word of God with diligence and simplicity- the institute made a vital contribution to spiritual revival in the urban centres of Italy and beyond.

Members of the Congregation would eat a good deal of Aristotle's proverbial quantity of salt together in so far as they would pray together, sleep under the same roof, serve the same body of faithful, and eat and recreate together. Meals would eventually take on the formal monastic style, with reading from a pulpit and fathers taking it in turns to wait on their brethren at table. When Philip sensed that the atmosphere in the house was in danger of becoming stuffy or tense, however, he would invent some diversion to lighten the ambience. He repeatedly instructed the lay brother Giuliano Magaluffi to come into supper and walk around the refectory with a pet monkey shouldering a gun and wearing a biretta on its head. Philip's way was to lead his subjects to perfection by lightness of touch, and he believed that if the Oratory must eventually give in to demands and take on the form of a canonically-recognised structure, then it would have to be one that was always characterised by joy and charity and a certain liberty of spirit.

If we associate the Counter Reformation with a tightening of discipline in the religious orders and a greater regulation of the life of the secular clergy, then the relative spontaneity and freedom that characterises the Oratorian vocation might seem to be at odds with the general spirit of reform that underpinned and flowed from the great Council of Trent. This apparent anomaly probably accounts for the fierce opposition that Philip faced during the early years of his priesthood, especially during the austere papacies of Popes Paul IV and Pius V, when it sometimes looked as if the Oratory might be suppressed altogether. According to Newman, however, it was precisely this lightly-regulated, "liberal", nature of the institute that gave it its marked apostolic character. In 1848, Newman delivered a series of chapter addresses at his new Oratory in Birmingham, in which he contrasted the Oratorian way with that of St Ignatius and others. "It was St Philip's object," wrote Newman "instead of imposing laws on his disciples, to mould them, as far as might be into living laws, or, in the words of Scripture, to write the law on their hearts. This is what the great philosopher of antiquity [Aristotle] had considered the perfection of human nature; this is what is so frequently brought before us in

Scripture, especially in St Paul's Epistles. It is what the holy Patriarchs of the Regulars, St Benedict, St Francis, St Ignatius and the rest, had felt to be beyond them (and which is, humanly speaking, impossible when any extended body is concerned; but) which in primitive times was possible in separate communities, and which St Philip revived."

For Newman, a prerequisite for cohesion in an Oratory is the sympathy that exists between its members. No Oratory is to be so large that its members do not know each other well: the Oratorian's house is truly "home". According to St Philip's institution, Oratorians are to be "bound together by that bond of love, which daily intercourse creates, and thereby all are to know the ways of each and feel a reverence for countenances of familiar friends." Newman develops this theme of friendship, describing how the Oratorian "lives in the heart of his brethren," and how "each must throw himself into the minds of the rest, and try to understand them, to consult for them, to take their hints, and to please them." Personal influence rather than rule "is the mainspring of the Oratory."

For the propagation and maintenance of sympathy in such a minimally regulated environment it is particularly important, in Newman's vision, for Oratorians to be well-educated and cultured. Newman held that there is always a much greater danger of jealousy and resentment arising in an institute "when the mind has not been cultivated" than "when books and the intercourse of society and the knowledge of the world have served to put things in their true light, to guard the mind from exaggeration, to make it patient in differences, and to give it self command amid differences of opinion and conduct." What might seem to be lacking in the way of externally regulated discipline in the Oratory must be provided by the "self command" or inner discipline of each member. Virtue was to be the order of the day, and the virtues required would include wisdom, prudence and knowledge.

Newman's insistence on the Oratory recruiting its members from the "educated and more refined classes" might sound out-dated and unduly elitist to modern ears. But for Newman, as for Aristotle, the cultivation of a respectable level of intellectual virtue in addition to the moral virtues is essential to any society in which virtuous friendship is to flourish. The exercises of the Oratory were to be open to all men, whatever their background or education. The community of Oratory Fathers that served the exercises, however, required men whose manners and proven virtue equipped them for abiding under the same roof for a lifetime in peace and harmony. St Philip was certainly successful in fostering such a school of virtue in Rome, so that his Oratory shone as an example of observant and zealous secular priests. As a result, bishops from all over Italy asked for assistance in setting up Oratories in their own dioceses. In the cities where it was established the Oratory became a source of support for all secular priests, who must also live their vocation without the framework of any "rule" in the religious sense of the word. The charism of *disponibilita,* or availability, enabled the Oratory fathers to establish close ties of friendship with the diocesan clergy, who often came to the Oratory for spiritual direction. And so, in Newman's words, "St Philip has been considered the Reformer of the seculars, as St Ignatius was the reviver of the regular spirit."

In our individualistic age, there is a tendency to think of friendship as not much more than a useful prop to support and comfort a man as he makes his own way in life. "Modern Man" is not accustomed to thinking of human life as being directed towards a common end, but rather in terms of the individual's own personal ambitions and aspirations. It is therefore unlikely that any current discussion of ethics would devote much space to the subject of friendship. In contrast to this modern view, Aristotle sees human life much more in terms of common goal or *telos*. His book on friendship, which itself takes up one fifth of his whole work on ethics, includes an extended discussion on political constitutions. Virtuous men are to be expected through the friendships that exist between them to serve not only the good in each other, but also to contribute to the common good. All good men share the same *telos*, which is the good of the *polis* or city-state.

The friendships Philip forged contributed in various ways to the good of the Church during this age of reform. One of his most famous friendships was with Charles Borromeo, the greatest Archbishop of Milan since St Ambrose. A cardinal of high culture and considerable influence, Borromeo was a leading participant in the Council of Trent and in carrying out the programme of reforms that followed. He hardly ever came to Rome without visiting Philip, and was sometimes seen on his knees kissing Philip's hand and weeping. This relationship suffered strain when Borromeo's attempts to recruit some of the Roman Oratory's best men to establish a foundation in Milan were met with complete resistance on Philip's part, but the friendship survived and the Chiesa Nuova owns a beautiful painting of Philip praying the breviary with Borromeo in old age. Having given up hope of co-operation from Philip in founding an Oratory in Milan, Borromeo established his own diocesan institute, the Oblates of St Ambrose. After consulting the most learned and competent authorities on drawing up a rule for this congregation, he submitted its first draft to Philip for constructive comment. The latter proved surprisingly reluctant to reply, so Borromeo invited him on a carriage drive to discuss the matter. Philip agreed to enter the carriage only on the condition that it stopped wherever he decided. Eventually they pulled up outside the Capuchin friary where Philip asked the porter to summon his good friend Brother Felix of Cantalice. Borromeo was then told to hand over his rule to this illiterate lay brother, whose main tasks were digging the garden and collecting alms. Because Felix could not read, the rule then had to be read out to him. This was an arrangement that must have delighted Philip on all fronts: the stately Cardinal Archbishop of Milan was suitably humbled, while all of the suggestions of St Felix of Cantalice were incorporated into the finished rule of the Oblates. Through Philip's friendship, three saints had worked together for the benefit of the Church.

When he saw that the common good of the *polis* that is the New Jerusalem of the Church required it, Philip was willing to make use of the privileges afforded by friendship in high places. In 1592 another of his intimates, Cardinal Ipollito Aldobrandini, became Pope, taking the name Clement VIII. Like Gregory XIV, he had been a disciple of Philip's. He too would try to persuade his spiritual father to accept the cardinal's hat, again without success. Their fondness for each other is evident in a playful exchange of letters in which Philip upbraided the Holy Father for not having visited him during an illness. "At seven hours after nightfall Jesus came to give Himself to me and abide with me," wrote Philip, "and Your Holiness takes care not once to come into our church. Jesus Christ is Man and God, and He comes to visit me every time I will; and your Holiness is a simple man, born of the Lady Agnesina, a most holy woman doubtless, while He was born of the Virgin of all virgins. I should have much to say were I to give way to the anger I feel." Obviously enjoying the correspondence, the Holy Father immediately wrote back in the third person: "The Pope says that the first part of this petition breathes somewhat of an ambitious spirit, in that you tell him that cardinals visit you so often ... As to his not going to see you himself, he says that your Reverence does not deserve it, as you will not accept the cardinalate so many times offered you ... And in his turn he commands you to take care of yourself ... And that when Our Lord comes next to see you, you pray for him and for the pressing needs of Christendom."

It was for one of the most "pressing needs of Christendom" at that time that Philip would use his personal influence with this Pope to good effect towards the end of his life. The occasion was the decision of Henry, King of Navarre, to return to Catholicism in 1593 having twice apostatized already to Protestantism. To secure recognition for his coronation as King Henry IV of France in 1594, it was important for Henry to receive the Pope's ratification of the reserved absolution he had already been granted him by the French bishops. Tension around the Papal Court during this crisis was appalling. "His Most Catholic Majesty" the King of Spain had his own plans for the throne of France, and the powerful Spanish party in the Curia applied great pressure on the Pope not to accept Henry's abjuration of heresy. Despite the serious danger of losing the Church in France to schism, the Pope allowed the Spanish to convince him that Henry could not be trusted. He was driven to distraction by the "French problem". He fulminated against anyone who attempted to persuade him to give Henry the benefit of the doubt, and suffered so much over the issue that he was often heard to say he wished he were dead. Philip, however, became certain that a formal recognition of Henry's reconversion was essential for the greater good of Christendom. And so he resolved to speak plainly to the Pope on this sensitive of issue, interceding in behalf of Henry's representative in Rome the Duke of Nevers.

Philip was the one man in Rome who was undaunted by reports of the Pope's explosions. He was already accustomed to approaching the Holy Father in difficult circumstances. Clement VIII sometimes suffered from excruciating gout in his wrist, and during these bouts no-one would dare to enter his chamber- apart from Philip, who would walk straight up to him and grab the affected hand. After shrieks of pain this course of action would usually bring relief. Philip managed to secure an audience to speak with the Pope on the French problem, but even his entreaties failed to change the Pope's mind. As a last resort he had recourse to the Pope's confessor, who happened to be their mutual friend Baronius. Philip told Baronius that he was to employ every means possible to win the Pope over; and if he still made no progress, then he was to refuse to hear the Pope's confessions. It was this last strategy that eventually proved successful. Henry's abjuration was accepted in Rome, and France was saved for the Church. Before this final decision was made Philip was actually dead, but his network of friendships had helped to determine the destiny of Europe. The Church historian Ludwig von Pastor confirms that the two crucial figures in ensuring this outcome were Cardinal Baronius and St Philip.

As far as Philip was concerned, the ultimate purpose of the personal friendships he enjoyed on earth was to bring souls into friendship with God. This was the greatest good he had to offer anyone. He cultivated this divine friendship himself throughout his life, especially in the solitude of those long night vigils. He cultivated it as he gazed on the Blessed Sacrament in wonder and adoration during Mass and at Benediction, when he was occasionally blessed with a vision of Our Lord in the Sacred Host. Friendship requires contact and communication, and Philip was adept at drawing souls into this habit of conversation with God. When asked about his own life of prayer, Philip would quote from Isaiah, *Secretum meum mihi*: "My secret is my own". Along with St John of the Cross, St Teresa of Avila and St Ignatius, he is classed as one of the great mystics of his century. Unlike these Spaniards, however, Philip made no attempt to pass on any system or technique of the spiritual life. He seems to have preferred drawing men into meditation through the experience of prayer. His disciples testified that hours of mental prayer in his presence passed like minutes. He was, however, anxious that his subjects should not leave prayer wearied, but rather refreshed and with a desire to return to it. To assist his disciples, he shared with them the ejaculatory prayers which he himself addressed to Our Lord, always pronouncing the Holy Name with great sweetness: "My Jesus, give me the grace to serve Thee not for fear but for love!"; "I would fain love Thee Jesus, but I do not know how!". He constantly addressed similar prayers to Our Lady: "O my Blessed Lady, give me the grace to be thinking always of Thy virginity!"; and "Blessed Virgin Mary, Mother of God, pray to Jesus for me!" By these means, he encouraged his circle to pray in a manner that was childlike and familiar, and at the same time effective in keeping the channels of communication with God open and sustainable in all circumstances of life.

From the beginning, the Oratory that grew around Philip in his rooms at San Girolamo provided an atmosphere that was conducive to making men responsive to this vocation to divine friendship. It was characterised by a spirit of spontaneity and freedom. Men were at liberty to come and go during the exercises, which included prayer and often the reading of letters from Jesuits who faced martyrdom on mission overseas. Although these meetings had no strictly regulated format, at least in the early days they always included a discussion known as *"ragionamento sopra il libro"*, or "speaking on the book". The works of different authors were used during this exercise, including the mystics Cassian and Gerson. Above all, however, "the book" meant Holy Scripture, and particularly the Gospel of St John. During the *ragionamento* each one spoke as he felt inwardly drawn under the prompting of the Holy Spirit. Whenever some point had been made that required correction Philip would intervene and clarify the matter with gentleness and precision. The preference for extemporary preaching rather than a prepared formal discourse created a live connection between speaker and hearers that encouraged engagement. These exercises took place during the afternoon, when young men were usually at leisure, and they stimulated lively conversation. When they were over, any who so wished could continue the discussion as they accompanied Philip to the church of the Dominicans for Vespers. At certain times of the year they would make the famous Visit to the Seven Churches, which included music and a picnic in the gardens of a friend's villa. Recreation played an important part in the nurturing of holy friendships in the Oratory, and was an important part of the exercises. While the primary purpose of music in the Church's liturgy is to glorify Almighty God and to lift men's heart and minds in prayer, in the "secular Oratory" that took place outside of the liturgy, music was first and foremost at the service of recreation.

It is significant that it should have been St John's Gospel that formed the basis of the *ragionamento* in the early Oratory. It is John, the "Apostle of Charity", who expresses the idea of the love of God most clearly in terms of friendship in his Gospel. It is John who records Our Lord's words: "No longer do I call you servants … but I have called you friends". For the Christian, it is the Second Person of the Blessed Trinity Who says: "I have called you friends." This means that it is God Himself Who invites us into friendship.

Any such idea of divine friendship would be unthinkable to the ancient philosophers. Indeed, in the Nichomachean Ethics, Aristotle suggests that becoming gods is the one good that we should never wish for our friends, because then we should certainly lose them as friends. The gulf between a god and a man would simply be too great for anything we could call friendship to exist between them. In the Christian tradition such friendship would also be impossible on the purely natural level. It only becomes reality by supernatural means, thanks to the action of grace. According to St Thomas Aquinas this friendship with God is made real by the grace that is poured into the Christian's heart in Baptism, when he is lifted up to the supernatural level of participation in the very life of the Blessed Trinity. Divine friendship becomes possible because God shares His own beatitude with man, and this beatitude is the common good that each possesses and loves. Man is created with the image of God in his nature. Through grace, he then receives a supernatural likeness to God, so that his nature is elevated and ennobled. Once we view the life of grace in terms of friendship with Christ, this has significant consequences for how we understand the Church's moral teaching. The Commandments can be understood less as strictures and regulations and more as an etiquette of friendship. We wish to lead a life that is pleasing to Our Lord because His interests are our interests. We wish to avoid anything that offends Him because a true friend is "another self". It is, again, St John who records Our Lord's words: "You are my friends, if you do what I command you."

This Christian notion of friendship is broader than Aristotle's model in the *Ethics* because it suggests the possibility of establishing friendship between parties that do not possess a common level of virtue. In the life of grace, or friendship with God, it is God who takes the initiative while man is still in sin. The Council of Trent would restate in unambiguous terms the traditional doctrine that justification (or becoming a friend of God) cannot actually be merited by any virtue or works on our part. Rather, it must come about by a "predisposing of grace through Jesus Christ." The Council also describes this predisposing grace as a "vocation", which is necessary "so that those who by sin have cut themselves off from God, may be disposed through His quickening and helping grace to convert themselves to their own justification by freely assenting to and cooperating with that grace" (Session VI, The Decree on Justification).

Philip excelled in making men's hearts receptive to this vocation to live as friends with God. The reputation of the Oratory drew men like a magnet, and the spirit of Christian friendship that prevailed there secured many conversions. Philip's joyful influence fostered a sense of belonging in which men found pleasure in each other's company and made themselves useful to each other, and were then encouraged to assist each other in living virtuously. A shy cobbler whom Philip spotted sitting at the back would be summoned to the front and hugged like a long-lost child returning to his relations. The new family into which he was adopted might include princes and future popes. A watch-seller facing bankruptcy suddenly found himself overwhelmed by eager customers at the Oratory, where Philip's friends had been primed to come to his assistance. This infectious spirit of generosity and charity was fostered by visits to tend to the poor in the hospitals, which at this time were in an appalling state of squalor and dilapidation. Even those who came to San Girolamo from unworthy motives found themselves caught by the attraction of the "Winning Saint". One of these was Giovanni Tommaso Arena, a youth from Catanzaro, who turned up in 1562. His aim was to make game of the exercises. He persisted in ridiculing the Oratory for months, much to the indignation of the brothers who remonstrated with Philip to expel him. Philip insisted that no harsh word should be spoken to him, and gradually the youth's heart was softened by Philip's unceasing kindness as well as his prayers. Arena eventually repented and gave himself entirely into Philip's hands. Under his spiritual father's gentle guidance he entered the order of St Dominic. The charity and patience that he encountered at San Girolamo prepared him to open his heart to the vocation to that divine friendship which is the life of grace.

If friendship with God was inconceivable to Aristotle, the idea of extending friendship to an enemy was also a contradiction in terms. This is because any relationship worthy of the name friendship always requires reciprocity. Again, however, the seemingly impossible becomes reality through the action of grace. St Augustine in his letter to Proba, "a devoted handmaid of God", asserts that friendship should even be extended to enemies: "The claims of friendship, moreover, are not to be confined within too narrow a range, for it embraces all to whom love and kindly affection are due, although the heart goes out to some of these more freely, to others more cautiously; yea, it even extends to our enemies, for whom also we are commanded to pray". Augustine's argument seems to be based on the premise that all human beings are made in God's image and are therefore perfectible.

Philip endured various persecutions during his apostolate, and there are many accounts of him securing the conversion of his enemies precisely because he treated them like friends. For two years, he suffered at the hands of three of the inhabitants of San Girolamo della Carita. One was Vincenzo Teccosi, a physician and administrator of the Confraternity of Charity to which the house belonged. The others where clerics – in reality apostates who had fled their religious community – employed in the sacristy. Philip's sanctity must have been a constant reproach to their bad consciences. Consumed with bitterness and envy, they calumniated him around Rome and hurled insults at him in the house. The sacristans would hide his chalice and slam the door in his face when he came down to celebrate Mass. In return, Philip always treated them with perfect courtesy and kindness, rendering them many services. His patience infuriated them all the more, until the ill-treatment reached the point where Philip's friends advised him to leave San Girolamo. Philip was determined to stay and to unite his sufferings with his Saviour's Passion.

This particular persecution eventually ended after one of the sacristans abused Philip so brutally that even his fellow apostate was shocked and threw himself at the throat of the offender. Philip rushed to the rescue of the man who was being strangled, and made him promise to leave him in peace from that day on. The sacristan who had defended Philip broke down in tears of repentance. With Philip's assistance and prayers he made a firm resolution to reform his life and returned to his monastery. The physician Teccosi, who had facilitated the persecution in his role as administrator, threw himself at Philip's feet in front of many spectators and begged forgiveness. The saint raised him up, looked into his eyes with joy and affection and embraced him tenderly as a father with a beloved child. From that moment onwards, Teccosi amazed everyone by becoming one of Philip's most devoted spiritual children who would not allow a day to pass without visiting his spiritual father.

Monsignor Ronald Knox, a devotee of St Philip's and always a faithful friend of the Oratory in London, once elaborated on this capacity of the Christian to extend the hand of friendship even to enemies in a sermon on "Forgiving and Loving". Knox explained that one of the qualities that distinguishes saints from the rest of humanity is their attitude towards mankind: "They really do love their fellow man as such; they feel the same thrill of pleasure when they see a man coming down the road which you and I feel when we see a friend coming down the road. Mankind is their kindred, the world is their parish. And, consequently, one who shows bitter enmity towards a saint, speaks evil of him, persecutes him, is to the saint simply a friend who is being tiresome; it's a sort of tiff between lovers that is bound to blow over. I know the lives always tell us the saints loved their enemies as being instruments of their own mortification; and I dare say it's true, but that's not all the truth. They didn't love them for being instruments, they loved them for being men". If we wish to see this principle in action, there is no better place to look than in the life of St Philip Neri.

A comprehensive examination of St Philip Neri's contribution to the Counter Reformation has yet to be written. *That* he made a contribution is undisputed. His name appears in all the lists of those reforming saints who played a prominent role in transforming the life of the Church in this era. *How* exactly he fulfilled this role is a topic worthy of further study. He never set out be a reformer, just as he never set out to found a congregation. He is, nevertheless, Rome's "Second Apostle"; and the influence that he exerted in those rooms at the Oratory bore fruit far beyond the walls of the Eternal City. It was an influence exercised through personal contact. It is an influence that is still exercised today wherever his sons cultivate friendship with the Saviour in prayer, and wherever they work to draw souls into that divine friendship through the confessional, through preaching the word of God in love and simplicity, and through the *disponibilita* that is St Philip's special gift to the Church.

In onore di San Benedetto

Il turismo oggi e la sua cura pastorale

Agostino Marchetto

Il fenomeno del *turismo internazionale* "può costituire un notevole fattore di sviluppo economico e di crescita culturale"[1]. Con questa affermazione di ampio respiro si apre il paragrafo dedicato al turismo nella *Caritas in veritate*, prima enciclica sociale di Papa Benedetto XVI. Il suo pensiero abbraccia la vasta realtà turistica che influenza milioni di esseri umani, portando con sé incentivi e benefici significativi per lo sviluppo, purché gli aspetti economici – ricorda il Santo Padre – si combinino con quelli culturali, primo fra tutti l'educativo. Già in queste affermazioni troviamo, mi pare, l'aggancio di questo mio intervento con San Benedetto. Egli, infatti, e i suoi discepoli nel corso dei secoli sono stati, nelle radici dell'Europa, fattore di cultura, di educazione, di unità. E il turismo lo è pur mettendo insieme le diversità e con attenzione al rispetto del creato[2]. Vi è poi un legame tra il Santo e Benedetto XVI, per cui l'aggancio nel tema è ulteriormente confermato.

Il turismo, infatti, se ben gestito, può avere valenza economica significativa per generare sviluppo e combattere la povertà, soprattutto creando impieghi per una fascia vasta e differenziata di popolazione, e conservando il lavoro artigianale locale. E non è anche questa prospettiva benedettina? Certamente c'è da tener presente che stiamo vivendo tempi di grave crisi economica globale, che ha influito negativamente pure sul turismo, tanto da far definire il 2009 *annus horribilis* altresì per questo settore. Ciononostante l'industria turistica mantiene grandi potenzialità e offre prospettive di lavoro sia ai locali che a quanti provengono dalle zone rurali, contribuendo così a realizzare una più equa distribuzione dei beni. Parallelamente è necessario provvedere a formare le persone affinché possano svolgere un lavoro qualificato, professionale e altresì premuroso, degno dell'industria turistica. Occasioni per realizzarsi ed emergere trovano pure le donne in quanto il turismo ben "si

---

1   BENEDETTO XVI, Lettera Enciclica *Caritas in veritate*, Libreria Editrice Vaticana, Città del Vaticano 2009, n. 61.

2   Cfr. PONTIFICIO CONSIGLIO DELLA PASTORALE PER I MIGRANTI E GLI ITINERANTI, *Messaggio pastorale per la Giornata Mondiale del Turismo 2009*, sul tema: *Il turismo, celebrazione della diversità*. ARCIVESCOVO AGOSTINO MARCHETTO, *Tavola Rotonda sul tema "Il turismo reagisce alle sfide del cambiamento climatico"*, Rocca di Papa, Italia, 27 settembre 2008: *People on the Move* XL, N. 108, dicembre 2008, pp. 349–352.

armonizza con le loro caratteristiche psicologiche, organizzative e di comunicazione"³. La popolazione autoctona, preposta all'accoglienza, deve quindi poter beneficiare di conoscenza, informazione e istruzione per poter partecipare attivamente alle iniziative dell'industria in parola e trarne giovamento materiale e sociale, noi diciamo integrale, che era pure l'ideale di San Benedetto. Essa è destinata a condividere le difficoltà e le gioie dell'ospitalità, valore benedettino per eccellenza, e può offrire un'immagine vera della terra d'accoglienza e dei suoi valori, molto più importante di quelle della pubblicità. Il contatto con l'ospite va cercato e preservato affinché nessuna delle due parti si chiuda nel proprio orgoglioso spazio, poiché il bene del turismo sta anzitutto nel contributo "ad accrescere il rapporto fra persone e popoli che, quando è cordiale, rispettoso e solidale, rappresenta una porta aperta alla pace e alla convivenza armoniosa"⁴. E per la pace non operò San Benedetto?

La riflessione del Santo Padre nella *Caritas in veritate* prosegue segnalando il pericolo che il turismo possa svilupparsi in modo egoistico, consumistico e non sostenibile, ferendo l'armonia del creato. Infatti, come in tante località è accaduto, una simile crescita ha compromesso, per esempio, il patrimonio demaniale, assottigliando le risorse e privatizzando le coste, con indebolimento conseguente di intere comunità. Va ricordato altresì che l'organizzazione turistica è spesso promossa e controllata da compagnie multinazionali che ne trattengono gran parte dei profitti, emarginando gli autoctoni, che pur sostengono i costi sociali e ambientali conseguenti al turismo. È necessario quindi applicare principi etici alle attività economiche turistiche, e con ciò ritorniamo su uno dei temi fondamentali dell'enciclica, come del resto della predicazione benedettina. Si potranno dunque ottenere risultati migliori e più sostenibili nel tempo tenendo presente che l'economia e i meccanismi finanziari sono al servizio della persona umana e non viceversa. Con l'aiuto degli operatori del settore, bisognerà perciò fare in modo che il turismo internazionale sia realizzato in maniera più "moderata" e responsabile.

In occasione della Giornata Mondiale del turismo del 2008, dedicata proprio ai temi etici, e in particolare alla sfida dei cambiamenti climatici, ebbi a dire che "il peccato originale ha portato disordine e inimicizia, con conseguenze anche sull'oggi. La Chiesa continua dunque a combattere il male con il bene e invita a fare la scelta coraggiosa di essere turisti a favore del pianeta, sacrificando, almeno in parte, gli interessi personali. È necessario cioè combattere l'egoismo, che porta a un consumismo esasperato, e assumere le proprie responsabilità a livello individuale e collettivo"⁵.

Anche la terminologia adottata da alcuni anni, in ambito turistico, conferma la decisione di voler applicare criteri etici alle risorse che il turismo offre. Da essi sono

3 PONTIFICIO CONSIGLIO DELLA PASTORALE PER I MIGRANTI E GLI ITINERANTI, *Messaggio pastorale per la Giornata Mondiale del Turismo 2007: People on the Move* XXXIX, N. 104, agosto 2007, p. 251.
4 GIOVANNI PAOLO II, *Messaggio per la Giornata Mondiale del Turismo 2004*, n. 1: *Insegnamenti di Giovanni Paolo II*, XXVII/1 (2004), Città del Vaticano 2006, p. 721.
5 AGOSTINO MARCHETTO, *Tavola Rotonda sul tema "Il turismo reagisce alle sfide del cambiamento climatico"*, Rocca di Papa, 27 settembre 2008: *People on the Move* XL, N. 108, dicembre 2008, p. 351.

nate sue forme più sobrie, e mi riferisco a quello ecologico, sostenibile, sociale, solidale, ecc. Il primo fa riferimento alla responsabilità dell'uomo verso il creato con l'obiettivo di conoscere la realtà ambientale, di trarne beneficio con un comportamento responsabile. Esso si prefigge di combattere le emissioni di anidride carbonica le cui conseguenze sui cambiamenti climatici colpiscono soprattutto i Paesi poveri. Anche l'industria turistica ne è al tempo stesso vittima e artefice in quanto contribuisce per oltre il 5% alle emissioni globali di gas serra. Per ridurle, ogni iniziativa intrapresa nell'ambito turistico può avere un certo impatto a motivo delle dimensioni di tale fenomeno se pensiamo agli oltre 880 milioni di turisti internazionali[6] e alle centinaia di milioni di lavoratori impiegati in servizi collegati. Il turismo sostenibile, da parte sua, mira a che lo sviluppo economico dell'attività turistica rispetti le condizioni e perfino i limiti dettati dall'ambiente circostante. E quale osmosi con l'ambiente si può costatare nei monasteri benedettini! Sono così protette le risorse naturali nella prospettiva di una crescita economica sana, continua e durevole nel tempo, per poter soddisfare equamente i bisogni e le aspirazioni presenti e future[7]. Una collaborazione responsabile in vista del bene comune (altro tema fondamentale dell'enciclica) è necessaria in questo mondo in via di globalizzazione. Il turismo sociale, a sua volta, combatte le discriminazioni fra le persone promuovendo l'uguaglianza tra di esse e facilitando la partecipazione delle fasce più deboli della popolazione allo svago, ai viaggi e alle vacanze annuali retribuite. Il turismo solidale, poi, nel segno della solidarietà (uno dei concetti portanti della *Caritas in veritate*), offre pacchetti vacanza destinati a progetti di sviluppo, e mira a responsabilizzare i viaggiatori nei riguardi delle persone meno favorite, suggerendo gesti concreti di fraterna condivisione nella carità. Un pensiero ancora a questo punto sul movimento benedettino. Non porta esso forse a una certa globalizzazione europea nel Medio Evo? Non aveva una particolare attenzione ai poveri?

Custode dei precetti evangelici e fedele alla sua vocazione di accoglienza, la Chiesa ha da sempre fra i suoi compiti l'ospitalità ("Ero forestiero e mi avete ospitato" dissi il Signore: *Mt* 25, 35), considerandola atto di misericordia e segno di carità fraterna. In questo ambito specifico, la Chiesa da tempo ha previsto una cura pastorale specifica per offrire un supporto all'essere umano, adeguato alla sua dignità, sia dal punto di vista culturale che spirituale, affinché i valori cristiani siano salvaguardati nelle varie forme che il turismo assume.

Un veloce sguardo al passato mostra che il primo Pontefice a includere in modo abituale il tema del turismo nei suoi interventi fu Pio XII, nel 1952. Egli "seppe individuare i valori morali del turismo e sottolinearne le capacità di sviluppo dello spirito, di apertura del senso sociale, di diminuzione dei pregiudizi, di stima reciproca tra i popoli, d'ascesi personale, d'arricchimento dell'esperienza e di elevazione dell'animo"[8]. Il Concilio Ecumenico Vaticano II, poi, nella costituzione pastorale *Gaudium et spes* (1965), raccomandò che il tempo libero fosse "impegnato

---

6   Cfr. Statistiche dell'Organizzazione Mondiale del Turismo per l'anno 2009.

7   Cfr. Organizzazione Mondiale del Turismo, *Codice Etico Mondiale per il Turismo*, 1999, art. 3,1, www.unwto.org

8   Paolo VI, *Discorso all'Assemblea dell'"Ufficio Internazionale del Turismo Sociale" (BITS)*, Roma 12 dicembre 1964: *AAS* LVII (1965), p. 167.

per distendere lo spirito, per fortificare la sanità dell'anima e del corpo, mediante attività e studi di libera scelta, mediante viaggi in altri Paesi (turismo), con i quali si affina lo spirito dell'uomo, e gli uomini si arricchiscono con la reciproca conoscenza" (n. 61). Proprio Paolo VI, definendolo "evento sociale" del secolo annoverato fra i "segni dei tempi", creò nel 1967 uno speciale Settore per la pastorale del turismo[9]. Era suo compito studiare le conseguenze di tale fenomeno sulla vita spirituale dei fedeli e coordinare gli sforzi d'ordine apostolico per rispondere ai nuovi bisogni, tanto dei turisti stessi che delle diverse categorie di persone incaricate della loro accoglienza o al loro servizio. Allora fu stilato, nel 1969, il primo relativo Direttorio dal titolo *Peregrinans in terra*, contenente indicazioni per una adeguata azione pastorale a livello nazionale, diocesano e parrocchiale. Il nostro Pontifico Consiglio della Pastorale per i Migranti e gli Itineranti, che ricevette l'incarico, nel 1970, della sollecitudine pastorale per quanti sono coinvolti nel fenomeno turistico, insieme ad altri ambiti della mobilità umana, ha voluto celebrare nell'aprile del 2009 i 40 anni di quel primo Direttorio, convocando una Riunione europea di incaricati ed esperti del settore. Nelle due giornate di studio è stata ripercorsa la storia della pastorale, che ora beneficia di un nuovo documento dal titolo *Orientamenti per la pastorale del turismo*, del 2001, e sono state formulate numerose conclusioni e raccomandazioni per l'azione presente e futura. In tale occasione si è presentato ufficialmente il volume dal titolo *Magistero Pontificio e Documenti della Santa Sede sulla Pastorale del Turismo* (dal 1952 al 2008), una raccolta curata dal Dicastero nel corso degli anni e ultimata ora in formato Compact disc. Essa costituisce una preziosa testimonianza dell'impegno ecclesiale costante di far sentire sempre più la materna presenza della Chiesa nell'importante ambito del turismo e illustra il percorso compiuto dalla sua pastorale che è andata crescendo, strutturandosi e aggiornandosi per rispondere alle sempre nuove richieste poste dal turismo.

Senza seguire la sua storia, dirò che, crescendo, diventa industria di rilievo, ottenendo un riconoscimento ufficiale con l'introduzione del diritto alle ferie pagate, contemplato nella *Dichiarazione universale dei diritti dell'uomo*[10]. La sua evoluzione, comunque, interessa gli stili di vita e i comportamenti individuali e collettivi, tocca la sfera culturale, spirituale e sociale e influisce sui piani di sviluppo territoriali, strutturali e legislativi. Esso diventa una realtà trasversale[11] e globale, che tocca vari ambiti e influenza diversi settori. È diventato così un'attitudine caratteristica dell'uomo contemporaneo, oltre che settore importante nei bilanci dei vari Paesi, ponendosi tra i primi posti delle voci del commercio internazionale.

Nel tempo pur limitato della vacanza o del viaggio, l'incontro con persone di storia, provenienza e cultura diverse, fa aprire l'uomo a nuove realtà e concezioni di vita, senza perdere la propria identità. Si crea così con loro una relazione che fa sperimentare almeno temporaneamente una sorta di società multietnica, plurireligiosa

---

9 Cfr. PAOLO VI, Costituzione Apostolica *Regimini Ecclesiae Universae*, n. 69: *AAS* LIX (1967), p. 910.

10 Cfr. ORGANIZZAZIONE DELLE NAZIONE UNITE, *Dichiarazione universale dei diritti dell'uomo*, 10 dicembre 1948, art. 24: "Ogni uomo ha diritto al riposo, al tempo libero, ad una ragionevole limitazione delle ore di lavoro e a vacanze periodiche pagate".

11 Cfr. AGOSTINO MARCHETTO, *Discorso all'Assemblea Plenaria della Conferenza Episcopale Argentina*, 8 aprile 2008: *People on the Move* XL, N. 106, aprile 2008, p. 93.

e multiculturale, miniatura e anticipo di quella più vasta che la mobilità globale sta già vivendo o predisponendo. Grazie al benessere fisico e allo stato d'animo aperto e disponibile di cui si beneficia nel tempo dedicato al turismo, si riesce a vivere e apprezzare la convivenza umana in pace e armonia. Nel dialogo si arriva a superare la diffidenza verso il nuovo, la paura per lo sconosciuto e ci si dispone ad apprendere dall'altro, in un incontro che si fa scoperta e scambio, nel rispetto reciproco. Si possono così porre le premesse per un impegno a essere più favorevoli e disponibili agli altri anche nella vita quotidiana.

Il turismo contiene pertanto elementi positivi e valori che ne fanno occasione di reciprocità, di socialità, di maturazione personale, "per la comprensione e il rispetto degli altri, per la carità e l'edificazione interiore nel cammino verso una più autentica umanizzazione"[12]. "Quando la carità lo anima, l'impegno per il bene comune ha una valenza superiore a quella dell'impegno soltanto secolare e politico"[13].

Purtroppo, come osserva Papa Benedetto XVI, il turismo può trasformarsi anche in occasione di sfruttamento e di degrado morale. "Se il turismo si sviluppa in assenza di un'etica di responsabilità, parallelamente prende corpo il pericolo della uniformità e della bellezza come *"fascinatio nugacitatis"* (cfr. *Sap* 4,12), [il cui antiveleno è anche la bellezza della Liturgia, così curata dai Benedettini. Ricordo Paolo VI, ricordo Benedetto XVI...] Accade così, per esempio, che gli autoctoni [senza questo antidoto] possono fare per i turisti spettacolo delle loro tradizioni offrendo la diversità come un prodotto commerciale, solo per lucro"[14]. Spetta, allora, ai Governi, con apposite leggi e provvedimenti, alle istanze internazionali, con adeguati protocolli, e alla Chiesa, con la sua presenza vigile e caritatevole, far sì che i diritti delle persone siano sempre anteposti al profitto e che sia accessibile a tutti fruire dei beni della natura, della cultura, dell'arte. Il turismo deve essere opportunità di crescita e non motivo di sfruttamento. Per i cristiani, in particolare, sia tempo di ammirazione e riconoscimento dell'opera di Dio, creatore di tutte le cose, nella storia della salvezza. "L'umanità, infatti, ha il dovere di proteggere questo tesoro e di impegnarsi contro un uso indiscriminato dei beni della terra. Senza un adeguato limite etico e morale, il comportamento umano può trasformarsi in minaccia e sfida"[15]. Tanto più che l'industria turistica si riprenderà, nonostante la crisi economica globale, il terrorismo e le sempre più severe misure di sicurezza alle frontiere. Ciò comporta la continua necessità di sorvegliare il suo impatto sulle infrastrutture, sulle comunità di accoglienza, sull'ambiente e sul clima. Da non trascurare, poi, è anche il fatto che il turismo è vettore e vittima di grandi epidemie[16].

---

12 Giovanni Paolo II, *Discorso ai Vescovi della Sardegna in visita ad limina*, 9 gennaio 1987, n. 4: *Insegnamenti di Giovanni Paolo II*, X/1 (1987), Città del Vaticano 1988, p. 64.

13 Benedetto XVI, Lettera Enciclica *Caritas in veritate*, n. 7.

14 Pontificio Consiglio della Pastorale per i Migranti e gli Itineranti, *Messaggio pastorale per la Giornata Mondiale del Turismo 2009*.

15 Benedetto XVI, *Discorso ai partecipanti all'incontro promosso dal "Centro Turistico Giovanile" (CTG) e dall'"Ufficio Internazionale del Turismo Sociale" (BITS) in occasione della Giornata Mondiale del Turismo*, 27 settembre 2008: *L'Osservatore Romano*, n. 227 (44.967), 28 settembre 2008, p. 1.

16 Cfr. Francesco Frangialli, *Discorso alla IV Riunione Europea sulla Pastorale del Turismo*, Vaticano 29–30 aprile 2009.

Ma la *Caritas in veritate* si spinge oltre, fino ad affermare che le popolazioni locali "spesso sono poste di fronte a comportamenti immorali, o addirittura perversi, come nel caso del turismo cosiddetto sessuale, al quale sono sacrificati tanti esseri umani, perfino in giovane età" (n. 61). È tristemente noto come questa pratica scellerata sia sempre più estesa anche per la vasta e facile diffusione che le consente la rete, nuova via per evitare censura sociale e sanzioni legali. Tra le vittime, le più vulnerabili e bisognose di aiuto sono certamente le donne, i minorenni e i bambini. Un elemento determinante rimane la povertà, seguita da carenza di educazione e di opportunità lavorative. Vi è anche la scarsa considerazione in cui sono tenute le donne e la mancanza di consapevolezza da parte loro. Del resto in alcune nazioni si riscontra un penosissimo costume che la società tende a nascondere o minimizzare, come gli abusi all'interno delle famiglie stesse. Certamente "il turismo sessuale è una piaga vergognosa e barbara, e solo l'ipocrisia quasi universale impedisce di misurarne gli effetti devastanti in tutta la loro profondità"[17]. Col tempo, questo deprecabile fenomeno si è ampliato a motivo dell'urbanizzazione, delle migrazioni, della diffusione di mentalità materialistiche, del deterioramento di sistemi sociali tradizionali, della perdita di dignità della sessualità o a causa di consumismo e avidità. Si sono formate così nuove sacche di sfruttati quali sono i ragazzi e i bambini di strada e le vittime della tratta di esseri umani, persone già duramente colpite nella loro condizione umana e sociale. Di questa dilagante forma di sfruttamento il nostro Pontificio Consiglio si occupa e preoccupa nell'impegno nei suoi vari settori pastorali.

Per combattere queste piaghe non mancano – è vero – le iniziative, che si trovano però a dover affrontare un problema di vastissime proporzioni. La loro efficacia dipende molto dall'impegno che ciascuno mette nei vari ambiti di sua competenza, senza fare sconti o lasciare spazio all'indifferenza, alla "tolleranza" e alla stanchezza. Maggiore diffusione va data – ne siamo convinti – al Codice Mondiale di Etica del Turismo che invita i Governi nazionali e locali, le imprese e gli operatori del settore, così come le comunità di accoglienza, a considerare l'attività turistica come rilevante per l'economia, ma anche quale opportunità per lo sviluppo individuale e collettivo dell'intera umanità. Il Codice sopra riferito contempla una severa condanna di questo tipo di turismo[18].

"Occorre tuttavia che la nostra attenzione pastorale vada oltre l'aiuto – che deve essere totale e pressante – alle vittime dello sfruttamento economico per motivi sessuali, al di là anche della comprensione delle circostanze di povertà che lo favoriscono e che dobbiamo fare tutto il possibile per alleviare. Bisogna, in effetti, affrontare il problema a partire dalla nostra fede, che ci rivela la radice del peccato che cresce nel cuore dell'uomo, che ha assolutamente bisogno della grazia di Cristo per

---

17 Agostino Marchetto, *Discorso al V Congresso Mondiale di Pastorale del Turismo*, Bangkok (Thailandia) 5–8 luglio 2004, n. 6: *People on the Move* XXXVI, N. 96 Suppl., dicembre 2004, p. 32.

18 Organizzazione Mondiale del Turismo, *Codice Etico Mondiale per il Turismo*, 1999, art. 2,3: "Lo sfruttamento degli esseri umani in qualunque sua forma, in particolare quello sessuale e quando colpisce i bambini, arreca danno agli obiettivi fondamentali del turismo e costituisce la negazione della sua esistenza; pertanto, in conformità al diritto internazionale, esso deve essere energicamente combattuto con la cooperazione di tutti gli Stati interessati, e sanzionato con rigore dalle legislazioni nazionali tanto dei paesi visitati quanto di quelli degli autori di tali atti, anche quando questi sono stati commessi all'estero".

purificarsi e convertirsi. Era ancora pure il pensiero di San Benedetto. Dobbiamo rivolgere, pertanto, un'attenzione pastorale più determinata verso i turisti, nei Paesi di origine, per conoscere i motivi che li spingono a questi comportamenti, per far comprendere loro la gravità del delitto che commettono, per cercare di convincerli, con tutti i mezzi a nostra disposizione, affinché rinuncino alle loro intenzioni e cambino il loro comportamento"[19].

Ogni azione di contrasto e di opposizione al turismo sessuale deve contemplare anche un'attività di informazione attraverso i mezzi di comunicazione, le agenzie di viaggio, le compagnie aeree, gli albergatori, i ristoratori e gli istituti di istruzione, affinché in una sinergia di intenti si offrano dati sulla sorte delle vittime dello sfruttamento e sulle implicazioni legali cui vanno incontro quei turisti che trasgrediscono le leggi. Una cura particolare va riservata ai minori, anche da parte dei responsabili dell'immigrazione, affinché ottengano sostegno morale, economico, psicologico, religioso e protezione giuridica per ritrovare dignità umana. Le autorità governative devono comprendere che è nell'interesse stesso del Paese non consentire la pratica e la diffusione di un simile turismo, che non è "sostenibile" e discredita il Paese. Il grado di civiltà di una nazione si misura anche dall'attenzione che riserva ai suoi figli più deboli. Sembra peraltro indispensabile una collaborazione con le Organizzazioni internazionali per realizzare un quadro giuridico di protezione dallo sfruttamento nel turismo, che permetta di perseguire legalmente i colpevoli anche nelle loro nazioni d'origine. La Chiesa, appunto, attraverso le diocesi, le parrocchie, gli operatori pastorali e le associazioni, si prodiga in favore di quanti subiscono abusi per offrire loro assistenza giuridica, terapia e reinserimento nella società e anche nella comunità dei fedeli nel caso di cristiani.

Come il Santo Padre ha detto, "occorre una nuova progettualità economica che ridisegni lo sviluppo in maniera globale, basandosi sul fondamento etico della responsabilità davanti a Dio e all'essere umano come creatura di Dio"[20], ricordandoci sempre tutti che il fine ultimo di ogni nostra azione è il benessere integrale dell'uomo, e che il vero patrimonio dell'umanità è essa stessa.

* * *

Il pensiero profondo di Papa Benedetto XVI, la sua delicata sensibilità, la sua attenzione ai temi sociali, trovano magnifica esposizione in questa lettera enciclica. I suoi connotati sono molto realistici in un'epoca di globalizzazione che io considero in continuità con il pensiero del grande S. Benedetto, Patrono d'Europa. L'auspicio del Pontefice di migliorare la coesistenza umana si apre al dialogo in tutti gli ambiti della vita sociale, dallo sviluppo, al progresso, alla giustizia e solidarietà, alla reciprocità e al bene comune, alla responsabilità, facendo particolare appello alla "ragionevolezza" nell'economia.

---

19 Agostino Marchetto, *Discorso al V Congresso Mondiale di Pastorale del Turismo*, Bangkok (Thailandia) 5–8 luglio 2004, n. 6: *People on the Move* XXXVI, N. 96 Suppl., dicembre 2004, p. 33.
20 Benedetto XVI, *Udienza Generale*, 8 luglio 2009: *L'Osservatore Romano*, n. 155 (45.198), 9 luglio 2009, p. 8.

Il numero dedicato al turismo internazionale si conclude con un invito a "pensare a un turismo diverso", capace di valorizzare la dimensione contemplativa della vita – *ora et labora* infatti – celebrando il giorno del Signore, giorno di festa dell'uomo con Dio. È giorno di festa e anche di riposo, in cui non si cessano semplicemente le attività lavorative, ma si vive un tempo di rigenerazione anche nei rapporti con gli altri. Il riposo va inteso come compimento del lavoro umano – sull'esempio di Dio che al settimo giorno si riposò –, tale che favorisca un incontro più profondo con il Creatore, liberi da problemi contingenti. Bisognerebbe, cioè, essere un po' monaci benedettini almeno un giorno alla settimana! Al vertice di tutto, per noi cristiani, deve esserci la celebrazione eucaristica, ben preparata e partecipata. "La Liturgia celebrata diventa lo specchio di una comunità cristiana. È davvero l''icona' della 'presenza divina' in quel territorio, il cuore della sua fede, l'anima vivente della sua testimonianza... Non vi è impegno pastorale più determinante del 'tempo liturgico' nei confronti del quale tutto il resto è subalterno"[21].

---

21 Pontificio Consiglio della Pastorale per i Migranti e gli Itineranti, *Documento finale della IV Riunione Europea sulla Pastorale del Turismo*, Città del Vaticano 29–30 aprile 2009, n. 52.

Das Gebet

Martin Mosebach

Beten und Sterben

„Wenn es Gott gibt, ist das Gebet die einzig vernünftige Handlung", sagt Nicolás Gómez Dávila, und man könnte ihn ergänzen: wenn es Gott nicht gibt, ist das Gebet zwar unvernünftig, aber das wäre unerheblich, weil es in diesem Fall überhaupt nichts Vernünftiges gäbe. Die meisten Beter stellen solche Überlegungen freilich nicht an; sie beten, ob vernünftig oder unvernünftig, und sei es das Gebet des Henri Bergson: „Lieber Gott, ich danke Dir, dass es Dich nicht gibt." In einem abstürzenden Flugzeug gebe es keine Atheisten, heißt es. Und auch die Formfrage wird sich aus einer Situation nicht stellen, in der das Stoßgebet die einzig mögliche Regung ist. Der Antrieb zu beten kommt ohne Theologie aus. Er kann in kompliziert strukturierten, den Einzelmenschen stark in Beschlag nehmenden Gesellschaften, wie der zeitgenössischen westlichen, eine Weile zum Schweigen gebracht werden, aber er wird in den meisten Fällen wieder erwachen, wenn es ans Sterben geht. Beten lernen heißt sterben lernen. Wenn der Tod, die einzige Gewissheit des Lebens, näher kommt, begegnen wir – viele womöglich zum ersten Mal – der Realität. Beliebt ist die Häme über die vielen „Freidenker" und Atheisten, die sich auf dem Totenbett zur positiven Religion bekehrt haben. Dieser Spott verkennt das Erlebnis, sich vielleicht zum ersten Mal im Leben vollständig ohnmächtig in der Anwesenheit eines anderen mächtigen Willens zu fühlen. Im Reich zwischen Leben und Tod wachsen Einsichten jenseits von Glauben, Meinen und Überzeugtsein. Der Schleier vor der Wirklichkeit hebt sich für Augenblicke. Deshalb salbte man in der alten katholischen Liturgie bei den Sterbesakramenten die Füße des Kranken: damit er, sollte er die Krise überstehen, mit seinen Füßen nie wieder in der alten Selbstverständlichkeit über die Erde laufe, sondern die Erfahrung der Sterbestunde bewahre.

Der tiefste Unterschied zwischen den alten Kulturen und der Welt der westlichen Gegenwart ist vielleicht in deren Fähigkeit, sich über die Realitäten des Lebens im Klaren zu sein, begründet. Der Mensch muss sterben, also muss der Mensch beten. Das Sterben vorzubereiten ist schwer, denn der Tod kommt häufig unerwartet. Das Beten hingegen kann eingeübt werden. Diese Einübung geschah in jeder alten Kultur durch die Erlernung und Beherrschung von Ritualen: Das Unvermögen zu beten, während man sich noch im Reich der Täuschung befindet, wird durch das Ritual überwunden. Todeskampf und Todesschmerz sind meist das Ergebnis eines Willens, der sich dem Tod entgegenstemmt. Im Ritus lernt der Mensch, sich im wichtigsten Aspekt seiner Existenz einem fremden Willen, einer vorgegebenen Form zu unterwerfen. Im Ritus wird die Wahrheit, dass der Mensch nicht frei ist, sondern fremdem Willen anheim gegeben, sichtbar. Es gehört zu den unerforschlichen Paradoxien des Gefühls, dass die Erkenntnis einer Wahrheit, und sei sie auch schrecklich, als Trost empfunden wird.

Der Ritus hat es in unserer Gegenwart nicht leicht. Selbst Priester, deren einzige Lebensberechtigung im Vollzug von Riten liegt, raunen von „Leeren Ritualen", von „lebensfremden Formalismen", von „erstarrten Zeremonien, in denen der Mensch von heute sich nicht wiederfinde": Eine der wichtigsten Eigenschaften eines Ritus für seine Funktionstüchtigkeit, dass er nämlich uralt ist und seine Entstehung nicht genau datiert werden kann, wird ihm heute vielfach als besonderer Nachteil ausgelegt.

Riten haben meist eine hierarchische Struktur, sie können also nicht von jedermann vollzogen werden, aber sie sind für jedermann da, sie sind das Gegenteil von Geistesaristokratismus. Der Ritus rechnet mit dem Normalfall des Menschen – wer sich dazu nicht zählt, ist eingeladen sich auszunehmen. Nicht nur der irreligiöse, sondern auch der religiöse Mensch schwingt sich nur mit Mühe und selten zur Höhe seiner Überzeugung auf. Riten sind für egoistische, bigotte, unkonzentrierte, oberflächliche, banale Menschen geschaffen. Zum Phänomen des Ritus gehört, dass, was hunderte gedankenlos zusammen ausüben, eine Wirkung entwickelt, die weit über das von den Teilnehmern Beabsichtigte hinausgeht. Der Ritus bewirkt mehr, als es der geistigen Leistung des einzelnen möglich wäre. Der Ritus stellt etwas her, was den Menschen, auch den frömmsten, eigentlich unerreichbar ist – und deshalb gehört es geradezu zur Definition des Ritus, dass es nicht die geistigen Kräfte der Feiernden sind, die ihn tragen. Weil der Ritus aber stärker als die Fähigkeiten der ihn Feiernden ist, begegnet er den Teilnehmern, indem sie ihn vollziehen, als etwas von ihnen Unabhängiges. Aus der Kunst ist diese Wirkung bekannt: das gelungene Kunstwerk erscheint dem Künstler häufig wie nicht von ihm selbst gemacht, als habe es die Fähigkeiten des Künstlers übertroffen. Es ist mehr und anders geworden, als er zu planen imstande war. Im Ritus des Betens aber kann jeder zum Künstler werden. So wird der Ritus zur Voraussetzung, Gott außerhalb der eigenen Person zu begegnen, als etwas von der eigenen Seele Geschiedenes, von ihr unabhängig, größer als sie, auch ohne sie existent. Im Ritus stellt sich der Beter unter die Gottessonne, wie es auf den Reliefs aus der Zeit des Echnaton gezeigt wird, die die Familie des Königs von den kleinen Händen am Ende der Sonnenstrahlen liebevoll berührt erscheinen lassen. Der Ritus erlaubt dem Beter tätig zu sein, die eigene Tüchtigkeit aber wieder zu vergessen und als etwas von anderer Hand Getanes zu erleben, so aber zu einem Gebet zu gelangen, das in Tersteegens Worten darin besteht, „Gott anzuschauen und sich von ihm besehen zu lassen".

Betschwester und „pius Aeneas"

Die Haltung, die das Beten begünstigt, nennt man Frömmigkeit. Frömmigkeit ist ein Wort, das selbst von Priestern und Theologen nur noch verächtlich oder verlegen ausgesprochen wird. Fromm sind die Betschwestern, die zusammen mit den Dienstmädchen aus der sozialen Realität verschwunden sind, als soziale Paradigmata aber bevorzugt noch von Leuten beansprucht werden, die weder die eine noch die andere menschliche Kategorie jemals in der Natur erlebt haben. Auch Gläubige versichern einander überlegen, selbstverständlich nicht fromm zu sein. Fromm ist schlimmer als dumm, denn es fügt der Dummheit noch viele unattraktive Eigenschaften hinzu: Rückständigkeit, Peinlichkeit, Geducktheit, Verklemmtheit. Welche historischen Entwicklungen es waren, die schließlich dazu führten, dass unsere Zeitgenossen solche Assoziationen mit der Frömmigkeit verbanden, kann hier unerhört bleiben. Lohnender ist sich zu erinnern, was Frömmigkeit eigentlich einmal bedeutete. Verblüfft es angesichts der modernen Konnotationen des Wortes nicht, wenn man hört, dass die Römer sich ihren heroischen Gründervater ausgerechnet als fromm vorstellten?

Äneas, der Völkerführer, Liebhaber, Schlachtenlenker, war ihnen vor allem durch seine Pietas gekennzeichnet. Man geht in die Irre, wenn man das feste Beiwort „pius" als bloßes Ornament begreift, das den Äneas bei all seinen Taten, ob der Sohn der Venus die verliebte Dido küsst oder verlässt, ob er das Schwert zieht oder schlaue Verträge schließt, in dem virgilschen Gedicht begleitet. Vergil was selber fromm, und er war davon überzeugt, dass alle Heldentugend und alle Anmut, mit der er seinen Heros auszeichnete, aus der Generaltugend der Frömmigkeit entsprangen.

Diese Frömmigkeit ist der Ausdruck der Überzeugung, bei jedem Schritt und jeder Handlung von den Göttern betrachtet zu werden. Sie wächst, indem sich aus dem Erlebnis des Chaos und der sinnlosen Zerstörung unversehens die Struktur eines zunächst geheimen, dann immer offensichtlicheren Planes abzuzeichnen beginnt. Für den Unfrommen ist die Frömmigkeit des Äneas eine Mischung aus Beziehungswahn und Größenwahn: allen Ernstes zu glauben, dass der Kosmos sich um ein einzelnes armes Menschenwesen in seiner Folge- und Bedeutungslosigkeit drehen könnte. Der Fromme glaubt das tatsächlich. Er hebt die Hände zum Himmel und rechnet damit, dass sich von dort oben ein großes Ohr zu ihm herabneigt – obwohl er damit rechnen muss und auch gutheißt, dass Millionen und Milliarden das gleiche tun und gleiches Gehör finden wollen und womöglich sogar finden. Wenn man sich vorstellt, welche Kausalitätsketten die winzigsten Eingriffe in die Lebensabläufe auslösen, wird die Möglichkeit, eine überirdische Instanz könne unablässig damit befasst sein, die Gebete einer ungemessenen Menschenbrust zu erhören und allüberall Schwerter im Hieb erstarren und Felsen im Fall innehalten zu lassen, geradezu zur Angstphantasie. Der Betende vertraue auf eine größere Ordnung, heißt es, in Wahrheit aber vertraut er ebenso auf eine pausenlose Durchlöcherung und Durchkreuzung jeder Art von vernünftiger Ordnung: er glaubt, dass das höchste Gute und damit auch das höchste Vernünftige auf bloße Bitten von unvernünftigen und keineswegs guten Miniatur- Monaden bereit ist, alle Notwendigkeit und Ordnung dahinfahren zu lassen. Fromm ist die Überzeugung, dass es auf jedes Leben, vor allem aber auf das eigene ankomme. Im alten Taufritus der Katholischen Kirche mit ihren drei großen Teufelsaustreibungen ist das Weltbild und das Bild von der eigenen Existenz, wie sie für die Frommen bezeichnend sind, am deutlichsten sichtbar. Da liegt der unschuldsvoll vor sich hinblubbernde Säugling in seinen weißen Kissen und über seinem haarlosen Köpfchen tobt eine Geisterschlacht, die Heere der Engel und Dämonen, die Krieg um die zarte, noch kaum erwachte Seele führen. Der Fromme sieht sich als eine Schachfigur, die von einer Riesenmacht hin- und hergeschoben wird, unversehens aber immer wieder aus eigenem Antrieb Schritte tut auf dem unübersichtlichen Spielfeld – und das ausgerechnet sollen die Schritte sein, die über sein Verbleiben oder sein Hinausfliegen aus dem Spiel entscheiden. Der Fromme sieht sein Leben als eine Partie zwischen Übermacht und Ohnmacht, in der die Übermacht voll Bangigkeit darauf wartet, dass die Ohnmacht die richtige Entscheidung fällt. Man sieht, die Anschauung, die der Fromme von sich und der Welt hat, von Natur und Übernatur, ist an Bizarrerie schwer zu überbieten. Umso überraschender, dass die Anschauung des größten Teils der Menschheit aller Epochen einschließlich der Gegenwart ist und dass es außergewöhnlicher geistiger Dispositionen bedarf, sich wirklich und mit allen Konsequenzen für das tägliche Leben von ihr zu befreien. Die Leute, denen das gelingt, werden in dreister Verkehrung der Verhältnisse Geisteskranke genannt.

Die Notwendigkeit der Gebetsmühle

In Tibet sind die Riesenzylinder der Stupas, die der Pilger umschreitet – auf der ganzen Welt und in beinahe allen Kulturen wird ein heiliger Ort verehrt, indem man ihn umschreitet – von mit Wimpeln geschmückten Gebetsmühlen aus Messing umgeben, die der Pilger im Vorbeigehen anstößt und zum Drehen bringt; in Innern der Gehäuse liegt ein Pergamentstreifen mit Gebeten. Die Gebetsmühle ist für den modernen westlichen Theologen ein Graus. Sie ist für ihn die Karikatur des rituellen Gebets, das groteske Symbol für Geistentleertheit und Oberflächlichkeit. Dabei kennt auch das Christentum Gebetsmühlen, Gebetsmaschinen, unbeseelte Materie, die zum Beten gebracht wird. An erster Stelle sind hier die Glocken zu nennen. Es heißt, die Glocken hätten allenfalls die Aufgabe, zum Gebet zu rufen, von einem Gebet der Glocke könne man nicht sprechen. Es reicht aber nicht, das Glockenläuten allenfalls als Gebet des Glöckners zu verstehen, obwohl der Anblick eines Menschen, der mit dem Glockenseil in den Händen in die Knie geht, sich mit seinem ganzen Gewicht an das Seil hängt und vom Gewicht der Glocke in die Luft heben lässt, durchaus an Gebetsarbeit denken lassen könnte. Aber es ist jedem, der Glockenläuten hört, wahrscheinlich doch einleuchtend, dass ein bloßes Signal, eine bloße Aufforderung niemals so viel Eigenwirkung entfalten könnte, wie die Glocken es tun. Wer in einer großen Stadt heute Glocken hört, wird meist nicht mehr, wie die Bauern früher, genau wissen, welche liturgische Gebetszeit sie ankündigen, und wird sich von ihnen auch zum Gebet nicht aufgefordert fühlen. Das Angelus-Läuten um zwölf Uhr mittags und um sechs Uhr abends, das auch protestantische Kirchen pflegen, löst heute gewiss bei so wenigen Gläubigen das Angelus-Gebet aus, dass man sagen muss, das Angelus-Gebet sei tatsächlich von den Glocken vollständig übernommen worden.

Und diese Vorstellung ist mit einer Doktrin christlichen Betens auch sehr gut in Übereinstimmung zu bringen. Gerade die Gebundenheit des Läutens an bestimmte

Uhrzeiten bestätigt dessen selbstständige, nicht auf Wirkung bei den Menschen bezogene Bedeutung.

Nach alter jüdischer und christlicher Auffassung ist die bloße Existenz der unbeseelten Welt bereits Gebet, vor allem das Verstreichen der Zeit, das Auf- und Untergehen der Sonne, der Wechsel zwischen Tag und Nacht. Nach jeder Messe hat ein katholischer Priester für sich allein das berühmte „Gebet der drei Jünglinge im Feuerofen" aus dem Buch Daniel zu sprechen, um seine eigene Messfeier in die Liturgie des Kosmos eingeordnet zu erleben. Die Jünglinge Ananias, Azarias und Misael, die verbrannt werden sollten, durch ihr Gebet aber in den Flammen unverwundet blieben, fordern das Feuer und die Hitze, die sie umgibt, zu Gebet und Gotteslob auf, sie beschreiben Regen, Tau, Raureif und Schnee als betend, die Blitze und Wolken beten, die Quellen, Flüsse und Meere tun desgleichen, die Vögel, Fische, das Wild und die Haustiere beten ebenfalls, und das Gebet der Menschen schließt sich diesem allgemeinen kosmischen Beten im Grunde nur noch an, menschliches Beten ist ein Einstimmen, ein Hinzutreten zu einer ohnehin stattfindenden Zelebration. Da jedes Dasein Zeugnis für den Willen Gottes ablegt, ohne den es nicht da wäre, ist jedes Dasein Gotteslob. Das katholische Weltbild ist Ausdruck eines Sakral-Materialismus. Alle Materie ist für das Gotteslob geschaffen, manche Materien, priesterliche gleichsam, aber in besonderer Weise. Das Wasser ist von Anfang an dazu bestimmt, Instrument und Körper des Heiligen Geistes zu werden, die Biene erzeugt als winzige Priesterin das Wachs der Opferkerzen, die Gärung des Traubensaftes zu Wein prädestiniert ihn vom Beginn aller Tage zur Materie der rituellen Wandlung im Messopfer. So ist das Erz der Glocke geschaffen worden, um den unablässigen Fortgang des kosmischen Opferfestes zu feiern. Die Glocken sind die Botschafter des Gebetes der unbelebten, bloß daseienden Sachen.

„oculis lebantis ad coelum"

Eine Friesin war auf der Fahrt aufs Festland aus dem Boot gefallen; beinahe wäre sie ertrunken. „Hast du gebetet?" wurde sie gefragt. „Nein, das war unmöglich", antwortete sie, „ich hatte doch das Portemonnaie in der Hand." Not kennt zwar kein Gebot, aber grundsätzlich hatte die Frau natürlich Recht. Zum Gebet gehören bestimmte Haltungen, die körperlich sichtbar machen, dass jemand betet und die Bestandteil des Betens, gelegentlich sogar das Gebet selbst sind. Die Frau war daran gehindert, die Hände zu falten, was man im Westen auf zwei Weisen tun kann: Indem man wie auf Dürers „Betenden Händen" die Handinnenflächen aneinander legt oder indem man die Finger beider Hände ineinander verschränkt. Beide Gesten werden mit alten Feudalgebräuchen in Verbindung gebracht: die ineinander verschränkten Hände zeigten an, so heißt es, dass man die Hände von der Waffe zu lassen gedenke, und die aneinander gelegten Hände habe der Ritter beim Lehensversprechen einst in die Hände seines Königs gelegt. Aber die ägyptischen Kopten, die keine Ritter kannten, tauschen in ihrer Liturgie den Friedensgruß genauso aus, denn alle Gesten, die beim Gebet zur Anwendung kommen, sind selbstverständlich uralt und in ihrem Ursprung kaum zu fixieren.

Zu allen Zeiten haben die Leute beim Beten gekniet, wobei das Knie eigentlich schon eine ermäßigte stilisierte Form des Sich-auf-den-Boden-Werfens ist. Die alte Welt nannte in ihrer unbeschönigten Härte das Mit-der-Stirn-den-Boden-Berühren die Proskynese, die hundeartige Demutsgeste, wie sich tatsächlich die Hunde als Zeichen ihrer Unterwerfung vor ihrem Herren auf den Boden pressen. Jedem genuin religiösen Empfinden scheint diese Haltung die natürlichste. Im Islam begleitet sie das öffentliche Gebet, in der Orthodoxie die Verehrung von Ikonen, Reliquien und den in der Liturgie gewandelten Gaben, bei den Katholiken liegen die Neupriester vor ihrer Weihe mit dem Gesicht auf dem Boden. Einer der Paten dieser Gebetshaltung ist Moses, der sich vor dem brennenden Dornbusch niederwarf, und was sonst hätte er in diesem Augenblick vernünftigerweise tun sollen? Der Vorteil des Sich-Niederwerfens ist, dass man dabei eigentlich nichts sagen, vielleicht nicht einmal denken muss. Die Geste selbst ist beredt. Umso bedauerlicher, dass sie seit etwa zweihundert Jahren im Westen nicht mehr recht gesellschaftsfähig erscheint. Die Formen weltlicher Herrschaft haben gewechselt, aber das heißt nicht, dass Gott sich deshalb mit den einem Bundespräsidenten zukommenden Ehrenbezeigungen zufrieden zu geben hätte. So bedenklich absolute und totale Herrschaft auf Erden auch erscheinen mag – Gott ist kein konstitutioneller Monarch, das wissen selbst die, die nicht an ihn glauben.

Eine Unterform der Proskynese ist die Verneigung, von Juden und Muslimen beim Beten vielfach gepflegt – man denke an die Betenden vor der Klagemauer, die schier endlose kleine Verneigungen aneinanderreihen. Bei einem richtig gebeteten „Gloria" in der katholischen Messe sieht das aber beinahe genauso aus. Das „Ehre sei dem Vater und dem Sohne und dem Heiligen Geist" wird bei Katholiken und Orthodoxen verneigt gesprochen, auch der Name Jesu wird beim Beten dort mit einer Verneigung geehrt.

So alt wie das Niederwerfen ist das Sich-in-die-Höhe-Recken beim Beten; man könnte dieses stehende, mit ausgebreiteten Armen und zum Himmel gewandten Gesicht Beten im Goetheschen Sinne „Ganymedisch" nennen, ein sich der adlergleich vom Himmel herabkommenden Gottheit entgegen heben. Bei Pharaonen und griechischen Heiden geübt, haben auch die frühen Christen diese Haltung übernommen, „Orantenhaltung" nennen sie die Archäologen, die Katakombenfresken beschreiben. In der Orthodoxie betet der Priester in dieser Haltung, wenn er auf das Bild des Pantokrators in der Vierungskuppel blickt.

Überhaupt steht für den Betenden fest, dass Gott oben ist. Theologisch mag er wissen, dass Gott an keinen Ort gebunden ist, und dass es im Weltall kein Oben und Unten gibt, mag es ihm gleichfalls geläufig sein. Christliche Beter werden sich in der geradezu physischen Überzeugung, dass Gott oben ist, durch die Praxis Jesu bestätigt fühlen, der beim Beten zum Himmel blickte, etwa beim letzten Abendmahl.

Es ist bemerkenswert und aufschlussreich, dass die Beter der Buchreligionen beim Beten keine Haltungen annehmen, die irgendwie entspannend, beruhigend und bequem sind. Sich beim Beten zu entspannen, ist kein westliches Konzept. Lotus-Sitz und Schneidersitz, die die fernöstliche Meditation begleiten, zunächst nicht leicht zu adaptieren sind, für den Geübten aber ein vielstündiges Ausharren in der Versenkung ermöglichen, sind aber mit gutem Grund keine Gebetshaltung für Christen, Juden und Muslime. Deren Gebete richten sich an ein Wesen, das vom Beter substantiell und grundsätzlich geschieden ist. Der Angebetete ist ein anderer als der Anbetende. Das ist nur vom Blickpunkt der Buchreligionen aus eine Selbstverständlichkeit – inzwischen übrigens im Christentum nicht mehr so ohne weiteres, seitdem synkretistische, psychologisierende und säkularisierende Tendenzen Gott und Mensch beinahe untrennbar zusammengerückt haben. Aber der klassische christliche Beter spricht mit Gott als einer anderen, von ihm selbst und der eigenen Vorstellung vollständig unanhängigen Person. Diese Person steht über ihm – der Beter versucht im Empfinden des eigenen Unwerts diesen Abstand entweder noch zu vergrößern oder in liebevoller Begeisterung zu verkleinern. Die Gebetshaltungen der Buchreligionen drücken aus, dass Gott nicht dort ist, wo der Beter ist. Anbeten heißt auf lateinisch „adorare", darin steckt „os", der Mund, und „osculum", der Kuss. Im italienischen Süden bekreuzigen sich die Gläubigen beim Betreten einer Kirche oder beim Anblick eines Marienbildes und küssen dann ihren Zeigefinger. Wie in der Antike grüßen sie die Gottheiten mit einer angedeuteten Kusshand. Beter gleichen Leuten, die am Quai stehen und ihren Verwandten, die an der Reling des sich entfernenden Schiffes lehnen, Kusshände zuwenden.

Dass Gott nicht dort ist, wo man selber ist, kommt am deutlichsten bei der Gebetsübung der Prozession und der Pilgerfahrt zum Ausdruck. Der Psalm Judica, der am Anfang der traditionellen katholischen Messe steht, beschreibt die seelische Bewegung, die sich in der Wanderung des Beters hin zu einem heiligen Ziel ausdrückt. Die Ferne Gottes wird in diesem Psalm als Abwendung Gottes erlebt, die Trauer und Verwirrung auslöst. Aus diesem qualvollen Zustand führt die „Discernatio": die Trennung von der „Gens non sancta", dem unheiligen Volk, zu dem der Beter freilich selbst gehört, das er nun aber verlassen will. Vielleicht ist diese Trennung ja ein Strich, der mit dem Finger in den Staub des Bodens gezogen wird, die Grenze zwischen dem Heiligen und dem Unheiligen, die der Beter jetzt bewusst überschreitet, um den „heiligen Berg und das heilige Zelt" zu erreichen. Das Heilige ist nicht im Beter, sondern außerhalb seiner. Er sucht im Gebet nicht sich selbst, sondern etwas anderes, und wenn das Gebet das Bestreben ist, sich selbst und die eigene Unheiligkeit zu verlassen, dann sehnt es sich nach unmissverständlichen Zeichen, die von dem Verlassen des Eigenwillens Zeugnis ablegen. Unterwerfung unter vorgegebene Haltung und Form ist von der Hoffnung begleitet, dass bei der Scheidung des heiligen vom unheiligen Volk der erste Schritt womöglich bereits getan ist.

Die Wiederholungen der Engel

Der Rosenkranz, die Gebetskette, an deren einzelnen Perlen der Beter sich vorantastet, stammt wahrscheinlich ursprünglich aus Indien und ist dort jedenfalls bei den meditierenden Mönchen und Sadhus in beständigem Gebrauch. Die Muslime vertiefen sich anhand ihres Rosenkranzes in die hundert Namen Gottes, die Orthodoxie gebraucht ihn zum Einüben des „Herzensgebets", und die Katholiken haben ihn mit einer Gebetsanordnung verbunden, die ihnen helfen soll, alle Stufen der mit Jesus verbundenen Heilsgeschichte im Gebet zu betrachten. Das Rosenkranzfest wird am Tag des christlichen Sieges über die türkische Flotte bei Lepanto gefeiert, weil die Christen ihren Sieg der Fürsprache der Muttergottes zuschrieben; an dieser Bestätigung einer auch dem Islam vertrauten Gebetstechnik erweist sich aufs neue, dass der Krieg häufig feindliche Kulturen einander näher bringt. Auch das Angelus-Läuten ist ja vom Ruf des islamischen Muezzin vom Minarett herab angeregt worden.

Wie die östlichen Vorbilder beruht auch der Rosenkranz auf dem Grundsatz der Wiederholung, allerdings sind diese Wiederholungen gleichsam architektonisch-logisch gegliedert, und in ihrer Anzahl nicht in das Belieben des Beters gestellt, wie es der eher rationalistischen Natur der lateinischen Sprache entspricht. Die geschlossene Kette hat ein Anhängsel erhalten: ein Kreuz und fünf Kugeln führen auf den Gebetskreislauf hin. Jedes feierliche Gebet auf der ganzen Welt beginnt mit der Anrufung Gottes, das Gebet zu unterstützen und überhaupt möglich zu machen. Die Beter sind sich bewusst, unzuverlässig, zerstreut, aus fragwürdigen Motiven zu beten und beim Beten selbst schon auf göttliche Hilfe angewiesen zu sein. War Paulus versichert, dass nämlich der Heilige Geist jedes unvollkommene Gebet mit seiner Kraft ergänzt, dass es in diesem Vertrauen also ein unvollkommenes Gebet gar nicht geben kann, sowenig der einzelne Beter sich zum Gebet disponiert fühlen mag, scheint überall auf der Welt ähnlich empfunden zu werden. Zu dem Satz: „Adjutorium nostrum in nomine Domine/qui fecit coelum et terram." „Unsere Hilfe ist im Namen des Herren/der Himmel und Erde geschaffen hat." bekreuzigt sich der Beter und stellt sich damit unter das Kreuz. Es gehört zu den Besonderheiten des Christentums, dass das Beten und Opfern, das „Opus Dei", gleichermaßen, wie im Lateinischen möglich, als Werk für Gott und als das Werk Gottes selbst aufgefasst wird. Dabei lässt die katholische Doktrin den Umfang des eigenen Anteils des Beters an seinem Gebet und das Ausmaß der göttlichen Unterstützung mit Absicht im Unklaren. Der Schritt aus der profanen Sphäre in die sakrale, der am Beginn jedes Gebets steht, bleibt jedenfalls subjektiv ein Wagnis. „Möge das Kunststück gelingen", sagt der Ansager im chinesischen Zirkus vor jeder neuen Nummer. Ähnlich müsste der Beter empfinden, in einer unaufhebbaren Spannung zwischen dem Vertrauen auf den helfenden Gott und dem Misstrauen gegenüber der eigenen Person, auf deren Hinwendung zu Gott es allein anzukommen scheint (und vielleicht dann doch nicht ankommt).

Der Rosenkranz besteht nach den einleitenden Gebeten aus fünf Blöcken von jeweils zehn „Ave Maria", die durch ein „Paternoster" voneinander getrennt werden. Das Prinzip der Wiederholung, auf dem jedes alte Gebet beruht, ist hier mit dem wesentlichen Bedürfnis nach „Inhalt" Belehrung, theologischer Reflexion verbunden, denn jeder „Ave Maria"-Block steht unter dem Vorzeichen eines Ereignisses aus dem Neuen Testament: im „Freudenreichen Rosenkranz" wird die Kindheitsgeschichte Jesu, im „Schmerzensreichen" die Passion und im „Glorreichen" Auferstehung und Anbruch des Gottesreiches betrachtet. Das Wichtigste an diesem Gebet bleibt dennoch die Wiederholung, auch wenn die Abwechslung der betrachteten Bilder sie etwas schwächt. Die Wiederholung erzeugt ein Gefühl der Zeitlosigkeit und dieses Gefühl vermittelt eine Ahnung der Ewigkeit, die ja Zeitlosigkeit ist. Wiederholung ermöglicht das Erlebnis des Voranschreitens bei gleichzeitigem Stehen bleiben. In den Kirchen des Südens kann man das Rosenkranz-gebet am sinnvollsten ausgeführt finden. Zwei Chöre, gebildet aus jeweils ein paar alten Frauen in der rechten und der linken Bankreihe, wechseln sich beim Beten ab; die eine Gruppe spricht die erste Hälfte des „Ave Maria" in höherer Stimmlage, die andere antwortet mit der zweiten Hälfte in tieferer Lage. Das Gebet bekommt etwas Rasselndes, Mechanisches. Die Betenden betreiben gleichsam wie Näherin-nen an einer alten Nähmaschine einen mächtigen Propeller, der sie nach einer Weile sanft und mühelos in die Lüfte hebt.

Die Wallfahrtskirche Maria Vesperbild von Johann Georg Hitzelberger

Silke Müller-Hölscher

Der folgende Artikel entspricht in Teilen Auszügen meiner Dissertation von 2006 über „Die Kirchenbauten des schwäbischen Rokokobaumeisters Johann Georg Hitzelberger (1714–1792)" an der Ludwig-Maximilians-Universität München.

Gibt man im Navigationsgerät des Autos „Maria Vesperbild" ein, dann findet man nur einen einzigen Eintrag. Kein anderer Ortsname in Deutschland ist identisch mit dem Wallfahrtsort. Es ist wohl einzigartig, dass sich ein Gnadenbild im Ortsnamen widerspiegelt. Aber die Einzigartigkeit von Maria Vesperbild empfindet jeder Besucher des Wallfahrtsortes. An diesem Ort spürt man die unzähligen Gebete, die zum Himmel geschickt wurden. Hier hat man das Gefühl dem Himmel ein Stück näher zu sein. Hier hat man das Gefühl, dass die Gebete ihren Weg ganz schnell finden. Und daher ist es nicht verwunderlich, dass jeder, der irgendwann in seinem Leben den Weg nach Maria Vesperbild gefunden hat, immer wiederkehrt, egal wie weit der Weg auch sein mag.

Baugeschichte von der ersten Kapelle bis zur heutigen Wallfahrtskirche

Die heutige Wallfahrtskirche Maria Vesperbild* ist der vierte Bau an dieser Stelle. 1650 errichtete der Pfleger der Herrschaft Seyfriedsberg und Oberstjägermeister der Markgrafschaft Burgau, Jakob von St. Vincent, zum Dank für das Ende des Dreißigjährigen Krieges eine kleine Feldkapelle auf dem Weg von Ziemetshausen nach Langenneufnach und stiftete dafür das Gnadenbild des Maria Vesperbildes. Schon bald entstand eine Wallfahrt zum Gnadenbild, die schon 1673 eine neue Kapelle erforderte. Dieser Bau gefiel Paul Graf Fugger zu Mickhausen so sehr, dass er sie 1685 außerhalb von Mickhausen nachbauen ließ, wo sie heute noch steht. Doch schon bald war der Bau für den wachsenden Zustrom zum Vesperbild zu klein geworden und so

---

* zugehörige Farbabbildungen: s. Farbtafeln II–IX.

schuf der Stiftsbaumeister Simpert Kraemer von Edelstetten 1725/26 im Auftrag der Grafen von Oettingen-Wallerstein, die seit 1667 auch im Besitz von Schloss Seyfriedsberg und damit Grundherren waren, eine neue Kapelle. Dieser italienisch anmutende Kuppelbau über dem Grundriss eines griechischen Kreuzes erwies sich schon 1754 als baufällig und so musste sie abgebrochen und neu errichtet werden. Der neue Baumeister war Johann Georg Hitzelberger aus dem benachbarten Münsterhausen. Neben einigen Kirchenumbauten und Reparaturen hatte er sich der 33-jährige vor allem mit dem Kirchenbau von St. Peter in Tapfheim hervorgetan. Die lange Zeit Schmutzer zugeschriebene Kirche konnte Johann Georg Hitzelberger anhand von Quellen eindeutig zugeschrieben werden. Ein so ausgewogenes Werk zeigt seine hervorragende Ausbildung und sein Können. So verwundert es nicht, dass man ihm die Planung und Ausführung der neuen Wallfahrtskirche übertrug.

Der Vorgängerbau wurde 1754 abgebrochen und schon für das gleiche Jahr finden sich erste Zahlungen an den Freskanten Balthasar Riepp, was auf einen schnellen Baufortschritt zurückzuführen ist. Durch die Quellen lassen sich noch weitere Mitarbeiter belegen, so der Zimmermeister Adam Ost von Memmenhausen und Pius Rampp aus Mickhausen, der den Stuck gefasst hat. Der Stuckator selbst ist namentlich nicht genannt. Schon am 7. August 1756 konnte die Weihe durch den Pfarrer von Ziemetshausen, den Dekan, päpstlichen Protonotar, Geistlichen Rat und Reichsritter Dr. Franz de Paula Anton Aloysius von Sartori vollzogen werden. Nach nur zwei Jahren war die neue Wallfahrtskirche vollendet.

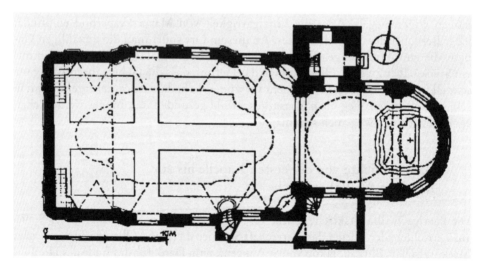

Baubeschreibung der heutigen Wallfahrtskirche

Für die Wallfahrtskirche Maria Vesperbild verwendete Hitzelberger den gleichen Grundriss wie schon für die Pfarrkiche St. Peter in Tapfheim.

Auch wenn Maria Vesperbild auf dem gleichen, etwas verkleinerten Grundriss aufgebaut ist, so ist sie jedoch in ihrer Gestaltung zurückhaltender als Tapfheim, da in Maria Vesperbild nichts vom Gnadenbild ablenken sollte.

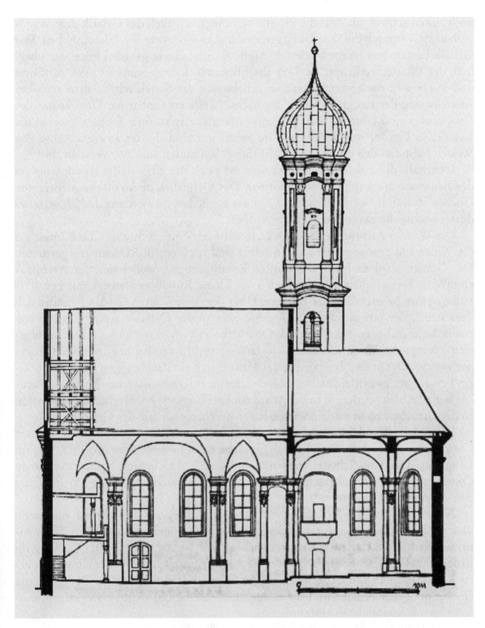

Der rechteckige Saal von 21 m x 14,50 m schwingt in den Langhausseiten in den mittleren beiden Achsen um etwa einen halben Meter nach außen. Neben dem rund schließenden Chor von 13 m x 10 m befinden sich im nördlichen Chorwinkel der Turm und im südlichen der Sakristeianbau.

Die Langhauswände sind durch toskanische Pilaster, deren Postamente vor dem umlaufenden Sockel stehen, in zwei schmale Achsen an den Gebäudekanten und vier gleichgroße Achsen dazwischen unterteilt, von denen die mittleren beiden leicht

nach außen schwingen. Wie die Pilaster schmiegt sich auch das Gebälk dem Wand-
verlauf an, wodurch die Wandvorlagen eine konkav-konvexe Welle beschreiben. Das
Gebälk besteht aus einem faszierten Architrav und einem geraden Fries, der oberhalb der Pilaster verkröpft ist. Das abschließende Kranzgesims ist reich profiliert
und kragt weit nach vorne. Darüber erhebt sich das Satteldach, in dem auch der
Ausschwung der Langhauswände als leichte Welle erkennbar ist. Die Fenster des
Langhauses sind einfache Rundbogenfenster mit zweistufiger Laibung, wobei die
westlichen Fenster wegen der Empore vermauert sind. In der zweiten Achse von
Westen befinden sich die Eingänge, die durch Vorbauten von 1969 verstellt sind.

Oberhalb der zweistöckigen Sakristei ist noch der eingestellte Rundpfeiler an
der Baukante des Langhauses erkennbar. Der Ostgiebel, oberhalb des niedrigeren
Chores, ist durch zwei horizontale Gesimse gegliedert und entlang des Chordaches
durch hochrechteckige Fensterchen geöffnet.

Die Wandgestaltung der Seitenwände wird mit einer Achse um die Kanten auf
die Westwand gezogen. Die Kanten selbst sind nach einem Rücksprung gerundet.
Das Gebälk wird auch um die Kanten herumgezogen, wobei sich der Architrav
verkröpft. Dazwischen befinden sich zwei kleine Rundbogenfenster mit gestufter
Laibung zur Beleuchtung der Empore. Über dem gesprengten Gebälk befindet sich
der Giebel, der nur durch zwei Gesimse, wie an der Ostseite, unterteilt und von
einem Segmentbogen bekrönt wird. Oberhalb des Gebälkstücks bis zum Giebelge-
sims springt die Wand mit dem sich darüber verkröpfenden horizontalen Gesims
nach vorne. Der untere Teil wird in der Mitte durch ein flachbogiges, hochrechteckiges Fenster mit zwei kleinen, begleitenden, rechteckigen Fensterchen geöffnet. Darüber befindet sich wiederum in der Mitte ein flachbogiges, hochrechteckiges Fenster.
In der Giebelspitze ist nur ein winziges Fensterchen oberhalb des Gesimses.

Die gleiche Wandgestaltung wie am Langhaus findet sich auch am eingezogenen
Chor. Auch dort ist die Wand durch einfache Rundbogenfenster geöffnet, wie am
Langhaus. Der Chorscheitel wird nur durch eine flachbogige Nische mit einem
Okulus am oberen Rand geschmückt. Heute befindet sich ringförmig um den Chor
eine einstöckige Sakristei.

Neben der zweigeschossigen Sakristei im südlichen Chorscheitel sind nach
Osten und Westen kleine einstöckige Neubauten angefügt, sowie ein Treppen-
türmchen für die Kanzel. Der zweistöckige Sakristeibau hat auf der Südseite im
Erdgeschoss ein flachbogiges, querrechteckiges Fenster und darüber ein vermauer-
tes Rundbogenfenster. In der Ostseite der Sakristei befindet sich im Obergeschoss
ein rundbogiges Fenster und im Erdgeschoss ist sie mit dem ringförmigen, ein-
stöckigen Sakristeianbau verbunden.

Im nördlichen Chorwinkel befindet sich der Turm. Im Erdgeschoss steht er
über quadratischem Grundriss auf sehr hohem Sockel. Den Kanten sind Lisenen
vorgelegt. Auf der Ost- und Nordseite befinden sich mittig über dem Sockel große
Rundbogennischen in der Größe der Fenster von Langhaus und Chor. Nachträglich wurden kleine Fenster eingefügt. Das Treppenhaus wird durch mehrere hochrechteckige Fensterchen beleuchtet. Das obere Fünftel des Turmunterteils wird
durch ein horizontales Gesims abgeteilt. Darunter befindet sich auf der Nordseite
eine Uhr. Oberhalb des Gesimses öffnet sich der Turm mit überfangenen Biforien-

fenstern mit zentriertem Okulus über einem Sohlbankgesims. Am Übergang zum Oktogon ist ein geschwungenes Gesims eingefügt. Das Oktogon hat alternierende Seiten, wobei die Schmalseiten konkav einschwingen und die breiten Seiten gerade verlaufen. Die breiten Wandfelder sind jeweils von zwei Pilastern mit Phantasiekapitellen mit invertierten Voluten gesäumt. In der unteren Hälfte des Wandfeldes befindet sich ein Rundbogenfenster mit Kämpfern und einer bogenförmigen Bedachung, die etwas weiter nach oben versetzt ist. Den schmalen, konkaven Wandfeldern sind breite Rahmen vorgelegt. Im tiefer liegenden Spiegel befinden sich schmale Rundbogenfenster mit Kämpfern. Das Gebälk schwingt über den breiten Seiten kaniesbogenförmig nach oben und bleibt über den schmalen, konkaven Seiten gerade. Der Fries wird sowohl in den Verkröpfungen über den Pilastern durch rechteckige, wie auch über den geraden Wandstücken durch querovale Fenster geöffnet. Über dem Kranzgesims erhebt sich die achtseitige Zwiebelhaube.

Im Inneren öffnet sich ein rechteckiger Saal mit Spiegelgewölbe und Stichkappen, dessen Ostecken für die Altäre schräg ausgenischt sind. Die Fenster haben einfache, profilierte Rahmen mit zwei Abstufungen, an der Sohlbank mit nur einer.

Die Langhauswände sind in drei Abschnitte unterteilt. So ergeben die äußeren beiden Rundbogenfenster je eine Achse, und die beiden mittleren Fenster auf der Ausbuchtung bilden zusammen eine Achse auf einer gemeinsamen Schildwand. In das Gewölbe schneiden somit unterschiedlich breite Stichkappen ein.

Die Wandfelder werden durch Doppelpilaster über einem gemeinsamen, hohen Sockel gegliedert, die sich, wie die Pilaster außen, in ihrer Form der Ausbuchtung der Wand anpassen. Die Kapitelle sind Phantasieformen mit invertierten Voluten und Rocaillekartuschen. Über jedem Pilaster befindet sich ein eigener kurzer, faszierter Architrav mit glattem Friesstück. Das Gesims erst verbindet beide Pilaster wieder. Der Gewölbefuß sitzt darüber auf einer Attika. Das Fresko im Langhaus befindet sich auf einer Flachdecke mit geringer Voute innerhalb der Rahmung, sozusagen als Spiegelgewölbe im Spiegelgewölbe.

Durch die östlichen Altarnischen läuft das Gebälk vom Doppelpilaster bis zum Chorbogen. Über dem Chorbogen, auf der Seite zum Langhaus, befindet sich das Allianzwappen Oettingen-Wallerstein und Oettingen-Baldern.

Der Chorbogen wird aus einem profilierten Rundbogen über Pfeilern mit Pilastervorlagen und Gebälk gebildet. Die Pilaster auf der Seite des Presbyteriums werden konkav auf die Wand weitergeführt.

Das um zwei Stufen erhöhte Presbyterium wird von einer Flachkuppel überfangen, deren Gewölbefuß am Ring, über den Pendentifs, zurückspringt. In der Nord- und Südseite des Chores befinden sich im Westen zwei Oratorien mit großen Rundbogennischen und Balkonen über Konsolen. Die Rundbogennischen auf den Oratorien haben die gleiche Höhe wie die Rundbogenfenster des Chores, sind aber wesentlich breiter. Auf der Nordseite ist die Nische vermauert und nur durch eine Tür geöffnet. Im Scheitel befindet sich vor dem Turmfenster eine filigrane Uhr, die noch aus dem Bau von Simpert Kraemer stammt und mit 1730 datiert ist. Unter den Oratorien sind die Zugänge in den Turm bzw. die Sakristei und die Oratorien.

Durch den gleichen Rundbogen wie am Langhaus wird die um eine Stufe erhöhte Apsis vom Presbyterium abgetrennt. Dort befinden sich eine querovale,

flache Kuppel über zwei Pendentifs, und in den Rundungen der Wände zwei Rundbogenfenster. Der Chorscheitel bleibt hinter dem Altar ungestaltet.

Die Doppelempore im Westen steht jeweils auf zwei Rundstützen mit Unter-
zug. Die untere Empore hat eine gerade Brüstung und beginnt an der östlichen
Laibung vom westlichen Fenster. Die Fenster sind vermauert und nur noch als
Blendarkaden vorhanden, obwohl sie nicht verstellt sind. Die Orgelempore beginnt
hinter dem Westfenster mit einem geraden Stück, auf das eine konkave Abtreppung
und ein vortretender C-Schwung folgt. Davon ist die weit in den Kirchenraum
ragende halbrunde Mitte durch ein kurzes gerades Stück abgetrennt. Die Orgel ist
aus dem Jahr 1888 und wurde vom Orgelbauer B. Pröbstle aus Füssen mit neuro-
manischem Prospekt gebaut.

Rundgang durch die Wallfahrtskirche

Bei der Renovierung 1867–1869 wurden im Inneren die drei Altäre und die Kanzel,
die bis dahin noch die des Simpert Kraemer-Baus waren, durch neuromanische
ersetzt. Erst hundert Jahre später, in den Jahren 1962–1965, wurde die Einrichtung
wieder dem ursprünglichen barocken Stil angepasst und somit entstammt die
Innenausstattung der Kirche zum Großteil der Mitte des 20. Jahrhunderts.

Das zentrale Herzstück von Maria Vesperbild, sein Gnadenbild, ist das Zent-
rum des neugestalteten Hochaltars. Der Altar wurde von Fürst Eugen und Fürstin
Marianne zu Oettingen-Wallerstein gestiftet. Nach einem Entwurf des Nördlinger
Kunstmalers Anton Reissner schuf ihn Fritz Hoermann aus Babenhausen. Die
Aufstellung des Gnadenbildes entspricht der des barocken Hochaltars noch aus der
Kirche von Simpert Kraemer. Auf einem alten Stich, bezeichnet mit „Ioannes
Metsh pinx., Ioan. Iac. Stelzer sculps. Aug. Vind." aus der ersten Hälfte des 18. Jahr-
hunderts, der auf einem zeitgenössischen Andachtsbildchen abgedruckt ist, hat sich
die Ansicht des ehemaligen Altars erhalten. Der heutige Altar ist viel filigraner und
er scheint nur aus Rocaillen und Schwüngen zu bestehen. Anders als im massiven
ehemaligen Barock-Hochaltar lenkt heute nichts den Blick vom Gnadenbild ab.
Die kleinen Putti, die die Leidenswerkzeuge Christi präsentieren, halten sich im
Hintergrund, so dass Maria mit ihrem toten Sohn auf dem Schoß alle Blicke auf
sich zieht.

Das Altarretabel wird von einem Strahlenkranz hinterfangen und wirkt daher
wie eine große Monstranz. Die kleinen, auf den äußeren Kanten sitzenden Engel
präsentieren die Arma Christi. Statt eines Altargemäldes ist hier als Mittelpunkt,
vor einer silbernen und goldenen brokatartig-ornamentierten Kartusche, das Gnadenbild, Maria mit ihrem toten Sohn auf dem Schoß, platziert. Das Gnadenbild ist
ohne Krone ca. 115 cm hoch. Der Typus des Vesperbildes entstand im Spätmittelalter und war sehr verbreitet. Den Namen bekamen die Gnadenbilder von der liturgischen Vesper, die der angenommenen Zeit entspricht, in der Maria am Karfreitag
ihren Sohn wirklich in den Schoß gelegt bekam. Maria trägt ein rotes Gewand und
einen goldenen bodenlangen Schleier. Ihre Krone, wie auch wohl das Tuch in ihrer
linken, nach oben gestreckten Hand sind spätere Ergänzungen. Der Leichnam

Christi liegt, mit nicht ganz geschlossenen Augen, schlaff auf dem Schoß der Gottesmutter. Seine rechte Hand weist mit ausgestrecktem Zeigefinger nach unten, wobei durch die heutige und auch ehemalige barocke Aufstellung ein Fingerzeig zum Tabernakel inszeniert ist. Er trägt noch immer die Dornenkrone und ist mit einem goldenen Lendentuch bekleidet. Der Strahlennimbus ist ebenfalls eine spätere Zutat. Die beiden begleitenden weiblichen Heiligenfiguren am Hochaltar entstammen auch noch der Ausstattung von Simpert Kraemers Kirche. Der damalige Bildhauer war Johann Georg Bschorer. Links steht die hl. Barbara und rechts die hl. Katharina von Alexandrien mit ihrem Attribut, dem Rad. Von Bschorer stammen auch die beiden Figuren vom Chorbogen. Am linken Chorpfeiler steht auf einer Konsole der hl. Josef und am rechten Maria Immaculata, beide in strahlendgoldenem Mantel.

Die Stuckaturen des Kirchenraumes übernahm ein namentlich nicht überlieferter Meister, wobei die Wessobrunner Art auf Franz Xaver Feichtmayer d. Ä. schließen lässt, der auch den Stuck in Violau und Biberbach schuf und mit großer Wahrscheinlichkeit auch für Tapfheim verantwortlich ist.

Balthasar Riepp, gebürtig aus Kempten, war Schüler und später Schwiegersohn des Malers Paul Zeiller aus Reutte in Tirol und schuf Fresken und Altargemälde u. a. in Biberbach, Einsiedeln, Füssen, Innsbruck, Kempten-Heiligkreuz und Ottobeuren. In der Apsis von Maria Vesperbild begleiten zwei Engel, die von einem Schwert durchbohrten Herzen mit der Überschrift „TUAM IPSIUS ANIMAM". Im nördlichen Zwickel sind zwei Lauten zu sehen, darüber der Titulus „UNAM TANGE SONANT" und im südlichen „HAUD ABSIMILIS" über dem Vera Ikon, dem wahren Antlitz Christ, wie es sich auf dem Schweißtuch der Veronika abbildete. Das ehemals sich auf dem Chorscheitel befindliche Fresko mit einer Pietà, auch von Balthasar Riepp gemalt, hat sich nicht erhalten. Heute hängen hinter dem Gnadenaltar einige besondere Votivtafeln, zum Teil noch vom Anfang des 19. Jahrhunderts.

Das Chorfresko zeigt die Kreuzabnahme Jesu Christi und somit den Augenblick vor der Darstellung des Vesperbildes. Die an Peter Paul Rubens erinnernde Darstellung ist hier in pastelligen Farben vor einem wolkenverhangenen, jedoch hellen Hintergrund gehalten. In den vier Zwickeln befinden sich die Darstellungen der vier Evangelisten. Auf der Brüstung des nördlichen Oratoriums ist Jesus als Guter Hirte dargestellt und auf der südlichen Maria Immaculata mit der Heilig-Geist-Taube in Händen, die ihr den Ring bringt. Den Übergang von Chor zu Langhaus bildet das große Doppelwappen der Stifter.

Das Langhausfresko zeigt die Anbetung von Maria mit ihrem toten Sohn auf dem Schoß durch die Engel und Heiligen. Nur wenige Heilige sind eindeutig zu identifizieren, jedoch handelt es sich um Heilige, die mit der Herrschaft Seyfriedsberg in Verbindung stehen. Man sieht links vorne den hl. Stephanus mit den Steinen vor sich, den hl. Sebastian von Pfeilen durchbohrt, der hl. Johannes von Nepomuk, der seine Zunge nach oben hält, den hl. Laurentius, den Rost im Arm, rechts die hl. Katharina von Alexandria mit dem Rand und wahrscheinlich die hl. Philomena mit dem Pfeil in der Hand im Vordergrund. Gerade bei den weiblichen Heiligen ist eine Identifizierung der Dargestellten aufgrund der fehlenden Attribute nicht möglich.

In den Kartuschen um das Langhausfresko sind allegorische Darstellungen gezeigt. Über dem Chorbogen sieht man die Arche Noah auf einem hohen Wellenberg mit der Inschrift „EXTOLLUNT.NON.MERGUNT.", an der südlichen Langhauswand eine sonnige Landschaft und der Inschrift „EX ECLIPSI CLARIOR.", an der nördlichen eine Landschaft mit Regenbogen „INTER NUBILA GRATIOR".

An der unteren Empore befindet sich die Darstellung der Darbringung im Tempel mit der Weissagung des Simeon, dass nun der Heiland gekommen sei. 1921/22 wurde sie von Hans Kögl aus München-Pasing gemalt.

Die übrigen Statuen, Altäre, Beichtstühle etc. entstammen auch der Mitte des 20. Jahrhunderts. Die Seitenaltäre schuf 1963–1965 der Münchner Bildhauer Max Grübl und der Münchner Maler Jakob Heinlein. Die Mensen stammen wiederum von Fritz Hoermann aus Babenhausen. Der nördliche Seitenaltar zeigt auf dem Gemälde die Verkündigung an Maria mit der Signatur „Jakob Heinlein pinxit München A. D. 1964". Über dem geschweiften Baldachin befindet sich im goldenen Strahlenkranz das Auge Gottes. Der Aufbau auf der Altarmensa wird von den Statuen des hl. Johannes von Nepomuk und dem hl. Sebastian geschmückt. Das Zentrum bildet ein kleiner Schrein mit einem stehenden Christuskind mit Segensgestus. Der südliche Seitenaltar tritt hinter der großen Marienstatue in den Hintergrund. Auf dem Gemälde ist das Pfingstwunder dargestellt. Auch dort signierte der Maler mit „J. Heinlein München 1965". Über dem Baldachin ist hier die Heilig-Geist-Taube im Strahlenkranz zu sehen. Das Zentrum auf der Altarmensa bildet eine Darstellung der Wundertätigen Medaille, wie sie die Ordensschwester Catherine Labouré 1830 in ihren Erscheinungen gesehen hat. Begleitet wird sie von einer Schutzengelgruppe und der hl. Maria Goretti, die erst 1950 heilig gesprochen wurde.

Vor der Altarmensa steht eine große gekrönte Fatimamadonna vor einem goldenen Strahlenkranz. Über ihrem weißen Gewand trägt sie einen weißen, mit goldenen Ornamenten bestickten Umhang, der auch ihr Haupt bedeckt. Ihr Kopf ist leicht nach links geneigt und so blickt sie gnädig auf die vor ihr Stehenden herab.

Die Kanzel an der südlichen Langhauswand stammt ebenfalls von 1964 und wurde von Jakob Heinlein und Max Grübl geschaffen. Sie wird auf dem Schalldeckel von Christus Salvator bekrönt. Am Kanzelkorb mit Voluten befinden sich Gemälde mit den Darstellungen der Bergpredigt, der Aussendung der Jünger und die Predigt des Paulus in Athen. Am unteren Bereich folgen die Darstellungen vom wunderbaren Fischfang, dem Quellwunder des Moses und Jesus als Sämann.

Die vier Beichtstühle an den Langhauswänden stammen von 1963 und wurden von Saumweber aus Günzburg gefertigt. Sie zeigen als Bekrönung jeweils ein Bild eines Büßers in einem Rocaillerahmen. Begleitet werden sie jeweils von zwei Engelskulpturen mit Spruchbändern.

Das erste Bild auf dem Beichtstuhl neben der Kanzel zeigt Petrus mit der Aufschrift „Er weinte bitterlich". Die Engel haben auf den Bändern folgenden Text: „HAST DEN HERRN BESCHIMPFT – DOCH ER VERZEIHT!" und „DU HAST DEN HERRN TAUSENDFACH GEGEISSELT – DOCH ER VERZEIHT!" stehen. Der zweite Beichtstuhl der Südwand zeigt im Bild den hl. Pfarrer von Ars mit der Inschrift „Ach kehrt um, kehrt um!". Die Engel geben den Hinweis: „HAST SEIN HERZ DURCHBOHRT – DOCH ER VERZEIHT!" und „BIST DES TODES SCHULDIG – DOCH ER SPRICHT DICH LOS!". Auf der Nordwand ist hinten Maria Magdalena mit der Inschrift „Weil Sie viel geliebt hat werden ihre vielen Sünden vergeben" auf dem Beichtstuhl zu sehen. Bei den Engeln hat nur noch einer ein Spruchband „DU HAST DEN HERRN MIT DORNEN GEKRÖNT – DOCH ER VERZEIHT!", das andere ist verloren. Der vordere Beichtstuhl im Langhaus zeigt Johannes den Täufer mit dem Agnus Dei und der Inschrift „Thuet Busse und Bekehret euch!" Die Schriftbänder sagen dem Gläubigen: „DU HAST DEN HERRN ANS KREUZ GENAGELT – DOCH ER VERZEIHT!" und „DU HAST DAS SCHWERE KREUZ AUFGELEGT – DOCH ER VERZEIHT!"

In der Nische, vor der sich auch der große Weihwasserbehälter befindet, hängt ein modernes Relief. Maria, in Begleitung eines Engels, rettet eine Seele aus dem Fegefeuer. Maria in rotem Gewand, goldenem Mantel und weißem Maphorion streckt ihre Hände einer Seele entgegen und hilft ihr aus dem Feuer. Der Engel gießt einen Becher mit dem Blut Jesu Christi aus und verweist mit seinem linken Zeigefinger nach oben auf das Kruzifix. Daneben steht der Spruch „Lieber Heiland sei so gut, lasse doch dein teures Blut in das Fegefeuer fließen, wo die Armen Seelen büßen."

An der nördlichen Langhauswand befindet sich neben der Eingangstür das große Kruzifix als Viernageltypus mit der Mater Dolorosa am Kreuzfuß. Während es sich bei dem Kruzifix um eine neubarocke Schöpfung handelt, entstand die aus München stammende Schmerzensmutter um 1720. Die trauernde Mutter steht dem Betrachter zugewandt und hat ihren Blick zum gekreuzigten Sohn nach oben gerichtet. Über ihr rotes Gewand mit reichem Faltenwurf trägt sie einen gold-blauen Umhang, der, wie von einem Windstoß verweht, sich über ihre Beine schlägt. Jesus Christus, nur mit einem goldenen Lendentuch bekleidet, hat das dornenbekrönte Haupt leicht zur Seite geneigt. Seine Augen sind fast geschlossen und der Mund wie zum letzten Atemzug leicht geöffnet.

Die Kreuzwegstationen schuf 1945 J. Baumann aus München als Kopien des Kreuzweges aus St. Ulrich in Augsburg von Januarius Zick.

Der Baumeister Johann Georg Hitzelberger

Noch einige Worte zum Baummeister Johann Georg Hitzelberger. Er war der älteste Sohn von Andreas und Sybilla Hitzelberger und wurde am 26. März 1714 getauft. Der Großvater Sebastian Hitzelberger stammte aus Ödwang in der Gemeinde Osterzell bei Kaufbeuren und kam 1668 nach Münsterhausen. Eine Verwandtschaft zur Bildhauerfamilie Hitzelberger aus Pfronten ist möglich.

Johann Georg Hitzelberger heiratete 1742 Johanna Schneider von Friedberg und hatte mit ihr acht Kinder, wobei vier schon im Kindesalter starben. Im Jahr der Eheschließung waren sie nach Ziemetshausen gezogen. Bei den Taufen der ersten Kinder wird Johann Georg Hitzelberger als „cementarius" bezeichnet, was alle Berufe, die mit Gips und Verputzmaterialien zu tun haben, manchmal zählt hierzu auch der

Stuckator, einschließt. Bei der Hochzeit und den späteren Taufen wird er „murarius", Maurer, genannt. Die Ausbildung Johann Georg Hitzelbergers bleibt im Dunkeln. Eine erste Lehrzeit beim Vater ist sehr wahrscheinlich. Zur weiteren Ausbildung könnte er nach Edelstetten zum Baumeister Simpert Kraemer oder ins benachbarte Tannhausen zum Maurermeister und Stuckator Kaspar Radmiller gegangen sein.

Auf der Suche nach einem möglichen Lehrmeister von Johann Georg Hitzelberger finden sich in den Plänen von Joseph Schmuzer für Ottobeuren einige Details, die Hitzelberger gerne verwendete, vor allem die zurückspringenden Rundungen, Seitenaltäre in schräg gestellten Nischen, Pilastergliederungen mit hohem Gebälk. Diese Pläne könnte Hitzelberger über Simpert Kraemer kennen gelernt haben, der seit 1717 die Bauleitung im Kloster übernommen hatte. Da Simpert Kraemer in Edelstetten wohnte, also einem Nachbarort von Johann Georg Hitzelbergers Geburtsort Münsterhausen, könnte er einen direkten Einfluss auf Hitzelberger gehabt haben. Eine Lehrtätigkeit bei ihm ist nicht auszuschließen, da sich eine ähnliche Umsetzung wie bei Hitzelberger bei den Kirchen von Simpert Kraemers Sohn Johann Martin findet, dessen Mitarbeit beim Vater gesichert ist. Ein ähnlicher Einfluss wie Johann Martin Kraemer und Johann Georg Hitzelberger zeigt sich auch bei Kaspar Radmiller, so in der Pfarrkirche von Thannhausen (1740/41) oder der Wallfahrtskirche von Mindelzell (1749/50). Auch er arbeitete seit den 1720er Jahren in Ottobeuren und lieferte einen Plan für die Klosterkirche. Somit können die drei Baumeister Johann Georg Hitzelberger (1714–1792), Johann Martin Kraemer (1713–1782) und Kaspar Radmiller (1692–1775) die gleichen Prägungen erfahren haben, doch setzte sie jeder in einer eigenen Weise um.

Auf wen schließlich der Stil Johann Georg Hitzelbergers zurückzuführen ist, ist nicht eindeutig feststellbar. Es wird sich wohl um eine Vielzahl von Anregungen gehandelt haben. Meine These lautet, dass Johann Georg Hitzelberger nach einer ersten Ausbildung bei seinem Vater bei Simpert Kraemer in die Lehre ging und dort als Mitarbeiter bis Ende der 1730er Jahre tätig war. In dieser Zeit lernte er auch die Arbeiten von Joseph Schmuzer kennen, vor allem dessen Pläne für Ottobeuren. Dominikus Zimmermanns Frauenkirche im nahen Günzburg entstand auch in dieser Zeit und wurde ein Prägebau für das Rokoko in Bayerisch-Schwaben schlechthin. Auch er lieferte Pläne für die Klosterkirche Ottobeuren.

Johann Georg Hitzelberger fügte verschiedene Details von Zimmermann, aber auch von Johann Schmuzer, zu etwas ganz Eigenem zusammen. Hat man sich einmal in den Stil Hitzelbergers eingesehen, so kann man seine Kirchen leicht erkennen. Aus den unterschiedlichen Einflüssen entwickelte Johann Georg Hitzelberger seinen Stil, der sich vor allem durch die zurückspringenden Rundungen und Pilastergliederungen mit hohem Gebälk am Außenbau und harmonischen Oktogonen mit Zwiebelhaube auf den Türmen, im Inneren mit Seitenaltären in schräg gestellten Nischen, geschwungenen Orgelemporen, flachen Pendentifkuppeln oder in die Decke eingelassene Felder mit Flachdecken über geringer Voute, kennzeichnet. Einige dieser Elemente verwendeten auch Simpert und Johann Martin Kraemer an der Klosterkirche in Roggenburg.

Johann Georg Hitzelbergers Bauten entstanden für große Auftraggeber, so für den Abt Coelestin I. Meermoos von Kaisheim, für den er die Kirchen von Tapfheim

(1747), Wörnitzstein (1750), Villenbach (1752/58), Wallenhausen (1755–1757) und Sulzdorf (1756/57) errichtete. Die Umbauten von Violau (1751–1757) oder Schloss Leitheim (1751) können ihm auch zugerechnet werden. Weitere Neu- und Umbauten fanden in der Zeit von 1741–1770 statt. Einzig in Sontheim (1753) unterlag Hitzelberger dem Plan von Ignaz Paulus, der einen günstigeren Bau angeboten hatte.

1769 zog die Familie nach Wallerstein um, da Johann Georg Hitzelberger dort die Stelle als Land-, Bau- und Maurermeister im Hofdienst antrat. 1778 wird er bei der Hochzeit der Tochter Genoveva als „Architector aulicus", Hofbaumeister, genannt.

Für die Herrschaft Oettingen-Wallerstein war Johann Georg Hitzelberger schon kurz nach seinem Umzug nach Ziemetshausen tätig. In der Zeit zwischen 1747 und 1771 errichtete er mehrere Kirchen oder baute sie um. Ein weiterer Neubau neben Maria Vesperbild ist die Kirche von Balzhausen (1766–1768). Die Kirchen und Kapellen von Memmenhausen (1752/53), Lauterbach (1760), Burg (1761–1763), Obergessertshausen (1769–1775) baute er um bzw. renovierte er. Auch Profanbauten wie z. B. die Schule von Ried (1747) oder Reparaturen, vor allem an Pfarrhäusern, führte er in dieser Zeit aus. Nach seiner Festanstellung für die andere Linie der Herrschaft Oettingen-Wallerstein und seinem Umzug nach Wallerstein baute er die Kirche in Oberliezheim (1779/80), den Turm der Pfarrkirche in Maihingen (1769/73). Durch die Vermittlung des Fürstenhauses musste Hitzelbergers Plan für die Kirche in Schaffhausen (1783) mit einigen Änderungen vom Konkurrenten umgesetzt werden. In den Unterlagen des Archivs der Herrschaft Oettingen-Wallerstein auf Schloss Harburg finden sich viele Rechnungen und Protokolle über die rege Tätigkeit Johann Georg Hitzelbergers, da er für alle Baumaßnahmen in der Herrschaft Oettingen-Wallerstein zuständig war. Wohl durch die Eheschließung zwischen dem Haus Oettingen-Wallerstein und Thurn und Taxis 1774 bekam Hitzelberger auch Aufträge bei den Fürsten von Thurn und Taxis, die bis dahin Joseph Dossenberger beschäftigt hatten. So wurde Hitzelberger beim Bau des Langhauses der Pfarrkirche von Eglingen (1774/76), den Umbaumaßnahmen in Schloss Taxis (1775) und bei der Pfarrkirche von Trugenhofen (1779/80) seinem Konkurrenten Dossenberger vorgezogen.

Für die Herrschaft Fugger-Kirchberg-Weißenhorn schuf er die Kirchen von Ritzisried (1758/59), Roth (1760) und Niederhausen (1760). Mit den Umbaumaßnahmen in der Wallfahrtskirche Biberbach (1753), der Errichtung der neuen Zwiebelhaube in Pfaffenhofen an der Roth (1761), sowie den Reparaturen an der Pfarrkirche Ettelried (1757) wurde Johann Georg Hitzelberger beauftragt. Auch in Schloss Kirchberg (1764) baute er das Schlosstor, den Pferdestall, die Galerie und führte weitere Reparaturen aus.

Vor allem durch Briefe der Herrschaft Oettingen-Wallerstein ist überliefert, wie sehr die Arbeit und das Wissen von Johann Georg Hitzelberger geschätzt wurde. Bis in das hohe Alter legte man Wert auf seinen Rat, so dass er 1789 noch mit 75 Jahren zur Beratung für die Turmerhöhung an Balthasar Neumanns Abteikirche Neresheim gerufen wurde. Auch zeigt die Liste der Bauten von Johann Georg Hitzelberger, dass er über längere Zeiträume von den einzelnen Bauherren beschäftigt wurde, auch wenn er inzwischen für andere Auftraggeber tätig war.

Weiterhin sind zahlreiche Pfarrhäuser der Umgebung von ihm gebaut, wie in Memmenhausen, Bermaringen und Hohenaltheim, oder umgebaut worden. Es haben sich von Johann Georg Hitzelberger viele Pläne und Rechnungen erhalten, so neben den Kirchenneubauten auch von zahlreichen Reparaturen und auch zu einfachen Neubauten von Wohnhäusern, Stadeln, Brunnen und Ställen. Als Baumeister der Fürsten war er jedoch auch für deren Schlösser zuständig und so sind die Pläne und Rechnungen zu Bauten der Schlösser in Oberkirchberg, Trugenhofen und Hohenaltheim in den Archiven erhalten. Auch der Umbau von Schloss Leitheim kann ihm zugeschrieben werden.

Johann Georg Hitzelberger verstarb am 12. Juni 1792 in Wallerstein und wurde auf dem dortigen Friedhof beerdigt, wo sich sein Grabstein in der Westwand noch erhalten hat.

Unterlagen zu Johann Georg Hitzelberger und seinen Bautätigkeiten finden sich in den Beständen des Fürstlich Oettingen-Wallersteinschen Archivs des Rentamtes Seifriedsberg, des Fürstlich Oettingen-Wallersteinschen Archives auf Schloss Harburg, des Fürstlichen Thurn und Taxischen Zentralarchives in Regensburg, im Fürstlichen und Gräflichen Fugger'schen Familien- und Stiftungsarchives in Dillingen, im Bayerischen Hauptstaatsarchiv in München, im Staatsarchiv in Augsburg, in den Diözesanarchiven von Augsburg, Eichstätt und Rottenburg-Stuttgart, der Abtei Neresheim und den einzelnen Pfarrarchiven.

Johann Georg Hitzelberger war einer der Baumeister, die in der Zeit des Rokoko das Bild seiner bayerisch-schwäbischen Heimat mitprägten. Mit seinen großen Dorfkirchen von Tapfheim, Maria Vesperbild, Sulzdorf und Balzhausen hinterließ er harmonische Raumschöpfungen mit dezenter Rokokoausstattung und in Trugenhofen schaffte er den Übergang zum Klassizismus. Auch wenn er vor allem einfache Saalbauten mit eingezogenem Chor schuf, so fügte er doch die einzelnen Anregungen seiner Umgebung und vor allem der bedeutenden Bauten des Barock und Rokoko in ganz eigener Weise in seine Bauten ein. Seine Kirchtürme sind weithin sichtbare Kennzeichen seiner Baukunst, die in der Tradition der Augsburger Rathaustürme stehen. Johann Georg Hitzelberger war Maurermeister und kein Stuckator, was die Unterschiede vor allem zu den Bauten seines Konkurrenten Joseph Dossenberger kennzeichnet. Die Baumeister, die auch als Stuckatoren arbeiteten, zeigen lebhaftere Raumschöpfungen mit gerundeten Wänden, geschwungenem Gebälk und ausgefallenen Fensterformen, deren bedeutendste Ausprägungen Dominikus Zimmermann in Steinhausen und der Wieskirche schuf.

Heute ist Maria Vesperbild weit über seine regionalen Grenzen hinaus bekannt. Schon ein Blick auf die Nummernschilder der parkenden Autos an einem ganz normalen Sonntag zeigt einen Mix aus regionalen und überregionalen Besuchern. Weite Strecken nehmen die Wallfahrer auf sich, um an den großen Freiluft-Gottesdiensten an der Fatimagrotte mitten im Wald und den daran anschließenden Lichterprozessionen teilnehmen zu können. Bis zu 20.000 Wallfahrer werden bei diesen Pontifikalämtern gezählt. Die Grotte wurde 1957 eingerichtet und dafür schuf Ludwig Schuster aus Langenneufnach das Marienbildnis, das von Anna Berchtold gestiftet wurde. Hunderte Kerzen und Votivtafeln rund um die Grotte zeigen die vielen verschiedenen Anliegen und Hoffnungen der Besucher, und meist

ist ein „Maria hat geholfen" oder „Danke" für die gewährte Hilfe zu lesen. Selbst die sonntäglichen Gottesdienste werden über Bildschirme nach draußen vor die Kirche übertragen, weil der Kirchenraum die vielen Gläubigen, meistens um die tausend oder sogar mehr, bei weitem nicht fassen kann. Während in so mancher Kirche nur an den hohen Feiertagen jeder Platz besetzt ist, so schafft es Prälat Dr. Wilhelm Imkamp, der die Leitung von Maria Vesperbild seit 1988 inne hat, nicht nur an den Sonntagen die Gläubigen in Scharen nach Maria Vesperbild zu holen und das, obwohl die Kirche keine eigene Kirchengemeinde besitzt. Jährlich besuchen ca. 500.000 Wallfahrer die Kirche mit ihren vielen Gottesdienste. Und wer Maria Vesperbild einmal in einer anderen Form kennenlernen will, der gehe ins Legoland nach Günzburg, wo die Wallfahrtskirche als Vertreter eines typischen schwäbischen Bauwerkes aus tausenden bunten Steinchen nachgebaut wurde.

Literatur

Silke Müller-Hölscher, Die Kirchenbauten des schwäbischen Rokokobaumeisters Johann Georg Hitzelberger (1714–1792), Dissertation 2006, Ludwig-Maximilians-Universität München (mit ausführlichem Literaturverzeichnis und Quellenangaben).
Denkmäler in Bayern, VII.91/1, Landkreis Günzburg, München 2004, S. 521–524.
Heinrich Zabel, Bayerische Kunstdenkmale, Landkreis Krumbach, München 1969, S. 283–290 (Grund- und Aufriss wurden hieraus entnommen).

Fotos: Rainer Alexander Gimmel; Abbildungen in Farbe: s. Farbtafeln II–IX

Ob peculiarem pietatis causam

Ein kanonistischer Impuls zur Bedeutung kirchlicher Heiligtümer im Kontext diözesaner Strukturreformen

Christoph Ohly

In seinem Protreptikos, einer Art philosophischer Mahnschrift, stellt Aristoteles einmal fest: „Die Kunsterzeugnisse hingegen tragen Ziel und Zweck in sich; der Fachmann wird einem nämlich immer darüber Rechenschaft ablegen können, aus welchem Grund und zu welchem Zweck er einen Entwurf gezeichnet hat. Und dieses Ziel steht höher an Wert als das zu diesem Zweck Entstandene".[1] Ob die vielerorts in den Diözesen neu geschaffenen Seelsorgebereiche zu solchen Gebilden gehören, die den Titel „Kunsterzeugnis" verdienen, muss an anderer Stelle beurteilt werden. Doch der Gedanke des griechischen Philosophen möchte darüber hinaus gehend daran erinnern, dass sich hinter jedem geschaffenen Werk immer ein Grund und ein ihm innewohnendes Ziel verbergen. Um diese zu erkennen und in ihrer Ausführung beurteilen zu können, muss der Künstler, bildlich gesprochen, ein wenig zurücktreten, um aus einer entfernteren Perspektive Rechenschaft abgeben zu können, inwieweit Grund und Ziel des Geschaffenen tatsächlich zum Ausdruck kommen und verständlich werden.

---

1 Nach Aristoteles, Protreptikos. Hinführung zur Philosophie. Rekonstruiert, übersetzt und kommentiert von Gerhart Schneeweiß (= Texte zur Forschung, Bd. 85), Darmstadt 2005, frg. 55 f.; auf der Grundlage von Aristote, Le Protreptique. Fragments ordonnés par Anton-Hermann Chroust traduit par Yvan Pelletier d'après le texte grec colligé par W. D. Ross, 1999, Nr. 11: „Maintenant, parmi les êtres qui viennent à exister par hasard, aucun n'existe en vue de quelque chose ni ne répond à aucune fin particulière. Par contre, ceux qui sont issus de l'art répondent à une fin aussi bien qu'à une intention, car toujours celui qui dispose d'un art sera à même de fournir la raison et l'intention de ce qu'il a tracé, et cette fin sera un bien meilleur que ce qu'il a fait pour elle. Je veux dire tout ce dont l'art est de nature à être cause par lui-même, non par accident. Car nous attribuerions plus proprement à la médecine la responsabilité de la santé que celle de la maladie, et à l'architecture celle de la maison plutôt que celle de son effondrement. Partant, tout ce qui vient à exister par art répond une intention, et cette fin à elle est aussi ce qu'elle a de meilleur. Par contre, tout ce qui vient à exister par hasard ne répond à aucune intention. De fait, il se pourrait aussi qu'un bien survienne par hasard; toutefois, en rapport au hasard et dans la mesure où il est issu du hasard, ce n'est pas un bien, car toujours ce qui vient à exister par hasard est indéfini"; als Text verschollen, aber auffindbar bei Jamblique, Protreptique, Exhortation à la philosophie (contient des fragments du jeune Aristote sur la Protreptique), IX, 49. 11–25.

In dieser Rolle befindet sich auch der Kirchenrechtler, der in diversen Funktionen in die aktuellen Prozesse der Neugestaltung diözesaner Seelsorgestrukturen eingebunden ist. Mit einem gebührenden Abstand hat er von Zeit zu Zeit auf jene Gebilde zu schauen, die den Veränderungen im Leben der Kirche und der Gesellschaft Rechnung zu tragen versuchen und in den Diözesen unter verschiedenen Namen anzutreffen sind, z. B. „Diözesaner Pastoralraum", „Pfarreiengemeinschaft", „Großpfarrei" oder „Pfarrverband". Sein Ziel ist es dabei, die ekklesiologische Legitimität und rechtliche Kongruenz dieser Strukturen zu prüfen, ihre augenblickliche Verwirklichung zu beurteilen und mögliche zukünftige Erfordernisse zu entdecken.

Im Folgenden soll dies derart vollzogen werden, dass aus kirchenrechtlicher Perspektive wesentliche Grundlinien der aktuellen Veränderungen der Pfarrpastoral herausgestellt sowie in ihrem Kontext die Bedeutung der Wallfahrtsstätten erhellt werden. Während die Pfarrei, deren territoriale Größe immer historischen Veränderungen unterworfen war, vom Kanonischen Recht als für die Struktur der Diözese grundlegende Unterteilung verstanden wird und damit eine verfassungsrechtlich relevante Bedeutung besitzt (c. 374 § 1), bezeichnen die Wallfahrtsstätten (Sanktuarien) jene heiligen Orte im Leben der Kirche, die gemäß c. 1230 aus besonderem Frömmigkeitsgrund (*ob peculiarem pietatis causam*) zum Ziel zahlreicher Menschen auf dem Pilgerweg des Glaubens werden. Auf diese Weise leisten sie einen bedeutsamen, aber oft nicht genügend beachteten Beitrag für die Lebendigkeit der kirchlichen Sendung in den Pfarreien sowie für die geistliche Durchdringung notwendig gewordener Strukturveränderungen in den Diözesen. Die Wallfahrtsorte stellen so etwas wie geistliche Zentren der Teilkirche dar, in denen insbesondere die Frömmigkeit als Lebensstrom kirchlichen Daseins sichtbar wird.[2]

Den Beitrag solcher Heiligtümer (Sanktuarien) kirchenrechtlich als Impuls herauszustellen, soll daher ein Zeichen des Dankes für den zu ehrenden Jubilar und sein langjähriges Wirken für und an einem solchen Gnadenort sein.

A. Die Pfarrei im Lichte kirchlicher Rechtsbestimmungen

I. Ekklesiologische Maßgabe

Das II. Vatikanische Konzil bezeichnet in der Kirchenkonstitution „Lumen Gentium" die Kirche als „universales Heilssakrament" (LG 48), in dem und durch das

---

2 Vgl. dazu Papst Benedikt XVI., Schreiben an die Seminaristen vom 18. Oktober 2010, in: Osservatore Romano (dt), Nr. 43 vom 29. Oktober 2010, 6–7, hier Nr. 4: „Bewahrt Euch auch den Sinn für die Volksfrömmigkeit, die in allen Kulturen verschieden und doch auch immer wieder ganz ähnlich ist, weil das Herz des Menschen letztlich immer dasselbe ist. Gewiß, die Volksfrömmigkeit tendiert zur Irrationalität, vielleicht auch manchmal zur Äußerlichkeit. Sie zu ächten ist dennoch ganz verkehrt. In ihr ist der Glaube in das Herz der Menschen eingetreten, ist Teil ihres Empfindens, ihrer Gewohnheiten, ihres gemeinsamen Fühlens und Lebens geworden. Deswegen ist die Volksfrömmigkeit ein großer Schatz der Kirche. Der Glaube hat Fleisch und Blut angenommen. Sie muß sicher immer wieder gereinigt, auf die Mitte hin bezogen werden, aber sie verdient unsere Liebe, und sie macht uns selber auf ganz reale Weise zu ,Volk Gottes'."

Gott den Menschen sein Heil vermittelt. Die Kirche ist Mittlerin göttlicher Gnade, jedoch nicht als Heilsanstalt ethisch-pädagogischer Ausrichtung, sondern als lebendige Realität des Volkes Gottes, das in personalen Vollzügen des göttlichen Heils (Wort, Sakrament und Liebe)[3] „herbeigeführt, gestärkt und dargestellt wird" (c. 840). Als Gemeinschaft der Gläubigen *(communio fidelium)*, unter denen aufgrund ihrer Taufe eine wahre Gleichheit in Würde und Tätigkeit besteht (c. 208), ist das Volk des Herrn zugleich „Volk vom Leib Christi her"[4], in der Kommunion mit Christus, dem Haupt des Leibes, verbunden und wie der Leib (1 Kor 12,12–31) hierarchisch gegliedert *(communio hierarchica)*. Geistgewirkt stehen so alle Gläubigen in einem untrennbaren Zusammenhang zueinander, indem sie gemäß ihrer eigenen Stellung und Aufgabe am Aufbau des Leibes mit- und zusammenwirken (c. 208)[5]. Die Kirche ist demzufolge ein lebendiger Organismus, der in Dasein und Vollzug die Gegenwart des dreifaltigen Gottes sozusagen ikonographisch verwirklicht: „So aber betet und arbeitet die Kirche zugleich, daß die Fülle der ganzen Welt in das Volk Gottes eingehe, in den Leib des Herrn und den Tempel des Heiligen Geistes, und daß in Christus, dem Haupte aller, jegliche Ehre und Herrlichkeit dem Schöpfer und Vater des Alls gegeben werde" (LG 17).

Wie die Kirche als Ganze durch ihre Communio-Struktur geistlich-rechtlich bestimmt ist, so trifft dies auch auf die Pfarrei als „Kirche vor Ort" zu. Sie kann und darf nicht die von der Gesamtkirche her isolierte „Gemeinde" sein, sondern muss sich in Wesen und Sendung eingebunden wissen in das Gesamt der einen, auf dem Erdkreis verstreut lebenden Kirche des Herrn. Dies zu schützen und zu fördern, ist Aufgabe der rechtlichen Bestimmungen zur Pfarrei, die – insbesondere in Zeiten notwendig gewordener Veränderungen – stets im Licht der ihnen zugrunde liegenden Ekklesiologie verstanden werden müssen.[6] Deshalb ist es notwendig,

---

3 Vgl. dazu Christoph Ohly, Deus caritas est. Die Liebe und das Kirchenrecht, in: Symphonie des Glaubens. Junge Münchener Theologen im Dialog mit Joseph Ratzinger / Benedikt XVI., hg. v. Michaela C. Hastetter, Christoph Ohly, Georgios Vlachonis, St. Ottilien 2007, 103–129.

4 Vgl. zu dieser Begrifflichkeit in der Ekklesiologie von Joseph Ratzinger die Studie von Grzegorz Jankowiak, Volk Gottes vom Leib Christi her. Das eucharistische Kirchenbild von Joseph Ratzinger in der Perspektive der Ekklesiologie des 20. Jahrhunderts (= Bamberger Theologische Studien, Bd. 28), Frankfurt 2005.

5 Vgl. dazu das geflügelte Wort des spanischen Jesuiten Tomás Morales (1908–1994), der von einem „Binom Laie-Priester" spricht: „Ein Laie ohne Priester vermag wenig, ein Priester ohne Laien vermag mehr, doch Priester und Laien gemeinsam vermögen vereint mit Gott alles in dem, der sie stark macht"', so in: Tomás Morales SJ, Die Stunde der Laien (= Leben und Werk von P. Tomás Morales, Bd. II, übersetzt und herausgegeben vom Katholischen Säkularinstitut „Cruzadas de Santa María"), St. Ottilien 2009, 107 (Spanische Originalausgabe: Tomás Morales SJ, Hora de los laicos, Madrid ²2003).

6 Vgl. Papst Johannes Paul II., Constitutio Apostolica "Sacrae Disciplinae Leges" vom 25. Januar 1983, in: Acta Apostolicae Sedis 75.II (1983), VII–XIV, hier bes. XI: „Instrumentum, quod Codex est, plane congruit cum natura Ecclesiae, qualis praesertim proponitur per magisterium Concilii Vaticani II in universum spectatum, peculiarique ratione per eius ecclesiologicam doctrinam. Immo, certo quodam modo, novus hic Codex concipi potest veluti magnus nisus transferendi in sermonem *canonisticum* hanc ipsam doctrinam, ecclesiologiam scilicet conciliarem. Quod si fieri nequit, ut imago Ecclesiae per doctrinam Concilii descripta perfecte in linguam 'canonisticam' convertatur, nihilominus ad hanc ipsam imaginem semper Codex est referendus tamquam ad primarium exemplum, cuius lineamenta is in se, quantum fieri potest, suapte natura exprimere debet".

nach den ekklesiologisch relevanten Grundlagen der Pfarrei zu fragen, wie diese sich in den Bestimmungen des Codex Iuris Canonici entfalten. Wie können die aktuellen Strukturveränderungen in Bezug dazu gesetzt und beurteilt werden?

II. Kodikarische Grundlagen[7]

a. Konstitutivelemente der Pfarrei

Die Pfarrei ist nicht nur die gemäß c. 374 § 1 vorgesehene territoriale Untergliederung der Diözese[8]. Sie stellt nach c. 515 § 1 vielmehr eine personal umschriebene Gemeinschaft von Gläubigen dar, die – in sich gemäß der Communio-Struktur der Kirche geordnet – zum Ort der Verkündigung, der Liturgie und der Caritas wird, d. h. jener Trias von Martyria (Bekenntnis), Liturgia (Gottesdienst) und Koinonia (hierarchisch strukturierte Gemeinschaft), die als auch für die Pfarrei essentiellen Elemente kirchlicher Existenz gelebt werden müssen.

Die Pfarrei ist, wenn auch nicht konstitutiv für die Kirche, so doch „tragende Struktur" um der Seelsorge willen.[9] Zu ihren konstitutiven Elementen gehören nach c. 515 § 1 iVm c. 518 die durch das Pfarr-Territorium umschriebene und bestimmte Gemeinschaft von Gläubigen (certa communitas christifidelium), die auf Dauer errichtet ist (stabiliter constituta) und deren Hirtensorge einem Pfarrer als pastor proprius unter der Autorität des Diözesanbischofs (sub auctoritate Episcopi dioecesani) anvertraut ist. Auch wenn dieser theologische Leitcanon zum Pfarreienrecht die gemeinsame Verantwortung aller Gläubigen an der Sendung der Kirche nicht explizit und in wünschenswerter Klarheit herausstellt, soll darin doch deutlich werden, dass die Pfarrei alle Gläubigen des Territoriums im Zusammenwirken mit dem Pfarrer in sich vereinen und auf ihre apostolische Aufgabe hin ausrichten soll.

So besitzt die Pfarrei eine ihrer wesensgemäßen Struktur innewohnende doppelte Zielrichtung: die innerpfarrliche Befähigung der Gläubigen zur Teilhabe am dreifachen Amt Christi (Lehren – Heiligen – Leiten) und zugleich die daraus erwachsende, auf die außerpfarrlichen Gegebenheiten hin orientierte Befähigung zur Bezeugung und Verkündigung der Heilstaten Jesu Christi im Alltag der christlichen Existenz. Das Verhältnis von Innen und Außen soll daher das ausdrücken und präsent halten, was der Begriff „Pfarrei" (griechisch: παροικία; παροικεῖν; lateinisch: paroecia) nach bisher geltender Auffassung für die christliche Existenz auch etymologisch besagt: Der Christ lebt in der Fremde, er ist Pilger in Zeit und Welt und bezeugt so den Weg zum eigentlichen Ziel seines Lebens. Weg und Ziel ist für ihn Jesus Christus als Herr, der ihm dafür in und durch die Kirche Maßstab (Evan-

---

7 Vgl. grundlegend Heribert Hallermann, Pfarrei und pfarrliche Seelsorge. Ein kirchenrechtliches Handbuch für Studium und Praxis (= Kirchen und Staatskirchenrecht, Bd. 4), Paderborn u. a. 2004.

8 So can. 216 CIC/1917.

9 Papst Benedikt XVI., Nachsynodales Apostolisches Schreiben „Sacramentum Caritatis" vom 22. Februar 2007, in: Verlautbarungen des Apostolischen Stuhls, hg. v. Sekretariat der Deutschen Bischofskonferenz, Bd. 177, Bonn 2007, Nr. 76.

gelium), Nahrung (Sakramente) und Weggeleit (Bischöfe und Priester als Hirten) ist (vgl. Apg 13,16 f.; Hebr 11,9 f.; 1 Petr 1,17).[10]

Von dieser Dynamik des Glaubensweges muss die Pfarrei als Kirche am Ort geprägt sein. Sie ist nicht um ihrer selbst willen da und daher auch keine irdisch immobilisierte Größe. Im Gegenteil, die Pfarrei hat als geistliche Oase die Mobilität des Unterwegseins im Glauben wach zu halten.

b. Leitung der Pfarrei

Neben der durch das Territorium bestimmten Gemeinschaft der Gläubigen stellt der Pfarrer als eigener Hirte der Pfarrei deren zentrales Konstitutivum dar. Gemäß cc. 515 § 1 und 519 ist er sozusagen die *conditio sine qua non* der Pfarrei. In seinem *agere in persona Christi capitis Ecclesiae* (d. h. im Handeln in der Person Christi, des Hauptes der Kirche)[11] vollzieht sich die sakramentale Repräsentation Christi in der „Kirche vor Ort", ohne die die Kirche nicht sein kann. Der Pfarrer nimmt als Priester das dreifache Amt des Lehrens, des Heiligens und des Leitens in sakramental grundgelegter Stellvertretung Christi und aufgrund der kanonischen Sendung durch den Bischof wahr.

Wenn auch dem Pfarrer als dem eigentlichen Hirten unter der Autorität des Bischofs die Hirtensorge in der Pfarrei anvertraut ist, so bedarf es doch im Sinne der geistlich-rechtlichen Communio-Struktur der Mitwirkung aller, die zu einer Pfarrei gehören, da alle Getauften entsprechend ihrem Stand und ihrer Aufgabe am Aufbau der Kirche und ihrer Sendung beteiligt sein müssen (c. 208). Nach Maßgabe des Rechts können und sollen dabei gemäß c. 519 in einer gestuften Ordnung Priester oder Diakone mitwirken. Laien können (und sollen) durch das Zeugnis in Ehe, Familie, Beruf und Freizeit ebenso wie in institutionalisierten Formen beispielsweise der beratenden Mitarbeit (Pfarrpastoralrat gemäß c. 536 und Pfarrvermögensverwaltungsrat nach c. 537) oder der pastoralen Arbeit in Katechese, Schule u. a. M. mithelfen. In Konsequenz zu diesen ekklesiologischen und verfassungsrechtlich bedeutsamen Grunddaten bestimmt c. 526 § 1 auch den Normalfall dieses Leitungsprinzips: „Der Pfarrer soll nur für eine Pfarrei die pfarrliche Sorge haben".

Von diesem Grundprinzip wird in Ausnahmefällen abgewichen, die in unterschiedlichen Beweggründen ihre Legitimation finden.[12] Für den Fall, dass das Pfarreramt durch Tod, Verzicht, Zeitablauf, Ab- oder Versetzung vakant bzw. durch Gefangenschaft, Verbannung, Ausweisung, Unfähigkeit, angegriffener Gesundheit oder aus einem anderen Hinderungsgrund des Stelleninhabers behindert ist, ist es die Aufgabe des Diözesanbischofs, so bald wie möglich einen Pfarradministrator

---

10 Ersatz- oder Vorformen der Pfarrei, wie die Quasipfarrei nach c. 516, die Personalpfarrei nach c. 518, die „Gemeinschaften von Gläubigen" nach c. 516 § 2, sind und bleiben in ihrem legitimen Bestand auf die Pfarrei als Vollform ausgerichtet.

11 Siehe dazu Christoph Ohly, Christus zieht uns in sich hinein. Priestersein nach dem Priesterjahr, in: Pastoralblatt 63 (2011), 105–111.

12 Vgl. Christoph Ohly, Kooperative Seelsorge. Eine kanonistische Studie zu den Veränderungen teilkirchlicher Seelsorgestrukturen n den Diözesen der Kölner Kirchenprovinz (= DiKa 17), bes. 27–73.

zu ernennen, der den fehlenden oder abwesenden Pfarrer vertritt (cc. 539 und 540). Bis zu dessen Ernennung übernimmt der Pfarrvikar als Pfarrvertreter gemäß c. 541 § 1 die Leitung der Pfarrei.

Nach c. 526 § 1 kann – in Übereinstimmung mit der Aussage des c. 152, der von der Inkompatibilität mehrerer Ämter lediglich mit Blick auf deren inhaltliche Ausrichtung spricht – wegen Priestermangels oder anderer Umstände die Sorge für mehrere benachbarte Pfarreien demselben Pfarrer anvertraut werden. Dabei ist es „nicht zwingend vorausgesetzt, dass Pfarreien, die denselben Pfarrer haben, auch zusammenarbeiten müssen".[13] Aus Gründen der Kompatibilität der Pfarrstellen erscheint es aber zumindest sinnvoll.

Ebenfalls aufgrund von einschlägigen Umständen *(ubi adiuncta id requirant)*, die das erfordern, kann darüber hinaus nach c. 517 § 1 die Hirtensorge für eine oder für verschiedene Pfarreien zugleich mehreren Priestern solidarisch übertragen werden, jedoch mit der Maßgabe, dass einer von ihnen „Moderator" des seelsorglichen Wirkens sein muss, der die Zusammenarbeit mittels einer von ihnen selbst festgelegten Ordnung (c. 543 § 1) leitet und dem Bischof gegenüber verantwortet (vgl. cc. 542–544).[14] Auch hier ist eine Kooperation der beteiligten Pfarreien nicht zwingend vorausgesetzt, wohl aber angebracht.

Schließlich lässt c. 517 § 2 im Fall des Priestermangels gemäß Urteil des Diözesanbischofs *(si ob sacerdotum penuriam Episocpus dioecesanus aestimaverit)* die Beteiligung eines Diakons oder eines Laien an der Ausübung der Hirtensorge für eine vakante Pfarrei zu. Dafür muss jedoch immer ein Priester bestimmt werden, der mit den Vollmachten und Befugnissen eines Pfarrers ausgestattet, die Hirtensorge leitet. Insbesondere diese Bestimmung ist in der internationalen Kanonistik ausgiebig diskutiert worden.[15] Dabei wurde unter anderem die Gefahr erkannt, dass der Diakon oder der Laie auf Dauer zum „Ersatzpfarrer" werden könne, der den Charakter sowohl der Sedisvakanz als auch der ekklesiologischen Notwendigkeit des Priesters als Pfarrer verdunkelt. Die universal- und partikularrechtliche Gesetzgebung sowie einschlägige lehramtliche Dokumente[16] zeugen inzwischen von einer

---

13 Caroline H. Schneider, Kooperation oder Fusionierung von Pfarreien? Strukturelle Veränderungen im Bistum Essen aus kirchenrechtlicher Sicht (= BzMK 53), Essen 2008, 18.

14 Vgl. dazu René Löffler, Gemeindeleitung durch ein Priesterteam. Interpretation des can. 517 § 1 CIC/1983 unter besonderer Berücksichtigung der deutschen Rechtslage (= BzMK 31), Essen 2001.

15 Vgl. Christoph Ohly, Kooperative Seelsorge (Anm. 12), 45–64. Siehe auch: Michael Böhnke, Pastoral in Gemeinden ohne Pfarrer. Interpretation von c. 517 § 2 CIC/1983 (= BzMK 12), Essen 1994; Thomas Schüller, Pfarrei und Leitung der Pfarrei in der Krise – eine kritische Bilanz der kanonistischen Diskussion zur sog. „Gemeindeleitung" auf dem Hintergrund kooperativer Seelsorgeformen in den deutschsprachigen Diözesen, in: Kirchenrecht aktuell. Anfragen von heute an eine Disziplin von „gestern", hg. v. Reinhild Ahlers, Beatrix Laukemper-Isermann (= BzMK 40), Essen 2004, 153–170; Michael Böhnke – Thomas Schüller, Gemeindeleitung durch Laien? Internationale Erfahrungen und Erkenntnisse, Regensburg 2011.

16 Kongregation für den Klerus, Der Priester, Lehrer des Wortes, Diener der Sakramente und Leiter der Gemeinde für das dritte christliche Jahrtausend vom 19. März 1999, in: Comm 34.2 (2002), 180–195, auch: Verlautbarungen des Apostolischen Stuhls, hg. v. Sekretariat der Deutschen Bischofskonferenz, Bd. 139, Bonn 2002 – Dies., Instruktion „Der Priester, Hirte und Leiter der Pfarrgemeinde" vom 4. August 2002, in: Verlautbarungen des Apostolischen Stuhls, hg. v. Sekretariat der Deutschen Bischofskonferenz, Nr. 157, Bonn 2002 – Kongregation für die Bischöfe,

spürbaren Distanz zu dieser Norm. Es muss klar bleiben, dass eine Pfarrei ohne Pfarrer eine „defizitäre Pfarrei" darstellt und auf Zukunft hin zur Behebung dieses Defizits ausgerichtet bleibt.

c. Kooperation von Pfarreien

Neben einer Kooperation von Pfarreien, die durch die beschriebenen Ausnahmen bezüglich der Pfarreileitung angeregt werden kann, bestimmt c. 374 § 2 ausdrücklich, dass mehrere benachbarte Pfarreien zu besonderen Zusammenschlüssen verbunden werden können, um die Hirtensorge nicht nur zu sichern, sondern durch gemeinsames Handeln zu fördern.

Ekklesiologisches Kriterium für das Zusammenwirken von Gläubigen ist zunächst der vom Herrn empfangene Auftrag der ganzen Kirche in Verkündigung, Heilung und Leitung, der vor den historisch gewachsenen Grenzen einer Pfarrei nicht Halt macht. Vielmehr verbindet der eine Auftrag aller Glieder der Kirche ihr Handeln im Herrn über territoriale Gliederungen hinweg. So ist ein Zusammenwirken bereits aus dem Bewusstsein heraus gefordert, gemeinsam Träger der Verkündigung der Frohen Botschaft zu sein.[17] Gerade hier hat sich die Katholizität als entscheidendes Charakteristikum der kirchlichen Existenz gegenüber einem häufig anzutreffenden provinziellen und auf Territorien beschränkten Denken zu erweisen. Katholisches und damit weltumspannendes Glaubensbewusstsein verabsolutiert nicht das eigene Christsein mittels pfarrlicher oder glaubenssubjektiver Grenzen, sondern ist von der Weite und Einheit der universalen Kirche und ihres Glaubens geprägt.

Veränderte Situationen hinsichtlich der Zahl von Gläubigen und Priestern können darüber hinaus jedoch dazu führen, dieser Zusammenarbeit ein auch rechtlich stärker geprägtes Fundament zu geben, indem neben dem klassischen Dekanat[18] weitere Formen der Kooperation – von der Pfarreiengemeinschaft über den Pfarrverband bis hin zur Überführung (Fusion) der beteiligten Pfarreien in eine neue (Groß-) Pfarrei – geschaffen werden. Die damit verbundenen pfarrlichen Umstrukturierungen, wie sie seit vielen Jahren in den Diözesen anzutreffen sind, hat es zeitbedingt in der Geschichte der Kirche immer gegeben. Sie sind Reaktionen auf Veränderungen in Kirche und Gesellschaft mit dem Ziel, Wesen und Sendung der Kirche und der Seelsorge umfassender zu ermöglichen. Als solche sind sie mit dem Blick auf die „Zeichen der Zeit" erforderlich, verbleiben aber dort äußere Makulatur, wo sie nicht mit einem ihnen entsprechenden Prozess geistlicher Erneuerung der Gläubigen einhergehen. Geistliche Erneuerung aber bedeutet immer Umkehr und Hinwendung zur Mitte der Kirche, die Christus selbst ist, denn die Kirche wächst und wird in dem Maße aufgebaut, in dem jeder umkehrt und sich heiligt: „Dieser Weg der dem Evan-

---

Direktorium für den Dienst der Bischöfe „Apostolorum Successores" vom 22. Februar 2004, in: Verlautbarungen des Apostolischen Stuhls, hg. v. Sekretariat der Deutschen Bischofskonferenz, Bd. 173, Bonn 2004.

17 Vgl. dazu u. a. LG 10.33–35.

18 Vgl. Winfried Aymans – Klaus Mörsdorf, Kanonisches Recht. Lehrbuch aufgrund des Codex Iuris Canonici, Bd. II: Verfassungsrecht / Vereinigungsrecht, Paderborn u. a. [13]1997, hier 442 f.

gelium entsprechenden Umkehr darf sich gewiss nicht auf eine besondere Periode des Jahres beschränken: Es ist ein Weg, der jeden Tag zu gehen ist, der den ganzen Bogen der Existenz, jeden Tag unsres Lebens umfassen muss".[19]

d. Errichtung, Aufhebung, Veränderung

Die vom kirchlichen Gesetzbuch für spezifische Situationen der Pfarrseelsorge als Ausnahme formulierten Normen können aufgrund von bleibenden Umständen dauerhaften Charakter annehmen. Der Bamberger Erzbischof Ludwig Schick bezeichnete in diesem Zusammenhang die heutige kirchliche Situation als Kontext eines fünffachen Mangels und Überschusses, der ein Zugehen auf dauerhafte Veränderungen notwendig macht.[20] Als Mangel bezeichnet er a) den anhaltenden Priester- und damit Pfarrermangel, b) den Mangel an Katholiken sowie den Schwund an aktiven Katholiken, c) den Glaubensmangel, d) den Geldmangel und e) den Kindermangel. Als Überschuss hingegen führt er ergänzend dazu an a) den Personalüberschuss im sog. „Folgepersonal", b) den Strukturüberschuss im Verhältnis von Gläubigen und Anzahl der Pfarreien, c) den Institutionen- und Immobilienüberschuss der Pfarreien, d) den Bürokratieüberschuss im Bereich der Pfarrverwaltung[21] sowie e) den Funktionenüberschuss einer Pfarrei, der über die drei Grundfunktionen der Kirche hinausgeht.

Aus den Zusammenhängen dieser Situation ergibt sich die Notwendigkeit einer geistlich-rechtlich durchdrungenen Lösung dieser Probleme bezüglich ihrer Dauerhaftigkeit. Das soll – so die Intention des Gesetzbuches und der geistlichen Interpretation des kirchlich-gesellschaftlichen Kontextes – mit dem Blick auf die Pfarreien durch die Konzentration auf den Grundauftrag der Kirche, auf ihre missionarische Dimension sowie auf die zu gestaltende Kooperation von Pfarreien vollzogen werden.[22]

Dabei ist daran zu erinnern, dass es gemäß c. 515 § 2 allein Sache des Diözesanbischofs ist, Pfarreien zu errichten, aufzuheben oder sie zu verändern, dies allerdings nicht ohne den Priesterrat gehört zu haben. Ebenso ist dazu eine Reihe von staatskirchenrechtlichen Implikationen nicht zuletzt im vermögensrechtlichen Bereich zu beachten, die vornehmlich in Vereinbarungen zwischen den betroffenen Bundesländern und den Diözesen formuliert worden sind.[23]

---

19 Papst Benedikt XVI., Botschaft zur Fastenzeit 2007, in: www.vatican.va (Botschaften 2007).

20 „Mehr als Strukturen Entwicklungen und Perspektiven der pastoralen Neuordnung in den Diözesen". Dokumentation des Studientages der Frühjahrs-Vollversammlung 2007 der Deutschen Bischofskonferenz vom 12. April 2007 (= Arbeitshilfen 213), hg. v. Sekretariat der Deutschen Bischofskonferenz, Bonn 2007, 31 f. Dazu detaillierter „Mehr als Strukturen ". Neuorientierung der Pastoral in den (Erz-)Diözesen. Ein Überblick vom 12. April 2007 (= Arbeitshilfen 216), hg. v. Sekretariat der Deutschen Bischofskonferenz, Bonn 2007.

21 Siehe dazu hingegen die knappe Umschreibung der wichtigsten Aufgaben eines Pfarrbüros nach c. 535.

22 Vgl. „Mehr als Strukturen Entwicklungen und Perspektiven der pastoralen Neuordnung in den Diözesen" (Anm. 20), hier bes. 15 f.

23 Vgl. dazu Burkhard Kämper, Zusammenlegung katholischer Kirchengemeinden – Gründe, rechtliche Voraussetzungen und praktische Folgen, in: Dem Staate, was des Staates – der Kirche, was der Kirche ist. FS für Joseph Listl zum 70. Geburtstag, hg. v. Josef Isensee, Wilhelm Rees, Wolfgang

B. Grundmodelle zur Strukturierung der Pfarrseelsorge

In Folge dieser Überlegungen haben sich in den deutschen Bistümern drei Grundmodelle zur Strukturierung der Pfarrseelsorge heraus kristallisiert, die den kodikarischen Vorgaben entsprechen wollen. Um dem geistlichen Ziel gerecht zu werden, missionarisch Kirche zu sein und die Pastoral verstärkt auf die drei Grundaufgaben der Verkündigung, Liturgie und Caritas zu konzentrieren, wird in vielen pastoralen Neuordnungen die kirchenrechtlich grundgelegte Notwendigkeit ausdrücklich angesprochen, die Räume pastoralen Handelns zu vergrößern, damit die Kirche den Menschen in ihren heutigen Lebensräumen nahe sein kann.

Dabei können folgende Schwerpunkte festgestellt werden[24]:

1. Grundsätzlich bleibt die Pfarrei der vorrangige territoriale Ort der Pastoral. Sie wird als „Kirche am Ort" mit ihren Grundvollzügen und Sendungsaufträgen als Verwirklichung der kirchlichen Existenz verstanden, die eingebunden ist in das Leben der Teilkirche (Diözese) und Universalkirche.

2. Die Pfarrei als ekklesiologische und verfassungsrechtliche Ordnungsgröße wird aufgrund der Veränderungen im kirchlichen Leben jedoch in einem weiteren „pastoralen Raum" benachbarter Pfarreien gesehen, entweder in einem *Pfarreienverbund* als Zusammenarbeit mehrerer Pfarreien in verschiedenen Seelsorgefeldern bei weitgehender Wahrung ihrer Eigenständigkeit oder in einer *Pfarreiengemeinschaft* als Zusammenschluss mehrerer rechtlich selbständiger Pfarreien, die nach c. 526 § 1 einen Pfarrer haben, die rechtlich verbindliche Vereinbarungen treffen und gemeinsame Gremien bilden. Die Frage der Leitung durch den Pfarrer sowie die Aufgaben weiterer Priester (Pfarrvikare, Subsidiare), der Diakone und der pastoralen Laiendienste werden durch Richtlinien oder Statuten auf der Grundlage der einschlägigen Aussagen des Kirchenrechts (besonders cc. 515–526 und cc. 542–552) geregelt.

3. In manchen Diözesen werden die bisherigen Pfarreien – oft nach Jahren erprobten Zusammenwirkens – aufgelöst und in eine *größere, neu errichtete Pfarrei* überführt. Dabei bleiben aber die bisherigen Pfarreien als rechtlich unselbstständige „Gemeinden" (Pfarrbezirke, Seelsorgestellen) in der neuen Pfarrei bestehen.

4. Sowohl die Kooperation von Pfarreien als auch die durch Fusionierung neu errichtete Pfarrei können in ein und derselben Diözese nebeneinander bestehen: „Je genauer wir auf die konkreten Vor-Ort-Bedingungen der Pastoral schauen, desto differenzierter müssen wir reagieren, in Essen anders als in Trier, in der Magdeburger Börde anders als in Oberbayern".[25]

Rüfner, Berlin 1999, 469–479 sowie Jochen Walter, Rechtliche Aspekte bei der Errichtung, Aufhebung und Veränderung von Pfarreien unter besonderer Berücksichtigung der staatskirchenrechtlichen Bestimmungen in den nordrhein-westfälischen (Erz-)Bistümern, in: Aktuelle Beiträge zum Kirchenrecht. Festgabe für Heinrich J. F. Reinhardt zum 60. Geburtstag, hg. v. Rüdiger Althaus, Rosel Oehme-Vieregge, Jürgen Olschewski (= AIC 24), Frankfurt u. a. 2002, 323–338.

24 Vgl. „Mehr als Strukturen Entwicklungen und Perspektiven der pastoralen Neuordnung in den Diözesen" (Anm. 20), 133 f.

25 So Bischof Joachim Wanke in: „Mehr als Strukturen ... Entwicklungen und Perspektiven der pastoralen Neuordnung in den Diözesen" (Anm. 20), 16.

C. Schwerpunkte und zukünftige Erfordernisse

Vielerorts ist der bisherige Umstrukturierungsprozess aus unterschiedlichen Gründen als ein „formal" geprägtes Vorgehen erfahren worden. Enttäuschungen und Verletzungen innerhalb geschichtlich gewachsener Zusammenhänge blieben nicht aus. Aufgrund von Priestermangel und anderen Mangelerscheinungen – so der Eindruck – zwinge das Kirchenrecht zu den vollzogenen Maßnahmen. Doch es gilt, mit den kirchenrechtlich legitimen Entscheidungen auch das geistliche Moment festzustellen, das diesen Prozess als Reaktion auf einen „Kairos" erkennen lässt, in der sich die Kirche in Deutschland befindet.

Dabei können und müssen Schwerpunkte ausgemacht werden, die es zukünftig weiter zu vertiefen gilt[26]:

1. Der Reformprozess stellt grundsätzlich einen geistlich-rechtlichen Prozess dar, an dem viele Gläubige (Kleriker und Laien) beteiligt sind. Er ist somit konkreter Ausdruck der Communio-Struktur der Kirche, indem Gläubige diese Entwicklung in ihrer qualifiziert unterschiedlichen Verantwortung vielfältig mittragen.

2. Die Leitung, die ein Priester als Pfarrer im „pastoralen Raum" (Pfarrei, Pfarreiengemeinschaft, Pfarrverbund) wahrnimmt, wird herausgestellt. Damit wird der ekklesiologischen und kodikarischen Vorgabe gemäß cc. 515 § 1, 519 und 528–530 hinsichtlich der Leitung durch den Pfarrer entsprochen. Doch die Gefahr, dass der Pfarrer nicht unmittelbar als Hirte seiner Gläubigen erfahren wird, ist aufgrund der Größe der neuen Pastoralräume nicht zu leugnen. Daher muss mit der umfassender gewordenen Leitungsaufgabe zugleich und notwendig eine Stärkung der geistlichen Kompetenz des Pfarrers einhergehen, die ihn in seiner priesterlichen Christus-Repräsentanz *(alter Christus)* im Lehren, Heiligen und Leiten erkennbar werden lässt und trägt. Das bringt die Konsequenz mit sich, zukünftig vermehrt jene verzichtbaren Aufgabenfelder zu verlassen und dafür rechtliche Voraussetzungen zu schaffen, die nicht genuin dem priesterlichen Charakter entsprechen (z. B. im Bereich der Verwaltungstätigkeit).

3. Eine Reihe von Priestern verliert durch die Auflösung von Pfarreien ihren bisherigen Status als Pfarrer. Sie arbeiten nun als „Kooperatoren" (Subsidiare) oder „Pfarrvikare" in der neuen seelsorglichen Einheit unter der Leitung des Pfarrers mit. Zugeordnet werden dem Raum zugleich alle Priester, die in der kategorialen Seelsorge tätig sind. Die Differenzierung im priesterlichen Dienst, die eine größere Kooperation unter den Priestern verlangt, kann zugleich zu einer stärkeren Profilierung des Weihepriestertums und zugleich zur Verstärkung einer notwendigen Pastoral für priesterliche Berufungen führen.

4. Diakone sowie die pastoralen Laienmitarbeiter werden vor allem auf der Ebene der Pfarreiengemeinschaft bzw. der neuen Pfarrei eingesetzt. In einem oft als „Pastoralteam" bezeichneten Kollegium arbeiten sie mit dem Pfarrer, der darin den Vorsitz inne hat, und unter seiner Leitung zusammen.

---

26 Vgl. „Mehr als Strukturen Entwicklungen und Perspektiven der pastoralen Neuordnung in den Diözesen" (Anm. 20), 134–136.

5. In kleinen Pfarreien bzw. unselbstständigen „Gemeinden" der größeren Seel-
   sorgeeinheit sind zunehmend ehrenamtliche Mitarbeiter als Ansprechpartner
   vor Ort tätig (ohne auf c. 517 § 2 rekurrieren zu müssen!). Dies soll Kennzeichen dafür sein, dass jeder Gläubigen die Kirche, ihre Sendung und ihre Anliegen mitträgt. Als institutionalisiertes Betätigungsfeld des Ehrenamtes wird
   das Engagement in den Räten angesehen. Dazu werden Pfarrgemeinderäte in
   der bisherigen Struktur oder als Gesamtpfarrgemeinderat mit Ortsausschüs-
   sen gebildet.

6. Die kategorialen und caritativen Dienste einschließlich ihrer Einrichtungen
   (Schule, Krankenhäuser, Hospize, muttersprachliche Missionen, Institute des
   geweihten Lebens u. a.) sowie die Verbände und Vereine werden stärker den
   pfarrlichen Strukturen zugeordnet. In ihrer Eigenständigkeit sollen sie zugleich
   die innere und äußere Verbindung mit der Kirche am Ort deutlich machen.

7. Eine wichtige Rolle wird jener Begriff spielen, den Papst Benedikt XVI. mit
   dem Blick auf die Neuen Geistlichen Gemeinschaften und Bewegungen als für
   die Zukunft entscheidend geprägt hat.[27] Es gilt, gemäß dem biblischen Wort
   vom „Sauerteig" (Lk 13,18–21) kleine lebendige Zellen, sog. „kreative Minderheiten", zu schaffen, die in die Erneuerung der neu strukturierten Pfarrei und
   ihres Lebens hineinwirken können und sich dabei gleichzeitig ekklesiologisch
   und verfassungsrechtlich als integrativer Bestandteil der universalen Kirche erweisen. Dies kann geschehen durch eine konkrete Ehe-, Familien- und Jugend-
   pastoral, durch eine Pastoral für den Lebensweg der Heiligkeit, eine Pastoral
   durch die Institute des geweihten Lebens, und vieles andere mehr. Ziel ist es
   dabei, die allgemeine und spezifische Berufung des Gläubigen zu fördern und
   ihn so zu einem Leben für und mit der Kirche in der Welt zu befähigen.

8. Eine wichtige Frage ist die der Organisation der Grundvollzüge kirchlicher
   Existenz wie Liturgie (besonders die Eucharistiefeier) und Verkündigung (vor
   allem die Katechese). Wenn die Kirche von der Eucharistie lebt, muss diese in
   den neuen pastoralen Räumen tatsächlich Quelle und Höhepunkt sein. Erforderlich erscheint die Schaffung einer eucharistischen Existenz des neuen pastoralen Raums, in dem die vielfältigen liturgischen Feiern und Traditionen auf
   diese liturgische Mitte gemäß cc. 897–899 hin ausgerichtet sind.

9. Ein schmerzlicher Punkt ist ohne Zweifel die mit dem Prozess zeitweise einhergehende Umwidmung oder gar Abtragung von Kirchengebäuden. Dafür sind

---

27 Siehe beispielsweise Papst Benedikt XVI., Interview mit den Journalisten auf dem Flug in die
   Tschechische Republik am 26. September 2009, in: www.vatican.de (Ansprachen 2009): „Ich würde
   sagen, normalerweise sind es die kreativen Minderheiten, die entscheidend sind für die Zukunft,
   und in diesem Sinn muß sich die katholische Kirche als kreative Minderheit verstehen, die ein Erbe
   an Werten besitzt, die nicht überholt, sondern eine sehr lebendige und aktuelle Wirklichkeit sind.
   Die Kirche muß sie aktualisieren, sie muß in der politischen Debatte, in unserem Ringen um einen
   wahren Begriff von Freiheit und Frieden gegenwärtig sein. So kann sie in verschiedenen Bereichen
   ihren Beitrag leisten [...]". – Dazu auch Lydia Jiménez, Kreative Minderheiten, die Europa erneuern. Benedikt XVI. und der Diener Gottes P. Tomás Morales SJ, in: P. Tomás Morales SJ. Prophet
   einer neuen „Stunde der Laien", hg. v. Kath. Säkularinstitut Cruzadas de Santa María, St. Ottilien
   2010, 27–43.

die Bestimmungen des c. 1222 und die einschlägigen Ausführungen der Deutschen Bischofskonferenz[28] zu beachten, die eine geistlich-rechtliche Hilfe bieten möchten.

D. Bedeutung des Heiligtums

Jedes Werk wird von einem Grund und einem Ziel getragen – so lehrte es Aristoteles zu Beginn unserer Überlegungen. Die Neustrukturierungen der diözesanen Seelsorge durch pastorale Räume sind geistlich und rechtlich kein Selbstzweck, sie sind auch nicht für die Ewigkeit fest zementierte Formen. Allerdings müssen sie heute dem Ziel verpflichtet sein, dem einzelnen Christen in der kirchlichen Communio den Weg der Heiligkeit (Nachfolge Christi) zu ermöglichen und zugleich die missionarische Dimension der Kirche als Heilsinstrument in der Zeit zu erneuern.

Die Durchführung der Strukturreformen läuft in ihrer rechtlichen Umsetzung in den Diözesen auf ein Ende zu. Doch sie stehen in ihrer geistlichen Verwirklichung oft noch am Anfang, wenn es darum geht, sie mit dem Leben christlicher und das heißt untrennbar kirchlicher Existenz zu füllen. Daran zu erinnern und diese zu fördern, ist ebenfalls Aufgabe von spezifischen Normen des Kirchenrechts. Das macht der Blick auf die Bestimmungen des kirchlichen Gesetzbuches zu den Heiligtümern (Sanktuarien, Wallfahrtsstätten) als „Heilige Orte" deutlich, die im Allgemeinen „dazu bestimmt sind, in besonderer Weise nicht profanen, sondern geistlichen Zwecken zu dienen"[29]. Worin bestehen diese und worauf zielen sie ab?

I. Universalrechtliche Vorgaben

a. Rechtliche Charakterisierung

Im universalkirchlichen Gesetzbuch der Lateinischen Kirche, dem *Codex Iuris Canonici*, finden sich zum ersten Mal Rechtsnormen zu den Sanktuarien (Heiligtümer) der Kirche (cc. 1230–1234).[30] Diese werden in c. 1230 im Zusammenhang mit heiligen Orten im Leben der Kirche (cc. 1205–1243) erwähnt. Ein Heiligtum ist danach ein geheiligter Ort, der mit Gutheißung des Ortsordinarius *(approbante*

---

28 Umnutzung von Kirchen. Beurteilungskriterien und Entscheidungshilfen vom 24. September 2003, hg. v. Sekretariat der Deutschen Bischofskonferenz = Arbeitshilfen 175, Bonn 2003. Vgl. auch Nikolaus Schöch, Umnutzung von Kirchen – Kirchenrechtliche Überlegungen zu einem aktuellen Problem, in: AfkKR 173 (2004), 42–91.

29 Winfried Aymans – Klaus Mörsdorf, Kanonisches Recht. Lehrbuch aufgrund des Codex Iuris Canonici, Bd. III: Verkündigungsdienst / Heiligungsdienst, Paderborn u. a. [13]2007, 568–592, hier 568. Zu verweisen ist unter kirchenrechtlicher Perspektive auf die Überlegungen von Massimo Calvi, I santuari nel nuovo Codice di diritto canonico, in: QuDEccl 2 (1989), 181–187 sowie Helmut Schnizer, Zum Recht der Wallfahrt, in: Iustitiae in Caritate. FS Ernst Rößler, hg. v. Richard Puza, Andreas Weiß (= AIC 3), Frankfurt u. a. 1997, 655–667.

30 Das Gesetzbuch der katholischen Ostkirchen *(Codex Canonum Ecclesiarum Orientalium)* besitzt keine entsprechenden Normen.

Ordinario loci) aus besonderem Frömmigkeitsgrund *(ob peculiarem pietatis causam)* zum Wallfahrtsziel von zahlreichen Gläubigen *(fideles frequentes)* geworden ist[31]. Damit sind von Seiten der Rechtsnorm drei wegweisende und konstitutive Kriterien für das Heiligtum bzw. die Wallfahrtsstätte benannt.

Zum ersten: Der Ort als solcher wird zum Ziel der Wallfahrt zahlreicher Gläubiger. In diesem Tun liegt zumeist der Grund für die Herausbildung einer Wallfahrtsstätte, die aus verschiedenen, jedoch allein religiösen Motiven zum Ziel dieses Handelns wird. Das kann der Ort einer übernatürlichen Erscheinung sein, die Grabstätte einer verehrten Persönlichkeit (auch Reliquien) oder auch das Geschehen eines als Wunder bezeichneten, unerklärbaren Ereignisses. Daher wählt der Gesetzgeber in c. 1230 eine weite Formulierung, indem er zunächst die Kirche *(ecclesia)* und damit einen bereits durch den Kirchenbau charakterisierten Ort benennt, um daran anschließend jedweden anderen „heiligen Ort" *(alius locus sacer)* anzuführen, der aus eben genannten Motiven zum Ziel einer Wallfahrt erwachsen ist.

Zum zweiten: Die Gläubigen suchen den Ort der Wallfahrtsstätte aus besonderen Frömmigkeitsgründen auf. Als Gründe können gemäß der Überlegungen in der zuständigen Reformkommission des CIC/1983 die Feier der Gottesdienste, die Erneuerung des geistlichen Lebens, das Bekenntnis des Glaubens, das Ablegen von privaten Gelübden, das Erbitten von besonderen Gnaden Gottes, die Bereitschaft zur Buße und das Erleben von Freude im Glauben der Kirche angeführt werden[32]. Durch die neueren Entwicklungen in der Kirche und insbesondere in den Neuen Geistlichen Gemeinschaften und Bewegungen (z. B. Weltjugendtage, Prayer-Festivals, Nightfever, ...) müssen heute weitere Gründe benannt werden, wie beispielsweise die Schwerpunkte von eucharistischer Anbetung, katechetischer Unterweisung, Prüfung und Wahl der persönlichen Berufung, missionarische Projekte und anderes mehr. Der Bezug zu einem konkreten Ort scheint dabei eine nicht unwichtige Rolle zu spielen. Zwar wird dadurch nicht aus jeder Kirche, aus jedem Treffpunkt oder Veranstaltungsort direkt eine Wallfahrtsstätte, doch leben die genannten Veranstaltungen auch von einer spezifischen Ortsgebundenheit. Dies drückt sich zeitweise darin aus, dass mit einer regelmäßigen und dauerhaften Veranstaltung der Namen eines Ortes untrennbar verbunden wird. Nicht selten sind aus diesen inneren und äußeren Zusammenhängen wichtige Orte geistlicher Erneuerung im Leben der Kirche erwachsen.

Zum dritten: Das Wallfahrtsziel und die sich herausbildende Wallfahrtsstätte werden der Beurteilung durch den Ortsordinarius unterstellt. Dessen Approbation ist auf Dauer für den Fortbestand und die Entwicklung des Ortes unumgänglich. Ort und Geschehen unterliegen seiner oberhirtlichen Aufsicht, deren Zustimmung dem Ort zugleich ein kirchenamtliches Siegel aufsetzt und damit Orientierung für die Gläubigen im Hinblick auf Authentizität der kirchlichen Lehre und des Lebens bietet. Es ist davon auszugehen, dass die ausdrückliche Gutheißung der Wallfahrts-

---

31 Die Formulierung geht gemäß den Angaben im CIC-Fontium auf zwei Dokumente der römischen Kurie zurück: Sacra Congregatio Concilii, Dekret „Inter publicas" vom 11. Februar 1936, in: AAS 28 (1936) 167 f. sowie Sacra Congregatio Studiorum, Responsum vom 8. Februar 1956.

32 So in Comm 12 (1980) 342, zitiert nach Heinrich J. F. Reinhardt, in: Klaus Lüdicke (Hg.), MK (Loseblattwerk, Stand August 2010), Essen seit 1984, c. 1230, 3.

stätte bzw. des Heiligtums (z. B. durch Zuweisung bestimmter Privilegien oder Gnaden, die mit dem Besuch des Ortes verbunden sind, oder durch Krönung eines dort verehrten Gnadenbildes) eine *approbatio ex post* ist, in dem sie etwas gutheißt, was durch das Handeln der Gläubigen entstanden und bereits wahrnehmbar erprobt worden ist. Verfassungsrechtlich haben wir es an dieser Stelle mit dem Ausdruck eines qualifizierten Zusammenwirkens zwischen dem Glaubenssinn der Gläubigen *(sensus fidei fidelium)* und der bischöflichen Autorisierung (durch die Approbation) zu tun. Das Handeln der Gläubigen aus dem Glauben heraus schafft auch sichtbare Wirklichkeiten (Wallfahrt, Versammlungen, Gottesdienste), die durch das kirchenamtliche Handeln der zuständigen hierarchischen Autorität geprüft und gebilligt werden. Auf dem Weg zu dieser höchsten Form der Approbation ist jedoch davon auszugehen, dass der Ortsordinarius das Handeln der Gläubigen zunächst auch stillschweigend gutheißt, solange das Ziel der Wallfahrt nicht ausdrücklich missbilligt wird. Die Genehmigung zum Bau einer Kapelle oder einer Kirche kann beispielsweise als wegweisende Unterstützung des Ortsordinarius auf dem Weg zur Herausbildung eines Heiligtums verstanden werden.

b. Formen

Auf dem Hintergrund der weiten Formulierung in c. 1230 grenzen die Aussagen der cc. 1231 und 1232 § 1 verschiedene Formen von Heiligtümern voneinander ab. Kriterium ist dafür die Bedeutung, die das jeweilige Heiligtum für die Kirche besitzt.

So bezeichnen Diözesanheiligtümer *(sanctuaria dioecesana)* Orte, die in der Regel zum Ziel von Pilgern aus dem Gebiet einer Diözese oder eines entsprechenden kulturell geprägten Territoriums werden. Als solche sind sie vom Ortsordinarius anerkannt und besitzen gemäß c. 1232 § 1 eine vom Ortsordinarius approbierte Ordnung (Statut). Diese stellt einen schriftlich erfolgten Genehmigungsakt für das Heiligtum dar, der dem Ort aufgrund des regelmäßigen Pilgerzustroms eine rechtlich normierte Struktur geben möchte. Dazu zählen insbesondere die Fragen um die spezifische Zielsetzung des Heiligtums, die amtlichen Vollmachten des Wallfahrtsrektors, die herrschenden Eigentumsverhältnisse mit der dafür notwendigen Ordnung der Vermögensverwaltung (c. 1232 § 2). Letztere ist ohne Zweifel auf die Vermeidung einer für einen heiligen Ort unpassenden übertriebenen Kommerzialisierung angelegt.

Über die Bedeutung eines Diözesanheiligtums hinaus gehen die vom Gesetzgeber als Nationalheiligtum *(sanctuaria nationalia)* bezeichneten heiligen Orte.[33] Zuständig für die Anerkennung und Approbation der erforderlichen Statuten ist nach c. 1232 § 1 die Bischofskonferenz, die hierfür ein Dekret im Sinne eines Verwaltungsaktes erlassen kann.[34] Die höchste Stufe auf der Bedeutungsskala der

---

33 Hierzu zählen beispielsweise Kevelaer, Altötting, Maria Zell und andere.
34 Unverständlich bleibt die Auffassung von Heinrich F. J. Reinhardt, c. 1231, 1 (Anm. 31), der in diesem Zusammenhang der Bischofskonferenz die Kompetenz abspricht, ein Gnadenbild zu krönen oder einem Gnadenort Ablässe oder Privilegien zu erteilen, um auf diese Weise die Authen-

Heiligtümer nehmen nach c. 1231 iVm c. 1232 § 1 die internationalen Heiligtümer *(sanctuaria internationalia)* ein[35], deren Wirkung universalkirchlichen Charakter besitzt und durch Approbation seitens des Heiligen Stuhls die rechtliche Qualifizierung findet.

c. Geistliche Kennzeichen

Der universalkirchliche Gesetzgeber hat es nicht versäumt, auf die spezifisch geistlichen Kennzeichen der Heiligtümer für das Leben der Kirche hinzuweisen. Diese werden in Form einer Kann-Vorschrift (c. 1233) ebenso wie einer Rechtsverpflichtung (c. 1234) dem Normenbereich zu den Sanktuarien hinzugefügt.

Gemäß c. 1233 können Heiligtümern Privilegien gewährt werden *(quaedam privilegia concedi poterunt)*. Zu diesen besonderen Gnadenerweisen durch kirchenamtliche Verleihung zählen u. a. spezielle Befugnisse der am Ort tätigen Beichtpriester, Gewährung von Ablässen, eigene Messformulare, die den Charakter des Ortes betonen, auf das Spezifikum des Sanktuariums bezogene Festtage im Kirchenjahr bis hin zur Erhebung der Wallfahrtskirche zur *Basilica minor*.[36] Der Charakter der Kann-Bestimmung macht die Bedeutung der Privilegien als Ausnahme auf zweifache Weise deutlich. Zunächst wird die Verleihungsmöglichkeit an drei Kriterien gebunden: die örtlichen Gegebenheiten *(locorum circumstantiae)*, die Zahl der Pilger *(peregrinantium frequentia)* und das Heil der Gläubigen *(fidelium bonum)*. Ort, Zahl und Ziel legitimieren und normieren somit den Grund und das Ziel des Privilegiums. Aus diesen muss folglich die umfassende Absicht des Privilegiums erkennbar werden, denn die besondere Verleihung von Gnaden ist eine Gabe für die Wallfahrtsstätte, zugleich aber auch Aufgabe, die Verantwortung und Bereitschaft hervorruft, die kirchliche Sendung mehr als gewöhnlich zu unterstützen.

Verpflichtend hingegen normiert c. 1234 die grundsätzliche Aufgabe des Heiligtums, die sich unabhängig von der Privilegienverleihung darstellt. Danach muss sich das kirchliche Leben in einem Heiligtum durch eine Atmosphäre auszeichnen, in der die Heilsmittel *(media salutis)* reichlicher *(abundantius)* angeboten werden. Der Komparativ legt den Vergleich mit der normalen pfarrlichen Seelsorge nahe. Wallfahrtsstätten sollen demzufolge dadurch gekennzeichnet sein, dass an ihnen eine Konzentration auf wesentliche Grundvollzüge der Kirche erfolgt, da der Kontext des Heiligtums Herz und Sinn der Pilger zu öffnen vermag. Zu den Grundvollzügen zählt die Norm die eifrige Verkündigung des Wortes Gottes *(verbum Dei sedulo annuntiando)* in Predigt, Katechese und Vorträgen, die geeignete Pflege des liturgischen Lebens insbesondere durch die Feier der Eucharistie und die Spendung des Bußsakramentes *(vitam liturgicam praesertim per Eucharistiae et paeni-*

---

tizität eines Wallfahrtsortes zu bestätigen. Gleichwohl ist darauf hinzuweisen, dass der *modus approbandi* via Verwaltungsakt den rechtlich eindeutigeren Weg darstellt. Das schließt aber ein entsprechendes geistlich konkludentes Handeln der Bischofskonferenz als solcher nicht aus.

35 Beispielhaft können dafür Rom, Jerusalem, Santiago de Compostela, Lourdes, Fátima und andere genannt werden.

36 Vgl. dazu c. 1233 CIC-Fontium. Die hier angegebenen Rechtsquellen führen solche Beispiele besonderer Gnadenerweise an.

tentiae celebrationem apte fovendo) sowie schließlich die Pflege der bewährten Formen der Volksfrömmigkeit *(probatas pietatis popularis formas colendo).* Zu den letzteren sind ohne Zweifel Andachten und Prozessionen im herkömmlichen Sinn zu zählen, aber auch jene neuere Formen, die sich nicht zuletzt im Umkreis der Weltjugendtage entwickelt haben. Ausdruck können diese in volkskünstlerischen Votivgaben und anderen Dokumenten finden, die in den Heiligtümern aufzustellen und sicher aufzubewahren sind *(serventur atque secure custodiantur).*[37]

Bei all dem gilt auf die beiden entscheidenden Kriterien der Volksfrömmigkeit zu achten. Zum einen darf sie nicht auf das Maß der Liturgie der Kirche reduziert werden. Ihr eignet eine gewisse Freiheit im Ausdruck, die dem Herz des Glaubens entspringt und oft von einem größeren charismatischen Akzent bestimmt ist. Zum anderen müssen Missbräuche verhindert werden, die der *lex credendi* der Kirche nicht mehr entsprechen, sondern zuweilen von abergläubischen Tendenzen berührt sein können. Wegweisend für die Beurteilung ist dafür ein Wort von Joseph Ratzinger aus seinen Überlegungen zur Beziehung von Liturgie und Inkulturation:

> „Volksfrömmigkeit ist der Humus, ohne den die Liturgie nicht gedeihen kann. Sie ist leider in Teilen der Liturgischen Bewegung und bei der Reform nach dem Konzil vielfach verachtet oder gar getreten worden. Statt dessen muss man sie lieben, wo nötig reinigen und führen, aber immer mit großer Ehrfurcht als die Zuneigung des Glaubens im Herzen der Völker annehmen, selbst wo sie fremd oder befremdend erscheint. Sie ist die sichere innere Verwurzelung des Glaubens; wo sie vertrocknet, haben Rationalismus und Sektierertum leichtes Spiel. Von der Volksfrömmigkeit können dann auch erprobte Elemente in die liturgische Gestaltung übergehen, ohne eilfertiges Machen, in einem geduldigen Prozeß langsamen Wachsens".[38]

II. Bedeutung

Die angeführten kodikarischen Normen zum Heiligtum machen auf ihre Weise die Bedeutung des Heiligtums für die Kirche, insbesondere für die Ortskirche deutlich. Die Sanktuarien erinnern die Gläubigen an ihre Berufung, an das Woher und Wohin ihres Lebens. Indem sie Orte darstellen, an denen die Gnadenmittel Gottes durch den Dienst der Kirche in reichem Maße ausgeteilt werden, vermögen sie zugleich zu Orten der Umkehr und Bekehrung auf den hin zu werden, der Grund und Ziel der Kirche ist: Jesus Christus. So geben die Heiligtümer den notwendigen diözesanen Strukturreformen die unabdingbare Richtung an. Jede Erneuerung in der Struktur muss mit der Erneuerung des glaubenden Herzens überein gehen. Bleibt etwas rein äußerlich und dringt nicht zum Innern vor, vermag es keine dauerhafte Wirkung zu entfachen und stirbt letztlich ab.

Heiligtümer sind demzufolge die geistlichen Zentren einer zunächst rein äußerlich erscheinenden Erneuerung der Kirche, die jedoch ohne inneren Bezug nicht vollendet werden kann. Heiligtümer müssen deshalb für die diözesanen Struktur-

---

37 Die Norm des § 2 ist erst in der Endredaktion des Codex Iuris Canonici in den Gesetzestext aufgenommen worden. Vgl. dazu Heinrich F. J. Reinhardt, c. 1234, 4 (Anm. 32).

38 Joseph Kardinal Ratzinger, Der Geist der Liturgie. Eine Einführung, Freiburg-Basel-Wien 2000, 173.

reformen Orte des fürbittenden Gebetes, der Treue im Glauben und der Liebe zur Kirche sein, die dem Gläubigen oder kirchlichen Gruppen nicht zu ihrer eigenen Disposition, sondern zur Erfüllung der persönlichen apostolischen Christusberufung in der Familie Gottes anvertraut ist. Kirche wird nicht durch eigene Theorien gemacht oder neu erfunden; sie wird durch die persönliche Heiligung geliebt und auferbaut – eine Heiligung, deren Urheber immer Gott selbst ist.

Papst Benedikt XVI. hat anlässlich der Weihe der vom spanischen Architekten Antoni Gaudí i Cornet (1852–1926) initiierten Kirche *Sagrada Familia* in Barcelona am 7. November 2010 zwei Kernelemente der Kirche als heiliger Ort herausgestellt, die im vorliegenden Kontext auch auf das Heiligtum angewendet werden können. Zunächst bekräftigt der Papst in seiner Homilie die innere und äußere Bedeutung der Kirche und des Kirchbaus, der so zum Zeuge der göttlichen Gegenwart in der Welt wird. Gott ist der Maßstab des menschlichen Zusammenlebens aber auch jeden Handelns in der Kirche. Daran soll und darf das Heiligtum gerade im aktuellen Zeitkontext von Gesellschaft und Kirche erinnern:

> „Der Herr Jesus ist der Stein, der die Last der Welt trägt, den Zusammenhalt der Kirche gewährleistet und alle Errungenschaften der Menschheit letztendlich zu einer Einheit zusammenfügt. In ihm haben wir das Wort und die Gegenwart Gottes, und von ihm erhält die Kirche ihr Leben, ihre Lehre und ihre Sendung. Die Kirche hat keinen Bestand aus sich selbst heraus; sie ist berufen, Zeichen und Werkzeug Christi zu sein, in reiner Fügsamkeit gegenüber seiner Autorität und in völligem Dienst an seinem Gebot. Der eine Christus gründet die eine Kirche; er ist der Fels, auf dem unser Glaube gründet. Auf der Grundlage dieses Glaubens versuchen wir gemeinsam, der Welt das Antlitz Gottes zu zeigen, der die Liebe ist und der allein auf das Verlangen des Menschen nach Erfüllung antworten kann. Das ist die große Aufgabe: allen zu zeigen, daß Gott der Gott des Friedens ist und nicht der Gewalt, der Freiheit und nicht des Zwangs, der Eintracht und nicht der Zwietracht. In diesem Sinne glaube ich, daß die Weihe dieser Kirche der ‚Sagrada Familia‘ in einer Zeit, in der der Mensch sich anmaßt, sein Leben hinter Gottes Rücken aufzubauen, so als hätte er ihm nichts mehr zu sagen, ein sehr bedeutsames Ereignis ist. Gaudí zeigt uns durch sein Werk, daß Gott der wahre Maßstab des Menschen ist, daß das Geheimnis der wahren Originalität, wie er sagte, darin besteht, zum Ursprung zurückzukehren, der Gott ist. Indem er selbst in dieser Weise seinen Geist für Gott öffnete, konnte er in dieser Stadt einen Raum der Schönheit, des Glaubens und der Hoffnung schaffen, der den Menschen zur Begegnung mit jenem führt, der die Wahrheit und die Schönheit selbst ist".[39]

Gemäß einem zweiten herausragenden Gedanken der päpstlichen Homilie erinnert der Kirchbau – und in Analogie dazu das Heiligtum – an die Würde des Menschen. Danach ist der Mensch selbst Tempel Gottes, in dem und durch den Gott mit dem Dienst seiner Liebe herrscht und wirkt. Heiligtümer sind somit immer auch Orte der Erinnerung und der Erneuerung des Glaubens daran, dass der Mensch in jedem Augenblick Gottes Geschöpf ist und ohne göttliche Hilfe, die durch die Kirche vermittelt wird, nicht zu leben und nicht zu überleben vermag. Das Heiligtum

---

39 Papst Benedikt XVI., Homilie anlässlich der Weihe der Kirche „Sagrada Familia" und des Altars am 7. November 2010, in: Osservatore Romano (dt), Nr. 45 vom 12. November 2010, 12–13, hier 12.

dient daher der Reinigung und Bekräftigung des Glaubens, der in den Ortskirchen und in ihren Pfarreien und Gemeinschaften lebendig bleiben soll:

> „Eine solche Bestätigung Gottes bedeutet gleichzeitig die höchste Bestätigung und den Schutz der Würde jedes Menschen und aller Menschen: »Wißt ihr nicht, daß ihr Gottes Tempel seid? ... Gottes Tempel ist heilig, und der seid ihr« (*1 Kor* 3,16–17). Hier sind die Wahrheit und die Würde Gottes mit der Wahrheit und der Würde des Menschen vereint. Wenn wir den Altar dieser Kirche in dem Bewußtsein weihen, daß Christus ihr Fundament ist, dann zeigen wir der Welt Gott, den Freund der Menschen, und laden die Menschen ein, Freunde Gottes zu sein. Wie die Episode des Zachäus lehrt, von dem das heutige Evangelium spricht (vgl. *Lk* 19,1–10), wird der Mensch, wenn er Gott in sein Leben und in seine Welt aufnimmt, wenn er Christus in seinem Herzen leben läßt, dies nicht bereuen, sondern wird sogar die Freude erfahren, als Empfänger der unendlichen Liebe Gottes an dessen eigenem Leben teilzuhaben".[40]

Aus all dem ergibt sich: Heiligtümer sind unverzichtbare Motivatoren der aktuellen Prozesse zur Neustrukturierung der Diözesen und ihrer Pfarreien. Doch nicht Motivatoren eines äußerlich verbleibenden Prozesses, sondern Beweggründe für eine persönliche Umkehr und Vertiefung im Glauben, die zur inneren Erneuerung der Kirche beitragen: *ob peculiarem pietatis causam*. Den Heiligtümern ist daher eine gnadenreiche Zukunft zu wünschen. Denn mit ihnen geht es um die geistliche Vitalität der Kirche und letztlich um das Heil des Menschen.

Quellen

CODEX IURIS CANONICI vom 25. Januar 1983, in: AAS 75 (1983), Pars II, I–XXX, 1–317 – Lateinisch-deutsche Ausgabe, Kevelaer ⁶2009 [CIC].

CODEX IURIS CANONICI, Fontium annotatione et indice analytico-alphabetico, hg. v. der Pontificia Commissio Codici Iuris Canonici authentice interpretando, Città del Vaticano 1989 [CIC-Fontium].

CODEX CANONUM ECCLESIARUM ORIENTALIUM vom 18. Oktober 1990, in: AAS 82 (1990), 1045–1364 – Gesetzbuch der katholischen Ostkirchen. Lateinisch-deutsche Ausgabe. Hg. v. L. Gerosa, P. Krämer. Übers. v. G. Ludwig, J. Budin. Bearb. v. S. Demel, L. Gerosa, P. Krämer, L. Müller, Paderborn 2000 (= Amateca. Repertoria II) [CCEO].

PAPST JOHANNES PAUL II., Constitutio Apostolica "Sacrae Disciplinae Leges" vom 25. Januar 1983, in: Acta Apostolicae Sedis 75.II (1983), VII–XIV.

PAPST BENEDIKT XVI., Botschaft zur Fastenzeit 2007, in: www.vatican.va (Botschaften 2007).

DERS., Nachsynodales Apostolisches Schreiben „Sacramentum Caritatis" vom 22. Februar 2007, in: Verlautbarungen des Apostolischen Stuhls, hg. v. Sekretariat der Deutschen Bischofskonferenz, Bd. 177, Bonn 2007.

---

40 Papst Benedikt XVI., Homilie (Anm. 39), 12 f.

Ders., Interview mit den Journalisten auf dem Flug in die Tschechische Republik am 26. September 2009, in: www.vatican.de (Ansprachen 2009).

Ders., Schreiben an die Seminaristen vom 18. Oktober 2010, in: Osservatore Romano (dt), Nr. 43 vom 29. Oktober 2010, 6–7.

Ders., Homilie anlässlich der Weihe der Kirche „Sagrada Familia" und des Altars am 7. November 2010, in: Osservatore Romano (dt), Nr. 45 vom 12. November 2010, 12–13.

Kongregation für den Klerus, Der Priester, Lehrer des Wortes, Diener der Sakramente und Leiter der Gemeinde für das dritte christliche Jahrtausend vom 19. März 1999, in: Comm 34.2 (2002), 180–195, auch: Verlautbarungen des Apostolischen Stuhls, hg. v. Sekretariat der Deutschen Bischofskonferenz, Bd. 139, Bonn 2002.

Dies., Instruktion „Der Priester, Hirte und Leiter der Pfarrgemeinde" vom 4. August 2002, in: Verlautbarungen des Apostolischen Stuhls, hg. v. Sekretariat der Deutschen Bischofskonferenz, Nr. 157, Bonn 2002.

Kongregation für die Bischöfe, Direktorium für den Dienst der Bischöfe „Apostolorum Successores" vom 22. Februar 2004, in: Verlautbarungen des Apostolischen Stuhls, hg. v. Sekretariat der Deutschen Bischofskonferenz, Bd. 173, Bonn 2004.

Umnutzung von Kirchen. Beurteilungskriterien und Entscheidungshilfen vom 24. September 2003, hg. v. Sekretariat der Deutschen Bischofskonferenz = Arbeitshilfen 175, Bonn 2003.

„Mehr als Strukturen … Entwicklungen und Perspektiven der pastoralen Neuordnung in den Diözesen". Dokumentation des Studientages der Frühjahrs-Vollversammlung 2007 der Deutschen Bischofskonferenz = Arbeitshilfen 213, hg. v. Sekretariat der Deutschen Bischofskonferenz, Bonn 2007.

„Mehr als Strukturen …". Neuorientierung der Pastoral in den (Erz-)Diözesen. Ein Überblick = Arbeitshilfen 216, hg. v. Sekretariat der Deutschen Bischofskonferenz, Bonn 2007.

Literatur

Aristoteles, Protreptikos. Hinführung zur Philosophie. Rekonstruiert, übersetzt und kommentiert von Gerhart Schneeweiß (= Texte zur Forschung, Bd. 85), Darmstadt 2005.

Winfried Aymans – Klaus Mörsdorf, Kanonisches Recht. Lehrbuch aufgrund des Codex Iuris Canonici. Begründet v. Eduard Eichmann, fortgeführt v. Klaus Mörsdorf, neu bearbeitet v. Winfried Aymans. Bd. II: Verfassungsrecht / Vereinigungsrecht, Paderborn u. a. [13]1997.

Dies., Kanonisches Recht. Lehrbuch aufgrund des Codex Iuris Canonici. Begründet v. Eduard Eichmann, fortgeführt v. Klaus Mörsdorf, neu bearbeitet v. Winfried Aymans. Bd. III: Verkündigungsdienst / Heiligungsdienst, Paderborn u. a. [13]2007.

Michael Böhnke, Pastoral in Gemeinden ohne Pfarrer. Interpretation von c. 517 § 2 CIC/1983 (= BzMK 12), Essen 1994.

MICHAEL BÖHNKE – THOMAS SCHÜLLER, Gemeindeleitung durch Laien? Internationale Erfahrungen und Erkenntnisse, Regensburg 2011.

MASSIMO CALVI, I santuari nel nuovo Codice di diritto canonico, in: QuDEccl 2 (1989), 181–187.

HERIBERT HALLERMANN, Pfarrei und pfarrliche Seelsorge. Ein kirchenrechtliches Handbuch für Studium und Praxis (= KuST 4), Paderborn 2004.

GRZEGORZ JANKOWIAK, Volk Gottes vom Leib Christi her. Das eucharistische Kirchenbild von Joseph Ratzinger in der Perspektive der Ekklesiologie des 20. Jahrhunderts (= Bamberger Theologische Studien, Bd. 28), Frankfurt 2005.

LYDIA JIMÉNEZ, Kreative Minderheiten, die Europa erneuern. Benedikt XVI. und der Diener Gottes P. Tomás Morales SJ, in: P. Tomás Morales SJ. Prophet einer neuen „Stunde der Laien", hg. v. Kath. Säkularinstitut Cruzadas de Santa María, St. Ottilien 2010.

BURKHARD KÄMPER, Zusammenlegung katholischer Kirchengemeinden – Gründe, rechtliche Voraussetzungen und praktische Folgen, in: Dem Staate, was des Staates – der Kirche, was der Kirche ist. FS für Joseph Listl zum 70. Geburtstag, hg. v. Josef Isensee, Wilhelm Rees, Wolfgang Rüfner, Berlin 1999, 469–479.

RENÉ LÖFFLER, Gemeindeleitung durch ein Priesterteam. Interpretation des can. 517 § 1 CIC/1983 unter besonderer Berücksichtigung der deutschen Rechtslage (= BzMK 31), Essen 2001.

TOMÁS MORALES SJ, Die Stunde der Laien (= Leben und Werk von P. Tomás Morales, Bd. II, übersetzt und herausgegeben vom Katholischen Säkularinstitut „Cruzadas de Santa María"), St. Ottilien 2009.

CHRISTOPH OHLY, Kooperative Seelsorge. Eine kanonistische Studie zu den Veränderungen teilkirchlicher Seelsorgestrukturen in den Diözesen der Kölner Kirchenprovinz (= DiKa 17), St. Ottilien 2002.

DERS., Deus caritas est. Die Liebe und das Kirchenrecht, in: Symphonie des Glaubens. Junge Münchener Theologen im Dialog mit Joseph Ratzinger / Benedikt XVI., hg. v. Michaela C. Hastetter, Christoph Ohly, Georgios Vlachonis, St. Ottilien 2007, 103–129.

DERS., Christus zieht uns in sich hinein. Priestersein nach dem Priesterjahr, in: Pastoralblatt 63 (2011), 105–111.

JOSEPH KARDINAL RATZINGER, Der Geist der Liturgie. Eine Einführung, Freiburg-Basel-Wien 2000.

HEINRICH J. F. REINHARDT, in: Klaus Lüdicke (Hg.), MK (Loseblattwerk, Essen seit 1984), cc. 1230–1234 (Stand: August 2010).

CAROLINE H. SCHNEIDER, Kooperation oder Fusionierung von Pfarreien? Strukturelle Veränderungen im Bistum Essen aus kirchenrechtlicher Sicht (= BzMK 53), Essen 2008. (mit spezifischen Literaturangaben zur Situation der Diözese Essen: 141–144).

HELMUT SCHNIZER, Zum Recht der Wallfahrt, in: Iustitiae in Caritate. FS Ernst Rößler, hg. v. Richard Puza, Andreas Weiß (= AIC 3), Frankfurt u. a. 1997, 655–667.

NIKOLAUS SCHÖCH, Umnutzung von Kirchen – Kirchenrechtliche Überlegungen zu einem aktuellen Problem, in: AfkKR 173 (2004), 42–91.

Thomas Schüller, Pfarrei und Leitung der Pfarrei in der Krise – eine kritische Bilanz der kanonistischen Diskussion zur sog. „Gemeindeleitung" auf dem Hintergrund kooperativer Seelsorgeformen in den deutschsprachigen Diözesen, in: Kirchenrecht aktuell. Anfragen von heute an eine Disziplin von „gestern", hg. v. Reinhild Ahlers, Beatrix Laukemper-Isermann (= BzMK 40), Essen 2004, 153–170.

Jochen Walter, Rechtliche Aspekte bei der Errichtung, Aufhebung und Veränderung von Pfarreien unter besonderer Berücksichtigung der staatskirchenrechtlichen Bestimmungen in den nordrhein-westfälischen (Erz-)Bistümern, in: Aktuelle Beiträge zum Kirchenrecht. Festgabe für Heinrich J. F. Reinhardt zum 60. Geburtstag, hg. v. Rüdiger Althaus, Rosel Oehme-Vieregge, Jan Olschewski (= AIC 24), Frankfurt u. a. 2002, 323–338.

Alcuni punti nodali del pensiero teologico di Joseph Ratzinger, Papa Benedetto XVI

Guido Pozzo

Con il presente contributo di riflessione, si propongono quattro aree tematiche, entro le quali far emergere alcuni fra i principali punti nodali del pensiero di J. Ratzinger, Papa Benedetto XVI. Si esamineranno opere scritte dall'Autore prima di essere eletto Romano Pontefice. Ricaveremo così quattro fasci di luce, che aiutano ad illuminare lo scenario teologico della sua riflessione:

1) un'area teologico-fondamentale, dove si evince la questione epistemologica della natura della fede e del rapporto tra fede e teologia;
2) un'area cristologica, entro la quale si considera l'unicità e l'universalità salvifica dell'evento di Gesù Cristo in rapporto alle religioni del mondo;
3) un'area ecclesiologica, dove si metterà in evidenza specialmente l'interpretazione della Costituzione Dogmatica del Concilio Vaticano II *Lumen gentium*;
4) un'area antropologica, che abbraccia il confronto tra la fede cristiana, l'etica e la libertà nel contesto della modernità e del nostro tempo post-moderno.

Fede e Teologia

Non vi è sicuramente bisogno di sottolineare che non è possibile esaurire tutta l'ampiezza di un simile tema, che ha impegnato Joseph Ratzinger in diversi suoi scritti[1]. Mi limiterò a mettere in luce un punto di vista sviluppato dall'allora Cardinale Ratzinger, che pare molto rilevante e decisivo.

La parola "credere" ha due significati radicalmente differenti. C'è il significato quotidiano, che le persone collegano abitualmente a questa parola. "Credere" significa "ritenere", "opinare", ed esprime una forma imperfetta di conoscenza. Si parla di "credere", quando il sapere non è ancora raggiunto. Molti pensano che questo

---

1 J. Ratzinger, *Introduzione al Cristianesimo*, Brescia 1968 (cap.I); *Theologische Prinzipienlehre*, Muenchen 1982; *Natura e compiti della teologia*, Milano 1993. Ci riferiamo in particolare a questi tre saggi per le considerazioni che seguono sul rapporto tra fede e teologia.

significato di "credere" si adatti anche all'ambito religioso, e quindi che i contenuti della fede cristiana siano uno stadio imperfetto e inadeguato rispetto alla conoscenza certa. L'espressione "io credo in Dio", "io credo in Cristo risorto" sarebbe allora indicazione del fatto che in proposito non si può sapere nulla di universalmente sicuro e certo. In tal caso la teologia sarebbe una scienza molto strana, anzi la stessa nozione di "scienza" sarebbe applicabile alla teologia soltanto in modo metaforico o paradossale. Una scienza autentica non potrebbe fondarsi su supposizioni o opinioni. In realtà per la convinzione cristiana la parola "credo" indica una certezza di tipo particolare, una certezza che, per un verso è addirittura più solida delle certezze delle scienze naturali o empiriologiche, ma che, per altro verso, porta in sé anche il momento dell'"ombra e dell'immagine", il momento del "non ancora".

J. Ratzinger racconta in uno dei suoi scritti un episodio che aiuta a procedere verso il chiarimento della questione. Invitato a parlare alla Facoltà valdese di Roma, al termine della conferenza, uno studente chiese se non fosse proprio il dubbio la condizione del credere e se quindi esso non rimanesse sempre presente nella fede. Al fondo della domanda si esprimeva l'idea che la fede non arriva mai a coincidere con la piena certezza. All'allora Cardinale Ratzinger venne in mente la storia di quel rabbino raccontata da Martin Buber, in cui alle obiezioni del dotto illuminista, il rabbino risponde: "ma forse è vero". Questo "forse" aveva spezzato la resistenza dell'altro. Ma Ratzinger si chiede: si tratta davvero soltanto di un "forse"? E continua così: come un uomo acquisisce certezza dell'amore dell'altro non attraverso i metodi di esame delle scienze della natura, così anche il modo in cui si rapportano Dio e l'uomo esprime una certezza, che è di natura molto differente dalle certezze del pensiero scientifico. Il credente non vive la fede come un'ipotesi da verificare, ma come la certezza che sostiene tutta la vita. La fede non è quindi un "semplice ritenere un'opinione", ma è la forma tramite la quale Dio ha dischiuso all'uomo la verità stessa.

Proprio a questo punto emerge però l'obiezione contraria, che ha trovato speciale espressione in Heidegger e in Jaspers. Essi dicono: la fede esclude la filosofia. Essa infatti ritiene di sapere già tutto. Con la certezza dei suoi dogmi non lascia spazio al domandare, al questionare del pensiero. Dunque: una teologia che si fondasse soltanto su un'opinione, non sarebbe una scienza. Ma l'argomento di Heidegger e di Jaspers va esattamente nella direzione opposta: la teologia non può essere vera scienza o vero sapere, perché argomenta soltanto in apparenza, dal momento che i suoi contenuti sono dati, sono asserti, che precedono l'argomentazione del pensiero. Molte obiezioni contro la teologia – spiega Ratzinger – derivano indubbiamente da questa concezione, che contrappone fede e sapere, fede e pensiero, ma anche molte contestazioni al Magistero ecclesiastico all'interno stesso della teologia cattolica presuppongono, sia pure in forme meno radicali, questo stesso tipo di argomentazione. Per la teologia sembra quindi aprirsi una duplice aporia: se la fede non riesce a superare il dubbio, allora essa non può fornire un solido fondamento per un pensiero seriamente rigoroso e critico. D'altra parte, se essa si basa su certezze dogmatiche e indiscutibili, appare parimenti essere escluso il movimento del pensiero. In realtà proprio giunti a questo punto, si osserva che entrambe le posizioni contrapposte derivano da un unico modello di pensiero, quello che riconosce un'unica forma di conoscenza e di sapere, e non è in grado di percepire la struttura antropologica del tutto peculiare e originale dell'atto di fede. Soltanto se si riesce a comprendere l'essenza dell'atto di fede si può comprendere l'essenza della teologia.

Seppure brevemente, cerchiamo di tratteggiare la prospettiva di Joseph Ratzinger in risposta al problema che stiamo esaminando. L'Autore si ricollega al pensiero di san Tommaso, che a sua volta riprende sant'Agostino. Tommaso definisce innanzitutto la fede come un *"pensare con assenso"*. Sotto questo profilo la fede condivide la relazione di pensiero e assenso con la scienza. Chi crede, dice alla fine: *sì, è così*. Ciò che si crede corrisponde alla realtà. La fede quindi implica essenzialmente l'assenso. Essa non è l'eterno mantenersi aperti in tutte le direzioni. La fede è "sostanza" (Ebrei 11,1) delle cose che si sperano. Secondo la ben nota frase di Ratzinger la fede è "uno stare e consistere nella speranza". Nella fede però la relazione tra pensiero e assenso è diversa che nella scienza. Infatti nella dimostrazione scientifica è l'evidenza della cosa a costringerci all'assenso quasi per necessità interna[2]. Nella struttura dell'atto di fede invece il movimento del pensiero e l'assenso vengono a trovarsi in equilibrio, sono, per così dire, *"ex aequo"*[3]. Che cosa significa ciò? Significa prima di tutto che nell'atto di fede l'assenso avviene in altro modo che nell'atto della conoscenza naturale: non mediante l'evidenza, ma con un atto di volontà, nel quale il movimento del pensiero rimane aperto, in cammino. Non è l'evidenza della cosa che determina il pensiero ad assentire, ma è la volontà a dirigere l'assenso, sebbene il pensiero sia ancora in cammino. Ma come la volontà è in grado di compiere ciò? Per rispondere a questa domanda l'Autore avverte che il concetto di volontà nel pensiero dell'Aquinate oltrepassa ciò che noi intendiamo oggi. Ciò che Tommaso chiama "volontà" corrisponde sostanzialmente a quello che nel linguaggio della Bibbia si chiama "cuore". Il cuore ha le sue ragioni, ha una sua razionalità, che va oltre la ragione scientifica e filosofica. Così secondo questa logica si comprende che la conoscenza della fede presuppone una certa simpatia nei riguardi di ciò che è conosciuto. Senza un certo amore non si conosce l'altra realtà, non si conosce l'altro. In questo senso la volontà precede, in certo qual modo, la conoscenza, ne è la condizione (forse si può vedere in questo l'influsso della teologia affettiva di san Bonaventura, autore medioevale ben studiato da J. Ratzinger fin dall'inizio del suo percorso teologico). E' ancora la citazione di san Tommaso che, riferendosi a S.Agostino, illumina questa scoperta: ogni altra cosa l'uomo può farla anche contro la sua volontà, ma credere egli lo può fare solo liberamente[4].

Così diventa visibile che la fede non è soltanto un atto dell'intelletto, ma un atto in cui sono coinvolte tutte le energie dell'uomo, specialmente la volontà libera. La conseguenza che Ratzinger ricava è uno dei più importanti tratti caratteristici del suo pensiero che, come si può constatare, ritorna spesso nelle sue argomentazioni teologiche e nelle sue meditazioni spirituali: la fede non è il risultato di un'autoge-

---

2   S. Tommaso d'Aquino, *Summa contra Gentiles*, III, 40, n.3.
3   S. Tommaso d'Aquino, *De veritate*, q. 14, art. 1:"...Sed in fide est assensus et cogitatio quasi ex aequo".
4   S.Tommaso d'Aquino, *De veritate*, q. 14, art 1: "Et ideo dicit Augustinus, quod cetera potest homo nolens, credere non nisi volens".

nerazione del soggetto, non è il prodotto di una escogitazione umana, non è la conclusione di un processo a partire dall'io. La fede è un essere generati, la fede ha essenzialmente carattere dialogico e relazionale. Soltanto quando il "cuore" dell'uomo è toccato e raggiunto dalla Parola di Dio, le energie dell'uomo si raccolgono e si esprimono nell'assenso della fede. Ne risulta che la prima condizione per pensare la fede è la *conversione*, non intesa semplicemente come una revisione di qualche nostra opinione, ma come un processo di trasformazione dell'esistenza, nel quale secondo l'espressione paolina: "non sono più io che vivo, ma Cristo vive in me" (Gal 2,20). Tale conversione non descrive una esperienza mistica privata, ma definisce piuttosto l'essenza del battesimo. Si tratta di un evento sacramentale, e perciò ecclesiale. Così l'atto di fede personale e l'atto di fede ecclesiale si implicano intrinsecamente e indissolubilmente. La confessione di fede non si dà senza un pensiero e un linguaggio comune, che lega e unisce nella verità tutti i credenti in Cristo, nel vincolo della comunione del Capo, che è Cristo, e delle membra dell'unico Corpo, che è la Chiesa. La volontà, cioè il cuore, precede dunque l'intelletto e illumina l'intelletto, portandolo all'assenso. La fede non procede quindi dal pensiero, ma dall'ascolto (*fides ex auditu*). E perciò il pensiero non giunge alla conclusione, non trova la sua pace, poiché esso resta ancora in cammino. La fede è pellegrinaggio anche del pensiero, che deve cercare sempre più la pienezza della luce, a partire dalla luce essenziale che gli è donata, che il pensiero riceve dall'ascolto della Parola di Dio. Assenso e movimento del pensiero si mantengono in certo qual modo in equilibrio (ex aequo). In questa piccola formula della scolastica è contenuto secondo Ratzinger tutto il dramma della fede nella storia: in essa si rende visibile l'essenza della teologia, la sua grandezza e i suoi limiti. Così J. Ratzinger riesprime e rilegge il rapporto tra fede e pensiero: la fede è anticipazione – resa possibile mediante la volontà, mediante il lasciarsi toccare il cuore da Dio – della verità che non vediamo e ancora non possiamo godere pienamente. Ma questa anticipazione ci mette in movimento. L'intelligenza della fede non reprime il pensiero (come pretenderebbe Heidegger); ma il pensiero è stimolato e provocato da quella inquietudine che risulta essere feconda. Indubbiamente tale inquietudine non potrà mai costituire e misurare la Parola di Dio che sempre la precede, ma l'inquietudine della ricerca intellettuale può accompagnarci nel pellegrinaggio a Dio del nostro pensiero. E questo è l'affascinante compito di una Facoltà di Teologia. Questo primo fascio di luce che si è cercato – anche se in termini succinti – di aprire al nostro sguardo per illuminare uno dei punti nodali della *mens* teologica dell'insigne Autore, deve proseguire per rispondere ad alcune domande successive di assoluta rilevanza.

1) Che caratteristica possiede questo dono antecedente, questa istanza che muove il pensiero e gli mostra la via alla verità salvifica dell'uomo ? *Questa istanza, questa autorità è una Parola.* Nel processo della scienza il pensiero precede la parola; ma qui invece la Parola precede il pensiero. Riconoscere il senso della vita in questa Parola, che proviene dalla Sapienza eterna di Dio, è il fondamento originario della teologia, che non può mancare del tutto nemmeno nel cammino di fede del più semplice dei fedeli.

2) E questa Parola antecedente si trova nella *Scrittura*. E subito verrebbe da chieder-si: ma ci può essere un'altra autorità accanto alla Scrittura? La risposta sembrerebbe essere negativa. Proprio questo è il punto critico nel confronto tra teologia cattolica e teologia protestante. Ratzinger propone una via che presuppone la tappa signifi-cativa e ormai irrinunciabile della Costituzione Dogmatica *Dei Verbum* del Vatica-no II. La Scrittura è certamente la Parola di Dio che ci precede, ma essa per sua stessa natura non è soltanto un libro. Il suo destinatario è il popolo di Dio, è la re-altà vivente della Chiesa, che è identica a se stessa lungo tutti i secoli. Lo spazio vi-tale del popolo di Dio non è solo il sostegno della Parola di Dio, ma l'interpretazio-ne specifica da esso stesso inseparabile. Senza questo soggetto vivente che è la Chiesa, manca alla Scrittura la contemporaneità con noi. La teologia quindi vive della Parola di Dio, comprende la Parola di Dio soltanto nella Tradizione viva della Chiesa. Altrimenti la teologia si riduce a storia letteraria, a filosofia o scienza delle religioni, perdendo inesorabilmente la sua identità. E precisando ulteriormente questo nesso inscindibile tra Scrittura e Tradizione, Ratzinger osserva che lungo tutto il cammino di fede, da Abramo fino alla conclusione del processo di formazio-ne del canone biblico, si è costituita la professione di fede che ha in Cristo il suo centro e la sua pienezza. Ma l'ambito vitale di tale professione di fede è la vita sacra-mentale della Chiesa. Il canone biblico è stato formato secondo questo criterio e il Simbolo della fede è la prima istanza interpretativa della Bibbia. Ma anche il Simbo-lo non è un'espressione letteraria della religione biblica. Esso è la regola della fede per la vita concreta della comunità credente. Ecco perché l'Autorità della Chiesa che proclama la Parola, l'autorità della successione apostolica sul Simbolo della fede è inscritta nella stessa Sacra Scrittura, e non ne può essere separata. Così emerge che l'insegnamento dei successori degli Apostoli, l'autorità del Magistero della Chiesa, non è una seconda ed estrinseca autorità rispetto alla Scrittura, ma ne fa costituti-vamente parte. E inoltre si comprende bene che l'autorità del Magistero del Papa e dei Vescovi in comunione con il Papa non esiste per delimitare e tanto meno per sostituire l'autorità della Scrittura. Al contrario il suo *compito è quello di assicurare la non manipolabilità della Scrittura, garantendole la sua chiarezza univoca nel conflitto tra le varie ipotesi, nel presupposto che il senso della vita e la riuscita salvi-fica dell'esistenza non si possonoì giocare sulle ipotesi, ma solo su ciò che può deter-minare con certezza il raggiungimento e l'appagamento del desiderio di vita, di verità, di giustizia, di felicità insito nel cuore di ogni uomo.*

2) Unicità e universalità salvifica di Cristo in rapporto alle religioni del mondo

I temi cristologici sono sempre stati oggetto di speciale e frequente considerazione nella produzione teologica di J. Ratzinger, ma ciò che qui si propone sono due pun-ti di osservazione che permettono di mostrare come il suo pensiero sia efficace non soltanto nel riesporre la dottrina cristologica della fede cattolica, ma specialmente nel renderla incisiva e persuasiva nel confronto con le problematiche religiose, cul-turali e intellettuali del contesto odierno. Pertanto si seguono due opzioni: una genetica, mirata a ricostruire il passaggio che ha segnato la situazione della teologia negli ultimi due decenni; l'altra, più sistematica, che affronta la sfida del pluralismo delle religioni alla cristologia e alla pretesa salvifica universale del Cristianesimo.

Dalla crisi della teologia della liberazione al relativismo in teologia

Potremmo sintetizzare con questo titolo la valutazione di J. Ratzinger sulla genesi della situazione della teologia odierna[5]. Il termine "liberazione" a partire dal 1980 circa doveva esprimere in modo diverso ciò che nel linguaggio tradizionale della Chiesa era chiamato "redenzione". Sennonché la teologia della liberazione intese il processo di "redenzione" dalle forme di oppressione e di ingiustizia come un processo essenzialmente politico. E per interpretare e dirigere tale movimento politico si ricorse alle categorie della filosofia marxista. La fede divenne quindi prassi di liberazione. Il crollo dei sistemi politici marxisti e la crisi dell'ideologia ad essi funzionale fu per la teologia della liberazione una specie di "crepuscolo degli dei" e il fallimento dell'immagine marxista del mondo per una soluzione scientificamente fondata dei problemi umani, aprì la strada al nihilismo o comunque alla concezione relativista della vita. Così il relativismo è divenuto nei nostri tempi il problema centrale per la fede. Esso però non si definisce solo come rassegnazione al fatto che la verità diventa inaccessibile e irraggiungibile, ma si determina positivamente come tolleranza, come programma di libertà, che sarebbe anzi limitata da una concezione universale e assoluta di verità. Interessa mostrare quali conseguenze ha la concezione relativista per la cristologia. Ratzinger non ha dubbi in proposito: il relativismo porta all'abolizione della cristologia. Tale relativismo assume la figura della teologia del pluralismo religioso o teologia pluralista delle religioni. Naturalmente le sue varianti sono molto diverse, come del resto anche differenti erano i modelli della teologia della liberazione. Ma ciò che interessa non è entrare nella disamina delle principali tendenze e correnti della teologia del pluralismo religioso, quanto evincere i nodi concettuali decisivi, che sono i seguenti, solo per rimanere all'essenziale.

* Il primo nodo concettuale è *la crisi della metafisica e la convergenza tra deriva filosofica postmetafisica occidentale e la teologia negativa del pensiero asiatico*. Queste due impostazioni filosofiche, in sé radicalmente diverse, confluiscono nel relativismo metafisico e religioso, per cui la verità assoluta rimane sempre inaccessibile e inconoscibile, e le religioni costituiscono il tentativo umano di dare un volto al divino, senza poter comunque avanzare mai la pretesa di dire la parola definitiva sul mistero di Dio.

* Il secondo nodo concettuale è *la relativizzazione della figura di Gesù Cristo* nel senso che in quanto uomo egli non sarebbe in grado di manifestare la pienezza e l'immensità della realtà del divino. Di conseguenza, se la stessa figura dell'incarnazione di Dio in Gesù Cristo non può pretendere i caratteri dell'incondizionatezza, della definitività, della pienezza della rivelazione di Dio, a maggior ragione la Chiesa, i

---

5   Cf. J. Ratzinger, *Fede, Verità, Tolleranza*, Siena 2003, pp. 119–143.

sacramenti, il dogma, non possono più avere il valore di una necessità assoluta in ordine alla salvezza. Considerare questi mezzi come capaci di far ottenere un incontro reale con la verità, valida universalmente, significherebbe assolutizzare ciò che è particolare e manipolare l'infinità del Dio totalmente altro.

* Il terzo nodo concettuale è il concetto di *dialogo*. Mentre nella tradizione platonica e cristiana, il dialogo aveva acquisito una funzione significativa in ordine alla conoscenza della verità, nel contesto epistemologico odierno relativista, il dialogo diventa addirittura la sintesi del Credo relativista ed esprime il concetto opposto a quello di "conversione". Nella prospettiva cristiana il dialogo è perfettamente compatibile con la necessità della missione e dell'appello alla conversione. Nella prospettiva relativista e pluralista, dialogo significa porre sullo stesso piano la propria posizione e fede rispetto a quella degli altri, e in linea di principio non ritenerla "più vera" rispetto alla posizione dell'altro. L'ideologia del dialogo in questo caso presuppone che le diverse religioni o posizioni culturali siano paritetiche e perciò relative fra loro, con lo scopo di raggiungere la massima cooperazione e integrazione.

Il dissolvimento relativista della cristologia e dell'ecclesiologia diventa perciò il risultato inevitabile di chi afferma la legittimità del pluralismo religioso "de iure", cioè in linea di principio. Infatti, comunque lo si voglia interpretare, se il pluralismo religioso ha una sua legittimità e un suo valore in linea di principio, non si vede come si possa sostenere ancora la pretesa di definitività e di insuperabilità dell'evento cristiano e l'affermazione della necessità della Chiesa in ordine alla salvezza, pur nel significato precisato nel Catechismo della Chiesa Cattolica ai nn. 846, 847, 848.

b) La pretesa di verità e di universalità salvifica del Cristianesimo

L'allora Cardinale J. Ratzinger, in qualità di Prefetto della Congregazione per la Dottrina della Fede, così argomentò in occasione della presentazione della Dichiarazione del medesimo Dicastero *Dominus Iesus*: "La stima e il rispetto verso le religioni del mondo, così come verso le culture che hanno portato un obiettivo arricchimento alla promozione della dignità dell'uomo e allo sviluppo della civiltà, non diminuisce l'originalità e l'unicità della rivelazione di Gesù Cristo e non limita in alcun modo il compito missionario della Chiesa. Il Concilio Vaticano II nella Dichiarazione *Nostra Aetate* afferma: «La Chiesa annuncia ed è tenuta ad annunciare incessantemente Cristo, che è la via, la verità, la vita (Gv 14,16) in cui Dio ha riconciliato a sé tutte le cose» (n.2). Nello stesso tempo queste semplici parole indicano il motivo della convinzione che ritiene che la pienezza, l'universalità e il compimento della rivelazione di Dio sono presenti soltanto nella fede cristiana. Tale motivo risiede unicamente nel mistero di Gesù Cristo, vero Dio e vero uomo, presente nella Chiesa, […] suo Corpo e sua Sposa"[6].

---

6   J. Ratzinger, *Introduzione alla Dichiarazione Dominus Iesus*, Documento e studi, Libreria Editrice Vaticana, Città del Vaticano 2002, pp. 11–12.

3) L'interpretazione ecclesiologica di *Lumen Gentium*

Se c'è un settore della dogmatica cattolica che si può ritenere privilegiato nella riflessione di J. Ratzinger questo è certamente l'ecclesiologia, non soltanto per il numero degli scritti, ma anche per l'ampiezza e l'approfondimento dei contenuti. La grande capacità di sintesi concettuale dell'insigne Teologo, che si rivela mirabilmente e provvidenzialmente in piccole pubblicazioni che riportano interventi o conferenze tenute in occasioni particolari, ci consente di poter reperire una puntuale e articolata sintesi degli aspetti centrali dell'ecclesiologia di J. Ratzinger nella Relazione da lui tenuta in Vaticano in occasione del Convegno sul Concilio Vaticano II, promosso nel contesto della preparazione al Grande Giubileo del 2000[7]. Due sono i punti focali che costituiscono la piattaforma di lancio per il ripensamento "ratzingeriano" dell'ecclesiologia cattolica, come è possibile ricavare da questo magistrale intervento nel suddetto Convegno:

a) il tema centrale di cui si sarebbe dovuto occupare il Concilio Vaticano II era certamente: la Chiesa, per poter condurre a termine la sintesi ecclesiologica che non era stata possibile ai tempi del Concilio Vaticano I, che aveva anzi lasciato in eredità frammenti di ecclesiologia;

b) una frase significativa di un discorso tenuto nel 1993 da Johann Baptist Metz quando si congedò dalla cattedra di Münster: "la crisi che ha colpito il cristianesimo europeo non è primariamente o almeno esclusivamente una crisi ecclesiale … La crisi è più profonda perché ha le sue radici nella crisi di Dio". E ancora Metz proseguiva: "Anche la Chiesa ha cercato di immunizzarsi contro la crisi di Dio. Essa non parla più oggi di Dio, ma soltanto – come all'ultimo Concilio – del Dio annunciato per mezzo della Chiesa". J. Ratzinger ammonisce che le parole proferite dall'ideatore della teologia politica devono far riflettere. E' certamente vero che il Concilio Vaticano I non ha parlato soltanto della Chiesa e dell'infallibilità del Papa, ma prima di tutto della verità di Dio. Ma è proprio vero che il Concilio Vaticano II ha raccolto solo metà dell'eredità del patrimonio del precedente Concilio ?

1. La tesi di fondo di Ratzinger è immediatamente enunciata, e costituisce probabilmente *la chiave di lettura dell'intero riflettere e argomentare ecclesiologico dell'Autore attraverso il lungo itinerario del suo pensiero*: "Il Vaticano II voleva chiaramente affiancare e subordinare il discorso sulla Chiesa al discorso su Dio, voleva proporre una ecclesiologia nel senso propriamente teologico, ma la recezione del Concilio ha finora trascurato questa caratteristica qualificante in favore di singole affermazioni ecclesiologiche, si è gettata cioè su singole parole di facile richiamo e così è restata indietro rispetto alle grandi prospettive dei padri conciliari". Qualco-

---

7   J. Ratzinger, *L'ecclesiologia della Costituzione "Lumen Gentium"*, in: Comitato Centrale del Grande Giubileo dell'anno 2000, *Il Concilio Vaticano II* (a cura di R. Fisichella), Milano 2000, 66–81.

sa di analogo – avverte Ratzinger – si può dire anche a proposito della Costituzione sulla Sacra Liturgia. Merita aprire una breve parentesi. Nell'architettura del Concilio la collocazione della Costituzione liturgica ha un significato positivo, perché fa capire che all'inizio vi è l'adorazione, e quindi la realtà di Dio. Tale inizio richiama la Regola benedettina: *Operi Dei nihil praeponatur*. La Costituzione sulla Chiesa che viene immediatamente dopo quella sulla Liturgia la si dovrebbe collegare interiormente a essa. Ciò significa che la Chiesa deriva dall'adorazione, dall'atteggiamento di glorificare e lodare Dio. E quindi poi logico che la terza Costituzione (Dei Verbum) parli della Parola di Dio e della sua trasmissione e la quarta Costituzione (Gaudium et Spes) metta in risalto le implicazioni della glorificazione di Dio per portare la sua luce nel mondo, nel campo dell'antropologia e dell'etica. Nella storia del dopo Concilio – osserva sempre Ratzinger – purtroppo la Costituzione sulla Liturgia non fu compresa a partire da questo fondamentale primato dell'adorazione, ma piuttosto come un libro di ricette su ciò che possiamo fare con la liturgia. La priorità divenne quella di trovare forme sempre più attraenti o cosiddette "comunicative", coinvolgendo sempre più gente possibile nell'azione liturgica, obliterando così che nella sua essenza la liturgia è fatta per Dio e non per noi stessi e così l'essenziale rischia di essere sempre più perduto. Chiudiamo la parentesi, che è servita a mettere in luce che il motivo della critica a certo riformismo e a certa banalizzazione liturgica non è dovuto ad uno sguardo nostalgico e immobilista alle forme della liturgia del passato, ma al fatto che è in gioco l'essenziale della liturgia, ed è questo essenziale che si ritrova poi sempre anche nella riflessione ecclesiologica di Ratzinger.

2. Per quanto concerne propriamente l'ecclesiologia della *Lumen Gentium*, centrale è l'attenzione per alcune parole chiave che ne esprimono le basi fondamentali. Esse sono: l'idea di popolo di Dio, la collegialità dei vescovi in comunione con il Papa, la rivalutazione delle Chiese particolari, l'apertura ecumenica del concetto di Chiesa, e la questione dello status proprio della Chiesa cattolica che si esprime nella formula secondo cui la Chiesa una, santa, cattolica e apostolica *subsistit in Ecclesia Catholica*. Nella investigazione di J. Ratzinger si mette in risalto che nella prima fase della recezione del Concilio domina insieme al tema della collegialità *il concetto di popolo di Dio*, che però viene compreso a partire dall'uso linguistico generale della parola "popolo", e quindi prevalentemente in senso sociologico. Inoltre nell'ambito della teologia della liberazione venne inteso a partire dall'interpretazione marxista di popolo, nel senso della sovranità del popolo sulle classi dominanti. E ciò diede luogo alla discussione sulle strutture della Chiesa in vista di una loro democratizzazione. Lentamente questa interpretazione artificiale si venne spegnendo, sia per la crisi che colpì l'ideologia marxista, sia per il solido lavoro teologico che ha mostrato in modo incontrovertibile l'insostenibilità di un utilizzo politico del concetto biblico di "popolo di Dio". Questo concetto, tra l'altro adoperato raramente nella Bibbia, esprime "la parentela con Dio", la relazione con Dio, e quindi il legame in una direzione essenzialmente verticale. La medesima espressione si presta invece assai meno a descrivere la struttura gerarchica della Chiesa, soprattutto se in funzione di ridimensionamento del compito dei ministri ordinati. Così –

osserva Ratzinger – la discussione sul popolo di Dio viene ricondotta al punto essenziale: la Chiesa non esiste per se stessa, ma per Dio, per radunare e portare gli uomini a Dio. Infatti una Chiesa che esiste solo per se stessa è superflua, e allora la crisi della Chiesa si rispecchia nella crisi della fede in Dio.

3. La seconda fase della recezione del Concilio inizia con il Sinodo dei Vescovi nel 1985, che doveva tentare un primo bilancio dopo vent'anni dalla fine del Concilio. In tale Adunanza si diffonde quel concetto, quell'intuizione che è stata subito chiamata *"ecclesiologia di comunione"*. Ratzinger confessa di aver accolto con gioia questo ricentramento dell'ecclesiologia sul concetto di comunione. Benché esso non sembri esplicitamente tematizzato nei testi del Concilio, tuttavia può ben rappresentare, se compreso rettamente, una sintesi efficace degli elementi essenziali dell'ecclesiologia conciliare. Lasciamo da parte la descrizione delle basi bibliche del concetto di comunione, che Ratzinger in diversi scritti approfondisce ed illustra. Invece vorremmo sottolineare alcune idee di fondo riassuntive della sua riflessione.

4. *L'ecclesiologia di comunione è intimamente una ecclesiologia eucaristica*, e in questo senso essa si colloca molto vicino alla visione della teologia ortodossa orientale. Nell'eucaristia, Cristo presente realmente nel pane e nel vino edifica la Chiesa come suo Corpo e per mezzo del suo corpo risorto, Cristo ci unisce a Dio uno e trino. L'eucaristia si celebra in luoghi diversi, ma è nello stesso tempo universale, perché esiste un solo Corpo di Cristo. Così l'ecclesiologia eucaristica unifica il discorso sulla Chiesa con il discorso su Dio. E tuttavia gli anni successivi al Sinodo del 1985 hanno mostrato che nemmeno la migliore formula concettuale è esente da possibili malintesi. Anche il concetto di "communio" è stato travisato. L'ecclesiologia di Comunione comincia ad essere appiattita sulla problematica del rapporto tra Chiesa universale e Chiese particolari in un senso meramente orizzontale, cioè per determinare le sfere di competenza dell'una e delle altre. Ciò ovviamente non significa che nella Chiesa non si debba discutere anche del retto ordinamento delle responsabilità, per correggere eventualmente degli squilibri (centralismo romano o troppa autonomia delle Chiese particolari), ma tali questioni non debbono mai distrarre dal nodo centrale: la Chiesa deve parlare primariamente di Dio, e non delle sue strutture interne.

5. Di qui la necessità di un intervento autorevole per riportare il concetto di "comunione" alla sua vera radice. L'intervento è dato dalla Lettera della Congregazione per la Dottrina della Fede *Communionis notio*, pubblicata nel 1992. E subito esso si mostra provvidenziale. La grandinata di critiche che si è sollevata contro certe affermazioni della Lettera è segnale che i malintesi sul concetto di comunione erano ben presenti nel dibattito teologico ed ecclesiale. Il punto nodale della critica è l'affermazione che *la Chiesa universale precede sia ontologicamente che temporalmente le Chiese particolari*. Ratzinger dichiara apertamente che gli riesce difficile capire le obiezioni contro tale affermazione. La precedenza ontologica della Chiesa universale sulle Chiese particolari si fonda sul fatto che secondo i Padri la Chiesa una fin dalla creazione partorisce le Chiese particolari. La Chiesa fondata da Cristo è la

Chiesa una, santa, cattolica e apostolica, e questa è la Chiesa universale, di cui le Chiese particolari sono realizzazione storiche. Ratzinger riconosce che la questione della precedenza temporale è più difficile, e forse anche meno importante. Tuttavia egli ricorda che la Lettera *Communionis notio* non fa che rinviare all'immagine lucana della nascita della Chiesa nella Pentecoste. A prescindere dal problema della storicità del racconto, ciò che è teologicamente essenziale è che gli apostoli non sono capi di Chiese particolari, ma rappresentano il nuovo Israele. La questione – sollevata da qualche teologo – di quando e dove sono sorte per la prima volta delle comunità cristiane, non è risolutiva, poiché il problema è l'inizio interiore della Chiesa nel tempo, che Luca vuol descrivere nel racconto della Pentecoste. La realtà prima per Luca non è il fatto empirico dell'esistenza o meno di una comunità gerosolimitana, ma l'esistenza dell'unico nuovo Israele che parla tutte le lingue e che abbraccia tutti i tempi e tutti i luoghi. In questo senso vi è la precedenza temporale della Chiesa universale in rapporto alle Chiese particolari. Per comprendere in profondità la nozione di Chiesa universale, occorre riprendere l'immagine presente nella teologia dei Padri, che vede nella Chiesa la luna, la quale non ha da stessa la luce, ma rimanda alla luce del sole, Cristo. L'ecclesiologia dipende dalla cristologia, ed è ad essa legata. Poiché però non si può parlare di Cristo senza allo stesso tempo parlare del Padre e poiché non si può parlare del Padre senza mettersi in ascolto dello Spirito Santo, la visione cristologica della Chiesa si estende necessariamente in una ecclesiologia trinitaria.

6. Un altro punto fondamentale è il legame tra *eucaristia e sacerdozio*. L'eucaristia non nasce dalla Chiesa locale e non finisce nella Chiesa locale. Essa è il segno che ininterrottamente Cristo viene a noi dal totale e unico Corpo di Cristo e ci conduce entro di esso. Questo si rivela anche nel ministero del vescovo e del presbitero: l'eucaristia ha bisogno del sacramento del ministero sacerdotale poiché la comunità cristiana non può darsi da se stessa l'eucaristia; essa deve riceverla dal Signore per mezzo della mediazione dell'unica Chiesa. La successione apostolica, che costituisce il ministero sacerdotale, implica allo stesso tempo la dimensione diacronica e sincronica del concetto di Chiesa: l'appartenenza alla storia della fede a partire dagli apostoli e lo stare in comunione con tutti quelli che fanno parte del corpo del Signore oggi. Lo stesso ministero del Successore di Pietro non potrebbe neppure esistere, se non esistesse innanzitutto la Chiesa universale.

7. C'è un ulteriore punto ecclesiologico che merita attenzione, e sul quale la riflessione di Ratzinger appare decisiva: l'interpretazione del concetto di "subsistit in" espresso in *Lumen Gentium* 8, che ha indubbiamente una grande rilevanza ecumenica. La tesi è così enunciata: Il Vaticano II con la formula del *subsistit* – conformemente alla tradizione cattolica – ha voluto dire esattamente il contrario del relativismo ecclesiologico: la Chiesa di Gesù Cristo esiste realmente nella storia, ed essa si trova nella Chiesa cattolica, guidata dal Successore di Pietro e dai Vescovi in comunione con lui. La Chiesa di Cristo non è nascosta in modo inafferrabile dietro le molteplici configurazioni umane o istituzionali che rinvierebbero a essa. La Chiesa di Cristo esiste realmente e si manifesta nella professione di fede, nei

sacramenti e nella successione apostolica. Diventa a questo punto necessario indagare più accuratamente il significato della parola "sussiste" in rapporto alla formula usata da Pio XII nella *Mystici Corporis*: "la Chiesa cattolica è l'unico Corpo mistico di Cristo". Ratzinger intravvede in questa differenza tra il *subsistit* e l'*est* il nucleo del problema ecumenico. Dal punto di vista semantico, la parola *subsistit* deriva dal greco "ipostasi", che nella cristologia ha un ruolo centrale. *Subsistere* è un caso particolare di *esse*. Si tratta di essere nella forma di un soggetto a sé stante. Il Concilio vuol dirci proprio questo e soltanto questo: la Chiesa di Gesù Cristo come soggetto concreto in questo mondo può essere incontrata nella Chiesa cattolica. Non è quindi possibile, per definizione stessa dei termini e dei concetti, ipotizzare una moltiplicazione dei soggetti o una realizzazione parziale o imperfetta di soggetti che sarebbero tutti in forma più o meno perfetta "Chiesa". Con la parola "subsistit" il Concilio ha voluto esprimere né più né meno che la singolarità e la non moltiplicabilità della Chiesa cattolica. E tuttavia la differenza tra *subsistit in* e *est* racchiude in sé il dramma della divisione tra i cristiani. Benché la Chiesa sia una e sussista realmente in un unico soggetto, vi sono parecchi elementi o realtà ecclesiali al di fuori della sua compagine visibile. Poiché il peccato è una contraddizione, questa differenza non si può – osserva acutamente Ratzinger – risolvere ultimamente dal punto di vista logico. Esiste un paradosso e nel paradosso della differenza fra unicità e concretezza della Chiesa da una parte e l'esistenza di realtà ecclesiali al di fuori dell'unico soggetto storico concreto dall'altra, si rispecchia la contraddittorietà del peccato umano e della divisione. Ma tale divisione – conclude Ratzinger – è qualcosa di totalmente diverso dalla dialettica relativista, nella quale la divisione tra i cristiani perde la sua dimensione dolorosa e drammatica, perché diventa soltanto il manifestarsi di molteplici varianti tutte compatibili o complementari fra loro. La vera e unica Chiesa consisterebbe soltanto nel rapporto dialettico di variazioni differenziate e contrapposte e l'ecumenismo si risolverebbe nel riconoscimento reciproco dei diversi frammenti ecclesiali della realtà cristiana. La dottrina del Concilio è invece radicalmente differente: che la Chiesa di Cristo sussista soltanto nella Chiesa cattolica, non è affatto merito dei cattolici, ma solo opera di Dio, che egli fa perdurare malgrado gli errori e le devianze dei soggetti umani. Mentre la divisione dei cristiani è percepibile ad ognuno, la sussistenza dell'unica Chiesa di Cristo nella Chiesa cattolica si può percepire come tale solo nella fede. Lo scambio della parola "*subsistit*" al posto della parola "*est*" non indica quindi un cambiamento della dottrina ecclesiologica tradizionale, né tanto meno una rottura o discontinuità, ma al contrario indica uno sviluppo o evoluzione dottrinale. Il "*subsistit*" non vuole introdurre una distinzione tra Chiesa di Cristo e Chiesa cattolica, relativizzando o ridimensionando la nozione di Chiesa cattolica, ma vuole invece affermare il paradosso per cui, nonostante l'identità sostanziale tra Chiesa di Cristo e Chiesa cattolica, esistono elementi e realtà ecclesiali al di fuori della sua compagine visibile, che in quanto doni della Chiesa di Cristo spingono verso l'unità cattolica (cf. LG 8). Proprio perché il Concilio Vaticano II ha avvertito questo paradosso, esso ha proclamato come un dovere l'ecumenismo quale ricerca della vera unità dei cristiani e l'ha affidato alla Chiesa del futuro.

4) Religione, etica e libertà

E' noto che in questi ultimi anni l'allora Card. J. Ratzinger ha dato luogo ad un confronto e ad un dialogo serrato e costruttivo con esponenti qualificati del pensiero laico e liberale (fra tutti spicca il dialogo con il filosofo e uomo politico Marcello Pera)[8]. Quegli interventi – e ora le precise prese di posizione di Benedetto XVI sulla presenza della religione nella società – sono stati interpretati come forme di intervento forte e diretto nella sfera pubblica. Senza voler negare l'impatto sociale e politico di tali affermazioni, occorre metterne in evidenza la portata etica e antropologica. Il punto nodale che è sotteso a questo dibattito è il concetto di *libertà*. Ratzinger ha parlato recentemente dell'idea confusa di libertà propria dell'illuminismo. La sua critica al relativismo e al nihilismo dei valori, intesi come principio di dissoluzione interna della civiltà occidentale – che accomuna le posizioni papali a quelle di tanti esponenti della cultura laica, ma non laicista – non si dirige certo verso una ripresa della concezione autoritaria del tradizionalismo reazionario di stampo ottocentesco, ma si dirige al contrario verso una concezione della libertà che ne esalta la sua verità. Libero è chi, radicato nella propria finitezza esistenziale e creaturale, percepisce la propria libertà come donata, cioè come posta a sua volta da una libertà più profonda e originaria. Il dialogo tra culture, religioni, posizioni politiche differenti presuppone il riconoscimento che la libertà è apertura ad una dimensione più grande di noi eppure presente proprio in noi; presuppone il riconoscimento dell'alterità che noi non possiamo possedere, di cui non possiamo disporre. Quest'unica verità dell'uomo, nella quale il bene di tutti e la libertà sono inscindibilmente ordinati l'uno all'altro, è espressa nella tradizione biblica nel *Decalogo*. Ma proprio perché il Decalogo esprime le esigenze più profonde e autentiche della persona umana, esso non rappresenta un'istanza estrinseca alla ricerca razionale. Dato che il Decalogo approfondito in una comprensione razionale è la risposta alle esigenze interiori della natura umana, allora esso non è il polo che si oppone alla nostra libertà, ma la sua forma vivente. Il Decalogo (che potremmo chiamare anche: legge morale naturale) è il fondamento di ogni diritto di libertà e forza veramente liberante della storia umana. E in questo contesto che si comprende anche l'appello che J. Ratzinger ha rivolto al mondo della cultura laica. Capovolgendo una frase che risale in altro contesto a Bonhoeffer, il Teologo Ratzinger propone: vivere *etsi Deus daretur*. Là dove si nega Dio, non viene costruita la libertà, là essa viene stravolta. Là dove sono abbandonate le tradizioni religiose (pensiamo alla situazione spirituale e culturale dell'Europa che rischia di perdere le proprie radici cristiane, e quindi la sua identità profonda[9]), l'uomo si separa dalla sua verità, e perde la sua libertà. Per l'etica razionale rinunciare all'idea di Dio, vuol dire in ultima analisi rinunciare all'idea di una verità dell'essere, che abbia carattere etico. Se non esiste nessuna verità dell'uomo, egli non ha nemmeno una libertà. Solo la verità rende liberi. E questo è un discorso razionale, etico, e non esclusivamente teologico.

---

8 J. Ratzinger-M. Pera, *Senza radici*, Milano 2004.
9 J. Ratzinger, *Europa*, Milano 2004.

Con l'esposizione di alcune fondamentali *Bausteine* – cioè "pietre di costruzione", "basi concettuali fondamentali" – che ritornano sempre nei suoi scritti e nei suoi interventi, in grado di interagire con i problemi e le urgenze del momento storico presente, si è cercato di mostrare il significato vero dell'attualità del pensiero teologico di J. Ratzinger. La caratteristica della sua parola è sempre di essere "attuale", e nello stesso tempo di non lasciarsi mai catturare dall'attualità, perché gli occhi del cuore e dell'intelligenza sono sempre orientati e diretti alla Parola eterna, che incarnandosi, ha divinizzato l'uomo, senza dissolvere il divino nelle ambiguità e nelle opacità della storia.

Die Schönheit der himmlischen Liturgie findet in Maria einen treuen Spiegel

Predigt von Erzbischof Malcom Kardinal Ranjith, Colombo/Sri Lanka, am Hochfest Mariä Aufnahme in den Himmel in Maria Vesperbild am 15.08.2008

Malcom Ranjith

Wenn es jemanden gab, der Jesus auf Erden am nächsten war, dann war es niemand anders als Maria, seine allerseligste Mutter. Sicher trifft dies für jede Mutter und ihren Sohn zu, aber die Beziehung der Mutter Jesu zu ihrem Sohn war noch stärker, vornehmer und von einer stillen, vollkommenen Hingabe geprägt. Daher nannte das Zweite Vatikanische Konzil Maria nicht nur „die erhabene Mutter des göttlichen Erlösers" (Divini Redemptoris Mater), sondern auch „in einzigartiger Weise vor anderen seine großmütige Gefährtin" (singulariter prae aliis generosa socia) und „die demütige Magd des Herrn" (humilis ancilla domini) – (cfr. LG 61). Das Wort „Gefährtin" steht hier nicht für eine rein äußerliche Verbindung, sondern dafür, dass Maria im Herzen der Sendung Christi ist. Denn ohne ihr „fiat" bei der Verkündigung wäre Gottes heilbringendes und endgültiges Kommen in die Welt nicht möglich gewesen, und damit auch nicht das irdische Leben und die Heilsendung Jesu. Die Beziehung des Herrn zu seiner Mutter hatte viele Facetten, die wir auch in den wenigen ausdrücklichen Nennungen Marias in den Evangelien und in den anderen Büchern des Neuen Testamentes erkennen. Im Glauben empfing sie Christus zuerst in ihrem Geist und dann in ihrem Leib, wie der heilige Augustinus sagte. Sie glaubte fest an die Worte des Engels, der ihr versicherte, was von nun an geschehen würde, wäre etwas noch Erhabeneres und Größeres als alles, was Gott zuvor gewirkt hatte, ein Geheimnis, an dem sie wesentlich teilhaben sollte. Ihr Leib sollte der erste Tabernakel des Allmächtigen werden – als Abbild der Bundeslade – die vollkommene Verwirklichung des Emmanuel, Gott-mit-uns. In ihr sollte sich die irdische Existenz Christi formen. Von diesem Moment an wurde sie zur Gefährtin Gottes in der Verwirklichung dieser wunderbaren Geschichte – der Geschichte von der Erlösung der Menschen. Durch sie wollte Gott seinen ewigen Plan verwirklichen. Alles, was sie tun mussten, war sich vom Heiligen Geist überschatten zu lassen. Und wir wissen, dass von jenem ersten „ja" bis hin zu seiner schmerzvollen Vollendung beim Kreuzesopfer Maria der Weg war, auf dem die Liebe Gottes zu den Menschen gebracht wurde. Durch sie wurde Gott sichtbar, indem er eine menschliche Existenz annahm. Die Worte des Evangelisten Johannes „und hat unter uns gewohnt", wörtlich „hat sein Zelt unter uns aufgeschlagen" (Joh 1,14) müssen in diesem Sinne verstanden werden.

Der heilige Johannes schreibt vom Wunder bei der Hochzeit zu Kana, das allererste im öffentlichen Wirken Jesu, und die Mitwirkung seiner seligen Mutter tritt dabei deutlich hervor. „Sie haben keinen Wein mehr", sagt Maria zu Jesus. Sie lässt ihn wissen von dem Problem, vor dem die Gastgeber stehen. „Wein" ist hier freilich auch ein allgemeines Bild der Freude. Maria lädt Jesus gleichsam ein, seine Selbstoffenbarung und sein öffentliches Wirken zu beginnen und damit bleibende Freude in das Leben der Menschen zu bringen. Auch wenn es zunächst so scheint, als ob Jesus nicht daran interessiert sei, eine Mutter gibt nie auf! Sie weiß, wer er ist, und sie kennt die Not der Leute. Daher ergreift sie die Initiative und rät den Dienern: „Tut, was er euch sagt." Und so findet ein Wunder statt. Was hier am meisten auffällt, ist Marias unerschütterlicher Glaube an Gottes Wort. Das „fiat", das sie dem Engel gegenüber sprach, wird zur Handlung und nimmt darin seine endgültige Gestalt an. Durch sie scheint die Stimme des himmlischen Vaters widerzuhallen: „Das ist mein geliebter Sohn; auf ihn sollt ihr hören." Denn bei der Verklärung gebietet Gott den Jüngern, auf Jesus, seinen geliebten Sohn, zu „hören". Durch Maria erklingt an die Diener derselbe Ruf. Außerdem wiederholt sich in den Worten Marias das Gebot Jesu selbst: „Wer meine Gebote hat und sie hält, der ist es, der mich liebt" (Joh 14,21). Und so gibt Maria den Dienern zu Kana nicht nur den Rat, „Tut, was er euch sagt", sondern zeigt auch den Weg, wie das Wunder der Erlösung geschehen kann. In ihr begegnet der Heilswille Gottes jenem tiefen Glaubenssinn, der die Suche der Menschheit nach wahrem Glück und wahrer Freiheit kennzeichnen sollte. In ihr treffen sich der herabsteigende Heilswille Gottes und der aufsteigende Glaubensgehorsam der Menschen. Durch ihr „Ja" folgt Maria dem Ruf Gottes, die irdische Mutter seines ewigen Sohnes zu sein.

Es ist dasselbe „Ja", dem Maria bis zur Vollendung in demütigem Gehorsam treu bleibt, auch wenn es bedeutet, dass ihr Herz mit dem Schwert des Leidens durchbohrt wird. Dort am Fuße des Kreuzes schenkt ihr Jesus eine neue Sendung, nämlich Mutter aller zu sein, die ihm nachfolgen werden. Jesus vertraut ihr diejenigen an, die „berufen" sind – die Ecclesia, das heißt, die Kirche – , und ebenso vertraut er ihnen Maria an, wenn er zu ihr sagt „Frau, siehe dein Sohn" und wenn er zu Johannes sagt „Siehe, deine Mutter" (vgl. Joh 19,26–27). Ihre Sendung, Gefährtin Jesu zu sein, hört nicht auf, im Gegenteil: Zusammen mit dem Heiligen Geist ist sie vom Herrn der Kirche geschenkt als Zeichen seiner Liebe. Marias Beziehung zu Jesus war so besonders, dass Papst Johannes Paul II. von ihrer eucharistischen Dimension gesprochen hat. In „Ecclesia de Eucharistia", seiner Enzyklika über die Eucharistie in ihrer Beziehung zur Kirche, schrieb er: „In ihrem ganzen Leben ist Maria eine ‚eucharistische' Frau (EDE 53)." Denn durch ihren Glauben empfing sie den eucharistischen Herrn in ihrem Leib, sie trug ihn und wurde so zum Tabernakel seiner Gegenwart auf Erden. Ihr unerschütterlicher Glaube an den geheimnisvollen und doch so erhabenen Plan Gottes, die diskrete und liebevolle Art wie sie Jesus folgte und ihr ganzes Leben auf ihn ausrichtete bis hin zum Kreuz auf Golgota, wo sie sich ganz mit seinem heilbringenden Opfer vereinte, machen Maria zum vollkommen Vorbild für uns alle, die wir dazu berufen sind, uns ganz mit ihm zu vereinen – das ist mit „eucharistisch" gemeint. In diesem Sinne sagte auch Johannes Paul II.: „Die Kirche, die auf Maria wie auf ihr Urbild blickt, ist berufen, sie auch in ihrer Beziehung zu diesem heiligsten Mysterium nachzuahmen … Wenn die Eucharistie ein Geheimnis des Glaubens ist, das unseren Verstand so weit überragt, dass von uns eine ganz reine Hingabe an das Wort Gottes gefordert wird, kann uns niemand so wie Maria Stütze und Wegweiserin sein, um eine solche Haltung zu erwerben." (EDE 53–54)

Wenn wir bedenken, wie Maria zu ihrem Sohn und dem Wunder des Lebens und seiner Sendung aufblickte, dann sind wir uns bewusst, dass wir sie nicht wirklich ehren, wenn wir nicht mit derselben Ehrfurcht und demselben Staunen auf die Person Jesu, ihres Sohnes, schauen. Ihre Worte „Tu, was er euch sagt" zeigen uns nicht nur ihren tiefen Glauben daran, was er wirklich war, der menschgewordene Sohn Gottes, sondern auch ihre Ehrfurcht und ihr Staunen über die großen Ereignisse, die in ihrer Zeit geschahen und an denen sie wesentlich Anteil hatte. Auf die Worte Elisabeths bei der Heimsuchung – „Gesegnet bist du mehr als alle anderen Frauen und gesegnet ist die Frucht deines Leibes" – antwortet Maria mit den Worten des Magnificat. Sie wusste, dass an ihr, der demütigen Magd des Herrn, etwas Gewaltiges und Großes geschah, denn sie sang „der Mächtige hat Großes an mir getan" (vgl. Lk 1,49). In diesem tiefen Glauben empfing sie den vom Kreuz genommenen Leib Christi, den Leib, den sie einst in ihren mütterlichen Armen liebevoll und andächtig gehalten hatte und den sie nicht ohne Schaudern und Staunen angesichts seines Opfertodes entgegennahm. Derselbe Leib in seiner verherrlichten Form erschien später den Aposteln und Maria, denn, wie die Apostelgeschichte uns berichtet, war Maria oft mit den Aposteln zusammen in beständigem Gebet (vgl. Apg 1,14). Sicher sah sie die Erhabenheit seines verherrlichten Leibes. Die liebevolle Ehrfurcht, mit der Maria an der Sendung ihres Sohnes mitwirkte, muss uns inspirieren, auch selbst eins mit ihm zu werden in Geist und Herz, ja mit unserem ganzen Leben. So können wir auch, wie Maria, eucharistisch werden. Papst Johannes Paul II. forderte uns auf, „sie auch in ihrer Beziehung zu diesem heiligsten Mysterium nachzuahmen" (EDE 53). Papst Benedikt spricht davon, dass in Maria, der „Tota pulchra", der „ganz Schönen", die Schönheit der himmlischen Liturgie aufstrahlt. Ihr Leben widerspiegelt die Ehrfurcht und das Staunen angesichts des Rufes, ganz mit Jesus vereint zu sein – ihr Leib war der Tabernakel seiner Gegenwart, ihr Glaube die unsichtbare Kraft in seiner Heilsendung bis hin zu der höchsten Hingabe seiner selbst am Kreuz, und ihre Liebe war die Stärke und Inspiration der Kirche, der Gemeinschaft seiner Jünger.

Liebe Brüder und Schwestern, heute fehlt es bei vielen Jüngern Jesu, in allen Ständen und Berufen der Kirche, an der Ehrfurcht und Freude, die von der wahren, beständigen Gegenwart Jesu unter uns, besonders im Allerheiligsten Sakrament des Altars, kommen. Daher müssen wir heute mehr denn je zur seligen Gottesmutter beten und sie bitten, dass sie uns die Schätze ihres unbefleckten Herzens öffne, ihren Glauben und ihre Liebe zu Jesus in seiner eucharistischen Sendung. Nicht selten hören wir heute von Priestern, die aus Mangel an echtem Glauben und Verständnis die heiligen Geheimnisse der Eucharistie in einer Weise feiern, die ihrer himmlischen Erhabenheit unwürdig ist. Auch viele Gläubige haben den Sinn für die Heiligkeit des Messopfers verloren. Die Einladung Jesu, ganz eins mit ihm zu werden und Leben von ihm zu schöpfen, Leben, das von seinem gewaltigen Opfer auf Golgota fließt, und Teil zu sein einer himmlischen Versammlung, des neuen Volkes Gottes, wie der Herr sagt: „Wie mich der lebendige Vater gesandt hat und wie ich durch den Vater lebe, so wird jeder, der mich isst, durch mich leben" (Joh 6,57) – diese wunderbare Einladung wird leider durch eine rein innerweltliche und horizontale Sicht auf die heilige Eucharistie, in der nur noch das irdische „Brot" gesehen wird, herabgesetzt. Wir müssen für eine echte Erneuerung der Kirche, wie der Heilige Vater sie will, beten, vor allem in und durch die heilige Messe und die Verehrung der heiligen Eucharistie: durch einen vertieften Glauben, eine würdige Feier und ein mutiges Zeugnis. Papst Johannes Paul II. nannte sie den „Schatz der Kirche, das Herz der Welt, das Unterpfand des Ziels, nach dem sich jeder Mensch, und sei es auch unbewusst, sehnt" (EDE 59). Schließen möchte ich mit den inspirierenden Worten unseres geliebten Heiligen Vaters Papst Benedikt: „Die Schönheit der himmlischen Liturgie, die auch in unseren Versammlungen aufleuchten muss, findet in Maria einen treuen Spiegel. Von ihr müssen wir lernen, selber eucharistische und kirchliche Menschen zu werden, damit auch wir, nach dem Wort des heiligen Paulus, ‚schuldlos' vor den Herrn treten können, so wie er uns von Anfang an haben wollte (vgl. Kol 1,21; Eph 1,4)". Amen.

Assisi – Nein danke?

Problematik und Bedeutung interreligiöser Gebetstreffen

Gerda Riedl

1. Ein viertel Jahrhundert danach ...

Genau 25 Jahre werden am 27. Oktober 2011 vergangen sein, seit Papst Johannes Paul II. 1986 Vertreter aller christlichen Konfessionen, Repräsentanten aller Weltreligionen (Buddhismus, Hinduismus, Jainismus, Shintoismus, Shikismus, Zoroastrismus, Islam, Judentum) und die Abgesandten zweier traditioneller Religionen (Afrikanischer Schamanismus, nordamerikanische Indianer) zu einem religionsumspannenden Weltfriedens-Gebetstreffen in die mittelitalienischen Stadt Assisi eingeladen hatte. Dieses ›Ereignis von Assisi‹ war als Beitrag der (Welt-) Religionen für das UNO-›Jahr des Friedens‹ (1986) geplant und im Sinne einer antibellizistischen Willensbekundung aller Beteiligten der friedensstiftenden Kraft des Gebetes anvertraut worden. In den damaligen Printmedien löste besagtes Gebetstreffen ein zwar großes, aber durchaus geteiltes Echo aus. So manchen konservativen Kreisen ging die päpstliche Initiative viel zu weit: Vom »Greuel an heiliger Stätte«[1] war ebenso die Rede wie von einem verabscheuungswürdigen »Triumph der Freimaurer«[2]. Den Nagel auf den Kopf zu treffen meinte dabei vor allem Franz Schmidberger, damals zweiter Generaloberer der traditionalistischen Priesterbruderschaft Pius X. und heute deren Distriktsoberer in Deutschland: »Das Treffen von Assisi war eine Sünde des Papstes gegen den ersten Glaubensartikel. Der Papst hat sich dort auf die gleiche Stufe mit den Vertretern der falschen Religionen gestellt: Er hat nicht bedacht, was im Dekalog am Anfang steht: Du sollst neben mir keine fremden Götter haben. Im Alten Testament gab es ja auch einmal ein Religionstreffen auf dem Berg Karmel, ein Treffen des Elia mit den Dienern des Baal (vgl. 1 Kön 18,20–40). Sie wissen, wie es ausgegangen ist. Johannes Paul II. hat in Assisi nirgends gesagt, daß Jesus Christus der einzige Weg und die einzige Wahrheit ist. (...) Das ist so, als ob sich Christus mit den Vertretern des Zeus und der Hera zu einem gemeinsamen Gebet für die Pax Romana zusammengetan hätte, die ja auch sehr

---

1 Manfred Jacobs: Assisi und Die Neue Religion Johannes Paul II. Durach 1989, S. 35.
2 Ebd., S. 59.

bedroht war, wie der Frieden heute (…).«³ – Was wollte man dem noch entgegen halten? Nun, etwa die Auffassungen jener progressiven Theologen, denen die Umstände des Gebetstreffens in der italienischen Franziskusstadt aus den genau gegenteiligen Gründen missfielen. Viel zu eng gezogen erschienen ihnen, geschult an den multikulturellen und multireligiösen Verhältnissen moderner Großstädte, die Grenzen des Ereignisses von Assisi. Sie hätten sich, gespeist aus diffusen Einheitsspekulationen und religiösen Grenzverwischungen, eine spirituelle Bewusstseinserweiterung durch gemeinsame Gebete unterschiedlichster religiöser Strömungen gewünscht.⁴

Beide Extrempositionen bekämpften sich damals, beide Extrempositionen bekämpfen sich noch heute. Dabei war Papst Benedikt XVI., als er am Neujahrstag 2011 gegen Ende seiner Angelus-Ansprache ankündigte, am 25. Jahrstag das erste Gebetstreffen von Assisi eben dort festlich begehen zu wollen, den Kritikern bereits entgegen gekommen. Einen »Tag der Reflexion, des Dialogs und des Gebets für den Frieden und die Gerechtigkeit in der Welt« wollte er einberufen – einladen die anderen Konfessionen, Vertreter verschiedener religiöser Traditionen und ›alle Menschen guten Willens‹! Diese Erweiterung des Teilnehmerkreises trug den Einwänden progressiver Kräfte Rechnung, humanistisch-atheistisch orientierte Überzeugungen seien zuvor unberechtigterweise ausgegrenzt worden. Und den konservativen Kritikern kam der Papst durch das am 2. April 2011 veröffentlichte Programm für den Gebetstag Assisi 2011 ebenfalls entgegen: Auf den Besuch von Innenräumen christlicher Gebetsstätten in Assisi wurde verzichtet, auf gesprochenes Gebet genauso. »Am Nachmittag werden sich alle in Assisi anwesenden Gäste auf den Weg zur Basilika San Francesco begeben. Es wird ein Pilgerweg sein, auf dessen letztem Stück auch die Teilnehmer der Delegationen mitgehen werden. Damit soll der Weg verdeutlicht werden, den jeder Mensch auf der beharrlichen Suche nach der Wahrheit und des tatkräftigen Strebens nach der Gerechtigkeit und des Friedens beschreitet. Dies geschieht im Schweigen, um Raum für das Gebet und die persönliche Betrachtung zu lassen. Im Schatten der Basilika San Francesco, dort wo auch die früheren Treffen beendet wurden, wird der Abschluss des Tages mit einer feierlichen Erneuerung des gemeinsamen Einsatzes für den Frieden sein.«⁵

Genützt hat der gute Wille Papst Benedikt XVI. freilich herzlich wenig. Die Plattformen der medialen Auseinandersetzung – statt Printmedien einschlägige

---

3 »Es geht ganz zentral um Lehrfragen«. Ein Gespräch mit Franz Schmidberger. In: Herder-Korrespondenz 42 (1988), S. 417–424 (hier: S. 421). Entsprechende Äußerungen sammelt auch der ehemalige Tübinger Fundamentaltheologe Max Seckler: Synodos der Religionen. Das ›Ereignis von Assisi‹ und seine Perspektiven für eine Theologie der Religionen. In: Theologische Quartalschrift 169 (1989), S. 5–24.

4 Vgl. etwa Michael von Brück (Hg.): Dialog der Religionen. Bewußtseinswandel der Menschheit. München 1987, S. 9; siehe zuletzt etwa auch Reinhold Bernhardt: Dialog und Theologie der Religionen. In: Theologische Rundschau 75 (2010), S. 416–441; Georg Evers: Trends and developments in interreligious dialogue. In: Studies in interreligious dialogue 18 (2008), S. 228–242; 19 (2009), S. 215–230.

5 Comunicato della Sala Stampa della Santa Sede: Giornata di riflessione, dialogo e preghiera per la pace e la giustizia nel mondo ›pellegrini della verità, pellegrini della pace‹ (Assisi, 27 ottobre 2011). In: http://press.catholica.va/news_services/ bulletin/news/27168.php (Stand: Juni 2011).

Internetforen – mögen sich verlagert haben; die Ablehnung von beiden Seiten bleibt unverändert. So zitiert das extremismuslastige Internetforum *kreuz.net* mit Meldung vom 14. Januar 2011 den jetzigen Generaloberen der Piusbruderschaft Bernard Fellay, der unter fragwürdiger Anspielung auf Ps 95,5 (bzw. Ps 96,5 LXX) erklärte: »Assisi wird voll von Dämonen sein«. Gleichzeitig fordert er Papst Benedikt XVI. dazu auf, den anderen Religionen in Assisi zu sagen, dass es keinen anderen Weg zum Heil gebe als Christus und sie sich daher bekehren müssten. – Unnötig zu erwähnen, dass die Berücksichtigung des atheistischen Humanismus und anderer nichtreligiöser Strömungen die prinzipielle Ablehnung des Gebetstreffens von progressiver Seite nicht veränderte. Schweigendes Gebet trägt natürlich noch weniger zur interreligiösen Bewusstseinserweiterung bei denn gesprochenes Gebet!

Andere Reaktionen waren genau besehen wohl von beiden Seiten auch nicht zu erwarten. Schließlich änderte Papst Benedikt XVI. nichts an der grundsätzlichen Ausrichtung der Gebetstreffen seines mittlerweile selig gesprochenen Vorgängers. Nach wie vor geht es um den Dreischritt von Pilgern, Fasten und Beten; nach wie vor betont man, dass alle Religionen (und Menschen guten Willens) ›Keimkräfte der Wahrheit‹[6] ent- bzw. erhalten, die es erlauben, ohne Synkretismus-Verdacht zusammen zu sein, um zu beten. Und nach wie vor gilt im Umkehrschluss, dass alle Religionen (und Menschen guten Willens) nicht gemeinsam beten können. Dass der Mittelweg gangbar ist, wird von beiden Extrempositionen her durchaus bezweifelt. Es lässt sich jedoch spätestens seit einem viertel Jahrhundert – sogar methodisch – mit guten Gründen und Beispielen belegen.

Das Gebetstreffen von Assisi 1986 mag ein Testfall des interreligiösen Dialogs gewesen sein. Ein Einzelfall ist es nicht geblieben. Im Gegenteil: Assisi 1986 entwickelte Modellcharakter.[7]

2. Ereignis Assisi – Modell Assisi – Testfall Assisi
Wirkungsgeschichte und Problemaufriss einer päpstlichen Initiative

Den obersten Zweck der Gebetstreffen von Assisi markierte von Anfang an die aufmerksamkeitsverstärkenden Begegnung der Konfessions- und Religionsvertreter: ›Zusammensein, um (jeder für sich) zu beten‹ lautet das Motto der bis heute dreiteiligen Veranstaltung (Pilgern, Fasten, Beten). In den 25 Jahren zwischen 1986

---

6 Vgl. VatII GS 3 (LThK2.VatII Tl. 3, S. 292 f.); VatII AG 9 (LThK2.VatII Tl. 3, S. 44 f.); VatII LG 17 (LThK2.VatII Tl. 1, S. 208 f.); VatII NA 2 (LThK2.VatII Tl. 2, S. 490 f.) u. a.

7 Vgl. zuletzt Wolfgang Beinert: Das Christentum und die Religionen. In: Stimmen der Zeit 229 (2011), S. 229–238; Kurt Koch: Glaubensüberzeugung und Toleranz. Interreligiöser Dialog in christlicher Sicht. In: Zeitschrift für Missionswissenschaft und Religionswissenschaft 98 (2008), S. 196–210. Aus evangelischer Perspektive urteilt Lutz Friedrichs: Interreligiöses Gebet? Praktisch-theologische Erkundungsgänge in einem umstrittenen Praxisfeld. In: Evangelische Theologie 67 (2007), S. 277–290. – Zum Folgenden siehe vor allem Gerda Riedl: Modell Assisi. Christliches Gebet und interreligiöser Dialog im heilsgeschichtlichen Kontext. Berlin / New York 1998. Vgl. außerdem: Leitlinien für das Gebet bei Treffen von Christen, Juden und Muslimen. Eine Handreichung der deutschen Bischöfe (=Arbeitshilfen Nr. 170). 24. Juni 2008 2., überarbeitete und aktualisierte Auflage. Bonn 2008.

und 2011 avancierte das ›Ereignis Assisi‹ so zum ›Modell Assisi‹: An vielen Orten der Welt fanden – meistens unter direktem Eindruck kriegerischer Auseinandersetzungen (etwa der Golfkriege oder der ›jugoslawischen‹ Bürgerkriege) – religionsumspannende Gebetstreffen in einem gemeinsamen (Friedens-) Anliegen statt *(Modell Assisi)*; stets ging es dabei um den Abbau interreligiöser Spannungen, die Demonstration religionsübergreifender Solidarität im Kontext des interreligiösen Dialogs und gegenseitig bereichernde (Gottes-) Begegnung.

Schon in den ersten Jahren geriet das *Modell Assisi* aber auch zum ›Testfall Assisi‹. Am *Modell Assisi* als exemplarischem Beispiel gelebter Solidarität interreligiöser Provenienz entzündete sich unter theologischen Vorzeichen eine polarisierende Auseinandersetzung um Möglichkeiten und Grenzen des interreligiösen Dialoges überhaupt: Die »Wetterecke gegenwärtiger Theologie«[8] war entstanden. Innerhalb der einschlägigen Diskussion kristallisierten sich rasch drei argumentative Hauptrichtungen heraus: Das Verhältnis zwischen Christentum und nichtchristlichen Religionen wurde ebenso wie die Beziehung des christlichen zum nichtchristlichen Beten auf exklusivistische, inklusivistische und pluralistische Weise gedeutet.[9] Einschneidende Kritik am *Modell Assisi* äußerte sich dabei schon damals in gleicher Schärfe aus exklusivistischer wie pluralistischer Perspektive: Anhänger der exklusivistischen Position (tendenziell fundamentalistische Kräfte am Rande oder außerhalb der Katholischen Kirche, evangelikale Kreise reformatorischer Kirchen und Parteigänger der ›Dialektischen Theologie‹ Karl Barths) erheben überzogene Exklusivitätsansprüche und erklären unter Hinweis auf das Erste Gebot (Ex 20,3; Dtn 5,7) und die exklusive Offenbarungs-Mittlerschaft Jesu Christi (Joh 14,6) nichtchristliche Gebete für null und nichtig, die interreligiöse (Gebets-) Begegnung zu missionshintertreibendem Götzendienst. Anhänger der pluralistischen Position hingegen konfrontieren – unter Hinweis auf das letztlich unzugängliche, weil in allen Religionen perspektivisch verzerrte Mysterium des einen Gottes und die daraus resultierende Notwendigkeit einer Entmythologisierung christologischer Passagen biblischer Redeweisen – mit extensiven Pluralismusforderungen nach interreligiösem Gottesdienst und gemeinsamen Gebeten (›Communicatio in sacris / spiritualibus‹).[10] Das *Modell Assisi* wiederum hat sich der inklusivistischen Verhältnisbestimmung verschrieben: Ohne (pluralistische) Suspendierung des biblisch-christologischen Offenbarungsmonismus verteidigen inklusivistisch denkende Theologen mit dem Hinweis auf das (von der Tradition verbürgte) Wirken des Heiligen Geistes in allen Menschen (und ihren Religionen) die religionsumspannenden Gebetstreffen in einem gemeinsamen Anliegen *(Modell Assisi)* gegen überzogene

---

8 Georg Evers: Die Wetterecke gegenwärtiger Theologie. Stand und Probleme des interreligiösen Dialogs. In: Herder-Korrespondenz 43 (1989), S. 75.

9 Vgl. Perry Schmidt-Leukel: Zur Klassifikation religionstheologischer Modelle. In: Catholica 47 (1993), S. 163–183; Ders.: Die religionstheologischen Grundmodelle: Exklusivismus, Inklusivismus, Pluralismus. In: Anton Peter (Hg.): Christlicher Glaube in multireligiöser Gesellschaft. Erfahrungen. Theologische Reflexionen. Missionarische Perspektiven. Immensee 1996, S. 249–267.

10 Vgl. etwa Joseph Neuner: ›Communicatio in Sacris‹. Ein Seminar über das Selbstverständnis der Kirche im religiösen Pluralismus Indiens. Bangalore 20.–25. Januar 1988. In: Zeitschrift für Missionswissenschaft und Religionswissenschaft 72 (1988), S. 240–248.

Exklusivitätsansprüche. »Die Begegnung zwischen den Religionen in Assisi wollte unmißverständlich meine Überzeugung bekräftigen, daß jedes authentische Gebet vom Heiligen Geist geweckt ist, der auf geheimnisvolle Weise im Herzen jedes Menschen gegenwärtig ist.« (Johannes Paul II.)[11] Unbeschadet päpstlicher Verlautbarungen scheint der theologische Dialog über den interreligiösen Dialog festgefahren; die vom Austausch altbekannter Argumente bestimmte Diskussion tritt auf der Stelle: Inklusivistischer *End-Gültigkeitsgewissheit* christologischer Ausrichtung stehen das exklusivistische *Un-Gültigkeitsverdikt* bezüglich jeder nichtchristlichen Religion und die pluralistische *Gleich-Gültigkeitserklärung* aller Religionen entgegen.

Eine heilsgeschichtliche Deutung kann die bis heute bestehenden Aporien theologischer Diskussionen aufbrechen helfen. Als symbolischer Verdichtung religionswissenschaftlich, biblisch, traditional und lehramtlich gedeckter Verhältnisbestimmungen zwischen christlichem Glauben und nichtchristlichen Religionen eignet dem *Modell Assisi* im Kontext des interreligiösen Dialogs daher eine exemplarische Aussagefunktion: Von der christlichen Lebenswelt aus und in diese ein geht über das *Modell Assisi* der heilsgeschichtliche Vorschein des Reiches Gottes. Dieses aber steht allen offen!

Selbst die methodischen Schwierigkeiten hinsichtlich einer sachgerechten Deutung religionsumspannender Gebetstreffen in einem gemeinsamen Anliegen *(Modell Assisi)* sollten sich lösen lassen; sie resultieren ja letztlich aus der schwer einschätzbaren Überlieferungslage. Ein gewisser Neuheitscharakter ist den päpstlichen Gebetsinitiativen vor dem Hintergrund des biblischen Offenbarungs-Zeugnisses, theologischer Tradition und lehramtlicher Entscheidungen nämlich kaum abzusprechen; unbeschadet dessen unterliegt die (Re-) Konstruktion einschlägiger Traditionslinien aber nicht selten präjudizierten Selektionsmechanismen.

Viele Diskussionsbeiträge entscheiden sich jedenfalls bis heute zu rein punktueller Beweisführung im Sinne der eigenen (exklusivistischen, inklusivistischen oder pluralistischen) Neigung. Unversöhnlich prallen dann die Schlussfolgerungen aus den verschiedensten Einzelargumenten religionswissenschaftlicher (Götzendienst vs. Gottesdienst u. a.), biblischer (natürliche Theologie vs. gnadenhafte Soteriologie u. a.) oder historisch-theologischer Provenienz (Christianisierung vs. Entpaganisierung u. a.) aufeinander. Der argumentative Kontext religionswissenschaftlicher, biblischer oder historisch-theologischer Einzelargumente aber bleibt unberücksichtigt: Was macht ein genuines Gebet aus und was – wenn überhaupt – unterscheidet es von einem ›nichtigen‹ Gebet? Wie bestimmen die biblischen Autoren das Verhältnis zwischen Christen und Nichtchristen, christlichem Gebet und nichtchristlichem Gebet? Welche Auffassung des Verhältnisses zwischen Christen und Nichtchristen liegt der christlichen Mission zugrunde? Gibt es einen Unterschied zwischen theoretischen Äußerungen über paganes Gebets- oder Kulthandeln und dem praktischen Verhalten der Missionare? Wie bestimmen biblisches Zeugnis, theologische Tradition oder kirchliches Lehramt Unterschiede und

---

11 Johannes Paul II: Enzyklika Redemptoris Missio vom 7. Dezember 1990 (Verlautbarungen des Apostolischen Stuhls 100). Bonn 1990, S. 32.

Gemeinsamkeiten zwischen Christen und Nichtchristen? Welches Denkmodell (oder welche Denkmodelle) benutzen sie?

Solcher Ambivalenz der Tradition ist mit punktueller Argumentation nicht beizukommen; sie verlangt nach einigender Perspektive und umsichtiger Abwägung. Das (umstrittene) Denkmodell – der ›Ermöglichungsgrund‹ – ambivalenter Tradition ist die (stets umkämpfte) heilsgeschichtliche Deutung des Verhältnisses zwischen Menschen (oder Ethnien) unterschiedlichen Glaubens im allgemeinen und des Christentums zu den nichtchristlichen Religionen im besonderen: Immer begegnet die Heilsgeschichte als tragender Grund derselben (exklusivistisch, inklusivistisch oder pluralistisch argumentierenden) Antwort-Strukturen. Mit einer Erhebung der religionswissenschaftlich, biblisch und historisch-theologisch favorisierten Antwort-Variante geht dann die gültige Bewertung des *Modells Assisi* notwendig einher: Befindet es sich im Einklang oder im Widerspruch mit der maßgeblichen Antwort-Struktur religionswissenschaftlicher, biblischer oder historisch-theologischer Provenienz? Eine heilsgeschichtliche Deutung scheint hier weiterführend: Vor dem Hintergrund des göttlichen Heilshandelns an dieser (Menschen-) Welt von der Schöpfung her und auf die Wiederkunft des ›Menschensohnes‹ hin, sucht sie das *Modell Assisi* im Kontext des interreligiösen Dialoges zu verstehen.

Besagte Deutung des *Modells Assisi* im Kontext interreligiösen Dialogs beantwortet freilich nur die Frage nach dem hermeneutischen Horizont (›Was?‹); eine Antwort auf die Frage nach der hermeneutischen Vorgehensweise (›Wie?‹) scheint hingegen von der enormen Disparität angesprochener Diskursfelder (Religionswissenschaft, Biblisches Zeugnis, Historisch-theologische Missions-Geschichte) bestimmt: Eine sorgfältig abwägende Behandlung beibringbarer Einzelargumente erlaubt unter solchen Umständen noch am ehesten die sog. ›Konvergenzargumentation‹ antiker und mittelalterlicher Prägung: »Konvergenzargument ist die Begründung eines Satzes durch den Nachweis, daß für ihn mehrere voneinander unabhängige Beobachtungen und Überlegungen sprechen. Je nachdem die Konvergenz (= das Zusammenstreben) pluraler Anzeichen als solche (als logischer Sachverhalt) selbst schlechterdings nur dadurch erklärt werden kann, daß die Richtigkeit des behaupteten Satzes vorausgesetzt werden muß oder nur so am besten verständlich gemacht wird (wenn auch nicht jede Möglichkeit einer anderen Erklärung der Konvergenz positiv ausgeschlossen werden kann), erzeugt das Konvergenzargument Sicherheit und Wahrscheinlichkeit.«[12] Für den Entwurf seiner Lehre von der Gewissheit aufgrund einer Häufung konvergierender Wahrscheinlichkeiten nutzte diese Anregungen in der Neuzeit hauptsächlich John Henry Kardinal Newman.[13] Auf der Suche nach Möglichkeiten, Grenzen oder Erfolgen von religionsumspan-

12 Karl Rahner u. a.: Art. Konvergenzargument. In: Ders.: Kleines theologisches Wörterbuch. Freiburg 1976, S. 243; vgl. auch Hans L. Ollig: Art. Konvergenzargument. In: Lexikon für Theologie und Kirche, 3. Aufl., Bd. 6, Sp. 337.
13 Vgl. Roman Siebenrock: Gewissen und Geschichte. Eine systematisch-theologische Rekonstruktion des Wirkens John Henry Kardinal Newmans. Sigmaringendorf 1996, S. 143–350; Lothar Kuld: Lerntheorie des Glaubens. Religiöses Lehren und Lernen nach J.H. Newmans Phänomenologie des Glaubensaktes. Sigmaringendorf 1989, S. 83–154.

nenden Gebetstreffen in einem gemeinsamen Anliegen *(Modell Assisi)* vermag die Konvergenzargumentation durchaus Ähnliches zu leisten. Dabei geschieht die stufenweise Annäherung an das systematische Problem mit Hilfe der *Religionswissenschaft,* der *Biblischen Exegese* sowie der *frühchristlichen, mittelalterlichen und neuzeitlichen Missions- bzw. Theologiegeschichte.* Für den Fall einer dreifach positiven Antwort können systematische Konklusionen gezogen werden: Sie bestimmen das Proprium genuin christlichen Gebets, umschreiben Möglichkeiten und Grenzen des *Modells Assisi* (aus kirchenrechtlicher, liturgiewissenschaftlicher oder pastoraltheologischer Sicht) und ordnen religionsumspannende Gebetstreffen in einem gemeinsamen Anliegen dem christlichen Verkündigungsauftrag zu.

Erst wenn diese Punkte geklärt und im Sinne der skizzierten ›Konvergenzargumentation‹ eine größtmögliche Gewissheit bezüglich der Vereinbarkeit des *Modells Assisi* mit menschlicher Vernunft, göttlicher Offenbarung und kirchlicher Lehre erreicht werden konnte, ist es grundsätzlich angemessen, religionsumspannende Gebetstreffen in gemeinsamem Anliegen *(Modell Assisi)* und ihre Zukunft – wenn nicht gültig, so doch theologisch verantwortet – zu bewerten!

3. Religionswissenschaftliche Überlegungen zu potentiellen Strukturanalogien unterschiedlicher Gebetsweisen

Vor religionswissenschaftlichem Hintergrund sehen sich religionsumspannende Gebetstreffen in einem gemeinsamen Anliegen unter dem Motto ›Zusammensein, um zu beten‹ *(Modell Assisi)* mit zwei Einwänden konfrontiert. Exklusivistische Stellungnahmen bestreiten eine prinzipielle Vergleichbarkeit unterschiedlicher Gebetsweisen mit dem Hinweis auf die Nichtigkeit noch so gut gemeinter Gebete zu »nichtigen Götzen«[14]; pluralistische Ansätze wiederum neigen zu einer befremdlichen Nivellierung entsprechender Differenzen[15].

Demgegenüber lässt sich unter den Prämissen moderner religionswissenschaftlicher Theoriebildung zunächst eine prinzipielle Vergleichbarkeit christlichen und nichtchristlichen Betens konstatieren. Phänomenologischen, soziologischen und psychologischen Erwägungen zufolge begegnen in allen historisch verfassten Religionen eigentümliche (religiöse) Deutungen verschiedenster Grundvollzüge menschlichen Daseins: Während nämlich unter rein anthropologischen Gesichtspunkten jeder Mensch als sich vorfindendes Wesen wenigstens auf Andere und Anderes verwiesen bleibt, erschließt sich dem genuin religiösen Welterleben des *Homo religiosus* das Bewusstsein dieses Angewiesenseins in Gestalt des *Heiligen.* Infolge seiner transsubjektiven und ubiquitären Qualität manifestiert sich solches Bewusstsein jedoch unabhängig von der jeweils konkreten Religionszugehörigkeit: Vielmehr vermitteln unbestreitbare Kontingenzerfahrungen *(Mysterium tremen-*

---

14 Manfred Jacobs: Assisi und Die neue Religion Johannes Paul II. Durach 1989, S. 65; vgl. Karl Barth: Kirchliche Dogmatik. Bd. I/2. 5. Auflage. Zürich 1960, S. 343 u.ö.
15 Vgl. Reinhold Bernhardt: Einleitung. In: Ders. (Hg.): Horizontüberschreitung. Die Pluralistische Theologie der Religionen. Gütersloh 1991, S. 17.

dum) und überwältigende Epiphanieerlebnisse *(Mysterium fascinans)* allen *Hominibus religiosis* den Glauben an einen ›Ganz Anderen‹, transsubjektiv-göttlichen Daseinsgrund und -horizont. Im vollen Bewusstsein solcher Glaubens-Gewissheit erhofft und erbittet sich religiöses Welterleben deshalb die Fülle des Lebensnotwendigen hinsichtlich seines Selbst-, seines Gemeinschafts- und seines Wirklichkeitsbezuges von der je größer, entweder personal oder aber impersonal gedachten Gottheit in privater Hinwendung, primärer Bezugsgruppe oder ritualisiertem Kult. Mit anderen Worten: Jeden *Homo religiosus* verbindet zumindest das Wissen um kreatürliche Kontingenz und die Transzendenz des Göttlichen mit der unüberbietbaren Nähe des *Homo christianus* zum dreieinen Gott.

Auch eine genaue Bestimmung des genuinen (christlichen wie nichtchristlichen) Gebetes als kommunikatives Reaktionsphänomen jenseits magischer Beschwörungsformeln und meditativer Versenkungstechniken ist möglich; im Sinne einer responsorischen Sprach-Handlung (Gebets-Akt) begriffen, ergeben sich sogar vielfältige Strukturanalogien unterschiedlichster Gebetsweisen auf den Gebieten der Religionsphänomenologie (hinsichtlich Gebetsadressat, Gebetssubjekt, Gebetscharakter, Gebetsgeschichte), der Religionssoziologie (bezüglich Gebetslokalität, Gebetszeiten, Gebetsformen, Gebetsarten) und der Religionspsychologie (angesichts von Gebetsmotiven und Gebetsintentionen). Die genannten Strukturanalogien unterschiedlichster Gebetsweisen offenbaren jedenfalls erstaunliche Zusammenhänge im Gebetsleben jedes *Homo religiosus*. Zeitlich wie räumlich ubiquitär verbreitet und auf zu viele Einzelprozesse des Gebetsaktes verteilt, widerstreben die besagten Strukturanalogien einer Marginalisierung nachhaltig: Ohne Beeinträchtigung genuin christlichen Betens kann in Anbetracht der entdeckten Affinitäten jedenfalls kaum von ›nichtigem Götzendienst‹ (Manfred Jacobs) außerchristlicher Gebetsweisen gesprochen werden. Überzogene Exklusivitätsansprüche christlicher Provenienz lassen sich deshalb vor dem Hintergrund des recht eindeutigen Befundes schwerlich rechtfertigen.

Aus dieser Feststellung folgt religionswissenschaftlichen Theorien zufolge aber keineswegs eine völlige Gleich-Gültigkeit jedweden Gebetes genuinen Charakters. Vielmehr beschreiben die entdeckten Strukturanalogien lediglich eine notwendige Dimension allen Betens; eine (hinreichend-) erschöpfende Beschreibung unterschiedlicher (Einzel-) Gebetsweisen scheitert dagegen am je konkreten, unhintergehbaren und im Gebetsadressaten kulminierenden Selbstverständnis jeder Religion. »Wir müssen vermeiden, daß wir als Forscher den erforschten Personen, Gruppen, Gemeinschaften und Kulturen einen westlich definierten Religionsbegriff aufdrängen und daß wir ihre wirkliche und wirksame Religion unter westlichen Verdinglichungen oder Idealisierungen verdecken.«[16] Infolgedessen verweigert sich der Befund ubiquitärer Strukturanalogien auch einer Interpretation

---

16 Jacques Waardenburg: Religionen und Religion. Systematische Einführung in die Religionswissenschaft. Berlin u. a. 1986, S. 253. Nicht an diese Vorgabe halten sich beispielsweise Hans Küng u. a.: Christentum und Weltreligionen. Hinführung zum Dialog mit Islam, Hinduismus und Buddhismus. München 1984: In fingierten Dialogen übernehmen hier westliche Theologen und Religionswissenschaftler Aufgabe und Stimme ihrer nichtchristlichen Gesprächspartner.

(religions-) pluralistischer Provenienz: Gemeinsame, interreligiöse Gebete würden das Gebets-Proprium der verschiedenen Religionen zugunsten einer uneigentlichen Sprach-Handlung ohne genuinen Gebetscharakter vernachlässigen. Mit anderen Worten: Als responsorische Sprach-Handlung setzt genuines Beten das – zuvorderst durch den je unterschiedlichen Gebetsadressaten repräsentierte – Gebets-Proprium für geglaubt voraus, wenn es nicht zur unverbindlichen Textrezitation kommen soll. Oder noch anders: Wenn zwei *Homines religiosi* unterschiedlicher Religionszugehörigkeit gemeinsam ein Gebet sprechen, so betet zwingend nur der eine; sprechen beide einen ›neutralen‹ Gebetstext, so betet entweder keiner von beiden oder sie beten nicht gemeinsam; sprechen aber beide einen Gebetstext je eigener Tradition in einem gemeinsamen Anliegen *(Modell Assisi)*, so beten beide!

4. Die Gebete der Völker und das biblische Offenbarungs-Zeugnis

Eine den religionswissenschaftlichen Einwänden exklusivistischer und pluralistischer Gegner des *Modell Assisi* recht ähnliche Argumentationsweise findet sich seit jeher auch im Zusammenhang mit der Deutung des biblischen Offenbarungs-Zeugnisses. Während sich Vertreter einer pluralistischen Religionstheologie gerne um »literatursymbolische Lesarten« bemühen,[17] kritisieren exklusivistisch orientierte Theologen den dezidierten Verstoß gegen das Erste Gebot, diagnostizieren »praktizierten Polytheismus«[18], verweisen auf den Ausschließlichkeitsanspruch johanneischer Christologie (Joh 14,6) und erhoffen gar die Rückkehr der Makkabäer[19].

Nichtsdestoweniger verweigert sich der alttestamentliche Textbefund schon unter religionsgeschichtlicher Perspektive exklusivistischer wie pluralistischer Deutung gleichermaßen: Offensichtlich besaß das israelitische Selbstverständnis ein genaues Gespür für synkretistische – oder seltener: pluralistische – (Irr-?) Wege eigener Religiosität; selbst unter den Vorzeichen moderner Begrifflichkeit betrachtet, löste es sich in der Regel relativ rasch von Tatbeständen des eigentlichen ›Synkretismus‹ oder hielt sich überhaupt von ihm fern (Baalskulte u. a.). Aber auch exklusivistische Ansprüche auf absolute Reinheit genuiner JHWH-Verehrung und militante Negation verblendeten Götzendienstes finden sich eher selten: Auf – je länger, je deutlicher – abgeschwächte Bannbestimmungen, Völkerkampfparolen und Spottworte gegen fremde Religionen antworteten zumeist hinterfragte bzw. gescheiterte Initiativen (etwa Elijas, Esra / Nehemias, der Makkabäer oder Qumrans). Das deuteronomistische Monolatrie-Gebot (Dtn 5,7) der spätvorexilischen Zeit wiederum sicherte lediglich die Identität genuiner JHWH-Verehrung innerhalb Israels; dagegen stieß erstaunlicherweise der genuine Monotheismus

---

17 Paul F. Knitter: Nochmals die Absolutheitsfrage. Gründe für eine pluralistische Theologie der Religionen. In: Evangelische Theologie 49 (1989), S. 514.

18 Johannes Dörmann: Die eine Wahrheit und die vielen Religionen. Assisi: Anfang einer neuen Zeit. Abensberg 1988, S. 174.

19 »Wo sind die Makkabäer?« (Max Seckler: Synodos der Religionen. Das ›Ereignis von Assisi‹ und seine Perspektiven für eine Theologie der Religionen. In: Theologische Quartalschrift 169 [1989], S. 6); Max Seckler referiert diese Auffassung, ohne sie letztlich zu teilen.

(Dtn 4,39; Jes 45,5) das Tor zu einem selbstbewusst-unvoreingenommenen Umgang mit der Gebets- und Kultpraxis anderer Religionen seit der Exilszeit weit auf: Inklusivistische Praktiken erweiterten nunmehr – darin der vor- und früheigenstaatlichen Zeit mit ihrem *El*-Inklusivismus nicht unähnlich – das Offenbarungsverständnis Israel-Judas ebenso wie sein Wissen um die – wie sehr auch immer verdeckte – Hinordnung aller Religionen und ihrer Gebetsvollzüge auf JHWH, den Einen und Einzigen. »M(it) a(nderen) W(orten): Israel ›brauchte‹ die Völker zu seiner eigenen Selbstfindung.«[20]

Nachexilische Prophetie wiederum setzte diese religionsgeschichtliche Deutungslinie in theologische Sprache um: Insofern als sie – auf inklusivistische Weise – das Verhältnis JHWHs, des Einen und Einzigen von Ewigkeit her, zu *Israel* – JHWHs historischem Erbbesitz seit der Väter- bzw. Exoduszeit – *und* den *Fremdvölker-Religionen* – JHWHs eschatologischer Glaubensgemeinschaft – zu beschreiben suchte, beschritt die jüngere Prophetie zweifellos revolutionäre Bahnen. »Je klarer und selbstsicherer der Monotheismus sich herausbildete, desto deutlicher wurde, daß die auf Israel beschränkte YHWH-Religion dem Weltherrn YHWH zu enge Grenzen zog, daß in diesen Grenzen ein heilvolles Verhältnis YHWHs zu den Völkern kaum gedacht werden konnte. Daher wurden diese Grenzen bezüglich Kult, Priestertum, YHWH-Volk verbal aufgesprengt, ohne daß die Konsequenzen für Israel selbst schon genügend erwogen worden wären.«[21] Nichtsdestoweniger war mit der eschatologischen, mithin bekehrungsunabhängigen Verortung des Völkerwallfahrtsmotives (Jes 19,21.23–25; Mi 4,5 u. a.) ein zukunftsweisender Weg theologischer Verhältnisbestimmung zwischen der JHWH-Gemeinschaft und den Gebets- bzw. Kultpraktiken außerisraelitischer Religionen gewiesen. Die gleichfalls nachexilische Priesterschrift hatte solchen Überlegungen mit ihrer Konzeption eines universalen (Verheißungs-) Bundes JHWHs mit der gesamten Menschheit (Gen 9,8–17) den Weg gewiesen. Unter solchen Umständen besiegelt eine eschatologische Heilszusage der jüngeren Prophetie an nichtisraelitische Fremdvölker (und ihre Religionen) lediglich die authentische Einlösung jener zeichenhaften Heilsverheißung JHWHs im Medium des Noach-Bundes.

Israels zunehmend inklusivistischer Umgang mit der Gebets- und Kultpraxis seiner Nachbarn erhellt aber nicht nur aus dem religionsgeschichtlichen Befund und theologischen Erwägungen alttestamentlicher Schriften über Gottes universales Erwählungshandeln in urzeitlicher Vergangenheit (Noach-Bund), historischer Gegenwart vorchristlicher Zeiten (Abraham-Bund) oder eschatologischer Zukunft (Prophetische Heilszusage an JHWHs Eigentumsvolk und alle Fremdvölker). ›Werkzeuge des Allerhöchsten‹ wie Melchisedek (Gen 14,18–20), Naaman (2 Kön 5,1–19.20–27) oder Jona repräsentieren und personalisieren vielmehr auf allen Stufen der israelitischen (Religions-) Geschichte die alttestamentliche Überzeugung von einer grundsätzlichen Vereinbarkeit außerisraelitischer Gebets- und Kultpraxis mit dem eigenen Offenbarungs-Zeugnis.

---

20 Martin Hengel: Einleitung. In: Reinhard Feldmeier u. a. (Hg.): Die Heiden. Juden, Christen und das Problem des Fremden. Tübingen 1994, S. XII.
21 Walter Groß: YHWH und die Religionen der Nicht-Israeliten. In: Theologische Quartalschrift 169 (1989), S. 37.

In einem bemerkenswerten Gegensatz zum Alten Testament enthalten die neu-testamentlichen Schriften nur vergleichsweise wenige Reflexionen auf Gebets- und Kultpraktiken der (nichtjüdisch-nichtchristlichen) Völker, werden die ›Religionen der Völker‹ nun doch nicht mehr mit ihren Träger-Ethnien identifiziert, sondern *in* ihren (zu bekehrenden) Anhängern individualisiert. Daher begegnen im Neuen Testament nur dort Aussagen über Völker-Religionen, wo die Mission – wie im zweiten Teil des lukanischen Doppelwerkes oder den paulinisch-deuteropaulini-schen Briefen – explizit Thema neutestamentlicher Autoren ist. Entgegen einer weitverbreiteten Ansicht enthalten aber auch die Evangelien wichtiges Material: Jesu ›wunderhaltiges Streitgespräch‹ mit der syrophönikischen Frau (Mk 7,24–30) etwa offenbart seine innerjüdische Verkündigungspriorität ebenso wie eine grund-sätzliche Offenheit für die legitimen (Gebets-) Anliegen anderer Religionsangehö-riger. Ähnliche Ansatzpunkte zeigen auch die übrigen Evangelien: Exklusivisti-scher Engführung entgegenwirkend, führt beispielsweise das Matthäus-Evangelium mit den Magiern schon am Anfang seiner Jesus-Geschichte exemplarische Heiden des Ostens zur ersten Christus-Verehrung (Mt 2,1–12) und in den Tagen des escha-tologischen Gerichts unterschiedslos Heiden wie Christen zur ›Herrlichkeit des Vaters‹ (Mt 25, 31–46; vgl. Röm 6,4). »Wer immer zu andren Menschen barmherzig ist, stehe er selbst innerhalb oder außerhalb Israels, verhält sich damit zu Christus hin. (…) Damit sind *die Möglichkeiten von Heil auch außerhalb der Heilsgemeinde* und *der Anspruch des allein in Christus möglichen Heils* in einer Weise in Verbin-dung gebracht wie dies sonst nirgendwo im Neuen Testament der Fall ist.«[22] Der Verfasser des Johannes-Evangeliums wiederum bewältigt in der Spannung von prä-sentischer und futurischer Eschatologie das Verhältnis zwischen (Juden-) Christen und Heiden: Jetzt schon end-gültig für all die Seinen und zeichenhaft für die Völ-ker, ›in jenen Tagen‹ aber für alle, die der Vater ihm gegeben hat (Joh 17,2), erscheint der Sohn im Nexus präsentischer und futurischer Eschatologie als ›Erlöser der Welt‹ (Joh 4,42); vor diesem – gänzlich inklusivistischen – Hintergrund kann der Autor des vierten Evangeliums schon den vorösterlichen Jesus völlig zurecht sagen lassen: »Ich bin der Weg und die Wahrheit und das Leben; niemand kommt zum Vater außer durch mich.« (Joh 14,6)

Ebenso wie matthäisches und johanneisches Offenbarungsverständnis reicht auch die paulinische Schriftdeutung weit über alttestamentliche Vorgaben hinaus: Von Abraham-Bund (Röm 4,9–12) und gottgewirkter Gewissensentscheidung (Röm 2,14–16) gnadenhaft umfangen, spricht das Corpus Paulinum den Heiden-völkern präsentisch-gültig jetzt und endgültig-eschatologisch ›in jenen Tagen‹ eine theologisch begründete Heilsmöglichkeit zu. Infolgedessen wird Paulus der vor-handenen Gebets- und Kultpraxis seiner nichtjüdischen-nichtchristlichen Umwelt durchaus inklusivistisch begegnen. Eine pluralistische Deutung seines Offenba-rungs-Verständnisses liegt dem Völkerapostel dabei offensichtlich ähnlich fern wie exklusivistische Ängste vor einer ›Hellenisierung des Christentums‹; statt dessen begründet paulinischer Soteriologie zufolge Gottes präsentisch-gültige Zusage

---

22 Gerhard Lohfink: Universalismus und Exklusivität des Heils im Neuen Testament. In: Walter Kasper (Hg.): Absolutheit des Christentums. Freiburg u. a. 1977, S. 79.

einer Heilsmöglichkeit an die Völker überhaupt erst deren Rettung: Wie das Gesetzes-Wissen für die Juden und das Gewissens-Wissen der Heiden, so ist das (christliche) Wissen um Gottes end-gültiges Heilshandeln in Jesus Christus nicht trügerisch sichere *Gabe,* sondern dynamisch missionarische *Aufgabe.* Demgemäß kann der Verfasser des ersten Timotheusbriefes in voller Deutlichkeit Gottes Heilswillen für alle Menschen (1 Tim 2,3–6) konstatieren, während der Verfasser des Hebräerbriefes notwendige Bedingungen für nichtchristliche Heilsmöglichkeiten auf die (glaubensgestützte und gewissensbewirkte) Erkenntnis eines guten Gottes reduzieren darf.

Die Areopagrede des lukanischen Paulus (Apg 17,16–34) zieht Bilanz. Explizit oder implizit setzt sie evangeliale und paulinische Offenbarungs-Deutungen stets voraus: Frühchristliche Missionskerygmatik ist sich einer eschatologisch-endgültigen Heilsmöglichkeit der ›Völker‹ ebenso bewusst wie deren subjektiv-gültiger Vergegenwärtigung in gottsuchender Gewissensentscheidung hier und heute. Von daher fordert das pagane Gewissens-Wissen auch dem lukanischen Verständnis zufolge Missionsaktivität geradezu heraus: Angesichts athenischer Gebets- und Kultpraxis versucht der lukanische Paulus mit seiner missionarischen Praxis einer dialogischen (Apg 17,18) ›Anknüpfung im Widerspruch‹ dieser Aufgabe gerecht zu werden.

5. Die Gebete der Völker und das Gebet der Christen. Historische Modellsituationen für den interreligiösen Dialog

Anders als unter religionswissenschaftlichem und biblischem Aspekt berufen sich Vertreter einer exklusivistischen oder pluralistischen Haltung zur Rede von genuiner Gebetspraxis nichtchristlicher Religionen kaum je auf Beispiele christlicher Kirchengeschichte. Dieser Sachverhalt resultiert nur zum Teil aus Beispielen blutiger Implikationen schwertgestützter Missionspraxis; vielmehr verweigert sich schon das frühe Christentum zumindest der drei ersten Jahrhunderte unserer Zeitrechnung exklusivistischen oder pluralistischen Verfahrensweisen. Weitestgehend geprägt von den biblisch-apostolischen Vorgaben historisch-paulinischer und lukanisch-paulinischer Provenienz stand die frühchristliche Verkündigungspraxis unter den Vorzeichen einer ›Anknüpfung im Widerspruch‹. Ausgespannt zwischen den Polen von ›Pistis‹ und ›Paideia‹ herrscht – wenigstens bis zur sog. ›Konstantinischen Wende‹ – das Klima eirenisch-werbender Christianisierung inklusivistischer Provenienz.

Nach Auskunft moderner Missionswissenschaft gewann das Konzept militant-exklusivistischer Entpaganisierung erst im Laufe des vierten Jahrhunderts n. Chr. und vor dem Hintergrund politisch-religiöser Präponderanz des Christentums einigen Einfluss. Die theologische Bewertung solcher Entpaganisierung gerät jedoch fast immer negativ. Selbst Augustinus – mit seiner biblischen Legitimation (compellere intrare: Lk 14,23) eigentlich auf Selbstverteidigung hin berechneter Zwangsmaßnahmen – bekennt sich grundsätzlich zu einer gewaltlosen Missionspraxis: »Foris tolera haereticum, tolera iudaeum, tolera paganum. Tolera et intus malum christianum«[23]. Aber auch Cyprians berühmte Formel ›Extra ecclesiam nulla salus‹ blieb nicht unwidersprochen: Von Cyprian lediglich auf die Ungültigkeit der Ketzertaufe gemünzt, wurde sie vom römischen Bischof selbst in diesem Kontext entschieden abgelehnt.[24]

Beispiele für ein pluralistisches Religionsverständnis wiederum finden sich in der christlichen Antike so gut wie gar nicht. Hingegen korrespondiert inklusivistischer Missionspraxis und inklusivistischem Diskussionsverhalten des frühen Christentums (Vera-religio-Gedanke) eine inklusivistische Explikation des theologischen Verhältnisses zwischen Christentum und nichtchristlichen Religionen auf der Basis biblischer Offenbarungs-Zeugnisse mit Hilfe einschlägiger Konzeptionen (Ecclesia ab Abel; Anima naturaliter christiana; Natursakramente). Besondere Bedeutung erhält jedoch Iustins Rede von den ›Logoi spermatikoi‹: Als Samenkörner jener Wahrheit, die mit Jesus Christus in ihrer Fülle erschienen ist, eignen die ›Keimkräfte des Logos‹ allen Formen aufrichtiger Gottesverehrung und begründen mithin ein inklusives Verständnis außerchristlicher Wahrheitssuche. »Die theologische Arbeit der Alten Kirche macht deutlich, wie angesichts eines religiösen Pluralismus christliche Identität gewahrt und der in dieser Situation unerhörte Anspruch aufrecht erhalten werden kann, daß allein in Christus das Heil für die ganze Welt erschienen ist. Und dies eben nicht nur durch den Rückgriff auf das nach außen eben auch mißverständliche biblische Zeugnis, sondern in ideologiekritischer Aufnahme und Umgestaltung der zeitgenössischen Diskussion.«[25] Selbst- und Sendungsbewusstsein der jungen Kirche erleichterten den Kontakt mit paganer Umwelt erheblich. Wieder ist dabei von exklusivistischen oder pluralistischen Haltungen wenig zu spüren: Weder mied das frühe Christentum popularphilosophische Ausdrucksformen seiner religiösen Konkurrenten nachdrücklich, noch ließ es sich von diesen unbewusst vereinnahmen. Nicht unter Bezugnahme auf den Staats- und Kaiserkult seiner paganen Umwelt, wohl aber über die Kultur der griechisch-römischen Antike erlangte das junge Christentum – orientiert am biblischen Offenbarungs-Zeugnis und ausgespannt zwischen den Polen von ›Pistis‹ und ›Paideia‹ – seine (inklusivistische) Inkulturation.

Die enge Verbindung germanischer Nachfolgestaaten des römischen Reiches mit der (römisch-) christlichen Kirche veränderte naturgemäß die Rahmenbedingungen mittelalterlicher Missionspraxis erheblich. Nicht selten fielen nunmehr politische Expansionsbestrebungen säkularer Kräfte mit dem Verkündigungshandeln der Kirche zusammen; ein Übriges tat zumindest während Früh- und Hochmittelalter die kulturelle Suprematie des Orbis christianus gegenüber der angrenzenden Welt slawischer oder germanischer Gentilreligionen. Unter solchen Prämissen überlagerte eine genuin religiös motivierte, aber für gewöhnlich überzogene Entpa-

---

23 Augustinus: Sermones 15,6 (CChr.SL 41, 197); vgl. auch Augustinus: Contra litteras Petiliani 2,184 (CSEL 52, 112); Epistula 133 (CSEL 44, 80–84).

24 Vgl. Cyprian: Epistula 73,21 (CChr.SL 3c, 555). – Obige Formel sollte erst später in verändertem Kontext fragwürdige Karriere machen.

25 Hans Christoph Brennecke: Der Absolutheitsanspruch des Christentums und die religiösen Angebote der alten Welt. In: Joachim Mehlhausen (Hg.): Pluralismus und Identität. Gütersloh 1995, S. 396 f.

ganisierungspraxis nicht selten das theologisch verantwortete Christianisierungs-
konzept biblischer und frühchristlicher Provenienz. Exklusivistische Handlungs-
oder Denkweisen gegenüber nichtchristlichen Religionen (und ihrer Gebets- bzw.
Kultpraxis) bildeten von daher eine unausweichliche Folge; kirchliche Lehre und
namhafte Theologen gerieten allerdings kaum je in den Sog solcher, häufig von
Dämonenfurcht oder Fremdenangst (fehl-) geleiteten Zwangsvorstellungen. Vielmehr prägt die Missionstheorie der mittelalterlichen Kirche im Ganzen und ihre
Missionspraxis in Grundzügen ein profunder Respekt vor nichtchristlichen Religionen aus dem Geiste biblisch-frühchristlicher Traditionen. Die Beispiele Papst
Gregors des Großen und Alkuins von York konnten schlimme Übergriffe allerdings nicht immer verhindern. ›Predigt mit eiserner Zunge‹[26] und die Formel ›Taufe oder Tod‹[27] dienten nicht selten machtpolitischem Expansionsdrang; das tendenziell exklusivistische Missionsverständnis (teil-) kirchlicher Verkündigungspraxis
nährte sich dabei von einer vermeintlichen Inferiorität des jeweiligen Missionsad-
ressaten auf kulturellem Gebiet. Konsequenterweise zeigt die christliche Missionspraxis gegenüber der kulturell wie theologisch konkurrenzfähigen Religion des
Islam ein deutlich anderes Bild. Thomas von Aquin etwa bietet mit seiner Schrift
›De rationibus fidei contra Saracenos, Graecos et Armenos ad Cantorem Antioche-
num‹ (um 1265) die theologische durchdachteste Missionstheorie des christlichen
Mittelalters: Von einer göttlichen Heilsverheißung an alle Nichtchristen in der
Gabe des Gewissens durch seine Paulusstudien zutiefst überzeugt, forderte Thomas den Verzicht christlicher Missionare auf Glaubensbeweis und Bibelgebrauch;
statt dessen empfiehlt er die eirenische Methode der advokatorischen (nicht-apolo-
getischen) Glaubensverteidigung und eine gemeinsame Suche aller Diskussions-
partner nach geeigneten Ausgangspunkten im Medium der Vernunft. Noch wichtiger erscheint freilich Thomas' bewusste Zurückhaltung hinsichtlich schneller
Missionserfolge: Wenn er die fiktive Identifikation mit islamischen Positionen zur
effektiveren Gestaltung des (Missions-) Dialogs ablehnt, dann baut Thomas von
Aquin weniger auf christlichen Exklusivismus als mit Gregor dem Großen und
Alkuin von York auf die gottgewirkte Überzeugungskraft der christlichen Position
selbst. Gleichzeitig teilt Thomas von Aquin damit den Standpunkt moderner
Religionswissenschaftler: Religiosität gleich welcher Provenienz entfaltet ihre
Attraktivität nur unter den Bedingungen des rückhaltlosen Angebotes eigener
Glaubensüberzeugung; Versuche pluralistischer Horizontverschmelzung oder
exklusivistischer Überzeugungskunst dagegen schaden – weil letztlich identitäts-

---

26 Diese Formel findet sich in einer antifränkischen Beschreibung der Sachsenmission Karls des Großen: »Quem arbitror nostrum iure apostolum nominari; quibus ut ianuam fidei aperiret, ferrea
quodammodo lingua preadicavit.« (Translatio Sancti Liborii 5 [MGH.SS 4, 151]).

27 Die u. a. von Bernhard von Clairvaux gebilligten Grundsätze einer Mission unter militärischem
Schutz wurden unverzüglich auf die prägnante Formel ›Taufe oder Tod‹ reduziert; »quia enim verbum hoc crucis parvitati nostrae Dominus evangelizandum commisit, consilio domini Regis et
episcoporum et principum, qui convenerant Frankonovort, denuntiamus armari christianorum
robur adversus illos, et ad delendas penitus, aut certe convertendas nationes illas signum salutare
suscipere, eamdem eis promittentes indulgentiam peccatorum quam et his qui versus Ierosolimam
sunt profecti.« (Bernhard von Clairvaux: Epistula 457. Ad universos fideles [Leclercq Bd. 8,
S. 433]).

gefährdend für jeden Partner – langfristig gesehen mehr als sie nützen. Leider fand Thomas von Aquins Position aber nur in Raimundus Lullus einen Nachfolger: Dessen Dialog mit dem Titel ›Buch vom Heiden und den drei Weisen‹ (1276) etwa entfaltet unter den Vorzeichen einer fiktiven Dialogsituation zunächst das Bekehrungswerk eines ›Heiden‹ durch die gemeinsame Überzeugungsarbeit eines Juden, eines Muslim und eines Christen. Doch damit der eirenisch-inklusivistischen Programmatik nicht genug: Nachdem die ›drei Weisen‹ jüdischen, muslimischen und christlichen Glaubens ihr Glaubensvotum abgegeben und ausführlichst begründet haben, bemerken sie das Zögern ihres Gesprächspartners und entfernen sich diskret, um dessen Entscheidung reifen zu lassen. Tatsächlich blieben raimundisches und thomistisches Toleranzverständnis im Vertrauen auf eine gottgewirkte Überzeugungskraft des Christentums nicht ohne missionspraktische Auswirkungen; allenthalben begegnen Religionsdialoge. Die berühmteste Disputation des christlichen Mittelalters führte 1219 freilich Franz von Assisi (1182–1226) mit dem ägyptischen Sultan Al-Malik Al-Kamil vor Damiette (Ägypten). Gerade über Franz von Assisi wird hierzu passend eine bezeichnende Episode berichtet: Als Franz seiner Gewohnheit gemäß ein Blatt aufhob und man ihm bedeutete, die Notiz stamme von einem heidnischen Autor, erwiderte er: ›Das hat nichts zu bedeuten, da alle Worte, ob von Heiden oder andren, aus der Weisheit Gottes stammen und sich auf Gott beziehen, von dem alles Gute kommt.‹[28] Die Wahl Assisis zum Ort religionsumspannender Gebetstreffen in gemeinsamem Anliegen *(Modell Assisi)* ist von daher mit Sicherheit gut getroffen. Die theologische Lehre vertrat den inklusivistischen Standpunkt gleichfalls: »Keiner ist ausgeschlossen, wenn er sich nicht selbst ausschließt.«[29] Denn die Gnade fehlt keinem, so wenig wie das Sonnenlicht dem Blinden.[30] Noch nicht einmal das Problem der theologischen Missionsbegründung bleibt ausgeklammert: In Anlehnung an den historischen Paulus und Augustinus erklärt auch Thomas von Aquin das Verkündigungshandeln der Kirche aus relationalem Blickwinkel: Mission wird unter solchen Umständen nicht etwa überflüssig; sie bedeutet eine heilsförderliche Mitwirkung am Heile anderer.[31] Nachwirkung entfaltete das Konzept des Aquinaten allerdings im Unterschied zu seiner toleranzbegründenden Naturrechtslehre bis zum zweiten Vatikanischen Konzil kaum; lediglich Nikolaus von Kues (1401–1464) ist ihm hinsichtlich der Einschätzung nichtchristlicher Heilsmöglichkeiten gefolgt. Terminologisch weit weniger glücklich, entfaltete er unter dem Eindruck der Eroberung Konstantinopels in seiner Schrift ›De pace fidei‹ (1453) Gedanken zu interreligiösen Konvergenz-Möglich-

---

28 »Enimvero cum a quodam fratre quadam die fuisset interrogatus (Franziskus, Anm. d. Verf.), ad quid etiam paganorum scripta et ubi non erat nomen Domini sic studiose colligeret, respondit dicens: ›Fili, quia ibi litterae sunt, ex quibus componitur gloriosissimum domini Dei nomen. Bonum quoque quod ibi est non pertinet ad paganos, neque ad aliquos homines, sed ad solum Deum, cuius est omne bonum.‹« (Thomas von Celano: Legenda prima 82 [Alençon, S. 83])

29 Thomas Ohm: Die Stellung der Heiden zu Natur und Übernatur nach dem hl. Thomas von Aquin. Münster 1927, S. 333.

30 »Et ideo gratia Dei nulli deest, sed omnibus, quantum in se est, se communicat: sicut nec sol deest oculis caecis. Dicit ergo contemplantes ne quis desit gratiae dei.« (Thomas von Aquin: Lectura super S. Pauli epistolam ad Hebraeos 12,3 [Cai Bd. 2, S. 488])

31 Siehe etwa Thomas von Aquin: Summa contra gentiles II,45 (Editio Leonina Bd. 13, 372 f.)

keiten auf der Basis des Leitbegriffes einer ›religio una in rituum varietate‹. Entgegen dem verbreiteten Missverständnis vor allem älterer Forschungsbeiträge lässt sich aus dem kusanischen Versuch keine Annahme einer ›Urreligion‹ etwa pluralistischer Prägung herleiten; statt dessen zielte das kusanische Friedenskonzept auf Eintracht (concordia) unter den historischen Religionen, nicht auf Herstellung *einer* Einheitsreligion. »Nikolaus liegt auch ein Synkretismus fern. Es geht vielmehr darum, ›manuduktorisch‹, also an der Hand nehmend, die Völker bzw. Religionen zur wahren und d. h. doch christlichen Religion zu führen.«[32] Letztendlich folgte selbst die mittelalterliche Gebets- und Liturgiepraxis den Leitlinien inklusivistischer Inkulturation. »Der christliche Monotheismus wird unter dem Leitgedanken der Versöhnung nicht mit dem ›Heidentum‹ konfrontiert, sondern in den mythischen, kosmologischen und politischen Kategorien des Polytheismus integriert. Das Christentum der Germanen ist also weder als Sublimierung ihrer heidnischen Religiosität noch als synkretistische Degeneration des ›wahren Glaubens‹ zu betrachten, sondern als stammesreligiöse Inkulturation, die sich durchaus auf authentische Aspekte biblischer Heilsvorstellungen beziehen kann.«[33] Zumindest in struktureller Hinsicht glich die neuzeitliche Mission der Kontinente den mittelalterlichen Bemühungen um eine Erweiterung des Orbis christianus: Die problematische Verknüpfung kirchlichen Verkündigungshandelns mit dem politischen Expansionsdrang der iberischen Konquistadoren in Lateinamerika oder mitteleuropäischer Kolonialmächte in Asien und Afrika findet ebenso ihr strukturelles Pendant im christlichen Mittelalter wie eine Dominanz exklusivistischer Entpaganisierung gegenüber eirenisch-inklusivistischer Christianisierung in kulturell (vermeintlich) inferioren Gesellschaften vor allem Afrikas und Lateinamerikas oder der verhallende Widerspruch theologischer Reflexionen und lehramtlicher Entscheidungen. Noch die Rechtfertigungsgründe für eine Predigt mit ›eiserner Zunge‹ bleiben dieselben; genauso häufig aber sprechen die Gegner exklusivistischer Positionen von historischem wie lukanischem Paulus, der biblisch bestens legitimierten Missionsmethode einer ›Anknüpfung im Widerspruch‹ und dem theologischen Entwurf des Thomas von Aquin. Ansatzpunkte für eine pluralistische Verhältnisbestimmung des Verhältnisses zwischen Christentum und nichtchristlichen Religionen oder der Gebets- und Kultpraxis beider Sphären finden sich in der Neuzeit dagegen beinahe eben so wenig wie im christlichen Mittelalter; von bemerkenswerten Ausnahmen christlichen Verkündigungshandelns abgesehen, herrscht hier wie dort ein eklatanter Widerspruch zwischen inklusivistisch-eirenischer Missionstheorie und exklusivistisch-schwertgestützter Missionspraxis. Die gewichtigsten Einsprüche gegen conquistadorische Übergriffe stammen dabei von Francisco de Vitoria und Bartolomé de Las Casas. Letzterer widerlegt beispielsweise das traditionell gewaltlegitimierende Argument indianischen Götzendienstes nicht nur mit dem Hinweis auf gelten-

---

32 Karl-Hermann Kandler: Nikolaus von Kues. Denker zwischen Mittelalter und Neuzeit. Göttingen 1995, S. 69.

33 Wolf-Daniel Hartwich: Christlicher Monotheismus und germanische Theologie. In: Zeitschrift für Religions- und Geistesgeschichte 48 (1996), S. 44.

des Naturrecht; vielmehr zeiht er seine exklusivistischen Gegner der bewussten Verkürzung biblischen Offenbarungs-Zeugnisses und mangelnder Kenntnis indianischer Gottesvorstellungen in einem: Seiner Meinung nach sind die lateinamerikanischen Ureinwohner nicht ›unentschuldbar‹ unwissend (Röm 1,20), Gott habe ihnen vielmehr die (Heils-) Möglichkeit subjektiv-gültiger Gewissensentscheidung geschenkt (Röm 2,14–16). Mit Thomas von Aquin fordert er im Hinblick auf das Heil der Nichtevangelisierten deshalb lediglich den Glauben an einen Gott und dessen Fähigkeit zur Belohnung des Guten (Hebr 11,6). Vor allem aber änderte sich unter dem Einfluss der Missionstheorie beider Vordenker allmählich – wenngleich ohne größere Kontinuität – die Missionspraxis. Unter solchen Denkvoraussetzungen konnte José de Acosta christliche Sakramente dann sogar als Erfüllung indianischer Riten betrachten oder Viracocha, den höchsten Herrn und Schöpfer des Inkaglaubens, mit dem unbekannten Gott der lukanischen Areopagrede (Apg 17,23) vergleichen. Eigene Gebete in indianischer Tradition traten bald hinzu; von exklusivistischen Zwangsmaßnahmen immer wieder unterbrochen, bildete sich auf solcher Grundlage – exemplarisch verwirklicht in den Jesuiten-Reduktionen Paraguays – allmählich eine inkulturierte Form des südamerikanischen ›Volkskatholizismus‹. Unter dem Eindruck des teilweise fehlgehenden Missionsprojektes in Lateinamerika entschloss sich Papst Gregor XV. (1621–1623) mit der Gründung einer ›Sacra Congregatio de propaganda Fide‹ (1622) zur Ausgestaltung eines eigenen Missionswerkes. Dessen Ziele waren in einem inklusivistischen Sinne wahrhaft revolutionär zu nennen: Bereits der erste Sekretär Francesco Ingoli (bis 1649) brach aufgrund biblisch wie theologisch eindeutiger Traditionszeugnisse mit staatskirchlich-iberischer Patronatsmission, politischem Kolonialismus und kulturellem Europäismus der nunmehr römisch-katholischen Verkündigungspraxis; hierfür baute die neue Propaganda-Kongregation auf die gottgewirkt-inkulturierende Eigendynamik des Evangeliums abseits politisch kompromittierter Mission in einheimischen Kirchen. Positive Folgen zeigte diese neue Missionsmethode vor allem in Japan und China, wo nach Ende des fatalen Ritenstreits (1634–1742) lehramtlich bestätigt (1939) eine Anpassung des Christentums an die chinesische Kultur erfolgen konnte: »Nun können die Missionare in den Klassenräumen ein Bild des Konfuzius anbringen. Die tiefen Kniefälle vor den hohen Beamten, vor den Verstorbenen oder den Ahnentafeln sind gestattet. Die Katholiken dürfen an den Zeremonien teilnehmen, die in den ›Monumenten‹ des Konfuzius gefeiert werden.«[34] In der Zwischenzeit hatte freilich neuerlich ein missionspraktischer Europäismus den mitteleuropäischen (Großmachts-) Kolonialismus begleitet. Das inklusivistische Inkulturationsziel christlicher Glaubensverkündigung wurde dabei vor allem in Afrika nicht selten zugunsten einer exklusivistisch-europäisierenden Gehorsamserziehung vernachlässigt: »Die Mission ist es, die unsere Kolonien geistig erobert und innerlich assimiliert (…). Durch Strafen und Gesetze kann der Staat den physischen Gehorsam erzwingen, die seelische Unterwürfigkeit der Eingeborenen bringt die Mission zustande.«[35] Nichtsdestoweniger trugen die Missionare –

---

34 René Etiemble: Les Jésuites en Chine (1552–1773). La Querelle des Rites. Paris 1966, S. 293.

womöglich unbeabsichtigt – direkt zur nationalen Selbstfindung der afrikanischen Kulturen bei, wenn sie mit ihren paternalistisch-egalitär organisierten Gemeinden das feudale Herrschaftsgefüge der indigenen Kulturen ebenso aufbrachen wie die kolonialistische Gesellschaftsordnung: Im Zuge der bekannten ›Dialektik des Kolonialismus‹[36] gelang deshalb die Entschränkung des exklusivistischen Europäismus der Mission zu einer inklusivistisch-orientierten Inkulturationsbewegung.

Völlig gewandelt präsentierte sich die Situation seit Beginn des 20. Jahrhunderts: »Mit dem Aufbrechen des Abendlandes in eine wirklich *eine* Weltgeschichte hinein wird jede Religion ein inneres Moment an der geschichtlichen Situation einer anderen.«[37] Es entstehen erste Ansätze zu einer ›Theologie der Religionen‹, wobei Ernst Troeltsch (1865–1923) zu einem pluralistischen Religionsverständnis und Karl Barth (1886–1968) im Gegenzug zu exklusivistischen Positionsbeschreibungen gelangen. Einen anderen Weg nahm die Verhältnisbestimmung zwischen Christentum und nichtchristlichen Religionen innerhalb der katholischen Kirche. Unter demonstrativem Rückgriff auf biblische (Röm 2,14–16; Hebr 11,6) bzw. theologische Traditionen (Thomas von Aquin) und in deutlicher Absetzung von einem pluralistischen Standpunkt (DH 3872) betonte Papst Pius XII. (1939–1958) mehrmals die Heilsmöglichkeit von Nichtchristen außerhalb der sichtbaren Kirche (DH 3821). »The old strict principle of *extra Ecclesiam nulla salus* had changed into a new, more tolerant principle of *sine Ecclesia nulla salus*.«[38] Karl Rahners (1904–1984) vielfach angefeindete Überzeugung von einer grundsätzlichen ›Legitimität nichtchristlicher Religionen‹ aus ›anonymen Christen‹ entgrenzte die katholische Verhältnisbestimmung in inklusivistischem Sinne noch weiter; allerdings bedeutete die Einführung missverständlicher Sprachregelungen (Anonymer Christ; Absolutheit des Christentums) eine Abkehr von der heilsgeschichtlichen Betrachtungsweise bisheriger Kirchengeschichte. Das Zweite Vatikanische Konzil verhielt sich den skizzierten Sprachregelungen gegenüber deshalb reserviert; es setzte wieder auf eine heilsgeschichtliche Betrachtungsweise. Nach Meinung der Konzilsväter zeigt sich die Fülle der Wahrheit einzig von der Offenbarung des biblischen Gottes in seinem Sohne Jesus Christus her; dessen eine heilige Kirche wiederum hat im Beistand des Heiligen Geistes dieses end-gültige Heil allen Menschen zu verkünden und ihre – einzig sicher wirksamen – Heilsmittel allen anderen Religionen (als deren überbietende Erfüllung) anzutragen. Unbeschadet dessen finden sich in den nichtchristlichen Religionen ›Keimkräfte‹ (Logoi spermatikoi) jener göttlichen Wahrheit, die der Kirche durch Gottes Heilshandeln in Jesus Christus und durch den Heiligen Geist in Fülle zuteil geworden ist; die besagten Keimkräfte wiederum

35 Joseph Schmidlin: Die katholischen Missionen in den deutschen Schutzgebieten. Münster 1913, S. 278.
36 Vgl. hierzu etwa Karl-Eugen Bleyer: Religion und Gesellschaft in Schwarzafrika. Sozial-religiöse Bewegungen und koloniale Situation. Stuttgart 1981; Paul Gifford (Hg.): The Christian churches and the democratisation of Africa. Leiden 1995; siehe auch die gut kommentierten Beispiele in Mulago Gwa Cikala Musharhamina (Hg.): Afrikanische Spiritualität und christlicher Glaube. Erfahrungen der Inkulturation. Freiburg u. a. 1986.
37 Josef Heislbetz: Theologische Gründe der nichtchristlichen Religionen. Freiburg u. a. 1967, S. 9.
38 Miikka Ruokanen: The Catholic Doctrine of Non-Christians Religions. According to the Second Vatican Council. Leiden u. a. 1992, S. 20.

äußern sich in den einzelnen Kulturen, vor allem aber im – mit dem historischen Paulus als präsentisch-gültige Heilszusage begriffenen – göttlich-gnadenhaft umfangenen Anruf des Gewissens. Insofern können die nichtchristlichen Religionen sogar zur Bereicherung des Christentums beitragen; interreligiöser Dialog im Geiste echter Lernbereitschaft und advokatorischer Darstellung des eigenen Standpunktes jenseits jedes Vereinnahmungsverdachtes und diesseits jeder Horizontverschmelzung wird dringend empfohlen. Damit scheint die Heilsmöglichkeit nichtchristlicher Religionen grundsätzlich gesichert; die Heilsrealität jedoch entbirgt erst das end-gültige Erwählungshandeln des wiedergekommenen Christus. Bis ›zu jenen Tagen‹ der Aufrichtung des Reiches Gottes aber gehen die ›pilgernden‹ Religionen in gemeinsamer Verantwortung »für Schutz und Förderung der sozialen Gerechtigkeit, der sittlichen Güter und nicht zuletzt des Friedens und der Freiheit für alle Menschen« (II. Vat., Nostra Aetate Art. 3) solidarisch nebeneinander. Dennoch wird das Zweite Vatikanische Konzil keine endgültige Klärung herbeiführen können: Im Umkreis des ›Ereignisses Assisi‹ (1986) sollten am exemplarischen Beispiel gelebten, interreligiösen Dialogs alte (exklusivistische) Befürchtungen und neue (pluralistische) Wünsche die inklusivistischen Lehraussagen des Konzils auf eine schwere und bis heute anhaltende Probe stellen.

Pluralistische Religionstheorie, exklusivistische Bedenklichkeiten und inklusivistisches Konzept (der katholischen Tradition) spalteten die christliche Theologie in drei konfessionsübergreifende Lager. Dabei stoßen sich exklusivistische Vorstellungen natürlich genauso an der (inklusivistischen) Leitidee des *Modells Assisi* wie genuin pluralistische Deutungen. Religionsumspannende Gebetstreffen in einem gemeinsamen Anliegen werden der Tradition aber zweifellos am ehesten gerecht: Gerade weil die religionswissenschaftlich abgesicherte Rede vom genuin-authentischen Beten nichtchristlicher Religionen durch eine präsentisch-gültige Heilszusage an ihre Anhänger (im Medium des Gewissens) biblisch, theologisch und lehramtlich gestützt ist,[39] lässt sich zumindest die bereichernde Wirkung des *Modells Assisi* auf christliche Dialog-Partner und eine einladend-glaubwürdige Bekundung gemeinsamer Schöpfungs-Verantwortung aller *Homines religiosi* aus dem Geiste religiöser Weltdeutung im Angesicht der Öffentlichkeit theologisch bestens legitimieren. Eine (pluralistische) ›Communicatio in sacris / spiritualibus‹ hingegen scheitert am christlichen Missionsauftrag, dem eindeutig-gegenläufigen Zeugnis der (Missions-) Geschichte, Verlautbarungen des kirchlichen Lehramtes und neueren Erkenntnissen religionswissenschaftlicher Provenienz: Gemeinsame, interreligiöse Gebete würden überdies das – zuvorderst durch den jeweiligen Gebetsadressaten verkörperte – Gebets-Proprium der verschiedenen Religionen zugunsten einer uneigentlichen Sprach-Handlung ohne genuinen Gebetscharakter vernachlässigen. Sogar der ehemalige Regensburger Dogmatiker Wolfgang Beinert kommt nicht umhin, noch heute einzugestehen: »Man hat im Oktober 1986 anläßlich des Friedensgebetes in Assisi mit Papst Joahnnes Paul II. energisch darüber gestritten, ob die Anhänger der verschiedenen Religionen miteinander beten könnten. So

---

39 Vgl. hierzu insbesondere Papst Johannes Paul II: Enzyklika ›Redemptoris Missio‹, 1990; Ders.: Verlautbarung ›Dialog und Verkündigung‹, 1991.

schmerzlich es war, die Antwort lautete: Nein. Zu unterschiedlich ist, was sie sich je unter Gott vorstellen. Eine Christin oder ein Christ können nur trinitarisch beten – ›durch unseren Herrn Jesus Christus, der mit Gott dem Vater in der Einheit des Heiligen Geistes lebt und herrscht in Ewigkeit‹. Eine Jüdin oder ein Jude, eine Muslima oder ein Muslim können ohne Verrat ihrer Überzeugung so genau *nicht* sprechen. So können sie also miteinander nicht beten. Aber sie alle dürfen glauben, dass der unbegreifliche und unaussprechliche Gott sie zum Heil führt, das nur ein einziges sein kann.«[40]

Aus heilsgeschichtlicher Perspektive betrachtet – und welche andere Perspektive wäre den Aussagen religionswissenschaftlicher Theorie, biblischer Offenbarungs-Zeugnisse, theologischer Tradition und lehramtlicher Entscheidungen angemessener? – darf mit dem (missions-) geschichtlichen Argument auch die Konvergenzargumentation als solche für belegt gelten. Interreligiöse Dialoge des geschilderten Zuschnitts und religionsumspannende Gebetstreffen in einem gemeinsamen Anliegen *(Modell Assisi)* repräsentieren gleichermaßen die adäquate (und womöglich providentielle) Reaktion auf ureigene Traditionen, zeitgeschichtliche Anforderungen und heilsgeschichtliche Bestimmung des Christentums im allgemeinen und der Katholischen Kirche im besonderen.

6. Möglichkeiten und Grenzen christlichen Betens im Kontext des interreligiösen Dialogs. Systematische Konklusionen

Die heilsgeschichtlich orientierte Konvergenzargumentation leistet nicht nur eine theologisch stimmige Begründung religionsumspannender Gebetstreffen in gemeinsamen Anliegen *(Modell Assisi);* sie erlaubt letztendlich auch eine systematische Beschreibung der Möglichkeiten und Grenzen genuin christlichen Betens im Kontext des interreligiösen Dialogs. Dabei gehen religionswissenschaftliches Ergebnis, biblisches Offenbarungs-Zeugnis, theologische Tradition und lehramtliche Entscheidungen in einem überein: Weil im beschriebenen Sinne genuin-authentisch und von daher unhintergehbar, normiert das (trinitarische) Proprium christlichen Betens den christlichen Handlungsspielraum. Christliche Gebete richten sich stets – explizit ausgesagt oder implizit mitgemeint – im Heiligen Geist durch Jesus Christus an Gott den Vater; diese trinitarische Grundstruktur bedeutet nichts weniger als den (einzig denkbaren) Ermöglichungsgrund aller responsorischen Sprach-Handlungen (Gebetsakte) eines christlichen *Homo religiosus* und markiert von daher das Proprium genuin christlichen Betens. Insofern dieser drei-eine Gott aber als Schöpfer-Gott Vater aller ist (Gen 1–10), durch sein Erlösungs-Handeln in Jesus Christus die Erlösung jedes Menschen ausdrücklich will und bewirkt (1 Tim 2,4), außerdem sich in der wesensgleichen Hypostase des Heiligen Geistes den Religionen aller Völker vielfach bezeugt hat (Hebr 1,1; 11,6), können Christen und Nichtchristen ›Zusammensein, um zu beten‹[41]. Insofern sich dieser drei-eine Gott in der äußersten Erniedrigung (Kenosis) als geschichtsmächtig erwiesen und seiner

---

40 Wolfgang Beinert: Das Christentum und die Religionen. In: Stimmen der Zeit 229 (2011), S. 238.

heiligen Kirche (eschatologisch-) end-gültig geoffenbart hat, können nur die christlichen Konfessionen untereinander, nicht aber Christen und Nichtchristen miteinander beten. Unbeschadet dessen gebietet schon die innertrinitarisch-kommuniale Liebe – verstanden als »prozeßhafte Vermittlung von Einheit und Vielheit der ursprüngliche(n) und unteilbare(n) Wirklichkeit des einen göttlichen Lebens«[42] – und ihre (heils-) ökonomische Mitteilung nach außen eine geschöpfliche Antwort aller *Homines religiosi* in liebender Hinwendung zu Gott *und* einander. Das trinitarische Proprium christlichen Betens verweigert sich deshalb der (exklusivistischen) Un-Gültigkeitserklärung nichtchristlicher Gottes-Bezüge ebenso wie einer (pluralistischen) Gleich-Gültigkeitserklärung jedweden Gottes-Bezuges; aufgrund eines, im Heiligen Geist gewirkten Glaubens an die (eschatologische) End-Gültigkeit der biblischen Offenbarung des geschichtsmächtigen Schöpfer-Gottes durch das Erlösungs-Handeln seines wiederkommenden Sohnes Jesus Christus ist das trinitarische Proprium des genuin christlichen Betens vielmehr ein wesenhaft inklusivistisches. Hierauf machen das interreligiöse Gebetstreffen in Assisi 1986 endgültig genauso aufmerksam wie sein Nachfolgetreffen im Jahre 2002 oder das kommende Gebetstreffen unter der Ägide Papst Benedikts XVI.

Unter Wahrung des trinitarischen Propriums genuin christlichen Betens müssen religionsumspannende Gebetstreffen in einem gemeinsamen Anliegen *(Modell Assisi)* keineswegs auf gesamtkirchlich orientierte Großveranstaltungen mit Medienereignis-Charakter beschränkt bleiben. Sofern nur eine ›Communicatio in sacris / spiritualibus‹ vermieden wird, steht – religionswissenschaftlichen Ergebnissen, biblischem Offenbarungs-Zeugnis, theologischer Tradition und lehramtlichen Entscheidungen zufolge – keiner (Gebets-) Zusammenkunft von Christen und Nicht-Christen – in welcher Situation auch immer – irgendein Hindernis entgegen. Die Wahrung des (trinitarischen) Propriums genuin-christlichen Betens und die notwendige Achtung vor dem unhintergehbar-authentischen Gebets-Proprium jeder anderen Religion erfordert freilich den Verzicht auf das gemeinsame Beten je glaubensfremder oder ›neutraler‹ Gebetstexte, die Anrufung nichtchristlicher Gebetsnamen oder einen Vollzug glaubensfremder Gebetsriten. Unter dieser Voraussetzung ist das *Modell Assisi* in pastoraltheologischem, religionspädagogischem und seelsorgerlichem Applikationsbereich nicht nur erlaubt, sondern sogar wünschenswert: als Mittel zur Förderung eines gedeihlichen Zusammenlebens, als solidarisch-glaubwürdige Willensbekundung aller *Homines religiosi* wider areligiös-zerstörerische Kräfte dieses oder jedes Jahrhunderts, als bereichernd-horizonterweiternde Erfahrung am Anderen der fremden Religion(en), als Möglichkeit einer Vertiefung christlicher Identität unter den (biblischen) Bedingungen einer ›Anknüpfung im Widerspruch‹. Dem Gebet füreinander in einem gemeinsamen Anliegen am gleichen Ort und in Treue zur je eigenen religiösen Tradition wird die Erhörung aus Barmherzigkeit gewiss nicht versagt bleiben.

---

41 Jorge Mejía: Zusammensein, um zu beten. Theologische Betrachtungen zum bevorstehenden Weltgebetstag für den Frieden in Assisi, am 27. Oktober. In: L'Osservatore Romano (D) 16 (1986) Nr. 41, S. 5 Art. 1,6,9 (engl. Orig.: L'Osservatore Romano 17.9.1986).
42 Gisbert Greshake: Der dreieine Gott. Eine trinitarische Theologie. Freiburg u. a. 1997, S. 179.

Unter heilsgeschichtlichem Blickwinkel ›von jenen Tagen her‹ bedarf es demnach keiner Applikation eines getrennten, gestuften oder gar nivellierten Verhältnisses zwischen dem Christentum und nichtchristlichen Religionen. Vielmehr vermittelt das *Modell Assisi* seiner theologisch stringenten Konzeption wegen Einblicke in Möglichkeiten und Grenzen des interreligiösen Dialoges überhaupt: Solidarisch mit und betend neben authentischen Gebetsweisen anderer Religionen bietet es das trinitarische Proprium christlichen Betens eirenisch-advokatorisch und einladend-glaubwürdig einer interessierten (Welt-) Öffentlichkeit dar, ohne den inklusivistisch-christlichen Horizont der ›Völkerwallfahrt‹ zum endgültig-eschatologischen Ziel aller Menschen unausgedrückt zu lassen. Denn es gilt: Von der christlichen Lebenswelt aus und in diese ein geht über das *Modell Assisi* der heilsgeschichtliche Vorschein des kommenden Reiches Gottes. Und dessen Geschichte hat – wie Hans Urs von Balthasar schon 1965 völlig richtig erkannte – womöglich gerade erst begonnen: »Das Christliche steht vielleicht in seinen ersten Anfängen.«[43]

---

43 Hans Urs von Balthasar: Improvisation über Geist und Zukunft. In: Ders.: Spiritus Creator. Einsiedeln 1967, S. 140.

Homerisches Gelächter über Sternbetrug

Tatian findet Astrologie menschenunwürdig

Wolfhart Schlichting

Es muss kurzweilig gewesen sein, dem syrischen Wanderphilosophen Tatian zuzu-hören. Wie sein Freund und Lehrer Justin, ebenfalls ein Orientale, fand er selbst in Rom sein Publikum. An Bildung stand er auf der Höhe der im 2. Jahrhundert nach Christus herrschenden hellenistischen Weltkultur. Er glänzte mit witzigen Einfäl-len und war ein Meister der Satire, wie sein Landsmann und Zeitgenosse Lukian von Samosata. Wie dieser – und vielleicht in Anspielung auf dessen bekannte Schrift „Peregrinus Proteus" – stellte er den Kyniker dieses Namens als Scharlatan bloß. Das ist im 25. Kapitel seiner „an Griechen", d. h. an hellenistisch Gebildete, gerich-teten „Rede", die als einzige seiner Vorlesungen erhalten blieb, nachzulesen.[1] Ihr stellenweise dialogischer Charakter erweckt den Eindruck einer Vorlesungsnach-schrift, kann aber auch am Schreibtisch kunstvoll entworfen sein. Anders als Luki-an, zog sich Tatian nicht auf den Standpunkt des das Allzu-Menschliche in allen religiösen und philosophischen Schulrichtungen durchschauenden Skeptikers zurück, sondern bekannte sich offen zu der von seinen Gegnern verachteten „Bar-baren-Philosophie". Damit waren die Lehren der jüdischen Bibel in ihrer Ausle-gung durch die Anhänger Jesu von Nazareth gemeint, die in ihm den Messias und als griechisch Gebildete den Mensch gewordenen Logos erkannten.

Der spanische Herausgeber und Übersetzer der Apologie Tatians, Daniel Ruiz-Bueno, macht darauf aufmerksam, dass die Art, wie humanistisch Gebildete heut-zutage mit griechischer Mythologie, Dichtung und Philosophie umgehen, von der damaligen grundverschieden ist. „Wir sind in der Lage, Homers Dichtungen zu genießen, ohne an Zeus zu glauben." Im 2. Jahrhundert dagegen war der Glaube an die homerischen Götter noch lebendig. Ihnen waren Tempel geweiht, in denen Priester ihren Opferdienst verrichteten. Wenn auch Lukian schon damals ein ‚Un-gläubiger' war, wie wir heute, so war es doch z. B. der Philosophenkaiser Marc Aurel zur gleichen Zeit zweifellos nicht und „ebensowenig Tatian", wie er selbst bekennt, „in einer Phase seines Lebens".[2] Im 29. Kapitel beschreibt er seine Bekeh-

---

1 Tatians, des Assyrers, Rede an die Bekenner des Griechentums, übersetzt von Dr. R. C. Kukula, in: Bibliothek der Kirchenväter, Bd. 12, 1913, 178–257
2 Padres Apologistas Griegos, S.II, Biblioteca de Autores Cristianos, Madrid 1954, 566

rung. Dass er sich Feinde machte, wenn er öffentlich für den christlichen Glauben warb und die traditionelle griechisch-römische Götterverehrung in ihren philosophischen Neudeutungen als irreführend abtat, war ihm bewusst. Er musste miterleben, wie seinem Vorbild Justin, der von einem ‚heidnischen‘ Philosophen-Kollegen angezeigt worden war, der Prozess gemacht wurde: Justin konnte als Märtyrer beweisen, dass er, wie er in seinen Verteidigungsreden für den von Juden und Heiden angegriffenen christlichen Glauben wiederholt beteuert hatte, den Tod nicht fürchtete, weil er an die Auferweckung zum Leben mit dem auferstandenen Christus glaubte.

Aufklärung über den Betrug der Astrologie

Auch die Astrologie galt damals nicht als eine Art halbernst betriebenen, im Zwielicht des Aberglaubens schillernden Gesellschaftsspiels, sondern konnte Ausdruck ernsten Glaubens an überlegen waltende Mächte sein. Sie dem Spott preis zu geben, würde einem aufgebrachte Religionseiferer auf den Hals hetzten. Tatian aber fand es menschenunwürdig, sich vorzustellen, das eigene Schicksal sei unausweichlich von Sternkonstellationen abhängig, die zur Stunde der Geburt am Himmel standen. Ihm lag daran, dass alle Menschen, zuerst sein syrischen Landsleute, eine klare Vorstellung von Jesus gewinnen, in dem der einzige Gott, statt stumme Zeichen ans Firmament zu heften, sozusagen auf Augenhöhe mit ihnen ins Gespräch eingetreten ist. Zu diesem Zweck stellte er aus den vier als zuverlässig angesehenen, aber im einzelnen voneinander abweichenden Evangelien eine zusammenfassende Geschichte Jesu her. Dieses „Diatesseron“, das jahrhundertelang in der syrischen Kirche in Gebrauch war, ist das zweite Werk Tatians, das sich rekonstruieren lässt, während alle übrigen Schriften, die er in der „Rede an Griechen“ werbend erwähnt, verloren gegangen (oder noch nicht wieder entdeckt) sind. Er nahm es außerdem mit einer strengen, Enthaltsamkeit übenden Lebensweise nicht nur für überdurchschnittliche Ordensleute, sondern für alle Christen so ernst, dass ihn Zeitgenossen und spätere Kirchenväter – möglicherweise missverstehend – als überteibenden Sektierer verdächtigten. Tatian hielt es für seine Pflicht, die Gebildeten seiner Zeit („Griechen“) unter anderem auch über den Betrug der Astrologie aufzuklären.

Seine Botschaft lautete: Der Mensch ist nicht einem Verhängnis ausgeliefert. Über ihn wird nicht von unbefragbaren Mächten unwidersprechlich bestimmt. Sondern Gott hat den Menschen zum Dialog eingeladen. Er nimmt ihn als entscheidungsfähigen und verantwortlichen Partner ernst. Er verantwortet sich auch selbst vor ihm, indem er sich als gerecht erweist. Bereits im 6. Kapitel, also ziemlich zu Beginn seiner Vorlesung, hebt Tatian hervor, dass „auch die Leiber auferstehen werden“, aber nicht in „zwecklos“ wiederkehrenden Zyklen, wie die Stoiker in ihrer Lehre von aufeinander folgenden Weltperioden meinten, sondern zu individueller persönlicher Rechenschaft vor Gott. Dabei soll sich zeigen, dass „der Böse mit Recht bestraft werde, nachdem er durch seine eigene Schuld böse geworden“ ist (7,3). Der Logos hat offenbart, dass Zukünftiges „nicht durch das Fatum, sondern durch die freie Entschließung der Wählenden“ geschieht (7,4).

Das Brettspiel würfelnder Götter

Der „nach dem Bilde Gottes geschaffene Mensch" (7,6) hat es selbst zu verantworten, dass er durch den Sündenfall der Leitung des göttlichen Geistes verlustig ging und der Sterblichkeit und dem Verwirrspiel dämonischer Geister verfiel, die ihm Gedanken des Eigensinns und der Ablehnung der Weisungen Gottes suggerieren.

Was sind die schon von Sokrates und späteren Philosophen als moralisch minderwertig durchschauten „homerischen Götter" anderes als solche zu Eigensinn und Aufsässigkeit gegen Gottes Wort inspirierenden Einflüsterer? Sie machen den Menschen weis, dass diese einem teilnahmslosen, unerbittlichen Fatum ausgeliefert sind, ja, einem Spiel, das ihrer Sorgen, Hoffnungen und Ängste spottet. Dazu ließen sich die Dämonen etwas Besonderes einfallen: „Wie die Brettspieler nämlich zeigten sie ihnen eine Tafel, auf der sie die Stellung der Gestirne eingezeichnet hatten" (8,1).

Würfelnde Götter haben sozusagen den Himmel zu ihrem Spielbrett umfunktioniert. Die Spielregel lautet, der Zufall des Würfelrollens bestimme das Schicksal. Damit „führten" sie „das höchst ungerechte Fatum ein", eine allzu ungerechte Herrschaft (< basileian > lian adikon), die keinerlei Begründungen schuldig ist. Sarkastisch formuliert Tatian: „ Denn auf den Richterstuhl und auf die Anklagebank kommt man natürlich durch die Schuld des Fatums", – ob einer „Mörder" wird oder „Ermordeter" –, da ,kann man nichts machen', es ist unhinterfragbar festgelegt (8,2). Er findet es menschenunwürdig, anzunehmen, das eigene Schicksal, z. B. die Verwicklung in kriminelle Machenschaften, sei von Geburt an durch die Stellung der Gestirne determiniert, und man sei es nicht schuldig, dagegen anzukämpfen und dem Recht zur Geltung zu verhelfen. Und was tun die Götter, die, wie die Mythen erzählen, genauso von Gier und Leidenschaften getrieben sind wie die Menschen? Sie reden sich auf das Fatum hinaus, lehnen jede Verantwortung ab, würfeln und schauen amüsiert zu, was dabei heraus kommt. Das Zuschauen „macht wie eine Vorstellung im Theater großen Spaß". Hat nicht Homer verraten: „Unaufhörliches Lachen erhoben die seligen Götter?" (Ilias I, 599; Odyssee VIII, 326) Das sprichwörtliche „homerische Gelächter" erwähnt Tatian, um den Horoskop-Gläubigen bewusst zu machen, dass sie Ausgelachte und Auszulachende sind.

Willkürlich erfundene Tierbilder am Himmel

Den Unwürdigen, die das Spiel erfunden haben, musste „das Tierreich die Zeichen liefern" (9,1). Um vorzutäuschen, dass sie selbst im Himmel Einfluss nehmen, und den Anschein zu erwecken, durch die Konstellation sei das Schicksal auf Erden übersichtlich zu machen, haben sie, „was auf Erden kreucht und in den Gewässern schwimmt und im Gebirge auf vier Füßen läuft" zur „himmlischen Ehre" erhoben (9,1). „Die Konfiguration des Tierkreises ist ein Machwerk" der Dämonen, die einander würfelnd reihum übertrumpfen (9,3). Spottend fragt Tatian, ob denn die Himmelsflächen, ehe die aus Mythen bekannten götterbegleitenden Tiere dorthin versetzt wurden, leer waren (9,7). Und „wie steht es mit dem Haar der Berenike?

Wo war ihr Gestirn, bevor sie starb?" (10,4) Es war noch nicht lange her, dass die volkstümliche Ptolemäer-Gattin dieses kosmische Denkmal gesetzt bekam. Und die Zuhörer haben selbst miterlebt, wie der bithynische Liebling des Kaisers Hadrian, der im Nil ertrunkene schöne Antinoos, vergottet und unter die Sterne versetzt wurde.

Tatian geht noch einen Schritt weiter: Beim Brettspiel werden, dem Würfeln entsprechend, Figuren geschoben. Das sind die tierhaltenden Götter. „Ihren Spass aber haben mit ihnen die sieben Planeten wie Brettspieler mit ihren Figuren" (9,3). Im Griechischen hört man beim Begriff „Planeten" die Wortbedeutung „Herumirrende" oder „Irrsterne" heraus.

Den von spielenden Dämonen Ausgelachten, über die sich ihrerseits die Irrsterne lustig machen, die aber alle dem blinden Fatum unterworfen sind, hält Tatian sein Glaubensbekenntnis entgegen: „Wir aber sind über das Fatum erhaben und kennen statt der irrenden Dämonen nur den *einen,* nicht irrenden Herrn: Darum haben wir, frei von der Herrschaft des Fatums, diejenigen verworfen, die es zum Gesetz gemacht haben" (9,4).

Tatian fordert seine Hörer, die ihm auf dem Markt philosophischer Möglichkeiten wohl wegen seines Scharfsinns, seiner fesselnden Rhetorik und seines treffsicheren Witzes zuhörten, auf, sich nicht fatalistisch ‚gehen zu lassen', sondern sich verantwortlich ‚zusammen zu nehmen'. Niemand soll in menschenunwürdiger Abhängigkeit verharren, sondern sich von Gott zu wahrer Menschenwürde befreien lassen. Sie besteht nicht in einem Sich-Herausreden auf die schicksalhafte Herrschaft der Sternzeichen, sondern in Übernahme von Verantwortung und Sündenbekenntnis. „Wir sind nicht zum Sterben geboren; wir sterben durch eigene Schuld. Zugrundegerichtet hat uns die Freiheit unseres Willens: Sklaven sind wir geworden, die wir frei waren und durch die Sünde sind wir verkauft." (11,6)

Sündenbekenntnis erniedrigt nicht die Menschenwürde, sondern bricht ihr erst Bahn. Denn wer sich Gott zuwendet und vor ihm Sünde bekennt, kann davon frei werden. „Nichts Böses ist von Gott geschaffen, die Bosheit haben erst wir hervor gebracht: aber die sie hervor gebracht, können sie auch wieder abtun" (11,6). „Stirb der Welt … lebe aber für Gott, indem du dich durch Erkenntnis seines Wesens des alten Menschen entledigst" (11,5).

Wer zuletzt lacht, sowohl über die schadenfroh lachenden Götter, als auch über die feixenden Irrsterne, schließlich sogar über das emotionslose Fatum, ist der Christ, der durch den Mensch gewordenen Logos mit dem einzigen, allmächtigen Gott ins Gespräch gekommen ist.

Superabundat Gratia

Le triomphe de la grâce dans la vie du prêtre[1]

Rudolf Michael Schmitz

De nos jours, une certaine mentalité, dans chaque couleur du monde ecclésiastique, semble refléter un manque de vision surnaturelle, une trop grande confiance dans les soi-disant réalités du monde et en soi-même, et une méconnaissance de l'œuvre continuelle et nécessaire de la Sainte grâce. Heureusement, sur le trône de Pierre se trouve un Pontife qui s'est rendu compte ; de cette mentalité néo-semi-pélagienne depuis longtemps. Déjà, en 1968, dans un commentaire des documents du Concile Vatican II, le Professeur Joseph Ratzinger avait souligné ce même penchant dans la constitution pastorale « Gaudium et spes ». Dans un premier pas, l'auteur montrait les discussions autour d'une vue de l'homme trop autonome de la constitution pastorale et son optimisme de saveur humaniste, surtout en voyant le christianisme comme un couronnement d'une nature en soi déjà parfaite et en diminuant les conséquences du péché originel[2]. Puis, traitant du concept de la liberté dans « Gaudium et Spes » au n. 17, le futur Pape écrivait :

Le texte « tombe ... dans une terminologie franchement pélagienne quand il affirme que l'homme 'sese ab omni passione liberans, finem sum ... persequitur et apta subsidia ... procurat[3]'. Cela n'est pas contrebalancé avec la phrase suivante, logiquement assez mal unie, qui parle de la blessure par le péché, mais qui voit la grâce seulement comme une aide, pour rendre la volonté de nouveau *plene actuosam* ... Au fond, cette formule *plene actuosus* sauvegarde un schéma conceptuel de saveur semi-pélagienne. On ne peut pas se garder de l'impression que la volonté de

---

1 Cet article est un abrégé d'une conférence tenue lors du chapitre général de l'Institut du Christ Roi Souverain Prêtre, en août 2010.

2 J. Ratzinger, Kommentar zum ersten Kapitel der Pastoralkonstitution «Gaudium et Spes»: Das Zweite Vatikanische Konzil. Konstitutionen, Dekrete und Erklärungen. Lateinisch und deutsch Kommentare, Teil III, in: LThK, 2. Aufl., Freiburg Basel Wien 1968, p. e. 316, 321–322; l'auteur finit par donner un jugement pas tout à fait positif de la position de la commission théologique , ibid., 322: «Die Kommission ... folgte aber doch zugleich einer geistigen Gesamteinstellung, die in diesem Fall freilich nicht ganz unproblematisch genannt werden kann.»

3 « L'homme parvient à cette dignité lorsque, se délivrant de toute servitude des passions, par le choix libre du bien, il marche vers sa destinée et prend soin de s'en procurer réellement les moyens par son ingéniosité. Ce n'est toutefois que par le secours de la grâce divine que la liberté humaine, blessée par le péché, peut s'ordonner à Dieu d'une manière effective et intégrale.» «Gaudium et Spes», n. 17.

rester optimiste, théologiquement bien défendable, dominant tout le texte, a été mal interprétée et a conduit à des gentillesses ['Harmlosigkeiten'] qui ne lui sont pas propres. »[4]

Avec l'Eglise, nous sommes convaincus qu'il y a un optimisme chrétien bien-fondé dans le donné de la Révélation, mais cet optimisme est un optimisme de grâce et n'est pas simplement d'origine naturelle. L'opinion, donc, qui vient de ne voir dans la grâce qu'un remède ou une addition extrinsèque pour une nature humaine peut-être blessée par le péché, mais, d'autre part, autonome et capable de tout faire avec un peu d'effort et la lumière de la raison, est loin de la vision catholique[5]. Pour-tant, cette conception pélagienne ou au moins semi-pélagienne est assez répandue non seulement dans les cercles des modernistes, mais aussi chez ceux qui se sont créés un monde traditionaliste tout édifié sur leur bataille et leur pureté de doctrine et de mœurs. Pour mieux éviter cette mentalité du petit reste des justes et pour pu-rifier notre propre *forma mentis* de toute renaissance pélagienne, sous forme de jansénisme ou de volontarisme rationaliste, il nous faut reconsidérer brièvement quelques points de la théologie de la grâce, comme l'enseigne l'Eglise, pour appli-quer ces principes à notre vie quotidienne sacerdotale.

Les gloires de la grâce divine

Certes, nous n'avons ici ni la nécessité ni le temps de nous plonger dans les innom-brables controverses du traité de la grâce, à la fois fascinantes et révélatrices de la profondeur du mystère que la sagesse de notre Sainte Eglise a laissé ouvert à l'exa-men théologique de l'avenir. Pourtant, il nous faut repérer quelques points essen-tiels grâce auxquels nous pourrons comprendre quelque chose seulement de la beauté de l'amour divin pour nous.

A. La grâce comme présence de Dieu et don de sa miséricorde

Déjà, avec la définition de la grâce et ses divisions, nous pouvons avoir une première représentation de notre immersion dans un vrai océan de grâce[6]. Cette représenta-tion sera initiale mais déjà impressionnante. En effet, le rationalisme de la vision pélagienne du monde fait souvent oublier à l'homme, et aussi aux ecclésiastiques, que la Grâce de Dieu et la Grâce du Christ sont les réalités premières dans notre monde, sans lesquelles tout cesserait d'exister et tout ce qui existe serait facilement sans finalité ni sens.

---

4 Ibid., 332 (Traduction par nous).
5 Voir les arguments contre la possibilité d'une « option fondamentale » pour aimer Dieu sans la grâce surnaturelle : M. FLICK, De gratia Christi, Rome 1962, 124–135, et surtout la thèse finale de conclusion, 135 : « Impotentia moralis absoluta hominis lapsi ad legem naturalem diu servandam fundamentum habet in eius impotentia morali ad diligendum Deum supra omnia. »
6 Une bonne vue d'ensemble donne toujours J. KIRSCHKAMP, art. Gnade : Wetzer und Welte's Kirchenlexikon V, Freiburg i. Br. 1888, 718–753.

Généralement parlant, dans le langage biblique et surtout néotestamentaire, nous savons que la parole grâce (« *charis* ») signifie une condescendance bénigne envers quelqu'un, qui n'est pas méritée. (Act 14, 26 ; Rom 1, 7) Une attitude amoureuse de Dieu envers sa créature qui, pourtant, devient effective dans un don de grâce envers sa créature de manière stable, qui la rend gracieuse aux yeux du Créateur. Il y a donc le Dieu très bon et plein de grâce qui gratifie les hommes et leur donne une perfection ontologique permanente comme fruit de sa grâce[7].

La théologie, suivant le langage néotestamentaire, parle de « grâce » surtout dans l'ensemble de l'œuvre de la rédemption, donc dans ce qui n'est pas dû à la créature dans la logique de la création, mais dans le domaine du purement gratuit, du salut éternel et de la *natura lapsa reparata*.

Ici, nous pouvons concevoir la grâce avec la tradition théologique comme *donum supernaturale creaturae rationali gratis a Deo concessum*, un don surnaturel qui a été donné gratuitement à la créature rationnelle[8]. Cette définition est extraordinairement riche et peut nous montrer les trésors de grâce incessamment concédés à l'humanité par le Dieu de grâce. C'est une vision qui se base sur le donné révélé.

a. Le donné révélé

Dieu est un Dieu très bon (Ex 34, 6). Cette affirmation fondamentale sur Dieu qui se trouve répétée constamment déjà dans l'Ancien Testament (Joël 2,13, Jon 4,2 ; Ps 86, 15 : 103, 8 ; Ne 9, 17 etc.). Or, cette bénignité de Dieu se transforme dans des actions bénignes, des actions de grâce sur les plans naturel et surnaturel. Surtout le pardon des péchés est un don surnaturel que seul le Dieu très bon peut concéder (i.e. Mich 7, 18 ; Ps 51 ; 130 etc.) La nécessité de grâce est vue dans l'Ancien Testament comme une dépendance générale de tout être humain (Gn 8,21 ; Sag 9,17 etc.). La bénignité et la condescendance de Dieu sont vécues avec intensité (Ps 36, 6–10 ; 64,4 etc.). Même la *gratia Christi* est révélée d'une manière mystérieuse, mais émouvante, quand les Ecritures vétérotestamentaires parlent de la prophétie du salut universel et du triomphe sur le péché (Is 53 ; Jr 31, 31–34 : Ez 36, 25–28) comme d'une forme de conversion intérieure du cœur humain (Ez 36, 26s).

La présence du Dieu gracieux dans son être et dans ses actions devient encore plus claire dans le Nouveau Testament, le Testament de la grâce du Seigneur[9]. Notre Sauveur n'utilise pas le mot « *charis* », mais il illustre continuellement dans sa prédication la présence de cette grâce comme présence de Dieu et de son action en nous et pour nous. La volonté salutaire du Dieu très bon nous est montrée par les images du bon pasteur, du père qui pardonne au fils prodigue, de la drachme perdue, du pharisien et du publicain, du seigneur de la vigne, du repas céleste etc. etc. Le Seigneur est venu pour sauver les pécheurs, il meurt en expiation de nos péchés, il se

---

7 Nous pouvons ainsi distinguer : la grâce en Dieu, le don gracieux, le fruit de ce don de Dieu qui est la grâce en nous : cf. Rom 5,2.

8 Cf. l'explication magistrale chez J.M DE RIPALDA, De ente supernaturali disputationes theologicae, Liber I, disp. II : vol. I, Parisiis Romae 1870, 7–8.

9 Cf. R. WINKLER, Die Gnade im Neuen Testament : ZfSystTheol 10 (1933) 642–680.

sacrifie « pour nous » et notre salut, bref il est notre salut et ses actions révèlent l'œuvre du Dieu très bon et miséricordieux[10].

Saint Paul, qu'on a souvent nommé le « chanteur de la grâce divine », nous ouvre ces trésors de la Révélation encore une fois avec grande emphase[11]. Il connait la grâce comme bénédiction de Dieu implorée sur ses brebis[12], comme devoir de rendre grâce pour les actions de Dieu, mais aussi comme don objectif des charismes et surtout et avant tout, il nous présente le don fondamental de la grâce de la justification. Cette grâce est proposée à tous (« *pantes* » Tit 2,11), elle nous parvient *gratis* (« *dorean* » : Rom 11,6) à travers le sacrifice de la croix et la foi (Rom 4, 16). Cette grâce est un don de l' « *agape* » de Dieu envers nous (Rom 8, 31) visible en Jésus-Christ (2 Cor 8, 9). Ainsi, le Dieu de Grâce constitue un nouvel ordre du salut qui n'est plus fondé sur les œuvres de la loi (Rom 5, 12–21), mais sur la Grâce de Dieu et le don de la vie éternelle en Jésus-Christ (Rom 6,23). La nouvelle loi se fonde sur la gratuité de l'amour : « Quid habes quod non accepisti. » (1 Cor 4,7). C'est la grâce comme « pouvoir du Christ » (2 Cor 12,9) qui fait de nous des hommes nouveaux dans le baptême (Rom 6,1–11 etc.)[13]. En conséquence, le don du *pneuma* dans le baptême est le don objectif de Dieu au pécheur justifié (Rom 5,5 ; Gal 5,6 ; Tit 3, 4–7). Chez saint Jean, la grâce fondamentale est la « *zoé Theou* », la vie même de Dieu, tandis que dans d'autres lieux, et notamment la première lettre de saint Pierre, la grâce est identifiée surtout avec les dons concrets de Dieu (1 Petr 4, 10) donnés aux humbles (1 Petr 5, 5)[14].

b. La théologie

En effet, ces lieux bibliques ont été compris par le développement théologique d'une double manière. Le but de la grâce est un but surnaturel qui élève l'homme hors du monde, comme le disait déjà Clément d'Alexandrie, qui utilise dans les *Stromateis* le concept « *huperkosmion* », sur-mondain, pour la nature de la Grâce de Dieu (Strom 4, 26). Saint Athanase devient encore plus clair quand il formule le but de la rédemption par grâce comme étant la « déification » de l'homme : « il s'est humanisé afin que nous puissions nous diviniser » (Adv Ar 4, 2). Selon le grand docteur, cette « *teopoiesis* » (le devenir divin) se réalise à travers la participation (« *metexis* ») à la gloire du Fils de Dieu (Ep. de Syn 51).

Comme nous le voyons un peu plus tard, la raison d'être de cette participation se trouve dans l'inhabitation de la Trinité dans notre âme, comme l'enseigne déjà Saint Cyrille d'Alexandrie (De Trin. III). Elle est précédée par un *don* de sanctification – nécessaire pour notre nature pécheresse – vu souvent comme une lumière

---

10 Pape Benoît XVI souligne la connexion étroite entre l'image du bon pasteur et l'immolation sur la Croix : cf. J. RATZINGER Ŕ BENEDIKT XVI, Jesus von Nazareth. Erster Teil. Von der Taufe im Jordan bis zur Verklärung, Freiburg Basel Wien 20072, 325.

11 Cf. P. ROUSSELOT, La Grâce d'après St. Jean et d'après St. Paul : RScRel 18 (1928), 87–108.

12 Cf. A. PUJOL, De salutation Apostoli « Gratia vobis et pax » : Verbum Domini 12 (1932) 38–40, 76–82.

13 Cf. W. BAUER, art. *charis* : Wörterbuch zum Neuen Testament : Berlin New York 1971, 1734–1737, ici 1736.

14 Cf. H. CONZELMANN, art. Charis: TWNT IX, Stuttgart Berlin Köln Mainz 1972, 389–390.

constante et objective par saint Augustin et son école, mais identifié au cours de l'histoire théologique comme une nouvelle âme ayant une définition distincte à travers un *habitus entitativus supernaturalis*.

Il y a sur ces points de grandes discussions entre les écoles, mais tous s'accordent sur le fait qu'un don préliminaire de grâce objective doit purifier l'âme pour la faire digne de l'inhabitation. Le docteur de la grâce, saint Augustin, l'avoue avec précision et élégance : « Deus in nobis non faceret quod amaret nisi antequam id faceret nos amaret. » (Tr. 102 in Johannes 5). Dieu prépare doublement notre déification : par son amour préalable personnel et par un changement qui nous rend objectivement aimable. Dans sa sixième session, le Concile de Trente affirme que ce changement est effectué par la grâce qui « inhaerat animos » (cap. 7, 16 ; can .11), qui n'est donc ni transitoire ni extérieure (Occam, Biel, Luther) mais une qualité intérieure qui reste dans l'âme du justifié pour y créer une situation essentiellement nouvelle et glorifiée. Elle donne de l'espace à l'Esprit-Saint qui n'est pas identique avec cette grâce créée, comme le croyait encore Pierre Lombard.

Ce changement essentiel réside donc dans l'être même du juste et pas seulement dans sa volonté, comme le croit l'école des franciscains avec saint Bonaventure (In II, dist. 26, q 5). En conséquence, elle n'est pas identifiable avec l'amour surnaturel, mais en est plutôt le fondement et la base ontologique. Dieu nous rend avec cette grâce objectivement *divinae consortes naturae* selon le Prince des Apôtres (2 Petr 1, 4), parce qu'il donne à notre nature une distinction unique de divinisation pour y pouvoir habiter avec sa divinité toute entière. Le tout Puissant peint, avec les paroles de saint Ambroise, une peinture glorieuse dans notre âme (Hex 6,8), qui est vivifiée par les dons de l'Esprit et la présence de la Sainte Trinité.

On a souvent appelé l'explication ontologique de la grâce sanctifiante une « chosification » de l'action de Dieu, et Karl Rahner et son école ont obscurci la distinction entre grâce créée et grâce incréée[15]. Un certain essentialisme d'origine

---

15 Cf. K. RAHNER, art. Gnade IV. Systematik: LThK IV, Freiburg 1960, 991–998, ici 994–995, à propos de ce qu'il appelle déjà « le problème de la différenciation entre la grâce créée et incréée » : « Begriffe wie ,inhärierend' und ,akzidentiell' usw. Können in diesem Zusammenhang durchaus unabhängig von der Frage der Unterscheidung von ,geschaffener' u. ,ungeschaffener' G. verstanden werden. Freilich besagt somit gerade der Begriff der ,ungeschaffenen' G., daß der *Mensch selber in sich* wahrhaft umgeschaffen ist durch die Selbstmitteilung Gottes, daß es also in diesem Sinne eine ,geschaffene' u. ,akzidentielle' (d. h. mit der Natur des Menschen nich eo ipso schon gegebene u. von ihr aufgenommene) G. gebe ... Bei Betrachtung von D 2290 ist es jedenfalls durchaus statthaft, die ungeschaffene G. als erste u. die ganze Begnadigung des Menschen wesentlich tragende G. anzusehen, die allein auch die eigentliche u. strenge Übernatürlichkeit der G. verständlich macht.» Un tel changement des contenus conceptuels porte à des conséquences sérieuses pour la relation entre l'Eglise et les religions non-chrétiennes : cf. ID., Das Christentum und die nichtchristlichen Religionen : Schriften zur Theologie V. Neuere Schriften, Zürich Einsiedeln Köln 19683, 136–158, à propos de la grâce du salut 145–147 : « Wenn wir das Heil als ein spezifisch *christliches* begreifen, wenn es kein Heil an Christus vorbei gibt, wenn die übernatürliche Vergöttlichung des Menschen nach katholischer Lehre nie durch bloß den guten Willen des Menschen ersetzt werden kann, sondern als selber in diesem irdischen Leben gegebene notwendig ist, wenn aber anderseits dieses Heil Gott wirklich, wahrhaft und ernsthaft allen Menschen zugedacht hat, dann kann beides nicht anders vereint werden, als daß gesagt wird, daß jeder mensch wahrhaft und wirklich dem Einfluß der göttlichen, übernatürlichen, eine innere Gemeinschaft mit Gott und eine Selbstmitteilung Gottes anbietenden Gnade ausgesetzt ist, mag er zu dieser Gnade im Modus der Annahme oder Ableh-

notamment jésuite se trouve peut-être à l'origine de ce malentendu qui pourtant ne peut pas être guéri par un existentialisme de couleur heideggérienne. L'enseignement de saint Thomas et de l'Eglise est très différent de cette présupposition essentialiste. Au lieu de chosifier la grâce, la doctrine de l'*habitus supernaturalis* dynamise l'âme et lui donne une ancre dans l'éternité glorieusement jaillissante de l'abîme du Divin. Ni l'âme ni la grâce ne deviennent altérées par la participation à la gloire rendue possible notamment par cette nouvelle qualité objective. Elle est comme une lumière de cristal fluide rendant notre âme semblable à un miroir qui reflète la sainteté du Dieu Trinitaire qui la pénètre[16].

c. Les conséquences pour nous

Ce discours théologique a-t-il une relation avec notre vision de la vie ecclésiastique ? Quels sont les conséquences de cette double présence de la grâce de Dieu toute dirigée vers la glorification de Dieu dans L'Eglise et dans les âmes ?

Premièrement, la « *teopoiesis* », la déification de la nature humaine comme but de l'œuvre de salut exclut tout minimalisme pseudo-pastoral et toute éthique de saveur humaniste, janséniste ou pélagienne. Nous n'avons pas comme but de créer un monde meilleur ni une Eglise meilleure. La fin de notre collaboration avec la grâce de Dieu n'est donc pas une autonomie de l'homme moderne, ni la création d'un « Weltethos », un ethos du monde comme entité indépendante de l'éternité glorieuse. Nous ne formons pas non plus un bataillon de guerre ou de secours qui utilise la grâce et ses instruments comme de purs instruments pour combattre le mal et guérir la nature humaine. Notre image de l'homme n'est pas celle de l'« Edelmensch », de l'homme simple et noble, ni de Rousseau, ni de la théologie morale minimaliste. Nous devons toujours viser plus haut et plus profond dans notre prière et notre action. Notre vision d'ensemble se veut vraiment surnaturelle avec le but de la *recapitulatio omnium rerum in Christo* afin que nous puissions vivre avec ceux qui nous sont confiés, le *consortium divinae naturae* qui ne doit pas être créé par nous, mais qui est une réalité déjà en nous en attendant d'être rendue pleinement visible : « imitamini quod estis » !

Concrètement parlant, nous devons vivre cette réalité dans la préférence claire et radicale des choses divines. Dans ce sens, nous sommes unis avec les Pères de l'Eglise, avec la tradition augustino-bénédictine et avec la grande scholastique thomiste qui ne cherchaient pas à voir le divin en fonction de l'humain, mais qui subordonnaient clairement l'humain à la cause finale. Dans la même direction vont les Encycliques et les actions liturgiques[17] du Pontife Romain qui encourage les « poli-

---

nung stehen ... Wir können einfach sagen: dort wo und insofern im Leben des einzelnen Menschen eine sittliche Entscheidung vollzogen wird (und wo könnte dies in irgend einer Form als schlechthin unmöglich – außer eben in pathologischen Fällen – erklärt werden?), ist diese sittliche Entscheidung so denkbar, daß sie auch den Begriff des übernatürlich erhöhten, glaubenden und so heilshaften Aktes verwirklicht und faktisch mehr als bloß ‚natürliche Sittlichkeit' ist.» Cette surnaturalisation ne réussit plus à expliquer la nécessité du baptême.

16 Cf. M. J. SCHEEBEN, op. cit., 34–35.

17 Cf. V. TWOMEY, Benedict XVI: pope and *leitourgos*: Benedict XVI and the Sacred Liturgy. Proceedings of the First Fota International Liturgy Conference, ed. N.J. Roy and J.E. Rutherford, Portland 2010, 13–16; A. REID, The liturgical reform of Pope Benedict XVI: Ibid., 156–180.

ticiens » dans l'Eglise à contempler cette vision qui rend l'amour divin de nouveau ce qu'il est, c'est-à-dire le centre de toute la réalité céleste et terrestre[18].

Encore plus concrètement parlant, notre devise doit être : « Multum sed non multa ». Certes, nous devons faire beaucoup de choses qui ont un but très immédiat et quelquefois même très humain, très matériel et petit. Mais ces choses que nous sommes tenus de faire, vues les circonstances actuelles, n'ont guère de sens si elles deviennent un but en soi. Les réunions, les repas avec les fidèles, les camps d'été, les rencontres d'organisation, les projets de restaurations de maisons et d'églises, hélas, sont des éléments nécessaires pour gagner les âmes, mais il ne faut pas les multiplier sans stricte nécessité, il ne faut pas les dissocier du surnaturel, il ne faut surtout pas les préférer aux choses plus strictement de Dieu. La liturgie et l'administration soignée des sacrements, la prière de l'office, la méditation, les dévotions, les études de la Parole divine et de la sagesse théologique des siècles, la beauté exprimée dans le chant et dans l'art, les expressions multiformes de la vie sacerdotale, les rencontres fraternelles avec des prêtres amis et même l'*otium cum dignitate* sont des moments qui ont une importance bien supérieure parce qu'ils sont des reflets beaucoup plus intenses de la présence de la sainte grâce en nous et autour de nous que tout activisme bien intentionné. Il faut avoir et développer toujours davantage une préférence pour ces réalités qui nous disposent plus immédiatement à être immergées dans la Sainte grâce que la pure action humaine.

Ainsi, les autres éléments pastoraux secondaires de notre vie seront aussi transformés par la grâce : nos rencontres avec les fidèles deviendront moins mondaines, moins superficielles, mais spirituellement plus efficaces ; nos sessions d'organisation seront moins politiques, mais plus dirigées dans l'ordre de Dieu ; nos camps ne seront pas des amusements inutiles de jeunes, mais des écoles de prière, de charité, de vérité et de beauté ; nos projets de restauration seront exécutés avec plus de goût et d'harmonie. Tous les détails pratiques malheureusement nécessaires après la chute ne deviendront pas le seul contenu de notre journée mais un accessoire bien utile pour exprimer notre conviction que tout est grâce. Du coup, quasi paradoxalement, sans prendre toute notre attention et nous rendre tendus, nerveux et désagréables, ces détails seront aussi soignés avec plus d'amour, et, tout en restant secondaires, deviendront pour ainsi dire « une glorification de Dieu dans le petit », étant exécutés avec soin, charité et, dans une vision surnaturelle, à leur place dans le tout de Dieu.

Un autre aspect de cette vision profondément surnaturelle est important : le lien nécessaire entre la relation personnelle avec le Mystère de Dieu et l'objectivité enracinée dans la réalité ontologique. Il y a trois ans, j'ai entendu le sermon d'un évêque à l'occasion d'une ordination sacerdotale. Il expliqua la nature du sacerdoce avec la théologie personnaliste et s'écria entre autre : « Ainsi, le sacerdoce est entièrement fondé sur la relation personnelle du Christ avec le prêtre qui le rend son collaborateur pour le salut des hommes. » Tout en étant convaincu que cet évêque était bien

---

18 Cf. J. RATZINGER, Gott mit uns und Gott unter uns: ID., Gott ist uns nah. Eucharistie: Mitte des Lebens, hrsg. v. St.O. Horn u. V. Pfnür, Augsburg 2002, 9–24, ici 21–22: „Christ werden ist mehr als die Zuwendung zu neuen Ideen, zu einem neuen Ethos, zu einer neuen Gemeinschaft. Die Verwandlung, die hier geschieht, hat die Radikalität einer wirklichen Geburt, einer neuen Schöpfung."

conscient de la théologie du sacerdoce, ses paroles me semblaient alors se prêter au malentendu de la subjectivisation du sacerdoce dans la relation interpersonnelle entre le Christ et son serviteur. Nous savons bien, que la présence personnelle du Christ doit créer une ancre objective dans l'âme du prêtre pour y rester avec ses pouvoirs sacerdotaux malgré la faiblesse humaine. Nous venons juste de dire que l'inhabitation de la Trinité doit élever et dynamiser l'âme avec l'*habitus surnaturel* de la grâce sanctifiante, pour pouvoir toucher les hauteurs de notre être avec sa gloire. La relation personnelle avec Dieu a toujours besoin de l'objectivité de la grâce habituelle, des caractères sacramentels, des grâces d'état ou des charismes, pour se développer, malgré les tempêtes des tentations, des chutes, des imperfections innombrables de l'être humain[19]. Le culte de cette amitié personnelle, tout autant que son développement dans la vie sacramentelle et dans la vie des hommes, ont besoin de signes et de réalités objectives pour assurer les âmes de la relation personnelle avec leur Dieu. L'amour a besoin d'être conforté, soutenu, consolidé par la réalité des choses visibles pour ne pas rester pur sentiment ou fantaisie.

De ce fait, notre vision surnaturelle ne doit pas rester un rêve pieux. L'objectivité du culte, des signes, des sacrements et des sacramentaux doit devenir toujours davantage le fondement de notre relation avec Dieu et les hommes. Dans notre vie sacerdotale, le culte doit rester toujours au centre. Laissons le soin à d'autres de développer leur activisme pastoral et leur volontarisme de saveur moderne, mais nous, nous devons nous ancrer fermement dans l'éternel, dans le glorieux, dans le divin.

Le Concile de Trente (Sess. VI, cap. 7) nous enseigne que la cause efficiente de notre justification est la miséricorde de Dieu, la cause méritoire le sacrifice du Christ, la cause instrumentale le baptême et la cause formelle la justice de Dieu en tant que justifiant. Déjà dans le procès de la justification, la relation avec Dieu et l'objectivité sacramentelle s'unissent à un niveau ontologique. La même règle s'applique pour notre sanctification personnelle. A aucun niveau, nous ne pouvons négliger ces réalités objectives sans affaiblir la relation personnelle avec le Dieu de la miséricorde. Ce que le Concile dit est la réalité qu'on doit vivre dans l'objectivité du concret, chaque jour : « vere justi nominamur et simus ».

B. L'abondance et la gratuité de la grâce

Il faut encore aborder deux autres aspects fascinants de la vie de grâce: ses richesses et sa gratuité. Souvent, l'Eglise est représentée dans l'art sacré comme une figure maternelle qui porte une corne d'abondance remplie de fruits et d'autres dons. En réalité, l'Eglise, dans sa vie toute entière, est l'exécutrice de la justice distributive de Dieu et, selon sa volonté, elle donne à chacun ce dont il a besoin et plus encore : suum cuique ! A la différence de l'Etat moderne, où le citoyen doit être protégé contre le poids écrasant de la force politique par une division des pouvoirs, les fidèles n'ont pas besoin d'une telle protection dans l'Eglise dont la vocation pourrait

---

19 Cf. J. RATZINGER, Der Geist der Liturgie. Eine Einführung, Freiburg Basel Wien 20005, 17–18.

se résumer dans l'administration généreuse des grâces divines[20]. On ne doit point être protégé contre Dieu et sa grâce ! Cette vérité a été formulée magistralement par le Pontife Romain : « Le signe de Dieu est l'abondance. »[21]

a. L'abondance de la grâce

Nous avons déjà parlé de la grâce habituelle qui fait partie de notre justification et est inhérente à notre âme comme grâce sanctifiante. Il vaut toujours la peine de relire ce que le docteur angélique nous enseigne à ce propos par exemple dans la question 110 de la *prima secundae*. Nous avons déjà entendu que, par la présence de cette grâce nous sommes habituellement déifiés et nous jouissons de l'inhabitation de l'Esprit-Saint annoncée par l'apôtre des gentils à maintes reprises (Rom 5,5 ; 1. Cor 3, 16, 6, 19 ; Tit 3, 5.6, etc.).

Mais nous savons aussi qu'avec cette grâce nous sont infusées les vertus théologales de foi, d'espérance et de charité, dont la dernière, selon le *doctor communis,* est une espèce d'amitié avec Dieu fondée dans une communication inchoative de l'éternelle béatitude (2,2, q. 24, a.2). Pour cette raison, la charité surnaturelle n'est pas seulement la forme et la perfection des autres vertus (2, 2, q. 23, a. 4 ad 2), mais elle se trouve aussi très liée avec la grâce sanctifiante avec laquelle elle disparait dans le cas tragique de la chute par le péché mortel pour revivre avec elle au moment du pardon sacramentel par la miséricorde de Dieu. En outre, le catéchisme du Concile de Trente nous assure qu'avec les vertus théologales, Dieu nous donne l'infusion des vertus morales: « Huic (gratiae) additur nobilissimus omnium virtutum comitatus, quae in animam cum gratia divinitus infunduntur. » (Catech. Conc. Trid. P.2, c.2, q. 39). Encore, ces vertus sont dominées par la charité (« charitas dominat per modum imperii », 2,1, q.65, a.3).

Et comme si ces trésors ne pouvaient pas déjà suffire pour embellir la pauvreté de l'homme qui du coup devient prêtre, roi et prophète, Dieu, dans sa générosité sans limite, ajoute les sept dons de l'Esprit-Saint révélés déjà dans le livre d'Isaïe (11, 23)[22]. Comme toujours dans l'œuvre du Tout Puissant, tout se tient, tout est ordonné à la perfection, tout n'est pas seulement juste, mais beau, brillant, même éclatant, oserais-je dire, bref une image de Dieu dans notre âme, vraiment *consortium divinae naturae*.

La générosité de Dieu dans la transformation profonde de nos âmes ne s'arrête pas encore à ce point. Comme un artiste, il sait capter toute la réalité de notre vie avec les riches couleurs de sa grâce. L'œuvre de la rédemption, la vie de l'Eglise, l'accomplissement des devoirs de la vie, l'aide mutuelle pour vivre notre destin et les desseins de Dieu pour nous, tous ces divers champs d'épanouissement de nos âmes dans le service de Dieu et des autres, ne seraient pas possibles sans les « caractères » du baptême, de la confirmation et de l'ordre, et sans les *gratiae gratis datae* des

---

20 Cf. AYMANS-MöRSDORF, Kanonisches Recht. Lehrbuch aufgrund des Codex Iuris Canonici II, Paderborn München Wien Zürich 1997, 84.
21 J. RATZINGER Ŕ BENEDIKT XVI, op.cit., 295: „Gottes Zeichen ist der Überfluß."
22 En effet, avec saint François de Sales et M.J. Scheeben, on peut voir ces dons comme des propriétés de la charité : M. J. SCHEEBEN, op.cit., 313.

différents états de vie et des nombreux charismes que Dieu suscite dans son Eglise. Que serait devenue notre Eglise sans la richesse des charismes hiérarchiques et personnels !

Imaginons donc la beauté spirituelle de chaque âme sacerdotale et de chaque fidèle confié à vos soins de pasteur! Chaque âme dans l'état de grâce est vraiment parée comme une fiancée pour les noces avec le bien-aimé ! *Suum cuique*, chacun a non seulement assez de grâces, mais encore une surabondance de dons qui embellissent son âme de manière habituelle et continuelle comme des trésors qui sont toujours à notre disposition !

De plus, nous n'avons pas encore parlé de la grâce actuelle[23]. Elle est *praeveniens, concomitans* et *perficiens*. Ces grâces transitoires sont comme un fleuve continuel d'énergie divine, une illumination variée, presque comme un feu d'artifice que Dieu fait éclater en nous, autour de nous et pour nous, avec des couleurs toujours nouvelles. Sa grâce opère pour nous et coopère avec nous sans que nous fassions d'autres efforts que de nous laisser faire, de ne pas nous opposer, d'être dociles et de collaborer avec ses initiatives qui sont toutes et toujours heureuses. Ecoutons à ce sujet le docteur de la grâce saint Augustin dans son œuvre « De gratia et libero arbitrio », n.33 : « Deus praeparat voluntatem et cooperando perficit quod operando incipit quoniam ipse ut velimus operatur incipiens qui volentibus cooperatur perficiens. » Saint Thomas développe la même conviction dans la question 111 de la *prima secundae* (a.2 et 3). Sans entrer ici dans la discussion épineuse concernant la suffisance ou l'efficacité de ces grâces actuelles qui nous guident directement dans le difficile mystère de la prédestination[24], nous pouvons quand même comprendre pourquoi l'Eglise n'a jamais toléré l'enseignement de la double prédestination et toujours maintenu la doctrine miséricordieuse de la volonté universelle de Dieu pour notre salut. Pourquoi le Dieu très bon donnerait-il les talents d'or des grâces habituelles et une telle richesse d'aide actuelle, si son amour infini pour chaque âme ne le laissait pas désirer ardemment d'avoir toutes les âmes avec lui pour une éternité glorieuse ? Le deuxième Concile d'Orange et le Concile de Trente, dans la grandiose prière du Dieu toujours prêt à nous secourir, nous confirment dans la louange de sa sainte grâce : « Actiones nostras quaesumus Domine adspirando praeveni et adjuvando prosequere ut cuncta nostra oratio et operatio a Te semper incipiat et per Te coepta finiatur ! » (IIième Concile d'Orange, c. 20 et Trente, VI cap. 5, can. 4).

b. Les conséquences

Encore une fois, quelles sont pour nous les conséquences de ces vérités encourageantes et profondément miséricordieuses ? Comme la grâce est riche, les conséquences de cette vie de grâce sont belles et variées. Permettez-moi de les énumérer sommairement. Soyons détendus et optimistes, car le Tout-Puissant est de notre

---

23 Cf. Salmanticensis Cursus Theologicus IX, Tractatus XIV, ed. Parisiis Bruxellis 1878, q. CXI, disp.V, 615–722.

24 Cf. F.C. BILLUART, Summa Sancti Thomae hodiernis academiarum moribus accomodata I, ed. nova J.B.J. Lequette, Parisiis Romae Bruxellis 1876, diss. VIII, art. I–IV, 303–350.

côté. Il ne cherche pas à nous punir, mais il nous donne tout ce qu'il faut pour deve-nir aimable à ses yeux et il nous embrasse sans cesse avec la chaleur du feu de ses lumières surnaturelles. Ce n'est pas à nous de mériter une gratification de notre perfection autonome : au contraire, Dieu nous donne tout et nous aide à pouvoir utiliser ces dons de sa bonté. La confiance, l'acte de foi dans sa grâce et son amour pour nous mêmes et ceux qui nous entourent, l'espérance en l'œuvre miséricor-dieuse de sa grâce, sont des attitudes positives que nous pouvons développer tou-jours davantage sur le fondement de la présence de Dieu en nous, de ses dons habi-tuels et de son opération paternelle pour notre secours. Vraiment, il nous a aimés le premier et il continue à nous aimer avec une charité qui est à la fois *agape* et *éros* comme le Pontife Romain vient de le rappeler à toute l'Eglise[25]. Ici, nous retrouvons le vrai fondement de l'optimisme chrétien qui ne se fonde point sur l'autonomie de l'homme et du monde mais sur la théonomie de l'ordre de la rédemption dans la sainte grâce de Dieu.

De même, dans ce que nous venons de développer sur les richesses des grâces habituelles et les grâces d'état, nous reconnaissons aussi un élément très important pour notre vie sacerdotale, notamment le fondement de la véritable amitié sacerdo-tale. Conscients des grâces spéciales de chaque âme sacerdotale, nous pouvons res-ter admiratifs des trésors donnés à chacun de nos confrères: chaque âme sacerdotale développe sa sainteté spécifique et chaque âme sacerdotale peut posséder des cha-rismes enrichissants pour tous les confrères. Par l'acte de foi dans ces réalités sur-naturelles, la jalousie et le mal terrible de l'ambition et de la « invidia clericalis » seront dissipés comme des ombres d'une peste contagieuse. Le prêtre n'a besoin ni des intrigues, ni des idéologies. Une vraie vie sacerdotale avec le but commun de la glorification de Dieu dans la prière et le travail pour le salut des âmes ne connait pas de groupes d'intérêt ou de pression, mais une harmonie des intelligences et des forces nourrie efficacement par la célébration des Saints Mystères de Dieu[26].

Pour la même raison, nous nous aimons mutuellement avec une charité frater-nelle toujours généreuse dans l'aide et dans le pardon : « Quam bonum et quam iucundum habitare fratres in unum ! » Plus on aime le confrère, plus on désire sa perfection: la *correctio fraterna* sera donnée et reçue sans amertume, sans orgueil et sans maladresse. Au bon moment, avec un sourire, un geste fraternel, on sug-gère délicatement un élément de sagesse sacerdotale ou une expérience. Ainsi, le confère peut jouir de notre charité qui ne se sent pas supérieure, mais qui prend un vrai intérêt dans la vie et la personne du confrère. Chacun de nous désire la sain-teté de l'autre, chacun de nous veut croître à l'exemple de l'autre, chacun de nous collabore pour une vie toujours plus chaleureuse et fraternelle[27]. Soyons généreux

---

25 Cf. BENEDICTUS XVI, Encyclique « Deus caritas est » (25 déc. 2005) , n. 10 : « L'*eros* de Dieu pour l'homme, comme nous l'avons dit, est, en même temps, totalement *agapè*. Non seulement parce qu'il est donné absolument gratuitement, sans aucun mérite préalable, mais encore parce qu'il est un amour qui pardonne. C'est surtout le prophète Osée qui nous montre la dimension de l'*agapè* dans l'amour de Dieu pour l'homme, qui dépasse de beaucoup l'aspect de la gratuité. »

26 Cf. P. DUPONT, Collège et collégialité presbytérale: Le Courrier de Mondage 1956, 46–47, ici 46 : « Le sacerdoce est de nature collégiale. »

27 Cf. M. MARINI, Celibato e fraternità sacerdotale: Sacerdozio e Celibato. Studi storici e teologici a cura di J. Coppens, Milano Roma 1975, 895–916.

comme Dieu: notre temps, notre expérience, nos biens, notre argent, notre travail sont des dons de la sainte grâce. Laissons y participer nos confères avec largeur, charité et sagesse!

c. La gratuité de la grâce

Une dernière remarque qui va dans le même sens et qui pourra faciliter notre vie sacerdotale ainsi que nos rapports avec les fidèles : Contemplons un instant la vérité de la gratuité de la grâce ! « Gratis accepistis, gratis date! » C'est encore une autre facette de la générosité de Dieu qui nous donne ce qu'on ne pourrait jamais mériter. Saint Thomas nous explique que toute collaboration avec la grâce est encore grâce. Ce que le Concile d'Orange a défini en 529 contre le pélagianisme, nous montre que notre élection pour la vie de la grâce vient toujours et uniquement de Dieu : Même le *pius credulitatis affectus*, le premier commencement de la foi est déjà une grâce imméritée[28]. Chaque conversion suit la même loi. Le Docteur angélique le souligne dans la Somme: « Dicendum quod conversio hominis ad Deum fit quidem per liberum arbitrium, et secundum hoc homini praecipitur quod se ad Deum convertat; sed liberum arbitrium ad Deum converti non potest, nisi Deum ipsum ad se convertente. » (2,1 q 109 a.6 ad 1). La fameuse phrase : « Facienti quod in se est Deus non denegat gratiam », ne doit en aucun cas être comprise de manière semi-pélagienne selon les mots populaires : « Chacun se forge son propre bonheur » ou bien : « Dieu récompense les vainqueurs ». Tout au contraire, Dieu donne déjà ce qui est en nous : « Et ideo cum dicitur homo facere quod in se est dicitur hoc esse in potestate hominis secundum quod est motus a Deo » (ibid. ad 2). Pour le Docteur commun, la préparation à l'œuvre surnaturelle fait déjà partie de ce dernier : « Praeparatio ad initium boni operis pertinet. » (contra Pelagium Quodl. 1, a.7).

Donc, tout ce que est méritoire de manière surnaturelle est un don gratuit de Dieu dont le concours général surnaturel après la justification est la cause. S'il y a une collaboration humaine dans cette œuvre surnaturelle, elle est un don de Dieu. Si nous pouvons gagner un mérite *de condigno*, il dépend de Dieu et de son acceptation bénigne et paternelle de notre œuvre souvent éphémère. Si nous faisons ce que saint François de Sales déclare être notre seul devoir, c'est-à-dire enlever les obstacles de la grâce, c'est encore une grâce, comme s'écria saint Thomas dans son Commentaire sur l'épitre aux Hébreux : « Hoc ipsum quod aliquis non ponit obstaculum ex gratia procedit ! » (Comm. In Epist. Ad Heb 12 ad verba).

Aussi la fin heureuse de notre vie dépend de la plus grande des grâces, notamment de la grâce de la persévérance finale qu'on ne peut jamais mériter: « Si vous avez tout fait, dites que vous êtes des serviteurs inutiles. » Déjà pendant notre vie nous n'avons aucune sécurité de foi sur notre état de grâce, comme le déclare le Concile de Trente (Sess VI, cap. 9), parce qu'une telle assurance serait nuisible pour notre humilité selon l'explication de saint Basile (Sermo de humil. 4). Saint Thomas

---

28 Encore une fois nous sommes devant le mystère inscrutable de la prédestination : « Quare illum trahat et illum non trahat, noli velle iudicare, si non vis errare. » (Augustinus, In Io., 26, 2 : CCL 36, 260). Cf. E. DORONZO, Theologia dogmatica I, Washington Roma 1966, 881.

nous console pourtant avec l'énumération de certains signes visibles de l'élection : pureté de conscience, joie des choses divines, mépris du monde (2,1, q.112, a.5). Il existe donc la possibilité d'une certaine certitude morale à condition de vivre des grâces sacramentelles de l'Eglise en remplissant notre devoir d'état. Mais jusqu'à la fin, il nous faut le secours continuel de la grâce et au moment de notre mort cette grâce spéciale de la persévérance que nous implorons quotidiennement par l'intercession de la très Sainte Vierge et de saint Joseph pour nous et pour les nôtres[29]. Que Dieu nous soit très bon à l'heure de notre mort!

Cette gratuité nous enseigne plusieurs attitudes qui seront le fondement de notre vie sacerdotale : la crainte filiale devant la Majesté du Dieu inscrutable, une humilité profonde qui relativise continuellement tout ce que le monde peut appeler succès, une envie de vivre une vie fraternelle dans la gratitude envers Dieu par son culte de la grâce, par les sacrements et la prière de l'Eglise, et par la charité généreuse mutuelle qui seuls seront efficaces pour nous implorer la miséricorde de Dieu.

Conclusion

Combien de dons gratuits nous avons tous reçus ! Comme nous sommes riches de grâces ! Comme Dieu est bon! Sa présence en nous et dans sa Sainte Église, les richesses des grâces habituelles et actuelles qui l'assurent, la gratuité de son amour seront à jamais les objets de notre émerveillement et de notre reconnaissance. Conformons-nous donc avec l'oblation totale de notre vie aux trésors de sa condescendance amoureuse comme le recommande saint François de Sales : « Ne vous confiez pas de pouvoir réussir en vos affaires par votre industrie ; ainsi seulement par l'assistance de Dieu ; et partant, reposez-vous en son soin, croyant qu'il fera ce qui sera le mieux pour vous, pourvu que, de votre côté, vous usiez d'une douce diligence. Je dis douce diligence, parce que les diligences violentes gâtent le cœur et les affaires, et ne sont pas diligences, mais empressements et troubles. »[30] Cette collaboration docile avec la grâce de Dieu doit être notre but principal, accompli avec prudence et sagesse. Saint François enseigne une confiance convaincue du triomphe de la grâce divine sur tout le calcul humain : « Quand nous abandonnons tout, Notre-Seigneur prend soin de tout et conduit tout. Que si nous réservons quelque chose, de quoi nous ne nous confions pas en lui, il nous la laisse, comme s'il disait : Vous pensez être assez sage pour faire cette chose-là sans moi, je vous la laisse gouverner, mais vous verrez bien comme vous vous en trouverez. »[31] En conséquence,

---

29 Cf. F. TOLETUS, In Summam Theologiae S. Thomae Aquinatis enarratio I, ed. J. Paria, Romae Taurini Parisiis 1869, q. XXIII, a. VIII, 294: «*Quantum ad effectum praedestinatio iuvatur precibus Sanctorum; non alius est hoc iuvari, quam impleri, quae Deus per praedestinationem ordinavit.* Nam sicut ordinavit praedestinatis gratiam et alia; ita ordinavit preces Sanctorum, bona opera, et alia media, quibus consequantur gratiam et gloriam. Iuvatur ergo praedestinatio, dum implentur, quae per ipsam ordintat sunt. Haec S. Thomas.»
30 Lettre CDLV à Madame de la Fléchère : Œuvres complètes, Tome XIV de l'édition d'Annecy (Lettres de SFS 10), 266. Lettres de SFS : 10.
31 Entretien de la confiance et abandonnement : St. François de Sales, Œuvres (Bibliothèque de la Pléiade), Paris 1969, 1028.

comme le montrent les nombreuses tempêtes de son histoire, l'Eglise n'a jamais été renouvelée par l'idéologie, la politique ou l'activisme humain, mais par la conviction vécue que toute victoire, et surtout la plus importante, celle sur nous-même, n'est qu'une victoire de la grâce de Dieu, exprimée ainsi par le Docteur de l'Église sainte Thérèse de Lisieux: « Je vous supplie, ô mon Divin Époux, d'être vous-même le Réparateur de mon âme, d'agir en moi sans tenir compte de mes résistances, enfin je ne veux plus avoir d'autre volonté que la Vôtre ; et demain, avec le secours de votre grâce, je recommencerai une nouvelle vie dont chaque instant sera un acte d'amour et de renoncement. »[32] En effet, dans la vie de l'Église et de ses prêtres, tout n'est pas seulement grâce puisque le Seigneur désire aussi ardemment notre réponse d'amour en coopérant à la grâce si généreusement offerte. Pourtant, notre réponse libre est le fruit de la grâce, ainsi le triomphe de la grâce est révélé par le fait que « tout est grâce »[33].

---

32 Ste Thérèse de Lisieux, Prière à Jésus au tabernacle (16 juillet 1895).
33 Ste. Thérèse de Lisieux, Histoire d'une Ame. Manuscrits autobiographiques, Paris 1985, 305 : « Sans doute, c'est une grande grâce de recevoir les sacrements ; mais quand le Bon Dieu ne le permet pas, c'est bien quand même ; tout est grâce ! »

John Stuart Mill and the Criterion of Morality: The Good, the Self and the Other

Albert von Thurn und Taxis

Introduction

Considered as an endeavour to provide an epistemological grounding for morality within a post-metaphysical context, John Stuart Mill's interpretation of utilitarianism remains of interest by offering revealing insights into tensions that are symptomatic for moral philosophy conducted within the paradigm of modern scientific naturalism.

Emancipated from superstition, religious revelation and metaphysical claims of ontology, theorists unsatisfied with proposing merely a description of the moral psychology, are confronted with the difficulty of offering coherent and convincing reasons not only for qualifying certain types of behaviour as good but for a compelling moral obligation corresponding to these. By locating moral claims within the nature of practical reason, Immanuel Kant may be seen as restoring morality's categorical character on the level of the dutiful self-legislating individual. In associating moral behaviour with happiness and finding for morality an empirically verifiable status, legitimizing and at the same time informing the latter, Mill on the other hand is attempting to restore morality's teleological character[1] within the terms of an empiricist naturalism. His concept of happiness as the sole end of the self is understood as empirically granting us access to and legitimating our moral claims by providing a criterion of right or wrong in form of the Greatest Happiness Principle or the Principle of Utility[2].

After having looked at what problems Mill understands his theory of morality to be addressing, the task of this paper shall be to analyse whether Mill is capable of developing a notion of the good for his Principle of Utility to serve as a criterion of morality, or, more precisely, whether he is capable of doing so coherently within his strict empirico-naturalist terms. An empirically verifiable criterion of right or

---

1   MacIntyre A., *After Virtue, A study in Moral Theory*, 3rd edition (Notre Dame: University of Notre Dame Press, 2007), p.63
2   These terms will be used interchangeably, always denoting the Principle of Aggregate Utility

wrong will be required to fulfil two crucial criteria if it is to ground a stable and functioning system of morality: Firstly, it must be universally applicable. That is, not only must my moral actions take into consideration the wellbeing of the other, but the system that supports my moral actions must also be applicable to all other selves. Secondly, it must offer convincing reasons for obeying its precepts.

As we shall see in the course of this paper, Mill is unable to secure such a status to morality, as his empiricism does not allow him to establish an epistemologically valid normative connection between the concerns of the self and the other. His Principle of Utility, or the Greatest Happiness Principle, therefore fails to give an account of the good that goes beyond personal experiential considerations of happiness. As we shall furthermore see, while Mill is highly critical of the 'intuitionist' school's methodology in grounding morality, he must ultimately rely on resources that lie beyond his professed empiricism in order to do so himself. This will become clear in discussing two of Mill's most challenging and ultimately unsuccessful efforts: The establishment of the bindingness of altruism and the preference of 'higher pleasures'. Mill can ultimately be accused of violating a consistent application of his epistemological parameters in his endeavour to sophisticate what he considered to be an immature notion of the good advocated by Bentham[3].

1. The Problems with Intuition and Mill's Multilayered Morality

a) Epistemological Considerations Regarding Intuition

In the short first chapter of his treatise 'Utilitarianism', Mill explicitly distances himself from a transcendental understanding of morality, or what he refers to as the 'intuitive school', and sets out his allegiance to the 'inductive school' in grounding morality. The rejection is twofold. On the one hand, Mill categorically rejects the concept of a 'moral sense', understood as a faculty by which we are intuitively able to conceive the morally right thing to do within a particular circumstance.[4] On the other, Mill challenges what he considers a more sophisticated notion of a moral sense, conceived as a faculty of reason capable of discerning general moral laws. To such a notion however, Mill appears at times closer than he admits[5], if also he is eager to point out that the identification of a principle of morality, or the greatest good, must rest not on the intuition of a transcendental concept, but on observation and experience[6].

Mill's naturalistic commitments do not allow him to introduce the notion of an intuition with regards to the criterion of morality, as he holds the

---

3 Mill, J. S., "Bentham" in *Collected Works John Stuart Mill* Vol. *X Essays on Ethics, Religion and Society*, edited by J.M. Robson (Toronto: University of Toronto Press, 1969), p.92–93
4 Mill, J. S., *Utilitarianism* (New York: Oxford University Press, 2004), ch.1, pas. 3
5 ibid., ch.3, pas. 7
6 This conviction is informed by his contention that there is no such thing as a priori knowledge, in the realm of logic and mathematics as well as in that of ethics. Mill, J. S., *The Logic of the Moral Sciences* (London: Duckworth, 1987), ch. 1.1, p.19

"belief [that] the moral feelings are not innate, but acquired ..., not indeed a part of our nature, in the sense of being in any perceptible degree present in all of us, ... a fact [unfortunately] admitted by those who believe the most strenuously in their transcendental origin"[7].

Mill is convinced that moral notions held to be 'innate' or 'intuitive' in reality carry no such status, and are no more than reified acquired conventions and habits. He challenges their objectivity and points out their lack of any court of appeal considering disagreements between persons and cultures regarding what these moral precepts are. While Mill doesn't believe *moral feelings* to be innate, as we shall see in section 2, he nevertheless claims there to be some innate feelings or desires, which replace the *a priori* and give his theory its content. Along with these epistemological considerations, it is necessary to appreciate Mill's concerns regarding the social ramifications of intuitionism.

b) Social Considerations regarding Intuition

In his Autobiography, Mill expresses his misgiving, that

"the notion that truths external to the human mind may be known by intuition or consciousness, independently of observation and experience, is ... the great intellectual support of false doctrines and bad institutions. By the aid of this theory, every inveterate belief and every intense feeling, of which the origin is not remembered, is enabled to dispense with the obligation of justifying itself by reason, and is erected into its own all-sufficient voucher and justification"[8].

Mill's belief that intuitions are no more than well-established conventions and habits leads him to conclude that the maintenance of such claims is left hostage to arbitrary and potentially dangerous exploitation. He accuses those who rely on intuition in justifying moral claims of immunising their judgements from criticism by referring to their transcendental origin and thus preventing moral progress through the scrutiny and reassessment of 'established truths'.[9] It is vital to appreciate this point in order to understand Mill's liberalist project which is informed by his concern for what he believes to be unsatisfactory social and political arrangements defended by the referral to a 'natural state of affairs'. His perception of this misuse of apparent intuitions is paramount concerning his ambitions regarding universal suffrage, women's rights, better and wider access to education and progressive forms of economical distribution.

To understand Mill's opposition to intuitionist or transcendental moral laws is therefore not only to put his epistemological concerns into context, but also to understand the particularities of his own brand of utilitarianism that we shall look at next. While we have not yet built a vocabulary of Mill's key concepts concerning his Principle of Utility, we shall nevertheless take a look at the organisation of Mill's moral system in this context, both as a reply to intuitionism and as a repair of Benthamism.

---

7   Mill, J. S., *Utilitarianism*, ch.3, pas. 8
8   Mill, J. S., *Autobiography* (London: Oxford University Press, 1969), ch.VII, p. 191
9   Donner, W. *The Liberal Self* (Ithaca & London: Cornell University Press, 1991), p. 33–35

c) Mill's Multilayered Morality

Mill's reparative critique of Bentham reflects his concern of integrating with empiricism what he perceives to be valid points raised by the Germano-Coleridgian reaction against 18th century Philosophy and may be regarded as a concession to intuitionism[10]. He accuses Bentham's account of morality as insufficiently grounded in the historicity of moral thought and the nature of human development and while he charges the Coleridgians of illicitly elevating and immortalizing tradition with reference to human nature[11], he admits that they grasp what Bentham is missing: the importance of moral tradition, and the development and cultivation of moral character[12]. Mill resents Bentham's immature description of human motivation and character informed by his unimaginative understanding of human nature and development[13]. His attempt of giving direction to human action by this reductive understanding of the self's motivation[14], leads him to commit "the great fault ... of confound[ing] the principle of utility with the principle of specific consequences"[15]. This means using the Principle of Utility directly as a criterion of action, allowing us to evaluate specific decision problems according to the perceived consequences.

Mill believes that the Principle of Aggregate Utility should be the criterion for assessing all systems of beliefs, but he also holds that it has already covertly done its work in forming moral precepts in form of a 'standard not recognized'[16]. This belief, combined with his appreciation of the historicity of moral development, leads him to take seriously the heterogeneous nature of human motives and desires as manifest in different traditions, and to integrate them within his system. As Skorupski puts it,

> "one cannot think away all old practices by applying the criterion of aggregate utility to purely general, historically unspecific, factual data ... The Millian reformer ... does not new-model human institutions from the bottom up; but, from a starting point within a given social system he identifies the ways in which it fails to produce greatest happiness, and seeks ways of eliminating them against the background of the system of a whole"[17].

---

10 Devigne, R., *Reforming Liberalism, J. S. Mill's use of Ancient, Religious, Liberal, and Romantic Moralities* (New Haven & London: Yale University Press, 2006) offers an interesting and exhaustive description of the resources Mill appears to embrace with respect to 'customary morality' as associated with intuitionist/transcendental morality

11 Mill, J. S., "Coleridge", in *Collected Works John Stuart Mill* Vol.X *Essays on Ethics, Religion and Society*, edited by J.M. Robson (Toronto: University of Toronto Press, 1969), p. 131–132

12 ibid., p. 120, 124–125

13 Mill, J. S., "Bentham", p. 91–92

14 "Nature has placed mankind under the governance of two sovereign masters, *pain* and *pleasure*. It is for them alone to point out what we ought to do, as well as to determine what we shall do." In Bentham, J., *An Introduction to the Principles of Morals and Legislation* (London: Macmillan, 1876), ch.1.1, p. 1

15 Mill, J. S., "Remarks on Bentham's Philosophy", in *Collected Works John Stuart Mill* Vol. X *Essays on Ethics, Religion and Society*, edited by J.M. Robson (Toronto: University of Toronto Press, 1969), p. 7–8

16 Mill, J. S., *Utilitarianism*, ch.1, pas. 4

17 Skorupski, J., *John Stuart Mill* (London & New York: Routledge, 1991), p. 323

Contrary to Bentham, Mill therefore holds that it should not be the case that one takes recourse to the Principle of Utility *directly*, in order to determine ones obliged course of action. This would be to "confound the rule of action with the motive of it"[18]. Since our moral traditions have been determined in a large degree by implicit consideration of the Principle of Utility[19], Mill can claim that a diversity of motives in action should be welcomed, as long as they don't obviously conflict with the Principle of Utility. Mill nevertheless insists that it is only through legitimation of the principle that the apparent intuitive imperative is to be understood and that this notion may not be understood as in itself binding. Since "the received code of ethics is by no means of divine right"[20], established truths which have relied for their perpetuation on a transcendental status and now find their *raison d'être* based on the Principle of Utility can be modified or removed on the account of the principle if they should be found wanting with respect to it. Nevertheless, Mill takes seriously the role of apparent intuitive moral claims and recognizes their existence, while reminding us of their nature as socially constructed. In this context, Mill talks of 'secondary' or 'subordinate' principles, which function with respect to the primary principle and which the latter needs to be applied by. Only in cases of conflict the principle acts as a "common umpire entitled to interfere between them"[21]. Having shown what work Mill expects the Principle of Utility to do within his moral scheme, we shall now turn to its meaning and his derivation of it.

2. Happiness as the Criterion of Morality – How we Denote the Good

a) Empirical Introspection

While Mill recognizes "that ultimate ends do not admit of proof", he proposes to investigate the goal of morality "by a direct appeal to the faculties which judge of fact – namely our senses, and our internal consciousness"[22]. Mill is not concerned with scientifically proving happiness to be the end of all morality, but of investigating, as the title of the chapter suggests, to 'what sort of proof the principle of utility is susceptible'. He asks to perform a reflective introspection, in order for us to recognize that the only thing we do not desire as a means, but as an end in itself is in fact happiness[23], by which "is intended pleasure, and the absence of pain"[24]. Equating our good or end with our needed criterion of morality, Mill hereby establishes the promotion of happiness as the foundation of morals, holding

---

18 Mill, J. S., *Utilitarianism*, ch.2, pas.19
19 ibid., ch.3, pas.24
20 ibid., ch.3, pas.24
21 ibid., ch.3, pas.25
22 ibid., ch.4, pas.1
23 ibid., ch.4, pas.2–3
24 ibid., ch.2, pas.2

"that actions are right in proportion as they tend to promote happiness, [and] wrong as they tend to produce the reverse of happiness, … [e.g.] pain, and the privation of pleasure"[25].

The introspective endeavour fulfils two crucial requirements in order for happiness to work as a teleological principle of morality for Mill. Firstly, that of objectivity: All persons, at least in theory, can agree with this fact; Secondly, it fulfils the empirical criterion: Nothing is required to fulfil this task other than the observation of our own experience. In the first chapter Mill mentions, "the considerations [that] may be presented capable of determining the intellect either to give or withhold its assent to the doctrine"[26]. Mill regards being convinced by these considerations equivalent to proof, and in effect, the only 'proof' that is capable of being given for the matter. We do not know why we so desire happiness and we can't be required to give any reason for it. What we can do however is recognise this as a matter of fact and establish this end as a criterion of morality.

Mill recognizes that we may object to his employment of happiness as a criterion of morality by suggesting that we desire different things, many of which conflict with or even diminish happiness but appear worthy of aspiration because they appear to us good, virtuous and valiant. How does Mill therefore ground the uniqueness of happiness as an end?

b) Happiness as the Single End – Mill's Associationist Psychology

Here it is necessary to note Mill's commitment to associationist psychology. In a nutshell, it is suggested that one idea or sensation can trigger another if the two have been frequently observed together[27]. This allows – for instance – a psychological explanation of why we appear to desire virtue for its own sake, while really we desire it merely as 'a part of happiness'. Originating as a means to happiness, by way of habit, virtue can, once this association is established, be willed or even desired, even if there is no apparent pleasurable reward for it. The will, while originally directed toward our end of happiness, can thus be led toward things associated with happiness by way of habit. There is no need therefore in Mill's view, to posit any other end than happiness, understood as pleasure and the absence of pain, all that it requires is for us to appreciate the power of psychological association, which allows us to will many different things, originally associated with pleasure of some sort[28].

As we have seen, Mill is concerned with grounding and informing morality by giving it a *unique* end and principle of discrimination in the form of aggregate well-being. However, the notion of impartiality that is required for an understanding of *aggregate* happiness as the end of the individual is not obviously engendered by his epistemological considerations of *individual* happiness. Apart from the possibility

---

25 ibid., ch.2, pas.2
26 ibid., ch.1, pas.5
27 Mill, J. S., *The Logic of the Moral Sciences,* ch.4.3, p. 38–39
28 Mill, J. S., *Utilitarianism,* ch.4, pas.11

of altruistic acts pursued as a means to or willed through their association with egoistic happiness, Mill's derivation of happiness as our end by reference to the hedonist
psychology carries no normative implications concerning altruism nor does it therefore yet provide his criterion of morality. Before we deal with this issue in our next
section, let us briefly consider Mill's naturalistic understanding of the good.

c) The Nature of the Good

Plato held the good to be 'beyond existence' and Aristotle spoke of education as
generating 'ordinate affections' or 'just sentiments'. "Saint Augustine defines virtue
as *ordo amoris*, the ordinate condition of the affections in which every object is ac-
corded that kind of degree of love which is appropriate to it".[29] The concept of the
appropriate, the fitting, the just, presupposes an ideal or external standard in any
case. While defining morality in terms of an ontological standard we're capable of
discovering and required to adapt to was commonplace up until the early modern
period, it is far from what a post-metaphysical naturalism is typically claiming to
hold. Such a worldview is no longer willing and able to define the good as something super-natural. Indeed as we have seen in the first section, Mill the empiricist
explicitly rejects such concepts of morality in the guise of 'intuitionism'.

Convinced to uphold the notion of "objective principles of conduct whose
validity must be recognized as ultimate"[30] and unwilling to embrace moral scepti-
cism however, Mill must present an alternative way of grounding our claim for
what is good. His notion of the Principle of Utility is precisely of that nature as we
have seen in the last section. In expecting us to agree on the fact that happiness is
the ultimate good for us, and that our notion of right or wrong must therefore be
attached to this conclusion, a common objection is levelled against Mill: That of
committing the 'naturalistic fallacy'. We will take this objection to mean that it is
fallacious to identify what is good with what is desired[31]. What Mill is accused of
doing in this context is proving happiness to be good by fallaciously equating what
is desirable with what is desired. This claim cannot be attributed to Mill however
as he does not claim that our desire of something is a proof of its being good. What
he does claim is that the only consideration we can present that happiness is a
good to us at all, is that we actually happen to desire it as our end[32]. His associationism furthermore, grounds his contention that it is unique and therefore ultimate as an end.

There is nonetheless something to the claim in that Mill grounds value in natural phenomena: If by the naturalistic fallacy we understand the definition of what

---

29 Lewis, C. S., *The Abolition of Man* (New York: HarperCollins, 2001), p. 16
30 Skorupski, J., *John Stuart Mill*, p. 33
31 This is only one of the various forms Mill is accused of having commited the naturalistic fallacy.
   For a fuller account see Moore, G. E., *Principia Ethica* (London: Cambridge University Press,
   1929), ch.3.39 ff., p. 64–109
32 A more elaborate discussion of the validity of the naturalistic fallacy objection is given in Dryer, D.
   P., "Mill's Utilitarianism" in *Collected Works John Stuart Mill* Vol. *X Essays on Ethics, Religion
   and Society*, edited by J.M. Robson (Toronto: University of Toronto Press, 1969), ch.2

is good within naturalistic terms, i.e. the representation of good, not as an external standard, but as a quality determined as a consequence of its effect on our experience of it; If something matters, that is, and is thus eligible for characterization within the terms of good and bad "only if it matters for someone's well-being"[33], then Mill has indeed committed the naturalistic fallacy. It is of no avail charging him of fallacy here however as there can be no other idea of the good available to the naturalist if he is to remain consistent within his empirical parameters. Such an accusation hails from 'transcendental territory' and therefore itself needs to be endowed with good epistemological reasons for holding a transcendental understanding of the good beyond and independent of its relationship with our pleasure if it is to hold any weight as an argument.

3. Hedonism and Altruism – The Self and the Other

a) Impartiality

So far we have been concerned with Mill's hedonist psychology, and we have seen that the considerations he regards as being capable of convincing the intellect were of an egoistic nature in the sense that they required a projection of the individuals desire for happiness. How then does Mill infer from the idea that individuals desire their happiness, the idea that everyone's happiness is a good to everyone else? In the context of his 'proof', Mill claims, "each person's happiness is a good to that person, and the general happiness, therefore, a good to the aggregate of all persons"[34]. This may be taken as a qualification why a state, identified with the aggregate of persons, should be required to maximize the general happiness of its constituents.

Another consideration Mill presents is to be found in his chapter on justice. Here he argues that the concept of impartiality is an obligation of justice that is implied in the notion of desert. In a footnote, Mill argues

> "that equal amounts of happiness are equally desirable, whether felt by the same or by different persons … [and that this is] not a premise needful to support the principle of utility, but the very principle itself"[35].

This claim seems alien to us in light of the derivation of Mill's principle as studied above, as Mill seems to have jumped from a psychological account of hedonism to a universal perspective concerning the latter. How is this to be reconciled with the location of Mill's proof within the individuals desire for happiness?

As Henry Sidgwick argues, there are only two possibilities of convincing the egoist of the necessity of altruism. The first fairly straightforward suggestion is to convince him of the pleasurable consequences of adopting such an attitude. Altruistic behaviour will be considered to be a means to personal happiness in this case.

---

33 Skorupski, J., *John Stuart Mill*, p. 35
34 Mill, J. S., *Utilitarianism*, ch.4, pas.3
35 ibid., ch.5, pas.36 (footnote)

If the greatest happiness is to be the end however, this clearly cannot be Mill's intention. If the latter is to be granted, the egoist must accept the second

> "proposition that his happiness or pleasure is good, not only for him but from the point of view of the Universe, – as (e.g.) by saying that 'nature designed him to seek his own happiness' – it then becomes relevant to point out to him that his happiness cannot be a more important part of good, taken universally, than the equal happiness of any other person"[36].

Here we can clearly see that such an argument is not available to Mill within his epistemological restrictions. The problem is that he appears to have no means of securing the claim of impartiality but by referring to an external, universal point of view that is beyond considerations of experience and may be thus fittingly termed a transcendental intuition. Mill's claim that impartiality,

> "this great moral duty rests upon a still deeper foundation, being a direct emanation from the first principle of morals, and not a mere logical corollary from secondary or derivative doctrines"[37],

is therefore clearly untenable in light of his previous discussion. This would require the individual to appropriate a universal perspective, abstracting from his personal needs, an assumption that is clearly incompatible with the derivation of the principle from the hedonist psychology. The aggregate good can certainly be appreciated and accepted as a good *to society* by the egoist. He can accept the duty of impartiality as concerning the aggregate of all persons, in that a body of people should consider its members impartially. However, this does not have any direct implication toward the pursuit of *his* happiness. The implicit ought concerning the supra-individual level doesn't translate into the individual psychology. While all people seem to desire their own happiness, they do not necessarily desire the happiness of all people. Therefore the considerations regarding the greatest happiness seem to be incompatible with Mill's psychological contention that the only evidence we have of something being desirable is that it is desired[38]. The idea of duty here introduced by Mill is a normative consideration that lacks traction in his psychological analysis.

The only option that appears to remain open to Mill is in postulating altruistic behaviour as a natural and observable feature that can be corroborated through experience. This is precisely what he does in his chapter on 'the ultimate sanctions of the principle of utility'. As we shall see however, this endeavour fails to succeed normatively, as Mill lacks the tools to account for the antagonism of egoism and altruism.

b) The Social Nature of Mankind

In the third chapter, Mill discusses the notion of duty toward the Greatest Happiness Principle. He states that while our

---

36 Sidgwick, H. *The Methods of Ethics*, 7ᵗʰ edition (Indianapolis: Hacket Publishing Company, 1981), Bk.4, ch.2, p. 420–421

37 Mill, J. S., *Utilitarianism*, ch.5, pas.36

38 Crisp, R., *Routledge Philosophy Guidebook to Mill on Utilitarianism* (London & New York: Routledge, 2006), p. 81–82

"moral associations which are wholly of artificial creation, ... yield by degrees to the dissolving force of analysis ... if the feeling of duty, when associated with utility, would appear equally arbitrary; ... if there were not, in short, a natural basis of sentiment for utilitarian morality, it might well happen that this association also, even after it had been implanted by education, might be analysed away. But there is this basis of powerful natural sentiment; ... This firm foundation is that of the social feelings of mankind; the desire to be in unity with our fellow creatures"[39].

Mill is therefore committed to the idea that our concern toward others has a root in the natural social sentiments of men. One is tempted to simply go along with Mill on this point. The question that must be raised however is whether he can hold it consistently along with his naturalistic and empiricist commitments. Is it possible to assess this fact about man's social nature merely by observation and experience? To an extent this must be granted. We do observe man to be a social animal by observing individual behaviour and his social arrangements. On the other hand we can very much observe egoistical behaviour which is desired precisely in terms of the maximisation of ones own pleasure at the cost of other's.

Mill is aware of this antagonism between egoism and altruism, but he seems to be lacking the necessary grammar to address it. He appears to be introducing a notion of perfection, of doing justice to a natural disposition of benevolence that stands in potential contrast to ones egoistical desires. In cases of conflict this would warrant the introduction of moral obligation as a transcendental fact, a notion that Mill recognizes but does not admit to. Referring to moral obligation as whether rooted in our social feelings or as a transcendental fact, he urges,

"whatever a person's opinion may be on this point of ontology, the force he is really urged by is his own subjective feeling, and [this] is exactly measured by its strength"[40].

If the urge to observe the concerns we appear to have for others is an entirely subjective feeling, Mill needs to introduce a normative concept of obligation that is imposed with respect to the well being of the aggregate of people. But doing that Mill would trespass metaphysical territory certainly not warranted by his prior considerations. Nonetheless he appears to be forced to reintroduce a notion of intuition in order to establish the stringency of altruistic behaviour, if its deductibility is not warranted by the egoistical motives of utility derived by his psychological considerations.

c) Internal or External Obligation?

The idea that social feelings and concern toward others exist can be maintained without subscribing to any intuitions, as this is indeed an observable feature of the self. However, the notion that we have an obligation toward others that is equivalent to our concern for ourselves appears to be such that we must designate it as an intuition of conscience that varyingly conflicts, depending on individual and character, with egoistical interests.

---

39 Mill, J. S., *Utilitarianism*, ch.3, pas.9–10
40 ibid., ch.3, pas.6

Mill appreciates the fact of internal conflict when he states that the question whether one needs to obey ones conscience, or 'internal sanctions', can only be affirmatively answered with respect to what he calls 'external sanctions', irrespectively of whether we embrace the transcendental or the naturalistic theory of morality's bindingness.[41]

This is equivalent to the concession that our conscience does not in itself offer us the moral imperative necessary to act in accordance with the Principle of Utility. This imperative is offered by the external sanctions, which Mill holds to be the fear of the law, disdain of the community or possibly the wrath of God[42]. He consequently believes that by the proper application of these sanctions through the responsible authorities, man's conscience is in fact susceptible "of being cultivated in almost any direction"[43].

Mill urges that the obvious nature of healthy concern towards ones neighbour as benefiting welfare entails the obligation to cultivate these notions through proper division of the external sanctions[44]. So as to

> "generate in each individual a feeling of unity with all the rest; which feeling, if perfect, would make him never think of, or desire, any beneficial condition for himself, in the benefits of which they are not included"[45].

This imposed bindingness however is an artificial consideration that favours altruistic behaviour over egoistic behaviour without grounding the goodness of this choice within the locus of the individual psychology. Mill purports however, that there is an 'internal binding force' already present in the minds of men, since

> "few but those whose mind is a moral blank, could bear to lay out their course of life ... paying no regard to others except so far as their own private interest compels"[46].

This consideration is nevertheless insufficient in securing the validity of promoting the social efforts necessary to secure and cultivate these feelings as they are found to be in concurrence with egoistical feelings, and there is no criterion of preferring the social feelings over the personal, but by the arbitration of the Principle of Aggregate Utility. But its validity is precisely the question at hand, so no case can be made without pain of circularity.

4. The Content of Happiness: Higher and Lower Pleasures

a) Quantity and Quality

Mill's famous opinion that it is "better to be Socrates dissatisfied than a pig satisfied"[47] illustrates his position that humans are capable of pleasures superior to those

---

41 ibid., ch.3, pas.6
42 ibid., ch.3, pas.3–6
43 ibid., ch.3, pas.8
44 ibid., ch.3, pas.10
45 ibid., ch.3, pas.10
46 ibid., ch.3, pas.11
47 ibid., ch.2, pas.6

of the sensual indulgences, namely those that can be designated as 'pleasures of the intellect'. How is this view reconcilable with Mill's hedonistic commitment, namely that happiness is identified uniquely with pleasure and the absence of pain? The first problem we encounter in evaluating this question is Mill's reluctance to give a clear definition of what pleasure consists in. As Crisp points out, it is not obvious that Mill understands pleasure to be a homogenous mental state resulting from any activity in particular or whether he takes it to be heterogeneous with regard to particular activities. Nevertheless, in light of his definition of pleasure as antonymous to pain and his basic hedonistic devotion to the Benthamite notion of pleasure as a mental state, we will follow Crisp in attributing to Mill an account of pleasure that is homogenous in nature.[48]

How is it possible for Mill to remain a hedonist while postulating some pleasures, namely those "derived from the higher faculties to be preferable in kind"[49]? Surely, the only thing that "makes pleasurable experiences good is their being pleasurable"[50]? While Mill does not want to argue otherwise, he nevertheless distinguishes pleasures not only according to their quantity, but also their quality. According to Mill, the pleasure derived from those activities stimulating our intellectual capabilities are preferable in kind, and this is not because they have some other particular good-making property, but because it just happens to be a fact that they do give rise to higher amounts of pleasure. As Crisp points out however, this alone is not sufficient, as this would mean that a sufficient increase of the lower pleasures would eventually lead to more pleasure than a discrete amount of higher pleasure. What Mill needs to postulate is that the

> "pleasures of the intellectual are so valuable that they can never be counterbalanced in value by any amount of sensual pleasure, … [so that] there are discontinuities in value between pleasures"[51].

This is precisely what Mill does[52], but how does he grounds this contention? Isn't this an intuitionist claim? Can he demand the moral discourse to be carried out on an empiricist, naturalistic level, while claiming certain pleasures to have a higher intrinsic value?

b) Competent Judges or 'Informed Preference Test'

Mill's argument seems to suggest that there is no need to abandon the level of analysis he is committed to. Mill postulates the discrimination of higher from lower pleasures, of pleasures of the intellect from sensual pleasures, by referring to the informed judgement of those who are sufficiently acquainted with both. He claims it to be undeniable, that the aggregate of people who have experienced and appreciated both realms of pleasure will come to the conclusion that the pleasures of the

---

48 Crisp, R., *Routledge Philosophy Guidebook to Mill on Utilitarianism*, p. 26–27
49 Mill, J. S., *Utilitarianism*, ch.2, pas.8
50 Crisp, R., *Routledge Philosophy Guidebook to Mill on Utilitarianism*, p. 26
51 Crisp, R., *Routledge Philosophy Guidebook to Mill on Utilitarianism*, p. 30–31
52 Mill, J. S., *Utilitarianism*, ch.2, pas.5

intellect are to be preferred over those of a sensual nature[53]. But on the reason why people happen to take preference to these kinds of pleasures, Mill stays silent.

Mill appears to speak of quality as analogous to quantity. He expects the judges' judgement to be evidential, that is, corresponding to a truth that is independent of our judgement[54]. This however poses a problem for Mill. We can obviously maintain that the higher pleasures simply happen to produce higher amounts of pleasure, and that no reason can be given for this other than our experiential judgement that this is so. If however we claim that there is something intrinsic in the nature of the pleasures that makes them more pleasurable, which Mill needs to do in order to prevent them from being commensurable with any amount of the lower pleasures, aren't there other factors contributing to the goodness of the higher pleasures and aren't they conceptually distinct from our experience of those pleasures?

c) The Notion of the Good as Pleasure – a Sufficient Account?

Mill states that

> "what makes one pleasure more valuable than another, merely as a pleasure, except its being greater in amount, …[is that] of two pleasures, if there be one to which all or almost all who have experience of both give a decided preference, irrespective of any feeling of moral obligation to prefer it, that is the more desirable pleasure"[55].

This statement leaves open, or purposefully evades, the question whether what *actually* makes one pleasure more valuable than another is determined by the latter consideration or rather by some attributes external to our judgements. What this statement expresses is that there is nothing more we are capable of saying concerning the matter if we are to stay within the parameters of empirical naturalism.

In speaking of quality as analogous to quantity however, Mill seems unable to avoid to be taken to hold higher pleasures to be such independently of our judgement concerning our experience of them. If this is so, not only must we face the question why there may not be other observable attributes independent of our experience that contribute to the quality of pleasure (such as virtue, nobility etc.) but we must ask ourselves whether it is any longer coherent to argue that the goodness of an action depends on our experience of it.

5. Assessment

a) Metaphysics and Morality

Mill appears to be torn between two worlds. He wants to account for what we claim to be good intuitively, but his definition of goodness by way of the hedonist psychology does not allow him to do so. He can neither account for altruistic

---

53 ibid., ch.2, pas.5–6
54 Mill speaks of pleasures' 'intrinsic nature' and '*kinds* of pleasure', ibid., ch.2, pas.4
55 ibid., ch.2, pas.5

motives nor for the preference of higher pleasures on the basis of the good as dependent on individual experience. What Bentham identified correctly, is that while happiness can indeed be seen as an objective end, the content of it is very much a subjective consideration.[56] As we saw in the previous two sections, Mill is not happy to accept a subjective understanding of the good and therefore ventures to make the case for an objective understanding of it. That this is not successful within his parameters we have seen by tracing the notions of impartiality and the goodness of higher pleasures back to his empirico-naturalist understanding of the good derived by his psychological considerations.

Mill was aware of the problems that plagued Bentham's philosophy and earned him much abuse. He failed however to locate the root of these problems in Bentham's understanding of the good. Had he done so, he would have seen Bentham's account of the pleasures to be the only viable account available to such an understanding, the only account that can succeed without resorting to metaphysical claims about the goodness of a particular pleasure.[57] For what concerns his attempted establishment of impartiality, we have seen that altruistic considerations cannot be established as binding if we have no external reasons for preferring altruism to egoism in the duality of the self.

It is fundamentally important to acknowledge that the idea of altruism and the virtuous behaviour of preferring the higher pleasures to the sensuous are circumstances that cannot be accounted for without an evaluative account of this duality. Moreover, the only way by which we can secure the goodness of that which we grant to be so intuitively is by recognizing an understanding of the good that is independent of our experiential hedonistic considerations. How can we have an umpire, if he is not truly beyond our conflicting considerations of pleasure?

Mill appears to be lacking the language with which to speak about the discrepancy between what we hold to be good and the real choices that we make. Interestingly, Mill recognizes our potential failure to pursue the higher pleasures "under the influence of temptation" and out of "infirmity of character"[58]. However such notions go beyond the resources offered by his naturalistic empiricism. His notion of the good is not capable of offering a standard beyond our immediate considerations of pleasure.

Nietzsche holds that "utilitarianism ... criticizes the origin of moral evaluations, though it believes in them as much as the Christian does"[59]. Since Mill's account of happiness is insufficient to provide an evaluative discrimination between self-centred sensualist hedonism and the virtuous pursuit of a form of

---

56 In Bentham's words: "... the game of push-pin is of equal value with the arts and sciences of music and poetry. If the game of push-pin furnish more pleasure, it is more valuable than either". in Bentham, J., *The Rationale of Reward* (London: Robert Heward, 1830), bk.3, ch.1, p. 206

57 Copleston, F., *A History of Philosophy Vol. 8 Utilitarianism to Early Analytic Philosophy* (London & New York: Continuum, 2003), ch.2.2, p. 30

58 ibid., ch.2, pas.7

59 Nietzsche, F., "The Will to Power an Attempted Transvalutation of all Values Vol.1", *The Complete Works of Friedrich Nietzsche*, Vol.9, edited by Dr. Oscar Levy (Edinburgh: T.N. Foulis, 1909), 2nd bk., pas.253, p. 212

happiness beyond considerations of personal pleasure, 'belief' in the moral value of pleasure and the notion of impartiality are exposed as intuitions.

The insights gained highlight a problem that go beyond the issues discussed. We have seen that Mill is incapable of establishing his Utility Principle as concerning all people impartially, wherefore he has been unable to attach normative considerations to his epistemology that go beyond the self's individual pursuit of happiness. An important question for our concern is therefore the following: Having removed from customary morality its metaphysical and categorical bindingness, has the utilitarian system as offered by Mill been able to replace this binding character with a notion of its own? Put differently, if things and actions are not intrinsically right or wrong, but only to be evaluated with respect to their pleasurableness, is utilitarianism, as presented by Mill, capable of supporting a stable moral structure at all?

b) Status of Morality

Mill recognizes that

> "customary morality, that which education and opinion have consecrated, is the only one which presents itself to the mind with the feeling of being in itself obligatory; and when a person is asked to believe that this morality derives its obligation from some general principle round which custom has not thrown the same halo, the assertion is to him a paradox"[60].

But for Mill this paradox is resolved, once the Principle of Aggregate Utility, through education and opinion, has been imprinted on the character sufficiently to be recognized as binding equally. It is therefore the external sanction again, by which such bindingness is constituted. However, Mill does not seem to acknowledge the fact that to reduce the appreciation of moral laws from being binding in themselves to secondary principles of expediency toward utility, carries psychological consequences that might undermine the very nature we believe these notions to have. This would be the case even if Mill succeeded in establishing general utility as the criterion of morality. It is even more problematic without.

Once we have accepted the fact that any action we consider despicable is not actually wrong in itself – while we may be firmly convinced that it is harmful because contrary to the Principle of Utility – we cannot rid ourselves of the idea that considerations may be given in which a course of action may be expedient that had previously been categorically rejected[61]. Again, Mill recognizes this objection, but maintains that utilitarian reasons can be given for preventing such trespasses under the simple consideration that its maintenance, at all costs, contributes more to general happiness than laxity in this respect[62]. Even if we grant the perspective of general utility to be available to Mill, which it is not, it remains questionable whether such an evaluation would always be successful if moral rules and laws associated

---

60 Mill, J. S., *Utilitarianism*, ch.4, pas.1
61 Anscombe, G.E.M., "Modern Moral Philosophy" in *Philosophy*, Vol. 33, No. 124 (London: Cambridge University Press on behalf of Royal Institute of Philosophy, 1958), p. 3
62 Mill, J. S., *Utilitarianism*, ch.2, pas.23

with happiness, "wholly of artificial creation, … yield by degrees to the dissolving force of analysis"[63]. In any case, conflicts between personal interests and the interest of the wider community, as well as those between special interest groups among each other and the wider community give reason to doubt that Mill's system of morality above described provides sufficient normative power to prevent trespasses of laws considered to be worthy of defence 'at all costs'.

Summary and Conclusion

To begin we located the impetus for Mill's moral theory in his effort to refute intuitionism and his ambition to elaborate upon Bentham's utilitarianism. We described his criticism of 'intuitionist' schools of thought as failing to offer a clear-cut criterion of morality and highlighted an epistemological as well as a concrete social dimension of Mill's criticism. We furthermore described Mill's endeavour as a repair of Bentham's groundwork, in light of what he perceives to be valid issues raised by the intuitionist critics of moral-empiricism. We illustrated what work Mill expects his Principle of Utility to do as a criterion of morality and showed that Mill expects it to ground and accommodate 'customary morality' and provide us with an epistemological court of appeal, enabling us to scrutinize and reassess apparent 'natural' or 'intuited' laws which authorize a perpetuation of what he considers socially and politically questionable laws and practices.

Following this we examined Mill's derivation of the criterion of morality by way of his proposed inductive methodology. We looked at how he arrives at and grounds his claims concerning happiness as our end and evaluated the nature of his 'proof' within the hedonist psychology. We saw how Mill grounds his claim that happiness is the sole end of man by way of his associationism. We also briefly looked at Mill's naturalistic understanding of the good and saw that the good is determined with respect to our experience of pleasure or pain.

In the third section we argued that the Principle of Utility derived by the hedonist psychology was different from the Principle of Aggregate Utility proposed as his criterion of morality, in that it was missing the characteristic of impartiality. We saw that Mill strives to integrate impartiality in the pursuit of happiness, as a property of his Principle of Utility but fails to do so without resorting to intuitive notions of the latter, which prevents him from extending moral considerations beyond the realm of personal preferences to include those of other individuals. We located the reason for this failure in his inability to secure the goodness of altruist concerns with the notion of the happiness derived from the hedonist psychology. We conclude therefore that his Principle of Utility fails to qualify as a criterion of morality if the system of morality is required to be empirically verifiable, objective, and universally valid.

In our fourth section we described Mill's characterization of pleasure as the content of happiness and looked at his attempted distinction between 'higher' and 'lower' pleasures. We saw how Mill's judgment of pleasures hinges on his notion of

---

63 ibid., ch.3, pas.9–10

'competent judges'. It emerged that he is unable to resolve the problems engendered by Bentham's quantitative account of pleasure as he fails to recognize it to be the only consistent account available to the notion of the good occasioned by the empirico-naturalist epistemology. We saw that Mill cannot account for our felt preference of higher pleasures without conceding this to be a fact of intuition or determined by other good-making properties other than pleasure. We therefore conclude that he fails to offer normative criteria for pursuing the higher pleasures by means of the notion of the happiness derived from the hedonist psychology.

In our fifth section we drew our points together and looked at the consequences they have for Mill's project of grounding morality empirically. We argued that in order for Mill to validate his notions of altruism and the preference of the higher pleasures he needed an adequate way of speaking about the duality of the self that lies beyond Mill's naturalistic parameters. Furthermore we argued that having located value language at the individual level by deriving happiness as the criterion of right and wrong from the hedonist psychology, Mill has potentially undermined those intuitive notions he had hoped to maintain as secondary principles of expediency. Contrary to his intention, Mill has therefore made his system of morality susceptible to a type of exploitation he was so keen on preventing in the intuitionist's endeavour.

Bibliography

Anscombe, G.E.M., "Modern Moral Philosophy" in *Philosophy*, Vol. 33, No. 124 (London: Cambridge University Press on behalf of Royal Institute of Philosophy, 1958)

Bentham, J., *An Introduction to the Principles of Morals and Legislation* (London: Macmillan, 1876)

Bentham, J., *The Rationale of Reward* (London: Robert Heward, 1830)

Copleston, F., *A History of Philosophy Vol. 8 Utilitarianism to Early Analytic Philosophy* (London & New York: Continuum, 2003)

Crisp, R., *Routledge Philosophy Guidebook to Mill on Utilitarianism* (London & New York: Routledge, 2006)

Devigne, R., *Reforming Liberalism, J. S. Mill's use of Ancient, Religious, Liberal, and Romantic Moralities* (New Haven & London: Yale University Press, 2006)

Donner, W. *The Liberal Self* (Ithaca & London: Cornell University Press, 1991)

Dryer, D. P., "Mill's Utilitarianism" in *Collected Works John Stuart Mill* Vol. X *Essays on Ethics, Religion and Society*, edited by J.M. Robson (Toronto: University of Toronto Press, 1969), pp. lxiii–cxiii

Lewis, C. S., *The Abolition of Man* (New York: HarperCollins, 2001)

MacIntyre, A., *After Virtue, A study in Moral Theory*, 3rd edition (Notre Dame: University of Notre Dame Press, 2007)

Mill, J. S., *Autobiography* (London: Oxford University Press, 1969)

Mill, J. S., "Bentham", in *Collected Works John Stuart Mill* Vol. X *Essays on Ethics, Religion and Society*, edited by J.M. Robson (Toronto: University of Toronto Press, 1969), pp. 75–115

Mill, J. S., "Coleridge", in *Collected Works John Stuart Mill* Vol. *X Essays on Ethics, Religion and Society*, edited by J.M. Robson (Toronto: University of Toronto Press, 1969), pp. 117–163

Mill, J. S., "Remarks on Bentham's Philosophy", in *Collected Works John Stuart Mill* Vol. *X Essays on Ethics, Religion and Society*, edited by J.M. Robson (Toronto: University of Toronto Press, 1969), pp. 3–18

Mill, J. S., *The Logic of the Moral Sciences* (London: Duckworth, 1987)

Mill, J. S., *Utilitarianism* (New York: Oxford University Press, 2004)

Moore, G. E., *Principia Ethica* (London: Cambridge University Press, 1929)

Nietzsche, F., "The Will to Power an Attempted Transvalutation of all Values Vol.1", *The Complete Works of Friedrich Nietzsche*, Vol.9, edited by Dr. Oscar Levy (Edinburgh: T.N. Foulis, 1909)

Sidgwick, H. *The Methods of Ethics*, 7th edition (Indianapolis: Hacket Publishing Company, 1981)

Skorupski, J., *John Stuart Mill* (London & New York: Routledge, 1991)

„Schöner als die Lilien und die Rosen des Frühlings"

Das Heiligste Antlitz Christi in den Schriften der heiligen Theresia von Lisieux

Klaus-Peter Vosen

1) Mannopello

Das geheimnisvolle Muschelseide-Tuch im italienischen, in den Abruzzen gelege-nen Wallfahrtsort Mannopello ist in jüngster Zeit nicht nur sehr stark im Gespräch, sondern es wird auch mehr und mehr zum Gegenstand einer wachsenden Verehrung seitens vieler Pilger und Beter auf der ganzen Welt. In ihrer Schar finden sich einfache Menschen und höchste kirchliche Würdenträger. Im Spätsommer 2006 hat selbst der Heilige Vater Papst Benedikt XVI. Mannopello besucht.

Das heilige Bild, das in dem italienischen Flecken verehrt wird und die Ge-sichtszüge eines jungen Mannes voll Güte, Erbarmen und Leid zeigt, in dem viele ihren gottmenschlichen Erlöser Jesus Christus erkennen, läßt die Verehrung des Heiligsten Antlitzes Christi wieder aufleben.

Wohl keine andere Heiligengestalt ist tiefer in die Geheimnisse des göttlichen Antlitzes eingetreten als die heilige Theresia von Lisieux. Papst Benedikt hat in seiner Ansprache in Mannopello den Bezug zu dieser heiligen Kirchenlehrerin aus-drücklich hergestellt. Ihre Gebete, Gedichte und Meditationsgedanken können helfen, daß die Verehrung des Bildes von Mannopello nachhaltige Gnadenfrüchte hervorbringt und zu einem großen Segen auch für die Seelen derer wird, denen der Weg nach Mittelitalien aus irgendeinem Grunde verwehrt ist.

NB: Für die Zitation der Werke der heiligen Theresia war maßgebend:
Sainte Thérèse de l'Enfant Jésus et de la Sainte Face, Oeuvres complètes, 32. Tausend. Éditions du Cerf/ Desclée de Brouwer, 2006.
Auch die dort verwandten Abkürzungen wurden benutzt.
Für die Übersetzung wurden herangezogen:
Theresia Martin, Briefe. Deutsche authentische Ausgabe (Leutesdorf[3] 1983) (Br.)
Dies., Geschichte einer Seele (Trier o. J. [1953]). (GSe)
Dies., Ich gehe ins Leben ein. Letzte Gespräche der Heiligen von Lisieux (Leutesdorf[6] 2003) (LGe)
Übersetzungen des Autors

2) Wie kam die heilige Theresia zur Verehrung des Heiligsten Antlitzes?

Im Apostolischen Prozeß vor der Seligsprechung der heiligen Theresia von Lisieux macht Schwester Geneviève von der heiligen Teresa, Mitschwester der Dienerin Gottes im Karmel des normannischen Städtchens und zugleich deren leibliche Schwester (Céline), am 28. Juli 1915 eine Aussage, die nicht ganz eindeutig ist, aber so verstanden werden kann, als gehe die Antlitz-Christi-Verehrung auf deren frühe Kindheit zurück: „Die Dienerin Gottes konnte die Leidensgeheimnisse nicht von den Geheimnissen der Krippe trennen. Deshalb wollte sie ihrem Namen Theresia vom Kinde Jesus den vom Heiligen Antlitz hinzufügen. Diese Verehrung des Leidens Christi geht bei der Dienerin Gottes auf ihr fünftes Lebensjahr zurück, wo sie, wie sie sagt, zum ersten Mal eine Predigt über das Leiden des Herrn verstanden hatte"[1]. Sicher ist aber das Faktum, daß Theresia von Lisieux am 26. April 1875, als sie zwölf Jahre alt war, in das Verzeichnis der Sühnebruderschaft vom Heiligen Antlitz eingeschrieben wurde. Mit ihr zusammen traten ihr Vater und drei ihrer Schwestern bei.[2]

Die Verehrung des Heiligsten Antlitzes, wie man es auf dem in St. Peter in Rom verwahrten Veronika-Schleier dargestellt findet, wurde in jener Zeit von Léon Dupont (1797–1876) verbreitet, einem Advokaten in Tours. Er war auf Martinique (Frz. Antillen) geboren und von dort nach dem frühen Tod seiner Gemahlin nach Tours übergesiedelt, wo er sich Werken der Caritas und der Frömmigkeit widmete. So fand er zum Beispiel in seiner neuen Heimatstadt auch das verschollene Grab des heiligen Martin wieder. Dupont, von seinen Zeitgenossen „der heilige Mann von Tours" genannt, „entdeckte" 1851 die Offenbarungen einer heilig-mäßigen Karmeliterin dieser Stadt, die drei Jahre zuvor in die Ewigkeit gegangen war, Schwester Marie vom heiligen Petrus (1816–1848). Von da ab war es ihm ein Anliegen, „die Verehrung des Heiligen Antlitzes im Geist von Schwester Marie de Saint-Pierre zu verbreiten, und zwar zum Zweck der Sühne für die Beleidigungen und Schmähungen, die das Antlitz des Erlösers entstellten und immer noch entstellen". Hierzu diente auch die oben genannte Bruderschaft, in die die heilige Theresia aufgenommen wurde, die allerdings erst 1884, nach Duponts Tod, begründet worden ist.[3]

Jedenfalls kam die Heilige von Lisieux in jugendlichem Alter mit der Antlitz-Christi-Verehrung in lebendige Berührung. Sie spielte in ihrer Familie und auch in der ihres Onkels, des Apothekers Isidore Guérin, eine Rolle, der eine Reproduktion des von Dupont popularisierten Bildes seiner Pfarrkirche, der Kathedrale Saint Pierre in Lisieux, schenkte, wo sie noch heute in einer der Seitenkapellen hängt. Onkel Isidore, so wird weiter überliefert, „sorgte für den Unterhalt einer Öllampe

---

1 Prozesse das Seligsprechung und Heiligsprechung der heiligen Theresia vom Kinde Jesus und vom Heiligen Antlitz, II. Apostolischer Prozeß und kleiner Prozeß zur Nachforschung nach den Schriften der Heiligen, deutsche Ausgabe (hg. vom Theresienwerk e.V.) (=Karmelitische Bibliothek, Reihe 1. Texte; 3) (Karlsruhe 1993), S. 254.

2 Vgl. Theresienwerk e.V. Augsburg (Hg.), Theresia und Lisieux (Karlsruhe 1995) (Texte von Pierre Descouvemont), S. 13.

3 Vgl. ebd., S. 137. Vgl. Ferdinand Baumann, art. Dupont, Léon-Papin: LThK² 3 (1959), Sp. 608.

auf seine Kosten, die ständig davor brannte"[4]. Die Verehrung des Bildes fand freilich nicht bei allen Familienmitgliedern die gleiche begeisterte Aufnahme. Marie
Guérin, Theresias Cousine und später im Karmel Schwester Marie von der Eucharistie, mochte es überhaupt nicht.[5]

Als Theresia Martin am 9. April 1888 in den Karmel ihrer Heimatstadt Lisieux
eintrat, kam sie in eine Gemeinschaft, in der die Verehrung des Heiligsten Antlitzes
fast schon traditionell eine nicht unwichtige Rolle spielte. Die Klostergründerin, Mutter Geneviève von der Heiligen Teresa, schätzte diese Frömmigkeit sehr und empfahl
sie ihren Novizinnen.[6] Die Heilige selbst wurde von ihrer leiblichen Schwester Pauline, im Karmel Schwester Agnes von Jesus, ihrem „Mütterchen", der sie ganz besonders verbunden war und die ihr 1882 in die Abgeschiedenheit des Klosters an der Rue
de Livarot vorausgegangen war,[7] zu einer vertieften Antlitz-Christi-Verehrung ange-
leitet, die bei Theresia dann eine so charakteristische Ausprägung finden sollte.

Schwester Agnes „zeigte ihrer jungen Schwester, daß das entstellte Antlitz des
Erlösers sie ermuntern müsse, in der Demut zu leben, ganz im Verborgenen zu
bleiben, mehr und mehr der ‚verschlossene Garten' zu werden, in dem er seine
Freude finden könne, eine ‚kleine Veronika', die ihn tröstet"[8]. Theresia selbst
schreibt in der „Geschichte einer Seele": „Die reichen Gnadenschätze des heiligsten
Antlitzes hatte ich bis dahin noch nicht ergründet: mein Mütterchen lehrte sie mich
kennen. So wie sie einstens ihren drei Schwestern in den Karmel vorausgegangen
war, so drang sie auch als erste in die Geheimnisse der Liebe ein, die im heiligsten
Antlitz unseres Bräutigams verborgen liegen. Sie erschloß mir dieselben, und ich
habe verstanden"[9]. Familiäre Umstände, von denen noch zu sprechen sein wird,
brachten es mit sich, daß die Verehrung des Heiligsten Antlitzes Jesu Christi im
Leben der heiligen Theresia zu einer hellen Flamme emporloderte.

Mutter Agnes sagt am 6. Juli 1915 im Apostolischen Prozeß aus: „So innig auch
ihre Andacht zum Jesuskind war, so kann diese nicht verglichen werden mit jener,
die sie zum Heiligen Antlitz hatte. Es war im Karmel zu jener Zeit, als wir so sehr
unter der Geisteskrankheit unseres Vaters litten, daß sie [Theresia] sich mehr in das
Geheimnis der Passion vertiefte, und daß sie damals erreichte, ihrem Namen die
Bezeichnung vom Heiligen Antlitz hinzufügen zu dürfen"[10]. Letzteres geschah bei
ihrer Einkleidung am 10. Januar 1889.[11] Der Zusammenhang des Schicksals von
Herrn Martin zur Antlitz-Christi-Verehrung seiner Tochter kann wohl noch genauer bestimmt werden, was unten geschehen soll.

---

4 Vgl. Descouvemont, S. 136/137. Zitat ebd., S. 136.
5 Vgl. Stéphane-Joseph Piat, Céline, Sister Geneviève of the Holy Face. Sister and Witness of Saint
   Thérèse of the Child Jesus (San Francisco 1997), S. 98.
6 Vgl. Descouvemont, S. 137. Zu den Lebensdaten der heiligen Theresia von Lisieux (mit Daten ihre
   Eltern und leiblichen Schwestern betreffend) und den wichtigsten Daten der Geschichte ihrer Verehrung vgl. ebd., S. 332–335, hier: S. 333.
7 Vgl. ebd., S. 333.
8 Vgl. ebd., S. 137. Zitat ebd., S. 333.
9 HA, MsA, [71r°]/GSe, S. 109.
10 Apostolischer Prozeß, S. 151.
11 Vgl. Jean-François Six, Licht in der Nacht. Die (18) letzten Monate im Leben der Therese von Lisieux (Würzburg 1997), S. 62.

3) Der Inhalt der theresianischen Antlitz-Christi-Verehrung

Theresia vom Kinde Jesus macht an einer Stelle der Letzten Gespräche folgende Aussage, die den geistigen Wurzelgrund ihrer Antlitz-Christi-Verehrung beschreibt und von vorneherein deutlich macht, daß das Gebäude dieser Frömmigkeit bei ihr nicht auf irgendwelchen peripheren Fundamenten steht, sondern einen klaren Schriftbezug hat: „Diese Worte von Isaja: ‚Wer glaubt deinem Wort ... er ist ohne Schönheit und Gestalt ... usw.' haben den Grund gelegt für meine Andacht zum Heiligen Antlitz, oder besser gesagt, für meine ganze Frömmigkeit"[12].

Läßt sich Theresias Verehrung des Heilandsantlitzes ihrem Inhalt nach systematisieren? Zunächst ist folgender Aspekt wichtig: „Noch ganz jung hat Theresia das Herz Jesu gezeichnet. Während ihrer ganzen Kindheit war sie von Personen umgeben, die ihr eine Andacht zum heiligsten Herzen einprägten, eine Andacht, die der Sühne einen großen Platz einräumte, die man dem Herrn darbringen müsse für alle Beleidigungen, die es (sic!) empfängt: die Sonntagsruhe ist nicht beobachtet; sein Name wird geschmäht; Hostien werden häufig profaniert. Allmählich aber nimmt Theresia die Gewohnheit an, die Liebe Jesu zu den Menschen durch das Heilige Antlitz zu betrachten. Sie musste ... [ein in Paris gedrucktes Andachts-] Bild besonders schätzen, das die Andacht zum Heiligen Antlitz eng verbindet mit der Andacht zum Heiligen Herzen. Auf der Rückseite konnte man lesen: ‚Wenn das Herz Jesu das Sinnbild der Liebe ist, dann ist sein anbetungswürdiges Antlitz *der sprechende Ausdruck* davon.' Die Verehrung des Heiligen Antlitzes, wie sie von Herrn Dupont verbreitet wurde, gab der Sühne für die Schmähungen, die das anbetungswürdige Antlitz des Erlösers beleidigten und jeden Tag noch beleidigen, ein besonderes Gewicht. Schwester Marie de Saint-Pierre versicherte: ‚Ich sehe sehr klar, daß jene, die Gott lästern, dem Heiligen Antlitz Leiden zufügen, und daß jene, die Sühne leisten, ihm Freude bereiten und es verherrlichen.' Ohne diesen Gesichtspunkt der Sühne ausdrücklich zu leugnen, ist die Verehrung Theresias zum Heiligen Antlitz im wesentlichen Betrachtung seiner Liebe"[13].

Der Sühneaspekt, der der Heilig-Antlitz-Verehrung der heiligen Theresia innewohnte, muß sicher festgehalten werden. Schwester Thérèse vom heiligen Augustinus sagte im Apostolischen Prozeß über Theresia vom Kinde Jesu aus: „Die Schmähungen, denen vor allem das Heilige Antlitz ausgesetzt war, berührten sie [Theresia] tief und weckten in besonderem Maße ihr Mitleiden"[14]. Wird man hier einwenden können, daß Schwester Thérèse vom heiligen Augustinus ihre heilige Mitschwester möglicherweise nicht in allem korrekt verstanden hat, so ist das Zeugnis von Mutter Agnes im Bischöflichen Informativprozeß sicher wesentlich ernster zu nehmen. Sie bezeugt: „Im Heiligen Antlitz sah sie [Theresia] den Ausdruck aller Verdemütigungen, die der Herr für uns erlitten hat, und schöpfte daraus den beharrlichen Willen, aus Liebe mit ihm zu leiden und sich selbst zu verdemütigen"[15]. In beiden

---

12 CJ, 6.8.9/ LGe, S. 147. Vgl. Jes 53,1–2.
13 Descouvemont, S. 140.
14 Apostolischer Prozeß, S. 313/314.
15 Prozesse der Seligsprechung und Heiligsprechung der heiligen Theresia vom Kinde Jesus und vom Heiligen Antlitz, I. Bischöflicher Informativprozeß, deutsche Ausgabe (hg. Vom Theresienwerk e.V.)

Aussagen ist der Begriff der Sühne vermieden, mindestens die erste scheint ihn implizit zu umfassen.

Den Kern von Theresias Antlitz-Christi-Verehrung hat aber wohl ihre leibliche Schwester Céline (Sr. Geneviève von der heiligen Teresa) beschrieben, wenn sie aussagt: „Das Heilige Antlitz war für sie der Spiegel, in dem sie die Seele und das Herz ihres Vielgeliebten schaute"[16]. Man geht also nicht fehl, wenn man sagt, daß sich in der Heilig-Antlitz-Verehrung der heiligen Theresia dieselbe Bewegung vollzieht, wie sie durch den Weiheakt an die Barmherzige Liebe dokumentiert ist: Was diesen anbetrifft, so wollte sie sich nicht wie andere – heiligmäßige! – Ordensfrauen geistig als „Schlachtopfer" der Gerechtigkeit Gottes darbringen, sondern sich zum Ganzbrandopfer seiner erbarmungsvollen Liebe machen; sie möchte ganz von der Liebe Gottes verzehrt werden, aus Liebe zu ihm und damit *so* Seelen gerettet werden.[17] Verkürzt könnte man davon sprechen, daß Theresias innerer Weg von der Sühne zur Liebe führt. Ihre Herz-Jesu-Verehrung ist schließlich ähnlich akzentuiert.

„Göttlicher Erlöser", so spricht Theresia Jesus in einem ihrer Gedichte an, „am Ende meines Lebens komm mich zu suchen, ohne einen Schatten des Zögerns. Ach, zeige mir Deine unendliche Zärtlichkeit und die Lieblichkeit Deines göttlichen Blicks"[18]. Das Antlitz des Erlösers, die Tränen, die er über Jerusalem geweint hat, die Wunden, die ihm eingeprägt worden sind durch die Dornenkrone und als man den Herrn ins Gesicht schlug, legen Zeugnis ab von der ergreifenden Liebe, die der Sohn Gottes den Menschen entgegenbringt. Keine Verachtung und Demütigung ist Christus erspart geblieben, doch er hat sie auf sich genommen für die Rettung der Menschheit. Das sieht und fühlt Theresia vor dem Bild des Heiligsten Antlitzes ganz deutlich, und sie ist zutiefst von dieser Liebe getroffen. Die Liebe Jesu Christi ruft ihre überströmende Gegenliebe hervor: „Aus Deinem angebeteten Mund", so heißt es in der Weihe an das Heiligste Antlitz, für das Fest der Verklärung Christi (das als Heilig-Antlitz-Fest galt) 1896 von Theresia geschaffen, „haben wir die Liebesklage gehört. Da wir verstanden haben, daß der Durst, der Dich verzehrt, ein Durst der Liebe ist, würden wir gerne, um Deinen Durst zu stillen, eine unbegrenzte Liebe haben"[19]. Charakteristisch ist für Theresia, daß solch unermeßliche Liebe zum Heiland nie als Frucht menschlicher Bemühungen dargestellt, sondern als Geschenk verstanden wird: „Wohlan! Gib uns diese Liebe und komm, Deinen Durst bei Deinen kleinen Bräuten zu stillen"[20].

Die Gegenliebe, die Theresia der Heilandsliebe zuteil werden lassen werden will, welche ihr im Antlitz Christi entgegentritt, diese Gegenliebe, deren Steigerung ins Unermeßliche sie von ihm selbst erbittet, gilt zum einen Christus unmittelbar. Sie wird spürbar, wenn Theresia das Antlitz Christi als „die einzige Schön-

(= Karmelitische Bibliothek, Reihe 1. Texte; 2) (Karlsruhe 1993), S. 149. Über das Verhältnis von Schwester Thérèse vom heiligen Augustinus zur heiligen Theresia vom Kinde Jesu vgl. Apostolischer Prozeß (wie Anm. 1), S. 312.

16 Bischöflicher Informativprozeß, S. 262.
17 Vgl. Descouvemont, S. 234/235, S. 238/239. Vgl. Pri 6.
18 Vgl. Thérèse de Lisieux, Qui a Jésus a Tout. Prières et Poésies (Paris 1991), S. 113.
19 Vgl. ebd., S. 27.
20 Ebd., S. 19.

heit, die mein Herz entzückt", bezeichnet, wenn sie es „schöner als die Lilien und die Rosen des Frühlings" nennt, wenn sie davon spricht, daß sie sein „liebliches Gesicht trocknen" und ihn „über die Vergessenheit des Bösen" hinwegtrösten will, wenn sie sich nach dem „unbeschreiblichen" Kuß seines Mundes sehnt.[21]

Sicherlich geht man nicht fehl, wenn man hinter all dem die ganze, leidenschaftliche Liebeskraft und Liebessehnsucht sieht, derer eine junge, emotionale Frau fähig ist – nur daß sie hier nicht einem irdischen, sondern einem himmlischen Bräutigam zuteil wird, auf einer Ebene, die mit der weltlich-erotischen nicht verwechselt werden darf. Formulierungen wie die folgende kann eine säkularisierte Welt leicht mißverstehen: „Die Blütenblätter, die Dein Gesicht liebkosen, sagen Dir, daß mein Herz unwiderruflich Dir gehört. Du verstehst die Sprache meiner entblätterten Rose und Du lächelst meiner Liebe zu"[22]. Dennoch steht dahinter ein religiöses Wollen, keine verkappte Erotik. Und wenn Theresia von der Liebe Christi entflammt werden will, um davon verzehrt zu werden und so bald zu ihm zu gelangen, wenn sie in einem ihrer Gedichte sagt, besser: singt: „O welcher Augenblick, welch unaussprechliches Glück, wenn ich den süßen Klang Deiner Stimme höre, wenn ich Dein anbetungswürdiges Antlitz sehe, zum ersten Mal den göttlichen Glanz!"[23], so ist damit die himmlische, nicht die irdische Vereinigung angezielt.

Die glühende Liebe der heiligen Theresia zum Heiligsten Antlitz hat aber auch eine ausgeprägt missionarische Dimension. In der „Weihe an Das Heilige Antlitz" finden sich unmittelbar nach der Bitte um die unermeßliche Liebe, mit der Christi Antlitz einzig angemessen geliebt werden kann, die Worte: „Seelen, o Herr, wir brauchen Seelen … Besonders Apostel- und Märtyrerseelen, damit wir durch sie Menge der armen Sünder mit Deiner Liebe entzünden"[24]. Eine solche Bitte hat nicht nur die Gottesliebe, sondern auch missionarische Nächstenliebe zur Voraussetzung, die von der ersteren nicht zu trennen ist. Nach der „Bitte um Seelen" und der zum Ausdruck gebrachten Zuversicht, sie zu erlangen, betet Theresia: „Indem wir unsere Verbannung am Ufer der Flüsse Babylons vergessen, werden wir Dir die süßesten Melodien ins Ohr singen"[25]. Der Gesamtduktus des Gedankens legt nahe, daß dies geschieht, um von Christus das „Geschenk" der erbetenen Seelen zu erlangen.

Sehr wichtig ist für Theresia, daß das Antlitz Christi *verborgen* ist. Wesentlich sind hier der zweite Teil des zweiten Verses und der dritte Vers im 53. Kapitel des Jesaja-Buches (im sog. 4. Lied vom Gottesknecht). In der Einheitsübersetzung der Heiligen Schrift lauten diese Verse: „Er hatte keine schöne und edle Gestalt, so daß wir ihn anschauen mochten. Er sah nicht so aus, daß wir Gefallen fanden an ihm. Er wurde verachtet und von den Menschen gemieden, ein Mann voller Schmerzen, mit Krankheit vertraut. Wie einer, vor dem man das Gesicht verhüllt, war er verachtet; wir schätzten ihn nicht". In der Übersetzung, die Theresia zur Hand hatte, sind die Formulierungen etwas anders. Die Heilige zitiert: „Nicht Gestalt noch

21 1. und 5. Zitat: Pri 16. Vgl. Prières et Poésies, S. 28. – 2., 3. und 4. Zitat: Pri 12.
22 Vgl. Prières et Poésies, S. 104.
23 Vgl. ebd., S. 101.
24 Pri 12.
25 Ebd.
26 Hans Urs von Balthasar, Therese von Lisieux. Geschichte einer Sendung (Olten 1950), S. 200.

Schönheit ist an ihm; wir sahen ihn, aber da war kein angenehmer Anblick, ... verachtet und der letzte der Menschen, Mensch der Schmerzen, erfahren in Ohnmacht, sein Antlitz war wie verborgen und verachtet, und wir zählten ihn für nichts"[26]. Die „Verborgenheit" des Antlitzes Christi drückt sich für die Heilige auf dem Heilig-Antlitz-Bild darin aus, daß Jesus Christus seinen Blick gesenkt hält.[27] Theresia entdeckt in dieser Tatsache einen tiefen Sinn.

Als man am 5. August 1897, wenige Wochen vor ihrem Tod, das Bild des Heiligen Antlitzes aus dem Chor an ihr Krankenbett bracht, um ihr eine Freude zum Fest der Verklärung Christi am anderen Tag zu bereiten, sagte sie zu Mutter Agnes: „Wie gut hat unser Herr daran getan, die Augen zu senken, als Er uns Sein Bildnis gab! Denn die Augen sind der Spiegel der Seele, und wenn Er uns Seine Seele geoffenbart hätte, wären wir vor Freude gestorben"[28]. Und, an anderer Stelle, wieder vor einem Antlitz-Christi-Bild, als Mutter Agnes bedauerte, daß man den Blick Jesu wegen seiner gesenkten Augen nicht sehen könne: „O nein, es ist besser so, denn was wäre sonst aus uns geworden? Wir hätten seinen göttlichen Blick nicht sehen können, ohne vor Liebe zu sterben"[29].

Wieder und wieder wird der verborgene Blick Jesu, in den Texten der heiligen Theresia angesprochen. Sie vertieft sich in „Jesu verborgene Schönheiten", sie verliert sich in die Betrachtung des verborgenen, verhüllten Antlitzes Christi und kommt so wenig davon los, daß sie an ihre Schwester Geneviève von der heiligen Teresa, damals noch als Céline Martin in der Welt lebend, schreiben kann: „Die Zeit ist nur eine Spiegelung, ein Traum ..."[30]

Das verborgene Antlitz, der verhüllte Blick Jesu ist sicher Passionssymbol. Die heilige Theresia erinnert an Jesu Vornehmheit und Zurückhaltung angesichts der Verspottung durch Herodes: „Als dieser ungläubige Fürst über Dich spottete, o unendliche Schönheit, kam keine Klage über Deine göttlichen Lippen. Du hast Dich nicht einmal gewürdigt, Deine anbetungswürdigen Augen auf ihn zu richten"[31]. Auch in Wendungen wie den folgenden wird im Blick auf das Heiligste Antlitz Jesu Opferweg für die Welt gegenwärtig: „Die Tränen, die Deinen göttlichen Blick verschleiern, erscheinen uns wie wertvolle Diamanten, die wir sammeln wollen, um mit ihrem unschätzbaren Wert die Seelen unserer Brüder zu erkaufen"[32]. Sie sammelt in Gebet und Betrachtung gleichsam die Tränen des leidenden, verborgenen Heilandsantlitzes: „Erinnere Dich, daß Dein göttliches Antlitz unter den Deinen stets unerkannt blieb. Aber Du hinterließest für mich Dein süßes Bild. Und Du weißt, daß ich Dich wiedererkannt habe ... Ja, ich habe Dich wiedererkannt, ganz verschleiert von Tränen, Antlitz des Ewigen, entdecke ich Deine Reize. Jesus, aller Herzen, die Deine Tränen sammeln, erinnere Dich"[33].

---

27 Vgl. ebd., S. 200.
28 CJ 5.8.7/ vgl. LGe, S. 146/147; Zitat: S. 147.
29 Vgl. Bischöflicher Infornativprozeß, S. 149. Zitat: ebd., S. 149.
30 LT 108, [1r°]/Br., S. 140.
31 Prières et Poésies, S. 27.
32 Pri 12.
33 Prières et Poésies, S. 79.

Theresia, die beim mitfühlenden und lobpreisenden Gedächtnis des Leidens Jesu Christi, symbolisiert in seinem Heiligsten Antlitz, nicht stehen bleibt, weiß, daß dessen Verborgenheit nicht in Ewigkeit besteht: Sie sehnt sich danach, von der Liebe bald aufgezehrt zu werden, um bei ihrem göttlichen Bräutigam zu sein. Dann wird sie die ganze „Lieblichkeit" seines Blickes wahrnehmen; in diesem seligen Mit-Christus-Sein sieht sie ihr „einziges Verlangen" und sie hält die Tage des Erdenlebens nur aus, wie sie bekräftigt, indem sie sich dieser ewigen Perspektive erinnert. „Mein Geliebter", so singt die Karmeliterin hymnisch, „laß mich bald die Süßigkeit Deines ersten Lächelns erahnen und laß mich, in gottgeschenktem Taumel, ach laß mich in Deinem Herzen verborgen sein! … O, welcher Augenblick, welch unaussprechliches Glück, wenn ich den süßen Klang Deiner Stimme höre, wenn ich Dein anbetungswürdiges Antlitz sehe, zum ersten Mal den göttlichen Glanz!"[34]

Andererseits überspringt die heilige Theresia keine Zwischenstufe. Schon auf dieser Erde sucht sie danach, etwas von der angestrebten Seligkeit zu verkosten. Hans Urs von Balthasar schreibt: „Unser Leben, ‚das mit Christus in Gott verborgen ist' (Kol 3,3), nimmt teil an der gleichen Enthüllung und Verhüllung, wie das göttliche Antlitz: es enthüllt sich im Maße als es sich verhüllt, als es selbst in die Welt des Geheimnisses hineinwächst"[35]. Durch die „Verhüllung", sprich durch das Leiden, ist Christus in seine strahlende „Enthüllung", die österliche Herrlichkeit, hineingegangen. Theresia vollzieht den Weg Jesu Christi mit. „Gerade der gesenkte Blick des Herrn ist es, der Therese unablässig verfolgt, von dem sie gebannt ist – sie kann ganze Nächte auf das Bild des Schmerzensantlitzes schauen – und dem sie doch nicht anders antworten kann als indem sie selber die Augen senkt." Dann aber gilt: „Im gleichen Maße, als man nicht sieht, bannt man den göttlichen Blick"[36].

Der Weg mit Christus über die „Verhüllung" der Passion hinein in das selige, ewige „von Angesicht zu Angesicht" besteht für Theresia einmal in ihrem Ordensleben. An ihre ältere Schwester und Patin Schwester Marie vom Heiligsten Herzen schreibt Theresia vor ihrer Ordensprofeß: „Ich werde die Braut dessen sein, dessen Antlitz verborgen ist, und den niemand erkannt hat"[37]. Sie stellt sich gewissermaßen mit unter den Schleier, der das Angesicht ihres Bräutigams verhüllt, wie Balthasar treffend aufgezeigt hat.[38] In der „Geschichte einer Seele" hält die heilige Theresia fest, was sie aus der Einführung in die Heilig-Antlitz-Spiritualität durch Mutter Agnes schöpfte und was dann, mit ihrer Bindung an Christus im Ordensgelübde, nicht einfach und für immer erfüllt war, sondern sich tagtäglich durch ein nicht einfaches Ordensleben in einer gespaltenen Kommunität hindurch bis zu einem frühen und schrecklichen Tode bewähren mußte: „Besser denn je begriff ich, worin der wahre Ruhm besteht. Jener, Dessen Reich nicht von dieser Welt ist (Joh 18,36), zeigte mir, daß das einzig erstrebenswerte Königreich darin besteht, unbekannt und für nichts geachtet zu werden (Nachf. Christi 1,2,3) und in dieser Selbstverachtung seine Freude zu suchen (Is 53,3). Oh, wie das Antlitz Jesu

---

34 1. Zitat: PN 34; 2. Zitat: Pri 17. Vgl. Prières et Poésies, S. 28. – 3. Zitat: PN 33.
35 Balthasar, S. 200.
36 Ebd., S. 201.
37 Apostolischer Prozeß, S. 225.
38 Vgl. Balthasar, S. 201.

wollte ich, daß auch mein Antlitz allen Blicken entzogen sei und niemand auf Erden mich erkenne (Is 103,3); ich dürstete danach, zu leiden und vergessen zu sein"[39].

Theresias „Leidensdurst", der nicht Masochismus genannt werden darf, sondern aus der Sehnsucht nach einer umfassenden Christusgemeinschaft heraus erwuchs, ist in ihrer Klosterzeit in vielfacher Weise gestillt worden. Gelegenheiten, Verborgenheit und Selbstverleugnung zu üben, hat sie bewußt wahrgenommen, ja gesucht: in der Geduld mit einer nervenschwachen Schwester, der sie in der Wäschekammer des Klosters half; in der besonderen Zuwendung zu einer weiteren Schwester, die ihr eigentlich zuwider war, aber mit einer solch herzlichen, sicher fast heldenhaft zu nennenden Liebe von ihr umgeben wurde, daß sie sich als eine von Theresia besonders Bevorzugte fühlte; in der Entsagung, die sie sich auferlegte, als ihre Cousine Marie Guérin in den Karmel eintrat, und sie, Theresia, die Gelegenheit gehabt hätte, Familienangehörige wiederzusehen, deren Anblick sie sonst entbehren mußte – die Heilige verzichtete bewußt darauf. Hierin kann man sicher eine Hochform von „Verborgenheit" sehen![40]

Die Verborgenheit, Lebensgesetz Christi aus Erden, das sich auch in seiner Verborgenheit im allerheiligsten Sakrament des Altares fortsetzt, wie Theresia am 20. Februar 1893 an Mutter Agnes von Jesus schreibt,[41] wird von Theresia mit großer Konsequenz nachgeahmt. Sie erweist sich hierbei aber nicht als eine allein passive, duldende Tugend, sondern als aufbauende Lebenshaltung. Durch ihre oben beschriebene Haltung den Mitschwestern gegenüber hat sie einer schwierigen Kommunität den zukunftsweisenden Weg, den christusgemäßen, versöhnenden gezeigt. Schwester Marie von Gonzaga zum Beispiel, die langjährige, phasenweise psychisch kranke Priorin, unter der die Kommunität viel zu leiden hatte, starb am 17. Dezember 1904, sieben Jahre nach Theresia, in Reue und im Geist der Versöhnung Mutter Agnes von Jesus gegenüber, in der sie wohl über eine ganze Zeitperiode hinweg ihre Konkurrentin und Gegnerin gesehen hatte.[42] Man darf vermuten, daß hier nicht bloß die Fürsprache der schon bei Christus lebenden heiligen Theresia, sondern auch der Gedanke an ihr auf Erden gegebenes Vorbild geholfen hat. Und wenn man das Verhalten Theresias ihren Verwandten gegenüber als hart empfinden mag, so leuchtet doch ein Widerschein der Haltung Jesu Christi darin auf, dessen Antwort dem Mann gegenüber, der, in seine Nachfolge gerufen, erst noch seinen Vater begraben will, bekannt ist.[43] Keinesfalls als Zeichen von Gefühlskälte (bei Theresia wäre eine solche völlig undenkbar!), keinesfalls als Mißachtung der ihr so lieben Familie zu sehen, keinesfalls auch für „Weltleute" zur Nachahmung empfohlen, sagt das Handeln Theresias hier Prophetisches aus über die „Vorordnung" des Gottesreiches (hier dargestellt im „verborgenen" Ordensleben) vor allen Dingen dieser Welt[44] – modellhaft für die prophetische Existenz eines Ordenschristen.

---

39 HA, MsA, [71r°]/ GSe, S. 109.
40 Vgl. Descouvement, S. 281. S. 247; vgl. Apostolischer Prozeß, S. 282.
41 Vgl. LT 140 [r°]/vgl. Br., S. 195.
42 Vgl. Apostolischer Prozeß, S. 141–147.
43 Vgl. Lk 9,60.
44 Vgl. Mt 6,33.

Theresia, auf dem Weg zur himmlischen Schau ihres Bräutigams, findet Christusgemeinschaft auf Erden in der Schau des verborgenen Heilandsantlitzes. Insofern kann sie sagen: „Dein verschleierter Blick, das ist unser Himmel, o Jesus!" „In" diesem Antlitz will sie sich verbergen, sich ganz in sein Geheimnis einspinnen.

Hans Urs von Balthasar macht auf einen wichtigen Aspekt aufmerksam: „Nie geht für Therese die Verhüllung des Hauptes voll Blut und Wunden soweit, daß aus den gesenkten Lidern nicht noch ein Strahl der Herrlichkeit des ewigen Kindes hindurchblitzte"[45]. Immer wieder trifft sie Jesu Blick schon in dieser Welt. Seine Verborgenheit spürt sie gerade, wenn irgendeine Prüfung, eine Schwierigkeit zu bestehen ist.[46] So wird ihre Hineinnahme unter seinen „Leidensschleier" gleichsam immer wieder erneuert. Dann aber braucht sie immer wieder auch seinen vollen, „entschleierten" Blick: „Um meine Verbannung im Tränental auszuhalten, brauche ich den Blick meines göttlichen Erlösers. Dieser Blick voller Liebe hat mir seine Reize entschleiert. Er hat mich das himmlische Glück vorempfinden lassen"[47]. Man wird hierunter beglückende Gebetströstungen zu verstehen haben, nicht Erscheinungen oder dergleichen, die sich in den „Kleinen Weg" der Heiligen nur schwerlich fügen würden (obwohl sie in ihrer Jugend einmal die heilige Jungfrau hat ihr zulächeln sehen). Immer wieder zeigt sich ihr auf Erden punktuell doch auch schon der österliche Blick Jesu, wenn sie sich im Gebet an ihn wendet, mag dieser auch in der Ewigkeit sich endgültig enthüllen. Wenn Theresia für sich und andere Schwestern das Versprechen an den Herrn formuliert, im Gedenken der Tatsache, daß Christus Herodes bei seiner Verspottung durch diesen nicht angeblickt hat, stets im Refektorium den Blick gesenkt zu halten, geschieht dies nicht ohne die Bitte: „Wir bitten Dich, uns jedes Mal, wenn wir uns versagen, die Augen zu erheben, mit einem Blick der Liebe zu vergelten, und ebenso bitten wir Dich, uns diesen lieblichen Blick nicht zu verweigern, wenn wir gefallen sind"[48]. Hier ist nicht vom *verhüllten* Blick die Rede.

In Not und Sorge weiß Theresia: „Mein Jesus lächelt mir, wenn ich zu ihm seufze. Dann fühle ich nicht mehr die Prüfung des Glaubens. Der Blick meines Gottes, sein entzückendes Lächeln, das ist mein ganz persönlicher Himmel"[49]. Auch in der Ordensprofeß (s. o.) und in der Entdeckung der Heilig-Antlitz-Spiritualität hat Theresia eine gewisse „Enthüllung" des Antlitzes Christi erfahren. Durchaus in einer gewissen Spannung dazu steht dann die andere Gebetswendung: „O mein Gebieter, um Deiner Liebe willen bejahe ich es, daß ich hienieden nicht die Lieblichkeit Deines Blickes sehen ... kann"[50]. Diese Spannung wird man aushalten und mit dem Hinweis auf das stets bestehende Schon und Noch Nicht christlicher Existenz, auf das schon verwiesen wurde, erklären müssen.

Mit einer gewissen Vorsicht wird man die These von Jean-François Six aufnehmen, die besagt, daß bei Therese „nach Ostern 1896 nur noch das göttliche Antlitz

---

45 Balthasar, S. 205.
46 Im Brief Theresias an Céline vom 23.9.1890: LT 120/ Br., S. 156 wird die schmerzliche Tatsache, daß Herr Martin nicht am Schleierfest seiner Tochter Theresia teilnehmen kann, so gedeutet.
47 Prières et Poésies, S. 98.
48 Pri 3.
49 PN 32.
50 Pri 16.

des Auferstandenen erwähnt" werde. Six sagt: „In gewisser Weise widerfährt dem gekreuzigten Antlitz Jesu … eine Art Himmelfahrt in das strahlende Antlitz des Auferstandenen"[51]. Ist in der Weihe an das Heiligste Antlitz Jesu nicht deutlich an das Leiden des Herrn erinnert, und ist sie nicht erst zum 6. August (also ein ganzes Stück nach Ostern) 1896 geschrieben worden?[52] Dennoch können wir nicht genügend betonen, daß die Heilig-Antlitz-Frömmigkeit eine reine Passionsmystik überragt.

Ein Aspekt verdient es unbedingt noch genannt zu werden: Durch das Antlitz Christi kann nach Theresia wirkliche „Christusförmigkeit" des Menschen bewirkt werden: „O anbetungswürdiges Antlitz Jesu …, würdige Dich, mir Dein göttliches Bild einzuprägen, damit Du die Seele Deiner kleinen Braut nicht ansehen kannst, ohne Dich selbst zu betrachten"[53]. Hier geht es nicht um das Erwerben einer einzelnen Tugend, sondern um eine radikale Umprägung des menschlichen Lebens. Das, was über die Liebe als Antwort auf Christi Liebe oben gesagt wurde, erhält hier seine ganze Tiefendimension. Das durch die Sünde entstellte Antlitz der menschlichen Seele soll durch das Antlitz Christi in seiner Schönheit, Lauterkeit und Reinheit ersetzt werden, nicht aus Furcht vor der Strafe, nicht aus Sehnsucht nach dem Himmel in erster Linie, sondern gleichsam „uneigennützig", einzig um Jesus zu erfreuen.[54]

4) Das Heiligste Antlitz als Deutung familiärer Wirklichkeit bei Theresia

Von höchster Bedeutung für die Antlitz-Christi-Verehrung der heiligen Theresia war ein Ereignis, das sich vielleicht im Jahre 1880 abgespielt hat. Theresia erwähnt es in der „Geschichte einer Seele" ausführlich. Sie leitet ihre Schilderung mit dem Satz ein: „Eines Tages jedoch zeigte mir der liebe Gott in einem außergewöhnlichem Gesicht das lebendige Bild des kommenden Schmerzes"[55].

Wir folgen in der Beschreibung des mysteriösen Ereignisses hier der kürzeren Schilderung, die Mutter Agnes im Apostolischen Prozeß gegeben hat: „Sie [Theresia] mochte ungefähr sieben Jahre alt sein. Mein Vater war seit ein paar Tagen in Alençon, und wir, meine Schwester Marie und ich, waren in einem der beiden Mansardenzimmer, deren Fenster auf der Rückseite des Hauses der Buissonnets zum Garten gehen. Die kleine Theresia schaute fröhlich durch das Fenster des anliegenden Zimmers zum Garten hinab. Es war im Sommer; es war schönes Wetter, die Sonne schien, es konnte zwei oder drei Uhr nachmittags sein. Plötzlich hörten wir unsere kleine Schwester mit ängstlicher Stimme rufen: ‚Papa, Papa!' Marie, von

---

51 Six, 1. Zitat: S. 63, 2. Zitat: S. 64.
52 Sonst wäre es nicht nötig, ihn „hinwegzutrösten über die Vergessenheit der Bösen": Pri 12.
53 Pri 16.
54 Balthasar, S. 205: „Sie möchte es jenen Engeln gleichtun, von denen sie sagt, ihr ‚Antlitz erschien ihr wie das transparente Bild, das reine Ausstrahlen des göttlichen Angesichtes'".
55 HA, MsA [19v°]/GSe, S. 33. Schilderung des Ereignisses insgesamt vgl. HA, MsA [19v°–20v°]/GSe, S. 33–35.

Furcht gepackt, sagte ihr: ‚Warum rufst du denn so nach Papa? Du weißt doch, daß er in Alençon ist.' Sie erzählte uns dann, daß sie in der Allee hinten im Garten einen Mann gesehen habe, genauso gekleidet wie Papa, von derselben Größe und derselben Gangart, aber er hatte den Kopf bedeckt und ging gebeugt wie ein Greis: Sie fügte hinzu, daß der Mann hinter der Baumgruppe verschwunden war, die nicht weit davon entfernt war. Sofort gingen wir in den Garten hinunter; doch da wir die geheimnisvolle Gestalt nicht gefunden hatten, versuchten wir umsonst, Theresia davon zu überzeugen, daß sie nichts gesehen hätte"[56]. Mutter Agnes nennt das, was Theresia wahrgenommen hatte, im zeitlichen Abstand von 35 Jahren eine „prophetische Vision über die Krankheit meines Vaters"[57].

Tatsächlich ließ die Gesundheit von Herrn Martin, nachdem 1888 die dritte Tochter, Theresia, in den Karmel von Lisieux eingetreten war (nach Pauline 1882 und Marie 1886, Céline sollte 1894 nach dem Tod ihres Vaters folgen, und Léonie trat in das Heimsuchungskloster in Caen ein) rapide nach. Selbstverständlich fehlte es nicht an bösen Zungen, die behaupteten, der Kummer über den Eintritt der 15jährigen Theresia in den Karmel habe ihn geisteskrank werden lassen, aber diese Sicht der Dinge läßt sich wohl nicht halten. Eher hat man offenbar von einer arteriosklerotischen Erkrankung auszugehen. Schon im Juni 1888 verließ der alte Herr Lisieux ohne Vorankündigung. Er hat in seinen jungen Jahren Einsiedler werden wollen. Jetzt meldeten sich offenbar diese alten Lieblingsgedanken wieder. Aber Herr Martin war nicht mehr in der Lage, große Entscheidungen und Kehrtwendungen in seinem Leben eigenverantwortlich zu vollziehen. Nach drei Tagen sandte er ein Telegramm aus Le Havre, das seine Verwirrtheit dokumentierte. Immerhin gab es den Angehörigen den Aufenthaltsort des Hilflosen an. Céline, die spätere Schwester Geneviève, und Herrn Martins Schwager, Herr Guérin, konnten Herrn Martin so wieder nach Lisieux bringen. Im Februar 1889 wird es dann vollends dramatisch: „Er redet irre: er sieht Gemetzel, Schlachten, er hört Kanonen und Trommeln. Um seine Töchter zu verteidigen, greift er zu seinem Revolver und will sich nicht mehr von ihm trennen". Die Verbringung in ein Pflegeheim in Caen scheint unumgänglich. Herr Martin bleibt drei Jahre dort. Als er wegen Lähmungen der Gliedmaßen so bewegungsunfähig ist, daß man keine Fluchtversuche mehr zu befürchten hat, holt die Familie ihn nach Lisieux zurück.[58]

Herr Martin meistert seine Prüfung im Geist des Glaubens. Das läßt ihn die *lichten* Zeiten seiner Krankheit bestehen. Er hatte ein Vorgefühl seines Leidens gehabt. Als er den Hochaltar in der Kathedrale von Lisieux gestiftet hatte, war ihm, als ob er nun auch für das Opfer zu sorgen habe, das heißt, daß er sich selbst, sein Leben, seine Pläne ganz Gott, dem Herrn anheimgeben müsse. Seinem Arzt sagt er in Caen: „Ich weiß, warum der liebe Gott mir diese Prüfung geschickt hat. Ich erfuhr nie eine Demütigung; eine mußte ich haben"[59].

---

56 Apostolischer Prozeß, S. 190.
57 Ebd., S. 190.
58 Vgl. Descouvemont, S. 146. Zitat ebd. Vgl. ebd., S. 332–334. Vgl. Piat, S. 35.
59 Vgl. ebd., S. 146/147. Zitat: ebd., S. 146.

Die Krankheit des Vaters, sicher auch seine „Verborgenheit" in der Pflegeanstalt, die eine in diesem Punkt unerleuchtete Zeit als Schmach auffasste, sein Umnachtet-sein – manchmal hat er auch in der Verwirrung *buchstäblich* sein Haupt verhüllt[60] – wurde für Theresia (und auch ihre Schwestern) zu einem mächtigen Impuls, das Antlitz Christi zu verehren. Theresia schreibt, indem sie auch auf ihre viel später in ihrer Bedeutung erkannte kindliche Vision eingeht: „Gleich wie das anbetungs-würdige Antlitz während seines bitteren Leidens verhüllt wurde, so sollte auch in den Tagen der Verdemütigung das Gesicht Seines treuen Dieners verschleiert wer-den, damit es im Himmel um so glänzender erstrahle. Oh, wie bewundere ich die Führung Gottes, die uns im voraus dieses kostbare Kreuz zeigte, gleich wie ein Vater seinen Kindern einen Blick in eine herrliche Zukunft gewährt, die er ihnen bereitet und sich in seiner Liebe selbst darüber freut, wenn er jene unschätzbaren Reichtümer betrachtet, die ihr Erbe werden sollen!"[61]

Man muß bei all dem um die große Bedeutung wissen, die für Theresia ihr Vater besaß. Alle seine Töchter hingen in einer Liebe an ihm, die umso stärker und leben-diger war, als sie ihre Mutter zu einem Zeitpunkt verloren hatten, der für alle noch in Kindheit oder Jugend fiel und alle noch im Elternhaus traf.[62] Die Verbundenheit mit dem trauernden Vater war dadurch sicher noch um ein Vielfaches gewachsen. Besonders intensiv war die Beziehung zwischen Hern Martin und seiner jüngsten Tochter Theresia, seiner „kleinen Königin", wie er sie nannte. Der so liebevolle Vater und vorbildliche Christ ist für Theresia geradezu ein Gleichnis für den Herr-gott selbst geworden.[63] Sie schreibt: „Wenn ich an Dich denke, mein Väterchen, dann denke ich ganz von selbst an den lieben Gott, denn es scheint mir unmöglich, auf Erden jemand heiligeren zu sehen als Dich". Hans Urs von Balthasar hat darauf hingewiesen, daß im Leiden von Herrn Martin für Theresia nun nicht mehr der himmlische Vater, sondern sein Sohn Jesus Christus transparent wird. In der Ver-ehrung des leidenden Antlitzes Christi (das aber schon in der Verklärung den Glanz von Ostern auf seinen Zügen trug!) gewann die heilige Theresia die Kraft, das Schicksal ihres Vaters gläubig zu deuten und zu tragen. Umgekehrt eröffnete ihr das Leiden des Vaters den Weg in die Herzmitte ihrer Spiritualität, die tiefe und betonte Verehrung des Heiligsten Antlitzes. Balthasar sagt: „Wesentlich bleibt dies: daß Therese diese Schau [i. e. die Antlitz-Christi-Verehrung] nicht am Urbild, am Herrn, sondern am Abbild, an ihrem Vater bekam"[64].

---

60 Vgl. Balthasar, S. 106.
61 HA, MsA, [20v°/21r°]/GSe, S. 35 (hier sehr frei).
62 Vgl. die Liste der Geschwister Martin in der Aussage von Mutter Agnes von Jesus: Apostolischer Prozeß (wie Anm. 1), S. 137. Sterbedatum der Mutter (28.8.1877): ebd., S. 138.
63 Vgl. Balthasar, S. 104/105. Interessant ist in diesem Zusammenhang auch eine Wendung GSe, S. 77: „Das Antlitz des Vaters hatte [am Pfingstfest 1887] einen überirdischen Ausdruck". Der Original-text HA, MsA, [50r°] spricht von „figure", was „Gesicht", aber auch „Gestalt" bedeuten kann.
64 Vgl. ebd., S. 106. Zitate: ebd., S. 105/106. Die Altersbildnisse von Herrn Martin zeigen übrigens eine gewisse Ähnlichkeit mit dem Antlitz-Christi-Bild, das Dupont verbreitete (vgl. z. B. Descou-vemont, S. 206)). Daß diese Tatsache auf eine empfängliche Seele wie Theresia nicht ohne Wirkung bleiben konnte, versteht sich.

5) Erscheinungsformen der theresianischen Antlitz-Christi-Verehrung

Im Apostolischen Prozeß vor der Seligsprechung der heiligen Theresia sagt Mutter Agnes von Jesus über die Dienerin Gottes: „In ihren bedeutendsten Gedichten kann man erkennen, welche Rolle sie ihrer Lieblingsandacht zuwies. Sie widmet ihr ein besonderes Gedicht. Sie malt das Heilige Antlitz auf Meßgewänder, auf Bilder. Sie verfaßt für ihre Novizinnen eine Weihe an des Heilige Antlitz und ein Gebet für sich selber"[65]. Schwester Marie vom Heiligsten Herzen fügt an: „Als die sich ein mystisches Wappen machte, malte sie das Heilige Antlitz darauf"[66]. Durch die Sorgfalt des Karmels von Lisieux ist aus dem Schaffen der heiligen Theresia zur Verherrlichung des Heiligsten Antlitzes wohl mindestens der Hauptteil, wenn nicht gar alles erhalten.

So steht man nicht ohne Bewunderung zum Beispiel vor dem schwarzen Meßgewand, das die Heilige aus einem Kleid schuf, das einst ihrer Mutter gehörte. Es wird am Karmel von Lisieux in der „Salles des Réliques" gezeigt. Die von Theresia bemalte und gefertigte Kasel entstand nach einer Miniatur, die von Schwester Agnes 1890 der späteren Schwester Geneviève geschenkt worden war. Zwei Rosen am Fuß des Gewandstabes symbolisieren ihre Eltern, Herrn und Frau Martin, fünf mit diesen Rosen verbundene, erblühte Lilien stellen deren fünf überlebende Töchter dar; vier Blütenknospen stehen für deren frühverstorbene Geschwister. Die fünf erblühten Lilien ranken sich um das Antlitz Jesu. Theresia selbst sah sich in einer von ihnen dargestellt, die hinter dem Antlitz des Herrn fast verschwindet – was ihre Lebensprogrammatik deutlich werden läßt.

In einem Gemälde (Öl) „Der Traum des Jesuskindes" (1894) präsentiert Theresia das Jesuskind, das – noch mit Blumen umgeben – in einer Krippe ruht und doch im Traum seinen weiteren Lebensweg vorwegmeditiert: Im Hintergrund des Bildes naht das Kreuz mit dem Bild des Heiligsten Antlitzes heran. Vielleicht wird man die Paramentik der heiligen Theresia künstlerisch höher bewerten als das letztgenannte Gemälde, vielleicht, nein sicher hatte Theresia in der Malerei nicht die Fähigkeiten, die Schwester Geneviève besaß. Sie selbst schätzte ihre Malkunst gering ein.[67] Dennoch sind ihre Darstellungen, die wir hier nur betrachten können, insofern sie das Heiligste Antlitz betreffen, würdig und gleichsam „handwerklich" durchaus geschickt.

Im tiefsten aber beeindruckt die wirkliche Liebe zum Heiligsten Antlitz am meisten, die aus ihnen spricht und die Theresia zu ihrem Leben in Beziehung zu setzen weiß: Bei dem beschriebenen Meßgewand bringt sie ihre geliebte Familie gleichsam so nahe in den Bannkreis des Heiligsten Antlitzes, daß es trotz der Blumensymbolik fast wie eine Sonne im Kreise der sie umgebenden Planeten erscheint, die von ihr Licht, Wärme und Leben empfangen, mag es auch das Antlitz des Gekreuzigten sein, der seine Augen geschlossen hält. Im Wappen, das Theresia 1896

---

65 Apostolischer Prozeß, S. 151.
66 Ebd., S. 225/226.
67 Vgl. Descouvemont, S. 206/207; vgl. ebd., S. 157–159; vgl. ebd., S. 196.

an das Ende von Manuskript A der späteren „Geschichte einer Seele" malt, ist der Wappenschild diagonal geteilt durch eine Rebenranke. Zwei ihrer Zweige reichen hinab einmal in den unteren Bereich des Wappens, wo man auf rotem Hintergrund das Heiligste Antlitz Christi erkennt. „Die beiden Zweige, von denen der eine das Heilige Antlitz, der andere das Jesuskind umgibt, sind Sinnbild von Theresia selbst, die hienieden nur dieses Verlangen hat: sich wie eine kleine Traube darzubringen, um das Jesuskind zu erfrischen, es froh zu machen, sich von ihm nach seinem Belieben und nach seinen Launen behandeln zu lassen, und auch um den *brennenden Durst* stillen zu können, den es während seines Lebens verspürte", jenen Durst, der sich im Wort Jesu am Kreuz: „Mich dürstet" mit tiefer Bedeutsamkeit äußert.[68]

Selbstverständlich sind Theresias Bilder (auch in der Paramentik) dem 19. Jahrhundert entsprossen, das vielfach – öfter wohl durchaus zu Unrecht und ein wenig lieblos – als epigonenhaft und unoriginell angesehen wird. Doch sind Theresias Gedanken, die durch eine gewisse, vielleicht heute nicht besonders geschätzte Darstellungsform ihren Ausdruck finden, kraftvoll und kühn, gesund und eigenständig.

Das wird auch noch einmal deutlich, wenn es um die Darstellungsweise nicht der Malerei, sondern des Wortes geht. Theresia kommt in ihren Schriften wieder und wieder auf das Heiligste Antlitz zurück; in der „Geschichte einer Seele" findet sich hierüber eine wichtige, programmatische Stelle. Außer der Weihe an das Heiligste Antlitz und dem oben schon mehrfach genannten Gebet „O anbetungswürdiges Antlitz Jesu" existieren Hinweise auf das Heiligste Antlitz, wie wir sehen, auch in anderen Gebeten, beispielsweise auch am Schluß des Weiheaktes an die Barmherzige Liebe.[69] Man wird hier nicht nur die Stellen nennen dürfen, in denen expressis verbis vom Heiligsten Antlitz die Rede ist, sondern man wird auch diejenigen berücksichtigen, wo vom „Blick der Liebe" Jesu, von seinem „Schauen", gesprochen wird. Im Licht der theresianischen Antlitz-Christi-Verehrung bekommen dann sogar Wendungen, die von einem „ewigen von Angesicht zu Angesicht" sprechen, einen besonderen Klang. Ähnliches gilt von den Theresiengedichten. Vielfach wird hier wenigstens durch eine Strophe oder an einer Stelle an das Antlitz Christi erinnert.

Worte wie „liebliches Gesicht", „angebeteter Mund", Wendungen wie: „Ich konnte von seinen geheiligten Lippen sowohl Milch wie Honig sammeln" oder: „Jesus, Deine kleinen Bräute fassen den Entschluß, ihre Augen während der Zeit im Refektorium gesenkt zu halten, um das Beispiel zu ehren und nachzuahmen, das Du bei Herodes gegeben hast"[70], alle den Gebeten und Gedichten entnommen, mögen es heute manchen schwer machen, einen Zugang zur theresianischen Antlitz-Christi-Verehrung zu finden (so wie die Antlitz-Christi-Litanei, die in der Kommunität von Lisieux gebetet wurde und aus der auch Theresia fraglos schöpfte, bei vielen auf innere Reserven stoßen wird). Doch auch hier kommt es darauf an, die Substanz dessen zu würdigen, was die heilige Theresia sagen will. Wollte es man mit einem Wort zusammenfassen, was hinter den blumigen, floskelhaft klingenden Ausdrucksweisen steht, könnte man wohl nur eines nennen: Liebe.

---

68 Vgl. ebd., S. 157. 1. Zitat: ebd., S. 157; 2. Zitat: Joh 19,28.
69 Pri 6.
70 1. und 2. Zitat: Pri 12; 3. Zitat: PN 26. Vgl. Prières et Poésies, S. 91/92. – 4. Zitat: Pri 3.

Es versteht sich, daß die Sprache im Briefcorpus der heiligen Theresia keine wesentlich andere sein kann. Besonders in den Briefen an Céline spricht sie vom Heiligsten Antlitz. Selbstverständlich ist in diesen Dokumenten der poetische Überschwang oder die Erhabenheit, die vielleicht für die Gedichte oder Gebete von der heiligen Theresia für notwendig erachtet wurden, durch das Anliegen der Darlegung und Unterweisung ergänzt, weswegen die Briefe als Zeugnis der heiligen Theresia über das Heiligste Antlitz Christi manchem wohl eine leichtere Lektüre sind. Der Brief Theresias vom 18. Juli 1890 an Céline ist wegen der hier aufgezeigten biblischen Fundamentierung der Antlitz-Christi-Verehrung von besonderem Wert.[71] Mag man über manche Dinge ein wenig lächeln, wie etwa die Tatsache, daß sie Briefe mit Antlitz-Christi-Vignetten in Briefmarkenform beklebt,[72] hier wird das Große und Gute dieser Frömmigkeitsform ganz deutlich. Ergreifend sind dann Theresias Erwähnungen des Heiligsten Antlitzes in ihren Letzten Gesprächen. So sagte die Todkranke: „Oh, wie viel Gutes hat dieses Heilige Antlitz mir Zeit meines Lebens getan". Und dann, nach einer besonders schlimmen Nacht: „Unablässig habe ich das Heilige Antlitz betrachtet … Ich habe eine ganze Menge Versuchungen zurückgeschlagen"[73].

6) Fortwirken theresianischer Impulse

Schwester Marie vom Heiligsten Herzen, älteste leibliche Schwester und Patin der heiligen Theresia vom Kinde Jesus, zugleich deren Mitschwester als Karmelitin in Lisieux, weist im Seligsprechungsprozeß auf die Tatsache hin, daß Papst Pius X. ein Gebet zum Heiligsten Antlitz mit einem Ablaß ausgestattet hat.[74] Weiter unten wird davon zu reden sein.

Das zeigt, wie durch die bald nach dem Tod der Heiligen einsetzende Verbreitung ihrer Botschaft (vor allem ist die „Geschichte einer Seele" zu nennen, erschienen erstmals 1898) auch ihre Verehrung des Heiligsten Antlitzes fortwirkte. Mutter Agnes macht noch auf den grundlegenden Sachverhalt aufmerksam: „Endlich nach ihrem [Theresias] Tode, so scheint mir, hat sie Schwester Geneviève das Meisterwerk des Heiligen Antlitzes eingegeben, jene wohlbekannte Nachbildung des Leichentuchs von Turin, die man jetzt sehr oft das Heilige Antlitz des Karmels von Lisieux nennt"[75].

Schwester Geneviève konnte von sich sagen, daß ihr geistliches Leben zwei Pole der Liebe kannte: „meine Therese und das Heilige Antlitz"[76]. Sie teilte die Verehrung ihrer Schwestern für das Angesicht des Herrn und hatte im Orden zuerst Schwester Marie vom Heiligen Antlitz geheißen. Später war auf Verlangen des Karmel-Superiors und zu Ehren der verstorbenen Klostergründerin die Änderung des

---

71 LT 108/ vgl. Br., S. 140–143.
72 Vgl. Descouvemont, S. 137–139.
73 1. Zitat: CJ 5.8.7/ LGe, S. 147; 2. Zitat: CJ 6.8.1.
74 Vgl. Apostolischer Prozeß, S. 226.
75 Ebd., S. 151.
76 Piat, S. 98. (Übersetzung vom Autor)

Namens in „Geneviève von der heiligen Teresa" erfolgt; Theresia hatte ihre enttäuschte Schwester deswegen sehr trösten müssen. Auf Theresia Weiheakt an das Antlitz Christi trägt Schwester Geneviève nicht nur ihren tatsächlichen, sondern auch ihren ursprünglich gewünschten Namen. 1916 schließlich gestattete Mutter Agnes von Jesus ihr, ihren Ordensnamen: „Geneviève von der heiligen Teresa" umzuändern in „Geneviève *vom Heiligen Antlitz* und der heiligen Teresa"[77].

Kurz nach dem Tod der heiligen Theresia, am 10. November 1897, erlaubte der König von Italien die öffentliche Ausstellung des Turiner Grabtuches.[78] Die Reliquie wurde fotografiert; ein Bildband gelangte durch Vermittlung von Herrn Guérin, des Onkels der Martin-Schwestern, in den Karmel von Lisieux.[79] Schwester Geneviève war hingerissen vom Anblick des Positivs, das sich von dem Negativ gewinnen ließ, welches dem heiligen Tuch wundersam eingeprägt war. So entschloß sie sich mit ihrem speziellen Geschick für die Malerei, nach diesem Vorbild ein Antlitz-Christi-Bild mit dem Pinsel zu schaffen. Um Ostern 1905 herum ging sie an die endgültige Ausführung: Das Bild wurde in Grisaille-Technik gemalt, das heißt unter Verwendung von verschiedenen Grautönen, die in ihrem Zusammenspiel Dreidimensionalität erzielten. Man kann sagen, daß die Ausarbeitung wie bei einem mittelalterlichen Künstler im Gebet geschah. Schwester Geneviève fühlte ihre Liebe und Mühe reich belohnt, als sie nach der Fertigstellung des Bildes, als sie sich fragte, ob der Himmel wohl zufrieden mit ihrem Werk sei und deswegen die Evangelien zu Rate zog, auf die Stelle bei Matthäus stieß: „Alle, die dort waren und sahen, was stattgefunden hatte, sagten: ‚Wahrlich, das ist der Sohn Gottes!'"[80]

Nicht nur der Himmel war offenbar in hohem Maße mit Schwester Genevièves Gemälde einverstanden. Auch bei den Menschen fand es großen Anklang: Im März des Jahres 1909 gewann das Antlitz-Christi-Bild der Schwester aus Lisieux den großen Preis bei der Internationalen Ausstellung für religiöse Kunst in s'Hertogenbosch.[81] Pius X. betrachtete die Reproduktion des Meisterwerkes lange (es ist der Ausgabe der „Geschichte einer Seele" von 1906 begegeben) und sagte schließlich: „Wie wunderschön ist es!" Und er schenkte Schwester Geneviève eine Medaille mit seinem Bild. Die Kopie des Gemäldes wurde in millionenfacher Ausführung auf der Welt verbreitet.[82] Der Karmel von Lisieux war an dieser Verbreitung mehr interessiert als an der Heiligsprechung von Schwester Theresia vom Kinde Jesus. „Hatte Theresia nicht gesagt, daß die Verehrung des Heiligen Antlitzes das Herzstück ihrer Spiritualität sei? Um ihre Botschaft zu verbreiten, genügt also die Bekanntmachung des Bildes", das Schwester Geneviève geschaffen hatte.[83] Ein frankokanadischer Priester, Eugène Prévost, ließ auf die Rückseite von Andachtsbildchen das Gebet der heiligen Theresia drucken, das mit den Worten beginnt: „O Jesus, dessen Antlitz die einzige Schönheit ist, die mein Herz entzückt"[84].

77 Vgl. ebd., S. 61. S. 63. S. 102. Vgl. Descouvemont, S. 271.
78 Vgl. Piat, S. 98.
79 Vgl. ebd., S. 98.
80 Vgl. ebd., S. 98–101. Zitat: S. 101.
81 Vgl. ebd., S. 101.
82 Vgl. ebd., S. 101. Zitat: ebd., S. 101.
83 Vgl. Descouvement, S. 312. Zitat: ebd., S. 312.

Prévost ist es, der im Vatikan angesehene Gründer eines Priesternotwerks, der vom Papst 1906 für das Heilig-Antlitz-Gebet Theresia und das Bildchen Ablässe erlangt.[85]

Von Schwester Geneviève stammt das schöne Wort: „Nachdem ich das Antlitz Gottes gleichsam in Besitz genommen habe [gerade auch durch ihren 1916 erweiterten Ordensnamen], wie könnte ich mich da nicht mit Zuversicht vor das Antlitz Gottes stellen! Ja, denn da das Antlitz meines Jesus Gott ist, macht es mir sichtbar – unter der Gestalt des Fleisches – daß ‚der Bogen der Mächtigen zerbrochen ist und die Schwachen sich selbst mit Stärke gegürtet haben' (1 Sam 2,4)"[86]. Sie lebte weiter in treuer Verehrung des Heiligsten Antlitzes,[87] wie auch ihre Mitschwestern und viele, die letztlich durch ihr Bild auf das Antlitz Gottes und die sich darauf richtende Spiritualität der heiligen Theresia aufmerksam geworden waren.

Im weiteren Verlauf des 20. Jahrhunderts nahm dann aber die Verehrung des Heilandsantlitzes in der katholischen Welt ab. Irgendwie hat wohl die Nichtanerkennung der (öffentlichen) Antlitz-Christi-Verehrung durch die Inquisitionskongregation fortgewirkt;[88] sie hatte vermutlich dazu geführt, daß schon in den Artikeln des Apostolischen Prozesses zwar von Theresias Ehrfurcht vor „allen Symbolen der Passion" die Rede war, die Erwähnung ihrer Antlitz-Christi-Spiritualität aber geradezu peinlich vermieden wurde.[89] Eine verstärkt ab den 60er Jahren um sich greifende rationale Kühle gegenüber bestimmten überlieferten Frömmigkeitsformen hat dann sicher als Hauptursache das beinahe Verschwinden der Verehrung des Heiligsten Antlitzes bedingt. Durch Mannopello erhebt sie sich nun wieder.

7) Sinn und Segen der Antlitz-Christi-Verehrung im Geiste der heiligen Theresia – für unsere Zeit

Schwester Geneviève vom Heiligen Antlitz und von der heiligen Teresa hat durch Bezugnahme auf die geistliche Lehre einer großen Mystikerin, der heiligen Gertrud (von Helfta), die große Wirkung charakterisiert, die die Heilig-Antlitz-Frömmigkeit im Leben der heiligen Theresia von Lisieux hervorbrachte: „Sie folgte, ohne ihn zu kennen, dem Rat der Vollkommenheit, den unser Herr der heiligen Gertrud gab, als er ihr sagte: ‚Die Seele, die im Guten Fortschritte machen will, muß sich in mich einschließen. Aber wenn sie möchte, daß ihr Flug sie noch weiter trage, dann muß sie sich mit der Schnelligkeit eines Adlers erheben, um mein Antlitz fliegen wie ein Seraphim, von den Flügeln einer großzügigen Liebe getragen.' Das tat Schwester Therese vom Kinde Jesus, und die Folge ihres ‚Auffliegens' war eine wahrhaft engelgleiche Liebe, die Früchte heroischer Großzügigkeit hervor-

---

84 Vgl. ebd., S. 312.
85 Vgl. ebd., S. 312.
86 Piat, S. 102.
87 Vgl. ebd., S. 102.
88 Vgl. Karl Suso Frank, art. Antlitz Jesu (1), in: LThk 1 (³ Neuausgabe 2009), Sp. 780. Von einem förmlichen Verbot kann aber wohl auch nicht gesprochen werden.
89 Apostolischer Prozeß, S. 28.

brachte. Sie zeigte den Novizinnen das Antlitz Jesu wie ein Buch, aus dem sie das Wissen der Liebe schöpfte, die Kunst der Tugenden ..."[90]

Diese Stelle ist deswegen besonders interessant, weil auch Theresia das Bild des Adlers verwendet, durchaus im sinnverwandten Zusammenhang, aber mit charakteristischen Akzentverschiebungen: Der Adler ist Christus, ihre Seele wird von ihm empor*getragen* (sie erhebt sich nicht selbst). Sie sieht sich selbst eher als „kleinen Vogel", und die volle Aufwärtsbewegung vollzieht sich erst im Tod. Das, was schon auf Erden von ihrer Christusfaszination und -beziehung erkennbar ist, kann nur ein antizipierter Abglanz dieser seligen Ewigkeit sein. „So lange Du willst", wendet sich Theresia an Christus, „solange Du willst, werden meine Augen fest auf Dich gerichtet bleiben. Ich will durch Deinen Blick fasziniert werden – ich will die Beute Deiner Liebe werden. Einst kommt der Tag – so vertraue ich – da wirst Du mich mit Dir verschmelzen und mich emportragen zum Herd der Liebe. Dann endlich wirst Du mich hineintauchen in diesen brennenden Abgrund, um für immer aus mir Dein glückliches Opfer zu machen"[91].

In jedem Fall muß festgehalten werden, daß ihre tiefe „Entdeckung" der Antlitz-Christi-Verehrung für die heilige Theresia zu einem Markstein in der Christusbeziehung wurde. Sie hat nicht nur einen punktuellen „Erfolg" in der Weise gezeigt, daß es ihr in diesem oder jenem Punkt gelang, dem Herrn besser zu entsprechen, sondern einen großen Fortschritt in ihrer Christusfreundschaft allgemein bewirkt, der auch nach außen faszinierende Leuchtkraft besaß.[92]

Die beständige Meditation über die brennende Liebe Christi, die zu beschreiben kein irdischer Vergleich ausreicht, die Umgestaltung des Lebens zu einer Existenz in der Gegenliebe, die konkret wird in Gottes- und Nächstenliebe – was hätte eine in Egoismen unterschiedlichster Spielart schier vergehende Welt notwendiger als sie? Der Glaube an den Wert der Verborgenheit, des stillen selbstlosen Dienstes für Gott und die Menschen, der ungleich aufbauender ist als das laute Sich-selbst-anpreisen, welches, angefangen vom Bewerbungsgespräch und reichend über Reklame bis hin zum Showgeschäft, vielfach als unerläßlich angesehen wird – wäre er nicht zutiefst heilsam? Und ist er nicht gerade eine Probe auf unsere Christusnachfolge, die zuerst in das „Unerkanntsein", ja das Leiden hineinführen *muß*, um in der Auferstehung ihr ewiges Ziel zu finden? Von einer Dienstmädchen-Spiritualität, die den Menschen klein hält, wird hier keiner sprechen, der das Elend hinter den Kulissen des Selbstlobes betrachtet und vor allem um dessen letztliche, aber gründ-

---

90 Céline Martin, Die kleine Therese von Lisieux. Aufzeichnungen und Erinnerungen ihrer Schwester (München – Zürich – Wien 1985), S. 64.
91 GSe, S. 194. So lautet der Text in der Übersetzung der Bearbeitung durch Mutter Agnes von Jesus. Nach der **kritischen** Textausgabe übersetzt Rudolf Stertenbrink wie folgt: „Solange es dir gefällt, mein Vielgeliebter, wird dein kleiner Vogel ohne Kraft und Flügel bleiben. Immer wird er ausharren, die Augen fest auf dich gerichtet. Er will fasziniert werden von deinem göttlichen Blick. Er will die Beute deiner Liebe werden. Eines Tages, das ist meine Hoffnung, wirst du, angebeteter Adler, deinen kleinen Vogel holen und mit ihm zum Brennpunkt der Liebe zurückkehren, wirst ihn für die Dauer der Ewigkeit in den brennenden Abgrund dieser Liebe versenken, der er sich als Opfer angeboten hat" (Rudolf Stertenbrink, Allein die Liebe. Worte der heiligen Theresia von Lisieux [Freiburg i. Br. – Basel – Wien ⁸1994], S. 57. Vgl. HA, MsB, [5vº].
92 Vgl. Celine Martin, S. 64.

liche Unproduktivität weiß. Schließlich folgender Aspekt: Die Kirche unserer Zeit wird die Ausbreitung des Gottesreiches wohl nur dann kraftvoll vorantreiben können, wenn sie nicht einfach dieses oder jenes an ihrem durch das Versagen ihrer Glieder verursachten, in den reichen Ländern oft genug deplorablen Erscheinungsbild verbessern will, sondern radikal, von der Wurzel her, von Christus neu erfüllt wird, wenn die Seelen sich Christusähnlichkeit tief einprägen lassen.

Die Impulse, die die Antlitz-Christi-Verehrung der heiligen Theresia von Lisieux an uns heranträgt, erweisen sich, wie wir sehen, als brandaktuell. Papst Benedikt XVI. hat am 1. September 2006 bei seinem Besuch des Heiligtums des „Heiligen Antlitzes" in Mannopello sowohl die Forderung wie die Verheißung klar benannt, die sich für uns ergeben: „Das Antlitz des Herrn zu suchen, muß unser aller Wunsch, der Wunsch aller Christen sein; wir nämlich sind ‚die Menschen', die in dieser Zeit sein Antlitz suchen, das Antlitz des ‚Gottes Jakobs' [vgl. Ps 24]. Wenn wir beharrlich sind in der Suche nach dem Antlitz des Herrn, dann wird am Ende unserer irdischen Pilgerreise Jesus unsere ewige Freude, unsere immerwährende Belohnung und Herrlichkeit sein: ‚Sis Iesus nostrum gaudium, | qui es futurus praemium: | sit nostra in te gloria, | per cuncta semper saecula'" – Jesus, du seiest unsere Freude, | der du unser künftiger Lohn bist: | In dir sei unsere Ehre, | immer und für alle Zeit.[93]

---

93 Ansprache von Benedikt XVI., Freitag, 1. September 2006, Pilgerreise zum Heiligtum des „Heiligsten Antlitzes" von Manopello: http://www.vatican.va/holy_father/benedict_xvi/speeches/2006/september/documents/hf_ben-xvi_spe_20060901_manoppello_ge.html

Priester für heute

El ministerio sacerdotal en la iglesia misterio de comunión

Alfonso Carrasco Rouco

1.

El concilio Vaticano II es el contexto fundamental en que se sitúa toda la teología católica contemporánea y, por tanto, el punto de partida también para una reflexión a propósito del sacerdocio.

Esta aparente obviedad invita a considerar lo que constituía un juicio de fondo sobre la situación de la Iglesia en el mundo y sobre las exigencias del cumplimiento de su misión, que puede verse simbolizado en algunas frases del discurso inaugural de Juan XXIII: el Concilio quiere "transmitir la doctrina en su pureza e integridad, sin alteraciones ni deformaciones", dando al mismo tiempo "un paso adelante hacia una penetración doctrinal … en conformidad con los métodos de la investigación y con la expresión literaria que exigen los métodos actuales. Una cosa es el depósito mismo de la fe, es decir, las verdades que contiene nuestra venerada doctrina, y otra la manera como se expresa; y de ello ha de tenerse gran cuenta, con paciencia, si fuese necesario …"[1]

De ello pueden destacarse, por lo que aquí interesa, dos aspectos fundamentales. Por un lado la convicción de que la Iglesia se encuentra en un momento favorable para anunciar el Evangelio al hombre contemporáneo. Ya que éste, tras las experiencias históricas del siglo XX, habría perdido una cierta arrogancia, sin duda ideológica, que había caracterizado su posición de modo particular a partir del siglo XIX, y podría estar abierto más sencillamente al anuncio del Evangelio[2]. La doctrina conciliar sintetiza estas perspectivas de fondo cuando insiste en que ninguna ideología es suficiente para dar respuesta a las exigencias de la vida de un hombre, para explicar y guiar el camino de la historia –como, en cambio, aún se pretendía, por ejemplo, desde el materialismo científico; sino que sólo en el encuentro con Jesucristo, el Verbo hecho carne, se le desvela al hombre su verdadera dignidad y destino, y se ilumina el camino de su existencia[3]. Juan Pablo II situará

---

1   Juan XXIII, *Alocución en la inauguración del Concilio Vaticano II*, AAS 54 (1962) 792; cf. UR 6; GS 44.
2   Cf. Juan XXIII, Constitución *Humanae salutis* (convocatoria del concilio Vaticano II), 25.12.1961.

estas afirmaciones en el centro de su esfuerzo por una recepción del Concilio en la vida de la Iglesia[4].

Un segundo aspecto característico de la intención conciliar será querer buscar, con esfuerzo y paciencia, los modos más adecuados de comunicar al hombre la buena noticia de la salvación. Es clara la voluntad de salvaguardar y transmitir el contenido íntegro del depósito de la fe, pero también la percepción de que los caminos pastorales y las formulaciones doctrinales pueden ser renovadas. En este sentido, la obra magisterial del Concilio, iluminando la naturaleza de la economía de la salvación – el designio trinitario, la obra de la revelación, su permanencia en la Iglesia y su relación con el mundo – constituye un don singular del Espíritu para el camino de la Iglesia en el tercer milenio[5].

Así pues, la propuesta conciliar no puede ser reducida a una necesidad interna de actualizar los propios lenguajes y de revisar las propias actitudes, sentidas como marcadamente defensivas y apologéticas[6], sino que está guiada por un interés primero y fundamental: anunciar nuevamente el núcleo mismo del Evangelio, en diálogo abierto con el mundo[7]. En realidad, el Vaticano II se sentía llamado a responder de modo positivo al desafío más hondo que el mundo contemporáneo plantea a la Iglesia: ¿quién eres? ¿qué dices de ti misma? ¿en qué consiste tu misión en el mundo?[8] La respuesta no podía consistir en una reforma de las propias estructuras, adaptándolas a la vida de una sociedad moderna, sino en una invitación a volver la mirada a Jesucristo, *lumen gentium,* de quien depende el ser y la misión de la Iglesia[9], presentándolo como la plenitud definitiva[10] – como "la esencia del cristianismo" – a un mundo que había pretendido reducirlo e integrarlo en las perspectivas más amplias del camino de una "razón adulta", pero que, sin embargo, había ya hecho experiencia dolorosa de la propia insuficiencia.

Por consiguiente, más allá de los rasgos particulares que el diálogo con el mundo contemporáneo pudo adoptar en los diferentes contextos culturales – por ejemplo, de modo particular, en la vida de la Iglesia en España –, el núcleo mismo del proce-

---

3   Cf. GS 10, 22.
4   Cf. Juan Pablo II, *Redemptor hominis,* 10.
5   Juan Pablo II insistirá repetidamente en ello; cf., por ej., *Tertio millennio adveniente,* 18–20.36; *Novo millennio ineunte,* 57; *Testamento,* año 2000, n° 4.
6   Cf. Balthasar, Hans Urs von, *Schleifung der Bastionen,* 1952.
7   Cf.: "Hoy se exige a la Iglesia que inyecte la virtud perenne, vital, divina del Evangelio en las venas de esta comunidad humana actual que se gloría de los descubrimientos ... pero que sufre también los daños de un ordenamiento social que algunos han intentado restablecer prescindiendo de Dios" (Juan XXIII, Constitución de convocación del Concilio *Humanae salutis,* tr. BAC [Madrid 1993] 1067–1068).
8   Cf. las intervenciones en el Aula conciliar del card. Suenens (4–12–1963: AS I/4, 222ss.) o del card. Montini (5–12–1963: AS I/4, 291ss.). Cf. Blázquez, Ricardo, "Introducción general", 1993, XXI–XXV. También, Philips, Gerard, *L'Église et son mystère au deuxième Concile du Vatican,* I, 1967, 15; Hünermann, Peter, "Theologischer Kommentar zur dogmatischen Konstitution über die Kirche", 2006, 288. Cf. Ruggieri, Giuseppe, "Il difficile abbandono dell'ecclesiologia controversista", 1996, 309–383.
9   Cf. Ratzinger, Joseph, "L'ecclesiologia della Costituzione *Lumen Gentium",* 2000, 66–81.
10 *Dei verbum* 4; cf. Lubac, Henri de, *La révélation divine,* 1983[3].

so de recepción conciliar y, por ende, también del camino de renovación teológica y pastoral que implicaba, reside de hecho en la capacidad de acoger y transmitir plausiblemente, en sus diferentes declinaciones, la respuesta esencial del Concilio a la pregunta moderna sobre el significado del Evangelio: la persona y la misión histórica de Jesucristo, el Hijo de Dios hecho hombre, constituye una novedad decisiva, que trasciende toda posibilidad humana y que realiza el misterio de unidad con Dios y entre los hombres, del cual la Iglesia es el sacramento, el signo e instrumento, en la historia[11].

No parece posible comprender adecuadamente el camino teológico postconciliar sin referirse a estas afirmaciones, que constituyen el corazón mismo de la propuesta cristiana al mundo actual. Ello es válido, en particular, para la reflexión sobre el sacerdocio, en quien la identidad y la misión de la Iglesia se manifiesta como realización pastoral concreta.

2.

La tarea teológica de acoger y proponer de modo nuevo la inteligencia de la fe a partir del significado nuclear del acontecimiento histórico de Jesucristo implicaba sin duda una profunda renovación de muchos planteamientos teológicos, para lo cual el mismo concilio Vaticano II ofrecía ya las indicaciones fundamentales.

De la urgencia, pero también de la dificultad de la tarea había dado testimonio con extraordinaria lucidez uno de los mayores teólogos de la época, Romano Guardini. Concluyendo su obra clásica sobre *La esencia del cristianismo*, observa: "Si Cristo es la categoría del pensamiento cristiano, ¿en qué modo se nos ofrecen los contenidos de este pensamiento? … Los problemas son extraordinariamente difíciles y parece que el pensar teológico todavía no los ha afrontado realmente. Parece como si buscase su cientificidad en hacer su trabajo según el esquema de una disciplina filosófica o histórica que construye sobre categorías abstractas – afirmando lo cristiano en cambio como una cualidad especial del contenido o poniéndolo en el carácter de autoridad de la revelación"[12].

Guardini no sólo constataba las limitaciones y la necesidad de renovación de la teología católica de su tiempo, sino que, ante todo, percibía agudamente la radicalidad del desafío con el que se confrontaba el pensamiento cristiano: ¿cómo y por qué es imprescindible para nosotros la figura histórica de Jesús de Nazaret? ¿Cómo podemos pensar y expresar de modo crítico y sistemático lo absoluto de su significado? Todo el camino de la investigación histórico-crítica constituía una inmensa aventura científica que durante más de un siglo había intentado responder a esta pregunta por medio del estudio riguroso del origen del cristianismo. Y, sin embargo, sus propuestas no habían alcanzado más que a convertir lo cristiano en una cualidad especial de contenidos determinados por la filosofía y el espíritu del

---

11 Cf. LG 1.
12 GUARDINI, ROMANO, *Das Wesen des Christentums*, 1991[7], 69.

tiempo[13]. De modo semejante, la crisis modernista había mostrado también en ámbito católico la dificultad de aunar historia y dogma, la figura histórica y la autoridad revelativa única de Jesús[14].

Así pues, cuando la teología postconciliar – y, en concreto, muy directamente de la sacerdotal – intente situar en el centro mismo de su trabajo la referencia a los hechos positivos, a la persona y a la misión concreta de Jesucristo, se encontrará con el desafío fundamental de afirmar su universalidad singular, pero además confrontada con toda una amplia tradición de estudios críticos, llevados a cabo en su gran mayoría fuera del horizonte de la Católica, sin tener en cuenta a los cuales no es posible un acercamiento científico a los acontecimientos históricos originales.

De hecho, el mismo concilio Vaticano II significará a este respecto un gesto de apertura a los métodos histórico-críticos en el estudio de la Escritura[15]. De algún modo era inevitable, si se quería poner el centro de la atención en el evento de la Encarnación, en la novedad de la intervención divina decisiva en el envío del Hijo y del Espíritu en la plenitud de los tiempos.

Ahora bien, la apertura a los resultados de la investigación no conllevaba sólo la aceptación de un método crítico de estudio histórico, sino también encontrarse con inevitables planteamientos hermenéuticos, determinantes de la percepción de la persona y de la obra de Jesucristo, y, por tanto, de todo el ser eclesial[16].

Pudo ser difícil discernir qué datos y enseñanzas pertenecían a la necesaria renovación de una teología que volvía los ojos a la historia enriquecida con nuevos métodos de investigación, y cuáles, en cambio, eran lecturas hechas desde una hermenéutica particular. Ya durante la celebración misma del concilio se podía percibir la agudeza del problema que se planteaba: ¿no era fruto de la mejor exégesis crítica aceptar la problematicidad de una fundación de la Iglesia por Jesús, la constitución carismática de las comunidades paulinas o lo cuestionable de los textos bíblicos clásicos sobre Pedro?[17]

Y, si tal era el caso, la indispensable vinculación con el acontecimiento histórico original, ¿no obligaría a repensar radicalmente la teología recibida? En particular, ¿no sería preciso construir la eclesiología católica sobre nuevos pilares, dejando atrás planteamientos que se desvelarían fruto sólo de evoluciones culturales relativas, dependientes del camino eclesial sobre todo del segundo milenio?

Semejante puesta en cuestión afectaría de modo inmediato a la identidad sacerdotal, a la que pertenece esencialmente la relación histórica – la institución – con Jesucristo mismo. La confrontación con los datos esenciales del Evangelio ¿no pondría de manifiesto que muchas formas de la vida e identidad sacerdotal, consideradas esenciales largo tiempo, estaban en realidad condicionadas culturalmente? El estudio de la historia de la teología ¿no confirmaría estas perspectivas? ¿No se

---

13 Cf. Schweitzer, Albert, *Geschichte der Leben-Jesu-Forschung*, 1906.
14 Cf., por ej., Poulat, Emile, *Histoire, dogme et critique dans la crise moderniste* , 1996[3].
15 Cf. DV 11–12.
16 Cf. Sánchez Navarro, Luis – Granados Carlos (eds.), *Escritura e interpretación,* 2003.
17 Cf. Küng, Hans, *Erkämpfte Freiheit*, 2002, 460–461.

habría producido una sacralización indebida de formas sacerdotales relativas, en detrimento de la prioridad de la experiencia cristiana en medio del mundo?[18]

Las enseñanzas conciliares mismas podían ser vistas como una confirmación de esta profunda interpelación. Pues invitaban a dejar atrás una comprensión "juridicista" y "jerarcológica" de la Iglesia, en la que el ministerio se comprendería como por encima y casi externo a la realidad eclesial, en la que la situación constitucional de los laicos sería la de sujetos "pasivos"[19]. Y, por otra parte, insistían en la prioridad del Pueblo de Dios, a cuyo servicio ha de ser comprendido el ministerio sacerdotal[20], en la participación de todos los fieles cristianos en los *tria munera* de Jesucristo[21], en la llamada universal a la santidad[22], en la igual dignidad de todos los miembros del Cuerpo, llamados todos a la misma gran tarea de su edificación en medio del mundo[23].

Aunque en su capítulo tercero *Lumen Gentium* ofrece ciertamente una enseñanza clara y articulada sobre el significado constitutivo y la misión propia del ministerio sacerdotal en la Iglesia, las dificultades del acercamiento crítico a los acontecimientos históricos fundacionales hacían posible que la puesta en cuestión de la identidad católica tradicional del sacerdote, e incluso de esta enseñanza conciliar, alcanzase gran resonancia. En efecto, dada la prioridad absoluta de la figura histórica de Jesucristo y, por tanto, metodológicamente el lugar privilegiado de la Sagrada Escritura, la enseñanza misma del Vaticano II ¿no podría ser entendida como un paso en el camino de la renovación, como una invitación a ir más allá por el mismo sendero?

3.

Para el pensamiento católico, no es posible aceptar una contraposición radical entre Escritura y Tradición, entre acontecimientos históricos originales y permanencia en el tiempo de su tradición viva[24]. Por ello, salvaguardar y poner en el centro lo esencial del Evangelio –como indica el Vaticano II– no puede implicar que las formas institucionales y, en concreto, sacerdotales sean necesarias, pero siempre relativas, y hayan de ser examinadas a la luz de su fidelidad al Evangelio, de modo que se puedan dejar atrás incluso elementos dogmáticos proclamados por el Magisterio.

---

18 Una presentación de esta problemática, por ej., en Greshake, Gisbert, *Priestersein in dieser Zeit*, 2000, 40ss; González Faus, José Ignacio, *Hombres de comunidad. Apuntes sobre el ministerio eclesial*, 1989.
19 Cf., por ej., Congar, Yves, "De la communion des Églises à une ecclésiologie de l'Église universelle", 1964, 227–260; *Le concile de Vatican II*, 1984.
20 Cf. LG 18, además de la prioridad otorgada en la estructuración de los capítulos de LG.
21 LG 10, 12, 31.
22 LG, cap. V.
23 Cf. LG 32.
24 Cf. DV 9–10.

Tales planteamientos no sólo se asemejarían a los propios de un pensamiento protestante[25], sino que sufren de una dificultad primera y esencial, claramente manifestada en la historia de la investigación de la vida de Jesús: ¿Cómo accedo a la verdad del Evangelio, para juzgar a su luz, si la realidad de la que hablo no permanece viva y accesible en la historia? ¿cómo evito el subjetivismo que implica interpretar lo fundativo cristiano a la luz de las perspectivas antropológicas y sociales del momento? ¿cómo evito, en fin, que la misma objetividad original presupuesta –el Evangelio– se convierta en algo inseguro y dudoso?[26]

Esta problemática es particularmente incidente en lo más propio de la teología sacerdotal, ya que ésta tiene en su raíz misma la afirmación de la novedad radical del sacerdocio neotestamentario. Como ha podido mostrar bellamente la exégesis católica reciente[27], la singularidad imparagonable de la persona de Jesucristo es presentada por el NT como la del único verdadero sacerdote, el mediador de la Alianza, de la relación definitiva entre Dios y el hombre, gracias en particular al sacrificio pascual, no realizado en el templo de Jerusalén, sino por el camino de la cruz y de la resurrección. De esta novedad radical, inseparable de la persona y de la misión de Jesucristo, dependerá la comprensión del sacerdocio ministerial en la Iglesia, que, por tanto, no podrá ser deducida en su identidad más propia de ninguna consideración de filosofía o historia de las religiones, y ni siquiera a partir de los solos datos del AT.

Pues bien, ¿cómo es posible acceder a tal novedad singular y participar en ella? El mismo NT pone de manifiesto cómo esta cuestión radical se presentaba ya en la vida misma de Jesús con sus discípulos. En este punto ha insistido recientemente también la investigación, la llamada *Third Quest*, exigiendo leer históricamente los textos no según un criterio de discontinuidad – como la escuela postbulmaniana – sino de compatibilidad, de adecuación al mundo de la época[28]. Observan que, de otro modo, Jesús habría permanecido incomprensible ya para sus contemporáneos; aunque así relativizan o niegan explícitamente la singularidad imparagonable de Jesús[29].

Sin embargo, el testimonio neotestamentario abre perspectivas diferentes: Los Doce aparecen llamados a un cambio profundo de mentalidad, a una verdadera conversión, de la que han querido dejar testimonio explícito los escritos apostólicos, mostrando con claridad el recorrido que hubieron de hacer – como también, por supuesto, Pablo – para alcanzar la comprensión de la misión de Jesús.

La iniciativa de Jesucristo fue la condición de posibilidad del ministerio apostólico. Él elige libremente a los que quiere y los llama a estar en su compañía, para

---

25 Cf., por ej., recientemente Wenz, Gunther "Episkope im Dienst der Apostolizität der Kirche", 2004, 38–67.

26 Observación ya hecha en la teología católica desde el inicio; sigue siendo válido lo que dice, por ej., Drey, Johann Sebastian, "Vom Geist und Wesen des Katholizismus", 1940, 202–203.

27 Cf., por ej., Schlier, Heinrich, "Die neutestamentliche Grundlage des Priestertums", 1970, 81–114; Vanhoye, Albert, *Sacerdotes antiguos, sacerdote nuevo*, 1984.

28 Cf., por ej., Theissen, Gerd – Winter, Dagmar, *Die Kriterienfrage in der Jesusforschung*, 1997.

29 Cf. Carrasco Rouco, Alfonso, "La puesta en cuestión histórico-crítica del testimonio apostólico sobre Jesucristo", 2001, 207–231; "Historia y Revelación: acceso crítico a la figura de Jesucristo", 2002 117–134.

conocerlo, comprenderlo y participar en su misión[30]. El camino de los apóstoles es el de una profundización paulatina en esta relación, hasta los acontecimientos de la cruz, la resurrección y el don del Espíritu. Ellos mismos testimonian la necesidad en que se encontraron de dejar atrás su lógica humana[31], de abrirse francamente a la pregunta de quién era Jesús, al que se habían adherido de corazón[32], de dejarse introducir por Él a una unión inimaginable como la manifestada en el don de su Cuerpo y de su Sangre en la Última Cena. El don pascual del Espíritu los introducirá a toda la verdad de lo manifestado y realizado en Cristo[33], y los hará capaces de dar testimonio auténtico de las grandes obras realizadas por el Padre en su Hijo Jesucristo[34].

Las coordenadas neotestamentarias del ministerio apostólico son, pues, por una parte la afirmación de la incomparable singularidad de Jesús y de su misión, y, por otra, su iniciativa personal que determina la modalidad concreta de la participación de sus discípulos. En otras palabras, el ministerio apostólico presupone la afirmación de Jesucristo como único verdadero sacerdote, así como la realidad de una comunión vivida con Él, en la que el apóstol ha sido llamado a entrar y tendrá la misión de salvaguardar en toda su verdad, anunciar y proponer a los hombres.

De esta manera, la reflexión teológica, buscando comprender la relevancia única de la figura histórica de Jesucristo para el hombre, descubre en el mismo NT que ello presupone el modo histórico concreto en que Jesús mismo introduce al hombre a la relación con Él. No hay verdadero conocimiento de Cristo que no sea relación viva con Él.

Sin un discipulado verdadero, sin una experiencia real de seguimiento y comunión, en la que el hombre se renueve, es inevitable interpretar a Jesucristo con criterios humanos, con "pensamientos [que] no son los de Dios, sino los de los hombres"[35], en expresión neotestamentaria. De ello ofrecen pruebas abundantes los esfuerzos inmensos realizados en aquellas investigaciones histórico-críticas que pretenden partir de la *sola Scriptura*. Quedarse en categorías "mundanas" será el riesgo que corra también una teología del sacerdocio que no sepa valorar la realidad histórica de la comunión con Cristo, como ámbito de humanidad renovada por su presencia y por el don de su Espíritu, o que considere no necesitar de esta Tradición viva para alcanzar una verdadera comprensión del Evangelio – por ejemplo, pretendiendo poder dejar atrás elementos de la identidad sacerdotal de los que el Magisterio eclesial ha dado testimonio auténtico.

4.

La teología del sacerdocio depende, pues, de un presupuesto único y fundamental: la singularidad absoluta de Jesucristo, la afirmación de su Encarnación y de su

---

30 Cf. Mc 3,13–19.
31 Cf., por ej., Mt 16,23; Mc 10, 38ss; Jn 13,6–9.
32 Cf., por ej., Mt 16,13–17; Jn 6,68–69.
33 Jn 14,16–17.25–26; 15,26; 16,7–15.
34 Hch 2,4.11.22ss.
35 Cf. Mt 16,23.

Pascua, su presentación como único y eterno sacerdote[36], que establece para siempre la relación del hombre con Dios. La novedad radical de este acontecimiento, sin embargo, no puede sostenerse ante una razón crítica más que reconociendo también el hecho de una experiencia histórica que permite a los hombres alcanzar el conocimiento de esta Persona singular, poder hablar y actuar en comunión con Él.

Por consiguiente, presentar el ministerio sacerdotal – de los sucesores y colaboradores de los apóstoles –, como peculiar participación en el único sacerdocio de Cristo, significa no separarlo de la pertenencia histórica a la realidad de comunión y seguimiento de Cristo que el Espíritu mantiene viva hasta el fin de los tiempos, y comprenderlo como un servicio para que los hombres puedan participar en la comunión con Jesucristo, y en Él con Dios Padre.

Se comprende así la importancia de la afirmación tradicional de que nuestro Señor Jesucristo instituyó el sacerdocio ministerial en su Última Cena con los Doce, uniéndolo desde el inicio con el sacramento de la Eucaristía. Considerando que Jesús ha querido constituir así la forma definitiva de la unidad de sus discípulos con Él, se ve con claridad que el cumplimiento de la misión apostólica, el anuncio del Evangelio, no podrá separarse nunca del anuncio y la propuesta de la comunión en Cristo – y se ilumina igualmente la doctrina tradicional que, definiendo la *potestas* propia del sacerdote por su objeto, comprende a éste a partir de la Eucaristía[37].

En todo caso, para la teología sacerdotal tiene un significado vital no preterir ningún aspecto esencial de este acontecimiento fundativo: ni el hecho de la institución por la libre voluntad de Cristo, ni la concreta forma comunional en que Él otorga a los suyos una participación peculiar en su sacerdocio único. De este modo, será posible comprender unitariamente los rasgos principales del ministerio sacerdotal, en continuidad con el testimonio neotestamentario.

Así, no podrán contraponerse la dimensión cristológica, la pertenencia a Cristo, que llama y envía a los apóstoles, y la dimensión pneumatológica, el don del Espíritu, al hablar del ministerio sacerdotal. Cristo es quien dona el Espíritu, y el Espíritu es quien conduce a los discípulos a la comunión en Cristo y los hace capaces de comunicarla, de anunciar el Evangelio en la verdad. El don del Espíritu, que ha hecho posible el cumplimiento de la misión apostólica y sigue siendo condición de posibilidad del ministerio sacerdotal, no podrá entenderse como un principio alternativo o diferente al de la realidad histórica de vida en unidad con Jesucristo; en palabras de Pablo, "en un solo Espíritu hemos sido bautizados, para no formar más que un cuerpo"[38].

Se comprende igualmente el significado radical de la dimensión histórica del ministerio, a la que apela el título de "sucesores de los apóstoles" y en cuyo horizonte sitúa el capítulo III de *Lumen gentium* toda su enseñanza sobre el ministerio jerárquico[39]. En efecto, sin ser introducidos en la misma realidad de unidad ofrecida

---

36 Cf. "El sacerdocio de Cristo, expresión de su absoluta 'novedad' en la historia de la salvación ..." (PDV 12d).
37 Cf., por ej., Tomás de Aquino, *Summa contra gentiles,* IV, c. 74.
38 1Co 12,13.
39 LG 18–20.

por Cristo a los suyos, no existe posibilidad real de participar en su sacerdocio. De hecho, el carisma del Espíritu que hará posible la participación en el ministerio, se transmitirá desde el inicio por imposición de manos de los apóstoles[40], incorporando a la misma comunión que los Doce testimonian, en la que ellos mismos fueron introducidos en Pentecostés por el Señor.

De modo semejante, no podrá separarse tampoco el actuar *in persona Christi*, como enviados suyos, con la autoridad de esta misión, y actuar *in persona Ecclesiae*, como quien es originado por la comunión en Cristo, habla en nombre de esta relación con Él, y la propone y ofrece gratuitamente como única vía de salvación para los hombres. Pues no es posible separar la prioridad de Jesucristo, su ser principio de vida y salvación, de la relación con Él, de la profunda unidad que Él vino precisamente a establecer, llegando hasta el don de su cuerpo, su sangre y su Espíritu.

5.

Un acercamiento a los hechos fundacionales de la tradición cristiana que permita afirmar su significado único y universal, como revelación definitiva de Dios en la Encarnación del Hijo, es la principal condición de posibilidad de una recepción fructuosa de las enseñanzas conciliares, como ha podido entreverse a propósito del ministerio apostólico. A modo de rápida verificación, conviene ahora retomar desde este punto de vista algunos aspectos de este proceso de renovación de la teología sacerdotal.

a) La dimensión constitucional

El reconocimiento de Jesucristo como único y eterno sacerdote no implica sólo la afirmación teórica de una singularidad incomparable, sino ante todo que su Persona y acción no son sustituibles por el hombre, que su presencia es siempre indispensable.

Esta prioridad radical de la obra salvífica de Cristo determina la finalidad y el sentido del sacerdocio ministerial, llamado a hacer presente en la Iglesia a Jesucristo como Aquel que antecede a todos, que ha abierto el camino de la reconciliación y de la unidad con el Padre, que es la verdad y la vida para todos, y de quien todos la reciben permanentemente.

Este peculiar servicio en que el ministro hace presente la persona y la acción del Señor no es posible desde las propias capacidades humanas, sino que presupone una relación con Él, un don y un mandato, de naturaleza sacramental[41]. Como Cristo llamó y dio a los apóstoles una participación semejante en su misión – *quien acoja al que yo envíe, me acoge a mí*[42] –, para que fueran *embajadores* suyos, *como si Dios exhortara por medio de ellos*[43], sus sucesores y colaboradores siguen recibiendo en

---

40 Hch 6,6; 1Tm 1,18; 3,11ss; 4,14; 5,22; 2Tm 1,6–8; 2,2; Tt 1,5ss.
41 Cf. PDV 14.
42 Jn 13,20.
43 2Co 5,20.

el sacramento del orden una participación en la misión de Jesucristo, que se diferencia ontológicamente – y no por grado – de la que recibe todo fiel en el bautismo[44]; de manera que pueden representar a Cristo como principio de vida, maestro y pastor verdadero de su Pueblo.

Se necesita un "don espiritual", transmitido en el sacramento del orden, para que los ministros puedan ser instrumentos de la presencia del Señor, actuar "en persona" del mismo Cristo, Maestro, Sacerdote y Pastor[45]; de modo que, por su servicio, Cristo mismo "anuncia la Palabra de Dios a todos los pueblos y administra sin cesar los sacramentos de la fe a los creyentes, …, dirige y guía al Pueblo de la Nueva Alianza en su caminar hacia la felicidad eterna"[46].

Así pues, el sacerdocio ministerial es un signo sacramental de la precedencia de Jesucristo, cabeza de la Iglesia, y de la necesidad de vivir en la comunión eclesial que Él sigue generando "en el Espíritu Santo por medio del Evangelio y de la Eucaristía"[47].

Esta precedencia de Cristo sobre la comunión de la Iglesia no es sólo temporal, sino estructural. La forma misma de la revelación pide del fiel una permanente adhesión a Jesucristo, que es siempre al mismo tiempo seguimiento y unidad con Él. Por ello, el ministerio de su presencia como Pastor verdadero es imprescindible para la realización histórica de la Iglesia, que no estaría plenamente constituida sin él, ni podría sustituirlo por ningún otro tipo de "servicio" de presidencia o de organización de la comunidad. La misión apostólica transmitida con el don sagrado del sacramento del orden es condición de la existencia plena de la comunión eclesial en la historia[48].

La igualdad de los fieles no se contradice con el reconocimiento de que la comunión eclesial tiene una constitución jerárquica por voluntad del Señor. Pues la presencia de este ministerio no niega la igual dignidad de todos los fieles cristianos; sino que mantiene vivo su verdadero fundamento, es decir la memoria de que su común dignidad y misión se basa en Jesucristo, no en sí mismos y en los propios proyectos.

b) La prioridad de la comunión en Cristo

La comprensión de la misión de Jesucristo, de la naturaleza del amor y de la obra de Dios, necesitó un proceso de acompañamiento, de permanencia en la unidad con el Señor, que Él mismo consideró imprescindible e hizo definitivo en la Última Cena: los Doce reciben su Cuerpo y su Sangre, y son llamados a permanecer con Él más allá de la muerte, participando de la vida del Reino, manifestada ya en la resurrección del Señor, glorificado por el Espíritu.

Esta comprensión del Evangelio iluminará todo el ministerio apostólico, que se concebirá como servicio a Jesucristo y anuncio a los hombres de que en Él, en su cruz y en su resurrección, se encuentra el sentido y la plenitud a la que están desti-

---

44 Cf. LG 10b.
45 Cf. LG 21b.
46 Cf. LG 21ª.
47 *Christus Dominus* 11.
48 Cf., por ej., Ratzinger, Josef, *Zur Gemeinschaft gerufen*, 1991, 98–123.

nadas todas las cosas[49]. Todo ministerio sacerdotal será, por tanto, testimonio y anuncio de la vida en comunión con Cristo, como el don mayor, gracias al cual florece la vida del hombre en la verdad y el amor, en camino hacia su destino de salvación.

Así pues, el sacerdocio ministerial, por su naturaleza misma, está destinado en primer lugar al servicio de la vida de los fieles cristianos, de modo que acojan con fe el amor redentor de Cristo y que, unidos a Él en un solo Espíritu, hagan de su vida también una entrega de amor al Padre, para bien de los hermanos.

No tendría sentido contraponer la figura y la misión del presbítero con la participación sacramental de todo fiel cristiano en la vida y la misión de Cristo, en sus *tria munera* – sacerdote, profeta y rey[50]. En otros términos, el sacerdocio ministerial no sustituye, sino que más bien promueve el sacerdocio bautismal de todo el Pueblo de Dios[51]. El ministro recibirá con agradecimiento y alegría, por tanto, los frutos de la gracia en la vida de los cristianos, en las diferentes vocaciones, carismas y estados de vida, y tendrá como misión conducirlos a su plena realización eclesial[52], es decir a ser vividos en la unidad de la fe y de la comunión[53], de la que la Eucaristía es fuente y culmen[54].

La prioridad radical de la comunión en Cristo, de la que proviene y a la que sirve el ministerio sacerdotal, evita, en particular, que la participación sacramental del ministro en el sacerdocio de Cristo, pueda ser entendida como un "grado" superior de gracia, que dejaría en segundo lugar la relación del fiel con Cristo Salvador[55].

Al contrario, el ser discípulo del Señor no deja nunca de ser la condición propia de todo cristiano, sea cual fuere la misión, el carisma o el estado de vida de cada uno[56]. En este sentido, el sacerdocio "común" o "bautismal" no es superado o dejado atrás tampoco en el sacerdocio ministerial, sino que es condición de su posibilidad, como el bautismo lo es del sacramento del orden[57]. Más aún, esta dimensión de discipulado ayudará a superar el riesgo de un ejercicio "funcionarial" del propio ministerio, como si la objetividad del orden sacramental invitase a hacer abstracción de la propia persona. Ello se contradiría con la economía neotestamentaria, ya que a la esencia del sacerdocio ministerial pertenece precisamente el anuncio del Evangelio y, por tanto, el ser expresión del amor del Señor, de la común pertenencia a la comunión con Él, de la esperanza firme, sostenida por el Espíritu, del bien y de la salvación del mundo. En realidad, proviniendo de la comunión y del amor del Señor, la misión recibida es siempre también un don destinado a convertirse en principio de vida y perfección para el ministro[58].

---

49 Cf. Hch 2,22–36; 1Co 1,22–23; 2,2.
50 Cf., por ej., PO 2ª.
51 Cf. PDV 17.
52 Cf. LG 12b; cf., por ej., CARRASCO ROUCO, ALFONSO, "El ministerio: comunión de carismas y ministerios", 2003, 141–157.
53 Cf. LG 18.
54 Cf. LG 11.
55 Un temor semejante expresa, por ej., WENZ, GUNTHER, *Kirche*, 2005, 77–107.
56 Ofrece una reflexión general, por ej., BALTHASAR, HANS URS VON, *Christlicher Stand*, Einsiedeln 1977.
57 Cf. S. AGUSTÍN, *Sermo* 340, 1: PL 38, 1483 (atribuído en realidad a CESARIO DE ARLES).
58 PO 12c.

c) El servicio como forma intrínseca del ministerio sacerdotal

La enseñanza neotestamentaria sobre el ministerio apostólico, que afirma la priori-dad radical y permanente de la obra de Jesucristo y la necesidad de permanecer en la unidad con Él, pone de manifiesto particularmente la naturaleza del sacerdocio como "diaconía".

Esta dimensión había sido subrayada también por el Concilio Vaticano II, que, desde el inicio, evita comprender al ministerio como expresión de un mero poder humano, como la actividad de alguien que obraría en nombre propio o que no reen-viaría más allá de sí mismo y de la propia subjetividad; y propone una consideración plenamente sacramental del ministerio[59], entendido radicalmente al servicio de la Iglesia[60]. *Lumen gentium* recoge sintéticamente estas enseñanzas en una afirmación decisiva: "la consagración episcopal confiere, junto con la función de santificar, también las funciones de enseñar y gobernar, las cuales, sin embargo, por su propia naturaleza, no pueden ejercerse sino en comunión jerárquica con la Cabeza y los miembros del Colegio"[61].

Siguiendo la teología sacramental común en la Iglesia occidental, de tradición agustiniana, el Concilio enseña, pues, que precisamente el don espiritual recibido en la sacramento hace del ministro un servidor, como un instrumento de Cristo que, por medio de su Espíritu, es el verdadero sujeto que obra en la Palabra y los sacramentos – y, podría decirse, es el único verdadero sacerdote.

En efecto, el hombre no produce ni puede determinar la naturaleza de este don, que es otorgado por Cristo mismo[62]. Tampoco es dejado a su arbitrio el objeto mis-mo de esta nueva capacidad o *potestas,* la Palabra y los sacramentos; son, más bien, realidades que pertenecen a Dios y a su Iglesia, y que el sacerdote está llamado a respetar y servir. Del mismo modo, el fruto no es tampoco obra del ministro, pues coincide con la comunión eclesial, como realidad de gracia construida por el Espíri-tu del Señor[63]. En realidad, el ministro no puede ni siquiera cambiar el hecho de poseer este don sacramental: es inamisible.

De esta manera se pone en evidencia la radical naturaleza "instrumental" de este servicio, por la que el verdadero sujeto de la acción es Jesucristo. El ministro, por tanto, no puede pretender ser el principio de la vida nueva del fiel, sustituyéndose al Espíritu de Cristo, ni determinar él la naturaleza del servicio al que está llamado y de la Comunión a la que sirve. Al contrario, la misión del ministro implica en éste una subordinación radical. Su significado, su autoridad en la Iglesia radica paradóji-

---

59 Cf. LG 21.

60 Cf. *Relatio generalis ad* cap. III: AS III–I, 210.

61 LG 21b.

62 Para la presentación que sigue, cf., por ej., Carrasco Rouco, Alfonso, *Le primat de l'évêque de Rome*, 1990, 203–210; "Notas a propósito de la recepción en el Vaticano II de la enseñanza dogmáti-ca sobre el primado petrino", 1998, 448ss.

63 Es ésta una de las grandes intuiciones formuladas por S. Agustín, que están en los fundamentos mismos de nuestra teología de los sacramentos: ningún don sagrado tiene valor fuera de la unidad y todo don sagrado, en la medida en que existe, pertenece a la Iglesia; a modo de ejemplo, véase *De baptismo*, III, 18, 23: PL 43,150 = CSEL 51, 214-215. Puede verse la permanencia de estas ideas por ej. en Ratzinger, Joseph, *Theologische Prinzipienlehre*, 1982, 48.

camente en su obediencia: proviene de obrar en representación de Otro, *in persona Christi*, y, concretamente, guardando y transmitiendo el Evangelio recibido, estando sometido a la Palabra de Dios y a sus formas de transmisión en la historia[64]. Por ello, es esencial al ejercicio de su ministerio que su intención sea "someterse al agente principal: es decir, que quiera hacer lo que hace Cristo y la Iglesia"[65].

Así pues, para poder celebrar y anunciar realmente la Palabra y los sacramentos de Cristo, el ministerio, *natura sua*[66], ha de ser ejercido en la comunión de la Iglesia, con los sucesores de los apóstoles y el sucesor de Pedro; pues la Palabra y los sacramentos son realidad histórica plena sólo en el ámbito de la una y única Iglesia de que proviene históricamente de Cristo, y no son ni originados ni definidos por la actividad o la comprensión de los ministros. De modo que separarse de la comunión eclesial no sólo pone en cuestión la fecundidad espiritual, sino que imposibilita incluso el ejercicio del poder sagrado, en la misma medida en que la separación afecta a la substancia de la Palabra y de los sacramentos: en esa medida, el ministro, obrando, no hace nada con valor real[67].

La radical naturaleza diaconal del sacerdocio, manifiesta en la estructura misma de su ejercicio, testimonia, de nuevo, que su misión surge como expresión de la unidad con Cristo, vivida históricamente en su Iglesia, y sólo puede llevarse a cabo permaneciendo en esta comunión, como servicio a la incorporación de los hombres a este ámbito de vida nueva abierto por la Pascua del Señor.

El definir su misión como "servicio" no restringe entonces la libertad del ministro, que, al contrario, ha sido llamado según la ley más profunda de la comunión, ofrecida sin límites a los suyos por el Señor: "Hijo, tú siempre estás conmigo y todo lo mío es tuyo"[68]. De hecho, Cristo mismo ha definido su propia misión como "servir y dar la vida como rescate por muchos"[69]. La "diaconía" es, pues, para el sacerdote forma de participación en el mismo Espíritu de Cristo[70], y respuesta personal al don de esta comunión; es dar la vida también en un gesto de amor, de entrega a la obra de Cristo para la salvación de los hombres. Así, es un servicio al Evangelio, a la unidad de los fieles en la fe y en la comunión; y, por tanto, es un servicio a la Iglesia. Pero es igualmente, al mismo tiempo, un servicio a todos los hombres, a su destino verdadero, a una unidad entre ellos realizable en la historia, a la fraternidad, la reconciliación y la paz que están fundamentadas en el don de Cristo.

El sacerdote sabe que, con la propia entrega personal y el propio servicio, participa de lo más íntimo de la misión salvadora de Jesucristo. Esta es la esperanza que

---

64 Véanse, por ej., las afirmaciones explícitas de DV 10 a propósito del *munus docendi;* cf. SESBOÜÉ, BERNARD, "La communication de la Parole de Dieu: *Dei Verbum*", 1996, 541.
65 S. TOMÁS DE AQUINO, *Summa theologiae,* III, q. 64, a. 8, ad 1.
66 Cf. LG 21b.
67 Para el desarrollo canónico de esta idea, véanse los artículos de CORECCO EUGENIO recogidos en *Ius et Communio. Scritti di Diritto Canonico,*1997, vol. I, 454-485; vol. II, 283-315.
68 Lc 15,31.
69 Mc 10,45.
70 Cf., por ej., S. AGUSTÍN: "Debet enim, qui praeest populo, prius intellegere se servum esse multorum. Et hoc non dedignetur: non, inquam, dedignetur servus esse multorum; quia servire nobis non dedignatus est dominus dominorum" (*Sermo 340A,* 1: PLS 2, 637).

anima el propio ministerio y, al mismo tiempo, lo que, en la memoria de la iniciativa gratuita y de la grandeza del don del Señor, le permite llevar a cabo en la paz[71] una tarea siempre desproporcionada: ser testigo privilegiado de las grandes obras de Dios a favor de los hombres; es decir, de la iniciativa redentora de Cristo y de su fruto, la reconciliación y la unión íntima con el Padre y entre los hombres, la salvación del mundo.

Bibliografía secundaria

BALTHASAR, HANS URS VON, *Schleifung der Bastionen*, Einsiedeln 1952
- *Christlicher Stand*, Einsiedeln 1977
BLÁZQUEZ, RICARDO, "Introducción general" in: *Concilio Ecuménico Vaticano II*, Madrid 1993
CARRASCO ROUCO, ALFONSO, *Le primat de l'évêque de Rome*, Fribourg 1990
- "Notas a propósito de la recepción en el Vaticano II de la enseñanza dogmática sobre el primado petrino", *Compostelanum* 43, 1998, 433–459
- "La puesta en cuestión histórico-crítica del testimonio apostólico sobre Jesucristo", *RET* 61, 2001, 207–231
- "Historia y Revelación: acceso crítico a la figura de Jesucristo", in: PÉREZ DE LABORDA, ALFONSO, (ed.), *Dios para pensar,* Madrid 2002, 117–134
- "El ministerio: comunión de carismas y ministerios", in: COMISIÓN EPISCOPAL DE SEMINARIOS Y UNIVERSIDADES (ed.), *Espiritualidad de comunión,* Madrid 2003, 141–157
CONGAR, YVES, "De la communion des Églises à une ecclésiologie de l'Église universelle", in: *L'episcopat et l'Église universelle,* Paris 1964, 227–260
- *Le concile de Vatican II*, Paris 1984
CORECCO EUGENIO, *Ius et Communio. Scritti di Diritto Canonico,* I–II, Lugano 1997
DREY, JOHANN SEBASTIAN, "Vom Geist und Wesen des Katholizismus" [1819], in: GEISELMANN, JOSEF RUPERT (Hg.), *Geist des Christentums und des Katholizismus*, Mainz 1940
GONZÁLEZ FAUS, JOSÉ IGNACIO, *Hombres de comunidad. Apuntes sobre el ministerio eclesial,* Santander 1989
GUARDINI, ROMANO, *Das Wesen des Christentums*, Mainz-Paderborn [7]1991
GRESHAKE, GISBERT, *Priestersein in dieser Zeit,* Freiburg-Basel-Wien 2000
HÜNERMANN, PETER, "Theologischer Kommentar zur dogmatischen Konstitution über die Kirche", in: *Herders Theologischer Kommentar zum Zweiten Vatikanischen Konzil*, B. 5, Freiburg 2006
KÜNG, HANS, *Erkämpfte Freiheit*, München-Zürich 2002
LUBAC, HENRI DE, *La révélation divine*, Paris [3]1983
PHILIPS, GERARD, *L'Église et son mystère au deuxième Concile du Vatican,* I, Paris 1967

---

71 Cf. Lc 17,10.

Poulat, Emile, *Histoire, dogme et critique dans la crise moderniste*, Paris ³1996

Ratzinger, Joseph, *Theologische Prinzipienlehre. Bausteine zur Fundamentaltheologie*, München 1982

- *Zur Gemeinschaft gerufen*, Freiburg-Basel-Wien 1991
- "L'ecclesiologia della Costituzione *Lumen Gentium*", in: *Il Concilio Vaticano II* (Fisichella, Rino, a cura di), (Milano 2000) 66–81

Ruggieri, Giuseppe, "Il difficile abbandono dell'ecclesiologia controversista", in: *Storia del Concilio Vaticano II* (Alberigo, Giuseppe, dir.), II (Bologna 1996) 309–383

Sánzchez Navarro, Luis – Granados Carlos (eds.), *Escritura e interpretación*, Madrid 2003

Schlier, Heinrich, "Die neutestamentliche Grundlage des Priestertums", in: *Der priesterliche Dienst*, I, Freiburg-Basel-Wien 1970, 81–114

Sesboüé, Bernard, "La communication de la Parole de Dieu: *Dei Verbum*", in: Sesboüé, Bernard – Theobald, Christian (sous dir.) *Histoire des dogmes, tome IV: La parole du salut*, Paris 1996, 511–558

Schweitzer, Albert, *Geschichte der Leben-Jesu-Forschung*, Tübingen 1906

Theissen, Gerd – Winter, Dagmar, *Die Kriterienfrage in der Jesusforschung*, Göttingen 1997

Vanhoye, Albert, *Sacerdotes antiguos, sacerdote nuevo*, Salamanca 1984

Wenz, Gunther "Episkope im Dienst der Apostolizität der Kirche", in: Schneider, Theodor – Wenz Gunther (Hg.), *Das kirchliche Amt im apostolischer Nachfolge*, I, Freiburg 2004, 38–67
- *Kirche*, Göttingen 2005

Sacerdoti per la nuova evangelizzazione

Rino Fisichella

"La Chiesa ha guadagnato una rinnovata consapevolezza del bisogno di sacerdoti buoni, santi e ben preparati. Essa desidera uomini e donne religiosi completamente sottomessi a Cristo, dediti a diffondere il regno di Dio sulla terra. Nostro Signore ha promesso che coloro che offrono la loro vita ad imitazione di lui la conserveranno per la vita eterna (cfr *Gv* 12,25)"[1]. Le parole di Benedetto XVI contengono tre espressioni che possono costituire quasi uno scenario su cui porre alcune considerazioni circa l'identità del sacerdote davanti la sfida della nuova evangelizzazione. La Chiesa, ha detto il Santo Padre, ha bisogno di sacerdoti "buoni, santi e ben preparati"; ha aggiunto, inoltre, "completamente sottomessi a Cristo"e"dediti a diffondere il Regno di Dio". Un'attenta analisi ed esplicitazione di queste parole permetterebbe di costruire realmente l'identità del sacerdote per il mondo contemporaneo nella sua missione di portare il Vangelo sempre, dovunque e nonostante tutto. Viene chiesto, anzitutto, di verificare le sfide che si pongono nella vita sacerdotale per essere capaci di verificarne l'impatto e trovare sacerdoti in grado di potervi corrispondere.Quando si parla di sfide pastorali, comunque, si pensa ad affrontare quanto il mondo pone dinanzi come una provocazione per il ministero. Questo è vero solo in parte. Le prime sfide che si è chiamati a comprendere e a cui è necessario dare una risposta provengono direttamente all'interno della Chiesa e dell'essere sacerdoti. Solo nella misura in cui si sarà capaci di accettare queste sfide, solo allora si sarà anche in grado di vedere come reali quelle che il mondo pone e che la cultura di oggi rende sempre più manifeste come espressioni di grandi cambiamenti che richiedono il nostro apporto.

La consapevolezza della vocazione

La prima sfida, quindi, è nell'ordine della verifica dell'essere sacerdoti nel mondo di oggi per comprendere a pieno la portata della dimensione vocazionale. Il sacerdozio, infatti, non è una conquista umana o un diritto individuale, come molti oggi pensano, ma *dono* che Dio compie a quanti ha deciso di "chiamare", per "restare

---

1 Benedetto XVI, *Discorso per l'incontro con la comunità cattolica di Cipro*, 5 giugno 2010.

con lui", nel "servizio alla sua Chiesa". Perdere di vista questa dimensione vocazionale equivarrebbe ad equivocare tutto e fare del sacerdote un impiegato e non un uomo che svolge un ministero nel segno della piena gratuità. Accogliere questa considerazione permette di relazionare il sacerdote, in primo luogo, con la realtà che lo pone in essere: l'eucaristia. La vera sfida consiste proprio nel comprendere se stessi in relazione al mistero che viene celebrato e che fa di ognuno un sacerdote di Cristo. L'eucaristia permane come un dono inestinguibile che è stato fatto in primo luogo alla Chiesa e, successivamente ad ogni singolo sacerdote; per questo è dovuto il rispetto e la devozione, senza mai pretendere che si possa gestire il mistero di cui si è servi come se si fosse dei padroni. Tutto il ministero dovrebbe essere caratterizzato dal mettere in primo piano non noi stessi e le nostre opinioni, ma Gesù Cristo. Se nell'azione liturgica – che costituisce l'elemento peculiare del nostro ministero – il sacerdote diventasse il protagonista, contraddirebbe la sua stessa identità sacerdotale e renderebbe vano il ministero. Ogni sacerdote è "servo" e la sua opera può essere efficace nella misura in cui rimanda a Cristo e luiviene percepito come docile strumento nelle sue mani per collaborare con lui alla salvezza.

Vivere del mistero eucaristico porta ad accogliere un'altra sfida, soprattutto se confrontata con il profondo individualismo del mondo contemporaneo, quella della *communio* che il sacerdote è chiamato a vivere. Formare l'*unum presbyterium* intorno al vescovo, per vivere di un amore vero e reale che sull'esempio del Maestro si realizza con una donazione piena e totale di sé a tutti, senza nulla chiedere in cambio. Lasciare tutto per vivere insieme al Maestro in un amore celibe che sa riconoscere quanti sono nel bisogno e nella solitudine per andare a tutti incontro. Questa comunione che il sacerdote è chiamato a vivere, comunque, riporta di nuovo al tema precedente. Essa è, in prima istanza, comunione con il "Corpo di Cristo". La *vita*, per usare il termine pregnante dell'evangelista Giovanni[2], si è fatta visibile ed ora è posta nelle mani del sacerdote sotto il segno del pane eucaristico; per questo egli diventa capaci di atti che superano la sua stessa esistenza personale, perché agisce *in persona Christi capitis*. In altre parole, egli deve farsi forte della convinzione di essere "rivestito di Cristo", e per questo capace di uno stile di vita nuovo che rende evidente a tutti che si vive per un Altro e questi è reso visibile nella sua persona. Fissare lo sguardo sull'Eucaristia equivale, per il presbitero, a trovare il fondamento di tutta la sua esistenza; ciò che gli consente di dare senso al suo ministero e certezza alla sua vocazione. Nutrirsi del corpo e del sangue di Cristo equivale a realizzare un'unità talmente inscindibile, "un solo corpo", che non gli è permesso di partecipare a nessun'altra mensa sacra, né di condividere il proprio corpo con altri. "Chi si unisce al Signore forma con lui un solo spirito... Ora voi siete corpo di Cristo e sue membra, ciascuno per la sua parte"[3]. Paolo non poteva trovare espressione più forte di questa per indicare l'unità basilare che sta a fondamento dell'esistenza cristiana e, *a fortiori*, del ministero sacerdotale. L'essere espropriato di sé per divenire corpo di Cristo è quanto attesta il sacramento dell'eucaristia. Con altrettanto vigore lo afferma Agostino quando scrive: "Se voi, dunque, siete il corpo di

---

2 1Gv 1,2.
3 1Cor 6,17.12,27.

Cristo e le sue membra, sulla mensa del Signore viene posto il vostro sacro mistero: il vostro sacro mistero voi ricevete"[4]. Come dire: sulla mensa eucaristica si celebra il senso della vita sacerdotale. Il mistero che la vocazione sacerdotale rappresenta diventa comprensibile se posto nel mistero più grande di Cristo eucaristia, che permette di verificare quanto una chiamata sia segno di un servizio che dura tutta la vita nel dimenticare se stessi per donarsi ai fratelli in suo nome. In maniera significativa, tornano alla mente le parole del vescovo Ignazio: "Preoccupatevi di attendere ad una sola eucaristia. Una sola è la carne del nostro Signore Gesù Cristo e uno il calice nell'unità del suo sangue. Uno è l'altare come uno solo è il Vescovo con il presbiterio e i diaconi, miei conservi. Se farete questo, lo farete secondo Dio"[5].

La provocazione

A partire da qui emergono altre sfide, questa volta a livello culturale, che richiedono una preparazione corrispondente per non apparire come incapaci nel saper dare una risposta agli uomini del nostro tempo. L'icona dei discepoli di Emmaus, può essere significativa. L'evangelista accenna al fatto che stavano discutendo di quanto era accaduto in quei giorni durante i quali la loro speranza nel compimento della promessa antica sembrava svanita. L'avvicinarsi di Gesù non destò particolare stupore; all'epoca era normale che i viandanti si accostassero per compiere il tragitto insieme e così scambiare qualche chiacchiera per rendere meno faticoso il cammino. I loro occhi, tuttavia, erano incapaci di riconoscere il Risorto e la domanda che questi pone loro su quanto stessero discutendo provoca nei discepoli la reazione conosciuta: "Tu solo sei così forestiero in Gerusalemme da non sapere ciò che vi è accaduto in questi giorni?"[6]. L'espressione può facilmente applicabile a quanto si assiste spesso anche ai nostri giorni. La stessa domanda si potrebbe fare a tanti sacerdoti per chiedere loro se realmente sono consapevoli di quanto sta accadendo in questo frangente della storia nella quale siamo chiamati a svolgere il ministero in nome della Chiesa. Se si vuole, la vera sfida della nuova evangelizzazione che fa riferimento in particolare alle conseguenze del secolarismo trova proprio qui il suo punto focale. Dovremoessere capaci, infatti, di chiederci in che modo il nostro stile di vita si è lasciato contaminare dal secolarismo tanto da non accorgerci più di essere caduti in una grande trappola che ha intaccato la nostra identità e la nostra stessa credibilità, quella di avere assunto il vivere del mondo ben sapendo che noi non siamo del mondo. Figli del nostro tempo, condividiamo le stesse aspirazioni e spesso le medesime forme di indifferenza. E' necessario, per questo, avere una conoscenza profonda del proprio tempo e dei movimenti culturali che ne determinano gli stili di vita.

Una cosa è costantemente verificabile nei duemila anni del cristianesimo: l'attenzione permanente che la comunità cristiana ha avuto nei confronti del tempo in cui viveva e del contesto culturale in cui veniva ad inserirsi. Una lettura dei testi degli

---

4   Agostino, *Discorso* 272.
5   Ignazio, *Ai Filadelfesi*, IV.
6   Lc 24,18.

apologeti, dei Padri della Chiesa e dei vari maestri e santi che si sono succeduti nel corso di questi duemila anni mostrerebbero con estrema facilità l'attenzione al mondo circostante e il desiderio di inserirsi in esso per comprenderlo e orientarlo alla verità del Vangelo. Alla base di questa attenzione vi era la convinzione che nessuna forma d'evangelizzazione sarebbe stata efficace se la Parola di Dio non fosse entrata nella vita delle persone, nel loro modo di pensare e di agire per chiamarli alla conversione. Annunciare il Vangelo in maniera efficace, richiede necessariamente, in primo luogo, la frequentazione con la Parola di Dio che consente a quanti ascoltano di verificare non solo la nostra conoscenza del Vangelo, ma soprattutto la nostra credibilità che si esprime in una coerente testimonianza di vita. Non è escluso da questo processo, comunque, l'attenzione permanente a quanto si vive e si pensa da parte del nostro contemporaneo; in una parola, della "cultura" del proprio tempo.

Ritengo che una prima considerazione verta sul tema del profondo *cambiamento culturale* che stiamo vivendo. D'altronde, è necessario comprendere che dinanzi a una patologia si deve trovare la medicina corrispondente, altrimenti risulta tutto vano. La patologia che è presente nel mondo di oggi è di carattere culturale; è importante, pertanto, conoscerla e trovare il rimedio giusto per vincerla, altrimenti moltiplichiamo le nostre iniziative pastorali che diventano però inefficaci perché non raggiungono l'obiettivo. Chi è immerso in esso, come figlio del proprio tempo, difficilmente riesce a estraniarsi per cercare di comprendere i fenomeni che stanno alla base del proprio modo di pensare e comportarsi. Adeguarsi a un simile movimento diventa, purtroppo, un fatto quasi "naturale" per cui vivere diversamente equivarrebbe a rimanere emarginato dal contesto in cui si vive. E' importante, quindi, cercare di delineare lo spazio *culturale* entro cui viviamo, senza misconoscere o far cadere nell'indifferenza questa dimensione per evitare di non comprendere le necessarie categorie in grado di creare una comunicazione efficace e vivere inconsciamente con l'illusione che il nostro linguaggio di fede sia compreso e accolto nella stessa misura di sempre, il che non è vero. A livello d'analisi dei movimenti culturali sappiamo cosa stiamo lasciando alle nostre spalle, ma non sappiamo ancora con chiarezza verso dove stiamo andando. Se il passato si lascia descrivere con qualche sicurezza, anche se non senza difficoltà; il futuro, invece, rimane ancora avvolto nell'oscurità dell'ipotetico. Si conclude l'epoca della *modernità* che fino ad oggi, nonostante tutto, non riusciamo ancora a definire con contorni chiari e stiamo andando verso la *postmodernità*, che già dal suo nascere porta con sé l'ambiguità del concetto proprio per avere assunto un termine che manca ancora di chiarezza. Ciò a cui stiamo assistendo, di fatto, è un cambiamento epocale che parte dalla trasformazione dei concetti paradigmatici su cui si è costruita un'intera civiltà per millenni.

La risposta

Dinanzi ai grandi cambiamenti è necessario avere consapevolezza di una proposta da additare come contributo della fede. Essa tocca, in primo luogo, il grande tema della *verità*. La *quaestio de veritate* non è un trattato di altri tempi né un reperto archeologico da lasciare nei magazzini per la rincorsa a un *politically correct* che impone di evitare ogni chiarezza – sia essa di carattere teologico o dottrinale – e per appiattire il tutto nella superficialità dei luoghi comuni o dei sentimenti maggiormente diffusi. La verità permane certamente come una *quaestio* che chiede di essere sottoposta al vaglio della ragione per portare ancora una ricchezza di sapienza all'interno del vivere personale e sociale. Un primo interrogativo a cui dare risposta, in ogni caso, può essere formulato così: è proprio necessario, in questi tempi, parlare di verità? Di fatto, facciamo esperienza di un tempo di povertà, di disagio, di mancanza di fiducia nella possibilità di accedere alla verità e, a farne le spese è in primo luogo la religione. Di rado vediamo presentare la fede come una radicale novità di vita che richiede la conversione mentre ci si adagia sul fatto di un cristianesimo anonimo che tutti contiene senza nessuno disturbare; insomma, si preferisce sottacere le differenze, lasciare in ombra i conflitti, smussare gli spigoli. In breve, si ha paura di misurarsi fino in fondo con il problema della verità. La paura per la verità pervade spesso i nostri ragionamenti, obbligandoci a una sorta di strabismo: nella sfera privata conveniamo sulla crisi del tempo presente, mentre in pubblico si preferisce vestire gli abiti più opportuni della tolleranza. Senza verità, però, la vita sarebbe relegata in uno spazio effimero e il rischio di un sopruso del violento sul debole sarebbe sempre all'erta. Se anche il sacerdote, malauguratamente, perdesse la passione per la verità, allora la sua azione pastorale come la sua predicazione sarebbero condannate all'insignificanza. In forza di questo, è necessario riproporre con *parresia* il valore della *veracità*, cioè dell'amore per la verità. Ogni qual volta la nostra azione pastorale diventa un annuncio di verità parte dal presupposto che essa non è una teoria, ma possiede anzitutto un volto, quello di Gesù di Nazareth. L'espressione giovannea che riporta la consapevolezza rivelativa di Gesù: "Io sono la via, la verità e la vita"[7], permane come la fonte originaria della nostra comprensione della verità.

E' urgente, a nostro avviso, il recupero di alcuni tratti che caratterizzano la presentazione del tema della verità. Anzitutto, quella che comporta la visone del *dono* che viene offerto. E' interessante, in questo senso, verificare la grande forza propulsiva che una tematica come questa porterebbe nell'ambito della pastorale soprattutto verificando la relazione tra verità e amore come forma mediante la quale l'offrirsi della verità dischiude un orizzonte di recettività che permette ad ognuno di percepire la propria esistenza come carica di senso. In un periodo come il nostro in cui l'amore sembra sottoposto a una spettacolare contraddizione, non è superfluo recuperare la sua relazione con la verità per verificare quale ricco e fecondo contributo porti nella nostra quotidiana azione pastorale soprattutto in riferimento al mondo giovanile. Che l'amore nasconda in sé l'essenza dell'esistenza personale è una di quelle verità che appaiono tra le più evidenti. E' complesso dover spiegare come sia potuto accadere che l'uomo di oggi abbia recato un danno così grave alla sua esistenza, riducendo l'amore alla passione e confondendolo con una malcelata forma di egoismo. Alla stessa stregua, è incomprensibile verificare come nella nostra stessa azione pastorale vi sia stato uno slittamento verso la solidarietà così da diventare un agenzia di servizi caritativi più che testimoni di un amore gratuito.

---

7 Gv 14,6.

Niente come l'amore ha bisogno di essere ricondotto alla sua verità profonda e, reciprocamente, niente come la verità richiede che trovi forma nell'amore. L'espressione di Paolo "verità nella carità"[8], manifesta l'essenza della relazione; l'enciclica di Benedetto XVI, per alcuni versi, chiude il cerchio affermando *caritas in veritate*. L'amore ha la sua forma nella verità e non altrimenti. La Chiesa ha una profonda responsabilità nei confronti del mondo su questo tema particolare; si deve crescere non solo nella conoscenza di Cristo, ma si deve fare in modo tale che i credenti possano recuperare lo stile di vita consequenziale. La nostra azione pastorale dovrebbe tendere a permettere una crescita nella via della salvezza in modo che progredisca di pari passo con la maturità dei singoli che si inseriscono sempre più nella verità della fede. Lo ricorda l'apostolo: "Questo affinché non siamo più come fanciulli sballottati dalle onde e portati qua e là da qualsiasi vento di dottrina, secondo l'inganno degli uomini, con quella loro astuzia che tende a trarre nell'errore"[9]. Come dire: errore e inganno non permettono di avere una vita stabile e, tanto meno, favoriscono una crescita personale. La verità, pertanto, non è solo in relazione all'amore, ma è interna all'amore e si esprime come amore. In questo modo, la verità *nell'*amore implica che sia esso a decidere del modo in cui la verità viene espressa. Abituati come siamo alla parcellazione della verità e, per paradossale che possa sembrare, divenuti teorici difensori del frammento, in questo modo siamo posti dinanzi a una possibilità che consente di tendere alla totalità della verità in forza del suo permanere nell'amore. Non un amore sentimentale che illude, ma un amore che ha come suo scopo l'accoglienza della verità dell'altro in quanto riconosce in essa lo stesso fondamento da cui proviene la mia verità. Una verità nell'amore, insomma, è la vera sfida che si pone dinanzi a questo cambiamento epocale. Essa riveste i tratti di una condivisione e di un'accoglienza che si fa promotrice di autentico progresso di cui tutti nella Chiesa e nella società abbiamo bisogno.

In questo orizzonte, mi sembra importante il recupero del tema della *confessione*. Non sembri estraneo al discorso in atto, in vista di una nuova evangelizzazione, al contrario. Esso interviene a pieno diritto perché qui si sperimenta l'amore e la verità sulla propria esistenza. Ritengo importante che la nostra pastorale rimetta almeno "in posizione", se non proprio al centro il sacramento della riconciliazione e della direzione spirituale. Vi sono, infatti, temi profondamente collegati che formano un tutt'uno con questo sacramento. Penso, in primo luogo, alla perdita del senso del peccato derivante anche dalla perdita del senso della comunità. Se non si senso di appartenenza a una comunità come si può comprendere lo stile di vita coerente che non sia ancora una volta scelta individualista che rinchiude solo in se stessi? Alla stessa stregua, qui si percepisce il valore portante della verità sulla vita personale fatta di idealità e di contraddizioni che meritano, comunque, l'esperienza della misericordia. Non si dimentichi, inoltre, la necessità di porre se stessi davanti alla verità della propria vita; in un periodo in cui il senso di onnipotenza pervade non pochi, e si confonde il sogno con la realtà, ritornare a fare i conti con chi si è realmente non sarebbe un danno, ma un'urgente necessità. In un contesto culturale

8 Ef 4,15.
9 Ef 4,14.

che ha dimenticato il tema del perdono e che vive sempre di più di violenza e ranco-
re, dare il segno della verità dell'amore che perdona sarebbe un contributo significativo per il progresso della società.

Un'ultima riflessione mi sembra importante. La nuova evangelizzazione tende a
far crescere il senso dell'identità personale in rapporto al senso di appartenenza alla
comunità. Avere spalancato le porte a presunti diritti non ha portato a maggior
coesione sociale né tanto meno a un crescente senso di responsabilità. Ciò che è
dato verificare, piuttosto, è un preoccupante rinchiudersi in un individualismo senza sbocco che, presto o tardi, porterà all'asfissia dei singoli e della società. L'occidente, oggi in particolare, sembra vivere con una profonda paura. Essa diviene quasi congenita presso popolazioni che avevano vissuto un lungo periodo di
ricostruzione dopo la barbarie di due guerre, di crescente benessere e di pace; vacil-
lano molte certezze perché, forse, raggiunte con troppa fretta e senza la dovuta
perspicacia. La sicurezza del lavoro, l'assistenza nella malattia, la casa, la pensione
… insomma, ciò che si conosce sotto il nome di progresso sociale tutto si sbriciola
sotto la scure di una crisi che non lascia spazio se non all'incertezza, al dubbio e
quindi alla paura e all'angoscia. In che modo si può uscire da questo tunnel, che non
è solo di ordine economico e finanziario, ma primariamente culturale e in modo
ancora più specifico antropologico, non è facile. Certo, non si annuncia Cristo perché l'uomo ha paura, ma lo si deve fare anche in forza della paura che possiede
l'uomo. Per alcuni versi, abbiamo il grande compito la responsabilità di creare un
neoumanesimo. Uso intenzionalmente questo termine, perché carico del significato
acquistato con ragione nel corso dei secoli. Esso ha determinato una tappa fondamentale per la nostra cultura. L'umanesimo, infatti, segnò a suo tempo un autentico
entusiasmo che investì tutti gli ambiti dell'attività umana. L'umanesimo fu la capacità di comprendere il cambiamento che si stava realizzando, ma ugualmente espresse la convinzione di poter rileggere e per alcuni versi risolvere i problemi che l'umanità possedeva da sempre. Non fu una visione frammentaria del mondo, ma unitaria;
così come unitaria era la lettura dell'uomo che era stato posto al centro del creato.
In questa fase, che si estese dalla filosofia alla letteratura, dall'arte alla scoperta di
nuove terre, Dio non era escluso ma diventava l'orizzonte di senso della ricerca
personale e della vita sociale. Un umanesimo in cui la passione per la verità acquisita nel passato diventava vero traino di trasmissione di una cultura fortemente.
Ricreare questo umanesimo è un compito che spetta a tutti e la sua realizzazione
non può essere unilaterale. Noi siamo chiamati a dare il nostro contributo peculiare come lo è stato nei secoli passati. Abbiamo a cuore il destino dei popoli e dei
singoli, perché la nostra storia ci ha resi "esperti in umanità"[10]. Il Vangelo che tra-
smettiamo di generazione in generazione è annuncio di un nuovo modo di vivere,
realizzato per superare la paura più grande che l'uomo possiede: la morte come
annientamento di sé. Il recupero di una forte identità cristiana coniugata con un
profondo senso di appartenenza è un obiettivo che dobbiamo porre come prioritario-
rio nella formazione delle nuove generazioni. Solo in questo modo, mi sembra, si

---

10 Paolo VI, *Discorso all'Assemblea delle Nazioni Unite*, 4 ottobre 1965.

può guardare alla costruzione di un nuovo modello di partecipazione alla vita sociale che sia peculiare della fede e garanzia di progresso autentico, oltre il frammento è forte di un fondamento comune.

Le problematiche sarebbe molte, ma qui si concentra quanto ritengo possa essere direttamente coinvolgente nel mondo di oggi. E' necessario per noi cogliere anche il momento favorevole di una forte richiesta di spiritualità che investe il nostro contemporaneo. Comprendere questa esigenza e saper dare una risposta, equivale a porre il senso della vita personale nella sua completezza perché la spiritualità non esula dall'assumersi impegni nel mondo; piuttosto è la capacità di verificare in quale modo l'impegno possa diventare pienamente fecondo. Vorrei ricordare, in questo contesto, un'espressione di Benedetto XVI, proprio qualche giorno prima di essere eletto Papa: "Ciò di cui abbiamo bisogno in questo momento della storia sono uomini che, attraverso una fede illuminata e vissuta, rendano Dio credibile in questo mondo...Abbiamo bisogno di uomini che tengano lo sguardo dritto verso Dio, imparando da lì la vera umanità. Abbiamo bisogno di uomini il cui intelletto sia illuminato dalla luce di Dio e a cui Dio apra il cuore, in modo che il loro intelletto possa parlare all'intelletto degli altri e il loro cuore possa aprire il cuore degli altri. Soltanto attraverso uomini che sono toccati da Dio, Dio può far ritorno presso gli uomini"[11]. La nuova evangelizzazione, pertanto, riparte da qui: dalla credibilità del nostro vivere da credenti e dalla nostra convinzione che la grazia agisce e trasforma fino al punto da convertire il cuore. Per noi sacerdoti, il compito è ancora più arduo perché dobbiamo assimilare in noi Cristo sommo ed eterno sacerdote e plasmare la nostra vita sulla sua. E' utile ricordare le parole del grande vescovo Agostino quando scriveva: "Dio non poteva elargire agli uomini un dono più grande di questo: costituire loro capo lo stesso suo Verbo, per mezzo del quale creò l'universo. Ci unì a lui come membra, in modo che egli fosse Figlio di Dio e figlio dell'uomo, unico Dio con il Padre, un medesimo uomo con gli uomini. Di conseguenza, quando rivolgiamo a Dio la nostra preghiera, non dobbiamo separare da lui il Figlio, e quando prega il corpo del Figlio, esso non deve considerarsi come staccato dal capo. In tal modo la stessa persona, cioè l'unico Salvatore del corpo, il Signore nostro Gesù Cristo, Figlio di Dio, sarà colui che prega per noi, prega in noi, è pregato da noi. Prega per noi come nostro sacerdote, prega in noi come nostro capo, è pregato da noi come nostro Dio. Riconosciamo, quindi, sia le nostre voci in lui, come pure la sua voce in noi"[12].

---

11 J. Ratzinger, *L'Europa di Benedetto e la crisi delle culture*, Siena, 2005, 63–64.
12 Agostino, *Commento al Salmo 85*.

Das Siegel – Christus Quelle der Identität des Priesters

Ein Beitrag zur Erneuerung des katholischen Priestertums von Kardinal Mauro Piacenza

Josef Gehr

Einleitung

„Vorausgesetzt, dass ‚die Pforten der Hölle die Kirche nicht überwinden werden' und dass es die katholische Kirche ohne das sakramentale Priestertum nicht geben kann, stellt sich die Frage: Wo muss man für ein richtiges und möglichst angemessenes Verständnis des Priestertums ansetzen? Wie kann man das manchmal ‚verformte' Antlitz des Priesters wieder neu sichtbar machen? Wie kann man heute einem jungen Menschen den Weg der Berufung vor Augen stellen?"(5)[1].

Mit diesen Worten leitet der Präfekt der Kleruskongregation, Kardinal Mauro Piacenza, sein im Oktober 2010 erschienenes Buch mit dem Titel „Il Sigillo. Cristo fonte dell'identità del prete" ein. Es ist ein Beitrag zur Reform des katholischen Priestertums, ohne dessen erneuerte Kraft die Überwindung der gegenwärtigen Krise des Glaubens und der Kirche infrage steht. Es stellt das geistliche Programm des Leiters des römischen Dikasteriums für die Priester und die Diakone dar, das „wertvolle Reflexionen über die priesterliche Identität bietet ... [und] ein klares Profil des Priesters des 21. Jahrhunderts, der sich mit der Neuevangelisierung und mit den Schwierigkeiten der Vermittlung einer ihn übersteigenden Botschaft konfrontiert sieht"[2].

Der Präfekt der Kleruskongregation geht vom Standpunkt eines unverkürzten Glaubens aus. „Jenseits einer ausdrücklichen Logik des Glaubens und ohne einen beständigen übernatürlichen Blick bleibt das Priestertum ein ‚verschlossener Schatz', sowohl für die Gläubigen als auch für den Priester" (5–6). Das ist das Vorzeichen für das Verständnis seiner Gedanken und die darzulegende Sache: ein Glaube, der auf dem Fundament der Schrift und der Tradition der römisch-katho-

---

1   Die in Klammern gesetzten Seitenzahlen im Haupttext dieses Artikels beziehen sich auf die Fundstellen im Buch des Kardinals.

2   Il Sigillo, Text auf der Rückseite des Buchumschlages.

lischen Kirche aufruht und dem Leser einen unverstellten Zugang zum Wesen und Kern des Priestertums erschließt; ein Glaube, dessen Ecken und Kanten der Hobel des Säkularismus nicht beseitigt hat; ein Glaube, „der für das Leben relevant ist, in dem die Frage nach dem Sinn eine Antwort findet und das ‚Hundertfache hier unten' konkret erfahren wird, auch in der ihm eigenen Dimension des Opfers" (6).

Den folgenden Ausführungen liegt der italienische Originaltext des Autors zugrunde, dessen bibliographische Angaben sich am Ende dieses Artikels finden. Die Vorstellung und Erschließung der Inhalte des Buches basiert auf einer reichen Auswahl von Zitaten und Verweisen, um dem Leser die Gedanken des Autors ungeschminkt und im „Originalton" anzubieten.

1. Der Autor des Buches

Mauro Piacenza stammt aus Ligurien, jener nordwestlichen Region Italiens, deren städtisches Zentrum Genua ist und die umgeben wird von den Landesteilen Piemont, Emilia-Romagna und Toskana. Nach der Priesterweihe am 21. Dezember 1969 hatte er im Erzbistum Genua über die grundlegenden priesterlichen Dienste hinaus verschiedene bedeutsame Aufgaben. Er war Beauftragter für Universitäts- und Kulturfragen und lehrte sowohl als Dozent des kanonischen Rechts und der Dogmatik als auch der Gegenwartskultur und der Geschichte des Atheismus an verschiedenen Bildungseinrichtungen Norditaliens. Darüber hinaus hatte er die Aufgabe eines Richters am kirchlichen Diözesan- und Regionalgericht in Ligurien inne.

1990 wurde der italienische Geistliche an die Kleruskongregation berufen, in der er im Jubiläumsjahr 2000 die Aufgabe des Untersekretärs übernahm. Im Jahre 2003 ernannte ihn Papst Johannes Paul II. zum Titularbischof von Victoriana und zum Präsidenten der Päpstlichen Kommission für die Kulturgüter der Kirche, 2004 zusätzlich zum Präsidenten der Päpstlichen Kommission für christliche Archäologie. Drei Jahre später kehrte er in die Kongregation für den Klerus zurück. Papst Benedikt XVI. hatte ihn zum Sekretär des Dikasteriums ernannt und ihm aus diesem Anlass die Würde eines Titularerzbischofs verliehen. Am 7. Oktober 2010 wurde er Präfekt derselben Kongregation. Wenige Wochen später, am 20. November, kreierte ihn der amtierende Nachfolger des heiligen Petrus zum Kardinal der Heiligen Römischen Kirche[3].

Diese äußeren Daten verraten manches über diesen reformbestrebten Mann. Eine tiefe und aufrichtige Verehrung der Gottesmutter als „Königin der Apostel und Mutter der Priester" (154) zählt neben einer innigen Liebe zu Jesus Christus zu den zentralen Merkmalen seiner Spiritualität. Trotz seiner jahrelangen Tätigkeit an den Schreibtischen der Kirche hat er den Draht zur geistlichen Sorge für die ihm Anvertrauten sowohl im privaten als auch dienstlichen Bereich nicht verloren. Aufgrund seines Amtes gilt seine besondere Aufmerksamkeit dem Dienst und Leben der Kleriker. Der Klappentext des vorzustellenden Buches charakterisiert den Autor mit den

---

3 Vgl. zu den biographischen Angaben über den Autor: Il Sigillo, Klappentext der Rückseite des Buchumschlages.

Worten: „Nicht nur als Kanonist, sondern auch als Seelsorger galt sein Interesse immer den Priestern und den Berufungen, für die er sich stets verausgabt und eine wahre und wirkliche missionarische Leidenschaft gehegt hat, verbunden mit einer außerordentlichen Liebenswürdigkeit und Kompetenz"[4]. Letztere kommt ihm ohne Zweifel nicht nur aufgrund einer guten Ausbildung, sondern auch durch seine langjährige Tätigkeit im Dienst des Apostolischen Stuhls zu. Seine Texte und Botschaften weisen ihn als Meister der italienischen Sprache und des kurialen Stils aus.

2. Der Titel und die Erscheinungsform des Buches

Der erste Teil des Buchtitels „Das Siegel" lässt erahnen, worum es dem Autor bei der Darstellung und Betrachtung des katholischen Priestertums geht. Der Priester ist nicht ein kirchlicher Funktionär, der kraft des ihm übertragenen Amtes ein Bündel von verschiedenen Kompetenzen und Funktionen ausübt. Vielmehr ist er seinsmäßig geprägt durch ein unauslöschliches Merkmal, das Jesus Christus seiner Seele durch das Sakrament der Weihe verleiht und das ihn über die sakramentale Prägung durch Taufe und Firmung hinaus befähigt, in seiner Person vollmächtig zu handeln.

Papst Benedikt XVI. wird nicht müde, auf diese entscheidende Sichtweise der priesterlichen Existenz zu verweisen. In einer Ansprache anlässlich einer Begegnung mit Priestern, Ordensleuten und Seminaristen in der Kathedrale von Palermo am 3. Oktober 2010 wurde dies erneut deutlich: „Der Priester findet die Quelle seiner Identität immer und unabänderlich in Christus, dem Priester. Es ist nicht die Welt, die unseren Status bestimmt, je nach Bedarf und nach dem Verständnis der Rolle innerhalb der Gesellschaft. Der Priester ist mit dem Siegel des Priestertums Christi gezeichnet, um an seiner Funktion als einziger Mittler und Erlöser teilzuhaben. Kraft dieser grundlegenden Bindung öffnet sich dem Priester das weite Feld des Dienstes an den Seelen, für ihr Heil in Christus und in der Kirche"[5]. Der Abdruck dieser Worte des Papstes auf dem Klappentext des Buches legt nahe, dass Titel und Inhalt durch das päpstliche Lehramt inspiriert sind. Die weitere Lektüre bestätigt dies. An mehreren Stellen fügt der Autor treffend formulierte Aussagen des Papstes ein.

Der Autor versäumt es nicht, mit eigenen Überlegungen zum Stichwort des Buchtitels Stellung zu nehmen. Im abschließenden Teil erklärt er die Bedeutung des unauslöschlichen sakramentalen Zeichens in der Seele des Priester: „Das sakramentale Siegel, von dem der vorliegende Text den Titel hat, ist nicht ein ‚Siegel, das verschließt' und eine Trennung sanktioniert oder das die Schätze der Gnade versiegelt, deren lebendige Kanäle und nicht autonome Quellen die Priester sind. Das Siegel öffnet! Es reißt eine größere Wirklichkeit auf, die nicht auf zerbrechliche Ressourcen und menschliche Fähigkeiten gegründet ist, sondern umsonst vom Herrn geschenkt ist, der ‚seinen Verheißungen treu ist'. Das Siegel zeigt die Zuge-

---

4 Il Sigillo, Klappentext der Rückseite des Buchumschlages.
5 Benedikt XVI., Palermo.

hörigkeit eines jeden Priesters zu Gott, zum eifersüchtigen Gott der Bibel an, und die davon abgeleitete Unverfügbarkeit dessen, der Gott gehört, für jede andere Identität und profane oder weltliche Tätigkeit" (153–154).

Das über hundertfünfzigseitige Buch ist im *Cantagalli*-Verlag in der Reihe *Cristianesimo e Cultura* als Band 14 erschienen. Es ist aus Vorträgen und geistlichen Kommentaren zusammengestellt. Predigten runden einzelne thematische Abschnitte ab. Die Beiträge wurden überwiegend während des Priesterjahres von Juni 2009 bis Juni 2010 verfasst und veröffentlicht. Sie sind eine Mischung aus klassischen Themen (Berufung, priesterliche Identität) und aktuellen Stellungnahmen (Zusammenarbeit von Priestern und Laien, Bedeutung der Kommunikation im Leben des Priesters), deren Gewicht auf der Kompetenz und der Stellung des Autors an der päpstlichen Kurie beruhen. Aufgrund der Konzeption für den mündlichen Vortrag bietet „der flüssig geschriebene Text ... die ganze Frische der Unmittelbarkeit des gesprochenen Wortes"[6]. Der „rote Faden" ist gut erkennbar; jeder Absatz ein in sich ruhender, fein abgewogener Gedanke, der sich aus dem vorhergehenden ergibt und zum nächsten überleitet. Die wenigen Literaturangaben in den Fußnoten, die in überwiegender Anzahl auf Texte von Papst Benedikt XVI. verweisen, unterstreichen die gedankliche Selbständigkeit des Autors und die Ursprünglichkeit des Textes. Überdies sind sie ein Indiz für die Hochschätzung des Nachfolgers des heiligen Petrus im Allgemeinen und im Besonderen.

3. Die Inhalte des Buches

Kardinal Piacenza legt seine Reflexionen über das Priestertum in sieben Abschnitten dar. Im Folgenden werden sie mit der Angabe der Überschriften und des Beitrags, dem sie sich verdanken, zusammengefasst dargeboten.

3.1 Identität und priesterliche Ausbildung

Der erste Abschnitt basiert auf Vorträgen für die Seminaristen der niederländischen Seminare im November 2009 (vgl. 7). In diesem Gedankenkreis legt der Autor das Wesen der Berufung dar, streift Fragen der Ausbildung und nimmt Stellung zur priesterlichen Identität. Anders als postmoderne Egalisierungstendenzen unterscheidet er zwischen einer Berufung im *weiteren* und *engeren* Sinn. Die erste Form „ist nichts anderes als die ganze Existenz gemäß den Bedingungen zu leben, in die Gott den Menschen stellt, im Gehorsam gegenüber den Umständen und in demütiger Annahme der Wirklichkeit. [Im Unterschied zu diesem universalen Ruf Gottes ist die] ,Berufung zur Ganzhingabe an Gott' ... die Beziehung unseres Lebens zum Mysterium. Sie ist nicht etwas anderes oder eine Überstruktur. Sie ist einfach ,meine', ,deine' Beziehung zu Christus, deren Art und Weise aber vom Herrn festgelegt ist" (8).

---

6 Il Sigillo, Text auf der Rückseite des Buchumschlages.

Berufung ist daher etwas sehr persönliches, ein Geschehen zwischen dem Berufenen und Christus. Man kann sie nicht selbst ergreifen, wie man einen Beruf ergreift. „Die Berufung schenkt Christus. Es ist Christus, der die Weise festlegt, mit der ein jeder von uns in die Beziehung mit ihm eintritt" (9). Die Initiative geht von ihm aus. Er legt das *ob* und *wie* der engeren Nachfolge fest. Die Freiheit des einzelnen besteht „nicht in der ‚Wahl' der Berufung" (10), wohl aber in der Möglichkeit, sich ihr zu verschließen. Maria, die Mutter des Herrn, hat ihrer Berufung mit den Worten: „Mir geschehe nach deinem Wort" (Lk 1,38), beispielhaft zugestimmt. Denn „die höchste Ausformung der Berufung ist die Verfügbarkeit für das, wofür der Herr uns bittet" (10). Da die Berufung durch Christus darauf abzielt, Zeugen für seine Botschaft zu erwählen, sind für den Autor die Bejahung der Ehelosigkeit und die Bereitschaft zum Gehorsam wesentliche Berufungskriterien. Die vollkommene Enthaltsamkeit um des Himmelreiches willen ist nach dem Martyrium die erhabenste Form des Zeugnisses. Sie ist „Ausdruck des auf natürliche Weise größten menschlichen Opfers, das an den Überlebensinstinkt gekoppelt ist" (11). Auch der Gehorsam ist Zeugnis für Christus. „In einer Welt wie der unsrigen, in der die emotionale Willkür der einzige Antrieb der menschlichen Taten geworden zu sein scheint, ist der Gehorsam durchschlagendes und wirksames Zeugnis!" (12)[7]. Als wahr und echt erweist sich das Berufungsbewusstsein, „wenn es gleichsam unvorhergesehen hilft, die Gegenwart zu entdecken und sie zu leben, wie es vorher nicht möglich war[:] … mit größerer Glaubensklarheit, mit größerem Glauben, mit mehr Herz, mit mehr Großzügigkeit und deshalb mit mehr Geschmack" (12–13).

Wer die Berufung Christi zur besonderen Nachfolge vernimmt und sie bejaht, muss den Weg der *Ausbildung* beschreiten, um sie zum Ziel zu bringen. Im Rahmen dieser Bildung hebt Kardinal Piacenza zwei vorrangige Aspekte hervor: die Zentralität des *Glaubens* und die Bedeutung der *menschlichen Formung*. Von jedem Priester werde erwartet, „vor allem eine ‚Person des Glaubens' zu sein" (19). Dabei kommt es auf die Qualität des Glaubens an, die so umschrieben wird: „ein authentischer, tiefer, aus Erfahrung und im Leid gereifter Glaube; ein überlegter, geschliffener, intellektuell, vor allem aber durch Herzensbildung geformter Glaube; ein Glaube, der wirklich die ganze Person formt und ihr Denken und Handeln bestimmt" (19–20). Der Autor weiß um die aktuellen Gefährdungen des Glaubens. Er kennt die Prüfungen, denen dieser ausgesetzt ist, und umschreibt sie mit den Stichworten „skeptischer Rationalismus" (20), „Nihilismus" (21) und „Relativismus" (22). Während die beiden letztgenannten Vereinseitigungen des Denkens das gesellschaftliche Leben erfasst haben, lokalisiert der Autor den skeptischen Rationalismus vor allem an „vielen theologischen Fakultäten" (20). Dies wiegt für die Ausbildung zum Priestertum besonders schwer. Manche Ausbilder und Begleiter junger Menschen auf dem Weg der Berufung mussten miterleben, dass deren blühender und begeisterter Glaube durch das Studium der Theologie dahin schmolz und bis zur Unkenntlichkeit verkümmerte oder gar ins Gegenteil abdriftete. Das regelmäßige Gebet in jeder kirchlichen Form ist für den Kardinal das unabdingbare Gegenmittel. „Kein Priester und kein Semina-

---

7 Weitere Ausführungen zum Thema Gehorsam im zweiten Abschnitt des Buches unter der Überschrift „Kindliche Achtung und Gehorsam" (55–56).

rist kann von der ‚Schule' des Gebetes absehen, die aus ihnen authentische Jünger und deshalb mögliche Meister macht" (22).

Nicht weniger bedeutsam erscheint die *menschliche Formung* auf dem Weg zum Priestertum. Sie ist „absolut bestimmend für die weitere Entwicklung des Lebens der ‚geweihten Person' des Kandidaten, und sie bildet in objektiver Weise die Plattform und das Fundament, auf dem es möglich ist, das Gebäude der intellektuellen, geistlichen und pastoralen Ausbildung zu errichten" (24). In den sozio-kulturellen Kontexten unserer Zeit, die von der Zerstörung der Familien, der Reduzierung der schulischen Bildung auf bloße Vermittlung von Kenntnissen und vom Aktivismus bis hinein ins pfarrliche Leben geprägt sind (vgl. 25), erscheint es als eine besondere Herausforderung im Rahmen der Priesterausbildung die menschliche Reife zu fördern. Die Psychologie kann hierbei „mit großer Klugheit und Nüchternheit und nie gegen den Willen des Kandidaten eingesetzt werden, aber sie bleibt dennoch ein menschliches ‚natürliches' Mittel, das daher in sich ungeeignet und ungenügend ist, um das ‚übernatürliche' Phänomen der Berufung zu bewerten" (23). Ausbilder und Seminaristen müssen mit der Gnade Gottes zusammenwirken. „Der neue Mensch, die ‚neue Schöpfung' ist nicht das Ergebnis rein menschlichen Kalküls oder menschlicher Leistung; er ist ein Geschenk der Gnade, das sich der Begegnung mit dem Herrn verdankt, der ... schrittweise mit der für Gott typischen Feinfühligkeit unsere menschlichen Naturen formt" (25). Die Ausführungen des Autors über die *priesterliche Identität* erfolgen wegen ihrer Zentralität, die sich aus dem Titel des Buches ableitet, unter Punkt 4.

3.2 Was wir versprochen haben

Im zweiten Abschnitt des Buches kommentiert der Autor die *priesterlichen Versprechen aus dem Pontifikale Romanum*, die der Weihekandidat während der Weihe ablegt (vgl. 47). Die Kommentare erschienen in regelmäßiger Folge im Verlauf des Priesterjahres 2009–2010. Sie wurden auf der Homepage www.*annussacerdotalis. org* veröffentlicht und den Priestern zur Betrachtung vorgelegt. Sie werden unter den Überschriften „Für das ganze Leben" (47), „Würdig zelebrieren" (49), „Treu verkünden" (51), „Selbsthingabe" (53), „Kindliche Achtung und Gehorsam" (55), „Gewähre die Würde des Priestertums" (56) und „Empfange die Gaben für das Opfer" (58) dargestellt und ergänzen die Gedanken über die Identität des katholischen Priestertums.

3.3 Der Priester – Mann des Gebetes

Der dritte Abschnitt, anlässlich einer Begegnung mit dem Klerus der Erzdiözese Neapel im März 2010 entstanden (vgl. 61), fokussiert den Priester als Mann des Gebetes. Ausgehend von der biblischen Erfahrung des Auszugs aus Ägypten und des Durchzugs durch die Wüste (Ex 12ff) sind nach Kardinal Piacenza „für jeden Menschen das Verlassen der Sklaverei der Sünde und der Weg der voranschreitenden spirituellen Befreiung durch das Wirken der Gnade Herz und Sinn der ganzen Existenz" (62). Der Priester beschreitet mit den ihm anvertrauten Brüdern und

Schwestern des Volkes Gottes diesen Weg. Das Ziel dieses Weges ist Gott. „Irgendein ‚verheißenes Land‘, das nicht Gott selbst ist … ist zu wenig und gestattet nicht, den Exodus zu leben und die Wüsten zu durchqueren" (64). Um den Weg durch die Wüste bestehen zu können, bedarf es des Gebetes. Der Priester muss wie Mose für sein Volk eintreten (vgl. 64). Er selbst bedarf aber auch ständig des Gebetes. „Nur das Gebet erlaubt uns Priestern, die Wüste zu durchqueren. Nur das Gebet kann unseren Exodus unterstützen und das Gedächtnis der Verheißungen des Herrn schützen" (65). Das Gebet ist ein Werk des Weges, der notwendige Dienst an sich selbst und den andern. „Der Priester, der jeden Tag treu das Stundengebet betet, indem er das eigene Gebet mit jenem der Kirche vereint und indem er im Namen der Kirche für das ganze Volk betet …, vollendet ein wahres und geeignetes ‚Werk des Weges‘, da er selbst einen Teil der eigenen Wegstrecke der Heiligung bewältigt und dem Volk, für das er betet, ermöglicht, die ihrige zu vollenden" (69). Die Bedeutung des Breviergebets kann nicht hoch genug eingestuft werden. In ihm betet Christus mit dem Priester in allen Anliegen der Kirche und der Menschheit zum Vater. Es drängt dazu, das Herz nach dem Maß des Herzen Christi zu weiten. Es ist die Antwort der Kirche auf den Auftrag Christi (vgl. Lk 18, 1ff), allzeit zu beten und darin nicht nachzulassen (vgl. 69–73).

3.4 Von der heiligen Messe leben

Der vierte Abschnitt verdankt sich einem Beitrag für die Tagung „Das Priestertum des Amtes: Die Liebe des Herzens Jesu" in Rom im Dezember 2009 (vgl. 79), in dem der Autor anhand des Ritus der heiligen Messe zentrale Aussagen über das Wesen und die Aufgabe des katholischen Priestertums formuliert. Die Sakramente der Eucharistie und der Weihe sind gemäß der Schrift und der Tradition der Kirche so sehr miteinander verbunden, „dass dort, wo es kein gültiges Priestertum gibt, auch keine gültige Eucharistiefeier existiert und folglich keine Kirche im eigentlichen Sinn" (81). Dieser Zusammenhang „macht die Eucharistie zur Wurzel, zum Leuchtturm und zur Quelle der authentischen priesterlichen Spiritualität" (81–82).

Gemäß Kardinal Piacenza steht das Priestertum im Dienste der Vermittlung des göttlichen Heils. Es ist das sakramentale Instrument der Weitergabe der durch Jesus Christus geschenkten Erlösung. Das wird etwa an den Präsidialgebeten deutlich. „Mit dem Tagesgebet ‚fasst‘ der Priester ‚zusammen‘ und macht alle Gebete des Volkes zu seinen. Er stellt sie dem Herrn vor, indem er auf diese Weise die Aufgabe des ‚Pontifex‘ zwischen Gott und dem Menschen ausübt, die Christus eigen ist und an der Christus ihm Anteil gegeben hat" (84). Die heilsvermittelnde Dimension des priesterlichen Dienstes kulminiert in der Feier des eucharistischen Teils der heiligen Messe. „Keine irdische Autorität und keine Macht dieser Welt kann und wird mehr für die Menschheit tun können, als was Christus der Herr durch den Priester bewirkt, der auf unblutige Weise das erlösende Kreuzesopfer Christi erneuert … Der Priester opfert als Christus, ja sogar *in persona Christi* nicht ‚etwas anderes‘ als sich, sondern er opfert, gehorsam der Weisung des 12. Kapitels des Römerbriefes, sich selbst. Er opfert seinen Leib ‚wie ein lebendiges, Gott wohlgefälliges Opfer‘. Ein solches Opfer kann sich nicht allein auf die liturgische Hand-

JOSEF GEHR

lung beschränken, sondern fordert natürlich die ganze priesterliche Existenz von der regulären Pastoral bis zu den heroischeren Akten der Selbsthingabe ein" (89). Das durch den priesterlichen Dienst vermittelte Heil beschränkt sich nicht auf die bei der Messfeier gegenwärtige Gemeinde, wie aus dem eucharistischen Hochgebet hervorgeht. Es bezieht sich auf die ganze Kirche, die im Himmel triumphiert, auf Erden den guten Kampf kämpft und im Fegefeuer leidet, und umfasst Vergangenheit, Gegenwart und Zukunft (vgl. 93–94).

3.5 Nichts ohne den Bischof

Die Gedanken des fünften Abschnittes wurden im September 2008 den im Vorjahr ernannten Bischöfen vorgestellt (vgl. 107). Der Titel deutet an, dass die intakte Beziehung zwischen dem Priester und seinem Bischof von vorrangiger Bedeutung ist. Es hängt viel an ihr: die Fruchtbarkeit (vgl. 29–30) und das Gelingen des priesterlichen Lebens. Dieser Verantwortung kann der Bischof als Vater, Bruder und Freund des Priesters gerecht werden. Während „die Vaterschaft der ‚Ort' der Ausübung der Autorität ist, ist die Brüderlichkeit der Ort des Miteinanders und auch der menschlichen Nähe" (114). Die Basis der Brüderlichkeit zwischen Bischof und Priester ist die gemeinsame Weihe, auch wenn sie unterschiedlichen Grades ist (vgl. 115). In diesem Rahmen ist der Bischof gerufen, „Bruder seiner Priester zu sein, ihnen nahe zu sein, ihr Leben zu kennen, die Probleme, die Mühen, die Schwierigkeiten, die Augenblicke der Trostlosigkeit und … die Freuden und sogar die Gnaden" (115). Die Freudschaft zwischen Bischof und Priester beruht auf der klassischen Definition, *dasselbe zu wollen und dasselbe nicht zu wollen*. Die gemeinsame Basis hierfür ist die Identifikation mit Christus und dem Amt. Sie schafft „eine ‚neue Weise', zusammenzustehen und das Leben miteinander zu teilen" (119), und somit die Grundlage, in Freundschaft verbunden zu sein.

3.6 Die Priester und die Laien

Meditationen über das aktuelle Thema des *Mit- und Zueinanders von Priestern und Laien*, vorgetragen in der Fastenzeit im März 2010 im Vatikan (vgl. 125), bilden den sechsten Abschnitt. Wegen der starken Verflechtung mit dem Kernthema der priesterlichen Identität werden die Ausführungen des Autors zu diesem Gedankenkreis unter Punkt 5 dargestellt.

3.7 Die Kommunikation im Leben des Priesters

Der siebte und letzte Abschnitt des Buches enthält einen Beitrag, der für einen Studientag der Fakultät für institutionelle Kommunikation der Päpstlichen Universität Santa Croce, veranstaltet im November 2009, entstand (vgl. 143). Gemäß Kardinal Piacenza ist der Priester zunächst und grundlegend kraft seiner Weihe ein Mann der Kommunikation. Als *alter Christus* vermittelt er den Erlöser sakramental und unabhängig von seiner persönlichen Begabung. Darüber hinaus bietet ihm die Ausübung des prophetischen, priesterlichen und königlichen Amtes Christi in besonderer Weise die Gelegenheit zur Kommunikation, vermittelt er doch gerade durch sie das neue Leben in Christus. Wenn er über die Massenmedien mit unzähligen Menschen kommuniziert, muss er sich der Reichweite seiner Botschaft bewusst sein. Als Vertreter der Kirche darf er nicht seine eigenen Ideen verbreiten, sondern hat die Lehre der Kirche zu verkünden. Anders ist sein Verhalten kein Beitrag zu ihrem Aufbau, was die vorzüglichste Aufgabe des Dienstes der Vermittlung ist (vgl. 143–148).

4. Die Schwerpunkte priesterlicher Identität

Aus den Gedanken des Autors erschließt sich eine dreifache Prägung der priesterlichen Identität. Sie ist christologisch grundgelegt durch das Sakrament der Weihe, ekklesiologisch geweitet durch ihre Ausrichtung auf die Kirche und getragen durch das Wirken des Heiligen Geistes[8].

4.1 Die christologische Dimension

„Wenn ich offen legen müsste, was ich für das Leben eines Priesters als grundlegend betrachte, müsste ich auch aufgrund meiner persönlichen Erfahrung zugeben, dass an erster Stelle vor jeder anderen auch guten und rechten Sache die persönliche, lebendige Beziehung mit Christus steht" (28). Mit diesem Bekenntnis verweist Kardinal Piacenza in Anlehnung an den Titel seines Buches auf den Dreh- und Angelpunkt priesterlicher Spiritualität und Identität: die sakramentale Prägung durch Christus, die Ausrichtung auf Christus und gleichsam die Verschmelzung mit Christus. Der Autor wird nicht müde, in verschiedenen Wendungen diesen Kernpunkt herauszustellen. Jesu Christus „ist der Freund, der Meister, das Beispiel, die zärtliche und beständige Gesellschaft, die Zuflucht, der Trost, letztlich der tragende Grund eines jeden Tages. Alle ‚Mühen‘, die auch ‚pastorale Mühen‘ sind und uns manchmal beinahe erdrücken, vor allem wenn wir es nicht schaffen, weder den Nutzen noch den Zweck zu erkennen, finden in der Beziehung zu Christus den eigentlichen ‚angemessenen Grund‘: Keiner von uns würde das, was er macht, tun, außer für Christus … [Nur er] ist der ‚angemessene Grund‘, der *Logos* der priesterlichen Existenz. Jeder andere Grund kann nur eine Ergänzung sein, dessen Legitimität sich mit der Hilfe eines guten Spirituals erweisen muss" (28)[9].

Die christologische Identität des Priesters beruht grundlegend auf dem Sakrament der Weihe. Sie verleiht seiner Seele jenes unauslöschliche Merkmal, *das Siegel*, worauf der Autor im Titel seines Buches abzielt. Die Beschreibung des katholischen Priestertums erschöpft sich daher nicht in der Aufzählung seiner Funktionen. Viel-

---

8 Die Kleruskongregation hat mit den Dokumenten „Der Priester, Lehrer des Wortes, Diener der Sakramente und Leiter der Gemeinde für das dritte Jahrtausend" (1999) und „Der Priester, Hirte und Leiter der Pfarrgemeinde" (2002) Hilfen zum tieferen Verständnis der priesterlichen Identität veröffentlicht.

9 Vgl. hierzu auch den Unterpunkt „Selbsthingabe" (53–54).

mehr muss sie bei der ontologischen Prägung ansetzen, durch die der Priester in der Weihe *Christus in seiner Funktion als Haupt* gleich gestaltet wird. Sie befähigt ihn, als *alter Christus* zu handeln, Brot und Wein in Christi Leib und Blut zu verwandeln, von den Sünden loszusprechen, „Christus zu sein und zu repräsentieren" (137). Die Ausblendung der Siegelung im Sein zieht Konsequenzen nach sich, auf die Papst Benedikt XVI. am 12. März 2010 in seiner Ansprache an die Teilnehmer am von der Kleruskongregation organisierten theologischen Kongress zum Priesterjahr verweist: Es ist „wichtig, gefährliche Verkürzungen zu überwinden, die den Priester in den vergangenen Jahrzehnten unter Anwendung eher funktionalistischer als seinsbezogener Kategorien gleichsam als ‚Sozialarbeiter' präsentiert haben und dabei Gefahr liefen, das Priestertum Christi zu verraten"[10].

Die christologische Prägung durch das Sakrament der Weihe verlangt nach einem Echo im Leben des Priesters. Eine Christologie des Handbuchs, gleichsam nur kognitiv, ist zu wenig. Es braucht eine Christologie des Herzens und des Leibes. Kardinal Piacenza geht von einer ganzheitlichen Sicht aus. Er weiß um die Kostbarkeit der natürlichen Ressourcen. Wir sind „zu fortwährender Wachsamkeit über unsere menschliche Natur aufgerufen, im Bewusstsein ihres Wertes und ihrer Grenzen, ihrer Licht- und Schattenseiten … aber vor allem des außerordentlichen Geschenkes der Gnade, das uns Christus durch das Weihesakrament übertragen hat, das uns zu ‚seinem Abbild' macht, das für die Menschen Anlass ist, sein Antlitz zu erkennen" (27). Über den Leib hinaus ist auf den Lebensstil zu achten, der vom priesterlichen Dienst nicht abgespalten werden darf. Es braucht einen „‚christozentrischen' Stil, in dem der Blick auf Christus, die Konfrontation mit seinem Wort, mit dem Lehramt der Kirche … und dem Gehorsam am Anfang der Inkardination … das bestimmende Kriterium einer jeden Wahl, eines jeden Handelns, sogar eines jeden Gedankens ist" (28). Mit diesen Worten wird die Christus-Prägung des römisch-katholischen Priestertums gleichsam noch einmal zugespitzt: Sie ist nicht nur christologisch, sondern *christozentrisch*. Durch die terminologische Steigerung wird in verdichteter Weise die Total-Beziehung des Presbyters zu Jesus Christus zum Ausdruck gebracht.

Es kann sich die Frage aufdrängen, ob die menschliche Person des Priesters angesichts dieser alle Fasern des Seins durchdringenden Ausrichtung auf Christus fremd bestimmt wird. Theologisch betrachtet kann die Ganzhingabe an Christus keinen Schaden der Person nach sich ziehen. Wie sollte es möglich sein, dass der Schöpfer und Erlöser einen Menschen verformt und ihn sich selbst entfremdet? Jede wirkliche Begegnung mit ihm muss dazu führen, die Natur zu veredeln und zur vollen Entfaltung zu führen. Würde die Ausrichtung auf den Herrn andere Früchte zeitigen, müsste dies als ein Hinweis auf Probleme verstanden werden, die mit einem erfahrenen geistlichen Berater anzugehen wären. Eine wahre und tiefe Ausrichtung auf Christus hat eine positive Wirkung auf das Leben. „Je mehr wir als Menschen, Christen, Seminaristen und Priester ‚Christus zugewendet' sind, um so mehr wird sich unsere Existenz der Last der Sinngebung entledigen, reich und gefühlsmäßig geordnet und ausgerichtet auf ein wertvolles Ziel sein, das jeder Geste

---

10 Benedikt XVI., Kleruskongregation.

und jedem morgendlichen Erwachen Sinn gibt: Jesus Christus in uns zu erkennen und ihn den anderen Menschen nach dem Beispiel des Täufers: ‚Seht das Lamm Gottes‘, anzuzeigen" (29).

4.2 Die ekklesiologische Dimension

Die Christozentrik der priesterlichen Identität wird ekklesiologisch geweitet und vertieft. Der Priester ist nicht nur auf Christus, das Haupt, ausgerichtet, sondern auf das Haupt und auf den Leib, der die Kirche ist. Die „Zugehörigkeit zu Christus und zu seiner Kirche ist einer der determinierenden Faktoren für die Formung und die Identität eines Priesters" (30). Priesterliche Existenz ist zutiefst gemeinschaftlich. Der Geistliche lebt und arbeitet unter und für Menschen. Er gehört zu Gemeinschaften, vor allem zur Gemeinschaft der Mitbrüder, die für den Diözesanpriester das Presbyterium ist. „Die gemeinsame Berufung und Zugehörigkeit und die gemeinsame Gleichgestaltung mit Christus dem Haupt lässt unter den Priestern eine ‚sakramentale Gemeinschaft‘ entstehen, die sich in der Zugehörigkeit zu einem Presbyterium mit dem Bischof als Haupt manifestiert" (32). Das auf Gemeinschaft hin orientierte Wesen der priesterlichen Berufung schützt vor den Gefahren der Isolation, der Vereinsamung und der menschlichen Verkümmerung (vgl. 30). Es garantiert die Fruchtbarkeit des priesterlichen Handelns. „Im Respekt und in der Dankbarkeit für alle Geschenke, die der Herr einem jedem von uns gemacht hat, durch die … er sein Volk erreichen will, müssen wir anerkennen, dass die größte pastorale Mühe und die beste ‚Strategie der Evangelisierung‘ dort völlig der Wirksamkeit beraubt wäre, wo man nicht in voller Gemeinschaft mit dem Bischof gelebt hat, und durch ihn mit der ganzen Kirche und mit dem Heiligen Vater" (29–30)[11]. Die Kirche ist mehr als eine rein menschliche Gemeinschaft. Sie ist ein „Leib, der ein Haupt und viele Glieder hat, der geordnet ist, der lebendig ist und eine Geschichte hat" (30). Die kirchliche Einheit und die Fruchtbarkeit des pastoralen Handelns und bedingen sich gegenseitig.

4.3 Die pneumatologische Dimension

Im vierten Abschnitt mit der Überschrift „Von der heiligen Messe leben" stellt der Autor den Zusammenhang zwischen der priesterlichen Identität und dem Wirken des Heiligen Geistes dar. Vor der Wandlung der Gaben bittet der Priester Gott in der Epiklese um die Heiligung der Gaben durch den Heiligen Geist, damit sie Leib und Blut Jesu Christi werden[12]. Ein magisches Verständnis der Wandlung von Brot und Wein in Christi Leib und Blut ist damit ausgeschlossen. Es ist der Geist Gottes, der durch den Priester, der sich zur Verfügung stellt und die Wandlungsworte spricht, das Wunder der Konsekration bewirkt. Daher kann die priesterliche Spiritualität „geradezu als Bereitschaft beschrieben werden, den Geist in sich wohnen zu lassen, dessen Werkzeug man in der Weise ist, dass das Werkzeugsein

---

11 Vgl. hierzu auch den Abschnitt „Nichts ohne den Bischof" (107–123).
12 Vgl. Schott Messbuch, 1315.

nicht spurlos vorüber geht, sondern fortwährend verändert, weil es das Werkzeug heiligt" (92).

Die pneumatische Dimension der priesterlichen Identität, die der Autor nur mit wenigen Bemerkungen gestreift hat, ergänzt die christologische. Der Priester handelt nicht nur als Repräsentant Christi. Nach Gisbert Greshake handelt er aufgrund des Wirkens des Geistes auch als Repräsentant der Kirche: „In persona Christi' stellt der Priester das Haupt der Kirche dar und ,in persona ecclesiae' den durch den Heiligen Geist zusammengefügten und von ihm erfüllten Leib Christi"[13]. Gemäß dem Katechismus der katholischen Kirche, kann der Priester allerdings die Kirche nur deshalb repräsentieren, weil er Christus repräsentiert[14]. Die christologische Dimension der priesterlichen Identität ist daher im Sinne einer Voraussetzung der auf dem Wirken des Heiligen Geistes basierenden kirchlichen Repräsentanz zu verstehen.

5. Das Mit- und Zueinander von Priestern und Laien

Die Ausrichtung des Priesters auf den ganzen Leib Christi, der die Kirche ist, bezieht die Laien ein. Sie sind Brüder und Schwestern im Glauben, Gefährten in der Nachfolge Christi. Das Mit- und Zueinander von Klerikern und Laien zählt zu jenen Themen, die aufgrund der gesellschaftlichen und kirchlichen Entwicklungen nach dem II. Vatikanischen Konzil besonders an Aktualität gewonnen haben[15]. Die Klärung der Identität der Laien, der sich der Autor an verschiedenen Stellen seines Buches widmet, wirft zugleich Licht auf das rechte Verständnis des Wesens des Priestertums.

5.1 Die Einheit zuerst

Aus dem paulinischen Bild des Leibes ergibt sich, dass Kleriker und Laien nicht im Gegensatz zueinander stehen können. Kein Leib wäre lebensfähig, bestünde er aus widerstrebenden Gliedern und Teilen. In diesem Sinn sind auch die Priester und die Laien aufeinander verwiesen. „Das Priestertum aufgrund der Taufe und das Priestertum aufgrund der Weihe sind nicht zwei Wirklichkeiten, die in Konkurrenz miteinander stehen, sondern sich vielmehr harmonisch und symphonisch ergänzen, vorausgesetzt, dass jedes die eigene spezifische Besonderheit in Fülle lebt und in dieser wächst" (37). Aktuelle innerkirchliche Tendenzen gefährden diese Einheit. Man spricht pejorativ und abgrenzend von der *Amtskirche*. Man betont die *Mündigkeit der Laien* gegenüber der kirchlichen Hierarchie. Man will eine stärkere Beteiligung der Laien an *kirchlichen Ämtern*. Solche Äußerungen und Forderungen sind der Einheit abträglich. Sie zielen darauf ab oder haben zumindest die Wirkung, beide Stände der Kirche gegeneinander zu stellen. Das widerspricht dem

---

13 Greshake, Priestersein, 93.
14 Vgl. KKK Nr. 1553.
15 Aus diesem Anlass ist 1997 die unerlässliche interdikasterielle Orientierungshilfe „Instruktion zu einigen Fragen über die Mitarbeit der Laien am Dienst der Priester" erschienen.

Wesen der Kirche. „Der theologisch signifikanteste Ausgangspunkt ist immer die Einheit dieses Volkes, das gerufen ist, den Auferstandenen in der Welt zu bezeugen, um die irdische Wirklichkeit zu beseelen und um eine authentische ‚geleitete Gemeinschaft' zu sein, in der die beiden Begriffe ‚Gemeinschaft' und ‚geleitet' gleich wesentlich sind und eine beständige gegenseitige Anerkennung erfordern" (135). In gegenseitiger Anerkennung der Verschiedenheit sind die Kleriker und die Laien aufgerufen, der gegenseitigen Heiligung zu dienen (vgl. 36–37).

5.2 Wie sich Tauf- und Weihepriestertum zueinander verhalten

Das Mit- und Zueinander der beiden kirchlichen Stände beruht auf dem Verhältnis des Priestertums aufgrund der Taufe (Taufpriestertum bzw. gemeinsames Priestertum), ergänzt und vervollkommnet durch die Firmung, und des Priestertums aufgrund der Weihe (Weihepriestertum bzw. besonderes Priestertum). Nach Papst Benedikt XVI. besteht die christliche Identität nicht vorrangig darin, ein Regelwerk von Pflichten und Vorschriften zu bejahen, sondern Jesus Christus zu begegnen und aus der Beziehung zu ihm zu leben[16]. Auch das Taufpriestertum, das ein gemeinsames „vitales Band" (125) ist und als Geschenk der göttlichen Gnade von allen in Freiheit (vgl. 128) angenommen sein will, besteht für Kardinal Piacenza grundlegend darin, die auf dem Taufakt basierende Beziehung zu Christus zu verinnerlichen und zu verlebendigen (vgl. 126). Die biblischen Gleichnisse und Bilder vom Weinstock und den Rebzweigen (vgl. Joh 15) einerseits und des mystischen Leibes Christi (vgl. Röm 12) andererseits illustrieren das Gesagte. Wie es notwendig ist, in Christus zu bleiben, um Frucht zu bringen, so ist die Gemeinschaft mit ihm in der geordneten Hierarchie der Aufgaben des einen Leibes, der die Kirche ist, erforderlich (vgl. 129). Auf diese Weise haben alle Glieder der Kirche Anteil an jener Verehrung Gottes und an jenem vollkommenen Kult, „den nur das Wort, das Fleisch geworden ist, dem Vater darbringen kann [und] durch den man nicht mehr etwas anderes als sich, sondern die eigene Existenz anbietet" (126).

Nach dieser ersten und grundlegenden Interpretation des Wesens des Taufpriestertums erfolgt dessen weitere Entfaltung. Wer durch die Taufe das gemeinsame Priestertum empfängt, hat aufgrund der sakramentalen Gleichgestaltung mit Christus, die dieses Sakrament grundlegend bewirkt, Teil an den *Munera* Christi, d. h. an seinem *prophetischen, priesterlichen* und *königlichen* Amt. Mit Blick auf den prophetischen Dienst „ist jeder Getaufte gerufen, … ‚Gottes Worte zu verkünden' und ‚über den Namen Gottes zu reden'. Er ist zu einem treuen Zeugnis gerufen, das …. nicht den Gottgeweihten oder der Hierarchie reserviert ist, sondern Aufgabe des ganzen christlichen Volkes ist" (129). Das priesterliche Amt Christi, ist stärker an das Weihepriestertum gebunden, „ohne jedoch den aktiven und beständigen Anteil des Laien an der eigenen wirklichen Heiligung auszuschließen, sei es durch die Werke der persönlichen Frömmigkeit, sei es durch die *actuosa partecipatio* an den liturgischen Handlungen der Kirche und an ihrem öffentlichen Gottesdienst" (131). Dagegen ist die Teilhabe am königlichen Amt „objektiv und

---

16 Vgl. Benedikt XVI., Deus Caritas est, Nr. 1.

ausschließlicher der Hierarchie eigen ... [Es besteht nicht in] der Teilhabe an der Aufgabe der hierarchischen Leitung der Kirche, die von der Hierarchie selbst reguliert wird und besonderen festgelegten Bedingung folgt, sondern in der Fähigkeit, die ganze eigene Existenz im Lichte des Evangeliums und der Lehren der Kirche zu lesen. Der Getaufte übt daher sein *Munus regendi* aus, indem er das eigene Leben ... ,beherrscht', indem er es auf immer vollkommenere Weise seinem Herrn angleicht, indem er Gefühle und Leidenschaften in ausdauernder und täglicher Übung jener menschlichen Tugend, die die Gnade vervollkommnet, stärkt und erhöht, die man ,Klugheit' nennt, lenken lernt" (131–132).

Diese Sichtweise der Teilhabe der Laien am *Munus regendi* steht nicht im Widerspruch zur Tatsache, dass der Laie durch die Beauftragung zu einem kirchlichen Amt nach Maßgabe des Rechtes am Dienst der Leitung mitwirken kann, z. B. als Vernehmungsrichter (vgl. cann. 129 § 2, 1425 § 4 CIC)[17]. Regelungen dieser Art dürfen nicht im Sinne eines Rechtes missverstanden werden. Sie beruhen auf dem Ermessen der Kirche, deren Orientierungspunkt auch hier der allgemeine Nutzen und das Heil der Seelen ist. Der pointierte Standpunkt des Kardinals bringt Klarheit in die bisweilen ins Schleudern geratene Theologie unserer Tage, die mit Blick auf die Beteiligung der Laien an den *tria Munera Christi* falsche Wege eingeschlagen hat, etwa hinsichtlich der Ausübung von Leitungsvollmacht auf der Ebene der Pfarrei oder von Seelsorgeeinheiten in deutschsprachigen Bistümern[18].

Irreführenden Sichtweisen, die im Anschluss an das II. Vatikanische Konzil Verbreitung fanden, stellt sich der Leiter der Kleruskongregation entgegen. „Nur eine abwegige demokratische und horizontale Konzeption konnte Anlass sein zu glauben, dass das *Munus Regendi* aus der Optik der ,Gewaltenteilung' in Gegenüberstellung von Hierarchie und heiligem Volk Gottes zu begreifen wäre, was nie zur Wahrheit der Kirche gehört hat" (132). Mit gleicher Entschiedenheit wendet er sich gegen eine einseitige und auf gleicher Konzeption beruhende Interpretation der Bezeichnung der Kirche als *Volk Gottes* mit der Folge, einen Gegensatz zwischen Laien und Klerikern zu konstruieren. Vielmehr ist dieser Begriff im Sinne ihres *Genitivus possesivus* zu verstehen, der die Kirche als Eigentum Gottes kennzeichnet, das er sich erworben hat und zu dem sowohl die Laien als auch die Kleriker gehören (vgl. 134).

Die nach der Lehre des Zweiten Vatikanischen Konzils nicht nur graduelle, sondern aufgrund der Weihe seinsmäßige Unterschiedenheit zwischen Klerikern und Laien[19], verdankt sich nicht persönlichen oder moralischen Verdiensten, sondern dem göttlichen Willen und der positiven Anordnung Jesu Christi. Sie kann daher der Kirche nicht fremd sein, sondern gewährleistet ein geordnetes und fruchtbares Leben (vgl. 134–135). „Aus diesem Blickwinkel ... ist jede künstliche Gegenüberstellung von Klerus und Laien in der einen Kirche überwunden ... [Die theologische Reflexion über das Zusammenspiel beider Stände muss von der Anerkennung

---

17 Vgl. Aymans, Strukturen der Mitverantwortung, 82.
18 Vgl. Restrukturierung, 8 ff. Vgl. Düren, Verschwinden von Pfarrer und Pfarrei, 7–9.
19 Vgl. LG 10, 488: „Sacerdotium autem commune fidelium et sacerdotium ministeriale seu hierarchicum, licet essentia et non gradu tantum differant, ad invicem tamen ordinantur".

christologisch-ekklesiologischer Grunddaten und der Akzeptanz des] Gleichgewichts zwischen Laien und Hierarchie eingedenk der Gleichwesentlichkeit der beiden Elemente und der gemeinsamen Zugehörigkeit zu dem einen Volk Gottes" (135) ausgehen.

5.3 Abhilfe aus der Kraft des Glaubens

Die Zusammenarbeit von Klerikern und Laien hat sich in der Zeit nach dem II. Vatikanischen Konzil unterstützt von der Protestbewegung der 68er Jahre ungünstig entwickelt. Kardinal Piacenza verleiht dieser Feststellung mit dem Wortspiel „Säkularisierung des Klerus und Klerikalisierung der Laien" (137) Ausdruck. Die *Laikalisierung des Klerus*, wie man im deutschen Sprachraum sagt, verweist „auf einen Verlust des Bewusstseins der Größe und der Tiefe der eigenen Identität, der Tatsache, *alter Christus* zu sein, in *Persona Christi Capitis* zu handeln, Christus zu sein und zu repräsentieren, der das Werk der Erlösung durch seine Priester fortführt. Es handelt sich im Grunde um den Verlust des Geschenkes, das Christus seiner Kirche und jedem Priester gemacht hat" (137–138). Die *Klerikalisierung der Laien* bedeutet eine Reduzierung der eigenen Berufung auf die Zusammenarbeit mit den höheren kirchlichen Ämtern oder auf deren Vertretung, sei sie zulässig oder unzulässig (vgl. 137). Sie stellt „eine wirkliche Verarmung des weitläufigen missionarischen Ziels dar, zu dem die Taufe sakramental befähigt, und sie ist paradoxerweise, aber tatsächlich die Frucht einer falschen Interpretation dessen, worauf das II. Vatikanische Konzil mit der rechten Förderung der Laien und der ... *actuosa participatio* verweisen wollte" (138).

Außer der Notwendigkeit angesichts des aus dem Gleichgewicht geratenen Mit- und Zueinanders von Klerikern und Laien, die Identität eines jeden Standes wieder in den Vordergrund zu stellen (vgl. 37), liegt nach Kardinal Piacenza das Heilmittel gegen eine solche theologische Verwirrung in einem übernatürlichen Glauben und einer übernatürlichen Betrachtungsweise der Kirche. Es braucht einen Glauben, „der demütig und wirklich die gemeinsame Berufung zur Heiligkeit ... [und] die Freiheit und die konsequente Unverfügbarkeit des göttlichen Willens anerkennt, der Priester und Hirten unabhängig vom Willen und von der Zustimmung des Volkes bestimmt, weil die priesterliche Vollmacht sich auf keinen Fall von unten ableitet, sondern durch die kirchliche und apostolische Vermittlung direkt von Gott kommt" (138). Angesichts der Glaubenskrise in der gegenwärtigen kirchlichen Situation[20], wird man sich um das Wachsen dieser theologischen Tugend in besonderer Weise bemühen müssen.

Im Zusammenspiel mit einem solchen Glauben versteht Kardinal Piacenza die Zusammenarbeit von Klerikern und Laien in grundlegender Weise als „Schutz in Gemeinschaft" (139). Hirt und Herde schützen sich gegenseitig, indem sie das tun, was ihnen zukommt: dem Pfarrer die facettenreiche Leitung der Pfarrei und den Laien der gläubige und aktive Mitvollzug des Glaubens und des Pfarrlebens. Die wechselseitige Gebetsunterstützung ist absolut erforderlich (vgl. 139–140). Über

---

20 Vgl. Hanke, Silvesterpredigt, 1.

diese Basis der Zusammenarbeit hinaus ergeben sich konkrete Felder im Vollzug des Lebens der Pfarrei: im Bereich der Vorbereitung priesterlicher Dienste, im Bereich der Katechese und der Ausbildung, auch im liturgischen Bereich, obwohl gerade dieser in den letzten Jahrzehnten von schweren Missständen betroffen war. Schließlich darf nicht vergessen werden, dass die Erfüllung der beruflichen, sozialen, familiären und erzieherischen Standespflichten eine sehr wirksame, wenn auch nicht unmittelbare Zusammenarbeit mit dem Pfarrer darstellt, indem sie das Feld bereitet, auf dem die apostolische Arbeit geschehen kann (vgl. 140–142).

Schluss

Im Schlusswort charakterisiert Kardinal Piacenza seine Ausführungen über die Identität des katholischen Priestertums als spirituellen Beitrag mit lehrmäßigem und theologischem Fundament. Diese Beurteilung ist stimmig und passt zur Konzeption des Buches als Sammlung von Vorträgen, Betrachtungen und Homilien. Es will keine dogmatische Abhandlung sein, die den Anspruch erhebt, möglichst alle Aspekte der Identität des katholischen Priesters in umfassender Weise zur Sprache zu bringen. Dem Autor geht es vielmehr darum, einen orientierenden Beitrag vom Standpunkt eines unverkürzten Glaubens aus zu bieten, von dem aus das Wesentliche und Wahre neu erkannt und dessen Kraft und Frische erspürt werden kann. Er schließt mit der Hoffnung, „dass ‚Das Siegel' über die Hilfe und Unterstützung des Weges vieler Priester hinaus auch einen breiten und tiefen Dialog gemäß der ratzingerisch-benediktinischen Methode des ‚Dialoges der Wahrheit' initiiert, der fähig ist, demütig Grenzen und Fehler zu erkennen, Lösungen und Perspektiven zu bestimmen, und der vor allem immer offen ist für jenes ‚Neumachen aller Dinge' (vgl. *Apg* 21,5), das nur der Heilige Geist bewirken kann und das, wenn man menschlicherseits der Fügsamkeit fähig ist, die Bezeichnung Reform trägt" (154).

Literaturverzeichnis

Primärliteratur

Die Bibel. Altes und Neues Testament. Einheitsübersetzung, hg. im Auftrag der Bischöfe Deutschlands u. a. und des Rates der Evangelischen Kirche in Deutschland u. a., Stuttgart 1980.

Benedikt XVI., Deus Caritas est, Enzyklika an die Bischöfe, an die Priester und Diakone, an die gottgeweihten Personen und an alle Christgläubigen über die christliche Liebe, 25. Dezember 2005, VApSt 171, hg. v. Sekretariat der Deutschen Bischofskonferenz, Bonn 2006. [Benedikt XVI., Deus Caritas est]

Benedikt XVI., Ansprache an die Teilnehmer an dem von der Kleruskongregation organisierten theologischen Kongress zum Priesterjahr am 12. März 2010: vatican.va, Rubrik: Ansprachen, Stand: 22.06.2011. [Benedikt, Kleruskongregation]

Benedikt XVI., Ansprache bei der Begegnung mit Priestern, Ordensleuten und Seminaristen in der Kathedrale von Palermo am 3. Oktober 2010: vatican.va, Rubrik: Ansprachen, Stand: 06.06.2011. [Benedikt XVI., Palermo]

Codex Iuris Canonici – Codex des kanonischen Rechtes. Lateinisch-deutsche Ausgabe, Kevelaer ⁴1994. [CIC]

Constitutio dogmatica de Ecclesia *Lumen gentium*: Enchiridion Vaticanum, Vol. 1, Documenti del Concilio Vaticano II (1962–1965), Testo ufficiale e versione italiana, 1993, 460–633. [LG]

Katechismus der Katholischen Kirche, München 1993. [KKK]

Kongregation für den Klerus u. a., Instruktion zu einigen Fragen über die Mitarbeit der Laien am Dienst der Priester, 15. August 1997, VApSt 129, hg. v. Sekretariat der Deutschen Bischofskonferenz, Bonn o. J.

Kongregation für den Klerus, Der Priester, Lehrer des Wortes, Diener der Sakramente und Leiter der Gemeinde für das dritte christliche Jahrtausend, 19. März 1999, VApSt 139, hg. v. Sekretariat der Deutschen Bischofskonferenz, Bonn o. J.

Kongregation für den Klerus, Instruktion. Der Priester, Hirte und Leiter der Pfarrgemeinde, 4. August 2002, VApSt 157, hg. v. Sekretariat der Deutschen Bischofskonferenz, Bonn o. J.

Piacenza, Mauro, Il Sigillo. Cristo fonte dell'identità del prete, Cristianesimo e Cultura 14, Siena 2010. [Il Sigillo]

Restrukturierung der (Pfarrei-)Seelsorge in den Schweizer Diözesen. Bestandsaufnahme und pastorale Perspektiven, hg. v. der Pastoralplanungskommission der Schweizer Bischofskonferenz (ppk), St. Gallen 2010. [Restrukturierung]

Schott Messbuch für die Wochentage, Teil 1, Advent bis 13. Woche im Jahreskreis, Freiburg u. a. o. J. [Schott Messbuch]

Sekundärliteratur

Aymans, Winfried, Strukturen der Mitverantwortung der Laien: Der Dienst von Priester und Laie. Wegweisung für das gemeinsame und hierarchische Priestertum an der Wende zum dritten Jahrtausend, hg. v. Franz Breid im Auftrag des Linzer Priesterkreises, Steyr 1991, 65–95. [Aymans, Strukturen der Mitverantwortung]

Greshake, Gisbert, Priestersein. Zur Theologie und Spiritualität des priesterlichen Amtes, Freiburg u. a. ²1982. [Greshake, Priestersein]

Düren, Peter Christoph, Das Verschwinden von Pfarrer und Pfarrei. Die Gefahren pastoraler Umstrukturierungen am Beispiel des Bistums Aachen. Vortrag am 2. September 2009 bei der Internationalen Theologischen Sommerakademie des Linzer Priesterkreises in Aigen i.M. / Österreich (schriftliche Fassung), 1–28. [Düren, Verschwinden von Pfarrer und Pfarrei]

Hanke, Gregor M., Silvesterpredigt am 31.12.2010 im Dom zu Eichstätt: PblEi 1, 2011, 1–4. [Hanke, Silvesterpredigt]

Priester und gegenwärtige Kultur[*]

Gerhard Ludwig Müller

Kultur ist Ausdruck der Geschöpflichkeit und der Freiheit

Das Zweite Vatikanische Konzil beschäftigt sich ausführlich mit der Verhältnisbestimmung von Theologie und Kultur. In der Pastoralkonstitution über die Kirche in der Welt von heute, „Gaudium et spes", spricht sich das Lehramt der Kirche für die richtige Förderung des kulturellen Fortschritts aus.

Greifen die Konzilsväter damit den aufklärerischen Kulturbegriff auf, der in der Kultur das Ideal einer voranschreitenden Entwicklung des Menschen sieht, die ihm endlich zur Durchsetzung seiner so lange unterdrückten Selbstbestimmung verhilft? Schließlich ist der Mensch das einzige Lebewesen in dieser Welt, das seine Handlungen selbst bestimmen, sich an Zielen, Zwecken und Werten orientieren kann. Er ist also von Natur aus auf Kultur abgestimmt, die ihn in seiner Entwicklung weiterführt, um ihn aber gleichzeitig von der Natur wegzuführen.[1]

Die gefährlichen Konsequenzen einer isolierten „Erfolgskultur" hat uns Darwins Evolutionstheorie vor Augen gestellt. Gemeint ist dabei die Weltanschauung des Evolutionismus als materialistisch-monistisches Weltbild und nicht die empirische Wissenschaft von der Entstehung und Entwicklung des Lebens und seiner Formen.[2] Der Mensch ist auf Materie und Biologie reduziert, seine Entwicklung hängt vom Grad technischer und kultureller Fertigkeiten ab. Jede Form einer metaphysischen und transzendenten Rückbindung des Menschen an eine ihm übergeordnete Instanz ist damit verloren gegangen. Kultur und technischer Fortschritt als anthropologische Wertvorgabe?

Kultur setzt Freiheit voraus. Sie stellt den Gestaltungsraum des Menschen dar, in dem er seine bereits reflektierten geistigen Entschlüsse umsetzt. Diese Freiheit ist spätestens seit der populären Aufklärung ein eigenständiger Sinnmechanismus, ein individuell-subjektiver Gestaltungswille, der ein geschlossenes Weltbild und eine bindende Norm, jenseits menschlicher Machbarkeit, ausschließt.

---

[*] Der Beitrag ist eine erweiterte Fassung eines Vortrags, den ich auf dem Studientag „Treue Christi, Treue des Priesters" der Kleruskongregation am 12. März 2010 in Rom gehalten habe.
1 Zum Themenkomplex Neuzeit, Moderne vgl. GUARDINI Romano, *Das Ende der Neuzeit*, ⁹1965.
2 Vgl. RASSEM Mohammed, FRIES Heinrich, *Kultur*, in: Görres-Gesellschaft, *Staatslexikon* Bd. 3, ⁷1987, 746–757.

Es ist aber gerade die Freiheit, die den Menschen zum kulturellen Wesen macht. Sie darf den Menschen nicht zu der Meinung verführen, dass er ein Wesen ist ohne Bindung und Verpflichtung oder ein Wesen ohne die Erkenntnis, dass seine Grunddisposition in der Geschöpflichkeit liegt, die ihn immer wieder auf den Ursprung und das Ziel allen Lebens, auf Gott verweist. Der geistigen Natur des Menschen eignet der Bezug auf eine die Welt übersteigende Unendlichkeit. Liebe will Ewigkeit. Darum wäre eine Beschränkung auf die Immanenz eine Destruktion des Menschen. Der Mensch hat eine umfassende Berufung: die göttliche.[3]

Die Freiheit ermöglicht es aber dem Menschen, Eindrücke, Sichtweisen und Erfahrungen mit eigenen Augen zu sehen und einzuordnen und ihnen in der Verarbeitung und geistigen Erschließung Gestalt zu geben: „Unter Kultur im allgemeinen versteht man alles, wodurch der Mensch seine vielfältigen geistigen und körperlichen Anlagen ausbildet und entfaltet; wodurch er sich die ganze Welt in Erkenntnis und Arbeit zu unterwerfen sucht; wodurch er das gesellschaftliche Leben in der Familie und in der ganzen bürgerlichen Gesellschaft im moralischen und institutionellen Fortschritt menschlicher gestaltet; wodurch er endlich seine großen geistigen Erfahrungen und Strebungen im Lauf der Zeit in seinen Werken vergegenständlicht, mitteilt und ihnen Dauer verleiht – zum Segen vieler, ja der ganzen Menschheit" (GS 53).

Damit ist zugleich ausgesagt, dass es gesellschaftliche und ethnische Komponenten gibt, die eine eigenständige ethnische und politische, künstlerische und literarische Kultur herausbilden. Die individuellen Erfahrungen des Menschen sind ja abhängig von seinen Lebensumständen, der Natur, der Geschichte des Landes und des Volkes sowie der Religion: „So bildet sich aus den überlieferten Einrichtungen ein jeder menschlichen Gemeinschaft eigentümliches Erbe" (GS 53).

Die Grenzen der Kultur werden verwischt – Antinomien kultureller Vernetzung

Unter dem politischen – meist unter rein wirtschaftlichen Aspekten geltenden – Stichwort „Globalisierung" verbirgt sich auch die Erkenntnis, dass die Kultur eines Landes nicht mehr geographisch begrenzt bleibt. Der Austausch von Informationen, die hohe Mobilität und die Vergemeinschaftung des Lebens fördern einen regen Austausch der kulturellen Identitäten einzelner Regionen und Völker der Erde. Schaffen die jeweiligen Kulturen Identität für den je eigenen Kulturraum, so sind diese zugleich Botschafter und Kommunikationsrahmen mit der Welt. Der Kulturbegriff besitzt die Möglichkeit gegenüber einer sozialen Segmentierung, politischer Fraktionierung und kognitiver Pluralisierung eine integrierende Gesamtdeutung menschlicher Wirklichkeit entfalten zu können.[4]

---

3   Vgl. Zweites Vatikanisches Konzil, Konstitution über die Kirche in der Welt von heute *Gaudium et spes*, Nr. 22; Müller Gerhard Ludwig, *Katholische Dogmatik. Für Studium und Praxis der Theologie*, [8]2010, 126.
4   Vgl. Schwöbel Christoph, *Christlicher Glaube im Pluralismus. Studien zu einer Theologie der Kultur*, 2003.

Die Gefahr bei einer Verschmelzung der Kulturen liegt in der Auflösung spezifischer Elemente des Kulturraumes sowie in der Aufgabe der kulturellen Identität. Regionale Kultur wird – oftmals zum Schaden bestehender kultureller Charakteristika – einer uniformen Massenkultur mit synkretistischen Zügen geopfert. Exemplarisch seien hier die Anglizismen in den europäischen Sprachen genannt. Überspitzt formuliert, kann „Kultur" zum Kampfbegriff werden, mit dem die Repräsentanten einzelner Gruppen jeweils den Anspruch erheben, die für die Gesellschaft insgesamt verbindlichen Normen zu formulieren.

Andererseits bildet sich eine Art Identität der ganzen Menschheit heraus, die in der Vielfalt kultureller Welten und Lebensräume eine gemeinsame Grundlage für ein gelingendes Miteinander erkennt: „So bildet sich allmählich eine universalere Form der menschlichen Kultur, die die Einheit der Menschheit umso mehr fördert und zum Ausdruck bringt, je besser sie die Besonderheiten der verschiedenen Kulturen achtet" (GS 54).

Dem Kulturbegriff ist eigen, dass er gegenüber der zunehmenden sozialen Segmentierung, der politischen Fraktionierung und der kognitiven Pluralisierung eine integrierende Gesamtdeutung menschlicher Wirklichkeit entfalten kann.

Interessant wird das zukünftige Nebeneinander (oder Gegeneinander) einer sich zur Menschheitskultur emporschwingenden „neuen Kultur", die sich bestehendem kulturellen „Erbgut" einzelner Völker und Vergangenheiten gegenübersieht. Gerade in einem sich neu formierenden Europa wird das Aufeinandertreffen vorhandenen kulturellen Erbes (Traditionen, Geschichte, Geisteskultur) der einzelnen europäischen Staaten mit einer Gesamtkultur zum spannendsten Kapitel der europäischen Einigung werden.

Freiheit und Person

Freiheit ist ein personales Moment im Menschen. Seinem Personsein ist es eigen, in Freiheit sich für Gott zu entscheiden, sein Leben als Dienst an der Schöpfung zu sehen und sich so als Mitarbeiter der Wahrheit zu verstehen. Die Geschöpflichkeit ist die Grundlage der Fähigkeit zur Selbstreflexion und der geistig-rationalen Auseinandersetzung mit der Wirklichkeit, die den Menschen umgibt. So erinnert gerade die Theologie daran, dass die Kultur auf die Gesamtentfaltung der menschlichen Person, das Wohl der Gemeinschaft und die Realität der gesamten menschlichen Gesellschaft ausgerichtet ist. Gerade der Priester kann einen Beitrag dazu leisten, die Kulturen der verschiedenen Völker zu reinigen, d. h. gegenüber drohenden Verführungen einer Unkultur (etwa mangelnder Lebensschutz, Einschränkung von Rechten, Vergehen gegen die Menschenrechte und die Würde der Person), die das Person-Sein des Menschen einschränken, gefährden oder missachten, zu schützen:

„In der Person des Menschen selbst liegt es begründet, dass sie nur durch Kultur, das heißt durch die entfaltende Pflege der Güter und Werte der Natur, zur wahren und vollen Verwirklichung des menschlichen Wesens gelangt." (GS 53)

Ebenso sind heutige Kulturen in der Lage, Hilfestellungen zu geben, die bei der Erkenntnis des Heils dienlich sein können, das in Jesus Christus geschichtlich greifbar geworden ist und in die Welt gekommen ist. Die Pflege der Naturwissenschaften, die unbedingte Sachlichkeit gegenüber der Wahrheit, den internationalen Austausch, Verbesserung der medizinischen Situation und nicht zuletzt die künstlerischen Arbeiten sind – wenn sie richtig gedeutet werden – bereits Verweise auf die in Christus gerettete und erlöste Welt, insofern sie nicht zu einer säkularen Autonomie des Menschen führen, die Gott ausblendet und wo sich der Mensch selbst genügt.

Deshalb ist es wichtig, dass die Priester den Gefahren eines reinen Phänomenalismus und des Agnostizismus, wie sie oftmals der Methode der modernen Naturwissenschaften und den Kulturwissenschaften eigen sind, mit dem unhintergehbaren Hinweis auf die Personalität und der damit einhergehenden Unverfügbarkeit des Menschen entgegnen.

Die Kirche bewahrt und schafft Kultur

Immer haben die Kirche, die Priester und die Theologie um die gestalterischen und Kultur schaffenden Elemente des Menschen gewusst. Über Jahrhunderte hinweg wurde die Christianitas als eine Symbiose von Kirche und Welt verstanden. Es ist ureigenste Aufgabe der Kirche, das überlieferte kulturelle Erbe zu bewahren und zugleich eine eigenständige Kultur zu schaffen. Der vorbildliche Ausbau eines Schul- und Bildungswesens, das schließlich in den Gründungen der mittelalterlichen Universitäten gipfelte, sind sprechende Zeugen für den kulturellen Eifer der Kirche. Der große John Henry Newman (1801–1890), den Papst Benedikt XVI. seliggesprochen hat, hat darauf aufmerksam gemacht, dass die Theologie an den Universitäten dem universalen Wissen verpflichtet ist. Gerade der Nichtglaubende kann zudem einsehen, dass die Theologie eine große Menge von historischen und kulturellen Wissensstoff enthält, einen außerordentlichen Tiefgang der philosophischen Reflexion anbietet, so dass auch schon deshalb das Ziel der Universität, nämlich ihre Ausrichtung auf die Gesamtheit des Wissens, verfehlt wäre, wenn man die Theologie aus dem Fächerkanon der Universitäten herausnehmen würde. Es wird aber auch bewusst, dass Kultur nicht nur auf künstlerische Akzente basiert, sondern im Letzten getragen ist von der Bildung und dem lebendig tradierten Wissen.[5]

Hier ist auch das Thema Liturgie von Bedeutung. Ohne Zweifel ist die Liturgie der Kirche (auch als Bestandteil der theologischen Disziplinen) eine Kultur schaffende Größe. Ihre Ausdrucksformen, ihr Gesang, ihre Gebete und der Vollzug der liturgischen Handlungen sind, wenn auch zunächst nur äußerlich betrachtet, Kultur.

Spezielle musikalische Formen haben sich seit Jahrhunderten entwickelt (z. B. die Gregorianik), Gesten und Riten wurden zum Bestandteil zunächst der europäischen, später dann einer weltumspannenden Kultur. Aber der Ritus, der äußere Vollzug spiegelt die inhaltliche Bestimmung wider. Der Gebetsschatz der Kirche sowie ihre Gotteshäuser wurden zu sichtbaren Zeichen der Gegenwart Gottes

---

5 Vgl. NEWMAN John Henry, *Vom Wesen der Universität. Werke von John Henry Newman V,* hrg. von Matthias Laros, Werner Becker, Johannes Artz; dazu vgl. MÜLLER Gerhard Ludwig, *John Henry Newman.* Vorzugsausgabe, 2010, 80–101.

unter den Menschen. Ihre Existenz und ihr Leben ist Kultur in höchster Vollendung. Hier ist die besondere Verantwortung des Priesters angesprochen. Die Liturgie ist dem Priester vorgegeben und nicht der subjektiven Phantasie überlassen. Der Schatz der Liturgie ist vorgegeben wie ein Geschenk des sich offenbarenden Gottes im Mysterium, obliegt dem kirchlichen Lehramt und schafft gerade dadurch Formen kultureller Sprache und künstlerische Gestaltung[6].

Zu einer gelingenden Kultur gehört auch der Umgang mit den kranken und alten Menschen. Dient eine kulturelle Expansion dem Wohlergehen der ganzen Menschheit, so ist es auch Pflicht, die sittlichen Maßstäbe im Umgang mit dem Einzelnen hervorzuheben. Zeichnet sich eine Gesellschaft nicht gerade darin aus, wie sie mit den Unmündigen, den Kranken, den Sterbenden umgeht? Werden diese Fragen nicht zur Richtschnur einer echten Kultur – im Gegenüber zu einer Verrohung, bei der Leben nur dem zugesprochen wird, der sich einer vorherrschenden Ideologie anpasst (vgl. Nationalsozialismus, Kommunismus)?

Hier sich der „Kultur des Todes" entgegenzustellen, wie Papst Johannes Paul II. in seiner Enzyklika „Evangelium vitae" (1995), entspricht einer moralisch und sittlich hochgestellten Kultur. Kultur ist eben nicht nur greifbar in den architektonischen Monumenten vergangener und gegenwärtiger Kunst, sondern muss sich messen lassen am Umgang der Menschen miteinander.

So kann die Pastoralkonstitution durchaus von der „Geburt eines neuen Humanismus" (GS 55) sprechen.

Immer wird der Mensch sich seiner Rolle als Gestalter und Schöpfer der Kultur seiner Gemeinschaft bewusst. Verantwortlichkeit für die Belange des Menschen, seine sittliche und geistige Reifung sind zu Schlüsselbegriffen in einer immer noch gefahrvollen und kriegerischen Welt geworden. Der neue Humanismus, von dem die Konstitution spricht, zielt auf eben die Verantwortung ab, die der Mensch für seine Mitmenschen übernommen hat.

Auch hier steht der Priester im Dienst des Menschen und des Lebens. Die persönliche Begegnung mit den von der Gesellschaft oft Vergessenen oder an den Rand Gedrängten ist die Antwort auf ihre Missachtung. Sie werden durch den Priester in ihrem Geschöpf-Sein angesprochen und angenommen. So entsteht durch die seelsorgliche Arbeit eine Kultur des Lebens.

Die kulturelle Vielfalt ist eine Herausforderung

In der Weise, wie die Kirche die Errungenschaften der einzelnen Kulturen mit einbezieht in ihren Verkündigungsauftrag, darf sie selbst nicht ihre über alle Kultur stehende Identität verlieren. Der Beitrag der Kirche zu einer Bewältigung der Gegenwart wird oftmals unter dem bloßen Aspekt ihrer Kulturfähigkeit und ihrer historischen Rolle als Brückenglied zwischen Neuzeit und Antike gesehen.

Kulturen eines Landes werden jedoch von der Kirche als Geschenk gesehen, das eingesetzt wird, um die Botschaft Jesu Christi vom universalen Heilswillen auch

---

6   Vgl. Joseph RATZINGER, *Der Geist der Liturgie,* in: JRGS 11, 29–194.

den fremdesten und entferntesten Kulturen zu vermitteln. Hier überspringt die Universalität und die Endgültigkeit des Herrn der Geschichte jede menschliche Segmentierung und Isolierung in Nation, Tradition und Brauchtum.

Umgekehrt stellt die Kirche eine Herausforderung und Bereicherung für fremde Kulturen dar. Ihr universales – katholisches – Denken kann dadurch die menschliche Enge des Denkens, das manchen Kulturen eigen ist, zu neuen Dimensionen und weiterführenden Gedanken verhelfen. Keineswegs ist es so, dass die Kirche vorgefundene Kulturen gleichsam „überrollt" hätte. Im Gegenteil, es findet manche nationale, politische oder kulturelle Partikulation erst ihr eigentliches Wesen, wenn die Theologie und die Kirche den nötigen Horizont zur Verfügung stellen. Darin liegt auch die Größe wie die Mühen der missionarischen Arbeit, die von Priestern und Ordensleuten in der ganzen Welt geleistet wird. Der Umgang mit dem kulturellen Erbe der Menschheit in den Ländern, wo sie ihren Dienst verrichten, benötigt diese Weite und Toleranz ebenso wie die unzerbrüchliche Treue zum Glauben, der verkündet wird.

Geistige Mobilität durch die Theologie – Transzendenz als Bedingung für Kultur

Aber gerade die Theologie ist eindrucksvolles Zeichen für die innovative und überzeugende Kraft des kulturellen Fortschritts. Die geistige Reife und die spekulative Dichte der Theologie in all ihren Facetten zeigen, dass es ihre Kraft war, die den menschlichen Geist immer wieder angeregt hat, über seinen bisher erreichten Stand nachzudenken.

Auch hier wird deutlich, dass Kultur nicht eine materiell greifbare Konstante ist, sondern durch vertiefende Reflexion die geistige Mobilität erzeugt, die den Menschen befähigt, sich selbst, seinen Glauben und seine Existenz vorwärts zu führen.

Oder hätten die Menschen und Völker jeweils eine Kultur, wenn ihnen eine Begegnung mit Gott, der Transzendenz nicht möglich wäre? In der Konditionierung des Menschen als Geschöpf und die damit verbundene Fähigkeit, sich auf dieses Angebot des Heils einzulassen, also seine eigenen immanenten Grenzen zu überspringen, liegt der Ursprung für jede Kultur.

Durch die Theologie hat der Mensch mehr Einsicht in seinen Glauben. Die ganze Geschichte der Theologie hindurch werden Schwerpunkte des Forschens gesetzt. So sind etwa die ersten Jahrhunderte der theologischen Entwicklung mit der Frage nach der wahren Gottheit und der wahren Menschheit in Jesus Christus verknüpft. Die Jahrhunderte der Christologie erhellten das Geheimnis des Sohnes Gottes, eröffneten neue Zugänge zu Christus und regten die Phantasie der Kunst und deren kulturellen Ausdruck an (vgl. die typisierenden Christusdarstellungen der ersten Jahrhunderte).[7]

---

7   Vgl. GRILLMEIER Alois, *Jesus der Christus im Glauben der Kirche*, 3 Bde, 1979–1990; BOUYER Louis, *Le fils eternel. Théologie de la Parole de Dieu et christologie*, 1974.

Die Theologie und die Kirche dürfen jedoch nicht in der Kultur aufgehen. Sie müssen die Transzendenz des Menschen ermöglichen. Kultur gehört zur Sakramentalität der Kirche. Sie ist Zeichen, Ausdruck und Medium der Kommunikation der Menschen mit Gott aufgrund der Selbstoffenbarung Gottes in der Schöpfung, in der Menschwerdung und in der eschatologischen Vollendung. Reduziert man die Theologie lediglich auf ein Objekt der Kulturforschung, wird sie musealisiert und ihr v. a. das Recht abgesprochen aktiv am kulturellen – und damit gesellschaftlichen und politischen – Leben teilzunehmen. Die Gefangennahme in der Vergangenheit ist letztlich eine Amputation. Bezeichnet man von daher die Theologie als Kulturträger, so redet man Schopenhauer das Wort, für den mit dem Fortschritt der Kultur das Absterben der Religion einher geht.

In dieser Perspektive wird deutlich, dass die Theologie wieder zum dynamischen Motor der Gesellschaft (evtl. auch Politik) und der Geisteswelt unter den Menschen werden muss, soll sie nicht zum Objekt der Kulturforscher werden, die Archäologie und nicht Theologie betreiben.

Theologie darf auch nicht von Kulturen abhängig gemacht werden. Sicherlich findet eine gegenseitige Beeinflussung statt, die aber nicht zu einer Auflösung der Theologie in die jeweilige Kultur hinein führen darf. Von der Kultur eines Landes geprägte „Theologien" soll es geben. Sie muss letztlich die Sprache der angesprochenen Menschen sprechen, um sie zu erreichen. Damit würde sich ein erneuter Themenkreis öffnen, der mit dem Stichwort Inkulturation verbunden ist, die aber immer der Universalität des Heilswillens Gottes Rechnung tragen muss. Glaube, Wissenschaft und Gesellschaft zusammenzudenken, ist auch heute noch die Aufgabe der Priester und aller Theologen, die sich an den Instituten, Akademien und Universitäten der Erkenntnis des Glaubens widmen.

Konsequenzen

1   Die Priester müssen darauf achten, dass sie für den Menschen das Recht auf Kultur bewahren. Diktatorische Regime („Steinzeitkommunismus" oder laizistische, sozialistische Gesellschaftsmodelle) haben, um die Menschen – buchstäblich – zu brechen, Literatur, Musik und Bildung vernichtet und ihnen damit einen wesentlichen Teil ihres Mensch-Seins genommen. „Gaudium et spes" hat dies so formuliert: „Da jetzt die Möglichkeit gegeben ist, die meisten Menschen aus dem Elend der Unwissenheit zu befreien, ist es heute eine höchste Pflicht, vor allem für die Christen, tatkräftig darauf hinzuarbeiten, dass in der Wirtschaft wie in der Politik, auf nationaler wie auf internationaler Ebene Grundentscheidungen getroffen werden, durch die das Recht aller auf menschliche und mitmenschliche Kultur auf der ganzen Welt anerkannt wird und zur Verwirklichung kommt, ein Recht, das entsprechend der Würde der menschlichen Person allen ohne Unterschied der Rasse, des Geschlechts, der Nation, der Religion oder der sozialen Stellung zukommt." (GS 60) Theologie und Kirche präsentieren sich dadurch in der Welt als Anwalt einer allen Menschen eigenen Grundkultur.

2 Die Zunahme der inhaltlichen Erkenntnisse in den einzelnen Disziplinen kultureller Fertigkeiten macht eine organische Gesamtschau aller Wissensgebiete unmöglich. Die Theologie kann von daher auf die elementarste Vermittlung, auf die grundlegendste Ordnung der Wirklichkeit verweisen: Die Familie ist der unmittelbarste Ort kultureller Wertebeschreibung. In der Familie lernen die Kinder durch die liebende Erziehung die erprobten Formen menschlicher Kultur. Hier liegen die hoffnungsvollen Wurzeln einer gelingenden Kultur. Hier – in der Familie – wird das grundgelegt, was später den Einsatz für die Kultur fördert. Die Erfahrung von Liebe ist das Herz aller Kultur und Humanität.

3 Die Priester müssen sich mit allen Feldern der Wissenschaft intensiv auseinandersetzen. Information, wissenschaftliche Begegnung und persönliche Bekanntschaft sind tragfähige Säulen für die Vermittlung der christlichen Werte für eine an der Botschaft Christi orientierten Zukunft.

4 Die Priester müssen sich am kulturellen Leben einer Gesellschaft beteiligen, um ihre Vorstellungen einer gelingenden Werte-, Bildungs- und Kulturgesellschaft mit Nachdruck einbringen zu können. Der Verweis auf die Transzendenz als Quelle aller Kultur hebt das vollendete Werk über die konstruierten Grenzen menschlicher Enge.

5 V. a. ist es Aufgabe der Theologie den Begriff der Kultur mit dem Begriff der Person in Verbindung zu bringen. Kultur findet nicht außerhalb der personalen Existenz des Menschen statt, sondern ist Ausdruck seiner Freiheit, seiner Personalität und seines Gottesbezugs. Dies kann nur gelingen, wenn eine Anthropologie entwickelt wird, die sich klar als der Nährboden der wahren Kultur der Menschheit beschreiben lässt.

6 Kultur erwächst aus der Lebensgemeinschaft des Menschen mit Gott. Von der Kreatürlichkeit her gestaltet sich die personale Identität sowie die dem Menschen wesentlich zukommende Eigenwirklichkeit, Eigenwertigkeit und seine Eigentätigkeit. Aber diese Kreatürlichkeit ist von Anfang nicht eine ins Leere laufende Dynamik, der gegenüber sich Gott in einem zweiten, nur äußerlich mit der Schöpfung verbundenen Akt rein positivistisch als Erfüllung gesetzt hätte. Der Mensch wurde vielmehr von Gott geschaffen, indem er zugleich die ursprüngliche Gerechtigkeit und Heiligkeit empfing und so schon in der Präsenz Gottes auf den Weg einer geschichtlichen Verwirklichung seines Wesens verwiesen war. Da der Mensch sein Wesen nur im Horizont von Zeit und Kontingenz gewinnen oder verspielen kann, ist seine geschichtliche Verfassung auch der ursprüngliche Ort der Annahme von Gnade in kreatürlicher Freiheit. Dadurch wird die Welt als von Gott erschaffen zum Raum einer Kultur, die Gott als den Urheber und Schöpfer aller Kreativität erkennen kann.

7 Kultur erwächst aus dem Schöpfungsauftrag, die Erde zu bebauen und zu pflegen. Höchste Form der Kultur ereignet sich, wenn die Menschen versammelt in der Kirche Gottes Brot und Wein zu Gott erheben, der sie uns verwandelt schenkt im Sakrament des Fleisches und Blutes Jesu Christi als Speise und Trank zum ewigen Leben. Das eucharistische Opfer, dargebracht durch den Dienst der Priester für das Volk und mit ihm, ist höchste Erfüllung des Kulturauftrags an

den Menschen. Das Sakrament der Kirche ist Gipfel menschlicher Kultur und zugleich die Quelle aus der sie entspringt.

Literatur:

BOUYER Louis, *Le fils eternel. Théologie de la Parole de Dieu et christologie*, Paris 1974.

GRILLMEIER Alois, *Jesus der Christus im Glauben der Kirche,* 3 Bde, Freiburg 1979–1990;

GUARDINI Romano, *Das Ende der Neuzeit*, Basel ⁹1965

MÜLLER Gerhard Ludwig, *Katholische Dogmatik. Für Studium und Praxis der Theologie*, Freiburg ⁸2010, 126.

MÜLLER Gerhard Ludwig, *John Henry Newman. Vorzugsausgabe*, Augsburg 2010, 80–101.

NEWMAN John Henry, *Vom Wesen der Universität*. Werke von John Henry Newman V, hg. von Matthias Laros, Werner Becker, Johannes Artz;

RASSEM Mohammed, FRIES Heinrich, *Kultur*, in: Görres-Gesellschaft, Staatslexikon, Bd. 3, Freiburg ⁷1987, 746–757.

RATZINGER, Joseph, Vom Geist der Liturgie, in: Gerhard Ludwig Müller (Hg.), *Joseph Ratzinger Gesammelte Schriften Bd. 11 (= JRGS 11)*, Freiburg 2008.

SCHWÖBEL Christoph, *Christlicher Glaube im Pluralismus. Studien zu einer Theologie der Kultur*, Tübingen 2003.

Priester für das 3. Jahrtausend

Karl J. Wallner

Einleitung

Als am Herz-Jesu-Fest des Jahres 2009 Papst Benedikt XVI. aus Anlass des 150. Todestages des heiligen Pfarrers von Ars, Jean-Marie Vianney († 4. August 1859), das Priester-Jahr eröffnete, da dachten alle, dass dieses Gedenkjahr des Priestertums sich in schönen liturgischen Feiern und aufbauenden Rundschreiben entfalten würde. Doch es ist ganz anders gekommen. Die Kirche geriet durch das Öffentlichwerden einiger neuer und vieler alter Missbrauchsfälle, auch durch Kleriker, in eine schwere Bedrängnis. Die Kirche ist davon nicht untergegangen, und wenn auch ihr öffentliches Ansehen beschädigt und ihre Stimme geschwächt sind, so haben all diese Ereignisse doch zu einer inneren Reinigung, freilich zu einer schmerzhaften, geführt. Es ist heute schon evident, dass die Verantwortlichen sehr schnell und sehr gründlich alles rechtlich Notwendige und disziplinär Mögliche tun, um das besser zu regeln, was vielleicht kirchenintern aufgrund unzureichender psychologischer Einschätzung der Pädophilie oder aufgrund veralteter und inakzeptabler schwarzer Pädagogikmethoden schief gelaufen ist. Nach Abklingen der aufgeheizten medialen Entrüstung ist es heute selbst einem Priester schon wieder erlaubt festzustellen, dass Missbrauch keineswegs ein kirchliches oder gar katholisches oder gar am Zölibat festzumachendes Thema ist. Die nüchterne Statistik weist aus, dass 99,7 Prozent der Fälle sich im familiären Bereich ereignen. Es handelt sich um kein kirchliches Phänomen, ja im Gegenteil: Statistisch gesehen sind die katholische Kirche und ihr Klerus der sauberste und ehrenwerteste Bereich unserer Gesellschaft, wie in Österreich mittlerweile sogar das kirchendistanzierte Wochenjournal „Profil" verkünden musste. Freilich dürfen wir uns selbst nicht mit dem Verweis auf Statistiken exkulpieren, da jeder einzelne Fall dort hundertmal, ja tausendmal schwerer wiegt, wo er von einem Gottgeweihten begangen wird. Neben den natürlichen Maßnahmen der Kirchenleitungen muss aber auch der Kosmos des Übernatürlichen ausgeschöpft werden. Denn alles, was in der Kirche gelingt, ist letztlich ein Werk göttlicher Gnade, eine Manifestation einbrechenden Gottesheiles. In der Pfingstsequenz bekennen wir gegenüber dem Heiligen Geist: „Ohne Dein lebendig Wehn' kann im Menschen nichts bestehen, kann nichts heil sein und gesund! Was befleckt ist, wasche rein. Dürrem gieße Leben ein, heile Du, wo Krankheit quält." Papst Benedikt XVI. hat deshalb bei seiner Pilgerfahrt nach Fatima am 13. Mai 2010 insbesondere die Priester dem Unbefleckten Herzen Mariens anvertraut und geweiht. Nach Hans Urs von Balthasar und anderen Theologen meint ja die Übergabe des Johannes unter dem Kreuz an Maria, die Jesus gleichsam als Testament in der Stunde seines Todes vollzieht, mit Johannes, dem Apostel, insbesondere „den Priester".

All das stimmt mich zuversichtlich, und darum möchte ich in diesem meinem Beitrag auf das Wesentliche eingehen, von dem ich glaube, dass wir es von zukünftigen Priestern erwarten dürfen, ja erwarten müssen. Sie werden ein weithin persönlich gehaltenes Plädoyer eines Mönchs (28 Jahre) und Priesters (22 Jahre) lesen, der noch dazu in der Verantwortung steht, in der Priesterausbildung tätig zu sein. Ich möchte der Frage nachgehen, welche Priester wir für das 21. Jahrhundert brauchen. Was ist am Profil eines zukunftsfähigen Priesters besonders wünschenswert? Gleich zu Beginn muss ich ausdrücklich die Punkte erwähnen, über die ich nicht schreiben werde: Wenn ich über das „Priestertum" schreibe, so setze ich das katholische Verständnis des Weihesakramentes voraus, also das, was der Glaube der katholischen Kirche lehrt, abgesichert durch das pneumatische Wirken des Heiligen Geistes in 21 Ökumenischen Konzilien und in dem apostolischen Lehramt des Papstes und der Bischöfe, denen überzeitlich das Wort Christi gilt: „Wer euch hört, der hört mich; und wer euch ablehnt, der lehnt mich ab!" (Lk 10,16) Darum werde ich mich hier definitiv dem gleichsam neurotischen Zwang entziehen, im Zusammenhang mit dem Priestertum den Zölibat zu thematisieren. Ebensowenig wird es mir um die Zulassung von Frauen zum Priestertum gehen. Für Letzteres besteht aufgrund der Theologie der Weihe, wonach der Geweihte gleichsam ontologisch in die Dienst- und Sklavengestalt des mensch- und manngewordenen Christus eintritt, keine Option. Die Nicht-Möglichkeit der Frauenordination ist durch ein klares und eindeutiges „Non Possumus" des obersten Lehramtes – Paul VI. in „*Inter insigniores*" (1976) und Johannes Paul II. in „*Ordinatio Sacerdotalis*" (1994) – entschieden.

Beim Thema „Zölibat" leide ich sehr darunter, dass dieser Wert des Ganz-auf-Gott-konzentriert-Lebens durch die innerkirchliche Diskussion permanent als Unwert betrachtet wird. Schon die Frage „Warum dürfen Priester nicht heiraten?" – gestellt in einer Gesellschaft, wo stabile Ehe- und Familienbindungen selbst einen beispiellosen Verfall erleben – ist die Unterstellung einer Deprivation, einer Beraubung! Es ist aber umgekehrt. Ich habe als Pfarrer immer wieder die Feststellung gemacht, dass die Leute beim Thema Zölibat ein naives Vorverständnis haben: Als wären wir Priester von einer Art Sondereinsatztruppe des vatikanischen Geheimdienstes gleichsam zwangsentführt worden, um nun in dieser ehelosen frauen- und sexlosen Lebensform dahinzuschmachten. Die Menschen sind bass erstaunt, wenn man ihnen sagt, dass man *freiwillig*, aus Liebe zu Christus, auch unter dem bewussten Willen zum Opfer, zur Ganzhingabe, in diese Lebensform getreten ist, um auch Zeugnis dafür zu geben, dass das zukünftige „Himmelreich" für uns nicht bloß ein schönes Märchen ist, sondern die große Hoffnung, die uns trägt, und die allein den Verzicht auf Ehe und Familie sinnvoll macht. Leider ist für manche innerkirchlich eingerosteten Ideologen der Zölibat immer und überall an schlechthin allem schuld. Ein Journalist hat im Zusammenhang mit einer der vielen frustvollen

Zölibatsdebatten humorvoll geschrieben: Wenn sich im nächsten Kirchenskandal etwa herausstellen sollte, dass die Vatikanbank irgendwelche Kontakte mit der Mafia hat, so würde sofort auch dafür wieder der Zölibat verantwortlich gemacht.

Nur ein Wort noch zu unserem Nicht-Thema des Zölibats, es stammt aus dem Mund von Kardinal Schönborn. Dieser wurde vor einiger Zeit gefragt, ob man etwas am Zölibat ändern soll. Er antwortete: „Ja, man soll ihn besser leben!" So wie die beste Werbung für Ehe und Familie das Vorbild gelingender Ehen und Familien ist, so wird die Verliebtheit in Gott, die selbstaufopfernde Ganzhingabe in der spirituellen Beziehung zum jenseitigen Gott mit der Bereitschaft zum Dienst für Gläubige und Gemeinde im Zölibat auch dann zu strahlen beginnen, wenn wir Priester ihn authentisch leben. Der Frust über den Zölibat ist leider selbstgemacht, eine „klerogene" Neurose. Dort wo Priester froh ihre Liebe zu Gott und ihre Ganzaufgabe in den priesterlichen Dienst hinein leben, dort wird der Wert der christusförmigen Ehelosigkeit von selbst sichtbar. Es bringt daher nichts, über den Zölibat zu debattieren; das beste Argument dafür sind Priester, die durch ihre Lebensform Plakatflächen für diese Form der Lebenshingabe an Gott sind.

Nachdem ich nun doch schon soviel Zeit damit verbracht habe, über das zu schreiben, über das ich gar nicht schreiben wollte, hier nun fünf Punkte, die ich für ein zukunftsfähiges Priesterbild für wesentlich halte.

1. Ein Priester der Zukunft muss *authentisch-nachkonziliar* sein

Das Wort „nachkonziliar" ist heute schon fast eine Provokation, und zwar für beide Ränder, die sich in der Kirche entwickelt haben: Für viele steht „nachkonziliar" gleichsam für die große Hemmung, die nach dem Konzil dem sogenannten Geist des Konzils entgegengesetzt wurden. Die „nachkonziliaren" Entscheidungen von Papst Paul VI., die Kirche nicht durch Bischofssynoden gleichsam in einen Zustand des Konziliarismus überzuführen, seine unpopuläre Entscheidung in Humanae Vitae 1968 die unaufgebbare Verbindung zwischen Geschlechtlichkeit in der Ehe mit der Offenheit für das Kind einzufordern, seine Ablehnung des Frauenpriestertums, sein Festhalten am Zölibat und vieles mehr wird von jenen Theologen, die im Konzil nur eine Art Anstoßereignis sahen, als Tragödie bewertet. Noch dazu die Tatsache, dass auf das Pontifikat des vorsichtigen und leidenden Paul VI. das fast 27-jährige und damit zweitlängste Pontifikat in der Kirchengeschichte von Johannes Paul II. folgte. Für die anderen ist das Prädikat „nachkonziliar" nicht minder negativ besetzt. Sie identifizieren es mit einem fatalen Abbruch von liturgischer, disziplinärer und katechetischer Kultur in der Kirche. Für sie ist „nachkonziliar" gleichbedeutend mit der liberalen Selbstauslieferung der Kirche an den Zeitgeist. Das gemeinsame Charakteristikum dieser vielgestaltigen Strömungen ist eine romantische Nostalgie der vorkonziliaren Zeit, die als „Goldenes Zeitalter" beschworen und deren Restauration man sich zum Ziel gesetzt hat.

Der Priester der Zukunft, so möchte ich hier einmahnen, muss aber im authentischen Sinn „nachkonziliar" sein. Das heißt: Er darf nicht „neben" oder „außer" dem stehen, was das 2. Vatikanische Konzil gewollt hat. Das letzte der insgesamt

21 Ökumenischen Konzilien wollte die Erneuerung der Kirche. Ich habe aber das Gefühl, dass die kirchliche Atmosphäre der letzten Jahre und Jahrzehnte aus verschiedendsten Motiven von einer substantiellen Konzils*verweigerung* geprägt war. Ich erinnere mich noch an mein Noviziat, wo ich die Konzilstexte von A bis Z durchgelesen habe und meinen Verdacht bestätigt fand, dass der sogenannte „Geist des Konzils" in vielerlei Hinsicht nicht der Geist des Konzils ist, sondern der Geist der 68er Jahre. Und der war nicht nachkonziliar, sondern vielfach antikonziliar.

Tatsache ist, dass das 2. Vatikanum am 8. Dezember 1965 endete; das war zugleich der Vorabend einer Epoche, die Kardinal Walter Kasper folgendermaßen charakterisiert: „Mitte und Ende der 60er Jahre kam es in der gesamten westlichen Welt zu einem neuen Schub der Aufklärung, der Emanzipation und der Säkularisierung. Was man bei uns gewöhnlich als Studentenrevolution bezeichnet, war in Wirklichkeit eine viel umfassendere Kulturrevolution, welche in Deutschland geistig und kulturell wohl einen größeren Einbruch bedeutete als der äußere Zusammenbruch von 1945."[1]

Wenn von Konzilsverweigerung gesprochen wird, so meint man oft nur die traditionalistische Haltung, die zum lefebvrianischen Schisma von 1988 führte. Der durch einige Mitarbeiter des deutschen Papstes Benedikt XVI. unzureichend vorbereitete und ungeschickt vermittelte Versuch, dieses Schisma vorerst durch die Aufhebung der Exkommunikation abzuwenden, führte gerade in der jüngsten Vergangenheit zu einem schweren Erdbeben, durch das 2009 das Ansehen des Heiligen Vaters in der medialen Öffentlichkeit schwer beschädigt wurde. Hier wirkt ein geradezu dämonischer Mechanismus, denn auf diese Weise wurde gerade wieder die andere Seite gestärkt, die unter dem Namen „Konzil" nur einen dünnen Liberalismus versteht. Es gibt keinen „Geist des Konzils", der von den Texten, zu deren Erstellung die Bischöfe ja um jedes Wort gerungen hatten, getrennt werden kann.

Das Konzil ist eine doktrinäre Realität, nach unserem Glauben sogar ein Werk des Heiligen Geistes. Ein Priester der Zukunft muss darum die Texte des Konzils kennen. Er muss die Aussagen des Konzils über die hierarchisch-episkopale Struktur der Kirche, über die Allgemeine Berufung zur Heiligkeit, über die Übernatürlichkeit der Offenbarung, über das Wesen des Priestertums, auch über den Zölibat usw. kennen und verinnerlicht haben.

Wenn es einen tatsächlich „heiligen" „Geist des Konzils" gibt, dann ist dieser die von Johannes XXIII. gewünschte Unerschrockenheit, auf die Menschen unserer Zeit zuzugehen, eine „Kirche in der Welt von heute" zu sein. Nicht eine Kirche, die sich in der Welt von heute auflöst, sondern die aus der Glaubenskraft der eigenen Identität auf die Menschen zugeht. Das war die Grundabsicht des seligen Johannes XXIII., die in allen Dokumenten massiv durchklingt. Das hat Johannes Paul II. vorgezeigt, indem er die Welt unermüdlich bereiste: dass die Kirche mutig in die Welt von heute geht, nicht um sich zu verweltlichen, sondern um die Welt für Christus zu gewinnen. Dieses allererste Anliegen des Pastoralkonzils scheint mir

---

1   KASPER, Walter, Die Situation der katholischen Theologie in Deutschland, in: Pastoralblatt für die Diözesen Aachen … 41 (1989) 180–184, hier: 181.

leider am allerwenigsten erfasst zu sein. Wir erleben eine Selbstauflösung der Kirche durch klerikale Verweltlichung auf der einen Seite oder ein defensives Sich-Verschanzen in der Sakristei auf der anderen Seite.

Ein zukünftiger Priester sollte auch konkret wissen, was das 2. Vatikanische Konzil in dem Priesterdekret „*Presbyterorum ordinis*" an Dogmatischem aber auch an Praktischem lehrt. Da finden sich oft auch konkrete pastorale Hinweise, die wie Perlen sind, etwa wenn gesagt wird, dass die Wohnung des Priesters so schlicht gestaltet sein soll, dass selbst Arme keine Scheu haben sie zu betreten ...

Wir Priester der Zukunft müssen das Konzil kennen, und wenn wir es authentisch kennen, werden wir es lieben. Das Unwissen hier ist erschreckend, anstelle von Wissen über das Konzil sind vage Vermutungen und fixierte Vorurteile zu finden. Das Konzil war nicht die Selbstsäkularisierung der Kirche, als die es von Traditionalisten leider ausgegeben wird. Schluss mit den Vorurteilen, die durch nichts in den Texten des Konzils gedeckt sind. Missbräuche dürfen nicht mit Inhalten verwechselt werden, wie dies gerne von jenen vorgeschoben wird, die das Konzil von der anderen Seite her verweigern, von der Seite der Tradition. Ich glaube nicht, dass der Priester der Zukunft traditionalistisch sein sollte, sehr wohl aber sollte er aus der Tradition her leben, aus den spirituellen, liturgischen Schätzen der katholischen Tradition. Zu diesen gehört mittlerweile auch das 2. Vatikanische Konzil. Ich rate Priestern oft, die Texte des Konzils zu lesen, sie sind als „Geistliche Lesung" auch für uns Ordensleute durchaus geeignet. Wie fruchtbar wäre es doch auch für das Wiedererstrahlen unserer katholischen Liturgie, wenn wir die „Allgemeine Einführung in das Messbuch" von Paul VI. kennen würden, oder die zahlreichen Dokumente des Lehramtes, die sich mit der Beachtung der Normen des nachkonziliaren Messordo beschäftigen. Denn der Novus Ordo, also der ordentliche Ritus der römischen Messliturgie, kann meines Erachtens mindestens so transzendent und erhaben und mysterial gefeiert werden wie der Ritus von Pius V. aus dem 16. Jahrhundert. Zumindest bemühen wir uns darum in Heiligenkreuz – und durchaus erfolgreich.

Ich wünsche mir also Priester für die Zukunft, die nicht nur im chronologisch-zeitlichen Sinn „nachkonziliar" sind, sondern im inhaltlichen Sinn. Man müsste vielleicht besser sagen: „authentisch-nachkonziliar"! Und ich muss Ihnen gestehen, dass ich viele junge Priester kenne, für die diese frohe Offenheit aus einer treuen Liebe zur Kirche, zum Dogma, zur Liturgie kommt.

2. Ein Priester der Zukunft muss wesentlich auf Gott konzentriert sein

Das Hauptproblem des kirchlichen Lebens ist die Veräußerlichung, und diese äußert sich natürlich auch in einer oberflächlichen Einschätzung des priesterlichen Dienstes. Der Pfarrer ist gut, der gesellig ist, der „menschlich" ist, der einen guten Schmäh hat, der teamfähig ist usw. All diese menschlichen Eigenschaften sind wichtig. Als Priesterausbilder muss ich wirklich sagen, dass die „Normalität" des Charakters und der Persönlichkeit eine wichtige Grundlage für ein fruchtbares

Priestersein ist. Hier gilt der Satz der klassischen Gnadenlehre, dass die Gnade die Natur ja nicht ersetzt, sondern diese vielmehr voraussetzt, dann aber erhöht und zur Vollendung führt. Wenn also ein Priester von Natur aus kontaktfreudig ist, wenn er teamfähig und gesprächssensibel ist und zugleich auch Entscheidungen treffen und führen kann, umso besser. Wenn er gut im Small-Talk (bzw. im Kaffee-Geplaudere) ist, dann soll das auch gut sein. Aber im Sinne Christi ist er nur dann ein guter Priester, wenn er in allem seinem Tun eine Konzentration auf das Wesentliche hat. Und dieses Wesentliche ist Gott.

Hier muss der Priester ein mutiger Trendsetter gegen die allgemeine Veräußerlichte Sicht der Kirche sein. für viele Menschen ist die Kirche nur mehr ein Religionsverein zur Veranstaltung schöner Zeremonien wie Erstkommunionen, Hochzeiten und Begräbnissen … Wo kommen die wesentlichen Themen noch vor? Gibt es Gott? Was ist Heil? Was kommt nach dem Tod? Hat mein Leben einen Sinn? Macht der Glaube glücklich? Themen wie Pfarrfeste, Kirchenrestaurierungen, Seniorenausflüge, Pfarrblattfinanzierung usw. sind *auch* wichtig, aber sie sind *nur* das – unverzichtbare aber nebensächliche – Beiwerk, das instrumentale Brimborium für das Wesentliche. Die Wesentlichkeit muss im konkreten Alltagsbetrieb des Priesters zu spüren sein.

Das 2. Vatikanum beginnt seine große dogmatische Konstitution über die Kirche mit dem Bezug auf das Allerwesentlichste, auf Christus: Christus, das Licht der Welt – „Lumen gentium" –, spiegelt sich auf dem Antlitz der Kirche wider. So der 1. Satz der Kirchenkonstitution. Das Wesen der Kirche liegt darin, das göttliche Licht Christi in die Welt hineinzustrahlen. Von diesem Wesentlichen ist oft keine Spur. Wird über die Kirche geredet, so geht es nicht um den fortlebenden Christus, sondern um eine Institution zur Aufrechterhaltung familiärer Zeremonien und religiöser Sentimentalitäten. Die Menschen kommen, um in den schönen Kirchen zu heiraten, getauft, gefirmt und begraben zu werden – und mehr nicht. (Dabei sind die Farbe des Blumenschmucks und der Schnitt des Brautkleides wichtiger als die Gnade, die Gott zu einem lebenslänglichen Glück schenken möchte. Bei der Verkündigung des Evangeliums oder während der Predigt des Pfarrers wird die Videokamera abgeschaltet, sobald aber die Braut auch nur in der Nase bohrt, richten sich 10 Fotoapparate auf sie … Wo die Kirche nur mehr als beitragseinhebender Trachten- und Zeremonienverein verstanden wird, hat sie ihr göttliches Wesen verloren. Was ohne Wesen ist, darf ruhig verwesen.)

Die Wesentlichkeit des Priesters in seiner Konzentration auf Gott ist nichts Kompliziertes, sie ist nichts künstlich Aufgesetztes. Sie ist so einfach: Wenn man das Taufgespräch einfach mit einem Gebet beginnt, die Probe für die Trauung in der Kirche damit, dass man dem Brautpaar die Kniebeuge erklärt, die man gerade gemacht hat. Nach einem Geburtstagsbesuch den Jubilar fragt, ob man ihm zum Segen die Hand auflegen darf … Achtung! Ich meine mit Wesentlichkeit nicht etwas Unnatürliches, Sprödes und Aggressiv-Antisäkulares. Der Priester der Zukunft muss einer sein, der deshalb *wesentlich* ist, weil ihm Gott gleichsam selbstverständlich ist. Weil er in einer tiefen lebendigen Beziehung zu Gott steht und diese von sich her in die Welt strahlt. Sein Strahlen soll den Namen tragen: „Meine Liebe ist Gott, mein Leben ist Christus!"

Und darum muss ein Priester der Zukunft in seinem pastoralen Dienst auch immer wieder ausdrücklich Gott thematisieren. Wir haben etwas zu verkünden, und das ist Gott selbst! Eindeutig ist, dass wir einen Aufbruch der Religiosität erleben; ebenso eindeutig leider, dass er vielfach an den christlichen Kirchen vorbeigeht. Religiosität ist „in", und es hat sich geradezu ein „Jahrmarkt" der religiösen Angebote entwickelt: Das Angebot reicht von östlicher Meditation über die abenteuerlichen Ideologien mancher Sekten bis hin zum kommerziellen Handel mit abergläubischen Praktiken. Spiritismus und Okkultismus sind salonfähige Gesprächsthemen geworden; und die Sensation des Religiösen und Abnormalen wird auch in den Medien breitgetreten. Johann Baptist Metz hat in einer scharfen Zeitgeistanalyse in den 90er Jahren die neue Mentalität treffend charakterisiert als „Religiosität ohne Gott". Religiosität ist vielfach bloß ein erbauliches Gefühl oder ein wohliges Nervenkribbeln. Bei vielen beschränkt sich Religiosität auch auf die belanglose Feststellung: „Irgendetwas wird es schon geben".

Für uns aber ist Religiosität zutiefst dadurch charkterisiert, dass ein personaler Gott in unsere Welt eingebrochen ist, sich hier mitten unter uns inkarniert hat. Und dass er im Heiligen Geist diese personale Beziehung auch mit jedem von uns in der von ihm fortgesetzten Heilsgeschichte aufnehmen möchte. Gott hat sich vor zweitausend Jahren in seinem menschgewordenen Sohn endgültig ausgesprochen. Jacques Maritain formuliert, dass „... das eigentlich Charakteristische der jüdisch-christlichen Offenbarung" darin besteht: „Sie ist nicht unaussprechlich, sie ist ausgesprochen."[2] Dieser sich ausgesprochen habende Gott ist eine Sensation, denn er ist „die Liebe". Das ist die immer aktuelle, immer erfüllende, immer befreiende Mitte des christlichen Glaubens, wie Papst Benedikt XVI. in seiner ersten Enzyklika „Deus Caritas est" ausgeführt hat. In diese Mitte des Glaubens, also zu Gott hinzuführen, wird die wesentliche Verkündigungsaufgabe für den Priester der Zukunft sein.

Ich meine aber nicht nur, dass der Priester oft und viel über Gott, über Dreifaltigkeit und eben die substantiellen Themen in der Kirche predigen soll, sondern er soll auch den Bezug auf Gott sonst immer durchscheinen lassen. Für viele Menschen ist Kirche eben ein Religionsverein, wo wir Religiösen irgendwelche selbsterfundenen mythischen Phantasien vertreten. Unsere Religion hat aber eine völlig gegenteilige Struktur: Wir sind die Religion des Einbruches Gottes in diese Welt: Gott hat zu uns gesprochen, ja mehr noch, sein Wort, der ewige Logos, ist unter uns Mensch geworden. Unser Glaube bezieht sich nicht auf Menschsatzung, sondern auf Gottes Selbstoffenbarung. Ich glaube, dass ein Priester daher durchaus in die Argumentation die Worte einfließen lassen kann: „Der liebe Gott will ..." oder „Gott sagt uns doch ..." Mir fehlt einfach auch im Mund von uns Priestern oft viel zu sehr der Bezug auf Gott. Der Gott, der sich selbst ausgesprochen hat, will auch von seinen Gesandten ausgesprochen werden. Aber freilich nicht nur durch das gesprochene Wort, sondern auch durch das Zeugnis des Lebens.

---

2 MARITAIN, Jacques, Der Bauer von der Garonne, München 1969, 96.

3. Ein Priester der Zukunft muss ein *Zeuge* sein

Ich muss hier eine Analyse des Zeitgeistes geben, die mich als gläubigen Christen und noch mehr als Dogmatikprofessor zutiefst schmerzt: Meine Analyse des Zeitgeistes lautet: „Dogma ist out, Zeugnis ist in." Was meine ich damit? Wir leben in der Zeit des Super-Mega-Subjektivismus. Unser eigenes „Ich" ist der Mittelpunkt des Kosmos geworden, wir messen alles daran, ob es „für mich" gut ist, ob es „mir etwas bringt". Der Trendforscher Mathias Horx spricht vom Zeitalter des totalen Individualismus. Daraus folgt, dass das „Objektive" für uns Menschen heute, die wir nur in unser Ich verliebt sind, keinen Wert mehr darstellt. Wir leben in der Zeit des Wahrheitsrelativismus und es fehlt nicht an zeitgeistigen Philosophien, die nicht von einer Wahrheit, sondern von vielen Wahrheiten, die einander auch diametral widersprechen, ausgehen.

Dogma aber ist das Objektive. Lassen wir Katholiken uns nie den Begriff „Dogma" schlechtreden, denn für uns ist Dogma etwas zuhöchst Beglückendes – entgegen dem pejorativen Sprachgebrauch! Dogma ist das, was uns Gott um unseres Heiles willen offenbart hat. Dogma ist das Gegenteil von der partikulären „Meinung" von irgendjemandem. Im Dogma spricht Gott zu uns, gibt uns Grund, Sinn und Fundament, letzte Wahrheit! Das Dogma trägt und formuliert uns die freudige Botschaft, dass Gott unser rettendes Heil ist. Die Dogmen sind die „Schutzwälle der Offenbarung"[3]. Dieses „Dogma" umfasst also alles für uns Wichtige, darum spricht Vinzenz von Lerins Anfang des 5. Jahrhunderts vom *„dogma catholicum"*, vom „allesumfassenden Dogma". Aber eben dieses Objektive, das sich in der Lehre der Kirche niederschlägt, das von den Formulierungen der Konzilien und Päpste, von den Absicherungen des Kirchenrechtes geschützt wird, ist out.

Das heißt konkret: Heute wird nicht mehr danach gefragt, was Jesus oder die Kirche denn nun „objektiv" (also „dogmatisch") lehren, sondern wie man sich subjektiv dazu verhält. Mit einem dogmatischen Argument – also: „Jesus sagt, dass …", – wird man wenig Erfolg haben. Wenn man sich aber in seiner Subjektiverfahrung absichert, schaut die Sache plötzlich ganz anders aus. Es klingt doch sehr authentisch, wenn man sagt: *„Mir* sagt *mein* Jesus, dass …"

Wir Mönche etwa erleben eigentlich eine gute Zeit in der medialen Wahrnehmung, denn wir Mönche – also wir geheimnisvollen Wesen, die an so mystischen Orten wie Klöstern leben – werden für authentische Subjekte gehalten. Bei uns -sehen die Leute irgendwie, dass wir aus einer persönlichen, also subjektiven Entscheidung, in dieser Lebensform sind. Nicht, dass sie unsere Lebensform deshalb verstehen würden, sondern sie finden uns authentisch, weil sie Subjektivität respektieren. „Pater, warum sind sie im Kloster? – Weil *ich* Gott liebe" wird bedingungslos akzeptiert. So wie man für sich erwartet, dass man in seinem eigenen „Ich denke mir" respektiert wird, so ist man heute auch bereit, das „Ich glaube das" zu akzeptieren, wenn es durch persönliche Überzeugung gedeckt ist.

Und das lässt sich auch für die Verkündigung fruchtbar machen: Priester der

---

3 BALTHASAR, Hans Urs von, Katholisch, Einsiedeln ²1976, 15.

Zukunft sollten auch den Mut haben, persönlich zu *bezeugen*, was sie objektiv vertreten. Vorauszusetzen ist dabei freilich, dass jeder Priester wirklich das glaubt, was der Glaube der Kirche lehrt, dass er also persönlich deckungsgleich mit dem ist, woraus er lebt und was er verkündigt. Der Erfolg der Verkündigung wird weitgehend dann gegeben sein, wenn vermittelt werden kann, dass diese und jene Glaubenswahrheit auch für den Verkündiger persönlich bedeutsam ist. Das objektive Dogma kommt dabei dann nicht zu kurz, denn es wird vom Priester der Zukunft in Gestalt von persönlichen Überzeugungen glaubhaft verkündet. „*Personae personas attrahunt*", sagten die Lateiner: Überzeugte Persönlichkeiten ziehen andere an, stecken andere an, formen zu neuen überzeugten Persönlichkeiten.

4. Ein Priester der Zukunft muss persönlich *fromm* sein

Uns in der westlichen Kirche fehlen zusehends die „Starzen". Starez heißt in der östlichen Kirche der geistliche Vater und Begleiter, also der gottes- und weltkluge Weise. Starez ist der in geistlichen Dingen erfahrene Seelenführer und Beichtvater, einer, der zumindest Zeit hat und der im Gespräch den Horizont ausweitet hin auf Gott. Unsere frühen „Geistlichen" haben sich zu „Seel-Sorgern" gewandelt. *Nomen est omen*. Es geht nicht mehr um ein Sein (Geistlich-Sein), sondern um ein Tun (Seel-Sorgen, Pastoral-schaffen, Pfarre-organisieren). Unsere Seelsorger lassen eher den Typ des managenden Organisators und Entertainers heraushängen, die meist auch dem Begriff nach dezidiert nicht mehr das sein wollen, was man sie früher genannt hat: „Geistliche".

Papst Benedikt XVI. hat bei seiner Ansprache bei uns im Stift Heiligenkreuz am 9. September 2007 beklagt, dass dieser Begriff „Geistliche" zusehends abkommt. Es ist eine Tragödie, dass unsere Seelsorger immer weniger „Geistliche" sind, weil sie immer weniger „geistlich" sind. Wörtlich sagte der Papst: „Bischof Sailer von Regensburg hat einmal gesagt, die Priester müssten vor allem geistlich-Geistliche sein. Ich fände es schön, wenn der Ausdruck ‚Geistliche' wieder vermehrt in Gebrauch käme." Vielleicht ist ein Grund dafür, dass die Menschen zu den Gurus und Wunderheilern laufen, darin zu sehen, dass wir Priester zu wenig „geistlich" sind.

In dem Buch „Von Gott reden ist gefährlich" hat die aus aus Sowjetrussland ausgewiesene Dissidentin Tatjana Goritschewa[4] ihre Erfahrungen der Emigration in den Westen geschildert. Während in der Sowjetunion das Reden über Gott von außen her gefährlich war, diagnostiziert sie im Westen innere Blockaden der Gläubigen und auch der Priester, Gott zu thematisieren bzw. ein Milieu der Gottesbegegnung zu schaffen. Sie schildert dabei u. a. ihren Schock über die Teilnahme an einem Pfarrausflug, wo kein einziges Gebet gesprochen wurde, wo Gott nie thematisiert wurde.

Das vielleicht Entscheidendste, das von einem zukünftigen Priester einzufordern ist, ist seine Rückbindung in die Frömmigkeit. Ich verwende hier das alte

---

4 GORITSCHEWA, Tatjana Gloritschewa, Von Gott zu reden ist gefährlich. Meine Erfahrungen im Osten und im Westen, 20. Auflage, 1998.

deutsche Wort „fromm", ich könnte auch den Begriff „geistlich" oder „spirituell" verwenden. Es kommt auf die Sache an. Leider habe ich das Gefühl, dass sich viele Priester oft ihrer Gottbezogenheit schämen. Und es gibt die Angst vieler Priester, als fromm zu gelten. Das passe nicht in die „moderne" säkulare Welt. Dabei übersieht man, dass es die rationalistische und antimystische Moderne schon lange nicht mehr gibt. Wir sind schon lange hinübergeglitten in die spiritualitätsfreundliche Postmoderne. Wenn ich mir eine Kritik erlauben darf: Viele haben in Kirche und Theologie noch nicht begriffen, dass der Rationalismus der Moderne schon lange durch den Irrationalismus der Postmoderne abgelöst wurde. Um es in der Jugendsprache zu sagen: Fromm ist cool.

Öffnen wir hier bitte unsere Augen: Rund um uns hat sich ein gigantischer Markt für Spirituelles und dessen Surrogate gebildet. Den immer mehr Getauften, die nie persönlich zu beten gelernt haben, die in ihrer Beziehung zu Gott wahrhaft „tot" sind – das ist der eigentlich Begriff des Todes, wie ihn die Bibel prägt –, steht die steigende Zahl derer gegenüber, die irgendwo und irgendwie nach Sinn und spiritueller Erfüllung suchen. Der Mensch ist eben rettungslos auf seine Erfüllung im Raume Gottes hin angelegt, und wenn die Kirche, wenn der Priester vergisst, dass genau die Vermittlung in diesen Raum Gottes hinein unsere Kernkompetenz ist, dann dürfen wir uns nicht wundern, wenn sich die Kirchen leeren und zugleich die Esoterik-Seminare boomen.

Es ist doch eine Tragik der letzten Jahre, dass wir im kirchlichen Leben viele Dimensionen aufgegeben haben, wo die Kirche dem Menschen diese mystisch-personale Gottesbegegnung ermöglicht hat. Das gilt vor allem für die Liturgie. Wir haben leichtfertig unsere Kompetenz für das, was ich die „mystische Gänsehaut" nennen möchte, verspielt. In das geistige Vakuum sind, wie wir heute sorgenvoll feststellen müssen, abergläubische Riten, Kulte, Sekten sonderlichster Art nachgedrungen. Man kniet nicht mehr vor dem Allerheiligsten, sondern liegt auf teuren New-Age-Seminaren in verrenkter Verzückung auf Matratzen, angebliche Urlaute ausstoßend …

Die Kirche hat sich immer von der Spiritualität her erneuert, von den Heiligen her, von der verinnerlichten Geistigkeit. „Contemplata aliis tradere", lautet ein alter Grundsatz: Das Verinnerlichte, Kontemplierte, Durchbetete hat Anziehungskraft genug in sich selbst. Die Priester der Zukunft müssen aus dieser persönlichen Beziehung, aus ihrem Frommsein heraus, agieren, um andere in ihre Gottesbeziehung hineinzuziehen.

5. Ein Priester der Zukunft muss *zeitrelevant* sein

Die Priester der Zukunft müssen aber auch zeitrelevant sein, das heißt, sie müssen so reden und agieren, dass sie die Menschen des 21. Jahrhunderts treffen. In der Substanz ist der Glaube, den wir von Christus zu verkünden übernommen haben, immer relevant. Was die dogmatische Substanz betrifft, so sollte man sich schleunigst von den Minderwertigkeitskomplexen verabschieden, die uns die Theologie der 60er und 70er Jahre eingeredet hat. Damals dachte man ja tatsächlich, dass man mit den „alten Dogmen" von der Menschwerdung Gottes, vom Sühnetod Christi, von seiner Auferstehung von den Toten, von seiner Gegenwart im sakramentalen Leben der Kirche keinen Hund mehr hinter dem Ofen hervorlockt. Ich denke hier nur an den giftigen Spott von Hans Küng über das christologische Dogma von Chalcedon in seinem Buch Christ-Sein. Unter dem Motto „Das gibt den Menschen nichts mehr" meinte man in den 60er und 70er Jahren die Relevanz des Glaubens von der Peripherie her festmachen zu können. Daher hat man damals begonnen, das Randständige, das Sekundäre zu betonen. Und das war immer das, was der Zeit entsprach: soziale Betroffenheit und politisches Engagement; es kam zu den vielen Genitivtheologien von der „Theologie der Befreiung" bis hin zur „Theologie der Zärtlichkeit".

Meine Deutung der Zeichen der Zeit geht dahin, dass sich das Relevanz-Problem von selbst her zu lösen beginnt, denn die Religiosität der Menschen, die Sehnsucht nach Göttlichem nimmt zu. Mitten unter uns etablieren sich Religionen, die noch weit Zeitgeist-Ungemäßeres verkünden als wir, der Islam mit seinen weit strengeren moralischen Vorschriften. Wer in der Jugendseelsorge ist, wird merken, dass die Jugendlichen nicht primär deshalb kommen, weil wir ihnen in der Kirche Disko-abklatsch oder Actionkitsch bieten, sondern weil sie etwas über Gott hören wollen, weil sie das Unerfahrbare erfahren wollen. Was uns in die Zukunft tragen wird, das sind die Aufbrüche, quantitativ vielleicht klein, von Gebetskreisen, Jugendbewe-gungen. Das Heil, das die Menschen heute in der Kirche suchen, ist nicht etwas Weltliches, sondern etwas Geistiges, etwas, das die „Seele" betrifft. Es ist geistlich-relationales Heil, also Heil, das aus der Begegnung mit dem Göttlichen kommt. Ein Zeichen dafür ist, dass kontemplative Orden mehr Nachwuchs haben als andere.

Zugleich aber möchte ich hier deutlich feststellen, dass gerade diese spirituelle Rückbindung des Priesters ihn nicht davon abhalten darf, den Glauben zeitgemäß, eben zeitrelevant zu verkündigen. Im Gegenteil: Gerade der spirituelle Eros muss doch dazu treiben, auf dem realen Boden der Wirklichkeit zu stehen. Die Zeichen der Zeit zu deuten. Die Mittel der Zeit zu ergreifen! Ist es nicht erstaunlich, dass es gerade die frömmsten Priester, die frömmsten Kreise und Gruppierungen waren, die das Internet für die Verkündigung entdeckt haben? Mittlerweile gibt es sogar ein Wort des Papstes, wo er die Pfarrer dazu aufruft, auch die modernen Medien, etwa die sozialen Netzwerke zu verwenden, um den Glauben zu verkünden. So sehr die Priester der Zukunft in der Substanz in der katholischen Tradition und Spiritualität verwurzelt sein müssen, ebenso sehr sollten sie jedoch in den Mitteln, die sie zur Verkündigung ergreifen, modern und zeitgemäß sein. (Don Bosco be-trieb eine aufwändige und kluge Öffentlichkeitsarbeit, was sich z. B. darin zeigte, dass er stundenlang mit den Jugendlichen vor dem – gerade erst erfundenen – Foto-apparaten posierte, damit eine Aufnahme über die Beichte der Jugendlichen ent-steht. Er wusste um die Suggestivkraft der Fotografien, der damals allermodern-sten Medien. Auch Therese von Lisieux wurde wiederholt auf dem Sterbebett fotografiert, so als wüssten die Mitschwestern schon, dass man damit einmal wird Propaganda für die Heiligkeit machen können.)

Ausblick

Am Schluss eines solchen Beitrages, in dem ich viele persönliche Wünsche und Visionen äußern durfte, muss die Reduktion in den Raum der Gnade stehen. Sonst wirken solche Forderungen nicht nur realitätsfern, sondern auch überheblich. Darum muss ich am Schluss den Glauben der Kirche an die Sakramentalität des Priestertums bekräftigen und damit den Glauben an die letztlich übernatürliche Wirkmacht Gottes im Priestertum.

Das Priestertum ist nicht unsere Sache, es ist Gottes Sache, denn es ist ein *Sakrament*. Der katholische Glaube ist davon überzeugt, dass es nur einen einzigen Priester gibt, und das ist Christus, und dass es folglich in der Kirche nur ein einziges Priestertum gibt, das unseres Herrn Jesus Christus. Der Priester wird kraft der Weihe hineingestellt in dieses Priestertum Christi, oder anders gesagt, er wird zum Ort der Anwesenheit des erhöhten und gnadenwirkmächtigen Christus. Es geschieht durch die Weihe eine seinsmäßige Entselbstung, ein Ordo, eine Hinordnung auf den gnadenhaft einwirkenden Christus. Der Priester ist nur sekundär menschlicher Mittler, primär ist er personaler Ort, wo sich die göttliche Mittlerschaft Christi ereignet. Thomas Schuhmacher spricht in seinem jüngst erschienen Buch „Bischof, Presbyter, Diakon"[5] von einer Asymmetrie zwischen dem menschlichen Beitrag und dem göttlichen Beitrag. Der Priester übernimmt mit seiner Weihe die Platzhalterschaft für den eigentlichen Akteur, den erhöhten Herrn Jesus Christus. Katholisches Priestertum ist das der menschlichen Freiheit überantwortete „Vikariat" des unsichtbar agierenden Gottes. Der geweihte Priester ist nicht primär kraft seiner menschlichen Qualitäten Mittler zwischen Gott und den Menschen, sondern er ist es durch die Wirksamkeit Christi in ihm und durch ihn. Ein katholischer Priester ist etwas total anderes ist als ein Guru, ein Imam, ein esoterischer Lehrer oder sonst etwas, der in eigener Kraft – „de suo"[6] – seine Jünger zum Göttlichen hin führen will.

Wenn ich also argumentiert habe, dass ein Priester der Zukunft 1. authentisch-nachkonziliar, 2. wesentlich-auf-Gott-konzentriert, 3. zeugnismutig, 4. gläubig-fromm und 5. apostolisch-zeitrelevant sein soll, so sind dies alles sekundäre Aspekte gegenüber dem einen und einzig wichtigen, das die Fruchtbarkeit jeder priesterlichen Existenz ausmacht: dass der Geweihte sich täglich immer tiefer mit Christus verbindet, um so immer mehr Instrument für Gottes Wirken in diese Welt hinein zu werden.

---

5   SCHUMACHER, Thomas Schumacher, Bischof – Presbyter – Diakon. Geschichte und Theologie des Amtes im Überblick, München 2010, 206.
6   So die Verurteilung des Pelagianismus und Semipelagianismus auf der 2. Synode von Orange 529: „Nemo habet de suo nisi mendacium et peccatum." (DH 392)

Autorinnen und Autoren

Msgr. Dr. Ettore Ballestrero, geb. 1966, nach dem Besuch der Pont. Accademia Ecclesiastica an den Nuntiaturen in Seoul, Ulan-Bator und Den Haag, Untersekretär der Sektion für die Beziehungen zu den Staaten, Päpstliches Staatssekretariat.

Prälat Prof. Dr. Dr. Peter Beer, geb. 1966, nach dem Studium der Theologie und Pädagogik und jeweiliger Promotion von 2006 bis 2009 Leiter des Kath. Büros Bayern und seit 2009 Generalvikar des Erzbischofs von München und Freising, Domkapitular.

Prof. Dr. Klaus Berger, geb. 1940, nach dem Studium der Theologie, Philosophie sowie der christlich-orientalischen Sprachen von 1975 bis 2006 Professor für Neutestamentliche Theologie in Heidelberg, Familiar des Zisterzienserordens.

Walter Kardinal Brandmüller, geb. 1929, Kirchenhistoriker mit dem Schwerpunkt Konziliengeschichte, 1964 Professor in Dillingen und von 1970 bis 1997 Ordinarius für Neuere und Mittlere Kirchengeschichte in Augsburg, 1998 bis 2009 Präsident der Päpstlichen Kommission für Geschichtswissenschaften in Rom, 2010 Kardinal.

Dr. Nicolaus U. Buhlmann CanReg, geb. 1961, Journalist und Pressesprecher in Düsseldorf, Berlin und Köln, 2004 Priesterweihe in Aachen, seit 2008 Angehöriger des Augustiner Chorherrenstifts Klosterneuburg bei Wien, seit 2010 Mitarbeiter des Päpstlichen Rates zur Förderung der Neuevangelisierung in Rom, seit 1996 Kommunikations-Delegierter der Deutschen Assoziation des Malteserordens.

Raymond Leo Kardinal Burke, geb. 1948, nach kirchenrechtlicher Zusatzausbildung 1989 Verteidiger des Bandes an der Apostolischen Signatur, 1995 Bischof von La Crosse/USA, 2009 Erzbischof von St. Louis, seit 2006 Mitglied des Obersten Tribunals der Apostolischen Signatur, 2008 Präfekt, 2010 Kardinal.

Bischof Dr. Alfonso Carrasco Rouco, geb. 1956, nach Promotionsstudium in Fribourg 1996 Professor in Madrid und 2000 Direktor des dortigen Instituts für Religionswissenschaften, 2007 Bischof von Lugo/Spanien.

Msgr. Dr. Krysztof Charamsa, geb. 1972, seit 1997 Priester der Diözese Pelplin, Mitarbeiter der Kongregation für die Glaubenslehre und Professor für Theologie der Päpstlichen Universität Gregoriana und des Päpstlichen Atheneums Regina Apostolorum in Rom.

P. Dr. Vincenzo Criscuolo OFMCap, geb. 1950, Kirchenhistoriker, Mitglied des Historischen Instituts der Kapuziner und zeitweise dessen Präsident, zahlreiche Veröffentlichungen zur Kirchen- und Ordensgeschichte, u. a. in der Collectanea Franciscana, seit 2008 Generalrelator der Kongregation für die Heiligsprechungen.

Dr. Peter C. DÜREN, geb. 1964, 1989 Diplom-Theologe (Univ. Bonn), 1996 Dr. theol. (Univ. Augsburg); Ritter der Schwarzen Madonna von Jasna Góra, Tschenstochau.

Dr. Sabine DÜREN, geb. Eisenreich, Lehramtsstudium der Theologie und Germanistik, Promotion zum Dr. theol., Gymnasiallehrerin.

Msgr. Dr. Hans FEICHTINGER, geb. 1971, Studium der Theologie, Patristik und Altertumskunde, seit 2004 Mitarbeiter der Kongregation für die Glaubenslehre.

Dr. Michael F. FELDKAMP, geb. 1962, Studium der Geschichte, kath. Religion, Philosophie und Pädagogik, seit 1993 in der Verwaltung des Deutschen Bundestages, zahlreiche Veröffentlichungen zur neueren und neuesten Kirchengeschichte.

Erzbischof Dr. Antonio Guido FILIPAZZI, geb. 1963, nach kirchenrechtlicher Promotion und dem Besuch der Pont. Accademia Ecclesiastica tätig an den Nuntiaturen in Sri Lanka, Österreich und Deutschland, seit 2011 Erzbischof und Apostol. Nuntius in Indonesien.

Dr. Stanislao FIORAMONTI, geb. 1951, Mediziner und Chirurg (1977 Dr. med.), Publikationen zur mittelalterlichen Kirchengeschichte, Übersetzung und Publikation aller literarischen Werke von Papst Innozenz III.

Dr. Heinz-Joachim FISCHER, geb. 1944, nach Studium der Philosophie und Theologie in Rom und München Redaktionsvolontariat in München, seit 1974 bei der Frankfurter Allgemeinen Zeitung, von 1978 bis 2009 Korrespondent für Italien und den Vatikan, zahlreiche Bücher.

Erzbischof Dr. Rino FISICHELLA, geb. 1951, Professor für Fundamentaltheologie in Rom, 1998 Weihbischof in Rom, 2002 bis 2010 Rektor der Päpstlichen Lateranuniversität, 1994 bis 2010 Seelsorger des ital. Abgeordnetenhauses, 2008 bis 2010 Präsident der Päpstlichen Akademie für das Leben, seit 2010 erster Präsident des Päpstlichen Rates zur Förderung der Neuevangelisierung.

Pfr. Dr. Andreas FUCHS, geb. 1982, Studium der Theologie in München, Eichstätt, Wien und Rom, Habilitant am Lehrstuhl für Spiritualität an der Kath. Universität Eichstätt, nach seelsorglicher Tätigkeit in Maria Vesperbild Pfarrer von Triesen/Fürstentum Liechtenstein.

Msgr. Prof. Dr. Georg GÄNSWEIN, geb. 1956, nach kirchenrechtlicher Promotion 1995 Mitarbeiter der Kongregation für den Gottesdienst und die Sakramentenordnung, 1996 der Kongregation für die Glaubenslehre, seit 2005 erster Privatsekretär des Heiligen Vaters.

Msgr. Dr. Josef GEHR, geb. 1958, Theologe und Kirchenrechtler, 1997 bis 2001 Vizeoffizial in Eichstätt, 2002 bis 2009 Regens daselbst, seit 2009 Mitarbeiter der Kongregation für den Klerus.

Msgr. Dr. Brunero GHERARDINI, geb. 1925, ehemaliger Ordinarius der Päpstlichen Lateranuniversität und Dekan der dortigen theologischen Fakultät, seit 1994 Domherr an St. Peter, Herausgeber der Zeitschrift „Divinitas" und Autor von über 100 Büchern.

Dr. Peter H. GÖRG, geb. 1976, Studium der Theologie und Philosophie mit theologischer Promotion, Gymnasiallehrer und Lehrbeauftragter für kath. Dogmatik an der Universität Koblenz, mehrere Veröffentlichungen.

Dr. Markus GÜNTHER, geb. 1965, nach dem Studium der Geschichte und Politikwissenschaft in Bochum, Lyon und Montreal Journalist und Auslandskorrespondent in Brüssel und Washington, zahlreiche Auszeichnungen, seit 2001 Chefredakteur der „Augsburger Allgemeinen Zeitung".

Prof. Dr. Klaus GUTH, geb. 1934, nach Studium der Geschichte, Germanistik, klassischen Philologie und weiterer Fächer zunächst im Gymnasialdienst, 1973 Assistent, 1980 bis 1999 Professor für Volkskunde und Historische Landeskunde an der Universität Bamberg, Mitglied des dortigen Zentrums für Mittelalterstudien.

Msgr. Dr. José Luis GUTIÉRREZ GÓMEZ, geb. 1935, ehemaliger Professor für Kirchenrecht an der Päpstlichen Universität vom Hl. Kreuz in Rom, Konsultor des Päpstlichen Rates für die Gesetzestexte.

Em. Univ. Prof. Dr. Othmar HAGENEDER, geb. 1927, Studium der Geschichte und Geographie, Absolvierung des Instituts für Österr. Geschichtsforschung, Professor für mittelalterliche Geschichte und hist. Hilfswissenschaften 1976 bis 1980 in Innsbruck und 1980 bis 1995 in Wien, Mitglied der Österr. Akademie der Wissenschaften.

Prof. Dr. Manfred HAUKE, geb. 1956, Habilitation 1991 in Augsburg, 1993 Berufung als Professor für Dogmatik an die Theologische Fakultät Lugano, seit 2001 auch für Patrologie, Vorsitzender der Deutschen Arbeitsgemeinschaft für Mariologie.

Privatdozent Dr. Markus HILPERT, geb. 1970, nach dem Studium der Geographie, der Soziologie, der Raumordnung und Landesplanung tätig am Int. Institut für empirische Sozialökonomie, seit 2006 am Institut für Geographie der Universität Augsburg, Veröffentlichungen und Arbeiten zu den Themen Brauchtum und Kulturlandschaftsmanagement.

Bischof Dr. Friedhelm HOFMANN, geb. 1942, 1980 Dompfarrer in Köln, dort 1981 Künstlerseelsorger, 1992 Weihbischof in Köln, seit 2004 Bischof von Würzburg.

Prof. DDr. Ulrich HOMMES, geb. 1932, ehemaliger Professor für Philosophie an der Universität Regensburg, langjähriges Mitglied des Rundfunkrates des Bayerischen Rundfunks, des Programmbeirats der ARD sowie des Europäischen Kultursenders ARTE.

Dr. Johan ICKX, geb. 1962, nach kirchengeschichtlichem Doktorat Mitarbeiter der Zeitschrift Archivum Historiae Pontificiae, 2000 im Archiv der Kongregation für die Glaubenslehre, 2005 Archivar der Apostol. Poenitentiarie, 2010 Chef-Archivar des Hist. Archivs des Staatssekretariats, Sektion für die Beziehungen zu den Staaten, Archivar des Pont. Istituto Teutonico di S. Maria dell'Anima und der Erzbruderschaft des Campo Santo Teutonico.

P. Dr. Thomas KLOSTERKAMP OMI, geb. 1965, nach dem Studium in Mainz, Lyon und Rom Hausoberer in Zwickau, 2000 bis 2003 Novizenmeister und Herausgeber sowie Schriftleiter der Predigtzeitschrift „Gottes Wort im Kirchenjahr", 2003 Provinzial der Deutschen und 2007 erster Provinzial der neuen Mitteleuropäischen Provinz der Oblaten M. I., seit 2006 Vorsitzender der Europäischen Provinzialekonferenz und Vorstandsmitglied der Deutschen Ordensoberenkonferenz (DOK).

Prof. Dr. Dr. Harm KLUETING M.A., Dipl.-Theol., geb. 1949, Professor für Kirchengeschichte an den Universitäten Fribourg und Köln und gleichzeitig Professor für Geschichte in Köln, 2011 Priester und Subsidiar der Katholischen Hochschulgemeinde Köln.

Msgr. Dr. Florian KOLFHAUS, geb. 1974, Priester der Diözese Regensburg, seit 2006 im diplomatischen Dienst des Hl. Stuhls, Nuntiatursekretär in Kolumbien und der Ständigen Vertretung beim Europarat in Straßburg, zurzeit in der Abteilung für die Beziehungen zu den Staaten des Päpstlichen Staatssekretariats.

Msgr. Dr. Dirk KÖLTGEN, geb. 1965, 1989 Diplom in Biologie, Universität Bielefeld, Lehrstuhl für Entwicklungsbiologie, 1992 Promotion zum Dr. rer. nat., TU München, Institut für Physiologie, 1998 Diplom in Katholischer Theologie, WWU Münster, 2001 Priesterweihe durch den Bischof Reinhard Lettmann, Bischof von Münster, 2001 Kanonikus an St. Remigius Borken, Bistum Münster, 2006 Pfarrer und Wallfahrtsrektor in St. Marien, Bethen, Bistum Münster.

Erzbischof Dr. Luis F. LADARIA FERRER SJ, geb. 1944, 1975 Professor für dogmatische Theologie, 1984 an der Päpstlichen Universität Gregoriana, 2004 Generalsekretär der Internationalen Theologischen Kommission, seit 2008 Sekretär der Kongregation für die Glaubenslehre.

Giovanni Kardinal LAJOLO, geb. 1935, nach dem Besuch der Pont. Accademia Ecclesiastica an der Nuntiatur in Bonn und danach im Päpstlichen Staatsekretariat, Sekretär der Güterverwaltung des Apost. Stuhles und 1989 Bischof, 1995 Erzbischof und Apost. Nuntius in Deutschland, 2003 Sekretär für die Beziehungen zu den Staaten im Päpstlichen Staatssekretariat, 2006 bis 2011 Präsident der Päpstlichen Kommission für den Vatikanstaat und des Governorates, 2007 Kardinal.

P. Dr. Uwe Michael LANG CO, geb. 1972, Mitglied des Oratoriums des Hl. Philipp Neri zu London, Mitarbeiter der Kongregation für den Gottesdienst und die Sakramentenordnung und Konsultor des Büros für liturgische Feiern mit dem Hl. Vater.

Fr. Julian LARGE CO, geb. 1969, Studium der neueren Geschichte in Oxford, Journalist beim „Daily Telegraph", London, seit 1996 Angehöriger des Londoner Oratoriums und seit 2003 Priester.

Erzbischof Dr. Agostino MARCHETTO, geb. 1940, nach dem Besuch der Pont. Accademia Ecclesiastica im diplomatischen Dienst des Hl. Stuhls tätig. 1985 Erzbischof und Apostol. Nuntius in Madagaskar und Mauritius, 1990 in Tansania und 1994 in Weißrussland, 2001 bis 2010 Sekretär des Päpstlichen Rates für die Seelsorge an den Migranten und Menschen unterwegs.

Prof. Dr. Dr. Thomas MARSCHLER, geb. 1969, Kölner Diözesanpriester, Habilitation 2007 in Bochum, seit 2007 Universitätsprofessor für Dogmatik an der Universität Augsburg.

Erzbischof DDDr. Roland MINNERATH, geb. 1946, nach juristischen und theologischen Studien und Absolvierung der Pont. Accademia Ecclesiastica an den Nuntiaturen in Brasilia und Bonn, ab 1989 Inhaber des Lehrstuhls für Kirchengeschichte in Straßburg, seit 2004 Erzbischof von Dijon.

Martin MOSEBACH, geb. 1951, Ass. iur., seit 1980 freier Schriftsteller in Frankfurt/ Main, 2007 Georg Büchner-Preis, neben Romanen auch Autor von Libretti, Filmdrehbüchern, Hörspielen, Theaterstücken, Lyrik und Artikeln.

Bischof Dr. Gerhard Ludwig MÜLLER, geb. 1947, 1985 Habilitation, seit 1986 auf dem Lehrstuhl für Dogmatik und Dogmengeschichte in München, 1998 bis 2002 Mitglied der Internationalen Theologischen Kommission, seit 2002 Bischof von Regensburg.

Dr. Silke MÜLLER-HÖLSCHER, Studium der Kunstgeschichte in Würzburg und München, Mitarbeiterin des Diözesanmuseums für Christliche Kunst des Erzbistums München und Freising.

Msgr. Dr. Fernando OCÁRIZ, geb. 1944, Physiker und Theologe, seit 1986 Konsultor der Kongregation für die Glaubenslehre, seit 1994 Generalvikar der Prälatur vom Heiligen Kreuz und dem Opus Dei.

Prof. Dr. Christoph OHLY, geb. 1966, Priester der Erzdiözese Köln, Professor für Kirchenrecht an der Theologischen Fakultät Trier, Konsultor der Kongregation für den Klerus, Gastprofessor an der Kanonistischen Fakultät San Dámaso in Madrid.

P. Prof. Dr. Daniel OLS OP, geb. 1942, seit 1974 Professor für Dogmatik an der Päpstlichen Universität vom Hl. Thomas v. Aquin in Rom, Relator der Kongregation für die Selig- und Heiligsprechungen, ordentl. Mitglied der Päpstlichen Theologischen Akademie, Päpstlicher Delegat für das „Engelwerk".

Christina PCHAIEK M.A., geb. 1984, Studium der Kunstgeschichte und klass. Archäologie in Regensburg, Vorbereitung einer Dissertation über die Modelle des Hl. Landes im Fürst Thurn und Taxis Zentralarchiv.

Dr. Massimo PERRONE, Doktor des Handelsrechts, Archivdiplom der Schule für Paläographie, Diplomatik und Archivkunde beim Päpstlichen Geheimarchiv.

Prof. Dr. Leo PETERS, geb. 1944, nach Archivausbildung Leiter des Archivs des Kreises Viersen und dann, von 1978 bis 2009, Schul- und Kulturdezernent des Kreises Viersen, ehemaliger Landesvorsitzender der „Christdemokraten für das Leben".

Dr. Karl PÖRNBACHER, geb. 1934, nach germanistischen Studien im Gymnasialdienst und von 1988 bis 1996 Schulleiter eines Gymnasiums in Kaufbeuren, Inhaber des Bayerischen Staatspreises für Unterricht und Kultus, Vizepostulator für die Heiligsprechung der Sel. Creszentia Höss von Kaufbeuren.

Msgr. Dr. Guido POZZO, geb. 1951, ab 1987 Mitarbeiter der Kongregation für die Glaubenslehre, Professor an der Päpstlichen Lateranuniversität, seit 2009 Sekretär der Päpstlichen Kommission Ecclesia Dei.

Malcom Kardinal RANJITH, geb. 1947, Nationaldirektor der Päpstlichen Missionswerke von Sri Lanka, 1991 Weihbischof in Colombo, 1995 erster Bischof von Ratnapura, 2001 beigeordneter Sekretär der Kongregation für die Evangelisierung der Völker, 2004 bis 2005 Apostol. Nuntius in Indonesien, danach Sekretär der Kongregation für den Gottesdienst und die Sakramentenordnung, 2009 Erzbischof von Colombo, 2010 Kardinal.

Martin RENNER, geb. 1972 in Pforzheim, Studium der Mathematik, Geschichte und Philosophie für das Lehramt an Gymnasien in Stuttgart, derzeit Fertigstellung der Promotion in Geschichte, seit 2004 Lehrer in Karlsruhe.

Hermann-Josef REUDENBACH, geb. 1950, seit 1983 Domvikar in Aachen, Bibliotheksdirektor im Kirchendienst a. D., Veröffentlichungen u. a. zur Geschichte der Buchkultur im 19. und 20. Jahrhundert.

Prof. Dr. Gerda RIEDL, nach Promotion und Habilitation im Fach Dogmatik Oberassistentin im Fach Kirchenrecht an der Universität Augsburg, seit 2005 Professorin für Dogmatik daselbst und Gastprofessorin in Innsbruck, seit 2009 Hauptabteilungsleiterin im Bischöfl. Ordinariat Augsburg und Diözesanrichterin.

Erich SAUER M.A., geb. 1936 in Wunsiedel. Abitur in Donauwörth, Diplom-Verwaltungswirt, 1996 bis 2003 Studium der Kunstgeschichte und Geschichte (Teilfächer Mittelalterliche und Bayerische Geschichte) an der Universität Regensburg.

Dr. Christian SCHALLER, geb. 1967 in München, Theologischer Referent des Bischofs von Regensburg; Stellvertretender Direktor des Institut Papst Benedikt XVI.; Mitglied im Vorstand der Stiftung Papst Benedikt XVI.

Pfr. Dr. Wolfhart SCHLICHTING, geb. 1940, evang. Pfarrer in Quito/Ecuador, Studentenpfarrer in Regensburg und Pfarrer in Augsburg, langjähriges Mitglied der Landessynode der Evang.-Lutherischen Kirche in Bayern und der Synode der EKD, Sprecher des Arbeitskreises Bekennender Christen in Bayern, Visiting Professor am Lutheran Theological Seminary in Hongkong.

Dr. Albert SCHMID, geb. 1945, 1972 berufsmäßiger Bürgermeister in Regensburg, 1978 bis 1982 Staatssekretär im Bundesministerium für Raumordnung, Bauwesen und Städtebau, 1990 MdL in Bayern für die SPD, 1992 bis 1994 (geschäftsführend bis 1995) Fraktionsvorsitzender der SPD, 2000 bis 2010 Präsident des Bundesamts für Migration und Flüchtlinge, seit 2009 Präsident des Landeskomitees der Katholiken in Bayern.

Msgr. Dr. Rudolf Michael SCHMITZ, geb. 1957, 1995 Attaché an der Apostol. Nuntiatur in Kirgistan und Direktor des Kath. Kulturzentrums in Bischkek, dort auch Professor für Geschichte der Weltreligionen, seit 2000 Angehöriger des Instituts Christus König und Hoherpriester, Generalvikar und Provinzial der Niederlassungen in den USA.

Dr. Ute SCHÖNFELD-DÖRRFUSS, geb. 1964, Studium der Kunstgeschichte, Volkskunde und Klassischen Archäologie in Würzburg, Bonn und Freiburg, Promotion mit einer Monographie über den Bauhausschüler Wilhelm Imkamp.

Dr. Herman H. SCHWEDT, geb. 1935, Historiker, bis 1999 Archiv- und Bibliotheksleiter in Limburg/Lahn, zahlreiche Publikationen zur Geschichte der römischen Kurie, besonders zu Fragen der Inquisition und des Index.

Bischof Dr. Dr. Giuseppe SCIACCA, geb. 1955, zunächst im Lehramt für Philosophie und Geschichte an staatlichen Schulen sowie Lehrbeauftragter für Kirchengeschichte in Acireale, Verteidiger des Bandes und dann Richter am kirchlichen Regionalgericht für Sizilien, von 1987 bis 1999 Dekan des Kapitels mit dem Amt eines Pfarrers an der Kollegiatskirche vom Hl. Sebastian zu Acireale, seit 1999 „Prälat-Auditor" des Tribunals der Rota Romana, Konsultor/Kommissar der Kongregation für die Glaubenslehre und der Kleruskongregation, Dozent für den „Stilus Romanae Curiae" an der Päpstlichen Lateranuniversität, 2011 Generalsekretär des Governorates des Staates der Vatikanstadt und Bischof.

P. Prof. Dr. Manlio SODI SDB, geb. 1944, Dekan der Theologischen Fakultät der Päpstlichen Salesianischen Universität in Rom, Präsident der Päpstlichen Theologischen Akademie und seit 2011 des Pont. Institutum Alterioris Latinitatis, Chefredakteur der „Rivista Liturgica".

Cordelia SPAEMANN, geb. Steiner, 1925–2003, Ehefrau des Philosophen Professor Dr. Robert Spaemann.

P. Prof. Dr. Tarcisio STRAMARE OSJ, geb. 1928, nach Theologiestudium in Rom und Jerusalem Inhaber des Lehrstuhls für biblische Theologie an der Päpstlichen Lateranuniversität und der Päpstlichen Universität Urbaniana, ordentliches Mitglied der Päpstlichen Theologischen Akademie.

Dr. Peter STYRA, geb. 1966, Studium der Geschichte, Germanistik, Kunstgeschichte und Historischen Hilfswissenschaften in Regensburg, Leiter von Fürst Thurn und Taxis Zentralarchiv, Hofbibliothek und Museen.

Albert Fürst von THURN UND TAXIS, geb. 1983, Studium der Wirtschaftswissenschaften und der Theologie an der Universität Edinburgh, Ausbildung zum Chartered Financial Analyst (CFA) in Zürich, seit 2011 Studium der Philosophie in Rom.

Pfr. Klaus-Peter VOSEN, geb. 1962, seit 1995 Geistl. Assistent der Jugend 2000 im Erzbistum Köln sowie der Theresianischen Familienbewegung OmniaChristo, seit 2001 Pfarrer an der Wallfahrtskirche St. Maria in der Kupfergasse, Köln.

P. Prof. Dr. Karl J. WALLNER OCist, geb. 1963, seit 1982 Zisterzienser des Stiftes Heiligenkreuz, dort seit 1993 Professor für Dogmatik und Ökumenische Theologie, seit 1997 auch für Sakramententheologie, Jugendseelsorger des Stiftes, 2007 Gründungsrektor der Phil.-Theol. Hochschule Benedikt XVI. Heiligenkreuz.

Prof. Dr. Christoph WEBER M.A., geb. 1943, nach der Promotion zum Dr. phil in Bonn 1969 Stipendiat der Görres-Gesellschaft und Gastdozent am Deutschen Historischen Institut in Rom von 1970 bis 1972 und von 1979 bis 1980, Habilitation in Düsseldorf 1975, dort bis 2005 Privatdozent und dann Professor, zahlreiche Veröffentlichungen zur Katholizismusforschung, Papstgeschichte und Prosopographie.

Dr. Otto WEISS, geb. 1934, Studium der Theologie, Philosophie und Geschichte in Gars am Inn und in München. Promotion zum Dr. phil. 1976, 1977 bis 1980 Lehrauftrag an der Hochschule für Philosophie in München, 1981 bis 1986 wissenschaftlicher Mitarbeiter am Deutschen Historischen Institut in Rom, seit 1987 Mitglied des Historischen Instituts der Redemptoristen in Rom.